开皇盛世

卷二

大隋

The Sui Dynasty
彩绘融媒版
（彩绘、音频、视频）

曹策前◎著

方隆昌◎绘

王朝

人民出版社

目　录

第四十一回

南陈错估形势二路进犯
塞北认准时机三军压境

当北方由拓跋鲜卑氏统治的北魏政权执政一百七十一年后，北魏分裂成西魏和东魏。这两个政权相继由权臣篡政，不久，又先后变成了北周和北齐。再后，北齐为北周武帝吞灭，整个北方又成北周一个朝廷。但，仅过一年，北周便又被大丞相杨坚篡夺，成了隋朝。北方，从北魏起始的这近两百年（公元 386 年——公元 581 年）间，经历了诸多变故。而南方则以帝都建康（今南京市）为中心，也经历了宋、齐、梁、陈四个朝代。

但，华夏南北分裂，却远不止此二百年，而是更久的三百多年。

南边，屹立于长江之滨的陈朝的帝都建康，就是在这不断的纷争与战乱中，屡建屡毁，屡毁又再建，即如长江里的波涛一般，起起伏伏，由兴而衰，由衰又略见起色迭迭宕宕逐浪前行的。

建康这块地方，最初，是秦在此置县，名秣陵。东汉建安十三年（公元 273 年），诸葛亮出使江东，见到秣陵之景象不同凡响，遂与孙权道："秣陵地形，钟山龙蟠，石头虎踞，此帝王之宅也。"

随后，孙吴建国。孙权即于建安十七年，在秣陵筑石头城，以为帝都，改称建业。此城周二十余里，东傍钟山，南枕秦淮，西倚大江，北临玄武湖，使整座石头城，都处在天然屏障之内。此后的东晋，以及宋、齐、梁、陈，皆沿以为都，所以有"六朝金粉"之称。

此城因不断地改朝换代，攻陷后，又重建。重建时，一次次扩大，至陈分置建康、秣陵二县，而其整个城区则已将此二县连为一体，范围扩为东西南北各四十里。使该城"小人率多商贩，君子资于官禄，市廛列肆……"

其时，该城著名的手工业产品有"百炼钢"、"罗纹锦"等等；商业廛市有百货俱全的"大市"；还有纱、谷、盐、花、草和牛马等门类繁多之小市；码头樯帆林立，经常停泊数以万计的中外商船。

与此同时，建康自东晋以来，达官贵人云集于此，谈玄论道。南齐竟陵王萧子良在鸡笼山开"西邸"，广延名士高僧，研讨文化异同。于是，钟嵘的《诗品》，萧统的《文选》，沈约的《四声》，刘勰的《文心雕龙》，以及沈缜的《神灭论》等名著，也都是先后在建康成书的。此时的建康城，居者已达二十八万户。

总之，自建安十七年在秣陵建城始，到六朝兴衰之三百余年间，南方的帝都建康与北方的京师长安，皆各有其主，各自为政，且都是处心积虑，你想吃掉我，我想吃掉你，大小战事不断，并依凭长江之险，谁也没能吃掉谁。不过，敌对各方，却仍是剑拔弩张地相互对峙着。

然而，日子就这么日复一日地往下过着。到了北方的杨坚篡周建隋，而南边建康正是陈朝宣帝当政之际。

陈朝宣帝陈顼，时年五十有五。他在位期间，兴修水利，开垦荒地，鼓励庶民从事农、桑，从而使江南的经济迅速复苏。有了底气的陈宣帝，曾派大将军吴明彻出兵北伐，从北齐手中夺回了吕梁、淮、泗等原属陈的失地。但是，好景不长，北周武帝灭齐时，又稍带把这一带原隶属陈的土地夺了过去，使得陈宣帝一直耿耿于怀。于是，身在建康的陈宣帝，始终虎视眈眈地瞄着江北得而复失的那片原属自己的土地。

陈宣帝就这么一直等到隋文帝篡周建隋，以为收复失地的良机已到。

时下，陈之文武百官亦认为：刚刚建立的大隋，因尉迟迥、司马肖难、王谦等的叛乱，耗费了大量兵力财力，反叛虽被平定，却五劳七伤，国力大损。加之，时下北方大旱，粮食欠收，因此，可乘其天灾人祸、立足未稳，不仅能一举收回淮、泗一带失地，还有可能乘势开拓更多疆域。而此时，一批如司马肖难等归附陈朝的北周叛将，更是蠢蠢欲动，极力鼓吹打到江北去。陈宣帝于是在大多数文武官员的鼓动支持下，派兵渡江，欲收回原先的失地。

隋开皇元年（公元581年）九月庚午日，南陈大将周罗睺攻陷胡墅；另一位大将萧摩诃亦率军横渡长江，直取江淮一带大片土地。

陈军入侵的消息传到隋朝京师长安，隋文帝即命上柱国薛国公长孙览，上柱国宋安公元景山，同为行军元帅，分别率军伐陈，并命尚书左仆射高颎为长史节制调度各军，协同作战。

新生的大隋王朝，刚刚摆脱战乱的困境，确实人困马乏，国力空虚。但，因长年处于内忧外患的战争状态中，却有一个好处，即不惧战，不避战。于是，久经战阵的隋军，辅以强悍的铁骑，不管人数、装备或战斗经验都远胜陈军。此时，长孙览统率八州总管，从寿阳（今山西省东部，太原、阳泉、晋中三市交界处）出兵，其势如破竹，未几，便已迫近长江；元景山则率二行军总管，出兵汉口，直取甑山、沌阳二镇，并征调船只，准备渡江。

也真是，屋漏偏逢连夜雨。两线作战的陈军，同时遭受痛击，使焦虑不安的陈宣帝，急火攻心，旧病复发，不幸暴病而逝。于是，建康城内，一片风声鹤唳，无论皇室、朝臣或市廛商贾、百姓，皆惶惶不可终日，害怕隋军乘危过江屠城！

而与之成鲜明对照的是，频传的捷报和陈宣帝去世的消息传至长安，使朝廷一片欢腾，文武百官皆弹冠相庆。

此刻，长安朝廷一致的呼声是：平灭南陈，收复江南，实现华夏大一统！

三百多年来，凡有雄心壮志的君主，谁不梦想统一南北，做泱泱大中华的帝王呢！雄心勃勃的隋文帝，自登基始，就把统一南北，当作头等大事。没想到，这一机会，竟来得如此之快，如此突然！他于是运筹帷幄，调兵遣将，欲一鼓作气，将江南揽入怀中！

可恰在此刻，北方边陲传来了突厥大举入侵，边镇频频告急的坏消息——致使文帝兴奋的心情，一下坠入狂躁不安的境地！而这，正是他最担心最不愿看到，却必须面对的严酷现实。

突厥于此时此刻南侵大隋边境，有两个原因：

首先是大隋初建，文帝接受前朝一味忍让的教训，完全断绝了自周以来对突厥的各项供奉。而这，对贪得无厌、无比狂妄的突厥沙钵略大可汗来说，突然没了坐享其成的朝廷物资供应，十分恼怒；加之牧区遭遇大旱，牛羊渴死饿死大半，使部落子民处于饥饿中，而不堪忍受。

更有甚者是，隋文帝为夺皇位，血洗了原宇文氏皇室所有男丁，这其中就包括沙钵略可汗妻子千金公主的父亲赵王。

因此，沙钵略可汗忍无可忍地呼喊道："我是周朝亲戚，隋公篡夺了周朝，咱不报仇泄恨，有何面目见可贺敦！"

沙钵略于是亲自率领各部落铁骑，攻下长城边的临渝镇，并一路烧杀抢掠，向隋纵深重镇进犯。

文帝在进军江南与抵御北方入侵者的权衡中，冷静决定：放弃伐陈，并诏诰攻陈各军，全线收兵，撤回驻地待命。

行军长史高颎则对外高调宣称："礼不伐丧！"

接着，文帝召集高颎、虞庆则、李德林和新任纳言兼民部尚书的苏威，共商应对突厥大计。

大隋立国之初，为不使权力过分集中到某一朝臣手中，文帝共任命了三位相当于宰相的官员，共管国是。其中，第一位是尚书左仆射兼纳言的高颎；第二位是内史监兼吏部尚书的虞庆则；第三位是内史令李德林。当下又加了一位纳言兼民部尚书的苏威。高颎是个文武兼修的全才，无须赘言；李德林和苏威都是文士，此处也不必多说；那么，排在高颎之后，位列第二的虞庆则，文帝看重他的是啥呢？首先，当然是他对文帝的绝对忠诚。北周末年，作为大丞相的杨坚，地位和生命受到威胁，虞庆则挺身而出，力主将宇文氏家族斩尽杀绝，从而为杨坚日后登基扫清了障碍。其次，文帝看中虞庆则的就是他与突厥长期周旋的经验与治边才能。简言之，就是要用虞庆则来对付心腹之患的突厥汗国。

虞庆则，本姓鱼，属匈奴铁弗部赫连氏，其家族都是北方的豪强。虞庆则虽出身将门，勇武过人，但他从小就喜读书，能说一口流利鲜卑语。他自北周以来，就长期驻守于北方边镇，出任过并州总管府长史。他在出任边陲石州总管期间，当地稽胡发生叛乱，虞庆则恩威并施，没费一兵一卒，就将乱局平息，前来向他投降的就有八千多户。

…………

四臣礼拜坐定，文帝开口即问虞庆则："此次突厥来势汹汹，公以为应如何对付？"

虞庆则道："突厥的大可汗沙钵略宣称，他之所以用兵，是为其妻千金公主复仇。而究其实，主因还是，突厥汗国自去年秋冬到今春，雪雨稀少，其所遇干旱比咱关中更严重。人畜缺水，草也稀疏，牛羊死亡大半。加之，我朝断绝了自周宣帝以来，每年给他的供献，他因之恼怒至极。所以，他其实是专来报复与抢掠的！那么，如何应对他的强盗行径呢？臣以为，我朝初立，应避其锋芒，暂可循往日之法，遣使作些亲善之举，给些粮草、牛羊，用以缓解其对我之敌意。"

"噢？"文帝听后，浓眉立即拧成了两个大疙瘩。他想：虞庆则前面分析得头头是道，可咋出了个馊主意？此可不是自己将其委以高位的初衷呵！于是立即反问道，"卿以为沙钵略得了咱的好处，度过饥荒，就会感恩戴德与我化干戈为玉帛吗？"

"当然不会，此乃权宜之计。"虞庆则说，"臣以为，尉迟迥等'三方叛乱'刚被平灭，军力民力财力，皆有所缺损，应暂为避其锋芒，待缓过一口气时，再作计较。"

文帝对虞庆则之说，未置可否，即把目光转向李德林，问："德林公，卿意如何？"

李德林说："对付北方胡夷，自古多是以防御为主。秦之始皇帝修筑长城，即是明证。汉朝立国之初，对待胡夷也是先以绥靖为主，辅以防御，后经几代君主近七十年励精图治，待到国富兵强，才横下一条心，采取剿灭方式，使匈奴彻底俯首称臣。臣下以为，当下对付突厥，可取法汉，先取刚柔相济、软硬兼施之法，与其周旋，待我强敌弱时，再采取断然措施。"

"唔……刚柔相济、软硬兼施，此八字，看似中听，可如何把握呢？"文帝想了想，忽而又问，"卿说说看，当下对付突厥，是用软？还是用硬？是取刚呢？还是取柔？"

"我朝初立，人困马乏，百废待兴，当然是先软而后硬，先礼而后兵。"

"喔，卿之八字，与虞大人之说，其实是一回事嘛。关键在于，主动权不操在咱的手上，咱想与之亲善，他要向我用强，你能拿他咋办？"文帝仍未个细置评，又面对高颎道，"高仆射，卿有何见教？"

高颎说："臣下以为，自隋立国始，就已与突厥拉开距离，表明了态度。我朝当然是想，井水不犯河水。但两国间长期挖下之沟壑，弥合起来，恐不易呢。再者，沙钵略的胃口越来越大，加之，他又遭灾，此欲壑，倾我朝之所有，恐也难满足他的胃口。满足不了，咋办咧？他还是要以武力相要挟的。所以，窃以为，反正总是一个打，还白送那么多东西干啥呢？那么多民脂民膏，本身就够打几场仗的。因此，臣下想来想去，就一个字——打！"

文帝默默地听着，一言未发，高颎说完，他方抬头面向苏威，问："苏大人，卿有何想法？"

"臣与高仆射的想法差不多。"文帝登基时，苏威是以太子少保身份入阁的。这才几个月工夫，他便接连升任纳言兼民部尚书等多个要职，此是他担任纳言后，首次参与商议重要国是，出言十分谨慎。他停顿了一下，看了看左右几位重臣，继续说，"臣下不大懂军事。不过，打仗最终还是比拼消耗彼此之国力。当下，我朝即使有人困马乏、国库亦不殷实之虞，但若与游牧的突厥汗国相较，无论人力、物力、储备都还是要比对方强大许多。既如此，又有什么必要先讨好他呢？若说软硬兼施，臣以为不宜先软，我必先声夺人，来它个硬碰硬。让其头破血流告饶后，再施以怀柔之术，方可行。否则，正如高仆射所言，欲壑难填嘞！忍无可忍之后，还是一个打。与其白送好处不讨好，不如先声夺人打他个下马威！"

四位大臣，两种绝然相反的看法。

当众人都把目光投向文帝时，文帝今日真是沉得住气，他还是没有表态，又把目光对准了虞庆则，说："虞大人，卿是大将军，不仅懂军事，且很了解突厥之底细，汝之言语，咋会与苏大人恰恰相反呢？"

"是这样，臣下以为苏大人从未与突厥在战场上照过面，因而对突厥只知其一，不知其二。表面看来，我朝之疆域、物产、人口确都远比突厥大得多，丰盛得多。但从当下情势而言，突厥正处鼎盛，而我朝却处于百废待兴之恢复期，气势上，我朝不占上风咧！"

文帝打断虞庆则语，问："卿何以说突厥当下正处鼎盛？"

"此可不是臣下有意长他人志气。"虞庆则解释道，"突厥汗国，原本是北方柔然部落国的'锻奴'。他们锻造的铁制兵器极其锋利，打造出的马具和铠甲都非常坚实。更为了得的是，他们在锻造铁器的同时，亦将自己锻造得身强体壮，勇猛无比。五十余年前，他们乘柔然国渐趋衰败，造反成功，并主宰了北方广袤的草原。而今，其凭藉四十余万金戈铁马，可谓盛极一时，成了草原霸主。"

"唔……难怪，卿不主张与其碰硬。"文帝接着又问，"可卿是否明白，朕，辅一执政，就断绝了前朝给突厥的种种好处，是何用意？"

"臣下不明白圣上之深意……"

"朕的用意，并不深奥。说穿了，与高仆射和苏大人的想法，别无二致。当下，沙钵略等北方可汗，不可一世、目空一切。我等对其越软，他越是得寸进尺，卿能填满其无限扩张的胃口吗？与其把物资投入沙漠喂狼，真还不如减轻税收，让天下庶民过得好一点哩。苏威说得不错，打仗比拼的最终是国力。朕自断绝给突厥好处始，即是向突厥、亦是向世人宣示，要与其血拼到底。朕倒要看看最终孰胜孰负！朕反复想过，对付突厥只此一法，而别无它途。"文帝说到此处，整个议事厅里鸦雀无声。然而，他仍意犹未尽，继续道，"方才德林公说，汉代立国之初，对外夷忍气吞声，曲意逢迎，对内励精图治七十载，历经几代君主，才向匈奴决一雌雄。朕可没此忍劲，也不想把自己的责任，推诿给后人。不仅如此，朕还想在有生之年，做成一件大事——完成统一华夏之大业。此次，对陈的反击，打得正上劲，高仆射忽然宣称'礼不发丧'，鸣金收兵，看似高调，实则是不得已而为之。朕是怕，我军攻入陈朝建康之日，亦可能是突厥打进长安之时呵！由此观之，此心腹大患不除，国无宁日，更遑论实现华夏之一统！"

文帝言罢，众臣则没一人接腔。他们为皇上的言词震撼，以至无言以对。皇上不仅要殄灭突厥，还要一统天下，此二壮举，完成一件，都绝非易事，何况鱼与熊掌都要兼得，谈何容易！再者，此三百多年以来，五胡之铁蹄，横行无忌，关内关外，以及中原大地，山头林立，你争我夺，尸横遍野，民不聊生。而今，内乱刚刚平息，朝野尚未理顺，天下百姓亦刚喘过一口气来，却又要面临一场前所未有的恶战，不能不令人三思呐！

纳言苏威，眼看文帝又把目光扫向了自己，于是有点不自信地说："方才臣下只是从道理上讲，我朝的总体实力应比突厥强大，要敢于碰硬。可并不主张与之真正血拼，那样会两败俱伤，突厥占不到咱的便宜，而咱的国力亦会随之大损。"

"朕明白卿的意思。打仗，当然还须讲策略。不过，'打'是咱的国策，丝毫不能动摇。至于，策略怎么讲，现在看来，只有在打中再随机应变了。在方策上，我朝也应比突厥强大。我之《孙子兵法》，传世已有千年，而突厥作战则毫无章法可言。"文帝接着又道，"突厥军队看似强悍，其实，亦并非无懈可击。朕之先父，曾两次与突厥联合伐齐。结果，他们与齐军甫一交手，即总是退缩不前，待先父率军攻陷城邑，他们抢掠民财，却特别凶猛。朕曾问，突厥军队咋会这样？先父说，突厥的大小领军者，皆为大小牧场主。他们统率的全是自家弟兄、儿子和家奴。其若战死，一切皆空。所以，他不仅自己贪生怕死，也怕儿子和家奴死去。他们死了，回去后，谁来照看牛羊？我朝则不然，将士战死疆场，其家庭皆有赏赐，将领战死，儿子亦能继承父之爵位。由此观之，欺软怕硬者，依然还是突厥人。"

"确如圣上所言，突厥作战，历来欺软怕硬。他们来势汹汹，喜打顺风仗。"虞庆则说，"一般情形下，只要不将其逼上绝境，突厥将士都会选择逃生的。"

在先怀柔还是先碰硬的问题上，没有了异议后，文帝即吩咐李德林起草诏书：命虞庆则镇守并州（今太原）；命阴寿镇守幽州（其范围大致包括今河北北部及辽宁一带），各率精兵五万，驰援两地守军；并命高颎征调关中民役，加速修复幽州一带损毁的长城。

正当虞庆则和阴寿分别率军欲与进犯之敌鏖战之际，曾出使过突厥的长孙晟，向文帝呈上表章说：

　　下臣在北周末年，曾充任出藩使节，对突厥情况有所了解。西边的达头可汗玷厥对于东边的沙钵略可汗摄图而言，玷厥辈分高、兵力强大，但地位却在沙钵略摄图之下。他们表面看似团结，而其内心却各打自己的算盘。只要挑起其相互不满的情绪，必将导致内部厮杀。此外，摄图之弟处罗侯，是个位卑势弱的小可汗，但其心眼颇多，并能讨得部落民众的喜欢，因此受到摄图猜忌。所以，处罗侯内心深感自危，表面却显出对哥哥摄图的服贴。另有一个可汗叫阿波，他很惧怕摄图的威势，自己没有主见，只跟权势大的人走。

　　现据以上情势，臣下以为应该对突厥采取远交近攻、离强合弱的策略。为此，可派使臣结好玷厥，联合缺心眼的阿波。这么一来，摄图势必收兵回营，以防自家老营遭袭。与此同时，还可利诱处罗侯，从而使沙钵略摄图更加势单力薄。如此这般，突厥内部上下猜忌，离心隔膜，用不了多少时辰，貌似强大的突厥，必将走向土崩瓦解之路。

文帝读完表章，好似一束夺目阳光，倏地穿透浑沌世界！皇上已记不清楚这个能经常见到的年轻将领在宫廷禁卫军中具体担任何种职务，只知其有一手精准的射术。却万没料到，此人对突厥却有如此精深的了解，并能提出这么好的谋略。而且，他的想法竟远胜自己的几位重臣。他于是立召长孙晟入临光殿，面议治边之策。

长孙晟被已担任黄门侍郎的元岩引入文帝书房，这可是少数近臣才能享受的礼遇。

长孙晟行过跪礼，文帝即道："卿之表章，朕刚看过，只是不解，汝对突厥为何有如此透彻的了解？"

"下臣仅一般见识，对突厥算能略知一二。"长孙晟说，"圣上可能忘记了，臣下送千金公主赴突厥，并在沙钵略可汗的部落里住了整一年。耳闻目睹，对那边情形自然有所了解。"

"此不足为训。"文帝笑说，"去突厥的人，不止卿一位，朕却没见别人有如此之识见。"

"臣有所识见，确是因臣在那地方呆的时间较长。还有就是，臣多长了一个心眼，尽可能把看到和听到的都记在了心里。"

"嗯。"文帝点头说，"这心眼儿长得好！心有所得，方能生出一般人没有的见识。"接着，文帝指着书案上的一张图说，"这是鸿胪寺送来的一张《北方藩邦图》，据说，年代有点久远了，朕瞧来瞧去，不得要领，卿可否将当下突厥几位可汗分布的情形指认出来，让朕明了？"

长孙晟起身一看，也不得要领。他摸头不着脑地瞧了好一会儿，终于看出端倪，说："此一时，彼一时。这图并没标出当下突厥各部落国所处的具体位置，且，有的山川叫法也不对了。为何会如此？臣下看了好一会儿，才弄明白，此图是依据汉代史书上的图籍描画所得。距今，少说已有几百年了。山川虽然依旧，有的名称则变。还有，此图中的不少名称，有的竟然张冠李戴，混淆不清——这样吧，臣下可另画一简图，便可使圣上一目了然。"

书房太监铺纸磨墨，长孙晟边画边向文帝解说道："突厥，发祥于我国西北之阿尔泰。表面看去，地域辽阔的突厥是一个完整的草原大汗国，其实并不尽然。该国自强大之日始，历来就是东、西两大势力并存，并是各自为政的。阿尔泰以西的西域地区称西突厥。西突厥的达头可汗叫玷厥。阿尔泰以东为东突厥，有四位可汗并存。最西边的，即与达头可汗为邻的是大逻便阿波可汗，依次由西向东是沙钵略大可汗摄图，再往东去是北方可汗庵罗，而最东边靠近兴安岭大森林的是沙钵略可汗同母所生的弟弟东方可汗处罗侯。此四可汗之辖地，西起阿尔泰的东侧，东至大兴安岭西侧，东西横贯数千里，共同形成一股势力。此四可汗，除沙钵略摄图和处罗侯是亲兄弟外，其余两位亦为叔伯弟兄，而西突厥的达头可汗玷厥，则是东突厥四可汗的叔父，他们之间就是这么一种关系。"

"嘿！经卿这么一描画和解释，朕果真就一目了然了！"文帝接着又道，"卿在表上建议，'远交近攻离强合弱'，可否结合此图演示剖析一番，使朕有个真切明白的认识？"

"臣遵旨。"长孙晟点头道，"在东、西突厥共五位可汗中，有两位强者。一位是西突厥的达头可汗玷厥。此人占据了几乎整个西域，亦占据了突厥汗国的半壁江山。他的地盘最大，兵马最多，势力最强大。但玷厥上年纪了，且缺少心眼儿，不擅指挥调度，因而难以使众人信服。东突厥这边的四位可汗中，以沙钵略摄图的力量最强。他作战勇猛，有谋略，被众可汗拥立为东、西突厥的大可汗。现依据'远交近攻离强合弱'的八字原则，达头可汗和东方可汗处罗侯，一西一东，离我朝最远，应与之交友。沙钵略地处我朝的正北方，就在咱京师长安的头顶上，离我朝最近，是最危险最凶恶之敌，应是离间和攻击的重点。此外，靠近达头的阿波，因受沙钵略的欺压，我朝亦应与他亲善交往……"

"唔——好！朕不仅一目了然，还将卿提的八字方策，深深刻印在了心上！"文帝由衷地道，"大隋立国，突厥就一直是朕挥之不去的心腹大患！朕曾想，还是沿袭前朝嫁公主、送财物之法，但细想之下，觉得行不通哩。因为欲壑是永远都填不满的！那么，仅用防御和忍让，不还是三日不了，四日不休，国无宁日吗？国要强盛，民要安居，唯其一途，即必解北疆心腹大患！大隋的国力强过突厥，硬拼，久而久之，绝对能赢。朕把此一想法摆出来，苏威则说，即使拼赢了，也还是个两败俱伤，我亦损失惨重呐！为此，众人皆意识到，在与突厥硬抗的同时，还应讲求谋略。除实力外，还需智慧。可一时之间，谁也拿不出一个行得通的好办法。因此，朕看到卿的表章，现在再看这张图和听卿之解析，心中便豁然开朗了……"

于是，在君臣进一步共同磋商下，决定派太仆元晖经伊吾出使西域，前往会见达头可汗玷厥，由大隋朝廷赐予他最高礼遇的狼头纛；另授长孙晟为车骑将军，携厚礼，去最东边的东方可汗处罗侯部落，以示亲善友好。

但，人算不如天算，正当长孙晟和元晖忙于出使东、西突厥之际，朝廷内却突然爆出一桩大案。

第四十二回

梁士彦利令智昏做痴梦
隋文帝干净利落除祸根

有道是，物以类聚，人以群分。

因不满文帝冷落自己重用高颎、苏威企图拉拢另外几位重臣以取而代之的刘昉，被文帝严加斥责免职为庶人后，仍不甘寂寞，又在京师与另两位遭遇冷落的官员往来频密。此二人，一位叫梁士彦，另一位叫宇文忻，皆为前朝赫赫有名的上柱国、大将军。

梁士彦和宇文忻在平定尉迟迥的叛乱中，都是叱咤风云独挡一面的行军总管，并都在沁水兵营中，接受过尉迟迥的重金贿赂。只是由于行军元帅韦孝宽软硬兼施的包涵与警告，方使包括他俩在内的受贿将领不仅没有投靠尉迟迥，还在之后的平叛战役中，立下大功。事后，时任大丞相的杨坚也不仅没给他们处分，反以周静帝的名义颁旨给了他们丰厚的赏赐。之后，梁士彦还拥兵担任过相州刺史。宇文忻则更是参与了军国大事的策划。文帝登基后，宇文忻还一度升任了右领军大将军。但，此二人都是得意即忘形。宇文忻一次在与众僚属的宴饮上，乘着酒兴，竟口出狂言，对一名亲信说："尉迟迥愚笨致极，咱若是造反，何虑不成。"此言迅即传至文帝耳中，回想起他受贿的斑斑劣迹，随即解除了他的官职。梁士彦则更是在相州任上，拉帮结派，私扩府兵，被一名受其打压的下属举报，亦丢官罢

职。此时，二人皆寓居京师府第，一来二往，与丢官免职的刘昉过从频密。

起初，三人聚于一起，仅限喝酒解闷，讲讲玩笑话，发发牢骚而已。

可久而久之，一次，宴饮间，刘昉忽然旧事重提，对梁士彦说："杞公（梁士彦封号）在相州犯事，咱当时还是圣上近臣。那份举报公的密折，咱亦见到过，公平心而论，当时扩充府兵的目的，是否真有谋反之意？"

"屁！"梁士彦顿时怒从心起，"咱那时节压根都没想过要造反！你想想，其时蜀公（尉迟迥封号）的人头刚刚落地，谁敢再犯谋逆事？倒是以后回想起来，有点悔——咱那时以刺史身份镇守相州，手握十万重兵。且，那时候内心对大丞相篡夺周室皇位不服的将领多的是，咱若能审时度势，登高一呼，鹿死谁手，真还难得说哩！"

"可那密折上，有鼻子有眼地说，你暗中招降纳叛，收罗尉迟迥手下叛将，扩充自己军队。而且，密折上指名道姓收了一些啥人，都讲得真真切切，而非莫须有嘞。"

"唉……蜀公一死，树倒猢狲散嘛！蜀公有的部下，原也是咱的僚属或部下。他们带几个兵卒来投靠，咱能不收？"梁士彦呷了一口酒，摇头说，"还是那句老话，欲加之罪，何患无辞咧！总而言之，圣上还是记恨咱在沁水收受过蜀公金银财宝的事。从那时起，他就对咱心存疑忌了。还有，咱在周之职衔、地位，初始一直比他高，他登基做了皇上，能放心前朝那些位高权重的老臣？倒是目下回想起来，早知如此，还不如当初在沁水真的反了。若是那样，当下谁做皇上，还真是难得说呐！"

"就是——此才叫酒后吐真言。"有着同样经历和遭遇的宇文忻感同身受地道，"咱当时不管咋说，还是跟从韦公，拼死拼活平灭了尉迟迥，把大丞相拥立到皇位上，没想到，一个个都落得卸磨杀驴的下场。"

"唉，怪咱，怪咱！真是哪壶不开提哪壶。来，喝酒，喝酒——"刘昉举杯，才发觉杯是空的。

其时，坐在梁士彦身侧的一妙龄女子提壶起身，走到刘昉面前给他把酒满上。接着，又给宇文忻斟了一满杯。

宇文忻是个痛快人，举杯一饮而尽。他放下杯子，忽对梁士彦道："帝王难道真有定数吗？"不等梁士彦回答，就自问自答说，"咱看，未必。杞公在相州拥兵十万，若登高一呼，左右再有几人扶持，说不定就当皇上了。再说，当时在沁水边上，咱几个若能相互打个招呼，杀掉韦孝宽，真个是易如反掌。接着，咱再配合蜀公起事，那，此世道不又是另一番景象了吗？"

"此言不虚。当今皇上，不也是捡了个便宜，一步登天的嘛！"刘昉拊掌道，"宣帝驾崩，咱和郑译、卢贲，不想再让宇文家的人当政，才拥立随公主事的。其时，他还瞻前顾后，犹豫不决。咱一急，就道，'汝干不干，汝若说声不干，刘昉就干了。'随公当初不就是这样，被激将着登基的。回想起来，咱亦悔哩，当初若不抬举随公，自己干了，不就坐到龙椅上了！"

"后悔甚哩！"宇文忻说，"杞公，当下，你如若胆敢起事，忻愿为公效犬马之劳。"

"不行，不行……"梁士彦懊悔地摇头道，"有道是，机不可失，时不再来。当下，两手空空，一切从何谈起？"

"带了一辈子兵，何言没兵没将。"宇文忻道，"咱给公算个账。公之府上，少说也有几百亲兵，几百奴仆吧？还有公在蒲州食邑数千户，几千男丁，不会少吧。公的几个儿子，也是带兵的人，再加当下仍在带兵的亲朋故旧想来也不少的，如若都动员起来，集结成一支几万人的队伍，成何问题。再说，公一起事，咱即向皇上请缨去讨伐你，皇上必然允诺。届时，咱临阵倒戈，何愁不能成功。"

"好主意！"梁士彦被宇文忻的言语激动得满脸通红，响应道，"刘昉也豁出去了！咱届时可在京师联络被圣上冷落和遭打压的文官武将，为公造势。"

"舒国公（刘昉封号）亦觉可行？"梁士彦的醉眼，顿时闪射出灼灼火苗。

"那当然了。"刘昉端起酒杯，一饮而尽，对梁士彦身边的爱妾一笑，说，"公若做了皇上，这秀玉小娘子不就成皇后了吗！"

"打你这张贫嘴。"爱妾挥动小手，佯装要打刘昉。刘昉用手去挡，顺势碰了一下爱妾的酥胸。那秀玉的脸立时腾起一片红云，朝刘昉嗔笑了一下，然后低下头去。刘昉见此，则在心中窃喜。

然而，七十有二的梁士彦，对酒桌上的这曲打情骂俏却浑然不觉，他已完全陶醉在了做皇帝的美梦中。战场上，梁士彦曾是一只诡计多端的老狐狸。而今，却不知是老糊涂了，还是酒灌多了，在宇文忻和刘昉轮番鼓噪下，他竟眉飞色舞抚着白须说："不瞒你们二位，咱在年轻时，就有术士看相说，六十岁后，有望做皇帝。咱那时，哪敢信，未曾想，此言还真不是空穴来风！"

…………

次日巳时，刘昉带着几个下人，乘车来到梁府门前。下车后，被梁家看门仆役告知说，主人一早就乘车外出，不在家里。

刘昉扫兴地正欲打道回府。不料，从梁府的大门里飘出一脆生生的嗓音："哟，刘大人来啦，快请进屋。咱家老爷因事出门，专门吩咐奴婢，请大人在家稍候，过一会儿，他就会回的。"

刘昉一看，是梁士彦的爱妾秀玉，心中窃喜。他立即吩咐同行的下人："汝等都先回去，到傍黑时分再来接咱。"随后，便步入梁宅大门。

这是一座庭院式大宅，院内曲径通幽，不熟路径者，便如闯入一座迷宫。秀玉左右跟着两名灵秀的小婢女，刘昉则跟在她们三人之后，从花丛小径进入一珠帘掩映，芬芳扑鼻之屋中。

刘昉抬头四顾，室内的宝格上置放着许多形色各异的古董玩器，案上搁一精致之古琴。刘昉以往登门造访，多在梁士彦宽大的客厅叙、耍、吃喝，因而明知故问道："此为何处？"

秀玉笑曰："此乃奴婢之寒舍。"

"呵？"刘昉左右盼顾了一下，作出门状。

"大人不必过虑，"秀玉解释说，"老爷今去蒲州，这一两日是笃定回不来的。您是老爷好友，他不会介意您来奴婢寒舍作客。况且，今日是奴婢因事想请教大人的。"

"如此说来，恭敬不如从命。"刘昉乃情场老手，前朝周宣帝猝逝时，他趁后宫惊慌混乱，曾把宣帝的一爱姬偷引至自己家中享受。今有如此艳遇，又何乐而不为之。

婢女上过茶后，秀玉挥手让其退出，即问刘昉："刘大人真的以为咱家老爷能做皇上？"

"当然。"刘昉望着秀玉美丽的容貌、白皙的颈项、鼓起的前胸，以然馋涎欲滴，因而嬉皮笑脸地说，"杞公一旦登基，必然将秀玉娘子扶为正室，彼时，小娘子不就是皇后娘娘了嘛！"

"呸！奴婢可不做那种砍脑瓜的美梦！"秀玉脸色骤变，两条秀眉倏地倒竖起来。她不屑地道，"您瞧他蔫了叭叽的模样儿，骨头都敲得鼓响了，还能做皇上？您和宇文大人像耍猴儿玩似的，哄得他团团转，要其上树，他就顺着树干往上爬。而今，他当真回蒲州搬兵去了。"

"……"秀玉的几句话，竟把个刘昉噎得无言以对。

他定睛再看那女子，只见她的一双眸子，依然还是那般清澈明亮，可不曾想，这么好看的一双眼睛，却有如两柄利刃，直透自己心扉！

刘昉自幼聪明玲珑，曾受周室皇上皇后的爱怜，儿时便与皇子皇孙们做伴读书，一同戏耍。以后做官也在东宫，一路陪伴太子，直到太子做了皇上，又为皇上宠臣。他不仅深谙宫内的明争暗斗，亦目睹许多做皇帝梦的人的悲惨结局。他当然清楚梁士彦想当皇帝亦是痴心妄想，可一个深宅中的女子，为何也看得这般透彻，而平日却显得无比娇羞，装出一副啥都不懂的样貌。

刘昉于是坦白道："娘子说得不错，咱确实并不看好杞公能做皇上。不过，汝既看得这么明白，为何不向杞公具实以告？"

"唉……"秀玉摇头无奈地道，"大人皆说他能做皇上，奴婢人微言轻，若说不能，老爷肯信？他不信，奴婢不是自讨苦吃？可大人与老爷过去即为同僚、朋友，却为啥要诓骗他，让他去钻烟囱呢？"

"逢场作戏而已。"

"那，此'戏'作得也太过了吧？"

"还有就是……"刘昉突然捉住秀玉一只纤纤玉手，说，"咱还想藉此多来梁府，每日都能见到娘子……"

"你……"秀玉身子一颤，欲把被刘昉捉住的手抽出，但却浑身乏力，而顺势跌入刘昉怀中……

刘昉时年四十，全身透出一股成熟男人的魅力。

此后，刘昉日日都来梁府，已与秀玉如胶似漆。到第三日傍黑，刘昉出梁府大门，正欲回自己府上，只见梁士彦带领一帮人马，仆仆风尘地回来了。

白髯飘飘、精神矍铄的梁士彦见到刘昉无比兴奋："嗨，公来得正好，宇文大人呢？"

"他见杞公不在家里，今日没过来哩。"

梁士彦忙打发人去请宇文忻来梁府议事。

宇文忻，六十有四。一喝酒，便精气神十足，喜侃自己当年作战如何有勇有谋，吹嘘自己如若造反，必定能做皇帝。可自祸从口出，丢官罢职后，与其往来的人，渐渐稀少。亦因没了知音，他喜自我吹嘘的习性，才有所收敛。近来，宇文忻因与刘昉、梁士彦套上近乎，便又口若悬河、眉飞色舞起来。

宇文忻到后，三人入席。梁士彦即述说起，自己回到蒲州封地，仅花二日工夫，就已组织起一支几千人的队伍。

宇文忻几口老酒下肚，顿时手舞足蹈兴奋异常，帮梁士彦出谋划策起来。

如果说刘昉是个肚里花花肠子多多，仅为猎艳而来的逢场作戏者；那么，宇文忻则是个不折不扣、不识时务、心浮气躁的老顽童。

此三人凑一处，吃饱喝足后，竟议出个造反方案来：他们准备以梁士彦训练有素的家奴和亲兵为班底，把队伍拉到蒲州起事。毁断河桥，占领黎阳关隘，堵住河阳大道，劫掠国家的税收以充军费，招募附近饥民、盗贼扩充队伍。接着，让梁士彦两个带兵的儿子分别从自己的兵营起事响应。事情闹大后，宇文忻即向文帝请缨，前往讨伐梁士彦，然后举兵反戈一击。与此同时，刘昉则在京师联络对朝廷不满的官员为梁士彦造势，以里应外合之。

无比兴奋的梁士彦，送走刘昉和宇文忻，奋笔疾书，连夜着人分别通知两个儿子和仍在带兵的僚属、部下，请他们速来梁府，共商大事。

最先赶回来的是三子梁叔谐，他一听，即磨拳擦掌道："父亲，您早该如此的！咱不仅全力支持您，还可联络几位将领，多拉一些人马，以壮声威！"

梁士彦听后大喜。

可当二儿梁刚回后，听到父亲要起兵造反，大骇！立跪于地死谏道："父亲，不可！此无异是以卵击石，不仅害己，还将祸害咱全家人！"

与此同时，家奴梁默也跪于地，苦苦相劝说："老爷，请三思，此事断不可为咧！"

一直以来，梁刚即是全家人夸耀的对象。他文武双全、有勇有谋，梁士彦南征北战，梁刚即为左膀右臂。而今，他因屡立军功，已升任为上大将军。梁默则自幼是个无名无姓的孤儿，从小跟随梁士彦，练得一身好武艺。他绝对忠于主人，战时，从不离梁士彦左右，曾用自己的身躯为主人挡过冷箭，救过梁士彦的命。可当下最受梁士彦信任和最得力的二人，却双双唱起了反调。

"闭嘴！都给咱闭嘴！想飞黄腾达者，跟我走！否则，给老夫滚远点！"已经利令智昏的梁士彦，一门心思地认定：风水轮流转，命中注定该自己做皇帝了——哪怕只做一年，甚或一日，那也将是名垂青史呀！

然而，正当一屋人为何去何从，而闹得不可开交之际，谁都没有料到的是，到京师来办差、寄住在梁府的梁士彦的外甥裴通，起先已察觉刘昉与秀玉行为不轨。不过，他只当是不可外扬之家丑，没有声张。而今，又曝出梁士彦要造反，方感事关重大，便将这事密报了官府。

此讯传至正为北疆战事深感不安的文帝耳里，更觉火上浇油——外患未除，内乱又起，此还了得！更何况，文帝自己就是靠篡位而登基的，岂容他人也如法炮制！

文帝于是连夜将尚书左仆射高颎、已任上柱国大司马的太子杨勇和石卫将军庞晃召至临光殿，商议应对措施。

时年不过二十的太子杨勇年少气盛地说："可趁其尚未造起势来，儿臣与高仆射、庞将军各领一支禁军，将三贼分别擒获归案。"

"不好。这么做，简单是简单，后遗症亦不小。"右卫将军庞晃说，"当下京师就有一批前朝重臣，有的如梁士彦、宇文忻、刘昉一样，因言因事，罢官贬职；还有一批朝中官吏，虽在职，却感到没受重用。他们或多或少对朝廷都有一些怨艾。此三人突然被抓，不明就里者，会更加不满，误以为是圣上有意打压前朝重臣和功臣，杀鸡吓猴。"

文帝听后，默然不语，看了一眼高颎。

高颎知道皇上想听自己的意见，于是道："处置老臣，确应慎重，要使旁人都能口服心服。但如若让他们明火执杖地暴露后，再行收拾，损失则甚巨，亦不可取。臣下思之，有个欲擒故纵之法，不仅能使他们的罪行暴露于光天化日之下，还能起到警醒众臣的作用。"

"卿有如此良策，朕自是求之不得。"

"臣的想法，其实极简单，做起来也容易。"高颎于是将自己的想法，一一道来。

"好！"太子、庞晃听后，皆表赞同。

次日，已至丧心病狂的梁士彦，竟命拥护自己的三子梁叔谐把梁刚和梁默禁闭起来。接着，向宅内男丁发放了武器、甲胄和银钱，并作了战事动员。一时间，整个梁宅，磨刀霍霍，充满杀气。

可就在此紧要关头，管家报说，尚书左仆射高颎携皇上圣旨到了家门口。此举，竟一下把个做贼心虚的梁士彦，吓得老脸顿时变作了死灰色。过了好一会儿，他才强撑着问："他们来了多少人？"

管家说："连仪仗、侍卫在内，共约几十人。"

梁士彦一听，终于缓了口气，高声吩咐道："准备接旨！"

到底是久经战阵的老军头，梁士彦换了一身象征爵位的服装，作了一番布置，煞有介事地出门跪地接旨。当他听到圣旨竟是任命自己为晋州刺史时，终于心花怒放，在心中默念道："此，真乃天意也！"

因为这亦意味着，他已拥有晋州府兵的兵权，可名正言顺地直接带兵。

梁士彦领旨后，即向前来宣旨的尚书左仆射高颎请求，调自己的心腹、仪同薛摩儿作长史。高颎也不说要先禀报皇上，就毫不迟疑地照准了。

又过一日，梁士彦、宇文忻、刘昉都分别接到于次日前往大德殿上早朝的通知。本来，像刘昉、宇文忻这些免职或赋闲家中的吏员，一般情形下，每逢初一、十五的朝日，都可不必起早上朝的。心中有鬼的刘昉觉得有点不大对劲，还专此造访了郑译，听到郑译也接到了次日上朝的通知，并听他说是朝廷有重要举措要向在职和不在职的官员宣布，他才安下心来。

果真，第二日一早，一路上，上朝官吏络绎不绝。进入大德殿后，各官分品序排列，把个大殿挤得满满当当。

坐在龙椅中的文帝看看人都齐了，突然一声令下，当廷逮捕了梁士彦、宇文忻和刘昉三人。

正当满朝文武大感意外和惊诧时，高颎出班宣读了三人狼狈为奸、密谋造反的罪行。

七十二岁的梁士彦，一反常态，一把鼻涕一把泪地大呼冤枉，并声言一定是有人在陷害自己。致使大庭广众，莫衷一是，一片哗然。

没喝酒的宇文忻，头脑异常清醒，他面不改色地冲着梁士彦道："嗨，老兄，做都做了，哭有屌用！没成功，只能说是时运不济罢了。"接着，他朝左右侍卫道，"来把，要杀要剐，听便！"

此刻，只有被一左一右两名侍卫按住的刘昉，一言不发，好像眼前发生的一切皆与己无关似的。他表情奇特，似笑非笑，不为所动。

而朝廷上下，不明就里的文武百官，则是一片窃窃私议！

高颎立命梁士彦的外甥裴通出班作证。他讲述了梁士彦、宇文忻、刘昉密谋之种种情形；讲到二儿梁刚和家奴梁默反对造反，跪劝父亲，致使现今此二人还在禁闭中；三儿梁叔谐则全力支持，四出联络等等……说到此处，他忽然抬头看了刘昉一眼，继续说："其间，刘大人还忙里偷闲，趁舅舅（梁士彦）赴蒲州筹集兵马之机，与其爱妾勾搭成奸……"

刚刚安静的朝堂，一下又喧哗起来。

不一会儿，梁士彦新任命的长史薛摩儿也被押至朝堂，并供述了此一伙人企图从晋州、蒲州两地同时起事，宇文忻接着向皇上请缨，佯装平叛，实则是骗得军队后，反戈一击，会同叛军从三面直捣京师，刘昉则于京师内，煽动对朝廷心怀不满的臣下，为谋逆者造势……

梁士彦终于支撑不住，如一滩烂泥躺地不起。

"刘昉，你还有啥话要说吗？"文帝望着这位昔日同窗、同僚，为自己登基铺路之人，语调忽地变得温和起来。

刘昉睨了文帝一眼，道："事已至此，再说何益。此乃不正是圣上最想要的结果吗？快点了断吧！"

"朕，何尝想如此！卿两次三番犯事，朕不都是一一大事化小、小事化了了？有人曾经对朕说，卿口出狂言，说汝姓'卯金刀'[①]，名是'一万日'，姓刘的应当称帝，当万日天子。朕闻此言，亦当耳边风，没加追究。可汝为什么就不能改弦易辙，接受教训，往正道上走呢？"

文帝说到此处，心中百感交集，不禁想起自己十三岁那年，第一次踏进太学课堂之情形。那时，坐在自己身后的刘昉，不知在自己背上鼓捣什么，他往后一靠，不巧将其手指夹痛。刘昉生气地一拳砸在自己运过气的硬背上，又把手腕扭伤。太学先生闻声走来瞧了瞧，对刘昉甩出四字——"咎由自取"。没承想，彼时之刘昉，也才十二三岁，而此四字，竟一语成谶，成其一生结语。

文帝对刘昉的一席话，使在场文武皆为之动容。犯案三人，虽为功臣，但行为不齿，罪有应得。而对文帝来说，未大动干戈，便把一场有可能危害至深甚广的内乱，处置得干干净净，而且，还得到了满朝文武的理解和支持。

之后，梁士彦、宇文忻、刘昉被当场宣布处斩。梁士彦共有五个成年儿子。大儿子梁操过继给伯父，官至上开府，已过世。二儿梁刚因曾劝谏

---

① 卯金刀：刘的繁体字为"劉"，由卯、金、刀三字组成。

　　刘昉睨了文帝一眼，道："事已至此，再说何益。此乃不正是圣上最想要的
结果吗？快点了断吧！"

父亲不要谋反，免死，流放靠近西域的瓜州。以下三个儿子，皆因梁士彦的罪案被杀。梁士彦、宇文忻、刘昉的兄弟叔侄，特别加恩不处刑罚，有官职的革除官职。梁士彦的幼小子女、宇文忻的母亲妻子女儿以及幼小儿子全部流放。梁士彦、梁叔谐的妻妾及财物田宅，宇文忻、刘昉的妻妾及财物田宅，全部收归官府……

第四十三回

史万岁急急忙忙投罗网
长孙晟风风火火救友人

也真是，京师长安，一波未平一波又起。

正当朝廷派人在梁士彦府上抄没其家产时，从远方匆匆赶来一位不速之客。此汉子气宇轩昂，着一副戎装，骑一匹战马，带着几名扈从，马不停蹄地赶了几日路，个个都是风尘仆仆的。他们今日一大早即从驿站出发，进入京师，来到梁府门前，皆已人困马乏。其时，艳阳已至当顶，为首的汉子先下马，顺手将马的缰绳交与门前的一名侍卫，并朝左右扫了一眼，只见大门两侧竟站着十余身着警卫制服的士卒，因而想，罢官在家的闲人，还弄这大排场做啥呢？

可正当这位远方之客欲步上台阶往门里走时，却被一名侍卫拦住，问："您找谁呵？"

汉子客气地道："咱是应邀来会杞公的。"

"噢？"侍卫用异样的目光打量来客，问，"您有何事？"

"这岂是汝问的话咧！"汉子乜了侍卫一眼，不屑一顾地就往台阶上走。

"站住！"侍卫大喝一声。

正当来客与侍卫僵持在台阶之际，从宅门内走出一位年约二十上下、配将军剑的人。他立于石阶上，打量了一下来客，问："你找杞公有何贵干？"

又饥又渴的来客，因侍卫不叫进门，心里正憋着一股火，他看一眼盘问自己的年轻将军，见不是梁士彦的儿子，亦不是自己熟悉的杞公身边的将领，便带气地道："咱找杞公，关你甚事？汝问的这么清楚干啥咧？"说着，就旁若无人地径往门里走去。

"拿下他！"年轻将领挥手道。

站立门口的警卫，一拥而上，身长八尺有余的来客，哪是省油之灯，他左推右搡，驱前的几名侍卫便纷纷趴到了地上。

"咱是上大将军史万岁！是应杞公之邀，前来拜会他的。汝等岂能狗眼看人低，对客人这般无礼！"忍无可忍的客人，终于亮出了自己的身份。

那年轻将领被史万岁的行为和大声吼叫吓得一步缩回到宅门里，却更加气极败坏地跺脚道："来人呀！快给咱将这厮拿下！"

霎时间，从宅门里冲出更多士卒。史万岁怕把事情闹大，反使杞公难堪，已放弃抵抗，但嘴中仍在不断地解释着："你们如若不信，请去问问杞公。咱这里还有杞公的亲笔信……"

士卒们根本不听史万岁的分辩，七手八脚把还在喋喋不休的史万岁捆了个严严实实。

与此同时，跟随史万岁陆续下马的几名扈众，亦都分别落入蜂拥而至的士卒们的手中。

此时，唯独一个叫阿宝的史万岁的贴身侍卫，他原也下了马的，但一见势头不对，尤其是，他看见那些士卒皆为皇家禁卫军打扮，而不是梁家亲兵或仆役装束，更觉不同寻常。所以，当那年轻将领命士卒拿下史万岁时，他没跟着前去分辩，而是一跃上马，掉头逃了。

"抓住他！"年轻将领指着逃跑的阿宝大叫道。

紧接着，即有几骑相继追了过去。然而，阿宝左冲右突，早已跑得无影无踪。

不过，待阿宝摆脱了后头的追兵，自己也不知究竟跑到了何处。他想，先必尽快找到长孙晟，他是皇家禁军中的一个头儿，只有通过他，才能弄清是咋回事，并使主人得到解救。

阿宝是史万岁家中奴仆的儿子，个儿不高，生得灵秀、乖巧，十几岁时，就跟了史万岁。史万岁平日大大咧咧，总是丢三拉四，常靠阿宝为其善后或提醒。近几年来，史万岁的官职节节高升，昔日的小阿宝，已是二十多岁的汉子，但仍没成个家，亦没一官半职，就这么十年如一日地不离史万岁的左右。

史万岁是在平定尉迟迥叛乱后，因军功升任上大将军的，又一直住在相州府的兵营里，亦没在长安城内安个家。他到长安办差，多住旅店，须去拜访的也就只有梁士彦和长孙晟等少数几家人。因此，若是在市内，凭记忆，阿宝还是能够找到长孙晟家的。可当下，是在偏僻之城郊，他就只能是两眼一抹黑了。又渴又饥的阿宝，见不远处有家小饭铺，心想，先得把肚子填饱，才能想别事和做别事。于是，走过去把马缰交给一位在门外揽生意的店小二，就索性在饭馆中坐下了。

吃饱喝足后，阿宝去马厩牵马，便向店小二打听道："咱要找一个叫长孙晟的禁卫军将领。他在京师很出名，汝是否知道他住哪里？"

"小的见识少，没听说过此官人。他在什么官衙当差呐？"

"唔，咱刚才不是说了嘛，他是管皇上禁卫军的。"

"此好办。"店小二朝远处宫墙一指，说，"瞧，那就是皇宫的宫墙，您去宫门那儿问，不就问到了。"

阿宝道了声谢，翻身上马。心想，到了那附近，不问，自己也能找到了。

说来也巧，长孙晟这几日正为出使突厥之事，日夜操劳。这日为挑选送给处罗侯的礼品忙了一上午，此刻，恰好在家休息。他见阿宝魂不附体只身闯进门来，不觉大吃一惊，问："你是从哪里来的？你家主人呢？"

阿宝一听，这条二十多岁的汉子，竟涕泪滂沱，失声痛哭，哽咽了半天却说不出一句话来。

待阿宝稍稍平静，讲述了史万岁一行从接到梁士彦的亲笔信，到晓行夜宿赶至梁宅门前，却遭一个年轻将领当头棒喝，率一群禁卫军将一行人尽数捉拿之经过后，长孙晟长叹了一口气——此番，轮到他好半天都没能说出一句话来！

过了好一会儿，长孙晟才开口问："杞国公在信中说没说因何事要上大将军来京师会面的？"

"信上根本没讲是啥事，只说，事急，速来之类。"

"史将军心下知不知是何事？"

"不知咧。"阿宝说，"前年这时节给老爷子做了七十大寿。今年杞公七十二岁，如果是为做寿，还能算急事吗？可不管咋说，史将军此番进京，还是给老爷子备了份寿礼。没承想……"

"你知不知梁宅门前那年轻将军是谁？"

"小的不知。"阿宝说，"他可真是年少气盛，竟不把咱上大将军放眼里！否则，咱家将军亦不会那么恼怒的。"

"你家上大将军咋咋呼呼，哪里知晓，他碰到的是当今皇太子！"

"皇太子又咋了？可那是杞公的府上哩。他到别人家门口耀武扬威干啥呢？"阿宝说到这里，突然拨转话头，道，"哦，对了，咱其时倒是多长了个心眼儿，咱见梁家门前站的都是皇家禁卫军。你不是管他们的吗？咱就是因这，才来找你去救主人的。"

"嘿！咱这芝麻官儿顶屁用。你知道吗？这宫里宫外的禁卫军各管一方，咱仅是皇上面前一小侍卫官。"

"可咱听上大将军说，你在朝廷，大名鼎鼎，无人不晓。"

"咱仅虚名一个，那是顶不得大用的！"长孙晟连连摇头，把梁士彦等人因犯谋逆罪，皇上命担任大司马的皇太子亲率人马正在梁府抄家的事简略说了一遍，并道，"史大将军冒冒失失闯进去，不是自投罗网吗？"

阿宝傻眼，问："那咋办？"

"这样吧，咱人微言轻，凭咱是救不了史将军的。你就在咱家休息休息，咱去找个人帮他，看行不行得通。"

长孙晟立马来到尚书省衙门前，方知左仆射高颎为营造新都事，去了工地。他于是拨转马头，直奔大兴宫城工地。

　　昔日冷清的龙首山下，而今千军万马，人声鼎沸，骠马嘶鸣，已为一波澜壮阔的大海洋。长孙晟走至近前，望着繁忙的人海和拖拽各种物料的车马，心想，视这般情景，到哪里才找得到仆射大人呵？正踌躇间，一个监工模样的人走过来和长孙晟打招呼。长孙说有急事要找仆射。

　　那人用手朝远处一棵绿荫如盖的古槐一指，说："天热，仆射一般就在那棵树下办差。"

　　果不其然，古槐四周已有侍卫站岗，只见兼任新都营造总监的高颍正坐在树下桌旁，与围着他的一群人，在处理应急事务。那些持牌可以面见总监的人一个个领命而去，又有新来的人接踵而至。

　　长孙晟急了，如此这般，就是等上一日，也恐没完时。他于是向一名值勤警卫说好话，并通报了自己的职务和姓名。果然，还真管用，警卫听了长孙的话，走到高颍跟前，说有个叫长孙晟的有要事要面见仆射。高颍这才叫来一人代自己继续处置工地上的应急事务，并走过来把长孙晟带入古槐一侧的一间工棚里。

　　不等高颍开口，长孙晟便道："大人，您还记不记得沁水战役中，有个叫史万岁的猛将？"

　　"当然记得。"高颍不假思索地道，"其时，就是他率一拨人马，从武陟上游处涉水过河，杀入尉迟惇的营寨，使敌营燃起冲天大火，从而使敌阵脚大乱，几近全歼逆贼。嗯，咱还记得，你曾同咱说起过，这位史大将军的射术绝不在你之下，对不对？"

　　"对对对！就是此人！"长孙晟一迭连声道。"可他今日去见梁士彦，却被误作同党，而被在梁府抄家的禁卫军擒获了。"

　　长孙晟故意没说是被太子杨勇逮个正着的。高颍则道："嗨，那你跑到这里来干啥？和庞晃打个招呼，解释一下，叫手下人将他放掉，不就结了。"

　　"恐没这么简单。今日带兵去抄梁家的是太子。史将军一到梁家门口，就大呼小叫，说自己是应梁士彦之召，专程赶来，被太子作为梁士彦同党逮捕的。咱若绕过太子去救史将军，弄得不好，恐连咱和庞晃也一起都会牵扯进去。您是平叛逆贼尉迟迥之监军，朝廷之宰相，咱想，除您，没第二人能救史将军了。"

"咱去就管用么？太子能买咱的账？"

"咱亦想过此一层，所以，才来找您，咱想和您一同去见圣上。此事，不通天，是不行的。"

"那好吧。"高颍说着，立即叫人备马。

长孙晟即道："仆射大人，您还是坐您的车驾吧。"

"嗨，你咋也这般婆婆妈妈的了？"高颍说着走出工棚，回头看一眼长孙晟，用手一指坐在树下代自己处置事务的人道，"你认识他么？"

长孙晟望了一眼，摇头说："面生——咱不认识他咧。"

"此人本是此项工程的副监。咱做总监，管的是人力、物料和钱粮，以及指挥调度等。总之，咱管的事，他也能处置得利利索索，同时还能为朝廷处处精打细算。但他所做的事，咱一件也做不了。"

"噢？那他做的是啥事？"

"这偌大一座大兴城，汝想想，有多少条街、巷，及宫、殿、亭、台、楼、阁等等，而此一切，全都装在他一人之心里。而且，每一座宫、殿、亭、台之每一部位，用什么料，什么尺寸，亦都盘算得清清楚楚。"

"啧啧！厉害！他是谁咧？"

"他叫宇文恺。是此次与梁士彦一起犯事的宇文忻的胞弟。其原本也要受到惩处，流放到西域去的。咱不知费了多少口舌，目下，他虽免去副监之职，人却保了下来。所以，今日再去圣上那里为史将军说项，还不知是否灵验呢？"

长孙晟一听，心头蒙上一层阴云。

两人并辔而行。高颍见长孙晟低头不语，又道："圣上对谋逆罪，一向处置严厉，不过，情况也可能不会像咱刚才估计的那么糟糕。因为圣上最近对你提出的'远交近攻离强合弱'，一直赞不绝口。并说，此乃对付突厥之法宝。兴许，他亦会对史将军网开一面的。"

"其实，史将军也和那个宇文恺一样，是个极为难得的将才。况且，他根本不知梁士彦找他干啥，怎能作同党处置嘛。"

"咱知道。"

高颍和长孙晟进入临光殿时，宫女、太监正在把殿内一盏盏宫灯点亮。

"宦官报说二位来了，朕叫御膳房加了两道菜。"待高颍和长孙晟跪拜起身后，文帝即说，"都饿了吧？走，用膳去，边吃边聊吧。二位今日是相约而来，还是恰巧碰上的？"

高颍见文帝心情不错，觉得是个好兆头。于是，向长孙晟使了个眼色，让他先开口。

长孙晟心领神会，说："臣下和仆射大人是相约而来的。"

"好。"文帝说，"朕亦有事，正欲找二位爱卿。"

君臣三人，在一间待客的小厅里分别围桌而坐。趁菜尚未上齐，长孙晟即抢先上奏了来见皇上的事由。

文帝听完，看一眼高颍，问："卿亦是为此事而来的？"

高颍点头说："在平定尉迟迥的大小战役中，史万岁表现出色，是一员难得的年轻良将。"

"嗬！看来这位'万岁爷'，还蛮结人缘嘞。"文帝笑着说，"在你们之前，庞晃已经来过，让朕恩准不斩史万岁，被朕驳回了。这会儿，卿等又来为其说项，这样吧，朕恩准将他发配到敦煌充戍卒，留其一命，如何？"

"行。能免其一死，就是最大的恩典。敦煌与突厥地界接壤，将来说不定还派得上用场！"长孙晟兴奋得松了一口气。

"不过，朕听太子说，此人脾气大得很，禁军去拿他，他拳打脚踢，当即撩倒好几人。"

长孙晟本想解释解释，被高颍用眼色制止。说话间，菜已上齐，一共也才八个菜。若在平日，文帝一人或与独孤皇后二人用膳，就更简单。用膳间，高颍就便向文帝禀报了大兴城工程的进展情况。

文帝说："国家百废待兴，用度大，尤为紧要的是，要准备打仗，打大仗，所以，大兴城的建设应尽量从简。这边宫里能用之材，都应拆下搬到那边去。这样，不仅节省了材料，还节省了时间。有的项目，能缓则缓，把位置空出来，以后兴旺了，不打仗了，续建不迟。"

"臣下一直是秉持圣上'拆旧建新'训示行事的。尤其是宫廷中的石材，再用数百年也坏不了，若都打造新的，不仅劳民伤财，仅打磨一块石料就不知要耗费多少光阴。"接着，高颖就汤下面说，"不过，再过几日，臣下就想着手拆除弘圣宫，圣上是否能与皇后打个招呼？"

弘圣宫，即是皇后的寝宫。文帝爽快地道："没问题。明日朕就要皇后搬到临光殿这边来。"

"还有，大拆大搬起来，人来车往，宫内只怕就没原先那么安宁了呢。"

"拆一座宫，建一座城，哪会不声不响。况且，这也都是暂时的嘛。卿放手去做就是，朕已吩咐过庞晃，命其加强宫中警戒，疏通好道路，以使需要搬迁的物料畅行无阻。"

"好。圣上能体谅下臣，这事就好办了。"高颖由衷地道。

文帝说着，往只顾埋头吃饭的长孙晟碗中夹了一箸菜，说："卿就在宫里当差，今日的事，汝直截了当与朕说说，不就结了？何须绕这么大个弯子，把仆射大人从繁忙的工地上请到宫里来。"

"嗨，臣下人微言轻，平日即使见到圣上，也轮不到微臣与圣上说话嘛。"

"那不见得。前次，朕不是与卿一聊就是好几个时辰？"

"那是圣上因事召见臣下。"

"哈哈……"文帝笑问道，"卿赴突厥事，准备得咋样了？"

"已差不多就绪，过两日即可上路。"长孙晟说，"臣下已在自己管辖的禁军中，挑选了十二名侍卫充随员。今又与鸿胪寺卿把要送处罗侯的礼物挑选好了。"接着，长孙晟又道，"臣已吃饱，想先告辞。"

"行。汝去吧。史万岁的事，今夜就算了，明日卿去德林公那里取旨，再去见人，如何？"

"臣，遵旨。"长孙晟行跪礼，起身出门。

文帝望着长孙晟的背影问高颖："长孙晟对史万岁，真是情同手足。他俩好像并不是一个地方的人嘞。"

"他俩不仅不是同乡，亦不是同一个族裔，但可谓惺惺相惜。"高颍道，"在沁水与尉迟惇的军队对峙中，长孙晟曾以副监身份去梁士彦军中训练弓弩手。开始，史万岁并不服气，后来，不仅服了，两人还成了好友。长孙晟曾对臣说，史万岁的武艺和指挥军队的能力，均在他之上，二人若比射术，史万岁亦不处下风。"

"唔，原来如此，难得，难得！"文帝夹了一箸菜，细细嚼着，嘴中念念有词，"史万岁，史……万……岁，他爹咋给他取了这么个名字？"

高颍闻之，没有接腔。膳毕，高颍欲告辞。

"莫忙，朕要对卿说的话，还没说哩。"文帝再度拨转话题，道，"刑部侍郎赵绰最近上奏，提出要向天下'行尧舜之道，多存宽宥'，并指出目下使用的《刑书要制》仍嫌繁琐、苛严，对执法者而言，条目太多，甚或有相互冲突之处，使用起来很麻烦；而对天下官民来说，则仍有动辄得咎之感。他认为，天下安定了，税应减少，律法也要适度宽松，这才有利社稷稳定和发展。朕原本觉得他所提建议有道理，想多找几人议议，以重修刑律。岂料，偏偏就在此刻，竟出了梁士彦、刘昉谋逆此等大事，因此想，这刑律还能松吗？若再行宽宥，想入非非者，不是会更多？"

"禀告圣上，臣下以为赵绰建议，用心良苦。咋讲呢，"高颍想了想，道，"一部律法，好比穿在脚上的靴子。这靴子过于宽大，脚在靴中无所适从，走起路来，会打晃晃；可狭小了，脚被夹痛，难以前行，不如把靴子脱了，光脚走路。律法亦如此，过松不得，太紧不行，要松紧适度，方才舒适。太紧，反正动辄得咎，就会如脱靴一般，使庶民百姓都不守法，铤而走险，那不就无法无天，社稷不就反而更乱了吗！"

文帝闻之，沉吟半晌，方道："看来，那部《刑书要制》，确有重新修订的必要？"

"臣下以为，不仅确有重修必要，且，当下修订，正逢其时。"

"为甚？"

"前次修法，为避前朝宣帝的阻挠和责罚，许多条律都是得过且过，言不由衷，而没有做到真正依法理来定条律；况且，当时朝政不稳，民心不定，有的条律确应苛严一些，才能起到震慑作用。当下，朝政稳定，律法确应适当宽宥，则有利百姓安居乐业。臣还以为，梁士彦、宇文忻、刘昉之流，仅为个案，他们目空一切，自视甚高，且错估了形势，所以，处置他们并不费难。而今，随着朝政更趋有序，适度减税和宽松律法，能使天下更加太平，社稷更加稳定。"

"嗯。"文帝闻听高颎之言，已完全释然，"看来，重修国家大法，不仅势在必行，且已成当务之急啰。"

"确如此。"高颎附和道。

"那么，此次修法，不搞修修补补，要兼容并蓄历朝历代之精华，再据本朝现状，修撰一部治国固本大法。"文帝说到此处，停顿了一下，脱口道，"朕看，本朝未来之法，也不要叫啥《刑书要制》了，就叫它《开皇律》吧。卿以为如何？"

"《开皇律》？"高颎运了一下神，无比欣喜地说："此名，好极！它诞于开皇年间，将惠及子孙万代。"

"此乃大事，朕看还是由卿来担纲吧。"

"唉……"高颎苦笑了一下，说，"臣并非个中行家，亦恐分身无术哩。"

"不要紧的。"文帝道，"卿为主管，只主大政，负责搭建好班子，具体修订，自有个中行家里手来操持。别看只是纸上工夫，其实比造一座大兴城还事关重大！"

"行。臣下遵旨，勉为其难了。"

第四十四回

长孙嘱好友勿吃眼前亏
万岁充成卒即遭当头棒

"史万岁!"一名狱卒"吱吱"地打开厚重的牢门,朝囚室内喊了一声。

墙角一个草堆稍稍颤抖了一下,再没见任何动静了。

"史万岁!"狱卒张大嗓门,已几近咆哮。

"罪官在……"随着应答,从草堆中立起一条大汉,草屑顺着他的身躯纷纷飘落下来。

"咋不好好躺着睡觉,钻草堆干啥哩?汝以为此样,就躲得过重罚?"

"此处的蚊蝇叫人实在受不了。"

"嗨,老兄,你走狗屎运了!大清早的,有位官人就拿着圣旨来看你了。"

史万岁用疑惑的目光看了狱卒一眼,没理会他的话。

狱卒走过来,用钥匙打开史万岁的脚镣手铐,看史万岁仍是无动于衷,于是道:"走呀,那位官人在外面等着你呐。"

这是一间死囚室。监牢虽已接到圣旨,史万岁由死罪改判了流刑,但尚未来得及给他更换牢房。史万岁刚一挪步,便觉浑身疼痛。因为在庞晃获知史万岁被擒前,一直不认自己有罪的史万岁,就已吃过皮肉之苦了。因是太子主管和交办的案件,狱吏和狱卒谁都不敢含糊。

史万岁沿着一间间囚室朝外走，心想，谁会来看自己呢？自己在京师可是举目无亲。等待自己的，恐怕又是一次严刑拷问吧。可当他刚刚迈出牢房，即被眼前的景象惊呆了。

"长孙君，阿宝，你俩咋来了？"

"史兄呃，长孙来迟，让你受苦了！"长孙晟走过去，看看他脸上和手上的伤痕，一把抱住史万岁。史万岁痛得哆嗦了一下，却也死死抱住了长孙晟。

阿宝看着主人破衣烂衫，头上、胡须上、身上尽是草屑，站在一旁，直管哭泣。

"嗨，咱没啥，真的没啥，你哭啥哩！"史万岁松开长孙晟后，反倒安慰起家奴来。

长孙晟唏嘘问候之后，即对陪同他的狱吏说："狱中有剃头匠没？请给史将军把胡子刮干净，剃个头，洗个澡，换身衣裳，再来相会、叙谈，如何？"

"没问题。"狱吏不好意思地应答着，安排人给史万岁剃头洗澡去了。

长孙晟的职位虽不高，但"一箭双雕"、"神箭手"之名声，越传越广，越说越神，加之又是在皇宫里当差，平日为人谦和，待人豪爽，所以，京师大小吏员对其莫不钦佩。

等了约莫个多时辰，史万岁洗了澡，剃了头，重换的囚衣虽不大合身，但已是气象一新，前后判若两人了。但若与往日比较，两日牢狱之灾，竟使这位上大将军庞大的身躯瘦去整一圈。

长孙晟就在监狱内为史万岁置酒压惊，亦是为其将去敦煌充作戍卒践行。他让囚徒坐了上席，自己和狱吏分坐两侧，阿宝则陪坐末席，恰好坐在了主人的对面。

史万岁反客为主举起酒杯，无比感激地对长孙晟说："罪臣史万岁借花献佛，多谢长孙君搭救之恩。"

"不敢，不敢。"长孙晟谦逊地解释道，"长孙人微言轻，仅以一己之力，恐还解救不了上大将军。"接着，便将营救史万岁之前后经过述说了一遍。

这一叙说不打紧，不知触碰到了史万岁哪根筋，他反而愤愤不平大吐苦水道："请诸位看哪，咱像个反贼吗？圣上钦命咱为上大将军，咱感恩还来不及呢！杞公是咱老上司，他写亲笔信叫咱来，咱能不来吗？他信中并未声言，要咱来京师做何事——咱真冤咧！"

"嗨，你伤还没好，痛尚未消，就鸣冤叫屈起来呐！"长孙晟打趣道，"咱听人说，将军在梁府门前，把皇家禁卫打翻一大片，人家能不拿你当反贼看？"

"老弟呐，你没在场，只知其一，不知其二。其时，那台阶上站着个领头的，年岁不大，谱摆的倒不小。他不分青红皂白，只管命令士卒拿人。咱当时并不知晓杞公是反贼，心想，你个不知天高地厚的臭小子，能这么对待远道来客吗？实是忍无可忍，此才动手的。"

"你可知晓，那台阶上立着的是谁？"

"眼生哩。咱若认识他，他若认识咱，咱就不会吃这场要命的官司啦！"

"此倒是句实话。"长孙晟说，"告诉你吧，站在台阶上的人，是朝廷大司马，当今的皇太子。"

"……"史万岁把一口喝进嘴的酒，又喷吐出来了。

此时，狱吏则一迭连声赔不是，说自己有眼无珠，使上大将军吃苦了。

"此事哪能怪罪你。上大将军是以反贼同党抓进来的，他是死囚，并又不肯招供认罪，你能不往死里整？"长孙晟说着，又问史万岁，"听说上大将军入狱后，还大发牛脾气，并辱骂拷问你的人？"

"那刑具是好受的吗？咱疼极了，能不骂娘？"

"好汉不吃眼前亏咧！"长孙晟道，"依愚弟之见，上大将军这次吃点皮肉苦，有好处……"

"还有好处？"史万岁把刚换的衣衫一扯，袒露出身上的血痂血痕说，"叫你领教领教此滋味，看还说此种浑话不。"

"咱不是此意思。"长孙晟笑着说，"上大将军一生，多是对别人发号施令，平日也只有自己责罚下人的，哪受过别人的白眼，更遑说要自己尝尝酷刑的滋味了。咱说得对不对？不过，大丈夫要能曲能伸呢！君想过没有？过往，自己是指挥千军万马的上大将军，此番西去敦煌，却变做了身份下贱的戍卒！今后要忍受的冤屈和责罚，今恐仅是个开头哩！因此上，君要切记一句话：'人在屋檐下，焉能不低头'。此后，可是千万不能动不动就发将军脾气了。要记住，自己仅是个戍卒哩！"

"唉……"史万岁喝了一口闷酒，良久，方道，"兄弟救命之恩和今日肺腑之言，史某一并都记心中了。"

"好。这几日，君就安心在此把伤调养好，再上路。长孙明日则要先行一步，出使突厥，所以，不能再来此处看你了。不管咋说，大隋和突厥只要并存，大战小战就难避免。将军有谋略，有胆识，更兼一身好武艺，届时，还怕没有再展雄风之机？"

宴毕，趁长孙晟叮嘱狱吏之际，阿宝则乘机走到史万岁面前，悄悄递话主人：监狱这边，主人不会再受虐待，长孙晟连看守他的狱卒都给了一份好处。阿宝自己，也要马上赶回府上去，因主人牵扯进梁士彦的谋逆案中，外面已传得沸沸扬扬，目下家中老小还不知慌乱到了什么地步。

万岁紧紧攥住阿宝之手，久久说不出一句话来……

史万岁在一名狱吏和三名狱卒的押送下，晓行夜宿，沿驿道翻过一道黄土高坡，终于见到了脚下的敦煌地界。此一行人，一路走过许多荒无人烟的不毛地，众人原都以为地处边远之敦煌，紧靠沙漠，那还不是飞沙走石，无比荒凉的地方吗。其实不然，目下映入眼帘的竟是一条清澈透亮之河流，河的两侧则是绿油油的农田、果树和望不到尽头的草地，放牧的牛羊，耕作之农夫，皆点缀在一片绿色中。史万岁见此，心境亦豁然开朗起来！

此前，史万岁哪里知晓："敦，大也；煌，盛也。"盛大辉煌的敦煌，依然有着属于自己的悠久历史和文化！

敦煌的东边是三危山，南为鸣沙山，北面与天山余脉相连，西面才是浩瀚的罗布泊大沙漠。因为敦煌恰好处在南北高、中间低的冲积盆地中，而尤其是发源于祁连山的党河流经此间，从而在大沙漠的边沿形成了这样一片繁茂的大绿洲。正因如此，这里聚集了到此谋生的各族庶民，并种植生产出了丰富的粮食、瓜果和畜产。由于物产丰富，所以，常常受到吐谷浑和突厥的侵扰。

因为长孙晟的打点，一路上，史万岁不仅没有披枷戴镣，而且，几十斤重的囚具，也是由四人分着轮流背负的。而今，已到目的地，史万岁即将交割给接收他的戍边营地。下坡后，几名狱卒才给史万岁按规矩披上囚徒之枷锁。一切处置停当，正欲打听接收他的营区时，忽地从斜刺里冲出一彪骑军，他们正在追逐一只受伤的黄羊。那野物被逼急了，竟横穿土路，从史万岁的旁边一闪而过，没入路边草丛。骑马的几名军人则穷追不舍，史万岁因刚戴枷锁有点不惯而避之不及。

"滚开！"骑马的大汉恶狠狠地朝史万岁瞪了一眼，劈头盖脑就是一鞭子，便头也不回地纵马而去。

这边，史万岁的头脸立马见血。狱吏和狱卒总不能把一个血淋淋的囚徒交割给当地兵营。于是，又将刚上的枷锁卸下，来到一条渠边，将史万岁头脸之血迹洗尽，并让史万岁另换了一身衣裳，并在路边一家饭铺五人吃了最后一顿饭。之后，在饭铺伙计的指点下，终于抵达了敦煌城外的戍边营地。

该兵营的主管是一位威猛大汉。此刻，他已喝得微醺坐在几案之后，睨了戴枷的史万岁一眼，看到他脸上的鞭痕，惊讶地道："嗨，看来你我还真是有点冤家路窄！你挡了咱的道，差点让那只到手的黄羊跑没了。"

其实，一进营主房间，史万岁也已认出该营主就是去追黄羊抽了他一鞭子的那名莽汉。

营主见史万岁沉默无语，便叫狱吏和狱卒将他身上的囚具卸下，并问："汝叫甚名字？"

"罪卒叫史万岁。"

"甚？"营主怪异地盯问道，"是'万岁爷'之那……那个'万岁'

吗？"

"是。"

此刻，押送史万岁的狱吏已将朝廷遣送文书拿出。营主接过看了一眼落款处的鲜红大印，便将它放到了案上。史万岁猜想，自己的这位上司一定不能识文断字，因他不看文字，只认朝廷的那颗大印。

"你犯的是啥罪？"

"罪卒牵涉到一桩谋逆案中。"

"汝等想谋逆谁？"

"皇上。"接着，史万岁解释说，"罪卒实则与那案子并无……"

"看来，汝之贼胆还不小哩！"营主不等史万岁把话说完，便用惊诧的目光盯住他，问，"竟敢谋逆皇上，这么说，汝之原先官职也一定不小啰，是吗？"

"罪卒原先是上大将军。"

"啥？"营主先是吓了一跳，他一生，还从未见过这么大的官。接着，又以不屑之口吻说，"孬种！咱知朝廷有的王子王孙，还挂啥行军元帅头衔到边地讨伐突厥。可一个个连马都骑不稳，成天躲在帅帐里，还美其名曰，称是啥……运……运……"

旁边有位上了年纪的人提示道："运筹帷幄。"

史万岁听着，木木地望着对方，仍一声不吭。

营主起身，慢慢踱到史万岁跟前，反问道："汝知咱叫啥吗？"

史万岁摇头说："罪卒初来乍到，尚不知营主尊姓大名。"

"汝别对咱这般酸溜溜文绉绉的，咱不爱听。"营主用食指指着自己的鼻尖，自我介绍道，"咱叫'魔头'。听说过没有？此名，可不是咱自己取的，是突厥人怕咱，在草原上传叫开的。咱能深入突厥营盘探囊取物，如入无人之境，你这个上大将军，敢吗？有此本事吗？"

"咱有。"史万岁看了魔头一眼，点头说，"您敢做的事，罪卒也敢。"

"狗屁！你敢？"营主的双眼突然瞪得杏圆。还没等史万岁回过神来，"啪"地一记耳光抽在了他的左脸上。顿时，史万岁的左脸立即肿起老高，

　　"狗屁！你敢？"营主的双眼突然瞪得杏圆。还没等史万岁回过神来，"啪"地一记耳光，抽在了他的左脸上。

那已停止流血的鞭伤再度绽开，和着从鼻子里、嘴里冒出的鲜血，在脸上、颚上流淌……

刹那间，周围一片哗然。史万岁捂住肿脸和鼻腔，血即从指缝中汩汩地溢了出来……但他咬紧牙关，连哼都没哼一声。

押送史万岁的狱吏和狱卒见此情形，从刚才说"运筹帷幄"的那人手中，取了回执，立即出门登上了返回长安的行程。

却说，史万岁因一路劳累，又遭重击，更是头冒金星，昏晕难支。他于是被营主的两名侍卫搀扶着，送进戍卒营房休息。

戍卒的寝室是个大统间。紧靠墙壁从左至右是一条大统炕，其上要并排睡十二名戍卒。史万岁初来乍到，被安排到最里边的位置上。他在炕上躺下后，脚臭、汗臭和一股霉味，混作一处，呛得他比脸上的疼痛还难以忍受。

"此就是命呵！"史万岁想。他默默嘱咐自己，"咬紧牙关——认命！"

不知过了多久，有人来叫他出去用膳。他侧过身子，见门口立着一名戍卒。

史万岁于是朝他道了声谢，说自己不饿，就又躺下了。身心俱疲的史万岁再也顾不得脸上火烧火燎的疼痛和房里难以忍受的气味——他睡着了。

又不知过了多久，史万岁忽地听到有人在叫唤："史将军，史将军。"

"是叫咱吗？"史万岁应了一声，睁开眼，房间已黑，朦胧中，见炕旁一大一小立着两条人影。

"谁呵？"

"咱姓姚，和你一样，十多年前从长安流放到这里来的。"高个子回答说。

"你刚才叫咱啥？"

"你不是赫赫有名的史将军吗？"

"那都过去了嘛。"史万岁道，"今后别再这么叫了，正如别人也不叫你原先的官名……"

"请把你的手伸过来。"姚姓高个子身边的小个子一开口，便把史万岁吓了一跳！此人发出的分明是女人声，而且，是极不标准的汉语。

"你要做甚？"史万岁不解地问。

"咱是郎中，奉营主之命，来为你治伤、看病的。咱要先号一下你的脉。"

史万岁犹豫了一下，还是把手伸了过去。

这时，有戍卒提来一盏灯。小女子安详地在炕沿就坐，把三根纤纤细指搭在史万岁的粗腕上，开始为其号脉。过了一会儿，她松开号脉的手，叫把灯端到炕头，并叫史万岁把嘴张开。

史万岁痛苦地张嘴，小女子朝嘴里看了看，摸了一下史万岁的额，失声叫道："哎呀，好烫！"于是，立即吩咐姓姚的戍卒，"你去叫人把伤病员房间收拾好，让他搬到那里去。他烧得发烫，脉象也不好，咱去准备药物。"说着，小女子便径自离开了营房。

接着，史万岁在两名戍卒的搀扶下，转移到了伤病员房间。房里有一股淡淡的药香味，且只住了他一人，伤和病虽未减轻，但胸口好像已没原先那么憋闷了。

过了好一会儿，女郎中带着一名女婢进来了。郎中双手捧一陶罐，女婢端着一盆冒热气的汤药。女郎中进房后，即叫人又点了一盏灯，并叫人在史万岁的床边放了一只木盆，然后才端着陶罐对史万岁说："这罐里装的是漱口水，你吸一口，漱一漱，再吐到盆里去，可不要把水吞进肚里了。"

史万岁接过陶罐，看一眼女郎中，然后喝了一口罐里的水，并立即皱起眉头，把水吐入床边木盆。

"你咋啦？"郎中问。

"又苦又涩，还灼得腮帮子疼极。"

"该死的魔头把你的脸打肿了。不过，脸面仅是一点皮肉伤。你的伤主要在嘴里，里面若是溃烂了，将来连牙都会掉光的。你刚才喝下的，不过就是一点浓盐水。带兵打仗的人，连这点苦都消受不了？"

万岁爷被小女子一顿抢白，借着不甚明亮的灯光，他认认真真地看了她一眼。见其的脸不如内地女子那么白皙细嫩，而是黑中透红的；额上的眉也不是细长的柳叶眉，她的两条黑黑的浓眉下，一双眸子在灯光的映照中，熠熠生辉，竟十分动人！

接下来，史万岁二话没说，一仰脖子喝了一大口苦涩的盐水，并按郎中吩咐，"咕噜咕噜"在嘴里漱了好大一会儿，才将盐水吐在木盆中。

"好啦，好啦！"女郎中笑道，"今后每日早上起来，晚上睡觉之前，还有膳后，都要记得漱口。盐水用完了，即对咱说。"

说毕，女郎中即要史万岁把头伸至床外，用温热的汤药反复给他洗润肿脸，直到药汤完全变凉，方才罢休。之后，她和女婢收拾好东西，熄了灯，合上门，方才离去。

经此一番折腾，躺在床上的史万岁，渐渐觉得肿脸已没原先那般火烧火燎地疼痛，口里不但不再苦涩，反而觉得有点生津之甜味。他用右脸挨着枕头，带着那股子微甘的味儿，睡着了。

次日晨，一觉醒来，史万岁觉得左脸已不再那么火辣辣的，全身也不再像一只火炉。他试着活动了一下腮帮，口内仍很疼痛。他想起女郎中之语，他的伤主要在嘴内。于是赶紧起身，喝了一大口浓盐水，并将其含在嘴里，披一件衣裳，就一路"咕噜"着出了门。可一到户外，他便不由自主地打了个冷颤！天边虽已显出一抹红霞，而外面仍异常清冷。他把口中的水吐出，吸一口清冷之气，顿觉神清气爽。恰在此间，见一瘦小人影，披着满身霞光，踏着带露的草地，正缓缓朝这边走来——呵，这不正是昨日为自己治伤的那位女郎中吗？他进而想到，这样一位娇美的女子，咋地竟到了这边远的兵营？又是如何在这男人堆里充当郎中的？

"嗨，这早就起来啦。"女郎中一手提铜罐，另一只手挽着篮子，走了过来。"好点了吗？"

"只一夜，已觉好多了。身子也不发热了。"

"饿了吧？快进屋里用膳。"

女郎中一说，史万岁倒真觉肚子"咕咕"叫了。

二人进房，女郎中先把手上之物搁在几案上，从篮里取出碗和勺，在罐中舀了一碗粥，问："哎——你漱过口没？"

"漱过了。"

"吃吧，不知合不合你的口味？"

史万岁喝一口，嘴里虽仍感疼痛，却分明感到，这是他有生喝过的味道最好的粥。于是连连点头："嗯，好喝，好喝！这粥是咋做成的？"

女郎中脸上露出笑容，说："其实很简单。粟加羔羊肉馅，再加滤过渣的牛羊骨头汤，用小火慢慢熬制，就成。"

"嗬，这还简单？"

"你嘴里有伤，碰不得硬物，身子又虚，咱才想出此法。"女郎中接着又道，"咱已和那魔头说好，你的伤病最少要一两月才能慢慢恢复。"

"他咋说？"史万岁紧问道。

"他点了头。你就住这里，安心疗伤养病吧。其实，他也挺后悔的。"

"他后悔？"史万岁不解地道，"他悔啥？"

"他后悔那一巴掌下手太重。他说，只怪你当时竟敢在他面前充能，不治治你的将军脾气、打你个下马威，他今后难以治服你。"

"我……我在他面前充能了？没有呀。"

"有。"女郎中毋庸置疑地道，"他说，他能单骑深入突厥营中，探囊取物，你说，你也能。"

"呵……"

"不过，他私下对咱说，他还是挺佩服你的。"

"佩服咱？"史万岁更是一头雾水。"咱戍卒一个，他佩服咱啥？"

"他说，你不像那个同样是从京师来的姓姚的官吏。他犯的是贪渎罪，仅是一只偷东西的硕鼠。你有胆量，竟敢谋逆皇上！"

"……"

第四十五回

两千士卒迎强敌建奇功
一纸诏书展皇恩慰忠魂

话分两头。

当长孙晟和元晖作为出使东、西突厥的使臣，分别跨出长安，去会突利可汗处罗侯和达头可汗玷厥时，仅过数日，西边和北边便传来了沙钵略大可汗率突厥诸汗国共四十万大军、沿长城一线的广阔疆域大举南侵的消息。

刹时间，武威、安定、天水、金城、上郡、弘化、延安，"官、兵被杀，六畜咸尽"，庶民逃离家园，流离失所……朝廷上下，则一片哗然！

对此，隋文帝虽然早知沙钵略不会善罢甘休，并从立国之日始，就下了要与其血拼的决心。但是，当一场巨大而严酷的战争真正来临时，这位刚刚君临天下的皇上，还是难掩心中忧虑。

他深知，北方之患如得不到妥善解决，国家的安定，江山的一统，等等一切，皆无从谈起。文帝立即召集文武百官会聚大德殿，先由高颎通报了北方疆域的紧急情势，皇上接着表明了誓不与敌作任何妥协的坚决态度，然后下诏，令河间王杨弘、左仆射高颎、右仆射虞庆则、上柱国豆卢勣、窦荣定等，分别为行军元帅，兵分八路，迎击突厥来犯的四十万大军。

时任右仆射、并州总管、行军元帅的虞庆则，因长期驻守边塞，有与突厥交战的历练，文帝命他进驻弘化（今甘肃庆阳），以从正面迎击沙钵略的主力。

虞庆则率军进驻弘化后，即命行军总管达奚长儒率二千精锐出城探查敌之部署和动静。

可大出意料的是，达奚长儒率部刚出弘化，抵达一个叫周槃的地方时，即与沙钵略可汗亲率的十余万大军不期遭遇！

其时，敌方遮天蔽日的旗幡和如乌云一般黑压压的一片金戈铁马（突厥人之战马和骑兵皆着黑色铁甲），以及山呼海啸般的呐喊……有如狂飙般从广袤的草原席卷而来。

前往侦察敌情的达奚长儒，绝非等闲之辈。他出身鲜卑军人世家，作战经验丰富、有着显赫的军功，可是，就连他也是头一遭碰到此景象，并且，猝不及防地就卷入到了险境中！他的两千精锐，在沙钵略十万铁骑面前，竟成了一只可怜的羔羊。他想，作为军人，与其束手待擒，屈辱而死，不如奋力一搏，玉碎疆场！

视死如归的达奚长儒，面对数十倍于己的强敌，仍然镇定自若地指挥两千士卒，迅速在草原上组成一个大方阵，他们相互呼应，抱作一团，以迎四面来敌。

果然，异常兴奋的突厥铁骑，即如饿狼遇到羊羔般，从四面八方争先恐后朝达奚长儒的方阵猛扑过来。

而隋军训练有素的方阵，外层士兵左手执盾右手持刀，向迎面扑来的敌军挥刀劈杀；而身处内层的士卒，则在外层军兵的掩护下，用箭射杀突厥骑兵将领。

原本以为对手会一触即溃的突厥铁骑，万万没想到两军甫一交手，自己反被杀得人仰马翻，被撂倒一大片。尤其是一些身先士卒争头功的将领纷纷中箭落马，更使突厥军兵无比错愕，束手无策。此刻，他们才如梦初醒，自己面对的并非弱小羔羊，而是一只满身长刺的棘手刺猬！

突厥军队经此一击，反而自乱阵脚，冲在前面的朝后退却，而后续赶来的则一下收不住缰，仍在朝前猛冲，致使自家军队发生碰撞、踩踏，更是乱作一团……

达奚长儒藉此整理了一下自己的队伍，仍令军兵成方阵，且战且朝隋军的大本营弘化方向有序撤退。

本来洋洋自得站在沙丘上观看"狼扑羔羊"的沙钵略大可汗，见此情形，怒不可遏！他挥刀纵马冲入阵中，亲自督战——于是，一场白热化的绞杀，便在茫茫草原残酷地上演了！

突厥士卒，身形魁梧，骑射皆精，但打起仗来，却无章法，且少韧劲。他们一窝蜂似地嗡哨而来，在训练有素的隋军面前，却占不到丝毫便宜。不过，沙钵略可汗也非等闲之辈，第一拨上去的兵马被隋军打散、击溃，他立马指挥第二拨人马上去，不给隋军以喘息之机。他们仗着人多势众，前仆后继，轮番出击。沙钵略可汗深知，如果连此小股军队都灭不掉，又何以对付千军万马的隋朝大军呢！与此同时，他还看出达奚长儒有往弘化方向撤退的意向，便命数倍于隋军的兵力，将其后路堵死。

达奚长儒的方阵且战且退，终于发现已没了退路，率性原地不动，以不变应万变，迎战四面来敌。敌军轮番进击，隋军则奋力抵御一拨又一拨冲来的敌军，终因寡不敌众，方阵被凶猛之敌撕开数道裂口，死伤骤增，而变得支离破碎！达奚长儒立即把冲散的士卒召集起来，组成一个个较小的方阵，与敌周旋，且自己亦为方阵中之一员。于是，一个两千人的大方阵，渐渐变成了数个小方阵。小方阵作战更为灵活，且能互相呼应支援，使毫无战法的突厥军队更难对付。

隋军在达奚长儒身先士卒的鼓舞下，有的士卒受伤倒地，只要一息尚存，便不顾敌军战马的踩踏，仍挥动手中长刀去砍敌之马腿。马被砍得暴跳，不仅将身上主人抖落于地，还被受伤倒地的隋军就地砍杀。而且，暴跳的伤马还将敌阵冲撞得七零八落，使战局更加浑沌……

此战，从午时一直战至黄昏，草原上已是丢盔弃甲，尸横遍野，一片狼藉，连突厥军兵亦感人困马乏，更莫说达奚长儒的隋军了。

沙钵略可汗再次下令将通往弘化的去路派重兵堵死，并命加强巡逻和警戒，自己便率队伍回营了。他想，今日杀不绝你，也要把你饿死困死在此地。

经过一日鏖战，达奚长儒立即着手清点和整理自己的队伍，他明白，更加血腥的战斗还在后头。一支两千人的精锐军队，打得只剩一千二百余人；包括自己在内，几乎没有不受这伤那伤的。而且，出发时，大家仅带一日粮和水，目下所带粮、水，皆已吃光喝光。有的士卒为便于投入战斗，甚至把装水的皮囊都甩了。打仗时，谁都不觉饿，可这会儿皆感饥渴难当。

于是，达奚长儒即命自己的士卒去敌屍上找吃喝。敌人的弃屍数倍于自己。不多时，水囊、牛羊肉干和粮袋，甚至还有金银财宝，极为丰富地收集起来，饥渴问题暂且得到解决。但，随着晚霞褪尽，夜幕拉开，虽然已是五月天气，日间骄阳似火，而夜里却仍感寒气逼人，把个脱去铠甲想就地躺下歇息歇息的军兵冷得瑟瑟发抖。

可就在此时，从一里开外的一处沙丘上，却不绝于耳地传来阵阵琴瑟声和笑闹声。将士们抬眼望去，只见沙丘的顶端，火光熊熊，人影晃动，原来是驻守其上的突厥士卒，一边烤火，一边狂欢。不一会儿，随风送来了酒和烤肉的香味，这一下，更使冻得发僵的隋军士卒气得火冒三丈！

"狗娘养的，吃香喝辣，还这么张扬，打起仗来，却也不见得咋样！"

"老子反正冷得睡不着，不如上去一锅端了他！"

"嗯？"说者无意，听者有心。不知是谁的一句气话，却使达奚长儒的心为之一动。他想：回弘化的路已被数倍于自己的突厥兵力堵死，硬闯是回不去的。但若能夺下眼前这个沙丘，还可坚守一阵子，以待行军元帅发兵来解围。

他于是召集几位军头，把自己的想法一说，立即得到一致赞同。有的说，高地范围就那么大，充其量也只容得下几百千把军兵，如是一对一，对方没骑马、没披甲，绝对不怕他狗娘养的；还有的说，干脆晚点动手，让其玩得筋疲力尽，喝得醉醺醺的，一宰一个，像杀死猪一样。

"好！"达奚长儒还特别提醒道，"突厥人怕神怕鬼，每人脸上胡乱涂抹一些牛粪马粪，他们一见，不知是何方神圣下凡，会更魂不附体！还有一条，坡上的人，不能留一个活口，绝对不能让其逃走报信。所以，要留一二百人在外围看守，以防漏网之鱼溜下坡去。目下就请列位知会众人，做好准备。"

各军头回到重新组成的分队中，把所议之事一说，个个摩拳擦掌，情绪高涨。有的把藏于身上舍不得吃的肉干和水都拿出来，与人共享；有的则去四周寻找牛粪，有些牛粪因时间太久已经干了，就用水调稀再涂到脸上，大家并以此互相取笑。此时，所有士卒，皆不觉得冷了。

这是一个月黑风高之夜。渐渐地沙丘上已没了笑闹和琴声，火塘里的火焰也没那么明亮了，整个大草原充满一片虫豸之唧啾……

夜深之际，达奚长儒终于下达了动手的指令。一千二百人全副武装悄没声息地朝沙墩进发。待到坡下，他们绕坡一周，再分别神不知鬼不觉地朝坡上爬……爬到坡顶边沿，只见坡上有十数顶帐篷，而许多突厥士卒则横七竖八地躺在一个个火塘旁边睡着了，连值勤的哨兵也不例外。

达奚长儒见此，他想：一千二百人摸上坡时，令其不可弄出一点声响，这样，各人的爬行速度也就不可能一致，因此，可稍等一会儿，待人都爬上来了，再一齐动手。

可就在此刻，只见躺在火塘边的一个突厥士卒忽地翻身爬起，并摇摇晃晃地朝自己匍匐的方向走来。这位身经百战的将领，见此情形，竟也紧张得手心冒汗，紧紧握住了手中的佩剑。那士卒走到他面前解开裤带，正欲朝自己头上拉尿。达奚长儒终于一跃而起，朝对方一剑砍去，那士卒连哼一声都没来得及，便身首异处了。

用不着再下达攻击命令，众将士从四面八方一拥而上，便把火塘边和帐篷里尉睡的千余名突厥官兵以迅雷不及掩耳之势，全部宰杀。此时，他们方才知晓，这一高地便是沙钵略可汗的前线指挥所，帐篷里被宰的有的是其亲信和幕僚。此外，帐篷中还存放着许多牛羊肉、酒、水和牛奶，以及武器装备等等。而火塘之釜中，还有冒着热气的牛羊肉食。大家吃饱喝足后，达奚长儒没让大家闲下，而是命其沿高地挖壕沟，筑掩体。

这座所谓的高地，也就是个突起的沙丘，挖掘起来并不费劲。尽管如此，待壕沟挖好，天亦放亮。达奚长儒才留几名士卒放哨，让大家躺到壕沟中休息。

整个草原，复又归于宁静……

却说，弘化城中的行军元帅虞庆则，躺在床上辗转反侧难以入寐。达奚长儒是他最信得过的爱将，带去的亦是军中最好的精兵，且只带一天给养，咋会一去不返，连个信也不捎回呢？他终于忍不住披衣起床，把窗户撑起，这时，一抹晨光射入房中。他想了想，不能再坐等他们往回送消息了。于是，即命一名将领率数十轻骑悄悄出北城，前往一探究竟。

仅过两个时辰，出去打探消息的将领便气喘吁吁地回城禀报说："突厥大军已在离弘化城北十余里处的周槃一带安营扎寨。仅看那连绵的望不到尽头的营盘，少说也有大几万兵马。达奚总管的两千士卒不见踪影，看来已是凶多吉少，若没被歼，亦被其大军阻断、围困，而无法返回了。"

虞庆则一听，甚感震惊。他万没料到，自己刚到弘化，敌之大军已兵临城下了。我军一路奔波，立足未稳，而强敌已安营扎寨，以逸待劳。若在此刻马上出城与敌交锋，而尤其是在未摸清敌之虚实情形下，则犯了兵家大忌。虞庆则于是下令关闭城门，加强警戒，并挑选熟悉当地情况的军兵扮作牧民，分作几股外出侦察敌情和打探达奚长儒的下落。

而此时，躺在牙帐中的沙钵略可汗，一觉醒来，天已大亮。

这位五路兵马的主帅，昨日收兵回营，无比气恼。自己亲率十二万铁骑，与敌之小股队伍鏖战了一整日，折损了数千兵马，可仍没将其拿下，岂不成军中笑柄了吗！

他昨晚回营，一个人坐在牙帐中喝闷洒。越喝越生气，越喝越神魂颠倒，以至天大亮了，才醒来。侍卫给他端来奶茶和一大盆肉食，他边吃边命人将各支队伍的军头都叫来。待大家到齐，便声色俱厉地一个个开涮！之后，才向全体军头提出：今日务必要向狼一样，毫不留情地将那支残军撕咬掉！

再说沙墩上的达奚长儒。

折腾了整整一夜的他，待士卒们都在沙坑中休息后，自己才在火塘边躺下稍稍打了个盹。睁眼时，东方已现一抹红霞。他掀起侍卫为他盖上的大氅坐起来，身边火塘的余烬尚在冒烟。

其时，一位偏将走过来问："总管，要不要将大伙叫起来？"

"不忙。让他们多睡一会儿吧，昨日辛苦了。"达奚长儒接着吩咐说，"你可叫醒几人，把火塘烧旺，在釜中煮上牛羊肉，让大家一睁眼就有吃的。敌军昨日吃了亏，今日的恶战不可免！"

偏将走后，达奚长儒也站起身来。他见各个火塘边还躺着不少敌之尸体，便把各处哨兵叫来，连同自己身边的侍卫，命其把敌尸一具具都移到壕沟之外侧。他本人则沿高坡巡视一周，担当起了哨兵之责。因天已大亮，又是站在高处，左右望去，皆一目了然。当他眺望到昨日血拼的战场时，真是触目惊心呵！那遍野横陈的人尸、马尸，其中也包括自己的七百多名兄弟。更令人痛心的是，其中有的人，当时并未断气，自己却只能眼睁睁地将其抛下，使其永远长眠于此！

当日头升至一竿子高，到了巳初时分，沙钵略才率大军浩浩荡荡出了营地。与此同时，担任阻断隋军退回弘化的突厥军队，也接到命令，倾巢而出，两支共十万余人的大军，气势汹汹，从南北两端夹击而来。

可令沙钵略可汗万万没有料到的是，当大军逼近昨日的战场时，大批大批狼群在人尸和马尸之间东奔西窜，落荒而逃，而一群群原本降落地面的兀鹫，也扑扇着硕大的翅膀腾地升上高空，在队伍的头顶盘旋。而昨日的战场上，除被狼和兀鹫撕咬过的人尸、马尸及丢弃的甲胄、兵器而外，竟无一活物。

"这就怪了！"沙钵略可汗想，"莫非真如自己所想，那些白天勇猛如虎的隋军，一夜之间，竟真的全都冻死饿死？或为狼所咬死了？不，不可能呵！昨日千军万马，轮番冲击，都没将其斩尽杀绝，他们还会在乎一群畜牲？可是，人呢？这可不是一个两个，而是成百上千！未必，一夜间，他们竟能神不知鬼不晓地越过这铁桶一般的包围圈，插翅而飞了？"

正当沙钵略可汗百思不得其解之际，忽有一名幕僚用马鞭一指不远处的沙丘道："可汗，这帮隋军会不会把咱的前线指挥所占了？"

沙钵略一听，惊得冷汗直冒！他抬眼望去，见骄阳之下，自己的狼头纛还在沙丘的牙帐顶端迎风招展；亦如往日，有几股青烟，仍从尚未熄尽的火塘中袅袅升起……这说明，上面一切皆很正常。他于是摇头道："不可能。上面驻守着千把人，他们若有贼胆攻上去，那还不是一场恶战？能有现在这么安静吗？"

"可是，您看那坡上——"

沙钵略可汗再朝沙坡仔细看去，方见刚才从这里逃遁的狼群，悉数都争先恐后地往沙坡上爬。如不是嗅到血腥味，狼会凭空光顾那光秃秃的沙丘？他再转念一想，刚才自己率军从沙丘旁经过，上边的人咋连招呼都没打一个？他于是命身边幕僚率百余骑，去沙丘一探究竟。

沙丘上的达奚长儒，直到太阳升至一竿子高时，他才看见北边的草原上，露出一条横亘的黑线，随着黑线变粗变宽，才命人把躺在壕沟中和帐篷里睡觉的军兵唤醒。众人一睁眼，便闻到一股肉香，都一个激灵地争先恐后去抢吃食。

当下，煮好或烤熟的牛羊肉，牛奶、奶茶、水、酒，应有尽有。达奚长儒只不断提醒大家，酒不可多喝，别的则可尽兴。过一会儿，有士卒来报，南边也发现了大队人马。达奚长儒只是点了下头。他想，反正就这么大个沙丘，挤爆了，仍会如昨日一样，互相冲撞踩踏，而自乱阵脚。

当众人吃饱喝足，突厥的北南两路大军离此亦越来越近了。沙丘上的人，已能分出下边队伍中的人、马、旗帜和阳光下闪闪发亮的兵器；并能听到人喊、马嘶和号角声。士卒们此刻已吃饱喝足，进入壕沟息歇待命。见到下边气势逼人的情景，沙丘上的气氛亦随之紧张起来。坐在石墩上的达奚长儒仰头看了看帐篷顶端被风吹得猎猎作响的狼头纛，这面象征突厥可汗威严的旗帜，是今早才被人们发现的。士卒要将它扯下来，被达奚长儒制止了。他说，让它挂在那，说不定还可迷惑敌军，以为沙丘还是他们的。

果不其然。当沙钵略可汗的大军从沙丘旁经过时，并未直上沙丘，而是绕道赶往昨日的战场。正当大家稍稍松了一口气，扑了空的南北两军犹疑片刻，便有一彪人马从侧翼直奔沙丘而来。突厥人生于草原，长于沙漠，这么一个沙包，自不在话下。当坡上的狼群被赶得再次落荒而逃时，冲在前面的几匹马，有的踩在了抛弃在前沿的尸体上。那弃尸皆披铠甲，马蹄踩上去，立不稳，有的连人带马摔倒了；有的骏马则腾空而起，越过前沿尸身，而前蹄却掉进了壕沟里，亦栽得更惨——马上的士卒摔下后，被候在沟中的隋军挥刀劈杀。

沙钵略可汗所处位置与沙丘相距较远，可还是看清了连连发生的人仰马翻景象。他勃然大怒，命各路人马朝沙丘冲去。

而这，却正是达奚长儒所乐见的。他觉得人上来得越多越好。因为沙丘就那么大，而且是底大上小，越往高处走越狭窄，十万大军齐上阵，不挤作一团相互碰撞才怪了！此前，他已吩咐众人，待敌冲到高处，再近距离用箭射杀。因敌之人和马，皆着了铁铠甲，届时，自认箭法好的，可瞄敌人的面门或马的眼、鼻施射；若觉准头欠缺的，即往马的腿上射，即使射不到前一匹马的腿上，说不定正中后一匹马的腿上。

果然，从四面八方如潮水般猛扑上来的敌骑兵，还未冲到沙丘的半腰处，便互不相让地纠缠撕扯起来。

待离丘顶约二三十丈时，达奚长儒一声令下："打！"

霎时间，箭如飞蝗朝敌射去！有的马腿马鼻或马眼同时中箭，受伤的马，暴跳如雷，横冲直撞，把身上的主人和没有中箭的人马也撞得人仰马翻！然而，更加糟糕的则是，下面的骑兵看不到上面发生的事，仍挥刀跃马地向上冲。当上面的人马抵挡不住一轮又一轮射向自己的箭矢，尤其是受伤马匹更多，并失去控制，便如更加疯狂的潮水往后倾泻时，灾难性的踩踏发生了！

此一仗，达奚长儒几乎未损一兵一卒，而敌之人马则从山坡一直躺倒到了很远的草原上。被自己人和马踩踏而倒毙的，远远超出直接射杀致命的。然而更惨的是，许多人与马都还未断气，其身上还在淌血，还在痛苦地呻吟、哀叫和挣扎，可又得不到任何处置和救治……

草原上的野狼在人们的厮杀中，不见了踪影，但嗜血之鹰隼，盘旋于天空，越聚越多，几乎要将晴空遮蔽。

达奚长儒手握剑柄立于沙丘，五月的阳光照射着他魁梧的身躯，从大漠吹来的劲风拂过他的面庞，他双眸闪灼发亮，注视着坡上一片惨烈的景象，却仿佛是在欣赏一幅无比壮美的图画！他想：自己哪怕就是现在死，也值了！

接着，达奚长儒把一名侍卫叫到身边，说："仗打到此份上，沙钵略摄图是绝不会善罢甘休的。接下来，肯定又会是一场恶战。你去换一身突厥士卒军服，并着上他们的铠甲，趁冲上的敌军退却时，混进他们当中，并设法摆脱他们，回弘化把这边的情形禀告行军元帅。"

侍卫得令后，去营帐换装。此处原本就是突厥军队的前线指挥所，帐篷里突厥人的军服和铠甲都是现成的。

果然，没过好久，敌人便如蝼蚁般沿沙坡匍伏而上。因沙坡上遍布人和马的尸体，马已难以下蹄，沙钵略就将骑兵变做了步兵。突厥，乃马背上的民族。他们放弃了马匹，威力锐减，不过因其人多势众，还是难以对付。

待突厥士卒爬到距坡顶约二三十丈时，达奚长儒一声令下，千箭齐发。

突厥士卒也是吃一堑，长一智。他们举起手中盾牌，将箭矢挡住，并加快了往上爬的速度，登到坡上，跳下堑壕，即与隋军进行殊死搏斗！已在第一日的搏斗中就数处负伤的达奚长儒，亦身先士卒，仗剑与冲上坡顶的敌人格斗！他们打退一拨，又有一拨迅即冲了上来。刀折了，就用断刀砍，甚至用已露出白骨的手，与敌硬掐！

战至黄昏，沙丘上下皆尸横遍野！沙钵略亦只能再次饮恨鸣金收兵！身负五处伤的达奚长儒清点自己的队伍，活着的仅剩二百余人。

　　却说，身负重任的那名侍卫，在一场激战开始前，就悄悄潜伏到了南坡战死的突厥士卒当中，并在脸和铠甲上揩抹了人血马血，伏地不动。当突厥士卒冲到坡上时，他亦装死未动。直到冲至坡顶的士卒被隋军击溃，他才与溃败的士卒一同退下坡来。因为冲锋陷阵的突厥士卒原都是骑兵，一时之间，坡下到处皆是无人管束的马，他从中挑了一匹身上未着铠甲的，牵着马的缰绳装作伤兵模样，一瘸一拐慢慢走到人稀处，才翻身上马，直奔弘化而去。

　　没费什么周折，亦未过多久，一路狂奔的侍卫便远远望见弘化的城楼了。他紧张的心情渐渐平复，遂将马的速度降下来。可就在此刻，马不知被什么绊了一下，一个前冲，人仰马翻。他趴在地上，未及翻身，就被几个一拥而上的牧民按住，并被捆得严严实实。

　　此时，一个牧民吩咐旁边人道："你去瞧瞧，那匹马伤没伤？"

　　"老子操你老娘！"被擒侍卫一听"牧民"说的竟是和自己一样的关内话，就知是咋回事了。所以，更加生气，"老子们前去探路，被突厥围困整整两日，你们不但不前去解救，却躲在此处，对自己人下绊子！"

　　几个"牧民"一听侍卫之语，都傻了眼，慌忙给侍卫解绳索，赔不是。

　　原来，他们正是行军元帅虞庆则派出去打探达奚长儒踪迹的。他们本已摸到前沿，远远望见到处都是黑压压的突厥铁骑，便向后退却。不料，遇到一个敌之骑兵竟自投罗网，送上门来……

　　众人一齐回城，径直去见行军元帅。

　　达奚长儒的侍卫详述了二日来的惨烈战况，听者皆唏嘘不已。

　　良久，行军元帅方问："你咋知这支突厥军的主帅就是沙钵略摄图本人？"

　　"咱占据的沙丘，就是突厥军的前线指挥所，摄图的狼头纛就挂在指挥所牙帐顶端。"

　　"你估摸他们一共有多少军兵？"

　　"当在十万以上。"

扮作牧民的几人亦道："出弘化十里之外，到处皆是突厥营帐，亦到处皆见突厥全副武装的铁骑。"

虞庆则再次默然良久，方命军中郎中为达奚长儒的侍卫治伤，却只字未提派兵出城解围之事。因他统率的仅五万军兵，余部尚在集结中。作为大隋名将，朝廷重臣，他不想第一仗就落突厥下风。况且，达奚长儒的两千人，已所剩无几，若贸然出城迎敌，亏损可能更大。

是日夜，无论对沙钵略的十万大军，还是对沙丘上还活着的二百余人来说，都是一个彻骨心寒的夜晚。沙钵略可汗已没昨夜那股咬牙切齿、报仇雪恨的强烈欲望。十余万人对付小股敌军，不仅没拿下，反使自己折损了万余官兵。且，损失一日更比一日惨重！而对达奚长儒来说，他的两千精锐，只剩两百多人，更是欲哭无泪！

次日，当太阳升起之际，沙钵略可汗就命吹响号角，集合队伍，他要亲自率军去扫平那原本是自己指挥所的沙丘。为防隋军夜里又捣什么伎俩，他把营寨扎在了沙丘周围，使敌无法动弹。

一切准备停当，正欲对沙丘发起最后一击时，忽有阿波可汗的信使来报：他们的队伍遭到从内地来的隋军猛击，请求沙钵略可汗派兵驰援！

本来就憋着一肚子火的沙钵略可汗，把气都撒在了来使身上。他一指遍野尸体道："打仗就得拼命！你回去告诉阿波，一定要坚守住！只许前进，不可后退！否则，咱要找他算账！"

阿波的信使一走，沙钵略转而一想，自己拼死攻上去，还不知又要折损多少军兵，若这边敌之援军赶到，自己已精疲力尽，还挡得住吗？

他思索片刻，突然下令："撤军！"

候在沙丘掩体中的二百多名隋军，昨夜在坡上敌人的尸体堆中寻得一些刀、矛等武器，时下已严阵以待，准备与其作最后一博。他们居高临下，看到敌已集结，不久，又见其散开，并走远了……

达奚长儒心想，沙钵略已变乖巧了，可他到底是在耍啥花招？正狐疑不定间，忽见盘旋于天空的鹰隼，三三两两地落到了沙丘下的敌尸上。再过一会儿，平日在白天不大成群出没的狼群竟也出现了……

达奚长儒由此断定：敌之大军，确已撤离，并走远了。

达奚长儒以两千士卒，杀敌万余，并逼退十余万敌主力的战绩，传至朝廷，令满朝文武无比钦佩。

隋文帝为此下诏，曰：

> 突厥猖狂，辄犯边塞，犬羊之众，弥亘山原。而长儒受任北鄙，式遏寇贼，所部之内，少将百倍。以昼通宵，四面抗敌，凡十有四战，所向必摧。凶徒就戮，过半不反，锋刃之余，亡魂窜迹。自非英威奋发，奉国情深，抚御有方，士卒用命，岂能以少破众，若斯之伟？言念勋庸，宜隆名器，可上柱国，余勋迥授一子。其战亡将士，皆赠官三转，子孙袭之。

第四十六回

牙帐中长孙巧使离间计
石屋里戌辛道出大实情

沙钵略可汗的大军一退，早已感受到隋军巨大压力的阿波可汗立马率军后撤。而此时，突厥其他三路大军，有的与隋军打得天昏地暗，相互对峙；有的则趁隋军立足未稳，一路势如破竹，攻掠隋西北要津。可正当其烧杀抢掠得兴起时，却传出沙钵略和阿波已分别撤军的消息。所以，突厥其余各路兵马，即使打得顺手的亦见好就收，纷纷朝后撤去。此次，突厥来势汹汹的四十万大军，就这样很快地又消失于长城以内了。

而就在北边杀得不可开交此消彼长之际，长孙晟怀揣大隋皇帝的诏书，带着丰厚的礼品，经黄龙道，正行进在去突利可汗处罗侯的路途上。

处罗侯是沙钵略可汗一母所生的亲弟。因其为人低调，比较关心部落下民的疾苦，在部落内很得人心，却反受哥哥摄图的忌恨。长孙晟从京师启程不久，即从驿站听到突厥来犯的消息。一路上，他还担心不知仗要打多久，此次出使不知能否见到处罗侯本人。这下可好了，他还没到处罗侯的辖地，却又听到战事已告结束，此可是个见缝插针的绝好机会。

长孙晟一出长城，便在当地改租了几只骆驼装载礼物。牵骆驼的是雇请的当地人。他们一路为使者引路，加快了行程。长孙晟原本就是鲜卑族裔，由他挑选的随员、侍卫亦都是本族人。所以，大家稍一改换装束，也就与在西北游牧的奚人别无二致了。

处罗侯此次出征打了胜仗，带回许多劫掠的战利品，而与铩羽而归的兄长摄图恰成鲜明对照。所以，他格外小心，低声下气，怕惹兄长生气。他回牙帐没几日，长孙晟一行也到了。身为突利可汗的他，打量着这位声称要见自己的奚族牧民，眼中露出疑惑神色。

长孙晟摘下帽子笑道："与君一别，前后没过三年，可汗难道就不认识咱了？"

"哎呀，是长孙将军呀！真没想到！"处罗侯喜出望外，连赔不是，"失敬，失敬！"

二人久别，相聚甚欢。为显大隋之慷慨，长孙晟这次带来的是上好绫罗、茶叶和可贺敦喜爱的金银饰物。

觥筹交错中，处罗侯望着长孙晟及一干随员，深表歉意地说："实在抱歉，与隋为敌，确非咱的本意。"

"这个，可汗就不要解释了，咱还不清楚吗。"长孙晟笑道，"咱这次是来会老友的，而并非追究谁应负挑起战事之责。其实，战未开打，咱就启程了，快到长城时，才知前面发生了战事。咱一边躲避，一边赶路，还在想，这场战事不知要打到何日方能休止，亦不知能不能见到你可汗本人哩。来，为上天给咱安排的聚会——干杯！"

宾主站起，群情高涨，一饮而尽。

处罗侯的心结解开后，长孙晟关切地道："一路之上，咱最不放心的，仍是可汗你的境遇。不知，咱离去后，你过得是否好些了？"

"唉，别提，别提……"处罗侯喝了一口闷酒，摇头诉说道，"阿哥对咱的猜疑，比你在的时候更严重。处处受其掣肘不说，他还常派人对咱加以监视。年初仅为一点小事，差点没被他整死。"

"咱就担心这哩。所以，此次前来看你，慎之又慎。为不引人注意，咱都改换了着装。就怕沙钵略可汗知道咱来看你，没去看他，他又要对你起疑心。"

"起疑是肯定的，不疑才叫怪。"处罗侯道，"你对咱兄，摸得真透，他就是那么个人。"

接下来，长孙晟向处罗侯宣读了大隋皇上向他示好的诏书，介绍了大隋立国的宏图伟略，以及当今文帝博大的胸怀。并告诉他，自己是大隋皇上贴身侍卫官、车骑将军。日后若遇困难或时运不济时，可随时前来向大隋禀告，定会得到大隋倾力保护和支持。

处罗侯听罢，感激涕零。他正不知如何对付来自阿哥的强力压制，因而更把长孙晟视为好兄弟。

有鉴于沙钵略可汗的猜忌，长孙晟不敢久留。二日后，他的一行人，便告辞了突利可汗，横穿草原，向西而行。

此时，长孙晟的心里还挂着两件事：一是，他惦记着远在西北敦煌充戍卒的史万岁。这位"万岁爷"，从上大将军，突然降为军中最小的戍边卒子——此坎下得太急、太陡。他担心脾气暴躁的朋友，一时转不过弯来，会吃眼前亏。二是，那边有实力更弱，更受沙钵略可汗歧视的阿波可汗。他想，若能首先从势力最弱的阿波可汗处打开突破口，那么，整个突厥的瓦解，便指日可待了。

然而，远在数千里之外的史万岁，眼下的处境，并没长孙晟想的那么糟糕。他在边塞兵营女郎中卓玛的治疗和调养下，伤情和身体恢复迅速。

一日，身体渐好的史万岁找到魔头说："咱的伤口恢复得差不离了，可以充当士卒去戍边。"

魔头扫了史万岁一眼，见被自己打肿的半边脸虽已平复，但青紫之色却未完全消退。于是道："咱听卓玛说，你嘴里的伤不是一日两日就好得了的，还有身子也很虚，要慢慢调理。这样吧，卓玛老说她那里人手不够，你就帮他去种药，咋样？"

第二日早晨，卓玛循例来给史万岁送早膳。一罐肉汤，几个饽饽。罐里成块的牛羊肉，已熬成糊状，再把饽饽撕碎丢进去，更成稠糊糊，用不着咀嚼就可往肚里吞。史万岁没做任何事，食量可不减，一罐这样的食物，每日早晚两次，都是一扫而空。

卓玛给史万岁舀了一大碗稠糊糊，冷丁地道："你咋个又在魔头面前充能了呢？"

"没有呀！"史万岁吓了一大跳，以为大祸又要临头了。他把碗往几上一放，说："咱只是很小心地向他报告，咱的伤已好了，可以去做戍卒了。"

"哼！你这还不是在说谎、逞能吗？你的伤这就算好了？还早着呐。"卓玛生气地道，"你仅仅只是脸上的肿消了。腮帮子里的伤口也只是表面愈合。稍不注意弄翻了，里外都会再肿起来。到那时，口里的牙会掉光，届时，可没人再侍候你了，看你今后用什么吃肉嚼饭？"

"那咱就一辈子喝这肉糊糊算了。"

"你想的倒美！"卓玛也笑了。"你打算啥时候跟咱去种药呀？"

史万岁叹了口气，没回话。他双手捧起碗，埋头喝起肉糊糊来。其实，他从早上睁眼起，就开始盼着卓玛的到来；日头偏西后，心头又惴惴不安地用耳细辨她的脚步声。这其中，除了肚子确实饿了而外，他还特别盼望听她说的一口极不标准的汉话，看她那文静优雅的举止。亦正因如此，史万岁才警觉到，自己以戴罪之身，可绝对玩不起儿女情长的事儿。于是，他才向魔头主动提出要去履行戍卒之责。可魔头并没领会自己的本意，反而进一步把自己推到了她的身边。

"咋地，你不想帮咱去种药？"卓玛不解地望着史万岁。

"呵，不，不……"史万岁这条五大三粗的壮汉，望着卓玛一双清亮的大眼睛，心里极为慌乱。"不过，咱可没种过药咧！"

"这咱知道。"卓玛道，"你原先不是上大将军吗？在家里，也没侍弄过花呀草呀的？"

"没有。"史万岁坦白说，"小时候，咱只做过两件事：读书和练功；长大后，只一件事，就是打仗。"

卓玛一听，"咯咯"地笑了。并说，"不过，那也没甚。种药比指挥打仗容易多了。地里的药材只要勤浇水，就成。"

"那行。咱这就同你一起去吧。"史万岁把喝光的空碗往几上一放——

话既说到这份上，也就只能听天由命了。

卓玛的药圃建在一片荒滩地上。有的药材怕阳光直晒，就种在一大片葡萄架下。此刻，架上的葡萄尚未成熟，像煞一串串晶莹剔透的绿玉雕。架下种着好几种绿茵茵的药材。另外，更有许多喜好阳光的各种药材，一畦畦望不到尽头，都朝天开着不同色彩的极绚丽的花朵。

"嗨，这些药草开的花真好看！"史万岁由衷地赞叹道，"你一人种了这么一大片药，还要给人看病，确实忙不过来。"

"原先有位老伯在这里帮咱种药。他戍边四十年，连老家都记不清是在哪了。不久前，他死了。哎——他给咱种了这么多药，到头来，药却未能救他一条命。"

史万岁故意道："那还种药干啥嘛？"

"话不能这么讲嘛。此地上上下下的官兵，谁能保证自己不生病，不受伤？尤其是兵营，发起瘟疫来，一病一大片，真吓人。不过在咱家乡，除种少数几味药外，是没人这样成片成片种药的。"

"那为啥？"

"咱家乡，地广人稀，各种药材，满山遍野皆是，取之不尽，用之不竭。"

"唔……"史万岁自遇卓玛，就生一个疑团，始终未解。他于是问，"你叫卓玛，应是藏人吧。可一个弱女子，是咋到此遥远的兵营中来行医的呢？"

"唉……不提它了！干活吧。"卓玛的脸色倏地阴沉下来。

刚刚立秋，敦煌的阳光仍很炽烈，白昼暴热。而从祁连山流下的雪水，亦如夏季，仍很丰沛。一架由风力带动的轮盘水车，把河水提拉到药圃的沟渠中。因是沙土，畦垄的药地被水一浸，易塌；而且，沟渠中的水，渗漏厉害。史万岁一方面要随时疏通渠道，让水流通过；另一方面则要快速把水浇到药圃的根苗上。一畦地，估计有一里路那么长。史万岁浇一畦，卓玛浇另一畦。过不了一会儿，史万岁就落在了后面。待再过一会儿，二人的距离越拉越远。史万岁在太阳的照射下，早已是汗流如注了！这位力拔山兮气盖世的大将军，心里想：此女身材看似瘦小，却不柔弱呐！

当日头快要爬至头顶，史万岁已是腰酸背疼，大汗淋漓。他抬起头来揩了一把汗，不经意间朝远处一看，只见卓玛侧身躺倒在了沟渠中。他的心"咯噔"了一下，想，出什么事了？他把手中浇水的瓢一丢，拔腿就往卓玛那边跑。

"卓玛，你咋啦？"史万岁气喘吁吁地跑至卓玛近前，大声道。

"我被毒蛇咬了。请快把咱抱到滩地上去，再施救。"卓玛只皱了一下眉头，神色并不慌乱。

史万岁把湿漉漉的卓玛抱起，见她已用裤带将左膝下的腿肚缠扎起来，以防毒液朝上蔓延。

开始，史万岁高一脚低一脚跌跌撞撞地在沟渠中走。接着，他一步蹿上畦垄，把卓玛种的药草踩得东倒西歪，一路小跑地来到河边滩涂，把卓玛放下，用力撕开其左腿裤管。只见被蛇咬的伤口并不大，流血也不多，但伤口周围已青紫，并肿得老高。这种事，对史万岁来说，倒是司空见惯。因士卒在行军打仗当中，被毒蛇咬伤的事，屡见不鲜。

当下首要的就是放血排毒。他拔出随身匕首，就着河边沙石磨了磨，并将沾着肉末和异物的锋刃在水中用沙擦洗干净，才在卓玛小腿的伤口处比划了一下，小心翼翼地划开一道血口。

当史万岁动刀的时候，身为郎中的卓玛浑身颤栗了一下，却哼都未哼一声。紫黑的血顺着刀口往外淌出……但腿的肿胀不仅未消，还一直蔓延到了脚背。史万岁急得俯身于地，抱住卓玛的小腿，用嘴去吸那毒血！

"不行！你也会中毒的！"卓玛急得大叫，把腿往后抽。

这时节，还是史万岁的劲大。他紧紧攥住卓玛的伤腿，吸一口，吐一口，直至再也吸不出什么血水来。

接着，他把卓玛抱到河边，把她的伤腿浸在很凉的水流中，用清澈的流水为其清洗伤口。自己也忙里偷闲，吸一口河水，吐掉，又再吸一口，并顺势把自己的污脸和胡须清洗干净。

之后，史万岁仍把卓玛放到沙滩上，喘了一口气，说："咱送你回家

史万岁急得俯身于地抱住卓玛的小腿，用嘴去吸那毒液。

吧。你家在哪里，咱还不知道呢。家里有蛇药吗？"

"蛇药，这地里就有。右手边，往里数，第三垄，开小白花的就是。"

史万岁马上去那地里采来一大抱，问："是这吗？"

卓玛点点头。

"咋用？"史万岁望着卓玛道。

"把嫩尖和叶子摘下来，捣碎，敷在伤口上。"

史万岁朝四周一看，遍地皆是鹅卵石，捣的东西倒是不缺，可用什么来盛那捣碎之叶末和和汁液呢？他急中生智，先把采来的草药在水中洗净，掐了一把嫩尖和叶塞进嘴中嚼起来。

卓玛一见，急了，连连道："使不得！使不得！"

可史万岁哪里肯听，他把草药嚼烂，敷在卓玛的伤口上，见还不够，又掐一把塞进嘴里，直到将肿腿敷满，方到河边去漱口。

接着，转身对卓玛说："咱送你回家吧。"

"不行。这么着，不等到家，敷上去的草药全都会掉光。"她用手一指不远处的一所低矮的房舍说，"屋里有布，先得把伤处包裹好。"

史万岁用双手小心翼翼地将卓玛平托起来，朝小屋走去，并问："那屋里住着谁？"

"原先住着帮咱种药的那位老人。目下，咱在此处种药时，中午可在里面歇息歇息。"卓玛对自己被毒蛇咬伤显得若无其事，仍继续道，"开始，老人只在这里搭了个草棚子。一次刮大风，把棚子吹得无影无踪，咱就召来一帮士卒，帮他盖了这座石屋，再大的风也吹不垮它了。"

石屋内有一张床，和两只存放药材的木架，架内分门别类放着晾晒干了的药材，使满屋充满药香。

史万岁把卓玛平放在床上，卓玛说："左边木架的最上一格有白布，是咱用来缝制装药的袋子的，小木箱里有剪子，你剪一段白布撕成布条用来裹伤。"

"知道。"行伍出身的上大将军，哪有不会裹足打绑腿的呢。他于是动手干起来。

也真是事有凑巧。原先在此种药的老人，生前在药圃中还插空种了些供自己吃的瓜菜之类。可还未等到香甜的瓜成熟，却已撒手人寰。而正当史万岁将卓玛的伤口清洗干净，给她敷上草药，把她抱进石屋、裁剪布条时，不巧被两名闯进药圃偷瓜的士卒看得一清二楚。他俩即到对岸马场，把看见史万岁抱着卓玛进屋的事报告了魔头。

魔头大怒，率一众士卒快马赶到石屋，推门而入，并不管青红皂白地一手揪住史万岁的头发，怒喝道："想不到，你竟把咱的好心当成了驴肝肺，于光天化日中，干此等鸟事！"说着，右手拔出锋利的腰刀。

"不要犯浑！"瘦小的卓玛发出的声音震耳欲聋。她翻身从床上坐起，抄起剪布的剪子，只听"嚓嚓"几声，把裹在伤腿上的白布条剪开，拂去敷在小腿上的草药，道，"你睁眼看看！咱被毒蛇咬成此样，若不是你的罪卒及时施救，咱早就没命了！"

魔头俯身一瞧，见卓玛的整条小腿已成青紫色，并肿得老高。接着，他回身再看史万岁，目光已显歉疚之色，可欲言又止。沉默片刻后，他把腰刀插进鞘里，吩咐士卒把卓玛带走。两名士卒一左一右搀起卓玛，并把她扶到马上。

此时，还站在屋内发愣的史万岁方才警醒，冲出门对马上的卓玛喊："你腿上的药全没啦，会送命的！"

"不打紧。敷了一会儿，已有药汁浸入伤口和肌肤，回到家里，咱有更好的蛇药。"卓玛说完，不顾腿疼地一勒马缰，便一马当先地奔走了。

魔头率众走后，四周静得出奇，没有了卓玛的史万岁，心中更显空落落的。他回到沟渠中，一个人担起了浇灌之责。他浇着浇着，发现有的垄中种植的草药下，还套种着瓜。正感唇干舌燥和饥饿的他，顺手摘了一个，用手一拍，瓜汁顺着裂缝流出。再将其掰成两半，咬一口，又甜又解渴，并把口中残存的蛇药苦涩味，全都嚼没了……

是夜，史万岁就在石屋中将息。他一直觉得不大服贴的肚子，忽然倒海翻江般疼痛无比。于是，赶紧提着裤子跑出石屋，蹲在野外，把肚里的东西全泻出来。此时，他方觉野外清冷无比，又立即回到屋中。白日，他开始只吃一个瓜，后来觉得肚饿，又挑了一个大的充饥。可能是吃得太多太猛，消受不了。待到肚里的东西全部拉空，方觉舒坦。白天实在太累，一闭眼，就睡着了。

第二日起身，他仍循惯例，用随身带的盐水漱了口，顿感口内有一股久违的清爽。他想，是蛇的毒液、还是带小白花的蛇药，或是那从未吃过的香甜的瓜起的作用？他不甚了了。反正，口内一切不适之感，一夜之间，便奇迹般地全没了，连眼睛看四周景致，都更觉明亮！但，不好受的则是肚子饿得"咕咕"叫。他想，不能再吃瓜了。瓜能解渴，吃得太多，却要肚痛下泻，反而更饿。他倏地想起，昨日在河中给卓玛清洗创口，河里的鱼可能嗅到血腥味儿，游了过来，赶走一拨，又来一群，那鱼根本不怕人，其中不少都有一两尺长。如能弄得一两条鱼来，这屋里锅灶都是现成的，不是一顿美餐嘛！

他于是从屋里取了一把长刀，先到药圃摘了一个甜瓜，来到河边。他把瓜捣破，掰一块，仍忍不住地咬了两口瓜瓤，再将其投入河中，果然有鱼来抢。可还未等他把刀抡起，那湍急的流水便把鱼和瓜冲出老远。他再掰一块，往上边一丢，那瓜顺水冲下时，却离自己太远，手中的刀则根本够不着目标。接着，他卷起裤腿，站到河里，把剩下的大半个瓜朝上游方向一抛，待那半边瓜流至近前，一刀劈下，瓜瓤、鱼血一冒，此举宰杀的显然不止一条鱼。可正当上大将军高兴得手舞足蹈时，那被宰杀的鱼，却拖着一条长长的血水漂流到了很远的地方……

史万岁乘兴而来，却一无所获沮丧地回到了岸上。恰在此时，他看见有辆牛车停在了石屋门前，两名戍卒正从车里卸下什么东西。

他走过去，一位五十开外的老戍卒放下手中的东西，朝他走来说："咱奉军爷（即魔头，一般士卒对他的尊称）之命，前来帮你照管药圃。"

"那正好。咱正愁这么大个园子，一人管不过来呢。"史万岁高兴地道。

"咱来时，军爷娘娘还特别叮嘱，说你腮帮子里的伤未愈，要咱把肉食煮得烂些。"

"军爷娘娘？"史万岁一头雾水，"咱可不认识她咧，她咋知咱嘴里有伤?"

"你不认识她?她每日都在给你治伤哩。"

"呵……"史万岁方才恍然大悟,"咱还以为她仅是个女郎中呐!"

"你想想,这兵营里全是豺狼样清一色的男人,能容得下一个普通女子?"

"唔……"他转而问,"军……军爷娘娘的伤咋样了?"

"这,俺可不知了。不过,看上去,她的气色还不错,咱就是她要军爷指派来给你打下手的。"

从牛车卸下的有老戍卒的铺盖、床板,还有烧柴、粮食和一筐煮熟的肉块。此地白天奇热,肉不先煮熟,很快就会臭。

另一位赶车戍卒赶着牛车走后,留下的老卒即对史万岁说:"早就饿了吧?来,咱们先做饭,吃饱了再去药圃忙活。"

石屋后面,有个连通的小厨房。因长期没生火做饭,锅、碗、瓢、盆都是脏兮兮的。他俩各挑一副担子,里面装着要清洗的东西来到河边。史万岁望着那湍急的清幽幽的河水,提起来此捕鱼的事。

老卒一听,哈哈大笑道:"世上哪有用刀去斩捕鱼的。想吃鱼还不容易,石屋门背后,有一柄三齿渔叉,既可防身,又可用来叉鱼。你到河边只须朝河里吐口痰,就有鱼来抢,一叉下去,不论大小,准能叉到一条。"

"嘀!你咋知道得这清楚?"

"原先在这里种药的老头,是咱老乡。没事时,咱常来此戏耍。天晚了,还在屋里住过。"

说话间,锅、碗、瓢、盆一应物件皆洗涮干净。老卒让史万岁挑了一担装着炊具的箩筐,自己则挑一担河水。

在边关,所谓做饭其实很简单,就是把牛羊肉块放进釜中煮熟,就奶茶食之。当然,偶尔也煮一锅小米粥或稻米饭、蒸馍馍、炒菜等。史万岁对老叟说,口里的伤全好了,肉不必煮得太烂。老戍卒则一定要按军爷娘娘的吩咐行事。厨房里已是肉香四溢,但仍用小火煨着。

老戍卒守在灶口,时不时地往灶里添点柴,并念起卓玛的"好"来:

"军爷娘娘待人可好，她不管你是官还是卒，只要生病了，都是尽心尽意，为你医治。"

"她叫卓玛，应是藏人，咋会嫁到这地界来呢？"

"哪是嫁，她是被军爷硬生生抢来的。"

"抢来的？"史万岁大骇，"那不成贼匪了！"

"没错。"老戍卒道，"咱军爷原本就是个马贼。他横行草原，不靠突厥，也不靠朝廷，神出鬼没，见东西就抢。所以，突厥也好，政府军也好，见他就打，弄得他无处藏身，后被虞庆则大将军生擒。大将军见其勇猛，不仅没杀他，反给封了个都尉的军职，派他驻守敦煌边关。周宣帝驾崩那年，突厥来犯，虞庆则大将军调集各路兵马，一举将突厥军队击溃。其中有支突厥军被军爷追到青海地界，没入深山野莽。军爷不熟悉那一带地形，只好收兵返营。在下山路上，碰到一老一少两个采药藏人。军爷问那上年纪的老人，哪里有可供人畜饮用的泉水？藏人不懂军爷的话，一问三不知。军爷为没追到突厥军队，正感懊恼，一怒之下，把那采药藏人一刀劈了。年轻的女儿哭天抢地，军爷正欲举刀，见女子生得美丽，就像老鹰掠小鸡一样，将她抓至马背带回敦煌，那女子就成了军爷的第六位夫人。"

"呵……"埋在史万岁心中的疑团，此才得以解开，却又生出新的疑惑。他于是问，"他一个小小都尉，能养活六个老婆和一大群儿女？"

"呔，这太容易啦！"老戍卒说，"你别看军爷豺狼样心肠，一字不识，但心里却极有成算。敦煌这地方水草丰茂，他私下办了个军马场，把马卖给朝廷军队，说马是从牧民手中买来的。仅此一项，再娶六个老婆也不成问题。另外，此地还是波斯与内地通商的必经和货物中转处所，他做中间人，两头赚……"

不等老叟说完，史万岁又道："可对卓玛而言，毕竟有着杀父之仇。她竟肯与其同床共枕过日子？"

"军爷不是个魔头吗？谁敢不从呐？"

"……"

第四十七回

文帝妙论敲定大隋刑律
公主怨怼惨遭天顶祸灾

大隋立国之初，在与突厥硬碰硬进行的第一次全面较量中，敌虽迅速退却，大隋亦"胜"之不武。文帝深知，沙钵略摄图此次损失的主要就是被达奚长儒歼灭的那一万余人。与其五个部落国中的四十万大军相比，仅是一个小数目。不过，此次较量，也证明了一个事实，欲与其真刀真枪进行血拼，他还是惧怕的。而今，摄图实力尚存，报复心极强的他，肯定不会善罢甘休。因此，一场规模更大、更加严酷的战事，正在酝酿之中，说不定哪日，就会一触即发！因此，大隋屯驻于西北边陲的各路兵马不仅未减，反在不断增强。另一方面，朝廷还在征召民役，加固和修造长城。

北方战事尽管紧迫，但文帝还是把左仆射、行军元帅高颎从西北边陲召回到了长安，以操持繁忙的政务。

高颎回到尚书省，仅过几日，便向文帝禀报说："大兴宫城的修建，因大量使用从旧宫拆下的材料，比原先预计的工期可大为缩短。但，《开皇律》之编修，却停滞不前，而陷困局。"

"何至如此？"文帝一愣，问，"不是说，此次修律聚集的皆为我朝英才，那还有啥解不开的疙瘩呐？"

高颎笑道："症结亦在于此。因为都是人尖，众人各执一词，公说公有理，婆说婆有理，最后不知该听谁的。"

"噢？"文帝一听，越发惊奇。"那个摊子，不是也属卿管么？汝既回到朝廷主持政务，若有什么纠结解不开，最终当然还是应听仆射的嘛。"

高颎摇头道："事情可没这么简单。因臣对刑律也不是特别精通，想法当然有，也只能算个一家之言吧。"

"唔……朕知道了。此事不为难卿。朕正好有些话，要对编修者说。"文帝说着，从书案中取出一个折页，放入袖笼道，"走，朕这就和卿一道去听听他们都有些啥宏论。不过，卿与朕先在此处立一条规矩：即，谁的想法对头，最终就听谁的。行不行？"

"行。"高颎点头说。

于是，文帝、高颎便一直从临光殿步行至尚书省的一个大堂里。

大堂内是名符其实的高朋满座。每人的案上案下皆堆满各种书卷、册页。

打前的宦官一声唱喏："皇上驾到！"

满屋正在聚精会神编纂律条的官员，立即从自己的案前起身跪于地。

"都起来吧。天热，诸君辛苦了！"几位太监临时搬来椅子，让文帝和高颎坐下。众臣纷纷从地上站起，文帝一眼望见其中的郑译，忙道："郑大人，卿也来了。好，好！请坐过来。"

这位文帝少年时的同窗、成人后的同僚和密友，因他一直是前朝皇帝所信任的近臣，每至文帝遭猜忌或遇险的关键时刻，他都能帮助当今圣上化险为夷、渡过难关，直至助其登上帝位。可如今，两人已是咫尺天涯的君与臣了。特别是，自刘昉谋反处斩后，郑译一直闭门谢客，大门不出，待到此次文帝点名请他出来参与编修《开皇律》，他才重又抛头露面。

可当此时，文帝一进大堂，便直呼其名，使诚惶诚恐的郑译更觉惊慌，却又不能违逆圣意，只好硬着头皮朝皇上走去……

郑译刚至近前，高仆射立即起身，要把位子让给郑译坐。郑译岂敢，二人互相谦让时，文帝即吩咐太监端来另一张椅子，置于皇上右侧，叫郑译坐下。

文帝亲执郑译手，嘘寒问暖，并极尽亲切地问："朕一算，大约有两年没见卿了吧？"

郑译此时方安下心来，附和说："是呀，是呀……"

几句寒暄过后，文帝才转脸扫了一下堂下众臣，一眼看见安坐其间的杨素，便正色道："杨大人，卿是否知晓？目下大敌当前，突厥不断侵扰边境，朕没派卿赴前线带兵打仗，而是将卿安排到此参与编修新律，可见此事是何其重要。卿是文武全才，朕首先就想听听治军之人，对编纂《开皇律》有何高见。"

"圣上过奖了。臣下哪有甚高见。"杨素起立，谦逊地道，"不过，以臣之拙见，军有军规，国有国法。治军注重的是，令行禁止，严字当头；治国亦如治军，立法丝毫稀松不得。否则，庶民百姓，便会如同一盘散沙，那么，民将不民，国将不国矣。"

杨素素以治军苛严而闻名军中。军队训练，他立有训练之规，违者必罚；行军，他规定不得扰民，不得践踏庄稼等等；打仗时，他派兵冲锋陷阵，若遇强敌，有退缩者，一律处斩勿论。所以，他的将士作战勇猛，军纪严明。

文帝以往只闻杨素军队纪律严明，治军有方，本人又有过人的文才，所以，此次修律，亦特别点了他的名。但听他一番言论，文帝就想：若以治军之法，套用到《开皇律》中，能行吗？那不又使大隋回到周武帝全民皆兵的苛酷峻法年代？他于是转身把目光投向苏威道："苏仆射，卿不仅参与编修过《刑书要制》，还起草制定过多部国家典章制度。以卿之见，当下着手编修这部新的《开皇律》，先要立个啥宗旨？"

"唉……臣下之心，近些日子被钱、粮、税收等，充塞满了，一时还转不过弯来哩！"

苏威说的倒是实情。他管的事既多，又很琐碎、繁杂，且，一件件还得落到实处。比如，文帝下令兵分八路，北征突厥。苏威即要为每路将士筹款、调粮、拨付军资；修建大兴城，要向下征调民役、工匠，支付物料款项；同时，还要紧缩各项开支，尽量使下民缴的税、服的徭役不要过于沉重等等。

不过，尽管如此，苏威还是针对杨素的言论，说："以臣之见，若以治军的苛严峻法来编《开皇律》，则肯定不成。"

"那为啥？"

"道理很简单。圣上当年决心要编《刑书要制》的初衷是什么？就是前朝武帝制定的刑律太苛严。到宣帝继位，颁发《刑经圣制》，则更苛严，已达天怒人怨地步！若不即行修法，就会如清河公（杨素封号）刚才所言，国将不国。所以，今日大隋修法，绝不能步前朝宣帝、甚或武帝之后尘。"

文帝闻听此言，默了默，又对在座的裴政道："裴大人，卿有何见教？当初编写《刑书要制》，卿可是主笔之一。"

"主笔，微臣不敢当。"老成持重的裴政说，"苏仆射说得有道理。治军、治国，虽都是同一个'治'。但'治'法，却是天差地别。将帅治军，令行禁止，讲究的是威与严，来不得丝毫拖泥带水和儿女情长。可人们常把治政、治国的官员称作父母官，为什么？父母者，对儿女，讲究的是慈与爱。因而，天子对天下颁行刑律，首先应以慈爱为怀。这样，天下庶民才能安居乐业，从而反转来让普天百姓成为文武官员的衣食父母。"

"说得好！裴大人以慈爱为怀，作立法的出发点，朕赞同。"文帝拊掌道。接着，即单刀直入地问，"那么，依卿之见，这部《开皇律》的框架应如何搭建？"

"圣上所提此问，其实，微臣在编写《刑书要制》时，就琢磨过。彼时，因怕触怒前朝宣帝，大家着笔只能遮遮掩掩、修修补补、欲言又止。因此，臣就想，有朝一日，国泰民安，朝政清明，应痛痛快快重编一部利国利民之大法。没想到，此一愿望，当下即能实现！"说到此处，裴政抬起头来，看了一眼文帝，说，"微臣斗胆以为，此《开皇律》的架构，可用八字概括。即，刑纲简要，疏而不失。"

"唔……"文帝略思片刻，问，"此八字有何讲究？能说细点吗？"

裴政颔首道："近年，微臣研读过历朝历代的一些律条。比如，秦之律法，正如桓宽所言，'繁于秋荼'。不仅罪案之条目繁杂，且对罪犯的责罚方式层出不穷。所以，刘邦入关，即废秦律，约法三章——'杀人者死，伤人及盗抵罪'。这么一来，简约是简约，又太过笼统稀松，而不成其一部正式治国安邦之法。待到正式制定汉律，其'律令凡三百五十九章，大辟四百九条千八百八十二事，死罪决事比万三千四百七十三事。至使文书盈于几阁，典者不能遍睹'，复又落入秦之窠臼。之后的晋律，减至二十篇，六百二十条。可至北齐又增至九百四十九条，而与北齐同时代的北周《刑经圣制》，更是增至一千五百三十七条。总之，刑律之条目过于繁苛，必至庶民动辄得咎，人人自危，不仅不能达到治国安邦的目的，亦使胆大妄为者更易铤而走险，从而导至天下不能自安。律条太多太滥，对执法者而言，也易造成混乱，反使执法人无所适从，似是而非，不知用什么条律更恰当。所以，目下编纂的这部《开皇律》，刑纲须简要，并使之纲举目张。此对执法者来说，也才能有所依从，准确按条律定案。"

　　裴政发言时，整个大堂鸦雀无声。而感触最深者，莫过于坐在文帝身侧的郑译。这位几朝元老，曾前后两次亲身参与北周修法。第一次参与其事，是在北周的建德年间。其时，天下三分，北边和西边还有突厥和吐谷浑的侵扰。因此，战事频仍，人心浮动。而当政的武帝，却立志要举全国之力，实现统一天下的宏图大略。所以，他特别强调乱世用重典。当时制定《周律》的人，只能遵从旨意，把条律定得极苛严。而且，武帝还不顾王公贵胄的反对，将抄灭佛、道写入《周律》。其时，裴政也是一个重要执笔人。可此一时，彼一时，哪能像如今一样，容其侃侃而谈地直抒己见呢！待到宣帝登基始，不仅大赦天下，还宣布废除一切法规，打开监牢，释放所有囚徒，放纵其烧杀抢掠，而使民不聊生。此才又组织编纂了更为苛酷的《刑经圣制》。在编纂此刑律时，宣帝和刘昉竟把责罚人，视作取乐之游戏，而把一些荒诞不经折辱人的方法，写入神圣的法典中……

　　抚今追昔，郑译还感到，朝代不同了，立法的出发点和内容，亦在跟着变。而尤其是眼前这批编纂《开皇律》的执笔者，个个不仅才华出众，亦都是兢兢业业。凡此种种，他甚至已能理解，立国之初，皇上为什么未对自己和刘昉等"恩人"委以重任，使之成为朝廷的重臣……

想到此处，郑译抬起头来，见文帝饶有兴味地在问高颎："裴政说，《开皇律》应体现慈爱为怀，还须刑纲简要，卿以为如何？"

"裴公之言，臣皆赞同。"高颎说，"据臣所知，裴政在周为官时，就是这么做的。他处置案件，不仅公正快捷，尤在对待将要处决的死囚上，亦体现了'慈爱'二字，允其妻儿去死囚室探监和陪伴。"

高颎说完，刑部侍郎韩濬插话，说："臣以为，《开皇律》注入君对臣，乃至对普天百姓之仁慈关爱，废除严刑峻法，皆无可厚非。不过，一部治国法典，若没了刚正和震慑，那还能叫'法'吗？"

"嗯？"文帝听着，转脸问裴政，"卿以为韩濬之言如何？"

"韩濬所言正确。"裴政解释说，"微臣刚才的话，还只讲了一半哩。"

"朕知道。"文帝笑着说，"朕能猜出，卿往下要讲的是什么。能不能让朕代卿讲出？看朕猜得对不对？"

众人皆笑。刚才显得严肃的大堂，忽又活跃起来。

不过，文帝却在此刻首先收敛了笑容，他从龙袍的袖筒里取出一薄薄折页。在这群饱学之士面前，即使是皇上，要开金口，亦显然是有备而来的。

文帝扫了众人一眼，然后开口道："一部皇家法典，当然不能缺失其权威、严正的本色。朕想，此大约就是裴政要往下讲的内容吧。"

堂间的裴政立即点头称是。

"因此，新颁之《开皇律》，首先应使世人心生敬畏。"文帝停顿了一下，又向堂下扫了一眼，方继续道，"那么，如何做到这一点呢？朕以为有十种恶行，是不可赦的。其一是，谋反。就拿刘昉来说。大隋初建，京师闹春荒，朕下了禁酒令，刘昉违犯禁令，蔑视王法，公然在京师开酒肆。朕念旧情，网开一面，还是宽恕了他。可其不仅没有收敛，竟变本加厉与梁士彦、宇文忻结党，密图篡政，这就不能容忍了。其二是，谋大逆。毁损皇陵、皇宫、宗庙，此为大逆，理所当然是不可赦的。其三是，谋叛。如尉迟迥之流，祸害的不仅是江山社稷，亦使天下庶民不得安生，使国家重又走向分裂，不可恕。其四是，恶逆。辱骂、殴打、谋害尊者长者，皆属恶逆之徒，情节严重者，不可赦。其五是，不道。因隙投毒，泄愤杀人放火之徒，不可赦。其六为，大不敬。臣下对君主失礼，为不敬；臣下对君主失责，且造成严重后果者，乃大不敬。不可赦。其七为，不孝。此一条，郑大人，可要注意啰，朕听人说，卿让老母独居一处，做儿子的不管不顾，只顾自己逍遥玩乐。"

坐在文帝之侧的郑译，正津津有味地听皇上阐述哪几种恶行不可饶恕，没料想，一下竟点了自己的"穴"！

他慌忙解释说："臣有罪。不过，那已是过往之事。臣早将老母接到家里，早晚请安，并悉心侍候。"

"那就好。"文帝点头，继续往下说，"诸卿想想，连生养自己的母亲都不能尽孝，能指望他爱君爱民爱国吗？所以，对虐待、忤逆父母，其情节严重者，尤不可赦。其八为，不睦。家庭要和睦。家和，国才和。叔伯之间，兄弟之间，妯娌之间，本无不和之理。但有人生性偏狭，一语不合，即生事端。或仅为针尖大的蝇头小利，即引兄弟、亲人相残。对造成家庭家族不睦，且罪大恶极者，不可饶恕。其九为，不义。人要讲天理良心，滴水之恩当涌泉相报。对那些不仁不义，悍妻泼妇，且情节恶劣者，不可赦。其十为，内乱。乱淫者，危害家庭、社稷之伦理者，不可赦。此为十律，就叫它'十恶不赦'吧。"文帝说到此处，望着堂下的裴政道，"裴大人，卿以为如何？朕是否猜对了卿欲讲而未讲之言？"

裴政起身一揖，心悦诚服地道："圣上金口玉言，比微臣所想更高远，更周全。"

裴政刚一落音，杨素即道："臣说哩。法，即国之重器，哪能如棉花样软和温柔。陛下之'十恶不赦'，才是当下立法的根本！"

至此，一直未说话的内史令李德林，听了文帝和众人之语，对《开皇律》有了更加清晰的认识。他说："圣上之言，使臣下茅塞顿开。近日，诸君对《开皇律》的编纂，各执一词，莫衷一是，不知该听谁的。听过圣上

关于'十恶不赦'之宏论，再加各位大人的建议，臣窃以为，《开皇律》之编纂，已然有了定论！具体说来，就是必须遵循三条法则：一要体现皇上对普天臣民之慈爱，废除历朝历代的严刑酷法；二要刑纲简要，删除繁杂琐细之条款，这样才能纲举目张，从而使执法者和受罚者皆觉有法可依；三要把'十恶不赦'的主旨融贯入《开皇律》里。正如刚才清河公所言，此乃立国安邦之根本。"

"好！此三条法则，正合朕意。德林公，无愧天下第一支笔也！除此而外，诸卿还有啥疑义？"文帝看到这么顺利地就达成了共识，无比兴奋。

莫衷一是的僵局就这么化解了，使主持修法的高颎如释重负。他说："行呵，咱看，就以圣上的'十恶不赦'为主旨，以德林公'三法则'为准则！大伙皆是个中行家，有了主心骨，编写起来何愁不快。"

"且慢。有个事，须在此处言明。"文帝看了看众人，说，"高仆射、苏仆射，皆身兼数职，立国之初，诸多大事，头绪纷纭，已够他们招架的了。不过，编纂《开皇律》此等大事，若没他俩主持，朕也不放心。所以，编写中的有关具体事宜，请在座诸位多担待点。此外，一些具体律条之取舍、提法、措词、量刑之轻重等等，若遇歧义，诸公可多问问德林公和裴大人。行不行？"

"行！"众人皆无异议。

文帝离开尚书省堂屋，已是正午时分，待回到临光殿内，日头已开始偏西。因独孤皇后居住的弘圣宫已经拆除，其材料要用于兴建大兴宫城。她便搬至临光殿，暂与文帝同居一处，并亲自担负起了照顾皇上起居饮食之职责。

文帝进殿，独孤夫人一边吩咐膳房安排午膳，一边亲自为文帝解带更衣，并温和地问道："早饿了吧？"

"还好。"文帝让夫人帮其脱下厚重的龙袍和靴子，说，"今日解决了一个大问题。"

对此，独孤夫人并未响应。她绞了一条热帕子，让文帝揩了一把汗脸，并让其在盆里净了手，就引领文帝去膳房用膳。文帝确实有点饿了，但因自离开尚书省后，心情一路大好，连饿似乎都忘记了，此刻胃口大开。夫人见丈夫好胃口，侍候得更是殷勤备至。

"今日的鸭汤味道如何？"

"好，好！"

此刻，独孤后不管说啥，文帝回答的都是一个好字。待文帝汤足饭饱放箸时，独孤皇后又绞了一条热帕子，让文帝揩了脸，并不经意地说："臣妾今日听到从滕王府传来的消息说，公主又犯老毛病了。"

"啥？"文帝迟疑了一下，问，"她又咋啦？"

"她先是责怪陛下不该罢了阿三雍州牧的官职。接着又说陛下丧尽天良，谋害了幼弱的介公，篡夺了她宇文家的天下……"

"大胆！"不等皇后说完，文帝勃然大怒道，"传庞晃！"

滕穆王杨瓒自幼长于读书，生得一表人才，又娶了周武帝之妹、美丽的顺阳公主为妻，以往，受到北周武帝的器重，小日子过得十分和美。当武帝率各路大军伐齐时，独独将杨瓒留在朝中，处理内外一切政务。但到武帝和宣帝相继去世，兄长杨坚谋取了大丞相一职后，政局动荡，杨坚急需用人以巩固地位时，因命长子杨勇去向叔叔请求支持。而杨瓒一向不看好读书不多，野心却不小的这位兄长，所以，他不但不愿蹚其浑水，反说杨坚"当个随国公还怕保不住，却还想去做那种灭族之事！"在此之后，杨瓒眼见杨坚登基，不仅做了皇帝，还一举平灭了尉迟迥等三方叛乱，并稳住了朝政。其后，弟弟就抱怨哥哥不讲骨肉情分，只给了他个有名无权的"滕穆王"空衔，弟媳则更是怨恨杨坚灭绝人性的篡权。经过一番闹腾后。为了息事宁人，文帝任命杨瓒为雍州牧。牧，即管辖者、统率者之意；雍州，即是包括京师在内的周边一带地区。那么，这个雍州牧的官职，即是包括京师及周边一带的最高军政长官。其重要性，自不待言。可没过多久，即又传来顺阳公主仍对文帝不满的言论，进而又传出滕穆王擅自扩充辖地府兵的消息。这一下，彻底触怒了文帝，剥夺了杨瓒除滕穆王而外的所有官职。

…………

右卫将军庞晃应召而至。文帝命其率一千禁卫军，将滕王府围住，不放走府内任何一人。

接着，文帝又换上刚刚脱下的龙袍，乘金辂车驾，率仪仗、护卫，亲赴滕王府。文帝刚刚发表了"十恶不赦"的宏论，就闻顺阳公主发泄私愤，并一而再、再而三地向自己的皇权挑衅——是可忍，孰不可忍！

长期以来，顺阳公主与独孤皇后就不睦。而尤其是武帝当政期间，公主仗着自己年轻貌美，兄长又是皇上，常在半老徐娘的独孤夫人面前颐指气使。当时，杨坚正受猜忌，性命难保，处境艰危，独孤夫人只好忍气吞声。而今，自己当了皇后，看到夫君对公主终于动怒，暗地里自然高兴。

却说，滕王府的上下人等，先是看见一干禁军将府宅围住，只许进，不许出；接着，又见旗幡招展，开道的锣声震天价响，车马滚滚而来，并传出是皇上出巡，感觉到必有大事发生。杨瓒一听，更是诚惶诚恐，知道大祸即将临头。他于是亲率一家老小长跪于府宅大门外接驾。

皇上大驾临门，长跪于地的杨瓒竟没听清宦官说了一通什么话，而只见皇上在一干侍卫和太监的簇拥下，从眩目的金辂车中走出来，并用威严的目光一扫黑鸦鸦跪着的一大片人道："都起来吧。"

杨瓒未动，众人亦不为所动。

文帝就对杨瓒说："阿三，汝先起，再把大家叫起来吧。"

"呃。"杨瓒应了一声，心稍稍松动了点。他想：皇上仍如往日，像家中长者，称自己阿三，情况兴许不会那么严重。

当跪地的人陆续被杨瓒叫起，并垂手侍立于大门两旁时，文帝朝人丛扫了一眼，问杨瓒："嗯？好像不见你家媳妇？朕之弟妹呢？"

杨瓒略有放松的心情，随即一紧。他亦左右盼顾了一下，果真没见顺阳公主。于是，嗫嚅着道："她……她病了，不能起身……乞望陛下能……能宽恕……"

文帝则沉着脸说："进屋吧。"

跨过滕王府宅第的石门槛，里面是别具洞天的一个大宅院。时值初秋，院内之珍奇异木、名贵花卉，生机盎然；而其间的亭台楼榭、小桥及从山石间穿流而过的溪涧，则更是巧夺天工，别具一格……

此宅，原本是卫王宇文直的府第。这位北周极尽奢靡之皇弟，挥金如土，把自己宅子修建得无比豪华。卫王是武帝一母所生的胞弟，前后两次因犯谋逆罪，终为哥哥武帝所诛杀。妹妹顺阳公主便乘机向武帝讨要了这处大宅。杨瓒接受了这一赏赐后，又不显山不露水地将其经营得更加富丽堂皇了。

文帝久闻此宅非同一般，今日得见，仍感震撼！他大开眼界地道："阿三咧，卿住的这宅子，比之朕住的帝宫虽小，却更显奢华。汝等过着此等神仙般的日子，为何还要一而再、再而三地怨气冲天，不知足呢？"

"臣下已知足，已知足了。"杨瓒唯唯诺诺，边说边导引文帝沿花径走到一照壁前。

此照壁用整块汉白玉打造，其间栩栩如生地雕琢着刘关张桃园三结义之景致，而尤其是在绿荫花海的映衬下，那纯白无瑕的大壁，更显气势恢宏。文帝绕过照壁，方见大宅全貌。这是一幢宫殿式建筑，分明是仿前朝宣帝的寝宫天台而造的。规制比天台略小，却更精美。

文帝驻足作欣赏状，却旁敲侧击道："阿三呃，难怪汝总是不满足，原来是心怀着鸿鹄之志呐！"

"微臣岂敢。"杨瓒双膝一软，不由自主地跪下，解释说，"此宅原是卫王建造的，臣弟只不过粉刷油漆了一下。"

"汝起来吧。"文帝厌恶地看了杨瓒一眼，便自顾自地登上丹墀，跨入大门，门内是一硕大的天井，天井正中，栽着一棵枝繁叶茂的柿树。此刻，青涩的果子已挂满枝头，待到深秋时节，成熟的柿子，就会像一个个象征喜庆的红灯笼。

杨瓒见文帝一行陆续进了殿门，忙从地上爬起，疾步追了过去。此时，但见文帝已沿回廊，进了大厅，并反客为主地坐在了正中的那把椅子上，其侍卫、太监们已站在了大厅四周。

文帝坐的那把椅子，亦与他在朝堂坐的龙椅十分相似。杨瓒进厅，急欲辩解。

文帝正色，已先开口道："汝别解释了，此椅必定又是卫王打造的。不过，汝能将其仍搁此处，安然坐享吗？"

仿造帝宫和龙椅，皆为僭越，属大不敬，是要处斩的大罪。杨瓒冷汗淋漓，无言以对，腿又软了下来……

"阿三呀，汝知朕今日缘何至此？"

"臣弟不知……"杨瓒跪地，叩头掩面。

"汝真不知？"

"臣是真不知呢。"

"汝说，公主病了。她是真个生了病？"

"是……是真……真生病了……"

"汝能不能带朕去瞧瞧她？"

"这……"

可就在此当口，忽有家人匆匆来报说："娘娘她……她已去了！"

"哦？"众人皆惊。

"咋回事？"文帝皱了一下眉，对站在大厅门边当值的庞晃挥了一下手，"卿去瞧瞧，看看究竟是咋回事。"

不一会儿，庞晃进厅禀报说："顺阳公主确是在自己房中自缢了。"

杨瓒一听，瘫倒于地……。

第四十八回

入敌境万岁生擒草上飞
回兵营魔头力促鸳鸯配

　　却说，在党河边上的滩地种药的史万岁，自有了新搭档，两人相处得亦算和谐。这位五十多岁的精瘦老叟，平日说话不多，看似有点木讷，其实心里极有成算，也很能干，有的事甚至可用"身手不凡"四字来形容。比如说叉鱼吧，他吐一口痰到河中做诱饵，顺势一叉，准能叉上一条鱼来。有时不用吐痰，他亦火眼金睛般能辨识流水中的鱼，一叉下去，手到擒来。而此则是身经百战的史大将军学了好几回，皆无法做到的。

　　史万岁当然也有使老叟叹服的绝技，一日夜里，他俩出屋小解，见党河边上影影绰绰有野物在河沿饮水。史万岁即说："咱能射中其中一只，明日咱俩有野味吃了。"

　　接着，他去屋里取出弓箭，相距十数丈远，一箭射去，只见河边饮水的野物四处逃窜。待他俩赶到河边，果见一只羚羊躺在了血泊中……

　　他俩都来自关中，生活习俗大致相同。从此后，只需兵营补充一些粮食，想吃鱼时，就去河里取；想吃肉了，射杀一只啥野物，能管数日之需；另外，药圃中还种的有蔬菜、瓜果，日子过得有滋有味儿。

　　这日傍晚，在药圃劳作了一日的两个人，收工后同去党河边揩洗了身子和手脸，便朝家里走去。待走到石屋门前，史万岁才猛地发现檐下竟不声不响立着一条壮汉，吓得两人都倒抽了一口冷气！定睛看时，竟是魔头！史万岁静心一想：他来这里干啥？还这般装神弄鬼地吓煞人。自己如今远离兵营，与世无争，还有什么冒犯他的呢？

"哈，没想到咱会出现在此吧？"魔头为自己的恶作剧取得效果，感到高兴。接着，即言归正传对史万岁说，"是卓玛叫咱来的。她说，有几味药要收割、晾晒和储存起来了。"

魔头说着，即从前襟里取出一张包裹药材的粗纸，递给了史万岁。

史万岁展纸一看，只见其上歪歪扭扭地写着一些很不规范的汉字，是药名。有意思的是，每个药名之后，还画着一朵花，或几片叶。若在过去，史万岁看这条子，会像读"天书"一般，弄不明白。但，目下，他毕竟在药圃干了一段时间，耳濡目染，连猜带蒙，亦能知晓要收割和晾晒的是哪几种药。他边看边猜，脸上忽地一阵发热，因为那张纸的末端，还写着这样一行字："你的伤还痛吗？要注意身体。"

史万岁看到此处，一条硬汉的眼眶里，竟至盈满泪水。幸亏天已昏暗，亦幸亏他是低头在看纸条，魔头和老叟都未察出他有啥异样。

史万岁用衣袖抹了一把眼睛，顺口问："卓玛的伤，咋样了？"

"好多了。每日能站起，到外走走。"魔头忽然由衷地对史万岁道，"卓玛捡回一条命，多亏了你。"

"那倒没甚。"史万岁客气地道，"进屋坐坐？"

"不了。"魔头和颜悦色地说，"咱给你带来一份礼物，以表你搭救卓玛之恩。"

"礼物？"史万岁见魔头两手空空，不知礼物为何物，在何处。

"你随咱来吧。"魔头把史万岁引至屋后，见一棵树上拴着一黑一白两匹骏马。他指着其中一匹黑马对史万岁道，"那匹黑马是送你的。它的名字叫'乌里白'，其浑身通黑，无一杂毛。而在四蹄之上，长着一圈白毛，所以，称它'乌里白'，是一种极为罕见的名马。"

爱马的史万岁走拢去，在黄昏朦胧的光影中，那马的全身如黑缎一般闪闪发亮——果真是匹难得一见的好马！他叹惜了一声，说："军爷的心，咱领了。可是，这么名贵的东西，咱哪堪受用！"

"咋啦？"魔头不以为然地露出嘲讽本色，"你原先不是上大将军吗？真的，是个连马都不会骑的将军呀？"

"不是不会，是不敢！"史万岁说，"军爷想想，咱一戴罪戍卒，配骑这么名贵的马？"

"唔……"魔头想了想说，"不打紧的。在此地界上，咱说可以，谁敢说不？"

"那好吧，恭敬不如从命，这马，咱收下了。"史万岁拍拍马身道，"有了此马，想请军爷再赏咱做一件事。"

"你说。"

"咱想骑上它，去突厥营地一试身手。"

"嗯？"魔头的脸色骤变，眸子里射出两道凶光。"你还惦记着咱给你一巴掌的仇，是吧？"

"不是那意思。咱是一名军人，只想证明一下军人应该具有的能力与胆量！"

"行。咱给你一次机会。你啥时候去？"

"待把药材收晒好，就出发。"

"好吧。"魔头说完，解开系在树上的白马，一跃而上，转眼便消失在昏暗的夜色中了。

是夜，史万岁把魔头带来的那张粗纸折叠好，压在枕头下，一夜无眠。

接下来的数日，史万岁总是天刚见亮就起身，骑上乌里白沿党河来回急驰着。直跑到马背出汗，他才牵马沿河让其吃草、饮水。他这么做，一方面是让马熟悉新主人，与它建立情感；另一方面则是，自己也有很长时间没骑马了，要深入敌营，必先适应和调教好这匹新的宝马。待他遛马回到石屋，老叟则已将早膳置办好了。他们吃饱喝足，再去药圃按卓玛的吩咐，收晒药材。有时正午，他还忙里偷闲地把马牵至河边，自己也脱得光光的，人和马一同下到水里，痛痛快快地洗个澡。

一切准备停当，史万岁先去兵营向魔头打了招呼，待天完全黑透，便单枪匹马地朝西北而去了。

以往，魔头偷袭突厥营地，大都是速战速决。当夜去，凌晨即归。偶尔也有深入其境较远的，亦是今日去，次日天黑前就回来了。可这一次，等到第二日，日头落下，魔头这边，却仍不见史万岁的踪影。

营中人都在议论，这个新来的戍卒太冒失，太不知天高地厚了。而卓玛更是心急如焚。她的腿好多了，整日便拄着根拐杖，倚在大路口，盼史万岁归来。

"咱敢肯定，他回不来了，回家吧。"第二日深夜，魔头不容分说地亲自把守在路口已冻得发抖的卓玛提拉到马上，将她"押送"回家。

可到第三日一早，不死心的卓玛仍站在了路口处，她相信史万岁不会使她失望，一定能归来。

史万岁也确实还活着。不过，他遇到了麻烦。

话，却还要从头说起：当他单枪匹马，深入突厥境内，因人地生疏，并未顺利找到适合下手的猎物，而只能继续向前，不断寻找。突厥部落是由许多牧主组成的。牧主有大有小，各自圈一块领地放牧。打仗时，可汗一声号令，男人拿起武器骑上马，当兵打仗。仗打完了，各自回家。每个牧主都有属于自己的奴隶。有的主子奴隶多，有的主子奴隶少。奴隶多的，放牧的牛群羊群亦多。

史万岁一直转悠到大天亮，找了个牛羊多的大主子。他正欲向其居住的帐篷靠近时，只听一声"嗯哨"，突然从四面八方冲来十余骑，将他团团围住了。史万岁何曾知晓，自他踏入突厥营盘始，就已被人家牧主紧紧盯上了。

说时迟，那时快，一条突厥汉子挥动马刀，一马当先地冲过来。史万岁使的是一杆蛇矛，此矛是临行前在兵营将就挑选出的。其时，只听"当"的一声脆响，马刀砍在蛇矛的铁杆上，当即断成两截。史万岁一夹马肚，灵性十足的乌里白一个箭步靠过去，那手握断刀的突厥骑者，弯腰躲避史万岁刺来的蛇矛，而其后背却冷不防被史万岁轻舒猿臂硬生生地从马背提拉起来，扔到了地上。

众骑者方才知道，此入侵者不好对付，于是一拥而上，从不同方向同时朝史万岁砍杀过来。史万岁左右接招，他下手很重，却不对人，只是用力隔挡砍杀过来的兵器。在一阵"叮当"声中，敌之兵器不是落地，便是飞出老远。

正当众人感到不支，纷纷退却时，一个一直没有动手的汉子，忽地从史万岁的身侧向他抛出一根带套的绳索。此索是突厥人用于套马的，他想将史万岁套住，并将其拖下马去。岂料，史万岁一伸蛇矛，那绳套便一下将长矛的铁杆套牢。史万岁顺势一搅，绳索围矛杆缠绕了几圈，他再发力一拖——套索之另一端是套在其主人手腕上的。此刻，他想甩掉也来不及了，便生生地连人带索拽至马下。

史万岁跃马上前，用矛尖点住了他的后心窝。

众骑者大骇，纷纷下马，跪地哀求："请不要杀他，他是咱家主人。"

史万岁收住蛇矛，解开索套说："汝等应看得出来，咱其实无意杀人。要杀，早开杀戒了。"

惊魂未定的牧主亦解下手腕上的套索。他的手腕已被勒得皮破血流，奇痛无比。他坐在地上，抚着痛腕道："壮士到此，有何要求，请讲。"

"咱要十只羊，十头牛，可否？"

"那算啥呢，您咋不早讲呐？"

接着就有牧奴赶来十牛十羊。

史万岁对牧主说："请你派个人带咱离开你的领地，以免再次发生误会。"

"没问题。"牧主的手腕已被包扎起来，他恭敬地道，"您能不能留下大名？一回生，二回熟咧！"

"咱是敦煌一戍卒，有甚姓名好留的。"

牧主失望地摇头说："不像。"

"为啥？"

"你比敦煌戍边营中的魔头厉害多了。当年魔头就为咱的绳套锁住过，只因他动作快，把绳索割断，才得以脱身。"

"咱就是魔头的戍卒。别事无须多说了。"

史万岁得到所要的东西，其实并未费多大周折。可当一名牧奴将他和战利品一起送出其主人的辖地后，麻烦就来了。那牛那羊竟不听上大将军的指挥，到处乱窜。史万岁拦住这只，那只又跑了；他越是生气，挥动马鞭去赶，牛羊即分散跑得更远。他实在没了办法，只好暂丢战利品，拍马去追那牧奴。待把牧奴追回，重新将十牛十羊聚拢，日头早已落下。他和牧奴只好在野外露宿。先安顿了牛羊，又捡来树枝牛粪烧了几堆火，一为自己御寒，二为防止狼来偷袭牛羊。待把诸事安排妥当，肚子又饿了。史万岁实在不舍宰杀得来的战利品，就问牧奴这附近哪里有河流或水洼。幸亏牧奴熟悉周围环境，把史万岁引至附近一水洼旁，果见有野物围着水洼饮水。

史万岁取出背上的弩，牧奴拊其耳道："可再靠近点。"

"不碍。若是将它惊跑，今夜就要打饿肚了。"史万岁说着，一箭射出，正中其中一只。

他俩赶去，射中的是一只黄羊。那黄羊引颈喝水，史万岁则一箭封喉。

牧奴拔刀剥皮，开膛破肚，好不利索。可还未等把黄羊烤熟，饿过劲的史万岁却已歪在火塘边睡着了。待史万岁觉得身子一边冷一边热地醒来时，已是月过中天。这时，只见牧奴拣来一抱干枝，正为另一火塘添薪。

"天都快亮了，你还烧什么火？"史万岁问走过来的牧奴。

"狼怕火光，越是此时，越要防其来袭。您不是早饿了吗，还不快趁热吃。"

史万岁一看，火塘的木支架上吊着半边已被烤得发黑的黄羊，于是问："还有半边呢？"

"早……早被咱吃了……咱以为……"牧奴惶惑起来。

"味道如何？"

"嘿，香！真是好吃。"

　　岂料，史万岁一伸蛇矛，那绳套便一下将长矛的铁杆套牢。史万岁顺势一揽，再发力一拖，便生生地连人带索拖至马下。

　　史万岁见其馋涎欲滴之状，就问："你就生于此地，往日未必连这羊子都没吃过？"

　　"很少吃得到。"牧奴道，"冬日，也参与围猎，打到的野物，多给主人一家享用了。"

　　史万岁看了牧奴一眼，取下火塘上的烤黄羊，又给其割了一块。然后，剥去面上烤焦的黑炭，咬一口，酥软香美，果真好吃！饱餐之后，天也亮了。他们踏着露水，赶着牛羊，开始了一日的行程。

　　大白天，草原上的黄羊见着骑马的，隔老远便逃之夭夭了。但，一路之上，野兔、雉鸟却不少。史万岁见一射一，箭无虚发。牧奴赞叹不已，乐此不疲地下马拣拾猎物。不多时，他的马肚左右两边就挂了两大串野兔和雉鸟。

　　正午时分，他们歇在一水草丰茂的地方，让牛羊食草饮水，自己则烤兔、雉充饥。之后，再顶着日头赶路。史万岁骑乌里白从敦煌出发，至突厥牧主家，相距不过七八十里地。可当二人赶着十牛十羊，往兵营赶时，情况就不一样了。他俩走了整一日，离兵营还远着呐，是夜只好又在野外露宿。万幸的是，他们不为晚餐担忧了，一路射杀的猎物，根本吃不完。此样，直到第三日申正时分，太阳将近落山时，他们才终于可以望见兵营的哨塔。而牧奴则不肯再往前行，他怕进去就回不了牧主的家了。史万岁只好让牧奴返家。对他来说，两日行程，已然掌握了放牧的要领。说来其实很简单。十只羊中，有一只是头羊。只须把领头的一只控制好，让牠按预定线路走，其他牲畜便会有序地步其后尘。牛亦如是。

　　哨塔看似就在眼前，可领着牛呀羊呀走起来，就不能言快了。直到红柿子般的日头完全没入大漠之中，史万岁骑着乌里白，赶着牛和羊，方才踏入兵营的路口。其时，他不经意地朝路旁扫了一眼，见一棵光秃秃的胡杨树下孤零零地立着条瘦小身影。仔细一瞧，竟是他朝思暮想着的卓玛！其实，他固执地向魔头提出要去突厥营盘探囊取物，亦正是为了向她证实自己有此能力！他曾对魔头说自己"也能"，绝不是吹牛的！

"卓玛！"史万岁大喊一声，滚落马下，直奔过去。"你咋站在这里？"

"等你呀！"卓玛喜极而泣，一头扑在史万岁宽大的怀里，喃喃道，"咱就知，你会回来的，一定……"

过了一会儿，魔头的家门口只听一片牛吼羊叫。屋里的魔头大惑不解，欲出门一探究竟。

其时，一名侍卫进屋报告说："军爷，那……那个姓史的……戍……戍卒回来了！"

"噢？"魔头亦感惊奇，走到门外，即被牛羊包围起来。

此时，天已全黑，尚未归圈的牛羊被一些好奇人围观着，更显惊慌失措，叫得更凶。

"史万岁！这是咋回事呀？"魔头十分恼火。

"军爷，"史万岁牵马走来说，"这些牛羊是咱从突厥营盘缴获来的，为表你对戍卒史万岁的信任，咱将它们都献给你了。"

"噢？好！好！"

"想不到，此人还挺仗义！"周围看热闹的人都喝起彩来。

魔头觉得史万岁为自己长脸了，亦分外高兴。叫人把牛羊赶入圈中，并摆酒为史万岁洗尘。

两人刚一入座，魔头就问："你咋一下去了三日？咱还以为你回不来了哩。"

史万岁便把前后经过大致说了一遍。

魔头大惊道："你遇真对头了！你说的那个牧主咱知道。他有个诨名叫'草上飞'，且有一手套马绝活。再野再快的马，他一甩手把套索抛出，一套一个准。咱当年没防到他这一着，险些栽倒他手上。你不仅把他的绝招破了，还用矛尖点住了他的后心窝，莫说只要十牛十羊，就是一百只，他也肯给的！"

酒过三巡，二人越说越投机。

魔头忽然道："你不用去党河边种药草了，去兵营帮咱训练戍卒，如何？咱正拿他们没辙哩，这些士卒比侍候咱马场的马还麻烦。你以前不是上大将军吗？管的士卒应比咱的戍卒多。是不是？"

"训戍卒，行是行。"史万岁迟疑了一下，说，"咱种药，属卓玛管。不知她是否同意呢？"

"那没啥。那里不是有个老头吗？不就够了嘛。"

"行。咱一定给军爷把戍卒训练好。"

"此可是件大事！每年临到上头有人来巡查，皆说咱的士卒身体不赖，就是有点松松垮垮。有次，还差点把咱的官给扒了呐。"

"没问题。不出三个月，咱包使兵营变模样。"史万岁看看夜色已晚，欲起身告辞。

"且慢。"魔头按住史万岁的肩头，似有话要说，但说出口的却是，"咱送你的乌里白咋样？"

"好马——它还极通人性呐！"

"嘿嘿……这样吧，"平日大大咧咧的魔头，这会儿竟至吞吞吐吐起来。"咱……咱想再……再送你一件礼物，想你不会拒绝吧？"

"史万岁罪卒一个，能得军爷赠送的这匹好马，已经消受不起了呢。礼就不要再送了，咱一定会尽心尽力把戍卒训练好的。"

"你别太过谦让。你今日送咱十牛十羊，咱也总要有点表示，是吧？这叫……叫啥？叫礼尚往来。是么？"

"既这么说，咱就勉为其难了。只是送给咱的不知是何物事？"

"不是物事。"魔头盯着史万岁道，"咱想把卓玛送你。你能接受她吗？"

"呵？"史万岁瞠目结舌，心中大骇！他想，未必刚才在胡杨树下相拥而泣，魔头竟这么快就知晓了？而且，他竟用此话来试探自己？想到这里，史万岁反倒镇定下来，说，"卓玛是你妻子，你不如意，可以休她。拿她送人，这，这……"

"你是怕她不同意，是吧？"史万岁的话还未说完，魔头即道，"你尽管放心，连咱这个粗人都看得出来，她对你早有意了。只说近几日吧。自你走后，她魂不守舍，每日都到大路口去等你回来。前两日，咱没阻止她。

到今日，咱对她说，你肯定回不来了，可她还是要去。你救了她的命，她是实心眼儿对你感恩呐！"

"她对咱感恩，你休见怪。这你也是知道的嘛，她被蛇咬了，咱救了她，咱与卓玛就这个情份，如此而已。"

"不错。你是读过书的人，难道不知，有恩就有情嘛！恩和情不总是连作一处的吗！咱老实对你说吧，卓玛对咱，却是另一回事儿！"

"咋说是另一回事？"

魔头的声音倏地低沉下来："实话实说。咱与你正好相反，咱是他的仇人。你知道吗？仇会生恨，这仇和恨不也是连一处的吗？咱杀了她的父，把她抢过来，原以为仇恨会慢慢消减的，可是，不咧！咱同她睡觉、做那事，她都服从，可我知道，她心里并不快活，依然记着仇哩。不过，说句良心话，她人长得漂亮，心眼也好。别的不讲，咱这兵营，自她来后，从未发生过瘟疫，士卒伤了病了，多能得到救治，一直满员呢。咱就凭此一条，才没被上面解职。因此，咱没别的念想，她跟了你，你能使她快活，咱也就安心了。"

魔头一番肺腑之言，说得沉甸甸的，整个屋子，阒无声息。

一阵沉默过后，魔头忽然高声道："来人！"

一名侍卫应声进屋。魔头吩咐他说："你去把卓玛叫到这屋里来。"

"咱在这里。"卓玛在门外应了一声，推门进屋。

刚才两个男人的对话，她显然全听到了。

魔头挥手让侍卫走后，即问："咱打算把你配给史大哥，你从不从？"

卓玛看了史万岁一眼，点头说："咱从。"

"哦，不。"魔头又立即改口，问，"咱是问，你乐不乐意？"

"卓玛乐意。"

"那行。"魔头于是对史万岁说，"那你，这就把她领去吧。"

第四十九回

患难人温馨甜蜜建家庭
敦煌卒殚精竭虑造兵营

当夜，史万岁便乘着酒兴入卓玛房中，二人同床共枕，行鱼雁之欢，自不赘言。

次日一早，史万岁便骑乌里白去石屋取了几件自己的换洗衣裳和些许零碎杂物，告别同屋老叟，就去兵营驻地走马上任。与此同时，卓玛也打点行装，叫来牛车一辆，离开了魔头的家，去兵营与史万岁会合。

戍卒史万岁与魔头之妻成了一家人的事，一经传出，兵营上下，如同开了锅一般地沸沸扬扬起来！而最感惊诧的莫过与史万岁有着相同境遇的姚姓京官。他先于史万岁十余年，就被流放此地，且，可望而不可即地早对年轻貌美的卓玛垂涎。但是，她是魔头之妻呀，谁敢对她有非分之想呐！但，这个犯了弥天大罪的戍卒，仅来几月，竟堂而皇之地就将她揽入怀中，而且还是魔头本人奉送的，真是不可思议！

这位姚姓前北周官员，有一个很美的名字，叫俊，四十开外年纪。他年少时，有与刘昉、郑译相似的经历和特点。说武吧，自幼家里请师傅传习过武艺，骑、射皆能，亦有几手拳脚功夫，却没正经带过兵，打过仗；说文吧，识文断字，念念诗文，草拟一般文书，自也不在话下，若说有什么学识，那就谈不上了。他原本在北周鸿胪寺为官，建德年间，因贪占番属国送给皇上的贡品，被判死罪，后有人为其求情，才改判流放到此地充戍卒。

因魔头大字不识一个，有个上传下达、文书往来之事，便自然落到姚戍卒的身上。马贼出身的魔头，打仗彪悍，还善经营商务、马场，生财有道，却不善亦无心照管兵营。所以，兵营的管理和训练，亦交给了姚俊。不过，魔头也从未正经任命他一个啥职衔。兵营中人，起始有人叫他军师，随着岁月的推移，众人便改叫他为姚师爷。

敦煌一共有三座戍边兵营：一个在城之东北，一个在城之正北，还有一个在城之西北。魔头管辖的兵营是东北角的那一座。

史万岁到任后，首先要面对的就是这位姚师爷。他俩若按往日的官职同在朝廷为官，史万岁至少是统率几万军队的总管；而姚师爷则仅为鸿胪寺部门中的一般官员，二人地位相距自是甚远。而目下，姚师爷管理兵营于前，史万岁则刚刚到任。从年龄来看，姚师爷要比年轻的史万岁至少大二十岁。而且魔头只笼统地说把兵营交与史万岁管理，并未声言要对姚师爷另作安排。对此，史万岁倒是显得十分大度，他向姚师爷说明来意后，即邀他作自己的搭档，共同管理兵营。姚师爷亦满口应承，因自前次上面来人巡检，对他管的兵营极为不满。待上面来的官员离去，魔头即把气一古脑都撒到他的身上，只差没把他宰了。而今，史万岁接了这个烂摊子，他倒想看看这位昔日的上大将军是否真有三头六臂。

姚师爷没把兵营管理好，源于他本人没有真正带过兵。除此而外，也确有他的苦衷。此兵营存在年数久远，而与之相距数千里的朝廷，却有如走马灯一般更替频密。上面的层层官衙，往往都是这事那事都理不顺摆不平，又哪顾得到边塞这一小小的兵营呢！突厥对边境的骚扰，为何屡屡得手？显与边关防御不力，有直接关系。自己的篱笆没有筑牢，何愁狼不乘隙偷袭？

该兵营现有士卒一千八百人。由三部分人组成：一为魔头的老班底。魔头出身马贼，其手下皆为鸡鸣狗盗之边塞贼匪，成分复杂，行为彪悍。二为史万岁和姚师爷这样的判了流刑的朝廷重犯。这些人如行尸走肉，入营后，意气消沉，一蹶不振。三为战俘。其之情绪、状态亦可想而知。

该兵营对史万岁印象最深的是，他被魔头一巴掌搧晕，即被两名士卒架入一营房内。那房中的景况、气味，使他实在难以忍受。可目下，在姚师爷的陪同下，到兵营一看，才发觉不仅是室内，其室外也一样糟糕！士卒随地便溺，到处臭气熏天。再看几个公厕，里面都是大小便横流，苍蝇飞舞，哪还下得了脚咧！而这些徒有其名的公厕，有的只剩一些断壁残垣，房梁上竟片瓦不存。兵营内有三个膳房，士卒分三处起伙。史万岁只看了其中一个，亦是蚊蝇乱舞，与公厕相比，亦好不到哪里去……

史万岁没继续往下看，骑上乌里白，即去找魔头。

其时，魔头正在他经营的马场内乐此不疲地轮流试骑几匹好马。马贼出身的他，对马自是情有独钟。

恰在此刻，他忽闻一阵马蹄"嘚嘚"声急驰而来，抬头一看，见是史万岁，不觉惊讶地道："昨夜不是说好了，让你去兵营的吗？"

"咱就是从那里过来的。"史万岁翻身下马说。

"你不在那里待着，来这干啥？"

"找你呀。"史万岁说着，下了马。

"啥事？"

"咱是来要钱的。"

"要钱？"魔头看了史万岁一眼，翻身下马，问，"你要多少？"

史万岁伸出三根指头，说："咱要三十万两银子。"

"啥？"魔头用怀疑的目光盯住史万岁，问，"你要那多钱，准备干啥？"

"军爷，不是咱个人要，是兵营需要呐！你想想，你建马场花了多少钱？修整兵营又花了多少？兵营里住的是士卒，是人哩！可他们的日子过得比这些马都不如！"

魔头的马场一面倚山，建在一片高低起伏的草地上；避风之处，井然有序地修建着一排排马舍；放牧的草地紧靠党河，河的对面即是卓玛的药圃。这里山青、草青、水青，与

兵营之屎尿横流，群蝇乱舞简直没法比。

"那当然了。"魔头接过史万岁的话头，不以为然地道，"你知道吗？马场能为咱生财，兵营养着一群士卒，要吃要喝，只会破财。"

史万岁知道，欲与魔头讲戍边保国的大道理，那是枉然。于是道："军爷，若是上面来人再作巡检，仍对咱兵营不满意，果真把你扒了，那么，这马场还留得住吗？再说，你要咱管兵营，欲要马儿跑，总不能不叫马食草吧？"

此一招果然管用，魔头立即软下来："嗨，你一开口就是三十万，咱哪拿得出那么多？姚师爷可从没对咱这么狮子大张口过。"

"所以，兵营才越来越糟糕。"史万岁道，"咱不问朝廷或地方官衙每年要给兵营拨多少钱。仅此马场一项收入，即何止三十万银子哩。"

魔头一听更恼火，他恶狠狠地道："你咋知马场不止赚三十万？是卓玛告诉你的吧？"

"卓玛是那种人吗？此还要人告？"史万岁笑着说，"就凭你刚才遛着玩的那匹马和送咱的乌里白，每匹没几万银子，你肯卖给人家？此马场，这样的马恐还不止一匹两匹吧？"

"这些都是咱的私产！"

"公产私产都一样，羊毛出在羊身上。兵营整好了，你的位子稳当了——留得青山在，还怕没柴烧？"

"好吧。咱才看出来，你的胆子真够大，一开口，就是三十万！这样吧，你先回兵营去，咱叫账房来找你，看看到底要多少。"

史万岁回到兵营里，卓玛也把他们的家收拾好了。史万岁和姚师爷住两隔壁。他从姚师爷那里拿来流放到此的人员名册，一翻，方知此兵营还是个藏龙卧虎之处所。光懂工程和营造术的人员就有好几个，还有会算账和理财的。他开了个单子，请姚师爷把这些人都叫来。师爷不得其解，史万岁就说，你先把人叫来，咱再一并解释。

人到齐后，史万岁方对众人说："昨夜，军爷决定让咱来管兵营。咱看了一下，此兵营年代久远，屡遭突厥攻破，太烂太脏。营房需改造，膳房和公厕亦要重修，紧着点用，三十万两银子，够不够？"

众人你望我，我望你，皆面面相觑，纷纷问："想的倒是美，可这大一笔钱，从何而来？"

"钱不是问题。"史万岁说，"军爷等会就会派账房来的。账房来了，咱总得给他个合情合理的说法吧。"

这些懂工程、会算账、判了流刑的人，原都是有一定身份和地位的官员，听说可以改变自己的生活境遇，都积极响应。他们按史万岁的要求，改变和扩大营房结构，重建三处膳房，搭建十处公厕……大家画的画图，算的算成本，因为所建之物，勿需雕龙画栋，皆很简单，不多工夫，就算出来了，如果全部都由兵营内自己的士卒动手建造，只买材料，约需二十二万银子。

史万岁说："那还是请一部分泥工、木工和石匠吧。因要赶在入冬前完工才好。同时，士卒的训练，亦不能耽搁。"

于是再按全部请工计算，算出约需三十五万两银子。

史万岁说："就这样吧，宁可打宽点。算少了，要追加银子，反而不好办。"

再说，魔头的账房原本也是流放到此，先在兵营，之后，才抽到马场为魔头理财的。他对兵营的状况自然了如指掌。可因其亦有很长时间未入兵营，一进兵营，看到的情形，比原先自己在时还要糟糕。

史万岁交他一份营区改造规划预算书。他从头至尾看了一遍，还是大感惊奇，说："你不是今早才到兵营的吗？就几个时辰，咋能弄得这么周详？"

"此有何难？"史万岁说，"兵营里内行人多的是。咱请几人一合计，不就整出来了吗。"

"那是，那是。"账房方才觉得这个五大三粗的将军，确是非同小可。于是说，"不过，咱只能按三十万两银子分批拨付。因为军爷对咱有言在先，最多就是这个数，他是不会理会你这明细预算的。如果最后结算实在圆不了场，所差数额也不大，届时再说。你看如何？"

"行。那咱就从明日起开工了。"

是日掌灯时分，史万岁送走账房，回到家里，满屋都是药的香味。卓玛走到哪里，就把药带到了那里，以应兵营急需。此刻，卓玛已备好几个菜和一壶酒。

史万岁大感惊奇道："咱初来乍到，这些东西是哪弄来的？"

"咱在兵营行医，弄点吃的喝的，还费难么？"

史万岁吃饱喝足，卓玛打来洗脚水，欲为其脱靴洗脚。史万岁顿感耳热，受宠若惊地忙道："还是让咱自己来吧。"

"咱乐意。"卓玛不容分说，给史万岁脱靴洗脚。

坐在椅上的史万岁竟至手足无措，热泪盈眶。他万万没有料到，一个戴罪之戍卒，竟能安享如此待遇。由此，禁不住地想起了远在家乡的妻、儿和阿宝。眼前的一切，在家由妻子和下人料理，行军打仗时，则由阿宝承当。没承想遭此磨难，却有这样一位如花似玉的红颜相伴着……

"你……你咋啦？"卓玛为史万岁揩脚时，发现他的脸色不对。

"哦……咱……咱没啥。今日折腾了一整日，有点累。"

"没啥就好。累了，早点睡吧。"卓玛更显温柔地为其解起衣扣来。"咱今日给你收拾衣裳，见你还把咱写你的那字条留着，那还有啥用哩。"

史万岁再次觉得耳热，掩饰道："咱还忘了问你呐，魔头大字不识一个，你的几个汉字是谁教的？"

"阿爸教咱的。"

"嗯？你是藏人，你阿爸当然也是藏人。他懂汉语？"

"当然了。"卓玛说，"阿爸在家乡，原也是个有地位的人，他还是个藏医。这年头，因为连年征战，西昌家乡一带，杂居着好几种人，其中也有汉人，汉人有中医。阿爸在山里采药时，常与中医切磋医术。后来，他还坚持学汉语，看中医方面的书籍。咱只会写一些中药名，是阿爸教的。日后，你教咱认、写汉字吧。好吗？"

"行呵！"史万岁亦在笨手笨脚地为卓玛宽衣解带。"你知道吗？其实，咱也不是汉人哩。"

"噢？"卓玛大感意外，好奇地审视起史万岁来。

"你看咱像汉人吗？至多只一半像，这是因咱的生母是汉人。咱亦不是鲜卑人，是匈奴族人。几百年前，咱的祖先挥戈南下，在京兆杜陵定居，所以，我们这些后辈就成了京兆杜陵人。当然了，据咱所知，自咱的祖父、父亲、到咱这一辈，自幼习的都是汉字，说的亦是汉语……"

说话间，史万岁摸摸索索已将卓玛的衣衫脱光，并将其揽入自己赤裸的怀中，共入布衾。

卓玛搂住史万岁的颈脖，在其耳畔喃喃道："将来咱为你生个儿子，他的身子骨里，既有藏人、又有匈奴人、还有汉人的血脉……"

翌日一早，史万岁即与姚师爷把兵营中的一千多号人重新分类编队。首先，他们把五十岁以上的人挑出，不再让他们参与军事训练及站岗巡逻。将其中一部分补充到膳房，而将另一些人组成了一个清扫队，专事清扫营区内的脏污物。其余的青壮年，仍编三个分队，担负戍边之责。除此而外，他们还将从事过工程、营造，管理过财务的人员抽出，成立了一个兵营改建专班。史万岁自任总监，姚师爷任副监。三个编队的戍卒，除日常的值勤、训练而外，还要参与营房的改造，以确保工程早日完工。

敦煌为南北物资之集散地，修建营房所需材料，亦都是寻常的砖、瓦和木材，购买、运输皆很方便；时下，正过秋收季节，散工的招募亦不费难；加之有士卒的参与，从而使工程的修建改造进行得十分顺利。且，参与规划和施工管理及购买材料的人，都是兵营中的戍卒，他们当然乐意把自己的居所建造好。所以，对建造质量、材料选择等等，每个细节都抠得极细。不仅如此，规划者们还对兵营内的排水沟渠和道路宽窄，亦一一作了合理规划。

平日，姚师爷主管工程建设方面的事，而行伍出身的史万岁则主抓军事训练，二人配合得亦较默契。

史万岁因把老、弱、病、残都请出了戍边队伍，队伍的人数少了，却精了，更具活力了。史万岁训练起来，则更得心应手。

戍边，不外站岗、放哨、巡逻等一应看似简单的事务。但，这些多数未经正规军训，且懒散惯了的戍卒，过去仍是站没个站像，骑马巡逻，腰也挺立不起来。史万岁到任后，须从站立、行走等最基本要素抓起。一开始，一个基本动作竟要重复练十数次、数十次、甚至上百次。除此而外，这些士卒还要完成站岗、放哨或巡逻任务，还要抽出部分时间，到工地帮工，所以，皆叫苦不迭。而史万岁除训练外，还亲至膳房，与厨子们商量，尽可能为士卒改善伙食。加了班的，就给加餐。不多时，随着一栋栋营房陆续落成，公厕也修建起来了，还有专人打扫和维护……士卒们的生活条件一天天得到改善，叫苦之声，亦销声匿迹，训练和帮工的积极性也日益高涨。

弓弩是草原作战和狩猎的重要兵器之一。史万岁效法当年长孙晟，首先对兵营士卒的弓弩进行了一次查验，将不合规格的尽数剔除，为每名士卒配备了一硬一软两张弓，并将自己精湛的射术和从长孙晟那里学来的弹子功技艺，亲授给士卒。对此，士卒们一经入门，便乐此不疲，勿须提醒，只要有空，就练瞄准。一时间，膳房里黄羊、野兔、雉鸟，甚至麋鹿……比比皆是，都是士卒去野外巡逻之猎获物。史万岁见此，又喜又忧。喜的是，士卒对射术有兴趣，进步神速；忧的则是，如果巡逻变成了狩猎，若遇敌情，岂不误了大事。他于是下了一道命令，巡逻时，严禁打猎。

秋去冬来，亦是马场收获之季节。经过春夏秋三季，养得膘肥体壮、毛色光鲜的马匹，正是卖个好价钱的时节。此外，怀胎的母马亦陆续生驹子了。马场不仅要添一批新成员，而尤为可喜的是，一些十分珍贵的良种母马，经与纯种雄马交配，也即将产子。所以，军爷近来寝食难安，日夜守候于马场。

也真是，天有不测风云。这一年，西北草原遭遇大旱，敦煌一带，因有从祁连山化雪流来的党河水，所以，感受不到大旱的威胁。但突厥的不少地域却遭了大灾，水草缺乏，牲畜难旺。以往，没遭灾都常向边境发起挑衅的突厥人，而今遇到大旱，自是蠢蠢欲动起来。

这日，敦煌衙门的一位官员到马场来相马，顺便告知魔头一个消息：

突厥方面有异动，可能不日即欲南侵，大隋朝廷亦正向西北边境增兵，近期敦煌郡守要至兵营巡检和布置防御措施，提醒魔头要有所准备。此官员亦是一名爱马者，与魔头往来密切，交情颇深。以往每临官府官员要到兵营巡检，就是靠他通风报信，魔头即通知兵营临时抱佛脚地清扫、准备一番，以迎接检查。

　　整日沉湎于卖马和母马生驹喜悦中的魔头，此刻方从梦中警醒！此前，他已听账房说，拨给史万岁的三十万两银子，已用得差不多了。掐指一算，史万岁去兵营已三月有余，他到底折腾出了个啥模样？自己却一概不知。若万一弄出什么纰漏来，叫前来巡检的郡守大人看到，岂不糟糕！

　　他于是对敦煌衙门来的官员道："咱今日失陪了。你随便在马场溜达溜达吧，咱要先去兵营布置一下。"

　　说完，魔头骑上一匹马，飞也似的朝兵营赶去。当马奔至进入兵营的岔道，他就发觉情况有异。以往，此段岔路，只要一遇雨雪，就泥泞不堪，坑坑洼洼。而今，此路已翻修得又平又直，并压上了严实的沙土，路之两侧还移栽了树木。马至兵营门前，新砌大圆拱门的两侧，各竖着一尊石头武士像，并有守门戍卒向自己敬礼。他下马，把缰绳丢给一名士卒，便一溜烟进入大门。兵营内里，皆已面目全非。士卒住的营房，黑瓦白墙，坐北朝南，井然有序；道路亦是，横是横直是直，全然没有了以往屎尿的臭气……放眼一望，营内各处尚有工匠在对一些屋舍进行收尾劳作。

　　魔头尚在左顾右盼之际，从操练场闻讯赶来的史万岁忙道："嗨，军爷来啦，咋不先打个招呼呐？咱原是想等兵营建设和训练都有个头绪了，再来请你验收检阅的。"

　　"郡守不日即至兵营巡检，咱打前来瞧瞧。"魔头看了史万岁一眼，道，"这营区倒是焕然一新，大变样了。众人都围着营房转，士卒的训练抓没抓咧？上面每次来人检查，都说咱的戍卒松松垮垮，没个站像。"

　　"士卒训练是根本，不然建兵营干啥？"史万岁忙说，"咱正在操演骑兵队呢，军爷能赏光，瞧瞧吗？"

　　"骑兵队？"魔头只要听到说马，就格外来劲，两眼放光。不过，目下他却皱眉说，"咱兵营哪来骑兵队？没听说过呀！"

"是这样，"史万岁解释道，"咱把兵营内原先的三个分队作了一些调整，把马都集中到了第二分队，组成了一支五百人的骑兵巡逻队，负责边防巡逻警戒。一分队和三分队各四百余人，负责营区周边各哨位、各路口的警戒。另外，还有一支五十人的别动队，负责侦察敌情和执行边关特殊任务。"

"好，此主意不错！走，先去瞧瞧咱的骑兵队！"魔头终于来劲了。

魔头随史万岁来到重新翻修的演练场，已有小头目在对骑兵队分别进行操练。操练的内容，看似简单，欲要做好，并不容易。史万岁把五百骑兵分成五个方阵。每百骑为一方阵。每方阵，十匹马为一行，共计十行。方阵之内的每匹马要步调一致，整齐划一，横是横直是直地走出条条直线，可还真是不易嘞。

此刻，场内的骑兵队便是以一百骑为一方阵，在分别操练步伐。虽还不是那么整齐，却已有模有样。

魔头看得眼花缭乱，无比兴奋，冲史万岁道："想不到，你还有这一手，咱这三十万银子没白花！"

"有军爷这句话，史万岁三个多月的劳累，也值了！"史万岁欣慰地提议道，"要不要他们合练一次，让军爷瞧瞧？"

"且慢。"一生爱马、骁勇善骑的魔头，终于发现方阵中的破绽。他冲队伍中的一名士卒大喝道，"汝过来！"

"刷"地一下，整个方阵停下来，乱套了。那名被叫士卒，更是翻身下马，牵马出列，战战兢兢地走到魔头面前，不知自己犯了啥错。

魔头声色俱厉道："咱发现，汝之马总要比别人的马慢半步，你不能快一点吗？这样步调才能一致嘛。"

"报告军爷！您看咱马这牙口，它老啦。练的时间越长，它越是赶不上趟。"

魔头对马，自是一挑即明。他知士卒讲的是实话，于是说："那你咋不换一匹牙口正当年的嘞！"

"这……"士卒看了军爷身边的史万岁一眼，不吭声了。

史万岁解释说："为组建此支骑兵队，咱将兵营的马凑一处，也不够五百匹的数。有几匹还是套车拉粮草的，也被咱牵了来。"

"这样吧。咱叫马场送几匹过来。这会儿，你们集中走一遍，让咱瞧瞧，咋样？"

史万岁让士卒牵来乌里白，骑上去，腰杆挺得笔直，"刷"地抽出马刀，一声令下，演练场中的五百骑，立即按序排成五个整齐方阵。接着，他拨转马头，骑行到魔头面前。此刻，魔头也已跃入自己的坐骑，显出一派军人气度。

史万岁向其敬礼，道："请军爷检视！"说毕，转身向骑兵队发出命令："阅兵开始！"

刹时，只听马蹄"嘚嘚"，十马一排分五个方阵，从演练场的末端，以齐整之正步走来。当马队行进到魔头和史万岁面前时，只听第一方阵第一排最左一名骑士发出口令："一——二！"

接着五百士卒齐声道：

"皇帝陛下，万岁万岁！"

"大隋江山，千秋万代！"

五百人的队伍有点微不足道。可五百人同时发出一个铿锵的口号，还是使人感到热血沸腾，荡气回肠！

马贼出身的魔头，以往指挥手下，仅凭一声"嗯哨"，哪见过如此整齐威武之场面。他看得如痴如醉，连说："好！好！值！值！"

五百人的队伍，还是骑兵，眨眼就过完了。史万岁看看，日已偏西，于是道："军爷，今日就在兵营用膳吧，也顺便看看新修的膳房。如何？"

"好，好！"魔头心情大好，不管说什么，都用一个好字应答。

下马后，史万岁带魔头入膳房。以往的膳房餐厅，大是大，可已破败，四处漏风不说，桌凳残缺不全，大部分士卒只好蹲地用膳。而今，房屋整修粉刷一新，用厚实的木板钉成的桌和长条凳，如同刚才马队的方阵一般，横是横直是直，整齐美观。

史万岁说："此餐厅能容六百士卒同时进膳。每个分队都有这么一座膳房。"

魔头点头称赞："好！"

他俩进了紧靠灶房的一间小餐室，膳房中人，端来茶水。

二人坐定，史万岁呷了口茶，即道："军爷，有个事想与你打个商量。"

"你……你说。"魔头清楚记得，上次史万岁摆出此姿态，立马狮子大张口要去三十万银子。此番，他有所警惕地静候其下文。

"咱上次到马场找你，看见坡地上有一大群枣红马，只怕有数百匹哩，煞是可爱。"

"那当然了。那都是咱新近从突厥引进的，清一色枣红马，不仅中看，耐力亦特别好。"魔头睨了史万岁一眼，问，"你的眼睛可真贼——你想要几匹？"

史万岁刚把一个巴掌伸出来，魔头即爽快地道："五匹？没问题。"

"不，不！"史万岁把巴掌往左又往右连翻两番，道，"是这个数。"

"啥？你要五十匹？咱就知，你会狮子大开口的！"魔头皱皱眉，说，"行。咱认了。看你整顿兵营有功，成全你。"

"军爷——你没看清呐！"史万岁再把巴掌伸出道，"这一巴掌是五根指头没错，咱往左一翻是五十，再往右翻了一下，是五百，咱想要的是这个数哩。"

"啥？"魔头瞠目结舌，连连摇头。

"不过，军爷，你别急，咱话还没说完呐。咱并不是向你讨要五百匹马，是与你换五百匹马。用骑兵队的五百匹马，换马场的五百匹枣红马。"

"你那都是些啥马哟！这，你可骗不了咱！咱马场的马都是要拿去卖钱的，谁肯买你那些乱七八糟的马咧？"

"你听咱把话说完。"史万岁分辩道，"你刚才也看到了，骑兵队中，确有三十多匹不大中用的老马，那肯定是卖不出价钱的。而其余四百多匹马，只是毛色不一，高矮不一，长短不一，因养护不善，也不显光鲜精壮，若立马出售，确实卖不出好价。但若将其放在马场里，精心养护几月，不都膘肥体壮，毛色光鲜了吗？来买马的人，有的喜黑、有的喜白、有的喜欢栗色的……萝卜白菜，各有所爱，不是还丰富了马场的花色品种了吗？再说了，郡守大人不日即来兵营巡检，你想想，届时指挥阅兵的，肯定不是咱这个戴罪戍卒，而是军爷你。当五百清一色枣红马组成的巡骑方阵从阅兵台通过时，郡守大人还会说咱兵营的士卒松松垮垮，没个站像吗？"

　　"好！咱听你的。"魔头生性粗率，却不失精明。史万岁一番处处为他打算的话，他哪能不心领神会。但表面上却仍不饶人地说，"你呀，啥都好，就是一张嘴比狮子口还大，且巧舌如簧！"

第五十回

军营演兵魔头光宗耀祖
沙场杀敌戍卒大显神威

开皇二年十二月，一场罕见的暴风雪席卷了整个西北草原。夏秋本来就受旱灾影响的突厥部落，所剩无几的牲畜又纷纷在大雪中冻饿而死。于是，在漫长的西北边境线上，突厥各部落勿须沙钵略作战前动员，便一股脑儿再次把矛头指向了大隋境内，从而使边境的紧张气氛骤然加剧。双方都在调兵遣将，聚集力量，一场大规模的战事，迫在眉睫！

一连几日的暴风雪肆虐过后，太阳终于露脸了，疾风也渐渐停歇了，西北边陲白茫茫的一片，好干净，好安静，静得简直有点瘆人！

然而，就在这个滴水成冰的早晨，一彪人马，从敦煌北城而出，朝东北边的兵营疾驰而去。骑行在最前面的是敦煌郡衙引路的几名侍卫，其后，正中的一位是大隋王朝迎战突厥军队的行军元帅窦荣定。

这位窦元帅，时年五十有三，骁勇善战，他有一个令人瞩目的身份，即是当朝皇上姐姐安成长公主的丈夫。而与其并辔而行的，靠右的一位是敦煌郡守，靠左的是一位二十来岁、相貌英俊、身材魁梧之青年将领，他是行军元帅的偏将。而拱卫左右和身后的一干人，皆为行军元帅和敦煌郡守之扈从和侍卫。

窦元帅率军进驻敦煌周边一带地区，文帝下旨要他确保边贸重镇敦煌不受侵扰。在忙于布防的同时，行军元帅一行亦忙里偷闲地要求视察当地兵营。

行进间，窦元帅对郡守说："以往突厥侵扰我境，就像踏入自家牧场，要啥取啥。当然，此状况主要还是由前朝的疲弱和疏于防范造成的，但此后绝对不能容忍此状况存在下去了。日后，朝廷除会增加对边塞的拨款、补给外，还会增加驻军。此外，各边境地方衙门，也应加大保疆守土之责任。"

"那是，那是。"郡守介绍说，"敦煌北城外，分置三座兵营，东北边的这座是管理最差的，其他两座稍好一点儿。不过，亦都是年久失修，急待我朝大力扶持并加以改造。"

"朝廷加大对边境的扶持，理所应当。敦煌乃富庶之地，重要口岸，确需加强防范。"窦元帅道，"行。过去皆说，咱边防差劲，一触即溃，却不知究竟差在哪里。今日咱先瞧敦煌最差的一座兵营，就叫百闻不如一见吧。"

郡守带领行军元帅先看东北角魔头管理的兵营，是有自己的小九九的。在郡守的眼中，这魔头简直就是个毒瘤！他对边关防务完全不放在心上不说，还常与境外的匪贼沆瀣一气，只要听到哪里有一匹与众不同的好马，他便会不择手段地将其弄到手。不仅如此，就连郡守自己属下的官员，也有不少马迷与之拉拉扯扯，找他买马、换马或给马配种等等。郡守几次都想拿掉他，但都被虞庆则大将军一句话挡了驾。说此人能帮朝廷买来可用的军马。郡守真是拿这魔头没办法！这回可好了，你窦元帅不是皇上的姐夫吗？让你亲自领教领教这魔头到底是个咋样的人物儿！

却说，此一彪人马出敦煌北城后，把地面的深雪践踏得一路飞扬，可当其拐进去兵营的岔道时，雪却被打扫得干干净净，露出的是一条又平又直的沙土路。马的铁蹄踏在冻土上，发出一阵动听的"铿锵"声。骑在马上的窦元帅初来乍到，并不在意，却使其旁的郡守暗吃一惊！他想：魔头是啥时候把烂路整成这样的？又是谁知会他今日有人要来察看兵营，竟把路上的积雪也扫得这般干净？他正不得其解时，猛地抬头，众人已到兵营门口的石牌坊下、站在石头武士像旁的竟是一身戎装的魔头！至此，郡守简直傻眼了——这石牌坊、石武士和一副戎装威风凛凛的魔头，都是从哪里冒出来的！这一切，在他的眼中，竟都显得极不真实！

然而，令郡守不可思议的事，却还将一件件不断地上演……

众人下马，郡守先向魔头介绍今日来的贵宾。略事寒暄后，魔头即以主人身份恭请贵宾入营视察。

兵营内纵横交错的条条道路，亦都打扫得干干净净，整齐的房舍屋顶和空旷地带，都被皑皑白雪所覆盖，使整个营区看上去，洁净得纤尘不染。

元帅、将军行于前；郡守亦委身于其间，他想：仅在数月前的五月天，也是因突厥来犯，自己到兵营巡检，其时的营房破败不堪不说，士卒到处便溺，弄得臭气熏天，蚊蝇乱舞，把自己气得立即就要将魔头解职！当时的魔头一看情势不对，摇尾乞怜，并立下军令状，说一定要改。可谁能信他真会改哩。他这种话已说过不知多少次，到头来，总是只有一次比一次更糟糕的。没承想，此次他还真兑了现。可不管咋说，才几个月哩，况且，兵营与敦煌城相距仅二十余里，咋就神不知鬼不晓地说变竟全变样了呢！

"郡守大人，你这兵营还挺不错嘛。"行军元帅驻足扭头道，"这还是你三座兵营中最次的一座？"

"这……"

郡守正不知如何回答，窦元帅身边那位年轻偏将却问："你这营房确实不错。不过，偌大一座兵营，咋不见一名士卒呢？"

"嗯？"郡守一经提醒，也立感蹊跷！他想：这该杀的魔头，他究竟在搞啥名堂咧！

可就在此刻，一名士卒跑步过来，向魔头敬礼，并禀报说："军爷，队伍已集合好了，请示下。"

"这天贼冷！你叫大伙跟老子打起精神！并告知众人，今日来的可不是一般人！"魔头压低嗓音朝士卒声色俱厉地道。然后，转身走向行军元帅笑着解释说，"士卒们已在演练场等待各位大人检阅。"

"噢？你们还有此准备？"行军元帅窦荣定大感意外，亦分外高兴，

"好！也让咱见识见识敦煌戍边将士们的风采！"

更加感到意外的是郡守大人。他想：一帮乌合之众，连站都没个站相，还玩啥"检阅"哩！这不是当众丢人现眼吗！

一众宾客在魔头的引领下，兴致勃勃地来到演练场。偌大之场子雪被铲得一干二净，为了防滑，还在冻土上铺了厚厚一层沙。可见此次阅兵，是有备而来的。此时，在演练场的东头，黑压压地聚集着一片整装待发的人马。

待窦荣定等一干贵宾登上检阅台，并坐定后，马贼出身的魔头，本事不大，但一呼百应，发号施令，却不含糊。他一挥手，即有一名士卒牵来一匹不常见的铁灰色骏马。该马是由一匹白色良种母马和一匹黑色良种公马交配生下的。在冬日阳光的照射下，油光水滑的马身，闪射出如兵器锋刃一般的寒光。其一闪身，即轻如飞燕地跃到马上。平日不修边幅，一身邋遢，蔫哩吧叽，令人生厌的魔头，一到马上，则精气神十足，一举手，一投足，皆能出彩！

挺立马上，凝神片刻，魔头"刷"地抽出马刀，朝天一指，并用粗犷之嗓音，下达命令："阅兵开始！"

检阅台上的贵宾，立即神情庄重地起立，朝接受检阅的戍边士卒凝神望去。

阅兵队伍首先登场的是执行侦察和完成特殊使命的五十名特勤队员。他们骑白马，十马一排，共五排；接着登场的是一分队，他们右手持矛，左手执盾，每二十人为一排，共二十二排组成一个方阵，迈正步，脚踏沙地，"嚓嚓"有声；一分队过后，登场的是二分队，当五百匹枣红马，分五个方阵英武雄壮地登场亮相时，检阅台上发出一片"啧啧"赞叹声！

其中，最为惊诧的还是郡守，因为他最了解魔头的底细。一个草莽蟊贼，尽管有钱、有好马，可他却无论如何也不能将一群乌合之众，捏合得这样井然有序呵！郡守自此，猛地悟出：其后必有高人的指点！可此人会是谁呢？他凭什么要扶持魔头？而一向桀骜不驯、自以为是的魔头，又怎会接受其之指点和调教呢？

演练场上，当枣红马的骑兵方阵走到检阅台前，最先出场的五十匹白马，恰好走到了场地的尽头，而殿后的第三分队四百四十人的方阵，亦踏着整齐的步伐，迈入场中。

其时，只听枣红马队第一方阵第一排靠左的一名士卒，发出一声清脆的口令："一——二！"

接着，这支约莫一千五百人的队伍，共同发出：

"皇帝陛下，万岁万岁！"

"大隋江山，千秋万代！"

此声响如雷鸣一般，从阅兵台前滚过，响彻晴空，令在场人为之激动！

随之，这支一千五百人的队伍尽数通过检阅台后，一分队和三分队共八百八十人的队伍再次登场，徒手演示了一套拳脚功夫。大体看去，还算整齐，细抠之下，尚有不少瑕疵，但对这批成分复杂的边塞士卒来说，已属难能可贵。

正当八百士卒有序地退至演练场的边沿时，台上的贵宾以为阅兵已然结束。却不料，一匹枣红骏马疾驰入场，绕场一周后，在演练场的中心站定。坐骑上的士卒"嗖"地从背上取出一张弓弩，在弦上搭了一颗弹子，将弓拉成满月，朝阅兵士卒最先出发的方向瞄去。

此刻，台上贵宾和台下魔头方才注意到，演练场外的雪地上，已摆了数座木框架，架子上用丝线悬空吊着一只只红柿子和一只只黄澄澄的梨。说时迟，那时快，只见马上的士卒一松手，弹子带着哨音如流星般将一只冻硬的红柿子击得粉碎！星星点点的红色碎沫飞溅到白皑皑的雪地上，竟如绽放出的一朵朵红花，煞是好看。

"好！"台上台下一片喝彩。

话音未落，又有两骑冲入演练场，他们各自张弓搭弹，一人击中黄梨，一人击中柿子……正当人们眼花缭乱之际，第一个出场的士卒，一个鹞子翻身把身子藏于马之胯下，双脚勾住马身，两手竟然在飞奔的马腿之间，射出一粒飞弹，并击中一只黄梨！

这一回，感到无比惊愕的，不仅是台上的贵宾们，连台下指挥阅兵的魔头，也目瞪口呆了！连他本人在内，此情此景，何曾见过！这几个家伙，真是自己兵营中的士卒吗？可定睛看时，他猛地发现，刚才玩镫里藏身弹打黄梨的人，竟是自己昔日当马贼时的贴身跟帮小四。此人善骑能射，机敏过人，可从没见过还有这么一手功夫呀！

魔头把小四招到自己跟前问："你这一手弹子功是哪来的？"

"史师爷教的。"史万岁取代了姚师爷，士卒们就这么叫他了。

其时，从检阅台上走来一名侍卫对魔头说："郡守大人请军爷拿一张刚才射梨之弓，让他们瞧瞧。"

小四就把自己的弓给了魔头。魔头看了一下，觉得也很一般，似比自己平日使用的还要小一点。他于是拿着那把弓，上了阅兵台。郡守接过魔头手中的弓，恭恭敬敬地递给了行军元帅窦荣定。窦元帅接过瞧了瞧，也没看出个所以然，便随手递给了身边的年轻偏将。

偏将先是把弓拿在手中掂了掂，再一手握弓一手搭弦，来回拉扯了几下。接着，他竟从衣兜里摸出一颗弹子搭在弦上。

其时，远处木架上的柿子和梨已被打得一个不剩，一片狼藉的雪地上，竟有数只饿极而不识时务的雀鸟正在啄食雪上柿与梨的碎屑。偏将一松弓弦，弹子呼啸而出，但见雪地之上，鸟毛和雪沫腾空而起，四处飞溅。周遭觅食的其余鸟雀，则更是惊得逃之夭夭……

"好哇！"

"此乃真是强中更有强中手咧！"

台上台下，一片欢呼赞誉。因为从检阅台到那片雪地间的距离，要比刚才三位射手的射程远许多，且，鸟雀一直在跳动，要将其击中绝非易事。

"嗨，咱刚才疏忽了。"行军元帅窦荣定起身对郡守和魔头说，"来，咱再介绍一下，这位便是被誉为大隋第一神射的长孙晟将军。"

"久仰！久仰！"郡守拱手道，"'一箭双雕'之典，便是由您造出的！下官今日三生有幸，得以亲见神射一试身手！"

魔头更是喜出望外。他说："将军能不能再给咱演示演示精湛射术，以饱众人眼福？"

"长孙献丑了。说句实话吧，咱刚才并非有意在大庭广众下卖弄所谓射术，而是想通过此弹，得到一个人的回应呐。"

郡守一听，紧问道："长孙将军要寻的人，能肯定就在此间吗？"

"这人确定无疑就在此营中。可咱一弹射出，不知为何竟还没人回应嘞。"

"噢？"魔头瞪大双眼，更是一头雾水，连忙解释说，"咱这弓，连同铁弹子，皆为本兵营的小作坊所造，不知将军要寻访的是何人？"

长孙晟见二人疑惑不解，于是把刚才用过的那张弓拿起说："此类弓，统称软弓。原是突厥人骑在马上用于射杀近距离猎物和敌人的。你们工场经过改造，比突厥人的软弓略硬，射程更远，威力亦更强一些。不过，比起步兵通常用的硬弓来说，又还是要软一点，射程亦要短一些。咱想，这个改造软弓的人，非史万岁上大将军莫属。在下要找的人就此人。"

"哈哈！你猜对了，此弓就是他亲自督造的。兵营的队伍亦是经他一手训练出来的。"魔头由衷地说。

"怪不得呢，果有高人指点！"郡守在心中嘀咕着。可这位高人又是何方神圣？郡守仍不得其解。

行军元帅窦荣定解释道："咱此次来兵营巡视，有两个目的：一是了解边塞兵营状况，不足之处，以便来日作改进；二是寻访上大将军史万岁。目下，大敌当前，急需用人，咱想将他征召回军队，请二位提供支持。"

郡守一听，把目光转向魔头。

魔头即道："你们想要几匹马，都好办。想要咱史师爷，那可不成，咱这兵营全靠他哩。他走了，咱咋办？"

"可其人呢？咋还不见他露面呐？"长孙晟问。

"史师爷今日天未见亮就护送夫人去药圃为人治病了。这样吧，咱这就派人去把他叫回。"

"夫人？史将军的夫人也来此地了？"长孙晟瞪大眼睛问。

"不是。"魔头不好意思地道，"这个老婆是咱送他的。"

原来，在药圃劳作的那位老叟突发急症，天不亮就遣人来请求卓玛出诊。卓玛的腿被蛇咬后，还未好利索，外面风大雪深，史万岁不放心，一大早就陪卓玛去药圃了。

贵宾们走下检阅台，在魔头的引领下，边等史万岁，边在营内视察。但见营内各项设施齐备，一切整洁有序，窦元帅分外欣喜，经与长孙晟交头接耳，即对郡守和魔头宣布：有鉴于军爷对兵营管理和训练有方，准备直接奏请皇上，将他擢升为车骑将军。

这对魔头来说，自是受宠若惊，感恩不尽。他想，自己多年背负马贼恶名，这回不仅洗刷干净，还真是光宗耀祖了嘞！

说话间，只见一彪人马直入兵营，为首的一位骑行到窦元帅面前下马道："禀告大人，阿波可汗已率突厥大军逼近敦煌，距我军驻地只剩三十余里。"

窦荣定一听，脸色骤变说："咱不能等待史将军了。请转告他，火速来帅帐会咱。并请郡守大人即赴各兵营，检查和布置各项防范措施。"

话毕，即与长孙晟等一干人上马，急驰而去。

却说，史万岁急急赶回兵营，却扑了个空。魔头便将窦荣定、长孙晟和敦煌郡守等的到来，观看阅兵表演和要征召他去打仗等等情形，详述了一遍。

史万岁听后，亦喜亦忧，百感交集。他喜的是终于又能上前线为朝廷建功立业，并且，还能与好友长孙晟朝夕相处；忧的则是上前线打仗，不能带家眷，他放心不下孑然一身的卓玛。

魔头原以为史万岁会喜得发狂的。却不料，他竟然闷声不响，满脸愁云。于是问："你咋啦？"

"咱……咱有点放心不下卓玛……咱在此地还好说，欲拔腿一走，这兵营不会个个对她瞪起绿绿的狼眼！"

"呔！你还着这个急？不是有句话，叫……叫什么'天下何处无芳草'？等你再当了大将军，何愁漂亮女人不会像云朵一样缠着你。"魔头一拍史万岁的肩膀说，"行。咱还真巴不得你不走哩。这样吧，你去和窦元帅见个面，叙叙旧，再回来。咱和账房打个招呼，你日后用钱直管去支取。咱的钱，即你的钱，行不？"

史万岁苦笑了一下对魔头道："何去何从，咱得先和卓玛商量一下。"

"那好吧。"魔头觉得史万岁这个大男人、大将军，在娘们面前不可思议。他与卓玛才睡几夜，咋就这么粘稠稠地不可分了。

史万岁送走魔头，即沿近期不知走过多少遍的兵营道路蹀起步来。他不知如何向卓玛启齿，亦未能想出一个安置卓玛的方策。他想托人将卓玛送回老家去，想来想去，仍觉不妥。自己并未脱去罪臣身份不说，卓玛亦非明媒正娶。同时，老家不也仍是个狼窝窝吗！一家老小能容这个没有身份的可怜的藏族小女子？

落日的余晖渐渐收起，寒气逼上身来，史万岁打了个冷噤！他边走边想，不断有人前来与他打招呼，使他的思绪不能清晰、连贯。几个月来，与士卒们的朝夕相处，而尤其是与小四等几个小头目切磋马术、箭术，皆结下了不浅之情谊，他要一走了之，真还是有点舍不得呐！他走着走着，终于走到了自家门口。史万岁推门而入，一股浓浓的肉香味扑面而来。

"回啦。"卓玛亦如往常，端来一盆热水，让他洗手、脸。

史万岁囫囵揩抹了两把，就坐到已掌了灯的桌前。

这时，卓玛已将馍馍和熬得烂烂的肉汤端到了桌上。桌上，还用一只陶盆温着一壶酒。以往，史万岁回到家里，嘴就像打卦一样，"叽里呱啦"讲个不停，向卓玛介绍练兵情况，讲解营房做了哪些改造，哪一座膳房已开始上瓦……等等。可今日却像个闷葫芦，一声不吭地只顾往杯里倒酒，也不喝汤吃肉，直把酒往嘴里灌……

正当史万岁灌完一杯，又将往杯中倒酒时，卓玛抢过杯子问："你咋啦？咱还以为你一回来，就会向咱报喜的。没承想，闷声闷气只顾往嘴里灌黄汤。"

"呵？你知道啦？"

"全兵营的人都知道大元帅亲自点名要你上前线杀敌立功，咱能不知道？"

"可咱不想去哩！"

"为啥？"卓玛用怪异的目光直视着史万岁，"你是真的不想？可你连做梦都是冲呀杀的，还说不想？"

"咱不舍离你而去……"

"浑话！"卓玛不以为然地道，"咱一个女人算啥呢。你不是和咱说过，你家里还有妻、妾吗？"

"那不同。你我才是真正共过患难的夫妻。你未必就舍得咱离开你？"

卓玛语塞，已自潸然泪下。

过了好一会儿，她方道："你们汉语不是有个说法，叫'男儿当自强'吗？建功立业是大将军的本分，咱不愿看到一个上大将军成日围着个女人转来转去，遭人耻笑！"

史万岁无语，又倒一杯酒，一饮而尽……

次日一早，史万岁一副戎装，骑上乌里白，去窦荣定行军元帅帐前报到。临别，他对卓玛撂下一句话："等着咱，咱会来接你的。"

可当史万岁接近隋军营地时，阿波可汗率军杀到，两军剑拔弩张，已在营寨外形成对峙之势。而就在此千钧一发之际，倏地从敌阵中窜出一骑，骑在马上的将领着一身黑甲，手持一杆长斧，也骑一匹乌黑发亮的骏马，直冲到隋军前沿趾高气扬地叫阵。

初来乍到的史万岁，本欲前往与指挥作战的行军元帅打个招呼，不料，猛地发觉前来叫阵的敌将有点儿眼熟。细看之下，原来竟是自己手下败将"草上飞"！这可真叫冤家路窄，史万岁已顾不上先与行军元帅和长孙晟打招呼的礼数了，他一夹马腿，乌里白便如箭一般冲入阵中。

刹时间，两方将士，群情沸腾，摇旗呐喊，鼓角喧天！

目中无人的草上飞既未通报自己的姓名，亦未问对方姓甚名谁。当然，他更未认出与之交手的就是打败过自己的那位"强盗爷"。

当史万岁拍马冲来时，草上飞便不分青红皂白一斧劈去，史万岁用矛一隔，"当"的一声，挡架的人似乎没事，草上飞的手却反而震麻了。接着，他虚晃一下，聚足全身之力，再下一斧，竟又被史万岁硬生生地架住。老羞成怒的草上飞偏不信邪，势大力沉地拿斧直捣史万岁，却又扑了个空……三斧过后，草上飞欲出绝招——去腰间摸那锁喉之绳套，这才一眼瞥见立于对面马上的竟是曾把自己拖至马下的"强盗爷"！然而，一切皆为时已晚，就在草上飞惊诧的一瞬间，史万岁已从腰间掣出马刀，手起刀落，干净利索地把草上飞斩于马下。草上飞乃阿波可汗手下最得力的猛将。其一倒，军心已然涣散。而隋军则士气大振，欲乘胜追击，但被行军元帅窦荣定和偏将长孙晟制止住了。

原来，大半年前，长孙晟代表朝廷去东北边拜会了处罗侯后，即马不停蹄地横穿草原向西而行。他此行有两个目的：一是去见突厥五个可汗中最弱势的阿波可汗，想以优厚待遇，劝其归附大隋；二是藉此探望好友史万岁。没想到，正当他接近阿波辖地时，突厥与大隋的二次大战已箭在弦上。他在赶路途中，与率军前来迎敌的窦荣定行军元帅不期而遇，于是索性加入到了军中。

当下，行军元帅下令鸣金收兵，长孙晟自与史万岁相见甚欢。回到军营里，窦荣定即在帅帐设宴为史万岁洗尘、庆功。

"上大将军今日的下马威打得好，为日后对阿波的攻心铺了路。"长孙晟由衷地道。

心情大好的窦元帅亲为史万岁斟酒，说："大将军艳福不浅呵，发配到敦煌不到一年，就娶了一位貌美的夫人。长孙将军一路还老是叨念你脾气不好，怕你吃眼前亏哩。"

"唉……也算是因祸得福吧。"史万岁呷了一口酒，便把一到敦煌便被魔头一巴掌打得口吐鲜血，幸得卓玛救治，之后又如何反救卓玛，并得到魔头信任，转而把卓玛送给自己的经过，林林总总述说了一遍。

席间人听后，皆唏嘘不已。

"难得，难得！"长孙晟叹息说，"史将军这大半年磕磕绊绊、历经曲折，能得此一红颜知己，实属不易。"

随后的数日间，在长孙晟的斡旋下，窦荣定军与阿波军使节往来频密。阿波权衡利弊，下了投靠大隋的决心。并表示，愿派自己心腹，随长孙晟去长安面见大隋皇上。

行前，善解人意的长孙晟对史万岁道："嫂夫人单独留在边塞兵营里，终不是长久之计，要不要咱把她带回长安去？"

史万岁叹了口气说："想是想呵！只是咱在长安没安家。回老家吧？亦是万万不能。她没个名分，又是藏人，一双双白眼能不将她瞪死？"

"这个不难。嫂夫人暂可住在咱家里。你去过咱家的，长孙只有一房妻室，父母亦不在长安，正好让她们姊妹作个伴，这样行不行？"

"君不嫌弃，兄弟当然求之不得！"史万岁喜出望外，当即拍马去接卓玛。

可当史万岁回到兵营，才离数日，士卒们却都一个个用异样的目光看着他。他也管不了那么多，一路奔到家门口才下马。可是，却见自家房门紧闭，门上还挂着一把锁。他想问问隔壁的姚师爷，卓玛去哪了。真是无独有偶，姚师爷的门上也挂着一把锁。正惊疑不解时，小四闻讯赶来了。史万岁走后，小四便主管了兵营内一应事务。

小四低沉地对史万岁说："卓玛嫂子已走了……"

史万岁没听明白，问："她去哪了？"

"她……她……已离开人世了……"

"啥？"这对史万岁来说，有如晴天霹雳！他一把抓住小四的衣领，问，"她……她是咋死的？"

小四从兜里取出一张包药的粗纸，纸上还散发出淡淡的药香味，其上歪歪扭扭写着几行字，正是卓玛的笔迹：

万岁爷（一直以来，卓玛就是这么称呼史万岁的）：

对不起，没等爷回，奴婢就离你而去了。奴婢想过多次，唯其如此，方能使你一心一意去建功立业，以彻底洗刷你以往所遭冤屈。

　　然而，就在草上飞惊诧的一瞬间，史万岁已从腰间掣出马刀，手起刀落，干净利索地把草上飞斩于马下。

　　奴婢和爷过的日子虽然短暂，却极欢悦，卓玛此生，已知足矣！

　　姚师爷玷污奴婢的企图并未得逞，奴婢用一把剪子将他逼退，爷就饶了他罢。

　　爷要好好活着，奴婢在天国等你。

卓玛顿首

万岁先是拿纸的手在抖，其后，浑身都颤抖起来。

小四轻声说："嫂子是喝自己配制的毒药死去的。"

史万岁在自家门口站了好久，一指隔壁房门问："那个畜牲呢？"

"死了，是被军爷砍杀的。军爷还派人把他的尸身拉到野外喂了狼。"

接着，史万岁在兵营一众小头目的簇拥下，来到卓玛坟前。这条血气方刚的硬汉，跪下双膝，呼天抢地，痛哭不止……

第五十一回

登城楼君临天下现王气
除弊制革故鼎新顺民情

在漫长的西北边陲频传战报的紧张气氛中，深居京师长安的隋文帝，迎来了他执政的第三个年头——开皇三年。

与战火纷飞的西北边陲相比，长安则显然平静多了。此时的文帝不仅清除了朝内政敌，平灭了蔓延至全国各地的尉迟迥、王谦、司马消难等三方叛乱，还以自己创设的"三省六部制"，理顺了朝纲朝政。当下，新修的《开皇律》也已向全国颁行。普天下，已从经年战乱和流离失所中，逐渐走向安定，庶民的生产、生活已呈蒸蒸日上趋势。而对大隋王朝来说，几乎一日一报的大兴宫城和皇城建设，亦快竣工。此亦是说，隋文帝不日即将乔迁新居，而大隋王朝将拥有一座举世无双的崭新帝都。

可就在国内政情民情渐趋稳定之际，文帝却收到一份令他不安的密折，其上报说：新建的大兴宫城造得极尽庞大、豪华，施工过程中还死了不少民役，而此是皇上最不愿听到的。

一贯崇尚俭朴和爱惜民力的隋文帝不由得双眉紧锁，随手把折子递给了身边正在为茶碗续水的独孤皇后，问："汝不是常去大兴宫工地的吗？咋没听汝提到过这些事？"

独孤皇后自弘圣宫被拆，就一直与皇上合住于临光殿中。她看完折子，不以为然地道："新朝新气象，新建的大兴宫，自然要比旧宫大和好，此乃百年大计，千年大计，有啥好议论的？再说，这么大一项工程，堪比一场大战，使用的民役数以万计，死几个人，亦很寻常嘛。"

文帝看了独孤皇后一眼，即把造城总监高颎招到临光殿，开口即问："据说新建的大兴宫造得又大又奢华，是不是此样？"

高颎先看了在座的独孤皇后一眼，方道："禀告圣上，臣下以为这件事不能简单地用一个'是'或'否'就能回答明白的。营建新都，天下为之瞩目，不同的人，看法和想法皆不一样，此可谓众口难调哩！"

"卿别与朕饶舌。朕从报来的折子上看到，宫城和皇城都快竣工了，汝就直说，这一年来，卿到底是怎样履职的？"

"臣遵圣旨，一切从俭。旧宫中凡用得着的材料，尤其是石材、木材，皆尽量用上了。不够，才去购置新的。此外，臣下主持此事，不能不考虑，大兴宫乃天下第一宫，是帝王总揽国事之处所，总不能弄得太小家子气吧？有人说太豪华，臣却说那是雄伟。这就叫，不雄伟无以显其尊！还有，在规模上，臣亦想得长远些。总不能今日建了，过几年觉得不够用，又去再造一座新城吧。此可不比小儿搭房子，搭好，推倒；推倒后，又再搭——游戏而已呵！"

"仆射说得不错，大兴宫，乃国之第一宫，太过寒碜，不像样嘛！"一旁的独孤皇后，亦忍不住插嘴道。

"哎，此事汝就别掺和了。"文帝打断独孤后的话，又问，"朕还听说，工地死人不少，卿咋一直未曾奏报？"

高颎回答说："工程紧迫、浩繁，几万人挤在一个工地上，磕磕碰碰，哪能不发生一点意外或因病而死的呢？此等事，臣下平日都做了妥善处置，就未一一惊动圣上了。"

高颎话刚落音，皇后又欲插言，被文帝用手势制止，并转而仍问高颎："当下工程到底进行得如何了？朕看奏报，似已接近竣工。没这么快吧？"

"大兴宫确已接近完工，皇城那边，稍慢一点，但也快了。"

"这样吧，百闻不如一见。朕明日前去瞧瞧，此亦是大隋立国后的一件大事。"

高颍领衔建造的大兴城，由三个部分组成。即，宫城、皇城和外郭城。宫城，即帝王居住和施政的处所，亦即钦命的"大兴宫"；皇城，即大臣办差的各衙门；外郭城，即京师官员、庶民之居住地，商人、手工业者从商和劳作的处所。此三部分加在一起，即是隋文帝命名的"大兴城"。

自开皇二年六月动工始，到目下实施的首期工程，建造的是宫城和皇城两部分。

翌日晨，文帝乘法驾亲赴大兴宫城视察。

一年前，文帝、高颍等一行人曾到此地察看，以确定是否可在此营建新都。其时，四周还是一片荒野和庄稼地，仅有零星村屋散落其间。而今，在新划区域的北边，已是高墙、殿堂、楼宇矗立，并呈一派蔚然壮观之景象。

文帝的法驾绕墙而行，停在大兴宫正南端的一座高高矗立的门楼前。在宦官、太监和侍卫们的簇拥下，文帝出了车门。他抬头朝高大威严的门楼看去，其上书有"承天门"三字。

此刻，担任工程总监的高颍率几名副监跪于城门边。

"都起来吧。"文帝心绪甚佳，主动朝众臣走去。高颍等一班人起身肃立，文帝即问，"宇文恺呢？哪位是宇文恺？"

"臣在……"刚从地上爬起的宇文恺，一听皇上金口刚启，就直呼自己的名字，吓了一跳，又要下跪。

宇文恺曾先后两次被列入抄斩名册。第一次是宇文家族的"五王"抄斩时，他因与皇族往来密切，亦姓宇文，被牵扯进去。后因高颍等人求情，说他是宇文姓氏中另一支系，与皇家的宇文家族并无干系，才得以幸免；第二次是其兄宇文忻与刘昉、梁士彦谋反，他亦受到牵连，又幸得高颍陈情挽救。

文帝见宇文恺唯唯诺诺又要下跪，忙道："别再跪啦。朕常听高仆射夸卿心灵手巧，偌大一座城池，卿皆了然于胸。且，每座殿宇、楼台之造型，殿宇、园林间的搭配，皆出自卿之巧思。"

"圣上过奖了，下臣纵有三头六臂，亦周旋不过来呢。臣手下有一批能人，各尽其责……"

"卿过谦了吧？"文帝笑着转向众人道，"不过，他说得也不为错。众卿都辛苦了！这么大一座城池，一人确实难于顾及。"

接着，文帝在高颎和宇文恺的陪同下，进入承天门，并沿石级而上，登临城楼。宇文恺陪侍于文帝的后侧，如数家珍般地介绍说："承天门是宫城南面的正门，在整座大兴城中轴线的正北端。从承天门的大门沿中轴线自北而南尚未修建的这条街，名朱雀大街，待整个大兴城建好后，它将纵贯整个皇城和郭城，将郭城辟为东城和西城两个区域。承天门外左右两侧高大双阙之间为朝堂，是元旦、冬至，皇家举行朝会或大典之场所。"

文帝手抚汉白玉栏杆，俯身下看，宽大的朝堂外，是一条坦荡的横街，把自己身处的宫城和街对面的皇城分隔开来。城楼高大而结实，视野开阔而高远，在冬日阳光的照射下，文帝仿佛看到文武百官正沿大街东西两端，手握笏板，争先恐后徐步涌来，山呼万岁，朝自己顶礼膜拜！

"此不正是过往自己朝思暮想君临天下的那种感觉吗！"陶醉于城楼上的隋文帝这么想着，转身面北朝宫墙内错落有致的群楼殿宇细细打量起来。

宇文恺见机继续解说："大兴宫在大兴城中轴线的最北端，犹如浩渺苍穹中之北斗。它的南面遥遥相对的是大臣办差的皇城，皇城之南是子民生息的外郭城。子曰：'居其所，而众星拱之。'臣在构建此城时，便是取其意而为之。"

"噢？"文帝的心为之一动，他称许道，"孔子此说是顺乎天意，卿之所为亦是顺乎天意。好，好，卿之意亦正合朕意嘞！"

宇文恺得到皇上肯定，便不那么紧张了。他指着眼前已经竣工和尚未竣工的殿宇介绍说："大兴宫城，待到整个城池竣工后，东西宽为一千九百二十五步（约为2820米），南北长为一千零一十五步（约为1492米）。宫墙四面共有十门，承天门为正门。该宫分为中、东、西三个区域。先说中区：正中面对承天门的正殿，即是钦命的大兴殿，是圣上每逢朔（初一）、望（十五）二日听政之处。殿内四周有廊庑围成宫院，四面开门，南门叫太极门。宫院东侧为门下省、史馆、弘文馆等；宫院西侧则为内史省和舍人院等。大兴殿后，为宫内第一条东西横街，亦是朝区和寝区之分界线。横街北，即寝区，正中为中华门，门内即寝区正殿中华殿，也由廊庑围成矩形宫院。此殿是圣上隔日会见群臣听政之处。中华殿东有万春殿，西有千秋殿，三殿皆各有殿门，由廊庑围成宫院，与中华殿并列。中华等殿之北为宫中第二条东西横街，街东端有日华门，街西端有月华门，横街北即后妃们居住之寝宫。此部分，正殿为甘露殿，甘露殿东是神龙殿，殿西为安仁殿，亦是三殿并列，各有殿门廊庑形成独立宫院。甘露殿之北即苑囿，其间有亭、台、池沼。再北，即为大兴宫之北墙，正中有玄武门通向宫外。臣下刚才说的是中区大兴殿后之主要宫室。再说东区：大兴殿之东侧为太子居住之东宫。东宫之后，大大小小之殿舍亦有二十余处。此外，大兴殿之西侧为掖庭宫。宫后设御用金银器皿、服饰、车、轿修造等等作坊和存放物资之仓房多处，还有下人之居处等等，臣下就不一一赘述了。"

"行。那朕就边走边看并边听卿聊吧。"

文帝等一行随即走下承天门的城楼，迈上大兴殿的丹墀。殿门两侧的圆柱排列整齐，粗细一致，油漆鲜红亮泽。这是一座两进院的大殿，由前殿、正殿组成。文帝踏入前殿，对雕梁画栋及窗棂的精致雕饰都未及详察，便直入正殿。殿内高峻宏大，气势恢弘——长安那边的任何一座殿宇，皆无法与此殿相匹配。这位一国之君，立于方砖铺地的殿内，亦为之震撼！他想：这是不是正如那份密折所言，造得太大太过奢华了呵？但转念一想，高颎的解释也的确不错，不雄伟，无以显其尊——此乃帝王会集群臣、商讨国是之处所哩！

文帝神情持重，默然无语。他忽地想起自己初入仕途，当时只求将来能做个如父亲那样的柱国大将军，继承随国公之爵位，不辱祖宗门第。可是，后来做了大后丞，才真正感受到总揽朝政的诱惑实在无以抗拒！可就在此刻，他越来越为宣帝及其近臣所猜忌。不仅是自己，连同做皇后的女儿，都险遭不测。此后，才被逼无奈地下定了要作至高无上的决心。没想到，美梦竟然成真，终于成了天下第一殿的主人……

文帝心驰神往，徜徉其间，一时间，整个大厅静寂无声。他在殿里留连许久，方缓步出门，沿廊庑而行。

尾随其后的高颎和宇文恺，见圣上一脸莫测高深，亦都唯唯诺诺，三缄其口，停止了解说，默默地相跟着。皇上信马由缰走到一扇门前，见铭牌上书"内史省"三字，便推门走了进去，此才开口道："嗯，此屋的窗大，既通风、又明亮，挺适合德林公在此拟写诏书。"

其时，高颎亦才接腔说："圣上说得是极，造此舍时，还专此征求过德林公的意见。他说，窗要大，要最透亮的窗纸。"

"嗯？"文帝这才注意到窗上的纸果真特别透明，于是问，"这是啥纸？还真是透亮呐。"

"禀告圣上。"宇文恺笑着说，"此'纸'是将羊皮经特殊处置，弄得极薄制成的。既透亮又结实。"

"噢？卿等为朕造了这么大一座宫，咋没见前来向朕征求过意见？问问朕有些啥要求。"

高颎亦笑起来："圣上日理万机，臣下一是不敢为此等琐事前来打扰；二是皇后隔三岔五即来工地，皇上有啥需求，均是从皇后那里得到解答的。"

"哦……"文帝笑着点了点头。

大兴殿左端有东阁门，殿之右端则有西阁门，从此两阁门走出去，即入阁内，也就是后宫了。

文帝轻推了一下东阁门，那门便"吱"地应声而开。他跨过门槛，穿过横街，迈入宇文恺介绍过的中华门进入中华殿。此为大兴宫南面正门承天门内的第二座大殿，与承天门、大兴殿俱在一条笔直的中轴线上。中华殿为后宫中的正殿，造型亦与大兴殿极为相似，只是小一些而已，它是皇上日常听政、议事、办差之处所。所以，对文帝而言，则显得格外重要。

高颎见皇上端详得分外仔细，便解释道："殿内御用家什、器皿，比如圣上用的文房四宝等，均已在各处皇家作坊定制完成，有的已运抵宫内，有的正在发运途中，不日即可进行殿内布置。"

"嗨，朕虽经常翻阅工程进度报表，可始终没能明白新宫到底成了啥模样？而今，一目了然，还是眼见为实呵！"文帝终于笑逐颜开，并说，"朕今日站在承天门城楼上，见到的仅为皇城和宫城，若将来外郭城也建好了，此城到底有多大呵？"

高颖看了宇文恺一眼，宇文恺忙道："大兴城全部竣工后，大致有当下三个京师长安那么大。仆射说，外郭城的建设，要视官民需要和国力，分期分阶段完成，没目下这般急迫。"

"好！今日就瞧到此处吧。别处，朕就不一一细看了。"皇上十分满意，即问，"朕啥时候可以搬来新宫？"

"目下已是正月，今年元宵灯节，圣上还得在京师旧宫里过。过完灯节，二月迁入新宫是没问题的。"

"那就定在阳春三月，等暖和点搬入。卿等也别赶得太紧，如何？"

"行！"高颖和宇文恺异口同声说。

是时，文帝特别叮嘱高颖道："自朕搬入大兴宫始，帝都长安亦正式更名为大兴城。"

可能连高颖和宇文恺本人都没想到的是，他们所造的这座新都，乃是其时普天之下最大的一座都城。其布局、规制及殿宇模样，乃至街名等等，亦皆为后世和邻邦所仿效。

待皇上等一行人从宫中步行到大兴殿外，文帝老远就见有三五人群皆把双手笼进袖里靠着宫墙在晒太阳取暖。于是，即问高颖："彼等咋那般悠闲，都不去忙活呢？"

高颖先是一愣，继而莞尔一笑，说："那些人看似悠闲，其实一个个都猴急着呐！他们都在等候宇文匠作去指派工程上的各项事务，见皇上来此巡视，只好袖着双手猫在墙根晒太阳。"

文帝望着宇文恺，问："是不是这回事？"

宇文恺不好意思地点头说："是。"

"唔。看来，此项工程还真离不开卿嘞！卿去忙吧。"宇文恺走后，文帝即对高颎说，"卿先后二次保下此人，今日终于派上大用。朕刚才站在大兴殿中，默然良久，心中还突然想起另一个人。"

"圣上想起谁了？"

"宇文孝伯。"

"他？"高颎眉头一皱，说，"孝伯公确是一位难得之才俊。其与前朝武帝同年同月出生，自幼与武帝相处甚笃，亦帮武帝做过许多大事，包括计杀权臣宇文护。不过，他即便能活到今朝，恐也难为圣上所用呢。"

"岂只是难为朕所用？继任武帝的宣帝，当年若能够用他，凭他的才干和对北周的忠诚，朕能登上帝位？会有今日？更遑论会有这座大兴城了！"

高颎只是深以为然地点了下头，没把那个"是"字说出口，但皇上说的却是肺腑之言。

"这样吧，卿与吏部会商一下，给宇文孝伯和王轨一并恢复名誉，让他们的一个儿子继承父爵。"

"是。"

…………

却说，文帝意犹未尽地返回临光殿，并简单用过午膳后，即至案前看折子。他在不久前的一个朝会上，曾要求王公大臣为治理国家献言献策，所以，近日上奏的折子突然增多，使他常常看至夜深。目下，他一连看了两个奏章，所提建议，皆无甚新意，而上午去看的大兴宫中的种种情形，却仍时不时地跃入眼前，使他难以专心致志。

文帝感到自己有点走神，于是端起案上盖碗，呷了口茶，强打精神，又拿起了另一份折子。他读着读着，忽地精神为之一振，在心里连叫了两个"好"字。再回神细看上奏之人，竟是深受自己信任的家门杨尚希。

这个杨尚希和杨素一样，与文帝皆为弘农宗室后辈。宣帝驾崩时，时为东京司宪中大夫的杨尚希奉大丞相杨坚之命，在河北、山东一带做安抚当地庶民的事。当他路经尉迟迥任总管的相州时，觉出情势异常，连夜逃离。赶回京师后，他向大丞相秉报了尉迟迥所部的一些反常举止。从此，大丞相便把杨尚希引为知己。

现任河南道行台兵部尚书的杨尚希在此份奏章中写道：

　　自秦并天下，罢侯置守，汉、魏及晋，邦邑屡改。窃见当今郡县，倍多于古，或地无百里，数县并置，或户不满千，二郡分领。具僚以众，资费日多，吏卒人倍，租调岁减。清干良才，百分无一，动须数万，如何可觅？所谓民少官多，十羊九牧。琴有更张之义，瑟无胶柱之理。今存要去闲，并小为大，国家则不亏粟帛，选举则易得贤才，敢陈管见，伏听裁处。

这份短短的奏章，正中文帝下怀。

文帝早在宣帝手下任大后丞时，就为"民少官多，十羊九牧"而深感忧虑。那时节，战事频仍，入不敷出，捉襟见肘。可是，又有啥办法呢？将士们打了胜仗，还是得用庆功提拔来提振士气。所以，官越提越多，要给他们安位子，只好增设州、郡。这样，州、郡及县，越来越多，辖地则越变越小，以致形成"十羊九牧"之现状。大隋建立，首当其冲的就是更新朝政，以"三省六部制"取代了前朝以大冢宰为核心的六官制。这样，不仅消除了宰相一手遮天篡政的隐患，同时还借机清理了朝中的冗员。而地方呢？文帝不是不想动，而是不敢动！首先，因为刚刚平息了波及全国各地的"三方叛乱"，新的王朝刚刚建立，政情不稳，他不敢大刀阔斧地在地方再出新招。其次是提拔官员容易，裁减官员却难，尤其是要裁撤大批地方冗员就更不容易。皇上曾分别作过随州刺史和定州、亳州总管，深知地方势力之盘根错节。朝廷要与地方势力抗衡，得下很大决心，并要有足够的权威与底气作后盾。

然而，此一时，彼一时也。当下解决地方问题，应是提到议事日程的时候了！文帝于是兴致满满地决定把高颎和苏威召来，共商大计。但转念一想，自己午时方从大兴宫返回临光殿，高颎却仍留在那边处置一些应急事务，再一往一返，待他赶来，已很晚了。于是，传旨只召苏威入宫。

此时的苏威，已成朝中炙手可热的人物。他一身兼任纳言、民部尚书、大理卿、京兆尹和御史大夫等五职，且每个职务都是位高而权重。

说到当下如日中天的苏威，就不能不提他的父亲苏绰。

苏威之父苏绰，是文帝父亲的同辈人。他所处的西魏、北周，无论从地域、人口和国力等等方面，欲与关外的邻国北齐比，皆落下风。可是，最终灭掉北齐的却是北周。这在一定程度上，要归功于苏绰对西魏和北周的贡献。一般人只知大冢宰宇文泰是北周开国的奠基者，却忽视了他背后的辅臣苏绰。宇文泰有远大的志向，擅于用兵打仗，而疏于朝政。这样，出身关中望族、博览群书、尤善算术的苏绰，就得到了宇文泰的垂青。苏绰助其创制计账，编制预算，精简冗员和革新朝政，增加国家税收，以使国力迅速增长。

其中，最为后人称道的是，苏绰为当时的皇上所拟《六条诏书》，一度成为西魏和北周立国的根本。

这《六条诏书》是：一为，"治身心"。做官，首要的一条就是修身养性；情操高尚的人，方能治理好国家。二为，"敦教化"。治国始于人之道德教化。三为，"尽地利"。要重视农业生产，才能民富国强。四为，"擢良才"。选拔重用优秀人才。五为，"恤狱讼"。即要以法治国。六为，"均赋役"。不要对百姓无节制地课以猛税和猛征徭役，税赋和徭役皆应均衡有度。

当年的宇文泰对苏绰的"六条"，如获至宝，即以皇帝名义颁发文武百官，是为《六条诏书》。他本人则在案上贴了一份，作为自己修身治国的座右铭。

不仅如此，苏绰为官清正俭朴，不置产业，家无余财。他的这些品格和能力，无疑使苏威深受影响。

苏威应召到临光殿。礼毕，文帝即将杨尚希的奏章交他。苏威看毕，笑道："此建议，臣下早向圣上提说过，可未被采纳。"

"确是如此，朕未忘记。当初，不是卿提得不对，是不合时宜。朕想，当下应是解决此问题的时候了。只是，卿以为如何着手为好？"

　　"这折子上不是写得有，'存要去闲、并小为大'吗？臣看就把现今的州、郡、县三级建制，改为州、县两级。先将我朝现有的五百零八郡去掉，一下不就去掉了一大批闲官？"

　　"唔，此就叫'存要去闲'？"

　　"臣尚未说完呢。"苏威继续道，"然后，再分别减少县和州的数量，数县并一，一州下辖十余县，这不仅正常，而且又减少了大批县官和州官。"

　　文帝瞪大双眼望着苏威："幅度这么大？"

　　"我国自西晋以来，乱象层出，积重难返！不下猛药，无以根治地方弊端，以达理顺吏治的目的。此即叫长痛不如短痛。"

　　"卿的办法，痛快淋漓，亦合朕意。只是卿想过没有？欲速则不达哩。朕担心的事有二：一是，当下朝廷正在对突厥用兵，卿的办法势必牵涉众多将领的家人丢官去职，从而有可能使军心不稳；二是，原北齐属地的望族，对我朝本来就心存抵触，后又受尉迟迥煽动，跟其谋反，再遭打击，此番刚刚安定，又要变更区划，免去不少人的官职，他们能心安理得地接受这一变故？"

　　"不碍。对此，臣都一一思考过。"苏威胸有成竹地道，"拆郡和合并州县，有抵触的是少数豪门望族。而尤其是原北齐属地的望族，他们经历数次打击，多已分崩离析，而成强弩之末，这批人即使想反对，亦是有气而无力。简政后，获益的是占大多数的庶民百姓。衙门大大减少，庶民的负担随之减轻，为了增加收入，耕织的积极性反而会增加。臣倒是以为，此次变更区划，革新吏制，抵触最大的应是咱关中腹地。自西魏、北周以来的功臣、望族，除少数参与叛逆和谋反者而外，大都受到保护、褒扬，势力不但未减反增。他们不仅自己身居要职，雄踞一方，同时还拥有辟召属下官员的权力，使地方势力越发膨胀，越发盘根错节。因此，此次革故鼎新的主要对象，应是这批有功之臣。他们有的要罢官免职，留任的也要把他过去私自任命的官员一一免职。同时，今后应明确规定，地方官佐的任免，一律由朝廷的吏部掌握，五品以上的官吏，由皇上直接任命。"

　　"行，这个办法好！朕也想通了，革除弊制，必下狠心，绝不能拖泥带水，姑息迁就。不过，为了使军队不受影响，可作适当规定，大将军以上家庭亲属有在地方为官的，可适当保留一二人的职位。"

"哈，圣上说要下狠心，却还是留有尾巴，最终还是狠不起来。不过，臣也赞成，其实，有的豪门旺族尽出良将贤才，根本用不着朝廷照顾。此样，需圣上关照的官员也就有限了。"

"就是这个话。此只作权宜之计。"文帝道，"朕还有个想法，即随着大批冗吏的去职，自魏晋以来颁行的九品中正制，也就不堪再沿用下去了。今后任用官吏，应无论出身贵贱，一律唯才是举。朕想，今后应打破'上品无寒门，下品无士族'这一门阀观念。具体怎么弄，卿与高仆射和吏部等部门再行商决，搞出一套行之有效的擢拔人才的办法来。"

说话间，黄门侍郎元岩进来报说："长孙将军从突厥归来，说有急事要面见圣上。"

文帝闻讯，即道："快请长孙将军进来。"

苏威起身告辞，被文帝拉住说："卿别走，边塞上的事，与卿件件都有关。"

第五十二回

阿波无奈遣使投靠大隋
摄图翻脸出击势成寡人

"微臣自突厥归来，拜见陛下！"长孙晟一入临光殿大厅，纳头便拜。

开皇二年夏，长孙晟从长安出发，出使突厥处罗侯部落。完成使命后，即横穿草原，在去阿波部落的途中，参与到行军元帅窦荣定的军中。为说服最东边和最西边的二位突厥可汗与大隋交好，历经半年光景，才终于返抵京师。

"将军此行，一路辛苦，真是不辱使命呵！"文帝动情地说着，欲起身去牵长孙晟。

苏威见此，抢前一步，执长孙之手，将其扶起，细细打量一番后，说："塞北与关中真是不一般！看，长孙将军离开京师数月，就见沧桑了。"

文帝细看爱臣，见他胡子拉碴的面庞，既粗糙又黝黑，于是感叹道："在宫里当差和出使塞北，真乃天差地别两重天地！不过，所幸长孙将军的腰板尚显硬朗！"

"圣上说的没错。凡事腰板扛得住，别事就没甚紧要了。"

"卿是从窦元帅处来的吧？那边情形咋样了？"

长孙晟便把史万岁加入窦荣定军中，将功折罪，立斩草上飞，击败阿波军队的经过，以及窦军与阿波军队互派使者，经数次谈判，最后，长孙晟为表诚意，直入阿波军营，动之以情地说服阿波归附大隋的情形细说了一遍。

"此事做得漂亮！"文帝称许说。随即又问，"当下两军并未解除兵戎相见态势，卿咋只身提前归来了？"

"阿波为表归顺诚意，亦为试探我朝虚实，特派使者前来朝拜圣上，臣是陪同其使者归来的。"

"嗯？那突厥使者呢？"

"臣已将他安排到鸿胪客馆住下了。"长孙晟解释说，"行前，阿波可汗并未向臣透露使者身份。一路上，臣下才摸清，该使者原是阿波妻子之父，并是该部落说话一言九鼎的人物。他此次来访，有打探我朝实力之意。估计是如觉得我朝确比突厥强大，他才会真心实意归附大隋。"

"有此想法，无可厚非。他若觉得你不可靠，能依附于你吗？卿要好好款待他。"文帝说着爽朗地笑起来，"哈哈，这下热闹了！卿还不知晓吧？西边达头可汗也派他的儿子作使者，且住鸿胪客馆中。"

接着，文帝向苏威和长孙晟讲述了元晖率另一批人马出使突厥的情形：

去岁，长孙晟经黄龙前去会处罗侯的同时，太仆元晖亦以皇上使者身份经伊吾出访达头可汗部落。论辈分，达头可汗是沙钵略摄图的叔父，凭实力，达头的兵马比沙钵略多，控制的地盘比东部突厥大。可是，在五位可汗中，年轻气盛的摄图却占据了领袖地位。按长孙晟临行前的设想，元晖抵达达头可汗的牙帐后，即把一面象征领袖地位的狼头旗赐予了他。明确表示，大隋王朝已认定达头才是突厥部落中最大的可汗。不仅如此，元晖还带去丰厚的礼品，以示对他的尊重。这么一来，使达头可汗分外欣喜。所以，在与大隋的第二次会战中，达头行动迟缓，仅虚晃一枪，便提前撤军，并派儿子作使者，前来朝廷表示友好之意。

"好咧！"长孙晟听到文帝的讲述，无比兴奋地道，"若照此下去，用不了多久，摄图必成孤家寡人。那么，整个突厥的瓦解，亦指日可待了！"

"倘若能不使用武力，就可将突厥降服，那朝廷的沉重负担，还有军队所承受的压力，皆不知要轻减多少！长孙将军的这一良策，真是了得！"

苏威听后，亦由衷地赞叹起来。

却说，一路辛苦的阿波可汗使者伊力，已年过五旬。他在长孙晟的一路陪护下，安抵长安，入住鸿胪寺的客馆中。

鸿胪寺，原本就是朝廷处理对外事务，接待各国来使的部门。它依山傍水，修建在风景旖旎的骊山脚下。殊为可贵的是，它所傍依的水是一股永不枯竭的温泉。伊力入住后，长孙晟便盛情邀请他入温泉泡澡。而对生活在草原只有夏季才下河洗澡的伊力来说，颇感不适。他正犹豫间，长孙晟却道：此为洗尘。远道来的客人进入京师，要洗却一路风尘，方能干干净净去朝拜皇上。既如此，伊力便脱去衣物，与长孙晟分别进入温泉池中。其时，这位草原来客，方才感到泡温泉原是极大的享受。长孙晟泡过澡后，说要先去面见皇上，通报阿波可汗使者的到来。而伊力则因一路劳顿，尤其是泡过澡后，更觉浑身发困，钻进卧榻之布衾中，便立即睡着了。

这一觉，不知睡了多久，不知有多舒服，迷迷糊糊中，听见有人在叫自己。伊力睁眼一看，只见四周闪耀着一片亮晃晃的灯光，原来已至掌灯时分。

"叶护（突厥部落除可汗外最高官职的称呼），寺中人在叫用膳了。"伊力的侍卫站在榻前又说了一遍。

"长孙将军回来没有？"

"没呢。"侍卫回答说，"他临走前吩咐过，说今日不一定过这边来了。"

"好吧。"伊力穿上厚重的皮袍走到室外，还是觉得有股寒气逼人。

其时，已有两名提着灯笼的鸿胪寺侍者候在门外，照引叶护去膳房就餐。伊力叶护感到肚子确实饿了，待他进入膳房，只见一名鸿胪寺官员马上迎上前来，将他带到上座的空位坐下，自己才相跟着坐到他的旁边。而叶护的扈从和侍卫则早已围成一圈，在等他的到来。大圆桌上，已堆放着牛羊肉食和长安本地食物，以及酒和奶茶等。

待所有人都坐稳当，鸿胪寺官员从热水盆中提起一把锡酒壶，给叶护斟了满满一杯酒。随即,桌边侍者也和众客人一一斟酒。

鸿胪寺官员举杯见礼说:"长孙将军已作交代,今日没有公务,要咱代他好好招待大伙,酒要尽兴。来,咱先敬伊力叶护一杯。"

叶护喝了一口煨烫过的热酒,顿觉通体舒畅。鸿胪寺官员给伊力把酒满上,对众人道:"大冷天的,大伙不远千里来到本朝,都辛苦了!咱代长孙将军敬尊贵的客人一杯酒!"

觥筹交错间,气氛一下热烈起来。众人各取所需,有大口吃肉的,有把油条泡在奶茶中就食的,亦有咬了一口突厥人很少吃的肉包子,称赞说:"呃,好吃,好吃,还是羊肉馅的。"

没过多时,只听一阵嘻笑声,膳房又来一伙年轻人。更令伊力吃惊的是,他们与自己着一样的装束,说一样的语言。伊力的脸色倏地一变,用警惕的目光望着身边鸿胪寺官员,问:"他们是从哪里来的?都是些啥人?"

鸿胪寺官员则不以为然地道:"嗨,你们竟不认识?那个身着蓝色缎面袍服的年轻人,就是达头可汗的儿子俟利少爷嘛。"

"噢?他们来此干啥?"

"还不是和尊敬的叶护一样,都是前来向大隋表示友好的呀。"

少顷,待那边的人也围桌坐好后,他们亦注意到了这边的情形,并有人过来询问。再过一会儿,那边有人端杯过来敬酒。来而不往非礼也,这边亦有人端杯过去问候俟利少爷。

不多时,俟利少爷也端着一杯酒来到伊力面前说:"您是尊敬的长辈,咱敬您一杯。"

伊力慌忙站起说:"咱有幸认识你的父亲。他是草原上的一只雄鹰,让我们祝愿他健康长寿!"

于是,满桌的人都站了起来,举起酒杯,争相与俟利手中的酒杯相碰,并都将自己杯中之酒,一饮而尽……

酒足饭饱后,狐疑不定的伊力回到卧室,想想,总觉得有点不大对劲。他本来就对长孙晟的友好,心存疑虑,这才亲自到长安一探底细。咋一到长安，就碰到达头可汗派来的人了？哪会这么巧呢？咱到长安来，是为日后生存找一靠山。可他达头可汗，兵强马壮，凭什么要派儿子来巴结汉人朝廷？这会不会是长孙晟耍弄的圈套，以引诱自己就范？但，这伙人的相貌、举止和一口流利的突厥语，是能伪装出的么？可他们若不是达头派来的人？又会是谁派来的？他们到长安到底是干啥的嘞？

伊力想到此处，把贴身侍卫叫进房说："用膳时，咱见你和那伙人已混得挺熟，你去那边摸摸，看他们到底是不是达头可汗派遣来的？他们到此，是干啥事的？你别问得太露，以免引起误会。"

"嗨，您要打听他们的事，简直太容易了。他们的人中，有个叫屈突斤的，说在您手下干过，咱把他叫来不就得了。"

"呵？屈突斤那兔崽子也在那里？"伊力闻之大惊。"行！你把他叫来，不要让周围人知晓。"

不一会儿，侍卫便把屈突斤叫来了。那小子一进房便跪在了伊力的脚前，磕头如捣蒜。

其人原是伊力家的奴仆，为人处事，皆很机灵。可不小心，却机灵得过了头，竟偷偷地与伊力的小女儿好上了。伊力的妻子发觉后，要将其处死。倒是伊力宽宏大量，让他带着自己的小女一同出走了。

"咱的女儿可好呵？"伊力用鹰隼一般的目光盯住跪地的屈突斤。

"好，好！"屈突斤仍不停地磕头道，"她已给您添了两个外甥子。"

"呸！"伊力不屑地说，"你起来吧，咱有话要问你。"

"是。"屈突斤从地上爬起垂手而立。

"今夜来给咱敬酒的那小子，到底是谁？"

"他是达头可汗最小的儿子俟利。"

"怪！"伊力露出疑惑之色，"他平白无故，跑到这里来干啥呢？"

"一开始，大老远的，天又贼冷，俟利少爷确实不想来。是老爷子达头可汗硬逼他来的。"

"那岂不更怪？他逼儿子来此干啥？"

"达头可汗受侄儿摄图欺压，感到憋屈，想与大隋交好。"屈突斤接着将摄图年少气盛，拉拢各派势力打压叔叔达头可汗的事，大略说了一遍，又详细讲了大隋派使者到达头可汗处，授其一面狼头大旗，对他十分尊重，其后，达头两相权衡，决计与隋交好。为表对隋的谢意，达头派儿子携带贡品，前来朝拜大隋。

至此，伊力叶护终于释疑。并问："你们来此多久了？"

"到今日整二十日了。"

"为啥住了这么久，还不回家？"

"哎——未动身前，少爷不想出来。现如今，却又不想回去了。"

"为啥？"

"京师长安好玩呀！啥珍稀之物都有买的，还有这鸿胪客馆招待得特别好，想吃啥就给做啥，酒也挺够劲儿的……"

翌日晨，长孙晟便亲率仪仗队伍和两辆皇家专门接待贵宾的驷马豪车，赴鸿胪寺来接两位突厥使者，以接受大隋皇上的召见。

此时，伊力叶护刚用过早膳。天虽清冷，但有太阳，他正在院中溜达。

长孙晟一进院子，就问："叶护昨夜睡得可好？"

"好，好！你带咱泡的那个澡，销魂极了。夜里头一沾枕，就舒舒服服睡着了，睡的特香。"

"那就好。"长孙晟接着道，"皇上知道阿波可汗派叶护到大隋来，很高兴。今日就要接见您和俟利少爷。"

于是，伊力和俟利各乘一辆接待贵客的豪车，在皇家仪仗的前引和卫队的簇拥下，前往临光殿。

此二人一进临光殿大厅，俟利因以前已朝见过皇上，而且，在接受皇帝接见前，已在鸿胪寺操练过。所以，他知大隋礼数，从容不迫地走到御案前，跪下便拜，并操着生硬的汉语，高呼："大隋皇帝陛下万岁！万万岁！"

而跟随其后的叶护，因心情紧张，他虽精通汉语，却未听清俟利口中喊的是啥。他磕着头，寻思了一下，只好用突厥语叽哩咕噜地说了一通向大隋皇帝祝福的话。

　　幸好，大隋皇帝并不见怪。礼毕，文帝向两位远道来的使者赐坐，并谆谆告其：大隋和突厥是近邻，希望永世交好，像走亲戚一样，经常往来走动。今后有什么困难，可向朝廷提出，大隋将会倾力相助。接着，鸿胪卿分别宣读了大隋皇帝陛下向达头可汗和阿波可汗赠送礼品的清单。之后，伊力叶护和俟利少爷分别向大隋皇帝呈述感激之言……

　　皇帝陛下的接见结束后，两位使者回到鸿胪寺中，鸿胪寺卿和长孙晟为全体来使举行了既丰盛又隆重的宴会。在一片欢声笑语和觥筹交错中，已完全释疑的伊力叶护喝得酩酊大醉！

　　几日后，长孙晟再次受到文帝的召见。他关切地问："听说卿就要随突厥使者一同离开京师了？再过几日就是元宵灯节，也让他们过了节再走嘛。"

　　"臣也是这么想的，但叶护不肯。他说，元宵一过，天，日渐转暖，开始化雪，泥深路烂的，更不利赶路。他这么一说，俟利那边一拨人也留不住了，都决定明日启程。"

　　"只是这么一来，卿也跟着受累了。"

　　"臣不打紧。正如圣上所言，臣的腰板还硬实着哩。"

　　"即便如此，也要爱惜自个的身体。"文帝语重心长地道，"西边和北边的外患，由来已久，今朝如不能得到妥善解决，国家终无宁日——此乃大隋当前之头等大事！"

　　"臣一定用心将这件大事做好。"

　　…………

　　可正当长孙晟、伊力叶护等一行人于冰天雪地中往突厥方向赶路时，远在突厥前线的另一支由卫王杨爽挂帅的军队，于白道川附近与摄图主力不期而遇。两军随即展开了激烈搏杀。摄图军因转战一冬，又饥又疲，被打得大败。摄图本人负伤，率部逃到碛。接着，他立即着人与阿波联系，命他向自己靠拢，以便夹击杨爽所率隋军，从而使自己转危为安。

　　不料，摄图派去的人回来说：阿波不仅不肯发兵驰援，还听到他手下人说，他们和隋军已达成互不侵犯的默契。不仅如此，摄图派去的人还了解到，阿波已秘密遣使前往隋谈判修好事。

摄图闻言，怒火中烧！他绕过进逼而来的隋军，不顾自己的伤势，调头直扑阿波后方营地北府，斩杀了阿波的母亲，还俘获了他的妻子儿女。

北府是阿波的老营，其间还住有其他官兵的家属。老营遭遇血洗的消息传至前线，军队一片哗然。有的官兵擅自离开队伍去寻亲人，胆小者则干脆投靠了摄图。摄图则更是一不做二不休，乘势杀向军心动摇的阿波军队。阿波亦于仓促中率少数扈从落荒而逃……

此刻，已入突厥地界、结伴而行的伊力叶护和俟利少爷正欲分道扬镳，各回自己的部落。而恰遇从前线溃逃过来的阿波部落士卒，方知阿波部落已全军覆没，打散的残部东奔西窜，阿波本人亦不知所踪，从而使众人大惊失色。

与之同行的俟利少爷，此刻倒挺仗义。他对伊力叶护说："请先去咱的部落，看看父亲有啥办法。"

长孙晟也没料到情况会这般急转直下，并暗自庆幸自己回得及时。他想，一定要掌控好此次来之不易的机会！一是要藉此狠狠灭掉摄图的锐气，也不能将他完全消灭；二是对另外几位可汗，亦不能使某一位摇扶直上，一人独大。总之，不能让突厥再出一位如摄图一样号召力极强的首领，动不动就与朝廷抗衡、叫板，搅得边境不得安宁。他于是也劝叶护先去达头可汗处暂避，自己则拍马直奔窦荣定兵营，商量制服摄图和均衡各派实力之计，并将边塞的突发事件和自己的想法写成折子上奏皇上。

却说，伊力和俟利一路搜罗阿波的散兵游勇，待他们又饥又冷地抵达达头的兵营时，走投无路的阿波也已逃奔到了这里。接着，俟利少爷和伊力叶护把出使大隋、受到大隋皇上接见，并勉励突厥与大隋世代交好的种种情形一说，众人皆义愤填膺地一致谴责摄图一人独大，不仁不义。

而就于此刻，达头可汗显示出了一个长者的风范，十分慷慨地把自己最好的十二万铁骑借与阿波，促其为母复仇！

以往，为人处事一贯优柔寡断的阿波，因有全军覆灭、丧母之痛，此番未有丝毫犹豫，立誓要报仇雪恨。

可正当他率军在狼头旗下祭旗，准备发兵出征之际，行军元帅窦荣定派来使者，通报了隋军准备配合他作战和支援其粮草等一应军需物资。阿波闻此讯息，对大隋感激涕零，军心大振。

于是，就在开皇三年的早春时节，西北原野的冰雪尚未消融之际，一场原本是大隋军队与突厥大军对垒的战事，顷刻之间，竟演变成了突厥部落内部一场惨烈之复仇大战！

摄图发动本次战事的初衷：是因草原受旱，六畜不旺，要到大隋境内实施抢掠，以熬过严寒之冬季。没想到战事自冬一直延续到了春季，使他的军队饥饿疲累不堪。而得到充足物资供应的阿波军队则生龙活虎，把摄图之军打得东奔西窜，一败涂地。

于是，阿波可汗不仅收复了失地，还收罗了离散的官兵数万，并得到大隋朝廷的强力支持，自此，他更是有声有色，有滋有味地成了草原上一支不可忽视的力量。

而心气高傲的摄图逃回自己老营，因受伤病困扰，竟至卧床不起。然而，遭到阿波和隋军追讨的他，险境还远未解除。

这么一来，可急坏了其妻千金公主。她深知，近几年丈夫连年向隋发起战事，一半是为自己复仇。因为杨坚不仅篡夺了北周江山，还斩尽杀绝了包括父亲兄弟在内的整个宇文家族。作为北周公主的她，咽不下这口气，硬逼着丈夫一次再次向隋进攻，为自己雪恨报仇！可没想到杨坚会这么强硬，事到如今，竟落得如此下场！她想：无论如何要保住丈夫，以保住突厥汗国这片赖以生存的大草原！丈夫在，突厥在，日后复仇才会有希望！

千金公主是个有主见的女子。她的鲜卑血统，使她和父辈一样，刚强而好胜；然而她又极像自己的汉族母亲，懂得成就事业还要有能屈能伸之韧性。万般无奈的她，提笔向自己的仇人、隋朝皇帝杨坚写了一封信，表示自己虽是周之公主，却十分钦敬当下大隋皇帝的圣明，因此请求重获新生，做大隋皇帝的女儿。同时，她还搜罗了一些土特产作贡品，派曾出使过北周、懂汉语的安遂家充当摄图和自己的使者，前往长安朝拜。

安遂家抵达长安之际，已是渭河两岸，莺飞草长，岸柳依依的春季。

此刻，隋文帝已迁至气象一新的大兴宫新居。他展读千金公主的来信，顿觉压在心头的一块重石落了地。大隋建立以来，他度过了京师官民遭遇的饥馑，击败陈朝北侵之军，剪除了内乱……总之，无论哪件棘手事，都没有突厥的进犯使他揪心！这是因为西北边陲的八路总计数十万人的军兵，牵扯了国家的大半兵力。而每日向边关输送的粮草、军需和使用的民力更是数以百万计！若再这般无休止地消耗下去，就是铁打的江山，也难以承受呵！

文帝于是亲自提笔向沙钵略可汗摄图和千金公主写了一封热情洋溢的信，并赐千金公主姓杨，认她为自己的女儿，并改封她为大义公主。他还勉励摄图和公主，要深明大义，以使大隋和突厥永世交好。他还回赠了绫罗等许多礼物，派开府徐平和为使者携信回访突厥。

其时，文帝次子晋王杨广正好率军接替虞庆则镇守并州，眼见突厥发生内乱，请求父皇趁敌四分五裂之机，一举将摄图殄灭。

文帝不允，下诏告诫儿子道："不要冤冤相报，否则，西北边境，将永无宁日。"

不久，沙钵略可汗摄图收到文帝的亲笔信后，即遣使回信说：

辰年九月十日，从天生大突厥天下贤圣天子、伊利俱卢设莫何始波罗可汗致书大隋皇帝：

使人开府徐平和至，辱告言语，具闻也。皇帝是妇父，即是翁，此是女夫，即是儿例。两境虽殊，情例是一。今重叠亲旧，子子孙孙，乃至万世不断。上天为证，终不违负。此国所有羊马，都是皇帝畜生；彼有缯彩，都是此物。彼此有何异也！

"岂有此理！这个摄图到何地步了，还想与朕平起平坐，他也太高看自己了吧！"文帝读罢沙钵略可汗的复信，摇了摇头。

不过，从此后，隋与突厥的冲突，虽仍有起伏，但，大的恶战则已然止息。因力量对比，已完全颠倒。

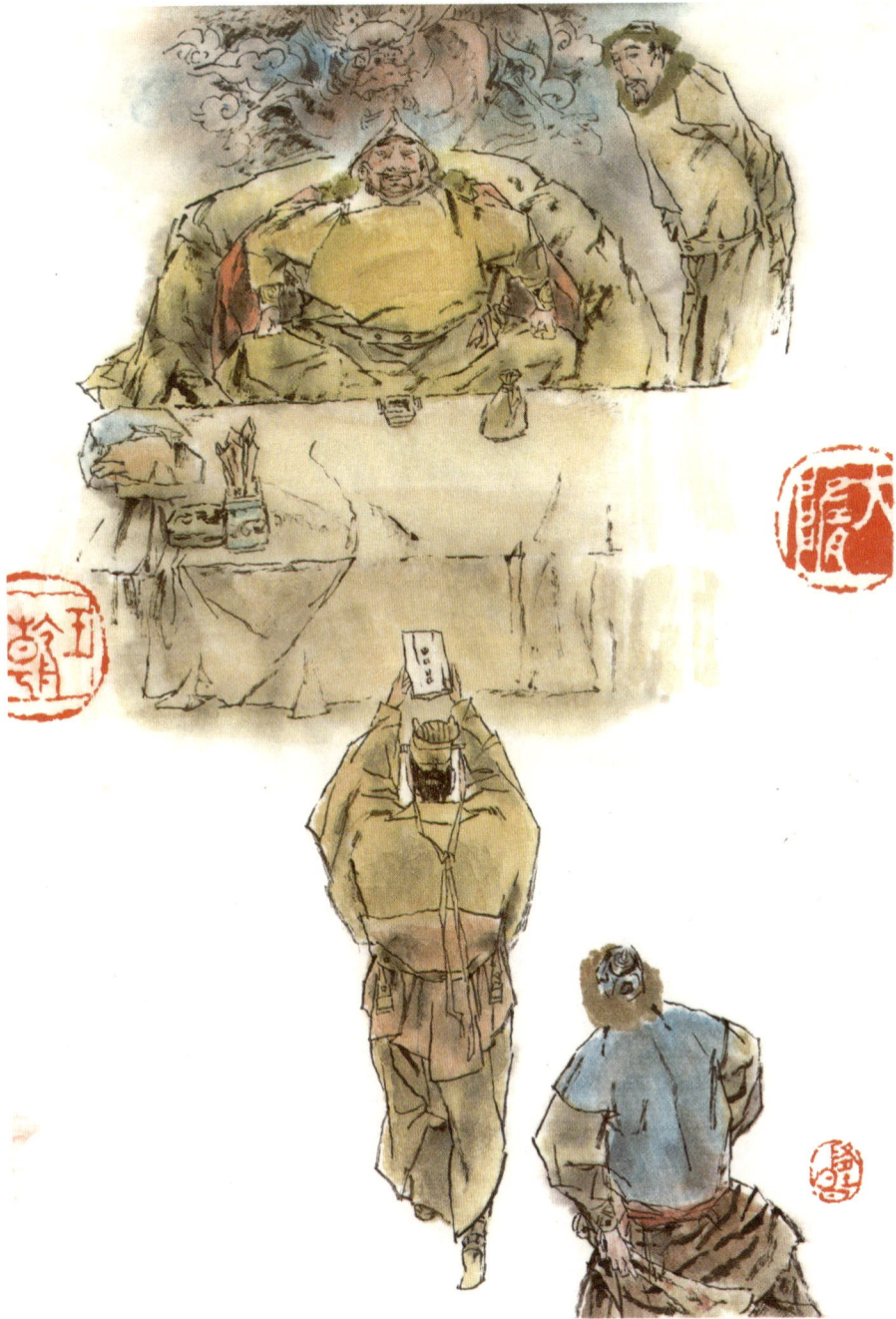

　　文帝于是亲自提笔向沙钵略可汗摄图和千金公主写了一封热情洋溢的信，还回赠了绫罗等许多礼物，派开府徐平和携信回访突厥。

第五十三回

隋文帝微服私访察民情
梁刺史要言不烦呈己见

开皇三年，初夏，一个风和日丽的日子。

这日，正逢集日，岐州（治今陕西省凤翔县南）城内熙来攘往，人声鼎沸。从平畈村落，到大老远的山寨，进城赶集的人，络绎不绝，把个原本就不甚宽阔的古城街道挤得水泄不通。从附近村里来赶集的村民，男子多挑一担猪娃、粮米或时令菜蔬；女子则提一两只鸡鸭或一篮鸡蛋、鸭蛋……而从山里来的山民，有的扛着一只大草把，草把上插满一串串红艳艳的糖葫芦；有的则在挑柴的冲担上挂一串雉鸡、野兔、穿山甲等猎物；有的则背一筐烘烤晾晒过的柿饼、大枣或中药材……其间，也有操京师口音，带着一些新奇陶瓷器皿或丝绸面料的商贩……总之，街道两旁摆放的物品琳琅满目，应有尽有。而交易的方式，亦五花八门：一般买卖，多使用铜钱，隋初新铸的五铢钱，已在市面和前朝所铸的铜钱一起流通；买卖丝绸绢帛或名贵中药材者，多使用银子，这些买卖人多数自备了称斤度两的戥子，有的戥子大小不一，双方则为银钱的重量不一，或药材是否够分量，而争吵得不可开交；有的买卖双方则是以物易物，互通有无，和气生财……也有不少人是空着两手挤在人丛中逛街看热闹的。他们看中了啥，临时起心，买一件两件，一斤两斤，亦未可知……

在此所有的人中，有几位衣着光鲜、行商打扮、操京师口音，他们东逛逛，西逛逛，只看不买，悠闲自在，还不时打探所卖粮米等物品的价格……

"此地粮价与京师比，咋样？"走在中间的一位中年男子问旁边一位刚刚打探过物价的年轻伙计。

"这边都要便宜一些。尤其是肉、蛋和菜蔬，比京师便宜更多。"

"京师城内，如不是举行灯会、庙会，平日也是这般人山人海？"

"哪会这样。"年轻伙计说，"此地的街巷比京师窄且短，人被挤作一团，越发显人多；再就是，今日正逢集日，岐州周围的人，还包括从京师来的生意人都汇集到了一处，人更显多了。"

"小的是在岐州长大的。"另一伙计模样的人插话道，"这般景致，也是此一二年才有的。早些年，即使逢集，街上七零八落，冷冷清清，人少得可怜，没啥好买的。想买个啥，亦是囊中羞涩。"

"那是为啥？"中年男子身边一位衣着华丽的年轻人问。

"世上不太平呵。一般百姓家连吃喝都愁，哪有啥多余物事拿出去卖的。即使有，也不敢呀，还怕遭人抢劫！再说了，有人想买，也没钱。"

"两年工夫，变化就忒大？"

"少爷，是咧！这市场亦真怪，好像只眨眼工夫儿，满街满巷就都摆满吃的喝的用的，眼见着就像是富得流油啦！本地人说，'岐州出了个梁青天，常向百姓洒甘霖'，庶民的日子，就这么芝麻开花节节高地滋润起来了。"

"这个梁彦光确实很有能耐。汝瞧，街上人虽拥挤、嘈杂，但个个神情自若，没一个显出担惊受怕的样貌。"行商打扮的中年汉子对被称作少爷的年轻人指点道。

"那，您觉得还有会见梁彦光，考考他为官能力的必要吗？此一幅市场繁荣、安居乐业的景致，足能说明一切！"

"确如此。"行商打扮的人满意地说，"仅从此市面看，朕对他已很满意。不过，亦更想见见他本人！"

常言道：得意即忘形。一副行商打扮的隋文帝，一不留神，"朕"字出口，就使自己露馅了。万幸的是周遭拥挤的百姓，关心的是做买卖，没一个人注意他说了啥，更没人去猜他是谁。而与之搭讪的"少爷"，自也不是寻常人。他乃文帝长子杨勇，当今的太子殿下。

文帝此次微服私访岐州的目的有四：一是，前年，他受到陈朝来访使者的轻慢，一举剪除威胁自己帝位的最后一个隐患静帝。此番出来走走，是想藉此一吐晦气。二是，他登临帝位之初，曾耀武扬威率文武百官巡幸岐州。当时，担任接待这支庞大队伍的，正是岐州刺史梁彦光。他忙而不乱，处事得当，曾给文帝留下深刻印象。是年的岁末，在对地方官吏进行考评时，梁彦光又受到吏部的表彰。这一下，更使曾担任过随州刺史的文帝，想一睹其真实施政能力。三是，大隋建立已三载，吏制、税制、律法等等，皆经革故鼎新。文帝在批阅奏章时，各地皆说新政如何如何卓有成效。到底如何？他想一睹究竟。四是，太子初立，人说其年少有为，但一直以来，毕竟未经磨炼。而今，又多处在东宫之内，识见历练都不够，带他下来，见见世面，很有必要。

而太子杨勇呢？年龄不大，却已身兼诸多要职，其中的一个职务是左卫大将军，即宫中禁卫军的大总管。皇上此次微服出访，扮作伙计的三十名侍卫，皆由太子亲自挑选和直接指挥，肩负着保卫皇上安全之重责。

却说，文帝自北周末年担任大后丞以来，就一直是政务缠身，还险遭不测；到自己登基后，亦是内忧外患，险象环生，大事要事一个接一个，从未消闲过……此次脱去龙袍，行走在这座山城拥挤的街道上，对文帝而言，竟有一股羁鸟出笼之欣喜，觉得分外畅快。他被各色人等推拥着一路前行，不知为何，眼前却时不时地浮现出师傅第一次带自己外出的情景。记得，当时自己才十岁，走进路边一村庄讨水喝，推门就见一老妪的尸体直挺挺地躺在土炕上，整个村子就剩一个活着的老人，那真是满眼疮痍，触目惊心呵！文帝走着走着，眼前倏地又浮现出了初到随州和坞堡主郑云飞恶斗的种种情形……他想，如果没有当年那种种刻骨铭心的记忆与磨炼，也可能就没今日要力求改变天下民不聊生状况的紧迫劲头了！

当此一行人在人群混杂的街头流连忘返时，扮作伙计最先与文帝搭话的黄门侍郎元岩，忽地发觉街边有条身影似乎在朝圣上和太子窥视，因而不觉一惊！他随即不动声色地放慢了脚步，有意让自己落单在众人后边。

黄门，指的是宫门；黄门侍郎，顾名思义，即皇上贴身近臣。有的黄门侍郎博古通今，雄才大略，是皇上最信任的谋臣。元岩则恰恰相反，他年岁不大，武艺精湛，处事果断，一年四季不离皇上左右，实际成了文帝的一名贴身侍卫官。这元岩，还有一个特点，他只认皇上一个人，有时，甚至连皇后也不放在眼中。有的大臣想与他套近乎，更有甚者，想以银子拉拢他，他则连正眼都不看人家一下，而目中唯有一个人。

当元岩退后，完全混在杂乱的庶民中，再仔细瞧那可疑人：没错，就是那家伙！昨日，他曾挑一担柴草到旅店灶房，并在后院盘桓，试图接近皇家的几辆辎重车，但看到周遭有人守护，才悻悻离去。元岩想，他是何人？如仅是一般盗贼，应继续盯住旅店内的辎重车才对。想到此处，元岩又朝周遭扫了一眼，不觉大惊！只见有一伙打扮成山民、小贩，手执扁担等家什的汉子，他们三三两两亦混杂在人群里，却显然都是冲着圣上和太子有备而来的！此事发觉得太突然，又是在此熙来攘往的大街上，如何确保圣上和太子安全？真是个棘手事呐！

恰在此刻，不知文帝是否也看出了周遭情况有异，他一指街边一家酒肆，对左右人道："大伙一早出来逛街，都饿了吧？今日，就在此肆用膳，吃饱了，再逛。但有一条，不许饮酒。"

话毕，文帝带头入肆。因时间尚早，不是用正餐的时辰，酒肆伙计都把熟食、馒头、肉包等摆在街沿叫卖，而内里的餐厅，则反而显得空空荡荡。

文帝在一张桌旁坐下，元岩走过去压低嗓音道："圣上，下官发觉有人在跟踪盯梢咱。"

"噢？"文帝甚感诧异，说，"不会吧？此地人多眼杂，看到咱穿着有点特别，让人多看几眼，汝就疑神疑鬼了？"

"不会。"元岩肯定地说，"且不止一个两个，是一伙！"

"都是些甚人？"文帝亦觉事态非同寻常。

"不清楚。皆为本地山民、贩夫打扮。"

坐在一旁的太子十分紧张，问："要不要把留在旅店的那拨人也都叫来？"

"暂且不要轻举妄动。"文帝不满地瞥了太子一眼，说，"说不定就是汝惹出的事。叫卿不要穿得那么光鲜惹眼，汝偏不听！"

众人在店小二的张罗下，分成两桌，刚刚坐定。不料，真的来事了。就在他们说话间，陆陆续续进来十余人，也分别于两个桌子坐下。于是，两拨人马顿成对峙状。

相跟文帝的一班"伙计"，原先并不知道被人盯梢。此刻，陡然看到一伙手执扁担、木棍，更有身挎腰刀的不速客，竟安坐自己身侧，立时感到不那么自在了。他们你望我，我望你，个个都是两手空空。再看坐凳，竟然是围着桌子钉成的一个大方木框。也就是说，如若有事，要将坐凳拿起当武器都不成。于是，大家都一齐朝身任左卫大将军的太子望去。

太子者，一人之下，万人之上也，何曾服过软。他不等文帝发话，亦不与元黄门先知会一声，便气势汹汹地朝对方走去。他深知，自己挑选的这批侍卫，个个身怀绝技，即使徒手，一对一，亦肯定不会落其山野蟊贼之下风。

"汝等是甚人？竟敢跟踪咱！"太子厉声对他们质问道。

"哎——"对方有人反唇相讥，说，"咱正想问你呐。一副阔商打扮，却不像个正经生意人。汝等来岐州，意欲何为？是想于此酒肆撒野吗？"

"放肆！"太子的脸倏地涨得通红。他一跺足，十几名侍卫就"腾"地站了起来。

对方哪甘示弱，也齐刷刷地站起。在双方剑拔弩张地对峙中，唯文帝一人，仍不动声色地安然坐着。他的侧后，侍立着纹丝不动的元岩。

"都坐下！"此时，只听一声大喊。众人循声望去，只见一身材瘦小、身着官服、年约四十的汉子疾步走入酒肆。

手执扁担等器械的一方，闻声偃旗息鼓地坐了下来。太子见状，反而没了招数，亦无所措手足地退回到位子上坐下了。

双方坐定，小个子官员便教训起持械之人来："咱是咋对汝等交代的。只要对方循规蹈矩，不生事，就应算作本州客人，以礼相待。你们倒好，仅一语不合，便要动粗……"

"是他们……"刚才与太子顶嘴的人欲行分辩。

"好了，好了，你别狡辩。人家是客，你是主人，有话好好说嘛。"小个子官员说着，转身欲与客人道歉。不经意间，他一眼瞥见坐着不动的文帝，竟简直不敢相信自己的眼睛——身子一下僵硬了！

文帝巡幸岐州，接见并表彰过这位州官。他见其用惊愕的目光望自己，于是笑着对他说："梁刺史，快来为朕解此围！"

梁彦光闻声丧胆，他做梦都未想到皇上会以此种面目出现在这一酒肆中！立马双腿一软，全身趴在了地上，嗫嚅道："臣下罪该万死……"

"卿，何罪之有？"

"臣下做梦都想不到住进岐州旅店之客，竟会是圣上一行……"

此时，那伙跟踪进酒肆的人亦如梦方醒，并感大祸临头，一个个颤颤抖抖地也都跪了下来。

"此事不怪爱卿，是朕事前没有知会嘛。"文帝笑问道，"卿是啥时候注意到朕一行人的？"

"昨日申正时分，圣上一行，住店不久，臣就获知有三十八位操京师口音、商贩打扮，却不像是做买卖的人，住进了岐州旅店。臣下于是吩咐手下人，要他们稍加注意，但不可轻举妄动，京师来客，随便一绊，说不定就是个惹不起的主儿。傍晚时分，臣下接到密报，说京师客人所带辎重车中，上面放着几包不甚值钱的白坯布，布下却压着好些兵器。此时，臣下更觉非同小可，派人进行了严密监控。"

"如此说来，朕一进岐州就被你们盯上了？"

"岐州旅店一下住进三十八位不知来历的青壮男子，这在京师，也许不算啥事。可在小小岐州，却是件不大常见的事儿。尤其是后来发现车中藏有兵器，就更是不能小觑之大事了！"

"嘿嘿……不要再加解释了。此事恰恰证明卿对维持本地治安很上心！朕今日走在街上也见到，人虽拥挤、嘈杂，但下民个个皆显安泰，朕的侍卫更是说，街上吃的喝的用的样样俱全，可见百姓日子确在向好，卿对本地治理有方——大家都请起来吧！"

此刻，跪在地下的人，亦才松了一口气，皆陆续站了起来。而只有梁彦光，人虽站起来了，却仍显惴惴不安。

文帝安慰他道："此事，卿就别再往心里去了。来，大家都坐下，今日朕高兴，反客为主，赐饭一餐，以示犒赏！"

"别，别……"梁彦光终于憋不住地道，"圣上……您，您必马上离开此店！"

"为啥？"文帝大惑不解。

梁彦光朝大门一努嘴，道："您看——"

此刻，文帝方才注意到，酒肆之门前，已是人头攒动，都争着用异样的目光朝里打量。

梁彦光说："刚才屋里跪倒一片，外面之人，不明就里，以为发生争斗，仅看热闹而已。倘若圣上驾临之风声传出，小小岐州还不沸腾起来，都要争相一睹天子尊容哩！此城可没长安那么宽敞的朱雀大街，长安城万人空巷，都不打紧。可此窄街小巷却经当不住过度拥挤，会人踩人哩！臣若掌控不住混乱局面，圣上的安全，亦堪虞了！"

文帝看看门外人潮不减之势态，亦蹙紧了眉头："依卿之见，朕如何才能离开此店？"

"本城较大的酒肆，皆有一扇进货后门。圣上可从此门而出，有一僻巷通向外街。不过，为安全计，圣上已不宜再回旅店，而应从城北而出，直上城外岐州宫，到了那里，臣才能放心。"

"行！客随主便，一切听你安排。"文帝点头应允。

接着，梁彦光即指使手下人到门口劝说看热闹的人离去。并另派一人领太子和两名皇家侍卫从大门出去，直奔岐州旅店，招呼滞留旅店的侍卫和车辆尽数撤离到岐州城北门，与文帝一行会合。之后，他把酒肆外摆卖的包子和卤牛肉尽数买下，才陪文帝及元岩等一干侍卫从酒肆后门鱼贯而出，并穿小巷奔北门而去。

待文帝一行汗流浃背地赶至北门，从旅店过来的人、车，亦先一步候在了城门大路旁。

文帝执彦光之手，邀其同车而行。彦光岂敢，文帝不允，也只好恭敬不如从命了。

文帝此次微服出巡，用的是一辆两匹马拉的轻便车。此车经过改装，外表看似一般，内里却很宽敞舒适。车出北门，直奔岐山行宫。

岐州宫，距岐州城仅二十余里地，是先朝皇帝休闲、避暑的行宫，因在岐州境内，刺史梁彦光亦兼任该离宫之宫监。

文帝乘坐的车子走过一段平路，即要上山，山路较窄，为安全计，车把式下车牵马而行，车速极慢。

此时，元岩驱前朝车里捎话道："圣上，梁刺史在酒肆买了些包子，还是热的，您要不要也来两个？"

文帝早晨起来，按老习惯打过两套拳就随众人逛大街，到此时还未进膳，哪有不饿的，于是说："行呵。"

此刻的元岩，也顾不得啥君臣讲究，就用荷叶包了两个热包子从车窗口递了进去。

文帝更是顾不得帝王之尊贵和高雅了。他当着梁彦光的面一口咬去，还连说："好吃，好吃！"并问梁彦光，"卿要不要也来两个？"

"不用。臣下早起已用过膳了。"梁彦光已没刚上车时那么紧张和拘谨。此是他第一次与皇上相距这么近，亦是第一次感到皇上原也有和普通人差不多的地方和秉性。

文帝三下五去二就把两只包子吃完了。并说："想不到岐州还有这么好吃的肉包子。"

"山野之食，有啥好咧。"梁彦光笑道，"圣上今日是饿了，才觉好吃的。"

"不尽然。这包子肉多，且鲜美。"

"山里人讲究的是个实在。包子里的肉馅儿比长安的包子多点儿是实情。可哪能与圣上宫中珍馐相比较呢。"

"卿，差矣！"文帝道，"卿下次进京，朕请汝进宫一同进膳。卿就知朕吃的东西是啥滋味了。"

文帝乘坐的马车沿盘山道拐了两拐，阵阵清风幽幽地从窗口透进车中，把从酒肆出来慌不择路浸出的一身热汗都收尽了，君臣二人，顿觉神清气爽。文帝撩起窗帘，看了一眼窗外，初夏时节，四野皆为一片翠生生的新绿，龙心为之一振，即问："此处离行宫还有多远？"

"不远了，再拐一道弯就到了。也就两三里地吧。"

"下车走走，如何？"

"此山已禁狩猎、打柴，有府兵看守，到了此处，圣上的安全没问题。"

"那行。"文帝一拉厢内短绳，厢外有一铜铃立响。车把式"吁"地一声，叫停了马车。

跟车的元岩走来问："圣上有事？"

"汝把车门打开，朕想下车走走。"

车门开后，元岩扶文帝下车，梁彦光也接着下了车。文帝吩咐道："让太子和辎重车辆先去宫里，梁刺史陪朕随便走走。"

车辆依次走过，侍卫们则围绕文帝沿路布下岗哨。文帝站在路边看了看周围景致：对面之山巍然屹立，云蒸霞蔚；脚下的沟壑则深不见底；而路边密林中，有一清涧透迤奔涌朝山下流去……

"此山不甚陡峭，好上好下，确是消暑的好处去。"文帝赞叹一声，问，"卿常至此宫吗？"

"有事无事，每月必来一次，要作例行检查。"

"卿在岐州当差多久了？"

"前后已有五个年头。"

"朕听侍卫说，岐州城内的集市是近两年才旺起来的？"

"是。"

"原因何在？"

"其一嘛，人心思定咧，社稷安定了，做买卖的自然多起来；其二是，圣上当政以来，接连颁发的举措，皆有利于民。民富了，百姓安居乐业，岁入增多，人气、市场即旺了起来！臣下原本以为，要医好经年不息因战事、内乱造成的创伤，尚须一些年月。没承想，仿佛就在眨眼之间，说变就变，一下子就成如今这兴旺的模样了。"

文帝回头看了这位走路总比自己慢半步的小个子刺史一眼，问，"卿只说了世道变化的两个原因，还有其三没有？"

"其三？"梁彦光想了一下说，"岐州发生变化，此二因素是主因。若有其他，亦不足道了。"

"噢？"文帝住足，面对刺史说，"朕的一名侍卫，就是岐州本地人。他却言之凿凿，道出了岐州发生变化的第三个原因。"

"啥？"梁彦光见文帝面色肃然，心一沉，反问道，"圣上的侍卫有何高见？他说的'其三'真的很紧要？"

"当然紧要。卿听着，"文帝停顿了一下，煞有介事地道，"那名侍卫说，岐州出了个梁彦光，常向百姓洒甘霖。此难道不算是其三？"

"呵？还有此一说？臣可是闻所未闻。"梁彦光诚惶诚恐！他不知皇上是在褒奖自己，还是怪罪自己在地方上树立个人威势。于是连连摇头说，"彦光何德何能，说此话者，谬矣！他们不知臣洒的甘霖，乃是朝廷颁发的各项惠民举措。臣只不过是按圣上旨意办差而已。若如几年前周宣帝当政时那样，天灾人祸，横征暴敛，臣还不是只能和庶民一样，徒呼奈何！"

文帝见梁彦光说话实在，更觉此人不同一般，便邀其在路边一亭子间里坐下来，促膝而谈。

"华夏乱的日子太久，积重难返，要改的和重建的还多着呢。"文帝忽然问道，"卿在州、郡为官多年，觉得当下地方官府和百姓急切想改变的是啥事？"

　　彦光抬头看了文帝一眼。他从皇上的目光和语调中感受到了这位君主是在诚恳征求臣下意见。心里想：不是说，伴君如伴虎，君心难测吗？其实也不尽然嘞，这位皇上是实心眼儿地体察民情！他于是道："臣下以为，千头万绪之天下，须变之处，确实还不少……"

　　"卿只讲急需改变的是啥事。"

　　梁彦光约略思索了一下，道："比如说，岐州由来已久的地方豪强与州府分庭抗礼，与朝廷争利，气焰嚣张者，目空一切，使朝廷政令不能畅行，此状况不改不行！"

　　"此一弊端，岂只岐州一地独有！"梁彦光的话音未落，文帝便想起在随州当刺史时遇到的郑云飞，想起凌驾于皇权上的宇文护，还有皇亲国戚的尉迟迥等等望族和豪门……他于是饶有兴味地问，"此确系一由来已久之顽疾，卿有何法可革除此弊端？"

　　"臣，势单力薄，地方豪强盘根错节，单依州府之力，是对付不了他们的。"梁彦光无可奈何道，"说句良心话，臣下亦是得祖上荫庇，才踏入仕途的。不过，既为父母官，就要对得住一方百姓，而不能仅凭祖上是功臣，后人就能作威作福，巧取豪夺，不遵守朝廷政令。因此，臣认为约束和缩小权贵势力，乃朝廷之要务。"

　　文帝说："卿，言之有理。卿对如何约束权贵势力，有何建议？"

　　"首先，朝廷须抱定'此恶不除，绝不罢休'之决心。其次是举措一定要得力。州、县有了尚方宝剑，方能令行禁止。"

　　"说得好。"文帝点头，复又摇头叹息说，"朕何尝不知，有的豪门结党营私，为非作歹，已达令人发指。朝廷政令，对其有利的，他就迎合，如果对他不利，他则不听，甚或公然抗拒。此现状若长此下去，肯定不利国家长治久安。"文帝说到此处，停顿了一下，接着，直面梁彦光，道，"不过，卿可能有所不知，朕对某些家族，亦同样感到力不从心，或心怀顾忌！"

　　"呵？"梁彦光大感意外，说，"不至于吧？圣上是万民之主……"

　　"比如说吧，太师李穆，朕对他就心生敬畏。三方叛乱时，李穆在并州做总管，手握重兵，但是，此人并没被尉迟迥等拖下水去，而是大义凛然站在了朝廷一边。此后，他还在一些大事上，处处支持和拥护朕。在朝廷，他亦是有口皆碑，谁不说李穆德高望重？但另一方面呢？仅李氏一门，五品以上文武官员就占有百余人，此对地方和朝廷，无疑又是一股不容忽视的巨大势力！朕说的，还仅是朝中一个例子而已。"

"臣刚才的话还没讲完呐。"梁彦光说，"臣以为，朝廷要制约某些阻碍国家发展的豪门望族，并不一定要与其硬碰硬。朝廷的某些举措亦可如兵法一样，对其来它个釜底抽薪。"

"噢？"文帝注目以问，"何谓釜底抽薪？"

"比如说，当下朝廷就可颁布一条新举措：对天下庶民进一步减轻税收和徭役。此为一。"

"且慢。"文帝打断梁彦光之语，道，"大隋立国，内忧外祸虽未消除，本朝就已对庶民，实行了减税和减役。但，此与约束豪门望族势力有何干系？"

"此干系甚巨！"梁彦光解释说，"圣上有所不知，咱地方的坞堡主们，有如一只只壮硕无比的老母鸡。前朝的苛政使庶民不堪重负，都争相把全家并连带全部土地都交给了坞堡主，以获取他的荫庇。而朝廷的税收和徭役若降得比坞堡主向庶民征收的租子和徭役都低，百姓即会从其羽翼下钻出，而投靠朝廷。这样，地方豪强势力不就立马消减，朝廷减税收入看似减少了，但随着纳税人的骤增，其总收入肯定只会是有增不减。"

"唔……有道理。"文帝忽然觉得这个小个子刺史的言词特别中听，并紧问道，"卿刚才说，此为一，那么其二呢？"

"其二和其一其实是连在一起的。昔日，百姓为对付苛政，买通地方豪强和官吏，自己原本只有四十余岁，却谎报说已年过六旬；有的已到纳税和服徭役年龄的后生子，却说自己才十二三岁。如今撤销了郡，合并了州和县，可趁此时机，举国核查一次人口，把谎报年龄和漏报的人口都予以更正，并登记在册。如此一来，朝廷可供支配的徭役不是更多？不又增加了纳税之人？此举在杜绝谬误的同时，还能使人心更趋稳定。"

"好主意！"文帝拊掌道，"卿还有其三否？"

梁彦光的话匣子一打开，真是口若悬河："臣想，今后对官吏的录用，应唯才是举。荣立军功者，可赏赐钱物，荣升爵位，不一定升任官职，并应废除官职之世袭。唯德才兼备者，方能做官。此样，日后只靠祖上荫庇，就能坐享其成的事，不就渐渐消减了吗？"

"好！"

说话间，元岩来报说：宫中的午膳已准备妥当，请圣上前往用膳。

文帝起身朝四周看了看，初夏的阳光洒落在青山绿水间；清风阵阵，飘来淡淡花香；而从足下绕过的潺潺溪流，低吟浅唱，不绝于耳……此不就是一幅活脱之人间仙境嘛！他于是吩咐道："今日就在此间用膳。汝把太子也叫来，让他也来听听朕与刺史的谈话。"

元岩走后，文帝又在石桌旁坐下，问："新修的《开皇律》颁发下去，也有一些日子了，使用时，有些啥反应？"

"往日律条繁多，审案者不及细看，多是通过臆断，想怎么判就怎么判。目下有了新法，且纲举目张，就必依法来审案了。不过，若依臣下之见，仍感新律还是偏紧，且条目亦有再减之必要。"

"噢？"文帝听得又是一愣。

文帝此次出巡，原本想多走几个州、县的，可才到了一个州，听到梁彦光的一些建议，就急不可耐地要转身回宫了。

第五十四回

苏威重组班底修改新律
杨素以身试法网开一面

文帝从岐州返回大兴宫的当夜，便不顾一路风尘和劳乏，即诏令刑部送来去年全年审理案件的统计数据。真个是，不看不知道，一看吓一跳！新律颁行的头一年，全国共处置大小案件竟达万余件，此与往年相比较，竟没啥差别。那么，重新修法的目的又何在呢？一连几日，文帝把新编的《开皇律》拿出来，细细研读了一遍，觉得纲目比之从前确乎清晰明了了，但却仍有繁琐之嫌，而有的条目则仍过苛严，此与岐州刺史梁彦光之说，完全吻合。

事实上，新法颁行后，文帝曾向有关官员征询过意见。说好的居多，大多数人皆说，新法纲举目张，言简意赅，十恶不赦的重点突出。却只听到参与编法的李德林笼统说过一句，还是稍嫌紧了点和繁了点。何谓"紧"？又何谓"繁"？文帝当时并未深究，以为新法刚下达，具体执行时，偏紧点，很正常，未太在意。此次到岐州，当地执法者明确表示是律条本身偏紧，文帝当然不能漠然视之了。

接着，文帝又粗粗审阅了几个由大理寺亲自操办的案例。其中有的判得明显偏重，确是因法律条规偏紧所致。不过，也有判罚者没严格按新律行事，仍依臆断判案，而人为造成偏紧的。总之，新律的问题，比原先想象的要大。

文帝为此寝食难安，他忽地想起老子那句名言，"治大国，若烹小鲜"。为政者，一不留神，比如这部新颁的《开皇律》，弄得紧了点，就不知要使多少本不该遭受处置的人受到伤害！使本不该重罚的人，甚至掉了脑袋！此次出巡岐州，亦才真实地感受到，一个国家须改进，须治理之处，还远远不止立法一宗事，真个是任重而道远呐！目下，趁突厥自己乱作一团，无暇南顾，别事都无须多去想它，就一门心思地把眼下国内诸事理顺、治好。待国家真正富强起来，有了足够底气，抵御北边外敌，一统南边陈朝，就都不在话下了……

经过深思熟虑的隋文帝，这日一早就来到中华殿里。他此次没把几位重臣都召集到一处，只是先着人召来苏威和牛弘，而要高颎晚两个时辰再来此接受单独召见。

苏威和牛弘二位大臣来后，文帝先让他们看了刑部相关统计数据和大理寺送来的一二案例，并讲述了岐州刺史梁彦光执行新法的感受。

原本亦觉新法偏紧的苏威还是自责地说："新法成文后，裴政就说，条目仍嫌繁琐，内容仍过苛严，臣对此亦有同感。可杨素、郑译等几位大人则说，此比从前不知要宽松到哪去了。再松，就没了约束力，也不成其法了。臣犹豫了一下，心中也确实缺了一杆秤，即面呈给了圣上。臣当时想，待圣上审阅后，看看有些啥旨意，再一并修改吧。没承想，后来就这么颁行天下了。回想起来，还是臣下当初处置不当，才出如此纰漏的。"

"朕找卿来，不为追责。不过，此事，汝确有责任——高颎既把终审权交给了卿，卿若拿不准，可再找几人议议，不要动不动就往朕这里推。朕看到《开皇律》的审定稿时，适逢突厥来犯。其时，朕正焦头烂额，只顾调兵遣将，未及一一细看，亦未召人会商研讨，就颁旨下发了。当然，也有先试行一下，看看效果，再行定夺之意。此次巡幸岐州，看到一片祥和安泰景象，就觉越是如此，朝廷的律法越应松紧适度，不能让下民动辄得咎，而挫其向好向上的兴头。"文帝说到这里，稍稍停顿了一下，又道，"朕今日找汝等来此，亦不是说众人劳神费力编修的新法一无是处。朕知道，汝等此次工夫未少下，纲目体例都出来了，并不认为要推倒重来。既嫌繁琐，就将繁琐处删掉；仍觉苛严，就将苛严处变得宽松些嘛。有些条规，从纸面上看起来，觉得不偏不倚，待到执行，方觉偏颇存在。凡此一切，亡羊补牢，未为晚矣！"

苏威听罢，一颗悬着的心放了下来。他最害怕的是，如此浩繁的一部大法，已倾注了多少人的心血，金口一开，又要另起炉灶！因而，他不仅觉得皇上的言词十分中肯，更重要的是，圣上还指明了如何着手去修改它，免得无所适从而抓瞎。

苏威于是心悦诚服地道："臣明白了。请圣上下旨，重组人马，立即着手修改。"

文帝说："此次修改，就不必兴师动众了，阵容应精减。哪些人参与其事，就由卿与牛大人共同商定吧。"

担任吏部尚书的牛弘，是上次编修《开皇律》的成员之一。他不仅懂法，还主管官员的任免。因此，文帝把他找来与苏威搭档，亦是便于抽调得力人才。

"还有，这次修改律条，就不要叨扰高仆射了。朕对高颎另有任用。"文帝又道，"不过，上次的两个主要人物，裴政和杨素都还是让他们继续参与吧。裴政是个中行家，自北周以来的几次修法，他都参与过。而且，他既言新律偏紧，亦说明已摸清症候。杨素常唱反调，他的意见采纳与否是另一回事，但其言词，有时能启迪思路，另辟蹊径。一个专班，只一种想法，也不大好。"

文帝说到此处，苏威和牛弘的目光互碰了一下，欲言又止。

文帝立即觉出有异，于是问："咋了，卿等是觉得杨素不合适吗？"

"清河公时有独到见解，确是难得。"牛弘解释说，"不过，就在圣上去岐州期间，杨素在家闹出一件事来，目下朝廷上下已传得沸沸扬扬，圣上刚回，恐还不知道吧？"

"噢？"文帝愕然，"杨素家出啥事了？"

"杨素不知为甚，与妻郑氏闹架，竟对妻子愤然道：'我若做天子，卿定不堪为皇后。'如此言行，不是犯了'十恶不赦'中的谋逆大罪吗？郑氏挨了杨素一耳光，为此，气咻咻地告进宫中，好不容易才被皇后劝回家。"

"唔？竟有这等事？那，杨素就免了吧。"文帝脸色骤变，转而道，"此次修改《开皇律》仍是一件大事，尔等不可等闲视之。修改事宜完成后，每州拟派一主要官员进京参与对新律的研修，统一判罚尺度。朕以为，新法试行一年，案件仍居高不下，另一因素是，执法者没深入理会新法的精髓，仍按老规矩主观臆测断案，才造成判罚尺度失衡的。"

"皇上圣明！此言说到臣下心坎里了！"苏威由衷地道，"再好的法，亦要人不折不扣地遵循和执行，方能见成效！此次改定《开皇律》后，培训执法官吏，尤为必要。"

文帝接见苏威、牛弘的殿堂叫中华殿，是后宫中的正殿。为文帝处理政务和与大臣议事的处所。苏威和牛弘说完事，从前门而出，独孤皇后即从后面侧耳门姗姗而来。

帝、后见礼后，独孤皇后便在御座侧下方苏威刚坐过的椅子上坐下来，说："圣上此次回宫，日夜操劳，臣妾一直都插不上话。有件急事，臣妾以为，必须告知圣上了。"

"卿欲说的事，朕已知晓。"

"噢？"独孤皇后用颇感意外的目光望着夫君。

文帝则面色平静地问："朕只是不解，一个深具器识的大将军，为何会对妻子说出那番没理智的话？是杨素真有那种大逆不道的想法吗？"

"那倒不是。"独孤皇后道，"杨素知书达理，精明得很。当下可不是乱世，他未必会作那种非分之想。"

"既如此，那到底是为啥？"

"嗨！此有啥奇怪的？逼急了呗！"

"逼急了？谁逼他？是郑氏吗？"文帝一迭连声地问。并说，"杨素的这位妻子，朕见过，一个彬彬有礼，温文尔雅的小女子，能逼得才智出众的大将军口出狂言？"

"哼！圣上亦为郑氏美貌、温柔的一面迷惑了！她温柔貌美的背后，却绝非一盏省油之灯。她若撒起泼来——不折不扣，悍妇一个！"

"那么，她干嘛要逼自己的丈夫猴急到口无遮拦？"

"女人嘛，不为钱财，笃定就是为了别的女人啰！"独孤后一声叹息，说，"此事，臣妾倒真还有点同情郑氏。杨素妻妾成群，最近有人给他介绍了个年轻貌美的歌伎。他在外面玩玩也就罢了，可竟然还爱不释手地将其带入家中，并不成体统地与其成日泡在一处，哼呀唱的。几日前，趁杨素外出，忍无可忍的郑氏领着一帮家奴，将那女子打得鼻青脸肿，并将其逐出家门。杨素回来大怒，因不占理，又怕闹得太凶得罪树大根深的郑氏娘家。闹了一通后，本想偃旗息鼓，不料，郑氏得理不饶人，又是哭又是闹，才惹得清河公掴了她一耳光，并说出那番话来。"

文帝闻言，没了言语。

杨素、杨尚希和隋文帝同为弘农华阴人氏，都共一老祖宗，此二人也都是皇上极为信任的有能力的重臣。不仅如此，在平定尉迟迥的叛乱中，杨素充任先锋，出生入死，立下汗马功劳；而尤其是在文帝遭到宣帝猜忌，处于危险境地时，亦是杨素出主意、并表示愿陪护时任大丞相的他到南边韦孝宽辖地暂避……杨素之于皇上，还不仅仅是过往的那些私交。对这位正是年富力强、不可多得的人才，皇上还对他寄予着厚望哪！不过，他既口出十恶不赦的狂言，别事可以谅解，而此恶逆之言是不能视而不见的咧！

杨素出事，对独孤皇后来说，亦是心情复杂。丈夫登基前，杨素在独孤面前总是嫂夫人前嫂夫人后，叫得极尽亲切。独孤氏对这位英武美髯之族弟亦有好感。自己做了皇后，已为重臣的杨素对独孤更是恭敬有加。不过，独孤后一贯对天下用情不专的男人十分痛恨，因此，当他得知杨素不仅爱沾花惹草，且，还是个妻妾多得连自己也数不清的人时，又同情起郑氏，并咬牙切齿地恨起这位文武双全的臣子来。

目下，当独孤后看到皇上对杨素事没了声音，自己也立即转换了话题："圣上此次微服出访，有儿子保驾，应感称心吧？"

"那是。"文帝不愿扫夫人之兴，因太子随文帝出巡，就是独孤后首先提出来的。不过,太子在岐州差点惹出事端,他对儿子其实并不满意。

"可是,咱要勇儿随圣上出巡,为皇上保驾护航,却还另有原因,圣上恐还不知道吧。"

"噢?"文帝真还大惑不解起来。

独孤皇后此时方将个中原委说出:"去岁,益州总管梁睿从西南回京师述职,送太子一件蜀地铠甲,轻且坚实,做工极为考究,勇儿十分珍爱。年初,他将铠甲拿出玩赏,有人建议说,长安城内有一云姓巧匠,能使此蜀铠锦上添花。勇儿听信了,拿给姓云的装上一些珠宝饰物,把个铠甲弄得像件珍玩。"

"荒唐!铠甲是作战用来防身的,哪是显摆玩赏之物。朕事多,汝可要对太子管严点,勿使他恣意胡作非为。"

"此还没完啦。若仅是此样,也就罢了。"独孤后继续道,"从此后,太子一发不可收拾,几乎日日泡在云姓匠人家里。臣妾听到禀告,觉得不成体统,派人前去打探,方知,勇儿竟和那匠人的女儿好上了。咱将太子召到面前训斥了一回,其跪求宽恕,并要咱不要将此事禀告圣上,而其暗地里却仍与那女子来往。所以,圣上此次巡幸岐州,臣妾才叫他跟圣上出巡,以使他与那女子分开。"

"不成体统。"文帝脸色骤变,说,"若是一般王公贵胄家子弟,贪恋点声色犬马,也就罢了。可他是太子,今后是要承大统的。"

"唉,臣妾就怕太子将来也闹成前朝周宣帝那样子,不走正路,荒淫无道,不可救药……"

"皇后倒也不必太过虑了。"文帝看到皇后忧愁的模样,转而又安慰皇后说,"朕做大丞相时,就有意将勇儿放出去,让他担任洛州总管,他在此任上,尚算称职。自将他立为太子后,朕又为其加授了上柱国、大司马,并总领各支禁军,同时,还让他参决国家大事。朕看他做事尚算上心,亦能提出一些好建议。朕的良苦用心,就是要让他走正路。不过,年轻人确是放纵不得,尤要防其骄奢淫逸!在这些方面,皇后确要对勇儿看紧点,管严点。"

皇后意犹未尽，文帝一看不早了，于是道："汝先回后宫去吧，朕还有许多急务待处，有话晚上慢慢说吧。"

独孤后从北面侧门入殿，仍从侧门离去。从正门接踵而至的是尚书左仆射高颎。

高颎礼毕，文帝即道："让卿久等了。"

"不碍，不碍。圣上外出巡视几日，不显倦容，气色反倒更好了。"高颎原本排在苏威和牛弘之后的，被皇后插入耽搁了好一会儿。

"是呵，出外走走，反觉神清气爽。"接着，文帝将赴岐州巡幸及梁彦光所提减赋和核查人丁的两建议简要地向高颎述说了一遍。

高颎默默听着，待皇上说完，方道："梁刺史所提建议，看似普通，确是一个奇招。朝廷藉此不仅解决了一个不易解决的大难题，更为紧要的是使坞堡主这根硬钉子逐渐软化下来，从而减轻了他们与朝廷的正面冲突，并确保了朝廷政令的畅通。"

"确是如此。想当初，朕在随州做刺史，与坞堡主郑云飞采取的是硬碰硬，虽然将毒瘤一举拔除，却因而迁怒了大冢宰宇文护，差点搭上自己的一条命。梁彦光此一招，只须朕下一道减轻租庸调的圣旨，就能使大批被豪强裹挟去的庶民，重又实实在在成了朕的臣民，地方豪绅的势力虽被削弱，岁入有所减少，却保持了体面。此真可谓一箭双雕，兵不血刃！"

"梁彦光的另一招，其实也不错。"高颎道，"朝廷合州并县取消郡治，以及整顿吏制诸事刚刚结束，接下来，再一鼓作气把天下人丁数目、性别、年龄核查登记在册，又可增添一大批纳税人，并使普天民众归附于自家的土地，安定了民心，此不也是一举两得的大好事吗！"

"梁彦光一直在州、郡为官，对地方治理很有心得，是个难得的干才！朕问他，《开皇律》颁布后，实施情况如何？他答称，仍嫌紧。朕回宫一查，仅一年光景，天下大小案件记录在册的就有万余件，与往年相比，丝毫未减。今日一早，朕原本想把卿等召来，共同商讨如何处置这几件事。后来一想，人多口杂，恐越扯越收不住缰。就干脆只找苏威、牛弘，由他俩去抓《开皇律》的修改；而由卿主理人丁普查和减税的事，卿觉如何？"

"微臣遵旨。当下西北边陲的战事已不那么紧迫，正是疏理地方诸事的大好时机。世道乱得太久，疏理起来，千头万绪，很不容易。但若一件件一桩桩都仔细理清理顺了，天下何愁不富！"

"就是咧！人常说，打江山难。朕看，要把天下治理得妥妥贴贴，同样不容易。朕从岐州回来，一直在想：治天下，朝中需要一批各显其能的贤才。而地方呢？亦同样须有一批如梁彦光那样能不偏不倚执行朝廷各项政令的官员。否则，朝廷制定的措施再好，得不到贯彻执行，岂不徒劳。而从当下的情形看，地方比朝廷更缺能干和称职的官员。"

"梁彦光，臣认识。他的父亲和祖父，都做过州的刺史，且口碑都不错。彦光本人自幼读书用功，并继承了祖辈处事认真、沉稳的家风。"

"兵荒马乱几百年，以往大抵都是论军功晋爵或是子承父职。此种以军功获得升迁的官员，来到地方，处置政务，大多不在行。此次，梁彦光对如何擢拔官员，选拔人才，亦提出了自己的想法。不过，当下要做的改弦易辙的事太多，别事，再择机而议吧。"

说话间，早已过了午时，文帝已显疲态，高颎正欲告辞，文帝却道："卿别忙走，朕还有事与卿商量。"说着，便吩咐太监把午膳端至议事的中华殿来。

君臣二人，各踞一方，边吃边继续说事。

此时，文帝忽然拨转话题道："杨素犯事，卿是否知道？"

"此事已在朝廷传得沸沸扬扬，哪有不知的。"

"刚才咋没听卿提及呢？"

"皇后在臣之前不是来过吗？还容臣多此一举？"

"嘿嘿……卿是有意避而不想谈吧？"

"那倒不是。"

文帝迅疾收敛笑容，问："卿以为杨素这事应如何处置？"

高颎看了文帝一眼，心想，圣上一定是左右为难，没打定主意，才这样问自己。他于是缓缓回答说："圣上今日说了许多关于人才难得的话。不过，人才难得却易擢哩。往往到了急需用人时，方觉过去被擢之人可惜了。"

"杨素这事，是犯在'十恶不赦'之列！"

"此要看用啥尺子去衡量那句话了。"高颎说，"杨素不像刘昉和梁士彦那样，有密谋，有行动。只不过是气头上的一句话，而且，还是用以吓唬老婆的。"

"噢？卿是这么看待杨素谋逆言论的？"文帝一脸愠色，把手中的碗和箸推开说，"汝不以为那话是其之心声？"

高颎沉默良久，说："恕臣斗胆，讲句不大中听的话。臣以为，挂在口中之语，搁在心里之言，一般都不要将其作治重罪的依据。打个比方说吧，一个年轻貌美的女子，哪个男人不想占有她？而对那些仅是想想或在口头说说而已的男人，咱能治他强奸罪吗？"

"卿的比方打得不恰当——杨素明明是贼胆包天，才口出谋逆狂言的，此就叫言为心声！"

"不错！九五之尊，至高无上，谁不羡慕！可想一想、说一说，与真干谋逆勾当，毕竟是两码事呢！不是吗？"

文帝十分恼怒，眸子里闪射出灼灼火光，逼视高颎道："这么说来，卿亦有觊觎皇位之心？只是没真正那么干？"

"臣之忠心，日月可鉴。"高颎面无惧色，坦荡地说，"臣知自己是块啥料。一生只会身体力行，作些辛劳事，且乐此不疲而已。"

文帝此时方觉刚才的话过重了。于是缓和语气说："那么，以卿之见，杨素谋逆之言仍可恕？"

"臣其实与清河公并无深交，只是觉得朝廷正值求贤若渴之际，却因一语不慎，而将一个好端端的干才废了，殊为可惜。"高颎见文帝的面色已显平和，便继续说，"想当年，圣上要杀宇文家中的'五王'，德林公反对，其实，他亦是有道理的。可臣下为什么却毫不犹豫地支持圣上呢？因那是非常时期！宣帝驾崩，明火执仗觊觎帝位之人确实大有人在，不开杀戒，无以压邪啊！可此一时，彼一时，当下即使拨五万十万精兵给杨素，量他亦无贼胆敢谋反！若仅以一言治杨素重罪，那谁还敢伴君咧！"

"……"文帝若有所思，没了言语。

一桌饭菜，未动几箸，则早已凉了。

高颖告辞后，文帝觉得特别累。平日，他很少午休，今日则想去休息间躺下小憩一会儿。可还未等他起身，真个是说曹操，曹操到。黄门侍郎元岩进来禀报说："御史大夫杨素候在承天门外已有几个时辰，硬要晋见圣上。"

文帝一听，余怒未息，道："不见！"

"是。"元岩起身欲出。

文帝皱了一下眉，改口说："汝叫他进来吧。"

元岩又答了个"是"，出去了。

待文帝重又在龙椅中坐下，元岩亦领着杨素进来了。

此时的杨素已为上开府、上大将军、御史大夫，是朝中重臣。他往日与皇上议事、谈笑风生，已很随便。但今日一入殿内，便五体投地，一跪不起："臣有罪，罪该万死！"

"汝何罪之有？"

"臣为悍妇所迫，口不择言，犯下弥天大罪！"

"卿只是口不择言？不对吧。"文帝摇头说，"言为心声——乃汝之贼心暴露无遗也！"

"臣可开膛剖肚，以一颗赤诚之心示君！"杨素声泪俱下说，"素不才，但在战场与敌交锋，没一次不是以死相拼；在朝中供职，臣亦是兢兢业业为社稷鞠躬尽瘁。"

"唉——"文帝长叹一声，转圜说，"朕就看在往日的情分上，破例饶卿一次。汝回家好自为之，不要再招惹是非了。"

杨素忙不迭磕头谢恩。

文帝又道："还有一条，卿不要迁怒郑氏，要善待她。不然，朕即使能饶汝，皇后也饶不了汝的。懂吗？"

"臣下懂得。"

杨素走后，文帝起身伸展了一下身子和腿脚，然后，出中华殿踱步入

此时的杨素已为开府大将军、御史大夫，是朝中重臣。但今日一入殿内，便五体投地，一跪不起："臣罪该万死！"

内史省，进了内史令李德林办差的那间窗户特别大的房间。

其时，李德林正埋头案前草拟诏书，忽听房内脚步声响，抬头一看，竟是皇上！立马纳头跪于案前。

"起来吧。"文帝笑着说，"朕把卿的文思打断了吧？"

"那倒不碍。臣下听到脚步声，抬头发觉圣上就在面前，吓了一跳。"

"卿将杨素所犯之事理一理，朕意免去他的一切职务，贬作庶人，回家闭门思过。"

"是。"

文帝吩咐完毕，转身出门。

李德林望着皇上的背影，却仍在发愣。他想：若按皇上一贯处事原则，凡沾"谋逆"言行者，无一轻赦，哪怕是如刘昉那样与己有大恩的人。可今日却明明是对杨素网开一面了！

第五十五回

云姑娘欢天喜地入东宫
太子妃清心寡欲发急病

皇上吩咐皇后，要对太子杨勇严加管束。但二十刚过的太子，除头顶储君光环而外，还身负上柱国、大司马，并以左卫大将军身份，统率着京师所有禁卫军，独孤伽罗夫人，虽贵为皇后，又哪约束得住羽翼已丰的太子嘞！

起始，太子对那件难得一见的蜀铠，确实情有独钟。经东宫左庶子唐令则的介绍，他带了厚礼亲赴长安老城匠人云定兴家，请他为铠甲锦上添花。

云定兴，手艺高超，为长安名匠人。他在长安城中的一条巷子里，有一幢属于自己的房屋，此在当时的一般市民中，算是混得不错的了。住屋不算大，外间的堂屋，即是待客处所，又是劳作的工场。就在这间工场里，还带得有一个徒弟。堂屋的后面，有两间一大一小的卧房。

太子第一次光临云家，事前已有左庶子唐令则前来打过招呼。云家只知来者是个大客户，堂屋虽稍嫌凌乱，但收拾得也还算干净。

那日，太子杨勇在左庶子唐令则的引领下，进屋后，并未言明自己的身份，只显一副风流倜傥富家子弟模样。

云师傅的客户亦大都是京师肯出大价、有头有脸的大户人家，所以，他习以为常往后室叫了声："来客了，看茶。"

不料，没过一会儿，竟从里屋婷婷袅袅地走出个苗条娇小、如花似玉的少女来。她着一身蓝底白花裙衫，黑发上插一朵小红花儿，端庄清秀之脸模上，仅仅不经意地着过一抹淡妆。而此一匠人家中少女，竟把个见惯珠光宝气女人的太子看得两眼发直了！

那女子见陌生人目不转睛地盯着自己看，把茶碗连带茶盘往几上一搁，头一低，便羞答答地回内室去了。

坐在一旁的云定兴见客人这么看自己的闺女，心中不悦。所以，当唐令则把蜀铠拿出，吩咐他要如何进行修饰时，云定兴却提不起兴头来。

亦是下九流出身的唐令则是何等伶俐之人。他伺候太子回东宫后，复又转身来到云家，直通通地对云定兴道："喂，你是吃饱撑着啦？咱家主子出高价，要你做个小活计，你还爱理不理，摆甚师傅谱呢？"

"小的凭手艺吃饭，看不惯他那獐头鼠目轻薄相。"

"大胆！"唐令则厉声喝斥道，"你道咱家主子是谁？竟敢如此犯贱！"

"他难道是天王老子？有甚了不起的？"云定兴不屑地说，"咱穿街走巷，长安城里王公贵胄家公子，也见得不少，大不了，此生意不做了——你把这副铠甲拿走吧！"

"这笔钱赚不赚，确是小事。实话告诉你，今日所来之人，却是你小子实实在在惹不起的主儿。"

"他是谁？"

"当今东宫皇太子。"

"呵？"云定兴这回是着实吓了一跳。

"嗨，别人都说你云师傅聪明，咱看你倒像头十足的蠢驴。别的不说了，倘若太子真的相中了你家闺女，那可真是你家三生有幸！"

于是，太子第二日再至云家。云师傅着一身干净衣衫，笑脸相迎，并向后室朗声道："来客了，女儿看茶。"

那位云姑娘呢？已知太子的身份，端茶出来见客时，面色绯红，不用粉饰，是真真切切地貌若桃花，更显光彩照人了！

太子一见，惊为天仙下凡，忙起身回礼说："咱给姑娘带来一件小礼物，请笑纳。"

说着，太子即从袖筒取出一只凤头金钗，此可是只有皇后或王妃才配享用的饰物。

云定兴的地位虽然卑微，却是个专为豪门打造各种饰物之巧匠，所以，识得太子手中金钗的分量。于是，忙拱手作揖道："咱是何等人家，小女哪里受用得起如此厚重之礼呐！"

"姑娘貌若天仙，此凤钗非她莫属也！来，咱给姑娘戴上它。"太子说着，用手将那金钗插入云姑娘乌黑的发髻中。

云定兴见此，亦欢天喜地，说："咱在这儿忙活，请太子与小女自去里屋说话吧。"

此乃正中太子下怀。他在羞涩云姑娘的引领下，进入闺房。一对年轻男女，眉来眼去，如干柴烈火般，很快即坠入爱河之中……

…………

这么一来二去之后，到如今，太子与云姑娘自是一日不见，如隔三秋。此次太子要去岐州，正值二人粘乎得如胶似漆之际，他压根就不想离开京师去外地。可母后提议，父皇亦表赞同，他岂敢推却不从。

却说，太子从岐州一回东宫，便心猿意马急欲去会云姑娘。但太子管的事儿多，又有数日不在京师，各有关衙门都有官员在等候，有的急务不得不立马处置。待他把一应之事应付完毕，已至夜深。太子住在新建的大兴城的东宫内，而云姑娘却还住在长安老城中，此时，城门显已关闭。所以，第二日一早，他便如热锅上的蚂蚁，着便服率左庶子唐令则，各骑一马，即飞奔至云姑娘家中。

唐令则从马上卸下太子从岐州带回的各种土特产品，就牵着两匹马去附近酒肆快活去了。

再说，自太子与云姑娘相好后，云定兴便识趣地很少在自己家中做活，而是带着徒弟到请他的主人家里做事。这么一来，太子与云姑娘就更是如鱼得水，快活似神仙了。

当下，一阵激情过后，姑娘偎依在太子怀中说："奴婢近来身体感觉不适，时不时就想呕吐，阿娘说，怕是怀上你的种了。"

"呵？那太好了！你家身份低，平白无故，皇上和母后都不会允咱带你进东宫的。这下，生米做成熟饭，不怕他们不同意了。"

"假若皇上和皇后还是不同意咱进宫里，那咋办？"云姑娘仍不无担心地问。

"不会的。"太子一边穿衣一边安慰姑娘，"早前，咱和左庶子商量过，他说，你要是能怀上个孩子就好了，将来生下的若是男孩，则更是皇上皇后的长孙。所以，只要你有了身孕，父皇和母后都不会坐视不闻不问。"

"此话是左……啥说的？他是谁？"

"嗨，左庶子是个官名，不就是跟咱常来你家的那个唐令则嘛。他的主意儿多，一般都不会有错的。"

话分两头。

却说，独孤后从文帝听政议事的中华殿出来，心里记着皇上要对太子严加管束的嘱咐，便带着宦官范公公和几名宫女，转身从侧门进了太子居住的东宫。她想：太子从岐州回来才几日，一路车马劳顿，可能还赖在哪个宠姬的床上没起来呢。一想到此，皇后就有气！

太子杨勇虽贵为长子，但历来就不是皇后最喜欢的儿子。他个性直率，说话有点愣头愣脑，当转弯时，不知转弯，没二子广那么善解人意和乖巧。尽管如此，嫡长子毕竟还是不同的。勇十六岁时，独孤夫人经过千挑万选，才挑中元家女儿作了太子妃。元家亦是有根有底的大家，但，勇却一百个不情愿，那不善转弯的倔脾气，一下就显露无遗。一次，他竟对外人公然指责母后说："阿娘不给我一个好妇，真可恨！"此语传至独孤后耳中，使她至今仍对儿子耿耿于怀。

独孤皇后一进东宫，所到之处，无论宦官、侍卫、太监、宫女皆纷纷下跪，一个个唯唯诺诺，惊慌失措。

"太子在哪儿？"皇后也不看人，边走边问。

沿路无人回答。她也不管，径往前行。

皇后如此这般，一连问了好几声，问到太子寝殿门前时，方有一名跪地太监说："回皇后话。奴才一早见太子和左庶子皆着便服骑马出宫了。"

"嗯？"独孤后脸一沉，驻足道，"太子回来后，叫他来后宫见咱。"话毕，即沿原路返回自己的寝殿去了。

这日，直至午后，太子才同左庶子唐令则姗姗返回东宫。沿途都有下人禀告太子，皇后要他去后宫。

太子一路正在琢磨，要找个啥由头去见母后。并且，唐令则也一直在旁边出主意，要太子选择一个好时机说出云姑娘已有身孕，才能不使皇后发怒，以达将云姑娘娶进东宫之目的。现在可好，母后竟然先找自己。不过，母后找自己是为啥事？自己又咋启齿提说那事呢？母后不会是已发现啥蛛丝马迹，来个先发制人吧？太子越想心越乱。无奈之下，身着便服的太子赶紧去寝殿换了一身官服，仍带唐令则，心怀忐忑地径往母后寝殿走去。

"汝咋才过来？"独孤后扫了一眼跪在面前的儿子。

"儿臣在长安老街多……多耽搁了一下。"太子含糊地道。

"又去那匠人家里了？"

"是……"太子心一沉，低头不敢看母后。

"犯贱——汝身为皇太子，更兼朝廷命官，却成日往那下作人家的屋里钻，成何体统咧！"皇后终于忍不住地发作了。她怒指太子道，"为娘已给你说过多次，叫汝不要再与其往来了，可汝总是不听。娘给你娶下多好一位妃子，汝犯贱，又自作主张明里暗里娶了几名宠姬，娘也都忍气吞声，认了。可你为啥还是不满足，要去贱人家惹那风骚女！汝想想，自己是何身份，竟把自己也贱到如此地步！伤风败俗呐！"

若在往日，太子急了，会与母后顶撞起来的。在众多子女中，他是唯一一个敢于与母后顶嘴的人。除性格使然之外，他是长子，从小娇惯些，强势些。可今日，不管母后咋责骂和训斥，太子皆跪于地，忍受着。

为此，独孤后反而更恼："哼！汝以为自己官做大了，翅膀已硬，连母后的话亦可当作耳边风了，是不？"

"孩儿岂敢……"

"汝有啥不敢的。"独孤后大怒。"为娘今晚定要汝的父皇下旨，将那贱人一家逐至边塞种地！让他们去喝西北风！"

"母后——"太子大恸。声泪俱下地跪行至皇后脚下，"咚"地磕了个响头，并哀号不止道，"别……别……别呵！儿臣求您了！"太子乞求着，把头向方砖铺砌的地上撞去。他深知，母后绝对不是在吓唬自己。她说到，必然做到。

"汝此是干啥？"独孤后不仅不怜悯儿子，反而更火，道，"汝是想以此威胁母后吗？咱可不吃汝的这一套——把头给咱抬起来！"

当太子把头抬起时，只见其满头满脸皆是血！

即使是铁石心肠的独孤后，见此，亦倒抽了一口冷气。不过，她还是面若冰霜地说："汝有啥事可以说，不必如此。"

太子两行泪水夺眶而出，道："是……是那云姑娘已身怀六甲了……"

"嗯？汝是在哄骗母后吧？"

"此乃千真万确。"太子指天发誓。然后说，"孩儿也是从岐州回后，才知道的。"

"汝起来吧。"心肠够硬的独孤后，却被儿子冷不防的一句话，使自己乱了方寸。她缓和了语气，略思片刻，方道："来人——"

宦官范公公应声进屋，看了太子一眼，惊得大张其嘴，手足无措。

独孤后吩咐他说："汝去将龚太医请来。"

平日乖巧的范公公，这才从口中挤出一字："是。"

不一会儿，太医龚维之来了。见多识广的太医，看到头上尚在淌血的太子并不感到惊奇，亦不问是咋弄成此样的，便例行职守地叫宫女打来一盆凉水，先给太子清洗了额上和脸上的血污，再在伤口处涂上烈酒。太子龇牙咧嘴，却不叫唤。然后，太医才在伤口处撒上止血药粉，缠好布帛，利利索索处置完毕后，禀告皇后道："太子之伤，破点皮肉而已，并无大碍，换几次药，结痂，即好。"

太医龚维之交待毕，即收拾行头，欲出。

"先生请留步。今日请您来，还有一件事。"独孤后说完，屏退左右，面向太子道，"除汝而外，还有谁知那匠人的住处？"

"左庶子唐令则知道。他就在母后寝殿外面等候儿臣。"

随即，独孤后附耳与龚太医不知说了几句啥话。太医会意点头。皇后便吩咐传左庶子唐令则进殿。

唐令则被传入皇后寝殿。皇后阴沉着脸吩咐他带龚御医去那匠人家中。

唐令则同太子一起至皇后寝殿门口时，太子还是好好的一个人，进去就这么一会儿，头咋就被白布缠上，且那布上还渗出斑斑血迹。这皇后亦真狠，下手竟忒重！可当唐令则再偷偷朝皇后看去时，见她眸子里朝自己射来两道凛凛寒光！唐令则心里发慌，不知屋里刚才到底发生了啥事？又用异样目光去瞅太子。

太子则更加心慌意乱。他不知皇后与御医到底嘀咕了些啥？更不知要唐令则带御医去云姑娘家干啥？其时，太子既不能向唐令则作任何解释，更不能对其叮嘱什么，只能是一副欲言又止的无奈状。

独孤皇后见唐令则左顾右盼，一脸狐疑不定的神色；又见太子还想向唐令则交代啥，气不打一处来。她怒向唐令则道："汝还不快去给御医带路，还戳这屋子里干啥咧？"

唐令则吓了一跳，赶紧随太医转身出殿。而御医与唐令则一走，太子则更是如坐针毡，不知御医一去，后果将会如何。

过了一会儿，独孤后见儿子仍是一副魂不守舍状，便没好气地对他说："汝也回东宫去吧，不必守在这里哭丧着脸了。娘得警告你，不许去那匠人家里瞎掺和，如若不听，汝莫以为是太子，咱一样没你好果子吃的！"

"是。"太子怏怏然地道，"儿臣一切听从母后吩咐。"

此时，皇帝和皇后已乔迁至新建的大兴宫中，帝都亦易名为大兴城。与此同时，文武百官亦尽数迁入新的皇城衙门办差。但是，新的郭城却还在大规模地兴建之中。所以，做买卖的商户、作坊，以及官员和庶民都还聚居在原长安的老城中。

新的大兴宫与长安老城约有十余里，龚太医和唐令则乘坐的是皇后接送客人的马车。不一会儿，那车就进了长安百姓居住的郭城，穿街走巷之后，唐令则说一声到了。二人下车，入云定兴家，已至申初时分。

云家人只认识一来二去走熟了的唐令则。所以，众人都用异样的目光瞅着陌生的龚太医。

龚太医即自我介绍说："老朽姓龚，是宫中御医。今奉皇后之命，来到你家。"

众人一听，皆感诚惶诚恐。

太医却不慌张，他与云家人打过招呼后，即对唐令则道："承皇后吩咐，请唐大人回避一下，去车中等候老朽。"

不明底里的唐令则，更加狐疑，却又无可奈何，只好出门去车中等候。

接着，龚太医才对家里人说明来意："皇后听说你家小女身体有所不适，让咱来为她把把脉。"

"喔，好，好！"姑娘之母回应说，"请御医大人里屋坐。"

一家人自此放下心来。龚太医刚在一间窄小但很整洁的闺房坐定，就有一个女子面含羞涩地端着一碗茶走进房间。她把茶碗放在太医旁边的几案上，太医看她一眼，见其眉目清秀，一双凤眼格外水灵。心想，这太子的眼力也够狠！他身居东宫，却咋把目光探到此深巷中的呢？不过，他嘴上却说："是姑娘的身子骨有所不适么？"

姑娘如凝脂般的脸上顿时泛出一片红云，低头未语，只点了下头。

"坐吧。"龚太医已从包袱中取出一只小枕放在了几案上。云姑娘则顺从地把手搁了上去，让太医为她切脉。

其时，站在门外朝里窥望的母亲则显莫名地紧张，她不知皇后此举的用意是啥，亦不确切知道女儿是否真的身怀六甲了。

没过一会儿，太医即站起朝云母拱手道："恭喜，恭喜！你家小女已有两个多月身孕，脉象亦很正常。可适当为她添点温补膳食，不要太过劳累。"话毕，收拾了东西，出房与主人云定兴打过招呼，便出门而去。

一路上，唐令则旁敲侧击问这问那，太医皆吱吱唔唔，装聋作哑，说东言西。待他返回皇后寝宫，才向独孤后道："您要在下看的那女子，确已怀有两个多月身孕。腹中胎儿，发育正常，从脉象看，怀的十有七八是男孩。"

"先生辛苦。"独孤后命人给太医拿来赏银，并嘱咐道："此事切切不可张扬出去。"

太医走后，已至黄昏。独孤后说自己不在这边用膳了，并命备轿，她要去皇上寝殿。

皇后一入皇帝寝宫，周遭所有人等全都紧张起来，后宫中的男男女女，没有一个不怕皇后的。晚膳备好后，文帝随后才从中华殿回来，夫妻俩自是共进晚膳。

文帝午膳时，因与高颎说事，未动几箸，此时有点饿了，吃得较快，也没啥言语。

独孤后见此，亦不打扰他，看他吃得差不多了时，方道："禀告圣上一事，太子仍在与那下贱女人来往……"

"不可。"文帝刚把汤匙伸进炖钵，想舀一口汤喝，忽又将匙子收回，放入自己面前的空碗中。"汝要劝诫他，不许再胡来了。否则，会出麻烦的。"

"迟啦。已经惹火上身，出大麻烦了！"说着，皇后把箸往桌上一放。

"呵？"

"那贱人已有两个多月身孕，太子亦承认是他所为。"

"唔……"文帝先愣了一下。接着，竟把一腔怒火都发泄到了皇后身上，"汝管的啥名堂咧！"

"臣姜管得住他？"独孤后更是火冒三丈。"他的翅膀早硬了！他是上柱国、大司马，是国家三军之统帅！好威风嘞！可偏是不争气，连自个都管不住！"

"汝咋知那女子已怀有身孕？莫不是勇有意蒙你的吧？"

独孤后便把如何听太子说出缘由，自己又如何派太医去云家查验那女子是否真正怀孕，细述了一遍。

文帝听后，面色凝重地问："此事还有谁知道？"

"暂且只有太医和臣妾二人清楚。可纸包不住火呐，尤其是此等事，过不了几日，还不沸沸扬扬满城风雨地传开了。"

"那不行，家丑不可外扬哩！太子出了此等事，不成天下大丑闻了吗？连下辈子都要遭受耻笑和非议的！"

"那咋办？"

"事到如今，只有趁人还不知晓，让太子把那女子娶进门算啦！"

"那不成！"独孤后断然否认道，"臣妾起始也是这么想的。可转念一想，明媒正娶的元妃还没生子，却让一个贱人一入东宫就占尽风头！"

"元妃进宫几年，一直没见动静，说不定人家还以为是咱太子有毛病。再说，那女子住在长安街上，风声一旦传出，皇家脸面，不都丢尽？"

皇后想想也是，便要着人传太子进殿。

文帝则道："朕夜里还有别事，有劳皇后这就去东宫了断此事。此外，不管太子职位多高，总高不过皇后吧。汝先要狠狠训斥训斥他，然后再允其把那女子娶进宫。太子娶一个贱人，并不光彩，就不要大操大办了。"

太子终于如愿以偿，得遂心愿。得意之余，早已把皇上不要大操大办的戒律抛诸脑后。太子喜好张扬，东宫就有一支技艺高超庞大的鼓乐班子，领班正是左庶子唐令则。迎娶云姑娘那日，东宫乐班不仅倾巢出动，此外，太子还动用了皇家仪仗和禁军，其热闹场面使京师为之轰动。

对此，文帝十分不满。但耀武扬威、欢天喜地的庆典，却将那巷子里太子偷腥的丑闻，遮掩过去。于是，皇上也就没再追究了。

不过，太子虽然如愿以偿得到自己心仪的女人，却也由此埋下了与母后反目的祸根。当然，此都是后话了。

云姑娘嫁与太子，即被册封为昭训。在东宫，昭训的地位仅次于太子妃。这位新过门的昭训娘娘，既美丽，又贤惠，且果真十分乖巧，见人总是笑盈盈的，碰到的不管是啥人，她都打招呼，不摆架子，立即获得东宫上上下下的一片赞誉声。

不多时，昭训的身孕已然显露无遗，东宫则更是洋溢在一片喜庆之中。

沉浸于欢乐中的东宫，却偏偏有个人高兴不起来。此人便是皇太子妃元氏。

太子妃元氏的曾祖和祖父都做过魏之尚书仆射。父亲元孝矩先后在魏和周任南丰刺史、益州总管等职。元氏的姑姑嫁与周之权臣大冢宰宇文护，更与皇室结为姻亲。北周末年，正当元氏嫁与杨勇不久，杨坚即接受禅让称帝，长子杨勇也顺理成章地成了皇太子，元氏亦成为太子妃。不久后，太子妃之父元孝矩亦拜为寿州总管。如此两家人，原本就是门当户对，时下虽为君臣，则更显亲密无间。但是，在太子本人看来，并不觉得有啥圆满。一是元妃相貌平平，身体孱弱多病；二是其性格孤僻，寡言少语，难使太子亲近。所以，当云姑娘成了昭训娘娘后，本就孤傲的太子妃更受冷落，竟至因生闷气而发病。

皇后听到元氏患病，即赶往东宫探视，正逢太医龚维之在为躺在榻上双目紧闭已不省人事的元妃号脉。

待太医诊视完毕，皇后即问："太子妃的病咋样了？"

"暂无生命之虞。"太医说，"不过，娘娘之脉细弱，恐不是一日两日能调理得好的。清醒后，不能心烦、生气，得慢慢恢复。"

"唉……"独孤后一声叹息，起身离房。她刚刚迈出门槛，忽地朝周遭扫了一眼，问，"太子呢？"

"儿臣在此。"太子亦是刚从昭训那儿闻讯赶来的。他混杂在太监、宫女和侍卫中间，听到母后的问询，忙从人丛中钻出。

皇后狠狠瞪了他一眼，啥话没说，便转身离去了。

第五十六回

历艰辛治国法典终修成
庆满月东宫喜宴不欢散

又经数月操劳，《开皇律》终于修订完毕。经过修改后的《开皇律》，共删除死罪八十一条，流罪一百五十四条，徒、杖等千余条。从内容看，修订一新的《开皇律》进一步革除了野蛮残忍的种种酷刑，规范了刑罚类别。

新的《开皇律》，刑分五类：一、死刑，为绞、斩；二、流刑，为一千里、一千五百里和二千里；三、徒刑，为一年、一年半、二年、二年半、三年；四、杖刑，从六十至一百；五、笞刑，从十至五十。此外，与修改前相比较，刑律更加简明了。

这么一来，罪与非罪，犯了何类罪行，将课以重刑，皆一目了然。因而，对执法者而言，亦能更好地依法行事。

经过修改的《开皇律》，共为五百条，分十二卷。即：名例、卫禁、职制、户婚、厩库、擅兴、贼盗、斗讼、诈伪、杂律、捕亡、断狱等。

该律在文字上经裴政、牛弘、苏威、李德林等，层层把关，细细斟酌，读来言简意赅，文词流畅。

文帝阅后，连道："好，好，要言不烦，此乃治国之宝也！"

修订后的新法颁布前，各州选派了一名专管狱讼的官吏到朝廷，分别由裴政、苏威、李德林分卷逐条为众人释法解疑，并列举具体案例让众人进行研讨，以统一和掌握判罚尺度。

不仅如此，文帝还命太子从始而终与州官们一起听编纂者们释法，并参与研讨。自将云姑娘娶进门，元妃生病，引发帝、后对他的愤慨后，太子在为人处事上，皆沉稳多了。

这日，文帝听到参与释法的人在研讨中，往往为一个案子的判罚，而争辩得面红耳赤；凡参与者，亦不论官大官小、是老是少，只认理，不认人，开诚布公，气氛热烈。对此，文帝亦表现出了少有的兴致，在事前没有通知研讨者的情形下，来到议事处，并宣示，自己只听，不发议论。要求众人不要局促，畅所欲言。并说，疑惑只有通过争辩，才能愈辩愈明。

研讨中，有相州官员道："自尉迟迥叛乱被平，原相州首府邺城付之一炬后，州府迁入南阳的三年中，城区扩大近一倍。喜的是，人多了，市廛活力大增；忧的则是，随着大批游民涌入，使各类案件随之上升，把个民风古朴、悠闲清静的古城搅得无比喧嚣浑沌。这些游民，成分复杂：有几代人都没正经干过农活专事吹拉弹唱的艺人，他们充斥酒肆、茶楼、里巷，卖笑卖唱，私下有的还干见不得人的淫乱勾当；还有不事农桑到城中谋生的各种工匠，及买东卖西、走街串巷的摊贩；有的更绝，啥事不干，成天泡在酒肆或茶楼，高谈阔论，靠发牢骚打发日子；还有专事偷摸或行凶滋事的肖小之徒……总之，五花八门，不一而足。南阳城中的老住户对其十分抵触，有与之口角者，时因一语不合而大打出手。当地官吏亦觉头痛难管，想划一块地方，让新来移民集中居住，分而治之。可工程浩大，此笔巨资从何筹集？而比照此部即将颁行的新法，却只能打击极少数违法肇事之徒，而没法根治因游民所造成的社会问题。"

苏威一听，摇头道："新颁之《开皇律》，并不是一副包治百病的灵丹妙药。游民问题，如你所言，十分复杂。为政者只能是有人犯法就按律条治罪。犯什么法，治什么罪，犯多大法，受多少刑。至若有人在酒肆卖唱、在街巷耍猴，讨点生活，并未察其犯事，汝觉其有碍观瞻，疑其伤风败俗，就要无端对他们进行处置，那可不行。且，是不合法的。"

"如果《开皇律》都不管用，街头游民不是更可肆无忌惮了？"一位官员接腔说，"卖唱卖笑者，有几个好东西？她们暗地干的还不是男盗女娼，不治能行？"

"就是！"刚才提出要治游民的南阳官员立即响应，"南阳城中老住户，最看不惯的就是从邺城涌入的此类游民。不行根治，南阳则无宁日！"

讨论渐趋热烈，并引起地方官吏的共鸣。因类似游民，在他们的州治里，也存在，因而大多数州官亦异口同声说要对游民加以惩处。可在《开皇律》上，却找不到依据。

在一片讨伐城市游民声中，本已有言在先，只听不说的隋文帝，亦打破沉默，开其金口。皇上不说则已，开口便一鸣惊人。他说："齐鲁游民，由来已久，祸根，出在邺城。邺为古代帝都，数朝遗老之后人，做不上官的就坐于酒肆、茶楼，指桑骂槐，妄评国是。齐国覆亡时，按道理就应及时将这座齐之都城清除，以绝后患的。但周武帝没有那样做，结果如何？不久，即引发了尉迟迥在邺的叛乱。所以，朕灭尉迟迥后，就痛下决心，令韦孝宽将邺付之一炬。未曾料到的是，吃饱了撑的那帮游民又扎堆来到南阳，危及市廛安宁。诚如诸卿所言，《开皇律》不是包罗万象、包治社会百病的灵丹妙药。那么，对那些伤风败俗、又未见其触犯条律的游手好闲之徒，咋办呢？朕想，《开皇律》既治不了他们，不要紧。朕可在《开皇律》之外，另下一道圣旨，将包括京师在内的所有游民统统迁徙到边远之地去，分给他们田地，使其自食其力。如此一来，不仅净化了京师及各州治之风俗，确保了市廛安宁，亦可使天下游民从此有所依附，此乃两全之策也。"

文帝一言既出，以为会得到众臣的称颂。不料，四座确有表示赞同和称颂的，但摇头表示异议的，也不少。接着，便叽叽喳喳地私下争论起来。

文帝朝周遭扫了一眼，见离自己不远的太子欲言又止，于是道："太子，汝有不同想法吗？可以提出让众人争辩嘛。"

"儿臣窃以为圣上之言，确有值得商榷之处。"

"噢？"在场的人皆大吃一惊，他们都不约而同地抬头看文帝。

文帝怔了一下，但立马心闲气定地笑着说："行！把汝的想法说出来，让大家评说评说。"

"首先，儿臣以为尉迟迥造反，与邺城当初没被毁掉，并无关系，而更非游民鼓噪所至。"

"唔……"文帝若有所思，未予置评，随即道，"往下说。"

"此外，儿臣还以为把城里的某些市民，笼统称作游民，既不确切，亦不公平。所谓游民，是当下城市出现的一种新景致。诚如父皇所言，这样一些人，不仅南阳有，咱京师亦有，并还有增多趋势，此其实不足虑。不久前，圣上去岐州，不是也见到有京师去的行商，还有从西边北边各番属国去的贩夫走卒吗？只不过因邺城被毁，相州州治迁入南阳，南阳显得突出一些罢了。此类人游走城、镇之间，不应将其当作一件坏事，而恰恰是城市日益繁荣昌盛，社会太平之新气象，新样貌！兵荒马乱时，大街上能见到那些买卖人吗？比如说骡马贩子，他们自己确实没养骡马，粮贩，自己更未种粮食。其或坐茶楼酒肆、或甩手街头洽谈生意，看似游手好闲，却起到了互通有无，促进市廛繁盛的作用。还有一种人，即贱内云氏之父，是个匠人。他为一位将军打造了一对别致的虎兽状门环，既实用，又好看，还能镇邪，立即为京师许多人家所效仿，他凭手艺养家糊口，不是也很好吗。如果将所有匠人都逐出京师，有的人家配把钥匙都费难了呢。再说，许多有一技之长的手艺人，几代人都没干过农活，硬要将他们流放到边塞种地，不是反使其对朝廷徒生怨恨，由此而造成的麻烦不是更大了吗？"

"嗯。"文帝点了点头，认真瞥了一眼儿子。之后，把目光转向了李德林，"德林公，卿不仅是关东人，并曾是齐之大臣，汝是咋看这些关东游民的？"

"下臣以为，太子之言极是。臣须补充一点，即邺这地方曾为千年古都，历朝之遗老及皇亲贵胄确实不少。臣下原本就是他们中的一员。但此类人中，凡看不惯前朝腐朽，并有点能耐和正义感者，大都归附了大隋。并为官一方，都在为圣上办差。剩下的过气遗老或遗少，有的有老本吃，亦才能成日泡于酒肆发牢骚。他们迁入南阳，便成了当地之一怪异景致。

不过，他们既干不了正经事，料亦翻不出大浪来。即或有极少铤而走险的霄小之徒，按其罪行，绳之以法就是。此外，随着大隋蒸蒸日上，市廛人气亦会愈加兴旺。此咋办？不能往外驱赶，应多加引导，加强对市廛的管理。比如说，大兴城不是正在兴建外郭城吗。咱可在建城之初，就把米市、布市、铁市、皮革市……等等分片规划好，各个行当都有自己的市场，不仅便于管理，兴旺市廛，到大战发生时，有些作坊亦便于组织他们为朝廷制造武器或军需！"

"哈哈，公之言真个是解开了朕心头一个大疙瘩！"文帝亦爽朗地大笑起来，"看来，治国大业，不能把目光只盯在土地上！过去打仗，军队缺粮，找地方征收，老百姓亦缺吃哩。所以，养成个凡不种粮者，皆为不务正业之游民。这几年，粮食连年增收，并有了储备，可缺的其他东西还不少，这就需有各种技能之人，也包括生意人来周转调济。"

"圣上圣明。"首先提出要处置游民的南阳官员亦转圜说，"平心而论，南阳这几年人丁大增，市面亦日渐兴旺发达，庶民的日子眼见也有改善。至若市廛寻衅生隙之类的事增多，经各位大人的点拨，臣也想通了。林子大了，甚鸟都有嘛，出几只贼鸟，亦属正常！咱日后就照太子和德林公说的法子去做，一是加强市廛管理，二是出啥案子，依法处置。"

文帝不无感慨地说："往后，朕下圣旨，皆须小心谨慎。一招不慎，便有可能使社稷受损呐。"

"是呵！"苏威亦道，"今日事，如若论功行赏，头功当属太子。他首开言路，方引出德林公和圣上之妙论。"

"那是，那是。"文帝亦点头称许。

接着，一直没说话的老夫子裴政道："臣下还有一事想说。圣上再三强调，《开皇律》乃立国之本，此说明它具有极高的权威。既如此，今后若遇解不开的结，就绕开此律，另出章程，以达目的，此万万不可取。否则，开皇律的权威就不复存在，亦有可能再次沦为无法可依的地步。"

有人则道："此律几易其稿，不能说它不严密。倘若遇到没曾想到的奇

案奇事，用此法又难以定夺，咋办？"

"此类事，将来确有可能发生。因为制定《开皇律》，依据的多是已往发生过的案例。将来碰到突发的新奇事，咋办呢？"裴政说到此处，看了一眼提问者，说，"那就只有与时俱进，先对《开皇律》进行检讨，到一定年限，再行修订。这样，不仅确保了《开皇律》的权威性，亦能使其顺畅地延续下去，从而达到国之长治久安的目的。"

"哈哈！裴政之言，是冲着朕来的呢。谁敢绕开《开皇律》另出政令？只能是朕本人。"文帝说到此处，裴政脸色骤变。文帝故意不看他，继续道，"刚才，朕听到南阳某些游民滋事扰民，就想另出章程将其流放到边塞去。不过，经太子和德林公之提醒，朕方觉是自己考虑不周。裴政说得好，要维护《开皇律》的权威，所言十分中肯。此法乃天子督卿制定并颁行天下的，维护《开皇律》的威权，即是维护天子的权威！因此，包括朕在内，对《开皇律》亦不能朝令夕改，更不能绕过它，另出章程！"

众臣听后，不仅松了一口气，亦深感有此通情达理和圣明的皇上，何愁国运不昌。

文帝从大臣们办差议事的皇城中回到自己的宫城内，意犹未尽。最使皇上欣慰的是，他觉得太子终于成熟起来了。今日自己提出对游民的处置，就是他带头唱反调，而使此问题得到了圆满的结论。而且，他这反调唱得确实恰到好处，不仅纠了自己的错，还广开了言路，促使大臣提出诸多好建议。联想起不久前太子在岐州的不佳表现和回京师又差点闹出丑闻等事，前后可谓判若两人！皇后曾担心太子会步前朝宣帝荒淫无道的后尘，自己还强撑着举例安慰皇后，说当今太子和浪荡宣帝不是一路人。其实，自己又何尝不是提心吊胆，怕他将来不走正路、难堪大任，而使社稷后继乏人咧！

晚膳后，文帝再传太子入宫。对他再次褒扬之余，并继续委以重任，说："朕观汝对《开皇律》的研习甚有心得，实属难能可贵。今后治国全仗这部律令，汝要悉心继续研习。明日，朕将知会尚书省，让高仆射把全国所奏自死罪以下的案件，都交由汝来审批断决。"

"儿臣遵命。"

"汝要好好珍惜。"文帝语重心长地道，"朕曾听说，汝在一件铠甲上装金饰银，花里胡哨弄了许多珠宝上去，此哪像皇太子的作为哩。甲胄乃护身之物，汝那么干，不是反引敌贼往汝身上指戳吗？汝想想，古往今来的帝王，哪位骄奢淫逸者，能长久，能善终？卿是储君，若不能上称天意，下合民心，何以承继宗庙重托，居万民之上？朕昔日的衣物，每样都各保留了一件，还时常取出看看，以提醒勿忘过去的艰辛。朕今从其旧物中，取出一把短刀赐汝，望卿常能取出检视检视，不忘朕的一片良苦用心。"

"父皇的期望，儿臣已铭记于心了。"太子颔首低眉，双手接过父皇所赐短刀，欲起身离去。

"别忙。"文帝见太子恭顺有加，十分高兴，又道："朕再赐汝酱菜一盒。这是军中士卒的食物。时至今日，朕还经常尝尝。汝亦尝尝个中滋味，不忘艰苦朴素好品行。"

待太子从宦官手中接过一盒士卒常用的菹酱后，才向父皇告辞出殿。可当他乘车回到东宫，一不小心，却把父皇所赐短刀和酱菜一并遗忘在了车中。

太子刚一下车，左庶子唐令则即前来禀报道："晚宴已准备就绪，您邀请的客人亦都到齐，一切能否照常进行？"

"没问题，一切皆按预定计划行事。"

唐令则仍不放心："圣上那边会不会还有啥事要传您去？"

"不碍，不碍！圣上今夜传召咱，没大事。"

皇太子居住的东宫，顾名思义在皇帝理政、起居的大兴宫东侧。两宫之间，仅一墙相隔，有门和廊相互通联。皇帝皇后的正宫有殿堂及各种用途的屋宇三十多座，而自成一体的东宫亦有二十余座大小宫殿。且，一切皆仿帝、后的宫廷而建造，只是规模略小一点而已。因此，东宫内，亦有一座如大兴殿那样只是略小一点的主殿。东宫的晚宴即在此殿中举行。因是冬季，殿之门、窗皆挂上了御寒的棉帘。从外看，矗立眼前的是一座黑黢黢的庞然大物。可掀帘而入，大厅内则是一片辉煌热烈的场面，里外是完全不同的两重天地。

当太子裹着一股风寒进入大厅时，满座嘉宾皆拱手站立起来。

"坐，坐，都请坐下。"太子亦拱手道，"抱歉了。父皇因事召见臣下，让列位久等了。"他做了个请大家坐下的手势，走到自己的主座前，坐下来。坐在他身侧的是昭训云氏。

元妃生病期间，包括皇后在内的许多人，对太子多有微词。认为元妃是因太子寻花问柳，并将贱人娶进东宫，才气病的。因而，太子在种种不利舆论的压力下，破天荒地整整沉寂了半年之久。

今日，是为昭训所生儿子杨俨置办的满月酒宴。太子亦藉此一吐郁积心头半年之晦气。

昭训所生之子，亦是太子长子，并是皇上皇后的长孙。按理，此一满月酒，本当由皇后亲自操办。但太子心知肚明，皇后至今仍对自己娶昭训和元妃生病而耿耿于怀，所以，他不但不能让母后来主持此事，还瞒天过海，不让父皇和母后知道，而只能低调于东宫进行。

座上嘉宾，除少数几位死党是从宫外赶来的，大都则是太子的老师和在宫内供职的官员。用太子本人的话来说，元妃的病还未完全康复，受不得刺激，此番就权作一次自娱自乐吧。

主殿的大厅里，周遭围着一圈几案，地上铺席，席上置垫，高朋贵宾坐于垫中，围成一圈，中间场地则是歌舞乐伎表演之处所。太子自幼喜好诗词歌赋，通晓音律，他能把自己作的诗词，编配成曲，让歌伎们演唱。勇被立为皇太子后，便招募了一批擅长吹拉弹唱的乐工和歌伎，以供消遣、娱乐。这些平日爱唱爱跳的乐工、歌伎，亦因元妃生病，沉闷了半年，未有作为。

热气腾腾的菜肴依次端上几案，香气四溢的美酒倒入樽中，左庶子唐令则首先举杯道："来，请列位贵宾起立，举杯——"

贵宾们闻声起座，举起手中酒杯。

唐令则神采飞扬地说："先为太子及昭训娘娘的健康长寿和幸福安康干一杯！"

主、宾碰杯后，皆一饮而尽。昭训云氏一杯美酒下肚，已至云天雾地、

太子颔首低眉，双手从宦官手中接过父皇所赐短刀，欲起身离去。

飘飘欲仙。曾几何时，仅为一个民间女子的她，何曾想到竟会一步登天地成了东宫的女主人！当下，随着儿子的"呱呱"坠地，更使自己的地位稳固，身价儿倍增。

主、宾樽中的酒被侍者分别满上后，唐令则再次举杯道："太子的长子亦是小小太子，让我们为小小太子的长命百岁干杯！"

众人再次站起举杯，并一饮而尽。

在一片欢声笑语和觥筹交错中，唐令则"啪"地打了个响指，两列身着华丽彩服、手执各种器乐的乐工分别从左右门鱼贯而入，边弹边唱，在大厅中转着圈儿。他们载歌载舞，仍手不停、嘴不住地在太子对面的一块空地上席地坐下。唐令则再打响指，两队身着蝉翼般薄纱的歌伎，飘然而出，踏着音乐的节拍翩翩起舞。太子兴高采烈，带头鼓起掌来，大家亦鼓掌。轻歌艳舞，助涨酒兴，把气氛推至高潮，亦把其父皇的谆谆教诲抛诸九霄之外……

酒过三巡，一位白髯飘飘的长者走到太子面前，说自己身体不适，前来告辞。太子起身，吩咐两名太监搀扶老先生出门。再过一会儿，又有一位年龄略小于前者的长辈告辞离去。

其时，太子朝左庶子唐令则使了个眼色，令则立即心领神会，从一位乐工手中接过一把琵琶。他左手按着琴码，右手拨弦；那琴声时而高亢激昂，如奔腾跳跃之江海；时而细切如丝，像是喁喁私语之细流……刚才还是热闹非凡的场面，陡然静了下来。连手舞足蹈的歌伎们，亦纷纷席地坐在了乐工两旁，共看唐令则个人的表演。忽地，琵琶之声渐高，节奏加快，如一阵劲风吹过，一名席地坐着的歌伎应声而起，随着疾风般的琴音二人狂舞起来……突然，琴音变缓变细，歌伎狂放之舞步，亦如水样地舒缓下来，如平稳之水面，泛起些许涟漪……令则修长的身材，生动的脸蛋，如精灵一般。他手抚琴弦，一双如勾之目光，不仅把伴舞的歌伎，还把个饮酒看表演的昭训娘娘，逗引得耳热心跳，如醉如痴……

左庶子唐令则何许人也？他亦长安歌伎刘凤凤的私生子。令则外表很像其母，生得俊秀、灵动；又因自幼耳濡目染，吹拉弹唱，样样皆能。其后，母亲嫁与一唐姓官吏，随母入继父家之令则，就这样姓了唐。不料，随着年龄的增大，他在唐家竟暗地与继父前妻所生女儿好上了，并使女孩怀孕在身。东窗事发后，女子自缢身亡，令则亦被逐出唐家，在外靠教习器乐为生。后经人介绍进入东宫乐班，由于他的多才多艺，获得太子器重，竟和德高望重的裴政同时被任命为东宫左庶子。

此外，不明就里的人一定还要问，这么个喜好声色犬马的轻薄太子，怎会在皇上和重臣面前首先提出那么有见地的建议呢？其实，亦不足奇。比如刚才先起身告辞的那位白髯飘飘的老先生，就是对刑律有精深研究的裴政。他在周做过刑部下大夫，对案件的判罚准确公正，执法宽容平和，曾参与编修《周律》，更是此次编修《开皇律》的主要成员。文帝接受禅让称帝后，拜裴政为东宫左庶子。太子对裴政亦始终以老师相称。再如，刚才步裴政后尘告辞的人叫魏澹，曾仕于齐，与李德林共同编修过国史，亦在东宫担任太子舍人。总之，文帝为太子物色的老师，还远不止此二位。在这些人的言传身教下，本就十分聪慧的太子，无论学识和眼界，自比一般人要高出一筹。不过，他毕竟出生豪门望族，又是家中长子，自幼受宠，地位特殊，又哪能不沾染一些纨绔子弟习气！所以，当下的皇太子就是这么个表里极不对称的双面人。

殿堂里，歌舞一个接一个，美酒一杯又一杯，唐令则自弹自唱《媚娘》，伴舞助兴的歌伎，围绕令则眉来眼去，尽其挑逗之能事……

在座的洗马李纲终于忍无可忍，站起进谏道："唐令则身为左庶子，应担负教导、保护太子之责。而今，却在大庭广众中自比娼妓优伶，进献靡靡之音，污浊视听。此种龌龊事，若是让圣上知道了，令则罪责难逃，岂不还要连累太子殿下吗？"

右庶子刘行本亦严词斥责唐令则，说："庶子应当辅佐太子走正路，为啥要用声色歌舞来取媚殿下呢？"

"扫兴！"太子委屈地道，"诸位可知道？本殿下议了一整日治国之法，还要接受父皇训示，当下想轻松快活一下，却遭汝等阻拦。"说完，拂袖而去。

一场欢愉的满月喜宴，即告不欢而散。

第五十七回

晋王设家宴招待二父皇
杨素迎访客点破一迷津

开皇四年正月壬申日，梁朝皇帝萧岿前来朝拜大隋皇上。

人们一定会觉奇怪，自周灭齐，大致以长江为界，天下两分：北为隋，南为陈，何以又冒出个梁国来呢？这个梁国，其实早已存在。它就在江陵县境方圆三百里的那一小块地界之内，是隋的一个番属国，因其小，以往很少提及而已。若说这一国中之国是何以形成的，就必从陈朝以前的"侯景之乱"说起。

彼时，天下三分。北边有西魏（后为周篡夺）、东魏（后为齐篡夺），南边地跨长江两岸的是梁（后为陈篡夺）。其时，梁的地域最广，实力最强，东魏次之，西魏最弱。而经侯景之乱，此一强弱对比竟然完全颠倒，梁变最弱，西魏的实力则因乱而大增。

那么，侯景之乱又是怎么形成和发生的呢？

先说侯景其人。此公原本是东魏一位权臣。他历任东魏尚书左仆射、吏部尚书、司空、司徒、河南道大行台令等职，且拥兵十万。

早在北方的东魏和西魏相互虎视眈眈，你想吃掉我，我想吃掉你，边境战事频仍之际，地处南边的梁朝却相安无事地大建楼堂和佛寺，礼佛成风。所谓南朝四千八百寺，大多都是在梁武帝萧衍当政的四十年间建造的。

到了梁武帝太清元年（即东魏武定五年，亦即公元547年），东魏皇帝高欢病逝，由儿子高澄执政。高澄惧怕手握重兵的侯景作乱，即下诏令其入京师述职，想以此夺其兵权。侯景惧怕被杀，欲投西魏。西魏权臣宇文护对他没好感，却想藉此诱其入长安。侯景还是怕一去不复返，又改降江南梁朝。梁武帝同意接纳他，朝臣则激烈反对。梁武帝即说：夜梦太平，侯景求降，正符所梦。于是封侯景为河南王大将军、大行台。此亦意味着，原属东魏的河南一带就这么归属于梁朝了。

被激怒的东魏皇上，忍无可忍，立即派兵攻打侯景，欲收复河南。而江南的梁武帝却真把河南当成了自己的领土，亦派兵渡江驰援侯景。双方交战结果，梁军大败于寒山堰，主帅萧渊明被俘，援军几近全军覆没，侯景所率的四万军队更惨，仅剩八百人。他带着残兵败将，一路逃窜至寿阳（今安徽寿县）。

其时，引狼入室的梁武帝，这才感到害怕了，即向东魏表示愿拿侯景与被俘的萧渊明作交换。而此消息却传到了侯景本人的耳朵里，使其顿生歹念，企图谋反，并暗中勾结梁武帝的侄子萧正德作内应，许以，事成则拥护他做皇帝。

梁太清二年（公元548年）八月，侯景发起叛乱，领兵南下，直抵长江。失去方寸，且老迈昏聩的梁武帝萧衍，此刻竟命已被侯景收买的萧正德保卫京师建康。萧正德派大船数十艘迎接侯景叛军过江，经过一百三十多天艰苦卓绝的鏖战，皇帝居住的台城内，原有的十余万人，已是尸骸堆积，活着的仅剩二三千人。侯景所率的叛军，死伤亦不计其数。接着，侯景一不做二不休，东掠三吴，见人就杀，见财便抢，致使富庶的长江下游地区"千里绝烟，人迹罕见，白骨成聚，如丘陇焉"。

侯景得势后，杀掉了接他过江、梦想当皇帝的萧正德，使软禁中的梁武帝忧愤而死。侯景于是改元称帝，国号为汉。

此时，镇守江陵的梁将王僧辩、陈霸先不服，领兵大败侯军，攻下京师建康。侯景在败退中为自己的部将所杀，而王僧辩则与陈霸先起内讧，亦为陈霸先所杀，并"禅代"建立了陈朝，终使侯景之乱画上句号。

而此时，新建的陈朝，由于历经四年之久的侯景叛乱，国力遭受重创不说，国土亦大大沦丧。原属梁国的长江下游江北一带大片土地，皆为东魏占去。

此外，梁武帝萧衍死后，其子、侄为争帝位，互相攻讦争斗，其中梁武帝的第七子萧绎在江陵自立为梁元帝。西魏趁梁朝元气大伤，派柱国大将军杨忠（即隋文帝杨坚之父）攻破江陵，占据了原属梁的荆襄和蜀之剑阁等大片土地，立梁武帝之孙、昭明太子萧统的第三子萧詧为帝，却只划出江陵周边三百里作为梁国，这就是史称的后梁。

其后不久，西魏权臣宇文氏篡夺了朝政，改元为周，进一步把包括四川、贵州在内的原属梁朝的整个西南纳入周的辖地。自此，陈与周的疆域和实力便都乾坤颠倒了。

迄今，距萧詧在江陵称帝，已过去二十九个年头。萧詧本人，早已作古，继承皇位的是其子萧岿。

文帝在随州作刺史期间，就与这个后梁国有过往来。其时，随州在靠近水泽的地方进行军囤，那里的水田泥深，缺水牛耕作，就是用随州大洪山的木材从梁国换来水牛的。在与萧岿的往来中，文帝觉得此公虽是番属国的小皇帝，却不卑不亢，很有学养。一了解，方知，他竟是编过《昭明文选》、赫赫有名的昭明太子之嫡孙。所以，后来在给自己的二儿晋王杨广择妃时，便选定了萧岿之女。定亲时，萧女年龄尚小，独孤后即遣人将小女子从江陵接到大兴宫，当作女儿放在膝下养育。所以，杨、萧二位皇帝，既是老友，又是亲家，往来十分频密，国与国间相处得亦十分和谐。

此次，隋文帝和梁明帝萧岿相见，自是甚欢。

一日后，适逢晋王杨广从河北道行台任上返回京师。他没直接回自己的晋王府，就径往大兴宫拜见父皇。

晋王杨广是隋文帝的次子。此时，他担任河北道行台尚书令一职，统辖的是河北、山东，原属齐的广大地区。

文帝见到儿子即问："关东一带咋样？"

"经过几年整饬，齐鲁发展很快，各方面皆有明显起色。"杨广兴奋地说，"父皇把儿臣派到那地界，是担心原属齐的那块地方会生事端。目下看来，此担心是不存在的。当年，父皇跟随周武帝伐齐，当地官民对咱确有不满情绪。武帝去世，宣帝登基，实施暴政。尤其是为修东都洛阳，征调的多是关东一带物资和民役，把那地方搞得苦不堪言。所以，尉迟迥在相州起兵反叛，关东响应者众。而今，则完全不一样了。大隋不仅尊儒，尊佛，向下民征的税和征调的徭役，皆比前朝不知减轻了多少。加之这两年风调雨顺，百姓岁入大增，而今的关东真真是一幅国泰民安的新气象！"

文帝听得津津有味，望着儿子眉开眼笑，说："哈哈……看汝把关东夸得简直像朵花了！"

"还不止此呢。去年秋收刚过，高仆射率领一班人马来到关东，指导州、县官员到村里'大索阅貌'。结果，有的册子上登记的已七老八十的老翁，一照面，竟是个四五十岁的壮汉；有的册子上说，只十一二岁的小子，其实是个已娶媳妇有了儿女的大后生。细查之下，其妇和其子更是未经登记的黑丁。真是拔出一棵山药带出一串儿崽。大索阅貌和减赋等新政实施以来，从衙门来说，税减了，岁入反而增多；村民也很满意，因为新增人丁，按规定都给他们补分了田土。"

"唔，好，好。"文帝和颜悦色说，"朕听汝的一席话，还有一个惊喜，即汝经两年历练，已着实能独当一面，堪担大任了。朕许汝在河北道行台任上，再干两年，把关东基业打牢固。然后，朕想遣卿去江淮，开创新局面。"

"去江淮？"杨广愣了一下，心想，江淮有啥好？不过，两年光景，离当下还远着呢。于是点头道，"孩儿悉遵父命。"

"再告汝一事，"文帝笑着说，"汝的岳丈梁明帝从江陵赴京师述职，住鸿胪客馆里，抽空去看看他吧。"

杨广即道："这样吧，孩儿明日在府邸置家宴，只请父皇、母后和梁帝三位长辈。"

"此主意好。朕先赴汝之家宴，再置国宴，另行招待梁明帝。"

杨广从中华殿出来，先去后宫拜见了母后，然后赴骊山脚下鸿胪寺中的鸿胪客馆，拜见了岳父梁明帝萧岿。

"儿臣广，拜见父皇。"杨广进门，即行跪拜礼。

"请起，请起。"梁明帝看到一表人才的杨广，大喜。

三年前，杨广曾远赴江陵订亲。那时，从官职看，他已是上柱国、武卫大将军；可从年龄看，却依然是个青涩弱冠的少年郎。而今，明帝一见，已然是个身高体壮的大后生了。

翁、婿分别就座，杨广见案上置一翻开的书卷，随口问："父皇在读啥书呢？"

明帝说："闲书一卷，乃刘勰之《文心雕龙》。闲来无事，随便翻翻。"

"嘿！好书，好书！"杨广脱口背诵道，"夫铅黛所以饰容，而盼倩生于淑姿；文采所以饰言，而骈丽本于情性。"

"噢？"明帝闻之大惊，愕然地望着年轻英俊的女婿道："以往只闻贤婿自幼习武，骑射皆精，未闻有如此爱好。卿亦喜读此书？"

"是呵。儿臣过往作文，极喜堆砌词藻，以为美词方可造就美文。后经咱的先生指点，拜读过《文心雕龙》，方知矫揉造作，无病呻吟，空假俗媚，乃作文之大忌！"

"嗬嗬，看来汝是真的喜好研习文词。既如此，朕就把这部书赏汝了。"说着，明帝即从枕边取出一只蓝色布面书箧，他清点了一下书箧里存放的卷数，再把自己阅读的一卷按顺序放入，并道，"卿别小看这部书，它可是作者刘勰本人亲自送给先祖的。汝看，这第一卷上还有刘勰本人题赠的亲笔签名呐。"

"嗨……那太珍贵了！"杨广大喜过望。

明帝所说的"先祖"，乃其祖父、文坛赫赫有名的昭明太子萧统。

明帝萧岿说："先祖在世，与刘勰是极好的朋友。二人宴饮时，往往只顾说话，而忘了吃喝。"

杨广亦谦卑地道："祖爷爷所编《昭明文选》，在下亦曾在师傅指导下，一篇篇细细研习过。"

"喔，没想到，没想到！"

杨广告辞后，萧岿想：女婿虽未言师傅姓甚名谁，但其能指导学生读这些书和文，足见他的学识和见地非同一般人。女婿年纪轻轻，文武皆能，且有良师指引，前途不可限量。

翌日。两位当朝皇帝和一位皇后都要莅临晋王府，此可是件少有的事。

因规模巨大的大兴郭城还在修建中，一干王公和大臣们的府邸仍在老长安城内，其中当然也包括这座晋王府。

杨广住的这座晋王府是父亲隋文帝赐予的。此宅，原是前朝某犯事官员的居屋。房屋已显老旧，大小则仅及隔壁清河公杨素府邸的一个小院落。

对此，晋王府内的官员和下人都十分不满。他们但凡听到京师某位大官犯事，府邸被抄，就向晋王报告，怂恿他去向皇上要大宅。而杨广总是笑笑，说："咱一人住了这大一宅子，又不是常住，还不够么？不要与清河公比，人家是长辈，有一大家子人。"

杨广虽然年轻，但对韬晦的拿捏，丝毫不逊当年的父亲杨坚。因而，他绝对不会像太子那样，为娶一个年轻貌美的女子，闹得父皇和母后都对他极为不满。

是日，梁明帝从骊山出发，轻车简从，只跟些许护卫，先行抵达晋王府邸。

不一会儿，皇帝、皇后驾到，仪仗、禁军、太监、宫女……人声鼎沸，马蹄踏踏，使周遭一片，大受惊扰。

皇帝和皇后亦是初次至晋王府邸。他们分别下车后，梁明帝及杨广率晋王府一干人，行跪礼于门前迎接。

礼毕，文帝抬头看了看晋王府窄小的门庐，倏地想起自己去滕王府的情形。若拿这座晋王府与三弟杨瓒的那座滕王府相比，此乃只能算地道的"寒门"！

文帝因而问："汝咋住这么个地方？"

杨广笑答："此宅还是父皇赐予儿臣的呐。"

"唔……"文帝想了一下，显然已记不清楚是啥时候赐给儿子的了，于是笑道，"当时只听此处有一空宅，朕亦没问大小，就指给汝了。可那也是好几年前的事了呢。汝还一直未换一幢？"

"换啥哩。父皇不是常说，知足者常乐嘛。孩儿知足了。"

文帝点头说："嗯，卿在这些方面倒有点像朕。"

父子俩说话间，皇后牵着个苗条娇小的女孩走来说："广儿，看，咱把汝的媳妇带来了。"

杨广看了女孩一眼，脸腮顿时变得绯红。女孩则若无其事，没怎么把这位未来的夫君放在眼中，她睁着一双漂亮的大眼睛，到处看新奇。

独孤后转而把女孩牵到先行抵达的梁明帝萧岿面前，对女孩儿说："这是汝之父皇，快向父皇磕安。"

"小女向父皇请安了。"女孩立即很有礼貌地向萧岿跪下磕头。

一脸书卷气的萧岿惶惑地道："快起，快起，孩儿不必这样。"说着，一把牵住女儿小手，将她拉起来。

梁明帝萧岿之女，是二月出生的。按江南习俗，二月所生孩子，不宜留在家里养育，于是，便寄养在叔父萧岌的家中。没想到，萧岌夫妇没过多久便相继去世，小女子便转而由舅舅张轲抚养。张家贫寒，小女自幼吃了些苦。

文帝为晋王择妃，指名要梁朝萧岿的女儿，并派使者赴江陵为萧岿诸女占卜。结果，诸女与晋王相配皆不吉，这才从舅家领回此女，让使者占卜，卦上说："吉"，于是立即封为晋王妃。为使她适应大隋王室规矩，独孤后又派人将她接入大兴宫里，放在膝下养育。

文帝看了看萧岿父女手牵手的样貌，欣慰地笑了。殊不知，萧女与二儿广，这一对娃娃亲，正是他着意下出的一步棋。

三年前，三方之乱刚被平息，文帝禅代登上皇位。陈朝想趁北方朝政未稳，兵分两路，欲一举收复江淮一带原属自己的失地。文帝分别以长孙览和元景山为行军元帅，又命尚书左仆射高颎为长史节制调度各军，迎击来犯之敌。久经战阵的隋军大败陈军，便有了趁势渡江统一南方之想。

不料，恰在此时，突厥闻听陈朝已经向隋发起攻击，遂聚四十万大军，沿长城一线蜂涌扑向关内，使刚刚建立的大隋，腹背受敌。要知道突厥这个穷凶极恶之敌，可比陈军难对付多了。文帝立命高颎收兵，而把主要兵力投向北方，以抗击强悍的突厥。

而就在此时，宫内要给晋王选妃，文帝便授意娶梁朝皇室女子。其实，此乃一箭双雕之策！因为陈与梁之间渊源不浅，娶萧家女子，亦是向梁朝表示亲善美意。可是，直到今日，杨广亦还只是个半大小子，萧女则更是个未成年的幼女。

…………

一阵寒暄过后，文帝正欲进门，不经意地朝旁边扫了一眼，只见隔壁墙高院深，因而问："隔壁住的是谁家？"

"父皇咋忘了？那是处道叔的家嘛。"杨广提醒说，"周朝末年，父皇曾带孩儿去过他家的。"

"嗨，真是，一晃，就是好几年啰。朕坐车里，一路走来，竟分辨不出走到哪里来了呢。"文帝解嘲地笑了起来。

清河公杨素，字处道，魏大统九年生，比文帝小两岁。文帝登基前，二人以兄弟相称，子辈们都称他为处道叔。

文帝朝围墙内郁郁葱葱的大树看了一眼，转身率先跨入晋王府的大门。

接着，明帝亦牵着女儿走了进去。小女虽是萧岿的亲生女儿，自幼却从未在一起像这样相处过。小女初见父亲尚有几分羞怯，可互相说过几句吴语就马上融洽亲昵起来。

在场者都唏嘘道："到底是一家人哩！"

文帝进屋后，没在会客议事的堂屋停留，而是穿堂而过。他饶有兴味地到府邸各室东看看西瞧瞧。当他步入琴室，发现琴上已沾有灰尘，有的琴弦因久不更换而绷断，此倒反使观者很欣慰。皇上自幼随智仙师傅生活，除识文断字外，就是坐禅、习武，清心寡欲。在生活上，亦如师傅，简朴随意，无甚嗜好，亦无琴棋书画等爱好，尤恶抚琴弹唱，以为那些靡靡之音，皆为万恶之源。

文帝走到哪，一众下人亦跟随到哪，这使他行动有所不便。而此刻原被萧岿牵着走的小女子，却早已甩脱父皇之手，自由自在、左顾右盼地到处看新奇。

独孤后则一下车就注意到，晋王府里里外外的官员和下人穿着都很朴实整洁，此与她看不惯的东宫奢靡之风恰成鲜明对照。当她走进晋王的卧室时，听到婢女介绍说：晋王回到家里，生活起居极有规律，夜里若无客人到访，总是在书房看书至深夜方去休息。尤使母后极感欣慰的是，儿子这么大了，身边仍无宠姬等女人。

晋王府就一栋独立宅子，没几进几出，当然更不能与东宫的二十余幢殿宇群相比拟。不过，此宅仍有一个绿荫如盖，花木扶疏，较为精致温馨的后院。文帝沿一石子铺砌的小道步入一亭子间，忽然回头一看，见梁明帝跟在后面，正踟躇不前。

"过来吧。"文帝朝明帝招手，明帝这才进了亭子。此时，文帝已坐在一方石鼓上，亦对明帝说，"坐吧。"

明帝亦才在文帝对面的一石鼓上坐下，他们的面前是一方石桌，桌面上刻有一副棋盘，棋盘两侧一边刻有四字，共是："胜固可喜败亦欣然"。梁明帝看后，不觉莞尔一笑。

"公笑甚哩？"文帝好奇地问。

"咱笑这棋盘上刻的字有意思。它事先就奉劝对弈者，不要把输赢看得过重，别伤了和气和感情。"

"噢？"文帝这才注意到棋盘两侧刻的八个篆字，心下却想，此有啥值得一笑的？但嘴上却说，"下棋是不必那么较真。但打仗不行，那可是你死我活的对决哩。"

"圣上所言极是。"明帝附和说。

文帝看了看院子里的花草，随即转换话题道："朕听人说，君还一直与建康那边有来往，是么？"

"皆为皮面之事。"明帝悚然一惊，慌忙解释，"那边朝廷喜好楚地青铜器皿，就帮他们在江陵一带搜罗了一些，以此换得江陵后宫喜欢的吴越绫罗。如此而已。"

"没事就好。要注意哩——两地别老是藕断丝连地缠扯不清。"文帝说着站了起来。

明帝应了声"是"，亦躬身站起。

其时，杨广过来说："禀告二位父皇，薄酒已经备好，请入席吧。"

菜肴十分丰盛，入席者仅四人，显得有点冷清。文帝提议请来了王韶等几位杨广的师傅作陪。

梁明帝因在亭子间受到文帝的"提醒"，而一直沉默寡言。可几杯美酒下肚，并与王韶等几位先生扯起了先祖的《昭明文选》，话亦多了起来。

宴毕，晋王府内全体属员与下人皆于门外跪送帝、后。

登车前，文帝把杨广叫到跟前叮嘱道："代朕去看看处道叔，嘱其一定要把身子骨调养好。"

帝、后的大队人马一走，门前和周遭便静了下来。杨广看看自己身着的官服，一想，杨素官职尽墨，赋闲在家，自己一身官气去见他，不好，就去内室换了一身便装，叫管家拿了几坛好酒，随自己去杨素府上拜访。

晋王府与杨素家虽系邻居，可沿围墙要走数十丈方至其家大门口，真真地豪宅一座。到了杨府家门口，就有仆役进去通报。

却说，杨素今早忽听鼓角齐鸣，马蹄声响，摇旗呐喊，还以为是冲自己宅邸来抄家的，着实吓了一跳。后来才听说是皇帝、皇后都去了晋王府，方才安下心来。当下听说晋王来看自己，也不顾长辈身份，立马起身到门外迎接。

杨广见杨素亲自出迎，忙恭谨地鞠躬道："处道叔，侄儿来向您请安了！"

杨素受宠若惊，一把挽住杨广，直愣愣地盯着他看。他俩虽是邻居，几年来，却从未谋面，杨素只依稀记得他儿时之状貌。于是说："一晃几年工夫，贤侄已人长树大，简直有点不认识了呢，快进屋里坐吧。"

杨素把杨广迎进书房，分外高兴："真没想到，你还记得有个落难的处道叔。"

"惭愧，惭愧。侄儿为官在外，平日很少回家。今日侄儿是奉父皇之命，专此拜访您的。"

"呵？"杨素先是愕然，接着，眼窝窝里，竟至充盈两汪泪水，"圣上……还……还记得咱杨素？"

"咋能忘咧。父皇要侄儿转告说，一定要养好身子骨。说不定啥时辰，一道圣旨下来，又有重担要压在您的肩上呐！"

"唉，不好说，不好说……"杨素忽又叹息起来，懊悔地道，"只怪自己当初在气头上，一语不慎……"

"过往的事，就不用去想它啦。安心待在家里，养好身子骨最重要。"

"是，是。咱遵圣旨。"杨素转而问，"侄儿此次是从河北道行台任上回京师述职的？"

"正是，侄儿是回京师述职的。"

"关东情况咋样？"

"不错。"杨广道，"不打仗了，这两年，关东一带，一年一个样，变化特别快。可父皇今日却对咱说，顶多只允咱在河北道行台这个位子上呆两年，就要把咱从关东挪到江淮去。唉，咱可着实不想去那地方当差呢。"

"那是为啥？"杨素一听"江淮"二字，双眼突然泛亮。

"下去历练历练，还不都是为了将来回到京师做官吗——侄儿还是想直接回京师算了，不然，就待在河北道行台不动。江淮那地方据说梅雨季节一到，大雨哗哗，常闹水患，麻烦多多。"

"贤侄别傻！此正是圣上看你有长进，有出息，才着意要你去那里扛大梁！"

"扛啥大梁咧！"杨广说，"侄儿可不想去那儿治水了！"

"呔！"杨素摇头说，"你想到哪去了！"

"咋地，难道不是此样吗？"杨广莫名其妙，问，"那么，父皇难道是要咱带兵去抵御来犯的陈朝？"

"贤侄是何等聪明之人，今日咋这不开窍！"杨素笑着说，"圣上派汝去江淮，如遇水患，治不治？当然是要治的；如遇陈军来犯，打不打？当然也是要打的。但，此都不是圣上派汝去的主要目的。圣上用心良苦，是想贤侄去历兵秣马，打过长江，殄灭陈朝，一统天下！此乃三百多年，许多

201

有为帝王都想实现而未能实现之梦想，之壮举！"

　　杨广一听，茅塞顿开，说："哦？真是这样吗？父皇可没这么说哩。"

　　"那是火候还没到呢。"杨素越说越来劲，遂从案上取出一份奏章说，"这是咱早前写好的一份奏议，请贤侄代为转呈圣上。"

　　杨广接过杨素给皇上的奏章，看了一眼首页，只见其上赫然写着："攻陈要略"四字。

第五十八回

可汗病魔缠身心劳日拙
御医千里问诊起死回生

就在开皇四年的春日，沙钵略摄图遣使来大兴宫朝拜文帝后，作为回访，大隋朝廷派尚书右仆射虞庆则为大使、以长孙晟为副使，携皇帝玺书，赴突厥面见沙钵略可汗。

在隋朝，因未设尚书令一职，右仆射便是仅次于左仆射高颎的第二宰相。而长孙晟是往来突厥最多，最懂如何与突厥打交道的官员，由此可见，文帝对与突厥打交道，仍极为重视。

突厥，这一游牧部落，于西北草原壮大强盛的数十年间，一直以来，成了关内历朝君主的心腹大患。几年来，在长孙晟"远交近攻离强合弱"谋略的作用下，他的内部发生了分化，与大隋的强弱对比有了明显变化，对隋的威胁程度正在下降。尤其是头号大敌沙钵略可汗，已处内外交困，心劳日拙，元气大伤中，致使大隋的西北边陲渐趋安定。可是，隋文帝并未掉以轻心，因为他清楚地知道，这个强悍的民族，其觊觎中原的野心是永远不会泯灭的。只要内地一有风吹草动，或是边境驻军稍稍懈怠、疏忽，他随时皆有卷土重来的可能。此次派出规格如此之高的使团，就是要趁热打铁，继续攻心，以加速其部落与部落间的分化瓦解。

虞庆则和长孙晟经长途跋涉，终于到达沙钵略可汗的驻扎地。因为此前沙钵略在写给大隋皇上的信中，流露出两国间应是平等关系，而遭文帝严词抨击。果真，此次，当两位大使到达后，沙钵略不仅不热情，还让全副武装的骑兵列阵牙帐两侧，以"迎接"大隋的来使。

虞庆则和长孙晟都是身经百战的军人，虽不害怕，却都憋着一肚子火。当他俩大义凛然地踏入牙帐时，只见沙钵略赫然坐于榻上，他的可贺敦——已为文帝认作女儿的大义公主，亦坐于沙钵略的身侧，帐内陈列着以往劫掠和缴获的金银器皿和珍宝。

虞庆则想：这哪里是皇上的乖乖女婿，不分明是在叫板隋朝，还是要与大隋皇上分庭抗礼嘛！

不过，虞庆则对此一切，视若未见，不动声色，庄重地拿出大隋皇帝的玺书，亮出指挥千军万马的洪亮嗓音，念道："大突厥伊利俱庐设始波罗莫何可汗臣摄图接诏。"

沙钵略可汗故意装出不懂礼数的模样，无动于衷。

旁边的随侍安遂家提醒沙钵略说："虞大使要您跪接大隋皇上的诏书。"

"不行。"沙钵略脸色一沉，说，"咱正生病呢。再说，咱只能对父亲和伯父以上辈份的人下拜。"

虞庆则手捧玺书，沙钵略坐着不动，二人僵持不下，气氛骤然紧张起来。

大义公主忙对熟识的长孙晟打圆场说："可汗豺狼样的脾气，别过分与他较真，他暴跳起来，会像豺狼一样咬人的！"

"此恐不合礼仪呵！"长孙晟是沙钵略夫妇的老朋友，他于是用突厥语劝谕沙钵略说，"可汗呃，你的可贺敦既被大隋皇帝认作女儿，并命名为大义公主，那么，你亦是大隋皇帝的女婿。按辈份，女婿哪能不礼敬岳父大人嘞！"

沙钵略遂无言以对，只好就地跪在榻上，他身侧的可贺敦亦随之跪了下来，让虞庆则宣读玺书。

虞庆则声如洪钟，朗声念道："大隋天子致书大突厥伊利俱庐设莫何沙钵略可汗：朕接汝之来信，知道汝之好意。朕既是沙钵略妻子之父皇，从

沙钵略遂无言以对，只好就地跪在榻上。他身侧的可贺敦亦随之跪了下来，让虞庆则宣读玺书。

今后对汝也会像对待自己的儿子一样。今日，朕特派大臣虞庆则前往看望女儿，也一并看望沙钵略……"

虞庆则念毕，双手将玺书举过头顶交给沙钵略可汗。

沙钵略可汗学着虞庆则的样子，双手捧起玺书，顶在头上……

公主见之，倍感屈辱，而痛哭流涕。

也是，她原本北周王室的宝贝公主，身价真正重似千金呵！可就在她如花蕾般的十四岁那年，北周宣帝害怕突厥的铁骑，将她远嫁给了沙钵略可汗，以和亲方式，换回两国边界片刻的安宁。不幸中的万幸是，沙钵略对她十分恩爱。但仅过一年，内地就传来了她的父兄乃至整个宇文皇室被杀的噩耗……到如今，还不到二十岁的公主，不仅家仇未报，却反成了仇家的"女儿"。这还不够，连同丈夫也受到如此羞辱！

公主的哭声锥心刺骨，使牙帐中的气氛骤然凝重！沙钵略亦由原先的趾高气扬，而变得狂躁不安。

但，此事还没结束。虞庆则仍不依不饶地要求沙钵略按番属国国君身份，向大隋君主称臣。

沙钵略即问僚属："何谓臣？"

安遂家解释说："隋国'臣'的意思，就好比我们这里对下人称奴一样。"

沙钵略长叹一声，忍气吞声道："能够作大隋天子之奴，是虞大人的功劳，沙钵略摄图认命了！"

接着，在为大使举行的宴会上，往日一贯豪爽、嗜酒如命的沙钵略可汗一反常态，只劝别人饮酒，自己却滴酒不沾。

"可汗，您是咋啦？"长孙晟觉着不对劲，于是说，"大隋与突厥原先相互敌对，而今成了一家人，这不好吗？要高兴才是哩。您别把那个'臣'字往心里搁，臣，即下属、晚辈之意，也就是女婿嘛。"

"唉……"沙钵略又是一声叹息，说，"此不是因今日称臣之故，是咱真的生病不能饮酒，一口酒下去，肚即疼痛不已。"

"呵？"长孙晟细看沙钵略，果真是一脸病容。于是问，"可汗得的是啥病？要抓紧治咧！"

"咱部落里只有治骨、治外伤的郎中，身体里的病，只能靠巫医，他一个粗人，咋说得清患的是啥病嘞。"公主在一旁解释说。

"那不行。"虞庆则关切地道，"咱这就派人到边关营地，叫他们派郎中过来，给可汗治病。"

两日后，大隋边境军营派来一位郎中，给沙钵略可汗切脉问诊。

沙钵略可汗的病在肚子里，没吃东西，肚子竟一直都是胀鼓鼓的；饿了，肚痛；吃了东西，还是肚痛。郎中想看看可汗的肚皮，或摸摸其肚皮，沙钵略不叫看，亦不叫摸。郎中没辙，只好依据切脉和病人口述的症状，开了一副药方，但方圆几百里没有抓药处。

长孙晟要郎中再抄一份药方，由自己带回京师去，拿给宫内御医看看。御医若说，此方能治可汗病，也就罢了。御医若说，此方不行，即请朝廷派御医来专给可汗问诊。为不耽误可汗的病，要懂汉语的安遂家持药方赴并州城中抓药。

却说，虞庆则等一行回到京师大兴，即向文帝禀报了赴突厥会见沙钵略夫妇的情形。

文帝欣喜之余，即道："沙钵略可汗的病，一定要设法为他治愈，既是一家人了，就要像对待自己的亲人一样对待他。"

言罢，皇上命人叫来在宫中为皇上看病的御医龚维之。

龚维之先听长孙晟详述了沙钵略的病症和军营郎中问诊的情形，方从长孙晟手中接过那张药方。

他看了看，摇头说："此方是治不好可汗的病的。"

长孙晟颇感意外，问："为啥？"

"此乃一剂消食健胃药方，对任何人皆是有益而无害的。而据长孙将军方才的介绍，可汗腹中症候，显非一般胃滞胀那般简单。"

长孙晟即问："若依先生之见，可汗患的是啥症候？"

"身体里的病，未经问诊，不好妄断。"龚维之想想，又道，"不过，从将军刚才说到的症状看：要么，下什么药都不管用，为不治之症；要么，仅用一两剂药，即能治愈！"

"噢？有这事？"虞庆则道，"既如此，就麻烦先生辛苦一趟。有道是，救人一命，胜造七级浮屠！"

"行，就是这个话！"文帝说，"治好了沙钵略肚子里的病，也就医了他的心。倘若真是不治之症，大隋亦尽心了。"

事情定下后，长孙晟特别叮嘱御医说："此次赴突厥，请一定备齐相关药物，切莫又是开了药方，到几百里外还抓不到药。"

待御医龚维之等一行人赶到沙钵略可汗的辖地时，放眼皆是一片望不到尽头的绿油油的草地和成群结队的牛羊群。从节气上看，已至初夏，但草原洋溢出的却是一派生机勃勃的美丽春光。不过，沙钵略可汗则是个例外，他果如龚御医所料，好不容易从并州抓来的药，服下去，根本不起什么作用。好端端一条壮汉，而今瘦得已成皮包骨头。而且，脾气越来越大，已拒绝服用一切药物。

龚御医顾不得旅途颠簸和劳累，一下车，即直奔沙钵略的牙帐。可汗听到禀报，说朝廷派御医来了。他气不打一处来，怒道："叫他滚回去，不待见他！"

御医也是个犟脾气："咱是皇上派来的，不远千里，病人都没见到，回去咋交差？"

龚维之不肯走，堵在牙帐门外的一行人和几辆车亦都不能打道回京师。经大义公主苦苦哀求，沙钵略可汗就是铁心不见。她只好出帐去向御医作解释。

不料，公主一出帐门，见到风尘仆仆的龚维之，眼睛突然发直了！好一会儿，她才喃喃道："您是龚御医吧？"

"是。"龚维之更加惊诧。异国他乡，一个身着突厥服的胡女咋会认识自己？他忙问："你是……"

"小女即是赵王之女——千金公主。"

"呵……没想到，没想到……六年前，您还是个俏丽娇贵的小公主呐！"龚维之唏嘘不已。

"唉，往日的事就别提啦。"大义公主伤感说，"您觉得，可汗的病还有治吗？"

"不好说哩，"龚御医道，"咱连病人都未见到，咋能回答此问题。"

"他可是已病入膏肓了呢。"

"此还是很难讲呢。"龚御医仍是慢条斯理，"世人之病，若能做到对症下药，起死回生，是常有的事。不然，咱千里迢迢，跑这来干啥呢？"

"那行。"大义公主从御医的话中似乎看到了希望，"请您稍候，咱再去劝劝可汗。"

大义公主回到沙钵略可汗的病榻前说："可汗呃，你说稀不稀奇，大隋皇上派来的御医竟是个老熟人。先父在世时，此御医即常来府上为家人瞧病。此外，他与乃父还常在一处切磋诗词歌赋。更奇的是，咱出嫁的前一日，偶感风寒，身子发沉，头脑发热，仅吃了他开的一副药，第二日动身前，竟全好了。他今日前来为您瞧病，没准，真是天意！"

"是天意？"病榻上的沙钵略可汗转过身来，仰望着可贺敦，目光一亮，但倏地又暗淡下来，嘴里嗫嚅嘟哝道，"不可能，不可能……"

"刚才御医还说，不管病有多重，只要摸清了症候，是有可能治好的。"

"噢？你没骗咱，他真是这么说的？你是在骗我吧？"沙钵略一把攥住了公主的手。

"没有，没有，"公主亦抓住可汗的手，说，"他确是这么讲的！"

"那……你让他进来吧。"

龚维之走到病榻前，扫了一眼沙钵略可汗的脸。他面色黄一块、白一块，很难看；因瘦，眼窝儿深陷，目光则如两潭幽深之水，泛着一丝幽光……

御医在榻前坐下，切过脉后，心中已有了几分底。他接着一掀可汗身盖的布衾，见其腹胀如鼓，即道："如不出意外，可汗的病，只需用一两次药，即可起死回生。"

　　沙钵略可汗的汉话说不利索，但能听懂汉语。不过，对龚御医刚才之语像是没听懂似的，转而眼巴巴地望着自己的可贺敦。

　　大义公主听到御医的话，已自热泪盈眶，忙欣喜地对丈夫说："御医说你的病，不出意外的话，只需用一两次药就能治好。"

　　沙钵略望望夫人，又望望御医，仍不敢相信："不可能，不可能……"

　　"咱此次把药都带来了。此要多谢长孙将军。一是他对可汗的病情介绍准确；二是他提醒要带药来。咱此次带来了一整车各种药材。"御医站起身来，说，"目下就请公主在牙帐外准备两只炉子，一只升上大火，另一只升文火，再准备一只铁锅和一把铜壶，壶中请盛满干净水。"

　　大义公主一迭连声："行！行！行！"

　　御医所需之物，很快就送到了牙帐外。御医本人则从装药材的车里取出两只陶罐。在他的吩咐下，两只火炉分别升起了火。一只炉中燃烧木炭，火烧得很旺，御医把盛满清水的铜壶搁了上去。待壶中的水烧得有点热时，他从一只陶罐中抓出一把有点像花生米的黑豆豆，放入一只空碗中，再把壶中热水冲入碗中，浸泡那些两头有点尖的黑豆儿，仍把盛水的铜壶放在火中烧。不一会儿，另一只放置干牛粪的火炉点着了，御医把铁锅架上去。锅烧热后，御医把手伸进另一只陶罐中，抓出几把纯净的细沙，并将沙子置入锅中，用锅铲慢慢翻炒细沙。沙炒热了，御医再倒掉盛黑豆儿的碗中的水，把经过浸泡的黑豆儿置入锅中，和沙一块儿慢慢地炒。

　　他一边炒那和着沙的黑豆儿，一边对身边的大义公主道："用牛粪作燃料炒这药，真是太好了。火力不猛，却很均匀，锅中的药不易炒糊，药效当然高了。"

　　炒豆时，铜壶中的水烧开了，御医吩咐先倒一碗，让其摊凉。再过一会儿，沙中的黑豆儿发出"劈劈啪啪"的爆响声，御医又加速炒了几下，就把铁锅端离火炉。待锅中之沙和豆稍凉后，将其倒入一细眼铜丝的药筛中，沙被筛掉，筛中仅剩一颗颗炒熟的黑豆儿。

　　待筛中之黑豆完全摊凉后，御医拣了一颗像吃花生米似的，放在口中嚼起来，并道："嗯，不错。"

御医把黑豆儿放入另一只干净的空碗中，端上，对大义公主道，"请公主把那碗凉开水端上，即可侍候可汗服药了。"

大义公主狐疑不定地道："一碗水，几颗炒黑豆，就这么简单？"

"药嘛，哪有固定讲究。能治病的药，即是好药。"御医说着，端着黑豆儿，已率先迈入牙帐。公主只好把一碗摊凉了的开水端上，跟了去。

御医先至病榻前，对闭目躺着的沙钵略可汗轻声道："可汗，服药了。"

病入膏肓中的沙钵略可汗，不知哪来的劲，竟一下坐了起来。旁边侍候的下人，则在其胸前架起一长条形几案。可汗往日喝药、用膳，几案就是这么搁着的。

御医把碗搁在案上，从中一五一十地数出二十颗黑豆儿，放在几案上说："可汗的病较重，一次须服二十颗。请注意，不能囫囵吞枣地吞吃掉，要像吃花生米一样，嚼碎了再吞。"

沙钵略可汗惊奇地望着那纺锤形的小黑豆，大失所望："这就是为咱治病的药吗？"

"是——咋啦？"

"咱的病很重呵！"沙钵略可汗说，"几颗豆豆能治咱的病？"

"咋不能？一般人，只吃十二颗就够了。您不行，要吃二十颗。"御医道，"如果咱的诊断没有错，吃下它，即能立竿见影出奇效。"

"那好吧。"沙钵略可汗用瘦骨嶙峋的手拿起一颗黑豆儿，欲把那豆往嘴里送。想想，又问，"你刚才说，要咋吃？"

御医即从案上拿起一颗放入嘴中，"嘎吧嘎吧"地嚼起来，说："要嚼碎，不能一口吞下去。"

沙钵略可汗学着御医的样子，把手中的黑豆放入嘴中嚼起来。

大义公主关切地问："药味咋样？"

"唔，又脆又香，蛮好吃。"说着，即从桌上抓起几颗，一并塞入嘴中。

御医忙说："这二十颗药，咱吃了一颗，得给你再补一颗。"

"行。再多补几颗也没啥。"

转眼间，二十颗小黑豆便一扫而光。别说出奇效，啥反应也没有。

御医指着公主放在案上的一碗水说："请把这碗水喝下。若有反应，就有治了。"

可汗望着御医，问："这是啥水？"

大义公主即说："就一碗凉开水。"

"这也是药？"可汗摇头，又说，"不过，咱刚吃了炒黑豆儿，正口渴得难受。"说着，一仰脖子，"咕嘟咕嘟"把一碗水喝光了。

此刻，最紧张的莫过御医！他的"戏法"，皆已做尽，病人若没反应，就说明是误诊了。但其仍深信不疑地认为自己的诊断是不错的。于是，目不转睛地盯着沙钵略。受到他的感染，在场人亦都盯着可汗，等待奇迹出现。

须臾间，只见沙钵略手捂鼓胀的肚皮，面显难以言状之痛苦，豆大的汗珠儿从脑门鬓角滚落下来，并大叫道："喔哟！痛死咱也！"

可汗呻吟着，在榻上痛得打滚！众人大惊失色，面面相觑，手脚麻利者，赶紧把榻上的几案撤下。在一片慌乱与惊恐中，唯独御医的脸上露出了舒心的笑容。

而就在此时，痛不欲生的沙钵略仍不忘用恶狠狠的目光指着御医道："毒……毒……汝想毒……毒死咱！宰……宰了他！"

对御医的行径，早就看不过眼的侍卫官安遂家左手揪住御医胸襟，右手"嗖"地抽出了腰间佩剑。

"公主，饶命！"御医身子一软，跪地说："别……别误会！可汗病成这模样，如不忍痛治疗，迟早都是一死，何劳郎中不远千里跑来下毒咧！"

众人一听，此言不无道理。

公主即问："那你咋将可汗整成这模样？"

"他肚痛，恰恰表明咱的诊断是对的，可汗是真……真有救啦！"

"还有救？你看看他痛成咋样了？"

"痛好咧！"御医一想，这么说，他们怎能相信。于是改口道，"不要紧的，请大家不要心急，不要喧哗，耐心等一等……"

果真，再过一会儿，可汗因肚疼引起的挣扎、扭曲减轻了，呻吟声亦变小了，竟大汗淋漓地扒在榻上睡着了。

"他病得本就没了精气神，经此折腾，累得不行了，让他睡吧。"御医向众人解释着，给可汗盖上布衾。接着，他像突然想起一件什么大事似的，忙说，"请哪位拿一只木桶来，等会儿就要用到它。"

安遂家用怀疑的目光看了御医一眼，心想：这老叟又要作什么"法"儿了。不过，想归想，他还是迈出牙帐拿来一只汲水的木桶。

御医看了看，说："行。就用它吧。"

御医、公主、侍卫和一干下人都一直守候在病榻前，谁都不肯走开。天渐渐暗了下来，下人们在牙帐中点上了灯。

此时，可汗的身子扭动了一下，接着，捂住肚子，又叫起痛来，周围的人也都紧张起来。

忽然间，可汗一掀布衾，说要拉屎。两名身高体壮的侍卫走过去，小心翼翼地把可汗扶起。可汗的两只手一左一右搭住侍卫的肩膀欲往外走。

"不要出去，就拉这儿吧。"御医指着安遂家提来的那只木桶道。

以往，沙钵略可汗病得再重，都不肯在牙帐内干此等事的。这回，可能是肚子坠痛得实在等不及了，他终于点了下头，同意了。侍卫帮他解开裤带，刚让他在桶沿坐下，就听肚里"咕噜咕噜"作起怪来。两名侍卫跪在地上，架住可汗。但，可汗仍然呻吟着叫肚痛，并用一双哀怜的目光望着御医，希望他帮助自己解除苦痛。

御医亦觉奇怪，叫拿灯来。他用灯一照，只见几条如蚯蚓一般的虫子相互缠绕，如绳索一般已裸露在肛门之外。可不管可汗怎地使劲，那虫子就是不肯出来。

御医一见，急中生智说："快把夹火炭用的那钳子拿过来！"

不一会儿，一名下人拿来一把火钳。御医接过，夹住肛门外的虫子往下拽。接着，只听"哗啦哗啦"如放水一般地响。顿时，牙帐之内，臭气熏天。可汗无力地趴在一跪立的侍卫肩上，任那虫子往外掉……

奇迹果真出现了！待侍卫重新把可汗扶上床，只见他那原本鼓胀的肚皮竟完全平复了。而桶中竟装了小半桶各色虫子，有的且还在蠕动！

次日，御医再入可汗牙帐，见公主正在把炖好的羊肉喂给沙钵略可汗吃。

见此，御医连连摇头说："可汗之肠胃已为虫子伤害，近期最好不要食肉。"

"咱饿……"可汗白一块、黄一块的脸上，对御医露出了难得一见的笑容。

"肚子原先已被虫子占住，一经排出，能不饿吗？可越是这样，越不能猛吃、乱吃，否则，又会生出新病。咱已给您准备了些五谷杂粮和温补食物，请公主吩咐下人用文火熬烂，让可汗进食。每次不要吃得太饱，每日可多吃一两餐。待胃肠恢复后，再逐渐进补肉食。"

"行！咱听御医的。"可汗立马就不吃羊肉了，转而像个孩子似的问，"您咋知咱肚里长虫子了呢？而且，您说只需用一两次药就可治好咱的病，当时没人肯信。咱和可贺敦刚才还在说，您简直太神奇了！"

"说穿了，其实很平常。"御医笑道，"长孙将军回到京师说，可汗的肚子鼓得像要生孩子的媳妇儿。对郎中而言，出现此症状，大都不外两原因：一是，肚里长了东西，并产生腹水，若如此，麻烦就大了。腹水可用药暂时排除掉。但肚里长的东西，药是消不掉的，过不多久，又会腹胀如鼓。二是，肚里长虫。用药把虫子杀死，排出，不就好了吗。长孙将军还说，可汗吃了东西就肚痛，不吃东西亦肚痛，咱心里就有几分底了，因那很可能是虫子在作怪哩。你不吃东西，肚里的虫子也饿得难受，就要蠕动，肚就痛咧。你吃了东西，虫子争食，亦要蠕动，也痛呵！不过，对郎中而言，不见病人，是不能妄下断言的。再说，咱用的这药，叫使君子，关中靠南边一带的山里到处皆有。此药，人吃一点儿，无关痛痒，可虫子沾上，就不行，非死不可。"

"好好一条汉子，肚里咋会生出那多虫子呢？"公主不解地问。

"咱正要说此事哩。"御医道，"岂只可汗一人肚里有虫，说不定公主肚里也藏着几条咧。只因数量不多，才未发病而已。河里和溪中之水，表面看去，干干净净。其实，水中就有虫卵或幼虫，人、畜不小心喝进肚里，就有可能生虫。还有，牛呀羊呀吞进肚中，幼虫很小，在肚里肠里到处乱窜，有的钻进牛羊身体里，你吃的牛羊肉，有的没熟透，那虫子没死，不是又到你肚里了？虫在肚中越积越多，越长越大，肚子就鼓起来了嘛。"

"呵……"公主感到不可思议，"可怕！可怕！"

"其实也没啥好怕的。"御医继续道，"今后如不是万不得已，水最好烧开了再喝。吃的牛羊肉，煮的也好，烤的也好，要熟透了再吃。咱此次带来的一车药材，其中就有一百多斤使君子，你们就学我的样，用纯净细沙文火炒熟，每人一次吃十二颗，有虫杀虫，没虫的，吃了也不打紧。尤其是孩子，更易受到感染，都要吃。"

沙钵略可汗在龚御医的精心调理下，身体恢复很快。找御医看病的突厥人，更是络绎不绝。御医来者不拒，其间，为保险起见，沙钵略可汗又服了一次治虫的药。不仅如此，龚御医还把会治外伤的突厥医生和公主召到一处，教给他们一些防治常见病症的方法，送给公主一部药书，并把此次带来的药材全都送给了他们。

御医一行前后呆了二十余日，终于要启程回京师了。沙钵略可汗感激涕零，硬要送龚御医一千五百匹马。并说，上次虞大使来，曾赠其一千匹。御医说，虞仆射是大将军，送他一千匹马，他有用。自己则拿这多马没办法。最后，可汗亲手挑选出一匹骏马，将它送给了御医，并由懂汉语的安遂家代表沙钵略夫妇向大隋皇上写了一封热情洋溢的感恩信。

第五十九回

沙钵略旧仇未报添新恨
隋文帝不计前嫌送恩典

御医离去，沙钵略可汗遵循医嘱，每日一大早即在可贺敦的陪同下，出牙帐走动走动，晒晒初升的太阳。天气渐热，草原上真正的夏季到来了。这里的夏日，白天日照强烈，很热；夜里，却很凉爽，昼夜温差大。沙钵略夫妇总是赶在早晨太阳刚刚露面时，走出帐篷，因为草原的早晨，清爽宜人。经过一段时日的调理，可汗已能如常人一般进食肉类和喝奶茶，身体恢复很快。

这日，夫妇俩一早刚出牙帐，见附近有一骑者走过，沙钵略一招手，骑者翻身下马，牵马朝他走来。可汗二话没说，拽过骑者手中的缰绳，"嗖"地跃到马上，两腿一夹马身，那马便如离弦之箭，朝着刚刚升起的太阳急驰而去。转眼，尚未回过神来的可贺敦，便只看到一个黑点，再一眨眼，连黑点都已化入望不到尽头的草原深处了……

自去年被阿波打败，沙钵略就一直受伤病困扰，并自然而然失去了突厥各部落国首领地位。他先是卧床养伤，伤口渐好，又患了肚子痛的病，前后已近一年没骑过马了。而这，对草原上的男人来说，不能骑马，也就意味着是个十足的窝囊废。当下，他又能驰骋在草原上，又是草原上的一只鹰了！他为之激动，为之血脉偾张，一股重夺大可汗地位的豪气，亦从心底油然涌出！

此刻，尽享骑马快乐的沙钵略，感到马身出汗了，才放慢骑速，掉转马头，跑回原地，把马交还给了那位骑者。

"咱又能跃马扬鞭了！"沙钵略高兴地对可贺敦道。

"是呵！"大义公主亦无比兴奋地说，"可汗矫健之身手，丝毫不亚当年！"

"嘿，如果刚才骑的是一匹骏马，还可跑得更快！"

"可惜了！可汗把自己最好的马送给了御医。"

"那没啥——他救了咱的命，给啥都应该，何况只是一匹马！况且，咱的好马还很多，还怕挑不出几匹可用的？"

"是呀，是呀！人在草原上，能够重上马背，何愁没好的坐骑。"公主说，"咱刚才见可汗骁勇的模样儿，就在想，可汗能有今日，还应感谢一个人！"

"你说的是长孙将军吧？"

"不错！他不仅把你的病情详细告诉了御医，还提醒御医把药也带上。长孙将军之于可汗，可谓用心良苦，无微不至！"

"咱心里亮敞着哩。只是，他是老朋友，往后，答谢他的机会还很多。"

沙钵略夫妇说得没错，长孙晟的细致周到，为御医的诊断提供了重要参考，还为治疗赢得了时间。

沙钵略晒了太阳，骑了马，意气风发地回到牙帐，看了看陈列于牙帐中的珍宝。这些宝物大都是战利品，见证了物主昔日的荣耀与辉煌！他看着看着，心潮澎湃，壮心不已，即命安遂家等几位近臣和侍卫分途通知本部落内的牧主于次日来牙帐议事。他要向他们宣布：沙钵略可汗要带领他们去消灭阿波，并使达头可汗臣服，以重现昔日辉煌！

平日在沙钵略面前特别顺从的安遂家，此次却唱了反调："可汗，您得三思而行，接受教训，请不要再自相杀戮了。"

"当年阿波为啥不这么认为？"沙钵略愤慨地道，"咱被他整得身败名裂，不找他报仇泄恨，找谁？"

"再说，您的身体还未完全康复，打起仗来，没日没夜，身子若再被拖垮，要恢复就更不容易了。"

"是呵，你别心急。报仇的事，来日方长。"大义公主觉得安遂家的话很对，亦劝说道。

"不碍。"沙钵略决心已定地说，"咱已忍受屈辱整整一年！不能再这么窝囊下去了！"

"可汗呃，咱不能再这般相互内斗，自己人打自己人！阿波是你兄弟，西边的玷厥是你叔，都是骨肉相连咧！"安遂家终于把憋在心中的话吐露出来。

"嗯？你原是这么想的呀！"沙钵略用异样的目光盯住安遂家。"可他们把咱当侄子，当兄弟没？咱被他叔侄两个打得身受重伤，还唯恐咱不死，一路追杀，把咱赶至此地。若不是大隋出面调停，咱不早死于他们之手了？"

"唉——如此冤冤相报，何时得了呢！"安遂家摇头叹息，并进一步道，"可汗，您想过没有？仅在几年前，咱还是个无比强大的突厥汗国，一个一呼百应的大家庭。可在不经意间，缘何败落到如此地步？在下以为，此都是缘自咱共同之敌——大隋的挑拨离间！"

"噢？"沙钵略乜了安遂家一眼，问，"何以见得？"

"此事，现在愈看愈明。"安遂家说，"两年多前，咱突厥汗国的大可汗，众所周知，各部落国拥戴的明明是您。可大隋却有意把象征最高权力的狼头纛授予了达头可汗。此还不算，而一向为咱尊为朋友的长孙晟，却在此时诱使阿波投靠了大隋。这样，方使您愤怒无比，并由此而引发自家兄弟手足相残。"

"有道理。"对大隋一贯疾恶如仇的大义公主想起娘家的悲惨遭遇，不加思索地道，"没想到，长孙晟这人，真是知人知面不知心！咱和可汗刚才还在说，可汗的病能迅速康复，要好好感谢长孙晟。没想到他竟是个心怀不轨、几面讨好的小人。"

"长孙晟绝对不是咱突厥汗国的朋友，而是咱最阴险的敌人。汗国之间的自相残杀和互相猜忌，多缘起于他！"

安遂家出身低下，他原是沙钵略的一名侍卫、听差。他做事勤快，聪明好学，且绝对忠于自己的主人。此外，他不仅会养马，尤善照看一群骆驼。战时，他就用骆驼装载肉干、粮食和水，以备急需。平日，沙钵略的妻妾子女缺吃缺用了，就派他拿些皮毛和突厥人打制的刀具、铁器等，用骆驼载着去边境城镇换些布帛、绸缎和盐、茶之类。时间长了，他不仅能说一口流利的汉语，还懂得如何同关中人打交道。北周时，他还作为沙钵略的使节，领七匹骆驼到过长安，就这样，安遂家便成了沙钵略身边最得力的助手。

可这一回，沙钵略竟没听安遂家的话。他说："你的话确有一定道理。至若说到长孙晟，到底是朋友还是敌人，咱亦暂且不论。不过，有两件事，咱是看得清楚的：当咱身负重伤，身处绝境时，确是大隋救了咱；当咱身患重病，自己都以为必死无疑时，又是大隋派来的御医救了咱的命。此外，还有两件事，也是明摆着的：一是，咱作为大可汗的原有地盘，至今还为阿波所占；二是，玷厥倚老卖老，自命为突厥汗国的大可汗，咱咽不下这口气！目下，咱必先把此二事摆平，今后再细论是非曲直不迟。"

话既说到此份上，安遂家只好闭嘴从命，并与牙帐中另外几名僚属分别通知周边牧主来牙帐议事。可汗的牙帐内，通常只有极少几名近臣和侍卫。大部分僚属皆分散在辖地各处，管理自己的奴仆和牛羊。

一日后，各大小牧主才陆续赶到牙帐中。他们中的一些人，与可汗的牙帐相距百多里或数百里。有的牧主已有很长时间没见到伤病缠身的可汗，突然见其神采飞扬郑重其事地身着可汗袍服，并安坐于榻上，皆感惊奇。

待偌大的牙帐已挤得满满当当时，沙钵略可汗开口就道："今日请大伙来，就为一件事——报仇雪恨，夺回咱原有的家园！咱为啥会败落到如此地步？皆因达头和阿波此两个畜类。他们不讲叔侄和兄弟情义。尤其是阿波那小子，侵占了咱的牧场，抢夺了咱的牛羊，还想置咱于死地。可苍天有眼，让沙钵略大难不死，而今又成了草原上的一只雄鹰。"说到此处，沙钵略用力拍打着自己的胸脯，继续道，"咱的可贺敦告诉我，大难不死，必有后福。大家听着，咱允你们明、后二日，做好准备，磨好刀枪，备好干粮。第三日一早，带着你们的队伍，到此处集合，咱要先一举歼灭阿波，再一鼓作气，直捣达头可汗营盘。收复失地，以重振咱部落往日雄风！"

与会者顿时群情激奋，摩拳擦掌——沙钵略原是大可汗，凡部落的人，哪甘屈人之下？谁不想收复自己的牧场？

突厥人兴兵打仗，其实就这么简单。可汗一声令下，各牧主即为带兵将领，自己属下的牧民和奴仆即是士卒。他们自备几日干粮，自备武器、战马，人人能骑擅射，叱咤风云，骁勇无比。

几日后，当沙钵略可汗在夜幕的掩护下，杀入阿波可汗营地时，以为沙钵略病入膏肓、丝毫没有防备的阿波，还未来得及召集自己的军队，他的牙帐就被一锅端了。所幸的是，阿波半夜起身小解，忽听远处传来一阵激烈的狗吠，觉得情况有异，过了一会儿，千军万马即如潮水般地杀来，阿波一看情势不对，便单枪匹马地逃之夭夭，向西边的达头求援去了。

沙钵略可汗率军横扫了阿波辖地。不过，令他万万没有料到的是，此番战事，竟然是螳螂捕蝉，黄雀在后！正当他觉得解恨，纵容部下在阿波属地烧杀抢掠时，殊不知，因自己的兵马倾巢而出，惊动了与邻的另一位突厥部落首领阿拔。

去年，先是沙钵略一气之下攻占了阿波的辖地，杀死了阿波的母亲，被激怒的阿波在达头可汗的支援下，一路追杀，将受伤的沙钵略驱赶出他原有的辖地。这样，已无处栖身的沙钵略，只好领着自己的残兵败将，于败退的地方安家。而他的这一落脚处，却正是阿拔的辖地。阿拔是个小牧主畏惧沙钵略往日的威势，对此敢怒而不敢言。不仅如此，沙钵略的僚属们来到人家的地盘还常常得寸进尺，不断向外扩张，且常与阿拔属下一些牧主为放牧事闹纠纷，使阿拔已达忍无可忍地步。而今，见沙钵略率军倾巢而去，阿拔便立马召集属下，夺回了自己的属地。为防沙钵略报复，还将包括大义公主在内的所有头领的妻妾儿女全部扣押起来作了人质。

正为报仇泄恨杀得性起的沙钵略，忽闻自己老巢被端，怒不可遏，又转过身来，欲血洗阿拔！

而就在此刻，被大隋授予狼头纛的达头可汗见到阿波又成了光杆可汗，更令其不堪容忍的是，他还听说沙钵略欲图东山再起，并要重做突厥汗国的大可汗。于是，他亲率十万大军从西边杀来，欲灭沙钵略嚣张气焰。

这么一来，沙钵略可汗又再次陷入到了腹背受敌的绝境中。迎面而来的是掳去他妻儿作人质的阿拔，而后面追来的则是达头可汗强大的铁骑。已乱方寸的沙钵略，只好于且战且退中，派人向大隋皇帝告急，并请求皇上允其穿越沙漠，到南面大隋边境内的白道川一带暂避，以躲过一劫。

可还没等来皇上的回音，达头的追兵已至。沙钵略只好别无选择地硬着头皮率军遁入沙漠。此时，适逢盛夏，沙漠中酷热难当，他们原先掳获的阿波部落的俘虏，藉此逃窜得无影无踪，劫掠来的财物，亦一路丢弃干净……不过，达头可汗率领的追兵，亦对沙漠望而怯步，放弃了追杀。

平日看似无比粗暴的沙钵略，每临重大战事，总让安遂家掌管着一支骆驼队。此次，又是这支骆驼队救了他，也救了大家。骆驼这畜牲，能负重，能耐沙漠中的酷热与饥渴。一路上，他丢弃了抢来的所有财宝，但骆驼背负的粮食、肉干和水却没丢弃。不仅如此，在草原纵横捭阖，经验丰富的沙钵略，经三日三夜的沙漠煎熬，还居然在一片低洼的沙漠中找到了几处泉眼。他们在此略作停留，补充了食水，又经数日跋涉，某日，在太阳渐渐西沉时，牵在沙钵略手中的马，竟突然跃起前蹄，"咴咴"地叫了起来。不一会儿，像受到感染似的，又有几匹马也朝天嘶鸣……

沙钵略惊喜地说："是马嗅到湿气儿了！都把精神打起来吧，趁天黑前，冲出沙漠。"

于是，疲惫已极的兵、马又都振作起来，不约而同地都加快了速度，似与西沉之日头赛跑一样，朝一座不高的沙丘爬去……

果真，当这群在酷热、饥渴、疲劳中饱受煎熬数日的士卒登上沙丘时，忽地眼前一亮！在夕阳的映照下，一片绿洲呈现眼前，而且，还有一条荡金跃银的小河从草地间流过。

多少年来，这一带历来就是以沙漠和草地的交接处为界，沙漠和以北的地方属突厥，草地和以南的地方属中国。而在很久以前，此河的两岸还有稀疏的村落，但因一直处在频仍

的战事之中，则早已荒无人烟了。

沙钵略终于又一次大难不死。他欣喜地朝丘下小河一指，说："如果咱没记错，此地就是白道川。"

他的话音刚落，几名早已按捺不住的僚属纷纷上马，沿沙丘而下，朝那河边绿洲奔去。

正欲上马的沙钵略，恰在此时，看出蹊跷——只见一片如茵的绿原中，散落着几处白点，在朦胧的暮色中，经仔细辨认，竟然是帐篷。他大叫一声："不好！不要贸然下去！"

而饱受高温饥渴困扰的一群乌合之众，谁都经不住秀美水草的诱惑，则都不顾一切地如潮水般，朝丘下奔涌而去。

转眼间，果然看到一彪人马从那星星点点的帐篷间冲了出来，把最先冲下沙丘的几名僚属团团围住。而刚刚冲下去的一些士卒，见此情景，都目瞪口呆地戳在沙中不敢动弹了！沙钵略几近绝望地想道：达头那老贼缺的就是心眼，咋会神出鬼没想到在此设下伏兵呢？自己因为是走投无路，才横下一条心穿越沙漠的……可不管咋后悔，事到如今，亦没挽回余地了！

其时，下边帐篷中的骑兵还在源源不断往外冒。一切，已不容沙钵略细想，他一跃上马，强打精神，抽出腰间马刀，大声疾呼道："想活命的，就打起精神跟他们拼了！"

已疲惫不堪的突厥汉子们，亦只好强打精神呐喊着，在沙钵略身先士卒的带领下，奋不顾身地朝沙丘下冲去。

此刻，一名先下沙丘的僚属拍马回冲到沙钵略的坐骑前，大声说："可汗，别误会！是大隋皇上派人来援救咱了！"

"呵……"沙钵略一勒马缰，顿觉头晕目眩。他用双手攀住马颈，才使自己没从马上直接摔下。

当两名僚属将沙钵略扶下马时，只见从草地过来的一彪人马，已兴冲冲地打着招呼驰近了，其中一位的马上还飘着一面旗帜，上书一斗大"晋"字。

原来，隋文帝接到沙钵略的请求信后，不仅允其在白道川一带借住，还下诏命令担任河北道行台令的儿子晋王杨广派军队给沙钵略送来粮食、牛羊、布帛等等生活物资。晋王派来的人还说，他们是前来迎接和打前站的，更多物资已在调拨中，并将分批源源送达。又说，皇上已命窦荣定大将军出兵攻打阿拔，并会尽快救出他的妻儿。另外，还派了长孙将军去达头可汗处，劝诫达头可汗与沙钵略可汗停止交恶……

沙钵略到达白道川，再次病倒了。侍候在侧的是安遂家。晋王杨广得知消息，从河北道行台府上派来郎中，为沙钵略治病。

一日，沙钵略喝过药后，对陪伴在侧的安遂家道："咱此次在沙漠行军时，忽地一下想明白了——你说的话是对的。大隋于咱，有恩亦有怨。恩是表面上的，怨是根本。而今回想起来，悔都来不及了呢！"

安遂家安慰主人道："事都过去了，还悔啥？"

"咱后悔当初没听你的话，不该对阿波冤冤相报。"

"您今日能够这么想，就对了。"安遂家说，"大隋利用咱有五个汗国，而且，彼此不和，常闹纠纷。他们就趁此暗中挑唆，让咱互相厮杀，而他们则反而成了咱的和事佬。咱上当受骗，终落得今日的下场。"

"是呵。"沙钵略难过地说，"当初你劝阻咱，咱不肯听。待到明白上了当，一切又都晚了。你说，能不悔吗？"

"事都过去了，就不要再往心里搁了。"安遂家安慰主人道，"先把病养好，再从长计议吧。"

"咱这身子恐难恢复到从前那样了。大病初愈，又遭此一折腾，真个是雪上加霜呢。"说到伤感处，沙钵略忽然解嘲地道，"嗨，你说这世事怪不怪？明知大隋是仇敌，可事到如今，却又事事都要依靠他。"

"确是如此。"安遂家亦无奈地说，"咱看这白道川还不错，水好草好，您今后千万不要动不动就发脾气了，一心一意先把身子养好，待到真正有点儿底气了，方可再作其他打算。"

"你觉得咱还有希望？还能有东山再起之日？"侧卧着的沙钵略一下从

榻上坐了起来。

"您别这样。"安遂家扶着沙钵略，让他重又躺下来。安遂家见沙钵略一脸疲态，没再把话题往深处引，只是说："目下不知您的可贺敦咋样了？若没事，就谢天谢地了。"

果然，上大将军窦荣定派出已重新升任柱国大将军的史万岁，打败了阿拔的军队，救出了沙钵略及其部落头领们的妻儿。并且，就在沙钵略可汗抵达白道川的二十余日后，包括大义公主在内的全部头脑之眷属和缴获阿拔的全部战利品，都派军队一路护送到了白道川。

病中的沙钵略，因妻儿的重获团聚，略感欣慰。他听从了安遂家的劝告，派自己的第七个儿子窟含真作使者，赴大兴，再次向大隋皇帝上表，曰：

大突厥伊利俱卢设始波罗莫何可汗臣摄图言：

　　大使尚书右仆射虞庆则至，咱伏地接受诏书，虞庆则宣读了皇上仁慈之旨意，咱抬头接受恩惠信义，感到皇上之恩德随着时间之推移愈益明显，而咱只知接受恩泽，却不能报答。咱想到大隋皇上拥有整个天下，对上符合天意，对下符合民愿。天地所覆盖所承载的地方，七星所照耀的地方，没人不来献上礼品，都把脸面朝望中原。实在是万世才出的一位圣人，千年亦才有此一回，回首古代，从未有过此事。

　　突厥自天安排有它以来，五十余载，保有沙漠，自在一隅为王。地过万里，士马亿数，力量经常超过戎夷，抗礼华夏，在北狄中，没有别的部落能与突厥争当魁首。近来气候清明祥和，风调雨顺，或许这就是因为华夏出了大圣人的缘故吧。况今被沾德义，仁化所及，礼仪之风，自朝满野。窃以天无二日，土无二王，伏惟大隋皇帝，真皇帝也。岂敢阻兵恃险，偷窃名号，今便感慕淳风，归心有道，屈膝稽颡，永为藩附。虽然南望您的宫殿，山川悠远，北面之礼，不敢废失。当令侍子入朝，神马岁贡，朝夕恭承，唯命是视。至于改变衣着样式，改变语言和音乐，因其习俗已久，未能改变。咱全国一心，无人不受恩泽，没人不钦美中原之风俗。谨遣第七儿臣窟含真等奉表以闻。

文帝读表，分外高兴，在内殿设宴款待了窟含真和全体来使。并让他受到独孤皇后的接见；封窟含真为柱国、安国公；并赐大义公主姓杨，编入杨家族谱。

窟含真辞行时，皇上又赏赐了特别丰厚的礼物。下诏说：

沙钵略在沙漠以北称雄已经很多年了，在诸多蛮夷中，没有比他更强大的了。往年虽然与他和好，但还是两个不同的国家，现在作了君臣，便成为一体了。沙钵略对我情深义厚，我非常欣赏他。承上天的美意，感化了海内外，这哪里是我的薄德所能做到的呢！我已经告诉有关负责这事的官员，在郊庙恭敬地告诉上天和祖宗，并还应该广泛地告诉天下人，使人们全都知道这件事。

自此，强大的突厥，由于相互不断杀戮，结怨愈深，已成分裂状态，势力亦日趋转弱。而且，各位可汗为了自身的生存，并都分别争相投靠大隋。

自此，文帝对北方各邦大大松了一口气……

第六十回

再巡岐州细询政情民生
重游古寺一了平生夙愿

隋文帝原本预料，要经数年、甚或十数年，大隋与突厥的兵力对比，才会出现实质性改变。令他没想到的是，长孙晟的"离强合弱远交近攻"八字方策，竟有如此奇效！仅两三年工夫，突厥五个部落国虽仍存在，却已不能形成一股合力共同对付大隋。而且，各部落国的单个实力与以前比较，亦都大打折扣了。他因而可以舒一口气，把人力物力和几乎全部精力都投入到对国内的治理中，以继续增强国力，实现一统天下的宏图大略！

开皇五年，朝廷陆续颁行的各项举措，已得州、县执行，如果仅看各地上报的表章，效果确乎不错。但真实情形如何？什么时候可向江南进发？文帝则都不敢轻加妄断。于是，就在这一年的八月甲午日，文帝派出十位使者，分别巡察全国各地，以了解下层民情，验看施政效果。并为此下诏曰：

> 朕统御天下，深切思虑治国之术，想要使民众遵从教化，以恩德替代刑罚，寻求村野间之美德，奖励里巷间之善行。民间之真情假义，都想要详细闻听。已经诏令派出使者，所到之处要给予供给帮助，扬镳分行，将遍及四海，必定让他们成为朕之耳目。

如果有文武可用之才，不被世人知晓，应按礼节遣送，朕将衡量提拔。如有志节高妙，卓越超群者，也依靠使者前去给予表彰，使一行一善都给予民众嘉奖劝勉。远近之讼事，远近之风俗，事无大小一定要记录，返回后进行奏报。这样就足不出户，坐于宫廷亦知万里外之情况。

此诏没下多久，到九月乙丑日，文帝本人也按捺不住地就近先巡视了霸水，察看了正在施工的漕运河渠。此渠连通黄河和渭水，使关外粮食和物资能畅行无阻地直达新建的大兴城内。同时，文帝还亲自表彰和赏赐了在工地操劳的官员和工匠。

接着，皇上意犹未尽地进一步对京师附近地区进行了巡视。此行的第一站，仍然是岐州。此是皇上登基五年，第三次对岐州的巡幸。与第一次不同的是，此次没安排声势浩大的仪仗，也没文武百官一齐出巡；而与前次不同的是，不是微服私访。此行，文帝仍然只带了少许随扈与侍从。

关中九月，秋高气爽，塬上之枣树，大枣已经成熟，如串串晶莹剔透的红玛瑙，随风摇曳；柿树之叶片已呈红色、褐色，成熟的柿子则呈橙黄色、红色，累累硕果，已将枝条弯得不能再弯了；地里的谷子，则通体一片金黄，有村民正在原野中忙于收割……

坐在车中的隋文帝，眼望车外之景致，不觉忆起十岁那年跟随师傅第一次徒步出行的情景。那真是满目荒原，了无生意，连路旁的杨树也因饥民剥皮而死去！抚今追昔，此真是另一番景象，另一重天地呐！

岐州与京师相距不远，一进岐州地界，驿道上就跪满前来迎接御驾的岐州官员和乡绅。

文帝下车，神清气爽地道："请起，请起。众卿大老远到此，都辛苦了！"

待官员和乡绅陆续起身，文帝左顾右盼了一下，问："晏荣呢？晏荣咋没来咧？"

一年前，原来的刺史梁彦光调到一个大州任总管，文帝下诏任命曾作

关中九月，秋高气爽，地里的谷子则通体一片金黄，皇上此行的第一站仍然是岐州。

过自己副将、并在平灭尉迟迥叛乱立功的晏荣为岐州刺史。

"禀告圣上。"一名刚刚站起的官员又迅即跪地道，"晏刺史因病卧床，未能前来迎接圣上。"

"唔，他身体壮得像牛样，咋弄病的？不打紧吧？"文帝关切地道。

"不……不打紧……"

"汝是……"

"下官乃岐州司马关中侠。"

"关中之侠？好名字！"文帝笑着，随和地向众人挥手道，"都是骑马过来的？好，都上马吧。"

众人唯唯诺诺，躬立一旁，哪敢动弹。

待文帝上车，皇家之车、马队伍一一走过后，前来迎接的官员和乡绅，方才上马，并跟随其后。

当此一众车、马队伍行至岐州城外的驿站时，已至申正时分。皇上此前，已诏令各地，本次出巡，轻车简从，只在沿途驿站停留。因而岐州府衙，早把驿站粉刷装点一新，且夜以继日单为皇上赶造出一座行宫。

文帝进入驿站行宫，略事休息，看看晚膳尚早，便命黄门侍郎元岩把岐州司马关中侠召来说话。

其时，元岩方说："这位司马，圣上前年来岐州，其实已与之见过面的。"

"是吗？"文帝颇感意外地问，"朕咋没印象了呢？"

"嗨，圣上咋忘啦？"元岩道，"咱在岐州逛街时，被一帮身着便服的衙役盯上了，他就是那帮衙役的头儿。后来进了酒肆，与太子斗嘴，还差点动起手来的不就是他嘛！"

"嗬！这事，朕记得，人则认不清了。汝快去将他叫来吧。"

关中侠进来，礼毕。

文帝即笑道："朕听元黄门说，朕上次到岐州，已和卿谋过面，这么说来，朕与卿，算是老相识了哩！"

关中侠低头，不好意思地应道："算上此次，臣下已三次面见过圣上。

此乃臣下之荣幸。"

"嗯？那还有一次呢？朕咋都记不起来了？"

"一年多前，臣奉旨进京师参与研讨定稿后的《开皇律》，曾亲聆圣上教诲。其时，议事厅中人多，圣上当然注意不到微臣。"

"是呀，是呀！这日子过得飞快！"文帝感叹道。"朕一路走来，谷子呀，果子呀，都沉沉实实，似觉今年收成还不错。"

"此乃托圣上洪福。"关中侠应答说，"以岐州论，今年一般人家的收成，要比往年好过一至二成。有的人家还远不止此数。"

"那可真是了不得。今年竟是这般风调雨顺？"

"天气好，只是其一，主要是圣上的各项举措遂了民心！"

"哈哈……"文帝开怀笑道，"卿与梁彦光一个样，真会说话。朕之举措，真有如此威力？"

"此并非下臣曲意逢迎。"司马关中侠由衷地说，"朝廷举措深入民心，确能变成粮食！"

"那汝便举一二事，让朕听个明白。"

"行。"关中侠已不似刚进来时那么局促。他说："就拿最近实行的'输籍定样'来说，以往朝廷征税，不管你是大户人家还是小户人家，都课以一样的税收。不仅如此，地方官吏在向各户征税时，还要从中加码盘剥，尤使小户人家不堪重负。这么一来，许多小户人家拖家带口连同土地都一股脑儿奉送给了大户人家。他们为啥要这么做？只因向大户人家交的租子要比向朝廷交的少，而且所服徭役也少。而今输籍定样之法一出，分大户、中户、下户三个等级交缴租、庸、调。大户多交，小户少交。占大多数的小户人家向朝廷交的税如今要比向大户人家交的少很多，他们于是就不依附大户人家，重又独立出来，直接向朝廷交租了。这么一来，朝廷的岁入反而增加，服徭役的人丁亦大大增多，而百姓也得到不少实惠，他们能不在田地里多下工夫吗？因为多收的粮食、桑、麻都归自己呀！输籍定样之法的实施，不满意的只剩占少数的大户人家。他们拥有的人丁比之过往大为减少，财力减弱，也就不能再如过去那样趾高气扬，不可一世，对地方衙门不屑一顾了，这不更有利朝廷各项举措的实施吗？因此，输籍定样之法，不仅惠及庶民，使朝廷岁入增加，还削弱了权贵的势力，真个是一箭三雕！"

"哈哈哈哈……"关中侠的一席大实话，把个文帝说得心花怒放。他戏言道，"卿叫关中侠。汝之侠义能事，朕尚未见识到，朕看，卿倒真是像煞梁彦光，巧舌如簧会说话！"

"圣上过奖了。"关中侠不好意思地说，"在下无论在能力上或学识上皆比梁刺史差远了。"

皇上兴由未了地道："不过，卿刚才所说，仅为一例，还能举出个别例吗？"

"臣下遵旨，再说一事。"关中侠见皇上高兴，说起话来亦更加流利自如。他说，"岐州这地方，乡风民俗原本淳厚，后经战乱，匪盗刁民出没，杀人越货之凶事，屡见不鲜；有伤人伦风化的奇案怪案，亦层出不穷。可仅几年工夫，随着朝廷颁发的利民举措惠及天下，使国泰而民安。前年，随着重新审定的《开皇律》问世，对罪案判罚有所轻减，而犯罪者却反而减少十之七八，从而使淳厚的乡风民俗又逐渐回到乡间俚巷……"

"是呀，是呀，卿说的这一点很重要。国之举措和律法，也都要与时俱进，方能贴近民心！"文帝转而又问，"朕前年到岐州，正逢集市，见街上人流熙来攘往，如今可仍是那般热闹？"

"嗨！如今岐州城内，更是今非昔比了。圣上前年到岐州，还是逢单日开集市，而今早已是日日都是川流不息的人流了。岐州城外多山，山里人把木材运进城内，从而形成了一个很大的木材交易市场。平畈中产的粮食吃不完，又在城中形成了一个粮市。山里人卖木材换回粮食，平畈人则卖粮买木材盖屋。此两大市场又招引来了牛市、马市、布市、皮毛、药材……等等各类市场。往日的岐州市廛，逐年萎缩得只剩一条直肠子街。而今，仅几年工夫，已是各类行市，各踞一方，如雨后春笋般，把个岐州城挤得满满当当。时下，正逢秋收时节，村民多在地里忙收获。待过一些日子，村村户户都'叮叮当当'忙活盖新房了，此都是很多年来未见之新气象！"

文帝呷了一口茶，像饮酒一般，竟觉有股晕醉之感。他想：西边和北边的烽烟已然止息，天下庶民亦都安居乐业，此真是天将降大任于斯人了呢！

其时，关中侠的话还没完没了。他说："下臣再讲两个有关圣上前年微服私访岐州后，城内出现的趣事。一是圣上曾住的那家旅店，现经扩建翻修，已更名为'龙庭'。圣上住过一夜的那个房间，房费涨了两倍，想住的人还是络绎不绝。此外，圣上到过的那家酒肆，事后店铺老板得知圣上吃过店里的肉包子，并称好吃。便把用蒸笼蒸出的笼包，去掉竹头，更名为'龙包'。包子其实还是那味道，但不管做多少，因为皇上品尝过，并赞誉有加，谁都想尝一尝，总是供不应求。仅此二事，亦可看出如今的岐州，对朝廷、对皇上是真心地拥戴呐！"

说话间，元岩进屋禀报，请圣上去外间赴宴。

文帝吩咐元岩说："汝去和众人打个招呼，膳房拥挤，不用再行跪礼了。"

文帝入席后，岐州司马关中侠以主人身份举杯敬祝大隋皇上万寿无疆。

接着，在一片万寿无疆的称颂声中，皇上、宾、主举起酒杯，皆欢天喜地，一饮而尽。

宴饮间，文帝再问关中侠："今日卿说的尽是中听的话。当下朝政难道真个已无不尽人意之处了吗？"

文帝总是不知足，总想把天下事处置得尽善尽美。

关司马犹豫了一下，借着酒劲说："卑职以为，朝廷的当务之急是，应擢拔一批如梁刺史那样，既有能力又洁身自好还舍得吃苦的官员，充实到州、县官衙任职。当下，朝廷的各项举措，皆为前所未有，理解、吸收和执行起来都有一个过程，地方上的官员若不称职，朝廷下达的举措再好，执行起来亦会打折扣，甚至变味儿。"

"卿所言极是。朕就担心新举措下达后，在地方上弄得走了样，变了味。"

"还有就是当下使用的钱币，数量严重不足，远跟不上市面之交易。此事，看似事小，实则事大。如市面可供流通的钱币不够，平畈人只好用粮和山里人交换木材。山里人换得的粮吃不完，想买点别的啥，只好拿粮去换，人家不要笨重且要储存的粮食，要钱，这就没辙了。同时，山里人还没法将换得的大宗粮食运回山里去，还得设法把多的粮卖掉，很不方便。此外，目下流通于市面的钱币，五花八门，就拿铜钱来说，有北周、北齐、西魏，甚至更远久的。而且，制式大小、轻重、品相不一，交易者经常为此扯皮拉筋，而使买卖不能畅行。"

"唔，唔……"文帝口中含着一块肉，他干脆把肉吐掉，唤来坐于邻桌的一位扈从，吩咐他坐在关中侠的另一侧，并要他用心记下关中侠说的话。

"还有就是，"关中侠待那人坐定继续说，"此事，也与做买卖有关。就是当下流行于市面的秤，亦大小不一。有的大，不止一斤；有的说是一斤，又不足一斤。有的是故意弄成那样的，有的则是乱世中，各地原有的差异造成。卑职因此想，朝廷能否统一制作一批标准秤，分大、中、小三种。小秤，秤金戥银，秤名贵药材；中号的，秤百斤以内之物；二人抬的大秤，则秤重物。将此三秤发至各州、县衙门，以为标准，这样，就能一举杜绝孰轻执重之各种弊端。此事，秦汉时，都曾做过，那时，也是因天下离乱太久，莫衷一是，目下亦有必要再行统一标准。"

"是呵，是呵！没规矩，岂成方圆。此等事，是应重做一次的。"文帝点头感叹说。

宴毕，关中侠禀告道："明日一早，微臣来接圣上到城内走走，恭请陛下看看岐州早市和此二年市廛之变化。"

文帝则说："不必了。听卿一席话，比走马观花更管用。朕此次不进岐州城了，明日即起驾去下一站。"

"臣下不知圣上明早就要离开岐州，届时，尚不知晏刺史是否能来为圣上送行。"

"那倒不碍。"文帝再次关切地道，"晏刺史的病到底咋样了？朕这里有随行御医，要不要御医给他瞧瞧？"

"晏刺史的病无大碍，只是一时不能起身，且有郎中在给他治。"

"嗨，晏荣真有福分，能得汝之辅佐，岐州何愁不治。"

翌日。用过早膳的文帝一行，即从驿站出发。城内大小官员除生病的刺史晏荣而外，皆汇同乡绅，前来送行。

岐州离文帝的家乡华阴弘农，已不甚远。此次出巡，文帝亦想就便回乡看看，以遂衣锦还乡心愿。

天气好，心情好，不紧不慢的文帝，大半日工夫便到了下一驿站。当然，也少不了当地官员的盛情迎接及文帝对当地政务、民情之问询。

而恰在文帝与当地官员说话间，忽有元岩进屋报说："驿站门外有一莽撞汉子，口口声声说，他是岐州刺史，死命要往见圣上。"

"啥？不是说，晏荣病了吗？"文帝十分惊诧，"他是咋来的？"

"来人骑一黑马，一部络腮胡须，一副邋遢像，根本不像刺史模样。"

"刺史有啥固定模样？嘿，卿说的正是晏荣！让他进来吧。"

晏荣进门，跪地就拜。

文帝见其背上背着一捆啥东西，就问："卿之背上背的是啥呢？"

"荆条。"晏荣说，"臣下晏荣，特从岐州赶来向皇上负荆请罪。"

"卿何罪之有？"文帝大惑不解地道，"朕听关司马说，汝不是生病了吗？咋还能骑马赶这远的路？"

"那是关中侠那龟孙子诓骗圣上的！微臣骑马追来，会是病人吗？"

文帝闻言，更觉惊奇，问："既如此。汝为一州之长，为何不在岐州见朕？难道要朕去登门拜访汝不成？"

"下臣有罪！"晏荣磕头道，"圣……圣上到来之前……前晚，微臣一不小心，喝……喝高了，直到圣上走后，方才醒转来，晏荣因此来迟，向圣上负荆请罪。"

"唉……"文帝叹息说，"汝此要命毛病，咋就硬是改不了嘞！"

晏荣原是北周一员猛将，嗜酒如命之习性世人皆知。一次，在与突厥军对垒时，他喝得酩酊大醉。半夜，突厥军队前来偷营，而晏荣醉酒不醒，不能骑马逃跑；他块头又特别大，侍卫背不动他。仓卒间，一名侍卫急中生智宰了一匹残马，接了一些马血，泼在他的身上和脸上。但他鼾声如雷，哪像个死人嘞。于是，另一名侍卫用箭矢将其嘴撬开，并把那箭矢插在了其嘴里，这才止住鼾声。北周军队仓惶逃走后，突厥军队攻入营中，用火把一照，见营帐内直挺挺躺着一具满身是血的尸体，嘴里还中了一箭，都走开了。及至下半夜，晏荣酒醒，吐去口中之箭，忽听帐外有听不懂的"叽哩咕噜"说话声，才猛地警醒。待他把头探出帐外，只见两名值勤的突厥士兵在火塘边烤火取暖谈笑。他这才知道自己的兵营已在他醉酒时易主了。心想，反正是一死，不如先把这两个家伙干掉再作打算。他于是抽出佩剑，摸了过去，没等两名突厥士卒反应过来，就已使其身首异处。接着，晏荣便用火塘中燃烧的木头，于突厥帐篷放起火来。风助火势，霎时间，军营顿成火海。晏荣夺得一匹战马，见人就砍。突厥军以为周军反过来又偷袭兵营了，皆慌不择路地落荒而逃。事后，晏荣不但没有受罚，反而因击退突厥军队受到周宣帝的赏赐和褒扬。从此，他因嗜酒得祸后又得福的名声传得尽人皆知！

"圣上！"晏荣跪地不起，诚恳地道，"您抽您打，甚或剐了晏荣也认了！"

"朕抽汝剐汝有何益？"文帝摇头叹息道，"汝还是好自为之，先回去吧。"

文帝还是挺念旧情地叫人把晏荣背负的荆条摘除了，并亲自将他送至驿站行宫门外。

晏荣之坐骑渐行渐远，文帝忽然想起关中侠的提议：要不拘一格擢拔有实干能力的人才担任州、县官职——原是有所指的！像晏荣这样一批出生入死打天下的马背将军，能懂如何使用《开皇律》？能懂如何贯彻实施朝廷新举措吗？让如此之人治理一州一县，还不如说是有意为难他呢！

…………

次日晨，文帝仍按多年养成的习惯，闻鸡起舞。他每次都要循例打两套不同拳法，这都是智仙师傅自幼教他的童子功夫。

当他打完第二套拳，收势后，但见一轮朝日，从一黛青之山峦间喷薄欲出，把天际的云霞染得一片金红，从而使那山峦更显壮丽。

文帝的心倏地一动，问："那是啥山？"

"禀告圣上。"在文帝打拳的场子旁守卫的一名驿站侍卫回答说，"那山叫大青山。"

"大青山？"文帝即道，"此山朕知道。那山里原有一座寺庙，在西魏大统年间，毁于兵燹，对不对？"

"对。"侍卫说，"那寺叫冯翊般若寺。已于前年为一外来方丈修复，据说，还是依原样重建的。而今，远近闻名，香火甚旺。"

"好！朕今日就到冯翊（今陕西大荔）般若寺，拜拜那里的菩萨。"

远远望去，黛青色的大青山似乎就在眼前，可文帝的车、马队伍走起来，却仍觉路途遥远。直到日头偏西，一行人才真正看到山脚已然就在近前了。而此刻的隋文帝，则越来越感心事重重、思绪万千……

记得十岁那年，师傅带自己出门见世面，走得精疲力竭时，师傅忽然发现了远处的大青山，指山对自己说，那山中有座般若寺，即是自己的出生地。他于是突然来了劲，紧随师傅朝山的方向走，前后一共走了三日整，才终于走到山脚下。当师徒沿石板路走到被打得粉碎的山门跟前时，忽地从石缝中窜出一只凶狠的大黄狗。自己举棍欲朝黄狗劈下，不期邂近了日后朝夕相处的弟兄李顺……

皇上的车驾停在了山脚一块很大的用碎石铺砌的空坪上，此坪是专为进山香客用来歇轿、停车和栓马的。坪之旁边还建有旅店、酒肆、茶馆和卖香烛、纸钱的店铺。

文帝下车后，即在元岩侍候下与一干扈从等到一处饭馆休息、用膳。

"汝等慢慢吃吧，只是不要饮酒，就在此处等候朕。"文帝只动几箸，只喝了几口茶，就迫不及待地领着元岩和两名贴身侍卫上山进香去了。

文帝一行，自离开驿站始，为不引人注意和被沿路的官民打扰，就一律改作了行商打扮。此刻，他们带了香烛、纸钱，沿石板小路朝山上走去。文帝发现，那路依然还是如三十多年前一样，仍是那么狭窄和蜿蜒，甚至有的石板还是原来的，因年代久远，已被风雨洗刷和遭香客踩踏得光溜溜的。有的毛糙些，显然是因原石破损，而更换过的。

四人转了一个弯，但见用花岗石打造一新的山门，高高矗立，正中一块花岗石上横刻着"冯翊般若寺"五字，石门两侧一左一右立着两尊巨大的山神。以往，文帝所见寺庙的山神，大都是手执兵器，横眉怒目，凶神恶煞的。然此二山神则皆是慈眉善目，一位手弹琵琶，另一位口吹玉笛，赤足而手舞足蹈，皆作喜迎香客来访之状。文帝想起第一次来此，山神和山门皆推倒在地，断成数截，一片狼藉，真是今非昔比呵！抬头看时，但见山上原是一片烧得黑黢黢的废墟处，新建的般若寺，在秋日阳光的照射下，金光灿灿，直插云端，巍峨屹立……

"阿弥陀佛！"信奉佛教的文帝在心中念念有词，双手合十。他想，这就是自己的出生地呵！因而肃穆地朝那寺庙深鞠一躬，油然生出对母亲和对师傅的感念之情。然后，健步朝山上走去。

"阿弥陀佛！"寺庙门前一僧人亦含首合十，恭谨地询问道，"请问施主从何而来？"

文帝开口即"嘣"出一个"朕"字，顿觉不妥，立刻改口说："咱是从京师大兴城来的慕名至此的香客。"

"有缘，有缘。有请施主入寺。"

文帝拾级而上，欲入寺门，看一眼侍立一旁的僧人，不过二十多岁年纪，不觉问道："请问小师傅，你可就是本寺方丈？"

"不是。"僧人笑着说，"贫僧乃永信方丈的弟子。"

"那，你的师傅呢？"

"师傅于昨日去了五台山大孚灵鹫寺。临行前，师傅嘱咐贫僧说，近日可能有贵客入寺进香，要贫僧悉心照护。"

"噢？"文帝一怔，随即道，"他说过贵客来自何方？是啥人吗？"

"都未明言。"

"既如此，你咋知谁是师傅所指的那位贵客？"

"贫僧猜想，师傅的用意是要贫僧对每位进寺的施主都要尽心尽意，皆以贵客相待吧。"

"唔，有道理。"

般若寺，四面有墙，进入寺门是一块块用方砖铺砌的很大的空坪。坪中依次摆着三只铁制焚香炉。中间一只最大，左右二侧的略小。坪之左侧有一棵枝繁叶茂的大柏树，荫盖着整个大院落。

文帝依稀记得，十岁那年，李顺领他在一片废墟中穿行去临时搭盖的膳房泉眼处洗漱时，确曾看到有棵被大火烧得秃头秃脑要死不活的大柏树，它能幸存到今日，并这样郁郁葱葱吗？想到此处，文帝禁不住地问："据闻，此寺在西魏大统年间就付之一炬了，这株古柏，从何而来？"

"施主所言不虚，此树确有一番来历！"僧人感叹道，"据说，当年火是从大雄宝殿的楼上先烧起来的，因上层楼宇皆为木结构，火势很猛，周遭的墙一下子全倒了，倒落的砖、石、泥、沙竟把此树的根部和下半截主干掩埋得严严实实。火过之后，伤及的仅为柏树上端的支叶。永信师傅说，灾后寺中的老方丈凡净师傅，虽身负重伤，却一直坚守废墟，并始终呵护着此树，直到圆寂。而后，又经数十载风风雨雨，此树不仅没有衰败，却反而越来越枝繁叶茂了。有人说，这棵树就是凡净老方丈的化身，它使般若寺再现了往日生机！"

文帝曾听智仙师傅说，自己诞生时，正是这位凡净方丈领着全寺僧众唱念经文，为自己祈福；之后，又是他把小自己两岁的李顺托付给了智仙师傅，使之成了与自己朝夕相处的弟兄。那么，自己是不是也是受到老方丈的荫庇，才有今日的呢？想到此处，文帝不由得面朝那历经沧桑的古柏深深一揖。

就在文帝和僧人说话时，扮作扈从的元岩和两名侍卫已向三只焚香炉分别投放了纸钱和香烛。

接着，一行人在僧人的引领下，进入气势宏大、金璧辉煌的大雄宝殿。殿中供奉着一尊释迦牟尼大佛。文帝手执一柱点燃的香火，双膝跪在蒲团上，向大佛虔诚地磕了三个头。

当文帝一行绕过释迦牟尼大佛，从大雄宝殿的后门穿出时，外面是一种植苍松翠柏和银杏的庭园，庭园左右两侧修建有藏经阁、颂经堂、斋舍和僧人们的寝室等等。而与大雄宝殿相对应的是一座形制与大雄宝殿不相上下的佛堂。

僧人领着文帝走在前面，元岩等三人在左右和后面相跟着，那领路僧人边走边问道："施主既从京师来，可知当今大隋皇上便诞生于此寺中？"

"呵？"此话问得突然，把个猝不及防的文帝弄得瞠目结舌。过了一会儿，他才吞吞吐吐地说："不……咱可不知呢……"

不过，僧人却似乎对客人的异样表情浑然不觉，仍是一副平平常常的表情说："那么，请施主随贫僧去看看吧。"

僧人带着众人拐入右侧一幢独立的屋宇。此屋自成一体，有天井和几个房间。僧人走到其中一个房间门前说："此屋原是寺中客舍，专供尊贵的施主歇息和住宿的。大统七年六月十三日夜，西魏柱国大将军杨忠携妻来此住宿，其时，女施主住的就是此间，并于是日夜，在此舍诞下一男儿，便是今之大隋皇上。"僧人边说边把房门推开。房内置一雕花木床，几、凳、柜等寻常家具，一应俱全。

僧人指物继续介绍道："女施主临产前，整个寺院皆为男丁，一片慌乱，可就在此间，从河东来了一位女僧人，接下了当今圣上。顿时，屋里屋外以至满院都充盈起了吉祥之紫气……"

文帝听着，透过窗棂，只见窗外天井里有棵碗口粗的紫薇，其树之繁枝蟠曲，蓬蓬勃勃，簇簇如红云一般的花朵，正开得如火如荼。他惊奇地问："紫薇能长到这么大，少见。它难道也是劫后余生，幸存下来的？"

"不是。"僧人笑着说，"除门前那棵古柏外，般若寺中的殿宇都是凭后人记忆重建的，所有佛像是重塑的，器物、家什等，自然也是重置的。这株紫薇原是山下一大户人家庭园里的稀罕物。永信师傅见到，想用高价买来。物主见师傅如此喜爱，就无偿捐给本寺了。"

离开皇上诞生地，一行人穿过庭园，来到第二座佛殿门前。僧人介绍说："般若寺遭兵燹前，只有前面一座大雄宝殿和殿后之屋宇、庭园。此座佛殿是此次重建般若寺时添建的。"

众人登上七级石阶，但见大殿门首，挂一蓝底金字长匾，上书"普渡众生"四字，字迹平实，却极富内力，没落题款。文帝即问："此为谁之手笔？"

僧人道："是本寺一位老僧所书。兵燹前，他已为寺内僧人。般若寺重见天日后，时隔四十余年，师傅又将他从乡间请回来了。"

文帝把目光从匾额上收回，欲入殿门，竟浑身一颤——他的右脚刚刚抬起，去跨那高高的门槛，双眼却突然看见安坐殿内莲花宝座中的佛像，那打坐的姿态和安详的神情，竟与智仙师傅神似！文帝一脚踏空，踉跄了一下。眼疾手快的元岩赶紧将他扶住。文帝站定，推开元岩，跨过门槛，进入殿内，再仔细端详起佛像来。这一看不打紧，竟越看越觉那佛的相貌竟是个活生生的若水！文帝无比惊奇，他想：一尊佛像，咋会像两个不同的人呢？

"此佛挺面生呐！从前好像没见过，她是甚佛？"文帝用探究的目光询问身旁陪同的僧人。

僧人说："此乃大慈大悲观世音菩萨。"

"呵？"文帝更觉惊奇。"经书上不是说，观世音菩萨是男身，此可分明是位女佛嘛！"

"永信师傅说，母亲心地最慈爱，最悯人。大慈大悲观世音，作女身，更恰当，更真实。"

"呵……"文帝终于释然了。首先，他明白无误地知晓，这位永信方丈就是李顺无疑。更为难得的是，时至今日，在他心中，不仅装着凡净方丈，还装着智仙师傅和若水，并将他们视之如佛。

文帝从元岩手中接过一柱青烟袅袅的线香，躬身三揖，然后虔诚地插入神龛前的香炉中，再跪在蒲团上，朝那女人身的观世音菩萨又拜了三拜。

第六十一回

晏荣施暴旧制骤然瓦解
杨素受命灭陈序幕拉开

文帝一行离开冯翊般若寺，又赶了很远的路，加之，那路特别难走，天黑很久，方到就近驿站休息。

此驿站，离文帝故里仅一日车程，且，早已打发人前去作了接驾布置。但，皇上一早起来打过两套拳术，却突然改变主意：此次不打算回华阴弘农老家了，要求立即返回京师。

回宫次日，文帝便召集高颍、李德林、苏威和太子勇等四位重臣至中华殿议事。参与此次议事的，只缺一位重要人物，即是右仆射兼吏部尚书的虞庆则。其时，虞庆则仍以并州总管身份拥兵镇守于北部边关。突厥的威胁虽大大减轻，但文帝却仍丝毫不敢掉以轻心。

文帝一开口，没讲巡视见闻，更没说去过冯翊般若寺，便直述了岐州刺史晏荣噬酒误事，不能正确领会朝廷颁发的各项政令等诸多不称职行为，并提出要罢免晏荣的官职。

文帝言词激愤、声音很大，平日在众多大臣参与的会上很少首先发表意见的李德林却立即插话说："圣上想来知道，此公还有两大嗜好。一是，以责打下属为乐事。一次行军途中，他发觉路边荆棘长得很茂盛，心想：若用此责打犯事下属，效果一定不错。为验证自己所想，便命一位随从下马去砍两根壮实棘条。随从把棘条砍来，他即命其脱下裤子。随从不服喊冤，说自己并未犯错。晏荣却说，先用此棘条抽了再说，以后汝若真的犯错，即以此次责罚抵之。二是，嗜酒乱性，喝醉酒后，其便不受控制地见女人就奸。"

"噢？"文帝用异样的目光打量着李德林，"卿对晏荣既如此了解，当初任命他做刺史的诏书，不就是卿起草的嘛，卿咋不谏止？"

"晏荣是圣上赏识的一员爱将，他打仗勇猛能身先士卒，屡立战功，此也是有目共睹的。加之，晏荣任岐州刺史，是圣上亲自提名的，臣下若直面阻拦，会有好结果吗？"

"任命晏荣，确是朕的过错。问题还不仅仅就在此。"文帝有所醒悟地说，"过去，因连年征战，在用人上，总是把作战是否骁勇摆在首位，任命地方官，也必先考虑他是否有军功。所以，才造成今日的'刺史多任武将，类不称职'的状况。看来，这个老习惯要痛改了。不然，朝廷的各项举措考虑得再周全，不能原原本本贯彻执行，必将误国误民。"

尚书左仆射高颎接过皇上的话头道："岐州乃京师门户，前任刺史梁彦光过去在此干得很出色，不知圣上是否考虑好，晏荣罢免后，由谁去接替他？"

"此问提得好。朕看，岐州现任司马关中侠是个人才，可以破格提拔他。"文帝显然已胸有成竹。接着，就把关中侠在驿站所述详情和提出的一些建议细说了一遍。

苏威接腔说："关中侠这个人，臣下略知一二。前年《开皇律》修订完成，要求各州派一位主要官员赴京师参与研讨，藉此统一执法尺度，岐州派来的就是他。记得，那时他连司马都不是，并不算州府主要官员。为此，臣还询问过高仆射。仆射说，既是梁刺史派来的，总是有道理的。果真，研讨期间，这个关中侠对律条钻研颇深，亦曾提出一些较有见地的问题，深得裴政赏识。"

"哦——父皇！儿臣想起来了。"太子郑重其事地说，"此人就是圣上微服出访岐州时，到旅店来打探动静的那个衙役头目。后在酒肆还差点和儿臣冲突起来。他出身低贱，咋能一步登天就当刺史。"

　　太子欲继续往下说时，文帝横了他一眼，太子方才立即噤声。

　　高颍再次接过话头说："这位关中大侠，梁彦光离任前，还专为他从岐州赴京师找到虞仆射，要求将他破格提升为岐州司马……"

　　不等高颍把话说完，文帝即打断道："这个梁彦光也是，他何不直接举荐其为刺史呢？那样，不就一步到位了，何必等到今日再费周章。"

　　"圣上有所不知，若按规矩，关中侠只怕连司马也当不上。"高颍解释说，"正如太子所言，此人出身寒微。他的父亲仅是一个府兵，作战时伤了一条腿，不过，他就凭借这条瘸腿，回乡务农后，靠勤俭持家积攒了一点资财，并供儿子关中侠读了点书。这小子也很争气，自幼聪颖好学，特别勤奋。原仅为州府一名衙役，却深受梁刺史的器重。所以，当梁彦光调离岐州时，专程赴京师，找到虞仆射，一定让关中侠作司马，以辅佐新任刺史。虞仆射对梁刺史的要求感到为难，才又找到臣下。臣问，为啥一定要擢拔关中侠？梁刺史说，此人出身虽然寒微，可其读书不少，是个通明事理的好学之士。在州内诸多官员中，只他最能领会朝廷颁发的举措。话既说到如此地步，臣下和虞仆射才勉强同意了梁刺史的举荐。此外，晏荣到任后，臣也有所耳闻，酗酒恶习不改，此二年，他幸得关中侠的辅佐，不然，岐州还不知成啥模样了。"

　　"臣下明白了。"李德林说，"梁彦光其实并非不想让关中侠做刺史，只是若如此，到刺史一级的官员，就要经圣上亲自审核。圣上若批，就要打破自古所定老规矩，他认为，那是不可能的。"

　　"对了。梁彦光就是这么想的。"高颍点头说，"关中侠没军功，出身寒微，做个州府司马，就已出格。若做刺史，正如太子所言，岂不一步登天！"

　　李德林所指的"老规矩"，即九品中正制。此制度的核心是，先在各州设置中正官。各州中正官只能由本地人充当，且多由现任朝廷中有影响的官员兼任此职，负责从州内选拔做官人才。其选拔标准有三：家世（被选者的族望和父祖官爵）、道德、才能。中正官对评选对象的道德、才能作概括评语时，称为"状"；而对其家世、才德高下，作综合品评时，称作"品"。品分九等，即，上上、上中、上下、中上、中中、中下、下上、下中、下下。中正官评议结果上交司徒府复核批准，然后送吏部作为选官依据。从此一选拔制度即可看出，担任各州选拔官吏的中正官，都是朝廷重臣，而选拔标准中的首要一条即是"家世"。由此，便形成了当下的"上品无寒门，下品无望族"的局面。而州刺史，为五品以上的高官，由一个家世寒微、无根底的人担任，是无先例的。若要如此，即意味着打破了九品中正制的用官规矩。

"朕想用关中侠，何尝不知已触犯了朝廷的用官规则呢。"文帝说，"只是卿等想没想过？汝等都是九品中正制的受惠者嘞。不仅你们本人，连汝之儿孙、世世代代都将受这一规矩的恩惠。尤其是苏威，卿之父更是前朝大名鼎鼎的宰相，汝在当下亦为重臣，身兼数职，地位与宰相亦低不到哪里去，卿说句心里话，汝是否赞成废止此一能使苏家世世代代受惠的制度？是否赞成从今往后，出身不论贵贱，一律凭品德、学识和才干做官？"

"没问题，臣赞成。"苏威点头，由衷地道，"臣以为，为官一方，是要担责的。既要为皇上勤勤恳恳办差，还要考虑为一方百姓做点实在事。不然，何谓百姓'父母官'。可有的人只凭祖上荣耀，谋得一官半职，就玩忽职守，安享荣华，甚至凭藉手中权利，巧取豪夺，草菅人命！如若要他为朝廷为百姓办点正事儿，其不学无术，啥事都干不了。此种官官相袭的弊制，实该废除。"

文帝点头拊掌道："苏威之言，快亦哉！相形之下，高仆射的言语就有点儿含混了。只说凭才干，关中侠做刺史没问题，却未明言是否要摒弃不能与时俱进的九品中正制。"

"确是如此。"高颎毫不掩饰地道，"废除九品中正制，事关重大，涉及朝廷上下每位官员及其家庭。臣下咋敢为擢拔某一官员事，去触碰已用了几百年的规矩嘞！臣下以为，九品中正制的弊端是显而易见的，它不仅滋生了一批无所作为的庸官、昏官，同时，还滋生出了一个个危害甚烈的权贵家族。这类人在朝内呼摇相应，拉帮结派；于地方拥兵自重，与朝廷争利；更有甚者，有的还敢公然与朝廷叫板抗衡。尉迟迥、王谦、司马肖难等等谋逆者，皆可说是权贵家族作乱的典型，他们对社稷造成的危害，时至今日还使人心有余悸！”

文帝默然良久，抬头把目光扫向了李德林：“德林公，卿出自关东官宦世家，亦曾辅佐过齐之皇上，朕特别想听听卿对此问题的看法。”

“刚才二位都说得很好，臣下并无啥高见。其实，在用人选官上，以往的齐与周，皆一脉相承，别无二致，都是官官相袭。甚至出现过，一个家族数代占据朝廷某一要职的现象。”李德林说到这里，望了一眼文帝，才又继续道，“自曹魏陈群创九品官人之法以来，此法沿用至今，已有三百六十余年。魏文帝曹丕指使陈群立此规之首要目的，并非为擢拔才俊，而是因魏文帝自身的帝位不稳固，须各方权贵支持他，拥戴他。所以采用此法吸纳权贵的子弟参政，用以换取权贵家族对他的支持。因而，这一自产生之日始就存严重弊端的九品中正制，恰恰与大隋当前的情形相悖。当下，大隋朝政稳固，所缺是拥护和推行新举措的德才兼备的官员。”

“嗯，透彻，透彻！德林公之见，就是不同凡响——一针见血咧！”文帝以期许之目光望着李德林，问，“若以卿之见，废除九品中正制后，我朝可以何种方式来获取称职的人才？”

“正如高仆射所言，此事恐不那么简单。仅拿擢拔关中侠做刺史这件事来说，即使是圣上钦命，恐在岐州府衙仍会激起轩然大波！为啥？他出身微寒，而所有下属的家世皆远比其显赫，他能服众？如何废除旧制尚存疑义，臣下以为，谈立新规之事，尚嫌过早。”

“朕就要看看谁敢违抗钦命！”文帝是个急性子，心中凡有成算的事，恨不得立刻就要将它变成现实。他执拗地道，“而今，天下太平，许多如关中侠一样的庶族家庭，日益富裕，他们的某些子弟空有满腹经纶，却无报国途径，他们难道就不对此制度，甚至对朝廷心存怨尤？朕就要给这些有志气有才干的庶族崽，以机会，以希望。”

文帝说到此处，众臣方幡然醒悟，圣上今日召集几位重臣议事，显然是有所思考和有所准备的。

果然，只听文帝断然道："有劳德林公起草二份诏令：一为，任命关中侠为岐州刺史；一为，免去晏荣岐州刺史职务。请高仆射将此二事，知会吏部。朕就从此二事做起，先来个投石问路，看看效果如何。"

霎时间，偌大的中华殿内，阒无声息。

首先打破沉寂的是尚书左仆射高颎。他说："此二份诏令，一任一免，看似寻常，实则非同小可，因其开了打破九品中正制的先河。既如此，日后将以何种方法来考察和选拔官员，就不得不有所考虑了。"

冷场一会儿后，苏威方说："圣上今日的两份诏令，有如迅雷不及掩耳。尽管臣下完全赞成废止九品中正制，亦都有缓不过气来之感，更何况朝中还有许多一时转不过弯来的官员，正所谓积习难改呢。臣想，为不使朝廷上下反响过于强烈，将来选拔新官，可否先以州为单位，每州每年贡士三人，不论出身贵贱，只讲德和才，让他们按规定日子，到京师参加考试，择优录取，再由朝廷依据考生才干，安排做官。"

"朕看此建议可以考虑。这样吧，待过几日，还是由你们几位会同吏部专此拟一任用官员的新法，如何？"文帝随即又说，"朕考虑到，虞仆射常年率军在并州驻防，难以分身。当下突厥的侵扰虽有减弱，但仍不可对其小觑。所以，他就不要再兼吏部尚书一职了。朕考虑由礼部尚书韦世康改任吏部尚书，以确保吏制的革故鼎新。"

"好。"这一决定马上得到高颎响应。因虞庆则虽为吏部尚书，但大多人事上的事，还是高颎在做。

韦世康年过五旬，年富力强，处事沉稳，尤为可贵的是，其为政清廉，确是吏部尚书的不二人选。

其时，兼任度支尚书的苏威，看看人事上的事已告一段题。他首先对关中侠提出的两项建议，赞赏了一番。接着说："自大隋立国始，朝廷已先后铸造和向各州发行过二次'开皇五铢'。此钱币的分量和铸造质量都无可挑剔。可未曾想到世道变得如此迅疾。过去，要啥没啥，缺这缺那，有钱亦没用处。而今，粮油、砖瓦、陶瓷、铁木、布帛、丝绸等等各行各业，都发展迅猛，以至新制钱币远远跟不上流通之需，此当然是好事。臣将立马增大钱币的铸造和发行。与此同时，将做好旧币的回收和兑换。秤也一样，斤两确要有统一标准。关中侠提出由朝廷制做大、中、小三种形制的标准秤，下发各州，由州县再行仿制，是个好办法。但仅三种大小规格，似还不够。究竟制作几种规格的标准秤为好，臣将与度支部作进一步商议。"

"此外，还有一事。"文帝看看众人似乎有点走神，便提高语调说，"朕此次出巡各地，走驿道是没问题的，皆一路畅行无阻。朕中途临时决定去了冯翊般若寺，其间，有段路不是驿道，就难走许多。当下没有大的战事，百姓负担的徭役亦不重，可趁今冬农闲季节，由各州分别征召民役，修路架桥。尤要将南北主道修宽修好，以确保军队和物资畅行无阻。"

"臣下知道了。"高颎回答道，随手把文帝的吩咐扼要记在了笏板上。他想，皇上虽未明言，但已暗示对南边有所想法了。

议事毕。三位大臣相继离去。文帝因一路颠簸，昨夜才返回宫里，刚才议了这么久的事，也感到有点困倦了，正欲起身，却见被自己横过一眼就没了言语的太子仍坐着未动，并还瞅着自己，一副欲言又止之状。

文帝于是又坐了下来，问："汝还有事？"

"儿臣想向父皇举荐一人。"

文帝回望了太子一眼，问："汝想举荐啥人？"

"云定兴。"

"谁？"文帝对此名显然很陌生。

"就……就是儿臣昭训之父。"

"那不就是汝之丈人嘛。他家不是贩夫走卒之流？当初皇后就不同意这门亲事的，汝想举荐他做啥？他能做官吗？"

"为啥不能？那位关中侠的出身不是亦很寒微？且与咱家非亲非故，父皇还要让他做刺史。"

文帝一听，火了："汝之丈人能与关中侠比？他的父亲当过府兵，为国流过血汗，如今亦是正经殷实之农户；关中侠本人，德才兼备，汝的丈人，且不说他贩夫走卒身份，再说，他有何德何能？"

"云定兴心灵手巧，是长安城内有名的匠人。他制作的门环、马鞍等，常为大臣和将军家效仿。是否可给他在工部安排个匠作之类的职务？"

"不可。"文帝起身离去，并抛下一句话，"汝今后可要注意，用人之事，要慎重，在选用亲朋故旧上，尤须慎之又慎。"

…………

数日后，从岐州传来一个惊人消息：卸任刺史晏荣，把新任刺史关中侠打伤致残！

事情是这样发生的：

晏荣接到免职诏令，本就窝着一肚子火。可恰在此间，有州府官员到他府上抚慰，告知了关中侠已被皇上钦命为岐州刺史的消息。

此真如火上浇油，晏荣顿时火冒三丈："一个穷酸小子，做司马都嫌不够格，且无寸功，凭何做刺史？"

那官员则进一步讲述了不久前皇上巡幸岐州，关中侠一人向皇上密语数时辰。此还不算，待到宴会开始，他还在对皇上喋喋不休。不仅如此，皇上还当众叫来一名随行录司坐于关中侠旁边，记录其之说词。关究竟向皇上嘀咕了些啥，本州官员都不知道。

至此，晏荣已忍无可忍。当即率领一众打手，冲进关中侠家中，不问缘由，将其按下就是一顿乱棍，把关中侠打得皮开肉绽，最不幸的是伤及腰脊，使他下肢已无知觉，大、小便皆已不能自控。

文帝闻之，痛心疾首。即召集左仆射高颎、内史令李德林和新任吏部尚书韦世康前来商议处置措施。

众人刚一落座，文帝就道："岐州发生的事，出人意料。从当下的情势看，德林公的担心是有道理的。朕原先只想，包括苏威和德林公在内，哪个不是望族出身？连他们都赞成破格擢拔人才嘛，下面即使有阻力，能大到哪里去呢？实则不然。朕之重臣，无论文武，谁不是才华出众者？他们没有丢官罢职之虞嘛。而对某些官员来说，情形就不一样了。他们中的有的是庸才、混官，是躺在先祖的荣耀、爵位上混日子、混俸禄的人。所以，那个使用数百年的成法，对他们来说简直是命根儿！而越是此样，咱越是不能对他们姑息迁就。有道是，开弓没得回头箭！今晏荣藉此泄愤伤人，不能视作是性格粗暴使然。他分明是挑战朕的新政，不重处则无以服众！否则，朝廷今后颁发的各项举措，亦都难以有效推行。"

"圣上所言极是。"李德林说，"前次议及要废除九品中正制，不拘一格吸纳人才，臣确曾担心会有阻力。可也没有想到，仅仅还只破格提拔了一名有作为的官员，就掀起忒大个浪头。不过，这么一来，臣反而想通了。你戳到人家的痛处上了哩，他能不抗拒？不回击？所以，此事绝没调和余地。要么是豪门显贵识时务，对朝廷颁发的举措，低头忍让；他如反抗，朝廷就要挺身而出，对公然叫板者进行还击。这么想过后，臣反觉没啥可怕的了。因为朝廷所颁举措，能使国家兴旺，拥护者必占多数！"

"嘿嘿！咱过去主持礼部事务，琐碎是琐碎，可并不复杂。看来，吏部事不仅复杂，还剑拔弩张的嘞！"初任吏部尚书的韦世康听到皇上和李德林的议论，深有感触地说。

"不如此，朕会随意将卿挪到此位置上？"文帝有意激将道，"咋地？位子还没坐稳，就想打退堂鼓了？"

"那倒不至于——既来之，则安之吧。"

"好！朕要的就是这句话。"

高颎坐在一旁只管笑，他啥都没说，因为皇上和李德林的话，已把调子都定下了。接下来，一条条应对措施，便在几位大臣的商议中，应运而生：

一、即刻召回梁彦光，仍任岐州刺史，以安定人心；

二、由高颎、韦世康在朝廷各部门挑选几名年轻干练的官员，随梁彦光赴岐州调查、处置晏荣事件，事件处理完毕，几名调查者皆留岐州官衙任职；

三、梁彦光等一行人到达岐州，原岐州官员全部停职，接受调查。之后，哪些官员留任，任何职，哪些官员不再叙用，都由梁彦光定夺，并报吏部审核；

四、鉴于晏荣一生的功与过，个人处斩，其家免予抄没。

文帝作出以上几项决定，即正式下诏废除九品中正制，用推荐和考试择优选拔官员的科举制，取而代之。

又过数日，文帝宣召杨素进宫。

赋闲家中两年有余的杨素，闻听皇上宣召，诚惶诚恐。他不知是凶还是吉，一路上，不时打量前来宣诏他进宫的黄门侍郎元岩。元岩的脸色不愠不火，杨素则更感莫测高深。

待到进入中华殿，杨素跪拜起身，文帝即道："哈哈！朕有一二年没见到卿了吧？近日身子骨咋样？"

"承圣上挂心，下臣身子骨挺好的。"杨素见皇上面色平和，言谈随便，亦放下心来，并道，"前年世侄至敝舍，说圣上要臣注意好身子骨。自那以后，臣下早、晚都要伸展一番拳脚，以养精蓄锐。臣下亦时刻挂念圣上，不知圣上龙体是否安康？"

"朕还行吧。"文帝随即拨转话题说，"卿几次上奏的破陈表章，朕都详阅过。卿的有些想法，很有见地。依汝之见，当下若着眼此事，急需做的或应加强的是啥事？"

皇上金口一开，杨素两眼倏地精光毕露。他说："依臣拙见，江淮一带，一直以来，皆有重兵驻守，无须担忧。当下弱在长江上游和中游。那地界，不仅兵少，且都是不识水性的旱鸭子在镇守。此外，要过江，还须有船，且要有一支训练有素的水师，能在长江中、上游与陈朝水师相抗衡，以对建康施加影响与压力。"

"不错，不错。江南一线，经多年准备与操练，水陆二师已较强劲。咱若在江淮过江，直取建康，而陈之水师如果从中、上游赶来驰援，我军则有可能将兵力分散，而不能全力攻取建康，此正是朕深感不安之处。"

"为此，长江中、上游必建一支强劲水师，以牵制陈引以为傲的水军。而且，不仅只是牵制，还应有摧毁敌水军的能力！这样，攻取建康，扫灭陈朝，方有十足把握。"

"是极，是极！"文帝拊掌道。

在召杨素进宫前，几年来，文帝已陆续收到高颎、李德林、贺若弼、薛道衡、崔仲方……等等朝臣有关平陈奏折。其中，尤以曾提废除周之六官制，代之以"三省六部制"的谋臣崔仲方的建议最合文帝心意。

崔仲方在奏折中说："今唯须武昌以下，蕲、和、滁、方、吴、海等州，更帖精兵，密营度计；益、信、襄、荆、基、郢等州，速造舟楫，多张形势，为水战之具。"

在此，崔仲方就是要文帝集中兵力于长江下游，作秘密渡江准备，而在上游造船，训练水军，以便顺江东下，形成对陈的夹击。崔仲方还在奏折中建议：如果陈为对付上游隋军而派兵驰援，那么，下游的隋军便可乘机渡江，直取建康；要是陈军拥兵固守京师建康，则上游隋军就可东下进击，使之首尾难顾。而刚才杨素的说法亦与崔仲方不谋而合，正好都说到文帝的心坎里了。

"不仅如此。"文帝又道，"卿恐还有所不知，陈与江陵梁朝的萧氏还一直藕断丝连，常常眉来眼去。一旦有事，梁恐难安分守己，此亦为朕心腹之患。因为江陵小朝廷的官员多来自吴越，有的官员的家室和产业至今都还在建康。朕陈兵上游，还有提防梁异动之目的。"

杨素听到此处，已知皇上将对自己有所任用，于是，抬头仰对文帝。而文帝说到此处，亦用期许的目光望着爱将杨素。

四目对视之下，还是皇上先开金口。他说："朕经斟酌，决定让卿出任信州（今四川奉节以南，三国时期刘备在此建故宫，名永安宫）总管一职。一为营造战舰；二为训练一支能击败陈朝水师的水军；三要严防江陵小朝廷之异动。卿以为如何？"

"知素者，圣上也！"杨素离座跪地，喜极而泣，道，"臣下早就期盼有此一日！即使粉身碎骨，亦在所不辞！"

未几，文帝又下诏任命二子晋王杨广任淮南道行台尚书令，与上游的杨素遥相呼应。

至此，攻陈序幕，已悄然开启。

　　杨素听到此处，已知皇上将自己有所任用，于是抬头仰对文帝。而文帝说到此处，亦用期许的目光望着杨素。

第六十二回

隋文帝外弛内紧图霸业
陈后主醉生梦死愈沉沦

开皇六年，早春。雾锁大江。

这日清晨，驻守在长江北岸浦口哨所的一名老兵忽然警觉地嚷道："桨声！"接着，他屏声敛气地细听了一会儿，毋庸置疑地道，"没错，是有船只过来了！"

和他当值的另一名哨兵也认真听了一会儿，用疑惑的目光望着老兵道："不对吧？明明是一片哗哗的涛声嘛。"

"是涛声中夹着划船的桨声。你听，已很近了呢。"

可当他们都抬头朝江面方向望时，眼前只有一片如棉絮般拂到脸上的雾气。

"那你还呆这里干啥？赶紧去抓偷渡贼呀！"年轻的一位说着，拔腿就往坡下跑。

哨所设在江边崖畔上，崖下有一豁口，周遭水流略为平缓，是船只靠岸停泊的理想处所。而今，汛期未到，春日浩瀚的大江明显枯瘦了许多。从崖上到泊船口岸之间是一段低洼的沙滩。当二人到达岸边时，浪击江滩，"啪啪"有声，那有节奏的划船声，合着击岸涛声，已清晰可闻了。

不一会儿，透过浓浓雾气，江中小舟，时隐时现，已至近前，渐渐地已能看清是只中间带篷的小渔舟。舟上二人，一人划桨，一人坐于船头，自右前方飘了过来……而当渔舟的船头顶住沙滩时，坐着的男子才起身下船，并从容地踏着沙滩朝岸上走来。

躲在江滩一块岩石后的老兵对年轻人说："你去把那条船截住，咱来对付这个上岸的人。"

说时迟，那时快，二人各行其事，冲了过去，立马就人、舟俱获了。

此刻，老兵定睛看时，立在他面前的是条三十大几、身强体壮的大汉。自己尽管手握兵器，但若真动起手来，显然仍不是那汉子的对手。

好在对方并无敌意，他平静地对老兵说："咱从对岸兵营而来，有要事要面见韩擒虎大将军。"

此时，船上艄公面对年轻哨兵，却吓得面如土色，连连解释说："小的是对岸渔民，这位官人租船过江，他要做甚，不关我事。"

坐船来的汉子亦道："他确是渔民，为我所雇，你们放他回去吧。"

年轻哨兵看一眼老兵，老兵把手一挥，对年轻哨兵说："让他走吧。"

江南为陈，江北为隋。两军隔着一条大江，在战争频仍的年代，时有战事发生。但于民间，在两岸形势相对趋缓的情况下，江南的船只停靠江北，江北的船只停靠江南，有的是为走亲戚，有的是为祭祀各自的祖宗，有的则是为到对方辖地买点土特产品，或是去异地推销自己的物产之类……总之，一般民间往来，还是不断有的。登岸时，只须讲明来意，两边驻军一般都不加阻拦。

却说，这位从南边渡江来的汉子在浦口驻军护送下，径往庐州（今安徽合肥一带）韩擒虎大将军的总管府。抵达总管府后，汉子声称自己是江南驻军夏侯苗将军的信使，携有夏将军写给韩擒虎大将军的亲笔信。

韩擒虎展读夏侯苗的来信，大吃一惊！信中述说了陈朝君臣不问朝政，只顾及时行乐、醉生梦死。尤不可恕的是，陈主随心所欲令一帮完全不懂军事的文官接掌军队，使得军队的装备和待遇每况愈下，军心亦为之涣散。相形之下，他听说大隋蒸蒸日上，令人向往，所以，夏将军打定主意准备率全体幕僚和部分军队前来投奔大隋。

韩擒虎觉得事关重大，将来使留在庐州，自己则携夏侯苗的书信亲赴吴州（今扬州西北的广陵），往见朝廷刚刚派来的淮南道行台尚书令杨广。

杨广，时年十八岁，已由两年前的弱冠少年，长得与身长八尺的父皇一般高矮，且一样地膀阔腰圆了。而尤其是他那棱角分明的眉额和一副国字形面庞，酷似父皇，使得他虽年少，却显得无比威严。

韩擒虎进入晋王府时，吴州总管贺若弼正在与晋王说事。杨广的淮南道行台官邸和贺若弼的总管府同设吴州，两个官衙相距仅一箭之遥。晋王因初来乍到，常请贺总管前来介绍本辖区以及江南军情。

贺若弼见韩擒虎一副风尘仆仆的样貌，想他必是为急事而来，相互见礼后，便欲告辞。

韩擒虎见此，落落大方地一把拉住他说："贺总管别走，末将今为陈军有将领欲率军投奔大隋事前来觐见行台尚书令的。此可是件不同寻常的事，如何处置，请贺总管一并拿拿主意。"

贺若弼看了杨广一眼，尚书令示意其重新坐下。接着，韩擒虎扼要说明原委，即将夏侯苗将军的来信面呈给了晋王。

杨广年岁不算大，可当他自十三岁被封晋王，已先后担任过并州总管、武卫大将军、河北道行台尚书令等要职，带兵、治政也有些年头了。他看过信后，没有吱声，随即把信递给了贺若弼。

待贺也把信看完，杨广才面向韩擒虎，问："以将军之见，此信是否有诈？"

"此信应该不会有甚蹊跷。"韩擒虎说，"是他要率军来投靠咱。欲说欺骗，毫无益处。他若不来，那不就拉倒了，还写这信干啥呢。"

"那，他咋说只率部分军队前来投靠咱？"

"此事末将也曾有疑惑，问过送信的来使。其道，夏将军手中只有大小三十余条船，总共能载千余人。届时，他准备挑选一众青壮年士卒上船，佯说北上攻隋，而将老弱者弃之。"

"还有，信中将陈主说得十分荒唐，指派丝毫不懂军事的文官去掌管军队，那不等于是自乱军阵吗？简直不可思议！"

"嘿嘿，此亦不足奇。"贺若弼笑着插话说，"据咱所闻，陈主儿就是那么个德行！他成日就知吟诗作赋，寻欢作乐，用兵理政则一贯是当作儿戏。他这个人，完全不能和他的父亲陈宣帝相比拟。"

年轻的晋王也极具诗人气质。他立刻来劲地说："既如此，江南陈国，君主不君主，军队不军队，那还有劳夏将军率军过江投靠大隋作甚？咱可用其作内应，让他掩护咱军过江，将建康朝廷一锅端了，不是更省事？"

看着豪气干云的晋王说得手舞足蹈，又看看坐着不动一脸惊诧之色的贺若弼，韩擒虎犹豫了一下，说："当下的陈主儿无能，是实，可陈朝还有数位干将，却非等闲之辈……"

"那怕什么？"韩擒虎的话还没说完，晋王仍按自己的思路抢过话头，道，"不管咋说，夏将军的投靠，绝对是个千载难逢机会。二位大将军如觉咱的想法可行，咱这就回京师，面奏皇上。"

淮南道行台尚书令是周边十一州的军政长官。这十一州中，就包括韩擒虎镇守的庐州和贺若弼镇守的吴州。面对这位身份特殊、年少气盛的长官，韩擒虎再次出言谨慎地说："就当下敌我双方情势而言，即刻过江，不是说不行，但，还是稍嫌仓促了点吧？陈虽有腐朽的一面，但毕竟是个大国……"

"咋能说仓促呐？"杨广面显不悦。他不喜下属与自己唱反调，于是道，"打仗讲的就是兵贵神速，要出其不意嘛。"

心直口快的贺若弼接腔道："尚书令呃！咱面临的并非一条小河沟，说过就可淌过去的，见势不对，转身就可回撤。此还是枯水季，待过些日子，此江宽约数十里，水流湍急……"

"不能用大江来自己吓唬自己！"杨广听出贺若弼的话里带刺，心中不爽，说："咱的水师，不也训练了好几年了嘛。养兵已非千日，还不能够出征？"

韩擒虎见状，立马委婉地解释道："长江自古为天堑！以往多少英雄豪杰都折戟沉舟于此，我等目下是尊圣上'外驰内紧'之命，一直在秘密赶造船只，训练士卒的水上作战功夫。此外，数万兵马一过去，中间横隔着一条大江，若准备不周密，光吃的喝的都运送不及哩。再者，江南地域广袤，纵深数千里，他们的援军从四面八方涌来，咱过去的奇兵不就立刻成孤军了吗？因此，咱还不能只着眼建康一隅，此是一场灭国与反灭国的大战，诸多复杂因素都须作通盘考虑。"

"还有，陈军亦并非都不堪一击。"贺若弼已感觉自己刚才出言过冲，亦缓和语气补充说，"陈朝当今皇上虽醉生梦死，但其父陈宣帝励精图治多年，还是留有几支精锐之师和一些骁将的。如，陈军的老将军萧摩诃，还有能同时指挥水陆二师的周罗睺，都是难以对付的狠角！"

晋王听到二位总管对立即动手都有所顾忌，虽心有不甘，却也不再坚持。于是问韩擒虎："夏侯苗将军的信使，现在何处？"

韩擒虎回答说："他还在末将兵营里，等候咱回话。"

"这样吧，"杨广忽又心生一计，说，"咱想派个人作行商打扮，随信使去夏将军营中。夏将军若真有诚意，请他随咱派去的使者一同到江北来，与咱面谈，再视情形，禀报圣上定夺，行不行？"

"行！"二总管异口同声。

数日后，新任淮南道行台尚书令晋王杨广回到京师谒见父皇。

"咋这快就回来了？"文帝大吃一惊，随即问，"淮扬那边情形如何？"

"不错。"杨广喜形于色，说，"儿臣此次因一急事，未先禀告就回京师了。同时，咱还给父皇带来一人。"

"谁？"

"陈朝大将夏侯苗。"

"噢？"文帝立马正襟危坐，面显疑色，问，"卿带他来做甚？"

"看来，陈朝已着实不行了。夏将军铁心要率军前来投靠大隋。"

"此人现在何处？"

"夏将军已在儿臣府上。儿臣先来禀报一声，问明父皇何时可以接见他。"

文帝顿感非同小可，立问："此事除汝之外，还有何人知晓？"

"只有韩擒虎和贺若弼二位大将军知其底细。"杨广说,"此次夏将军随儿臣进京师,咱对左右人只说,他是庐州一商户,是来京师洽商买卖的,没人知其真实身份。"

"这事是韩擒虎和贺若弼两将军的主张?"

"非也。"杨广摇头说。"是儿臣的主意。"

"糊涂!"文帝正色道,"夏侯苗说要投靠大隋,汝就信以为真了?人心隔肚皮咧!国与国事,不可小觑,谁知他是不是使诈?"

"不会的。"杨广胸有成竹地道,"夏将军先是派来一位使者携其亲笔信往见韩擒虎大将军。韩将军十分慎重,专程将信送到儿臣处。儿臣起始亦是将信将疑,便派密使随其信使去了江南夏将军军营,并将夏将军接来淮南道行台府内,与孩儿促膝长谈,儿臣这才将他带到京师欲觐见父皇。夏将军统率的全是水师,有三十余艘舰船,届时,他将挑选千余青壮精兵,来江北弃暗投明。"

"即便如此,我朝亦不能接纳此人。"

"为甚?"杨广大惑不解。他原本以为此举会受到父皇赞赏的,没料,迎来的却是兜头一瓢凉水。

"卿此举是聪明反被聪明误哩!汝去淮扬,朕是咋对你交代的?要你多听、多看,少发号施令。"文帝摇头叹息说,"汝想想,我朝和陈朝近年十分和睦,交往亦十分频密,此是为啥?"

"此还不是使的障眼法,以掩我攻陈之真实意图嘛。"

"既如此,卿咋能接纳陈的叛将?此不是有意挑起事端,使陈对咱愤慨,并对我朝严加防范吗?"

"儿臣以为,南陈已腐朽至极,招其叛将,可挫其士气,动摇其军心。然后,咱可一鼓作气,将其摧之!"

"哼,好大的口气!"

杨广心有不甘地道:"其实,咱与陈,谁都心知肚明,表面融洽,都是在逢场作戏!父皇派儿臣去淮扬,不就是为取江南,一统天下吗!而今,涣散其军心的良机已然到来,时不我待——儿臣真感憋屈咧!"

"汝憋屈？"文帝望着儿子一副不开窍的模样，更觉心堵！他语重心长地说，"朕从登基之日始，就想一举殄灭南陈，统一华夏，做大中华的帝王。开皇二年，仗都打到其家门口，陈宣帝吓得突发急症暴亡，建康城内更是一片惊慌。但，结果如何？朕还是痛下决心命高颎收兵了。为啥要这样？是火候不到哩！朕咋会不知，陈朝当下已腐败不堪。不过，不是有一句话叫做百足之虫死而不僵吗？更何况南边朝廷还是条活了数百年、几经变数的老虫呢！此虫，不是汝想吞就能随便吞吃掉的！其若真是一触即溃，天下不早就一统了吗？还会轮到咱来煞费苦心去收拾它？总而言之，在尚未作好充分准备之前，是绝对不能轻举妄动的。此南北亲善之'戏'，还要有耐心地继续做下去。"

晋王见父皇动了真容，便不情愿地说："儿臣知错了。"

"这样吧，淮南之事尚不在急上，可先放一放。近期京师情况复杂，汝还是暂回京师，帮朕料理一些急务。夏将军的善后，汝也不要管了，朕派人以贵宾礼遇将他接至鸿胪寺中，会妥善处置好此事的。"

"是。"杨广悻悻而去。

接着，文帝命鸿胪侍卿将夏侯苗从晋王府接至鸿胪客馆，尚书左仆射高颎会见并宴请了夏将军。言谈中，高仆射明确向他表示，有鉴于大隋与陈的友好睦邻关系，在此之际，大隋接纳夏将军是不妥的。不过，大隋十分理解和同情夏将军的处境。今后，夏将军可继续与韩擒虎大将军保持联系，不管是军队或个人有啥难处和要求，可随时相告韩将军，大隋将会倾力搭以援手。夏将军临行前，高颎再次设宴为其饯行，并馈赠钱物。之后，又由兵部侍郎亲自陪护夏将军到庐州，并由韩擒虎总管安排船只让他返回江南。

事情处置完毕，文帝下诏裁撤了设立未久的淮南道行台，晋王杨广回到京师，被任命为雍州牧。

与此同时，文帝派遣高颎巡视庐州。在庐州总管府内召集庐州总管韩擒虎、吴州总管贺若弼、寿州（今六安市寿县）总管源雄等江北十一州总管议事。高颎再次向总管们重申了对陈"外弛内紧"的方略。

　　恰在此间，韩擒虎辖内的某沿江口岸抓获了两名过江刺探军情的陈朝奸细。经审问，是萧摩诃将军派遣来的。韩擒虎问高颎如何处置？高颎毫不犹豫地说："告诉他们，大隋和陈是友好邻邦，欢迎老将军前来做客。"然后，就将奸细毫发无损地送过江去。

　　高颎在返回京师途中，还一路巡视了各地粮仓，察看了正在扩宽和修建中的道路，并专程去看了尚未竣工的阳山渎（运送粮食、物资之人工河道）等工程，代表朝廷慰问施工官员和民役。

　　正当江北明处一片祥和，暗中厉兵秣马之际，江南的陈朝，自开皇二年陈宣帝与隋交战突发急症去世后，继位的陈叔宝却确确实实对江北的动作、图谋不闻不问，对内也疏于防守。

　　此前的北周，也曾有一位无道君主，叫宇文赟。此公不仅无道且短命。他周身流的是鲜卑祖先之血，性本强悍，且又是在战事频仍的环境中长成。所以，其无道，现于暴虐。他执政时，常以责罚人和开杀戒为乐事。陈主则不然，地处江南水乡的他，"生深宫中，长妇人手，不知稼穑艰难，只知征歌逐色"。这样一位既荒淫又柔弱的无道君主，自也不是完全一无是处，比如，他写得一笔好字，对历代诗词歌赋，亦能烂熟于心，更擅长于作诗。

　　陈主做太子时，即娶了位知书达理、秀美端庄沈姓女子作妃子。这位太子妃因生父去世，哀伤不止，而不得太子欢心。于是，太子就另纳了年轻貌美的龚、孔二良娣，并成日沉迷其中。

　　其时，有一叫张丽华的少女，十岁即入宫中，并成了孔良娣之侍女。起始，年幼的小丽华，并不怎么惹人眼目。

　　忽有一日，小丽华被陈主偶然遇见。他端睨良久，即对孔良娣说："此国色也，卿何藏此佳丽，而不令朕见之？"

　　孔良娣嫣然一笑，道："臣妾以为，陛下今日见之，犹嫌早。"

　　主上不悦，问："何故？"

　　良娣解释说："她尚年幼，恐微葩嫩蕊，不足以受陛下采摘。"

　　陈主点头微笑，心里虽很怜爱，却听了孔良娣之言，未做折技摧蕊事。

因作诗一首，用金花笺书写后，送与小丽华。

待到太子继位做了皇帝，便册封张丽华为贵妃，封龚、孔为贵嫔。被冷落的沈皇后，生性恬淡，便索性把六宫事宜，让与贵妃操持，自己则落个清静，吃斋念佛去了。

不仅如此，不懂治国的陈主，却懂享受。他自登基的第二年始，便征调民役，大兴土木，在后宫光昭殿前的一大片园林上，动工修建了临春、结绮、望仙三阁。阁高各数十丈，内有各式各样的房舍数十间，皆用檀香木做成；屋内，炫饰珠玉，杂嵌珠翠，外施珠帘，内设宝床宝帐，多宝格内置放各式珍玩……每遇微风吹拂，香木、香烟、香粉之气，传至数里以外；夜里珠灯辉映，光耀庭园，如同仙境；三阁之下，积石为山，引水为池，遍植奇花异草。

陈主自居临春阁，他最宠爱的贵妃张丽华紧傍他居住于结绮阁，龚、孔二位贵嫔合住望仙阁。三阁之间有复道通连。陈主犹嫌不够，又发动大臣，赴各地采选美女。不久，又有王、季二美人，张、薛二淑媛，袁昭仪、何婕好、江修容等入后宫。一时间，后宫里美女如云。

常言道，物以类聚，人以群分。对酒当歌的陈主，一人唱还不行，还要有人来陪他唱和方有情趣。

其时，陈朝有个叫江总的文士。他的家中藏书万卷，自幼就喜好读书，且能做到对读过的诗、文，倒背如流。及至十七八岁时，江总作文写诗，无所不能，已成江南远近闻名的才子。

陈主闻之，召其入宫，开始，江总尚显拘谨。可一谈起诗词歌赋，江总便摇头晃脑，眉飞色舞，君臣二人一见倾心，真有相见恨晚之感。皇上陈叔宝便立命这位从未做过官、没丝毫处置政务经验的江总，为中书尚书令，江总就这样，一步登天地做了宰相爷。

这位新任宰相竟与主上一模一样，只谙诗词，不通政事。陈主因自幼在宫中长大，耳濡目染，对政务亦还能知其一二。江总则不同，他在家中时，整日沉溺书斋，不知政务为何事。好在皇上是要江总陪酒和吟诗作赋、剖析词章等等，至若会不会处置国家大事，并不重要。于是江总每日便携一帮文士入后宫陪皇上宴饮吟诗。皇上为使气氛浓郁，亦在宫中挑出一帮懂点诗文的宫女，封她们为女学士，参与吟咏。

中华乃文明古国，素有男女授受不亲之讲究，而后宫则更是除皇帝、宦官、太监而外的任何正常男子都不得入内的禁苑。可在陈主的后宫中，却没此清规戒律。嫔妃、女学士与大臣、文士，吟诗作赋，相互酬唱，饮酒作乐，常至通宵达旦。更有甚者，一位叫孔范的大臣，本与陈主的宠妃孔贵嫔非亲非故，只因都姓孔，便在席间以兄妹相称，竟结拜为干兄妹，同时，还趁众人都喝得颠三倒四时，二人竟暗度陈仓，坠入贵嫔宝帐中……

陈主既为一国之君，总不能完全不问政事。平日，百官的启奏，皆由宦官蔡临儿和李善度二人接收并作初步整理后，再呈主上处置。有时陈述奏章事由，连蔡、李二人都概述不清是咋回事时，而事前翻阅过奏折的张贵妃，则过目不忘，竟能逐条裁答，无一遗漏。主上十分满意，因而常抱张贵妃当廷听政。有时，宦官不是说得结结巴巴，就是语无伦次。主上听不明白，大为光火，越是如此，宦官越说不清楚。但善解人意，口齿伶俐的张贵妃则早听明白是咋回事了。于是，经其理顺秩序，再作转述，主上立即明了究竟是怎么回事，并与贵妃共同商议作何处置。本来就觉政事麻烦无趣的陈主，久而久之，干脆就让张贵妃代替自己去参决军国大事。

而这位天生丽质，有着倾国倾城貌的张贵妃，却出生微寒，她的父兄原都是靠织席为生的。而当张贵妃一朝权在手，又哪有不见财而眉开眼笑的呢。起始，有后宫人员的家属在外面犯了事，就带些钱财来求贵妃，贵妃与主上一吹枕边风，事情就解决了。继而，她更是明目张胆与宦官、外廷相勾结，卖官鬻爵。而靠此求得一官半职者，当然更会变本加厉，搜刮民脂民膏。如此这般，官场哪有不腐，庶民哪有不苦不堪言的嘞！

日久天长，担任都官尚书的孔范，对成日饮酒酬唱和与孔贵嫔眉来眼去，亦生厌倦。忽有一日，他对陈主说："臣看那些带兵的将军，都不过是些胸无点墨、只有匹夫之勇的粗俗之辈，可他们一个个却还趾高气扬，摆出一副不可一世之状，圣上哪能事事都听他们的呐！"

"那是。"陈主早就看不惯将军们粗俗的做派。

自此，只要听说哪位将军言行不当或有什么错处，孔范就立即禀告皇上下诏夺其军职，而任命文士去管理和指挥军队。陈朝军队的地位本就低下，待遇极差，士气极低，再让一帮只会吟风咏月的文士去指挥，不是更乱套了吗？

三百多年以来，南北对峙状态延续至今，究其最大原因是，没有一方有足够力量去征服统治另外一方。一般来说，自魏兴盛崛起，北方实力就明显超过南方。但他也没绝对实力和雄心将南方征服。更何况在北方君主的头上还有匈奴、突厥和吐谷浑等的虎视眈眈，使魏不得再作非分之想。可当北方进一步发生分裂和混乱时，南方势力虽举兵打过长江，并一度掠去江北大片土地。不过，他们也没足够能耐吞下整个北方……

而眼下却是星移斗转！北边之大隋朝廷已将强大的突厥打得偃旗息鼓，分崩离析，包括突厥在内的周边各蛮夷部落纷纷向大隋俯首称臣；国家内部，励精图治，实力大增，并将军力物资等，逐渐向南转移。与此同时，南边陈主却在大建楼堂殿宇，沉溺酒色中，渐渐沉沦。于是，南北情势便在此消彼长下，发生了根本变化！而尤其是不堪忍受贫困的南方百姓在向往北方惠政之同时，更强烈希望结束这种南北经年分治的局面。

于是，一首《桃叶辞》，便在南方民间广泛流传开来：

　　桃叶复桃叶，渡江不用楫，
　　但渡无所苦，我自迎接汝。

第六十三回

杨广设巧局引姐入彀中
丽华心不甘低眉自认命

隋文帝的第二个儿子杨广，自开皇元年十三岁时被封晋王始，就被派至接近突厥地界的并州任总管，带兵打仗。其时，他最羡慕的就是自己的大哥杨勇。因他不仅被立太子，将来可以做皇上，住的是东宫，还在京师担当要职。而不像自己，一年到头在边塞戎马倥偬。当下可好了，自己当了京师地域的最高军政长官，而太子杨勇则被派往河南道行台出任尚书令，坐镇东京洛阳，表面看去，二人的境遇正好反过来了。

不过，此时此刻的晋王，不仅没有丝毫如愿以偿的快意，反而觉得无比失落。他想：而今，箭在弦上，不知哪日就要打到江南去，实现一统天下之伟业了！可就在这建功立业的节骨眼上，父皇却突然把自己从前方调了回来，这分明是觉得自己难当大任，真乃奇耻大辱呵！而此一切，不就是因自己想要接纳一位陈之降将，并藉此一举打到建康去吗？即使是自己心太急切，考虑不周，也不能算是啥大过呀！可父皇咋能就为这一屁大点的事，而把个刚刚组建的淮南道行台说拆就拆了呢？

正当杨广憋闷之际，管家进房报说，圣上驾到。

此真有如晴天霹雳——皇上即使是在京师内走动，事前必有通知，以使各方有所准备，沿途还有极严格的布置等等。而且，此都是雍州牧分内的事。天这么晚了，他老人家突然驾临晋王府，真乃非同小可！

杨广连衣都不及换，立即出房。可还未等他走到大门口，文帝在两排明晃晃的灯笼导引下，已经踏进门了。

杨广腿一软，胡乱跪在了地上。其时，屋里屋外亦是一片慌乱，纷纷扰扰地东一个西一个地跪在了各处。

"朕没甚大事，趁晚上有点空，出来走走。都起来吧，该干啥还去干啥。"文帝和颜悦色向跪下的众人挥手解释说。

杨广战战兢兢把父皇迎至客厅。他可不信父皇没啥事儿，会转悠到儿子家里来闲聊的。

"唔，汝还是原先那宅子，也没装饰装饰？"

"没呢。这样不是挺好的吗？"

"好，好。朕就中意汝不事铺张的习性，不似勇，喜奢华。"果如杨广所料，还未寒暄上几句，文帝便屏退左右，说，"朕为啥把勇儿调至东京，而将汝调回京师，汝知是何用意？"

"儿臣只知自己没顾大局，就擅自将敌之降将带回京师，差点打乱父皇对南方的整体部署。"

"汝至淮扬，即自作主张招降纳叛，确有考虑不周之处。不过，好就好在没将事情声张出去，引发不良后果。国与国间的事，须切记，一定要慎之又慎，否则，遗祸无穷。"文帝接着拨转话题说，"朕让勇儿去地方历练历练是有考虑的。他身为储君，一心只顾贪图享受，将来怎担大任？调卿回来，则是想让汝帮衬帮衬朕。"

"京师人才济济，各部门事能轮到儿臣插手吗。"

"朝廷人才多，各有各用嘛。比如，朕当下就有一件事，让外人去处置，就一连碰了几回钉子。"

杨广抬头看父皇，问，"那是啥事儿？"

"事情不算大，但若弄得不好就成大事了。"

灯光下，杨广看到就这几年工夫，不到五十岁的父皇，已显老态了。他忍不住地再问道："到底是啥事儿嘛？"

"就为叫汝姐搬家的这件事。"

"嗨，咱以为是啥事呐！"杨广释然地说，"姐住的别馆儿臣去过，她那里配备的下人早已今非昔比了，朝廷派些人去帮她搬一下，不就没事了吗。"

"如是汝说的这样，那就好了。"文帝摇头道，"她就是跟你对着来，不肯搬出别馆。"

"猴子不上树，多敲几遍锣。多催两次，不就成了。"

"没用。她是故意在与朕较劲。如果再这么僵持下去，不成朝廷笑柄了吗？朕记得，你姐与汝之感情自幼甚笃，朕想，汝去劝劝她，没准有效。"

杨广之姐，即文帝的大女儿杨丽华，是前朝的皇太后。文帝建立隋朝，前朝皇太后杨丽华被迫从弘圣宫迁出，移居别馆。而今，原先的长安旧宫为避妖邪，按规矩要全部毁掉，放水淹没，而杨丽华却倔犟地不肯搬家。

"姐在别馆住惯了，缓缓再搬不行吗？"

"已缓很长时间了。她的别馆周遭，早就成了一片废墟，就她那幢小屋还戳在原地。当下要放渭河水将原先的旧宫淹没，以镇妖邪，就因她的阻滞，使事迟迟不得进行。"

"儿臣去劝，若仍无效果呢？"

"那家事就变国事，只能让你姐吃罚酒了。何苦呐！"文帝忧心忡忡地直摇头。

"咱姐自幼不是挺大度、挺能体量人的吗？阿娘总是说她像个男儿，不忌妒，不要小心眼儿。"

"唉，变啦。你姐如今变得十分怪僻！"文帝道，"两年前，你妈见她年纪轻轻，劝她再嫁个人，夫君都给她挑选好了。她却说，自己活是宇文家人，死是宇文家鬼。自那以后，更是与娘家反目成仇了。"

"那，父皇要姐搬至何处？"

"其实，大兴宫开建之时，高颎就考虑得很周全，在兴建后宫的同时，就已在龙首山侧，仿你姐住过的弘圣宫建了一座大殿。据高颎说，那殿宇建得很不错，比你姐当下住的别馆不知要好到哪去了，可你姐瞧都不去瞧一眼，就是犟着不肯搬。她其实是仍在记恨娘家夺了她宇文家的位。"

"行。赶明日，儿臣先去看看那所新建的房子到底如何，再劝姐搬家。"

"此事，卿要多费点儿心思，不能弄出个三长两短的事儿来。"接着，文帝又借题发挥道，"汝看到没有？就这么一爿家事，考虑不周就有可能成大事。如果咱的内部问题一大堆都没得到妥善处置，能冒冒失失进军江南吗？在一统天下的问题上，朕已作过五六年准备，再仔细准备二三年又何妨？汝不要性急，平日有空多做点实事，长点见识，亦要多读点书，想想当年的淝水之战在那么大的优势下，是咋变做风声鹤唳，铩羽而归的。"

"是。"

送走父皇，杨广的心久久不能平静。他想：父皇刚才最后一番话，实乃肺腑之言，分明透出对自己仍是殷殷寄于厚望的！

次日一早，上任不久的雍州牧杨广，便命人暗中从姐姐的别馆中叫来一名宦官。与此同时，他还叫来了设计建造大兴宫和姐姐居屋的副监宇文恺。他本人则只带几名侍卫，皆骑马来到龙首山一条支脉之侧。

时值仲春，但见绿树丛中掩映着一幢新造殿宇。行至近前，方见高耸的殿宇被一丈余高的白墙环绕。因已知有人要来，看门人已将屋外道路清扫干净，把钉着铜钉的两扇红漆大门打开了。此屋面临渭水，背靠龙首山，其一侧旁依着大兴宫的宫墙，单独看，亦是一块不错的风水宝地。

进门后，宦官即道："嗨，此舍极像娘娘住过的弘圣宫。"

一行人，迈上丹墀，进入屋内，一一打量。此殿，竣工已两年有余，因有专人看守、打理，室内诸物，件件光鲜亮泽，而使满屋生辉。屋后是一不大亦不算小的庭院。院中，楼、台、亭、榭，曲径通幽，并遍植奇花异卉……尤为瞩目的是有一高十数丈造型别致的亭子，亭之中心有一螺旋形扶梯旋转而上，亭首之匾额直书三字，曰：四望亭。

众人屋里屋外走了一遭，复又回到屋内客厅坐下。杨广这才开口问宦官："汝说，此殿极像娘娘住过的弘圣宫？"

"是，确实像极。小的猜，此屋就是仿弘圣宫建造的。"

"那么，有不像之处吗？"

"有。"宦官亦不假思索地道。

"有哪些地方不像？"

"比如说，弘圣宫的丹墀前，原有一大块天然青石打造的照壁。据说，那块大青石就是采至此龙首山中。照壁上，还镌刻一幅《麒麟送子图》，娘娘每从照壁经过，都要瞅瞅和摸摸那幅画儿。"

"唔，你说的照壁，咱有印象。"宇文恺插话说，"拆弘圣宫时，咱去现场挑选过材料。当时嫌那石板太沉，造型奇特，怕搬去建大兴宫，不一定派得上用场，就没去管它，不知是否还留在原处。"

杨广又问："还有与弘圣宫不一样的地方吗？"

"有。"宦官道，"比如说，娘娘原先睡的那床，就与目下差得很远。"

宦官说着比划了一下，大家皆不明就里。杨广就命拿纸笔来。看守房屋的下人取来纸笔，杨广叫宇文恺把与弘圣宫不一样之处逐条记下。宦官在纸上歪歪斜斜只画几笔，宇文恺便会意地说："唔，知道了，你说的这床是皇上睡的龙床！娘娘原是皇太后，可当下……"

"不打紧。"杨广道，"汝仍在主人房中置一龙床。"

"那可是僭越！"

"此事包在咱身上。"杨广毋庸置疑地道，"正如你所言，咱姐原是皇太后，睡龙床自是理所当然。当下，她仍是皇上女儿。所以，屋内一些图案和雕饰仍用龙、凤不误，此能错到哪里去嘛。"

接着，宦官又说出一些与弘圣宫不相一致之处，宇文恺一一记录在案。

当宦官说到原先的后花园中并无那么高一座四望亭时，杨广却道："咱看那亭子造得别致。比弘圣宫里的亭子好，应保留。刚才众人都未登楼，欲上去看看，景致一定不错！"

"对！对！"设计该亭子的宇文恺极表赞同。他说，"此亭就是依周遭景致而建，所以，取名四望亭。"

接下来，此一行人又马不停蹄地来到已成废墟的原弘圣宫旧址。果不出宇文恺所料，那块浑然天成、后经人工雕琢的大青石照壁，仍立于原处。宇文恺从废墟中拾起一件破衣烂衫，在青石板上揩抹了几下，一副《麒麟送子图》便栩栩如生地跃然平整的石面上。宇文恺丢掉手中破布，在废墟中仔仔细细地看了起来。

也是，这座弘圣宫始建于何时，在场的人恐都不一定知晓了。只说近年，大家都还记得的：首先，这里曾住过周武帝的生母、叱奴皇太后。也就是在这座宫殿里，周武帝当着母亲叱奴皇太后之面，计杀了权臣宇文护。几年后，叱奴皇太后和武帝先后去世，宣帝登基，经过修缮的弘圣宫迎来了新主——这便是杨皇后。仅过一年，宣帝自称天元帝，立七岁儿子为静帝，年纪轻轻的杨皇后就这样成了皇太后。又过一年，宣帝逝，隋文帝登基，独孤夫人做了皇后，入主弘圣宫，而使女儿——原先的杨皇太后搬至别馆……光一座弘圣宫，仅近十余年间，就入主过好几位皇后和皇太后，并生出诸多故事来。

而此时，宇文恺则尽力从那些断壁残垣留下的破碎物件中，探寻和搜索着弘圣宫的原来样貌……

杨广客气地说："请副监费心了。此次翻修屋宇的费用，皆由雍州府衙承担，不用副监担心。"

宇文恺则笑道："那倒不必。咱做一座大兴城，还缺这点工与料？反正都是羊毛出在羊身上。"

其后，宇文恺即率一批工匠，各司其职，仅一个多月工夫，就把那座原本"极像"弘圣宫的殿宇，翻修得几与弘圣宫别无二致了。

这日巳正时分，雍州牧晋王杨广轻车简从，穿过被拆后的大片废墟颠颠簸簸地来到一幢独立的屋舍前，这便是前朝皇太后杨丽华的别馆。

坐于房中的丽华听仆役说，有一队车马朝这边来了。丽华以为又是来催自己搬家的，就说："把门关严，别理会他们。"

过了一会儿，又有女婢报说，来人是晋王杨广，说是来看姐姐的。

丽华一听，忙道："开门。"

说毕，自己也顾不上整理妆容，便径自出房迎接。当她走到大门口时，杨广已迈入门槛朝她走来了。

"嗨，亏你还记得有个姐。"丽华喜出望外，看着比自己高出一头的弟弟眉开眼笑着。

"别人可以不记得，姐不能不记得咧！"杨广由衷地说。

这姐弟二人，自幼情感笃深。独孤夫人孩子多，管束严。尤其是对女孩，平日不准私自到外面玩耍。而男孩读书、练功之后，则允许到户外玩玩。丽华是家中的大女儿，天资聪颖，生性活泼，父亲是武将，家中养着许多好马。丽华偷偷与养马仆役套近乎，学会了骑马。一日，趁父母都不在家，丽华约了尚只七岁的弟弟杨广，二人于马厩各偷一马到外面骑着玩耍。还有一次，杨广在外面得到一只蝈蝈，他叫人用竹编的笼子装好后，回来送给了姐姐。丽华高兴得做了皇后后，还念念不忘弟弟当年送她的那只蝈蝈儿。

官宦人家子女，童年亦都是很短促的。丽华十三岁便嫁入东宫，做了太子妃。杨广本人，也是十三岁就做了并州总管，开始了戎马倥偬生涯。可愈是这样，童年建立起的感情，愈是弥足珍贵。

"不是说，你外放去了南边吗？是回来有事的吧？"丽华把弟弟迎进门问。

"是父皇又改了主意，让咱回京师做了雍州牧。"

"雍州牧？那不就是管京师地域的官嘛。"丽华立马道，"那正好！近来有人欺你姐，害得姐连大门都不敢开，你可要给姐出出气。"

杨广知她说的是常有官员来催她搬家，就故意把话岔开说："今后姐想吃喝啥，想到京师周边啥地方散散心，尽管跟弟说。"

说话间，有人陆续往屋里搬东西，坛坛篓篓搬进一大堆。丽华不解地问："此都是些啥？"

"也都是些不值钱的货。"杨广解释说，"有用酒糟过的长江鱼，还有淮扬咸鸭蛋、笋干、干蘑菇等土特产。那边离海近，也有些这边不常见的海产。钱虽不值几个，味道都还是不错的。"

"难得，难得。姐自入此舍，只你隔三岔五还记得给姐捎东西。"丽华说着，眼圈儿都红了。

"那倒不见得哩。"杨广叹惜道，"据咱所知，阿娘就派人给你送过东西，是你不领情罢了。"

一提母亲，丽华便敛声了。她对父母，有着一股说不出、道不明的滋味儿。父母养育并呵护了她，恩重如山！人非草木，孰能无情？可父为了篡夺皇位，灭了她婆家所有男丁。而母亲则直接夺去了自己皇母之地位，能不恼恨？

二人默默走进客厅，坐下，还是先由杨广打破沉寂："姐，事情已过多年，你也应该想开些了。咱听人说，妈当年为救你，头磕在砖地上，溅出好大一滩血；父皇也是，被宇文家几度追杀，几度险遭毒手。他夺了人家的帝位，除是天意而外，亦是被逼急了，不得已而为之哩。"

"唉——"丽华长叹一声，说，"其实，那时节，宇文家气数已尽，姐也早看明白了。父夺帝位，也都罢了。只是静帝才八岁，还是个不懂事的娃娃，他犯了哪家子的法？"

"唉——"轮到杨广也重重地叹息了一声，"姐，不要再这么想来想去啦！这些旧账，纠结于心，算来算去，是永远也算不出结果，理不清头绪的。逝者如斯，过去的事，还是顺其自然，让它随水流淌过去算了。"

说话间，有奴婢来报，午膳好了。

丽华就说："陪姐吃顿饭吧。如何？"

"咱没问题，只是咱带来的一帮子人，他们……"

"汰！那又何妨？姐再落魄，总不至供不起你听差的一顿饭吧。"

"咱不是那意思，是怕姐事先没准备。"

"此要啥准备。姐家里的一帮子人让他们慢点再吃，让你的人先吃，行么？"

"那行。陪姐用膳，弟乃求之不得。"

姐弟用膳时，还都饮了一点酒，并都有意避开可能引起不快的话题。

所以，气氛轻松，充满难得的姐弟情意。

膳毕，丽华亲自送杨广出门。杨广抬头看看天气，屋外，一派风和日丽。他忽然见景生情道："天气真好咧！姐，咱们出去走走吧！"

"到哪去？"丽华事先没准备，望着杨广问。

"踏青嘛，就沿渭河走走，如何？再过一些时日，夏季到了，就没此雅兴啦。"

"行！"丽华望着杨广的马车，皱起了眉，"只是这路不平，坐车难受。"

"踏青嘛，就骑马吧。你还会骑马吗？"

"当然会。"丽华高兴地道，"那你等等咱，咱得去换身衣衫。"

过了一会儿，有仆役牵出三匹马，在门口候着。再过一会儿，丽华与两名女婢同着黑色长筒马靴，同穿红色紧身衣衫，身披白丝斗篷，都扎一色红头巾个个光彩照人地出来了。

杨丽华，十三岁那年嫁与周之太子宇文赟。屈指一算，又过了正好十三年，时下，为二十六岁。经此打扮，在明媚春光的辉映下，更显神采奕奕、娇艳动人。

"姐，你真好看！"杨广不由得大声赞叹道。

"还好看？老啦，都半老徐娘啦！"

"一点都不老。是越活越年少了！"

说笑着，杨广从一名侍卫手中牵过一匹马。他也只带两名侍卫，其余的人与车，便命其直接打道回府去了。

姐弟俩穿过一片废墟，即至渭水之滨。周围的山川虽早已冰化雪消，但真正的汛期却未到来，瘦长之江面，波光潋滟，水流徐缓，而岸边和脚下皆已青草依依，是名副其实的踏青。二人沐着有点清凉又有点暖意的春风，并辔而行。

杨广兴致勃勃地道："姐，你记不记得？小时候，有一次，咱俩趁爹妈不在家里，偷偷骑马去外面游玩？"

"哈，那哪能忘记！那年，你才七岁。咱原本是约的勇，他临出门前又变了卦，是你陪咱去的。回来后，若不是李顺叔打马虎眼，少不得一顿好揍。"

"哈哈……一晃就十多年了。"

他俩边走边说边看河中渔夫驾着小舟撒网捕鱼。渐渐地，此一行人拐入一条小径，行至树木葱茏的龙首山的一条支脉中。

骑行在最前的一名奴婢忽然嚷道："看，那儿有座殿宇。"

"去给咱讨口水喝，咱渴了。"丽华支使女婢说。

一行人走到屋前，纷纷下马。杨广的侍卫收了两位主人的马缰，把各人的马分别拴在就近的树干上。此时，但见那幢殿宇被一高墙围着。墙中开着一扇黑色小门，此显系这幢大宅的后门。一位奴婢走过去，敲了敲门，无人应答，便顺势轻推了一下，门"吱呀"一声开了。

奴婢把头探进门去，禁不住地惊叫了一声："呀！娘娘，此院可真像煞弘圣宫的后花园！"

"不要大惊小怪。"丽华不以为然地道，"有人没？去和屋里人讨口水喝吧。"

"没见有人呢。真的，像极弘圣宫的后院。那假山，那回栏，那石桌、石鼓都似从弘圣宫里搬过来的。"

"不可能。是你走火入魔了吧？"丽华瞪了女婢一眼，走过去，用手中马鞭一捅那门，虚掩之门"吱"地敞开了。丽华则如木偶般，被眼前的景象惊呆了！

她不由自主地走进去，四顾中，见院中有口井，井台是石砌的，周遭有石栏，井口呈八方形，且，井口之上架一木制的辘轳……她走到近前，握住辘轳的手柄，摇了几下，果真就绞出一桶清凌凌的水来！真是奇了，此井的形制与用料，亦与弘圣宫后花园的那井，别无二致！她渴了，忍不住地弯腰从桶中掬了一捧水，喝一口——嗨，这水一点都不涩，清凉，还带点甜味儿！她喝了个够，直起腰，抬头见不远处有一座极高极别致的亭子，此是唯一与弘圣宫后花园不同的景致。她走过去，见亭子里有一曲曲弯弯的梯子，便沿梯而上，爬得有点气喘了，正好就有一能容三五人歇气的空档。她站那，极目远眺，但见碧瓦红墙，飞檐拱顶，一片望不到尽头的气势恢宏的殿宇。她想，这一定就是父亲新建的大兴宫城了。她听说过，却未见识过，今日见了，便油然又从心底涌出一股难以言状之滋味儿！哼，他住这么气派的宫殿，却还硬逼自己不知搬到何处——咱才不搬呢！丽华边想边继续沿梯往上爬。气喘时，又遇一同样的平台。不过，这回换了个方向，映入眼帘的是青幽幽的龙首山。其时，拂面山风，带着几许青草、花香和春之气息儿，把刚才的郁闷一下吹至九霄云外……再往上爬，丽华已弄明白，此亭共分东、西、南、北四层，每层方向不同，各置一观景平台。当丽华再上到另一观景平台时，呈现于眼前的是大兴善寺。是呵，当父亲改周建隋，宣帝的另外几位后妃，皆先后遁入此寺中，削发为尼了。前年，母亲劝自己改嫁，不从后，曾提出要求和几位姊妹一样，皈依佛门。可笃信佛教的母亲，却不允出嫁的女儿为尼。想到此处，丽华又黯然神伤起来……不过，她仍坚持着爬到了顶层。其上，是一很大的圆形平台。桌、几、椅、凳……等等，一应俱全；柱子上，挂着雕刻的楹联，整个顶层平台布置得高雅讲究。此间，可饮茶、饮酒、聊天，可作吹拉弹唱之娱乐，亦可眼观八路，把四周景致，尽收眼底。丽华凭栏远眺渭水景致，让风把爬得发热出汗的身子吹凉……

其实，该亭就叫作"四望亭"。刚才丽华是从亭子的后侧进入的，没见正面四望亭三字的匾额。她让风吹得舒坦了，也不气喘了，才缓步下楼……

丽华刚出亭子，就见一女婢边跑边朝她嚷："娘娘！你快来！"

"出啥事了？"丽华迎了过去。

"奴……奴婢看到……"女婢一时语塞，不知说什么好，领着她绕着那座殿宇跑。

"到底咋啦？"丽华更觉蹊跷。

当其绕过房子，来到正门前，竟一个趔趄，突然愣住——一座熟悉得不能再熟悉的照壁，竟然矗立眼前！她入主弘圣宫后，有的皇妃已先后生儿育女，只她仅生一女，未有儿子。有人告诉她说，去摸摸照壁上的《麒麟送子图》吧，麒麟会送你一个胖儿子的。所以，她每日都要去那照壁上摸摸，有时，一日要摸数次。她仔细看了看那照壁，不错，那图还在，且就是弘圣宫门前那照壁！那图已被摸得无比光滑。因为远不止丽华一人摸过！可这是谁将它移过来的呢？此殿的主人又是谁呢？她茫然地环顾左右，见弟弟杨广正默然不语地站在自己身后，并在注视自己——她突然如电光石火般，心里"刷"地透亮了！原来自己最为信任的弟弟，也在设局捉弄、算计自己！她狠狠瞪了杨广一眼，然后迈上丹墀，径自进入殿门。

丽华越过天井，进入厅堂、堂上正面之木制横梁上有幅蓝底金漆"龙凤呈祥"图案。她头也不抬，穿堂而过，进了主人卧房，见女婢和杨广尾随跟来，便"砰"地把门关上，插上门拴，倒在龙床中，号啕恸哭起来……

门外两女婢急了，捶门大喊："娘娘！娘娘！"

杨广走过去，制止说："别喊了，让她哭哭，反而会舒坦些。"

果然，过了好大一会儿，哭声中止了。再过一会儿，房门打开，丽华出门，平静地对杨广道："你告诉父亲，丽华认命了。且，今日就住此间，不走了。"

"姐！"杨广望着丽华，她的面庞依然还是那么姣好，可没了精气神，那踏青时，飞扬的神采，已黯然失色了。杨广把头低下，歉疚地说，"弟并非想要欺蒙咱姐，只是，广乃朝廷命官，能做到的仅是尽量给姐留个念想，使姐今后的日子能过得舒心自在点儿。"

事后，杨广拜见了父皇。

文帝听罢儿子的禀告，说："丽华这孩子，节骨眼上，还是能识大体。"

接着，文帝下诏，封杨丽华为乐平公主。

当其绕过房子，来到正门前，竟一个跟跄，突然愣住——一座熟悉得不能再熟悉的照壁，竟然矗立在眼前！

第六十四回

以诗会友道衡小心上路
用歌传情昏君大唱哀音

开皇六年初夏，陈国派遣兼散骑常侍周磻、兼通直散骑常侍江椿作二位使者访隋。文帝以极其亲善的姿态，在中华殿接见并宴请了南方来使。

席间，陈使周磻提说道："此次临行前，我朝皇上特别叮嘱，要下臣打听贵国一位大人。"

"不知卿之主上要打听的是谁？"文帝关切地问。

"此公，姓薛，名道衡，字玄卿，河东汾阳（今山西万荣）人氏。"周磻如背书一般，逐字道来。

文帝一听，顿觉周磻一板一眼郑重其事地念出薛道衡的姓名、籍贯，十分有趣，于是，莞尔一笑说："卿之主上打听的这位薛公，是个才子。他不仅写得一笔好字，且经手拟写的诏诰，甚合朕意。"文帝意犹未尽，对坐于身旁作陪的内史令李德林说，"德林公，卿来给周大使介绍介绍你的这位下属。"

李德林笑道："你的主上提到的这位薛大人，在齐国时，曾为下官同僚。而今，亦仍与下官同处内史省，任内史舍人一职。不知陈国皇上要了解薛公哪方面的事儿？"

周磻随即道出陈国皇上打听薛道衡的原委。他说："此事应从当今主上之父——宣帝在位时说起。其时，我朝曾派傅縡出使齐国，薛大人在齐以主客郎身份接待傅縡大使。傅闻薛的诗名，遂将自己的大作'五十韵'赠与薛公。薛公和了一首，回赠给了傅大人。谁知，此事隔了十余年，当今主上见到当年薛大人的和诗，竟对薛公大加赞赏，并说此一赠一和是'以蚓投鱼'。傅縡所赠的庸诗，引来的是无价之宝。今主上打听薛大人，是对他的诗才表示仰慕。并问薛大人近年有何佳作问世？"

"嗬！想不到薛公在贵国还有这样一段佳话。"文帝高兴地说，"这样吧，今年下半年，我朝遣使到贵国，就派薛道衡去好了，让他会会贵国的知音。"

"若能如此，那真是太好了！"周磻高兴地说，"我朝仰慕薛公的，远不止主上一人哩！"

"江南，不是盛产才子佳人么？他们果真如此看重咱的薛公？"文帝转而问李德林，"道衡之诗，真有那么好吗？"

李德林由衷地道："薛公之文与诗皆属上乘。文靠工夫，诗靠天赋。嘿嘿，他写诗作文时，可不像咱。下臣平日还要处置内史省内各类杂务，不胜其烦，久而久之，习惯了在嘈杂环境中成文。薛公则不然，他在给圣上拟写诏告时，用心极专。每至构文，必隐坐空斋，或蹋壁而卧，闻户外有声，便怒。所以，同僚每见他空坐一隅，都噤若寒蝉，一个个像做小媳妇似的，屏声敛气，不敢招惹他。臣下是他上司，也莫能例外。"

李德林一席话，把席间众人都说得笑了起来。

"哈哈，薛公还有这么个刁习惯，朕亦是头一回才听说。"文帝饶有兴味地道，"以前，朕只闻李德林是当今天下第一支笔。可今日忽听德林公这么推崇另一个人，而且，此人的名声连陈国皆知。朕倒想问问卿，以卿之见，卿与道衡，谁之文笔更佳？"

李德林连忙辩解道："臣下可从未声言过自己的文章如何如何！倘若硬与道衡分高下，论作文，在下与薛大人，风格各异，工夫亦恐不相上下吧。若说作诗，德林则甘拜下风。"

"噢？这个薛道衡，还真这么厉害？你念一首他写的诗给朕听听。"

李德林想了一下，说："他的诗作，稍长一些的，臣下已记不全了。念一首他的《人日思归》吧。"

李德林随即吟唱道：

入春才七日，离家已二年，
人归落雁后，思发在花前。

念罢，并点评道："道衡之诗，讲究对仗，却不浮华造作；清新委婉，从不作无病呻吟。"

"那么，薛公是否可称大隋当今第一骚人？"陈之使者周磻问。

"没人这么比过。"李德林看一眼文帝说，"咱曾看过道衡与清河公相互和赠之诗。感觉清河公的诗，一样毫不逊色。"

"噢？"文帝越发惊奇，"卿说的清河公是杨素么？"

"是。"

"杨素乃朕本家兄弟。若论行兵打仗，他有一套。治政，也成。可没听说他还会写啥诗呢。"

"不，不，不！"李德林否认道，"清河公虽为武将，诗、文也毫不逊色。他如够不上那个格，亦难与薛公一唱一和。"

"那是，那是。"众人皆附和说。

"来，干杯！"文帝举杯对陈国使者说，"别只顾说话，连酒也忘了喝。"

夏季过去，暑气渐消，文帝在自己的寝殿里召见了薛道衡。

"朕听说卿的诗写得好，连陈朝皇上都佩服。"薛道衡礼毕后，文帝即道。

"哪里，哪里。"刚被赐坐的薛道衡，立马站起，诚惶诚恐地说，"涂鸦之作，实不足道。"

"此次派汝作大使出使陈国，就是因卿有此特长。朕听说陈的皇上是个诗痴，望卿淋漓尽致，一展诗才，不辱使命。"

薛道衡，生于东魏孝静帝兴和二年（公元 540 年），已四十有六，比文帝年长一岁。他的祖、父辈皆于东魏、北齐为官。道衡六岁时，父母双亡，自幼苦读诗书，一脸儒雅书卷之气。

文帝言罢，道衡即说："江东陈国，僭称帝号已久。因为东晋永嘉以来，华夏分裂，而北魏由北南迁，无暇远征。后又因周、齐两立，兄弟阋墙，力图吞并对方，因此江南一次次得以逃脱讨伐。而今，陛下圣德广布，荣登帝位，咋能容许区区陈国久在天网之外？下臣今奉命出使，请求责成陈称臣。"

"此可不行。"文帝望着书生意气十足的薛道衡说，"朕派卿去，意在投其所好，以诗会友，切不要在言辞上冒犯邻国朝廷。切记，要领会朕的用意。"

道衡一怔，想，国之堂堂使者，咋能像走亲戚一样，婆婆妈妈的。

"作诗，不是也要前思后想、推敲再三嘛。性急吞不得热汤圆哩！"文帝语重心长地叮嘱道。

道衡此才恍悟，皇上派自己出使陈国，意在麻痹对方。于是，点头说："臣下明白了。"

薛道衡欲起身告辞，文帝竟突然问："朕听德林公说，卿在诗词上，常与清河公互有赠答，一唱一和？"

"是。"

"卿以为杨素真能作诗？"

薛道衡不假思索地道："清河公的诗很大气。"

"噢？"文帝不以为然，说，"杨素，乃一介武夫。他有点儿文才，能自拟表章，朕知道。不过，欲说作诗，恐仅是附庸风雅吧？"

"绝非如此！"薛道衡连声道，"清河公有的诗，不才读来，亦感自愧弗如。"

"那才怪了。"文帝说，"人说，卿的诗写得好，朕信。汝是文官，成日与文字为伍，又爱钻研此道，熟能生巧嘛。杨素戎马倥偬，心都静不下来，有时在战场上，甚至连命都难保咧，咋能潜心琢磨那玩意儿？"

文帝说出此番话来，其实是有感而发。他十三岁入仕，不久进入皇宫，做了右小宫伯，成日不离皇上左右。皇上是鲜卑人，这个本来没有自己文字的民族，经数代传承，不仅皇上个人，几乎整个皇族成员，个个精通汉文，且竟相研习书法，填词作赋写诗。其时，皇上的几位弟弟，如赵王宇文昭、齐王宇文宪，都成了当朝颇有名望的文士。本为汉族的杨坚，与他们年龄相仿，耳濡目染，一度也热衷舞文弄墨，与之切磋作诗技艺。可后来带兵打仗，连性命都置之度外了，又哪有心性再顾及诗道。他想，杨素与自己的经历极为相似，咋能写出令人心悦诚服的诗来呢？

然而，薛道衡则解释说："填词作诗者，大凡分为两类人：一是，年幼有较好的读书作文功底，聪颖灵慧，大了，触景生情，无师自通。清河公就属此类，三国时的曹孟德，乃草莽英雄，但诗才过人，亦属此类诗家。另一种人，即是一直酷爱此道，为求得一字一词之贴切，冥思苦想，不知要掐断多少根胡须。"

"唔——朕明白了，卿恐就属此类人。"

薛道衡点头笑了笑。

"看来，卿与清河公的交往不浅啰。"

"是。"

"德林公对卿的赞美，溢于言表，看来，你俩亦过从甚密。"

"臣与德林公共事多年，自是相识、相知。"

文帝是个爱捉摸人的人，他想起两年前，杨素因出言不慎，被剥去所有职务，责令他回家闭门思过，有的官员为他求情，有的为之叹惜，似乎只有李德林无动于衷，因而问："德林公虽也说杨素的诗写得好，可他俩之间好像并不怎么亲近？"

"陛下真是明察秋毫！"薛道衡脱口道，"确是如此。"

"那么，他俩曾有啥过节？"

薛道衡摇头说："德林公与清河公从未共过事，并无利害冲突，彼此亦都客客气气，过节，臣想是不会有的。"

"他俩都是朕的重臣，为何就不能像汝和他俩那样呢？"

薛道衡想了一下，说："可能是志气和性格不相投吧。德林公是个性高品洁之士，做事认真，待人亦是一是一，二是二，不会曲里拐弯。"

"那杨素呢？"

"清河公是将军。为了克敌制胜，为了在厮杀中占得先机，他不得不使些权谋、机诈等手段。久而久之，在为人处事上，亦会使出点手段儿。总之，两人不是一股道儿上的人吧。究竟咋样，臣下也说不太明白。"

"有道理。"

…………

薛道衡以大隋正使身份出使南陈，一路上秋风送爽，不日即渡长江，抵达建康城外码头。令薛道衡未曾想到的是，除皇上本人未至码头迎接外，陈之满朝文武，在宰相江总的率领下，几乎倾巢而出，盛况空前。

皇上陈叔宝当日宴请了大隋使团全体成员。

陈皇叔宝，时年三十有三，仪表举止，一派雍容儒雅。席间，与道衡觥筹交错，谈诗论道，滔滔不绝，相与甚欢。道衡感到，此皇上与外间的传闻不一样呵！人说其荒淫无度，拥着宠妃上朝，对政事答非所问，近乎白痴。而眼前的这位主上，说话不仅得体，且对古今诗文的鉴识，眼光之独到，实属罕见……

不一会儿，歌舞艺妓在江南丝竹的伴奏下，在五光十色的灯光辉映下，翩翩起舞，气氛热烈异常，使与席之人，如同身处仙境一般。道衡能饮，但他尽量控制自己的酒量，以免失态。好在这位儒雅皇上，亦不硬劝，喝多喝少由自己把握。

次日巳初时分，薛道衡等一行刚用过早膳，就有宰相江总来说：今日大隋使团一般人等，由兼散骑常侍周磻带领参观建康名胜；正使薛道衡则前往后宫参加由皇上亲自主持的诗会。

薛道衡再次受到陈国的最高礼遇，他乘坐的是皇上出巡用的金辂车，前后都有仪仗、卫队伴行。那车才走不到一个时辰，就停住了。道衡下车，只觉一股香气扑鼻。抬头看时，只见三座高达数十丈、造形独特的楼阁一字排开，蔚然屹立，在秋日明丽的阳光照射下，四射着五颜六色的光芒。他想，此情此景，真如同海市蜃楼中的琼楼玉宇呵！此恐怕就是名闻遐迩的"三阁"吧——真是百闻不如一见嘞！

接着，在太监和江总的导引下，进入其中一阁。薛道衡拾级而上，那扶手，那饰物，非金即银，或是用玉石镶嵌而成。道衡想，此三座高大楼阁，一共得用多少金银和宝玉咧，用挥金如土来形容，实不为过！

江总边上楼边介绍说："此为皇上寝宫结绮阁，今日的诗会就在这座阁中进行。"

道衡感到有点紧张。因在爬楼，越往高走，更觉气喘难平，于是停步问："诗会，要举行啥仪式吗？"

"咱也不知。"江总收住脚步说，"不过，不会有啥正式礼仪的。圣上，乃性情中人，他本人就忌繁文缛节，不用担心。"

果如江总所料，当道衡爬至高层，江总说一声："到了。"

薛道衡抬头一看，见一门庭左右，书一楹联："璧户夜夜满，琼树日日新"。江总轻撩珍珠门帘，做一请君入内手势。道衡跨过门槛，进入一间大厅，室内高朋满座。众人见道衡进屋，都起立鼓起掌来。道衡四顾，欲寻陈主，但见一些如花似玉之妙龄女子，衣着华丽，如插花一般，亭亭玉立于男宾之间。道衡立觉心惊肉跳——男女能这么混处一室吗！他疑心自己走错了去处，正欲回头问江总，不期一眼瞥见上首安然坐着的陈主。他的两旁一左一右亦坐着两位貌若天仙的美女，左边一位墨黑如漆的长发沿胸飘下，此一定就是传闻中的张贵妃了，她有一头飘至膝下的长发。而右边一位，在道衡眼中，其美色丝毫不逊张贵妃，可能就是孔贵嫔吧。此时，她们都在对自己颔首微笑，以示欢迎。

道衡觉得伤风败俗，不可思议，但想起临行前，文帝之嘱咐——一定不要轻谩对方！于是急步上前，欲向陈主行跪礼。

不料，皇上却立即起身，将他挽住，道："卿是诗中豪杰，免礼，免礼！"

薛道衡被皇上赐坐后，刚才起身的众人才陆续落座。

陈主道:"诗会,诗会,以诗相会。众卿都不要拘谨,今日机缘难得,在作诗上,有何疑义,亦尽可向薛公讨教。"

皇上之语刚落,就有一位身着戎装的将军起立道:"下官近日拜读薛大人的边塞诗,感觉苍凉、豪放、大气。只因传抄过密,使有的字词,以讹传讹,读来如骨鲠喉,不能酣畅淋漓,今诗作者就在眼前,实在难得,有劳薛大人帮在下校正校正……"

薛道衡看他一眼,见其细皮嫩肉,咬文嚼字,极尽斯文。而且,整屋的人,就他身着戎装,显得很特别,于是禁不住问:"请问将军,您说的不知是下官的哪一首边塞诗?"

谁知,此一问,不打紧,屋内的人竟然哄堂大笑起来。尤其是皇上身边的二位国色美人,更是笑得岔了气,皆倒入陈主怀中。

薛道衡惶然无措,不知自己说错了什么话。倒是略显尴尬的"将军",并未自乱阵脚,他从容答道:"下官姓孔名范……"

"呵?"还没等孔范说出是哪一首诗,薛道衡愈觉惊奇地问,"孔大人不是都官尚书吗?咋成了将军?"

孔范此才腆脸解释道:"咱今作将军服来赴诗会,一是,圣上命臣下兼任了军职;二是,下官敬服薛大人的边塞诗。"

"喔喔……"薛道衡不知如何应对,想了一下,只好说,"道衡不才,为公错爱。其实,孔公之诗就写得很不错嘛。"说着,薛道衡口占一绝,正是孔范的大作。

孔范的这首诗,与会之人当然都耳熟能详。不过,众人皆为身处别国他乡的薛道衡亦能倒背如流,而感到无比惊诧,亦都由衷地为之再次鼓起掌来。

孔范则更是两眼泛光,无比惊喜:"真没想到,薛大人也看过下官的诗。"

"此是理所当然。既为同道,哪会不关心他人的佳作呢?"

薛道衡说的倒也是实话。数百年来,大江两岸,兵戎相见,可江北江南却从未断绝过民间交往。薛道衡本人的诗作中，就汲取了南诗委婉、华丽的风范。而尤其是，此次出访前，他更对江南诗作做足了功课。

接着，道衡续上原先被打断的话头，问："方才孔大人说下官的边塞诗可能有抄错之处，但不知指的是哪一首？"

孔范当即念道："高秋白露团……"

"哦，知道了。"薛道衡清了一下嗓子，正欲往下念时，孔范却打断说，"大人，且慢！下官已备好纸墨，请赐墨宝，岂不快哉！"

"那，薛某就献丑了！"道衡亦不推却，走到案前，提起笔来。

于是，就有人展纸磨墨。一切就绪，道衡饱蘸了一笔墨汁，便在纸上自如地挥洒起来：

　　高秋白露团，上将出长安。

　　尘沙塞下暗，风月陇头寒。

　　转蓬随马足，飞霜落剑端。

　　凝云迷代郡，流水冻桑干。

　　烽微桔槔远，桥峻辘轳难。

　　从军多恶少，召募尽材官。

　　伏堤时卧鼓，疑兵乍解鞍。

　　柳城擒冒顿，长坂纳呼韩。

　　受降今更筑，燕然已重刊。

　　还嗟傅介子，辛苦刺楼兰。

"好！"道衡写好题款，刚把笔搁至笔架上，凑到近前看薛道衡写诗的陈主忍不住地赞叹道，"字好，诗亦好！"

"薛大人，能为奴婢留一墨宝吗？"道衡抬头看时，一花容月貌的女子玉立在自己面前。

陈主介绍说："此乃朕之贱内孔贵嫔。"

"这样吧，"薛道衡灵机一动，说，"刚才下官念的孔范大人那首诗中描画的美女，可真是像极娘娘，咱就把此诗录下，送与娘娘如何？"

"哈哈……薛公好眼力！"陈主毫不避讳地道，"他们二人皆姓孔，已结干兄妹，诗中描画的正是她！"

"呵？"道衡感到不可思议！心想：此不是乱了纲常吗？但，话既出口，且皇上本人见怪不怪，他自然只好勉为其难了。

薛道衡再次搁笔。一时之间，前来求字和求诗者，趋之若鹜，室内气氛更趋热烈。

此时，江总走到陈主面前，请示是否可以开窗。

陈主点头说："好！"

接着，有人卷起珠帘，撑开窗户，阵阵带着桂花香气之金风，徐徐涌进窗来。正当众人神清气爽沐浴着那带香味儿的秋风时，一股江南风味的乐音飘然而入。开始，正在挥毫的道衡只觉悦耳动听。接着，他听出轻柔的乐音中还伴有女子绵软之哼唱，更觉美不胜收。紧接着，他终于忍不住地停笔凝神细听起来。这一听，不打紧，他手中仍握着那杆毛笔，人则已身不由己地步至窗前。他隔窗望去，只见窗下的假山、秋千架上，以及花丛之间，三五成群站着、倚着、蹲着、坐着数百身着白裙的女子，在弓弦乐手的伴奏下，轻柔妙曼地在唱一首歌儿：

垂柳覆金堤，蘼芜叶复齐。

水溢芙蓉沼，花飞桃李蹊。

采桑秦氏女，织锦窦家妻。

关山别荡子，风月守空闺。

恒敛千金笑，长垂双玉啼。

盘龙随镜隐，彩凤逐帷低。

飞魂同夜鹊，倦寝忆晨鸡。

暗牖悬蛛网，空梁落燕泥。

前年过代北，今岁往辽西。

一去无消息，哪能惜马蹄。

一曲唱罢，这位四十六岁、老成持重的北方才子，竟至热泪盈眶。他躬下身子对陈主由衷地道："真乃天籁之音也！没想到，拙作谱成吴曲唱起来，竟这般美妙。多谢，多谢了！"

"曲好在其次，主要还是公之诗好。"陈主道，"前次周罗睺出使贵国，带回消息说，公将代表大隋回访我朝，孔范就将卿之大作配上曲子，以表我朝对诗作者的敬意。"

"不敢当！不敢当！"薛道衡再次躬身，说，"其实，主上的字和诗，才是真正之瑰宝，道衡斗胆求赐墨宝，带回国去，以彰显两国情谊。"

"好！"陈主步入案前，看一眼仍坐于原座一直未动的张贵妃，提起笔来。

其时，站在窗前的江总朝窗外挥了一下手。于是，那略带惆怅之乐声又油然响起，唱的是：

> 丽宇芳林对高阁，新装艳质本倾城；
> 映户凝娇乍不进，出帷含态笑相迎。
> 妖姬脸似花含露，玉树流光照后庭；
> 花开花落不长久，落红满地归寂中！

乐声渐细，悄然而逝，陈主亦写完最后一字，搁下了笔。

薛道衡定睛往纸上看时，陈主落在纸上的字，与窗外唱的是同一首诗。显而易见，陈主的这首诗，描画的就是端坐于位中"新装艳质"的张贵妃。陈主于诗中叹惜青春不长久，人生不长久，花开花落不长久，却似乎对即将降临的国破家亡，浑然不觉！

道衡想到此处，不由得一阵惊悚，自己咋为敌国君主担起忧来了哩！

第六十五回

沙钵略一代枭雄终谢幕
处罗侯欲图奋起遭强压

话分两头。

一年多前，大病初愈的沙钵略可汗，刚能重新骑到马上，就迫不及待地要去报仇雪恨。他重整旗鼓，率军去殄灭阿波可汗。不料，竟再次被支持阿波的达头可汗杀得丢盔弃甲逃窜到沙漠中，才又侥幸躲过一劫。

光阴似箭，偏安于北道川，依靠大隋接济和保护的沙钵略，经过一年休养，再次从病榻站起。但经历两次沉重打击和伤病困扰的他，已是元气大伤。往日的那股子舍我其谁的霸气，则更是一扫而光了。

开皇七年正月，沙钵略派长子雍虞闾至大隋朝廷进贡土特产。文帝回赠给沙钵略酒和粮食。当雍虞闾回到白道川的紫河镇驻地时，沙钵略率部落诸头领下拜，接受大隋皇上的赏赐物。

几日后，沙钵略外出打猎，当他带着猎获物归来时，牙帐失火，帐内之物，皆成灰烬。所幸，被文帝改封为大义公主的可贺敦，及其帐内仆役等，无一伤亡。但沙钵略仍觉是个不祥之兆，自此，更加郁郁寡欢。仅仅过了一个多月，有一天，他骑上马背，即摔了下来。当人们将他扶起时，已断气了。这个曾在草原纵横捭阖的一代枭雄，就这样结束了他的一生。

消息传到大兴宫城，文帝百感交集，停止上朝三日，派遣太常卿前往祭奠，赠送各色杂帛五千段。

在沙钵略自知来日无多的时候，他就考虑到长子雍虞闾年龄尚小，无论身体和性格都较柔弱，不适合立即继承部落可汗职位。即使让他勉强做了可汗，也保不了哪日就会被强者吞并掉。与其这样，还不如让自己的弟弟叶护处罗侯继承这个已名存实亡的大可汗职位。在沙钵略如日中天、处于五个突厥汗国首领地位时，他最忌惮的就是心计很深的弟弟处罗侯。可当自己大限将至，考虑要将本部落延续下去时，他想到的却仍是自己的这个弟弟。

当雍虞闾骑一匹白马，着一身白孝服，来到叔叔处罗侯的牙帐，请求叔叔主持父亲的丧礼，并继承大可汗职位时，处罗侯则对侄儿说："我们突厥自从木杆可汗以来，经常用弟弟接替哥哥的可汗职位，或以妾生的孩子代替夫人生的亲生儿子，因而失去了祖先传下的传宗接代规矩，致使可汗失去尊严，使部落人难以臣服。你应勇敢地继承父位，叔叔不怕向你下拜称臣。"

雍虞闾则诚恳地回答道："叔父和我父亲是同一个祖父所生，好比是同一棵树上的枝干，而我是枝叶，哪有我当主子的呢。况且，让叔叔继承大可汗之位，是父亲立下的遗嘱，请叔叔一定不要推辞！"

叔侄二人相互谦让数次之后，处罗侯才终于接受了大可汗的职位。这就是沙钵略之后的叶护可汗。

突厥汗国有个规矩，可汗去世，仍然健在的可贺敦地位不变。也就是说，作为可贺敦的大义公主，便顺理成章地改嫁给了处罗侯，仍作部落的可贺敦。

大义公主于北周末年十四岁时嫁与沙钵略，迄今也才二十二岁。处罗侯虽为沙钵略之弟，但背有点驼，下巴突出，显得老丑。公主与沙钵略夫妻一场，难以接受此一残酷的变故，而失声痛哭。后来，在安遂家的安慰劝说下，大义公主才屈从认命，并以此保留了部落女主人的地位。

突厥汗国的可贺敦，相当于大隋的皇后。皇后位尊，却不能问政，而

　　有一天，沙钵略可汗骑上马鞍，即摔了下来。当人们将他扶起时，已断了气。
这个曾在草原纵横捭阖的一代枭雄，就这样结束了他的一生。

可贺敦则保持着远古以来母系社会的特质，是有实权的。

再说，处罗侯原本就是个既工于心计，作战勇猛，又很得人心的部落首领，所以，一直以来，受到哥哥沙钵略的嫉妒和猜忌。正当他感到惶惶不可终日时，恰遇护送千金公主来到突厥的使者长孙晟。二人当时都很年轻，很快就背着沙钵略成了无所不谈的朋友。其后，处罗侯便一直受到大隋或明或暗的支持，而今终于扬眉吐气，做了东边几位可汗的首领。当下，就其个人实力而言，他的部落和兄长沙钵略的部落合二为一，辖地增大不少，人马更为壮观，且，还得到大隋的支持，底气和信心也就更足了！

境遇不一样了，心态就会变。志得意满的叶护处罗侯登位伊始，有两个心愿：一是，要狠狠打击和教训越来越不听话的阿波可汗，甚至不惜将其灭掉，以巩固自己在东边的地位；二是，在解决了阿波的问题后，再全力对付西部的达头可汗，直至使其臣服。总之，他要像兄长沙钵略全盛时期那样，做个名实相符的突厥大可汗。

处罗侯想：西部的达头可汗国，虽然地域辽阔，人多势众，但达头本人却是个完全没有主见的人。自己只要假以时日，倾东部之力，不愁降服不了他。那样，东部和西部又将势成一统，昔日强大的突厥，便指日可待！

而处罗侯的这一打算，显然是隋文帝不愿见到的。他花了整整几年心血，巧与周旋，终使突厥内部自顾不暇、四分五裂，又怎能眼睁睁地看着其再次融为一体，称霸草原，并成为大隋的威胁呢？

因此，当隋文帝获知处罗侯将哥哥的部落和自己的部落合并成一个部落国，并继承了大可汗的位子后，即派长孙晟前往祝贺，赐给处罗侯一套鼓乐班子和象征威权的旗幡。而实则呢？却是让长孙晟去一探究竟的。

两位老友，久别重逢，自是欣喜异常。当夜，处罗侯举办了盛大宴会，一扫往日晦气，豪情满怀地招待了长孙晟和使团全体成员。

次日，处罗侯又在因失火而重建的牙帐内设家宴招待长孙晟。与席者除主、宾二人外，只有可贺敦大义公主和沙钵略的长子雍虞闾作陪。酒酣耳热之际，处罗侯向老朋友长孙晟和盘托出了自己的复兴计划，并表明要做整个突厥汗国真正领袖的决心！

"好！"处罗侯的话刚落音，年轻的雍虞间就说，"父亲当时见牙帐被烧，便知自己来日无多，而心灰意懒了。他曾私下对我说，我的心性柔弱，将来振兴突厥，应靠叔叔去完成。叔叔今日一席话，正合父之遗愿。"

心气甚高的大义公主，听到处罗侯直抒胸臆的一席话，对自己的这位新任丈夫，更是刮目相看！她以往与这位小叔子接触很少，丈夫不喜欢他，两家人各领一个部落国，私下无甚交往。可万没想到，其貌不扬、以往蔫头耷脑的他，竟有如此雄心，因而不由得在心里暗自喝起彩来！与此同时，大义公主却对坐在自己对面的那位昔日友人，已形同陌路，视而不见了！

也真是，说者无意，听者有心。坐在一旁不动声色的长孙晟却在想：这位往日寡言少语的部落首领，没想到心中竟藏着忒大野心！他比兄长沙钵略更有城府，更有能耐，一旦让他实现愿望，则有可能成为大隋日后更难对付的敌人！

而此时，处罗侯仍一往情深地对长孙晟表示着真诚的友情。他举杯说："来，咱敬长孙将军一杯，感谢你不辞辛劳，远道而来。"

长孙晟举起酒杯，看一眼大义公主，一语双关地说："长孙既为友情而来，辛劳是值得的。希望大隋能与突厥永世交好。"

大义公主脸一沉，对长孙晟的虚情假意，嗤之以鼻。

处罗侯一口饮尽杯中酒，乘着酒兴说："咱此次兴兵突击阿波，届时，只需大隋派一支队伍挡住达头可汗的援军即可。阿波被灭，老迈的达头形单影只，也就蹦跶不起来了。待到突厥汗国势成一统后，咱再请长孙兄弟前来牙帐做客！"

"哈哈哈哈……"长孙晟朗声笑道，忽泼一盆凉水，说，"兄弟此一想法，恐不容易实现咧！"

"为啥？"

"长孙在大隋，仅是宫中禁卫军的一个小头目，岂能擅自拉出一支军队拦住达头可汗的援军。"

处罗侯仍余兴未了地道："长孙将军职位不高咱知道。但，你不是皇上身边人吗？请求皇上派支队伍阻挡一下达头可汗的援军，行不行？再说，皇上还是可贺敦之父，能驳咱的面子？”

“话虽如此。”长孙晟仍然摇头，说，“此事在于：达头可汗、阿波可汗和你叶护处罗侯可汗，皆是大隋朋友。大隋怎能帮这位朋友去吓唬或打杀另一位朋友呢？”

“噢？”处罗侯方才恍然大悟。这位昔日与自己私交甚笃的朋友，除了帮自己，亦在帮对手。

“哼！”一直没甚言语的大义公主瞥了长孙晟一眼，起身离席，扬长而去。

原本欢愉的气氛，骤然冷却下来。

临别那日，处罗侯仍亲自将长孙晟一行送至紫河镇外。

分手时，长孙晟仍不忘劝诫处罗侯：“阿波可汗是汝之兄弟，达头可汗是汝之叔父，原本都是一家人，大家应和睦共处，并共同寻求发展！”

而一心想当突厥霸主的处罗侯则分辩道：“长孙兄弟，你是最了解咱的。阿波一贯倚仗达头之势，欺负咱部落。头一回，把咱哥砍成重伤；第二次，咱哥又被他追杀得遁入沙漠，九死一生后，大病一场，直至丧命。此仇不报，咱处罗侯能有出头之日？并对得起侄子和可贺敦吗？”

“事情不要光看一面嘛。”长孙晟叹息一声，绵里藏针说，“你哥生前也是够狠的。他对你一直就是虎视眈眈，并恨不得把你吃掉。光咱就不知为你挡过多少明枪暗箭！再说，阿波为啥恨你哥？是你哥先杀了他的母嘛！你哥不在了，咱无意再挑他的什么过。你、我作为多年的好友，咱只想说，请听兄弟一劝，不要再这么冤冤相报，互相杀戮了，更不要作啥草原霸主的梦。你刚继位，还是应先将内务整合好，此乃当务之急。你的部落和个人有啥难处，大隋都会一如既往尽力相帮的。”

当长孙一行向南而去，一向工于心计的处罗侯却犯了踌躇。他想：大隋这棵大树，看来是靠不住了。可单凭一己之力，要打败西边达头可汗，则显然力不从心。那么，自己还是只能屈从于达头之下，而无出头之日吗！

　　远处，大隋的使者，已然消失在了草原的尽头。处罗侯与扈从们转身欲回牙帐。此时，只见可贺敦领着个人来到他的面前。待来人把躬着的身子直起，才认出是兄长沙钵略的贴身侍卫官安遂家。这位沙钵略的近身侍卫，处罗侯当然认识。他于是问："你有啥事吗？"

　　安遂家又深鞠一躬，说："禀告叶护可汗，请不要妄信长孙晟的谎言。突厥汗国之所以落得当下互相仇杀、四分五裂的地步，始作俑者，就是他！"

　　"呵？"处罗侯环顾左右，说，"啥话，进牙帐说吧。"

　　安遂家随处罗侯进入牙帐，即道："如果仅从表面看，大隋皇上和长孙晟对沙钵略可汗确实不薄，曾几次救了他的性命，此都是事实。不过，大隋对沙钵略可汗的友善和保护，都是在他一蹶不振，走下坡路的时候。而在此之前，他们一直是支持达头可汗和阿波可汗的。达头可汗一介草莽，咋敢于挑战沙钵略的大可汗权威？就是有大隋为他撑腰！待到沙钵略可汗真的战败变弱了，阿波可汗想灭他，隋又不干了。为啥？隋只希望突厥汗国山头并立，相互牵制，并分别都向大隋称臣。"

　　处罗侯虽有心计，但多年蛰居在东边最偏远的小部落中，并成日处在惶恐不安寻求自保的境地里，从而不解外面大势，而一直把长孙晟当作自己唯一的挚友。如今，此一切，竟突然被安遂家的三言两语戳穿，使他一时还有点儿转不过弯来，且难以接受！不过，冷静一想，安遂家之语，确非无稽之谈！自己受压时，长孙晟仗义支持，关怀备至；而今实力大增，刚想发展，他却迎头猛泼冷水。还说什么达头和阿波皆是他的朋友。

　　处罗侯想到此处，用探询的目光望着安遂家，问："这一切，你咋看得这明白？"

　　安遂家说："咱亦是吃一堑，长一智哩。咱因懂汉语，常被沙钵略可汗派到长安作使者，与大隋皇上和官员多有接触，知道他们肚里想的是啥事。再说，咱一直随侍沙钵略大可汗身边，突厥部落的起伏、沉浮都从眼前经过。"

　　处罗侯点点头，复又问身边的可贺敦："我哥在世时，也是这么看的吗？咱一直没听他说过此类事哩。"

大义公主点头道："大可汗起初一直认为长孙将军是自己的救命恩人，咱亦是这么认为的。可待看清他不过是大隋派来的一名奸贼后，一切为时已晚。不仅如此，明知他是敌贼，还不得不依仗其之接济和保护过日子——可汗最后其实是深感屈辱和忧愤而死去的！"

"喔……"处罗侯的心情沉重起来。他沉默良久，转而又问安遂家，"你以为，咱突厥部落今后该咋办？"

"想自强，就绝不可依靠他人，尤其不能听任大隋摆布。"安遂家说，"当务之急是，叶护可汗应先降服阿波，使咱东边几个部落国重新团结一心，再孤立和降服西边达头可汗。此乃振兴突厥汗国的最佳途径，并应迅速采取行动。"

"为啥？"

"因为您已把自己的想法告诉了长孙晟，他万一转而告知了阿波，阿波有了防备，再与达头联手，恐就难使其就范，重归东部突厥了。"

处罗侯看了一眼身边的可贺敦，朝她点了点头。突然，一拳砸在几案上，说："咱这就一不做，二不休，一锤子买卖，先把阿波砸瘪再说！"

第二日，处罗侯即回自己原部落驻地，而把白道川这边的指挥权交给了沙钵略可汗的长子雍虞闾，并命安遂家辅佐他。

又过两日，处罗侯的部落兵分两路，向阿波部落发起突然袭击。尤其是由雍虞闾统率的一支骑兵，在安遂家的安排下，打着大隋赠送的旗幡，并让他们穿上隋军式样的军服，奏着隋朝赠送的鼓乐，一路喊杀连天，声势浩大。阿波军队误认是大隋军队到了，逃的逃，降的降。一日后，两支军队胜利会师，并使阿波生生就擒。

安遂家力主先把阿波宰了，再奏报大隋；雍虞闾则对大隋心存疑惧，不敢造次；处罗侯考虑到自己在东部突厥汗国中立足未稳，并面临达头可汗的严峻挑战，不想马上就与强大的隋朝撕破面皮，于是说："还是不要先斩后奏。反正人在自己手中，咱把斩杀阿波的请求奏报朝廷，也瞧瞧他们的态度。"

却说，长孙晟一行，完成出使事宜，返回京师之际，一路上，不紧不慢，走得十分从容。加之，道路不平，所乘座车，在颠簸中常出故障，不得不停下修理。这么一来，待其一行回到大兴城时，处罗侯擒获阿波、扫灭阿波部落的消息，却已传至朝廷。

此事，不仅使文帝和朝廷大感震惊，更使长孙晟既惊且怒，脸面皆无。他万没想到的是，自己一再告诫处罗侯，不要刚一继位，就莽撞动武。还明确告诉他，阿波和达头也都是大隋朋友。可他竟都置若罔闻，自己刚一离开，他就断然下此狠手，而且，叫人迅雷不及掩耳！

上朝时，文帝首先发难："长孙将军，卿可是朝中应对突厥的权威人士。朕派汝去祝贺处罗侯继位，为的就是安其心，以促边境和睦。这下可好，卿人还未归，那边兄弟阋墙，已是尸横遍野了。据说，处罗侯此次进攻阿波部落，打的竟还是大隋旗号，这到底是咋回事呢？"

众目睽睽之下，觉得问心无愧的长孙晟，从容不迫地讲述了此次出使突厥，会见处罗侯的前后经过。

文帝这才觉得，长孙晟确实做到了不辱使命，是处罗侯一意孤行，不听忠告。他想，隋朝绝对不能允许突厥再出一个强势的沙钵略第二，以成大隋日后威胁；况且，向南用兵在即，北方更不容有乱。因此，尽快摆平突厥各部落国间的关系，乃大隋当务之急。

其时，文武百官更是议论纷纷。多数大臣认为：阿波该不该杀，那是突厥内部的事，大隋首先应发兵严惩不听话的处罗侯。

高颎是知晓皇上即将向南用兵的少数几位重臣之一。在此关键时刻，又向北方调兵遣将，显然不合时宜。他于是力排众议，出班奏道："臣以为，北方刚刚安定，不能稍不如咱之意，就向他们动武。还是应敦促处罗侯释放阿波可汗，以止息北边之乱。"

文帝听后，再次把目光转向了长孙晟："长孙将军，汝之意下如何？"

"臣下赞成高仆射之说。突厥兄弟相煎，我朝不宜在此时刻火上浇油，偏袒一边，也不能坐视不管，听之任之。不过，想要处罗侯释放阿波，亦非易事。因为他们兄弟之间，结怨太深。臣下以为，需在'敦促'二字上做点文章，方可将阿波可汗解救出来。"

"此文章咋做？"

"阿波被擒，不管是死是活，达头可汗都会发兵去教训处罗侯的。另外，朝廷可请并州总管虞庆则大将军陈兵白道川边境，再请史万岁将军率军插入处罗侯的老营，只围不打，以此向其表明大隋不希望突厥部落间相互厮杀的态度。此样，不仅可确保放人，亦可确保北边一段时日之安宁。"

"好！朕看汝的这篇文章作得不亚德林公。朕这就下诏给虞庆则和史万岁。不过，解铃还须系铃人，还得劳卿走一趟，去处罗侯那里把阿波可汗讨出来。"

长孙晟愣了一下，但立刻道："臣，遵旨。"

却说，刚刚押着俘虏和缴获的战利品返回白道川的处罗侯，还没喘口气，就获知达头可汗率大军掩杀而来。他本想休整一下，再视情形，动员东方各部落倾全力西征达头的。不想，他已不请就打到家门口了，只好勉力应战。

此时，达头的大军与处罗侯的军队，于白道川隔河对峙，互相剑拔弩张。

白道川，仅为草原中的一条小河：时下，雪山上的雪未化，雨季亦未来临，河水浅得马都能一踏而过。所幸的是，不论深浅，隔着的毕竟是一条河。且，处罗侯这边扎有栅栏，筑得有寨子，达头若贸然攻来，毫无遮拦，用弓弩射杀，必定吃亏。

可是，一日之后，探子报说，北道川营寨背后发现隋军，且旌旗蔽日。腹背受敌的处罗侯，这才感到情势严峻。

再过一日，又有士卒飞马来报：处罗侯原先部落的老营也被隋军围住，领军者是威震草原的"敦煌戍卒"史万岁。老营中，住有处罗侯的妻妾子女……

有如惊弓之鸟的处罗侯，此才后悔没能听长孙晟的告诫。正当他惶恐不安，不知如何是好之际，又有军士至牙帐，报说：有一众打着隋军旗号的骑兵，飞马直奔营地而来。

处罗侯立即召集士卒，准备迎敌。他身披甲胄，骑到马上，到阵前一看，只见迎面冲来之敌，仅十余骑。心想，你再大本事，咱一人一口唾沫，也淹死你。于是，他一挥手，道："把营门敞开！"

待那木栅门刚一"吱吱呀呀"地推开，骑者便风驰电掣般冲进大营。当为首者立起身子，处罗侯定睛看时，来人竟是长孙晟！

长孙晟被迎进牙帐，愁眉不展的大义公主终于露出笑颜，说："哟——是长孙将军呀，你可真是及时雨！"

"及时雨，倒是不敢当。"长孙晟自嘲地道，"只要你们不在心里咒咱是'不速客'就行。"

其时，侧立长孙身旁的处罗侯，则显一脸尴尬。

长孙晟看他一眼，说："你这是何苦来哉！长孙好言相劝，你不听。咱还没回到大兴城里，圣上就已获知你大开杀戒，还以为是咱言语不当，挑动你们弟兄打起来的。"

处罗侯两手一摊，道："事已至此，要杀要剐，由兄处置吧。"

"我剐你何益。"长孙转而问道，"人呢？"

"谁？"处罗侯没摸清头脑。

"阿波嘞！是死？是活？你都得把他交给咱。"

"活……活……他还活着，未受一丁点伤。"

"活着就好。"长孙晟说，"把人交咱，余下的事，由咱摆平。"

"行！"处罗侯这回应得挺爽快。

接着，长孙晟命人向河对岸的达头可汗写了一封信，说有大隋特使护送阿波可汗过河，一切，等特使抵达后，面议。信绑在箭杆上射过河。不到一个时辰，对岸就有了同意接受阿波的回音。于是，长孙晟等一干人加阿波骑马蹚水过河。

接着，达头可汗在长孙晟软硬兼施的力劝下，首先撤军。

又过一日，虞庆则和史万岁统率的两支隋军亦先后告退。

　　处罗侯庆幸自己逃过一劫之余，深知又亏欠了长孙晟的一次援救之情。与此同时，他与阿波的仇隙愈深。而更使处罗侯难忍的是，自己往后还得事事看大隋眼色行事，想成草原霸主的梦想，则成泡影！

第六十六回

大兴宫皇上下诏委大任
黄河边晋王用计拨疑云

　　漫长的西部和北部边境重归安定，隋文帝终于下决心要先行解决江陵的梁朝问题，为进军江南，扫除最后一个隐患，哪怕这一隐患其实并无大碍。

　　地处江陵一隅的梁朝，方圆不过三百里，人丁不过二十万，乍看，是个不起眼的小地方，但，它自古就是个兵家必争的军事要地。所以，隋文帝考虑到，在伐陈之前，先必妥善处理好梁的问题。梁在隋的境内，是隋的附属国。从表面看，他对隋俯首称臣，表现得服服帖帖，可背地里，又常与仅一江之隔的陈，藕断丝连，眉来眼去。

　　以往，文帝对梁没少下工夫。在尉迟迥、司马肖难、王谦发起叛乱，国家动荡不安之际，当时，担任大丞相的杨坚，即对梁主萧岿恩惠有加，遣使赏赐他黄金五百两，白银千两，布帛万匹，马五百匹。所以，当江陵周围都掀起叛乱时，萧岿却按兵不动，没跟着响应。大隋初立，文帝登基，即遣使赴梁选梁帝女儿做了晋王妃，两家更是结为秦晋之好。

　　开皇四年，萧岿赴大兴宫朝拜，文帝礼遇甚高，下诏规定萧岿的地位在王公之上。他在京师游玩一月后，文帝在灞上设宴与亲家翁话别。

　　隋对梁为啥会这么下工夫呢？一句话，还是对他不放心。因为三十年前，江陵及其周边一带，原本都是属江南建康朝廷的。不过，一直以来，隋与梁相处得还算不错，朝廷也就没啥理由要改变历史遗留的这一状况。没有想到的是，四十四岁的萧岿，从大兴宫城回到江陵，没过多久，便患痢疾去世。所幸的是继位的太子萧琮是个有学识、较沉稳、为人处事皆很低调的主子。

大隋皇上对萧琮亦较满意，他登基时，文帝赐玺书殷殷寄语，曰：

> 卿好比承担着重压之大梁，责任巨大，殚精竭虑，亲力亲为，以继承好前辈留下之基业，此乃朕之所望。彼之疆守，与陈仅一江之隔，尤其是涨水之际，更需严加警惕和防范。陈尽管不断有使来访，表示友好，但边境之争却远未平静，彼等绝不能掉以轻心。朕与梁世代之交，结为姻亲，更是情深义重。江陵之地，朝寄非轻，为国为民，望尽一切努力，依靠礼仪，始终立于不败之地。

从这一段殷殷寄语中，亦可看出文帝对梁并不放心。除此而外，文帝还将萧琮的叔父萧岑拜为大将军，命他入朝为官，留在大兴城里，不允他回江陵。

文帝尽管无微不至，但不该发生的事，还是不期而至。就在萧岿去世，太子萧琮继位不久，梁朝大将军许世武与陈国宜黄侯陈慧纪暗中勾结，准备于某日，里应外合，武力夺取江陵，吞并梁国。谁知，此阴谋被许世武手下人泄漏，使萧琮及时制服并斩杀了许世武。

此阴谋虽未得逞，却反过来给文帝敲了一记警钟。当下攻陈在即，上至杨素镇守的信州，下到东海之滨，沿江数千里的战线，若是中间环节的江陵突然掉链子，而至功亏一篑，那就真是悔之莫及了。

于是，文帝于开皇七年八月下诏，命梁帝萧琮率主要官员进京师商决大事。

萧琮对文帝此举虽存疑虑，但还是按诏命行事，朝中除留少许几名官员处置日常政务外，其他所有员吏共二百余人，悉数浩浩荡荡跟他北上去大兴向大隋皇上朝拜。

萧琮为人淡泊，体恤下民，江陵百姓听到此消息，纷纷赶至路旁相送，并哭道："咱之主上，此去，恐是回不来了。"

是年八月庚申日，梁帝等朝中官员抵达大兴殿，即受到文帝的接见。

而与此同时，因为梁国的君主和重臣皆去了大兴，江陵城内没了主心骨，文帝便任命武乡公崔弘度为江陵行军总管，率军前往镇守江陵及周边地区。

这位崔总管，正是当年在沁水暗中接受尉迟迥重金贿赂的三位行军总管之一。另二位，皆因犯下谋逆罪，死于非命。仅崔弘度一人，因其漂亮的妹妹嫁与文帝的第三个儿子秦孝王杨俊，做了王妃，与皇家结为姻亲，官运仍一路亨通。崔弘度作战勇猛，嗜杀，是朝中有名酷吏。所以，他的到来，使江陵人无不感到惶恐。此时，留守江陵的萧琮另一叔父萧岩和萧琮之弟萧瓛皆惧崔氏，索性聚集当地居民发起叛乱，并向陈朝的荆州刺史陈慧纪请降。陈慧纪立刻派船引兵到江陵城下，接护江陵官民和士兵。有世居江陵，不愿出走者，亦被陈军强掳而去。

待行军总管崔弘度率军赶到，江陵已几近空城，一片狼藉。逃离到陈国的官民共约十万之众。

文帝闻讯，内心不惊反喜。他正愁南下攻陈，名不正，言不顺，气不壮。这下可好了，是陈国动手挖隋"墙脚"于前！

于是，无比震怒的隋文帝遂向天下宣布："朕为民父母，岂可限一衣带水不拯之乎！"

随即下诏，废除了后梁。这样，不仅消除了进军江南时可能出现的隐患，还得到了向南发起总攻的藉口。

接着，隋文帝派遣左仆射高颎到江陵向未遭裹胁的百姓宣布，朝廷免除他们十年租税；还安排各十户人家，给梁国先后去世的两位国君看守下葬于当地的陵墓；任命萧琮为柱国，余下原属梁国的官员亦得到相应的职位。

　　而与此同时，南边不识时务的陈主，还于建康宫内接见并宴请了萧岩、萧瓛叔侄。授萧岩为平东将军、开府仪同三司、东扬州（今浙江绍兴）刺史；授萧瓛为安东将军、吴州（今江苏苏州）刺史。

　　这么一来，文帝更加理直气壮，振振有词，于开皇八年三月，下诏曰：

　　　　陈叔宝据手掌之地，恣溪壑之欲，劫夺阎闾，资产俱竭，驱逼内外，劳役弗已；穷奢极侈，俾昼作夜；斩直言之客，灭无罪之家；欺天造恶，祭鬼求恩；盛粉黛而执干戈，曳罗绮而呼警跸；自古昏乱，罕或能比。君子潜逃，小人得志。天灾地孽，物怪人妖。衣冠钳口，道路以目。重以背德违言，摇荡疆场；昼伏夜游，鼠窃狗盗。天之所覆，无非朕臣，每关听览，有怀伤恻。可出师授律，应机诛殄；在斯一举，永清吴越。

　　此诏共刻印了三十万份，派人作庶民打扮，无孔不入地潜入江南各城、镇、村落，广为散发，以使尽人皆知。

　　讨陈诏书下发数日后，文帝携独孤皇后再次亲临晋王府邸。

　　担任雍州牧的杨广，时年已二十。他自十三岁那年封为晋王，经过七八个年头的历练，已颇有一副少年老成之状。

　　已有预感的杨广向父皇和母后行过跪礼后，即道："父皇、母后登临敝舍，莫非是来为儿臣壮行的？"

　　"哈！汝就憋不住气啦？"文帝笑道，"朕和皇后，久居宫中，想走动走动。不过，也确有为儿臣壮行之意。"

　　"嗨，此竟是真的？"杨广喜出望外，仍如儿时一般，从椅中蹦了起来。"儿臣早就盼望有此一日！"

　　"皇后，汝看广儿，还是儿时那德行，一得意，就忘形，是不？"文帝看着杨广志得意满之状，丝毫没有责怪之意。相反，他觉得儿子极像自己——好胜心强，且喜做建功立业大事。

　　其时，独孤皇后正在安慰身边的一个小女子。她正是逝去的梁朝皇帝萧岿之女、杨广未来之妻萧妃。她进门刚在椅子上坐下，被晋王一跃而起的举动吓了一跳，不小心碰翻了几上茶碗，手被茶水烫了一下，正在龇牙咧嘴。独孤皇后只好笑笑，说："你们父子说事吧，咱带小妮子出去走走。"

独孤后带萧妃出门，杨广即对父皇道："处道叔不久前来信说，他正在信州赶造舰船。他造的主战船，高百余尺，共五层，能容八百士卒。还说，他特别吩咐工匠和士卒把木屑都抛入江中，使之顺流而下，以吸引陈之水军在上游固守，好让咱在下游乘虚攻打建康。"

"杨素在给朕的折子中，也提到了此事。不过，他咋知朕会派汝去夺取建康？"

"此当然是他的猜想啰。"杨广接着泄气道，"唉，别提了。前日，儿臣在给处道叔的回信中说，建功立业事，看来已没咱的份了。父皇已向陈叔宝下了讨伐诏，可咱却仍在京师处置城内恶少侮辱民女事。"

"唔，汝处置恶少侮辱民女之案件，难道就不重要？大战在即，京师更不容有毫发波动。"文帝说到此处，忽然问，"汝回京师，快两年了吧？"

"两年出头了。"

"此二年，有何感受？"

"长了见识。"杨广想了想，说，"以往，只是听说京师是藏龙卧虎之地，身临其间，方略知朝廷及城内的深浅。咱身为皇子和雍州牧，表面上没谁对咱不恭顺，但与某些官员打起交道来，你若不对他用点心劲儿，他竟敢把你当孩童哄着玩儿，耍死你。总之，做雍州牧比做行军总管之类不知要复杂多少倍。"

"有此识见，就说明是真有长进。"文帝称许道，"二年来，朕看汝上报的几个案子，处置的几桩大事，都还算得体。别的不说了，只讲劝你姐搬家那件事，当初，高仆射、苏尚书都亲自上过门，且都被你姐拒之门外。汝一去，她就服服帖帖搬家了，说明汝做事还是有点办法的。"

"嘿，您就别提那事了。"杨广仍感愧疚地道，"那叫啥办法哩，咱是连哄带骗，到最后，她不搬也没法了。"

"唔，汝姐近来还好吗？自她搬家后，汝还去看过她吗？"

"儿臣时常去的。有段日子，若是忙了，忘了去，她便会打发人来，说她有事。咱问是啥事，来人说不知道，非得要咱亲自去。其实去了，啥事没有，只是为见一面。她看似不错，可心里并不快活。当然，日子还过得下去。"

"汝之母后惦着她哩，总想去瞧瞧。"

"晚点吧。"杨广说，"她对母后的怨气还挺大，暂且不要触碰她。让她慢慢消气后，再去不迟。"

"朕已下诏，把原先裁撤的淮南道行台恢复了，仍命汝去作尚书令，并让你哥回京师，掌管京师的防务。"

"那太好了！"

"汝切不可如上次那样，毛毛糙糙，一去就捅出个漏子来。"

"吃一堑长一智嘛。"杨广点头道，"儿臣不会了。"

"扫灭陈朝，此乃国之大事。到任后，要把准备工作一件件做扎实，要做到万无一失。汝到任后，每十日向朕奏报一次情况。急事，大事，随出随报。"

"是。"杨广应了一声，问，"父皇打算啥时候下达过江令？也让儿臣心中有个底。"

"具体日期，当下尚难定夺。汝只管把准备工作做扎实。整个战线长达数千里，咋打？先从哪里下手？要视全局情形而定。"

父子说话间，独孤后领着未过门的王妃进来了。几年工夫，小女孩已出落成一位俏丽如花的小姑娘。她看了未来夫君一眼，就把目光瞥向一旁，似有一点羞怯之感。

此时，有家奴来报，午膳已准备好了，一家人便去膳房用膳。八仙桌上，不多不少，每人各据一方。

席间，独孤后看到父子俩，你一言，我一语，十分融洽，心里特别受用。她于是便叫着杨广的乳名，道："阿䥅，汝不事铺张，固然不错，可人大了，官亦大了，府邸亦可换个大些的了。"

"行！待江山一统，儿臣再换一个大宅，接父皇、母后过来，庆贺庆贺。"

"好！男儿就应以功名为重。"文帝嘉许道。

"唉，你哥若能像你这样就好了。"独孤后叹惜起来，"他呀，成日想的就是'享受'二字。"

"咱咋能和阿哥比较，他是太子。"接着，杨广转而对文帝说，"父皇，儿臣此次去淮南，想向您要个人。"

"汝想要谁？"

"薛道衡。"

"嘿。这个薛道衡，而今是越来越炙手可热了。"文帝说，"据朕所知，找他学诗的、和诗的，还真不少。"

"儿臣要他，与诗无关。"杨广也写得一笔好字，亦喜作诗，并时有佳作为人称道。可他说出口的，却是别样理由。"父皇不是也喜薛道衡草拟的诏书吗？儿臣让他专为父皇写十日一报的折子。此外，他对陈国很熟悉，可向儿臣提供一些有关讯息儿。"

"行。汝直接和德林公打个招呼不就行了吗。"

"那不好。还是由父皇正式下道诏书吧。"

"行。"

接着，杨广仅用几日就办好了雍州牧任上的交接事宜，并另行组建了自己的淮南道行台班子。薛道衡被任命为淮南道行台吏部郎兼录事。接着，新任淮南道行台尚书令择了一个吉日，便率部属沿驿道前往淮扬赴任去了。

数日后的某日，为了过黄河，杨广等一行人起了个大早，全体人员及车马分乘三只大船过河。杨广乘坐的船最先抵达南岸，他在岸边等候后续船只时，见不远处的另一码头停靠着几只大船，有人扛着粮包正在装船。于是，便指着岸边的一座山，问身边的大将军宇文述："那是不是伾山？"

宇文述回说："正是。"

"这么说，山侧一排排圆形拱顶之独特屋舍就是天下闻名的黎阳仓了。"

宇文述大感诧异，道："晋王莫非到过此地？"

杨广点头说："开皇四年，咱在河北道行台任上，父皇曾叮嘱要咱去看看正在兴建中的黎阳仓。那时，伾山下，人山人海，还是个大工地。"

华夏，自古以农兴国。而黎阳一带，田土肥沃，有黄河、浚水滋养，早就有"黎阳收，顾九州"之说。据史书记载，自殷商始，就在黎地建钜桥仓。后至秦、汉也在此数度建有仓廪。粮库者，乃兵家必争之地。所以，这里的仓储等设施，亦常在战火中，时建时毁。及至开皇三年冬，文帝下诏，在伾山下又重建了这座黎阳粮仓。

杨广想：时下，与陈交战在即，国库之粮，应是只收不放。可此粮库却反其道而行之，咋将粮食外运呢？

杨广想到此处，即对身边的大将军宇文述道："你去看看那几船粮食将发往何处？"

"是。"

宇文述转身欲走，杨广又补了一句："只随便问问，不要暴露自己的身份。"

不一会儿，宇文述就回来了。他说："那边码头有看守粮库的土卒守卫，咱身着戎装，亦不让靠近。一个军官模样的人，反倒盘问咱的来历。咱只说是过路赴淮南任上的。那装粮的麻袋上有'黎阳仓'的红色戳记，一只船的桅杆上挂有正友粮行的旗幡。"

后面两船陆续过河，一行人重又上路后，杨广坐于皇上赐予的马车中，越想越觉不对头。他忽然叫停马车，把骑马护驾的大将军宇文述叫到跟前，说："你换一身常服，去黎阳仓把一个叫郭文振的先生请来。注意，不可惊动其他人。这位先生，约摸五十上下年纪，瘦长个。黎阳仓修建时，他总理财务，咱曾查过他管的账目。此人处事干练，账目清楚。这座粮仓的总管为圣上直接任命，估计郭文振当下应该是粮仓总管属下一名重要吏员。"

宇文述听着听着，眉额愈蹙愈高，说："嗨，偌大个粮库，禁卫森严，还要不让人知晓，咱平白无故咋能把个粮仓中的要员单独请来？"

"嗨！您是身经百战的大将军，倘若去敌阵抓个俘虏什么的，还用问咱要怎样才能把他弄到手吗？"

"抓俘虏？"宇文述一笑，道，"晋王既说到此分上，咱只好勉为其难去碰碰运气了。"

"话虽如此，您待这位老先生可还是要客气点。"杨广看看日头早已偏西，便从身上拿出一张名刺递给宇文述说，"你把咱的这张名刺带上，只说咱路过此地，想见他一面。咱今日就在前面浚县驿站落脚，你找到郭先生后，将他火速带到驿站会咱。"

宇文述与一名侍卫都换了便服，各骑一马，便朝伾山方向急驰而去。

这边，宇文述一走，倒使杨广犯起嘀咕来。他想：临行前，父皇殷殷寄语，要自己接受前车之鉴，别再捅娄子。可目下，还仅在赴任途中，就管起本不该自己管的事来，是否又节外生枝犯老毛病了？

不过，晋王即使要吃后悔药，也都来不及了——两马早已跑得无影无踪……

话分两头。

却说，当宇文述和侍卫靠近一面临水、一面靠山的粮库禁地时，果不其然，隔很远就能望见粮库大门及其周遭皆有士兵把守。两个陌生人，如不表明自己是晋王属下身份，想进粮库找人是不可能的。

宇文述想：粮库范围再大，里面却是严禁生火做饭和住家的。在粮库里办差的人，除守卫的士卒和值勤者外，都还是要回库外的家中食宿。他于是环顾左右，但见高墙外的大路两侧，屋舍井然。不用问，肯定都是在粮库里办差人员的住宅区。

恰巧，不远处的大路旁有一饭馆。宇文述便对侍卫道："咱俩戳在这路边，容易使人生疑，看来只好进那店里守株待兔了。"

二人行至店前，刚一下马，就有店小二接过他俩手中的缰绳。宇文述的肚子早饿了，刚在店内坐定，一口气就点了好几个大菜。这使账房十分高兴，他从柜台里绕出，热情地与宇文述搭讪起来。宇文述随口便问郭文振，账房连说，"认识认识。"还说，郭文振就住前面路侧某一屋中。

说话间，一道道热气腾腾的菜肴端到了桌上，酒也烫热了。宇文述正欲动箸，那账房忽地用手朝外一指，道："客官，您看，那不就是郭文振嘛！"

宇文述望去，只见夕阳中，一位五十开外的瘦高个沿路走来，他是从粮库办差出来，回家用膳、休息的。宇文述见之，欣喜地从身上掏出一块碎银往桌上一拍，说："不用找了。"说着，便与侍卫大步流星地迈出门去……

却说，杨广一行抵达浚县驿站，落日之余辉也快要收尽了。杨广洗了澡，用过膳，天已黑尽，可仍不见宇文述带人归来。因为想到又有可能再出娄子，心更不安。当他惴惴地踱出门去，刚走到路边，只听一阵"嘚嘚"的马蹄声传来。不一会儿，就见四条黑影奔来了。当其陆续下马，其中一位瘦长个儿的身影，特别打眼。

杨广快步上前，捉住高个子的手说："文振先生，您还认识咱不？"

郭文振在昏暗的夜色中，看了又看，终于喜出望外道："嗨呀！真是晋王咧！"接着，他指着宇文述说，"这位官人拿着您的名刺，说晋王要见咱，咱还不敢信哩。没想到，晋王您还记得咱这个老朽！"

"嘿！哪能忘哩。进屋坐吧。"他们边往驿站走，杨广边说，"那年，咱奉父皇之命到黎阳仓工地，才十六岁，看到先生做的账，又细致，又清楚；说起收支情况，丁是丁，卯是卯，印象极为深刻。"

"哪里，哪里。"郭文振见晋王虚怀若谷夸自己，很觉受用。

"诸位都还没用膳吧，叫膳房快炒几个菜来。"

于是，宇文述身边侍卫领着郭文振带来的家僮自去膳房用膳。另外，在杨广住的大套房里，则另设一席招待郭文振。陪客除宇文述外，还叫来了薛道衡。宇文述在饭馆没吃成，肚子饿得"咕咕"叫，只顾狼吞虎咽。已经用过膳的杨广和薛道衡为客人和宇文述斟酒、夹菜。

酒过三巡后，杨广忽然道："今请先生来，有一事相问。"

"请晋王示下。"郭文振立即搁箸。

"咱今日过黄河，见码头有船装粮，不知那粮是运往何处去的？"

郭文振一听，大惊！好一会儿都答不上话来。

杨广只好道："不瞒先生说，本官此次南下，是为攻打陈国、统一华夏作准备的。届时，几十万大军过江，粮库不能没粮呀！"

"晋王……"郭文振嗫嚅道，"那批粮食是仓廪总管卖给正友粮行，准备运往海边某县去的。那里去年初秋遭了风灾，粮食歉收，这批粮食运到那里，可以卖个好价钱。"

"黎阳仓，乃国库。未经皇上御批，此粮是咋放出去的？你是掌管账务之官员吧？此账将来咋团圆？"

"外人仅从帐面是看不出有啥蹊跷的。"郭文振说，"仓库中的粮食需翻晒，转仓，过中必有损耗。加之，鼠害、霉变等等，偌大一个粮仓，一年报上几十万斤损耗，亦都是寻常事。"

"你们总管和粮行老板的胆子也太大了！"

"总管是圣上亲自任命，其曾与圣上一同出生入死，参与灭齐；后在平灭三方叛乱时，又立过大功。正友粮行的老板姓宋，叫宋正友，是东京洛阳的大老板。您想想，若没一番来历，一般人能开粮行做粮食买卖吗？他们都是有恃无恐哩！"

"唔，咱明白了。"杨广点头道，"这样吧，先生回去后，一如既往，平日是咋处事的，还依原样干，也不要说遇到咱了。"

话到此处，众人已没了酒兴，郭文振即起身告辞。从始至终一言未发的宇文述大快朵颐地打起了饱嗝，尽兴地跟着杨广和薛道衡起身送客。客人一走，杨广便吩咐薛道衡连夜起草奏折，向皇上禀报了黎阳仓发生的事。

几日后，文帝接到杨广加急发来的奏折，掐指一算，心想：其人尚未到达淮扬，就发啥折子？可当他拆开封口，展纸一看，不觉大惊！

文帝读罢奏章，震怒之余，同时感到儿子与两年前相比，已判若两人，确能担当大任了！

皇上复信杨广，指出折子可贵处有三：一是，他在赴任途中，能敏锐洞察如此重大问题，实属可贵；二是，奏报及时，不等到达淮南，就把发现的问题上报了朝廷；三是，发现问题之后，自己未擅自采取行动，而是让朝廷有关部门去作进一步调查、追究。

接着，文帝令太常卿牛弘率人迅速赶往黎阳仓查处盗卖国库粮食事。并命左仆射高颎另组若干专班分赴陕州（今河南三门峡一带）之常平仓，华州（今陕西华县）之广通仓……检查仓库粮食储存及管理情况。

与此同时，朝廷还向沿江军队总管拨出大笔资金，命以略高于市的价格收购粮食，来不及建永久粮库的，都要建立临时仓库原地囤粮。

为此，一场况世之南北大战，便从购粮、囤粮、清除粮库蠹虫，将帷幕悄然地拉开了……

第六十七回

文帝一等又等终令进军
杨素一改再改频传捷报

几乎就在杨广抵达寿春（今安徽六安境内）就任淮南道行台尚书令，朝廷紧锣密鼓作渡江准备时，陈国却派使者兼散骑常侍王琬和兼通直散骑常侍许善心来到大兴宫，向大隋皇上表达亲善之意。此乃一年内，陈向隋派出的第二批使者。

该年三月，萧岩、萧瓛叔侄背叛隋朝，率十万江陵民众渡江叛逃至陈国境内。陈主不但不加劝阻，反为他俩封官进爵。其后，又若无其事地派出亲善使者赴大兴向隋假惺惺地表示友好，从而招至隋文帝痛斥，并随即向陈发出了措词严厉的讨陈诏书。

陈主此才感到大祸临头！不谙军事、国事的他，慌忙召集文臣武将共商御敌对策。过了一些日子，情报显示，江北还是老一套，隋军常在堤岸大张旗鼓换防或操演队伍。如此类似举动，江北隋军已时断时续进行了好几年。陈主于是又渐渐安下心来，恢复了歌舞升平之常态。

可就在陈感到已经没事时，气候转冷，战云亦随之加骤。有人看到，北方码头，突然帆樯林立。在江面打鱼的细心人还辨识出，其中不少是新造舰只。更有过江到北边做生意的陈国人还看见，驿道上、江河中，自北而南的兵马及运粮车船，络绎不绝……

总之，各种信息纷至沓来，并传入陈国宫中。陈主这才将信将疑地在一年之内向隋派出第二批使者，想藉此一探对方究竟。

为此战，殚精竭虑准备了八年之久的隋文帝，当然明白，在此时刻，陈派使者来访的真实用意。开始，他以忙碌为由，避见来访的陈国使者。之后，更是罕见地干脆将其软禁至京师郊外的兵营里，不让他们回去。

随即，冬十月甲子日，文帝终于在太庙召集京城文武百官和军队举行了隆重的祭祀，祈求祖宗保佑伐陈成功。并宣读诏书：任命晋王杨广、秦王杨俊、清河公杨素同为行军元帅。并任命左仆射高颎为杨广帅府的行军长史。

于是，隋军兵分八路：晋王杨广出寿春、秦王杨俊出襄阳、清河公杨素出信州、荆州刺史崔弘度出江陵、宜阳公王世积出蕲春、新义公韩擒虎出庐州、襄邑公贺若弼出吴州、落丛公燕荣率水军出东莱（今江苏连云港），总共有行军总管九十人，官兵共五十一万八千人，统属行军元帅晋王杨广节制。在此九十位行军总管中，有一位是平灭尉迟迥叛乱和打击突厥皆有突出贡献的柱国大将军史万岁。

史万岁本次是受高颎举荐，率军从西北边境入京师参加祭祀盛典的。这位身经百战的大将军，自开皇三年，受梁士彦一案牵连，被判谋逆罪，罚至敦煌充戍卒后，时隔五年，方第一次回到面目一新的京师大兴，感触良多。

除此而外，文帝还把长期镇守并州的右仆射虞庆则召回京师，任命他为右卫大将军，以协助担任左卫大将军的太子共同拱卫京师。

至此，历经八年精心准备的"平定江南、统一华夏"之战事，已箭在弦上！

隋文帝宣布的三位行军元帅，分别处在长江上、中、下游。杨素处最西之巴蜀；秦王杨俊处荆襄，居中；晋王则直面陈国都城建康，处在下游。

然而，此一大战，却不是于同一时间，全线一齐展开的。

待五十一万八千军队几乎全部就位时，开皇八年十二月，由秦王杨俊总督的三十位总管，共十余万大军，从襄州出发，沿汉水，挥师汉口，欲渡长江，直指南岸的武昌城。

陈军闻讯，立即调动驻守三峡峡口的水师，赶赴荆州、武昌一线驰援。另外，陈朝名将周罗睺、荀法尚等，亦率精兵数万，屯驻武昌城外的鹦鹉洲一带，欲与隋军决战。

此时，早已按捺不住的总管崔弘度向秦王请缨，要求渡江杀敌。

时年十八岁，娶崔弘度之妹做王妃的秦王，却有一副菩萨心肠。此公，十三岁即任秦州总管，因不忍杀戮，曾请求出家做僧侣，父皇不允，只得作罢。因此，他当然知晓崔弘度噬血成性的恶习，而宁可屯兵汉口，按兵不动，却不允他率军过江开杀戒。

驻守信州永安宫中的杨素，得到三峡峡口部分守军已向东驰援的确切信息后，立命自己的水、陆二军，从巴山蜀水，倾巢而出。且与已从东海出发的燕荣水师，一东一西，相距数千里，遥相呼应之，从而对建康形成了夹击之势。

而这一战略决策，亦正是崔仲方当年给文帝出的一个主意。如今，在文帝和高颎事前反复的商讨中，终于付诸实施。

崔氏建议的大致意思是：

南北统一问题，无非就是打过被称之为"天堑"的长江，拿下建康，殄灭陈朝，将其土地、庶民，纳入隋之治下。而在此数千里的战线上，崔仲方指出：长江中、上游有两个兵家必争要地。一为上游三峡之峡口；另一则是中游之汉口。所以，应先在中、上游派驻重兵，"速造舟楫，多张形势"。届时，"若贼必以上流有军，令精兵赴援者，下流诸将即须择便横渡。如拥众自卫，上江水军鼓行以前"，使得陈军顾此失彼，疲于奔命，从而导致覆亡。

不过，再好的主意，亦要有能干的人忠实地去履行才成。而此刻的杨素就把崔仲方的建议、文帝的决策、发挥到了极致。

杨素，素来就是个不鸣则已，一鸣惊人的人物。他自被任命为信州行军总管后，就沿巴蜀一百多里的川江地段，建了数十座船厂，用以打造各式战舰。他造的最大战舰，名为"五牙"；船高百余尺，分设五层楼，可载八百士卒；船的前后左右，安设长五十尺的六根拍竿，可将敌船击碎拍翻，威力巨大。小一号的战船叫"黄龙"，可容百余士卒。此外，还有"平乘"、"舴艋"等配套小型战船。他一共造了各类战船千数艘。

中游之战开打后，杨素按文帝事前布置，兵分水、陆二路，从巴蜀的永安出发。一时间，巴蜀之地，旌旗蔽日，金鼓齐鸣，大小战舰首尾相连，在川江中延绵数十里，声势浩大，威武壮观。

巴山蜀水，山势崎岖，水流湍急。当水、陆大军进抵到第一道关口——流头滩时，杨素传令岸上的步、骑军和江中水师，统统停止前进。

杨素在自己的旗舰中对手下几位将领说："再往前行，就是狼尾滩。有陈之名将戚昕把守。此人以训练水师著称，手握青龙舰百余艘，守军数千人。他驻守于此，就是为阻我东下。此乃我之第一仗，尤须小心谨慎。只许胜，不许败！"

"怕他个毬咧！"不等杨素把话说完，大将军刘仁恩便道，"咱军有战舰千数艘，且是顺流而下。他若敢用青龙舰来抵挡，像拍苍蝇一样，拍死它！"

"咱就怕此傲慢之态作祟。你、我皆马背将军，摆弄水师，皆是半路出家。人家戚昕才是正宗水师将领，还不懂如何对付咱的战船？此二年，咱一直在琢磨他将如何对付咱的强大水军，并派人里里外外将他摸了个透。前面的狼尾滩，水道窄，流水急，他于南岸或明或暗布置了上千弓弩手，待我舰船靠近就用火箭朝船上射。两岸还布置着装有芦柴的小船，待我舰只经过时，他把芦柴点着，将一只只火船推入江中，以火攻我大舰。所以，咱如果这么冒冒失失闯进他预设的阵中去，定是凶多吉少！"

刘仁恩一听，惊出一身冷汗，问："嗨！那，咋办？"

与议之将领亦道："这头一仗，到底应该咋打？"

"我当然有我的优势！咱的步、骑兵身经百战，远比敌强，此一优势还应发挥。"杨素看了下天色，胸有成竹地说，"时下，不管是水军，还是陆上的骑、步兵，传令造饭。吃饱了，就地休息。待到深夜子时，请开府王长袭率步兵分别顺南、北两岸往东攻击戚昕部下的营寨。攻营时，要细心搜索岸边山上布置的弓弩手，并将岸边装载芦柴的小船解缆放掉或就地点火烧掉；另请大将军刘仁恩率骑兵沿北岸直插狼尾滩下的白沙镇，并要在天明前把白沙镇拿下。这样，戚昕就没了回旋再战的余地。”

除此而外，细心周到的杨素还分别给两支军队配备了当地人做向导。待到子时，步兵和骑兵相继出发几个时辰后，杨素才登上一艘较小的黄龙舰，让所率水师保持适当距离，顺流而下。

因是夜晚，又是枯水季节，险滩、礁石，比比皆是，横呈于湍急之江面，而使川江险象环生。杨素因此没在首战中使用体型巨大的五牙舰出战。而且，今夜驾船的，亦全都是用重金聘来的当地走惯川江的船老大。

流头滩与狼尾滩相距五十里。是夜，月朗风清，数百战船，在船老大们的掌控下，于急流中飞速前行。

却说，获悉隋军已到流头滩的陈军将领戚昕，此刻，既紧张又兴奋。两年多来，他驻守于此，盼的就是以决雌雄的这一刻！

两年前，当他获知隋之名将杨素当了信州行军总管，并招兵买马，扩充兵力，就做好了要打他一个下马威的准备。可左盼右盼，不料等来的却是满江废木渣子。他曾三番五次派出细作去打探，获知杨素在造战舰，其中有的大船建得如同七级浮屠一般高大壮观。他忍不住地暗自窃笑——在这川江里，船小才好掉头嘛！造那么大个家伙，看你如何调度！他于是针锋相对，设计了一个火攻之妙策，以对付杨素的笨家伙。

戚昕想：盼了这么久，他才终于出动了，一定要使大隋名将尝尝戚爷的厉害！他于是亲自去各兵营，登上每一条青龙舰，甚至还爬到埋伏着弓弩手的南岸山坡上，察看备战情况，鼓舞军队士气。一切准备就绪，只待来敌。此刻之戚军，不仅是戚昕一人，连同所有将士，皆跃跃欲试。可他从上午，直等到日头偏西，望穿了川江之水，却只能是眼睁睁地看着一轮红日一点一点没入西边之江中……

不过，即使如此，身经百战的戚昕，还是不为所动——你的千军万马要出蜀地，难道能绕过狼尾滩、或插上翅膀飞出去不成？他安坐旗舰中，面对舷窗外的明月，浅斟慢饮，倒想看看挂元帅衔的杨素，将在自己面前变出个啥戏法来？他喝着喝着，舱外江风一阵紧似一阵，到底是十二月天气，冷风钻进舱里，胜似刀削。戚昕叫侍卫把棉帘放下，捂紧。渐渐地随着酒力的发散，通体发起热来，便不由自主地呼呼沉入梦乡中……

常言道：艺高人胆大。不过，有时自视甚高，也极易妄自尊大。此刻的戚昕就是如此。正当他在舱里鼾声如雷、梦朝周公之际，两岸猛地响起一片震天动地的喊杀声。他还没分清是雷声还是涛声或是……

一名侍卫冲进舱，道："不好了，隋军杀来了！"

戚昕冷汗一冒，突然惊醒。待他冲出船舱，只见南、北两岸，火光熊熊，那些装载着芦柴，准备用来对付隋军大舰的小船已被点燃，并延烧到了猝不及防的青龙舰上；南岸山坡，被隋军追杀得走投无路的弓弩手，被迫跳入冰冷湍急之江中，随波逐流而去；然而，更要命的则是，朦朦胧胧的晨曦中，一艘艘黑压压的舰船正朝自己扑来！

令戚昕做梦也想不到的是，这场水战竟会发端于川江两岸！两岸的火攻布置既墨，要对付自上游来的强大舰船，那还有戏吗！

说时迟，那时快。顺流而下的隋舰根本不用扬帆、划桨，只须把稳舵、撑好篙就行。而逆水行舟的陈军，虽拼尽全力，亦还是只有步步退却之份。戚昕见敌舰来势汹汹，立命掉转船头，朝白沙镇快速遁去。

狼尾滩是戚昕的前沿阵地。白沙镇才是他真正的大本营。他的辎重、粮草和大部分舰只都停靠于此。此处江面相对较宽，水流稍缓，适合较多舰只停靠和作战。他本想在狼尾滩凭藉地利优势，用火攻取得以少胜多之奇效。若还不能达到全歼隋水师的目的，再凭自己的水上指挥能力，在白沙镇即可与敌作最后了结。

可当戚昕乘坐旗舰接近白沙镇时，他竟一下子被眼前的景象惊呆了！

此时，天已大亮。只见江面浮尸遍布，被烧得脱了架的船只飘在水上，挤作一团，还在冒烟；而岸上的营房、仓库，余烬未熄，狼烟滚滚；而江滩上，山坡处，到处皆是身着甲胄、手执利器和旗幡的隋军骑士……

"将军，白沙镇已为隋军所占，趁其水军未到，咱可用长篙拨开江面那些撕扯一团之烂船，冲出川江。”船上一位偏将建议道。

“不用了。躲得过初一，能躲过十五吗？”戚昕把握在手中、由先帝赐予的宝剑丢在了甲板上，说，“事到如今，还是认命了吧。”

杨素率领的黄龙等舰，随即赶到白沙镇。

当率骑兵先行抵达的大将军刘仁恩，把捆绑得严严实实的戚昕押到杨素面前时，杨素起身，亲为戚昕松绑，且道：“对不起，让将军受屈了！素，早闻将军威名，今日方得相见。”

戚昕抬头看了杨素一眼，见其长髯飘飘，仪表堂堂。想自己，身为败军之将，还有什么好说的，于是道：“事已至此，要杀要剐听凭发落。”

“呃——若说此话，将军就见外了。”杨素说，“咱乃关中汉，早仰将军好水性。今识将军，不胜荣幸。”

“唉……”戚昕长叹一声，良久，方道，“败军之将，既蒙不弃，戚昕愿为大元帅效犬马之劳。”

“哈哈……这就对了。”杨素高兴地说，“水北水南，原本一国一家，今日有缘相识，就不要再分彼此了。这样吧，咱给你一些时日，仍由将军收容、清点已被打散之部属和士卒，原属将军的船只，还算完好的，仍发还于将军，再拨你一些钱粮，由你分发给众将士做返乡盘缠。并告诉他们，南北统一，今后咱都是一家人。你将手下将士遣送走后，自己若还想与素为伍，咱在汉口或是干脆到建康相见。如何？”

“唔……”戚昕沉吟片刻，再定睛去瞧杨素，问，“元帅不怕咱把队伍集合拢来，又反过来打你吗？”

杨素仰面大笑道：“咱不怕——将军不是背信弃义之人！”

戚昕一听，心里甚是受用，对杨素更是感激涕零。

其实，杨素何尝没考虑到此一可能性。不过，他相信仅一日一夜就被打得魂飞魄散的陈军水师，即使重新聚拢，还有精气神再投入战斗吗？再说，此大批困在峡中的俘虏，若由自己收容、处置，亦是件既费时又麻烦之事。不如做个顺水人情，仍由他们的将领去处置遣散。

为此，杨素把大部队暂留白沙镇略作休整。则命大将军刘仁恩亲率一支精锐骑兵，从陆路直插重镇岐亭（今湖北宜昌以北）；自己亦率十数艘轻快灵便的小舰，载数百个子矮小、身手矫健、全部由巴人组成的步兵，直指三峡峡口。

远在北周武帝时，长江以北的土地，几乎全为北周吞并。而岐亭是少数仍为陈所占之江北据点之一。把持岐亭和峡口，亦就扼住了进出巴蜀之咽喉。此亦是崔仲方"攻陈要略"所指出的长江中、上游两个必争要地中的一个。

当下，岐亭为陈国南康内史吕仲肃屯兵驻守。他为防止隋军从巴蜀出兵到江南，在峡口的江中横陈了三条很粗的铁链，并在江之南、北陡峭的岩壁上穿洞，将三条铁链锁入洞眼。当隋之战船由川江通过峡口，守卫两岸的士卒则一齐发力将铁链拉紧。于是，即如飞奔的战马遭遇绊马索一样，船愈大行驶得愈快愈易倾覆。

这位吕仲肃，也绝非无能之辈，他对蜀中隋军动静，亦了如指掌。当杨素军大败戚昕，进驻白沙镇时，马上就有暗探飞快向其报之。

不过，到头来，他还是弄了个猝不及防。当他下达的防御措施还没来得及落实时，竟不知从何处突然冒出一彪黑旋风似的人马。那骑在马上的士卒，披一身黑甲，马亦披一身黑甲，快如闪电，所向披靡。有的骑士，一手执利器，另一只手则擎着一只燃烧的火把，遇人就砍，遇到营寨就用火把点燃。霎时之间，吕仲肃的哨所、营寨、仓库……皆成火海。

以往，南北对峙的三百多年间，包括荆楚一带的产粮地，多数年间，皆为南朝拥有，北朝多处关中及中原一带。曾几何时，南方亦有数位雄才大略的皇帝或将领，也想一统华夏，问鼎关中和中原。可是，一遇北方人高马大的骑兵，便望而生畏，败下阵来，只得铩羽而归。而此刻，杨素这支由大将军刘仁恩指挥的铁骑，则更是不同凡响。首先是士兵所骑之马，皆从西北购入，既耐寒，又能穿越沙漠耐高温。而马和士卒身着之坚固铁甲，是缴获突厥人的。加之，杨素治军苛严。如士卒打仗，只许进，不许退，凡有怯阵和败退者，就地处斩。不过，打了胜仗，他对下属和士兵的奖赏亦很丰厚。所以，这么一来，吕仲肃之军，又哪能与杨素军相抗衡，又哪是刘仁恩铁骑的对手呢。

陈军先是一触即溃。继而则更是风声鹤唳，望风而逃了……

却说，杨素早对岐亭、峡口一带地形、布阵等等，摸得滚瓜烂熟，并已准确获知了峡口固定铁链的岩壁处。他率领的小型舰船在夜色和雾气的掩护下，悄没声息地分别停靠在了距峡口不远处之南、北两岸。士卒登岸后，因都是巴蜀山里人，个个形同猿猴，身手矫捷，并都是攀爬高手。他们以迅雷不及掩耳之势，一举攻取了建在山崖处的南、北两座营寨，再攀援至拴锁铁链的岩壁处，用铁锤砸破岩壁，使三根铁链沉入江底。

当杨素的战舰一艘接一艘畅行无阻地穿越峡口，来到宽阔浩瀚的大江时，真正的千帆竞发、蔚为壮观的景象出现了！

因为峡口以上两岸山峰笔立，水道窄狭，流水湍急，礁石、险滩层出不穷，人们俗称其为"蜀水"、"川江"。可一出峡口，景象则迥然变得天开水阔，气势磅礴——此才是真正的长江大河呵！

其时，杨素安坐五牙舰上，手抚长髯、衣袂飘飘，岸上看热闹的人，都不由得赞叹曰："清河公，真乃江神吧！"

沿江逃窜的吕仲肃，不甘遭受偷袭之羞辱，又陆续招来几十艘战舰，想以娴熟的水战功夫，延缓隋军的进击，以使更多陈之水军赶来增援。不料，杨素仅用四艘五牙大型战舰，挥动拍杆，便将前来迎战的敌舰击打得支离破碎。

驻守公安的陈纪镇接到求援报告，赶来救援，一见隋军战舰如此庞大，且生猛异常，心生恐惧，立即掉转船头，顺水往下逃走。

在以往的南北战事中，一向有"南船北马"之说。即南方之水军厉害，北方是骑兵勇猛。可这回，杨素统领的骑兵依然异常骁勇，而水军竟也在长江纵横捭阖，耀武扬威，占尽上风，打得陈之水军落花流水！

接着，陈朝的湘州刺史、岳州刺史等，皆派使者至杨素舰上，请求投降。杨素一一应允，并分别派员，率小股军队，前去办理受降事宜。自己则仍率大队水军，顺风顺水，一路东下，直指长江中游要地——汉口。

是日午休后，杨素来到舰舱外。虽是寒冬，天气却不错，偏西的日光洒在黄亮之杉木甲板上，生出一股融融暖意。他深吸了一口带潮之寒气，顿觉神清气爽，缓步踱入有卫兵把门的舵舱处。此是一艘高百余尺的五牙舰，舵舱亦相对高大与宽敞。舵把子见杨素进来，挺胸肃立，两手把舵，双目仍炯炯地注视着前方。

杨素朝前面波光粼粼的大江望了一眼，问："距汉口尚有多远？"

"不远了。"舵把子说，"也就四十来里吧，风力若不减，天黑前即可到达。"

"噢？这么快？"杨素想，一路驶来，拖在最后的舰船，与自己的旗舰，最少也恐要拉下一日行程。据说，秦王已达汉口，让他看到自己的舰队稀稀拉拉，有损军容。再说，对岸仍为陈军驻守，也应给敌军一点"颜色"看看才对。想到此处，杨素拉开舵舱门，正好，自己的贴身侍卫亦尾随跟来，并站在了门外。他于是吩咐侍卫道："你去对传令兵说一声，让舰队保持紧凑距离，靠江北一线停泊，明早起锚进驻汉口，接受秦王检阅。"

接着，便有一名传令兵登至舰船顶端，左右手各执一旗，有节律地舞动手中旗帜，以"旗语"向各舰传达行军元帅的命令。后面的舰船看到了此命令，马上又有传令兵向再后的舰只依次传达之。

杨素重新站到舵手之旁，想看他如何选择锚地，以使大舰停靠岸边。恰在其时，但见左前方有一青幽幽的小山，仔细一瞧，小山之旁还相伴着另一更小之山，两山在斜阳的照射和水波之映衬下，显得无比突兀与秀丽。于是脱口问道："那是啥山？"

"在下亦不知晓。"带着浓重巴蜀口音的舵把子说，"在下只知，那山距汉口正好是四十里地。"

"行。就靠那山下吧。"

杨素乘坐的五牙舰，在舱外水手的支撑和忙碌下，缓缓停在了青山之侧。因是枯水季节，锚地与山边码头却横亘着一片浅水和一片沙滩，与那青山仍是可望而不可即。杨素以往生活起居都在陆地，一连数日都泡在水中也是头一次。加之，自出永安，连奏大捷，于是，兴致勃勃地想登岸一

杨素以往生活起居都在陆地，一连数日都泡在水上也是头一次。加之，自出永安，连奏大捷，于是兴致勃勃地想登岸一游此无名之山。

游此无名之山。

接着，水手们放下三只救生小艇，杨素携侍卫乘艇登岸。沿岸有一些破蔽不堪的茅舍，已都没人居住，有的已经塌陷。此山，其实不高，充其量也就数百尺吧。只因周遭皆为江水和滩地，远远看去，显高而已。正对码头，有一石板铺砌之小径，杨素拾级而上。越往上走，树越稠密，其中有已掉光叶子的大枫树，更多的则是针松和山杉。杨素走得有点气喘了，正欲转身回走，忽闻一阵清脆之铃声。山里很静，那很特别的铃声，分外明净、悦耳。躬身上山的杨素抬起头，目光穿过树丛之空隙，但见一段飞檐的翘角上，吊着一只风铃。他于是打消了下山之念，继续朝上攀登。

未走多久，便听头顶传来一声苍劲的问候："阿弥陀佛！请远道而来的施主见谅，老衲有失远迎。"

杨素再次抬头，见一位须发全白的僧人，立于石阶之上，身后是一座不大的寺庙。

杨素登到阶上，双手亦合十弯腰道："长老咋知咱自远方而来？"

"能登此山者，必绕很远路，不都是远方来客吗？"长老笑问道，"只是不知施主来自何方？"

"我等皆来自巴蜀。"杨素指着陆续跟来的侍卫说。

长老却摇头，不以为然地说："听口音，不像是蜀地之人哩。"

"哈哈……"杨素笑道，"若论起始地，那就更远了。我等是从帝都大兴到蜀之永安，再一路沿江到此的。"

"阿弥陀佛……"长老念念有词，却用不安的目光扫视着杨素身后全副武装的侍卫们。他显然是把众人都当成了不速客。

杨素不作解释，亦不说明自己身份，只是问："请问长老，此为甚山？"

"此乃大军山也。军人之'军'，而非君子之'君'。"

"呵？"杨素闻之，顿感惊奇，问，"难道就是魏人郦道元《水经注》所述，三国，吴魏相争，屯兵之处？这么说，旁边那座小些的，就是小军山啰。"

"正是如此。"长老用手朝山下大江一指，说，"此一水域，就是当年赤壁之战的古战场。"接着,他又往江中一指,说,"军爷,您见到水中露出的那片小沙洲没有?"

杨素循着长老手指的方向看去,点了点头。

长老又继续问:"您看,那沙洲像啥咧?"

杨素仔细瞅了一眼,说:"有点像是一只两头尖的小渔舟。"

"您说得极是。"长老道,"那是一只装满火药的渔舟,面上却被油布所覆盖,所以,像舟,又不是特别像。本地人称它作'黄盖篷'。"

"黄盖篷?"

"就是周瑜打黄盖的那个黄盖。当年黄盖用渔舟装上火药,再用布篷遮住,趁着弥雾,将舟驶入曹操的舰队中,再引火燃烧、爆炸,使曹操之水军灰飞烟灭!"

…………

是夜,杨素睡在五牙舰的舒适舱房里,做了一个噩梦。他梦见他的大舰被大火焚毁!

第六十八回

周罗睺用计支走五牙舰
清河公出招合围武昌城

却说，杨素睡在五牙舰的舱房内，被噩梦惊醒，就再也睡不着了。他懂点《周易》，总觉噩梦是个不祥之兆。为此，他胡思乱想了小半宿，也没想出眼下会有啥凶险出现。天亮不久，他就披上元帅大氅起身了。一出船舱，冷风扑面，他将大氅裹紧，来到舱外甲板上。

其时，面朝下游的汉口方向，一轮朝日，正冉冉跃出江面，并活力四射地把整条流动、跳跃的大江，染得一片金红！而近前的大小军山，虽处严冬，却也在朝日的照射下，有如两只充满生机、灵性十足的绿舟徜徉于荡金跃银的江面上。他想：世间万物，往往总是成双而处，连山亦莫能例外。成双，就相互有了依存，就不会觉得寂寞，就有了灵性和联翩遐想……杨素深吸了一口早晨清冷之气，因噩梦而蒙在心头的阴影，便一扫而空了。

杨素边在甲板踱步边与整理帆、缆作起锚准备的水手们打招呼。当他从船头走到船尾处，只见其后的舰船已按自己之令，沿江北一线井然有序地停泊着，那大大小小的舰船，首尾相连，一直泊到极目处。

已初时分，杨素的旗舰吹响了起航号角，嘹亮而悠长的号角声，在江面回荡，令人振奋。而与此同时，传令兵站在五牙舰的顶端，打出了起航旗语。

风是西北风，水亦是自西往东流，所以，杨素之舰队是名符其实的顺风顺水。舰队扬帆起碇，杨素之五牙居中，他的前面有两艘平乘小舰开路，左右各有两艘黄龙护卫，其后才是延伸数十里的大舰队。

舰船自起碇后，杨素就未返回过舱里。为不使舵把子分散注意力，他亦未呆在舵舱中，而是，仍如江神一般，稳坐于船头甲板，任凭江风吹乱须发。可当舰船进入汉口水域，他就立时觉出两岸情势与自己的想象大相径庭，并因之紧蹙起了眉头。

此时，大江南岸，远远就能望见高耸而棱角分明的武昌城楼，及城内逶迤挺立的蛇山；城下，自鹦鹉洲始，沿南岸一线，帆樯林立，战旗猎猎，俨如一派严阵以待的架势。而与自己舰队靠得比较近的北岸，却只见几株掉光了叶的树木在冷冽寒风中瑟瑟发抖……

杨素的五牙舰远远能够看到长江与汉水的分界线了，此时，亦才见到沿岸隋军用木头扎成的营寨和望不到尽头的营房，以及迎风招展的旌旗。如果仅从营寨的范围看，兵马显然不算少；而若从两岸的气势比，未战，亦先输其一筹！

汉口，因汉水注入长江之口，而得名。汉水，为长江水系之支流，水色清澈；长江，滚滚滔滔，夹带泥沙，略显浑浊。因而，当汉水注入长江，就有如帝都大兴之泾水注入渭水，在江中形成了一清一浊、泾渭分明的奇特景观。再者，江北的汉口，地势低洼，雨季到来便成泽国，因有罗家墩、韩家墩、王家墩等等小块突出之高地，为一姓一族所聚居。生活于此的庶民，亦多靠打鱼为生。所以，汉口就不像武昌，筑有很大很高很坚固很有气势的城池。此一北一南的差异，本是因地势自古形成的，但包括杨素在内的水军将士却不这么认为——我等是来征讨你陈国的，岂能不战就在气势上先输敌一筹！

因而，行进在杨素旗舰之后的另一五牙大舰，在将要经过鹦鹉洲时，便有意偏离了自己沿北岸而行的航道，它如同示威一般，偏向属于陈国的武昌一侧行驶，几与停泊于鹦鹉洲旁的敌舰擦身而过。

于是，身型庞大、吃水较深的五牙战舰掀起的大浪，便一波一波地使陈之小型战舰发生剧烈摇晃，以至互相碰撞起来。而站在五牙舰南侧的水手、士兵，则幸灾乐祸、手舞足蹈……

与此同时，立于江北码头准备迎接杨素的另一位行军元帅秦王杨俊，及其众行军总管，亦都将南面江边发生的事看得清清楚楚。

此刻，从京师接受文帝检阅、马不停蹄赶至汉口增援秦王的史万岁，尤为兴奋。他南征北战二十载，从未见过世上竟有这么大的船。于是大开眼界"啧啧"称奇道："北方人常说，瘦死的骆驼比马壮。没想到，这水中走的船，不知要比沙漠之舟大多少倍咧！"

"这下可好了。"一直被秦王压着不让他出战的行军总管崔弘度说，"让清河公用巨舰像辗压蚂蚁一样，将贼船都辗碎！"

而年轻的秦王看着五牙掀起的大浪把敌船弄得相互碰撞，亦更是笑得合不拢嘴……

可就在众人欢呼雀跃，对敌嗤之以鼻之际，突然间，竟从那剧烈晃动的舰船中，射出如雨点一般的箭来！而且，有的箭矢还冒着烟火！

五牙舰上猝不及防的水手和水兵，纷纷中箭、哭爹喊娘，有的中箭者还从数十尺高的舰桥直落江中，溅起朵朵水花……

然而，更大的灾难还在后头——一支火箭竟钉在了桅杆上，把鼓动的白帆引燃，火势迅速蔓延至五牙的四楼。此舰虽储存着消防和食用之水，但火燃烧得快，传送上去的水，根本扑救不及。不过，训练有素的水兵，立即用水将自身和棉被浸湿，并奋不顾身地冲上四楼，乃至五楼，连人带湿棉被，前仆后继，才将大火压熄。

五牙，即五楼。这艘五层、高百余尺，能承载八百人的巨舰，自三层以上，转眼，便烧得仅剩支离破碎的框架，人员死伤二十余名。紧随其后的几艘黄龙舰上的将士，哪咽得下这口浊气！亦纷纷偏离航道，欲对贼舰实施报复。而此时，正在靠岸的旗舰用旗语发来命令："各舰不得擅自偏离航道，按序下锚。"

天，依然还是艳阳高照，但，杨素的脸却阴沉得厉害。刚才大煞风景的一幕，他在自己的五牙舰上看得一清二楚。他昨日没有匆忙于晚间抵达汉口，就是想今日在秦王面前风风光光显示一把，也想让对岸之敌见识见识本舰队的威武雄姿。哪承想，雄姿没展现，却反被贼军打了个下马威，弄得自己丢尽颜面。他想，敌之反击来得如此凶猛，如此突然，显然是有备而来的！哼，此贼可是吃了豹子胆哩——咱没完！

杨素的旗舰徐徐停靠在了汉口江边。和昨日一样，身型庞大的五牙舰，离码头还相距一片浅水滩涂。所幸的是，秦王知道杨素要来，已于此前在滩涂处临时用木板搭了一座小桥。杨素沿桥登岸，岸边刚被江中大舰着火惊得噤若寒蝉的鼓乐队员，在旁人的提醒下，这才奏起了热闹的迎宾曲牌。

杨素与秦王及行军总管们，一一见礼。众人皆不提五牙舰着火事，但由于杨素始终笑得极其勉强，整个气氛就显得不是那么自然了。而吹鼓手们奏出的曲调，亦显格格不入，不堪入耳，极为扫兴。

是夜，秦王在帅帐为杨素举行宴会。两位行军元帅，一长一幼，相处却很和谐融洽。秦王之父文帝和杨素都是关中弘农杨氏家族后人。文帝称帝前，两家往来密切，父辈皆以兄弟相称。因此，和晋王杨广一样，秦王杨俊在私下亦称杨素为处道叔。

汉口，地处江汉平原，及汉水和长江的交汇处，是各地物资集散地，所以，席上佳肴亦十分丰富，琳琅满目，应有尽有。

汉王举杯道："处道叔所向披靡，捷报频传，侄儿敬您一杯。"

杨素一杯酒下肚，面色才渐渐转暖。喜好美食的他，用箸夹了一只鸭腿，大快朵颐地嚼起来，并哼哼道："嗯……好，好！"

杨俊忙高兴地介绍说："处道叔吃的非一般鸭子，是汉口郊外芦苇荡中射得的野鸭。"

"怪道。这野鸭与家鸭味道就是不一样。肉虽粗点，但不油腻，味美。"接着，他话锋一转，问，"一路之上，江边为何不见秦王舰船？"

秦王说："为便于照管，咱把舰船都泊于汉水中了。"

杨素甚感奇怪："长江这么宽广，为何要把舰船泊在小河沟里？"

"您之舰队今日一进汉口，不就折损了一只大舰嘛。"汉王叹息说，"贼之水军神出鬼没！咱舰原本也是泊于长江北岸的。一日夜里，风紧雪狂，咱水军士卒冻得都窝在舰舱里。谁料，风那么大，浪那么高，几只很小的贼船，被油布裹得严严实实，竟偷偷从南岸摸了过来，分别插入我舰船中。您猜，怎么着？那几只小船仅一只留着载人，其余几只舱里载的尽是火药和硫磺。他们把火药、硫磺燃着，乘一叶扁舟就逃之夭夭了。仅此一次，咱水军就损毁几十艘舰只，士卒死伤好几百。"

"呵？黄盖篷！"杨素大骇，立时想起大军山古刹门前，老方丈指给他看的那个江中露出的沙丘来。贼军使用之法，竟与当年黄盖如出一辙！他因而若有所思地道，"看来，荆楚之地，历来就有用火攻战船的习俗。"

"是咧！咱就提防火烧赤壁的事，今又重演。"年轻的秦王拊掌道，"自此之后，咱就下令把战舰泊入汉水，并在河道入口处，设了瞭望哨。贼船如若逆水进入汉水河道来捣乱，就不那么容易了。"

"可咱拥有的战舰应远比敌军多哩！"

"不中用。咱毕竟是北方人嘛。"

在"毕竟是北方人"这一点上，好胜心极强的杨素并不肯苟同于秦王。但，秦王毕竟是皇子，且，今日初来乍到，大舰就当众出丑，更使杨素有口莫辩。他于是问，"镇守武昌的陈将是谁？"

"是个名叫周罗睺的独眼将。"

"噢？"

"处道叔知道他？"

"岂止知道！"杨素说，"北周末年，咱在行军元帅韦孝宽手下做行军总管，于皖地曾与其交过手。"

"此人打仗如何？"

"别看他被流矢射瞎了一只眼，可仍非等闲之辈。"杨素说，"他出身行武，然文思敏捷，诗文都作得不错，有儒将风范。"

"怪道哩，那家伙，贼精的。"

"他拥有多少兵马？"

秦王想了一下，说："一说，有三万多；另有人则说是五万士卒。"

杨素一听，不经意地皱了一下眉，心想，两军交战，咋能连对手有多少兵马都不确知呢？可他嘴上却道："三万也好，五万也好，皆不能与咱军相比配嘛。圣上知不知汉口一带两岸对峙之态势？"

"圣上坐在大兴宫里，对这边一举一动，都了如指掌。"秦王说，"咱隔日都要将这边情形分别向大兴朝廷和寿春晋王帅府奏、报一次，急事大事，随出随报。此外，咱估计当地州府或父皇专门叮嘱之人还有直接上奏的。所以，父皇对这边事，没有不知的。"

"近日，圣上有旨传来吗？"

"有。"杨俊说，"圣上对咱迅即陈兵汉口甚满意。只说，要我等继续向陈军施压。并没指定要咱即刻就拿下武昌城。"

"唔……"杨素沉吟少顷，又问，"寿春晋王处对这边情形，有何讲究？"

"晋王帅府也只是说，要咱多向驻守江夏（即今武昌一带）陈军施压，别的没说啥。"

"江淮一带，又有啥动静？"

"他只问咱这边咋样，那儿啥音信都没有。对陈宣战半月以来，只听说清河公之水、陆二军，齐头并进，势如破竹，连战连克。江淮则似乎一直是按兵不动。"

"此很正常。"杨素用手抚着胸前之须，说，"晋王是不动则已，一动，就非要拿下建康不可！不过，陈虽腐朽，但，正如圣上不久前来函告诫的，其是百足之虫，死而不僵。要撼动南方几百年的根基，要把难处想多些，方能做到万无一失。"

"那，此隔江对峙之僵局，如何破解？"

"四个字——'摧枯拉朽'！"刚才两人只顾说话，而忘了吃喝。此时，杨素端起杯来，一饮而尽。然后，豪情万丈地道，"当下，咱这边，无论水军还是陆军，皆远超贼军，不应再缩窝里，老虎该出洞了！"

"处道叔之意，是要攻打武昌？"

“对！”

“不好攻咧！”秦王说，“咱虽兵强马壮，可这武昌城，地势高峻，城墙坚实，又为水所隔，易守难攻。况且，父皇也好，晋王也好，并未要咱硬生生地去攻城，而只是要咱向其施压。现今，咱已大军压境，并占据了兵家必争的汉口，此难道还不够吗？”

“不够咧！”杨素斩钉截铁地道，“圣上和晋王为何一再要咱向敌施压？你想，咱为攻一座武昌城都犯怵，晋王要打陈之京师建康，他的压力有多大？你我在此给敌之压力越大，给敌打击越沉重，方能使陈之朝廷，晕头转向，顾此失彼，也才能真正为晋王减压，使他能乘虚而入，一举拿下建康城！”

“既如此，那就打吧！”秦王也被杨素一席话说得跃跃欲试起来。

杨素忽地问：“总管们的意见如何？”

“嘿，他们倒是不需动员，个个都想打。崔弘度，您是晓得的，简直就是个噬杀魔王；史万岁带着一干铁骑从北边赶来，亦嚷着要过江；还有周法尚……”

“嗬嗬！秦王手中尽是名将，还怕拿不下一座孤城？”杨素道，“不过，攻城还得有个章法。若是这么直接去打，就正中周罗睺之下怀了。你瞧，他为啥要在江边摆那么多战舰，就是意在引诱咱去直接打他。”

“噢？”秦王刚拿起箸，又将其放下，直瞪着两眼望着杨素，“处道叔想要咋打？”

“以素之拙见，可将计就计，先用几只五牙大舰，佯攻武昌城下的水军，以吸引敌之视线。再用战舰把兵马载送到武昌城的两侧登陆，迂回包抄，切断武昌城与外界的联络和粮食供给。这么一来，咱倒想看看周罗睺还能在城中蹦跳几日？再者，攻城亦用不着这么多人马，应分出部分兵力，向陈朝东南纵深猛插过去，以动摇陈之人心、军心和整个根基。此方能叫摧枯拉朽！”

“好，此办法好。咱明儿就召集行军总管，照此行事。”

“不过，尚请秦王向您的各位总管言明，尤须提醒崔弘度将军，此次用兵，是为统一华夏，切忌滥杀无辜。否则，江山虽然一统，然水北水南却难做到万众一心，后患必然无穷。而且，此是圣上之意，是圣上曾一再告诫杨素的。"

"还是处道叔想得周到。父皇也曾这么告诫过儿臣。"秦王杨俊笃信佛教，最忌大开杀戒，他因而补充道，"崔弘度曾几次请缨南下，皆被咱回绝，即是怕他控制不住自己，滥杀无辜。"

说话间，桌上的野鸭等菜肴，早已凉透。

次日，秦王杨俊召集各路行军总管议事。当众人听说要渡江作战，个个兴奋不已。秦王当众要求自己的大舅子崔弘度立下不滥杀无辜的军令状。崔弘度亦毫不含糊，认真写了字据。

之后，秦王的三位当家行军总管：史万岁率骑兵乘战舰入洞庭，起岸后，向东直指建康；崔弘度渡江入江夏的金口，自西迂回围攻武昌；周法尚，则入武昌下游处的樊口，由东与崔弘度汇合，将武昌围在瓮中。杨素分出部分舰只为秦王运送过江兵马和辎重。秦王自己的舰船亦悉数从汉水驶入长江，投入此场大战。一时之间，汉口一带水域船帆往来如梭，调度频繁。

却说，南岸久经战阵的周罗睺，立于武昌城楼，只觉眼花缭乱。他有水上作战经验，可从未见过大江之上有这么多战舰聚集。

他在想：隋之水师到底是想干啥呢？是因上次大舰被烧，以此向自己示威吗？若真如此，何不摆开阵式来攻，而让战舰在江中跑来跑去干啥嘛！

其实，周罗睺想的亦未全错。杨素是个既豁达，且虚荣心和报复心极强的人。在他权势和人气都急速上升之际，突然有人大煞了他的风景，能不令其震怒而想报复吗？

不过，江面频密往来的舰只，有的却是为周罗睺使的障眼法，有的则是为使各舰停靠到运送兵马过江的准确位置上。因为十万兵马，要在一夜之间，赶往三个不同口岸，哪能不重新调度运兵的舰只呢？而此，却恰恰是周罗睺万万没有意料到的。

与此同时，担任正面佯攻的杨素，也想出了一个既能吸引敌之视线，又可报复敌水师的招数。

就在秦王大军即将兵分三路渡江作战的当日申正时分，偏西的日头距江面尚剩约一竹竿高的样子，突然在鹦鹉洲上方的江面，出现了一字排开的四艘巨型五牙战舰。

杨素等一行人，亦纵马赶到鹦鹉洲对面岸边观战。而恰在此时，众人意外发现，原本密密麻麻集结于鹦鹉洲的大小舰船，只稀稀拉拉剩下二十余艘如同渔船一般的小船。

江汉一带，湖泊星罗棋布，水网纵横交错，沿湖沿水芦苇丛生，狡猾的周罗睺显然是为保存实力，而把大些的舰只都隐藏到河港湖汊中了。

正当杨素望水兴叹、咬牙切齿、感觉没了敌手之际，江中首先杀到鹦鹉洲附近的五牙舰，显然也发现了此情形。于是，舰上的信号兵向岸上发来旗语，问："还打不打？"

杨素身边的信号兵把旗语内容转告行军元帅。杨素火冒三丈，道："打！要狠狠揍之！"

信号兵领命，跃马飞奔到一突兀的沙岸上，从后背抽出两面小旗，骑在马上，向五牙舰发送行军元帅的命令。

接着，那艘五牙舰便如老鹰扑小鸡一般，朝鹦鹉洲直扑过去！当敌我双方仅隔一箭之遥时，此次，轮到五牙舰先下手了，刹那间，铺天盖地的箭矢朝鹦鹉洲方向飞去。

说时迟，那时快，几艘沉不住气的小船，竟然冒着射来的箭雨，突然扯起风帆，朝下游方向逃窜。

此乃，正中五牙舰下怀——他们就怕老鼠不出洞！因为五牙舰体型巨大，而鹦鹉洲旁边的水浅，大舰够不到，不能对其实施近距离攻击。刚才五牙舰逼向鹦鹉洲时，为避敌舰有可能向自己发射火箭，而故意没有扬帆。其时，水手们齐心协力，"刷"地将舰上大小四面风帆都扬起来，全速去追逃遁的五只小船。

也真是事有凑巧，其中有只小船竟然忙中出错，当它的风帆升至一半，拉帆的绳索竟然缠绕到了一处，使帆无法张满，而落在了其他几只小船的后面。一位勇敢的水手爬上船桅，去整理缠绕之绳索。不料，为五牙追上，挥起一支拍竿，仅一下，整只小船便四分五裂！碎木片、断桅杆。以及被击中的士卒和未被击中的人，都被五牙掀起的巨浪抛向了空中！

此时，站在北岸观战的杨素和江边整装准备于夜间渡江的士卒无不欣喜若狂。杨素指令信号兵发出"乘胜进击"的号令。

而此时，五牙舰上兴奋异常的将士，在未接到岸上命令前，早已全速追了过去。

再说，紧随其后的第二艘五牙舰，受到前一只舰船的鼓舞，也迅猛地逼近了鹦鹉洲。这次，未等敌我相距一箭之遥，又有几艘沉不住气的小船逃离岸边……

待到第四艘五牙舰赶到鹦鹉洲近前，泊在岸边的二十余只小舰，全都顺水逃之夭夭。于是，在冬日的夕照中，在宽阔浩瀚的大江上，出现了一幕罕见的"猫捉老鼠"追逐"戏"。

平心而论，顺风顺水的五牙舰，速度并不算慢。不过，小巧轻盈的小船则更快。待到夕阳尽没于江中时，那分散逃遁之二十余只小船，则早已不见了踪影。是顺水溜至下游了？或是早就隐藏在了附近的河口或芦苇中？皆有可能，亦都不能确知。而此时，四艘五牙舰上的将士，方如梦初醒：他们又中了周罗睺的诡计！因为他们无论如何，要想原路返回，已不可能！此大舰，在冬日的大江中，只能进，而不能退，更不能掉头逆水上行。此弊端，早为仅一只眼的周罗睺一眼看破，而在此之前，杨素则始终不以为然。杨素行兵打仗有句口头禅，即，"开弓没得回头箭"。他打仗，若有将士顶不住，临阵逃回来。他则毫不留情，立即处斩。总之，打仗，必取胜，而胜之标志，就是一往无前。而五牙舰的设计与建造，恰好符合杨素此一理念。不过，大凡舰船之行驶，需藉"三力"。一为，水力，靠流水推之；二为，风力，靠风鼓之；三为，人力，划桨、摇橹、撑杆或拉纤，此凭藉的皆为人力。而五牙舰在长江行驶，只能借助水力和风力。那么庞大的体型和那么急之流水，不管使用其中何种人力都无济于事。时下，为寒冬腊月，风是固定的西北风或北风，而自西向东流的江水，则更是无法改变流向的。所以，五牙舰注定只能顺水流舟，而不能掉头逆行。因而当日头坠入江里，周罗睺的小船借着夜幕不见踪影后，四艘五牙大舰相距汉口已有百数里，只得紧急泊于不知何处的荒滩野水中……

　　不过，诡计多端的周罗睺，也仅仅只窃笑和高兴了一个夜晚。因为第二日一早，就有士卒气急败坏地分别前来报告，有大批隋军兵马，分别从金口、樊口登岸，朝武昌城冲杀而来！

第六十九回

误再误坐失良机仍不觉
盼又盼千呼万唤始下令

却说，大将军史万岁乘战舰入洞庭，从城陵矶登岸，整理好队伍，亦不等后续粮草到来，就迫不及待地率军向东挺进。

因为当地的岳州刺史早前已投降杨素，杨素只是象征性地派出接管人员，当地衙门，其实还是由原陈之官员按旧制维持着。史万岁所到之处，对民众秋毫无犯，而当地官员和百姓也都像对待自己的军队一样，宰猪、杀羊，出门迎接。史万岁按秦王要求，每获一地，只将当地武装遣散，让其各自返乡，并向当地征收一些粮草，还一一开出欠条。当地官员也没想"借"出的粮草会有还的，可不出几日，隋军后续辎重车队赶到，所欠粮草即全部偿还。于是，隋军仁义之师的名声便在江南广为流传。

开始，史万岁的兵马都穿戴着护身甲胄，后来因所向无敌，则都将沉重的甲胄脱下，集中存放起来，轻装行军。他没料到，陈国内地，根本没有防御，很少屯兵，而且，当地官民会对隋军这么友善。

不过，同一夜晚渡江，担任围攻武昌城的崔弘度和周法尚却没史万岁那么轻松。从表面看，武昌城仅一面环水，而实则是，其他三面之城墙内外亦都挖有很深很宽的护城河。当隋军扛着长梯和木板欲在护城河上架设便桥时，城上飞下雨点般的箭矢，稍稍靠近，就得付出惨重代价。

崔弘度的军队也真勇敢，穿戴盔甲，提着盾牌，顶着箭矢，强行在护城河上架桥。可那由长梯和木板搭成的桥刚一架好，隋军争先恐后从桥上冲至城墙下时，城门竟赫然洞开，手执大刀和长矛的陈军数倍于隋军，蜂涌而出，杀得冲过桥的隋军非死即伤或直接掉入护城河中。陈军把搭桥之梯拖入城中，复又将厚重的城门关紧。

至此，崔弘度方才老实执行秦王原定只围不取之法。

再说，杨素的四艘五牙大舰一去不返后，过了二日，才有消息传回汉口：四舰皆孤零零地分别泊在了一百多里外的黄州水域。杨素听后，只好增派大小二百余艘舰只，会同四艘五牙大舰组成一支庞大舰队，沿江继续向东挺进，攻打和占据沿江的南岸码头和港口，目标直指建康。

陈朝兵力不济，除在重镇和军事要地派有军队驻防外，其江防已是百孔千疮。正如杨素所言，只能任由隋军摧枯拉朽！

其时，与杨素一西一东遥相呼应的行军总管燕荣，亦从东莱沿近海，入太湖，攻入吴郡（今苏州），相距建康，已越来越近。

陈军在水上和陆地连遭败绩，各地告急战报，传至朝廷，使建康上下，一片惊慌，如丧考妣。

但，就在此危在旦夕之际，建康朝廷同为中书舍人的两位皇帝近臣，一叫施文庆，一叫沈客卿，却仍不为所动。此二人不仅执掌着朝廷最高机密，还掌管着金帛局等要害部门，并负责搜刮民脂民膏，以供陈主个人享用。甚至，包括仆射、将军在内的文武大臣，要见皇上，都必先得到此二人允许。可他俩对纷至沓来的告急求援奏折，却置若罔闻。因为，他俩都愚蠢地认为，与江北军队发生冲突，并非一日两日、一年两年，大不了让他们再占去点本来就够不着的疆土而已。那些发告急和求援奏折的各地官员和将领，不过都是想向朝廷乞讨钱粮罢了。当下，宫中都不够用，哪有钱粮物资往外拨付呢。

深居后宫的陈主，对战事不利的消息，时有耳闻，就向沈客卿和施文庆打听。此二人便都轻描淡写，一一搪塞过去。

此时，担负保卫建康的大将萧摩诃闻听吴郡失守，感到情势危急，派人送信朝廷，请求增兵，却得不到回音，只好亲自赶回建康，欲向皇上面陈破敌守城之策。他刚至后宫门前，即被沈客卿挡驾。又转而向仆射袁宪和护军樊毅面呈前方防线空虚之状。

袁宪和樊毅早就急不可耐。三人共议，决定由仆射去向皇上请求，速向京口（今江苏镇江）和采石（即采石矶。在今安徽马鞍山市以南）各增精兵五千，以保护建康南北咽喉处。此外，江上应增派金翅舟二百艘，沿江巡逻，以防隋军从水上偷袭建康。

可是，仆射袁宪还没踏入后宫，又被施文庆拦住。

忍无可忍的袁宪终于动怒："你是甚人？本宰相有国事要见圣上，谁敢阻挡？"说完，怒气冲冲地就往后宫闯！

"大胆！"施文庆也勃然大怒，朝看门侍卫一挥手，道，"将其拿下！"

几名全副武装的侍卫当然认识仆射，没敢动手，却有如门板一般，直挺挺地挡在袁宪面前。

此刻，施文庆才转怒为笑，朝袁宪做出莫可奈何状："袁大人，也不是施某真吃了豹子胆，不叫进是主上下的命令。再说，您一个大男人，擅闯后宫，此即犯了弥天大罪！"

"那就请施大人转奏皇上，说袁宪有关于国之存亡大事上奏，请皇上即刻上朝听政。"

"嗯？"施文庆用讶异的目光打量着袁宪说，"您袁大人的胆子可不小咧！竟敢支使皇上？"

"事关国之存亡，下官也只能豁出去了！"

"那不行。"施文庆面对袁宪一副天不怕地不怕之状貌，只好转口道，"圣上近日龙体欠安，不能上朝听政。这样吧，请袁大人把事由写成折子，咱再设法递进去，好么？"

"好吧……"

抱着不成功便成仁去后宫的袁宪，到头来却还是碰了个软钉子。只好自认霉气，拟好奏折，又赶紧跑到樊毅和萧摩诃家里，请他俩也在奏折上签了名，才以三人名义，托施文庆转奏皇上。

可一日后，还是不见丝毫动静，这可急坏了从前线赶回的萧摩诃。前方战事瞬息万变，岂容此样延误！三人再次聚首在萧摩诃家里，又拟了一份十万火急的奏折。想来想去，决定由三人共同凑钱，贿赂另一位可随时进入后宫与皇上吟诗宴饮之仆射江总。

而恰在此时，萧摩诃的爱妾露儿提着一只铜壶进来给客人续水，听到众人心急火燎的议论，不觉笑道："嗨，三位爷们，递份折子给皇上，还要破费不少钱财，绕那么大个弯儿，不如交由奴婢，直接递给皇上来得便当！"

"你？"萧摩诃大吃一惊，没想到自己的爱妾竟有如此能耐。

袁宪初听，亦是一怔。进而想到，最近朝廷盛传皇上喜欢上了萧摩诃的爱妾，看来，真有其事。他不由得看了身边已近六旬的老将军一眼，见萧摩诃仍是一脸愕然。

平日处事沉稳的樊毅，也只好说："那就有劳嫂夫人了。"

"不费事，不费事。"露儿若无其事地回说道。

果然，袁宪和樊毅离开萧府没多久，后宫太监就持张贵妃的请柬，来请大字不识几个的露儿去赴后宫诗会。

露儿坐轿离开萧府，满腹狐疑的萧摩诃就去问自己的正室大太太。因事关皇上，年老胆小的太太只是说，露儿每次去后宫，皆是贵妃娘娘发来请柬。有时，天晚了，她就在宫中歇宿。至若有否别的不轨勾当，太太亦劝萧摩诃不要多想，多问，以免触怒龙颜。

萧摩诃仰天长叹一声，不等皇上旨意到来，便带几名侍卫，策马奔赴城外兵营去了。

其实，露儿成为萧摩诃的爱妾，亦纯属偶然。

这个女子是萧摩诃在一次行军途中偶然遇到的。当时，露儿之母患病卧在一庙宇的廊檐下，正遭庙中和尚驱赶。女儿手足无措，只有跪泣求和尚别赶她们母女。

　　萧摩诃看到此情，指责和尚："出家人讲的就是慈悲，你赶她们走，让她们去哪里安生？"

　　和尚叹了一口气，说："咱也是无奈，才如此。庙里有禁忌，不能容留女子。她们窝在廊檐下，成何体统。再说，此年月，僧人度日也都难，亦没能力周济母女……"

　　萧摩诃看到和尚把话说到此份上，就拿出二十两银子交给他，请他代为租一间小屋，以安置母女。

　　数月后，萧摩诃回到京师。

　　忽有一日，一个女孩跪到他脚前，喊一声："恩人！"

　　萧摩诃吓了一跳！一问方知，该女子就是那个生病母亲的女儿。她对萧摩诃说，母亲临死前，要她日后一定报答恩人。

　　萧摩诃面对一个自身都难保的小女子，苦笑着问："你将如何报答咱？"

　　小女子却很认真地说："露儿愿以身相许恩人，侍候恩人一辈子。"

　　"呵？"这可使萧摩诃着实吃了一惊。再细瞧那女子，见其娇小玲珑、如点漆一般的双眸，十分灵动。他想，这么灵秀的一个小女孩，若任其流落市井，还不知会被哪个恶汉摧折了。他于是将她领回家中，作了小妾。

　　这露儿不仅长得美丽可人，还极尽乖巧，懂得知恩图报，把个萧摩诃侍候得服服帖帖。人非草木，孰能无情。萧摩诃也十分珍爱这位比自己小三十余岁的爱妾。

　　…………

　　萧摩诃想起往事，心里百味杂陈，就像打翻之五味瓶，各味搅到一处，说不清是什么滋味儿。保卫江山，忠于皇上，本是军人天职。可此次回到京师请援不成，还眼睁睁地看着爱妾在此国难当头时，竟被昏聩的主上玷污——这国还像国，此君还像君吗？

　　话分两头。

　　却说，露儿接受张贵妃的邀请，一进结绮阁那间饮酒作乐、吟诗作赋之大厅，里面已是高朋满座。她正不知如何是好时，坐在正中主宾席的陈主儿指着身边一空位，向她招手道："来，宝贝儿，过这来。此位是留给你的。"

众目睽睽中的露儿，娇羞得满脸通红，好在有张贵妃牵着她的手，才使她没显得太窘地坐到了主上的身边。她坐的那位子原本是张贵妃的，但只要有露儿出席，她便主动让位。

说起来，这露儿原也不是个水性杨花的女子。自隋向陈宣战，将军们都上了前线。为了安抚身处前线的将军眷属，张贵妃为眷属们在后宫举行了一次宴会，皇上亦在宴会上为眷属们赐酒。其时，皇上一见露儿，便被她的美貌和妙龄吸引，并当即暗中指使张贵妃，将她留下来。张贵妃殷勤地劝露儿多喝了两杯，不胜酒力的露儿，醉意蒙眬，更显可怜、可爱。

而当席终人散时，贵妃亲自来到后宫大门外，对萧府来接露儿的家仆和轿夫说："你家娘娘喝醉了，今儿就在宫中歇宿。"

身处深宫的露儿，不过一只笼中鸟儿，面对一国之君的挑逗，带着几分醉意的她，便乱了方寸，如坠五里雾中……

从此后，隔三岔五，便有张贵妃发来请柬，请露儿赴后宫参加各种宴饮。

却说，此刻露儿刚在位子上坐定，就被主上揽入怀中。陈主儿顺势一摸，触到其胸间有一异样之物。便指其前襟问："汝衣里装着啥呢？"

露儿"吃吃"笑说："是一份写给圣上的折子。"

"折子？"陈主不解地道，"汝有甚事，面对面地说来，痛痛快快，还用写啥折子？"

露儿便把袁宪、樊毅和萧摩诃欲凑份子，贿赂江总向皇上递奏折之事说了一遍。

陈主大笑，道："汝把折子拿来，让朕瞧瞧。"

露儿从衣襟中把折子取出，陈主展开一看，说："又是有关防卫的？唉，这个萧摩诃，他操的哪家子心哩。王气在此，自有天佑。齐兵三来，周师二至，无不摧败。隋军此次行兵，能有何作为？"

露儿不辱使命，把袁仆射和萧将军的折子果真递到了皇上的手中，却递的不是时候，无心问政的陈主随即把那折子抛给了隔座的孔范。孔范看后，说："此乃武将们玩的邀功请赏把戏。长江天堑，自古就是老天用来限隔南北的，隋军难道长了翅膀，能飞越天堑不成？倘若其真的敢渡大江，就让咱去收拾他们。届时，圣上可莫忘了让臣下升任太尉！"

"一定，一定。朕一定让卿如愿以偿！"陈主说着，在露儿的脸上亲了一口，开怀大笑起来。

接着，在座的江总、张贵妃、孔贵嫔、女学士，以及"狎客"们也都跟着起哄，附和孔范之高见。

而偎依在陈主怀中的露儿，则更把袁宪和丈夫之重托抛到了九霄云外……

与此同时，在北岸的江边，两骑顶着刺骨的寒风并辔而行。他们身后和身侧，跟随着一众扈从和侍卫。此二人，未披甲胄，未佩兵器，身着棉袍，戴兽皮帽，亦都为四十大几岁年纪，神态自若，显一派儒雅之气。

此二人，一为左仆射、帅府长史高颎；另一位则是淮南道行台尚书吏部郎、兼掌元帅府文书的薛道衡。他俩奉淮南道行台尚书令、行军元帅晋王杨广之命，从寿春帅府出发，自西而东，对沿江军队作最后一次巡视。

二位大人，此次出行，天气就没有好过。不是浓云密布，就是小雨夹雪，那雪粒儿打在脸上，又冷又痛。但，他们却还是马不停蹄，一丝不苟，边走边察看各军对渡江攻陈所作准备是否充分。用他俩的话来说就是，天愈恶劣，愈能看出军队之准备、士卒之斗志是否真正到位。

时下，厚厚的铅色云层，似乎就要贴着浊浪翻滚的江面了。高颎勒马习惯地抬头看了下天色，可实在分辨不出到底是啥时辰。他摇摇头，忽地看见远处有座石砌的江防哨所，于是，对薛道衡说："走，咱到那哨所瞧瞧。"

他俩一夹马身，刚让马跑起来，就见一彪人马，扬起一股沙尘，从哨所方向迎面奔来。当两股队伍即将交合到一处时，对面队伍中的一人滚下马鞍，双手抱拳，对来人大声唱道："末将贺若弼恭迎仆射大人到军营巡视。"

高颎和薛道衡等一行闻声亦纷纷下马。

"哈，贺大将军，亲自出迎。"贺若弼是高颎为攻陈举荐给文帝的将领，二人相见，自是分外亲热。他拉着贺若弼的手，问，"咋地，已到你的营区了？"

贺若弼说："自前面那座哨所起，往东，皆为本部驻地，亦是向陈的京口发起正面攻击的起始地。"

"你们准备得咋样了呵？"

贺若弼朝高颎身旁的薛道衡点了下头，算是打过招呼，再来回答高颎的提问："准备得咋样了，自己不好说哩。请大人检视并作评定吧。"

"大战已迫在眉睫，你的江畔，咋还看不到一条船呢？"

"大舰，按圣上旨意，一直都是分散猫在内河和湖泊中的。这两日，风浪大，咱把摆在江边的一些小舟，也放入河口避风去了。不过，只要仆射一声令下，咱保一夜之间，所有舰只皆能跃入大江。"

"哈哈……"高颎笑道，"仆射一声令下？不中，不中。此令，行军元帅也不敢下，都在等圣上之令嘞！"

"圣上几时才能下令？"

"具体是哪日，咱亦不知。但，肯定是快了。"

"快了？此话不知听过多少遍了。听说，东边和西边都打得火热，他们若捷足先登，先把建康拿下，咱为此整整准备了八年，岂不都前功尽弃了？"

高颎一听，更是笑弯了腰。他说："若能如贺将军所言，那可真是天大好事咧！建康，自古就叫石头城。哪能如此不堪一击！"高颎继而又一本正经地问，"将军见过塘中捉鳖没有？"

"塘中捉鳖？"

"村夫在水塘捉鳖之前，先必将周边之水激得乱响，鳖害怕了，钻进泥里，必会冒出一串水泡儿。其再循那水泡儿去抓，必然手到擒来！"

"此理咱懂。只是等了八载，只闻哗哗水响，近日亦似乎见到水中冒泡，却还是不闻捉鳖令下，将士们都快憋不住了呢。"

"既已见到水泡儿了，不就是真的快了吗？"高颖道，"在此节骨眼儿上，首先是行军总管本人不能猴急，要沉得住气。"

说话间，二人已入哨所。石砌的哨所中有一圆孔，正对江面。高颖朝外瞄了一眼，问，"近来，对面有何动静？"

"新年快到了，常有敌之水军驾舰到江中抢夺渔船上的鱼。倒是没见水上和陆上敌军有何异动。"

是夜，高颖等一行人就宿在了江边观察哨附近的兵营里。贺若弼常至此处观察敌情，布置诸事，他把自己住的房间腾出，让高颖和薛道衡住。淮南产煤，此屋在外烧煤，有通道从地下将热气输入房间地下。高颖和薛道衡吃饱喝足，被请入此房休息。屋外，已是大雪纷飞，寒风刺骨，而房内却是暖烘烘的。

过往，高颖对薛道衡亦仅是久仰大名，并读过他流传甚广的几首诗。此次出行，两人朝夕相处，听其谈吐，果然出口不凡，且又没一般文人那股自命不凡的酸味儿。他于是边脱外衣边说："此为本次行程最后一站，明日，咱就将返回寿春帅府了。现从各军渡江的准备看，似都十分充分。只是，颖有一惑，始终萦绕心头，想求教于公。"

"仆射别客气，甚事，请讲。"

"咱近年来，见人常向圣上献破陈方策，不管是谁，都说得头头是道，似乎平定江南，如探囊取物，必定手到擒来。可当咱亲见横亘于前之长江，再想那座坚固无比、王气逼人的石头城，加之，陈国亦有数位名将，若调度有方，拼死抵抗，并把战事引向纵深，与咱作旷日持久纠缠，那麻烦不就大了吗？再者，我等此次离开寿春前，帅府收到秦王发来的战报，他用数倍于周罗睺的兵力，将武昌城围了半月，可就是攻不下来，咱的担心不就有佐证了嘛。因此，咱想求教于公，您曾几度出使陈朝，并与其主上有过交往，依公之见，我若向建康发起总攻，能否一举克之？"

"能，一定能够！"薛道衡肯定地说。"按常理，这么宽阔凶险一条大江，这么坚固一座城池，还有十万水陆二师拱卫，确是守易攻难。而且，仆射这么想，咱能理解——行军元帅年少，这副挺沉的担子其实还是压在长史您的身上！不过，仆射完全不用担心，敌之真实状况，比咱此前想象的甚至更糟糕。咱念两句诗给仆射听听：'花开花落不长久，落红满地归寂中。'此是陈之皇上一首诗中的最后两句。连他本人都哀其来日无多，这个国家还有救吗？"

"此诗我读过。好像只是哀叹美丽的女子青春不能长驻吧？"

"言为心声嘛。如果联想到陈主之颓废心理，不就是不折不扣的亡国之音吗！"接着，薛道衡进一步阐明，"凡论大事成败，先须以至理断之。《禹贡》所载九州，原本都是王者之疆土。后汉末年，群雄竞起，孙权兄弟遂有吴、楚之地。晋武帝受天命登基，将其吞并，东晋永嘉南渡后，重又将此地分割。自此后，战事不息，否极泰来，是天道常理。郭璞曾说：'江东独自称王三百年，仍与中原统一。'今数将满。从运数而言，此为陈必被平定之第一理。有德者昌，无德者亡，自古国家之兴与亡，皆通此理。我朝皇上亲行恭谨节俭，忧心勤劳政务，而南陈主上奢求峻宇雕墙，酣酒荒色，上下离心，人神同愤，此为陈必被平定之第二理。治国之大要，在于任贤使能，陈主任用的皆为阿谀迎逢、唯事诗酒之小人，此为陈必被平定之第三理。我方有德而势大，对方无道，且势单，顾此而失彼，此为必被平定之第四理。由此看，我军攻克建康，席卷东南之地，毫无疑义，皆为大势所趋哩！至若武昌城暂未告破，亦仅为迟早而已，不必过虑。"

高颎一听，大为振奋。他原以为薛道衡只是个精通诗文的一介书生，没想到他对天下大势竟有如此精深的理解。于是道："听公一席话，使咱信心大增。不瞒公说，决战之日，即将来临！"

几日后，淮南道行台尚书令兼行军元帅晋王杨广，召集各路行军总管，作最后战术部署和渡江动员。

行军总管韩擒虎说："将士们昨日听到清河公的水师攻破江州（今江西省九江市），已按捺不住，都说，若再不动手，打建康就没我等之份了。"

"就是咧！"贺若弼接腔道，"东边燕荣从海上登陆，亦闹得风生水起，我军却仍按兵不动，就只能坐等喝西北风呐！"

高颍笑着回应道："贺将军又在使用激将法。圣上忘记谁都可以，但，攻陈绝不会忘记韩擒虎、贺若弼，还有在座的各位行军总管！"

"高仆射说得对，养兵千日，用在一朝。"行军元帅晋王杨广说，"今日把诸位召集拢，就是要告诉大家，渡江之日，已是瞎子磨刀——快了！"

"光说快了，不成呵。此二字，咱已听腻了。十日，也是快了，一月，亦还可称是快了。究竟要等到何时？请行军元帅说个准信儿吧。"另一位行军总管源雄道。

杨广看了身边的高颍一眼，高颍朝他点点头。晋王即从自己的座上立起，郑重地道："咱代表圣上向诸位郑重宣布，向陈朝发起总攻、渡江夺取建康的日子，定在开皇九年元旦子时！"

帅府的议事厅里，一下静得出奇。瞬间，当众人醒过神来，"刷"地掌声、喝彩声大作！

第七十回

贺若弼求胜心切反受阻
韩擒虎兵不血刃先入城

一连几日，狂风肆虐，雨雪交加，闹得疲惫不堪的老天爷，终于在开皇八年除夕日，露出了久违的笑脸。

为一扫因隋侵袭，而笼罩于朝廷的惊恐和不祥气氛，陈帝叔宝在朝堂设盛宴，会集群臣，共祈新年新气象。陈主频频举杯，为新年到来，即兴赋诗，并由孔范当庭谱曲，让众宫女吟唱凑兴。

一时间，觥筹交错，其乐融融，郁积于君臣心头之阴霾，便都在酒中、歌中，发散而去，一扫而光……

与此同时，江北吴州的总管府内，也在举行除夕酒会。

从寿春赶来督战的行军元帅晋王杨广，宣读了隋文帝对全体将士的新年贺词和向建康发起总攻的命令。总攻令中，特别提到谁最先占领建康并捉拿陈叔宝者，位封上柱国、万户公。同时，行军元帅杨广亦藉此向与会将领发表了充满战斗豪情的动员令，然后举杯祝酒。

行军总管贺若弼与晋王碰杯，将杯中酒，一饮而尽。接着，他拿起酒壶，把空杯斟满，面色肃然地将一杯酒举过头顶，朝北边朝廷方向一拜，再俯身把酒浇于地面，慷慨激昂地发出誓言："弼亲承庙略，远振国威，伐

347

罪吊民，除凶翦暴。上天长江，明鉴此事。如使福善祸淫，大军利涉；如事有乖违，得葬江鱼腹中，死且不悔。"

接着，行军元帅杨广与贺若弼率七将领共同来到兵营，为即将出征之士卒们壮行。虽是寒冬腊月，但兵营内却是一派热气腾腾。士卒们大口吃肉，大口喝酒，气氛热烈，豪情满怀。

晋王杨广一边与士卒碰杯，一边委婉规劝："酒要适可而止，别误了晚上的大事。"

一位年岁稍长的士卒回应道："请大元帅放心，待会儿只需几泡尿，就甚事也没了！"

大家都"哄"地笑起来，行军元帅也跟着众人笑……

不过，就在兵营士卒猜拳行令，大吃大喝之际，一干水手却悄没声息地驾着战舰，从湖、港、河汊陆续驶入长江，各自泊在了事先就划定好了的位子上。

江北岸边，突然增加了数倍于前的战舰，这在南岸之敌军看来，早已见怪不怪。因为过去贺若弼常在江边大张旗鼓，调兵遣舰，搞演习，搞换防。南岸之敌，最初惊慌失色过几次，以后，便就习以为常了。

一切安排停当，岸上向各舰送来酒肉。担负运兵的水手们，只好聚在舱中这么将就过年了。

吴州这地方，历来就是江北之军事重镇。它是北周武帝灭齐时，顺手从南朝梁国手中夺来的。

春秋末期，吴于此凿邗沟，以通江淮，争霸中原。从那时起，便显示出了它的重要性。秦于此置县，西汉设广陵国，东汉改为广陵郡，以广陵县为治所。到曹魏时，再设郡，西晋和东晋亦沿魏之旧制，仍设广陵郡。宋元嘉八年（公元 431 年）于广陵置南兖州，齐、梁沿袭。北齐改为东广州，北周灭北齐后，改为吴州。不管其地名怎么变，也不管是郡还是州治，都改变不了此镇的军事地位。而今夜子时，贺若弼经过数载磨炼打造出的这支精锐之师便要于此扬帆，去夺取对岸京口，进而攻占建康。

　　大江南北的冬、春季节就是这样，久雨久雪初晴后，必降大雾。大年除夕之夜幕刚刚降临，气温随之骤降，雾气亦飘然而至。不多时，宽阔浩淼的大江就被大雾笼罩。吃饱喝足，并在岸上养精蓄锐的将士，包括行军总管贺若弼本人在内，便在此茫茫浓雾中，神不知鬼不晓地一一登上了各自的战舰，只等子时，晋王杨广亲自下达进军命令。

　　不过，一切安排就绪，正当八千将士半坐半卧于舰舱中，边休息边等待一声号令时，意外却不期而至——一艘泊在岸边外侧的大舰，竟然走锚了！那失去重锚控制的大船，随波逐流，向下游方向漂去，转眼就消失在了浓雾弥漫的江中。

　　当侍卫把此一意外禀报给旗舰中小寐的贺若弼时，他来到船头，当机立断，命所有战舰立即提前起锚。因为走锚之舰一旦飘至对岸，暴露了隋军作战意图，会顿失奇袭效果，不如干脆提前行动。

　　贺若弼一声令下，各舰绞锚的绞锚，扯帆的扯帆，尽管是伸手不见五指的黑夜，水手和士卒仍然干得干净利索、准确到位。八年无数次潜心训练，于此终见成效。不多时，百余艘大小舰船，便井然有序地冒着浓雾离岸而去。

　　晋王杨广因白天给将士敬酒壮行，喝得头晕脑热，再因还要在子时起身发布进军命令，所以，早早就去休息了。当他被一位幕僚叫醒，告知贺若弼已提前出征，而当他穿衣赶到江边时，八千将士，一百多艘战舰，已无影无踪。江面只见茫茫浓雾，两耳只闻一阵接一阵的惊涛拍岸声。

　　身边僚属向杨广告知了贺若弼提前行事之原委。但，于黑地里和雾气中茫然四顾望江兴叹的少帅，猛地想起贺若弼两年前因陈将夏侯苗投诚事对自己轻视的目光与言语，因而在心中暗自咒道：哼！你贺若弼不把本帅放眼里？汝之小九九，怕咱不知？你是敢冒天下大不韪，藉此抢头功，咱日后见！

　　此时，僚属提醒说："晋王，事已至此，要不要立即通报各军，也都提前出征？"

"不用。"晋王生气地睨了僚属一眼，说，"那样，不是更乱套了吗？而且，战线这么长，信没到，早已过了子时。"

却说，贺若弼在夜幕和浓雾的掩护下，率八千将士登上南岸，岸边竟连一个站岗放哨的士卒都不见。当他们神不知鬼不觉地摸入京口城楼，一个个喝得酩酊大醉的陈朝将士，做梦也没想到厄运会在新年的第一个夜晚临头。

贺若弼就这样兵不血刃地俘获了陈之刺史黄恪，生擒了其属下将士六千。

而就在贺若弼先声夺人渡过长江，于京口占得先机之际，处在建康上游方向横江浦的另一位行军总管韩擒虎，在长史高颎的督导下，倒是中规中矩，于元旦夜子时，仅率五百轻骑，令士卒先将战马套上笼套，不让其打鸣，乘舰登上南岸，以迅雷不及掩耳之势，一举占领了南岸采石矶。

至此，隋军便在一夜之间，不费吹灰之力，就把建康东西两端的咽喉，紧紧地扼在了手中——陈之大将萧摩诃最不愿看到的事情，就此发生。

韩擒虎的五百轻骑于采石稍事休整，一路势如破竹，像一把锋利的尖刀直插敌之心脏——建康！

元帅府长史高颎则紧随韩擒虎之后，率六千精兵过江，为韩擒虎作后盾。

与此同时，行军总管王世积亦于元旦夜从蕲州（今湖北蕲春）渡江，一举攻克江州，与杨素水军共同将上边陈军欲增援建康的水道控制住，从而使建康彻底成为一座无援之孤城。

京口、采石、江州相继失守的消息传至建康，陈主及孔范、施文庆、沈客卿在内的一众奸佞小人，方知长江天堑原也是可以"飞渡"的，一个个才如丧考妣般感到末日即将来临。

经议，众人首先想到的是，把老将军任忠从吴兴调回镇守建康之朱雀大门。并将萧摩诃等将领召回，共商驱敌之计。

在众将的计议中，老将军任忠力主利用江南水网与北来的隋军作持久缠斗，以消耗隋之强大军力。他说："兵家称：客主情势各异。客贵速战，主贵持重。宜暂且增兵坚守宫城，派水军分向南豫州及京口道，断敌粮运。待春水涨，上江周罗睺等众军，必会赶来救援，此是良计。"

任忠这一主张，恰是高颎极为担心的。若久战不决，长江水涨，浪急江宽，仅给养运输一项，就不知要生出多大麻烦。且，各种变数亦将大增！

但，参与议事的大多数人，却不同意任忠的主张。

同为老将的萧摩诃说："贺若弼孤军深入，援军尚远，且，他之阵垒未坚，士卒立足未稳，出兵袭击，必能打败他们。"

陈主的宠臣、一介书生的孔范，平日最不屑的就是毫无教养的一介武夫们。本来对隋军逼近建康感到十分害怕的他，却突然慷慨陈词道："小撮隋军，胆敢来犯，何足惧之。孔范愿为出战，必将北虏杀得片甲不留！"

萧摩诃和孔范的主张，不仅合乎众意，更使陈主称心，他巴不得一夜之间就能将入侵之敌全部消灭，以重温往日沉迷酒色的日子。

"好！"陈主大为振奋，命施文庆从库中取出金、帛，赏赐众将，并当即点兵遣将，与来敌抗争。

于是，在一众将领的商议下，由皇上下诏，中军由鲁广达在白土岗列阵，居于一字排开的众军偏南处；镇东大将军任忠领兵紧靠鲁广达；另外，护军将军樊毅和都官尚书孔范之军，倚靠任忠军队；而萧摩诃之军则排在最北。总计，约为十万大军，于钟山自南而北，一字排开，绵延二十里，以拱卫帝都建康。如果仅从兵力的多寡看，陈军显然大大占优。

却说，贺若弼拿下京口，给六千战俘发放了钱粮，将其尽数遣散回家。接下来，他以部分军力进驻曲阿（今江苏丹阳），以防从吴地赶来增援的陈军。自己则率主力西进。至十七日，他的队伍进击到钟山南面的白土岗附近，距建康仅一箭之遥了。

而此刻，陈军也已作好最后一搏的准备。首先出战的是陈将田瑞。两军遭遇，士气旺盛的贺军一举将敌击退。正当贺若弼领军乘胜追击时，中军将鲁广达率部赶到。两军在白土岗一带展开激战，隋军先后发起四次攻击，皆被鲁广达军击退，并有二百七十三名士卒阵亡。贺若弼为避敌之锋锐，下令烧山施放烟幕，才止住陈军的追杀，并暂且稳住了阵脚。

求胜心切，却反被打得有点发蔫的贺若弼，此刻才静下心来，止住了心中浮躁。他冒着极大风险率一众扈从登上钟山，俯察山下敌情。终于发现，敌之军队虽人多势众，但战线拉得过长，几支部队似是各自为战，相互缺乏呼应。其间，他看准了其中一支距自己较近、营房散乱且缺防御的军队，并决定先向他下手。

贺若弼回到自己帐中，立即召集手下七位将领，决定集中全部兵力，对陈之薄弱处，实施突击。

两军甫一接触，遭受突然打击的敌军，立即乱作一团。而这支军队的将领，竟是孔范。他在皇上面前信誓旦旦，不失大将风范。可一介书生的他，何曾见过此真枪实箭、鲜血淋漓之厮杀。面对狂飙一般席卷而来的金戈铁马，他便原形毕露、惊恐万状地全身抖瑟，连马也上不去了……于是，他的兵营被隋军一冲，便立即溃不成军了。首先受到感染的是孔范左右的两支军队，大批陈军亦跟着如溃堤之洪水，四处逃窜，竟至互相践踏……

老将军任忠命手下将领把各自的队伍控制住。但，像受到瘟疫感染的陈军，抱头鼠窜，只顾逃命，已全然不听指挥。任忠见无力回天，亦甩开溃不成军的队伍，只身策马叫开朱雀大门返回建康城内，因他还担负着守城之责。但进城一看，敌军未到，守城士卒因长期未得军饷不说，连每日吃喝皆无着落，已不受控制地转而向城内商铺、民居实施抢劫。

任忠徒呼奈何，更觉大势已去，遂带几名扈从和侍卫，叫守城士卒为自己开了正南的朱雀门，亦没向任何人作任何交代便扬长而去了。

其时，行军元帅晋王杨广见各路先锋皆已过江，并都稳住了阵脚，亦率帅府一帮人渡过长江，把帅府安在了已为隋军占领、距建康不远之六合（今江苏六合），指挥调度各军对建康采取合围。

与此同时，援军、粮草及各种物资，仍源源不断从江北往江南发送。

而就在贺若弼于钟山脚下，与陈之各路人马共十万大军浴血奋战之际，由西而东的韩擒虎却是另一番境遇。

他以五百轻骑，先兵不血刃地夺下采石矶，略事休整，即马不停蹄朝东南挺进。几日后，便一举占领了姑苏。

江南百姓，久闻擒虎英名。一路之上，来看望他的和前来劳军的人，络绎不绝，致使韩擒虎所率军队，几乎是在夹道欢迎中，一路前行的。

韩擒虎的节节胜利和百姓对他的欢迎，使前来阻击隋军的陈军将领大为惊骇。包括樊巡、鲁世真、田瑞等，皆不战而降。所以，韩擒虎顺风顺水根本未遇啥周折就进达到距建康仅二十里地的新林浦。

行军元帅杨广亦在此时，不失时机地为韩擒虎派行军总管杜彦率军前来驰援，加上此前长史高颎的六千精兵，擒虎共聚骑、步兵二万余人，声势十分浩大。

而正当韩擒虎逼近建康城下，把守朱雀航的蔡征（他原也是陈朝一员猛将），已接到从城内发来的烧毁朱雀航的命令，却苦于寻获不到放火烧航的百十斤油料，正在发愁。

朱雀航，乃朱雀桥也；航，即浮桥之意。朱雀航是建康秦淮河上二十四座浮桥中最大的一座，因其正对朱雀大门，而得名。韩擒虎如果想从正面攻取建康城的朱雀大门，必先踏过此座朱雀航。

说来也巧，当韩擒虎的五百骑，从新林浦拍马赶到朱雀航，正是蔡征因未弄到油料，而没来得及点火烧桥之时。于是，守桥将士，有的被擒，有的则作鸟兽散，朱雀航就这么完好无损、轻而易举地落到了韩擒虎手中。

而与此同时，在建康城外西北面的贺若弼，则没韩擒虎这么幸运。他的八千将士面对的毕竟是多支军队，共十万大军。他先浴血奋战，抓获了兀自充能的孔范，击溃了孔范和其左右的两支军队。

此时，本已心力交瘁的萧摩诃也为贺若弼的隋军擒获。

接着，贺军乘胜推进到乐游苑（建康城东，今玄武湖南侧）。但，鲁广达仍率残部与贺军拼力缠斗，又使贺军折损数百士卒。

贺若弼立足未稳，没了退路。他亲自上阵，奋力搏杀。两军直杀到日薄西山，眼看无望的鲁广达，才面朝建康宫阙，恸哭不止，一拜再拜，解甲就擒。

贺若弼在没有等到行军元帅杨广派军支援的情形下，以八千士卒，打败陈之十万大军，也算创了个奇迹，但其军队亦为此付出了极为惨重的代价！

但是，韩擒虎的幸运，却还在继续延续。

这日，他亲率一支步军前往接替夺取朱雀航的五百轻骑，并想藉此仔细瞧瞧闻名天下的建康城南大门及城墙结构等等，以便进一步确定攻城方略。

他刚刚上路，就见前方卷起一股黄尘。韩擒虎对刚进驻的新林浦一带并不熟悉，于是谨慎地令手下停止前进，以待来人。

转瞬间，一彪人马即奔至近前，并也收住了缰绳。对方未执旗幡，皆为陈军装束，为首一位，骑一白马，白眉白发，胸前亦是白髯飘飘，精神矍铄。

擒虎一见，愣了一下。其时，只听身后响起一阵抽刀拔剑之"砰啪"声。

韩擒虎回头朝自己手下大喝一声："汝等，休得无礼！"然后回身面对白髯将，道，"敢问，您可就是任忠老将军？"

"老夫正是任忠。"任忠打量着认识自己的隋军将领，反问，"敢问将军姓甚名谁？"

"末将韩擒虎。"

"呵？"任忠闻声大惊，滚鞍下马，双膝跪地说："败军之将任忠，要杀要剐，听凭将军处置！"

韩擒虎亦翻身下马，牵起任忠道："老将军何出此言。今日虽是狭路相逢，却是有缘！"

两位名将不期巧遇，惺惺相惜，唏嘘不已。擒虎又问："老将军缘何至此？"

"唉，别提了。兵败如山倒呵！"任忠说，"老朽昨日离军出城，在新林浦家中住了一宿，叮嘱家人不要出门，自己则一早起身，想去南边讨一栖身之处。"

"不用去了。"擒虎劝道，"天下大势，老将军难道还看不明白？"

"是呀，是呀……"任忠摇头叹息。接着，复又抬头，再问擒虎，"韩将军只带些许人马，今去哪呢？"

韩擒虎指着身边人马说："他们是去朱雀航换防的。咱想藉此去看看那城和门，听说建康城高门坚，不好攻呢！"

"嘿，城内早就乱作一锅粥了。进城还不容易？老夫愿效犬马之劳，领韩将军进城！"

"那太好了！"擒虎一听，大喜过望。

一行人，没过一会儿，就到了朱雀航。步兵与骑兵换防后，擒虎改率自己原有的那五百轻骑随任忠踏浮桥过了秦淮河。但见建康城，果然是城坚楼高，而铺满硕大铜钉的大门紧闭着。其门楼顶，有块直立的青石板嵌入墙中，上刻"朱雀门"三个遒劲大字。

当众人骑马朝前跨过百十步时，即从高大的城墙垛射来数十枚箭矢，以示警告。当众人都往后退时，只见任忠跃马扬鞭，反朝城门冲去。行至门楼之下，收住马缰绳，摘下头盔，掷于地道："小子们听着，连老夫都投降了大隋，汝等还守个屁哩！赶紧投降，把城门打开，迎接贵人！"

守城将士，皆是任忠下属，有谁不识其人和他的那匹白马？

果然，不出一会儿，城楼上就挂出一面用撕扯的白布做成的旗帜。接着，只听城门洞发出一阵"吱吱"响声，厚重的朱雀门便徐徐开启了。

于是，五百轻骑，便在任忠指引下，沿宽阔笔直的朱雀大街，直向前行。韩擒虎一路走来，只见街道一片狼藉，各类杂物，散落一地；大街两侧的店铺皆已打烊，整条大街阒无人迹。

南方的建康城，与北方的京师大兴，有一个显著的不同之处就是，大兴是建在一块方圆很大的平地上的，而被誉为石头城的建康，则是高低起伏。帝、后居住的后宫，自成一体，叫台城。这座台城，地势高峻，地形险要，气象森严。侯景之乱时，叛军当时不费吹灰之力就将建康郭城占领，其后，十数万军队将台城围住，却整整攻打了七个月，直到台城内粮尽，发生人吃人的惨祸后，才被叛军攻破的。

可此次，台城亦如郭城，早已乱作一团，守门禁卫亦不知所踪。韩擒虎在任忠带领下，率五百轻骑就像踏入自家门禁一般，鱼贯而入。后宫中的宦官、太监、宫女、奴婢及至众嫔妃，突然见到一彪如狼似虎的不速客闯入，一片鬼哭狼嚎，四下躲避。

五百将士进入后宫，见骑马不便搜寻陈主，纷纷下马，院里院外，楼上楼下，四处寻觅。因为只有捉到陈叔宝，此战才算完美！但找着找着，每个角落几乎搜遍，却仍不见陈叔宝的踪影。问宫里人，亦都说不知。

韩擒虎本人亦在搜寻之列，他始终让老将军任忠跟着自己。可任忠是武将，并未进过后宫，他也猜不出陈叔宝藏身何处，只好到处乱寻。渐渐地，因找的时间长了，士卒们也都有点疲了，他们也开始分神……

曾几何时，这帮军士，何曾见过这么大的园子，里面坐落着这么精美的殿宇和亭台楼阁、水榭碧池……然而，更吸引士卒们的还不止此——这园子里真是美女如云，秀色可餐哩！

于是，韩擒虎在搜寻陈叔宝时，便不时听到深宫中传来女子惊恐的叫声。再过一会儿，他更发觉不仅找不到陈叔宝，连自己的士卒和侍卫也难觅踪影了。他想，自己的这五百骑士，也着实不易。为获一身硬功夫，冬练三九，夏练三伏。每临恶战，都是他们打头阵。有的已三十好几，还不知禁果是啥滋味儿……他于是偷笑了一下，拉了身边的任忠一把，即从宫

　　果然，不出一会儿，城楼上就挂出一面用撕扯的白布做成的旗帜。接着，只听城门洞发出一阵"吱吱"响声，厚重的朱雀大门便徐徐开启了。

里退出——眼不见为净哩！

　　正当韩擒虎和任忠在宫外一亭子间坐下歇息时，一名士卒气喘吁吁地跑过来报说："您……您叫咱……好……好找！那边……井……井……"

　　韩擒虎不知出了什么事，就对年迈的任忠说："您在这儿歇口气，咱去看看就来。"

　　士卒也不答话，引着韩擒虎就往前面一座殿宇跑。

第七十一回

青溪边无可奈何花落去
庆宴中谈笑风生起纷争

却说，韩擒虎不解其意地跟随士卒跑到一座大殿前，蓝底金字的牌匾上，书有："景阳殿"三字。士卒在前，跨入殿内，他仍是不管不顾地穿堂而过。韩擒虎肚里窝火，却只好忍着跟在其后往前撵。二人进入后院，院里空旷无人，比较惹眼的就一石砌井台。

士卒朝井台一指，说："就在这里。"

"啥？"韩擒虎瞪着两眼莫名其妙地问。

"人呀！"

"谁咧？"

"咱亦不知。"此刻，士卒才稍稍镇静下来，解释说，"咱进院内搜查，有两个宫女见有生人十分害怕，并朝此井口直努嘴。咱上前一看，听到井里有响动，就……就前来向您禀告了。"

"你是说此井中藏得有人？"韩擒虎用不信任的目光乜了士卒一眼。

"是。"士卒被韩擒虎的双眼盯得发虚，怯怯地道，"咱看过一眼，似是一座枯井儿……"

韩擒虎走向井台，见一硕大的八方形井口，绞水之井架已被拆除，井口周遭散落着一些闪闪发亮的东西，似是女人身上、头上的饰物。韩擒虎这才顿感疑惑，便朝井中看去，且见里头黑咕隆咚深不见底。于是，朝井下喊道："有人吗？"

井里悄无声息。

韩擒虎即对士卒说："你给咱搬块石头来，咱扔下去试试看。"

"别，别！有人，有人！"井里突然喊声大作，是男人声。

"你快去找条绳索来。"韩擒虎听到有人应答，也对士卒改了口。

士卒在殿内找到一名太监，太监迅速从一间屋内拿出一条粗绳和一只结实的柳条筐子，且那绳索还是系在筐子上的。

士卒诧异地道："井下人就是用此筐送下去的？"

太监连连点头。

绳将筐放到井底。下面说一声："好了。"

井上士卒用力一提，竟纹丝不动。大将军韩擒虎帮忙拉——死沉！还是提不上来。幸好，韩擒虎的一名贴身侍卫于此时赶到，三条汉子合力才将那筐子拉上来。

原来，柳条筐里共相拥挤塞着一男二女共三人。拉出井口的筐子没放稳，三个人分别东倒西歪在了井台边。

那男人就汤下面索性跪地不起，浑身哆嗦地承认道："朕……咱……咱是陈叔宝……请……请将军饶命。"

二女子：一为贵妃张丽华，一为孔贵嫔。

活捉陈叔宝等三人事，一日后，才不胫而走，并在建康城内传得沸沸扬扬。有说，张贵妃被筐子吊起，歪倒在井台上时，她的嘴和脸碰在了井沿上，留下了脂粉痕。此讯越传越广，越放越大，以至，后人便将此枯井儿称作"胭脂井"，并由此而成建康一景。此乃，当然都是后话了。

却说，韩擒虎一口气攻入建康廓城和台城，直至捉拿陈叔宝，看似得来全不费工夫。其实，他本人一路却还是如履薄冰一般，打哪算哪，前进一步算一步，事前心中并无成算。而当他终于亲手将陈叔宝擒获，这才如释重负，亦才有了大功告成之感。

于是，韩擒虎就地在景阳殿内，找到一间僻静的空房，把一男二女关进去。并叮嘱侍卫和士卒，谁都不要走漏风声。之后，他让那名发现井下有人的士卒守住俘虏，并命贴身侍卫迅速把五百名搜寻陈叔宝的士卒召集拢来。

侍卫跑到殿外，从腰间取出一支号角，"呜呜"地吹起了集合号。没过一会儿，五百士卒就差不多到齐了。

韩擒虎立于丹墀，扫了一眼阶下士卒，有的牵着自己的马，有的则两手空空，还有的竟把头盔提在手上……总之，大都衣冠不整、兵器挂得不到位。

韩擒虎作战虽猛，平常却有一股儒雅之气，亦十分注重士卒的军容风纪。见此情形，不觉大怒："汝等自己说说，此模样，还像不像个当兵的？今日之事，到此为止，咱不予追究。不过，今后，如若发现有近女色者，军法处之；此宫中，值钱物事，比比皆是，有顺手牵羊者，军法处之；咱等孤军深入，两眼一摸黑，都要打起精神，提防意外，如有嬉闹松懈者，亦军法处之。"

韩擒虎一口气说了三个"军法处之"，却只字不提抓获陈叔宝的事。随之，他又一口气点了十二个士卒之名，命其到后宫大门外站岗放哨。要求他们，不允外人进入，亦不允宫内之人出去。接着，又命人在宫中找来几名宦官和太监，由他们分别指出府库、军机等重要部门的位置，并分配士卒双岗看守。

韩擒虎对此五百轻骑，个个都叫得出姓名，所以，分配何人去干什么，快捷而简明。

宫内俱事安排停当，他才步下丹墀，恭谨地走到任忠面前道："老将军，有件事，末将还需有劳大驾。"

"别这么客气。"任忠说，"甚事？请韩将军示下。"

"这建康城里，大部分守城陈军都还不知小股隋军已深入后宫，所以，咱的处境，其实十分危险，有劳您带领咱的十名侍卫，去新林浦迎接大隋左仆射高颎率军进城主事。"

"此有何难。"任忠爽快地应答道。

可是，随任忠去新林浦迎接高颎进城的一帮人，走了不到一个时辰，即又返回后宫了。

韩擒虎正感不解时，高颎却笑着进了殿门："没想到，这么顺利就进了城；更没料到，一举还进了后宫！只是那陈主儿呢？有信息儿没有？"

韩擒虎拱手向高颎见礼后，轻描淡写地说："此主儿，已为咱俘获，并收押起来了。"

"噢？"高颎一愣，说，"咱刚才还在向你的侍卫打听，他说，别的都还顺利，就是还没捉到陈之皇上。"

随后走来的任忠，听到皇上已经被擒，亦分外惊诧。

"他们确实都不知道。连咱在内，知其事者，一共才三人。"韩擒虎解释说，"跟咱进入台城的，总共才五百人，不敢声张出去。怕被外面陈军知道了，进宫来抢他们的主上，那就麻烦了！"

"陈叔宝现在何处？"

"就关在此殿的一间屋内。与之同时被擒的还有张贵妃和孔贵嫔。您要不要去瞧瞧？"

"过会儿吧。"高颎亦有如释重负之感。

话说到此处，韩擒虎亦觉疑惑，即问："咱派去接您的人没走一会儿，您咋这快就进宫了呢？"

"也是不放心嘛。你只说，先去看看建康城是个啥模样，回来再商议如何攻城。可你一去就没音信了，咱就带了两千人前来接应你。不想，刚走到朱雀航，听守卫的士卒说，你带着五百轻骑，已经进城。咱正着急，不知是凶是吉，恰碰任忠老将军和你的侍卫来接咱。"

"这下好了！"韩擒虎开怀大笑起来。"整整准备了八年，没想到未损一兵一卒，竟如此顺利！"

说话间，有士卒来报，贺若弼将军率军已攻至北掖门外。但北掖门当下却仍为陈军把守，他们被挡在了城外。

"事已至此，竟还有人不开城门？"任忠说，"请韩将军派几名士卒跟老夫走一趟。咱和北掖门的城门领交涉一下，叫他们就地投降。"

任忠从吴兴率军回建康，负责把守的是正南的朱雀门。进朱雀门就是一条笔直的十里长街，曰：朱雀大街。此街在建康城之中轴线上，把城辟为东、西两半。而朱雀大街的另一端，即是正北的北掖门，由陈的另一将军镇守。镇守城门的将军，官职为城门领。

为保万无一失，由韩擒虎亲率高颎刚带入城的两千士卒中的一千人，前去接管北掖门。

任忠一马当先，没费什么周折就说服城门领归降了大隋。北掖门的守城将士，放下武器，撤到城内某地集结，等待遣送回乡。随之，北掖门的城楼上，便升起了大隋行军总管的"韩"字旗。

韩擒虎命士卒打开大门，摆开队伍，于朱雀大街两侧列阵迎接贺若弼的大军进城。

可当贺若弼率军从北掖门鱼贯而入时，却令韩擒虎感到触目惊心。

贺若弼骑在马上，因未抢到先入城的头功，本就有点垂头丧气。加之，他在爬上钟山侦察敌情时，脸被山中刺藤划了一道寸余长的血口。那未愈之伤痕挂在脸上，分外触目。

贺若弼仅在马上与迎接自己的韩擒虎点头打了个招呼，就擦肩过去了。主将如此，其他将士的样貌就更难看了。过江前，文帝下诏，给五十一万八千参战将士全部着了崭新的冬棉装。从元旦夜渡江算起，到当下的二十日入城，前后不过二十日，所有将士，几乎没有一个衣冠是齐整的。他们新发的戎装，有的是被敌之箭矢或兵器刺破，有的是被山中之树枝或刺藤挑破，肩上、背上、裤上棉絮外露，有的雪白的棉花上，还浸染着斑斑血迹。本来用于运送粮食或军需之辎重车上，或躺或坐着不能行走的伤兵……

不过，行走的也好，骑马的也好，或是坐、卧在辎重车上的伤兵也好，他们的想法，皆与贺若弼大相径庭。这些二十日中，经历大小十余次战斗和承受重大伤亡的士卒们，还是十分兴奋的。因为他们做梦都没想到，最后可以不战而进入敌之都城，而且，战争就这么结束了。

　　与此同时，往前走的贺若弼也在察看夹道迎接的友军。见其一个个精神抖擞，簇新的制服几乎一尘不染。他气不打一处来——妈的，他们哪像是拼过命、杀过敌的呢。简直就是进城逛大街、赶庙会的呵！

　　是夜，帅府长史高颎邀约两位立了大功、先后入城的行军总管韩擒虎和贺若弼在陈朝皇帝的后宫中小酌，以庆胜利。高仆射和韩擒虎见贺若弼萎靡不振，都争相与其敬酒，并专挑好话说。

　　酒过三巡，贺若弼的话才渐渐多起来。并提出，想看看陈叔宝到底是个啥样子。韩擒虎怔了一下，用眼睛瞄着高颎。高颎点了下头，韩擒虎才命侍卫把陈叔宝带过来。

　　陈叔宝仍被单独关在景阳殿内，但守卫已是里里外外看管极严。

　　陈叔宝被押来时，大汗淋漓，浑身发抖。他以为大限已到，惊恐异常。高颎等用膳的这个房间很大，光照不足，贺若弼走到陈叔宝面前去瞧他，吓得叔宝纳头就拜。

　　贺若弼坐回到自己的位子上，大大咧咧地对陈叔宝道："小国之君，面对大国公卿下拜，理所当然。你不必害怕，我朝仁义，不会杀你。你知道东吴主上孙皓的结局么？"

　　陈叔宝立刻点头说："知道。他就是在这石头城里投降晋的。"

　　"就是嘛。"贺若弼十分满意陈叔宝的回答。于是道，"待你被押解到大隋朝廷，说不定圣上一开恩，亦可效仿晋帝赐你个归命侯什么的当当。"

　　高颎叫陈叔宝坐下，问了几句有关他平日饮食、起居方面的事。

　　陈叔宝见隋军无杀他之意，今后还有可能安排做官，也就平静下来，并与高颎拉起了闲话。

　　陈叔宝被看押士卒带走，贺若弼却反生疑窦道："人人皆说，陈主儿是个荒淫无道之魔王，咱怎么看，也不像嘞！"

　　"咋个不像？"韩擒虎问贺若弼，"你讲讲看，要咋才算像？"

　　"你看嘛，他腰身儿修长，模样儿也挺周正，刚才和仆射说起话来，斯斯文文，很得体。"

　　"那当然啦。你以为荒淫无道之人，就铁定是青面獠牙一般？"高颎说，

"他不着龙袍，不戴十二流苏的帝王冠冕，还不就是个白面书生样儿嘛。若论起文韬与诗道，你我都不是他的对手。道衡公初次见到陈主儿，和你刚才的想法几乎别无二致。后来道衡公说，荒淫与无道，仅从表面是难以窥见的，要深察他的行为方知晓。"

"那是，那是……"贺若弼呷了一口酒，又问，"听说，这陈主儿有个宠妃，叫张丽华，貌可倾城倾国，你们见到没有？"

韩擒虎点头说："岂止见到，还都是咱从井底把他仨一齐捞起来的呐。"

接着，韩擒虎就把如何抓获陈叔宝、张贵妃和孔贵嫔的经过，向大家述说了一遍。

贺若弼不无羡慕地道："可否把那位贵妃儿招来，也让咱开开眼界？"

"那可不成！"高颎立刻打破说，"所有嫔妃、宫女，暂被集中关于一栋楼中，警戒甚严。此黑灯瞎火的，忽然要提一个天下闻名的美人儿出来，什么意思？而且，此事一经传出，谁洗刷得清白！"

"咱告诉你吧，"韩擒虎安慰贺若弼道，"这张贵妃其实也仅是名声在外而已。或许，她年轻时，确是国色天香。可当下其已三十开外年纪，再好看，亦不过是位半老徐娘了。"

"毬！"贺若弼顿感扫兴。

膳毕。贺若弼的要求虽未得逞，却给高颎提了个醒。他还没进建康城，少帅杨广便从六合派自己在晋王府作记室的儿子高弘德前来打招呼，要求高颎在抓获张贵妃后，一定尽力将她转移至一秘密处所，他要其人。真个是红颜祸水哩！陈叔宝丧国，不就与沉迷女色过分宠幸张贵妃有关吗？及至大祸临头，他还将她抱在怀中，一同藏于井底。假若明日，贺若弼硬要去"看"她，咋办？一般看守的士卒能阻止他吗？贺若弼去看了，那么，其他将军呢？有道是，秀色可餐哩——一来二去，还不知会节外生枝，惹出啥事端来！

入城前，高颎就为入城后，要做些啥事，拟出了许多备案。今日进城，他就按图索骥，把凡在帝都的所有文武官员，以及后宫嫔妃都羁押了起来。亦把民愤极大的几名佞臣另行关押，准备处决，以安民心。他想，这个张贵妃更应刻不容缓地排在其列。而且，处决的时间亦应提前。

因此，高颎连夜又把有关人员召集拢来，作了一番布置。

次日（二十一日）清晨，张贵妃便在施文庆、沈客卿等一干佞臣之前，被秘密押解到建康郊外的清溪旁处斩了。

紧接着，施文庆、沈客卿等五名罪大恶极的佞臣亦被处决。城内城外的庶民，无不额手称庆！加之，隋军入城后，纪律严明，并对市廛加强了警戒，陈军的散兵游勇在城内抢劫的事，亦得到有效控制。

二十二日，行军元帅、晋王杨广抵达建康城外，高颎为其在朱雀门举行了盛大的入城式。一时之间，建康城内，万人空巷，百姓沿朱雀大街夹道欢迎胜利之师，陈国自此宣告灭亡。此乃华夏自秦、汉后，再次获得真正的大统一——隋文帝的夙愿，终得实现。

建康城破，陈主及文武百官被俘，但，国家统一大业，却尚未圆满。

自开皇八年十二月就率先向陈发起进攻的行军元帅杨俊和行军元帅杨素，此刻，却仍于荆楚之地，分别陷入围而不歼的苦战中。尤其是武昌城，围了一月有余，其主将周罗睺硬撑着就是不降。还有，从江陵梁国叛逃到吴越的萧瓛，因惧隋追究前罪，亦于吴地顽强抵抗。

行军元帅杨广抵达建康所做第一件事，就是命陈叔宝写信劝说尚在抵抗的将领向大隋投降。陈叔宝的字，原是江南才子和官吏争相临摹的，几乎无人不识。所以，杨广的这一主意，对彻底解决各地零星战斗，减少伤亡，十分灵验。

是夜，行军元帅杨广在前日抓获陈叔宝的景阳殿内，设盛宴招待各路功臣，庆祝胜利。当人们弹冠相庆纵论功勋时，毫无疑问，都说韩擒虎功劳最大。

擒虎在一片赞誉声中，却显矜持，含笑不语。

而此，却更使贺若弼生气。他终于忍不住地说："若说韩总管的功劳比末将大，末将可还真有点不服气。咱以八千士卒，于钟山抗击陈的十万之众，出生入死，经历大小十余战，击溃强敌，擒其骁将，是真刀真枪，凭血肉之躯拼出来的嘞！韩总管仅是趁敌倾巢而出都来对付咱之际，才凭运气占得先机的。"

贺若弼的这番话，亦非王婆卖瓜，自卖自夸，事实亦确是如此。

但，韩擒虎却并不这么看。正所谓英雄气短，遇到挑战，能不回击？他反唇相讥道："贺总管说，咱进城仅是钻了个空子，凭运气而已，恐不尽然吧？当初，贺总管不是已攻到北掖门前，咋就进不了城呢？最后也还是咱解除了守城陈军的武装，才为贺总管打开城门的嘛。"

"好了，好了！这么争执下去，是不会有结果的。"两位将领都是高颍十分赏识，并推荐给文帝用来完成统一大业的。而今，他俩双双荣立大功，高颍自然高兴。他也不想偏袒谁，于是道，"依咱之见，两人所立功勋，皆有目共睹。贺总管扛了重担，打了硬仗，劳苦功高。韩总管则是，兵贵神速，打得巧妙，捷足先登。由此说来，应是不分伯仲吧。"

众人听后，鼓掌表示认可仆射的评判。同时，这掌声也是对两位劳苦功高的将军的褒奖。

掌声未断，元帅杨广则一脸严肃地说："这事，仆射可不能和稀泥！"

"刷"地，热烈的场面一下静得出奇。接着，杨广直面贺若弼，道："请贺将军说说，此次向建康发起总攻，定的是啥时辰？"

贺若弼一听，额头立马冒汗："是元旦子时。"

"可贺总管为啥提前三个时辰就出发了？"

"是因一条大舰意外走锚，咱怕被敌识破我之攻击意图，才被迫提前了。"

"笑话。"杨广冷笑道，"走锚的是一条大舰。谁都知道，每条大舰的船头抛有一锚，而船尾更沉有一块重约数千斤的碇石，那锚和碇石咋会同时松脱呢？恐怕不是意外，而是有意为之吧！"

"这……"

杨广不容其辩解，继续道："你为争功，擅自更改向陈发动攻击的时辰，而当你的八千人马先行于京口登陆，如临大敌的陈朝，当然会倾尽全力来对付你。此困境，完全是由你本人擅自行事招惹来的，却反而成了你邀功请赏之口实，有此理吗？"

至此，席间一片哗然。

韩擒虎则立刻不屑地道："贺总管，没想到你竟是这么个人。"

老羞成怒的贺若弼，"嗖"地拔出剑来。韩擒虎哪甘示弱，亦拔剑相向。

"放肆！"平素温文尔雅的仆射一拍桌子，把杯、盘、碗、盏震得叮当响。

韩擒虎和贺若弼这才冷静下来各自收剑，一场庆贺胜利的盛宴，竟闹得不欢而散。

将领们各自散去，杨广来到高颎房间，问："高仆射，您说，贺若弼这事应作何处置？"

"你说呢？"高颎望着行军元帅反问道。

"贺若弼违逆军法，当以军法处之。"

"贺总管违犯军令，提前发兵，不管咋说，确是铸成大过。"高颎首先肯定道。不过，他话锋一转说，"但，此事，行军元帅为何事先不和咱通个气呢？却要在大庭广众下，揭人之短，使好端端的一个庆宴，弄得不欢而散。"

"咱开始并未想那多，只是想压压贺若弼居功自傲、趾高气扬的气焰。没想到，他竟那么猖狂。此邪气不灭咋行！"

"那船走锚，到底是贺若弼授意，还是舰上人失手造成，还不清楚。再说，他以一当十，击溃了陈主力，立了大功。若以功折过，亦不当军法行事吧？"

"哼！贺若弼的小九九，能蒙过咱？咱这就命军罚处将他逮起来。"

"不可！"高颎斩钉截铁。

文帝在任命杨广为行军元帅时，已对他有言在先——行军元帅若与长史意见相左，长史有最终决定权，此一铁律是绝对不可逾越的。

高颎接着说："不在战场上，你我都无权处置一位行军总管。此外，你想过没有？贺若弼治军八年，把这八千人打造成了一支以一当十的队伍。你处置贺若弼一人不打紧，可他的部属如果不服，若在建康城内造出乱子来，咱大隋岂不将成天下笑柄？"

"那——好吧，咱暂且不处置贺若弼。"杨广悻悻而去。

高颎当夜给远在大兴城的隋文帝写了一份奏折，讲述了事情的来龙去脉和自己对处置此事的意见。

数日后，文帝陆续收到同一事情的好几份奏折。其中，除高颎和杨广的外，还有文帝安排在帅府的其他官员上奏的。说的虽是同一件事，看法和处理意见却不尽相同。

又过数日，行军元帅杨广接到文帝诏书，曰：

> 此二公者，深谋远略，流窜东南之敌，朕本委之。绥靖地方，安抚百姓，悉如朕意。九州未能统一，已数百年，以名臣之功，成太平之业，天下盛事，无以复加！闻以欣然，实深庆快。江南平定，二人之力也。

文帝在诏书中，只字未提贺若弼的过失。杨广心中不快，但也只好作罢。

与此同时，文帝还给韩擒虎和贺若弼二人另下了一份热情洋溢的诏书，曰：

> 申扬国威于万里，宣示王化于一隅，使东南之民俱出汤火，数百年寇雠日廓清，确是公之功也。盛名充满宇宙，伟业光耀天地，远溯前古，罕闻其匹。班师凯旋之日，明知不远，思念殷切，度日如年。

不仅如此，又过二日，文帝再次下诏，宣召贺若弼入朝。

贺若弼快马赶至京师，入大兴殿，朝拜文帝。

文帝起立，挽起贺若弼说："平定江南，公之功也！"

随之，命其登上御座，赐给各色帛八千段，加封官位为上柱国，升爵位为宋国公，食邑三千户于襄邑，加赐以宝剑、宝带、金瓮、金盘各一件，以及雉尾扇、曲盖、各色采二千段，歌舞伎二队，又许诺将陈叔宝之妹赐他为妾。拜任右领军大将军。

第七十二回

明大义冼夫人高风亮节
入豪门陈公主寝食难安

却说，隋军的一位将领和陈护军樊毅携陈叔宝的亲笔信，日夜兼程，从建康出发，一路未遇阻隔，来到被困的武昌城下，守城将领当然认识自己的护军，并立即报知了周罗睺。城上、城下经过交涉，周罗睺下令放下吊桥，打开城门，仅放樊毅一人入城内。

樊毅只身来到武昌府衙，周罗睺立命下属焚香，自己则神情肃穆地面朝东方建康方向跪拜，并按接受诏书仪规，跪接已废主上来书。罗睺展读来书，竟至泣不成声，几近昏厥。随后，命令降下城楼上的周字旗，并命全体士卒放下武器，放下吊桥，敞开城门，接受投降。

崔弘度率军入城，这座被围一个多月的城池，因得不到外界的供给，早已是饿殍遍野，惨不忍睹，有的士卒垂立路旁，站着站着就倒下了。有的是饿昏过去，有的则是倒下后，再也立不起来了……见到此一幅幅惨不忍睹的场面，连嗜杀成性的崔弘度，亦不得不为之动容。

秦王杨俊获知此一情形，立即从江北调粮入城，赈济军民。

而此时，另一位携陈叔宝信去陈慧纪那里的是他在陈朝做官的儿子。陈慧纪与陈叔宝原本就是叔侄，而今连皇上都做了隋军的阶下囚，自己还有啥可依附的呢，于是也向秦王杨俊投降了。

荆楚一带的零星战事，就此完全止息。但行军元帅杨俊则觉得这场历时两月的战争，打得十分窝囊，最后还是由敌之废帝出面，才将战事解决。他于是派遣使者上表给父皇，愧疚地说：

谬承重用为三军元帅，愧无尺寸之功，以此多惭耳。

文帝看了使者呈上的表章，开心地笑了，说："俊儿能拖住上边陈军不向建康增援，就是大功臣呵！"

不过，令人大感意外的是，从江陵梁国归附陈朝的萧瓛，也接到了陈叔宝规劝他投降的信。可这位前梁皇室的亲属，非但不听劝告，反而自立为帝，坚持与隋军对抗。

此可激怒了行军元帅杨广，他派身边的行军总管宇文述率军攻打。仅一战，萧瓛的军队就被击溃。他本人乘一渔舟逃入太湖，藏于一百姓家中，被隋军寻获，单独押解至京师大兴。

萧瓛是江陵梁朝萧岿的第三个儿子，是晋王杨广未过门妻子萧妃之兄长，虽则如此，仍逃不脱被诛之命运。这一年，萧瓛二十一岁。

话分两头。

却说，就在韩擒虎和贺若弼两位行军总管对建康实施合围之际，另一位叫韦洸的行军总管身负皇上特殊使命，从蕲州渡江后，自北而南，直下南海。

其时，有陈国豫章（今江西南昌）太守徐璒据南康，阻拒隋军南进，为韦洸击溃，徐璒被俘。陈国内地兵力空虚，韦军一路如秋风扫落叶般，推进到岭南，才遇到前所未有的阻力。

原来，南北分治的三百年间，江南江北，战火频仍。而山高皇帝远的岭南一带，近百年来，却未受到外面战火的波及，恍若世外桃源。这一方面，确是因为山高林密，地势复杂的阻隔所至；而另一方面，则是因本地出了个了不起的人物——冼夫人。

这位冼夫人是高凉（今广东阳江，据考，冼夫人实为今广东电白人）冼氏之女。其父则是南越（岭南少数民族聚居地）拥有十余万户部族的首领。冼夫人幼时叫冼百合，小小年纪，即喜好跟从父兄逞勇争胜；稍稍懂事后，更得高人指教，学得精湛武艺，并深谙排兵布阵之谋略；长大后，此女子即协助父兄安抚部众，领兵用计，压服了周遭其他部族，深得同族器重和信赖。甚至，连南海儋耳诸部落慕其名，都来投奔她。

梁朝时，罗州（今广东化州）刺史冯融听说该女子年纪轻轻，品行端正，讲信义，并深孚众望，于是，便为儿子高凉太守冯宝求亲。她就是这样从部落首领之女儿，进入官府，成为冯家媳妇，日后被人尊称冼夫人的。

冼氏女自做了太守夫人，她的家族和其辖地，都一直忠于朝廷。太守冯宝去世后，适逢岭南大乱。冼夫人凭着自己的人望，安定了岭南各族，并使当地庶民过上了安居乐业的好日子。所以，当隋军过江攻打建康时，岭南各郡便公推冼夫人为"圣母"，共同垒城御敌，保卫家园。

与此同时，隋朝的行军总管韦洸，也非等闲之辈，他是北周赫赫有名的将领韦孝宽之侄。此次，隋文帝给韦洸的使命就是要平平稳稳地收复岭南。韦洸原本以为隋军到达该地，对地方作些安抚，让当地人明白已经改朝换代，即可大功告成。却不料，当自己兵临城下时，对方并不买账，且摆出一副同仇敌忾之态，欲与隋军血拼。对此，韦洸并未轻举妄动，迅速派出使者，与冼夫人讲明陈朝即亡，天下一统。而冼夫人则只认陈不认隋，道理讲得天花乱坠，亦无济于事。怎么办？道理讲不通，只有打了。可皇上曾一再告戒，岭南事，要以和为贵。

正当韦洸感到无计可施时，行军元帅杨广派了个叫慕容三藏的人，拿着陈叔宝的亲笔信赶来了。

经与接洽，韦洸陪同慕容三藏入城，往见冼夫人。

冼夫人，时年已近七旬，身体精瘦，头发皆白，但精神矍铄。

她一见慕容三藏，便起身携其手亲切地说："大老远的，您咋来了呢？"

原来，这位三藏老人是冼夫人丈夫冯宝家的至亲。冯宝去世后，两家之往来日渐稀疏。慕容氏唏嘘不已，从身上取出陈叔宝的劝降信，交给了冼夫人。

冼夫人是嫁给冯宝后，才在丈夫指教下，认识几个汉字的。所以，她根本不识当朝著名的陈皇叔宝字体，但信的内容，却能看懂。

读罢这封劝她归附隋朝的来信，冼夫人即用疑惑的目光望着慕容三藏问："皇上为隋所降，此是真的吗？"

慕容三藏点了下头，从一名随员手中接过一只长条形木椟，并亲自将木椟打开，从中取出一支形制特别的拐杖。

夫人一见，睹物思情，禁不住老泪纵横，大声恸哭起来。

原来此杖正是冼夫人作为寿礼，敬献给陈主三十大寿的礼物。这根手杖取自南海名贵的黄花梨木，再用犀牛角雕刻成龙头状，做手柄，杖身上还镶嵌着许多名贵宝石。

接着，坐于一旁的大将军韦洸方道："隋灭陈，是为统一离散了三百多年的华夏。使天下从此再不南北两分，国家从此才能更加安定和富强。"

深明大义的冼夫人，立即召集各郡官员和数千部落首领，宣读了陈主来信，说明了归顺隋朝的意义。

之后，远在大兴宫中的隋文帝接到韦洸发来的表章，下诏，不仅嘉奖了韦洸，还感念冼夫人深明大义顾大局，册封她为"宋康郡夫人"。

当各路行军总管，对陈国境内的孤城、残军，一一进行清扫和接管之际，建康城内最大的忙人，仍属长史高颎。他手中有好几份名单。一是必须要押解到大兴去的文武官员就有二百多名。城破之后，归案的有一百余人。未归案的，有的已经战死，要查清销号。有的原在外地，要派人去将其押解回建康。还有就是见大势已去，逃遁、藏匿了的，这些人较麻烦。比如都官尚书孔范，自在钟山被贺若弼击溃、被俘，后又逃脱。所以，还要立案派专人追查，一一将其捉拿到案。文帝的宗旨是，这批人押解回大兴，可以酌情从宽处理，但不能不明不白、不了了之，而留隐患。

此外就是，陈篡梁朝，立国已有几代。而每一位皇帝都是妻妾嫔妃成群，儿孙更是数以百计。这些皇亲国戚，皇子皇孙，亦都有可能成为日后死灰复燃的隐患。所以高颍手中，还有一份所有皇亲国戚的详细名册。而其中的每个人，都不得有所遗漏。

所以，高颍每日都要派出一支支人马，去缉拿还未到案的高官、将领和皇亲国戚们。

与此同时，建康城内得到赈济的庶民，个个倒是喜笑颜开；而达官贵人的家中，则是如丧考妣，惶惶不可终日。

其时，在北掖门附近的一个僻静深院里，就传来一阵"嘤嘤"的哭泣声。原来是一对小夫妻，如生离死别般，相拥而泣。丈夫叫徐德言，原在东宫担任太子舍人一职；妻子便是皇上陈叔宝之妹乐昌公主。徐德言知书达理，才华横溢，他能被文才不错的皇上赏识，做了太子的老师，可真还不容易。而乐昌公主呢？不仅容貌出众，早已是陈国远近闻名的才女。因此，这一对夫妻真可谓心心相印，情义深厚。

德言流着泪对公主说："国破，家已难存，外面风声一日紧似一日，咱俩分离，已成必然。以你的容貌和才华，今后不知会落到隋之哪位豪门家中。我们夫妻必将天各一方，唯有日夜相思，在梦中神会了。倘若苍天有眼，不割断咱俩今世情缘，你我今后终将会有相见之日的。只是，离散之后，你寓居深宅大院，咱去哪儿寻你呐！"

乐昌公主刚才只顾伤心落泪，听到夫君之语，忽然急中生智，指着妆台上的一面铜镜道："能否把此镜分成两半？一人各持一半，日后，你就拿着自己的一半去找咱。"

"只是苍海茫茫，到哪去打听夫人的下落呢？"

"这样吧，"乐昌公主说，"每年正月之望日（十五日），咱让人去集市卖此半边镜子，不识者，哪会去买仅剩一半的破镜。识者，才会……"

说到此处，乐昌公主再次哽咽。

"好。"徐德言抽出一把宝剑，把铜镜平放在几案上，只听"砰"地一声碎响，那圆圆之镜儿，便一分为二。徐德言拣起一半，见断沿上，竟崩掉了一小块，就要到地上去找寻。

其时，乐昌公主则制止说："不要找了。这样，不是又多了一个记认吗？你把这有缺的一半给咱吧。夫君可要记住，咱握的一半镜子，断沿上有个缺儿。"

几日后，灾难就降临到了这个温馨的小家庭。有一队隋军登门造访，按规定乐昌公主要随所有皇帝亲属被押解到大兴听候处置。夫妻虽然悲痛欲绝，但却平静地接受了此一残酷的事实。乐昌公主清理了几件换洗衣衫和一点细软，挽成一个小包，跟隋军而去。

到了三月，江南各处零星抵抗，全部平息。包括孔范在内的陈朝文武大员，皆追拿到案。

陈之江南半壁江山，并入隋朝的计有三十个州，四百多个县。

此刻，江南已是花红柳绿、莺飞燕舞。江北也已充满暖意，到处皆是一片新绿。行军元帅杨广已配合朝廷派来的接收员吏，在江南各地衙门任命了新的官员，建立了大隋地方政权，并留下部分军队，驻守江南。之后，宣布班师回朝。

其时，上至废帝陈叔宝和太子，陈之诸王二十八人，以及尚书令、仆射，尚书郎等朝廷高官二百余人，另加陈叔宝的皇后、嫔妃，儿女、亲属，以及府库中的金银，宫中之古董珍玩、文书等等战利品，共达数千车，统统被押运到京师大兴城。

而昔日繁华的帝都建康，按照文帝的诏令，原城中居民要尽数迁移出城，原城要夷为平地，改种庄稼。

四月，胜利之师押解着数千车战利品，浩浩荡荡凯旋而归。

文帝亲赴骊山，迎接英雄凯旋。之后，皇上在大兴宫外的广阳门，举行了盛大的庆典和宴会。文帝用来奖励将士的财物，仅绫罗布帛一项，就从广阳门一直码放到了大兴城的南郭门，计有三百多万段。

行军元帅、晋王杨广荣立首功，官位升至太尉，赏赐辂车、乘马、衮冕服饰，并玄珪、白璧各一。行军元帅杨俊除与晋王一般的财物赏赐外，还授予扬州总管一职，统领江南四十四州诸军事。

行军元帅杨素则拜任荆州总管，升爵位为郢国公，食邑三千户。并封其子杨玄感为仪同，杨玄奖为清河郡公。赐布帛一万段，粟一万石，以及金银财宝。此处要提及的是，陈叔宝之妹乐昌公主，也就是徐德言之妻，也由文帝赏赐给了杨素作妾。得到文帝赏识和信任的杨素，不久，又接连拜任纳言、内史令，直至右仆射等职，地位仅居高颍之后。

元帅府长史高颍，在此次平陈战中，不显山，不露水，表面上看不出有多大贡献。而他所起作用，文帝自是心知肚明。为表彰他的功劳，官位升至上柱国，晋爵齐国公，赐各色帛九千段，划定食邑千乘县的一千五百户。

对此褒奖，高颍深感不安。他说："自己做了点本分事，是应做的"，欲辞让晋升之爵位。

文帝不允。专此下诏曰：

> 公识鉴通远，器略优深，出朝参与军事，廓清淮海，入朝掌管禁军，确可委以为心腹。自朕受天命以来，常为朕掌管国家机要，竭诚陈力，心迹俱尽。此则天降良辅，翊赞朕躬，幸无词费也。

打了大胜仗，华夏获得了统一，论功行赏，天经地义。可高颍为什么要推辞皇上给他晋升的爵位？而文帝又为什么还要单独下一份诏书，并力陈高颍以往所作种种贡献和对皇上一贯忠诚呢？原来另有玄机。

二月，正当高颍坐镇建康，夜以继日，处理灭陈之后各项繁杂事务时，文帝忽然接到从建康帅府内，以个人名义发来的一份密折，说：高颍彻夜不眠，拉拢将士，似有谋反独占江南之意。

写这份密折的人，亦是文帝亲自派到帅府做幕僚的。但两相权衡，文帝还是相信了高颍，而不是写密折的人。因为在此期间，高颍与皇上的联系也很频密。文帝从高颍发来的一系列奏折中，看不出他有图谋不轨的任何嫌疑。不仅如此，文帝对高颎奏折中的想法和建议，都是赞同和支持的。比如，在韩擒虎与贺若弼争功一事上，文帝不折不扣采纳的是高颎的意见。

不过，文帝对那份密折，还是相当重视的。他从京师派了几名监察到建康，在晋王杨广的配合下，将告密者带回京师，却始终没弄清楚告密者的动机，只好不了了之地将其处决了。

可是，天下哪有不透风的墙呢？此事传到高颎耳里，他嘴上啥也没说，也不能说，心中却难免存下个解不开的疙瘩儿。

为解高颎心中疙瘩，论功行赏不久，文帝还亲携爱将贺若弼临幸高府，看望了这位劳苦功高的重臣。

言谈中，文帝把有人状告高颎的事直接向他挑明了。他道："公在建康善后时，帅府有人告了公之刁状，被朕派人将其押回大兴处斩了。君臣道合，非青蝇所间也！"

"臣是事后才耳闻的，至今尚不明白究竟是咋回事。"

"嗨，事已过去，就不必打破砂锅纹（问）到底啦！"文帝感叹道，"公犹一面镜耳，愈磨愈明！"

贺若弼亦说："此次平陈，长史事无巨细，深谋远虑，周到细致，当推首功！"

高颎则道："颎，乃一介文吏耳，焉敢与大将军比论功劳！"

文帝大笑，称赞高颎，高风亮节，谦虚谨慎。

论功行赏，当然不能不提最先攻入建康、并亲手活捉陈叔宝的行军总管韩擒虎。首先，文帝对他与贺若弼一视同仁，升官位为上柱国，赐予各色帛八千段……可有监察官弹劾奏告说：韩擒虎放纵士卒，奸淫陈之宫女。

文帝闻知此事，召见擒虎，问他是否有其事？

韩擒虎毫不掩饰地说："确有此事。"

文帝又问："卿其时是否在场？"

只要擒虎随口答一声，士卒淫乱时，自己并不知情，也就没他的任何事了。可韩擒虎却道："监察官的参劾没错，自己确有管教不严之责，愿受罚。但乞望圣上看在士卒拼死杀敌之份上，不要责罚士卒。"

文帝沉默良久，望着自己的爱将，说："那，这样吧，汝之一般赏赐皆与贺将军同，爵位就免升了。卿以为如何？"

韩擒虎当即磕头谢恩道："臣，知足了。"

文帝在处置战俘上，兑现了自己的承诺。自陈叔宝起，所有俘虏皆跪于太庙阶前，由文史令宣读了文帝的诏书，历数南陈朝廷对民众苍生之暴敛。并宣布对罪孽深重的都官尚书孔范，散骑常侍王瑳、王仪，御史中丞沈观等，处以流放到边地之刑罚。其余，包括陈叔宝、太子及众官员，都得到了宽大处理。一干有德有才的官员，如仆射袁宪、骠骑将军萧摩诃、领军任忠、都官周罗睺等，还得到仪同三司的职位，袁宪还被封为昌州（今河北安次）刺史。不过，另有一条，所有人等，皆不得以任何理由返回江南故地。

却说，受到重赏的杨素，他对获得的巨额财物，并不为意。而感到最为称心的有二：一是，自此，显然会得到皇上更加信任，职位不用说，还会节节攀升；二是，意外获得他仰慕的乐昌公主。以往，他曾读过乐昌公主流传到北方的诗。觉得这位公主真是可爱至极。女子写的诗文，他见过不少，缠绵、细腻是特点之一，其次就是倾诉独守空房之哀怨。而乐昌公主的诗，则与一般闺阁体大相径庭——清新、明丽，且透出一股少女的顽皮气！杨素为此曾想，这位女子贵为公主，锦衣玉食，无忧无虑，并嫁得一位日日相守的好夫君。凡此，使她有别于一般闺阁中的女子，其诗中自然就没了那么多的离愁别绪和忧伤感怀，而显得别具一格。

杨素意外地得到一位心仪的爱妾，虽没为其大操大办，但却还是派了花轿和鼓乐队从战俘营中一路热热闹闹将其迎娶回杨府的。

那么，喜好诗词歌赋的乐昌公主，更是做梦都没想到自己会发配到一位打杀自己家园的武将家。此前，她只知杨素是这次灭陈的三元帅之一，却未闻其还是一位颇具才华的诗人……。

杨素将乐昌公主迎娶进门，为添喜庆气氛，还是请了自己的几位至亲好友，摆了数桌喜宴。

夜深人静，杨素步入洞房，房内红蜡高照。杨素揭开新娘盖头，令他没想到的是，曾已嫁人的新娘，竟仍是出落得如花骨朵一般，其貌亦如其诗，秀丽、娇美、可人。

而对国破家亡，正沉浸于痛苦与失去丈夫的乐昌公主来说，自然快活不起来。不过，使她感到意外的是，她面对的这位夫君，并不是个凶残丑陋的老军头。时下，正处不惑之龄的杨素，确有一股军人高大、雄壮之阳刚气，却又不失文人之深沉与儒雅。

而当此二人四目相对时，乐昌公主禁不住面红耳热，低下了头。杨素则露出了猛兽之面目，扑向了秀色可餐的"羔羊"……

杨素是个出名的好色之徒，他的妻妾可说是多如牛毛。但，可能是新欢之故，他对乐昌公主则一度情有独钟。

但是，乐昌公主则始终寡言少语，闷闷不乐。杨素怕她过不惯北方生活，还在他占地很大的宅院内，仿江南园林风格，另造了一座宅子，还请来吴越厨子，为这位爱妾烹制家乡菜肴。

然而，乐昌公主还是寝食难安，期盼着来年正月望日的到来。

　　杨素是个出名的好色之徒，他的妻妾可说是多如牛毛。但，可能是新欢之故，他对乐昌公主则一度情有独钟。不过，乐昌公主则始终寡言少语，闷闷不乐。

第七十三回

可贺敦屏风题诗遭不测
长孙晟力不从心难解围

大隋灭陈，有如旱天惊雷！其声浪迅速向周边和一众番属国发散开来。

于是，一时之间，周边各国、各部落纷纷遣使，争相向大隋朝廷进贡、修好或表示忠诚。其中，自然不乏北边几个突厥汗国。

地处白道川一带，原属沙钵略可汗辖地的突厥汗国，派来的是都蓝可汗的使者褥但。沙钵略病逝，继任者原本是其弟处罗侯。处罗侯上任伊始，雄心勃勃，想重做名副其实的草原霸主。他打败阿波可汗后，想进一步西进，扩大自己的势力，但被大隋用软硬兼施的手段制止。不肯善罢甘休的处罗侯，趁大隋灭陈，无暇顾及北边之际，向西一次又一次发起攻击，收获西部大片辖地和牛羊。而就在他有可能实现雄心壮志时，却在一次与达头可汗的交战中，不幸被流矢射中去世。这样，沙钵略的长子雍虞闾便作了颉伽施多那都蓝可汗。这么一来，大义公主就处在了极尴尬的地位。因为按突厥可汗国之规，可汗死后，原可汗的可贺敦亦要嫁给继任者，仍作可贺敦。其时，大义公主不仅比新任都蓝可汗雍虞闾要大好几岁；而且，她曾是他的母后！

此次，都蓝可汗派出的使者褥但，是他的同母弟弟，向大隋进献的计有一支玉手杖和靭布、鱼胶等物。

各番属国向皇上进献的贡品，一般只列清单，禀报皇上知晓就够了。而稀罕之物，却要让皇上亲眼瞧瞧。

褥但小心翼翼从锦匣中将一支玉手杖取出，让文帝鉴赏。文帝看了看，那手杖做工极为讲究，手柄刻的是一活灵活现、威风无比之龙头；龙口含有一颗能滚动的玉珠，那珠子能在口中自如滚动，可无论如何却掏不出来；杖身雕成龙身，整支手杖，为一整块材质上乘的白玉雕成。

文帝将手杖拿在手上把玩了一下，龙身之鳞甲，不仅不刺手，反有绵柔、温润之感，他于是大加赞叹道："玉好！手工更佳！"

当身边太监把玉手杖仍放回锦匣时，文帝忽问褥但："此杖之玉材从何而来？"

褥但回说："此乃于阗宝玉。可汗得到这一宝贵的材料后，请最好的工匠打造而成。"

"唔……怪道哩。"文帝闻言，暗自吃了一惊。

因为，原沙钵略所处的北边和东边并不产玉，于阗，则在天山脚下。此玉说明，雍虞闾的铁骑，已在不觉中，踏至西边很远的疆域去了。

接着，文帝藉褥但来朝之际，封他为柱国、康国公。赐各色杂帛三千段，还特别从缴获陈国的战利品中，挑选出一副御用屏风，赐给大义公主。

褥但高高兴兴返回突厥部落国中，大义公主见到文帝送给自己的华美屏风，不禁勾起了她对昔日王府生活的回忆。她的父亲赵王，原是个极爱风雅，极会享受的王爷。一些精美豪华的摆设、物件，家中随处可见。可如今，家、国皆亡，自己流落到此风沙之地。于是伤心感怀，提笔在屏风上写下一首小诗：

盛衰等朝暮，世道若浮萍。

荣华实难守，池台终自平。

富贵今何在？空事写丹青。

杯酒恒无乐，弦歌讵有声。

余本皇家子，漂流入虏廷。

一朝睹成败，怀抱忽纵横。

古来共如此，非我独申名。

唯有《明君曲》，偏伤远嫁情。

　　不料，过了一些日子，此诗不知通过何人、何种方式，便在朝廷一些喜好舞文弄墨的达官贵人中，流传开来。有好事者，便将其抄下，写成奏折，上奏给了文帝。

　　文帝读后，默然良久。他想：言为心声呐！想不到，事情已过十年，朕还把她认作女儿，让她改姓为杨，还郑重其事把她的名字写入皇家族谱；而且，在她的夫君先后两次走投无路、命悬一线时，又一次再次派兵解救，重新安置，使其能够安居乐业。平心而论，她还有啥不知足的？为什么还要耿耿于怀地不忘过去的那件事呢？如果她对本朝还继续心怀敌意，并把此情绪感染给她的突厥汗国，那么，突厥与大隋，不又成不共戴天之仇敌了吗！

　　文帝想到此处，立命黄门侍郎元岩把长孙晟召入宫中。

　　当大多将领都渡江南下时，长孙晟却一如既往，仍留在了文帝的身边。他和虞庆则一样，担负着拱卫京师和宫廷的重责。除此而外，皇上还考虑到，北方边陲如有异动，长孙晟还要视其情形，赴突厥调解纷争，以保南边战事不受北边干扰。幸好，在此期间，南方战事顺利，北方亦很平静。所以，此次褒奖南下作战功臣的同时，文帝亦不忘嘉奖了虞庆则、长孙晟等将领。

　　长孙晟行过跪礼，文帝即把大义公主的诗作递给了他，问："卿见过此诗没有？"

　　长孙晟看了一遍，说："见过，这诗是大义公主作的。"

　　"噢？"文帝盯住长孙，又问，"咋没听汝吭声哩？"

　　"此有啥好说的。臣之于诗，不过附庸风雅了一番，并说不出个道道来。"

　　文帝皱了一下眉，问："卿既读过，难道诗中隐含的一股味儿，卿也没有体会到？"

"味？"长孙莫名其妙，"诗能有啥味嘛？臣只能说，这诗写得还不错。大义公主自幼书读得比臣下多，加之，女人嘛，多愁善感，诗就越发不同凡响了。"

"卿还这般夸奖她。汝说说看，此诗到底不错在哪里？"

"这——臣下可说不清楚了。圣上还是去问问道衡公或德林公吧，他们文墨底子厚。"

"卿既不知所以，凭啥还说这诗不同凡响呢？"

"臣只是觉得读起来挺伤感、挺悲凉、也挺感人的。"

"还挺感人？"文帝眉头蹙起老高，仍揪住长孙不放。"朕倒想知道，此诗是何魅力，打动了你这位神箭将军。"

臣下与主上说话，只能俯首帖耳。长孙晟说了这多话，头却是一直低着的，他全然没见主上愠怒的表情，而是仍按自己的想法说："臣对大义公主，可不陌生。十年前，她被选定和番，臣下作为副使，亲手把她护送入突厥。一个从未出过远门的娇弱女子，在王府过的是啥日子，到了那只长草别的什么都不长的突厥，过的又是啥日子哩！一路上，公主都是以泪洗面。到了目的地，婚也结完了，沙钵略把咱留下来，说是欣赏咱的箭术，要咱作教头。但咱心里明白，他是想让咱多陪陪公主，怕她寂寞，过不习惯那里的日子。所以，咱读此诗，一想起她的种种遭遇，就觉得挺伤心、挺悲凉的，此乃她真情实感之流露……"

"够了！"文帝一拍茶几，把杯中茶水溅得到处皆是。"汝没觉出，她是藉诗，发泄怨恨？她恨朕！"

"呵？"长孙晟瞠目结舌。他未料到，文帝竟为一首题写在屏风上的闲诗，对自己发这么大的火。更未料到的是，一首千里之外传来的诗，竟然是指骂当今大隋皇上的！

"她悲从何来？"文帝仍是怒不可遏。"卿为何不想想，正是十年前，朕灭了她宇文家族，把荒淫无道的君主逐下了帝位——她哪是悲呢，分明是恨，是对朕之怨恨！卿为何想不到这一层呢？"

　　平日身手和心计皆十分活泛的长孙晟，闻言不禁惊出一身冷汗！他想，圣上之言，也确是那么回事。如果设身处地，你就是公主的话，一次改朝换代，把你当皇上的兄弟、当王爷的父亲、叔叔、伯伯……统统都灭了。这悲中能不含恨？不过，话还得说回来，既然让她活着，她想起往事，哪有不生怨恨的呢？一个远在天边的弱女子，让他恨恨又何妨，她还能撼动如日中天的大隋江山吗？

　　"卿觉此事该咋办？"

　　"臣都有点糊涂了。"长孙晟苦笑道，"这诗吧，又不像别的物事。拿秤一称，三斤就三斤，三斤一两就三斤一两，一目了然，清清楚楚。此类东西，往往皆是公说公有理，婆说婆有理，越扯越糊涂哩。再说，这写诗的人，若在国内，用本朝之《开皇律》来衡量，可视为'谋逆'，死罪无疑。可她已远嫁突厥，那边可汗不见得会据此定她的罪吧？"

　　"哼！如此说来，本朝还治不了她了？她要翻天就翻天？"

　　长孙晟摇头，说："臣下对此，确是没辙……"

　　长孙装糊涂，其实，就是想在皇上面前和稀泥，让文帝不了了之。

　　"她身处突厥，以为就可逍遥法外了？那还得了！"还是文帝有办法，他说，"这样吧，大义公主的名号不是朕授予她的吗？朕这就下诏，取消她的大义公主名号，并从皇家族谱将她除名，这总可以吧？"

　　突厥落得如此四分五裂境地，已不能对大隋构成较大威胁，与长孙晟对其使用的离间计有很大关系。若在往日，长孙对旨意，不管大事小事，都是不折不扣，惟命是从的。可此次，长孙晟一半是真不懂诗，另一半则是不忍对这位自己亲手送出国门的不幸公主再下辣手。长孙晟于是说："为一闲诗，而损两国已趋和睦之邦交，不值哩。"

　　"糊涂。卿岂能如此不晓事！"文帝不满地说，"卿是否知晓，此二年，咱把目光集中到了南边，沙钵略的子辈们却将铁骑踏入了天山脚下。"

　　"臣下明白了。"此时，长孙晟才知晓了文帝的真意——他不愿看到雍虞闾实力大增，又在草原上一呼百应。

　　"这样吧，解铃还须系铃人。"文帝随即道，"朕记得，当初封她为大义公主，正是卿前去宣诏的。"

"是的。"长孙晟点头说。

"那么，此次与她解除父女关系，撤去她大义公主封号，还是以卿前往为宜。藉此，卿顺便多给雍虞闾可汗作些解释。并告诉他，此仅为个人之事，可汗如果乐意，她仍可作为可贺敦，本朝不予干预。更不要因为这事，而影响两国的一贯亲善与友好关系。"

长孙晟于开皇九年秋，携诏抵达雍虞闾的突厥汗国。若在往日，常来常往的长孙晟与突厥汗国的首领们见面，总还是喜笑颜开，互致问候，或设宴洗尘，甚或鼓乐相迎的。

可此次，一切全免。长孙晟一进牙帐，就面色肃然地道："雍虞闾、可贺敦接旨！"

二人也熟门熟路，当即跪下。

长孙晟照本宣科，言之凿凿。此旨是文帝授意，由李德林亲自起草的。诏书指斥大义公主诗对当朝之不满，对主上之不敬，并宣布解除她的大义公主封号，从皇家杨姓族谱除名……接下来，长孙的语气才有所缓和。表示，朝廷与可贺敦之间关系的改变，并不影响两国邦交与友好往来，云云……

刚刚继任可汗位的雍虞闾，年龄不过二十岁，对汉语又不在行，还没等他明白到底发生了什么事，长孙晟宣诏、解释完毕，便率随员扬长而去了。

牙帐内，一片死寂。

"长孙将军！请……请等等……"长孙晟等一行人翻过一道沙梁，见一马飞也似地追来了。

长孙晟勒住马缰。那马追到近前，他还没看清马上的人究竟是谁，但见其滚马下鞍，跪在了长孙晟的马前。

长孙晟大惊，连忙下马，把脚下的人扶起。

“长……长孙将军……请……请……”来人已是泪流满面，泣不成声。

“嗨，是安遂家兄弟呵！”长孙晟将他扶到一沙埂旁，说，“啥事呢？坐下，慢慢说吧。”

十年前，长孙晟以副使身份送千金公主赴突厥和亲，他在朝廷的职位仅是个小小的司武上士。其时，安遂家是沙钵略可汗身边的一名侍卫官，因其懂得汉语，作为代表来长安迎亲。他们两人年龄相仿，长孙在突厥一年期间，二人你来我往，相处分外融洽，且以弟兄相称。后来，各为其主，尤其是安遂家觉察到长孙晟对突厥汗国居心叵测，两人便渐渐生分，偶尔相见，亦变得十分谨慎和客气。

“请您救救公主……”这是安遂家稍稍平静后，说出的第一句话。他说着说着，又要下跪。

“别……别……别这样……”长孙晟惶惑间，一把拽住安遂家，让他坐到沙埂上。然后，叹息一声说，“不成咧！不是长孙不想救公主，是咱确实身不由己，无能为力！”

“咱就知，你会说此话的！”安遂家转哀为怒。他圆瞪双眼，目光似剑，冷不防一拳砸在长孙晟的胸口上——这一拳，出手突然，打得凶狠。毫无提防的长孙晟，一个趔趄，栽倒在了沙地上。

其时，本来无所事事，在等长孙晟说话的随员们，见担任使者的头儿遭袭，立马拔剑围了过来。

长孙“嗖”地从地上爬起，朝其大喝道：“汝等休得无礼！此乃兄弟间之私事，都站到一边去吧！”

“坐。”长孙晟转过身子，拍了拍身上的灰土，不无遗憾地对安遂家说，“咱早就看出你恨我。实在没办法，你、我皆是各为其主，兄弟情分，自然就淡散了，生分了。”

“你在突厥各部落国中，挑起事端，使泱泱汗国闹成如今这番衰样，也就罢了。可一个弱女子，不远千里，嫁到草原，其目的不就是贵国所希望的，为使两国亲善、和睦吗？她舍弃了个人一生的福分，而且，其父、兄、伯、叔，皆被大隋杀得一个不剩，她仅在自己家中的帐篷里，哀叹几声不幸，此碍了你家皇上啥事儿咧！"

"……"口齿极佳的长孙晟被安遂家问得无言以对，低眉敛气。

"人要将心比心哩。"安遂家继续道，"不管咋说，公主之根，源出长安。而今，她身处异乡，对咱突厥部落的可贺敦而言，啥名分都没了，这不是有意要将她也逼上绝路，叫她在异国他乡也没了立锥之地吗？"

"咱懂……"长孙嗫嚅着说。亦向安遂家敞开了自己的心扉，"人非草木，孰能无情咧！公主是咱亲手护送到突厥的，且，陪伴她整整一年。她美丽、善良，还能忍辱负重，顾全大局。长孙虽一介武夫，并非全然不懂人情事故、天理良心。不过，作为大隋军人，咱却有忠君卫国，打击突厥扩张、侵扰之义务。所以，也就顾及不到兄弟之情分和个人之情感了。长孙实实有愧于兄弟，更……更有愧于公主……"

说到此处，长孙晟亦是泪水盈眶。

安遂家没再多语，径自走到自己坐骑跟前，一跃而上，狠狠朝马屁股抽了一鞭。受惊之马，便飞也似的朝营寨奔去了。

长孙晟目送着远去的安遂家，默然无语。

其时，一轮硕大、鲜红的日头正朝西边大漠坠去。

长孙晟朝随员和侍卫一挥手，说："上路吧。得加把劲，走快点。不然，天黑前便赶不到驿站了。"

话分两头。

当长孙晟离开可汗牙帐，还没弄清到底发生了啥事的雍虞闾问可贺敦："出啥事了？长孙将军好像不高兴，他念的是啥呢？"

老实忠厚的雍虞闾一脸惊惶。公主把圣旨的大意用突厥语复述了一遍，雍虞闾可汗仍是似懂非懂。公主只好将他领到那副屏风前，指着自己题写在上的诗，一句一句解释给可汗听。

"天哪！就为这诗？隋文帝竟大老远地派人来指责你？"雍虞闾大惑不

解地说，"可贺敦来到草原，辞别亲人，一生吃了那么多苦，遭了那么大的委屈，仅仅叹息几声，就犯了他隋朝的王法？并到咱突厥汗国牙帐来兴师问罪，此也太过分了吧？"

雍虞闾是沙钵略可汗另一位突厥妻子所生长子。他五大三粗，身体敦实；年少，但不气盛。他自幼就生长在战火频仍的刀光剑影中，而其本人因是沙钵略可汗的长子，从小就受到母亲、女奴和众多侍卫的呵护。所以，战争不仅没使他的性格变得刚强，反使其十分脆弱，惧战，怕血。十三岁后，他便常常代表父亲，作为亲善使者，出使大隋朝廷。当他见到高大巍峨的皇宫，看到威武雄壮的仪仗，朝拜神圣莫测的皇上……即从心底油然生出一种难以言状的敬畏。而对眼前的可贺敦，亦是如此。这位高贵的公主，从前就是父亲的可贺敦，她的外表温文尔雅，和蔼可亲，可他自幼就不敢用目光直接看她。父亲和叔叔相继去世，自己继任了可汗之位，这位原来的母后，一下子竟成了自己的可贺敦。然而，天性善良、懦弱的可汗，却从来没把公主作为自己真正的妻子。按照当地的习俗，雍虞闾当然早就是妻妾子女成群了。在私生活上，他仍一如既往，过着自己原先习惯了的日子。而在国事和政务上，却十分依赖可贺敦。突厥汗国中的大小事情，都要可贺敦先点头，他才发号施令。

这位诏书上被点名谴责的可贺敦，其性格则与雍虞闾恰恰相反。她的样貌看似柔弱，性格却很刚强。十余年来，由天堂到地狱；从不可一世的沙钵略可汗的可贺敦，到被阿波掳去作了战俘；从高贵的千金公主，到不得不认杀父灭族仇人为父，并做了杨家的大义公主……其间，起起伏伏，上上下下，千滋百味，她都尝过。所以，当长孙晟宣读诏书，对她予以谴责，剥去大义公主名衔时，她并不感到震惊，亦不觉得悲哀。直到疾风暴雨过去，却为雍虞闾的几句话所触动，而泣不成声……

就在此刻，安遂家回来了。

雍虞闾成为都蓝可汗后，安遂家已成了可汗的不可或缺的助手。雍虞闾见他，即问："你刚才去哪了？"

安遂家把去追长孙晟的情形说了一遍。公主听后，反而停止了哭泣。

雍虞闾安慰她道："没关系，你永远是咱突厥汗国的可贺敦！此不关他们隋朝的事。"

说着，安遂家不知哪来的勇气，抽出腰间佩剑，狠狠朝那惹祸的屏风劈去……

却说，长孙晟一回京师，即去大兴宫述职。一路上，他都在打腹稿，想劝说圣上收回诏令，宽大为怀恢复公主的封号。

文帝见到长孙晟，即道："卿咋这快就到家了？"

"没遇风雨阻隔，自然快捷多了。"

"此次去突厥传诏，他们是否服气？"

文帝登基后，长孙晟除到突厥斡旋和与突厥作战外，多在宫廷担任警卫一类官职。随着职位的升迁，他与文帝接触愈多，说话亦较随便。此时，他偷觑了皇上一眼，见他在揭茶碗盖，准备饮茶。于是接过话头，只答一字："惨！"

"惨？"文帝把刚揭开的茶碗盖放归原处，看了长孙晟一眼，问，"啥意思？"

"雍虞闾可汗牙帐内外，一片哀声。臣下见势头不对，念完诏书，照圣上之意，安慰了可汗几句，抽身就走。刚出牙帐不远，其谋臣，就是那位会说汉话、多次来朝廷进贡的叫安遂家的人，追来向臣求情，请求朝廷恩准不要取消公主的封号。他说，此是都蓝可汗的意思。"

"卿是咋回答他的？"

"臣下当然只能说，自己无法擅自更改旨意，对于可汗的请求，臣回朝廷，会直接禀报皇上的。安遂家就说，公主的根在长安，娘家那边的名分没有了，可贺敦之位，亦成无根之树，难以为继。而当今的可汗，年纪太轻，许多大事，都要靠可贺敦来支撑。"

"那，卿之意呢？"

"臣下觉得安遂家的话，值得考虑。一个国家，不能没了主心骨哩。"

"卿之想法差矣！"文帝的脸色骤变，"卿咋突然成了个老妈子？他没了主心骨，对朕岂不更有利？朕就是要他处于摇摆不定的状态中！"

"雍虞闾的汗国实力强些，对咱大隋并没啥威胁……"

"错！"文帝不以为然地教训臣子，"卿咋能见其求饶，就心慈手软。卿想过那女子写的诗吗？她仍念念不忘朕灭宇文家族的深仇大恨，这突厥若让她主事，岂不等于养虎为患！"

"臣下是想用都蓝可汗压制达头可汗……"

不等长孙晟把话说完，文帝底气十足地道："谬矣！不管是谁，胆敢入侵，咱就灭谁！"

长孙晟万没料到，文帝对待一个文弱的小女子仍是那么疾恶如仇。

第七十四回

饿殍卧雪扯出弥天大谎
长孙追逃再演一箭双雕

这是一个晴冷异常的冬日。

失去大义公主身份的可贺敦，带着都蓝可汗几名年轻漂亮的妻妾，在白雪皑皑的草原行猎。草被白雪覆盖，饥饿的黄羊、野兔，四处乱窜，刨雪觅食，恰被猎手们觑个正着。可等她们拍马追去，精灵般的野物们，则都逃之夭夭，不见了踪影。其时，仅有一只猎狗扑住了一只逃避不及的野兔，众人欢呼雀跃，蜂拥下马，去狗嘴取获猎物。

而就在此一片欢声笑语中，忽听不远处有几只猎犬同时狂吠不止。女眷们以为猎犬逮住了更大的野物，于是，匆匆上马，朝犬吠声赶去。

可当众人再次下马，把狂吠不止的猎犬赶开，却见一男倒卧在雪地中。

一名侍卫把手伸向躺卧雪中男子的面门，不一会儿，他大声道："可贺敦，人还活着，气息不弱，可能是饿昏了的。"

就在离倒卧男子不远的地方还有一马，这人显然是从马上摔下来的。

可贺敦吩咐侍卫说："快把他驮回营去，看还有没有救。"

傍晚时分，女眷带着猎获物，兴高采烈而归。

此时，先回的那名侍卫走过来禀报说："可贺敦，那人驮回帐篷，给他喂了一碗热奶，就啥事也没了，确是饿晕了的。幸亏发现得早，否则冻成冰棍就没救了。那人一醒来就说，他是从大隋赶了好多日路，来找您的。"

"是找咱的？"可贺敦回想那男子的模样，不仅面生，亦显然不是鲜卑人，倒像是个汉人。她于是道，"他说没说，找咱有甚事？"

"没说。"侍卫道，"咱告诉他，您去打猎了。他就没再吱声。"

可贺敦随侍卫走进一帐篷内，见来人躺在暖炕上睡着了。

侍卫拍了一下他的肩膀，说："喂，可贺敦来看你了。"

那人反应倒快，一个激灵翻身坐起，眨巴着眼，看了下突厥贵妇打扮的可贺敦道："咱找的人是千金公主。"

"那是咱从前的称呼，目下咱是突厥可汗国的可贺敦。"

"呵！"来人顾不得穿上靴子，即从热炕滚到地上，纳头就拜，"您……您叫咱找的好苦咧！"

说完，便像个孩子似的，号啕大哭起来。

他这一哭，使可贺敦越发感到摸不着头脑，盯着他问："你是谁？找咱有啥事？"

陌生男子终于止住哭，看了一眼帐篷内的侍卫，欲言又止。

可贺敦皱了一下眉，还是对侍卫道："你先出去一下吧。"

侍卫出去后，来人方道："咱叫杨钦，是奉刘昶大将军之命来的。"

"呵？"可贺敦的心似被黄蜂猛地"蜇"了一下，浑身一颤！"你说的是咱姑父刘昶？"

"正是他老人家。"

"他……他还记得咱？他们都还好么？"

"好，好！公主的宇文姑姑也挺健旺……"

可贺敦的姑父刘昶，是北周一位为数不多的受朝廷信任和重用的汉人将领。他因作战勇敢，屡立军功，周武帝以至把自己的妹妹、也就是可贺敦的姑姑嫁给他做妻子。那时，同为汉族将领的杨坚，却常受大冢宰宇文护的猜忌，而受到刘昶的同情。文帝登基，刘昶曾一度做过左卫大将军，担负拱卫京师的重责。近年，因年事已高，且多病痛，才未在朝中任职。

可贺敦的心情稍稍平静后，方问："姑父派你来，有啥事呢？"

"他……他想托您做件事。"

"做啥？"

"刘昶大将军在朝内说服了几位驻外总管，想一举推翻窃国大盗杨坚所建的隋朝，以恢复周之旧制。"

"噢？"可贺敦心头猛地一震！此可是她梦寐以求，可又是她觉得自己力不从心的事！

不过，可贺敦内心一阵狂跳过后，再一沉思：不对呵！自己都是二十好几的人了，十年过去，姑父如果还活着，当在七十上下年纪。他还能带兵？还有造反的雄心壮志？况且，当年周武帝之所以把姑姑嫁给这位汉人，就是看到他为人忠厚、沉笃，对皇家忠诚。如今，天下不正好被他们汉人夺去了吗？他身为汉人，为啥却偏要反隋？

想到此处，可贺敦打量了一眼面前这位与自己年龄相仿的年轻人，问："你是如何认识咱姑父的？"

杨钦道："说实话，咱与您的姑父、母，见面并不多。平日与之相处的，是比您只小几月的表弟刘居士。公主还记得您的表弟刘居士吗？他早年继承父业，带过兵，打过仗，目下他在朝廷担任太子千牛备身一职。因他是太子贴身侍卫官，在京师，众人皆称他为'少帅'。几年来，少帅手下已聚有本朝和前朝文武官员的子弟三百多位，咱就是其中一员。目下，少帅人望越来越高，他说自己有宇文氏血脉，要恢复周之旧制。你姑母说他有志气，并说服你姑父承全儿子志向。你的姑父此才暗中联络了多名鲜卑族裔的总管，促成其事，但要掀翻大隋，力量还不够。居士兄这才派咱前来寻求您的支援……"

"大胆奸贼！"杨钦说到此处，只听帐篷外大喝一声，棉帘掀起，带进一股刺骨寒风。一条大汉闪身而入，如老鹰擒小鸡一般，把杨钦从炕上提起，掷于地面，并怒斥道，"你贼胆包天，竟敢闯入咱突厥汗国，大放厥词，诓骗咱的可贺敦！"

闯入帐篷者是安遂家。他在帐外听了半天，冻得脸都发青了。

杨钦见来人那么大的力气，吓得磕头如捣蒜："公主，救命！请救救杨钦！"

"你到底是何人？"安遂家的突然出现，倒真给可贺敦提了个醒。

"咱对天发誓，咱确是刘居士同党杨钦。如有不实，雷打电劈！"

"居士叫你来此，有何凭证？"可贺敦的语气随即缓和下来。

杨钦则提高语调说："居士兄本说要给表姐捎封信的，但刘昶大将军不允。他说，一路关卡多多，万一查出，全完蛋了。"

"你真见过咱的姑母？"

"那，哪能说假？公主的姑母，已年过五旬，尚显年轻。她的脸模酷似公主，不过，左腮上有颗'美人痣'。"

可贺敦没再往下问，他看了一眼安遂家，朝他点了下头，意思是说，杨钦的回答没有破绽。

"杨钦若是存心骗公主，咋会在冰天雪地中冒死赶这远的路哩！今日，咱又冻又饿昏倒马下，若不是被人发现，不就冻死了嘛。"说着，他又哭天抢地起来。

"哼！"安遂家恶狠狠地瞪了杨钦一眼，拽着可贺敦出了帐篷。

"人家千里迢迢赶来，你咋那样待人家？"一出门，可贺敦就怨怪安遂家说，"他哭得那么凶，说不定什么地方被你摔出毛病了。"

"咱没一刀宰了他，就算待他不错了。"

"咋啦？你还怀疑他是眸子（间谍）？"

"当然。"安遂家说，"一看他那贼眼，就知不是个好东西。他肯定是隋朝派来试探你，看你还怨不怨怪皇上。"

"咱啥都不是了，人家皇上还会惦记咱？"

"只要你还有口气，大隋皇上就不会忘记你。"

"咱真有那么重要？"今日的可贺敦就是有点怪。她宁可相信杨钦是姑父和表弟派来的人，而不愿相信他是皇上派来的眸子。

他俩回到牙帐，脱去外面厚重的皮衣。可贺敦继续说："咱开始亦很疑

　　"大胆奸贼!"杨钦说到此处,只听帐篷外大喝一声,棉帘掀起,带进一股
刺骨寒风,一条大汉闪身而入⋯⋯

惑。不过，他后来说表弟只比咱小几月，姑母五十多岁，左腮上有颗美人痣，这些，都被他说中。再说，天这么冷，走了那么远的路，差点把命都搭上了，还能把他当贼人吗？"

"唉——真拿你没办法。你是想念亲人想昏了头！你想，他既来者不善，连你们家这点子事都不知晓，那不是把嘴张开就露马脚了吗？"

"那你凭啥硬说人家不怀好意？"

"他被侍卫领回营，咱单独问了一下侍卫，是如何发现他的，就觉其中有诈。此人一定是听到你们的声音，或已看到你们之后，才从马上趴到雪地去的。否则，若是饿晕从马上掉下，这么冷的天气，不是早就冻死了吗？"

"嗯……你说得虽有一定道理，不过，亦不尽然。他赶了那么多日路，说不定，他饿昏过去，恰被我们碰到，此何足奇。"

善良的可贺敦总是往好的方面想，而安遂家却老是把杨钦想得很可怖。

恰在此时，都蓝可汗走了进来。两人把杨钦到来的事说了，并各自说了自己对其人的看法。

都蓝可汗先问可贺敦："你说此事该咋办？"

"还是先再探探他的底细吧。若能肯定他确是咱姑父派来的，咱当然想恳求可汗出兵。即使不能将隋摧毁，出口浊气也是好的！此战关乎为咱报仇泄恨，因此想自己带兵出征。"

"你咋看这事？"都蓝可汗把目光转向安遂家。

安遂家先看了可贺敦一眼。其实，仅凭直觉，他就不看好杨钦其人。自沙钵略可汗去世后，他和可贺敦便由相互爱慕，而坠入爱河。尤其是安遂家，他对可贺敦爱得很深。他不忍否决可贺敦复仇之愿望，于是对都蓝可汗说："咱已派人暗中对杨钦进行了监视。如果确能证实此人不是隋朝派来的细作，咱愿替可汗带兵出征。"

"那好吧，先了解了解杨钦究竟是何人，再说发兵事。"年轻的都蓝可汗原本就对可贺敦礼敬有加。加之，不久前，为屏风事，他感到隋朝皇上欺人过甚，于是，亦点头对二人之议表示赞同。并道，"其人，既在大冷天找上门来，咱亦不能不对他有所表示吧。"

是夜，都蓝可汗和可贺敦在牙帐设宴招待了杨钦。

杨钦进帐，左右扫了一眼，没见安遂家，心情大好。席间，他谈得最多的是可贺敦的表弟刘居士。他说：刘居士常以恶作剧方式考查新加入的成员。他家的大院里，置放着一辆老式战车。有新入会者，他就令家仆将来人捆住，并把他的头硬生生地嵌入车轮的车辐中，再令老会员抽打他。求饶、喊救命者，一个也不收；不屈、叫骂者，他认为是好汉，方收他入会。

可贺敦听后，大悦。说表弟自幼就是个天不怕，地不怕，喜欢搞怪的人。

都蓝可汗对杨钦说：当下，天气太冷，不宜发兵。要他在营寨中安心多住些日子，突厥汗国出兵支援的事，可以考虑。

总之，宴饮气氛还算融洽。北方的冬天，既冷且长，杨钦亦按都蓝可汗的吩咐，住了下来。

可贺敦怕杨钦寂寞，常去他的帐篷看他，亦常请他宴饮，送钱给他参与营内赌博。杨钦呢？因受到可贺敦的呵护，吃喝不愁，还可赌博消遣，已是乐不思蜀。

不过，日子一长，杨钦不检点行为，暴露得更充分。从而，更加重了安遂家的疑虑与警惕。于是，两人间，便暗中较上了劲。安遂家想等证据充分后，一举将他清除。杨钦则仗可贺敦呵护，已有恃无恐。

次年三月，北方的冰雪开始消融。杨钦越来越害怕来自安遂家的威胁，遂向可贺敦提出发兵攻打隋朝的事。

沙钵略可汗去世，其弟处罗侯接任大可汗一职，由于得到隋朝的援助和他本人的治理，加之，隋当时关注的重点是南方，而放松了对北边的管制。仅两年工夫，他的辖地已达西北天山一带。如果，处罗侯不是意外遭流矢射中因伤不治，其实力当更为强大。所以，当下都蓝可汗若派一支数万人的铁骑去支援隋的叛军，是毫无问题的。不过，因安遂家一直对杨钦持不信任态度，日子长了，可贺敦也对杨钦淡散下来。其间，更为紧要的是，隋朝内部并未显示丝毫动乱或造反迹象。造反者不见动静，支援者咋好贸然出兵？所以，可贺敦反而不那么积极，而要杨钦耐心等到隋朝真的出事，再行里应外合。

然而，就在此刻，大隋朝廷再次派长孙晟作使者，来到都蓝可汗的牙帐中。

这座牙帐，沙钵略在世时，曾被大火焚毁。他由此感到是个不祥之兆，一个月后，便突发急病而终。直到处罗侯继任，才又在原址上重建了这座牙帐。作为沙钵略长子的雍虞闾，当政后，只在牙帐处置公务，接见各部落首领和访客。除此而外，牙帐内，常住者就可贺敦一人。

此次，长孙晟仅带六名随员，来得突然。

当有人进帐报说，大隋使者长孙晟来了。安坐其间的可贺敦即恼怒地道："叫他立即回去，咱与隋朝已无任何干系！"

可她话刚落音，长孙晟已赫然站在了她的面前。

"你咋不请自进？"

"咱听侍卫说，只可贺敦一人在牙帐里，就不那么拘泥国与国间的礼仪了。没想到，可贺敦原是不想见咱的。"

可贺敦并没理会长孙晟略带玩笑的话语，仍沉着脸问："长孙将军，此来，有何贵干？"

长孙见状也只好摆出公事公办的样子，说："有件急事，要立见都蓝可汗。"

"哼！那你就等他来吧。"可贺敦抽身便走。

"且慢！"

可贺敦停步，背对长孙，且听他说。

"长孙此生，不赊不欠啥人之债，唯负公主一人。如有来世，定当厚报。人生险恶，今后一切，有望公主仔细保重了……"

"废话！"可贺敦打断长孙晟未说完的话，头也不抬，便疾步迈出牙帐。

然而，令二人都没料到的是，此匆匆一见的三言两语，竟成诀别。

不一会儿，都蓝可汗就骑马赶来了。

"坐，坐吧。"都蓝可汗让长孙坐下，因是多年的老熟人，亦不拘啥礼数，开口即问，"啥事？"

长孙晟开门见山说："咱是奉皇上之命前来抓捕逃犯杨钦的。据悉，此人藏身贵国，已有几月了。"

"不可能。"都蓝可汗惊出一身冷汗，可口气依然强硬。"贵国有人藏在咱这里，咋一点影儿都没见呢？"

"他到此处，据说与可贺敦有关。您是可汗，能不知吗？"

"你刚才不是遇见可贺敦了？她是咋说的？"

"此人既与可贺敦有关，咱能直接问她吗？"

"可贺敦对咱可啥都没说哩。"都蓝可汗心想：若把杨钦交给长孙晟，大隋不就知道我们与造反者是同谋了吗。不知如何面对的都蓝可汗于是说，"你容咱去问问手下，也问问可贺敦本人。咋样？"

不等长孙晟再说什么，都蓝可汗已径自先出了牙帐。

长孙此次仅带六人，他们虽说个个身手不凡，但这可是人家的兵营，区区六人，能有啥作为！他想，夜长梦多——此事若不快刀斩乱麻，还不知会弄出啥麻烦来。长孙晟首先想到的是，必须马上找到有头脑的安遂家，向其晓以大义，说明抓捕杨钦对突厥是有百益而无一害的。

长孙晟亦出牙帐，骑上马直奔安遂家住的帐篷。他常来突厥，到安遂家的家中做过客。没行多远，就在路上碰到闻风奔来的安遂家。

"听说你来了，是为啥事儿？"安遂家用警惕的目光看着长孙晟。

"别用此目光看咱。"长孙晟说，"咱是奉命前来捉拿逃犯杨钦的。他在哪？你得配合咱。"

"噢？"安遂家心里"咯噔"了一下，跳下马，反问道，"他到底是个啥人？你得如实告诉咱。"

长孙晟亦下马道："简单说，他原本就是大兴城中臂上架鹞鹰、手牵猎犬的恶少、混混一个。后来，他加入了可贺敦表弟刘居士的朋党。这伙人分成'饿鹘'、'蓬转'等好几个队，在大兴街头横行霸道、无恶不作。进酒肆吃喝不掏钱，店家如有怨忿，就砸人家店。还在街上当众调戏民女……"

"大隋不是挺讲王法？咋会让其横行无忌？"

"也抓、也罚。不都是王公贵胄家子弟嘛，父兄一求情，关一阵子又放了。直至去冬，滋事愈多，为患愈烈，以至惊动皇上，才将刘居士及其朋党抓获。其中，杨钦逃脱。有线索称，其人已躲到了你们这里。咱今奉圣旨，就是来抓他归案的。"

"原来如此！咱初次见他，就料其不是个好东西。"安遂家道，"他是正月最冷时逃到此处的。并说，可贺敦的姑父刘昶大将军联络了几位总管，将与刘居士一同举兵造反，并要可贺敦出兵相助，攻打大隋。"

"呵？"长孙晟闻听此言，轮到他在心里犯"嘀咕"了！圣上此次召见自己，只说有个叫杨钦的人，是刘居士同党，于去岁年底逃往都蓝可汗营地，一去几月，要求长孙晟找都蓝可汗将他擒获归案。为此，长孙晟当时就觉纳闷：既是东奔西窜漏网之鱼，咋会如此准确地知其藏匿在何处呢？若按安遂家刚才所言，会不会是朝廷将杨钦抓获，又故意将他放去试探都蓝可汗和可贺敦对朝廷是否忠诚的呢？若是此样，那就真的太可怕了！

长孙晟想到此处，仍不动声色地抬头问安遂家："此人在哪里？你能否交给咱，让咱将他带回去？"

"行！此事，咱能答应你。"说着，上马道，"你随我来吧。"

长孙朝后面六名随员一挥手，自己率先上了马，紧跟安遂家急驰而去。

话分两头。

却说，先于长孙晟迈出牙帐的都蓝可汗，一出门，便直奔杨钦住处。杨钦则因夜晚赌博，还躺在炕上做着春梦，都蓝可汗见此情形，火冒三丈，"啪"地搧了他一耳光。

杨钦突然受击，只觉脸上火辣辣的，正要发作。睁眼看见都蓝可汗气汹汹地站在面前，这才惊慌失措地翻身坐起。

"你还不快点滚蛋！大隋都派人来抓你了！"都蓝可汗怕杨钦被抓，供出突厥愿出兵帮助造反者推翻大隋的事暴露，才亲自赶来报信。

杨钦亦着了慌，一边穿衣一边问："真的吗？他们派谁来了？"

"长孙晟。你认不认识他？"

"听说过。"杨钦点头道，"挺狠的一个家伙。"

杨钦已穿上靴子，背上一只"叮当"响的皮囊。其间装着可贺敦陆续送他的和他赌博赢来的财物。他前脚跨出篷帐，朝外望了望，见无动静，又把腿抽进来，转身对都蓝可汗道："有件事，不知该不该……对……对您说……"

都蓝可汗见他吞吞吐吐，于是问："啥事儿？"

"您可要提防一下安遂家那个混蛋！还……还有……可……可贺敦……"

"放肆！"都蓝可汗大怒，"他们都对咱忠心耿耿，岂容你挑唆！"

"咱……咱不是那个意思，是指他……他们之间……那……那事儿。咱听一起赌钱的部落首领议论说，外面无人不知，只您还蒙在鼓里。"说完，杨钦抽身就走。

此刻，都蓝可汗方如梦初醒！待他追出帐篷，杨钦则早已上马，并逃之夭夭了。

年轻的都蓝可汗怒气冲冲地赶回牙帐，只有几名男仆和女婢在。他于是吩咐说："快去给咱把可贺敦找来。"

可贺敦进入牙帐，都蓝可汗劈头就问："有人告诉咱，你与安遂家有私情，是真的吗？"

可贺敦原以为是为杨钦事，没想到竟是问的这。她的脸倏地变得煞白，但仍然镇定地说："是真的。"

"呵？"都蓝可汗却为可贺敦看似平静的答复，而弄得目瞪口呆。他僵了一会儿，突然放声痛哭："咱一直把你尊为母后！没想到，你竟如此龌龊，背叛咱父亲，又背叛咱！这叫咱如何在突厥汗国中立足咧！"

"此事确是丑恶。不过，咱要讲明白，咱从没背叛过你父亲。是他去世后，才有此事的。"

"这事，落在别人身上，也就罢了，可你是可贺敦呢！"

"咱知道……"可贺敦说着，突然抢前一步，迅疾拔出都蓝可汗腰间佩剑。

"你要干啥？"都蓝可汗大骇，以为可贺敦要杀自己，他朝后踉跄一步，用手护头。

说时迟，那时快。可贺敦紧握利剑，一抹脖子，定定地挺立着，终于倒在了血泊中……

却说，安遂家把长孙晟带入杨钦住处，不见其人，一摸被子，还是热的，就赶紧返回牙帐，想说服可贺敦，兵分几路，去追捕杨钦。

岂料，一进牙帐，就见血泊中的可贺敦，安遂家和长孙晟皆大惊。

震惊中的安遂家倏地露出一副狰狞面孔，直视正感束手无策的都蓝可汗，问："咋回事咧？"

"你问咱？"都蓝可汗近乎咆哮地道，"都是你造的孽呵！"

安遂家心一沉，自知东窗事发。他下意识地抽了一下腰间佩剑，复又放下，双手抱拳，先向长孙一躬，复又面对都蓝可汗鞠躬道："可汗、长孙兄弟，多多保重了！"

没等长孙会过神来，只见安遂家从地上拣起那把带着可贺敦鲜血的剑，看了看，然后朝脖子一抹，也倒在了血泊之中……

长孙晟待可贺敦和安遂家分别安葬完毕，才返回京师。

他向文帝禀报了可贺敦和安遂家相继自尽之事。并说："杨钦可能已潜逃回了大兴城。因他亦是在驿站住宿和一路换马。起始，咱与之一前一后相距三日。最后，只差一日即可追上。但他却利用此一日时差，先脚返抵京师。臣下会在城里找到他的。"

"卿不用找了。"文帝淡淡地说，"杨钦也已不在人世了。"

第七十五回

文帝念旧沛公困境逢生
杨素解约陈氏破镜重圆

开皇十一年正月十五日。志得意满的隋文帝终于感到身心疲乏，想暂脱事务樊笼，于是钦点了一帮重臣，赴醴泉宫共度元宵灯节。起驾时，他忽地想起故友郑译。此人，自开皇初年，因对任内事漫不经心、还牢骚满腹，而令其退休去职。后又受诏参与编纂《开皇律》，随即，拜授开府，任过一阵子隆州刺史。没过多久，便因病再度去职，回京师家中颐养天年。此后几年，皇上就再没见到他的人了。文帝心一闲下，便念故人，于是临时起心，命郑译赴醴泉宫，与俱臣同过元宵灯节。

先到醴泉宫的皇上和文武大臣，在大厅就座不一会儿，元宵酒宴正欲开始，郑译赶来了。

文帝高兴地亲执其手，将郑译拉到身边坐下，并关切地问："卿之病好了吗？要不要御医给卿瞧瞧？"

"不用，不用。"郑译还是一副玩世不恭之态，"臣下身子骨早已无碍了。不做官，有不做官的好处——无官一身轻哩！"

"此言不虚。"坐于郑译下端，身兼数职的苏威，感同身受附和道。

郑译曾为周武帝和周宣帝的近臣，后又把文帝扶上了御座，是个名副其实的三朝元老。他与前朝另一位宠臣刘昉的身世、地位极为相似。不过，二人最大的区分是：刘昉喜弄权术，为虎作伥，遭人唾弃；郑译虽生性懒散，玩世不恭，却能随遇而安，无害人之心。所以，他一出现，各位重臣都前来争相与之嘘寒问暖。

国家得到统一，边境亦无战事，一众开国重臣欢聚一堂，使文帝分外受用。

酒宴开始，喜欢热闹的郑译首先举杯为文帝祝福。

"同福，同福！"文帝与他碰杯，颇有感触地说，"郑译与朕，自幼同窗，出道后，又在一起共事，实属不易，朕对郑译永志不能相忘！"

"臣下曾为圣上尽过一点绵薄之力，不值一提。"郑译说，"看看如今，南北一统，国泰民安，抚今追昔，真是两重天地呐！"

"隋有今日，卿之功劳，亦不可没。"

"那是，那是。"众人附和皇上之言，争相与郑译敬起酒来。

文帝高兴之余，当即指使内史令李德林作诏书，恢复郑译的沛国公爵位，位列上柱国。

与座的左仆射高颎一听，乐了！连忙打趣说："德林公的笔，干涩了，得拿银子来润一润。不然，写不动哩！"

"那没法。"郑译故意装穷，道，"咱闲住家中，坐吃山空，何来银子润笔！"

此语惹得文帝和众臣开怀大笑。"润笔"一词，亦由此成一掌故。

说笑间，黄门侍郎元岩忽然走到皇上近前不知耳语了几句啥话。

文帝闻之，倏地收敛笑容，说："卿去把折子拿来，让朕瞧瞧。"

元岩转眼拿来一份刚用快马送来的十万火急奏折，让文帝过目。

文帝阅后，交与高颎。即向众人宣布："江南反贼之气焰已甚嚣尘上。上月，还只说有高智慧、汪文进等几股逆贼于当地造反。当下，反贼已迅即将事端扩展到了江南全境。"

此奏章是扬州总管秦王杨俊发来的。报说：自去年十一月始，有越州（治会稽，今浙江绍兴市）人高智慧、婺州（治今浙江金华市）人汪文进、苏州人沈玄桧，相继起兵造反，有的还自立为帝；之后，又有乐安（今浙江仙居西）人蔡道人、泉州（治今福建福州市）人王国庆等，各自号称大都督，亦举兵反隋。其间，人多势众者，如高智慧，已聚集有数万军兵，千余战舰；少者，亦有数千众。

奏章在众臣中相互传阅，酒宴的欢乐气氛则荡然无存。

与宴的晋王杨广新婚燕尔是从并州总管府任上，回京师过节的。他当即请缨，说："偌大个陈朝咱都灭了，还惧几许蟊贼？儿臣愿带兵去收拾这帮孽障！"

"打败这帮乌合之众，并非难事。"文帝皱眉说，"自上月接到江南有人聚众造反禀报始，朕就一直在想，江南到底出啥纰漏了？根源究竟何在？隋、陈隔江相望那阵子，江南便已流传一首《桃叶诗》，盼大隋早日去使其重见天日，救百姓于水火。待到渡江伐陈时，江南官、民果真杀猪宰羊，夹道迎我正义之师。可仅过两年，说变就变，有人竟然造起反来。此一症结如若不解，那今后还是会如水中按葫芦一般，今日灭了高智慧，兴许明日又会冒出个陈智慧来。"

"圣上所言极是。"平日出言谨慎的李德林，今日破例接茬道，"其实有个人，早已预料到，江南日后有可能会有变故。"

"噢？"文帝笃信阴阳，朝中许多重大决策，先必找命相术士解析预测一番，然后，再考虑如何着手行事。但他却没料到，江南有人造反，这种事，亦能未卜先知。于是，问，"卿说的是谁？"

"薛道衡。"

"他不是个擅作文章和写诗的文士吗？咋也和命相师们搅和到一处了？"

李德林说："薛公预测江南事，与庾季才不一样。季才先生是凭藉《周易》，以测未来凶吉。道衡是因通晓江南世事，加之通晓我朝对江南制定的各种方策，经过分析，判定江南将有可能出现麻烦。"

"那卿说说，如今北南统一，天下太平，为帮江南早日摆脱因战事造成的困境，朕下诏免除其十年税收，还对遭受战火损失较重的地区多有赈济，江南民众为啥还不满意？薛道衡凭啥测出江南会生变故？"

"薛公其实并未明言江南有人会造反。他只是忧虑我朝某些举措有失偏颇，而致江南士人抵触，使矛盾激化。"李德林进一步介绍说，"自北齐始，道衡曾多次代表朝廷出使江南。一来二往之后，他对江南便有一些了解。此次，他参与平陈，及处置灭陈后各项事务归来，对江南又有了更直接的认识。一次闲聊中，他曾忧心忡忡地说，江南日后有可能会出麻烦。"

"他的依据是啥？"文帝的语气有点咄咄逼人。

李德林吓了一跳，张开的嘴又合上了。听得十分专注的晋王杨广，忙说："请不要介意，李大人，请继续往下讲。"

李德林看了一眼文帝，方颔首道："薛公以为，大隋立国前，关中与关东，争夺激烈，北方战事频仍，民不聊生，而地方士族、豪强亦在国力衰微中渐渐走向颓势。隋立国后，朝廷强势推行各种举措，又狠狠打击了本就衰弱了的地方士族势力，从而使朝政畅行无阻。而江南则恰恰相反，由于从前的东晋就是依靠江南地方望族建立起来的，朝廷为取得地方豪强的支持，尽量向其妥协。自此以后的二三百年间，地方士族在江南各地一直享有极大的权势。宋、齐、梁、陈的历朝历代帝王，都未曾撼动过地方士族的强大根基。此一朝廷弱势，地方强势的传统，一直保持到陈朝灭亡。南北统一后，地方庶民百姓依然如往日一样，依附于当地的豪门望族。但豪门望族则要面对强势的大隋派往各地的官员。大隋官员要求他们必须遵守朝廷颁布的各项政令，势必与各地士族水火不容。因此，薛公便忧心江南会有麻烦出现。"

"唔……"文帝听着听着，终于若有所思地点了点头。接着，皇上忽又问李德林，"薛道衡还在你处做内史舍人吗？"

高颎立即插话说："圣上可能忘记了。薛道衡因平陈有功，已由臣下提名升任为吏部侍郎。此任命还是报请圣上恩准的。"

"嗨，朕确实记不清楚了。"

接着，李德林又道："薛公还认为，我朝对江南颁布的限佛举措是又一失策。北周武帝灭佛，致使北方的许多大德高僧逃往江南，及至今日，江南礼佛之风已远胜江北。而朝廷规定，江南每州只许保存两座寺庙，不仅使大德高僧心存芥蒂，亦使众多信众不满。不仅如此，薛公还对朝廷指令江南官民不分男女老幼都要熟背《五教》，亦表示欠妥。"

"啥？连推行《五教》也有错？这江南人也太过刁蛮了吧？"文帝的脸色倏地又变得严肃起来。

李德林再次欲言又止。又是晋王用眼神鼓励他继续说下去。这次，李德林却看了一眼在座的苏威。因为《五教》是文帝授意，由苏威执笔撰写的。李德林说："薛公认为，当年苏绰前辈于西魏年间提出治国的《六条诏书》，就事论事，对皇上执政，对官员为政，一板一眼，论述精辟，威力巨大，对治国为政，有立竿见影之功效。但《五教》却是用来规范人的行为和想法的，流于说教。人上一百，种种色色，人的出身不同，教养不同，且南北分治三百年之久，民情风俗亦有异，岂是一朝一夕仅用说教、背诵律条就能使其划一和认同的。薛公以为，人的行为教化应像信佛修行一样，通过感化，方能奏效。"

李德林说到此处，苏威欲行分辩，被文帝用手势制止。文帝想：苏威如与李德林争辩起来，就将没完没了。最近，文帝已收到江南各地官员发来的关于推行《五教》受到地方强烈抵制的奏折。此一做法，现经李德林点破，文帝感到薛道衡的看法似有道理。

"看看，菜都凉了。"文帝举箸，示意众人勿忘吃喝，少顷，即拨转话题道，"如何治理江南，改日再议吧。华夏统一后，绝不允许再行分裂，此乃当下第一要务。朕想，还是有劳越国公杨素以行军总管身份，三日内，立赴江南讨伐逆贼！"

一直没捞到说话机会的杨素反应迅速，起立响亮地回应道："臣，遵旨。"

其时，早已跃跃欲试的晋王杨广，脸色倏地阴沉下来。他想：父皇可能还是嫌自己稚嫩了。

话分两头。

也就是在正月十五这日，大兴城内，发生了一件与杨素密切相关的事。

　　自开皇二年六月，文帝下诏重建大兴城始，仅用九个月，帝、后、皇太子居住的大兴宫城，即告竣工。随后落成的是大臣们办差、处置朝政的各衙署——皇城。目下，又整整经历了八年，庞大郭城中的主要街、坊也相继完工，民居、商户和达官贵人的宅邸，亦陆续从旧的长安城迁至新建的大兴城中。

　　适逢一年一度的元宵灯节，大兴城里，家家张灯结彩，街道上人流熙来攘往，欢声笑语及小贩之叫卖声，不绝于耳……

　　这日一早，一位三十大几岁的中年汉子，身着布棉袍，举止懦雅，活脱一副书生模样，东张西望地踯躅于古玩市场。

　　京师的街市，分类细致，有卖粮之粮市，卖布之布市，而卖绸缎的则又另分一市，总之，三十六行，行行皆有自成一体的市场。北南统一后，大宗南方特产输往北方，仅两年工夫，大兴城里便出了个生意兴隆的南货市场。

　　这位书生模样的人涉足的古玩市场，与菜市、食肆相比，自要冷清许多。因为光顾于此的多为达官贵人，王公阔少。名为古玩市场，其实并不确切。比如一家叫荣养斋的画店，既收购、寄卖古画，亦收购、寄卖今人名家之书、画；书店亦如此，既卖古书，古经文抄本，亦卖今人之刻本。此外，玉器店、漆器店，亦都是古今参半……不仅如此，古玩市场上，还开设有当铺，因为典当之物，多为古董玩器。

　　此刻，古玩市场的各家店铺尚未开张，不仅行人稀少，显得冷清，天气亦出奇地清冷。流连于此街头的书生，把手笼在袖中，用一围脖将两耳捂住，边走边跺脚，因为脚趾冻得好生疼痛。

　　笔者写到此处，读者想来皆已猜到，其人必是江南才子徐德言无疑。自乐昌公主被作为隋军的战利品押解去大兴城后，徐德言就断定，隋文帝必将她赏赐给了哪位功臣。

　　去岁的正月十五日，徐德言就应乐昌公主分离前之约定，历尽艰辛，从南方来到京师。大兴城之大，使他震撼，更使他茫然。他如沧海一粟，从东城找到西城，访了一个又一个街坊，可就是找不到只卖破铜镜的人。

　　之后，德言索性在城里租了一间小房住下，靠代人写书信、写楹联、誊抄他人文稿为生。一年来，只要有空，他就去街坊、市场寻访卖镜人，打听乐昌公主的下落。整整一年，无任何消息，却摸清了大兴城内所有街与坊。所以，他认定，公主托人卖镜，必会至此古玩市场。因这面破旧的铜镜，乃古董无疑。于是，一大早，他就赶到此地，守株待兔。

天气冷，更觉饿。徐德言早起匆忙，来不及吃点东西。当下，又不敢去食肆，怕与卖镜人失之交臂。如此这般，一直等到太阳升至一竿子高时，街道两旁的店铺才陆续启板开张，街道上，方见行人、顾客光顾。

正当徐德言左顾右盼之际，一位老叟缓缓走来，手上竟拿着半面他朝思暮想之破镜！德言以为是眼花，是因饥饿而产生的幻觉，于是，他用手使劲揉了揉眼，再看，顿感眼前一亮！

他一个箭步上前，指着老叟手上的半边镜子说："你的镜子，咱买了！"

老叟被此突如其来的买主吓了一跳，以为是碰到打劫的了。他退后一步，用另一只手将镜子死死捂住，问："你是谁呢？"

"咱叫徐德言。出门时，你家主人没有告诉你？"

"主人只是交代，要咱上街卖镜，谁是买家，咱却不知。"

"她知道的，买此镜者，只咱一人。"徐德言毋庸置疑地道，"你家主子，就是让咱来买这镜子的。"

"那可不一定。"老叟说，"你看清楚没有？此镜只半边，是个半面镜。"

"咱买的就是此半边。这镜之断沿上，还崩掉一小块，有个缺，是不？"

这一点，老叟可还没注意到。他觑了一眼手中的半面镜子，只见镜子的断沿处果真有个缺，愈觉惊奇。心想：今日终于找到真买主！于是道："主人说，此为古镜，虽缺一半，价值却不菲。"

"知道。"徐德言问，"你家主子要卖多少钱？"

"纹银十两。不还价。"

"行。"徐德言即从袖中掏出一锭五两的银子，说，"先给你五两，另五两请随咱去住处取。"

老叟接过银子，跟随徐德言朝他住处走去。他想：真没想到，此人会这爽快就与自己成交了，一面破镜，有啥用哩！去年今日也是此时辰，也在此处卖镜。要么就是无人问津，要么一二好奇者，瞧一瞧，听说要十两银子，就哂笑他，说他想银子想疯了。当时，不仅是买镜者，就连自己，亦觉蹊跷——明明是个卖不出去的货，每年此时，主子还总要自己来此推销。

老叟于是与买者搭讪起来："去岁之今日，主人亦叫咱来此卖镜，咋没见您来呐？"

"嗨，别提了。"徐德言说，"那日，咱其实已赶到了大兴城。初来乍到，人地生疏，在东、西市场乱窜了一整日，还是竹篮打水——一场空！"

"今日，咋这巧，咱刚到此，就碰上您了。"

"还不是吃一堑，长一智嘛。"德言道，"自那以后，咱就干脆在大兴城租房住下来了。摸了一年，才知，买卖各种物事，皆有各自不同的市场。"

"您在城里，耗了一年，就为买这半面镜子？"

"当然。"

老叟一听，唏嘘不已。不知破镜之中，有何奥秘！

徐德言把老叟引入住处。老叟扫了一眼，此房只能用家徒四壁来形容。他于是惊呼道："天爷！您就住这里？"

徐德言点头说："咋啦？有何不妥吗？"

"当然不妥。"老叟说，"您可是用十两银子来买一面破镜的主儿，没想到仅住此破屋中！"

"此是不得已而为之呐！"徐德言苦笑了一下，从炕上的枕下取出另半边铜镜，将它交与老叟。

老叟接过，看了看，将自己的半边拿出，两半一合，严丝合缝！

惊讶不已的老叟再抬头时，但见眼前三十多岁的一条汉子，已是泪流满面，泣不成声……

徐德言稍稍平静，即问："镜子之主子，现在何处？"

老叟地位卑微，却谙熟人间世事。他已猜出，此必定是离散之一对夫妇。于是深叹一口气，道："当朝有位叫杨素的大官人，您知不知道？"

"知道，知道。"徐德言点头，心却灰到极点，"听说，他是大隋名将、荆州总管，最近已荣升为纳言了。"

"就是呢。"老叟叹息说，"这位陈娘娘如今是老爷之小妾……"

"你家老爷对她好吗？"

"就是好咧！老爷在府中给娘娘单独盖了一座院中苑。"老叟看了一眼徐德言，问，"咱猜，您必是娘娘从前之夫君吧？"

"是……"

"天有不测风云哩，是不？"老叟安慰徐德言说，"听说娘娘原先是陈国公主。想来，您过去也必定是个人物儿。死了此心吧，回去另娶一个人，安心过自己的小日子。"

徐德言被老叟之语深深刺痛。老叟说的是大实话，以己之力，能向位高权重的杨素讨要回妻子吗！他于是提笔，在一张信笺纸上写下四句话：

> 镜与人俱去，镜归人不归。
> 亡复嫦娥影，空留明月辉！

接着，他又取出五两银子，连同一纸信笺，一并交给老叟说："请把此信代为转交娘娘。"

"既是此样，容小的给娘娘作个主，银子就免了吧。您回去，尚需盘缠呢。"

"那不行。回去费用，咱还有。"

老叟怀揣十两银子、一纸信笺，心里却是沉甸甸的。他想：此相公为打听前妻下落，在大兴城里整整耗了一年，不知吃了多少苦哩！娘娘可好，住在深宅大院里，周围有那么多人伺候，还常阴沉个脸，对下人、亦对老爷使性子，她还会稀罕那个落魄夫君吗？

老叟进府，直奔乐昌公主住的簪花苑。

公主老远就见匆匆赶回的仆人，隔窗即问："嗨，你咋这早就回来了？"

"娘娘，那半面镜子卖掉了！"老叟故作高兴地说，"果如您之所愿，卖了十两纹银。"

"呵？"乐昌公主心跳加剧，却装出不在意的样子，道，"你在外面瞎咋呼啥哩！进来说话吧。"

老叟进屋，即把两锭共十两纹银放在几上，眼却盯住娘娘。

娘娘不看银子，只问："你到底把镜子卖给谁了？"

老叟故意说："那人看样子，不咋的。穿件旧棉袍，掏了一会儿，才从身上掏出五两银子。另五两，还是去他家里取来的。"

"呵——他的家里？"娘娘紧问道，"他家里还有些啥人口？"

"那算个啥家哟！屋里除了一张炕，啥都没有。"

"他……他买了咱的镜子，啥话都没说？"

"哪能不讲话哩。"此刻，老叟方从衣兜把一纸信笺掏出来，"他还给娘娘写了一封信。"

乐昌公主展纸一看，即撕心裂肺地恸哭起来，一再哭求老仆人带她去见徐德言。

"此事万万不可以。"老叟在杨府作下人多年，深谙家规，"娘娘如今是啥身份，那相公又是啥身份。娘娘私会相公，此乃伤风败俗！且丑还出到了大街上，老爷的脸往哪挂？老爷发怒了，娘娘、相公，都得遭殃，且连咱这个糟老头子也脱不了符嘞！"

乐昌公主一想，老仆人说的是实话，只好摇头叹气道："看来只有来世才能与夫君相会了……"说着，即失声痛哭起来。

"其实，也不一定呐。"

乐昌公主睁开泪眼，用希冀之目光望着老仆，问："你有啥好主意？"

"主意还得靠娘娘自己想。但无论如何，此事不能绕着走，一定要让老爷知晓。他说不定会开恩，对娘娘来个大赦，亦未可知哩。"

乐昌公主被老仆的用词不当，弄得破涕为笑。她说："你的话很对。此事只能是死马当做活马医了。你把几上的银子拿去吧，娘娘赏你的。"

"这可不成。"老叟退出屋去。

傍晚时分，杨素乘车从醴泉宫归来。下车时，他不经意地在前来接驾的仆役中，发现了老叟的身影，于是道："你不是在簪花苑当差的吗？咋跑这来了？”

“回老爷话。娘娘有事，想请老爷去她那一趟。”

“你看，咱成啥样了？”醴泉宫离大兴城尚有一段距离，杨素早出晚归，一路颠簸，已疲累不堪。但转念一想，今日是正月十五月圆日，尤为难得的是，娘子亦有如此雅兴。于是，把已走开的老叟招回说，“你对娘娘讲，咱换身衣裳就去她那用晚膳。”

“是。”老叟转身而去，庆幸自己倚在门口没白等。杨素妻妾百数计，听说近日又谋到一位特别可心的女子。若不如此，还不知要到猴年马月才会光顾簪花苑。

果然，不出一会儿，杨素就到了。

此时，簪花苑早已张灯结彩，灯火通明。陈氏迎出苑外，进屋后，亲为夫君解下大氅。杨素一身便服，舒舒服服坐到堂间主人位上。时过境迁，杨素对陈氏却仍很恩爱，只是已不如她刚进门时，对她那般如胶似漆了。

夫妻间嘘寒问暖后，杨素呷了口茶，问：“听说，你是有事才要咱过来的？”

“是……是有一事……”陈氏吞吞吐吐，脸红到了颈脖上。

杨素看他一眼，又问：“啥事呢？”

陈氏心堵，一时不知从何说起，索性把徐德言的一纸四言诗拿出，交给了杨素。

杨素一看，勃然大怒：“大胆！看不出，你还真有能耐，竟背着咱偷汉子！”

“卑妾岂敢！”陈氏“扑通”跪于杨素脚前，如实把分手前将一面镜子劈成两半，相约以镜找人的经过述说了一遍。

杨素不依不饶，大喝道：“帮你穿针引线的那个老东西呢？”

“奴才在！”候在堂外，一直关注此事的老叟，大骇！他跌跌撞撞跨入堂中，跪在了陈氏后面。

杨素铁青着脸，道：“你说说，到底是咋回事？”

老叟便把去年和今年奉陈氏之命去街上卖镜之事，以及去年徐德言没有碰到卖镜人，而在大兴城中苦候一整年，靠代人写书信为生，林林总总，述说了一遍。

杨素听后，半天没吭声。许久，方道："都起来吧。"

二人起身，他问陈氏："你想如何了结此事？"

"毕竟夫妻一场，妄想见他一面，死而无憾。"

"恐怕不只是想见一面而已吧？"杨素说着，转而又对老叟道，"你明儿去把那个徐德言找来，说杨某人想会会他。"

说完，杨素便扬长而去，也不在此用膳了。

次日，老叟去徐德言住处说明来意。开始，德言听说杨素要见自己，而不是让他见乐昌公主，感到很失望。但转念一想，杨素要见自己，总是有话要讲吧，而自己亦可据理力争见公主一面嘛。于是，就在老叟之引领下，来到杨府。

杨素见徐德言，三十大几岁年纪，面庞清秀；衣著虽旧，却很整洁，仍不失一股儒雅之气；如此落泊之人，在自己面前，亦落落大方——此江南才子，果然名不虚传。

他于是吩咐下人："看茶！"

而就在此刻，杨素一眼瞥见引领徐德言进厅的老叟，仍垂手站立于厅侧，因而立即呵斥道："你还戳在此处干啥？"

老叟吓了一跳，转身欲走。

杨素又补一句："你对娘娘说，咱过会儿来簪花苑用午膳，有话要对她说。"

老叟回到簪花苑，向陈氏报告说："娘娘，徐相公到了老爷那里。"

"老爷待他咋样？"

"难讲。他板着个脸对下人喝了一声，'看茶'。好像是为待客，又像是在发脾气。"

"你咋不在那里多待一会儿，看个究竟呢？"

"还说呢。"老叟道，"咱找了个不大显眼的处去刚站下，就是想瞧瞧老爷会咋地处置徐相公。谁知，他冲咱就是一嗓子，把咱逐回来了。哦，对了，老爷还说要来此用午膳。此事，咱还差点忘记了。"

"老爷没说还要带别的人来？"

"没说。只说来后有话要对娘娘说。"

陈氏亲自下厨，指使厨子、下人准备午膳，心中却如十五只吊桶打水——七上八下的！

待各式菜肴准备得八九不离十时，丫鬟进厨报说："老爷过来了！"

陈氏走出膳房，沿一弯曲长廊奔出迎接，但见杨素身后闪动着一条身影——正是自己朝思暮想的徐德言！她全身一软，赶紧抓住身边廊柱，才未使自己跌倒。

杨素手捋胡须，朝陈氏打趣道："你傻站在此干啥。咱把你的心上人请来了，还不快进屋去招待人家呀！"

屋外人多，东张西望的徐德言，此刻才看到廊下的乐昌公主。

当两人四目相望时，各人皆未发一语。然而，千言万语却尽在不言中！

进屋后，杨素对陈氏道："徐公是个难得的人才，能有此情义，更不容易。咱原想将他留在朝廷为官，让你俩在京师择屋成家。但徐公说，家有老母，且多病痛。这样，咱就不强留他了。经与商量，咱已写下一纸休书，与汝解除了婚约。今日午膳之后，你便可同徐公回江南家乡去了。"

陈氏闻之，潸然泪下，并曲膝跪在了杨素面前……

酒宴开始后，徐德言征得杨素的同意，把老仆人叫到席前，向其深鞠一躬，并亲自为他斟了满满一杯酒，举杯说："咱这是借花献佛。一是感谢老人家热心快肠，成人之美；二祝您老健康长寿！"

觥筹交错中，乐昌公主亦即席赋诗一首。诗曰：

> 今日何迁次，新官对旧官。
>
> 笑啼俱不敢，方验做人难。

此一"破镜重圆"事，由于杨素的开明豁达，不仅没有酿成丑闻，反成佳话，并一直流传于后世。

第七十六回

来护儿急中生智破贼军
史万岁迷途施计脱困境

却说，杨素刚把徐德言和乐昌公主送走，自己亦要收拾行装作出征准备时，忽有仆人报说，贺若弼大将军来访。

杨素喜出望外，亲自出门迎接。他想：一定是贺若弼听到自己又要出征江南，自告奋勇，前来请缨了。他正感此次出征，身边尚缺一二得力干将，若得此人作帮衬，自己身上的重负，自然可以减轻许多。

可当杨素来到大门口，见到贺若弼，心却"咯噔"一下，凉了半截。不过，他表面上却仍作高兴状："哈呀，贺将军，几年不见，您显得越发富态了！"

"越公（杨素爵位已升为越国公）是在咒咱咧！"贺若弼不好意思地道，"没办法。从江南回来，一直都在养伤，全是虚胖。这不，今日圣上邀咱去醴泉宫赴宴，因经不住车马颠簸，都不能前往哩。"

杨素却在琢磨：他这一身赘肉，连去醴泉宫都经受不住，还敢毛遂自荐赴江南行军打仗？

贺若弼快人快语，一进客厅便道："听说越公又要上战场了？"

"是呵，圣上亲自点名，咱只好勉为其难了。"杨素已对贺若弼不感兴趣，但人家亦是平陈大功臣，只好虚与周旋着。

贺若弼刚落座，即道："咱给越公推荐一位偏将。绝对管用。"

"谁？"

"来护儿。"

杨素皱了一下眉，问："此人咱不大熟。贺将军是专为荐举此人而来的？"

"正是为此。"贺若弼解释说，"来护儿本就是江都白土村人，土生土长于长江边的，并说得一口流利吴语。咱在寿州驻防作攻陈准备时，多次派他去江南刺探军情。其神出鬼没，深入敌国，曾获陈军重要机密，且无一次失手。他对江南各地，了如指掌，并时有出人意料的计谋。"

"此人现在何处？"

"平陈之后，来护儿一直驻守于江南江阴要塞。"

"行！"杨素表示首肯，说，"圣上比较轻看江南反贼。其实，逆贼此次是泼命跳出来反隋，必然要与咱死拼，这战并不好打。不瞒你说，咱此次出征，手中就史万岁一张王牌。他作战勇猛，用兵亦不错，虽参与过平陈之役，但毕竟是北方将领，对水泽江南仍不熟悉。这位来护儿如确如贺将军所言，那咱就真叫如虎添翼了。"

贺若弼走后，杨素即赴大兴宫，向皇上要人。文帝听说有个"江南通"，而且，人就在江阴，自然欣然应允。并下诏，命来护儿担任杨素辖下的行军总管。

此次出征，杨素只带总管府一帮扈从和护卫亲兵数人。供他指挥调度的军队及将领，皆分别驻扎在了江淮各地，并已分别向他们发出了集结命令。

十余日后，杨素于杨子津（今江苏邗江）渡江。新任行军总管来护儿与驻守在附近的几位将领赶至江南渡口迎接。

其时，在先遣人员和来护儿的共同张罗下，已在渡口附近为杨素布置好了一个临时的前线行军总管府。

杨素在朝中为官，爱面子，喜虚荣。但行兵打仗时，却从来不虚讲排场，不事客套，众将领坐下后，杨素即道："咱初来乍到，两眼一抹黑，近日逆贼闹成咋模样了？请诸位先向咱解说解说。"

众将你望我，我望你，还是来护儿先开口。他竹筒倒豆子地把各处情势一摆，并分析说，逆贼的猖獗势头如不能迅疾阻遏，还有进一步恶化蔓延之趋势。接着，众将才你一言我一语地作了些补充。

待众人把话讲完，杨素方道："蕞尔反贼，看似汹汹，其实都是自不量力，不堪一击。不过，既是你死我活的战事，咱战前还是要先立几条规矩：其一，我等应先从长江沿岸入手，首先要一举将沿岸反贼清扫干净，以保江北运送来的军需，安全过江；其二，先易后难，先灭小股叛匪，把起哄及虚张声势者的气焰压灭；其三，圣上有令，此次重点打击的是为首者，其手下家奴、佃农和被裹胁的庶民，只要不拼死抵抗，都勿须细究。"

"好！"来护儿脱口提议道，"依此三条宗旨，我军是否可先取被逆贼占据的京口？"

"行，京口乃江防要塞！"杨素看了来护儿一眼，爽快地说，"此仗就由来将军指挥吧。此为平叛第一仗，许胜，不许败。"

接下来的情形，果如杨素所料，占据京口的叛军朱莫问，一经交手，便被来护儿打得落花流水。来护儿做事中规中矩，要了朱莫问的首级，听任一帮乌合之众作鸟兽散去。

继而，杨素率军击溃晋陵（今江苏常州）顾世兴及无锡叛贼叶略两支叛军。

此时，适逢自称天子、拥有万余兵力的反贼沈玄桧率部围攻苏州，城中刺史皇甫绩出城迎战，因寡不敌众，处于下风，派人向杨素告急。杨素亲率援兵赶到，一举将逆贼击溃。沈玄桧落荒而逃，被隋军追兵抓获。

接着，隋军所向披靡，一群仓促聚集的乌合之众，怎能与久经战阵的正规军抗衡。转眼，沿江一线，即浪静风平。杨素挥军直下，朝江南纵深挺进。

其时，据守浙江（今钱塘江）的高智慧，拥兵数万，是反叛者中势力最大的一股力量，一下成为杨素继续南进的拦路虎，必须将其摧之。

高智慧闻听隋军来袭，在浙江的东岸高筑营垒，严阵以待。且浙江百余里的江面上，皆布置着密密麻麻的千艘战舰，他们想以水、陆二军，阻挡隋军的进击。杨素则欲以小股兵力作试探进攻，探其虚实。

此时，担任行军总管的史万岁见江中帆樯林立，即说："天爷，反贼竟有如此排场的水师！咱应速调大舰来对付他们。"

杨素见此，也在心里发毛！他想：这个地头蛇不仅占得先机，掳去周遭大小船只，并将其改装成战舰；再看对岸陆上阵势，亦知指挥者是个通晓军事的人。史万岁说得也不错，打败他，先必有大致相当的水军和战舰。而船舰却不是骑兵，一声令下，不日即到。隋之大舰多集中于长江和大湖之中，在此枯水季节，必绕海路，方可抵达此地，这一耗时，就是一月、二月，别的不说，仅士气经此一折腾，也全耗没了！

杨素想到此处，把目光转向了身侧的来护儿。

来护儿说："看此阵势，若与逆贼拼水军，咱只能甘拜下风。若调我军大舰过来，则远水不解近渴。不过，末将对这一带地区较为熟悉，有一计，不知是否可行？"

杨素道："你别绕来绕去，但说无妨。"

杨素是朝中赫赫名将，来护儿在他面前谈兵，哪能没有顾忌。他又看了看周遭将领，方说："咱可在此江边佯装调兵遣舰，真真假假，虚虚实实，作正面强攻状，以引敌注意。咱则率一支精兵上溯到百里之外，与沿江州、县衙门征集一些船只偷渡过江，并迂回摸到敌后，放火突袭贼之后营，并从敌之后背，杀向江边，其阵脚必然大乱。其时，正面原作佯攻的军队，即可趁敌大乱，强行渡江，使其腹背受敌，而一举歼之。"

"此主意行！"史万岁不等杨素开口，即拍手赞成，"咱的水军无法与之匹敌，但可扬长避短，打他狗日的一个措手不及！"

杨素亦是眼前一亮，见众将情绪高涨，点头对来护儿说："咱多分些兵给你。你征集到的船只，一次载不了那么多人，多渡几次不打紧，此江不甚宽阔，费时并不多。不过，行动一定要隐秘，方能给其致命一击。"

兵贵神速。杨素立即分出一万精兵，供来护儿指挥。

来护儿即下令驻扎在不同地点的一万军队，立即造饭，吃饱喝足后，分别集结于上游处的几个秘密驻点待命。同时，他还派出数支小队伍，分赴西岸各州衙门，协助征集公、私船只。

与此同时，杨素亦在正面江边，大张旗鼓，作出强攻态势。他们从下游征调船只，连小渔船也不放过。造船非一日之工，他们就把砍来的、征集来的木材和楠竹，扎成一只只木筏、竹筏，欲以此渡江。

对岸的高智慧见隋军进攻声势浩大，亦调兵遣将，增加正面防御。

一连两日，杨素这面江边，大小船只，骤然增多。高智慧仗着自己的水军强大，想先打杨素一个下马威，于是派舰来攻。待敌之战舰驶入隋军弓箭射程，早有提防的隋军，从各隐蔽处，朝敌舰射出一支支带火的箭矢！

刹时之间，就有敌舰中箭着火。船是木质的，帆是布做的，时值阳春三月天气，风助火势，愈燃愈烈，着火战船上的士卒，纷纷跳江逃命，贼舰一时大乱。转眼，叛贼便损失了数艘战舰。

高智慧尝到了正规军的厉害，再也不敢轻举妄动，只好增兵、筑垒，严防隋军进击。

待到第四日，对岸贼军仍在调兵遣将，深筑营垒，作防御准备；隋军亦在扎制木筏、竹筏；时不时，隋军还突然战鼓齐鸣，士卒往来奔走，演练抢占滩涂、攻垒之阵势。

对方先是惊恐万状，后知仅为演练阵容，便不甘示弱地以震天呐喊作回应。总之，来来往往，两边皆是虚张声势，雷声大而雨点小地对峙着。

一连四日，来护儿那边音信全无，这可把一贯沉得住气的杨素急得寝食难安。天不亮，他就起身，并一直在江边徘徊。按理，到第三日，就会有动静。可已经是第四日了，对岸却一切如常，这到底是咋回事哩！杨素深知，此为平叛最关键的一战。江南此次叛乱，最先揭竿的就是这个高智慧！各支叛军中，他的人数最多，影响最大，危害最烈。此役若能将他一举击溃，并捉拿归案，其他一些小股势力就会跟着偃旗息鼓，进一步收拾起来就容易多了。否则，若有闪失，贼之气焰就会甚嚣尘上，甚或还有新的反贼跳将出来。若是那样，情势就完全反转，平叛就愈加复杂、困难了。杨素派人往上游打探消息，亦未有回应。

从早晨直到日暮西山时分，两岸忙碌、叫阵的士卒也都各自陆续归营。

原先喧闹热烈的阵地，亦呈一片死寂，随之，两岸后营的炊烟，亦渐渐被暮色吞没后，杨素看看此日又将无望，也只好回到营中。

是夜，杨素躺在营帐内，辗转反侧，难以入寐，他想：若明早还无信息，便要另想办法了……不知过了多久，杨素才迷迷糊糊地合上眼睛。

可就在此刻，一名于帐外值勤的侍卫奔入营帐，大声报说："大总管，大总管！敌营着火了！"

杨素是行军总管，史万岁和来护儿也被分别任命为行军总管。为作区分，手下人都习惯地叫杨素为大总管。

刚刚合上眼睛的杨素，听到叫声，一跃而起，披衣起身，差点与从外面冲入的史万岁撞了个满怀。杨素见史万岁的铠甲上、胡须上尽是水，指着他的身子惊问道："你咋啦？"

"咱没啥。是……是下雨了。咱一夜未眠，一直在外观察动静……"

"你瞧到啥动静了？"

"哈哈！"史万岁大笑道，"逆贼后营着火啦——来护儿这狗日的，果真得手了！"

营外，黑咕咙冬，春雨潇潇；对岸，漆黑之天边，火光冲天，分外耀眼！淅淅沥沥的春雨不仅压不住火势，反使烟雾更为浓烈，弥漫着整个东岸上空。杨素心花怒放地朝周遭扫了一眼，只见到处人影憧憧，众人也和行军总管一样，站在雨中，隔岸观火！

杨素于是大喝一声："都呆站在雨中干啥哩，还不快点披挂整齐，杀过去呀！"

身着一身铠甲的史万岁，立即附和说："咱正是前来请缨的。"

"还请啥缨哩。人家阵脚都乱了，赶紧集合士卒，手脚可要麻利点，一举打过去！"

"知晓了。"史万岁转身而去。

这位史将军，是个从不离马的名副其实的马背将军。此刻，他却顶风冒雨、单膝跪在木筏上，率一众士卒，乘筏朝对岸驶去。不一会儿，木筏"咚"地撞在了对岸的沙滩上，众人一拥而下。

史万岁所处的江滩地带，地势低凹，火光映不到这边来。他正于黑暗中，把陆续抵岸的士卒整成扇形，欲往敌之营垒摸去。谁知，就在此时，只见逆贼一窝蜂从高高的营垒上，竟如潮水般地朝江边拥来！

史万岁大喊一声："不好！"

其时，一道闪电劈过，照彻夜空。史万岁清楚看见，大多逆贼都是两手空空、未拿武器，有的还光着双脚，是在亡命奔逃！他于是一声呐喊，迎敌冲去，并朝不断拥来的叛军大喝道："跪下！都给咱跪下来！"

隋军将士亦都这般大声命令叛贼跪下。

史万岁的这一招，十分灵验。逃跑的逆贼亦如梦方醒——往哪里逃呢，再往前，不就是一条冰冰冷的江吗！于是，皆纷纷就地跪了下来。

此一招，不仅救了大批逆贼性命，亦消除了黑暗中敌我不分的误会。因为跑过来的人中还有来护儿的追兵。这么一来，跪着的是逆贼，站着的是隋军，一目了然。

天亮时，雨住风停，战事结束，隋军大获全胜。美中不足的是，高智慧见大势已去，趁乱带着一些残兵败将，乘船而下，直奔出海口，逃之夭夭了。

经此一战，杨素军威大振。隋军原地略作休整后，杨素即令史万岁率两千士卒，前去收复由逆贼汪文进占据的婺州。自己则率主力，登上缴获的战舰，沿海道追捕逃亡中的高智慧。

不日，杨素再次于永嘉（今温州）登陆，顺势将盘踞于此的沈孝彻军击溃，之后，再继续由陆路转向天台、临海，追缴残余的逆贼。

其时，杨素已闻高智慧于海路逃往闽、越；而附近的会稽逆贼，听到高智慧败逃，亦在杨素的追兵到达前，弃会稽城，逃至附近海岛躲藏。为不留隐患，杨素再次分兵：一部留在原地，清除逃窜逆贼；自己则率部分主力，由会稽乘舰直下闽、越。

这时，占据泉州（今福州），正感大势不妙后悔不该一时冲动贸然反隋的逆贼王国庆，迎来了率领残兵逃来的高智慧。

高智慧告诉王国庆：自己是在遭遇偷袭，水军未派上用场的情势下，才意外失手的。隋军来自北方，不识水性，而泉州既临海，又靠闽水，另有险峻茂密的山林作屏障，何足惧！

士人出身缺乏带兵打仗经验的王国庆，有了高智慧这位主心骨，武力亦得到了充实，因此，当来护儿率先遣队抵达泉州城下时，王国庆竟底气十足地乘舰出城，迎击隋军。

行军总管来护儿生于长江之滨，并身经百战，水战、陆战，无一不精。而出身豪门望族的王国庆，充其量不过一斗殴打架的浪荡子弟。但，此时的他，反觉自己才是得天独厚的海上王子，反哂来护儿是个旱鸭子。

两支水军从闽水的出海口一直杀入江中，逆贼战舰很快就折损了大半，王国庆见大势已去，弃船逃至岸上。隋军在追击中，连人带舰抓到王国庆一来不及逃走的扈从。

来护儿对王国庆的扈从好酒好肉相待，并晓之以理说："咱率领的仅越国公杨素旗下探路的一支先遣军。不日，待主力到来，一个小小泉州城，会成啥样子，你便可想而知了。常言道，'识时务者，为俊杰'，咱今放你回去，请你劝告王国庆，一定要把高智慧捉拿到案，以此将功赎罪，方可保全他一家老小无虞。"

席罢，来护儿给王国庆写了一封信，既是最后通牒，亦表示了隋军的诚意。

逃到家中，有如惊弓之鸟的王国庆，当晚见到这封劝降信后，犹如抓到一根救命稻草。

次日，王国庆以商谈泉州城防为由，把高智慧骗入自己家里，一举将毫无戒备的高智慧及其僚属擒获，并派人用囚车押送入来护儿营中。

当杨素获知：高智慧已被拿下，王国庆已率叛军投降，隋军已经占领泉州城时，兴奋之余，更加感到来护儿确是一位不可多得的战将！

接着，杨素率主力兵不血刃地进入泉州城。此是该城两年中，第二次回归大隋王朝管辖。入城后，杨素所做的第一件事就是将高智慧斩首，并在泉州街头，枭首三日。

从高智慧起兵称帝始，到其人头落地，前后不到四个月。而当杨素与众将弹冠相庆时，方猛地发觉身边少了一位重要将领——史万岁。

杨素自命史万岁带两千精壮士卒去讨伐婺州逆贼，二人分道扬镳后，起初还不断收到史万岁打了胜仗的信息，并知他从东阳翻山南下，亦是直指泉州。此后，两支队伍各打各的，便失去联络。其间，杨素曾派人去打探过，则始终未见其行踪。后来，为追高智慧，杨素再次改行海路。屈指算来，两军断绝联系，断绝给养，已百日有余。

杨素经与来护儿等将领商议，决定派出数路兵马回过头来向北搜寻。为此，杨素向各支搜寻队伍下达了两条命令：一、发现躲藏到山里的残贼，要即行清除，免留隐患；二、对史万岁，活要见人，死要见尸。

各支队伍，从泉州出发，兵分数路，互相呼应，朝北搜寻而去。

泉州之北，皆为崇山峻岭。这一带，气候温暖，雨水丰沛，树木稠密，遮天蔽日，是"瘴气"多发之地。而对深入林莽的寻觅者来说，自是苦不堪言。茫茫林海，从何搜起呢？

不过，对军人而言，在大森林中寻找一支军队，亦并非一筹莫展之事。山中有水，他们就沿水搜寻，并从水中寻找蛛丝马迹。因为一支两千人的队伍，无论人畜都是离不开水的。人畜不仅要喝水，洗涮也离不了水，如果打到野物，开肠破肚，亦还是要在水边或水中进行……

果然，不出几日，一名士卒便在一条溪涧中意外发现了一截竹筒。他捞起一看，竹筒是新近从竹身砍下来的，而且，还劈开过，又用树胶、树脂等粘合。这一发现，真是非同小可。他立刻将其交给一名领军。领军先想从粘合处开启，哪知粘得分外紧密。又用匕首打通一头之竹节，终于发现竹筒内藏的正是一卷史万岁禀报军情和寻求支援的蝇头小楷信。

信和竹筒，迅即送到杨素手中。信中讲述了反隋逆贼被击溃，有的逃入山中为匪，祸害四乡八邻。他们尾随进山追剿，掏山洞，捣匪巢，有时一日数仗。没吃的，先杀马，再捕捉和打杀野物，见啥吃啥，连毒蛇、虫豸都捉来充饥。士卒们，战死的少，病死的多，已在山中迷路数日，不知其归途究在何处……

不等杨素把信读完，早已是声泪俱下了。

接着，好消息接二连三传来，失散百余日的军队终于在遮天蔽日的深山中找到，史万岁大将军还活着……

失散百日的队伍入城那日，已骨瘦如柴的史万岁，仍不失军人风度，他骑在一匹马上，笔挺着身躯。而其部下，却没那么体面，有的破衣烂衫，有的已是衣不蔽体，仅用一块破布将其下身遮住；有的已病得气息奄奄，躺在用木棍和藤条编织的担架上，由去山中搜索的士卒抬着行进在队伍中……

杨素率众将领出城迎接英雄凯旋。在缴灭逆贼中，所向披靡的英雄们，经过九死一生的曲折经历，已不见了欢声笑语；夹道欢迎的隋军和当地百姓，见此情景，有的放声痛哭，有的面色肃然……

史万岁见到杨素，翻身下马。杨素双手一把将他抱住，久久没有松开。

出发时的两千队伍，过了好大一阵子，才过完毕。这使杨素大惑不解，因而问道："你在信中不是说，不少士卒已病殁了吗？咋地，这人却不见少，反显得多了呢？"

"这支队伍，确实远不止原先的两千人。"史万岁解释说，"逃入山中的逆贼首领被杀，剩下的散兵游勇往哪里逃？他们少则几人，多则几十人，或百数人，那林子铺天盖地，整日都见不到日头。他们也不打招呼，见到咱的军队就从林中钻出来，自动投入到咱的队伍中。咱每消灭一股逆贼，就有一批人投奔过来。咱也没清数，一共收罗了多少人。"

"呵……"杨素恍然大悟，直说，"不容易，实在不容易。"

为此，杨素亲自提笔，向文帝撰写了一篇情、文并茂的奏折，禀报了史万岁于山中出生入死、平灭贼匪的事迹，并附上了在竹筒中发现的那封禀报军情的信。

文帝看了奏折和史万岁于林中写的那封信，亦是热泪盈眶，当即下诏赏赐史家十万钱。之后，史万岁凯旋回到朝廷，被任命为左卫大将军。

史万岁自受梁士彦、刘昉谋逆案牵连，发配至敦煌充戍卒，已过去整整十个年头，其间，他经历过数不清的委屈和折磨，终于再次证明自己是条忠诚于朝廷的硬汉子！

入城那日，已骨瘦如柴的史万岁仍不失军人风度。他骑着一匹马，笔挺着身躯。

第七十七回

冼夫人一片忠心识大义
隋文帝三箭连发治江南

话分两头。

就在杨素以行军总管身份奔赴江南讨伐高智慧等逆贼的几日后，文帝拟派给事郎裴矩赴岭南对当地各部落进行安抚，以使其免受叛贼煽动，从而引发岭南一带番族聚居地的骚乱。

殊料，裴矩尚未成行，江南情势已然急转直下，叛逆烽烟，四处蔓延，朝廷日日接到南边各处发来的告急奏章。文帝见此，急令裴矩暂缓出行。

但，裴矩觉得江南愈乱，愈应赶早出行。去晚了，岭南各族受到影响，局面将有可能更难收拾。他因而奏请甘冒风险，即刻出发，以解岭南燃眉之急。裴矩的请求，终得文帝赞许。

当裴矩一行左躲右闪穿过烽火连天的江南腹地，好不容易靠近岭南边境时，前面传来俚族部落首领、番禺人王仲宣，联络周边部落揭竿而起，围攻广州城，已把兵力不足的大隋行军总管韦洸困在了城内。

而文官出身的裴矩，身边仅有几名随员和一干侍卫，顿时陷入进退两难境地。

恰逢其时，南康守备、大将军鹿愿闻听裴矩到来，赶来看望。

裴矩见到鹿愿，大喜过望。他任何客套话都没说，开口只问："敢问大将军，您有多少兵马？"

鹿愿见他问得唐突，愣怔了一下，如实作答道："末将握有步、骑兵三千。"

"那太好了！"裴矩拊掌，笑得合不拢嘴，忙说："你的三千兵马，可否借下官一用？"

"您是皇上派来的钦差。包括末将在内，都愿接受您的驱驰。只是不知钦差大人借兵，意欲何为？"

"很简单——去打王仲宣，以解广州之围。"

"嗨！此乃末将分内事，何言借。"鹿愿解释说，"广州属岭南，上面没命令，末将未敢轻举妄动，只能看着干着急呐！咱来看你，即有征询出兵之意。"

"那太好了！"二人一拍即合。

却说，岭南德高望重、一切膺服朝廷的冼夫人，闻听王仲宣造反围攻广州，立即派孙儿冯暄率军前往平叛。

冯暄率俚人组成的当地军队来到衡岭，王仲宣则派陈佛智领兵相迎。

岂料，叛将陈佛智与冯暄年龄相仿，志趣相投，过往一直是无话不谈的好朋友。而且，此二人都不满陈朝对俚人的管辖，且都想做不受任何管束的部落首领。陈被隋取代，他们更视隋为外来入侵者，内心对其更加抵触。此刻，冯暄刚在衡岭安营扎寨，就收到陈佛智送来的一封信。

俚人原本没有自己的文字，冼夫人嫁给冯宝后，在丈夫指教下，能识有限的几个汉字。但她多年来，十分重视对后辈的培养，儿孙和部落首领的子弟年幼时，都一直是她花重金从吴越请来教师，开办私塾，教习汉文。所以，冯暄与陈佛智都通汉语。

陈佛智来信的大意是：当前，天下大乱，正是实现抱负的绝佳机会，希望冯暄切莫错过，应该倒戈，与自己一起，并肩反隋。

冯暄读信，百感交集。他有反隋愿望，也有反隋勇气，但却不敢冒犯和违抗奶奶的命令。冯暄之父冯仆，因病早逝，他们兄弟自幼都是在母亲和奶奶的共同抚育和关爱下，长大成人的。从他们记事时起，奶奶一言一行，从来都是家中、族中的"圣旨"。所以，左右为难的冯暄，故意拖拖拉拉，迟迟不肯与陈佛智交锋，更不敢与他站到一边，去攻取广州城。

一连几日，不见任何动静的冼夫人，终于感到事有蹊跷。于是，派人去冯暄营中打探，方知，冯暄已怀二心。夫人一怒之下，命人将冯暄抓了起来，关进牢中，另派孙子冯盎，前去讨伐陈佛智。不仅如此，年事已高的冼夫人，亲自披甲，前往督战。

…………

其时，大隋使者裴矩和大将军鹿愿率三千士卒，从东衡州冲杀过来，斩杀了叛将周师举；冯盎亦击败并斩杀了陈佛智。两军会师后，齐心合力，击溃并斩杀了叛军首领王仲宣，解了广州之围。

之后，年近七旬的冼夫人重披铠甲、乘坐披甲的战马、张锦伞、率骑兵，保驾奉诏使者裴矩巡视和安抚岭南各州。一时间，苍梧首领陈坦、冈州冯岑翁、梁化邓马头、藤州李光略、罗州庞靖……等部落首领，都一一前来参见大隋使者，发誓效忠大隋皇上，永不和朝廷作对。

裴矩遵循旨意，对他们分别作了安抚。并表示，各部落首领，不管是否参与过叛乱，只要今后能听冼夫人的训导，做大隋皇上的顺民，一律不计前嫌，仍作部落首领。至此，岭南之乱，就在冼夫人和裴矩之恩、威并施下，很快烟消云散，得以平复。

裴矩将冼夫人的德行和为岭南安定所作种种贡献，上奏皇上。

文帝批阅裴矩奏章时，大为感动。下诏，任命冯盎为高州刺史；并且赦免了冯暄，任命他为罗州刺史。同时，还追赠已故冼夫人的丈夫冯宝为广州总管、谯国公，册封冼夫人为谯国夫人，还把宋康邑赐给冼夫人的儿媳冼氏。并为冼夫人设立谯国夫人幕府，配备长史以下各级官员，颁发印章，境内共六州兵马，统归冼夫人节制。如遇紧急事件，冼夫人可见机行事，然后再奏报朝廷。

皇上诏书，曰：

朕抚育苍生，情均父母，欲使率土清净，兆庶安乐。而王仲宣等辄相聚结，扰乱彼民，所以遣往诛翦为百姓除害。夫人一心奉国，深识大义，遂令孙盎斩陈佛智，而且果断打败了贼人，立下大功。今赐夫人帛五千段。冯暄不愿进兵，有罪，理应受罚。因夫人立下如此大功，特赦了其之罪过。夫人应教训开导子孙，敦崇礼教，遵守朝廷法令，以慰朕心。

与此同时，独孤皇后也以首饰和在宴会中所穿的一件华贵礼服，一并赐予了冼夫人。

夫人把珍贵礼物，一一装入一金制的箱匣里，与梁、陈时所获皇上赠物藏放在一个仓库中。

不日，冯暄从狱中放出，回到冯府。他一进家门，便径直往见祖母，跪泣认错。

冯暄是冼夫人最疼爱的一个孙子，想不到竟出如此大事。她叹惜一声，说："汝知，你的爷爷和父亲都是什么人吗？"

"知道。"冯暄跪于祖母脚前，回说，"他们皆是朝廷命官。"

"是呵。"冼夫人说，"可你为啥一出征，就分不清东南西北，欲与逆贼同流合污，去反朝廷呢？你如果真的干下引狼入室勾当，岂不是自掘祖坟？"

"孙儿糊涂……"

"你岂只是糊涂！是走火入邪，忤逆门庭呐！"

"孙儿知罪了……"

"唉……你知罪？你是根本不知天有多高，地有多厚呢！"老夫人摇着满头银发，问，"你知'大树底下好乘凉'这句话的真正意思吗？"

"孙儿知道。大隋朝廷好比大树，它荫庇着咱子孙万代。"

"汝既知此理，却为啥还想去撼动它，挑战它？说明汝还不真懂其语之轻重厉害。俺俚人，地处边远，势单力薄，要立足于世，谋取生存，并非易事。且，一定得有个依靠，方能踏实哩。相比而言，谁靠得住点呢？当然是树大根深的朝廷。先前的梁朝也好，陈朝也好，还有目下的大隋，平心而论，对咱俚人都不算薄。汝知道吗？过往，俺俚人大多是居无定所，有的在树上结巢栖身，有的钻入山洞，衣不蔽体，饥一顿，饱一顿。而且，还要各自占山为王，相互内斗，并深受外人欺凌……此样，致使俺俚人，人口日渐减少。自你爷爷始，俚人受到朝廷荫庇后，俺也学汉人样，打造了各式铁制犁、耙，改善了耕作方式。而今，日子过好了，越来越多的人住上了房舍。人丁兴旺，蒸蒸日上，内斗减少，外人亦不敢轻易欺侮俺了。此气象，来之不易，要维护，应珍惜，切切不能忘记，要真心实意忠于朝廷。这样，朝廷才会荫庇咱。"

言罢，冼夫人召集冯家所有成员，打开藏宝仓库，把自梁代以来，各朝天子所赐之物，一一陈列于堂前，让众人瞻仰。并对子孙们说："我事三代主，唯用一真心。今赐物具存，此忠孝之报也，愿汝珍惜之。"

一切重归平静后，谁知，天有不测之风云。

韦洸之围被解，朝廷即将广州总管府改称为番州总管府。朝廷派来一位叫赵讷的行军总管接替了韦洸，以统辖岭南各州。此人上任伊始，即横征暴敛，弄得周遭部落，民怨沸腾。陈亡属隋之后，文帝即下诏宣布：十年不向江南征税。但赵讷以为此地山高皇帝远，他的所作所为朝廷不会知晓。因此，竟巧立名目，向各部落摊派夫役，上山砍伐岭南一带珍贵木材，运往吴地卖高价，以中饱私囊；还广选年轻漂亮女子，供自己淫乐……

一时之间，受害部落，有的举家逃亡；有的则在当地部落首领的带领下，宣布不受朝廷管束，并与之对抗；有的则前往冼夫人府中投诉。

此次，问题出在朝廷下属官衙。深明大义的冼夫人要俚人保持克制，她说："此类坏官，相信皇上也不会允其为非作歹的。"

她于是命长史张融给皇上写了一道密封奏章，揭露了赵讷的各种罪行，并建议严惩坏官。对逃亡和叛变的俚人、僚人，进行安抚，使之返回原籍和重新归附朝廷。

文帝检阅密折，派员对赵讷进行彻查，得到他受贿和为非作歹之罪证，将其绳之以法。与此同时，文帝还下诏委任冼夫人招抚逃亡和叛变的俚人、僚人。

夫人不顾年事已高，携诏，以大隋皇上使者身份，一路巡视了岭南十余个受到赵讷侵害的州，向当地民众传达皇上旨意，教育和开导俚人、僚人。冼夫人所到之处，当地的俚人和僚人都对她心悦诚服，逃走的亦重归故土。

文帝再次褒奖了冼夫人。赐给她临振县，作为她的沐浴休息地，食邑一千五百户。又追赠冼夫人去世的儿子冯仆为崖州总管、平原郡公。

由于冼夫人不遗余力地为边地百姓谋福祉，致使此后的一百多年间，边远的岭南与朝廷一直相处融洽，原本贫穷落后的边地，亦得到蓬勃的发展。冼夫人去世后，人们在她的故乡，为她建庙，烧香……凡此种种，当然都是后话。

隋文帝对外通过武力和分化瓦解等手段，终使强大突厥一蹶不振，亦从而稳固了北方边陲；对内励精图治八年，实现了南北统一大业。他当然不愿看到、也绝不允许华夏再次分而治之。江南叛乱，使他震惊，亦使他长了一智。他毫不犹豫地运用铁腕，展开了对江南的重新治理。其间，一连向江南发出了三支令箭：

第一箭，任命杨素为行军总管，用武力迅速粉碎了以高智慧为首的各地叛贼，逐一扑灭了蔓延江南全境的烽烟。

第二箭，命裴矩奔赴岭南，巡视和安抚当地俚人、僚人。裴矩幸得冼夫人鼎力协助，终使岭南复归平静。

亦就在杨素于吴越奋力打击叛贼，裴矩与冼夫人于岭南恩威并施，安抚俚、僚之际，隋文帝为江南的长治久安，又搭上了第三支箭。

这日，文帝于大兴宫寝殿，召见了自己的二儿子、时任并州总管的晋王杨广。

江南发生叛乱，杨广是第一个主动请缨，要求奔赴江南平灭叛乱的人。可他并未如愿以偿，派往江南讨伐逆贼的是隋之重臣、名将杨素。对此，建功立业心切的杨广，还一直耿耿于怀。

"知道召汝回来是做甚的吗？"文帝待儿子行过礼后，即问。

"儿臣不知。"

文帝见杨广情绪不高，立刻会意道："哈，还在为赴江南灭贼，没让卿去，生朕的气，对吧？"

"孩儿岂敢。"

"不敢？汝的脸上都写得清清楚楚嘛。"文帝收敛笑容解释说，"此次朕让汝所做的事，绝不可与平叛逆贼同日而语。前次，让杨素出马，那是展示大隋强大的力量！"

"那……当下还有啥更重要的事儿要儿臣去做？"杨广注目以待。

"泱泱大国，要做的大事还多着嘞。朕将以大任委于斯！"

"大任？"杨广一愣，说，"儿臣看不出当下还有比平叛更大的事儿。"

文帝含笑道："就拿江南来说，难道只有平叛一件大事？"

杨广还是拐不过弯来，情绪仍然不高地说："据儿臣所知，处道叔已把高智慧等主要逆贼都灭了，还剩几个残渣余孽，要儿臣去为他打扫战场，那算啥事嘛！"

"看看，汝都想到哪里去了。"文帝不满地盯着儿子，说，"汝咋这么不开窍？刚才不是说过，派杨素出兵江南，只是再度宣示朕统一华夏的决心和咱军队的强大。接下来，对江南的治理才是更重要的大事嘞。"

"治理江南，不是有三弟秦王杨俊在那里吗？他是扬州总管府的总管。"

"现在看来，派俊儿去江南是朕的一个失误。"文帝道，"平陈之后，朕以为国家统一，国内亦从此安定了。朕不放心的还是北方，所以，就让你去了并州。殊知，北边倒无大碍，反倒是仅隔一年，江南就出事了。回想起来，这是一个大大的失策。"

杨广仍不知就里地说："当下处道叔在江南干得顺风顺水，父皇没有理由撤换他吧。"

"汝和杨素是两码事。他干他的，尽快清除残贼，恢复地方秩序。朕是想把俊儿调至并州，让卿去扬州任总管。汝和俊儿作一对调，如何？"

"行！"杨广终于喜形于色——他的确是个啥事都写在脸上的人。"儿臣其实早有此想法。"

"噢？"文帝用讶异的目光盯住儿子，"朕可从未听汝说起过呢？"

"儿臣只是在心里想想而已，不敢说哩。"

"那为啥？"

"三弟不是在那，亦干得好好的吗？咱怎好开口夺他的位子。"杨广约略沉思了一下，又说，"平陈之后，咱虽身处并州，却仍常常关注江南。那边，确有许多事情要做，也值得下工夫去做！"

"是呀，是呀。前次征服江南，汝功不可没。此番再下江南，却要多多用心。朕想，这次所下工夫，可能更深；所费时间，亦肯定更长。当下看来，过往朕对如何治理江南，亦有大意和失策之处。朕原想，大隋立国，制定和颁布了一系列重大举措，在北方各地执行起来，效果不错，江南统一了，现成的东西，搬过去不就行了吗？没想到，问题并不那么简单，一着不慎就出大事啦！汝还记得在今年的元宵酒宴上，德林公说的那番话吗？"

"当然记得。儿臣亦正是从那时起，才有再下江南的明确想法的。"杨广接着又说，"不过，德林公的那番话，其实是借薛道衡的嘴，在说他自己的想法。"

"此可不必过多计较。薛道衡的想法也好，李德林的想法也好，都解了朕的一个疑惑，使朕明白，造成此次叛乱的根源在哪里。当然，德林公上次所言，也有值得商榷的地方。"

"噢？"杨广抬起头来，不知父皇所指，于是道，"儿臣倒没觉出德林公的那番话，有啥不妥之处。"

"汝没听出来？比如说吧，朕限制江南每州只能保留少许佛寺的事，德林公并不明白，此乃事出有因。朕本人就笃信佛教，在北方亦一直在做弘扬佛法的事，却为啥要在南方限佛呢？此是因为南方某些有影响的方丈，是在周朝灭佛时，从北方逃到那边去的，他们本来就对北方朝廷怀恨在心，所以，当咱攻陈时，他们多站在陈朝一边，反我大隋。此次江南叛乱，他们亦与地方豪强结盟，据杨素发来的折子反映，叛贼中就有武僧与一般和尚。教义这东西，很复杂，引导得好，能使天下和谐、太平。若不得法，佛道如和地方逆反势力纠结到了一处，那就成了一杯看似晶莹剔透的鸩酒！汝可要小心。"

"那么，咱为啥不能因势利导，使佛道也为咱所用呢？"

"一句话，就目前江南的情势而言，还很难做到。"文帝毋庸置疑地说，"他对你原本就恨之入骨，你要其回头是岸，他肯就范吗？"

"父皇说得有道理。不过，能否允许儿臣去接近他们？江南到处皆佛寺，弘扬佛法，亦是顺应民心的一种表现。"

"具体咋做，汝可看着办吧。但一定要谨慎从事。"文帝接着改变话题说，"此外，直到如今，朕还是没弄明白，南方人为何那么仇视五教。汝可能还不知晓，朕接江南各地奏报，朝廷在江南推行五教，竟成引发此次叛乱的一个直接原因。德林公说，南方人抵触五教，也是因为水土不服，是我朝硬行灌输理念所致，朕对此不敢苟同。五教是人人都应遵循的道德规范，何分南北？对尚欠开化的南蛮地域，不应快快使之遵循教化吗？"

何谓五教？即，父义、母慈、兄友、弟恭、子孝。它是尚书右仆射苏威遵循文帝旨意编写，并由朝廷派员赴江南各地宣讲，要求江南人不分长幼、身份、地位，都要把加以解析的五教内容，一条一条，逐一背诵，记在心里，并落实到行动中。

对此一作法，首先遭到江南士人的强烈抵制。他们甚至认为这是对其人格的侮辱。而一般庶民，在大隋派来官员的督导下，亦表现出强烈的反感。于是，一些居心叵测之徒，便借机生事，有人将大隋派来宣讲五教的官员杀死，仍觉不解其恨，还恶狠狠地道："更能使侬颂五教耶！"

"在江南推行五教，使当地人反感，儿臣倒是可以理解。因为儿臣与薛公一样，对江南境况有所了解。其中，确有水土不服的问题，也有咱的官员推广时简单粗暴的问题。"杨广说到此处，抬头看了一眼父皇，见文帝不仅没显反感，而是在专注地听，于是接着往下讲，"平心而论，儿臣以为，五教本身，并无啥错，无非是教人要讲忠孝道义，错在咱的硬行灌输。再者，父皇对江南还有一个误解，即以为华夏文明，肇始关内与中原，江南则是不开化、不发达的蛮荒之地。其实并不尽然，此一状况，因近四百年来，北方战事总的来说多于南方，而使民生凋敝，停滞不前。江南亦虽有动乱，却远比北方要平和安定许多，亦在诸多方面都超过了北方。比如说吧，近代所出的《文心雕龙》、《昭明文选》、《神灭论》等一些佳作，皆是南方人所书。父皇若看不到此一变化，就不能对症下药地治理好南方。还有，北南刚刚统一，就在江南推行'大索阅貌'，亦操之过急。本来是一件有利千千万万庶民的大好事，可被当地豪门望族利用后，亦成此次叛乱之导火索。还有，灭陈之后，郡被撤销，州、县两级官员由本朝重新任命，做官的亦都是北方人，陈之原有官吏，啥都不是了，此比原先周灭齐更过火，当地的士人能服气吗？"

文帝听后，大为惊诧。他抬起头来，反观儿子。

杨广则说："此是儿臣受德林公发言的启发，经进一步思考后的一点心得，不知父皇以为如何。"

杨广，时年二十有五，已与萧妃结为秦晋之好；他的眉宇间透出一股男儿成熟的英武之气。文帝忽然发觉，儿子经过平陈历练，已然成熟。

他于是问："卿此次再下江南，打算咋干？"

"八个字——息武兴文，广结人缘。"

"噢？"文帝眉头一皱，问，"此乃卿治理江南之法？"

"是。"

"就这简单？"

"儿臣觉得，要使此八字真正落到实处上，已不简单了。"

"此八字到底咋讲？"

"息武兴文，这四字就不说它了。后四字就是要广交朋友，此看起来很简单，其实不然。咱要交的，首先就是江南士人，这个朋友不是好交的呐。平陈之役，陈朝的将军、大臣，不是战死，就都成了咱的俘虏。而其则正是江南士族之精英。此次，他们正是怀着对大隋的仇恨，才起而造反的。

可接下来又被处道叔一股脑儿平灭，由此结怨更深。他们中的一帮人明火执仗，挑起暴乱，咱当然只能以暴制暴。可是，朝廷与民众，不能是一直形同水火，势不两立呢！那样，江南则会永无宁日。所以，咱最终必须与他们交上朋友，化干戈为玉帛。此外，还有一类朋友也须交，那就是当地德高望重的宗教界朋友。佛教也好，道教也好，儒教也好，都是讲求修身劝善的，其实与五教道理一脉相通。与其让朝廷派去的官员硬生生地向民众灌输人伦道义，不如让大德高僧去弘扬佛法，更易使人接受。所以，儿臣此去，先要广交朋友，以使之共同治理和开发江南。"

"好！"文帝释然地道。"不过，对江南的治理，非一日工夫。卿此去，恐要作长期打算。"

"儿臣明白。"杨广说，"而尤其是教化上的事，本就只能潜移默化，此亦如酿酒，要慢慢使之发生变化。"

"此次，还要不要薛道衡与卿同往？他在江南士人中，似有一些影响。"

"不用了。"杨广断然道。

平陈之战，杨广身为行军元帅，高颎为帅府长史，后来有人评说，所有重大决策，皆出自高颎。心高气傲的杨广，此次去扬州，身边不想再有军师。

杨广临行前，携夫人萧妃与母后作别。独孤皇后见到这对新人，心中分外高兴，设宴为他俩践行。

萧妃自幼与独孤后为伴，她的温文尔雅，宫中礼仪，琴棋书画等等，有的是独孤后亲手教的，有的则是请师傅在皇后的督导下学得的。婆媳二人，形同母女，十分亲密。

小夫妻共同向母后敬过酒后，杨广即说："孩儿此去，会有很长时间不能回家，思念之情，难以言表，还望母后，多多保重。"

"不怕的。想娘了，你就回来瞧瞧。"独孤后道，"听你父皇说，孩儿如今出息了，对治国安邦，颇有心得。不过，在处置诸事上，不要学你父皇，大事小事一概揽在身上，皆要亲力亲为。汝要学会抓大事，一应琐事，分给手下人做去，亦让自个轻松轻松。"

"行。孩儿听阿娘的。"

"还有一事，汝可得注意。"独孤后面显严肃地道，"男人一得意，就容易忘形。汝此生只许对萧妃一人好，不能学太子，太滥情。江南美色多，汝别一去就沾花惹草，玩物丧志。"

"孩儿不会。"杨广点头时，看了一眼身边的萧妃。

萧妃则羞得低下了头。

第七十八回

迎大师高僧智顗持陈见
怀异心晋王杨广揽旧臣

开皇十一年早春二月，正当杨素如秋风扫落叶一般，将蔓延江南全境的逆火一一扑灭，裴矩赴岭南安抚俚、僚之时，文帝搭上的第三支箭——晋王杨广亦"射"向了长江之滨的江都，开始了对陈之旧地的治理。

杨广到达江都之日，原扬州总管秦王杨俊已率自己的眷属和扈从离去。

秦王杨俊在江都主事，前后不到两年时间，却把个扬州总管府和秦王府，修建得如同皇宫一般金碧辉煌。

杨广从小胸怀大志，一心只想建功立业，对奢华物事，视若无睹。但，当他看到弟弟秦王所建的这座既宽敞，又豪华，且十分舒适的府邸后，也乐了。此为一个庞大的建筑群落。前面的殿宇为扬州总管府，后则为居家之晋王府。

杨广一到江都，自己还没完全安顿好，即令属下郭衍为总管，率精兵一万屯驻京口，于贵州南击败残余叛贼，生擒贼主帅。然后，郭衍即马不停蹄转向西边配合杨素主力攻打东阳、永嘉、宣城、黟、歙；与此同时，杨广还派晋王府参军段达亦率一万精兵，平定方、滁二州，并于宣州大败叛贼汪文进。杨广此次用兵，仅是配合杨素的军事打击行动，以使江南尽快安定。

对江南采取怀柔，促进南北融合，才是杨广再次主政江南的主旨。此位主宰江南四十四州的大总管，自幼喜文，从小便模仿由南朝入周的庾信文风作文，自己的王妃又是编纂《昭明文选》的昭明太子的后人，所以，他年纪轻轻，就深受南方文风熏陶，并对南方倾慕已久。开皇七年，江陵梁国废灭，杨广即把在梁国担任国子祭酒和吏部尚书的柳顾言，召至晋王府担任咨议参军，并以师傅之礼遇对待他。杨广每有新的诗文产生，先必请柳顾言帮忙润色，之后，才拿出来让他人欣赏。在与柳氏的接触中，杨广原先有点像庾信的文风，也在不知不觉中得到了改变。及至灭陈之时，杨广仍在纷繁的战事中，不断将江南文士招至麾下。如诸葛颖、虞世基和虞世南兄弟、王眘和王胄兄弟、朱瑒等，共一百余人，都于晋王府充任学士。此次，这些原本就是江南的文士，汇聚江都，一时间，又吸引了更多江南名士。其中包括已享盛誉之潘徽、虞绰等，都应招到了晋王府中。

这么多文人聚在一起，难免有互相轻视或攻讦的事发生，杨广就命志气相投者为一组，鼓励他们写书或编纂古籍。于是，就由虞绰领衔，与虞世南、庾自直等，撰《长洲玉镜》等书十余部。此外，杨广还出钱资助潘徽等着手编写《江都集礼》计一百二十卷。

杨广在与江南文士的交往中，显示出了极大的热情。其原因是，他不仅要以此手段拉近和文士间的关系，还因他本人确实对诗文有颇深造诣。所以在对文章的研习探讨中，晋王与文士竟无拘束，相处得十分融洽，并特别投入。

不过，与此同时，同样深受佛教影响的杨广，在与江南佛教大师智顗的交往中，就没那么顺畅。

几乎无人不晓，当今皇上是诞生于佛寺中的。他的智仙师傅在他出生时，还给他起了个带有佛教意味的"那罗延"的名字，并且，一直由智仙抚育到十三岁；此外，独孤皇后也是一位虔诚的佛教信奉者；杨广出生后，小名阿摩，亦采自佛经。照理说，晋王杨广自幼在这么一个浓厚的佛教环境中长大，与佛学大师打交道亦是能左右逢源的。

所以，杨广抵达江都，为弘扬佛法，博得民心，他一口气就在江都城内的总管府周围，修建了四座道场。其中有慧日、法云两个佛教道场；另有玉清、金洞二玄坛，为道教道场。待佛、道之香火燃起，杨广即写信给深居庐山东林寺的智顗。在信中，杨广称智顗为师，落款处则谦称弟子，恭请智顗到江都道场传道授业。同时，还命有司将江都郊外的禅众寺，修葺一新，供智顗暂住。

那么，这位智顗究竟是何方圣贤，受杨广如此礼遇呢？

此人俗姓陈，字德安，荆州华容（今湖北潜江西南）人氏，出生于南朝豪族世家。十七岁时，因"家国殄丧"，遂在荆州长沙寺佛像前发愿为僧。十八岁投湘州（今湖南长沙市）果愿寺，授以十戒，正式剃度出家。其后北上光州（今河南光山县）拜慧思为师，日夜勤习，证得法华三昧。几经修炼与辗转后，入天台山，成为天台宗之创始人。

陈至德三年（公元585年）三月，智顗再次来到建康，先后入住灵曜寺和光宅寺，讲《大智度论》、《仁王般若经》、《华法经》等。

开皇九年正月，隋军渡江，兵临建康城下，陈主叔宝为给自己和将士提气、壮胆，请来高僧智顗和吉藏举行盛大法会，祈祷泯灾，并高喊"王气在此！"然而，仅隔一日，隋将韩擒虎便长驱直入，跨朱雀航、入朱雀门、沿朱雀大街，直捣皇宫所在地——台城，生擒了陈叔宝。僧众们亦皆作鸟兽散，智顗只好溯江而上，暂避庐山东林寺；吉藏大师东去，没入天台山中。

不仅于此，身为佛教信徒的隋文帝，知悉智顗行迹后，即于开皇十年正月十六日，修书告诫智顗大师，曰：

> 师既已离世纲，修己化人，必希奖进僧伍，固守禁戒，使见者钦服，闻即生善，方副大道之心。是为出家之业，若身从道服，心染俗尘，非直含生之类，无所归依，仰恐妙法之门更来谤渎。宜相劝励，以同朕心。

文帝言词严厉，警告智顗要看清形势，担起出家人劝善修行之责，并要与当朝皇上同心同德。与此同时，文帝还颁旨江南，"一州之内，止置佛寺二所。数外伽篮，皆从屏废"。

笃信佛教的文帝，在关内大兴佛事，可对江南为何又是另外一副面孔呢？因为他知江南佛教之盛，已远超江北。佛教修行劝善，是好事，可一旦失却朝廷的掌控，其后果将不堪设想。而尤其是江南佛教界首领，与前朝渊源深厚，所以，平陈战事甫一结束，他就先打高僧智顗一个下马威。

凡此种种，对智顗大师而言，隋军攻破建康，使他远遁庐山，紧接着又受到文帝追加的警告，使他不仅记忆犹新，更心有余悸。所以，对晋王杨广的盛情邀请，他的内心还是存有戒惧，于是回信婉言辞谢。

智顗不肯来江都，对统辖大江南北四十四州的总管杨广来说，失望之情，可想而知。智顗是江南人望最高的第一名僧，如果不能使他心悦诚服地归顺大隋朝廷，那么，杨广对江南的怀柔方策，便将大打折扣。所以，杨广并不气馁，仍礼贤下士地鸿雁传书，再三恳请智顗光临。

书信往返多次，即使是大德高僧，亦不能太不识相。因为胳膊终究是扭不过大腿的——至高至尊、超凡脱俗的佛教，也不能没有朝廷和官府的帮衬而独立生存。

智顗大师终于表示愿意接受邀请，但，仍深具疑虑地提出四条件：一、请晋王不要期望过高，不要指望他去传授禅法；二、自己当然要保持谨慎，不过，对佛法之理解是因人而异的，难免会有得罪人的地方，对此，恭请晋王多多包涵；三、自己弘扬佛法而不阿世，亦请能体谅；四、自己在山林佛寺三十年，想回归山林时，敬请放行。

杨广阅信，对智顗所提"四条件"，一笑置之，回信表示，尊重智顗所有意愿，一如既往尊重和欢迎大师。

于是，当江南叛乱已全部肃清，社会秩序重归平静，开皇十一年十一月二十三日，杨广在江都总管府金城殿内，设千僧佛会，隆重迎接智顗大师。

佛会上，在数以千计的江南大德高僧的见证下，智顗为杨广授菩萨戒，并且，还谦恭地拜智顗为师傅。智顗为杨广取法名曰"总持菩萨"，杨广则尊奉智顗为"智者大师"。

法事毕，智顗即行告辞，请求返回故林，这使杨广分外难堪。他请智顗的最终目的，是想他能担任慧日道场的住持，以引领江南佛界。所以，竭力挽留。

智顗之所以再三推脱，不想来江都，就是不想受杨广的约束。他于是拂袖而起，说："先有明约，事无两违。"

当夜，智顗即出江都城，入住在郊外的禅众寺中。

次日，杨广致书请留，曰："待来年二月，约至栖霞送别。"

即使是特立独行的智者大师，见字，亦不能太拂这位特殊弟子的面子，便在江都郊外的禅众寺中暂住下来。

是时，江都四道场，已广泛接纳名僧高道。建康城破，与智顗同时逃走的吉藏大师，亦受杨广之邀从天台山来到慧日道场。仅入住该道场的名僧就有智脱、洪哲、法澄、道庄、法轮、智矩、慧觉、慧越、慧乘、法安、立身、法称等名僧。此外，玉清、金洞二玄坛，招纳的江南名道士也不少，最出名的有梁朝著名道士陶弘景高门弟子王远之。

晋王杨广的招贤纳士和文帝的严厉打压，看似大相径庭，其实乃殊途同归，目的都是要把江南教派纳入朝廷的掌控中。

转眼，已至开皇十二年之二月，城内的杨广给城外的智顗修书，请求师傅度过夏季后，再考虑回庐山之事，其实还是想将他网罗至自己的道场中。然，智顗去意已决。

百般无奈的杨广，也只能强作笑颜，对智顗师傅的渴求，也只能从长计议了。他于是"具装发遣"，遗憾地送别了这位特立独行的师傅。

江南，两年之内，原本势力强大的豪门士族，遭受前后两次重创，已至土崩瓦解。由于杨广的及时到来，对已身陷绝望怀才不遇的士人和佛、道人士，施以怀柔，广泛吸纳他们到晋王府及各级官衙、道场、寺庙中来，从而使杨广在江南大得人心，声望日隆。

随着江南叛乱的平息，大隋朝廷的政令畅通，加之，南方气候温暖，阳光、雨水丰沛，粮食接连丰收，从而使因战争造成的创伤，得以迅速平复。

而此一切，使年少气盛、心气高傲的杨广分外自豪。他，年岁增加了，心气亦更高更为深沉了。他因而想：自己这样不遗余力地干下去，纵有天大本事，到顶，也就只能原地踏步，一辈子当个地方王侯而已。

杨广，十三岁始，即任统辖北方边陲的并州总管。面对强大突厥的侵扰，担负着守土保疆之责。因此，小小年纪的他，即常常出生入死，与敌厮杀、鏖战。而与此成鲜明对照的是，身为太子的哥哥杨勇，却多深居东宫，身边妃子、姬妾成群，享受着天伦之乐。自打那时起，羡慕之余，亦感自己生不逢时，为啥最先出生的竟是勇，而不是自己？于是，一股做老大的非分之想，亦便油然而生。如果说，那时节，他的身边有王韶、李彻，一文一武两位德高望重的人物为自己保驾；平陈之役，有长史高颎作军师。那么，今则完全是凭一己之力，扭转江南乾坤，使之蓬勃发展的！当下，王府内，文臣武将云集，他要谁干啥，属下即会立马听凭调遣，一呼而百应之。

于是，一个郁积心头很久的想法，便如窗纸一般，一捅即破——他要取而代之，做当今的皇太子！

不过，想归想，要真正实现此一梦想，谈何容易！太子杨勇仅比广年长二岁，过的多为养尊处优日子，身体好得很。长幼有序，没有特别让世人信服的理由，要改变立嫡长子为太子之成法，几乎是不可能的。历朝历代，亦曾多次演绎过弟弟企图取代哥哥为太子事，但多以失败告终，且后果极惨。

常言道，一个好汉三个帮。自己纵有三头六臂，这种事，如果仅凭一己之力，显然是达不到目的的！

杨广把王府内的知己在心中逐一过了一遍。他首先想到的是担任扬州总管府司马的老臣李彻。此人武艺高强，处事沉稳，杨广十三岁担任并州总管，父皇就选定他为总管府司马，总领军事。平陈战中，李彻亦为帅府司马，并与行军长史高颎通力合作，为灭陈立下汗马功劳。此公，为人正直，他当然忠于自己，不过，他亦同样忠于皇上。然，此事在初议之际，是连皇上也不能透一点风的！况且，李彻与高颎过从甚密，高颎若知其事，父皇亦必知晓。所以，此事不仅不能指望李彻为自己出力，还不能让他获知有关任何信息。晋王府中，有一批才华出众，又绝对忠于自己的江南籍谋臣。但他们对朝廷的人与事则一无所知，想用都用不上。杨广思来想去，心里倏地蹦出个叫宇文述的人。

宇文述性情恭敬谨慎，稳重少言。前朝周武帝对他就十分信任，命他为左小宫伯，担负着警卫宫廷的重责。尉迟迥叛乱时，他曾在行军元帅韦孝宽帐下任行军总管，因功，官至上柱国，后在并州总管府帐下和李彻一起抵御过突厥，尤在平陈之际，当贺若弼、韩擒虎渡江得手，分别包抄建康时，宇文述以行军总管身份，率军护卫行军元帅过江，进驻六合，二人自此遂成莫逆之交。宇文述的年龄与皇上不相上下，但对晚辈的晋王仍是毕恭毕敬，惟命是从，侍候得细致入微。

而且，杨广在与宇文述的几度交往中，觉得他不仅有勇，且还有谋，尤对朝廷和宫内的人、事，十分谙熟。当说到某人时，他对其为人、秉赋及佚事，竟能如数家珍，一一道来。

杨广于是上奏皇上，以加强江南军事实力为由，请求将安州（今河北定州市）总管宇文述调至寿州任总管，并兼寿州刺史一职。

只要有利江南安定和发展事，文帝没有不同意的。

却说，宇文述到达寿州任上的第二日，只带几名侍卫就不辞辛劳地前往江都拜见晋王。

开皇八年年底，宇文述以行军总管身份，随行军元帅杨广曾来江都巡视。其时，大战在即，江都城内尽是军人，气氛紧张。而此次，城内络绎不绝的人流则尽是买东西的庶民和卖东西的商贩，市场极其繁荣；再入扬州总管府，更为府内殿宇之豪华气势震撼；不过，细观府内进出之员属，皆是一张张陌生面孔……凡此种种，此总管府与当年的行军元帅府，则完全是另一番模样了。此次，宇文述自接皇上诏令，即感突然。他想：江南叛乱已然平息，并不缺驻守之精兵强将，晋王咋还惦记着自己呢？

果然，晋王见到宇文述无比欣喜。其时，适逢司马李彻过江调停江防之事，杨广便屏退左右，将宇文述引入一间密室。

宾、主坐定，杨广即问："宇文公是何时抵达寿州的？"

"昨日方到。"

杨广稍感不安，说："您已是上岁数的人了，何必赶得这急嘛。"

"没办法，此乃行军打仗养成的习性。"宇文述顺势拨转话头说，"只是，而今江南已是国泰民安，即使有人不甘心，仍思造反，亦恐无此贼胆了！再说，这边人才济济，下官到此，不知是否能为晋王所用。"

"若仅从表面看，今日江南确已风和日丽。不过，两年之内，江南全境就打了两次大战，要抚平战事造成的创伤，却还有许许多多事要做哩。而公之能力，则远不止是在用兵打仗上。"

"哪里，哪里，晋王过奖了！"

杨广随即故意把话岔开去，即问："公觉这座大院咋样？"

"气派！此确是名副其实的王府，与当年的帅府简直没得比！"宇文述是个听话听音的人，他联想起，当韩擒虎和贺若弼分别围攻建康城、陈朝宣告灭亡，自己陪护晋王过江，把帅府迁往六合时，这位少帅曾发出过生不逢时的慨叹说，"华夏一统是件大事，可咱只不过是为他人作嫁衣而已"。宇文述因而道，"刚才进府，咱看得眼花了，就问了一下带路的官员。他说：前面的殿宇都属扬州总管府，后院才是晋王府。咱看，此前后二院，殿宇林立，若与大兴城的东宫作比较，恐也相差无几了。"

"此说差矣。"晋王摇头说，"首先，此一偌大院落，非我所造，咱不过是坐享其成罢了；其二，东宫造得即使比这座王府差，可那里面住的是真正的皇太子，他日后是要登基做皇上的。咱住的府邸再雄伟，也还是个据守一方的侯王爷。"

"如此说，那是没得比的。"宇文述只能就话找话说，"此江南半壁江山，是晋王您打下的，如今又是您在打扫战场，对它进行治理。日后，太子做了皇上，能不论功行赏，拜晋王为宰相？"

　　果然，晋王见到宇文述，无比欣喜。其时，适逢司马李彻过江调停江防之事，杨坚便屏退左右，将宇文述引入一间密室。

"屁！"杨广愤愤地道，"即使做了宰相，还不是为人作嫁衣裳拼死拼活做苦力吗！你看太子那德性，心地狭小得如针眼儿一般细。届时，他不把咱惩死就算好的！"

宇文述吓了一跳，一时竟无言以对。

一阵沉默过后，杨广突兀地道："你看，咱做太子如何？"

"晋王——你？"宇文述只觉心惊肉跳。

"咋地，是不配吗？"

"不……不是不配……"宇文述极力压制着惊恐情绪，说，"若凭本事，晋王自是没得说的。只是这太子，不是凭本事大小决定的呵！"

"这个，咱自然知道。"杨广亦像是在摆说家常，随口道，"不是有句话叫作'事在人为'吗？"

"话虽如此。"宇文述说，"可此事非同小可哩！别的不讲，首先，皇上、皇后能同意？况且，还有宰相、重臣此一关，亦难通过呢！"

"确是如此。"杨广点头道，"公说的难关，咱都想过。为啥将公召来？就是要有一个、甚或几个志同道合者作商量，把难关变成通途。比如说，咱若把此想法告知李彻大人，他不仅不会帮忙，还会极力反对。不过，各人的想法并不都是一样的。比如说父皇，其遵循法统，亦可能不会同意让咱做太子。但母后则未必如此，她很可能会如我所愿嘞。母后如果想让咱做太子，父皇的态度能不能随之转变？有的重臣一时难于转弯，但，日子长了，肯定也会存在变数。如此这般，可见事在人为那句话还是有道理的。"

"确如此。"宇文述亦顺着晋王的思路往下说，"嗯——如果皇后皇上的想法有变，那么，宰相和大臣则更有文章可做了！有意思，有意思……"

"噢？"杨广眸子跳火，用灼灼的目光盯住宇文述，以待他把话继续说下去。

宇文述为晋王灼热的目光所感染，便一字一顿、娓娓道来："晋王说，皇上皇后的想法，都有可能不尽相同，都有可能改变。那么，宰相和重臣的想法，就更难说会是一样的了。高颍、苏威是文官，他们可能会死抠老祖宗传下之成法，并加以反对。咱看，目下很得皇上信赖的越国公杨素，就难得说了。尤其是，有朝一日，当越国公摸清皇上皇后的风向真正变了，他亦会跟着变的。军人嘛，攻城拔寨，只要能达目的，无所不用其极，不会那么抠死理的。"

"对，对！"杨广高兴得手舞足蹈起来，他确实遇到了一位知音。

宇文述继续说："不过，此事千万不能急，心急吞不下烫汤圆——须慢慢在这个'变'字上下工夫。不仅要改变皇上皇后和宰相的固有主张，还要使江南变得更富庶，更康泰，使皇上和大臣皆觉晋王与太子就是不一般。"

"嗨，宇文公，您说得太对了！'变'，靠人为，就是事在人为嘛！"杨广拊掌道。

其实，宇文述的话还没说完，就被晋王的插话打断了。他见杨广一脸得意之色，便索性住口，啥也不说了。

晋王此才会意，忙道："请公继续往下说。"

"还……还有一事，须变……"宇文述的话被打断，一时反觉不知从何说起了。

杨广鼓励道："说吧，公，但说无妨。"

"那就是，这座王府也须变一变。"

"哈！此言可真是说到咱的心坎儿里了！"杨广说，"咱正愁不好办！把这座大院拆掉重建吧，肯定会遭人诟病。这么新，这么讲究的一片殿宇，把它拆了，不是吃饱了撑得慌吗？不拆吧，住在里头，亦是提心吊胆。父皇和母后迟早会知道，他们会指斥咱只知贪图享受，或是有意与太子攀比。"

"对了！问题就在此处！"宇文述说，"朝廷老臣，谁人不知，皇上一生奉行勤政和节俭。他认为此是永葆江山的法宝。他才不管此屋原先是谁建的，你心安理得居于其间，就是犯了圣上的大忌。"

"公觉应如何改变此现状？"

"变，其实也很简单。先把各殿珠光宝气的饰物统统摘除，除朱红大门和朱红梁柱而外，内里花里胡哨的纹饰、图画，统统刷白，外墙则一律刷成灰色。这样，所有殿宇只剩红、白、灰三色，不仅朴实无华，亦不失王府之威严庄重。不过，下官所说的变，还在于要改变府内人的成分。”

“公，所言极是！宇文公今为咱解了一个心结。”杨广说着，倏地收敛笑容，“不过，公既参与其事，可是要担待杀头风险的。公不知是否有此考虑？”

“士为知己者用嘛！晋王千里迢迢把末将召来，是看得起咱宇文述。述以死相报，当在所不辞！”

几日后，总管府司马李彻从江南腹地风尘仆仆地返回江都。他忍受着身体的不适，向晋王述说公事。这位年近七旬的老臣，忠心耿耿地辅佐杨广已整整十年。

杨广心不在焉地听着，忽然心生一计。待李彻把事说完，即关切地对他说：“司马劳苦功高，家眷又不在此，晚辈于心不安咧！这样吧，咱准您回京师治病，休养三月。届时，您觉得身体还行，愿来即来，想在家中颐养天年，亦成。”

李彻闻言，感激涕零。

于是，杨广将李彻回京师养病事上奏父皇，并建议将为守母丧出缺一年多的张衡召回江都，顶替李彻司马出缺。

文帝对晋王的建议不仅照准，还下诏改封李彻为城阳郡公，回京师治病。

李彻去职，张衡即到。此人原先在晋王总管府任府掾，此次升任司马，顺理成章。一直以来，张衡即是晋王无话不谈的心腹。

第七十九回

得意忘形苏威平步落马
息武兴文杨广暗自增兵

开国重臣李德林死了！朝野为之惊愕！他死在自己最后一个职位——怀州（今河南省焦作市沁阳）刺史任上。

在隋朝，李德林可不是个寻常人物。皇上一些重要诏诰，多出自其手。那些诏诰的文词流畅、优美，竟成当朝不少官员、学子争相颂读和模仿的范本；李德林学识渊博，且不墨守成规，朝廷的诸多重大举措，皆绽放出其智慧光芒！

首先，有人要问，这么一位了不起的人物，咋会从内史令的位子上，被贬谪到怀州去做刺史呢？说来说去，与他和文帝间产生的一些琐细个人恩怨密不可分。

北周末年，文帝言听计从接受了李德林的意见，一步一步，终于登基做了皇帝。接着，在朝廷颁布的一些新政上，李德林出谋划策，再立新功。作为报答，文帝把抄没叛将王谦的大宅赏赐给了李德林。殊不知，独孤皇后知道此事后，要把那片宅子赏给自己的舅舅。于是，文帝只好安慰李德林说："皇后想把那宅子给她的舅舅住。这样吧，你可另点一处空宅。如果没有看得中的，朕给你盖一新宅作补赏。"

于是，李德林在僚属的指点下，奏请皇上欲取叛人高阿那肱在卫国县的一片店铺，以抵王谦宅子。文帝立表赞同，此事发生于开皇初年。但万没料到的是，事隔多年，文帝一次巡视卫国县时，当地有人上表说：已归李德林所有的那片店铺的土地，原是他的。但为高氏强夺，盖了店铺用以出租。文帝听后，立命有关主管部门估算土地价值，偿还给原土地主人。

此事，本可就此了结。没承想，与李德林意见经常相左的苏威却插嘴说："高阿那肱是乱世宰相，因谄媚得宠，倚仗权势夺取百姓土地，建造店铺出租。李德林则是欺骗皇上，妄奏得利。"

此言一出，文帝当即斥责李德林，令他将店铺一同归还原主人。李德林则奏请皇上，核查原有产权契约和调查店铺的来龙去脉，再做断决。文帝不允。

就其内里，皇上对李德林等一些学识渊博、才能出众的文士出身官员，一直以来就是既赏识又猜忌，如今发现儒雅清高的李德林竟然也难脱浊尘，自是有些厌恶了。

没过多久，虞庆则等赴关东巡视回京师，上奏道："五百家立一乡正，专管当地诉讼，此一制度，有失公允。因都是邻里乡亲，有些人拉帮结派，暗中贿赂执法人，以致不能公允处置当地发生的纠纷。"

文帝下令废除此一制度。

李德林于是借机上奏说："此制初拟，臣下就觉会出此类弊端，不可实行。可是，有人偏要坚持。今设置不久，又要废除，致使朝廷政令朝令夕改，出尔反尔，太不慎重。"

李德林此语一出，文帝大为恼怒。此制当时是由苏威提出，李德林反对，但为文帝拍板颁布。当下，问题既已明了，证明李德林当初的反对是对的。可李德林偏偏得理不饶人，还说什么已定之举措不应朝令夕改，出尔反尔。此不明明是与朝廷作对，给皇上难堪吗？

文帝于是暴怒道："公为内史令，朕之重臣尔，可咋把自己等同于一般袖手旁观者了呢？朕提倡以孝治天下，恐怕孝道废灭阙失，才立五教弘扬它。公竟说，孝是天性使然，不用过分强调。那么，是不是说，孔子也不该解说《孝经》了？公还以欺骗手段谋取店铺，此亦是正人君子之所为？

朕对公早已愤怒至极，一忍再忍，只是为公留点情面，没有爆发而已。事到如今，朕只好用一个州来安置汝，望公能好自为之。"

李德林便由此被贬谪到了怀州。

李德林到任之时，适逢怀州大旱，即组织当地民众挖井抗旱，但却没有取得显著成效，徒然劳扰民力，自己亦心劳力拙，仅一年多光景，便死于官任上，时年六十一岁。

文帝闻听李德林死讯，下诏：追赠李德林为大将军、廉州刺史，谥号为文。将下葬时，诏令羽林军百人，鼓吹乐一部，参加葬礼。并赠各色帛三百段，粟千石，以太牢（牛、羊、豕三牲齐备为太牢）祭祀。

李德林失势，直至去世，使苏威扬眉吐气。苏威出身名门，本人亦是才华出众之辈。他做事专心，尤擅处置一些繁杂之实事，政绩自是斐然。久而久之，他便养成了自以为是、舍我其谁的秉性。不过，无论是在文才上，还是在远见卓识上，苏威都还是赶不上自己的父亲苏绰，亦赶不上同僚李德林。但是，苏威本人却不这么看，他总觉得自己文才不输李德林，在治政上更高于李德林。有了此种认识，两位重臣间的矛盾就不可避免了。

不过，无独有偶。就在李德林的丧事办过没几日，一场意想不到的灾祸便降到了苏威身上。而此一事件，竟是由他的儿子苏夔引发的。

苏夔亦如其父苏威，自幼就很聪颖。不过，他不像父亲和祖父那样，都官至宰相，成为皇上的左膀右臂。苏夔从小爱好广泛，尤喜音律，常与一些喜好此道者聚在一起，以研习音律为乐事。京师一些附庸风雅之辈，亦蜂拥跟随，对其追捧有加。皇上知道苏夔有此特长，就让他做了执掌音乐、祝寿、供奉、天文、历法的太常卿。

其时，朝廷正组织有关官员制定一部正统音律，以取代沿袭前朝的旧律。苏夔到任后，便废寝忘食投入其间。平日，苏夔所提建议，其他官员都言听计从。唯独参与其事的国子博士何妥对苏夔的某些论调、主张，存有异议，且常唱反调。于是，苏夔、何妥各持一见，各唱一调。

不过，堂堂大隋，当然只能允许一种正统音律行世。何为正统？两种论调，相持不下，都认为自己制定的音律是正统的。主管此事的礼部，只好把各自制定的音律，由乐工各奏一遍，让百官评说。然，朝内十有八九的官员都看在苏威的面子上，表态赞同苏夔制定的音律，并认定其为正统。

这下，可激怒了年事已高的何妥博士。他愤怒地说："咱读书四十余载，闻听历朝历代四腔八调，反倒受屈于一个不谙世事的毛头小子！"

已近耄耋之龄的何妥，早就看不惯苏威颐指气使的做派，于是言之凿凿向皇上写了一封密折，控告苏威与礼部尚书卢恺、吏部侍郎薛道衡、尚书右丞王弘、考功侍郎李同和等，结为朋党，还告他用不正当手段使其叔伯弟兄做官等诸事。

文帝最为忌惮的就是朝中臣下背着自己拉帮结派。所以，他严格限制一名官员在某一职位上干的时间过长，总是将官员们遣来调去。

此时，苏威官至尚书右仆射，是仅次左仆射高颎的朝中二号人物。加之，他还身兼数职，在朝中一呼百应，其实际威势则早已盖过高颎。

文帝阅完何妥密折，即把高颎召来，问他如何处置此事。

高颎看罢折子说："何大人见众臣多趋炎附势，生气地参了苏仆射一本，情有可原；苏仆射呢，管的事多，不周全和本人不够检点之处亦在所难免，近一二年，架子也确实大了些。这样吧，臣下今晚登门拜访何老，让他消消气；圣上则把苏仆射叫来，敲打敲打。"

"噢？就这么不了了之啦？"文帝拧眉道，"那不行！"

文帝眉头一拧，就表明是真的生气了。

高颎解释说："臣下建议这么处置，并非和稀泥。华夏统一至今，目下才算真正安定下来。何妥这折子，雷声大，雨点小。若说苏威是故意结党营私，恐还算不上。不过，如若较起真来，牵扯的人恐不少在少数。臣是担心，天下刚刚安定，朝内却生出大乱，日后收拾起来，麻烦多多。"

"防微必须杜渐。亡羊补牢，正当其时。"文帝不以为然地说，"汝这么做，分明就是和稀泥，日后，必将后患无穷！"

"臣只是想，天下祥和，太平盛世，来之不易。朝廷上下，都还盼着圣上登山封禅呐！"

"卿别扯远了！"文帝固执地摇了摇头，说，"朕，何德何能。难道灭了个小小的陈国，声名远播，天下就堪称盛世了？朕亦藉此即能封禅名山了？国泰民安，更要倍加警惕。否则，看似风平浪静，也会把船撑翻的。"

为此，文帝撇开高颎，派四子蜀王杨秀和上柱国虞庆则领衔彻查苏威。

结果，何妥所指各事，并非空穴来风，都有相关事实为证。比如说，苏威不仅重用礼部尚书卢恺，还将他引至自己府中任参军；再如，吏部侍郎薛道衡在任命官员上，常听苏威指使，二人在诗上，你来我往，相互酬唱，惺惺相惜之情，溢于诗的字里行间；还有，在官衙中，苏威对王弘勾肩搭背，常以世子相称等等……凡此种种，事情说大不大，说小不小。

接着，文帝上朝时，突然把《宋书·谢晦传》中论及朋党的事摘出，命苏威在大庭广众中朗读。

苏威原先只是感到把礼部尚书卢恺私下弄到自己府中作参军，身兼公私二职，殊为不妥。而任命自己兄弟做官，则都是经皇上首肯的。皇上一直把自己引以为股肱，不会作出对自己不利的决定。而所谓彻查，亦不过是摆摆样子，做给众人看的。可目下看到圣上摆出此架势，方知大祸临头了！

苏威顿时冷汗淋漓，往日口齿利索的他，磕磕巴巴地将《谢晦传》皇上指定的内容念完，即恐惧地摘下官冠，叩头请罪。

文帝则不为所动地说："卿今日方知有罪？为时晚矣！"

于是宣布免去苏威所有官爵，以开府身份放逐家中，闭门思过。

与此同时，朝中有百余官员受苏威案牵连获罪。其中，吏部侍郎薛道衡被流放至岭南。

苏威一案，使朝廷上下为之震撼。不过，包括苏威本人在内，没一获死罪的，有的仅作降职留任处理。因而，不仅没有出现高颎所担心的使京师官场大乱，反而是文帝藉此更加收紧了权责，稳固了自己的地位；并澄清了朝廷的风气，向有关官员敲了一记警钟。此可谓一箭双雕之举。

苏威获罪免职事，传到江都，使晋王杨广极为兴奋。一是，江南人对苏威编写并坚持推行的五教极为反感。江南叛乱发生后，连皇上都不再坚持在江南硬性推行此道，但尚书右仆射苏威却仍没完没了。他认为江南人缺乏教养，才导致对五教产生反感，所以，更应将五教贯彻执行。身为地方官的杨广，执行不是，不执行也不行，处于两难境地。二是，在日后的废、立太子事上，显而易见，苏威若在朝廷，必站在高颍一边，两个仆射一唱一和，必成一大难以逾越的障碍。

此外，杨广还获悉薛道衡亦受苏威案的牵连，将被流放到岭南去，这可是个截获此公的大好机会。说来说去，喜欢舞文弄墨的杨广，对诗才横溢的薛道衡还是很在乎的。他于是当即派人赴京师给薛公递信息，要他前往岭南时，取道江都，届时，杨广将上奏文帝把薛道衡留在自己身边。

杨广被任命为扬州总管时，文帝考虑到薛道衡在江南名士中有较高威望，曾建议儿子招他至麾下，但杨广不要。可目下薛道衡成了罪臣，他又为何反而求贤若渴了呢？

然而，这就是杨广。其实，在他心目中，早就暗自把薛道衡的诗文与江南名士的诗文作过比较。杨广认为，薛公之诗文除构思精巧而外，还特别隽永，读来意味深长。而江南名士之作，则往往细腻、华丽有余，与薛诗相较，则多显肤浅，华而不实。不过，心高气傲，虚荣心极强的杨广，当父皇建议让薛道衡作他的幕僚时，他因不喜自己做出的业绩被误认是别人的功劳，而拒薛公进入他的总管府。当下则不同了，薛公是以罪臣身份被自己收容，自己则成搭救薛公的恩人。

这日，天已全黑，宰相高颍才拖着疲惫之躯乘车返回家门。

下车时，他听有人喊了声"父亲"，抬头看时，只见二儿高弘德躬身侍立于门檐的灯笼下。

高颍愣了一下，随口说："唔，回来啦。此次有几日住吧？"

"恐怕明日就得回去。"

高颍没说什么，步入大门，径入房内。跟在后面的高弘德从仆人手中接过一盆洗脸水，端入房，搁在洗脸架中。

高颎洗面，看了儿子一眼，问："啥事，这么急着就要赶回去？"

在晋王总管府任记室的高弘德，这才说出是晋王派他回京师，劝说薛道衡流放岭南时，取道江都，欲留他于晋王府的事。

"好事，好事！"高颎忙问，"你去了薛伯家没有？"

"咱一回京师，就直接去了薛伯家里，可被他一口谢绝。"

"为啥？"

"薛伯说，前两日，汉王已邀请他取道江陵去岭南，那样，走的是直道。"

"嗨，这个死心眼儿的薛道衡！"高颎把揩面的布巾往盆中一甩，问，"你对薛公说明没有？晋王是要把他留在江都的。"

"咱当然不好直统统地说出，但意思是再明白不过了。他应该听明了咱的意思。"

高颎气得直跺足，立刻叫人备车，并说不在家里用晚膳了。

高颎赶至薛家，使薛道衡大吃一惊，连道："罪过，罪过！"

"你要走了，道个别，这有啥好大惊小怪的？"

"咱戴罪在身。你是朝廷重臣，这种时候，还是谨慎点好。"

"此没啥要避嫌的。"高颎立即说，"听弘德说，晋王有意邀你去江都，被你拒绝了。"

"是因汉王已有言在先呢。"

"这还不好说，去信给汉王解释一下，不就结了。"

"既答应了人家，又反悔，恐不好吧？"

高颎没了言语，一时之间，客厅更显空寂。

"薛公，乃真君子也！"高颎忽然感叹道。"公比咱活得有骨气。"

"哪里，哪里。"薛道衡说，"您是做宰相的人。人说，宰相肚里好撑船。您要能屈能伸，甚或逆来顺受。咱比你散淡，没那么多顾忌。咱不想去江都，并不是要表白自个多么有骨气，实是受不了晋王那股子颐指气使。晋王自幼就极自负，不喜身边有师傅指指点点。皇上为他配的王韶和李彻，一文一武，都是德高望重者。且二人对他忠心耿耿，可晋王曾在私下对咱说，两位大人把他当小孩一样管束，使他不胜其烦。您曾作过他的长史，想来更有体会。咱这么一把年纪了，只能如奴才一样，围着他转，何苦来呢。与其这样，真还不如去岭南安享'清福'呐！"

其实，高颎哪有不了解杨广的。想当年，高颎随韩擒虎攻入建康，杨广也是指派儿子高弘德来和自己打招呼，要求为他留下张贵妃。高颎其实是为他好，怕乱了军纪，而将张贵妃杀了。据说，晋王为此事，还一直耿耿于怀。再就是，他对贺若弼亦太过分，自己仅在中间说了几句公道话。不久，即有晋王府官员密告高颎有谋反意图，虽不能证实那密折就是晋王授意写的，这事却以不了了之而告终，令人感到心寒与疑惑。

高颎叹了一口气，对薛道衡说："你比咱岁数大，到那偏远之地，可要多多保重。"

"不碍。"薛道衡反倒不以为然地道，"有人说，岭南是瘴气之地，易生病。但，也有人说，那地界山清水秀挺美的。"

…………

高弘德不敢耽搁，迅速赶回江都，向晋王报说：薛道衡已应汉王之邀，取道江陵赴岭南了。

晋王看了高弘德一眼，啥话没说，就让他退了下去。

杨广刚愎自用，确如薛道衡说的那样，不喜别人对他指指点点，却喜既有心计，又能对他唯命是从的心腹。经过一番不动声色的调理，他身边有了宇文述和张衡两位无话不说的亲信。

一次，三人聚在一起，商讨如何暗中扩充江南军力。宇文述提出："现任蒋州（隋文帝灭陈后，改建康为蒋州，今南京市）总管的郭衍是咱至交。他不仅可以信赖，而且挺能干，可将他纳入'自己人'之列，让他不显山不露水地在江南一带扩充军力。"

张衡也说："郭衍口紧，人称闷葫芦，是个可以信赖的人。并可将他调得稍远点，就更不打眼了。"

晋王只知郭衍会打仗，对他过往知之并不多。

　　宇文述于是向晋王作了如下介绍：一、郭衍年轻时即勇武过人，周武帝灭齐，郭衍充当先锋，并随武帝平定了并州。二、尉迟迥发起叛乱，郭衍和宇文述一样任行军总管，随韦孝宽行军元帅在武陟并肩作战，一直打到相州。尉迟迥兵败后，郭衍率一千精悍骑兵，击败尉迟迥侄儿尉迟勤赶来增援的军兵。三、郭衍曾秘密劝说文帝杀掉北周王室各位王侯，逼周尽早让出王位，而深受文帝赏识。

　　晋王听到二人介绍，即命宇文述暗中接触郭衍，试试他的态度。

　　不久，郭衍赴江都晋见晋王。杨广在晋王府置酒招待他。

　　郭衍善打仗，平日言语不多。可是，这日，几杯老酒下肚后，倒是闷葫芦先开口。他说："宇文大将军告诉咱，说晋王您想做成一件大事。"

　　"想是想，不知最后是否能成事。"杨广执壶，亲自为郭衍斟酒，用眼乜斜着他。

　　"凡事，都是先要有想法。至若能否事成，不是有句老话叫成事在天吗？"

　　"说得好！"杨广赞赏道。随即转而问，"若以您之见，咱目下方才起心，是否稍嫌晚？"

　　"不晚。只是迟做太子而已。"郭衍呷了一小口酒，又说，"您做太子，其实是命中注定。"

　　"噢？"杨广闻听此言，反生疑惑，觉得这个五大三粗的军汉，太会迎逢，心中太没城府。于是虚与周旋道，"何以见得？"

　　郭衍说："去年，在下配合杨素总管扫灭江南叛贼后，回了一趟老家。"

　　"此事咱记得。"杨广说，"您当初向咱告假，说是要回乡为母迁葬。"

　　"对，就是那一次。其时，咱还从京师请了庾季才先生去看了风水。临别，季才先生把咱拉到一边，叮嘱说，你在晋王手下可要好好干，日后会跟着大富大贵的。咱即道，大富，难得；小富，亦不过如此吧？他摇头说，咱没领会他的深意。此时，他才向咱道出，圣上曾在开皇初年，即请季才先生为五个儿子看过相。其中二儿杨广之相，最是贵不可言。"

　　"呵？"杨广闻言大惊，"真有其事吗？"

"此事，晋王自己难道不知？"

"父皇请人为咱弟兄看相，不止一次，亦不光只请过季才先生一人。不过，谁的命相如何，父皇则从未向众兄弟透露。且，命相大师之言，亦多是茶余饭后的谈资吧，不可全信。"

"那倒也是。"郭衍又说，"不过，仅凭本事，这太子之位，亦应该是您晋王的！"

"问题就在此处。"杨广说，"历来传位，只传长子。所以，此事弄得不好，是有杀身之祸的。郭将军，可要想清楚了！"

"末将戎马倥偬三十载，反倒觉得，为晋王做此帮衬，并无甚风险。"

"嗯？"杨广再次睁大了眼睛。

"次子越过长子做太子，确实不容易。不过，退一万步说，即使没成大气候，以您目下状况看，也坏不到哪里去，更遑论会有啥风险。"

"嗯？"晋王听话听音，却没明白郭衍的意思，于是以征询的目光注视着他。

郭衍进一步解释说："届时，咱大不了就顺势占据江南和淮南，恢复梁、陈旧制。那时节，皇上要么已经不在了，若在，已是垂垂老矣！以您的实力与能耐，谁能扳倒您？"

"嗨！郭将军此言真是妙到极点。这么一来，咱进、退亦都游刃有余，的确没啥可提心吊胆的了。"

"只有身处江南，才会真切感到此地确是个有灵性的好地方！"郭衍几杯老酒下肚，话亦滔滔不绝，"晋王要做的事，来日方长。当下，我等只须把江南治理好，把兵马养得壮壮的、多多的，就没有啥好怕的，亦没啥事是做不成功的！"

"就是这个话！"杨广目视郭衍，见他胡子拉碴，貌不惊人，可肚里竟能吐出一串又一串比自己身边江南才子更动听的妙语，实是奇人一个！他于是道，"宇文将军和张衡司马都说您是一只寡言少语的闷葫芦。可今日竟是口若悬河、妙语连珠呵！"

"得罪，得罪！"郭衍忙说，"是……是大王之酒太美了，末……末将喝……喝高了……"

郭衍返回蒋州时，晋王对他赏赐颇丰。

接着，杨广报请朝廷，将郭衍升迁为管辖周边数州的洪州（治今江西南昌市）总管。

不久，郭衍即谎报军情，说南边俚人行止异常，有谋叛迹象。心领神会的杨广接报，立即将此"军情"上奏朝廷。

文帝下诏，令洪州总管府扩充军备，加强对所属府兵的训练，只要发现异象，应严加处置。

郭衍领旨，即率军队虚张声势地往南走了一遭。回到洪州后，藉此加紧打造铠甲、兵器，扩充府兵，并对辖下兵丁就地实行屯田。

接下来，扬州总管府司马张衡亦奉晋王之令督导江南各州仿效郭衍屯田，以保各州军兵自给。

而与此同时，晋王对江南实施的怀柔方略和朝廷对江南免征十年税收，亦见成效，江南不仅复归平静，原先以各种方式隐藏于高门大户的人丁，亦纷纷与主家解除了主从关系，分得了田地，还有从北方迁来的移民，一时之间，使得地广人稀的江南人气大增。

此外，在此期间，晋王杨广亦从未中止与智顗大师的联系。智顗大师也当然不会忽视利用晋王的权势、金钱来振兴佛事。

智顗离开江都，还在路上时，即与杨广写信说："近年寇贼交横，寺塔烧烬，仰乘大力建立将危"云云，希望杨广帮助修建恢复残破了的寺庙。

杨广立表同意，回信说，"废寺同于火宅，持钵略成空返，僧众无依，实可伤叹"。

而当智顗回到庐山，又给晋王写信诉说：山下伽蓝偏近驿道，行人归去颇成混杂，请求晋王下令东林寺旁，"永禁公私停泊"。

杨广接到信后，即派有司去当地州府交涉，请当地衙门下令，公私车、轿，一律禁止在寺旁停歇。不仅如此，杨广还常派官员赴东林寺，给僧众送盐送米，以表慰问。

江南的安定与复兴，使文帝甚感欣慰，一再下诏，表彰晋王。

然而，开皇十二年，对朝廷来说，注定是不甚平静的一年。

是年，十一月，平陈功臣、上柱国新义郡公韩擒虎从凉州总管府任上回京师述职。皇上在内殿赐宴，恩遇礼待特别优厚。

擒虎宴罢，回到自己府上。

邻家妇人看到擒虎门前仪仗、卫队非常盛大，有如君王，即惊异地问道："是何王爷驾到？"

其间，有个看热闹的小后生做出凶神恶煞状，说："阎罗王也！"

不料，这句玩笑话被擒虎家里人听到，生气地要打那不晓事的小后生。

擒虎拦住说："生为上柱国，死为阎罗王，斯亦足矣！"

擒虎回到家中，当夜起病。仅几日，这位威名赫赫的大将军就去世了。享年五十五岁。

第八十回

设赌局杨约受贿出奇谋
遭大旱文帝封禅了心愿

正当杨广大刀阔斧整治江南乱局，并在暗中扩充军备时，朝廷传来越国公杨素取代苏威升任尚书右仆射的消息。其时是开皇十二年的十二月。也就是说，杨素在朝中的地位，已仅次高颖。如果从近年皇上用人的情况看，杨素的实际地位，已超越了高颖。

而就在此刻，端坐寿州总管府，极善窥测朝廷风向的宇文述，在得知杨素升任宰相的消息后，便欣喜若狂地在心中盘算起来。他想：有朝一日，如能给越国公递个信息，使他也站到晋王一边，那么，废、立太子事，朝中如遇梗阻，只须他搭上一臂之力，必能迎刃而解。而且，当下边境无战事，朝内有可能坏晋王事的苏威，已回家做了寓公，而越国公则成朝中除高颖而外的举足轻重人物——此机会，真可谓千载难逢！

宇文述于是立即启程赶往江都，建议晋王靠近越国公杨素，以待关键时刻，获得他的支持。

杨广初听，则不以为然："你的想法虽然不错，可越国公是何等精明之人，这等事，他能轻易听咱使唤？或许，你有啥能耐打动他？"

"咱直接去说，自然不成。"宇文述转了个弯，道，"不过，咱与越国公之弟杨约自幼相交甚笃。"

"那有何用？"

"用处倒是有。能管多大用，则不得而知了。但，至少不会坏事的。"

"只要能保不坏事，就不妨一试。"杨广虽年轻，但与自己的父亲一样，心很细。"你先说说，他们弟兄间到底是咋回事？"

"杨约与杨素是同胞兄弟。杨约比杨素更聪颖。可他从小顽劣，爬树不幸伤了下身，落下个终生残疾。杨素对这位弟弟十分疼爱，情同手足。而杨约则有如太史公，身残后，读书更加用功。近年来，杨约私底下竟成了杨素的军师。越国公的不少政见和主意儿，其实多是这位弟弟想出来的。咱亦可利用与杨约的私交，把废、立太子事，先说与杨约听，杨约经过权衡，若能告诉兄，杨素即使反对参与其事，亦不会声张出去的。倘若他权衡利弊，愿助晋王一臂之力，咱就在朝中多了一个得力帮手。"

"这样吧，你可先去探探杨约的口风。"杨广点头说，"身有缺陷的人，处事一般都极谨慎，想法亦会更缜密。因与常人比，他更输不起。再者，咱以往与越国公是一墙之隔的邻居，直到今日，咱与他，还是以叔侄相称呼。他即使一时不便帮忙，亦会装出一无所知状，而不会坏事的。"

"行！"宇文述见晋王采纳了自己的意见，分外欣喜。于是说，"那咱这就进京师，去探探杨约的口气。"

"杨约有啥爱好？你知不知？"

"他平日没啥嗜好，就酷爱一事。"

"女人？"

"不是。"宇文述摇头说，"他整个下体都不利索，对女人能有兴趣？他唯独喜欢金银财宝，是个见钱眼开之主。"

"此更易办到。送女人，太打眼，还容易招惹出是是非非。你带些古董玩器和值钱的东西送他，人不知，鬼不晓，不会像女人一样招惹出麻烦来。行——就这么办吧！"

杨广唤来张衡，并亲自带着宇文述打开一间仓库。仓库里琳琅满目，金光灿灿，摆满数不清的各类金银饰物和古董玩器。而且，多数珍宝都还是这位大将军从未见识过的。

杨广对他说："你挑吧，只要觉得有用，全数拿去都成。"

一时之间，宇文述可真是看花了眼。他想：这才真叫财不外露呵！偌大一个晋王府里，啥摆设也没有，但不能说晋王并不爱财咧。你说他爱财吧，这么多好东西，说声拿去送人，可也舍得。宇文述缩手缩脚，小心翼翼，只挑分量轻的、小的。

杨广却道："不要这样，拣好的沉的拿。有道是：舍不得金弹子，咋打得着巧鸳鸯嘛！"

宇文述这才大着胆子拣好的，并将宝物包装好，整整弄了一大车。接着，他以旧伤复发，养伤为名，正式请了假，将东西运回京师自己家中，命家奴取出部分宝物陈列于客厅、书房和卧室中。然后，先去杨约家作一礼节性拜访，并送两件宝物给杨约作见面礼。

杨约不日回访，陡见宇文述家满屋珠光宝气，熠熠生辉，许多宝物，竟连兄长杨素家里，也未曾见过。他于是大开眼界地说："嗨，你去南边前后加起来也不过年把工夫吧，咋地就这般发达了？难怪兄长说，江南豪族比咱这边的大户人家有钱多了。他还说，咱这边失传的善本书，他们那里都能找到。是不是这回事呵？"

"确是如此。"宇文述附和说。"嗨，咱可忘了，你是个书虫。等下回吧，咱给你捎几套善本书来。"

二人酒足饭饱，宇文述提议赌它一把，试试手气。此正中杨约下怀。他因儿时不慎落下残疾，不能像常人一般尚武，平日除在家里看看书外，开赌打发日子，是其最爱。

开始，注下得很小，宇文述连赌连输。输急了，便把家中摆设的宝物取下押上，又输了。一连输掉几件宝物后，宇文述看看天色不早了，才提议今日休战，改日再来。

杨约连得几件做梦都梦不到的宝物，喜滋滋地连说"得罪，得罪"，便坐车心花怒放地归去了。

宇文述原以为杨约尝到甜头，会不请自来的。可他在家连等数日，却不见杨约踪影。

又过一日，宇文述只好下帖请杨约前来相聚。

杨约呢？不是不想去宇文述家再赢几件东西，而是实在不好意思前往。他和宇文述毕竟是极要好的朋友。回家后，他仔细检视了赢来的几件宝物，有的不仅是成色上乘的黄金打造，还更有西周等古代皇家器物，可谓价值连城。这样的宝贝轻易落到自己手中，朋友虽未有微词，自己却还是觉得有些过意不去——"君子爱财，取之有道"，此种赢法，还是有点不妥呵！他于是不好意思再上其门了。而现在，看到送上门来的请柬，自是求之不得，乐不可支。

新的一轮赌博重新开始。一连几日，输红眼的宇文述把赌注越加越大，而每日，杨约回家时都要带走一批宝贝。于是，宇文述家中的摆设越来越少，竟至所剩无几了。

直至此刻，利令智昏的杨约，才幡然醒悟，觉得此种输赢，有悖常情。于是突然说："不玩了。"

"为啥呢？"

"再玩下去，必伤和气。咱俩毕竟是至交呢！"

"不碍。此都是咱心甘情愿的。"

"你情愿，咱不情愿了。"杨约固执地推开赌具，一把抓住宇文述说，"你以往并不嗜赌。还曾劝咱，不要玩物丧志。你说，你到底遇到啥过不去的坎儿了？有啥事，直说嘛！何必这样呢？"

杨约既把话说到此分上，宇文述也只好长叹一口气，打开窗户说亮话："确实是遇到一个很难逾越的坎儿了。不过，不是咱，是晋王。"

"呵？"杨约瞠目结舌，顿感不可思议。"咱与晋王素昧平生，亦无过节，究竟是咋回事咧？"

"而且，你赢去的所有财宝，其实也都是晋王赐予你的。因怕你不肯贸然接受，咱只好出此歪策。"

"你真糊涂！"杨约一听，叫苦不迭。"晋王是何等人物。况且，咱与他从未打过交道，凭何收受他这么厚重的礼物？不行。咱明日就把那些东西尽数奉还于你。"

　　二人酒足饭饱，宇文述提议赌它一把，试试手气。此正中杨约下怀。他因儿时不慎，落下残疾，开赌打发日子是其最爱。

"咱话还没说完呢。"宇文述也急了，忙道，"那些东西虽价值不菲，可毕竟皆为身外之物。对晋王来说，退不退还无所谓。咱只是想说，晋王确是有事相求于君。"

"晋王还有难解之事？而且，还有求于咱这个残疾人？"

"确是如此。"

"那你说说看，是何事？"

"晋王不甘心一辈子作晋王。他想在适当时候，能够做太子。"

杨约是何等聪明的人，沉吟少顷，便道："此乃真是如雷贯耳！咱明白了，晋王不是有求于我，而是有求我兄。他是想让咱去游说我兄，以朝廷重臣身份支持晋王做太子。是不是？"

"是。"

"而且，这点子也肯定是你出的，对不对？"

"对——"

杨约立即面显难色地说："可此事，你要明白，光我哥一个巴掌是拍不响的。圣上若是不同意，我哥岂不就倒大霉了？咱和我哥聊聊晋王的想法，没甚要紧。不过，要他领衔冒杀头风险，去提此议，他恐不敢，且亦没用。况且，在他之上，还有个高仆射！"

"坎，就在这儿。"宇文述说，"不过，要过此坎，还另有一位搭桥的人。"

"谁？"

"皇后。"

"天呐！"杨约倒抽了一口冷气，惊问道，"有谁敢向皇后过话呐？"

"此可不用担心。"宇文述慢慢道来，"皇后自有晋王本人说去。咱可给你透个气儿，皇后历来就偏爱晋王，不喜太子，近年更是如此。估计晋王说动皇后更换太子，只是迟早之事。皇上和皇后在我朝不是并列尊为'二圣'吗？首先由皇后说动皇上，然后，越国公再相机率众臣吁请，不就与皇上一拍即合而水到渠成了吗！"

"成！"杨约立即道，"这么绕来绕去，虽显麻烦，可合乎情理，有望成功。咱想，兄长只要确知皇上有废、立之意，他是不会拒绝晋王要求，亦会顺水推舟的。"

宇文述一听，大喜。杨约却突然拨转话题，问："晋王是否知道皇上近日的心思？"

"他远在江都，恐不知情。"宇文述注目以视，并反问，"圣上近日有何想法？是对江南的吗？"

杨约摇头说，"圣上有去泰山封禅的念想。"

"噢？"宇文述不以为然地道，"此恐为讹传。此事，咱倒是听晋王说起过。江南的叛乱平息后，圣上曾邀废帝陈叔宝同游东都洛阳。晋王闻讯，亦从江都赶至洛阳陪侍父皇。在登临洛阳城北邙山的宴会上，晋王曾亲聆陈叔宝向圣上建议封禅泰山事，而被圣上断然回绝了。"

"不错。这事，咱亦听说过。圣上拒绝陈叔宝所提建议，理所当然。可并不能说明皇上不想封禅咧！"

"此话怎讲？"

"道理很简单。陈叔宝乃一亡国之君，他说两句马屁话，圣上就言听计从，岂不贻笑大方？"

"唔——"宇文述点点头。忽又问，"既如此，越国公为何不以右仆射身份提出此议呢？"

"咱想，他有可能是在寻觅时机吧。"杨约转而又道，"兄长曾对咱说，圣上克勤克俭，日理万机，事必亲躬，为的啥？他是想做个如汉武帝那样有作为之君主，日后能名垂青史哩！因此上，他会不想封禅泰山，以向上天和普天下的臣民宣示他的丰功伟绩？由此观之，晋王若能率众提此建议，必合圣上心意。"

宇文述回到江都，把与杨约会见情形，一一禀告了晋王。

晋王听说杨约答应游说越国公杨素，并出了诸多主意，喜不自禁。自此，他对江南的治理更加上心。一方面，他报请朝廷，把一些有作为的江南士人陆续安插到各州、县做官，不仅缓和了当地官府与民间的矛盾，还使自己的权力更加牢固。另一方面，郭衍等总管的军力也于暗中得到加强和充实。

可正当杨广寻觅时机，欲回京师建议圣上东巡泰山之际，开皇十四年的五月以来，一场罕见的大旱，席卷了整个关中。地里的庄稼成片枯萎，有的几乎颗粒无收。因旱，有的江河已经断流，有的水位太浅，主要依靠漕运调入关中的粮食，全都进不来了。

关中自古被誉为"天府之国"，为京师所在地，却因大兴城及周边地区，年复一年，人口激增。加之，为拱卫京师，关内还驻扎着大批军队，而当地的粮食增长却远远赶不上人口的激增。由于水路的突然阻断，仅靠陆路运粮是绝对应付不了这场大饥荒的。

文帝派去查看灾情的官员，把庶民吃的豆屑拌谷糠带回来，呈给皇上看。皇上泪流满面，自责身为国君，却没能让百姓吃上饭，感到无比伤心。自此，他不喝酒，不吃肉，还在大兴城郊外，设坛，为民祈雨。

可是，炎炎烈日，愈燃愈炽，致使关中灾情更趋严重，有些村民连豆屑和谷糠都吃不到口了。

高仆射为调运粮食，赈济各方灾民，日夜操劳，四处奔走。文帝不忍，这才发觉身边还缺个帮自己打理日常事务的"总管"。而此总管，原是有的，那就是已被罢免的右仆射苏威。

于是，七月的一次朝会上，文帝突然对众臣说："有人讲，苏威家中金玉无数，其实是瞎猜测。朕派人查过，他家两代为相，房屋和田产则都有限，其来路亦皆有据可查，日子过得很一般。不过，其为人苛刻，心高气傲，过分自以为是，此都有目共睹。而今，其已在家闭门思过一年有余，朕因此决定让他恢复邳国公之位，出任纳言一职。"

苏威到任后，即对文帝说："今年关中遭遇大旱，并不可怕，因为关外风调雨顺，粮食丰收，只是调运不及而已。当下，可由朝廷派员统领灾民到关外就食。"

秦汉以来，灾民流徙到丰收地区觅食，称为"就食"。此行为，有时是百姓自发进行的，有时则是官府组织的。文帝觉得苏威的意见可行，决定亲自带领灾民远徙东都洛阳就食。

皇帝的车骑仪仗，声势浩大。一路闻讯赶来加入的饥肠辘辘的人群，使这支队伍越来越庞大。文帝下令，所有官员和卫士不管遇到什么情况，都不得驱赶饥民，碰到扶老携幼、拖家带口的饥民，皇家车马应避让或绕道而行。

如此一来，饥民的胆子越来越大，有的竟混插在皇家卫队或仪仗之间。看起来，原本威武雄壮的队伍就显得有点不伦不类了。不过，因有卫士维持秩序，这么大的一支绵延数十里的灾民队伍，竟未发生争食、斗殴和混乱……

就食队伍所经之州、县官衙，闻听皇上亲自率领饥民到关外就食，纷纷发动当地军民把食水、干粮送到道路两旁，自己则跪于地，以迎接皇上的到来。就食者所到之处的大户人家，则在路旁设置粥棚，用大锅煮粥，供应灾民。

消息传到江都，晋王杨广也立即组织地处江淮的军民，以各种路径和不同方式火速向中原及灾区运送粮食，以解困境。

一路上，文帝和苏威都在讨论如何解决关中用粮问题。

大隋立国之初，就碰到以长安为中心的关中大旱。当时，也闹了一阵子饥荒，使得官民不安。从那以后，文帝特别重视干旱与水患，颁布了许多发展生产和储粮备荒举措。可时至今日，一遇大旱，还是只能率领灾民到外地就食，他因而极想根治此问题。

对此，一直担任朝廷大管家的苏威说：“此事，不怪天，不怪地，只怪几年前连续打了两次大仗。一是灭陈，二是平叛，粮食储备多为兵马消耗了；加之，自隋立国以来，关内和京师人口增加太快，粮食增长赶不上人口增长；三是，外面的粮食为关隘阻隔，粮食主要靠漕运，一遇大旱，漕渠没水，外面的粮食不能入关。此外，关内也不是没一点存粮，而是不敢轻易动用，因为西边和北边一旦有事，粮草调运不及，麻烦就大了。不过，此次关中爆发的饥荒，并不十分可怕，灾民一到关外，就可得到较为充足的供给。”

不过，皇上仍是忧心忡忡，问："大隋立国已有十余载，还是一遇大旱，就闹粮荒，难道就没个改变的办法吗？"

"难。"苏威道，"关中，乃京师所在地，文武百官云集，且还要有重兵把守，光此一宗，所消耗的粮食就是个巨大数目。所以，立国之初，即有人提出要将京师迁至洛阳。"

"那不行。"文帝断然否定道，"关中，乃我朝福祉，是我中华根基之所在，岂能言动！粮食不足，今后还得靠漕运。此外，还要在关内多建几个粮仓，以应天灾。"

…………

此次出关就食，果如苏威所料。当这支庞大的饥饿队伍还没抵达洛阳时，由于各方伸出援手，饥馑便已基本解除。

文帝率饥民出关就食事，获得万民称颂，并被传为佳话。

在一片颂扬声中！文帝实实在在觉得，自己已得万民拥护，已获万民之心。于是，一个被一再搁置、至今已很少有人提及的夙愿，又萦绕在了他的心头——他要封禅泰山！

封禅，究竟是怎样一回事呢？"封"是在泰山筑土为坛，以祭祀天神，向上苍报告天子所创业绩；"禅"则是在泰山脚下扫出一片净土，在净土上祭祀土神，以向后土报功。自古以来的天子都认为，"天以高为尊，地以厚为德"、"天高不可及于泰山"，祈愿"天地交泰"。因此，封禅就成了帝王受命天下的一种神圣大典。

历朝历代的帝王对封禅，既心驰神往，又望而却步，既敬且畏。因为不是所有皇帝，想封禅了，就可去的。文帝之前，真正意义上称得起是封禅泰山的，仅二位皇帝，即，秦皇和汉武。总而言之，国家不康泰、民不聊生，不得封禅；江山社稷，四分五裂、战事频仍，不得封禅；君不圣明、醉生梦死者，当然更不得封禅……

而今，文帝一统天下，结束了华夏近四百年之乱局，而且，经过一番殚精竭虑的励精图治，国内，已显康泰；边境，安宁祥和。此是何等之壮举！然而，这位创下丰功伟业的帝王，却始终害怕上天不能饶恕自己篡夺周室的罪孽，而对封禅泰山一事，始终"羞羞答答"，难以理直气壮，望而却步。

是年岁末，晋王杨广从江都一年一度例行回到帝都述职。他携萧妃进宫，分别拜见了父皇和母后。

此时，关中和京师一带的干旱和粮荒已然解除，受灾百姓已归故土，重建家园，皇帝和皇后心情都不错。于是，某一天，在上早朝的时候，杨广上表固请皇上封禅泰山。这一次是全体文武百官尽数响应，皆跪于大兴殿的朝堂，恳请圣上顺应臣意。

文帝再三谦让，说："此事关系重大，朕何德以堪？"

晋王与群臣长跪不起，再三恳求。高颎和杨素二位仆射分别历数文帝的丰功伟绩。

凡此种种，文帝终被群臣诚意打动，亦更深切感受到儿臣杨广的一片孝心！于是说："这样吧，朕到东边巡视时，趁便去拜祭泰山。"

接着，文帝遂命牛弘、辛彦之、许善心、姚察、虞世基等起草有关封禅仪程。

古人云：山高不过泰山，泰山为天下第一山。为什么？因为泰山是人心中的"圣山"。

泰山，位于关东大平原上，东望碧波连天之大海，西襟九曲盘缠之黄河；前瞻孔子故里曲阜，以拔地通天之势，雄踞于华夏的东方。

开皇十四年岁末，这是一个被庾季才、来和、赵昭等命相大师们共同慎重测定的吉日。

果然，这日，天气晴朗。纯净的蓝天上，没一丝浮云，池塘、湖泊的冰面在阳光的照射下，闪着寒光。

已时，大兴宫的正门前，三声炮响！霎时，鼓乐齐鸣，旌旗蔽日，两人抬的二十四面金锣擂响，为帝、后东巡之队伍鸣锣开道。文帝穿戴衮冕，乘坐六骏之金辂车，排列法驾仪仗出行。

在这支威武雄壮的队伍中，除了帝、后、太子、王爷、重臣而外，还有两位贵宾：一位是已授上柱国职衔的原梁国国君萧琮；另一位没授职衔却享受三品官待遇的原陈国国君陈叔宝。他俩既是贵宾，享受着大隋王朝给予的厚禄；亦是文帝统一华夏之活证。

开皇十五年正月壬戌（初三）日，文帝的车驾驶抵齐州（今山东济南市），仅作短暂停留，便于庚午（十一日），来到泰山建坛。

于是，在牛弘和辛彦之等人的督造下，于泰山南侧按文帝祭祀祖宗之成法，建成一座四层圆形祭坛。此坛，每层高八尺一寸，最下层直径为二十丈，往上，每层依次递减五丈。接着，又在矮墙外建焚烧坛，修饰神庙，在大庭四面悬挂乐器。

文帝于祭祀封禅的前三日，即行清心洁身斋戒。到祭祀前一日，沐浴，并换上洁净的内衣。待到祭祀之日，祭坛上放置着上苍和五方帝之座位，柴坛内燃起冲天烈焰，宰杀了两头健壮的牛犊……

牛弘宣读皇上诏诰，云：

> 承继天子位之臣杨坚，冒昧地明白禀报上苍。承蒙上天施与之再生之恩，及众神灵降福，能天下抚慰吊问，使百姓安息休养。但臣之学识浅薄，恩德教化未能畅行，早晚忧愁恐惧，不敢放纵怠情。天地神灵，赐予美好征兆，在天地之中光芒四射。初登大宝，承蒙赏赐龟图祥瑞。迁都建国之际，甜美之泉水从地下流出，平定陈朝那一年，看到飞龙牵引水军现象。巡视各地，体察民情，今行礼于泰山，一路之上，有盲者得以见物，哑者能够说话，不能行走者，突然之间可以迈步走路，这都是上苍之恩泽与点化呵！
>
> …………

接着，牛弘语调沉重，述说了自去夏以来关中遭遇的大旱，致使许多州、县歉收或绝收。这显然是上苍对天子过错的惩戒。所以，今日，天子以无比沉痛的心情，前来泰山，祭祀各位天地神灵，希望得到上苍和各位神灵的宽恕，并希望上苍能继续赐福天下。

在整个祭祀过程中，文帝神情专注，始终虔诚地仰望着苍天和苍天下钟灵毓秀的泰山。

祭祀完毕，文帝亲自宣布，大赦天下。

之后，文帝又依例祭祀了青帝，并在泰山脚下徘徊了很久，但却始终心怀敬畏，没有踏上泰山巅峰。不过，对文帝而言，他已志得意满，了却了平生的最大夙愿。

这一年，隋文帝五十五岁。

（《大隋王朝》卷二：《开皇盛世》完）
2011 年 11 月 10 日至 2012 年 8 月 2 日初稿
2012 年 9 月 4 日至 2012 年 10 月 4 日第一次修改
2013 年 6 月 16 日至 2013 年 7 月 13 日第二次修改
2014 年 7 月 14 日至 2014 年 8 月 1 日第三次修改
2015 年 6 月 13 日至 2015 年 6 月 28 日第四次修改
2016 年 11 月 12 日至 2016 年 12 月 19 日第五次修改

【卷三】
宫闱魅影

大隋

The Sui Dynasty

彩绘融媒版

（彩绘、音频、视频）

曹策前◎著

方隆昌◎绘

王朝

人民出版社

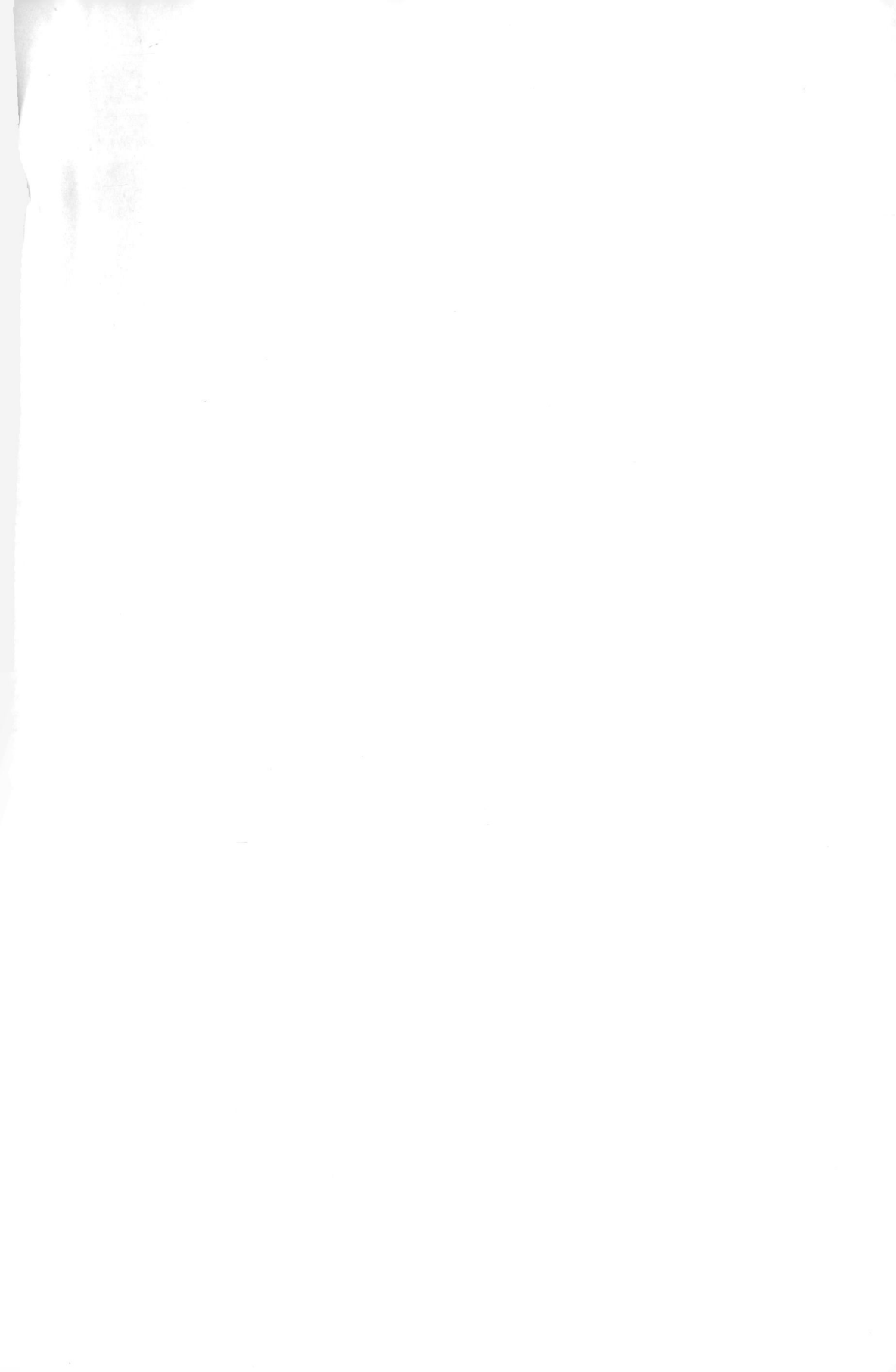

目 录

3

第八十一回

仁寿宫落成数罪遭追责
左仆射支招一好遮百丑

（接上回）

开皇十五年初，隋文帝东巡封禅泰山。此一庞大阵容，绝不亚于他初登帝位时，巡游岐州之气派。不过，在诸多开国老臣中，却有两个重要人物出缺。一位是曾任内史令的李德林。他因事获罪，被贬至怀州任刺史。一年多后，六十一岁的李德林，病逝于怀州任上。另一位未去泰山的则是新近晋升右仆射的杨素。当皇上率领的队伍浩浩荡荡地朝泰山进发时，杨素则于距大兴城三百里外的岐州麟游县酉西山督造仁寿宫。

仁寿宫，乃一皇家休闲避暑行宫。为建此宫，隋文帝从动念到开工反反复复犹豫过好几年。平陈战中，文帝虽未亲临战场，但深居大兴宫中的皇上，为调度千军万马，殚精竭虑，度过了一个又一个不眠之夜。待到建康城破，活捉了南陈皇帝陈叔宝，他又因过度兴奋，分外伤神。及至大军凯旋，文帝亲临骊山脚下，迎接功臣、名将，并为他们举行一场又一场庆功盛宴，已是心劳力竭，头晕目眩。御医在为皇上下药的同时，一再叩请其抛开政务，静心养息一段时日。于是，有的大臣就说，皇上若在大兴宫中将息，只要听到一丁点啥动静，就又会闲不住的。因而建议文帝找个远些的清静处所，眼不见，耳不闻，方能安安心心达到休养目的。这样，文帝就想起曾住过一夜的、坐落于岐州山间、为北周所建的那座岐州行宫。

不料，黄门侍郎元岩立即打破说："那处所不好。"

"为啥？"文帝道，"朕看，那地方不仅十分幽静，且距大兴城不是太远，万一真有甚急事，好联络。"

文帝惦记的还是理不清做不完的政务。

作为黄门侍郎的元岩曾陪文帝三访岐州，对那座前朝修建的行宫摸得很熟。他说："岐州行宫清凉、幽静，上山的路亦较平缓，此都是没得说的。不过，一是该宫离岐州城太近，圣上一上山，城内官员立马就知晓了。那地方的官员和乡绅与圣上熟识，他们一来二往登山问候，不是就不清静了吗？再就是那座岐州宫太过狭促，圣上去了，住个三日五日，还马马虎虎，若需多住一些时日，就没伸腿走动余地，必感无趣。"

思来想去之后，在独孤皇后的陪同下，终于还是就近去了醴泉宫。

文帝在平陈之前，精力丰沛，日理万机，根本无休息一说，所以，对避不避暑，到啥地方去避暑，根本无暇顾及，亦没空闲去做那事。而今，南北终于统一，了了平生心愿。再者，毕竟已届天命之龄，年岁不饶人，这才有了歇口气，休养一下的想法。

醴泉宫，又名甘泉宫，宫内因有一眼甘甜清冽之泉水而得名。此泉不管春夏秋冬、从古而今，泉水源源涌出，从不断流；宫之周遭古木参天，环境清幽。但因亦是前朝遗留之旧宫，虽经整修，却难尽掩残缺痕迹。

文帝上山进宫后，顿觉神清气爽，一身轻松。而独孤皇后只要看到某一不显眼的院落有破损残缺处，即大发牢骚，弄得宫监心惊胆战。因皇上在此休息，又不敢立即派匠人进宫修缮。

几日后，连一贯不事铺张的皇上，亦看出宫中一些不堪入目的残破处，此才在皇后一再唠叨下，萌生出再造一座行宫的念头。可是，未等此念提到议事日程，江南已发叛乱。直至开皇十三年初，江南叛乱不仅得到平息，而且，还得到初步治理。此时，举国上下，已现一派欣欣向荣景象。于是，文帝重建一座新离宫的想法，在一干重臣的力奏下，终于付诸实施。文帝钦点由平陈和平叛功臣杨素来主理此项目。

在此时的文帝眼中，左仆射高颍为人处事沉稳，右仆射杨素则果断与雷厉风行。所以，此次，他让杨素出马监造新宫，虽未明说，实是指望他能速战速决，使自己早日有一心怡的休闲去处。

杨素则果然不负文帝期望。当皇上一行顶风冒雪，一路舟车劳顿，封禅泰山，返回京师之际，杨素从仁寿宫工地赶回，在大兴城外恭迎御驾，并把仁寿宫即将竣工的消息，奏知了圣上。

文帝闻言，没动声色，转而授意左仆射高颎组织一帮人马，前往查验。因为，在此之前，文帝已有耳闻，仁寿宫造得极尽奢华，死人无数，且耗资甚巨。他因而叮嘱高颎要将此三事核查清楚。

高颎稍一默算，仁寿宫自开皇十三年春动工始，至今已整两年。而且，其间调集的民工、耗费的财力，所用的时间，皆远超他当年兴建大兴宫的支出，确是有点不可思议。

待高颎等验收大员乘车、骑马出了京师，便渐渐看出这座行宫造得确实非比寻常。其一行人开始走的是驿道，还看不出有什么特别。可当他们从驿道拐入那条直通仁寿宫的专用道时，众人的眼神则一个个都瞪圆了！因为呈现于他们眼前的是一条铺着山沙、笔直、远比驿道宽阔的大路；路面因地势虽略有起伏，但却十分平整；路之两侧，每隔一定距离，皆种植花草树木。时值早春，树未发芽，远远看去，路与树皆不见尽头。大兴城的周遭，水系纵横，是一片农耕发达的关中平原。再稍一远去，则是一片多山的丘陵地。因此，在高低起伏的山野间，光整出这么一条宽阔的三百里长的路来，就是一项不小的工程。

高颎率性不乘车了，而与侍卫和一般官员一样，改为骑马。行不多远，即见主干道的右侧有一略窄之岔路，岔路尽头的依山傍水处，竖着一片绿瓦黄墙、造型别致的殿宇。高颎一愣，心想：是谁，竟把自己的庄园建在了皇上的过道旁？他于是用鞭朝那片殿宇一指，说：“去那看看。”

当其一行靠近那屋时，从门里走出几名身着皇家禁军制服的侍卫。当互相知道对方身份后，侍卫才叫进门。此一片不小的殿宇取名藕香居，是供皇上去仁寿宫的途中歇足、小憩之处所。一问，方知，从京师到仁寿宫三百里的路段上，共设二十四座这样的歇息处，而且，每座式样不同，名

称各异。

是夜，高颎一行人住于其间一座名叫留芳斋的路边行宫中。

次日，天刚见亮，高颎等就早早上路了。大兴距仁寿宫约三百里，乘车为二日行程。昨日，一行人看似走马观景，实是考查，行得慢了点，今日要赶路，所以，起得特别早。他们行走的路还是那么宽，那么平整，可越往山里走，倒毙于路边的民役便渐次增多……渐渐地，就像经历过一次大战，所到路边，皆现弃尸。经过询问，方知：这些民役是因病，允许他们回家，走着走着，就死在了路上。坐于车中的高颎，见此，心里沉甸甸的。他想：那么，在建筑工地上，或民役居住的营房中，死人的事，就更可想而知了。

高颎等一行人在路边又一行宫中用过午膳，重又上路。当众人终于进入酉西山，远远望见云蒸霞蔚间一片气势恢宏的殿宇时，个个一扫路途晦气，都勒马赞叹起来。

选址时，众人皆知文帝属意岐州。高颎即与工部尚书和庾季才等一众风水师数度往返于此一带山区。其时，该处仅为一片奇峰峻岭，杳无人迹。风水大师看了皆说：好风水！而有关官员却认为：风景虽好，就是太没人气了。

曾与高颎搭档建造大兴城的宇文恺则反驳道："目下一片青山绿水，看似差点人气。待到宫廷殿宇建成，侍卫、太监、宫女少得了吗？他们一到位，就有人气了嘛。再等皇上驾临，王气毕显！此处之山水楼台，更会生灵活现，而致气象万千！"

众人一想，有道理。几起几落的选址之争，亦才尘埃落定。

历经两年建成的仁寿宫，为奇峰环抱。尤为可贵的是，宫内宫外，林秀木葱，宫内的大小殿宇，亭台楼榭，皆依山势高低起伏，参差错落，从而使人工建造的物事，与野外生成的林木、山石，水乳交融，浑然天成。当众人踏入气宇轩昂的大门时，但见宫苑内，亦是山中有山，水中有水，且那水，还是飞流直下或流动之活水。在此山与水之间，奇花异木，遍植其间。宫中，较有名的殿宇有：大宝、丹霄、延福等数座大殿，而独门独户之小宫苑则数不胜数。除此而外，宫中有宫，在仁寿宫的东边，还有一座自成一体的太子宫。此外，宫内还建有朝堂、佛寺和供游玩观赏的玉女泉、三善谷、冷泉谷、东台山池、山第……等等。

主持此宫设计和建造者，自然还是宇文恺。而当高颎等一行人进入仁寿宫时，他正忙进忙出，指挥工匠进行一些细微修饰和做一些小桥呀，花坛呀，等配套收尾小工程。

一直身处深山和工地的宇文恺见到仆射自是分外欢欣。

不及寒暄，高颎被迎进一间殿宇坐定，即问宇文恺："此宫之殿堂造得虽比大兴宫讲究，而其整体规模和殿宇数量，却比大兴宫还是要少许多，为何干了两年，花费甚巨，才见分晓？"

"彼一时，此一时，情势不一样咧。"

"有啥不一样？"

"建造大兴宫时，皇上崇尚节俭，高仆射亦处处提醒不要铺张，许多物料都是拆了旧宫，修补一下用于建新宫的。既省事，又省钱，当然快得多。而今，用的全是新料。举个例子讲吧，从山里开采一块石料，就地打造成粗坯，运到工地，又要再行雕琢一番，才能镶嵌到殿宇中来。木料更是如此，新近砍伐的不行。这些陈年大料，皆是从全国各地征集购买，再运到此山中的，然后，还要一一按尺寸成型后，方能构建到殿宇中去，最后还要在其上雕龙画凤，描金上漆……请仆射大人想想，仅这么一块石材、一段木料，就要花去多少工夫和钱财？"

"是呀，是呀……"高颎心中最大的疑惑，顿时消减了大半！所用全是新料，那么，消耗之资财、人力和时日，自然都多得多。况且，他们还在荒山野岭中铺了那么长、那么宽、那么平整的一条山路，沿途建了二十四座休息的行宫，仅此一附属工程，又要花去巨大人力物力。高颎进而一想：以圣上对杨素一贯的信任和喜爱，命自己前来检查，绝不是为了责罚他，而是要藉审核之名向所有诟病者，作一明白交代。

不过，尽管如此，并不等于杨素就能轻而易举地逃脱于系。高颎于是道，"宇文大匠呃，你该明白，圣上一生奉行节俭。当年咱营造大兴宫，就是秉持此一原则的。可到末了，圣上还是责怪咱太事铺张。而如今，你把此宫弄得这般富丽堂皇。咱都不知圣上见了，将会作何想和作何处置了。"

"就是呢！"宇文恺忧心忡忡地说，"此乃就叫'一个道士一个法'咧！高仆射主事，处处从简；而今主事者乃杨仆射，他讲究舒适豪华。他一再叮嘱咱，不要小家子气，要咱将平生巧思都用到这座宫上。还说，圣上劳苦功高一辈子，也该享点清福了。"

高颎听后直摇头，不无担心地问："圣上已闻，工地上死了不少人，是么？咱一路上亦见有民役倒毙于道旁。"

"是呢。"宇文恺不敢隐瞒，如实道，"您当年建造大兴宫，十分体恤民力，还是有人病死、累死、冻死。而今的杨仆射，是行兵打仗的大将军，视人命如草芥。工地上，尤其是冬、夏两季，于寒天酷暑之中，几乎每日都有一拨一拨人死去，真可谓惨不忍睹！"

"哦……"高颎的脸色凝重起来，"死去的那些人呢？"

"都丢弃到山谷中了。有的只是病重不能劳作，亦被遗弃，并为山石和泥土所掩埋。"

一时之间，大厅里本来热烈的场面，即阒无声息了。高颎想：刚才自己才稍稍松了一口气，以为耗资甚巨、费时过长，皆情有可原，都可勉强向皇上解释得通。没想到真的死了许多人，此咋说得过去呢！

接着，高颎在宇文恺的带领和解述中，率一众官员对仁寿宫的每一处所，进行了三日验收检查。高颎只看只听，言语则一日比一日少，而其随从们见仆射气象不佳，则更是缄默不语。

高颎走南闯北，所到之处不算少，所见之古今建筑亦不少。但，在他看来，没一处是能与这座仁寿宫相比拟的。就拿建康城中陈叔宝所住的"三阁"相比吧，其处处镶金嵌玉，用沉香木建成，此只能说是极尽奢华！那阁楼太高，虽奇伟，而上下却极不方便，住在其间，并不舒适。仁寿宫体现的则是，虽富丽堂皇，又极尽舒适。尤其是炎炎夏日，因地势高峻，并为参天林木所覆盖，是极佳的避暑胜地。高颎因而想：那些传说中的仙境，亦莫过如此吧！此宫既体现了宇文恺巧夺天工的才智，更显示了杨素求全、爱美、会享受的独到眼光！可愈是这样，圣上那一关则更不好过呢！圣上是个特别顾忌他人如何看待和评价自己的君主，他能心安理得地居住其间吗！而今，生米已成熟饭，圣上如若不依，咋办呢？此可不是一幅画，一块匾，未合心意，可修可改，甚或可以摘除，弃之不用。那么，将仁寿宫推倒重来？不可行！圣上一怒，不来享用？亦不可！浪费的还是民脂民膏，且在建造中还搭上了无数条人命！

　　到第三日的夜里，终于沉不住气的宇文恺来到高颎房间，"扑通"跪在其脚下，说："请仆射大人再救下官一命！"

　　此前，宇文恺已先后两次险遭不测。第一次是北周末年，身为大丞相的杨坚，要将宇文家族斩尽杀绝，其中就牵连到宇文恺，因他亦姓宇文，并受北周皇室重用；第二次是开皇二年，宇文恺的胞兄宇文忻参与梁士彦、刘昉谋反，被斩，他受此案件的牵连。当时，宇文恺正以副监身份参与大兴宫营建。这两次有可能处斩或流放到边地的厄运，都是高颎亲自作保，方免受惩处。

　　"别这样，别这样……"高颎慌忙将宇文恺扶起，说，"咱知你处境艰危。其实，仁寿宫建得如此豪华，本官亦难辞其咎哩！咱虽未直接主理此项工程，但身为左仆射，圣上如若追究，亦同样有责。今夜，你如果不来我处，咱亦会派人去找你过来的。"

　　"若以仆射之见，如何方能使圣上不兴师问罪呢？"

　　"几日来，咱也一直在琢磨此问题。"高颎说，"想来想去，没别的法子，看来，解铃还须系铃人了。"

　　宇文恺当然明白，这"解铃和系铃之人"指的就是杨素，他是本工程的总监，于是道："可杨仆射不在此处，他回京师去了哩。"

　　"咱知道。"高颎说，"这样吧，咱写一信给杨仆射，你派一可靠的人今夜火速送去，余下的事就由咱与杨仆射共同商量解决。"

　　"这事，咱能做到！"

　　又过一日，高颎等一行人终于结束了对仁寿宫的验收。末了，高颎指示宇文恺，说："一些收尾事宜，该怎么做还怎么做，不得懈怠。"

是时，宇文恺方小心翼翼地征询道："高仆射等诸位大人连日操劳，今夜下官欲置薄酒，聊作饯行，不知当否？"

高颎略思片刻后，说："不合时宜呐，酒就免了吧，各席加两道菜，意思一下算了。这关口，千万不能节外生枝，弄巧成拙！"

宇文恺会意地点了点头。

次日清晨，高颎等一行即早早启程。他们在途中一行宫中用过午膳，再次登程，直到天渐暗时，高颎方说："这样吧，咱今夜仍在留芳斋中留宿，正好走了一半路程。"

说巧也巧，正当此一行人欲进留芳斋时，迎面奔来一众人马，而且，为首一位坐的马车，竟与高颎座驾相类。高颎先下马车，随即从对方车中下来的竟是右仆射杨素。左、右二仆射不期"邂逅"，自是分外高兴。杨素说，是去仁寿宫看看收尾工程进行得如何了。他近期一直在京师选拔、培训准备入住仁寿宫的宦官、太监和宫女们。

两拨人马同时进入留芳斋后，用完晚膳，各自回房息歇。杨素便顺理成章地来到高颎房中串门。

关上门后，高颎即道："公是否知晓，咱请你来此相会，意欲何为？"

杨素面色凝重，点头说："咱已在京师听到风声，圣上对仁寿宫的奢华颇有微词，朝中甚至还传出，仁寿宫耗资甚巨，疑心咱有贪污。"

"圣上岂止是嫌过于奢华。他还听说赶工期间滥用民力，死人不少，这才派咱前来验收、并核查有关情况的。咱此次在仁寿宫里看到的和听到的，皆比咱原先估计的更严重，所以，才把你请到此处。否则，待咱进入京师，恐连打个照面的机会都没了。"

"那为啥？"

"咱回京师不先向圣上禀报情况，就径往仁寿宫总监家中，圣上知道了，那咱俩都脱不了干系哩！"

聪明一世的杨素，即刻方寸大乱，冷汗从额上沁了出来："此事，只有拜……拜托高……高仆射了……"

高颎摇头说："纸可包不住火嘞！此宫是为圣上所造，他一入住，啥事不都一目了然了？况且，他仅在大兴宫中就对仁寿宫那边的事已有诸多耳闻，咱咋能胡说八道为公作掩耳盗铃事。"

"那咋办？"杨素此才彻底傻眼了。他唠唠叨叨道，"咱原本是一片好心呐！此十余年来，圣上为社稷殚精竭虑，而今，南北统一，又到泰山封禅，一了平生夙愿。目下，年事也渐渐高了，应歇口气享享清福啦！所以，咱才想把此宫造得漂亮一些，好让圣上舒舒服服安享太平盛世。"

"越国公咧！"高颎也急了，说，"你对咱把话说得再中听！有何用？"

杨素以为高颎是在揶揄自己，所以，也没好气地道："公到仁寿宫，不是专来挑咱错的吗？咱的一腔苦衷不向您吐，朝谁吐嘛？"

"事已至此，公对咱说啥，都是多余。"高颎继而冷静下来说，"你赶紧返回京师去，把刚才对咱说的一番话，说与皇后听听，兴许管用！此正是咱请公到这里见面的目的。"

杨素此才恍然大悟，眼前一亮，问："你肯定这事尚有转机？"

"管不管用未可知。"高颎说，"咱思前想后，唯此一途。有用没用，就这一线希望了。皇后如果对仁寿宫有所期待，她说此宫建得不错，皇上再怎么不认同，顶多亦只是雷声大雨点小了。"

…………

四更时分，杨素即起身催促留芳斋厨子造饭。饭毕，他立命一众扈从继续前往仁寿宫，自己则带两名侍卫调转马头直奔京师去了。

待高颎一行起床时，杨素人马已无踪影。

却说，杨素骑马一路狂奔，午时过后不久，即入京师。他连家都未回，一口水都未喝，便沿大兴宫的宫墙绕到北门，向城门领通报说，要面见皇后。守门官兵当然都认识杨素，立即就有人前去禀知了独孤皇后。

十五年前，文帝尚未登基，杨素作为杨家的本家兄弟，对皇后亦以嫂子相称，两家往来频密。而自文帝登基始，两家已是君臣关系，私下往来就没先前那么方便。杨素至后宫门口，这么去拜见皇后，可说还是绝无仅有的第一次，显为不同寻常之举。

不过，独孤皇后对这位昔日常来常往的本家弟兄，印象一直不错。她没迟疑，立即就在门侧的会见厅中面见了杨素。

待杨素行过跪礼起身后，皇后见他一身一脸尘土，于是惊问道："汝是从哪里来的哟？咋成这模样？"

"禀告皇后，臣下刚从仁寿宫归来。"

"噢？"皇后笑逐颜开地道，"莫非是来禀告仁寿宫可以入住之喜讯儿的？不瞒你说，咱早就想去瞧瞧，只因路远，方未成行。"

"不远，不远。一条直通大路，二日即可到达。"杨素接着一口气把为皇上、皇后建造仁寿宫的一番诚意，如竹筒倒豆般"噼噼啪啪"讲说出来。

"行！"独孤皇后听得心花怒放，立即表态说，"公别先说得一千个好！咱要眼见为实，方能算数。这样吧，待咱与皇上商量过后，择个吉日，咱随皇上一起前往瞧瞧。好呢，就在那宫中多住几日，若不是像你说的模样儿，圣上可要拿你是问。"

"行，行！"杨素呷了一口宫女送上的茶，心中块垒，随之消化于无。

再说，高颖从留芳斋出发，按部就班地赶了一日路，天黑方回京师。次日上朝，他怀着忐忑的心情，出班欲向皇上奏报仁寿宫事。

不料，文帝看他一眼，即问："公是从仁寿宫回来的吧？"

高颖回答说："是。"

"汝别忙。"文帝说，"昨日，皇后已闻仁寿宫即将完工，她想前往看看。有关之事，待朕和皇后过目后，公再说查验情形，行么？"

"行！"高颖闻言，长出了一口气，乃退回到一干大臣之中。而他身侧站立着的正是右仆射杨素。两位仆射对视了一眼，一切尽在不言中。

数日后，左仆射高颖陪同皇上和皇后从京师出发前往仁寿宫，而先行之杨素则与宇文恺在仁寿宫恭候着。

此时，仁寿宫外值守的禁卫军，宫内各殿之宦官、太监、宫女等等数千众，皆已各就各位。新落成的仁寿宫，以金碧辉煌的雄伟姿态，迎接皇上和皇后的到来！

文帝和皇后在仁寿宫门前分别下车时，门里门外跪着大片身着各色崭新制服、霓裳之男女。

文帝神清气爽，满面笑容，面对臣下、侍从，虚抬双手道："都起来吧！"

最先起身的是杨素，接着是他的贴身侍卫，直到前面跪着的人陆续起身后，胆小的宇文恺才从地上爬起，并躲在了众人身后。

皇上、皇后，另外还有一位年轻貌美的女子，在两位仆射一左一右的陪同下，边走边看宫内各殿和苑中各景。皇上持重少语，偶尔与身边的高颎低语几句；皇后则边走边一迭连声，对所建物事赞不绝口；而跟在皇后身边的小女子，兴致更高，这摸摸，那瞧瞧，还不时与皇后耳语、说笑，亲昵之状，竟形同一对母女。

杨素甚为纳闷，不知其女是何身份。皇后见他面显疑惑之状，笑着介绍道："公不认识她？她就是晋王的萧妃嘛。"

"哦，知道，知道。"杨素释然说，"王妃，当年还是下官去江陵迎接回大兴宫的嘛！那时，王妃还很小呐。"

"就是嘞。"皇后笑道，"广儿陪圣上朝觐泰山后，直接回江都了。咱把王妃留下来伴咱住些时。"

帝、后一行，谈笑风生，巡幸了许多处所，方返回到仁寿宫的大宝殿中。此是帝、后起居的主殿。

文帝赐左、右仆射就座后，独孤后开口即道："早闻仁寿宫建得不错，今日百闻不如一见。杨仆射这事儿办得漂亮，体恤皇上与孤家。而今，皇上年事已高，确需一个好去处，调养调养。"

文帝一路虽经车马劳顿，但久处深宫之人，一旦来到此异峰奇景之中，心情亦是出奇的好。皇后对仁寿宫的建设既已定调，皇上即使是金口玉言，亦不好再唱反腔了。他于是乘兴宣布，赏赐杨素一百万缗，锦绢三千段。

杨素受宠若惊，起身下跪拜谢，谢过皇上又谢皇后。杨素大喜之余，倏地想起弟弟杨约曾经说过，皇后特别偏爱晋王杨广，看到皇后身边的晋王妃后，顿觉此言不虚！他想：日后只要倚住皇后此一靠山，何愁不能飞黄腾达！

而此时，文帝则忽觉少了一人。他环顾左右，不见其影。于是问："宇文恺呢？这座仁寿宫不也是他的巧思才建成此样的吗？"

"就是，就是。"左仆射高颍随声附和着，并吩咐身边宦官说，"快去把副监叫来，皇上要见他。"

不知底里的宇文恺，战战兢兢地步入殿中，跪下请罪："臣下罪该万死！"

"卿，何罪之有？"文帝笑道，"朕记得昨夜入住的行宫叫留芳斋。朕看汝造的大兴宫和此仁寿宫，皆可与卿之名流芳于世了。"

文帝高兴，随即宣布，赏赐宇文恺五十万缗，锦绢一千五百段。

第八十二回

仁寿宫皇后杨素始结盟
晋王府杨广张衡造命案

是夜，文帝在大宝殿中为建造仁寿宫的有功之臣赐宴。皇上高兴，皇后高兴，所有在座诸臣自然个个红光满面、兴高采烈。

其中最为欣喜的是副监宇文恺。早前，当宦官传旨，说皇上点名要他即刻接受召见，他吓得两腿酥软，以为大祸临头，却不料喜从天降，受到皇上极高评价不说，还获得钱财奖励！

杨素自是喜在眉梢甜在心里。此前，他在心中作过多重考虑：皇上这么问，他将这么答；那么问，则那么回答，并将各种问答，背得滚瓜烂熟。总之，既承认自己在建造仁寿宫中有过失，又要尽量减轻和开脱罪责，并要借机向皇上皇后表白，自己所做一切，皆是为二圣安享太平盛事……岂料，皇后一番褒扬，即把所有旮旮旯旯全都抹平！

与此同时，高颎亦感如释重负，只觉一块压在心头的重石落了地！

相比而言，高颎本应是无责一身轻的。仁寿宫是皇上自个要建，并下诏命杨素主理此项工程。个中一应之事，本皆与己无关。可是，还没等到此宫全部完工，各种流言即不胫而走，这叫刚从泰山封禅归来的皇上，今后咋能心安理得入住该宫享受呢？文帝派高颎前往查验，无非是想藉此澄清事实，平息各种流言蜚语。可待高颎去仁寿宫一查，情况远比外间流言更严重！既然发现了问题，此对查验者来说，自然应该立即向皇上作如实禀报。但是，这么一来，会出现啥结果呢？高颎可以想得到的是：第一，惩处杨素；第二，皇上一气之下，拒绝入住仁寿宫。高颎与杨素并无过深之私交，二人间，说不上好，亦说不上坏，当然亦无过节。若从高颎个人看，杨素主持建造仁寿宫，好大喜功，极尽奢华，视人命如草芥，且还有中饱私囊的传闻，杀他剐他，皆不为过。但对作为宰相的高颎来说，他最不愿看到的是，文帝一怒之下，对仁寿宫弃之不用。这么华丽的一座宫苑，凝聚着举国之民脂民膏，断送了无数冤魂，到头来，竟成一座无人问津的废宫，不可思议。除此而外，其间配备的侍卫、宦官、太监、宫女等等，少说，亦有数千之众！这批人，是遣散还是任其闲置在仁寿宫里？气头上的皇上，一甩手可以不管不顾，而做宰相的高颎，能听之任之吗？还有，此宫不用，又去另造一座？如此折腾，岂不更加劳民伤财？凡此种种，皆叫仆射左右为难咧！

目下可好了，皇后几句话，不仅解除了高颎心头重负，拯救了仁寿宫，也拯救了与宴的所有人。并且，还使一身轻松的高仆射有了谈资，他笑容满面地说："圣上说得真好呵！这个宇文恺，正如圣上所言，经他巧思建造的大兴宫和仁寿宫，确能流芳后世！以臣下浅薄识见，还从未见过能使自然风貌与一应宫阙搭配得如此水乳交融的皇家宫苑。"

"如此巧思，确实难得！先前建成的大兴宫城是把龙首山及其几条支脉，还有渭水、灞水，搭在一处，交织环绕，使之相映成趣，浑然天成，有巧夺天工之感。而此仁寿宫则更是包容了野外之深溪峡谷，飞溅瀑流，以及参天树木……使朕感觉身临仙境一般。"往日，对此闲情毫无感觉的文帝，却居然饶有兴味地说出如此一番话来，实属难得。接着，文帝还主动举杯对与席之宇文恺道，"来，朕赐卿一杯酒！"

宇文恺站起来，一躬到地，然后端起酒杯，一饮而尽。感恩戴德的宇文恺，乘着酒兴，竟语无伦次地说要为圣上再造一座无与伦比的宫廷殿宇。文帝心情大好，听任其描述那未建之美宫美景和美好想象……

此刻，安坐皇上另一侧的皇后，下首坐的是王妃，再下则是杨素。

落落大方、楚楚动人、善解人意的萧妃，为杨素斟酒，为婆婆夹菜，听长辈们谈天说地，自己则不苟言语。

杨素呷着美酒，嚼着佳肴，也一身轻松地与皇后唠起了家常。他说："想当年，下臣跟随晋王去江陵迎接王妃。那时节，王妃还只桌面这么高，身子骨也很单薄，见到生人就躲，听见锣鼓鞭炮响，更害怕。看看如今，出落得这般雍容华贵，贤惠孝顺。"

此番看似赞美王妃之语，其实显然是说与皇后听的。萧妃自幼进宫，就一直跟随着皇后。王妃这好那好，即说明皇后调教有方！

皇后听到杨素一番美言，心里自是特别受用。她轻抚萧妃之肩，说："这孩子，其实从小就乖，平素言语不多，心里啥都有数，特别乖巧、聪慧，学啥，一点即通。"

"天分归天分。不过，亦要指教有方呐。"接着，杨素便不经意地把话锋一转，说，"依臣所见，晋王自幼亦如此，孝悌恭俭，学啥做啥，中规中矩，亦与圣上躬勤治国之禀赋极相似！"

"越公看人忒准！"杨素之语竟说到了皇后的心坎儿里，她抚掌道，"阿㦄（杨广小名）这孩子，做事确与皇上一样。不管做啥，都极上心。他从极小，就懂孝顺父母。自外派戍边后，宫里不管派啥人到他那边去，他每次都要打发人到所辖边界去迎接。他每次回京师述职，再回辖地时，亦不忘至后宫与咱话别，且，无一次不是依依不舍挥泪离去的。王妃亦如此，咱每打发婢女去看她，她都要与之同食同寝，临走，还要为父皇和母后捎上当地的土特产品。"

杨素因而赞叹道："皇上、皇后好福气，四个儿子各自据守一方，更有太子陪伴在身边……"

"嗨，公快别这么夸奖了！"杨素一语竟然点着了皇后的火药桶。"睍地伐（太子杨勇的小名）可完全不像阿㦄！还有阿云（太子的昭训，地位仅次妃子）亦更不似萧妃。太子成日只知与阿云亲昵，以宴饮歌唱为乐事，亲近小人，猜忌自己的骨肉兄弟。咱真害怕，有朝一日，睍地伐心生嫉妒，胆大包天，或会干出对兄弟伤天害理之事！"

"呵？"独孤皇后口无遮拦，却使杨素大为惊诧。

一直以来，两个同宗杨姓家庭，关系虽然不错，但，杨素是武将，多于外地转战，与皇上皇后同桌宴饮，倾心交谈，并不常有。他没料到，皇后竟会在大庭广众中，对自己说出这么一番话来。

皇后见杨素一副茫然状，以为他是不相信自己的话，于是道："公不信？咱说的可是个大实话。"

"不会，不会的。皇子皆为一母所出，同是龙种。太子孝顺之心，只是不善言表罢了。"杨素安慰皇后，心中却想：杨约曾说皇后喜爱晋王，厌恶太子，此再次得到证实。不过，当杨素初闻晋王有做太子念想时，还是吓了一大跳，以为那是痴人说梦！可从皇后对晋王的偏爱和对太子的厌烦看，晋王的非分之想，实是事出有因。

"唉，越公，您是有所不知。此实是家家都有一本难念的经，皇家也莫能例外。"独孤皇后一杯美酒下肚，继续向杨素诉说衷肠，"咱给勇儿娶的元妃，那是一个多好、多懂孝顺的女子！可睍地伐偏偏不爱，硬要与阿云那个下贱女人野合，并养下一群猪崽狗崽，而把正室可怜的元妃冷落一旁。"

皇后说到动情处，竟自伤心落下泪来。

一时之间，气氛热烈的宴会厅里，骤然冷场了。皇后自知失态，马上转圜。她破涕为笑地端起一杯酒，走到邻桌，为建仁寿宫立下汗马功劳的臣子们敬酒碰杯，使气氛复又转暖。

次日，高颎说朝中有事待处，即向皇上皇后告辞，离仁寿宫而去。而作为仁寿宫总监的杨素，则一直陪侍帝、后，于宫中盘桓数日，又一直护送尽兴的二圣回到京师。

自此，杨素与皇后之往来，日见频密。

却说，杨素从仁寿宫返回自家府邸，即着人把兄弟杨约召来。他把皇

作为仁寿宫总监的杨素，则一直陪侍帝、后于宫中盘桓数日。自此，杨素与皇后之往来，日渐频密。

上和皇后此次去仁寿宫，以及皇后借酒指斥太子事一表，杨约便喜滋滋地道："这下兄长应该相信了吧？世上没有绝对坚不可摧的堡垒。过往，兄长以为晋王想要越过太子称储君，是不可想象的事，其实不然……"

不等杨约说完，杨素即道："汝莫捕风捉影瞎猜测！皇后诉说太子种种劣迹时，皇上在席间可是从始至终没说太子一句不是。"

"此可以理解。因为太子地位在那，皇上能当众指斥储君么。"杨约继而道，"咱只问，皇后斥责太子之言语，皇上是否听到了？"

"此乃毋庸置疑。"杨素说，"其时，皇后喝了点儿酒，说话便口无遮拦。皇上皇后并排坐一起，哪会听不到哩。"

"这不结了！"杨约拊掌道，"皇上对皇后之语如果反感，必会立即严加制止。皇上不说话，即是默认了。至少，他对皇后之语不是很反感。"

"错矣！汝对皇上还不够了解。"杨素摇头说，"皇上对皇后向来礼敬有加，绝对不会在大庭广众中，驳其面子，与其唱反调。因此，皇上对太子到底咋样？不可妄下断言。"

"当下就断定皇上与皇后一样厌恶太子，的确为时尚早。但，皇上对皇后言语之态度，却已为我等亮出一个信号。"

"此叫啥信号？"杨素对杨约的"我等"，即把自己也划到他们一边，感到不可接受，于是冷脸道，"汝可别把咱拉扯进去！万一看走眼，你我后悔都来不及。圣上此次离开京师，到仁寿宫小住，朝中诸事，还不照样交由太子打理。由此观之，皇上对太子尚看不出有啥异样。还有，咱此次在仁寿宫里陪伴圣上数日，接触颇多，他可从未言及太子的是与非。因此，废、立太子的关键所在，仍系于圣上。汝切莫见风就是雨，到底是咋回事，不能一厢情愿。否则，画虎不成反类犬，那就后悔莫及啦！"

"此理咱懂。"杨约转而又说，"只是，挡晋王道的还有一只拦路虎，丝毫不逊皇上。"

"谁？"

"高颎。"

"高颎咋啦？他挡谁之道了？"杨素用不解的目光望着杨约。"汝别节外生枝，高颎惹谁了？"

"此不是明摆着的吗？不管皇上皇后态度如何，高颎死活都不会同意废掉当今皇太子的。"

"如果有朝一日，废太子已成大势所趋，高颎即使反对，亦是枉然。举足轻重者，还是皇上嘛。"

"那可不一定。圣上对一应重大举措表明态度，往往都要先看大臣们的脸色！高颎在朝廷是举足轻重者。他反对的事，群臣亦会趋之若鹜地响应。因此，皇上即使有心废太子，并另立太子，面对群臣的反对，皇上能不有所忌惮？"

"高颎真有那么重要？"

"极其重要。"杨约说，"兄想想，晋王为何找咱向你说项？此说明，兄亦是个举足轻重的人物。再试想想，假如你和高仆射都不赞成废太子，即使是皇上，恐也不敢冒昧从事吧！此就是关键所在。"

杨素仰天，若有所思道："杨素，于公于私，与高仆射素无过节。相反，在大事上，咱俩意见总能保持一致。比如此次，为仁寿宫事，亦是他的主意，才使咱逃过一劫的。"

"此与个人恩怨无涉。对皇上而言，亦是如此——欲换太子，必先搬去高颎这块绊脚石！"

"你咋把话说得忒绝？况且，你们鼓捣的这事，八字还没一撇呢。"杨素有点动气地道，"皇上如若下定决心要废太子，高颎亦说不定会跟着转圜的。"

"那不可能。"

"你咋知晓？"

"高颎其人，为人处事，一贯只认死理。立太子，乃天下大事。他绝对不会抛却天经地义的成法于不顾，而去屈就皇后、甚或皇上的意愿。再说，高颎儿子高表仁娶太子长女为妻，他咋会贸然自毁此一美满姻缘！"

"……"杨素无语。过了好一会儿，才摇头嘟囔道，"凡事不要性急。咱还是那句话，此一切，只能随缘，走一步瞧一步。若没千载难逢的机会，你强扭就会出大事！咱还要告诉你，你千万不可向晋王透露，咱会支持他。
咱对他的事，啥都不知晓。"

"哥！"杨约则说，"凡事，事在人为——你不往那事上想，去争取，
天上能掉馅饼么！"

杨素已经把话说绝了，没有再接茬。

却说，晋王杨广陪伴父皇封禅泰山后，即于途中马不停蹄取道东都洛
阳，径往江都晋王府赶。他自年前，携萧妃回京师述职，再去泰山，离开
江都已近三月，总管府上的各事已积压如山。

此刻，北方虽已开凌，但仍未生出寸草，而南国之江都，已是一派莺
飞草长，花红柳绿，生意盎然的景象。

杨广一回晋王府，即有总管府司马张衡前来报说："恭喜晋王，桃花为
您生下一个小王子。"

"呵？"晋王大惊。他环顾了一下左右，见周遭无人，才焦躁地道，"她
有身孕，咱知晓，当即已命其将胎儿做掉。打胎药还是咱亲自交她手上的，
咋竟没打下来？"

晋王返回京师，总管府和晋王府一应之事就交张衡代管。

张衡回答说："桃花怀孕，咱原本不知。直到发作当晚，有丫鬟来报，
咱才急急忙忙去找产婆。待她顺利产下一名男婴，她的丫鬟才告知实情。
原来，桃花并未服下那做掉胎儿之药，一心只想为晋王生个儿子。咱见是
这么回事，就在外面秘密租下一处宅子，将她转移出晋王府了。当下，府
内知道此事的人很少，小公子已经满月，母子平安。其后，如何安排，请
晋王示下。"

"瞎胡闹！"杨广气得直跺脚，"此不是有意为咱添乱嘛！"

江南多美女。晋王入主江都后，在王府中养了多名如花似玉的女子。
她们都是从江南各处挑选来的美貌少女。晋王给每人都安排有单独住处，
配有婢女，只是都没姬妾名分。往日若发现谁怀孕了，便要求她立即采取
措施做掉。桃花便是此数名女子中最出色最受晋王宠爱的一个。她不仅美

艳过人，一副伶牙俐齿更讨晋王欢悦。

"不可！绝对不能将这个没有名分的小子留下！"沉思少顷的晋王终于发话了，"你告诉桃花，此儿绝不可留。送人亦不行，将来说不定会留下祸根的。她想得挺美，以为瞒天过海出生了，便没事儿了，从此即可给她一个名分。不行，即使出生，亦要做掉！且要快！"

"那小子转移到租屋时，咱见过，"张衡笑着说，"长得挺可爱。脸模和两只眼睛都极像您。"

"你咋这不开窍？世上哪有不透风的墙。此事一旦传出，圣上和母后还会信任咱吗？为一个未经世事的小子，毁咱一生前程，不值咧！"

"既生下来了，就是一条命呵！"张衡抓耳搔腮，说，"再说，桃花对儿子爱不释手，成天将那小儿抱在怀里，此乃她的心头肉呐！"

"再不舍，亦不能留下此祸根。她不明白，汝可不能不明白。"晋王断然道，"劝说若不行，只好有劳你设法将他除掉了。"

"是。"张衡点头退出，晋王府博士潘徽接踵而至。

潘徽是陈朝著名文士。秦王杨俊任扬州总管时，召他入秦王府任学士。晋王接任扬州总管，又任命潘徽为扬州总管府博士，并还命他担任主编，带领一帮江南文士编纂《江都集礼》。

晋王面对潘徽，一扫刚才脸上晦气，笑问道："嗨，博士先生，近日之编辑事宜进行得是否顺利？"

"托晋王福，一切顺利。"

"那就好。"晋王欣然，即命下人看茶。

宾、主坐定后，潘徽即道："《江都集礼》前半部业已脱稿。计有六册，六十卷，且已校勘完毕。后半部的六册、六十卷的编写，亦已分人全面铺开。目下，不知是否可按原计划，先将前半部付梓，请晋王定夺。"

"没问题，一切皆按原计划进行。前半部六十卷，先行付梓。所需费用从总管府全额支取。"接着，杨广想了一下，又道，"你还是先将样稿拿来，让咱先睹为快，如何？"

"那太好了！咱来晋见晋王，就怀有此意。只是晋王日理万机，咱不好意思开口。"潘徽大喜过望。"晋王能亲审其稿，鄙人不胜荣幸。"

《江都集礼》，顾名思义，是一部极具南方特色、体现儒家礼仪、集大成的典章大著。它集南方文化、民风、民俗之底蕴，江南文士之才智、心血，在人力物力上，受到晋王的全力扶持。

晋王展读带着墨香的样稿，不禁想起苏威煞费苦心为江南人编写的那册《五教读本》。就是这本带着过分说教成分的书，没料，却成了引发江南叛乱的导火索。而这部由当地才子汇集成的大著，则别开生面，有血有肉，展现了南国风貌、人情、民俗、孝悌……杨广读着读着，倍感欣慰，提笔批示：立即付梓，免费发至江南各州、县。

当《江都集礼》前半部装订成册后，晋王挑选了三十套，作为礼物，发至京师，分送给了皇上和朝廷中的重臣。

文帝见书，对晋王此一作为，大加赞赏。他从此书中，不仅真正领会到了江南文化的深厚底蕴和编辑修订者之才华，亦从而扭转他对江南的一贯偏见。连苏威本人，在读过《江都集礼》，亦由衷佩服。

为此，文帝分别下诏对晋王和潘徽等编辑者进行了表彰，赏赐的钱物亦特别丰厚。

正当晋王踌躇满志，为自己取得的成绩感到高兴时，张衡忽然报说："桃花疯了！"

"疯了？"晋王一时未醒过神来，惊奇地问，"好端端的一个女子，咋疯了呢？"

"嗨！"张衡摇头叹气说，"咱好言好语劝她一定要将小儿做掉，她置若罔闻不听咱的劝。过了两日，咱向她发出警告，要她把小儿交给咱，由咱处置他。她又是哭，又是闹，拼死不肯把儿子交出来。咱只好买通一名丫鬟，趁桃花熟睡，让丫鬟将小儿偷偷抱出交咱放水中溺死埋掉了。桃花醒来，不见了小儿，四处寻觅，就……就疯啦……而今，她不管走到何处，只要碰见小儿，就说那是自己的儿子，就要去抱，甚至去抢，吓得四邻见她就躲。"

"那不行。此样下去，亦会闹出麻烦来的。"晋王斩钉截铁道，"你得快点将桃花——也做掉！"

"是。"张衡闷闷应了一个字，欲出。

晋王又补一句："就在今夜。要做得尽量不让外人知晓。"

"明白了。"

张衡，其实是个能带兵打仗，亦心灵手巧的人。他与文帝年龄相仿，乃晋王父辈。他有一个最大特点就是，绝对忠于晋王。不管何时，他对晋王的吩咐，从来都是言听计从，不打折扣，毫不含糊。

晋王府内各事，一切风平浪静后，萧妃终于辞别母后，从京师姗姗归来。行前，母后放心不下，派了宫廷禁卫护送，还派自己的贴身女婢一路跟随侍候。江都这边，杨广则亲率文臣武将到边界迎接，盛况非同一般。

回到晋王府后，萧妃即以主人身份，殷勤设宴招待护送的全体官兵和侍从。次日，男宾在总管府司马张衡率领下，游览江都要塞和名胜，王妃则亲率女眷漫游宫苑、佛寺……待男女宾客尽兴返回京师时，每人还得到一份晋王馈赠的江南土特产品。

客走主人安。因为一连三日，萧妃每夜都是与皇后的婢女共寝的，此番才轮到晋王夫妇聚在一起说私房话。

萧妃说起后宫诸多趣闻，晋王皆觉无趣。但当她提到杨素因把仁寿宫造得太过奢华，难逃追责，去后宫求助皇后，后来，皇后仅用三言两语，就使杨素逃过一劫……晋王对此等事，则听得格外专注。

"这么说，处道叔要感激咱母后才对。"杨广说。

"嘿，别说了。"萧妃接腔道，"返回京师后，杨仆射隔三岔五就要来向咱母后请安。"

"那就好。"晋王高兴之余，忽然蹙眉说，"桃花死了。"

"呵？"萧妃知道桃花是晋王的最爱，于是问，"好端端的一个人，咋会说没就没了呢？"

晋王将前因后果一摆，萧妃惊得半天没出声。

杨广于晋王府的隐秘处所，养着一些特殊身份的女子，萧妃不仅知晓，而且，还全靠她的管束与掩盖。看似柔弱、年纪轻轻的萧妃，生于皇宫，长于皇宫，且，年幼时，还曾寄养到家境贫寒的舅舅家中生活过。所以，她对皇上、王子的三宫六院，既司空见惯，同时，本人也品尝过人间冷暖，从而养成了随遇而安的淡定习性。因之，她在对待男人好色的问题上，就不像婆婆独孤皇后那样疾恶如仇了。

约略沉思一会儿之后，萧妃没直接指责丈夫，而是指东言西地道："这张衡亦太过残忍了！"

"此事不能单怪张衡，他亦是被逼无奈。"杨广解释说，"人疯了，啥话都说得出来。桃花不死，还不定会闹出啥事儿来呢。"

"唉……"生性善良的萧妃叹息一声，未再深究此事。

"贤妻回得正当其时。"杨广显出一筹莫展之状说，"桃花死后，那边人心惶惶，已乱作了一锅粥。还望夫人速去调停，解释。咱并非不想给她们名分，是时候没到呢。"

"知道了。"萧妃点头允诺道。

第八十三回

四王羽翼皆丰恣意滋事
太子事业有成乐极生悲

开皇十五年，随着文帝封禅泰山，而成大隋不同凡响的一年。

此时，朝廷推出的各项新政，已大显成效；江南动乱，不但完全平息，且由于晋王的悉心治理，也已呈现出了一派欣欣向荣的势头。国家一统，祥和安宁，繁荣昌盛，可以这么认为，此乃近四百年，华夏从未见过的好气象！

可是，世间万物却总是难以完全尽如人意，有晴则必有阴。就在大隋王朝有如一轮朝日，蒸蒸日上之际，几许杂音、些微瑕疵，却在不经意间，使文帝的心头蒙上了一层阴影。尤其令皇上忧心的是，相继涌动的暗流，不是来自容易起冲突的北国边陲，亦不是来自难以管控的岭南腹地，甚至也不是来自汇聚文武百官的朝廷内部，而是出自皇室！

文帝初登帝位时，曾不无自豪地在臣子面前夸耀说：自己的五个儿子，皆为皇后一人所生，未有庶出者，他们有着共同血脉，同在一个家庭中成长。成人后，亦会拧成一股绳，不会你争我夺，反目成仇，且都会全心全意，共保社稷安宁。此是皇上的美好愿望，而且，对此一直深信不疑。

皇上之语，言犹在耳。如今，连最小的皇子，业已成人，除却前面提及最多的晋王杨广而外，其余四位皇子的情形又如何呢？

先从长子皇太子杨勇说起。早在北周时，长子杨勇就因父之军功被封为博平侯。其后，杨坚作了大丞相，杨勇被立为世子、拜大将军、左司卫、晋封为长宁郡公。北周大象二年，十四岁的杨勇即出任洛州总管、东京小冢宰，统辖原北齐全境的府兵，为父谋取皇位作了坚实的后盾。

翌年，大丞相杨坚废周建隋，荣登帝位。这样，十五岁的杨勇，便顺理成章地成为大隋的皇太子。

杨勇及其兄弟，自幼就受到严格管教，父母尤对长子充满期望。杨勇从小好学，知书达理，尤擅诗词。他出仕时，年龄尚小，杨坚为他配备了一批德高望重的文臣武将。及至被立太子，东宫之内，更是人才济济。如有精通经学的著名学者姚察、刘焯、刘炫，另有著有《孝经义疏》、《古今帝代记》，与李德林齐名之才子明克让，还有精通数学、善于巧思、日后建造了大兴城和仁寿宫的宇文恺，及著有《笑苑》、《词林集》之魏澹……等等。

此外，自大隋初年始，文帝就让太子与自己一起上朝听政，放手让他参决政务。太子凡有符合道理的建议，文帝就采纳，还把死刑以下案件，都交由他审批定夺。不仅如此，开皇二年，文帝还让太子以柱国大将军、行军总管身份带兵驻守咸阳，以防突厥进犯，锤炼他的带兵能力。

总而言之，经过十数年的种种磨砺，已处而立之龄的太子，无论是在政务上、军事上，或官场之人脉关系上，虽无显赫功绩，却能够独当一面，应付从容。如果太子杨勇能够兢兢业业埋头政务，处置国是；如果他在日常生活中，能够稍稍收敛一些，不那么贪恋女色，不那么沉迷于享乐之中……任谁也不能撼动其太子地位！

然而，人生之路，绝无"如果"。正如常言所说，苍蝇不叮无缝之蛋。太子之种种劣迹和不检点行为，一旦经过"有心"人的放大、利用，情况就有可能会起变化。时下的太子，便在他浑然不觉间，正一步步滑入危险境地，并受到父皇和母后的疏远……

那么，文帝三子秦王杨俊的情形又如何？

开皇元年，杨俊十一岁，即被立为秦王。二年春，拜上柱国、河南道行台尚书令、洛州刺史、加授右武卫大将军，统领关东诸军事，以镇守原北齐全境。又过一年，年仅十三岁的杨俊，为抵御来犯的突厥，文帝将他调至西北，任命他为秦州（今甘肃天水）总管，统率陇西各州诸军事。

杨俊，温文尔雅，本性仁慈，为人宽厚沉笃，带兵打仗，非其所好。自幼，因受父母笃信佛教的影响，曾一度欲入佛门，却被信佛之父母断然制止。平陈战中，文帝命杨俊为行军元帅，率领十余万军兵，屯驻汉口，以牵制陈军兵力。秦王不想放任军队过分杀戮，却中规中矩牵制住了敌军。其间，另外二位行军元帅：杨素率水陆二师从巴山蜀水如水银泻地般挥师东进；杨广更是直捣建康，活捉了陈朝皇帝陈叔宝。杨俊自感惭愧，向文帝请罪，说自己行兵不力，无有寸功，并打算以此脱离你争我夺的军界。不料，文帝不但没有加罪杨俊，反觉他老实忠厚可靠。平陈后，任命他为管辖江南四十四州的扬州总管。不幸的是，杨俊到任不久，即发生了遍及江南全境的武装叛乱，促使文帝将杨俊调至并州担任总管，而将杨广调回扬州，以治理江南内乱。

杨俊到北方的并州任总管后，即不思进取，年纪轻轻，却已心灰意懒。他一反原先清心寡欲的菩萨心肠，而变得穷奢极侈起来。朝廷拨给秦王府的钱不够花，他就放高利贷生财。人家不肯上他的套，他就硬逼大户人家向他借钱，并向人家索取暴息，使得当地官商苦不堪言。有人终于将此事上告到了朝廷，文帝派人彻查，处分了包括杨俊在内的并州总管府内一百余人。

文帝派杨俊入主并州，其实用心良苦。并州下辖五十二州，大隋最能打仗的府兵多屯驻此辖地内。是北御突厥和外敌、南卫京师和关中之屏障。但是，杨俊不仅不接受胡作非为的教训，反而变本加厉地在晋阳大肆建造秦王府的宫室，使其奢侈华丽到了极点。该府邸用香料胭脂涂抹墙壁，用玉作台阶，金作栏杆，梁柱楣栋之间，全都镶嵌明镜，其间还装饰着珠宝……杨俊本人历来就心灵手巧，他还亲自动手做木工活儿，镶珠嵌玉地给自己的王妃制作了七宝幂籬和水殿……不仅如此，他还常常在秦王府中大宴宾客，让歌舞伎们表演作乐……好在，在此期间，因突厥内部发生内乱，实力下降，并慑于大隋威势，未敢轻举妄动。但，由于杨俊的不作为，松懈边关防御，而埋下隐患。

除此而外，文帝的第四个儿子杨秀呢？

他名曰：秀。其实，生得五大三粗，并极喜耀武扬威，一点都不文雅秀气，倒是个尚武的材料。

开皇元年，年仅九岁的杨秀被立越王。接着，太子杨勇入东宫；二子晋王杨广派往并州，任行军总管，以防北边突厥来犯；三子杨俊拟派洛州，镇守原北齐故地；这样，不到十岁的杨秀，就被派往益州（今成都）任总管。他并因此改封为蜀王，晋封上柱国、西南道行台尚书令等职。

九岁的杨秀，即身居要职，他到底能做啥事呢？此亦不必担忧，文帝依例为杨秀配备了一大帮能力极强的文臣武将。其中，尤以益州总管府长史李岩最为了得，他为人正直，是一位德高望重的长者。地处西南的益州，在李岩的治理下，几年工夫便显出勃勃生机。而且，李岩对待蜀王，就像对待自己的儿子一样，管教极严，杨秀也服他管。

杨秀在蜀地逐渐成长为一位体魄健壮、精通几门武艺、留着一部漂亮胡须的堂堂男子汉。每逢杨秀回到京师述职，朝廷官员看他一副英武雄壮的仪表，既叹羡又畏惧。

当朝中重臣李德林被贬去职后，刚满二十岁的蜀王杨秀，进一步受到文帝重用，于开皇十二年接掌了内史令一职，成为与高颎并列的宰相，同时，他还兼任了右领军大将军，可谓文武兼收，权倾一朝。

不过，好景不长。随着像父亲一样对待杨秀的李岩离世，失去管束的蜀王，权愈大，愈益放荡不羁起来。他并不把任内事放在心上，却广结京师一些浪荡子弟，寻衅滋事。见势不妙的文帝，即以杨素取代杨秀，仍让他返回蜀地去做益州总管府总管。

此时的文帝，已然看出杨秀绝非善类，而不无担心地对独孤皇后说："秀之将来，不会有好结局的。朕在世，他当无虞，兄弟间，亦还能相安无事。倘若到了勇掌朝政，而秀必将生事！"

独孤皇后对此则不以为然，她说："秀还小嘛，未经世事而已。其实，他的文才，并不输于朝中那些文臣，只是生性耿直，不适合做内史令罢了。如让他带兵打仗，恐难有几人比得过他。"

文帝当然不敢苟同。不过，亦未与皇后争辩。

果然，杨秀回到益州，未几，就有了动静。

一次，兵部侍郎元衡出差到了蜀地，杨秀对他极尽地主之谊，招待殷勤备至，而使元衡颇感受宠若惊。元衡临走，杨秀送这送那，藉此提出，想增加蜀地府兵编制。元衡想，蜀王是皇上之子，巴蜀地处西南边陲，情势复杂，有此要求，合情合理。

元衡回到京师，即找兵部尚书为蜀王说项。兵部尚书觉得，蜀王之事，便是皇上之事。于是，按照蜀王请求，为益州总管府作了扩军和增拨武器装备计划，并上奏到了文帝那里。

文帝接到兵部奏章，顿觉此事非比寻常。他想：西南边地正是考虑到了各种复杂因素，已配备了充足军力。杨秀回到益州，即要扩军，目的存疑。不过，文帝对儿子的警惕，并未形之于色，只是不置可否地把兵部报来的折子搁置起来，没有照准而已。

没过多久，地处云南的西爨发起叛乱，文帝命大将军刘快前往讨伐，还派上开府杨武通率军做后备。与此同时，文帝还下诏命蜀王派出熟知云南当地情况的得力将领，配合作战。

杨秀接到诏令，却派出个职级较低叫万智光的人，出任杨武通的行军司马。此人对军事一窍不通，只会吃喝玩乐，平日还散布一些插科打诨不得体的无聊话，在军中造成极坏影响。不过，因是蜀王派来的人，杨武通还不敢对他发作。

平叛结束，文帝获知实情，十分生气。认为杨秀是因扩军事未获批准，才有意派这么个人来发泄不满，而把国家大事当儿戏。

文帝于是在一次朝会上，特别点了杨秀的名，并痛心疾首地对群臣说："乱我王法者，必定是自己的至亲！此好比一头猛兽，别的兽类是伤害不到它的。结果反倒会被皮毛里所藏虫子咬死。"

有了以上认识的文帝，为防不测，随后将杨秀的管辖范围和职权都缩小了。

文帝最小的五子杨谅，被封为汉王时，年仅七岁。因年幼，他一直与父皇和母后深居后宫，得到父皇母后的特别爱护。开皇十二年，杨谅十八岁，文帝才下诏任命他为雍州牧，并加授上柱国、右卫大将军。一年后，杨谅升任为左卫大将军，担负起了拱卫京师之重责。

但，不管咋说，雍州牧也好，左卫大将军也罢，杨谅出生到至今，很少离开京师，并始终受到父皇和母后的庇护。

杨谅由于长期深居宫中，养尊处优，相比四位哥哥，他更显脆弱；官职不小，责任重大，却都是左右官员为他勉力支撑；这么一来，年岁不大的他，却早早养成了有恃无恐的骄矜习惯。

纵观几位皇子的经历与德行，即可看出，到了开皇十五年，皇上五子，业已成人，并被分别安置到了各重要的岗位上，担负着要职，却又都有这样那样的毛病，实令皇上不省心。

具体说来，五个儿子，在皇上的心目中，他最疼爱和最关切的是幼子汉王杨谅。宠爱幼子，乃人之常情，帝王亦莫能例外。除此而外，晋王杨广能独当一面，把皇上原本极不放心的江南治理得有声有色，此使他甚为欣慰。余下三子，文帝认为，太子有才干，却贪图安乐，常常不能走在正道上；而三子和四子，亦都是文韬武略的干才，却都不能像二子那样，把心思用到正事上。而更使皇上不安的是，几个儿子，已呈现出了不能同心同德的苗头。

却说，正当坐镇江都的晋王杨广，暗暗睥睨太子之位时，偏偏太子本人却似乎并不把自己储君的位子当一回事儿。

这位一贯大大咧咧、我行我素的太子，虽身兼数职，却不大管事。一是，他感到自己的职务虽多，权却不大。父皇仍一如既往，事必躬亲。太子所作每事，都必先上奏皇上，得到批示，方可行事。所以，太子索性一推了之，能让下属处置的，就听任下属去干，自己只过问过问。二是，他特别沉迷音乐和女人。有了此二喜好，玩乐上的事都忙活不过来，国家大事就自然管不了那么多，那么细了。尤其是，自元妃病逝后，太子更没了顾忌，整日沉迷于女色中，就连东宫内的大小事，都悉数交与云昭训去打理。

这位昭训，出身卑微，待人极谦和，对东宫里的大小官员或太监、宫女，皆是一脸笑容，所以，甚结人缘。再者，她聪明伶俐，勤快贤惠，把偌大个东宫，诸多琐事，处置得井井有条。加之，她自嫁入东宫，为太子一连生下三个男孩，使之底气大增，地位凸显。而且，随着时间的推移，好色的太子又有了许多更年轻貌美的新欢。其中，叫得出名目、生得有子嗣的，即有：高良娣、王良媛、成姬等。对此，昭训娘娘皆不吃醋、嫉妒，所以，东宫之内，虽人多口杂，却显风平浪静。

然而，始料不及的是，一件在太子看来是极寻常不过的小事儿，后来却在朝廷掀起了轩然大波！

此事，就发生于开皇十五年的冬至日。事情却要从冬至前说起：

是年初，文帝自泰山归来，就一直感到龙体欠安，不过，他却没十分在意。但，到了这一年的岁末，终因操劳过度，头晕目眩加剧而病倒。经御医诊视，开过方子，吃过几副药后，病情稍有好转，又能起身活动活动筋骨了。但御医仍然恳请文帝暂离朝政，以修身养性来调理龙体。

于是，右仆射杨素上奏，劝说皇上去新建的仁寿宫观赏山林雪景。群臣也觉得是个好主意，即共同劝说之。

文帝自春季去仁寿宫小住几日后，印象不错。原本想夏季去避暑的，却因政务缠身，一拖再拖，就把夏季拖过去了。此刻，众臣都劝他去山里散心，他也乐得其成，就兴致不错地与独孤皇后去仁寿宫赏雪。

皇上暂离京师，朝廷一应之事，自然仍由太子代理。有些事，太子过问一下，而诸多繁杂的日常事务，则多由左仆射高颖料理得妥妥帖帖，而使太子深居东宫，自得其乐。

不多久，便到一年一度的冬至节。有道是：冬至大如年。自此日后，白昼一日比一日长，阳气上升，而大吉大利，所以，国人历来对冬至节十分重视。

以往，每至冬至，百官都有前往大兴宫朝拜皇上的习俗。这年冬至，皇上不在京师，众臣便动议去东宫，向太子朝贺。

太子是个极爱面子，喜欢热闹的人，众臣既来，便敞开大门，让自己的鼓乐队伍倾巢而出，大吹大擂，歌舞伎者，亦载歌载舞，以此与众臣同乐。

几日后，陪侍皇上入住仁寿宫的右仆射杨素就获知了此消息。他在去大宝殿拜会皇上时，恰遇皇上与元岩等去宫外赏雪了。杨素正欲转身，被皇后叫住。

闲聊时，杨素说："臣闻冬至日，太子在东宫接受了文武百官的朝拜。东宫张灯结彩，鼓乐喧天，远胜往年冬至节百官朝拜皇上情景。"

"噢？竟有此事？"说者无意，听者有心，独孤后十分反感地道，"这个睍地伐，他是啥意思呢？"

"太子好玩，也就是与臣下一起乐乐吧。"

"哼！有此样与臣同乐的吗？不像话！"皇后气不打一处来，当着杨素面发作道，"睍地伐，年纪也不算小了，身为太子，正经事没做几桩，歪门邪道却没少干，且胆子越来越大了！"

杨素没料到，独孤后会如此恼怒。他说过几句安慰话，便赶紧告辞离开了大宝殿。

文帝赏雪归来，正在兴头上，独孤后则余怒未息地对皇上说："睍地伐那小子，胆子忒大。冬至节时，趁着皇上不在京师，竟令满朝文武都去东宫朝拜他。那场面，据说弄得比往年臣下朝拜皇上还要盛大。"

"卿听谁说的？"

"杨仆射来过，是他告知臣妾的。"

文帝"嗯"了一声，端起太监放在几上的一碗茶，揭开碗盖，呷了一口冒着腾腾热气的茶，不紧不慢说，"勇儿这事，朕昨日就知晓了。"

"噢？"皇后大感意外，问，"咋没听圣上提说过呢？"

文帝气象不佳地说："朕还没想好，怎样处置这件事。"

"太子正事不做，却图慕皇上的荣耀，也不想一想，他离登基那一日，还远着呐！"

皇上听到这话，未有回应，即命太监帮他脱去踏雪的厚重靴子。

次日晨，文帝仍循往日老例，来到殿门外，立于刺骨寒风中，打过两套拳法，进屋用过早膳，即突然宣布要回京师。任皇后和后来赶来的右仆射杨素咋劝说，皆无法改变皇上主意。

而当文帝一脸肃然坐于大兴殿龙椅中时，阶下文武百官皆面面相觑。因为皇上原先宣布要去仁寿宫休养到春暖花开后，才返回京师的。没料，仅过十余日，他就出现在了朝堂上！

文帝亦不等众臣奏报何事，即自顾自地道："近闻，今年的冬至节，文武百官，其中有的官员甚至还是从外地赶赴京师的，都相率去东宫朝拜，且盛况空前，朕不知此是甚礼数呢？"

太常少卿辛亶，竟然没听出文帝话中的弦外之音，出班咬文嚼字奏道："启禀圣上，去东宫应是贺，不能说是拜。"

"不错。"文帝睨了辛亶一眼，仍正色往下说，"既是贺，就应是三三两两，不约而同，随去随散。可朕分明听说，众官员是事前接到有关衙门的召唤，有备前往东宫的。而且，太子身着朝服，配备礼乐，举行了盛大的朝贺式。此不是拜，又是啥咧？"

文帝声色俱厉，阶下一片"哗"然。

说到此处，文帝朝近前的官员扫了一眼，目光停在了高颎身上，问："高仆射，此事是否属实？"

"确有其事。"高颎出班奏道，"不过，微臣亦是事后才知道的。冬至节的前后几日，微臣偶感风寒，未有起床，因而也未去太子东宫，具体情形咋样？臣下则不得而知。"

至此，在场的太子终于站不住了。他想：照父皇这么一说，那自己不就犯下了"僭越"之弥天大罪了？

"儿臣该死！"太子随之出班"扑通"一声，跪到地上。磕过头后，随即解释说，"父皇去了仁寿宫，冬至前的几日，有官员对儿臣说，因圣上不在京师，他们要到东宫来庆贺冬至节。儿臣就随便应了一声，并说，你们要来，就一同来吧。其时，儿臣并未多想，实是想藉此与众臣乐一乐，并想炫耀一下东宫鼓乐队伍如何不同凡响，而别无他意。"

此时，朝中绝大多数在冬至日朝贺过太子的官员，亦都诚惶诚恐、惴惴不安起来。他们如果再行解释，并为太子辩说，显然会越抹越黑。但若不澄清事实，去东宫朝贺过的官员，又脱不了干系呢！尤其是太常少卿辛亶，更感大祸临头！那日，就是他通知众官员去东宫的！

"你起来吧。"文帝环视了一下周遭，告诫太子，亦显然是在敲打众臣，说，"东宫这么做，是背礼违规的。太子喜好奢华，喜好排场，朕曾告诫过汝多次，此毛病，咋还改不了呢？卿为储君，要身体力行地务实，认认真真办差，并为臣下作出表率才对哩！"

为了杜绝此类事件再次发生，皇上专此下诏曰：

> 礼有等差，君臣不杂。爰自近代，圣教渐亏，俯仰逐情，因循成俗。皇太子虽居上嗣，义兼臣子，而诸方岳牧，正冬朝贺，任土作贡，别上东宫。事非典则，宜悉停断。

自此，皇上对这位正处而立之龄，往日似乎不大热衷朝政的太子，有点另眼相看了。他想：自己此次仅是患点头晕目眩的小毛病，离开京师仅数日，他便此样恣意妄为。若是到了自己老眼昏花时，岂不翻天了！

大兴殿里发生的事，立马就传到了身处后宫的独孤皇后耳中。夜里，皇后来到文帝的寝宫，闲聊中，对皇上说："臣妾以为，众臣去东宫朝贺太子，八成是高颎暗中蓄意鼓捣出的。"

"别瞎猜，鼓捣此事的另有其人，高颎那几日因病，并未参与这事。"

"主意儿是他出的，人却故意不去。"

"噢？"文帝眄了独孤后一眼，提高语调，说，"卿是此样看高颎的？他是那种人吗？卿越说越走板了！"

独孤后没了声音，文帝亦中止了此话题。

不日，皇上下令从宫廷禁卫军中选拔宗卫侍官，以充实皇宫宿卫。

以往，包括东宫在内的整个大兴宫的禁卫军都是统一调配，并分作两支队伍当班的。若按皇上此次要求，即把最优秀的士卒都抽调到皇宫一边去了，那么，东宫这边的防卫不就明显薄弱了吗？

高颍并不明了文帝对太子已存戒心，于是启奏说："若把身强体壮、武艺高强的侍官都抽调到了上台（指皇上之居住地），那么，东宫那边的宿卫就显得过于薄弱了……"

可还未等高颍把话说完，文帝即老羞成怒道："朕要经常外出巡视，宿卫能不配备得强大些吗？太子在东宫修身养性，他身边要那么多强悍勇武之卫士干嘛？此作法，极不正常！亦不合朕意！这样吧，今后每到宫廷禁卫换防之际，应采取统一调度，分出部分军力去东宫值勤，不要再分两支队伍了。这样，不是更加方便调度了吗？朕对前朝的了解甚深，过去因宫卫调度而产生的教训，实在太多，要注意哩！"

高颍一听，不禁骇然！此一番话，不仅道出皇上对太子有了戒备，亦对自己分明有了疑忌。

朝廷，是个国之精英汇聚地，亦是国之大事决策地，同时，它还是一块议论人，弹、赞人的是非地。它要贬斥一个人，一人一口唾沫，即可将其淹没；它要赞誉一个人，亦可将其捧上天去。

此刻，当百官听到皇上一番话后，太子遭到圣上猜忌的信息儿，便在京师不胫而走……

第八十四回

严冬里观凶象无事生非
除夕夜摆盛宴不欢而散

皇上不在京师，冬至节时，群臣相约，要到留守的太子东宫去热闹一番，本来不是一件啥了不得的大事。

城府不深的太子，想法则更简单。只是想藉此玩一玩，乐一乐，自己乐，亦与众臣同乐，并显摆一下自己别具一格的鼓乐和歌舞伎班子，并未有拉拢群臣和"僭越"的非分之想。恰恰相反，此刻的太子对权力，对浩繁的政务，一贯采取的是较漠视的态度。当然，也不是不想有朝一日执政当皇上。因为他既为储君，登基做皇上是迟早之事，完全不用那么着急。当下有父皇在朝廷撑着，大树底下好乘凉嘛，何不趁年轻多乐乐。可是，竟没料到，乐极而生悲，竟捅出如此大的漏子来，且连作进一步解释的余地都没有！

太子坐立不安，正不知如何是好时，左庶子唐令则进来报说："汉王来了，说要见您。"

"快叫他进来。"太子说着，亦抬足迎出门去。

汉王杨谅是太子最小的弟弟，亦是父母最疼爱的儿子。他自幼一直跟着父皇母后，在宫中长到十八岁，才放出去做官的。而今已是雍州牧，并兼任了左卫大将军，统领京师禁卫军及宫廷卫队。即使是成人了，做官了，亦未离京师和父母身边。太子是老大，与汉王相距九岁。不过，太子也和杨谅差不多，多处东宫里，较少到京师以外的地方当差。正因如此，杨谅从小就觉得哥哥的东宫比母后的后宫好玩得多，所以，他就常到仅一墙之隔的东宫来玩耍。一来二去，哥俩年龄虽有悬殊，却相处得十分亲密。

杨谅进门时，一副戎装，腰间还挂着一柄佩剑。太子见此，吓了一跳，以为他是奉命，冲着自己来的。

"没事。"杨谅笑了笑，立马解释说，"咱不是左卫大将军吗。是藉查岗之名，转悠到此的。"

"噢？连兄弟间串个门，都要如此乔装打扮一番？"杨勇说着，挥手让左右人等退出房去。

"亦不尽然。"杨谅眉宇间仍显稚气，但做派却俨如一位大将军，"不过，还是谨慎点好，父皇的性子，兄还不知？"

"小弟今日来得正好！兄正想与你说说，你可要多在父皇和母后身边为兄解释解释。只有你的话，他们才听得进去。"杨勇一把拉住杨谅之手，诉说起来，"冬至节那日，那是个啥事儿哩……"

杨勇滔滔不绝，死死拽住杨谅的手，不肯放松。

杨谅好不容易才将手挣脱，坐下说："此事无须再解释了。你说得愈琐细，他们愈是不想听下去！你咋不想想，父皇为啥发那么大的脾气？其实是事出有因，由来已久呢！"

"啥？"太子一脸漠然，沉思一会儿，摇头说，"由来已久？咋会呢？父皇早就认为咱急不可耐觊觎皇位？咱是真的问心无愧，做梦都没想到僭越呵！"

"哥成日泡在女人堆里，与外间真要隔绝了哩。"杨谅叹惜道，"恕小弟说句难听的话，大哥你早就是坐着一屁股屎，不闻其臭嘞！连咱这个懵里懵懂，被母后说成没心没肺的人，早就闻出气味不对，你倒好，啥都不知。"

"有……有那么严重么？"太子倒抽了一口冷气，顿感寒气直入心脾。他还不知就里，就被杨谅一席话，弄得整个人已全然乱了方寸。"那……

那你咋不……早……早提醒哥呐？"

"前几年，咱还小，是不？也只是顾玩儿哩，哪懂那些事！是此次父皇动怒，咱才回想、并恍然悟出的。"杨谅从座椅上起身道，"哥身为太子，不把太子当回事，可早有人就打起了做太子的主意儿！"

"谁？"杨勇亦从椅中霍地"蹦"了起来。而当那"谁"字刚从口中吐出时，一条身影亦赫然从他心中浮现！他跺脚道，"该死！该死！这个王八蛋，其竟安有此心！"

"哥心中有数就行了。害人之心不可有，防人之心不可无哩。"杨谅抱拳说，"小弟是前来宫里查岗的，不能久留，告辞了。"

杨勇把杨谅送到门口，小弟又叮嘱兄长说："哥今后凡事可要多长个心眼儿。父皇和母后那里，咱自会尽力而为的。"

杨谅一走，太子更是心乱如麻，如坐针毡。

原先，杨勇还指望能想个法儿，消除自己与父皇间的误会。作为太子，从今往后，亦收敛收敛某些不被父皇看好的习性，即可相安无事地安安稳稳做储君。哪曾想，父皇呵斥的背后，还暗藏着如此玄机，此可是你死我活之争斗，岂是三言两语即可消弭的呐！

太子又烦又恼又急又气，却无计可施！

目下回想起来，几年前，就曾有人提醒过自己，要自己注意晋王某些不同寻常之举。可自己竟置若罔闻，一笑置之，还放出大话；"广在父皇母后面前讨好卖乖，是想做太子？他要做，就让他做去好了。"

谁知，此话竟一语成谶了！

太子之位，真是随随便便可以让与他人的？非也！此好比骑在虎背上的人，既然坐上去了，不是想下就随便下得来的，除非冒着被虎吃掉的危险。而今，太子却真的到了这一地步，他舍得让出那个至尊的储君地位？而且，赶他下来的人，就是要吞吃他的一只虎呵！

如果说，杨谅造访东宫前，太子还只是感到因失宠而不安的话，那么，此刻，他已然是手脚冰凉，自觉濒临绝境了！

万般无奈下的太子把心腹左庶子唐令则召来问计。

出身卑下的唐令则，只会吹拉弹唱，狗嘴里怎吐得出象牙来！不过，他的弯弯肠子倒溜转得飞快，听完太子的诉说，即道："近闻大兴城里来了个活菩萨，名叫王辅贤，是南边新丰人氏。能治百病，亦能探知人的未来，还有办法使人逢凶化吉，除病消灾。此人兴许有法儿化解太子当下之困。"

此说，正对太子胃口。他在这方面倒极像自己的父亲隋文帝。皇上不仅笃信佛学，尤对命相术士之言，言听计从。

太子立马说："好。汝快去将此活菩萨请来。"

这位人称活菩萨的王辅贤，五十大几岁年纪，着一身黑袍、黑袜、黑布鞋，戴一顶不是乌纱的方形黑帽；他的眉骨奇高，眼窝儿深陷，两只如点漆般的小眼，精明贼亮；而其光溜溜的脸上，竟无一根胡须，细长之颈项，隆起个大喉结儿，说起话来却如鸭公一般沙哑……

王辅贤一进东宫大门，太子就真的把他当作活菩萨一样供奉起来，好酒好肉相待，并亲自相陪。

王辅贤呷着美酒，嚼着佳肴，用一双深不可测的目光凝视着愁眉不展、食不甘味的太子，开口即问："贫道静观贵人面相，有乌云笼罩。您贵为储君，近日有何不爽呢？"

太子一听，觉着菩萨果然不同凡响！他一眼就能看出自己有烦心事。于是便向其大吐起苦水来。

王辅贤只听不语，更显一副莫测高深状。吃饱喝足后，便要求能在宫里走走瞧瞧。太子哪敢怠慢，忙起身相陪。

此王辅贤，乃一村野小人，因家境贫寒，弟兄众多，七八岁时，父亲就将他送入一道观中做了道士。长大后，耐不住道观寂寞的王辅贤，竟与附近村中一女子野合，而被道观扫地出门。由此在江湖混迹多年、靠测字算命为生的王辅贤，近日来到京师，靠三寸不烂之舌，先在京师酒肆、茶楼和俚巷间，后入高门大户里，竟闹腾得声名鹊起，被人称为活菩萨！

今日，当他在唐令则引领下，跨入东宫时，但见门墙耸立，禁卫森严，一股肃杀之气，逼得他只敢低头走路，竟不知一路走过的东宫，究竟是个

　　王辅贤只听不语，一副莫测高深状，吃饱喝足后，要求在宫里走走瞧瞧。太子哪敢怠慢，忙起身相陪。

啥模样儿。可目下，他摸清了太子底里，已成东宫座上宾，并在太子陪同下，仗着酒劲，竟在禁卫森严的宫中，左顾右盼起来。他走一处，瞧一处。浪迹江湖的王辅贤，进入京师后，虽也见识过一些场面，可何曾见过如此气派壮观之宫廷殿宇、亭台楼榭，更兼如天仙一般的美人儿亭亭玉立于气象万千之殿宇间……

正当王辅贤目不暇接时，太子终于憋不住地问："王大师，您看的这般仔细，莫非这宫里真藏着啥症候？"

"嗯？"正对一位如花似玉宫女出神的王辅贤，此时方才醒过神来。他转而煞有介事地道，"不知太子您是否感觉到？您和咱从此处经过，即有一股罡风紧紧相随。"

"噢？"太子一听，只觉浑身凉飕飕的。他茫然四顾，其实啥都没见，却点头说，"咱……咱感觉到了，是……是有一股阴风缠着咱咧……"

"此乃白虹贯日！宫门一开，此风即穿门而入，并伴有太白袭月，乃皇太子废退之兆耳。"

"呵……"太子木然，更感不寒而栗起来。他用极尽哀求的语调，问，"以大师之见，还有解么？"

"解数是有——"王辅贤收住脚步，望着身披裘皮大氅还觉寒冷的太子说，"只是不知太子是否能够忍受？"

"只要能够解脱当下困境，即使上刀山，下火海，本太子亦在所不辞。"太子乃性情中人，受此一激，亦顾不得至尊身份，慷慨激昂道，"请王大师示下。"

王辅贤则不紧不慢指天画地卖着关子，说："您目下身披皮氅，足蹬皮靴，还觉冷，是不？"

"是……是咧！"

"其实，这天，哪有那么寒冷。"

太子想想，也是。即使是严寒的三九季节，但今日毕竟是个大晴天，咋能冷得这般钻心？便问："那是啥原因？"

"还能有啥，是淫邪之气附体！"

41

"大师所言极是，此，如何是好嘞？"

"很简单，要将邪气驱除。"

"咋能驱除淫邪之气？"

"简是极为简单。太子高贵身躯，若能换成单薄之庶人衣衫，走进庶人村里，打坐修行，让外间寒气，侵肌入骨，那么，身上的淫邪气就将自然消隐于无。今后，太子还是太子，储君还是储君。只是不知您是否能够身体力行，耐得住此贫寒交加！"

"此有何难！"太子坦承道，"不瞒大师说，咱自幼就身着单衣，于数九寒天，在室外练功，受点风寒倒不惧怕。只是，咱这身份突然穿上一身庶人衣衫，走进庶人村里，人们不会围着看稀罕吗！还有，若是被父皇知晓了，极有可能还会惹出更大麻烦。"

"此有何难。"王辅贤巧舌如簧，"东宫这么大，就在此深宅大院里仿照民间建一排庶人村屋，太子入住其间，并不真要到外间庶人村去。"

"哦！能这样，那就太好了！"太子转眼间不仅不觉得冷了，反而跃跃欲试起来。

冬至一过，一年一度的新春佳节即将来临，宫廷内外，张灯结彩，洋溢着一片洋洋喜气。

这日上朝，有司启奏说："存放绫罗、布帛的府库，已全部储满，各地上交的织物仍源源不断，只好临时堆放在了走廊上，急需扩充仓廪。"

文帝觉得不可思议。仅在两年前，关中遭遇大旱，皇上曾亲自率领饥民到东京洛阳就食，转眼之间，仓库咋就不够用了呢？他于是问："朕对百姓的税收作过多次轻减。平陈及平叛，为奖励有功之臣，用度甚巨，府库咋不见减少，反而如此充盈了呢？"

有司回答说："充作军需和赏赐给有功之臣的绢帛，每年平均不过数百万段，但一支一收，还是收得多，支出少。此二年，风调雨顺，连年丰收，粮库则更是撑得满满当当。"

此时，苏威亦出班补充说："大隋立国十五年，国泰民安，人口大增，税收虽减，但纳税者增多，咱这么大个国家，何愁富足咧！"

"哈哈哈哈……"文帝于是乐哈哈地下旨，增建和扩建府库和粮仓。

春节前夕，驻守并州的秦王杨俊，驻守益州的蜀王杨秀和驻守江都的晋王杨广，都先后回到京师向父皇述职。

除夕之夜，心情舒畅的隋文帝，大摆家宴，除旧迎新。

宴席上，除了皇帝、皇后、太子和四王而外，连所有孙子也都到齐。因有的孙子年龄尚小，需要照顾，所以规定，孙子之生母亦尽数参加此次家宴。仅太子一人，就有十个儿子，因此，光他一家，两桌都还不够。除此而外，皇上的几位弟弟亦都是王爷，还有侄儿侄孙，亦都被邀，前来团年。

主宾席上，上首是皇上、皇后，左手边是太子和晋王，右手边是秦王和蜀王，下手仅汉王一人。

汉王一人独坐一方，觉得无趣，就从旁桌拉来一个七八岁的男儿，陪坐于自己身边。

独孤后见此，眉头一皱，即问汉王："这小儿是谁呀？"

那小童不等汉王介绍，径自站起，像个小大人似的，含首自报家门："孙儿乃长宁王杨俨——向皇爷爷、皇奶奶恭贺新禧！"说着，闪到一旁，就地跪下，向皇爷皇奶磕了三个头。

汉王杨谅是临时起心把杨俨拽过来的，却没料到，其小小年纪，应答得如此得体，而赢得满堂喝彩！

"快起来，快起来！"心情大好的皇上，一迭连声道，"汝为长孙，亦是一王，敬陪末座，没错，没错！"

杨俨复归原位。独孤后已有几年没见这位长孙，定睛看时，只见他的脸模与太子极像，而其突出隆起的眉骨，则更活脱像极皇上——此还不能证明他就是龙种吗！

杨俨出生不久，因是长孙，即被抱进后宫，由独孤皇后亲自抚养。后因皇后与太子生隙，杨勇一怒之下，派人把年仅三岁的杨俨要回了东宫。

杨俨六岁时，被封为长宁郡王，却遭独孤皇后反对。理由是，云昭训是在娘家做女儿时，就怀上这孩子的。那么，此儿之父是谁，谁说得清楚呢？不过，当下再看，已显然不存任何疑问了。

此时，独孤后朝身边的皇上看了一眼，见皇上也在认真注视杨俨。于是，已释疑云的独孤皇后，对杨俨坐在汉王身边，亦没了异议。

大厅里，皇上和皇后都其乐融融，众人的心情皆是跟着皇上皇后转的，所以，人人都很开心。

其间，最感受用的当属坐在文帝下手的太子。因为在他看来，父皇和母后对儿子杨俨的认可，亦是对自己的肯定。自"活菩萨"王辅贤走后，惴惴不安的太子就在东宫的后花园中，辟出一块空地正在营造一座庶人村落。太子则差不多日日都要去那地方看上一眼，他把自己的前程都寄托在了那村子里。真还没料到，庶人村尚未竣工，自己亦未进去做个正式村民，而皇上和皇后对自己的态度已然有了转变。

太子杨勇于是郑重地以储君和长子身份，起身，举杯，面向大厅中的各位长辈、弟兄、至亲，底气十足地道："今日是大年除夕，在此去旧迎新之际，让咱举杯恭祝父皇和母后万寿无疆！"

众人立即响应，无论年长者和年少者，皆起立举杯，整个大厅响起一片"恭祝皇上皇后万寿无疆"之赞颂声。

此乃真个是：儿孙绕膝，三代同堂，共贺新春。

一杯美酒下肚，文帝即感醉意阑珊，飘然欲仙！人生在世为的啥？不就是为有今日之盛况嘛！在事业上，已登九五之尊，并封禅了泰山；在家中，则已是儿孙满堂，子孙孝顺！难道还有比此更加美满的人生吗？

"朕同皇后，亦赐各位王爷皇子皇孙一杯酒。"说着，文帝即携皇后破例地站了起来，向众人举杯致意。

众人复又立即起座。山呼："皇上皇后万岁，万万岁！"

第二杯美酒下肚之后，文帝乘着酒兴，面对同桌的五位儿子说："朕今日高兴。汝等一个个都成人了，立业了，出息了！勇儿坐镇京师，协助朕处置天下大事；广儿镇守江南，以文治获取民心，在事业上做得尤为出色；

俊儿驻守北方边陲，使外敌番帮俯首帖耳，不敢入侵；秀儿镇守蜀地，使西南腹地日益摆脱贫穷，走向富庶；还有谅儿，亦担负起了拱卫京师之大任。大隋能有今日盛世，汝等都出力了。不过，卿等都要切记，得江山不易，欲使江山安稳、富庶亦不易，而要使江山长治久安，代代相传，则更不易！在此方面，卿等都要向广儿看齐。一是不要骄矜自满；二是不要奢华丧志；三是要兢兢业业，继续进取。此三项，以作新年寄语，望诸儿共勉之。"

皇上的金口玉言，再次赢得一片掌声和喝彩声。

"父皇新年寄语，孩儿将终身铭记。"听到父皇的表彰，志得意满的晋王杨广起身举杯，向父皇和母后敬酒，并一饮而尽。然后，他继续说，"不孝儿子在外当差，不能时时陪侍父、母身边，亦不能尽儿子之孝道，在此，请接受孩儿一拜！"说着，亦和孙儿杨俨一样，跪地向父皇母后磕了三个头。

此举，亦获众人一片喝彩。而主宾席上另几位王爷，却没啥反应。其中，蜀王杨秀甚至耸了一下肩膀，还不屑地"哼"了一声。

只顾磕头没有看到众兄弟脸色的杨广，则意犹未尽地对杨勇说："大哥，咱俩代表几位兄弟，亦向旁桌之叔叔、婶婶和嫂嫂们去敬一杯酒吧。"

太子杨勇则像没听见杨广的话一样，他端起一杯酒，便自顾自地径直走向邻桌，而将杨广晾在了座位上。

皇上皇后见此，面显不悦，可又不便破坏眼下欢乐融和的气氛，亦装出浑然不觉之神态。幸好，大度的杨广更不以此为意，他拿起酒壶为父皇母后，及几位兄弟斟起酒来，并道："来，咱敬几位兄弟一杯！"

与晋王面对面坐着的秦王、蜀王和其下手边的汉王响应都不热烈。不过，碍于父皇和母后的威势，都还是不大情愿地站了起来，碰了杯，饮了酒，又默默地坐下，场面显得有点沉闷和尴尬。

而与此同时，正在别桌敬酒的太子，所到之处，则是一片欢腾。

文帝有点坐不住了，正欲开口说点啥，黄门侍郎元岩却于此时走到文帝面前，俯身耳语了几句。

皇上站起，即向众人道；"朕有急事，二位仆射都到了中华殿里。一家人聚在一起，殊为不易，大家今晚一定要尽兴。"

文帝一走，早就耐不住性子的独孤后，更是如坐针毡。她看了一眼红光满面从各席巡游一圈归来的太子，面有愠色地道："你们兄弟，平日各处一方，一年方有这么一次聚在一起的机会，要珍惜，各自都要谦和一点！"说着，亦步文帝后尘，姗姗而去。

太子见父皇和母后相继离席，以为全是因为自己刚才未答理晋王而生气。他心一沉，心虚地问："父皇和母后咋啦？"

"还不是因你不安分，一个人跑别席去了！"年纪最小的弟弟杨谅故意调侃大哥说。

"嗨，真冤哟！"信以为真的太子一迭连声道，"咱不是代表咱兄弟敬酒去了吗？咱去之时，父皇和母后还是高高兴兴的嘛。"

"别听小弟的，他纯属胡诌。"秦王杨俊站起来，举杯道，"来，咱敬太子大哥一杯酒。"

与此同时，杨秀也举起了杯。

"慢！"杨谅大声道，"等等咱。"

一名侍从给杨谅斟满了酒，四人碰杯，独独又把晋王杨广晾在了一边。

此四人亦不能说是志同道合，但有一点却相同，即都看不惯好大喜功，表里不一的老二。

待四人一饮而尽之后，杨广亦悻悻地举杯，说："咱今日单独敬大哥一杯，请赏脸。"

"行。"杨勇举杯道，"哥今后还望二弟海涵，不要再于暗地里戳兄长之背脊骨了。"

杨广一听，脸红得像泼了血一般，倏地只听"砰"的一声脆响，他把手中酒杯甩在了砖地上，弄得瓷片、酒水四下飞溅！接着，已忍气吞声好久的杨广，终于挥起拳头，就要砸向太子。

霎时间，欢声笑语的大厅，一下子，竟噤若寒蝉了！

正在享用盛宴的王爷、王妃，及子侄、皇孙们也好，或是在其间侍候的太监、宫女、宦官们也好，亦都屏声敛气不敢动弹。因为当事双方，一个是太子，另一个是权倾一方的晋王。一般人等，上前劝阻，不敢；不加劝阻吧，如果互相动起手来，咋办？

"住手！"说时迟，那时快，终于有五大三粗的蜀王挺身隔在了杨勇和杨广中间，他并提醒杨广道，"君子动口不动手。你别弄错了地方，此处可不是你的晋王府！"

杨广的拳脚功夫虽不错，但终不是杨秀的对手。更何况，几兄弟亦明显都是向着杨勇的。于是，一场眼看就要发生的龙争虎斗，瞬间就此止息。

而身处其间、年仅八岁的杨俨，哪曾见过此场面。他先是吓得目瞪口呆，而当气氛稍稍松弛后，则反而"哇哇"大哭起来。

一直提心吊胆、关注主宾席一举一动的云昭训马上走过来，先暗扯了一把丈夫的衣袖，示意他不要过分激动。接着，便牵起儿子杨俨脱离了是非地。

与此同时，懂事的萧妃，亦笑吟吟地走过来，代丈夫向太子道歉，并把夫君晋王拉到一旁。

秦王杨俊觉得扫兴，抽身离席，拂袖而去。

与坐之叔叔辈们，皆怕牵扯到五位皇子的是非中，亦都效法秦王，纷纷起坐，向太子告辞……

除夕盛宴，就这么不欢而散了。

也是，世上哪有不散的筵席！

第八十五回

武侯一招不慎越抹越黑
元胄意外得宠愈说愈亲

却说，文帝从后宫宴会厅中急急赶到前面议事的中华殿，二位仆射已在殿外阴冷处等候了许久。

文帝进殿坐下，二位仆射才进来磕头请安、说事。

文帝忙道："快起，快起。让二位大人久等了。"

高颎起身说："今日是大年除夕，本不想惊动圣上的。臣下和杨仆射思之再三，觉着事关重大，就还是一起来了。"

"此是反贼不让咱安享太平嘛，不报，咋行。"文帝说着，即问，"当下情势究竟咋样了？"

杨素道："据报，仅岭南桂州城（今广西桂林）一地发生暴乱，暂未波及别处。朝廷规定，十年不向岭南征税。此次是由当地命官巧立名目征税引起。一个叫李贤的人率众冲击州府。参与者，有数千人。"

"其实，一个李贤并不足惧。"高颎补充说，"问题在于，那地界，汉、俚各族杂居，周武帝灭齐和咱平灭尉迟迥时，齐之豪门望族和北方商贾迁去的不少，怕就怕，一旦蔓延起来，麻烦就大了。"

"能否就近派遣洪州总管郭衍前往平灭逆贼？"杨素提议说。

"不好。"文帝随即打破道，"郭衍所处的洪州（治今江西南昌）离岭南虽近，但那地方本身就很复杂，他的府兵一旦抽空，亦怕当地不法之徒乘隙铤而走险。此外，即使就近调兵，朝廷亦应派出得力将领去统率大军和对桂州进行平暴后的治理。”

“行！那就还是让臣下前往，去收拾那个李贤。”杨素当即自告奋勇地说，“臣下明日即率一千轻骑从京师出发，余下兵马由臣与晋王协商，从江南各处抽调至事发地附近集结。”

文帝看了一眼杨素，见他腰板硬朗，精气神儿不错，犹豫了一下，却还是摇头道：“算啦，这回就不劳公费神了。”

“咋啦？”杨素一挺腰板，欲行分辩。

文帝摆手说：“公往后应把心思多用到政务上来。此二年，朝廷变化大，公看嘛，德林公已经作古，苏威亦大不如往日灵光和顶用了，老臣就剩高颎，独木难撑哩。这样吧，明日是大年初一，原本是不上朝的。公这就去着人知会京师中所有柱国大将军，明日一早来中华殿，一为庆贺元旦，二为商量出兵事。朝廷派谁出征，明日就在朝堂上当廷定夺。”

“行。”高颎和杨素跪拜，欲出。

文帝迟疑了一下，开口道：“高仆射，请留步。朕还有点事儿，想与公议议。”

高颎于是又坐了下来。

杨素走后，文帝端详了一下这位与自己患难与共、志同道合十七年之久的老臣，随口问：“公曾辅佐晋王平陈，觉得此儿的德性和能力究竟咋样？”

“晋王德才皆无可挑剔。”高颎随口答道。他以为皇上想派晋王出征，于是补充说，“晋王统辖江南四十四州，就地调兵遣将，对付一个蕞尔李贤和几千乌合之众，乃是杀鸡用牛刀。”

“卿想到哪里去了……”文帝笑了笑，欲言又止。

高颎摸不着头脑，又不好问，只好静待皇上下文。

文帝停顿了一会儿，收敛笑容说：“公觉得，欲以晋王与太子相比较，谁的禀赋更高些？”

此问来得很突兀。高颎望着文帝，仍然猜不透皇上问话的用意，抓耳挠腮好一会儿，方说："不好比咧。"

"为啥？"

为人处事一贯谨小慎微的高颎道："太子与晋王，禀赋都极高，但性格各异，只能说，二人各有千秋吧。"

"各有千秋？"文帝眉头紧蹙，显对高颎回答不满意。他想了想，又说："公不觉得勇儿近来不务正业，且越来越恣意妄为了吗？"

"太子憨厚、率真，秉性还是不错的。他贪享玩乐，陛下往后可多给他压点担子，并严加管束，还是一块好料。常言说，玉不琢不成器咧！"

作为臣下，当着皇上的面评说皇子，当然只能拣好的说。况且，高颎的话说得也不错。说穿了，太子就是个较为懒散的纨绔子弟，他好玩、懒散，是贵胄家庭子弟的通病，并不能说明他不聪明。除此而外，太子在待人接物方面还是挺通情达理的。

"哼！他还是块好料？"文帝有点坐不住了。他站起身来，踱着方步，想起太子刚在除夕宴会上故意与晋王斗气的表现，越想越恼火。不过，他还是耐着性子，掉转话头，问，"那，公觉广儿如何？"

"晋王才华横溢，功勋卓著。尤其是此番再下江南，以柔克刚，而使满目疮痍的南方迅疾从困境中走出来，为世人所瞩目。"

"此言不虚。"文帝终于满意地点了点头，说，"早年，就有命相师曾对朕说，晋王妃有神附体，说晋王当有天下。公觉此说，是否有道理？"

此真乃是君心难测呐！皇上兜了好大一个圈子，方才向高颎透出有换储君的心意。

高颎闻言大骇，长跪于地，嗫嚅着道："长幼有序，其可换乎！"

文帝不语。亦过了好大一会儿，方冷冷地说："天不早了，公请回吧。"

高颎一走，独孤皇后即从屏风后闪了出来，并说："哼！这个高颎，如今亦变得越来越市侩了。"

独孤后此言，是指太子的一个女儿嫁给了高颎的儿子高表仁。太子日后如果做了皇帝，高家自然就成皇亲国戚了。

"其实，亦不尽然。"文帝说，"朝臣中持高颎态度者，难道仅其一人？

所以，废、立太子，并非一件简单事。"

这是文帝第一次与人道出欲废欲立太子的心迹，闻听者仅为皇后和高颎。

"那才怪了！"独孤后仍不以为然地说，"谁做太子，是皇家事，就这么简单。皇上立谁，废谁，关他人何事？"

"此言差唉！"文帝道，"立嫡不立庶，立长不立幼，此乃老祖宗传下的规矩。如若违逆此理，还怕没人唱反调？朕刚才只是私下委婉地提了提，高颎不就立马不肯依从。卿再看看，朕还健在，冬至节去东宫朝拜的朝臣就已趋之若鹜了！另外，再看咱自家吧，欲立广儿，其下的三个兄弟，能心服？俊儿也好，秀儿也好，各据一方，皆拥有重兵，周遭都还有一帮子人拥护。就这两个儿子，朕已看透，他们对这来之不易的江山，并不珍惜，都是成事不足，败事有余的人！上述诸事，都摆不平整，何谈废立！"

皇后听后，方觉醍醐灌顶，噤声而不语了。

而文帝此时，亦才突然想起正在进行中的除夕家宴。于是，问："嗯？汝咋也出来了？"

"还说哩！圣上刚刚离去，兄弟几个，皆肆无忌惮，一齐把矛头对准了广儿。尤其是秀，最不像话，臣妾看不过眼，就生气地离席了。"

"看看！朕过去就说秀儿胆大包天，容不得人，卿还不肯信，目下可知他的厉害了吧？"

"岂止秀儿一个，连谅儿亦跃跃欲试，站在睨地伐一边。"

"谅儿倒不至于吧。他懂啥咧？仅跟几个大的起起哄罢了。"文帝笑着缓和口气说，"废、立为的是啥？还不是为使咱大隋江山长治久安嘛。此事是急不得的，尤其是卿，要懂得欲速不达之理。弯子转得太急，一不小心，留下隐患，到那时，追悔莫及！"

翌晨是大年初一，住在京师的柱国大将军们都聚集在了中华殿内。

隋文帝自北周末年，以大丞相身份执掌朝政以来，就一直着手于对自西魏由宇文泰创建的府兵制度进行改造。其间，大的改造有两次。第一次是北周末年，到隋朝初年。此次改造有三个特点：一是，淡化浓厚的鲜卑部落兵制色彩，以加速军队制度的汉化。二是，削弱军队的地方性质，将名目繁多的地方军队，纳入朝廷的掌控中。三是，扩充和加强了府兵建制。十年之后，当北方突厥、吐谷浑等，被逐一降服，陈朝灭亡，国家统一和安定后，隋文帝又于开皇十年，对府兵制度大刀阔斧地进行了第二次改造。其举措亦有三个方面：一是，兵农合一。以往的府兵与百姓是分离的。自此以后，军士皆属州县，垦田籍账，一与民同。二是，罢去山东、河南以及北方边缘地区设置的军府。过去，北方的几个军府是用来对付突厥、吐谷浑等入侵的。山东、河南的军府则是用以对付陈朝的。国家统一、番邦势力减弱后，军府全部裁撤。三是，更进一步加强了以十二卫统领各州的鹰扬府建制。至开皇十五年，文帝颁诏："收天下兵器，敢有私造者坐之。"从而使天下军兵及武器完全置于朝廷掌控中。尤其是通过对府兵的第二次改造，不仅精减了军队，减少了朝廷开支，同时，经过兵农合一，还增加了国家的税收。而更重要的是，朝廷对军队的绝对控制，起到了维护国家统一和稳定国防的作用。

不过，尽管如此，也还是有像李贤这样敢冒天下大不韪的造反者出现。当文帝说明正值新春佳节之际，却召集众位柱国大将军来朝的原委后，已有几年没打过仗的将军们，皆跃跃欲试起来。

首先站起请缨的是晋王杨广。他说："岭南之事，亦即扬州总管府之事，恳请父皇让儿臣带兵去殄灭逆贼！"

在平灭陈朝立下赫赫战功的上柱国大将军贺若弼，已摆脱多年伤病困扰，此刻，亦精气神十足地要求前往活捉李贤。

当众多将领争先恐后，要求荣立新功时，唯独一人始终置之度外。此便是职位最高、资格最老、功勋卓著、位居右武侯大将军的虞庆则。

皇上对虞庆则的不闻不问，十分不满，因而，偏偏是哪壶不开提哪壶。他指名道："虞大将军，论职位，公属宰相一级，爵位已至上公。今国有贼人作乱，众将军皆争先恐后，表示要前往平乱，唯独只有公却无动于衷，是何缘故？"

虞庆则闻言，这才于慌乱中下跪请罪，并解释说："臣罪该万死！方才，一是觉得一山林蟊贼，何足道哉；二是看到许多后辈都自告奋勇了，以为用不着老臣出马，才未主动请缨。"

"那可不行，养兵千日，用在一朝。平陈时，考虑到防卫北边的突厥亦很重要，才未让公出马的。而今，公已多年疏于战阵，此次是否能够屈就，代表朝廷去岭南走一遭呢？"

"臣遵旨。"虞庆则听出皇上话中有话，冷汗已从额上沁出。

接着，文帝便立即下诏，任命虞庆则为桂州道行军总管，并要求他稍事准备，尽快启程前往岭南讨伐李贤。

散朝时，晋王杨广走下中华殿的台阶，见前面就是右卫大将军元胄，他紧赶两步，与之搭讪道："老将军，近日可好？"

元胄回头见是晋王，即受宠若惊地说："嘿嘿，是晋王呀！咱这把老骨头还能蹦哒蹦哒呢。晋王可好？"

"好，好！"杨广点头道，"许久不见老将军了，一直惦着呐。啥时得空，能来府上喝一杯、叙一叙？"

"好咧！"元胄喜出望外，"只是不知晋王何时得空？"

"就今日下午吧。行么？过几日，咱就要回江都去了。"

"行，行。"

"那就这么定了。"杨广与元胄拱手作别，转背上了自己的车驾，便马不停蹄地去了杨约家。

年初一的新年聚会，是由晋王与杨约早就安排好了的。不一会儿，右仆射杨素亦应邀而来。之所以安排在杨约家里，是因为与之相比，他的身份较低，不大打眼而已。

杨素当然也参加了柱国大将军的朝会。他是在圣上回宫后，才离中华殿的，所以，比晋王晚到一步。

杨素见到晋王，开口便说："众人走后，圣上的余怒仍未止息。此次出征岭南，原不打算派武侯大将军去的，可他偏偏不自重，竟当着圣上在诸多柱国大将军面前摆谱，终使圣上忍无可忍，点了他的名。"

"圣上对武侯大将军心存芥蒂，恐不止今日这件事。"杨约说，"冬至节去东宫朝贺，就是他领的头嘛。"

"怪道哩！"晋王此时方恍然大悟，"咱正纳闷，父皇为何要如此兴师动众舍近求远地从京师和北方调兵遣将。其实，打个李贤还不简单，咱只须分派郭衍前往，至多就领一万军兵，不就收拾干净了。"

"皇上此举，还有另一层想法。"杨素解释道，"圣上这么做，是要藉此向世人宣示，朝廷的恩与威，无所不达。岭南那地方，地处偏远，人口混杂，那地界的官民也总以为山高皇帝远，朝廷管不到他。此次造反的李贤，据说就是前朝武帝灭齐时，从相州流窜到那地界去的。"

"唔……"杨广此才领会到皇上的良苦用心。

三人聚会，地位最低的杨约只是偶尔敲敲边鼓。待二人说话告一段落时，他才又插空提醒说："请二位里边坐吧，菜都上齐了。"

杨约的客厅里面，还有一布置雅致的小房间，可容三几人喝茶，说事。其时，一张古朴的桌子上，已是热气腾腾。三人坐定，侍者已然离去，气氛便陡地变得肃穆起来。

杨广自幼便称杨素为叔。长大后，各自为官，亦常在朝廷或各种场合相见，叔侄间，一直都相处得热乎而融洽。可刚才还是热热闹闹、谈笑风生的场面，仅换一个房间，咋就反而冷场了呢？

几年前，自宇文述从江都赴京师密会杨约，转达了晋王想当太子之心思，并表达了想请杨素从旁助其一臂之力的愿望后，杨素一开始即十分谨慎，没有回应晋王一个字。其后，二人亦在上朝或公开场合心照不宣地见过数次面，并都一如往日，作一般寒暄而已。而此次的约见，就显得有点非同小可。因为此即意味杨素已看准风向，并下定了决心。换句话说：晋王杨广将来若真做了太子，并进一步还做了皇上，大家（包括杨约在内）没得说的，皆一荣俱荣；倘若失败了呢？便将一损俱损！

杨约虽身有残疾，心却十分灵动。他从热水盆中，取出一把锡酒壶，先给晋王，接着给兄长，最后才给自己斟上一杯热酒。其后，举起酒杯，说："今日是大年初一，咱敬祝晋王和兄长，新年皆有新气象！"

杨素见晋王端起杯子，自己才端杯。三只酒杯碰一起，然后，各自一饮而尽，室内的气氛便由此骤然转暖。

酒，确是个好东西！刚才还略显尴尬、冷清之场面，因酒，由阴转阳；平日难于启齿的言语，亦因酒劲上涌，便百无禁忌；一介寒窗中的书生，一旦金榜题名，在官场打了几个滚后，酒量亦随官职，节节攀升……

接着，杨约又斟一轮酒。杨广呷了一口后，首先把昨晚家宴中发生的事述说了一番。并着重讲了父皇对太子和对自己的不同态度。

杨广说话时，杨素和杨约都听得十分专注。

待他说完后，杨素才语重心长地对杨广道："还是那句话，此事就像咱往日对杨约说的那样，不能操之过急，更不能随便猜想圣上的某句言词，尤其不能依据揣测去作判断。否则必将误事，甚至会攘出大祸来的。此一时，彼一时，情况与环境变了，圣上的态度难免会有改变。但是，一废一立，事关重大，牵涉面极广，即使是圣上，一时亦恐难作出断决！"

"可咱已静候几年了，何时方能见分晓？咱已作了几年努力，为啥成效并不大呢？"杨广着急地道。

"成效还不够大？"杨素摇头说，"圣上不是已在大庭广众中，对太子公开表示不满了吗？今日，不是又把领头到东宫朝贺的虞大人，也差遣到岭南平叛去了？还有，咱跟晋王说句实心话，咱如果不是看到圣上的态度有了明显变化，咱今日敢与晋王坐到一处，私下议论此关乎身家性命的事吗？不过，一句话，不能急。火候不到，一切皆存变数！"

"不知父皇还在犹豫啥。对他来说，只要决心已定，一废一立，不就如同小葱拌豆腐一般，一青二白，一目了然了吗？"

"事情哪能如此简单。"杨素委婉地说，"贤侄不在其位，还领悟不到高处不胜寒的感觉呐！如果就这么平白无故地将太子废了，众臣能服？此是有悖常理之举呢！你晋王突然被立为太子，还有秦王、蜀王和汉王呢？他们亦能口服心服？这对圣上来说，手掌手背皆是肉呢！凡此种种，一时半会，难以摆平的事，还多着呢。"

"那……那还要等多久？"

　　"这可难说了——谋事在人，成事在天呢。我等只能耐心地静观其变。总而言之，如晋王昨晚在宴席上一气一急，便当众甩杯之事，切记，不要再发生了。这点小事儿都忍受不了，难成大事哩！"

　　…………

　　当杨广喝得半醉，回到晋王府不久，元胄就应约而至。

　　此时，有管家进来报说："右卫大将军元胄来访。"

　　晋王愣了一下，问："谁？"

　　管家重复道："是右卫大将军元胄。他说，已与晋王有约在先。"

　　"哟——看咱这记性！"杨广这才猛地想起今早上朝碰到元胄，请他下午来府上小聚之事。于是，振作精神道，"快请元将军进来。"

　　管家去门口迎接元胄，一旁的萧妃却着急地说："看你都喝成啥模样了，还能出去见人？"

　　"不打紧的。快给咱拧一把帕子来。"

　　接着，就有下人递来一条热气腾腾的湿布巾。晋王就势揩了一把脸，顿觉神清气爽了许多。萧妃则亲为其整了整衣冠，就出房见元胄去了。

　　却说，此元胄，便是北周末年陪侍大丞相杨坚去赵王府赴"鸿门宴"的那位将军。其时，杨坚在赵王府中喝得神魂颠倒，府内正欲对他开杀戒，就凭元胄的果敢、睿智和忠诚，一举将大丞相从"鸿门宴"中救出。自此，文帝便一直把元胄放在自己身边，而今，更让他担任了右卫大将军。

　　此刻，元胄在管家的引领下，由四名侍卫扛、抬着丰厚的礼物，迈入了晋王府的大门。元胄是皇家禁卫军中的右卫大将军，对大兴宫、东宫和各位王爷的府邸，自然是再熟悉不过了的。他进出最多的，当然还是大兴宫和东宫。而到晋王府内，此还是头一遭。他习惯性地左顾右盼了一下，不觉暗吃了一惊！这宅子倒不小，是开皇三年竣工之屋宇，不过十来年工夫，则显老旧了。周遭及各处的雕饰、摆设，初建时咋样，现时还是那模样。元胄想：这晋王，咋不打理打理呢？以致使自己疑惑是不是走错了门庭。

　　元胄正犹疑间，晋王亲自迎了出来。

"嗨呀，元将军到了，晚辈失迎，失迎！"

杨广是个自制力极强的人。转眼间，他已是神采飞扬，丝毫不显醉态和疲态。

五十开外的元胄拱手道："恭祝晋王新年康泰。"

"同此，同此！"晋王还礼后，把元胄迎入内室，像招待自家人一般地招待他。这使元胄不仅受宠若惊，更十分感动。

大年初一的，桌上仅晋王和元胄二人。丰盛的菜肴，一道一道传来，由晋王妃亲自斟酒侍候。

元胄一杯酒下肚，即道："咱方才进来，还以为自己走错了门庭。此屋已显老旧，咋不整整？"

"此是刚建十余年的新居，哪能说旧。大将军曾与父皇不是去过咱长安城内那处老宅么？相形之下，已是天壤之别了嘛。"

"不过，当下是太平盛世，东宫都不知翻修过几遍了。"

"咱这寒舍，咋能与东宫相比。太子长住宫中，咱嘛，一年半载仅回京师一两次，能安住此宽大屋宇，知足了！"

"晋王与皇上的秉性，真是别无二致，都崇尚俭朴。"元胄说着，呷了一口酒，缓缓吞下后，又呷了一口，咂了咂嘴，忽然问，"此是啥酒？以往好像从没喝过。"

"味道咋样？"

"好，好！其味妙不可言！"元胄称赞道。

"大将军过奖了。"晋王笑着说，"不过，这酒确有一点来头。此为绍兴陈酿，名叫'状元红'。"

"状元红？"元胄往杯中一看，果然，那酒水竟鲜红鲜红，在室内灯光的照射下，晶莹剔透！"嘿！此乃真是，名儿中听，色泽美艳，满口留香！"

"哈哈哈哈！"晋王大笑。"想不到，您如此钟爱此酒，咱送您十坛，让咱元大将军喝个够！"

"那倒不必，说说而已，岂能当真。"

"大将军刚才提到东宫。"杨广转换话题说，"咱倒想起，东宫已故的太子妃，亦姓元哩，不知您和太子妃的元家，有否亲戚关系？"

"有。"元胄说，"咱和元妃之父元孝矩，都共一个祖先，论辈分，是叔伯弟兄。元妃应叫咱叔。"

"就是嘛。这么说，您亦是北魏先帝之后人。"

"不错。下官是魏昭成帝之六世孙。"

"可惜了，元妃年纪轻轻就……就……"杨广说到此处，声音低沉了。

"不瞒晋王说，为此，元家人对太子多有怨尤，只是因了皇上，众人才忍气吞声了。"

"能理解。"晋王说到此处，忽地举起杯来，道，"今日是新春佳节，看咱扯到哪里去了。来，喝酒，喝酒——干！"

此元胄，往日与晋王并无啥交往，今日请他到府上做客，本以为晋王是有啥事相托付的。可眼下尽扯些无关痛痒之闲言琐事，于是，便提醒道："晋王如此厚待，不知有何事相托，请直言。下臣只要能够做到的，一定在所不辞。"

"君子之交，一定是要有某事的吗？新春佳节嘛，就请大将军聚一聚，聊聊天，仅此而已。"杨广爽朗地道，"不知大将军还记不记得？有一次，咱从并州总管府任内，回到大兴宫去见父皇，见大将军正在教三弟、四弟的拳术。咱其时亦跃跃欲试，就地学了起来。大将军见咱动作不对，便走到跟前，为咱亲作示范。"

"噢？那是啥时辰？咱咋没一点印象了？"

"大约是开皇二年或三年吧。其时，咱亦不过十四五岁年纪。"

"记不得了，记不得了……"元胄抚着胸前胡须，回忆说，"大隋立国之初，圣上命咱抽空教习秦王和蜀王的拳术、枪术，这事，咱记得。"说着，元胄亦豪爽地大笑起来。刚才进入晋王府时，尚有几分局促的元胄，此刻，已完全轻松随意了。

这顿酒，一直喝到天昏地暗，谈说之事，更是天南海北，直至元胄尽兴，方才罢休。

元胄临走，晋王还不忘送他十坛状元红和许多京师难得一见的江南土特产。这些东西整整装了一大车。

晋王把心满意足的老将军送至大门外，回转身，一股冷风直袭心窝，杨广顿觉头疼欲裂，而肚里则倒海翻江起来……接着，便"哇"地一声，把在杨约家和刚才吃喝的酒菜，都喷泻了出来！

一旁的萧妃心疼地道："你此是何苦来哉！喝起酒来，连命都不要了！"

"不是有句话叫作舍命陪君子吗？"杨广把肚里的东西吐个精光，手扶门框，"哼哼"说，"值，值了……"

第八十六回

姐弟骨肉情深重温童趣
父子心有灵犀共商国是

到底还是年轻的好，晋王昨日吐得死去活来，喝过一碗醒酒汤后，一觉大天亮。早晨起来，头不疼，目不眩，啥事都没了。酒醒了，忆起昨日杨素一番开导，明白了谋取太子之位，任重道远，非能一蹴而就，心境反而平和多了。

晋王有早起之习，洗漱罢，便对萧妃说："咱今日想去看看老姐。"

"要去，就趁早。"萧妃说，"不然，客人一来，或有人来请，再这么你一杯我一杯地喝下去，没病亦会生出病来的。"

"咱正是此意。有人来，你亦别说咱去哪里了。猫在姐家里，才能真正消停消停。"

"奴婢亦跟你一道去看看咱姐吧。自嫁你家，只是耳闻，却还从未见过那位曾做过皇太后的姐姐哩。"

晋王想了一下，说："以后吧。你不知，咱那老姐与母后针尖麦芒，势不两立许多年，而两人性格又极相似，都好强。咱不知，贸然把你带过去，她是欢迎，还是爱理不理呐。"

"咋啦？奴婢与姐，未曾谋面，并无过节，她是见过大世面的人，不会贸然对咱失礼的。"

"咱姐，也许会像你说的这样。不过，自她失去皇太后地位后，性格就变得有点怪异了。你去了，她若是不热情，岂不尴尬。这样吧，咱此去先试试她的口气，有谱了，汝再去不迟。"

"行。你代咱给她请个安吧。"

晋王年前从江都回京师，已给姐捎去一些土特产。此番又吩咐随行者带了些上好的牛羊大肉和酒，便踏着晨曦出发了。他们的母亲独孤皇后是鲜卑人，姐姐嫁与鲜卑皇家，更以牛羊肉为主食。

晋王家与姐姐家相距仅咫尺之遥。一行人来到被封为乐平公主的姐家时，她还懒在床上未起身。听说晋王来拜年了，才在婢女侍候下，慌忙火急穿戴好，亲自迎出门庭。

这位身份特殊的前朝皇太后，自父亲篡夺了她的周王朝后，就一直闭门谢客十余年，唯独只认这位亲弟弟。而对晋王杨广来说，一口一声老姐的乐平公主，其实也才三十三岁，稍经打扮，则更显年轻。

晋王不仅受姐姐欢迎，连她府上所有下人，听说晋王来了都欢天喜地。尤其是过年过节，晋王一到，不论尊卑，府中每人都能得到一份数额不等的赏钱。

"今日才是年初二，咋这早就过来了？"

"弟想老姐了嘛。"

"就你这张嘴甜。"

"此乃大实话呵。"杨广进屋脱去厚重的皮氅，说，"过一二日，弟可能就要回江南了。不然，还不知啥时候才能见到姐了。"

"你每年不是都要到正月十五后，才回江南的吗？"

"今年不同。岭南有贼人造反，恐怕波及周遭。咱即使不怕，父皇亦会不安，要催咱走的。"

二人在客室坐定，就有奴婢送来两杯莲子银耳羹。

此时此物，正中杨广下怀。昨晚吐得一塌糊涂，正感饥肠辘辘。而此羹又恰好不冷不热，他三下五去二，便将一杯美食吞入肚中。

公主见他一副馋相，就问，要不要再来一杯？晋王毫不客气，连连

晋王杨广一口一声"老姐"的乐平公主，其实也才三十三岁，稍经打扮，则更显年轻。

点头。

待晋王把第二杯银耳莲子羹吞下肚后，公主才大为惊诧地道："你是咋啦？这莲子、银耳、甚至连同调味的冰糖，不全都是你送来的嘛。其时，你还怕咱不识货，说是南方特产，连咋熬制亦都是你传授的呐。可咋像从未吃过的一样？一副馋猫相。"

"嗨，不瞒老姐说，咱今日一是前来看姐；二是出门逃酒的。"

"逃酒？"

晋王方把昨日因连续饮酒，吐得死去活来的情形略述一二。

"唉……你们这些个男人，都是一样的德性！"丽华摇摇头，说，"想当年，姐嫁给宇文赟作太子妃不久，太子便在一次宴饮中喝得烂醉，吐得不省人事。之后，屡喝屡吐，伤身早逝。他死的那年，才刚满二十二岁。没过多久，便连江山也丢掉了。"

"没法，人在仕途，有时，实在是身不由己。"杨广与宇文赟的醉生梦死不同的是，他饮酒多是有目的的，一般应酬，他总是能躲就躲。因而，他不无感慨地说，"所以，只有到了姐这儿，方能感到有一种真正的轻松与舒坦。这儿没有功利，亦没了酒桌上的言不由衷和人与人之间的算计。"

"哼！"公主不以为然地道，"能说咱这儿没有算计？姐不就是被你算计到此屋中来的？"

"那不一样。即使就算是算计吧，此屋不是远胜原先那幢旧房吗？甚至，比姐当皇太后住的那幢含仁殿还要好许多。"

"可姐就是咽不下那口气！"

"此就是姐的不是了。"杨广劝慰道，"过去的事，皆已过去，日子还要往下过哩。"

开皇六年，新建的大兴宫城和皇城早已落成，原长安城内的旧宫要全部平毁，并按习俗要放水淹没，以此消灾。但公主硬是犟着不肯搬出旧居，许多大臣都去劝过，仍不奏效。弄得下不了台的文帝，只好免去杨广淮南道行台尚书令之职务，让他回到京师担任雍州牧，以便处置公主搬家事。杨广到任，略施小计，才使公主搬至此宅中。

"你今日来得可巧，姐请你吃鲜鱼。"公主飞快扭转了话题，说，"鱼不肥腻，不会有伤脾胃。"

"天寒地冻的，哪来鲜鱼？"

"所以说，物以稀为贵哩。"公主得意道，"还不是池塘中带泥腥味儿的鱼，是江河中的活水鱼。"

"今年特冷，连渭水都上凌了，咋下得了网呢？"

"嘿，你说巧不巧？昨日一大早，有一杂役破冰去河中取水，竟突然从那冰窟窿里跳出几条鱼来，被他逮个正着。昨晚蒸吃了一条，味儿极鲜。"

"听姐这么一说，咱都流口水了。"杨广的心境少有地一下子回到了童年。他望着公主生动的神态，突然心生怜悯地说，"姐，你真的一点都不显老，还是考虑嫁个人吧。"

刚才还面显笑容的公主倏地变成一脸怒色："今日，只怕又是父母差遣你来说项的吧？"

"咱到姐家，他们连影儿都不知晓。姐咋突生此疑呢？"

"你一个大男人，何以说出此等浑话来。所以，姐猜一定又是父母遣你来做说客的。"

"冤矣哉！弟看到姐说话时楚楚动人的容颜，就想到儿时的情景。当下，你只身一人，亦太……太过孤寂……"

"唉……"公主深深叹了一口气，说，"你一定以为母亲当年把咱嫁入皇家，做了太子妃，后来又做了皇后，甚至皇太后，那才叫风光？才叫美满，是吗？而且，咱真的安享过皇后或皇太后的荣华富贵？非也！当下看来，那只不过是为咱父日后黄袍加身作了垫脚石而已。再说，要咱再嫁，咱就能拥有一个真正的家了？更不是！说穿了，此世道，全是为你们男人而设的！女人则仅是男人身上随穿随脱的一件衣衫而已。姐都想过了，再嫁，只能为自己平添烦恼，还不如现时的清静、洒脱。"

"姐，言重了。"杨广万万没有料到，一句话没说到位置上，竟引出老姐诸多伤感。他一直想做个和事佬，使姐与父皇和母后和好如初。看来，此一疙瘩，一时半会是解不开的了。

"别介意，姐不是生你的气。"因伤感以致泪流满面的公主反倒劝慰起晋王来。

"弟知晓，姐是触到往日的痛处了。"

公主看了杨广一眼，忽然问："弟能陪姐出去走走么？"

"就此刻？"

"当然。"

"仍是骑马？"

"行。就骑马。"

"好咧！"杨广高兴地站了起来。

公主立即吩咐备马，并去换衣。

当姐弟俩走出门时，公主的几名女随侍亦牵马走来。

公主一挥手中鞭杆道："去，去！"

杨广见此，亦止退了自己的随行侍卫。

于是，二人沿着冰天雪地的渭河边，时而并辔而行，喁喁私语；时而跃马扬鞭，你追我逐……

野外，阳光明媚，把冻硬之冰河、水凼及不远处皇家宫殿之琉璃屋顶，映照得寒光闪闪，更显冷峻！

当二人满脸被冷风刺得通红、饥肠辘辘、尽兴而归时，公主叫一声："上菜！"

一主一宾，偌大一桌菜，仅二人共享。乐平公主有一女，已出嫁。公主没让上酒，杨广举箸，先夹了一筷子清蒸鲜鱼，便狼吞虎咽地大吃大喝起来。也是，他昨日满肚子酒菜都吐光，腹内早已空空如也。

几口鱼肉和饭菜垫底，杨广乘着玩兴，忍不住地说："姐，你啥时也到江都走走，咱请你吃长江里的鮰鱼，那可是另一番鲜美嫩滑的滋味儿。而江南风光，则更有一番特别情趣。"

"好呵。你管的那地界，以前属陈朝吧？咱早就听说，那边的景致儿特别迷人，可还从未见识过。"

"嗨！这么说，姐已同意去江南看看啰？"杨广大喜过望。

"咱啥时说过不想去？是你从没请过咱。"

"那行。"杨广亦不再作争辩，立马道，"那姐，这就定个日子，届时咱派人来接，行不行？"

"至若啥时候去，还是由你定吧。咱一个居家老妈子，有的是空闲。你是东道主，看你啥时抽得出空来。"

没想到姐今日竟如此爽快，说话也十分通情达理。杨广随即道："那就定在今年三月春暖花开时，咱派人来接你。行不行？"

"行。"

…………

当杨广等一行人踏着清冷的夜色返抵晋王府时，萧妃报说："早上，你刚出门，宇文将军夫妇就来拜年了。"

萧妃说的宇文将军，即是晋王心腹、寿州刺史兼总管的宇文述。为使他与杨约联系方便，杨广花了一大笔钱为宇文述在大兴城里买了一处宅子，把家迁入了京师。

接着，萧妃又说出一串访客名单。最后，才说："黄昏时分，父皇还着人来传你进宫。他也猜你有可能不在家里，来人又说，若回晚了，明儿一早去中华殿面见陛下亦行。"

"那就明早再去吧，折腾了一整日，确实有点儿累了。"

萧妃不解地问："你不是忙里偷闲图清静才去姐家的吗？咋一回来就叫累。"

杨广才把陪姐散心骑马去渭河边看冰雪景致的事说了一遍，并道："你不是说，想见见咱姐吗？她已答应三月到江都来玩，那汝日日都可见到她了。"

"呵！真的吗？"萧妃亦高兴地从座椅上站起来说，"咱就说过，她并非古里怪气的那种人嘛。"

晋王此时才又把话拉回来，道，"咱已猜到，父皇这两日会来找咱的，果真如此。"

"你估摸大约是为啥事？"

"父皇还不是对江南放心不下。你得做好准备，过一二日，咱就得提前回江都去。"

"有啥好准备的，要走就走呗。"

一夜无话。

翌晨，即大年初三日。晋王穿戴好，乘车来到大兴宫正南之承天门外。出来迎接他的是黄门侍郎元岩。

大过年的，杨广官服的大口袋里装着一些碎银，是用来赏给一般太监的。用此小恩小惠对付元岩，显然不妥。他于是从内衣兜中取出一根金条，赏了元岩，顺便问："天气这么冷，一大早，母后亦陪父皇一道过这边来了么？"

一直以来，独孤皇后有陪皇上去朝廷上朝的习惯。皇上进朝廷见文武百官，皇后则在外屋等候。散朝后，又共乘一辇回后宫。

元岩谢过晋王，收起金条说："皇后年事已高，身体不济，从去年起，已不陪皇上上朝了，今日，亦未陪同皇上出行。"

说话间，杨广与元岩进入承天门，绕过大兴殿，其后，便是皇上处置国是的中华殿了。

杨广进殿，先向父皇行了跪拜礼。然后，坐到父皇身侧的一张椅上。因是冬日，椅上都加了棉垫。

文帝开口即问："卿昨儿去哪儿了？"

"儿臣去给姐拜年了。"

"整日都待在你姐那儿，没到别处去？"

晋王回答得很随意，父皇却问得很过细。且，问话中，还分明含着疑惑成份。杨广于是正襟危坐地又答了一遍："姐一人过得很不容易，儿臣昨日就陪了姐一整日。"

"此话当真？"

"儿臣岂敢在父皇面前说谎。"

"可是，不止一人禀告朕，说亲眼见汝和一妙龄女子在渭河边上骑马狂颠咧。此是咋回事？"

"嗨，那女子不正是咱姐嘛！她已三十三岁了，还妙龄女子？"

"噢？"文帝仍是似信非信，"此大冷天气，你们在外逛啥咧？"

"姐在家中闷得慌，要咱陪她到外面走走。咱和她小时候趁父母都不在家里，曾偷偷骑马出外玩过。于是，就提出骑马外出，她极高兴，还把准备与之同行的女侍都喝止了，咱看姐那样，亦未叫侍卫跟随，这么着沿渭河边跑了一段路，就这么回事儿。"

"怪道呢！"文帝终于释然地笑了起来。"你姐住的那屋，离大兴宫很近，不少宿卫瞧见了，都来向朕禀报。你姐平日过得咋样？"

"就那样吧？"

"她是活该守寡。朕和你母后都曾着人递话给她，要她再嫁个人，人都替她说好了，可她就是赌气不从。"

"改嫁之事，往后也叫母后别再提了。儿臣昨日趁她高兴，刚一出口，要她再嫁个人，她立马就翻脸。不是咱话转得快，恐连咱这个弟也不认了。儿臣见她那委屈样儿，将心比心一想，也是，她如嫁个老男人，人家三妻四妾，她夹在中间，难免争风吃醋，还不如一个人过得自在清静。"

"唉……"文帝叹惜说，"你姐，始终是朕的一块心病。朕，有负于她。所以，当初她硬是犟着不肯搬家，一连犟了好几年，朕都没有过分强逼她。后来，实在没辙了，朕方把卿从江都前线调回来，专门处置你姐搬家事。要知道，那可是攻陈在即之时呵！话说回来，汝对姐是没得说的。这多年来，还是多亏你，对姐始终不离不弃，年年都去看她。"

"这倒没啥。咱与姐，自幼相处甚笃。而今，她又只认咱这个弟，当然，只有由咱代表全家去看她了。"

杨广讲得情深意切，文帝连说："难得，难得！"

杨广接着又道，"儿臣看完老姐，了却了一桩心事。今日亦藉此，来向父皇辞行。"

"卿要去哪里？"文帝诧异地道。

"当然是回江都啰。"杨广解释说，"岭南出了反贼，儿臣咋能安住京师，贪享安乐！"

"噢？知朕者，莫如广儿也！朕传卿来，正是想要让汝提前返回江都去。"文帝欣喜地道，"不过，卿回任上，有何打算？"

"儿臣亦正要向父皇禀报此事哩。"

"好，汝说。"

"李贤造反，是由桂州刺史横征暴敛、贪污腐化引起。此前，岭南还发生过番州总管赵讷贪污暴虐，引发当地民众逃亡和叛逆事。因此，儿臣想，此次回到江南，就从引发桂州动乱的这件事入手，由扬州总管府向江南各州分别派出巡视吏员，对州刺史进行考查。为官清廉、执行朝廷政令好的，受当地百姓拥护者，开列名单，上报圣上，恭请圣上按其考绩，下诏分别予以表彰和奖励。平庸、甚至违法者，亦开列名单上报，依据情节轻重，或革职或法办。此样，江南四十四州，即可分两年整肃完毕。接下来，各州对下辖各县县令，亦可循此法进行一次考查。如此这般，江南即可脱胎换骨，更上层楼。"

"好！没想到卿想得如此细致、周全。正人就应先正己，上梁不正下梁歪嘛。刺史，乃一州之梁柱。州县两级主要官员经此整肃，朕想，江南至少可保十年不出大乱，朕对江南即可放心了。不过，此事仅由扬州总管府主持，力量尚嫌单薄。这样吧，卿不忙就走，今日朕要两位仆射知会吏部、刑部、度支等各有关部门，共同商议，拿出一个对江南各州刺史和总管的考评办法来，并从各部门抽调得力员吏，同赴扬州总管府，共组若干巡视队伍，分片奔赴江南各州，对刺史进行考查。此样，州一级就不用两年了，几月，即可大功告成。"

"这太好了！"杨广拊掌道。"此事由朝廷主持，力量更大，更具权威。"

接下来，事情进行得异常顺利。到中华殿来参与议事的左、右仆射及有关尚书、纳言们，皆感此次对江南州县主要官员的考查、调整，很有必要，将对稳定整个江南大局，大有裨益。

其中，尤以当下担任纳言的苏威对此举最为赞赏。平陈后，这位老臣曾按圣意编写《五教手册》。其时，担任右仆射的他，还曾以钦差大员身份亲自到江南各州宣讲和推广。没想到，江南人对此极为反感，并导致整个南方极为严重的叛乱。从此，苏威亦一蹶不振，从宰相之位一路跌跌撞撞滑落下来。抚今追昔，他感慨道："此次对江南州县的主要官员加以考查和整肃，抓住要害了！"

另一位对此举措刮目相看的人，正是苏威被免去右仆射一职后，才被擢拔到此职上的杨素。

杨素之所以甘冒极大风险站到杨广一边，暗中支持他谋取太子位，原因有二：一是，他窥测到了皇后和皇上皆千真万确有废太子和另立杨广为太子之意，自己何不顺水推舟；二是，如果不能改变现有局面，还是由皇上嫡长子杨勇做太子，日后顺理成章做皇帝。那么，得益的显然是已成皇亲国戚的高颎家，自己及其子辈们的前程就难逆料了。而直到今日，杨素亦才真正看出，这位年纪轻轻的王子，确非等闲之辈，把"宝"押在他的身上，没错！

杨素深知，开皇九年，不堪一击的陈朝就那么快地土崩瓦解了，而当时的大隋朝廷则根本来不及精挑细选，即从北方迅速派出大批官员匆匆忙忙接掌了江南各州县的地方官衙。几年来，虽经调整，但江南州县官员仍是形形色色、良莠不齐，并多是等到出了大纰漏，才去作亡羊补牢式的补救和调整。此次，杨广提出如此举措，不仅可以把显而易见的违法乱纪和不合格的刺史、县令调整出去，亦可于无形中把自己信得过的官员提拔上来。江南大局得以稳定，圣上放心；而杨广则更进一步地巩固了自己在江南的地位，为当太子增添了筹码和底气，可谓一举两得，皆大欢喜。

接着，朝廷从各部门抽出以老臣苏威为首的一大批得力官吏作为巡视员、考查员，浩浩荡荡地在晋王的引领下，径往江南。

临行前，杨广忙里偷闲去后宫向母后辞行。

独孤后不知朝廷这几日发生的事，对杨广提前离去，甚感突然，于是问："我儿每年不是都要等到灯节过后，才回江南的吗？明日才是年初八哩。"

"母后有所不知。"杨广这才依依不舍地道出原委。

独孤后不胜唏嘘地说："儿离太远，为娘身子骨一年不如一年，经不起长路颠簸，不能去那么远的地方去看汝了。儿今后就和王妃带着孙子，每年多回一次京师罢。咱同你父皇说说，他会同意的。"

"唉……"杨广深深叹息了一声，欲言又止。

"阿麽，汝是咋啦？"母后看出杨广似有难言之隐，于是道，"有话，尽管说，娘为儿做主。"

"今年除夕的家宴上，长兄对咱出言不逊，孩儿生气摔了酒杯。之后，他……他就放出狠话对咱说，要收拾儿臣。儿臣哪敢经常回京师……"

"他敢如此嚣张？"独孤后无比气愤，"这太子越来越不像话了！"

"不仅如此。"杨广忽然跪泣道，"兄长对儿臣的疑忌由来已久。儿臣平陈立功受赏后，他即对人说，晋王觊觎名器，企图谋夺他的太子位。此次除夕家宴上，他更是直面儿臣，说啥要儿臣高抬贵手，莫谋他的位子。儿臣远在江南，手能伸到东宫去么？"

"这太子，太……太不让咱省心。咱给他娶个元妃，好端端的一个大家闺秀，他不爱。反与一群下贱女人淫乐，生那么多猪崽狗崽。而今又把矛头指向自己的亲骨肉。不知他成日想的啥？要干啥？这么着，将来能担大任吗？"

杨广见母后动了真怒，又反过来安慰她说："尽管如此，今后儿臣一定会抽空回来看望父皇母后的。"此才依依不舍洒泪而去……。

第八十七回

虞庆则心怀忐忑踏征途
赵什柱乔装打扮探空城

却说，位居宰相地位的右武侯大将军虞庆则，被文帝任命为桂州道行军总管后，于年初七，便带着自己的一帮扈从出发了。与此同时，他所需兵马，亦在沿途几个兵站紧急集结中。

虞庆则，原姓鱼，匈奴族裔，京兆（今西安市）人氏。说起他的籍贯，自有一番来历：远在东汉末年时，天下群雄并起，华夏分崩离析。一时之间，边地以游牧为主的各族，乘乱大举入侵中原。此间，匈奴的铁弗部率先在西北一带建立了大夏国。而虞庆则的先人便是大夏国的一位开国功臣。但好景不长，大夏国立足未稳，便为鲜卑人主宰的魏国兼并。虞庆则之父由此投靠了魏国，并担任了灵武（今宁夏吴忠境内）太守。之后，全家随父迁居京兆，此就是虞庆则京兆人氏的来历。

虞庆则出身于显赫的武将世家，体魄健硕，武功精湛，懂事后，读书十分刻苦，并会说一口流利的鲜卑语。当他出仕时，魏国已分裂成了西魏和东魏。而其身处的西魏，不久又为鲜卑人宇文氏家族所篡夺，改国号为周。虞庆则因说得一口流利的鲜卑语，深受当时皇家器重。他在担任并州总管府长史期间，与突厥作战，屡立战功，后又晋升为石州总管。而此时，已至周之末年，虞庆则看到由鲜卑人主宰的朝廷，已成强弩之末，便坚定地支持大丞相杨坚辅政，力主不留隐患地铲灭宇文氏皇室家族，并拥兵为杨坚登基立下汗马功劳。于是，文帝登基后，建立隋王朝时，便投桃报李，任命虞庆则为内史监兼吏部尚书和京兆尹等要职，并封他为彭城郡公。未几，更晋升为尚书右仆射，地位仅次尚书左仆射高颎。而虞庆则亦不负文帝期望，其时，强大的突厥铁骑趁大隋王朝立足未稳，大举入侵西北边境，对隋王朝构成极大威胁。虞庆则一直坚守西北边陲，为抵御和瓦解突厥势力，巩固大隋江山，再立了汗马功劳。

然而，就是这样一位功勋卓著，为大隋王朝呕心沥血的重臣，在国家和个人都如日中天之际，却遭遇到了一生中最大的危机与困惑。

初六，虞庆则组建好了此次出征的指挥班底，并按惯例前往大兴宫向皇上辞行。以往，对出征的将领，皇上亦会依例赐宴，并送上一份礼物、说一番殷殷惜别的勉励的话语。可此次践行酒宴和礼物全免，圣上也只冷冷地对他说了几句敷衍的话。

一路上，虞庆则都在想：为啥会这样呢？难道就为初一的朝会上自己没主动请缨？再说，此次出征，无论从哪方面讲，亦都是轮不到让自己前往的！一个小小蟊贼，几千乌合之众，竟兴师动众地从京师派出一员武侯大将军去远征，有此必要吗？可自己到底是在什么时候，因何事而触怒了龙颜呢？自己咋连一点音信都不知呐？

不过，虞庆则虽闷闷不乐，却还是中规中矩，不管天晴下雨，天寒地冻，都仍是亲率扈从，每日晓行夜宿，并都住在沿途的驿站中。

因天雨，泥路难行。此一行人，前后整整走了九日，方抵达荆州郊外的驿站。明日过江，就要抵达兵站接纳第一批归其指挥的骑兵。虞庆则终于破例让众人去荆州城内逛逛，自己却留在了驿站中。

不离主将左右的长史赵什柱打来一桶热水，为虞庆则脱去靴、袜，让他把双脚伸入桶中。

虞庆则把双脚浸泡在热水里，两只脚相互对搓着，坐了一日车，身子骨颠簸得都快散架了，此时方感到一丝轻松。

"哥，咱总觉得，这一路上，你总像有啥心思似的。"

长史赵什柱是虞庆则的妻弟，所以，私下里称虞庆则为"哥"。虞庆则有五十好几，本身就比妻子大十余岁，而这位妻弟却只二十多岁年纪，因此，哥、弟之间，相距三十开外。

虞庆则看了赵什柱一眼，反问道："汝觉哥有啥心事？"

"弟咋知呢？咱又不是哥肚里的蛔虫。"

"那汝咋知哥有心事？"

"你往日即使是在打仗，亦会出其不意，冒出几句玩笑话，让众人开开心，解解闷。可此次出征，却未见哥露过笑脸。"

"唉……"虞庆则叹了一口气，把两只泡得通红的脚提到桶沿上，忽又问，"汝说，圣上咋会把此窝囊差事推给咱？此次用的全是江南兵，他们亦都有自己的将领，随便点个人来做总管，不就得了。"

"弟起先也这么想过。后来听人说，是圣上想对偏远蛮荒之地，宣示朝廷威势无所不达，才点名让一位宰相爷亲自带兵。"

"屁！那为啥不派晋王去？他是皇子，不是更显皇家威势？况且，晋王又是统管江南四十四州之扬州总管，更便于就近调兵遣将。"

"这……咱就不知是为何了。"

"所以，咱想，是不是咱在某处有失检点，一不小心，得罪了皇上，而自己却还不知。"

没想到，赵什柱竟一拍大腿接腔道："哥说得有道理，极有可能就是这么回事儿。"

"啥？"虞庆则大惊，问，"是啥回事儿？"

"咱还听人说，哥在冬至节时，领头去东宫朝贺太子，皇上对此极不满意，也许就是此事惹出的祸。"

"那日，不是满朝文武都去了？据说，其中还有从外地赶来的官员。要说得罪，不是所有官员都得罪了吗？"

"嘿，哥与一般官员哪能一样呐！"赵什柱摇头说，"哥平日指挥打仗，总是要士卒先把领头冲锋的敌将拿下来嘛。"

"咱那日去得并不算太早，能算领头的吗？"虞庆则更是一脸茫然。

"算！"赵什柱毋庸置疑地解释道，"哥看嘛，那日高仆射没去，是不？杨仆射陪圣上去了仁寿宫，去东宫朝贺的官员，哥的职位最高！"

"……"虞庆则闻言，只觉寒气逼人，又赶紧把双脚放至桶中。然而，因时间过长，桶中的热水，早已变凉。

…………

待虞庆则从沿途兵站集合到步、骑兵总计一万多人，并率军逼近桂州城时，已至二月中旬。其时的岭南，则早已是一片鸟语花香，春意盎然的景象。

李贤率众造反，事发于去年十一月，当地官府写成奏折报至京师，正是岁末之除夕。此一往一返，至虞庆则率军逼近城下，已整整过了三个月。而今，城内情形到底如何？此次暴动，有没有波及更远的边地？因道路交通闭塞，一路之上，虞庆则一直都在留心打探前方信息。但，一日一个说法；不同的人，说法不同，更是莫衷一是，真假难分。

常言道：知己知彼，百战不殆。虞庆则于是下令部队停止前进，分散扎营。并要求各部严阵以待，相互呼应，作好随时作战的准备。

接着，虞庆则从步兵中挑出三名熟悉岭南情况，其中两人本身就是俚人的士卒，化装成城外山民，其中二人各挑一担柴，另一人则推一辆当地的独轮车，车上绑着一只"嗷嗷"叫唤的肉猪，装作进城赶集状。此外，虞庆则因自己有一把年纪了，新老病痛不断，每次出行，随员中都少不了郎中。他将一名郎中扮作药商，让妻弟赵什柱扮成药商伙计，去城中装作采购药材的模样儿。

桂州城是岭南一带药材集散地，历来有不少北方药商去那里采购药材。于是，此五人身份不同，拉开一定距离，相跟着来到桂州城外。但见城门口有穿隋军制服的士卒把守，而进出城的行人则十分稀少。走在前头的挑柴和推车者，未经盘查和拦阻，就顺利地入城了。赵什柱比当地一般岭南汉子差不多要高出半个头，人长得白白净净、体体面面，十分扎眼。

他与郎中走到城门口时，被一守城士卒拦住，问："汝是哪里来的？"

虽不是在问自己，郎中却先吓了一跳。赵什柱却显得若无其事，把郎中挡在自己身后道："咱俩来自关中，想到此地药市瞧瞧，采购点穿山甲、白花蛇等当地名贵药材。"

"毬！人家跑都来不及咧！你还往城里钻？"

"咋啦？"赵什柱故作惊讶地问。"城里出啥事了？"

守门士卒不耐烦地道："你从北方来，难道没见路上过兵吗？"

"过兵又咋了？咱还与兵挨在一起走过呐。他走他的阳光道，咱行咱的独木桥，咱军与民井水不犯河水就是了。当下不是太平盛世吗？"

"毬！还啥太平盛世哩！"守城士卒不满地说，"那你进城去瞧瞧吧，人都跑光啦。还买啥穿山甲，城里人和乡里人都已变作穿山甲，一个个钻进山洞去了。"

"啥？"赵什柱故作傻眼状。

"你们既与北方兵同行过。没问问他们是来做甚的？"

"他们没言说，咱亦没打听。"赵什柱满不在乎地道，"咱是生意人，只管来桂州购药，问兵家事干甚哩，不是自找麻烦吗？"

"哼！"士卒乜了赵什柱一眼，没好气地说，"咱告知你俩吧，他们是来围打桂州城的！而今，城里人都被吓跑了，你们可好，还不知死活，硬往城里钻？"

"你哄咱外地人！"赵什柱环顾左右，问，"城里人都跑哪去了？"

"刚才不是跟你说了，都钻深山洞子里啦。"

桂州城四面环山，放眼一望，到处皆是一片青幽幽的十分奇特的峻岭。

"而今，不管走到哪里，天下都是一片祥和样貌，还攻啥城？"赵什柱唠叨着，转而又问，"城内的药市没有了，固定的药铺总还在吧？总不能把药铺也搬进山洞里去吧？"

"药铺当然在，开没开张就不知。你们既远道而来，不妨进去瞧瞧。不过，要赶紧出城，否则，北边来的军队一到，会是啥样？那就不好说了。"

"行。"赵什柱朝守城士卒点点头，便和郎中进了城。

此城不大，但与一般南方州邑比，亦不算小。一条主街，两旁有若干小街小巷。城内果真冷冷清清，街道两旁的店铺，有的打了烊，有的即使开门，亦少有顾客问津。先入城的两名卖柴士卒，见无人问津，干脆把柴往僻静处一甩，不要了。推着一头"嗷嗷"乱叫的肥猪四处叫卖的士卒，更是连答理他的人都没有。

大汗淋漓的卖猪人在城内转过一圈之后，百般无奈之下，便硬着头皮把车推进一家仍在开门营业的饭铺里。连进店吃饭的客人都帮忙向饭铺老板求情，老板才以低得不能再低的价格，勉强收下一头大肉猪。

不过，老板看到连卖猪人在内，先后来了五位食客，还是眉开眼笑地说："嘿嘿，这头肥猪收得还不错，立马就给店里带来了生意。"

五人分别于不同位置坐定，一直未有言语的药商忽然操着一口关中话，招呼众人，道："都坐拢来吧，凑凑人气，壮壮胆子！这顿饭，不要诸位付账了，咱做东。"

其余三人故意你望望我，我望望你，终于坐到了一桌。五人聚到一起，气氛果然就不一样了。药商老板要跟帮伙计点菜，这赵什柱也是，尽点大菜、荤菜、贵菜。

酒菜上桌，饭铺老板便喜笑颜开地前来向药商老板敬酒。赵什柱立马把自己的位子让出，让饭铺老板坐下来。

一杯热酒下肚，药商老板开口即问："一个好端端的桂州城和一个生意兴隆的药市，咋弄得如此凄凄惨惨？药市若整没了，此城将来靠什么发达？市民亦靠啥谋生计呐？"

"先生所言极是！"饭铺老板感慨道，"几年来，咱这饭铺一直红火得很。南来北往之药商、伙计，还有从山里、村畈来的赶集人，都乐意进店喝一盅，或尝几口岭南本地风味菜。可至近一二年来，情形日渐稀薄，日子亦越来越难熬了。诸位看看当下这光景，咱这铺子还撑得下去吗？若在往日，莫说送上门来的一头猪，再另加半边牛，咱也爽爽快快都收下了。"

"那为甚会弄成这光景？"

"此话说来就长了。"老板呷了一口酒，说，"几年前，朝廷派来一位叫华钧的刺史，操的与先生一样的口音。没过多久，他就看出此地兴旺的药市有利可图，即开始加征药材交易税。因加收的税较薄，买卖双方都没说啥。一年后，税收一再加码，南来北往的药商自然越来越少，城内的旅店、饭铺、日杂等店的生意亦跟着越来越难做了。进而，这位刺史又看到此地的粮食产量居然高过北方，而朝廷却给江南立下十年不征税之规，他觉得不合理，就自立章程，向州内各县开征农耕税。一般庶民敢怒不敢言，可有一位叫李贤的大户人家，据说他的祖上亦是在北方做官的官人。他来到官府与华刺史论起理来。刺史一怒，把李贤抓了送入牢房，说他藐视官衙，要严加治罪，因而，惹起众怒。一时之间，从城外涌入城中的庶民有数千人。刺史派兵弹压，庶民则奋起抵抗，冲入衙门将华钧打死，并从狱中救出李贤。后在李贤的力劝下，愤怒的民众才渐渐散去。之后，李贤再进衙门，投案自首，对临时主事的桂州司马说，自己从未想过要造朝廷之反，只是对横征暴敛的华刺史不满，代民请命而已。此外，事前亦没想到会惹出一场大乱。但因一切祸乱皆由自己酿出，愿承担一切后果，请不要伤及无辜百姓。”

“事情到此，不已了结了吗？何至弄到如今这般景象？”扮作药商伙计的赵什柱问。

“问题在于，州之司马哪敢处置李贤哩。他怕再次引发庶民暴动，所以，只对李贤说：‘你快回家去吧，咱可不敢关你。桂州发生的事，咱会禀报朝廷，一切听候朝廷来做处置。’可万万没有料到的是，朝廷派来大军，据说要围攻桂州，于是，闹过事的和没闹事的庶民，都纷纷离城逃到山里去了。”

药商老板听后，唏嘘不已。并大惑不解地问：“事情既已过去，桂州城中已由司马在临时主政，若依愚见，皇上派来的军队，已无用武之地，还攻啥城哩。那么，这城里人还往外跑啥呢？看看，偌大一座城池弄得家家关门闭户，连生意都不做了。”

“嘿嘿！四散逃跑的岂止城里人哩，城外村畈，亦是十室九空。”

“那又是为啥？”众人皆不理解。

“嗨！冲进城来围攻和打砸官衙和打死刺史的暴民，怕遭官军报复，岂能不跑？一些没有参与打砸的庶民，亦多是起哄支持过暴民的，他们也怕受到牵连，亦跟着逃跑了。"

"呵……"众人皆无言以对地噤声不语了。

说话间，桌上桌下，猪、鸡骨头，一片狼藉。郎中和赵什柱都只虚晃几筷子，而扮作村夫的三人，皆为士卒，则大快朵颐地把一桌子菜，一扫而空。

是日，此五人皆落脚于城内一家本已关门歇业的小旅店中。店内一留守老叟说的情形，几与饭铺老板如出一辙。他对被暴民打死的刺史尤为痛恨。诉说该官不仅敛财，还贪女色，弄得城中有点姿色的年轻女子都不敢在街中露面。

赵什柱等经一日一夜侦查，回到兵营，将所见所闻，如此这般地一说，虞庆则大惊！他戎马倥偬一生，还是头一遭遇到此等不占城池，只杀贪官，便自行退却之"逆贼"。

待赵什柱把话说完，虞庆则仍疑惑地问："这么说，桂州城内，已无反贼，还是州府官员在主事？"

"城内不仅没有反贼，"赵什柱道，"连庶民、商贩都逃的逃，躲的躲，跑了不少，街上冷冷清清，行人稀少，更没见主事官员。"

"汝等见城门有士卒把守，他们穿的是啥制服？"

"都是咱大隋之府兵，哪能着不同装束？"

"会不会是逆贼使的诈？有意造的空城计？"

"以鄙人之见，绝无可能。"去过桂州城的郎中冷丁道。

虞庆则见平日从不过问军中事务的郎中竟然说得如此肯定，便饶有兴味地望着他，问："何以见得？"

"我等五人，虽经打扮，可若细察，疑点、破绽，仍在所难免。那么一座城池，我等招摇过市，还在饭铺吃喝，之后，又在旅店歇了一宿，竟毫发无伤、无人问津地回来了。此说明，该城之人心，已然涣散。"

"有道理。"虞庆则拍板道，"今日做好准备，咱明日入城。为防万一，还是带点军队吧。"

虞庆则随即遣传令兵知会各路将领前来行军总管营帐接受命令。

这位右武侯大将军作战凶猛，杀人无数。然，行兵布阵却极为细致、周到。尽管赵什柱等，说桂州是座空城，已不存在逆贼，但，第二日一早，桂州城外的山头和要津处，皆已为官军占据。而虞庆则本人则亲率一千骑兵径往桂州城的南大门外。

事前，已获通知的桂州官府大小官员皆倾巢出城迎接。入城仪式在一片肃穆的气氛中进行。由长史赵什柱宣读皇上讨伐逆贼的诏书。桂州府之一众官员，尽数跪下，焚香，屏声聆听……

接着，在桂州司马的引领下，虞庆则等一行人在一千骑兵的严密保护下，缓缓入城。马蹄踏在用青石板铺成的街面上，铿锵有声，更增添了几分肃杀之气氛。右武侯大将军虞庆则骑在一匹全身黑得发亮的乌雕马上，朝街道两旁扫了一眼，果见家家关门闭户。

与此同时，紧跟虞庆则身后的赵什柱也注意到，连前日他们进去吃过饭的那家饭铺，此刻也打了烊。此为桂州城的主街，街的尽头被愤怒的暴民打砸过的府衙，虽经修缮，但因还来不及油漆，受损部位，仍历历可见。

宾、主进入经过一番布置的府衙客厅中，虞庆则首先反客为主地问："桂州乃州府所在地，偌大一座城池，不仅没见有市民出门迎接，咋地家家竟都关门闭户，不见一个人影？"

州之司马没想到从朝廷来的武侯大将军刚一落座，劈面问的竟是此事。他一时语塞："其，都……都……都……"

"都啥呢？"虞庆则略带愠怒地问，"人都去哪了嘛！"

"有的……跑……跑了。有的则是藏……藏起来了……"

"噢？"虞庆则装出大惑不解状，再问，"他们跑啥？躲啥哪？"

"他们怕……怕……"司马又急得语塞起来。

虞庆则更加恼怒，直视司马："市廛小民，他们到底怕啥？此难道是一件很难说明白的事吗？"

司马已是大汗淋漓，脸涨得通红，终于忍不住地道："他们怕……怕皇上派来的军队缉拿他们！"

"岂有此理！"虞庆则拍案而起。"如此说来，他们是怕咱？皇上命咱剿灭逆贼。跑的，藏的，未必都是逆贼吧？"

"是……"司马刚吐出个"是"字，觉得不妥，忽又摇头。

虞庆则铁青着脸，厉声问："是，还是不是，你说明白，以免咱一开杀戒就滥杀了无辜者！"

司马被"滥杀无辜"四字彻底镇住，不再吞吞吐吐。他用官服之袍袖揩了一把滴到眉额处的汗珠儿，说："城外逃跑的，多是冲进官衙来打杀刺史的暴民。城内跑了或躲藏起来的，多是那日为暴民送过茶、饭的市井小民。那日，饭铺、店铺都把吃食摆到街上，让暴民自取。他们虽未动手打砸官衙，但全城几乎倾巢而出，为暴民送吃送喝，呐喊助威。所以，他们见皇上派来的大军压境，亦皆吓得东躲西藏了。"

霎时间，虞庆则亦没了声息。怪道，连不懂军事的郎中都能看出，桂州人心，已然涣散。他约略停顿片刻，重又出声："此就怪了。汝等不都是天下父老乡亲的父母官吗？城外的村民、山民都成了暴民、逆贼，他们冲进城来打杀刺史，可是，城内的市井小民也都不向着护着自己的父母官，反倒为逆贼、暴民摇旗呐喊，供吃供喝，此是啥道理咧？"

"这，这……"司马又语无伦次起来。

此时，虞庆则却在想，此地，已完全黑白颠倒，要使涣散的人心重新聚拢起来，将不是件容易的事！由此，他如炬之目光，再次扫到了坐于自己身侧的司马身上。这是一位和自己一样，身材高大的北方汉子。因为慵懒，他的脸上、身上，松松垮垮，已长满赘肉。

虞庆则默然良久，没头没脑地问了一句："你多大岁数了？"

司马伸出四根手指："下官刚进不惑，四十整。"

"就是咧！老夫则早已过了天命之龄。不信，咱俩可就地比试比试，看究竟谁扳倒谁！"虞庆则痛心疾首地道，"圣上把这南方要地交给你们镇守、治理，汝等养尊处优也就罢了，可仍不安分，横征暴敛，激起民变。暴民攻入城中，连城内之贩夫走卒皆不支持自己的父母官，反为逆贼鼓劲助威，岂不咄咄怪事。若不是汝等平日作孽过甚，会如此？"

四十岁的司马，似有难言之隐，张嘴欲辩，见右武侯大将军一脸愠怒之色，又将张开的嘴合上了。

"剿灭逆贼？"虞庆则自问了一句，接着，一拳砸在茶几上，把茶碗震起，使溢出之茶水洒了一地。他余怒未息地道，"要依老夫本性，在惩治逆贼之前，就将汝等贪赃枉法之徒先宰杀掉，方解恨！"

一阵令人窒息的沉默过后，稍稍恢复常态的虞庆则才又问，"那个叫李贤的逆贼头目呢？据说是汝将他放跑的？"

"是这样，"司马解释说，"李贤劝说和遣散暴民后，是自己前来投案自首的。下官考虑再三，确实不敢再惹众怒，派人把他送回家了。他如今正在家中等候朝廷的处置。"

"当下，城内城外凡与暴乱沾边的，不是逃跑就是躲藏起来了，他也有两条腿，还能不逃之夭夭么？"

"此人不会。"

"汝能为他打包票？"

"他是一条汉子。"

"那好。有劳司马，带咱去会会他。"

"就目下？"

虞庆则点头说："就目下。"

第八十八回

李贤自缢留书勿伤小民
司马进言恳求法不责众

虞庆则与一千骑兵，刚入城，复又倾巢而出。

常言说：冤有头，债有主。皇上命虞庆则不远数千里前来擒贼，不把肇事、并致朝廷命官暴死的贼头擒获，是无论如何没法向皇上复命的。可他是否如司马所言，会在家中等候朝廷命官的到来，并心甘情愿俯首就擒呢？虞庆则则始终心存疑窦。

出城之后，一行人都骑在马上，在桂州司马的引领下，向西而行。不多时，那路越来越窄，且曲曲弯弯，高低不平，仅能容纳两骑并行。于是，一千骑兵便逶逶迤迤拉开一条很远的长蛇阵。

岭南的春季来得早，农时亦早。此地按规矩，闹过元宵，便要破土开耕了。可时下，点缀于山间之村寨，见不到炊烟，亦不闻鸡鸣狗叫，一块块浸泡在水中的农田，在阳光的照射下，疯长着丛生的野草。

不过两个时辰，当虞庆则跃马扬鞭登上一山坡时，司马勒住马缰，用手中鞭杆朝前面坡下一指，说："那就是李贤家。"

虞庆则朝坡下一望，见一片开阔的平畈中，农田纵横交织，而在农田的环抱下，有几幢参差错落、黑瓦白墙的屋宇矗立其间，屋宇被白墙围住，朝南的门前有一棵绿荫如盖的大樟树，一条小溪从门前和樟树之间穿过……

这岭南的天气，也实在怪异，出城时还是好端端的大晴天，可转瞬之间，乌云翻滚，阴霾四布，眼看就要下雨。虞庆则抬头看了一下天色，即令长史赵什柱带领骑兵把山脚下的庄园围住，以防有人逃遁。自己则带数名侍卫，随桂州司马直奔李家。

此一行人，骑马下山，弯来拐去，行走于田间小路上，终于来到那棵大樟树下，再跨过一座很窄很短的石板小桥，就是李宅的家门口了。众人这时方见树下有一排造型各异的石制拴马桩，还有一方石桌和四只石凳。

虞庆则率先下马，他抬头看了一下天色，但见风起云涌，山雨欲来。跟在虞大将军之后的一行人亦纷纷下马，并把马拴在了石桩子上。接着，众人徒步踏过石板小桥，来到李家门前，见门楣处，上书四字："关东李宅"。敞开的大门旁边，低眉敛气肃立着一位老叟。

虞庆则驻足问道："汝是何人？"

"小的是李家仆役。"

"汝之主人呢？"

"主人正在堂屋恭候皇上派来的武侯大将军。"

"嗯？"虞庆则的脸色倏地变得难看起来，他用异样的目光直视老仆道："逆贼既知本官已到，为何不出门跪地请罪？"

"这……小的可不知晓，主人只是吩咐要小的出门迎客。"

"岂有此理！"虞庆则愤怒之余，复又警惕地问，"逆贼李贤，咋知皇上派的是武侯大将军？"

"二日前，就有人前来告知主人说，皇上派来大军，为首是位武侯大将军，并已逼近桂州城下。"

说话间，狂风大作，豆大的雨点倾盆而下。虞庆则已顾不得让逆贼李贤出门谢罪之礼数，他"哼"了一声，一甩衣袖，径直跨入大门，其余人等亦紧随其后，鱼贯而入。

虞庆则窝着一肚子火，冒雨穿过前庭，绕过照壁，拾级登上台阶，堂屋之门亦是敞开着的，直到此时，却仍不见身负重罪的李贤露面。气愤已极的虞庆则跨过门槛，恰在此时，一道闪电劈来，借着闪电之强光，但见堂屋高高的横梁上，一条白绫悬空吊着一身着寿服的汉子！紧接着，一声惊雷在头顶炸响，耳中只听一片雨点砸在屋瓦上的"哗哗"声……

正当陆续赶来的众人见此情形吓得手足无措时，只听虞庆则大喊一声："快去把梁上之人放下来！"

惊魂未定的侍卫们，这才一拥而上，有的抱身，有的拔剑割断悬梁的白绫，并七手八脚把人平放到了堂屋的地面上。

不一会儿，一名侍卫报告说："人的身上尚有余温，然已气绝身亡。"

此时，随后赶来的老仆伏在死者身上，已泣不成声……

另有一名侍卫报说，桌上摊有一张字幅。

虞庆则走到堂屋的八仙桌前，只见桌上的白纸上，写着两行墨迹未干之字：

　　　罪人李贤以身抵命
　　　请勿伤及无辜小民

此时，对这边放心不下的赵什柱带着一众士卒，个个如落汤鸡般地冲了进来。虞庆则朝他使了个眼色，令其进屋搜查。

此一庄园，从山上往下看，并不显大，可身处屋中，才知其实不小。庄园内，乃屋中接屋，前院与中院，中院与后院，院院相通，整个屋宇为清一色的砖瓦房。

过了好大一会儿，搜查者们才陆续返回，并都报说，各屋陈设之器物不少，却没见有人。

这就怪了！偌大家业，仅一仆一主——有悖情理。

虞庆则转身看了侧旁惶惶然的桂州司马一眼，见他亦是潸然泪下，于是问："你咋啦？"

"咱没事。"司马抹了一把泪，掩饰地说。

"你没事？"虞庆则疑惑地将其拉入另一房中，让他坐下，问，"你认不认识李贤？"

"认识。"

"死者是不是他？"

"是咧！"

"你没瞧错？"

"没错。"

"这么大一座庄园，难道除主人而外，仅一个仆人？"

"不止，不止。"司马说，"李贤有一位夫人，两位妾，五儿三女。雇员、雇工及下人，少说亦有二三百。"

"噢？"虞庆则看了看胖得似有点浮肿的司马，又问，"你咋知道得恁清楚？你曾经来过他家里？"

"不瞒武侯大将军，下官与李贤推算起来皆为关东老乡。只不过咱家祖上先来岭南三百余年。因此上，下官以往与李贤过从甚密。"

"怪不得哩，方才咱还见你偷着为此贼人流泪。他的家人呢？都藏到哪里去了呢？"

"这……下官是真不知晓。"

"那好吧，汝去把他家的仆人叫来。"

仆人仍是老泪纵横，不能自已。在司马一再劝导下，他才哽咽道："屋里的人，全都走了。"

虞庆则接着问："他们都去了何处？"

老仆听出虞庆则的外地口音，才按捺住悲伤，回答道："皆各奔东西了。好端端的一个大家，转眼工夫，就散啦，没啦！老爷也要咱走。咱这大一把年纪不说，自与大老爷从关东迁来岭南，早与老家失却联系，咱能往哪去呐！这样，方勉强留了下来。"

"不要紧，"此刻的虞庆则亦静下心来，"你坐下，慢慢说。说说此一大家子人，都去哪里了。"

老仆在一张椅上坐下，缓缓道来："那日，老爷被两个衙役从桂州城里

虞庆则走到堂屋的八仙桌前，只见桌上的白纸上，写着两行墨迹未干的字：罪人李贤以身抵命，请勿伤及无辜小民。

送回家后，晚上不知和大奶奶说了些啥。第二日一早，老爷就让大奶奶带着二儿二女，随同两名丫鬟雇了轿夫离开了李宅。后来听一名没有跟去的大房丫鬟说，大奶奶带着子女似回山东老家，去寻访奶奶的娘家人了。再过一日，二奶奶和三奶奶亦各自带着自己的亲生儿女，一前一后出了家门。二奶奶是江南诸暨人氏，三奶奶则是岭南本地人。此两位奶奶都没去各自娘家。据说一个往东，一个往更南边去了。老爷以往收购药材，结识了很多药商朋友，据说是投奔那些人，到异地隐姓埋名了。又过几日，屋里的管家、账房、师爷、杂役、丫鬟等等，也都一批批尽数打发出门了，每人都送了一笔安家费用。这么着，不出一月工夫，这么大一个家，说没就没啦。"

"呵……"司马听着听着，又忍不住地抹起泪来。

虞庆则本想：李贤既死，将其家财抄没，再抓一些亲属，押解回京师，此案便算了结。没承想，这个李贤死得倒干净，妻儿事先即各奔东西，家奴及雇员亦作鸟兽散，而家中细软则不必说，已由各人分批全数席卷而空了。这么一来，可着着实实苦了前来讨伐逆贼的自己。奔袭数千里，仅收获一个死了的逆贼首领，除外，简直是一无所获！去追？去寻？人去屋空，二月有余，天地茫茫，哪去寻踪觅迹？虞庆则想到此处，见一缕斜阳射穿窗纸，余光透进房中——这天真是奇了，刚才还是狂风大作，瓢泼大雨，转背又放晴了。

经此翻山越岭折腾了大半日，虞庆则肚子早就"呱呱"叫了。那么，一千骑兵则更不消说了。他于是对老仆道："此屋想来粮食总还是有的吧？"

"李家原有几百号人口，散伙时，能带走多少？仓库里、膳房里，粮食多的是哩。"

"菜呢？"

"大春天的，园子里的菜更是吃不完。此外，仓库里还存得有腊肉、腊鱼和腌鸭蛋等干货。"

"那行。"虞庆则对赵什柱说，"汝去安排一下，今日就在此处造饭，吃饱了咱再回军营。"

赵什柱外出安排伙食，老仆六神无主，更显坐立不安。虞庆则知他心里在想啥，就说："你的老爷生前是否已为自己置办好了棺木？"

老叟连连点头，两行浊泪又刷地涌了出来。他"扑通"跪地道："求军爷让咱家老爷入土为安！"

"先入殓吧。"虞庆则对老仆说，"不过，咱还得从城里请几位官员和当地绅士前来见证一下。不然，日后咱和司马仅二人，恐难辩说清楚。因此，先不要忙着封棺。"

"是。"老仆点头作答。

言毕，虞庆则命一名侍卫去外间叫几名士卒帮助老仆杠抬棺木，并将李贤遗体移入棺中。自己便与司马出了李宅。

雨过天晴，李宅门前的溪水陡涨。不少士卒把淋湿的制服洗涮后，晾晒在溪边之树枝上，自己只着一条裤衩，牵马入溪，自己洗澡，亦给马洗刷，那马接受主人的洗刷，还伸着脖子去啃嚼溪畔生出的嫩草。

虞庆则与司马分坐于樟树下的石凳上，面对着一派岭南田园春色。此刻的虞庆则对这位身体臃肿的司马，已没初见面时那么厌恶了。他搭讪着说："出征前，曾有人对咱说，岭南乃瘴气之地，要咱多带点祛风祛湿之药。没想到所到之处皆是一派秀丽景致。"

"武侯大将军是第一次到岭南吗？"

"第一次。"虞庆则说，"戎马倥偬数十载，多是在草原、沙漠和黄土塬子间周旋。"

"下官之根虽在关东，可从未去过北方。"

"你的先人是什么时间南下的？"

"是在汉末。也是因战乱流徙到岭南的。"

"那你还算啥关东人。应早就是岭南人了嘛。"虞庆则说着，又问，"府衙中，江南和岭南出生的官员多吗？"

"不多。陈被灭后，主要官员都是从北方派来的。直到晋王担任扬州总管，才慢慢启用了一些南方人。咱算是第一批吧，也还是沾了祖上是北方人之光。在官场中，多数南方官员亦还是有职无权的。"

说话间，虞庆则见有士卒于李家门口跑进跑出，就招来一名侍卫，问：

"汝等咋都往屋里跑？"

"咱先去外间叫来六名兄弟，没想到那棺木死沉，八人都撼不动它，又叫来了十人。"

司马说："那副寿材是楠木做的，比铁还坚实。"

"咱看得出，李贤死了，你很伤心。他究竟是个啥人？"

"唉……"司马叹惜道，"李贤其实是个天下少有的大好人！他对桂州有功，本应是咱桂州的大功臣！"

"噢？你是这么看李贤的？"虞庆则大不以为然地道，"他不就是个带头造州府反的逆贼嘛！你可要对自己说过的话负责任。"

"咱不怕担此责。"司马点头叹息道，"李贤之父，原是北齐官员，亦做过齐之刺史。周武帝灭齐，其举家南迁。陈宣帝知晓了，曾请他出仕，被其谢绝。为避朝廷要他做官，进而迁到岭南，在此买田置产，定居桂州乡间。李贤是李家南迁之第二代。此人从小喜读医书，对南北医药钻研颇深。尤对南方和岭南一带药材的药性，有独到见识。他常带仆人到深山采药，在外出或采药途中，只要遇见病人，就会全力救治，且不取分文。他还把自己采来和收购得来的药材运往北方，换来南方稀缺的北方药材。日子长了，就有北方药商找来，用北药向他交换或采购南方药材。他一个人哪招架得住这么多北来的药商，便在城内开了一家药行，教周遭山寨村民识药、采药和烘晒药材，自己只管收购。这么一来，使许多原穷得叮当响的山寨村民日子越过越好。久而久之，城内做药材生意的亦越来越多，使桂州城变成了一个远近闻名的药市，也使整个桂州城因药而兴旺发达起来。所以，当李贤为民请命，遭到刺史关押，要治他的罪时，犯了众怒。尤其是山寨受其恩惠的山民聚集起来，进城要求释放李贤。之后，刺史更是变本加厉，派兵镇压，终使局面无法控制。"

"南北统一好几年了，出现此等事，还真是闻所未闻。"

"可不是哩。"司马说，"大隋灭陈后，桂州已经历三任刺史（隋朝吏制规定，地方主要官员，三年轮换一次。陈朝于开皇九年灭亡，并入隋朝，正好经历第三任刺史），前二

位刺史在执行朝政上，尚属中规中矩。再者，那时城内药市，亦未如近年这般兴旺。到第三任刺史上任，药市规模越来越大，并带旺了城内各行业。比如说，一个卖肉的，每日都要多杀一两头猪，此对桂州城内一个商贩来说，都是件了不得的事。于是，这第三任刺史哪有见财不眼红的呐。如果仅仅加征些许药材交易税之类，近水楼台，捞点油水，也就罢了。可是，为刺史理财的妻弟，是个贪得无厌的家伙……"

"啥？"虞庆则眉心一跳，问，"你说刺史啥了？"

"下官是说，这位刺史任人唯亲，用贪得无厌的妻弟掌管财务。而这位妻弟又进而把手伸到了城外村寨，用极其苛严的手段，榨取农、商之钱财。不仅如此，他还使用各种伎俩，把州内较有姿色的女子弄到手，供刺史淫乐。"

"就是嘛，一个巴掌拍不响呐！"虞庆则紧问，"刺史被暴民打死了。其妻弟呢？现在何处？"

"刺史死后，妻弟就没在州衙露面了。据说一直躲在家中。"

"此人为虎作伥，亦必严惩不贷！"虞庆则说着，暗自庆幸自己的妻弟赵什柱是个老实人。

"唉……"司马叹道，"上梁不正下梁歪。州衙里，贪赃枉法者，可不止此一二人咧！"

"噢？"经此一点，虞庆则猛地警醒起来。"咱先说说你吧，一个统领军事的武官，咋变得如此脑满肠肥？"

司马闻言，却面不改色道："下官纵有贼心，甚或还有贼胆，却没实权。此'权'与'利'，历来皆是绑在一处的，无权咋图利？况且，下官一直秉持家训，不取不义之财。咱虽为司马，带兵之权却早已为刺史剥夺，个人且不敢偷着坚持练功，否则会被疑忌为另有图谋，因此，方越长越胖，且是虚胖。"

"嗯？"虞庆则看了司马一眼，不动声色地转换话题，问，"汝是本地官员，你来说说，那些暴民该作何处置？"

"这……咱可没辙呢。"司马转动着小眼珠儿，叹了一口气，说，"咱人微言轻，此事须由武侯大将军做主，且要速断。"

"速断？"

"就是嘞。要不然，暴民即要全部转为灾民。那桂州即更无宁日了！"

"此话怎讲？"

"您看嘛——"司马用手朝小溪旁边的白水田一指，说，"目下正值春耕播种时节，村里人全跑光了，田地荒芜，农时一误，一年的收成，啥都没了。没吃没喝的村民，不是全变灾民了吗？"

"哼！"虞庆则勃然大怒，"大胆司马，竟敢把责任往老夫头上推！暴民东躲西藏，贻误农时，究竟是谁造成的？根儿在哪里？"

"下官岂敢诬罪武侯大将军。"司马惊惶地道，"罪当万死的刺史，把个好端端的桂州全败啦！还祸及了庶民百姓。当务之急是要将百姓唤回家，以不误农时为要务，否则饿殍遍野，当地官员不更是罪上加罪了吗？"

"他们不是都钻山洞了吗？汝说，应如何将他们召唤回家？"虞庆则又把不好出口的话推给了司马，逼他先说出来。

司马闪烁其词道："不是有句话，叫……叫作法不责众吗？"

"汝是说，连打砸州府，打死刺史的人，亦都不追究了？"

司马低头，默然不语。

虞庆则更加暴怒："你说呀！问你话哩！"

司马终于豁出去了："下官以为，此事事出有因，刺史死有余辜。况且，李贤以命抵命，已家破人亡。若再继续追及下民，恐不知会有多少户人家受此牵连。那么，人人都成了惊弓之鸟，这桂州今后还有治吗？"

虞庆则无言以对。此道理，他何尝不知，何尝不懂。可皇上派自己到此殄灭暴徒，宣示皇威，自己就这么兵不血刃，偃旗息鼓了，圣上会怎么看呢？况且，此前圣上对自己已心存猜忌，才罚自己带兵到此。而在对待暴徒上，又毫无作为，皇上能不认为自己是有意消极抗命？

其实，远在北周宣政二年，年轻的虞庆则担任石州总管时，就发生过一桩类似之事。石州虽处北方边陲，亦与桂州类似，是个各族杂居之地。那一年，北方大旱，稽胡赖以生存的牛羊死了不少，便大举侵犯汉民居住的边地。年轻勇武的虞庆则亲自上阵，一举将入侵首领斩杀于阵前，而对其胁从一概不予追究。不仅如此，他还开仓放粮，赈济稽胡灾民，广施惠政。一时之间，前来归附虞总管的稽胡民众，竟有八千多户。接着，在虞庆则的治理下，各族相处和睦，边境安宁，一举获得担任大丞相的杨坚赏识。那时，大丞相还以静帝名义颁诏褒奖了他。自此，虞庆则与圣上，越走越近，并成大隋举足轻重的大臣。

可此一时，彼一时也。虞庆则遭到文帝冷落，是近一二年的事。开始，他虽有觉察，却也并没十分在意。但随着杨素的炙手可热，他才感到自己被晾在一旁，非比寻常。果然，年初一，文帝公开表示出了对自己的厌恶！此刻的虞庆则，方醍醐灌顶，感到大祸即将临头！于是，他想以此次出征的表现，来挽回皇上对自己的看法。所以，一路上，他慎之又慎。不仅如此，他还经常叮嘱长史赵什柱，要他协助自己带好队伍，不可出现哪怕一丁点纰漏。但，事到如今，若按这位桂州司马所言，对几千暴民不了了之，此恐有违皇上所愿哩！但若不如此，继续追查下去，误了农时，而致该地区饿殍遍野，岂不又成了自己的罪过？

虞庆则正感左右为难之际，长史赵什柱走到面前。他抬头看了内弟一眼，问："啥事？"

"饭弄好了。"

"走，吃饭去吧。"虞庆则起身对司马道，"刚才说到的事，容我想一想。"

恰逢其时，一名在山口放哨的士卒飞马越过石板小桥，奔到虞庆则跟前报说："扬州总管晋王驾到！"

众人放眼一望，但见远处山坡上，旗幡招展，一彪人马，缓缓下坡，正朝这边走来。

"此乃真是及时雨咧！"虞庆则在心中暗暗叫起好来。他想：晋王杨广是皇子，一切未了之事，都可由他做主！

第八十九回

憨太子虎落平阳遭臣戏
贼宦官跌入陷阱作奸佞

话分两头。

二月的岭南，已是一派浓浓春意，而远在西北的帝都大兴，则仍处乍暖还寒的阴沉天气中。

这日，掌灯时分，文帝安坐寝宫，批阅奏折，心绪却始终不能宁静。新年以来，文帝一直郁郁寡欢。李贤谋反事，他并不怎么担心。因有虞庆则率兵前往，尽可令他放心。如果虞庆则还拿不下，晋王杨广举江南四十四州人力、物力，再有几个李贤，也莫想翻起浪来的。当下，使文帝深感不安的，是自己的几个不肖之子！孩子们年幼时，一个个都是那样健康、活泼、可爱，而一旦成人，要担大任了，咋反而叫人担心呢？除夕家宴的事说明，自己可以调摆好满朝文武，能统一整治好神州偌大一片疆域，却管束不住自己的几个儿子。本来最令人羡慕，并使父母感到骄傲的五个儿子，当下，人大心异，七窍八裂，致使一家人都不能安分地坐到一张桌子前，而弄得一餐喜气洋洋的团圆家宴没吃完就不欢而散了。文帝因而想：自己健在，尚且如此，若百年之后，那这个家还像家吗？皇家若没，国还能存？文帝把五个儿子在心中掂量了一遍，最感痛心的，是太子！自己曾寄予厚望的，是他；精心栽培的，亦是他；然而，最令人失望的，还是他！自己过往以为，皇太子年少贪玩，是人之天性，大了，懂事后，就会好的。没料想，太子已届而立之龄，仍不收心，仍不把国是挂在心上。不仅如此，还猴急着让大臣向他顶礼膜拜，其狼子野心已昭然若揭呵！

而更使皇上感到意外的是，连平日最疼爱的小儿子谅，亦跟着大的起哄，并参与到了弟兄间的争斗中。所以，到头来，能够使皇上省心的，仅剩二儿杨广一人。他打十三岁起，就担负起了戍边保国重任，并屡立军功，而尤其是当下，兢兢业业，谋治江南，帮衬自己撑起了大隋的半壁江山。

想到此处，文帝隐隐感到，之前过早确立皇太子，使其小小年纪就在东宫养尊处优地做储君，是个失误。如果当初对待杨勇，也像对待杨广一样，只给他一个王位，也一直让他在地方挑起一副担子，甩打个十数载，那勇儿当下也许是个完全不一样的人。

…………

文帝手握朱笔，面对案前摊开的折子，好长时间，一个字也没能看进去，亦没落笔批一字。

此刻，元岩先在门外咳嗽一声，然后，进门报说："皇后娘娘过来了。"
文帝索性搁笔起身，独孤后亦在宫女们的簇拥下进了门。

"今日很冷，卿咋还是过来了？"皇上关切地问。

独孤后环视了一下左右，房内之人都知趣地退出门去。皇后这才开口说："不知圣上是否听到，太子近日尽在东宫干一些荒诞事。"

"管不了，让他去吧。"

"丢人现眼嘞。"皇后气愤地说，"他在东宫后园，搭建了一座庶人村……"

"啥？"文帝没听明白，追问道，"那是个啥玩意？"

"庶人村，还不就是乡下穷人住的茅草房嘛。他自己亦破衣烂衫扮作庶人，并钻进屋里，成日不出来，还令人送猪狗都不食的东西给他吃。"

"他要那么作践自己干啥呢？"

"据说，太子年前从外面请来一位道士于东宫作法。道士指引说，宫里有妖异，要他遁入庶人村中，驱邪免灾。"

"瞎胡闹！"文帝大怒，"靠此歪门邪道，能避妖异之气？朕看是他自己中邪了！不成体统！"

"此事已传扬出去，成了笑料。"

"这……这太子，人不人，鬼不鬼，越来越不像话！"文帝摇头，在屋里踱着方步，口中叨念道，"说起来，朕有五子，皆为一母所生，个个儿子，人长树大，光鲜体面，且能文能武，然真正令朕省心者，仅剩广儿一人。"

"嗨，圣上有所不知，广儿也一样令人揪心呐！"

"不至于吧？"文帝止步说，"前日，朕还收到他从江都发来的折子说，对江南刺史的考评和审查，已先在十州展开。其不日还将亲赴岭南协助虞庆则处理桂州暴乱善后事宜。从折子上看，他对治理江南，一直都是信心满满，并很上心的呢！"

"为娘并不担心广儿在外建功立业之作为，却担心他回京师会遭不测。"

"谁敢加害他？"

"太子哩。"接着，独孤后把晋王向自己辞行时说过的一番话讲与文帝听。

文帝默然良久，却说："那都是酒席上的气话，岂能当真。"

"不过，绝对不能不提防。从古至今，因兄弟阋墙而造成的惨患，还少吗？广儿，堂堂一条汉子，诉说此事时，竟至泣不成声。"

…………

次日一早，太子称病，没来上朝。

早朝散后，文帝把杨素留下，问："东宫那边，近日有何动静？"

杨素对太子扮庶人等一些作为，早有耳闻。但他却佯装不知地说："没听说有啥哩。"

"这样吧，公亲自去过问一下。他今日又没来上朝，据说是病了。公就以此为由，问问他有无大碍，是否要太医前往问诊。"

"是。"杨素领命而去。

却说，太子杨勇自除夕家宴与晋王怒目相向不欢而散后，宫中传出，父皇和母后对他极为不满，此使太子更感惶恐不安。回头再想道士之语，越想越觉有道理。其时，后园中的庶人村，已搭建完毕。他于是称病，闭门谢客，破衣烂衫地一头钻入庶人屋里，寝破席，食糟糠，想以此驱邪避祸。堂堂一位锦衣玉食皇太子，哪尝过这般苦涩滋味儿，没病之躯，亦会因憋屈因风寒而熬出病来的咧！

正当太子躺在破席上冻得瑟瑟发抖、胡思乱想之际，左庶子唐令则跑来报说："右仆射杨大人来了。"

"不见。"太子往日就怕见杨素一双贼亮的眼睛，总是避而不敢与其对视。

"他是奉圣上之命，前来探视您的。"

"呵？"太子一骨碌从破席上坐了起来。"他……他人在哪里？"

"已在大门外等候着呐。"

"这样吧，你领他在前殿客厅坐坐，咱去换身衣裳。"

唐令则领命而去，太子则回寝宫换衣。

"太子有请仆射大人于前殿稍候。"唐令则来到大门外，对杨素颔首，并如是说。

"不碍，不碍。"杨素边说边入东宫大门，随口与唐令则寒暄道，"皇上听说太子病了，命咱前来探视。太子之病，没啥大碍吧？"

"不好说呢。"一贯机巧的唐令则却被一句平常话问住了。他"支支吾吾"回答道，"可……可能是偶感风寒吧，有……有些不大舒服。"

"要不要让御医过来瞧瞧？"

"不……不知呢……"唐令则没防杨素要请御医进东宫，只好说，"太子病，不打紧的。如要请御医，他会吩咐咱去向圣上请求的。"

"症候上身，不管大小，千万不能硬扛着……"杨素进得门来，边说边自顾自地朝前走，而没去前殿客厅中坐等。

唐令则跟在其后，以为杨素没听清自己的话，又重复一遍，道："太子在换衣裳，请仆射大人在前殿稍候。"

"知道。"杨素应了一声，却仍朝园子里走。

人家是宰相，不好再多嘴，唐令则只好不紧不慢相跟着。杨素则对东宫花园兴致不减，他东瞄瞄，西看看，越走越快，越走越远，似是没完没了。

唐令则急了，终于忍耐不住再次提醒说："太子殿下，有请仆射大人去前殿客厅……"

"坐那，亦是个等，今日天气不错，不如就在园内转转。"杨素回头冲唐令则道，"汝去吧，别老跟着，扫老夫之兴。"

唐令则只好怏怏离去。无拘无束的杨素，则从前院游逛到了后院。他游来走去，终于发现了那排传闻中的庶人村。

"此为啥屋？"杨素踱到庶人村前，故意自言自语道，"是住狗的？还是养猪的？咋个建在这漂亮的花园里？简直瞎胡闹！"

"汝才是胡说八道！"屋旁一个晒太阳打瞌睡的小子，闻言猛醒，并气愤地站了起来。他揉揉惺忪之睡眼，见是一位上了年纪，身着华贵朝服的官人。他虽分辨不出官人的具体官职，却看得出是位大官，于是先怯了几分。"您……您老是谁呐？小的瞧着眼生。"

"哼！老夫正要问你是谁，坐这狗窝旁边干啥嘞？"不等对方回答，杨素接着又问，"汝刚才出言不逊，是说老夫来着？"

那小子并不惧官，从容回说："小的叫姬威，是太子近身宦官。此地不是随便可以踏入的，您是咋进来的？还是快快离去为好。"

"咋啦？"杨素当然不以为意，索性坐在了宦官刚才坐的那张椅子上，说，"此后花园中的亭台楼阁都建得不错，而此一排茅舍可就有点大煞风景。它难道有啥讲究么？"

"此乃必然，自有讲究！"姬威长着一张娃娃脸，看起来仍像个小孩儿。不过，既为太子身边人，也还是见过一些场面的。他见杨素不走，又不知其身份，就郑重地说，"凡东宫之物事，都有一番来历，无须多问。您还是快点走吧。"

"这地方暖着呐，咱走啥。"杨素说着，用手朝周身摸索。他穿的是二品上朝官服，今日身上竟没带一点钱。不过，摸着摸着，还是从袖笼中摸出一只挖耳屎的金挖耳来。他将此物事递给姬威说，"老夫今日没带钱，汝把此物拿去，可喝几回酒。"

姬威接过，在阳光中照了照，金光毕露。既是太子身边人，真、假黄货还是识得的。他喜滋滋地将其收入怀中，道："谢您啦。咱告诉您老，此屋看似不雅，是不？但其功用挺大。是太子用作修炼和驱避邪魔的。"

"噢？"杨素好奇地把头伸入茅草门内，里面黑黢黢的，一股霉味特别难闻。"此，咋个避邪法？"

"太子整日都住此屋中，以让风寒侵肌砭骨，体内的邪气就驱走啦。"

"此可不堪受用哩。太子能忍受？"

"就是哩！"姬威说，"太子要娘娘们分别来陪他住，只昭训娘娘来陪住过半日，其余娘娘，没一个肯进去。"

"太子过得还嫌不滋润？要避啥灾哩？"

"唉，有人说，是冬至节那日玩得太过火，惹火伤了身。后来，请来一位活菩萨，他在宫里走了一遭，想出此法，以饥寒驱走附体邪魔。还听宫内有的大人说，太子这叫乐极生悲，自讨苦吃。"

"嗬！"杨素在暖和的阳光下伸伸腿脚，笑问道，"这后面的一句话说得挺有意思，是谁说的？"

"杨仆射，杨仆射！"说话间，唐令则气急败坏地寻了过来。"您叫咱寻得好苦呐！"

"汝不是明知咱在这园子里等太子吗？"

"咱以为您只是在前院走走，谁知您跑到后院来了哩。"

这东宫，前院和后院加起来，极大。且，高低起伏，错落有致，没说具体地点，找人确实不易。

"您快去嘞，太子都等得不耐烦了。"

"他还不耐烦？"杨素闻言不高兴了。"老夫奉旨前来，他太子不出门迎接，却要老夫等候。咱都没说不耐烦，他烦啥？"

"行，行。此事只怪下官没长眼，寻找时间太长，您快去吧，太子已在前殿等候接旨。"

杨素这才不慌不忙地起身，朝前院走去。

太子一见杨素，果然大发雷霆："大胆杨素，汝让本太子坐此，足足等了三个时辰，是何原因？"

杨素看一眼太子，他穿戴整齐，无可挑剔。然，整个人形，却被那庶人村折磨得消瘦了一圈儿。

杨素并未理会太子的责问，相反，却不紧不慢地说："此可不能怪罪老夫，是老夫在等您嘞。您这园子挺暖和的，老夫一不留神，坐在太阳下打了个盹，睡着了。"

太子一听，心想：哪有这样漫不经心的大臣，如此怠慢储君。所以，更为恼怒地道；"岂有此理！公奉君命而来，玩忽职守，竟于光天化日中睡大觉！"

"老夫不是在等太子换衣吗？此是忙里偷闲嘛。"杨素狡辩，用以激怒太子。正当太子又要发作之际，杨素忽地变得严肃起来，并拉长声调，道，"皇太子杨勇殿下听旨——"

一肚子怒火待发的太子，突然一愣，随即反弹地跪在了地上。杨素轻"咳"了一声，清了下嗓子，朗朗有声道："圣上问太子，身体有何不适？有无大碍？是否可坚持上朝？"

跪地听"旨"的太子，明知杨素是在捉弄自己，可他是藉圣上之名，你能不服？所以，他只能忍气吞声，瓮声瓮气地回答："儿臣近日偶感风寒，经御医诊视，病无大碍，需经数日调理，方能上朝。儿臣跪谢父皇之垂怜。吾皇万岁，万万岁！"

太子说毕，起身，一脸愠怒。

"太子好好保重，老夫告辞了。"杨素说罢，亦即扬长而去。

众所周知，太子所居东宫，与皇帝皇后所居之大兴宫，仅一墙之隔。因其按规定建于皇宫东侧，故而谓东宫。杨素出东宫大门，再至正中的承天门进大兴宫入中华殿。

文帝一见杨素，即问："卿至东宫，为何竟去了大半日？"

"呔，甭提了。"杨素行跪礼起身后，摇头解释说，"臣下先在东宫门外等了许久，后有左庶子出来把臣接进宫去。又说太子正在更换衣裳，让臣又在园子里瞎转悠了半日，这才传臣至前殿往见太子。太子一见臣下，便大发雷霆，反说臣让他久等。"

"不像话！"文帝生气地道。"公在园子里是否见到那座传闻中的庶人村？"

"嗨，还真有其事！臣下在园中闲逛时，见后花园内搭建了一排又低又矮的茅舍，连个窗都没留，那门就像个狗洞，仅容一人钻进钻出。"

"成何体统！"文帝边摇头边问，"他成日就住那里头？"

"不仅如此。太子还令姬妾进入，轮流陪睡。"

"恶心！"

"还有呐，太子见到臣，一脸不悦。说臣是为虎作伥，冲臣大发雷霆……"

"他太放肆！"

…………

黄昏时分，杨素方从大兴宫里出来，并趁乘车回家之际，着人通知杨约来家里小酌。

杨素到家不久，杨约即接踵而至。兄弟俩于密室间，浅斟慢酌。杨素将去东宫事，慢慢道来。当说到他有意怠慢太子，激得太子大发雷霆时，二人皆捧腹大笑不止。

言笑过后，杨约呷了一小口酒，说："兄长对太子，还是过分了点，日后，尽量不要惹怒他。兔子逼急了，也会咬人哩。何况废太子事，不到圣上下定决心那一刻，一切尚存变数。"

"有理，有理。"杨素频频点头。

杨约则继续道："不过，兄长刚刚提到的那个宦官姬威，也许是个可用之人。"

"噢？"杨素一楞，"汝想用他做甚？"

"太子躲进庶人村中避邪，其厮守在门口，实是为太子把关和传递内外诸事的，此说明，他必是太子的心腹。如能收获此人，往后东宫内的一举一动，亦无秘密可言了。"

"他处深宫，不大容易与他搭上关系。"

"办法总会有的。兄长官至宰相，树大招风。此等琐细小事，就由咱来设法处置吧。"

几日后，杨约打听到：姬威，乃甘肃张掖人氏，因家境贫寒，十三岁即入宫作了太监；因其身段矮小，长着一副娃娃脸，像煞一个永远也长不大的孩子；入东宫后，讨得太子欢喜，并成了太子贴身宦官。他在东宫有个与杨约相同的爱好——嗜赌。一点俸禄，常常输得精光。

当杨约掌握到上述情形后，便立即进行了一番布置。

忽有一日，一位少爷模样的人，步入一家当铺，他熟门熟路地走到高高的柜台前，从袖筒中取出一只玉佛，朝掌柜的递了过去……

而恰在其时，埋伏堂间的几名汉子，一拥而上，将其擒住，并迅速塞入一辆马车中，用黑布条蒙住了他的双眼。

该少爷模样的人被带入一深宅大院的堂屋里，方才给他松绑和摘去蒙眼的布条。过了好一会儿，那人才能看清周遭陌生的环境。当他看到堂屋正中的椅子上赫然坐的一个人时，不禁打了个寒战。其人之面相、目光，酷似那日在庶人村前见到的那位大官人。所不同的只是，那位官人留着一部有点花白的长胡子，而这位，下巴上则是光溜溜的。

"汝之玉佛，来自何处？"坐于椅中的人指着几上玉佛问。

原本就吓蒙了的人，一见玉佛，立即跪下求饶道："是小的从太子书房中偷出的。"

"大胆奴才，汝把菩萨偷去换银子，亵渎神灵，是要遭雷打电劈的！况且，这么好的一件宝物，仅换十两银子，简直是暴殄天物！"

"小的知错……"

"错？"

"小的知罪！知罪！"

"汝是何人？"

"小的叫姬威。在东宫当差，做宦官。"

"汝之俸禄，已高过常人，为啥还要做此龌龊事？"

"为……为还赌债。"

"那汝只管用物直接抵债不就结了，为何要去当铺兑成银子，并只换得一点儿小钱？"

"小的是在宫内与人玩儿，哪能拿宫中之物去还账……"

"汝在宫内偷过几回？"

"仅此一次。"

"一次？"审问之人轻蔑地一笑，问，"到底几次？"

"真的。就……就此一……一次……"

"汝真健忘。"审问者将一张他所偷物件抵押钱财的清单抛给跪地的姬威。

姬威拾起一看，顿时傻眼！连他本人也都记不全了，可那张单子上，所列各式金银、珠宝、玉器、字画，密密麻麻，开列其上，少说亦有数十件。他浑身哆嗦，磕头，哭呼饶命。

这位审问姬威的官人，不用问，便是杨约。当他通过有关眼线了解到姬威好赌，并常常赌得身无分文时，就派人到大兴城内各家当铺挨家查问，终于打听到姬威常去的一家当铺，并录得此份清单。有人会问，典当交易是严格为当事人保密的，杨约怎能弄到此份绝密清单呢？此对一般人而言，确实是望尘莫及的事。但对杨约，则如小菜一碟。他本人官至大理少卿，管的就是鸡鸣狗盗，狱讼一类事务。况且，在京师做典当行业者，亦都是他的至交。他要打听点啥事，还无须本人亲自出面。

于是，仅几回合，杨约便将姬威驯服。

"汝此是何苦来哉呢——坐吧。"杨约一抬手，命姬威坐下。接着，一声吆喝，"看茶——"

惊魂未定的姬威，受宠若惊地刚坐下。杨约即春风满面地随意问道："太子近日可好？"

"回大人话。太……太子……不……不是很舒坦。"

"那为啥？"杨约故作惊讶。不等姬威回答，又漫不经心地问，"他还住在那庶人村里吗？"

"没……没啦。"姬威想，这位官人咋知太子住庶人村的事？他的心里立马再次浮现出杨素站在庶人村门口的情景，于是，说，"数日前，东宫来了位大官人，面相有点像您……"

"像咱？"杨约抹了一把自己的脸，故作惊讶，问，"像咱的人并不多见呐，汝讲讲，究竟是咋回事？"

姬威想了想，说："后来听人说，那位官人是右仆射杨素。自杨大人来过后，太子就再没住庶人村了。但，每日总还是惶惶不安的样子。"

"那又是为啥？"

"太子成日念念有词，说晋王想篡夺他的储君位子，要暗算他。"

"呵？"杨约再显惊讶，"要小心，此话不可乱传。"

"小的知晓。是大人问，小的才说的。"

"这样吧，汝今后不可再干偷偷摸摸这类龌龊事。一旦发现，汝就没命了哩！"

"小的不敢了。"

"这只玉佛还你。汝拿回去，原先供奉在哪，仍放回原处。"

"是。"

"从此后，本官每月给你五十两银子，供你玩儿。"

"呵？"姬威惊得瞪大了双眼。

"咋地，此还不够用吗？"

"不，不！东宫内玩得都很小，一月输赢不过十来两银子而已。是咱无功，不敢受禄。"

"这好说。汝每月初一午时，到大兴城一品轩酒楼领钱。送钱给你的人，会问你一些话。知之，即照实说；不知，亦实说不知，不许胡诌。此外，来人还会管你一顿好吃的。"

"那，小的，恭敬不如从命了。"

第九十回

武侯将平叛乱肃贪扶民
隋文帝信谗言卸磨杀驴

话分两头。

却说，晋王杨广等一行人直奔李家大宅而来，使得正感左右为难的虞庆则大喜过望。

"虞叔，逆贼李贤擒获没有？"杨广一下马就关切地问。他对父亲一辈的老臣，且是自幼就相识的，亦仍和年少时一样称叔或伯。

虞庆则说："李贼已自缢身亡。"

"死了？"杨广虽感惋惜，却还是高兴地说，"只要没逃跑，就好。尸呢？"

"在屋里。"

"走，咱去瞧瞧。"

虞庆则只好陪杨广等一行人再入李宅。此时，李贤的尸体已被放置在了棺木中，并按虞庆则的吩咐，未封棺。

杨广俯身朝棺中看了一眼，即问带他来此的桂州府衙官员："此人是不是李贤？"

二名带路来此的官员同时点头："没错，他就是李贤。"

"是就好。对李贤的追讨，咱看，可以到此为止了。"杨广说着，用征询的目光望着虞庆则，"您说呐？"

"好，好！"虞庆则没想到杨广会如此爽快，连连点头说，"咱心里亦是这么想的，就是不敢拍这个板。看，连棺材板都未盖呐。"

"虞叔，您太多虑了。"

虞庆则毫不掩饰地说："不是咱多虑，是咱缺根主心骨——晋王来得正逢其时，为咱撑腰了！"

"那是，那是。"众人亦随声附和着。

直到此时，虞庆则方问："晋王大老远赶来，恐还没用膳吧？"

"是咧。"杨广说，"昨夜，我等赶到桂州城外驿站住宿，今早用过膳后，即进桂州城。没承想，我的一行人从东门进，您则从西门出。接下来，又步您之后尘赶到此地，肚子早饿啦。"

"咱的一千兵马，亦是只吃了一餐饭。"虞庆则说，"请晋王进里边用膳吧。"

杨广见堂屋中还搁着一具尸体，一位老仆还在其旁嘤嘤哭泣，就说："咱看，门口那树下不是挺好的么，叫人把饭菜端那边去，如何？"

"行，行。"虞庆则即吩咐把二人的饭菜端到樟树下。

此一老一少在大樟树下的石凳上就座后，简单的饭菜亦摆上了石桌。杨广先夹了一片青绿色的菜试了试味道，立马就毫不客气地夹了一大筷子，往嘴中塞，边嚼还边道："唔，好吃，好吃。此是啥菜？"

"哈，晋王从江都来，尚且不知，咱哪识得？"

"江都亦没见有此菜。"杨广接着感叹道，"此乃南方一福，各种菜蔬和鲜果极丰富。若在京师，三月恐还吃不上鲜菜。"

"就是咧。"虞庆则亦夹了一大筷子青菜塞至嘴中。待他吞咽完后，方问，"晋王此次赶来增援，带了多少兵马？"

"兵马？虞叔刚才见到的，即是咱的全部人马。"

"晋王就带十几号人？"

"有虞叔在此平叛，还须晚辈前来班门弄斧？咱此来是为善后，乘此机会，重组桂州官府班底的。"

接着，杨广将朝廷决定对江南四十四州刺史和县令进行一次考核，并将州县两级主要官员评出上、中、下，三个等级。上者，将由皇上颁诏嘉奖；下者，轻则撤职，问题严重者，要即行查办，等等，大致说过一遍后，方道："桂州出了此等大事，恐不只是刺史一人之责。叛乱平息后，将要对该州官衙进行一次彻底整肃与重组。"

"好，好。"虞庆则连连点头，并说，"朝廷颁发的方策好，晋王来得更是正逢其时，咱对目下有些事，正感棘手，有晋王在，就好办了。"

"虞叔别见外，啥事儿？大家一起商量着办吧。"

"一是，那些冲击府衙、打死刺史的暴民，已藏至深山，追究起来，甚感艰难；二是，贼首李贤的家人，亦是东奔西走，人散财空，偌大个家，只剩一空壳，没啥值得抄没的了。当然，如若仔细追查，亦不是完全找不到线索，但循迹分别去追，既吃力又费财，亦没啥意思了。"

"既没啥意思，还追啥呢！此二事，咱看，都不值兴师动众折腾了。咱在路上与陪同的当地官员聊了聊，得知：其一，暴死的刺史可恶，死有余辜；其二，他们亦都感念李贤，说他是个名副其实的大贤人。李贤不死，咱兴许还会向圣上上书，请求赦免他的。"

"呵？"虞庆则没想到晋王竟如此开明与通情达理。继而，他不无担心地道，"只是，若这般处置，不知是否能称圣上心意？"

"此可无须担心。您是老臣，还不知晓？父皇一贯体恤下民，痛恨贪渎。只要解释清楚，不就行了么。"

扒了几口饭后，虞庆则又将桂州司马介绍的有关当地官府现状对晋王述说了一遍。

杨广听罢，说："这位司马既受到北方派来的刺史排挤，那他一定是南方本地人啰。"

"他自称是齐鲁子孙。实则是他的先人自汉末天下大乱时就迁到了岭南，其家族已在当地定居了近四百年。"

"那还啥的齐鲁子孙，他其实早已是南方人了嘛。"

"他还说，他是晋王二下江南，担任扬州总管后，从本地擢拔出来的第一批官吏。"

"噢？"晋王不胜惊奇，问，"此人现在何处？"

"晋王到来时，他就在此树下和咱说事，现已去屋里用膳了。"

"嗯？"晋王笑着摇了摇头，说，"没印象了。当时，周遭人多，没有注意到他。"

这叔侄两辈人说得正投机，赵什柱已然走了过来。他在不远处徘徊着，不敢近前，终于被虞庆则注意到了，问："啥事？"

"哥，天不早啦……"

虞庆则这才注意到，日头已没西山，天上只剩一抹如火一样燃烧的红霞，于是说："你把队伍集合好，径自回营去。"

吩咐完毕，二人起身。虞庆则又突然想起一事，对杨广道："晋王，还有一事。即，李贤之尸，你已见过了的，现除桂州司马而外，还有另二位本州官员亦见到了。因此想，此可算作验明正身了。能否让他入土为安？"

"呃？"杨广觉得奇怪，"您将其人入殓，原本不打算下葬的？"

"咱怕呢。"

"怕啥？"

"怕日后说不清楚哩。咱原本是想从城里叫几位官员和本地乡绅来见证一下，再下葬的。"

"您这里不是有个桂州司马见证了吗？"

"仅一人，怕不够……"

"嗨，此可不像原先指挥千军万马的虞大将军呐！"

"唉……"虞庆则摇摇头，紧追两步，叫住赵什柱，吩咐他留几名士卒处置李贤丧事。

接着，虞庆则和杨广踏着暮色，并辔而行。当他们从窄狭的山道走到大路口时，天上的晚霞已渐燃尽。虞庆则要回军营，杨广等一行则入桂州城内歇息。二人约定，明日一早，城内相见。

分道扬镳的虞庆则，一身轻松。晋王一来，立即宣布平叛结束，原本棘手的善后，将由晋王去操持。而且，这么一来，也不必担心圣上对自己会有什么猜疑了！他连夜通知各营将领到自己帐内，宣布从明日起撤去所有步兵，让一万府兵都可不误农时地各回原籍参与春耕。此处暂留一千骑兵，不日亦可随自己一道踏上归途了。

当夜尽管睡得很晚，但次日虞庆则仍然精神抖擞地率赵什柱等一干随扈前往桂州城。他在桂州府衙一间厅内，见到晋王和桂州司马。

晋王一见虞庆则即说："咱和司马一见如故，作了彻夜长谈。那位李贤还真是个贤人，去得可惜。"

虞庆则则道："昨夜，咱亦未能消停，把将领召来，布置撤军。目下，桂州城外只剩一千骑兵，留作以防万一。"

"哪来什么万一。"晋王心知肚明，知道虞庆则是想跟随队伍摆出个凯旋的姿态风风光光回京师。于是说，"虞叔，咱这就和您打个招呼，一时半会，您别想离开桂州。"

"啥？"刚觉轻松的虞庆则立时紧张起来。

"咱记得，您当石州总管那会儿，与当地稽胡相处特别融洽，他们不仅都服您之管束，且相互间亦不发生争斗。开皇初年，您去京师做尚书右仆射，咱任并州总管府的总管，一次去辖下的石州巡视，当地的官民都还十分怀念您。咱想，当下的桂州与当年的石州很相似，为各族杂居，还掺有不少从北方迁来的汉人，成分复杂。咱想请您亲自出马调理调理，以使当地不误农时。"

"嗨，咱当是啥事哩！"虞庆则松了一口气，笑着说，"桂州其实好调理。此处山清水秀，气候温暖，与飞沙走石、一年下不了几场透雨的石州简直没法比。庶民百姓嘛，你只要让他们各自安居，有田地耕种，相互间就没啥皮扯啦。"

原来，晋王杨广自开皇初年出仕伊始，即在并州总管府任总管。虞庆则在北周末年担任的石州总管，即是并州总管府辖下的一个州。所以，自那时起，杨广就对虞庆则有较深的印象。

"您的话，说得都在理。"杨广道，"只是当下桂州正处一道坎儿上。城里，家家关门闭户，暂不提它。城外各村寨，亦是十室九空，误了农时，咋得了嘞？昨夜，咱提议印它几千份《安民告示》，每个村寨，每个岔路口都贴一份。可司马说，当地俚人、僚人，不识汉字，识字的汉人亦会认为是官府用来骗人的，不会有太大效果。咱当务之急是要让百姓返回村寨，投入春耕。"

"汰！绕了半日，就为此事呀？"虞庆则不假思索地说，"此有何难？"

"不难？"杨广面露疑色。

"不难。"虞庆则重复了一句，接着说，"晋王既已承诺，不再追究暴民之责，此已解开所有人的心结；咱今日撤去一万军队，又给当地庶民递去一个好信息；若再严惩几个百姓痛恨的当地贪官污吏，这坎儿不就填平了吗？人心不就向着咱了吗？"

"右武侯大将军说得好，咱就照此办理！"杨广望着司马，问，"汝看呢？"

"这样，当然好。下官，其实也是这么想的。"

"噢？"晋王大感惊奇，问，"你咋不早说呢？"

"咱哪敢。受到惩处的人，都是下官同僚，日后有人会恨咱哩！"

"这样吧，恶人咱来做。"杨广即对司马说，"你这就给咱拟一份名单，一定要是百姓痛恨的罪大恶极之人。此外，请虞叔亦将一千骑兵尽数遣返原籍，本人及扈从都搬进城，协助咱重建桂州官府和下乡督促春耕。"

杨广处事果断。原桂州刺史妻弟等几名恶贯满盈的贪官污吏捉拿归案，并公开处决后，桂州城内，鞭炮声不绝于耳。次日一早，许多店铺即已开业。此消息，一传十，十传百，有参与或支持过闹事躲藏到外地的，亦陆续返城，且，皆是沿路燃放爆竹，以示大快人心。

几日后，城外躲进山洞中的村民，亦都纷纷冒了出来。杨广下令，由扬州总管府出资，从吴越一带发达地区购得良种，无偿分发给山寨村民播种。并一再重申，官府免征一切农业税。

与此同时，城内已被原刺史侵剥得奄奄一息的药市，又如雨后春笋般兴旺起来了。

虞庆则走村串户，兢兢业业，指挥春耕，逢人承诺，多收多得，官府、朝廷，不纳粮、帛。杨广则对桂州官衙进行了大刀阔斧的整肃，原先的桂州司马经朝廷任命，破格担任了刺史。历经劫难的桂州，正一步步恢复起了往日的生机。

正当虞庆则开始收拾行装，杨广为桂州官衙的重组感到满意，也准备离开之际，虞庆则收到文帝发来的一份批示。此前，杨广和虞庆则把在桂州所做之事，有时是联名，有时则是分别由两人写成奏折直接向文帝禀报的。文帝的这份批示是针对虞庆则早前关于平暴处置经过而言的。

圣上在此折子上批道：

> 桂州之乱，源出李贤，既为贼首，为其溢美，甚为荒谬。刺史罪大恶极，亦是朝廷命官，应以王法处之，卿等怎能藉此为暴徒开脱罪责？

文帝之言，有如匕首，直戳虞庆则的心窝。此明明还是对自己有陈见呐！

他把御批拿给杨广看。杨广阅后，默然良久，说："虞叔，您别往心里去，一纸批文，寥寥数语，哪能将本地的复杂情况述说透彻。这样吧，待咱有机会回到京师，一定会向父皇将桂州暴乱之来龙去脉解释清楚的。"

"行。咱听晋王的，不往心里去。"虞庆则嘴上这么说，可仍是闷闷不乐地背着个包袱，踏上了返回京师的归途。

因大队人马早已归去，几名扈从加十余名侍卫，总共也才二十号人。主将没兴头，随从亦都不苟言笑。赵什柱则更是鞍前马后，殷勤备至。他一路之上，劝说虞庆则说："哥，晋王说得好，你可确实要想开点。常言道，人正不怕影子斜，晋王一旦回到京师，会向皇上解说清楚的。"

虞庆则从京师出发，抵达岭南时，是早春二月。此刻，从岭南北上，正逢阳春三月天气。因此，一路之上，仍是一派和暖明媚之春色。渐渐地，在一派南国大好春光的感染下，虞庆则亦真把圣旨的严厉措辞，淡看了许多。

忽一日，虞庆则等一行来到潭州临桂镇地界。当其一行，登上险峻之峰顶极目远眺时，但见崇山起伏，气势雄伟，而眼前，却为一片融融新绿和遍野杜鹃所覆盖，且鸟语伴着花香，哪能不令人心驰神往！

"好景！"赵什柱由衷地道，"哥，你作一首诗吧。"

"哈哈，不才，可不是薛公。这让薛道衡来，还差不离。"一生戎马倥偬的虞庆则骑在马上说，"若依我见，此四面山高险固，又不缺水，只要屯够粮食，有精兵强将把守，纵使千军万马，恐也攻不破它。"

"那是，那是。"众人皆随声附和道。

于是，一路之沉闷和压抑，便由此打破，气氛亦如天气，随之转暖。

不觉间，一行人已至陕南。虞庆则的面色，倏地又由晴转阴了。

这日夜间，在驿站用过晚膳，赵什柱照例提来一桶热水，待虞庆则舒舒服服把脚伸进桶中，赵什柱说："哥，眼看就要到家了，大伙有说有笑都显得特别来劲，只你，又寡言少语了，吃得亦没前几日那么香，有啥不舒服哩？"

"咱没啥。"虞庆则用双脚在桶中对搓了几下，说，"柱子，你明儿打前，一个人先回京师，咋样？"

"那为啥？"赵什柱甚感惊奇。

"咱心里不安，总觉不踏实。你到家后，趁上朝机会，探探朝廷对咱此次南下平叛有何反应。若能见到圣上，听听圣上口风，则更好。之后，你再出城把情形告与咱。"

"行！"赵什柱早就归心似箭，一听有这等好事，自是喜形于色。

按官职，虞庆则出行，应该乘车。可一生在战场厮杀的他，更习惯骑马，因此，他的车驾多是放空而行的。自赵什柱单骑返赴京师那日始，虞庆则便说自己腰痛，改为乘车。且，腰疼最忌颠簸，车速亦不能过快，于是，越近京师，此一行人便走得更慢了。

再说，赵什柱则恰恰相反。他一离众人，便跃马扬鞭朝京师狂奔而去。

众所周知，赵什柱是虞庆则的妻弟。该赵家，亦为武将世家。赵什柱之姐嫁与虞庆则时，是地地道道的门当户对。可是，天有不测风云，北周末年，虞庆则倒向大丞相杨坚，而赵什柱之父则卷入尉迟迥的叛军中。结果，虞庆则成了隋朝立国的大功臣，而赵什柱的父兄却成逆贼被诛杀。后幸得虞庆则的庇护，才保全了赵家妇孺的性命。未成年的赵什柱，自十二岁起，便做了虞庆则的勤务兵。他年龄虽小，却乖巧懂事，把虞庆则侍候得十分周全。虞庆则亦未亏待这位妻弟，十余年来，一路升迁至仪同，并一举成了虞庆则军中长史。不过，近一年来，二人的亲密关系，已在悄然间，发生了微妙变化。究其缘由，则是因虞庆则一位叫春霞的爱妾引起的。

这位叫春霞的女子，年方二八，肤色白皙，身材匀称，面容姣好，虞庆则对她宠爱有加。不过，因为虞庆则官高、事多，还常要到外地当差，所以，当虞庆则外出时，常指使赵什柱代为照看好春霞。这下可好，虞庆则毕竟是个五十多岁饱经战争风霜的憔悴老头，而赵什柱血气方刚，待人又体贴入微。一来二去之下，干柴遇到烈火，二人便如胶似漆起来。时下，早已心猿意马、归心似箭的赵什柱，一心盼见春霞。所以，一般要走四日的路，赵什柱仅用两日，便抵达了京师。

此时，天已黑透。赵什柱一进城，径往虞庆则家，先向姐姐报了姐夫之平安，告知姐夫不日即将到家。接着，便熟门熟路摸入春霞住处，屋中女婢心照不宣地为赵什柱开门。

二人一阵颠鸾倒凤过后，春霞复又抱住赵什柱着急地道："咱已有了身孕，你看咋办！"

赵什柱惊喜地问："真的？你能肯定是咱的？"

"只能是你所为，奴婢才害怕哩。"

"有啥怕的，赖在老头身上，不就结了。"

"就是赖不到他呐！你看嘛，春节前后，他连这张门都没进过。往后，你俩都去了岭南。"

赵什柱一听，傻眼了！他掀开被窝，翻身坐起。心想：也是，那阵工夫，虞庆则受到文帝严词抨击，之后，又心烦意乱组建赴岭南平叛的指挥班底，哪还顾得上云雨之事。他亦因此才有机会忙里偷闲地先后去过春霞屋里两次。可几日后，虞庆则一回，东窗事发，如何得了？

赵什柱想到此处，立即起身穿衣。

此时，春霞已顾不得体面，赤裸裸地一把抱住他，问："你要去哪里？"

"宝贝儿，你别急。"赵什柱反过来将她抱住，放回榻上，并为她掖好被子，说，"咱会尽力想出一个两全之策，为你，亦为咱自己。"说毕，便扬长而去。

翌晨，赵什柱出家门，去上早朝。一路上，凡认识他的官员都与他打招呼，并探问右武侯大将军的消息。

当早朝临近结束，行将退朝之际，靠后的赵什柱忽地趋前出班上奏道："臣有事，须独自觐见圣上。"

文帝看他一眼，觉其面生，即问："卿是何人？"

"臣是桂州道行军总管、右武侯大将军虞庆则之长史赵什柱。"

"噢？"文帝打量了一下赵什柱，说，"汝等等。"

群臣上朝是在大兴宫的正殿——大兴殿进行。文帝批阅奏折、与少数大臣议事，则一般是在大兴殿后的中华殿里。

群臣退朝后，赵什柱在宦官的引领下，来到中华殿内，见文帝已安然坐于殿内的龙椅中，立即下跪，礼拜。

"卿是何时返回京师的？"

"昨日夜晚。"

"右武侯大将军呢？他现在何处？"

"大将军尚在途中。三日后，即可返抵京师。"

"卿有啥事要说？"

"下官既是右武侯大将军的长史，又是其妻弟。以往，右武侯大将军对下官其实不薄，不过，他要谋逆圣上，下官还是不敢与其同流合污。"

"啥？虞庆则竟欲图谋不轨？"文帝一惊，盯住赵什柱，问，"到底是咋回事？汝慢慢说。"

"是。"赵什柱稳了稳慌乱的心绪，说，"此次南征，右武侯大将军一直心怀不满，说圣上令他出征瘴气之地，是有意卸磨杀驴。"

　　二人一阵颠鸾倒凤过后，春霞复又抱住正欲离去的赵什柱着急地道："咱已有了身孕，你看咋办？"

"啥？"

"平日，右武侯大将军一向以功臣自居，他自认天下是他帮衬圣上夺得的。可事到如今，圣上已不看重老臣了，即要将他除掉。"

"胡说八道！"文帝气愤已极，"虞庆则一贯居功自傲，还在暗中拉帮结派。此次岭南有事，各位大将军都争相请缨，唯独他不屑一顾，朕才点了他的将。他不自省，反对朕心生怨恨？可恶，可恶！"

"还有一事。"赵什柱进而道，"此次班师途中，路经临桂，其境山峰林立，十分险要。右武侯大将军登峰远眺，十分欣赏，竟私下对下官说，今后天下无事则罢，但若有风吹草动，拉一支队伍过来，固守于此山中，纵有千军万马，亦岂奈我何？"

"呵？"文帝惊讶得瞪大了双眼。

却说，虞庆则一行，不仅走得慢，且走得格外小心。到赵什柱走后的第五个黄昏，他才磨磨蹭蹭进了距京师最近的一个驿站，却仍未见赵什柱返回报信。

半夜时分，因路途疲劳而睡得正香的一行人，突然被预伏多时的京师禁卫军一网打尽，并连夜押入大理寺狱中审问。

虞庆则大呼冤枉，斥责审案官员。审案者遂让赵什柱出庭作证。

畏怯的赵什柱避见虞庆则的目光，把在文帝面前说过的谎言又重复了一遍。

虞庆则听着，眼前浮现出了桂州刺史妻弟猥琐之面容。然而，可笑的是，他当时还庆幸自己的妻弟是个诚实可靠的帮手。而直到此刻，方才深谙"家贼难防"四字的真谛，不过，悔之已晚矣！

虞庆则由是处斩，赵什柱则拜为柱国大将军。

第九十一回

虞庆则遭诛杀疑中透疑
长孙晟入王府案里有案

虞庆则被诛，最感震撼的是高颎。因为不久前从岭南传来的消息皆是：逆贼首领已畏罪自缢身亡；暴民皆作鸟兽散，并自行瓦解；右武侯大将军兵不血刃，已令征调之府兵踏上归途，自己则暂留桂州，协助当地官衙以促春耕……凡此种种，皆表明虞庆则一切顺利——可突然之间，前去讨伐逆贼的行军总管，自己却莫名其妙地成了"逆贼"，且，转瞬之间，人头就落地了！虞庆则啥时被拘，什么时辰受审，起因是啥，作为左仆射的高颎，事先竟都一概不知。

高颎与虞庆则，相识、相知、共事，凡二十载。北周末年，大丞相杨坚派高颎领兵赴北方边陲抗击入侵的突厥，从而结识了戍边将领虞庆则，并发现他的御敌和治边才能，从而建议大丞相擢拔他为镇守边陲重镇的石州总管。虞庆则即由此为大丞相所熟知，受到大丞相的重用。大隋建立，高颎为尚书左仆射，虞庆则则为右仆射，并兼吏部尚书，二人一度成为皇上的左膀右臂。

而今，立国之初的四位重臣中，李德林首先遭贬，郁闷而逝；虞庆则讨伐逆贼，自个反成逆贼，遭受杀身之祸；还有一个苏威，几经沉浮，虽为纳言，却也与皇上渐行渐远……

高颎想：风起于青萍之末。若追根溯源，虞庆则死于非命，绝非偶然。早在灭陈之后，高颎就觉察到，皇上对虞庆则已有所疏远。而虞庆则本人呢？似浑然不觉。虞庆则喜热闹，常在自己的将军府中，动不动就毫无顾忌地将亲朋戚友，以及部将等招至家中豪饮作乐。消息传至大兴宫里，已引起皇上关注，并曾指示高颎查问有哪些将领到他的府上宴饮。而虞庆则招致杀身之祸的直接原因，则恐怕是他领衔去东宫向太子朝贺。因为，此举在皇上看来，太子已迫不及待拉拢群臣为自己造势，而虞庆则则率群臣极尽迎合。

以上种种因由，自都是高颎的猜测。但如属实，皇上拿虞庆则开杀戒，显然就是杀鸡儆猴。那么，首当其冲最大的一只猴子，不是别人，正是自己！而且，当皇上表明欲废皇太子勇，想立晋王时，表示反对的，也是自己！

高颎想到此处，竟至不寒而栗！

朝廷，乃国之精英荟萃地，它不仅颁布国之大政方针，亦是是是非非的策源地。自开皇十五年，皇上封禅泰山归来，或可追溯得更远一点，随着德林公和苏威的相继被贬和杨素的冉冉升起，敏感的朝廷，各种传言，便开始不胫而走……如此说来，解决虞庆则之后，还会不会有余波泛起？那么，下一个将会是谁？难道就是自己？

而另一方面，对隋文帝来说，他当然明白，只要自己还在其位，虞庆则纵有天大本事，亦是翻不起浪来的。不过，自己倘若不在了呢？那就难得说了。同时，文帝还觉得，为使大隋江山千秋万代延续下去，更换储君，势在必行。此一废一立，厚此而薄彼，势必引发朝廷震荡。虞庆则既胆敢领头为现太子张目，就必先将他拿下，不然何以镇服众人。此外，从除夕的家宴看，换太子，就是皇室内部，阻力亦不可小觑。因为五个儿子的地位、权力，能量，皆远在一般大臣之上。兄弟间，如若发生内斗，后果更不堪设想。

思前想后的文帝，就在虞庆则被诛的第二日，即着人传来了一直在家中赋闲养病的长孙晟。

长孙晟行过跪礼，文帝赐坐，说："朕看将军的气色还挺不错的，身体应无大碍了吧？"

"咱这身子骨到底咋样，连微臣自己亦不摸底。表面看，还行；稍一动弹，就是一身大汗，郎中说，是虚的表现。"

自从眼睁睁地看着大义公主和安遂家相继惨死，长孙晟既感痛心，又深感自责。他从突厥回归京师后，即觉身心俱疲，由此一蹶不振，索性告假称病，长期在家养息。而对文帝来说，长孙最大价值，并不在于他的精湛射术，也不在于调度几名宫廷宿卫的能力，而在他对突厥发挥的作用上。随着大隋的崛起，突厥的分崩离析，此涨彼消，邻邦对北方边境的威胁大大减弱，文帝也就乐得让长孙晟去安享轻闲。

"朕想让卿出趟远差，就便使汝活动活动身子骨。此样，对卿之身体恢复，说不定反有裨益。"

长孙晟笑着问："不会又是前往突厥吧？"

"是打那方向去。"文帝指着案上几份奏折说，"卿先瞧瞧这几份折子，朕再具体说事。"

长孙拣起案上折子，一一读来，暗吃一惊。几份密折都是针对秦王杨俊的。有的控告秦王逼迫晋阳官吏和商人接受他的高利贷款，不从者，即发帖进行恐吓；更有从并州总管府内发来的折子，揭发秦王不接受文帝严词劝告，仍然我行我素，扩建已极尽奢华的秦王府殿宇，等等。

长孙晟浏览完毕，合上密折，不知皇上让自己看这些内容是何用意。他未敢询问，只用不解的目光望着文帝。

"都看完了？"

"看完了。"

"卿以为如何？"

长孙晟哪敢对折子上的事说三道四，只能硬着头皮问："不知圣上要臣去做啥咧？"

"此前，朕一再告诫秦王，不要因为当下边境无事，就可为所欲为，穷奢极欲。可他不仅不听，反而变本加厉，把个好端端的晋阳和整个并州弄得乌烟瘴气，怨声载道。今幸得边境无事，否则，不早出大乱子了？这小子，不成器，终成朕之心病！"

长孙晟仍是只听而不动声色。好久以来，他大门不出，为免是非，还闭门谢客，只在府中悉心调教子女。他作为一个宫廷禁卫军的头领，并不知道宫内宫外近来究竟发生了一些啥事。

文帝发泄一通对秦王杨俊的不满后，才终于说："朕想让卿去一趟晋阳，大体查查折子上的事是否属实。只要事实大致相符，卿就立即按旨意将秦王就地免职，并将其带回京师，交朕处置。此乃国事，亦为家事，朕想来想去，觉得只有让卿去处置，方合适。"

"如果秦王不肯与臣同回京师，臣下咋办？"

"朕想，尚不致如此。一是，朕为此案专下一旨，交汝带去，他敢不从？二是，他从小仰慕卿之射术，卿作为钦差带他回京师，他可能不会反感。"

"行。臣三日内出发。不过，还是老习惯，要从宫内禁卫军中挑选几个人与臣下同行。"

"此亦和以往一样，人由卿抽，多少亦自定。"

长孙跟从文帝二十年，受命出差，已是家常便饭。但领此差事，却是第一次。他想：圣上一贯崇尚节俭，憎恶奢靡，众所周知。不过，秦王的铺张，横行于当地，正如圣上本人所言，由来已久，有什么好查的？而且，为何独独等到今日才来处置？时下，宫廷内部或朝廷内部，到底发生了啥事儿？长孙晟读书不多，却欢喜琢磨事。过去，一遇自己想不明白的事儿，便常去向仆射高颎讨教。满朝文武中，他最佩服的就是高颎。

长孙晟出了大兴宫，径直来到高颎办差的尚书省官府。

"哈哈，长孙将军，你可真成稀客啦！"高颎见到长孙晟，分外高兴，即把周遭正在议事的人都遣散开去，专门接待长孙一人。

长孙见此，有点过意不去，忙说："嗨，咱来得真不是时候，看您，一下子把许多人都轰走了，咱其实没啥事……"

"你这就见外了不是。你又不是不知道，咱这里，哪日不是如此。一年到头，总有办不完的差事。长孙将军能来见咱，此就是大事。"高颎五十好几，长孙四十出头，年龄、官职都相距甚远，但二人之间，却无任何沟沟壑壑，很不容易。"听说你在家中养病，咱也未去看你。近日好些了吗？"

"病嘛，总还不是老样子。今日圣上不知咋的，突然想起下臣，命咱去一趟晋阳。"

"噢？"高颎收敛笑容，问，"去那，做甚呢？"

"事情倒挺简单，要咱去把秦王请回京师。"

"呵？此还简单？"高颎大吃一惊，立即想起自己曾猜想虞庆则之后，下一个会轮到谁的事。令高颎万万没有料到的是，此人竟会是皇上自己的亲儿子！

长孙晟见高颎一脸惊讶之色，便把去文帝那里的情形，以及自己的疑惑说了一遍。并道："圣上倒是说了，此既是国事，又是家事。但，咱总觉着有点不对劲儿，皇上哪有啥家事？皇家事，也都是国事嘛。那么，何不公事公办，交吏部或刑部去处置呢？"

"此倒无碍。朝廷虽说设了三省六部，各管其事。但圣上偶尔还是会抽这个部门的人，去做那个部门的事。此，你也是知晓的。圣上要你去晋阳，可能是想以家规来处置秦王事，而不想使家丑过分宣扬出去。"

"咱还是不太明白，秦王在晋阳并州总管府任内为非作歹，由来已久，为啥非要等到此时才来做处置。是不是突厥那边又有啥动静，圣上要对边境各州加以整饬？咱与外间隔绝已久，朝廷诸事，两眼一抹黑。"

"突厥那边，倒是没听说有啥事儿。"高颎忽然道，"咱告诉你一件事儿吧，右武侯大将军已被处斩，罪名是谋逆。"

"呵？"长孙晟浑身一颤，"此是啥时之事？"

"消息是昨日方才传出的，尚未对外公布。咱亦是昨日方知此事的。"

"虞大将军要谋反？"长孙晟疑惑地道，"简直难以置信。这究竟是咋回事哩？"

"具体情形，咱也不清楚。据说是其妻弟告发的。"

"赵什柱？咱认识他。那是个挺老实的人嘛。"

"谁知呢？"高颎面显忧戚，说，"你此次北上晋阳，须加小心。按照圣上的要求，把事办好。速去速回。"

"圣上追究秦王罪孽，不会与右武侯大将军的死有关吧？不像呢！"长孙自问自答。接着又说，"秦王是个独来独往的人，他与虞大将军根本搭不上界嘛。"

"看你想到哪里去了。圣上高屋建瓴，哪能与咱臣子一般见识？不该咱想的，就不要瞎琢磨了。"高颎犹豫了一下，还是没把文帝欲废太子的事向长孙说破。况且，斩杀虞庆则和要处置秦王是否皆为废、立太子扫除障碍，连高颎本人都拿捏不准呢。因此，咋能把连自己都不确知的事当成事说与他人听呢。

长孙晟顶着一头雾水离开了尚书省。他想：高颎为人诚笃，尤其是对自己，更可用肝胆相照来形容。但今日他说话，却分明有所顾忌，有所保留，一定有啥难言之隐。不过，就从仆射的迟疑、自危中，长孙已分明感觉出，当下朝廷内部已和过往有所不同，因此，这趟非比寻常的差使，正如高颎的忠告，须一路小心谨慎。

长孙为人处事，皆以义字当头。因讲义气，使他广结人缘，同时，亦使他为义所累。比如说，当文帝面临强大突厥的侵扰，而不得不暂缓攻陈完成南北统一大业时，士为知己者用的长孙晟进献出了"离强合弱远交近攻"的谋略，自己为此更是不畏艰险、出生入死地周旋于突厥各部落中，以使突厥分化瓦解；可是，当大义公主和安遂家相继去世后，长孙晟又反过来深感内疚，甚至痛不欲生，觉得世道残酷，而想永绝仕途。他就是这么个自相矛盾、为情与义纠结一生的人。

长孙此次出行，极为谨慎。为不引人注意和行动便捷，他只在宫中挑出三名侍卫，并都是自己原先最贴心的部属。四人每人骑一马，一律作一般行商打扮，皆斜背一布包袱，各带几套换洗衣衫。他们晓行夜宿，一路皆住驿站。不日，已遥见晋阳城之箭楼了。

晋阳（今山西太原市），为并州治所，历来就是北方重镇。隋以前，因常受突厥等游牧部落滋扰，为抗御强敌，此地便成了屯兵要地，气象森严。大隋日渐强盛，外敌衰微之后，晋阳人气骤增，商贾云集，更显勃勃生机，一举而成南北物贸交汇之重要商埠。

长孙晟以往出使突厥，多次于该城歇足，所以对晋阳并不陌生。四人在城内一旅店安顿下来，次日并未立刻与当地官府和并州总管府接触，而是在城内各处暗访和转悠了一整日。

当日落黄昏之际，此一行人看到一顶八人抬的大轿进入"晏府"。长孙晟方走到门前，拿出名刺，对门卫说，要会见晏刺史。门卫把名刺拿入府内，刚刚回家的刺史一看，连忙亲自出迎。

"嗨！啥风竟把长孙将军吹入敝府来啦？请进，请进。"长孙晟与晏刺史是老熟人，所以，一见如故。

可当长孙一行四人，皆作行商打扮，一齐出现在晏刺史面前时，还是使其无比惊奇："将军此行，是来晋阳城做买卖的吗？"

"咋啦？咱这身行头，刺史看着不顺眼，是么？"长孙一展身上商人服饰，方压低声音解释说，"他们皆是宫内侍卫，一身戎装到晋阳，不是更让人扎眼吗？我等未直接去官衙面见刺史，亦是嫌太招眼目。刺史上奏的是密折，我等奉旨密访，亦不便大肆声张嘛。"

"哦……你们原是……请进，请进。"刺史方才恍然大悟，诚惶诚恐地把四位不寻常的客人迎进门。

宾、主进屋坐定，长孙晟即公事公办，先把晏刺史上奏的折子和御批拿出给晏刺史过目。

此时，刺史方完全释疑地道："初接名刺，下官还以为长孙将军是途经晋阳，私下来访。可一见众人都作行商打扮，就想，将军何时做起买卖来啦？可全然未曾想到是奉旨前来办案的。"

"查处秦王，对朝廷来说，是件大事。本应由多个部门，共同参与办理的。圣上恐是考虑到案主身份特殊，再就是参劾他的多是密折，所以，亦才采取了此不大公开的方式进行。"接着，长孙晟话锋一转，说，"咱初看密折，即由衷佩服晏刺史的气魄和胆识。参劾秦王，可是要有足够勇气的！"

"呔！惭愧，惭愧！"刺史摇头摆手说，"咱哪有什么气魄和胆实呵，纯属被逼无奈嘞！"

"噢？"长孙晟不解地问，"此话咋讲？"

"将军看嘛！咱何尝不知，参劾秦王，就好比是在太岁头上动土。不过，请将军想想，晋阳城中，几年工夫就有几个商户老板被逼自杀，有的大户人家弃市逃之夭夭，搞得好端端的一座边塞城市民生凋敝，怨声载道。上面若作考核，咱为晋阳刺史，将如何向朝廷和圣上交代？咱不先行申述原委，摆明情况，那不等于是将他人罪过和责任都往自己身上揽吗？咱可实在承受不起哟！"

"从折子上看，刺史大人列举的案例，事实清楚。秦王勒索之钱、财数额，虽然巨大，亦都有明细账目。所缺，只是相关人证与物证。"

"参劾皇子，岂能含糊。都丁是丁，卯是卯哩！所有事实、数字，皆经反复核对过。证据，其实不缺。写给皇上的密折，要言简意赅，此为一。再就是，被害人都有顾虑，不敢具名，怕一旦为秦王所知，遭受报复。当下，有钦差来此，取证就不成问题啦。"

"既如此，这事就好办了。"长孙理解地点头说，"自明日起，咱要见几名苦主，请刺史排个队，让他们一个个不事声张地来，并借刺史府上这块宝地，就在此堂屋进行，如何？"

"行，行。敝舍不甚宽阔，却还算僻静。"

"还有一事，咱这三位弟兄，动武，还行，文墨工夫却差点。请刺史为咱配一名录司，咱要录下各位苦主的口供。"

"此亦没问题。"

长孙晟吩咐完毕，即行告辞，晏刺史哪里肯依，说："正是用膳时候，平日请都请不到哩。"

"以后再说吧。"长孙晟语重心长地道，"此事虽在你的私宅进行，可办的却是天字第一号公事。咱先还是公事公办吧。"

"行。下官恭敬不如从命。"晏刺史于是起身送客。

　　长孙晟从进府邸时就感到，该宅子虽不显豪华，也不怎么大，却与儒雅的刺史一样，有点书香门第风范。出门时，外间已是漆黑一片，左右有仆人提灯引路。长孙晟边走边对身旁刺史说："几年前，咱到晋阳时，市廛确实不是如今这般萧条模样。"

　　"那当然了。其时是晋王镇守并州，他不仅能约束自己，还能约束手下人。秦王一来，就不是那回事了。"刺史说着，突然问，"听说晋王要被立为太子，不知确否？"

　　"呵？"长孙一个趔趄，差点摔一跤。

　　"小心！"刺史一把将长孙扶住，"这路有点不平。"

　　待长孙醒过神来，方反问道："晋王要做太子？咱可是闻所未闻。晏刺史是从哪里得来的消息？"

　　"还不是从秦王府中传出来的嘛。"晏刺史于暗处用异样的目光打量着长孙晟，说，"长孙将军是圣上近臣，有无此事，难道真的不知？"

　　"唉——不瞒你说，咱在家中养病已近两年，两眼一抹黑。圣上命咱来晋阳，咱这才走出自家大门的。"

　　说话间，众人从前院来到大门口，长孙与刺史作别。

　　是夜，长孙晟躺在旅店的卧榻上，久久不能入睡。他想：晋王要做太子，也就是说，现任太子即要被废黜，这可是比查处秦王不知要大多少倍的事嘞！而且，此信息儿竟传到相距京师数百里外的晋阳，真乃非同小可！一出晏府，长孙即问一直在宫内当差的三名宿卫，他们对皇上是否要废、立太子，也一无所知。但，长孙却想起，在尚书省中，高仆射与自己说话时，一副欲言又止、疑虑重重的模样儿，似乎是提醒自己，宫内确乎隐含着啥事儿哩！那么，自己奉命来晋阳查处秦王事，是否与传闻中的那事儿，有关联呢？长孙不敢往深处瞎猜想，继而，迷迷糊糊睡着了……

　　一连数日，长孙晟在刺史的配合下，听苦主诉说秦王敲诈勒索之行径。来人有的是本地官员，有的是当地名绅，有的则是商贾。还有的当事人已被逼迫致死，来的是其家属。秦王除硬逼苦主认领高利贷从中盘剥外，他榨取钱财的方式无奇不有，且令人发指。长孙将事情做得十分扎实，除录得口供外，还搜集了充分的物证。好在秦王有恃无恐，有的恐吓信竟出自他的亲笔。

对秦王一案的调查取证事结束后，长孙本人，连同三名宫廷宿卫，都着上戎装，带上圣谕，在晏刺史的配合下，直入秦王府，执行逮捕秦王杨俊并将其押解回京师之旨意。

不料，当其一行人来到秦王府门口，说明是奉皇上之命而来的时候，谁知，门卫进去通报后，竟被告知，秦王生病，不会见任何人。

长孙想了一下，没有直接把圣旨亮出来，与他硬碰硬。而是拿出一张自己的名刺交由门卫，让门卫再次进屋去通报秦王。

不一会儿，门卫回话说：秦王允见长孙将军。

这样，晏刺史带来的衙役都留在了秦王府的大门外。长孙等四人在门卫的引领下，进入秦王府。

秦王府内，果真是名不虚传。院内的庭园、殿宇，金碧辉煌，与京师的大兴宫比，规模虽不及，但豪华程度，皆远超大兴宫。长孙晟等穿过一条花团锦簇的长廊，登上一座豪华殿宇之丹墀，欲进门时，长孙对紧随其后的三名侍卫做了个止步手势，自己则随门卫只身进入秦王的寝室。

其时，秦王竟真的躺在一雕饰讲究的卧榻中。长孙因而想：自己来晋阳已有多日，秦王可能已闻风声，刻意装病……

不过，当他走到卧榻旁边，见秦王面色憔悴，额上已起皱纹，不觉在心中惊呼："天哪！此可不是那位曾经春风得意、玩世不恭的皇子呐！若是装病，咋能装成这副模样？"

秦王见到长孙晟，露出一丝笑意，挣扎着要坐起身，榻旁守护的两位奴婢立即小心翼翼地把秦王扶着坐起，并在背上垫上褥子。细心的长孙晟看到有头发散落于枕。

不过，即使是在当下，昔日那位顽皮和爱捉弄人的秦王，却仍从脸上挤出一丝笑靥，说："本王知晓，一定是父皇命你来捉拿咱的，是吧？"

"确是如此。"长孙点头，并不讳言地说，"秦王能配合咱，执行此一使命吗？"

"唉——咱已成此样了，你就看着办吧。"接着，秦王长叹一声，情绪低落地念起了曹植的诗，"煮豆燃豆萁，相煎何太急……"

通晓兵书的长孙晟，对诗词歌赋并无爱好，于是说："秦王之语，长孙听不明白。"

"咱念的是曹子建的诗，是说与父皇听的，与你长孙将军没干系。父皇欲废太子，还怕其他兄弟不服气，就从咱这儿开刀啦。他一共不就五个儿子吗？一个个扳倒后，弄得只剩晋王一根独苗，天下就能太平？社稷就能稳固？咱看未必会如此！"接着，秦王复又对长孙晟说，"这话，你总懂了吧。"

听得云遮雾罩的长孙晟摇头道："秦王所指，长孙更不明白。"

"你不明白，亦属正常。此乃咱之家事。"病入膏肓的秦王露出一丝哀色，道，"将军别看咱已病成此样，一时半会还死不了的。你啥时带咱回京师？就目下吗？"

长孙一听，反倒面显难色，说："圣上可没说您生病呐……"

秦王道："咱这病，并不是陡然生成的。郎中说，咱患的是滞胀症，不消食，一年半载还挺得过去……"

"滞胀症？此是郎中说的？"长孙不懂诗词，却懂点医理。他看秦王面色惨白、嘴唇泛青、还掉头发——此哪是啥滞胀症嘛！于是道，"请秦王把郎中叫来，咱想问明秦王病情，一是便于安排秦王路上的起居，二是好向皇上作交代。"

郎中被召进门，长孙一指秦王，厉声喝问道："秦王到底患的是啥病？"

郎中望着一身戎装、一脸杀气的长孙晟，他的一只手还搭在腰间的剑柄上，吓得"扑通"一声跪于地，嗫嚅道："小的该死，小的该死……"

"将军，息怒！"说时迟，那时快。长孙正待发作，一名年轻女子闪进房来。

"汝是谁？"长孙问。

"咱是秦王妃，崔氏。"

"崔氏？"长孙觉得奇怪，问，"咱在问郎中，王妃有啥话要说？"

这位崔姓王妃的兄长，即是当年攻入邺城逼使逆贼尉迟迥自杀的那位大将军崔弘度。此时，只见她从容地走到长孙近前，行过礼后，说："此事不能责怪郎中，滞胀症是奴婢令他说出的。秦王是因中毒，才病成此样。"

"噢？"长孙不无惊讶，问，"王妃是咋知晓，秦王是中毒成病的？"

"药就是奴婢所下。"

"呵？"长孙大惊。

房内，包括秦王在内的所有人，亦无不惊讶。整个屋子，顿时一片死寂。

"汝下的可不是砒霜吧？"长孙打破沉寂。

"奴婢下的正是此药！"崔氏"扑通"跪地说，"去年夏日，奴婢把少许砒霜抹在一片西瓜上，让秦王吃下。过一日，见秦王一切仍如往常，此后，又做过一次。过了一些日子，秦王遂成此样。"

"汝为何要毒害秦王？"

"奴……奴婢恨咧！"崔氏说着，失声痛哭说，"秦王贪恋女色，只顾自个快活，却让奴婢独……独守空房。不是说，砒霜能减低情色欲念吗，奴婢就……"

"够了！"本已无精打采的秦王，不知哪来的气力，突然大声喝道，"郎中！给本王调制二杯鸩酒！"

郎中哪敢怠慢，立刻从地上爬起，颤颤索索地去药房调来两杯鸩酒，连同托盘，一并搁在了茶几上。

秦王朝崔氏使了个眼色，众目睽睽之下，崔氏毫不迟疑地端起一杯鸩酒，一饮而尽。

不一会儿，崔氏惨叫一声，捂着肚子在地上打起滚来。接着，便七窍流血，气绝身亡。

房内的奴婢不敢看，皆掩面而泣。

秦王扭转身子，面对郎中说："不用问，王妃所用砒霜，肯定是汝给她的。"

"王妃只说要点砒霜毒耗子，没想到她是……"

"放屁！"秦王勃然大怒，指着几上另一杯鸩酒，说，"少废话，那一杯是留给你的，你将它喝下去。"

第九十二回

秦王病入膏肓死不瞑目
长孙身陷漩涡激流勇退

数日后的一个清晨，二十余辆带篷或不带篷的马车一辆接一辆地鱼贯驶离秦王府。摸黑赶来的晏刺史心怀感激地与长孙晟依依惜别。

秦王妃崔氏和郎中殒命后，长孙晟立即向秦王杨俊宣读了带他回京师的圣谕。与此同时，长孙还着人叫来了晏刺史，让他接管了对秦王府资产的查抄与清点等善后事宜。不过，秦王府资产将作何处置，苦主损失如何弥补，却要等到朝廷作出对秦王的判决后，再由朝廷与当地官府协商定夺。

对此一溜长长的车队，长孙亦作了精心布置。第一辆车内，坐着两名郎中和两名听差男仆，车内还放置着各种药物，以供途中急需。两名郎中，亦各有分工：一名是专门照看秦王的；另一名则是照看女眷和秦王子女的。第二辆车，是秦王座车。长孙命人对该车进行了改装。宽大的车厢内，置一软床，秦王可躺可坐，尽量使他舒适一些。床之两头，各坐一名婢女，进行守护。以下数车，乘坐着秦王之嫔妃和子女。还有几辆无篷车，则放置生活用品、水和食品等等。此外，还有百余名秦王府亲兵、宦官、仆役和修理车辆的工匠，他们皆与长孙一样，骑马随行。因此，秦王此次"出行"，虽没威风凛凛的旗幡、仪仗，却仍是前呼后拥，浩浩荡荡。

因是清晨，街上没有行人，宽阔的街面上，显得空空荡荡，静谧而幽长，整个队伍以马代步，一会儿就出了晋阳西城门，沿驿道，继续向西南而去。

时值初夏，晋阳一带白日和夜晚温差大。此时，凉风习习，清爽宜人。

长孙晟骑在马上，他的身旁只剩一名侍卫。另两侍卫已先行去下一驿站打招呼，以安排这些特殊人物的食宿。一路上，长孙最操心的就是秦王。他必须把一个神志清楚，尚能言语的皇子交给皇上，此样，方算圆满交差。所以，他一再要求降低车速，尽量减少颠簸。从晋阳到京师大兴城是一条主驿道。道路依山而建，逶迤起伏，但路面宽敞、平整。所以，马儿跑着跑着车速就快起来了，长孙则要时不时地提醒车夫减速。

太阳渐渐露出脸儿来，平日很少外出的女眷及皇孙皇孙女们，个个喜笑颜开拉开窗帘往外瞧新鲜。他们皆没大祸临头之感，都以为秦王是回京师治病的，大伙亦跟着回京师玩儿。秦王有两个儿子，长子杨浩，为崔氏所生，二子杨湛，庶出。此外，还有几个女儿，都很年幼。杨浩并不知道母亲已逝，此时，他与杨湛及杨湛生母、婢女同处一车之中，并显得十分开心。

随着日头慢慢攀升，气温亦节节高涨。车队行至一树木丛生的阴凉处，长孙下令停止前行。接着，就有宦官、仆役向各车分发食水和零食。车上人亦可下车方便方便。当长孙来到秦王座车旁时，两名女婢正在搀扶秦王下车。

长孙见此，立即下马，帮着搀扶秦王，并关切地问："秦王一路感觉如何？受不受得了？"

"咱还行，比原先估计的要好许多。"

"秦王这么说，长孙就放心了。"

"咱在车内听你不时提醒车把式减速，其实没啥。这路还不错，车里垫的东西亦很软和，车跑快点，其实更爽。"

此时，已有郎中走来，要给秦王号脉，并伺候他服药。

大约一个时辰过后，众人各上各车，各就各位，重新上路。车队就这么不紧不慢地一直走到日头快要落山时，才终于抵达第一日的目的地。

此时，打前站的侍卫过来招呼众人下车，入房休息，准备用晚膳。

长孙跟随秦王进房。两名奴婢把秦王扶到一张躺椅上，不等长孙开口，看起来有点疲劳的秦王即道："咱还受得了。一切和在家时差不多。有点累，日照最厉害时，感到有点闷得慌。"

长孙就怕秦王受不了——前路还长着哩。他说："咱边走边琢磨，从明日起，每日是否可于寅正时分（凌晨四时）启程，没睡够的，可于车中继续睡觉。中途仍和今日一样，停车小憩一会儿，再一直至未时（下午一时）左右，即可抵达驿站休息。这样，可不必顶着烈日行车了。"

"唔，若能那样，就更好了。"

接着，有仆役来侍候秦王洗澡、更衣，又有郎中过来侍候用膳、服药。秦王之膳食按郎中要求，由打前站的一名厨子专门烹制，既温补，又熬得很烂，可减轻腹部滞胀。总之，有关秦王日常起居的每个细节，都经长孙与郎中共同商讨制定。然而，此一切，都是为了经过长途跋涉后，秦王还能神志清楚地去见父皇。否则，长孙就会感到自己失职了。

次日寅正时分，睡得正香的女眷和小孩被叫醒，并被强制要求上车。虽然，事前已打过招呼，还是引得怨声四起，小儿更是啼哭不止。大人小孩上车后，宦官和仆役事先都在各车中放置了熟食和水。

车在暗夜中前行。不一会儿，被叫醒的孩子即停止了哭泣，受惊之马儿停止了嘶鸣，车中人在凉爽与静谧中，又渐渐沉入了梦乡……此时，四野只闻一片马蹄声和车轮碾压地面之"沙沙"声……

其实，一路之上，辛苦的皆为骑者，因他们可不能骑在马背上睡觉。而最辛苦的，自然还是负有责任的长孙晟。他不仅要和每名骑者一样，忍受日晒雨淋之苦，还极操心。

最难熬的黑夜终于过去，一抹红霞把逶迤起伏的太行山脉浸染得色彩斑斓。此时，车中人还在酣睡，长孙见路况不错，亦不用火把照明了，于是令打头的车辆适当提速。车速增快，护卫的亲兵、宦官和男仆们亦跃马扬鞭，加速前行。于是，整支队伍，迎着晨曦，振奋起来。

而当太阳喷薄而出，把金红的光芒射向大地时，一名侍卫忽见一块白色丝帕从第二辆车的窗户飘出。亲兵立即报告长孙。长孙一惊，此乃预示秦王有事。他拍马朝秦王车驾奔去，车夫见长孙赶来，把车停在了路边。

长孙约略想了一下，朝后面赶来的车辆做了个继续前进的手势，自己则下马来到秦王车旁。

其时，一众护卫亲兵、宦官和仆役亦围了拢来。

一名奴婢下车说："秦王身子骨没啥，就是想请长孙将军上车与之讲讲话，不知可否？"

"呵，就为这？"长孙松了一口气，把手中缰绳交与一名随身侍卫，自己则与女婢进了秦王的座车，问，"秦王是真没事吗？"

"咱没事，就是心里有点憋闷，想与将军说说话。"

"没事就好。刚才可把咱吓一跳。"长孙拉了一下车内短绳，拴在车外的铃铛响了一下，车夫一声鞭响，马车复又上路了。

长孙坐在前面，两名婢女则都挤到了车尾。

"你没把咱当押解的人犯看待。"秦王没头没脑地对长孙说。

"此是啥话？"长孙道，"秦王叫咱上车，就是为说此话的？您不管何时，不都是秦王嘛。"

"可圣谕那口气，明明是把咱当作了人犯。"

"皇子犯事，亦还是皇子。此能变吗？至若回到京师，圣上如何处置秦王，那是圣上的事。咱只尽责把秦王好好儿地送回京师，一路之上，且不能有丁点儿闪失。"

"墙倒众人推呃。换个人来管此事，他为省事，巴不得咱就死在路上。"

"秦王放心，长孙不是那号人。"

说话之间，落在最后的秦王座车，赶上了一辆装载生活物品的辎重车。

秦王看看窗外景致，又说："自幼，咱就佩服将军之射术，还为此求教过将军，并曾发誓也要和将军一样，百发百中。可是，练了许久，长进却不是很大，不知到底是哪里还不得法呢？"

"哈哈……"长孙笑道，"那是秦王还没把心完全用到射术中去——心急火燎吞不得滚烫之汤圆哩！其实，弓与箭并不是很难把握的。一是，心要静，要一心一意；二是，心要恒。还不是那句老话，熟能生巧嘛。"

"是呀，是呀，想来还是太急功近利了——欲速则不达。"秦王目视窗外，又有一辆车子被甩到了后头。远处之太行山，层林起伏，在早晨和煦阳光的照射下，显出一派郁郁生机。秦王继续说，"今早，咱躺在此车上想，如有来生，咱就专心专意学射箭。学好此术，没入林间，靠射杀野物为生。做皇子，其实没啥意思，很累……"

"很累？"长孙睁眼望着秦王，没接话茬。他想：皇子、公主，要啥有啥，啥事都由下人包了，有啥累呢？

"咋啦？你不信？"秦王自顾自地道，"咱说的是真心话——是说心累，累透啦！"

"心累？"长孙更觉不可思议，"心，咋个累法？咱可没听说过，有'心累'一说。"

"嗨！你还是不肯信？"秦王解释说，"咱的心累，是由恨生成的。咱恨父皇，还……还有母后！"

"啥？"长孙吓了一跳。

"你又不信？咱告诉你吧。"秦王反而心平如镜地慢慢讲述起来，"人，赤条条地来到世上，心地原本都是极善的。咱年幼时，就是个心肠极善的人，不喜打斗，憎恶杀戮。父皇与母后，笃信佛教，使咱从小就喜欢在那钟鸣磬响的宁静气氛中过日子。到咱真正知事时，曾向父皇请免秦王和秦州总管等头衔与职务，去做一个出家人。可是，竟遭父皇严词斥责，说咱不长进。不久，父皇即命咱做了更大的山南道行军元帅，参与灭陈，让咱做了平生最反感的杀戮之事。此后，咱就在百无聊赖中，也渐渐变得穷奢极欲起来……"

长孙晟的职位不高，当下也不过才是个仪同。不过，却一直是皇上最信任的近臣之一。也就是说，他是一年一年看着杨俊等弟兄长大的。他倾听秦王的言语，再一想，觉得秦王说的是实话，讲得也入情理。但是，父皇与母后的训示也不错呀，都是鼓励他上进，去博取功名的。且，帝王之言，岂是能够违背的！

秦王喘了一口气，又娓娓道来："长孙将军来晋阳前，不是对父皇欲废太子、并立晋王为太子事毫不知情吗？咱可以告诉你，此事其实由来已久，始作俑者，就是母后。先说咱大哥，他喜欢自己所爱的女人，有何不对？但母后偏偏要把一个元妃嫁给他。为啥哩？一是，元家是北魏皇室后裔，皇室对皇室，门当户对；二是，元妃之父元孝矩是父皇的功臣，深受父皇信任。可元妃本人则瘦弱多病，性情孤僻，太子不爱哩。母后则不顾大哥感受，硬把元妃嫁与他。元妃病薨，母后斥责太子还不够，并一直疑心是被大哥毒杀了的。所以，自打那时起，就已埋下了废太子的根子。"

"且慢。"长孙终于忍不住地打断了秦王的讲述，插嘴道，"如此说来，废太子起因在皇后，可咱前日听秦王的口气，你怪罪的却分明是晋王，这到底是咋回事？此外，恕咱直言，太子如果既废，立晋王就应是顺理成章事。他是老二，且功劳与才能突出。因此，秦王等几位弟弟要支持晋王才对。"

"将军错矣！"秦王说，"晋王是老二，此没错，且，咱是老三，也是没得话说的。可将军却不知道，咱自幼性格何以比较柔弱？多是这位老二造成的。他比咱大两岁，咱几乎就成了他的下饭菜，常受他的欺侮。此外，他好胜心极强，不管学啥，皆比咱强，咱在他面前一直有自卑感。还有，他从小就学会阴一套、阳一套，在父母面前讨好卖乖，阴着告大哥和咱的刁状。平陈战中，他凭藉高仆射掌控全局，韩擒虎、贺若弼等将军的勇猛，一举攻克建康，主功却落在了他的头上。自此，他私欲日益膨胀，更是在母后面前极尽诋毁太子，想当储君之野心暴露无遗。所以，咱才与蜀王、汉王等，仗义为太子鸣不平的，而此举却触怒了父皇……"

"……"长孙晟在颠簸的车中听得心惊肉跳。

"还有一事，将军肯定更不了解。即咱为何不听父皇的一再告诫，仍变本加厉，在晋阳横行无忌。"

"此又是为啥？"长孙紧问道，"咱一直在想，秦王如若听从了圣上的忠告，过去所犯之事，皆可既往不咎，那不就可免受今日之灾了？其实，晋阳的晏刺史是个宽厚为怀的人，他亦是在不得已的情形下，才向圣上状告秦王的。"

"咱之所以不听父皇告诫，不为啥，就是为了泄愤！"

"可那些被你敲诈过的官、商，他们并未得罪你呀！"

"咱可不是向他们泄愤。"秦王说，"咱是藉此，以报复父皇。"

"用此方式，报复父皇？"长孙摇头说，"这是否太过分了？受害者纯属无辜，而圣上却远在京师呢！"

"过分，是有一点儿。不过，你听咱说嘛。"秦王因说话过多，惨白的脸上，已泛出一层不正常的红晕。"自咱的病愈益沉重，自知如若奋起反抗，阻止晋王篡夺太子之位，已无可能。咱只能利用咱手中的这点权力发号施令，先搅得晋阳鸡犬不宁，再扩展至并州辖下的所有州、县，以使北方边陲乱象丛生……"

秦王说到此处，嘴唇微微发抖，接着，浑身亦不由自主地抽搐起来……两位婢女连忙扶住秦王，让他躺下。

而正当长孙感到手足无措时，车外响起一阵悠长的号角声。于是，此一长溜人马即在号角声中沿路停了下来——中途休息时间到了。此刻，秦王的座车早已回到了原先的位置上。

长孙晟跳下车，赶紧叫来郎中。郎中号着秦王之脉，叫人拧来一条湿布巾，随手搭在了秦王的额头上。

郎中处置完毕，下车后，长孙紧问："秦王咋样了？"

"脉跳得有点快，昨晚有可能没睡好，或是刚才与将军发生过争吵？"

长孙先摇头，后又点头说："就争了几句。"

"将军以后千万不要激怒他。"郎中说着，一指路边的山溪道，"这泉水好，将布巾打湿敷在额上，让他好生睡一觉。"

长孙立即召来婢女，取来一条布巾，浸在清凉的溪水中，拧个半干，再至车中将原先搭在秦王额上的那条布巾换下。

此后，长孙对待秦王，越发无微不至。一路之上，长孙仍常被邀至秦王车中聊天，却只与他说些风花雪月、吃喝玩乐、无关痛痒的话题。而各车中的妇孺，因避开了毒日的蒸晒，夜里行车时，还可补睡一大觉，大家习惯后，不仅没了怨声载道，反添了一路欢声笑语。

此一行人，就在这走走停停中，终于平安抵达了大兴城。

包括秦王在内的每位皇子，除太子住东宫外，其余四位皇子，在大兴城里皆有自己的王府。秦王及其一家回了秦王府。

长孙不敢怠慢，调来一辆马车，把装有案卷和物证的箱笼载上，径往大兴宫里，去向皇上述职。

其时，宫里已是华灯初上，皇上、皇后正在一起用膳。但一听是长孙晟回来了，立即破例于宫中接见了他。

礼毕。文帝即诧异地问："嗨，卿咋成此模样了？"

长孙打量了一下自己的身子，觉得没啥地方有失体统。于是，不解地反问道："微臣咋了？"

"朕看卿比原先的脸色更差，人更瘦，更黑了。"

"那没办法。"长孙莞尔一笑，没加解释，只说，"能把圣上托付之事办圆满，长孙就称心了。"

"那，秦王呢？"

"臣下先将秦王和其家人送回府中，方进宫来向圣上述职的。"

"不妥。"文帝皱了一下眉，说，"俊儿是罪臣，哪能还回秦王府，应将他直接移送大理寺。"

"圣上可能还不知晓，秦王已病入膏肓，恐已来日无多。所以，臣下才自作主张，送他回家的。"

"俊儿病了？"皇上与身旁的皇后对视了一下，道，"此还真没听说过哩。他患的是啥病？"

"秦王中毒，已深至骨髓。臣下一路小心，才将秦王活着带回京师。"

接着，长孙便把赴晋阳查案和一路的经过简述了一遍。

"长孙将军辛苦了，请先回家休息吧。"独孤皇后终于开口道。

可待长孙一出门，皇后即对皇上说："奴婢觉得此事有蹊跷。俊儿春节回来还是好好的，身壮如牛。这才过了几个月，咋就病成此样了？"

　　"用此方式，报复父皇？"长孙摇头说，"这是否太过分了吧？受害者纯属无辜，而圣上却远在京师呢！"

文帝的猜忌心，不亚独孤后。他立即着人叫来一名同赴晋阳的侍卫。

一经盘问，侍卫如此这般讲得更周全。把长孙为使秦王安全返回京师，自己如何任劳任怨的情形都作了细致介绍。侍卫走后，文帝已然释疑。但皇后却仍嘀嘀咕咕，认为长孙与侍卫皆是为助秦王躲避罪责，才谎说他有病的。

次日一早，独孤皇后即着人传来御医龚维之，带他同赴秦王府"看望"秦王。

于是，一大一小两辆车子，在仪仗、侍卫的前呼后拥下，进入秦王府中。府内之人，立即跪倒一片。

皇后下车，朝跪下的人扫了一眼，即问："俊儿呢？"

一名宦官跪地答："秦王生病，在榻上躺着。"

"汝起来带路吧。"独孤后说着，亦不理其他还跪在地上的人，便和御医以及几名贴身宫女，在宦官的引领下，朝秦王寝殿走去。

守护在秦王榻旁的婢女，见皇后突然出现在门口，慌不迭地跪下。

此时，秦王之卧榻已为帐幔罩住。跟随皇后进来的宦官，趋前一步，掀开帐幔，并俯身对榻上的秦王说："秦王爷，皇后来看您了。"

因是热天，秦王衣衫单薄，他微微睁开眼睛，看了一眼母后，复又无力地闭上双目，说："孩儿生病，恕不能给母后磕头了。"

"汝生病，免礼了。"独孤后看了儿子一眼，方觉触目惊心——前后仅几月，咋地，整个人形已显见小了一圈儿！此时方才道，"母后听长孙将军讲，我儿病得不轻，给你请来御医诊视。"

龚维之于是坐到榻边说："请秦王把手伸过来，让在下瞧瞧脉。"

秦王闭眼，朝榻边伸出一只骨瘦如柴的手来。龚维之把三根手指搭在秦王腕上，并用眼观察他的头和脸。过了一会儿，御医把号脉的手松开，从秦王枕上拣起一根脱落的发丝，看了看，说："请秦王张嘴，让在下看看舌。"

秦王神志清醒地把嘴张开，并伸出舌，但始终没睁眼。御医说了声好，让秦王把嘴闭上，又问了秦王一些话，秦王闭眼，一一作答。

之后，御医对秦王说："秦王之病，不能急，须静养，多饮水，但绝不能再饮酒了。过会儿，在下再着人送药来，怎地煎熬，如何服用，来人都会讲明白的。隔三岔五，在下会来看望秦王。"

御医讲说交代完毕，看了一眼皇后。独孤后即对秦王道："俊儿一定要遵医嘱，悉心养病。"

秦王亦未睁眼，亦未作答，独孤后即起身和御医离去。

一出殿门，皇后即问御医："秦王得的是啥症候？"

皇后叫御医来给秦王瞧病，事前，啥都没说。龚维之迟疑了一下，实话实说："秦王是明显的中毒症状。且，未经及时救治，当下中毒已深。"

"有何解救之法？"

"事已至此，一切都来不及啦。"龚维之说，"咱摸其脉象，尚不至奄奄一息，秦王因为年轻，调理得当，拖个一年半载，不成问题。"

与此同时，文帝已至中华殿中，检视长孙晟从晋阳带回的案卷。他深感长孙对案件的处理，事理明晰，证据充分，每个案子分门别类，皆弄得无懈可击。这使他不由得想起自己在随州任刺史，办理郑云飞一案的情形。

文帝只抽看了其中几个案例，正欲写一圣谕，将整个案卷移交给大理寺时，皇后走了进来。

文帝抬头便问："咋这快就回来了？俊儿到底是咋回事？"

独孤后说："长孙晟说的都是实情，俊儿差不多就剩皮包骨了。崔氏那贼婆，太歹毒！"

"看来，长孙这人，朕没看错，他案子办得亦挺扎实。"文帝想了想，用征询的目光对皇后道，"这样吧，俊儿也就免予狱讼，只去其一切职务、爵位，让他在家中将息算了。"

"臣妾不参与朝中政事，圣上看着办吧。"独孤后说着，躬身而去。

皇后走后，文帝即着人传召长孙晟。

长孙闻召，心中忐忑。他倒不担心此次晋阳之行，会有什么过失，而是压根不想再沾既复杂又危险的皇家事务——伴君如伴虎咧！几年来，触目惊心的经历，桩桩件件，仍历历在目：前次，为免大义公主皇家义女身份，自己携诏赴突厥，而使大义公主和安遂家皆遭血光之灾。为此，自己自责地托病离开了宫廷。此次一到秦王府中，一下又断送了王妃和郎中两条人命。此还不算，更紧要的是秦王一席话，使他竟在不觉中踏破了皇家欲换储君之惊天秘密！

长孙怀着忐忑的心情来到中华殿，跪在御座前。

"快起来，快起来！"文帝一迭连声道，"卿此次担负特殊使命，劳苦功高，朕要重赏你。"

"臣为圣上当差，不辱使命是本分。"

"朕已决定将秦王交由大理寺治罪。但，并州这块地方，对外要防突厥进犯，对内要拱卫京师，十分重要，不能有些微疏忽。朕思之再三，决定派汉王杨谅赴晋阳出任并州总管一职，并决定晋升卿为柱国，任并州总管府之长史，以辅佐汉王。卿以为如何？"

"呵？"长孙晟万没料到皇上会如此褒奖自己。他忙说，"不行，不行。臣何德何能，哪堪担此重责！"

"咋不能？韩擒虎和贺若弼担任大总管时，也就是卿当下这个年龄。谅儿涉世未深，为人处事尚缺成算，有卿辅佐，朕才放心。"

"韩、贺二将军，臣都了解。他们不仅能排兵布阵，还有颇深的文墨工夫，能治政。长孙一介武夫，射射飞禽走兽还管用。"

"卿休轻贬自己。'离强合弱远交近攻'，没有真知灼见，那是随便说得出口的？最关紧要的是，卿对突厥了解。"

"唉……"长孙长叹一声，"怪只怪，臣下这身子骨不争气……"长孙说着说着，便摇晃起来，身子一软，就趴地了……

"呵？卿的身子骨咋样了？"文帝又惊又疑，"卿起来，卿起来，慢慢说，慢慢说嘛……"

长孙扭动身躯，慢慢站起，只见他嘴唇翕动着……一股殷红鲜血竟从嘴角处溢出……文帝大惊！恰在此时，长孙"哇"地一声，吐出一口鲜血。之后，才跟跟跄跄，耷拉着头坐到椅上。不一会儿，又不自禁地吐出一口血来……

御医龚维之闻讯赶到，见是在文帝的中华殿内，连忙叫太监把长孙晟搀扶到他的坐车里去。

长孙晟张着血口痛苦地对御医说："请送咱回家，再行治疗吧。"

"行，行。"御医忙指示车夫离宫送长孙回家，自己也随长孙上了车。

长孙晟到家，一家人都感惊慌失措，不知主人出了啥事。他被扶进卧房躺下，即挥手驱走了所有下人。房内只剩御医、夫人和长孙三人。

龚维之首先还是号脉。捻过脉后，让夫人用湿热布巾为长孙揩去脸上血污之后，便要长孙张嘴。

本来有气无力的长孙晟，竟坐起问："干啥呢？"

老气横秋的御医，对长孙此一态度并不以为然。他面无表情地说："咱还能干啥，此不是在为将军看病嘛。"

"不看嘴，行不行？"长孙的声音有点瓮声瓮气。

"那可由不得将军。"御医解释说，"将军一路都在咱车中吐血，这血不止住，可不行。"

长孙又往床边盂里吐了一口血，无奈地把血嘴张开来。

"请将军把舌头伸出，让咱瞧瞧。"

长孙只好把舌头伸出，那血竟是从破损的舌尖上冒出来的。

御医一看，大惊："将军，你这是何苦来哉——自作孽呐！"

长孙的舌尖血淋淋的，已被自己的牙咬烂，而且，整个舌头都肿了起来，所以，他说话不关风。

在御医和夫人的一再追问下，长孙只好忍痛、大着舌头，道出不愿做并州总管府长史的隐情。

"怪道呢。咱号你的脉，跳得既有力又正常，只是略快一点，看不出将军体内有啥症候。且，你在车中吐血时，咱就注意到，那血不像是从腑内咯出的。咱就猜，毛病可能出在嘴里。但，就是没有猜到，是将军故意咬破舌尖的。"

…………

　　长孙晟，这位曾创"一箭双雕"佳话的大隋名将，自此，便再次从大隋官场消失。他闭门不出，除陪伴夫人而外，就是悉心训导子女。谁知，仅过二十年光景，长孙晟的儿子长孙无忌，却成了下一朝代——唐朝的著名宰相。而其女儿则更是成了唐代一代英主李世民之妻，即史称的大唐文德顺圣皇后。此当然都是后话了。

第九十三回

总管府苏威由衷夸江南
楼船上杨广恣意说愿景

秦王杨俊重病并受到重处的消息传到江南，使在各州对当地刺史进行考查的朝廷官员大感震惊。说是说，皇子犯法与庶民同罪，但真正受此大罚的皇子，在大隋却还是头一位。

对此，晋王杨广就不止是震惊了。

他首先感到的是解气！除夕家宴发生的事，晋王至今仍记忆犹新。秦王当时就坐在自己对面，父皇和母后在时，他阴阳怪气与老四老五扎在一处，还不敢太过放肆。可等父皇刚一离席，他便站在太子一边，将矛头指向自己——报应，报应呐！

进而，晋王感到的是鼓舞！他想：欲废太子，就先必灭掉老三老四和老五合在一处的嚣张气焰！老三首先被扳倒，此是一个绝好信号！这对余下的老四老五无疑是个严正警告。否则，废太子和自己做太子，则皆是空谈。宫内，只要这股势力存在，自己即使做了太子，亦不得安宁，地位亦不能稳固！

心花怒放的晋王，此时才感到，早前虞庆则之死，并非偶然。如果说，扳倒秦王杨俊是在皇室内敲山震虎的话，那么，杀右武侯大将军就显然是做给朝廷内的文武百官看的。而此一切，又皆是为废太子和立自己为太子作的绝好铺垫。这当然全都是自己的想法。可谁能说，父皇不也是这么想才这么做的呢？但是，不管咋说，明摆的是，此都是有利自己的。杨仆射不是说，"谋事在人，成事在天"么？那就还是听他的，不心急，慢慢静候进一步的佳音吧。

事实也确是如此，晋王节后回到江南，心境不再那么浮躁，对废立太子事，亦不那么猴急了。他使岭南的桂州迅即恢复平静后，与朝廷派来的官员对各州官府进行了梳理和整饬。杨广受命担任扬州总管以来，在江都晋王府内招揽了数以百计的当地文人学士。这些人中，有的原本就是陈朝官吏，有的学士亦有志于仕途。晋王将他们一一举荐给苏威，经过考核，上报朝廷，放至江南各地做官。这批人容易为当地百姓接受，对稳定江南政局大有裨益。而对杨广本人来说：江南稳定，可显示他的治政能力，并为将来登上储君之位，增添筹码；退一万步说，将来即使当不上太子，做不成南北统一的大皇帝，自己仍可像过去的陈朝那样，占据神州半壁江山，做偏安江南之君主！

经过三个多月的辛劳，对江南四十四州刺史的考查整治圆满结束。该撤换的刺史撤换了；对政绩一般尚有不足者，由朝廷派来的巡视官员与他们进行了交谈，拟定了针对性极强的整治方案；而对政绩突出者，上奏朝廷，由文帝颁诏表彰和获得皇上的赏赐。

大功告成的朝廷官员，即将返回京师。接下来对县令进行的考查，将由扬州总管府会同各州抽调官员进行。

为此，晋王尽地主之谊，请参与考查的全体官员汇聚江都，在扬州总管府内，举行了盛宴。

觥筹交错中，从朝廷来的官员，皆对江南经过平叛后所取得的业绩赞不绝口。尤其是第一次来江南的官员，更觉大开眼界。以往，他们总以为，天下最好的地方，非八百里秦川莫属。而今，百闻不如一见的北方官员，方对江南气候之宜人，山水之秀美，物资之丰富，等等，有了真切感受。而更令他们没有想到的是，从其接触到的有身份的南方人中，学识也一点不逊由朝廷选派出来的北方官员。

在所有人中，感触最深者，莫过纳言苏威。开皇九年，陈朝速亡，当时担任尚书右仆射的苏威在文帝授意下，执笔编写了一本《五教手册》，并由他带着一帮经过培训的北方官员，也和此次一样，深入江南各地，对当地官民进行宣讲，以开启南方教化之风气。然而，始料不及的是，此一美好愿望不仅没有收到好效果，却反而遭到南方人的强烈抵制，成了引发江南全境叛乱的一个重要因素。苏威此举，使文帝不悦，仕途亦由此起起伏伏。至今，虽仍为纳言，地位与威信都大大缩水。此次，虽然只是对江南刺史进行考查，但苏威所到之处，看到的却是，各处已无战争留下之疮痍，社会安定，到处呈现出的是一片欣欣向荣景象。抚今追昔，使这位朝廷老臣不得不佩服这位年轻皇子的治政能力。他于是借着酒兴，在宴会上不言自己本次考查刺史事，却大夸晋王治理江南的业绩。

杨广则更是，为每位朝廷大员都备了一份丰厚的江南土特产品。从江南丝绸，到山珍海味及至咸鸭蛋，应有尽有。

有道是，客走主人安。送走了京师贵客，晋王才一身轻松地回到家中，向老姐乐平公主赔不是。

春节期间，姐弟会面，杨广曾许诺待到春暖花开时，接姐姐杨丽华来江南游玩，姐姐亦满口应允。杨广不负承诺，到了三月花开时，派人派车把姐姐接至江都。但在此期间，他只与姐姐见过一面，就匆匆赴岭南处置桂州事务。之后，又在各州巡视，配合京官考查本州刺史。幸亏家里有萧妃陪着丽华到江都各处游玩，才没使姐姐受到冷落。

初次来到南方的丽华，也与那些初识江南的京官一样，对这边的一切，皆感新鲜，并赞赏有加。而且，每日外出观光、礼佛，皆乐此不疲，对吃淮扬菜，亦感津津有味。这位前朝皇后，以前只到过尚未完全落成的东京洛阳，就再未往南前行了。此回南下，方知世界真大，天外有天。自前朝皇帝、丈夫宇文赟病逝后，丽华清心寡欲，茕茕孑立，独守空房，脾性也变得越来越孤僻和怪异。此次在与弟媳萧妃的相处中，她才突然发觉，世上还有这么个特别美丽贤惠的王妃。

萧妃之父萧岿，虽名为后梁皇帝，实则是大隋的附庸、傀儡。而萧妃本人，则出生于不祥的二月，按江南习俗，不能放在自家养育。因而，她一生下来，先寄养在叔父萧岌家。没过多久，叔父母相继病逝，她又辗转至贫穷的舅舅家寄养。所以，幼年之萧妃便遍尝人间冷暖。不过，萧家毕竟为皇族世家，亦是江南书香门第，加之与杨广定亲后不久，独孤后便将她接至宫中，受到良好教育。所以，这位年轻、貌美，看似柔弱的王妃，没有一般王公贵胄家女子之骄矜气，却不失大家闺秀之风范。同时，在为人处事上，更有一般平民随遇而安的恬淡、静谧。两个多月来，与萧妃朝夕相处的乐平公主，深受感染，她的脾气亦相比在家时，平和多了。

扬州总管府，亦叫晋王府。整个大宅，分前院和后院两部分。前院是扬州总管府，用于办差；后院是晋王府，用于住家。该宅院为秦王杨俊担任扬州总管时所建，规模不小，气势宏大。

杨广踏入后院主殿的客厅，见姑嫂二人，各踞一方，正在一张几上对弈。他走至近前，一盘棋已行至中盘。丽华把一颗黑子"铿锵"地拍至盘上，杨广仔细一瞧，不觉大惊：但见蔚然壮观的一条黑大龙，已然陷入重围。回头再看其姐，她竟浑然不觉，仍洋洋自得地以为胜券在握。

不过，静心一想，此二人对弈，形成如此局面，杨广就不觉奇怪了。因为包括杨广本人在内，当时，他们杨家小孩都是看家中大人下棋，有了兴趣，才在一旁模仿学下棋的。有的虽经长辈指点一二，其棋艺也高不到哪里去。而萧妃寄养在舅舅家里，家境虽贫，其舅却是个围棋高手。萧妃曾受舅舅指教，自幼背过不少定式，在棋盘上受过较严格的夹磨，因而，连杨广都不是她的对手。

但，顷刻之间，盘上风云突变，萧妃连下两步臭棋，占了上风的丽华反过来则强手连发，原已濒死的大龙，竟瞪圆了双眼——丽华竟一举翻盘！

此时，把个在一旁看棋的杨广也弄得目瞪口呆，忙说："咋回事哩？复盘，复盘，看看哪步是败着。"

"有啥好复盘的，不就是一招不慎，满盘皆输嘛。"萧妃略带懊恼地把盘上之棋抚乱。

"侥幸，侥幸！"丽华自鸣得意地抬起头来，冲着杨广道，"嗨，你是几时回来的？"

"咱回好一会儿了，看你俩杀得难解难分，就没破坏你们的雅兴。"

"你家王妃真是个奇女子。"

杨广看了一眼身边之妻，笑着问："她何奇之有？"

"她奇在与咱妈恰恰相反，不嫉妒。还奇在，她待所有人，亦皆从不居高临下，这对一位王妃来说，很难得。"

丽华若提母后，只说"咱妈"；若说父皇，只说"咱父"。因她从来都认为，父之皇位是谋夺她宇文家的。

"姐看人真准，她确是此样。"杨广认可道，"不过，此能称奇？"

"当然是啦。与常人不一样者，即是奇人。"

杨广开心地道："咱说过，你俩见面，一定会相处得很好的，咱没说错吧？"

"没错，没错。"

"你来了两月，对江都印象如何？"

"你亦没有骗咱，这地方确是美不胜收。与长安比，有太多不同，挺新鲜。咱因连日外出游玩，有点儿累了，今日才猫在家里的。"

丽华对新建的帝都亦不称大兴，而仍按前朝说法，称长安。

"这样吧，弟明日请你游览长江，吃江中鮰鱼。"

翌晨，用膳时，萧妃即对姐姐说："今日，你们姊弟俩去就行了。让咱在家陪陪孩子。"

杨广与萧妃，共育二子，大儿子昭和二儿子暕，皆未成年。

姊弟俩各乘一车，由总管府司马张衡率众开路，来到江都码头。

时值初夏，一轮朝日，在碧空中高高悬起，万道金光把浩渺无边的江面照射得一片夺目辉煌。

丽华在女婢的搀扶下，走下车门。待她抬头朝江面望时，即被眼前荡金跃银的江水晃得头晕目眩。以往，她见得最多的当然是渭河、灞河、浐河，还见过奔腾咆哮的黄河。此次来到江都，亦曾在登山、礼佛时，与萧妃远眺过长江，曾感到此江之逶迤、壮阔。可当她真正站在长江边上，方知此江的壮阔是原先从未想到过的。此时，长江源头的雪山已开始融化，千万支流之水汇聚长江，待此江水流到江都时，丽华已几乎看不到对面的江岸。她因而想：此哪是江呃，简直是浩瀚无边闪闪发光的一片金色海洋咧！

在人们的前呼后拥下，杨广和丽华踏上专设的跳板，登上停靠于江边最大的一艘楼船。在此船的前后，紧靠岸边还停靠着数十艘大小不一的船只。每只船上，皆披红挂彩，旌旗招展。这艘最大的楼船，共分三层，丽华在杨广的引领下，沿梯而上，攀至顶层之平台。虽是夏日，因有清凉湿润的江风吹拂，却并不感到丝毫炎热。

杨广和丽华到达楼船顶层平台，只见一名身手矫健的水手，攀至更高的一座塔台，双手舞动一红一绿两面旗帜，向各船发送旗语。

于是，刹那间，各船号角鼓乐齐鸣；船头与船尾之水手转动绞盘，将沉入江底之碇石绞起；有的水手拉起绳索，白帆渐渐从桅杆升起，并在阵阵东南风的吹拂下，鼓胀得猎猎作响；岸边水手解开缆索，船员则用撑篙将船撑离岸边；紧接着，数十艘战船相继离岸；各船之水手们，分左右两翼，有节律地划动桨叶，浩浩荡荡地溯流而上……

手扶船栏看得眼花缭乱的丽华激动地道："此，真乃壮观！"

"姐姐高兴就好。"杨广亦兴致满满地说，"姐还没见过，开皇九年元旦那日凌晨，此江面兵分两处，千帆竞发，去平灭陈朝的情景，那才真叫惊心动魄呐！"

"那么多船挤作一处，不会发生碰撞？"

"哪会啦。将士们为那一刻，足足苦练了七八年。不过，那会儿，身临其境的将士，个个心情紧张，全都没理会壮观不壮观。"

"你常请朝廷来的人这么游览长江？"

"哪能呐。"杨广笑着说，"仅此一游，少说亦要调动数以千计的官兵。

咱在外地还没回江都，就已着人在准备此事了。"

"咱说哩。"丽华由衷地道，"那可要多谢贤弟了。你姐可是多年已没享受过如此荣华了。"

"咱请姐来江都，就是为使姐开心。姐高兴就好。"

"萧妃是否知道，今日会有如此排场？"

"她当然知晓。咱一直在外地，家中之事，除政务而外，她都得一一过问。"

"嗨！她咋不也来此享受享受？也领略一下此难得一见的江上风光。"

"此即是她过人之处。"杨广说，"今日的主角是咱姐，她不愿置身其间，而影响咱姐弟难得的聚会。"

"有此贤妻，真乃弟之福气。"丽华又问，"咱听萧妃说，她的父亲已经过世。想来，那位萧皇，也应该是个极有涵养的人。你见没见过你的岳丈？"

"当然见过。"杨广说，"开皇四年，咱任河北道行台尚书令，回京师述职时，恰逢岳丈亦到京师拜会父皇。咱为此曾请岳父和父皇母后相聚过一次。其时，萧皇见咱庭院石桌上刻有一副棋盘，棋盘两侧，还刻有'胜固可喜败亦欣然'八字，觉得有趣。父皇的棋下得很臭，自然感受不到对弈中胜之喜悦和败之懊恼的那种滋味儿，反觉萧皇是故作矜持。"

丽华听后，"嗤"地一笑。已快二十年了，她对父亲，却仍存幸灾乐祸之心。

说话间，楼船早已驶入江中航道，大江之滔滔，两岸之景色，尽收眼底；虽身处顶层，却仍能清晰听见浪击船头之"哗啪"声和水手一齐划动桨叶的"哗哗"水响。

其时，有晋王府管家走过来，请晋王和公主于凉棚中就座。顶层平台凉棚中的桌上，放置着时令瓜果和江南一带各色零食，并沏有香茗。

二人就座后，杨广端起盖碗，呷了口热茶，说："他们萧家，曾于江南创立过梁朝。若论政绩，乏善可陈，但确是个世袭之书香大家，除萧统编有《昭明文选》，蜚声天下而外，他们家中还出过不少文人学士。"

丽华忽然饶有兴味地问："咱看萧妃这么有涵养，而且极善治家，就想：如果其父萧岿仍在，让他治理这南北一统的泱泱大国，会如何？"

杨广想了想，说："咱看，亦不见得就行呐。"

"为何？"

"咱的这位岳父，因家学渊源，学识确乎不浅。"接着，晋王话锋一转，道，"不过，治国之于学识，既有利，亦有弊。"

"学识，不就是用于治国的吗？弊在何处？"

"学识精深者，每每只认死理儿。然，世事则无常，只认死理，行得通吗？比如说吧，陈朝皇帝陈叔宝，文才并不浅。他的宰相江总，自幼即为神童，更是一位饱学之士。但结果如何？皆为窝囊废哩。陈之内政，处置得糟糕至极。打起仗来，则更是只能纸上谈兵，一败涂地。"

"如此说来，还是只有像咱父一样，无甚学识，却精通小术者，才适合做皇上？"

"嗨！你对父皇，至今还心存积怨？"杨广说，"总而言之，能夺天下者，总不是平常人吧。作为皇上，文韬武略，二者皆不能缺。紧急情形下，确乎还得使点特殊手段，就如你说的，要能随机应变，使点小术儿。"

丽华虽为妇道人家，但丈夫与父亲都是做皇上的。丈夫的周朝如何衰亡，父亲又是怎地篡得皇位，她皆身临其境，且至今仍刻骨铭心。所以，她对晋王之言，深有感触，并打趣道："嘀，看不出，你对如何做皇上，还颇有识见哩。"

"那当然。"杨广兴致盎然地说，"咱若是皇上，绝不会如父皇一个样。咱先必做成两件事。其一是把帝都从今日的大兴，迁到洛阳来。"

"嗨！此算啥事儿？"丽华不以为然地道，"洛阳咱去过。那地界，能与长安比？"

"嘿嘿，这你就不懂了，此可是一件非比寻常的大事呢！"杨广说，"大隋建立之初，其实就有人建议把帝都迁至洛阳。父皇不允。结果，只挪动了几里地，在大兴另辟了新都。开皇十三年，关中遭旱，父皇亲率灾民至洛阳就食。此刻，又有人建议父皇迁都，可父皇还是不允。"

"那为啥哩？"

"父皇率灾民到洛阳时，咱从江都赶去朝见他，亦说起迁都事。他说：关中，乃天府之国。是历朝历代和大隋的发祥地，帝都迁移了，国之祥瑞亦将化为乌有，国将不国。再就是，朝中大臣，多为关中人氏，如若把都城迁至关外，会引发朝臣人心浮动。"

丽华接着道："咱还记得，宣帝（杨丽华丈夫，周宣帝）在世时，就酷爱洛阳。就是他首先将洛阳称作东京的。他那会儿就有把京师迁至洛阳的想法，也是遭到群臣反对而作罢。可咱并不觉得洛阳比长安好。"

"凡事，总是有利则有弊的。迁都之利，肯定要比弊大得多。就拿当下来说，帝都吃皇粮的官员越来越多。整个关中，地处西北一隅，需重兵防守突厥和吐谷浑，以保护帝都。而所谓天府之国，就巴掌大块地方。光粮食一宗，仅应付官府和军队都远不够呢——能好到哪里去嘛。若在西魏，举国仅限西北，把都城设在长安还是合适的。自周武帝灭齐后，国境就已扩展到了东海之滨，而帝都则仍在遥远的关中，就嫌偏了。当下，华夏一统，这么大个国家，京师太偏之弊端就更是显露无遗啦！咱再看看中原的洛阳，其地处华夏中心地带，水路陆路，四通八达，江南江北，可一呼而百应。孰优孰劣，泾渭分明！日后，朝廷在官员配备上，亦应五湖四海，此才像个大国之帝都咧！"

杨广言罢，端杯喝了一大口茶。习习江风，吹拂着他因激动而涨红的面庞。

丽华看了一眼英姿勃发的胞弟，不无揶揄地道："嗬，看你把个洛阳夸得如此美。告诉你吧，咱此次来江都，途经洛阳，还在城中宿过一夜。观其样貌，莫说与今日京师比，咱看，连二十年前的长安都还不如。"

"咱知道。"杨广说，"此亦应怪咱父皇太惜民力。宣帝薨时，咱父皇任大丞相，即把尚未竣工的洛阳城工程停歇了。加之，规模如此庞大的一座城市，许多宫、殿、楼宇长年不用、不修，还有一些未完的工程更无人问津，再经此十五六年的风雨剥蚀，自然更显破败不堪。不过，若迁都洛阳，就必重建，并应比今之大兴建得还要壮美。"

"好吧，此算一件事。"丽华掀开碗盖，用盖沿赶开浮在碗面之叶片，却并未端杯饮茶。她问，"那么，你想干的第二件事，是啥？"

"咱要从北而南开凿一条千里长渠，纵贯华夏！"

"此是啥作为？山海河流，浑然天成。有此必要人为造作吗？"丽华对弟之想法，极为不解。

"当然有此必要，且作用巨大！"杨广一指身旁浩浩荡荡的大江说，"你看嘛，此长江也好，你从京师来，渡过的黄河，还有淮河亦好，它们皆是自西往东流淌的。此是为啥？咱之华夏大地，西为高山峻岭，东为浩瀚海洋，水往低处流呢。可江南的人要把物资运到北方，北方要将物资输至南方，咋办？只能靠车。而每遇横亘的大江大河，还需不断装船转运，此多麻烦。有了此南北水道，宛如郎中打通了人之经络。此样，整个国家才能活络、畅达起来。"

"此事比建洛阳城，更不可思议，能成事吗？"

"此有啥不可思议的。朝廷为把粮食从关外运至关中，已开凿了多条、共六百余里长渠，咱再开凿几个六百里，不就穿过黄河、越过长江，抵达江南了！"

"嗨！不管咋说，你此生没有做皇上的命，此二事，说得再美，亦是枉然，都只能是纸上谈兵而已。是不？"

"那是……"杨广的脸色倏地由晴转阴——他压了压刚才还极亢奋的情绪，忍着，终于没把藏于心底的想法告知老姐。

当日头由东转到当顶，又向西偏移之际，楼船再次响起悠长的号角声，信号兵打出了调转船头的旗语。

一时之间，各船转舵，船头调转，风帆亦重调角度，划船的水手收起了桨叶，船队顺流而下，驶往归途。

于是，下人过来将凉棚中的桌子收拾干净，另有婢女在桌上布上碗筷杯盏和佐料，并为宾、主各斟一杯温热的花雕酒。

其时，一名厨师把一只大陶钵放置于桌上，揭开钵盖，顿时热气腾腾、香气四溢。他从一只瓷碟中抓了一把青葱丝，撒入尚在冒气的钵中。然后，朝公主一躬，做了个请用的手势，转身离去。

"饿了吧？"杨广拿起一只大号瓷瓢，舀了一瓢钵中之物，放入公主面前的碗中。

置入丽华碗中的食物，方方正正、每块约半寸见方，因是用当地豆酱烹制，皆成酱色。

丽华未尝先问："这是啥菜？"

"你先尝尝这块。"杨广用箸指着碗中的一个小方块说。"你尝了，咱再说是啥菜。"

丽华便将杨广指定的那块夹入嘴中，嚼了嚼，说："嗯，咱尝出来了，是鱼。粘粘的，既嫩且鲜，味道不错。"

"此乃鮰鱼。"杨广说，"你忘啦？春节咱去你府上拜年，你请咱吃从冰窟里跳出之鲜鱼。咱其时就说，你来江都，咱请你吃长江中的鮰鱼。此物，只长江中游这一带方有。还没完嘞——"杨广说着，又把箸点向丽华碗中另一方块，"来，你再尝尝这块。"

"咋啦？不都是鮰鱼吗，味儿难道不同？"

杨广笑而不答。

丽华夹起杨广指定的一块，往嘴中一塞，边嚼边说："嗨，此味还真是不一样！脆脆的，有鱼味，但不像鱼，是啥哩？"

杨广仍不作答，再指又一块，说："你再试试这块。"

丽华再夹一块入嘴，果真，味又变了。她连说，"奇了，奇了！此比第一块更显滑嫩，却不粘。"

杨广举杯，笑说："来，咱先喝酒，再说菜。"

丽华举杯，两杯相碰后，各呷了一口温热的花雕，杨广这才得意地笑道："此乃一道本地家常菜，名曰淮扬三鲜。哪三鲜呢？说简单，亦简单。即，鮰鱼、冬笋和豆腐。说不简单，亦不太简单。咱请姐吃的这淮扬三鲜，鮰鱼是从江中捞捕的。用的冬笋，却不是用水发制的笋干，而是派人从尚未化雪的高山上挖来的鲜笋。此外，这豆腐亦是不加卤水的南方嫩豆腐，只不过在烹制前，把豆腐之水分稍稍弄干了些。因鮰鱼之肉色是白的，鲜嫩之冬笋和豆腐亦皆白色，所切方寸，大致相当，表面看去，三样东西，别无二致。其后，再用鸡、鸭、猪骨熬制的高汤和江都豆酱文火慢慢烧制，使高汤、酱料之汁味儿渐渐渗入鲖鱼、冬笋和豆腐中，即起锅。"

"呵……经你一说，咱的头都大了，这还简单？"

"咱这才算说了个大概。"杨广呷了口酒，说，"方才端菜上来的师傅，就是烹制者，若让他来说烹制的全过程，一个时辰恐怕都说不完。"

"此人可不简单。"

"姐说对了。"杨广几杯花雕下肚，更是口若悬河，"他就是淮扬本地人士，原为南陈之御厨，姓黄，人称'黄御厨'。建康城破之后，他流落至洪州，开了家小饭馆，被洪州总管郭衍发现，介绍给了咱。"

说话间，黄御厨又送来一道家常菜，曰：素炒三鲜。

晋王请厨师向公主对这道寻常小菜作介绍。清清爽爽一盘小炒素菜，亦说了好大一会儿。

丽华叹道："没想到，就一盘小菜，亦有如此诸多讲究。"

…………

第九十四回

隋文帝晨练乘兴入榴园
尉迟女被幸无意取名分

清晨。隋文帝悄悄儿地溜出仁寿宫的大宝殿，满眼一派绿树繁花，耳中则充盈着脆生生的鸟叫。他吸一口清凉之气，顿觉神清气爽。待其沿着一条山石铺砌的小径欲往前行时，身后却传来一阵杂沓的脚步声。

文帝眉头一皱，对身侧的黄门侍郎元岩说："汝叫众人不必跟来了，此院里还有啥麻烦？朕想静一静。"

皇上不管到哪里，前呼后拥总是跟着一帮人。有宦官、有侍卫、有太监，若在宫里，自然还有宫女们。对此，文帝早就习以为常，不仅习以为常，假设周遭断了人，皇上反会不习惯。或感寂寞，甚或简直不会走路了。当然，亦有例外，比如当下，他是在大兴宫里觉着疲乏、憋闷，才提早来到仁寿宫里避暑的。此刻，就想一人转悠转悠，以排胸中浊气。

文帝和皇后是昨夜才到达仁寿宫的。因在路上辗转了二日，皇上皇后都感到有点儿累，当夜，用过晚膳，即都睡了。今早，文帝起身时，皇后因身体不适，还卧榻中。

时下，还没到一年中最热的三伏天气，皇上就迫不及待地上了山。然而，此宫初建时，他还老是责怪监管此工程的杨素把嘴张得太大，总是一而再、再而三地要求追加经费。宫造成后，听说建得过于奢华，还死了不少人，他一气之下，连到此看一眼都不愿意。后在独孤皇后的劝说下，才勉强成行。可此一看，便一发而不可收，连冬日亦要上山观雪景。如今，反倒是皇后觉得仁寿宫地处深山太冷清，住不了几日就想回大兴宫。

皇上到仁寿宫日益频密，停留的日子越来越长，辛苦的还是左、右两位仆射。文帝年富力强时，事无巨细，都必亲力亲为。自开皇十五年，封禅泰山归来，病过一次后，才没那么事必躬亲了。不过，刚一放手把某些政务交由太子处置，就出了冬至节群臣去东宫朝贺之事，使文帝对太子产生猜忌。这么一来，皇上一去仁寿宫，高颎和杨素隔三岔五就必须来回奔波。一次往返，最少也得四日，不仅苦不堪言，还常将急事延误。于是，文帝此次上山，干脆把高颎、杨素和为皇上起草诏告的薛道衡都叫来了，从而使仁寿宫成了朝中枢纽。大兴宫那边，名义上仍由太子主管日常事务，但实则却无多少事可做了。

此时，文帝来到一三岔路口处，其间有一小块平地。他收住脚步，环顾左右，见只有元岩一人仍若即若离地跟在后头。后边的元岩见文帝止步，亦即一屁股坐到路边一石头上了。文帝见此，会心地一笑，脱去披在身上的外氅，顺便将其搭在一树杈上。然后，紧了紧裤腰带，便操练起拳脚来。

此是文帝自幼养成的习惯，几十年来，除非生病起不了床，从未中断过。他边练，眼前便会浮现出一个人来，此人便是教他功夫的智仙师傅。文帝信佛，其实在很大程度上是对师傅的念想。

两套不同拳术打下来，文帝收势之后，出了一身毛汗，通身亦感无比舒畅，路途的疲惫，心中的憋闷，亦都一扫而空了。

元岩走上前来，递给文帝一块干布巾。文帝揩了揩头和脸上的汗，松开腰带，元岩又把布巾接过来，帮皇上揩干了背上的汗。

此时，日头从东边的山上露出脸来，远近之绿色像抹上一层油似的，抖擞起了精神，显得更加生意盎然。然而，早晨的清凉亦在光照之下逐渐消减，变得和暖起来了……

一身轻松的文帝，意犹未尽地拐入另一曲径。元岩则随手拿起文帝挂在树杈上的外氅，仍若即若离地跟随其后。

小径两旁的树越来越稠，光线越来越暗，四周亦越发静谧了。也许，此就是所谓曲径通幽之境界吧。

文帝已来此宫多次。不过，仁寿宫实在是大，他也记不清楚这小径过去是否曾涉足过，前面是个啥地方，他就这么惬意地毫无目的地信步往前溜达着……

可就在此时刻，只听前方一声吼："咱看你往哪里逃！"

文帝吓了一跳，以为那人是吼自己的，忙停下脚步。

接着，就是"噼啪"两棍子，不知夯在啥东西上，声音闷闷的。文帝穿过树丛，紧走几步，刚转一个弯，透过树木之枝丫，方依稀看见一女子手执一棍，在草地上点戳着一黑乎乎的家伙。此使文帝更感好奇，猫腰靠拢，终于看清那黑家伙竟是只仰面朝天的刺猬儿！

女子停止了对它的击打，也没再喊叫。刺猬可能以为万事大吉，一股脑翻过身子，就想往花丛中钻……

"又想跑，又想跑！"小女子手忙脚乱，舞动手中之棍；那刺猬伸开满身长刺，体形一下增大一倍还不止。一阵搏斗之后，女子用棍终于又将刺猬翻了个四脚朝天。

文帝笑着走过去，对她说："嗨，汝其实尽可从容点，它伤不到人的。怕啥呐？"

"还不怕？"女子不看文帝，仍警惕地盯住那刺猬，生怕它翻转身子，伸张毒刺，向自己发动攻击。"你给它刺一下看看。"

"哈！它满身长刺，只是样子吓人，咱可不怕它。"文帝觉着小女子挺可爱，于是搭讪着说，"汝可能还不知道，这家伙可是一道美食。"

"还是美食？"说话时，那刺猬动了一下，小女子赶紧用棍儿去戳。朝天的刺猬又立即缩成一团，"它一身都是刺儿，你咬它一口试试。"

"当然不是这个吃法。"文帝饶有兴味地道，"打仗的时候，士卒没啥吃的，一到夜晚就到野地里去寻这家伙。刺猬儿，白日难得一见，夜里才出来觅食，满地爬的都是。见着了，用黄泥巴将它裹得严严实实，丢进篝火中一烧，烧熟了，香味儿四溢，再将烧黑之土疙瘩取出，掰开，刺和皮都裹进泥里了，其肉是雪白的，咬一口，又嫩又香。"

"嗯？你还打过仗？"

"那当然。"文帝说着，已走到小女子跟前。

只看刺猬不看人的小女子，突然发觉和自己说话的人一双靴子上，竟赫然绣着龙凤图案，觉着不对，这才猛地抬头——接着，"呵"地一声，身子一软，像一摊泥似地歪到了地上。

"汝咋啦？"文帝大骇。

他想：这女子方才和自己说话，既天真，又可爱，咋地一下就倒地不起了呢？于是，忙用手去扶她。

那女子则喃喃地说："奴婢罪该万死，奴婢罪该万死！不知圣上驾到，还以为说话的是宫中宦官公公呐！"

"不碍，不碍。"文帝此才释然，笑着道，"不知者，不为过嘛。快起来，快起来吧。"

待文帝好不容易把那小女子又拽又劝地扶起时，那刺猬则早已钻入花丛，逃得不见踪影了。

"朕好像没见过汝嘞，汝咋认识朕的？"

"奴婢原在皇后娘娘宫里做粗使丫头。"

"朕咋没一点印象呢？"

"粗使丫头是做粗事、杂事的，并不在皇后娘娘身边侍候，皇上当然见不着奴婢。不过，奴婢常能见着皇上来皇后娘娘宫里。仁寿宫建成后，奴婢便被分派到了这苑子里，皇上以前从未莅临过此苑，所以，还是见不着奴婢。"

"呵……原来是此样。"文帝说着，再看那宫女。见她不过十七八岁年纪；一双秀眉下，生着两只水灵灵的大眼睛；红扑扑的脸蛋儿上，长着一对浅浅的小酒窝儿；一袭连衣之绿色长裙，玉立于阳光下，恰如一枝出水的芙蓉，招人疼爱至极。

文帝问："汝叫啥？"

"奴婢没名儿。人家都叫咱尉迟女。"

"尉迟女？"文帝的心一动，"为啥叫此名？"

"奴婢的爷爷叫尉迟迥，父亲是尉迟惇，他们叛逆朝廷被斩杀。爷爷和父亲去世时，咱还未出生。母亲没入宫中罚做奴婢后，才生下咱的。所以没给奴婢取名儿，众人只叫咱尉迟女。"

文帝闻言，不由叹惜世事无常，冤家路窄。而尉迟女在介绍自己身世时，却不显悲戚，像是在讲别人家的事似的。

此时，文帝抬起头来，见不远处，有一幢独立的宫苑，便问："汝就是在照看着那幢屋宇？"

尉迟女点头说："是。"

"汝带朕去瞧瞧，如何？"

尉迟女点头，却不挪脚。

文帝等了一下，见宫女仍无走意，便道："汝咋不走咧？"

"皇上理当先行。皇上不动，奴婢岂敢动哩！"

"朕不是令汝在前头开道吗？"

"哦？还有此一规矩？那行。"

尉迟女于是领文帝走到那幢形制十分特别的宫苑前。登上四级台阶，面对的是一用黑色大理石打造的圆形拱门，两扇半圆的朱漆大门上，一左一右各描一只金色凤凰。二凰展翅，相互追逐，嬉戏着中心点上两只张牙舞爪的鎏金铜铺首。门楣篆刻二字：榴园。

文帝想：此苑离自己住的大宝殿不会很远，咋会一次都未见过？且从未听说过呢？

尉迟女推开虚掩的大门，文帝跨过门槛，但见庭院中有一棵高大、虬曲、枝繁叶茂的石榴树。时值初夏，那红艳艳的石榴花正开得如火如荼，使小小院落都沉浸于一派绚烂之中！

穿过小院，进入布置雅致的客厅，文帝立即觉出有点不对味儿，即问："此苑之主人呢？"

尉迟女看了文帝一眼，心想：皇上自己不知，自己又如何知晓呢？但自己却不能如此回答皇上，于是道："听宦官公公说，此为贵妃娘娘之寝苑，但贵妃娘娘却从未来此住过，就安排我们四人在此看守。"

"唔……"文帝听后，一怔，想：贵妃娘娘？朕何曾有过贵妃娘娘嘞？小宫女不仅说得真真切切，还有一座这样别致的榴园为证，朕咋啥都不知呢？

文帝记得，开皇二年，在确立后宫体制时，因自己一贯厌恶以往帝王的三宫六院、嫔妃如云，初登帝位时，也只有独孤皇后一个女人。于是，其时，仅在名义上设了少数几个嫔、妃、贵人职位。而掌管后宫的独孤皇后，对宫中包括嫔妃在内的所有女子的控制一直极为严格，使自己亦难接触除皇后而外的其他女人。还有，比如像尉迟女这样姿色出众的宫女，独孤皇后则更是将她们深藏在一些自己看不见的去处，有意不让自己看见。

尉迟女见皇上站在客厅中沉思不语，不知何故，于是，便关切地问："圣上，您咋啦？"

"哦……朕……朕没啥。"文帝掩饰地道，"汝不是说，一共有四人在看守此苑子吗？怎地，只见你一人呢？"

"她们都去膳房用膳了，待她们回来后，再换奴婢去。皇上有事要吩咐众人吗？"

"没事，没事。朕只是随便问问。"文帝又四下瞧了瞧，说，"此苑小巧、雅致，非常特别。汝再带朕去看看贵妃娘娘的卧房，如何？"

"是。"尉迟女已习惯走前带路了。

文帝跟随其后，饶有兴味地打量起这位年轻貌美的女子来。观其身形，不胖不瘦，不高亦不显矮小，其步态轻盈，而落落大方……他越看越觉此女单纯可爱，并陡然生出一股欲念！但他抑制住自己，想：这些年来，是真真地国是堆积如山呢！如做昏君，醉生梦死，啥事不管，只管自己吃喝玩乐……不过，自己可不是此类帝王！从登基的那日起，自己就暗暗发誓，要有所建树，有所作为，干一番名垂青史的帝业！于是，一直以来，便有做不完的事和永远都处置不完的政务。直到有一日，终于病了，感到有点力不从心了，才有了喘口气的念想，才来到了这座仁寿宫中，也才有离这么近地认真瞧一个除独孤皇后而外的另一女子……而这对隋文帝来说，真还是头一回。渐渐地，他觉得自己心猿意马，热血沸腾，心跳加剧，已觉有点不能自持了……

尉迟女走到贵妃娘娘卧房门前，将门打开，自己则恭恭敬敬地侍立一旁。文帝迈入房中，她才跟了进去。

文帝见雕龙画凤的宽大卧榻上，帐幔悬挂，而卧具亦铺叠得整整齐齐，即问："贵妃娘娘从未来过，这行头咋还铺得如此齐整？"

"宫中规定，贵妃娘娘虽然未来，但婢女每日都要作好娘娘随时入住的准备。还不仅如此呐，这地，还有房中所有家什，都要做到一尘不染。"

"嗯？宫里还有此规矩？"文帝问，"此规是谁定的？"

"皇上连这都不知晓？"尉迟女笑道，"当然是皇后啰！"

"唔，对，对！"文帝亦觉自己好笑，主持后宫的，除皇后而外，还能是谁。然而就在此时，文帝忍不住一把捉住尉迟女之纤纤素手，说，"朕看你很不错。朕让你做贵妃，如何？"

"咱？"尉迟女惊骇不已！欲把手从文帝的手中抽出来，可哪里挣得脱！她的脸顿时一片绯红，嗫嚅着说，"奴婢……奴婢不敢……"

"为啥哩？"

"奴婢是罪臣之后，永世只能作贱人。"

"那不碍。朕封汝为贵妃，汝就是贵妃。"文帝不由分说，一把将小女子揽入怀中。

"……"尉迟女还想分辩，还在挣扎，但皆为徒劳——连她的小嘴皆为文帝之大嘴封住了。

尉迟女用棍击打刺猬时，刺猬尚能伸张满身长刺，奋起反抗，但柔弱的尉迟女，却不能，亦不敢……

当三名如花似玉的宫女嬉嬉闹闹地走到榴园门口，坐在石头台阶上的一条汉子警惕地一跃而起，把三位嬉闹的宫女吓得鸦雀无声。

过了一会儿，一名稍稍胆大点的婢女趋前一步，问汉子："你蹲在咱门口干啥呢？咱要进去。"

汉子则朝虚掩的门里看了一眼，见屋内毫无动静，就说："不行。汝等不能进。"

"为啥呢？"

汉子搔了搔脑门子，忽做张牙舞爪状，说："里面钻进一只山猫子（野豹），正搜哩。你等最好离此远点儿。"

宫墙外的大山中确有山猫，夜里常闻其吼叫声。三位宫女皆信以为真，吓得避之不及。

却说，贵妃娘娘房中，一阵颠鸾倒凤、翻云覆雨过后，因皇上做此事前，慌得忘了关上房门，二人听到大门外似有人在说话，同时警醒。文帝想起，昨日已约高颍、杨素于今早到大宝殿共商国是。届时，他们若见不着自己，寻找到此，岂不难堪？而尉迟女则更怕被用膳归来的婢女们闯见。幸亏是夏季，衣衫都较单薄，各人很快即结束完毕。

穿戴好了的文帝，不再慌张。反而情深意切地安慰尉迟女说："汝不用担心，更用不着害怕，从今往后，汝即是此苑主人。朕说到做到，明日即宣诏汝为朕之贵妃。"

尉迟女跪泣道："奴婢今受圣上临幸，已成一个真正的女人，奴婢已经知足了。咱知自己是罪臣之后人，是永世不得有翻身之日的，还能希求啥名分哩！咱的三个姐妹恐已至门外了，请圣上快快离去吧。"

文帝还在指天发誓，尉迟女因怕姐妹们撞见，只好起身推皇上出门。文帝也就只好与她匆匆作别。但当他一步跨出大门门槛时，猛见石阶上背对自己坐着一条汉子，不觉大惊。

汉子听到动静，扭过头来，竟是黄门侍郎元岩。

"卿咋坐在这里？"文帝松了一口气，拭着额上冷汗问。

元岩想，咱不坐这儿为皇上挡驾，说不定已闹出啥新鲜事儿来了哩。可他却答非所问地一指前面小径，说："圣上出来得正是时候。瞧，高仆射、杨仆射，还有侍卫们都赶到此处来了哩！"

当三名如花似玉的宫女嬉嬉闹闹地走到榴园门口，坐在石头台阶上的一条汉子警惕地一跃而起……

　　不等众人开口，站在台阶上的文帝便居高临下地直指杨素，道："杨仆射，卿来得正好。朕正要问汝，此仁寿宫建成已有几年，朕咋直到今日方知，这里头还藏着一座榴园？"

　　众人一见站在大门口的文帝，皆懵了！立即跪下一大片。

　　高颎与杨素原本是去大宝殿与文帝议事的。不想，半道碰到几个慌慌张张赶来的婢女，说有山猫闯入榴园里，便连忙找了些侍卫赶过来。可众人看见的却是若无其事的皇上，大感意外，亦更觉惊奇。

　　杨素是个善于随机应变的人，他处事不惊地跪地回答说："圣上不知仁寿宫中有榴园，不能责怪臣下哩。圣上每至仁寿宫，多是一入大宝殿，便就足不出户了。即便出殿，亦只在周遭转悠一下。"

　　"大家都起来吧。"文帝一改严肃状，满面春风地迈下台阶，走到杨素面前道，"卿说的可不是事实。仁寿宫刚一落成，朕就来过，汝和宇文恺陪朕在宫里各处走了一遭，可是，并没见有此榴园。"

　　"哦……是吗？臣可是记不清楚了。此仁寿宫范围忒大，圣上未到之处，恐还远不止一处两处。"

　　其实，哪是啥记不清楚了哩，是皇后早就向他打过招呼，不叫往此带。杨素当着众人面，不好说穿而已。

　　幸好，文帝亦没再追究。他说："朕方才进去瞧了瞧，小小巧巧一苑子，十分雅致。嘿，还真是匠心别具呢。"

　　一直没出声的高颎一听，更觉不可思议，于是惊问道："圣上进屋了？咱是闻听屋里钻进山猫，才赶来的呐！"

　　"啥山猫？"不知底里的文帝回头朝洞开的门里看了一眼。

　　"没事，没事。"心知肚明的元岩一见来了这么多人，就知是自己一语不慎惹出的祸。所以，当行过跪礼的人从地上起身后，他就先叫侍卫们散去了。

　　高颎和杨素虽然感觉事有蹊跷，但一听说进入榴园的是文帝本人，而不是啥山猫，谁还敢再问到底是咋回事。文帝亦觉高颎的话问得唐突，且还见来了一大帮全副武装的侍卫，亦感惊讶。但一见元岩那副息事宁人的模样儿，就猜，一定是他弄的啥名堂。不过，也不便在此深究下去。

于是，君臣三人，便你一言我一语地朝大宝殿走去了。

大宝殿是仁寿宫的正殿。此殿亦是分前殿与后殿两部分。文帝平日在前殿处置政务，与大臣议事，而在后殿就寝。

而此时，候在大殿丹墀下的薛道衡见文帝走来，立行跪礼。

行过礼，起身后，即问身边杨素："嗨，两位仆射，刚才都去哪了？"

杨素只是摇头，轻声道："不说了，不说了。"

进入大宝殿后，文帝即对三位臣下说："汝等先议吧。朕去用过早膳，换身衣裳再过来。"

原来，高颎、杨素和薛道衡三人都住在同一座别殿中。用膳时，三人可聚在一起共餐，亦可分开各吃各的，想吃啥，即点啥，皆由厨师现炒现做。今日，临到出门时，薛道衡突然内急，所以，落到最后方出门。没有料到的是，当他赶到大宝殿门前时，却被告知两位仆射都还未到，皇上一早出门，亦未归。因此，他就索性候在了大门口。

这么个泱泱大国，虽为太平盛世，但从各州上奏的折子看，大事、急事还是不少，皆要及时处置。参与处决急务者，除皇上本人外，就是高颎、杨素两位左右仆射。李德林被贬黜之后，文帝因不满意内史省官员草拟的诏书，就把薛道衡从吏部仍调回到了内史省，任内史侍郎一职。平日，参与议政者就文帝和二位仆射，薛道衡只作记录。议事毕，道衡的诏书亦大体草拟完毕。道衡念一遍，文帝点头后，即为圣旨，下达至有关部门执行。有时，事由复杂，三人意见不大一致时，皇上亦会问计道衡。道衡三言五语，把三人意见综合成几条，即成己见，往往能使大家心悦诚服。皇上和三位大臣，年龄相仿，对一些重大事件的处置，配合得都是较为默契的。

这日，文帝至后殿换过衣裳，用过早膳，即来前殿与仆射们一道处置政务。因事繁多，一直议到掌灯时分，方告一段。

三人起身，都有点疲乏，正待行礼离去时，文帝却忽然吞吞吐吐地说："朕有个事，想问问诸君。朕将把榴园中的尉迟女立为贵妃，此要举行个啥仪程吗？"

　　一般说来，皇上要添个姬、妾、嫔、妃之类，是再寻常不过的事情，但对隋文帝来说，却还是头一回。大兴宫中，虽建有姬、嫔之宫苑，比如灭陈之后，抄没的最美女子，亦依例首先充实后宫。不过，文帝对此皆视若无睹，眼中就独孤皇后一个女人。然而，已届天命的文帝，却突然要立贵妃，此确是一个非同寻常之举。

　　所以，三人一听，开初都生生地愣住了！

　　过了一会儿，一贯谨慎的高颎方道；"这尉迟女是谁？有何来历？臣下可从未听说过呐。"

　　"此女，臣知。不就是尉迟迥的孙女嘛。"杨素接腔说，"她是从大兴宫里挑过来的，原先安排在大宝殿里做宫女，是皇后将她调到榴园去的。此事依臣之见，女方若想风光风光，成全她，就在仁寿宫中举行个仪式，庆贺庆贺。圣上本人和女方若皆无此意，只发个诏告即可。"

　　杨素说此话的用意，是怕大操大办，可能激怒皇后。

　　文帝一想，尉迟女本人连任何名分都不要，自己这么大一把年纪，更无必要举行啥仪式。同时，亦是不想刺激皇后。

　　文帝想的，其实与杨素所说，如出一辙。

　　文帝于是道："那行，啥排场都不要。今日就算了，明日就请薛公拟一诏告。"

第九十五回

尉迟女惨遭打杀激圣怒
独孤后将功折罪悦龙颜

话分两头。

却说，正当文帝君臣四人于大宝殿议事厅开始议事时，独孤皇后才刚刚起床。在京师的大兴宫里，皇上与皇后平日一般都是各居一殿，各自拥有一帮下人。而到仁寿宫度假，帝、后都十分喜好地势居高的主殿——大宝殿。因是休闲，就习惯于同住在大宝殿内。大宝殿雄伟壮观，后殿中堂两侧的厢房亦是对称的。所以，皇上居左，皇后居右，各处一室，却共一御膳房用膳。帝、后时而同桌共餐，起居时辰不一致时，即又分而食之。

到底是上年纪的人了，皇后经一夜休息，起得较晚，盥洗罢，仍感无精打采，食不甘味，草草动了几箸，又回自己房间了。

此时，一位与独孤后年龄相仿的宦官蹑手蹑脚走了进来。侧卧在躺椅中的皇后看到他一副心神不安的样子，即问："范公公，汝是有啥事儿吧？"

这位范公公是独孤夫人被册封为皇后的开皇元年就跟从她的，原是一般太监，因对独孤皇后体贴、忠诚，才升为宦官的。

范公公躬身说："下臣刚在外面听到一个信息儿，说有一头山猫钻进了榴园。两位仆射闻讯，带领一众侍卫前往搜寻。没料，大门忽地敞开，从里走出的竟是皇上。"

"呵？"皇后惊奇不已，"咱方才在膳房用膳，不是说，皇上和仆射都在议事厅中议事嘛。"

"下官讲的是今日一大早的事。"

"皇上昨晚到达仁寿宫，亦说累。咋地一早起身就往那处所跑？且，他并不知晓仁寿宫里有个榴园嘛，是谁引他到那里去的？"皇后越想越觉蹊跷。即问："此事，汝是听谁说的？"

"呔，整个宫里都传得吼吼神了哩，几乎尽人皆知。因为许多侍卫都去参与捉山猫，都瞧见皇上迈出榴园。"

独孤后倏地坐正身子，吩咐范公公说："这样吧，汝去榴园访察一下，看看到底是咋回事儿？"

范公公是个热闹人。他走到哪里，那地方便会激起一片欢声笑语。仁寿宫，是皇上皇后经常往来之地，这位老宦官则更是熟络无比。待他逢人必点头地来到榴园门前时，但见大门紧闭，那对鎏金铺首，鼓着一双暴眼，面目狰狞地瞧着他。他欲叩门环，觉着不妥。人家若问自己是来做啥的？将无言以对，岂不尴尬。于是，他又折返回大宝殿的膳房中，捡了一盘早桃。时下，北方挂在枝头的桃子，还只是青涩之果子。此桃是晋王从江南采摘后，用快马送来敬献父皇和母后的稀罕物。

当范公公端着一盘鲜桃，叩响榴园大门时，开门的宫女只掩开一道门缝，轻声地问；"谁？"

"是咱。皇后娘娘身边范公公。"以往范公公每至仁寿宫，总要来榴园串门，与宫女们讲说一些笑话儿。

"今日不行。"宫女说着，正欲关门。

"为啥？"范公公急了，便说，"咱是奉皇后之命，来送桃的。"

大门这才"吱呀"一声，掩开了。范公公端着一盘桃子，跨进门槛，说："咋弄得这般神秘兮兮的？"

"嗨，范公公有所不知。"宫女压低嗓音说，"一早就有人不断来打听，问榴园到底是咋回事？"

"咋回事咧？"范公公亦瞪着两眼问。

"呃？你是皇后身边人，难道还不知？"

范公公干瞪眼，直摇头。

宫女终于憋不住地道："皇上一早来此，临幸了尉迟女，还许愿说要封她为贵妃娘娘。这事儿，皇上回去未必没对皇后说？"

"呵？"范公公如觉五雷轰顶，榴园果真有事，且是惊天大事！他因而不得不佩服皇后的料事如神。接着，他对宫女伸出大拇指，说，"此乃大喜事——尉迟女要作贵妃娘娘，真乃三生有幸！"

"可不是嘛。人家求神拜佛都想不来咧！"宫女叹了口气，说，"不过，尉迟女却不这么想。"

"她人呢？"

"在房里。哭得泪人儿似的。"

"为啥？"

"唉……"宫女摇头道，"她娘临死前，曾对其交代说，要她认命。并说，她是罪臣之后，今生今世，皆为贱人。并要她不要有任何非分之想，否则，就会大祸临头的。"

"咋能这么说呢？尉迟女这不就时来运转，一步登天了吗！你可要劝劝她，此可是件大喜事。"范公公说着，把一盘桃子交给宫女，便离开了榴园。

范公公回到大宝殿，身子骨不大舒服仍侧卧于躺椅上养神的独孤后见他便问："汝咋去了这么久？"

范公公跪下，亦不说因由，只道："回禀皇后娘娘，榴园果真有事，是件大喜事。"

"啥？"独孤后惊起，问，"啥喜事？起来说。"

"下臣听榴园宫女说，圣上今早去那里，临幸了尉迟女。还有……"

独孤后不等下文，脸"刷"地变得如同榴园门上铜铺首一样吓人，她紧问："还有啥？"

"圣上已许诺，要封尉迟女为贵妃娘娘。"

"岂有此理！"独孤后怒不可遏，起身道，"圣上咋能忘了昔日之恨咧？想当初，尉迟迥父子率关东二十余万兵马反叛朝廷，矛头直指圣上，而今却要封他的后人作贵妃！"

范公公深知独孤后的脾性，她容不得圣上与别的女人相好，可没料到会动这大的肝火。他只好一声不吭，垂立一旁。

"汝还戳在这里干啥哩！还不快叫人去拿下那不要脸的狐媚子！"

范公公闻言，转身欲往外走。独孤后一想不对，立马叫道："汝等等。"

范公公停住。独孤后又道："此事还没完全弄清楚，咱同你一道去吧。咱要当面问问那贱人。汝亦不要在这大宝殿中叫人了，以免惊扰了圣上。"

独孤后起先还懒洋洋地打不起精神，这下不知哪来的劲，气咻咻地便与范公公出了大宝殿。

此刻，回头再说大宝殿前殿掌灯时分发生的事儿。

却说，君臣四人忙完一日之事，文帝送走高颎等三位大臣，立即召来元岩，兴冲冲地要到榴园去。他要亲自把册封尉迟女为贵妃的决定告诉她，以使她放心。

谁知，元岩却冒出一句话："圣上，您看，这殿内都已点灯了，您操劳了一整日，今晚就不要出门啦。"

"就两步路，算啥咧。"文帝心切，说，"那就叫人打两灯笼吧。"

"别，别……"元岩急欲阻止，却又想不出个好由头。

"汝今日犯啥毛病了？行。卿不去，朕一人去！"文帝说着就往外冲。

无奈之下的元岩，只好尾随其后，相跟着皇上出了大宝殿。

殿内已掌灯，而外面却还是蛮亮的。文帝亦还不致老眼昏花，且毕竟是练过功的。他大步流星，转眼，即到榴园门口。但见那圆形大门不仅紧闭，且还用白纸条打了个大叉。白条上的黑字，依稀可辨，写的是今日的日期，表示此门是今日才被封上的。

文帝一看，怒火中烧，伸腿猛踹，"嘭"的一声，大门洞开。因用力太猛，文帝一个趔趄，眼看就要摔进门洞里去。说时迟，那时快，尾随而至的元岩一把将文帝拦腰拽住，才未使他栽进门槛里。不过，两条汉子身子一歪，都侧翻在了石头台阶上。

而此时的文帝，非但没有表示对元岩的感激，亦不顾帝王之尊，他坐于地，仍火冒三丈地斥责元岩道："好呀！汝千方百计阻拦朕出门，原来竟是此样！朕问汝，此封条是谁贴的？"

"是皇后叫贴的。"元岩跪地道。

"那尉迟女呢？"

"她……她……她已不在人世了……"

"啥？"文帝一下蹦起，问，"汝说清楚，尉迟女到底咋样了？"

"她叫人打死了。就死在苑里那棵石榴树下。"

"窝囊废！"文帝咬牙切齿，道，"汝咋不加以制止？或来禀告朕？"

"圣上其时在和仆射议事，臣下在议事厅门外当值。臣亦是事后才知的，正不知如何将此事说与圣上听。"

"哼！"文帝大喝一声。

元岩吓了一跳，低头等着挨揍。过了一会儿，当他把头抬起时，面前的文帝则已不见了踪影。

他立马蹦将起来，赶至三岔路口，正不知往哪条路走，只见几名侍卫慌慌张张奔过来，告知说："圣上把一名巡逻侍卫从马上叫下，自己上马离宫而去，且不知去向了。"

元岩顿感大事不好。

却说，高颎、杨素、薛道衡三位大臣离开大宝殿，正往大臣们住宿的别殿走去时，半途听说了独孤后指挥一帮下人将尉迟女活活打死的事。立即觉出，文帝若是知道了，还不定会酿出什么事儿来。于是，三人转身又往大宝殿走。

刚走两步，薛道衡迟疑了一下，说："你两去吧。咱人微言轻，恐不配参与此类事。"说着，就仍回别殿去了。

高颎与杨素又走几步，便遇元岩，方知文帝已负气单骑出走。高颎立道："事不宜迟，要赶紧把圣上找回。"

众人一同来到马厩，寻找没有卸鞍之马，并率一干侍卫，骑马追出宫去。

文帝单骑出走的消息，不胫而走，再次将劳神费力的独孤皇后从椅上惊起。其时，她才感到自己因一时冲动，已铸成大祸！于是，亦令范公公率宫中太监、内侍等去寻找皇上。

此刻，整个仁寿宫已乱作一团，各色人等，尽数出动。

然，天色已暗，月儿还没爬出山头，一片漆黑之野莽，深不可测。往哪里走？去哪儿寻？众人皆踌躇不前。

杨素说："圣上在气头上，估计心中亦没谱，众人就分头去寻找吧。谁若发现动静了，立即大声呼唤之。"

于是，一窝蜂的众人方分散开来，搜寻者有的骑在马上，有的则是步行，在黑暗的树林间，四处乱窜。

世上事，亦真奇。文帝已有五十大几年纪，就只这么眨眼工夫，怎地就杳无踪迹了呢？此地原本就是人迹罕至的荒山野岭，修建仁寿宫时，曾有人上山采石、伐木，踩出过一条条不成路的路。几年来，被踩踏过的地面，又是野草荆棘丛生。不多时，骑马者也只得下马，牵马强行。身强体壮的侍卫并不觉得有多艰难，可苦了两位上了年纪的仆射大人。

不知过了多久，月亮终于露脸了，如水的月光，把山林照亮。此时，人们才感觉到天之高，地之阔。但，放眼四顾，只见黑黢黢的一片林海，却仍不见文帝的踪迹。正当众人深感失望时，远处忽地传来一声"咴咴"之马嘶。众人兴奋至极，有的牵马，有的跨上坐骑，循声奔去。

不一会儿，众人终于看见幽谷之中，有一蓝得发亮的湖泊，一条身影面朝湖水，如磐石般伫立不动。此刻，四周之山、树，还有那如银盘一般之月，亦都纹丝不动，并一股脑儿地倒映于一平如镜的湖水中。而唯独只有那马，正借着月光，在悠闲地啃食着湖畔之草……

元岩骑在马上，冲在最前头。不过，当他快要接近文帝时，忽地下马，止步。他一停步，其他跑得较快的侍卫，亦都停止前行。

这样，两位仆射才在侍卫们的帮扶下，汗流浃背地赶上来，并走到文帝面前，跪下双膝。

高颎先开口："圣上没事吧？大隋不能一日无主，圣上可不能有些微闪失咧！"

"朕没事，只不过想一人静静。"文帝的声气亦如往常，面对湖水，亦未挪动身子，亦未转身看身边臣下一眼。

杨素接着说："夜已深了，请陛下回宫去吧。"

"唉——朕真憋屈哩！"文帝忽地仰天长叹，说，"一国之君，想不到，竟连个小女子都保护不住！"

高颎道："圣上日理万机，国是为重，何为一女子计较之。"

文帝闻听此言，方转过身子，但见月光下的草丛中，早已黑压压地跪下一大片臣仆……

文帝之心，猛地一颤，双眼湿润了……他掩饰地大声道："大家都起来吧。元岩呢？元岩来没来？"

"下臣在此。"元岩应答着，从人丛中站立起来。

"汝过来。"

元岩走到文帝身边，文帝轻声对他说："卿扶朕上马吧，朕连上马的气力皆没了。"

…………

文帝等一行人回到仁寿宫中，月已过了中天。然而，大宝殿内，仍是一片灯火通明。

文帝踏入殿门，大堂中亦齐刷刷地跪了一片人。文帝扫了一眼，没动声色。他想从下跪的人缝中穿过，回寝室就寝。

"圣上——"一声嘶声裂帛之呼喊，动地绕梁！

文帝这才看清，跪在大堂中心的是独孤皇后。她泪流满面，恳求皇上道："奴婢恳请皇上治罪！"

"卿何罪之有？"

独孤后哭泣着说："奴婢生性嫉妒，一时冲动，呼唤下人将尉迟女打杀，闯下弥天大祸！恳请圣上，速赐独孤死。"

文帝闻言，亦感震撼！

独孤氏者，出自鲜卑豪门世家。十四岁那年，嫁与自己，相濡以沫，三十余载，是五儿五女之母后；她性格秉直刚强，在家庭、丈夫、儿女遇到凶险时，她必能挺身而出，不畏个人生死，并总能化险为夷；三十余年来，夫妻间掀起如此大波，亦是绝无仅有的头一次……

文帝想到此处，心，一下子就软了。经过一夜折腾，更是有气无力。他于是顺势坐在堂前的一把椅子上，挥手说："卿，此是何苦来哉哩！起来吧。大家亦都起来吧。"

待众人都起身后，又立即吩咐宫女搀扶皇后进房休息。接着，文帝亦在太监的侍候下，去自己那边洗漱休息了。

当大宝殿内一盏盏灯陆续熄灭时，元岩仍不忘出殿向守候在外的二位仆射报说："圣上已然安歇了。"

此时，高颍和杨素才回住所休息。

一夜无话。

次日一早，没睡几个时辰的文帝，仍依例起床。幸得元岩知其秉性，他一听里间房中有动静，身处外间守卫的元岩便翻身而起。

太监前来侍候穿衣、洗漱后，文帝便径直出了大宝殿。尾随其后的元岩朝立于殿门踌躇不前的侍卫、太监做了个不要跟随的手势，就相跟文帝而出了。

文帝来到昨日练功之地，多少年来，破天荒地没有进行晨练。他坐在昨日元岩坐过的那块路边石头上，目视前方小径，想来是在回想尉迟女用棍与刺猬搏斗之情形。文帝坐着不动，元岩在不远处亦挑了块石头坐着不动。直到日头露脸时，文帝方起身往回走。

而睡得更晚的高颍与杨素，也如往日，与薛道衡一道，准时来到大宝殿中。当三人伸头探脑走进去，见文帝早已坐在了议事厅里。三人于是下跪请安。

接下来，四人仍如往日，将国内与边关报来的急事、大事，一桩桩都打理得十分妥帖，只待有关部门，遵旨执行。只是众人从始至午间休息，皆不苟言笑。尤其是三位大臣，一言一动，更是谨小慎微。

接着，在大宝殿中依例与圣上共进午膳后，高颎提议："昨夜，大家都睡得很晚，下午是否可歇半日。"

杨素立表赞同，文帝亦首肯了。

三人走出大宝殿，都深深地吁了一口气，皆有如释重负之感。圣上没事，朝廷才不致有事，天下亦才能安享太平。

三位大臣行至半途，范公公气喘吁吁地赶来说："请杨仆射留步，皇后要见杨仆射。"

杨素只好跟范公公踅回大宝殿，高颎则与薛道衡同回别殿中。

接下来的一连几日，君臣四人又恢复到了往日的常态中。仿佛几日前，啥事都没发生过一样。

这日落日时分，君臣结束了一日之事。三位大臣离开大宝殿后，文帝感到有点疲累，让太监拧了把湿热布巾，揩了一把脸，此乃文帝消除疲劳之一法。然后，他步入起居间，换了身单薄些的便常服，就准备去御膳房用晚膳。

文帝没啥嗜好，不是因为应酬，一般不大饮酒；亦没啥爱好，没事，亦不大读书习字之类，只看各地报来的奏折；再就是，晚上睡得再晚，却仍坚持早起。因而，他在一般情形下，都是一人单独用早膳。因为，在通常情形下，皇后都起得较晚。午间，文帝是与共事的大臣一起用膳的，只有晚间，皇上才与皇后聚在一起，共进晚餐。

这日，正当文帝换好衣衫，准备去御膳房之际，皇后却笑吟吟地走上前来，说："皇上坐了一整日，奴婢想带圣上去外面走一走。"

"噢？"文帝即问，"就现在？"

"嗯。"独孤皇后点头笑着，似有不可言说之妙处。

"不等用过膳后，再出去溜达？"

"先不忙用膳了。"

"行。"文帝不想破坏独孤后的好兴致，点头同意了。

皇上皇后走出大宝殿，跟随其后的，只元岩和范公公二人，此乃都是皇后事先安排好了的。

这座仁寿宫是将山头削平，于山顶建造的，地势高峻。虽是夏季，日落之后，暑气亦消。此刻，殿内已是一片昏暗，须掌灯照明。而室外，西天之一片火烧云，仍燃得极艳，四射之霞光，将周遭的殿宇亭台楼榭及树木等，映照得一片绚烂。

夫妻俩沿着曲曲弯弯的小径，边走边说闲话，几日前的心结，已然冰释。走着走着，独孤后忽然收步，说："到了。"

文帝抬头，刚才只顾低头看路和说话的他，此时方见一座与榴园既相似又不同的宫苑，矗立眼前。

此苑的门前亦是四级花岗石台阶，门墙则是用白色大理石打造的；其大门不是圆形，而是八方形的；两扇红漆大门，则如榴园一样，一左一右描着两只互相追逐的金凤凰，中心则是一对鎏金铜铺首。其门楣上，刻着二字：枣园。

文帝想：榴园也好，枣园也好，意蕴却都是差不多的。"枣"与"早"谐音，枣树结的枣子多多，枣园，有"早生贵子"之意。此与榴园亦有异曲同工之妙。因成熟的石榴中，亦是籽粒多多，有"多子多福"之意。因而，这座枣园，明摆着又是一嫔妃所住的宫苑。皇后把自己引到这里，又是啥意思呢？

正当文帝用疑惑的目光打量着独孤后时，大约是苑子里的人听到了门外的动静，那八方门"吱呀"一声打开了，从门里走出两名如花似玉的宫女。她们见皇上皇后双双驾到，立即跪于大门的两侧。而皇后亦在此时做了个请皇上进门的手势。

文帝不好再问，一步跨过大门的门槛。皇后则回头朝跟随在后面的元岩和范公公做了个止步手势，自己则随文帝进了苑门。

苑内，亦如榴园，有个不大的院落。其间，植一硕大挺拔的枣树。此时，正值枣树开花季节。枣花，细密，不醒目，尤在此天色朦胧之际，更是看不清楚。但其扑鼻之香气，则令人心醉！

却说，文帝越过门槛，正欲挪步时，这才看见枣树下竟赫然跪着个人。黄昏中，但见其体貌、身形，以及薄薄衣衫中，若明若显之肌肤，皆酷似尉迟女！文帝一惊，心潮涌动，心想：那尉迟女莫非未死？已然转移到了此苑中？

文帝因而脱口问道："汝是谁呐？"

"贱妾是嫔御陈氏。"跪地之女子一口绵绵江南软语——显然不是皇上仍在心中朝思暮想、已然逝去的尉迟女。

文帝大失所望，说："朕何时有过一位陈姓嫔御？卿，一直就居于此苑中吗？"

"贱妾原居大兴宫的后宫里，是奉皇后之命，才于前日到此的。"

"呵……"文帝更感惊奇，随即看了身侧的独孤后一眼。他不知皇后招此女子到此是何用意。

"汝，快起来。"独孤后对陈氏说着，转身又与皇上道，"圣上有啥还不明白的，进屋再说吧。"

陈氏站起，一缕晚霞穿过枣枝，斑斑斓斓地洒在她楚楚动人的肢体上，使其熠熠生辉，光彩照人。文帝此才惊觉，此女非同凡响，而疑为天人！

进入客厅，宾、主都还没来得及坐下，独孤后即忙不迭地向皇上介绍说："这位嫔御是南朝陈宣帝最小的女儿，陈后主陈叔宝之妹。开皇九年，被充入后宫为婢时，她才九岁。逐渐长大成人后，因姿色出众，前年将其册立为嫔御时，曾经御批。其时，圣上可能并没在意。"

文帝想：皇后为自己物色嫔妃，无可厚非。但事前为啥不让自己先照一面呢？不过，他说出口的话却是："嘿嘿，朕当真没啥印象了。"

接着，独孤后又夸陈氏道："这位嫔御，琴棋书画，样样在行，尤能烧得一手可口的淮扬菜。今晚，圣上就在此用膳了。"

此时，陈氏方才接腔道："要不，贱妾这就下厨，请皇上皇后赏光，品尝品尝侬之家乡菜。"

"汝先别忙去烧菜。咱可没这好的口福。"独孤后的脸色一下由晴转阴。她对陈氏说,"皇上就交给汝了。汝可要尽心侍候好。"转身,即向文帝躬身一礼,头一低,便匆匆走了出去。

等候在枣园大门外的元岩,见出来的只皇后一人,上前欲问究竟。

独孤后不等元岩开口,劈面即道:"汝亦回去吧。这里已没汝的事了。周遭咱都布置好了警卫。"

皇后边说边迈下台阶。范公公见此,连忙跟上前去。

独孤后听见身后跟来的脚步声,气不打一处来:"汝也走远点!老娘想自个清静,清静!"

当将身边人都呵斥走后,独孤后便径自踏着暮色,沿一小径,踽踽而行。这位心高气傲,后宫中说一不二的皇后,忽然觉得,自己的晚景,原是这么孤独、无助与悲凉!她走着走着,竟面朝苍天,情不自禁地号啕恸哭起来……

其时,西天最后一抹晚霞,皆已收尽,夜幕犹如一张大网,如丝如缕地将世间万物,尽收网中……

　　独孤后踏着暮色，蹒跚而行。其时，西天最后一抹晚霞，皆已收尽，夜幕犹如一张大网，如丝如缕地将世间万物，尽收网中……

第九十六回

听涛轩促膝交谈忧国是
仁寿宫禁卫森严隐奸佞

翌晨。高颎等三位大臣，亦如往日，按时到达大宝殿的议事厅内。等候许久，却不见皇上从后殿过来。皇上一般都很守时，叫臣下等候这长时间，还从未有过。三人耐心地又等了好一会儿，仍未见文帝踪影。高颎和薛道衡目不转睛地盯着厅门，只盼皇上出现。而就在此刻，但见杨素用手抚着胸前胡须，脸上却露出一丝诡异的笑容。

高颎和薛道衡从杨素的表情上看出蹊跷，但在大宝殿内，却不便去询问是啥原因。不过，他俩亦都不着急了。

一阵脚步声响过后，独孤皇后笑眯眯地走进厅来，此又是一件非同寻常之举，三人立即跪下。

"请起，请起！"独孤后一迭连声地道。

待大臣们起身后，皇后方说："真是过意不去，让各位大人久等了。圣上昨夜睡得迟了点，至今尚未起身。咱就做个主儿，大人们连日为国操劳，亦都歇息一日吧。"

三人闻言，此才放心起身，并都道了声谢。正欲出门时，皇后又道："请杨仆射留步。"

高颎与薛道衡相互对视了一下，一前一后，相继出门。

此时，已近盛夏，但在仁寿宫中，只要你不站在日头下曝晒，或站树荫处，或处亭子间，皆如同春日，温润宜人不会感到热燥。

"近日来，杨仆射与皇后接触频密，像是有啥事似的。"一出大宝殿，高颎便对薛道衡如是说。

"此乃自然。"薛道衡道，"皇上与杨仆射原本就是本家兄弟，尉迟女之事，看似已然风平浪静，但夫妇间要真正做到毫无闲隙，恐仍需时日。而杨仆射则正是双方都不可或缺的调解剂。"

"那是，那是。"高颎立刻点头，并说："咱见杨仆射和皇后皆喜形于色，像是找到解开圣上心结的好法子了。"

"极有可能。你看，刚才圣上没来，咱俩都很着急，而杨仆射却若无其事，反在窃笑。"

"那笑里应有文章。"

"此还真难说哩。"薛道衡边走边道，"只要圣上皇后没事就好。"

高颎与道衡，是在平陈战中，经过倾心交谈成知音的。其时，高颎担任淮南道行台长史，薛道衡受任尚书吏部郎兼文书。一次，道衡跟随高颎到沿江一线视察攻陈布署，一个风雪交加的夜晚，二人留宿江边哨所，抵足而谈，从而改变了高颎对道衡的认识。此前，高颎以为道衡仅是个诗写得好，名气很大的文人而已。通过那次深谈，方知他对军事和国之大势，皆有很深识见。于是，在平陈之役胜利结束后，经高颎力荐，薛道衡方有了今日的地位。那么，薛道衡呢？自然亦深感高颎对自己的知遇之恩。不过，道衡对事待人，极讲分寸，他深知，自己与高颎虽同是皇上近臣，地位却是千差万别。仆射是皇上的臂膀，自己虽为内史侍郎，实则仅是个草拟诏书的笔匠。所以，平日二人由于官阶等级之别，亦是各忙各的，倾心交谈之机缘却无。

此次同来仁寿宫，二人朝夕相处，更是无话不谈了。且今日，皇后还放了一日假，二人便不紧不慢、心无旁骛地边走边聊起来。

仁寿宫曲里拐弯的小径特别多，可对几位大臣来说，却只认从别殿到大宝殿的一条直道儿。

当二人走到离住宿的别殿不远处时，高颍仍意犹未尽，一指对面山腰处的一座亭子，说："今日反正没事，何不到那亭子间坐坐？"

道衡抬头一看，亦来了兴致，说："好主意。"

于是，二人便相跟着沿一小径，朝那半山腰爬去。

以前曾经说过，此仁寿宫是将一座大山的山头铲平而建的。而他俩要登临的亭子，却在另一座山的山腰处。而那山亦还是在仁寿宫的宫墙内，由此，亦可见此宫之大了。

那亭子看似就在头顶上，伸手似乎就可攀上去。谁知，当二人爬到它面前时，皆已大汗淋漓，气喘吁吁了。

亭子为六方形，最奇的是，其背靠的石壁上有一股飞流直下的泉水，石壁之上，刻着三字，曰：一线泉。这一线泉落到石壁下，自然而然地形成了一条溪，溪则汩汩地从亭子间穿了过去。或者说，是建亭者故意把亭子搭盖在小溪上的。亭子间，用片石铺地，其六面皆有石砌的围栏和雕刻着飞禽走兽、花鸟虫鱼之镂空石窗。亭内置有石桌、石凳等。总之，整座亭子皆是就地取石建造成的。其形制，似亭，又有别于一般没有围栏和窗棂之亭子。其石头横梁上，刻着"听涛轩"三字。因此，此亭，其实不叫亭，而叫轩。此听涛轩，不临江，不面海，脚下只一潺潺之小溪，何来"涛"呢？因听涛轩的四周皆为松林所覆盖，因此，所谓"听涛"，听的是林海之涛声。

二人一到轩中，先是弯腰，用双手掬起脚下清冽的泉水洗面。之后，便捧起清泉喝起来。

高颍喝着清凉的泉水，连道："痛快，痛快！"

接着，二人各拣了一座石凳坐下，并解开胸前衣扣，让轻轻徐来之微风，将身上的汗水拂去。

这时，薛道衡回身再看山脚之仁寿宫，但见各个殿宇亭台皆镶嵌在一片高低起伏的绿水青山间，因而不由得感叹道："杨仆射督造的这座仁寿宫，可比高仆射督造的大兴宫有过之而无不及呐！"

"那是。"高颍点头承认道，"杨仆射做事，一是气魄与胆量皆比咱大。

他可以不管三七二十一，尽兴而为。钱财、物料、人力不够了，再请求追加，增调民役。他用的也全是新料、好料，做得也极尽豪华。再说，咱造大兴宫那时节，也不能与当下比呀！那时，一切秉承旨意，从简、从省。还有就是，那年月，内忧外患，随时都要准备打仗，所有府兵都不能充作民役，调人都是个大难题。"

"此乃真是，此一时，彼一时咧！"薛道衡喟然叹道，"说起来，从平定江南叛乱，到如今，天下真正安定，也就这几年光景。这么大个国家，若治理得当，兴旺起来，其实并不需要多么悠长的岁月。而如蒙不幸，不说战祸，只要遇上一个败家子当政，好端端的一个国家，顷刻之间，即可化为乌有哩！"

"噢？"正在观景乘凉的高颍一听，立刻惊问道，"公出此语，有所指乎？"

"没有，没有。"薛道衡解释道，"这都是明摆着的事实嘛。咱远的就不讲了，只拿北周来说，武帝杀了把持朝政的宇文护，励精图治，不就仅仅几年工夫，即将北齐平灭了嘛。可好日子还没开头，武帝猝逝，再过两年，其子宣帝不就将周玩没了吗？此外，再看江南的陈朝，不也是如此嘛，陈宣帝克勤克俭，刚使江南有所起色，他撒手人寰后，碰到个只会吟诗作赋的败家子陈后主，逍遥得意了几年，即国破家亡了！"

"那么，当今的大隋呢？太平盛世中，您是否觉得亦潜伏着值得注意的隐忧？"高颍看似不经意的一问，其实，却在心中已不知问过自己多少遍了。

薛道衡面对高颍，笑言道："仆射大人，是国家的大总管，心中难道不比咱更有谱吗？"

"咱哪有啥成算咧！"高颍坦承道，"仅在不久前，当右武侯大将军以谋逆罪被突然处死，咱的心中就感到一股莫名地惶然，突然变得不踏实起来。"

"公担心的是啥？"

"咱担心目下看似平静的朝廷，不知还将发生啥事儿！"

"其实，我朝的隐忧远比虞大将军死时，来得更早。"接着，薛道衡又反问高颎，"难道不是这样么？"

高颎回想起文帝向自己征询废、立太子事，觉得薛道衡言之有理，但又感到不甚明晰。于是说："咱不知是不是自己因离圣上太近，所处事务太多，反而疲沓不敏，而对人对事反而熟视无睹了。不过，内心的不安，却时隐时现。不知公是否知晓，长孙将军这么年轻就辞官回家了？"

"长孙将军去职，不是因病吗？"

"咱总觉得不大像。"高颎说，"他去并州前，曾到尚书省来见过咱，其丝毫不显病态，中气儿十足。可从并州回来，前后一共才两月，咋地就病得不成样子了呢？若是累病的，歇息几日，不就没事了吗？"

高颎对长孙晟前后两次生病，一直以来，心存疑窦。首先，他不信长孙会有什么大病；其次就是，既没大病，这位深受皇上器重的人，却又以病为由，二度去职，确实令人深思。一般人可能会认为长孙晟是个读书不多，只会射箭的武夫。但高颎却知道，此人其实是个极聪明、极机敏的人。他若不是看破啥不可告人之事，或者，感到前程绝望，咋会这么年轻就全身而退呢？高颎拿此事求教薛道衡，是因其供职的内史省，就挨着皇上处置政务的中华殿，平日接触皇上和长孙晟的机会比自己更多。

薛道衡呢？往日与长孙晟照面的机会确实不少，但他却并不了解长孙晟。不过，他却笑吟吟地道："嗨，此事仆射问咱，算是问对了人。"

"公当真清楚长孙将军去职的原因？"

"岂止一般清楚。长孙将军在中华殿发病时，咱就在场。"薛道衡道，"长孙将军从并州回来，向圣上述职后，仅过一日，再次受到圣上召见。其时，咱送一份草拟的诏书让圣上定夺，也在中华殿内。长孙将军因路途过分操劳，面色极难看，人亦瘦了一圈。他进殿内刚入座，圣上即说要命他为并州总管府的长史。长孙将军解释自己有病时，即大口吐血。那么大个中华殿，一下充满血腥味。当下就把圣上吓坏了，立命御医前来诊治，并由御医将他直接护送回家，他是此样离开中华殿的。"

"哦……原来如此。"高颎听罢，心中的疑窦却没完全消失。不过，薛道衡既看得那么真切，自己还能问啥呢？于是，转而又道，"公是诗人，不知是否读过晋王所作的诗？"

"晋王大作，当然拜读过的。"

"您平心而论，觉得他的诗到底咋样？"

"晋王有此雅好，亦有此灵性，加之，他周遭还有一帮造化亦很不错的雅士，为他的诗推敲、润色，所以，晋王凡拿出示人之作，确实都还是不错的。"

"不知公是否注意到？近一二年来，朝中有些官员在自己的客厅或书斋中，皆爱张挂晋王诗作。"

"此则却要另当别论了。"

"此是咋回事呢？"

薛道衡看了高颎一眼，说，"高仆射难道是真的不明白？不过，若以下官之见，这还算是情理中的事吧。"

"此还合乎情理？"

"难道不是吗？太子既已失势，必然就会有人取代太子的位子。会是谁呢？自然非晋王莫属了。于是，张挂晋王的诗词与条幅，也就成了当下官场的时尚，此乃不是既合情又合理？"

"此能说正常吗？"高颎忧心忡忡地道，"老祖宗规定的成法是长幼有序。此规一旦打破，大隋未来能有宁日？"

"老祖宗的成法，为什么就不能打破？"薛道衡说，"你、我原先供职的朝廷，其实都不为杨家所有，对不对？改姓杨后的大隋，完成了一件壮举，使华夏重归统一。而今的大隋江山，不仅远胜齐和周，还更胜原先的南陈，是不是此样？对于普天下的臣民而言，是长子当政，还是除长子而外的任一皇子当政，都无所谓。只要为政者，能够替天行道，体恤为其办差理事的官佐，赐福于民，使国家昌盛，此帝王就能受人称颂。"

"可是，当朝的文武官员中，还是有一部分并没在家里挂晋王的诗呢。"

"那又如何？比如说，咱家就没挂，想来仆射家，也没挂吧？但是，将来谁做皇上，却是由不得你和我的呵！是不是这样？"

高颎想想，觉得道衡之言，不无道理，于是，进而问："那么，以公之见，若将现任太子与晋王比，谁的能力更强？将来谁做皇上对国家对国民更有利？"

"不好比呐！如果仅看能力，显然是晋王强。可能力强的人，并不一定就能治理好国家，为庶民谋福祉。"

"噢？"高颎大惑不解，问，"此话怎讲？"

"就拿晋王来说吧，开皇九年，他在皇上的督促和您高仆射的辅佐下，迅疾平灭陈国；而今，只花几年工夫，又把江南治理得卓有成效，都充分展示了他有不凡的军事与治政能力。倘若有朝一日，他真正做了皇上，咱想，则恐又会是另一回事，另一个不同的杨广了！"

"噢？"高颎对薛道衡的话，越发感到不可理解了，"那是为啥？"

"关键在于，晋王若没了皇上对他的约束，一旦君临天下，凡事都由着他的性子来，会出现啥情形，就难以预料了。"

"咋会如此呢？"

"你、我不都在晋王手下当过差嘛，对他哪能没一点了解。"

"那时的晋王还年轻，不够成熟嘛。"

"江山易改，禀性难移。晋王的自信心极强，使他容不下别人，更听不得别人的忠告。而一旦登上皇位，不更加目空一切？为所欲为？"

对于高颎，又何尝没有领教过晋王唯我独尊为所欲为的个性呢？

仅在平陈战中，贺若弼由于求胜心切，没能听从晋王统一指挥，提早发兵。若不是自己主持公道和皇上的关爱，一代功臣名将贺若弼，也许早就死在了他的手中。还有就是，他暗地打招呼，要自己为他留下陈叔宝的宠妃张丽华，自己从大局出发，怕扰乱军心而将张丽华处死。据说，他为此事，还一直记恨于心。

高颎想了想，于是转而问："那么，如果让汉王杨谅秉承大隋基业，公以为，情形会如何？"

"此可预见，"薛道衡不假思索地说，"汉王比之晋王，显然更差劲。"

"那是为啥？"高颎不解地道，"咱记得，公当年以罪臣身份流放岭南，晋王搭以援手，请公去江都，而为公婉言谢绝，却接受了汉王之邀，取道汉王当时治下的荆州。"

"那是汉王对咱的错爱，不能说明咱与汉王关系特殊，并看重他。咋说呢？汉王其实是个永远也断不了奶的毛孩子，岂堪担当一个大国之君？那么，咱为啥宁肯接受汉王邀请，而不去江都呢？是因为汉王事后不会向咱索要回报。但如若蒙受晋王恩典，则要一辈子受其驱使，否则，即要遭到他的打击报复。"

"呵……"高颎方才释然。

听涛轩中，只闻清风送来阵阵林涛之絮语……

沉寂了好大一会儿，道衡弯腰去溪中捧喝了两口凉水，复又坐回石凳上道："总而言之，包括当下失宠的太子在内，几位皇子皆太顺利，太早就拥有极大的权势。他们都未尝人间烟火，更体察不到人间世事的艰难困苦。而不像当今圣上，是蹚苦水、浑水，甚或是从惊涛骇浪中走过来的。"

"确如此。"高颎满脸愁云惨雾，不无担忧地问，"如此说来，大隋到第二代，不是就后继无人了？"

"对此，仆射大人不必太过忧虑。人世间，既有亡国败家者，亦会有激流勇进、力挽狂澜的英雄横空出世！"

"若是那样，不就改朝换代了吗？"

"那又何妨。"

听涛轩外，艳阳高照下的林莽，传来阵阵沉雷般的松涛声，一波接一波，声声入耳……

话分两头。

再说，独孤皇后于大宝殿内将杨素留下。待高颎和薛道衡一离议事厅，杨素则还是不无担心地问："圣上咋样了？顺利吗？"

"顺利，顺利！公之此招，果然灵验。"独孤后津津乐道，说："据刚从枣园过来通报的人说，圣上和陈氏都还未起床。卿想想，待圣上起身，由陈氏招扶洗漱、用膳，再缠绵一阵子，今日不就差不多过去了嘛。所以，咱叫枣园来人回去说，今日大臣放假一日，亦让圣上不必心挂两头。"

"此是好主意。我等跟着圣上连轴转，亦有点吃不消了哩。更何况圣上比咱思虑的事更多。"杨素说着，见皇后面容憔悴，两眼通红，布满血丝，因而又劝慰道，"皇后，您可一定要想开点儿。"

"咱没啥。"独孤后掩饰地说，"咱有自知之明，都这么大一把年纪了，早已人老珠黄，还稀图啥男欢女爱啦！"

"皇后能这么想，就好……"

"唉——好啥咧！"皇后终于憋不住地切齿咒道，"汝等男人，皆是些没人性的畜牲！"

原来，自尉迟女死后，文帝嘴上不言，心中却仍郁闷不乐。他和皇后表面上仍一起共进晚膳，却寡言少语，进食不多。皇后看在眼里，急在心中，却又想不出啥办法使皇上快活起来。因此，招来杨素，告知了上述情形。杨素说，圣上在处置政务时，言语亦比从前少了许多。皇后问计杨素。杨素想了一下，说，此事解决起来，其实并不费难。然而，却是：解铃尚须系铃人。独孤后则说，只要能使皇上快活，能像往日那样不再沉闷，她即使粉身碎骨，亦在所不辞。杨素说，此事倒不须皇后使多大力气，只须皇后让皇上名正言顺亲近一位与尉迟女同样年轻貌美的嫔妃即成。此样，不仅可使皇上彻底忘记失去尉迟女之伤痛，亦可使帝、后和好如初。独孤皇后于是着人从大兴宫中招来了嫔御陈氏。

"皇后须着眼大局。"杨素进一步劝慰道，"圣上安好，是满朝文武之福祉，亦是皇家和大隋之福祉。"

"其实哩，咱已想得很开了。只是如此下去，可要苦了咱的广儿。圣上这么如胶似漆地粘着陈氏，还有心思考量重立储君的事么？咱思前想后，对勇儿已越来越无信心。"

杨素闻听此言，却没附和皇后的话，作任何回应。

杨素，作为统率千军万马的大将军，有决战千里大刀阔斧之豪气；作为臣子，他又心细如发，谨小慎微。在废、立太子这件事上，他一再告诫杨广要见机行事，不能操之过急，不然，就有可能适得其反。而他本人也正是这么做的，皇上或皇后推一下，他动一下，从不越俎代庖，主动出啥点子。否则，让皇上皇后看出自己有帮晋王之嫌，那事情反而会变得更加复杂。

一阵沉默过后，杨素方顺水推舟说："此事，倒确须皇后提醒圣上，应早作决断。"

"只是，咱的话，不知皇上能否听得进去。"

"皇上因得陈氏，气顺了。臣下以为，正是皇后向圣上进言的好时机。圣上一定能像往日一样，认真对待皇后的意见。"

其实，就在几日前，杨素收到杨约从京师发来的密信，告知说，据东宫内应姬威报告，自圣上去仁寿宫后，太子感到与往年不一样，各部门的大小官员没一个前来向他请示朝中政事，因而感到惴惴不安起来，接连派出密使到仁寿宫打探皇上信息。不过，派去的人是谁，与宫内何人碰头，则都不得而知。杨素获此讯息，一直在暗中注视有关迹象，却没发觉任何蛛丝马迹。他想，此事若能早日穿帮，情势有可能会急转直下。

说来也真是无巧不成书。正当皇后与杨素在大宝殿议事厅密谈时，元岩风风火火地撞进门来。他一见皇后坐在皇上原先坐的位子上，吓了一跳，慌忙下跪，向皇后请安。

独孤后对元岩向来无好脸色，她不喜欢他。因为皇上一直以来，对身边这位黄门侍郎，看得比谁都重。而元岩呢？亦一根筋地只听文帝一人的话，有时，竟似乎没把皇后放在眼里。

所以，独孤氏一见元岩，便立即站起说："汝是来见杨仆射的吧？"说完，即起身而去了。

元岩待独孤后迈出议事厅，便向杨素禀报说："下官是来朝见圣上的。圣上不在，因事甚急，禀告杨仆射，也一样。"

"是啥事？你别急，慢慢说。"

"下官在园子里抓到两名奸细。"

"奸细？"杨素惊问道，"仁寿宫内，何来奸细？"

　　"二人中，一人来自东宫，是太子身边的侍卫，下官很早以前就与其相识。"

　　"噢？"杨素更感震惊。心想：一定是杨约密报中提到的人。于是，一指薛道衡平日作记录坐的那把椅子，对元岩说，"不用慌，汝坐下，慢慢说。你刚才讲，抓到的一共是两名奸细，那么，还有一名是何人？"

　　"另一名则是皇后身边的范公公。"

　　"呵？"杨素一听，竟自瞠目结舌。他稳了稳神，说，"此切切不可妄下断言。汝说范公公是奸细，有何凭据？"

　　元岩则一脸平静，说："皇上自昨日黄昏去枣园，就再没出门了。咱作为皇上近身臣子，心中不踏实。但皇后有令，不叫咱进去。咱只好围着枣园兜圈儿。咱一圈一圈徘徊着，无意间，见附近的花圃丛中有两个人影晃了一下，即又不见了。咱就随那影子慢慢摸了过去，觉得一侍卫打扮的人有点眼生。仔细一瞧，认出是太子身边侍卫。其时，咱着实吃了一惊。再看另一人，咱更惊呆了——竟是咱日日照面的范公公！范公公一直在对太子侍卫说悄悄话，咱一句都没听清楚。过了一会儿，侍卫拿出两锭银子交与范公公。咱想，此分明是在做啥交易嘛。于是，就近叫了几名侍卫，两头一围，逮个正着。"

　　"你逮住的两个人呢？"

　　"已分别关入禁闭室内。"

　　杨素想：此事，关系重大。一个是太子身边侍卫；另一个更是皇后宠幸的宦官。他于是对元岩道；"此事非同小可，必迅疾面报皇上，并由皇上亲自作处置方成。汝可速去枣园，向皇上面报此事。"

　　元岩面显难色，说："皇后有言在先，不叫咱进哩。"

　　"不碍。有啥不妥，杨素可为你去枣园之事担责。"

　　"那行。"元岩转身就走。

第九十七回

隋文帝震怒亲审两奸细
独孤后伤心方识白眼狼

却说，文帝获得陈氏，对此晚来艳福，特别珍视，亦特别动情。一夜翻云覆雨过后，已是骨酥身软……

待他睁开双眼，日光已从窗棂射入房中，陈氏则早已穿戴整齐，坐在榻旁对他微笑说："圣上醒啦，您还觉得累吗？"

"嗨，昨夜睡得真香，一点都不累了——爱卿呢？"

"奴婢……亦是……"陈氏羞怯地说着，满脸已然绯红。

文帝一见，觉得陈氏那娇羞之状实在可爱。他猛地一掀搭在身上的锦被，猛兽一般，赤身露体地将陈氏揽入怀中……又经一番折腾，陈氏已是钗落发散，妆容不整，文帝则更是大汗淋漓，瘫软在榻。

又过了不知多久，当文帝注意到射入房中的日光时，方忽地警醒，说要起身去大宝殿参决政务。陈氏即说，皇后已派范公公前来告知，今日让几位大臣都歇一日，皇上亦不必赶去办差了。文帝则说，既然醒了，还是起来吧。陈氏不敢怠慢，翻身下榻，草草将自己结束后，即侍候文帝穿戴。文帝伸臂抬腿，任凭陈氏摆布，眼睛却瞄到她那副被自己弄"花"的面容上，觉得其状貌极尽滑稽好笑，遂把妆台之镜子递给陈氏，要她自照。陈氏拿镜瞧见自己的"大花脸"，亦禁不住地"扑哧"笑出声来……

这一对老夫少妻正笑得开心之际，只听大门外的门环被拍得"哗叽"作响。那响声，连内室皆清晰可闻。

"谁？"文帝脸上的笑容倏地消失，怒道，"大胆！"

其时，有人在房外报说；"是黄门侍郎在敲门。百般解释，他都不听，还动手把看门侍卫推得东倒西歪。说是有急事，一定要立即面见圣上。"

文帝想：元岩为人处事，并不粗鲁，他这么横蛮，定是事出有因。于是，说："叫他进来吧。"

文帝身着便装，步入客厅。元岩亦从外面匆匆而入。他一见文帝，立马跪下说："圣上，您可好呀？下官见不到圣上，心不踏实咧！"

"呔！汝就为的这？卿频砸门环，推倒两侍卫，使整个屋里人，都着慌了哩！"

"侍卫本都是大熟人，咱说有急事，要面见圣上，还是不让进，说是皇后下的死命令。情急之下，只好行蛮了。"

"起来吧。"文帝看了看元岩，问，"卿到底是为啥？看，真把汝急成一脸汗了呐。"

"臣下逮到两奸细。"

"啥？"文帝大为惊诧。

元岩先朝客厅内的下人做了个退下的手势，等众人退下后，他方道："今早，臣下在此苑子外边闲逛时，忽地看见范公公与一不知是从啥地方冒出之东宫侍卫，在花圃中说啥悄悄话。其后，咱还见那侍卫递给范公公两银锭。心想，一定不是啥好事，便叫来几名侍卫将二人擒获，分别关入羁押室。因见不着圣上，就将此事面报了杨仆射。杨仆射觉得这事太稀罕，事关重大，而且，其中一人是范公公，他不敢轻举妄动，就命臣下速来枣园直接面报圣上。"

文帝听后，亦觉此事非同小可！东宫侍卫大老远来仁寿宫干啥？范公公是皇后身边宠臣，此事连文帝也觉得有点棘手，但事已至此，不管也不行。他沉吟片刻，说："此事尚不明就里，不宜声张。这样吧，汝这就去告知杨仆射，请他去羁押室，会同朕一起讯问两个可疑人。"

元岩走后，文帝回房更衣。陈氏边为文帝换衣边说："圣上累了一夜，尚未进食，吃点东西再去忙事吧。"

"吃是小事，来不及了。"

"奴婢熬了点冰糖莲子羹，还是温的，尝两口吧。"

"嗯。"

陈氏立命宫女将羹端来。文帝换好衣裳，陈氏先尝了一口——不凉亦不烫，正好入口。

文帝则就着陈氏用过之匙，三下五去二地即把一杯莲子羹吃了个精光，还连说："好吃，好吃！"

接着，文帝在一众太监和侍卫的引领下，赶到仁寿宫羁押室时，杨素和元岩已先抵达，并在羁押室的周遭作了戒严布置。

平日打理羁押室的几名小吏和士卒，先是看到范公公被关进来，就感惊奇。此又突然见宰相和皇上相继驾临，更感吃惊。

其时，连同杨素等一干人，统统跪地，并连大气都不敢出。

"都起来吧。"文帝待众人陆续起身后，即在堂前一把椅子上坐下。此是皇上第一次光临此室，所以先朝周遭扫了一眼。

大家起身后，杨素即对羁押室一名吏员道："此处只留一名录司与一名掌钥匙开禁闭室门的人。其余人等，皆请暂避。"

堂中人散去后，杨素走到文帝跟前征询道："可否先从太子派来的侍卫开问，请圣上示下。"

"一切由卿主持，朕只旁听。"文帝说着起身，要把自己坐的正位让给杨素坐。

文帝在，杨素岂敢在正位就座。

"没事，没事，卿是主审官嘛。"文帝吩咐杨素坐下，自己则坐到墙角一把椅子中了。

仁寿宫的羁押室，是对宫内违规属员责罚之处所。内设几间禁闭室，外间这间堂屋，即兼作讯问室用。

杨素就座后，即命管理禁闭室钥匙的吏员与元岩将太子身边侍卫带来。

那侍卫没上镣铐等刑具。一进堂屋，还仗着自己是太子身边人，故作目空一切大大咧咧状，昂然站立着。

"跪下！"杨素一拍醒木，打了他一个下马威。

侍卫这才注意到堂上坐着的竟然是尚书右仆射。太子身边人，哪有不识杨素的！于是，"扑通"一声跪了下来。

"汝是何人？"

"小的是东宫太子之侍卫。"

"此就怪了。东宫侍卫跑仁寿宫来干啥？此一来一往，两地相距数百里呐。"

"太子命小的押送奏折而来。"

"此越说越走板了。"杨素怒道，"太子代管朝中政务已有多年，难道不懂押送奏折有朝廷机要人员和专用侍卫？"

"折子中，有太子单另写与皇上之密件，才专此派小的来的。"

"那，太子给朕之密件呢？在哪呀？"文帝终于忍无可忍插话道，"汝拿来给朕瞧瞧。"

太子侍卫闻言，猛地抬头——傻眼了！

他做梦都没想到，会当皇上面，扯出如此弥天大谎来！他先如僵尸一般，木然不动，继而浑身战栗，磕头如鸡啄米地道："小的有罪，小的罪该万死！小的是太子暗中派来探问皇上皇后是咋议论和评说太子的……"

"太子不做亏心事，他要知晓这些事干啥？"这回可轮到文帝不安了。他没有料到，太子竟有如此用心。

"太子只要小的前来探问，没说问了要做啥。"

文帝亦不再过多盘问，即朝杨素使了个眼色。杨素接过话头，道："那么，范公公在花圃中，对汝说了些啥话？"

"他说，仁寿宫最近出了两件事。一件是，圣上临幸了一名叫作尉迟女的宫女。皇后知道后，生气地叫人将那宫女活活打死了。此事，惹怒了皇上，为此，圣上生气地夜里出走仁寿宫。这么一来，就发生了第二件事。皇后为弥补自己之过失，从大兴宫招来了嫔御陈氏，亲手教她如何给圣上穿衣裳，如何照料圣上之起居。那陈氏十分聪明、乖巧，不管啥事，一学即会。皇后又教她如何讨得圣上之欢心……"

"够了！"文帝一拍茶几，十分恼怒。

屋子里虽然只有杨素、元岩和一名录司，但范公公的言语，却已使文帝尽失颜面，分外难堪。若再由他继续信口雌黄，那还得了。

杨素会意，立即拨转话题，问："太子派汝来此，是何居心？"

"太子独守京师，无有官员向他禀报政事，心里发慌。"

"他慌啥？"

"今年皇上皇后早早动身去了仁寿宫，太子觉着此事就不甚寻常。尤其是，此次还将左右仆射都带去了，则更不寻常。表面上，仍叫他坐镇京师，主管日常政务。而实则，留守官员没一个听他的，他们皆直接与仁寿宫联络，甚至连州与县，亦皆如此。而太子实则已无事可管，觉得心中无数，才不断派人来仁寿宫，打探皇上皇后之口风。"

"汝到仁寿宫来过几次？"

"两次。"

"汝只来过两次？"

"是。"侍卫解释说，"太子派到仁寿宫来的人，不止咱一个。小的确实只来两次。东宫与大兴宫本来就共一个大院落，两宫之人相互都认识。且这仁寿宫中不少人，亦都是从两宫中抽调来的，进出只要打个招呼说是太子派来的，亦能畅行无阻。"

"汝还另外找过谁？"

"小的两次都是找的范公公。其他人都找了谁，咱不知。反正鱼有鱼路，虾有虾路。且都是用银子来开路的。太子对钱倒不吝啬。"

杨素问到此处，看了一眼文帝。

文帝摆了下手，杨素即道："将他带下去。"

东宫侍卫跪的时间长了，起身有点不利索。元岩如同老鹰抓小鸡，伸手一提后腰，将他拉起，押出门去。

东宫侍卫被重新收监后，羁押室掌管钥匙的吏员接着打开另一禁闭室。

被关的范公公一见站在门口等他的是来势汹汹的元岩，便又吵又闹，赖在禁闭室中不肯出门。

元岩欲拉，他更嚷嚷道："咱知你是公报私仇。你想借故杀咱？是吧？咱可不能这么不明不白地冤死在汝的手中，咱要面见皇后。皇后娘娘说咱该当死罪，范某万死不辞。"

身为黄门侍郎的元岩，是皇上身边人；范公公则是皇后最为信任的宦官。一直以来，两人低头不见抬头见。元岩最不待见的就是他一副姨娘笑脸；而范公公总觉元岩狗仗人势，盛气凌人样。所以，当面斗不过元岩的范公公，常使阴招，偷偷在皇后面前告元岩之刁状。独孤后亦不喜欢元岩，只要听到风，就会对元岩大加训斥。总之，此二人，只要有机会，就会彼此横挑鼻子竖挑眼，谁都看不惯谁，谁都不让谁。

此时，范公公想：自己不小心，落入他的手里，他还不趁机把自己往死里整？所以，不管元岩如何向他解说，范公公死活就是不肯出门，并要求面见皇后。被弄得实在没辙的元岩，只好一不做，二不休，一把将他拽住，硬拖出门。范公公则更加惊恐，一边挣扎，一边大呼救命！

元岩则不与之争辩，一直将他拖至堂前方放手。范公公躺在地上，仍在大呼"救命"。

"谁要汝之命了？"

一句熟悉的口音，猛地灌入范公公耳中。他立马停止了哭闹，睁眼见杨素就坐在自己面前。他当然清楚杨仆射与皇后关系不错，于是，如见救星一般，声泪俱下地哭诉说："杨仆射呃，您可要为奴才做主！奴才对皇后的一片忠心，日月可鉴。"

杨素则就汤下面，安慰范公公道："哭啥嘛。叫汝来，是有几句话，要向汝对证对证。"

"您说。"

"东宫那侍卫，是来仁寿宫作甚的？"

"他说是奉太子之命，押送啥密件来的。"

"汝是咋认识他的？"

"汰！他是太子身边人，咱是皇后身边人，常来常往，谁不认识谁哩。"

"他来仁寿宫送密件，咋会碰到你范公公的？"

"巧，巧遇！"范公公跪在地上，径自眉飞色舞起来。"咱奉皇后之命，去枣园向皇上传话回来，在途中正好碰上太子侍卫。"

"汝对他说了些啥话？"

"咱与他有些时没见面了，就随便说了几句闲话儿。"

"是说闲话吗？"杨素一声冷笑，道，"说的若是一般闲话，人家会把银子往汝怀中塞？"

范公公用惊奇的目光盯住杨素，双手则紧紧护住怀。他本以为杨仆射与皇后关系非同一般，皇后每请杨仆射去宫里议事，亦多让自己去传话，便以为和杨仆射非常熟络，所以，仆射问话，必会向着自己。可没料到，他一开口就往自己要害穴位上戳。他于是又痛哭流涕，答非所问，要求面见皇后。

"汝别这样，从实招来。"

逼急了，范公公竟不买仆射账，以攻为守，说："咱没啥好说的。要说，亦要待皇后来后，咱再说。"

也真是，堂堂仆射大人，今日审理的皆是拣不上筷子的两只虾。可因他们一个是皇后身边宦官、另一个是太子身边侍卫，就仗这么点势，竟让足智多谋的仆射，相继碰了两次软钉子。

不过，皇上今日未坐主审官位置，简直就是出奇制胜。

"混账！"文帝怒从心起，大声道，"元岩！"

"臣下在。"元岩应声而出。

"卿把这无赖拖出去宰了，给朕消消气！"

范公公闻声，此才注意到坐于墙角的皇上，顿感五雷轰顶！不等元岩前来执行皇上命令，他连滚带爬，迅疾挪至文帝脚前，磕头道："奴才有眼无珠……躬请皇上息怒，奴才讲，奴才讲……"

再说，独孤后派范公公去枣园告知皇上今日可不必赶来与大臣们议政，可一等再等，却不见范公公返回。皇后急着想知道皇上是否起床，是否用过早膳，新婚燕尔夫妻俩相处是否和谐……她实在等得不耐烦了，又派两名贴身宫女去枣园寻问范公公。

宫女过了一会儿，回来报说："范公公到枣园报知信息，已走好几个时辰。且皇上不仅起身、用膳，亦被急匆匆赶来的元岩叫走了。"

独孤后一听，顿感六神无主，乱了方寸。她想：范公公是个糍巴屁股，说不定坐到啥地方，与人神侃起来就忘乎所以了。可皇上却又是因啥竟丢下新娘急着出门去了呢？

恰在此时，一个太监慌慌张张进来报说："禀……禀告……皇后……奴……奴才……"

那太监因跑得太急，上气不接下气，又因弓腰跪地，气息更是不匀，一下竟至梗塞得说不出话来了。

"汝别慌，起来慢慢讲。"皇后看着太监惊惶失措状，自己劝慰奴才的声音亦颤抖起来。

太监从地上爬起，喘了几口粗气，说："奴才刚听外面侍卫说，咱宫里的范公公与外头来的一名侍卫不知因啥事，被抓入羁押室，关了禁闭。"

"呵？谁敢抓咱的人？胆子忒大，连招呼都不打！"

"听说是……是元黄门领人去抓的。"

"大胆！"独孤后气不打一处来，坐上凤辇，亲率大宝殿中一干人，直奔羁押室。

当众人赶至羁押室近前时，就觉气氛不对。往日冷冷清清无人问津的羁押室，竟戒严了，不叫进。

可在气头上的皇后，步出凤辇，则不分青红皂白，一挥手，众人一拥而上，即朝羁押室冲去。而当大家看见皇上和仆射皆赫然坐立堂间，一下都吓得目瞪口呆，就地跪下。

尾随其后的皇后，见前面人纷纷扑倒于地，不知发生了什么，紧走两步，跨过门槛，见到皇上，亦觉突然。她犹豫了一下，亦与众人一般，跪下了双膝……

羁押室这边，对范公公的审理刚告一段，忽地拥入一大帮人来，令文帝分外恼火。正欲发作时，却见皇后气咻咻地撞了进来，亦大感意外。

皇后跪下后，文帝连忙起身，将独孤后扶起，并惊问道："卿，何以至此？"

"圣上问奴婢，奴婢亦正要这么问圣上呐。"独孤后心中还压得有火，只是当着皇上面没好发作。

"唔……"文帝环顾左右，见跪着一屋子人，不好多作解释。于是，说，"大家起来，都到外面候着吧。"

众人则如蒙大赦，纷纷退出后，独孤后即道："奴婢是闻范公公被关于此，方赶过来的——范公公的人呢？"

"奴才在此。"其时，范公公亦如一摊烂泥，委身于地。当下，竟意外盼来了真救星。于是，迅疾爬至主子脚前，凄厉地道，"皇后，救命！"

独孤后看了皇上一眼。文帝则坦然地道："因事出突然，没来得及知会卿。朕知卿历来不干政事，但范公公是汝之奴才，现将其交与皇后，按后宫规矩来处置他吧。朕与杨仆射等，皆作回避。"

文帝说完，即与杨素抽身而走。元岩尾随在后，他前脚刚刚跨过门槛，文帝见屋内只剩皇后一人对付范公公，为防不测，就向元岩使了个眼色，让他留在了屋子里。

但，独孤后却不领此情，她板起脸，横眉怒向元岩道："皇上和仆射皆回避了，汝还戳这干啥？"

元岩被弄得灰头土脸，只好叩首出门。

独孤皇后，嘴说不干政事，她只是从不在各位大臣面前颐指气使，指点江山。内里呢？从隋创建之日始，便有众多耳目将君臣议论之大事随时通报她，她再在私下给皇上出谋划策，而文帝则每每言听计从。所以，朝廷文武皆把皇后称之为"二圣"。

当下，独孤后以后宫规矩来处置自己的奴才，自是名正而言顺。她坐到杨素刚刚让出的位子上，威严地对范公公说："到底是咋回事，汝须一点雨一点湿（实）地如实讲明。若有半点不实之词，休怪娘娘不认人。"

"是——奴才岂敢对娘娘说谎。"范公公此时已恢复平日对待主子的常态，说，"此事，要从今早奴才奉娘娘之命去枣园传话说起。奴才传过话后，在回大宝殿的途中，不巧，碰到一个人。是……是……"

刚说两句，范公公的舌头便不听使唤地吞吞吐吐起来。因其深知皇后不喜太子，咋一开口就牵扯到太子头上了呢。

皇后见他抓耳挠腮，一副猥琐状貌，皱了一下眉，问："汝碰见谁了呢？照实说。"

"是……是太子的一名贴身侍卫。"

"噢？"独孤后顿感惊诧，紧问道，"他来仁寿宫干啥？"

"此人与奴才相识已久，是来与奴才聊磕闲话的。"

"此又不是从东宫到大兴宫，仅隔一个门洞。有这么聊磕闲话的吗？"独孤后觉得不可思议，正色道，"你俩都聊了些啥？"

"奴才……奴才……"往日伶牙俐齿的范公公竟又语塞了。

独孤后方才意识到，一个小小宦官竟让皇上和宰相同堂审问，确实非比寻常。但，她还是耐着性子对他说："汝是知道娘娘脾气的，若想活命，从实把话给讲说清楚。"

"奴才说……奴才说……奴才是鬼迷心窍了呐！"范公公自知罪孽深重，磕头不止。

"说——吧。"独孤后亦自深感不安起来。

果然，当范公公跪在地上，一五一十把与太子侍卫讲的话述说完毕，独孤后已是百感交集，不能自已。她不敢相信，这就是自己最信得过的奴才。二十年来，范公公简直成了独孤后的一根不可或缺的拐棍儿。而尤其是，随着年龄的递增，此种依赖关系，则愈益明显。后宫中一些极为隐秘之事，独孤后往往都是交与他去处置。想不到，到头来，他竟然是只吃里扒外的白眼狼！另方面，独孤后更没料到的是，太子会以此方式把手伸进仁寿宫——此还能算是自己的亲骨肉吗？

"唉——"除了痛心、失望，还能说啥？他既不是自己人，就还是按朝廷律条去处置吧！独孤后一声长叹过后，欲起身出门。

独孤后方才意识到，一个小小宦官，竟让皇上和宰相同堂审问，确实非比寻常。但她还是耐着性子对他说："若想活命，从实把话说清楚。"

范公公见势不妙，大呼："娘娘！娘娘！您可要救救奴才呀！"

独孤后厌恶地一甩手，走到门口。

范公公再次大呼："娘娘！您请留步。奴才尚有一事，要向您禀告。"

"啥事？"独孤后回过头来。

范公公神情乖张地说："尉迟女死后那日夜里，皇上匹马没入林中，我等摸黑去林中寻找，终于在湖畔见到皇上。其时，高仆射走上前去，劝慰皇上说，'圣上堂堂国君，何与一个女人计较。'高……高仆射压根就没把娘娘放在眼中哪！"

"噢？"独孤后收住脚步，转身问，"高仆射当真说过此话？"

"千真万确。若有不实，奴才愿遭雷打电劈！"

"既如此，为何直到今日，方将此话道出来？"

"前些时，娘娘心绪不是一直不佳吗？咱怕说了，给娘娘添烦恼。咱知，此话要等娘娘开心时说出，方管用的。"

"汝是觉着咱目下心绪很好，是不？"独孤后说着，抬腿跨出门去。

第九十八回

枣园觥筹交错弹唱频传
宝殿空寂寞落怒从心起

独孤皇后病了！

皇后的病，来得突然。当她一甩手，背转身子，气势汹汹地跨出羁押室时，人还是挺精神的。接着，她登上凤辇，回到大宝殿，再下车时，便觉天旋地转，难以自持。得亏几名贴身宫女将她架住，才没跌倒。

昏睡中的皇后，时而惊悸，时而做着噩梦，梦中还不忘大骂范公公吃里扒外，忘恩负义。

御医龚维之反复诊视，使出浑身解数，到第三日，方使皇后病情渐趋稳定。龚御医松了一口气，皇上跟着松了一口气，仁寿宫中的朝臣和里里外外的下人亦都松了一口气。

皇后病中，龚维之一纳其脉，便对身边皇上说："皇后是气血不畅，积郁于心而致病，千万不能使她再受刺激。"

皇上连说："是，是……"

文帝对御医的诊断，深以为然。而且，只有他本人才更清楚皇后是怎么弄成"气血"不畅，而至郁积于心的。

自尉迟女之事爆出，独孤后就从未气顺过。她先是暴跳如雷，指使下人活活将那小女子打死。接着，为挽回夫妻数十载建立起的恩爱关系，又于心不甘地送给皇上一位更聪慧、更美丽、更能体贴人的陈氏。表面看来，独孤后高风亮节、十分大度，而实则是打落牙齿往肚里吞——这么委屈地做人，气咋能顺呐！其后，连跟了她二十年，且最受宠的范公公，却发现原来是只吃里扒外的白眼狼——那积郁于心之气血，则终于有如山洪般地一泻而不可收了！

文帝没生病，却亦着着实实被拖累得身心俱疲。这位历经磨难、风险，方登临帝位的皇上，老来却要心挂几头，确实使他有点难以承受。首先，皇后的病就是因自己的不检点而引起，他感到有愧皇后，每日不得不分身陪伴于皇后病榻前，以抚慰她心灵中的创伤；其次，皇上老来喜获新欢，使他欲罢不能，然而，情爱是要花工夫去维系的，他又要从大宝殿赶至枣园，以呵护年轻貌美的夫人；再次，大隋乃泱泱帝国，每日须处置之要务、急务，多不胜数，不可延宕，否则，就有可能由大事变大祸；此外，这座看似宏伟、安保严密的仁寿宫，却原来是个百孔千疮，隐患多多的处所，而使文帝深感自危；还有，东宫侍卫和范公公处斩，那么，坐镇京师的太子，听到此消息后，还能安之若泰吗？太子若在京师作起乱来，还得了？凡此种种，文帝能不百事纠结，千头万绪？

不过，文帝一生就是从无数惊涛骇浪和险象环生的境遇中蹚过来的。他见多识广，且分身有术。在处死东宫侍卫和范公公后，文帝立马下旨令杨素与元岩对仁寿宫内和沿途行宫进行整饬，清除隐患。并分别下旨给驻守京师的左卫大将军元旻和右卫大将军元胄，令他俩加强对大兴宫及其整个大兴城的守备。此外，在废、立太子一事上，文帝与高颎虽生歧义，但高颎毕竟仍是当朝宰相，他对一应政务，不仅熟悉，且还是一如既往地兢兢业业，有条不紊。所以，当杨素致力于整肃内部安全隐患的同时，高颎在薛道衡的协助下，担负起了处置一应政务之大任。这么一来，整个朝廷的内外事务，运转正常，所以，皇上的主要精力就花在了两个女人身上——陪伴病榻之皇后和与新欢陈氏作乐。

其时，坐守京师的太子，猛然断绝了与仁寿宫正常与秘密的一切联系，使他一下子就变成了一只断线的纸鸢儿，上不着天，下不着地，乱作一团，不能自已！

　　其实，太子暗中派人探听仁寿宫的动静，手段恶劣，却并没多么了不得的阴谋，更扯不上要策动啥叛乱之类。他完全是于惶恐中，再出的一着昏招而已。太子城府不深，胸无大志，是个率性、贪享安乐的人。他要登临帝位，无须耍弄啥阴谋诡计，只需循规蹈矩等到父皇寿终正寝，就能顺理成章登基。而此次，太子是看到父皇去仁寿宫，且把两位仆射全带走了，才慌神的。以往，父皇去离宫或到外地巡视，让他留守京师，身边总有一位仆射协助他料理日常政务。以往，担任宰相的高颎与苏威，二人不管留谁，只要有人为他打理各项事务就行。苏威遭贬，两位仆射成了高颎与杨素。文帝出巡，一般喜带杨素，此亦正合太子心意。因为高颎不仅是太子的亲家，做事亦任劳任怨，中规中矩，他尽可放心去干自己想干的事。这回，两位仆射全都被父皇带走，他没了主心骨，已做好身体力行处置事务准备的太子，整日反而无所事事——留守京师的满朝文武，皆无视他的存在。他派人到各衙门了解，方知，从仁寿宫往返京师的吏员、信使、差役等等，络绎不绝。皇上与仆射虽人在仁寿宫，却都并未闲着。他们身在山里，却遥控着京师，而把太子晾在了一边。此刻，如梦方醒的太子，才猛然感到：那股暗中流传的"废、立太子"之阴风，非但没有因时间的推移而止息，而是在暗中愈演愈烈了！于是，他才慌忙派人去仁寿宫一探究竟。结果，回来的人把那边情形一摆，使太子更为讶异——他在东宫和京师的一举一动，皇上与皇后竟然了如指掌！更有甚者，太子在东宫若有若无的一点小事，竟被无限放大，并在仁寿宫内被范公公传得活灵活现。为此，惶恐不安的太子，便又接二连三向仁寿宫派出暗探……

　　世上许多说不清道不明的纠结，往往皆是发端于偏见和相互缺乏谅解、沟通才渐渐生成的。比如，皇上皇后与太子间的纠结就是这么愈结愈深的。起初是皇后不满自己好心为太子撮合的元妃不为太子所钟爱，继而是父皇不满太子生活过于奢靡。而太子呢？却把父皇母后的意愿都当成了耳边风，进而，父皇母后更为一些琐事与太子"纠结"不休。试想：当初母后若能体谅太子，大度地让他爱自己所爱的人；而太子亦能体谅父皇的良苦用心，在生活上节俭收敛些，那么，闲隙、偏见、纠结，不就减少，甚至化解于无了吗？可是，人要真正做到不偏不倚、宽宏大度，能接纳别人的意见，并不容易。这位提出意见的人，哪怕是至高无上的皇上、皇后，亦莫能例外。更何况，皇上皇后与太子的纠结，从旁帮忙解套者并不多，而推波助澜、使纠结越结越深者，却不少，以至发展到如今的不可解的地步。

时下，当太子知道父皇母后远在仁寿宫，却还派人监视自己的一举一动，而自己对那边却两眼一抹黑时，他一赌气，干脆把东宫大门一关——外人一律不许进，宫内人则一个不准出。

如此一来，仁寿宫亦对太子情形一概不知，从而使得文帝不知东宫那只闷葫芦里到底卖的是啥药，而焦虑无比。他想：连自己居住的仁寿宫都不安全，那么，远在三百里外的京师会成啥模样？太子不许人家知道他在干什么，岂不就是要做见不得人的事嘛！

文帝就是这么个人，猜忌心重。哪怕是对自己亲生的儿子，亦不放心。对方愈是藏藏掩掩，他愈感可疑。

文帝于是把杨素招来，问："清查事宜进行得咋样了？"

"再过几日即可结束。"

"咋这快？"

"此叫快刀斩乱麻。不快咋行？"杨素说，"经过摸查，到今日为止，没发现有大的隐祸。要算事者，就范公公一人、一事而已。其人因侍候皇后年深日久，对后宫事，知之甚多。一般宫人，能知啥哩。此外，臣下与元岩对沿途行宫皆分别进行了彻查，住过人的，就那么几处。凡与太子派来的人有过接触者，已尽数除名。"

"没事就好。"文帝道，"东宫那边信息，亦不通了。"

"此都是互相的。"杨素不以为然地说。"咱这边处决了东宫过来的侍卫，他那边也对咱有所提防了。"

"那可不行。"文帝凛然道，"朕想让公回一趟京师，摸摸京师城防和东宫有无异象，这边的清查诸事就交元岩去扫尾吧。"

"行。"杨素说，"那，臣下这就去把余事去向元岩作一交代。"

"好，好！"文帝就喜杨素这份爽快劲。

杨素对京师防务，其实并不担心。总领京师禁卫军的应是内史令。担任内史令的是晋王杨广十二岁的次子杨暕。而所有禁卫军实际上是掌管在文帝所信任的元旻和元胄两位左、右卫大将军手中。所以，说来说去，京师禁卫军实际上还是为文帝本人牢牢控制着的。此外，朝中大臣都受仁寿宫这边直接掌控，文帝和高颍与各官衙的联络，十分畅通，还有啥可忧虑的呢？再说，太子早为文帝所架空，而无所事事。他纵有滔天贼胆，但两手空空，凭啥兴得起风作得起浪来嘛？

不过，杨素心里清楚，圣上对某事一旦形成看法，旁人则千万不要去打破。否则，持异议者亦有可能同时受到猜疑。所以，他对文帝的吩咐，从来都是言听计从，声叫声应。至若如何去执行，那就由杨素自己视情况而定了。

杨素回到京师的当夜，即设家宴款待了右卫大将军元胄。

元胄就是如高颍说的那样，家中挂了晋王所作诗词的人。席间，元胄向杨素介绍：京师的大兴城、皇城、大兴宫及其东宫的防务，一切如常，无丝毫异常情形。至若东宫内部的侍卫，亦都是些老弱者，凡是青壮年和武功突出者，早由文帝亲自下令将其调离。

次日，杨素相邀其弟大理少卿杨约，询及为何突然听不到东宫信息时，杨约一笑，说："太子坐镇朝堂参决政务，没有官员理睬他，便回东宫闭门不出，亦不许宫中任何人出门。"

"原来如此。"杨素已然释怀。但他知道，自己如果回仁寿宫这么回答文帝，皇上还是不会满意的。而且，文帝还有可能会认为自己是在敷衍塞责。因而问，"如此说来，咱的内应姬威也就见不到了？太子在干啥，则更无从了解了？"

"一般生活起居上的事，要弄得那么清楚干啥嘛？"

"咱与汝之想法，其实别无二致。可圣上不依哩。"杨素即把此番回京师的目的道了出来。

杨约想了一下，说："要找姬威，其实不难，要知太子在干啥，自然更非啥难事。"

"不是说，东宫已经关门闭户，不许人进出吗？"

"说是这么说，其实谈何容易。"杨约说，"东宫之内，各色人等，少说亦有几千人。这么多人，能不吃不喝？每日所需之菜蔬、粮食、柴草，还有点灯的油、蜡等等，都得靠外边输入。前门关闭谢客，可后门关得住吗？咱让段达装做送啥的，从后门进去，不就见到姬威了。"

"行。此事就交你了。"杨素则忙里偷闲，猫在家里与人饮酒、下棋，等待消息。

话分两头。

却说，另一仆射高颎，却没杨素那般惬意，会想心思忙里偷闲。他在大宝殿议事厅中结束了一日事务，略显疲乏地出了殿门。当他走下丹墀，恰遇披着一身晚霞的独孤皇后从外边散步归来。高颎连忙跪地，向皇后请安。

病中的皇后见是高颎，忙道："嗨，是高仆射咧！请起，请起。"

高颎起身说："看到皇后一日好似一日，真个欣喜。此乃万民之幸！"

"近日，确比前些日子强多了。"皇后病情好转，话亦多了不少，"此要多谢龚御医。此前，越觉乏力，越不想动。御医硬逼宫女把咱架到外边活动身子骨。他还像个监工样，一步不落地跟着咱。宫女给咱打伞，他也不让。还说，晒下日头有好处，不过，不能晒得太长，走路亦应适可而止。没想到，此招确比吃药还灵验。这不，咱一日早晚到外边走两遭，一日确是强似一日了。"

"好，好！"高颎由衷地道。

"仆射亦是上岁数的人了，亦要好好保重。"

"咱还行。御医亦给咱纳过脉，大病暂时还没有，小毛病，则断不了。不过，老牛拖破车，还经拽。"

"不可，不可，对自己的身子骨，千万不能马虎。"独孤后停了一下，忽然问，"仆射夫人过世恐有两年了吧？"

"是呃，整整两年了。"

"老来丧妻，没个伴可不行。这样吧，咱给仆射说个贤惠点的……"

未等独孤后继续往下说，高颎复又跪地道："下官人老体衰，早已断了续弦之念想。"

"难得，难得……"高颎起身后，皇后又问，"与卿一起办差的，不是还有一位薛大人吗？"

"薛大人拿着几份草拟诏书，先走一步，到枣园送圣上定夺去了，下官则在议事厅里多看了几份折子。"

"唔……"

原来，自独孤后生病后，她的膳食是按龚御医要求，单另烹制的。所以，皇上和皇后有时同在一桌，名为共进晚膳，其实还是各吃各的。

如此一来，独孤后内心虽不乐意，但是，还是成全文帝，说："圣上不是夸陈嫔御的淮扬菜烧得好吃吗？夜里，您就去那边享受淮扬菜吧。"

皇上得到皇后的"恩准"，当然乐得去枣园用膳，并在那边下榻了。

高颎告别皇后，转身而去。

晚霞中，独孤后望着高颎远去的有点佝偻的背影，猛地想起范公公告诉她的高颎劝喻皇上之语——"陛下岂以一妇人而轻天下！"

此声音一直像是一把锥子，深深扎在皇后心中——皇后刚才还十分平和的心境，倏地又大坏起来！

再说，黄昏中踽踽而行的高颎，并未直接去自己就寝的别殿，而是径去了枣园。薛道衡离议事厅去枣园时，高颎觉得还早，又多看了几份折子。此一看不打紧，觉得折子所述之事，事关重大，须立即禀报圣上。于是，他亦步薛道衡后尘，来到了枣园。

高颎经守门侍卫通报后，由太监引入客厅。文帝亦从书房走出，薛道衡跟随在文帝后边。

高颎就地跪下，满面春风的文帝一把将高颎挽起，说："刚才还说要着人叫卿来尝尝陈嫔御做的淮扬菜。看看，公不请，即来之。"

"嗨！臣下可不是贪图口福而来的，是有事要向圣上禀报。"

"不急，不急。朕与薛大人订正了几份诏书，方才落笔。卿之事，等用过膳后再表，如何？"

宾、主就座后，菜即一道道由宫女们端上了桌，酒亦开坛，并倒入杯中……霎时间，客厅中香气四溢，笑语声喧，文帝举杯说："朕的心中是有数的，最辛苦者，莫过二位。朕今赐酒一杯，以示犒赏。"

高颎与道衡同时起坐，与皇上碰杯。

"来，尝尝此菜，都随意点。"文帝用箸指着其中一道菜说。

高颎和道衡边吃，边对菜的味道赞不绝口。酒至半酣，可仍不见亲自下厨做了此一大桌好菜的嫔御娘娘出来见客。

高颎即道："此菜做得确实非同一般，享了口福，要向嫔御娘娘道声谢，却还没见到人呐。"

话音刚落，但见一位身着一袭白色长裙的女子，手抱琵琶婷婷袅袅地走了出来。她朝众人一揖，说："贱妾之菜做得不知是否合各位大人的口味？如有不周，请多包涵。为助酒兴，贱妾愿为圣上和二位大人再献一丑。"

高颎和道衡忙起身还礼。

文帝亦是喜不自禁地说："卿还有此等技艺？朕亦是今日方知。"

陈嫔御在一张椅上从容就座，"叮叮咚咚"地调了一下琴弦，朝圣上一礼，便操着一口绵软清亮的吴语，自弹自唱起来。因其口齿伶俐，又唱得字正腔圆，与坐三位北方人，皆听得分外清晰。

她唱道："垂柳覆金堤，蘼芜叶复齐……"

此一唱不打紧，却使高颎与道衡大感惊诧！他俩不约而同地一齐朝文帝看去，只见文帝浑然不觉，往日对音乐并不感兴趣的皇上，今则一反常态，竟随那声情并茂、高低起伏之吴音，摇头晃脑起来……

曲儿唱的是一位独守空房的怨妇内心之悲伤与寂寞。陈嫔御唱得如泣如诉，声泪俱下。这位陈国公主，九岁时，国破家亡，被没入大兴宫中作了女婢。因其姿色过人，十四岁那年，被独孤皇后挑出做了嫔御，然而，却不允许她与皇上见面……她早年的个人际遇，更比曲中怨妇凄凉许多！

陈嫔御唱着唱着，当她唱到"暗牖悬蛛网"时，文帝亦在心中倏地默出下句，"空梁落燕泥"。可当他还在惊诧自己为何能默出下句时，那莺啼燕啭之乐音，则戛然中止了。

文帝因而立马道："曲儿听来新鲜，不知咋的，词却似有点耳熟。"

高颎点破道："此乃薛大人之名作《昔昔盐》嘛。"

"怪道！"文帝猛醒，转而惊问陈氏，"卿与薛大人原来就相识？"

陈嫔御仍沉浸于自己的演唱中，只顾拭泪，竟一下被问得一头雾水，摇头说："贱妾今是第一次幸会薛大人。"

"嫔御娘娘此'幸会'一词用得很贴切。"高颎接腔道，"您可知道刚才的唱词是何人所作？"

"此诗配曲之后，在江南宫中和民间传唱已久，奴婢自幼便会。咱只知是北方一位大诗人所作，想来圣上和大人们，对此诗更是耳熟能详，今日奴婢才有意唱了此曲。"

"哈哈，岂止耳熟能详！"文帝笑着一指薛道衡道，"告诉汝吧，这位大诗人，远在天边，近在眼前。"

"呵？奴婢孤陋寡闻，有眼不识泰山！"

"惭愧！惭愧！"薛道衡一下被弄了个大红脸。

说笑间，众人已然酒足菜饱。高颎看看夜已很深，正在犹豫时，文帝则收敛笑容对高颎说："朕知，汝是无事不登三宝殿的。啥事？说吧。"

高颎即道："薛大人离开议事厅后，臣下打开一份折子，是汉王从并州发来的。他说，高句丽的军队已越过辽水，有向临榆关一带进击之意向。"

"噢？"文帝浓眉一皱，道，"小小高句丽，得寸进尺，胆子越来越大。朕早想教训教训高元，只是没瞅着机会。谅儿有何打算，折子上说没说？"

"汉王建议出兵迎头痛击，给点颜色高句丽看。"

"好，有志气！"文帝振振有词道，"高句丽那块地方，原本就是咱之疆域。高元表面向朕称臣，常派使者向我朝进贡，但心怀不轨。他一方面，欺凌周遭弱小部落国，另一方面，则常与突厥拉拉扯扯。而其一旦真与突厥搭上关系，必成咱心腹之祸。仆射以为此事应如何处置？"

高颎则不假思索说："臣以为还是先礼而后兵吧。"

"先礼后兵？"文帝说，"高句丽不讲礼，咱哪有那么多礼与他讲？"

高颎仍坚持道："高句丽意欲南侵，从汉王折子上看，似仅限于猜测。不管咋样，他是大隋属国，臣以为还是派个使者先去交涉一下。一为了解其异动之真实意图；二为正告他不要恣意妄为。能不用兵而屈人，岂不更好。此外，汉王如真想对高句丽用兵，亦可利用与之交涉之际，调兵遣将，作好充足准备。打与不打，啥时候打，皆于我之掌控中，不必仓促从事。"

"打个小小高句丽，还用得着那多讲究？"

高颎在来枣园路上，已在心中形成自己的想法。所以仍按自己的思路表达意见。他说："您看嘛，当下正值盛夏，田中作物未熟，却要征召几十万军队和更多运送粮草之民役，那么，今岁北方眼看就要到手的粮食，不是就要近于绝收？再者，待我军集结起来，赶到前线，那地方可已是冰天雪地了嘞。而敌方则是以逸待劳，天时地利为其占尽，高句丽虽为小国，而此战由于路途遥远，补给线过长，并不好打咧！"

"行了。"文帝一看，不早了，再议下去，亦不会有结果的，就说，"此事，改日再议吧。"

于是，高颎和薛道衡即起身告辞。

回头再说心境突然大坏的独孤皇后。

她一入大宝殿，即命人叫来一名侍卫，问："圣上出走山林那日夜里，汝是否亦去山里寻找过圣上？"

"小的去过。"

"其时，高仆射在湖边劝说圣上时，讲过一些啥话，汝说与娘娘听听。"

"啥？"侍卫连连摇头说，"小的只见高仆射和杨仆射都在和圣上说话。咱离得远，他们说了些啥，咱哪听得清楚哩。"

"汝真没听到？"

"一句皆没听到。"

"那汝去叫个离他们近的人来吧。"

于是，又来了一名侍卫。

皇后此次直接问："那日夜里，高仆射在湖边是否对圣上说过'陛下岂以一妇人而轻天下'这句话？"

侍卫想了想，说："高仆射好像是说过这么一句话的……"

"好像？"独孤皇后的目光如同锥子，直视侍卫，"汝当时在哪里？"

"咱就站高仆射旁边。"

"那你竟没听清楚？"

"是记得不太清楚了。"

"年纪轻轻，忘性倒不小呐！一共才几字，也能忘记？"

"小的想起来了。"侍卫说，"高仆射确曾说过那么一句话。"

"汝既听到此话，咋不来向娘娘禀报？"

"高仆射当初好心好意劝圣上回宫，此也要禀报娘娘？"

"他是好心好意？他轻慢皇后是'一个女人'，此还是好心好意？"

"嗨！小的没读过书，"侍卫吓得跪地解释说，"咱以为仆射说的'一个女人'是指死去的尉迟女……"

"混账！有你这么以为的？"皇后大怒，"滚！"

第九十九回

独孤后病情反复惊无险
高仆射言语不当埋祸根

　　每日巳时，龚御医总是准时乘坐他的那辆只套一匹马、却特别精致的小马车到大宝殿来给独孤皇后侍诊。他与高仆射等人一样，住在同一座别殿里。别殿与大宝殿相距仅一箭之遥，高颎、杨素等，平日到大宝殿内办差，嫌麻烦，一般都是步行。但御医则一如既往，无论天晴下雨，皆乘那辆十分别致的车前往。

　　此外，仁寿宫内，有一座专设的御医坊。内科、伤科郎中和药师等，一应俱全，还设有药房。但皇上皇后有需，却只认龚御医。也就是说，皇上到哪，该御医就会跟随到哪。

　　龚御医，已届古稀之龄，白须白发，身型瘦削，走起路来步履轻快，丝毫不显老态龙钟状貌。他一举手，一投足，给人一种道骨仙风之感。在其履历中，他已侍候过包括前朝周武帝、周宣帝在内的多位皇上和数不清的皇子皇孙们。

　　御医的马车通常都停在大宝殿的后门口。今日亦如往日，御医的车子刚停，早有等候的宦官将他接至皇后的起居室内。

　　其时，独孤皇后亦是刚从外边散步归来，慵懒地半躺在一张凉躺椅上。她见御医进来，亦没动弹。

　　老御医按臣下之规，行过跪礼。起身后，见皇后一副无精打采状，仍是纹丝不动，不觉一怔。近日来，皇后病情日渐好转，御医一进房，她总是笑盈盈地忙不迭地先打招呼，今日怎么却突然变成此模样了呢？

　　皇后不出声，御医亦默不作声地坐到皇后身边事先已准备好的一张椅子上，小心翼翼地给她号起脉来。可当御医将三根手指刚一搭到皇后腕子上，竟如被灼了一下似的，暗自吃了一惊！

　　纳完脉，御医抬头即问："圣上呢？"

　　皇后见御医不说自己病情，只问圣上，忽地感到一阵莫名的紧张。她一下从躺椅上坐起，问："咱病咋啦？"

　　"病摆在那儿。咱先不说病，在下问圣上去哪里了？"御医年事已高，脾气有点怪僻乖张。

　　"嗨，皇上还能去哪，不就是去枣园了吗。此与咱病有何相干。您还是先说咱的病吧。"

　　"不可。"御医指着房内一位宫女，自行吩咐她说，"汝去把圣上请回来。就说是龚维之、龚御医有请皇上回大宝殿的。"

　　宫女站着未动，却用眼睛瞅皇后。独孤后朝她挥了一下手，宫女这才出门。

　　"咱病到底咋样了嘛？"愈是这样，独孤后的心，愈是发慌。

　　御医用手梳理着胸前的白须，想了想，道，"打个比方说吧，皇后当下就如同一位爬坡者，爬着爬着，好不容易爬到了半坡处，可一不小心，又'哧溜'滑到了坡底下。"

　　"呵？有此严重吗？"

　　"您说呢？"御医反问道。又说，"如若是个年轻人，尚不大打紧。滑下来了，再往上爬就是。可上了年纪的人，却经不起如此反复与折腾。"

　　"那……那咋办？"

　　御医没有回答皇后的提问，只问："娘娘今早出外散步了吗？"

　　独孤后点了点头。

　　"娘娘病情有变，不宜过多行走，这几日，就去外间亭子里坐坐吧。"

接着，又问，"药喝了没有？"

独孤后又点头。

"早膳用得咋样？吃得香不香？"

独孤后却摇起头来。

"嗯？"御医一怔，紧问，"皇后摇头是啥意思？"

"咱今日没用早膳。"

"为啥？"

"不想吃嘛。"独孤后接着补充说，"您刚才还吃得香不香。不是香不香，而是一闻那气味，就觉恶心！"

"恶心？吃药恶心不？"

"药嘛，是治病的。再苦，再恶心，也得喝啊！"

"那，皇后可就搞错啰！"龚御医解释说，"在下给娘娘制定的食谱，本身就是药，是固本之药。娘娘另喝的汤药，是益气消食之药，只起辅助作用。现如今，主要的药膳未进，只将消食益气之汤药喝进肚里，岂不是本末倒置了吗？而且，消食之药在空着的肚子里翻江倒海作起乱来，您不感到恶心才怪哩！"

"那……那咋办呢？"皇后一听，慌了神。"咱就是感到肚里很难受，所以，您刚进来，咱连说话的气力都没……没了……"

"须按时进食药膳。"

"此时吃，还来得及吗？"

"比空着肚子，总要强。"御医解释说，"娘娘往后可不能再做此本末倒置事。在下问，皇后进食香不香？其意是，吃起东西来，如果感觉香，即是食欲向旺，身体转好之表现，亦要相应增加和调整膳食，身子骨亦恢复得快。反之，如果厌食，那就不是好兆。想不到，一夜之间，您却倒退到了初发病时的状貌，一定还另有原因吧。嗯？"

"咱……咱昨夜没睡好。"

独孤后瞒着没把昨日因高颎的那句话与侍卫生气事说出来。而御医亦未再往深处问。

说话间，宫女把重新热好的早膳端来了。因有御医作陪说话，皇后胃口大开，没费什么工夫，即把端来食物全部扫光。

龚御医小心地问："还有恶心之感没有？"

"没有。"皇后"咂咂"嘴道，"此事亦真怪，刚从外边回来，只觉浑身乏力，闻到饭菜香味，就想吐。这一会儿，竟没事儿了。"

"就是嘛。"御医抚着胸前白须说，"皇后的病，由心而起。遇事，一是不要急，二是不能恼。不然，气血就不畅了。"

"呵……"独孤后望着御医长寿眉下深藏的两只眸子，精光灼灼，由衷佩服他独具神韵的一双慧眼。心想：昨日夜里，心情不好，他咋就能看得这般透彻？

"娘娘过一会儿可饮两口清茶，亦能帮助消食生津。"

"嗨，失礼，失礼！"独孤后忙指使下人，"快给御医大人上茶咧！"

皇后吆喝下人的嗓音，亦见洪亮起来。

其时，文帝亦心急火燎地进来了，一见皇后一切如常，反而大惑不解，说："朕听宫女说，卿又犯病了，正急得不知如何是好哩。"

独孤后忙向文帝解释道："奴婢昨夜没睡好，啥胃口都没有，今早没有用膳。御医来后，劝咱进食了药膳，这不，目下已觉强多了。"

"药膳？"文帝不解地望着御医。

御医于是说："老朽给皇后一日三餐制定的膳谱，有固本强身之效，即，姑且称作药膳，是想引起皇后的重视。皇后的病，进食若不得当，仅靠几剂汤药是无济于事的。再者，仅靠药和药膳，还不够。除此而外，还须皇上多花工夫悉心陪护。而此，是任何别人都无法替代的，且比任何药物都重要。"

文帝想：这龚御医今日是咋啦？他不好生为皇后治病，却把责任推给了自己，真是岂有此理！

文帝老来待人处事，愈显执拗，尤其是在政见上，更容不得与己见不合者。而唯独对医嘱，一般都还是客气的、听从的，没想到这位龚御医却敢在自己面前倚老卖老，对朕如此放肆。他于是暗含愠怒地道："若按御医言，皇后的病，药物并无啥作用啰？"

"确乎如此。"未料，御医竟未听出皇上弦外之音，回答十分肯定。并说，"皇后之病，起于心，乃伤心所致。啥药能医此心之创伤呢？则非皇上本人莫属。此即是常说的，解铃尚须系铃人也！老朽告辞了。"

言毕，御医收拾好自己的行头，向皇上皇后行过跪礼，徐步而去。

御医走后，屋内，一片寂静。过了好大一会儿，文帝方才念念有词说："这个老头的话，似乎在理，是朕伤了卿之心，卿才患病的。"

"话亦不能这么说，臣妾也有自己的不是。"独孤后摇头说，"别事咱已看得很淡了。近日，咱生的是那个白眼狼的气。"

夫妻对坐，饮茶聊天，屋里气氛渐渐缓过劲来。

没过多久，有太监来报，说："杨仆射从京师回来了，问是否可见圣上。"

文帝立问："他的人呢？"

"已在前殿议事厅中。"

"唔……"文帝呷了口茶，却没吱声。

"去吧，去吧。"独孤后催促道，"奴婢不是已没事了吗。"

"不是那意思。"文帝说，"议事厅里还有高仆射与薛大人在办差，不是扰了人家嘛。让杨素单独到此来说事，行么？"

"那有何不可。臣妾要不要回避？"

"那倒不必。不会叨扰你吧？"

"没事，没事。"

文帝随即吩咐太监道："去把杨仆射请到此处来说话。"

杨素进来，礼毕，并特别关切地问候了皇后的病况，即向文帝禀报京师城防与东宫动向。

杨素于京师先后约见过元胄、元旻二位大将军，对京师及宫廷防务，以及市内治安状况和禁卫军内务等等，都作了详细禀报。此外，还讲述了如何派人进入东宫及太子闭门不出之情形。并绘声绘色讲述了太子每日在宫里所做的三件事：白日，与左庶子唐令则操练乐队，排练新曲；指挥艺伎等表演歌舞。夜里，宴饮之同时，观赏歌舞表演。酒酣曲终后，相拥新宠睡觉……

文帝听罢，感到既松了一口气，又异常愤怒。他问："这么说，太子未在暗中鼓捣别事？"

"没有。"杨素心知肚明，文帝所问"别事"是啥意思，所以，回答得挺肯定。接着，他又进一步解释说，"从眼前情形看，镇守京师的元旻、元胄二将军，皆是圣上信任的人，太子与两将军连话都搭不上一句，他即使有作乱图谋，俩将军也不会听从他的。若从外边看，太子近年从未亲自带过兵，与各地手握重兵的将领，交往不深，更难有人响应之！"

"这个睍地伐，亦太不像话，只知醉生梦死。此德性，日后咋为一国之君？他若当政，大隋能不亡于其手？"独孤后终于忍不住地发作道。

对此，文帝只轻叹了一声。他对太子的要求，不出大事就好。随即，便转换话题道："汉王近日上奏，言及高句丽有入侵辽东，觊觎关内之意……"

"不像话。"杨素说，"高句丽趁华夏大乱之机，浑水摸鱼，窃取了咱北方不少土地，应给他一个教训。"

"谅儿折子，有对其用兵之意。"

"噢？"杨素惊讶道，"真要动手，就不是小打小闹咧。"

"谅儿已年过二十，晋王在他这么大时，已统率三军，扫遍江南。朕倒想成全他一次。"文帝说着，即问杨素，"卿对此事，有何高见？"

杨素不假思索地道："臣下以为，高句丽贪得无厌，咱与他，迟早必有一仗，而迟打不如早打的痛快。"

"好，好！"文帝拊掌说，"知朕者，莫如素也。高句丽得寸进尺，实在令人忍无可忍！"

"再说，汉王已到建功立业之龄，应成全他去一试身手。"杨素附和文帝语，又补充了一句。

文帝连说："对，对，对！卿这就去让薛大人拟一诏书，将谅儿召回京师，就说朕另有任用。"

杨素刚才的一句话，可谓说到文帝心窝里了。汉王杨谅是文帝最小的儿子，亦是皇上皇后最疼爱的心肝！文帝五子：三子秦王杨俊，已被废黜，且已病入膏肓，来日无多；四子蜀王杨秀，胆大妄为，不敢委其以重任；长子杨勇的太子地位，更是岌岌可危。当下，就剩二子晋王杨广和五子汉王杨谅。而此两个儿子中，杨广已是战功赫赫、政绩斐然的扬州总管。杨谅虽身为五十二州的并州总管，可时至今日，未有寸功。而此时此刻，皇上哪有不想让杨谅尽快成长，并早日站稳足跟呐！

杨素旋即来到前殿议事厅中，说明旨意。

薛道衡哪敢怠慢，他提笔在墨盘中饱蘸了一笔墨汁，不经意地瞧了高颖一眼，但见高颖无语，满脸则涨得通红。

昨日夜里，在枣园谈及讨伐高句丽一事，高颖丝毫不顾圣上想法，自顾自地按自己的思路阐述了当下打高句丽不合时宜的想法。二人一出枣园，道衡即告诫高颖：今后不管啥事，切切不可拂逆圣意。高颖当时还不以为然，说自己是出于对圣上的赤胆忠心……

"薛大人，您是咋啦？"杨素见薛道衡久久不肯下笔，颇感诧异，"您在想啥心思哩？"

"哦，哦……你没见，咱在打腹稿嘛。"道衡赶紧打起精神，笔走龙蛇，飞快将召并州府总管杨谅入京师另有任用的诏令草成。

杨素捧起墨迹未干的草诏，回身去见文帝。

杨素一走，高颖即道："昨日之事，果然被公言中，且仅隔一夜，圣上就一意孤行了。咱只是猜不透，此次在东北仓卒用兵，且是打一场大仗，圣上竟处理得这般快捷、轻率。还有，杨仆射是带兵打仗的人，此时出兵，弊多利少，他为啥不加以劝阻。"

"嗨，这种事，杨仆射可比公看得穿。"薛道衡说，"汉王用兵，明显是无事找事，建功立业心切嘛。谁不疼爱最小的儿子呢？圣上明摆着是为了成全汉王。而杨仆射呢，则绝不会与圣上唱反调，反之，只会顺着其立定的竿子往上攀。此就是杨仆射比高仆射精明之处。"

"那咋成？"高颎皱了皱眉头，说，"此可是一场要投入几十万兵力的大战。如若再把运送给养的民役算起来，当以百数万计。此绝不是件小事，岂能当儿戏呐！再说，圣上是个惜民力、通情理之人，只要你把利弊阐述透彻，他还是会认真考虑的。不然，大隋哪有今日之盛事？"

"你没看出，圣上看人看事，都与从前不一样啦！"

"你是说圣上的心性变了吗？"高颎仍不以为然地争辩说，"圣上为人处事，一贯都是以江山社稷为重的呐！此咋能有变？"

"错唉！世间万物，皆存变数，人更如此。"薛道衡说，"变的不仅是圣上，杨仆射亦跟着风向转弯了，没变的仅剩您——今后，您可要注意点才是！"

此时，杨素推门而入。他气宇轩昂地说："圣上对薛公拟写的诏书十分满意，只字未动。圣上还说，今日，他要陪皇后用膳，中午就不过咱这边来了。"

薛道衡即道："既是这样，那我等亦还是回别殿用膳吧，咱吃过饭后再来，并不误事。"

"行。"高颎不等杨素表态，起身就走。

这日，到用午膳时，皇上皇后各坐一方。皇上面前布了六道菜，皇后用的则是御医另外开列的"药膳"。虽是各吃各的，但对皇后来说，气氛却与仅一人进餐时，大不相同。

夫妻二人边吃边聊，独孤后忽然道："不知咋的，臣妾此次上山，老是觉得这也不顺，那也不顺，一不小心，病亦缠上身了，且此症候还反复无常。"

"嗨！还没住满两月，卿就想家了？"

"是呢。"独孤后说，"臣妾还是觉得住在大兴宫里自在，可能是住惯了的缘故吧。"

"山下此时还很热哩。"

"咱在房里，又不出去晒太阳，能热到哪里去嘛。再说，就下午一阵子有点儿难熬，太阳落土后，不就凉爽了。"独孤后越说越觉大兴宫里好，便索性道，"这样吧，圣上还在仁寿宫里住些时，咱先回去。"

"那咋行。御医刚才还叫朕要多陪陪卿，病才能见好。汝倒好，却要一人打头回去。"

独孤后一想，那样确实不妥，不明就里的人，还以为自己是在与陈氏生分。于是说："算啦，算啦。再住一些时，等山下凉快点再说吧。"

文帝想了一下，说："卿既动了此心，朕也一同下山吧。"

"那，何必呢。山里还是凉快些。"独孤后还是考虑到陈氏刚来仁寿宫，又要因自己急急忙忙下山去。就说，"这样吧，还是再等一些天数，大伙再一起回。就这么一言为定了。"

可到此时，文帝反而去意已决。他说："谅儿过些天就要回京师了，此是他独当重任，第一次出征打大仗，朕要多叮嘱他几句，也就便与之团聚团聚。"

"有此事，那还差不多。那就一起回吧。"文帝顺了皇后心意，独孤后分外受用。不觉中，中午的一份"药膳"，被她吃得丁点不剩。

以往，文帝一般是六月到达仁寿宫，至九月才返抵京师。时下，正是七月的大热天气。他急于返回，除上述原因外，文帝最不放心的还是京师防务。尽管杨素说得一百二十个没问题，可文帝本人没身临其境，总觉不踏实。

文帝回到大兴宫，所做第一件事，就是正式下诏册立陈氏为"宣华夫人"。立国之初，文帝登基时，只立独孤氏一人为皇后，后来陆续册立的贵人、嫔妃，全都有名无实。其时，文帝已年近花甲，娶了这位江南美人，使朝野凭添了一份喜气和一段佳话儿。

八月初的某日，汉王杨谅返抵京师时，天已断黑。诏令上只说要他"接诏速归，另有任用"，却没说新职是啥。他问前往传诏的官员，亦是一问三不知。所以，他没回自己府上，就直奔后宫，往见父皇母后。

文帝见到数月不见已长得壮壮实实的儿子，喜不自胜，仿佛看见了年轻时的自己。他拍着爱子的肩头问："汝猜，父皇要你火速赶回，是为啥？"

"莫不是要儿出征，去教训高句丽？"

"不错，就为此。"

杨谅高兴地道："太美了！孩儿一路走，一路猜，就怕是别的根本不搭界的事儿呢。"

"而今，国泰民安，别事，都没此事大呵。"

"儿臣早就盼着能有建功立业之一日，今日终于得偿夙愿！"

"好！我儿真个是出息了。"独孤皇后瞄着儿子，眼眯成了一条缝儿。她说："带兵打仗，汝可要向你二哥好好学学。"

"学他干啥？"杨谅做出不屑状。

杨谅人长大了，心亦大了。他前往讨伐高句丽，有两目的：一是，学点带兵打仗的真功夫；二是，借此熟悉军队，在军中树立威望，待杨广若真要抢夺太子位时，可予以痛击。他于是掷地有声地对父皇说："二哥当年是南下灭陈，咱是北征高句丽，咱俩各行其道，干的是另一码事。"

文帝对杨谅的大言不惭，非但没反感，反而鼓励他道："此次，朕允汝带三十万军队，分水陆二路夹击高句丽。"

"好！"

"此外，朕再给汝配了一位得力长史。"

"谁？"

"还是当年助你二哥灭陈的左仆射高颎。"

"他？廉颇老矣，尚能饭否？"杨谅又露出不屑之色来。

"呃——"文帝这才收敛了笑容，十分认真地对儿子道："朕反复琢磨过，觉得还是只有高颎才靠得住。他被誉为大隋的'定海神针'，绝非浪得虚名。"

"定海神针？啥意思？"

"汝不知道？朕只给汝略表一二：大隋立国在即，发生了尉迟迥等三方叛乱，三股叛贼，气势汹汹，皆是直指朕的，当敌我双方相持不下，激战到你死我活的关头，派谁去前线做监军，谁都不肯去，唯有高颎，挺身而出，一举将叛军击溃；大隋初立，突厥数次来袭，高颎数次担任行军长史；待到平陈之役，朕命晋王为行军元帅，出任长史者，还是高颎。他数次出征，无一失手，敢说他不是朕的定海神针？再看国内各项重大举措，哪一项不是由他领衔或作总监？"

接着，文帝下诏任命汉王杨谅为征讨高句丽的行军元帅，并任命左仆射高颎为行军长史。

在一次朝会上，文帝阐述此次任命，当谈到行军长史时，他满含深情地重申了"定海神针"之说，在场满朝文武，无一不点头钦服。而高颎本人，则更是感激涕零，觉得皇上心中还是有自己。

第一〇〇回

仆射当长史忍受窝囊气
晋王会宣华灌注孝顺汤

自从高颎被任命为征讨高句丽的帅府长史，就没过上一天舒心日子。

汉王以为当了行军元帅，立马就可带兵上前线建功立业。高颎对他说：平灭南陈，整整作了八年准备。杨谅不服，反驳说：那是啥年代嘛？若以大隋今之国力，那还不是指谁灭谁！高颎只好耐心开导：如比国力，打谁都确实没问题，当然，也不用再作八年准备。可突然之间，集结三十万水陆大军，筹集和调运必备的军需，都非简单事……

总之，战事尚处筹备阶段，元帅与长史间之唇枪舌剑，便已展开。

高颎事无巨细忙得团团转，而杨谅却还要时不时对他发牛脾气。为了摸清近年很少使用的水师到底还存多大实力，高颎亲自去了一趟渤海湾。真个是，不去不知道，一去吓一跳！所谓北方水师，其实已是徒有其名。这支水师自开皇八年沿海南下，在平陈战中发挥过作用后，当下大部分舰船已年久失修，不堪使用。高颎回到京师，上奏文帝，建议征调江南水军出征高句丽。文帝应允，扬州总管杨广亦满口答应派水军前往参战。但征讨高句丽的行军元帅杨谅却不依，他硬要指挥自己的水军。长史拗不过元帅，因另造新舰已来不及，只好购买木料、绳索、布匹等等，征召大批匠人，日夜赶工，抢修舰船。此外，

大隋实行的是革故鼎新后的府兵制，士卒不打仗时，皆为农民。为体恤民生，高颎直到秋收将近尾声，方提请皇上征召士卒与民役。总之，高颎为征讨高句丽事忙得不可开交，却还免不了要受行军元帅的窝囊气。不过，因得到皇上信任，高颎心里踏实，再苦再累再委屈，他全都认了。

对高句丽作战的各项准备正紧锣密鼓进行时，一年一度的新春佳节，又将来临。在外任职的晋王杨广和蜀王杨秀亦分别回到京师，向父皇述职，并享节庆。

此时的帝都，无论是深宫宅院，还是市井俚巷，皆张灯结彩，沉浸在一派欢乐祥和的气氛中。而文帝接受前次的教训，再没将一大家人聚在一起，吃团年饭、共度除夕之夜了。

此规一破，年味亦觉迥异。这不，东宫门前虽亦张灯结彩，但大门却紧闭着，已不现往年的人来车往，更遑说那年冬至百官朝贺的盛况了。不过，若张耳细听的话，仍有吉庆之乐音从深宫飘出，太子于宫内自娱自乐，却也乐在其中。

然而，秦王府则是里外笼罩在一片愁云惨雾中。被免去一切职务的秦王，虽经医治，病情却日复一日加重。

这日，处境同样不佳的蜀王杨秀，拜访了秦王。当他看到去年还是生龙活虎的三哥，今已寸步难行，且，整个秦王府，亦显一片潦倒状，不觉落下了伤心之泪。他从秦王府出来，约略思忖了一下，便直奔杨素府上。

此时，大红大紫的杨素正在府内大宴宾客，见到仆人递上的名刺，不觉一怔。他转而对客人道："请列位大人慢慢用，蜀王来了，咱得去应酬一下。"

杨素亲赴家门口，连说："稀客，稀客。"把杨秀迎至客厅。

杨秀亦不客套，开门见山道："侄儿知道处道叔（文帝五子，除太子杨勇外，全称杨素为叔）是个大忙人，长话短说。侄儿今是为秦王事来的，请您搭以援手，救救他吧。"

杨素大惊，问："秦王又咋啦？他不是回了京师，在养病吗？"

"人是回来了，可官却没了，俸禄也就没有了，他在晋阳城内的主要家产全被抄没，可京师秦王府中，还养着一批人呐。"

"请蜀王直说，下官能为秦王做点啥？"

"而今，朝廷官员中，只您的话，父皇才听得进去。侄儿想请您吁请父皇给咱哥一个职位，以此养家糊口并养病。"

"行。"杨素回答得很干脆，"咱会原汁原味把话传到的。至若圣上将作何处置，下官则打不了包票。"

"处道叔能把话带到，侄儿就感激不尽了。"杨秀行礼，不再多言，告辞而去。

杨秀一走，杨素即令人从自家拿出粮食、肉类和钱财等，派长子送往秦王府，助他渡过年关。接着，在一次朝会上，他向文帝进谏，说："秦王之错，只是生活比较靡费，没啥大的罪过，不应遭此重罚，而使日子难过，望陛下详察。"

杨素话音刚落，即有官员附和，反而激怒了皇上。

文帝说："朕为天子，亦是五儿之父。若依杨仆射之说，何不另行制订一部《天子儿律》？以周公之为人，还将犯罪的儿子管叔和蔡叔都诛杀了。朕与周公这位圣贤相比，确实还相差甚远。因此，绝不能因私而损坏大隋之律！"

文帝断然拒绝了杨素的奏请。那么，杨素呢？他在大庭广众中，已兑现了对蜀王杨秀的承诺，也就不再多言了。

却说，晋王从江都回到京师，先按定规，到中华殿向父皇述职。因其在江都所做的大小事，一贯都是中规中矩每事必报的，而文帝对江都发来的奏章，桩桩件件都很关注，且常有批示，总之，两地交流，甚为频密。所以，此时父子间的言谈，从一开始就显得极为畅快与融洽。

尽管如此，文帝并未限于一般性的泛泛而谈中。因对江南叛乱记忆犹新，他最放心不下的，仍是当地政情。那么，对自己最信任的这位儿子呢？他不放心处，则集中在了杨广的用人上。

经过一番问询，文帝便直面杨广道："经对州、县两级官员进行考核，卿与吏部擢拔了一批江南本地人氏。朕在当时就提醒过汝，要慎用江南人。可朕最近注意到，汝在任用江南人上，不减反增。朕为此问过二位仆射和纳言苏威，他们都说，是卿坚持要这么做的。"

"没错，江南方面获得晋升的官员，多是孩儿经过仔细考查后举荐的。"杨广毫不讳言地说，"儿臣倒是很想知道，仆射和纳言，对儿臣此一作法有啥看法？"

文帝笑说："朕亦确实就此事分别问询过他们。"

"他们是咋说的？"

"他们倒是说，此不足虑。并说，最近擢拔之江南籍官员，人数似乎不少，可扬州总管府有四十四州，下辖之县就更多了，分摊开去，江南籍官员所占比例并不是太大。"

"那父皇呢，您还有啥不放心的吗？"

文帝脸色倏地又变得凝重起来。他说："朕觉此举应适可而止了。若按卿这么更换下去，不出几年，本地官员在江南所占比例进一步扩大，江南也许就不姓隋，也不姓杨了哩！"

"那为啥？"

"卿可不要忘记，前次不就是江南人反叛朝廷派去的官员，而弄得烽烟四起，差点把江南重又丢失？卿倒好，就这么放心地把权交到他们手上，让其兵不血刃地就将江南攥在手里了。"

"哪能哩——儿臣岂敢如此胡作非为，把一个南北统一的国度，又生生掰成两半。"杨广笑着说，"江南人与江北人，皆是大隋臣民，江南人做了大隋官吏，当差于大隋管辖之衙门，唯大隋皇上是瞻，咋能说，江南人做了江南地界的官，江南就不姓隋了呢？此可不是他们不臣服皇上，而是父皇信不过江南人嘛！"

"话虽如此，但人心隔肚皮哩！"

"儿臣知道，父皇信得过的，其实还不是笼统的北方人。具体说，父皇真正信赖的只是关内人。对不对？"

文帝笑着点了点头。

杨广继续问："那么，父皇是否知道，儿臣为啥要启用江南人为官吗？"

"朕知你是觉得江南人熟知本地情形，治理起来更得法些。但，他们如果不能与朝廷同心同德，作起乱来，再后悔就来不及了。"

杨广一听，也着了慌！他想：说来说去，从表面看，父皇是不信任江南人，担心这些本地官员一旦得势，会离心离德，又在江南制造动乱。若往深里看呢？显然是对自己大胆启用江南人士有疑忌。而如不迅即将父皇的这一疑虑消除，他能放心立自己为太子吗？

于是，杨广沉下心来，苦口道："儿臣自到江南，在用人问题上，其实一直谨小慎微。但是，父皇可知？平陈之后，朝廷匆匆派到江南任职的官员，许多并不称职，朝廷的政令下达到扬州总管府后，再往下推，不是这里遇阻，就是那里遇阻，往往就推不动啦。"

"噢？"文帝不以为然，略带愠怒地问，"今年上半年，江南州府不是经过彻查和调整，已更换过一批官员了吗？那次，撤换和提拔的官员已不算少了，为此，朕还提醒过你，更换官员要慎重。可到了下半年，朕看奏章，所动之面则更大了。"

"此乃必然。上次更换的是州官，此次是县官，只看人数，肯定多很多。"杨广语调仍很平和地说，"父皇其实仅看看平陈后从北方派到江南去的官员是些啥人，就能明白他们能有啥作为了。其一，这些人派到江南去时，年龄普遍偏大。当下，相距平陈那会儿，又过了整整九年，您能指望这些本该颐养天年的老人，会在江南州、县作出一番业绩来吗？"

文帝没吭声，却点了点头。因为这些人是他当年钦点去江南的，他心中有底。

杨广又道："其二，这些人才学普遍偏低，能力本来就有限，其中不少人是经过北方撤郡和合并州、县被淘汰的冗员。"

文帝又点头默认了。

杨广接着说："其三，更加严重的是，父皇信任他们，其中部分官员却并不知恩图报，而是如那位桂州刺史一样，趁赴江南做官之机，大肆敛财，从而激起民愤……"

"此次对各州之彻查，据回来的官员反映说，并不是很彻底，咋不把一些连带问题一并解决呢？"文帝岔开话题，反而问起杨广来。

"积重难返哩！"杨广解释说，"下去彻查前，就已定好主要对象是州刺史和总管府之总管。有时是拔出萝卜带出泥，波及一大片。咋办呢？首先只能认准主要责任人，部门官员能不动的就不动。一些寻常问题就留待新任刺史去慢慢处置和消化它。对此，朝廷带队的纳言苏威管得极严。否则，各州查处撤换的人还远不止目下这个数呢。"

"苏威这么做，是对的。"文帝释疑后，随即转圜道，"卿今后可放手对问题大的州、县官府随时加以整饬，不要等到闹出事来才采取措施。不过，在任用江南籍人士上，仍要审慎。"

杨广见父皇态度平和了，反而更为恭顺地说："孩儿自被父皇派往江南主事，即开始在当地招贤纳士。一时间，晋王府内聚集有数百江南才俊，成为晋王府学士。他们通过编书、整理当地史籍和派往州、县巡视等等，以此来考查他们的长处和作为。之后，儿臣才举贤录用其中某些人做官的。凡经儿臣推荐、任命的官员，都有三特点：一是，年富力强，处事沉稳，且有朝气；二是，他们中的某些人原来就在南陈任过职，不仅有为政经验，且有较好口碑；三是，江南人治理江南，游刃有余，如鱼得水，咱何乐而不为呢？当下，江南籍官员与北方籍官员取长补短，通力合作，共同治理江南，从而使为官者事业有成；庶民亦能安居乐业，他们还会去动歪心干铤而走险的勾当吗？"

"嗯？"文帝看了儿子一眼，说，"卿的这些做法听起来确乎不错，可汝上奏给朕的折子上，咋都没说呢？"

"冤矣哉！"杨广略带夸张地大呼冤枉，说，"儿臣每做一事，哪有不给父皇上奏的？比如，咱招江南士人做学士，他们编的书和经过整理后刊印的史籍等等，每一部都曾敬献给了父皇的，其中有的还受到父皇的赞誉。此外，擢拔江南人为官，亦都是按程序先报朝廷审批、任命，之后，他们才正式上任的。凡此种种，只是没像今日集中到一处，——道来罢了。"

文帝点了点头，话锋一转，忽然问："据报，江南佛、道，近年又有抬头趋势，可有此事？"

"有此事。"杨广说，"天下太平，日子过好了，佛事、道事亦随之兴旺起来，此很正常呵。咱北边不也是如此吗？"

"话虽如此，"文帝仍不放心地说，"南方的佛家、道家的心能向着咱吗？"

"世道变了，官心民心变了，菩萨心岂能不变？"

"朕还怕南方人一旦信奉得过了头，有道貌岸然者藉此妖言惑众，又弄得收不住缰哩！"

"孩儿知道分寸。此事若诱导得法，对治理江南大有裨益。"

"唔……若能如此，朕就放心了。"

文帝问晋王的这些话，显然都是他积郁心头已久的疑虑。杨广尽管一再说，他在江南所做每事必向皇上禀报；尽管文帝一批又一批派到江南的巡视官员回到朝廷都对晋王的作为赞不绝口，但却始终没能完全消除皇上对儿子的狐疑。大隋初立，长子杨勇册立为太子，余下四子被封为王，幼子留在了自己身边，另外三子则成各踞一方的王侯。他原以为，大隋江山只有这样才最可靠。可当儿子们长大成人，却又惧怕他们成气候后另立山头，而使江山四分五裂……疑虑重重的隋文帝，不担心杨广的治政能力，而怕他阳奉阴违，胆大妄为。今日，父子间的倾心交谈，方使郁积皇上心头的疑云，逐渐散去……

晋王起身正欲跪辞。

"且慢。"文帝的语调倏地变得有点吞吞吐吐起来，"父皇……老了，身边需有个体己人……侍候，新近娶了一位夫人……"

"儿臣已听说了。父皇为此不是还发过诏告吗？咱母后年事已高，且多病，父皇身边确需有人照料。"

"只有卿能体谅父皇。"文帝说，"宣华夫人虽比汝小，可她是汝之长辈，卿抽空去看看她吧。"

"孩儿知道。父皇即使不提醒，孩儿亦会去向她请安的。"

"好。还是卿懂事。"

接着,晋王与萧妃一齐来到后宫,拜见母后。

独孤后见到儿子与儿媳,喜极而泣。萧妃与杨广定亲后,独孤后派人把年纪尚小的萧妃从江陵接到自己身边抚养,一直将她当女儿看待。而且,萧妃对母后的感情亦特别深厚。

一年不见,母后相比去年憔悴了许多,儿、媳见到,无比心痛。尤其是萧妃,还情不自禁地落下泪来,说:"孩儿听说您在仁寿宫中害了一场病,要不是相隔甚远,孩儿早就回来侍候您了。"

"咱见汝之来信,甚感安慰。"独孤后比萧妃身材长大,她揽着儿媳,说,"目下,病倒是好了,只是乏力。老了,不中用啦。"

"阿娘算什么老呢?待将来做了太皇太后,再称老还差不多。"杨广在一旁打趣道。

"哈哈……"独孤后开心地笑了。她有很久没有这么舒心地笑过了。"还巴望做啥太皇太后哩?母后恐怕没那福分,盼不到那一日了!"

"母后凡事看开点。您的身子骨,以往一直是挺硬朗的。大病一场,好比渡过一坎。过了此关,会越过越鲜健的。"

"好,好。"独孤后无比畅快,"咱有五儿五女,只有你俩最懂孝顺。往后就指望汝能出息,咱等着过太皇太后日子。"

三人说着,都开心地大笑起来。

临走,萧妃忽然不舍地说:"娘,您生病时,咱没回来侍候您。此番再来伴您住几日,侍候侍候您,可行?"

独孤后一听萧妃之语,立马道:"此话当真?"

"孩儿几时在母后面前说过谎。"

"你呢?"独孤后转而问儿子。

"只要母后不嫌她叨扰,咱哪有不同意之理。母后对她有养育之恩,理当回报母后。"

"那好,咱正求之不得哩!"倍感寂寞的独孤后,自然希望萧妃能陪自已住几日。

这样，就剩杨广一人去礼拜宣华夫人了。

宣华夫人从仁寿宫返回大兴宫后，地位变了，居所亦随之换了一座大殿，侍从、宫女更是大大增加。

她听宦官报说晋王杨广来看自己了，喜出望外，即从后殿迎至前殿。

杨广望见宣华夫人在宫女和太监们的簇拥下，姗姗走来，纳头便拜，并道："儿臣杨广，拜见宣华娘娘。"

年轻的宣华夫人顿时花容失色，着慌地说："晋王，请起，请起！别……别这样……"

杨广起身，但见宣华夫人的姿色果然不同凡响。他到江南各地见过不少美女，并有官员曾向自己进献过年轻貌美的女子，可竟无一人能比这位雍容华贵的宣华夫人。他想：怪不得父皇这么看重她呐！

接着，晋王一开口就操着流利的吴语，说："父皇日理万机，母后亦老来多病，今父皇身边能有您这样一位贤惠夫人陪伴，实属难得。此乃皇家之大幸，国之大幸！"

宣华夫人一听，晋王不仅会说话，且还能操一口与自己一样的乡音，倍感受用。于是，立刻赞叹道："真没想到，晋王的吴语说得这般好，简直就是个地道的吴越人！"

"侬是耳濡目染。"杨广不无得意地解释说，"您看嘛，侬之王妃是江南人氏，早就听会了此语的。加之，去东吴亦有一些年头，入乡随俗嘞。"

"不简单，不简单。"宣华夫人说，"一个北方人，能说一口流利吴语，还是挺不容易的。"

因有共同口音，宣华夫人和晋王开始时的拘谨与生涩，一下就化解于无了。

就座后，宣华夫人即问："晋王的萧妃呢？她咋没同晋王一起过来？"

晋王说："出门前，本来就说好要一起来看娘娘的。咱俩先去永安宫看望母后，她见母后身体欠安，就留在母后的身边了。下回，下回吧，咱俩一定同来看望娘娘。"

"不敢当，不敢当……"晋王出口就是"娘娘"，把个年轻的宣华夫人叫得满脸绯红。

晋王可没注意宣华夫人的不自在，还一个劲儿地说："萧妃不仅与娘娘是同乡，性格亦蛮随和的，一定能与娘娘合得来。"

"晋王可能有所不知，"宣华夫人说，"咱九岁入宫作婢女，因与萧妃是同乡，从那时起，两人关系就很好，并还常常受到萧妃的关照。"

"是吗？咱还真没听她说过哩。"

宣华夫人则高兴地道："改日，咱去拜会皇后时，就能见到萧妃了。"

杨广接着说："夫人是南方人，儿臣此次回京师述职，给夫人捎来一些家乡土特产品。"

接着，张衡被召入殿。他双手端着一只锦匣，匣上放着一封册页，跪在夫人面前。两名宫女分别接过锦匣和册页。

册页是开列的各种土特产品清单，杨广先没去管它。张衡退下后，杨广亲为夫人打开锦匣，从中取出一金灿灿的物件，是一条用纯金精工打造、呈盘曲状的长虫（蛇）。

一般样貌的蛇，令人可憎，可此蛇的头部，刻的却是一江南美女之容貌。其笑容可掬，婀娜多姿，煞是可爱。若仔细观赏，那美女的面相竟还有几分与宣华夫人神似。

宣华夫人亦觉此物做工考究，别出心裁，且用纯金打造，贵重无比。但却不知晋王为何要煞费苦心打造一条"美女蛇"来送自己。

她正疑惑间，晋王解释道："儿臣得知夫人属蛇，所以，特请江南著名匠人用一斤八两纯金打造了此物，因夫人今年正好是十八岁。"

"呵……"宣华夫人九岁家破国亡，由高贵的皇室公主，一下沦落为奴婢，她早已忘了自己的生肖属相。闻听晋王的解说，她两眼顿时充满泪花，连说："谢谢，谢谢，此可真让晋王费心了。"

接着，杨广翻开册页，其上琳琅满目，开列的尽是江南的山珍海味、名酒、名茶……末尾，跳开一行，单另写着"黄御厨"三字，晋王又指着那三字，解释起来，"这前面的，皆是土特产，为物。而此'黄御厨'却是

　　杨广望见宣华夫人在宫女和太监们的簇拥下，姗姗走来，纳头便拜，并道："儿臣杨广，拜见宣华娘娘。"

个人。"

"人？"宣华夫人顿感不解。

"对。"晋王继续解释说，"此人姓黄，他家几代皆为御厨。这位黄御厨过去曾是夫人之父陈宣帝和夫人之兄陈后主的掌勺师傅。儿臣听说父皇特别喜吃淮扬菜，有时还要夫人亲力亲为下厨烹制。今后，夫人就不必劳神费力亲自动手，并可让父皇吃到地道的淮扬菜了。"

"晋王想得真周到。"宣华夫人由衷地道。

…………

次日傍晚，文帝来到宣华夫人的寝殿。夫妻略事寒暄后，夫人即去膳房安排晚膳。

没过多久，文帝习惯的六道菜肴即端上了桌面。宣华夫人还兴致勃勃地命宫女开了一坛绍兴老酒。

文帝入席，一看桌面摆成梅花状的六道菜肴，即向坐在对面的夫人大加赞赏，说："嘀，这么赏心悦目呀！夫人厨艺，看来又大有长进了！"

"圣上还未动箸品尝，咋知咱厨艺有长进。"

"朕看此色，并闻其香，就知味道一定不错。"文帝说着，就近夹了一箸菜，送进嘴中，边嚼边赞，"唔，好，真是可口。没想到，夫人的手艺竟变得如此精湛！"

"奴婢可不敢掠人之美嘞！"

"噢？"文帝停箸，问，"此话怎讲？"

其时，宣华夫人方把晋王来看自己，赠送金蛇，赠送江南土特产品，为减轻夫人之劳作，使父皇吃到更好的淮扬菜，还特地送来一位手艺精湛的御厨等事，讲述了一遍。

文帝听后，亦深为感动地道："广儿，懂事。"

第一〇一回

征高句丽屋漏偏逢连夜雨
觅敌情一招不慎满盘输

开皇十八年春节过后，行军长史高颎终于将征讨高句丽的三十万水陆大军分几个集结点集结就绪。

常言道：兵马未至，粮草先行。成百上千支运粮队伍则更是顶风冒雪，不避严寒，于冬季就起程往关外运送粮草，其个中艰辛，不言而喻。

二月乙巳日，行军元帅汉王杨谅，率一干将领于太庙举行盛大祭祀，隋文帝亲赴现场，为其壮行。

祭祀完毕，浩浩荡荡的大军从太庙出发，威严的仪仗，列队于前。霎时间，旌旗蔽日，鼓乐喧天。隋文帝少有地身着铠甲，披金色战袍，骑一匹乌龙驹；年少得志、英姿勃发的行军元帅汉王杨谅亦戴头盔、着铠甲，身披红色战袍，骑一匹白里透红的汗血名马，威武雄壮地与父皇并行。他们的身后，才是披黑色斗篷的行军长史高颎。再后是全副武装的铁骑……

上了年岁的皇上，一直陪行至骊山温汤脚下，方依依不舍地与儿子惜别。

盛大的祭祀场面，威风凛凛的阅兵式，尤其是父皇的亲自壮行，皆令年轻的行军元帅杨谅热血沸腾，乃至陶醉。

与此同时，另一行军元帅王世绩与各路将领率领的队伍，以及重新征召、屯驻于渤海湾的水师,总共三十余万大军,也在同一天、从不同集结点开赴北方前线!

不过,激动人心的盛大壮观的典礼,稍纵即逝。行军打仗所面临的却多是严酷与血腥。这不,头一二日还陶醉于祭祀仪式和踏雪出征新鲜感中的汉王,仅过几日,便叫苦连天起来。

早春二月,乍暖还寒。尤其是越往北走,越觉寒气逼人。早起行军,路上还覆盖着一层薄冰,马蹄踏在冰碴上,人与马都直打晃晃,一不小心,就会来个人仰马翻,行军元帅骑的汗血名马,亦莫能例外。太阳出来后,冰融化了,人踩、马踏、车碾,使道路泥泞不堪,更加难行。开始,兴头十足的行军元帅要骑马行军。摔过两跤后,改为乘车。那车在泥泞路上晃动剧烈,杨谅坐在车中,晕头转向,骨头被晃得快要散架,于是,又嚷着要骑马。而且,只要遇到高颎,就会当众质问他,为什么不赶在去年秋季出发,而要拖拉至这诡异的早春季节。并责怪高颎没安好心,有意设陷折磨元帅。

年老,且病痛缠身的高颎,在行军途中,自然比年轻的杨谅更感不适。他原本提出,二月,北方尚未解冻,出师不利于行军作战,最好于三月出征。但杨谅不依,多次在父皇面前催促。文帝找了命相大师,才定下此次出征日期。命相大师说,二月乙巳日,是吉日,有利出行,出征即能马到成功。可目下的杨谅觉得难受至极,倒霉透顶。但他并不怪罪命相大师,却反过来怪高颎有意延误出征时间,才使自己遭受此罪。领教过杨谅牛脾气的高颎,想起薛道衡曾经对汉王的一番评价,说他是个永远也断不了奶水的毛孩子时,更由衷佩服薛公看人真准,也由此对杨谅的指责,不是那么计较了。此时,高颎回头再看晋王——在平陈战中,血气方刚的晋王,与今之汉王年龄相仿,为五十二万大军的统帅,自己亦担任长史一职。二人相处,也有意见相左时,但,一旦自己作出某项决定,杨广则再不提出异议。那时,二人的配合,虽称不上默契,可一直还是相安无事的,并没影响到战事的进行。如今可好,战还未开打,他就闹成此模样……从而使高颎一路忧心忡忡!

　　然而，天苍苍，野茫茫，此次远征高句丽漫长的行军之路，还仅仅只是开了个头……

　　话分两头。

　　却说，高颎北征高句丽于行军途中忧心忡忡时，相爷府中，却传出喜讯，高颎的一位小妾生了个白胖的儿子。高颎老来喜得贵子，亦实属难得。

　　消息传至中华殿内，文帝亦分外高兴，赏赐高颎黄金二百两，缣二千段，并要内史侍郎薛道衡执笔派专人把喜讯传至高颎所在的军帐中。

　　这日晚间用膳时，文帝把此一信息儿告诉了独孤皇后。

　　没料，独孤后嘴一噘，大为不满地道："哼——原来如此！没想到，这个道貌岸然的老叟竟是个伪君子！"

　　文帝见独孤后不喜，反露一脸愠怒，大惑不解地问："卿是咋啦？高颎晚来得子，难道不是一件难得的喜事吗？"

　　"圣上难道忘了？臣妾可还记得。当初，高颎之妻病逝，咱好心好意为他搓合一个老伴。他却推说自己年老体衰，闲时只念点佛经，无意续弦了。看看，他竟还有气力生儿子！分明是色迷小妾，而看不上臣妾为他介绍的女人嘛。"

　　"嗯。朕想起来了，是有这么回事儿。"文帝说，"去年，朕亦单独劝他找个老伴的。他也是说老了，无意再续弦——嗐，这家伙，想不到还有此一手！"

　　文帝说着，笑了，却使独孤皇后更为光火："亏陛下还笑得起来。高颎表面正人君子，可肚里花花肠子还是挺多的哩！"

　　"噢？"文帝用疑惑的目光盯着皇后，心想：以往，她不是很欣赏高颎的吗？

　　北边，杨谅与高颎直接率领的是一支拥有万余将士、装备精良的骑兵。开头几日，行走虽有点磕磕绊绊，但在众将士看来，行军打仗，路好不好走，并不是啥了不得的大事。待到队伍一出临榆关，真正的麻烦才终于凸显出来。先是见有三三两两的民夫、马匹倒毙路边，高颎命令挖坑掩埋，继续北进。可越往北行，情况愈加严重，甚至可用尸横遍野来形容。有的整车整车粮食与军需物资，深陷泥淖，拉车的马匹不能自拔，马与人皆冻死车旁。

高颎一看情况如此严重，立即下令军队停止前进，并向全军下达了处置运粮队伍的命令。而且，要求挖深坑掩埋人、畜尸体，以防天气转暖时，发生瘟疫；对冻伤的民夫，则要尽力收容救治……

可此举却彻底激怒了求胜立功心切的行军元帅杨谅。他认为，行兵打仗死些人是难免的，还用得着这么婆婆妈妈吗？

高颎解释说：打仗目的，就是为使自己家园和百姓不受外敌侵扰。而今，仗未开打，就死伤累累，哪能将他们丢下不管，置若罔闻呢。此外，趁天气还有几分寒意，还要赶紧把丢弃野外的粮草组织人员搜集储存起来。有的被雨雪浸湿，需赶紧进行翻晒。不然，天一转暖，粮草霉烂了，数十万大军还有马匹吃啥呢！

真个是祸不单行，恰在此时，海上水军亦传来了坏消息：自东莱（今山东掖县）海港出发的三万多官兵，在海上遇到风暴，将大多战舰掀翻，使整个水军几近覆没。

此外，另一行军元帅王世绩亦于行军途中，偶感风寒，高烧不止，被送后方医治。

仗未开打，即接二连三地损兵折帅，使高颎无比痛惜。但眼面前的杨谅，还是我行我素，一意孤行，硬要带领帅府骑兵独自前往攻打高句丽。

平日温文尔雅、谦恭谨慎的高颎，终于忍无可忍对杨谅道："汝是皇子、汉王、行军元帅，请注意自己的身份！军中无戏言，若再这般胡搅蛮缠，长史可要对汝军法从事了！"

面对一脸愠怒的高颎，杨谅大感震惊！他没想到，高颎竟敢对自己这般无礼。平日，就是父皇和母后，亦未对自己说过如此重话。他再看帅府内的左右官佐，亦对自己怒目而视，这才忍气吞声蔫了下来。

众人一定也会感到惊奇。长史，一般说来，只是替元帅出谋划策的僚属，咋能以这种居高临下口吻如此对待行军元帅呢？

而这就是文帝用兵超乎常规的地方。文帝分别下诏任命杨谅、王世绩各为行军元帅，并任命高颎为帅府长史。可兵符却不在杨谅手中，亦不掌在王世绩手中，而是授予长史高颎的。此亦意味着，真正的指挥权和一切生杀予夺大权，皆握于高颎之手。在这一点上，文帝并不糊涂。他哪能不知儿子的真正分量呢。当年，初出茅庐的晋王，担任平陈战役的三军统帅，而最终指挥权亦同样是交付给高颎的。不然，文帝因何称高颎为定海神针？平日，杨谅不知天高地厚，总是颐指气使以元帅自居，大事小事常与长史抬杠。因他是身份特殊的皇子，又被皇上殷殷寄予厚望，高颎对他总是能忍则忍，只要不影响大局，对杨谅不知轻重的发号施令，亦都是听之任之。但，此次他要擅自领兵，孤军深入去强打高句丽，高颎则由不得他了。

前方出了冻死大批人、畜之事，高颎当然不敢怠慢。他亲自执笔，把冻死人、畜和自己所采取的补救措施等等，皆向文帝作了详尽的禀报。

文帝在大兴宫中，同时收到两份发自军中十万火急的折子。一分是高颎禀报前方运粮队伍遇阻死人情形的；另一分则是杨谅状告高颎为鸡毛蒜皮事纠缠不休，一而再、再而三地延误战机，自己提出要加速进军，却反遭长史责骂，并威胁要用军法来对付行军元帅等等。

行军元帅与长史意见相左，是难以避免的。平陈战中，文帝就不止一次同时收到杨广和高颎为同一事想法却不同的奏折。文帝两相权衡，几乎件件都采纳了长史的意见。可此次，孰对孰错，一目了然，但在如何处置上，文帝竟然举棋不定起来。

为此，文帝召来二人。一是尚书右仆射杨素，他有丰富的作战经验；另一位是兵部尚书柳述。

杨素先看折子，他阅后，手抚胸前长须，无语，顺手将看完的折子递给了身边的兵部尚书柳述。

柳述看过折子，面显气恼，并直言道："汉王有点胡来，应将他召回京师，不然，此仗就难打了。"

柳述的话音一落，文帝的脸色顿时阴沉下来。兵部尚书显然不知，此仗就是为杨谅而设，助他扬名建功的。不过，年轻的兵部尚书柳述亦非等闲之辈，他是文帝十分看重的女婿。因此，文帝既不能当杨素的面对柳述点破个中玄机，自也不好对柳述加以斥责。

于是，文帝把柳述的话当作耳边风转而问杨素："公觉此事应如何处置？作战部队成了收容救护队，迟迟不能进军，亦不成事。"

杨素当然明白，文帝是想要自己开口，以摆平行军元帅与长史间的纷争。而身经百战的杨素，处置类似事，办法自然多多。

杨素看了柳述一眼，方说："咱从折子上看，运送物资的民夫冻死、冻伤不少，粮食及军需物资瘫在途中，损失甚巨，同时，还怕处置不及发生瘟疫。咱看，这样吧，由咱与民部商量，再征一支民役队伍，沿途处置一应事宜，以减省前方作战队伍的后顾之忧。"

兵部尚书柳述一想，一场原本就是不那么紧迫、可打可不打的战事，却还要如此兴师动众，值吗？

柳述正欲提出异议，文帝却抢先说："朕看此样行。不过，组织调集民役事，就不用公来操心了。打个小小高句丽，还能把朕的二位仆射全都搭进去？柳述是兵部尚书，此事就由柳述会同民部共同协商解决罢。"

柳述看了一眼表情严肃的皇上，只好点头道："微臣，遵旨。"

春去夏来。

在广袤、肥沃的辽河平原上，仿佛是在一夜之间，那绿油油的高粱苗子，一下竟窜至一人高，使辽河两岸顿成一片绿海。

经过长途跋涉与严寒折腾的杨谅，终于从关内的崇山峻岭来到一望无涯的大平原；从关外满目疮痍遍地皆是人畜尸体的荒野，到满眼望不到尽头的绿洲，他的心情亦忽地舒畅起来。杨谅总是跃马扬鞭行进在队伍的最前列，弄得侍卫、扈从和士卒一路狂奔，竞相追逐，帅府直辖的骑兵队伍，就这样被年轻元帅拉扯得如同急行军一般。

　　长史为此一再要求降低行军速度，可杨谅哪听得进去。高颎的意思是，隋军人地生疏，越接近敌军，越应小心，单兵冒进，易遭敌之伏击。远征高句丽的三十万大军，虽折损了三万余水军，但在人数上则还是远超敌军。高颎的原意是，要等各支军队陆续接近辽水，并拉开相应间隔距离，如阶梯一般，互相呼应，层层推进。此样，才能首先从气势上摧毁和瓦解敌军。

　　但杨谅的想法很简单，谁的军队速度快，谁能捷足先登，所向披靡，谁就能抢到头功！杨谅的这一想法，亦正合他率领的部分骑兵将士之意。这支军队在攻打突厥和南征陈朝中，无一败绩。所以，年轻元帅既能身先士卒，一些与之年龄相仿的骑兵们则更是争先恐后，因而对长史的三令五申，则都当作了耳边风。于是，经常都是行军元帅领着一支约二千人的队伍冲在前面，长史则随大队人马和帅府一干僚属跟在后头。

　　直到某日，不测之风云终于降临了。

　　其时，正是日过中天之际，率队走在前面的杨谅已是唇干舌燥，饥肠辘辘。他于是下令架釜造饭，让将士就地休息。

　　可当火头军刚把灶垒好，各灶口开始冒烟时，有探子来向元帅报说，前方不远处发现敌情。

　　从春到夏，受尽天寒地冻和泥深路烂折磨的行军元帅，还从没见到过高句丽人是啥模样儿，忽闻敌情，大为惊诧，亦大为兴奋！

　　他随探子手指的方向一瞧，果然，隐隐约约望见远处的高粱地中，有数面旌旗晃动。此真是踏破铁鞋无觅处，苍天不负有心人哪！而此刻，不仅是行军元帅杨谅，连同他周围的官兵们，个个都把双眼瞪得杏圆，并放射着精光！哪个不是摩拳擦掌跃跃欲试咧！

　　杨谅问："敌兵人数多不多？"

　　"不多。"探子说，"咱在前面土埂处，瞅了足有一个时辰，只见几面破旗稀稀拉拉晃动着，不见人影，估摸亦就是支百十来人刺探军情的先遣队伍。"

　　"那行。"杨谅来了劲，立即吩咐扈从说，"赶紧集合队伍，打它个措手不及。将其收拾干净后，再回来吃饭不迟。"

此时，杨谅两千铁骑，紧急集合，众人亦不顾饥渴和一路奔波，在年轻元帅的率领下，摇旗呐喊，奋勇争先，穿过绿色屏障，朝敌猛扑过去。

而敌之旌旗则节节后退，杨谅骑兵穷追不舍，敌我距离，越拉越近……可眨眼之间，几面敌旗竟全无踪影，前面还是只见一片望不到头的高粱地。

正当隋军感到茫然无措，无迹可寻时，一名士卒突然叫道："看哪！"

众骑士抬头一瞧，只见原先见到的几面旗帜竟飘扬在了不远处的高粱地中，并还伴有人喊马嘶声。

行军元帅抽出腰间宝剑，振肩一呼："将士们——冲呀！"

可当铁骑把周遭一大片高粱地践踏得一蹋糊涂时，敌军又逃之夭夭了。

就这么捉迷藏一般，几经折腾，本来就已饥肠辘辘的隋军，已是精疲力竭，上气不接下气，没有劲头再追时，然而，更加严重的是，他们只顾瞄着敌旗，朝敌逃遁的方向追赶，却没料到自己已在不觉中，踏入了一片低洼的泥滩里。其时，包括杨谅在内冲在最前的几匹马，已陷泥淖……

而恰在其时，只听一声"呼哨"，从芦苇荡和高粱地中，密集之箭矢如飞蝗一般"嗖嗖"射来，杨谅坐骑中箭，受伤的名贵汗血马在泥淖中挣扎，一下将杨谅掀翻在了泥淖里……

然而，噩梦还远未结束。一阵乱箭过后，突然，喊杀震天，埋伏于绿色帷幕中的高句丽兵，如山呼海啸般地冲杀而出……

话分两头。

就在杨谅发现敌情的同时，高颎统率并尾随其后的大部队，亦有探子前来向长史报说：前方不远处发现了敌情，行军元帅丢下生火做饭的火头军，率领队伍追敌去了。

此刻的大部队亦在途中休息，并已闻到饭的香气。高颎想：敌军以逸待劳，突然现身，非比寻常。杨谅不知敌之虚实就莽莽撞撞率领突前队伍孤军深入，如万一中计，怎生了得！他于是集合将士，亦只能忍受饥渴，便亲自率大部队赶了过去。

待高颖率大部队赶到前方时，眼前的景象已惨不忍睹！杨谅所率二千余人，已被人多势众的高句丽军，分割成了十数块。隋军虽尽全力抵抗，可在数倍于己的高句丽军的打击下，已非死即伤。

高颖一看岌岌可危的情势，已来不及排兵布阵，一声令下，蜂拥而上。霎时间，高粱地、芦苇荡便都成了厮杀乱战的战场。隋军在人数上并不占优。但其毕竟是一支身经百战、训练有素的铁骑。

一阵拼死的绞杀过后，高句丽军渐感不支，且战且退。最后，在黄昏和弓箭手射来的箭矢掩护下，高句丽军乘船渡过辽河，向西北撤离。

指挥作战的高颖，别事不顾，逢人便问杨谅。与杨谅突前的二千人，活着并能说话的已不多。满身是血的将士皆说，队伍被分割包围后，皆已自顾不暇了。高颖闻听此言，心急如焚！他想：杨谅若有闪失，自己怎向圣上交代？

高颖于是召集将领，让他们动员士卒，尽数去寻杨谅。他下死命令说：活要见人，死要见尸！

很快就有士卒在泥淖中发现已被射死的杨谅坐骑，此是一匹汗血名马。接着，即从马身下将浑身是泥的杨谅拖了出来。有人一试，其还有气。于是大声叫道："行军元帅还活着！"

众人便七手八脚把气息奄奄浑身湿透的杨谅送到一副担架上。

经过军中郎中仔细诊视，并向长史报说："行军元帅并无任何内外伤，只因过度惊吓和在泥水中浸泡时间过长，又冷又饿，身体有些虚脱而已，需经一些时日调理和恢复。"

高颖听后，才大大松了一口气。不过，经此一役，这支曾经纵横捭阖、由关中汉子组成的铁骑，已折损近半。

原来，高句丽军队已暗中跟踪这支隋军多日，他们原本想以迅雷不及掩耳之势，把整支队伍歼灭干净。后来觉得把握不大，才决定一举灭掉突前的二千人。没料，此二千人打得十分顽强，拖延了时间。再就是，他们更没料到后续部队上来得这么快。所以，参与伏击的敌军亦付出了惨重代价。

当下，高颍的隋军与高句丽军队已分踞于辽河两岸。

此时，正值盛夏，河面宽阔，水流湍急。高颍正在等待各路大军到来，再发动总攻击。自己每日则带着一帮扈从在岸边奔走，探寻架桥渡江作战的最佳处所。当年，韦孝宽在沁水就是这么击溃尉迟惇的十万大军的。

行军元帅杨谅大难不死，一直称病，猫在帅帐中不肯出来。高颍时常抽空去看他，说几句宽慰话。九死一生的杨谅，则寡言少语，只字不提打高句丽的事。而这对高颍来说，并非坏事，因为再没人与他唱反调了。

不久，文帝收到高颍从前方发来的折子。详细介绍了与高句丽军队发生的第一次战斗及双方损失情形。在折子中，高颍并未详述杨谅如何不听劝告，擅自突前冒进，而是把麻痹大意之责揽在了自己身上。并且，还将帅府制定的下一步的作战计划报与了皇上。

与此同时，文帝收到的有关前方战事的折子还远不止此一份。皇上在帅府中，还另有心腹向他禀报军中发生的事情。此为文帝一贯做法，是防人向他说谎。

而当文帝了解到，与高句丽一战，损失惨重的主因是杨谅不知天高地厚所致时，一股失望之情便从心底油然而生。

当太子勇将被废黜已成定局，由谁登太子位悬而未决时，如果说文帝曾有过犹豫的话，那就是在杨广和杨谅之间反复权衡。因为文帝始终觉得杨广在"韬晦"这一点上太像自己，而且，像得有点过头，以至有时连自己都对他的所作所为捉摸不透。但经此一战后，那心中的天平，则又一次倾向了杨广一边。

此外，因种种原因，文帝近年来对高颍亦或多或少淡看了许多。不过，待到要承担国之重任时，他也还是只在左、右两位仆射间来回选择了。但不管怎么说，此战有失大国风范，损失惨重，杨谅有责，而高颍亦难辞其咎。他是长史，且指挥权是交到他手中的。

文帝心情由此大坏，战事还只是刚刚拉开序幕，他便于愠怒中，颁诏废黜了高句丽国王高元的一切由大隋授予的爵位，并再次下诏给高颎，指令他定当勉力扫灭高句丽，活捉高元。

八月，辽水东侧旌旗、营帐绵延百里。大隋的水军虽早已退出战斗序列，但余下二十七八万骑步军皆已于西岸聚齐；与此同时，准备用于架桥的材料等物，也已陆续运达各口岸；原先宽阔、湍急之河流，亦在日渐变窄，水流亦温驯起来……高颎经与各将领密议，准备在辽河上同时架起五座浮桥，并选定了发起总攻的日期，将以摧枯拉朽之势渡河灭敌。

这日清晨，高颎带领一帮将领沿岸察看敌情。因据报，连日来，于东岸对峙的高句丽军队有后撤迹象。

此一行人，未走多远，便看到有个黑乎乎的东西浮在水面，且时隐时现，再行一段距离，又见另一类似的飘浮物在水中随波逐流。与此同时，众人还闻到风中有股腥臭味。仔细观之，竟有飘浮物已被波浪推至岸边的泥沙中。

高颎吩咐侍卫去看看究竟是些啥？侍卫去岸边察看后，回来说，都是些腐臭之猪、牛、马残尸或内脏。

其时，有位将军立刻惊呼道："怪道，近来有的士卒上吐下泻不止！"

高颎见势不妙，随即下令全军禁止在河中取水，无论人、畜的饮用水，皆要烧开之后再行饮用。

可为时已晚。上吐下泻的士卒，与日俱增。此瘟疫，比高句丽军队更为凶猛，还要可怕！

第一〇二回

众将士染时疫铩羽而归
左仆射蒙冤屈代人受过

几日工夫，秋痢便无孔不入地侵袭到了绵延百里的整个军营，每日皆有成百隋军死于时疫。

消息传至京师，引起一片哗然。文帝摇头叹息，最终做出决定：下令撤军！

这日黄昏，文帝未去宣华夫人寝殿，而是在独孤皇后的文安殿内与皇后共进晚膳。

独孤后见文帝一副闷闷不乐神态，早就对高颎憋着一肚子火的她，叹息地说："咱谅儿遭孽，初次出征就弄得个铩羽而归。"

"胜败乃兵家常事，何况遇到时疫此种意想不到的事。"文帝反过来安慰皇后说，"谅儿年轻，何愁没有建功立业机会。"

"咱看此次败因，不怪天，不怪地，只怪高颎从一开始就没安好心。他压根就没打算好好辅佐咱谅儿。"

"话不能这么说。高颎还是尽力了。"

文帝说这话，是有根据的。因为从前方不同的人发来的折子看，除了杨谅，无论何人，对高颎的所作所为皆无异议。

可独孤后却不依，她的嗓门一下高起来："不怪高颎怪谁？臣妾早知，此次出征不会有好结果。你看他，从在仁寿宫起，就一直在打破锣，极力反对与高句丽开战。后来，又一拖再拖。陛下偏偏还要对他寄予厚望，把指挥权交给他。看看，弄出了个啥结果。"

若在几年前，有人如此数落高颎，文帝早就要对其动怒了。可眼下，文帝却一反常态，作沉思状，似乎已默认了皇后的言论。

于是，独孤后更加起劲："依臣妾短见，圣上近年对臣下太过放纵，此样下去，很危险。臣子们都太过精明，圣上给他点好颜色，他就得寸进尺翘尾巴，甚至以为，江山社稷全是靠他们整出来的。比如高颎，就越来越自以为是，在诸多方面常与圣上唱反调。"

文帝仍未出声，一餐饭未动几箸，便回自己寝宫看折子去了。

高颎和杨谅是随着初冬第一次寒潮来袭时，返抵京师的。一支三十万人的大军，五劳七伤返回家乡的，仅剩数万人。此次出征，除杨谅领头打过一仗，有些伤亡，除外，十有八九皆死于时疫。所幸，杨谅本人仅受一场惊吓，身子则毫发无损。

杨谅一回京师，即去后宫拜见父皇母后。他哭诉说："儿子出征，被高仆射害惨了！孩儿要立功杀敌，他横加阻止，这也不让干，那也不让干，只允孩儿呆在帅帐里。孩儿曾为战事出主意，要突出奇兵，长史怕咱把头功夺去，不仅不叫干，还威胁要以军法对付咱……此回就差没被他整死！"

一开始，文帝见杨谅人长树大，却还是一把鼻涕一把泪的，像个不醒事的孩童，心底顿生一股恨铁不成钢之厌恶。他想起自己十几岁时，就要冒着不受皇家信任和死亡风险，周旋于鲜卑人的朝廷——哪似此等熊包样儿咧！接着，独孤后亦是涕泪横流地为儿子伤心落泪，并诉说高颎的不是。文帝又受其感染，心想，这个高颎也是，不看僧面也应看看佛面嘛。为何总和一个求胜心切的年轻人过不去呢？该放手时，还应放手让他一搏，哪怕付出一些代价，买个教训也是好的嘛！

帝王的心态也是说变就会变的。因为受委屈者，毕竟是自己最疼爱的小儿子。文帝于是安慰杨谅道："谅儿需切记此次教训。在京师将息几日，把身子养好后，还是早日回并州吧。"

高颎回后，亦忙不迭地赴中华殿向文帝请罪。他一如过往，没把失败过多推给意外发生的瘟疫，更没委过于他人。只说自己事前准备仓促，出征后，对意外发生的时疫，估计不足，云云。

文帝听后，对事，未予置评，对高颎本人，亦未加劝勉，从始至终，板着一副脸，反应冷漠，而使高颎感到不寒而栗！

说巧亦巧，也就是在这时刻，文帝收到一份从南国边陲桂州发来的密折。一个叫皇甫孝谐的罪臣，揭发的却是远在西北边陲担任凉州（今甘肃省武威）总管的王世绩。

皇甫孝谐在密折中有鼻子有眼地说："王世绩曾令道人为他自己面相。道人看相后说：'公当为国主。'接着，又对王世绩的妻子说：'夫人当为皇后。'"此份密折中还提到，"就在王世绩将去凉州上任时，身边亲信对他说：'河西乃天下精兵集中处，可图大事。'……"

此时，正为征高句丽溃败而深感沮丧的隋文帝，看到此份密折，火不打一处来，即下旨征召王世绩入朝。

人们不禁要问，这位王世绩是谁？一份莫须有的密折，为啥竟使文帝火冒三丈，将一位镇守边关要地的上柱国大将军就这么不分青红皂白地召回京师，欲治其罪呢？

说来，此王世绩，确非等闲之辈。仅说此次，他原本是与杨谅同时被任命征讨高句丽的两位元帅中的一位。可他后来为何没去辽东，而竟出现在西北的凉州了呢？个中原因，须从头一一说起。

首先，王世绩既能被文帝看中，将他与自己的爱子一同被任命为行军元帅，就绝不是个一般人物。事情亦确实如此，世绩容貌魁岸，腰带十围，风神爽拔，有杰人之表。早在北周，年轻的王世绩就因军功，拜上仪同。尉迟迥于北周末年发动叛乱，王世绩以行军总管身份带兵随韦孝宽征剿，屡立战功，被拜上大将军。平陈战时，他率水军与陈军在蕲口会战，大破陈军，再次因军功进位至上柱国大将军。此次，远征高句丽，他又与汉王杨谅一道被任命为行军元帅。不料，当王世绩率军北上途中，因染时疫返回京师治病，令文帝不满。所以，当他的病刚刚见好时，文帝就将他外派到西北边陲的凉州任总管。

再说，那位远在南边桂州叫皇甫孝谐的罪臣，又是何人？他为啥要相隔数千里向皇上告此密状呢？此，却又另有因由了。

原来，皇甫孝谐过往曾为王世绩的亲信，二人分开后，皇甫孝谐犯事，遭官府追捕，逃到王世绩门下，以求庇护。王世绩怕惹祸事，没敢收留他，而结怨于皇甫孝谐。皇甫孝谐被捉归案，发配至桂州。于是，对王世绩深怀不满的他，在穷愁潦倒中，就向皇上上了那份密折。

王世绩征召入朝，经有关官员审问，对皇甫孝谐所告之事，一概予以否认，并大呼冤枉。审问者动以酷刑，王世绩也是上了年岁之人，哪堪受用，只好屈打成招。

有道是，墙倒众人推。在此期间，又有人揭发王世绩在凉州任上，购买名马数匹，分别赠予左仆射高颎、左卫大将军元旻和右卫大将军元胄等。

对此，王世绩倒不含糊，他说："河西，乃名马产地。自己花钱在当地购得名马数匹。赠与几位好友，聊表心意，此何罪之有！"

可是，王世绩哪里知道，文帝最忌的即是大臣间的拉拉扯扯。哪怕是正常交往，他都会认为过分亲密，有图谋不轨之嫌。

紧接着，一波未平，一波又起。又有人揭发王世绩与朋友饮酒时，常爱说些后宫鲜为外人知晓的秘闻、琐事，更使文帝气恼。

后宫事，事无巨细，乃国之机密，是绝对不允外传的。虽则如此，却还是常常成为一些朝廷官员津津乐道屡禁不绝的话题。

审问官逼问王世绩宫中秘闻是从哪里听来的？

一些口口相传、道听途说，若有若无的事，哪记得清楚来源与出处哩。逼问极了，王世绩只好一概推说是从高颎那里听到的。因为王世绩觉得，高颎德高望重，朝中地位崇高，且受皇上器重。再者，仅为一些不足挂齿之宫内趣闻、琐事，即使追到高颎头上，亦不会损害到他，且不会再深究了。可他哪曾料到，此举却将高颎害惨！

心情大坏的文帝，闻听高颎散布后宫秘闻，想起独孤皇后对这位昔日最信任的老臣亦颇有微词，更感往日中规中矩的高颎和王世绩等，皆不堪信任。于是，一怒之下，下诏将王世绩处斩，将左、右卫大将军元旻和元胄免职，并要拿尚书左仆射高颎是问。

这日，趁文武百官上早朝之机，文帝突然朝高颎发问："高仆射，王世绩饮酒作乐，得意忘形，把宫中一些不实事作谈资，哗众取宠，他供称，那些事儿皆是卿平日说与他听的。公身为朝廷重臣，懂得朝廷规矩，为何要编造不实事，故意抹黑宫廷？"

高颎闻言，自知大限已到，但仍很从容地出班跪地申辩说："臣与王世绩相知相交二十余年是实。不过，臣从未对他言及过宫内事。一是，臣下虽为皇上近臣，但对宫内之事，知道得并不多，亦从未打听过。二是，既为臣子，就一定要秉持作臣子的本分。莫说是宫中事，臣下平日对朝中各位官员，亦不在私下说三道四。臣恭请圣上明鉴之。"

文帝欲治高颎，对他的辩解哪还听得进去。他目视高颎说："王世绩既是公相交二十余年的老友，他难道会诬陷汝？"

高颎不敢说王世绩可能是被屈打成招，只好说："世绩老矣，亦有可能是记错人了。"

"此种事，会记错人？"文帝老羞成怒，亦不顾高颎是宰相身份，厉声喝道，"来人！"

"圣上，息怒！"上柱国大将军贺若弼赶在廷前侍卫上来欲拿高颎之前，出班跪地求情说，"臣下知道，高仆射是个从来不说假话的人，王世绩逼急了，胡说八道，亦未可知，请圣上明察。"

贺若弼的话音刚落，吴州总管亦出班跪在了贺若弼身边，说："贺老将军的话没错，王世绩的供词难以置信。"

接着，出班跪地求情的还有刑部尚书薛胄、民部尚书斛律孝卿，以及隋文帝的女婿、兵部尚书柳述等。

一时之间，原本窒息的朝堂，一片哗然，向文帝跪地求情的官员还有进一步扩大之势。

"够了！"惩戒一个高颎，竟有这么多官员为他说项，且还都是举足轻重的朝臣！怒不可遏的文帝一指跪地官员大怒道，"汝等此是干啥？是想造反吗？来人！将他们统统带下去！"

侍卫们倒是毫不含糊，一拥而上，包括高颎在内，将一干跪地大臣，全都押解出殿。

偌大的朝堂，顿时变得鸦雀无声。

朝堂情势成此样，有必要再来回顾一下大隋王朝的"三省六部制"。所谓三省，即，尚书省、门下省和内史省。其中，内史省负责起草诏令，门下省则负责审核诏令，而尚书省则是掌管和执行国家政务的机构。尚书省的最高官职叫尚书令。隋文帝为防拥有最高行政权的尚书令（即宰相）篡政，此职一直空缺着。尚书令下设左、右二位仆射。左为正职，右为副职，所以，担任尚书省左仆射的高颎，实为大隋王朝拥有最大权力的官员，是众人心目中的宰相。尚书省下设六部，即执行政务的六个办事机构。刚才，此六部中就有三个部的尚书跪地为高颎求情，且三尚书中，有一位竟还是掌管兵权，又是文帝女婿的兵部尚书。除此而外，领头为高颎求情的是功勋卓著的两位老军头。因此，哪能不使猜忌心本就很重的隋文帝既感痛心，又大为震怒呢。

所以，几位重臣的当众求情，不但未使皇上回心转意，反使文帝更加下定了要罢免高颎的决心。高颎的崇高威望若不及时掐灭掉，后果将不堪设想！

经过一番审理，高颎被免除一切职务，只保留了他的渤海公爵位，释放回家闭门思过。

高颎免职的消息传到汉王府，正在家中休养的杨谅，先是觉得父皇为自己解了气。可静下心来扪心自问，这位既任性却还有几分童真的汉王，又觉得这位与父皇同龄的老头儿，其实与自己并没个人恩怨。以前与他斗气，回想起来，皆是自己因建功心切和心高气傲引起的，怪不得人

　　一时之间，原本窒息的朝堂，一片哗然，向文帝跪地求情的官员还有进一步
扩大之势。

家。非但如此，那次自己滚落马下，躲避敌之箭矢和追杀，虽是夏季，可那北方河滩里的泥水还是贼冷，加之当时又饿又冻，时间长了，经受不住，竟至昏晕过去。若不是老头儿发动所有人搜寻，自己恐怕就死在那泥淖中了……这么一想，杨谅又后悔不该在父皇和母后面前添油加醋状告高颎了。

在家以养病为由，过得百无聊赖的杨谅，就是带着这种矛盾心情去拜访久未谋面的太子的。

门庭早显冷清的东宫，迎来了最小并一直向着自己的胞弟，太子自然分外高兴。无话不说的两兄弟，一下就从出征辽东，扯到高颎被免职的事上。为此，深感自责的杨谅一股脑儿地把自己在父皇和母后面前状告高仆射，从而使老头子晚节不保丢官的事述说了一遍。

不料，太子却语出惊人地道："小弟无须自责，高颎丢官，与汝毫无关系，此是冲着咱来的。"

"噢？"杨谅则大不以为然地说，"这咱倒是弄不明白了。高仆射丢官，与太子有何相干？"

"嗨，这关系太大了！汝咋连此事都看不明白？"太子杨勇说，"父皇要废咱，高颎乃成最大障碍。高颎倒了，朝中有谁还敢仗义执言？"

"尚书省不是还有右仆射杨素吗？"

太子摇头，神色黯然，说："你还看不出来？杨素是站在母后和晋王一边的，他能为咱说话？"

"可你也不能把高仆射想得菩萨样了。他若在位，说不定也不见得就会向着你嘞。"

"高仆射若在，于公于私，都必支持咱。"

"于公于私都会支持你？这话咋讲？"

"嗨，弟连此都不明白？'于公'，是说仆射为人处事一贯不偏不倚，秉公行事。他必会坚持老祖宗长幼有序的成法，毫不动摇地坚持让皇长子做储君，对不对？"

杨谅点头，又问："那么，'于私'呢？"

"此就更没话说了。咱与高仆射不是儿女亲家吗？他不支持咱，支持谁呐？"

"嘿嘿，咱还真没想到这一层。"杨谅说，"可父皇如果一旦决定要废黜你，高仆射恐也没辙哩。胳膊拧得过大腿吗？"

"话虽如此。不过，高仆射若在位子上，父皇要废咱，亦不得不先权衡一下得失利弊吧。"太子道，"据说，父皇此次拿仆射问罪，大兴殿中立刻就有几位德高望重的老军头和三位尚书仗义为他求情。你想想，如果父皇宣布要废太子和另立皇储的话，而高仆射仗义直言，那么，朝堂又将是一副啥气象？即使所有文武官员最终还是不得不屈从旨意，亦会叫父皇尽失颜面，朝廷元气大伤。此后果，父皇会不先想想清楚？所以说，此次扳倒高仆射，并不是因受王世绩案件牵连，更不是因你对仆射不满，说了几句不利仆射的话，父皇一怒就作出把自己的一只左膀砍掉的。明眼人其实一看就知道，此是为立新太子扫除障碍。"

"呵……"杨谅这才恍然大悟，唏嘘不已。"没想到，此间还隐藏着如此深的玄机。"

"那当然，扳倒一位宰相，对朝廷而言，不是随随便便就可作出的决定，其后，还不知会发生一些啥事呐。"

"那哥，你咋办？"

"高颍一倒，哥就彻底没辙，只能听凭宰割啰！"太子伤感地说。

霎时间，客厅静得出奇。

"那可不行，咱绝不能让那个挖空心思，一心想做太子的小人得志！哥，你可不能就这么坐以待毙！"杨谅情绪激动起来，说，"弟管北边五十二州，拥关外最最强悍的兵马，难道还怕他个晋王不成？咱明儿就回并州厉兵秣马，等着与那王八蛋一决雌雄！"

杨谅是个性情中人。他离开东宫后，看看天色尚早，就直奔父皇处置政务的中华殿而去。东宫与皇上办差的中华殿仅一墙之隔，且有侧门相通，抬腿即到。

"汝今日怎地到此来了？有啥事？"待杨谅按规矩向父皇行过跪礼起身

后，文帝即问。

"儿臣身子已近恢复，准备回并州任上，此来向父皇辞行。"

"好，有志气！"文帝让儿子坐到靠近自己的一把椅子上。此"有志气"三字，在杨谅上奏提出要带兵出征打高句丽时，文帝曾铿锵地脱口说过。当下再说，已有点儿恨铁不成钢的意味了。文帝看看爱子，说，"这样吧，秦王的病情转重了，父皇与母后准备去看看他，卿也一同去看看你哥吧。朕还请了杨仆射等几位老臣和近臣，人多，热闹点，汝哥是个爱热闹的人。卿等此事过了，再回并州不迟。如何？"

"行。孩儿听父皇的。其实哩，孩儿前日已去看过秦王。"接着，杨谅装出若无其事状，问，"父皇咋没请高仆射呢？他可是个老臣哩。"

"高仆射？"文帝愣了一下，继而笑道，"卿咋又想起他了？"

"儿臣近日在家中休养，听说高仆射已为父皇免职，觉着挺过意不去的。回想起来，感到高仆射其实还是个挺不错的人，当初，有些事儿，应怪孩儿太过意气用事。"

"哈哈，谅儿懂得自省了。"文帝笑道，"不过，高颎去职，并不全在于高句丽一战失利这件事儿上，更与汝与他的龃龉不相干。其实，朕在罢免高颎后，亦总觉缺了点啥似的不自在。他毕竟与朕相处过二十年，共同担当的国是，无以数计。这样吧，去秦王府那日，朕把他也召来，大家一起聚聚，好么？"

"行。"杨谅点了下头，又说，"此外，儿臣还有一事，要求父皇解决。"

"啥事？汝说。"

"近年，突厥又有蠢蠢欲动之势，儿臣回到并州，想扩充一下军备，以增强边境军力。"

"应当，应当，有备无患嘞！"文帝点头应允说，"一应之事，直接去找汝的姐夫商量吧。"

杨谅一听，搔头，道："咱姐夫不是亦因高颎事被您拿下了吗？他当下难道还在兵部当差？"

"柳述不识时务，不该出的风头，他也伸头，不压压他的邪气，行么？

朕让述儿反省了几日，昨日又回兵部了。"

"咱此次招兵买马，扩充军备，开支甚巨，父皇还是先下个诏书，姐夫方肯照章执行。"

"行。"文帝满口应承，还称赞他道，"谅儿吃一堑长一智，亦懂按章程办事了。"文帝说到此处，思索片刻，又道，"咱听说，晋阳一带，不仅产煤，近年还发现有铜，是不是？"杨谅点头。文帝即说，"那么，朕下一诏，允你在那边就地开采铜矿炼铜，并允你自行铸造钱币。不过，卿一定要约束自己，此钱只能用在戍边上，不得用于个人享受。"

"此太好了！"杨谅喜出望外，说，"孩儿一定牢记父皇之言，一切皆以江山社稷为重，把钱用在刀刃上！"

"好！"文帝接着不无担心地道，"并州总管府兵强马壮了，又有取之不尽的钱财，卿可一定要小心谨慎，尤要防止不肖之徒假传圣旨，调取卿之军队和府库资财。"

"不至于吧？谁吃了豹子胆，敢冒天下之大不韪呐！"

"此事难说，有备无患嘛。况且，自古以来，假传圣旨的事，还少吗？"

"那咋办？儿臣远在并州，何以识得圣旨的真假？"

文帝沉吟了一下，说："这样吧，朕今后单独发给汝的敕书，有意在'敕'字的右上加一不起眼的小点。有此点，即为真；无此点，即是伪，汝可见字抗命不认。"

文帝说着，提起御批朱笔，在纸上写了个"敕"字，并在其右上画蛇添足地加了一小点。

杨谅看着，点头道："儿臣记住了。"

这日，秦王府门前，少有地热闹起来。一大早，就有达官贵人赶到秦王府门前，以迎接皇上和皇后的到来。其间，最显眼的有三人：一位是，新近升任左仆射的杨素；第二位是，从门下省纳言的职位上，重新被任命为右仆射的苏威；第三位即是汉王杨谅。

　　过了好一会儿，皇上和皇后的法驾才终于出现。文帝与独孤皇后分别乘坐金根车和凤辇，在仪杖和骑侍的护卫下，姗姗而来。

　　迎候之众臣，山呼万岁，跪迎主上。文帝着衮冕，独孤后亦着礼服、戴凤冠，分别下车。

　　一众臣子，众星捧月般拥着皇上皇后，进入秦王府的前厅入座。

　　此时，秦王方半躺半坐地卧在一辆特制的车中，被宦官和太监推出朝见父皇母后，并会见一众官员。秦王已完全不能直立行走，但对他来说，今日是个特别的日子，他身着王服，穿戴整齐，因已消瘦不堪，宽大的袍服穿在身上，显得空空荡荡。他看到父皇母后汉王和一众久未谋面的官员，苍白的脸上竟泛出一抹红晕。

　　一众官员纷纷走向秦王，向他致意，独孤皇后见儿子病得不似人样，早已是声泪俱下……

　　接着，司仪威严地唱道："宣旨！"

　　内史侍郎薛道衡面对秦王宣读了晋封他为上柱国的诏令。

　　秦王杨俊有气无力目无表情地接过诏书，从始至终，一言未发，即被一众下人推回卧室去了。

　　于是，皇上皇后便在秦王府中宴请了一干前来捧场的近臣。

　　宴席刚开，有秦王府管家报说："渤海公前来晋见皇上。"

　　"让他进来吧。是朕叫他来陪宴的。"

　　渤海公，乃高颎。他被免去一切职位后，仅剩渤海公爵位。他今日晚来，并非迟到，是因已没有官职了，不能安排到迎候皇上的官员队伍中，有意通知他晚来的。

　　高颎去职，仅一月有余，便突然显得苍老了许多。他一入厅，高呼一声："圣上——"便跪地哭天抢地，恸哭不止。

　　高颎一哭，引得皇后越发不能自己。骨瘦如柴的秦王被推走后，皇后的哭声小了些，此时，又身不由己地大哭起来。不过，她哭的仍是自己的亲骨肉秦王。与座官员亦触景生情，不少人看着高颎也跟着抹起泪来。

　　文帝把高颎召来，原是想与他叙叙旧的，没料竟弄成此景象。皇上于是大为光火，说："高颎呃，朕不负公。公落得如此地步，全是由公自己造成，并不是朕不想让汝善终！"

"是，是，是……"高颎连着磕头，不能自抑。

高颎罢官，这位过去成日忙忙碌碌、一心为皇上办差的老臣，回到家中，反而感到无所事事，六神无主，惶惶而不可终日。今闻皇上仍惦记着自己，召自己与宴，因而感动得痛哭流涕。

但，文帝却没领会到高颎的心情，以为他是哭求官复原职的。于是，当众声明道："一直以来，朕对高颎胜过对待自己的儿子，有时即使见不到他，也像他就在自己眼前一般。但自他被解职，情形就变了。所以，为人臣者，不应用个人功绩和地位来要挟君主，自封为天下第一。"

一场预订在秦王府上举办的君臣宴会，就这样被搅黄了。

第一○三回

高仆射获罪朝廷折梁柱
长孙晟暗访书房吐实情

高颎越是深孚众望，文帝愈感忐忑不安。他终于下定决心，要对高颎作一清算，使他永绝仕途，并以儆效尤。但高颎为官为人，一贯兢兢业业，谨小慎微，不好找到他的过错。

不过，有道是：欲加之罪，何患无辞。文帝派出耳目，搜集高颎"罪证"。很快就得到高颎封地属员的密奏说："高颎之子高表仁曾安慰父亲说：'司马仲达（即司马懿）过去以生病为藉口，不上朝，结果夺得天下，建立了晋朝。父亲当下罢官在家，和当年司马境遇不相上下，也不上朝了，谁知这就不是好事呢？说不定也可因祸得福的。'"

文帝闻奏大怒，下令将高颎囚于内史省拷问。高颎则宁死不认有此事。

审问官正感骑虎难下时，很快又有官员在朝廷上奏，说高颎曾在私下散播："大兴善寺和尚真觉曾对高颎说：'明年大隋将有大丧。'尼姑令晖还说：'十七、十八年，皇上将有大灾难，十九年过不去。'"

文帝闻言，面色更加难看。他无比愤怒地对群臣道："此言语肯定是高颎本人编造出来，用以诅咒朕的。可是，帝王之位是靠耍阴谋诡计争得来的么？孔子具有大圣人的才干，乃万世师表，他难道就不想当皇上、称天子吗？可天命不允，他亦没辙哩！高颎与尼姑、和尚一唱一和，并与其子拿晋的开国皇上司马仲达做比喻，是何用心呢？"

文帝一言既出，更有执法官吏出班大声奏道："敬请圣上斩除万恶不赦的高颎，以安民心！"

但，满朝文武响应者少。

"罢，罢，罢！"文帝摇头叹气，转圜说："朕，去岁杀虞庆则，今岁杀王世绩，如果再杀高颎，天下人会怎样评说朕呢？"

于是，遂令革除高颎唯一还保留的渤海公爵位，将他贬为庶民。

厄运对高颎来说，其实早有心理准备。就在他刚被任命仆射的那年，母亲就曾告诫他说："汝之地位已达极致，就差一回砍头了。汝可要慎之又慎。"多少年来，高颎一直牢记母训，为人处事，未敢忘形。但，因为皇上的信任，同僚的拥戴和互相尊重，并随时间推移，他对母训，曾一度有所淡忘，但却始终没有放松过对自己的约束。直到去年，和自己地位差不多的右武侯大将军虞庆则以莫须有罪名处斩后，才又为高颎猛敲了一记警钟。不过，令他没有料到的是，这一天竟来得这么快，这么迅雷不及掩耳，以至使他一度不知所措。但当一切皆已过去后，高颎的心地也随之平和了。他既无对皇上的怨恨，对自己亦没觉有啥遗憾，总之，他认命了。但是，高颎被贬，对隋之朝廷而言，却不啻是个晴天霹雳！

其中，最感痛心者，莫过薛道衡。尽管薛道衡在听涛轩中就曾预言过高颎可能会有此结果，但是，事到临头，他还是觉得不可思议，难以接受。不仅如此，将高颎贬作庶民的诏令，亦出自其手。因此，道衡甚至感到，是自己将老友推入深渊去的！

薛道衡这个人，从表面看，性格温和，为人沉笃，尤其是自李德林失势，并去世后，他被一众诗文爱好者拥戴为大隋第一才子。平日，来道衡处求诗者、唱和者、附庸风雅之拜访者，可以用络绎不绝来形容。人家对他表示礼敬，他也不能不理会人家吧，这么一来，在人们的印象中，薛道衡是个广结人缘的人，朋友遍天下。而究其实，道衡内心，则很孤傲。自李德林和明克让二位友人相继作古，他真正的朋友，仅二位。其一就是杨素。薛道衡认为，杨素的诗大气，并如流水一般，放荡不羁，不落窠臼。

杨素呢，则仰慕薛诗的细致入微，并时有神来之笔。早年，于戎马倥偬中，二人很难凑到一处，但常有诗词互赠与书信往来。不过，二人虽鸿雁传书，言说的却多限诗词或文章而已。与薛道衡相交甚笃的另一人就是高颎。他俩相知甚晚，真正的交往始于开皇八年的平陈战事中。当时二人皆供职于晋王杨广的帅府，高颎为长史，薛道衡任吏部郎兼掌文书。一次，高颎于营中向道衡询及攻陈方略，道衡对敌我双方和战事走向皆作了十分精辟的剖析，使高颎深受启迪，二人自此结为无话不谈的朋友。

高颎被贬作庶人，不仅使道衡感到失去一位真正的友人，亦使他感到自己如临深渊一般，难以自拔。因为在他看来，随着高颎的倒下，大隋王朝的分崩离析也就为期不远了。道衡把高颎比作一根梁柱，它支撑着朝廷的架构。如今，这根梁柱子没了，整个架构能不"轰"然倒下？因为身为宰相的高颎，不仅有治国之才干，更有一股身体力行的凛然正气。此股正气，不仅能正己，还能如磁石一般，聚攒人气，使众臣拧成一股绳索，共同为朝廷尽力

那么，道衡的另一位朋友杨素呢？他不正好顶替了高颎的位置，升任成左仆射了吗？可在道衡看来，杨素的文武才干虽都远在高颎之上，但其人品却远不及高颎。所以，道衡与他鸿雁传书时，只言诗，而不言及其他。朋友之间，尚且如此，那么，大臣与大臣间的关系，便可想而知了。因而，道衡可以预见到的是，杨素全面执掌政务后，必然仗着圣上对他的信任，拉一派，而排斥不合己见的另一派。圣上在位，尚可维持运转下去，如若换了一位帝王执掌朝政，会是啥结果呢？道衡终究不是预言家，他也想不清楚了。

那么，杨素本人，对高颎的突然被贬，又是怎样看的呢？平心而论，高颎下台，升任左仆射的杨素，并没一味地欣喜若狂，而是心情复杂。

他首先感到的是，一块长期压在心头的重石，终于彻底搬开了！因为高颎不倒，废立太子事，就始终存在变数，且夜长梦多呢！这些年来，晋王为得太子位，处心积虑，暗中活动，事机如果败露，追查起来，杨素本人亦难脱干系。至此，他终于有了扬眉吐气、如释重负之感。杨素虽为重

臣，深受主上信任，但天子之心，谁都猜不透哩。高颎一倒，支持太子的主心骨没有了，才能使主上一条心地把他要进行的事进行到底。

此外，在隋文帝处置高颎的过程中，杨素亦从始至终恪守中立，没做任何落井下石的黑心事。这一方面是高颎曾有恩于杨素。因杨素虽为文帝本家弟兄，却是先得高颎赏识，并由他推荐给文帝，才获重用的。此一点，杨素未敢忘记。另一方面，不管啥时候，高颎在朝廷官员心中的地位都是崇高的。诋毁高颎，令人不齿，在朝中为官，亦会受到孤立。所以，或明或暗，杨素都未给人留下任何陷害忠良之口实。

不仅如此，就在文帝审理高颎一案时，杨素一直都在找藉口忙于别事，使自己尽量身处其外。

此间，杨素究竟在忙啥呢？他插空向文帝进言，京师和皇宫的守备不能留空隙，而接受王世绩名马被革职的左卫大将军元旻和右卫大将军元胄，经查，没干别的不干净事，本人仍十分忠于皇上。他于是建议皇上恢复他们的原职，以加强宫廷禁卫。文帝觉得杨素考虑周到，而获复职的元旻和元胄则对杨素十分感激。可此举，杨素则是为晋王上位作准备的，因其中的右卫大将军元胄原本就是晋王的人。晋王如果上位做了太子，也需有个向着自己手握重兵的京师守卫者。

却说，高颎成为庶人后，为免招惹麻烦，不仅自己闭门不出，还闭门谢绝客人来访。而一些过往与高颎关系较密切的达官贵人，因怕惹火烧身，自也不敢贸然前来安慰高颎。

这座大兴城是大隋立国后，重新修建的，督造者就是高颎。为免假公济私之嫌，高颎当年为自己规划设计的相爷住宅，其实很小。一次文帝驾临高颎府上，觉得太小，就把一犯事充公的大将军住宅赠予了高颎，此住宅规模极为宏大。今高颎虽身为庶人，却没被抄家扫地出门，而仍居此大宅中。

这日一早，高颎宅院门前来了一位白头发、白眉毛、白胡须的箍桶匠。该老叟把一担行头往门前檐下一放，亮开嗓门，喊了一嗓子："箍桶！"然后，就袖着两手，在石阶上坐了下来。这在此前，是绝对不可能亦绝对不允许的。你想想，当朝宰相的宅门前，那还不是禁军、亲兵、仆役一大帮嘛。相爷本人即使不在家里，门口亦是人来车往络绎不绝的，能允许一个箍桶匠这么放肆吗？

那箍桶匠坐在门口见没反应，冷丁又亮一嗓子："箍桶！"

关门闭户的相爷府，门外没了当值禁军和仆役，但门里却还是有自家亲兵守护的。看门人一听，那箍桶匠竟候在门口没离开，就打开大门，果真见其堂而皇之地坐于门前石阶上，就没好气地"轰"了起来："去，去，去！"

箍桶匠当然不会与看门亲兵争吵，起身挑起行头离去了。可没过多时，一声"箍桶"又在相爷府门前响起。亲兵开门一轰，箍桶匠即走。如此两次三番后，守门亲兵将事报与了管家高爷。

高颍的管家亦姓高，是高颍老家的本家叔爷。他年龄比高颍要小几岁，论辈分高颍却要称其为叔。这高爷候在门内，将大门掩开一条缝儿。果真，没过多久，就见那白须老头伛偻着腰身，挑着一副箍桶担子从对面的深巷里走出来了。他走到门口，将行头卸下，亮出嗓门："箍桶呃！"

管家高爷一听，眉头皱了起来。他觉此嗓音似有点儿熟，却又想不起是何人。他于是朝身边亲兵使了个眼色，几名亲兵便一拥而出，去"轰"那箍桶匠人，高爷亦尾随其后，想看看这匠人究竟隐身何处。

箍桶匠见人多势众，转身便走。当众人追过门前大路时，高爷又向亲兵使了个眼色，让大家退回门里去了，自己则继续尾随箍桶匠而去。

那须发全白的箍桶匠虽年事已高，却一点都不老态龙钟，他挑一副担子没入巷中，一转身竟然不见踪影了。高爷暗惊，正东张西望时，忽地从一虚掩的门里伸出一只大手，一把抓住高爷的后背衣裳，如同老鹰捉小鸡一般，将他悬空抓入门里，才将其放下。

其时，白须老头摘下假发和粘贴在脸上的白眉、白胡子，笑着问："高爷，你还认识咱吗？"

高爷楞怔一望，傻眼道："认识，认识！"

摘下伪装的假老头开门见山地说："咱要去见仆射。"

"那可不行。"高爷解释说，"老爷已不是仆射了。且有吩咐，闭门谢绝一切来客，任何人都不待见。"

"咱可不是一般客人。你家老爷见到咱，定会高兴的，你信不信？"

高爷想了想，点头说："往日，老爷见你来访，总是乐哈哈的。他见你来，可能不会反对。这样吧，你在此稍候，咱进屋去通报一声，他答应了，咱再来此接你。"

"那可不行。"假老头学着高爷的声气，说，"若是那样，咱装箍桶匠把你引来干啥？咱去见你家老爷，也是不想让任何不相干的人知道。否则，信息儿走漏了出去，仆射和咱的性命都有可能难保啦！"

"那，咱可没辙了。"

"你去把后门打开，让咱从后门溜进去。"

"后门亦有亲兵守着哩。"高爷伸出四根手指，意思是后门亦有四名亲兵守护着。

"那还不容易。"假老头说，"你是管家，临时将他们支开一下，咱不就人不知鬼不晓地进去了吗。"

高爷能管这么大一个家庭的日常事，肯定不会是个无能之辈。他略思片刻，终于说："这样吧。再过半个时辰，你绕到后门去，打扮照旧，只是不要挑这副惹眼的头了。"

"行。"假老头点了下头。

高爷即原路返回大门。他刚到门口，那门便豁地打开了。

有亲兵问："高爷，你咋去了这么久？若再没见到人，咱可憋不住，要去巷子里寻人了。"

"这还嫌久？不就眨眼工夫嘛。"高爷一脚跨入门槛，众人便把大门关上了。

"您逮住那个箍桶匠没有？"

"不仅将他逮住，还问明了原委。"高爷说，"他是乡里来的走村串户的箍桶匠人。因人生地不熟，已有几日没找到事做了。他认定咱宅子是个大户人家。偌大一宅子，何愁没快散箍之桶。所以，三番五次赖在门口兜揽生意。咱看他可怜，兜里有点零钱，就将其打发走了。"

众人一听，方才释然。

接着，管家来到高宅后门口，对守护后门的四名亲兵说："园子里有棵树死了大半年，树干早已砍掉，而树蔸尚未挖出，时间长了，恐生蚁子，汝等去把树蔸挖出、劈开，送至灶房做柴火。"

此四人一走，高管家即把后门掩开，过一会儿，假老头就到了。管家将他放入，用门杠将后门闩紧，便带着假老头径自去了高颎的书房。

戴罪在身的高颎见管家带来个陌生人，面显愠色，正待发作。那箍桶匠则迅即摘除伪装，高颎大惊，一把将其攥住，道："长孙！是你？你是咋来的？"说着，两行老泪便扑簌簌地涌了出来……

此箍桶匠，原来是称病已久，久不在朝廷露面的长孙晟。他说："长孙来看您了！"

说完此话，一条血气方刚的汉子亦情不自禁地淌下泪来。

"此太危险！"高颎说，"高某是戴罪之人，且年事已高，死不足惜。然汝刚过不惑之龄，怎能拖累了你。"

"您可不要这么说，长孙见到您，心里才踏实了呐。"

此时，管家早将屋内一众人等，差遣出去，自己则忙上跑下，为主、客提水泡茶。

高颎被贬作庶人，表面显得异乎寻常的平静。每日仍然早起，诵读佛经，临帖习字，可心绪却实难安宁。今日长孙的到来，使他倍感欣慰。

对高颎来说，长孙晟是薛道衡之外，最可信赖的人。然，他俩的年龄相距近二十岁，整整相隔了一代人。此外，长孙晟仅算粗通经史，性格开朗，射术精湛，是个十足的武将。高颎则是文韬武略、治政治国有成就的宰相。此二人，无论从年龄、性格、经历、学识、职务等各方面，都存在着诸多差异，为啥竟成莫逆之交呢？思来想去，其实就凭了"以诚相见"四字。除此而外，二人还有一个相似之处，即，都是绝顶聪慧的人。高颎的聪慧，体现在处事沉稳和缜密上，尤其是在处置一些重大的突发事件时，他能做到处变不惊，深谋远虑；长孙之聪慧则显狡黠与灵动。且，各人对对方的聪慧，皆分外欣赏，乃真正的惺惺相惜。

二人唏嘘、叹惜、狂喜过后，又自然而然地恢复了常态。

长孙首先若有所思地说："您可还记得平定尉迟迥时，您做监军咱作您的副使去沁水前线的情形？"

"咋能忘呢？"高颍来了劲，笑说道，"当咱在韦孝宽的帅帐中，向众将领介绍你时，一提长孙晟的大名，众人皆吃喝着要你站起来，让大家一睹神射手之风采。咱这个监军的风头，全被你抢夺光了。"

"咱可没想到这些事。"长孙不好意思地说，"咱要说的是，这日子过得真快哩。转眼即近二十年了！"

"就是呀！晃眼就是二十年，人咋地不老哩！"高颍感叹道，忽又说："你今日来得正好。有件事一直想问你，就是没逮着机会。"

"啥事儿？"

"此事搁在咱心里，一搁就是几年了嘞。"高颍煞有介事道。

"嗨，还有这种事？那咋不早说？何必搁在心里头。"

"就是那次你携圣旨去突厥，可从突厥回来不久，你便称病去职连人影儿都找不着了。咱一直在猜，这事其中必有蹊跷。咱想：首先，长孙将军身体一向很好，哪能一病就长时间不能当差了呢？再者，长孙将军性格开朗，一般小事儿，绝不会老猫在家里不出门的。"

"唔……那次……确……确有蹊跷……"长孙之语调突然变得低沉起来。他说，"不错，那次，咱可是以正使身份携圣旨去突厥的。您是否记得，那旨意是啥吗？"

"当然记得。"高颍说，"旨意是要取消大义公主的封号，解除她与圣上的义女关系，并从杨家族谱上除名。对不？"

"没错。圣上为啥要取消大义公主的封号呢？"长孙晟自问自答道，"起因就是那副缴获陈国皇室的屏风。圣上把屏风送给大义公主，以炫耀自己的武力与功绩。此举本身就是往公主伤口上撒盐呢！圣上杀了公主的父兄，灭了其家族，夺取了她娘家的皇位，时隔多年，有何必要再向一个孤苦伶

　　高颎被贬作庶人，表面显得异乎寻常的平静，可心绪却实难安宁。今日长孙的
到来，使他倍感欣慰。

仃的弱女炫武嘛！不仅如此，公主睹物生情，想起自己身世，在屏风上写了那首感怀诗，圣上就不高兴了，认为她还记恨往事，一怒之下，取消了她的名份，这不等于就是将她斩草除根了嘛！其后，咱目睹了公主躺倒在了血泊中！您知道，公主是在北周末年，为换得华夏边境的安宁，由咱一路护送到突厥去和番的。那一年，公主才十四岁，真是捧在手中都怕化了的一个冰清玉洁的美少女哩！"

"呵……原来是为这！"高颎唏嘘道。

"这其中，除了觉得圣上太绝情而外，咱亦感到自己愧对公主——她的死，咱有责……说起来，咱是为国，可手段儿太……太过残酷！所以，后来咱索性告病回家了。"

一阵沉默过后，高颎又问："去年，圣上想让你出任并州总管长史一职，那可是许多人梦寐以求而不得的高位，你为啥又称病回家了呢？咱觉此回更有蹊跷，但薛道衡却说，你从并州回来向圣上述职，他当时就在中华殿里，并亲眼看到你一副疲惫、消瘦之状，说话间就大口大口吐起血来，还说那样子极可怕。这就使咱更加疑惑不解了。"

长孙大笑。他张开嘴，伸出舌，手指舌尖处要高颎看。

高颎更为不解，道："要咱看汝之舌头做甚呢？"

长孙说："您没见咱的舌尖都变样了吗？直到如今，再好的美食佳肴，咱都吃不出味儿来。"

"那是为啥？"

"咱当时急得没辙。情急之下，把舌尖咬烂，当即出血不止，才一口一口咯血的。"

"呵？"高颎大骇，"汝为啥要使此苦肉计呐？"

"不如此，咋能在圣上面前证明咱是真有大病嘛。"

"汝这是何苦来哉！你不想做并州总管长史，就好好向圣上直说嘛。"

"圣上信任你，擢拔你，你能说不？"长孙晟摇头叹气道，"再说哩，那趟并州之行，咱可是对大隋未来深感绝望了。"

"噢？那又是为啥？"

"咱先说秦王杨俊吧。他到并州总管府任上，穷奢极欲，可说没干一件好事。朝廷拨付他的费用，不够用，就向当地富户放高利贷。人家不肯就范，就把刀架在其脖子上，直到弄得人家倾家荡产。有的逼得没法，只好远走他乡……几年工夫，就把个好端端的并州，弄得官怒民怨，民生凋敝，没了人气……"

"你说的这些事，可没解咱之疑惑。"高颎说，"咱就是不能理解，当圣上要你出任并州总管长史时，你却不干，那可是圣上对你绝对信任。要知道，并州下辖五十二州，是出精兵良马之地，炙手可热的美差哩！那地方，秦王败起来快，但只要稍加整饬，使它兴旺起来，亦并非难事，汝为啥就是不肯干嘛？"

"哎——看看，仆射大人的治政方略一套一套又来了，是不？"长孙不忘调侃高颎。然后，才继续往下说，"从并州返回京师时，因秦王有病，咱在押解途中对他照顾得周到一些，使他大受感动。因而对咱敞开心扉说，他之所以玩世不恭，大肆挥霍，完全是出于对父皇不让他做自己想之事的报复。其实，秦王从小就厌恶杀戮，只想做个与世无争的出家人。可圣上不允，硬逼他去做你争我夺的将帅。同时，他还告诉咱，虚伪的晋王正在不择手段地拉拢母后，企图篡夺太子之位……"

"哦……"高颎这才悟出，一向对自己不错的皇后，为啥突然转变了态度。他又道，"既如此，圣上要你去并州，你咋不趁此一走了之，远离京师这块是非之地呢？"

"哪里躲得开嘛！您谨小慎微一辈子，不就落得今日这下场。咱去并州为汉王长史，会有好日子过吗？有朝一日，晋王如果取代太子勇真的做了太子，您想想，汉王能服气？汉王不服气，咱这长史咋办？是站在汉王一边去打当了太子的晋王？还是反戈一击？"

高颎点头说："是呀，是呀！你想得比咱远，这长史确实不好当。"

"此外，咱还有一点与您不一样。"

"哪里不一样？"

"您是汉人，咱可是鲜卑人。天下无事，同为皇上臣下，没啥不一样。可一有风吹草动，说不定等不到皇子们你争我夺那一日，圣上就会因猜忌找藉口拿咱说事了。圣上的天下是从鲜卑人那里夺过来的，亦对鲜卑人多了一份猜忌。"

高颎点了下头，又道："咱还有一点不明白。即，你在中华殿中口吐鲜血，蒙过了圣上，可御医到来之后，又是咋蒙过御医的呢？"

"嗨，这您又有所不知了。"长孙晟狡黠地笑着说，"北周末年，御医龚维之侍候病中的宣帝喝药时，咱在场。其时，宣帝的狂躁症发作，御医劝皇上喝药，他不但不喝，还顺手抄起床头一只玉麒麟朝御医的头砸去，是咱迅即用身子将那飞来的玉麒麟挡住，救了御医一命。您想，龚御医会为难咱吗？"

"嗨，还真有你的。"高颎由衷地说。

倏地，长孙晟却一反常态，变得深沉起来。他说："长孙今日为何冒着风险来看您呢？九九归一，就是希望您能想开点，看穿点。常言道，伴君如伴虎。与圣上相处长了，他对您了解得太透，反而会生分的。再说了，此天下姓杨，是杨家的，圣上老了，他要为自己的儿子，甚至孙子们铺路。有道是，一朝天子一朝臣，年迈的皇上和老臣也都到该退的时候了。还有呢，当下的大隋，表面看去，一片辉煌，无比强大，实则已是暗流涌动，危机四伏，您作为过往的一代名相，更应激流勇退啰。"

高颎闻之，蓦然想起薛道衡在听涛轩中说过的一番话，与之相比，长孙之言，则更直白，似更切中要害，因他已有切肤之感。高颎想到此处，抬起头来，问："那，照你一说，天下不是又要大乱了？"

"难说哩。"

"前次，华夏一乱，就乱了近四百年。此回，天下又要乱多久，才能止息？"

"谁知呢？"

"……"一时之间，两人都没了言语。

第一〇四回

晋王建寺一了恩师夙愿
郭衍修渠根除洪州水患

开皇十八年十一月三十日，是智顗大师圆寂周年忌日。晋王杨广渡江亲赴天台山，在新落成的天台寺中，举办了千僧齐大型法会，以悼念智顗大师圆寂一周年和庆贺新寺的落成。

智顗大师是在开皇十六年于外地讲经云游多年后，回归故地天台山的。这位天台宗的始祖，回到阔别多年的发祥地，即对众徒说，自己世缘将尽，这里就是归宿地了。此时的天台寺，因战乱和地处深山中，已年久失修，而破败不堪。智顗大师便在这座简陋的寺院中，一边为弟子讲授《观心论》，一边潜心手绘一座新寺蓝图。

次年十月，不知大师已患重病的晋王遣使请他赴江都讲经说法。此时的智顗，早已为晋王多年的相助所打动，且因又有建寺事求于晋王，于是，仍强撑病体，勉力下山，行至石城，病情加剧，遂返回天台山里，不久就入寂了。

智顗把自己信奉的《法华经》列为佛的最高和最后说法，将一切事物都归于法性真如之显现，以中、假、空三谛圆融的观点解释世界，从而开天台宗之先河。一直以来，他就想在天台山中建一座新寺，以作天台宗之祖庭。但因财力不济，图虽绘好，却迟迟不能动工。所以，他在遗书中抱憾地写道："不见寺成，瞑目为恨"。

晋王杨广闻噩耗，见遗书，痛惜万分。为报师恩，遂命司马王弘按智顗所绘图纸，费时一年，于天台山建造了这座气势宏大的天台寺。

是时，焕然一新的天台寺，钟鸣磬响，香烟缭绕，晋王杨广身着僧袍、双手合十，以智顗弟子身份，与僧众一道，齐声诵读法华经文……

开皇十一年，蔓延江南全境的叛乱，就是从天台山所处的吴越一带首先爆发的，朝廷派兵用武力将叛乱渐次平息后，晋王杨广奉命来到江都，接掌了扬州总管一职，开始了对江南四十四州的治理。其间，光用于安抚宗教界的精力、时间和金钱，皆难以计数。而使杨广甚感欣慰的是，而今，所有付出，终得回报。就拿这位智顗大师来说吧，其因过去与陈朝皇室过从甚密，结缘颇深，直到隋之千军万马已攻至建康城下形成合围之势时，智顗还在城内做法事，为陈后主祈福平安。陈朝灭亡，智顗曾一度销声匿迹。接着，由江南士人发起的叛乱再遭平灭后，才终于打听到智顗已在战乱中遁入庐山东林寺。杨广入主江都，不计前嫌，为恢复和弘扬江南佛法，派人盛邀智顗前来江都主持佛事。而智顗则心有余悸，一推再推。杨广去人去信，一邀再邀，智顗才在迫不得已的情形下，并在提出的诸多条件一一得到满足后，才勉强接受邀请赴扬州参加法会，同时，还只肯住在扬州郊外的寺庙中。而一贯心高气傲的杨广，不仅接受了智顗的剃度，拜其为师傅，之后，智顗来信要钱要物修建寺庙，杨广皆有求必应，从不推脱。智顗每到一处讲学、修行，杨广都殷勤备至，派人保护，同时，还给当地衙门打招呼，为师傅提供方便。不仅如此，杨广还一再劝说父皇改变对智顗的态度，放松对江南佛事的管制等等。至此，智顗大师才渐与晋王融洽起来。智顗是江南佛教界首领，他心仪晋王，江南佛教界亦心仪晋王。而佛教已在江南深入人心，晋王与智顗亦师亦友的情谊，大得江南人心。就拿兴建这座天台寺来说，扬州总管府向有关州府征募工匠和民役的令一下，前来参建的民役，只多不少。并有不少大户人家，主动捐资捐物，不到一年，新寺便提前落成。而今日前来参加盛典的人士，除全国各地应邀来的千数名僧外，还有邻近州县官员和乡绅，真可谓是各界名流济聚一堂。而此种景象，对江南来说，已多年不见。

杨广自幼深受父母影响，对佛教、佛学皆有较深认识。此刻，他徜徉在一片祥和的佛音佛海中，亦和众僧一样，怀着虔诚之心，顶礼膜拜，口中念念有词，心向佛国天堂……

可就在此一刻，但见一身着戎装之壮汉，不合时宜地径自朝他走来。当杨广朝他注目细看时，壮汉已赫然走到了近前，并旁若无人地单膝跪下，道："化及参见晋王。"

"啥？"杨广倏地从佛国返回到现实中来，只觉眼前这汉子来得唐突，且面相陌生。

壮汉见状，慌忙解释说："咱是宇文述大将军长子宇文化及，奉父命前来参见晋王。"

"哦……"杨广这才真正清醒过来。

他想：必有大事，宇文述才会派自己的儿子赶到此地来。他环顾了一下左右，见周遭几位僧侣，已停止诵经，并都在用异样的目光盯望自己。他于是把化及拉到一旁，将他交给自己的一名侍卫，压低声音说："这位兄弟远道而来，汝带他先去膳房用膳。"

来人急了，道："禀告晋王，咱有急事！"

"知道。"杨广拍了一下化及之肩，说，"不慌，汝先去用膳吧。"

说完，晋王又安然回到诵经队伍中。直到法事圆满结束，他才前去找宇文化及说事。

"让你久等了。"晋王说完此话，就用手比划着对化及说，"你父刚调寿州那阵，汝才这么高。几年不见，竟成大人了。"

化及不好意思地张嘴道："是咧……"

"吃得咋样？"

"不咋样。"

"噢？"

"都是些假把戏。"

"假把戏？"

宇文化及大大咧咧地说："晋王看嘛，又是鸡，又是肉，还有鱼虾，用大盘、海碗码得老高，吃进嘴里才知道，全是假的。"

"哈哈哈哈！此是啥地方？寺庙嘛，当然都是素菜。"寒暄过后，晋王收敛笑容，问，"大将军派汝来，为啥事？"

"父亲要咱前来禀报晋王一件大事，说是皇上已免去高仆射一切职位，将他贬作了庶人。"

"呵？"杨广大吃一惊，此消息真是非同小可。震惊之余，又问，"此消息确不确？"

"是杨仆射派专人到寿州告知父亲的。据说，同时还派人去了江都。父亲知您上了天台山，他接杨仆射信的当日，就派咱来天台山转告您——不过，此事果真很重要吗？"

"确很重要。"杨广看了一眼宇文化及，他虽身高体壮，但眉宇间则分明透出一股青涩之稚气儿。

"是不是高仆射被贬了，晋王就可升任尚书左仆射？"

"不是那意思。"晋王摇头笑着说，"这事是否重要，一时半会恐还难以显现出来。汝慢慢瞧吧，要等一段时间，方能见分晓。"

"啥意思？您这不是在打哑谜吗？"

"当下的情形就是这样。往后会出现啥情形，咱也猜不准。对！还真有点儿像是谜。"

"晋王猜不着，那咱就更猜不着了。"

杨广则舒心地说："别性急，咱和你一样，都得慢慢儿地瞧。"

"好吧。"宇文化及想了想，说"那，化及就此告辞了。"

杨广抬眼见不远处的树下还有五六名侍卫模样的人，每人都牵着马，便问："那都是与你同行的兄弟吗？"

化及说："是。"

"所带盘缠是否充足？"

"充足。"

杨广即对身边一名随员道："拿三十两银子赏给化及兄弟。"

"不用。咱盘缠足够。"

"别客气。你刚才不是说寺中素菜不好吃吗？把这点钱拿去，一路可与弟兄们尽个兴。"

"谢晋王！"宇文化及从杨广随员手中接过赏银，一跃上马，一行数骑，顶着山中凛冽的北风，飞也似的下山去了。

高颎遭贬，使杨广吃下一颗定心丸。这也就是说，朝廷能阻止他登上太子位的最大障碍，业已扫除。杨广外表平静，心则如花蕾一般怒放了！他放眼望着朔风中漫山遍野的青松翠竹，满怀憧憬地预感到，自己日后得到的，将肯定不会是江南的半壁江山，而是南北一统后的整个天下！

接着，当晋王一行人离开天台寺，行至石城时，意犹未尽的杨广没有急于北上回江都，而是冒着江南阴冷的寒气继续向西而行——他要将高颎被贬事，亲自告知和自己患难与共的另一心腹爱将、洪州总管府总管郭衍。

可当其一行人日夜兼程来到洪州总管府时，却让众人扑了个空。他们被告知说，郭总管去城外工地已有几日，何日回城，尚不得而知。当留守衙门的官员得知是晋王亲自驾临时，表示马上派人去工地叫总管急速回总管府来。

而晋王则感兴趣地说："叫他回来干啥嘛。请你不妨这就带咱去工地，亦见识见识他在天寒地冻中究竟在忙啥，此不是更好吗？"

一众人等，于是跃马扬鞭，赶往工地。但见望不到尽头的工地上，人声鼎沸，如同激烈厮杀的战场。寒风把旌旗吹得猎猎招展，挑担的、推车的人群穿梭如织，他们用肩挑锄挖，开出一条人工河道，筑起两道长堤……可是，在这人山人海中，去哪里寻找郭衍呢？

恰在此时，忽见从一土坡上飞来一骑。骑者来到众人面前，翻身下马，问："郭总管要小的请问列位官人从何而来？有何贵干？"

其中一名带路的当地官员忙接腔说："你快去报知郭总管，晋王驾临，且要见他，却找不到他呐！"

不一会儿，从避风的土坡处飞来几骑，领头的郭衍首先下马，径直朝晋王走来。

此时，晋王亦下了马，并朝郭衍走去。

"幸会！幸会！"晋王拉住郭衍之手，笑着说，"老将军，没想到咱俩会在这工地上见面吧？"

"咱做梦都想不到咧！"郭衍亦无比兴奋地说，"咱老远就望见一彪人马朝工地奔来，估计不会是一般人，可就是没料到会是晋王您呐！"

"在城里，听总管府官员说，郭将军上了工地，不知何日能归，咱就想来见识见识。没料，竟是这么大个阵势。"

"阵势不算大吧？也就是咱那两万多府兵。"

"两万多人，还不算大？"晋王皱眉说，"咱捉摸着，将军此举，已经犯忌了呐。"

郭衍一愣，问："咱犯啥忌？"

"圣上有旨，十年不向江南征粮和征召徭役。咱在天台山为了却智顗大师之夙愿，要建一座寺庙，还是事先报请圣上特许后，方招人动工的。汝这么兴师动众，竟连咱这个扬州总管事前都不得而知。"

"咱这不叫征徭役。"

"叫啥？"

"此工地上的每个人，皆为咱的府兵，咱是在练兵。每至冬季，府兵皆要集中训练，今年亦不例外。每年例行之事，还要先向扬州总管府禀报吗？"

"狡辩！汝这是练兵吗？"

"咋不是？此为训练士卒冬季作战的吃苦耐劳能力。当然，亦就便兴修了水利。此地为啥叫洪州？就是每到雨季，爱闹洪水。咱修了这条明渠，就可做到周遭田地旱涝保收，咱的府兵吃穿才有保障，何乐而不为之。"

"嗯……你这狡辩，咱爱听。"杨广重重地拍着心腹爱将的肩膀，说，"嗨！老将军，还真有你的！朝廷如若追究此事，咱就如此这般回答。"

"此乃利国利民的大好事，谁吃饱了撑，来追究这呐！"

"言之有理。"

郭衍这位老将，不仅能征善战，还有三大特长：一是，善于招兵买马。

早在北周年代，郭衍曾奉诏到天水一带招募士卒。曾将募到的府兵从西北迁徙到东部边境定居，以抵御来袭的北齐军队。二是，有开凿河渠的经验。开皇三年，他被朝廷任命为开凿漕渠的大监。他统率一批水工和民役，凿渠引渭河水，使其东接潼关，并一直流经大兴城北，使漕运距离长达四百余里。当地民众将此渠称作富民渠。三是，善开田地。郭衍在朔州任总管期间，因北面与番邦接壤，从内地运来的粮食经常在途中遭抢，接济不上。他就在当地选择肥沃土地，设置屯田。一年下来，光剩余粮食就有万余石。

自郭衍随晋王来到江南，并升任大总管后，他的这三大特长可谓发挥得淋漓尽致。

首先，晋王以岭南一带尚不安定为由，奏请朝廷在江南增加军力，得到文帝批准后，遂命郭衍扩军。江南因大隋统一华夏，两年中，先后经历两次战争，其时，无家可归的散兵游勇和逃离家园的难民比比皆是。郭衍就把这些人收容起来，分给他们田地，还由州、县补贴他们一笔安家费用，使之安居乐业，没费多大工夫，郭衍的府兵就扩充至二万多人。

此外，江南地广人稀，郭衍便于当地扩大屯田规模。而且，此地气候温暖，土地肥沃，雨量丰沛，并以种植水稻为主，粮食产量远胜北方种植的旱地作物。同时，有府兵身份的人和没府兵身份的人，皆免交税赋，谁不想多种些粮食和棉花呢。当地府兵和民户在郭衍的统筹和倡导下，设置屯田，开垦荒地，仅几年工夫，洪州一带便由贫转富，向此地迁移的人，日益增多。

不过，雨水太多，下雨下得太过集中，亦常发水患。这不，郭衍又利用其开凿漕渠的经历，在江南再开一条排涝防洪之富民渠。

…………

"哈哈……"郭衍听到晋王对自己的夸奖，笑道，"该渠今冬完工后，这地方可就变聚宝盆了，种啥收啥。"

"好，好！"晋王亦笑得很开心，转而道，"咱看大家都干得很投入，您为一州之长，派个得力点的人到工地上转转就行了，这大一把年纪，何必还日日守于工地当监工呐。"

"咱不是在做监工。"郭衍解释说，"他们修渠是为自家旱涝保收，用不着监工的。咱在工地行走，可随时发现问题，以便合理调配劳力，加快工程进度，并用节省的时日，再搞一下军事训练。"

"嗯，此太完美了！"晋王继而一想，又道，"不过，这么一来，刺史（郭衍亦兼洪州刺史）大人不是真的不能回城了？"

"哪能呢。"郭衍说，"晋王来了，咱能不一尽地主之谊？"

一句话，说得众人都笑了起来。

是夜，郭衍在洪州总管府内设宴，为晋王一行接风。

席终人散之后，晋王密会郭衍。

一开始，晋王便旧事重提，说："公当年向咱建议，万一争取不到太子之位，亦可占据江南半壁江山，以抗衡北边朝廷。此言，您还记不记得？"

"咋啦？"郭衍感到全身一紧，不知晋王重提此话，是何用意。不过，他还是点头说，"咱说过的话，当然记得。莫非，当下就真的到了那一刻？咋地，咱连一点预感都没呢？"

"咱可以告诉您，您的那条建议可以作古了。"

郭衍更加不知就里，问："那是为啥？"

"高颎获罪，已为圣上解除所有职衔，被贬作了庶人，此事，不知你是否已经知晓？"

"天爷！此事当真吗？咱可不知道呢。"郭衍先是一惊，接着一运神，说，"此可是件天大好事！朝廷没了高颎，废太子不就更加顺当了吗？"

"就是呀！咱专程来此，就是为给你透此信的。当下朝廷已由杨仆射主事，这信息儿亦是由他派专人捎来的。由此观之，废太子只是时间问题了。所以说，咱之将来不会只拥半壁江山，而会是整个南北统一的华夏。"

郭衍释疑后，说："不过，刚才咱还是着实吓了一跳，以为朝内出了啥乱子，或许连咱想要的江南半壁江山都不保了嘞。"

"哪能哩。"杨广不无得意地道，"从今开始，您和宇文大将军都要作好随时跟咱北上的准备。"

"此还用准备？"郭衍乐不可支地道，咱只等晋王一声令下，拔腿就走！"

杨广亦踌躇满志地说："以前，北边朝廷足足作了八年准备，方过江平灭了江南，使华夏为之一统。今次，咱在江南，卧薪尝胆、励精图治，屈指一算，亦是八个年头，还仅是盼到了希望。"

"不容易，确实不容易！"郭衍听着杨广的慨叹，精神大振。他说："晋王呃，此亦好比是智𫗱大师之修行，先要攒足底蕴，练好内功，蓄足了势，方能得道登上储君之位。"

"比得好！"晋王道，"此次，咱是由南而北，是反其道而行之。所以，越到此刻，咱江南越是不能出乱子，越是要把江南的事做好，做把稳，做扎实。现如今，将军还要做好一件事，即在离开洪州北上前，要将你辖地内的官员配备齐整。不论何时，咱处何地，江南都还是咱的后备基地。"

"此乃必然。"

…………

晋王回到江都那日，冬至节已然临近。扬州总管府和晋王府内官员倾巢而出，至城外迎接晋王归来。当一众官员喜笑颜开走到晋王面前向他嘘寒问暖时，晋王注意到只有晋王府记室高弘德笑得勉强，亦无言语，仅朝自己点了下头，便隐没于人丛中了。

城外欢迎仪式结束后，杨广把总管府司马张衡招来问："高颎遭贬的消息，官员们是否都知晓了？"

张衡说："咱总管府与朝廷往来频密，这种事传得还不快？圣旨还未下达，府内已尽人皆知。"

"怪道。咱见高弘德一副闷闷不乐的样子，就猜，他已知晓了。"接着，杨广又问，"官员们都有些啥议论？"

"一个个都精得很。私下皆说，晋王快当太子了。"

"千万不要这么说。汝见有人这么议论，要严加制止。"

"知道了。"

当日晚膳后，杨广即到高弘德住处。

高弘德，乃高颎次子。他为人处事，亦如高颎，十分严谨。杨广本人就是个在文字上极自负、极挑剔的人，他能用弘德作记室，其文字功底和做事态度，便可见一斑。

晋王的光临，使弘德暗自一惊，而其外表却仍显平静。他的住处，是个一连二的套房。里为卧室，外为书房，并兼做会客室。

晋王坐定后，弘德即从书案上取出一封册页，双手恭敬地交给晋王，说："您来得正好，咱这就面呈您了。"

晋王接过册页，打开一看，"辞职书"三字，赫然入目。于是，即把册页合上，放回书案，说："你这是干啥呢？"

"家父获罪，弘德恐不宜呆在此位置上了。"

"有啥不宜？"杨广提高嗓门道，"你高弘德是个啥样之人？咱还不清楚？咱今日刚从外地回来，晚上到你住处，就是来给你打招呼的。你可好，倒先给了咱一个下马威。"

"弘德岂敢。咱是怕拖累晋王……"

"无须解释了。你过去干啥，是咋干的，往后一切照旧。"晋王说完，起身走到门口，又道，"年关将至，几日后，咱就要回京师向圣上述职了。你收拾一下，同咱一起走吧，回去安慰安慰你的老父。"

"晋王……"高弘德的眼窝儿里涌出感激的泪花。

高弘德的去留，关系到高颎一家人，亦关系到周围人如何看待晋王。杨广更不希望看到的是在此节骨眼上，节外生枝，闹得风生水起，议论纷纷，而使自己成为朝野关注的目标。

老实厚道的高弘德呢？虽在晋王身边当差，却对他觊觎太子位的事毫无觉察。他当然更想不到，父亲遭难，就与眼前这位对自己施恩的大善人有关。

第一〇五回

皇后雪上加霜旧病复发
文帝春风得意喜添新欢

　　偏见，是个非常可怕的怪物。而尤其是女人，偏见一旦缠身，更加可怕。因为女人极易一根筋地想事，从而导致难以想象的后果。

　　独孤皇后之于高颎就是这样。高颎之父原本是独孤皇后父亲独孤信的幕僚，独孤信遭忌被赐死后，其一大家人失去依靠，于是，高颎及其家人反而帮衬起独孤家来。北周后期，文帝做了宰相，有了进一步谋夺皇位的念想，急欲拉拢人才为己所用，独孤后为此向文帝推荐了高颎。高颎不负厚望，出生入死，鞠躬尽瘁，为文帝坐江山立下汗马功劳。二十年来，君臣相处和睦，大隋亦蒸蒸日上。但自皇后有了废太子勇、欲立次子广为太子的心思遭到高颎打破后，皇后对高颎的偏见便由此产生，进而为一句莫须有的言语和一点儿琐细事，使得偏见膨胀、加剧，终使开国宰相高颎被贬为庶人。

　　高颎被贬之后，独孤后当然不会就此罢休，因她的废太子勇和立太子广的目的尚未达到。

　　高颎遭贬数日后，仍没见朝廷有任何动静的独孤后就沉不住气地问文帝："再过几日就是冬至节，广儿他们亦快回京师了，这废立太子事，咋能还是钟不响、磬不响，看不到结果呐！"

"此乃国之大事。"文帝说，"哪能见风是风，见雨是雨，如同上街瞧花灯那么简单嘞？"

"那究竟要拖到啥时候嘛？"

文帝没说下文，亦未动声色，心里却在嘀咕：高颎成为庶人，表面看去，处置得异乎寻常顺利，朝堂上亦波澜不兴。此次没像前次那样，有大臣公然站出唱反调。但，沉默往往比有几人提出异议更可怕。因此，当下如果接着就来罢黜太子，朝廷亦有可能仍会是一片沉默，可这么一来，众臣内心的抵触情绪继续积累，绝对不是一件好事嘞！

不过，文帝心中的这些想法，并未向皇后直白地说出口，从而使带着一肚子不快的皇后返回自己寝殿后，心有不甘地召来新任左仆射杨素，见面就对他说："高颎既已去职，是否可趁新年到来之际，顺理成章地把废立太子事办了它？咱想，届时朝廷即使有人反对，因为没了高颎从中作梗，谅也翻不起浪儿来。"

"皇后说得在理。"杨素立表赞同。但，杨素毕竟是杨素，他想事却远不止一根筋儿。接着，他抬头看了独孤后一眼，问，"只是不知圣上对废、立事意下如何？"

"此不是明摆着的吗？下这大劲掰倒高颎是为啥！"

"话虽如此。但，此乃国之大事，圣上如不明确发话，绝对不可贸然处之，连私下议论都是不恰当的。"

话说到此份上，独孤皇后只好实话实说："咱召公来之前，倒是向圣上提起过此事的。"

杨素注目以问："圣上咋说？"

"他啥话都没说，转背就进书房看折子去了，咱才召你过来打商量。"

"圣上虽未开金口，但已有旨了。"

"啥意思？"

"此还不明白吗？圣上虽未明言，意思却是明确的。即，废立太子事，火候尚不到。"

"火候还没到？"独孤后不以为然地说，"那要等到啥时候，火候才算到了？杨仆射，您说呢？"

"咱不知道哩。此可要去问圣上。"

"圣上还是不吭声，那咋办？"

"别性急，等等吧。"杨素把曾经安慰晋王的话，又拿来安慰皇后说，"其实呢，圣上说不定比您还心切。不过，欲速则不达哩。"

…………

没过几日，一场寒潮不期而至。心气不顺的皇后，一不小心，灌了几口冷风，便又是鼻涕又是喷嚏地浑身发起热来。自去年在仁寿宫中病过一场后，皇后的身子骨便每况愈下，动不动就脑热发烧。

文帝原本是逢单日到独孤皇后处共进晚膳，逢双日去宣华夫人处吃淮扬菜的。这下倒好，御医龚维之发出医嘱，暂时禁止皇上与皇后相互接触，以免将皇后的病过到皇上身上。

这日，恰是个单日。文帝事前未向宣华夫人处打招呼，他想来个突然袭击，给年轻夫人一个惊喜。

此刻，天还是敞亮的，文帝只带元岩一人，便早早离开了办理政务的中华殿，直奔后宫而去。待接近宣华夫人的寝殿时，文帝对元岩说："汝也回去吧，今晚就不用你当值了，明儿一早过来接朕。"

元岩离去后，文帝一人突然出现在了宣华夫人寝殿的大门前。以往皇上驾临，总会有人提前过来打招呼，且其身边还跟随有侍卫、太监等一帮人。而此回却只文帝一人，令门前侍卫、宦官一个个都惊慌失色地就地跪了下来。

有个宦官转身欲进屋里去通报，亦被文帝叫住，说："汝别走，朕已至此，还用前往通报么？"

那名宦官也只好就地跪下。

文帝则径直朝殿里走去。一路上，有见到文帝的宫女、下人，因事前不知情，都惊得原地跪下。文帝则熟门熟路，故意把脚步放轻。转眼，即见宣华夫人的卧室门敞开着，他把头探进门去一瞧——哈！夫人正坐于梳妆台前，对着一面铜镜整理妆容！他蹑手蹑脚地摸到其身后，用双手蒙住了她的双眼。

夫人则嬉笑道："别闹，看，把哝整好之妆又弄乱了！"

文帝就喜听夫人一口吴越软语。他非但没有放手，反把身子紧紧贴住夫人的后背，将其娇小的身子揽在了自己的怀里。

被文帝紧紧拥住的夫人，忽地一声惊叫。随即，浑身酥软地仿佛要溶化了一般！因她嗅到一股平生从未闻到过的气味——从文帝身上散发出的浓烈的男人体气！

此时，另一女子听到叫声，从门外匆匆赶来，见此情形，她惊讶地大声道："圣上，您……您认错人了！"

那女子说着，立马跪了下来。

"呵？"文帝闻声大惊，立刻松手，因为那位跪下的女子才是自己的宣华夫人。其时，他再用惊诧的目光回看还蜷缩在自己怀中已吓得不能动弹的女子，诧异地问，"嗨，汝是谁嘞？"

"小女……姓蔡……"说着，挣脱文帝，亦跪在了地上。

"此是咋回事哩？汝咋进了夫人卧房？且坐在她的妆台上？"文帝一迭连声地问着，坐到一把他常坐的椅子上，说，"汝等都起来吧。"

两女子起身后，宣华夫人解释说："她是婢妾最好的朋友蔡氏。今是单日，本以为圣上不会过这边来的，她就到婢妾这儿串门来了。"

"串门儿？"文帝看了一眼蔡氏，他分不清女子穿戴的讲究，但还是从穿着上看得出她是个有身份的女子。就问，"卿住何处？"

蔡氏低眉敛首细声道："奴婢亦住后宫里。"

"噢？"文帝更觉惊奇，"朕咋没见过汝呐？"

宣华夫人方进一步介绍说："蔡女和咱一样，家被抄没，从小跟随母亲充入宫中为奴，成人后，她被选中，做了才人。"

"才人？"文帝一愣，问，"是朕之才人么？"

"是……"宣华夫人"是"字刚一出口，即觉不对。于是补了一句，"只是名义上的才人。"

"啥叫名义上的才人？"

"就是给封了个才人名份，但不允许会见圣上。"

"此是啥规矩？"

"……"宣华夫人突然噤声。

文帝直指蔡才人，问："那蔡才人今日不是见到朕了吗？若按规矩，将会如何？"

宣华夫人和蔡才人顿时花容失色，又相继跪下。还是由宣华夫人回答说："若是被告发，而让皇后知晓了，蔡才人要被处死。此事发生于婢妾殿中，婢妾恐亦难逃厄运。"

"岂有此理！"文帝大怒。他转而再看蔡氏时，见她已是泪流满面。然而，其清秀的面庞，则更显生动，令人怜惜。文帝一把将二位美人挽起，并安慰蔡美人说，"卿不要怕，今日之事，朕将为汝做主。今日得见蔡才人，乃是天意！亦是朕的福分！"

"圣上这么说，婢妾就放心了。"宣华夫人忙打圆场，并指使宫女打水让蔡女洗面，重整妆容。

文帝即道："今日让黄大师多做两道拿手好菜，为蔡才人压压惊。"

文帝年轻时，戎马倥偬，饥一顿，饱一餐，习惯于粗放的大口吃肉。他一生崇尚节俭，登上帝位后，对吃喝仍不讲究。不过，自与宣华夫人成婚，而尤其是晋王杨广送来了这位黄姓原陈朝的御厨后，他对饮食也开始有所讲究了。此御厨也真是，每顿膳食都像是在变戏法，花样层出不穷。文帝得闲时，还把他请至餐桌前，听他讲念烹调术。这位御厨不仅会做菜，口才亦不错，一套一套，口若悬河，天花乱坠。文帝一高兴，把黄御厨称作黄大师。

用膳前，宣华夫人就吩咐宫女把膳房灯烛的光线调配得极为柔和，而黄大师烹饪之淮扬菜更是极下功夫。不过，文帝最高兴的还是，他居首席，左边一位美人，右边亦是一位美人，真个是，左顾右盼，目不暇接，美不胜收！

一开始，蔡美人尚感紧张，老是低着头，不敢下箸，更不苟言笑，宣华夫人则从桌下用脚踢她，并用眼色向她支招。蔡美人不蠢，于是，壮着胆子从一名宫女手中接过酒壶，亲自起身为文帝斟酒。可弄巧反拙，一不小心，酒溢出杯沿，弄得桌上一片狼藉。

蔡美人顿时满脸绯红，文帝则带着几分酒意，笑着说："不打紧，不打紧，朕看得出，卿还不善此道。不过，一回生，二回熟嘛……"接着，起身让宫女过来把桌子擦抹干净。

重新坐定之后，文帝反过来给仍处尴尬状的蔡美人斟酒，并安慰她说："来，朕赐酒一杯，压压惊。"

"不敢当，不敢当！"蔡才人更是慌作一团，不知如何是好。

宣华夫人见状，立即圆场，道："圣上还有所不知，蔡才人能歌善舞，诗词歌赋，亦无一不通。"

"好，为幸会蔡才人，把杯中酒都干了！"文帝提议说。

三人同时举杯、碰杯，一杯美酒下肚，膳房内顿显轻松欢悦，并更加暖意融融了。

其实，今晚文帝的心早已不在酒中，更不在黄大师做的淮扬菜中，没过多久，即心猿意马，心旌摇荡起来。

善解人意的宣华夫人看看差不多了，即打趣道："今日是单日，按规定，婢妾恐不好留圣上在此过夜。"

文帝亦马上心领神会，笑眯眯地问："那咋办呢？"

文帝的话音刚落，宣华夫人就用暧昧的目光朝蔡美人扫去。

蔡美人顿时羞得满脸通红，而尤其是在融融烛光的映照下，那容颜更显楚楚动人了！

于是，宣华夫人即吩咐下人，叫来一辆皇上用车，文帝便拥着蔡美人去了她的寝宫。

一夜无话。

翌晨，文帝便打发一名太监去叫元岩。

见多识广的元岩见文帝打发一名陌生太监来叫自己，即生疑惑。接着，那太监又领他往一条不常走的路上走。尽管元岩觉得不大对头，但，跟随主上多年养成的习惯——不该问的尽量不问，以致使他不声不响地仍跟着太监走。当他进入一幢如仁寿宫中枣园那样的小苑后，元岩终于吃惊地看到圣上与一陌生女子处在一桌卿卿我我地用早膳。元岩想：咋日傍晚，自己分明是将圣上送到宣华夫人寝殿门口方分手的。一夜之间，圣上咋又到了此处，并又相处了另一女子呢？尽管如此，元岩还是镇定自若地未动声色。

元岩上前向文帝行过跪礼起身后，文帝才指着身边女子向他介绍说："这位是蔡才人。卿去与元胄打个招呼，要他自即日起，为此苑增派警卫，规格与宣华夫人那边相同。事毕，卿再来此接咱去中华殿。"

"是。"元岩亦不多言，领命而去。

其时，元岩已然明白，圣上一夜之间，又结了新欢。他刚才的吩咐，分明是为防止尉迟女惨死的事再度发生。

与此同时，蔡才人受到皇上宠幸的消息在后宫不胫而走。

皇后在后宫布置了众多耳目，此事来得虽很突然，可因皇上并不避嫌，所以，发现的人众多。按皇后在后宫立下的规矩，凡不守规矩不听招呼的嫔妃、宫女如与皇上有染，必死无疑。知情不报者，亦无活路。于是，一早，凡发现或听说了此事的耳目们便都陆续齐聚在了皇后的寝殿外。以往，这些耳目统归宦官范公公管束，范公公死后，暂未找到合适的人，而由皇后直接过问。而此刻，皇后尚未起身，且还在病中。有人说，皇后生病，不应将事立即告知皇后，以免加重皇后病情；但又有人说，若知情不报，难辞其咎。这些耳目，多为女人，叽叽喳喳，为此争论不休……

此时，卧房中的皇后，因鼻塞气息不畅，躺着难受，其实早就起来了，只是没出房门而已。当她听到殿外隐隐约约传来叽叽喳喳的议论声时，就问身边宫女："外面是啥人？在吵啥？"

"听说是宫里出了啥事儿，都是争着来报信的。"

"是啥事？"

"只说有事，啥事却不知。有说要将事告诉皇后，有说皇后生病，暂时不宜告与您，正为此，争来吵去。"

独孤后一听，哪还坐得住，即起身走到前厅朝窗外一看，果然聚集着一群人，正你一言我一语地争得正起劲。她因而对身边一名宦官道："把门打开，叫他们进来吧。"

大门一开，人们蜂拥而入，只见皇后赫然站在大厅中，一下都傻了眼，"扑通"跪于地，皆了无声息了。

"咋啦？不是来报信儿的吗？咋都不说话了呢？"

"咱说。"一个上了年纪的婆姨道，"禀告皇后娘娘，咱是洗衣坊的洗衣妇。今早，咱去坊间洗衣，先见黄门侍郎进了蔡才人的苑子，觉着有点稀罕，就在那苑子附近站了一会儿。没过多久，只见圣上和元黄门先后从那门里出来了，圣上和元黄门既没坐轿，亦没乘车，就朝前殿方向走去了。"

"呵？"独孤后一惊，此事确实非同小可。于是问："汝等都是来说此事的吗？有没有蔡才人屋里人？"

无人应答。

独孤后这才想起，蔡才人那里原本就没有安插耳目，因她一贯都是安守本分的。没料，偏是哪壶不开提哪壶，事情就出在了她那里。

"小……小的有话要禀告，咱是宣华夫人家看门的。"说话的是一名老太监。他说，"蔡才人与宣华夫人是老乡，二人常来往。昨日午后，蔡才人来宣华夫人处串门儿。不久，圣上亦来了，三人一同用的晚膳，饭毕，圣上即与蔡才人共乘一车离去了……"

"原来如此！陈氏平日看似老实，中规中矩，其实却是一肚子坏水！她自恃已得圣上宠爱，站稳了足跟，如今竟敢为所欲为！"独孤后越说越生气，越说越伤心。她想：此邪气如若不打压下去，日后后宫还不更是无法无天了？她于是一挥手，道："来人！"

一名宦官应声走到独孤后面前。

独孤后吩咐他说："汝将此殿的侍卫、太监和宫女都集合拢，先去教训教训蔡才人那贼婆！要往死里揍！"

"皇后，使不得！"一名跪地尚未起身的宫女大声叫道。

"又没让汝去，汝嚷啥咧？"皇后气不打一处来。

"不是此意思。"那名宫女解释说，"小的迟来一步，路经蔡才人苑子时，已见右卫大将军元胄亲领一帮后宫宿卫将蔡才人苑子守住了。"

"呵……"独孤皇后只觉眼前一黑，立时昏了过去。

大厅顿时慌做一团，来此报信的人，一见势头不对，都作鸟兽散去了。

御医龚维之闻讯赶来。他在皇后的人中穴上掐了两下，皇后轻轻"哼"了一声，睁开了眼。几名宫女将她扶到一张躺椅上，御医亲自叫来几名身强力壮的侍卫，连同那张沉重的躺椅一起，把皇后抬至厅后的卧房中。

此时，不慌不忙的龚御医这才打开他的那只小包袱，从里取出一只小枕垫，让皇后把腕子放上去。

可当御医在皇后身边坐定，伸手欲为皇后把脉时，不料，皇后竟用两只手紧紧将御医伸过来的手攥住，并失声痛哭起来。不仅哭，还在诉。而白须白发的御医则不为所动，不劝说，亦不把手抽出来。他正襟危坐着，听其一把鼻涕，一把泪地大声哭诉："御医呃，咱……咱真屈咧……就说前次吧，打死尉迟女，那是咱之过，扫了皇上兴头，驳了皇上面子。可咱知错就改正，是不？咱给圣上赔了不是，还赔给他一个绝色美人儿。皇上这一把年岁，也应知足了，是不？瞧瞧如今皇上，在那贼婆子怂恿下，竟又搭上了另一新欢，为防咱去干预，还派侍卫去守护……"

独孤后越诉说，越生气，满脸涕泪与脂粉交织一处，成了个"大花脸"儿。有宫女打来热水，要为皇后揩抹，御医却制止说："且慢。不要打扰她，让她把心中苦水吐干净。"

独孤后不管不顾继续哭诉说："咱呢，其实早就看穿了，不再像以往那样嫉妒圣上有别的女人，不许圣上亲近年轻貌美女色，可人要知足，应量力而行，是不？都奔六十大寿的人了，一味沉迷女色，他一把老……老骨头还受……受得了吗？还要不要命呐……"

御医看看独孤后的声音越来越低，已上气不接下气，这才把被皇后攥住的手挣脱出来，并朝宫女道："拿条帕子来，给皇后揩揩脸。"

宫女绞了一条帕子，递给龚御医。御医接过，皱了一下眉，说："换盆热点的水来。"

新换的热水端来了。御医试了一下，水温合适，就让宫女把铜盆搁在自己坐过的椅子上，请皇后把脸偏向水盆，并让宫女一把一把用帕子将皇后脸上的污物洗擦干净。然后，自己再伸展双手，从皇后的肩、脖，到额头，一直按摩到两鬓……御医的双手，看似骨瘦如柴，其实十分灵巧，还有一定力度。皇后在御医的按摩下，竟然睡着了。

御医叫宫女拿来锦衾给皇后盖上，并叮嘱宫女道："不要惊动她，就让她在此椅上好生睡一觉。"

接着，御医拿出笺子开了一副药。无非是清热解毒之类，以涤除肠中肚中淤积之污秽、热毒。然后，他长出了一口气，把行头放入布包袱中，走出永安宫，坐上他的那辆只一匹马的车子离去。

第一〇六回

龚御医说病情奇谈怪论
隋文帝解心结花言巧语

元岩进入中华殿内向文帝报告说，御医龚维之求见圣上。

正埋头批阅奏折的文帝抬头问："朕没灾没病，他来这里干啥？"

"御医说，是因皇后的病。"

文帝把手中朱笔往笔架上一搁，说："此就更奇了，皇后生病，咋不去找皇后？他是老糊涂了吧？"

"御医说，皇后病情突然加剧，要与皇上面解皇后病情。"

"噢？"文帝愣了一下，说，"叫他进来吧。"

御医离开皇后的永安宫，便直接到前面来找皇上了。他因年事已高，不甚利索地行过跪礼后，在预设给大臣坐的一把椅子上坐定，那位置距皇上的御座尚有点儿距离。

文帝知道御医有点耳背，就屈尊起身坐到御医旁边的一把椅子上，问："皇后的病情咋突然加重了？要不要紧咧？"

"就是因为紧要，老朽才来打扰皇上。"

"皇后不就是偶感风寒，有点儿鼻塞和发热吗？咋……"

"就是呢，病情变得太快。"御医打断皇上的话，却又找不到适当的词儿表述皇后病情加重的原因。他的长寿眉下的一双眼珠儿转动了几下，才终于开口说，"老朽今日大清早接报，赶至皇后的永安宫，大厅里挤着许多闲杂人，皇后当时躺在一宫女怀里，已昏厥过去……"

"哦……"文帝这才猛地警醒！自己昨夜所做之事，皇后今早即已知晓，并气晕过去。他于是紧问道，"那……那目下咋了？"

"经老朽紧急施救，皇后已醒转过来。"

文帝吁了一口气，口中念念有词道："好，好！"

"好啥哩！"御医忧心忡忡，话中却明显带有不满成分。"人只是醒转而已，病却远未好嘞。"

"朕知道。那就下药，加紧治嘛。"

御医则深深叹了一口气，摇了摇头，用瘦骨嶙峋的五指叉进长须里，梳理着那一缕疏密有致的白须，说："人之百病，一般皆是只要对准了症候，就能够药到病除。但其中还有一些症候，则是用药皆难以见效的。因此，药对病，并不是万灵之物事。"

"那是，那是。"皇上附和道，"比如早先在仁寿宫中，御医要朕多陪皇后用膳，散步，并以此解开皇后之心结。皇后心情好了，病亦好了。"

"是呀，是呀。"御医道，"不过，皇后此次的病，来得陡，且十分凶险，加之又是旧病复发，圣上从今往后，仅陪皇后用膳和散步，恐还不足以化解皇后心头之症候。"

文帝一听，眉头拧起。一直以来，皇上对这位老御医，多是敬畏。御医的话，往往直来直去，文帝也总是由着他。不料，他今日竟得寸进尺，话语中夹枪带棒，越说越不像话了，文帝于是面显不悦地问："您别绕来绕去，皇后的病情到底咋样了？"

"一句话：情势危殆！"

"那叫朕咋办？"

"老朽想，此回须陛下拿出足够的诚意，以取得皇后之谅解。否则，皇后的病，将无解。"

"噢？"这个老东西，竟敢教训朕？文帝的目光突如两柄雪亮的匕首，闪射寒光，亦用咄咄逼人的语气道，"有卿这么对朕说话和行医的吗？朕一直对汝礼敬有加，可汝今之言语咋恁放肆！"

"老朽岂敢侮逆皇上？"御医不避文帝犀利的目光，仍从容地说，"龚家世代为医，老朽更为陛下一家行医凡二十年，从不过问与病情无关之事，更不掺和陛下的任何家事，此有目共睹。"

"卿刚才之言，不就是在干预朕的家事吗？"

"老朽不敢苟同。"

文帝铁青着脸，横眉怒目道："汝还强词夺理。卿说说，汝之言语，符合哪条医理？"

御医想了一下，说："常言道，男为阳，女为阴。若按医理，阴阳相济，方能相谐，相悦，方能同舟共济，和睦安康。反之，阴阳不调，或相克呢？那就会因怄气而百病缠身哩！是不是？阴与阳聚会时，阳往往占强势，阴则处弱势。独孤皇后则稍有不同，性格刚强，好强好胜，像个男子。但她为杨家生养过五儿五女之后，已几近油尽灯枯，衰老得快，所以，更需体恤与关爱，否则，用任何药物对她都将无济于事。"

"唔……此乃医书所述？是医理吗？"文帝如堕五里雾中，对御医的奇谈怪论将信将疑。

"此为常理，亦通医理。一般而言，违逆人之常情的事，能通医理吗？"御医说着，出溜到椅下，向文帝磕了个头，起身而去。

文帝坐在那把平日为大臣所坐的椅子上，好半天，仍纹丝未动。他想：这个该死的御医，分明是倚老卖老，假借医理，指责并教训朕哩！可他竟说得头头是道，令朕无可置辩。不是吗？独孤氏不仅为自己生养了五儿五女，而且，家中每遇急事，难事，要砍头的大事，总是由她挺身而出，化险为夷……如今，她老了，衰了，而自己却另结新欢，且乐此不疲，此对平日就见不得男人有妾有外遇的独孤氏来说，能不气恼而致疾吗？这个老东西，虽常理、医理不分，指东骂西，却分明说得句句在理呐！

文帝想到此处，亦无心再看折子，招来元岩，令他备车，直奔永安宫而去。

却说，独孤皇后睡在那张躺椅上，一觉醒来，不知是啥时辰，亦不知自己是躺在何处，她两眼一片矇眬，内心一片空白……她挣扎着想起身，只觉浑身乏力，又无可奈何地躺了下来。

旁边守护的宫女一见，立即把独孤后弄散的锦衾重又替她掖好，并欣喜地说："皇后醒啦！"

独孤后闻声，定眼一看，宫女是熟识的，却仍感莫名其妙地问："咱这是咋啦？咱躺哪里了？"

宫女忙道："您回自己卧房里了呢。"

"这是咱房吗？此是啥床哩？咱之卧榻呢？"独孤后有气无力地指责宫女道，"汝咋亦学会骗人了？"

"婢女哪敢骗皇后。您睡的躺椅是从大厅抬过来的。"

"大厅？"独孤后方才猛地想起早晨发生在大厅的事，于是，又倏地陷入到了烦恼和怨恨中……

此时，另有一名宫女端着一只托盘，盘中放着一碗热气腾腾的汤药，走到皇后面前。

独孤后明知故问道："汝端的是啥？"

"药。"宫女解释说，"御医叮嘱，要娘娘醒来时喝的。"

"药中有毒。汝等都想害咱，是不？"独孤后躺着，不肯让宫女扶她坐起服药。

正僵持不下时，皇上进来了，宫女们立即跪下。

独孤后亦挣扎着欲坐起身。文帝见状，忙道："别，别，别！"并躬身扶住皇后，让她仍然躺了下来。

此时，文帝方才发觉皇后躺的不是地方，于是责问宫女："汝咋让皇后睡在椅子上？"

一名宫女方把皇后突然昏厥，倒在此躺椅中，以及御医施救、不叫皇后挪出这把椅子的过程大致说了一遍。文帝亦才进一步了解为什么龚御医会对自己说了那么一通不像医理的话来。

　　却说，独孤后睡在那张躺椅上，一觉醒来，不知是啥时辰，亦不知自己是躺在何处，她的两眼一片朦胧，内心一片空白……

接着，他一指还在冒热气的药，问："此药是御医要皇后服用的吗？"

宫女点头说："是。"

"朕来尝尝，看烫不烫。"其实，皇上在门外就已听见皇后说药中有毒，借故不肯喝药的话。

乖巧的宫女立即将碗端给皇上。皇上接过抿了一口，说："正好，不冷不热，也不太苦，好下口。"

于是，宫女们把皇后扶着坐起。皇后从皇上手上接过盛药的碗，先试了一下，就把半碗汤药喝个精光。

世上有许多事儿，真是难以解释。比如，刚才还觉浑身乏力，不能自主起坐的皇后，喝过药后，即站起身来。此是药的功效吗？真是难以理喻。

因当初皇后被气得昏厥过去时，是和衣躺下的，此时起身连衣裳都不需穿加。

文帝看了看满脸病容的皇后，关切地问："要不要脱去衣裳，躺到榻上去休息？"

皇后摇头说："这几日，一直躺着，身子骨都有点生痛了。"

文帝便依了皇后，叫把横搁在房中的躺椅搬回原处去。可房内几名宫女哪里抬得动。此椅雕龙刻凤，乃是晋王用了南方的檀木打造，再用舟车运回孝敬母后的。皇后平日把它搁在客厅中，多为显示儿子对母后之孝顺，极少有人真正躺在其上。宫女仍把殿前侍卫唤来，才将躺椅抬回到大厅中。

藉此，文帝一挥手，把房内宫女都遣了出去。宫女离房，文帝即叹惜道："卿是何苦来哉咧！本来仅为一场小病，动这么大的肝火，等于大病一场，很伤元气的。"

"咱不是责怪圣上拈花惹草。男人嘛，都有此习性。咱恨那个贼婆子，太不是个东西！"

"陈氏并没招惹卿，卿恨她干啥嘛。"文帝说，"打破碟说碟，还是朕之过，是朕的不是。咱今日啥事都不办了，就是来赔不是的。"

"咋能不怪她？"独孤后愤愤不平，怒从心起，"圣上还护着她哩。别看她是个不大通世事的南蛮子，其实，肚中肠子的弯弯儿，比谁都多，光会使歪心事。她不有意把那蔡氏招惹到屋里去，圣上能采到那花儿吗？"

"卿不是又错怪人了嘛。"文帝解释说，"昨日不明明是单日吗，陈氏事前并不知道皇后病了，以为朕不会到她那边去的，才叫了老乡蔡氏去相会，不巧被朕撞了个正着。"

皇后一想，确是如此。但却仍愤愤地道："还有圣上身边那个元岩，亦可恶至极！"

"元岩又是哪里得罪卿了？朕叫他来赔罪。"

"咱听说是他叫右卫大将军带领侍卫去保护蔡才人的。此不明明是用来对付咱的吗？"

"嗨，卿不必再含沙射影了。他一个黄门侍郎能调动一位右卫大将军？那当然是朕叫他去的。汝再想想，在此大兴宫中，若再次发生类似尉迟女遭打杀的事，天下人会咋看朕呢？又咋评说皇后呢？不过哩，拈花惹草亦好，派侍卫保护蔡才人亦罢，都是朕之过，是朕使卿受委屈了。"

皇上今日能把话说到此份上，即使是铁石心肠的人，亦能不受到感化吗？何况，暮年多病的独孤皇后，早已不似当年那般刚强了。她想，世上哪位帝王不是三宫六院，嫔妃无数呐。其实，她刚才躺在那张椅子上，听到圣上过来了，心就先软了一半，接下来，皇上端碗亲尝药汤，更令她感动得无以复加，目下，又对自己表示了歉意，还要如何？于是，独孤后的一腔嫉火和怒火，便被完完全全地浇灭了……

独孤后看了文帝一眼，把头低下，喃喃地道："咋说呢？人活在世上，有时就为争一口气……"

"这样吧，朕在路上亦想好了，过去的事都让它过去算了。从今往后，朕就只要陈、蔡这两个女人，下不为例。"

"此话当真？"

"君无戏言。"文帝斩钉截铁地说，"待卿的病好利索后，汝就把那些朕还从未见过面的嫔妃佳丽，统统打发出宫，亦给人家一条出路。这样，朕亦就没别的想头啦。"

"行。咱过几日就去办理此事。"

是日，文帝在皇后寝宫，一直陪伴到皇后用完晚上的药膳，方在独孤后的催促下，依依离去。夜里，文帝仍宿新欢蔡才人寝宫。

再过一日，文帝下诏，晋封蔡才人为荣华夫人，地位和宣华夫人一致。

话分两头。

晋王杨广等一行人是在年二十九日夜里才赶回京师的。因事前未给城内打招呼，又是在夜里，所以，入城时，一路静悄悄的，没人出迎。然而，这就是杨广所需的效果——他不愿在此节骨眼儿上，太过招摇，引人注目。

不过，就在当日夜里，仍有一人神不知鬼不觉地于晋王府内密会了杨广，此人便是新任左仆射杨素。京师之内，恐怕也只有此公才知晓晋王回来的确切时辰。

略事寒暄后，杨广便急切地问："事情到底进行到何种地步了？"

杨素仰观大厅藻井，说："八个字：皇后着急，皇上不急。"

"噢？"杨广大感意外，不解地道，"父皇罢黜高颎，不就是为咱铺路的么？还拖啥哪？"

"此乃圣上习惯使然。每临抉择关头，圣上总要等一等，瞧一瞧，观望一阵子，听听外间有啥反应。平陈战前，不就是如此嘛。开皇六年，攻陈的各项准备，业已就绪，并已将晋王你调至江都任淮南道行台尚书令，当时，不就是等圣上一声令下，即可过江了吗？可事到临头，圣上不知为啥，一犹豫，又将你调回京师任雍州牧。此一拖，就是近两年。后来，圣上令咱建造仁寿宫，不亦如此嘛。宫都造成了，听人说，建宫时死了些人，造得太豪华，圣上便又拖着，连看都不去看一眼，后来还是皇后成全了此事……"

本来以为此次回到京师就可做太子的晋王，心里倏地凉了半截，忙道："那咋办？"

"思来想去只一招——去求皇后。"杨素接着补充说，"这还是高颎过往对咱支的招。当年，咱把仁寿宫建好，皇上不仅不认可，还欲拿咱是问。

咱没辙时，就是高颎要咱去找皇后，皇后发话，皇上才转圜的。"

"这好办。咱明儿就去找母后。"

"不过，你得稍加注意，近日后宫又有些许事故，即使与皇后说话，亦要小心点儿。"

"宫内又出了啥事故儿？您在信中，咋都没提及呢？"

"一是，事发突然，你已上路了，来不及说；二是，宫中之事，信里咋能提及。皇后近日，大病一场，身体不济，你向皇后请安时，说话要尽量委婉些，千万不要使她受刺激。此外，要告知晋王的是，皇上又添了一位新夫人，事故就是由她引出来的。"

"处道叔说的不就是宣华夫人嘛。咱上次回来，就已面见过她了，蛮好的一位通情达理的美人儿。"

"不是，不是。宣华夫人之外，圣上近日又娶了一位荣华夫人，咱还没见过。据宫内人说，比之去年娶的宣华夫人，此荣华夫人更乖巧，更漂亮，且更有魅力。皇后就是因此而生气，闹出病来的。除此而外，你此次回来，还得在这两位夫人处，多下点功夫儿。"

"嗨，此可真是没有料到的事，咱只带了些江南土特产，没有专为新夫人置办啥礼物。"

"礼物轻重倒无所谓。比如，你去年送给宣华夫人的那位原在陈朝宫廷干过厨子的人就不错。皇上光在咱面前，就不止一次夸赞过他。说他做的淮扬菜如何可口，还说他做的菜都有一套一套讲究。送礼，就要送这种既能使夫人满意，亦能使圣上高兴的礼品。此位荣华夫人亦是南方人氏，据说，她就是到宣华夫人那里吃家乡菜认识皇上的。你回江都后，可另为荣华夫人挖掘一位御厨，此比啥礼都管用。"

"那要挖掘啥？咱晋王府中就有现成的。也就是那位黄御厨的儿子。"

"噢？你送宣华夫人的厨子，是有家室的？那可不行呢。"

"哪能呢。这儿子，是义子。他原先是陈朝宫中的一名小太监。陈朝灭亡后，黄御厨看他可怜，就将其收作义子。黄御厨开餐馆时，亦放在自己身边学厨艺。咱去年把黄御厨送给了宣华夫人，接着，就将其义子留在了京师晋王府膳房里作了厨子。"

"那行。"杨素拊掌道。"不过，事到如今，还是咱以前说过的那话儿，此事，仍不可操之过急。九十九步都走过来了，这最后一步，尤须脚踏实地，要特别小心。须知，您还有一位受圣上和皇后宠爱的胞弟哩。"

"知道。"杨广点头说。

…………

尽管昨夜睡得很晚，一路赶路很累，但，翌晨杨广还是出现在了早朝的文武百官中。

文帝渐老，眼却不花，一眼就在朝堂中望见了儿子，即诧异地问："卿是啥时辰回来的？朕咋不知？"

杨广出班奏说："儿臣昨夜方才到家，只好到朝堂上来拜见父皇了。"

"今年咋这晚才归？"

接着，杨广便趁机把到洪州水利工地看郭衍，那里，既修水利又练府兵的事简略禀报了一遍，文帝听后，感到分外高兴。文帝对幼时遍地饥荒，及至开皇十三年又亲率饥民到洛阳就食事，记忆深刻，所以，只要听说某处丰收或官员做出有利丰收之事，他就特别高兴。

散朝时，文帝叮嘱杨广说："卿先去看看母后，她病了。今日即是除夕，述职事，年后再说吧。"

杨广回府，用过午膳，这才倒在榻上睡了个囫囵觉。一觉醒来，各色礼物拉了一整车，就与萧妃共乘一辆座车，去后宫看望母后。

独孤后经御医调理，病有起色，见到儿子和儿媳，喜极而泣，说："今日已是大年除夕，咱还以为你俩年前赶不回了哩。"

"再怎么着，亦要赶回与母后共度新年嘛。"

"好，好！"独孤后破涕为笑。

"听说，母后不久前又生过一场病？"

"是咧，此次差点把命都搭进去啰！"

"唉，上次咱把萧妃留在您老身边，听她说，与您相处得还挺不错的，可过不多时，您还是执意要她回江都了。此番，咱俩商量了一下，从今日起，萧妃就留在您老身边侍候您，直到您的身子骨好利索了，她再回南方去。"

"那可不行。"独孤后收敛笑容说。

"为啥？您还是觉得儿媳和女儿到底还是不一样，是吗？"

"那倒不是。汝之萧氏，与女儿有何区别？咱还真是舍不得她哩！只是儿子在外边辛苦，她咋能不守着自己的丈夫，长期陪伴咱这个老妈子！那样，母后亦太不识相啦！是不？"

"咦，此只怪儿离母太远，难尽孝心啰！"

"你们夫妇能如此，已实属难得了。"独孤后感叹道，"不过，汝之言语倒是给咱提了个醒。咱会敦促圣上，让汝早日返回京师。"

"可父皇会同意？"

"他会同意的。"独孤后说，"其实，咱心里清楚，圣上比之任何人都更在乎自己的身后事。"

"那，父皇咋迟迟不见行动呢？"

"一直都有动作呢。高颎不是被免了吗？圣上可能是太在乎，才慎之又慎。别着急，母后会催促的。"

母子说话间，报说，圣上驾到。

"嗨，今日真个是，说曹操，曹操到。"独孤皇后见皇上来了，更显快活，并对皇上道，"那，这就开始用膳吧？也算是吃个团年饭。"

皇上回答说："朕专此赶来，正有此意。"

自两年前的除夕盛宴闹得不欢而散后，文帝就没再把全家人集中到一处过除夕了。

晋王和萧妃向父皇行过礼，文帝即问："汝等不回晋王府阖家团圆啦？现如今，卿亦是一大家子人啦。"

萧妃颔首说："咱已和子女们打过招呼，今年要他们各顾各的，咱要进宫陪父皇母后过年。"

"嗯。看看，朕这么多子女，只卿夫妇才真懂孝顺父母。"

今夜，独孤后的膳房中，张灯结彩，灯火通明，装饰得喜庆吉祥。一张方桌，菜肴丰盛，酒香四溢，四人各坐一方，其乐融融。

晋王亲执酒壶，为父皇和母后斟满了酒，然后与萧妃起身，举杯，敬祝二老万寿无疆！

酒过三巡，活跃的晋王与母后聊起了儿时家中的一些趣闻逸事，把个独孤后说得喜笑颜开。可是，随着时间的推移，皇后就发现皇上有点魂不守舍，心不在焉，于是就道："臣妾知道，圣上今夜还要赶场，那您先去吧，咱和儿子、媳妇再聊聊。"

"不碍，不碍。"文帝故意掩饰说。

"去吧，去吧。"独孤后催促道，"皇上今日能来吃个团年饭，臣妾已经知足了。何况，目下还有儿子儿媳陪着哩。"

文帝尴尬地看了儿子一眼，说："那……那朕先……先走一步啦……"

萧妃待文帝离去，不解地看看皇后，又看看丈夫，问："大过年的，父皇要去哪里？"

"还有哪嘛！"独孤后说，"早有人来密报过了，圣上的另二位夫人聚在一处，都在等他去吃团圆饭。"

刚才还其乐融融的膳房内，顿时沉寂下来。

过了一会儿，晋王冷丁道："母后，您可要想开点，咱父皇辛苦一辈子，亦实属不易，您就让让他罢。"

"咱想得很开。"独孤皇后嘴上这么说，眼里却分明噙着泪花儿。

第一○七回

太子直来直去怒揭真相
晋王假仁假义欲盖弥彰

却说，与晋王杨广搭伴返回京师的高弘德。

当晚，他回到自己家里后，次日一早，便携礼物和妻子去看父亲。高弘德成家多年，夫妻一直还是两地分居，聚少离多，这可能亦是其至今还没子嗣的原因。因为没有子女之羁绊，他到父亲家时，兄弟们都还没有到来。

高颎见到儿子，一改成日寡言少语之态，问这问那，话不停口。当他得知晋王不仅挽留了儿子，反邀他同回京师时，感到无比欣慰。高颎被贬，最担心的就是儿子们将受牵连，丧失前程，甚至遭受灾祸。而在三个成年儿子中，他最担心的就是远在晋王府中当差的弘德。

儿子无恙，高颎就信马由缰把话扯远了。他问："以汝所见，江南当下究竟如何？"

高弘德则反问道："父亲指的是哪些方面？"

"比如，那边百姓的日子过得究竟咋样？"

"儿子每次回家，您都少不了要提此问。咱还是那句话，南方百姓要比咱这边百姓日子过得好，近年则更好。"

"那是为啥？"高颎摇头说，"咱始终解不开这个结。江南战乱才过几年，咋能变得这么快？晋王真有恁大本事？"

"那倒也不完全是晋王之功。"高弘德说，"江南那地方，地广人稀，土地肥沃，雨水多，气候适宜种庄稼。还有，朝廷对其免征税负与劳役，天时地利都叫其占全了，富起来还不快？当然，晋王亦顺应民意，做了些有益江南民众之事，更使江南锦上添花。所以，尤其是最近几年，两地差距越拉越大。"

"江南咱也不是没去过，冬季照样冻得死人，就一条又宽又大水量充足的长江，余下，咱看也好不到哪里去。"

"嗨，您在那边才待多久。且不是忙于战事，就是忙于善后。尤其是近几年，江南可说一年一个样，变化大，发展快，人气旺。"

"晋王近年擢拔了不少江南人做地方官，南方人与朝廷派去的北方官员相处到底咋样？汝和他们合不合得来？"

"总的说，还行吧。当然，两地官员磕磕碰碰之事亦难免。此即使是在京师和关内，任用的是清一色北方官员，不也常有磕碰发生？就拿目下江都的晋王府来说，江南官员的人数已超过北方官员，咱身处其间，并没啥不适之感。晋王则更是与两地官员都相处得很融洽。"

高颎听到儿子的解说，想起自己当年作杨广长史的情形。那时节，担任三军行军元帅的晋王，年少气盛，却从不在自己面前颐指气使。在对人对事上，尽管时有不同看法，但，二人间却从未有过正面冲突或撕破面皮的事发生。而每当意见不一时，总是各自向皇上陈述己见。而圣旨一旦下达，即都无条件地按旨意行事。若仅从这一点看，晋王如和汉王比较，则可说是天差地别了。但，若拿晋王与太子相比较呢？晋王的治政能力与进取心，亦都远胜太子。那么，圣上欲立晋王作储君，也许正是从这些方面考虑的吧？不过，如此一来，却与老祖宗传下的成法相违，纲纪乱了，人心必乱，总之，还是不可取呢？

高颎思来想去，又绕到使他丢官罢职与文帝政见不合的事上——他就是这么个死心眼的人。不仅如此，他还要进一步问儿子："汝在晋王府供职已有好几个年头，感觉晋王到底咋样？"

　　年轻的高弘德脱口道："做人大气。是个能做大事的人！"

　　"大气？"高颎一愣，没了声音。

　　他想：儿子对晋王的评价竟然是"大气"，此可是由衷之赞美嘞！而此，与薛道衡对他的评价咋绝然不同呢？薛道衡认为晋王的骨子里深藏的是过分自负，是目空一切。将来他若主事，必攘大乱。薛道衡过往在晋王手下做的和儿子今日在晋王手下做的是同样的事，都是晋王府记室。然而，二人对同一主子的看法，为何竟完全不同？不仅是薛道衡，还有一直受到皇上器重的长孙晟，也对五个皇子，一概采取敬而远之的态度。那么，自己也与他们一样，皆同事一位主上，并曾与晋王共过事，那么，自己是怎么看待皇上和晋王的呢？高颎想，君君臣臣，父父子子，皇上可是不容臣下妄自琢磨的呐！

　　高颎遭贬前，事先虽有预感，却总还是抱有一丝侥幸之心，一心事主，未敢有些微懈怠。待到皇上兴师动众，以一些莫须有的罪名强加于他时，他并不惊慌，觉得该来的，果真来了。但回家之后，心绪则完全不同了。成日无所事事，惶然而不可终日。直到某日长孙晟来访之后，情况才有所改变。年纪轻轻的长孙晟，既能做到放着柱国大将军不去做，而对朝廷的差遣避之不及，那么，自己遭贬，谁知真的不是福呢？于是，当他再读经史子集和佛经时，终于能够心平气和深入到书的境界中去。

　　因此，高颎听儿子讲述江南事，评说晋王其人，便觉自己无须杞人忧天了。既是局外人，就应像长孙晟那样，对官场事，提得起亦放得下。不过，晋王对儿子既能不弃，却也不能不识相吧。他于是叮嘱儿子说："汝之职位虽低点，今年还是去晋王府拜个年吧。"

　　以往晋王与高弘德各回京师过年时，因弘德觉得自己位卑职低，攀附不上，并不去晋王府拜年。

　　高弘德闻听父亲之言，接腔道："咱亦是这么想的哩。此次晋王主动邀咱与之同回京师，一路受到各地官府盛情接待不说，就连咱今日拿来孝敬父亲的礼物，亦全是晋王给咱的。可咱要去他府上拜年，想来想去，却没一件能拿得出手的礼物送与他。"

高弘德说完，亦使高颎作了难。说起来，他做宰相二十年，一家吃喝与用度自是不用发愁，可要单另拿出一件像样物事送给晋王，而又能入晋王法眼者，还真不容易搜寻到。

高颎想了好一会儿，才从书柜取出一部汉代人手抄的经书对儿子说："晋王不是喜好书法与佛学吗？汝把此部《汉人写经》拿去送他，兴许他能识货，并会高兴的。"

高弘德启开书箧，取出首册翻了翻。经文是手抄楷体，笔力遒劲，而纸质则不佳。弘德犹豫了一下，说："此是啥经书？纸咋奇差？字写得确乎不错，但未有落款，并不能证明是名家手笔。"

"嗨，汝就不懂了。"高颎解释道，"此是一部难得一见的《汉人写经》。纸就是那个朝代才问世的，所以，今人看来，不是那么平整、细腻。纸问世后，亦才有了今日真正意义上的书。而且，佛学，亦是在那个朝代才传入咱华夏的。汝想想，这最早问世之纸，由汉代人翻译、手书之佛经，再制作、装订成册的书，能完好保存到当下的，能有几部？实是弥足珍贵之物嘞。"

"您是咋谋得此书的？"

"咱是从汝之祖父手中得到它的，原想作个纪念。"

"呵——"弘得一听，反而感到为难了。

"没事，汝拿去吧。"

高颎有三个成年儿子。长子高盛道，官至莒州刺史；次子便是高弘德；三子高表仁，官至谷州刺史，由文帝做媒，娶太子长女为妻。

高颎为官时，从未有过清闲日子，但对儿子管教极严。所以，三个儿子在为人处事上，亦如高颎，通情达理，本本分分。因为高颎遭贬，三个儿子皆陆续从外地赶回京师过年，以慰老父。

说话间，盛道和表仁亦都携妻并拖儿带女赶来给父亲拜年了。儿孙绕膝，使高颎喜不自胜，全家人聚在一处，气氛轻松地吃了个团年饭。

儿子们临出门时，高颎还不忘吩咐表仁道："去给岳父拜个年。"

表仁点头说："知道。"

年初二，高表仁携妻去岳父岳母家拜年。说是岳父，若论年龄，其实太子比表仁大不了几岁。但公主十三岁那年，便成了表仁之妻。夫妻二人，来到东宫大门口，守门侍卫死活不让进。

侍卫一口咬定："太子有令，不接待任何访客。"

此可把一向老实、循规蹈矩的高表仁激怒了。他说："咱是客么？汝看清楚，咱是啥人？咱是回娘家来了嘛！"

幸亏一位老太监眼睛还行，一眼认出了高夫人。他立马笑着说："哟，这不是咱公主吗？是公主回家来啦！请进，请进。"

高表仁等，这才得以进了东宫大门。

太子与昭训接到通报，反应不一。太子对女儿女婿的到来，漠然视之，昭训娘娘则忙进忙出，分外高兴。

"嗬！是咱女儿和姑爷拜年来啦！"她不坐等女儿和女婿前来拜会岳父母大人，便急不可待地迎出门去。

此时的云昭训，已是半老徐娘，但风韵犹存。她不像太子整日愁眉不展，心事重重，而总是乐乐哈哈地笑对每一日和每一与之照面的人。女儿女婿向她跪拜，她笑得合不拢嘴，左拥右挽，将他们迎进客厅。

"咱父呢？"表仁未见太子，哪敢就座。

"他呀，成日困在书房中，不见动笔，亦很少见他看书，却不肯出门，与前几年相比，完全变成了另一个人。"云昭训如是对女儿女婿说。

高表仁于是朝妻子使了个眼色，公主会意道："妈，咱还是先去看看咱父，回头再来与您聊家常。"

高表仁之妻是太子与昭训所生的大女儿，她与母亲一样，生得灵秀而美丽，自幼很得太子宠爱。小夫妻走进书房，女儿甜甜地叫了声"爹"，双双跪下问安、拜年。

太子这才露出难得一见的笑容，并说："表仁回来啦。"

"儿臣向岳父大人拜年了。"表仁听到太子的声音，又加磕了一个头。

二人起身后，太子即对女儿说："汝去外边陪陪你娘，咱和表仁说说话。"

公主一走，太子即问："汝父近日身体咋样？"

"托岳父大人之福，父亲身体尚可，只是言语比之从前要少多了。"

"汝可知道，汝之父为啥遭此不幸？"

"儿臣供职在外，离家甚远，只略知一二。据说，家父是遭人诽谤，圣上偏信谗言，方获罪的。"

"屁！"太子立暴粗口，定定地望着表仁问，"汝到底是真不知道，还是假装糊涂？"

"小婿岂敢在太子和岳丈面前说谎。"

"汝父亦未告知原委？"

"他从不在家对子女言及朝中事，更不会对儿臣说自己。"

"既是此样，那些完全不着边际的谎言，汝肯信吗？还有，咱之父皇亦不昏聩，他为啥会偏信那些无稽之谈，而将身边宰相废黜？"

"咱亦纳闷呢！家父跟从皇上二十年，咋能此样，说贬就贬了呢？可小婿确实不知是为啥呐！"

"咱告诉你吧，"太子霍地从书案后的椅子上站立起来，指着自己的鼻子说，"此一切，皆是冲咱来的，懂么？"

"咱……咱不懂……"高表仁远处谷州，且不是每年都回京师，除了诏告上所列高颎罪状，听到的皆为一些似是而非的传言外，别事，则一概不知。

"汝当真连此都不懂？皆不知？"太子摇头道，"有人想谋夺太子位，想做储君，汝知否？"

"呵？"高表仁大惊，嗫嚅着说，"咱……咱闻所未闻……咱只知开皇十五年冬至节那事，皇上对岳丈不甚满意。此事，不早就过去了吗？"

"父皇岂止是不甚满意？"太子气愤地道，"那仅是从暗流涌动，到明里发难而已。事到如今，还远没了结！"

"谁想谋夺太子位？忒大之胆！"高表仁话一出口，亦从心底冒出个人

　　"汝当真连此都不懂？皆不知？"太子摇头道，"有人想夺太子位，想做储君，汝知否？"

来。表仁虽不敏锐，却毕竟在官场打滚多年。

"此还要问咱吗？"太子咬牙切齿道，"司马昭之心，路人皆知哩！"

"呵……"表仁虽然猜到，却又不敢相信，忙说，"小婿年三十在家吃年夜饭，弘德亦在座，谈起晋王，他还赞不绝口呢。"

"唉……汝之一家人，包括汝之父，都是木头人！人家把刀都架到你脖子上了，你还冲人家笑！"太子摇摇头，忽然又用手指着自己的鼻子，说，"不过，这木头人亦包括咱自己。很早之前，就有人提醒咱，说有人觊觎太子位，要咱小心对待。咱亦不肯信。当下后悔，可木已成舟啦！"

高表仁仍觉不解地问："人家既是冲着储君之位来的，可皇上为啥要偏听谗言，拿咱父亲是问呢？"

"看汝又犯傻了，是不？"太子说，"咱和汝是啥关系？皇上废黜咱，宰相会向着谁？宰相向谁，多数朝臣亦会向谁呐？"

"呵……"高表仁彻底弄明白了，却更傻眼。

"汝等着瞧吧，下一个倒下的，就是咱！扳倒汝父，即是为了扳倒咱！"接着，太子又道，"咱为啥要谢绝一切来客？亦是怕连累来访的所有人。"

"……"

用膳时，高表仁因被岳父一席话搅得心绪不宁，吃啥都味同嚼蜡。而岳母云昭训则殷勤备至地为贤婿一个劲地夹菜，表仁亦只好一一吞咽下去。

饭毕，表仁打发妻子直接回家，自己则径往父亲家中。他最感不能容忍的是，这大的事，父亲竟沉得住气，从始至终没对儿子透一个字的气。以至等到他的有些同僚都听到了传闻，自己则还蒙在鼓里。

其时，高颖正在书房焚香诵经，见儿子进来，颇感诧异地问："汝今日咋得空又回来了？"

高表仁没有作答，即直接发问："咱今才听说，您遭贬谪，全是为了要废太子，圣上怕您在废黜太子事上挡道，才先行将您拉下。是不是此样？"

"你听谁说的？"高颖目光严峻。

"不管是谁说的，您只说，是不是此样？"

"汝是听太子说的吧？可他有凭证吗？这种事，谁说得清楚呢？所有说这话的人，都不过是猜测而已。"

"那，据您判断或猜测，是不是此样？"

"即便就是如此，咱又能咋样？咱能扭转乾坤吗？"

"上次，咱因事回家，您还在仆射位子上，咋不对咱透个气呢？如今遭贬了，亦还是一声不吭。您承受得起，咱做儿的，可实在难以忍受呐！"

"咱对你透气有啥用处？汝能为咱申辩清白吗？"高颍望着儿子一副落寞、无奈状，亦万般无奈地说，"咱身为朝臣，能去妄测君心？说不清楚的事，能去乱说么？"

高表仁望着神形憔悴的父亲，语音变软了："天都快塌下来了，总比咱还蒙在鼓里强吧。"

"咱看，或许还没那么严重吧。"年迈的高颍反倒宽慰起儿子来，"其实哩，作为人臣，不必事事都要看得太透，想得过深，那样，反而不好，甚或还会适得其反。父没把有些事告与你们，不为别的，是怕汝等亦在惶恐不安中度日，那有啥好处嘛。自咱回家后，对废太子和立太子事，也想通了，看淡了。假如晋王真的做了太子，日后又真正做了皇上，亦未尝不是好事。谁知道呢？没必要去认那个死理儿。咱过去总是认为'长幼有序'是老祖宗传下之成法，不能打破。然而，世事无常，有人劝解过咱，他说，天下并没一成不变之法。由此观之，你等亦不必想得过多，回到自己的职位上，仍勤勤恳恳去办差，老实厚道地去做人，此方是咱做人臣的本分。"

父亲一席话，把高表仁一肚子怨气，全浇没了。

"话既说到此处来了。"高颍道，"此次回家，你们弟兄间，亲朋间，亦都不必过多你来我往了，还是早点返回汝等各自的任上去吧。"

"知道了。"

话分两头。

却说，大年初三，浑然不觉的高弘德携夫人乘车赴晋王府拜年。

一下车，夫妻俩就见其门前停了不少车、轿，有车夫、轿夫、仆人、侍卫等聚在门庭外聊天、晒太阳。由此想来，府内早已是高朋满座了。

　　高弘德想想自己的身份，感觉在里面就座的净是些王公贵胄，此刻的晋王哪得空见自己哩。

　　可当高弘德正欲转身离去时，正逢张衡代晋王送客出门。他一眼瞅见自己的同僚高弘德，并走过来打招呼，说："你在门口稍候一下，咱去知会晋王，看他能否抽得出空来。"

　　"算咧，不必麻烦了。你得空时，给晋王捎个话，说咱来过就是了。"

　　"那咋成。"高弘德为人老实，不生是非，张衡与之相处还不错。他执意说，"你和夫人只在这儿站一会儿，咱去问一声，立马就来回话，行不行？"

　　可令高弘德夫妇没有料到的是，不一会儿，来门口迎接自己的竟是晋王本人。而且，老远就指着年轻的高夫人打趣道："嘿！弘德有这么俊俏的一位妻子，难怪总盼着回家！"

　　弘德和夫人忙向晋王拜年。

　　晋王将高弘德夫妇迎至一偏殿客厅中，即好奇地指着弘德手中提着的一布包袱问："汝手中提的是啥哩？似还有点沉，快将它放下来。"

　　高弘德即把提在手中的包袱搁到茶几上，不好意思地说："是一部经书。"

　　"经书？"晋王更感好奇，说，"汝打开让咱瞧瞧。"

　　高弘德更觉不好意思地把包袱解开，晋王则亲启书箧，拿起面上的一册，仅翻两页，便道："噢？此是一部《汉人写经》呐！咱曾在白马寺中见到过一部类似的。不过，那部经书与此书相比，品相差远了。"

　　"是吗？"高弘德这才喜出望外地道，"初见此书时，咱还嫌纸质不好，不以为意嘞。没想到，晋王这好的眼力！"

　　"此乃罕见之物，汝是从何得到它的？"

　　"父亲说，是咱祖父留下来的，要咱转赠晋王。"

　　"多谢了。"晋王分外高兴，即问，"汝之父近来身体咋样？"

　　"还行吧。每日就在家里念念佛经。"

　　"来，坐，坐吧。"晋王转身面对高夫人说，"咱还是第一次见到高夫人。还没想好要送一件啥礼物给你哩。"

"不敢当，不敢当。"

"弘德，这样吧，春节过后，汝就与夫人同去江都，今后不用再来回奔波了。咱再单另给你们夫妇安排一个住处。咋样？"

"咱的职位恐还不够带家眷哩。"

"不碍，不碍。此事咱可做主。"

"那就真要多谢晋王了。"高夫人喜出望外地说。

说话间，张衡进来了，与晋王"叽叽咕咕"说了几句啥。

高弘德连忙识趣地站起身来，道，"晋王今日太忙，下官告辞了。"

"用过膳再回吧。热闹热闹，如何？"

"不啦。咱知您的贵客多，都照应不过来哩。"

"是呀，是呀！咱平日不在京师，一年就回一两次，访客都盼见个面，叙叙旧，实在是有点儿应接不暇。你坐下，稍等一会儿。"晋王说着，朝外叫了一声，"来人。"

一名仆人应声而至。晋王吩咐他道："汝去找管家取两百张好纸，一盒墨，一盒笔，并把书房书案上咱用的一方砚台拿过来。"仆人走后，晋王对高弘德道，"汝刚才不是说那部《汉人写经》的纸质不好吗？文房四宝，还是咱南方出产的为佳。你把这几样东西代咱送给你父，请他好好保重身体，说不定有朝一日，圣上还会请他出山呐！"

"晋王！"高弘德的热泪夺眶而出。

第一〇八回

长孙临危受命荣立新功
染干惨遭洗劫浴火重生

大隋初立时，北边长达数千里的边境线以外，有五个部落国共同组成了一个强大的突厥汗国，其有四十万彪悍的铁骑，时不时地侵扰着大隋边境州县，对新生的大隋王朝构成了严重的威胁。

其时，隋文帝采用长孙晟"离强合弱远交近攻"的策略，对突厥五个部落国采取软硬兼施、分化瓦解手段，仅用几年工夫，遂使强大的突厥汗国分崩离析，元气大伤，从而稳固了大隋的北部边陲，终使隋文帝无后顾之忧地一举平灭了江南陈国，使分裂了近四百年的华夏，重归统一。紧接着，原陈国全境爆发了反隋叛乱，文帝和朝廷进一步把整治重点由北部边疆转向了江南。

而此时，北边统治突厥五个部落国的大可汗沙钵略摄图，几经沉浮，元气大伤，终因伤病复发，郁闷而逝。沙钵略死前，因考虑到长子雍虞闾年龄尚小、性格柔弱，而立遗嘱，把可汗之位传给了胞弟处罗侯。内向、言语不多的处罗侯，却有一颗深藏不露的勃勃雄心。当他一旦掌握权柄，便乘大隋专注江南之机，重整部落，使自己的实力和辖地大增。但，好景不长，不久，他便在一次部落国间的内斗中，被流矢射伤致死。这样，逐渐成长的沙钵略可汗长子雍虞闾才正式继任了大可汗之位，称作都蓝可汗。而就在此时节，始料不及地发生了大义公主因屏风题诗惹怒隋文帝，终使公主招致杀身之祸，亦使大隋在一段时间内疏远了与突厥汗国的关系。

在此期间，国内还由于晋王杨广从并州总管任上调至江都，而接任并州总管一职镇守北方边陲的秦王杨俊，则没把治边大事放在心上，却把自己的总管府造得比皇宫还要奢华。秦王遭到罢免，接任者汉王杨谅，亦是一位少不更事的皇子。这么一来，曾遭沉重打击的突厥汗国，则获得了宝贵的喘息机会，渐渐缓过气来，并又开始了对大隋边境的侵扰。

开皇十七年，都蓝可汗雍虞闾的堂弟处罗侯之子染干突利可汗，因受堂兄雍虞闾的排挤，投靠了大隋，并要求与大隋皇上的女儿结为姻亲。文帝认为，此是离间突厥的好机会，便把宗室之女安义公主嫁给了染干，并用丰厚礼物作为陪嫁。不仅如此，大隋还接连派出牛弘、苏威等朝廷大臣作为亲善大使，赴突利可汗部落。突利可汗也先后派出三百七十余人，并携礼物朝贡大隋。因为染干娶了大隋公主，文帝还准许他往南迁徙到水草等条件更好的度斤旧镇放牧居住。

这么一来，受到冷落的都蓝可汗雍虞闾更加气愤，他说："咱是大可汗，反而不如染干！"他一怒之下，干脆断绝了对大隋的朝贡和一切往来，还与大隋为敌，开始了对大隋边境的骚扰。

于是，逼使文帝于开皇十八年下诏令蜀王杨秀带兵征讨雍虞闾。

遭受打击的都蓝可汗雍虞闾，心有不甘，遂联络昔日与自己不和——地处西北的达头可汗，一齐对抗大隋。

于是，到了开皇十九年的春天，北部边陲，一场酝酿已久、来势汹汹的冲突，眼看不可避免。

隋文帝经与尚书左仆射杨素等商议，再度下诏任命汉王杨谅为行军元帅，但他不必随军出征指挥作战，只须坐镇并州总管府中。与此同时，还分别下诏任命杨素等六位行军总管，兵分数路，以迎击北方来敌。

诏令下达后，文帝仍不放心，着人召来称病已久的长孙晟。

长孙晟行过跪礼，文帝看了一眼久未谋面的近臣，说："朕看卿之气色还不错哩。"

长孙晟亦毫不讳言地回答道："托圣上之福，臣下比前年从并州回来时，已不知要好到哪里去了。"

"既如此，咋不进宫来当差？"

"御医告诫咱，说臣下这病，平日看起来好好的，脉象亦正常，看不出啥毛病，不过，冷丁发作，即可致命。"

"噢？"文帝愣了一下，说，"汝是否知道，朕召卿来，是为啥？"

"臣猜，九成是为突厥事。朝廷有几年没管束和理会他了，此蛮夷就又猖獗起来。"

"正是如此，卿猜得分毫不差。"文帝犹豫了一下，道，"不过，卿之身子，不知是否经受得了再次折腾嘞……"

"不碍。"长孙晟说，"常言道：养兵千日，用在一朝。臣就是圣上棋盘上的一颗卒子，咱这症候，谁知啥时犯哩。国有急难，臣哪能袖手旁观。"

"那行。"文帝见长孙回答爽快，分外高兴，就问："卿还记得有个叫染干的人吗？"

"记得。他是已死处罗侯之子，都蓝可汗雍虞闾的堂弟。不过，此二人一直不和，明争暗斗很厉害。"

"对，对！雍虞闾是大可汗，人多势大，染干处弱势，才投靠了咱大隋。这两年，染干一直靠朝廷庇护。但此人耳根子极软，他与都蓝毕竟是兄弟，朕担心此次达头可汗和雍虞闾大军压境，染干顶不住，又投靠到他们那边去了，以共同对付大隋。"

长孙晟立刻会意道："圣上之意是要臣下去染干突利可汗那里，以表示大隋对他的支持，使其不倒向雍虞闾。"

"没错，朕就是这个意思。朕思之再三，觉得此事只有卿去才合适，因汝与染干之父过往有较深的交情。此外，还想请将军能尽早动身，不然，他们如已合到一起，再掰开就不容易了。"

"臣这就去稍作准备，明日出发，行么？"

"行，行。"

"不过，臣下还是那个老习惯，想找元旻大将军点十二名禁卫军，同咱一起前往。"

"哈哈！卿这老习惯，朕和元旻都清楚，朕不须下诏了，汝直接找元旻点人就是。"

长孙晟每次外出当差，都要从驻守宫廷的禁卫军中挑选一些侍卫，以壮声威和做帮手。他挑选的人，都是过往经自己亲手训练，身手不凡的后生，且都是清一色鲜卑族裔。因为此次出外当差，情况复杂，有可能直接遭遇战事，所以，长孙晟格外小心，除十二名禁卫军士卒而外，他还从自己府中挑选了数十名亲兵，并于次日每人骑一马，即轻装出发了。

此一行人，晓行夜宿，正当他们接近突利可汗的营地度斤镇时，天色渐晚。长孙晟勒住马头，正在犹豫是就地宿营还是紧赶一程连夜抵达目的地时，忽见前方路上卷起一股黄尘，朝自己急速奔来。

长孙来不及细想，大喝一声："闪开！"

于是，众人立即闪到大路两旁。飞扬之尘土逼近了，暮色与尘埃中，人们隐隐约约辨认出只有寥寥数骑。

长孙正感对周边和前方度斤镇情形一无所知，于是，突然一声令下："别叫其跑了，截住他！"

道路两旁的数十名骑者，闻令，一拥而上，把五名来不及逃走的来历不明者，一下围在了路中央。

长孙对其喝道："把兵器放下！"

只听"咣当咣当"，五名骑者皆把手中之剑、矛等兵器扔到地上。

其时，五人中，忽有一人惊呼道："嗨，这不是长孙叔吗！"

长孙晟循声一望，亦大感意外："染干可汗！你这是咋啦？"

染干滚鞍下马，牵马朝长孙走来。长孙也立即下马朝染干走去。

二人抱在一起时，染干已泣不成声，哭诉说："咱……咱被雍虞闾那……那狗杂种一锅端啦！"

"安义公主呢？"长孙紧问道。

"她……她避之不及，已被雍虞闾的士卒杀戮。被杀的还有咱兄弟、儿子和侄子……"

说话间，天已一片漆黑。长孙问："此间距度斤镇尚有多远？"

"不远了。"一名逃出的骑兵说，"就一百余里地。"

长孙晟道："大家都累了，今夜就在此宿营吧。"

长孙晟的亲兵、侍卫就近找了个离水近的处所生火做饭，并支起简易帐篷。长孙则在亲兵升起的篝火旁继续安抚惨遭不幸的染干。

当染干的心绪稍稍平静后，长孙对他道："别的也不用多想了，想亦无用。明日跟咱一起回京师去见皇上。咱想，圣上会重新安置你的。往后一切，当从长计议了。"

染干感激涕零，连连应允说："咱往后就靠长孙叔了。"

一夜无话。

次日一早，土路上便陆续出现被击溃逃跑出来的散兵游勇。染干将他们收罗到一处，至下午，已有数百之众，好歹成了一支队伍。于是，众人便七嘴八舌，计议今后咋样过日子之类。

心境稍稍平复后，染干即对长孙说："大伙刚才商议了一下，咱如领着这么一帮残兵败将去见大隋皇上，实在惭愧，还不知皇上会咋待咱。所以，弟兄们对此皆存疑虑，不大想这么寒酸地去见大隋皇上。"

长孙一听，暗自叫起苦来。他知染干在下属的怂恿下，已然变卦，便问："那汝等打算咋办呢？"

"大伙思来想去，决定去投奔玷厥爷爷！"

"呵？"长孙一下懵了！忙说，"玷厥此番联合雍虞闾是来挑战大隋的。你是大隋女婿，亦是他们之敌。且，你刚被雍虞闾击溃，又去投靠玷厥，他肯收留你们？"

"咱想，咱是真心去投靠他，玷厥爷爷是会收留咱的。"

"为啥？"

"一是咱过去与他从无仇怨，二是玷厥爷爷最讲义气，同情弱者，咱毕竟是他的子孙嘛！"

玷厥，是西部达头可汗的名字，论辈分，是染干的叔祖父。长孙听了染干的话，暗自着起急来。他想：染干的这一想法，对这一批丧家犬来说，还确实是一条出路。可对大隋，则不是好事。前面说过，突厥汗国辖下共分五个部落国。靠东边的有四个，统归大可汗都蓝可汗雍虞闾调度。而地处西边的玷厥，他拥有的地域最广，军队最多，实力最强，辈分最高。一直以来，他就仗着人多势众，倚老卖老，我行我素，不服东边大可汗管束。不过，玷厥缺乏心计，常常吃亏上当，难成大事。而性格虽嫌柔弱，却工于心计的染干，一旦投入玷厥怀抱，则极有可能成为大隋今后心腹大患。而这，则正是隋文帝不愿看到，并派长孙晟前来欲加阻止的。

当下，最令长孙棘手的是，自己只有数十人，而染干却拥数百亡命徒。他因而暗暗告诫自己：一定要冷静对待，从容处事，随机应变，不能硬来、强劝，否则会适得其反。

长孙想到此处，把头抬起，笑对染干道："汝之想法，值得考虑。这样吧，你的弟兄刚从度斤镇逃出，一定都饿了，咱这就造饭，吃饱喝足赶到安全的伏远镇过夜，明儿咱与你一道越过长城，去找玷厥。咱过去与他有过交往，帮汝向老爷子讲讲情。"

"那太好了。"染干大喜过望。

长孙晟随身带得有银两，着人去附近与牧民买了一群羊和几头牛。染干的士卒都是以牛羊肉为主食的，且个个皆已饥肠辘辘，有了这些牛与羊，即欢天喜地宰杀起来。

与此同时，长孙则与自己的一名贴身侍卫如此这般地交代了一番。心领神会的侍卫暗中通知了另外八名侍卫，即神不知鬼不晓地脱离了此人群，直奔长城脚下的伏远镇而去。

这边，待几百人吃饱喝足后，已是薄暮冥冥。长孙和染干分别集合好了自己的队伍，朝伏远镇前行。

当众人在月光的照耀下，终于隐约见到逶迤屹立的长城轮廓和城下一片黑黢黢的伏远镇时，只听声声犬吠从镇上传来……已经走得人困马乏的队伍，就像见到曙光一般，一个个打起精神，立即活跃振奋起来。

而就在他们直奔伏远镇时，但见长城高高矗立的烽火台上，突然冉冉燃起一柱烽火。接着，一处、二处、三处……火在北风的吹刮下，愈燃愈炽，令人心惊！

染干见此，大惊，急用手中马鞭一指远处的烽火，紧张地对身边的长孙晟道：“你看，火，火！”

“咱看见了，正心急嘞。”长孙不看染干，双眼泛光地直盯远处烽火。

“那是啥意思？”染干直瞪瞪地望着烽火问。

“烽火是向境内军民报警的。”

“这咱知晓。不过，以往咱住度斤镇，曾见有两个台子着火。”

“如果来敌不多，只是一般性骚扰，便只燃两处烽火；敌之兵力较多，则燃三处烽火；如是大举来犯，才燃四处烽火。”

“呵？”染干一看，熊熊燃烧的正是四处烽火，且已将北边的天际染得一片通红！

“咱看到此火，就在心里琢磨，这玷厥和雍虞闾间的军队，咋会如此迅猛？按说，还应有二三日方能靠近伏远镇哩。”

“此极有可能。”染干解释说，“咱原先也是这么想的，不就被雍虞闾打了个措手不及嘛。您想，这伏远镇离咱度斤镇能有几远？况且，这不是又过了一日了吗？”

“唔……你说得确有道理。只是人家此番都来势汹汹，气势正旺。同时，还说不定大隋军队也已赶到，并与玷厥过上了招。而咱明日贸然前往，不管遇到玷厥，还是雍虞闾，甚或是咱大隋的军队，都不好办哩——你还来不及把话解说清楚，战场上嘛，个个都是杀红了眼的，此三股军队，不管遇到哪一支，皆可把汝当作敌军灭掉！”

“是呵，是呵。”早已丧魂落魄的染干，额上已是冷汗淋漓，他茫然问道，“那咱咋办哩？”

长孙晟把目光转向染干身边惊慌失措的部属，说：“大家不用惊慌，咱有一个想法，说与众人听听，不知是否可行？第一，咱先还是进伏远镇去，都累啦。镇中有大隋军队把守，可以保护咱。他们守得住，咱则继续在镇里待下去。守不住，咱亦可安然有序地与大隋军队往内地撤。第二，咱和染干可汗也休息一下，即速赴京师向皇上禀报雍虞闾的罪行，并恳求皇上保护大家。咱想，对大伙来说，还是强盛的大隋比玷厥更靠得住。汝等觉得咱的想法如何？”

“行，咱就这么着，一切都听长孙将军的。”染干点头道。

在这种生死存亡的危急关头，染干的下属和士卒，亦都异口同声，表示愿听长孙的话，亦都把长孙晟当成了救命的活菩萨。

于是，染干等数百人连夜进入伏远镇后，在长孙晟的斡旋下，受到大隋守军将士的热情接待。经过夜行军的染干部属，吃喝好后，在隋军腾出的兵营中，倒头就睡，亦不管那烽火带来的是凶还是吉。也是，此一众人等，自度斤镇逃出，已有两日未曾合过眼了。

次日，当太阳刚刚升起之时，长孙则叫醒染干，二人共乘一辆驿车，由十二名宫廷禁卫军骑马护卫，朝京师急驰而去。

也真是无巧不成书。长孙晟为使染干不去投靠玷厥，故意派侍卫点燃烽火，并用一番话来哄骗染干，使他信以为真。可令长孙本人也没想到的是，他的一番假设与谎言，竟都真真实实正在发生。就在长孙和染干乘坐驿车去京师时，灵州道行军总管杨素会同另外五位总管，迎头恰遇玷厥率军南侵。杨素巧与周旋，大败玷厥。雍虞闾一看势头不对，亦落荒而逃。

而当杨素获胜的消息传至朝廷时，长孙晟与染干亦乘驿车安抵京师。

长孙先将染干安顿到鸿胪会馆休息，自己则径往大兴宫面见皇上。

文帝闻奏，大悦。晋升长孙晟为左勋卫骠骑将军，秉持符节总领有关突厥事务。

为此，文帝还在大兴宫内接见并设宴招待了染干，表示大隋绝不抛弃患难与共的朋友，鼓励染干重建部落，大隋将提供一切人力物力援助。

接着，长孙与染干重返伏远镇，隋与突厥的战事已经结束。染干突利可汗派人进一步收容被打散的原部落的一些士卒与难民。不久，在大隋的协助下，染干便聚集了一万余男男女女。他们暂住的伏远镇，是一边塞军镇，加上大隋镇守边陲的将士，此时，已是人满为患。长孙晟便将此情形上奏皇上。

文帝下诏令长孙率五万人在朔州筑大利城，以安置染干。安义公主死了，文帝又将宗室之女义城公主，并配丰厚嫁妆，让长孙持节亲自送到新修的大利城嫁给染干为妻，并封染干为意利珍豆启民可汗。

大隋对染干的优厚待遇，进一步激怒了雍虞闾都蓝可汗。其后，他数次率军偷袭羽翼未丰的染干营地。

为此，长孙晟又向文帝上奏说："染干因深得人心，归附他的突厥人越来越多。他虽住长城以内，还是遭到嫉恨他的雍虞闾部落的骚扰和偷袭，不能养精蓄锐。臣下经过思考，恳请圣上让其迁到五原，以黄河为屏障，在夏、胜两州之间，东西至黄河，南北长四百里，横掘壕堑，让他们处在其中，任意放牧，以便于此间发达。"

文帝见到长孙奏章，立表赞同。

其后，染干启民可汗亦未辜负文帝的期许与厚望，不到一年工夫，前来投靠他的人越来越多。

也真是，世事无常，人算不如天算。开皇二十年，都蓝可汗之部落国突然发生内乱，雍虞闾在此次内斗中，被部下杀死。

长孙晟听闻此讯息，立即向文帝奏报："当下敌之内部发生分裂，首领雍虞闾被杀，隋军可趁乱，予敌以致命打击，并可令染干部属分头招抚被打败的散兵游勇，以扩充自己的力量。"

文帝见此奏报，立即下诏出兵。果然，都蓝部落被文帝派去的隋军一打，即溃。染干部落在处罗侯做大可汗时，原本就是与都蓝部落合在一起的。此时，一些无家可归者，自然愿意投靠生活无忧的染干。这样，染干启民可汗部落便进一步壮大起来。

都蓝部落国的覆亡，使西边的达头可汗更显形单影只。加之，去岁冬季西北又遭罕见雪灾，牛羊损失无数。玷厥于仇恨与饥饿中，孤注一掷，几乎集中了全部军力，准备南侵。

文帝得此讯息，诏命晋王杨广任行军元帅，并命长孙晟统领逐渐壮大的染干所部任秦川行军总管，受晋王节制，出兵征讨玷厥。

　　文帝从江都调晋王征讨北边的突厥，这一不大寻常的举措，暗含深意。他对自己最宠爱的汉王杨谅试过几次，知他确实难堪大任，便将大隋的未来铁心托付给了晋王。

　　而攒足了劲、来势汹汹的达头可汗，临阵则不争气，他们闻听长孙晟的大名，即如惊弓之鸟，望风而逃了。

　　长孙率军一路追杀，歼敌、生擒敌军千余人。

　　长孙一战大获全胜，作为主帅的晋王无比欣喜，于帅帐中摆下庆功宴，招待有功将领。他亲执酒壶，向功臣们一一斟酒，并许诺，要挑一名江南最美女子给长孙做妾。

　　在人们的哄笑声中，在座一位归降的原突厥将领说："突厥军人确实都十分畏惧长孙将军。听到他的弓响，就说是霹雳；见他骑马驰骋，便称是闪电！"

　　晋王大笑，赞道："将军威震四方，英名流传异邦，竟致比同雷霆闪电，何其壮哉！"

　　晋王凯旋还朝，长孙晟授封上仪同三司。未几，长孙晟又以大隋使者身份，到大利城安抚新近归附启民可汗的突厥人。

第一〇九回

万岁重披战袍不负众望
杨素东宫传旨投石问路

长孙晟不辞辛劳，不到两年时间，数次往返于京师和突厥之间。当他再次从大利城返回京师向文帝述职时，文帝问："突厥累受打击，卿以为北边可保多久平安？"

长孙回答说："今年内，珄厥至少不敢轻举妄动了。"

"那，明年呢？"

"明年则难得说。"

文帝皱了一下眉，有点失望地对长孙道："这么说，此二年对北疆的治理，成效并不大呃。"

"臣以为，咱之斩获还是挺大的。"

"还大？那突厥为啥还这么猖獗，缓过一口气，又能逞凶。"

"突厥，原本就是个地域辽阔、兵强马壮的大国，只因部落间争斗激烈，不能齐心，才未对咱构成更大威胁。再者，他们不像咱，建有固定居所，各人都世世代代在一地繁衍生息。他们居无定所，打不赢时，便逃之夭夭，而实力仍存。可稍不注意，咱打了个盹，他又突然拍马杀到，令咱防不胜防。不像陈国，只要攻下建康，拿下皇帝陈叔宝，国就亡了。"

"依卿之见，北疆用啥办法，可一劳永逸，达到长治久安。"

"一劳永逸，不大容易做到。"长孙晟想了一下，说，"臣想，咱可作一次主动出击，挫其筋骨，伤其元气。此样，他要重新振作，就不是一日二日，一年两年之工夫了。"

"主动出击？"

"咱对突厥汗国，以往多是其来侵犯，咱再派兵迎击，打的多是防守反击战。当下，大隋实力远在突厥之上，可主动出兵，对其实施一次既突然又全面的打击，叫其偃旗息鼓，并将他驱离得远远的，此样，至少可多保几年平安。"

"不能根治吗？"

"很难。"长孙晟解释说，"就像满地的草一样，你今年除得再彻底，逢春，它照样还会生长的。"

"那行吧！就这么着，此次主动出击，就由卿来做主将。朕听晋王说，玷厥闻卿之名，即吓得丢盔弃甲，落荒而逃。"

"这话，当作笑话讲讲是可以的，却当不得真。咱之斤两咱自知。臣下只是射术精点儿，拳脚工夫亦还说得过去，为主将敲敲边鼓，出点主意儿也还行。而若论排兵布阵，行兵打仗，指挥调度千军万马，咱都其实不在行。这圣上也是清楚的，咱一直以来，多在宫内当差，指挥调度咱管辖的几名侍卫没问题，若作主将到草原、大漠中去指挥大军，肯定没辙，而非臣下所长。"

文帝点头，表示赞同。但他随即问："卿以为，谁打突厥胜算最大？"

"臣下以为，令突厥将领犯怵者，非一人莫属。"

"谁？"

"史万岁。"

"史万岁，亦不过只是匹夫之勇吧？他对指挥调度军队也在行？此次是咱主动出击打击突厥嘞。"

"史将军的指挥能力，无庸置疑。"长孙晟毫不含糊地道，"不仅突厥畏惧史万岁，任何与其作厮杀者，都会望其蹙眉头。他不仅能挥洒自如地调度千军万马，还有治军才能。就在他充作戍卒到敦煌一个边塞兵营，亦能将那里的一群乌合之众，捏合成一支有战斗力的队伍，并从而得到窦荣定大将军的赞赏。"

"此事朕知道。"文帝接腔说，"荣定在世时，曾对朕说起过。还说史万岁能打硬仗。"

"是咧，是咧！"长孙晟越说越来劲，"圣上看嘛，我朝有的将军能在北方打仗，但若将其派到南方，就不服水土了，指挥起军队来，也不能得心应手。史将军则是从咱华夏最北的草原、大漠，一直打到最南边的闽越林莽和西南边寨。真个是打遍天下无敌手。窦荣定大将军很早以前，就曾称史万岁是个全能将军。"

窦荣定是文帝的姐夫，他在世时，是文帝倚重的爱将，他也确实非常欣赏史万岁的军事才能。

长孙晟两次提到窦荣定对史万岁的评价，终使文帝点头说："荣定生前确曾甚为赏识史万岁。行！此次北征突厥，就命他为先锋。"

文帝于是下诏，兵分二路，并再命晋王杨广为行军元帅，左仆射杨素为长史，从灵武道出兵，征讨东北边几个突厥部落国；另命汉王杨谅为行军元帅，史万岁为行军总管，从马邑道出兵，征讨西北的达头可汗玷厥。

长孙晟推荐史万岁担当重任，用心可谓良苦。

几年前，史万岁因受贿一事，险些丧命。事的起因是：远在南宁边地的蛮夷首领反叛朝廷，文帝下诏派史万岁前往平叛。史万岁率军在极其艰苦的环境中，攻城拔寨，击败三十多个部落，转战千余里，共俘获敌军及眷属二万余人。反叛首领请求投降，得到同意后，史万岁要带这名首领进京师朝见大隋皇上，以求对其宽恕。蛮夷首领惧见皇上，即以金银财宝贿赂史万岁。万岁网开一面，将他放走。没料，此人转背再次反叛。益州总管、蜀王杨秀获知万岁受贿事，上奏文帝。文帝大怒，要斩万岁，幸得高颎和元旻说情，文帝念他南征北战，曾为大隋立下赫赫战功，方免其一死，将他削职为民。又过一年，史万岁恢复官职，出任河州（今甘肃南部）刺史。长孙晟深知，心气甚高的老朋友是个宁可战死沙场，而不愿苟活的人，因而，为他争取到了一个再立新功的机会。

万岁此番出征，果然不负长孙所望。他率军一路进击，于大斤山与达头可汗狭路相逢。两军对垒之际，达头可汗派暗探前往侦察敌情。

探子回营报说："大隋此番主动来袭，气势汹汹、进军迅猛，据估计，兵力当在十万以上。"

玷厥大惊，立问："此支军队，由谁领军？"

探子报说："隋军的行军元帅是并州总管、汉王杨谅；实际指挥者是大将军史万岁。"

"莫非就是当年那个敦煌戍卒？"

"不错，正是此人。"

达头可汗深感害怕，下令退兵。

史万岁听说，未经交战，敌已退兵，岂肯罢休。他于是亲率一支骑兵一路紧追百余里，终于与敌遭遇。

达头可汗及其士卒闻风丧胆，惊惶逃窜，史万岁则是急欲为己重塑名望，穷追不舍——两军气势，大相径庭。

不日，一场势如破竹的战斗，便在大漠中展开。达头可汗且战且退，隋军则在史万岁的率领下，奋勇争先。一时之间，沙漠上，尸横遍野，突厥军终以折损数千之众，趁夜幕，没入戈壁荒漠中……

而与此同时，声势更为浩大的杨广和杨素大军，一出灵武，突厥各部落听到消息，闻风丧胆，即逃得不见了踪影。杨广和杨素扑了个空，只好在一无所获中，无功而返。

然而，开皇二十年，注定是个极不平静的年份。

该年，六月之某日，当史万岁斩杀和俘获数千敌军的捷报传至京师，正在朝堂听闻奏报的文帝还未来得及高兴，忽又有秦王府官员赶来上奏说：秦王杨俊今晨病逝。

文帝闻此噩耗，脸色倏地一沉，立即宣布退朝。

之后，文帝从始至终未去秦王府见儿子最后一面。而独孤皇后则在秦王遗体前哭得死去活来，不管杨俊生前如何骄奢淫逸，亦不管其如何罪大恶极，但毕竟是皇后的亲骨肉呵！

秦王下葬前，府中幕僚官佐请求朝廷为秦王杨俊立碑，但遭到文帝严词拒绝。文帝还诏令将秦王生前制作的各种奢侈物品，全部焚毁；下葬的陪葬品，亦要求处置丧事的有关官员力求从俭。并将此作一定规：今后凡有王公贵胄去世，皆照此规执行。

杨俊有两个儿子，一为王妃崔氏所生，一为庶出，两个母亲皆因秦王犯事分别获罪，经有关大臣商议后，呈报说：

> 《春秋》之义，母以子贵，子以母贵。贵既如此，罪则可知。
> 故汉时栗姬有罪，其子便废，郭后被废，其子斯黜。大既然矣，
> 小亦宜同。今秦王二子，母皆废，不同承嗣。

因此，秦王之子，不仅不能继承父亲的王位，亦不能主持父亲的丧事。于是，一切丧葬事宜，皆由秦王府官员代为主理。

事毕，天已大热。心境不佳的文帝决定携皇后和二位夫人去仁寿宫度假，以消解暑气。

以往，去仁寿宫，只需在途中行宫住一宿。而此次则因儿子去世，过度悲哀，独孤皇后身体十分虚弱，忍受不住酷暑和车子长时间的颠簸，在途中则多宿了一夜。

一路上，为避暑气，皇上皇后早早就启程了，至烈日当空，暑气逼人时，车队便就近驶入路边行宫中休息。等到日头偏西，暑气渐渐消散，才又行驶一程，至前方另一行宫过夜。皇上皇后分别乘坐的是驾四马之大型车辇，而紧随皇后之后的则是用一匹马拉的一辆小车。不用问，车里坐的是御医龚维之。年逾古稀的龚维之，一日要数度为皇后侍疾。

皇上等一行人进入仁寿宫后，文帝和独孤皇后仍住大宝殿内，宣华夫人和荣华夫人则分别住在单独的宫苑中。此番上山，与以往不同的是，皇上身边未带仆射等大臣。他此次是纯粹来避暑和休息的。此时，左仆射杨素北征突厥，尚在班师途中；右仆射苏威坐镇尚书省，处置一应事务。没

有大事和紧要事务，都不会来仁寿宫打扰皇上。所以，文帝少有的一身轻松。

是夜晚膳时，独孤皇后看到文帝心情不错，便说："日子过得飞快，臣妾的身子骨则一年不如一年。咱知自己已来日无多，因此，特别希望能亲眼看到广儿入主东宫的那一日。"

文帝看着宫灯映照中的皇后，这才觉出真是岁月不饶人，比之两年前，皇后更见苍老了。

皇上于是动情地道："爱卿何出此言？俊儿去世，汝太伤悲，到此消消暑气，把心放宽，身子骨不就慢慢好起来了吗。至若废立太子事，朕哪有不心焦的呢？其实，朕比卿更为心切呐！此乃国之大事，关乎大隋未来之长治久安。朕先是怕看走眼，尚在观望与权衡中。待定下主意儿，北边又常出事端，所以，才一拖再拖而未决。"

"可是，臣妾已拖不起了。再拖下去，恐就巴望不到那一日，死亦不能瞑目哪……"

"爱卿千万不能这么想，只要放宽心，汝之身子骨会好起来的。"文帝劝慰皇后，并说，"废立太子事，待此次广儿和杨素归来，朕就着手办理，不再延宕，卿尽管安心好了。"

"好！"独孤皇后由衷地道，"臣妾闻听圣上此言，比吃啥药都舒坦。"

没过几日，无功而返的行军元帅杨广和长史杨素双双归来，并至仁寿宫向文帝述职。

文帝听过二人的禀报，即道："本次北征，倒是谅儿与史万岁立了大功，他们把玷厥打得丢盔弃甲，折敌数千之众，使之败走沙漠。"

"可臣下听到的情形，却与圣上说的略有出入。"杨素轻描淡写道，"有人告诉咱，西北去冬连遭雪灾，牲畜冻死饿死不少，玷厥士卒缺吃少穿，包括战马在内，连路都走不稳。他们见史万岁军队杀到，早已无心恋战，本已缴械投降，可万岁爷贪功心切，还是不分青红皂白，见人就砍，欲以此来赚取功名……"

杨素口出此言，实是别有用心。一直以来，朝廷就有谁是大隋第一名将之议论。有说韩擒虎的；有说贺若弼的；当然，也有说杨素的。不过，众口一词，赞誉最多的，是史万岁。杨素是个啥事都要争得第一的人，他对史万岁自是不以为然。而本次二人同时出征，史万岁又立了新功，他却无功而返，当然不是滋味儿，就编出上述之说词来。

文帝闻听杨素言，联系到几年前史万岁贪污受贿事，脸色大变，说："这个史万岁，竟是为邀功请赏，而大开杀戒的？可恶，可恶！"

杨广亦插言道："儿臣还听说，史万岁在前方作战，谅弟却稳坐军中，连营帐都不肯出。"

"哈哈……此是朕允诺他此样的。先只让他去前方长长见识。"文帝笑着，复又对杨广说，"汝去后殿看看母后，汝之俊弟殁了，她心绪不佳。"

杨广走后，文帝立即拨转话题对杨素说："公今日回得正逢其时。朕有一事，正等候公去亲自办理。"

"请圣上示下。"

文帝迟疑了一下，说："这样吧，公先去东宫瞧瞧，看看太子成日关门闭户，到底是在鼓捣啥？是不是又要弄出庶人村之类的事儿来。"

文帝含糊其词，并没明示要杨素去东宫干啥事。此使杨素想起前次奉命去东宫受到太子斥责的情形，于是，面显难色，道："臣下别事不怕，只怕去东宫面见太子时，会吃闭门羹。"

"卿是宰相，他敢不让公进门？"

"可太子是储君呐！前次，臣去东宫，他对臣极反感。此次，若师出无名，恐真连门都不会让臣进的。"

"他敢！"文帝一脸愠怒，说，"这样吧，朕近闻刘居士之余党又有死灰复燃迹象。此案，当年是交太子主办的，可见他办事之潦草。朕下一诏，着他将刘居士党羽彻底铲除。公携诏前去，不是就师出有名了吗？公不用与他深究具体事，只观其行色与举止。"

刘居士是退休老臣刘昶之子。刘昶在周时娶周之公主为妻，官至柱国大将军。因其与文帝有旧交，大隋建立，刘昶曾任左武卫大将军、庆州总管等职。而其子刘居士则是个游手好闲、臂上架鹰、手牵猎犬、纠集京师恶少为非作歹之徒。后来，他发展到勾结突厥、欲借外力谋反，文帝才终于命太子和长孙晟等将刘居士及其党羽捉拿归案，并处死了刘居士及几名恶贯满盈的党徒。不过，因其党羽有三百余人，且全是京师的官宦人家子弟。其中，有的畏罪潜逃，有的则让父兄出面担保，而使部分人得以逃脱惩处。而今，风头已过，有的余党又开始招摇过市，为非作歹了。

文帝下此诏书，可谓一举两得。既可让杨素名正言顺进入东宫，一探内部动静；又可试试太子的反应，以便对他采取具体措施。

杨素返回京师家中的当夜，即召来了其弟大理少卿杨约。并开门见山地对他说："圣上命咱面见太子，只让咱观其行色。咱想，极有可能是圣上要向太子动真格的了。"

杨约眨巴了一下眼睛，想了想，说："皇上处置太子，借口太多了，还须先察言观色？"

"嗨！"杨素十分自信地道，"圣上每临大事，事前总是左顾右盼，犹疑不决。咱估计，他真正动手前，一定还会探问宫中术士。"

"咱可以这么猜想，但是，不要顶真，君心难测哩！谁知圣上心里想的到底是啥？"杨约接着道，"不过，仅见太子一面，并不能看出啥名堂来。太子贼精，你一进门，他就提防着哩！"

"此乃必然。太子对咱，不仅提防，还极反感。他咋会坦坦荡荡把心里所想都告诉咱哩。"

"那有啥招可解？"

"被汝招降的那个姬威，咋样了？近来咋没听到他的声音了呢？"

"太子不是一直称病在家，把大门都关闭了吗？再说，前些日子圣上不是也没过问太子的事了嘛。"

"圣上没过问，你们亦与他断了联系？"

"那倒没有。对人对事，亦有时紧时松的时候嘛。"杨约说，"段达还是每月按时请姬威吃一次大餐，发一次饷银，闲聊一下东宫内部事。每次见面，都少不了叮嘱他不要在宫内过度饮酒误事，亦不要招惹是非等。而太子，近来则成一副死猪不怕开水烫之状态，没啥异常事。因此，兄未问咱啥，咱亦未提及东宫内的鸡毛蒜皮事。"

"这么说，不到约定时间，就见不着姬威了？"

"要会姬威，还不容易。咱和段达说一声，仍从北面东宫后门进去，可直接找到姬威。"

"行。此事就交你了。你可要他多说些太子近来所做龌龊事，不必拘泥真不真实。"

"好吧。"

次日一早，杨素率一帮人手握圣旨来到东宫门前。

守门侍卫立即进殿向太子通报，说左仆射来传圣旨了。

太子闻讯，以为祸事来临。在此之前，身为储君的他，还是在一些不能推脱的场合中，与父皇照过几次面，除却不可少的礼仪等形式而外，父与子、君主与储君之间，则早已形同陌路。

此刻，太子让人给自己脱去在家穿的便服，并按接旨规矩重新穿戴整齐，亦在一帮扈从陪同下，来到东宫门口，正欲跪下听杨素宣诏。

杨素面对太子，却说："太子，请且慢下跪。此处人多眼杂，还是进东宫举行仪程吧。"

太子一听杨素口气温和，且只带些许仪仗，并没带大批禁卫，显然不是就要抄家的架势，一颗悬着的心，便又倏地放落下来，立即恢复常态，朝杨素彬彬有礼地做了个"请"的手势。

杨素亦不谦让，回头吩咐随从和仪仗在门口就地等候，自己则与几名贴身侍卫跨过门槛，直入东宫正殿。此就是上回太子与杨素唇枪舌剑闹得不欢而散的那地方。

宾主就座后，杨素也没按规矩就把手中的诏书直接递与了太子，说："咱老眼昏花，就不念了。"

毫无城府的太子，展读皇上诏书，几年来，郁积于心头的火气，竟"呼"地窜了出来，他说："啥？刘居士之案不是早就了结了吗？其主犯与同党皆已伏法，现已时过境迁，还能到哪去捞那些漏网之鱼？"

杨素则不火不愠，忙解释说："圣上闻知，有漏网者，又在大兴城内招

337

摇过市，闹得鸡犬不宁，此次要求将余党彻底铲除。"

"上次没能将余党清除干净，可怪不得本太子。"太子气愤地道，"其时，有的见势不妙躲起来，最次者，父兄皆为三品、四品官，你能随便进其府上去搜捕？更有圣上亲自打过招呼叫网开一面者，你能动他？而今，他们见风头已过，又招摇过市，祸害四邻，咱去抓，不又作鸟兽一般一哄而散了吗？即使能抓到少数几人，不会又有人出面求保吗？"

"太子千万不要朝老夫吐苦水，本官只是奉命而来，此乃旨意。"

"仆射别拿父皇来压咱。咱名为太子，实则早就是泥菩萨过江，自身都难保了。而今，咱是有职无权，有气而无力，一兵一卒都难调动，叫咱空着两手去抓刘居士党羽？您是当朝宰相，一人之下，万人之上者！实权比咱不知大到哪里去。此事由仆射去干，还差不多。"

太子说着说着，又与杨素卯上了劲。

而此，则正中杨素下怀。

…………

杨素从东宫回到家里，没过一会儿，杨约便接踵而至。

杨素一愣，问："你咋这快就来了？派人去东宫了吗？"

"当然。兄从前门进，咱的人则早从后门而入了。"

"见着姬威了？"

杨约点了下头。

"他咋说？"

杨约道："人既进去，见人还不容易？此外，兄长所要口供，亦是要啥有啥，此都不难。不过，咱一直在心里琢磨，如果万一把圣上心思摸错，咱兄弟俩，可都是要掉脑袋的呐！"

"不会，不会。"杨素自信地道，"咱跟圣上这多年，这点成算皆没有，还能做宰相？"

说话间，管家进来报说："晋王驾到。"

为避人眼目，从仁寿宫赶来的晋王杨广轻车简从亦来到杨素府上。

三人坐定，仆人沏茶并退下后，杨广才笑吟吟地对杨素道："圣上交仆射之事，办得如何了？"

天气大热，杨素摇动手中扇子，亦笑着答非所问，说："当下是万事俱备，只欠东风了呢。"

晋王立道："您未觉出，咱的到来，不就是东风么。"

"正是感觉到了，咱才说这话的。"

杨素言罢，三人都会心地大笑起来。

接着，杨广便把独孤皇后已向自己交底——皇上近期就会着手处置废立太子事。还说，当夜他与父皇母后一起用膳，圣上也说，已派仆射亲往东宫探查太子近来动向去了。

杨广说到此处，早已成竹在胸的杨素故意朝杨约乜了一眼。

多年一直默默为晋王效劳的杨约，终于扬眉吐气道："没想到，晋王到江都做总管整十年，到今日才算有了个准信儿！"

天气太热，杨素摇动手中扇子，亦笑着回答说："当下是万事俱备，只欠东风了呢。"

第一一〇回

杨素作俑元旻直谏遭诛
袁充进言文帝一锤定音

却说，打了大胜仗的史万岁班师回朝之日，整个朝廷竟没一人出来迎接凯旋的英雄，使得他手下的几名主要将领，进入京师，便各自牢骚满腹地回到了家中。史万岁觉出气氛不对，当夜就去长孙晟府上，向他探究是何原因。

长孙晟从京师往返突厥，来回奔波了近二年，总算把染干启民可汗安顿妥当，并逐渐使之恢复了元气。接着，他本人又以病痛为由，回到家中，对外面事不闻不问了。

史万岁如此这般一番诉说，聪明的长孙晟亦觉蹊跷，却猜不出是啥原因，但嘴上却宽慰老友道："据咱所知，皇上皇后都去了仁寿宫，恐是因秦王去世，心绪不佳，疏忽大意所致吧。"

"那，朝廷总还有个主事的人吧？咱和一帮将领流血流汗凯旋而归，咋能如此不闻不问嘛！"

"咱想，极有可能就是疏忽大意了。如今，朝内只剩右仆射苏威在主事，他一贯不大过问军事上的事。"

长孙晟这么一说，史万岁虽觉有理，却仍不能释怀。他道："苏仆射若真是大意了，咱不怪。可兵部却明知咱今日会班师回朝的，柳述他们总不

341

能也不闻不问吧？"

"有可能是尚书省和兵部两衙门互相以为对方会派人出面迎接，而误会了。算啦，算啦。您都这大一把年纪了，还计较这些礼性干啥嘛。"长孙只能这么和稀泥，并置酒为老友接风。

次日一早，史万岁按规矩去兵部报到、述职。

兵部尚书柳述是文帝女婿，并深受皇上宠信。他作为皇上女婿，忙过秦王丧事后，就接到史万岁等即将班师回朝的信息。史万岁打了胜仗，一应将领，皆要论功行赏。柳述即以皇上名义着手制定迎接、庆功之规格；封赏、奖励之标准等等。待他将有关事宜弄完，因皇上去了仁寿宫，就与主事的苏威商议。因封赏内容中，涉及将领晋职、晋爵等问题，苏威做不了主。为此，柳述只好去仁寿宫请皇上亲自定夺。

可当柳述将一应安排和奖励方案拿给文帝看时，文帝则道："史万岁何功之有？其瞒天过海，贪天之功，朕下山后，要拿他是问。"

柳述过去一度曾为史万岁手下将领，知他是条硬汉。贪财，有之；却从不贪功。于是，就为他辩解说："史将军在行兵打仗上，可从来都是丁是丁、卯是卯的，他在打仗上，早已名声在外，不须为己证明啥，恐不会虚夸功绩。"

"汝还为他开脱？"文帝十分生气，便把杨素说过的一番话讲给柳述听。

柳述对杨素一面之词，虽然存疑，却拿不出事实加以驳斥。所以，当史万岁等一干功臣凯旋时，竟无人出面前往迎接，行赏奖励事，更无从提起。

目下，当昔日上司、前辈史万岁来到兵部，柳述面显尴尬。他自然不便把杨素对文帝之语搬到桌面与史万岁对质，而只好故作惊讶道："哎呀，史大将军回来啦！该死，该死！前些时，因秦王去世，没个主事人，咱作为秦王的亲属，忙着料理丧事，竟把大将军归来事全忘了。"

史万岁一生遭遇两次坎坷，两次都险些丧命，对人生冷暖亦淡看了许多，柳述既赔了不是，他也就不以为意了。

不料，柳述对史万岁此次前来兵部述职，倒是十分在意。他对整个战事经过，不仅问得十分详细，还叫来录司，把史万岁所述，一一记录在案。当听到史万岁讲述隋军在沙漠中作战所遭遇的种种艰辛时，柳述白净的脸上，竟然还显露出了一股不安和愠色。

话分两头。

就在史万岁于兵部述说作战经历时，完成了文帝使命的杨素则从京师返回仁寿宫，正在向文帝禀报赴东宫会见太子情形。他绘声绘色讲述太子如何狂妄自傲，拒不执行继续清除刘居士残余分子之诏令……

皇上是在宣华夫人所住的枣园客厅接见杨素的。此时，文帝刚从午休中起身，略显慵懒之状，因而恹恹地说："朕知晓了。待天气稍凉，下山之后，朕再与之作最后了结。这样吧，卿回京师，就不要息歇了，苏威老矣，处事远不如从前那么利索，卿还是把担子接过来。天热，没急事就不要频繁上山了。"

善于察言观色的杨素，被文帝三言两语支走后，甚感晦气。他原以为皇上听到禀报，会立即采取断然措施，一举废黜太子。没想到，前后仅几日，圣上竟然就判若两人了！顿感失望的杨素从枣园出来，即抱着一线希望去大宝殿，看看独孤皇后是个啥态度。

真个是，皇上这头冷，而皇后那头却热乎着。独孤皇后见到杨素，喜出望外地说："仆射往返奔波，一路辛苦，情况如何？"

杨素添油加醋，把面见太子和东宫近况述说了一遍。

"哼！睍地伐越来越放肆，看他还能蹦跶几日。"独孤后十分生气，并问，"仆射见过圣上了吗？"

"见过了。"杨素即顺势把去枣园面见文帝的情形述说了一番。

"没啥，没啥，仆射不要介意，圣上知道就行了。"独孤皇后笑着解释道，"此倒不是圣上不看重此事了。咋说呢？此其一半，大约是为了咱。因御医说，咱身子骨较虚，山下太热，不利调理咱之病，要等天气转凉，方宜下山；再一半则是——卿亦看到了的，圣上对两只小狐狸精着了迷。两位夫人都嫌山下热，住在仁寿宫中不想离去。"

"呵……"杨素方才释然，亦摸着胡须会心地笑了。

独孤皇后接着道："公回京师对广儿说一声，叫他别心急，该干啥还干啥，等到皇上九月下山时，一切就会见分晓。"

"好，好！"心花怒放的杨素点头笑道。

杨素一回京师，便直奔晋王府。

杨广闻听杨素到来，出门相迎。二人喜笑颜开地坐定后，杨素开口道，一切要到九月才能见分晓。而此一句话，却使杨广一下僵住了！他不知为啥又突生此变故。杨素便把来龙去脉仔仔细细地述说了一遍。

杨广这才冷静下来，放心地点头说："还是母后想得周到，该干什么还干什么。咱去北边征伐突厥，离开江都已有数月，那边有许多事儿尚未处置妥当。江南的事不处置好，咱咋能心安地在京师坐候佳音嘞！此外，这一切，来得太突然，有关事宜，亦没准备周全，届时，万一出了纰漏，临时补救就来不及了。当下是七月，到九月份，仅剩两月时间，要把诸多准备事宜做周全，还不知够不够用呐！"

"晋王说得对，"杨素随之冷静下来说，"近期朝廷积压之事就更多，且一样都要一一处置妥帖，以免事到临头时，手忙脚乱。"

杨素一走，晋王即着人去叫扬州总管府司马张衡过来。

张衡的家原也和宇文述一样，都没安在京师，亦都是由晋王出钱在京师买了宅子，才先后把家安到京师的。晋王本次出征，张衡一直跟随左右，所以，当下他在京师家中休息。

张衡过来后，晋王即吩咐他道："稍稍准备一下，咱与汝明日一早，启程回江都。"

"呵？"张衡大感意外，"不是说，咱此次回到京师，可歇一口气，暂不南下的吗？"

"情况有变。此次南行，杂七杂八之物，尽量少带，两月之后，说不定还得返回来的。"

"是。"

却说，日子过得飞快。仁寿宫中，随着皇后的病体日益好转，天亦开始转凉，独孤皇后就急不可耐地催着要下山。尽管文帝有点不舍，然郁积心中的各事，仍促其不得不返回京师。

九月壬子日，皇上皇后及宣华荣华两位夫人，便浩浩荡荡，从仁寿宫返回了大兴宫。

翌晨。文帝升大兴殿，文武百官，云集朝堂。史万岁亦排在众官员中，他眼巴巴地望着安坐龙椅的皇上，欲择良机，藉此上表，陈说大漠中的作战经历，以为部将请功。

文帝登临御座，环视左右，对大臣道："朕昨日刚回京师，本应舒畅快乐。但，不知为啥，不仅高兴不起来，反而感到很郁闷。"

文帝原以为自己听到的有关太子近来一些胡作非为事，早已在大臣中传得沸沸扬扬了，只要皇上金口一开，众人便会热烈响应。殊不知，许多被放大了的太子劣迹，却只有皇上皇后和杨素等几人知道，而众多官员又从何打听得到呢？况且，有的事还是似是而非编造的。所以，圣上一言既出，众臣则如丈二金刚，一个个皆摸不着头脑，并都无言以对。致使一时之间，偌大的朝堂内，一下子竟阒无声息了。

过了好一会儿，方有书生气十足的吏部尚书牛弘出班回答说："此乃是臣等不称职，方使圣上忧愁不乐。"

牛弘的回答，显与文帝心里所想风马牛不相及。因此，终使圣上雷霆大发，并借题发挥，直面东宫到场官员道："仁寿宫离京师并不遥远，却让朕每次回来，都要严备警卫，如进入敌国一般，令朕忐忑不安。前日入住行宫，因担心安全出问题，夜里不敢脱衣睡觉。为防不测，朕还要从后殿移住到前殿，弄得如厕都极感不便，凡此种种，皆是尔辈造成！"

文帝突发此言，令满朝文武更感惶恐，都不清楚东宫到底出了啥事儿。不仅如此，文帝言毕，竟当场下令逮捕了以左庶子唐令则为首的东宫数名官员，并下令将他们交由刑部审查。

朝堂由此骤然陷入极度紧张的气氛中，众官员莫明其妙，不敢出声，并连大气都不敢出。

至此，事情还远未完结，文帝转而又令杨素出面陈述去东宫见太子的经历。

杨素出班，面对朝臣说："臣奉旨前往东宫，令皇太子将重又活跃街头的刘居士余党清除。太子接到诏令，却涨红脸跳起来，怒指臣下说：'刘居士及一些党徒皆已伏法。漏网者，有的躲了起来，有的被皇上叫网开一面，放走了，目下叫咱到哪去寻找他们？汝是仆射，为啥让咱去做此事？要查，你自己查去？关我啥事？'太子就是这么对待圣旨的。"

杨素说到此处，约略停顿了一下，用眼扫了一下文武百官。

大兴殿里，没人接腔，仍是一片鸦雀无声。

杨素干咳一声，继续往下说，且越说越激动："不仅如此，太子还暴跳如雷指着臣下道：'汝如果抓不到刘居士余党，本太子就先杀了你！'他还说：'咱是储君，将来是要做皇上的，可现如今，竟连诸弟皆不如。即便是做一件小事，自己都做不了主，咱能叫谁去捉拿刘居士余党……'"

"够了！"杨素欲往下说时，被文帝一声怒喝打断。继而，文帝又转换语调对众官员说，"杨勇这个儿子，早就不能继承皇嗣了。皇后总在劝朕将他废掉。朕总以为他是朕登基前所生，又是长子，总期望他能渐渐改过自新，一再隐忍至今。一次，勇从南兖州归来，竟对卫王杨惠说：'阿娘不给咱一个好媳妇，真可恨！'他还轻薄地指着皇后的宫女说：'他们将来都是咱的人。'此皆表现其言行轻狂与不轨。他的妻子元妃刚死，就把元妃的斗帐送给了粗使老妈子。元妃死，朕与皇后皆疑心是他指使马嗣明毒杀的。朕曾责问他，他反向朕使性子，扬言还要杀死元妃之父元孝矩。他是何等狷獗呵！"文帝说到此处，殿内还是一片寂然。文帝不看众臣，自顾自地继续道："当初，长宁（杨勇长子杨俨，云昭训所生，六岁封为长宁郡王）出生，因是长孙，朕与皇后一同抱养于身边。自从他有了不轨企图，便接连派人来讨回。其实，此儿是他与昭训在外私合怀上的。想到这层由来，朕还疑其未必是勇之血脉（杨俨长相其实很像杨勇）。从前，晋太子娶屠户之女，所生儿子，即好屠割。门户不对，传接下去，岂不要把宗族、社稷统统都搅乱了吗！还有，那个叫刘金麟的诡佞小人。他把昭训之父云定兴称作亲家翁，而云定兴竟然还接受了此称呼。朕此前将刘金麟解职，就是为此。此外，杨勇还曾招引曹妙达与昭训一同宴饮，曹在外洋洋得意散布说：'咱今劝太子妃饮酒了。'此明显是因太子之所有儿子皆为庶出，怕人不服，故对手下作亲善之举。朕之德行虽比不得尧、舜，但绝不会把天下百姓交付与此不肖之子，朕一直害怕他加害，提防他，如防大敌。为此，朕今下决心，废黜太子，以安天下。"

　　文帝对太子不满，斥责太子，这种事，过去也发生过，所以，大家并不以为意。但当皇上最后一句话一出口，众臣皆感愕然！

　　而正当文武百官窃窃私语、不知如何是好时，一人站了出来。此人便是皇上十分信任的五原公、左卫大将军元旻。

　　元旻是个为人正直，对皇上一贯忠心耿耿的将领。近年来，皇上对太子冷淡，一再降低东宫禁卫规格，作为宫卫禁军首领的元旻，心中当然有数。不过，身为臣下，只有遵从旨意的本分。可今日则有所不同，文帝在历数太子各项不是时，元旻就在想：圣上今日怎地婆婆妈妈，这般妇人见识呢？直到圣上最后说到要废黜太子，他才幡然醒悟！

　　所以，当文帝的话音刚落，元旻便挺身直谏道："废立大事，须慎行。圣上诏书，一经颁布，后悔都来不及了。请圣上千万不要偏信谗言，三思而后行。"

　　听话听音。元旻劝皇上不要偏信谗言，此乃分明是直指杨素的，刚才与皇上一唱一和的，只他一人！因而使得与元旻近在咫尺的杨素满脸通红。他对太子的指控，的确有言过其实之处，有的甚至是捏造的。在此大庭广众下，如果辩驳，只能将自己越描越黑。于是，无计可施的杨素，抬头瞄了一眼文帝。然，此刻的圣上正黑着脸，对元旻的话，亦无言以对。

　　恰在此时，站在大厅后面的姬威，正好逮到这一冷场机会，从人丛中钻出，向朝堂上的文帝磕了个响头，道："微臣有话要说。"

　　文帝看他眼生，问："汝是谁？"

　　"微臣是东宫的姬威。"

像姬威这种根本拣不上筷子的官佐，平日是没资格登临大兴殿的，他是杨素有意叫来的证人。刚才一急，杨素亦把此人忘了。不料，在此节骨眼儿上，他竟主动钻了出来。

文帝一听是东宫官员，认真看了他一眼，亦不问他是啥官职，就道："汝有啥事？起来说吧。"

"臣遵旨。"这姬威毕竟是太子身边人，见过一些世面，并不怯场。他立起身来，说："太子以往曾对咱说，他日后当了皇上，要把从樊川到散关一带，全都建成宫苑，供己享用。太子还说：'古时汉武帝欲修上林苑，东方朔进谏劝止。为此，武帝赐给东方朔一百斤黄金，此太可笑，咱可没金子赐给这号人。若有谏者，正当斩之，不过杀百许人，自然就没多嘴多舌之徒了。'从前苏孝慈解职左卫率，太子气得撅起胡子扬起胳膊说：'大丈夫总有一日，绝不忘记，一定要畅快心意的。'东宫所需物资，尚书若发放慢了或有疏漏不周之处，太子便大怒说：'自仆射以下，咱要杀一两个人，让他们领教领教本太子之厉害。'太子还在宫苑内造城中城，春夏秋冬，工程不断，营造亭殿，早上造成，不合心意，晚上又推倒重来。还经常对人说：'圣上怪咱庶出之子多。高纬、陈叔宝不也都是庶出的吗？'他还请巫师占卜凶吉，祭拜鬼神，并曾告诉咱说：'圣上之忌日在开皇十八年，这个日期临近了……'"

姬威真真假假，虚虚实实，滔滔不绝，越说越大胆，越说越放肆，使得朝堂之内，一片哗然。

文帝倾听姬威指控，声泪俱下，道："谁非父母生，没想到太子竟到如此丧心病狂地步，此还像朕之亲生儿子吗！其实，元胄早就看破太子凶险用心，劝朕在左藏府之东边增加两支队伍。还有，陈被平定时，建康宫中许多美丽女子，配发到东宫的不在少数。可他还不知足，仍到处搜罗配发给别人的一些女子。朕近读《齐书》，见高欢放纵其子，不胜气愤。朕无论如何，也不能效仿高欢放纵自己的儿子呵！"

文帝以防元旻直谏的事再度发生，立即宣布散朝，并指令杨素将东宫控制住，禁锢太子及其儿子们，并搜捕太子余党。

此时，原本憋着一肚子气，想为自己部将争功的史万岁，看到此阵势，亦只好作罢了。

于是，宫廷禁卫军在右卫大将军元胄的率领下，将东宫团团围住了。霎时间，整座大兴宫亦沉浸在一片肃杀的气氛中。

此外，左卫大将军元旻的举动，是杨素事前万万没有想到的。元旻平日虽没元胄那么随和，但杨素一直认为他是皇上信任的人，对他十分客气。可偏偏就在此节骨眼儿上，他第一个站出来，唱了皇上的反调，而且，当着百官面，把矛头指向自己。此人若继续担任左卫大将军，可就危险了。

散朝后，杨素于是指使朝廷有关部门向皇上奏称：左卫大将军元旻任宿卫职务，常曲意逢迎杨勇，有依附托身之意。一次，在仁寿宫内，裴弘把杨勇的信在朝堂交付元旻，信封上写着，"勿令人见"，云云。

文帝闻奏，即说："怪道！朕在仁寿宫即使是头发大点的细事，东宫立马就知晓了，比驿马传递得还快。肯定就是这些人在暗中作乱。"

于是，下令拘捕元旻和裴弘。

次日，文帝从大兴殿步行至中华殿，老远就见全副武装的元胄立于殿前。即问："朕上朝时，卿不是正要下班了吗？咋还在此呢？"

元胄启奏道："元旻不除，臣下岂能放心走开。"

文帝定睛看了元胄一眼，心想：这元旻跟随自己多年，当下看来，确是不能留了。随即进入中华殿内，连下两诏：一、严审元旻；二、晋升元胄为左卫大将军，赏赐帛千匹。

杨素着人状告元旻，把裴弘牵扯进去，目的是，裴弘也是个常爱指斥杨素的刺头儿。元旻遭殃，裴弘自也脱不了干系。

元胄过往与元旻相处融洽，他藉此不仅与之撇清了关系，还受到皇上赏赐。在接下来对东宫的清查中，元胄做得更加卖力。

东宫内，有大型仓库数间，当搜查的禁卫军一一打开库门，发现其中一间里面竟藏有捆扎好的火把数千支，并都码放得整整齐齐。无独有偶，有人还在药库中搜得艾绒数斛，此都是引火照明之物，太子用来做甚？

有人把姬威找来询问。姬威煞有介事地说;"此算啥哩!汝等再去看看东宫马厩中的马吧,上等良马就有百余匹。此外,京师郊外,太子的庄园中还养有好马千匹之多。到底是作何打算的,微臣不便猜想。"

杨素获知此情,联想到明火执仗、兵贵神速等种种词语,便亲自到东宫诘问太子:"东宫仓库储存数千火把,是从何处得来?"

太子无所畏惧地说:"有一次,咱到仁寿宫参拜父皇回来,在途中路旁见有一棵五六围之古槐,就问此树有何用?侍卫说,古槐最宜做火种,干了极易燃烧。咱就命木工将树砍伐做了火把,准备分赐左右人等,后来把此事给忘了,就堆放在了仓库中。"

杨素主持建造仁寿宫时,在那条路上往返过无数次,亦见过太子所述那株古槐,后来又确实没有看到了。于是,又问:"有人说,汝养马千匹,意欲何为?"

此一问,竟把太子杨勇的犟脾气引发了。他回答说:"咱知国家有马数以万计。杨勇位在太子,拥马千匹,此亦稀罕?"

杨素碰了一鼻子灰后,老羞成怒,把在东宫抄获的大量奢华珍玩,奇装异服,陈列于殿中,让文武百官观看。

其时,有太史令袁充向文帝进言说:"臣观天象,皇太子当废。"

文帝道:"玄象久见矣,一般臣子没人敢说罢了。"

言毕,文帝下诏,着人赴江都传晋王杨广、赴益州传蜀王杨秀、赴并州传汉王杨谅速回京师听命。

第一一一回

阴险晋王梦想果然成真
一代名将寿终不得正寝

　　接到圣旨后，文帝远在外地的三个儿子及其所有在外地的皇室成员陆续返抵京师。

　　十月乙丑日的早晨。

　　大兴宫的武德殿内外，禁卫森严；文武百官排列于大殿东侧；全体皇室成员站立西面；文帝少有地穿上一身戎装，威严地登临御座，下令带杨勇及其十个儿子，排列殿前。

　　人都齐了。文帝环视左右，朝东面文武百官站立处挥了一下手，内史侍郎薛道衡会意出列，展开由他起草、并由皇上审定的《废太子诏》，面无表情地宣读起来：

　　　　太子之位，实为国本，苟非其人，不可虚立。自古储副，或有不才，长恶不悛，仍令守器，皆由情溺宠爱，失于至理，致使宗社倾亡，苍生涂地。由此言之，天下安危，系于上嗣，大业传世，岂不重哉！皇太子勇，地则居长，情所钟爱，初登大位，即建春宫，冀德业日新，隆兹负荷。而性识庸暗，仁孝无闻，昵近小人，委任奸佞，前后愆衅，难以具纪。但百姓者，天之百姓，

> 朕恭天命，属当安育，虽欲爱子，实畏上灵，岂敢以不肖之子，而乱天下。勇及其男女为王、公主者，并可废为庶人。顾惟兆庶，事不获已，兴言及此，良深愧叹！

薛道衡的声音，苍老厚实，不绝于耳，及此，戛然中止。整个武德殿内，一片死寂。

约略停顿片刻，仍由薛道衡按隋文帝授意，打破沉寂。他对杨勇说："尔之罪恶，人神所弃，欲求不废，其可得耶？"

杨勇面色苍白，点头拜说："罪臣本当弃尸街市，为后人作鉴戒，幸蒙圣上哀怜，得以保全性命，已属万幸。"

说毕，泪流满面，再拜后，转身离武德殿而去……

文武百官、皇亲国戚，望着杨勇离去的身影，皆感哀怜，但都抑制着，没人出声。

薛道衡退回到自己的位置上，亦紧闭了双唇。他目视宏伟壮丽的武德殿，只觉一股悲凉袭上心头。他从起草此份诏书始，便不怜悯遭废的太子杨勇，却为眼前还看似辉煌的大隋王朝，将有可能由此走向颓势，而感到可叹，可悲，可惜。

废太子杨勇及其一同被贬作庶人的儿子们离去后，由一干侍卫押来了五花大绑的七名罪臣。

诏曰：

> 自古以来，朝危国乱，皆邪臣佞媚，凶党扇惑，致使祸及宗社，毒流兆庶。若不标明典宪，何以肃清天下！左卫大将军、五原郡公元旻，任掌兵卫，委以心膂，陪侍左右，恩宠隆渥，乃包藏奸伏，离闲君亲，崇长厉阶，最为魁首。太子左庶子唐令则，策名储贰，位长宫僚，谄曲取容，音技自进，躬执乐器，亲教内人，赞成骄侈，导引非法。太子家令邹文腾，专行左道，偏被亲昵，心腹委付，巨细关知，占问国家，希觊灾祸。左卫率司马夏

侯福，内事谄谀，外作威势，凌侮上下，亵渎宫闱。典膳监元淹，谬陈爱憎，开示怨隙，妄起讪谤，潜行离阻，进引妖巫，营事厌祷。前吏部侍郎萧子宝，往居省阁，旧非宫臣，禀性浮躁，用怀轻险，进画奸谋，要射荣利，经营间构，开造祸端。前主玺下士何竦，假托玄象，妄说妖怪，志图祸乱，心在速发。兼制奇器异服，皆竦规摹，增长骄奢，糜费百姓。凡此七人，为害乃甚，并处斩，妻妾子孙皆悉没官。

…………

诏令宣读完毕，七名罪臣被押至广阳门外处斩。

其时，站立东面之满朝文武和站立西面之皇室宗亲，不管对太子是深表同情的，还是感到窃喜的，面对如此场面，皆垂手而立，噤若寒蝉。

不过，亦还是有一例外，广平王杨雄出班呼应诏命，道："圣上为亿兆百姓与社稷之未来，割弃骨肉，废黜无德太子，实是做了一桩功德无量之大事，乃我朝之大幸，天下之大幸！"

立于杨雄身侧的汉王杨谅乜了其一眼，瘪了一下嘴。他对这位年岁与父辈相仿之堂兄的言语，虽感恶心，却不敢表露于形。在五个皇子中，杨谅最小，却是最先看破父皇母后有废太子立晋王意图的人，而他自幼偏又和太子感情最好。近年，随着年岁的增长，他被派至并州担任统辖五十二州的大总管。其时，又恰遇突厥不断滋扰，有了扩充军备之口实。于是，就有了保护太子而与晋王一决雌雄之念想。可一切暗中的准备，皆不充分，就这么眼睁睁地看着太子被一纸诏令废掉，而禁不住地顿感五内俱焚！

汉王窝着一肚子火，痛心之余，偏头偷偷看了一眼另一侧的蜀王杨秀。而杨秀亦正用眼在瞄着他。四目相对之后，又不约而同地把目光移向了离他俩不远的晋王。

此时此刻的杨广，眼看着太子终于被废，而他的面色竟然无丝毫得意忘形之色。他颔首低眉，双手垂下，眼前发生的一切，仿佛与己毫无关系，然其内心却是不可言状之狂喜……

三日后，新立大隋皇太子杨广的加冠礼，将要举行。

是年，杨广三十有三。此与他于开皇十年被派至江都出任扬州总管，并萌生想作皇太子念头以来，已相去整整十年。而今，此一梦想才终于成真。仅从这点看，杨广便极像他的父皇杨坚。二人都深谙韬晦，未达目的前，都极会装孙子，极会表现出对当政者的顺从。不同的则是，父皇当年所处的环境更险恶。与之相比较，杨广的梦想成真则还是顺利得多，风平浪静得多。

杨广举行加冠礼的前一日，皇上就要在大兴殿内进行斋戒。此外，包括将要做皇太子的杨广在内，以及凡参与其事的官员、亲友及司仪等，亦都要于正殿中进行斋戒。

是日清晨，有司即开始张罗庙祭，在阼阶之每一级台阶上都要铺设用细篾织成的竹席。

文帝身着衮冕，最先登阶，进入宗庙拜祭，然后在御座上就座。

随后，宾相揖让新任皇太子从竹席走过，进入一室中，面西坐下，由赞冠者为他梳头，戴上发网。宾相先为自己盥洗完毕，再上前为皇太子加上缁布冠。然后，由赞冠者上前结好帽带。宾相揖让皇太子进入东边的一间房内，穿上玄色上衣素色下裳走出，再回到原先之房中，由赞冠者坐下再次为太子梳头，宾相上前，为皇太子改戴远游冠。宾相自己先换过服装，改戴过冠冕后，又揖让太子到东边房，改换服装走出。宾相揖让太子面南而立，他再上前接过醴酒，走到竹席前，面北站立祝寿。皇太子先行拜礼，从宾相手中接过酒杯。宾相则回原位，面东回应拜礼。赞冠者则将肴馔捧到竹席前，让皇太子祭奠。行礼完毕，走下竹席，当值官吏上前面东行拜礼。纳言持诏，到太子面前宣读戒辞后，太子行拜礼。于是，赞冠者引导太子从西阶退下，宾相则稍稍前行几步，送给皇太子与名相应之字。赞冠者再引导太子前行，站在庭前，面朝东方。

此时，所有皇亲国戚皆向太子行拜礼，表示祝贺，太子则一一行礼拜答。纳言持诏书走下，命有司行礼。与此同时，宾相和赞冠者再行拜礼。

在此礼节——在皇上见证下进行完毕，文帝才起身离座，走下阼阶，行拜礼，皇太子以下所有人等亦跟随着行拜礼。

礼毕，文帝径自回大兴宫。

虽是寒冬季节，皇太子杨广从始至终在皇上、文武百官和皇亲之注目下，一直不停地履行一项又一项仪程，已是大汗淋漓。他深知，如不在众目睽睽下，完成此繁文缛节，自己的太子身份就不能获得世人的认同。

接着，杨广亦马不停蹄乘坐太子专用座车，步父皇后尘，去后宫拜见疾病缠身的皇后。

独孤皇后看着身穿太子服的杨广，得偿夙愿，喜极而泣。

杨广入住东宫，没忘前太子勇的教训。他所做的第一件事就是向父皇上表，表示自己身为皇太子，还是应和皇上有所区分。今后，东宫官属一律不向皇太子称臣。

杨广此举，深得文帝赞许，并正式诏令东宫官员及朝廷所有官属，自此，不许向皇太子称臣。

大隋王朝，后继有人。文帝深感欣慰地对太子杨广说："朕以大兴公成就帝业。汝作为太子，亦不妨先去大兴县走走，以沾帝王之气。"

"儿臣遵命"

于是，杨广即率一干东宫属吏，并在当地县令和一众官员的陪同下，冒着严寒，来到大兴县乡下。

不过，就在新太子到达大兴乡下的当夜，即遇罕见地震。一时之间，太子所到之处，山崩地裂，风紧雪狂，致使许多民房倒塌，全县压死百余人。

也就是在这个夜里，躺在大兴宫寝殿里的隋文帝，冥冥中，忽觉睡榻在摇晃。当他还不知是咋回事时，只听"砰"的一声，青铜座的宫灯竟然从几案砸到了地上——房内顿时一片漆黑。

文帝大惊，倏地翻身坐起，大喊道："元岩！"

地震发生时，和衣躺在外间床上的元岩，一个鲤鱼打挺下了床。文帝一喊，他已冲了进去，并在黑暗中回答道："臣下在此！"

"咋回事咧？"文帝心神未定地问。

"臣亦不知。可能是地震吧。咱进房时，地还在晃动。"

坐于榻上的文帝，见元岩在，这才稍稍安下心来。

此时，已有太监、宫女送来数盏灯，并着手清理打扫散落于地的物件。

却说，身处大兴乡下的杨广，面对突如其来的地震，并没把此当成是自己做太子的恶兆，而是于地震发生的当夜，就召集陪同的当地官员和自己身边扈从，并就地调集部分警卫及捍卫京师的驻军，分赴受灾最重的乡、镇，救灾抢险。

其实，杨广对大兴县并不陌生。

开皇六年春季，杨广从淮南道行台尚书令的职位上，调回京师，担任雍州牧一职。所谓雍州牧，即是京师大兴城的最高军政长官。大兴城下辖二县：天之第一县，即是大兴县；第二县，才是长安县。这座大兴城的中轴，即是宽阔笔直的朱雀大街，此街把京师分为东西两半。一半属大兴县，另一半则属长安县。各自的县衙亦都设在城内。所以，太子杨广即在十余年前，就做过大兴的父母官。

连日来，由于他组织指挥得当，救灾物资运送、发放及时，而尤其是杨广并未厚此薄彼，对另一半的长安县亦一视同仁。于是，这么一场突如其来的灾害，却为新太子在朝中赢得了不错的口碑。

地震造成的惊吓，很快就得以平复。帝都大兴，因是一座新城，建造得坚固、结实，城内损失甚微。因此，文帝亦如往日，正常上朝，处置国是。

却说，连日来，因废立太子、地震救灾等一连串大事急事忙得不可开交的朝廷，而使急欲为己申辩的史万岁根本插不上档，开不了口。在此期间，他向文帝上过两次表章，都没得到答复。这日上朝时，他终于逮到一个上奏之机。

　　可当史万岁出班正欲开口说话时，文帝却扳着脸，先开腔："朕知公是来邀功请赏的，对不对？"

　　"臣不为自己请功请赏。是为咱弟兄们讨一公道，讨一说法。"

　　"朕没空听汝之谎言，请自重！"

　　"咱之兄弟浴血沙场，保家卫国，有目共睹，难道竟连说一说、提一提皆不能吗？"史万岁积怨已久，气愤已极，已顾不得当众冒犯皇上了。

　　"汝质问朕？"文帝则更是暴跳如雷，从御座上一跃而起，道："将他拉下去，斩！斩！"

　　几名侍卫一拥而上，史万岁虽年事已高，但仍力大无比。他左推右挡，将几名毫无防备的侍卫弄了个前俯后仰。

　　"反了！反了！"文帝怒不可遏，"来人！把此孽障，推下丹墀，摔死他！"

　　"看呀！咱为社稷，出生入死，竟落得如此下场！"史万岁一路大喊大叫，一路被众侍卫拖拉出朝堂。

　　侍卫不让史万岁喊叫，欲封其口。史万岁奋力挣扎，死不相让。于是，推推搡搡之中，竟真被推下丹墀。

　　史万岁是仰面八叉被推下去的，其体型大，后脑重重磕在了丹墀下的花岗石地面上。他挣扎着，想坐起来，但做不到……不一会儿，不仅仅是后脑勺，连眼、耳、鼻、口等七窍，皆流出血来……

　　这位赫赫有名的大将军，曾被部分朝臣誉为大隋第一名将的史万岁，没有战死疆场，却躺倒在了大兴殿前的丹墀下。

　　一名侍卫看看史万岁已气绝身亡，连忙进殿报说："罪臣史万岁已暴毙丹墀之下。"

　　朝堂一片喧哗；文帝安坐龙椅，无动于衷。

　　一名宦官看到圣上因气极也已有气无力，于是大声宣布："退朝！"

　　文帝登基前，处境险恶。每遇危机，每感情绪低落，或是觉得精疲力竭时，他总爱回到家中，被独孤夫人呵护。而那时的独孤夫人，每每总是让下人打来一盆热水，让他把双脚浸泡在热水中，然后，再亲自动手为丈夫搓脚。边搓边开导，甚至是点拨。而每到此时，他总有云开日出，神清气爽，甚或茅塞顿开之感。但，不知是从何时起，此习惯已渐渐没有了。及至近年，每当文帝感觉疲乏、困顿、孤独时，他便会身不由己地往两位年轻夫人中的一位的寝殿中走去。

这不，文帝此刻就是带着一身疲乏和一肚子怒火乘坐车辇来到宣华夫人寝殿门前的。

一般说来，圣上要去哪位夫人住处，事前必有通知。所以，此刻，弄得宣华夫人有点措手不及。她来不及更衣，就慌不迭地跪至殿外接驾。

文帝下车，亲自将夫人挽起，一同步入殿内。

宣华夫人甚感诧异地问："圣上咋地这么早就到了奴婢处？"

文帝在客厅中就座后，说："咋啦？汝不欢迎？"

"不是此意。"宣华夫人道，"圣上日理万机，大白天的，极少见到陛下有此举动。"

"那不见得。朕老矣！从今往后，朕想啥事都不做，啥事皆不管，就用来陪伴汝和荣华二人，卿觉咋样？"

"作为奴婢，自是求之不得。"但懂事的夫人转而还是摇头，说，"可偌大个国家，岂能一日无君！"

"夫人自是言之有理。不过，朕近来确有力不从心之感。前些日子，朕不是让广儿做了太子？咱先让他适应适应，说不定哪日，朕就将朝政交他管去。汝觉咋样？"

"此确是个好法子。太子年富力强，圣上大可让他多担待些事。奴婢听人说，太子作扬州总管，把江南整治得日新月异。"

文帝微笑着，揭开几上茶碗盖，端碗呷了一口茶。文帝对喝茶，并无讲究，刚上不久的茶，水面有浮叶，他不用碗盖将浮叶挡开，亦不用嘴吹吹，就将浮叶和茶水一并呷入口中。有时，还故意将茶叶留在口里嚼着，他就喜那股子苦涩味儿。此刻，他慢悠悠地嚼着口中茶叶，留存肚里的火气，亦随之化解于无了。

侍卫不让史万岁喊叫，欲封其口。史万岁奋力挣扎，死不相让。于是，推推搡搡之中，竟真被推下昇墀。

可恰在其时，元岩进来报说："兵部尚书柳述说有要事求见圣上。"

"噢？"文帝眉头一皱，大感惊诧，"他咋竟寻到此处来了？"

"兵部尚书并没此本事。"元岩笑着解释说，"兵部尚书寻到永安宫，是皇后派人过来的。"

"唔……"文帝犹豫着，欲想托词把来人打发走。

"圣上改个时辰再过奴婢这儿来吧。兵部有事，可非儿戏。"宣华夫人反倒催促起文帝来。其实，她还有另一层想法，怕文帝白日滞留在这里，皇后起嫉意。

文帝转而来到皇后寝殿，柳述正在和丈母娘独孤皇后说话。

独孤后见皇上来了，行过礼后，便回避了。

柳述行跪礼起身，文帝即问："啥事儿？"

柳述说："昨夜接报，东突厥步迦可汗南侵桓安（今山西大同）。刚才散朝快，没来得及禀报。"

"兵部有何对策？"

"两种方案：一是，前次杨仆射出兵灵州道，扑了空，此次仍由杨仆射以行军总管身份，再次出马；二是，派柱国大将军韩洪前往迎击。"

文帝沉思片刻，说："那就派韩洪去吧。"

柳述点头，欲言又止。

文帝看他一眼，问："卿还有啥事？"

"算啦，不说了。"于是，起身，欲行跪礼。

"且慢。"此刻，文帝却安下心来，示意柳述坐下，并道，"兵部打算给史万岁一个啥定论？此可关乎其儿孙今后的出路。"

"嗨，臣下欲说的正是这事。"柳述说着，从袖筒掏出一份折子，双手递交到文帝手中。

文帝展读过后，面色十分难看，不断叹惜说："嘿嘿，卿咋不早点拿来给朕瞧瞧？"

"圣上可能忘记了。臣下曾先后两次要求陈说史万岁事，圣上皆说没空听。"

文帝刚才看的那份折子，记录的皆是史万岁及其部将述说与达头可汗交战的经历。文帝登基前，亦是一员战将，并曾与突厥交过手。他一看战事经过细节，就知内容不会掺假。

"嘿呀，嘿呀。汝也知道，近来接二连三发生了许多事！先是废太子，又是立太子，再后，又是地震救灾，弄得晕头转向，许多事都顾不过来哩。"文帝喃喃道，既悔，且愧。

"您看，这事……"

"这样吧。"文帝说，"史万岁之丧葬就由兵部和礼部共同主持。可隆重点，但不立墓志，给家属一笔抚恤。此外，对上次参战的所有将领，不记功，每人可给一笔相当于功劳的赏赐。卿看如何？"

"行。臣下就照此去办。"

"唉……"文帝仍然叹惜不已。"此事，要怪，应怪杨素。他自己无功而返，咋能抹杀别人之功嘛！"

"圣上圣明！此亦正是臣想说，又不敢直言之语。"

"汝咋不敢？朕知晓，卿向来就喜与杨素钉钉磕磕。"

"臣下就是看不惯他那股子骄横气。"柳述说，"圣上可能有所不知。一直以来，朝野上下，就有不成文的谁是大隋第一名将的议论。拥趸最多的，似是史万岁。而杨仆射就是不服这口气。"

"噢？还有此一说？朕确实不知。"文帝随即道，"常言说，宰相肚里好撑船。这个杨素也是，还同下属争此虚名干啥哩！"

柳述接着补了一句："圣上此番该看透了吧？杨仆射就是这么个人，啥风头他都想占尽。"

文帝未点头，亦未说柳述不该谤议尚书左仆射杨素。

柳述起身磕头，告辞。此时，文帝亦从座位站起，要送女婿。

柳述忙道："恭请父皇留步。"

"不碍。"文帝解释说，"朕坐久了，腰腹和双腿皆感不适，须走动走动。"

文帝一直把柳述送出后宫，还没往回走之意。他终于又走到了平日处置国是的中华殿门口，前面廊檐边排列的一溜平房即是内史省。他忽然想到：杨素位高权重，拉帮结派，已引起朝中诸多官员不满，此状况必须治治了。由是，进而一想，常与杨素一唱一和的薛道衡，是否也该动动呢？

想到此处，文帝即对身边元岩说："汝去请薛公过来一下。"

文帝进入中华殿，刚在御座坐下，内史侍郎薛道衡便接踵而至。

平日，只要文帝在中华殿内处置政务，薛道衡一日之内，往往要被文帝传召数次。因为皇上所有诏令，皆出自内史省。其时，内史令为杨暕，他不过是个十多岁的孩童。所以，内史省的大小事务都是由内史侍郎操持着的。皇上之重要诏书，由薛公本人亲自起草，一般诏令则由薛公分派给其他人执笔。

道衡进殿，手中握着笏板，行过跪礼，即坐到平日常坐的一把椅子上，从袖筒中取出笔，准备扼要将圣上的吩咐记录在笏板上，以供制作诏书之用。

文帝则亲切示意薛道衡坐到更靠近自己的一把椅子上，问："公之身体近日如何？"

"老毛病总是断不了的，大事没有。"薛道衡重新坐定，说，"一般还过得去吧。"

文帝即道："自德林公离去，内史省的担子就落到了公之肩上，掐指一算，已近十年了呐，朕与公，亦都老啰！"

"是呀，是呀！"薛道衡唏嘘不已，却感诧异，圣上往日是从不与自己说这些闲话的。

薛公与文帝接触虽多，但从来只言及公事。且多是皇上说啥，道衡会意后，写成草诏，皇上无异议，即成诏书，如有意见，按皇上意思改定，如此而已。

接着，文帝又说："都是一大把年岁的人了。公还成日伏案忙碌，朕于心不忍，因此，想让您换个位子。公之上开府地位不变，薪俸不变，去襄州总管府任检校一职，那就散淡得多了。公以为如何？"

道衡感到突然，忙道："是不是臣下所拟诏书，有不合圣意之处？或是臣下于公于私，有失检点？"

"皆不是。今尔离去，朕如断一臂，亦不舍呐！"文帝语重心长地说，"公与朕，都是六十开外的人了，公还这么勤勉地侍奉朕，实为不忍。"

文帝把话说到此份上，使薛道衡更是感慨，以至哽咽。在此之前，薛道衡对大隋朝廷的未来已感忧心忡忡，早已萌生去意。但，当此日子真的不期而至时，他又油然生出几分不舍来。

隋文帝赐薛道衡帛三百段，九环金腰带一件，及应时衣裳一套，马十匹，以表抚慰和勉励。

第一一二回

文帝着眼未来欲更年号
太子重温往事再言志向

岁末年关之际，京师地区普降了一场大雪。

下雪前，并没啥征兆，就是户外奇冷。夜来时，屋里人只听户外风吹得"呜呜"叫。一觉醒来，风停了，往外一瞧：嗨！只见地上、树上、屋顶上，全是一片白皑皑的雪。

此时，雪住云开，日头射在白雪上，直晃眼儿。文帝像个孩子，身着厚重皮氅，戴皮帽，保暖皮靴踩在冻硬之雪地上，发出一串"喳喳"的脆响。以往，他没事在宫内转悠时，一般都不喜有侍卫与太监跟随，这是他的老习惯。此刻，连个元岩亦识趣地若即若离，相距稍远地不去招惹他。文帝出门后，没啥去向，就是看雪，并到外边透透气儿。记得，年轻时行军打仗，最恨的就是大雪天，贼冷，且人与马皆寸步难行。年纪大了，文帝才觉雪有趣，到处是一片干净的白色，不仅养眼，雪地里还可横生出许多乐趣，自己不能动了，看着孩子们堆雪人、打雪仗，也是挺有趣的。有一年冬天，他是在仁寿宫过的，那宫外野地之雪，高低起伏，莽莽苍苍，极为壮观，令人难忘。他就是从那时起，喜欢上雪的。

有道是，瑞雪兆丰年。文帝在后宫的雪地上溜达着，吸着嗖嗖寒气，一吐胸中之污浊，心里则倒海翻江，思绪万千。他特别期待在未来的一年里，普天下的庶民不仅有个好年成，自己亦能过得舒坦些、滋润些。在此即将过去的一年中，文帝做了六十大寿，可此一年里，日子过得并不舒坦。五个皇子中，最中间的一个儿子殁了；皇太子勇和跟随自己二十年的宰相高颎，都先后被贬作了庶人；由于自己一时冲动，竟冤里冤枉折损了一员捍卫边地的猛将；而且，就在几天前，还遭受了一场地震……人到晚年，灾祸接踵而至，此莫非是上苍对自己的惩罚？为此，文帝分别召来宫中命相大师庾季才与来和，经二人预测，皆说明年将会风调雨顺，万事如意，可真会如此吗？

"父皇……"

文帝想到此处，思绪被突来的声音打断。他抬头一看，是新立太子杨广。他正在屈膝，欲对自己行跪礼。

"免礼，免礼。"文帝说着，一把将太子拽住，才使他的双膝没有跪到雪地上。"卿是啥时从大兴乡下回来的？"

"昨夜方回东宫。此雪就是从那时开始飘下的。一场好雪——下边正受大旱煎熬，不少地方，人、畜饮水都感困难哩。"

"辛苦，辛苦。灾民都安置妥了？"

"差不离吧。"杨广说，"此次地震其实并不算大，大户人家的好房子，皆未受损。被地震摧倒的多是泥墙和土坯屋。在军队的协助下，帮灾民挖了一些窑洞。那洞子实是神奇，冬暖夏凉，还不怕震。没条件挖窑洞的村户，搭盖了一些临时住处，也有借住到周遭寺庙和学堂去的。天寒地冻，主要是帮灾民御寒，熬过此一冬季。"

"此次去大兴，还有些啥感受？"

"哈哈……"杨广笑道，"父皇要儿臣去沾沾大兴之王气。老实说，咱此番下去，王气没沾着，感受到的仅是民气。而今，百姓大都不缺吃的，不缺穿的，亦不再流离失所，躲避战乱。但经此一震，方知住的还不甚牢实，要逼他们去改善住处。"

"好，好！朕看，有此感受亦不错。"文帝看看太子穿得较单薄，就道，"进屋里聊吧。"

皇上的寝殿里，地下铺设着火笼。开门进殿，一掀棉帘，室内暖融融的。

太监给文帝脱下皮帽、皮氅、皮靴。父子进入书房，文帝即对太子说："开皇这一年号，自大隋立国始，沿用至今，已整二十年了。从明年起，朕想改个年号，卿以为如何？"

太子笑着附和道："开皇年号，沿用已久，是该改改了。就从这场瑞雪起始，明年必定时来运转——新年定会有个新的气象！"

"说得好。朕就是此想法。"文帝转而道，"卿善辞令，汝给新年号取个名儿，咋样？"

杨广想了想，说："已是现成的呢，不用儿臣取了。"

"啥名儿，根本都还没取嘛，何来现成之说？"

"您看，这新年号就叫'仁寿'，行么？"

"仁寿？"文帝先是一愣，想起自己在仁寿宫看雪的情景，拍案道，"好，好！从明年起，就叫仁寿年。仁与寿，这二字，大吉大利，信手拈来，果真是现成的！"

"你们父子在说啥呢？好大嗓门。"书房外传来独孤皇后的声音。接着，萧妃扶着皇后进来了。二人向皇上行过礼后，皇后即问太子，"汝是啥时候从大兴乡下回来的？咱都不知道哩。"

原来，杨广夫妇自江都回到京师，萧妃就真的履行诺言，一直住在皇后的寝殿里，陪伴体弱多病的独孤皇后。此对皇后来说，真是个莫大安慰。独孤后生性嫉妒，尤其见不得男人与小妾卿卿我我。她到老来，看得虽然淡散了许多，但寂寞时，一想起曾经相濡以沫的丈夫，此刻却拥着一双如花似玉的女人在寻欢作乐，哪能不生出一股无名之嫉火咧！如今，有了特别善解人意的萧妃陪伴，则显然舒坦了许多。

"儿臣是昨夜刚从大兴乡下回来的，准备向父皇请过安后，就去拜见母后的。"杨广回答母亲的话。

萧妃看了夫君一眼，关切地问："你刚才与父皇在争啥？闹得吼吼神，咱和母后跨进门就吓了一跳。"

"不是争。"杨广解释说,"是在讨论给新年取个啥年号。"

"广儿做了太子,往后要为父皇多分忧,多担点担子,而不能像勇那样,只顾自个儿吃喝玩乐。"独孤皇后语重心长地说,"汝父表面看去,尚无大碍,毕竟年岁不饶人呐。"

"汝之母后说的是实话。"皇上道,"朕至今岁就整整一甲子,都六十岁了。往后,卿在政务上,要多担些责。"

杨勇任太子时,一度兼职过多,且,所有职务和分担的差事,也都是父皇授予的,可到头来又认为他到处插手,此亦成为勇被废黜的一个原因。因此,杨广岂敢随随便便为父皇"分忧",而步勇之后尘。但他嘴上则说:"儿臣被立太子,至今仍感诚惶诚恐,如做梦一般。今后,儿臣会对自己严加约束,做好太子分内之事。"

"此说差矣。"文帝沉着脸道,"卿以为立汝为太子是闹着好玩的?自古以来,废长立幼,乃朝廷传承之大忌。朕这么做,实属无奈之举。其实,论天分,勇儿并不比汝差到哪里去。年幼时,朕为他配备的文武师傅,亦都是德高望重,才学俱佳之辈,丝毫不逊汝之师傅。可他不争气,只知安享富贵,沉迷淫乐。朕一而再,再而三地给他机会,希望他能改过自新,但他不听,不思进取。他之德行像煞昔日荒淫无道的周宣帝。如若此样下去,大隋江山不就生生断送在其手中了?而今,朕既寄望于卿,汝就该勇于承担重责。汝在江南十年,不就干得很有成效嘛,今后,还是要像那么干才对。"

"儿臣遵旨。"杨广看看气氛融洽,就装作毫不经意的样子说,"有件事儿,儿臣要启奏父皇。"

"说吧。"

"即跟随儿臣去江南任职的宇文述和郭衍二位老将军,眼见儿臣回了京师,他俩年事已高,也都巴望调回京师。因为他俩过往都是带兵的,儿臣不敢擅作主张,答应他俩的要求。"

"嗯……"文帝略思片刻,说,"他俩都属朕这一辈人,在江南一晃十年,想回北方,亦属人之常情。他们想去哪个处所,跟卿表示过没有?"

　　晋王成为太子，要把原先的部属尤其是带兵的将领也跟着调入京师，是件特别敏感的事。隋朝规定，一个地方官员不能在自己的家乡所在地任职，每在一地，任满三年后就要调离，且不能带走原先的下属。所以，太子在说此事时，十分小心。他道："京师各部门，儿臣初来乍到，不便安插此二人。废太子及其党羽被查处，东宫空缺尚不少，儿臣想让宇文将军做个左卫率，而让郭衍做个左监门率，不知可否？"

　　"嘿，二位将军都是带兵数万的行军总管，此安排是不是轻慢了他俩？卿先征求一下两位老将军的意见，朕再作决定，如何？"

　　"儿臣想，他俩能够回京师就算不错了，还能挑三拣四么？论职级，也都是三品、四品，不低了。再说，国家如果遇到大事，他俩照样可以任命为行军总管，带兵出征。"

　　"那倒也是。"东宫里的左卫率等，其实都是些闲职，没啥正经兵可带。所以，文帝也不在意，便道："这样吧，卿与吏部、兵部都打个招呼，就说是朕认可了的。"

　　接着，一家四口：皇上、皇后；太子、太子妃。四人各据一方，其乐融融地用过早膳，太子即起身告辞。

　　其时，独孤后即对萧妃道："太子回来了，汝亦回家陪陪夫君吧。"

　　"用不着。咱先前就说好了的，一直陪您住到过年时再回去。"萧妃说着，看了一眼丈夫。

　　杨广忙接腔说："萧妃如今要回家，那还不容易，仅一墙之隔，抬腿即到。妈是咋啦？她才过您那儿没多久，您就腻烦她了？"

　　"咱呀，倒是求之不得。"独孤后说，"前日，龚御医来给咱问诊。他说，咱的身子骨比前些日子强多了。还说，萧妃就是咱的一剂灵丹妙药！"

　　众人一听，都乐了。皇上笑得最开心，因为这么一来，他用不着顾忌几位夫人各自的情绪，而心挂几头。

　　而今，太子住的东宫与皇上皇后居住的后宫，仅一墙之隔，且此墙上，有一道侧门与两宫相通连。两年前，皇上对已废太子产生疑忌，此门亦遭封闭。杨广入住东宫，此门即又开通。今早，皇太子广就是从侧门进入皇上的后宫的。此刻，他仍从侧门返回东宫。

杨广刚一跨过门禁，守在东宫一侧的管家就前来报说："宇文述和郭衍二位大将军已在正殿等候多时了。"

杨广"嗯"了一声，便径直朝正殿走去。此殿就是过去太子勇与杨素两度打嘴战的处所。杨广一进客厅，只见两位老将军连靴子也脱了，各自把双脚蹲在一把椅子上，旁若无人地盯着棋盘杀得难解难分。

"嗨，你俩过来，事前咋连招呼都没打一个？"

"哪来得及打啥招呼。"宇文述见太子回来了，一边赶紧穿靴，一边说，"听说太子从乡下回来了，咱俩在家反正闲着没事干，就相约过来了。"

"咱一大早就去了皇上那里，把你俩的安排定妥了。"

"噢？"郭衍也在穿靴子。"咱俩被发配到了何处？"

太子用手朝地上一指，说："都在东宫当差。宇文将军屈就左卫率；郭将军则做左监门率。"

"行！"宇文述穿好靴子，双脚着地，扬眉吐气道："整整十年，这才总算熬出了头！想想咱过去回到京师，去晋王府拜访，就像做贼一般，遮遮掩掩，生怕被人瞧见。往后可好了，同在东宫当差，朝夕相见，这才有点有福同享有难同当的味儿。"

"大将军谬矣！从今往后，咱更须小心谨慎，夹尾巴做人，绝对不能如今日这般，随随便便，大大咧咧，进屋连靴子都敢脱……"

听话听音。郭衍瞄了宇文述一眼，随即阴阳怪气地说："咱明白了。做了太子，不同凡响，便要摆太子之范儿，再不能如往日那般模样儿，说话轻一点、重一点，都没啥关系。宇文将军，尤其是你，你可要注意了，从今往后，不能再倚老卖老，大大咧咧！"

"咱可不是那个意思。"杨广正色道，"常言说，伴君如伴虎，此话可不是儿戏之语。不仅如此，朝廷里的满朝文武对咱做太子，心有不服者，亦大有人在，只是慑于圣上威势，敢怒不敢言而已，对此，你俩心中难道没个数吗？还有，先前的太子，是咋倒的？此前车之鉴，能不汲取？咱父皇疑忌太子与大臣过分亲密，尤其忌惮太子与带兵的人结党。而若一旦遭到圣上疑忌，再想使他改变态度，则几无可能。此外，偌大一座东宫，数千之众，谁是受皇上指派来监视咱的？汝分得清吗？咱即使对那些人心中有数，又能奈何他们吗？因此，我等之一举一动，皆难避父皇的一双眼睛。汝等想想，咱远在江都的扬州总管府内，尚且都不能过分张扬、放肆。郭衍从洪州来晋王府议事，皆要装作是带夫人来瞧病的，何况东宫与后宫仅一墙之隔。汝等若要毫无顾忌，除非等到咱做天子那日。"

太子一番话，如雷贯耳，把两位老将军说得面面相觑。

宇文述忙道："嘿嘿！咱还真没想到此一层。以为晋王变太子，一变，就万事如意了，没想到还有诸多拘束。"

郭衍亦道："咱原以为到京师当差，就好比进了天堂。经此一说，反觉比咱在洪州当差都差远了。咱在那里手下有两万多官兵，还有三年都吃不完的粮食，啥事，咱拍了板就能算数。"

"是呀，是呀。"杨广感叹道，"汝看看，杨仆射与大理少卿杨约，咋不轻易过这边来？他们皆是老京官，都深谙个中深浅与凶险。不过，咱能熬到此一步，已实属不易。九十九步好歹都蹚过来了，这最后一步，则千万不能失踏，请二位老将军亦都要沉得住气。"

…………

几日后，杨广只带少许侍卫，去了姐姐府上。此是他唯一不避嫌，无须担心有何凶险的去处。乐平公主杨丽华膝下只一独女，且已出嫁。她本人除去寺庙烧烧香外，不与他人接触，府上，既单纯又清静。原先的晋王，累了，心烦难受了，就会到姐这儿来清静清静。

丽华见到弟弟，自是分外开心："嗬，做太子了，咋还是如此轻车简从，只带些许人等？"

"咱在老姐面前，永远是小弟，摆谱亦要看是啥地方嘛。"

"都应酬完了，才想起老姐来。是吧？"

"哪里呐。"杨广解释说，"咱去了大兴地震灾区，在乡下组织抢险救灾，几日前，方回家。"

杨广进屋，边与姐说话，边往四处瞧。丽华觉得很奇怪，诧异地道："看啥哩？咱这屋里，咋了？"

"咱看此屋是否有裂缝。这屋宇距受灾最重的大兴县很近，咱在救灾时，就曾想，不知咱姐那房子是否经受得住。"

"没事，没事。发地震那晚，屋子晃了几下，有东西被震到地上，着实吓了一大跳。"

"这么说，这个宇文恺还确乎不错。京师凡经他设计和督造之殿堂、宫宇，还没发现有一处在地震中倒塌的。"

"咱这屋子亦为他所造？"

"那当然。你看，你家后院那座观景楼造得多别致，多奇巧，一般人哪想得出来。"杨广仰观厅中藻井，说，"想当年，许多人都劝姐搬到此处来，姐就是犟着不干。姐原先住过的那些房子，包括弘圣宫在内，年代都很久远了，若遇此次地震，恐怕都得垮掉。"

"唉，别再提及过往那档子事了。一提，咱就有气。"丽华即刻转换话题，问，"萧妃呢？过去，她是晋王妃，现如今可是太子妃了。咋不把她带来与姐说说话？她可真是个贤惠有涵养的奇女子。"

"她进宫陪妈去了。"杨广在姐这里，对皇后也只称妈，不称母后。他说，"下回吧，下回让萧妃过来陪姐住几日，与姐说说私房话。"

其时，丽华招来一名宦官，指使他在午膳中做哪几样菜。

杨广从旁听到姐姐点的都是些以牛羊肉为主的大菜，不觉皱了下眉头。他因长住江都，早已习惯吃比较清淡的淮扬菜了。宦官一走，杨广即道："不知姐还记不记得那个黄御厨？"

"咋能忘哩，他烹制的现从江中捕来的鲴鱼，吃起来比咱这地方的豆腐还要细嫩，味道亦极鲜美。"

"弟送一名做淮扬菜的大厨给姐，如何？"

"那就算了吧。咱这渭水、黄河可不产鲴鱼。"

"哈哈……"杨广笑道，"淮扬菜五花八门，可单独算作一门学问，岂止鲴鱼一道菜而已。"

"咱知道。江都那边的菜肴，尝尝新，换换口味，确实还不错。若要餐餐都吃那种菜，咱亦不惯。"

"那咱就不勉强了。"杨广一想，母亲是鲜卑人，姐嫁的亦是鲜卑皇家。鲜卑源自游牧部落，对牛羊肉食情有独钟，自不能与土生土长于江南的宣华、容华夫人同日而语。

"说到吃鮰鱼，咱倒想起一件事儿。"丽华忽然颇有兴致地用十分特别的目光瞧着杨广说。

"啥事儿？"杨广看着姐姐眉飞色舞的神情，想起姊弟儿时嬉戏之情景，亦觉挺有兴味儿。

"你还记不记得，当时，咱在船上吃鱼，那船沿江行驶的情形？你说，你将来要在洛阳造一座天下第一雄伟的东都；还说，咱华夏之大江大河皆无一例外，都是自西往东流，你要自北而南造一长河，使华夏水水相通，将南方和北方皆融入此一水网中。"

"是呵。那是咱一时兴起，说的一句玩笑话——咋啦？有啥不妥吗？"

"仅是玩笑话而已？姐却不敢苟同。"丽华摇头说，"不过，咱那时只是想，你从小就喜天马行空，想入非非，长大做了诸侯王，还是如此爱好奇思异想。可当下方觉，你的那番话，并非一时兴起，实则深藏奥妙！"

"奥妙？那有啥奥妙嘞？不就是想造一座城和造一条河吗？"

"咋没奥妙？"丽华眉飞色舞地点破道，"你看嘛，要在洛阳建造一座天下第一的东都，还要造一条自北而南几千里之长河，这些事，谁敢如此想？谁才做得到？由此观之，弟至少从那时起，就有了做太子之念想。只有先做了储君，日后才能做皇上，只有做了皇上，才能实现上述两念想。其奥妙就在于此呐！老姐没说错吧？"

"……"杨广语塞，竟无言以对。

万幸的是，他知道，即使姐姐看破了自己这一蓄谋已久的秘密，亦不会四处传播的。丽华果真，点到为止，随即就把话题转移到了别处。

倒是杨广对姐提起的话题，意犹未尽，他问："弟有朝一日，若真做了皇上，姐以为弟能实现那两个心愿吗？"

"能。"

"姐不会认为，弟只是天马行空，想入非非？"

"非也。弟若真正做了皇上，便会敢作敢为——必将使用手中权杖，把心中所想，变作事实。"

"说得好！"杨广动情地毫无顾忌地道，"其实哩，自父皇登基那日始，咱虽年幼，可就在心中梦想自己有朝一日也能做个皇上，并做一个比秦皇汉武更出名的皇上！"

"秦皇汉武有些啥作为？姐知之甚少。不过，弟即便做了太子，要做皇上，也不是说想做就能做的。咱父虽年过六十，但身子骨还是很硬朗，汝还不知要等到猴年马月呢。若是老了，才能继位，年轻时立下的雄心壮志，恐怕也早磨灭得差不多了。"

"是呀，是呀！此就要看运气了。"杨广还是踌躇满志地道，"咱若真有那一日，定请姐乘坐龙舟从大兴直抵江都，再过长江，到江南一游！"

"行，咱等着能有那一日！"

中午之宴席，十分丰盛。不过，一宾一主，仅二人。

作为一个江南化了的北方人，杨广偶尔吃一顿牛羊肉大餐，同样觉得新鲜，并大快朵颐。

姐姐送弟弟出门时，杨广看似随意地道："姐几时亦能回娘家走走？"

"除了此屋，咱哪还有家？"

"那可不对，你我可都姓杨。"

丽华摇头道："对一个嫁出去的女人来说，覆水难收……"

"别的倒无所谓。"杨广叹了口气，说，"只是咱娘，身体一年不如一年，恐怕拖不过几年了。娘虽啥都没说，但咱清楚，她心中却还是惦着你的。"

"你别逼咱，容姐想想……"

第一一三回

瑞雪兆吉祥迎来仁寿年
科考起风波重归北周路

仁寿元年正月乙酉（初一）日，隋文帝下诏更改年号，将开皇年，改为仁寿年，并大赦天下。

在过去的一年里，发生了太多的事。笃信命相的隋文帝，由此认定开皇二十年，是不吉之年。所以，他特别希望能在新的仁寿年中，一改颓势，使江山更加牢固，更加繁荣昌盛。

亦是从此一年始，文帝即着手向皇太子放权，把大隋的未来，寄托给了新立太子杨广。尽管命相大师们经过周密测算，说文帝最少有八十多年阳寿，但他本人心里清楚——已然老矣！以往，文帝夜里看折子可至深夜，尚不觉倦。可当下，晚膳过后，就犯困了。即使强打精神，亦老眼昏花，辨识不了表章上的字迹。所以，他只要不在京师，就把政务交与太子杨广处置。不仅如此，为表示对太子的信任，文帝还下诏，改封杨广长子杨昭为晋王，任命他为内史令。另任命杨广次子豫王杨暕为扬州总管，统领江南四十四州，使其父子皆处显赫地位。

那么，当下的太子杨广呢？心里自是春风得意，而表面却丝毫不敢忘形。正如他告诫宇文述和郭衍的那样，他自己仍是如履薄冰，小心谨慎。他深知，父皇信任归信任，但只要自己稍不注意，一旦因某事受到父皇猜忌了，那么，就有可能前功尽弃，惹火烧身，而使多年之努力全都化为泡影！所以，他在代父皇处置事务时，所有重大决策，或在任用官员上，从不擅自做主。父皇不在，一应大事宁可搁置不动，亦不妄为。若遇急事，不管多远，他都会跑去让父皇亲自定夺，自己再遵旨执行。没事时，除母后和姐姐那里，从不探亲访友，亦不轻易在东宫请客设宴。

除此而外，太子杨广还在小心翼翼地暗中操作二事：

一是，在宇文述和郭衍以及原先的晋王府（现为晋王杨昭之住宅，杨昭封晋王，所以那宅子仍称晋王府）中，共安插有三千亲兵。这些亲兵平日大多都不穿士卒制服，而以府中杂役或仆人身份出现。这些人都是从原属宇文述和郭衍辖下的府兵中挑选出来的。其个个身强体壮，身手不凡。以往，作为扬州总管的晋王，每年都要回京师述职，而其回京师时，都要带回一些江南土特产，以分赠父皇母后及亲朋好友。多的时候，每年常达十余大车。于是，一路之上，押运士卒自然不少。这些押运士卒，从江南来到京师，而返回江南去的却很少。此样，经数年积攒，并分散在各府中，加在一起，竟有三千之众。杨广汲取了前太子一旦失宠即俯首就擒的教训，在京师中暗藏了一支精锐，以防不测。太子本人与这些士卒自无接触，对他们的管理和日常训练都是由宇文述和郭衍操持着。

杨广暗中经营的第二件事，则是通过担任扬州总管的儿子杨暕，继续遥控着江南。时年十五岁的杨暕，其实只是个乳臭未干的孩子。不过，扬州总管府内，仍是过去杨广的原班人马。东宫与扬州总管府虽相距千里，但两地官员往来却十分频密。不仅如此，两地官员为执行太子亲授之事，还经常私相调动，或于东宫和扬州总管府之间两地轮流任职。所以，南方半壁江山之管辖，仍牢牢掌控在杨广手中。这么一来，坐镇京师的杨广，如万一遇到不测，他仍可退回江南与朝廷分庭抗礼。除此而外，富庶的江南，仍是杨广财富之来源地。首先，他私养的数千亲兵，需稳定的供给。此外，杨广表面虽不与人应酬，但暗地里，需打点杨素、杨约，以及升任了左卫大将军的元胄，乃至宣华夫人、荣华夫人等等各路大小官员之钱物，多取自江南这个聚宝盆中。

仁寿元年，春。为开新风气，大隋朝廷在京师大兴举行了一场盛况空前的科举考试，以广纳人才。

大隋创建之初，文帝把选拔和任命官吏的大权收归中央朝廷，并逐渐用科举制取代了沿用数百年的世袭的九品中正制，以此作为选拔任用官吏的主要方式。于是，举国上下，从县、州，直到京师都兴办了学馆，为国家培养人才。与此同时，文帝还诏令各州，不论其出身贵贱，每州推荐三名具有真才实学或武艺高超者，赴京师参加文、武科举考试，择优录用为官。这么一来，只要考试成绩优秀，即使是一般庶民子弟，亦可做官。于是，大隋之办学和读书风气渐长，至仁寿年间，已蔚然成风。

大隋上一次科考是开皇十八年举行的。迄今，已过三年。各地经多年之兴师办学，而使此次科考成为参加人数最多，成绩优异者亦最多的一届。本次科考的主考官右仆射苏威在试卷评阅结束后，喜不自胜。因而，在上朝时，向文帝启奏，建议适当多录一些考试成绩突出的才俊为官。

苏威的这一奏议，立即得到一些官员的赞同。有的官员还列举某地有官员已年过八十，昏聩得都有点神志不甚清楚，却依然恋栈官场，应及时吐故纳新，让年轻有为者迅速成长；有的还说，朝廷仍然沿袭以军功提拔官员的陋习，致使有的武将担任州县官员，却不懂如何处置政务，闹出诸多笑话，把州县行政事务弄得一塌糊涂，云云。

文帝对科考取得好成绩，表示欣慰，对大臣所提意见，亦表首肯，不仅同意破格多录一些成绩优异者，还同意让一些年龄偏大或体弱多病或经考核不称职的官员劝退或降职使用，等等。

然而，天有不测风云。就在本届科考张榜之日，一场意想不到的事，不仅改变了文帝原先的许诺，还推翻了大隋已实行多年的兴学和科举制度。

放榜那日，获得本次科考状元者，自是春风得意。按往年惯例，新科状元、榜眼、探花，要与同榜的一些进士凑份子，在京师有名的春明楼举行及第宴会，以示庆贺。

可没想到的是，一些落榜者，亦结伴在春明楼中借酒浇愁，大吐多年

辛勤耕耘而不中选之苦水。当他们闻听阵阵欢声笑语，其间又夹杂着在他们听来多是不堪入耳的南方口音时，更是怒从心起。此落榜者中，亦多是京师豪门子弟。一想起这些南方蛮子，个个跃入龙门，飞黄腾达，而自己将来却要在他们面前点头哈腰装孙子时，气不打一处来。有几名已喝得醉醺醺者，便前去交涉，向其挑衅示威。对方亦多是血气方刚的年轻人，先是争执，一语不合，便推推搡搡起来，竟至大打出手。

落榜者人多势众，他们考试成绩不佳，其中一些却是滋事打架好手，结果，自然可想而知。新科状元是众矢之的，被打得鼻青脸肿，榜眼、探花和几名进士亦皆伤痕累累，衣衫撕破，狼狈不堪。

此春明楼，乃京师著名酒肆，地处闹市间，为达官贵人与商贾酬宾会客宴饮之地，亦是京师禁卫军严密警卫查控之处所。因此，一有动静，便有巡逻警卫前来查问。

平日，这帮京师豪门子弟哪把这些士卒放在眼中，他们还胆敢来管"爷们"之事？于是，对前来劝解的禁卫军，喷着酒气，亦是一顿拳脚侍候。但禁卫军则显然不是吃素的，一个招呼，大批禁军涌入，不费吹灰之力，便将滋事者一网打尽。几名趾高气扬，气焰嚣张者，亦被禁卫军揍得"嗷嗷"叫唤，五劳七伤，跪地求饶。

于是，新科状元遭落榜者暴打，出手伤人的落榜者为禁卫军所擒之事，不胫而走。一时之间，在京师城内传得沸沸扬扬，成为街头巷尾之谈资。有说及第者不该趾高气扬，以为自己了不得；当然，更有人指责落榜者自己不努力，却拿状元出气……

事情当日就有人报到了皇上那里。无比震怒的文帝，把落榜者闹事与刘居士余党死灰复燃联系在了一起，下令有关衙门要从严从重处置。

此一帮寻衅生事者，便立即由禁卫军的收押室，移送到了刑部，并打入监牢，等待重处。

次日，文帝和往常一样，到中华殿批阅折子，处置国是。他刚在御座坐定，元岩就前来报说：有上柱国大将军贺若弼要求面见圣上。

文帝闻讯，既惊诧又期待。因为很久以来，不仅未见其人，亦未闻听其名字了。贺若弼是平陈的大功臣，亦是文帝的爱将，近年来，因受伤病困扰，长期以来都在家中休息。

大将军老态毕显，进殿行礼，文帝欣喜地离座将他扶起来，并问："老将军，近日可好？"

"唉……不济，不济！"贺若弼一声叹息，开门见山地说，"臣下今日遇到一件难事，才不得不腆着脸来求见圣上了。"

"啥事？但说无妨。"

"嗨，咱没脸说哩！"贺若弼摇头，道，"臣年轻时，只顾为国打仗，疏于家教，其子不争气，不在学馆发愤用功，考了三次，皆未及第。昨日听说，竟把今届新科状元打了，闯下大祸，此来恳求圣上网开一面……"

"哦……卿竟是为此事而来？"文帝沉默了好一会儿，问，"他是滋事之领头者么？"

"个中原委，臣下一概不知呢？臣只听说落榜者共有一大帮人，总共围了好几桌，同在春明楼里饮酒。真个是阴差阳错，状元郎和金榜题名之进士们，亦在那间酒楼摆酒庆贺。一边是喝闷酒，发泄牢骚；一边是举杯庆贺，高谈阔论。两边气象，大相径庭，当此两拨人互相交集时，哪还有好言好语的呢？不过，当时是谁领头动的手？臣下就不知晓了嘞！咱只知儿子平日待在家中，还算安分，亦懂礼性，从不横七竖八的。"

"公今日来此，就为这事？"

"是咧！"贺若弼叹息说，"孩子已自立门户，今日一早，其妻、妾，拖儿带女，哭哭啼啼，涌进家来，闹得臣下不得安宁！"

"此事，朕记在心上了。只要公之子不是为首者，就好办，朕亦才有转圜的余地。"

"臣下在此，先谢过圣上了。"说毕，贺若弼再次躬身磕头。

文帝送走贺若弼，元岩再次进来报说：废太子的一位恩师要见皇上。

文帝想：今日来的咋都是些久未谋面，又不便推脱的人呢？该不是又是为儿子来求情的吧？可此公已七老八十，还会有参加科考的儿子？太子虽被废黜，可老先生却德高望重，才学亦可媲美李德林。总不能说，太子废黜了，就不见其师傅了吧。

文帝于是问："他为啥事而来？"

元岩道："老先生只说要拜见圣上，别事啥都没说。"

"汝叫他进来吧。"

老先生见到皇上，一跪不起，泣不成声。责备自己没有教育好太子，以至断送了他的美好前程。

文帝安慰老先生说："犬子不思进取，难堪大任，他是咎由自取，与老先生之教诲则无关系。"

老先生仍喋喋不休地辩说，是自己教育无方，才使太子步入歧途。

文帝左劝右劝，老先生就是转不过弯，才终于忍不住地打断他的话，道："先生来此，若仅为自责，大可不必唉！"

先生闻言，亦才立即改口拭泪道："臣下年届天命时，方得一满子，自幼看得较娇贵。他平日不用功，亦不成器，此次科考落败后，昨日竟于春明楼醉酒生事，动手伤人……"

"呵？先生亦是为昨日事而来的？公乃德高望重之学人，其子应称书香子弟，咋能闹出此等辱没门庭之事？不可恕，不可恕！"文帝没料还是为的昨日科考的事，亦只能摇头叹息了。

先生闻言，大恸。元岩见状，叫来几名太监，硬把老先生连扶带劝搀扶出去，并还一直将他送至座车上。

文帝遭此两次折腾，心绪大坏，已无心坐下批阅奏折。他给元岩留下一句话："有官员前来朝见，必先问明是啥事，别把为儿子求情者，再放到朕这儿来。"说完，跨出中华殿，欲到外边院子里透透气。

文帝沿廊而行，碰到已任左卫大将军的元胄迎面走来。

元胄行过跪礼，文帝即道："公来得正好，朕正欲问汝，昨日禁卫军在春明楼抓到的，都是些啥人？"

"禀告圣上，昨日禁卫捉拿到的，全是此次科考落榜的闹事者。"

"这朕知道。朕是问，他们都是些啥人家的子弟？"

"臣未一一过问。但可肯定，其家必是豪门望族无疑。春明楼，价格高得吓人，一般人家的子弟哪敢进去宴饮。"

近年来，文帝坐久了，就要起身走动走动。站久了，亦感不适，又要坐坐。这长廊两侧正好设置着座椅，文帝顺势坐了下来，亦用手势指示元胄坐在了对面的长椅上。

接着，文帝接过话茬，问："不是说，及第者亦在那楼上宴饮庆贺吗？他们亦个个都出身富豪家庭？"

"那不同。酒楼为光耀门庭，招徕生意，且，状元郎今后必有大作为。所以，春明楼按惯例给状元和及第者都有特别优惠。"

"嘿，这老板也够精明，生意都做到尚未上任的官员头上了。"

"生意人嘛，都会算计。"元胄年轻时，曾为文帝贴身侍卫，并从虎穴救过文帝一命，所以，君臣之间说话一直较随便。但，今日不知是咋的，说着说着，元胄忽地便吞吞吐吐地起来，"今日呢……臣……臣正是……为……为春明楼一事，来见圣上的。"

"此案不是已移送至刑部了吗？公还操那份心干啥？"

"不是咱要操此心，是……是新任右卫大将军，他，他……"

"他咋啦？"

"嗨！"元胄急了，终于道，"是这样：昨日春明楼的一场斗殴，事出突然，所幸的是，京师禁卫军赶到及时，处置得力，迅即将滋事者一个不漏地捉拿归案。且当日就接到要对他们'严加处置'的圣旨。咱说句私心话吧，其时，咱正愁抓到的净是些烫手山芋，所有人中，没一个是好招惹的。所以，就赶紧一个不落地移交给了刑部。"

"此事，公干得不是很利索嘛。将所有人移交给刑部也是对的，还有啥不称心的呢？"文帝对元胄处事一贯果断，印象深刻。

"利索啥咧！"元胄后悔不迭地说，"今日一早，右卫大将军就跑来找咱要儿子。他亦是昨晚见儿子未归，才打听到他亦参与了斗殴，并被捕。更糟糕的是，右卫大将军还疑心是咱有意将其子送到刑部去的。其实，谁是谁，咱一个都未照面，接到圣旨，咱就将人转走了，真冤煞人哩！"

"那咋办？"

"因此上，臣下只好恳求圣上再下一旨，把右卫将军之子要回来。"

"浑话！汝以为圣旨是儿戏？"文帝万没料到，元胄绕了半日，结果还是来求情的。气恼之余，文帝吩咐元胄，"卿要刑部开列一份犯事者名单，并附上其父之姓名与职位，即刻送至中华殿来。"

刑部开列的名单，很快摆放在了御案上。

文帝一看，名列第一的，竟然是左仆射杨素一个庶出的儿子。文帝顿觉好笑，心想，连久未露面的官员都赶来求情了，杨素咋没来呢？他再往下看，有姓独孤的，再看其父，竟是皇后同父异母之弟。他此才知道，由此而引出的麻烦事，还远未结束。文帝把名单放到一旁，不再看了。

傍黑时分，忙碌一日的文帝，拖着疲惫之躯，从前头的中华殿，慢慢步入后宫独孤皇后居住的永安宫。自开皇三年，迁入此新修的大兴宫中，文帝就养成了此习惯。在宫内，一般不乘辇，不坐轿，走路回寝宫。

按排序，文帝今日当与皇后共进晚膳。独孤皇后恭迎至门前，文帝照例亲手将皇后挽起，一同步入宫里，并问："卿近两日，感觉如何？"

独孤后说："臣妾无大碍，就是常犯困。"

"那没啥。白日长了，天气转暖，就易犯困，朕亦如此。待忙过这阵子，咱今年早点启程上仁寿宫。"

用膳时，独孤皇后夹了一块太子进献的酒糟鱼放到文帝面前的碟中，说："臣妾听说，昨日一帮京师学子，把当今状元、榜眼什么的，统统打得鼻青脸肿，不知圣上是否知晓？"

"嘿嘿，卿居后宫，亦听到此事了？"

"呔，这种事，传得还不快。大兴城中，恐怕已是无人不知。臣妾原以为，只有圣上才不会顾及此等扯皮打架之琐事。"

"这真是，好事不出门，坏事传千里！昨日发生的事，连深居后宫的皇后都知晓了。这帮纨绔子弟真拿他们没辙，自己不用功，落榜了，却寻金榜题名的状元郎出气。此可不是一般琐事，须严惩。"

"哎？陛下竟是这么看待此事的？"

"咋啦？朕难道说得不对？这种事，还有别的看法吗？"

"一个巴掌拍不响呐！"独孤皇后不以为然地道，"别看那些所谓十年寒窗之莘莘学子，整日之乎者也，文质彬彬。可一旦金榜题名，便得意忘形，花天酒地，老子天下第一，大打出手！此就是当今状元的彩头么？他不但辱没门庭，亦使世风日下，朝廷自上而下建了这么多学馆，是教他们于光天化日下斗殴的？依臣妾之见，此学馆不建也罢，白费了公帑！"

"皇后，言重了。"

"臣妾还没说完哩。"独孤后越说越生气，突然反问文帝，"圣上可知，此新科状元，竟是何许人氏？"

"据说是一书香门第的江南才子。"

"谬也。其父乃一介屠夫！"

"啥？"

"屠夫。"独孤后解释说，"状元之父其实是个杀猪佬。他在建康旧城摆摊卖肉，以此供儿读书。"

"不对吧？苏威告诉朕，其祖上曾为南梁皇室，并是著名书家昭明太子之几世孙。"

"此说亦未太错。可那是啥时辰？那是离当朝远得很的梁朝哩！其实，他的家道至陈就已败落，到其父，仅靠杀猪卖肉度日。"

"汝咋知道得这般清楚？"

"是萧妃讲的。"

"萧妃？不就是咱太子妃嘛。她咋知晓？"

"这位状元，不也姓萧吗？他赴京师赶考，曾到东宫拜访过太子妃。论辈分，他是太子妃沾亲带故的侄子。"

"哦——朕明白了。亦就是说，该状元，是梁朝皇室后裔，到后来家道中落，即成杀猪佬之子。对不对？"文帝觉得这世道真是不可思议。

"对了，就是这么回事。"独孤后继续说，"还有。臣妾的话还未讲完呐。此次科考，成绩优异、金榜提名者，十有七八皆是江南人。大隋江山，竟成了江南人的天下，此成何体统？"

"呃，卿这又是听谁说的？朕都还不清楚呐。"自江南全境发生反隋叛乱以来，文帝对那片土地就没过好印象。后经晋王十年治理，江南变化甚巨，但文帝对江南和对江南人的印象，仍无太大改变，亦从未去南方巡视。

"杨仆射今早来过，是他告诉咱的，此不会有错。臣妾想，若是这么年复一年考下去，大隋朝廷过不了几年，不就成南方人的天下了？咱看那帮落榜者，并未打错人。该打！该打的！"

"呵？"文帝震惊之余，却想：杨素庶出的儿子被擒，难怪不来找自己求情，他比别的官员更精明，拐了个弯，找到皇后那里。

次日，文帝下诏释放了全部滋事者。并下诏由右仆射苏威领衔，从尚书省各部门共抽调十六位官员作使者，分赴全国各地考察民风民俗。

一月后，分赴各地的使者陆续回到京师，然而，文帝已率皇后和宣华、荣华二位夫人去了仁寿宫。

文帝把分赴各地巡行考查的使者全部请来仁寿宫里，让他们畅所欲言，倾谈考察情形与心得。

苏威巡视的是以洪州为中心的江南七州。他连本次是第三次巡行江南，感触一次比一次深刻。他再次由衷赞扬了太子在担任扬州总管期间，对江南的治理。言谈之中，有事实，有数据，有生动的例证，对江南蔚然成风的新气象叙述得极具感染力。

谁知，文帝此次并不乐听为江南唱的赞歌，并打断苏威的话，问："卿等此次听没听到各地对兴办学馆有啥反应？"

于是，话题便立即转移到了兴学上。有说好，有说问题多，有说衙门所拨资金不足，亦有说先生水平不高，致使误人子弟，更有说某地办学十五年，至今仍没出一个进士……凡此种种，不一而足。

接着，仁寿元年六月乙丑日，文帝诏令天下，曰：

> 儒学之道，训教生人，识父子君臣之义，知尊卑长幼之序，升之于朝，任之以职，故能赞理时务，弘益风范。朕抚临天下，思弘德教，延集学徒，崇建庠序，开进仕之路，伫贤隽之人。而国学胄子，垂将千数，州县诸生，咸亦不少。徒有名录，空度岁

时，未有德为代范，才任国用。良由设学之理，多而未精。今宜
简省，明加奖励。

于是，天下仅留京师国子学的七十人。此外，京师中的太学、四门学，以及州县学馆全部废除。之后，文帝又将七十人的国子学，改称为太学。此名称和规模，与前朝北周，竟别无二致。

数十年前，少年杨坚，离开智仙师傅，来到京师长安，即被父亲送入太学学馆。一年多后，十四岁的杨坚，便由此走上仕途，直至登上帝位。此时的大隋，在推行了十余年的科举制后，又重新回到了北周的老路上。

第一一四回

太子左躲右闪险遭暗算
独孤花言巧语轻取益州

从仁寿初年开始，文帝外出巡视或上仁寿宫休养，太子杨广即代行朝政。为有别于主上，太子议政、办差之处所，没在文帝使用的中华殿内，而是在其旁的偏殿万春殿进行。

江南十年总管生涯，使太子杨广养成了两种习性：

一是处事麻利、干练，不延宕，更不拖泥带水。一件事，三言两语就说到精要处，从不含糊其词、模棱两可，而使具体照章行事的人能有的放矢。他年富力强、精力充沛，数日工夫，即把文帝积压而迟迟未批的一些奏折，处置得干干净净，妥妥帖帖。有些大要事，则明白回复，要等皇上回后，再由皇上亲自断决。加之，太子笔走龙蛇，批件上的字迹娟秀、洒脱，令接到回复的官员无不叹服。二是杨广为夺太子位，整整蛰伏了十年，练就了惊人的忍耐能力。忍耐力强的人，必会与人相处。杨广深知，自己册立为太子，有的朝臣至今可能仍心怀抵触。所以，在为人处事上，他谨言慎行，不急不躁，极尽谦卑，总是以商量口吻，与相关朝臣处置事务。

随着时间的推移，太子渐获朝臣好感，声名日隆，向他靠拢的官员亦越来越多。身为储君的太子，即是日后的皇上，官员巴结有权有势的储君，此亦必然。而当下的太子呢？亦知自重，受到臣下的追捧却不骄狂。他仍是不愠不火，一如既往，摆出一副不求有功但求无过的模样，勤勉地做着父皇吩咐的分内事。比如，他亦如父皇那样，到前殿处置朝政时，不乘辇不坐轿，是从东宫侧门步行至万春殿的。而且，所带侍卫与仆从亦不多。

这日清晨，太子亦如往日，从东宫侧门出来，走到皇上主事的前殿。当他正要拐弯去万春殿时，不料，竟从一根大柱之后，闪出一个身着禁卫军制服的士卒，其手执一柄长矛，竟二话不说直朝太子面门刺来。

此一段行程，皆在禁卫森严的大兴宫内，太子往来其间，不知有过多少遍了。事前毫无提防的太子，突见明晃晃的矛尖朝自己搠来，仅下意识地把头向后侧一偏，并以手护面。而那雪亮的矛尖竟将太子衣袖扎透，并把太子头上所戴冠冕挑落于地。

"刺客！"太子惊得大喊一声。

直到此时，太子身边侍卫和宫中值勤之禁卫军，方如梦初醒，均朝那丢下长矛拼命逃遁之刺客追去。

此事发生在宫内，又是于光天化日下，太子身边侍卫，人虽不多，但个个身手不凡，所以，未费啥周折，即将刺客擒获。

宫中发生行刺太子事，自是非同小可。杨广思索片刻，即令几名侍卫用车迅疾将捆绑得严严实实的刺客押送到了大理寺，交由大理少卿杨约审理。并派人将此一事件知会左仆射杨素。

杨素闻讯，立即放下手中事务，也去了大理寺。

却说，已升任左卫大将军的元胄闻讯风风火火赶到万春殿时，太子已然在处置日常政务了。

元胄行礼，惊慌地道："下官听说宫中有人行刺太子。"

"是咧。"杨广没见元胄倒罢，一见其人，便想：宫中出了此等事，行刺者是一名身着禁卫军制服的人，汝身为左卫大将军，咋过了这么久方才过来？而此时，元胄站在太子面前，却在左顾右盼。

杨广便问："你看啥呢？"

"人呢？"元胄反问道。

"谁？"

　　这日清晨，太子从东宫侧门出来。当他正要拐弯去万春殿时，不料，竟从一根大柱后闪出一个身着禁卫军制服之士卒，手执长矛，二话不说，直朝太子面门刺来。

"刺客呀！不是说已经抓到了吗？"

"你想，咱能让刺客进入此殿？"太子搁下手中笔，说，"抓到人后，就立即送交大理寺了。"

"送大理寺了？他是咱的人，咱还未与其照一面呐！"

"大将军。"杨广这才有点不耐烦了，突然正色道，"你说句良心话，咱对公咋样？"

"太子对臣下不薄！"元胄双膝一软，跪在了地上。

"你别这样。皇上有旨，所有官佐，不兴在咱面前称臣，当然，更不能下跪。你坐下，说吧。"

元胄只把半边屁股坐在椅上，进一步道："太子就连在扬州当总管，相距千里之遥，都还惦记着咱，关照着咱。"

"此刺客是何人？他为啥要行刺咱？"

元胄又说了个"臣下"，并立马改口道："在下确实还不知晓。今早来当班时，听说出了行刺太子事，就急匆匆地赶来了。咱这就回去查。"

"公一问三不知，来此作甚呢？"杨广压下心头疑惑与火气，说，"这样吧，你先去查查此刺客到底是何人？是咋混入宫中来的？"

元胄一走，原很冷静的太子，亦无心思继续处置案头事了。他预感，此绝非一孤立的行刺案件。如不准确找到幕后指使者，此类或更大事件还有可能会接二连三发生。

果不其然，仅过一个时辰左右，元胄即气喘吁吁地进来报说："禀告太子，刺客是一蜀地士卒。他已在宫中担职三年，今年即将退职返乡。与此同时，另有四名巴蜀籍士卒在刺客被抓获后，已不知去向。"

"竟有此等事？"太子越发感到此案非同寻常，忙道，"请公一定要把另四人擒获归案！"

"下官已严令禁卫军在宫内和整个大兴城开展搜查与布控。"

"这样吧，你一定要亲力亲为，将四名巴蜀籍士卒擒获。"

"太子……"元胄欲言又止。

"咋啦？"

"咱想，照此搜查下去，八成不会有结果的。"

"为啥？"

"咱估计，那四人早已遁入蜀王府了。"

"噢？"太子故作诧异。其实元胄一说刺客是蜀地人，杨广就猜到，此案极有可能与蜀王杨秀有关。不过，他还是不动声色地问，"你咋知他们会遁入蜀王府？此话岂能随便乱说！"

"咱离开您这儿，就已了解到行刺者是一蜀地人，便猜想此事多半是蜀王暗中派人指使他干的，并立马带人去寻另外几名巴蜀籍禁卫军士卒。结果，他们皆不见了踪影，就估计他们已去蜀王府了。"

"你咋知晓他们会去蜀王府呢？"

"这事，不会有错的。"元胄为证自己清白，亦顾不得那么多了。他说，"以往，每逢年节，蜀王从益州回到京师，都要把此几名巴蜀籍士卒当作家乡人请到蜀王府做客，下官有一年亦在受邀之列。"

"哦……"太子紧问，"那么，公将如何擒获这四人？"

"下官已在蜀王府周遭及前后门采取了布控措施。但估计，几名进去的士卒，一时半会是不会在此风头上出来的。因此，想请太子下一手令，咱持令带人去蜀王府搜捕，此才有可能水落石出。"

"那咋行。咱虽为太子，也无权下令去搜查兄弟之府邸。"太子断然否定说，"你在蜀王府周遭布控没错，此几名亡命之徒，不可能在府内久留，迟早是要逃回老家去的。"

"若是这样，就好比守株待兔，机会渺茫……"

元胄还想分辩，太子却不耐烦地打断他的话，说："谁看见四名宫卫进了蜀王府？欲入蜀王府搜查，除非圣上下旨。"

元胄怏怏而去。他明白，自己是禁卫军首领，发生了当值侍卫在宫内刺杀太子事，不管咋说，难辞其咎。

大隋立国之初，皇家禁卫原是清一色的关内人。而朝中官员亦是关内人居多，所以，文武官员与宫廷禁卫之间，或沾亲带故，或认同乡，相互拉拉扯扯，纠缠不清，久而久之，禁卫军内部竟帮派林立，弊端层出不穷。

为防不测，文帝才从除闹过叛乱的江南以外地区，挑选宫廷禁卫军。近年，挑选范围越来越广，以至招来巴蜀籍士卒。

太子杨广对行刺自己的幕后人，心中已然有数，而对那几名巴蜀籍士卒能否及时抓到，则反而并不看重了。因为最可怕的并不是行刺者，他的身份一旦暴露，亦再起不到任何作用。但幕后指使者，欲要达到目的，他还可以使出令人防不胜防的其他阴招。

此外，从这一突发案件中，还暴露出了一个人，那就是元胄。此公，北周末年时，曾为父皇的贴身侍卫，于赵王府救过父皇一命。从此，父皇对他信任有加，及至目下担任了宫廷禁卫的大总管。所以，杨广一直以来把他当作自己人对待。今日方知，他同样也是蜀王的座上嘉宾，这太可怕。除此而外，元胄已老，已经疲沓。仅从这件事看，他的反应迟钝，已不适宜在此位置上待下去了。

夜里，杨素与杨约双双破天荒地会集东宫。

白日，二人软硬兼施，使出最厉害的酷刑，但刺客还是不肯开口。二人精疲力竭一整日，竟一无所获。他们亦派人打听到此刺客确是一名宫卫，来自蜀地，亦因此对益州总管蜀王杨秀产生了怀疑。不过，却连一丁点有价值的口供皆没得到，十分窝火。

太子把元胄前后的话一摆，左仆射杨素抛开案子和刺客不提，竟不顾身份地破口大骂道："元胄这龟孙子，简直不是人！近年来，他得到太子的好处还少？你看看，他转背又成了蜀王座上宾，两头讨好，左右通吃！"

"呵——原来竟是此样！"担任大理少卿的杨约，亦从元胄的话中悟出刺客不开口的原因。他经验老到地说，"咱看，对那刺客不用再审了，他必是受蜀王指派无疑。这种人，都是吃了秤砣铁了心的。他行刺前，已得一笔高额酬劳，并对家庭和自己的后事作过安排。他若被抓，横竖都是一个死。不供呢，家庭日后能过上好日子；供了呢，他的高额报酬要被索回去，本人和家庭亦都要被处死。咱往日审案时，碰到此类人，最蹙眉头。"

杨广仍想获得确切内情，问："如此说来，他铁定不会供了？"

"不会，不会。"杨约十分肯定地点头说，"咱看，再审亦是枉然。"

"既如此，明日再提审一次，不行就拉倒。反正事已明了，他供与不供，皆一样。"杨广说着，目视杨素，道，"接下来，就有劳仆射大人，将此情形面报圣上，让父皇去作处置。"

平日敢作敢为，并擅长周旋于皇上左右的杨素，此刻却反显犹豫地说："此事事关重大，咱想，还是太子亲自出马为好。"

"仆射差矣。"杨广解释说，"咱初立为太子，就状告蜀王，有兄弟阋墙之嫌。此外，咱在父皇面前，对此案，说轻了不好，说得重了亦不好。不像仆射，国事与皇家内部事，均可大义凛然，秉公直说。"

"咱实话实说吧。"杨素叹息一声，道，"近些时来，咱总觉圣上对咱，已不似从前那般亲近。"

"噢？"杨广一愣，问，"那是为啥？"

"就是不知底里嘞！"杨素忧心忡忡地直摇头。

"仆射过虑了。"杨广安慰杨素说，"您千万不要理会年轻下属之冒犯。父皇对您不会有啥的。"

杨广所谓年轻下属之冒犯，即是指有两次兵部尚书柳述在杨素向文帝进言时，当庭揭穿了杨素的不实之词，并奚落他心术不正。而文帝在大庭广众中，不但未制止柳述对仆射的无礼，相反，亦对杨素似有微词，从而使杨素在文武百官面前大失颜面。事实上，文帝因接二连三觉察出杨素的不地道，尤其是那次谎报军情，导致史万岁惨死后，皇上确已开始看淡杨素。而文帝对杨素态度的微妙变化，杨广却无觉察。

不过，此刻杨素听到太子的劝慰，还是点头同意去仁寿宫面见皇上。因为他深知宫中出了行刺太子事，无论如何，皇上是不会等闲视之，并拒听臣下禀报的。再者，皇上与臣下生分，尚须臣下主动与之沟通，增进了解，才能重新获得皇上的信任。

次日，再次提审刺客，果不其然，其仍不开口。

杨约气急败坏，喝令手下："揍！给咱往死里揍！"

本已气息奄奄的刺客，仅几板，便口喷鲜血而亡。

又过二日，杨素到达仁寿宫。文帝在大宝殿议事厅里接见了杨素。皇上见面即问："听说太子在宫中遭遇刺客，有惊无险？"

杨素接茬说："臣下正是为此案件前来朝见圣上的。"

"太子呢？他本人咋没过来？"

"圣上指定太子主持朝政，近日事务繁杂，他分身无术，才指派臣下前来禀报其遇刺一事。"

"广儿和朕当年一个样，一头扎进事务中，就不分昼夜了。"文帝唠叨几句，方拨转话头，问，"到底是咋回事？刺客咋能钻进宫里来？大隋开天辟地还从未遇过此类事呐。"

"嗨！圣上看来还不知就里，此刺客本身就是一名宫卫。"

"噢？那就更加不可思议。"文帝瞪大眼睛说，"从京师来的人只说，太子遇刺，衣袖被戳一个大洞，人却毫发无伤。"

"此说，不错。"杨素便立即点到要害，说，"那名行刺太子的宫卫，经查，是蜀地人。"

文帝反应极快，问："这么说，此案与蜀王有关？"

"确是如此。"杨素深知皇上性格，在此节骨眼儿处，说话绝对不能含糊或模棱两可。他说，"若是一桩偶然事件，太子又没受伤，恐怕就不会派臣下来惊扰圣上了。"

接着，杨素便把有关详情，一一向文帝作了禀报。

文帝听后，说："废除勇的储君位子时，朕为啥下诏斩杀了那么多人？就是为了警戒渎职者和心怀不满者。没想到，这么快就有人铤而走险，把矛头直指新立太子。公和太子打算如何处置此事？"

"太子和臣下皆以为，遁入蜀王府躲藏的几名蜀籍士卒，尚不足惧。可忧的是，蜀王已然暴露，恐不会善罢甘休。他若在益州举兵滋事，麻烦就大了。当务之急是要迅即将蜀王控制住，不使他生乱。"

"是呀，是呀。"文帝离座，在议事厅中踱起步来。过了好一会儿，方驻足对杨素说，"卿是知晓的，当年派韦孝宽去并州接替尉迟迥，人未到，其已反，结果费了很大劲，方将一场波及全国的叛乱平息。"

"当下，与北周末年之乱象，自是大不相同。蜀王如敢作乱，乱的，至多也就是蜀地一隅。当然，咱还是要事不宜迟，采取断然举措，不能等蜀王把府兵集结好了，咱才开始行动。"

"公以为派谁去接替蜀王较为合适？"

"臣下一路上，亦在想此事。不知派独孤公去，是否可行？"

"公指的是哪位独孤公？"

仅独孤皇后的兄弟、子侄在朝廷当差的就有好几位，皆身居要职，且都可称公。

杨素说："臣下指的是独孤楷公。他过往似乎与蜀王相处得还不错。微臣以为，只有派个与蜀王关系较好的人过去，方能使蜀王不生反感，以避免兵戎相见，并达平稳交接。此外，独孤楷处事稳重，又有担任州刺史和总管的经历，比较适合处置此类事，到任后，亦称职。"

"好主意。"文帝高兴地道，"朕倒确实没想到他。秀儿年幼时，独孤楷担任过他的武功师傅，二人关系确实非同一般。"

此独孤楷，乃何许人也？

其实，独孤楷与独孤皇后并无血缘关系，甚至他原本不姓独孤，还不是鲜卑族裔；他姓李，是汉人，为北齐军中一士卒。在一次北齐与北周的战斗中，独孤皇后之父独孤信大败齐军，将他俘获，并被罚作家奴。他到独孤家后，任劳任怨，尤对独孤信忠心不二，后被赐姓独孤，随主子征讨攻伐，作战勇猛，屡获升迁。到北周末年，大丞相杨坚有心称帝却感势单力薄之际，独孤楷挺身而出，为大隋的创立，立下汗马功劳。此后，独孤楷一度出任过左卫大将军。至今，仍担任原州（今宁夏固原境内）总管一职。

文帝于是下诏，将独孤楷从原州召回京师，任命他为益州总管。赴任时，还让他充任朝廷大使，宣召蜀王回京师。为防万一，文帝还命他率领一支精锐骑兵，前往益州任上。

却说，蜀籍宫卫行刺太子失败的消息，传至益州总管府内，使杨秀又气，又急，如坐针毡。令他生气的是，那名行刺者，武功最好，寄望最深，咋到关键时刻，却不能一刺封喉呢？据说，仅把太子衣袖戳了个洞，连皮都未碰着。于是，蜀王想横下一条心，揭竿而起，可又下不了此决心。因他深知，自己的兵力不够，缺乏底气，不足与强大的朝廷大军抗衡。

从表面看，杨秀血气方刚，身高体壮，武艺精湛，是条顶天立地的汉子。其实呢，他只能算作一只红漆马桶，仅外面光鲜而已。此外，他与秦王杨俊还有一点十分相似，即都把自己的总管府修建得如同皇宫一般。他出行的车驾、仪仗、卫队，亦都效仿皇上，气势辉煌。杨秀有做皇上的威仪和雄心，却没丁点能达此目的的成算与手段。而此，皆与杨广没法比。

杨秀从初秋坐立不安地熬到秋末，眼看阵阵寒潮来袭，还在犹豫今冬回不回京师述职和度假时，忽闻皇上已派人来接替自己的益州总管职务，并要召他回京师，从而使总管府里知道一些内情的人，一片惊慌失措。

因路途遥远，独孤楷从原州抵达京师，再从京师出发，并集结军队，一路马不停蹄到达益州时，已至仁寿初年的秋末。

为使杨秀对自己无戒心，独孤楷率军于益州城外三十里处即安营扎寨，并只带些许侍卫和扈从前往益州城作交接。

杨秀迎至益州城外，跪接诏书。之后，携独孤楷回到总管府内，即屏退左右，便与独孤公密谈起来。

其时，独孤楷已年近六旬，与杨秀是两代人，有着完全不同的经历。杨秀被封越王时，尚不足十岁。十二三岁，即任益州总管，并改封为蜀王。而独孤楷呢，十几岁即成士卒，是从血雨腥风和死人堆里摸爬滚打出来的。

杨秀至今还记得，年幼习武时，曾听独孤楷说过一件事：某次，独孤楷转战塞外，因粮食供应不上，从将军到士卒，个个饿得气息奄奄。先是宰杀战马，将军食肉，士卒则只能把将军啃剩的骨头搜集起来，用石头捣成粉末，拌上野菜，熬成糊糊充饥。马很快就被杀光了，可天无绝人之路，那一年，草原遭遇蝗灾，突然间，蝗虫铺天盖地，有人便捉虫充饥。更绝的是，还有人放火烧荒，从余烬中找烧熟的蝗虫吃，那味儿真香！大伙就是这样，才拣回一条命的。年幼的杨秀听到这些事，印象深刻，亦对独孤楷肃然起敬。

也真是世事无常，当下的独孤楷与杨秀的处境，则又完全不同了。杨秀对独孤楷的到来，深具戒心，问话中明显充满着敌意："父皇为啥要派公来夺我之位？"

"咱本是原州总管，来此，仅是换个位子、挪个地方而已，咋能叫夺，蜀王别说得那么难听。诏书上，不是说，召蜀王回京师，是另有任用嘛。说不定有更好的职位在等着蜀王哩。"

"咱不信。"蜀王对独孤楷说，"公有所不知，父皇明明是偏信谗言，不叫咱活了！"

"那不可能。"独孤楷解释说，"咱在原州，兵部尚书前来宣诏，召咱回京师，也是一模一样，说另有任用。咱问是干啥？兵部尚书亦说不知晓。并说，那要去问皇上。"

"公回京师后，父皇要公来益州任总管，还对公有何交代？"

"皇上说咱多年镇守边地，在戍边和对付蛮番上有心得。并说，近年吐谷浑在西北和西南活动频繁，侵扰不断，叫咱来益州首先把兵练好，用以把守好西南边关。"

杨秀想，独孤公是个忠厚老实人，说的有可能是实话。近年，吐谷浑确实出没频密，使自己不胜其烦。不仅如此，因吐谷浑的猖獗，还致使当地蛮夷纷纷效法造反，自己亦早不想在此处干了。

不过，杨秀仍不放心，继续试探着问："公觉咱一旦回了京师，父皇会不会杀咱？"

"蜀王说啥哩！"独孤楷道，"你是龙子，皇上咋会对自己的亲生骨肉下此狠手呐？秦王和废太子犯了那么大的法，皇上亦都未将其处死嘛。"

"咱亦知晓，父皇不会如此。"蜀王仍是疑虑重重地说，"公不知哩，当下的太子容不得咱，他会向父皇进谗言，向咱下毒手。"

"那更不可能！"独孤楷断然道。但，他当然知道，杨秀真正惧怕的是追究派人刺杀太子的事。杨秀既不明言，独孤公哪敢点穿，只说，"要不，咱亲自护送蜀王回京师，并以人格作担保。如何？"

“笑话。咱堂堂一条汉子，还用得着此样？”杨秀被独孤楷一激，又充起好汉来。

独孤楷即道，“蜀王镇守蜀地多年，没有功劳，亦有苦劳。皇上对蜀王再怎么生分，亦要看看皇后乐不乐意吧。”

“就是。”心无城府的杨秀，深感独孤楷的话实在。“咱娘虽心向着现在的太子，不过，对咱亦还不薄。”

他想：就拿行刺太子那事来说，那名被抓刺客，宁死未招，死无对证。其余几名蜀地宫卫，也悉数从蜀王府内陆续逃了回来。此处，山高皇帝远，去哪寻找他们？凭什么定咱的罪嘛？当下，岁末年关已近，妻妾儿女早就吵闹着要回京师过年了……

蜀王越想越觉所有担心皆是多余。于是，设宴招待独孤楷一行人。

几日后，杨秀便拖家带口携妻妾儿女回京师去了。

不过，一经上路，杨秀则又犯起嘀咕来。出城仅四十里地，走到一个叫兴乐的地方，他忽然感觉到不对劲儿，便停下不走了。而当他派人进益州打探动静，欲从独孤楷手中夺回益州时，然，老谋深算的独孤楷已用自己的军队，将益州牢牢控制住了。而且，还对蜀王有可能杀回马枪，做了充分准备。因此，留给杨秀的仅唯一一条路，即抱着一丝侥幸之心，硬着头皮回京师。

有道是，这条蜀道真不好走呐！

第一一五回

杨秀犯错太子落井下石
文帝下诏蜀王遂成庶人

蜀王杨秀带着妻妾儿女，越过险峻的巴山蜀水，终于赶在冬至节前苦不堪言地回到了京师大兴。

次日，便有吏部官员来府上报称：皇上因事务繁忙，包括述职等等诸事，都待节后再说。此使心怀忐忑的杨秀大大松了一口气，而曾被禁卫军一度围困过的蜀王府，则更因主人的回归洋溢在了一派节日的喜气中。

这日上午，杨秀睁着一双眼，躺在暖融融的榻上，伸展着肢体，既无睡意，亦无起身的打算，心里亦啥都不想。

不知过了多久，夫人进来说："还不快起身，汉王来了。"

睁眼躺在榻上的杨秀，这才慌了手脚。待他由夫人和婢女七手八脚穿戴好进入客厅时，杨谅已喝完了一盏子茶。

"都啥时辰了，你还赖在榻上。"

"嗨，你不知晓，咱一路遭的是啥罪，山高路陡，道路不平，身子骨都快要抖散了。"

"听说兄不再回益州了？"

"还回啥。父皇召咱回京师，接替的人，即已就任。咱这次离开益州，是干干净净被一锅端了。"

"一锅端了？"杨谅笑了笑，阴阳怪气地道，"这话说得真好！"

"你这是啥意思嘛？"

"呔！你是真的不明白？"杨谅叹气说，"这种一锅端的事，只有兄才肯去做。"

"圣旨大如天。"杨秀两手一摊，说，"咱不听命，还能咋样？"

"你看你，"杨谅手指人高马大的兄长开涮说，"表面看来，衣冠楚楚，一表人才，多像父皇的乖乖崽。其实呢，此不就成瓮中鳖，笼中鸟了吗？下一步，你就等着挨宰吧！"

"不致如此吧？"杨秀解释道，"诏书上明明写得有，召咱回来，是'另有任用'。"

"唉……"杨谅仍是摇头，说，"此等官腔，兄也相信？那不过仅是个托词而已。怕你不从，还怕你造反，以'另有任用'，把你诓骗回来。此种路人皆知的小把戏，你亦能信以为真？"

杨秀一听，心凉半截，而嘴却仍很坚硬："你别吓唬咱。到益州来传旨的人是咱师傅，他能骗咱？"

"你师傅也许并非存心骗你。可你要明白，是师傅大，还是皇上大？你刚才还说圣旨大如天。你师傅遵循旨意，他确无过失。"

"这么说，是诏书在骗人？"杨秀沉下脸，没好气地道，"亦或说，是父皇要戏法，在骗咱？"

"兄今日是咋啦？一根筋专找咱抬扛。咱给你把话挑明，还不是想你辨明真相？"杨谅亦是个躁性子，今日却特别有耐心。他说，"这诏书，既代表父皇，亦代表朝廷。是不？所以，诏书上的话，不是一般话，是官话。你曾做过内史令，难道连这都不懂？比如，这'另有任用'四字，即有玄机。对某人可能是个大实话。而对另一个人呢？则有可能就成了托词。比如对你蜀王，就是如此。另有任用，用不用？啥时候用？则都不好说嘞。关键在于，你坐镇益州，为何平白无故地要将你召回京师？你自个竟连此都没个成算？"

杨秀猛地像遭马蜂蜇了一下似的，浑身一颤，说："咱咋知父皇之用心？他要咋对付咱？"

"你干了啥事，心里没个数？"

杨秀的脸倏地像泼了血一样，做贼心虚地一梗脖子，道："有证据吗？拿证据来嘛！"

"人家根本不会与你纠缠啥证据。"杨谅冷笑，说，"你心中有数的事，人家心里照样有数。你的意图即露，人家会轻饶你吗？"

绕了半天，杨谅此才点到正题上。杨秀仰天长叹，终于绝望地道："老二这个王八蛋！"

杨谅接着进一步说："你前日才回京师，可能有所不知，而今的父皇对朝政已远不及过去那么上心，身子骨亦大不如前，大权实则已落到了当今太子手中。你一招不慎，没能将他放倒，那么，当下就等着让他来'安排'你了。"

"他能给咱好果子吃？"杨秀顿时感到六神无主，竟至不寒而栗起来，问，"那咱，咋办？"

"此事，早在你没能得手那阵，就该继续想好下一步对策的。事已至此，还能咋办？"杨谅摇头叹息说，"咱原本指望等兄冬季回到京师，咱俩一同合计合计，若到实在不可忍受时，咱在并州起事，兄能在益州响应。没想到兄竟出了这档子事，已提前解职，叫咱孤掌难鸣了。"

"这样吧，待到节后，咱再恳求父皇派咱去原州。咱师傅独孤公原先不是在原州做总管的吗？"

"嗨，兄还在做'另有任用'之梦。"杨谅连连摇头说，"不靠谱，不靠谱！原州总管那位子，早有人填补上啦。兄之当务之急是保命，先把命保住，往后再去想别事。"

"真……真有如此严重？"

"咱看兄是坐着一屁股屎，不闻其臭咧！"

"那咱要咋样，才……才能把命保住？"

杨谅想了想，说："此亦只能是死马当作活马医了。去求求母后吧，兴许能有一点指望儿。"

"哼，那才真叫是做梦！"杨秀叹气说，"咱在路上就想过，但谁不知母后最最偏爱的，就是那个王八蛋！不然，大哥亦不会落到如此地步。"

"不是说，这叫死马当作活马医吗？"杨谅说，"相对而言，在对待儿女上，母后比父皇其实还是要慈一点。手掌手背皆是肉呐——也不能太厚此薄彼吧。当下，老二已经一步登天了，你只求保命嘛。再说，除了母后，还有谁能在父皇面前说得上话嘛？"

杨谅说完，起身告辞。杨秀不依，要摆酒。杨谅看了兄长一眼，说："都啥时候了，以后吧。"

杨秀经长途奔波，尚未缓过气来，再经杨谅一番言语，终被击垮。他坐卧不宁，寝食难安，萎靡不振，思之再三，一日后，终于还是硬着头皮，去后宫向独孤皇后请安了。

"听说你回京师几日了，咋才想起有个老母？"

"儿臣在路上偶感风寒，回家就病了，今日方才起身的。"

独孤后看了一眼儿子。病是扯不了谎的——杨秀一脸憔悴，独孤后的语气亦有所和缓，问："看过郎中没有？"

"息歇了几日，已没大碍了。"

"要不要御医来给汝瞧瞧？"

"不用，不用。"接着，杨秀突然直面独孤皇后道，"母后，咱今日已是孑然一身，啥职位都没啦。"

"你呀，你是咎由自取，母后恨都恨不及呐！啥事，哪能都由着自己的性子来。咱告诉你吧，此回，可是让父皇把汝看透了。你看看，你三哥把命都玩没了，你还是这般不争气，一意孤行，唉……"

"咱还这么年轻，总不能连一条改过自新的路都不留吧。"

"咱看，没辙。此回，要想汝父皇转圜，不易。"

"那咱不是啥希望都没啦？"

母子间，你一言我一语，蜀王口口声声求父皇母后给自己留出路，给改过自新机会，却不说自己犯了啥过错；母后则说儿子不知悔改，父皇已将他看死，亦不明言皇上是什么原因将他看死的。结果呢，双方终以不了了之而作罢。

而此刻，一直与独孤皇后做伴的萧妃，其实就坐在客厅一不显眼处，她听到这番话语，觉得有趣。春节时，萧妃回到东宫，把杨秀和独孤皇后母子间的言谈，当作趣事说与丈夫听。

这真是，说者无意，听者有心。杨广即问："那么，后来呢？母后对父皇说没说啥？"

"母后当着四弟（杨秀排行老四）并未有何承诺。可当父皇来永安宫时，母后还是要父皇再给四弟一次机会。"

"父皇咋说？"

"父皇好像是说，要等年后先教训教训四弟，再与兵部商量，派他去齐鲁啥地方当总管，只管少许几个州。"

太子想：糟了！按此一说，岂不等于是放虎归山了吗？近来，有人报说，蜀王与汉王往来频密。杨秀若重被启用，此二人如果联合起来，都虎视眈眈地对着自己，那还得了！

杨广于是密会杨素、杨约。三人一合计，觉得事不宜迟。行刺之事，因死无对证，杨秀不认，对他毫无办法；若说他在益州蓄谋造反，更说不过去。人都回来了，啥职务都没有了，凭啥造反？因此，必须罗织新的罪证，以使皇上绝不放过杨秀。

春节过后，杨秀果如杨谅所言，被晾在了一边，根本无人理会他。

春节期间，母后曾悄悄告诉杨秀，父皇已答应再给他一次机会，会将他外放到齐鲁做总管，并要杨秀在父皇面前好好认个错。而且，此一信息亦为杨谅所证实。杨谅亦在父皇面前为杨秀求情，父皇也是这么说的。可如今，过了春节，又过了元宵灯节，杨谅已回并州暗中扩军去了，而他这边却仍没动静。

忐忑不安的杨秀，于是，藉上朝机会，主动出班跪求父皇说："儿臣蒙受父皇之恩，赴西南镇守边关，辱没了朝廷使命，罪该万死！"

他说着说着，洒下热泪。

皇太子杨广见状，率先跪地，亦为杨秀求情。

接着，担任内史令的晋王杨昭等皇子、皇侄、皇孙们……跪下一大排，亦都来为蜀王求情。

殊不知，文帝不但没有领情，反而大动肝火，面对满朝文武道："此前，秦王不走正道，榨取民脂民膏，挥霍无度。朕以父之身份，反复劝诫他，他仍我行我素，自取其辱，命丧黄泉。如今，蜀王所犯之事，比秦王有过之无不及。更为恶劣的是，他不接受秦王前车之鉴，妄视国法。此等败类，朕即使容忍了他，天理亦难容忍！"

"皇上！"开府庆整出班进谏，"而今，圣上长子勇，已被废作庶人，三子俊，病逝了，陛下子嗣不多，咋能再处置蜀王呢？恳请陛下考虑再给蜀王一次改过自新机会。"

"朕何尝不知此理？是恨铁不成钢哪！"文帝伤心欲绝地说。

文帝初登帝位，曾庆幸自己五个儿子，为独孤皇后一人所生，是嫡嫡亲之骨肉兄弟，今后不会有兄弟阋墙，你争我夺之类祸事发生。可是，当他们一个个成人后，原本以为不会发生的事，还是不期而至。而且，有愈演愈烈之势。其时，文帝方才醒悟，即使是亲弟兄，亦仍形同陌路，水火不容。尽管如此，在独孤皇后的言说下，文帝还是打算再给杨秀一次机会，让他改过自新。可正于此时，有人送来一套在益州刻印的《杨秀文集》，并从书中翻出一篇讨伐当今皇太子的《檄文》。文中言之凿凿："逆臣贼子，专弄威柄，陛下唯守虚器，一无所知。"还说："己之甲兵无与伦比，问罪逆臣贼子，已指日可待……"云云，文帝看到此文，当即改变了主意。他想：白纸黑字，铁证如山！如不趁自己健在，将此逆火一举扑灭，今后朝廷将永无宁日。

因此，文帝面对群臣，万分痛惜地说："朕为社稷将来计，杨秀此孽障，绝不可赦，应弃于市，以向天下百姓谢罪！"言罢，遂点名令杨素、苏威等，对杨秀罪行，严加审理。

近来，因处置杨秀事，又重获文帝信任的杨素，在审理杨秀案的过程中，向文帝禀报说："据蜀王府内官员供称，杨秀曾请巫师作蛊，将制作的偶人埋于华山脚下，以诅咒陛

下。"

"呵？竟还有此等事？"文帝笃信命相凶吉，对此类事，是绝不容忍的。于是，命杨素一查到底。

而在此前，太子、杨素、杨约则早已设局，令人制作了两个小木偶人，一个形似文帝，另一个则极像汉王杨谅，并用绳索分别将二偶人捆绑，分别给此二人戴上枷锁，用针刺入其心脏，并在两木偶身上分别写有杨坚和杨谅之姓名。

待杨素指派刑吏去华山一带寻访、取证时，果然，按图索骥，一挖就挖出了该罪证。

诸如此类的罪证，既恶毒，又逼真，一一汇集并奏报给了文帝。

文帝看到儿子对自己的诅咒，痛心疾首，竟至老泪纵横，说："朕已给汝诸多荣华富贵，汝为啥还不知足，还要如蛇蝎一般，心地狠毒地对待自己的骨肉至亲！"

这一案件，从春节过后开审，因取证范围广，涉案者越挖越多，并一度牵涉到了汉王杨谅。此可是太子和杨素最乐见的，他们希望藉皇上之力，一举将两个最大隐患一并清除。然而，在文帝严加干预和制止下，而将杨谅撇除在外，使他逃过一劫。

至此，杨秀被废为庶人，单独幽禁在内史省，不许与妻子儿女相见，仅配两名粗使丫头供他差遣。而与此案有牵连，并受到惩处者，多达百余人。

过往极尽奢华的杨秀，在自己成为罪人后，方知天有多高，地有几厚，亦才知失去自由是啥滋味儿。同时，他也明白，要想改变偏信谗言的父皇对自己的看法，是绝对不可能的。于是，在愤懑和无奈中，他向文帝上表说：

　　　臣以多幸，联庆皇枝，蒙天慈鞠养，九岁荣贵，唯知富乐，
　　未尝忧惧。轻恣愚心，陷兹刑纲，负深山岳，甘心九泉。不谓天
　　恩尚假余漏，至如今者，方知愚心不可纵，国法不可犯，抚膺念

咎，自新莫及。犹望分身竭命，少答慈造，但以灵祇不祐，福禄
消尽，夫妇抱思，不相胜致。只恐长辞明世，永归泉壤，伏愿慈
恩，赐垂矜愍，残息未尽之间，希与爪子相见。请赐一穴，令骸
骨有所。

杨秀表章中，所提"爪子"，即是他爱子的乳名。

文帝展读杨秀表章，看到他表面上，虽表示认罪，但，仍心存怨尤。
于是郑重下诏，一一陈述他的罪过，曰：

汝地居臣子，情兼家国，庸、蜀要重，委以镇之。汝乃干
纪乱常，怀恶乐祸，睥睨二宫，伫迟灾衅，容纳不逞，结构异
端。我有不和，汝便觇候，望我不起，便有异心。皇太子，汝兄
也，次当建立，汝假托妖言，乃云不终其位。妄称鬼怪，又道不
得入宫。自言骨相非人臣，德业堪承重器。妄道清城出圣，欲以
己当之，诈称益州龙见，托言吉兆。重述木易之姓，更治成都之
宫，妄说禾乃之名，以当八千之运。横生京师妖异，以证父兄之
灾，妄造蜀地征祥，以符己身之箓。汝岂不欲得国家恶也，天下
乱也？辄造白玉之斑，又为白羽之箭，文物服饰，岂似有君，鸠
集左道，符书厌镇。汉王于汝，亲则弟也，乃画其形像，书其姓
名，缚手钉心，枷锁杻械。仍云请西岳华山慈父圣母神兵九亿万
骑，收杨谅魂神，闭在华山下，勿令散荡。我之于汝，亲则父也，
复云请西岳华山慈父圣母，赐为开化杨坚夫妻，回心欢喜。又画
我形像，缚手撮头，仍云请西岳神兵收杨坚魂神。如此形状，我
今不知杨谅、杨坚是汝何亲也！

苞藏凶慝，图谋不轨，逆臣之迹也。希父之灾，以为身幸，
贼子之心也。怀非分之望，肆毒心于兄，悖弟之行也。嫉妒于
弟，无恶不为，无孔怀之情也。违犯制度，坏乱之极也。多杀不
幸，豺狼之暴也。剥削民庶，酷虐之甚也。唯求财货，市井之业

也。专事妖邪，顽嚚之性也。弗克负荷，不材之器也。凡此十者，
灭天理，逆人伦，汝皆为之，不祥之甚也。欲免祸患，长守富贵，
其可得乎！

杨秀听来使念罢诏书，五内俱焚！他想：若依诏书所言，那自己不成
一头无恶不作的怪兽了么？更有甚者，诏书中还说自己对杨谅如何如何。
假若杨谅也看到此诏，他会作何感想？而且，父皇还蒙在鼓里，他哪里知
道，当下的杨谅，正于千里之遥，厉兵秣马，欲向篡夺大哥储君之位的小
人作一拼争哩！此乃真是，有口莫辩，有笔也只会是越描越黑！杨秀顿感
万念俱灰，于是在心中默念道："罢！罢！罢！"

不过，令杨秀稍感安慰的是，文帝允许他心怡的爱子爪子常来探视。

有道是，水里按葫芦——朝廷刚把杨秀一案了结，东宫那边废太子杨
勇又突然冒了出来。

杨勇被贬作庶人，最初也幽禁于内史省。等到东宫抄没完毕，重新粉
刷一新后，新任皇太子杨广入住其间，文帝下诏，将废太子杨勇仍幽禁于
东宫一独门独屋的小院中，交杨广手下人监管。

杨勇于幽禁中，痛定思痛。既后悔自己过去一些不当行为，又感到判
词中有许多不实之词，不仅夸大了自己的罪过，有的甚至是无中生有。所
以，他即频频要求能给一次机会向父皇当面申述清楚。看管杨勇的官吏把
他的请求表章交给了太子，杨广自然不会把它呈交给皇上。

要求没有得到满足的杨勇，便乘在小院散步之机，爬上院中一棵大树，
高声向皇上居住的后宫大喊大叫："庶人杨勇，请求觐见皇上！"

杨勇喜好音乐，练过嗓子，声音洪亮。东宫与皇上起居的后宫仅一墙
之隔，他的声音在皇宫与东宫的上空震响、回荡，引来不少人驻足观望。
守卫杨勇的禁卫要上树捉拿，杨勇则威胁要往下跳。众士卒只好眼睁睁地
围在树下，听他大喊冤枉，直到他声嘶力竭，从树上滑下，并破衣烂衫瘫
倒于地……

文帝本人并没直接听到杨勇的喊叫，但宫中有人告诉了他。其时，正好有杨素前来说事，文帝就问杨素究竟是咋回事？

杨素回答说："庶人杨勇，鬼魅缠身，已达丧心病狂。"

文帝摇头叹息，此事，亦就此作罢了。

却说，前往益州接替杨秀做总管的独孤楷。多少年来，他一直驻守于西北边关。此次，当他接到从西北原州调往西南益州的诏书时，吃了一辈子苦的他，原以为仅仅只是换个位置，只是益州管的地界更广，自己的责任更大而已。可当他进驻益州，这才发现，自己简直是掉进了金窝窝里！因为杨秀在蜀地任职十余年，已把益州总管府建造得比皇宫还要奢华。不仅如此，此地风调雨顺，气候宜人，若与之前风沙肆虐的西北比，此地更是天上与地下两重天地。他想：古人曾把关中八百里秦川称作"天府之国"，那么，此蜀中平原，则比关中不知要强到哪里去了！于是，一生未真正享过福的独孤楷，便在益州享起福来。

益州城外，有个曾由李冰父子修建的都江堰。闹水患时，其能排洪；干旱时，则能供给周遭农田充足水量。独孤楷把此一工程当作天人所为，对其特别呵护。冬季农闲时，独孤楷就发动周边受益百姓，对都江堰进行维修加固。独孤楷是吃过苦的人，他懂得苦是个啥滋味，亦了解庶民百姓之需求。因此，他在自己颐养天年之际，亦对辖下民众广施惠政，从而深得人心。

这也许就是"知足常乐"的最佳写照吧。

第一一六回

独孤后油干灯息终谢世
杨仆射巧言令色造墓园

隋文帝把开皇年号改换成仁寿年，是希图在新的年份里，能有新起色。可是，刚一踏进仁寿年，新任皇太子在宫中即遭遇刺客，侥幸逃过一劫。之后，蜀王杨秀一案，从仁寿二年春，一直审到秋初，才终于尘埃落定。往昔风光无限的蜀王，已成了阶下囚徒。

到此时，总该拨云见日，喘口气，消停消停了吧？实则不然，不幸的事，桩桩件件，还在延续。

这一年的八月甲子日，时近黄昏，西天尚有一抹红霞未有燃尽，落日余晖将永安宫的窗纸儿，映照得一片金红亮泽。宫外无风，秋蝉之唱鸣，使屋内平添了几分燥热，把个正在用膳的独孤皇后搅得更没了胃口。她放下箸，拿起勺，喝了一口清淡的豆腐青菜鸡汤，朝坐在对面的萧妃说："咱想了一下，汝在咱这儿耽搁得太久，明儿还是回东宫去吧。"

正埋头用膳的萧妃抬头问："为啥呢？"

"咱是觉得，你再这么整日地和咱这个老婆子耗在一处，恐要因小失大，那将来咱可担待不起呐！"

"娘！您是咋啦？"萧妃自幼进宫，由独孤后当闺女一般亲自抚养，她在私下一直称皇后做娘，从小就这么叫惯了的。她因而道，"咱可没觉有甚耽误不起的。是您嫌咱了吧？"

"唉，汝看看！咱之俊儿秀儿，还有勇儿，一个个都废掉了。咱一直在想，这是为啥呢？近日，咱终于想明白了，很有可能是因他们年幼无知，就早早离了家，缺乏管教。不仅如此，十来岁的孩子，懂啥哩，就封王封位，手握大权，他们哪知天高地厚，还能不倚仗权势，为非歹，无法无天的？"

"母后的话是有道理，可这些与咱有何干系？"

"咋没关系？关系可大了！"独孤皇后语重心长，说，"你要接受以往教训，赶紧回去，将孩子们管束起来。"

萧妃一听，"哧扑"笑出声，道："咱的昭儿不是已做内史令，暕儿远在江都，已为晋王，接替了他父的扬州总管之位。咱一个妇道人家，能管住这两位王爷加大官人吗？"

独孤后想想也是，就说："还有哩。东宫亦不小，里里外外、七七八八的事可多了，汝可是宫中内当家。"

"啥？娘说的这官名咱可从未听说过。"萧妃道，"咱不就是个太子妃吗？咱就守住此本分。此外，东宫有左庶子、右庶子，还有名目繁多的官佐，要是咱把他们应操的心都操了，还要他们干啥嘛。"

"嘿嘿，你今日的嘴咋这硬？专和娘打嘴仗。还有哪，你同广儿都年纪轻轻的，汝知太子就不会心猿意马，背着你去寻花问柳？别的心不想操就算了，此心可不能不操呀！"

其实，杨广自与萧妃成婚，就艳情不断。只是他做得隐秘，萧妃知道也不说破而已。

萧妃因此轻叹一声，说："裤腰带系在人家身上，咱亦不好管哩，此只能靠他自律。咱这算啥哩？也许就如老子所言，'无为而治'吧。否则，想的事儿太多，人就会徒生烦恼，便没法活了。"

杨广被立太子，一家从江都迁回京师入住东宫后，萧妃除了年节，就一直陪伴在独孤后身边。因为过年过节，有络绎不绝的儿、孙和亲朋戚友前来朝拜，喜欢热闹的独孤皇后，到那时，自不会感到孤独。再就是萧妃亦是一家之主，她自己的子女亦都要回家团聚，此时，家里不能没了主妇。此外，萧妃过来陪伴独孤皇后，还是御医的暗中叮嘱。他说：自文帝另结新欢后，对独孤皇后虚弱的身体而言，亲人的陪伴比用药更为重要。孝顺的萧妃切记此言，一直陪伴在独孤后的身边。

说话间，屋外落日的余晖已经收尽，膳房和宫内各处已点上了各式宫灯。独孤皇后见不得屋内阴暗，所以，永安宫内，一到夜晚总是亮堂堂的。此时，皇后看着灯光映照下光彩夺目的萧妃，忽地觉得这个平日看似再寻常不过的小女子，其实并不简单。她的言语虽句句都是冲自己反着来的，却十分可心，而且实实在在。一个女人，落到世间，哪怕是皇后或太子妃，真正能有啥作为呢？能管啥呢？连自己男人的一根裤腰带，其实都管不住哩！男人要我行我素，你能把他咋样？皇上到了五十多岁，还不照样花心，一下找了两个狐媚子。自己这管那管，操了一辈子心，结果咋样？仅落得个身心俱疲。而这个小女子倒是想得开，干脆啥都不管，还美其名曰：无为而治。

独孤后想到此处，感到浑身乏力，食欲全无，遂起身道："咱这胸口，有点儿闷。汝慢慢用吧。晚上早点儿入寝。"

萧妃起身，道了声："是。"

接着，独孤皇后在两名宫女的服侍下，回房去了。

之前，独孤后用膳用到一半就不想吃的情形常有，萧妃亦没太在意，就一人慢慢享用起晚膳来。独孤皇后一生节俭，桌上亦没太多菜，亦都是些清淡之寻常菜肴。不过，仅供萧妃一人吃喝，自是绰绰有余，亦蛮对她的胃口。

但，仅过一会儿，一名宫女便惊慌失措地跑出来，报告说："皇后娘……娘，昏厥过去了！"

萧妃站起道："慌啥呢，还不快去请御医来！"

去请御医的人走后，萧妃即转身至皇后房中，几名宫女已将独孤后扶至卧榻躺下了。

萧妃坐到榻边，将独孤皇后的手握住。没料，独孤皇后反转来将萧妃的手紧紧抓住了。

萧妃轻轻唤了一声："娘……"

独孤后微睁双眼，定定地看着萧妃，却未有任何回应，紧握萧妃的那只手，亦渐渐放松了……

待御医龚维之赶来，皇后之脉已经停跳。她的一双眼睛仍微睁着，眼珠儿却已不能转动了。

闻此噩耗，亲人中，第一个赶到永安宫的是太子。他跪在母后之卧榻前，哭天抢地，哭得撕心裂肺。

其后赶来的，才是文帝。今晚，他在荣华夫人处下榻。晚膳时，还喝了点儿酒，有点晕乎，早早便与夫人上榻睡下了。待他被人叫起，穿戴好，并赶来时，只闻永安宫内，一片号啕大哭声……

独孤伽罗皇后，享年五十九岁。其灵柩安放在大兴殿的前殿，由皇子皇孙们披麻戴孝，轮流守护。其中，最感哀伤的仍是太子，他的双眼已哭得通红，一日只进二两米饭，还常常难以下咽。凡来吊唁的皇亲、官员，见到太子，无不动容，并劝慰其节哀。

不过，在私下，太子每日最盼的就是东宫右庶子张衡的到来。张衡到来时，他的衣袖里藏着一节被蜡封的竹筒，竹筒中灌满鱼块和肉块。趁人不注意，那竹筒便从张衡的袖筒里转移到了太子丧服的袖筒里。太子在灵堂旁边有一单独休息室，在没人前来吊唁时，他可进里休息，并人不知鬼不晓地享用竹筒中的美食。太子，即是往后的皇上，岂可伤了自己的身子骨？杨广相信九泉下的阿娘，亦会谅解自己此举的。

不过，话还得说回来，太子虽没饿着，但在大庭广众下，他的孝心还是有目共睹的。只要有高官、贵妇前来祭拜，他必中规中矩陪跪在母后的灵柩前，每日如此往返数十次，甚至上百次，亦够辛苦的了。

这日，时近正午，正好是太子在母后灵前当值。他陆陆续续跪了一上午，肚子早就"咕咕"叫唤了，然而，张衡还没过来。杨广正左顾右盼时，只见大殿门口缓缓走来一位气质非凡的贵妇。她一袭黑衣黑裙，身披黑色大氅，头戴一朵白花，并以一块黑纱掩面。平日，前来吊唁的，总是一位官人相跟着一位贵妇。可此贵妇却是形单影只，一人前往。她既未在贵宾簿上签到，亦未向人通报身份，便径往独孤皇后的灵前，跪下双膝，深深地磕了三个响头，便"嘤嘤"地抽泣起来……

她这一哭不打紧，太子跪的地方离其较近，听到她的抽泣声，竟浑身一颤！而当太子悄悄昂头朝那边看时，却见黑衣妇已然起身，在皇后的灵柩前凝神片刻，然后姗姗离去……

杨广立即从地上爬起，跟上前去。然，那妇人似乎听到了身后追来的脚步声，她慌慌张张，越走越快。杨广跟至殿门前，一不留神，恰与匆匆赶来的张衡撞了个满怀。

"嗨！咱因事耽搁了一会儿，来得晚了点。"张衡抱歉地对太子说。

"不打紧。"太子忙掩饰地拉着张衡进了休息室。

却说，那妇人来去匆匆，即便与太子近在咫尺，亦没打招呼。她来到广阳门前的广场上，上了一辆带黑篷的精致马车，便扬长而去了。

然而，这位神秘女的祭拜和太子失态去追之举，则立即传到了文帝耳中。文帝对此亦感到不可思议。既是来奠祭皇后的，为啥又不在簿子上签到呢？太子去追那女子，女子为何仍不回头，竟避之而去呢？太子与那女子又是啥关系？文帝越想越觉不对，随即传召了太子。

此刻，躲在休息室里吃饱喝足的太子，正躺在一张窄床上小憩，闻听父皇召见，大吃一惊。他以为是自己偷食的事被人发现，密告了父皇，此可是大逆不道，大不孝之事。他问前来传旨的宦官是啥事儿？宦官摇头表示不知。太子则更加惶恐不安起来。

文帝此时亦在宣华夫人和荣华夫人的陪伴和服侍下，在灵堂另一侧的房中略事休息。

太子进房行过跪礼，正在想如何应对时，文帝即问："刚才听说有个不留名姓的女子，前来祭拜皇后，她是甚人？"

太子一听，僵直的身躯，一下松活了。他立马泪眼婆娑地哭泣道："那是咱……咱姐呐！"

"真是你姐？是丽华吗？"文帝显然已把这位做过前朝皇太后、自己亲生的大女儿忘记了。此回，轮到文帝一下僵住了。

"是咧……"

"她不是已与娘家绝交了吗？"

"哪能呢！儿臣每至年节，都要去看望她的。几年前，还曾接咱姐去江都住过数月。"

"这些事，朕都听汝之母后说起过。"已显老态的文帝点头说。

"还有，前年过年时，咱去给姐拜年，告知姐说，母后身体已大不如从前，希望她能回娘家，看看母后……"

"她咋说？"文帝接腔问。

"姐已点了头，并说，要咱莫逼她，容她考虑考虑……咱想，一定是没找到一个合适的机会，就……就这样错过啦！"杨广说着，又失声地痛哭起来。

此时，皇上身边分别得过杨广好处的宣华荣华二位夫人，亦都劝慰道："太子要节哀，别伤了身子骨。"

"谢谢娘娘对咱之关怀。"太子点头表示谢意。

而文帝则一个劲地喃喃道："难得，难得……"

文帝此"难得"二字，似是一语双关。既是褒扬太子对寡居姐姐的不离不弃；亦是为女儿对母亲的一片孝心，而感欣慰。

…………

杨素平定江南叛乱后，朝廷声望日隆，左仆射高颎被贬，他更成了朝中最具权势的大臣。杨素做事，魄力大，点子多，是一位能力极强能文能武的全才。不过，他居功自傲，打压与其意见相左者，因而得罪的朝臣也不少，一度受到文帝的冷落和同僚的指责。不过，自宫中出现行刺太子一案，并牵涉到蜀王，杨素处置有力，甚合皇上心意。于是，这一对君臣，便又相互融洽如初。这不，皇上又把独孤皇后的丧葬大事，托付给了杨素。

过往，一个新王朝诞生了，皇上登基后，随即就会把自己落叶归根的

当太子愤愤朝那边看时，却见黑衣妇已然起身，在皇后灵柩前凝神片刻，然后姗姗离去了……杨广立即从地上爬起，跟上前去。

身后事，当作一件大事，摆到朝廷议事日程上，早早动工完成。即，人未谢世，而皇陵就已落成。但，隋文帝则不同，他首先兴建的是新都大兴城，进而举全国之力，惩灭了陈朝，把南北分治的华夏融为一体。他殚精竭虑，把此二件大事办成办好后，就下诏让杨素为自己建造了一座休闲度假处所——仁寿宫，而却全然没把自己和皇后的身后事放在心上。当下，皇后突然驾崩，杨素主持皇后丧葬，最大最令人头痛的就是必尽快选定和建造一座陵寝，不仅要使皇后早日入土为安，而且，此亦是今后皇上归宿之所在地。因此，这个地方，这座陵寝，还要能使皇上感到满意才行。

若按通常做法，先要请命相风水大师选择一块风水宝地，然后，再在其上动工修建陵墓。此类风水大师，在朝廷内就有一大把。因文帝笃信命相，还给这些人封了不小的官职。杨素本人呢？亦精通《周易》，并深谙风水之奥秘，所以，在他内心深处，反而对那些享受高官厚禄的风水大师们不以为意，甚至嗤之以鼻。但是，这些大师们又多受皇上宠信，且个个得罪不起。杨素思前想后，他首先找的仍不是某一位或某几位风水大师，则还是找到曾与自己搭档建造过仁寿宫的建造大师宇文恺。

这位极富巧思的建造师，因其宇文家族身份和自己兄弟犯事，受到牵连，曾两次遭贬，至今却仍是工部一名少监。

杨素派人将宇文少监找来。他面对左仆射杨素，即笑眯眯地说：“咱就猜到，仆射会来找咱。”

“那才有巧。”杨素的官阶与宇文相距甚远，却因二人长期搭档，相互说话极随便。他笑问少监，“汝猜，咱找公来因何事？”

“还能有啥？当然是为皇后造陵寝啰。”

“确是为此！”杨素收敛笑容，又问，“那么，公是否考虑过，此陵寝建造在何处为好？”

“哈哈哈哈……”宇文恺笑得豪爽，笑得快意。他眯缝着眼说，“咱对仆射大人实说吧，早在二十年前，择好建造大兴城地址的同时，咱就一并把皇家陵寝选择好了。”

“噢？”杨素正色说，“别把自己吹得比诸葛孔明还神通。汝咋会有此先见之明嘛。"

"此算啥先见之明。按以往习俗，皇上登基，立马就要为自己考虑身后事。但，圣上首先考虑的是建都城，此无疑是不错的。所以，咱就想，待新建的都城落成后，接着要建的应该就是陵寝。因而，自那时起，咱就留了个心。没料到，以后一直没了下文。这种事，圣上自己不提，别人怎敢提说要为皇上造陵寝呐。更没想到的是，此一搁，就是整整二十年。"

杨素一想，宇文恺的话倒是说得入情入理，但却不敢相信他看中的那地方就一定符合要求，并合自己的心意。于是，道："公说的那去处，第一，要使皇上能满意；第二，还要能够服众。"

杨素所指"能够服众"，首先就是要能入他杨素本人的法眼。主持此项工程的人，尚且都看不过眼，能叫那些风水大师和圣上本人点头？

但，宇文恺却毫不含糊地说："这都没有问题。"

"另外，交通方便不方便？你看，皇后之灵柩停在大兴殿中，出殡不宜拖太久。交通不便，必然影响建造时间。"

"此乃必然，入土为安嘛。咱是做建筑的，首先就要考虑砖、石、木材和粮草之运输等问题。其次，此是皇家陵寝，要供人祭奠、瞻仰，位置不能太偏。若在交通不便的深山野岭中，风水再好，咱亦看不中的。"

"行！"杨素进而问，"公说的那处所，在哪里？"

"不远。"宇文恺说，"咱之大兴城在渭水之阳，那地方则在渭水之阴。仅一水之隔，翘首即见，相互呼应。"

"这样吧，你带咱去瞧瞧。"

杨素只带几名侍卫和扈从，渡渭水，随宇文恺来到一个叫三畤塬（今陕西咸阳杨陵区境内）的地方。其地，北枕巍峨起伏之终南山脉，面临波光潋滟之渭水，风光旖旎，气象森严……

"好，好！就是它了！"杨素在江边沙洲上来回走了两遭，看着看着，脱口赞道，"此确是一个好去处！"

"仆射还有所不知。"宇文恺解释说，"为解决京师粮食不足，使漕船直抵京师，咱于十余年前，曾奉命修了一条漕渠，将渭水与黄河连通。所以，南来之木材、石料、粮食等等，运达黄河之滨，即可装船。咱只在这附近修一座临时码头就行了！"

"此太方便了！"杨素拍着宇文恺的肩膀说，"公是知晓的，咱为建造仁寿宫，光修路就花了好几个月。"

次日，杨素即把朝廷懂得命相风水的官员，统统召集到一处。众人跃跃欲试，此正是他们各显神通，一展雄才，取悦皇上的大好机会。可还未等大家各抒己见，杨素即宣布要带大伙去参观一个地方。并说，为节省时间，不乘车，不坐轿，由仆射为每人各备了一匹马。就连仆射本人也是骑马，其他人还有啥话可说。大家骑行至渭水边，弃马乘船，北渡到三畤塬下船。杨素就叫身边的宇文恺给众人解说此间风水。

宇文恺亦不避班门弄斧之嫌，指点江山地侃侃而谈起来。然，风水都摆在眼前，有目共睹，一览无余。讲完风水，再说交通。他介绍说，东北和西北征集购买来的材料、民役所需之粮食，可走哪几条官道，现有哪几条路可直达三畤塬，还有哪几条道儿尚须修筑临时便道连通等等。而南来之物，则可走水路，交通十分便利。再次就是，数万人之民役、工匠，可沿渭河边比较平坦的地方安营扎寨，取水、生活亦十分便利……云云，从而可以确保工程在数月内完工。

宇文恺讲解完毕，杨素对风水和工程上的事，不再赘言，只问众人，是不是渴了？饿了？然而，此荒郊野地，哪来吃喝？不等大家有丝毫喘息机会，杨素则命众人上船，再马不停蹄地返抵大兴城里。

此时，杨素已在京师最好的春明酒楼备足了水酒、美食，为众风水大师们接风。待又饥又渴的大师们垫过底后，杨素才礼贤下士，请众人从工期紧迫的实际出发，畅所欲言，对三畤塬之风水发表高见。

与此同时，杨素还请来尚书省录司，声言要把众人的高见，一一记录在案，面呈皇上。

白纸黑字，有据可查，谁还敢胡言乱语，信口雌黄？

为皇上确定皇陵，本是各风水大师最能展示其才华的大好机会。但面对杨素一副"约法三章"之脸孔，本来就慑于其威势的众大师们，除了赞扬，谁还敢斗胆提啥异议？况且，那三畤塬的风水，亦实在说不出有何重大缺憾。所以，各抒己见，亦变成了众口一词，都说该地风水确实不错。

而此前，杨素最惧的就是众人公说公有理，婆说婆有理。而且，因年深日久，他们中的大多数人，皆与文帝过从甚密，并都可以"通天"，直接面见皇上。这么一来，如果众口各执一词，那么光打嘴仗，一年半载恐连选址一件事，都不会有定见的。

于是，众人在觥筹交错中，各抒了"己见"。酒足饭饱后，杨素又给每人各封了五十两银子的"咨询费"。

吃人，嘴短；拿人，手短。而杨素便这样不费吹灰之力地就解决了最棘手的选址问题。

接下来，便由宇文恺汇同工部技师尽心尽力，大展宏图。杨素则笃令各部门调派人力，征集物料。为加快工程进度，工部把计算好的图纸分发至有关州县，各地按图将分派之物料打造成型，运往工地时，即可就地安装。

于是，该项工程，便按杨素的预想，在当年年底就顺利地竣工，前后不过短短几月工夫。

而此一切，使文帝甚感欣慰和满意，诏曰：

君为元首，臣则股肱，共治万姓，义同一体。上柱国、尚书左仆射、仁寿宫大监、越国公素，志度恢弘，机鉴明远，怀佐时之略，饱经国之才。王业初基，霸图肇建，策名委质，受脤出师，擒剪凶魁，克平虢、郑。频承庙算，扬旆江表，每禀戒律，长驱塞阴，南指而吴、越肃清，北临而獯、獝摧服。自居端揆，参赞机衡，当朝正色，直言无隐。论文则辞藻纵横，语武则权奇间出，既文且武，唯朕所命，任使之处，夙夜无怠。

献皇后奄离六宫，远日云及，堂兆安厝，委素经营。然丧事依礼，唯卜泉石，至如吉凶，不由于此。素义存奉上，情深体国，欲使幽明俱泰，宝祚无穷。以为阴阳之书，圣人所作，祸福之理，特须审慎。乃遍历川原，亲自占择，纤介不善，即更寻求，志图元吉，孜孜不已。心力备尽，人灵协赞，遂得神皋福壤，营建山陵。论素此心，事极诚孝，岂与夫平戎定寇，比其功业？非唯廊庙之器，实是社稷之臣，若不加褒赏，何以申兹劝励？可别封一子义康郡公，邑万户，子子孙孙，承袭不绝。余如故。

与此同时，文帝还赏赐杨素田三十顷，绢一万段，米一万担，金钵一件，钵中盛满黄金。银钵一件，钵中盛满珠玉。并赐绫锦五百段。

其时的杨素，权势、威望、富贵，均无以复加。不仅如此，其弟杨约，伯父杨文思、杨文纪，还有族叔杨异等，都是尚书、列卿一级官吏。杨素的几个儿子，并无建树，官却均至柱国、刺史。而其家中，僮仆则达数千，后房姬妾身穿绮罗者，亦数以千计。

然而，祸兮福之所倚，福兮祸之所伏。乐极，亦难免生悲。

第一一七回

素造陵死人无数遭揭露
帝有恙御医问诊出症候

光阴荏苒。转瞬即至仁寿三年的春季，渭河流域，秦川大地，到处勃发出一片盎然生机；随着气候的转暖，人们脱去厚重的冬装，皆感分外轻松。此时，相距独孤皇后之驾崩，已过去半年有余。

独孤皇后去世，之于文帝，既感哀伤，亦觉大大松了一口气。他伤悲的是，二人毕竟相濡以沫走过人生大半辈子。在此期间，二人共同蹚过无数惊涛骇浪，避过许多暗礁险滩，生育过五儿五女，当然，亦共享过皇上皇后至尊之富贵荣华。然而，皇后又始终如影相随，左右着文帝的想法、欲求，甚至一举一动。比如说吧，就连事先安排好了的某日到宣华夫人处过夜，此等寻常事，文帝只要一想起皇后年老多病，自己却还在与新欢作乐，就有可能引起内疚，甚至罪恶感，而不能尽兴。可当下就没此羁绊了，没任何后顾之忧了，亦从而使得文帝有生以来，真正感受到了做皇上的为所欲为和人生之美好。现在，文帝也习惯了自己不在京师，把所有权力及事务全都交付给太子，自己啥心都不操，以享天伦之乐。而如果在朝廷处置政务，其效率也似比往年要高许多。因此，文帝深感自己迎来了执政以来的又一春，人生的又一春。

这日，文帝在中华殿里开启了一份密折。上奏者是附近州中一位刺史。

他状告尚书左仆射杨素在为独孤皇后修造陵墓期间，滥用民力，致使民役伤亡累累。不仅如此，主事的役吏还下令将死亡民役的尸体随意抛入河中，并美其名曰是"水葬"。渭水两岸官民皆靠此水生息，为不污河水，打捞掩埋之尸体不计其数。今年清明时节，有远处赶来的民役家属到渭河两岸寻亲祭奠，哭声惊天动地。当下国泰民安，出现此类事，极伤民心。

文帝展读表章，心潮难平。他的第一反应就是，杨素咋屡犯此错呢？且越来越胆大包天！过往，他在主持修造仁寿宫时，亦曾有过死人不少的反映。当时，文帝就很气愤，后来是皇后从中转圜，文帝方才息怒，没有追究杨素之责。没想，他不但不接受教训，反而变本加厉。

文帝合上折子，把工部尚书杨达和一直在工地组织施工的工部少监宇文恺召来。皇上先问杨达："朕闻修建杨陵，死人甚巨，有否此事？"

杨达当即推说："此项工程，圣上钦点杨仆射主持，工部有宇文少监和一干施工官员在场，下官只偶尔去过工地两次，不敢越权过问仆射之事，工地是否死人，下官不知。"

杨达说完，看了宇文恺一眼。

行过跪礼刚被赐坐的宇文恺，从始至终都在工地上，是找不到任何托词与藉口的。他在皇上一双犀利目光的直射下，立即竹筒倒豆子，说："工地确实死人不少。"

文帝闻言，冷冷盯住宇文恺，问，"此项工程，前后拢共仅几月，咋就死了许多人？"

杨陵竣工，独孤皇后下葬后，杨素所获赏赐数额第一，其次就数这位宇文少监。

"时间短，急于赶工，是死人多的主要原因。"宇文恺面色寂然，据实以告，"杨仆射预定的目标是，要在百日内，也就是年内，完成此项规模巨大的工程，施工者能不拼命赶工吗？"

"太平盛世。赶工，需以人的性命为代价？"

"杨仆射处事不惜民力，由来已久。他常说：做工程，亦如打仗。"宇文恺道，"别说民役了，连咱亦忍受不了那份折磨哩！咱在工地连轴转，有一次就昏厥过去，还是被人抬进工棚的。咱还只是做些指手画脚事，匠人、民役全是下力活，没日没夜连轴转，咋受得了哪？尤其是到后来，天一日冷似一日，那风就似刀子割肉一般，往你身上削！每日早晨，工棚一倒一大片，有的还没断气，也往水里扔。”

坐于一旁的杨达听得头发麻，问：“当时，也没记个姓名，住址，挖个坑，就地下葬？”

“仆射不让哩。他说，‘此乃皇陵，可不能让孤魂野鬼在此捣乱。’而究其实，还是为赶工，没工夫为死去的民役料理后事。就这样，累死病死一批，即又补充一批新的，工地上倒是从不缺人。杨仆射做事有气魄，就是太不把人当人。只要他一到工地来，见有人不能尽力了，亦不问是否有伤？有病？是不是没吃饱？他就命身边侍卫，将不能下力的人抬起往水里扔。见此情形，民役哪有不惧者！即使有病有伤或肚饿，还是要拼命干，直到累死……”

杨达和宇文恺刚离中华殿，摆在几上的茶水还未凉，兵部尚书柳述即到。

文帝赐坐后，便问：“啥事儿？”

柳述则神情肃然地反问文帝说：“臣下想问问父皇是否知晓母后的陵寝为啥建得这么快？”

“嘿嘿！卿是想考问父皇是否昏聩了，是不是？”文帝面对爱婿说，“朕之耳，还不背。朕已了解到，此乃杨素滥用民力所致。”

“岂止是滥用民力。”

“噢？”文帝分外注意，“那还有啥？”

“杨仆射为了赶工，到后来还擅自动用了齐鲁府兵，充作民役使。”

“岂有此理！”文帝无比愤怒。

平陈之后，文帝对源自北周的府兵制进行了又一次改造。国家统一后，战事大大减少。文帝寓兵于农。当兵之适龄人，平日分给土地和家人住在一起做农民，农闲时，集中军训。此样，能使府兵安居乐业，亦大大减省了政府开支。府兵不纳税，免徭役，如有战事，才受征召为国出征。

柳述继续说："不仅如此，仆射还把府兵不当人用。在工地折磨至死者，就有千余人。工程结束时，因伤病致残者，更不计其数。此比打了一场恶战，死伤还要惨重。"

文帝勃然大怒："杨素贼胆包天！"

"过去，咱还只是觉得杨仆射目中无人，居功自傲，太过骄横。今才感到，他太胆大妄为，所作之事，令人发指，欲不加以制裁，说不定某日还要生出更大的事端。而此，绝不是臣下一人之见。"

皇上听后，感到柳述之言，确非危言耸听。尤其是近年以来，皇上对杨素其实很矛盾。一方面，凡交杨素的事，只要他接受了，就能干得又快又好，且还常有意想不到的出色效果！比如说，平陈时，他造出能容八百士卒的五牙大舰，平定江南叛乱时，他水陆并进率军直下闽南，扫遍逆贼无敌手，同时，他还能把个仁寿宫造得如同人间仙境一般等等。但，另一方面，他在干事时，挥霍无度，滥用民力，毫无节制……

文帝想到此处时，看了看柳述，问："卿说说看，还有谁对杨素有看法？"

谁知，柳述竟是有备而来的。他当即从袖筒中拿出一份密折，递给文帝道："请父皇看看此份折子。"

文帝接过折子，先看了一眼落款，脱口说："梁毗？朕倒要看看这个炮筒子又说了些啥？"

接着，便将折子展开，细读起来，其上写道：

臣闻臣无有作威福，臣之作威福，其害乎而家，凶乎而国。窃见左仆射、越国公素，幸遇愈重，权势日隆，搢绅之徒，属其视听。忤意者严霜夏零，阿旨者膏雨冬澍，荣枯由其唇吻，废兴候其指麾。所私皆非忠谠，所进咸是亲戚，子弟布列，兼州连县。天下无事，容息异图，四海稍虞，必为祸始。夫奸臣擅命，有渐而来。王莽资之于积年，桓玄基之于易世，而卒殄汉祀，终倾晋祚。季孙专鲁，田氏篡齐，皆载典诰，非臣臆说。陛下若以素为阿衡，臣恐其心未必伊尹也。伏愿揆鉴古今，量为处置，俾洪基永固，率土幸甚。轻犯天颜，伏听斧锁。

若在往日，文帝看到此类文词犀利劝戒自己的折子，不管对错，定会火冒三丈的。但今日却罕见地并未光火。原因是，杨素的所作所为已有多人举报，确已犯了众怒。其次是，梁毗本人是个出名的忠直老臣，他的一番劝诫发自肺腑，并无哗众取宠之意。

文帝把梁毗的折子合上，感觉有点儿累了，他刚将后脑往椅背上一靠，忽地想起答应了荣华夫人的一件事儿，要去践约，于是，又立马直起身子叮嘱柳述说："杨素事，怎个处置，让朕想想。"

"是。"

"杨素是宰相。况且，为造皇陵，朕刚下诏表彰过他，不能这么快就出尔反尔，为同一事又治他的罪。卿之言，说到朕这儿，已到顶了。不可在僚属间再有对仆射的流言蜚语。"

"是。"

柳述走后，文帝令人收束了案上摊开的文件，叫上元岩等几名侍卫，便朝后宫走去。宫里自出了行刺太子事后，文帝在前殿和后宫中走动，亦比从前多加了一份戒备。

目下，文帝心中惦记的到底是啥事呢？

昨日，皇上与荣华夫人共进晚膳时，不知怎的，一聊就聊到在骊山泡温汤的事。荣华夫人说，听说那从石缝中溢出的温汤能使肌肤光鲜润泽，还能治疗百病，十分神奇，而自己却还从未见识过和体验过。夫人这么一说，文帝便来了劲，随口道，要去温汤，那还不容易？当即就定下今日即往。独孤皇后去世后，宣华和荣华二位夫人亦变得活跃多了。有时亦向文帝提出这样那样的要求，并想到这里那里去走走瞧瞧，开开眼界，长长见识。文帝则自是来者不拒，一律满足。皇后这才去世半年，文帝便携二位夫人去过除仁寿宫而外的其他几个离宫。不过，因尚处皇后的服丧期内，外出游玩都不大张旗鼓，也只限大兴城周遭的几个地方。对外，也只是宣称皇上累了，需外出休息数日。今日，文帝早早结束了一日之事，就是为和夫人同去泡温汤的。

有道是，隔墙有耳。

文帝在中华殿与杨达、宇文恺和柳述等说的话，当日就有人传到隔壁东宫太子的耳中。

平日，只要文帝在京师主政，太子也就和其他大臣一样，该上朝时必上朝，不上朝时，他接受虞庆则喜欢结交朋友被文帝疑作拉帮结派的教训，就猫在东宫，闭门不出。不过，不出门，并不等于不问事。他有不同途径和各色人将有关的事传输到右庶子张衡那里。再由张衡分轻重缓急，面报太子。此前，有关杨素造杨陵死人无数的事，杨广自是早有耳闻。但是，皇上本人有可能尚不知晓，或是知道了，并未表态。那么，太子亦自然无话可说，哪有屎不臭，挑起来臭的呢。而当下则是非同小可！有人把死人的事告到文帝那里。圣上召来了杨达和宇文恺问明了原委，动了真怒，且柳述更是火上浇油……皇上如果一怒之下，下诏将杨素罢免，那样，要想立马挽回，便几无可能了。而太子在成为皇上之前，是不能没有这位仆射作帮衬的！

杨广感到事不宜迟，随即召上侍卫，抬头看看天色，已近黄昏时分。他知父皇用膳早，因其视力已大不如前，晚上既不能在灯下看折子，更不能读书，每日就寝亦早。其时，正是皇上用晚膳之时，尚可趁此机会，与他说上几句话，以缓解父皇对杨素的愤怒，从而达到免予处置杨素的目的。

杨广从东宫侧门直入后宫，并就近直奔荣华夫人寝宫而去。走到荣华夫人寝宫门口时，被宦官告知说：皇上和荣华夫人共乘一车去了宣华夫人那里，想是到宣华夫人处共进晚膳了。

所以，太子一行人即又往宣华夫人所住的永安宫赶去。

这座永安宫原本是皇后的寝宫。独孤皇后去世后，永安宫重新粉刷装饰一新，文帝下诏，让宣华夫人搬了进去。宣华夫人的称谓没有因入主永安宫而改变，却已然成了后宫的主人，主持六宫事。

太子对永安宫真是太熟悉不过了。母后在世时，他已记不清自己出入此宫有过多少次。而当他走近宫门时，心却一沉！因他见到御医龚维之的那辆精致小马车竟然停在宫门一侧。母后晚年多病，御医常来问诊，此车就常停在那处所。太子想：今又是谁生病了呢？不管是圣上，或是两位夫人中的一位，都会是后宫乃至朝廷的一件大事。

"哟，是太子呀！"一口甜美吴越软语，随着晚风送进太子耳中，使他感到分外悦耳和分外亲切。

太子在江都一待十年，自己也能讲得一口流利吴语。他抬起头来，但见宣华夫人玉立于丹墀上，正在向他打招呼。虽是黄昏时分，夫人的面貌不能看得十分真切，然其姿态、身段却仍显楚楚动人。

太子趋前一步，忙施礼道："嗨！是娘娘呃！咱闻父皇到了这里，才急急赶来的。"

"圣上是在咱这儿用的晚膳。但，不巧得很，圣上前脚刚走，太子却迟来一步。这不，咱就是出来送圣上和荣华的。"

"圣上和荣华夫人去哪了？"

"荣华说想去泡温汤，圣上就陪他去骊山了。"

"哦……那就算了。"太子颇感遗憾地正欲转身。

宣华夫人则在丹墀上说："太子既来之，能进屋里坐坐吗？咱有一事，想与太子说说。"

太子心里还挂着杨素那件事，犹豫了一下，想，先把杨素事，向宣华夫人吹吹风，让她在父皇面前敲敲边鼓，也许比自己直接进言，更有效。他这么想着时，腿已不由自主地迈上了丹墀。

"要泡温汤，咋不早点去？看，天都快黑呐。"太子边走边说。

宣华夫人道："圣上说，近日较忙，就抽了晚上的空。"

"那，宣华娘娘咋没一起去？"

"咱这几日身子不大舒服，下不得水。"

"怪道。咱见龚御医的车子停在大门口，娘娘不打紧吧？"

"咱没事。"宣华夫人环顾左右压低嗓音说，"御医是来为圣上视诊的，咱请太子进来坐坐，就为此。"

"噢？"太子一愣，止步道，"父皇既然病了？咋还去泡温汤咧！"

宣华夫人看看左右有人，即说："请太子进屋里说话吧。"

宾、主在客厅落座后，太子首先发现自己送给母后的那张很沉的雕龙刻凤的躺椅仍搁原处。物还在，然，主人已不是原先的主人了。

宣华夫人对太子分外殷勤。奴婢送来时令瓜果，夫人濯洗过玉手，亲为太子切削。太子很受用地用过，夫人又让婢女绞来湿热帕子，让太子揩抹手脸。太子揩抹时，还觉出，那帕子竟还带有一股子特好闻的香味儿。父皇一生节俭，虽贵为天子，过往却无此类细致入微的讲究。

论年龄，宣华夫人比太子小；论辈分，二人却是母子关系。太子私下称自己的生母独孤皇后，作"娘"或"阿娘"，而称宣华夫人作"娘娘"。此一字之差，亲疏即一目了然。

太子揩过脸后，即问："请问娘娘，父皇的病要紧么？"

"唉……"宣华夫人叹了口气，说，"今日圣上因要去温汤，用膳略比以往早一点，也可能是吃得急了些。吃着吃着，即感小腹有点不适。咱说，不行，已是上了岁数的人了，得叫御医过来瞧瞧。圣上还说，多此一举。荣华亦觉无此必要。在咱的坚持下，还是把龚御医请来了。"

"御医是咋说的呢？"

"御医纳过脉，又看过舌苔后说，圣上是操劳过度，虚火过旺，已伤及到了肝和肾。"

"啥？"太子吓一跳。"那咋办？"

"御医开了方子，并说，他会亲自去把药抓了，熬好，再亲自送来。还说，此病光靠吃药尚不济。另要圣上实行'三节'……"

"啥？"

"此'三节'是——节劳，节食，节欲。"宣华夫人说毕，已是满脸绯红与羞愧。

此时，厅里已将灯点得亮堂堂的，把个宣华夫人照得更显光彩夺目。

太子望了夫人一眼，忙把目光瞥向一旁，问："既如此，那父皇咋还要去温汤嘛？"

"就是咧！"宣华夫人叹气道，"圣上不但不听御医劝告，还一拍桌子，弄得桌上汤水横流，说御医胆敢干涉皇上衣食住行，并道，自己不过是用膳过急，一点气胀而已，硬说御医是故意小题大做。还说，待他明日从温汤回来，还要再拿御医算账。"

"咱想，父皇发怒，也不是没一点道理。有些人，尤其是朝廷官员，总喜在皇上面前小题大做，邀功请赏。"

"咱觉龚御医不会是那号人。"

"何以见得？"

"太子想嘛，龚御医这么大一把年纪了，他还希图啥哩。再说，若不是他对皇后那么尽心尽力，皇后恐怕早就支撑不住了。"

"那倒是。"太子若有所思道，"不过，父皇往日身体一向都是不错的，不管遇到什么事，他每日都坚持早起，要打两套不同套路之拳术。"

"是咧，是咧……"宣华夫人不无自责地道，"咱越想越觉御医的话有道理。就拿膳食来说，以前咱总想尽量让圣上吃得香些，养得壮壮实实。圣上也确实特别喜欢淮扬菜。自黄御厨来后，胃口大开，这两年，圣上越来越发福了。有一次，圣上对咱说，他晨练时，腰已弯不下去，动作已经不很连贯，有时，就索性不练了。"

"哦……这么说来，咱也有责。"

宣华夫人摇头，眼窝儿里盈满泪："不，咋能怪罪太子。是咱与荣华没能侍候好圣上。"

"这样吧，过往之事，都不必自责了，当下却要抓紧如何亡羊补牢。自明日始，请娘娘会同御厨和御医共同商议制定几套适合皇上的食谱。咱记得母后晚年吃啥，亦都是听从御医的。"

"此法好，咱明日就去请御医来商量着办。"

"行。"话说到此份上，太子起身欲告辞。因在此时刻，再提杨素事，就显然不合时宜了。

"太子……"宣华夫人欲言又止，目光中满含哀怜。

太子回头看了一眼宣华夫人，问："娘娘还有啥事儿？"

"御医还说，要圣上节劳。今后之国是，还望太子多担待点。"

"行！"太子点头说，"咱以前不知父皇有恙，在政事上，今后咱会多当责的。请娘娘留步。"说完，施过礼后，转身离去。

太子出了大门。其时，天已全黑，前面一路有太监提灯照明。

满腹心思的太子刚刚迈下丹墀，忽地从石墩之后，闪出一条人影，并轻声唤道："太子……"

太子曾遭遇过一次刺客袭击，对方声气虽小，却吓出一身冷汗，忙退后一步，问："谁？汝是谁呐？"

"是咱——龚维之。"

"嗨，是御医呀！咱来此宫时，就见您的车停在大门外。您咋还没回家呢？"

"咱见太子进了永安宫，就在此处候着哩。"

"噢？您一直在等咱？"太子大感意外。但转瞬，他就明白御医找自己是为啥了。

御医环顾左右，见周围净是太子的侍卫。皇上龙体欠安，可是天大秘密。御医于是吞吞吐吐说："在娘娘的大门前，咱不好说话哩。"

太子自那次与刺客遭遇有惊无险后，每次出行，增加了随行侍卫人数。他会意地对太医说："咱走远点儿说事吧。"

太子边朝远处走，边用手势要侍卫原地等候。待与侍卫拉开一段距离，即安慰御医道："咱在屋里已听娘娘说过您给皇上问诊事。您老不用担心，圣上其时是在气头上，他不会真找您算啥账的。"

"咱可不是为咱自己操心。咱就剩一把老骨头，有啥账好算的？皇上要咋处置，咱都认了。"御医越说越激动，"咱等太子为啥呢？是怕圣上执迷不悟，把自己的症候不当一回事。"

"您小声点！"太子压低嗓门，问，"父皇之症候，真有您说的那严重么？真要这也戒，那也戒吗？"

“咱是真的吃了豹子胆？能随便吓唬圣上？”御医压低嗓音，语气却十分严峻，说，“圣上当下仅感到有点儿气胀和不适，待他真正觉得腹部疼痛时，一切就来不及啦！”

“噢？”太子惊得差点跳起来。

“当下最为难的是，圣上不但不听咱的话，还反其道行之，在夜间带着夫人去泡温汤，简直是连命都不要了呐！”

“您小声点。”太子再次提醒，并说，“咱刚和娘娘合计了一下，从明日始，在政务上，咱为皇上多扛担子，让皇上尽量节劳；在膳食上，亦请您像过去对咱母后一样，与御厨合计出几套节食之食谱来。”

“这就万事大吉了？”

“还有啥？”

“还有顶顶重要的，要节欲哩！”一不留神，御医的嗓门又大了起来，“太子是读书人，咋能忘了这色字头上悬着一把刀哪！”

“难，难！”太子泄气地摇头，道，“您没见？咱父皇身边那两位绝色美人儿，是男人，谁见了能不为之怦然心动呢！”

第一一八回

出意外太子磨刀防不测
惹众怒仆射无奈入冷宫

却说，太子在一众侍卫簇拥下，摸黑往东宫走去。永安宫中的太监殷勤地要为太子提灯继续引路，太子不让。他们要把灯笼让太子的侍卫提回去，太子也不允。此时，月亮尚未出来，真有点月黑风高的味儿。不过，宫中的路很平，即使弯来拐去，却是走得再熟悉不过的老路，要个灯笼，也确是多此一举。

太子一路走，一路想：今夜所知之事，着实令人震惊！这人的身体也着实让人捉摸不透。就拿父皇来说吧，身子骨多棒！朝中术士来和曾说，圣上阳寿当在八十八岁以上。自己被立为太子那一刻，就深感父皇仍是横亘面前的一座山。父皇不醉生梦死，没啥致命嗜好，腰板亦很硬朗……自己则不知要等到猴年马月，才能登上皇位；更不知道还要经过多少沟沟坎坎，才能获得父皇的完全信任……说不定，正如老姐所言，待自己熬到荣登九五之尊那日，已然老矣。但，到底还是年岁不饶人嘞！自己被立太子，这才两年工夫，母后已然离开人世，而疾病亦在悄然间缠上父皇了。更要命的是，他的身边还有两个绝色美人，正如胶似漆地粘着江河日下的父皇！太子心里这么想着，抬脚便从侧门跨进了东宫。

早在门口候着的左卫率宇文述前来报说："杨仆射和大理少卿已在前殿

等候有一会儿了。"

"他们来得正好。"太子原本打算回后面寝殿去的,听说杨素、杨约兄弟来了,即又趱向前殿。

当太子一行走到东宫正殿门前时,杨素兄弟,并郭衍、张衡等,早已站在门口了。

杨素施礼之后先开口:"听说太子去后宫了。"

"是咧。只是扑了个空。"太子并没多加解释,和众人一一打过招呼后,说,"诸位亦都还没用晚膳吧?今儿真是巧了,凑得这般齐整,咱今破个例儿,一起吃个饭。咋样?"

"好。"张衡高兴地道,"咱这就去安排,列位请先进厅里说话,过一会儿,咱来请诸位就餐。"

杨广被立太子,张衡、宇文述、郭衍亦陆续从南方调到东宫。为不引人注目,不使皇上生疑,太子要求众人不要在大庭广众中显得过分亲密,更不要凑在一处吃吃喝喝。因而,此一帮人,这么堂而皇之地聚在一起,真还是头一次。

下人上过茶离去后,早就憋不住的杨素立即问:"这天还早得很嘛,圣上咋就不见太子了?"

杨广这才对众人说:"父皇不知哪来这大兴致,今夜陪夫人去骊山泡温汤,咱赶去时,人已走了。"

众人大笑,且笑得挺暧昧。只有杨素因心中有事,才笑得很勉强。

"咱知仆射是因何事过来的。咱去找父皇亦正是为仆射事。"太子继续道,"据说,皇上听过宇文恺的讲述,当时十分气愤。不过,即使是在气头上,圣上仍有如此雅兴,即说明他并未把状告仆射事太挂心上。那么,转圜的余地就存在。所以,咱今日亦壮胆破个例,吃个团圆饭。"

"呃——太子,可不要如此乐观。"杨素摇头摆手说,"咱听杨达和宇文恺从圣上那儿回来说,圣上为咱造杨陵死人事,确乎动了真怒。说来说去,此亦怪咱,性子太急,把好事办砸了。上回做仁寿宫,咱是靠皇后才逃过一劫的。不想,此才几年哟,皇后就不在世了。目下,朝中除了太子,恐再无二人能在皇上面前说得上话的了。所以，还望太子多费心。”

太子点头回应说："此请仆射放心，咱自是责无旁贷。"

"还有，不知诸位注意到没有？"杨素说，"以往只柳述一人，不知轻重，偶然对老夫出言不逊。可此次则似乎是一窝蜂，来势很猛，有不把咱扳倒不罢休的架势。"

"噢？"太子原先还没想到这一层。可经杨素一点，觉得还真是那么回事儿。若是这样，就值得警惕了。当年就是先将已废太子杨勇身后的支柱高颎扳倒，才进而达到废太子目的的。而今，此一伙人表面把矛头指向杨素，是否亦像当年那样，是冲自己来的呢？那么，他们背后的始作俑者又是谁？

宇文述说："宇文恺很可恶。他为了洗刷自己，把死人责任都推给了仆射，此次的始作俑者就是他！"

杨素却摇头说："此事不要怪宇文少监。咱与其相处非一日两日，他只是个做事的人。他被叫去，能当着皇上说谎？他有那个胆量？"

议论间，张衡进来说，晚膳已经备好，请众人去后殿入席。太子即令拿一坛窖藏陈年花雕犒赏众人。

觥筹交错间，话题自然而然又转到了"倒杨"的始作俑者上。有说柳述是幕后黑手，并说他对杨仆射早就出言不逊。

"不是，不是。"杨约坚称，"柳述年轻气盛，又是皇上女婿，且为皇上执掌着兵权，就更觉得自己了不起，说话不知轻重，口无遮拦，而不把前辈放在眼里。若说他有啥图谋，当下还看不出来。"

"对，对！柳述就是那么个人，并没很深的城府。"杨广对自己的妹夫也是如是看的。他平日与柳述说不上好，也说不上坏，一般过得去而已。

于是，又有猜杨谅的。但其纵使对太子和仆射不满，人却在并州，无论如何，他的手还伸不到京师和朝廷里来。杨素自己则认为是废太子的余波作祟，一遇风吹草动，其原先的拥趸便又蠢蠢欲动，他们不敢把矛头直接对准皇上拥立的太子，却对准了支持太子的仆射。有人不赞成此说，但，杨广本人则深以为然。杨勇做太子多年，父皇和母后不喜欢他，并不等于满朝文武中没有他的支持者。

酒足饭饱，众人送走杨素杨约兄弟。太子内外有别，再次把张衡、宇文述和郭衍召集于前殿客厅议事。此几人，才是太子核心中的核心。

席间一直没怎么说话的郭衍先开口："咱看，此次有人反对杨仆射和当年扳倒高仆射，是两码事，不可相提并论。"

"噢？"太子大感意外，问，"汝咋这么说哩？"

"这不是明摆着的嘛。高仆射被贬作庶人时，谁都看得清楚，朝中官员，不服者众，只是慑于圣上威势，敢怒不敢言而已。杨仆射恃才恃功自傲，在朝中作威作福，与高仆射恰恰相反，官员对他不满者多，其中就包括了兵部尚书柳述。尤其是此次为皇后造陵墓，死了不少人，更激起了地方官员对杨仆射极为不满，这些人都是出于义愤，才群起而攻之，并不是啥废太子的余波在作祟。对此，咱不能乱生疑惑，找错了对象。"

郭衍的话音刚落，张衡即说："咱赞成此说。杨仆射把前太子扯到一处，是怕太子不尽心尽力为他在皇上面前说情。"

太子杨广认为二人说得有道理，方猛然醒悟！

不过，醒转过来的太子，却比二人看得更深。他立即插嘴说："尽管如此，咱对杨仆射还是不能听之任之，而且，不能让他就此倒下去，因咱当下还确实少不了此人。他凭啥能在朝廷作威作福？正如郭将军所言，他有功劳和才干。咱还要继续用他的才干做好未尽之事。再试想一下，如真将杨仆射扳倒了，换个与咱不是一条心的人来做仆射，那情形又会如何？因此，杨仆射之于咱，还是个不可或缺，甚至是举足轻重的人物儿！"

宇文述也是个看不惯杨素颐指气使的人，本想借郭衍之语再追加几句的，但一听太子言说，即转而附和道："那是，那是……"

接着，太子面对宇文述和郭衍说："此外，咱还应看到，当下朝廷确有各种嘈杂之音，搅得人心烦意乱，咱倒确要多留点神儿，以防不测之事发生。咱这么说，并不是故作危言吓唬诸公。"

郭衍一听，即问："太子有何示下？"

"咱想问问，交二位分别管束的三千亲兵，到底训练得咋样了？"

宇文述回答说："咱分管的那部分人，让化及管束着，具体情形咋样？咱一时还说不大清楚。"

宇文述提到的化及，是他的长子宇文化及。

郭衍是个细心人。他中肯地说："这支亲兵队伍，组建到如今，已有好几年了，但一直以来，却没全部集中训练过一次，更没派上过用场。咋看，似乎没啥大问题，但若深究起来，问题肯定不会少。比如说，来得较早的一拨人，年龄偏大了。有的在家原已成婚的，特想回家乡。有未成婚的，人大心事也多起来，亦想回家去成婚。再者，这些人长期没事儿干，衣食无忧，训练不系不扎实，也都疲沓啦。若真的有事，能否顶得上用，就难得说了。"

"那是，那是。"宇文述立即道，"此都是实情，咱那边亦是如此。"

太子瞪了宇文述一眼，问："汝刚才咋没这么说呢？"

"咱只就一般而言，还是过得去的。比如，太子过往最担心的有人上街寻衅滋事，一不小心，暴露了南方人身份。诸如此类事儿，都没发生过，此说明，咱的管理还是比较严格的。"

"那不行。"太子突然正色道，"养兵千日，用在一朝。咱花这大工夫，顶着巨大风险，养一批人干啥？就怕万一有事。这些年来，一直没用上，是好事，是万幸，是上天对咱之眷顾！在过往的日子里，咱有这支队伍，能使咱心里踏实。可有朝一日，一旦有事，此队伍如果派不上用场，包括诸公在内，即可能都要遭殃！到那时，咱再后悔，就来不及了！"

郭衍接腔说："对于这支亲兵，咱与宇文大将军早前私下倒是有过一次议论。原以为，晋王既已顺顺利利做了太子，下一步就是稳稳当当等着做皇上了。那么，这支私下召集以应意外的亲兵，也就没啥用场了。咱还以为会陆续遣散，让他们回家乡去的呐。"

"事情没有你们想的那么简单！"太子说，"你就看看杨仆射吧，昨日还是风风光光的宰相，是不？今日咋样了？此就叫作天有不测风云哪！"

宇文述一听，摸头不着脑地道："太子的意思是……"

不等宇文述把话说完，太子即道："这支三千人的队伍一个都不能少。

一旦有急，要立马派得上用场。"

郭衍摇头说："就目前的情形而言，恐难做到。"

"公有办法能使这支队伍较快恢复战斗力吗？"

郭衍朝宇文述一努嘴，说，"咱与宇文公都是带兵打仗出身的，整治一支三千人的队伍有何难处。"

"那行。"太子说，"宇文公，这支队伍就在公的手上，你将如何整治它？"

宇文述略思片刻道："首先可把来京师满五年者，每人发一笔遣散费，仍让他们回南方原籍做府兵。他们回去后，因在京师长过见识，回到家乡仍是府兵中的骨干。此外，咱再从江南府兵中，挑选一拨年轻骨干过来，充实此支队伍。今后，就这么两三年轮换一次，可保这支队伍能随时派上用场。"

"这是个好法子。"太子点头肯定说。"只是，他们进出京师，来来往往，是不是太招眼了？"

"这还不好办。后宫两位娘娘都是江南人，咱东宫太子妃也是南方人，每年江南都要向两宫输送不少土特产。新兵送来，老兵压着空车回去，一来一往，人不知，鬼不晓，不就互换好了。"

"行。咱就照此办理！"太子表示赞同，转而又道，"不过，老兵不要全都走了。你两各自挑选一些特别突出，本人又愿意的，留做下级军官。成了婚的，可把老婆迁来团聚，在府中安排个啥事。没成婚的，让他返乡带个老婆过来。"

"有官做，还能带老婆，谁不愿留哩！这样就圆满了。咱正愁下级军官不足，不好管束哩。"宇文述高兴地道。

这支三千余人不穿军服并分散在几个府中的亲兵队伍，是杨广在当太子前，为防不测从江南府兵中精选进京师的。没想到，废立太子进行得既平稳又顺利，反而对这支队伍有些疏于管理，太子本人则更是差点忘记还有此队伍的存在。直到今日，忽闻圣上有恙，太子亦才猛地警醒，隐约感到又一非常时期已悄然迫近，亦才想起此支队伍来。

"那行。"太子说，"宇文公，这支队伍就在公的手上，你将如何整治它？"

　　然而，谨慎的太子却始终没把皇上患病的事和盘托出，只是对二位将军说："朝中之事，波云诡谲，难以逆料，二位绝不可掉以轻心！此次对亲兵的整治，仍要如往昔那样，格外谨慎。这样吧，当下即从郭衍分管的一批人入手，先行以老换新，宇文将军管的那部分人再接着进行。"

　　一切商量安排停当，夜已很深了。

　　太子一觉醒来，萧妃端坐榻沿，对他微笑。

　　"啥时辰了？"太子伸了个懒腰问。

　　"你起身之后，即可用午膳了。"

　　"呵？"太子赶紧坐起，"汝咋不叫咱一声哩？可要误咱大事了！"

　　"太子昨夜睡得那么晚，咱咋忍心叫醒你。"萧妃一听，太子有事，这才着了慌，忙说，"太子昨夜亦未说今早有事哩。"

　　"咱回来时，你已睡着了，咱向谁说去？。"

　　"太子要去哪嘛？"

　　"咱要去后宫见皇上。"

　　太子为啥事，去哪里，要着不同服饰。萧妃与两位婢女立即忙碌起来。

　　太子穿戴整齐，带着一帮侍卫便朝后宫赶去。他想，昨夜圣上泡了温汤，肯定就在当地就寝了。他有一个习惯，早晨一般都起得很早。骊山脚下的温汤与大兴宫很近，无论如何，此时已回宫里了。他还是如昨日一样，先去荣华夫人寝宫。当太子正往那边走时，老远就见龚御医的那辆小马车，已缓缓驶离荣华夫人的寝殿。

　　后宫之内，除皇上、皇后、皇妃们可乘车坐轿，其车轿可在宫内作短暂停留外，别的任何车辆和轿子是严禁入内的。然而，龚御医之车则是唯一例外。而此，亦是皇后在世时，特许的，一直沿袭至今。

　　太子见车，又是一惊。昨夜才说皇上有恙，今日莫非就真的发病了？那也来得太快了吧？他这么想着，已来到荣华夫人寝殿前，有宦官进殿去通报。

　　荣华夫人听说太子来了，亲自于殿门迎接。

太子见荣华夫人，忙不迭地施礼道："娘娘可好，父皇在吗？咱有急务要向父皇禀报。"

"圣上刚刚睡着了。"

"呵？"太子顿觉不可思议，忙问，"父皇是咋啦？他白日里可是从来不睡觉的嘞。"

"是这样，"荣华夫人解释说，"圣上昨夜带咱去了温汤，可能是太尽兴，亦可能去了个生地方，有点择床，一夜没睡好。回宫后，圣上感觉有点不舒服。经御医诊视治疗，服过汤药，又扎了催眠之针灸，扎着扎着就安然入睡了。现时睡得正香。"

"哦，原来是这样，父皇没事就好。"太子松了一口气，向荣华夫人一揖，转身离去。

"太子……"

太子闻声，转过身来。此才发觉荣华夫人的眼圈儿有点红，手中还拿着一方帕子，似是刚拭过泪的。太子大惊——他首先想到的仍是皇上，于是，再问道："娘娘！父皇他到底咋样啦？"

"皇上真的没啥，就是有点累，睡着了。"

"还没啥？娘娘一双眼睛都红了。父皇若真的仅是有点累，那您哭甚咧？"

"咱伤心……是为……是为……"

"是为啥嘛？"太子问。

荣华夫人被太子一激，脸"唰"地变得通红，她似有难言之隐。

"娘娘到底是为啥嘛？"太子越发觉得不可解了。

"是……是御医太……太欺侮人了！"

"噢？"太子眉头一皱，问，"御医竟敢欺负娘娘？"

"他责骂咱是个狐媚子！"

"啥？"

"还说咱不该死缠着圣上不放手！这真是活天之冤枉哪！太子，你给咱评个理儿，圣上宠幸咱，臣妾能不好生奉陪服侍吗？"荣华夫人诉说着，又嘤嘤啜泣起来。

太子是个血气方刚的男子，他看着荣华夫人那楚楚哀怜之样貌，听着她喟喟之呜咽声，只觉心惊肉跳……

"圣上入睡后，咱送御医出房门，御医还对咱硬说，圣上不是累，而是病。并说，咱和宣华夫人是圣上起病的根源。"荣华夫人说着说着，即又伤心得抹起泪来。

"莫怪，莫怪。"太子继续劝慰夫人说，"御医这人，娘娘是知道的，特别固执。咱母后生病那会儿，他连父皇都敢指责，父皇对他，还不是只能听之任之，让他几分。"

太子与荣华夫人纠缠不休，是想从夫人的话里分辨出，父皇到底是"累"了，还是"病"了。两位夫人的看法显然不一致，宣华夫人觉得皇上已然生病，十分着急；而荣华夫人则认为，皇上有点累，休息一下即没事。太子没见着父皇的人，谁是谁非，不便妄测。他于是想：父皇刚睡着，一时半会是起不了身的，再次向夫人躬身一揖，告辞而去。

下午申初时分，太子正在犹豫，要不要再去荣华夫人处，探探动静。忽有人过来传旨，文帝要在中华殿内召见太子。

太子一路赶去，进殿向皇上行过跪礼。文帝即道："朕听说，卿到处找朕，啥事呢？"

太子抬头，见父皇的气色，语调，一切如常。可能是刚睡过一觉，话音中气十足。

"这哪像是有病的人嘛。御医亦太过大惊小怪了！"太子心里这么想着，嘴上却道，"儿臣是为杨仆射之事，急欲来见父皇的。"

文帝一愣，问："杨素出啥事了？"

"有人指控杨朴射，说他滥用民力，致使建造皇陵时，死了不少人。"

"汝咋这快就知晓了？"

"此事，其实由来已久。父皇昨日召见杨达和宇文恺两位大人后，事情便沸沸扬扬传开了。"

"杨素乃咎由自取。他一犯再犯，能不治治他？"

"此要看犯的是啥事儿呢，"太子为杨素辩解说，"他为咱母后修墓，实是忠心耿耿……"

文帝打断太子话，道："还忠心耿耿？他不惜民力，已引起各地官民的公愤。且，他造的是皇陵，不知者，还以为是朕要他这么做的，那朕不就成暴虐之君了吗！"

"做这么大一项工程，哪有不死几个人的嘛。"

"嗬！卿是这么看这事的？"文帝声色俱厉，"日后卿主事了，可要切记善待普天百姓。千万不要不惜民力，而引发众怒。汝数数看，历代哪位暴君，是能善终的？"

"父皇训示，儿臣铭记在心。不过，还望父皇莫把杨仆射这事看得太过严重。"太子说到此处，看了一眼文帝，见他没有发怒模样，方继续说，"近年来，朝中大事小事不断，尤其是自罢免高仆射后，至今，余波尚未完全平复。此次又要处置另一位仆射，是否急了点？当然，杨仆射有错，正告他一下，还是有必要的。"

"唔……"文帝若有所思地道，"汝之这一想法，倒是可以考虑。"

太子亦见好就收，随即拨转话题说："儿臣到二位娘娘处，欲见父皇，皆说，父皇近日身体欠安。不过，今日得见父皇，似觉没事一样，到底是咋回事呢？儿臣倒是有点儿担心了。"

"咱没大事。前两日，就是感觉有点累，有点儿乏力。说到咱的所谓不适，都是因御医小题大做所致。"

"父皇没事就好。"太子说，"父皇安康，乃儿孙臣子之福也。"

太子从中华殿出来，心想：昨晚幸好没把皇上有恙之事说与众人听。但龚御医之说，亦还是有可能并非故弄玄虚。这位老郎中，出言一向谨慎，他不会无事生非，平白无故说皇上有病的。因此，宇文述和郭衍整治亲兵之举，还是要加紧进行，有备而无患。

几日后，文武百官于大兴殿上朝时，文帝在议政告一段落后，即面对朝臣道："左仆射是国之宰辅，不可躬亲细务，只须三五日一次到尚书省，指导一下各部门事务即可。而各部之尚书，则应振奋精神，担起自己分内之责。"

包括杨素在内的明眼人，一听则明，文帝表面上是在抬举杨素，实是要他不要管事。

又过几日，文帝下诏命杨素领衔朝内通晓风水、术艺的官员刊定阴阳谬误。尚书省诸事暂由右仆射苏威主持。

此一诏令宣布之当夜，太子率几名侍卫暗赴杨素府中。

"咱没想到，父皇会这么对待仆射。"太子深感内疚地对杨素说。

"太子咋出此言？"杨素再次向太子施礼说，"素正想把杨约邀上，赴东宫向太子致谢。"

"事情办成此样，谢啥哩！"

"万幸，万幸！若不是太子去圣上那里说项，咱就如高颎那样被免了。后果呢？也许比高颎还要惨。"

"是么？"太子则不以为然。

"太子的大公子杨昭是内史令，他没将内情告知太子？"

"嘿，别提他了！此二年，他人大了，心也大了，平日已很少到东宫来往见父母。"

"太子昨日下午去中华殿接受圣上召见，据说，内史省已受命起草免去咱左仆射职务的诏书。可过了一会儿，内史省又接到圣旨，不叫起草那份诏书了。咱就想，必是你之力谏，方改变了圣上原先的主意。"

"行！"太子高兴地说，"有道是，留得青山在，还怕没柴烧！"

第一一九回

文帝罹患顽症自知不治
太子奉诏侍疾坐等继位

却说，隋文帝进入仁寿年后，磕磕绊绊的事仍然接连不断。所幸的是，二位夫人给他增添了无穷慰藉与乐趣，使他仿佛迎来了生命中的又一春。为了排除纷繁事务的干扰，尽享天伦之乐，仁寿四年元宵灯节刚过，文帝就决定携夫人提早去仁寿宫度假。

此时，大山中的积雪尚未融化，草木尚未萌发新芽、生出新枝，各种奇花则更未绽放。文帝便谓之曰，去山里"望春"、"踏春"，以期"看出"和"踏出"一片美好春光，并为天下子民祈求出一个风调雨顺的好年成。

为此，文帝诏令朝中一应事务，全部交由太子处置。

在文帝亲自圈定的上山人员名录中，朝中大臣除如影相随的黄门侍郎元岩而外，只圈了个啥事都不管的左仆射杨素，甚至，连御医龚维之都被排除在了随行人员之外。

一直以来，皇上皇后不管去哪里，随员中，御医龚维之从来都是不二人选。可此次，皇上为啥偏偏不带御医呢？是荣华夫人的主意。

在荣华夫人眼中，文帝不仅至高无上，还完美无缺，并懂得呵护女人。她想：如同圣人一般的皇上，咋会无缘无故地生病呢？而龚维之近来时不时地入宫叨扰，则完全是倚老卖老，无事生非。荣华夫人尤其见不得的，是御医长寿眉下一双如鹰隼般对自己明显含有敌意的目光。那么，文帝本人呢？亦觉得御医确实有点啰唆和多余，时不时发出的某些医嘱，也很不中听，于是，就依从了夫人，没带御医出行。

龚维之得知自己不能上仁寿宫，竟如丧考妣。他先是死缠黄门侍郎元岩，要面见皇上，为己申辩。元岩知道不让御医上山的始作俑者是荣华夫人。若让御医去见皇上，圣上即使被他缠得勉强同意了，心里也会不高兴的。而且，自己还要得罪荣华夫人。所以，元岩以种种理由力阻龚维之面见皇上。龚维之无计可施，只好转而去东宫求见太子。

御医龚维之是唯一不受限制可随时进出大兴宫的人，他进东宫自然亦不费难。太子听说御医要面见自己，大吃一惊，径自迎了出去。

不料，龚维之进殿，便朝太子振振有词说："有请太子给咱评个理儿。"

"评理？谁敢欺咱德高望重之御医呐！"太子觉得不可思议。他望着一脸委屈的龚维之，道，"咋事，您说吧。"

"咱是御医，已在宫中为几朝天子服侍四十余载。皇后娘娘在世时，皇上亲授咱之职位是正三品。可明儿，皇上要去仁寿宫，且一去数月，却不让咱与之随行，此哪来的理？"

"竟有这事？此不可能，绝对不可能！"太子断然道，"一定是门下省疏忽大意。咱要据此拿有关官员是问。"

"此乃千真万确！且并非疏忽大意，更不是门下省官员的失职。"

"呵？"太子一下竟摸不着头脑了。问，"那是咋回事？"

"据老朽所知，此决定，就是圣上本人作出的。"

"不会吧？圣上年事已高，身体欠安，您又是最了解圣上身子骨的御医，他去哪里，怎离得开您老人家哪。"

"太子，您才是个明理是非之人！"御医激动地道，"可圣上确实是老了呢，可他自己却不如此看！"

"咱父皇能不这么看么？"

"是咧，是咧！"御医痛心疾首，说，"圣上至今还认为自己无大碍，没啥病。"

“即使是真没啥病，这么大年纪了，也不能不提防着哩。”

“就是呢！”御医忧心忡忡地道，“况且，圣上患的还不是一般症候……”

太子立即做了个制止手势，把御医的话打断。他想：父皇怎会讳疾忌医呢？莫不是耿直的御医顶撞了他，使他感到厌烦？太子于是问：“您觉得，皇上到底是啥原因才不带您上山的？”

御医眨巴了一下长寿眉，看了太子一眼，说：“咱猜，八成是咱嘴惹的祸。咱看圣上被两位夫人迷得欲罢不能，心里急呀！一次，趁圣上不在，就告诫二位夫人，皆要厉行节欲。宣华夫人红着脸，点头没做声，可荣华夫人不爱听，反斥咱无礼。咱想，根子可能就在这里。”

“夫人糊涂！”太子跺脚道。

“岂止糊涂？是执迷不悟，只图一时半会快活！圣上再这么下去，不是咱吓唬太子，实是堪忧！”

太子目视御医——这位只剩皮包骨头的老叟，则更像是个行将就木之人。太子于是以平和的口吻道：“不过，话得说回来。近些时，咱见父皇一切如常，丝毫不显病态，亦觉他的病情并没如您说的那般严重。”

“假象！多数顽症，都不是陡起的嘞！圣上近一二年，对房事如痴如醉，而对疾患则不加理会，很危险！”御医一声长叹，心急如焚，说，“其实，圣上早已是外强中干，他的精气已为两个狐媚子掏空了！请太子仔细瞧瞧，圣上迅速隆起的大肚囊……”

“那不是发福了吗？”

“发啥福哩？是肝火过旺，体内溢出之水充盈于腹中所致。此乃致命之物！”

“这事，圣上知不知道？”

“咱当然要如实禀告圣上。可圣上不以为然，亦说是发福了。还说，他已在节食，会注意保养的。还说，朝中命相大师皆预测他的阳寿会在八十以上。”

太子看似不经意，却很关切地问：“父皇如能切实遵医嘱，注意保养，注意节欲，会咋样？"

御医仍然摇头叹息说："有两个狐媚子成日给圣上吹枕边风，咱之言词都入不了圣上之耳。他能听咱的话吗？"

"那您为啥拼死拼活，还硬要跟他上山去呢？"

"咱是御医，此乃咱之本分。圣上腹水，一直是用药在控制着的，一旦失控，急转直下的情势就无法挽回了。"

"此事，还有谁知晓？"

"皇上之疾，哪能言于外人。除太子而外，宣华夫人或许能听进些许。"

"这样吧，您做好去仁寿宫的准备。咱去说服父皇带您同行。"

御医走后，太子起身去后宫拜见皇上。见到皇上后，太子只是简单道："父皇年事已高，出外数月，身边不能没有御医。"

文帝即刻变脸，问："是龚维之把状告到卿那里去了？"

"人家说得有道理。他是御医，随侍圣上，是他的职责。"

"行。他要去就去吧。"文帝不再坚持己见，说，"卿转告龚御医，他可随行。朕如有不适，会传召他的。平日，他不可再对夫人胡言乱语。"

太子与皇上面对面，有意细瞧了父皇一眼，方觉御医所言不虚，不经意间，父皇已见苍老，与仁寿初年，他兴致勃勃到户外看雪时，已判若两人，然其本人为啥却还浑然不觉呢？

太子从父皇处返回东宫，把张衡、宇文述和郭衍召集到一处。他预感到，事已紧迫，届时，必须做到万无一失。近些日子，他虽一直在过问亲兵整顿情况，此时，却还是不放心地问："咱那支亲兵队伍近日摆弄得咋样了？"

这回，宇文述倒是底气十足地回答说："咱和郭将军都先后回了一趟南方。补充进来的新兵都是优中择优，并都是咱和郭将军分别亲手挑选出的。从各府回去的老兵有七百，补充进府的有八百一十七人。当下，此支队伍共是三千三百二十八人，并按太子示下，在不同处所加紧操练。"

郭衍补充说："从老兵中擢拔出的军官，由于家眷到来，劲头十足，在训练队伍上，很上心。"

"好。"太子神情严肃地道，"废太子勇在西郊有个马场，咱接管过来后，至今还没去看过，但据说规模很大。以前咱没好好利用它，宫里缺马用，就找那儿要。汝等可于夜晚把亲兵分批拉到马场，在那里集中操练，并给每人配备一匹好马。马场房舍不知咋样？要修缮的即行修缮，一应器物包括马匹，当补充的应补充。所有亲兵皆按皇家禁卫军标准配置，但所有军兵，暂不着装。上述所有开支，请宇文将军造个计划，咱过目后，交张衡置办。"

郭衍立即接腔说："嘿，西郊那马场，可真是个山清水秀的好去处，咱曾去那儿挑过马。前太子把整座山都圈下了，范围大得很。其间，有的殿宇建得并不比咱东宫差。听马场管理人说，以往太子与太子妃每年都要去那地方骑马和行猎，一住就是好几日，且，那里房舍多的是。"

太子于是道："行。就把亲兵集中到那里去，训练要抓紧，说不定啥时候就要派上用场的。"

包括张衡在内的三个人，皆是带兵打仗出身，年龄都比太子大得多，经历的事亦比太子多。可在他们看来，过去，搞这么支队伍，是怕争夺太子位时，万一处于危急境地，可利用此支精锐，力挽狂澜或掩护自己撤回到江南去。但目下，京师风平浪静，歌舞升平，即使突发偶然事件，凭太子如日中天的权力与地位，亦完全用不着再冒风险和动用人力财力私下拉这么一支队伍！于是，三人你看我，我看你，皆想从对方那里寻找组成这么一支亲兵的理由。

"各位不要左顾右盼或瞎猜想。"太子神情严肃地道，"咱还是那句话，下了这大力气，甘冒这大风险，来打造此支队伍，有朝一日，是一定要起作用的。咱目下与上次一样，只能告诉诸位，有备而无患。因此，练兵，应从严抓紧进行，不能等到用时慌了手脚，派不上用场。"

话既说到此份上，谁还敢怠慢。

光阴似箭。

皇上离开大兴宫去仁寿宫，是早春季节，仅过两个多月的四月某日，黄门侍郎元岩自仁寿宫来到东宫传旨，命太子

将朝中日常事务交付右仆射苏威处置，自己则随元岩于次日一早上山面见皇上。

之前，文帝赴仁寿宫或去外地休养、巡视，临时想起啥事，要向太子或大臣交待，亦常有召见之举。因而，元岩到东宫传旨，并不希罕。

但，太子因知皇上患病，则多了个心眼。于是，询问元岩："圣上召咱上山，没说是啥事儿？"

"着啥急。太子去了，不就知晓了嘛。"元岩回答得滴水不漏。

"那是。"太子连连点头。他察其言，观其色，亦未从元岩脸上看出任何蛛丝马迹。

元岩跟随皇上多年，也算是个老臣了。他对任何人都是一副不冷不热，公事公办的模样。太子早想与他套近乎，可其仍是一副温吞水样。元岩离去后，太子即着人请来了右仆射苏威，与之办理交接事宜。

皇上考虑得很周到，元岩回到京师，首先就去了尚书省，向苏威传过让他接替太子代管朝廷政务之诏书。所以，当苏威来到东宫，太子并未费啥口舌，就将几项未处置完的事务向他交代清楚。

当夜，处事谨慎的太子密会了赋闲在家的左仆射杨素。太子首先把皇上患有疾病和自己受皇上召见之事说了一遍。

此连老谋深算曾随皇上山的杨素都感大吃一惊。他说："圣上有病？咱可一点都没看出来嘞！这次圣上去仁寿宫，就带了咱一个啥事不管的老臣与之同行。其时，圣上还对咱打趣说，他如今也同咱一样，啥事不管，安享清福。咱在仁寿宫里，还与圣上一同去看过尉迟女住的那座空置着的榴园。圣上触景生情，与咱说到当年尉迟迥发起叛乱，高颎挺身救驾的一些旧事。还说，等到天稍暖和些后，要把高颎接来聚聚。其时，咱丝毫没往圣上有病这方面想，圣上亦没说过自己有啥疾患。"

"圣上根本就没认为自己有病。御医初始告诉咱，咱亦不信。直至今日，亦是将信将疑。所以，未敢声张。您看，如果不是因父皇生病事召咱上山，还有可能会是啥事？"

"咱看不会是别事了，必是疾患发作无疑。"

"何以见得？"

"首先是，皇上对太子主事，确已放心，此与以往对前太子已不可同日而语。其次是，咱此次陪皇上去仁寿宫，见皇上对二位夫人十分迷恋，他确是在安享艳福，不会为政务等烦心事问询太子。再就是龚御医是个医术高明，且尽职尽责之人，他的话不大会有误的。"杨素说到此处，话锋随即一转，说，"如此看来，太子极有可能是要登基做皇上了！"

"仆射何出戏言？"

"此可绝非戏言。"杨素认真地说，"圣上如果真如御医所言，已患不治症候，那么，大隋即到一个转捩关头。而太子即要做好登基准备！"

"从当下情势看，咱应做些啥准备？"此正是太子今夜密会杨素的目的。

"别事皆已无虞，只有一事尚有欠缺。"

"啥事？"

"圣上目下对待太子，亦如往日对咱这个宰相。尚书省下辖六部，咱当左仆射时，实际掌管的只五个部。太子如今主管朝政，亦是如此。"

太子点头说："不错。咱和仆射，都不曾管过兵部。"

"咱俩代行朝政时，圣上也从没叫你我不管兵部，是兵部尚书柳述不听命于咱。当然，柳述这么做，也是圣上授意的。不过，就连柳述本人，他其实也没真正掌管过调兵遣将的权力。兵权，一直还是为圣上掌控着的，柳述仅管兵部日常事务。此外，连京师禁卫军，亦都是为圣上直接掌控着的。所以，若真到了最后一刻，届时，圣上不管是在仁寿宫，还是回了大兴宫，为防意外，你的手中最好要有一支得力队伍，并不失时机地将中枢要害控制住。此外，对待圣上本人，不管是死是活，亦要牢牢将他掌控在自己手里。只有此样，作为储君的你，方能名正言顺地继承大统。"

杨素所言，太子其实也都想到了的，只是想得并不那么透彻。经此一拨，太子即点头道："咱明白了。"

次日一早，太子带了数名侍卫与随从，随从中，包括右庶子张衡。他们到达集合点承天门广场后，除元岩而外，与之同行的还有兵部尚书柳述。

自此，太子心中，更加有数。他想：看来果如杨素所料，大隋自此已进入到一个转捩关头！可父皇也真是，都成此样了，却还死攥着兵部尚书不放手。

柳述反感杨素，亦知太子与杨素交情不浅，但他毕竟是太子妹夫，年龄相仿，过往，两人相处得还算不错。柳述先到，见太子来了，主动上前打招呼。柳述是皇上女婿，地位特殊，受到皇上召见，亦属天经地义。

元岩看看人已到齐，便说："上路吧。"

却说，太子与柳述一路上有说有笑，十分轻松。次日黄昏，抵达仁寿宫，即直入大宝殿，却被门口当值宦官引入到前殿议事厅内，不料，接见二人的，竟然是御医龚维之。

柳述见此，大感意外，并不知所措。

太子则心中有数，先在一把椅子上坐定，直面御医道："咱父皇咋样了？不会有大碍吧？"

"回太子话。"御医毕恭毕敬地说，"皇上命太子和柳尚书前来侍疾，由此可见，连皇上本人在内，都已意识到自己的疾患不容乐观。皇上之疾，自去年发现始，及至今日，沉疴已然凸显。咋说呢，往后，则只能由几位大人共同精心侍候，尽人事而已了。"

"啥？咱父皇病了？且有如此严重？"柳述压根没有料到，自己竟是来为皇上侍疾的。两月前，柳述在大兴殿门前为皇上送行，人还是好好的。此仅眨眼工夫，咋就成不可治之顽疾了呢？

"有件事，须向二位大人作一交代。"御医郑重其事地说，"时下，皇上已能配合用药，不再训斥在下。如此一来，皇上尚能维持一段时日。此刻，皇上身边极需亲人陪侍。有请二位大人注意的是：皇上话多时，要尽可能将话岔开，不能使其滔滔不绝，伤神费力；圣上若沉默寡言时，则要与他聊聊往日的一些趣事乐事；圣上若感烦躁不安或腹痛，请立即着人来传唤在下，以便及时处置。二位大人，可以去见圣上了。"

大宝殿很大。前殿是皇上议政、接见臣下和处置国是的处所。要绕过两个天井，方能到达皇上起居的后殿。

太子和柳述进入皇上卧房之外间时，文帝身着一身宽松便服，坐于几旁，宣华夫人正用汤匙为文帝喂啥糊状食物，荣华夫人则坐于文帝的另一侧。室内尚有垂立一旁的宫女数名，房内气氛尚显平和温馨。

二位夫人见二位官人进来，虽为长辈，却毕竟年轻，皆起身相迎。

柳述因此前毫不知情，一见皇上，竟不能自控。他大呼一声"圣上"，即泪如涌泉，纳头就拜。太子尚能自持，亦泪流满面，跪下双膝。

"起来，起来！哭什么咧。看，朕不是好好的吗！"文帝说着，朝宣华夫人摆了一下手，示意不吃东西了。宣华夫人收拾好几上的碗和匙，把它交给了一名宫女。

"朕此次上山，得亏广儿为朕做了件大好事。"待太子和柳述分别坐定后，文帝虽显苍老，却气定神闲地如是说着。

"父皇记错人了吧？儿臣可没为父皇做啥大好事咧。"杨广说着，装出浑然不觉之态。

"卿倒是忘了？朕尚没昏聩到张冠李戴之地步呐。朕上山前，卿劝咱仍把御医带上，此举，管大用了。"文帝解释说，"几日前，朕突然间腹胀如鼓，行走都不方便了。幸亏御医的几剂药，使咱之腹部平复如初。否则，此次恐就见不着你俩了。"

说话间，两名宫女端来两盆热水，绞了两条湿热帕子，分别朝二位客人递来。荣华夫人见此，从宫女手中接过其中一条，殷勤地递给了太子。当初，正是她嫌御医啰唆，不要御医随从，险坏大事。

太子一路风尘，刚才因柳述情绪激动，引得他亦泪流满面。此时，用夫人递来之香帕揩过脸，顿觉神清气爽了。

"朕这病，不是一日两日之事。你俩亦不用每时每刻都挤在朕这儿。这样吧，排个班儿：一个上午来，一个下午来，陪咱说说话。晚上呢，自有夫人相伴着。今日，时间已晚，你俩赶了二日路，就不用作陪了，都早点儿歇息去吧。"

"咱不累，就留这儿陪陪父皇，等会儿再走，行么？"

文帝瞧了瞧老实忠厚的柳述，点头说："好吧。"

太子即起身道："那咱就先告辞啦。"

太子行过礼，即离开了大宝殿。

此时，张衡已与仁寿宫官员将太子住处安顿好。侍卫和随从集中一处用晚膳，太子则让张衡单独陪自己共进晚餐。

用膳时，太子对张衡说："圣上病重，恐已来日无多，明日一早，汝即返回京师，将此讯息密告二位大将军，嘱其按京师禁卫军模样加紧训好咱的亲兵。之后，汝再急速返回仁寿宫来与咱做伴。"

张衡用心听着，不显惊讶表情。

次日上午，仍由柳述陪侍皇上。午膳后，太子才去大宝殿接替柳述。

当太子进入皇上卧室，只宣华夫人一人在外间默默坐着。她见太子进来，即说："圣上用过膳后，已经睡着了。"

太子点头，轻声地问："荣华娘娘呢？"

"她陪皇上在里间睡下了。"

太子坐下，接过宫女送来的茶碗，没再出声。屋内一下显得异常静寂。

这是个一连二的套房。里间是卧室，外间是活动室，可供聊天、议事，亦可供少许几人吹拉弹唱，空间较大。独孤皇后去世后，此卧室按江南风格装饰得十分雅致。

因为太静，与之对坐者又是一位绝色美人。太子终于打破沉寂，寒暄道："圣上用过午膳，一般都会睡睡吗？"

"以往，圣上白日是从不睡的，有时累了，亦只靠在椅背上打个盹儿。起病后，精力不济，中午才睡睡。且是随着病情转重，睡的时间愈见长了。"

"咱看父皇，言谈举止，一如往常。他是否知晓自己的病有可能难以痊愈了？"

"圣上是何等精明之人，哪会不知哪。其实，那次带荣华去温汤洗浴，圣上就已预感到他身体情况不妙了。"

"呵？"太子大惊，"咱记得，那日晚间，咱还去过永安宫，并见到娘娘的，咋没听您这么说呢？"

"咱那会儿亦只听御医说，圣上有病，不可小觑。但压根没往不可治上想哩！”

　　“此真太不可思议了！”太子难以置信地道，“圣上既知自己之病不轻，为啥还不听御医规劝？连此次上山，竟都不想带御医同往？”

　　“唉……此正是圣上不同咱俗人之处。”宣华夫人说，“一次，亦是在这间房里，亦只咱和圣上两个人。咱劝圣上把御医送来的一碗药喝了它。圣上却摇着头对咱说，朕之病，心里自有数的。喝再多药，亦不中用了。咱其时，着实吓了一大跳。只好说，龚御医其实是个很不错的郎中，他是为圣上好。圣上就笑着说，龚维之是个咋样人，朕比汝清楚。可好人、好郎中，亦是不能包治百病的。朕之父活到六十岁，就是得此病过世的。朕今年六十有四，早已够本了。朕盘算了一下，朕能活到这个年岁，做了二十四年君主，为社稷亦办了几件大事，也算得上没虚度此一生了。稍嫌不甘的是，刚刚尝到些许人生乐趣，上天就要咱辞别此世间了。”

　　太子听后，过了好一会儿，复又道：“咱听御医说，父皇目下转变了态度，能遵医嘱了。他是否觉得自己又有希望了呢？”

　　“哪能哩。”宣华夫人说，“太子和柳尚书到来之前，圣上突然腹胀如鼓，痛得死去活来，后经御医救治，方使下腹平复，并使疼痛有所缓解。圣上难受时曾对咱说，真想一死了之。可又想到作为帝王，不能暴毙，只能善终。所以，方下诏让太子和柳尚书前来侍疾，并配合御医的治疗，只不过都是为减轻苦痛和尽人事而已。”

　　“呵……”太子没了声息。他万没想到，父皇痛不欲生，还这么顾念其身后名誉。

第一二〇回

太子无礼转瞬骤起风云
文帝宴驾死因扑朔迷离

六月，文帝病情加重，已不能离榻，庚申日，下诏大赦天下，以藉此向上苍祈寿。

此时，皇上于仁寿宫中病重的消息，在大兴城内，已尽人皆知。

七月甲辰日，大兴城内的文武百官接到诏令，经二日跋涉，来到仁寿宫，与皇上诀别。

文帝半躺半靠在大宝殿的龙榻中。太子杨广和兵部尚书柳述分立于卧榻两侧；宣华夫人和荣华夫人则垂立于卧房门口，以迎接前来朝见的官员。屋内除几名随时听候差遣的宫女和太监外，还有一位特殊人士，即御医龚维之。他手握一柄羽扇，默默坐在一个不显眼的角落里，注视着皇上的一举一动。

首先进来朝拜的是左仆射杨素。其三叩首后，文帝示意赐坐。太监端来一把椅子，让杨素坐于榻旁。君臣对视，都流下了眼泪，又都默默无语，过往皇上对臣子之恩宠，君臣相处之默契，乃至近年之疏离……林林总总，一切尽在不言中。杨素伸过手去，皇上紧紧握住了臣子之手……

双方始终都没言语。直至杨素起身时，想起文帝曾有一见高颎的意愿，遂俯身至文帝耳旁，问："圣上还想见高颖一面么？"

文帝却摇了一下头，因虚脱而凹陷的眼窝中，涌出一颗浑浊之泪珠来……

杨素心情沉重地退出文帝寝室，与慢慢走来的右仆射苏威擦身而过。

杨素在一名太监的导引下，走出大宝殿，下了丹墀。因天气炎热，艳阳高照，等候朝见的官员三三两两地聚集在殿外树荫下或阴凉处寒暄。

杨素此行，进殿匆匆，出来时，心情复杂，更觉五味杂陈。他在文帝病榻前仅与太子照过一面，彼此连说句话的机会都未捞到。文帝已至最后关头，随时都有晏驾的可能，不知太子是否了解外间朝野种种谣传？亦不知是否做好了登基的充分准备？这十余年的殚精竭虑，可不能因一个细微疏忽而功亏一篑呵！

正当杨素不知自己是该留下，并以啥藉口留下，还是即刻就回京师去时，后背忽然有话传来："杨仆射，请留步。"

杨素回头一看，是熟悉的东宫右庶子张衡。

张衡近前对杨素低声说："太子已有吩咐，请仆射大人不要即返京师，他有要事与您商议。"

此正中杨素下怀，于是立即对张衡说："咱的车马和侍卫们，都在宫外等候咱呢。"

张衡则道："仆射放心，您进殿时，咱已着人将他们安排进仁寿宫了。"

"唔……"杨素终于释怀地点了点头，边跟张衡向里走去，边问，"汝打算将老夫安排在何处歇息？"

"哈，仆射还担心这？"张衡低声说，"咱已获知，仆射每至仁寿宫，有个固定住处，您还是住在那里吧，如何？"

"咱住那？"杨素倏地止步说，"那幢别殿很大，住的人很杂，御医龚维之亦住那里。太子尚未登基，咱又不是皇上亲自指定留下的，还是谨慎点好。"

"嗨！咱可没想到此一层。您说得有道理。"

"那座榴园，还没住人吧？"

"榴园？"张衡说，"那是一幢凶宅，谁敢住呐。听说，几年前，有个宫女就暴死在那宅子里。"

"凶宅怕啥哩！那处所才避嫌，咱就住榴园。咱是个老头子，年轻女鬼不会缠咱的。"杨素熟门熟路，大大咧咧地朝榴园走去，并道，"汝和太子说一声，咱住榴园了。"

"嘿嘿，您可没想到吧？咱一连几日，都难见太子一面。"

"为啥？汝是太子身边人，竟见不到太子？"

"嗨，您不知晓。元岩那家伙，屁大个官，本来都是老熟人，却偏不让咱进大宝殿。是太子有啥事要吩咐，才出来找咱。"

"那咱有事要与太子商量，咋办？"

"这个倒是不用担心。太子有意留您，说不定啥时就会找上门来的。"

杨素进入榴园，屋子虽长年空置着，但室内家具、器皿、摆设等，皆按皇妃规格，一应俱全，并有宫女收拾、打理。所以，室内一切都还是干干净净的。

初春时节，杨素陪文帝至仁寿宫，还曾入此苑看过。其时，院中的石榴树还是光秃秃的，毫无生气。而今，那石榴树不仅枝繁叶茂，还挂满无数尚未成熟的硕大果实。而就在几个月间，曾来此睹物思情缅怀尉迟女的隋文帝，自己也要与世长辞了。

杨素唏嘘不已，刚在屋内落定。不一会儿，他的几名侍卫和杨约亦都进来了。

杨素看了杨约一眼，问："汝咋也到这里来了？"

杨约说："咱朝拜过圣上，正欲回京师，不料被东宫右庶子张衡叫住，说是太子叫留下，是他把咱打发到这里来的。"

话分两头。

却说，文帝接见文武百官。开始，尚能与之握手、流泪、对视。可到后来，就只是面无表情，似睡非睡，任由众官员磕头、致礼走个过场而已了。

为不使病中皇上太过疲累，右仆射苏威站在门外叮嘱每位进去的官员不要情绪激动，磕三个头，向皇上致礼后，就快速出来。事情由是进行得很顺利，众官员进进出出，秩序井然。

万没料到的是，当一名官员进入皇上寝室，磕头，起身，正准备转身离去时，昏昏欲睡的文帝忽然睁眼发问："卿是何稠么？"

此一问，不仅是何稠本人，亦使周遭所有人，大感震惊。

何稠忙不迭地复又跪下，道："微臣正是何稠。"

"那个叫宇文恺的工部少监呢？他咋没来？"

"宇文少监突发急病，所以没能前来朝拜皇上。"

文帝示意赐坐。

太监端来一把椅子让何稠坐在文帝病榻旁边。

文帝对他说："汝既曾安葬皇后，朕亦将后事，托付于汝了。以便使朕能与皇后在地下相见。"

原来，这位何稠便是与匠作少监宇文恺共同建造皇后陵墓的官员。文帝仅存一息，神志却仍异常清楚。

接着，文帝又把侍立身边的太子召到榻旁，揽着他的颈脖喘着粗气叮嘱道："何稠做事，细致周到，朕将后事托付于他，汝主丧之际，应与他相商。"

太子连连点头，说："儿臣，遵旨。"

是夜，当前来与文帝诀别的众官员纷纷离开仁寿宫后，一支数百人的皇家禁卫军，在东宫左卫率宇文述的率领下，有如神兵天降，悄没声息地进驻了仁寿宫。而原先守卫之禁军，则被要求紧急集合，由郭衍大将军率他们撤离。由于太子本人亲赴交接现场，此一进一出，皆在转瞬之间即告完成，连深居大宝殿内侍候文帝的兵部尚书柳述和黄门侍郎元岩皆浑然不觉。

次日清晨，心中有事的杨素早早地就起了身。他没惊动任何人，连在门口值勤打盹之侍卫，亦未顺手将其拍醒，就一人独自悄悄地出了榴园苑门。

此时，日头尚未露脸，东方仅呈现出一抹霞光，一轮残月亦还挂在西边幽蓝之天际间。大山里的早晨，无比清凉，杨素踏着带露的石板小径，缓缓而行……

他清楚记得：这座仁寿宫是在他的主持下，于开皇十二年破土动工的。在兴建仁寿宫之前，南北统一不久，江南全境即爆发了大规模的叛乱，自己临危受命，率水陆二师渡江平叛，直至凯旋后，即奉诏督造此宫。仁寿宫落成那年，恰逢皇上封禅泰山归来——那正是自己大展才华、官运亨通，而大隋则如日中天之时呀！可此才过了九年，皇上即要辞世，自己亦是垂垂老矣。不过，一个新皇上又要诞生了……

杨素边走边叹世事无常。他对此宫的每条路，每座建筑，皆烂熟于心。他走着走着，忽地从宫中两名巡逻禁卫身上看出异象。于是停步问道："你俩是新入伍的禁卫军士卒吗？"

"禀告官长，咱俩都是老兵。"

"老兵？"带兵出身的杨素更感疑惑，"目下不是换装季节，咋都穿一身簇新制服？"

两位巡值士卒则你望我，我望你，无言以对。其中一人只好答非所问说："此制服是新发的。"

杨素一听士卒操的是南方口音，则已恍然大悟！他想，一定是在昨夜，太子已将自己的亲兵换上禁卫军制服，替代了宫内原有的禁卫军。

他于是又问："汝等莫非是换防到此的？"

"正是。"

"没事，去吧，咱只是随便问问。"

说话间，东边一轮热辣辣的日头，已从云中窜出，把个巍峨的宫殿楼树映射得一片金碧辉煌。

待杨素返回榴园，几名侍卫都围拢过来，急得暴跳的杨约冲杨素道："哥，你一个人都不带，招呼亦不打，人却不见了……"

"此宫是咱督造的，还怕咱迷路不成？"

"那倒不是。是东宫右庶子有言在先，要咱轻易不要出门。"

"咋啦？"杨素不以为然，"是怕咱被野猫子吃啦？"

恰在其时。有侍卫来报，有名从大宝殿来的宫女要面见杨仆射。

杨素即说："叫她进来吧。"

宫女落落大方地行过礼后，说："咱是太子叫来面见仆射大人的。"

众人一听，即自动散开去，身边只剩一个不用避嫌的杨约。宫女从袖筒中取出一封信，递交给了杨素。

信为太子亲笔所书。通报说：昨日赴宫朝拜的官员刚一离去，皇上即腹部剧痛不止。御医用药、用针灸反复止疼，皆不管用。直至疼得死去活来，到下半夜，皇上才因痛昏厥过去。致使所有在场侍疾的人，皆被折腾得精疲力竭。御医已告：皇上大行，就在几日之内。当下宫内各部门，正为此在做准备……

杨素对信仅简单作复。告知，一切听候太子吩咐。

文帝的病情加重后，太子和柳述都由外面的别殿搬入大宝殿内住宿。几位侍疾亲属，当文帝病情一度危急时，皆守护左右，寸步不离。有时，一连几日，皆不更衣解带，着实辛苦至极。

七月丁未日，晨。也就是文帝与文武百官诀别后的第三日，文帝经御医施救，又一次奇迹般地起死回生。他奄奄一息地躺在病榻中，几位侍疾者则东倒西歪各处一隅，稍作片刻喘息。

此时，倒在一把躺椅上闭目养神的太子，心绪却难安宁。他想，皇上万一倒下，这边包括皇上入殓和自己登基的各项准备，皆都安排就绪。但，京师那边，尤其是朝中，会发生啥事？则令人担忧！苏威已老，按部就班地处置日常事务是没问题的。如若生出突然变故，他则没辙，此如何是好？

想到此处，太子站起身来，轻轻走出皇上卧病的内室，对守卫于外室门口亦在打盹的元岩说："咱一身汗臭，沐浴一下，换身衣衫再过来。"

元岩亦随口答道："您去吧。"

太子出门，先入皇上书房，借用御书房的纸笔，将心中所惑写成一书，问杨素是否应先回京师，取代苏威，以防朝廷内发生不测等等。

太子写好信，从书房出来，找到此前到榴园传过信的那名宫女，说："汝去榴园，把此信送交杨仆射。"

宫女拿信走后，太子方去住处，沐浴更衣。

却说，杨素与杨约展读太子来信，皆觉此时此刻，让杨素回京师主持朝政，名不正而言不顺。因为杨素虽名为左仆射，却经皇上宣布不管具体事务。当下，皇上病重，突然回到朝廷主事，那么，本就纷扰之朝廷，不是会变得更加混乱？他俩经过商议，觉得仁寿宫地处深山，相距京师有二日车程，皇上一旦宴驾，可将宫内人控制住，密不发丧。待把京师控制手中，太子也在仁寿宫就地登基后，再宣布皇上驾崩，不就一切变得主动了吗。

杨素提笔，按照上述意思，给太子复了一信。

宫女带着回信返回大宝殿，却没看见太子，就把头往皇上住的房里探去，而恰在此时，打盹的元岩听到动静，睁开睡眼看到宫女，即问："汝瞅啥呢？"

宫女闻声吓了一跳，哆嗦道："咱……咱寻太子。"

"啥事呢？"

"送……送封信，是杨仆射给……给太子的信。"

"噢？"元岩揉了一下眼睛，把手伸向宫女，说，"太子不在，汝把信留在这儿吧。"

宫女只好把信从袖筒取出，交给了元岩。信一交出，宫女即觉不妥，因太子反复叮嘱过，所有往来信件都须交与本人。但，为时已晚，交出去的信，哪敢再行索回。

正当宫女定定地站在房门旁着急时，殊不知，病榻中仅一息尚存的文帝，却突然开口问："是杨素之书吗？拿来给朕瞧瞧。"

皇上又能说话了，且语音还是这般清晰，正在榻旁守护的荣华夫人和元岩等都分外高兴。元岩忙拆信封，亦顾不得此信是仆射写给太子的，就把信拿给皇上过目了。

文帝展读来信，两手发抖，他没想到，自己尚未落气，太子和辅宰就开始琢磨皇上身后之事，而且，还要采取"密不发丧"此等恶浊手段——此成何体统！文帝气得竟用颤颤巍巍的双手，将那一纸信笺撕成两半。

也真是无巧不成书，恰在此刻，衣衫不整、头发凌乱的宣华夫人亦慌慌张张地奔了进来。

众人见此，皆感惊诧，问："娘娘，咋啦？"

宣华夫人惊魂未定地说："太……太子无礼！"

正于气头上的文帝一听，顿觉眼睛一黑，用手直捣床板，道："畜牲！何付大事！独……独孤误我！"

而此时，呆站在外间为杨素送信的那名宫女，忽闻内室一片喧哗，顿感大事不好。她想：定是自己没把信送到太子手上，闯出大祸来了！她赶紧出房，惊慌地直奔榴园而去。

然而，卧房中的乱局，还远未结束。

文帝命令柳述："唤我儿！"

柳述即对元岩说："你快去把太子叫过来。"

"不，不，不，是……是勇儿！"文帝已气急败坏。

柳述、元岩闻言，方才回过神来——文帝召唤的是已废太子杨勇。也就是说，文帝临到咽气的最后关头，才终于看清杨广伪善的真面，并要将他废掉，而让原已废黜的太子杨勇，继承皇位！

柳述于是说："臣下明白了。咱这就去拟写敕书，传召杨勇速来仁寿宫继位。"

文帝这才放心地点了点头。

话分两头。

此到底是咋回事呢？本来一切都按太子算计，一步步平稳进行着的事情。咋会突起风波，生出如此事端？

　　话要从太子把写好的信交与宫女送走，自己回寝室说起。

　　太子回到寝室，正好遇到右庶子张衡。于是对他说："咱一身发臭，难受至极，汝快去弄点水来，咱要洗个澡。"

　　御膳房中，备有几口大瓮，烧有充足热水，供太子和夫人们取用。张衡殷勤备至，吩咐几名太监将一硕大浴桶盛满热水，并亲自调好水温。

　　太子去厕所方便过后，便将全身浸泡在浴桶中，舒舒服服泡了个澡。

　　当神清气爽的太子换上一身薄薄便装，欲回文帝病榻侍疾时，路过宣华夫人寝室。因是秋燥季节，白日天较炎热，宣华夫人没大留意，门是半掩着的。太子因而想，娘娘莫非亦回自己的寝室了？他心里这么想时，眼便朝门里瞄去。

　　果不其然，宣华夫人亦是回寝室洗浴和更衣的。她比太子从文帝的卧室中出来得更早一点。此时，她已换好衣衫，对镜整理着妆容。夫人着一袭黛青绸衫，因双手是朝上举着的，露出一截白如莲藕之手臂，两手正在结扎头上的发髻，从而使得胸前的一对丰乳，亦随之不停地抖动……

　　早对宣华夫人垂涎的太子，看到这一切，顿觉血脉偾张！竟情不自禁地走过去，一把将夫人揽入怀中！

　　夫人惊吓地倒抽一口冷气，全身瑟缩着，不能自已。

　　可正当太子的嘴脸朝夫人的脸面贴近时，夫人却猛地瞧见房门口竟站着个目瞪口呆的宫女！她一个激灵，想：皇上病重，自己却闹出此等事来，那还了得！于是，奋力一挣，竟把毫无防备的太子闹了个仰面八叉。夫人则不顾一切，夺路逃到了皇上的病榻前……

　　而此刻，走火入魔的太子，从地上爬起，自感情势不妙，却又不知如何是好时，张衡赶了过来。太子沐浴、换衣，张衡都在他的身边侍候。他离去并进了宣华夫人寝室，张衡亦看得一清二楚。此事，若是发生在东宫，太子抱的若是一名普通宫女，那就不是啥事儿。可目下是在皇上的寝殿内，太子抱的是皇上的夫人，那就是大逆不道的大事了！

　　太子见到迅速赶来的张衡，马上冷静下来，立即吩咐他说："卿快去把宇文将军叫上，将大宝殿围住，不得放走殿内任何人。"

接着，宇文述和张衡率一众士卒包围了大宝殿。杨素与杨约听到送信宫女的叙说，亦赶了过来。

其时，在一众官员中，职位最低的右庶子张衡，当着太子、宰相之面，吩咐大将军宇文述，道："请宇文大将军主外，咱主内。"说着，即率一众士卒直入大宝殿。

殿内的宦官、太监、宫女们，面对一众全副武装的士卒，个个感到诚惶诚恐，惊慌失措。

张衡则温和地向众人宣布："据报，有刺客混入大宝殿内，要行刺皇上，宿卫们要对此殿进行搜查，请列位不要慌乱，有序离殿。"

殿内各色人等，立即噤声外出，为候在殿外的宇文述等所收容。

张衡等则从前殿径往后殿一路搜索，将殿内人驱赶押送出门。终于，在文帝的书房中将正在拟写敕书的柳述和元岩擒获。

之后，张衡等来到皇上的卧室，先请，后拽，将房中的太监、宫女和宣华、荣华二位夫人统统清扫出门。

当室内只剩张衡和卧在榻中奄奄一息的皇上时，张衡没有出声，只将房门轻轻合上。少顷，守卫于门外的士卒，忽闻房内传出"喔喔"两声惨叫，之后，便再没听到任何动静。

可就在此一刻，竟有一人，不听劝阻，拼命地闯了过来，并大声嚷道："别拦咱，咱是御医，咱要去见皇上！"

张衡闻声，从内室跃出，复又将房门关上，说："汝咋呼啥咧？皇上睡着了。"

"汝是何人？请你让开。"龚维之执拗地道，"皇上啥样，汝说的可不能作算。"说着，便要往门里去。

张衡将御医推开。他不管不顾，仍要往里闯。张衡当胸就是一掌，御医踉跄了两下，便如一段枯木，"扑通"倒地，立时就气绝身亡了。

却说，在大宝殿外接应的宇文述将兵部尚书柳述和黄门侍郎元岩分别关入禁闭室；又将哭哭啼啼的宣华、荣华两位夫人安置到她们原先居住的

早对宣华夫人垂涎的太子，看到此一切，顿觉血脉偾张！竟情不自禁地走过去，一把将夫人揽入怀中！

宫苑内；还将大宝殿内宦官、太监、宫女等一应人等归入一座别殿……

此时，大汗淋漓的张衡才出大宝殿请太子杨广和杨素、杨约兄弟及宇文大将军等一干人入内。

霎时间，刚才还大呼小叫、纷纷纭扰扰的大宝殿，竟阒无声息，静得有点瘆人！太子趋前，不苟言笑，众人相随，亦不言语，径从前殿直入后殿，殿内只闻一片杂沓的脚步声。

当此一行人走到文帝寝室门前时，张衡恭顺地打开房门，太子在先，众人则鱼贯而入，但见隋文帝杨坚卧于龙榻，双目微闭，恰似睡着了一般。

一代英主隋文帝杨坚，死于非命，享年六十四岁。

遗诏曰：

嗟乎！自昔晋室播迁，天下丧乱，四海不一，以至周、齐，战争相寻，年将三百。故割疆土者非一所，称帝王者非一人，书轨不同，生人涂炭。上天降鉴，爰命于朕，用登大位，岂关人力！故得拨乱反正，偃武修文，天下大同，声教远被，此又是天意欲宁区夏。所以昧旦临朝，不敢逸豫，一日万机，留心亲览，晦明寒暑，不惮劬劳，匪日朕躬，盖为百姓故也。王公卿士，每日阙庭，刺史以下，三时朝集，何尝不罄竭心府，戒敕殷勤。义乃君臣，情兼父子。庶藉百僚智力，万国欢心，欲令率土之人，永得安乐，不谓遘疾弥留，至于大渐。此乃人生常分，何足言及！但四海百姓，衣食不丰，教化政刑，犹未尽善，兴言念此，唯以留恨。朕今年愈六十，不复称夭，但筋力精神，一时劳竭。如此之事，本非为身，止欲安养百姓，所以致此。

人生子孙，谁不爱念，既为天下，事须割情。勇及秀等，并怀悖恶，既知无臣子之心，所以废黜。古人有言："知臣莫如君，知子莫若如父。"若令勇、秀得志，共治家国，必当戮辱遍于公卿，酷毒流于人庶。今恶子孙已为百姓黜屏，好子孙足堪负荷大业。此虽朕家事，理不容隐，前对文武侍卫，具已论述。皇太子广，地居上嗣，仁孝著闻，以其行业，堪成朕志。但令内外群官，同心戮力，以此共治天下，朕虽瞑目，何所复恨。

但国家事大，不可限以常礼。既葬公除，行之自昔，今宜遵用，不劳改定。凶礼所须，綵令周事。务从节俭，不得劳人。诸州总管、刺史以下，宜各率其职，不须奔赴。自古哲王，因人作法，前帝后帝，沿革随时。律令格式，或有不便于事者，宜依前敕修改，务当政要。呜呼，敬之哉！无坠朕命！

（《大隋王朝》卷三：《宫闱魅影》完）

2012 年 10 月 8 日至 2013 年 6 月 13 日初稿

2013 年 7 月 14 日至 2013 年 8 月 15 日第一次修改

2014 年 5 月 23 日至 2014 年 6 月 18 日第二次修改

2014 年 8 月 3 日至 2014 年 8 月 14 日第三次修改

2015 年 6 月 29 日至 2015 年 7 月 14 日第四次修改

2016 年 12 月 20 日至 2017 年 1 月 13 日第五次修改

大隋

[卷四]

[叶落江都]

The Sui Dynasty

彩绘融媒版

（彩绘、音频、视频）

曹策前◎著

方隆昌◎绘

王朝

人民出版社

目 录

1

4

第一二一回

新帝试问路亲织同心结
御厨愁无料巧觅好食材

（接上回）

话说回来。

当太子杨广踏入文帝寝室，确信父皇已然气绝，一颗恐惧、焦灼的心，才终于渐渐平复。要知道，只要隋文帝还活着，哪怕只剩一口气躺在榻上慢慢悠着，就不定会突然生出何种变故来！

父皇尸骨未寒，杨广便立即在大宝殿前殿议事厅内召集杨素、杨约、张衡和宇文述等几位近臣，共商大事。

杨广首先想到的是，立马让尚书左仆射杨素回到京师取代苏威主持朝政，将朝中文武官员控制住。但，他的话还没出口，转念一想，杨素若离开仁寿宫，自己没了主心骨，在此节骨眼儿上，身边可不能没杨素这位经验老到的谋臣。那么，派谁去京师稳住朝廷呢？杨广没了主张，竟自心慌意乱地把目光投向了杨素……

此时的杨素，手抚长髯，见太子望着自己，会意地开口即道："当下，咱应做的第一件事，即是三缄其口，不能把皇上晏驾秘密走漏出去。皇上病重，尽人皆知。此秘密断不可持久保持，但务求能多保一日算一日。除此而外，咱要利用密不发丧的短暂几日，仍以皇上名义处置好几件事：一是，下诏让郭衍大将军接管宫廷禁卫军，并用杨家亲兵把守住几个要害处；

1

二是，下诏赐废太子杨勇死，藉此永绝此一后患；三是，下诏令右仆射苏威及六部尚书，并内史令和纳言等几位重臣，赶赴仁寿宫听命；四是，下诏命杨约回京师，代行朝廷一般政务，稳住朝廷百官情绪。因为，仆射、尚书、内史令及纳言等都要赴仁寿宫，杨约以大理少卿身份暂任京师留守处置一般政务，就显得名正言顺了。"

"好！"太子一听，心想，仆射考虑得真周全！因而，又大大松了一口气。而此前，他仅有一些凌乱想法。不过，他还是不无担心地问，"这些安排都不错。只是苏威、内史令、纳言和尚书们一进仁寿宫，圣上晏驾的秘密还保得住吗？"

杨素则笑着说："应召上山的大臣，皆是何等人物！其实，杨约和郭衍一入京师，把朝廷和要害处占据，他们能不猜到将要发生或已经发生了啥事？他们只是不能确切知道圣上是不是尚有一口气罢了。待他们来到仁寿宫，距今已过四五日，此时，咱假传圣旨发布的几件要务，皆已陆续处置完毕。但圣上遗容尚能清晰可辨，让众臣目睹和见证圣上是寿终正寝的，便成重中之重。且，只有当着众臣之面，皇上才能盖棺。否则，对于皇上的晏驾，您与咱将来都有可能说不清，道不明，甚至脱不了干系！此外，皇上如何按规矩发丧，太子怎样名正言顺荣登九五之尊，此一应仪规，苏威、牛弘等才是真正的行家里手，并都应交由他们按程序、定规，有条不紊地进行。"

"善，善！"杨广拊掌道，"生姜还是老的辣呐！这事来得太突然，咱还有点不知所措，没理出个头绪来哩。"

太子杨广讲的倒是个大实话。近日，他先是算计父皇哪日能晏驾，巴望他早死。接着，就鬼使神差地接连发生了宫女送错信和自己猥亵宣华夫人事，从而激起病榻父皇大怒，并节外生枝地要宣召废太子杨勇入宫等一些事儿来。这样，如丧考妣的杨广，又哪能把皇上一旦晏驾，自己如何应对等诸多大事考虑得那么细致与周全呢。他庆幸自己得亏把杨素留在了身边。

正当太子一迭连声说好时，杨素却神情肃然地继续道："当下，尚余一事，必立即得到妥善处置。"

"您说。"杨广注目以待。

"早有传闻说，汉王已在并州厉兵秣马，屯集重兵。他如果听到皇上晏驾，太子登基，则极有可能起兵造反。此，不能不防。"

"嗨，此等大事，咱竟完全疏忽了！"杨广猛醒，说，"与其消极提防，不如早了心腹之患。可否仍以父皇名义，下诏命他速来仁寿宫为父侍疾？"

"下臣亦正是这么想的。"

"不过，让谁去传此敕书呢？"

"可派礼部员外郎李百药前往。他与汉王年龄相仿，两人往日关系不错，派他去，易为汉王杨谅所接受。"

"李百药咱知道，不就是李德林的儿子嘛。可是，等把他从京师召上山，再派他去并州，远水不解近渴呐！"

"百药是四月随圣上来仁寿宫的，咱昨日还在别殿见到他。"

"噢？"杨广连连点头说，"那太好了，就让他去并州送敕书。"

这位李家公子，可不是个寻常人物。且与杨素，有过一次传奇般的遭遇。

有一回，胆大妄为的李百药翻墙进入杨素宅院，与杨素一位长相出众的爱妾幽会之际，被杨素家奴逮个正着。杨素闻之大怒，要杀奸夫淫妇。而当家奴将百药押到杨素面前时，他见百药不过十八九岁年纪，生得十分俊秀，便动了恻隐之心。于是说："老夫听说汝之诗、文皆不错，你就把你当下的窘境写出来，让老夫看看。写得好，就饶了你。"李百药也不怕丑，将自己的窘态、心情写得丝丝入扣。杨素一看，这百药果真身手不凡。不仅放了李百药，还把爱妾也赏了他，并送十万钱作贺礼。杨素做宰相后，还推荐李百药做了礼部员外郎。薛道衡被放外地做官，文帝将百药召到内史省起草诏书。此次文帝到仁寿宫度假，百药亦在为数不多的随员中。

接下来，以隋文帝名义所下诏书，共为五份，皆经太子一一审定，并立马派专人下达执行。

最先拿到"诏书"的是杨约。他一人即手握三份诏书。一份是任命他本人为京师留守、代管朝廷日常事务的；一份是向废太子宣示，赐杨勇死的；还有一份是命苏威等一干重臣赴仁寿宫听命的。此外，另有一份向郭衍下达的诏书，遣使星夜赶往京师郊外马场，命他率领已成为禁卫军的亲兵接管京师与大兴宫的防务。最后一份，则遣李百药远赴晋阳城，命并州总管汉王杨谅火速赴仁寿宫为父皇侍疾。

却说，杨约因从小爬树不慎受伤，落下个不能长途骑行的症候。所以，他只能坐车按二日行程抵达京师。而当他进入大兴城时，捷足先登的郭衍已率禁卫军将京师各要害点占据。

杨约首先径往东宫，来到幽禁废太子杨勇的居所，亲自向他宣读了令其自尽的敕书。

已成庶人的废太子勇，大骇！他为己申辩道："此诏不可信。父皇将咱罚作庶人，已是轻信谗言，活天冤枉！汝等必是杨广派来陷害咱的。不行！咱要面见父皇。死，亦要死得个明白！"

杨约早就想到杨勇会有此一手，二话没说，朝身边侍卫使了个眼色。众侍卫一拥而上，将废太子擒住，其中一人拿出一段白绫往他脖子上一缠，二人一勒，少顷，废太子便气绝身亡了。

废太子杨勇共有十个儿子，亦皆于此次死于非命。

次日，杨约等上朝堂，坐到龙椅旁边一把特设的椅子上。待京师中事前已接通知的五品以上文武官员都到齐后，有司便向文武官员宣读了任命杨约为京师留守代行朝政的诏书。

堂下顿时一片哗然，文武百官，你望着我，我望着你，议论纷纷。

其中，最难接受的是老臣苏威。他想，皇上咋又对自己生分了呢？

可就在众人莫衷一是时，杨约站起，并示意众官员静下后，展开了手中另一分诏书。命尚书右仆射苏威、内史令、纳言和六部中的五位尚书（其中的兵部尚书柳述已在仁寿宫中）出班听旨。

于是，以苏威为首的有关官员出班，跪在了堂前，杨约照本宣科，命他们一干人等，速赴仁寿宫听命。

念毕，杨约即宣布："退朝！"

众官员迟迟疑疑，不愿离去，都想问杨约，皇上之疾到底咋样了？但一见杨约高高在上，一副拒人千里的模样儿，又都怯步，并议论纷纷地出了朝堂。

二日后，当苏威等一干重臣赶至仁寿宫时，文帝的遗体已安然放置在了灵柩中。宽大沉实的灵柩摆放在了大宝殿前殿的灵堂内。苏威等一见，皆抚棺哭得死去活来。不过，哭归哭，所有从京师赶来的重臣，都还是有预感的。因为此前，圣上自知不治，已与众官员作过一次诀别。

堂堂大隋，岂能一日无主。

接着，在左、右仆射，以及礼部的主持和重臣们的见证下，杨广终于登上了梦寐以求的帝位。

这一年，大隋第二任君主杨广三十七岁（古代，出生即算一岁）。

因高祖文皇帝晏驾，灵柩还停放于大宝殿中，杨广的登基大礼是在一片肃穆的气氛中于仁寿宫的丹霄殿中举行的。因此，新任皇上个人的欣喜之情，只能隐藏于心里。

是日，新登基的皇上宴请了所有参加典礼的官员。说是宴饮，其实并未上酒，菜肴亦很清淡。因在文帝举丧期内，众官员对此皆表理解。

席间，皇上向与座重臣宣示：所有前朝官员，原任何职，还任何职，一切待遇皆不变。当下，所有官属的第一要务，即是全力以赴，处置好先帝的丧事。

此一圣谕，比任何佳肴美酒更令人受用！座上官员，吞下定心丸后，一个个如沐春风，皆感踏实。

席罢，皇上回到自己的卧房里。他仍住大宝殿后殿那间为父皇侍疾的临时卧房内。

时下，正值三伏大热天气。山上虽比山下凉爽，但白日尤其是午后还是够热的。因连日处于惊心与亢奋之中，得偿夙愿的年轻皇上，终于感到浑身难受和疲乏。他于是吩咐身边的张衡，说："请公给咱准备一桶水，咱要泡个澡。"

杨广吩咐臣下的口吻未变，用泡澡解乏的习惯亦未变，而太子右庶子职务暂时未变的张衡，态度则完全不同了。他毕恭毕敬地行过跪礼，道："臣——遵旨！"

张衡出门立即吩咐太监们将一只大木桶储上水，并亲自调好水温，再请皇上过来洗浴。

年轻皇上将全身浸泡在温水中，感到无比舒适……他合上双眼，不自禁地想起几日前，那因洗浴过后引出的惊心动魄情景来。不一会儿，他的眼前竟然浮现出了宣华夫人那如莲藕般白嫩的肌肤，那如花似玉带着淡淡哀愁的容颜，以及那如兔子样跳动的一双丰乳……于是，他的血脉突然偾张起来！

话分两头。

却说，被张衡横蛮逐出大宝殿，仍回枣园的宣华夫人，则成日生活在提心吊胆中。她先是听到宫女悄悄报说，圣上已然晏驾，顿时感到伤心欲绝。心想，自己得罪了皇太子，使他险遭罢黜。而今，已没人能够保护自己，那他还不会把自己往死里整？

可是，一连几日，亦不梳妆打扮、成日以泪洗面的宣华夫人，却未见有任何动静。正不知是咋回事时，一名宫女进来报说："太子登基做了皇上！京师来了许多官员，正于丹霄殿举行皇上登基大礼！"

"呵……"本是意料中事，宣华夫人却没想到会来得这样快。她想：几日来，太子原来只顾忙于料理圣上丧事和操办他本人登基做天子的事，而无暇顾及惩罚自己。他登临大位之后，则必会来报复的。想到此处，夫人一双原本极为灵动的凤眼，又泪泪淌下泪来。等待赐死的宣华夫人，茶饭不思，坐立难安。

夫人不安，枣园内的宦官、太监、宫女，则更是惶然不可终日。

果然，就在皇上登基当日日头偏西的申时，有宫女进房报说："娘娘！皇上刚一登基，就打发人给您送东西来了，还要您亲自领取。"

"哼！"宣华夫人一声冷笑，怒视宫女，说，"汝以为是啥好东西？是娘娘的大限到了！"

"不会，不会的。"前来报信的小宫女道，"皇上派来的亦是两宫女，脸上皆挂笑，准是好礼物。"

"她们笑啥？有啥值得一笑的？那分明是笑里藏刀嘛！她们要俺去领的只能是鸩毒！"

"啥？"宫女吓得脸煞白。

宣华夫人走出卧房，并无哀伤与惧色，她来到客厅中，皇上派来的两名宫女双双跪下，其中一名手中端着一只红漆托盘，用双手将托盘举过头顶。

众人看时，但见托盘中搁着一只十分精致的金盒，盒上贴一纸条，上书一红色"囍"字。

端盘的宫女说："圣上有命，此盒必由娘娘亲启。"

"行。"宣华夫人一声冷笑，并未细看那字，说，"此吓唬不到咱，咱早等着此日的来临。"

"别，别，别……"宣华夫人贴身小宫女，以为盒中真的是鸩毒，竟哆嗦得哭出声来。

要知道，夫人若服毒倒下，她身边一干侍从，能有好日子过吗！

不过，宣华夫人则已置之度外——她，一个自身难保的弱女子，哪能顾及自己身后事和身边人呐！她拿起金盒，揭去封条，将盒子打开——令在场人大感意外的是：盒里装的并不是鸩毒，而是一只粉红色、漂亮的同心结子！

端盘的宫女又向夫人磕了个头，继而解释说："此结是皇上亲手制作，以示与夫人永结同心。"

自高祖文帝病重以来，宣华夫人多日没上妆了。她原本惨白的面容，顿时涨得通红。那只已拿在手中并为自己打开的金盒，若丢掉或退还，皆是对当今皇上的大不敬。若收下，则不成体统——自己可是当今圣上的庶母呀！咋能够……

宣华夫人对那同心结子，退还不行，收下不能，正不知如何是好时，身边的小宫女则用脆生生的嗓音急切提醒夫人道："娘娘，您快谢谢皇上的恩典呀！"

宣华夫人见两名跪地宫女还未起身，只好道："谢——皇恩。"

皇上的宫女这才起身，齐向夫人道了声贺，方转身离去。

再说，亦感忐忑不安的皇上，见两宫女拿着只空托盘回来，眼前一亮，忙问："咋样？"

宫女便把见宣华夫人的前后经过述说了一遍。

皇上听后，仍觉放心不下。因为宣华夫人虽然接下金盒，却接得十分勉强。他想，届时自己若赴枣园，夫人万一仍是不从，岂不尴尬？那皇上至高无上的威仪岂不丧尽？于是，皇上又吩咐宫女道："汝等再去一趟枣园，告知夫人，说朕将去用晚膳，吃淮扬菜。"

"是。"两宫女领旨，复又转身，姗姗而去。

此番，再赴枣园的两宫女则改变了做派。她俩一进苑门，即尖着嗓门宣告："娘娘听旨！"

宣华夫人应声跪下。

宫女唱说："圣上今夜来此用膳，有请娘娘准备淮扬菜侍候。"

宣华夫人亦只好按规矩应说："奴婢，遵旨。"

两宫女听到回答，不等宣华夫人起身，便转身离去了。

随后从地上爬起的宣华夫人，则深感心劳力拙，软软地坐到一把椅子上，好一会儿都不能动弹。她知自己已免一死，不仅如此，还有可能会得到年轻皇上的宠爱！但此种乱伦事，天理不容哪！

不过，一屋之人，则都欢呼雀跃。自宣华夫人推拒太子，闯下弥天大祸，整个苑子里的下人，皆如丧考妣，陪着主子于惶然中度日！这下可好了，皇上喜欢上了夫人，下人自然亦会跟着主子沾光了。

于是，不等闷声不响的夫人开口，众人便都一齐行动起来。有打来温水为夫人洗面的，为夫人梳头的，还有为夫人装点妆容的……

宣华夫人叹息一声，命小宫女去膳房通知黄御厨准备淮扬菜——她有啥能耐或别的啥办法呢？唯有一途；认命！

小宫女来到膳房，对黄御厨说："娘娘命你烹制一桌淮扬菜，皇上今日要来用晚膳。"

"皇上？"黄御厨一时没转过弯来，怪异地道，"皇上不是已经晏驾了吗？咋能来此？"

"嗨，汝是咋啦？"宫女忙说，"是今日上午登基的皇上要来此用膳！"

"哦……天哪！是太子……太子登龙庭了！咱知晓了。"黄御厨原本就是晋王府的大厨，连声说，"好，好！"

可此"好"字刚一出口，御厨就着了慌。他想：当下，举国一片哀鸣，都在服丧。娘娘本人则更是，自老皇上病重后，就未动过荤腥，厨房很久就没进过啥稀罕食材。黄御厨则了解，晋王在家里是个百无禁忌的人。不管啥忌日，他在自己府中，爱吃啥，还吃啥。今日他是第一次到娘娘这儿来用膳，并指名要吃淮扬菜，该为他置办几样啥菜肴呢？常言道，巧妇难为无米炊，他因而犯愁了。

黄御厨思前想后，只好来到前厅，请正在梳妆打扮中的娘娘示下。

原本就心乱如麻的宣华夫人，听到黄御厨一吐心中难处，她更没了主张。本来，服大丧是不能动任何荤腥的。可与众不同的皇上，偏偏点名要来吃淮扬菜，此是啥意思？如若按服丧要求，只上几道素菜，那还能叫吃淮扬菜吗？那么，皇上又何必打发人来此吩咐一番呢？

夫人想了想，对御厨说："今夜真正用膳的，仅皇上一人。咱只作陪，汝是知晓的，近来咱啥胃口都没有，只能作作样儿。这样吧，你按往日规矩，先上四道素菜。皇上若不满意，你再把准备好的一道淮扬大菜端出。至如大菜是啥，你自个儿能想出啥办法，就做成啥模样。行么？"

"行。咱听娘娘的。"黄御厨也知道，除此而外，娘娘还能琢磨出一个别的啥主意来呢？

但御厨一回膳房，又费踌躇了。因很有一段时日，沉疴不起的文帝都未来枣园用过膳了。到后来，连宣华夫人亦都去了大宝殿那边就寝，枣园这边就剩一些下人，所以，当下连凑一道大菜的食材都难齐整。而且，御厨知道，以往晋王对食材的要求还特别讲究，要鲜的、活的。往日，连吃一只鸭子，也要现宰的。此一时半会，去哪寻鲜、活食材呢？还有，若就此事再去问夫人，亦是白搭，她能想出个啥办法来呢？

御厨思索片刻，终于从膳房取了一只菜篮、随手拿了一块蒸笼布，叫上一名小太监，就出了枣园的后门。

过往，曾作过介绍，此仁寿宫范围极大，宫廷、殿宇是削平一座山峰建造的。而周遭的诸多景致，如瀑、泉、溪等等，皆不是人为造作，而是浑然天成的。宫内，出名的景致儿，有玉女泉，三善谷、冷泉谷等等。因是皇上行宫，诸多景致亦很少有人能涉足，亦都处在极原始的状态中。

黄御厨带着小太监，一路来到一处山谷中，见远处的山岩夹缝中，有一股清流婀娜多姿宛然飘下，此就是玉女泉了。泉水之下，有一深潭，其水清澈见底，冰冷刺骨，所以，此山谷便名之曰：冷泉谷。清冽的泉水从潭中溢出，于山谷间形成一溪，曰：叮咚溪。淙淙流动的溪水，明丽而生动……

御厨和小太监沿溪而行。走着走着，御厨突然止步，用手朝溪中一指，说："你看见水中卧着的那家伙没？"

"啥？"小太监紧张地瞪着两眼望着黄御厨问。

"你看咱干啥嘛？"御厨压低嗓音，指着流动的溪水道，"往那看——"

小太监循着御厨手指的方向望去，这才看清：溪中的石上，果然趴着一条肥嘟嘟、约两尺多长的怪家伙！它通身呈黄褐色，和水中石头的色泽差不离。不细看，很难发现它。此物，像鱼又不似鱼，比蛇却要胖很多，它的嘴朝着逆水方向一张一合着，全身则纹丝不动。

御厨边脱鞋边道："就是它了——汝快脱鞋呀！"

两人脱了鞋，卷起裤腿，御厨吩咐小太监说："你从上边把水打响，它会掉头往下逃的，咱来逮住它。"

"它不会咬人吧？"

"不会。此物胆最小。"

果然，小太监一脚踏入溪中，还没来得及打水，那家伙听到上边水响，掉头就顺水往下逃跑。御厨在下边候个正着，用蒸笼布一扑，将它按住，用布裹严实，放入菜篮中。这黄御厨溪中抓活物，就如同提着菜篮到园子里拔棵萝卜一样不费吹灰之力。

……………

天全黑后，皇上先到文帝灵堂内，对守灵人说了几句宽慰话，便忙里偷闲地只带张衡来到枣园。

宣华夫人率众跪地迎接。

进入屋内，无有寒暄，百味杂陈的夫人便径直引领皇上入膳房用膳。张衡则在前厅叫来管事宦官，问明了枣园人数，给每人分发了五两赏银，自己即转身回灵堂那边去了。

却说，皇上在宣华夫人的陪同下，来到后院的膳房中，两人似都有些别扭与生涩。尤其是夫人则更不自然。其实，皇上在做晋王和太子时，已与夫人十分熟识。而夫人呢？晋王原先在江都，每次从南方回来都要为她捎来家乡土特产。来向她请安问候时，都说一口纯正的吴越乡音，与她讲说家乡事，自己年龄虽比晋王小，但身份却是晋王的庶母，所以，一直以来，二人相处得十分自然、融洽。但，目下，彼此算啥身份呢？他俩还能和谐相处吗？

二人分别于一张八仙桌旁坐定，还是由宣华夫人先开口："皇……皇上……"此二字一出口，夫人即满脸通红。她停顿了一下，才继续说，"您……您饿了吧？"

"是有一点饿呐。"皇上入座后，倒显得气定神闲了。

"那……就上菜吧。"夫人向身边的宫女使了个眼色。

接着，宫女们即从膳房婷婷袅袅地端来四盘素菜。

夫人于是挥手说："这儿没汝等的事了，你们都下去吧。"

宫女一走，皇上则笑道："此即是夫人请朕吃的淮扬菜？黄御厨呢？"

"小的在！"黄御厨候在膳房门外，听到皇上在叫自己，应声而出，并跪在了地面上。

皇上对御厨说："朕，今晚为啥要到此处用膳？就是实在熬不住了哩。

连日来，朕吃的都是些缺油少盐的素菜，事又繁杂，承受不住了呃。从今后，这枣园就是朕的家，汝亦还是按从前的老规矩，朕爱吃啥，汝做啥——在家用膳就没那么多禁忌啦。汝起来吧。"

皇上对御厨的一番话，实则是说与宣华夫人听的。听话听音，聪明的夫人当然知晓，并记在了心里。

黄御厨起身后，即道："小的倒是另外准备了一道菜的，只是不知圣上爱不爱？"

"行。汝端来，让朕尝一尝。"

黄御厨用托盘端来一只大陶钵，将它稳稳当当搁到桌上，揭开钵盖，满屋顿时蒸腾着一股诱人的香气儿。

因为侍疾和守灵，很久未尝大菜的皇上，亦不管三七二十一地用箸夹了一块看似肥腻的东西，用口吹了吹，先咬一小口，嚼了嚼，点点头，便将箸中之物统统塞入嘴中，大嚼起来。并连声称赞道："唔，好！肥而不腻，松软爽口，是食中上品。"

皇上说着，盯住钵中之物，看个不停，忽然问："此物无鳞，莫非是鮰鱼？可鮰鱼咋能生于此地？"

"皇上可算猜对一半。"御厨面对皇上，并无局促。他道，"此物的烹饪制作确与鮰鱼大同小异。此外，您说得亦不错，此山野和关中一带，并无鮰鱼。"

"那是啥咧？朕细细品味，确比鮰鱼更出味儿。"

"此亦是一种鱼。"御厨解释说，"此鱼发出的'哇哇'声，神似小儿哭音，所以，名曰娃娃鱼。"

"这么说，此鱼就出自咱关中？"

"它就出在咱仁寿宫里。"

"噢？仁寿宫竟出此稀罕之物？汝是在何处逮到它的？"

"就在玉女泉的叮咚溪中。"

"溪中能生此物？那水清澈见底，不是说，水致清无鱼嘛。一股清流，此鱼咋能活命？"

"鱼一般皆喜浑水，娃娃鱼的习性则不同。"御厨说，"此物最爱干净，不洁之水，不能成活。您想，玉女泉的水该多清洁。且溪中之水，四季不枯，正所谓流水不腐呀。它食溪中小鱼、小虾，螺蛳。溪边树上被风雨打下的松毛虫，更是它的最爱。所以，咱仁寿宫内的娃娃鱼特别鲜美可口。"

"嗨，此亦只有汝才想得出将它作食材，并成全了朕之口福。"

"其实，咱是被逼无奈，方想出此食材的。"

"噢？"

"您看嘛。夫人最近几月一直吃素，咱膳房连只最寻常的活鸡都难觅。在下又知您最爱鲜活之物，所以，才去溪中打主意的。"

"难得，难得。快，趁热吃。"皇上抄起一只大号银匙，舀了一满匙，放到宣华夫人的碗中，并对御厨道，"朕要犒赏汝，明日让张衡来兑现。你去歇息吧。"

坐于一旁的宣华夫人一直没说话，却听得十分有味道。自文帝起病以来，她一直处在哀伤与压抑中，此时才有了一点轻松感。

她拿起箸，尝了一口碗中之鱼。

皇上即问："味道咋样？"

"好，好。味道确实非同一般，且不腻。"

"有酒吗？"

宣华夫人点了一下头，说："有。"

夫人于是起身，从膳房的柜中取出一坛状元红和一只酒盅。她启开酒坛，倒了满满一盅酒。

"咋只一只盅子哩。那能喝出啥味来？"皇上揶揄着说。

夫人满脸绯红，又拿出一只盅子，并为自己也倒了一杯酒。

"这就对了。"

皇上举杯，夫人亦忸怩地把杯子举起，两杯相碰，各自一饮而尽。

有道是：秀色可餐，这才是皇上今夜来此的真意！

第一二二回

荣华不甘寂寞投怀送抱
汉王识破伪诏起兵造反

皇太子杨广登基三日后，隋文帝的另一位宠妃荣华夫人，身着一袭白衣裙，头戴白花，身披重孝，来到大宝殿文帝的灵堂内，双膝跪在宽大而沉实的灵柩前，号啕恸哭，伤心欲绝！此前，她已获知运载文帝灵柩回京师的车辆已赶造完工，命相大师亦择好日子，明晨即要发丧。宣华和荣华，皆不是正室，高祖文皇帝生前对此二人无微不至，宠幸有加，可直到撒手人寰前，亦未将其中一位扶成正室。而今，新帝已然登基，而自己还这么年轻，回到京师后，往后的日子咋过？而尤其是昨日，她已经获知，当今皇上已喜欢上了宣华夫人，这么一来，自己则更是形单影只，命运更为堪忧，每想及此，即痛彻心扉，不能自已！

荣华夫人越想越难过，越哭越伤心！近日来，守灵和吊唁的人，已从初始的极度哀痛中转至渐趋麻木。但在荣华夫人恸哭的影响下，在场所有守灵人，亦跟着大放起悲声来。

在灵堂当值的张衡，先是受到感染，亦泪眼婆娑。后来看到夫人已声嘶力竭，声音越来越低，便走上前去，弯腰劝慰说："请夫人节哀，多多保重，不要伤了玉体。"

未料，此一劝慰不打紧，荣华夫人又大恸起来。

张衡边安慰夫人，边示意跟随夫人同来的二位宫女将夫人扶回去。

两宫女先抹抹自己脸上的泪，一左一右将荣华夫人搀扶起来，欲使其转身离开大宝殿灵堂。

夫人止住哭泣，朝灵堂周遭扫了一眼，轻声问张衡："皇上呢？"

张衡说："皇上昨夜守灵到很晚，时下回房休息去了。"

张衡说的是实情。杨广对父皇尽管在一些方面阳奉阴违，可他初登帝位，在这举国哀痛的关键时刻，他在大庭广众下，也还是要做出一副孝子的模样来的。

"咱要朝见皇上。"荣华夫人不管不顾地说着，就往后殿走。

"皇上辛苦，这会儿可能尚未起身哩。"张衡急了，故意用身子挡住荣华夫人的去路，不想夫人去打扰皇上。

若是文帝在世，张衡岂敢在娘娘面前这般冒失无礼。

荣华夫人则不由分说，瞪了张衡一眼，使出娘娘性子，道："你让开！咱有要事，要启奏皇上。"

张衡见荣华夫人如此执拗，只好赔笑说："夫人请于此间稍息，容下官先去向皇上禀报一声。"

张衡来到后殿皇上那间临时卧房。此时的皇上其实早已起床，并在卧室外间埋头披阅着由京师转来的堆积得老高的折子。张衡行过跪礼起身道："荣华夫人说有要事要朝见皇上，下官欲行阻止，她不从。"

皇上放下手中朱笔，问："是啥事儿呢？"

"夫人并未明言。"

"那就让她来吧。"

"是。"张衡行跪礼，出门。

其实，皇上如愿以偿地临幸过宣华夫人后，就想到了更年轻、更美艳的荣华夫人。但因一则是自己刚刚登基，百事缠身，一时还没工夫来好好享受这位更加可人的女子；二是，也没想出个好主意，以赢得荣华夫人的芳心。他想：总不能故技重施，再上演一次"同心结"的戏法吧？那就太没趣啦。可今荣华夫人自己找上门来，到底是为啥事？新登基的皇上也感到好奇。

却说，荣华夫人得到朝见皇上的许可，便熟门熟路由前殿穿过两重天井，来到后殿，由于心情急切，此刻才发觉自己身边还跟着两位宫女。她犹豫了一下，对两位宫女说："汝等不要跟到皇上那儿去了，且到大宝殿外等咱吧。"

两宫女转身后，荣华夫人方只身前往。为文帝侍疾期间，她亦住在大宝殿的后殿中，而且，她的卧房就紧挨着宣华夫人的房间，距离现在皇上的临时住所亦很近。

夫人来到皇上寝室前，只见门外警卫森严，已不似从前那般模样儿了。她正欲上前通报时，一名宦官从室内走出，笑迎道："荣华娘娘来啦，皇上正在屋里等候您呐。"

荣华夫人是先帝的宠妃，啥场面没有见过。所以，她从从容容沿着走廊从森严的宿卫身边迈入皇上卧房。

皇上的临时居室是个一连二的大套间，里为居室，外为书房兼会客室。可当心情复杂的夫人掀开门帘，跨过门槛，面对端坐于御案后的皇上时，便不由自主地身子一软，全然不顾庶母之尊，双膝跪下，泪水亦从眼窝中涌了出来……此泪水，有辛酸、有委屈，更有对自己未来的期盼。她的嘴唇嗫嚅着，哆嗦出二字："圣上……"接着，就再也说不出话来。

"请起，请起……"皇上连声道。

但，荣华夫人已经疲软得站立不起来了……

皇上见此，一挥手，让屋内人退出之后，站起身来，亲自将颤栗不已的夫人扶起。没想到，此一扶不打紧，绵软无力的夫人竟一下栽入了皇上的怀中！血气方刚的皇上，周身顿时升腾出一股烈焰，一把将夫人抱住，使得夫人头上的白花扫落在了地上。

此刻的荣华夫人，眼中流着泪，但两手却紧紧勾住了皇上的颈脖，并用嘴拼命亲吻着皇上的双唇。

皇上边吻夫人边将她抱入内室，置于榻上。接着，二人便如胶似漆地翻江倒海起来……

次日，是七月的乙卯日，文帝的灵柩在数百僧人的诵经声中，被装上了特制的灵车，在僧人和仪仗队伍的簇拥下，由仁寿宫起驾，运返大兴城。

话分两头。

却说，以文帝名义假传的圣旨，由使臣李百药日夜兼程，终于抵达晋阳（今太原市），来到了并州总管府。

汉王杨谅跪地听来使李百药宣诏。当他听到皇上要自己火速赶往仁寿宫侍疾时，顿生疑窦。心想：此不亦是耍的罢黜蜀王的同样招数么？对自己关爱有加的父皇，咋会如此对待他的爱子呢？

敕书就这么一个内容，片言只语，转瞬念毕。

当杨谅从李百药手中接过一纸敕书，定睛一瞧，果见《敕书》的"敕"字，一笔一画，中规中矩，而其右上处，却没见画蛇添足地另加一点。而这另加的一"点"，则恰恰是父皇与自己私相约定的暗记。有意另加一点的"敕"字，为真诏；而未加点者，即为伪诏！

汉王于是大怒，亦不顾朋友情面，命侍卫将来使李百药狠揍了三十大板。然后才道："百药大胆，敢用伪诏，诓骗本王！"

杨谅是个地地道道志大才疏者，却偏喜附庸风雅，喜与墨客骚人交往。李百药倒是个不折不扣的风流才子，两人年龄相仿，文才虽相距甚远，但意气相投，过往关系确实还挺不错的。

可令百药没想到的是，刚一见面，即遭一顿暴打，他于是恨恨地咬牙切齿道："咱一路辛苦，风雨兼程，你咋不分青红皂白，动辄打人？"

"咱还打少了，打轻了！"杨谅讲义气，却最恨背叛他的人。于是问，"汝从实招来，是谁派你来的？"

"咱来传诏，自然是受皇上指派。"百药讲的是实话。太子和杨素把敕书交与他时，他对这份敕书的真实性自是深信不疑。

"胡说！"汉王越发狂躁，他咆哮道，"此明为伪诏！"

"何伪之有？"

　　汉王于是大怒，竟不顾朋友情面，令侍卫将来使李百药狠揍了三十大板。然后才道："大胆百药，敢用伪诏，诓骗本王！"

汉王并不解释，即问："此诏是皇上命汝拟写的么？"

"不是。"百药说，"咱的字汉王认识。是不是咱写的，一看不就明白了？"

"就是嘛。近年来，皇上的敕书不都出自你的手吗？"

"那倒不见得。为皇上拟诏的人，何止咱一个，这汉王也是知晓的嘛。"

"那，这份敕书是皇上亲手交与你的？"

百药忍痛解释说："皇上病重，一应俱事，已不能亲力亲为了。敕书是由杨仆射转交与咱的，此能有假？"

"假就假在此处！"汉王心中有底了，接着又问，"你说，此诏要咱去仁寿宫，到底是啥意思？"

"这还用问？敕书上不是说要您回去为皇上侍疾嘛。太子与柳尚书早就去了仁寿宫，陪侍皇上很久了。"

"屁！"汉王不屑地道，"你一来，咱一去，路途这么遥远，等咱赶到仁寿宫，父皇恐早不在世了，还侍啥疾嘞？再说，父皇若想咱回去侍疾，不早就开口了，还会拖到今日才叫你来传圣旨？此一定是太子没安好心，看到父皇快不行了，便召咱回去送死！"

李百药一想，汉王所言，确有道理。于是，跪下磕头，说："下……下官可没想到此……此一层！"

杨谅命人将百药收押后，觉得事不宜迟，立马召集心腹议事，商量对策。

并州总管府，下辖五十二州。西起山西，东达东海之滨，为原齐国全境，是出精兵良将之地。

几年来，处心积虑的汉王杨谅，以预防突厥为名，在文帝的支持和默许下，铸造钱币、扩充府兵、购买良马，不断壮大武力，早已蓄势待发。而杨素等假传圣旨，确实是想用对付蜀王之法，诱捕汉王，以解除他的兵权，为太子杨广登基消除隐患。杨谅显然已经感到事情危急，与其坐以待毙，不如主动奋起反击！

可令汉王没有料到的是，他在议事厅内，刚把话往起兵上引，就有二人当众表示反对。其中一人是总管府司马皇甫诞；另一人则是汉王府主簿豆卢毓。皇甫诞主管总管府军务，豆卢毓则主管王府内务，为杨谅的左膀右臂。此二人极力说服汉王，不要反对朝廷，做有负社稷之事。

杨谅一听大怒，命人将皇甫诞打入监牢，听候处置。豆卢毓则噤声，不敢再唱反调。

汉王为啥只抓皇甫诞，不抓豆卢毓呢？因为豆卢毓是汉王王妃的兄长，对他明显网开一面了。而豆卢毓未再出声，则是怕自己也被打入监牢，就没机会在关键时刻挺身而出。

对于起兵事不再有异议后，便有总管府咨议参军王頍献策说："咱总管府属下军官和士卒是由关中和关东两地人组成，据此，咱可制定出两种不同方案。汉王如若重用关中籍官兵，并以他们作主力，就应快速出击，以迅雷不及掩耳之势，一举夺取京师，其余的关外籍人士，则作后盾，守住并州下辖各州，以防不测。但您暂时如果只想割据并州这一块地方，就应重用关东籍官兵，以他们为主严防死守。所有关东人亦会拼尽全力，保卫自己的故土，咱可据此与朝廷相抗衡。就像往日的齐国那样，情势如对咱有利，可主动出击，扩大辖地，直至拿下京师大兴。而如若只想稳稳当当守住关东，您亦可拥兵于昔日齐地称帝。"

杨谅听到王頍建议，感到欢欣鼓舞。他想了一下，反问王頍："汝自认哪种方案更好？更易与朝廷抗衡？"

王頍说："前一种方案，实为一着险棋。咱这几年一直在扩军和练兵，而关内则偃旗息鼓。咱可乘机杀它个措手不及，一举夺得大兴城。但，整个大隋的地域、实力毕竟比咱强大，倘若一击没能致命，等到朝廷缓过劲来，组织反击，咱则必败无疑。所以，咱实则赞成用第二种方案，宣布独立，与朝廷分庭抗礼。咱并州五十二州，大多地域皆是易守难攻，当年齐朝若不是内部自乱阵脚，高氏腐败无能，周要灭齐，并不容易。"

王頍是原北齐名将王僧辩的儿子，是一位极会出奇谋的人。

杨谅觉得王頍的话很中听，也有道理，却又舍不得放弃一举拿下京师大兴城将天下尽收囊中的好机会。他说："咱就来它个双管齐下吧。让关中籍军官率领子弟兵打回老家去，占领大兴城；而让关东将领率各州府兵，固守齐地。此样，顺利的话，咱可一举拿下京师，夺取天下；倘若进攻受阻，咱就退回，固守并州下辖的五十二州。"

汉王的话音刚落，总管府兵曹裴文安提出了更为鼓舞人心的建议。他说："汉王当下管控的辖地，由西向东，地域辽阔，兵强将广，英雄豪杰，皆应不分出处，不分彼此，所以，应集中全部军力，统一指挥。咱可分派弱兵，屯聚把守各重要关隘，而用精锐，进取蒲津。末将文安愿充汉王之马前卒，急先锋！大王您率主力殿后，风驰电掣，须臾便可直取大兴城外的霸上，由此，咸阳一带，皆在大王您的掌控中。而此刻，京师城内，可想而知，已是一片风声鹤唳，兵不暇集，上下相疑，群情离骇。而您汉王一声令下，谁敢不从？然，旬日之间，大王您便可入主京师，问鼎华夏了。"

"好！好！"杨谅大受鼓舞，无比振奋。

在众将一片欢腾声中，唯有一员老将，从始至终，一言未发，他对眼前的一切，竟然冷眼旁观。裴文安讲完自己的方案，掌声四起，老将军则仍然不苟言笑。此人便是原陈朝大将萧摩诃。陈朝灭亡，他投降并被迫归顺了隋。文帝念他往日的名望，给他官做，却是闲职，不受信任，使他来到北方后，一直郁郁寡欢。后来，有人将他推荐给了汉王，从此受到重视。老将军亦曾一度在训练士卒和对军队的攻防演练上很是用心，并受到汉王的赞誉。可到后来，萧摩诃越看越觉汉王杨谅像煞自己原先的主上陈叔宝——无能，贪色，且好大喜功。一旦遇事，又胆小如鼠。再后，他觉察出杨谅扩充军队，并不是用来保疆守土，对付突厥入侵，而是想一旦皇上晏驾，便与太子争夺帝位！萧摩诃是上了年纪且受过屈辱与挫折的人，他不想叛逆朝廷与汉王搅和到一处，可又无法脱身，真个是活受罪、活见鬼！

然而，已被主张造反的众将激发得热血沸腾的杨谅，经过进一步商议，终于做出决定：遣大将军余公理出太谷，以奔袭河阳；遣大将军綦良出滏口，以奔袭黎阳；遣大将军刘建出井陉，以攻取燕、赵地带；遣柱国大将

军乔钟葵出雁门；另晋升裴文安为柱国大将军，与纥单贵、王聃、茹茹天保、侯莫陈惠等大将军，率主力直取京师。

于是，自平灭陈国、华夏统一的十九年之后，一场内乱，再次在晋、秦、冀、鲁大地爆发了！

却说，对晋阳发生的变故尚浑然不觉的皇上杨广，亲自护送文帝的灵车一出仁寿宫，即遇到了意想不到的麻烦事。

一代英主晏驾，新登基的皇上为表对父皇的崇敬与哀伤，把发丧队伍搞得非常壮观、庞大，各式仪仗延绵十数里。文帝生前笃信佛教，从大刹名寺请来的千数僧人排列于灵柩前、后两端，边走边做法事，念诵经文，为亡灵进行超度。此还不够，一路响器敲个不停，把拖拽灵车的十六匹黑骏马，惊吓得不轻。众多骏马中，只要有一匹两匹受到惊扰，步调就不能一致，灵车要重新上路，得花很大工夫和好长时间才能将惊马安抚和调整好。

此外，大热天气，行动本来就十分迟缓，坚持要为文帝送行的宣华和容华夫人，披麻戴孝，行走在队伍当中，更是苦不堪言。这么停停走走，一日才勉强前行了二十余里地。

是夜，皇上来到二位夫人所住路边行宫中，赞扬夫人为文帝尽到心意的同时，并动员她俩不要再跟随灵车行走了。

二位夫人经过一日折腾，身心俱疲，也都吃不消了。她俩此时才同意脱离发丧队伍，直接乘车返回京师。

这事，解决得异乎寻常地顺利。但，宣华夫人却向皇上提出："奴婢所住的永安宫，原是皇后寝宫，咱回到京师后，不宜再住其间，应挪个位置。"

永安宫，原是独孤皇后的寝宫。皇后病逝，文帝为了表示对宣华夫人的宠爱，下诏让宣华夫人搬了进去，并让她主管了后宫各项事务。而今，新皇上已然登基，那么，皇后自然就会是尚未更改称谓的萧妃。所以，宣华夫人仍住属于皇后的寝宫，就显然不合适了，因而主动要求搬出去。

此前，皇上还压根没考虑到这事上来，经宣华夫人提醒，觉得她能识大体，很懂事，即爽快地说："那，这样吧，后宫别的寝殿，可由夫人任意挑选一座自己中意的。"

此时的皇上，已没再称宣华夫人为"娘娘"，而改称了"夫人"。

但，宣华夫人却道："奴婢想一人清静过日子，恳请圣上能允奴婢搬出后宫到外面居住。"

皇上迟疑了一下，因是在发丧途中，不及细想，便点头说："好吧，朕这就下诏给杨约，让他与有关官员给夫人在大兴城内另找个僻静处所。夫人的一切供给，则仍照旧。"

…………

又过一日，队伍行走还是十分缓慢。因天气炎热，暴露在烈日下的时间过长，有人不支病倒。皇上与杨素、苏威等连夜再行商讨，决定：一是，让包括苏威在内的年事已高的官员，亦与两位夫人一样，乘车先行返回京师。届时，再同京师内的文武百官，出城迎接文帝灵柩。至此，护送灵柩的队伍中，年岁大的，只剩杨素一人。二是，裁减十有七八的仪仗，让他们也先走，到距大兴城外只有三十里地的郊外等候，待灵车到达，再重整旗鼓入城。三是，一路为文帝超度的僧侣们，亦分乘数车，在行驶的车上做法事。

有了此三项举措，灵车和队伍方行走得顺畅起来。

一路上，满怀雄心壮志的皇上，感觉有太多事要做，有数不清的要务急待处置，他不能把时光过多耗费在此发丧途中。但，作为刚登基的皇上，亦不能太过草率，而遭世人诟病。

不过，刚被理顺的发丧队伍，仅顺顺畅畅行走了一日路，即被一风驰电掣奔来的单骑搅乱。它来得突然，迅猛，还没等一路作警卫的禁卫军做出反应，就匹马冲到了御驾旁边，并高喊道："禀告圣上，咱有要事启奏！"

"啥？出啥事了？"皇上因连日操劳，爆热难当，这会儿正坐在车内打瞌睡的他，为突如其来的大声喊叫所惊扰！

而就在此刻，那来势汹汹的骑者，一个踉跄，从马上栽了下来。担任护驾的宇文述，亦在此时拍马赶到御驾前。

那位从马背跌落的汉子，屁股朝天，匍匐于地，痛苦地呻吟着，双手伏地喘着粗气。宇文述下马，走到他跟前，只见其人裤上的两股处，血迹斑斑，并散发出一股恶臭，再看他坐骑的鞍上，亦尽是血迹！

不知就里的皇上，亦从车中走出，正待发作时，一眼看到伏地之人，忙改口问："汝是谁？"

伏地者答："微臣是……是李百药……"

"呵？"皇上打量着一脸污垢、面显痛苦状的李百药，诧异地道，"卿咋啦？咋成此样了？"

百药伏地诉说道："汉王说敕书是假的，臣被杖击，投入监牢，他则于晋阳起兵造反了。一位上年纪的狱吏是齐人，他认识家父，将咱扮作狱卒混出监牢。咱被杖击的股伤未愈，连日骑行赶路，伤口被马鞍磨成此样了。"

被召来的御医认真查看了李百药的臀部伤口后，向皇上报说："他的皮肉已和裤子粘连到了一处，须经洁净之水长时间浸泡，方能将裤脱下，再清理创面，才能涂抹金疮药膏。"

皇上即对御医说："卿带百药速回仁寿宫，可用玉女泉之水清洗创口，并在宫里静心治疗。待伤口好后，卿再与他一同回京师见朕。"

宇文述于是调来一辆马车，让李百药躺伏于车中，随御医调转头直奔仁寿宫而去。

这边，皇上仍让灵车继续前行。自己则与杨素、宇文述和张衡等来到就近一行宫中，进行磋商。

父皇的灵柩尚在路上，还未入土为安；自己虽登帝位，却还没有回到大兴殿中真正"君临天下"，而汉王竟在此节骨眼儿上造起反来，要与自己争夺天下！

气愤已极的皇上开口即问几位近臣："杨谅凭藉父皇的荫庇，在并州图谋不轨已有好几个年头，他今有备而来，咱将如何应对？"

杨素则不假思索地说："汉王蓄谋已久，在并州经营数年，兵、马和装备，皆已齐备、充足。而我则是仓促应战，形势于咱不利。不过，汉王杨谅素来是，心气高，却无能；手下将领，要么是只会阿谀奉承的无能辈，而真有才干的人，他却不会用，所以，其实并不足惧。"

张衡插嘴说："越公不可太低估杨谅。而今，他兵多将广，来势凶猛，咱对他还是不可小觑。"

杨素则不屑地道："咱再没准备，亦可将京师城内禁卫军召集拢来，瞅个机会，将他其中一支军队猛揍一顿，灭其气焰。等咱缓过劲来，各地援军陆续赶到，就看咱来灭他了。"

"好，咱就用此法来对付他！"原本有些紧张的皇上，精神大振！他把头转向一言未发的宇文述，问，"宇文公，卿觉杨仆射的办法如何？"

"杨仆射不愧是经历过大风大浪的人。"在面对杨谅造反这件事上，宇文述出言十分谨慎。他说，"臣下刚才还在心中估摸：并州一共五十二州，皆是出精兵强将之地。每州仅挑五千府兵，就是二十五六万军队！杨仆射说得好，咱先集中有限兵力，打他一只出头鸟，压压他的嚣张气焰，再收缩防守，等待咱的大军集结就绪，再一举收拾他，这倒是个稳妥的好办法。"

"行。朕想，那就有劳仆射亲自出马了！"皇上说，"不过，朕还用不着即刻就动用皇家禁卫军去殄灭逆贼。仁寿三年，朕带兵攻打突厥，班师回朝后，还保留着一支五千人的精锐骑兵，未让他们解散回乡，此次正好可以派上用场。"

"噢？"杨素深感惊讶，问，"此军现在何处？"

"就分散驻扎在咸阳郊外靠山的几处兵营里。这一年来，他们一直在养精蓄锐。朕就防着怕有急事呐！"

"那太好了！"杨素大喜过望，说，"有此精锐应急，活该杨谅成不了气候！"

而与此同时，杨素则在心中暗自敲起鼓来：皇上此举，连自己竟都一无所知。可见这位刚登基的皇上，其心之深，比之先帝，有过之而无不及！

第一二三回

汉王败无可奈何花落去
杨素胜荣华富贵集一身

翌晨。

年过六旬、仍老当益壮的杨素，身着戎装、骑战马，率一众扈从与侍卫，离开发丧队伍，直奔咸阳郊外的兵营而去。

杨素前脚一走，各地派快马送来的告急信，络绎不绝。带来的消息多是靠近并州一带城池被杨谅叛军围困，或已为叛军占夺，请求朝廷派援军解围；也有告知，有的州县已直接响应和支持杨谅起事，并宣布不受大隋朝廷管束；更有甚者，还有把杨广称作窃国大盗，呼吁全民共讨之。一时之间，北方形势，比原先估计的还要严峻得多！

刚刚登基的皇上，虽有杨素"不足惧"的定心丸，但仍心急如焚！他作为大隋文皇帝之子和继承皇位之君，哪敢擅离护灵队伍一步！况且，他即使立马回到京师，亦毫无裨益。因他两手空空，冷丁变不出军队，救不了各方之急，解不了一重又一重之围！皇上能够做的就是向各地下诏，征召府兵，讨伐叛贼。但集结军兵，并使他们抵达平叛之地，却尚需时日。

在焦急的等待过程中，皇上的忧虑还不能表露于形，甚至连宇文述和张衡这样的近臣，都不能使其受到感染，否则就有可能自乱阵脚。连日来，皇上表面看去，他所关注的就是使灵车走快走稳，一路不发生任何差池和闪失——新登基的皇上，守护着父皇的灵柩，亦是守护自己至高无上的权力，岂能心有旁骛！除此而外，就只能寄望杨素率领五千轻骑出敌不意地击溃直扑京师的叛军主力，以缓解危局，等待各地援军的到来。

八月丁卯日，隋文帝的灵柩于万众瞩目中，终于安抵大兴城。当遮天蔽日的白幡和灵车从宽阔的朱雀大街缓缓驶过时，庶民百姓身着孝服跪于长街两侧，恸哭之声，震天撼地！万千百姓是真心实意地感念他，感念这位大隋开国帝王为华夏带来统一，为天下带来一段安宁祥和的好光景。

话分两头。

却说，杨素于咸阳率五千轻骑，连所需粮草都未来得及备齐，便朝东北方向急驰而去。此支骑兵是杨广冒着风险，瞒着病中文帝，隐驻于咸阳一带山地，以防万一的。没想到，还真在千钧一发之际派上了用场。

仅二日，当急行军的杨素逼近黄河岸边，即见路上有神色慌张的难民沿着驿道涌来。一问，方知河对岸的蒲州城（今山西省永济市）已于几日前为杨谅叛军偷袭占领，城内刺史逃得不知所踪。

河东的蒲州城，乃通向关内的咽喉地，它距京师仅三百余里行程，快马一日可达。

杨素闻此信息，大吃一惊！他想：这杨谅真是蓄谋已久，有备而来呵！转眼间，他就拿下了蒲州，一过黄河，不就直指京师了吗？杨素想到此处，急命五千轻骑停止前进，原地待命。自己则不敢怠慢，只带几名扈从和若干侍卫，亲赴黄河侧畔察看详情。

当杨素一行来到黄河岸边时，日已偏西。只见湍急不羁的黄河流到此处，忽地拐了个弯儿，水流亦与别处相比徐缓一些。对岸山峦起伏，地势高峻，沿一条山路上行至山腰处有一石砌之隘口，久经战阵的杨素知晓，那一定就是著名的蒲津关了。杨素举目眺望，见对岸码头，人影憧憧，因架设于两岸的吊桥已毁，有渡船在河中来回摆渡，以接送逃难的人。而绝大多数船只亦统统从对岸停靠到了杨素所处的西岸一侧。

　　杨素与众人下马，找了个从对岸逃来的难民一问，知道蒲津关并未为贼军所占。叛军进入蒲州城后，即在城中大肆抢劫，本来出城西进的军队也不知道是啥原因又返回城里去了。

　　杨素想：既占领了蒲州城，为啥不派兵一并将蒲津关拿下呢？此可仅是举手之劳哩！不过，假如真如难民所述，那就真是个千载难逢的机会了！倘若叛军夺得蒲州，一鼓作气占据蒲津关，并不停歇地让大批军队渡过黄河，那么，敌我双方的情势可能就大不相同了！因为自己只有五千骑兵，能否抵挡得住数倍来势汹汹的叛军，那就难得说了。若是那样，不仅自己的区区五千人马，就连京师大兴亦都岌岌可危了！

　　久经战阵的杨素，岂肯放过此稍纵即逝机会。他立即派人与周遭官府取得联络，就近征调岸边所有船只。待到夜幕降临后，为保险计，挑出三百精壮士卒，分乘两条大船，准备先行渡河。

　　杨谅年轻，未经世事，更没正经带过兵，打过仗。而其手下，却有一批有勇有谋的老军头。如果是哪位有意让难民放出烟幕，设下陷阱，让杨素落入圈套，他总共才五千人，是万万输不起的！

　　于是，杨素只安排三百士卒，在夜深人静时，分乘二船，悄悄过江。蹲守于西岸的将士，只听四野一片秋虫的"唧唧"声和浪拍江滩的"哗哗"水响……焦急等待的时刻，令人揪心！

　　突然间，终于见到从对岸山中射向苍穹的三支绿色焰火。此说明蒲津关确无贼军把守，并已为渡河士卒占据。于是，百数船只分数批载着五千将士和战马连夜渡过黄河……

　　却说，此时，文帝驾崩、杨广登基做了皇上、杨素率军已占蒲津关的消息，一个接一个地陆续传到了晋阳城内。汉王杨谅首先是震怒，愤恨杨广用假敕书欺骗自己，进而又自鸣得意没上那伪诏的当；接着，听到杨广果然登基做了帝王，更是咬牙切齿，发誓要将欺世盗名的杨广惩灭，食其肉、寝其皮！然而，当他一听到杨素亲率一支军队，这么快就渡过了黄河，并占据蒲津关后，即又感到坐立不安起来，因在他的记忆中，还没听说过杨素曾打过一次败仗。

于是，杨谅一扫杀到大兴、占领京师、自己做皇上的雄心壮志，却想起王頍原先支的招：守住并州总管府辖下五十二州，就像过去齐国皇上高欢那样，不是也蛮不错吗！他于是急召指挥主力军西进的裴文安返回晋阳，并命纥单贵切断河桥，堵住杨素进攻线路。

裴文安赶回晋阳，见汉王突然变卦，苦劝道："行兵打仗，贵在诡谲和神速，咱各支军队都打得顺风顺水，势如破竹，突然又叫收手，实乃长了敌之威风，灭了咱自家的士气！"

杨谅不加解释，死守决心已定。他重新任命王聃为蒲州刺史、裴文安为晋州刺史、薛粹为绛州刺史、梁菩萨为潞州刺史、韦道正为韩州刺史、张伯英为泽州刺史。并要求他们死守城池，不得有任何闪失。

再说，立于黄河东岸的蒲州城，是一座年代久远的古城。早在尧舜时期，此二位帝王即分别在这里定都。到了春秋，蒲州归属晋国，战国时，改属魏。秦始皇统一六国之后，东巡郡县，亲登蒲州城楼，以显神威……由此可见，这座古城的历史悠久。由于它的地势险要，历朝历代为御北方外敌，皆投巨资修筑或加固古城墙。至今，蒲州的外郭城墙高达三丈八尺，全部用厚砖砌垒，城墙外，还挖有极深的护城河。

数日前，蒲州城还在朝廷的掌控下。杨谅要突击京师，大军先必经过此城。叛军大将茹茹天保觉得这座城池坚固，地势险要，不好硬取，便使一计。他将个子矮小的士卒打扮成贵妇模样，让一干骑兵作护卫，说是汉王女眷要回京师，并要进城借宿。守城隋军信以为真，放下吊桥，敞开城门。叛军一拥而入，不费吹灰之力便夺取了蒲州。

茹茹天保得意自己用兵如神，正欲西进再夺蒲津关时，哪知杨谅已改主张，命王聃带着几万兵马，以刺史身份进驻了蒲州城，随即向茹茹天保下达了死守城池的命令。

亦就是在此阴差阳错的一刻，杨素率五千骑兵，渡过黄河，占领了蒲津关隘，并直逼到了蒲州城下。

前面说过，蒲州城地形险要，易守难攻，加之，杨素一路奔波，仅五千人马。而据守坚城的杨谅军，以逸待劳，而且，王聃和茹茹天保的军队加在一起，共有大几万众。由此观之，杨素纵有三头六臂，天大的本事，想来也拿这座坚固的蒲州城无可奈何。不仅如此，杨素的后背就是滚滚滔滔的黄河，还处在全军覆没的险境中！

可是，城内的茹茹天保偏偏不这么看。他想：杨素用兵，素来诡诈，天晓得，他会使出啥花招来算计自己。多一事，不如少一事，反正新任刺史已到，此城守不守得住，已不关自己的事了。所以，他就在杨素军进逼蒲州城下的当夜，连个招呼也不打，便率自己的队伍径自撤离了蒲州。

第二日一早，王聃惊闻茹茹天保已率队伍离城，而杨素军队则已兵临城下。王聃于是顿感势单力孤，惶惶而不可终日。其实，他完全用不着害怕，因他的手中还握有几万军队，抵挡杨素五千军队仍不在话下。但天保一逃，亦抽走了他的三魂七魄。他想：是汉王杨谅想做皇上闹造反，才使得朝廷派兵来讨伐，自己何苦要夹在中间两面不讨好呢？

一日后，杨素率一干扈从，来到蒲州城的南门外，察看情势。当他面对坚城和深壕正感无计可施时，忽见蒲州城门突然洞开，继而，护城河上的吊桥也放下了，杨素大感惊异，不知逆贼使的是啥计，而就在此刻，却见蒲州刺史王聃亲率一干将领和官吏出城向杨素伏地投降了！

蒲州就这样兵不血刃地为杨素拿下，从而取得一个绝佳的向纵深进军的立足点。捷报传至京师，使坐镇大兴殿的杨广龙颜大悦。原先，杨素于仓促间带兵迎敌，并无名分。此刻，皇上方正式下诏任命杨素为并州道行军总管兼河北（泛指黄河以北所有地区）安抚大使。其时，从各地征召的府兵已达数万，并兵分数路，源源渡河，向杨素报到。

蒲州为东进和西下的咽喉，一朝失守，顿使杨谅一蹶不振，并使汉王手下各位主战的将领深感不安。

没过多久，杨素已陆续拥有四万多步、骑兵，底气大增，声威大振。他看透逆贼三心二意、各人只顾自保的心态，对进军线路上兵强城坚的晋、绛、吕三州，仅各派二千将士摇旗呐喊，虚张声势，只围不取。自己则亲率主力，日夜兼程，急奔晋阳。此乃杨素一贯作风——擒贼先擒王！

杨谅看着日日逼近的隋军，惊恐之余，不敢怠慢，派出得力干将赵子开率十余万兵马，屯驻高壁（今山西灵石南）凭险设栅断路，防线延绵五十里，居高临下，以阻杨素军向晋阳前进。

杨素一看，敌众我寡，而且，敌之营垒坚实，已作充分防守准备。硬攻，则肯定有如以卵击石，凶多吉少。所以，杨素正面作佯攻状，把战鼓擂得震天响，命手下将士到敌阵前叫阵，想诱使贼军孤军出击，再集中兵力围而歼之。但，叫得愈凶，战鼓擂得愈急，贼军愈是不肯出马迎战。逼急了，对方射来一阵乱箭，使叫阵将士只好往后撤退。如此这般，你来我往，看似热闹，却只是雷声大，雨点儿小。

而与此同时，经过几日观察，杨素终于发现敌之破绽。这日夜间，年迈的杨素竟神不知，鬼不觉，亲率一支几千人的奇兵，攀岩涉谷，迂回至霍山（今山西霍县东南）突入敌之后营。

一时间，敌之后营，喊杀震天，营寨着火。而在正面担任佯攻的主力，一看突击队伍偷袭得手，敌已自乱阵脚，便都奋不顾身地掩杀过去，从而对敌形成夹击之势。

经此一战，赵子开的兵营大乱，死伤无数，趁乱四处逃窜的更是不计其数，一下子损兵折将竟达数万。赵子开一看大势已去，只好率领残部向晋阳方向收缩逃遁。而杨素可不是吃素的人，他率领士气大振的军兵，马不停蹄，穷追不舍。一路上贼军抛下的尸体、车辆、物资……遍地皆是。

而此时，驻守于介州（今山西介休）的刺史梁修罗，看到赵子开败得如此之惨，而当杨素军追杀而至时，他竟恐惧得弃城逃跑了。

杨谅得知赵子开兵败，梁修罗弃城逃跑，更是惊恐万状。但他明白，自己是首领，是造反的始作俑者，不管逃到哪里，杨素是不会放过自己的。于是，他亲自将王世宗、萧摩诃和败退归来的赵子开等召集到一处，集合了十万军兵，商议迎敌方策。

此时，总管府咨议参军王颎还是坚持说，敌孤军深入，进军太快，首尾难顾，隐患多多，并不足惧。咱只须沉着应战，派一两支队伍断其粮草，他们就蹦跳凶狠不起来了。

杨谅认为王頍只会说大话，并没依从他的建议。自己在此生死存亡关头，已责无旁贷。于是，硬着头皮亲率队伍出晋阳南城，抵达嵩泽（今山西平遥西，时为一片水网地带）布防，欲与杨素作最后一搏。

杨谅此举，应说还是很不错的。他的军队损失甚巨，但与杨素率领的兵力相比，仍然占优，粮草供应，则更不成问题。如果能像王頍所言，抓住杨素军的弱点，用兵得当，鹿死谁手，还真难逆料。

可是，恰恰在杨素拍马赶到，两军对垒之际，天忽降大雨，把个杨谅浇得周身凉彻！使他倏地想起率军远征高句丽铩羽而归的情景，那可惨呐，三十余万兵马，归来时，所剩寥寥。他于是战栗起来，喝令将士："撤军！"

"汉王！"咨议参军王頍大叫一声，勒马挡住杨谅去路，苦谏道，"兵万不可撤，此一撤，就再无转机了！"

杨谅用马鞭朝天一指，怒目相向道："是咱不愿打吗？天降大雨，是天公不作美，不让咱打咧！"

"此乃咱之及时雨！"

"啥？"

王頍急得连声说："好雨，好雨呀！杨素劳师远袭，此雨对敌更不利。他们还不熟悉此一带的特殊地势，咱可趁此豪雨，杀他个措手不及！"

"汝还觉此雨下得好？你看看，一个个都成了落汤鸡，好啥哩。如此样貌，还能打仗？"

"此刻，杨素军队的麻烦更多，他们一路大小战事不断，伤病多多，人困马乏，又加此大雨，更是雪上加霜，比咱更难受，更难行。我军则是以逸待劳，只要您能在此节骨眼儿上，登高一呼，亲率将士奋勇出击，士气必然大振，而杨素疲惫之军则必败无疑呀！"

"罢，罢，罢！"杨谅不以为然地道，"你道杨素是啥人？他是个杀人不眨眼的魔王咧！他怕汝？"

"此乃咱最后一搏！"王颊说，"机会稍纵即逝，时不我待。咱不能一错再错，见来敌就往后退，长了敌之气焰，灭了咱自家威风……"

此语正中杨谅痛处，他怒不可遏，用手抹了一把脸上的雨水，大喝道："你给咱闪开！"

王颊无奈地引马闪到一旁。

风雨如磐。

杨谅朝自己的马屁股狠抽一鞭，扬长而去。

随即，杨谅统率的十万大军亦冒雨一路狼狈退守到了距晋阳仅三十里地的清源一带。

正当杨谅领着比杨素占优的军队，在自己的辖地内被杨素军追杀得焦头烂额之际，一个难民打扮的老叟，乘乱混入到了人心惶惶的晋阳城中。此人即是豆卢毓兄长、显州刺史豆卢贤的心腹仆人。这位老叟进城后，终于进入到了豆卢毓的府上。

豆卢毓与兄长过从甚密，他原本就认识这位老仆，于是惊讶地问："阿伯，您是咋到此地来的？"

"小的是跟随老爷来的。"

"呵？"豆卢毓更感惊讶，问，"你家老爷呢？"

"老爷已在杨仆射军帐中。是杨仆射说太危险，没让老爷亲赴晋阳城来见您。"老叟说着，撕开夹衣，从中取出一封密信。

豆卢毓展读兄长亲笔密信，方知他是奉皇上旨意来晋阳劝告弟弟不要跟随杨谅造反。如时机适宜，应当机立断，对杨谅进行反击。

其时，杨谅出城督战，将城内诸事交与豆卢毓和总管府部属朱涛主管。

豆卢毓把朱涛请入家中，对他说："汉王叛逆朝廷，失败就在眼前，咱不能受他的连累，坐等灾祸到来。此样，既有负国家，又负自己的前程与家庭。"

朱涛大感惊恐，即问："那，咋办呢？"

"咱俩分头把城内守军将领和官员召集拢来，晓以大义，共同反对杨谅叛逆朝廷。"

朱涛一想，城内守军将领大都和自己一样，是忠于杨谅的人，恐难说通。就道："您是王妃兄长，岂能说出此话。汉王对咱不薄，咱咋能在此危难时刻，朝他后背捅刀！"言毕，便甩门而出。

豆卢毓愣神一想，朱涛不听劝说事小，可他若走漏了风声，就了不得！于是紧跟出门，朝他后心就是一剑，朱涛倒地毙命，他的侍卫一见，大惊，拔腿就跑得不见了踪影。

晋阳城内，人心浮动，已是一片混乱。豆卢毓根本没法去寻那逃走的侍卫。他紧跟着来到监牢，把因反对造反而遭关押的总管府司马皇甫诞接了出来。二人经过商议，分头联络了城内一批官员和将领，并向各门守军下达了关闭城门的命令。

却说，正于清源督战的杨谅听到朱涛为豆卢毓所杀，知道情况不妙，立即率领一支军队折回晋阳南门。然，城门已闭。走在前头的士卒大叫开门，城墙垛上分明有人，却无人理睬。杨谅气不打一处来，指使手下攻城。

豆卢毓在城上看到气急败坏的杨谅，对守城士卒谎称道："贼军已到，赶快射杀。"

镇守南门的士卒，多是从北方边境州县招募来的稽胡。他们从未近距离与汉王照过面，对豆卢毓的话深信不疑。稽胡箭法无比精准，一阵箭雨射出，竟使猝不及防的杨谅士卒有好几人中箭落马。

气愤已极的杨谅率部绕至西门。镇守西城的士卒是关中人，一见汉王，立即开门。

杨谅一入西门，便率众朝南门奔去，见人就砍。一直从城门下追杀至城墙垛上，恰遇豆卢毓。杨谅二话没说，仅一剑就使豆卢毓身首异处。此还不解气，接着，杨谅又来到豆卢毓府上，一不做，二不休，不分男女老幼，杀了个遍。这位听闻杨素到来就发抖的王爷，杀起属下来，却毫不迟疑，亦不手软。

　　…………

回头再说清源这边。

一路退却的杨谅属下将士，还未安营扎寨，就见主帅杨谅已领着一帮人马径自扬长而去，他们自然也都无心恋战了。

叛军无心恋战，杨素则一路秋风扫落叶，愈战愈勇。此番两军甫一接触，结果便可想而知。

杨素率四万人马，毙敌一万八千余人。老将军萧摩诃再次成为战俘。他在平陈战中于钟山脚下被俘时，还威风凛凛，面对死亡，毫无惧色，只是感叹主上太过昏庸，才使自己无所作为。而在此次，他束手就擒时，却低眉敛首，连哼都没哼一声。

汉王府咨议参军王頍领着儿子突出重围，没入山林，他对儿子仰天长叹说："父之才学，其实并不输于杨素。只是汉王不足与谋，故落到如此地步。咱不能坐等被擒，以成就杨素名气。咱死后，汝切记不可投亲靠友，只能隐姓埋名，远走他乡。"

说完，王頍就引颈自尽了。他的儿子在一山洞中用兵器挖了个坑，将父亲下葬。之后，在山中游转了几日，终于抵挡不住饥饿，没听父亲劝告，投靠了一位朋友，终被杨素军抓获。

杨素深恨王頍，追问他的下落，终于在山洞中找到其尸。等到晋阳城破那日，王頍头颅被悬示众。这一年，王頍五十四岁。

再说，清源一战，部分败退将士多逃入晋阳城中。杨谅关闭四门，仍想作困兽之斗。

而此时，朝廷援军、物资，源源不绝。杨素亦不急不躁，在城外安营扎寨，只不让城中人出入而已。

不仅如此，朝廷援军兵分数路，分散至宣布造反的各州县，一一打击之。此时，如热锅上蚂蚁的杨谅，看到大势已去，终于忍耐不住投降了。

杨谅从宣布造反，到宣布投降，前后仅一个多月工夫。

捷报传至京师，文武百官弹冠相庆之余，纷纷上奏要求处死杨谅。

深感舒了一口气的皇上，却大度地说："朕没啥兄弟了，于情不忍哩！

只好委屈一次法律，免他一死吧！"

于是，将杨谅及其儿子，除去一切官、爵，贬为庶人，去绝王族属籍，押送回京师软禁。

为表彰杨素平叛功绩，皇上遣杨素之弟修武公杨约，奉持皇上亲笔诏书赴晋阳慰劳。并以杨素功劳，授任其子杨万石、杨万仁，侄儿杨玄挺等为仪同三司，赐帛五万段，绮罗一千匹，杨谅之姬妾二十人等。

此外，皇上未忘豆卢毓的忠烈功绩，颁布诏书表彰他说：

> 褒扬彰显名节之士，是国家规矩，存者晋级死者追赠，法律自有规定。豆卢毓深明大义，不顾姻亲关系，出入于险恶之环境，倡建奇谋。脱离叛逆归附朝廷，以身殉职，追加荣誉名号，应高于一般规格。可赠大将军，封正义县公。

与此同时，还赏赐豆卢毓家人帛二千段，谥曰愍。豆卢毓有一个幸存的儿子豆卢愿师，承继父之爵位，并拜他为仪同三司。

第一二四回

杨谅造反一场闹剧收场
皇上登高二京宏图展现

早在杨素于前方有惊无险取得节节胜利之际，坐镇京师的皇上除为杨素调兵遣将催督粮草而外，还办了几件大事。

八月丙子日，文帝灵柩在大兴前殿出殡。随即，与皇后合葬于杨陵，同墓而不同穴。凡在京师的文武百官和数以万计的当地百姓，皆见证了隋文帝出殡的那一庄严而隆重的场面。

高祖文皇帝入土为安，对继任人杨广来说，无疑是重中之重的大事。他以此向世人宣告，隋文帝执政的二十四个年头，已然过去，另一崭新时代将由此开启。杨广对自己的未来，充满期待，正如他曾向姐姐乐平公主吐露的那样，他要名垂青史，做个无与伦比、空前绝后的帝王。

接下来，皇上下诏将前兵部尚书柳述流放岭南，而将先帝的黄门侍郎元岩流放到敦煌。此二人到隋文帝病入膏肓之际，不仅差点坏了当今皇上登基大事，而且，他们知道的内情太多，一直以来，又都是文帝的近臣。柳述还是当今皇上的妹夫，都不能简单地一杀了之，只能将其遣至边远之地，叫他们永远不能回来传播那些不利当今皇上的流言蜚语。

没料，柳述的妻子、皇上的妹妹兰陵公主，不但不肯与柳述离婚，反而上表给皇上，请求免去自己公主封号，执意要与重罪在身的丈夫一起去岭南同甘苦，共患难。

此事使皇上十分难堪。他生气地对妹说："天下难道就没了男人？汝真铁心要去那瘴气之地与柳述受活罪？"

公主回答说："先帝将妾嫁与柳家，丈夫犯罪，妾当从坐，不希望得到陛下的格外宽恕。"

让皇妹随夫流放岭南，不等于皇上自扇耳光么？皇上当然没能答应兰陵公主的无理请求。

柳述和元岩的问题得到解决，皇上立马下诏命尚书右仆射苏威领衔组织一套人马，制定全国新区划，将原有的州、县二级衙门，改为郡、县二级衙门，顺带撤销了几个大州总管府。

如果仅从字面看，将州改为郡，就改一个字，似是表面文章，而实则却不那么简单。

开皇初年，先帝将原北周遗留下来的州、郡、县三级管理体制，撤并成州、县二级管理体制，精简机构后，仍保留了几个大的州总管府。如汉王杨谅统辖的并州总管府下辖五十二州，涵盖了原北齐全境；当时的晋王曾任扬州总管府总管十年，所辖的四十四州除江南全境而外还包括淮南的一些州、县，比过往陈国还要大；蜀王杨秀任益州（治今四川省成都市）总管府总管，下辖二十余州，亦囊括了整个西南地域。对此，皇上体会尤深。他想：管的地域愈大，权力愈大，想法就多。前年，如果不是发现及时，将杨秀召回京师，西南不早出事了？此次，父皇死讯还没公布，杨谅就迫不及待地跳出来于并州总管府造反，要与自己争位！就连自己亦是凭藉对江南的成功治理，积攒了足够的底气，才当上太子，并进一步登上皇位的！

所以，杨广登基后，首先就命苏威等重新制定全国区划，将大总管府和州府撤销，新设的郡下辖的县也比从前的州下辖的县相应减少。如此一来，郡丞比原先州刺史的权限也就小多了。那么，将来即使有地方官吏铤而走险，朝廷对付起来，也简单容易多了。

十月之初冬时节，杨素率众将领风尘仆仆，凯旋归来。皇上亲率文武百官于承天门广场，迎接平叛英雄。

杨谅叛乱，来得急促，波及面广，一度使朝廷猝不及防。不过，因处置及时，杨素用兵得当，仅月余工夫即被平灭。

一干功臣行过跪礼，皇上与杨素嘘寒问暖后，忽然兴致勃勃地高声道："渤海公（高颍之封号）！渤海公呢？"

高颍在靠后的官员丛中回应道："微臣在此。"

"公请过来。杨仆射回来了，公咋连招呼都不打一个呐？"

高颍这才慌忙挤了过来，走到杨素面前说："杨仆射劳苦功高，请受下官一拜。"说着，就中规中矩地躬下腰去。

杨素哪堪受用，眼疾手快，一把拦腰抱住高颍，爽朗地大笑道："嗨，公回朝廷啦！可喜，可贺！"

皇上介绍说："渤海公恢复了封号，朕让他担任了太常令！"

"好！太好了！"

当初，隋文帝以种种莫须有罪名，免除了高颍一切官职和封号，将他贬为庶人，目的就是为废太子杨勇和让杨广登太子位扫除障碍。那时的晋王初闻高颍遭贬，心中狂喜。如今，杨广做了皇上，又让高颍恢复了渤海公封号，并让他担任了太常令，看似平常之举，却含有深意。因为高颍在朝廷影响巨大，为他恢复名誉，亦是安文武百官之心。新皇上登基，要开创新的基业，亦需积攒众官员的心气。而尤其是在杨谅造反，闹腾得人心不安的这一关键时刻！

此外，在杨素平定叛乱期间，皇上没对各部门做大的调整。唯一有所变动的是将宇文述改封为许国公，任命他为左卫大将军。接着，拜任郭衍为左武卫大将军。在此期间，另一位受到重用的是来护儿，这位出生于江都、在平定江南叛乱中立过大功的将领，被加封为上柱国右骁卫大将军。皇上以此三人，加强了对京师和宫廷的警卫。

总之，在文帝去世的短短三个月中。皇上通过以上手段，尤其是通过杨素对杨谅迅雷不及掩耳的打击，使关东各州复归平静，从而大大巩固和加强了自己的地位。

接下来，雄心勃勃的皇上，便要一展抱负和实现他的远大志向了！

却说，从前线归来的杨素回到府上仅将息了几日，就有已任黄门侍郎的张衡前来宣诏：令杨素陪侍皇上巡幸洛阳。

杨素从晋阳回到家中，不知朝廷和各地近来的情形。接诏后，他起身即问："诏书没说去洛阳有啥事儿呢。"

来传旨的张衡与杨素是老相识，彼此说话很随便。他说："诏书没写是啥事，皇上亦没对咱说去洛阳是为啥。不过，咱瞧皇上近日心绪甚佳，有可能是前些日子太紧张，相约几位老臣出外散散心吧。"

"散心？"杨素更觉不可思议。这位皇上自去江都做总管，就没有过"散心"一说。杨谅虽被平灭，去了心头一大隐忧。可是，刚刚登基的皇上，诸事千头万绪，竟有闲情逸致去洛阳散心？

杨素于是继而问："中原与洛阳那边近日有啥事儿？"

"没听说洛阳有啥事。"张衡说，"以往圣上从江都回京师，或从京师赴江都任上，总喜在洛阳歇歇足，且时不时还要在洛阳城中住上一两夜。皇上对洛阳，可能是情有独钟吧。"

"不对。"杨素摇头问，"公刚才说，圣上相约了几位老臣，他们是谁？"

"除您而外，还有右仆射苏威、纳言杨达和将作少监宇文恺。"

"唔……"杨素立即想到，皇上莫非是想重修洛阳城中的皇宫，以作行宫？细思，又不大像。如是那样，下一道敕书，令曾担任过工部尚书的杨达和将作少监宇文恺去主持修缮不就行了，还用得着皇上亲自出巡？而且，还要搭上左、右仆射都相跟作陪？

杨素百思而不得要领，只好干脆不再猜想。张衡走后，他便命管家安排人检修车驾。陪侍皇上出远门，自己的车马可不能出差错。

几日后，杨素等一行人便随皇上法驾朝东南的洛阳逶迤而去。果如张衡所言，一路之上，气氛轻松。刚入冬天，天不甚冷，亦无雨水，气候宜人，除年轻的皇上而外，就是几位老臣，倒真像是外出散心游玩的。

大隋王朝建立，中原发展尤为迅速。此地以黄、淮两条河流为主干，水系发达，土地肥沃，雨量丰沛，粮食及物产丰富。大隋建立之初，文帝就下令在此建造和修缮了全国最大的几个粮仓。所以，中原既是粮产地，又成粮食和物资最大的集散地。粮食的流通，使商业蓬勃发展，商业则催生了一个又一个快速发展的市廛。

不过，在中原诸多市廛中，其中最大的一度被北周宣帝称之为东京的洛阳城，却显然成了个例外。大隋立国二十四年，洛阳不能说完全没有变化，相比而言，它一直显得有些停滞不前，到如今，则反显破败了。主因是，二十六年前，北周武帝薨，周宣帝宇文赟登基，他十分看好中原的洛阳，不惜投入巨大人力和物力，重建洛阳城，并将洛阳定作东京。可正当整个宫城、皇城已经竣工，外郭城亦行将竣工之际，年轻的周宣帝却突然撒手人寰了。没过多久，隋文帝登基，一贯崇尚节俭的文帝，体恤民力，裁掉了此项未完的工程，遣散了全部民工。其时，曾有人建议文帝把未竣工的洛阳修建完成，并将京师迁至洛阳，文帝不允。自此，一座巨大的新城，由于工程未能收尾，市内缺乏人气，时间愈长，就愈益衰颓了。其间，洛阳曾成河南道行台首府，废太子杨勇曾担任过河南道行台尚书令，他很喜欢这座城市，一度对自己所居的宫城进行过修缮。但，终因他在洛阳的时间短促，亦未能阻止此城衰颓之势。

…………

仁寿四年十一月乙未日，皇上杨广亲率众臣登上洛阳城外景色旖旎的北邙山峰，君臣集于一座凉亭间，有坐有站，远眺伊阙。此时，但见波光闪耀的伊水蜿蜒流经山下，心驰神往的皇上禁不住地脱口道："山下那险要处，不就是名闻遐迩的龙门吗？"

将作少监宇文恺接腔道："正是。"

"此地界，依山傍水，风水奇特，自古帝王为何不选择于此地建都呢？"

年迈的右仆射苏威，登山时尚需人搀扶，行动迟缓，可喘过气儿之后，反应却奇快。他说："那是在等候陛下您哩。"

皇上一听，十分受用。今日率众臣到此，显系有备而来，绝不是一般地游山逛景。他转而面对宇文恺，问："宇文少监，汝觉靠近龙门一带的那片地方风水咋样？"

"好。确是一个难得的好去处！"宇文恺进一步说，"此乃形胜之地。"

皇上即道："公能把这一形胜之地说得更具体些么？"

宇文恺用手指点着解释说："陛下请看，其地北据山麓，南望天阙，水木滋茂，川源形胜，自古都邑，莫有比也。"

皇上仍作不解状，又问："既如此，自古帝王看中的为何不是此处，而是把洛邑建在了略靠东边的一隅呢？"

"此就难猜了。"宇文恺笑着说，"据微臣所知，自周平王由旧都镐京（今西安市西）东迁洛邑，迄今，已有千余年了。此后，洛阳城几经废、兴，但每次都还是在原来的基础上重建的。后汉如此，再后的曹魏、西晋、北魏，亦莫不如此。就连城的规制，亦都是东西宽六里，南北长九里。此就是所谓'九六城'称谓的来历。后来，北魏在城的南边筑了外城，于是，咱现今看到的这座洛阳城是南北十五里，东西则为二十里了。至于说，为啥没在龙门附近这块更好的土地上建都城，也许是，此地风水虽好，可地形复杂，千余年前，在建筑上或大型物料的转运上，都有不能克服的难处，所以，最终选择了眼见的那地方。还有就是两块地方相比较，周平王更偏好东边那块地。除此而外，也许是……"

宇文恺说到此处，想了想，却没再往下说了。

皇上则不依，立问："也许是啥呀？公，但说无妨。"

"也许就是天意吧。"宇文恺道，"此正如苏仆射所言，是等圣上慧眼，来识此最佳风水宝地！"

"哈哈哈哈……此还真是被公言中了！"皇上开怀大笑说，"朕临行之前，为迁都事，曾请教过章仇公……"

"章仇公是咋说的？"众人注目以问。

皇上所说的章仇公，叫章仇太翼，是文帝生前较看重的一位命相术士。今年四月，文帝将赴仁寿宫度假，临行时，章仇太翼挡驾进谏，劝文帝不

　　仁寿四年十一月乙未日，皇上杨广亲率众臣登上洛阳城外景色游旎的北邙山峰。但见波光闪耀的伊水蜿蜒流经山下……

要远行。同时，他还语出惊人地道，文帝此去，恐会有去无归。文帝因而大怒，命人将章仇打入监狱，准备度假归来，再行处置。不料，文帝到六月即于仁寿宫一病不起。当圣上自知不久人世，还不忘叮嘱太子杨广将章仇太翼释放。所以，这会儿，众人对章仇之言，特别在意。

皇上道："章仇公说，朕是木命，雍州（中国九州之一，此处泛指关中平原）为破木之冲，不可久居。他还说，修治洛阳还晋家。朕乃晋王，西晋不就是定都于洛阳嘛。晋王入主洛阳，即如同归家，此不是天意，是啥？"

"天意！真乃天意也！"众人拊掌，尤其是新近晋升纳言的杨达，力主皇上顺应天意在此建都。

"马屁精！"其时，只有从始至终一言未发的杨素在心里这么诅咒了一句。杨素首先对章仇太翼之说，嗤之以鼻。他本人就熟谙《周易》，但对光耍嘴皮的术士从来就不屑一顾，加之，他对章仇太翼其人知根知底。

这章仇太翼与死去的御医龚维之是亲戚。二人其实志不同，道不合。龚维之凭藉精湛的医术和医德，受人敬重，并深受皇上皇后的信任。章仇太翼则多是从龚维之处打听到一些皇上或宫中秘闻，或凭藉自己与皇上的接触、揣摩其心理，从而作出判断或推测后，这样发表的言论，一般而言常常较为准确。从而使得一些不明就里之徒，其中亦包括当今皇上，把他捧作神仙！

不过，杨素虽对章仇太翼不以为然，而对眼前这位登基方几个月的皇上，却再次刮目相看。他从皇上登邙山，手指伊阙所说的一番话，立刻悟出，皇上此行竟是为迁都而来——这确是一件举国大事！而尤其是，先帝始终未敢在关外建都，但这位继承者立马就打破了此禁忌！

"越公（杨素被封越国公），咋没听卿有何见教呢？"皇上见杨素没有言语，就直接点将了。

"臣下以为，迁都固然要择风水宝地，但，陛下的迁都之念，恐不全是因为此处风水好，或是符合天意云云。其实，龙首山下的大兴城，濒临渭水，无论风光、风水，亦皆属上乘。当年，先帝决定兴建大兴城，包括宇文将作少监在内，不也都称说那是一块风水宝地么？"

皇上对杨素的言语不置可否，却饶有兴味地道："那，以公之见，朕为啥要迁都于此？请公亦说与众人听听。"

"洛邑乃华夏中枢要地。陛下看中的，恐是此。"杨素开口，即一语中的。接着，他进一步阐述说，"关中的八百里秦川，曾被誉为天府之国，是咱华夏的发祥地，亦是国人翘首称羡的好去处。可在今日，天下一统，关内人口骤增，昔日的天府之国，不仅见小，亦偏于西北一隅。而地处中原的洛邑，西可提携关中，东可控制齐鲁，北可外御突厥等夷敌，南可安抚吴越和岭南，四通八达，此才是真正得天独厚之处所呐！"

"说得好！"皇上精神为之一振，龙颜大悦道，"其实，开皇十三年，关中遭遇大旱，河、渠干涸，通过漕运的粮食不能及时运达关内，当年，父皇只好亲率饥民，不远千里，赴洛阳就食。朕在那时就曾想，何不将都城迁到洛阳来呢？迈出潼关险隘，不就海阔天空了吗！"

"还有，此次汉王谋反，咱的都城如在洛阳，调兵遣将，运送粮草不都便捷得多？从容得多吗？"杨素又补充了一句。

"正是，正是。"众人亦都附和说。

"不过，话说回来，都城东迁，由此产生的麻烦恐也不少！"杨素叹了一口气，说，"朝中文武官员的籍贯，关中或以远的西北人占了多数，他们的家庭多安在大兴城或者是关内，说声走，并不易。官员们瞻前顾后，引出的波动，一年两年，恐难平复。还有，大兴城内建有许多皇家固定设施和机构，比如说宗庙吧，不是说搬就可搬走的。"

杨素的话还未落音，苏威一张老脸就由晴转阴，快要挂不住了。他是京兆武功人，祖祖辈辈皆在京畿为官，世世代代都在关内繁衍生息。如今，他就剩下一把老骨头，说声迁都，老老少少都得跟着一起远走他乡，不知要拖累影响好大一串人呐！这容易吗？正如杨素所言，如此这般，朝中大大小小官员，更是牵扯一大片人！

但，皇上对此却不以为意。他说："杨仆射，过虑了！朝中官员及其家属，还有皇家某些设施和经籍、档案等，皆可一分为二，作两处打算嘛。朕查阅了一些史籍，比如，西周不就是此样吗？有两个都城。今后，咱也如西周一样，把大兴城称作西京，而把洛阳称东京，咱亦实行两京制。”

“如能此样，那就没得说的了！”刚被杨素浇了一盆冷水的众人，复又兴奋起来。

而皇上则意犹未尽，向众人承诺道：“尔等不要惊慌，随朕来东都办差的所有大臣，朕都考虑过了，每人将按官职、品序，分赐大宅一座，东京西京，可各安一个家。”

“那太好了！”众人皆喜出望外。

“杨达，杨达呢？”皇上环顾左右，忽地叫起杨达来，“朕只听你说了一句话，咋就没听到声音了？”

“臣下在此。”因亭子见小，杨达坐在亭子外的一块石头上，因有侍卫和太监站立在亭子周遭，皇上左顾右盼没看见他。听到皇上在叫自己，杨达连忙站了起来。

纳言杨达是皇上的堂兄，年龄却要比皇上大十余岁。皇上对他一直很尊重，因而道：“公咋坐在那里？不仅没见汝人，亦没闻听其声。”

“臣下一直在听哩。”

“您再听着，朕请公来，是有打算的。杨仆射和公，还有宇文将作少监，朕就在此将营建东都洛阳事，托付给三公了。”

“臣，遵旨。”三人闻言站起，齐声应道。

接着，宇文恺即单独启奏说：“只是，臣有一事尚未完全明白。”

“公说。”

“此次营建新都洛阳，不知是否仍如建造大兴宫那样，拆除洛阳旧宫，用旧料建造新宫。”

“不必那样。朕的府库中，尚不缺那点钱财。”皇上毋庸置疑地说，“一切物料皆用新的。此与原有的那座旧城、旧宫无涉。”

“臣下明白了。”

宇文恺坐下后，皇上则反问他：“朕倒是想再问问公，新建的东都地址，不会看走眼吧？"

"圣上所指之处，无论风水、安全、交通，皆属上乘，天下难觅。臣下对此，已了然于胸，不会有错。"

"既如此，就请公将新城地址指认给众人瞧瞧，让诸公再次领略和见证一回。"皇上对宇文恺所说的"天下难觅"之处，并不放心，怕宇文恺所想与自己所想，并不是同一块地方，所以，要其具体指认清楚。

"臣下恭敬不如从命。"宇文恺亦不含糊，复又站起行礼后，用手遥指山下各处，道，"拟将新建的洛阳都城，南抵伊阙的龙口；北倚邙山的塞谷；东出瀍水之东，西出涧水之西；洛水则将贯通新城的内城。"

"不错，不错！此正是朕要兴建的东京所在。"皇上高兴地点头认可，并放下心来。

皇上满意了，而宇文恺却又有话要说了。他道："臣下藉此机会，须向陛下禀明一个情况。"

"啥情况？"

"圣上您亦看到了，此城的东南西北，已达极致。不是抵着山，就是紧靠水，不能再往外撑了。臣据此默算了一下，再建的这座洛阳新城，在规模上会比如今的大兴城略小。"

"朕亦注意到了。范围小点，若建得紧凑，岂不更显雄奇？"

"圣上英明！臣其实就是这么想的。"宇文恺释然地说，"能和圣上想到一处，是臣之荣幸！"

仁寿四年十一月癸丑日，皇上下诏曰：

> 乾道变化，阴阳所以消息，沿创不同，生灵所以顺叙。若使天意不变，施化何以成四时，人事不易，为政何以厘万姓！《易》不云乎："通其变，使民不倦"；"变则通，通则久。""有德则可久，有功则可大。"朕又闻之，安安而能迁，民用丕变。是故姬邑两周，如武王之意，殷人五徙，成汤后之业。若不因人顺天，功业见乎

变，爱人治国者可不谓欤！

　　然洛邑自古之都，王畿之内，天地之所合，阴阳之所和。控以三河，固以四塞，水陆通，贡赋等。故汉祖曰："吾行天下多矣，唯见洛阳。"自古皇王，何尝不留意，所不都者盖有由焉。或以九州未一，或以困其府库，作洛之制所以未暇也。我有隋之始，便欲创兹怀、洛，日复一日，越暨于今。念兹在兹，兴言感哽！

　　朕肃膺宝历，篡临万邦，遵而不失，心奉先志。今者汉王谅悖逆，毒被山东，遂使州县或沦非所。此由关河悬远，兵不赴急，加以并州移户，复在河南。周迁殷人，意在于此。况复南服遐远，东夏殷大，因机顺动，今也其时。群司百辟，佥谐厥议。但成周墟堞，弗堪茸宇。今可于伊、洛营建东京，便即设官分职，以为民极也。

　　夫宫室之制本以便生，上栋下宇，足避风露，高台广厦，岂曰适形。故《传》云："俭，德之共；侈，恶之大。"宣尼有云："与其不逊也，宁俭。"岂谓瑶台琼室方为宫殿者乎，土阶采椽而非帝王者乎？是知非天下以奉一人，乃一人以主天下也。民惟国本，本固邦宁，百姓足，孰与不足！今所营构，务从节俭，无令雕墙峻宇复起于当今，欲使卑宫菲食将贻于后世。有司明为条格，称朕意焉。

第一二五回

皇上大兴土木方兴未艾
臣下投其所好庶民遭殃

爆竹一声除旧!

仁寿四年的除夕过后,大隋王朝便由此进入到崭新的一年。皇上杨广改元,称新年为大业年。顾名思义,皇上要从新年伊始,开创宏图大业。并为此下诏,大赦天下。

萧妃名正言顺地做了皇后,入主大兴宫内的永安宫,她一如既往仍采取无为而治的方式管理后宫。

永安宫是皇后的寝宫,亦是萧妃十分熟悉的一座殿宇。自打孩提被立为晋王妃始,她就被独孤皇后从江陵接入此宫放在身边养育。萧妃成人结婚后,独孤皇后身体不好,萧妃常常进宫陪伴左右,直到皇后发病那日,陪侍皇后身边并为皇后送终者,还是萧妃。目下,昔日王妃,已成皇后,并且成了此宫的主人。

皇上的长子杨昭,亦顺理成章地被立为皇太子,入主了东宫。次子豫章王杨暕则被任命为豫州牧,东京洛阳尚未动工,然其父母官则已任命。

此外,皇上下诏任命杨素为尚书令。这可是个不同寻常的举动。众所周知,尚书省的最高职位是尚书令。此职,即是当然的宰相。隋文帝在位二十四年,尚书令一职,从来都是空置着的,没有授给过任何人。连德高望重、最受皇上信任的高颎，都只被任命为尚书左仆射，以代行尚书令之责。并且，在左仆射之侧还安排了一位右仆射，以共同主持尚书省属下六部之事务。不仅如此，文帝执政期间，另外还分置有内史省和门下省，连同尚书省在内，是为"三省"。而尚书省下辖六部，此就为所谓的大隋"三省六部制"架构。内史省的最高长官是内史令，门下省的最高长官是纳言。所以，一直以来，大隋王朝都是以两位仆射，加内史令和纳言共为宰相，为皇上分担国是。

皇上杨广刚一登基，为何就打破先帝规矩，将杨素任命为一人之下万人之上的尚书令呢？有两个原因：一是，褒扬和赏赐杨素对大隋做出的巨大贡献，尤其是报偿他长期以来为皇上本人所立下的汗马功劳；二是，即将动工兴建的东京洛阳，仍需杨素再建新功。

那么，对杨素的这一不同寻常的任命，是否能够说明当今皇上不仅对杨素极为欣赏，还极其信任呢？亦不尽然。此亦可从皇上任命的一干官员中，看出一些端倪。

首先，在尚书省除任命杨素为尚书令外，老臣苏威仍担任尚书右仆射一职。苏威在大隋立国之初，曾参与制定朝廷颁发的一系列重大政令，精通政务。长期以来，他还主管国家税收和财政等各项事务，是个不折不扣的内当家。尤其是晋王主政江南期间，苏威曾先后二次奉文帝之命南巡，他颇识时务地对江南推行的"息武兴文"举措和江南的种种变化倍加赞赏，终使当今皇上对苏威不离不弃，成为大隋朝廷不倒的常青树。

另外，内史省一次同时任命了两位内史令：一位是杨素之弟杨约；另一位是曾担任江陵后梁小朝廷皇帝和当今皇后兄长的萧琮。而门下省，亦同样任命了两位纳言：一位是杨素的堂叔杨文思；另一位是皇上堂兄杨达。

从上所述，六位相当宰相地位的重臣，杨素家就占了一半，皇上之于杨素，可谓不薄。不过，六个人，毕竟为六条心，谁想一手遮天，对皇上阳奉阴违或图谋不轨，亦不容易。

接着，大业元年三月，皇上一纸诏书，正式任命尚书令杨素为营建东京洛阳的大监，并命纳言杨达和工部将作少监宇文恺为副监。此样，杨素的朝中诸事，便自然而然地落到了老臣尚书右仆射苏威的肩膀上了，名义上的尚书令杨素，实则仅为一项工程的主管。

此时的苏威，已近古稀之龄。廉颇虽老，事理尚明。与开皇初年相比，已没了当年革故鼎新的锐气，却谙熟朝廷各部门的运转。而当今皇上所需的就是一位朝廷管家，而不是在他面前指点江山的谋臣。

大监和副监从京师去东京洛阳工地前，皇上在中华殿内分别召见了他们。

第一个接受皇上召见的是大监杨素。皇上对他说："公是大监，更是尚书令，这么大一项工程，亦如一个大战场。京师与洛阳相距甚远，公做的每项事，无须件件都先向朝廷禀报，有些急事，做过之后，再向朝廷呈报即可。"此外，皇上还对杨素说了些多多保重之语。

杨素比之苏威，除年龄要小好几岁外，还多一分诗人气质。他见皇上还是如过往一样信任自己，立刻有了"士为知己者用"的激动，表示一定要把东京洛阳造得比西京大兴更气派。

三言两语说过正事，杨素忽然道："臣下近接道衡公从襄州的来信，他闻先帝过世，十分悲痛。臣下哀其年事已高，孤身一人在外，圣上可否考虑将他调回京师，给他个闲差做做？"

杨素所提道衡公，即薛道衡。此公是杨素多年诗友、故交，亦是皇上内心看重的一位才子。过往，皇上与杨素说文论诗时，自然少不了要提及这位当朝的大诗人。不过，有件事，薛道衡却在有意无意间，得罪了时任扬州总管的皇上，使之一直耿耿于怀。

开皇年间，薛道衡因受苏威案的牵连，被处流放岭南。时任扬州总管的晋王派高弘德从江都赶回京师，劝说薛道衡赴岭南时，取道江都。届时，再由晋王上奏皇上，将他留在晋王府当差。没想到，薛道衡竟然拂逆了晋王的美意，却接受了汉王杨谅之邀，取道江陵去岭南。

时至今日，已做了皇上的杨广，仍对当年事难以释怀。他未置可否地看了杨素一眼，问："道衡公想回京师，是他自己提出来的吗？"

"那倒不是。"杨素据实以告，"是他写与下官的诗中，已分明流露出思乡情怀。"

"薛公既未明言要回，就让他暂且还是在外地待待再说吧。近来，朕常接外地官员表章，老了，想调回或退休回京师的很多，一时都还安排不过来。至若职位，倒是可以考虑提拔提拔。薛公原本就是内史侍郎，先帝放他到襄阳，原本就大材小用了。"

话说到此份上，杨素亦只好作罢，退下。

接着，受到皇上召见的是纳言杨达。他是皇上堂兄，已届天命之龄。杨达在皇族中，德才俱佳，却不倚仗出身，颐指气使。从政后，带过兵打过仗，担任过鄯、郑、赵三州刺史，做过地方官吏。亦在朝廷担任过吏部侍郎、内史侍郎和工部尚书等诸多职务，参与过仁寿宫和皇陵的规划设计及监造。更重要的是，他与心高气傲的杨素亦能和谐相处，并是宇文恺的老上司，老搭挡。任命这么个极随和又有能力的人作营造东京的副监，再适合不过了。

皇上过往一直将杨达当叔看待，对他礼敬有加。嘘寒问暖后，皇上仅叮嘱杨达一件事：即要他把好钱物关。杨素狮子大张口不要紧，但一定要保证钱和物皆是实实在在用在明处，即用在工程上。

最后接受召见的是宇文恺。皇上对他说的话，已于去岁在邙山都说过了。这会儿，皇上只是问："公曾说，西周之所以没在伊阙那地界建都邑，有可能是囿于其时的条件所限。而当下的情形又如何呢？"

"西周迄今已有千余年，无论工具、运送重物的条件或建筑技艺，皆不能与当年同日而语了。现今在那里施工，已毫无问题。"

"那行。"皇上放心地道，"既如此。东京比西京小，可在气势与规格上，绝不能输于大兴城。"

"臣下知道了。"宇文恺点头说。

宇文恺刚一离去，皇上即将吏部尚书召来问："岭南是否尚有从三品的职位出缺？"

"有。"吏部尚书回答道，"番州（今广州市）刺史空缺已有几月，约谈过几名官员，皆嫌远，不愿去那地方当差。"

"这样吧，即刻下诏，任命检校襄州总管薛道衡为番州刺史。"

杨素原本想为薛道衡说个情，使老友免受思乡之苦，调回京师。哪曾想，反使他离京师更加遥远了。

而皇上却在想：此是报应！

却说，杨素等一行三人，晓行夜宿，往东南而去。但是，只要车子一停下，三人聚一处，尚书令就和临行前刚刚升任工部侍郎的宇文恺打起嘴仗来。争论的就一件事，即要建成一座啥样的洛阳城。

宇文恺在中华殿面见皇上，口说"明白了"，但出殿一想，心竟全乱了。这会儿，经与尚书令一商讨，则更觉一塌糊涂、莫衷一是！因为皇上向天下发布的诏诰上明明说：营建东京要从俭，反对奢华。可是，皇上又先后亲口嘱咐自己：营建新都，不用旧料，此是其一；且还要在气势和规格上，全面盖过大兴城。诏诰上的白纸黑字和皇上的金口玉言，咋不是一回事儿？宇文恺是个有过教训的人，修造仁寿宫，说太奢华，差点受罚；建造皇陵，幸好，杨仆射把责任扛在了肩上。而今，总不能一而再、再而三地重复原先犯过的错吧。宇文恺左思右想，终于作出一个两全决策：即在保质保量的前提下，将东京建造得朴实无华。

可是，当他把自己的想法说出后，即遭大监杨素当头一棒！尚书令说宇文恺是个聪明人，却不开窍，听话咋不听音，没有领悟皇上话的真意。他认为，一座朴实无华的东都，尽管建造质量上乘，在气势上，亦无论如何都盖不过规模宏大的大兴城。范围稍小的洛阳新城，要在气势上压倒规模宏大的大兴城，唯其一途，即要在精美绝伦上，令世人叹为观止，方能高居上风！

宇文恺不顾尚书令的官比自己大得多，反驳说："诏书上要咱从俭，您却要造得精美绝伦，此不是明目张胆有违圣意吗？"

杨素笑曰："宇文公差矣！诏书是写给天下人看的，皇上可没这么对咱说哩。此叫内外有别。"

宇文恺与刚登基的皇上以往接触少，他认为当今皇上与先帝应是相互承袭的，因而觉得杨素胆敢违逆圣旨，不可思议。而在场的另一位副监杨达，却始终"沉默是金"，因皇上指定他管钱和物，至于要将东京建造成啥模样，则与他没关系。于是，一路之上，只听杨素与宇文恺唇枪舌剑，互不相让。

眼看，就要抵达洛阳旧城了，到底应该建造一座啥模样的新城，二人仍是各执一词。是夜，三人在驿站住下，杨素忽然对宇文恺道："有件事，不知宇文公想没想过？"

"啥事儿？"

"您曾与渤海公高颎搭档建造过大兴城；亦与咱搭档建造过仁寿宫和皇陵。目下，渤海公已然复出，皇上为啥不选择让您与渤海公搭档，却还是选择了老朽呢？"

"此是为啥？"宇文恺一脸茫然。

杨素微笑着，手抚胸前长髯，说："皇上欲真心崇尚节俭，当选渤海公作大监。因尽人皆知，杨素喜好华美。"

宇文恺突然语塞，却茅塞顿开。

杨素继而伸出二根手指，洋洋自得地道："咱以为，皇上之所以让老朽出任大监，原因有二。"

"噢？"宇文恺一愣，紧问，"是哪两个因由？"

"一是，皇上看中了仁寿宫的气势与华美。"

宇文恺一想，那不正是自己呕心沥血的巧思吗？杨素虽为仁寿宫总监，可宫内各处建筑都是自己的劳作呵！他接着紧问："那么，公的第二个原因是啥？"

"老朽以为，皇上看中的，还有咱建皇陵之神速。仅用百日，就使工程圆满竣工。"

"确如此！"宇文恺深表赞同道。他想：其时，若不是杨仆射的足智多谋，光让一干风水师公说公有理、婆说婆有理地相互扯皮，三个月恐连皇陵建在哪里，都定不下来！

宇文恺终于心悦诚服地说："行！您是大监，咱还是一如既往，东京洛阳要咋建，咱还是和过往一样听从大监示下。"

"这就对了！这么大一项工程，只许一个声音，一个主张。想法多了，不就乱套了嘛，岂能成事！"杨素进而道，"新城竣工，如果不合皇上之意，老朽也还是和过去一样，愿负全责。"

三人抵达洛阳旧城，东京新城筹建处则早已由先行抵达的人员搭建好，并已着手进行前期准备了。

筹建处设在洛阳旧城的宫城中。此恐是天下最讲究的工程筹建处所。洛阳新城工地，则在旧城西边十八里处。

在此之前，作为拱卫东京洛阳的一项防御工程，则在去岁十一月皇上登临邙山后的几日，就已提前开工了。

皇上于去岁十一月丙申日，下诏征发数十万男丁挖掘壕沟。从龙门往东与长平、汲郡相接，直达临清关，过黄河，到达浚仪、襄城，直通上洛，开挖千里壕堑，用来阻延和预防外敌对东京的侵袭。而当杨素一行抵达洛阳时，几月工夫，此一巨大工程，业已完工。

紧接着，在洛阳新城工地登场的首要人物，既不是尚书令兼大监的杨素，更不是纳言兼副监的杨达，而是三人中官职最小的另一副监宇文恺。

宇文恺与杨素经过一路激辩，终于在将要到达洛阳旧城时，对要营建一座啥样的新城，达成共识。此时，了然于宇文恺胸中的是二字：一为"壮"，东京新城，要在壮丽、壮伟的气势上全面盖过大兴城；二为"快"，要兵贵神速，遍地开花，快捷地圆满完成此项工程。

那么，杨素与杨达呢？则都心甘情愿地对宇文恺所提要求，尽心尽力，一一满足。说起来，此三人是老搭档。不仅如此，杨达长期以来担任工部尚书，宇文恺则一直都为杨达下司。修建仁寿宫时，三人就在一起。建造皇陵时，杨达对具体事务过问不多，但他仍在工部尚书的职位上。莫看新城开建前，杨素与宇文恺争论不休，一旦达成共识，便不再打嘴仗。相反，配合得很默契。杨素是大监，主要负责人力物力的调配，把握工程进度等；杨达管钱、物，采购与供应工地所需物资；而工程建设上的事，则由宇文恺统管。

大隋立国后，宇文恺领衔设计建造过大兴城、仁寿宫等多项巨大工程。不仅积累了丰富的经验，还培养出了大批工程技术人才。所以，他在方圆数十里的工地上，才能做到左右逢源，一呼百应。

此时，宇文恺高高在上，骑在一匹红鬃大马上，那马鬃儿修剪得齐刷刷的，他自己的着装亦一丝不苟，人与马都显得格外精神。他一忽儿东、一忽儿西，用手中马鞭指指画画，分别勾勒出宫城、皇城和东、西郭城的范围、走向等等。他走到哪，指点到哪。马的周围，总有一干人把他团团围住，将他勾画和口授的内容，记录在案。

经过施工人员悉心的丈量，新造的洛阳城南北总长为，十五里二百八十步；东西长为十五里七十步。宫城、皇城和外郭城分别规划和丈量在案后，宇文恺又分别在其上勾画出道路、明渠、暗沟之走向，长、宽和沟渠挖掘之深度，建造之规格等等。紧接着，他领着一帮人，在宫城中，画出各门、各殿，以及亭、台、楼、阁和水榭之形态状貌、大小和各部位的精确尺寸……

开皇二年，高颎领衔营建大兴城，因财力、人力不济，只好分阶段进行。先建宫城和皇城，然后再建郭城，以致宫城和皇城竣工数年后，外郭城才陆续完工。可此次则不同，有了充足财力和物力的保障，宫城、皇城和郭城同时开工，齐头并进，整个工地，遍地开花，每月参建的民役，竟达二百万人。新城的建设异常迅速，面貌可谓日新月异。

不仅如此，新城动工仅两月，到五月份，大监杨素即要求宇文恺同时动工兴建与之配套的皇家禁苑。

这座洛阳新城与早年兴建的大兴城同样如此，皇上居住的宫城为照应天上星宿，都修建于整个城市的最北端。宫城再往北，是一片开阔的皇家禁苑。此偌大一片禁苑，一般都要修建成皇上皇后休憩之园林，亦由禁卫军守护，不允外人靠近。大兴城因先帝崇尚节俭，他本人亦成日忙于事务，而尤其是营建大兴城时，国家内忧外患，财力不济，亦没闲心去禁苑游玩取乐。久而久之，大兴宫外那片受到禁卫军守护，却无人问津之地，灌木野草丛生，成了野兔、雉鸡等的栖息地。一次，隋文帝不知为啥，忽发雅兴，要去禁苑狩猎。没想到，雉鸡、野兔等小猎物，打了一大堆，收获颇丰。

新登基的皇上自不能与先帝同日而语。他下诏要求将那片沼泽地，开发成一座嫔妃居住的皇家禁苑。

宇文恺于是骑着红鬃宝马，带着一干僚属，从正在兴建中的宫城穿出，朝西北兜了个大圈子。

直到傍晚时分，宇文恺才回到驻地。他还没来得及喘口气，杨素便接踵而至，问："一大早就出去了，咋才回来？"

"嗨！没想到，此禁苑忒大！兜个圈子，竟走了二百多里地。"

"确是有点儿大。"杨素不无得意地说，"公不知是否知晓，圣上特别喜动，大点好。那处所环境咋样？"

"好！是块绝妙的休憩之地！"宇文恺赞不绝口地说，"后宫这边的宫廷、殿宇，雄伟、壮观；那边的禁苑，湖光山色，亭台水榭，真可谓相得益彰。"

"噢？"杨素一听，愣住了，"那边就一大片芦苇荡，烂泥塘，哪来之湖？何来之山？公是走错地方了吧？"

"宫城的西北边，不就那么块地方吗？咋能走错？"宇文恺从案上拿起一支笔，铺上纸，边画边说，"越公，您看嘛。此是伊水，周遭是一大片低洼沼泽地没错，咱就从南面最低处动手，再往下挖，并引伊水灌之，不就有湖了吗？此湖能大到一眼望不到边际，简直就成海了嘞！咱挖湖的泥往哪儿放呀？堆起来不就成了山？且还不是孤零零的一座山，咱要堆出高低错落有致的三座山，此样，湖光山色不是全了吗？"

"唔，好主意！"杨素如醍醐灌顶，连道，"拿酒来，拿酒来！"

酒菜上桌，宇文恺借着酒兴，意犹未尽地道："不知越公是否还记得，仁寿宫中，咱为皇上的嫔妃所建榴园、枣园一类宫苑？"

"咋不记得。先帝病重期间，人说榴园是凶宅，死过人，不宜居住。老夫偏不信邪，就住那里头。别说了，那苑子，小巧、别致，还挺舒适。"

"嘿嘿！仁寿宫中的小宅院，若与洛阳的西苑比，可就相形见绌，全都要被比下去啰！咱选风光旖旎、依山傍水好去处，皇上有多少妃子，咱就建多少座宅子，而其形态和周遭景致，则各不相同，定叫皇上流连其间而忘返。"

"哈哈哈哈……"

宇文恺，亦是性情中人。他搞了一辈子建筑，有此机会，哪有不想一展才华，一试身手的呢？此禁苑，在宫城的西北隅，宇文恺因之将它定名为"西苑"。

西苑动工后，杨素把宇文恺的营建方案禀报了皇上。龙颜为之大悦，并兴之所至，大笔一挥，说要娶十六位天下最美佳丽，入住西苑中。

杨素见此批复，大喜过望，令副监杨达率人赴江南采购奇花异石，以装点西苑各处景致。

宇文恺则更是尽心尽意，施展其能。他首先在南边的低洼处，开挖了一个深达数丈，方圆十余里的人工湖泊。并在湖上堆起蓬莱、瀛洲、方丈三座气象万千的仙山。每山高出水面百余尺，山与山之间相距三百步，相互守望。而每座山中，则遍植珍贵林木和奇异花草，形态各异的亭台楼阁、寺庙、道观，则掩映于绿树、翠竹，及其奇花异草丛中……

更为奇特的是，从北面邙山的山腰处蜿蜒飞来一条大水龙，其名之曰："龙鳞渠"。渠水清澈潺湲，低吟浅唱，因势由高而低地起伏跌宕，绵延数十里，而尤其是在晨早的阳光照射下，渠水金光闪耀，宛如一腾跃起舞的金色巨龙。然，那造型各异、别具一格的十六座宫院，就参差散落在了此湖光山色的水岸旁……

如果说，宇文恺通过营建皇家宫殿、园林，培养和造就了一批批能工巧匠及施工设计人才的话。那么，在大监杨素手下，亦有一大批监工。他们个个凶神恶煞，动不动就大打出手，迫使民役在极其恶劣的环境中进行施工，致使数百万劳力的半数，倒毙在了正在施工的工地上……监工们的手段虽然残暴，却有效地保证了工程的顺利进行。

第一二六回

皇上东进南下遍地开花
宣华左躲右闪难逃宿命

话分两头。

就在杨素等三人去洛阳营建洛阳新城的四日后，皇上又迫不及待地再下一诏，发河南、淮北、淮南丁役百余万，开凿通济渠和邗沟。此举意在打通从洛阳直达江都的水道。

此诏一出，就受到包括尚书右仆射苏威在内的诸臣力谏。杨素离开京师，苏威就成了朝廷的内当家。为防突厥铁骑南侵洛阳，几月前，征丁数十万挖壕堑，此工程刚结束，便又集中百万民役营造洛阳新城。然而，仅过四日，还要征发数以百万计男丁修建一条连接洛阳到江都的两千里长渠，这都是世间罕见的大工程，却一个接一个，上得迅猛，并都集中于中原一带，这叫百姓咋承受？来年收成哪里来！

但皇上对苏威等的强烈反对却置若罔闻。他完全沉浸在要干一番伟业、做个超越秦皇汉武的帝王的境界中，至若说，这一系列举措会使庶民负担异常沉重，那就只好让其忍受忍受了。

这条在皇上心中酝酿已久自北而南的通济渠，起于正在兴建中的洛阳西北郊的西苑，引谷、洛二河之水，由偃师至巩县的洛口入黄河。接着，经板渚（今河南荥阳县汜水镇东北三十五里）引黄河水经荥阳、开封之间，与汴水合流，直至杞县以西与汴水分流，折向东南，在盱眙入淮河。

与此同时，另要在淮南征发民役十万，把已有的邗沟加宽加深——即由盱眙穿过众多湖泊，抵达山阳（今扬州市）的西南角入长江，到达江都。

这样，通济渠和邗沟就连接在一起了。它发端于东京洛阳的西苑，止于江都（即今扬州），把黄河、淮河和长江三条水系都连在了一起，全长共二千余里。此一设想如能实现，无疑将成华夏工程史上的一大壮举。它仅在水运上所发挥的作用，即可称是史无前例的。然而，这一工程之浩繁与征调人力物力之巨大，亦显而易见。且，尤其是洛阳新城和西苑的建设，也正于此刻进行得如火如荼，庶民百姓之重负亦可想而知。

那么，这一前无古人的浩大工程能在皇上要求的一年之内完工吗？至少，皇上本人是深信不疑的。因为，早在开皇四年，隋文帝为使关外粮食能直接输入大兴城，就已命宇文恺主持开凿了从黄河口岸的潼关直抵大兴城的长三百余里的广通渠。广通渠中的多数段落，是在坚硬的石壁上开凿出来的，那么，在多是平原的土地上修建通济渠又有何难呢？

不过，要做的事情还远未到此为止，正当有关臣下还在为修建通济渠征发民役、调配物资之际，三月，通济渠刚一开工，性急的皇上再下一诏，命黄门侍郎王弘和上仪同于士澄等赴江南采购木料，并于大江南北征发丁役十数万，将所采木材运送到洛阳附近，建造龙舟、凤舸、黄龙等各类船只五千艘，皇上要乘龙舟率文武百官沿通济渠南巡江都。而且，诏书规定，各类船只必赶在通济渠竣工前建造完毕。

此诏一出，朝廷的反对声音四起！一贯讲求量入为出的右仆射苏威力陈府库已然空虚，庶民不堪重负，造船事应缓行。但皇上力排众议，并放出狠话，谁反对就革谁的职！

有道是：新官上任三把火。而大隋的这位新主，甫一登基，就不知烧了多少把匪夷所思的“火”，且仍还没完没了。当朝中官员忙于应对一项又一项诏令之际，皇上又做出一个惊人举措，下诏恢复被隋文帝废止了的科举考试制度，并要求各地官府将占用的原学堂无条件退还，用以兴学。原有学堂被毁了的，要重建，还要求各地官府为学堂选配称职教师。同时，还责令吏部制定出新的科考规则，以擢拔地方人才。

仁寿年间，隋文帝发现朝廷官员子弟，竟然考不过江南贫寒人家学子，弄得朝廷内的官员子弟做不成官，反使江南人充斥官衙。一念之下，竟下令把已实行十余年的科考制度和州县学堂全部废除。隋文帝有一个根深蒂固的想法——即：关中是自己建立大隋的发祥地，是社稷不可动摇的根基，关东和江南则都是使用武力夺取和收复的。而尤其是，他对两件事始终耿耿于怀：一是，尉迟迥于齐鲁发动的声势浩大的叛乱；二是，灭陈后仅隔一年江南叛乱更是遍及全境。因此，文帝对那两块地方时刻保持着高度的警惕。所以，灭陈之后，江南州县主要官员全部都是由关中派去的。为安抚原陈朝中的一些官员，文帝只允许他们在北方做官，且多只让他们担任一些闲职。而对儿子杨广在江南启用本地人为官一事，却始终充满疑虑。

对此，新任皇上的想法则不同。他一直认为：国家既然统一了，江南、江北合起来就应是一个大家庭。你越不信任他们，他们对你越是生分。这么大个国家，岂能长此只让关中人做官？并让这些官员像防贼一样，死盯着关外人的言行举止。所以，自开皇十年晋王杨广担任扬州总管以来，就着手启用了江南人。他先是将大量江南著名士人招募到扬州总管府内充任学士，组织他们编纂图书、典籍。继而，将部分人陆续外放到江南各州县做官。这样，不仅安定了当地社会，还促进了经济发展，取得了良好效果。

当下，皇上为啥要急于营建东京洛阳呢？也还是觉得要治理这么一个幅员辽阔的大国，就必跳出关中狭小之一隅，以开创新天地，从而打开新局面！朝廷从关内转移到了中州大地，那么，朝中官员成分亦必作相应调整。所以，从大业元年开始，皇上即在朝中启用了一批他所熟悉的原陈朝和晋王府内的江南籍文武官员。如虞世基、柳顾言、周罗睺、来护儿等。但，这还远远不够，于是，就想到要通过恢复科举考试，不分贵贱出身，不分地域，只凭德、才，从四海之内广泛吸纳人才，用以打破原关中官僚狭隘的小圈子。

过去说，隋文帝事无巨细，每事都必过问到底。那么，这位子承父业的皇上，与父皇相比，则是有过之而无不及。他亲自布置的事，臣下都要不折不扣按他的想法去做。做得如何，皇上都要一一过问。所以，杨广登基后，比先帝还要劳累，更加性急。不过，当今皇上与父皇有一点不同的是，文帝初登帝位，年富力强，对自己的要求亦极苛严。在日常生活上，先帝崇尚俭朴，且在独孤皇后的监督下，不近其他女色。而这位更加年富力强的皇上则不然，喜排场，喜美食，更喜美人。只不过父皇母后在世时，为博取父辈的信任，他处处谨小慎微，故作严于律己之态而已。而当自己一旦登上皇位，诸多不良习性，毕露无遗。但，尽管如此，这位新帝还有一个特点：即玩物，并不丧志。对身外事，身外物，拿得起，亦放得下。

这不，当皇上把几件国家大事安排落定，稍感轻松舒畅时，倏地，一位风姿绰约的美人，便婷婷袅袅地钻入到了他的心窝里，并浮现在了他的眼面前。这位韵味无穷的女子，即是久违了的宣华夫人。皇上从第一次见到这位庶母始，就不仅为她的美貌，亦为她的言行与举止深深打动。而那时，自己仅为一诸侯王而已，父皇在他面前则俨如一座山，他哪敢有丝毫非分之想。

上次，皇上与夫人匆匆一别，是在热火朝天为父皇发丧的路途上。宣华、荣华二位夫人经受不住一路高温折磨，皇上便打发她俩中途直接回京师去了。掐指一算，迄今，已是半年有余。在这半年间，皇上经历国丧，登基伊始又遭遇杨谅谋反等等惊天动地大事。白日里，他有操不完的心，做不完的事，真个是七窍生烟、晕头转向。可到夜间，精力充沛的皇上仍不忘忙里偷闲与嫔妃们轮流交欢作乐。而对床第之事生性挑剔的皇上，却越来越感腻烦、乏味。直至昨夜，他临幸了荣华夫人，才在她的卧榻上心满意足地睡了个好觉。晨早起床，皇上才幡然悟出，难怪，父皇到晚年明知自己有病，却仍不管不顾地连命都不要了，还痴迷于宣华和荣华二位夫人。

皇上想到此处，即把张衡召来，问："宣华夫人，今在何处？"

"唔……臣下亦不知晓哩。"张衡则更把这位先帝的夫人彻底遗忘了。他说，"当初，夫人不想回后宫居住，是杨约大人为他在大兴城内安排的居所。"

"公去问问杨约，即来回话。"

张衡仅过一会儿回来报说："杨大人从夫人安全着想，将宣华夫人的居所安排在了皇城的不远处，且有禁卫军守护。"

"行。卿去告知夫人，朕今日去她那里用晚膳。"

宣华夫人接报，既期待，又惶恐。她之所以要求搬出后宫，个中原委就是想藉此脱离与皇上间的有碍人伦的不正当关系。皇上可以为所欲为不在乎，她一个妇道人家则不能不恪守妇道！杨约给她挑选的这居所，她原以为很不错。紧挨皇城围墙不说，一条小巷进来，独门独院，既安全，又安静，且还享有皇家禁卫军的保护。宣华夫人入住后，在屋内设置了佛堂，不与外人接触，准备于此安度余生。可日子长了，事情亦桩桩件件，接连不断。夫人偶尔要去城外的寺庙进香，附近邻居皆是官宦之家，一听先帝宠妃出来了，都挤在巷子中，争相一睹皇妃风采。一次二次之后，夫人再也不敢出门了。不仅如此，就连夫人身边的宫女出门，都有涎皮赖脸的男子上前搭讪。更有甚者，就连禁卫军的官长，亦隔三岔五以巡查为由，敲门进来问些不堪入耳的话。另外，夫人的供给，原说一切照旧，仍由宫内按原规定拨付。然而，人走茶凉，夫人这边按月派去的宦官进宫领取供给时，竟常遭宫内主事官员白眼，甚至克扣。如此种种委屈，夫人当然想趁皇上光临，一吐为快。但，令她忧心忡忡的是，皇上乃性情中人，今晚他如果要住在这屋子里，将如何是好？常言道：隔墙有耳。这见不得人的乱伦，一下子不就天下皆知了？那自己还能于此安身立命吗！

真个是，说曹操，曹操到。天还亮得很，距黄昏时分，至少还有两个时辰，往日十分安静的小巷间，就闹哄哄地沸腾起来。

不一会儿，就有人接连不断地跑进房来报说："娘娘，皇上的法驾过来了，不知是不是到咱家来的！"

却说，皇上的法驾，一出皇城门，刚转第一个弯，就严严实实堵在了巷子口上。笔直一条窄巷，岂容如此声势浩大的排场？莫说前导的仪仗进不去，若只让皇上乘坐的御驾独

行，亦是无法通行的。而宣华夫人的宅邸，就在小巷尽头，坐在车里的皇上，可望而不可即。

不过，皇上今日的脾气倒是特别好。见此情形，他却笑嘻嘻地下了车，并大步流星径直朝巷里走去。

此时，候在巷子里等着看热闹的闲杂人，冷丁看见皇上迎面走来，都唬的呆若木鸡一般就地跪了下来。

皇上走在前头，不急不躁，从跪地者的缝隙中灵巧地绕过去。而此却苦了一路跟随的侍从们，他们人多，地上到处皆是下跪的人，弄得他们下不了脚，却只能眼睁睁地瞧着皇上走远，自己却寸步难行。走在前面的皇上没有驱赶跪地看热闹的民众，跟随的侍从则更不敢造次。

皇上头也不回地一直走到小巷尽头，不大的两扇宅门敞开着，宅内一名憋了许久的宦官，竟擅自点燃了一挂鞭炮。随着"噼噼叭叭"的响声，皇上心花怒放地跨进宅院门槛，只见院子里亦男男女女跪着一大片人。过了一会儿，待硝烟渐渐散去，皇上左顾右盼，才终于从跪着的人丛中，瞧见领衔跪在面前的正是自己半年未曾谋面的宣华夫人。

他于是大步上前，一把将夫人挽起，说："夫人请起，朕因忙于国是，使卿受屈了。"

皇上的言与行，使孤独无助的宣华夫人既感动，又羞怯。她原以为，皇上妻妾成群，自己搬出后宫，一了便百了了。哪承想，时隔半年，皇上不仅还记得自己，并亲来住所看望。

此刻，正值春末夏初时节，院子里阳光和煦，并散发出一股淡淡的青草的香味儿，宣华夫人身着一袭青色裙衫，未施粉黛，仍是一副守孝节妇的打扮。然而，正是此样，却更显一副不凡、脱俗与清纯的气质。

百无禁忌的皇上，爱怜地一把将夫人的胳膊挽住，用另一只手招呼还跪于地的众人说："都起来吧。"

随着众人陆续起身，皇上举目四顾：此屋的门户与小巷倒是很匹配，都显得有些窄小，似是小家小户。但走进来，则别有洞天，院内的屋宇不显豪华，却十分严整；庭园不见气派，却井井有序。而无论屋宇与庭园，则都不见小。更不一般的是，院里的花圃中，只见绿茵茵的异草，而不见奇葩。

皇上于是问："此院咋只种些不常见的草，夫人咋不叫人种点树和栽点花点缀其间呢？"

众目睽睽下，宣华夫人想把胳膊从皇上的臂中抽出来，不想，皇上反而挽得更紧了，她只好羞红着脸回答说："花圃中种的是一些药草，有的，奴婢亦叫不出名目来，季节到了，也会开花的。"

"噢？夫人还有此癖好？"皇上进而牵着夫人的手，登上台阶，在一众宫女和太监的前呼后拥下，走进屋去，即又闻到一股药的清香。因自仁寿年以来，母后和父皇相继生病，皇上当时作为太子，免不了常去看望和侍疾于母后、父皇。因而，对这些药味儿特别敏感。

皇上于是止步，惊诧地望着宣华夫人，问："夫人患有何种症候？且尚在用药？"

宣华夫人则笑着解释说："奴婢自给先帝侍疾以来，自己也常爱生点小病。不过，圣上闻到的药味儿，是此屋恒常就有的。"

"那为啥？"

"圣上难道不知道？此屋原是御医龚维之的住宅。室内一直存放着许多常用及名贵药材。"

"噢？"皇上大为惊诧，把眼前的宅子又看了一遍，问，"去年，杨约划拨给卿的，就是龚御医的这宅子？"

"嗯。"宣华夫人点头道。

"难怪，难怪。连花圃中种的也是药草，想必亦是原先主人所为。"皇上终于释疑了。但，转念一想，一个人没病没灾的，却成日要与一股药味儿为伴，此太难闻，亦太不吉利。皇上因而问，"御医房为啥不来人将存放于此宅中的药材取走呢？"

"奴婢亦不知情。"宣华夫人说，"屋内因藏有不少名贵、稀罕药材，都是供皇家治病的。奴婢曾派人去御医房提说过，他们亦答应派人来，但时至今日仍无人来处置此事。"

"御医房是咋回事儿？"皇上自言自语唠叨了一句，转而又道，"朕还记得，龚御医是在大宝殿看到父皇晏驾，伤心猝逝的，此真是难得的一位好人。那么，他的家人呢？龚御医不可能是一人独住此宅吧？"

"杨纳言把奴婢安排进此屋时，偌大一座宅院，就剩一个看门老仆人。据他说，御医的妻子早已去世，老御医未再续弦。他有两个儿子，亦都是行医的。小儿子自龚御医随圣上去仁寿宫时，就携家眷离家而去了，去向不明。老御医在仁寿宫去世后，长子料理完父丧，遣散了家中所有下人，自己亦携家带口不知去向了。老仆人交接完此宅子后，亦不知所踪。下人听邻居说，此宅离大兴宫近，是独孤皇后专为御医所建，老御医死前，已向两个儿子发话，他死后，即把宅子归还朝廷。"

"如此说来，这位御医就更难得了！"皇上听后，唏嘘不已。

此前，皇上曾听张衡说过：文帝于大宝殿落气后，殿内即开始清场。御医龚维之不听劝阻，硬要去先帝卧榻侍疾，被张衡当胸一掌击倒毙命。此一经过，皇上当然不便说与宣华夫人听。

夫人与皇上边走边聊，初见面时的尴尬与不自在，已化解无遗。当二人在客厅坐定，皇上便拨转话题，问："卿的黄御厨呢？"

"正在膳房忙活呐。"宣华夫人接话说，"他听说圣上要来，欢喜得像个孩子似的，与奴婢商讨要做哪几样合圣上口味的菜。"

"嗬！"皇上一听，开心地说，"叫他过来见个面。"

黄御厨听到皇上要见自己，围裙未解，就喜滋滋地带着一股油味、腥味儿跑来了。他行跪礼问候道："皇上皇后可好？"

"好，好。"皇上连忙道，"起来，起来吧。"

黄御厨腆着肚子爬起说："圣上若是昨日捎个话，说今日要来用膳就好了。那么，小的今早就可去菜市场采购点稀罕好食材。"

"嗨，任啥食材，都比不过汝在仁寿宫山溪里抓到的那条娃娃鱼。到嘴即化，鲜嫩可口，肥而不腻。"

黄御厨早年供职陈朝御膳房，由此而得此名。后来，成了晋王府大厨，所以，与皇上说话挺随便。他见皇上仍不忘那条娃娃鱼，便喜笑颜开地说：

　　黄御厨听到皇上要见自己，围裙未解，就喜滋滋地带着一股油味、腥味儿跑来了。他行跪礼问候道："皇上皇后可好？"

"嘿嘿！圣上想吃那物事，还不容易，天热到仁寿宫避暑，小的再逮一条，做法就不一样了，味儿亦有所不同，且一定能使圣上满意。"

"一定，一定。"皇上面对红光满面的御厨说，"半年不见，汝可是又发福了。不过，咱看，夫人却愈见消瘦，汝可要多用点心思，在饮食上，将夫人的身子骨调理得好好的。"

"惭愧，惭愧！娘娘的身子没能调理好，小的确有责任。不过，娘娘不听劝说，常在膳食上与小的唱反调哩！"

"噢？可有此事？"皇上即问夫人。

夫人低头不语。皇上只好又把目光转向了黄御厨。

御厨回说："先帝晏驾后，娘娘一直斋戒到如今，且吃得很少，此样，身子骨能好起来么？"

"不行，不行！"皇上连连摇头，说，"看来，此是朕的过。半年才见一面，不知情呐！日后须弥补。"

御厨则不再接茬，随即起身跪下告辞："小的灶头还煨得有汤，恕不能奉陪圣上说话了。"

御厨一走，皇上即规劝夫人道："卿是何苦来哉，把自己弄得这般不堪！逝者已矣，生者如斯。活着的人，还是应好好过下去，咋能把自己的身子骨这般不当回事儿呢？"

"圣上所言，奴婢懂得。只是要奴婢完全不想过去的事，不念过去那情分，一切从头开始，奴婢却无论如何都做不到哩！咱和先帝的缘分虽不长久，情感却很深厚。如果不是先帝呵护，奴婢今生……"

皇上听话听音，脸色骤变。他打断宣华夫人的话，问："这么说，是朕亏待卿了啰？"

"不，不，不！"宣华夫人惶恐不安地解释说，"圣上对奴婢咋样，奴婢心里咋能无数？自奴婢真正嫁与先帝后，无论是晋王，还是太子，直到您登基做了皇上，皆一如既往，对奴婢关怀备至。先帝在世时，咱闷在心中的一些事，一些话，亦只向圣上您吐露过。包括今日，奴婢已搬出后宫数月，圣上日理万机，还能惦记咱，来看咱，都使奴婢感激万分，不知如何是好……"

"卿既知好歹，却为啥不能如荣华夫人一般，忘记过去，重新过日子呢？别的不说，仅从年龄与精力上，朕难道就不能赢得卿之芳心？"

宣华夫人羞得满面通红，喃喃道："奴……奴婢与荣华……不……不一样……"

"咋不一样？"

"不瞒圣上说，奴婢自那夜与圣上共寝后，就常有一股难以言说的罪恶感袭上心头。"

"噢？"皇上脸色骤变，目光有如两柄利刃，朝夫人刺去，"这么说，卿把朕当作了邪魔？"

"不，不，不！"宣华夫人并不惧怕皇上眼中冒出的凶狠目光，她诚实地道，"是奴婢夜里睡觉常作噩梦，梦见先帝骂咱是荡妇，并要索奴婢的性命！"宣华夫人说着说着，失声恸哭起来。

"……"致此，皇上初来时的好心情，已被夫人的一席话浇灭得荡然无存了。皇上临幸过的女人不计其数，可从未见到谁像这位宣华夫人。

皇上是个好胜心极强，占有欲亦极强的人。皇上对一个自己欢喜的女子，不仅要占其肉体，还要攫其心灵！他扫了一眼堂屋周遭的陈设，让自己的心情逐渐平复后，若有所思地道："此屋看似精致，院内亦很幽静，但混杂于民居中，使夫人仍难得到安宁。朕看，卿还是搬回宫里去吧。"

"奴婢亦曾这么想过。只是，既然搬出来了，不好启齿说回去。再说，不知宫里当下是否还有可容妾身之处所。"

皇上一听，宣华夫人有回心转意之念，大喜过望，忙道："只要夫人肯回后宫，除永安宫外，其他殿宇可由夫人任意挑选。"

"奴婢并没非分之想，只要有一空室，能够栖身就成。"

宣华夫人愿回后宫，是事先考虑过的。她从后宫搬出的原意，其实很简单，就是想断绝与皇上不伦不类的关系，做个普通人。没想到，左右邻里压根都不把她当普通人看，皆用异样的目光打量她。更没想到的是，连屋内上上下下的人，亦对主子另眼相看起来。她离开后宫，身上的"娘娘"光环亦随之褪去，身边的宦官、太监和宫女亦失却了光彩，皆反过来给"娘娘"脸色看。为此，夫人先后两次去郊外大兴善寺进香，实是为自己遁入佛门探路。此寺是隋文帝为纪念自己的岳父独孤信修建的。寺院很大，很威严，个中聚集着许多官场和宫中失意的孤男寡女。其中，北周宣帝一共立过五位皇后，宣帝病逝，文帝篡周后，五位皇后中就有四位遁入此寺中。当下还健在的元皇后，讲述了自己和另外几位遁入佛门的皇后的遭遇，并力劝宣华夫人说："佛门亦并非净土。若能返回后宫，倚靠皇上的荫庇，无论如何，比流落民间受人白眼或遁入佛门都要清净与自在得多。"

············

"那好！"皇上十分爽快地说，"朕明日就派人来接卿回宫。"说完，即起身，连晚膳都不用了，抽身便走。

第一二七回

道衡捐弃前嫌盛赞新政
郎中解说往事陡起疑云

却说，由苏威领衔的撤州改郡事，实施起来并不那么简单。尤其是，皇上几项大工程同时开建，时时要从全国各地抽调大批人力物力，若在此刻改变区划和管辖范围，频繁更换官员，极易造成混乱，各工地所需人力和物资更难以得到及时供应。所以苏威建议分两步走，先裁撤几个大总管府，而后再将一般的州改成郡。苏威的建议，得到了皇上的首肯。

而就在此时，年届六十有五、担任检校襄阳总管职事一职的薛道衡，接到了新的任命。他所在的襄阳总管府，即是下辖十余州的大总管府之一。正感无所事事等待分配的众官员，对薛道衡首先获得重新任命感到无比惊奇，却不羡慕，因他要去的是边远的瘴气之地岭南。而薛道衡本人呢？二年前，他来到襄州时，身边仅带一个书僮。他想，自己这大一把年纪了，囫囵干上一二年，皇上若不将自己调回京师，亦可告老还家了。没料到的是，自己无挂一身轻地来到异地他乡，不再成日伏案为皇上草拟诏诰，身子骨却反而越发硬朗了。虽则如此，他当然还是想藉襄阳总管府裁撤之际，返回京师大兴，哪怕就像重新复出的高颎那样，任一不大重要的闲职。

左盼右盼之际，终于把履新诏书盼来了。可令薛道衡再次失算的是，不是调回京师，而是要去更遥远的番州；不是闲职，而是责任和权力更大的一方父母官——刺史。

接到番州刺史任命的薛道衡，首先想到的就是十余年前的那件事，当时因受苏威案牵连，被贬岭南。时任扬州总管的当今皇上，要他取道江都，而耿直的道衡却没如其所愿。所以，他进而想到：当年的晋王，目下已成皇上，便将自己遣往岭南，是有意报当年那一箭之仇吗？像是如此，却又不太像。朝廷撤销了几个大的总管府，州之刺史便成最大地方官，皇上若鸡肠小肚仍纠缠过往那点事儿，能让自己出任刺史一职？皇上既能这么高看自己，虽年事已高，亦只好勉为其难，于外地撑它个一年半载，再作告老还乡打算了。

薛道衡十三岁时即成孤儿，是个随遇而安、豁达乐观，凡事总往好处想的人。原襄阳总管府的同僚及当地文友为道衡置酒饯别后，他仍只带一名书僮，便轻车简从去那遥远的瘴气之地番州履新了。

道衡才华出众，却不骄矜自傲。所以，他不管到哪里，亦都能随遇而安，且啥人都与他合得来，也从来不感到孤独。他因出生齐地，祖上和本人都在齐做过官。由此，一开始，他并不为隋文帝重用。开皇八年，薛道衡任淮南道行台尚书吏部郎，兼掌文书。而担任尚书令兼平陈大元帅的正是当今皇上。其时，平陈大元帅年届二十，而道衡则已接近天命之龄。由于朝夕相处，道衡对这位年轻而又自命不凡的元帅，了解颇深。所以，当开皇十三年，道衡因受苏威一案牵连，被流放去岭南之际，他没有接受晋王杨广邀请，取道江都。二人自此失之交臂，之后亦再没有过接触。虽然，二人都有作诗的爱好，但因地位、年龄悬殊，也就没有过相互的切磋与酬唱。

道衡到襄阳总管府供职不久，即传来文帝病逝，太子杨广登基的消息，薛道衡亦由此心绪大坏！因他过往一直认为，随着文帝的辞世，大隋在其子杨广的掌控下，必呈败势无疑。道衡一度为文帝近臣，与五位皇子或多或少都有过一些接触。在他看来，五个皇子，无一治国安邦之料。

可自这位往日过分自负的晋王登基做了皇上后，远在襄阳府的薛道衡对他却有了新看法。甚至可以说是刮目相看！道衡对皇上看法，咋会有如此大的转变呢？

首先，皇上果断地仅用月余工夫就平灭了汉王杨谅的叛乱，维护了国家的统一，稳定了朝政，此使道衡眼前一亮。这还不算，今年初，皇上即下诏裁撤了包括襄阳总管府在内的几个大总管府。其时，襄阳总管府内，议论纷纷，许多官员表示不能接受，不能理解。道衡则说：此是好事——朝廷下属的总管府越大，权力分散，愈易生变，是社稷不稳的极大隐患。且，目下的大总管府是个战时机构，便于就近征召府兵以御入侵之敌。国家统一后，不常打仗，便没存在的必要。再者，大总管府多为皇上亲属掌管，皇上原以为他们可为自己分忧，把地方管理好，但结果往往适得其反，皇亲国戚成为一方诸侯后，手握大权，反与朝廷生分。大总管府的撤销，更利于君临天下，管控全局。

接着，皇上下诏营建洛阳新都，更使道衡拍手称快！这么大个国家，都城岂能只偏于西北一隅？先帝在世时，可没此博大的襟怀！

继而，又传来要开挖通济渠和邗沟的诏令。如此一来，不是把黄河、淮河和长江都连为一体，使社稷有了一张四通八达的水网了吗？这在诗人道衡看来，简直是神来之笔！古往今来的帝王，谁想得到？即使有谁想到了，能有如此气魄去实现它吗？

到此，还没完。不久，襄阳又传来了要恢复科举考试和兴办学堂的圣旨。此又使道衡在心里默默叫起好来！他想：仁寿年间，那份废除科举考试和停办州县学堂的诏书，就是自己草拟的。那时，他明知此举极不明智，却又无力回天！偌大一个国家，只有诚召天下有识之士，兴学敬学，方能兴旺发达呀！

自此，薛道衡完全为新皇上的一系列新举措所折服！他想：与开皇八年的那位目空一切的平陈大元帅相比较，当今皇上则简直像换了一个人！

于是，已奔古稀之龄的薛道衡，就是带着这份好心情，满怀憧憬地开始了他的岭南之行。

此时，正值初夏时节，本来蛮好的天气，走着走着，忽然风起云涌，兜头就是一阵暴雨。道衡不急，眼看天变，就停。赶不到驿站，就在路边村户歇脚躲雨，待到雨过天晴，再往前行。

没过几日，他和书僮乘坐的马车便到了江陵。道衡想起当年戴罪流放岭南，正好走进城外路边的驿站，就有江陵官府派人寻来，要他领旨。他就这样，受到汉王荫庇，没过长江，便又返回京师了。

而彼一时，此一时。没料到的是，十余年后，自己再次来到江陵，并要由此渡过长江，千真万确地远去岭南了。不同的是，上次去岭南是接受惩罚，而此次则是去做那里的父母官，心情自然不能与当年同日而语。

渡过浩浩荡荡的长江，越往南行，气温渐涨。连车夫在内，一行三人，不等天明，便早早起身，趁天气凉快，摸黑赶路。而到艳阳高照时，便进驿站歇足，停止了一日的行程。然而，越往南走，一路的山山水水，越发清秀，景象则愈是迷人。道衡心情大好，有时竟如老顽童一般，要车夫半路停车，让他下车观景，或品尝村野店家的风味小吃。

平陈之后，先帝颁诏免除江南十年税负。可有一条，要求各州各县修路，州与州，县与县都要开辟驿道。文帝的原意是，以此加强朝廷对地方的管控。某地一旦有事，军队即能迅疾赶到；朝廷的政令一经颁布，能及时传达到村村户户。而道路的畅通，不仅方便了朝廷对地方的管控，更惠及了百姓，亦使道衡的岭南之行更加便捷。

不知不觉间，道衡的车越过五岭，进入郴州。也就是说，他已踏入了岭南之境。

过去，北方人一提岭南，即谈虎色变。皆说，那是瘴气之地，有去无归。所以，皇上责罚罪臣，就将他们遣往岭南，以儆效尤。

可当道衡渡过波涛滚滚的郴江，进入城内，登上郴州城楼，放眼四顾时，一片层峦叠嶂的翠色映入眼帘，使他的心都醉了！

原来，这郴州的"郴"字，本就是单为该城所造的。即，林中城的意思。该城四面环山，而山则被茂密的树林所覆盖。然，每一面山的造化和景致又各不相同，如同四幅神形各异的翠屏浑然天成地编织成了一幅环形巨画。更觉神奇的是，源起东北边的郴江，远远望去，曲曲弯弯，委婉缠绵，极尽温驯，有如一条白丝飘带，将城环抱。道衡想起过河时，那种水流湍急，汹涌澎湃之状，两相比较，真可谓判若二河……

诗人于是雅兴大发，作《入郴江诗》一首：

> 仗节遵严会，扬舲沂急流。
> 征涂非白马，水势类黄牛。
> 跳波鸣石碛，溅沫拥沙洲。
> 岸回槎倒转，滩长船却浮。
> 缘崖频断挽，挂壁屡移钩。
> 还忆青丝骑，东方来上头。

辞别郴州，再往南下，景致更显奇特，一座座形状怪异之山拔地而起；一条条湍急清亮的小河织成水网，流淌于各山之间；连满山遍野的树和花草，亦与北方大异。薛道衡曾数度出使陈朝，平陈时，随军渡江南下，但都只到过建康一带。那边的植被，与关中、齐鲁的差异不大，而岭南之山、之树和花草，则都使道衡称奇。

其时，适逢南方雨季。离开驿站赶路时，本是万里晴空，却突然狂风大作，豪雨倾盆。好不容易找到个避雨栖身地，瞬间，却又雨住云开艳阳高照了。他们一行三人就这样，走走停停，停停走走，终于在一夕阳西下时分，抵达了极富南国风情的番州城。

番州，原称广州。因当今皇上名"广"，为避讳，故改称番州。

番州历来就是岭南最具盛名之城。殷商时，此一带称之为"南越"，周代称"百粤"，并和长江南北的楚国有交往，建有"楚庭"。秦皇三十三年（公元前214年）率军南下，平灭南越，征服岭南，于此设置三郡。其中的南海郡尉任嚣在番山和禺山上修筑番禺城，此可作为番州建城之始。秦末大乱，南海郡尉赵佗兼并了桂林郡和象郡，据有岭南（今广东、广西大部、越南北部），建立了南越国，定都番禺（今广州）。次年，汉武帝发兵十万进军南越国。之后，汉朝在此扩大城池，将番禺改名为步骘城。魏蜀吴三国时

（公元226年），东吴孙权将交州分为交州和广州，广州即由此而得名。屈指一算，若从秦始皇在此设郡筑城始，迄今，番州已有八百余载历史。

由此观之，番州自古就是闻名一方的南方大都市，而并非不毛、瘴气之地。事实亦确是这样，当薛道衡的车马进城后，但见大街的路面宽阔，道路两侧店铺林立，货物充足，名目繁多，而市民则更是摩肩接踵，热闹气氛，亦丝毫不输关内各大都市。此外，令道衡最感兴趣和欣慰的是，番州刺史已出缺半年有余，一直为一代办暂管着，然市廛仍显井然有序。道衡就想：人说山高皇帝远，尤其是在此南方的俚、獠、汉人杂居地，照说更难治理，可眼下的情景，市场繁荣、生活安定，并不像人们想象的那么偏僻、复杂和可怖！

书僮和车夫按道衡要求，没直接去州衙，而是就近找了家不大显眼的客栈住了下来。

天气大热，道衡先去冲凉房里痛痛快快地冲了个澡，洗却了一路风尘，却感到有点儿乏，于是，就在榻上躺了躺。他才打了个盹儿，就有书僮来说，饭已备好，可用膳了。

往日，到达驿站，一喊用膳，道衡则有饥肠辘辘之感。今日不然，他皱了一下眉，但仍随书僮进了膳房。

在驿站，按规矩，道衡入内室，独自用膳。此客栈，则不分主仆，三人一围，赶车的马夫见与道衡同坐一桌，感到分外局促。

道衡则对他笑着说："咱今日平平安安到达目的地，你功不可没，坐在一起，正好吃个团圆饭。平日，你与我不早就坐在一车里吗？咋还生分哪？来，打半斤酒来。"

道衡一吆喝，酒也端来了。不过，说归说，笑归笑。道衡今日没口味，用匙往碗里舀了两匙汤，端起欲喝，又嫌烫，就把碗放下，对同桌二人说："咱今日胃口不佳，汝等慢慢用。"说着，就起身回房了。

道衡回到房里，一摸脑门，觉得有点发热。正好，书僮接踵赶来，就对他道："汝去请客栈老板过来一下。"

客栈老板进来后，道衡便问："咱有点头晕脑热，此周围可有郎中？能否请他过来瞧瞧？"

"有，有。"老板说，"去冬有位北方来的客人，一家老小，开初，都住在本店中。他觉得这一带人气挺旺，就在不远处租了个门面，开了家叫回春堂的药铺。他本就是郎中，既坐堂问诊，又抓药，还常常出诊。本店有住客生病，就叫他过来治疗。"

"行。有劳您这就去将他请来，瞧瞧咱这症候。"

一直等到掌灯时分，郎中方到，是个瘦高个儿，约莫五十上下年纪，白白净净面皮，一看就知不是本地人。

郎中进房，未坐即道："不好意思，让客官久等了。咱外出问诊耽搁了一会儿，刚回店里。"

此时，道衡已躺在了榻上，他就着房内不太明亮的灯光，瞅了郎中一眼，有气无力地点了下头，未与他搭话。

郎中在榻旁一张椅上坐下来，打开包袱，从中取出一只小枕垫，搁在了卧榻的边沿处。道衡配合地把一只手放在了枕垫上，郎中即将三根细长的手指搭在了道衡的腕子上。

过了一会儿，郎中用拿脉的手，摸了摸道衡的前额和太阳穴，说："老先生患的是火伤风，有点儿发热，吃一两副药，即可退烧，将息几日就会好的。大热天，要注意多饮水。"

道衡不无担心地问："咱是不是染上当地的瘴气了？"

郎中笑道："老先生过虑了！此城中，何来瘴气？若以不才之见，所谓瘴气，是南方春夏的雨水多，气温高，湿热难以发散，使人闷热难受所致。您来此地，平日只须多开门窗，不在日头下暴晒，尤要注意不让蚊虫叮咬，并多饮水，便无大碍。"

"呵，呵……经此一说，咱就放心了。"道衡随之坐起，拿出五两银子，以作医资。

"嗨，小小毛病，哪里用得着这么多钱！"

"收下吧。一回生，二回熟嘛。"

"老先生是从北方来的吧？听您口气，还准备在此城中长住下去？"

"有此打算。"道衡又打量了一下郎中，说，"听口音，先生亦是从北方来的呐？这地方，日子好过吗？"

"就是热的时间长了点。别的，都还过得去。"郎中说着收了银子，并收拾了行头，带着书僮上药铺抓药去了。

这边，郎中和书僮一走，道衡就遵医嘱，起身倒了满满一大碗水，一饮而尽。然后，就安心地倒在榻上睡着了。他毕竟年事已高，加之，连日奔波，哪有不乏的呐！

不知睡了多长时间，他才迷迷糊糊被书僮摇醒，要他服药。道衡醒来，只觉内急，在书僮的引领下，去外间解决了内急问题，又把一碗汤药一口气喝下，倒头又睡……

又不知过了多少时辰，道衡忽觉有人在捏他的手，之后，又摸他的头。他睁眼一看，竟然是郎中又坐在了他的榻旁，书僮则站在郎中身后，一缕阳光，已透过撑开的窗户，射进房来。

道衡于是问："咱的病，咋样了？"

"烧已全退。咱亦没想到会退得这么快。不过，您年事已高，还是不可掉以轻心。"

"昨日喝过药后，睡得特别沉。"

"能睡就好。"郎中称许道，"咱听您身边的小兄弟说，您是从襄阳来岭南的？一路辛苦，药还不能断，尚须将息几日，再作其他打算。"

"是呀，是呀。咱这把老骨头，一路都快颠散架了。不过，昨夜听先生说，咱的病与瘴气无关，就放心了。"

"哈哈哈哈……"郎中一听，亦乐了，并说，"您老，看来是初次来岭南。"

道衡点头，望着郎中忽然问："请问先生，您贵姓？"

"免贵，咱姓洪。三点水，加一'共'，洪水之洪。"

"噢？"道衡大感惊诧，又仔细打量了郎中一眼，摇头说，"先生说的恐不是实话。"

郎中眼里倏地闪出一丝惊惶，忙掩饰道："哪里，哪里！姓甚名谁，岂能乱说的？"

"恕老夫直言，先生之姓，恐不是三点水加一共，而是共字之上，加一龙。先生姓龚才是真。"

"呵？"郎中大骇，问，"咱可不认识您呐！您老在哪里见过咱？"

"咱与先生倒是未曾谋过面。"

"那您，咋说咱姓龚？"

"咱昨晚一看，就在心里默想：您一定是御医龚维之的后人！老夫认识龚维之老先生！"

"咱……咱是龚维之之子。"郎中低头承认道。

"就是嘛，此就对了。"薛道衡说，"汝瘦削的身材和相貌，都像你父不说，言行举止亦很相似。更有甚者，连汝的三根细长手指和拿脉姿态，皆与你的父亲一模一样。"

"您对咱父这么了解，那您是……"

"咱叫薛道衡。早年，在仁寿宫中侍候先帝，与你的父亲住隔壁，可谓朝夕相处。"

"知道，知道。父亲书房就挂着您题赠给他的一首诗。"

"汝父为人谨慎，言词少。但不避与高仆射和咱倾心交谈。"

"是，是……"郎中嗫嚅着，潸然泪下，道，"薛大人是乃父之友，请受晚辈一拜！"

郎中说着，就要下跪。

薛道衡原是半躺在榻上的，立即起身将郎中拽住，既惊且疑地说："使不得，使不得！敢问先生，咋改了姓氏，到此边远之地来行医？还有，汝之父呢？他还在宫中做御医吗？"

"薛叔难道不知？"

"咱两眼一抹黑哩！"薛道衡解释说，"咱不是于仁寿三年，就去襄阳了吗？"

"此，一言难尽呐！"郎中摇头叹息道，"咱父已不在人世了，是与先帝同日于仁寿宫的大宝殿内去世的……"

"噢？此是咋回事？"

"时至今日，亦不能了然哩。"郎中若有所思地慢慢道来，"一直以来，先帝总要等到六月，天气大热后，才去仁寿宫避暑的。而且，不用说，圣上到哪里，乃父必跟随到哪里。可仁寿四年，才到四月，圣上就要上山，且随员中，竟没咱父。父亲好说歹说，圣上方勉强同意让他随行。临行的前一夜，父亲似有预感，把咱弟兄俩召到他的书房训话。要求咱龚家子子孙孙，从此不再进宫担任御医。并要咱弟，在他去仁寿宫后，立即携家眷投奔到蓬莱一位方丈那里。并要咱观望一下，伺其情形，亦携家离开京师，且要走得远远的。"

"汝父突然做出如此决定，没说是啥原因？"

"没说。"

"如此一来，一个好端端的家，不是全散了？你等当时也没问，他为何要作如此决定？"

"啥都没问。您是知道的，咱父嘴拙，问亦白搭。不过，圣上不要咱父随他上仁寿宫时，咱劝过父亲不要再争着要去了。他回说：'汝知啥哩，圣上已罹患重症。咱是御医，不去，岂不是失职。'"

"那么，圣上与汝父为啥会于同日死于同一地呢？而且，他上山前就打定主意，要你兄弟各奔东西，又是为啥？"

"咱哪知晓嘞！"郎中伤心地说，"圣上去世几日后，朝廷才诏告天下。咱接父亲死讯，又晚了二日。来人告诉咱，父亲是看到皇上晏驾，伤心欲绝猝逝的。而当咱去仁寿宫料理父丧，为父入殓时，见他胸口上有一片青瘀伤痕……"

"汝没问，那是咋回事？"

"哪敢呐！且，问谁去？咱葬了父亲，遣散了家中下人，就带着妻儿隐姓埋名来到了此地。"

"哦……"薛道衡深感震惊！龚御医的死因成疑，先帝的死则更成谜团！其时，仁寿宫内，到底发生了啥事？

薛道衡未及细想，郎中又道："咱还告知薛大人一事，朝中还有一位您熟悉的官员，亦于两个月前到了番州。”

“谁？”

“兵部尚书柳述。”

“他来番州干啥？”

“听说是犯了啥罪，被流放到番州辖下一靠海边的村中。”

“柳述不是先帝的女婿、当今皇上的妹夫吗？他犯的是啥罪？”道衡更感不可思议。

“不知咧。”

“你是咋知柳述被流放到此的？”

“前日咱去州府一官人家中问诊，听说的。”

薛道衡因而想：皇太子承继已逝皇上之位，乃名正言顺事，照理不会引发啥风波。而按郎中刚才所述，宫内和朝内，林林总总的事，亦必有蹊跷！于是，道衡对荣登大位、敢于革故鼎新的这位皇上，又充满了重重疑惑。

…………

几日后，薛道衡在郎中的调理下，病已痊愈。这日一早，他在客栈中用完早膳，换上一身从三品的官服，便乘车往番州府衙上任去了。

第一二八回

登临浮景公主心花怒放
巡游江都皇上衣锦还乡

就在薛道衡一行三人安抵番州之时，远在京师大兴宫的皇上，排列法驾，声势浩大地出宫看望老姐。

皇上自去年夏季于仁寿宫内荣登帝位，已整整一年，此时，他才抽出空来与大兴宫仅一墙之隔的姐姐杨丽华会面。丽华在这位弟弟一如既往的关照下，日子过得优裕，却很孤寂。她只一个独女，女儿出嫁后，偌大一座宅院，身边再无第二个亲人。

皇上兴师动众，看望老姐。此对丽华来说，自是莫大荣耀。丽华即率一干下人，向皇上行过跪礼，即笑盈盈地说："圣上日理万机，咋有空来探问奴婢？啥时候，皇上若想姐了，传道旨来，让奴婢进宫拜见，不就是了。何须如此大动干戈呐。"

别看平日丽华待人温文尔雅，其实，她内骨子里却有一股倔犟劲。她忌恨父皇夺了她宇文家的周天下，为此，父皇母后数度召她进宫相会，她都不予理会。以至，自大隋立国以来，她从未正式回过娘家。

皇上一听老姐改变了不入宫的态度，大喜。立道："那行。从今往后，姐只要乐意，啥时都可入宫来见朕。"

大隋立国，已整二十五载。随着母后父皇相继离世，皇上另外四位亲兄弟：废太子杨勇和秦王杨浩已死，四弟蜀王杨秀和五弟汉王杨谅则因罪被囚。因此，皇上身边真能说得上话的亲人，就剩这位老姐了。

皇上进客厅入座后，即对姐说："朕今日一为看望老姐；二是专为践约邀姐赴江都游玩的。"

"践约？"丽华一愣，疑惑道，"奴婢与圣上何来之约？"

"嗨！姐竟忘了？"皇上说，"朕曾允诺，有朝一日，咱要开通一条自北而南的长渠，请姐乘舟沿渠去江都。"

"哈哈哈哈……"丽华笑道，"确有此事，姐记起来了。那年，弟陪姐游长江，曾于楼船上说，华夏的大江大河皆是由西向东流淌的，有朝一日，弟要造一条自北而南的长渠，将黄河、淮水和长江联通成一张水网，下次，咱到江都就不必乘车转船，舟车劳顿，可坐在船上，顺流而下……"

"不错，不错！朕今日就是来兑现此一承诺的。"

"没这么快吧？"丽华望着神采飞扬的皇弟，道，"几月前，曾听敏儿（杨丽华的女婿叫李敏）说，圣上下诏，要开挖一条直通江都的通济渠。不过，若说践约，恐还不是近一二年的事吧？"

"哪需那么长久！"

"难道当下就能让姐乘舟去江都？不可能吧？"

"为啥不能！"皇上毫不含糊地说，"朕要告诉姐的是，要乘舟直达江都，仅开一条渠还不够。除通济渠而外，还要再开一条连通长江的邗沟。再就是，当下同时开挖的二渠，皆已贯通，整个工程，已近尾声。朕今日就是来请姐乘车共赴洛阳，然后，从洛阳乘舟，直下江都。"

"嗨！真有这么快？"丽华惊叹之余，仍有不解地问，"不是说，通济渠修成，即可从大兴乘舟直抵江都吗？咋要先乘车去洛阳上船？"

皇上解释说："姐说的没错。通济渠起于洛阳，经由邗沟，直达江都，是整条长渠中的一段。咱自然可从大兴乘船，经由广通渠达潼关入黄河，再由黄河的洛口入通济渠，直下江都。不过，朕此次要在洛阳汇聚群臣，举行通济渠的竣工庆典，并同时让众臣一睹正在营建中的东京洛阳的风采。因为往后，朕要以洛阳为主要都城，此次顺便先让文武官员来见识见识这座兴建中的新都。所以，本次南下江都，有意安排在洛阳启航。"

"嘿嘿，此真是不可思议！"丽华仍有些似信非信地道，"奴婢听敏儿说，通济渠是三月下旬方破土动工的，今才七月下旬，总共仅四个月，咋能这么快就完工了呢？"

"朕三日后启程，到达洛阳举行庆典，并让众臣一睹尚在兴建中的东都，如此算来，不是又要耗去近一月吗？"

"好！就算是一整月吧。前后亦才五个月嘛。通济渠有多长？少说亦有千里之遥吧？"

"通济渠加上四百里的邗沟，共约二千余里。"

"啧啧！天爷！两千里的一条长渠，一共才花五个月就开挖成功？此又不是作画。就是作画，有时一幅壁画，亦不止画五个月呐。咱想都想不出来是咋一忽儿就挖成的。"

"姐想不出是咋用五个月造成的，很正常。说它如作画一般，亦没说错。不过，此画是深刻于大地上，并连缀江、河、湖泊，是一幅绵延二千里的巨卷！"接着，皇上眉飞色舞地继续道，"此工程亦确是无比浩繁，看似不可企及。但，世上只要下定不达目的不罢休的决心，又哪有做不成的事呢！"

"皇上说得可轻松。五个月，一眨眼工夫！却要造出一条由南而北，能行船的二千里长渠，哪成呢？"

"姐一定要深究为啥会这么快？有三原因：一是，此渠之间，有许多段落皆是为前人所开挖过的。先说连通黄河与淮河的通济渠吧，早在战国，已有先人开掘过一条鸿沟。两汉后，又不断有人在鸿沟故道上开挖了汴渠。此外，连通淮河与长江的邗沟，亦是早在春秋吴王夫差时，为使他的大军北上与齐、晋争雄，就开掘了此渠。直至开皇年间，为了灭陈，父皇亦命人再次打通邗沟。于是，才有一夜之间，大大小小隐藏于邗沟周遭几个湖中的千数战船，排列于长江北岸，并直取了对岸京口的壮举。此次开挖通济渠和邗沟，除少数渠段是新开的而外，亦还是在前人所修的故道上把淤塞的河道挖深，把较窄的地段加宽，并将原先弯曲的河段取直，此能不快？二是，二千里的通济渠，借用的江河湖泊等天然水道亦不少，无需人工挖掘，此不是又省去许多人力与光阴吗？三是，渠有多长，挖渠的人丁就铺展到了那地方。沿途州县，分片包干，各管一段，共有百余万人同时作业，焉能不快？"

"嗬嗬，姐还不明白，皇上住在大兴宫里，咋能把哪段渠、从哪到哪、是啥时开挖过的，都弄得如此清楚。"

"嗨！姐又忘啦？朕在江都做扬州总管十年，在京师大兴与江都之间，来来往往，都数不清往返过多少遭了。每次皆是一忽而坐车，一忽而又要下车乘船过河，刚过一河，马还没跑热，又要下车再过另一条河，真是不胜其烦。光是人倒来倒去，慢就慢点吧。若是粮食和大宗物资，此一会儿陆路，一会儿水路，转运起来，不是更麻烦，而所需费用不是更加昂贵了吗？所以，自打那时始，朕就暗下决心，有朝一日，一定要修一条南北通畅的长渠。因此，在往来的行程中，朕就把先人曾修过的渠道，啥时又淤塞废弃之事，都记在了心里。"

"只为赴江都一游，便如此兴师动众，亦太劳民伤财了吧。"

"姐又错矣！"皇上对姐的非议，并不介意，反而开心地解释道，"此乃功在当代，利在千秋之壮举也！姐看嘛，往后向朝廷和国库调粮，不是既省事又省钱了吗？更有甚者，何方有事，调兵遣将，运送粮草，亦能快捷及时。再说，因此渠连成的水网，给庶民、商贾带来的好处，则更是多多。至若说到朕的此次南巡，则更是一次与众不同、彰显国威之壮举呵！"

"行了，行了。圣上说得再翔实，奴婢亦记不住，更想象不出是个啥模样儿，还是百闻不如一见的好。"多年未出远门的丽华，已被皇弟说得心头痒痒的了。

"届时，朕将给姐准备一只大船，让李敏和娥英（杨丽华女儿之名）一路陪护，共赴江都。"

"行，行！"丽华乐得笑逐颜开。

是夜，心情大好的皇上去了宣华夫人已搬入大兴宫中的寝殿。黄御厨为皇上的光临，尽心尽意地烧了一桌色、香、味俱佳的淮扬菜。

宴饮时，夫人体贴入微，侍候周全。皇上大悦，早早地就将夫人拥入怀中，共赴卧房。一夜倒海翻江之后，皇上醒来，已是大天光了。

宣华夫人独自为皇上穿上上朝的龙袍，佩戴好饰物，即跪于地道："臣妾有一事须禀告圣上。"

"夫人何至如此。有话，起来好好说嘛。"

宣华夫人非但没有起身，反把头低到地上，说："臣妾此次恐不能陪侍圣上巡游江都了。"

"为啥？"正欲用手去牵夫人的皇上，把手缩回，诧异地问。

"近来，臣妾所患症候没见好转，反而一日沉似一日，恐已经受不住舟车的劳顿了。"

"噢？有此严重吗？"皇上说着，目视夫人，果见她没有上妆的面容显得分外憔悴。

夫人默默地点了点头，已是泪流满面地道："臣妾自九岁离家，来到大兴，魂牵梦萦，思念故土。江都与臣妾的家乡建康，仅一水之隔，说不定圣上恩准，届时还能允诺妾过江去家乡瞧瞧！"

"那是。"皇上叹息一声，伸手将夫人挽起，说，"既如此，夫人就留在宫中，好生将息，朕恩准卿不用去江都了。"

话虽如此，生性多疑的皇上，下朝后，回到中华殿里，仍将为宣华夫人侍疾的御医召来，问："朕闻宣华夫人有疾，她究竟患的是啥症候？"

御医跪答："宣华夫人患抑郁症，已近一年。是先帝晏驾后起病的。"

"汝起来吧。"

御医起身，皇上赐坐，随即又问："她当下的病情咋样了？"

"起病时，就较严重。而今，已成难愈之顽疾。"御医摇头说，"在下已使用过几种方子，效果都不大显著。"

"唔……"皇上瞧了御医一眼，问，"既如此，咋没听汝向朕禀报过呢？"

御医顿显不安道："在下不敢为此事叨扰皇上。且还以为娘娘自己会告知皇上的呐。"

皇上由此知道宣华夫人说的是实话，便对御医道："朕此次南巡江都，汝亦不必随行，就留在京师为夫人侍疾，务必将夫人精心调理好。"

三日后，皇上下诏命皇太子昭，留守京师大兴，处置朝中事务。然后，排列法驾，率皇后及文武百官和皇家眷属，浩浩荡荡，奔赴洛阳。皇上此次出巡队伍之庞大与声威，皆盖过当年先帝出巡岐州。

皇上皇后等一行人抵达东京洛阳，已至八月仲秋时节。

出洛阳旧城迎驾的，除当地官员而外，还有打前至洛阳安排皇上一行衣食住行的朝廷官员，以及杨素、杨达、宇文恺等营建新都的官员等。

皇上皇后及嫔妃等，被安排至新近落成的显仁宫下榻。文武百官和皇亲国戚，则被安排至洛阳旧城的皇城与宫城中。

皇上下榻的显仁宫，是东京洛阳西北郊——西苑中的主殿。此时，周遭二百里的西苑，尚未竣工，杨素等为使皇上来洛阳有个好住处，先将显仁宫及其周边园林、道路抢先建造完工。

皇上未进宫门，老远即为其宏大和华丽所震撼。待入宫后，室内装饰不仅极尽华美，且无比威严。

一旁陪同的杨素，面显得意之色，问："陛下以为此宫比之仁寿宫的大宝殿，如何？"

"大宝殿，无论规模、气势与内部装饰，皆无法与此宫比拟。如果只建仁寿宫，而不建这座显仁宫，那就太埋没宇文公的才华了。"

"圣上此说，看来还是仅知其一，不知其二。"杨素说，"显仁宫的规制，间架结构等，皆出自宇文副监之手，此没错。但宫内装饰，却另有其人。"

"噢？"皇上眼观富丽堂皇的殿堂，驻足问，"还有何人能将此宫打扮得如此壮美？"

"乃御府监何稠也。"

"此名耳熟，却想不起是谁了。"

"嗨，圣上咋忘啦？"杨素说，"先帝病重，与群臣话别时，见到一般人，他都没了言词。而唯独见到何稠，先帝突然开口，指定他为自己造

　　宣华夫人独自为皇上穿上上朝的龙袍，佩戴好饰物，即跪于地道："臣妾有一事禀告圣上。"

墓。"

"哦，知道了！其时，朕就在场嘛。父皇还撸着咱的颈脖，要朕与何稠商量造墓事。此人竟还有如此能耐？"

"没错！何稠的能耐还不仅显示于此一座显仁宫上，正在建造的洛阳新城的宫城和皇城以及一些重要殿宇的内部装饰，皆经他手。宇文副监掌整体规划，管各主要殿宇的设计。而殿内的雕梁画栋，镶金嵌玉和各种陈设及装饰上的细活，皆由何稠另组一班人马完成。"

"嗨！父皇生前对住宅是否豪华，并不讲究，咋对何稠了解如此之深？"

"何稠大名，朝中文武，谁不知晓？陛下担任扬州总管多年，长期不在京师，所以才对他陌生。"

次日，皇上即召何稠进显仁宫，并对他说："朕此次从大兴出发，来到洛阳。一路之上，愈看愈觉朕的仪仗，扮相不佳，车辆装饰，乃至旗幡图案等，皆显不伦不类，均难展我华夏大国风范，此是何故？"

"陛下圣明。"何稠说，"此情形由来已久，不是始于今朝。"

"卿为臣子，既知不妥，为何不上表陈说，并加以改进呢？"

"臣下自开皇初年始，即曾建言。但先帝只允许在原有装备上作修改，不允另起炉灶，改换装备。所以，及至今日，一应之物，仍难脱胡人气。"

"胡人气？"皇上不解地问，"此是啥意思？"

"陛下看嘛。隋之前，不是周吗？周为鲜卑宇文氏执政。他们虽极力仿效汉室，终未完全学到家。所以，那时的皇家车辆、旗幡、及至卫队的着装等，还有仪仗上所用各物，都还沾染有鲜卑气息。先帝登基后，不忍将前朝好端端的装备全部废弃，经过修来改去的各物，哪能那么彻底并完全脱去胡人气呢？"

"原来如此！"皇上拊掌道，"朕今允卿另起炉灶，由卿为朝廷按咱大汉先祖礼制打造一套礼仪、仪仗装备，行么？"

"臣下早有此心，只是……"何稠欲言又止。

"卿，但说无妨。"

"此可要花好大一笔费用呐！"

"咱泱泱大国，还缺这点钱？"皇上毋庸置疑地道，"朕这就下诏，所需一应费用、物料，汝可直接找苏威支取。还有啥疑义？"

"有钱乃成事。臣下没啥疑义啦！"

"那行。卿将此事办好后，即将所造装备押运到江都来见朕。"

当日，皇上还将何稠晋升为太府少卿。

又过几日，喜报传来，二千余里的通济渠和邗沟，圆满竣工，已然通航。而由黄门侍郎王弘督造的数千各色船只，也业已打造完成。

皇上向姐讲述仅用五个月开掘两渠时，亦如作画，轻描淡写，仿佛总计二千里的二渠，真的不费吹灰之力，便于一笔一画间，跃然而出。然，安坐龙庭的皇上，哪里知晓，它是以数十万丁役的生命为代价，是用血肉之躯打造而成的。

为使皇上乘坐的巨型龙舟畅行无阻，渠要凿得很深，宽则要达到四十步（一步约为 1.47 米）。此外，两岸还修得有平整的御道，岸边一律移栽上柳树，每树还悬挂着一个杨字，此便成日后"杨柳"称谓的来历。此外，每隔一百里，还为皇上与后妃修建有一片行宫，以供皇上皇后及嫔妃登岸休憩。工程于三月动工，丁役为深挖沟渠，常立于齐腰深的水中，时间长了，浑身冻得直打寒战。天热后，更要忍受暑气的煎熬和日头的暴晒。稍一不慎，碰破皮肉，伤口处化脓生蛆，直至倒毙水中，致使各地征召服役的民夫，"死之十有四五"。

此外，担负运送木材去造船的丁役亦如此。为不误工期，硕大的木料从江南运至长江北岸，再让丁役不分昼夜，拖往洛阳一带造船。运送队伍绵延千里，拖着拖着，便不时有人倒毙于路途……

皇上对丁役的死活，并不介意。在此方面，他与杨素的想法，别无二致——做工程，亦如行兵打仗，死人是寻常事。皇上关注的仅是自己的想法必须成为现实！因而在庆贺两渠通航的盛典上，皇上下诏对参与其事的功臣进行了表彰和赏赐，而对累死病死的万千民役则只字未提。

　　王弘督造的各色船舶，数以万计。分为龙舟、凤艒、黄龙、赤舰、楼船等等各个等级。

　　龙舟，当然只有一艘，是皇上乘坐的。其高达四十五尺，宽五十尺，长为二百尺。其间，共分四层，最上层有正殿、内殿和东西朝堂。中间二层安排有一百二十个房间。从第二层开始，一切饰物和器皿，皆镶金嵌玉，富丽堂皇。最下层则是内侍和船员的居所。远远望去，整只龙舟宛如一幢巨大的水上宫殿！

　　萧皇后乘坐的船，亦分四层，规制仅比龙舟略小点儿，内里装饰亦是极尽奢华，取名翔螭。紧随翔螭之后，是三层的花、鸟、虫、鱼彩绘船，共为九艘，行船时，有如一道流动的景致，所以名之曰：浮景。皇上的姐姐乐平公主杨丽华携女儿、女婿就占用了其中一艘。除此而外，荣华夫人亦在另一艘浮景船中。浮景之后是三十六艘漾水彩舟。乘坐浮景和漾水彩舟的，是有封号和名分的嫔妃们。文帝在世时，先后担任扬州总管和太子的杨广，名义上仅立一位萧妃，就是当下的萧皇后。而暗藏着供其玩乐的一些女子，则都没有名分。登基做了皇上，一年之间，便有了数十位年轻美艳的嫔妃。

　　跟随漾水彩舟之后的，才是各种等级的楼船和黄篾船。它们为王公、贵胄、公主和文武百官、各国使节、大德高僧等所乘坐。最后才是禁卫军所乘之舟。如此分级排列的巡游船只，共有五千二百余艘。它们首尾相连，延绵二百余里。而从皇上的龙舟起始离岸，到最后一艘启航，就花了整五十日。

　　以上是水中情形。那么，陆上呢？

　　河渠两旁，前有左卫大将军郭衍，后有右卫大将军李景，他们皆统率禁卫军骑兵，翊立两岸，随船而动，为皇上南巡一路保驾护航。

　　当船队由顺风顺水的河道转入风平浪静的渠中时，则由精壮的纤夫拉纤前行。为龙舟拉纤的人叫殿脚，共为一千零八十人。他们分三班，每班三百六十人；为皇后拉纤的人叫殿角，共九百人，每班三百人；为浮景船拉纤的人叫黄夫人，每船共配一百名纤夫……如此类推，整个船队共配备八万名纤夫。为使皇上皇后及嫔妃们赏心悦目，殿脚与殿角们皆身着锦袄，而纤绳则是用青色绢绸特制而成，名之曰：青丝。

而坐在船上的帝、后、嫔妃和达官贵人，以及船夫、士卒和各色下人，少说亦有十万余众。加上，岸上八万纤夫，以及十数万禁卫军骑兵等，此一庞大队伍，从洛阳到江都，一路吃喝从何而来？

皇上下诏，由沿途五百里内的各州县民众供给。也就是说，船行到哪里，就吃喝到哪里。而沿途各县所得报偿则是，免除他们一年的税负。诏书并规定，供给照顾周到者，当地官员可获褒奖，升官晋爵。反之，则要遭受革除官职，甚至处斩的重罚。

这么一来，当地官员，岂敢怠慢！于是，便驱使周遭庶民杀猪、宰羊、捕鱼，唯恐伺候得不丰盛，不周到。

船队一过便是数日，渠中的船队排列有多长，沿岸的流水宴席亦排有多长。没吃完的和根本未动的食物，只好就地掩埋，甚至倾倒入水中。一拨刚刚过去，又来一拨……要知道，一共是五千多艘船只，还有两岸的官兵、纤夫都得伺候！

而皇上又哪知小民的不易和辛酸！他眼观两岸胜景，心里却在想：先帝当年乘车巡游岐州，让万民朝拜、瞻仰，便觉是一件了不起的大事，可那才多远哪？与之相比，那算啥排场？昔日的秦皇、汉武，如果看到此一胜景，亦会感到自愧弗如吧！

当龙舟从四十步宽的渠内驶入一浩渺的大湖中时，皇上亦顿觉天高水阔，神清气爽。于是，他豪情大发地作《水调歌》一首，以抒畅快的胸怀。

在整个行程中，一开始，龙舟每行一百里，皇上都要携皇后、嫔妃下船，到行宫中稍事休息，或到附近名胜一游。为此，要在岸上流连一二日。次数多了，亦越来越觉当地官员迎来送往太过琐细，破坏了自己的雅兴。此后，便不再下船，只顾赶路。再过几日，又感自己独坐一舟，孤寂乏味。便传旨将萧皇后和新近宠幸的一些嫔妃召至龙舟，住进第二层的房内。

于是，一时之间，龙舟内的人气大增，觥筹交错，猜拳行令，欢歌笑语，热闹非凡……

却说，乘坐于浮景舟中的前朝皇太后杨丽华，她的丈夫周宣帝宇文赟亦是个穷奢极欲的帝王，可他短短一生，亦没有过如此经历。

大开眼界的杨丽华，对乘舟巡游，亦觉新鲜。而最使她感到享受的则是有女婿和女儿陪伴。

丽华只有一女，名娥英。

开皇六年，娥英十三岁，在京师择偶。其时，来丽华家候选的显贵子弟，络绎不绝。娥英挑来选去，仅看中李敏一人。

然而，李敏又是何许人呢？他是前朝元老、隋之建国功臣李穆的后人。李敏貌美，一表人才。不仅善于骑射，还能歌善舞。他与娥英结婚时，隋文帝允他使用一品仪仗，与娶皇家公主的规格相同。

而当文帝要召见李敏时，丽华特别叮嘱女婿道："咱把四海都让给了当今皇上，唯有你一个女婿。咱要为你争得一个柱国地位，你到了皇上那里，可得小心应对。若皇上只授汝比较低的职位，你千万不要谢恩应允。"

李敏拜见皇上。文帝见他一表人才，十分喜爱，便亲自弹奏琵琶，让李敏随着琴声起舞。皇上高兴之余，即问李敏："汝今为何官？"

李敏故意回答说："在下，啥都不是，一白丁尔。"

皇上因而对李敏说："朕就授你一个仪同吧。"

李敏则不吭声。

"嘀，卿不满意？那就加授为开府吧。"

李敏仍不答话。

"啥？汝还不满意？罢罢罢！那就授你为柱国算啦。"

李敏此才谢恩下拜。

其后，李敏历任蒲、幽、金、华、敷等州刺史。但大多时候并不真正到外地赴任，而在京师居留。待到大业初年，当今皇上才任命他为卫尉卿，一直随侍于皇上身侧。

当下，丽华又蒙皇上恩赐，与女婿和女儿同乘一舟，朝夕相处，其乐融融，自是无比开心。

…………

不过，尽管如此，皇上皇后也好，丽华一家也好，毕竟只能局限于一条舟上，日子长了，仍觉单调、乏味。

此样，经过一月日夜兼程，到九月下旬，天气已然转凉时，龙舟终于率先驶达皇上梦牵萦绕的江都。

此一日，江都城内，万人空巷，都云集到江边码头，争相一睹阔别江都五年之久的皇上。

皇上杨广，于开皇八年，以淮南道行台尚书令和平陈行军元帅身份，进驻长江之滨。其后，则更是于江都任扬州总管十年，他早已将此地认作了自己的第二故乡。因此，今日回到江都，有荣归故里，衣锦还乡之感。当他还在龙舟上，远远望见江边涌动的人潮时，心亦倒海翻江地醉了！

第一二九回

智璪朝皇上欣然题寺名
道长媚天公发怒不作美

通济渠和邗沟的修建，死人无数，激起民怨；皇上巡游江都，大讲排场，铺张浪费，更使沿岸五百里内官民怨声载道，叫苦不迭。不过，如果把皇上的江都之行，仅仅看作只是吃喝玩乐，穷奢极欲，是为满足其个人虚荣心，那也不尽然。杨广恃才傲物，极其自负，且深怀超越父皇，乃至秦皇、汉武的雄心，因此，他如此兴师动众，必有更深用意。

新皇登基，都要为自己立威正名，以使皇上今后颁发的政令，畅达天下，并能为臣民不打折扣地遵旨执行，此是他耀武扬威的一个目的。但如仅是为了立威，还不完全。

那么，皇上的用心究竟何在？而尤其是作为刚登基的君主，他的第一次出巡，为何偏偏选中江都，而不是其他地方呢？

一是，杨广登基，即采用了远古实行过的两京制。原有的京师大兴改作了西京，而等到东京洛阳竣工，大隋王朝的重心，便要从西京转移至东京了。重心一变，朝臣、军队、商贸等等，都要向东京聚集和倾斜。这么一来，富饶、丰腴的江南，不仅成了东京的后院，还是粮食和各类物资的重要供给基地。因此，皇上急需打通通济渠和邗沟，以向中原腹地输送物资。

二是，杨广主政江南十年，对这块土地和臣民有太深的了解。开皇十年，他进驻江都时，波及江南全境的叛乱尚未完全平灭。一开始，他对江南采用的是"文治武攻"策略。叛乱平息后，则立即改用了"息武兴文"手段。他大量吸纳和交结当地有影响的文人学士和原陈朝口碑还不错的旧官吏，以及佛、道二教的宗师、方丈。当大局逐渐稳定，他便督促各州县官员医治战争创伤和兴修水利，发展农桑……十年后，晋王杨广离开江都，赴京师荣登太子位时，江南的粮食和丝绸产量，已丝毫不输北方。由于江南的人口比北方少很多，所以，大宗粮食和各类物资，已源源不断输往北方。但是，当今皇上却深知，一片蒸蒸日上的锦绣江南，内里则仍然潜藏着诸多隐患。此隐患还是源自南方人一直认为北方人是征服者、掠夺者和统治者。他们对北方不屈服和抗争的情绪，仍然积郁于一部分南方人的心中——此根源一日不消弥，隐患便不能彻底消除。过往，隋文帝灭掉陈国，为防南方不服，派去的州县官员全是北方人，且尤以关中人为最。一生信奉佛教的文帝，为防僧人与当地反隋势力相勾结，甚至直接写信给高僧智𫖮，对他发出威胁和恫吓。与此同时，还严格限制南方每州只能保留少数寺庙。不仅如此，仁寿年间，文帝还颁诏停办学堂和取消科举制度，从而断绝了许多南方学子参政做官的念想。先帝以上种种防范举措，使南方与北方之间，除横亘一条长江天堑而外，又多了一条无形的鸿沟。为此，杨广在江南主事期间，为填平此一鸿沟，可谓费尽心思。他一方面陆续启用南方人做官，并五体投地拜佛教宗师智𫖮为师。同时，还要尽力说服父皇，阐明自己如此做的用意……

然而，自去岁以来，杨广刚登帝位，便受到杨谅的挑战。他一方面，派杨素率军平叛。另一方面，为安抚南方，他还重用了虞世基、来护儿、周罗睺等一批南方人，并下诏恢复各州县学堂和修订颁布了新的科举制，从而使天下莘莘学子，不分贫富，不分北南，只要努力，就有做官参政的希望。

但此一些举措，显然还不足以安抚南方。所以，皇上此次就是为进一步从根子上消除隐患，弥合南北间心理上的鸿沟而来的。

皇上登基一年，诸事接连不断，紧张繁忙，劳心戮力。此次于龙舟养精蓄锐一月有余，到达江都伊始，皇上精神大振，即向当地臣民，赐赠见面大礼，下诏赦免江淮以南所有罪犯；扬州一地百姓，免除五年徭役；原属扬州总管府的其他辖地，免三年徭役。

除此而外，皇上命江南各州县官员，分片来朝，并为其赐宴。看似每日均在花天酒地中度过，而实则谈及的皆是各地的政情要务。

是年十一月，天台寺住持智璪，闻讯率弟子前来江都参谒皇上。

这位智璪师傅，是皇上师傅智顗大师的弟子。智顗大师圆寂，智璪时隔几年，接替另一位师兄，成了天台寺的住持。

想当年，一代宗师智顗在外地云游多年回到自己的发祥地天台寺时，寺院已破败不堪。他一边给弟子传授佛学，一边则潜心绘制新寺图案，因年老体衰，不幸患病。他知自己的病不可治愈，且来日无多后，在临终遗书中，曾对弟子晋王杨广说："不见寺成，瞑目为恨。"

晋王见书，极为动容。出资派当时担任扬州总管府司马的王弘赴天台山，重建了天台寺。

开皇十八年，为庆新寺落成，举办了盛大的千僧法会。晋王亲往祝贺，并凭吊了智顗师傅。

…………

而今，时隔七年，当时的晋王，已成了皇上。同门师兄与师弟于此相会，自是非同寻常。

智璪等一行见到皇上，立行跪拜礼，并大声道："贫僧智璪参谒皇上，敬祝吾皇万岁，万万岁！"

"师兄，请起，请起！"皇上对智璪不仅以师兄相称，还亲自用手将他扶了起来。

智璪见皇上对自己如此亲切，便大着胆子说："贫僧今来参谒皇上，并有一事相求。"

皇上立刻说："是啥事，师兄但说无妨。"

"智顗师傅在世时，不仅有重建天台寺的愿望，还朝思暮想为天台寺更一名称。"

"噢？有此事吗？师傅在世时，朕咋没听他提说过？"皇上不解地问，"天台寺，因名闻天下的天台山而名，此名不是很好吗？"

"是这么回事，"智璪解释说，"师傅在很早以前，曾对身边弟子说过一事。他说，那时候，咱华夏国分三家，世道混乱、战事不息、佛寺败落……可就在那时刻，有位佛道和德行高深的定光禅师，去世后，曾托梦给咱智顗师傅说：'今欲造寺，未是其时。若三国为一家，有大力势人，当为禅师起寺。寺若成，国即清，该寺必称之为国清寺。'"

"呵？三国为一家……寺若成，国即清？"皇上一想，前一句，不正是先帝曾经想要达到并已达到的全国一统的理想吗？而'寺若成，国即清'，则正是自己的治国念想嘛。他于是饶有兴味地问，"开皇十八年，天台寺落成时，曾举行千僧法会，朕亲赴天台山祝贺，那时，咋没听汝等提说此事呢？"

"嗨！别提了！"智璪道，"那年，天台寺落成，为举办千僧法会，寺内僧人，忙进忙出，迎来送往，谁都未想起师傅曾提说过的更改寺名事。事后，才有僧人突然想起，寺内众僧皆后悔与晋王失之交臂，没有在晋王赴会时，提出为本寺更名。不过，当下看来，此也许正是天意，而今，当年晋王，已为天子，周、齐、陈三国则早已一统为一国，且时下国泰民安，海阔天清，天台寺改国清寺，正逢其时！"

"好！好！"皇上立马道，"国清寺此一寺名，亦遂朕之心意！"

智璪一听，更是喜出望外，立跪于地，求说："皇上既已应允按师傅遗愿更改寺名，贫僧这就恭请皇上赐'国清寺'之匾额。"

"此有何难！"皇上言罢，欣然命笔，题赐了"国清寺"三字，并着黄门侍郎王弘张罗制作匾额。

接着，皇上下诏，召集全国名僧，会聚江都，为智顗大师举行千僧斋会，并度四十九人出家。

尔后，当智璪一行，返回国清寺时，皇上又施寺帛二千段，米三千石，并香酥等。还拨付款项，为寺四周修造围墙。

皇上此举，大得佛心，亦大顺民意。

大业元年过去，皇上、皇后、嫔妃、大臣等，正于江都欢度大业二年新年之际，北边传来洛阳新城竣工的消息。

皇上大悦，下诏赏赐了以杨素为首的各有关官员。

是年的元宵灯节过后，皇上派出十名使者，各带一班人马，分头下到州县，督察各地政务执行情形。

使者遵旨，配合吏部对年老多病和查出有贪渎行为的官吏，有的令其退休，有的予以裁撤，甚或绳之以法。

皇上当下已毫无顾忌地大量启用江南人充实各级官衙，但有一条，不允本地人在自己家乡任职，主要官员在一地任满三年，要轮换到异地为官。

春二月，正是江南莺飞草长，桃花李花盛开之季节。皇上在江都又迎来另一喜事——娶前朝皇上陈叔宝的第六个女儿陈婤为妻。

陈婤为陈叔宝的宠妃张丽华所生。若仅仅只论相貌，陈后主绝对是个美男子。而张丽华则更不用说，是倾国倾城的大美人。他们二人的女儿，哪会不美艳绝伦呢？

更有甚者是，开皇九年，韩擒虎一举攻下建康，陈叔宝和张丽华等，皆成了阶下囚。其时，身在六合的少帅杨广闻讯，即派高颍的儿子赴建康，给担任行军长史的高颍捎信，务求保全张丽华的性命，他要该人。高颍顾念大局，怕这位美艳之妖姬，扰乱了军心，未等少帅杨广进驻建康，即将张丽华斩于建康郊外的青溪边。杨广由此一直对高颍心存恨意。

张丽华处斩之时，陈婤仅是奶娘怀中的襁褓婴儿。没想到，当年没有获取其母的晋王，时隔十七年，竟娶了她的亲生女儿为贵人。

陈婤从一地位低下的宫女，突然变作皇上的贵人，自是梦中笑醒。而皇上对陈婤，则更是宠爱有加。

不过，在一般情形下，皇上娶一位贵人，就似餐桌上加了一道菜，原属一桩无足挂齿的小事。缘何此一婚事，不仅办得热闹，且还要拿到江都来举行呢？其表面原因是，文帝晏驾不久，不宜在京师操办此喜庆婚礼。

而究其实则是，此婚礼是有意举办给江南人看的。

文帝灭陈，包括后主陈叔宝在内，一共有皇室成员（此处仅指男丁）一百余人，全作了大隋俘虏，并与所有女眷一道被千里迢迢地押解至京师大兴。其后，文帝下诏，除陈叔宝一人得到优待，留在了京师而外，其余一百多名皇家亲属和子孙，全数发配到了陇右及河西诸州，分给他们田地，让他们成了自食其力的庶人。

此次，皇上与陈婳大喜，并藉此下诏，令陈家亲属统统回到京师，按各人的才干，分配了大小不等的官职。此亦是在告诉所有南方人，杨家与陈家，自此已是一家亲了。

皇上在江都的日子过得飞快。忽有一日，他突然想起离开洛阳之前吩咐何稠的事，掐指一算，已过去几月，为啥还丝毫不见动静呢？思来想去后，把正在忙于审查和调整各州官员的吏部尚书牛弘召来，说："朕来江都前，曾令何稠按先祖礼制打造一套合乎规范的仪仗行头，重整一支仪仗队伍。现已过去半年，却仍钟不响，磬不响，没见任何动静，使朕很不放心。"

牛弘道："何稠做事，一向稳妥。凡他做不到的事，一般都会说明原委，不硬做；他既已承诺在做的事，就会做得很好。"

"此，朕亦知晓。"皇上说，"公曾编过《五礼》，是礼学专家，并曾担任过礼部尚书，所以，朕想派公回洛阳瞧瞧。一是，看何稠的事进行得如何了？二是，看他做出的活儿，是否真能合符礼制法度。"

"臣遵命。"

"这样吧，公，轻车简从，速去速归。"

"是。"牛弘领命而去。

皇上这么看重此事，还有一个重要原因。即，开皇九年，攻破建康城后，在清点、查封陈朝的皇家仓库时，时任行军元帅的杨广，曾在一库房中见到陈朝皇上出巡时，仪仗队伍所用的一整套装备。此使当时的少帅感到大开眼界，记忆很深。但是，他在做晋王和扬州总管的时候，羡慕归羡慕，自己却不敢像秦王杨俊和蜀王杨秀那样，毫无顾忌地私下效仿陈皇的做派，私用皇上出巡才能使用的仪仗。后来做了太子，成日在父皇的影子下过日子，更是谨小慎微，连走路都要与父皇保持一定距离，当然更不敢有丝毫僭越表现。大约是因过去压抑太甚、太久，而今，对父皇过往所做的一切，他都要力求更新，并且，要做得比之从前有过之而无不及。

却说，皇上此次巡游江都，成日迎来送往，诸事一桩接一桩，应接不暇，似乎比坐镇京师时，还要繁忙。

这日，皇上刚觉轻松一点，稍稍缓过气来，即有内侍来报，说有凡离观道长王元静求见。

皇上稍稍迟疑了一下，问："他为啥事而来？"

内侍回说："道长未明说是啥事，只笑眯眯地说，有好心奉献陛下。"

"噢？"皇上乐了，道，"叫他进来吧。朕倒要看看他奉献的是啥好心。"

不一会儿，王元静在内侍的导引下，入江都宫，俯伏叩首，拜见皇上。

皇上抬手命他起立，并赐坐。但见道长鹤氅玄巾，朱鞋白袜，白净面皮，腮和下巴上留了三绺长髯，倒有几分出尘脱俗的样貌。

开皇十年，晋王杨广入主江都，担任扬州总管。为安抚江南佛、道，赢取民心，他一口气在江都建了两座佛寺和两座道观，诚召江南各地名僧、高道。此凡离观，即是其中之一所道观。

皇上待元静坐定，即和颜问道："道长今有何好心相献？"

元静颔首说："先祖师傅得道那年，曾将一方白璧种在道观天井地下，后来长成一树。几年后，每逢阳春三月，此树便开出如琼瑶一般的白花，先祖取名琼花。谁知，最近三年，竟连续未有开花。去冬，天冷得出奇，以为今春又见不着琼花了。岂料，大雪纷飞之中，竟然冒出满树花蕾。今早起身一瞧——嗨！忽地琼花大开，比之往年开得更盛，花骨朵儿更显饱满。观内道人皆说，此定是圣上驾幸江都，花神有灵，才有如此祥瑞。贫道于是赶来，一为报喜；二为恭请圣上前往赏花。不知陛下可否屈尊下降？"

"哈哈！天下竟还有如此奇事？"皇上笑逐颜开地说，"朕在江都做总管，曾闻凡离观琼花的事，只是从未亲眼见过。道长果真是一片好心，朕哪能不去一睹琼花盛开之奇观呢！这样吧，卿先回凡离观去，待朕知会皇后等，一并前来观赏琼花。"

元静见皇上这么赏脸，即喜滋滋地磕头退下，回道观作迎驾准备去了。

皇上换了一身轻便服装，萧皇后、陈婳贵人，并一干后妃，闻听要去凡离观观赏奇葩，亦个个戴金插玉，打扮得花枝招展。除此而外，有此难得一见的新鲜事儿，皇上自然还少不了要请老姐母女一同前往。

道观离皇上居住的江都宫很近。皇上和萧皇后并坐一辆金辂车，后妃及丽华母女，则分乘了数辆凤辇，在禁卫军的护卫和宦官、太监、宫女们的簇拥下，来到了凡离观。

元静则早已率道众于门前跪拜迎驾。

皇上和皇后进入正殿，向道家诸仙神情肃穆地烧了高香。元静殷勤备至，恭请帝、后等入客厅进茶。

此时的皇上已迫不及待，摆手说："茶就不消饮了。朕是来赏琼花的，那花儿在哪呀？"

元静回应道："花在后殿的天井中，开得正旺。贫道已命人在殿沿置备了素筵，请皇上皇后和众位娘娘一边饮酒，一边赏花，可好？"

"行。"皇上点了头。

元静在前导引，皇上皇后随之入内，丽华母女和众夫人，姗姗随行，穿过前殿的一重殿堂，来到后殿，只见宽大的天井中，玉立一数丈高的奇树，朵朵琼花，缀满枝头。那花骨朵儿，一朵朵朝天怒放，花大如盘，洁白如玉，晶莹剔透，远远望去，宛似雪压枝头一般，层层叠叠，密密匝匝，真个是人见人爱！

众妃见之，趋之若鹜，沿阶站立、"啧啧"称奇之际，丽华身边的宇文娥英突然忍不住地问："此树咋只见花，却不见叶呢？"

元静道长轻抚其须，用一副莫测高深的目光看了娥英一眼，说："娘娘问得好，正问到此花的奇异处。其实，琼花在开花的日子也会生出叶片的，而且，一次会对生出两片绿叶来。只不过花大叶小，绿叶常被硕大的花朵所掩盖。再就是，道观里的花工为了造出雪压枝头的景象，有意把外露的叶片剪除了，所以，观者只见一片缀满枝头的皑皑白色。"

"难怪！"众人越发觉得这花神奇。

此刻，皇上却袖手旁观站在了众妃之后，且默然无语。他主政江南十年，这地方能有什么花是他没见过的呢？就拿琼花来说，晋王府内就养得有嘛。不过，在此之前，他见到的所有琼花，都高不过几尺，是一丛丛灌木，见多了，也就熟视无睹了。而凡离观的这株琼花，却长成了一棵高达数丈的独立的树，说它奇，就奇在这里！尤其是这位道长，他不仅精心养护了这株奇葩，亦难得有此美意，邀朕前来观赏。

"开这么多花，咋闻不到香气儿呢？"不知哪位妃子又发问了。

"咋没香气？请娘娘仔细体味体味。"道长毋庸置疑地道，"此花最有灵性，每到花季，它就会向人世间散发出生命气息。人若在天井中待得稍久一点，花的气味还能渗入衣物，直至沁入肌肤，奇香能在人的身上久留不息。"

"呵？此太神奇了！"

女眷们于是不由自主地踏入天井，站到树下，就近观赏起来，但见那如玉片般的花骨朵儿，一层一层地相拥着。

此刻，一直站在檐下未动的皇上，听到道长的话后却笑了。他想：琼花显然不是茉莉或桂花，能吐馥郁的芬芳。不过，这花儿在生长和开花时节，确会散发出一股气味，似香非香，并能愉悦身心……

一位眼尖的夫人，突然发现白色花瓣中的花蕊，竟然透出一抹猩红。便立刻惊问道："为啥这白花包裹的花蕊，竟有一丝红色？"

"娘娘好眼力！"元静更加得意地解释说，"先祖师傅种下的那块白玉，其中原本就有一丝难以觉察的红纹，原以为那是瑕疵。不意，此花绽放后，花蕊中竟亦透出一抹红色。"

"啧啧！"众人更觉此树此花无比神奇。

说话间，观内道人已在天井四周的檐栏下，摆上桌椅，一盘盘式样新奇的素菜也端上了桌。道长笑容可掬，躬请皇上皇后和夫人们入席。

众人入席，皇上见夫人们个个欢天喜地，自是兴致满满地举起酒杯，欲说两句凑兴的词儿。没料，恰在此刻，一股穿堂风从殿内袭来，把檐下一应之物吹得"叮当"作响，令人猝不及防。

道长收敛笑容，命道众把殿门关紧。

说时迟，那时快。"轰"的一个春雷在头顶炸响。嫔妃们唬得捂住双耳，顿失芳容。紧接着，瓢泼大雨挟着狂风，铺天盖地，从天井之上，直袭下来。

皇上皇后和夫人们在太监和宫女们的前扶后拥下，赶紧撤离檐栏，退入殿内。

殿内顿时一片昏暗，人们乱作一团。"轰隆隆"地又是一串惊雷，在大殿的穹窿上爆响。夫人、宫女一片哗然。

道长亲自动手，与道人将殿内各处都点上了灯，人们才渐渐平静下来。

没过多久，有道人进殿报说："雨停了。"

果然，刚才还是倒海翻江疾风暴雨的天气，仅过一会儿，即雨住风停、云开日出了。

不过，当众人重回檐栏，只见桌上未动一箸的菜肴，已被雨水淋得稀里哗啦。而天井中的琼花，则更惨不忍睹！其时，满地已是落英缤纷，而树上只剩几许尚在滴"泪"的残花瓣儿……

皇上见此，顿感扫兴，扭头便朝殿外走去。

观赏琼花，虽使皇上大倒胃口，但，那毕竟仅是玩儿之事，不值计较。

主上回到江都宫内，屈指一算，此次南巡，已半年有余。静心一想：可用"极为满意"四字来概括。他最感满意的是，通过朝廷使者的巡视，州县皆按自己的意愿作了大刀阔斧的调整，有的官衙更换了主要官员；其次是，南北间一些由来已久的隔阂，亦于此行，得到化解——江南安定了，才能从容地去处置别处更多更棘手的大事！

想到此处，皇上又坐不住了。这么大个国家，急待处置的事，数都数不过来！再者，东都新城，业已竣工，自己都还未曾见识过呐！

皇上此次回洛阳，不准备再走水路，他要乘车而返。可是，委托何稠新制的舆服和新仪仗的各种行头，都还不知制作得咋样了？此前，已派牛弘前去督促审查，却不见下文。

正在盼望之中，牛弘与何稠所制各物和新近组建并加以特训的仪仗队员，从洛阳新城出发，分水陆二路，陆续抵达江都。

何稠禀报说：此次打造的各物，分别于大兴和洛阳两地同时进行，集中了天下十万能工巧匠，耗费的金、银、玉器，价值甚巨。何稠还说：吏部尚书牛大人的到来，正逢其时，他使所造各物，不仅有形，且还在礼、法和《典籍》中，皆能找到依据。

皇上亲自检视各物，比之过往在陈朝皇家仓库中所见，皆做得更加精细和华美。而尤其是帝王出巡乘坐的辇，何稠此次亦作了重新设计。以往，皇上乘坐的五种辂车，都只一个车厢，皇上与侍卫挤作一处。何稠觉得不成体统，经重新设计后，把侍卫站的位子与皇上坐的位子用栏杆分隔开来，并在皇上乘坐的一端，造了个高出一尺的须弥平座，以此突出了皇上的地位与威仪。凡此种种，不一而足，皆使皇上大喜过望。

皇上因而重赏了何稠，并欣然命笔，赋诗一首，赐予牛弘。诗曰：

> 晋家山吏部，魏世卢尚书，
> 莫言先哲异，奇才并佐余。
> 学行敦时俗，道素乃冲虚，
> 纳言云阁上，礼仪皇运初。
> 彝伦欣有叙，垂拱事端居。

接着，皇上皇后和文武大臣都穿戴上了重新制作的礼服，坐上新制的辇辂，以三万六千人组成的仪仗，前后绵延三十余里，于江都巡游一周，从而在当地再次引起轰动。

三月末，皇上下诏，走陆路北归。一路之上，自是另一番空前盛况，无须一一赘述。

四月庚戌日，皇上乘辇，从伊阙启程，排列隆盛的仪仗、卫队，由次子齐王杨暕担任前军导引，朝着洛阳新城驶去。

第一三〇回

放荡形骸皇上纵情声色
卸磨杀驴老臣一命呜呼

其时，留守东京的朝廷官员和洛豫一带本地区官员，携城内名绅及父老乡亲，倾巢而出，皆跪伏于洛阳新城的南大门——定鼎门外，恭迎皇帝大驾。

在一片"皇上万岁！万万岁！"的称颂声中，皇上步下御辇。他抬头看了一眼由花岗石垒砌、高大结实、气象森严的定鼎门，向伏地臣子平伸两手，亦高呼一声："平身——"

众官员起身后，皇上首先瞧见的是领衔接驾，并立在最前的嫡长子、元德太子杨昭。

年轻的太子，性格温和，不大喜动，个性极像他的母亲萧皇后。两年前，他患过一场大病，有的人大病初愈，便显瘦弱。杨昭恰恰相反，经过一番调养后，越长越胖，两年工夫，竟成一大胖子。他是遵循父命，从京师大兴专程赶到洛阳来为父皇母后接驾的。此时，他腆着个大肚腩，首先走到父皇母后的身边，嘘寒问暖。

皇上望着太子高兴地问："汝是啥时辰来洛邑的？"

杨昭说："儿臣接到圣谕，即于次日启程，到达洛阳新城已有一些时日了。"

"东京的东宫，比之大兴的东宫，如何？"

"东京的东宫略显小点，但更精致。尤其是前些日子，牡丹花开时，煞是好看！两相比较，儿臣更喜东京的东宫。"

"好！汝这次就在东京多住些日子，陪陪汝之母后。"

说笑问候间，皇上忽地发觉迎驾队伍中，缺少一人。于是，问："咋没见越公（杨素）咧？"

前来迎驾的纳言杨达忙说："尚书令因病告假，未能前来迎接圣上。"

"越公病了？"皇上一怔，关切地道，"紧不紧要？"

"尚书令，因造东京，操劳过度，将息将息，应无大碍。"

"唔……"皇上没再吱声，心却在想：洛阳城竣工已有数月，他还未缓过劲来？若是先帝在世，即使抱病在身，恐亦不敢如此随意吧？

接着，四月辛亥日，皇上登临端门，大赦天下，免除天下当年赋税，以示东京落成、启用，与民同庆。

是夜，皇上在西苑显仁宫设宴款待朝臣。杨素名列众臣之首，却最晚才到达宴会厅中。皇上已有大半年未与杨素照面，对这位功勋卓著的重臣姗姗来迟，并没过多计较。

不过，杨素为啥一再怠慢皇上？有两个原因：一是，他确是因年事已高，操劳过度，疾病缠身，在行动上比过往迟缓多了。远的不说了，自仁寿四年先帝晏驾以来，他就一直疲于奔命，从未有过片刻喘息。先是忙碌先帝发丧和太子登基事，继而，即是带兵平灭杨谅，在开初以少搏多的不利局面下，他往往还要身先士卒。凯旋归来几日后，又随皇上登上邙山勘定洛阳城新址。新年一过，又再赴洛阳监造新都。此还不算，他的家务事亦十分庞杂，时不时，还要分出身来，操持家务……老牛破车，确已不堪重负。二是，东都洛阳竣工不久，还在江都的皇上就下诏晋升杨素为太子太师，位子虽高犹荣，权力却几乎被剥夺光了。杨素是个不嫌累，不服老，特喜弄权之士。他想：这不就是卸磨杀驴嘛？想当年，如果不是老夫一步一步将他扶到太子位上，进而又扶上天子宝座，他能有今日的荣耀与辉煌吗？再者，杨素还了解到，朝中暗流涌动，又有人在使阴招参劾自己。因此，窝着一肚子火的杨素，先自摆出一副倚老卖老姿态，倒要看看当今圣上咋地对待和处置自己。

"朕看，越公的身子骨还很健朗嘛。"迟来的杨素在大庭广众中行过跪礼，皇上忙招手指着自己左侧的空位说，"公的位子在这儿。"

皇上的右侧坐的是另一位老臣、右仆射苏威。其意是说，杨素的左膀右臂地位仍没改变。

杨素边朝自己的位子上走，边朝周遭扫了一眼，见皇太子与齐王等王公贵胄皆坐于另一席，可见皇上还是挺看重自己的。他故作龙钟老态，踽踽而行。除皇上而外，堂内所有各位重臣都站了起来，并纷纷向他致意。杨素此才面露得色，频朝同僚点头回礼。当他走到自己座位跟前，方向皇上颔首聊表歉意，说："老臣来迟，确乎不中用了。"

皇上当众则连忙恭维道："哪里，哪里。公之面容红润，气色上佳，老当益壮！"

众臣亦皆附和皇上之说，赞誉之声，不绝于耳。

"不中，不中了，全是虚的。"杨素摇头叹息着，心却挺受用。

当杨素摆足了谱，并入座后，皇上才向黄门侍郎王弘示意。

王弘即大声宣布："酒宴开始！"

众臣随之在王弘指挥下，举杯齐声道："敬祝吾皇，万寿无疆！"

接着，琴瑟之声，亦在不觉间轻轻奏响，有数名姿色出众的歌舞伎者伴着舒缓、轻快的琴声，翩然于厅前起舞，以凑酒兴。

皇上呷了一口美酒，无话找话地问身边杨素："公觉西苑显仁宫与岐州山中的仁寿宫相比较，有何短长？"

皇上从江都进入洛阳新都，逢人喜问东京与西京比较，咋样？显仁宫与仁寿宫比较，又如何？

而此问应该说正中杨素下怀。因为，显仁宫也好，仁寿宫亦罢，都是他领衔监造的，两相比较，他最有发言权。不过，杨素摆摆手不作正面回答。他说："二者不能相提并论。"

皇上把端到唇边的酒杯放下，问："那是为啥？"

杨素说："仁寿宫与显仁宫，皆为臣下监造。建显仁宫和西苑花了多少银子，建仁寿宫又花了多少银子，臣最为清楚。二宫造价相去甚远，咋能等量齐观？如果硬要比较的话，臣下倒更加偏好仁寿宫。"

"噢？"皇上听出杨素话中似有与自己抬扛之意味，因而却偏要把疑惑问个水落石出，"那又是为啥？"

"若仅从外观和宫内的华美看，显仁宫比之仁寿宫之各殿显然都要略胜一筹。但，仁寿宫冬日关在宫内，并不寒冷，若出外赏雪，四面环山，一片茫茫雪原，更显壮观。而尤其是夏季时分，仁寿宫地处高山峻岭，八面来风，清幽凉爽，则更是显仁宫所无法比拟的。"

杨素从气候和大自然的角度说话，理由似也站得住脚。可皇上却不喜臣下用平起平坐方式与自己讨论问题。做晋王和做太子时，杨素常以长辈开导晚辈口吻与当今皇上说事。当下，彼此互为君臣，岂能还如往日一般，恣意而为？皇上对今夜杨素的做派极为反感，但嘴上却仍应和说："那是……"

可杨素并不看皇上的脸色有何变化，更不顾是在大庭广众中说话，仍倚老卖老，以长辈口吻，毫无顾忌地说："再者，圣上与先帝在建造行宫一事上，应有区分方是。"

皇上脸色突变，问："朕与父皇应有啥区分？"

杨素端杯呷了口酒，说："先帝造仁寿宫，是自觉功成名就，已然老矣，须娱晚境。圣上当下，春秋正富，岂能过早追求荣华富贵，而忘国是。"

皇上一听，血往上涌，满脸顿时涨得通红！他想：这个不知趣的老东西，竟敢当着众臣之面，对朕如此放肆！

皇上正欲发作，闷坐一旁的纳言杨达起身，笑眯眯地举杯朝满座嘉宾道："来，咱为圣上从江都巡幸归来——干杯！"

众臣于是起坐，齐向皇上敬酒。

皇上亦随之换了一副面孔，和颜悦色地与众臣应酬起来，气氛亦变得和谐、热烈了。

但，自此后，尚书令、太子太师杨素，被晋升为司徒，位居一品，地位更加崇高，而权势却全没了。

杨素这样的功臣因言语不慎，突然失势，谁还敢再向皇上进言？此时，失去约束的皇上，对西苑已达痴迷地步。他常在月朗风清之夜，率数千宫女骑着马儿，徜徉于湖光山色间，并作《清夜游曲》，令宫女于马上演奏。琴瑟、笑闹之声，不绝于耳，以至通宵达旦。游得累了，便挑十六苑夫人中的一位相拥而眠……

皇上于西苑得意忘形之际，却从西边的大兴宫里传来噩耗——宣华夫人终因疾病缠身去世，芳龄二十九岁。

皇上闻讯，想起夫人生前楚楚动人的姿容与种种好处，不禁黯然神伤，乃作《神伤赋》一篇，聊表对亡灵的哀思。

这日，上过早朝，皇上回到显仁宫里，即有齐王、豫州牧杨暕应召前来听命。

杨暕是皇上与萧皇后所生第二个儿子，时年二十一岁。他风华正茂，长得一表人才。然而，在性格上，他与随和喜静的兄长、太子杨昭相比，却有较大的区别。杨暕自幼喜动，聪明伶俐，亦深受长辈喜爱。可成人后，性格则越来越显狂傲，动辄惹是生非。

杨暕行过跪礼起身，皇上即劈头盖脸地喝问："有人报说，汝常入西苑，借故说是观赏珍禽异卉，实是怀有不可告人之贼心，且常常直奔十六苑夫人居所而去。可有其事？"

"没……没……绝无此事！"杨暕跺足道，"此乃绝对无中生有——是哪个王八羔子告的刁状！咱要打断他的腿！"

"放肆！"皇上大怒道，"此是无中生有？人家平白无故，敢随随便便诬告齐王？人家是吃了豹子胆？"

"确无此事！"齐王跪地，指天发誓，矢口否认。

"汝还嘴硬？汝闯王夫人苑子，当值宦官、宫女，阻挡不是，不挡亦不是，左右为难，相持了很长时间。"

"儿臣是追赶那竹林中的一只雉鸡，没料，竹林深处，竟还有一院落，觉着好奇，就想进去一探究竟，但……但……终未进门……"杨暕辩解着，已是冷汗淋漓。

"哟！二侄子，你这是咋啦？"

皇上正在拷问儿子，不意老姐乐平公主走了进来。

乐平公主在大庭广众中谒见皇上，亦如列位公卿、大臣，是要行跪拜礼的。但在家里或私下，则免此礼，此是皇上仅对老姐一人的礼遇。此外，丽华在父皇当政期间，因不满父亲篡夺了宇文家的皇位，始终拒绝入宫拜谒父皇与母后。但自弟弟杨广做了皇上，则往来频密。比如，这次她应邀赴江都巡游后，入住东京的后宫中，至今亦尚未返抵大兴。

皇上见老姐来访，立即招呼道："看茶。"并朝跪地的儿子瞪了一眼，说，"起来吧。"

丽华坐定，即道："奴婢还是昨日方知，宣华夫人不在了。所以，前来看看陛下。"

"噢？姐亦认识宣华夫人？"

"是呀。"

"一年前，姐还没进过后宫吧？那是咋认识宣华夫人的？"皇上颇感惊奇。

"此有啥稀罕。"丽华说，"宣华夫人搬出后宫，常去大兴善寺进香。有一回，咱去寺内看望原先的姊妹，正好于寺中遇见宣华夫人。她正犹豫是否要入佛门，咱和姊妹都劝她不到走投无路，不要走此路。她便吐出心中苦衷，咱就直截了当对她说：'只要当今圣上真心喜欢你，别事都无须顾虑。女人一生，就那么回事儿，无须将啥伦常看得太重。况且，从年龄看，汝与当今皇上更为般配。'起初，宣华夫人并不知咱的身份，后来知道咱就是皇上的亲姐，她亦称咱作姐，真似亲姊妹一般。此次，离开大兴的前一日，咱知她因病不能共赴江都，还进后宫去看过她的。"

"嗬！还有此一曲？朕咋一点不知？"

"圣上日理万机，咱说的这些则都是婆婆妈妈事。"

"老姐不要见笑，"皇上坦诚地说，"再说一句实话，如果仅从年龄上看，皇后也好，宣华夫人亦罢，都只能算是半老徐娘了。可朕对此二人，却始终有一份难以割舍的情分。"

"呔！这还用说？皇上自幼不是就喜吟诗作赋么？而这二人亦都是难得的才女，此就叫臭味相投吧！"

"不对！"坐在一旁，一直无语的杨暕冷丁纠正说，"姑母错矣！此应叫作意趣相投。"

"汝少多嘴！"对杨暕余怒未消的皇上横了儿子一眼。

此刻，说得兴起的丽华却道："说到女人味儿。奴婢那儿倒有位别样意趣的俏女子，不知圣上喜不喜欢？"

"别样意趣？"皇上笑问道，"那是一种啥味儿？"

"嘿！姐不是喜用女子作贴身侍卫么？近有人给咱介绍了一名柳姓女子作随侍。此女之父是一拳师，她的母亲则是一官宦人家的婢女，生得有几分姿色。拳师在官家教习拳术，与婢女相识，官家主人就将婢女许配给了拳师。其后，生下的女儿像母亲，长得很俊，自幼随父习武，身手不凡，是谓，有不同一般女子的意趣。"

"哈哈……"皇上乐了。他临幸过的各色女子，连他本人都数不清楚。况且，仅西苑中经过千挑万选，有名分的四品夫人，有的至今还未曾尝试过。所以，他一摆手，道："这事，以后再说吧。"

皇上要留姐共进午膳。丽华说，不必了，即起身告辞。

杨暕见此，赶紧向父皇行跪拜礼，亦随姑母溜之大吉。

如蒙大赦的杨暕，一出显仁宫，立刻嬉皮笑脸地对正要上轿的丽华说："姑母，您说的那位女侠，父皇不要，可否赏给侄儿？"

丽华白了他一眼，道："汝想得倒美！"

…………

某日，皇上用膳，吃黄河鲤鱼，忽地想起送宣华夫人的那位手艺精湛的黄御厨。他做的鲴鱼，鲜美无比。而他在仁寿宫就地取材，所做的娃娃鱼，则更堪称一绝。夫人去世后，他不知去了何地？亦不知他的境遇如何？于是，便吩咐黄门侍郎王弘打听黄御厨的下落，并叮嘱，他的处境如果不佳,仍可回到御膳房来,重操御厨之业。

不日,即有大兴方面官员发来表章说:黄御厨在大兴城内的主街上开了一家酒肆,为纪念旧主宣华夫人,店名就叫作"陈夫人酒家",生意极为兴隆。时下,留守西京大兴的官员中,甚至流行一句见面问候语:"汝吃过淮扬菜没?"

皇上阅此表章,一笑置之。

但是,福之祸所伏。虽然失却大权,地位却仍崇高的司徒杨素,这日赴东京乾元殿上早朝,刚一下车,就歪坐在了地上,不能动弹。一干随侍,复又将他抬上车,送还家中。杨素神志依然清醒,躺在榻上,却还是动弹不得,他的下肢已然失去知觉。

皇上闻讯,下旨派御医前往问诊,并令御医开出最具疗效的药方,为司徒治病。一时之间,杨宅门庭若市,前去探视的文武百官,络绎不绝。

杨素在御医的精心治疗和调理下,病情渐有起色。他除定时服用汤药而外,还辅以针灸、热敷、按摩……使杨素原本毫无知觉的下肢,渐渐有了些许疼、麻的感觉。从而使患病以来一直显得极为暴躁的杨素,有了耐心,并能配合御医的用药和辅助治疗。

病情渐趋稳定的杨素,深知自己这病要想一夜之间出现奇迹,如常人一般站立和行走自如,是绝对不可能的。而其时,天已大热,御医亦是个上了年岁的人,可他仍一如既往,上午来了,下午又顶着日头再来视疾。杨素实在过意不去,就说:"您亦这大岁数了,一日至多来一次就行。用啥药,啥时采用甚手段进行辅助治疗,说说就行。"

因杨素家中,原本就有一整套医护人员,且医术都很不错,御医无须管得太过琐细。可说归说,御医仍是一日两次照来不误。与之唠叨急了,御医终于道出原委——他这么做,是奉皇上旨意。

杨素一听便知:皇上这么关注自己,实则是在索命,是盼自己早死!他于是心情大坏,脾气又变得暴躁起来。

接着,每到夜深人静,杨素便喝退左右伺候的人,把长子杨玄感和一个管家叫到榻边，向玄感交代后事。

杨素官大，家业亦大。光大兴和洛阳的两处宅子，每处，光各色人等，皆以数千计。他在京师和各大城市中所开店铺，种类繁多，遍及各个行业；田地、庄园，亦同样遍布关内、关外。他有多名管家，分管不同资产，处置其中某一部分业务。杨素年事虽高，且在病中，然，心中仍极有数。他不急不躁，每晚只召一名管家，向玄感交代一部分资产和经营的某一业务。

杨玄感，因得父亲荫庇，先帝在世时，便已位列柱国，官至二品，上朝时，父与子竟并排而立。文帝看不过眼，遂将玄感降至三品，让他站到杨素后面一排。玄感对此不仅不反感，反谢皇恩。

杨素向玄感交代家产的同时，告诫儿子今后要夹着尾巴做人，低调行事，以免惹祸；并令他着手分批清退两处宅中一些闲杂人等；还要求儿子等自己死后，再逐渐减少各地商铺数量和缩小经营范围，等等。待将一切事项交代完毕，杨素即拒服药和拒绝使用一切辅助治疗手段。

正当亲属和侍者一片惊惶不安之际，在西京大兴担任内史令的兄弟杨约急急忙忙赶回来了。

杨广登基，沿用的仍是先帝制定的三省六部制。不过，他一下子在内史省任命了杨约和萧琮两位内史令。在门下省任命了两位纳言。尚书省亦是：杨素为尚书令，苏威为尚书右仆射，二人职级不同，苏威的地位在杨素之下。东京洛阳建成后，皇上坐镇东京，但大兴的都城地位不变，仍要留一套完整班子。此样，大兴方面由太子主政，尚书省有苏威，门下省有杨文思，内史省则有杨约。但自杨素升任司徒，苏威亦从大兴来到洛阳，主持尚书省事务。而今，杨约亦来东京看望兄长，太子因迎接父皇自江都归来，至今亦仍滞留在东京。

杨素与杨约自幼情同手足。而今兄长病入膏肓，弟弟自是痛苦万分。他劝兄长不要自暴自弃，此病有卧床数年而不损阳寿者，要兄长切莫丧志，并配合郎中进行治疗。

自此，杨素才向弟弟说出拒绝治疗的原委。他说："不是自己不想活，不想勉力撑住杨家这片天地。而是皇上不让活，自己如若硬撑，触怒龙颜，岂不更要累及家人，酿出更大祸事！"

杨约闻之，大恸！他想：兄长英雄一世，权倾一朝，到头来，却落得如此下场！由是，不再劝说兄长服药了。

却说，杨约回洛阳看望兄长，乃人之常情。皇上即召太子杨昭，令他速回西京大兴主事。

太子叩求皇上说："儿臣近日常感头晕目眩，正在求医用药，天气又热，可否宽限些时日启程？"

"不成。"皇上不容分说道，"苏威过来了，前日，纳言杨约亦回到洛阳，大兴原是举国瞩目之地，一下变得群臣无首，若万一有事，怎生了得！卿之身体欠佳，朕命御医与汝同行，行么？"

杨昭一想，也是，偌大一座京城，整个西北，那么大一片疆域，万一有点风吹草动，没个主事人，确是不成。

七月二十三日，杨昭一行，终于踏上返回大兴的行程。

当日傍晚，车到行宫。经过一日舟车劳顿的杨昭，正欲下车，顿感天旋地转，一下昏倒在了车中。

众所周知，杨昭生得过于肥胖。当人们七手八脚将他从车上抬至行宫的榻上，人已昏厥。虽经御医抢救，但回天乏术，当晚便断气了。

元德太子杨昭，时年二十三岁，便英年早逝。

常言道：福无双至，祸不单行。次日，深居显仁宫中的皇上，几乎是在同一时刻，接到两个噩耗；一个是报太子之死；另一个则报杨素病故。

皇上接报，后悔不该催逼太子上路赴大兴。

杨素死讯传来，皇上则毫不迟疑地下诏追封杨素为光禄大夫、太尉公和弘农、河东、绛郡、临汾、文城、河内、汲郡、长平、上党、西河十郡太守，赐给他丧车，为他的灵柩执斑剑的仪仗四十人，以及丧车前后的仪仗队和乐队，还赐给他家谷子、小麦五千石，织物五千段，派鸿胪卿专门监督丧事，赐谥曰："景武"。

　　杨素向玄感交代家产的同时，告诫儿子今后要夹着尾巴做人，低调行事，以免惹祸……

第一三一回

皇上诏令长孙用人不疑
世基之于道衡惺惺相惜

杨素的死，对他的家庭来说，等于塌了天！而尤其是长子杨玄感更是悲愤欲绝。父亲生病期间，他一直陪侍在侧，亲自为父送汤送药，照顾得细致入微。由此，玄感对皇上派御医来观察监视父亲病情、巴不得父亲早死的事，知道得最为清楚。在父亲还没落气时，他就按照父亲的指示，开始了对府上闲杂人员和杨素大量小妾的安置与清退。一个威名赫赫的大家庭，在他的主人尚没咽下最后一口气前，就已然露出败象来……

一代宰相的陨落，在朝廷亦激起极大震动！不过，为之感到悲痛的仅为杨素几名故旧和死党而已。杨素在朝廷恃功自傲、一手遮天、假公济私、拉帮结派、打击异己等等，做得显然太过头了。所以，对他的离去，幸灾乐祸、额手称庆者，亦大有人在。

皇上对杨素的死，丧葬规格高，对他的一生亦极尽赞美之词，表面文章做足后，私下却愤然道："死得好！死有余辜！不然，朕要灭他九族，叫他不得善终！"

不意，皇上的这句泄愤话，不知通过啥途径，竟传到了玄感耳中。闻听此言的杨玄感，更有如朝他的伤痛处撒了一把盐！玄感的才气远不及父亲，但性格则如父一样刚烈。

其实，杨素之于皇上，恩远远大于过。若说皇上如何"恨"杨素，也是根本谈不上的。假如，杨素在世时能够笑眯眯地接受司徒一职，今后不问政事，只养尊处优安度晚年，那么，君臣之间，便毫无疑问能够一如既往地和谐相处下去。但，杨素从来就是个不甘寂寞的人，直至年老多病，仍恋栈朝政，仍爱玩弄权术。而此则是刚愎皇上所不容的，所以，使其必须遣走这块绊脚石。

大业三年三月，正是洛阳牡丹欲放未放之际，经过一番蓄精养锐、踌躇满志的皇上，决定西行，意欲开创另一大业。

皇上登基两年多来，一口气，做了五件事：一是，以迅雷不及掩耳之势，平灭了汉王杨谅发起的叛乱，稳固了帝位；二是，仅用八个月就建起了东都洛阳，将执政重心从西北一隅，转移到了天地更为开阔的中原地带；三是，开凿了通济渠和邗沟，打通了南北通道，从而使黄河、淮河和长江三大水系，织成了一张四通八达的水网；四是，皇上江都之行，不仅进一步消减了南北由来已久的敌意，稳固了政权，同时还使江南经济得到进一步发展；五是，裁撤总管府和随着杨素的离世，皇上乘势对朝廷官员作了一次重大调整，极大削弱了杨素家族、故旧在朝中的势力。

皇上通过以上五大举措，用两年多工夫，先安定了国内，进一步巩固了自己的地位。于是，他终于把目光从国内转移到了边境和境外，瞄向了西边和北边的老冤家——吐谷浑和突厥。

西边和北边的邻邦，自古就是华夏历代君主心头之痛。自秦皇以来，一代一代帝王不断耗费巨资、民力，修筑长城，以抵御强邻的侵袭。长城越修越长，越建越坚固，可是，还远不足以抵御外敌的侵犯。于是，就出现了长达数百年的"五胡闹中华"……

直至今日，在突厥势力屡受打击、力量大为削弱的情形下，大隋皇上仍不敢轻视对北方邻居的防范。

杨广登基仅四月，便于仁寿四年十一月，下诏"发丁男数十万掘堑。自龙门东接长平、汲郡、抵临清关、度河，至浚仪、襄城，达于上洛，以置关防"。此就是为防外敌、拱卫当时还未开建的东都洛阳的。

　　近年来，尤其是突厥内部，龃龉不断，互相厮杀，使其实力大损，元气大伤，而各部落国反而与大隋越走越近，交往亦愈来愈频繁，目的是，都想傍依大隋这棵大树，以求自保。但是，在看似平静的表面之下，边境上相互间的较量与摩擦，仍时有发生。因此，在国内经过一番整顿治理之后，皇上就自然而然把目光转向西北方了。

　　皇上既然立定了远大的目标，要做个名垂青史的帝王。那么，治边就是他不可或缺的要务。为此，皇上连洛阳牡丹也不欣赏了，便率一干重臣回到西京大兴，下诏宣长孙晟于中华殿听命。

　　这个职位不算很高却深受先帝信任的近臣，曾先后奉皇上之命，多次出使北方，并目睹过两场血淋淋的惨案，了解到一些鲜为人知的是非曲直，一度心灰意冷，两次称病，而消失在了朝廷的百官中。

　　长孙晟的两次称病：一次是奉文帝诏令，赴突厥解除大义公主的封号，结果，于都蓝可汗的牙帐中，目睹了大义公主和好友安遂家双双葬身血泊，而心灰意冷，称病回家了；另一次则是，他奉命赴并州总管府处置秦王事，无意知悉到了皇家内部的争斗，并眼睁睁地看着秦王妃喝鸩酒命丧黄泉，作为臣下的长孙晟，不想卷入皇家的是非中，并对自己的前程和大隋的未来一度失望，再次装病，激流勇退了。不过，只要有事，尤其是西北边境上的事，两代皇上仍会想到他。他作为臣下，奉诏赴任，乃天经地义。

　　这不，文帝已然晏驾，当今圣上，一回西京，即点长孙晟的将了。

　　其实，皇上点将长孙晟，已不是第一次了。杨谅于并州起兵造反，扶先帝灵柩刚从仁寿宫回到大兴城的皇上，恰遇处理完突厥事务从北边归来的长孙晟。其时，心急火燎的皇上，竟一把拉住长孙的手，将他带到文帝灵前，任命他为左领军将军兼相州刺史，征调山东兵马，以平灭关东各州的叛军。

　　长孙晟赴任的相州，乃当年齐国国都所在地，亦是尉迟迥起兵谋反的策源地，而此时，关东一带已有十九个州卷入到了叛乱里，相州军兵亦心神不定，正处于观望之中。

　　长孙闻此任命，当即跪辞道："臣之长子，长孙行布，为汉王属下，此刻还在晋阳城中。臣接此命，殊感不安。"

皇上倒是个用人不疑的人。他说："这事，公说清楚了，就行了。公素来忠诚勤勉于朝廷，此乃尽人皆知。相州本是齐都所在地，当年，尉迟迥就曾于相州发起叛乱。今杨谅作乱，相州府极有可能再生变故。朕正寻思难有合适人选前往镇守，公可谓回来得正逢其时，朕信得过将军绝不会因儿在贼营而罔顾大义。朕将此大任托付于公，请一定不要推辞。"

长孙晟于是临危受命，他以自己在军中的威名与信誉，稳住了相州一地，亦稳住了关东各将领，从而未使事态进一步扩大。同时，他的长子长孙行布亦因反对杨谅背叛朝廷，与豆卢毓等，为杨谅所杀。杨谅发起的叛乱平灭之后，长孙晟回到朝廷，改任武卫将军。

…………

长孙晟比高颎、苏威等一代老臣要小十岁左右，而比当今皇上又要年长十余岁，此时，已过天命之龄。他随黄门侍郎王弘进入中华殿，行过跪拜礼起身后，环顾了一眼这座久违的殿堂，殿内陈设未有什么改变，然，已是物是人非——坐在御座中的皇上，却不是原先的隋文帝了。

"长孙将军，看上去，气色还不错嘛。"皇上待长孙起身，即指身边一把椅子亲切地说，"请这边入座。"

长孙就座后，连忙辩解说："以往，先帝见到臣下，说的亦是此话。臣下这副模样，叫作徒有其表。臣的病，平素看来与健康人别无二致。可是，此病说犯就犯，叫人猝不及防。当年，正是在这座殿里，与先帝说话时，冷不防就犯病了，如果不是御医救治及时，那次可能就没命了。"

"噢？竟有此事？朕可还是头一遭听说。那是啥时的事？"

"就是先帝派臣下去并州查处秦王，返回京师向先帝述职之时。臣下在此殿内向先帝禀报去并州情形，说着说着，突然感觉天旋地转，吐血不止，幸喜御医龚维之赶来及时。"

"哦……朕那会儿还在江都做总管呢。"

"正是，正是。那还是在开皇年间。"

话到此处，倒使皇上犹豫起来，他用征询的口吻问："朕召公来，原是想请公出趟远差的。该不会有事吧？"

"臣下之疾，自己也算不准啥时会犯。但，君有命，臣下能不听从吗？此乃做臣的本分嘞。"

"话虽如此。但，朕总不能不顾公的病痛，而强要公去远方办差吧。"

"不碍。"长孙倒十分爽快地道，"上回，圣上命臣镇守相州，不亦毫发无损地回来了么。"

"那行。此次所办之差，与上回一样，亦是非公莫属咧！因此，还是只好让公勉为其难了。"

"请皇上示下。"

"此差事，虽重要，却简单。"皇上说，"朕不日将赴北边巡幸，去会会北方的邻居们。因此想请公出马，提前与启民可汗打个招呼。"

"嗨！就这事？此确是不难。"长孙嘴里这么说着，心下却想，就去突厥打个招呼，说皇上即来巡幸，派谁去，不都一个样吗？还"非公莫属"？长孙转念又想，觉得一个堂堂大国之君，如果有话要对番属国的可汗说，何用劳神费力亲自出巡，叫他来朝听命，不就结了。

长孙于是对皇上道："这样吧，还是让臣去把启民可汗召来京师，让他前来朝拜我朝天子。"

"不可。朕登基，启民可汗先后派人至京师祝贺、进贡二次。此番朕出巡北方，是礼尚往来。"

"臣遵命。"皇上既然坚持要自己去，长孙亦无话可说，随即点头起身，欲行跪礼告辞。

"将军且慢。朕还有话要说哩。"皇上用手势要长孙继续坐下，说，"朕此次到北方巡行，要走很远的路，率数十万步骑兵，随行的还有文武百官，公要先和启民可汗解释清楚，朕带的所有军力，绝对不是针对突厥汗国的，请他不要误会，亦不用担心。"

长孙一听，吓了一跳！他想：那才怪了！谁都知道，塞北草原最为强悍的当属突厥。出动这多军队，不是针对他的，还有谁值得朝廷如此兴师动众？且，当下国境安宁，又何须此样耀武扬威呢？

皇上看出长孙疑惑不解状，主动解释道："将军可能有所不知，此次杨谅造反，他招募的逆贼中，有一部分就来自北方好几个部落。这些人，成分复杂，各族都有，人数最多的，当然还是突厥人。不仅如此，杨谅还派使者，游说突厥部落首领，其中就包括启民可汗，鼓动他们一齐造反。若不是杨素行动迅速，一举将晋阳拿下，还不知会攘出啥事态来。"

"哦……"长孙此才如醍醐灌顶。皇上到人家的领土上耀武扬威，口说不是针对突厥的，其实还是冲他去的。于是，连连点头说，"臣下已然明了，我朝皇上带兵出巡，是要启民可汗不要大惊小怪。不要与隋军发生误会、摩擦，更不必惊慌失措而逃逸，咱是为亲善出访友邦的。"

"对了！朕就是要公去向其表明此意，以免引起误会。朕为啥要让公去知会启民可汗呢？朕知道，你是启民可汗的恩人，曾于危难间救过他。公说的话，他才肯信。"

"臣下明白了。"长孙再次点头说，"不过，臣此行，却要向陛下提出个丑要求。"

"丑要求？"皇上不知其意，于是说，"公请讲。"

"臣下虽被任命为武卫将军，可手中并无一兵一卒。此次出使突厥，想在宫卫中点十二人随行。先帝在世时，咱出外当差亦是这么做的。"

"哈哈！将军手下没得兵，可不能怪朕不给你兵带，是将军一直在家中养病，没来朝廷当差嘛。"皇上转而道，"不过，此算啥丑要求哩！只带十二人？够不够？"

"臣下每次外出当差，至多只向皇上讨要十二名护卫随行。"

"公挑哪些人，要多少，只须向宇文述大将军打个招呼就成。"接着，皇上又道，"待公从突厥回来后，只要身体允许，还怕没兵带。"

长孙晟走后，皇上即埋头御案批折子。在这一点上，皇上极像开皇年间的先帝。他也是朝中大事小事，皆要一一过问；堆积如山的奏折，亦必亲自过目，而且，有来折亦必有批复。他批着批着，忽地翻开一份文字极为工整、格式极为规范的折子。因而不由得先看了一眼落款，竟然是久违

　　话到此处，倒使皇上犹豫起来。他用征询的口吻问："朕召公来，原是想请公出趟远差的，该不会有事吧？"

了的番州刺史薛道衡呈送的表章。

薛公在折子中，首先表示了对先帝的感念。接着，向皇上禀报了到番州任上一年多来所做的一些事。最后，表达了自己年老体衰，只身在外，请辞还家的心愿……

皇上展读薛道衡的表章，殊多感慨，撞向心头。

当今皇上是个心高气傲，极其自负的人。世上能入他法眼者，可谓寥寥。而能使之佩服的人，则更是少之又少。满朝文武中，杨素和薛道衡，即是他心目中少而又少佩服的两个人。

皇上看重杨素的，并不是他既能文又能武的全才能力。而是看重他能把一件常人根本做不到的事，而在他的掌控下，不仅做得又快又好、还能做到极致的本事。比如，在他暗中帮衬下，使自己由晋王变作了太子，又使太子终于登基做了皇上；再如，他仅用三个月就建起了一座气势恢宏、风水极佳的杨陵、仅用八个月就完成了一座洛阳新城；再如，他指挥的许多场战事，亦都是出奇制胜等等。至若有人诟病他为达目的，使用了哪些阴招或极其毒辣的手段，又是如何视人命如草芥的……皇上则都不以为意。当今的这位皇上，对臣下所做的事，从来只看结果，而不追究过程。不过，这样难得的一位人才，他在病中，皇上却为啥又巴不得他早点死呢？而这，又要另当别论了，说来话长……

那么，皇上看重并欣赏薛道衡的又是啥呢？是他的诗才。

皇上自幼喜好吟诗作赋，且自视甚高。他看不起一般人的诗作，尤恶那些看似华美轻浮或无病呻吟之作。但对薛诗，则另眼相看。尤喜其诗的细微处有一股出人意料的奇思异想和扣人心弦的魅力。

皇上在作扬州总管时，洽遇薛公遭贬，曾想趁他落难之际，将其延揽到自己麾下。没料，薛公并不领情，从而使当时的晋王对这位诗人心生芥蒂。当下，时过境迁，道衡则终于低头上奏，请求让他退休还家。所以，皇上亦欣然提笔，在薛道衡送来的表章上批下："准奏，另有任用"几字。

皇上把笔搁上，拿起另一份折子正欲细看时，内史侍郎虞世基拿着一摞草拟的诏书走了进来。

这位江南才子，在陈朝就已出名。他年少即显露才华，记忆力惊人，能诗能文，行书草书，皆很出色。陈朝灭亡，他与一干朝廷大员被押解至大兴。后于内史省作一小吏，养家糊口常感困难，以至要靠替人抄书来贴补家用。晋王杨广知道此事后，将他招入府中任学士。而今，虞世基在内史省任职，头上虽有萧琮和杨约两位担任内史令的上司。但是，皇上真正倚靠的却是这位担任内史侍郎的江南才子。

世基行过跪礼，不等皇上吩咐，便坐到了刚才长孙晟坐过的那把椅子上。实际上，这把椅子正是皇上为他专设在御案旁边的。因世基常要与皇上一道商讨诏书制作等各项事宜。

世基把草拟的诏书搁到御案上，还未开口说话，皇上即道："告知卿一件事，道衡公要回京师了。"

"是吗？那好。"虞世基不觉意外，且反应极快地说，"薛公以前在内史省做的正是下官这这份差事，职务也是一模一样的内史侍郎。待他回来，臣下就把此位还与他。"

"哈哈……"皇上笑着说，"公别误会，那是啥年头的事了。当年，父皇将道衡公从此位子上调离，一个重要原因就是体恤他年事已高，还成日伏案，太苦太累！当下，他更是年过六旬，垂垂老矣！他还能应付这每日数十份，乃至上百份的诏书么？"

"以薛公的文字功力……"

"朕不是疑其文字能力，是他的精力不济了。"皇上打断虞世基的话，说，"朕想让他做个秘书监，公以为如何？"

"那有啥话说。"虞世基道，"以薛公对书籍的鉴赏力与才华，皆无疑义。只是柳顾言大人，又往哪儿挪呢？"

"那没啥。朝内两个秘书监并存，又有何妨？公的头上不是就有两位内史令吗。"

"那倒是。"虞世基笑了起来，随声附和着，正欲言归正传与皇上说诏书上的事。

皇上看了虞世基一眼，突然饶有兴味地问："若以公之才学，与道衡公作一比较，汝以为，孰高孰低？"

"此能相比么？"虞世基面显难色，不肯作答。

"咋不能比？"皇上不依不饶，说，"二公皆是本朝著名文士，又都先后作过皇上的内史侍郎，正有一比嘛。"

虞世基仍是摇头道："薛公之名，如雷贯耳。论年岁，他也比咱年长，咱咋好与之相比较？"

"此都不碍。"皇上还是不以为然地道，"咱只比才学一宗，二位都是当下之名士嘛。"

"学有专攻——不好比咧！"虞世基沉吟了一下，硬着头皮道，"薛公是老前辈，尤其是在诗上，早已蜚声天下。下官还在江南时，就仰慕他的诗作、诗名。咱可能只在字上，与薛公有得一比。"

皇上是个好胜心极强的人，啥事都要一争高下，在这方面，有点像杨素。他说："卿太过谦逊啦。欲说学识，朕以为，二公各有各的专攻与心得，难分伯仲，就算各有千秋吧。在文章上，比如说二人所拟写的诏诰吧，也是互见短长。薛公更讲生动、气势，卿好平实、畅达。谁的更好呢？恐也难分高下。但论作诗，那是薛公所长，早就名声在外，卿难比薛公，乃在情理之中。不过，说到书法，薛公的字虽不错，则肯定没有公写得那么出神入化！由此观之，卿对自己的评述，也还是公允的。"

说话间，黄门侍郎王弘进来报说："左卫大将军求见，他似有要事，已在外面等候多时。"

"让他进来吧。"皇上随即对虞世基道，"公草拟的诏书，放在这儿让朕先瞧瞧，要改的话，等会再叫公过来。"

"是。"虞世基即随王弘行跪礼，一并退下。

左卫大将军宇文述进来，行过跪礼，即道："长孙将军找到臣下，说是经圣上允许，点了十二名宫卫，随他出使突厥。"

"不错，是他提出，并经朕允诺的。"

宇文述即从袖中拿出一张纸，用双手举着，呈放在御案上说："此乃长孙将军亲笔手书的十二人名单。"

"啥意思？"皇上不看纸上名字，却盯住宇文述问。

"名单上的十二人，皆为清一色鲜卑人。"

"此有啥稀奇？长孙将军是鲜卑人，出外当差，亦习惯用同族人作随扈。先帝在时，他就一直在宫内当差，他点的人，想必都是他过去用惯的下属，此亦是人之常情嘛。"皇上说到此处，直视宇文述道，"公的祖籍乃为匈奴，后因侍奉鲜卑主上有功，改姓宇文，朕可从未对公有过任何疑惑，是不是？"

"臣与长孙将军不一样。咱跟圣上南来北往这多年，咱的一切，圣上都摸得透透的啦。"

宇文述这话，亦确实不假，皇上不仅对宇文述了解得十分透彻，宇文述亦对皇上的旮旮旯旯，一目全知。不仅如此，皇上还把自己的女儿嫁给了宇文述的儿子宇文士及。二人还是儿女亲家。

"长孙将军是先帝近臣，为大隋立过大功。杨谅造反，他把自己的长子都赔上了，还疑他会有二心？"

"圣上这么说，臣下也放心了。"宇文述说着，把放在御案上的那张名单拿起，并塞回袖筒。

此时，皇上却指着御案上的一堆奏折说："汝看看这些折子，近来不断有人上告公的贪赃枉法事。公倒是要注意、检点和收敛一些才是。公要不要亲自瞧瞧，核实一下他人所告是否属实？"

"不用，不用……"宇文述顿时惊出一身冷汗，嗫嚅着说，"一切有劳圣上海涵。"

第一三二回

皇上信口开河命造行殿
大监技高胆大点头承诺

却说，长孙晟以大隋朝廷特命全权大使身份，率十二名宫卫和自家的几名扈从北上的当日，皇上便趁上朝机会，向文武百官宣布了将要率五十万大军北巡突厥的事。

众官员感到不解，有人当场表示疑惑，说：当下北边相安无事，天下太平，为何还要如此兴师动众？且还要皇上亲自率大军北巡？其中，最不能接受的是老臣苏威，他站在阶下，神情激动。皇上为此点名要他把意见讲清楚。

苏威亦不含糊，出班道："臣以为此举纯属靡费公帑。仅此几年，平灭叛乱、修建洛阳新城、开凿通济渠和乘舟南巡四宗事，已将先帝积攒二十余年的家底，逐渐掏空，不能再如此折腾了。"

苏威一言既出，群臣更是议论纷纷，赞成支持苏威意见的居多。

但，皇上不为所动，他把对长孙晟说过的话，又在这里对文武百官说了一遍。他振振有词地道："诸公是否知晓？杨谅造反，叛军中就混有不少北方各部落歹徒。不仅如此，更有突厥部落首领，亦在杨谅派出使者的鼓噪下，蠢蠢欲动。当初，如果不是杨仆射兵贵神速，及时将晋阳拿下，还不知会酿出何等祸乱来。因此上，咱对北方邻居绝不能掉以轻心，而要给其以震慑！"

朝堂中有的武将参加过当年的平叛，杨谅率军投降时，叛军中确有不少胡人士卒，因此，皇上的一席话还是有一定说服力的。

"敲山震虎，确有必要。"老臣吏部尚书牛弘说，"不过，一下出动五十万大军，仅在草原上走一遭，留个脚板印，亦确实太过靡费了。要正告北方诸邻，是否可另择一种方式呢？"

牛弘的话，反响强烈，尤其是一干老臣皆点头称许。

"牛尚书之语差矣！"皇上的脸有点挂不住了，他提高语调道，"不如此耀武扬威，便不足以显示大隋的强大和震慑力，亦不足以压住邪气！"

皇上既把话说到如此份上，包括苏威和牛弘在内的臣下还有谁敢再唱反调。于是，众臣便顺皇上之意，各抒己见，议论起此次出巡的规格，巡行的线路，以及咋走才能显示大国风范和确保御驾安全等等事项来。

太府卿元寿出班奏道："当年，汉武帝出塞，旌旗千里。咱大隋国君今岁出巡，自不能输于汉武。臣想，除居中的御营而外，可将咱的五十万大军分作二十四路军队，每日派遣一路军队出发，两军相距三十里，旗帜相望，钲鼓之声相闻，首尾相衔，而千里延绵不绝。此盛况可谓空前绝后，能令塞外蛮邦胆战心寒，更能彰显咱国威！"

"好！"首先叫好的是武将们，此一巡游，正是检阅军力、显示军威的大好时机呀！

太府卿元寿的话，更说到了皇上的心坎儿上！他为啥要动员五十万大军去北方巡游？就是为比拼汉武帝出塞那气势的！咱大隋王朝之君，今朝出塞，无论在军力上、还是在气势上，自都应盖过当年的汉武帝！而尤其是经何稠专为皇上出巡打造的举世无双的三万六千人的仪仗队伍，还从未在北边亮过相嘞！常言说，雁过留声，皇上作此巡游，就是要为世人留下自己的印记！

"不可！"正当皇上听到元寿的豪言壮语而感振奋之际，却有定襄太守周法尚出班大声表示反对。

皇上收敛得色，面显不悦，问："公觉咋不行？"

周法尚从容地道："军队绵延千里，看似壮观，却存隐患。因行军途中常有山河阻隔，队伍彼此极易脱节，前后实则难以照应。而此时如果与异邦发生误会，突遭意外袭扰，因队伍拉得过长，呼应不及，就会发生混乱。而尤其是，如果居中的帝王方阵遇到意外，地形和路况复杂，首尾队伍又不能及时赶来护驾的话，后悔就来不及啦。因此，咱绝不可贸然效仿当年汉武帝的出巡。"

众臣一听，觉得周法尚的话，并非无稽之谈，于是又纷纷议论起来。

皇上先是对周法尚怒目而视，但知其并不是反对自己率大军出巡，而只是在阵形排列方式上有异议，而且，说得也似乎很在理。比如，他担心此样行军容易造成方阵之间脱节，不安全，就考虑得很周到。在那天苍苍、野茫茫的边塞，突然一声"呼哨"，冲出一彪不明事理的马贼之类，咋办？他们不分青红皂白，才不管你是天子还是啥嘞！

皇上沉吟半晌，忽问道："公说元寿之法有隐患，汝能说出个万全之策来吗？"

"想法倒是有一个，算不算万全之策，臣却不敢说。"

"公且说出，让众人也听听。"

周法尚道："咱可将大部队结成若干方阵，在草原中齐头并进。从旁看来，旌旗招展，鼓角齐鸣，排山倒海，分外壮观。四面之方阵，东西南北，皆可出击，并可相互支援。蛮荒之边塞地，即使隐藏着不速客，一看此阵势，谁敢靠近作非分之想？而皇上、六宫、百官，以及眷属们，都处于中心位置，可防止不测事发生。骑兵及战车皆处外层，形成壁垒。总之，此与据城守卫，没啥区别。此法，不知可否算作万全之策？"

周法尚的建议，再次引起文武百官的热议，说来道去，两相比较，众人又多偏向周法尚之说了。

皇上两相比较，经过权衡，继而拍案道："善！"

于是，立拜周法尚为左武卫将军，命他指挥、调度此次出巡的庞大队伍；并赏赐他良马一匹和三百匹绢。

下朝后，皇上直入中华殿，并把内史侍郎虞世基叫到跟前，向有关部门一一发出诏令，让他们各自作好出巡的各项准备。诸事处置完毕，皇上觉得有点儿累，便只身缓步朝后宫走去。进了后宫，亦未回自已寝殿，他回过头来，把一众跟随其后的宦官、太监打发走了，只留黄门侍郎王弘和十余名侍卫，就出了西边新开的一道便门。

杨广登基，入主大兴宫不久，就命人在西墙上开了此门。从此便门出去，走不多远，即是老姐乐平公主杨丽华的住宅。杨广有个习惯，感到累了或情绪极佳亦或极糟时，常会想到这位老姐，想同她聊聊往事，琐事，甚至儿时的趣事。因开了此门，姐亦常来大兴宫里走走，或找皇后皇上聊聊天，吃个饭。此外，皇上还有个习惯，他每次出巡，不论远近，事大事小，总要把声势造得大大的排场搞得足足的。尤其是何稠把仪仗队伍重新打造、装点一新后，只要出巡，就必带上仪仗队伍。但只一例外，他每至姐家，而尤其是开了便门后，一般只带些许侍卫，不事声张，且多是步行而至。

丽华闻听皇上驾到，赶紧出房。她刚走下殿前台阶，皇上已从大门外径直走了过来。

"皇上今日咋有空过来？"丽华有点气喘地问。

"姐从洛阳归来，不是说身子骨欠安吗？"

"呔！那算啥毛病，歇息二日，已恢复如常啦。"

"姐没事就好。"皇上说着，亦不进殿里坐，而是边说边往后园走，还不时朝主殿打量着。

"圣上瞅啥哩？又不是头一遭来此寒舍。"

"此是寒舍？"皇上驻足认真打量了一眼房前屋后，说，"朕看看此屋咋样了。要不要朕给姐再造一座新居？"

"咋啦？姐在此屋住得好端端的，皇上又想啥心事了？"

"朕是问，姐是不是觉得此屋太狭小，太旧了？要不要再换一所更大的新屋住住？"

"不要，不要！"丽华忙道，"咱一个孤老婆子，此屋已够大。咱住惯了，此屋蛮好住的。"

"姐还不能就称老婆子。此刻，恰是人生第二春哩！"皇上揶揄姐道，"不过，想当年，朕请姐到此看房子，姐还不想搬家，为此委屈伤心得大哭了一场！"

"还说哩。"丽华脸一热，道，"那是生气不该诓骗咱。"

"说起来，已是二十年前的事了。"皇上感叹说，"这宇文恺亦真是了得，他造的屋宇，历经风霜二十载，至今还是这般牢实，模样儿亦不显过时。这样吧，趁此次出巡之机，朕命人给姐维修粉刷一下，待姐归来时，又像住进新屋一般。"

"圣上又要带姐去哪里？"

"下月，朕将巡行塞北。姐不是念叨着，想一见草原风光，到那儿去纵马驰骋一番吗？"

"此番，姐就免了吧，咱的毛病还未好利索呐。"

"那亦行。以后尚有机会，朕接着还要去西北边塞，那儿的草原和大漠更壮阔，更令人心驰神往。"

说话间，身高步大的皇上领着主人乐平公主不觉踏入后花园中。

此时，正值阳春三月，大兴的天气早已转暖，满园鲜花，在阳光的照射下，开得正艳。皇上自洛阳返抵大兴，不是在朝堂听政，就是在中华殿里批阅折子，竟没去园子里走动过，他因而意气盎然地道："怪不得姐舍不得搬离此苑，这宅院虽比显仁宫不知要小多少倍，可其美色却丝毫不比那园子差。"

"陛下到姐家，已数不清有过多少次，可一次都没登过后院中的这座观景楼，今请圣上赏光，登楼瞧瞧，如何？"

"此正合朕意。今日，朕就是前来散心的。"

二人说话时，已至楼前。皇上抬头，但见门楼上竖着一蓝底金字匾额，上书"四望楼"三字。此楼生得别致，字更显特别，既不算草书，亦不是正正规规的行书，是行体中略微带草，显出一股不羁的俏皮味。此楼，皇上做雍州牧时，第一次入此院，就曾见过，却始终没有登临过。

皇上步入楼中，忽地想起啥事，回头一瞧，只见旁边除姐一人而外，就一名贴身侍卫，便问："王弘呢？"

侍卫说："黄门大人，在门口候着哩。"

"汝去叫他过来。"

"是。"侍卫转身传唤王弘去了。

黄门侍郎王弘赶到，皇上即命他道："公去把宇文恺大监召来，朕有话吩咐他。"

说完，皇上踏着楼梯拾级而上。楼分五层，前四层，每层对准一个方向，可隔窗远眺一方景致。到登上最高的第五层，四面皆窗，外面的景致儿，一目了然。皇上每上一层楼，便要停下来观看窗外的一方景致。待到登上顶层时，皇上绕了个大圈子，四顾周遭景致，青幽幽的龙首山、波光粼粼之渭水和气势恢宏的大兴宫，以及另一面的大兴善寺等，尽收眼底。皇上边看边赞："嘿，好景致，好景致！"

待欣赏够了外面的风景，将目光收回楼内时，忽见楼的中央处摆着一张方桌，皇上一时兴起，道："拿酒来！"

丽华见皇上如此喜欢此楼，并要在此用膳，更是大喜过望。立马传话，叫管家把酒菜送到四望楼上来。

过不多时，只听楼梯一阵杂沓之声，一个个长得光鲜亮丽的婢女端来一道道美食佳肴。

宾、主入席，皇上看着一位风姿约绰斟酒的女婢，立马想起一事，便说："姐在洛阳曾给朕介绍过一位懂点武术、身段不错、不一样味儿的女子，可否叫她过来，让朕瞧瞧？"

"嗨，还说哩，早就没啦！"

"噢？"皇上大感不解，问，"一个大活人，这前后也仅几月时间吧，咋能说没就没了哩？"

此真是哪壶不开提哪壶。丽华摇头解释道："不知圣上还记不记得？姐上次去显仁宫说到此女时，正好暕儿在场。"

"咋不记得。暕儿不懂事，姐进来之前，朕正在教训他。"

"不错，就是那次。咱给圣上提说柳姑娘时，被他听到。待咱告辞，刚出大门，暕儿赶来，即涎着脸向咱讨要那女子。"

"呵……姐将那不一般味的女子送暕儿了？"

"咱当时并没答应他，还臭了暕儿一句。因为太子的意外过世，不久，外间传说，暕儿要做太子了。他一下身价倍增，前去巴结拜访他的官员趋之若鹜。此间，春风得意的暕儿又亲自上门向咱讨要那位柳姑娘了。咱一想，他就是即将上位的太子呀，咱这姑母，能为一个女护卫再驳他的面子吗？所以，就将那柳姑娘送给他了。"

皇上一听，大怒道："这孽障！他的女人还少吗？别的不说，昭儿过世，东宫中的一切，包括昭儿所有的嫔妃，朕都给了他，他竟还不知足！就凭此德性，他还想做太子？做梦去吧！"

"好啦，好啦。"丽华见皇上越说越气愤，越说越顶真，只好转圜劝说道，"陛下大可不必为一小女子，伤了父子和气与感情。圣上毕竟就这么一个成年儿子了。"

"可他太不成器。"

丽华的丈夫周宣帝，就是个绝顶荒淫的帝王，年仅二十二岁，就因纵欲过度伤身而亡。丽华经历的事儿多，尤其是对此类男欢女爱的事，看得更淡散。她于是一笑置之，劝慰皇弟道："男女之事，别那么当真。来，喝酒，喝酒。可别辜负了窗外的大好春光。"

丽华的劝说，皆是实话。萧皇后一共才得二子。长子，即太子杨昭，已英年早逝。当下就剩次子齐王杨暕，再不成器，亦是亲生龙子，并是杨家天下今后的几乎是唯一的继承人。除此而外，皇上还有一个儿子，亦为一萧姓妃子所生，但尚处襁褓中。

一桌丰盛的酒席，宴饮的仅为姐弟二人，略感气氛不足和单调时，楼中忽地响起一阵细切的音乐声。细听之下，那乐音竟显粗犷、苍凉，而不同凡响。皇上一怔，循声望去，但见朝南的窗下，不知何时进来两排手执器乐、身着霓裳的女子，她们席地而坐，正轻弹慢奏一支不知名的乐曲。

皇上多才多艺，能把自己写的诗，编配成曲，着人演唱，而且，效果还不错。所以，他熟知多种曲牌，但却从未听到过正在演奏的这种乐音，因而问："此是啥曲儿？"

丽华则反问道："皇上觉得咋样？"

"中听！"皇上继而评说道，"虽是女子弹奏，曲中却含阳刚之气。同时，还有几许伤感的味儿，听来令人荡气回肠。"

"是吗？"丽华高兴地说，"皇上可是真的听出味儿来了。姐虽觉得中听，却还说不出诸多好来。要不要叫她们换支别的啥曲目？"

"不用，不用。此曲确实中听！不要换别的。朕因从未听到过，更觉特别新鲜，特别有味儿。"

"圣上不知吧？这才算咱正宗周乐。"

"此是正宗周乐？朕同姐一样，不都是从北周过来的人嘛。朕咋从未听到过此乐音？"

"北周曾在祭祀、朝拜天地或宴饮行乐时，演奏过种种周乐，那些乐音多是经编配曲目的人汉化了的。而此曲，亦虽经汉人编配，却还保留着咱鲜卑古老曲调之本色。鲜卑是个骑马走天下的民族，虽有过辉煌，但历经磨难，所以，正如圣上所言，乐音中仍浸透着一股苍凉的忧伤味，且是在马背上哼唱成曲的。"

"嗨嗨，经姐如此一说，这曲儿就越发中听了！"皇上说着，呷了一口酒，继而一想，这世上的事儿也真是太奇妙了：当何稠点出皇家仪仗的诸多装饰上都沾染着胡人气而显不伦不类时，自己觉得何稠的话有道理，立即要求他恢复汉家传统，剔除仪仗中的胡人气。可今日听到这曲充满着胡人味的乐声时，又几乎要为之倾倒。这是啥原因呢？难道是因自己亦有一半鲜卑血脉，就本能地喜欢那曲子？假如换成一个纯正的汉人，也让他听听，他就不喜欢这曲子了吗？显然不是。看来，凡是真正美好的东西，都会受到人们的尊重与喜爱，不管你是汉人还是胡人……

皇上一高兴，给每位奏曲的女子赏银十两。

此时，有侍卫上楼报说，宇文恺将作大监到了。

皇上立道："请他上楼说话。"

　　宇文恺诚惶诚恐，不知皇上突然传自己至此，是为啥。他想：莫非是该屋宇出了啥毛病？皇上要拿自己是问？再一想，似乎无此可能。此殿与大兴宫同时落成，且，建好后，屋主乐平公主并未即时入住，新房又经一番仔细加工，咋会出毛病呢？

　　宇文恺登上五楼，猛见皇上和乐平公主赫然在座，纳头就拜。

　　皇上问："乐平公主这屋子是公建造的吧？"

　　"是。"宇文恺不敢怠慢，申述说，"臣下先是秉持先帝旨意，要将此殿造得不比原先的弘圣宫差。此殿建成后，空置了几年，当今圣上，那会儿担任雍州牧，召见臣下，命臣下要将此殿尽量装点得像原先的弘圣宫。臣下为此又经一番改造，方成此模样儿。"

　　"是呀，是呀。朕每至姐家，都少不了要念叨到公。"皇上指着席前一把椅子，温和地说，"来，公请坐下说事。"

　　"微臣不敢。"宇文恺站起，却不入座。倘若先帝在世，这么吩咐，他会立即坐下的。尽管当今皇上对他亦很不错，但宇文恺每见这位锋芒毕露的皇上，却还是感到局促不安。

　　"朕赐公座，就坐下。公站着，咋好与之说事嘛。"待宇文恺坐下后，皇上又冷丁道，"这座四望楼，公是参照啥楼建造的？"

　　"从前，似无此种形制的楼台作参考。是臣下觉得周遭景致还不错，且东南西北各方，景致各具特色，就凭空糊弄出了此楼。"

　　"凭空糊弄出了此楼？"皇上打趣说，"嗬，公的口气还不小！"

　　"微臣岂敢。"

　　"公不敢？"皇上道，"有人说，公心灵手巧。朕看，还不仅如此，仅凭空一想，就能造出别出心裁一座楼来。"

　　"……"宇文恺无言以对，摸不透皇上的话是褒还是贬。

　　皇上接着又问："朕今日方见，楼门上有'四望楼'三字，那字是谁写的？咋没见有落款呢？"

　　宇文恺一惊，忙解释说："此楼建成，为给园主有个提醒，请她上楼莫忘观赏四方景致，就取了四望楼这名字。名取好了，就得做块牌匾挂出。

情急之下，一时找不到书家题写楼名，臣下便只好不择冒昧，献丑写下四望楼三字，自然不敢署名了。"

"嗬！"皇上惊讶道，"绕来绕去，此字原来就是公自己所书。没想到此楼别具一格，字亦别具一格，似草非草，似行而非行，且楼与字，皆出自公一人之手。难得，难得！"

"献丑！献丑！臣下原本想请时任大兴城总监的高仆射来题此三字，他执意推托，微臣才不得已而为之。"

"不错，不错！此字配此楼，不仅不伤大雅，还相映成趣。"皇上接着话锋一转，问，"朕今日找公来，有一事相托。"

"恭请皇上示下。"

"朕下月将北巡突厥，公是否知晓？"

"今日上朝，臣聆听了此一旨意。"

"有句俗语叫入乡随俗，对吧？"

"是。"宇文恺注目，以待下文。

皇上接着说："这突厥人，皆习惯住在帐篷里。连他们可汗施政议事的处所，亦是在一顶大帐篷中进行。朕听说，那顶最大的帐篷叫作'牙帐'。朕就琢磨，咱大隋君主，到了那地界，能不能亦造一座更大的牙帐，把周遭各部落国来朝拜的首领，还有我朝和对方的所有官员全都装下，以示咱大隋无所不能，且能包容整个天下的达官贵人。"

宇文恺沉思了一下，说："只要能找到一块足够大的平地，臣下想，造一座特别大的帐篷，并不费难。"

"呵？"皇上紧问道，"这还不费难？"

"不难。"宇文恺平静地说，"不过就是把普通牙帐放大十倍，甚或百倍吧。"

"嗨，那太美了！"皇上喜出望外。他于是更进一步地设想道，"朕不仅要在此牙帐中宴请双方数千官员，还想让朕带去的歌舞乐伎在帐中进行表演。而且，朕到达那地界已不太久远了，大帐还必尽快速成，此一切，公都必须心有成算才行嘞。"

　　这宇文恺也真是技高人胆大！皇上异想天开，信口开河，宇文恺亦慢条斯理，满口应承。他说："要即时搭建一顶特别大的帐篷，其实不难。咱可从即日起就先作准备。咱京师府库中，物料齐备、充足，咱先设计好样式尺码，分派工匠分别依样去做就是，届时只须装车运到指定地点，安装即成。问题在于，一顶能容几千甚至上万人的帐篷，要辟出一块巨大的平地，一时半会，恐怕来不及呐。"

　　"要平一块地，有啥难处！"皇上说，"一望无涯的大草原，本就是平平整整的。再者，咱亦可采取先动手的方式，这就着人去先把地平整好，待公将裁剪、打造好的装备运到，只需安装，不就结了？"

　　"若是此样，那啥难处皆没了。"

　　"行。想不到此一看似不可为的事，公竟举重若轻，没当回事似的就一口承诺了。"皇上高兴地更是忽发奇想，问，"公既无所不能，能不能为朕此行再造一所能够行走的殿宇？"

　　"能行走的殿宇？臣尚没见过呢。"宇文恺说着，转念一想，那不就等于是一座行走于江河中的楼船吗？不是有人曾将楼船称作"水殿"？水殿行于江河，靠水力、风力、人力……那么，陆上的行殿，若要它走，想来亦是有办法的。宇文恺于是道，"没问题，臣下能够为圣上造一座能够移动和行走的殿宇。"

　　"呵？这也能造呀？"坐在一旁，一直没有言语的丽华忽然大惊道，"宇文大监，您可要三思了。此非儿戏呐！"

　　"多谢公主提醒，臣下会尽力而为的。"宇文恺颔首说，"如果不能兑现承诺，下官就犯了欺君之罪！"

　　"朕信得过公。"皇上又说，"只是，朕坐于行殿中，巡游塞外，能不能亦如坐在此四望楼里，眼观八方？"

　　"当然可以。否则，造行殿就没啥意思啦。"

　　"那太好了！"皇上拊掌道，"朕姑且将此殿命名为'观风行殿'！公以为如何？"

　　"好！"

第一三三回

长孙出使突厥知会可汗
皇上巡幸塞北邂逅冤家

　　却说，长孙晟一行，日夜兼程，终于抵达启民可汗牙帐。对启民可汗而言，长孙晟真可谓是他的恩人。

　　东突厥的大可汗沙钵略病重时，因考虑到长子雍虞闾涉世未深，性格懦弱，临死前，立下遗嘱，让自己的弟弟处罗侯继承了东突厥大可汗之位。处罗侯把东突厥整治得颇有起色，就有了更大雄心，想称霸整个大草原。没有料到的是，一次在与西突厥的内斗中，不幸身中流矢，没过多久就因箭伤而去世了。此时，沙钵略的长子雍虞闾已能独当一面，便继承了东突厥大可汗之位，是为都蓝可汗。那么，处罗侯的长子染干启民可汗，就只能在属于自己的部落国中当了从属都蓝大可汗的小可汗。都蓝可汗和启民可汗本是堂兄弟，而彼此不和。胆小的启民可汗为找依靠，与隋来往密切。开皇十七年，隋文帝把宗室女儿安义公主嫁与启民可汗为妻。此举激怒了都蓝可汗，遂与大隋断绝一切来往，并与启民可汗闹翻。到了开皇十九年，隋文帝派长孙晟赴东突厥，以缓解大隋与都蓝可汗的紧张关系。没料，长孙晟一行刚刚踏入东突厥地界，便遇到被打得落荒而逃的启民可汗。原来，都蓝可汗动了杀机，他联合西部突厥的达头可汗要铲除忠于大隋的启民可汗。在此一战中，包括安义公主在内的妻儿老小，皆惨遭杀戮。启民和少数随从若不是逃得快，亦可能都没命了。当夜，启民可汗只收容到侥幸逃脱的几百人。此时，有要去投靠达头可汗的，也有欲投大隋的，被打得不着北的启民可汗则举棋不定。长孙晟在此关键时刻，用计将启民可汗带回了京师大兴，并让启民可汗受到隋文帝召见。之后，又在长孙的建议下，上奏文帝，允许启民可汗在黄河以南的夏、胜二州之间定居。仁寿年间，突厥内部发生纷争，文帝派杨素、史万岁等将领协助羽翼已丰的启民可汗，对东、西突厥实施了数次打击，终使启民可汗成为东突厥各部落国的大可汗。

…………

"哈呀！是什么风把长孙将军吹到咱草原来啦？"启民可汗见到长孙晟自是分外亲切。

"是春风咧！可汗没见，草原上的草都青了，花亦开了？"长孙晟拉住启民可汗的手，也异常高兴。

"去年和前年，咱先后两次去大兴城，都未见到长孙将军。第一次是为先帝送葬，听说将军带兵去相州任刺史了；第二次专程赴京师朝拜皇上，又听说将军生病了，不敢贸然打扰。"

"是咧，是咧！"长孙点头说，"这不，今日不是又与可汗见面了吗？"

"看气色，将军身子骨不错。"启民可汗由衷道。接着又说，"咱知晓，将军是无事不进咱帐篷的。此次是为啥事而来？"

"咱是来禀告启民可汗的，大隋皇上将于下月启驾巡行草原，要来看望各部落国的臣民。"

"呵？此是真的吗？"启民可汗更是喜出望外，说，"这可是咱草原难得一遇的大喜事呵！"

"此确是大喜。"长孙晟说，"国泰民安，邻邦和睦，才会有此实属难得的盛事出现！"

启民可汗将长孙迎入牙帐，却有点局促不安地说："将军可得为咱出个主意，咱咋招待这位大贵人呐？"

长孙入座，没有即刻搭腔。他朝周遭扫了一眼，见牙帐四周的帐脚处，甚至连自己坐的椅子下，都有杂草冒出来。因而想：当今圣上，是个极讲究，挺挑剔的人，他进入这座牙帐，说不定还以为是可汗在故意怠慢他呐。

长孙没动声色，当一名下人向客人献上又浓又香的奶茶时，他方开口道："此牙帐中，咋有一股香味儿？"

"香味儿？"启民可汗用鼻子嗅了一下，笑着说，"那不就是刚端上的奶茶香嘛。"

"不是。"长孙断然否认道，"咱是问，是不是还有一种别样的香味儿？比如草的香味儿。"

"没有。草有啥香？帐中除奶茶之香而外，再无别的香味儿！"

长孙用手一指脚下的草，说："这不是可汗种的香草吗？"

"嗨！"可汗的脸顿时涨得通红，不好意思地说，"此哪是啥香草儿，春天来了，天气转暖，此是从地里冒出的杂草，咋有啥香味呐！"

"呔！咱还以为是可汗有意在牙帐中种植的香草哩。"

"惭愧，惭愧！咱一时疏忽，失礼于将军了！"启民可汗说着，拔出配刀，就去斩除帐内杂草。

长孙阻止道："咱和可汗是老朋友。况且，咱来看望可汗，事前并未打招呼，不知者，不为怪嘛。只是，大隋乃礼仪之邦，届时皇上驾到，可汗可要注意里里外外都须收拾打扮一番。"

"那是，那是。多谢将军之提醒。"

长孙晟随即趁热打铁说："皇上巡幸草原，起居、饮食，一路皆有专人侍候，可汗都不必操心。"

"那咱作为侍臣，总得有所表示嘛。"

"修条路吧。草原上没有崇山峻岭，铲出一条道来，应非难事。"长孙接着向启民可汗交代了几个要注意的事项，并向他说明，皇上此次出巡，有重兵保驾护航，须大可汗事前提醒各部落国不要受到惊吓等等。长孙此次仅在启民可汗处住了二日，便回朝廷去了。

这边长孙前脚一走，启民可汗便果真把大隋皇上即将驾临，当作了一件大事。他立即召集有关各部落国首领，将此一讯息传达给了众人，并布置各部落国将皇上所经路线，迅速铲出一条无一根杂草、宽一百步的道路。此路由西向东延伸，全长共达三千里！在此之前，大草原上，信马由缰，是没修路一说的。

大业三年四月，正是六畜兴旺，作物生长茂盛之时，皇上携皇后，率五十万大军，其中包括十万骑兵，以及文武百官、后宫嫔妃、大德高僧、道士、歌舞乐伎等等，应有尽有，并在周法尚的统一指挥调度下，排列成若干方阵，耀武扬威，浩浩荡荡，从京师大兴出发，朝西北而行，不日即达大隋的边镇榆林（今内蒙古托克托西南）。

榆林，乃大隋通往北边草原的关隘。一出榆林，便是突厥的辖地。先前说过，启民可汗为皇上此次出巡动员沿途各部落国修出一条三千里长的道路，榆林即为该路的起点。

其时，启民可汗按事前约定，亲自率本部落国全体官员，以及周围各大小部落国首领，共三千五百人，汇聚于此，跪迎大隋皇上的御驾。此一盛况，自古以来，绝无仅有。

宾、主嘘寒问暖后，便有主管礼仪的官员前来恭请皇上与可汗们去皇上的御帐内入座。

皇上一愣，未明究竟是咋回事。他想：榆林只有皇家行宫，何来御帐？但转念一想：此类事，素来都是由臣下万无一失安排妥当了的，何须挂心？便随专管礼仪的导引官员，并在一众宦官、太监及侍卫们的簇拥下，携启民可汗朝前走去。

众人只顾寒暄，询问路途辛不辛苦？道路是否平坦？行走颠不颠簸？说话间，只听导引官员提醒说："恭请圣上由此上步。"

皇上闻言，但见眼前是一级一级往上升的石台阶。他猛一抬头，方见前边的蓝天白云下，高高矗立着一座圆形巨大的帐篷！

"呵——原来如此！"皇上此才猛地想起自己曾命宇文恺建造一顶能容

万人大帐的事。没想到，他真的这么快就建成了。

矗立眼前的御帐，为湖蓝色，其上还绘制有突厥人所喜爱的吉祥图案。此帐篷和仁寿宫的造法有一点相同，仁寿宫是将大山的山头削平，建造在山顶上的。此帐篷则是将一个巨大土丘的顶部铲平，稳稳当当建在土丘上的。从丘下到丘上铺砌着一级一级的石阶，石阶上，则铺了一条红地毯，而土丘周遭，则遍植着绿草和各色鲜花。

此情此景，竟一下把皇上身边的启民可汗看得发呆了！其实，就连皇上又何曾见过这么大、这么壮观的大帐呢！不过，他迅疾醒过神来，笑呵呵地抬手邀请启民可汗和各部落国首领踏着猩红地毯拾级而上，共赴盛会。

接着，双方的臣下则步皇上与启民可汗的后尘，踏着红地毯，足足用了两三个时辰，方才一一在巨大的御帐中找到自己的座位坐下来。

这顶圆形巨帐，周遭共开十六张门，突厥方面的宾客受优待，分别在靠近主宾席的位置就座。大隋朝廷的官员则按官阶从不同门径入内，坐于不同区间。而此一切，每张门外都安排有侍者对来客加以引导。所以，帐内坐了数千人，找门、入内虽有点慢、有点麻烦，却都有人引导，而没出现太大混乱。

这顶御帐为何要建在土丘上呢？其实也是有讲究的。一是，高高在上，方显王者气势；二是，如果遇雨，才不至浸泡于水中。被绿草、鲜花掩盖的土坡上，修有多条排水暗沟。

主宾席上坐着皇上皇后及启民可汗和可贺敦义成公主等显贵。余下的数千臣子则处下首，济济一堂。

司仪一声唱喏，数千侍者，抬着食盒从不同门径，鱼贯而入。光烤全羊、烤乳猪就各用了数百头。榆林紧挨黄河，自然，还少不了闻名遐迩的黄河金色大鲤鱼……酒也是整坛整坛地往里运送。

皇上与启民可汗相互至礼，两杯相碰后，各自一饮而尽。接着，二人再次举起酒杯，共同向双方臣下祝酒，气氛转瞬热烈起来……

觥筹交错中，帐内的三个场子，轮番上演不同歌舞、杂耍和鱼龙百戏，使观者眼花缭乱，目不暇接。更有神技者，口吐烈焰，表演虚虚实实的奇妙幻术……把各部落国首领看得如痴如醉，目瞪口呆！

次日，按大隋朝廷规矩，在榆林郊外设置祭坛，祭祀天神。

当一轮红日冉冉升起时，皇上身披袈裟，神情肃穆，面向正北，宰杀了二头太牢，由大德高僧主持，千数僧人，手持法器，口念经文，以向上苍祈求明年风调雨顺，五谷丰登，六畜兴旺……

在隆重的祭祀活动中，大隋和各部落国可汗、官员，皆跪伏于地，大隋方面的官员，个个口中念念有词。而可汗们亦为庄严、肃穆的气氛感染，面北，向苍天顶礼膜拜……

祭祀活动刚一结束，深受感动的启民可汗虔诚地捧出早已准备好了的表章，向皇上跪求和大隋官员一样，从此穿戴大隋朝服，行大隋礼仪，也做一个彻头彻尾的大隋臣子。

皇上对启民可汗的忠诚，表示赞许，并为之动容。不过，他说："一方水土养育一方臣民，每个部落，皆有自己的习俗和与之相宜的服饰，这些都不必强求划一。可汗之于大隋，只要有一片诚挚和孝顺之心就好。"

皇上随即颁诏，启民可汗今后在朝拜仪式上，可不直呼其名，地位上，应排在大隋各诸侯王之上。

皇上此举，不仅使启民可汗感激涕零，亦使各突厥汗国和疆域以外的各部落国头头脑脑，心悦诚服。

而与此同时，皇上此行，在朝廷内部，却有不同反响。尤其是一干老臣，对皇上执政以来，好大喜功、铺张浪费、不惜民力、靡费公帑等种种恶习，早就看不过眼。

当日进行的盛宴过后，几位老臣不期走到一处，平陈老英雄、时任光禄大夫的贺若弼快人快语指责说："搞偌大个排场，有甚必要。桌上酒水，猪、牛、羊肉，吃进嘴的，仅十之二三，浪费的皆是民脂民膏呐！"

一向谨慎的太常卿高颎亦痛心疾首道："诸公听到没有？那唱的、演奏的，全是靡靡之音！曾被先帝弃置的那些乐人，还有那些滥竽音律，重又拾了回来。过往说，废太子玩物丧志，死有余辜，但目下之作为，甚至比之北周宣帝时还有过之而无不及……"

礼部尚书宇文公亦接腔说："当年周宣帝，为啥丧国？不就是因为沉迷淫乐，醉生梦死，败坏纲纪，而致国丧人亡嘛！他执政才两年，亡命时，年方二十二岁一后生！当今圣上可要汲取教训呐！"

此时，已升任尚书左仆射的苏威亦凑过来道："国家再大，再富有，也容不得如此铺张呐！"

然而，说者无意，从旁听到的人则长了个心眼儿。几位老臣的闲言碎语，即刻就传到了皇上的耳中。

皇上为此大怒！他本就对前朝欢喜指手画脚的一干老臣窝着一肚子火，而最恼恨的就是高颎和贺若弼的一唱一和。没想到此二人时隔多年又狼狈为奸聚到了一处，而且，竟明目张胆谤议朝政！

此时，皇上不由得又想起了那件往事：开皇八年除夕之夜，满载军兵的千条战船，停泊于长江北岸。其时，发兵灭陈在即，贺若弼贪功心切，就在自己这位行军元帅的眼皮下，无视军令法纪，擅自提早发兵。事后，大元帅要惩处他，却在身为长史的高颎袒护下，不仅逃过严惩，反而让这个无视军纪、胆大妄为的家伙受到先帝重赏，以致使他有滋有味地活到今朝，甚至趾高气扬指斥朕！

而高颎则更加可恶！可憎！他过往不仅袒护贺若弼，更袒护废太子杨勇，并以此阻止自己登上太子位……这些旧事都不提它算了，当下朕宽大为怀，恢复了他的渤海公爵位，还让他重享高官厚禄，他总该知足，总该有点知恩图报的表现吧？恰恰相反，不久前，他竟变本加厉，又开始与朕作对了！

皇上所提高颎不久前又与他作对事，是这样的：

三月之某日，皇上在姐家听到一鲜卑乐曲，觉得十分动听，就指派分管音律的太常卿高颎将乐谱记录下来，还令他进一步去民间寻觅懂得更多古老鲜卑音乐的老艺人，以搜集整理即将失传的鲜卑乐音。

皇上处事，确有一些怪异，常使下臣琢磨不透他的心思。比如，他令何稠重组的仪仗队，要不折不扣地取老祖宗之法，以显示汉家威仪。但对乐音，他又痴迷起了鲜卑腔调。此自然使年迈的太常卿高颎感到无所适从。

高颎奉旨去了乐平公主家，听完音乐，来到中华殿却向皇上跪谏说，那不是啥"正宗"乐音，而是催人伤感的靡靡之音！并劝皇上要禁绝此类声音泛滥，以免乱了伦常纲纪。

此事，令皇上大为憋闷。他想：这位曾为先帝左膀右臂的名臣，怎么这样迂腐？不仅如此，他还要与对他宽大为怀的当今皇上唱反调儿。在皇上看来，这位自以为是的老臣的见识，甚至连个厨子皆不如。当年，那位黄御厨在食材缺乏的情形下，灵机一动，居然在仁寿宫的小溪中就地抓到一条娃娃鱼，做出色、香、味俱佳的美食。皇上就喜诸如宇文恺、何稠和黄御厨等，一批能够不拘一格、随机应变，有巧思的人。甚或像杨素那样，能把皇上吩咐的事不打折扣、不择手段处置得干净利落。这才叫有真功夫，真本事！他想：音乐与食物，其实不都是一回事吗？食物用来果腹，味美为佳。音乐呢？不就是以悦耳为上品嘛。那种鲜卑乐音，粗犷、大气、苍凉、凄美，勾魂摄魄，应是天籁之音！咋能将它与靡靡之音混为一谈呢？真是岂有此理！

皇上于大业元年，就让高颎复出做官，并恢复了他的爵位。其实，并非真的看重他的啥才干。恰恰相反，皇上对高颎当年营建大兴城时，用旧城的旧料去造新城、拆东墙补西墙的做法，极不欣赏。所以，才让他做了个主管音律的太常卿。没想到，就连此官，他也做得极不称职。既如此，为何又要重新起用他呢？是因皇上刚一登基，就处置了包括废太子杨勇、柳述、元岩等一批人，在朝廷中受到诟病，而高颎则是一位前朝有影响的老臣，让他复出，可安人心。而当下政局已然稳定，某些不知趣的老臣，不但不顶用，反而成了搅局者，对他们如再宽容，何以禁绝那些无端的谤议？

皇上于是下诏，将高颎、贺若弼等处斩，并免去尚书左仆射苏威的一切职务，令他回家闭门思过。

可怜！一代宰相、名臣的高颎，就这样结束了他的一生！

远道赴榆林朝拜的启民可汗和各部落国首领刚一散去，皇上即又下诏征召百万男丁，西起榆林，东至紫河，修筑和加固长城。皇上深知，友好要讲，威风要扬，但，修筑长城，仍是御敌的百年大计！

有道是，一波未平，一波又起。

众臣正忙于作启程准备之际，黄门侍郎王弘忽向皇上报说："有一事，臣不知当说不当说。"

皇上见王弘一副犹犹豫豫样子，就问："啥事？"

王弘说话仍是吞吞吐吐："太仆少卿……还有……"

皇上打断王弘的话，问："化及，他又咋啦？"

"太仆少卿与前来迎接皇上的胡人首领乘机暗中洽谈生意，欲用内地所产次等丝绸充上品，以换胡人的良马。"

"噢？"皇上神情肃穆地问，"公是咋知晓的？"

"外间已议论纷纷，几乎尽人皆知。"

皇上此次出巡前，已三令五申，在与胡人首领和可汗的交往中，所有官员严禁与对方做买卖。违者，不分官职大小，一律处斩。王弘所说的太仆少卿，即是左翊卫大将军宇文述的长子宇文化及。

皇上进一步问："参与此事的还有谁？"

"还有太仆少卿之弟宇文智及。"

宇文化及因父是皇上近臣，他入职之初就是晋王府的护卫官，可以任意出入晋王内府，当时的晋王就对他宠爱有加。晋王立为太子，宇文化及升任太子仆，与太子关系更为密切。但，化及劣迹斑斑，多次因收受贿赂而罢官。不过，每次都是隔不多久，便又官复原职了。

但，此次则不同，好面子的皇上，岂能容忍自己身边人与外国首领干如此欺诈的勾当！皇上一怒之下，令将宇文化及和宇文智及收押于榆林监狱，事后，还将宇文述叫来，狠狠训斥了一顿。

处置完此事后，皇上才坐到宇文恺为他打造的世上绝无仅有的观风行殿上，正式开始了他的塞北巡游。

这座观风行殿，除车轮而外，通身为木结构。行殿之大，可容数百侍卫、太监等侍从；行殿之美，其上绘制的龙凤呈祥图案和三英战吕布的画卷皆十分精美，且栩栩如生；行殿

之巧，则在于其基座处，安装着许多机巧的轮子，既能为人推着向前进，还能忽左忽右在人的操作下转动方向。

皇上穿戴衮冕，威风凛凛地安坐行殿顶层，放眼四望大草原的良辰美景；行殿周遭数千车夫，身着锦衣，一齐发力，使巨大的观风行殿平稳前行；而行殿前方，还有声势浩大的旌旗仪仗开道……

一时之间，四野放牧的牧民，远远望见为旌旗、霓裳烘托的皇上，则惊奇得以为是天仙下凡，一个个翻身下马，分列道旁，顶礼膜拜！

三月，长孙晟为皇上打前站，促使启民可汗发动各部落在草原开辟的宽百步，长三千里的道路，着实派上了用场。皇上的观风行殿，一路畅行无阻，八月乙酉日，终于抵达了启民可汗的牙帐。

早已做好准备的启民可汗，已将牙帐装点一新，并按大隋礼仪，洒扫了门庭，率各部落国首领，再次出门迎接。

皇上也给足了面子，在他亲自拜访启民可汗牙帐的同时，萧皇后则亲临可贺敦大帐，看望了义成公主。

这位义成公主是都蓝可汗与启民可汗发生内讧时，启民可汗的安义公主被杀后，隋文帝又另选了宗室的义成公主，嫁给启民可汗为妻的。

总之，大隋皇上亲临突厥汗国的牙帐，表示亲善，也是华夏国君开天辟地头一次。启民可汉为表忠心，率一众部落国首领，以最高礼遇，拔刀割下臂上的肉，以献皇上。

皇上则赏赐启民可汗夫妻装满金子的金瓮各一口，帛二十万段等。

随之，启民可汗亦在自己的牙帐中，举行了盛大的宴会，招待尊贵的宾客。

皇上满心喜悦，豪情万丈。他想：昔日汉武帝征服匈奴，杀得单于丢盔弃甲，望风而逃，只夺得一座空空荡荡的帅台。朕今日却是真正征服了突厥人的心呵！谁比谁更有成就，不是一目了然了吗？皇上于是即兴赋诗一首，曰：

鹿塞鸿旗驻，龙庭翠辇回。

　　启民可汗在自己的牙帐中，举行了盛大的宴会。皇上满心喜悦，豪情万丈，即兴赋诗一首。

毡帐望风举，穹庐向日开。

呼韩顿颡至，屠耆接踵来。

索辫擎膻肉，韦鞲献酒杯。

何如汉天子，空上单于台。

盛筵上，无比兴奋的皇上饮酒不少，而头脑却仍十分清醒。这座牙帐虽大，但显然不能与宇文恺造的那座御帐相比拟。牙帐内，充其量也只摆了几桌酒席，与坐者当然都是一些最高贵的客人。觥筹交错中，皇上忽然发觉邻桌有位穿戴和身份与众不同的特殊客人，甚感好奇，于是用手指着他，问身边的启民可汗："那人是谁？"

"唉呀，失敬，失敬！"启民可汗忙将那位客人招来，向皇上介绍说："这位是高句丽国派来的大使，昨日方到咱突厥汗国。"

高句丽大使此时才慌不迭地跪地拜见大隋皇上。

皇上脸色为之一变——大隋自杨谅兵败高句丽，文帝一怒之下，两国从此断绝了交往。皇上因而想：自己执政已达三年，高句丽不主动前来修好，恢复两国邦交，却私相与突厥勾勾搭搭，意欲何为？

皇上先看了启民可汗一眼，面显不悦。接着，方对高句丽使者说："起来吧。回去告诉汝之国君，应尽早前来大隋朝拜，以修旧好。朕是咋样对待启民可汗的，也会以同样礼遇对待汝之国君和国家。否则，朕就要率领启民可汗到汝的国家巡行了！"

谁知，大隋皇上与高句丽使节此次邂逅，竟为两国日后进一步交恶，埋下了伏笔。

第一三四回

杨暕处心积虑难圆好梦
道衡一厢情愿埋下祸根

    皇上于四月自京师大兴启程，先向西北到榆林，再由榆林朝东横穿草原，前后历时五月，才终于结束此次北巡。启民可汗率一众部落国首领，殷勤备至地把皇上一行送至突厥与华夏接壤的楼烦关附近，方依依惜别。

    八月癸巳日，皇上进入大隋边塞的楼烦关，仅作片刻停留，于壬寅日，抵达晋阳城。他对这座自己出道镇守和由汉王杨谅长期经营的城市，赞不绝口，感觉此处的山川、地貌、风水，皆堪称一流，于是，下诏重建晋阳城中的晋阳宫。

    此刻，心情大好的皇上，一眼瞧见跟随自己多年、已担任御史大夫的张衡，便将他唤到跟前，问："朕再往南行回东京，是否就要途经公的家乡了？"

    张衡大感意外，说："圣上的记性真好。臣下是河内（今河南省沁阳市）人。御驾返回东京，必从臣的家乡旁边经过。"

    "哈哈！果真没有记错。"皇上洋洋自得道，"这样吧。公为朕作一次东，朕去公的家里做一回客。如何？"

    张衡受宠若惊，说："圣上能光临臣下寒舍，是臣一生的荣耀。只是蔽乡距驿道有九十里山路，御驾不能通行。"

"此有何难，朕这就下诏，叫当地把车道修到公的家门口，不就可以畅行无阻了嘛。"

张衡于是赶紧回乡，组织乡邻和本家亲属，作迎御驾准备。皇上则沿路继续南下，九月己未日，大驾停驻济源。此时，河内方面告知，去张衡家的道路已经修好。皇上于是携皇后兴致勃勃地赴张衡家做客。

张衡老家，虽处太行山中，因祖辈世代为官，祖籍依山傍水，建有一片庄园。而皇上自幼生活于京师的大宅院里，一生从未如此亲近过良田与天然形成的山山水水。就说那有山有水如画儿一般的西苑吧，虽经宇文恺鬼斧神工，把自然景观包容进去，却仍难掩人工斧凿痕迹。

皇上来到张衡家里，尤喜他家中的一眼天然山泉。用此水泡茶，茶水格外甘甜，而用此泉酿造的酒，亦分外醇香。

君臣对饮之际，皇上不无感叹地对张衡说："公还记不记得？开皇十五年，朕随先帝拜祭泰山，途经太行山脚，公曾遥指一座大山告诉朕，说公的家乡就在那山之深处。其时，来去匆匆，朕深以为不能前去访问为憾。岂料，今日有缘，终能一偿夙愿。"

"臣怎敢相忘！只不过做梦亦未想到，圣上有朝一日，真的能够光临寒舍！"

君臣愈说愈欢悦，致使那日，二人一醉方休。皇上在张衡家住了三日，赐给张衡家三十顷宅边田地、良马一匹、金带、缣帛六百段、御衣一套、御用器器一套等。

九月己巳日，皇上返抵东京，结束了此次塞北之行。

次日一早，皇上升殿，朝会群臣。

而此时，许多官阶稍低的官员尚在皇上此次巡行的路上，当然赶不上此次朝会。而与皇上一同返回东京的近臣，因一路奔波数月，还没缓过气来，皆在心中叫苦不迭。

而皇上却没忘记五个月前的那桩旧事，他一脸肃然地下令要将宇文化及和宇文智及兄弟处斩，致使原本疲疲沓沓的朝堂气氛骤然紧张起来。

此时，化及和智及已事先从榆林押解到了东京。立于朝堂一侧的宇文述，低眉敛首，一声都不敢吭。

诏令传出，兄弟二人的头发已梳成临刑前的辫子装束，正欲绑赴刑场之际，皇上的大女儿、宇文化及的妻子南阳公主出面向皇上求情。

皇上此才改变主意，将化及和智及二人赐予宇文述为奴。

下朝后，皇上正欲回后宫，内史侍郎虞世基上前禀报说："薛公回来了，不知圣上何时能够召见他。"

"噢？"皇上看了虞世基一眼，问，"公已见过他了？"

"臣下相跟圣上昨日返回东京，薛公即在出城迎接的官员当中。他与臣下就在当时匆匆照过一面。"

"他现在何处？"

"薛公暂住鸿胪客馆。已在东京等候多时。"

"这样吧，午后，公带道衡到显仁宫来见朕。"

午后，薛道衡随虞世基来到西苑的显仁宫。黄门侍郎王弘将二位大臣引入后殿皇上的御书房内。

显仁宫，既豪华又宏大。该宫由多幢殿宇组成。主殿分前殿与后殿。前殿是皇上会见大臣，议政的处所；后殿则是皇上的寝殿。能入后殿的臣子，可谓少之又少。由此，亦可见皇上对薛道衡的看重。

二位大臣行过跪礼，皇上即问薛道衡："朕听世基说，公已来东京有些时日了？"

"是。"道衡说，"臣接圣上诏令，办过卸任手续后，五月即回京师大兴家中，住了约两个月，方听京师留守官员说，圣上将从北边直接返抵东京，不回大兴了。所以，臣下又辗转来到东京，一住，又是二月有余。"

"公自去襄州，离开京师已四年，想不到还这么健旺。"

"不行，不行。此乃徒有其表，身子骨已大不如前了。"

"公自南而北，行程数千里，所到之处，看到一些变化没有？"

"变化不小。不过，变得最甚者，莫过此座洛阳城。"

"此乃自然，一座新城嘛。"皇上十分得意地问，"公来东京已二月，对东京印象如何？"

"入城那日，臣着实吓了一跳。大兴无论从哪方面看，皆不能与此洛阳城相比拟！"

"那是，那是。不然，何以称东京？"皇上接着借题发挥，对仍存争议的两京制，问，"公对以东京为主要施政的都城，又不废弃西京大兴，是如何看的？"

"咱之国度，幅员辽阔，设置东西两京，确有必要。其实，此想法和做法，皆由来已久，不是啥新鲜事了。以臣愚见，灭陈之后，国家一统，就应将都城迁过来了。洛阳，位处中原腹地，更便于向天下发布旨意、聚散物资和调集兵员。开皇十三年，关中大旱，发生饥荒，致使先帝亲率关内饥民赴洛阳就食，就是因粮食调运不及造成的。"

"公说得很中肯。不过，那会儿，您咋没向先帝提出此建议呢？"

薛道衡笑道："臣，人微言轻，即使提出，能管用么？况且，持此议者，朝中何止臣下一人。"

"不管咋说，公有此识见，亦实属难得。此说明，公之睿智卓识，远不止于诗文上。"

皇上过往与薛道衡并无深交，只知他的工夫见诸诗文。薛道衡则对皇上的夸奖，一笑置之，说："圣上过奖了。"

"公此回从番州北上，一路走来，想必又添了不少佳作吧。"

"臣下年事已高，白日一路颠簸过后，歇下来就犯困，闲情逸致全没啦。倒是此次住在鸿胪客馆，闲来无事，作了一篇小文，并想以此敬献圣上，聊表臣下一颗对先帝缅怀的心意。"

"噢？"龙颜于是大悦，道，"是啥文？快拿来让朕一睹为快！"

坐在一旁，一直无语的虞世基，亦对薛道衡此举感到无比惊奇。

薛道衡双膝跪地，从袖筒中取出一折子，双手捧着举过头顶。因道衡下跪的地方与皇上稍有点儿距离，虞世基怕皇上够不着，立即起身，从薛道衡手中把那折子接过来，再恭恭敬敬地呈递给了皇上。

皇上把折子伸展开，只见其上工工整整写的满是字，因而不由笑道：

"此还是小文？分明是篇大作嘛！"

可还没等薛道衡再谦虚一番，皇上却倏地变了脸色。

坐着看皇上阴沉着脸读文章的虞世基不知是咋回事，和薛道衡一起都紧张得噤若寒蝉了。

过了一会儿，皇上把折子搁到案上，亦不说文章好与坏，即阴沉着脸对薛道衡说："公先请回吧。朕尚有别事要处置。"

道衡应了声"是"，随即跪辞。

虞世基亦欲跪辞，却被皇上叫住："公莫忙，朕有事与汝相商。"

薛道衡一走，皇上即指着案上的折子说："公且看看，这薛道衡写的是些啥名堂。"

虞世基把折子拿起一看，标题赫然入目，是一篇《高祖文皇帝颂》。

谁都知道，高祖文皇帝是当今圣上之父，而薛道衡是为先帝起草诏书的近臣，虞世基因而想，薛道衡把这样一篇颂词敬献给皇上，并无不妥之处。他于是继续往下默读正文。文章的文词流畅、华丽，字里行间充满对文帝功绩的赞美及对先帝的缅怀与热爱。世基亦是一位诗文俱佳的才子，读着读着，竟抑扬顿挫地念出声来……

"够了！"皇上终于忍不住正色道，"公还念得如此起劲，是欣赏他的文词还是欣赏文章的内容？"

仍然沉浸于文章中的虞世基，并未看文帝的脸色，脱口说："薛公的辞章修养着实没得话说。"

"公难道是真的没有看出来，道衡是借致美先帝，而行《鱼藻》之实吗？"

《鱼藻》，乃《诗经·小雅》中的一首诗。诗歌是借赞美周武王与民同乐而暗讽幽王之过的。

世基一听皇上如此看待薛文，方才抬头看到皇上愠怒的脸色，乃大骇！于是，他慌不迭地把握在手中的折子放下，嗫嚅道："臣……臣下，可没想到此一层。照说，薛公不会如此吧？"

"他不会？公知否？早年，他就对朕生过闲隙。倒是朕，一而再容忍和善待了他。"

"臣下不知过往事……"虞世基唯唯诺诺，只能惶然磕头告辞了。

虞世基悻悻然地走后不久，皇后却面含微笑地走了进来。她一眼瞥见皇上正在忙于处理奏折，就说："今早，臣妾起得不算太晚，没想到，圣上一大早就去上朝了，此是何苦来哩。"

"没办法，北巡几个月，积案如山，要处置的事，实在太多。"

"今早，暕儿前来请安，说他留守东京几个月，辛苦异常，大事小情都处置得妥妥当当，咋还有这多事没料理完毕？"

"嗨，别提他了，提他，朕就有气。"

"暕儿咋了？昨日，他率朝廷留守官员和商绅各界出城迎接圣上，场面不是既热闹，又井井有条吗？圣上还夸他，到底长大了，能干了。"

"朕事后方知，他那是驴子拉屎，外面光！"皇上没好气地道，"朕昨夜随便翻阅了最近上奏的几份折子，他都根本没动过。还有，朕一进这显仁宫，就有人前来诉说，暕儿趁朕北巡，曾带一帮外边的浪荡子，不分青红皂白，要入西苑游玩。此是啥地方？连他本人都没资格随便进去的嘛。"

"此事，臣妾亦知晓。最终主事的宦官还是没让他们进来嘛。孩儿方小，总还有不周和不懂事之处，圣上就不要苛责他了。"

"此叫不懂事？为入西苑事，朕早已教训过他，可他还是屡教不改。"

"好啦，好啦。算来算去，圣上就两个儿子。那个小的，还是庶出，且还在吃奶呐！"

"正是因此，对暕儿，更要严管，不能姑息。"

"平心而论，暕儿倒是真比过往懂事多了。"皇后随即说，"他今早来向臣妾请安，承认自己过往有件事做得不对，要臣妾代向父皇道歉。此可是以往从未有过的事。"

"噢？他还自认有事做得不对？是啥事儿？"

"暕儿说，丽华姑母曾给父皇介绍过一位很特别的柳姓女子，被他抢先要了去。他为此感到很后悔，说要把那女子奉还给父皇。"

"别别别！"此事不提则罢，一提，皇上就有气。他想：这兔崽子！自己玩腻了，又将那女子拿来讨好朕？可在皇后面前，皇上还是不便为这事发作，于是转而问，"卿，今日就是专为此事来的？"

萧皇后与过往的独孤皇后有个最大区别，即她是真正不过问政务，在皇上忙于政务的白天，亦从不过来叨扰皇上。因此，今日的举动，才显得有些不一般。

其时，萧后经皇上一问，方吞吞吐吐道："臣妾今来，确还有一事。"

"啥事呢？"

"亦还是为暕儿的。"

"说嘛。"皇上注目以待。

"昭儿去世一年多了。臣妾就剩暕儿这么个儿子，当下，朝内朝外亦在盼望新太子早日上位……"

未等萧后把话说完，皇上就明白是咋回事了。他气不打一处来，怒道："就凭暕儿眼下这德性，他还想做皇太子？做梦去吧！"

以前，皇上不管有多少嫔妃，但夫妻间，总还是恩恩爱爱的。皇上今日在萧后面前发这么大的火，可还是头一次。

皇后为此吓了一大跳，立跪于地，说："过往，臣妾从不过问政事，今后亦不敢了。"

"此不怪卿。"皇上亦觉自己失态，忙解释说，"是朕遇到不顺心事，方发怒的。不过，暕儿缺少磨砺，过早让他上位，反而助长他的骄矜气习，于他本人和朝廷，皆没好处。啥时立太子，先看看再说吧。"

皇后连连点头，转身离去。皇上沉思片刻，把黄门侍郎王弘叫来，命他去内史省叫虞世基拟写两份诏书：一份任命齐王杨暕为河南尹；另一份任命薛道衡为司隶大夫。

这么一来，薛道衡便由番州刺史的从三品，降级到了四品，而杨暕离皇太子就相去更远了。

当晚，为皇上突然不悦而感到不解的薛道衡，从鸿胪客馆中步入虞家的大门口，欲向虞世基寻问皇上为何突然大变脸。

陈朝平灭，薛道衡因受尚书左仆射高颎举荐，先在吏部做了吏部侍郎。李德林被贬，薛道衡又重回内史省，担任了内史侍郎一职。因他制作的诏书受到文帝赞赏，而成先帝近臣。当时的虞世基则是作为灭国战俘押解进京师的。他因有文才、也因过往做官口碑还不错，才被安排到内史省作一小吏。虞世基家大口阔，微薄的俸禄，不足养家糊口。道衡早年仕齐，齐灭后，多年不受周之主上重用，有过与世基类似经历。所以，同在内史省供职的那段日子，道衡对世基有过关照。而今，则是星移斗转，世基如日中天，做了内史侍郎，受宠于当今皇上，而道衡的官运，则走了下坡路。

虞世基接到门口仆人禀报，说薛道衡来访，立刻亲出门外迎接客人："薛公用过晚膳没有？要不要再共饮几杯？"

"不用，不用。刚刚在客馆用过晚膳，肚子已不堪受用。"

虞世基把薛道衡迎进书房，宽敞的书房内，被明亮的灯光照得直晃眼儿。道衡一瞧，室内除一排排书柜而外，壁上还张挂着名人字画。于是，不由得感叹道："真乃士别三日，当刮目相看。几年不见，公已今非昔比，面目全非啦！"

"此还不是托薛公之福。想当年，咱靠抄书贴补家用。薛公不仅替咱张罗抄主，还替咱向对方索要高价。"

"哪里，哪里。公之字是可拿来当帖使的，价不高点，成么？"

世基刚至大兴，穷愁潦倒。薛道衡就介绍他为富贵人家抄书。书抄好后，交给道衡，由道衡出面，为世基讨要高价。

"咱还记得，薛公有时要的价钱，比买一部新书还昂贵，弄得咱不好意思接受。"

"那亦当然。物有所值嘛。"二人坐定，道衡即言归正传，说，"咱今日随公一道去见皇上，本来相见甚欢，气氛一直都不错的。可突然间，皇上的脸色说变就变，不知到底是咋回事？"

"唉……还说呢。"世基由一脸轻松变得愁眉不展起来，他犹豫了一下，说，"咱正在为此作难，想去鸿胪客馆把原委告诉公，可又怕被人瞅见，传到圣上那儿，惹出更大麻烦。"

"如此说来，咱来得正逢其时，是么？请公直言相告，到底是咋回事儿。"

"薛公自己难道还没猜出来吗？皇上就是为您的那篇大作——《高祖文皇帝颂》而不高兴的嘛！"

"咱颂扬和缅怀先帝的业绩与恩德，此有啥使皇上感到不快嘞？当今皇上不是先帝之子吗？"

"咱拜读公之大作，起始亦是这么想的。通读全文，感觉酣畅淋漓，并未有何不妥之处。所以，还在皇上面前夸说公的文词华美，气势不凡。可是，皇上偏不这么认为。"

"皇上是咋看的？"

"皇上说，公的文章里，有《鱼藻》之暗讽意味。"

"公觉咱的文章里，有暗讽皇上的意味吗？"

"咱说没有，有何用？皇上说有，不就麻烦了吗？"

"即使有点《鱼藻》之弦外音，也不应把它看作是恶意吧？皇上为此不悦，亦未免太小肚鸡肠了。"

"啥？"虞世基一听，吓了一跳，问："公是啥意思？"

薛道衡则不以为然地道："实话实说，咱作此文，还真有点儿《鱼藻》之想，还唯恐皇上体会不到哩。"

"呵？"世基大骇！跺足道，"公惹火烧身了！您于安度晚景之际，咋要如此自作孽呐？"

"罢！罢！罢……"薛道衡仰面长叹，说，"其实，咱从平陈之役那会儿始，就不大看好这位皇子的未来。为啥？总觉得他太自负，太不把其他人放在眼里，就连高颎那样德高望重的重臣，亦莫能例外。可是，到了他登基称帝后，却一度为这位新帝所做的几件事折服。首先是营建东京，使帝都从西北一隅，一跃到了更广阔的天地，此才是大国君王的风范嘞！第二桩事是，开掘通济渠和邗沟，通过水网，把华夏紧密地融和成了一个整体，此是何等超乎寻常的壮举！第三件事是，让高颎复出，安定了众多老臣之心。总之，此一些举措，皆比先帝更有远见，更有气魄，更有超凡的卓识。不过，当咱从番州卸任，踏上归途，尤其是一过长江，耳闻目睹，却越来越感到，皇上在开创伟业之同时，亦在掏空国库，戕害民生，使千万生灵涂炭！而等咱回到大兴，又从榆林传来老臣高颍、贺若弼等惨遭杀害的消息……于是，那个刚愎自用，好大喜功，目空一切的晋王，又浮现在了眼前……咱于鸿胪客馆，闲来无事，抚今追昔，才写了此篇《高祖文皇帝颂》。为的是劝喻当今皇上要走先帝治国安邦的正道，而不含丝毫讥讽皇上的意味。皇上不是个挺有想法和眼光的人吗？他咋连一个老臣的一片良苦用心都体会不到呢？"

"唉……"道衡言罢，轮到虞世基发出一声慨叹。他说，"薛公既如此稔熟皇上秉性，应能料到，皇上根本不会顾及你是善意还是恶意，你触碰到了他，顶撞到了他，好意也罢，恶意也罢，结果都一样——此明明是自戕嘛！"

"言为心声，不吐不快哩！"

"错！错！"虞世基仍然摇头说，"如只是为一吐为快，写了也罢，大可不必拿去晋献皇上嘛。"

世基初到大兴，受到冷落，日子难熬，他特别珍视眼下来之不易的好光景，所以，他对皇上百般恭顺，即使对皇上的某些做法，心底另有看法，也从不说个不字。

薛道衡知道皇上不悦是因自己的文章惹的祸后，心中反觉坦然。他从容起身道："多谢公之赐教，道衡告辞了。"

"顺便告诉薛公一件事，"虞世基亦站了起来，做出送客姿态，说，"皇上将任命公为司隶大夫，而不是先前许诺的秘书监。"

"噢？这么说来，皇上对咱还算不错。"道衡说完，躬身一揖，径自出了世基的书房。

第一三五回

皇上欲治西域心中无底
裴矩晋献图籍一目了然

皇上北巡整五月，正忙于处置一些被搁置的急务。此时，西北突然传来一个惊人消息：一个叫铁勒的部落，已将我通向西域的边贸重镇敦煌围住，欲对该城实施洗劫，情况十分危急。

皇上为此大怒，命令镇守西北边塞的将领冯孝慈就近率军前往迎敌。未几，便传来冯孝慈被铁勒所部打得大败，致使朝廷上下，一片哗然！

又气又恼的皇上，于是召集宇文述、郭衍、来护儿等一干将领，共商征发西域、解救敦煌事。而就在此当口上，却又意外地传来了铁勒已主动放弃围攻敦煌全线撤军的消息，终使皇上和众将领松了一大口气，出兵事，也自然就不那么紧迫了。

但是，心高气傲的皇上，对此一事件并未释然。他最不能容忍的就是，有人竟敢公然挑战大隋和新近登基的皇上，而尤其是前往迎敌的隋军竟不争气，为贼打败，他咽不下这口浊气！

皇上耀武扬威巡视过北边和东边突厥等部落国，对东北边陲比较放心后，下一个目标，原本就是想去巡视大西北的。可皇上对西北为啥只有想法，而没行动呢？首先是，他从东北边归来，很累，须喘口气儿；而更重要的则是，他对那片草原和大漠不了解，心中没底。

西北与东北有个最大区别，即，东北主要就一个由启民可汗统率下的突厥汗国，且该国一直在朝廷的掌控中。除突厥汗国外，还有一些零零星星的小部落国，近些年来，大隋与东部突厥汗国亲善友好，往来频密。东边的突厥汗国与大隋交好，周遭别的小国，哪有不跟从的呢。而西北的情形就不同了，那边地域更广阔，国家众多，山头林立，错综复杂，且因路途遥远，那些各自为政的国家便往往不受朝廷约束而无法无天。比如这次铁勒侵扰敦煌，事前毫无征兆，来得十分突然。总之，因为皇上对西域不摸底，尚未找到对症的良方，而未敢贸然去那边巡视。

除此而外，令皇上感到憋闷的还有一事。即，北巡归来，已近三月，而东北角的那个叫高句丽的小国，则仍是钟不响、磬不响地无动于衷。他的国王高元既不前来朝拜，连使者也不派一个来，竟将皇上对他的警告置若罔闻！这不是有意把大隋朝廷和大隋皇上不放眼里吗？皇上因而在心中权衡，是先教训东北的高句丽？还是先巡行西北诸国？他正为此而举棋不定！

这日，皇上依例上朝，朝议已近尾声，有司正欲宣布退朝之际，一名官员忽然出班奏道："臣下从西边归来，要向皇上禀报的事杂且多，一言半语、一时半会，恐难穷尽，故将事由辑录在册，以呈陛下面阅。"

皇上定睛看去，见是久未谋面的老臣裴矩。他双手捧着一只蓝色布面硬质书箧，作呈献皇上之状。

皇上问："公是啥时候从西北回来的？"

"臣下紧走慢赶，昨日方到。"裴矩说，"圣上在榆林嘱臣年底回东京述职，臣怕唠唠叨叨在朝堂上述说不清，行前就将要说各事，记录于此了。"裴矩说着，双手将那比砖头还厚的书箧举了举。

"这么厚重？"

"此是臣下平日再三斟酌，扼要记录下的。"

皇上皱了一下眉头，还是命一名宦官将那书箧收下了。

其时，朝堂上的文武百官，发出一阵讪笑。他们皆认为裴矩此举，太过夸张。西北，乃蛮荒之地，哪值如此小题大做！

裴矩与苏威一样，属先帝时期的老臣。过往，他在朝廷以处事果断而著称。平陈之役中，他曾任晋王府记室，皇上对他并不陌生。陈朝覆灭，建康城破，裴矩协助时任长史的高颎清点登记皇宫中的文书、档案、图籍、古董、珍宝等等，那么繁琐的事务，裴矩兢兢业业，处置得井井有条，受到高颎赞扬。开皇十一年，江南发生叛乱，文帝派裴矩赴岭南做安抚大使。出发前，叛乱已波及江南全境，为安全计，文帝令裴矩暂缓出发。但裴矩却上奏道："江南叛乱，最易波及岭南各族，臣作安抚，此去正逢其时，不能耽误。"文帝被他不计个人安危的胆识打动，允他带着诏令赴汤蹈火。果不其然，裴矩踏入岭南地界，就传来了叛贼围困广州城的坏消息。裴矩二话没说，从附近守军将领那里"借"得三千士卒，杀灭了叛贼，解了广州之围，并稳住了岭南局势。回朝后，裴矩受到文帝的褒奖。由此可见，裴矩早就是个文武兼具的干才，只因那时朝中人才济济，裴矩的才干没能得到充分发挥。不过，文帝也没轻看裴矩，他曾历任民部侍郎、内史侍郎和吏部侍郎等要职。当今皇上继位，营建洛阳时，裴矩统领一帮匠人修建其中的省府，仅用九十日就圆满完工。之后，皇上将裴矩派往张掖（今甘肃省张掖）主持边地日益繁盛的贸易事务。此次皇上北巡，首抵榆林，启民可汗率突厥各部落国首领前往迎驾的同时，裴矩亦率伊吾、高昌等西域部落国使节前来朝拜，而使皇上分外高兴，并指令他岁末回朝述职时，着重介绍西北边地贸易和西域情势。不想，裴矩带回的竟是记录在案的厚厚一箧书。

皇上虽然很早就认识裴矩，不过，对他却无较深了解。那位代替皇上把书箧接过的宦官，事后倒是将那书箧摆在了皇上批阅奏折的案头上。直到某日，皇上终于将这只蓝色布面书箧好奇地打开时，才猛地感到眼睛一亮！

书箧里经过装订的是上、中、下三卷手写书稿。书的封面上，楷书四字：《西域图记》。

皇上信手翻开上册的封面，是一篇用小楷手书的序言，其上写道：

　　臣闻禹定九州，导河不逾积石；秦兼六国，设防止及临洮。故知西胡杂种，僻居遐裔，礼教之所不及，书典之所罕传。自汉氏兴基，开拓河右，始称名号者，有三十六国，其后分立，乃五十五王。仍置校尉、都护，以存招抚。然叛服不恒，屡经征战。后汉之世，频废此官。虽大宛以来，略知户数，而诸国山川未有名目。至于姓氏风土，服章物产，全无纂录，世所弗闻。复以春秋递谢，年代久远，兼并诛讨，互有兴亡。或地是故邦，改从今号；或人非旧类，因袭昔名。兼复部民交错，封疆移改，戎狄音殊，事难穷验。于阗之北，葱岭以东，考于前史，三十余国。其后更相屠灭，仅有十存。自余沦没，扫地俱尽，空有丘墟，不可记识。

　　皇上膺天育物，无隔华夷，率土黔黎，莫不慕化。风行所及，日入以来，职贡皆通，无远不至。臣既因抚纳，监之关市，寻讨书传，访采胡人，或有所疑，即详众口。依其本国服饰仪形，王及庶人，各显容止，即丹青摹写，为《西域图记》，共成三卷，合四十四国。仍别造地图，穷其要害。从西顷以去，北海之南，纵横所亘，将二万里。谅由富商大贾，周游经涉，故诸国之事罔不遍知。复有幽荒远地，卒访难晓，不可凭虚，是以致阙。而二汉相踵，西域为传，户民数十，即称国王，徒有名号，乃乖其实。今者所编，皆余千户，利尽西海，多产珍异。其山居之属，非有国名，及部落小者，多亦不载。

　　发至敦煌，至于西海，凡为三道，各有襟带。北道从伊吾，经蒲类海铁勒部，突厥可汗庭，度北流河水，至拂菻国，达于西海。其中道从高昌、焉耆、龟兹、疏勒，度葱岭，又经钹汗、苏对沙那国、康国、曹国、何国、大小安国、穆国，至波斯，达于西海。其南道从鄯善、于阗、朱俱波、喝槃陀，度葱岭，又经护密，吐火罗、挹怛、忛延、漕国，至北婆罗门，达于西海。其三道诸国，亦各自有路，南北交通。其东女国、南婆罗门国等，并随其所往，诸处得达。故知伊吾、高昌、鄯善，并西域之门户也。总凑敦煌，是其咽喉之地。

以国家威德，将士骁雄，泛蒙汜而扬旌，越昆仑而跃马，易如反掌，何往不至！但突厥、吐浑分领羌胡之国，为其拥遏，故朝贡不通。今并因商人密送诚款，引领翘首，愿为臣妾。圣情含养，泽及普天，服而抚之，务存安辑。故皇华遣使，弗动兵车，诸蕃既从，浑、厥可灭。混一戎夏，其在兹乎！不有所记，无以表威化之远也。

皇上一口气读罢序言，继续往下翻看正文，只见书中图文并茂，所述内容，琳琅满目，且都是他不了解又正想了解的。

裴矩在图记中，把西域各国的人口、物产、民俗，以及各族男女之状貌、服饰等等，不仅表述得清清楚楚，还描画得惟妙惟肖。此外，更画有多幅地图，用以介绍西域的山川、大漠、道路、各国所处位置、疆域等等。总之，西域种种物事，书中应有尽有，且一目了然。

皇上看得兴致盎然，如获至宝！下诏赏赐裴矩绢五百段。

皇上为啥这么看重此部手写手绘的书呢？是他对西域极感兴趣，却又对它不了解之故。而此书又恰恰解了皇上之惑！

皇上自幼熟读《汉书》，儿时曾想做个像张骞那样，出生入死、大义凛然，为国建功立业的英雄。而当他成为统一华夏的三军统帅，率五十余万大军，一举平灭陈朝，帮助父皇完成一统天下的大业后，人大心也大了，他即梦想做个有如汉武帝那样，雄才大略、开疆拓土、名垂青史的君主。而今，国力强盛，内部安宁，雄心勃勃的皇上，便油然而将目光瞄向了广袤的西域，并想往能比汉武帝走得更加遥远！

因此，皇上在研读这部《西域图记》时，特别上心，凡有不得要领之处，或想了解得更细致、更清晰，便不断把裴矩召至身边，问这问那。

"公说，西域各国皆想向我示好，此言是否属实？"皇上指着序言中的某处向裴矩发问。

"确是如此。"裴矩从容作答，说，"臣下咋敢对圣上有半句不实之词。"

"我朝与西域诸国相距甚远，常常顾及不到那一片天地。朕就想，他们无拘无束不是更自在吗？那么，他们为啥隔这么远还想向咱示好？并自愿做大隋的臣民，目的何在？"

"是这样，"裴矩解释说，"对于西域诸多小国来说，他们一是出于对咱大隋的景仰，夷人一直都把咱中原视作人间天堂；二是想与咱做买卖，咱地大物博，物品精美，对他们有巨大的吸引力。再就是……"

"他们想与咱做买卖？"皇上打断裴矩的话，不屑地笑道，"他拿啥来与咱做交易？就凭他们手中的几匹马吗？那有多大个利可图？"

"嗨！圣上不可轻看西域各国，臣下的书中不是写得有吗？西域做买卖的方式繁多，且交易甚巨。而今世道安定，张掖、敦煌边贸十分红火，远非几匹马的交易呐！"裴矩进而解释说，"西域有的国度很小，几万人，或几十万人，就算是个大国了。有的国家仅几千人，千数人。国中，除国君和大臣而外，其他人可分两类：一种人专事游牧，除放牧牛羊而外，还养马，此乃众所周知；另一种人则靠经商牟利。他们手中有大量金银财宝和咱需要的一些物品。如，金、银、铜制的器皿，上好的玉石、玉器、玛瑙、毛毡、地毯等等，应有尽有。此外，他们还可用手中的金银财宝，直接购买咱的丝绸、陶瓷和手工制品等各种商品，再不远万里，把从华夏换来的物品，贩运到更远的波斯去，从中再获利。"

"这个，朕读《汉书》知道，这条途经西域的商贸之路，有万里之遥。"

"对了！"裴矩拊掌道，"圣上想想，这一漫漫的路途上，有多少个国家，有多少生意可做呀！"

"朕就是不能理解，那边尽是沙漠，又有高山的阻隔，不能行车，大宗货物，靠啥搬来运去嘞？"

"骆驼呀！不是说，骆驼是沙漠之舟吗？"

"哦，对，对。朕只记得舟与车，倒把那畜牲忘了。它确能承受重载，还耐得住饥渴，只是走得慢点罢了。"

"就是呀。一个胡商，一般都拥有十来头或几十头骆驼，大商巨贾，骆驼都在百数以上。圣上还别看他们住在帐包里，不起眼，可一个个商人其实都腰缠万贯富得流油。咱之庶民光种粮食，价值几何？数十担粮食，往往还没一把精致的银壶值钱呐！"

"那是，那是。"

"所以，西域各国，尤其是胡商，是真心实意想做大隋臣民的。咱一匹绢，他拿到波斯就能换来一只金元宝。臣于大业二年奉命去张掖监管边境贸易，一次就邀来十余国的君主前来做客。此次圣上巡幸北方，抵达榆林，因臣知道得较晚，不是也领来一些国家的使节前来朝觐圣上了吗！"

皇上被裴矩说得心痒痒的，对西域越发心驰神往起来。他说："朕读公的《西域图记》，就想起汉时张骞。公去张掖才二年，就写出这样一部奇书，比之张骞当年的功绩大多了。"皇上说得兴起，忽然道，"这样吧，朕命公作民部尚书，只要你管一件事——让西域各国，或直接归附大隋，或如启民可汗那样，作大隋属国可汗，从而使咱大隋物资能畅行无阻地翻越葱岭，抵达西海之滨，去和波斯人做买卖。公觉咋样？"

裴矩一听，立跪于地，说："臣愿受陛下驱驰，做一切力所能及的事，可要西域各国，全听咱的，以臣下个人之力，是做不到的！"

"噢？"皇上脸色倏地变得难看起来，"公不是说，他们都想做大隋臣民的么？咋一作起真来，公又说不成了呢？"

"臣下起先的话，还没说完呐。"裴矩道，"西域一般小国，确实想做大隋臣民。为啥？还有一个重要原因，即是想寻求咱强大的大隋保护，他们都不堪忍受强邻的欺凌！"

"谁敢欺凌西域各国？"

"说来道去，还不是咱大隋的两个老对手，突厥和吐谷浑嘛。"裴矩提醒道，"臣在《西域图记》的序言中，即已提到。"

"朕注意到了。"皇上做了个让裴矩坐到自己近前的手势，说，"过往几年，朕要处置的急事太繁，太杂，一时顾及不到西域那块地方。目下，东边、南边和北边已渐次安定，所以，才腾出手来要理顺西边的事。朕近读公之《西域图记》，越发觉得那块地方很重要。可是因那边的国家太多，国与国之间错综复杂，治理起来，却不简单。"

裴矩重新坐定后，说："天下大乱了数百年，西域即无法无天了数百年。其间的你争我夺，弱肉强食，从未间断过。大隋建立以来，先帝曾对西边入侵之敌，实施过数次严厉打击，使西部突厥与吐谷浑对我已有所收敛。不过，先帝之于西域，仅限于防御。即，人不犯我，我不犯人。从而造成整个西域由西部突厥和吐谷浑各自坐大一方的格局。"

"那不行。"皇上断然道，"今后，咱对所有近邻，都得立个规矩，不管是谁，皆不得胡作非为，无法无天，且都要听从咱大隋的号令。"

"如能此样，海内海外就都太平了！"裴矩兴奋地接腔道，"我若能像汉朝那样，对西域实施整治，重开通向波斯的商道，臣想，沿途西域各国皆会欢呼雀跃，拥护咱大隋。而且，咱大隋亦可把生意直接做到万里之遥的波斯去，波斯和西域各国商贾亦可到咱大兴和洛阳来，此可是一件利国利民的大好事。"

"噢？"皇上亦感无比兴奋地问，"公觉波斯和西域商人，会从那么远的地方来咱东京洛阳做买卖？"

"有利可图，谁会嫌远？不过，还是那句老话，如果突厥和吐谷浑的问题得不到妥善解决，西域即无宁日，商道亦无望开通。"

皇上蹙了蹙眉，问："西边突厥不是于几年前被史万岁杀得丢盔弃甲，只剩达头可汗领着少数虏从逃到沙漠去了么？咋还有能力继续鱼肉西域各国？"

"此就是瘦死的骆驼比马大啰！"裴矩说，"往远点儿说，西边突厥的达头可汗，原本是东边突厥沙钵略大可汗的叔父。东、西突厥原本是由一个大家族组成的，他们共分五个突厥汗国。西边的一个独树一帜，东边的四个则共拥沙钵略为大可汗。沙钵略做了大可汗后，西边达头可汗不爽。论辈分，达头是沙钵略之叔，而地盘与军队也是达头的西部突厥占优。后在长孙将军的离间计作用下，达头与沙钵略间的嫌隙愈结愈深，终于闹成誓不两立互相厮杀的东西两个突厥汗国。再到后来，东边沙钵略已死多年，大可汗已更换过几茬人，直至今日的启民可汗，已是达头可汗的侄孙辈了。这样，直到仁寿三年，西边的达头可汗才终于被史万岁杀得成了丧家犬，后客死于吐谷浑境内。当下主宰西部突厥的是另一支系的泥撅处罗可汗。他重整旗鼓，控制着包括龟兹、铁勒、伊吾等周边一些部落国。"

"唔……原是此样。那么，吐谷浑又是啥情形？"皇上进一步问。

"吐谷浑，原是鲜卑慕容部的一个支系。他的先祖游牧于徒河青山（今辽宁省义县东北）一带。约于三百年前，鲜卑单于涉归的庶长子吐谷浑因与其弟闹翻，遂将所部一千七百户带离家乡，几经辗转来到陇西的抱罕（今甘肃临夏市）。现经三百年繁衍生息，势力已扩展至巴蜀、青海和陇西南一带，成为西域除突厥而外的另一霸主。他们仿照汉族帝王传统，以祖先吐谷浑的名字为国号，此就是吐谷浑的来历。"

皇上的母后独孤夫人即为鲜卑族裔。裴矩介绍吐谷浑时，皇上听得特别仔细。并问："近些年来，吐谷浑似对我边境少有侵扰，且还有向我示好之意向，是何原因？"

"表面看来，确是如此。吐谷浑对我之强大，心知肚明，不敢硬碰。他多是唆使别国对我边境挑起冲突，以从中坐收渔翁之利。此外，该国对自己管制下的小国，则极尽盘剥，因此，他的辖下诸多小国皆心向大隋。总之，我朝要治理西域和开通向西的商道，都必先降服西部突厥和吐谷浑这两只拦路虎。此正如当年汉武帝治理西域，必先征服匈奴是同一道理。"

"好！"裴矩最后一语，正说到皇上的心坎儿里了！他弄清西域的来龙去脉和时下情形后，也明白了症结所在。不过，尚有一事，仍使皇上郁闷，他于是问，"公似乎只提及突厥与土谷浑。那么，最近侵扰我敦煌的铁勒又是咋回事？此次，他来势汹汹，不也是一只威胁咱大隋的恶虎嘛！"

裴矩则笑着说："不错，铁勒确有来历。且，他正是汉朝逞凶西域的匈奴后裔！数百年来，匈奴内部，一样不和，相互残杀，早已四分五裂零零散散分布于西域各地，至今，已全然不成气候了。此次前来围攻敦煌的铁勒，即是其中一股。不过，他勇猛有余，却缺心计，而且，人数和力量都有限，并不足惧。咱的主要对手还是前面说过的那两只虎。咱只要能使突厥和土谷浑就范，西域所有问题，便都能迎刃而解。"

"朕明白了。"皇上点头又问，"那么，以公之见，咱应如何收拾或降服此二只虎呢？"

"臣的想法是，咱一个个来，先解决当面锣对面鼓敢于与我直接为敌的西部突厥。比如刚才说到的铁勒，他就依附于突厥，狐假虎威。若能使突厥俯首称臣，铁勒就更不敢胡作非为，而会乖乖向我靠拢啦。"

"好！公估摸一下，咱若讨伐突厥，需发多少兵马？"

裴矩先看了皇上一眼，而后说："臣倒是想，如能不用兵，就能使其俯首称臣，方是上策。"

"不可能！"皇上摆手断然道，"朕于开皇元年，出道做的第一个官，即是并州总管府总管。自那会儿起，朕就与突厥结下不解之缘。尤其是西边突厥，他即使屡战屡败，过后不久，稍一恢复元气，又会卷土重来，从未对咱服过软。这可是与东边启民可汗大相径庭之处。"

"不过，再硬的汉子亦可能有服软之时！比如说，当下的西部突厥泥撅处罗可汗就有此可能。"

"噢？"

"这位处罗可汗，欺压周遭各国，也就罢了，人家惹不起他，对其敢怒而不敢言。但，他还在自己的部落国内，作威作福，欺凌属下各牧主。这些人可不是好惹的！有的是他叔，有的是他的兄弟，当下内部正闹得不可开交，且已达众叛亲离地步，日子很不好过。"

"公是想去做和事佬？那可打错了算盘。人家内部没事了，可正好一致对付咱啰！"

"臣的话还没说完哪。此外，臣还得知，这位处罗可汗的生母是汉人，姓向。而且，向夫人如今就住在咱西京大兴城内。"

"呵？"皇上这回倒是大吃了一惊。忙问，"此说是否属实？"

"千真万确。"

"公说说看，到底是咋回事儿？"

"泥撅处罗可汗的生母，原本是咱中原一带人氏，她生下日后的泥撅处罗可汗不久，丈夫泥利可汗就去世了。这样，向氏即按突厥人的风俗，改嫁给了继承可汗位的泥利的弟弟婆实特勤。泥撅长大后，到了开皇二十年，婆实与向氏夫妇赴大兴朝拜先帝，而其部落内部却发生了叛乱，丈夫婆实特勤返回去后，向氏便滞留大兴一直居住在鸿胪客馆里，此后，母子分离，直至今。"

"唔……"皇上若有所思地问，"公打算拿泥撅处罗可汗的母亲做篇啥文章？"

"文章有得做，只是不知效果会如何。"裴矩道，"因为臣下还获知，处罗可汗是个孝子，非常思念母亲。咱正好可乘他处境艰危之际，以他母亲的名义，遣使去收降他。如能成功，岂不是不用一兵一卒，即可消除一大心腹之患？"

"行！这篇文章就照公说的这么去做，说不定能做出一篇事半功倍的好文章来。"皇上大喜，立刻与裴矩商定，派司朝谒者崔君肃带皇上诏书出使西域，面见泥撅处罗可汗。言谈之中，皇上对裴矩有了新认识。即刻下诏，任命裴矩为黄门侍郎。如此一来，皇上见裴矩就方便了。

皇上性子特别急，西域事八字还没一撇，他即迫不及待地向裴矩提出了北边高句丽不来朝拜大隋，却与启民可汗暗中勾勾搭搭的事。皇上除实在咽不下这口气外，也担心日子长了启民可汗会被高句丽拉过去，联合起来反大隋，于是问计裴矩："取西域暂时可以不用兵，那么，是否可用军队来教训教训东北一隅的高句丽呢？"

裴矩不假思索地回答说："不可。"

皇上一愣，问："为啥？"

"汉王杨谅当年率军征伐高句丽，臣下亦在行军元帅帐中当差。后来先帝把此役失败的原因归罪于长史高颎指挥不当，其实是活天冤枉。又说是因突发瘟疫所至，亦不尽然。"

皇上即问："那么，以公之见，到底是何原因？"

"实则是，战未开打，败局就已然注定！那次征战，完全是因汉王急功近利，出兵太过仓促所致。高句丽国地处东北，气候寒冷，咱的补给线太长，运送粮草的民役在天寒地冻中疲于奔命，多冻死在了途中。军队远征，没了粮草，这仗还能打下去吗？"

"行，行。"皇上立马转圜道，"咱还是鼓做鼓打，锣作锣敲。先把西域理顺，再言其他。"

"是咧。"裴矩亦言归正传，说，"西域这边，即使顺利地拿下了突厥，还有个不好对付的吐谷浑呢！"

"对，对！"皇上觉得裴矩的建议十分中肯，遂打消了急速出兵辽东之念。

尽管如此，皇上对高句丽耿耿于怀的心仍未泯灭。他在准备着手治理西域的同时，接受杨谅远征高句丽失败的教训，忙里偷闲地于大业四年正月己巳日，诏令征发河北各郡男女一百余万人开凿永济渠。

此渠，引沁水、海河之水，起自洛阳，北达涿郡（今北京市）。此样，就把永济渠和通济渠连为了一体。那么，江南和中原的粮草、军需与军队皆可经由水路源源北上，直达与辽东很近的涿郡了。

第一三六回

君肃摇唇鼓舌劝降突厥
裴矩老谋深算杀灭吐浑

却说，真是无巧不成书。正当崔君肃奉命以大隋使者身份，携皇上诏书，从东京出发，前往西域处罗可汗的牙帐去时，没料，仅过几日，洛阳朝廷却意外迎来了一名西域使者，他是铁勒单于派来向大隋皇上请罪的。

使者带来一封铁勒单于的忏悔信和敬献皇上的一只玛瑙杯。信写得极为恳切，表达了对围攻敦煌和击败大隋援军的歉意和懊悔，还表示今后再不重犯此类过失和永做大隋顺民的诚意。铁勒单于敬献皇上的那只玛瑙杯，做工精美、造型别致、晶莹润泽，无疑是一珍奇之物。

鸿胪卿先在鸿胪寺中接待了来使，问明了情况，即把铁勒单于的信函和礼品转呈给了皇上。

皇上读信睹物，对这位来使既感兴趣又心存疑窦。他想：咋这么巧就有西域国度的使者不请自来？而且，他们是打了胜仗后，主动撤离敦煌的，却又为啥要前来表示悔过呢？皇上百思而不得其解。遂召不久前才升任黄门侍郎的裴矩入显仁宫。

裴矩来到显仁宫中，皇上没说二话，就要他看摆在御案上的信和物。裴矩先瞥了一眼那只造型十分奇特的玛瑙杯，便埋头看信。他把信读完后，仍搁回到御案上。

皇上开口即问："公以为此信是否有诈？"

"诈？"裴矩显然没弄清楚皇上的问话是啥意思，只好呆呆地望着皇上。

皇上则进一步道："公觉得这封信是真由铁勒单于派人送来的吗？"

"铁勒部落国的使者不会有假。信是铁勒单于帐内精通汉语和懂朝廷礼仪的随扈代笔的。这些随扈本身就是汉人，信中表达的也应是单于的本意。"

"噢？"裴矩的回答与解释，使皇上大为惊诧。"公咋这么相信他们？他们并未攻入敦煌，实施烧杀抢掠，他忏悔啥嘛？"

"他围攻了敦煌并击败了咱大隋援军，这就是犯了弥天大罪！"裴矩说，"此信是铁勒单于感到恐惧的忏悔，不会有其他弦外之音。这位首领，臣见过。臣在张掖邀请西域十余国首领前来聚会，铁勒单于就在其列。臣对他的印象是，此人胆大包天，然对我朝又十分敬畏。此必是因围攻敦煌，杀我援军，闯下大祸后，又感到后怕的真情流露。"

"他以为朕就会为这点事，兴师动众，去讨伐他吗？"

"那倒不尽然。"裴矩说，"冤仇宜解不宜结，谁都不愿与咱大隋结仇嘛。"

"此说，不无道理。"皇上想了想，还是有点不放心地道，"这样吧，公代表朕，宴请铁勒来使，摸摸他到底是为啥而来，以免造成误会。"

"臣，遵命。"

裴矩这次是奉命直接由张掖来东京述职，并意外升任黄门侍郎，而其家眷却仍在大兴城内。所以，他亦与铁勒的使者一样，暂住于鸿胪客馆中。于是，宴会亦在客馆中进行。

宾、主于此相见，既感意外，又分外欢悦。大业二年，铁勒单于受邀访问张掖，这位来使就是单于的随员。他懂汉语，且与裴矩早已相识。所以，宴饮间，二人自是无话不说。

席终人散，天已很晚，裴矩正欲回自己的房间休息，一名宦官走上前来说："皇上还在宫里等候裴黄门，接您的车马也已在大门外等候多时了。"

裴矩顿感意外。他想：堂堂大国之君，咋为这点小事纠结不休呢？于是，只好乘车匆匆赶到显仁宫里。

果然，裴矩跪在地上尚未起身，皇上就急不可耐地问："到底是咋回事，弄清楚没有？"

裴矩起身说："不出臣所料，铁勒单于确是因对部落管理不善，又遭突厥严酷盘剥，冬季难熬，方铤而走险，决定打劫敦煌。后经幕僚苦苦规劝，方才收手。之后，他又感到害怕，便遣使前来表示忏悔。"

皇上仍觉不可思议，盯着裴矩问："一国元首，缘何竟亲率臣民去做打家劫舍的下作勾当？"

"嗨！西域中的某些国家，说穿了，原本就是一伙凶悍残忍、无恶不作的马贼。不过，铁勒的情形又较特别，此部落国的人数不算太少，总计有十余万众，并有一支训练有素的铁骑，本不致沦为烧杀抢掠之流，只因该国的辖地偏狭，又恰恰夹在东西两个突厥的当中。名义上，他属西边突厥保护，可自泥撅处罗可汗当权后，铁勒受尽保护国的欺凌，日子难过，才被逼欲去打劫敦煌。单于的幕僚有一个就是汉人，他告戒单于宁可得罪处罗可汗，也不要惹怒当下如日中天的隋朝。否则，今后突厥如果靠不住了，又与大隋为敌，就只死路一条。为此，单于才遣使前来道歉。"

"这些话，都是铁勒来使说的？"

"是。"

"公觉得他的话，能信几分？"

"臣想，这位来使说的都是实情。因说假话，对他毫无益处，对我朝则更没啥意义。"

"好！若是此样，"皇上把玩着铁勒单于进献的那只玛瑙杯子，突然说，"朕倒想要铁勒给咱办件事儿。"

皇上先是对铁勒单于派使者来朝的真实意图心存疑虑，而当他深信不疑之后，却又突然说要铁勒为自己办事，真是不可思议。裴矩于是说："当下，铁勒一国人皆在天寒地冻中缺吃少喝，'嗷嗷'待哺，况且，他们与咱远隔千山万水，能指望他为咱做个啥咧？"

"正因如此，他们才有可能为我所用。他没吃的，咱可给他牛羊，还有粮食。咱的边关，自大隋立国始，不就一直在囤田么？近些年来，无大战事，粮食和牛羊多的是。而他，充其量就十来万人口，施舍一点，就能把他撑死。"

"不知圣上想要铁勒为咱做啥？"裴矩问。

"朕让他帮咱去剿灭吐谷浑——公以为如何？"

"呵？"皇上此一想法，可把裴矩惊得瞠目结舌。

皇上瞅了发呆的裴矩一眼，不紧不慢地道："公不是说，西域有两只不好对付的拦路虎么？当下，朕已派崔君肃去劝降突厥了；接下来，只要铁勒单于答应去打吐谷浑，西域的祸根儿不就清除了吗？朕想，铁勒既能打败冯孝慈的军队，实力不可小觑。他即使不能全歼吐谷浑，使吐谷浑遭受重创也行。朕另派军队去收拾受创的吐谷浑，不就轻松多了吗？再者，咱供铁勒吃喝，帮他度过严冬，不是比铤而走险去外边抢劫，强多了嘛。"

"好主意！"裴矩乍一听，觉得皇上简直是异想天开。但经皇上一番妙论，过细一想，感到可行，这才说，"圣上英明。此确是一着妙招。臣愿效犬马之劳，去铁勒所部，以促成其事。"

君臣一拍即合。皇上大喜道："有公亲自出马，此事便更有望了！"

二日后，裴矩即同铁勒派来的使节，冒着严寒，前往西北边关。

话分两头。

却说，先期出发去西部突厥的使者崔君肃。当他辛辛苦苦来到泥撅处罗可汗的牙帐前，就碰了个硬钉子。

其时，不得人心、内外交困的处罗侯，却不把这位大隋使者放在眼里。他高坐虎皮大位之上，端出一副西域老大架子，拒见大隋来使。

崔君肃经过严正交涉，处罗侯的手下人实在看不过眼了，纷纷劝说处罗可汗，说：大隋遣使来，是件非同寻常之举，也许，对我并非坏事。即使有于我不利事，也不能避而不见。处罗可汗这才勉强让崔君肃进见。

既是大隋派出的使者，必是事先掂量过的，这崔君肃也确不是等闲之辈。他一入牙帐，便反客为主，命处罗可汗下跪听旨。

此一着，即有如捅到了马蜂窝上。处罗可汗怒不可遏，要斩来使。周遭众臣则诚惶诚恐，一片哗然。

相反，崔君肃倒毫无惧色，他大义凛然地侃侃而谈道："突厥，原本是个实力不俗的堂堂大国，不幸分裂成东西两个国家，自己相互把对方视为仇敌，你来我往，连年征战，一直厮杀了整整二十年，都不能将对方消灭，此亦证明东边的启民可汗和你处罗可汗的实力，旗鼓相当。但，目下启民可汗统领的部落，军队将近百万，同时，还真心实意地向隋朝称臣。他为啥要这样呢？就是万分痛恨你处罗可汗的存在，使他不能独自成为突厥唯一的大可汗。所以，他只好降低身份，侍奉强大的大隋天子，以求借得隋军，集两个大国力量，来消灭你处罗可汗。至此，汝国已危在旦夕矣！"

高高在上的泥撅处罗可汗听到这番话后，大冷天气，额上脸上，已是大汗淋漓，不能自已。

牙帐中的僚属，更是连大气都不敢出。

崔君肃则旁若无人，继续道："而今，隋朝百官对可汗的行为，亦十分痛恨，都请求皇上答应启民可汗的要求，发兵前来惩罚你。本来，大隋与启民可汗联合发兵的日期都确定好了，只因居住在京师大兴的您的母亲向夫人害怕您被消灭，日夜守望于宫门前，哀伤痛哭，请求皇上不要出兵。是向夫人的诚意打动了皇上，这才派下官前来面见可汗，让你去内地请求皇上恩典，并与母亲团聚。可是，下官今日到此，可汗竟对大隋派来的使者如此无礼，此不是辜负了皇上和向夫人救可汗、救突厥汗国的一片诚意吗？"

处罗可汗一听此言，惊得从大位起立，泪流满面，一迭连声哀求说："是咱事先不知情呐，请大使千万不要见怪……"说着双膝一软，从虎皮座椅上吱溜下地，长跪不起。

崔君肃顿时面色肃然，展开诏书。一众僚属见状，亦纷纷跪下，恭听皇上的诏诰。

处罗可汗听完诏诰，并在君肃的指点下，面北再拜。然后，恭谨地把诏书接了过去，并问："咱的母亲……她老人家真的还在么？"

"向夫人不仅在世，还很健旺，大隋两代皇上都视她为贵客，一直让她住在大兴城的鸿胪客馆中。"

接着，处罗可汗十分恭谨地设盛宴招待崔君肃及其一行人。这处罗可汗也确实是个孝子，席间，还不断向君肃打听母亲近况。

君肃行前，依裴矩之嘱，曾顺道先赴大兴看望过向夫人，所以对夫人的了解颇为周详。于是，他将夫人的衣食住行等各个方面，说得绘声绘色，使处罗可汗大为感动。他想，母亲去大隋已整七年，历经两任皇上，都对她照顾得如此周到，还活得这么自在、健康，可见大隋对突厥和自己确是仁至义尽。

君肃见处罗侯唏嘘感动，便趁热打铁说："大隋是个讲究仁义和孝道的大国，你今后在对待朝廷方面，确要多向启民可汗看齐。人家从掌权之日起，就一直向大隋称臣。先帝因而十分看重他，给他的赏赐和优惠特别丰厚，使得他的国家逐渐富强起来。而你总是疏远朝廷，不向大隋皇上表示忠心，从而使自己一步步走向灭国边沿。"

处罗可汗慌不迭地辩解说："启民离大隋朝廷近，来去很容易。咱离得远，去一趟大隋朝廷不易呐！"

崔君肃语重心长地说："这不是理由，关键还是你心不诚，心中压根就没大隋皇上。"

处罗可汗急了，他环顾左右，压低嗓音对君肃说："确实不是咱心里没皇上。您看，咱之母亲也在贵国帝都，咱能不挂念她吗？是咱确实不敢走远咧！"

"可汗咋了？不能远行？"

"并不是咱的身体有啥毛病。"接着，他附着君肃之耳，悄声道："咱周遭这帮家伙，别看他们在宴席上个个喜笑颜开、慈眉善目，其实都各心怀鬼胎，咱一离开牙帐远去，他们就有可能翻脸，不认咱这个可汗了。"

"呵？还有这种事？"君肃故作惊讶地说，"由此看来，可汗威望存疑，处境堪忧啰！"

高高在上的泥撅处罗可汗听到这番话后，大冷天额上、脸上已是大汗淋漓，不能自已。

"就是咧……"

"请可汗想想，您如果能得到大隋皇上的支持与保护，那么，您的手下人还敢对您有半点不敬吗？"

"可是，皇上对咱……"

"这样吧，"君肃断然道，"可汗暂时不便离开辖地也罢，可先遣一名使节去大隋。咱回朝廷后，会将可汗的处境禀报皇上的。"

"那，太好了！"忧心忡忡的处罗可汗连连点头称是。

无独有偶。处罗可汗的邻居，铁勒单于国的日子，比之西部突厥汗国，更加难熬。他夹在两个突厥汗国中间的狭长地带，西突厥不仅没有对他执行保护义务，反而百般盘剥。加之，平日自己又不够安分和检点，因而常常受到东西两个突厥国的惩罚，可谓两头受压，苦不堪言。

如果与往年相比，今年冬季，铁勒则倍感煎熬。于是，才觉得左右邻居既不好惹，便打起了富得流油的敦煌的主意。

敦煌与张掖一样，是大隋通向西域的另一咽喉地，边境贸易比之张掖更为红火。此地南来北往的富商云集，各类物资应有尽有，本地亦盛产粮食、牛羊和名马。铁勒单于击败大隋的援军，闯下大祸，才感到后怕，又回头派使者前往大隋赔礼道歉。真个是，没打着狐狸，反惹了一身骚。

这日傍晚，当日头即将沉入大漠中时，正坐于牙帐火炉旁打瞌睡的铁勒单于，忽闻手下来报，东南边有一长串骆驼队正朝营地方向走来。

"真的？你没瞧错吧？"单于揉着眼睛坐起问。

"哪能错哩。那队伍离咱营地愈来愈近，可殿后的骆驼还拖得老长，似没完没了呢。"

"有道是天无绝人之路！你快去集合队伍，这回就是天王老子，咱也不会放过他的。"

单于着上铠甲，手握一柄马刀，一脸杀气地走出牙帐。此时，听到召唤的青壮牧民，亦都全副武装，牵马出了各自的帐篷，有的则已跃跃欲试骑到了马上。单于也不问人是否到齐，一跃上马，二话没说，一夹马肚，就朝东南方向踏雪而去。一众铁骑，亦都跃马扬鞭，紧紧相随。顿时，把个银装素裹的雪原，搅得浮雪飞溅，天昏地暗。

当单于一骑当先跑到一沙丘上时，只见丘下白皑皑的雪地中，一队望不到尽头、身负重载的骆驼队，在夕阳的照射下，不紧不慢地朝自己走来……单于和跟随而来的属下，见此情景，一个个皆看得发了呆，竟忘了自己是前来打劫这支骆驼队的！

而恰在此时，只见丘下，长长的骆驼队伍当中，突然冲出一骑，朝沙丘急驰而来。直到那马冲到单于不远处，他才认出骑者原是自己派到大隋去赔礼道歉的使者。

使者下马，气喘吁吁地指着沙丘下的骆驼队说："报告单于，大隋皇上派人给咱送吃食来了！"

"啥？你说啥咧？"

"咱奉单于之命，前往洛阳向大隋皇上致歉，说咱铁勒单于悔不该围攻敦煌，还错袭了大隋的援军，请求皇上能够谅解，咱今后世世代代不再与大隋为敌了。皇上不但没有予以追究，知道咱确有难处，还派使者给咱送来了过冬的粮食、羊肉和酒，让咱过冬。"

"真的？"铁勒单于喜出望外。

不一会儿，担任使者的黄门侍郎裴矩亦骑马来到了沙丘上。他对单于说："此为送来的第一批救援物资。计有粮食千担，现宰活羊二千只和一千坛酒。从边境各地调运的物资尚在途中，不日即将陆续运达。"

单于是条硬汉，他见裴矩的花白胡须上，结着一绺一绺冰碴，感激涕零地道："多谢裴大人！多谢大隋皇上！"

是夜，单于在牙帐中设宴招待裴矩，一杯热酒穿喉，单于再次由衷地表达了对裴矩的感激之情。他说："此次，咱犯下大错，若不是裴公从中作美，皇上恐不会轻饶咱的。"

"那倒不见得。大隋皇上心地广阔，有大漠、草原一般的胸襟。他知单于是个直肠子，既然认了错，必定能改正。若是换上另一个人，皇上肯定就不会轻饶他了。"

单于一听，裴矩话中有话，忙问道："您说的另一个人，指的是谁呀？是不是咱的邻居处罗可汗？"

裴矩摇了摇头，说："皇上指的不是处罗可汗，是指吐谷浑。皇上最恨吐谷浑对大隋阳奉阴违！"

"呔！皇上看人真准！吐谷浑明一套，暗一套，咱在草原上，没少吃吐谷浑的暗亏！"

"单于说得对！吐谷浑就是那种见面一脸笑，暗中摸家伙的人，皇上就信不过他。以往，大隋对吐谷浑还是不薄的。他的可汗派人到朝廷提亲，皇上好心好意把宗室光化公主嫁给了他，使他成了大隋亲戚。而他呢，吃里爬外，得了皇上诸多好处，不但不感恩，还挑动突厥诸国时常侵扰大隋边境。"

"是，是。吐谷浑就是这么个小人！"单于呷了一口酒，脸被炉火映得通红，问，"皇上打算啥时惩处这个忘恩负义的浑蛋？"

"咱可实话相告单于，皇上已下定决心，将把吐谷浑像拔除毒草那样，连根拔起，扔出西北大草原。"

"好！"单于把酒盅往桌上一"笃"，掷地有声说，"除灭毒草就要连根拔起！请裴公回去禀告皇上，把铲除吐谷浑这件事，交咱铁勒单于国来办理，咱一定能将他收拾干净。"

此时，裴矩反露难色，道，"此草不是那好除的呢……"

"咋啦？"

"吐谷浑辖地宽广，人多势众，单于单枪匹马，力量薄弱，能够降服他吗？"

"裴公，你这就不知晓了。吐谷浑最怕就是跟他拼命。咱的人数确比他少，地域也没他的宽，可咱有一支人人能战的铁骑。过往，咱与他死拼，从未落过下风。跟公说吧，咱就怕他使阴招，中他的诡计。咱与他硬碰硬，横下一条心，怕他个毯哩！"

"单于啥时能动手消灭他？"

"待皇上赐给咱的食粮到齐，就可与之一战。咱不愁吃喝，有了底气，还有啥可忧心的？咱就是碰到了天王老子，也不足惧啦！"

"不可。"裴矩还是连连摇头。

兴头上的单于，忽又一怔："咋啦？"

"天寒地冻，仗咋打？刚才不是说过，吐谷浑地域辽阔，纵横千里，人和马都在冰天雪地中，他吃不消，你也吃不消嘛！如此拼法，至多也是个两败俱伤，那样，就没啥意思了。"

"那……"单于搔搔头，一想，裴大使说的确是个大实话，并是为自己着想，便不再嘴硬了。

裴矩呷了口酒，方道："不用慌咧。凡事，要先搁心里掂量掂量，要三思而后行哩。这样吧，咱回朝廷，再请求皇上给单于多拨些粮食和牛羊肉，让弟兄们，也让战马，都蓄精养锐美美地过一个冬。待到来年冰化雪消时，打吐谷浑一个措手不及。届时，单于由西向东边压过来，咱大隋的军队则由东朝西杀过去，来它个双管齐下，两面夹击。单于觉得此样如何？"

"妙，妙！狗日的吐谷浑，此回必死无疑啦！"铁勒单于开怀大笑着，端起酒盅，一仰脖子，喝了个底朝天。

大业四年，春。

由于得到朝廷的充分供给，铁勒单于国的青壮年们，经过一冬的蓄精养锐，个个红光满面，精气神十足。就连他们的战马，亦因在草料中添加了人吃的粮食，严寒之中，不仅没见消瘦，匹匹都养得膘肥体壮。

性急的铁勒单于，伸展了一下肢体，实在忍耐不住了。他不等草原的残雪化尽，便率铁骑，于一个清冷的拂晓，从且末（今新疆南部，塔里木盆地东南）攻入吐谷浑大营。

其时，吐谷浑的可汗伏允还在睡觉，他衣冠不整地左冲右突，方率一批人仓卒逃离火光冲天的营帐。起始，伏允还以为是内部有人作乱，当他一路败退，几日后，才摸清是遭到老对手铁勒单于的暗算。他又气又恼，可一切为时已晚，人家准备充分，兵强马壮。自己刚一交手，便阵脚大乱，蛰伏一冬，人疲马乏，不堪一击。他只好一边退却，一边收容残兵败将，一直退到西平（今青海省西宁市）地界，再无退路了。此刻，他才想到自己是大隋女婿，于是，赶忙派人请求大隋支援。

与此同时，按裴矩与铁勒单于去冬的约定，春日已至，皇上派了自己最信任的左翊卫大将军宇文述率军前往西部边境，以夹击吐谷浑。

不料，正于行军途中，宇文大将军就接到伏允的求援信。他二话没说，带领大军，猛扑过去。一战，斩杀三千余众，俘获四千余人，仅王公一级各部落首领就有二百多个。

伏允本人，则丢盔弃甲，望风逃入南边的荒原。

宇文述与铁勒两军胜利会师，投降的吐谷浑军民，总计有十几万人。

为了抚慰和安置流离失所的吐谷浑人，皇上下诏立被俘的伏允之子伏顺为吐谷浑国可汗，派使者送他出玉门关，以重建一个听命大隋王朝的吐谷浑国。但伏顺到了西平，却得不到当地吐谷浑人的认可，他被同胞痛骂为叛徒、国贼，只好灰头土脸地只身重返大隋。

大隋以迅雷不及掩耳之势，一举歼灭吐谷浑之举，使西部突厥的泥撅处罗可汗更加为之胆寒，并更感孤立。

接着，皇上下诏裴矩，令他继续留驻西域，巩固已取得的成果。并为御驾巡幸西域，做好准备。

第一三七回

裴蕴雕虫小技得道升天
杨暕逞强好胜自酿苦果

地域辽阔，国家众多，情况十分复杂的西域，没想到，竟不费吹灰之力，就将两只恶虎——制服：一只被崔君肃巧舌如簧的嘴说得服了软；而另一只则在铁勒单于国的配合下，被打得落荒而逃。留驻西域的裴矩，秉承旨意，乘此大好时机，便开始联络西域各国，着手在广袤的西北大草原上，重建新的秩序，以迎接大隋皇上的驾临。

大业四年夏四月，心情大好的皇上，则忙里偷闲，携皇后并带一干嫔妃、大臣，来到汾阳宫（今山西省宁武县境内）避暑、狩猎，并于凉爽的行宫中，处置天下事。

汾阳宫，位于晋北的管涔山上，山的顶端有一湖泊，幽深的湖水朝天而望，因名之曰：天池。富丽堂皇的汾阳宫各个殿宇，就依山傍水参差错落地建于天池之畔，真可谓是个得天独厚的避暑好去处。又因这天池是汾水的发源地，此一条碧水又润泽着晋中一方百姓，所以，皇上便将此行宫叫作汾阳宫。

汾阳宫的周遭，森林茂密，地势险要，环境幽雅，天气凉爽，野物繁多，又是一绝佳的狩猎好场所。

那么，皇上最初是怎么想到要在这里建一行宫的呢？原来，归属宁武管辖的管涔山，与塞北紧相连接，历代帝王曾于此一带修建有内长城，以御外敌侵扰。隋朝初年，当时年仅十三岁的晋王杨广担任并州总管，在修建和加固长城时，曾到此地视察，对此处的奇特地貌、风光，印象深刻，极为赞赏。等到他自己做了皇上，在巡游江都返回东京洛阳，并不满足西苑的湖光山色和水巷美景，尤觉洛阳的夏季闷热难当，便自然而然地想起了天池一带奇特的景观和夏日的凉爽，于是，下诏修建了这座汾阳宫。

皇上此次临幸汾阳宫，亦是该宫建成后，第一次迎来自己的主人。

大隋以前的北周和再往前推的整个北魏政权，都是由鲜卑人统治，朝廷大臣亦多为鲜卑人。鲜卑原是以游牧和狩猎为生的民族，因此，皇室和朝廷一直保留着一股浓厚的狩猎风尚，每至夏初或入冬，必有一次，甚或多次出外狩猎。但自隋文帝登基后，虽名义上仍划有数处皇家猎场，而真正出外打猎则少之又少。

当今皇上，入住汾阳宫，仅休息一日，洗却一路风尘，便精神抖擞地要去林中行猎。

时下，正处初夏，晋北林间鸟语花香，兽类十分活跃。猎场就近布置在森林茂密的阳坡和谷底一带。

皇上身着用兽皮缝制的猎装，张弓搭箭，守候于野物经常出没的道口处。他的左右有十数名身强体壮的侍卫，他们的身上头上都披挂着树枝等伪装，分散匍匐于草丛或灌木丛中，以防猛兽侵袭皇上。而猎场外围则由齐王杨暕率一千名皇家禁卫军护卫着皇上的安全。

此时，四野一片静寂，只听清风吹动树叶发出的一片"沙沙"声响；远处偶尔传来一两声禽兽求偶的鸣叫，使人感到猎物就在近旁。

皇上与众人都一声不响地耐心等待着、守候着，虽跃跃欲试，却连大气都不敢出一声，以免惊动了猎物。

不知过了多久，右前方的灌木丛中，终于有了动静。起初，只见草和小树东摇西晃，近了，更听到一阵"呼哧呼哧"的野物喘息声……皇上前面的坡下，有一条小溪，野物多是去那溪涧喝水去的。

不多时，大伙终于看清了，来者是一头硕大的母山猪，因为连它拖在草丛上的乳头都看得一清二楚了。目不转睛的皇上，把一支箭搭在了弦上，那山猪亦十分配合，竟定定地站着不往前走了。皇上憋足劲拉一满弓，当箭正要离弦时，却倏地一下泄了气——他竟然打消了射杀那只母山猪的念头。因恰在其时，从山猪身后窜出一群小猪崽。母猪立着不动，原是等候身后猪崽的。而皇上就在那一刹那，动了恻隐之心。

当母山猪大摇大摆地带领一群猪崽去坡下喝水时，离皇上最近的一名侍卫终于忍不住地道："圣上，您咋啦？"

"算了，朕把那母猪射杀了，它的一群嗷嗷待哺之猪崽，不都得饿死么？听张衡说，此山中的野物多的是！朕心仪的是麋鹿，再耐心点儿吧，山猪过后，也许就是麋鹿了。"

皇上言罢，四野复归平静，清风拂面，气候虽然凉爽宜人，可再也不见有野物之响动……

等着等着，树林上的日头，由东渐渐偏转到了西边，而林子里则仍是静悄悄地，不见丝毫动静。

此时，御史大夫张衡蹑手蹑脚地摸到了皇上近旁，关切地问："圣上这边是主猎场，这么久了，咋还没有开斋？"

"还说哩！朕正要拿公是问！"皇上一见张衡，火冒三丈，"临行前，公口口声声说，此管涔山属太行山支脉，因山势高峻，未遭战乱，且人迹罕至，是各种野物之天堂。朕在此候了大半日，却只见到一只山猪带着一群猪崽，别的，啥都没见着，还打啥猎呐！"

"这就怪了，臣为圣上来此打前站，一路闯见的野物不下十余种。碰到虎、豹时，还要和侍卫们虚张一阵声势，待它走远了，咱方敢前行赶路。"

"公看嘛，日头都快落山了，啥动静都还没有。只偶然听到野物在叫春，越听心越烦！"

"不对咧！齐王那边传来一阵又一阵欢呼声，听那边过来的人说，齐王斩获颇丰。臣到圣上这边来，本以为会有更大收获的。"

说话间，神气活现的齐王杨暕领着一批皇家禁卫军，有的扛着一只山獐、有的几人抬着一只只血淋淋的大家伙，前来敬献皇上。其中就有好几只皇上特别心仪的麋鹿。

皇上见此，大为惊讶，即问杨暕："汝不是在外围担任围场警卫的么？咋能猎到这多野物？"

"嘿嘿，此山猎物实在多，都一个劲往汾水边上闯来，儿臣拦都拦不住，只好叫来侍卫围而歼之，其中带伤或没带伤逃跑了的，还不知有多少。"

"奇怪！这畜牲，咋不到朕的主场来呐？"

杨暕则诡秘地一笑，说："野物皆极有灵性儿，恐是惧怕皇上您的威仪。"

"嗯？"皇上用阴沉的目光晒了儿子一眼，"竟有此理？"

"……"杨暕最惧父皇目光，低头不敢吱声了。

因是在崇山峻岭之中，日头早上出现较晚，而没入山里又早过平原之上。此时，西边天际，残阳如血，把层层密林染得一片金红。一日的行猎，亦只好到此为止了。

一无所获的皇上，悻悻然地回到汾阳宫里，即有人前来报说，齐王杨暕的一帮幕僚，为使主子能猎获到充足猎物，他们不等天亮就早早起身，并还带着皇家禁卫到山里大声喊叫，将野物往一个方向赶。待杨暕开始射杀猎物，野物四下奔逃时，又令侍卫四处吆喝，阻止它们逃离围场。所以，致使皇上的主猎场没有猎物可供射杀。

这要是换了另外一个人，知道是儿子所为，一笑置之，或骂一声"兔崽子"之类，也许就没事儿了，因来山中狩猎，毕竟是玩儿之事，没必要过分计较。再说，齐王二十出头，正是喜玩、喜出风头之年龄。可当下的皇上却咽不下这口气——天子遭儿子如此戏谑，乃大逆不道！

当今皇上，自幼受到父母极为苛严的管教，未曾沾染赌博恶习。可是，他未成年即被立为晋王，并成统领五十二州的大总管；二十岁即是三军统帅，于平陈战中，叱咤风云。为此，自幼就逞强好胜、每事必一赌输赢的个性，比之一般赌徒，更为好胜。所以，当儿子狩猎收获颇丰，自己却被他捉弄而颗粒无收时，皇上不能容忍，硬要惩处杨暕。后经张衡等近臣百般劝慰和萧皇后好说歹说的调停，方渐渐息怒。

七日后，由张衡另选猎场，事前作了精心布置。行猎的前一日，张衡还特别叮嘱杨暕，要他认真做好外围警卫，不要再插手围猎事。杨暕逃过父皇的惩罚，自不敢惹是生非了。

皇上重新披挂上阵，果然大获成功，斩获了比前次儿子更多的猎物，尤其是猎到了几头他特别心仪的麋鹿。

是夜，笑得合不拢嘴的皇上，在汾阳宫中以山珍、野味为主菜，大宴群臣和众嫔妃。

而此时，太常卿裴蕴则率歌舞乐伎，在宴会上献演助兴。

当一曲清新悦耳的《江南丝竹》奏响时，皇上的心弦亦为之撩拨得一颤。他停箸细听，随着那如淙淙流水一般的乐音，宛转低吟，他的心中竟倏地浮现出了已然逝去的宣华夫人——她娓娓动听的吴语，清秀可人的姿容，甚至，她那不同常人的一颦一笑，恰如这流水般的琴音，絮絮叨叨，如诉如泣，时隐时现地萦绕心头……

不一会儿，清脆、悠扬的竹笛声吹响，又把皇上带入到他所熟悉的江南明丽的春色里……

一曲奏罢，大厅中觥筹交错的官员们，在相互敬酒，大啖野味，似未在意那首别开生面的乐曲。

皇上瞥了一眼身旁的皇后。只见出生南方的萧皇后，受到乡音感染，使劲地鼓着掌，并念念有词说："太美了，太美了……"

一曲奏罢，而当另一支新曲重又奏响时，皇上吩咐身后侍候的一名宫女说："汝去把太常卿请来，朕有话对他说。"

正在安排歌舞乐伎进行表演的裴蕴，听说皇上召见，立马诚惶诚恐地赶了过来。

皇上命宦官在自己和皇后之间加了一把椅子，赐裴蕴坐在身边，并问："刚才演奏的《江南丝竹》，以往似没听到过呢。"

裴蕴忙解释说："臣遵圣命，对北方古老的鲜卑乐音，以及周乐、齐乐，乃至西域的胡人乐音，都分别进行过一番收集、整理，有的已向皇上进行过试奏。下官从小生长于江南，近来北方乐音听多了，更觉咱南方乐音，另有一番情趣，就根据儿时记忆，试编了此首《江南丝竹》。今为第一次在大庭广众中试奏，不知圣上听了，以为如何？"

皇上微微笑道："皇后才是真正的江南人，更了解江南乐音，还是由皇后予以置评吧。"

"奴婢就是觉得这曲子太生动。"萧皇后由衷地说，"北方乐音，粗犷、嘹亮、有气魄，即使是一曲悲歌，亦显苍凉、悲壮之凄美。咱江南乐音则不同，从容、秀美，娓娓道来，就是一支哀曲，亦缠绵、悱恻使人听得死去活来。今日演奏的这支《江南丝竹》，则有如一条潺湲小溪，曲折，宛转，清澈、明丽、悦耳、动听……"

"皇后过奖了！"裴蕴谦虚地道，"此曲在民间流传久远，臣下只是根据儿时依稀记忆，胡编滥造而成，未必能够达到如皇后所述的那重境界！"

"别太谦虚。"皇上高兴地说，"公之曲子能够打动皇后，并获皇后如此好评，并不容易。江南地广，民情风俗，亦因各地境况不一，乐音亦各具特色，确有不少好东西，尚待公今后用心去发掘和编配。"

"是，是。"

皇上随即指着裴蕴桌前一盅酒说："来，朕赐公一杯酒。"

裴蕴领首，道："臣下恭敬不如从命了。"说着，双手端举起酒杯，一饮而尽，然心都醉了。

说起来，这位太常卿裴蕴与时下担任黄门侍郎的裴矩，祖籍都是河东闻喜人氏，并共一个裴氏老祖宗，然而，两人的经历却不相同。

裴蕴自祖父一代始，便因战乱迁居江南，并在江南为官。裴蕴的祖父裴之平是梁朝的将军。父亲裴忌担任过陈朝都官尚书，在一次渡江与周作战时，与陈朝大将吴明彻一同被周军俘获，后被周赐江夏郡公爵位。隋朝建立，裴忌于隋为官十余年，因病去世。

而当裴忌在隋朝做官之际，儿子裴蕴却在江南担任陈朝的直阁将军、兴宁令等职务。由于父在隋之故，使他了解到北方朝廷励精图治、欣欣向荣，而自己所处的陈朝则在走下坡路。裴蕴于是暗中派人到大兴呈送表章，向隋文帝敬献忠心，并请求做隋朝内应。

等到陈朝灭亡，文帝逐个检视俘获江南官员名录时，即指着裴蕴的名字说："此人可拜授仪同。"

当时的左仆射高颍不明就里，进谏说："裴蕴对国家毫无建树，地位超过同级别其他陈朝官员，似有不妥。"

皇上不容分说，更进一步道："裴蕴可晋级开府。"

高颍因此不敢再提异议。裴蕴就这样连升几级，成了开府仪同三司。而在陈朝比裴蕴名气大、能力强的虞世基，开始却只能勉强在内史省就任一个不足以供养全家的卑微小吏。

大业三年，皇上命太常令高颍记录整理古老鲜卑音律，高颍却反向皇上进谏说，那些旁门左道的靡靡之音，伤风败俗，不能登堂入室，请皇上改弦更张，不要违逆纲纪。皇上听了很不高兴，高颍后来获罪被杀，担任太常少卿的裴蕴揣摩皇上心意，上表建议搜求周、齐、梁、陈艺人子弟，将有才艺者吸纳为专业乐户，在太常府当职，以发挥他们的才艺。皇上看到表章，大悦，下诏批准。裴蕴于是在太常府中，招纳了吹拉弹唱及鱼龙杂戏的各种艺人，一时竟达三万余人。此支才艺队伍常以声势浩大的阵容，分别出现于祭祀、庆典或皇上迎来送往的重大活动中，裴蕴因此由太常少卿升任为太常卿。

…………

直至今日，裴蕴编配的《江南丝竹》，更使皇上对他刮目相看。认为此人才是个真正懂得音乐的知音。于是对他说："朕以往认为公只是个做事专注的人，却未想到公对音律有如此精深造诣。"

"圣上过奖了。"裴蕴更显谦虚地说，"此乃雕虫小技，乡野之音，是登不得大雅之堂的。"

"错！此纯属高颍之流的迂腐见识。"皇上不以为然地指着高朋满座的宴会厅道，"卿看嘛，朕和皇后还有群臣汇聚于此，能说这不是大雅之堂？《江南丝竹》于此演奏，不就等于一步登天了嘛。"

裴蕴虽升太常卿，职位不算低，但在朝廷，一直以来，却是个不太受重视的闲差。所以，过往裴蕴与皇上的接触其实并不多。没料，今日竟然通过这支纯属下里巴人的《江南丝竹》，拉近了与主上的距离。裴蕴于是受宠若惊地道："不才今日斗胆加进一支新曲，原是想听听各位大人的反应，再行改进，没想到皇上皇后这么喜欢它。"

"《江南丝竹》确是好曲！"皇上十分肯定地说，"公今后要在此方面多下工夫，多编配一些好曲目。"

"皇上皇后都说好，臣感莫大荣幸。说句心里话，过往，臣下一直以为，此类乐音，有如狗肉，是上不得正席的！"

"错！音律这东西，无论'雅'与'俗'，中听为佳。此乃朕的一贯看法。当然，演奏的时候，须分场合，祭祀时，出征时，汝奏《江南丝竹》，那就不合时宜了！"

"是！是……"

日子过得飞快，就在皇上不断与裴蕴研讨音乐时，不觉已进入到盛夏，但在汾阳宫里，气候仍有如春日一般宜人。

忽有一日，皇上对身边的御史大夫张衡说："这座汾阳宫好是好，只是大臣来多了，仍嫌拥挤与嘈杂。待到今秋，朕下山后，由公主持，在一些风景宜人和僻静之处，再添建几座供朕休闲的殿宇，如何？"

张衡一听，好久未敢吱声。皇上登基以来，大小工程不断，百姓叫苦连天；加之，皇上几次出巡，亦是劳民伤财。直至目下，动用百数万劳力的永济渠，尚未完工。而且，冀鲁一带，男丁已不够凑数，女人都被迫征发到了工地。还有，就在离此汾阳宫不远的晋阳城内，亦正在兴建一座规模更为宏大的晋阳宫。怎能这样，一而再，再而三，毫无节制地大兴土木呢？

因此，多少年来，一直中规中矩，对皇上唯命是从的张衡，亦终于忍不住地说："圣上有所不知，当下黎民百姓，确已不堪重负，此汾阳宫是否能缓一缓，待过几年，再行扩建？"

皇上一听，分外恼怒："朕只在此山边加建几座殿宇，能费多少劳力？此对咱泱泱大国，能添多大负担？"

"待到明年，晋阳宫不就竣工了吗？圣上就可……"

没等张衡把话说完，皇上勃然大怒："公咋学得与高颎同一腔调了？不错，公是朕的近臣，曾为朕立过汗马功劳，可汝扪心问问自己，朕亏待过公没有？汝若是觉得朕得天下，是全靠汝之帮衬，就可以像杨素那样在朕面前指指点点，那就错了！"

张衡也没料到皇上会动这大的肝火，一时竟不知所措，垂手而立，任凭皇上恣意训斥。

是年秋季，皇上返回东京，张衡即被免去御史大夫一职，调任榆林做太守。取代御史大夫职位的是新近得宠的裴蕴。此外，因受高颎案牵连停职的苏威，亦于此时召回朝廷。

自此，裴蕴与宇文述、裴矩、虞世基、苏威等，共同成为最受皇上信任的近臣，被朝廷官员称为"五贵"。

此外，从汾阳宫返抵东京洛阳后，皇上没忘对儿子杨暕算账。一纸诏书，将其绳之以法，要求彻查他前前后后的过失。皇上绝不轻饶冒犯天子威权的人，哪怕他是自己的儿子。

彻查杨暕的圣旨一下，即有人上表说：朝廷明文规定，不允县令无故离开供职县境，杨暕则擅自将与他相好的伊阙县令皇甫诩带入汾阳宫吃喝玩乐。另有人举报说：京兆人达奚通有个王姓小妾，能歌善舞，王公贵胄举行家宴，多将她请去助兴、淫乐。齐王杨暕亦不能免俗，将此淫荡妇人带到齐王府中，与一伙浪荡恶少相与调笑。

随着彻查一步步转向深入，真个是，拔起萝卜带出泥。杨暕一贯骄奢放纵，狎昵亲近小人，所作所为，令人不齿。没过多时，他和属下人所犯各事，皆暴露无遗。

皇上登基后，曾命吏部尚书牛弘为齐王府配备官员。一时之间，朝廷的达官贵人都争相把自己的子孙托牛弘送入齐王府当值。这些王公贵胄子弟，虽经吏部考核选拔，却仍是

良莠不齐。齐王呢？他本人就是个喜好吃喝玩乐的人。中规中矩者，他不喜，却钟爱如乔令则、刘虔安、裴该、皇甫堪、库狄钟锜、陈智伟等一干人。这些人成日无所事事，纵情声色犬马，或探访到某家有漂亮女子的，就假称齐王暕有令召唤，以车载入齐王府邸，肆意玩弄奸淫，然后送走。更有胆大者，打着齐王名号，远走陇西，酷刑拷打胡人，以此索取名马。他们敲诈得来好马后，回到洛阳进献给齐王。杨暕咋会稀罕那些马匹呢？命其归还原主。以齐王名义索得好马的不法之徒，便把马径直牵回家中，还对不明就里的人吹嘘说，这些马都是齐王所赐……

凡此劣迹，不胜枚举。御史韦德裕将杨暕和齐王府中各种污浊事，收集整理，弹劾杨暕。

这些糗事，一经揭出，无异火上浇油。皇上想到，当年自己做皇子时，低声下气、直到做了太子，还是夹着尾巴做人，此才终于熬出了头。而这个不争气的儿子，小小年纪，就如此嚣张，今后怎堪当担大任？气头上的皇上，于是再下一诏，令千余禁军进入齐王府，深查杨暕及其党羽罪行。

经查：杨暕王妃韦氏，本是民部尚书韦冲之女，早年病逝。杨暕竟伤风败俗，与韦氏的乳母元氏私通，生下一女。乔令则前来祝贺，与齐王喝得烂醉。目无尊长的令则，竟斗胆摘下齐王冠盖，拿在手中取笑作乐。

更有甚者。不久，齐王召来相士，让他在府中恣意行走。那相士东张西望，直指乳母手上抱的孩子说："此孩儿长大后，将做皇后，王爷贵不可言。"

杨暕即道："咱的兄长元德太子已经过世，除咱而外，皇上还有一个儿子是庶出。因此上，自己迟早是要做太子的，做过太子即名正言顺要做皇上。而那小女孩是自己的女儿，她将来咋能做皇后呢？汝纯属一派胡言！"

杨暕的话一出，弄得相士一脸尴尬，无言以对。凡此种种荒唐事，在齐王府中，不一而足。

不过，杨暕驳斥了道士后，又胡乱猜想起来，他了解到，父皇不喜欢自己，将来极有可能立兄长杨昭的儿子为太子。于是，又将相士请来作法，行巫术之事，诅咒已故兄长杨昭的三个儿子。

当诸如此类荒唐事，一一揭露出来，皇上更为愤怒，忍无可忍。下诏，腰斩了乔令则等人，并将韦妃乳母赐死。齐王府中一干作过恶的僚属，都被发配到西域边地垦荒。

事后，皇上伤心地对身边臣下说："朕另外只有一个儿子，尚在襁褓中，不然，定将杨暕斩首于街市，以申明国法。"

往日趾高气扬的杨暕，其实是个心中毫无主张的窝囊废。从此，他一蹶而不振，更不提要做太子的事了。皇上任命他为一挂名京兆尹，却不允许他参与任何政务。

这一年，东突厥的启民可汗带了不少土特产品，并再次亲赴东京洛阳朝拜皇上。皇上对他的礼遇规格更高，赏赐更加丰厚，并挽留启民可汗在东京住了一个多月，数度与其宴饮。启民可汗回到突厥汗国，即感身体不适，没过多久，就溘然长逝了。

消息传到洛阳，皇上十分伤感，为此，三日停止上朝。

启民可汗的儿子咄吉世继承了可汗之位，这就是东部突厥的始毕可汗。

往日趾高气扬的杨谏，其实是个心中毫无主张的窝囊废。从此，他一蹶不振，再不提要做太子的事了。

第一三八回

皇上故技重施纵横捭阖
公主沉疴突起生死未卜

大业五年春正月丙子日，皇上下诏将东京洛阳正式命名为东都。

恰逢其时，皇上接到裴矩从张掖发来的表章，报告了二事。一是，被打得落荒而逃的吐谷浑伏允可汗，据说，已从西南林莽潜回西平，被重新拥立为吐谷浑部落国首领，近来，又有重新聚积军兵、故态萌发迹象；二是，西域各国闻听大隋皇上要巡幸西域草原，重新开通从大隋到波斯的商道，都感欢欣鼓舞，并期待皇上的驾临。

皇上对裴矩所提二事十分重视，不顾未消的寒气，便率一干大臣与嫔妃，从东都洛阳启程，直奔西京大兴。

二月戊戌日，皇上车驾安抵大兴宫。二日后，皇上在武德殿宴请故旧、老臣共四百人，席上谈笑甚欢，君臣皆感尽兴。

次日上朝，皇上即问群臣："自古天子有巡狩习俗。不过，江东诸帝多涂脂抹粉，安坐深宫，不与百姓相见，此何故也？"

有大臣回应说："此样帝王，无视民俗民情，日子必不长久。"

"此言甚善。"皇上点头认可，随即话锋一转，忽然大声宣布，"当下，华夏周遭，看似波澜不惊，而实则隐忧犹存。本朝的最大隐忧，即在西边。因此，朕准备于下月赴西域巡狩，以振汉时华夏威仪。"

皇上一言既出，朝堂文武百官，方如梦初醒。众臣慨叹，他们的想法不管多么超前，却永远跟不上皇上的多变。

"宇文大将军，公要注意了，此回可要打起精神！"皇上为防臣下有异议，紧接着就点了左翊卫大将军宇文述的名，朝堂上的气氛，便骤然肃穆起来。皇上继续道，"本次出巡，亦是出征，咱的军队可不仅是摆样子、显威仪的了，要随时准备出击，与敌交锋！"

众臣亦随之意识到，此番跟随皇上出巡，显然不会像第一次乘舟优哉游哉前往江都那么惬意；亦不会如第二次去塞北那样，对一般文武官员而言，只要随大流即可平安无事。皇上的提醒，已隐约透出，本次巡游，将会是一次不同凡响、极不寻常之旅。

不过，大臣们扪心一想，皇上对西域放心不下，还是有道理的。远的不讲，仅说自隋立国以来西部边陲就从未真正消停过。首要元凶，当属突厥，其次就是狡诈多变的吐谷浑。开皇元年，沙钵略大可汗率东、西突厥的四十万铁骑向隋大举进犯，吐谷浑亦乘机侵袭西北凉州。第二年，占到便宜的吐谷浑卷土重来，使西部边民深受其扰。隋文帝遂命凉州刺史贺娄子干发五州兵马，深入吐谷浑的后营，斩杀男女一万余人，扫荡二十日，方收兵回归。为此，文帝曾下令贺娄子干在边地建筑村堡，开垦荒地，用屯粮聚兵之法，来抗御入侵之敌。任劳任怨的贺娄子干，一直坚守边关，积劳成疾，于开皇十四年病逝于任上，而西部隐忧则始终未能根除，边境大小战事亦始终未能止息。

···········

皇上于朝堂布置了此次西巡的有关要务，散朝后，仍一如过往，只带数名侍卫，便从大兴宫的侧门来到姐姐家中。

丽华出门迎接，行过跪礼，说："姐听人说，皇上回了京师。知道圣上近日一定忙得不可开交，故未急着进宫拜见。到是皇上咋有空来寒舍？"

"朕再不得闲，亦不能不抽个空来看望老姐。是不？"

"看你，都做皇上了，嘴还是这么贫。"

皇上只在姐姐家里，才能这般随意，说话才无金口玉言的味儿。他随即对姐说："朕今日是专来请姐赴西域一游的。"

"啥时能够成行？"

"下月初吧。"

"本月已经所剩无几，圣上咋不在京师多待几日？"

"朕是个急性子，姐还不知？再说，三月正是出巡西域的好季节。据说，到了盛夏，那边沙漠比咱大兴还要热，把生蛋搁沙上，都能烤熟的。"

"行。姐此回就舍命陪皇上了！"

"没得那么严重吧？"

"此难得说。"丽华道，"姐都什么岁数了，说不定一口气上不来，不就将一把老骨头丢塞外喂狼了。"

"看姐说得多危险。其实，西域亦并非那么荒凉可怕，春夏时节，草原不少地方还是很美的。姐可到那里骑骑马，欣赏欣赏异域风光；朕还听说，那里产的瓜，又脆又甜；还有美玉、玛瑙等名目繁多的珍宝……"

"行了，行了。"丽华笑道，"不管咋说，姐此一生——值了！人渐渐老去，还有这么好的一位皇弟，心疼老姐！"

"姐咋能说就'老'了？姐不算老，也不显老，咋说，至少还得安享清福二十年吧。"

"哈哈……那不都成老妖了？"丽华快活地说，"算了，算了，圣上别给姐戴高帽了——一个字，去！舍命陪君子！"

大业五年三月己巳日，皇上从京师大兴出发，排列眩目之仪仗，一如既往地率领大臣、嫔妃、僧人及歌舞乐伎等，以十余万精锐之师作护卫，浩浩荡荡地向西而行。由于西部突厥已表示臣服朝廷，目标便直指去年曾受重创，今又有死灰复燃迹象的吐谷浑。

吐谷浑于去年遭到铁勒单于和宇文述两军夹击，已然溃散，他们的首领伏允仅率极少残兵遁入西南深山里。皇上本想以俘获的伏顺取代他的父亲伏允，重建一个能为大隋掌控的土谷浑国。未料，伏顺抵达西平，不能为当地吐谷浑人接受，只好折返朝廷。然，时隔一年，伏允竟又重整旗鼓，跃跃欲试，此当然不能为大隋皇上所容忍。

夏四月己亥日，威武雄壮，声势浩大的大隋队伍，停驻陇右，他们在一片方圆数百里的草场上，对外宣称是狩猎。但围阵中，摇旗呐喊，战鼓震天，喊杀声四起，分明是在演练军队。

壬寅日，高昌国、吐谷浑、伊吾等周遭国家，都分别遣使前来觐见巡行中的大隋皇上。己巳日，队伍往前行至狄道扎营，作片刻停驻，又有党项、羌等前来朝拜，并向皇上敬献土特产品。癸亥日，耀武扬威的皇家队伍出临津关，跨越黄河，直达西平，深入到了吐谷浑的领地里。隋军旁若无人，于此间摆开战阵，再次进行大规模军事演习。对于大隋如此咄咄逼人的叫板，吐谷浑与周遭各部落国闻其声威，皆万马齐喑，连大气都不敢哼一声。

五月甲申日，皇上在金山宴请同行的文武百官，并采取断然手段：命内史令元寿在南面驻军于金山，命兵部尚书段文振率军进驻北部的雪山，命太仆卿杨义臣驻军东面琵琶峡，命大将军张寿驻军西边泥岭，从而将吐谷浑主伏允盘踞的覆袁川围住——一场大战，眼看一触即发！

岂料，道高一尺，魔高一丈。对隋军一举一动早作提防的伏允，知其来者不善，趁皇上还在调兵遣将，合围之势尚未最终成形时，他仅带数十骑，从覆袁川的大营中来了个金蝉脱壳，悄悄地溜出了重围。

不仅如此，狡诈的伏允竟还虚张声势，派一小头目打扮成首领模样，伪称是伏允本人，据守于车我真山，引诱隋军来袭。皇上果真令右屯卫大将军张定和前去抓捕假伏允，却反被吐谷浑埋下的伏兵用乱箭将主将张定和射死。接着，隋军副将柳武建挺身而出，击败敌军，斩敌数百首级，直捣山寨，方知伏允其实不在此寨子里。

而此时，被困覆袁川的吐谷浑军、民，抵挡不住四面出击的隋军强大攻势，其男女十余万众，全数投降。

六月，左光禄大夫梁默，右翊卫将军李琼等，奉命追击在逃伏允。

伏允率残部，且战且退，并在一山谷中设伏。梁默、李琼追之过急，中计，战死。吐谷浑主伏允，则没入地形复杂的山谷，再次兔脱。

左光禄大夫梁默，原是北周和隋初柱国大将军梁士彦的家奴。他作战勇猛，忠于主人，曾以身体挡住敌人刺向主人之剑。可当梁士彦密谋反叛朝廷时，他又以死劝谏主子不要做反贼。其后，这位忠勇之义士在抵抗突厥、平灭陈国等等战役中，屡立战功，直至此次以身殉职。

经过大小几次战役，吐谷浑刚刚恢复的一点元气，又被血腥湮灭。而其若想再次死灰复燃，可就不是一日二日，一年两年的事了。

但是，皇上此次出巡，是要完全掌控西域诸国和安定整个西部疆域的，他的这一目的，显然尚未达到。而此时，在祁连山另一侧张罗已久的黄门侍郎裴矩，正率各部落国首领于张掖翘首以待皇上的驾临！

皇上此次从京师大兴出发，先向西行，抵西平，一举用武力解决了心腹大患吐谷浑。当下，他便要统率十数万人的队伍从西南穿越祁连山去另一侧的张掖与裴矩等相会了。

然而，这么庞大且成分复杂的一支队伍，要穿越祁连山，却不是一件容易的事。

该山，高耸入云，山峰终年积雪，沟壑则是一条条难以下脚的冰川，地势极为险峻，仅在夏季，才有几条山谷，可勉强通行。此时，虽是六月盛夏，但欲从山谷中经过，还是会使人冻得瑟瑟发抖的。

六月癸卯日，队伍终于踏入了祁连山的大斗拔谷。此谷长约八十里，险要处，仅容一人通行。说是山谷，欲与平地相比较，地势仍然十分险要、高峻，谷中空气稀薄，在平原过惯的人，到此啥事不做，其中部分人仍会感到憋闷，而上气不接下气。为安全计，此行要求在白日进行。年岁大的、有病的官员和后宫女眷，分别安排有专人侍候。更有极少之人，可乘坐二人抬的轿子，由青壮士卒轮流抬行。皇上本人，亦弃车骑马前行。此外，对这些走在队伍前面的特殊人士，还要求他们必于一日内通过此山谷，否则，便有生命危险。

由于事前布置细致周到，一开始，虽慢一点，但，秩序井然。

接近中午时分，夹在老臣和女眷之后的皇上，并没感到山谷有甚难行。他体质不错，正是血气方刚之龄，在一众侍卫的簇拥下，骑于马上，还不紧不慢一路观赏周遭奇特景致。

此时，忽有一名宦官跌跌撞撞跑到皇上马前，报说："圣上，不好了！娘……娘娘快不行了！"

开始，皇上还没太在意，因为自皇后起，所有嫔妃皆可称为娘娘。宦官未指名说是"皇后娘娘"，必定不会是萧后。可接着皇上猛地警醒，紧问："汝指的是哪位娘娘？"

"臣说的是乐平公主娘娘。"

"呵？"皇上此才大惊，忙旁若无人地一夹马腿，就要往前冲去。

"皇上，别急！快不得的。"前面牵马的马夫勒住缰绳，大惊失色。

谷底到处是乱石，此还不甚要紧。更要命的是，地上、石头上，皆已结冰，马蹄踏在上面，一快，弄不好即会人仰马翻。其时，皇上周遭的侍卫，则早已下马，一个个都牵着马步行。

皇上亦干脆下马，疾步向前奔去。没过一会儿，见有一顶二人抬的轿子停在结冰的路旁，有随军郎中正在为轿子里的人诊视。

郎中听到脚步声，回头一望，见是皇上，即跪在了结冰的路上。

"此是啥地方？起来吧。乐平公主咋样了？"

郎中说："禀告圣上，娘娘抵御不住一路严寒，此还在其次。更受不了的是气太稀薄，所有旧病全都由此引发。"

"那咋办？"

"别无他途，首要的是，须赶紧离开此高寒地带。"

皇上朝轿中一瞧，只见老姐面色和嘴唇皆已青紫，人亦气息奄奄地瑟缩一团。因此想：如此状况，在轿中再一折腾，出了谷口，还有命吗？他于是当机立断，截停另一顶路过的轿子，命坐于其间的一年老体弱老臣出轿，并命侍卫们就地将此轿拆散，改成一副担架，并在担架下边铺上绵羊皮，让乐平公主躺到担架上，再在身上盖上棉被，又另配备了御医，让士卒抬着尽速离去。之后，再让那位年老体弱的老臣坐入乐平公主的轿中，让人抬着继续赶路。

乐平公主患的并非瘟疫，而却像瘟疫一般，生病的人迅速在队伍中蔓延开来，受冻或因呼吸不畅而致病者，不断增加。然而，其他人却享受不到与公主同样的待遇了。有的老臣和女眷，至多只能坐在轿中或让人搀扶着一路忍受苦痛，继续前行，且还不能稍有懈怠。因为在此天寒地冻的路上，只要停止前进，就意味着死亡。

这么一来，尤其是遇到险要之处，通行速度更慢，从而使道路拥堵不堪，原本安排的一日行程，已然泡汤。

皇上见众人拥堵在路上，皆已筋疲力尽，而天又渐渐暗了下来，便下令："老弱及女眷，不管死活，在士卒照顾下，当日必过谷口。余者停止前行，就在原地过夜。"

皇上本人亦选择了留下。然而，屋漏偏逢连夜雨。因为，所带帐篷远不够用，野外，因处高寒地带，树木亦很稀少，无生火材料，大多数青壮年士卒只能立于刺骨的寒风中挨冻。到了半夜，更下起了绵绵细雨，不少士卒冻成冰人，就这么倒毙在了大斗拔谷……

是夜，峡谷处，在一顶不大的帐篷里，却人贴人地躺着十余人。此帐篷的主人叫杨玄感，他是已故宰相杨素的长子，官至礼部尚书，才享有此一顶帐篷的待遇。

帐篷原本是属于礼部尚书一人享用的，里边怎么躺了这么多人呢？原来是，待到夜深人静时，玄感把身边的几名扈从和侍卫统统叫了进来，外面连一个站岗的都没留。他还美其名曰，此是名副其实的"抱团取暖，共度时艰"。入夜之前，有人从野外胡乱扯来一些野草等，再把随身携带的一些衣物铺在地上，便人挨人地和衣躺了下来。因一路疲惫不堪，没过多久，帐篷内只听一片鼾声，众人都睡得死沉了。

之后，又不知过了多久，只听一阵"窸窸窣窣"响动，有个身着甲胄的汉子，从横七竖八躺着的人丛中爬了起来。他悄悄地在帐篷边摸到一把长剑，挂在身上，掀开裹得严严实实的帘子，出了帐篷。

他抬腿刚走几步，便觉得脚踏冰碴响声太大，于是，便立即放缓放轻了脚步。此汉子，竟然就是礼部尚书杨玄感本人。

而就在他继续朝前走时，却冷丁听到身后响起一声清脆的咳嗽声。玄感吓了一跳，回头一看，只见清冷的月光下，另有一条汉子正朝自己走来。

尾随而至的人叫杨慎，是玄感的叔父和幕僚。杨慎走过来，一把拉住玄感压低嗓音道："汝不要出声说话。叔已注意你很久了，亦知你要去干啥。"

野外贼冷，风似刀削一般。玄感连打了几个冷战，不由自主地在杨慎的引领下，来到一避风处。此时，终于憋不住的玄感对杨慎说："今夜机会难得，父仇不报，侄儿死亦不能瞑目！"

"皇上离汝虽近，住的虽然也是一顶帐篷，但防范仍不会有所松懈，你孤身一人，成功希望还是相当渺茫。"

"咱知晓。"玄感急不可耐地说，"如果走出峡谷，则连这样的机会恐怕都再也难觅了！"

杨慎则不以为然地道："此算啥机会嘛，明明是去找死！退一万步说，你即使除掉了他，自己也成不了气候，也不会有好结果的。你连这都看不出来吗？诸多大臣都还是依附着朝廷的，亦都会向着这位暴君，而不会同情你。汝听叔一句话：君子报仇，十年不晚。回帐篷去吧。"

玄感只好悻悻地回到帐篷中。他一倒下，便鼾声大作起来，杨慎反倒一夜未能成寐。

次日，天刚见亮，皇上一觉醒来，迈出帐篷，一眼望见零零散散倒毙于路旁、野外的士卒，面色寂然，却又无可奈何。他想：严寒，真比强暴的杀手有过之而无不及！不用刀枪，一夜之间，就将一个个活生生的汉子冻死！

皇上转而抬头仰望苍穹，见东边天际映出一抹红霞。他又想：要趁天气好，赶紧带领队伍冲出这条死亡之谷。

于是，传令兵便在清冷的晨早吹响了悠长的号角。转眼，队伍便踏着冰碴，冒着严寒缓缓上路了……

走不多时，正当包括皇上在内的大队人马，感到又冻又饿呼吸不畅时，迎面飞来一彪骑者。原来是裴矩和张掖郡守闻讯，率一众随从迎接皇上来了。

早前，裴矩仅知皇上大驾不日即抵张掖，但具体会在哪日到达，则不得而知。此外，整个祁连山脉有几条可供穿越的山谷，亦不知皇上选择的是哪条。所以，裴矩在几条道口处都安排了守候的人。直到昨夜有人过来，方知皇上走的是大斗拔谷这条道。

赶来接驾的裴矩和郡守带来三个好消息：一是，打前走的老弱官员和包括皇后在内的女眷，因有人一路照顾，病的虽不少，却都于一日内，磕磕绊绊走出了山谷，并在当地人的接应下，安抵了张掖。同时，还提到乐平公主出谷后，病情有所好转。二是，已有西域二十七国首领和一众商贾，云集张掖，等候觐见大隋皇上。三是，谷口处正在搭建临时休息的帐篷，并架起了锅灶，以迎接皇上队伍的到来。

皇上听后，脸上表情由阴转晴。他转身看看经一夜寒风冷雨侵袭，已疲惫不堪及衣冠不整的队伍，想：如此狼狈，就像打了败仗一般。此样走在西域各国首领面前，自有损大国体面！

皇上于是说："既如此，就让队伍先在谷口外休整几日，待后续人马到齐，朕与大部队一同入城。"

原来，皇上事前已考虑到了大斗拔谷路窄、难行。所以，十余万人是一分为三，分由三日通过。没想到，第一批人中的大半，就走了二日，还于路途冻死不少。当然，后面的队伍没有老弱和女眷，过起来会轻快些。

皇上此令一下，裴矩和太守立即组织人员，调集帐篷、粮食等物资到谷口，以迎接从山那边过来的队伍。

皇上身边的官员亦都忙碌起来，军服破损了的，要从附近驻军中调来新的装备。一夜之间，不仅有人冻死，马匹损失也很大。幸好，张掖这地方盛产好马，不过，得用大笔资金去购置。

五日后，这支由皇上亲自统率的包罗万象的队伍，在横穿祁连山的大斗拔谷，并经重新整顿后，终于朝此次西巡的目的地张掖进发了。

旗幡招展、威严整齐的仪仗队伍走在前面；衣着绚丽、轻松活泼的歌舞乐伎载歌载舞紧随其后；一众道貌岸然的大德高僧和道士，亦分外醒目地行进于队伍中；而皇上车驾的前后，则是威风凛凛、全副武装、一路剿灭了吐谷浑的铁骑……

皇上对进驻张掖，如此郑重其事，是有讲究的。

张掖，远古原属匈奴昆邪王地之辖区。西汉武帝元狩二年（公元前121年），骠骑将军霍去病前后两次出兵河西，击败匈奴，安定了边地，开辟了通向西域以远的商路，中原与西边的交往，自此日益频密。到汉武元鼎六年（公元前111年），酒泉郡一分为二，地处东边的一部分，改置张掖郡。取"断匈奴之臂，张华夏之掖"的意思而得名。张掖便由此成为历代中原王朝在西北地区的军事和经济要地。此外，张掖的闻名，还因有一条水量极为充沛的黑河贯通全境。加之，该地地势平坦，土地肥沃，物产极为丰富，自古即有"金张掖"之美誉。所以，中原和西域的商贾，多汇聚于此，买卖兴隆，从而使张掖名声地位大振。

而今，大隋皇上御驾亲征西平，扫灭了吐谷浑。继而，又豪气干云地穿越了人迹罕至的大斗拔谷，即将于张掖与西域二十七国首领汇聚一堂，则更是史上绝无仅有的大事、盛事。

大业五年六月丙午日，皇上的队伍终于来到燕支山的北侧，远远已可望见张掖城楼了。

此时，黄门侍郎裴矩早已率领高昌国王麴伯雅、伊吾吐屯设等西部二十七国首领，以及各部落国代表、商贾，立于道路左侧，恭迎大隋皇上。

西域各族，不分男女老幼，皆能歌善舞。他们穿上华丽的礼服，戴上耀眼的金银饰物，点燃檀香，奏响器乐，载歌载舞地于道右侧欢迎大隋皇上。

更有甚者，裴矩还组织武威、张掖等周围男女青年，亦都穿上鲜艳服装，夹道数十里，皇上见此万方来朝盛况，心都乐成了一朵花！

丙辰日，进入张掖的皇上，在观风行殿中，陈列华夏各种精美文物，设鱼龙曼筵，招待西域各部落国首领，并在席间演奏了九部乐和表演了各种舞蹈、杂耍等，使首领们在尽

享美酒佳肴的同时，还大饱了眼福。

各西域国首领，因为看到强大的吐谷浑被灭，前来朝拜大隋皇上时，有的诚惶诚恐，心存戒惧。但，在觥筹交错和一片歌舞升平中，即把一切疑惑和畏惧都化解于无了。

皇上早在担任扬州总管期间，一方面用强兵讨伐叛逆者，而另一方面则使用各种手段，尽力安抚民心，从而把江南治理得妥妥帖帖。而今，皇上巡行西域更是驾轻就熟，故技重施，将文治武功之术，发挥到了极致。受到震慑和友好双重气氛感染的伊吾土屯设国君，为了表示对大隋皇上的忠心，还恭敬地向皇上敬献了辖下的千余里土地。

不过，事情总还是会有例外。皇上高兴之余，在观看各国敬献贡品清单时，不意发现一个问题。清单上列有西部突厥敬献的土特产，而宴会上却没见泥撅处罗可汗的身影。他因而召来裴矩，问到底是咋回事儿？

裴矩回说："此事臣下还没来得及禀报圣上。处罗可汗本人没来，只派一名使者，进了贡品。所以，当圣上接见各国首领时，臣下没有对突厥作介绍。"

皇上不悦，沉下脸问："公没问问，处罗可汗未来，到底是何原因？"

"问了。"裴矩道，"来使先是说，可汗生病了，不能来。臣看不像，晚上去了使者的居室，方知，处罗可汗是对大隋仍有疑忌，怕此行是赴鸿门宴。加之，他的手下人极力劝阻，结果，只派来一位使节。"

"前次，朕派崔君肃去见处罗可汗，不是已打消了他的疑忌？他不是已经表示愿意归附大隋了吗？"

"此番，他派使节来，并进献了贡品，说明归附之心并未改变。不过，疑忌则仍未完全消除。"

"那就暂由他吧。"皇上不想为这事，再开一仗，而破坏西域刚刚形成的良好气氛。

说话间，有宦官惊慌地前来禀告："乐平公主的病情骤然转重。她说，要见皇上最后一面。"

"呵？"皇上最不想听到的事，终于不期而至了。

第一三九回

公主溘然长逝落叶归根
皇上传扬佛法着眼未来

皇上到达张掖的当夜，即去看望过老姐。丽华在御医的救治和照料下，身子虽然虚弱，神志却很清醒。

记得，当她见到皇上时，还高兴地俏皮道："姐在山谷发病那阵子，还真以为大限已到，会将这把老骨头丢山里喂狼了哩。没承想，一出山谷，又慢慢缓过气来。"

不过，御医可没乐平公主说的那么乐观。他向皇上禀报说："乐平公主久居深宫，山中寒冷、气薄，体内五脏六腑遭此摧残，衰得很快，要想恢复元气，已不太可能。"

事到如今，当皇上想起姐临行前在家里说的那些玩笑话，竟都成谶了。

⋯⋯⋯⋯⋯⋯

皇上急急忙忙赶到乐平公主下榻的房内，只见老姐躺在榻上，双目微闭，面如蜡黄，一头花白头发，散落枕上⋯⋯

皇上轻轻坐到榻旁一张椅上，说来亦巧，公主似受感召，竟倏地睁开了眼睛，脸上露出笑，说："皇上来啦，姐还以为再也见不着您了⋯⋯"

"哪会哩，"皇上忍不住地一把捉住老姐枯瘦的手，说，"姐要好生休息，不要东想西想，慢慢会好起来的。"

丽华在枕上吃力地摇了一下头，道："不中了，姐知道。不过，姐没啥遗憾了，知足了……"

说着，丽华便气喘起来，大口大口地吸气，脸变得煞白。皇上紧张地望着身旁的御医，想要御医采取急救措施。御医去布包袱里取来银针，想用针灸术使公主平静下来。

"不用了。"丽华目视那明晃晃的银针，清醒地摆了下手，也不喘了，然后继续对皇上说，"姐还有一牵挂，想与皇上说说。"

皇上忙道："啥事？姐尽管说。"

"姐这辈子，只落下娥英一个亲骨肉，还望皇上要像对待自己的儿女一样……待她。"

"此事，请姐放心。"皇上拉住老姐的手说，"朕和皇后都会把娥英当作自己的亲闺女看待。"

"此，姐就放心了……"丽华的双目忽地放光，但，转瞬即灭——永远地熄灭了。

皇上紧紧攥住姐的手，轻轻唤了声："姐！"泪水便从眼窝中，汩汩地涌了出来……

这位视人命如草芥的帝王，一生只为两个女人的死落过泪。一个是宣华夫人，另一个就是自己的这位老姐。

照说，皇上能有今日，最大恩人莫过母亲独孤皇后。但是，母后去世，皇上并不显悲痛。非但如此，他在给母后守灵时，还偷偷进食大鱼大肉，以养精蓄锐。皇上为什么会这样有违孝道呢？父皇和母后溺爱他，袒护他，完全是因他"表现"得比做太子的兄长更"出色"。而他的出色表现，则是委屈自己刻意"做"出来的，或者说是装出来的。比如说，他本性爱好音乐，而父皇和母后则认为玩物者必丧志，他就只好让琴房中的乐器沾满灰尘，并让琴弦绷断而不加修复。再如，母后最忌男人用情不专，他虽有七情六欲，十分好色，却要在父皇母后面前表现出只爱萧后一人……凡此种种，不一而足。他就这样委屈和压抑自己，顺应父皇母后意志十数年，直到他们双双离世，他才如解脱般扬眉吐气。

　　皇上急急忙忙赶到乐平公主下榻的房内，只见老姐躺在榻上，双目微闭，面色蜡黄，一头花白头发，散落枕上……

但，皇上与老姐之间，除与生俱来的血缘关系而外，还有一种骨肉相连的亲近感。更有甚者，就连姐的那幢住宅，也都成了皇上最感安全的避风港。杨广自视甚高，掌控着满朝文武。如遇无能的臣下，不能与谋，他看不上眼；而如果像杨素那样，能量大，算计深，他又不放心了，得处处提防。所以，皇上就要时时处处都戴上一副面具，并在心里筑起一道提防。如此一来，天下最具权势者，莫非皇上。然而，最感孤独者，亦是皇上。此，也许就是高处不胜寒的缘由吧。

那么，皇上能信谁呢？就只这位见过世面，且与世无争的老姐了。因此，皇上唯独在老姐家中并和老姐相处时，方可摘掉面具，不设堤防，并像常人一般口无遮拦、恣意而为。而今，斯人已去，皇上的心也像突然被掏空了一样……

此外，皇上曾为之动过情、落过泪的宣华夫人，则又是另一回事了。这位夫人，原是父皇的宠妃。她特别聪慧，且善解人意，当皇上还是晋王的时候，他常以小恩小惠笼络这位皇妃。宣华夫人领会到了晋王想当太子的心思，却从未当他的面点破过。她极力在先帝面前为晋王美言，亦从未对他表过功。当先帝发现有病，又是她首先将这一惊天秘密透露给了他。而当他为她的美色与内秀倾倒时，她最终还是屈从了他，却始终摆脱不了此种不伦不类的罪恶感，并为此而郁郁早逝了。当今的这位天子极为好色，经历的女子无数，一般而言，他仅把对方当作一徒有美色的泄欲工具。而唯独闻听宣华夫人去世，他不仅落了泪，还作了一篇《神伤赋》感念她。

皇上对老姐情感如此之深，自然不会将她的遗骸扔在边远的张掖。此次陪乐平公主出巡的亲属，只有女婿李敏一人。女儿身子柔弱，丽华没让她出门。

皇上在张掖让僧人和道士为老姐做了盛大的法事。之后，命李敏护送公主灵柩回京师大兴，并诏令有关官员按相应礼仪，将乐平公主与丈夫周宣帝合葬于定陵。并下诏将乐平公主食邑的五千户，转赐李敏夫妇。

乐平公主杨丽华，入土为安，享年四十九岁。

处置完老姐的丧事，皇上忽然感到身心俱疲。也是，一路之上，他马不停蹄、风餐露宿走出冰天雪地的大斗拔谷，紧接着，便是整日整日地迎来送往，参与各种盛会，何曾歇过一口气？

皇上于是在张掖行宫中，少有地萎靡不振了好几日。

这日，天气晴好，皇上食欲不佳，早膳进食很少。与皇上朝夕相处的黄门侍郎裴矩看在眼中，急在心里。他想：喜动不喜静的圣上，若这般沉闷下去，没病亦会憋出病来的。于是，他撑开窗户让外边的日光射入室内，看似不经意地说："张掖这地方，除边贸生意兴隆，各种远来的珍宝，都能买到而外，还有两个好去处可以走一走，瞧一瞧：一是此地以盛产山丹马而蜚声内地，离此百余里的山丹军马场，养有各类良马，值得一看。二是本地佛塔多，尤以城内万寿寺中的木塔，因造型奇特而闻名。"

"公说得不错。"皇上果然中计，随之搭腔道，"入城那日，朕就注意到城外各式各样的佛塔林立，似比东都洛阳一带有过之而无不及。人说，边地不开化，可此地的礼佛之风，看似并不亚于关内。"

"圣上所言不虚。"裴矩附和说，"张掖信奉佛教，由来已久，各地数百年来，香火从未间断过。"

"此乃边陲之地，佛教何以这般盛行？"

"圣上没有想到吧？"裴矩笑着饶有兴味地解释说，"当年汉武帝杀灭匈奴，开辟西域商道的同时，西边天竺国的僧众，亦沿商人足迹，翻越葱岭，就是经过张掖，将佛教传至华夏腹地去的。其后，我国僧人法显等去天竺国求法，张掖亦是其往来必经之地。所以，及至今日，佛教不但盛行张掖，亦在西域各部落国中盛行。"

"嗨，朕倒把佛教是经由西域和张掖传入国门的这事竟忘记了！"皇上一扫近日低迷情绪，说，"经公提醒，朕倒是觉得，咱这次带来的大德高僧，此番可派得上用场了！"

"就是呢！"裴矩道，"高昌国国王见僧人为乐平公主做法事，极羡慕。亦想请圣上带来的僧众为他逝去的母后超度一番。"

"噢？还有这事？咋没听公提说过？"

"近日，臣看圣上心绪不佳，没敢提及。"

"这可不是件小事。公可让朕带来的部分高僧，率领他们自己的僧众，在高昌国内举办一次法会，为国王母后超度。"

"是。"裴矩欲行跪礼，去安排僧人为高昌国王的母亲做法事。

"且慢。"皇上叫住裴矩道，"公刚才不是说，万寿寺中的木塔挺别致吗？公带朕去瞧瞧，如何？"

"此太好了！"裴矩大喜过望，道，"圣上闷坐房内几日了，臣就是想请圣上去外边走走。"

"那座不一般的木塔，离此宫有多远？"

"抬腿即到。圣上站在此宫的庭院里，即可望见那塔尖。"

"这样吧，今日前往木塔寺，就不要兴师动众排列仪仗了。除皇后外，大臣、嫔妃都不带。朕和公亦都着便装，只带少许侍卫，亦让侍卫们只着便装随行，朕想清清静静，一看究竟。否则，又成人家看朕了。"

"此样最好。"裴矩行过跪礼，即去布置皇上去万寿寺事，并顺带着人分别知会高昌国国王和有关僧人赴高昌国做法事。然后，自己才回到房内，换了一套便服。

皇上皇后及后妃住的是一座行宫。该宫是裴矩到张掖打前站时，专为皇上此行赶建的。行宫占地较宽，且不与周遭民居搭界，便于设置警卫。

此时，正值盛夏，皇上换了一套藕荷色绸衫，戴一顶当地乡绅的便帽；皇后的上衣是较浅的藕色，下身则着一墨绿长裙，各乘一顶当地二人抬的小轿，跟随的侍卫则着粗布衣衫。

两顶显得一般的小轿，一前一后，在侍卫们的簇拥下，从行宫后门鱼贯而出。走过一段开阔地，便从一条僻静的窄巷插入人头攒动的大街中。此时，轿中的皇上还不时拉开帘子，往外看看新奇。可还没看上几眼，那二人抬的轿子却停住不动了。

裴矩走过来，将轿帘掀开，轻唤一声："圣上，到了。"

皇上出轿，迎面即是一石砌牌坊，上刻"万寿寺"三字，牌坊左右直立的石柱上刻有一副楹联，两侧是白粉围墙。

此时，萧皇后在扮作丫鬟的宫女侍候下，走出轿子。皇上觉得皇后的打扮有趣，皇后则更觉皇上像个土财主，二人因而相视抿嘴一笑，都没作声。如此一来，皇上未及细看那石柱上的楹联，便与皇后踏上石头台阶，迈过牌坊去了。

牌坊内的佛寺不算宏大，但在数株翠柏围绕下，却显肃穆、庄严，而寺后的木塔则显高峻、挺拔，此一高一矮，两处建筑，倒也相得益彰。

皇上皇后，边走边瞧。当他们走近香烟缭绕的寺门时，从寺里走出一位五十开外、举止文雅的方丈。他双手合十，谦恭地道："贫僧未有远迎，请施主见谅——阿弥陀佛。"

"不碍，不碍。"皇上快人快语，说，"咱是外地来客，今是慕名前来观赏寺中木塔的。"

皇上皇后虽着一般衣衫，但，前呼后拥一大帮人，来头仍然不小。会看事的方丈，其实早就注意到了这一帮人。他听客人说，不是来礼佛只是来看木塔的，并不介意，便恭谨地指着寺旁一条小路说："一样。进寺即有缘。且请施主从这边走。"

方丈说着，打前引路，皇上则朝后面瞄了一眼，见裴矩与一干侍卫分散在了周围，便不动声色地与皇后紧随方丈，沿一石子小路绕过万寿寺，不紧不慢地来到木塔前。

矗立皇上皇后面前的木塔，直插云霄。塔为楼阁式建筑，塔身为砖砌，外檐系木构，八面九级，一至七级为砖壁木构外檐，八、九二级，全为木构。且全塔未用一钉一铆，全靠斗拱，立柱横梁卯榫得严丝合缝，纵横交错，相互拉结，浑然一体。此外，每级的八角有木刻龙头，龙之口中，含有宝珠，龙头之下颌处，挂有风铃，清风徐来，叮咚有声，不绝于耳。

皇上皇后绕塔一周，看过外观后，进入塔中。他们每上一楼，方丈便会指指点点，如此这般，介绍一番。所以，待皇上皇后登临到最上的第九层时，并不气喘和感觉到累。

皇上登高望远，张掖各处景致，尽收眼底，而从祁连山方向吹来的风，送上阵阵清凉，心旷神怡的皇上不觉问道："此楼有多高？"

方丈只说："民谚有云：'张掖有座木塔寺，离天只有八九尺'。"

"嗬！"皇上笑道，"此说，是否太过夸张？"

"夸张是有点儿。不过，迄今，这座木塔仍是张掖的最高建筑。"

"此塔，据说颇有来历，到底有些啥讲究？"

"贫僧只说其一。"方丈不无骄傲地说，"据《重修万寿寺碑》载，释迦牟尼先祖涅槃时，'火化三昧，得舍利子八万四千粒，阿育王造塔置瓶每粒各建一塔，甘州木塔其一也。'"

"呵……此原是一舍利子塔，实属难得。"皇上点点头，又问，"听方丈介绍，此寺和此塔都重建过？"

"是呀。此寺与塔，始建于后周（即北周）明帝武成元年（公元559年）。但没过几年，周武帝继位，灭佛。寺与塔皆毁于一旦。直到大隋建立，才于开皇二年，由先帝下诏，重建了万寿寺和这座木塔。"

说话间，黄门侍郎裴矩走上前来跪地报说："启奏圣上，高昌国王要回国为母后做法事，前来向陛下辞行。"

"他人在何处？"

"已在寺外恭候。"

"叫他进来吧。"

方丈一听，顿时傻眼！他虽然猜到，来客或许不是一般人，却没想到会是皇上！他瞧瞧皇上，又看看皇后，于是，颤巍巍地立跪于地，嗫嚅道："贫僧罪……罪该万死！"

"不知者，不为过嘛。"皇上笑着说，"方丈请起，汝之解说很好，朕要重赏你。朕给这座万寿寺再盖一座藏经楼吧。咋样？"

方丈想了一下，回说："禀告圣上，本寺已有现成的藏经楼。不瞒圣上说，张掖地方不大，却是个金窝窝，为本寺捐钱捐物的施主不少。因此，本寺现缺的不是藏经楼，而是解读经文的大德高僧。包括贫僧在内，自幼读书不多，难解经文深奥含义。"

"哈，此还不易！与朕随行的僧众，个个皆是饱览经书之人，让他们来

217

寺与僧众讲经，弘扬大法，如何？"

"那太好了。此正是本寺所急需的。"

不一会儿，高昌国国王麴伯雅前来向皇上致谢并辞行，他欲率僧众回国为母亲补做法事。但听说有高僧来万寿寺讲经布道，便决定推迟行期，他要等听完高僧说经后，再回去，因他亦是个佛教徒。

皇上见国王如此笃信佛教，大喜。立刻下诏让二十七国首领都来万寿寺听名僧慧乘讲授《金光明经》。

此风一开，有的部落首领亦力邀皇上带来的高僧去他的国家讲经或做法事，有的甚至邀请内地僧人去当地寺庙做方丈。

裴矩应接不暇，面显难色，将各国请求，一一禀报皇上。

没想到皇上竟乐哈哈地一一照准。心情大好的皇上，即问裴矩："公是否知道？朕登基后，为何首先巡视南方，其次是塞北，最后才到西域来？"

"臣下不知。"

"此即是先易后难嘛。朕治江南十年，那边变化很大，江南百姓拥护朕，先去那里打个招呼，即可安定一方民心；塞北，亦是有与咱亲善的启民可汗当家，有事亦好打商量。那么，西北呢？"

裴矩立刻接腔说："臣下明白了。西北周遭国家众多，情况复杂，即所谓众口难调，难于治理。"

"对了。"皇上接着说，"还有，西域的国王、可汗，对朕之诏诰，有的未必能够全听。比如说，此次突厥处罗可汗就没接受邀请到张掖来嘛。但是，菩萨之言，佛经之言，乃至方丈之言语，他们若是个佛教信徒，则必听无疑。"

"佛家，乃一家之言，咋能与圣上金口玉言相提并论。"

"此亦错矣。"皇上正色道，"大隋，乃泱泱大国，各色人种众多，且尤其是边地，国中有国，错综复杂，靠啥治理？首先，当然还是要靠咱国富兵强，此乃根本。除此而外，佛家亦好，道家亦好，其教义则都是一条无形纽带，调理得法，则能将各族各部落维系一体，而达长治久安。"

对此，皇上是深有体会的。当年，皇上做扬州总管，到达江都即受菩萨戒，拜智顗大师为师。并且，还一口气在江都共建了四个佛寺和道场，使江南大德高僧以及著名道士，济济一堂，以安民心。此次，皇上更是亲自说服随行高僧留在当地，以传扬佛教。

不过，有的高僧在内地寺庙过惯了，不想留在西域做方丈，更有人前来向皇上诉说苦衷。

皇上则反过来教训高僧："此就是汝之不对了。苦行僧，苦行僧，传教授经，乃僧人本分。人家看得起你，才请你去做方丈，咋能拒绝？这样吧，汝如有家小在内地，朕允其将他们一并迁来与汝团聚。汝主持之寺庙，如要修缮、改建，缺少费用，当地不能解决，汝上奏朝廷，朕给你钱与物。"

有人要问，僧人咋会有家小？其实，亦不足怪。当年皇上在江都就碰到过少数僧人娶妻生子事。皇上既把话说到如此份上，谁还有啥理由说自己不能留在西域呢？

皇上在张掖的日子过得飞快。这日，皇上带着皇后、嫔妃、大臣刚从山丹军马场尽兴归来，留在城内处置事务的裴矩前来报说："西部突厥有一位叫射匮的酋长派来使者，想与大隋交好。"

"射匮？从前似没听说过此人？"

裴矩道："射匮是都六之子，都六则是达头可汗之子。简言之，射匮即达头可汗之孙。"

"公啰唆了一大通，还说是'简言之'？"

"不作如此介绍，圣上难以明了他们之间的关系和身份。"接着，裴矩进一步解释说，"达头一家，在突厥世代都称可汗。可到近年，因达头这一支脉逐渐衰败，西部可汗的位子才被突厥另一支系的处罗占据，所以，射匮就成了个要依附处罗之酋长。他当然心有不甘，却又无可奈何。并且，还常受处罗猜忌，内心惶恐不安。于是，派来使者，有寻求大隋保护之意。"

皇上立即说："此事如果属实，是好事。"

"臣下亦是这么想的。"

"那位使者呢？"

"已在客馆住了几日。"

"公咋不早说？"

"圣上不是刚从马场回来嘛。"

皇上沉思了一下，问："那酋长有啥要求没有？"

"射匮年轻，想娶咱大隋公主为妻。此样，他就有了靠山，处罗才不敢随意欺他。"

"哼，他想得倒挺美！"皇上瘪瘪嘴，道，"只要射匮肯听话，朕可保他做西部大可汗，并将宗室公主嫁与他。"

"圣上英明！"裴矩亦正是这么想的。他说，"臣稍稍摸了一下他的底，射匮力量其实不弱，而且，他的部落内部更团结。射匮与处罗如果较起劲来，鹿死谁手，还真不好说。"

"行！"皇上立马高兴地道，"公去客馆，再探探来使的底细，别弄错他们的真实意图。"

裴矩是何等精明之人，三言两语即把对方底细摸得一清二楚，并进一步花言巧语把使者说得心头痒痒的了。

待到使者完全言听计从时，皇上亲自召见了来使。并对使者亲口许诺："汝之酋长若凭实力打败了处罗可汗，那么，大隋将认射匮为西部大可汗，并一定赐婚于他。"

使者临别，皇上拿出一支桃竹白羽毛箭赐予射匮。并对使者殷殷寄语说："此事宜从速进行，要像射出的箭矢一般迅猛、快捷！"

使者回去后，把面见裴矩和皇上的情形禀告了射匮，同时，还拿出皇上赐予的桃竹白羽毛箭。

射匮见箭如见至尊皇上，感激涕零。他集合了全部队伍，立下誓言，一定要击败处罗侯。

然而，谁都没有料到的是，看似无比蛮横强悍的处罗可汗，在射匮迅雷不及掩耳的打击下，竟不堪一击。他丢下老婆孩子，仅率几千人马，便往东南方向逃之夭夭了！

皇上立刻践约，让射匮做了西部大可汗，并下诏将一名宗室公主嫁给了他。

大隋皇上此次西行，绝不亚于当年汉武帝之经略西域。

自此，从西平临昌以西，且末以东，祁连山以南，雪山以北，东西四千里，南北二千里，都成了大隋疆域。

皇上为此下诏，在这片广袤的土地上设置：西海、河源、鄯善、且末等四郡。每郡之下，各置若干县，并由朝廷派出官员和府兵管理、守护。

为此，皇上大赦天下，将开皇年代以来，从内地流放发配到西部的罪犯，都准许他们返回原籍。但是，因受杨谅案牵连流放到此的逆贼，则不在赦免之列。由此可见，皇上对直接反对或反叛他的人，绝不宽宥。

此外，皇上还下诏免除陇西各郡徭役一年。皇上队伍所经之处，免除两年徭役，并又下令将国内犯下轻罪的人，都遣送到新设置的郡县来，分配给他们土地，让他们在边疆安居乐业。

夏去秋来。

皇上自三月离开京师，至此已近半载，并有了归去之意。而在此时，他又突然想起一事，便传召裴矩前来商议。

当下，皇上对裴矩的信任，已不亚于当年对待杨素。

第一四〇回

西域客访东都大开眼界
陈稜军出远海初试锋芒

皇上之于裴矩，确实不亚当年对待杨素。那么，裴矩本人呢？不管皇上对他如何看重，他都不显杨素那股一人之下、万人之上的跋扈气。裴矩为皇上出谋划策，一板一眼，从不天花乱坠唆使皇上做些不着边际的事；而皇上交给他办的每一件事，他都中规中矩，做得干净利落。再就是裴矩从不假公济私，为政清廉，家中亦无成群妻妾和巨大产业。所以，裴矩在隋为官三十载，事两代君主，在同僚中，口碑一直不错。

裴矩应召来到宫中。皇上即对他说："朕准备不日启程，先回西京，作短暂停留。"

"好。当下正值秋高气爽，赶路正合时宜。"裴矩表示赞成说，"张掖这地方，天气变化快，过不多时，寒气袭来，长途跋涉，就辛苦了。"

"朕还有一事，想与公议议。"

"请圣上示下。"

"朕想邀请西域各国国王和首领到东都做客，以增进双方情谊，巩固此次西行的成果。"

"其实，臣下亦有此想。"裴矩说，"若能将各国大商巨贾一并邀来，则更完美。国王与可汗到东都观光，商贾们则可放心地把生意直接做到中原去。今后，西域与内地，甚至与更遥远的西海、波斯之往来就更密切和融洽了。"

"好主意。只是，东都要迎接这么多客人，还要给对方留个好印象，咱事前得有所准备才行。"

"这好办，臣明日即回东都，提前做好迎客准备。"

"朕召公来，即是为此。知朕者，莫如公也。"

九月癸未日，皇上携西域各国首领及大商巨贾安抵京师大兴。次日，皇上即赴定陵，祭奠老姐。

十一月丙子日，皇上与前来观光的西域各国首领，终于从大兴城到达了东都洛阳。

西域各国首领，以往，绝大多数只到过张掖。他们原以为张掖就是天下最美最繁荣的都市。待他们进入大兴城后，顿感大开眼界！大兴城之大、之繁荣、之壮美，使他们为之震撼！此时，方觉张掖简直无法与其相比。但当此一行人再到东都，诸多国家元首一个个竟至瞠目结舌！他们中，有几位大国首领曾借朝拜进贡之机，到过京师大兴，但都没到过东都，连他们都为此城的华美而为之震撼！

东都洛阳，原本就是一座刚落成才几年的新城。而今，再经裴矩按皇上旨意，令各商家店铺，油漆粉刷，张灯结彩，更是焕然一新；城中住户，除一部分是从洛阳旧城迁来的而外，就是皇亲国戚和达官贵人及其家人；更有甚者，新城甫一落成，皇上便下诏将全国数万富商迁入城内，使之转瞬即成一座万商云集的大都市。所以，南来北往的货物，琳琅满目，应有尽有；连菜市场的菜摊、肉案，此刻都铺上了精致的草席；时值隆冬，连光秃秃的行道树，亦都像西苑那样，缠上了五颜六色的丝帛，点缀上了逼真的绿叶红花，令人眼花缭乱、目不暇接……

此还不够，皇上还令全国各地歌舞艺伎、鱼龙杂戏艺人，共十余万众，汇聚东都，在端门外广场，搭台献艺。于是，皇上又令全城市民，都穿上过年的新衣，上街观看助兴。

此一切，哪是大漠、草原上的西域客人所见过的嘞！而尤其是西域商人，更是如鱼得水，忙不迭地与各大商行洽谈起生意来。

皇上本人亦乐滋滋地乔装打扮一番，身着便服，与几名亦着便装的侍卫们混杂在欢乐的人群中看热闹。不过，他可不是来看艺人表演的，而是专看西域客人如何惊叹，咋样欣喜。西域客人高兴，皇上更是喜笑颜开。

皇上还下令，凡胡人到酒楼、饭馆进餐，不许收钱；凡到店铺买东西，亦要店家分文不取。并还要对人说："华夏乃礼仪之邦，富裕之国，远方贵客，一律免费享用。"

西域来客，有的是跟随皇上一路到京师，再到东都的。更多的则是一批批西域商人听到消息后，直接从西域陆续赶到东都。

大业六年元宵灯节，使此一盛大聚会，达到高潮。

是夜，东都全城处处张灯结彩，连出门游玩看大戏的市民，不少人手中也都提着一盏形状各异的彩灯。如此一来，条条街道都变作一条条流动的灯河，到处流光溢彩。而整个东都，则更成了一座不夜城。端门外广场上的演出，更是锣鼓喧天，掌声不断，精彩纷呈，以致通宵达旦……

由此，东都的繁荣、富足和好客，使西方来客，啧啧称奇，为之倾倒，并视洛阳为人间天堂，称皇上作"圣人可汗"。

而就在此时，因事耽搁来得稍迟的高昌国国王麴伯雅却带来一个意外消息。他向皇上上奏说：被射匮打得落荒而逃的泥撅处罗可汗，仅带数千人马，窜逃到了高昌国的东面，驻扎在了时罗漫山之侧，并有在那里定居的迹象。因处罗可汗有出其不意骚扰邻国的劣迹，从而使高昌国朝野皆感芒刺在背，于是，向皇上请求允许他们趁处罗可汗立足未稳之际，一举将他清除掉。

"不可。"皇上不假思索地断然否定说，"处罗可汗属突厥一重要支系，将他灭了，恐使其他突厥人惶恐不安。处罗可汗只要不再恣意妄为，就应允许他存在。"

事后，皇上遂召裴矩前来商谈如何处置处罗。

裴矩领会到了皇上之意，即说："高昌国王的担心，情有可原。不过，处罗已成强弩之末，暂时不会对高昌国造成任何威胁。此外，臣有办法能使处罗可汗前来向皇上谢罪。"

"若能如此，比一举灭掉他更好。西部有两个突厥并存，比只剩一个桀骜不驯的突厥，更易为朝廷掌控。"

裴矩不等东都盛会结束，又马不停蹄冒着风雪严寒离开了洛阳。

真个是，一波未平，一波又起。

裴矩领旨前脚刚走，御史大夫裴蕴即来。他向皇上启奏说："因司隶大夫搅局，弄得正在修订中的一个法案，拖到至今，久议而不决。"

裴蕴说的司隶大夫，即是薛道衡的新职。皇上原本以为降了薛公官职，他会一蹶不振的。可没想到，其履新后，过得清闲自在，并与另一老臣许善心常有诗词唱和。就在二日前，薛道衡写的一首《和许给事善心戏场转韵诗》，被人传抄到了皇上手中。诗较长，对仗却极工整，声韵转得极其自然，读来酣畅淋漓。皇上当时还在想：自己常为天下事弄得晕头转向，他却反而越活越滋润，做那种极难把握的转韵诗。

因此，当皇上听到裴蕴状告薛道衡，便沉下脸问："薛公咋样了？"

裴蕴道："与议者对新法案争执不下时，薛公却袖手冷笑说：'倘使高颎不死，令决当久行。'弄得大伙都把矛头对着咱，说是因咱举棋不定、处事不果断所致。"

"岂有此理！"皇上无比恼怒。他想起薛道衡把《高祖文皇帝颂》敬献自己事，气不打一处来，说，"此人肆意妄为，不可恕！"

裴蕴与裴矩同出闻喜裴氏望族，共一老祖宗。但，裴蕴的心性却与裴矩大相径庭。

裴蕴确知皇上厌恶薛道衡后，第二日上朝便启奏弹劾他，说："司隶大夫恃才自傲，倚老卖老，有藐视主上之心。往日，他每见诏书下来，就私下讥讽议论，把过失推诿于朝廷，随意散布不负责任的言论。定论他的罪名，应是欺蒙；推究他的本意，确是大逆而不道。"

"裴公说得太对了！"皇上有了治罪由头，立即借题发挥，"想当年，在平陈之役中，朕做行军大元帅，他自那时始，就欺朕年少资历浅，常与高颎、贺若弼等，擅政专权，欲架空元帅。等到朕即位，薛公更加心绪不宁，因天下无事，又不能反叛，只好背地妄加讥讽议论。裴公所言，真乃切中要害！"

此真是，欲加之罪，何患无辞。皇上说完，还不解恨，又将薛道衡召到前排，直面他问："公是真的很怀念高颎吗？"

薛道衡行过大礼，竟毫不含糊地说："是。"

皇上大怒，下令逮捕薛道衡，并要求对他严加审讯。

然而，大限将至的薛道衡，竟迂腐到还以为自己并无甚罪过，还托狱吏带信回家，要家人准备酒食，等候自己回家。

直到"赐其自尽"的圣旨传来，薛道衡才如梦方醒，可为时已晚。他不肯自尽，遂被狱卒勒死。道衡之迂腐害了自己，也害了家人。他的全家，无论长幼，被流放到了且末。此一年，薛公七十岁整。

皇上听闻薛道衡被勒死的消息，还快意地道："看公更能作'空梁落燕泥'耶！"

是年的元宵盛会，整整热闹了半月，一直进行到正月的最后一日。但西域客人，流连忘返，仍欲罢不能。

此时，从南方传来新建的江都宫落成的喜讯，皇上高兴之余，出人意料地发出两份诏令：

一、盛邀西域各国首领乘船赴江都一游。

二、发兵探究东南海域的琉球国。

此风马牛不相及的两诏令，其实有异曲同工含意。雄心勃勃的皇上，在示好西域各国首领的同时，又把开疆拓土目标指向了海外。

早春二月，春风不度的塞外，还是一片冰未化、雪未消、冷飕飕之荒原。然而，皇上和国王、可汗们乘坐的各舟，驶达淮南一带，放眼四望，已是一派桃红柳绿、青草依依、生意盎然的景象了。船愈往南行，春意愈浓，水色愈清，远处云遮雾绕的青山，两岸金灿灿望不到尽头的菜花……使从大漠和草原过来的国王、可汗及胡商，目不暇接，如痴如醉，如入仙境一般。

三月癸亥日，此一庞大船队，终于抵达江都。

前次，皇上巡幸江都是大业元年，入住的也叫江都宫。只不过那座江都宫是在当年秦王杨俊所建扬州总管府上略经修缮过的。在先帝厉行节约的开皇年间，当时的扬州总管府曾被称作是国内最奢华的宫殿之一。可而今的江都宫，则无论规模与奢华，都远远超过了从前的那片殿宇。

皇上此次巡行江都，看似随意、突然，其实，也早在他的谋划当中。只不过船队搭载的这批西域客人，倒是临时附加上的。

就拿这座江都宫来说吧，它于大业五年动工兴建，就是为皇上此行作准备的。皇上好排场，讲究豪华气派，所建各宫各殿，一个比一个奢华。江都宫内，有功能不同的殿宇十余座；皇上喜江南的诗情画意，殿宇画栋雕梁，曲径通幽的庭院中，小桥流水，亭台楼阁，意趣盎然，错落有致……此外，与之配套的还有两处行宫。一处建造在邗沟侧畔的水巷湾头；另一座名为临江宫，建于扬子津上，登楼即见波澜壮阔的长江……

由此可见，皇上此行，并非临时起意。而且，看样子，亦不会只住一月两月。不过，喜欢炫耀和好客的皇上，首先还是让向导们带领西域各国首领过江游览江南名胜，造访道观、佛寺，到江都等城市购买南方土特产品……总之，让他们尽量感受华夏之博大，之美丽，以及文化之精深和国家之繁荣富强。末了，皇上还在临江宫设盛宴，为他们践行。

皇上友善对待西域各国之举，感染了大隋周遭各国。大隋富有、好客之口碑，亦令四邻为之神往。就在此间，皇上还在江都宫陆续接见了来访的赤土国王子，还有渡海前来的林邑（今越南中部地区）、倭国（今日本国）、百济（又称南扶余，是古代扶余人在朝鲜半岛西南部原马韩地区建立的国家）等国使节。

话分两头。

却说，皇上宣布自己南巡江都的同时，还下诏命武贲郎将陈稜和朝请大夫张镇周远征琉球（实指今日台湾）。这件看似更为突兀之事，实则，也是准备已久之举。

早在大业元年，就有大隋水军何蛮等人，在我国东南海域巡行时，发现每到春季和秋季的晴日，总能依稀看见东边天际有蒸腾的烟霞出现。他们凭经验，断定烟霞之下必是一片陆洲，但不能确知它与大陆相距究竟有多远。不过，既然能够清楚地望见烟霞，就不会是遥不可及。

大业三年，皇上令羽骑尉朱宽下海去寻异国他乡。何蛮即把自己的发现和估计告诉了朱宽。二人于是率领一批士卒乘船去海上寻找那个不知名的陆洲。

他们在中途停靠过两个岛屿，再经数日航行，果然发现了琉球国的存在。登岸后，因与当地人不通言语，便强虏了一名土著，将他带回国内。

此事，曾一度在朝廷引起轰动。

次年（大业四年），皇上再令朱宽重登琉球，对当地人进行招安抚慰。而琉球国人却不予理会，反以武力驱赶登岛客。朱宽将其击退，只拿了些缴获的布和铠甲等战利品归来。

于是，又经二年准备，才有此次出兵攻打琉球之举。此亦是华夏首次由海内面向海外正式发兵。

陈稜和张镇周于大业六年二月己巳日（公元 610 年 3 月 13 日）率领万余东阳（今浙江金华）官兵，分乘舰船从东阳启航，这与当年杨素平定江南沿海叛贼走的水路十分相似。他们先于内河航行，再从杭州湾入海，沿近海南下。不过，此次陈稜等所率的万余兵马，比之当年杨素走得更远，此支舰队一直行至粤东的义安郡（今广东潮州一带），稍事休整后，方从义安启航，直指琉球。

万余官兵远征海外，战船是关键所在。众所周知，大隋的造船术已很了得。平灭陈朝时，杨素所造"五牙"舰，高五层，全舰可载八百士卒。而皇上巡游江南之际，一口气便造了各种型号船只万余艘。其中，皇上所乘龙舟，共四层，设一百六十个房间，远远看去，好似一座豪华的水上宫殿。但是，那些船舰若与陈稜渡海作战的战舰相比，则又是另一码事了。海上浪高风狂，若把五牙或龙舟搁到海上，一个大浪劈来，船舱就将进水。用于海上航行的船只，船帮和甲板奇高，而船身则更加坚固结实，能防风吹浪袭。尤其是，此时的造船术，已发展至采用榫接结合铁钉钉联，从而使抗御海上风浪的能力更强，此样方能在海上进行远航。

除此而外，南方沿海自古有与南洋诸国通商习俗，为此，造就了许多有远航经验的船工，由他们担负驾驶，再加上此前已有二次前往琉球经历，所以，本次大规模出征，在海上方能确保万无一失。

经过数日航行，这支万余人的庞大舰队，已可望见那郁郁葱葱的绿洲。

而此时，琉球岛上的民居，却不知大祸已至，他们还以为来的是商船，都欢呼雀跃地在岸边等着做买卖。

哪曾想，率先登岸的船只一靠岸，陈稜即令张镇周为先锋，抢占周边码头，以掩护随后而至的舰船登陆。

岸上人见来者不善，四下逃窜。琉球首领欢斯渴刺兜闻讯，调兵前往迎战。然而，敌之兵器，士卒之战术素质等等，皆不能与隋军相匹敌，两军相交，敌一触即溃。

陈稜随之率军至低设檀洞，岛上小王欢斯老模率兵抵抗，被陈稜打败，并斩杀了欢斯老模。

不料，登陆战事进行得十分顺利时，忽然风起云涌，电闪雷鸣，瓢泼大雨，不期而至。

登岸士卒，人地生疏，感到分外恐惧。陈稜当机立断，挥剑将自己乘坐的白马刺死，跪地祭祀海神，以此稳定了属下官兵的情绪。

没想到，此一招还真灵。未几，雨住云开，阳光重现，后续部队已陆续登岸，陈稜遂将军队分作五路，直扑敌之都邑。

欢斯渴刺兜则重聚数千兵众拼死抵抗。陈稜再命张镇周突前迎战，敌军在张镇周的攻击下，节节败退，陈稜则率军乘胜追击。

敌军一直退到自己固守的营垒外，欢斯渴刺兜背向营垒，布下战阵，顽强抵抗。战斗从辰时进行到黄昏，双方死伤甚巨，苦战而不能分出胜负。

欢斯渴刺兜杀得精疲力竭，便率士卒回到栅营内。陈稜则令士卒填平栅栏外的堑壕，一举杀入营内，斩欢斯渴刺兜，将他的儿子欢斯岛槌和营内数千男女俘获，大获全胜，班师而归。

皇上闻讯大喜。进封陈稜为右光禄大夫（从二品），原武贲郎将职位不变；另进封张镇周为金紫光禄大夫（正三品）。

再说，先于陈稜出发的裴矩一行，离开东都洛阳后，先到京师大兴，拜访了处罗可汗的母亲向夫人。

夫人五十多岁年纪，头发已白大半，但腰不弯曲，耳聪目明，人还挺有精神的。

裴矩对夫人讲述了儿子眼下的处境，并说明由于他一直对大隋三心二意，不听劝告，一意孤行，方落得如此窘迫境地。

夫人听后，十分不安。一方面痛恨儿子太不争气，另方面则觉得自己愧对大隋多年无微不至的照顾。并表示，自己愿赴西域，面见儿子，劝其改邪归正，归顺大隋。

而此，正是裴矩此行想要达到的目的，他自然求之不得。经过精心准备，裴矩还专门在向夫人的随员中配备了一名郎中，并测得一个出行的好日子，这支由黄门侍郎亲率的队伍方从京师大兴出发。

不过，一路照顾得再周全，出门在外的人，自然还是不如在家舒适自在。一路颠簸，一路风尘，而当此一行人进入靠近玉门关的晋昌城时，已是四月的初夏时分了。

裴矩先请向夫人派自己的亲信去见处罗可汗。已经潦倒不堪的处罗见到来人大惊，并听说母亲为了自己，已到晋昌城时，更是惊得目瞪口呆！

他立刻来到晋昌城中，跪在母亲面前，痛哭流涕，道："儿子不孝，方使母亲遭此一路风尘……"

此回，裴矩没费任何口舌，便陪处罗可汗来到了江都。皇上在临朔宫接见了他。

处罗稽首谢罪说："罪臣统领西面各番臣，没能早点朝拜陛下。而今，丧家落魄，参拜晚了，罪过极深。臣下深感不安，极为惶惑……"

"不晚，不晚，知错改过就行了嘛。"皇上分外高兴，十分大度地设宴款待了他。

席间，宾主更是相与甚欢。裴矩面含微笑，并不言语，不时起身，为皇上和可汗执壶斟酒。

皇上难得地极为随和。他进一步抚慰处罗说："以前，你们东西突厥为了争霸，相互厮杀，闹得突厥内部和四邻都不得安宁。当下，天下太平，如同一个大家庭一样。朕对普天下臣民，一碗水端平，都愿尽养育之义务，使你们都能按照自己的习俗自由自在过日子。但是，你们也应明白，天空中从来只有一个太阳。当一个太阳照射大地时，普天下的人方能感受到温暖，才能得以安宁。汝试想，天上若有两个三个太阳存在，那将是一番啥景象？那么，普天下的万物呢？还能活得如此自在吗？"

"不能！"处罗大声道，"今蒙皇上赐宴，又赐教，咱真恨相见太晚哪！"

皇上则说："朕知道，可汗以前忙于繁杂事务，还受下属的掣肘，以致不能早来与朕见面。今日，朕与可汗幸会，亦觉开怀，可汗也应放宽心境，高兴才对，不要总把相见较晚一事搁在心上了。"

"好，好！"处罗可汗乃性情中人，他起立举杯道："从天以下，自地以上，太阳月亮都只有一个，那就是圣人可汗大隋皇上。咱承蒙他的照耀，方有幸福和安康。今日是个好日子，希望圣人可汗千岁万岁，一切如同今日一样美好与祥和！"说罢，把手上的一杯酒干了个底朝天。

从此，处罗可汗恋上了江都和东都，也不大过问部落中的事了。皇上亦把处罗可汗当作朋友，走到哪里，带到哪里，并下诏命处罗的弟弟达度厥统领处罗留下的万余人口，允许他在大隋境内的会宁郡一带放牧牲畜。

皇上登基六载，足迹遍及华夏千山万水。据统计："是时，天下凡有郡一百九十，县一千二百五十五，户八百九十万有奇。东西九千三百里，南北万四千八百一十五里。隋氏之盛，极于此矣。"

　　然而，在这些光鲜亮丽的数字背后，已潜藏着极大的隐忧。由于皇上的急功近利，好大喜功，奢靡浪费，视民如草芥等等，已使民不聊生，怨声载道。而更令人堪忧的是，对已暴露无遗的种种患乱，皇上竟熟视无睹，仍然我行我素，甚至变本加厉。

　　这不，远赴海外攻打琉球的战事刚结束，皇上又把目光投向了一个更加凶险的目标。

第一四一回

来护儿享殊荣感恩戴德
牛尚书巡灾情忧国怜民

话说，皇上在临江宫为西域各国首领设宴践行，其后，又于江都宫接见了来自海外各国的使节。一时间，皇上恩加四海，威震九州，可谓春风得意。但是，一而再，再而三，诸多属国中，连与高句丽毗邻的百济小国都主动遣使来朝，而就是不见高句丽国君身影，甚至，连使节都没派一个来。此使皇上无比气愤，终于感到无法再忍下去。

这日，上过早朝，皇上将苏威、宇文述、虞世基、裴矩和裴蕴等五人留了下来。皇上用人不拘一格，也不大讲究论资排辈。尚书令杨素、内史令萧琮等一批老臣相继过世，皇上有时并不及时任命各部门最高首长，有的三省最高长官职务空着就空着，有的即使任命了新人，也成了纯属荣誉性的虚衔。平日皇上最亲近并受到重用的，也就是上述五人，即"五贵"。

今日，这五人能一个不缺地聚在一处，也属难得。比如苏威，自大业三年卷入高颎、贺若弼等谤议朝政一案，遭到罢免回家思过后，过了一年多，才重又召回朝廷，先做一般员吏，直到去年才被任命为纳言。再如裴矩，数日前，方从西域归来。

当这几位重臣在江都宫一议事厅中就座，皇上即问："诸公是否知晓，朕此行江都之首要目的何在？"

左卫大将军宇文述环顾了一下富丽堂皇的议事厅，脱口说："此不明摆着嘛，江都宫去年开建，今年竣工，当然是奔此新宫来的。圣上来江都宫尝新，咱臣下亦跟着沾沾喜气。"

皇上晒了宇文述一眼，不满意地摇了下头。

御史大夫裴蕴接茬道："皇上是带西域各国元首来开眼界的——看锦绣江南，观大隋盛世。"

皇上仍是摇头，回身笑对黄门侍郎裴矩，问："公能否猜得到？"

裴矩亦笑着摇头说："臣下奉命出使西域后，先将向夫人送回京师，方在大兴获知圣上已去江都。这不是刚到江都方几日，对朝廷新近发生了哪些事儿都一概摸头不着脑呐！"

"裴矩说的是实话。"皇上看着因往返奔波已然消瘦的裴矩点了下头，示意内史侍郎虞世基向众人挑明今日议题。

"皇上此次巡视江都，主要是为教训高句丽做战前准备的。"内史侍郎虞世基不紧不慢地说，"圣上登基六年，高句丽君主高元不仅从未来朝，竟连使节亦未派一个来，一个附庸国君主如此坐大，藐视大隋，做得太绝。不仅如此，据前来朝拜的契丹、百济等国反映，高句丽对其周边小国非常刻薄。这些国家是在倍受欺凌，不堪重负的情形下，才冒风险派使节前来向咱皇上倾诉，并寻求支持的。更有甚者，自启民可汗去世之后，高句丽与突厥始毕可汗暗中往来日益频密，有不可告人之勾当。此一切皆说明，高元与朝廷不仅渐行渐远，离心离德，且，处心积虑，有做东北一隅老大的狼子野心。凡此种种，我朝不能再坐视不管，而有必要教训教训他了。"

裴矩一听，即感忧心忡忡。尤其是此次往来西域，一路遇到田地荒芜、民生凋敝等景象，真是触目惊心。皇上滥用民力，以达无以复加地步，如再兴兵去讨伐北边的一个小国，后果将不堪设想。他于是委婉地道："臣下几年前就曾向圣上启奏过，高句丽那地方，自打箕子立国始，就是咱华夏的一部分。更何况，汉、魏都在那里设置过郡县，进行过有效治理。只因近三百年来，天下大乱，高句丽才乘机自立为国的。现如今，高元一直心怀不轨，藐视朝廷，于北边坐大，欺凌周边小国，确不可忍。不过，说到教训高句丽这件事上，臣下则以为，要慎重考虑，如若用兵，何时动手，亦须认真斟酌。"

宇文述不耐烦地听完裴矩的话，一脸不屑地说："教训一个不知天高地厚的高句丽，哪有那么多讲究与斟酌。派支队伍去敲打敲打、教训教训，令其称臣，不就结了。"

皇上对宇文述的话未置可否，却不高兴地冲着裴矩道："公到底是怎么想的？前年，朕与公议到教训高句丽时，公说，高句丽地处边远北方，气候寒冷，粮草补给不到位，不可仓促行事，公还举了当年杨谅铩羽而归的教训。朕觉公言之有理，接受了汝的建议，随即征调百万民役专门建造了一条永济渠，以使南方粮草和其他军需物资，还有士卒，都可从水路直达涿郡。而今，朕把粮草补给地都安置到了高句丽的家门口，公咋又说还要斟酌，是何道理？"

"当下情势，与二年前相比，又不一样了哩！"

"有啥不一样的？"皇上盯住裴矩，咄咄逼人地问，"这前后一共不就两年多工夫吗？况且，那时还没这条直达涿郡运送粮草的永济渠。当下运输线路畅行无阻，咋反而畏缩不前了呢？"

裴矩只好把话摊开说："臣下以为，咱这两年，正是因为建造永济渠，又动用了百余万民力。加之，皇上御驾亲征西域，随即又邀西域各国首领前来巡游两京，再下江都……总而言之，自圣上登基以来，天下虽无大灾害、大战事，而军民却如车辖辘一样连轴转，从未有过停歇，而今，士民已不堪重负。因此上，臣下想，至少应使军民休养生息二三载，待他们都缓过一口气来，咱再作北征高句丽的打算……"

"公太过虑了。"皇上不悦地道，"朕养育天下臣民是做啥的？不就是供朕驱驰的吗！他们生生不息，是没有穷尽的！"

"就是。"宇文述接腔说，"咱没啥值得瞻前顾后的，高元敬酒不吃，咱就让他狗日的吃罚酒！"

裴蕴亦道："左卫将军说得好，对高元这种人，咱不给他点颜色看，他是不会主动向我朝俯首称臣的。"

237

皇上对裴蕴的话深以为然，此才面露得色。他看了虞世基一眼，世基把目光瞥向一边，不语。于是，皇上转而问一言未发的另一位老臣："苏纳言，公对惩罚高句丽有何见教？"

苏威以往是个极喜摆老资格并喜直抒己见的人，但几年前因言而遭贬谪，还眼睁睁地看着高颍、贺若弼等老臣因言获罪被处死，而今说话就显得谨慎多了。此时，他迟疑了一下，方说："臣以为裴黄门之言是有道理并值得考虑的，尤其是用兵须慎行。再说，在那边远处开一仗，劳师远袭，耗资甚巨，即使赢了，亦无收益，得不偿失。"

宇文述立马道："苏纳言，岂能如此算账嘞？打仗嘛，只言胜败。胜，就是赚了——就值！"

裴蕴亦想就苏威之言再借题发挥一下，可一张嘴，即被皇上挥手挡住。皇上已面显愠色，随即宣布说："这事，就议到此吧。"

五位近臣于是分别行跪礼，退下。

几日后，皇上连下二诏：

一、制令江都太守官俸与京尹等同。

二、盘点江南各仓储、粮库。走水路，向涿郡发运粮食及军需物资。

皇上的前一诏令，即是说，江都地位已与西京、东都等同。后一诏令，则分明是"兵马未到，粮草先行"，透出要打仗的信息，因而立即引起朝廷官员的猜测与议论。其中，有存裴矩、苏威类似想法者，即感忧心忡忡；而感到建功立业机会到来的武官们，则摩拳擦掌，兴奋异常。

这日，皇上赴江南巡视，于江都郊外码头登上一艘龙舟。江北岸边仪仗、护卫等船只排成长阵，自不细表，只说龙舟离岸启航后，坐不住的皇上，即从舱房步入到了顶层的甲板上，沐浴着江风与阳光。

而此时，担负警卫的右骁卫大将军来护儿，从底层起，一层层往上查岗。他检查了每个岗位上警卫们的站岗、当值等情形，稍觉松了口气儿，亦想到顶层甲板上消停消停。不期，一眼见到皇上立于船头，忙跪下请安。

此时，风和日丽，江鸥翔集，皇上心情不错，便在甲板上倚靠船舷与爱将闲聊起来。

来护儿乘机即问："臣闻圣上不日将要发兵远征高句丽，不知是否真有其事？"

皇上未有明言，却反问来护儿："华夏多年未有大的战事了，一旦上阵，将士们是否会有些许懈怠或疲沓？"

"就臣个人而言，从未有过苟且之念。军人的天职，就是时刻准备打仗。"来护儿本是垂手站在皇上面前的，说到此处时，挺起了胸脯。

"说得好！"皇上亦随之奋感起来。甲板上，艳阳高照，他避开光刺，觑了来护儿一眼，见他一股劲鼓鼓的模样，故意问，"卿觉得咱与高句丽开战，结果会如何？"

"没得说的，他若不投降，定叫他片甲不留。"

"假如当下就出兵呢？卿以为咱还有啥欠缺没有？"

"咱没啥缺的。无论从哪方面看，咱都远远盖过了那偏远的小国。"

"话虽如此，可还是不能掉以轻心。想当年，汉王征辽，不就是因轻敌而铩羽而归了吗？"

"那次有所不同，也根本不是啥轻敌不轻敌的事。"来护儿不以为然地道，"汉王当年，其实，仗还未开，就自折一翼，这仗还咋打？"

"啥？"皇上显然没能明白来护儿话的意思。来护儿所说先折一翼，似与裴矩曾说的败因是粮草未能及时到位不是一个意思。他于是问，"汉王先就自折一翼？此是啥意思？"

"圣上看嘛——"来护儿不假思索地说，"高句丽是一个半岛之国，与咱隔海相望，攻打他，须水陆并进，二者缺一不可。当年，汉王的几万水师，原本就是临时拼凑的，一出发，即遇风暴，水师全军覆没，不是先折一翼了吗？而且，此翼是打高句丽万不可缺的！"

"那为啥？咱光用步骑兵，只要兵多将广，指挥得当，沿陆路横扫过去，不一样能战而胜之嘛。"

"难——鸟缺一翼，咋起飞？人若断了一条腿，即成瘸子，行走起来，就差远啰！"完全沉浸于战事中的来护儿蹲下来，在甲板上比画说，"高句丽的都城在平壤。这平壤是掩藏在渤海湾的半岛中的。咱若只有一条腿，光从陆上攻，先要越过辽水，一路北上，再右拐，过鸭绿水，翻山越岭南下，此样，才能到达平壤。看看，要绕多远的路，一路跋山涉水，沟沟壑壑，几多艰难。咱本来就是劳师远袭，再经此一番折腾，气都喘不过来啦！再者，那地界，夏季短，冬季长，拖的时间愈长，对咱愈不利。还有，倘若粮草物资跟不上趟，岂不雪上加霜？此乃兵家大忌咧！所以，咱打高句丽，还得用水师，此叫两翼齐飞！咱的舰船与平壤隔海相望，择个波澜不惊的好日子，须臾即过海湾，登岸后，可直接打高元个鸡飞狗跳墙！"

"好！"皇上一屁股索性坐到了甲板上。他先前对如何教训高句丽，心中有过数种设想，可就是没想到此一招。这会儿，皇上的心头像突然开了一扇窗——透亮了。于是道，"届时，朕就来它个水陆齐头并进，两翼齐飞，打高元一个首尾两不顾。"

"哈哈……此样一来，高句丽必败无疑。"来护儿开心地笑了，并就汤下面，向皇上请缨说，"臣恳请圣上，待到远征高句丽那日，切莫忘记臣下自幼生于长江边上，是喝长江水长大的。"

"朕咋能相忘。"来护儿的话，倒给皇上提了个醒。他点头道，"朕记得，卿就是江都白土村人。开皇十一年，正是卿跟从杨素率水师南下，过关斩将，一举成为平叛功臣的。朕就是自那之后，认识了大将军。"

"就是，就是……"皇上的话中带着褒扬，倒使来护儿有点难为情了。他忙说，"那都是过往之事，没想到圣上还记得这么周全。"

"卿别急，打高句丽，朕绝不会忘记大将军。"皇上继而又关切地问，"卿此次南下江都，回村看过没有？"

"还没哩。西域各国首领前不久方才离去，咱担任警卫，一直都没闲下来。倒是村里常有亲朋来营中看过臣下。"

"瞅个空子回村瞧瞧吧。"

"是。"来护儿就地行过跪礼，起身而去了。

皇上望着爱将离去的身影——来护儿的个头虽不算高大，但一副自幼划船撑篙的宽肩膀，显得浑身都是劲；而他的整个身子骨则如钉在江堤中的一截木桩，坚实而硬朗。

由此，皇上不禁想起几日前与几位重臣商讨教训高句丽之事。照说，他们个个不是饱学之士，就是身经百战的老将，或从政数十年的老臣，但一说到对这场战事的看法，竟无一人能如今日来护儿这样，讲说得如此痛快淋漓，透彻见底。尤其是那位两朝元老的苏威，出口竟是一瓢冷水，把人浇得透心凉。而执掌军务的宇文述，亦只是大话连篇，却提不出实实在在的具体方案来。可是，过往的宇文述并不是此样咧，自己做晋王那会儿，许多好主意好点子，不都是他想出来的吗？否则，他咋能有今日之荣耀？一个人，日子过好了，官做大了，咋就只光长肉，不长心呐！

…………

皇上巡视过江南，回到江都，即下诏为来护儿修一条从江都城直通白土村的大路，赏赐他各色杂帛千段，让他回村拜祭祖宗，宴请乡亲。同时，还令朝中三品以上官员去他家中随喜、祝贺，从而使来护儿有生以来尝到了光宗耀祖、衣锦还乡之殊荣。

与此同时，皇上派出一支又一支巡视队伍，到江南和岭南各地进行慰问、安抚。自己还亲自催促与过问江南物资、粮草的调运，并到水、陆军营观看府兵演练操习等。

此年（大业六年），皇上还完成了一件大事。随着从洛阳到涿郡的永济渠通航后，南端的江南河也相继竣工了。此河北起长江边上的京口，南达余杭。这也就是说，这条北起涿郡，南达余杭的漕渠，全程已达四千余里，并把海河、黄河、淮河、长江、钱塘江共五大水系织成了一张巨大的水网。那么，江南的粮草、物资可不经转运，即可从水路直达涿郡。

不过，正当皇上对远征高句丽感到万事俱备时，恰在此刻，山东、河南一带，突遭水患，灾情波及黄河两岸二十余郡，数以百万计的灾民无处安身。

皇上为此深感不安，因为打仗所需粮食，以及南方军兵等等，无论水路还是陆路，必从受灾地区通过。而尤其是如若竣工不久的永济渠受到洪水破坏，则就更是雪上加霜了。

　　经仔细斟酌，皇上下诏派出老成持重的吏部尚书牛弘作安抚大使赴灾区赈济灾民，并敕令他督导当地修复和保护好通济渠和永济渠以及驿道，以确保南北水陆运输万无一失。

　　牛弘受命以六旬高龄，冒着酷暑沿驿路乘车，马不停蹄地向北而驰。他经过东都而不入，直接渡过黄河，赶往灾区。

　　所幸的是，东都及其周遭地势较高处，并未受到洪水侵袭。但关东和中原一带从灾区涌来的灾民，沿驿道破衣烂衫，拖家带口，已络绎不绝，有的走着走着，一个踉跄，倒在路上就再也爬不起来了……

　　牛弘见此情景，不敢耽搁，便拿出诏令，要求当地官员全力赈济灾民，发现倒毙路间无力收尸者，要求组织人力进行掩埋，以控制瘟疫流行。牛弘为两朝元老，长期担任吏部尚书，每逢科考还是主考官之一，所以，地方官吏没有不认识他的，也都能按他的话行事。

　　可当此一行钦差大臣，真正踏入到灾区时，则又是另一番景况了。

　　其时，大水已然过去。许多村子，墙倒屋摧，见不到一所完好房屋，亦往往见不到一个活人。洪水所到之处，扫荡一空，连一声鸡叫狗叫都不闻，阒无声息。地里的庄稼，亦齐齐整整被流水冲得倒向一边，在水浸泡过后，又经烈日曝晒，只剩一片枯秆败草……家园已毁，即使有侥幸逃过一劫的人，亦都不能在故土安身了。

　　一个郡，一个县，有受灾严重的低洼地区，亦还是有受灾较轻或没遭灾的地方吧。但是，当地官员和牛弘等一干钦差，经过一番努力，才好不容易地勉强凑起一支效率不高的赈灾和减灾队伍。因此，上面即使有粮发放，亦难于运到灾区，并送到灾民暂时栖身之地。一了解，牛弘方知，近年为修长城、挖壕沟、建东都、修通济渠和永济渠等等，各村的青壮年被一征再征，甚至连妇女亦被征去服徭役，客死在了各处的工地上。有少数侥幸从工地返回的青壮年，一旦见有官衙来人，亦都躲藏到山里去了。

　　牛弘等人在受灾严重的地区成日忙碌着，效率却很低。每至一地，他都要亲自指挥人埋尸，包括掩埋牲畜的尸体。他早已没了眼泪，嗅到带腐臭味儿的腥风，亦都没了感觉……他仰看头顶蓝天白云，心想：此乃离东

　　牛弘以六旬高龄，冒着酷暑，沿驿路乘车，马不停蹄地赶往灾区，督导当地修复和保护好通济渠和永济渠以及驿道。

都不远的中原富庶地区，可是，即使是没有遭受洪水侵袭之地，亦都一贫如洗，了无生气，堂堂大隋王朝，咋会如此不堪呢？

牛弘是安定鹑觚（今甘肃省平凉灵台县）人，本姓寮。祖父寮炽，任郡中正。父亲寮允，魏时任侍中、工部尚书，封临泾公，赐姓为牛。总之，他的家庭世代为官，此使牛弘自幼受到良好教育。他心性宽厚、好学博闻、为人谦和。在北周出仕之初，任中外府记室、内史上士。随后改任纳言上士，专掌文案。开皇初年，牛弘任散骑常侍、秘书监。因过往数百年，一直处于战乱中，各种典籍散失，牛弘即向文帝呈递表章，请求向民间征求书籍，受到皇上采纳和表彰。开皇三年，牛弘拜任礼部尚书，奉皇上敕令修撰《五礼》，刻印了一百卷，行用于当世。接着，牛弘又上奏皇上，请求依照古代礼制，修建明堂。开皇九年，皇上诏令修改确定朝廷正乐。担任太常卿的牛弘又依据自己对乐律的钻研体会，向皇上呈递了奏议。牛弘的奏议得到皇上赞赏，并诏命他与一干精通礼乐之士修订朝廷新的乐律。其间，朝中功勋卓著的杨素傲视群臣，专横跋扈，而对牛弘却彬彬有礼。待到文帝去世，太子广登基，牛弘仍然受到重用。他以深厚的学识，兢兢业业做好皇上托付的每一件事，与同僚相处又极谦和。他荣耀恩宠集于一身，然而，自己的衣着打扮又极俭薄。所以，有人评价他说：隋朝元老大臣，始终受到重用，未遭任何罪责祸事者，唯牛弘一人。

就是这样一位任劳任怨为大隋做出极大贡献的忠臣，面对乡村如此不堪境况，踌躇了，疑惑了……

在赈灾过程中，使牛弘油然想起今年元宵灯节陪西域客人置身灯海观赏端门外盛大演出的情形，客人为台上精彩的表演大声喝彩，自己亦为不夜城的神奇光影而陶醉。当时，他想：传说中的仙境也莫过如此吧！由是，他着实为国家的强盛富有而感到自豪与骄傲！

可是，眼下的情形呢？洪水固不可抗拒，而未遭洪水侵袭之地，亦几近一贫如洗呀！这样的国家，还称得上富饶强大吗？如此类推，西京和东都的表面繁荣又能持续多久呢？而且，皇家殿宇金碧辉煌，店铺商品琳琅满目，高官享受厚禄……可此一切煌盛，从何而来？这正有如一座气势恢宏的大厦，当它的基础被掏空后，那么，大厦还能安之若泰地挺立于世吗？

牛弘想起大隋立国之初，朝廷制定和颁布一个又一个革故鼎新举措的情景。回想起来，那一个个举措，绝大多数都是用来惠民的和稳固朝政的。那时，国内的城、镇、乡村，由于经年不息之战事，都已破败不堪，劫后余生的百姓，甚至一般官宦人家，皆一贫如洗，痛苦不堪。真是国穷民贫呀！但，由于举措得力，很快就见到了巨大成效。到开皇三年、四年，官员到州县巡视或办差，最乐意的就是置身小城小镇逛街巷。当看到集市人山人海，到处拥挤着卖东西和买东西的人时，官员的心里也个个乐滋滋和甜滋滋的。而那，才是一幅真正走向太平盛世的样貌咧！

…………

牛弘在灾区一直忙碌到十月。由于人手不够，许多事，他都要亲力亲为。幸运的是，皇上担心的、竣工不久的永济渠并无大碍，洪水与此渠正好擦身而过，灾情亦并未波及靠近漕渠的地区。

牛弘抱病回到江都，已至十一月下旬。他一边服药治病，一边仍伏案在写一份表章。他要将此行所见所思，禀告皇上。其中的主旨是，国家不能再大兴土木和大动干戈了；要体恤民力，减轻税负，不能再做国富民穷、本末倒置事。否则，后果将不堪设想。

可是，他的表章尚未写完，却获悉皇上即将向高句丽用兵的消息。牛弘深深叹了一口气，没有再写下去——他已精疲力竭了。

大业六年十二月己未日，左光禄大夫、吏部尚书牛弘在江都病逝，享年六十六岁。

皇上对牛弘的去世，感到无比痛惜，赐葬之物，非常丰厚，并派人将遗体运回西北老家安葬，追赠他为开府仪同三司、光禄大夫、文安侯，赠谥号为宪。

第一四二回

征高句丽御驾亲临涨士气
战辽水老将当先遇不测

　　牛弘去世仅一月，大业七年正月壬寅日，左武卫大将军、光禄大夫、真定侯郭衍也病逝了，这使皇上更为痛惜。

　　想当年，皇上担任扬州总管期间，却有了谋取太子职位之念，但又为此心怀忐忑，怕图谋一旦败露，弄得鸡飞蛋打，自己反遭不测。郭衍为此鼓气说："不用怕，咱把江南治理好，如果争做太子不成，咱就占据江南半壁江山，与朝廷分庭抗礼，像过往的陈朝那样，也很不错呵！"就是这么一句话，消除了晋王的所有顾虑，坚定了争夺太子位的信心，亦才有了今日。皇上登基这几年，郭衍掌管宫廷禁卫军，鞍前马后，尽心尽责，未有些微闪失，可谓劳苦功高，鞠躬尽瘁！

　　皇上为此下诏，厚葬郭衍。

　　二月己未日，皇上登上临江宫钓台，面对扬子津和浩浩荡荡的长江水，豪情满怀地大宴文武百官，按官职对每位官员进行了赏赐。

　　之后，皇上即从江都登上龙舟，沿通济渠北上，结束了为期整整一年的南巡。不过，皇上此次北行的目的地，并非东都洛阳，而是更北的涿郡。

　　壬午日，下诏曰：

武有七德，先之以安民。政有六本，兴之以教义。高句丽高
元，亏失藩礼，将欲问罪辽左，恢宣胜略。虽怀伐国，仍事省方。
今往涿郡，巡抚民俗。其河北诸郡及山西、山东，年九十以上者，
版授太守；八十者，授县令。

于是，征讨高句丽的序幕，便由此诏令而掀开。

尽管皇上在对高句丽发出战争威胁的同时，还不忘安抚一下不堪重负
的百姓，将靠近涿郡一带年过八十和九十岁以上的老人，让他们分别享受
县令和郡守的待遇。但是，在民众极度痛苦的情形下，能享受此优待的高
龄百姓，毕竟凤毛麟角而已。

紧接着，苏威、牛弘、裴矩等大臣担心的事，终于在这时候发生了。
皇上启程不久，还在龙舟上闭目养神之际，即有飞骑来报，河北一带有强
人劫持永济渠上运送军粮的船只。

皇上闻讯，极为震怒。他之所以要发兵教训高句丽，主要就是因为该
国太不懂事，不来朝拜大隋天子。而今，竟有反贼胆敢于光天化日下抢劫
军粮，这还得了！皇上于是下令，凡抢军需者，杀勿赦。

事实上，河北一带在遭遇水患之后，就有走投无路的饥民聚集起来，
拦路抢劫、打家劫舍，并迅速发展到明目张胆抢劫军粮的程度。更有甚者，
关东长白山（今山东章丘境内）一个自称"知事郎"的人，公然对抗朝廷、
号召民不聊生的人跟他造反，还编了一首《无向辽东浪死歌》，四处传唱：

长白山前知事郎，纯着红罗锦背裆。
长槊侵天半，轮刀耀日光。
上山吃獐鹿，下山吃牛羊。
忽闻官军至，捉刀向前荡。
譬如辽东死，斩头何所伤！

此歌一经传唱，响应他的人竟达数万，有的直接加入到知事郎的队伍

中，更有的则另立山头，占地为王。

起初，对外界情事一概不知的皇上，还安坐龙舟中，批阅奏章、观赏两岸景致，与嫔妃宴饮……接着，前方的河北和山东一带，不断传来造反信息。一开始，皇上极度愤怒。但是，报得多了，皇上也没太把几个逆贼挂在心上。他一方面加强了对自己行程的警戒，另一方面则派军队前往讨伐，自己则还是一门心思地按事前预想，继续前行。当皇上乘坐的龙舟到达洛阳时，他连船都没下，径入黄河，并从通济渠进入到永济渠中，继续北上……

早在皇上与来护儿在楼船上讲说"两翼齐飞"事后，皇上就曾下诏命幽州总管元弘嗣前往东莱海口督造战舰三百艘。因事紧迫，致使造船工匠长时间站立水中作业，自腰以下皆生蛆虫，死者十之三四。而到此时，水军的渡海战舰，业已完工。

与此同时，皇上还下令河南、淮南、江南造戎车五万辆，送往高阳（今河北保定东部），以供载运衣甲幔帐等军需品。此时，五万戎车亦从驿道源源赶送高阳。此外，由宇文述主管征召的江淮以南水手一万，弩手三万，也已陆续启程。另外，又征发江淮以南民役及船只，装运黎阳及洛口仓粮食至涿郡……以上各种队伍及船只，从不同地点、循不同路径，有的走水路，有的走陆路，昼夜不息，赶往涿郡和渤海边的东莱。

夏四月庚午日，皇上所乘龙舟抵达涿郡。亲临前线的皇上，入住临朔宫中。

此时，军资、重兵皆源源聚集涿郡，使境外四邻极为忐忑，周遭各部落国首领或遣使或亲自前来朝拜大隋皇上，以表忠心。信守诺言的西部突厥处罗可汗大老远地率五百轻骑赶来参战，此使皇上极为感动。而就在近前的东部突厥始毕可汗亦不甘落后，他亲率各部落国首领也赶到了临朔宫，此使皇上感到极为宽心。因为早前皇上已获悉始毕可汗私下与高句丽往来密切，而担心高句丽私与突厥结盟，共同把矛头指向大隋，看来，此事并不存在。

皇上为此，以隆重礼遇宴请了年轻的始毕可汗，赐给他宝剑一把，并在酒宴中约定，战斗一经打响，始毕即亲率铁骑驰援。

而恰恰相反的是，就在辽水以东与涿郡靠得很近的高句丽，面临大隋三军压境，却仍是钟不响，磬不响地了无声息，对大隋视若无睹。此使皇上更为恼怒，暗下决心，一定要以最快速度惩灭高句丽！

发兵之日愈益临近，涿郡朝臣云集，气氛凝重。可就在此时，有个叫耿询的小吏，竟不知天高地厚，向皇上上表说："辽东不可讨，师必无功，恳请圣上，回师东都。"

"丧门星！"皇上大怒，要将耿询推出斩首。

此时，有何稠站出苦谏："请圣上息怒，战事在即，朝内不宜先开杀戒。"

不晓事的耿询，此才免于一死。

六月，涿郡气温陡升，连日忙于调兵遣将的皇上，感到不适，被臣下劝说暂到离涿郡不远的临渝宫避暑。

皇上入住临渝宫后，仍对耿询一帮暗中鼓噪反战言论的人耿耿于怀。加之，他亦对此次出征，感到不够踏实。于是，下旨叫庾质前来行宫，想听听他对征讨高句丽的意见。

这个庾质，是先帝较为看重的命相术士庾季才的儿子。他博学多才，原任太史令一职。而且，其为人耿直、聪敏，过往，他作出的判断与预测，皆极准确，因此，一度深受当下皇上的赏识。后因皇上猜忌自己的儿子齐王杨暕，而庾质的儿子又恰好在齐王府当差，皇上为此很不高兴，遂迁怒庾质，质问他说："汝不能一心事朕，竟让儿子侍奉齐王，卿为啥要与朕离心离德呢？"

庾质深感委屈，回答说："臣事陛下，子事齐王，实是一心，不敢有二。"

皇上对庾质的回答更为不满，一怒之下，将庾质贬为合水县令。

当庾质接到圣旨，马不停蹄赶到临渝宫时，兵发高句丽的日子已然临近。皇上见到庾质即问："朕承受先帝遗旨，亲自带兵攻打高句丽。朕估算了一下，该小国仅抵咱一个郡，卿以为能战而胜之吗？"

庾质毫不迟疑地回答说："以臣管窥，伐之可克。不过，臣还是不想陛下亲自带兵出征。"

"噢？"皇上勃然变脸，反问，"朕今统率大军来此，难道没看见敌人就径自返回东都去吗？"

"暂时不回东都亦行，可驻跸涿郡督阵。"庾质说，"陛下亲自前往，臣担心如有万一，反损皇上威仪。臣因此还是希望皇上驻扎于此地，放手让将士充分发挥才智，奋勇搏杀，这样才能达到挫败敌人的目的。皇上亲自出征，则要讲究仪程，还有可能会贻误战机。"

皇上因而愠怒道："卿乃一派胡言！汝就留在此宫中等着吧，待朕班师后，再来处置汝！"

与庾质一番舌战，反而坚定了皇上御驾亲征的意志。他力排众议，于大业八年春正月壬午日，向天下颁发了诏书：

天地大德，降繁霜于秋令，圣哲至仁，在刑典中写明了军武之义。所以，可知造化有酷烈的萧索，其义在于无私，帝王用武，并非是为个人要得到什么。黄帝发动坂泉之战，尧战于丹水之浦，无不是恭行上帝的惩罚，攻取叛乱消灭昏暗，都是应时而动。况且在甘泉郊野誓师，夏开继承大禹的帝业，商朝国都郊外兴师问罪，周发成就了文王的大志。永远以前代为借鉴，及至今日，大任落在了朕的身上。

我朝有隋，承受天命，包有天地人三才而建立至尊，统一天下而为家。版图延伸到落日之处的细柳、出产蟠桃的地区以外，声名教化所及，达到言语不同的黄枝之国。远方归附近处安宁，无不和谐安定，大功告成天下大治，就在此时。而高句丽小丑，受惑昏聩而不恭顺，聚集在渤海、碣石之间，吞并辽东、貊貊之境。虽然经过汉、魏时代征伐，巢穴一时倾覆，动荡离散多有阻隔，种族部落重又聚合。汇集川泽在从前时代，播种繁殖直到如今，顾望那华夏之地，被夷族所占居。历时长久，恶贯满盈，天道因其淫逸过度而降下灾祸，灭亡的征兆已经凸显。惑乱纲常败坏德义，不能尽述，包藏邪恶心怀奸佞，时日已久。移文告假的严厉，未曾当面听取，朝拜觐见的礼仪，不肯亲自进行。引诱招纳逃亡叛乱之人，不知限度，充斥边境地区，屡次烦劳烽火警报，边关因此不得安宁，生民因此荒废劳业。从前予以征伐，已经逃脱法网，既已延缓先前擒伏的惩罚，又没有受到后来的诛责，竟不心怀感激，反而更有恶行，竟然伙同契丹党徒，劫掠海防，降服靺鞨，侵袭辽西。另外青丘之外，都遵行贡纳，碧海之滨，同敬奉国历，竟又抢夺献贡的财物，阻断往来，暴虐至于无辜，忠诚而遇到祸难。朝廷使节奉命，到达海东，仪仗所经行，途经藩国之地，而阻塞道路，拒绝朝廷的使者，没有事奉君主之心，又哪有作臣之礼节！这些都可容忍，还有啥不可忍的呢！而且法令苛刻残酷，赋税繁重，权臣豪族，都执掌国政，结党营私，因此成为风气，贿赂财物如同行商，冤屈不能申明。加之连年灾害严重，家家饥荒，战乱不断，徭役没有期限，转运输送已耗尽身力，身躯填入沟壑之中。百姓愁苦，何去何从？境内哀伤惶惑，弊病不计其数。回首向内，人人怀有性命之忧，老人孩童，都发出对残酷暴虐的感叹。察考民俗民风，来到幽州之北，慰问民众讨伐罪人，不必等到再次前来。于是亲自率领六军，来申明进行制裁的九种办法，拯救他们面临的危险，顺从上天的意愿，除灭逃亡的恶人，继续先代的谋略。

现应授令出发，分路指挥军队踏上征途，尽占勃澥像雷霆震动，遍行夫余像闪电横扫。列戈屯兵誓师然后出动，三令五申，必胜然后才开战。左第一军可出镂方道，第二军可出长岑道，第三军可出海冥道，第四军可出盖马道，第五军可出建安道，第六军可出南苏道，第七军可出辽东道，第八军可出玄菟道，第九军可出扶余道，第十军可出朝鲜道，第十一军可出沃沮道，第十二军可出乐浪道。右第一军可出粘蝉道，第二军可出含资道，第三军可出浑弥道，第四军可出临屯道，第五军可出候城道，第六军可出提奚道，第七军可出踏顿道，第八军可出肃慎道，第九军可出碣石道，第十军可出东曤道，第十一军可出带方道，第十二军可出襄平道。所有各军，先敬听谋划大计，络绎不绝地出发，会集于平壤。没有人不像豺貔那样勇猛，有百战百胜的气概，雄视则山岳会倾倒，叱咤则风云会飘飞，同心同德，勇士正在。朕亲任统帅，作为指挥调度，跋涉辽水之东，循行大海之滨，解救边地的苦难，关问流离民众的疾苦。外出轻装巡游，随机赶赴接应，裹紧铠甲口衔枚木，出其不意。又沧海道路军旅舟船绵延千里，高挂船帆如闪电般疾进，巨舰如飘云般飞驶，横断浿江，直达平壤，像落入孤岛希望已经断绝，像陷入废井退路已经穷尽。其余发式衣裳式样不同华夏的各族，引箭待发，微、卢、彭、濮的军队，不谋而合说法相同。依仗顺服迎击叛逆，人人勇气百倍，以这样的部众作战，其势如同摧枯拉朽。

然而王者之师，本义在于禁断杀戮，圣人的教诲，定是在于遏制凶残，上天惩罚有罪之人，本在于首恶，民众多有偏邪，胁从的不予处置。如果高元到营门前投降服罪，自己委身执法官员，应马上松脱绑绳焚毁棺木，向他弘扬恩义。其余臣民归降敬顺，都加以慰劳安抚，各自安顿谋生之业，依才任用，不拘夷族华夏之人。营垒驻扎之处，务必整齐肃穆，禁止砍伐放牧，秋毫不犯，施以恩德宽宥，以祸福晓谕。如果同罪之人互相救助，抗拒官军，国家有固定的刑法，定使罪人难逃法网。明加传谕告示，以合朕意。

此份诏诰，真够细致。它既公布了大隋的作战方针，又明确正告了敌国高句丽。诏诰开头，就摆明了出师目的，并非是想要得到什么，而是为了惩恶扬善，伸张正气。所以，亦顺带把苏威等的"得不偿失"论调，不点名地敲打了一番。接着，正告高句丽，大隋幅员辽阔，无比强大，并点明他当下占据之地，原本就是华夏领土。在历数高元治下的斑斑劣迹和罪行后，表明皇上亲率六军前来讨伐罪人的决心。接下来，极为罕见的是，诏诰将隋军作战方式和行军线路，都和盘托出，公之于世。最后，告诫高元，只要投降服罪，还是可以得到宽宥的。

由此可以看出，皇上根本没把小小高句丽放在眼里。此次出征，不是立足于打，而是着眼于示威。征伐辽东只不过是到此一游、显摆显摆而已。事实亦确是如此，皇上此次北征，亦如往昔几次出巡，到涿郡来的不仅有皇后、嫔妃，还邀请了各国使节和僧人、道士等等。总之，一句话，皇上还是立足以强大军力和气势，不战而屈人之兵。

为此，队伍出征前，皇上又特别发布了两条命令：

一、凡军事进止，皆须奏闻待报，毋得专擅；

二、高句丽若降，即宜抚纳，不得继续纵兵。

那么，高句丽对上述诏诰是如何看的呢？他们害怕了吗？打算如何应对隋之百万大军？一句话：高句丽还是保持着沉默。

皇上对高元一而再、再而三的不闻不问态度，气上加气。他想：既然敬酒不喝，那就只能让他吃罚酒了。

于是，大业八年正月癸未日，此是一个经人测算过的吉日。皇上终于下达了进军令。总计二十四军，共一百一十三万三千八百官兵，运送粮草物资的民役更为军伍的一倍以上。

发兵前，亦如诏诰所言，举行过盛大隆重的祭祀典礼后，队伍方从涿郡陆续出发。第一日出发的是第一军和他们的辎重队伍。之后，各军依次出发，前后历经四十日，队伍才开拔完毕。

一时之间，辽东大地，旌旗与金戈铁马绵延千数里，如此壮观的出师队伍和场面，世所罕见。

队伍冒着北方料峭风寒，在冻得结结实实的黑土地上"铿锵"前进。一路之上，所向披靡，未遇任何阻隔，亦如过往对突厥和西域的巡行，所不同的就是一个字："冷"！而当所有运送粮草的民役在内的数百万众陆续抵达辽水岸边、并一字摆开长蛇阵时，已至三月暮春时节。

三月的甲午日，皇上身披战袍，亲临辽水前线。

其时，辽水上厚厚的冰层已然化尽，大地上的积雪已经消融，滔滔不绝的河水争相由北向南流去；对岸为高句丽占据的辽东土地，则一片寂寥，只见枯萎的芦苇秆在春风中摇曳，却还是没有看见一个敌兵。

皇上骑于马上，沉思良久，见对岸仍毫无动静，抬头看了看天上的蓝天白云和耀眼的日头，终于切齿命令道："架桥！"

将要架设的是一座浮桥。该桥已由升任工部尚书的宇文恺亲自量身设计、并将各部件督造好了的，现在只需用船只排列、铺设、固定到流动的辽水上去。

其时，亦在宇文恺的亲自督导下，由训练有素的工兵们于水上作业。一众士卒，有条不紊，那桥转眼之间，就越过了江心……

亦正于此刻，一件意想不到的事发生了——冷不防，从对岸芦苇深处密匝匝射来一阵箭矢，正于桥上作业的士卒纷纷中箭，有的跌落水中，溅起一股带血之水花！

为此，密集于西岸跃跃欲试准备冲过河去的士卒，一片哗然！桥架到一半，不得不中止作业。

情急中的左卫大将军宇文述迅速调来弓弩手。这些弓弩手，个个身手不凡，并是宇文大将军特别从江淮一带选拔而来的。但当他们赶到辽水边时，亦只能望水而兴叹。他们使用的弩机，射程比一般弓箭远。但对岸贼军只射于江心桥上作业的人，且是躲在对岸有芦苇作掩护的壕沟内。而隋军的弓弩手们立于辽水西岸，则根本够不到对岸壕沟里的射手们。

眼看无望时，一名年长弓弩手，忽然道："咱用火烧死他们！"说着，便与周遭几位弓弩手商议起来。

众人你一言我一语，稍作准备。几名弓弩手一人带着一面盾牌，便在盾牌掩护下，踏上搭建成一半的桥面，匍匐前行。

当接近江心断桥处时，对岸箭矢再次如飞蝗般射来。此回，已有准备的弓弩手用盾牌挡住射来之箭。那位老弓弩手则在同伴的掩护下，选准了目标，朝对方射出一枚带有火苗的箭。那箭不仅正中一名毫无提防的对方射手，且箭上的火焰一下点着了中箭者周遭干枯的芦苇。

紧接着，带火的箭矢一支接一支地射向东岸，风助火势，愈燃愈炽。躲藏于壕堑中的高句丽军，不是被烧，就是赶紧往后撤。

顷刻间，战情逆转了。东岸一片鬼哭狼嚎，芦荡燃起熊熊烈焰！西岸侧欢呼雀跃，士气大振。

皇上立于马上，亦如士卒一般，振臂欢呼。

造桥的工兵们亦心无旁骛地恢复了作业。坚实宽阔的木桥迅速向对岸延伸……

然而，智者千虑，必有一失。这座由赫赫有名、曾主持建造大兴城和洛阳城的宇文恺设计建造的浮桥，用完所有材料拼接到最后，桥身相距对岸竟然差了一丈多远。

节骨眼上，咋会出此漏算？正在指挥架桥的宇文恺开初也感到莫名其妙。他冷静一想，原来是近日天气骤然转暖，山中融雪加快，辽水陡涨，河面加宽，而自己在设计浮桥长度时，竟未把此因素考虑进去。

咋办呢？请缨担任先锋、早已等得不耐烦的右屯卫大将军麦铁杖抽出佩剑，朝天一指，大吼一声道："弟兄们，不怕死的跟咱来！"

只见他疾步如飞地冲上桥去，其余将士紧跟而上。当麦铁杖冲到最前的断头处时，这位老将军竟一个箭步腾身跃起，飞身跳了过去……

没想到的是，你不怕死，人家高句丽士卒也是不怕死的。先前埋伏在岸边被大火烧得东逃西窜的高句丽军，不等火势完全熄灭，又分别潜回到发烫的壕沟内。当麦铁杖前脚刚一落地，无数刀矛便刺向了他……

而后续赶来的隋军，则纷纷陷落岸边泥淖中，未及上岸，亦被活活戳死或遭乱箭射死。

这位首登辽东土地，即惨死高句丽士卒刀矛下的麦大将军，绝非等闲之辈。早在陈朝，他就是个家喻户晓人物。

麦铁杖是岭南始兴（今粤北始兴县）人，力大而骁勇，尤以健步如飞，能与奔马比快而闻名。陈太建年间，麦铁杖聚众为群盗，被广州刺史抓获，献给陈朝皇上作奴隶使用。麦铁杖白日为皇上打伞，夜里竟跑到百里外的地方作盗贼，但到早上，又返回宫中为皇上打伞。事情败露后，当地官府告上朝廷，皇上觉得不可思议，不肯相信会有此事。而后得到证实，麦铁杖本人亦点头承认了，皇上却又怜其是个奇才，不舍杀他。平陈之后，杨素将麦铁杖招至麾下，他屡立奇功。一次，在论功行赏时，杨素却将麦铁杖的名字遗漏。有人告诉他后，麦铁杖觉得有失公允。而此时，行军总管杨素刚好离开营地，去京师述职。麦铁杖便健步如飞去追赶。杨素车驾到了驿站，麦铁杖也只身赶到了那里。他见到杨素，反而不好意思当面陈说行赏事。待到第二日，杨素又讶异地在驿站碰到麦铁杖，才终于悟出是咋回事，并答应一定上奏皇上，为他晋升仪同三司，麦铁杖这才心满意足地返回营地。还有一次上朝时，考功郎窦威欺麦铁杖不识字，就故意挑逗他说："'麦'是啥姓呢？"没想到，不识字的麦铁杖马上反唇相讥道："'麦'与'豆'有何差别？没啥好奇怪的。"弄得窦威哑口无言，自讨了个没趣。仁寿四年，汉王杨谅造反，麦铁杖又跟随杨素参与平叛，在与叛贼的交战中，多是他身先士卒，首先登城，瓦解贼军……

总之，麦铁杖一生，落拓不羁，洒脱侠义，万没料到的是，却在此次征辽中，死得如此惨烈！

与麦铁杖一同惨死高句丽贼军刀矛和乱箭下的，还有武贲郎将钱士雄和孟金叉等。

眼看前面将士一个个被戮，后面的士卒亦都畏缩不前，不敢再上了。

亲临前线的皇上目睹爱将惨死，流着泪，看看天色已晚，命令鸣金收兵。

皇上原本以为，百万大军只要在辽东大地走一遭，亮个相，高元即会屁滚尿流出来投降的。岂料，两军甫一交手，就折损了一员猛将。不用问，依照皇上的秉性，他是绝对不会善罢甘休的。

一场不可避免的激战，正在等待着双方的将士们！

第一四三回

来护儿顺风顺水遭败绩
于仲文忽虚忽实中奸计

几日后，由另一名能工巧匠何稠设计督造的大桥部件运抵河西。架桥那日，左翊卫大将军宇文述调集了从江南征招的全部三万弓弩手，聚集西岸，掩护架桥工兵作业。

何稠接受了前次教训，当桥架至东岸时，分毫不差。与此同时，前次由宇文恺造的那座桥，亦续接完成。

隋军从两桥渡过辽水。两股大军，怀着一雪前耻的斗志，有如伸展于辽东大地之双翼，飞速向前延伸。

皇上身着甲胄，披挂战袍，乘坐战车，而就是在这真刀对真枪的战场上，他还是一如既往地在那支由三万六千士卒组成的豪华仪仗队伍的簇拥下，威风凛凛地越过辽水，踏上了辽东大地！

浩浩荡荡的隋军，所向披靡，一口气便推进到了辽东城（今辽宁省辽阳市），将这座城池团团围住。

高句丽的国土与隋相较，自不知要小多少倍，可它也和隋一样，平壤是该国的第一都城，辽东城则是仅次平壤的第二都城。君主高元亦是经常往返两城之间，执掌朝政。隋军预先侦知，辽东城内有三万守军。皇上就命三十万精兵强将围攻该城。其余各支队伍继续前进，直取平壤。

殊料，经过畅快淋漓的长途奔击，斩敌万余后，却碰到了个硬钉子。三十万大军竟攻不下三万将士据守的辽东城。

众所周知，突厥和吐谷浑皆为游牧部落国，他们选择水草丰茂之地而居，居住地遭灾了，或水草不丰了，收起帐篷，赶着牛羊，另觅好去处。所以，这样的国家，打起仗来，只要兵力比对方强大，攻势凶猛，就可如秋风扫落叶一般，席卷一空。

但，高句丽却与大隋一样，乡民都有固定田地耕种，住在固定的房屋里，有的屋宇一住就是数代人。而市廛中的官、商、手工业者（如果是都城，当然还包括帝王），则都住在高筑的城墙内。所以，早与大隋有隙，思量迟早难免一战的高句丽君主，很早就有提防，把城筑得极为坚实，粮食储备亦很充足。尤其是这座辽东城，内外有两重城墙，易守难攻。

皇上原来想，突厥和吐谷浑都称得上是大国，都是各据一方的霸主，都分别拥有几十万骁勇的金戈铁马，但等大隋军队一到，还不是指谁灭谁？但令皇上万没想到的是，高句丽此时偃旗息鼓、一声不响、紧闭城门，竟放你来攻取。而面对坚城和城内视死如归的军民，即使是三十万精锐大军，要想攻杀进去，也不是容易的呐！

六月己未日，皇上亲临辽东城下督战，面对久攻不下的城池，指斥攻城将领说："怪不得，公等都不愿朕御驾亲征。原来，一个个都是银样镴枪头，怕在朕面前露出怯弱样貌！是不？往日，在朝廷纸上谈兵，个个妙论连珠，都充英雄好汉，可一到战场上，咋都变熊样啦？将军贪生怕死，不能为士卒作楷模，这仗还咋打？公等若还是此样畏缩不前，朕可要对汝等以军法处之了！"

皇上发过脾气，把何稠召到战时行宫内，面授机宜。他边说边比划了好半天。总之，皇上还是想在此地故技重施，用曾对付突厥和西域各部落国的办法来吓唬高句丽，以不战而屈人之兵。

何稠一声不吭，听到末了，不经意地皱了下眉头。

他的这一细微举止，竟被说得兴起的皇上察觉到了，便打住话头，问："咋啦？朕说了这么久，卿还是没听明白？"

何稠是个一点即通的人，皇上连说带比划，就是傻子亦早知是咋回事了。他在皇上的责问下，只好硬着头皮道："臣下是觉得，用此法对付高句丽，恐怕不管用呐！"

"卿做都没做，咋知不管用？"皇上的脸色说变就变。

"……"弄得何稠无言以对。

何稠于是遵从旨意，立刻组织人马，从各方调来大批木材和白布，分作数处，日夜加工制作。忽于一夜，将各工场制作好的部件运抵指定处，在辽东城的西面开阔地上搭建起了一座高十仞（十八米）、方圆八里的六合城。城墙上砌有射孔之女儿墙，墙头遍插飘扬的战旗和闪闪发亮的兵器，并有士卒在城墙上来回巡逻走动。而且，城墙四角都有高耸的楼阙，四面城墙的正中都建有楼观，楼观下开有三个城门，有士卒与骑者从城门进进出出……而其实，整座城都是用木料搭建而成，墙垛、楼阙等，则是用蒙在其上的白布绘制而成的。但远远看去，那城和城上的旗帜、闪闪发亮的各式兵器，以及于城门中进进出出的全副武装的士卒，真真假假、虚虚实实，极为逼真，气象亦极森严，与真城别无二致。

而最令辽东城中的高句丽官兵感到不可思议的是，昨日傍晚那处所还是一片空旷的开阔地，一夜之间，咋突然竖起偌大一座属于大隋的城池来了呢？大隋想利用此城干啥呢？

然而，更不可思议的还是皇上本人。他自信敌方守城官兵一见这座六合城，定会惊吓得屁滚尿流，开城投降。所以，他还令何稠在六合城内搭建了一座观风行殿，准备于行殿中，为投降官佐接风压惊。

可是，辽东城内的高句丽官兵，惊讶归惊讶，却没一人反叛或投降。他们不知大隋耍的是啥计谋，守城的警惕性则反而更高了！

一连等了几日，辽东城内无有动静，此使皇上大失所望，老羞成怒，急命将士奋力攻城。

将领们在皇上的催督下，使出浑身解数，一切攻城之法，无所不用其极。然而，皆为有所提防的敌军，见招拆招，一一化解。而隋军虽十分英勇地前赴后继，伤亡惨重，但，面对坚城，却仍是一筹莫展！

不过，敌军毕竟只有三万人，打来打去，伤亡也不少，渐渐地被隋军优势兵力攻得亦有顾此失彼时。

有一次，天色已暗，双方你来我往攻防了一整日，都感到精疲力竭了，守在城上的将士以为隋军会如往昔一样，见晚收兵。谁知，就在此刻，一股新增隋军，突然架起超高云梯，从东北一隅爬上城墙。始料不及的高句丽军奋力抵抗，然而，他们还看到城下的第二梯队、第三梯队正源源不断地扑了过来。

守在城楼上的高句丽军眼看无望，只好挂起白旗表示投降。

而就在此一节骨眼上，指挥攻城的将领只好咬牙按皇上事前命令，停止攻击，并将此一情形，上报皇上。

皇上大喜，立命慰抚使准备接受降敌。

谁知，敌军获得喘息机会，他们的援军也已赶到，并对防守作了重新部署。当不见动静的隋军再次来攻时，城上一阵乱箭射下，隋军只好抱头鼠窜，赶紧收兵——一个杀入城中的好机会，便此样功亏一篑了！

如此反反复复，相持不下。亲临一线的皇上，亦连连摇头叹气，感到莫可奈何。

辽东城耗费九牛二虎之力，还是久攻而不下，那么，其他各条战线又是啥情形呢？

却说，首提要水陆并进、两翼齐飞夹击高句丽的来护儿，当皇上率一干大臣在涿郡屯兵之际，来护儿亦率水师在东莱（今山东省龙口市）集结，并一直中规中矩埋头操演登陆、抢占滩头和攻城等各种战术。直至皇上一声令下，来护儿便率四万精壮水兵渡海，直指敌之都城平壤。

舰队一帆风顺横跨渤海湾，从浿水（即大同江）出海口溯江而上，在距平壤只有六十里处才第一次遇到敌军阻击。来护儿当机立断，令将士弃舟登陆，一举将陆上敌军击溃。

此时，只识水性，不辨高句丽军底细的隋军水师，以为杀敌立功机会来到，奋起直追残敌。

副将周法尚觉得此一切太过顺利，而且，越到逼近敌都城时，反而感到心虚起来，便提醒来护儿，说："咱孤军深入，虚实莫辨，要知道，前面就是敌之都城，事情恐不那么简单，是否在此稍作停留，加强防御，以待陆上大部队到来，咱再合而歼之？"

建功心切的来护儿却说："兵贵神速。敌贼肯定未料咱来得这么快捷，而猝不及防。咱如不抓住此稍纵即逝机会，后悔恐就来不及了。"

当隋军一口气追至距平壤只剩十余里处时，见逃敌纷纷遁入一座城堡中。此城堡显然是用来拱卫平壤城的。来护儿尾随而入，将城堡一举拿下。城内商户、民居还真不少，且店铺的货架上商品琳琅满目，隋军士卒看得眼花缭乱，则不受控制地大肆抢劫起来。

以往，打了胜仗，大小将官，皇上自有丰厚赏赐，并还能升官晋爵。士卒呢？往往啥都没有。那么，将军用啥来笼络自己的士卒？一旦有了攻城拔寨机会，就会网开一面，放纵士卒抢掠。

可正当士卒抢得兴起时，高元之弟高建武率领一支数千人的敢死队杀了出来。为抢掠的财物所累，并失却调控的隋军，一下懵了，被杀得大败。当他们且战且退到水边时，幸好舰船还在。于是，一众官兵上舰回撤。而高句丽军则沿岸穷追猛打，许多舰只互撞翻沉，有的则被敌军纵火烧毁。最后逃到海上返回东莱的，仅剩几千人。

心高气傲、急欲报答皇上知遇之恩的来护儿，精心制定的"两翼齐飞"战略，其中之一翼，就这么折戟沉舟，铩羽而归了。

当水军主将来护儿乘坐旗舰，摆脱围追堵截的敌军，冲出浿水，在海上飘荡时，松了一口气的来护儿，便一股脑地怪罪起陆上的大军来——当自己攻到平壤近郊，他们一百余万人的大军，咋连一个人影皆不见呢？

此种怪怨，自然并非毫无道理。

不过，令来护儿万没想到的是，大隋的百万雄师却遇到了更大麻烦，并几近全军覆灭。

首先，辽东各地的大小城堡，还远不止辽东城一座。大隋军队到来，分散在各村寨中的高句丽庶民，有山可靠的，就躲藏到深山老林中了；无山可依的，则都进了城堡。每座城堡，不论大小，都成难啃骨头，亦都是攻而克之的少，像辽东城那样，围而不歼的多。

为不使所有军队都陷在辽东一地，包括宇文述、段文振、于仲文在内的共九路军队，三十余万人，则一路急行军，直指平壤。

其中，率军走乐浪道的老将于仲文，将本军瘦弱骡马和老弱士卒挑出，安排他们殿后顺带保护送粮民役。这么一来，他的大部队少了拖累，进军步伐加快。不过，隐蔽于暗处的高句丽军队，几日后即看出隋军破绽，他们避开于仲文的主力军，出其不意地偷袭殿后的粮队和老弱军兵。而于仲文也像长了后眼一般，反应迅速，转身回击，大败高句丽军。

不过，当九路大军三十余万人分别渡过鸭绿水后，新的麻烦也接踵而至。半岛上，山多路亦难行，躲藏在隐蔽处的高句丽小股军队，放走来势汹汹的隋军，专打跟随其后手无寸铁运送粮草的民役。他们见人就杀，见粮就抢，不能及时转走的物资就放一把火烧掉。因山路崎岖，待前面的隋军回过头来欲杀回马枪时，小股敌军则都逃得不知所踪了。隋军没了给养，就没法行军打仗。宇文述和众将领一合计，只好命令士卒自带粮食行军。

原本身披甲胄、肩扛武器的士卒，还要背负沉重的粮食，咋走得动呐！然而，此还没完，雨季随之来临，山高路遥，更兼雨淋，那淋了雨的粮米，越背越沉，士卒实在没法，只好半夜起身，偷偷在营帐地上挖个坑，把部分粮食埋下，以减轻身上重负。士卒暂时变得轻松了，可是，一日两日后，没吃没喝了，日子简直没法过……

率军从南苏道出发的将领是兵部尚书段文振。这位对朝廷忠心耿耿的老臣，行军途中，旧病复发，他自感不久人世，亦没了顾忌，便于军帐中，情深意切地向皇上上书，曰：

臣因平庸微贱，有幸遇上圣明朝代，过多地蒙受奖掖提拔，荣居同辈之首。而微臣则往往力不从心，不该领受的荣誉已经很多，每念及国家恩典，废寝忘食。常常想着效犬马之劳，以报效恩典之万一。但是保养身体不当，病情已经很重，对此深感愧疚，虽死，却留不尽之憾。今略陈点滴之见，以表对君的一片心意。辽东小丑，没有依服礼法，使得朝廷六军远出，并让圣上劳驾远征。只是夷狄多诈，须要十分提防，他们常常口是心非，故露投降之意，却居心巨测，对他绝不能轻信。正当雨季，不可拖延，希望对各路军队严加整饬，火速进军，水陆两路一同推进，出其不意。那么，平壤孤城，势必可克。如果拔除了它的根本，其余城堡即会随之土崩。如果不趁此时平定，遇上秋日久雨，深被阻挡，武器粮食又已用完，强敌在前，靺鞨从后出现，进退两难，我则被动……

表章写完，遣人送走，这位为大隋屡立战功、对皇上忠心耿耿的老将军，把压抑心中已久的言语，倾诉完毕，感到无有牵挂，一身轻松，几日后，便死在了行军途中。

然而，埋掉粮食、减轻负担的士卒们，仅痛快了几日，粮食便无以为继了。饥饿不堪的士卒们，亦没了军纪的约束，见到村庄就去抢劫。但各村已是十室九空，村里连人影都难见到一个，屋里没有粮食，圈里不见牛羊，静得连声狗叫皆不闻……

各军正于进退两难之际，迎面驰来一辆车驾，驾辕的马是白色的、车篷亦是白色的，车上还插着一面白旗，而车中坐着的则是高句丽的头号大臣——宰相乙支文德。

突前探路的士卒将乙支文德带到大将军于仲文的军帐中。敌之宰相声称是前来代表皇上投降的。

于仲文观其样貌和举止，皆极尽谦卑、诚恳，低三下四。

乙支文德朝于仲文拜了又拜，并颔首说："本军疲于奔命，已心劳力竭，愿意接受投降，以换取大隋朝廷的宽大。"

常言道：擒贼先擒王。宰相虽不是国君，可是个仅次国君的大人物呵！何况事前皇上已向于仲文下过一道密旨，不管遇到啥情形，只要遭遇高元和乙支文德二人，应立即实施逮捕。

于仲文正感进军不能，后撤又未有皇上旨意，忽有这样一个人物不请自来，真是求之而不得！他精神突然为之一振，大喝一声，命令左右人道："将他捆起来！"

"不可！"说此话的是尚书右丞、在军中担任慰抚使的刘士龙。

为了使"高句丽若降，即宜抚纳"的旨意得到有效执行，皇上还在每支军队中配备了一名慰抚使，他的职责就是接纳来降者，并抚慰之。而皇上要逮捕高元和乙支文德的密旨，又恰恰没有下达给这位慰抚使。所以，二人拗来拗去，于仲文只好懊恼地将乙支文德交由慰抚使刘士龙去处置。

刘士龙则一方面以礼相待敌之宰相，一方面则上表将乙支文德来降的情形奏报皇上。

二日后，统领另一支军队的左翊卫大将军宇文述听说了乙支文德来降事，他亦是事先收到皇上密旨的少数将领之一。于是，派人到于仲文的军中了解具体情形。

谁知，前来投降的乙支文德看到隋军军中气氛不对，乘刘士龙对他看管不紧之机，已于半夜起身在营中偷得一匹马逃跑了。

于仲文于是亲率一支骑兵前往追逃，待他追至一山垭口，但见高高的崖壁上，用白石灰刷着一首诗：

> 神策究天文，妙算穷地理。
> 战胜功既高，知足愿云止。

于仲文见诗，气得七窍生烟，亦只能望天徒呼奈何。

当他丧气地返回自己的军帐，宇文述则带着一帮扈从赶了过来，问："人呢？"

"跑啦！"

宇文述叹了一口气，说：“即便追上，意思亦不大了。”

于仲文眄了宇文述一眼，问：“那为啥？”

“此不明摆着吗？”宇文述摇头说，“断粮了，士卒饿得连路都走不动，高句丽即使真降，咱恐都无力气去收降他啦。”

“那，公打算咋办？”

“咱正是来与公商议此事的——撤军吧。”

“撤军？”于仲文忽地站起，追问道，“公好大的口气，此是皇上之命吗？”

“可事实是，军中无粮，人心都散啦！”

“那咋行？皇上既没下撤军令，咱就只能带着队伍向前行。并告知士卒，杀进平壤，就不愁吃喝了。”

宇文述是皇上宠臣，还有亲家关系，他就仗此势，对同僚十分傲慢。而于仲文老成持重，为两代皇上所倚重，在将领中亦享有较高威望。此次出征前，皇上认为于仲文有谋略，又能秉公行事，所以，和有关将领打过招呼，在行兵打仗及各军协调配合上，应多听于仲文的吩咐。所以，宇文述亦只好听于仲文的，率领自己的军队饿着肚子继续朝平壤挺进。

又过二日，实在忍受不住饥饿煎熬的宇文述，派人给于仲文捎了个口信，便领着自己的队伍回撤了。

于仲文和另外几支队伍因没接到皇上撤军旨意，则仍忍饥挨饿，继续前行。值得庆幸的是，一路之上，于仲文军连经七役，连战连捷，打了胜仗的将士，一时竟忘了饥饿。

由于太过顺利，倒使于仲文心生疑惑。他想起乙支文德留在崖壁那首诗的最后一句，“知足愿云止”，莫非真有啥蹊跷？于是，遂令手下通知军队停止前进。但，就在此刻，所有将士都为一股“哗哗”流水声所吸引。众人循声往前走不多远，只见一条清澈见底的河流就在脚下。其时，已近黄昏，落霞映射在水面上，荡金跃银，分外壮美。那河宽阔，水却不深，卷起裤腿便可涉水而过。而且，上游方向和下游方向都能看见友军正在蹚水过河……

于仲文知道，此就是有名的萨水（即清川江），跨过这条清澈的河流，平壤便指日可待。

六月伏天，十分炎热。士卒连战七役，早已人困马乏，都想去水中消消暑，解解乏。况且，友军早已捷足先登，在享受清凉的江水。

"那就过河扎营吧。"于仲文终于发话了。

各路大军，十分踊跃，皆争先恐后，拥入河中。渴了的，弯腰掬一捧凉水解渴；有被虮子咬得难以忍受的，假装一不小心摔一跤，就势在水中打个滚；还有在水中抓到鱼的，则更是欣喜若狂，欢呼雀跃……

而恰在此时，有的士卒忽见一道奇景：上游处突然涌起一股白色浪花，一波接一波，滔滔不绝，煞是壮观！

可转眼间，当众人明白是咋回事时，却为时已晚——那白茫茫的浪花，铺天盖地，奔涌至眼前，已化作滔天巨浪，并以排山倒海之势，席卷而过！无论是水中的、还是已上岸或倚在岸边正欲下水的将士，皆无一幸免地被突发的洪水吞噬——真个是洪水猛兽呵！

原来，高句丽蓄谋已久。几年前，他们就在萨水上游修筑了一道堤坝，坝内成一个巨大水库。当乙支文德用小股军队将各支隋军引诱到萨水时，突然下令扒开堤防放水。

遭受重创的隋军，厄运还只开了个头。站在高坡处，侥幸没被淹死的将士，皆已饥饿不堪，都在没有皇上撤军命令的情形下，疲于奔命地往后撤。而各种辎重车辆、攻城用的各种器械、兵器、铠甲、人尸、马尸……漫山遍野，有的堆积如山，比比皆是，触目惊心！

此时，乙支文德才命蓄精养锐已久的高句丽军队全面出击。隋军一路溃退，一个个饿得寸步难行，哪堪一击。死的死，伤的伤，逃的逃，百万之巨的大军，最后逃回国内的，仅剩下寥寥二千七百人。

气急败坏的皇上，当然不认为是自己的过失。而众将领则都把指挥不当的责任推到了于仲文身上。

皇上大怒，将于仲文收押立案。于仲文忧郁愤慨发病，直至病重才让他出狱，其后死于家中，时年六十八岁。

无独有偶。建筑奇才、工部尚书宇文恺，因于辽水造桥计算有误，闷闷不乐，亦在本年十月，病逝家中。

此外，在辽东战场病逝的大臣除兵部尚书段文振外，还有司空、京兆尹、光禄大夫、观王杨雄和纳言杨达。而战死者，自麦铁杖以下的大将军，则更是不计其数。

远征高句丽的结果，使隋元气大伤，国家威望更是一落千丈。此外，还有一件事使皇上极为窝火，那就是信誓旦旦原本答应派兵驰援的东部突厥和百济等国，到仗真正打起来后，他们竟都坐山观虎斗，未派一兵一卒出征。

对此，好面子、讲排场、心高气傲的皇上，自然更不会甘心受辱于小小高句丽的。

接着，皇上还把气出到了放走乙支文德的刘士龙身上，下旨斩杀了他。与此同时，还免除了宇文述和来护儿两员爱将的一切官职，让他们各自回家闭门思过。

不过，从辽东铩羽回到涿郡的皇上，竟还想起尚软禁在附近临渝宫中的庾质。他原本是想等自己班师后，再拿他羞辱一番的。没想到，此一结果，竟被庾质言中。皇上咽下一口晦气，还是罕见地传旨释放了他，并还恢复了他过往太史令的原职。

第一四四回

皇上不服输再赌无底气
稗官献妙策组建骁果军

　　远征高句丽，一败涂地，但驻跸于涿郡的皇上，仍久久不肯返回东都。而此时，却从东都洛阳传来又一重臣、曾任内史令的杨约去世的消息。

　　杨素死后，其弟杨约经历的磨难也不少。几年前，皇上指派杨约回京师大兴祭祀皇家祖庙，他从东都出发，路经华阴，便顺道回了弘农老家，跪拜于兄长杨素墓前。杨约想起兄长英雄一世，到病重时，却宁肯不服药，只求速死的凄惨境遇，不禁伤心恸哭，竟至昏厥在兄长坟前。此事一经传出，即遭御史弹劾，因此坐罪免官。不久后，皇上感念杨约过往之功，拜任他为淅阳太守，让他老来离开了西京和东都，只身到了外地。

　　一次，皇上看见杨素长子、在朝中担任礼部尚书的杨玄感神情落寞，就关切地问："卿心绪不佳，该不是为叔吧？"

　　玄感直言不讳地跪拜说："确如圣上所言，叔叔膝下无子，老来多病，只身在外，做侄儿的甚感惆怅。"

　　玄感说的是实话。杨约年少爬树，伤及小腹，不慎落下残疾，没有子嗣，便把杨素之子视为己出，叔侄情感很深。

　　皇上此时亦顾念杨约曾为自己做太子、登皇位，立过大功，因此，就在出征高句丽前夕，召他回了朝廷。没想到，前后就这么几个月，说走就走了。

九月庚辰日，皇上车驾方从涿郡返回东都。

郁郁寡欢的皇上，仅休息了二日，第一次上早朝，就找了个出气筒——敕令张衡于家中自尽。

这个张衡，到了晚年，也活该倒霉。他原是皇上最为贴心的近臣，对皇上忠心耿耿。但自皇上命他扩建汾阳宫，张衡考虑到皇上执政才几年，各大工程一个接一个，庶民不堪重负，朝臣亦议论纷纷，他这才对皇上说了几句不该太过铺张的话，就被从御史大夫位子上，贬至榆林去做郡守。若是此样就算了结，也就罢了。没想到，第二年夏，皇上再到汾阳宫避暑，念及往昔情感，因而想把张衡重新召回自己身边。岂料，张衡应召前来面见皇上，皇上见他心宽体胖发福了，认为他在这一年里，没有好好反省自己的不当言行，又生气地让他重回榆林去了。等到皇上决定建造江都宫时，又想到了昔日近臣张衡，决定再给他一次机会，调他去作营建江都宫的工监。不久，即又传出张衡在监工上漫不经心，竟还散布"薛道衡死得冤枉"的言论。从而再次激怒皇上，认为张衡离心离德，不可挽救，一怒之下，罢免了他的所有官职。张衡去职，回到东都家中，成日唠唠叨叨，啥都看不顺眼。皇上一回东都，就有人上奏说：张衡酒后，口出狂言，怨怪皇上滥施民力、军力，谤议朝政。正窝着一肚子火的皇上，还能轻饶张衡吗？张衡死前，仰天一声长啸："咱为别人作了什么好事，还希图久活？"

杨约、张衡一死，为皇上登基立下汗马功劳的几位近臣，活着的仅剩一个宇文述。且他也因征讨高句丽不力，而遭免职，在家闭门思过。

不过，眼下的皇上，则根本顾及不到过往那些陈谷子、烂芝麻的人情事故，他一门心思想的就是如何报高句丽小丑一箭之仇！

欲报高句丽之仇，就必再战，再战就要有兵有将，而兵从何来？将，亦是死的死、病的病，剩下能遵从旨意杀敌的，也越来越少了！此才是当下困扰皇上的最大难题。

然而，此一时，彼一时。前次，举全国之力，倒是没费多大周折就集中了百万军兵。岂料，百万大军呀！却怎地忒不经打呢？一战即几乎消耗殆尽！那么，下一次呢？再招百万兵，就不那么简单，不那么容易了。首先，前次征召的军队，皆有去无回，谁还愿再去那天寒地冻的边地白白送死咧！而且，当下各地造反者，已自立山头，你不用官军去讨伐，听之任之，也就罢了。若要再朝那地界征召府兵，岂不反而激起良民去做叛贼吗！

于是，上朝的时候，当皇上将话题引到征召府兵、精选良将诸事时，偌大个朝堂一下竟没了声息。

可是，就在人人厌战、皇上又急欲再战之际，有个人却挺身站了出来，向皇上"铿锵"有声地请缨道："臣下愿赴汤蹈火，率兵去辽东杀灭高句丽，一洗前次失败之耻。"

皇上大喜，定睛看时，请缨者却是礼部尚书杨玄感。

玄感亦如其父，身材魁梧，仪表堂堂，也是个文武全才。而就在前次征伐高句丽前，他已向兵部尚书段文振要求带兵出征。段文振与玄感同为尚书，自不敢擅作主张，遂将玄感要求报告了皇上，未得答复。

此刻，皇上见玄感慷慨激昂，一副义无反顾状，心情复杂。他当然知道杨玄感能够带兵，军中正缺如玄感这样年富力强的将领。那么，为啥却把这样一个将才放在礼部尚书的位子上了呢？一句话，就是对他不放心。杨素、杨约的死都含对皇上的怨忿，对此，皇上自是心知肚明。于此节骨眼上，让玄感兵带，他将会把矛头对着谁？皇上亦难预料嘞！

不过，玄感的话一落音，皇上即当庭称赞他道："人说，将门出虎子，此言果真不虚！尚书令杨素英雄一世，其子亦是一条铮铮汉子。倘若朝廷大臣都能如礼部尚书一样，高句丽何愁不灭。"

皇上一番激励百官的言语，却破天荒地未有官员响应。

散朝后，皇上还是一如既往，召集苏威、虞世基、裴矩和裴蕴几人，共商征兵事宜。其时，被大臣们称为"五贵"的人中，唯一真正的武将宇文述，却在家中闭门思过。

首先发表意见的是黄门侍郎裴矩。他曾带过兵，却显然不是将才。他说："高句丽欠下的这笔账，迟早是要清算的。不过，是否可往后推三至五年，先让百姓喘息喘息，咱再重振旗鼓？此外，咱可用现存有限兵力，将各地不肯接受招安的逆贼收拾干净。待国内缓过气来，并复归平静后，咱再来考虑对付高句丽事……"

不等裴矩把话说完，皇上就板起了面孔。裴矩不仅老调重弹，还把对付高句丽的日期，由他先前说的再过"二三年"，更推到"三五年后"，这么推来推去，不就成遥遥无期了嘛！此种说法，显然不合皇上心意。过往，皇上只要听到哪里有人造反，就会暴跳如雷，立即派兵前往讨伐。而今，他对几个绿林毛贼，反倒见怪不怪。他认为败在高句丽足下，才是奇耻大辱！咋能再等三年五载？泱泱大国，连个小丑都制服不了，何以面对其他境外蛮夷！

最会见风使舵的裴蕴，一见皇上面色不对，忙道："此次征兵难度大点，咱可把期限适度拉长些，绝不会拖到三五年之后吧？不是有句话叫'扫地为兵'吗？咱这大个国家，还怕扫不出数十万士卒来？"

皇上听到"扫地为兵"四字，即觉不堪入耳。于是面向苏威说："公是治政专家，但勿需长篇大论，扯得过远。今日只言征兵事。以公之见，此次征兵，应从何处着手？"

朝廷中的老臣，因各种原因，已寥寥无几，苏威乃成凤毛麟角之一员。皇上至今还将他放在自己身边，就是看中他在征税、制定国策等等具体事上，经验丰富，办法良多，常能一套一套，弄得井井有条，既简明又实用。但皇上又怕苏威一张嘴就附和裴矩言论，所以，限定他只讲征兵事。

苏威则听话听音，他没附和裴矩，却故意顺着裴蕴的话，说："御史大夫把话都说绝了。此次征兵确有难处，咱就宽限地方一些时日，只要各地官员认认真真去扫，臣想，总可凑够数的。"

"奇谈怪论！扫来之兵，那还能叫兵么？他们能够上战场去灭高句丽吗？"皇上愤然起身，扬长而去。

几日后，皇上在一片沉默和反对声中，仍执拗地下诏征召全国府兵到涿郡集中待命。为使兵源充足到位，皇上还命兵部和民部官员混合编成若干督察组，分别到各地督促征兵。

此时，已削职为民的来护儿，听闻征兵事，知道皇上又要兴兵讨伐高句丽。他想：自己堂堂一汉子，哪能就此赋闲在家中。于是，来到显仁宫，再三要求，面见皇上。

铮铮汉子的来护儿，痛哭流涕，跪求皇上再给一次杀敌建功机会。

皇上见来护儿如此诚笃，即问："公有如此志气，不错。只是上次为何失败，是否明白？"

"臣下首先是太过自信，根本没把高句丽放在眼里。因为自信，所以轻敌，导致惨败。"

"还有呢？"

"就是求胜太切，一心想报皇上知遇之恩，不意中了敌之奸计。"

来护儿说的是实话，并且，没把失败责任推诿给他人。皇上见其言辞诚恳，于是问："那，公若再次出征，打算咋办？"

"汲取前次惨败教训。从哪里跌倒，还从哪里站起。"

"话是很中听。"皇上听说各地征兵皆遇阻力，因此，不无焦虑地说，"打仗要用兵，当下征兵不易，尤其是水军，漂洋渡海，还要能识水性。征召来的水兵，不是一日二日就可上得了战舰的嘞。"

"此倒不是啥难事，臣下生于大江边，且皇上对江北江南百姓恩深似海，臣下愿亲赴江淮协同当地官员征得数万水师，应不是问题。"

皇上近来听到的多是厌战、避战之言，来护儿满腔热血求战甚切之言，使皇上倍感欣慰和无比兴奋，于是，当即允诺道："行！朕再给公一次杀敌立功机会，望公能够珍惜！"

"臣下绝不辜负圣上的期望！"

来护儿官复原职，几日后，便率一干扈从亲赴江淮配合当地官员征召并重建水师。

另一因战败削职为民的宇文述听到来护儿被皇上重新启用，亦如法炮制，前来向皇上请缨。皇上呢，自然使宇文述如愿以偿。

皇上感到有二位大将军撑腰，一扫阴霾，信心空前高涨。

这日，文武官员不上早朝，从涿郡归来一直郁郁寡欢的皇上，因来护儿和宇文述的主动请缨，又重新振作起来。在事前未打招呼的情形下，只带少许侍卫，来到尚书省属下的兵部，想亲自了解一下征兵进度，也想看看多数官员是否真下郡县督促征兵去了。

皇上从后宫步行至皇城中的尚书省大门前时，把当值门禁都吓呆了，一个个立跪于地。皇上步入大门，径直朝兵部走去。

果然，到处皆是静悄悄的，檐栏间没见有官员走动，室内亦没说话声传出。皇上因而想，偌大一个兵部，咋能说下都下，连一个人都不留呢？

恰在此时，忽听前面室中传来一轻微咳嗽声。皇上循声走去，只见那门敞开着，有位官员正伏在案上看书。而且，竟然没有听到皇上和紧随皇上之后的侍卫们的脚步声。

于是，皇上亦轻咳了一声。那人闻声抬起头来，猛见迎面走进来的竟是皇上，此可是从未有过的事，那官员慌不迭地就势跪于几案旁。

皇上与那官员照了一面，觉得有点面熟。一时却又叫不出名姓来，更想不起在啥地方见过面，于是问："卿叫啥？"

"臣下是尚书兵曹郎……"

未等跪地者把话说完，皇上立刻接腔道："朕想起来了，卿叫斛斯政。尚书令在世时，常提到卿。有一次，还带卿来见过朕。"

"是，是……"

这个斛斯政，就是东都洛阳附近人，亦是官宦人家出身。人很聪颖有悟性，无事喜读书和琢磨一些古代经典战例。杨素带兵讨伐杨谅时，这个年轻人是行军总管府中一名职位较低的扈从。杨素见他能吃苦，处事利索，谈吐亦不错，曾多次向皇上举荐过。杨素自视甚高，能入他法眼的人并不多。那么，皇上为何偏偏不启用提拔斛斯政呢？也正是因为这时候，皇上对杨素产生了猜忌，所以，慎用他举荐的人。

皇上命斛斯政起身后，自己就近在一把椅子上坐下，问："卿为啥未去郡县催督征兵事？"

"臣被指定留在兵部处置一些日常事务。"

"征兵进行得咋样了？"皇上今日就是为此而来。他不想听大臣的转述，而是直来兵部询问详情。

斛斯政刚坐到自己的位置上，又立刻起身颔首回答说："禀告圣上，近接各郡来报，征兵事进行得还算平稳。"

"不是说，遇到相当大的阻力了吗？"皇上对斛斯政的回答显然存疑，即问，"啥叫平稳？"

斛斯政解释说："此次征兵的特点是，边远的南方和巴蜀地区，由于过往较少向那些地方征召兵役或徭役，此次动员起来，较为顺利，征召到的府兵也多一些。京师和东都周遭就费劲多了。阻力多出在关内和关外的冀、豫、鲁、晋一带，所以，综合来看，尚属平稳。"

"卿坐下说吧。"皇上对斛斯政刚才的解释尚算满意，待他坐下后，又问，"朕准备明春就开第二战，以时下的征兵进程，各地兵员是否能按时，且足额集中到涿郡？"

"臣下以为，在数量上，按时集中到涿郡，应无大碍。"

皇上又重复问了一遍："卿能担保在春季可征到足额的府兵？并丝毫不含水分？"

"是否有水分？不好讲呃。"斛斯政说，"臣以为，在数量上，不会有大问题。本次征兵，皇上三令五申，朝廷各部门全力以赴，地方虽有难处，但咱毕竟是一大国，人总还是要凑够数的。"

"卿总是说，'在数量上'如何如何，是啥意思？"

斛斯政叹了口气，道："此次征兵，为了凑够百万兵员的数量，郡县和兵部官员皆全力以赴，各出奇招，将老弱病残等皆充作了壮丁。所以，数量即使不差，质量却堪忧哩！如果仅从数量看，是没水分的。若从质量看呢？就成问题啦。微臣不敢对圣上有隐瞒，说的皆是实情。"

斛斯政一语，深深戳中皇上痛处。他想：此不就是扫地为兵嘛！皇上原也隐隐担心此次征兵质量可能会成问题，但认识却不是很深。斛斯政如此一说，皇上近日高涨的情绪，一下又低落下去。

二人没了言语，室内突然静得出奇。

就在此时，皇上的目光不经意地落在了几案翻开的书上，便随口问了一句："卿在读啥书？"

"臣下读的是一册《晋书》。"

心情沮丧的皇上，忽然借题发挥道："咱华夏坏就坏在晋朝几个无能皇帝的手中，此样，方给五胡以可乘之机，使天下为之大乱，并使高句丽小丑有了占夺辽东之机。当下大战在即，卿却安坐于此，还有闲心读此等闲书！"

斛斯政吓得忽又跪于地上，面色苍白地分辩说："臣下当差兵部，只研习兵事，近来翻查史籍，亦是想从中了解历朝为政者是如何打造一支强军，并克敌制胜的。而并非乱读闲书，虚度光阴。"

"大胆！"皇上闻斛斯政言更为生气，一拍几案，说，"汝还胆敢在朕的面前放肆狡辩！"

此时，守候于室外的侍卫听到皇上大发雷霆，不知里面发生了啥事，抽出刀剑，一拥而入，把个斛斯政吓得更是魂飞魄散，瑟缩一团。

一个小小芝麻官，竟敢在博古通今的皇上面前搬弄史籍？并还大言不惭说是在研习兵事，要打造啥强军？真是太不知天高地厚。皇上于是揶揄他道："卿倒是给朕说说，汝从史书中寻觅到了啥强军要义？"

跪地的斛斯政不敢抬头看皇上，更不敢看那些手持兵器相向的侍卫们。他低眉敛首一本正经地数说起来："诚如皇上所言，二晋之帝王和朝廷，多乏善可陈。但东晋却有一支值得称道的北府军。该军在淝水以八万之师，击溃了前秦苻坚的八十三万大军，从而名垂青史。再看秦朝，他何以吞灭六国，一统华夏？关键在于他们训练出了一支纪律严明、骁勇善战的'虎狼之师'。汉朝亦同样如此，立国之初，汉朝兵力较弱，常受呼啸而来的匈奴铁骑欺凌。自武帝登基后，国力由弱转强，经过几代人的努力，尤其是在卫青、霍去病等名将努力下，相继锤炼出了一支羽林卫，终使匈奴丢盔弃甲，几近全军覆灭。还有，大魏曹操的虎豹骑，亦是一支坚无不摧的队伍……"

此刻的斛斯政，滔滔不绝，如数家珍，陶醉于自己的叙述中，而早已忘却了先前的恐惧。

皇上呢？对斛斯政所述的强军及由一支支劲旅打出的经典战役，自是无不知晓。不过，他听着听着，忽地悟出了斛斯政的想法。于是，打断他的话，问："卿的意思是，咱大隋当下亦应打造一支强悍之师，以战高句丽？"

"圣上英明，臣正是此意。"斛斯政磕了一个响头，继续跪在地上说，"微臣想，咱大隋王朝若与秦相比，或与汉魏和东晋比，一点都不比人家差，咱一定也能打造出一支所向披靡之师！"

"此主意儿看似不错。"皇上停顿了一下，说，"不过，卿是否明白，打造一支精锐之师，却非一日之工呢。就拿汉之羽林军来说，匈奴是以游牧为生的马背民族，生来就会骑射，确如卿所言，汉朝是经历了几代人的努力，才练出一支比匈奴更为强悍的羽林军的。此外，蒙恬训练秦军，亦历经千锤百炼。"

"确是如此。"斛斯政壮起胆子，大声道，"不过，臣想取众之长，在建造军队上，亦来个'急就章'！"

"急就章？"皇上一愣，此才注意到，斛斯政是跪在地上与自己说话的。且，他的身旁还有一众虎视眈眈的侍卫。于是，一挥手，朝侍卫说，"汝等都到外边去吧。"等侍卫们退出之后，皇上才又对斛斯政道，"卿坐起说话，朕还未听明白，何谓急就章？"

"咱亦可像一挥而就的文章那样，快速打造出一支精锐之师。"

"那不就是从这次征召的士卒中挑选出一些精壮士卒，组成一支军队吗？可是，这能管用？且能称为虎狼之师？"

"仅如此，当然不够。"斛斯政摇头说，"这次应征的府兵，多不愿再赴远征，首先士气就成问题。"

"卿想咋样？"

"比如东晋谢玄所招北府兵，多以北方流离失所到南方栖身的流民为骨干组成。他们的家乡为胡人所侵，有一股急欲复仇之心，与胡人拼争起来，自然个个奋不顾身。因此，臣想以关中弟子为骨干，张榜招募一支由皇上亲自统率的御林军。对他们许以较高待遇，给他们配上较好的装备，让他们有一种特殊的荣誉感和使命感。这样的队伍打起仗来，方肯拼命。"

"好！"皇上大悦，"那也应给这支特殊的军队取个响亮的名头？"

"此乃当然。"

"或许就把他叫作关中军？"

斛斯政脱口道："不好！"

"为啥？"

"关中是我朝和历朝之发祥地，自古出精兵强将。毫无疑义，从中精选的子弟，亦非孬种，因而才以关中弟子为骨干。但咱也要吸收一些关外优秀子弟，所以，不能只叫关中军。"

"那……"精于辞章的皇上，一时竟未搜索出一个好词语来命名这支未来的强军。

斛斯政则说："臣下已想好一个名字，不知行不行。"

"卿说说看。"

"臣想，就叫它'骁果军'。"

"啥？"皇上未听真切。

斛斯政解释道："骁勇之'骁'；果敢之'果'。"

皇上若有所思，突然一拍几案，说："骁果军——此名响亮！"

此刻的斛斯政，滔滔不绝，如数家珍，陶醉于自己的叙述中，早已忘却了先前的恐惧。

第一四五回

沈光身手不凡一战扬名
信使情报惊天二征脆败

大业八年冬，一个风和日丽的日子，大兴城郊外，一座新建寺庙——禅定寺的开光典礼在即。来寺参加庆典的官员，应邀而至的各寺大德高僧，以及大财东大施主，均已到齐。而聚集庙前，从城内或外地赶来礼佛和看热闹的民众，更是人头攒动，热闹非凡。总之，万事俱备，只等钟鸣磬响、宣布开光了。

谁知，就在这一节骨眼儿上，一个作升幡准备的小和尚，突然向禅定寺住持报说，他在试拉升幡绳索时，一下竟将索子崩断了。

幡杆高达十数丈，换绳却不是件简单事，先必将幡杆放倒。一是时间来不及了；二是开光典礼前，当众在寺前放倒幡杆，是件不吉的事。

寺内方丈和一众高僧，齐聚杆下，急得直念"阿弥陀佛"，却都束手无策，不知如何是好。

此时，有个后生子挤到住持面前，自告奋勇说："咱可上去把绳接上，若备有新绳的话，换一根绳索也成。"

住持喜出望外，看那后生，中等个儿，瘦削身材，一双眸子漆黑亮泽，精气神儿十足。他于是双手合十，颔首道："事出突然，未有备用绳索。那就烦劳施主，先将绳索接上，让大慈大悲菩萨保佑施主。"

此时，只见后生脱去短袄，口衔脱落的绳索，手脚并用、有节奏地拍打杆儿，扶摇而上。到半腰处，接上已断绳索，试拉了一下，那索子还是拉不动。年轻人又一口气直达幡杆顶端龙头处，仔细检查起来。原来，那绳索在轳辘槽下卡住了，小和尚拉扯时，用力过猛，将绳崩断。年轻人将绳索恢复到原位，试拉了一下索子，运转自如了。接着，只见他突然放开手脚，"嗖"地沿杆飞速下降……

随着周遭看热闹的人们一阵惊呼，那后生腾空落下，双掌撑地，倒立行走十数步，再一个鹞子翻身，稳稳地站立在了幡杆旁。

人们震惊之余，"哗"地爆出一片热烈掌声和喝彩声。

寺前巨大的声浪尚未止息，人丛中倏地挤出个身着锦衣、看似有些身份、年龄却与后生相仿的人。他一把将那后生拉住，二人相见，分外亲热。周遭人多嘴杂，听不清他俩究竟说了些啥。但见年轻后生，穿上自己的短袄，便与那穿锦缎衣裳的人，扬长而去。待禅定寺住持挤过来，欲向后生表示谢意时，两个年轻人已骑马走远了。

爬上幡杆的后生叫沈光，家住大兴城内，无固定职业。

着锦缎衣裳人，叫麦孟才，是大名鼎鼎的麦铁杖的儿子。他原也住在大兴城内，是沈光的好友。麦铁杖于辽东战场以身殉国，被追封为光禄大夫，宿国公，谥号武烈。儿子麦孟才承袭了父之爵位，封授为光禄大夫，拜任武贲郎将，去东都洛阳安家任职。此是孟才自去东都后，第一次回大兴城。好友久未谋面，自是欢欣雀跃。

"啥时回京师的？"二人就近在一村野酒肆坐下，沈光即问。

孟才回说："咱昨夜到家，今日一早就去你家拜访。听说你去了禅定寺，刚走一会儿，咱就一路追来了。老远就见寺前幡杆上挂着个人，寻思必定是你。果不其然，被咱猜中！"

"在老友面前丢人现眼了。"沈光不好意思地直摇头。

"哪里，哪里。"孟才竖起大拇指说，"此叫救人一急，胜造七级浮屠。若不是碰到咱兄弟，谁救得了方丈之急呐！"

说话间，几盘农家小菜和家酿米酒很快就端上了桌。一缕斜阳射入堂间，其暖融融。二人举杯相碰，皆显容光焕发。

沈光呷了一口酒，问："此次回京师，有几日住吧？是私事？还是为朝廷办差回的？"

麦孟才不无得意地道："咱此次是奉钦命，回关内招兵买马的。"

"噢？"沈光颇感惊奇，问，"招啥兵？"

"骁果军。"麦孟才解释说，"皇上要仿照汉时羽林军和晋代北府兵，打造一支王者之师。此支队伍，每名士卒都将经过精挑细选，并配备汗血宝马和骑枪、马刀等精良装备。"

"哈！此军真乃非同凡响，威武无比。"

"那当然。"孟才不无骄傲地道，"咱奉钦命回来，你猜，咱第一个想到的是要招谁？"

沈光摇头反问："谁？"

"就是你！"

"我？"沈光连连摇头，说，"不中，不中……"

"为啥？"

"这，你还不知晓？"沈光情绪低落地道，"咱为啥已近而立之龄，还找不到个养家糊口的正当差事？又不是咱本事比人差。"

"嗨！英雄不问出处嘛！此支军队，兄才是当之无愧的人选！"

"光你这么说，不管用。皇上能认吗？"

"认！"麦孟才毫不含糊地道，"皇上有旨在先，此次招募骁果军，只凭个人才干，只看对皇上忠不忠，一律不究过往，不问是啥出身。"

"此话当真？"沈光的双眼闪出两道精光。

"君无戏言。皇上无旨，咱敢招你？"

"那行！"沈光一仰脖子，把一杯米酒喝了个底朝天。

说起来，年纪不大、看似豁达、成天乐哈哈的沈光，其实是个有一番经历、时运极差、遭际不幸的人。他的祖籍为吴兴（今浙江省湖州市），父，沈君道，在陈朝任吏部侍郎。陈朝灭亡后，作为俘虏的沈君道，举家被押解到了大兴城。沈光先是被太子杨勇相中，做了东宫学士。杨勇被废，沈光投靠杨谅，做了汉王府的府掾。未几，杨谅谋反失败，沈光被除名。他因连续二次站到皇上敌对一方，而无缘再入朝廷当差。年轻的沈光，有书记才能，善于辞令，亦善与人打交道；而且，他自幼还练得一身好武艺，赛起马来，没人能比过他。由于他既能文又能武，还能说会道，有副极好口才，与京师中一些官宦人家子弟相处不错，并常能得到他们的馈赠，使他能够与靠誊抄文稿的父亲一道，共同维持一家人的生计。当下，他如能加入骁果军，不仅有了固定收入，还有建功立业机会，自是沈光求之而不可得的事。

话分两头。

再说皇上，为了战胜高句丽和捍卫大隋尊严，他要以最快速度打造一支天下无敌的御林军。除命包括麦孟才等一批人到关中和各地招兵而外，又命裴矩赴张掖军马场选调汗血马。仅一个军马场的马显然不够数，皇上于是又下诏命全国富商和大户人家，每户贡献良马一匹。有的人家拿次马充数，竟被处斩。于是，全国好马几乎搜罗殆尽。不仅如此，皇上还命何稠专为骁果军设计一种新型头盔和铠甲，既威武耐看，又坚实顶用。样品拿出，皇上不满意，亲自指点设计。最后定型的是血色明光铠甲和赤金豹头盔。

如此一来，所有应征的骁果士卒，骑的都是汗血宝马，身着血色明光铠甲，戴赤金豹头盔，每人的左臂上刺有血鹰，配备骑枪与马刀。未战，看那威武气概，即已令人望而生畏了！

于是，大业九年三月，各项战事准备，皆已就绪。皇上踌躇满志，准备再次统率大军征讨高句丽。

此前，皇上下诏加固了西京大兴的城墙，命代王杨侑和刑部尚书卫文升镇守京师大兴；另命越王杨侗和民部尚书樊子盖留守东都洛阳。

出征前夕，信心倍增的皇上，仍不忘将太史令庾质召来问询："卿是否知晓，朕组建了一支骁果军？"

"臣下略知一二。"

"卿以为此支军队如何？"

"军队，行与不行，一般都要经过真枪真刀拼杀之后，才能见分晓。不过，皇上用重金打造的这支军队，看起来确乎精神。但是，关键在于怎样使他们发挥作用。"

"仅是看起来精神么？"皇上对庾质的回答显然不满意，但忍着又问，"若以卿之见，要咋样才能使这支军队充分发挥作用？"

"臣下愚钝，仍以为圣上不用亲征，应让将军们各尽所能，不受束缚，此样，军队方能生龙活虎，战而胜之。"

"卿看来是存心要与朕唱反调？"

"微臣岂敢。"

"汝不敢？"皇上恼怒地道，"上次，朕亲自督阵，尚且不胜，此次朕不亲征，还能成事？"

倔犟的皇上，当然不会偏听庾质的一番胡诌。不过，此次出征，在声势同样浩大的队伍中，没有了道士、僧人和歌舞乐伎等，取而代之的是威武无比的御林军，即骁果军。看来，皇上此次是真要立足于打了。

夏四月庚午日，皇上统率大军，未遇任何阻隔渡过辽水。然后，兵分二路，命宇文述、杨义臣等直插平壤，自己则率包括骁果军在内的右路军共六十万人，直奔辽东城。

去年春，强渡辽水，折损了包括麦铁杖在内的数员大将。几经折腾，杀过辽水，又打了几次阻击仗，斩杀万余敌军。今次，高句丽的军队不在辽东平原上布防了，从而使隋军长驱直入，一路上，连一个贼兵都未碰到，便顺利地来到了去年久攻不下的辽东城下。

此时的辽东城，四面城墙经过整修加固后，峥嵘突兀，显得更为坚实。而城外四周方圆数十里，一无村舍，二无农田，三连树都没一棵，只有一片杂草丛生的开阔地，原先村民挖的水井里，投入死猫、死狗，臭不可闻。那意思就是说，城就在你眼面前，你有本事，就来攻打吧！

皇上是个不能忍受任何挑衅和刺激的人，你愈摆出副准备迎敌的模样儿，他愈不信邪！

果然，别看人多势众，装备精良，那孤零零一座城池摆在那，有如一只浑身是刺的刺猬。你要拿下它，还真不知从何处下手。

担任主攻的，当然是骁果军。为皇上下达旨意和出谋划策的，是新近当红为皇上信任的斛斯政。

斛斯政因提出建立一支骁果军，而受皇上器重。当下，他已升任为兵部侍郎。兵部尚书段文振因病去世，皇上暂没任命新的兵部尚书。那么，兵部侍郎就当然地总管了兵部一切事务，并直接听命于皇上。

于是，骁果军在皇上和斛斯政的直接指挥下，把攻城常用的一切方法，如飞楼撞、登云梯、挖地道等等方法，轮番用了个遍，然而，皆不能奏效。高句丽军真个是，兵来将挡，水来土掩。比如说，挖地道吧，本来费了九牛二虎之力，已将地道挖到城墙脚下了，却突然遇到巨石的阻隔，再怎样用利凿，都无济于事。又换个去处再挖，亦仍是如此。

这日，骁果军把三副冲梯绑扎连缀成一副长达十五丈的冲梯，在弓弩手掩护下，以冲梯强行攻城。

梯子搭上城墙，因太陡太高，一般人难以攀登上去。

此时，只见一中等个儿，精瘦身材的军士，大喝一声："咱来！"

人们定睛一看，正是麦孟才招募入伍的沈光。

接着，雨点般的箭矢射向城墙垛，沈光左手执一柄骑枪，背上插一马刀，右手扶着梯竿，拾级而上。当他接近城墙垛时，大吼一声，弩手停止了射击。沈光则像个精灵，纵身跃上城头！

城墙上的高句丽军蜂拥而至，沈光"嗖"地从背上抽出马刀，左刺右砍，连杀十余敌军。

城墙下的骁果军，开始，个个都看得发了呆！接着，便有节奏地鼓掌、喝起彩来。

然而，高句丽军也并非孬种！他们前赴后继，一名贼军用长棍击中沈光腿，他摇晃了一下，竟从高高的城墙垛上坠落而下……

在人们一片惊呼声中，沈光一把抓住冲梯上一根垂下的绳索，复又沿梯而上……

而此时，高句丽军已用火把将冲梯上端点着，熊熊火光，往下延

　　城墙上的高句丽军蜂拥而至，沈光"嗖"地从马鞍上抽出马刀，左刺右砍，连杀十余敌人。

烧……沈光叹了口气，只好作罢，翻身下梯。

不过，此一惊心动魄肉搏战，使亲临前线督战的皇上看得一清二楚。沈光虽然最终没在城头站住，让后续士卒跟进，却让皇上从不依不饶的沈光身上，看到了隋军的血性和胜利希望！

皇上当日下诏，拜沈光为朝散大夫，赐宝刀和良马。

是夜，欲罢不能的皇上，心潮澎湃，于行宫中，赋诗一首，题曰《白马篇》：

> 白马金贝装，横行辽水傍。
> 问是谁家子，宿卫羽林郎。
> 文犀六属铠，宝剑七星光。
> 山虚弓响彻，地迥角声长。
> 宛河推勇气，陇蜀擅威强。
> 轮台受降虏，高阙翦名王。
> 射熊入飞观，校猎下长杨。
> 英名欺卫霍，智策蔑平良。
> 岛夷时失礼，卉服犯边疆。
> 征兵集蓟北，轻骑出渔阳。
> 进军随日晕，挑战逐星芒。
> 阵移龙势动，营开虎翼张。
> 冲冠入死地，攘臂越金汤。
> 尘飞战鼓急，风交征斾扬。
> 转斗平华地，追奔扫大方。
> 本持身许国，况复武功彰。
> 曾令千载后，流誉满旗常。

皇上把这首亲笔写就的《白马篇》，赐给了昨日还是士卒、今日才擢升为朝散大夫、并担任宿卫的沈光。

此诗既是赞美沈光，更是赞美整个骁果军的。于是，隋军将士更是群情激昂，士气大振。

一名出生淮水边的士卒，因家乡屡受洪水侵袭，常用草袋装土修筑被冲毁的堤坝，因而想出一个"笨方法"——紧挨辽东城的城墙筑一斜堤，直达城墙顶端，然后，让士卒冲上城去，战而胜之。

皇上在斛斯政呈上的表章上批复："可行。"并给此道斜堤取了个别致之名，曰："鱼梁大道。"

皇上觉得草袋不结实，遂命就近赶制百万布袋装入泥土，沿城墙如鳞片一般层层叠叠垒起宽三十步的一道斜墙。为使垒墙士卒不受敌之攻击，又做八轮楼车，高于城墙，放置鱼梁大道两侧，而弓弩手则藏于楼车顶端暗箱中，居高临下，俯射城内之敌，用以保护垒堤士卒。

此方法看似笨拙，却行之有效。隋军人多势众，干起来，并不慢。

一开始，城内高句丽军并不知隋军忙乎啥，没太放在心上。几日后，夜以继日轮班施工的士卒将土袋越码越高，高句丽军看明白是咋回事了，派弓箭手射杀城外堆土士卒。不料，反被藏在楼车内的弓弩手射杀。

一时之间，天上地下，城内城外，箭矢飞扬，你来我往。城墙上，城墙下，皆是血肉横飞，一片惨状。

交战中，高句丽军也使出了带火之箭，一辆楼车被火箭击中，楼车是木制的，藏于暗箱中的弓弩手，全被烧死。

其他楼车见势不妙退出后，隋军失去高空优势，垒砌鱼梁大道事，一度被迫中断。

不日，楼车又以全新面貌，再次登场。隋军在木制楼车外壁，装上了铜板、铁板，火箭失去作用，鱼梁大道加速施工，逐日升高。

六月，辽东雨季即将来临，鱼梁大道更是夜以继日加速垒砌，眼看就要与高达十仞的城墙垛齐平了。

城外，士气高涨，骁果军全副武装，摩拳擦掌，随时准备冲上城去；城内，则惊恐万状，一片哀鸣……

当攻城之日越来越近时，皇上亦极兴奋，日日亲临城外高地。他要亲眼见证隋军登城那一激奋人心的时刻！

可就在此刻，一名风尘仆仆的信使，来到皇上面前，先跪于地，然后从身上取出一份折子，双手捧着高高举过头顶。

皇上身边的兵部侍郎斛斯政代皇上把折子接过。

皇上身在辽东，但与京师和东都往来联络频密，信使不断。此刻，他专注的是鱼梁大道今日是否可与城墙齐平，隋军是否能杀进城去。于是，便朝斛斯政努了下嘴，示意让他先看折子。

斛斯政会意地打开封签，把折子展开，可他仅看了两行字，脸就陡地涨得通红，随即又变得煞白了，连拿折子的手，都在抖……

皇上则紧握双拳、目不转睛地盯着远处士卒，扛着一袋袋泥土往高坡上码。无意间，他好奇地发觉身边的斛斯政浑身在哆嗦，不由得问："汝咋啦？"

"杨，杨……杨……"平日伶牙俐齿的斛斯政，一下竟说不出话来。

皇上眼观斛斯政一副丧魂落魄状，忙将他手上的折子拿过来。他一看，也傻眼了！

奏折是从东都洛阳十万火急发来的，是东都留守、民部尚书樊子盖亲笔所书，落款处签的是越王杨侗和樊子盖二人之名，报告的是一件事：礼部尚书杨玄感造反了，并正率叛贼朝东都杀来！

此可真是非同小可事——皇上正率六十万大军，全力夺取高句丽国的第二都城，而逆贼杨玄感却欲攻打兵力空虚的大隋东都！

皇上因而焦急地问："卿看，此事咋办？"

"……"斛斯政竟吞吞吐吐，无言以对。

"窝囊废！"皇上狠狠瞪了斛斯政一眼，一甩手，登上御驾，径自回行宫去了。

这边，目瞪口呆的斛斯政却仍原地未动。他担心的并不是东都是否会被杨玄感攻破，他是着急自己的死活！

斛斯政曾受杨素器重，因公因私常出入杨府，久而久之，他与年龄相仿的杨玄感成了朋友。不久前，杨玄感还派人送来亲笔信，说家中有急事，请斛斯政让他的两个弟弟脱离征伐高句丽的队伍，返回东都。斛斯政竟看在朋友面子上，背着皇上与有关将领打招呼，将此二人放走了。而今，杨玄感成了造反头目，自己放走玄感弟兄的事，一经暴露，皇上能够轻饶自己吗？

…………

却说，皇上一回行宫，别事未管，即果断下达一道命令，分别派人逮捕尚在征辽军中带兵的杨玄感的两个弟弟：武贲郎将杨玄纵和鹰扬郎将杨万硕。

不一会儿，前往捉拿杨玄纵的另一武贲郎将司马德戡空手回到行宫，向皇上报说："玄纵已于半月前，说是另有任用，返回内地了。"

"呵？"皇上大惊，问，"朕咋不知此事？是谁放他走的？"

"是兵部侍郎下达的指令。"

皇上一听，更为惊诧。他想起斛斯政刚才魂不守舍的模样，顿感事不寻常。于是，立命司马德戡去把斛斯政拿来是问。

司马德戡转身离去，另一伙去抓杨万硕的人回来报说的情形与司马德戡说的一模一样。也就是说，杨玄纵兄弟二人，早被斛斯政放走，而斛斯政本人，亦显然是逆贼杨玄感的同谋！

"斛斯政，这个王八蛋！朕叫他不得好死！"皇上咬牙切齿，无比暴怒。他万万没有料到，自己身边的军机大臣，竟是逆贼同党！

不过，当皇上冷静下来，再想，就不觉得奇怪了。杨素生前对斛斯政极为赏识，尤其是晚年，十分重视他。想来，这个斛斯政早与杨素的儿子有较深交往，而自己咋没看出哪怕一丁点蛛丝马迹来呢？

司马德戡再次回来报说："有人看见兵部侍郎纵马投奔敌营了。"

此可更是晴天霹雳——而这，比与逆贼同流合污更卑劣！皇上一生，还从未遭遇过此类人与此类事！

是夜，皇上传召太史令庾质入行宫。

不知就里的庾质，着实吓了一跳！他想：辽东城将被攻克，已是不争事实，自己则一再阻止皇上御驾亲征，看来报复心极强的皇上是要找自己算总账了。

于是，庾质一进行宫，即跪地磕头，说："恭喜圣上大功即将告成。"

皇上以为庾质已知杨玄感造反、斛斯政投敌事，还在故意说风凉话，因而无比恼怒道："大胆庾质！竟敢讥讽朕？"

"微臣岂敢。"

"既言不敢，何出狂言？"

"臣是真心实意，恭贺圣上。辽东城于一二日内，即可告破。那么，高句丽的京城平壤，在宇文述和来护儿二位将军夹击下，亦支撑不了多少时日，此次圣上必将凯旋。"

"此是卿的真心话？"

庾质点头回答："圣上知道，庾质向来不讲假话。此次确是庾质估算有误，差点坏了圣上大事。"

"卿一贯标榜自己料事如神，亦有失算之时？"

"智者千虑，必有一失。何况庾质并非智者，乃愚人也。"

"哼！卿愚钝？"皇上沮丧地说，"此次，不幸又为卿所言中！"

"啥？"庾质没明白皇上之意。因为白日接踵发生的两件事，他都还不知道。

皇上不加解释，直视庾质，语气严厉地问："过往之事，朕不再与汝计较。今问卿一事：杨玄感如若造反，卿以为结果会如何？"

庾质即不假思索地说："如若那样，玄感将不得善终。"

"此话当真？"

"臣岂敢对圣上说谎。"庾质毋庸置疑地道，"因为朝内多数大臣，皆不认可天下大乱，玄感若反其道行之，是冒天下之大不韪！"

"好，朕信卿言！"

庾质走后，皇上召来虞世基，令他即刻起草二诏：

一、连夜从辽东撤军；

二、分别命令向平壤进军的宇文述和来护儿，立即回师讨伐逆贼杨玄感。

为此，皇上二征高句丽，又这样功亏一篑了！

第一四六回

杨玄感横空出世夺黎阳
樊子盖运筹帷幄守东都

杨玄感身材高大，仪表堂堂，有一部漂亮胡须，且是文武全才。由于父亲功勋卓著，玄感作为长子，仕途亦极顺畅。到文帝仁寿年间，他的职位已与父齐平，同为二品。不过，前朝文帝也好，当下皇上也好，始终都没派他带兵打仗，他担任的一直是文职。玄感因父和叔为朝廷倾尽全力，辛苦一生，却分别遭受皇上猜忌，最后皆郁愤而终。而尤其是当今皇上听到杨素去世，竟还放出咒语"使素不死，终当夷族"这话，后来传到玄感耳中，不仅使他心寒，亦深感自危。因而立志要为父、叔报仇泄恨。报仇泄恨，就得手下有兵有将，玄感因此一直在寻觅带兵之机。

大业七年，皇上准备远征高句丽，玄感觉得此是获得带兵的好机会，就向兵部尚书段文振请缨，说："玄感世代承受国家恩惠，倘若不去边塞杀敌立功，就没尽到臣子职责，您是掌管国家军队的首长，请您禀告圣上，给咱一次杀敌报恩机会。"

段文振把杨玄感的请求禀告了皇上，却无下文。之后，玄感利用上朝机会再次请缨。皇上当众称赞了玄感，并赏赐他各色杂帛一千段，但到真正出兵讨伐高句丽时，却还是未让他带兵出征。

不过，机会总还是会眷顾有心人的。礼部尚书杨玄感，在皇上第二次兵发辽东后，领到一个很重要的差使，命他赴黎阳仓监管军粮的发运。

而此时，因连年兵役、徭役不断，而使得天下家庭残缺不全，被逼走投无路的百姓苦不堪言，纷纷起而造反；朝廷内部，官员的反战厌战情绪亦日益高涨。玄感认为：皇上远在辽东，为战事自顾不暇，国内重兵亦集中到了北方，报仇泄恨机会，已然来到！他便常与死党武贲郎将王伯仲、汲郡赞治赵怀义等秘密谋划造反事宜。

他们先是故意拖延发运粮食时间，把陆续发放的军粮私下囤积到异地。前方急了，皇上亲自派人前来催问。玄感即向来使谎称："水路沿途有叛贼打劫，运粮船须结队而行，以便派军队保护。"

与此同时，玄感还派人到前方，说家中有急，请求好友斛斯政通融放行在辽东军中作战的二位弟弟。此外，还派家僮赴西京大兴请好友李密和弟弟杨玄挺速来黎阳，共商大计。

当杨玄感确知北边的二位弟弟已分别脱离辽东军中时，即命一名家奴扮作水师模样，让他作风尘仆仆状，谎说自己是从东莱港口而来，陈说水师将领来护儿渎职，未能按皇上诏令跨海去征发高句丽，有造反之嫌。

杨玄感于是便以打击逆贼来护儿为由，与王伯仲、赵怀义等，进驻黎阳城，关闭城门，见到青壮年就抓来充作士卒。接着，他又把在仓库转送军粮的五千运夫和船上的三千水手统统动员起来，凑成一支万余人的队伍。

一开始，这支由乌合之众拼凑成的队伍，都想逃离。但转眼间，一个个便都安下心来，不想走了。玄感咋来如此魔力呢？原来是他强掳民夫充士卒的同时，亦用武力接管了黎阳仓库。

这座黎阳仓为开皇初年所建，后又屡经扩建，内储粮食数百万石，是国家的大库之一。而这些被掳来充士卒的人，平日大都食不果腹，到此来后，一日三餐，全是白米白面，当下哪有比此更好的去处呢？

接着，杨玄感又藉征讨来护儿名义，向邻近郡县发号施令，并按开皇年间"州、县"体制，任命各地主要官员。如，将东光县尉元务本任命为黎州刺史，将赵怀义任命为卫州刺史，将河内郡主簿唐祎任命为怀州刺史……

接受任命的人，官职连升几级，皆大欢喜。当然，也有觉出味道不对，不肯接受任命的，玄感便将他拖出斩首，不留隐患。其后，玄感便将一些新任命的官员，有的让他回地方管辖一方，有的则安插于军中做将领，让他带兵打仗。

兵有了，带兵的军官也有了，反咋造？这位一直在朝中出任高官的礼部尚书，到这节骨眼儿上，心中却无多大成算。在这一点上，就远不及身经百战的他的父亲了。

做礼部尚书，研究各朝有关典籍，制定新的礼制，以及向下属发号施令，他都能应付自如。但，毕竟生于富贵人家，从小到大，养尊处优惯了，而不像父辈那样经历过种种血雨腥风的历练。所以，真临大事，往往就没了主见。而正于此举棋不定时，老友李密和大弟玄挺结伴从西京赶来了。

这个李密又是何许人呢？

李密即是京师大兴人氏，出生于一个"四世三公"显赫的家庭里。他的曾祖李弼是西魏八大柱国之一，与当今皇上外祖父独孤信齐名。祖父李耀，为周之邢国公。父亲李宽，骁勇善战，干略过人，自周及隋，位至柱国，封蒲山郡公。李密本人，文武双全，长于出谋划策，志向高远，常以救世济民为己任并继承了先祖蒲山公的爵位。

大业初年，有一次皇上出巡，看到卫队中有一名年轻军官，目光炯炯。皇上与之对视了一下后，即觉浑身不自在。回来后，就问宇文述："警卫队里靠左边一个黑脸小子，是啥人？"

宇文述想了一下，回答说："他是已故蒲山郡公李宽之子，叫李密。"

皇上道："这小子顾盼神态不寻常，别让他在宫里担任宿卫了。"

宇文述转背就借故对李密说："贤弟天资与常人有别，应凭才学获取功名，宫廷警卫是个琐碎差使，是出不了贤才的。"

李密觉得宇文述说得有道理，就高高兴兴辞职回家专心读书。

一次，他出门拜访名师包恺，在骑行的牛背上搭了一块蒲草坐垫，把一部《汉书》挂在牛角上，一手牵着牛绳，一手握书卷，坐在牛背上，一路看起来。

不料，大名鼎鼎的杨素路过此处，见到李密勤奋好学的模样，便好奇地问："哪里的读书人？这样好学。"

杨素不识年轻人李密，李密却认识杨素，连忙下牛拜了两拜，通报了自己的姓名。

杨素又问，读的什么书呢？李密说，读的是《项羽传》。杨素感到很惊异，这一老一少，一人骑马一人骑牛，边走边慢慢交谈起来，杨素越发觉得该后生不简单。

之后，杨素对自己的儿子们说："咱路遇汝的一位同辈，与之交谈，他的学识与气度都远在汝等之上，你们可要好好向他学习！"

杨素鼓励儿子与之交往。此后，杨玄感与李密过从甚密，并成了无话不谈的好朋友。

…………

李密来到黎阳，看到玄感风风火火，一下就拉起了万余人的队伍，而且，响应者还在与日俱增，因此，亦感振奋。

他也不转弯抹角，见面就向杨玄感进言道："当下最易得手的是往北奇袭并占据涿郡，进而夺取险要的临榆关，扼住皇上咽喉，使皇上和他的百万大军不能从辽东进入临榆关内。他们劳师远袭，在关外缺吃少喝，又逢雨季，日子稍长，必将溃散。高句丽如果获得这一消息，亦会乘其混乱派追兵围剿。此样，皇上命运就难以逆料了。这应是当下的上策。"

玄感一听，不经意地皱了一下眉，继而轻声问："那么，中策呢？请问先生的中策是啥？"

李密事前已知玄感邀请自己来黎阳的目的。所以，在路上就反复考虑好了几种造反方案。他从容地说："中策是心无旁骛，急速向西进军。一路之上，不左顾右盼，不攻城掠寨，不作无谓停留，只一门心思地直捣兵力薄弱的京师大兴。京师陷落，人心即散，隋必亡矣。"

"恐不是那么容易吧？"玄感不无担心地说，"皇上若从辽东撤军，回师关中咋办？"

"咱派重兵死守天险潼关，叫他攻不进来。而咱只要拿下兵力空虚的京师，府库内的钱、帛，取之不尽，关内又是天府之国，皇上无道，尽人皆知，他蹦跳折腾不了多少时日，必至众叛亲离而分崩离析。"

玄感听着，仍是好一会儿没有出声儿，并在心中暗暗叫起苦来。李密的计谋说来动听，亦不能说没有道理。可他初来乍到，哪里知晓，眼下这支军队并非自己死党，都是强掳得来。而今，他们有饱饭吃，情绪看似不错。但涿郡也好，大兴亦罢，路途遥远，若行跋涉，不等到达目的地，恐都全开小差了。于是，玄感又问："那么，您的下策呢？"

"下策即是不等皇上援军赶到，迅疾南下拿下东都。如果战事胶着，百日内还夺取不了，成败则难逆料。"

"好！"黎阳与东都咫尺之遥，且，出征辽东的将领和官员家眷多在城内，打下东都亦等于捣了皇上老巢，必致军心大乱，此正中玄感下怀。他突然来劲，道，"咱就先近后远，先易后难。首先攻下洛阳，待声名鹊起后，投靠咱的人必定大增。此后，再向涿郡或大兴进军。君之下策，实乃上策！"

李密随即亦认可说："楚公（杨玄感承袭了父亲楚国公爵位）既认此作上策，那咱就作打洛阳的准备吧。"

于是，李密和王伯仲等，因陋就简对队伍进行了一番整顿，让士卒们穿上了用帆布缝制的甲胄，配备了单刀和柳条盾牌，并放火焚烧了停泊于黎阳水岸、皇上用作下江都的数千龙舟、水殿，楼船，以示与朝廷誓不两立。在一片冲天大火中，义士们宰杀三牲，饮酒盟誓，并以杨玄感大弟杨玄挺作先锋，向东都洛阳进军了。

在此之前，新任命的怀州刺史、原河内郡主簿唐祎，一看势头不对，转背就背叛了杨玄感，快马赶到东都，向越王杨侗和东都留守樊子盖报告了杨玄感起兵造反的事。

对此，老将樊子盖却显得十分镇静。他一方面遣使迅速向远在辽东的皇上禀报；另一方面，知会周遭各郡县加强防御，并组织军力讨伐和抵御叛贼。

杨玄感率军进逼临清关（今河南新乡东北），即遭阻击。附近修武县（今河南武陟）居民亦赶至关隘协助守军奋力抵抗。

玄感听从李密建议，不在此处作过多纠缠，虚晃一枪后，遂绕道于汲郡（今河南淇县东南）渡黄河，继续向东挺进。一路上，饱受劳役、饥饿之苦的百姓，纷纷赶来投奔玄感队伍，军队因而在不断壮大中顺利挺进到了偃师（今河南偃师东）。略事休整后，玄感命弟杨积善率兵三千沿洛水西进；另命玄挺率一千士卒自白马坂（即白马山，今河南北邙山北麓）越过邙山从南面向东都发起攻击；玄感本人亦率三千余人马作后援。

东都留守樊子盖闻讯，立马命河南令达奚善意率精兵五千抵挡杨积善；另命将作监、河南赞治裴弘策率八千府兵迎战杨玄挺。

若从人数上看，官军还是远多于玄感的造反军；从军事素质和装备看，一帮临时凑在一起的乌合之众，更不能与官军相比较。但两军甫一交手，情形却恰恰相反，官军毫无斗志，丢盔弃甲，望风而逃；玄感军队则在将领们的鼓动下，无所畏惧，所向披靡。

结果，达奚善意的五千精兵，一触即溃；裴弘策则更是五战五败，最后，主将根本不顾自己剩下的残兵败将，仅带十余骑，便逃回洛阳城中。

玄感军经此几役，队伍立即变了模样，士气不仅更旺盛，精气神儿十足，且都换上了缴获得来的精良装备。

未几，杨玄挺挥师直达太阳门（即洛阳南门），杨玄感则率军屯驻于上春门（洛阳城北门），兄弟二人，一南一北，将东都洛阳围夹在了当中，只等瓮中捉鳖了。

此时，瀍、洛一带百姓，敲锣打鼓，杀猪宰羊，纷纷赶来慰劳义军。

杨玄感作战身先士卒，十分勇武，他见乡亲如此热情，即慷慨陈词道："咱身为上柱国，家累钜万金，至于富贵，无所求也，今者不顾破家灭族，但为天下解倒悬之急，救黎民于水火中耳！"

玄感每说此番话时，情深意切，听者无不为之动容，每日前来参军者，达千数人。玄感收编隋军降众，招募百姓，得五万余人。不仅如此，杨玄感因是鼎鼎大名前任尚书令杨素之子，本人亦是上柱国、礼部尚书，影响巨大。加之，他往日结交人多，所以，连开国元勋观王杨雄的儿子，名将韩擒虎的儿子韩世萼，内史侍郎虞世基的儿子，黄门侍郎裴矩的儿子，还有来护儿的儿子等等四十余名高官显贵子弟，都来投奔玄感队伍。

心气正盛的杨玄感，在李密运筹帷幄下，进一步分兵五千占据慈㵎道（今河南洛阳西）；分兵五千把守伊阙（今河南洛阳南）；派韩世萼率三千兵马包围荥阳（今河南荥阳东北）；派顾觉率五千人攻取虎牢（今河南荥阳西北汜水镇西）；杨玄感本人则率主力作攻打东都准备。

转眼间，玄感声威大震，他的队伍已猛增至十余万众，因而对夺取东都，信心倍增。而就在此频奏凯歌，连连获胜之际，玄感营中又迎来了两位贵人。其一是，作战时，俘获而来的韦福嗣；另一位是名头更响的李子雄。杨玄感对此二人寄予厚望，且顿感如虎添翼。

先说韦福嗣，他是隋朝名臣韦世康次子，在朝廷担任内史舍人一职，往日与玄感的交情不错。所以，韦福嗣来后，玄感即把一些军中要务都交他处置，对他十分信任。

但，韦福嗣本人却是身在曹营心在汉，说话处事，皆模棱两可。玄感要他草拟一份讨伐杨广檄文，曾在朝中担任内史舍人的他，却坚辞不受。

李密观其言行，揣摩他是棵风吹两边倒的墙头草，因而对玄感说："福嗣和咱不是一路人，您将他放在身边很危险。希望斩杀福嗣，以安众人心。"

玄感则不以为然地道："咋能此样待人呢？福嗣咱了解。他初来乍到，尚不习惯，过些日子，不就一切如常了嘛。"

新来的另一人，叫李子雄。他亦是世代官宦人家出身，本人经历也非同凡响。他年满二十岁时，即跟从周武帝平灭齐国，因军功拜授帅都督；到北周末年，隋文帝任丞相时，他跟随韦孝宽在相州大败尉迟迥，因功拜授上开府；灭陈时，凭藉军功晋升为大将军；汉王杨谅作乱，李子雄受杨素推荐为平息叛乱立下大功。之后，在杨素举荐下，入朝担任民部尚书，并受到当今皇上的信任，官至武侯大将军。

此次，皇上闻听杨玄感造反，人虽远在辽东，就已着手展开了秘密清查，以肃清玄感在朝廷和在军队中的余党及危险人物。清查对象中，就包括了曾与杨素过从甚密的李子雄。而当派出的快捕抓获到李子雄，将他押往皇上行宫途中时，李子雄知道此去凶多吉少，便在途中杀死看押他的快捕，投奔了杨玄感。

李子雄因是杨素故旧，加之，此公任民部尚书时，玄感是礼部尚书，二人又是同僚，相交甚笃，所以，玄感对子雄，尊为父辈，亦是信任有加。

一次，子雄在与玄感对饮时，言词恳切地极力劝说玄感尽早称帝，由此，他的号召力亦将倍增。

杨玄感高官厚禄，家财万金，他为啥还要造反呢？难道真是想当替天行道，除暴安良的义士吗？或是仅为报父辈遭受猜忌而死的仇吗？有此因素，但不尽然。其实，他内心朝思暮想的，还是有朝一日能荣登九五之尊咧！子雄之言，可谓点到他的心窝处！

酒后，跃跃欲试的玄感，带着几分醉意，就拿子雄的建议来问李密。

李密沉思一下，说："秦朝末年，陈胜想称王，张耳进谏而受排斥；东汉末年，曹操准备寻求九锡，荀彧阻止而被疏远。当下，李密想直言，又怕遭受张耳、荀彧同样待遇；如果阿谀奉承，随声附和，又于心不安。为啥会此样呢？起兵以来，虽确曾打了一些胜仗，看似顺利，但到至今，周遭郡县官员主动响应或归顺咱的，不过尔尔。洛阳的防守极为顽强，各地援兵，越来越近。当下，您只能身先士卒，勉力为之，咋能急于称帝，更成众矢之的呢？"

玄感听后，讪讪地笑了笑，没再吱声。

此时，四面被围、兵临城下的东都城内，早已是一片风声鹤唳，人人感到自危，害怕杨玄感一旦破城，惨遭屠戮。

不过，就在这一片惊恐惶惑之中，有个白髯飘飘、年届七旬的长者，却不显慌乱。非但如此，他面若冰霜，冷静得出奇。此人便是现任民部尚书、东都留守樊子盖。

东都留守一职，共为二人，另一人是皇孙杨侗，年仅十岁。所以，这副担子实则压在了老臣樊子盖一人身上。

樊子盖是庐江（今安徽合肥）人，一生中多在外地当差，近年才应召回朝廷担任民部尚书。皇上远行，朝廷中这么多官员，为何偏偏选中这样一位老臣来做东都的主管官呢？原因就在樊子盖往日为政清廉，为人正直，处事果决。后来的事实证明，皇上用樊子盖镇守东都，确实没有看错人。

首先，当败军之将裴弘策丢下打残的队伍不顾，只身逃回城中时，樊子盖毫不手软，当即将他推出处斩了。国子祭酒杨汪是位有学问受人敬重的老臣，他对樊子盖稍有不恭，平日随和的樊子盖，一怒之下，亦要将杨汪拿下处斩。吓得杨汪下拜谢罪，直到头叩出血来，才宽免了他。从此后，凡留守城内的文臣武将，再没有敢不敬业的，亦再没有敢违抗樊子盖命令的。而樊子盖本人呢？哪里告急，七十高龄的他，就坐镇在那里督阵指挥。所以，当杨玄感挑选精锐，在李密和李子雄策划下，使出各种攻城手段，皆不能将城池撼动。

樊子盖想：东都开建前，在选址时，皇上就考虑到了要找一易守难攻处所。加之，宇文恺设计和建造此城的时候，又把城池筑得坚不可摧。所以，你杨玄感想要攻破它，并不是那么容易的。

同样，樊子盖要想打败击溃杨玄感已增至十余万人的军队，也难上加难。樊子盖一开始即调兵遣将，看似人多势众，但皆被杨玄感一一打败，投降的士卒，转背就成了叛贼。所以，樊子盖转而以守为主，坐待援军。

战事就这样，处于胶着状态，你攻我守，相持不下。

拖的时间越长，援军离此越近。此一状况，使樊子盖和城内人看到了希望；而对杨玄感来说，即感灾难将要来临。

首先，来势汹汹的是遭诬赖的来护儿。当他听到杨玄感说自己故意拖延时间、不想渡海参战、有谋反意图时，他气得暴跳如雷。

此次出征攻打高句丽，来护儿其实是汲取了上次渡海太早的教训，才和宇文述搭成默契故意延迟发兵的。他渡海只需四日即可抵达彼岸，并可轻而易举攻至平壤城下。因而，他要等宇文述从辽东跨过鸭绿水后，自己才能扬帆启航，以与宇文述形成合围之势。所以，当他听说杨玄感本人要造反，却造谣生事拿自己作借口，就要求立即回师中原去讨伐他。

但，这么一来，手下人都感到害怕，因没有得到皇上诏令，咋能擅自行事呢！

来护儿却振振有词对属下说："洛阳被围，是国家心腹大患。与之相比，打高句丽就成了疥癣大的小事儿。当此之际，做大臣的就应敢于担当。此决定是我来护儿做出的，你们只管执行。谁不听从命令，则一律军法处之！"

于是，来护儿即果断地掉头从东莱掩杀而来。

而与此同时，已到鸭绿水边，正要过江的宇文述，在接到皇上回师讨伐杨玄感的命令后，亦与另一员大将屈突通率轻骑日夜兼程往回赶。

东都这边，在樊子盖严防死守下，两军仍处胶着。樊子盖把城内商户、民居都动员组织起来了，城外任何处所稍有动静，就有人敲锣示警。城外的杨玄感等，一筹莫展，无计可施。

忽有一日，驻守黎阳的元务本派人赶来报信说，屈突通的轻骑已逼近河南，黎阳告急。没了黎阳，就断了粮源。此还不算，援军既到黎阳，那么，离东都亦不远了，此可是个危险信号！

李子雄连忙向杨玄感建议道："屈突通晓习兵事，若一渡河，胜负难决，要迅速将他阻挡于河北，使他不能与城内樊子盖里应外合。"

玄感对李子雄的建议深以为然，抽调兵员，欲封锁附近的几个渡口，以阻屈突通渡河。

此外，樊子盖虽处洛阳城内，耳目则遍布城外各处，所以，他对杨玄感的一举一动，了如指掌。杨玄感某处之兵，刚一收拾行装，准备开拔至黄河渡口，樊子盖便从城中放出一彪人马，出其不意，打他一个措手不及。待玄感派兵前来支援，官军又迅疾退回城内。

如此，两次三番，硬是将杨玄感的队伍拖住不放，使之不能动弹。

于是，东都城外，依然故我，对峙之势，难解难分。

第一四七回

玄感英雄气短功败垂成
李密老谋深算金蝉脱壳

却说，樊子盖日盼夜盼，盼来的首批援军，既不是屈突通率领的轻骑，亦不是急欲证明自己清白的来护儿的军队，而是西京留守、刑部尚书卫文升率领的京师禁卫军。

为什么卫文升会最先赶到东都来驰援呢？原因很简单，与远在东北的宇文述和渤海之滨的来护儿相比，他离东都最近。卫文升最先得到杨玄感造反消息，就毫不犹豫率四万京师禁卫军马不停蹄赶来了。

卫文升是个文官，且年老体衰，不能身先士卒，叱咤战场，却绝非寻常之辈。他是汉代著名将领卫青之后，有将门家风；其次是，他这一辈人都是在接连不断的战事中摸爬滚打出来的，不懂打仗，即难做官。除此而外，这位老臣在为人处事上，亦和樊子盖一样，严于律己，且忠君。

卫文升率军从京师出发，路经华阴杨素家乡。他二话没说，即命士卒掘了杨素坟墓，将其遗骸挖出，付之一炬，表明了对逆臣贼子的蔑视和与反贼杨玄感势不两立的态度。

队伍一路向东急驰，接近险要的函谷关时，有随员提醒说："前面就是函谷关，玄感那贼，该不会于此设伏吧？"

卫文升抬头看了看两边耸立的高山，神情肃穆地想：此真乃"一夫当关，万夫莫开"呵！不过，他随即笑道："不打紧，只管往前走。咱料玄感那蠢货，根本想不出此招数，亦根本料不到老夫会来驰援的。"

于是，四万大军便毫无顾忌地依次从险峰的夹缝中劈开的一条驿道，若无其事地穿过去了。

杨玄感真那么愚钝，不知在此设伏吗？倒不尽然。因为，他一心一意将全部精力都投入到攻打东都上了，只有先拿下东都，才能动摇大隋根基，此乃当务之急。再者，他确实没有料到担任京师留守的卫文升，会不顾大兴城的空虚，竟敢亲率军队前来驰援东都。

最先赶到玄感大营报信的，是华阴老家乡亲。当玄感弟兄得知父亲遗骸被挫骨扬灰，个个痛心疾首，义愤填膺！

而此时，卫文升则已越过更为险要的潼关，踏入中原。经崤（今河南洛宁西北）及渑池（今河南渑池东），气势汹汹地一路奔杀而来。当玄感兄弟率军前往迎战，两军在洛阳城北郊外遭遇了。

此真乃是仇人相见，分外眼红。

卫文升军经长途跋涉，立足未稳，又遇一支如饿狼般扑过来的军队，甫一交锋，即招架不住，且战且退。

杨玄感憋着一股复仇劲，手握一柄蛇矛，挥舞得风生水起，见谁灭谁。士卒见主将如此神勇，亦个个奋勇争先，拼命杀敌。此仗，一直拼杀到金谷（今河南洛阳市东北）地界，损失惨重的卫文升部，方逐渐稳住阵脚，与杨玄感军形成对峙之势。要知道，卫文升统率的毕竟是一支皇家禁卫军，否则，他早就被玄感打趴了。

前面还说过，卫文升是个阅世颇深、对战事并不陌生的文人。甫一交手后，他已然明了，自己原先估计得太过乐观，以为玄感就只开初报说的那万余乌合之众。没料，起事仅仅二十余日，人数已远远超出自己的四万，且战力不弱。他于是决定调整策略，用以守为攻之法，拖住对方。因为他已知晓，皇上派来的援军，不日即将到达。另一方面，卫文升意欲派人与洛阳城内樊子盖取得联系，以使城内城外相互呼应，将叛军牵制住。

而此时，洛阳城四周，已为玄感军队团团围住，连水上都有叛军船只巡逻。所以，卫文升等虽经数次尝试，仍无法与城内取得联系。

那么，城内樊子盖呢？他其实并不需要卫文升捎什么信来。他站在城楼上，就能一目了然看清一切。何况，城外还有耳目，他们则能以各种方式，把城外信息传递进来。

然而，造反的杨玄感，当然也不是一盏省油的灯。他手握十余万军兵，把洛阳围得密不透风。樊子盖不管开哪个城门，欲派军去支援城外的卫文升，都会遭到城外候个正着的玄感军迎头痛击。

因此，卫文升想以守为攻，亦只能是一厢情愿。杨玄感咋会给他以喘息之机呢？于是，两军便在邙山南侧的瀍水边展开了殊死决斗！

战斗从早至晚，进行得异常惨烈，双方一日内交战十余次。官军中，有受伤的、体力不支的，或已知难逃厄运不想再战的，其中不少士卒索性头缠一块白布，将兵器弃置一旁，坐地表示投降……

玄感手握长矛，骑在一匹白色汗血马上，铠甲和马身到处是血。杀红眼的他，已分不清那些血是从他的伤口处流出的，还是斩杀敌人时，喷溅上去的。他一路进击，猛地抬头，突然望见卫文升就站在前面不远的高坡门旗下，还在指手划脚呵斥士卒顶住。玄感怒气冲天，一夹马腿，二话不说，就朝卫文升奔去。

卫文升是个只能动口，不会动手的指挥者，见有敌将朝自己猛冲过来，便上马逃跑。

在震天动地的喊杀声中，杨玄感与卫文升的距离越来越近……

而就在此刻，只听与之并肩作战的杨玄挺发出一声惨叫，落马坠地。

玄感收缰下马，见玄挺倒在乱草丛中，颈中流矢，已气绝身亡。

败逃的卫文升，则乘此机会侥幸保住一条性命。四万禁卫军，最后冲出重围的，仅剩五千人。

此战虽大获全胜。但因玄挺战死，仇人卫文升逃脱，玄感难露笑脸。他抬头看了一眼渐晚的天色，伸展了一下疲惫的肢体，又看了看七手八脚忙于为弟弟收尸的士卒们，正欲上马，有信使骑马飞奔到他面前。

信是驻守黎阳的元务本亲笔，报知，黎阳已为来护儿手下的陈棱攻破。

这个陈稜，即是渡海攻占琉球的那位将领，亦是一位狠角。黎阳失守，亦意味着军队主要粮源断绝，此可不是一件小事。杨玄感把信交给了身边的李子雄，并吩咐立即知会有关将领，前来军帐议事。

当晚，会议还没开始，就有人报说："韦福嗣跑了。"

玄感深表震惊，忙问："他跑哪去了？"

"有人看见韦爷混在官军中，跑进洛阳城里去了。"

原来，樊子盖在城楼上看到卫文升的军队在作战中处于下风，就打开西城门，放出一支军队去支援卫文升。在西城外担任指挥的韦福嗣，将这支出城援军打得大败。败军只好掉转头仍缩回到城里去。殊料，韦福嗣单骑混同败军亦进了洛阳西城门。因他身上穿的官服，本就与敌军相同，败军一片惊慌，混乱中，哪分得清穿同样衣衫的敌与我？

"这狗娘养的！"平日从不骂脏话的杨玄感，气得粗话连篇。痛斥过韦福嗣后，又向李密致歉，责怪自己瞎了眼，看错人。

李密叹息说："过往的事，就不要再提它了。当下，大伙可要好好想清楚，咱下一步，该咋走？今日，韦福嗣先走了一步，他选择转身又去投靠朝廷。诸位想一想，此靠谱吗？朝廷会欢迎他回去？咱看难哩！"

李密一番话，把打了大胜仗颇感得意的诸将领都说得面面相觑了。因为众人或多或少都已听说来护儿、宇文述、屈突通的队伍已距自己越来越近，都感自危。可是，众人都只是干着急，却想不出啥主意消解即来的灾祸。

杨玄感今晚把众将领召集到此的目的，正是准备商讨何去何从的。李密既把自己要说的话先说了，众人又想不出好出路时，他便把目光投向了身边阅历丰富的李子雄。

李子雄其实也无啥成算。他想了想，说："东都久攻不下，皇上派来的各路援军已经逼近，城外多是一片开阔地，无险可依，此地断不可留了。咋办呢？三十六计走为上。往哪走？咱的想法是朝西去。率一支精兵先把潼关夺下，再让队伍进入关中，迅疾拿下西京大兴，此样，方有和朝廷继续抗衡的底气。卫文升此次驰援东都，已将拱卫京师的精兵折损过半，关内兵力空虚有目共睹。再者，咱的队伍入关后，把住潼关和函谷关两道关口，朝廷的队伍要进来，亦不容易。还有，进关后，咱可夺取永丰仓，不仅自己吃粮有保障，还可拿出部分粮食赈济附近百姓，使关内父老乡亲拥戴咱。"

玄感一听，此不就是李密曾给自己提过的中策吗？他因而说："此策，蒲山公早前就提说过。好是好，只是要去关中，师出无名，咱这帮临时凑在一处的士卒，要是不情愿跟咱走，咋办呢？"

李密听到李子雄的建议，就在心中暗暗咒道："马后炮！"因为此时再把队伍拉入关内，显然为时已晚。不过，他冷静一想，除此而外，这支队伍还能往哪去呢？此亦只能说是没有办法的办法了。他于是就着玄感的话，说："要找藉口，还不容易？咱可假说驻守陇右的元弘嗣也要造反，是他派人来接咱入关的。如此一来，队伍不就顺理成章跟咱走啦。"

杨玄感想：几日前家乡来了一拨人，报说祖坟被掘事，他们说的都是关内土话，其中几人还滞留营中未走，就说他们是元弘嗣派来接咱的。队伍开拔时，就让他们打前带路好了。

玄感想到此处，当机立断，对在座将领们说："蒲山公之说可行。事不宜迟，今晚就请各位分头去作准备，明日一早，咱就入关。"

从瀍水边败走的卫文升也同样没有料到玄感会步自己后尘，这么快就会率军进入关中。因此，他也同样没在险要的函谷关和潼关设下伏兵。

玄感顺利拿下两关隘，即向关内民众谎说："义军已攻破东都，收取了函谷关以西地界，当下是来解救关内乡亲于水火的。"

关内百姓皆信以为真，与玄感军相处融洽。

此时，李密和李子雄的想法也很一致，就是不在路上耽搁，迅速拿下西京大兴。此样才能挽回颓势，号令天下，以讨伐无道君主。

兵到华阴地界，此处是玄感家乡，路上忽然涌来一群老叟，都是当地父老乡亲。玄感下马与之嘘寒问暖，有老叟告知，离此不远的弘农宫内，储存着许多粮食，守卫禁军亦寥寥无几。

弘农是杨素、杨玄感的老家，自然亦是皇上老家。当今皇上为省亲方便，在此修建了一座叫弘农宫的行宫。此宫建成后，皇上却很少光顾，因此，宫内和周遭皆显冷冷清清。玄感灵机一动，想：进关后，军粮正感吃紧，就便弄点粮食补贴一下军队，正逢其时。于是，即派一支队伍前去弘农宫取粮，自己则仍率大部队继续前行。

万没料到的是，那支队伍来到阒无声息的宫门前，突遭一阵雨点般的箭矢袭击，猝不及防的将士，顿时人仰马翻，死伤一片！

这可彻底激怒了杨玄感！此前，卫文升在此掘了自家祖坟，而今路过家门，队伍又遭乱箭射杀，杨家何曾在父老乡亲面前遭受如此奇耻大辱？他于是调来军队，亲自排兵布阵，发誓要把宫内守军全部铲除。

玄感使用带火箭矢射击宫墙内的殿宇，转眼，金碧辉煌的弘农宫顿成一片火海。士卒们振臂欢呼，争先恐后朝前猛冲。

残垣断壁的墙阙内，万箭齐发，冲上来的士卒再次倒地。

而恰在其时，突然一声炮响，宫门内，围墙上，冲出一群如狼似虎的禁卫军，他们不喊不叫，但个个身手不凡，手起头落，把杨玄感军杀得东奔西窜，鬼哭狼嚎。

杨玄感的士卒纷纷败逃，守宫的士卒也不追赶，又一声不响地回撤到了燃起熊熊烈焰的宫墙内。

李密一看，知其不妙，对方显然早已做好准备，在此布下伏兵，想把玄感拖住，不让大军顺顺当当西进。回想路上遇见的那群老叟，亦成疑问，他们说不定就是用来引诱杨玄感中计的。

李密于是对玄感道："咱中计了。你要清楚，此地是你家乡，亦是当今皇上家乡。在此，有你的亲人，更有皇上的亲人和禁卫军拱卫。咱应立即离开此险恶之地，等拿下大兴，回头再找他们算账不迟。"

玄感何尝不知：当今皇上在担任灭陈统帅前，还一口一声尊称父亲杨素为处道叔。这两个杨家，原本共的就是一个老祖宗。也正是因了这层关系，玄感才想：你的杨家是个大家族，咱家亦是世代为官。你家既能做皇上，咱家为啥只能做宰相呢？风水轮流转，亦应转到咱家了嘛！

而此刻，玄感却已失却平常心态，他想的仅是，东都没能拿下，情有可原；如果连座行宫都攻不破，那不更成家乡父老乡亲的笑柄了吗？

他于是下令召来更多军队，对行宫进行围攻。

禁卫军在人数上处于劣势，但他们都是十里挑一，甚至百里挑一，经过精选而来，并训练有素，不仅能攻，亦善保护自己。一截颓垣，半根石柱，一堆废墟，皆成藏身处。行宫中的宫殿被烧，宫墙被推倒，可人仍在。而且，他们都清楚，即使投降，也必死无疑。

玄感士卒如潮水般一涌而上，立即就被神出鬼没的禁卫军杀得鬼哭狼嚎。因而个个都对那片废墟望而生畏。战事一连进行了三日三夜，双方死伤甚巨，却还是难解难分。

李密的猜测果然不错，镇守弘农宫的将领叫杨智积。他是隋文帝兄弟杨整之子，当今皇上的堂兄弟。卫文升率残军回撤时，路经华阴和杨智积作过交谈。卫文升估计，杨玄感一旦顶不住朝廷援军的攻击，有可能会率残军进入关内。他于是留下二千禁卫军，并叮嘱杨智积，玄感一旦到来，就要设法将其死死缠住，以待援军。

三日后，杨玄感见打成此样，才突然意识到：即使最终拿下已成废墟的弘农宫，亦毫无意义，遂生去意。于是，整理队伍，准备重新上路。

然而，一切为时已晚，就在此三日间，尾随其后的宇文述已率大部队追赶而至。

最要命的是险隘潼关。在此之前，玄感已将走在最后的部分队伍留下镇守潼关。而此守军，早就听说皇上派来的援军不日将到，可各种风传听得多了，反而不那么在意了，以为北边和东边来的军队不会有这么快。况且，他们的大队人马到来，那还不是气势汹汹、甚嚣尘上？

可偏偏就不是这样。玄感守军刚在关隘要塞落位的当夜，由于连日鏖战，大热天，又马不停蹄赶路，都已疲惫不堪。是夜，山上凉风习习，连站岗放哨的士卒都睡着了。

岂料，宇文述只派一支奇兵偷偷摸上山，不费吹灰之力，便将关隘上的守军一窝端了！且无一人逃脱，以至连个报信的都没有。

宇文述夺下潼关，大部队即如开闸之洪水，长驱直入关中。加之，杨玄感在华阴弘农一耽搁就是三日。接着，活该只剩挨宰的份儿了。

玄感率军往西行至阌乡，登上皇豆，布下纵横五十里的战阵，以迎击官军。但，一日之内，连败三阵，只好且战且退，到达一个叫董杜原的地方。玄感觉得占到一个有利地形，遂布战阵。然而，各路官军已纷至沓来，再好的地形，皆已无济于事。经过数倍于玄感部队的官军反复穿插后，已是百孔千疮，而无任何防守之力了。

玄感被杀得大败，已溃不成军。他身边只剩十余骑，没入丛林中，想于此处躲过一劫。他刚刚下马，欲喘息一下，不料，追兵又至。与之同行的侍卫和几名随员见状，自是各奔东西。

玄感一脚踏上马鞍，复又将脚放下，摇了下头，对身边仅剩的弟弟杨积善说："事已至此，咱不能受他人杀戮之辱，你来结果我吧。"说着，即卸下铠甲，对积善敞开胸膛。

杨积善后退一步，吓得直摇头。

"快动手呀！不然就来不及了！"

积善抽出腰间佩剑，刺入玄感胸膛，抽剑时，一股鲜血，飞溅而出……积善再用剑刎颈自杀，没死，被赶来的官军擒获。

之后，杨玄感的尸体和奄奄一息的杨积善都被运回东都。官军受命肢解了他俩，把头割下，在东都闹市，枭首三日。

杨玄感另有一弟叫杨玄奖，为义阳太守。玄感起兵，玄奖去黎阳与之会合的途中，被当地郡丞抓住杀死；另有从辽东脱逃的杨玄枞、杨万硕兄弟，万硕亦于中途被抓，处死；玄枞逃到玄感军中，亦和玄挺一样，先后战死。

总之，杨素一门所有男丁，全被处死，无一幸免。

跟从杨玄感的两个重要人物，李子雄和李密则在乱战中，分别被擒。

杨玄感谋反，事发突然，亦同样是"戛然"就中止了。这场轰动一时，震惊天下，一度使皇上坐卧不宁的大事件，前后仅持续了不到两个月。

此时的皇上，已从辽东回撤到涿郡附近的高阳行宫中。平灭逆贼杨玄感的喜讯传来，使他大大松了一口气，并下令把所擒获的要犯都押解到高阳来，皇上要亲自处置他们。

要犯共为十七名，李密和李子雄皆列其中。东都相距高阳，不算太远，亦不算很近。因是雨季，江、河、漕渠中的水量丰沛，又是逆行，皇上要尽快见到上述战利品，押运这些囚徒就不能用船，而只能用车了。

宇文述为保万无一失，行前作了周密准备。他为每位囚犯打造了一只结实的囚笼。囚犯戴着镣铐，坐在笼子里，分由数辆马车运载，并另派官兵押送，走驿道前往高阳。

一路上，看管这批重囚的官兵格外小心，丝毫不敢懈怠。因皇上有两个要求：一、不准有一个逃脱；二、要全部活着见皇上。尤其是后一条，很难办。有的犯人原本就是老弱病残，有的身上还有伤，那不是还要像供奉老祖宗一样，把囚犯呵护好吗。宇文述为此，还为十七名要犯破天荒地配备了两名郎中，有病治病，有伤疗伤。

三日过去，问题逐日增多。十七名囚徒，一日两餐不可少，天气炎热，中途还要饮水，还要拉屎拉尿，而且，老弱占了大多数，过去，这些人又都是养尊处优者，哪堪长时间颠簸在囚笼中。有病的，有伤的，还要不时为他们用药。另外，吃饭可勉强在笼子中进行，拉屎拉尿若也在笼中进行，那不一路将是臭不可闻了吗！所以，还要时不时开笼，为囚犯行方便，弄得官兵不胜其烦。可就是此样，有老弱者不堪囚笼折磨，病倒了。押送者不得不在驿站住下来，向东都禀报情况。因为中途如有人死亡，包括宇文述在内，都担负不起责任。

宇文述等经过商量，终于同意取消囚笼。老弱者、伤病者，可一人一车，让囚徒躺在车上，每车配四名士卒看管，要确保他们活着到高阳，再由皇上亲自处置。

重新上路的囚犯们呢？人在屋檐下，哪有不低头的？他们个个都十分配合，对押送者服服帖帖。而且，皇上要亲见的这些犯人，原先都是有身份的，不然，咋能成要犯？因此，他们身上或多或少都藏有一些金银细软，时不时用来孝敬打点押解官兵，亦属必然。

上路之初，担负押解人犯的官兵，认为天气炎热，路途遥远，人犯又多系老弱病残，还个个都碰不得。所以，他们都认为是个苦差事，对那些犯人，看谁都不顺眼。现在不同了，人犯与押送官兵之间，竟有说有笑起来。官兵们平时还主动为囚徒卸下刑具，让他们安逸点。他们想，这么一堆熊样的人，就是让你跑，亦谅你插翅难逃。

囚徒和押送者，就这么相处融洽地到了邯郸地界，前面不远处就是皇上驻跸的高阳了。

这日，个子矮小黑瘦的李密，忽然对身边几位同伴说："高阳快到了，我等的大限亦到了，诸位身上有钱财的，请尽数贡献出来。首先要奉送官军兄弟，感谢他们对咱一路之关照，剩下的则请官军兄弟为大家置办些酒肉，即使赴死，亦愿做个饱死之鬼。"

李密说完，带头把自己随身携带的布包袱一抖，"叮叮当当"，金银皆抖落下来。

李密和其他四名年岁不算太高，亦无伤病的囚徒乘坐一辆大型带篷辎重车。车上除此五名囚犯外，还有数名看押士卒混坐一处。不仅如此，为保险起见，此车前后，还各有一辆载着押送官兵的车辆如影相随。所以，押送者和被押者，彼此看似有说有笑，十分融洽，但警惕性却丝毫未见放松。因为若有闪失，他们也交不了差。

李密将所带细软和盘托出，其余三名囚徒，亦倾囊献出自己的全部，唯独坐在车子角落处的一名囚徒无动于衷。

一名看押士卒见此，打趣他道："韦爷，你不表示表示？人没了，钱留着，还有啥用呐？"

"哼！"韦爷鄙夷地看了李密一眼，在身上摸索了好半天，摸出一只金元宝，不情愿地丢在了众人聚攒一处的钱物堆中。

这位韦爷，即是久违了的韦福嗣。他自逃入东都后，再也没有露过面。因为东都留守樊子盖毫不客气地把他当作投敌叛变的贼人关押了起来。韦福嗣大呼冤枉，表白自己的心始终是向着朝廷的，樊子盖却不予理会。此次又把他当作李密一伙的要犯，一并押解至高阳。

韦福嗣本人自认，自己曾任内使舍人，是皇上身边人。而且，皇上做太子时，二人还常有诗词相互酬唱，皇上定能理解自己。所以，一路之上，他根本不理睬李密和其他囚徒，他认为自己和那帮死心塌地的逆贼不是一路人。

是夜，落脚驿站，每位官兵都或多或少得到一份钱财，并买来酒肉。罪犯与看押者，聚集一堂，共进了最后晚膳，且每人都尽兴地喝得酩酊大醉。

原来，一路上，李密已与包括自己在内的七人串通，打算相机出逃。待到半夜，喝高了的押送官兵皆酣然入梦时，他们便悄悄从各自房间起身了。

李密绕过酣然入梦的看押士卒，溜出房门，犹豫了一下，又踅回到另一房中，轻轻拍醒一名躺着的老头，将他带出房间，悄声对他说："我们打算逃走，你跟咱一起走吧。"

那老头儿是李子雄。他看了一眼野外深不可测的夜幕，摇了下头说："谢谢你在此刻还记得咱。咱就算啦。聚餐时，其实咱就看出来了，你根本没喝啥酒。咱身上有伤，又老得不中用了，不能走远，会连累你的。"

李密点了下头，转身就走，却被李子雄一把拉住。李密心一沉，吓出一身冷汗来。

此时，只听李子雄叮嘱说："你们要各奔东西，分道扬镳。扎成一堆，目标大，一个都逃不脱的。"

李密点了下头，没再言语，紧捏了一把李子雄干枯的手，就头也不回地没入夜幕中了。

李密点了点头，转身就走，却被李子雄一把拉住。李密心一沉，吓出一身冷汗来。

第一四八回

搏命出击元帅功亏一篑
班师回朝皇上胜之不武

李子雄对李密的叮嘱，除表明他个人对李密的关心外，其实是多余的。七人悄悄从驿站偷逃出来，因各人打算投奔的目的地不同，走路的快慢也不一样，同时，也有人考虑到了如扎在一处，目标大，容易被发现。所以，一出门，大伙便不由自主地各奔东西了。

李密事先为自己立下的宗旨是：不想投亲靠友，更不想祸害家人，只想尽快找个藏身处，避过天亮时即将面临的追捕风头，然后再作其他打算。东窗事发，必然引来大批官军追逃。逃亡的人跑得再快，也比不上马的追赶速度。这是他在出逃之前，反复考虑过多次作出的决定。

这是一个月黑风高的夜晚，四处黑黢黢的一片。荒野无路，即使原本有路，此刻，也分辨不出路径，也看不清南北东西。所以，李密高一脚低一脚，是名副其实地落荒而逃，他只想逃得离驿站越远越好。他的一只手上拿着一个小布包裹，除此而外，别无长物。布包里头，有一块用荷叶包的牛肉，是晚餐时在餐桌上偷拿来的。另有一套便服，也是餐后小解时，顺手牵羊从天井处收取来的。包裹布则是驿站床单的一角。

　　李密远远看见前方有一黑黢黢的山的轮廓，他希望自己能在天亮前，逃进山里。那样，自己才能找到一个相对好点的藏身处所。他这么想时，两腿已加快了行走步伐。

　　他走着走着，月亮终于从云层中钻出，苍穹上，有些许星儿点儿在闪烁。他凭借天上的星儿，知道那山在西边。可亦是在此刻，他才看清，那山离自己其实远得很。时下，已是下半夜，天亮前，无论如何也走不到山脚下。要藏身，必须另找去处。然而，亦就在此时，他却看到有个小村庄近在眼前。近些年来，为躲兵役、徭役，尤其是靠近驿路的村寨，多已十室九空。此村里，是否有人，则不得而知。要不要进村找个去处躲藏起来呢？否则，等到天亮，追逃的官兵赶到，自己身处野外，还不被逮个正着？但，假如村内有人，咋办？他们能容一个死囚藏身吗？

　　心事重重的李密，这么想时，人却还是不由自主地往那村庄走去。没料，慌不择路的他，一脚踩空，连人带土"刷刷"掉进一个暗洞里。他挣扎了好一会儿，方灰头土脸地从那一人多深的洞中爬出。他借月光仔细一瞧，终于识得此洞原是村民挖的一废弃粮窖。因而灵机一动，何不就藏于此洞里？这不比躲进村里更不显眼，更不为人知吗？气喘未匀的李密索性在一土墩上坐下来，定睛朝周遭看了看，见四周是一片乱糟糟的早已无人耕种的庄稼地。

　　李密于是重又钻入洞中，洞子内里，干干净净，足有一间房子那么大。他再从洞里爬出，只见自己所处位置是一小高坡，坡下的村旁有一条河，月光映在水面上，波光粼粼地闪动着，显得楚楚动人，挺有情致的。李密沉思少顷，决定孤注一掷，就在这离驿站不远的窖中，躲过白日官军的追捕，待到夜幕再次降临，再作打算。此窖的进出口原是砖砌的，因长期不用，没人维护，经日晒雨淋，和自己刚才的踩踏，稍有塌陷，但里面的储粮室却完好无损。

　　李密动手在周边的地里捡了些干枯的秫秸秆之类，把那并不显眼的洞口进一步掩盖得更不显眼。待把活儿干完，他感到又累又渴。还有，他第一次掉入洞中时，弄得满身是土，很难受。于是，他小心翼翼地摸到河边喝足了水。河边另一端的村庄，静寂无声，连一声犬吠都不闻，大约是真没人居住了。李密便放心大胆地脱下囚衣裤，将那衣裳裹上石头，沉入水底，然后，光裸着身子跳进水里，痛痛快快洗了个澡，才心满意足地上岸，钻进地窖。他在地窖里穿上别人晾晒于驿站天井处的便服，正欲和衣躺下，脚忽地碰到一个啥东西上，弄得"咣当"一响。他用手摸索了一下，知道是一只计量粮食的斗。他想，自己将在窖内躲藏一整日，何不用这只斗打些水来供白天喝呢。

李密于是熟门熟路，重又钻出地窖，去河边打来一斗水，再入窖中，将头顶的窖口掩盖严实，然后，和衣在窖里躺下。他想：一切只能听天由命了！接着，眼一闭就朝见周公去了。

话分两头。

却说，邯郸驿站里，天刚蒙蒙亮时，一名看守囚犯的士卒尿急，当他起身小解回房，忽地发现人犯躺的炕上似乎少了人。仔细一瞧，发现少的还不止一个，迷迷糊糊的酒意，一下全醒了！

他摇醒睡在同一炕上的其他囚犯。其他犯人都说自己昨夜喝高了，不知同伴何时起身，到啥地方去了。

经查，发现共少了七名犯人。这还了得？官兵于是纷纷上马，四处追逃。忙碌了一整日，抓回六个人，仅李密一人逃得不知踪影。

经过一番折腾，十六名要犯，终于到达高阳监牢。所有人犯都默不作声，一副任人宰割样。只有韦福嗣与众不同，他迫不及待地吵嚷着要面见皇上。监狱官员问他有啥事？他则显出一副不屑神态。官员不知就里，逐级上报到御史大夫裴蕴那里。

裴蕴不敢怠慢，将韦福嗣的要求，上奏给了皇上。

皇上事前看过韦福嗣的罪状，因而道："韦福嗣还有颜面要求见朕？哼！朕正要找他算账呢。卿叫他来吧。"

韦福嗣是死囚，在一众狱吏和狱卒的押送下，带着枷锁和脚镣进殿，跪于皇上面前。

皇上厌恶地看了他一眼，问："韦福嗣，汝背叛朝廷，投靠逆贼，有何颜面来见朕？"

韦福嗣欲向皇上叩首，因戴着枷锁，头磕不下去，只能鲠着脖子说："臣下遭樊子盖诬陷，请圣上为臣下作主。"

"朕倒要问问，平白无故，他樊子盖咋能诬陷你嘞？"

"圣上英明！"韦福嗣委屈地声泪俱下说，"臣从贼军处逃进东都，九死一生，返回朝廷，竟为樊子盖投入监牢，诬咱是叛贼。"

"噢？"皇上故作惊诧，问，"汝乃内史舍人，堂堂朝廷大臣，是咋进贼营去的？"

"唉——"韦福嗣叹了口气，说，"臣与贼军交战，不幸落败，被贼所虏，不得已才误入贼营的。"

"哦？汝是不得已方误入贼营的？"接着，皇上正色道，"汝之俸禄不薄，父生前是朝中重臣，汝当为社稷奋力拼杀，咋反为贼军所败？并为贼军所俘？更令朕不解的是，汝竟还与贼同流合污，成了贼首的军师！"

"臣……臣……罪该万死！"韦福嗣痛哭流涕，"苍天可鉴，福嗣虽误入贼营，而一颗心，却始终是向着朝廷，向着圣上的，所以，才冒死逃了回来。"

"哼！说得好听！汝是脚踏两只船，看到朝廷大军将到，叛贼将亡，才又后悔，并逃入东都的，是不？"

"圣上！请看在往日的情分上，网开一面……"

"住嘴！"皇上咬牙切齿道，"将此叛贼拉下去，绝不使他好死！"

裴蕴于是向行刑士卒下令，采用刑律早已废弃的"五马分尸法"来处置韦福嗣。

皇上心情由是大坏，不想再见其他人犯，下令把余下十五人全部处斩。对在逃的李密，要求尽速追回，否则，必将严惩原押送官兵。

此还不够，皇上对所有曾向叛贼示好和背叛朝廷的人，无不耿耿于怀。他对裴蕴说："玄感一呼而从者十万，盖知天下人不欲多，多即相聚为盗耳。不尽加诛，无以惩后。"

裴蕴秉承旨意，对杨玄感的余孽进行了举国清查。凡跟随玄感造反者，无论官兵，只要被抓，或是降者，都一律处斩；玄感为笼络人心，曾开仓放粮，赈济饥民，凡查出领过粮的，亦格杀勿论；过往，玄感亦喜附庸风雅，常以诗文会友，皇上当然看不上玄感的诗文，却对另一位写出"庭草无人随意绿"的诗人王胄十分嫉妒，因他与玄感过从甚密，也以玄感同党身份，将他捉拿诛杀；最冤的莫过元弘嗣，他一心一意为皇上守卫陇右，因玄感要进入关中，造谣说元弘嗣也反了，并以此为借口，率军进入关内，说是去与元弘嗣汇合的。结果，皇上也不分青红皂白，将元弘嗣当作叛贼处死。

玄感造反，不到二月即被平灭。但清除"余党"，却不知花费了几个二月。受牵连被处死者，共达三万余人，另有六千多人被流徙到边远地区，所有人犯家产皆被抄没入官。

皇上这一泄愤、报复行径，是想杀一儆百。其实，适得其反。往日对朝廷实施的暴政原本就心怀不满的人，不仅没对他们起到震慑作用，反使天下官民的离心离德情绪，有增无减。就在此年的八月乙卯日，陈瑱率三万人攻陷信安郡（治今广东肇庆市）；九月己卯日，济阴（今山东定陶县西北）人吴海流、东海（今江苏连云港市境内）人彭孝才起兵，人数达数万；庚辰日，梁慧尚率四万人，攻陷苍梧郡（治今广西梧州）；丁酉日，东阳（今浙江金华市辖下的东阳市）人李三儿、向但子率部作乱，部众万余人；十月丁丑日，吕明星率数千人包围了东郡（治今河南濮阳市西南）……再加早前起事的孟让、王博、张金称等等，不仅没有得到平灭，个个反倒发展壮大，皆成拥有十万以上的队伍。总之，不分东西南北，天下已呈大乱之势。

皇上感到某地情势危急了，也派兵去压一压。但多数情形是，虱多不痒，债多不愁，对其保持听之任之的态度。皇上对除杨玄感而外的造反者咋会如此宽容呢？一言以蔽之，他还是一心一意惦记着高句丽那位老冤家！

杨玄感造反，着实把皇上惊出一身冷汗。不过，他从辽东撤回境内，一没去京师大兴，二没回东都洛阳，一直驻跸涿郡附近的高阳行宫里。此举是为啥？就是坐等平灭杨玄感，再重返辽东，以征讨高句丽。

皇上明白，前二次征讨高句丽的失败，损失甚巨，若再兴兵讨伐，朝内的阻力会更大。为了安抚不好对付的老臣，十月，皇上藉巡视博陵（今河北深县）之机，召集先帝年代老臣，按其才能与资历，为他们加官晋爵。尤其是对年过七旬的纳言苏威，还加授他为仪同三司的荣衔。

大业十年二月辛未日，皇上诏令百官共议三征高句丽事。

一连数日，朝内无人响应。朝堂上，一片沉默。

辛卯日，皇上仍我行我素，下诏曰：

朕继承伟大帝业，君临天下，日月所照之地，风雨所沾之处，谁不是我的臣民，能远隔声威教化。蕞尔高句丽，僻居荒原，如鸱般嚣张，如狼噬残暴，傲慢无礼，侵我边境，犯我城镇。因此，去年出兵，讨伐辽、碣，在玄菟斩长蛇，在襄平屠野猪。扶余众军，风驰电逝，追逐败敌，渡过浿水，以舟楫渡沧海，冲入敌贼腹地，焚其城郭，污其宫室。高元伏法伏罪，到军营前表达忠顺，随即请求入朝，到掌刑官员处服刑。朕因允其改过，乃诏班师。然而其怙恶不悛，安于毒害，如果此能容忍那还有什么不可容忍！即可分令六军，各道一同进发。朕当亲掌符节，统率众军，在丸都秣马，在辽水阅兵，在海外顺行上天的惩罚，解救陷于苦难的民众，以征伐来矫正，明德义来惩戒，只是除灭元凶，其余不予追究。如若还有知晓存亡的分际，觉悟到安危时机，幡然悔悟屈身投降，自会求得很多福运；倘若定要与恶人同流合污，抗拒王师，就像烈火燎原，刑处不予赦免。负责有关事务的官员适时宣布，使都知晓。

此诏一出，臣众更是三缄其口。知道事不可为，却又不得不为之。

皇上见文武百官响应者寥寥，即召庾质前来询问："前几次召卿问话，每事最终都为卿言中，朕今要再征高句丽，卿以为结果会如何？"

庾质说："圣上当下宜关注关内，使百姓归农，三、五年内，令四海少丰，然后，方可作其他打算。"

庾质的回答，与苏威、裴矩此前之说，如出一辙，使皇上十分扫兴。

三月，皇上排列法驾，再赴涿郡。庾质称病，不愿同往，皇上大怒，将他下狱。庾质其后，便病死狱中。

皇上为啥在这朝内大臣一致反对的内外交困时刻，还要执意第三次对高句丽兴兵呢？因为他感到自己并非孤掌难鸣——他还有三个得力拥趸。

其一是，皇上有一支由左翊卫大将军来护儿统率的完好的水军。这位生长于长江边的汉子，十分看重皇上的知遇之恩，而且，他有和皇上一样的性格——不服输。一征高句丽，他求胜心切，反中敌之奸计，铩羽而归；二征高句丽，攒足一肚子劲，尚未出征，遇上杨玄感造反，竟回过头来讨伐逆贼去了；这一回，他是抱定非攻下平壤不可的决心，踏上征程的。再说，经过来护儿多年打造的这支水军及手下将领确有一定实力。

其二是，皇上有左卫大将军宇文述的全力支持。这位自开皇年间跟从皇上二十四年的将领，作战经验丰富，更重要的是，皇上说啥，他干啥，而不像庾质那样，常与皇上唱反调。

其三是，皇上有一支经过自己精心打造、所向披靡的骁果军。

皇上到达涿郡，各路军队拖拖拉拉尚未到齐。有的府兵行至半途，被据守山头的豪强、叛贼阻截，士卒们则趁机一哄而散，一支队伍就这样全没了。有的队伍一边北上，士卒则沿路逃跑，待到涿郡，已稀稀拉拉凑不成一支齐整队伍了。而且，即使是在涿郡兵营中，亦还是不断有人逃跑。

宇文述等将领将各支缺兵少将队伍打散，经过重新调整，集合起来，也还是有数十万人，从数量上，还是远远超过高句丽的数倍兵力。另外，皇上手下还有一支战斗力极强的骁果军。宇文述因而向皇上建议，不一定硬要等到凑齐百万大军再宣战，越往后拖，于我更加不利。

三月癸亥日，皇上身着戎装，祭祀黄帝，于涿郡北郊，举行了盛大的出征仪式。为严肃军纪，表达视死如归的决心，皇上下令，当众斩杀数十名抓回的逃兵，以血涂鼓，并把那一面面血淋淋的战鼓，擂得震天动地。

一时间，战鼓声、号角声和战马的嘶鸣声，使人为之血脉偾张！

于是，在仪仗队伍的导引下，皇上威武地统率六军，踏上了第三次讨伐高句丽的征程。

随着誓师仪式上宰杀逃兵的杀气和祭祀黄帝肃穆气氛的消逝，征途中的士卒还是不受节制地开起了小差。军官们抓住，就地处死。但离前线越近，逃跑者仍然有增无减。

其实，行进于大军中的宇文述和众将领，谁又何尝不为此次征战的前景感到忧心忡忡呢？

七月，雨季即将来临，大部队已纷纷跨过辽水——大战在即。

甲子日，皇上驾临辽水边的怀远镇（今辽宁怀远）。此时，从前方传来一个惊人消息：高句丽国皇上高元不战遣使请降，并用一特制囚车送来了前次战事中叛国投敌的斛斯政。

皇上闻之，一颗悬着的心落了地。他其实比任何人都心焦，倘若此次出征再不能获胜，怎向朝臣和国人交代？

不过，当皇上真正接受了高句丽国的《投降书》后，心中并没有丝毫胜利者的快意。他想：这场旷日持久、死伤无数、耗费甚巨的战事，真就这么止息了？想当初，如真的知道会以这种方式结束对高句丽的征讨，自己还会力排众议，一而再、再而三地去打这样一场战争吗？

那么，同仇敌忾、英勇顽强的高句丽国，咋会不战就降了呢？其实，该国更是早已不堪重负了。连年征战的结果，亦是民不聊生。仅说乙支文德为阻挡隋军进攻平壤，扒了水库，突发的洪水淹死隋军无数，同样，更自毁了家园。洪水所到之处，被毁的村舍、良田，不是短期内就可修复的。还有，为了打仗，国内所有土地都荒芜了，吃啥？喝啥？所以，他们的庶民不想再打，文武官员亦不想再打，且已不堪再打了！

话分两头。

却说，水军统帅来护儿，他的水师与宇文述率领的陆上军队则大不相同。首先是，他手下的将领，有几个是自己的儿子，或是陈稜那样有渡海作战经验的狠角。这帮将领不仅得力，亦服服帖帖听从来护儿的指挥调度。再就是，兵多是他本人从江南和家乡一带亲自招来的。因此，士卒不但没有偷逃现象，指挥起来亦是一呼百应。

七月，来护儿憋足一股劲，从东莱渡海，一举拿下毕屠城（今辽宁金县大黑山）。高句丽出兵迎击，被来护儿打得大败，斩首千余级。

本次，来护儿不急不躁，先将海滨据点，一个个清扫干净，并让军队略事休整，正准备呼应宇文述的陆上大军，直取平壤。

而就在此时，快马送来皇上诏书，告知高句丽已经投降，命令全军班师回朝。

班师回朝的诏书，对来护儿来说，不啻是个晴天霹雳！他和全体水师，本是下定决心，要搏命一战，拼死拿下平壤、活捉高元的，因此，一个个都不肯就此善罢甘休！

心中无比憋屈的来护儿，因而对诸将说："三度出兵，未能平贼，此还，不可重来。今高句丽困弊，野无青草，以我众战之，不日可克。吾欲进兵，径围平壤，取其伪主，献捷而归也。"

众将闻言，个个摩拳擦掌，不甘奉诏。来护儿遂命人起草表章，欲向皇上请缨求战。

"不可！"来护儿的言行，遭到行军长史崔君肃的坚决反对。这位叫崔君肃的长史，即是当年赴西突厥力劝处罗可汗归附朝廷的那位使者。

来护儿急得跺足，辩解道："贼势虚矣！咱一鼓作气，即可大功告成。将在外，君命无所用。俄顷之间，动失良机，将后悔一辈子。咱今宁可先将高元拿下，再回朝廷受罚！"

崔君肃见来护儿硬是不肯罢休，只好面对众将说："若听行军元帅的，违拒诏令，众人都将获罪，万不可行！"

诸将皆惧。包括来护儿的儿子在内，转而都劝父亲撤军。作为水军行军元帅的来护儿，又何尝不知违抗诏令的后果呢？于是，他只好无奈地望海兴叹，宣布班师。

再说，皇上率领大军凯旋，当御驾行经邯郸时，却遇到一件令所有人都意想不到的事。

说起邯郸，就会想起李密，此地正是他脱逃之处。

皇上一如既往，每次出巡都异常讲究，何况，此次是大军凯旋。虽然有点胜之不武，但在国人面前，却是要显出胜利者的姿态与威仪来的。所以，由牛弘、何稠等人当年打造的仪仗队伍，仍一丝不苟，排列得威武整齐，浩浩荡荡走在队伍的最前面。

时下，已至初秋，天高气爽，清风徐来，安坐金辂车中的皇上，分外舒适。他伸展了一下肢体，观赏着车外的景致儿……

殊不知，恰在此刻，只听一声"嗯哨"响起，从驿路两侧的山坡上，摇旗呐喊、铺天盖地地冲出两支队伍，把皇家仪仗与凯旋队伍夹在了路当中。

骁果营反应神速，当即里三层、外三层地死死护住皇上、皇后和嫔妃们的车驾。其余事，则由别的军队去处置，此是事前布置好的遇警方策。

而除骁果营外的其他队伍呢？在与来路不明的劫匪交锋中，竟一触即溃。尤其是前面的仪仗队，在遭遇突然来袭的劫匪之后，幡旗和各种行头，弃置一地，一片狼藉。不少打旗士卒躲避的躲避，有的甚至趁机逃之夭夭了。

那些逆贼亦很奇怪，只要你不主动出击，他亦不伤害和追杀你。且，他们毫无先兆地如狂飙一般扫来，又如一阵妖风呼啸而去，转眼即消失得不见了踪影。

隋军惊魂之余，清点受损情况。发现除少数士卒乘乱逃跑和受伤外，仅损失四十二匹优良御马。也就是说，此是一伙地道劫匪。他们不针对皇上，不针对漂亮的嫔妃，更不是前来抢夺斛斯政的……只是眼馋仪仗队中健壮威风的御马，并已对其跟踪多时，仅是一次目标明确，蓄谋已久的单纯打劫。不过，他们也太胆大包天、肆无忌惮了，竟敢在御驾前，行此龌龊事！这事，如果发生在几年前，则是大逆不道的大要案。不过，经过三征高句丽折腾的皇上，脾性大变，也只能认霉，破财免灾了。

十月丁卯日，在骁果军一路悉心的保护下，皇上安抵东都。仅过数日，皇上即下诏要回久违了的京师大兴城。

近来，皇上也不嫌麻烦，走到哪里，即用囚车把斛斯政押解到哪里，并让他始终处在一个特别醒目的位置上。因这是皇上三征高句丽所获唯一的战利品。

过往，斛斯政无论是在朝廷百官中，还是在东都和京师的百姓中，都是个并不出名的小人物。而且，他只是交友不慎，假公济私，放走玄感的两个弟兄，铸成大错，才被迫投敌叛变的。这下可好，竟成了家喻户晓的大名人，皇上将其示众，即是告白天下，凡背叛天子的人，皆没好下场。

皇上接受御马被劫的教训，从东都一路受到骁果军的严密保护，终于安抵西京大兴。此时，已至大业十年的岁末年关。高句丽国的君主高元原在降书上说，要在年关将尽时，亲赴大隋京师向皇上谢罪，并发誓永生永世做大隋臣民。可是，皇上入住大兴宫中，却仍不见高元来朝，便遣使征召高元入朝谢罪。

而此时的高元，还是一如既往，对来使说要来，等使者一走，他依然故我，再无下文。

皇上暴跳如雷，却已无力回天。他深知，自己当下不可能再对高句丽发动第四次战事了。高元不来大兴，也显然看到了大隋再无兴兵的底气。于是，皇上便把一腔怒火都发泄到了斛斯政身上。他命人将斛斯政押解到金光门外广场，绑缚于柱子上，再命百官用箭射他。

斛斯政被射成一只刺猬模样，之后，又将他碎尸万段，剁成肉酱，然后，付之一炬，挫骨扬灰。

三征高句丽，以斛斯政遭戮，终告一段。而另一件匪夷所思之事，接踵而至，竟搅得皇上坐卧不宁，寝食难安。

第一四九回

术士解析图谶李氏逢凶
侍卫谎说鸾鸟皇上称吉

却说，大业十年夏季，皇上正于辽东运筹帷幄，欲向高句丽全面开战时，国内已是风起云涌，山头林立，大有江山欲倾之势。

而恰恰就在此时，一首《杨花落，梨花开》的童谣，却悄悄儿地在东都洛阳俚巷传唱开来。一开始，坊间一般市民并没在意，可经口口相传，不仅小儿唱，大人亦在私下纷纷议论，且传出多种版本来。有的唱："杨花落，李花开，桃李子，有天下……"有的唱："李子结实并天下，杨主虚花无根基……"还有唱："日月照龙舟，淮南逆水流，扫尽杨花落，天子'季'无头。"还有唱得更是赤裸裸："杨氏灭，李氏兴……"

凡此种种，不一而足。唱得洛阳城内，尽人皆知，人心惶惶。

是年十月，在辽东接受高句丽降书凯旋的皇上和随行文武百官终于浩浩荡荡，返抵东都。在一派庆贺胜利的洋洋喜气中，已闻童谣的文武官员，皆三缄其口，谁都不敢把那些不祥谶言捅到皇上那里去。皇上因为胜之不武，途中又遭强徒打劫，心中并不爽快。

幸好，没过几日，皇上即率文武百官，押解着斛斯政去了京师，并解恨地于金光门外处置了这个叛贼。所以，有关童谣的事，皇上仍是一概不知。可是，还没欢快几日的皇上，就被高元迟迟不来京师谢罪和国内叛贼

325

肆意横行诸事，搅得心绪不宁，大为光火！由此决定返回东都，着手处置国内各地叛乱事宜。

十二月庚寅日，皇上再次返抵东都，下诏大赦天下。他正欲召集文武官员共商平息叛贼事，却在此时，收到术士安伽陀进呈的一份表章。

表章上，啥都没说，就一条谶语，曰：

> 桃李子，得天下，皇后绕扬州，宛转花园里。莫浪语，谁道许？

皇上一看，如五雷轰顶！暴跳地着人召安伽陀前来是问。

这个安伽陀，原是京师寺庙中一位知名和尚，后云游四海，从此乐不归寺，就成了一位云游天下、预测凶吉的术士。他走到哪里，预测到哪里，还八九不离十地极为神准。不仅如此，他还会看风水，会测字、面相；且，佛学经学，《周易》及天文地理，无不通晓。于是，他一跃而成京师和东都许多达官贵人的座上宾，连皇上亦曾向他讨问过有关事。

这位术士，生得亦较特别：一副瘦骨嶙峋身架，面容清瘦，模样儿亦还周正，一双眸子，黑幽幽的，使人尤感其莫测高深。

安伽陀闻诏，不紧不慢地走到皇上面前，并无惊慌失措之态，跪地即道："吾皇万岁，龙体安康。"

这一不温不火的做派，更使皇上气上加气。他厉声喝道："大胆术士，一派胡言，竟敢妖言惑众，作乱翻天！"

"圣上息怒。"安伽陀叩首解释说，"表章上的谶语，并非贫僧所作、所言。皇上远征高句丽，久离东都，回宫后，贫僧料想您的臣下，无人敢将那俚巷中的流言禀告圣上，故才抄录于表章上，提请圣上关注。"

"噢？"皇上听后，将信将疑，即吩咐宦官传裴蕴前来。

御史大夫裴蕴闻召即到。

皇上把写在表章上的那话交与裴蕴，问："卿听到过此语没有？"

裴蕴行过跪礼，接过表章一看，说："臣曾听家僮说起过。说是坊间有小儿如是哼唱，回家还问大人，他们唱的究竟是啥意思？"

"噢？还真有其事！"皇上面显不悦，问，"卿既为御史大夫，咋从未向朕禀报过？"

"汰！此纯属小儿一派胡言，岂能真当一回事儿。"

"这仅是小儿一派胡言？公难道也没听明是啥意思？"

裴蕴精明过人，哪有辨不出童谣弦外之音的？他跟皇上从辽东归来，家僮即向他说起那首童谣，他当即吓得脸都变了色，问是哪里听来的？家僮告诉他，俚巷小儿已唱得人尽皆知了，只是都不知道是何意。裴蕴把家僮训斥了一顿，叫他不要跟着小儿瞎起哄。

裴蕴当然不能把他与家僮的对话告诉皇上。只是道："臣从辽东回家时，听到俚巷有小儿在拍手唱，也没在意唱的是些啥，接着，就跟圣上去了京师，早把这事儿忘了。"

"此等事，也能忘记？"皇上生气地说，"此乃居心叵测，妖言惑众！嚷嚷的是不懂事的小儿，背后必有图谋不轨者教唆！"

"陛下圣明！"仍跪地上未起的安伽陀大声道，"贫僧正是为此，方上表提醒圣上的。"

皇上看了安伽陀一眼，道："卿，起来吧。"

安伽陀起身。皇上赐坐，并问："先生是否知晓，此谶出自何人？"

安伽陀说："贫僧亦是近日才返抵东都，此语则早在街头巷尾散布开了。不过，皇上若要追究，并不费难。"

"卿有啥办法认定妖言惑众者？"

"此不明摆着嘛，欲窃天下之狂徒，李姓也。只要将天下李姓男丁斩尽杀绝，不仅灭了隐患，谶言亦自销声匿迹！"

话虽如此，皇上知道，李为天下大姓，李姓者遍布华夏，要斩尽杀绝天下李姓男丁，并不可为。但，安伽陀的话，却给皇上提了个醒：确实不能小觑李氏家族。远的不说，自西魏和北周以来，朝廷最有势力的八大柱国、十二大将军中，李姓和与李姓关系密切者就占了好几人。直到如今，李氏家族在朝中仍有很大势力。再就是，近代有势力的大家族，乘天下大乱或朝政不稳，取代前朝事，可谓屡试不爽，屡见不鲜。当初，自己的父亲不就是从女婿宇文家夺得天下的吗？而宇文家则又是从西魏元氏家族手中攫取帝位的。此谶言，极有可能就是哪个怀有狼子野心的李姓者，让俚巷小儿传唱为其造势的。

据此，皇上于是想：当下，各地揭竿而起的那些草莽逆贼，看起来，气势汹汹，其实并不可怕。为什么呢？他们皆像一群群没头没脑"嗡嗡"叫唤的蝇子，图得一点小利，吃饱喝足即心满意足，那都是掀不起大浪，成不了气候的。怕就怕朝内居心不良者！比如说，杨玄感此次作乱，如果不是处置及时，后果就不堪设想了。

安伽陀走后，皇上即把宇文述召来。仍是先将安伽陀写的那条谶言拿给他看，问他是否知晓此谶。

宇文述先看了一眼在座的裴蕴，知道隐瞒不过去，于是点头说："臣下听说过。此语已在东都流传得尽人皆知。"

皇上斥其麻木，斥其这么大的事，咋不闻言即报？

宇文述和裴蕴一样，先找由头七七八八解释了一通，突然，竟语出惊人地道："臣下开初确是愚钝，经过皇上开导，似觉李浑有可能就是那个始作俑者！"

"啥？"皇上瞪大双眼，不知宇文述为何一下扯到李浑的头上。

"就是……就是……李浑想……想做那个——"

"呵？"皇上终于明白了宇文述没敢说出口的话是啥意思。他大惊，问，"公何出此言？"

"李浑是臣下的连襟，圣上是知晓的。以往，他与臣下喝酒时，常叹自己怎生了得，却又生不逢时，臣下还劝他要知足常乐。近来，他不同臣下喝酒了，常与李善衡，还有……有……"

"还有谁？"

"李……李敏。"

"他们咋啦？"

"他们三个人，常把门关起来，一关往往就是一整日，不知议论啥，也不知说的是否与小儿唱的那些事有关系……"

"噢? 竟有此事?"皇上若有所思,随即询问坐于另一侧的裴蕴,是否知晓李浑有啥反常行为。

坐于一旁,听得发呆了的裴蕴连忙摇头说:"臣下对李将军不甚了解。他是关内人,平日很少与关外人打交道。"

裴蕴说的是实话,李浑常以出身关陇旺族自居,妄自尊大,尤其瞧不起从陈朝过来的南方人。

李浑的妻子是宇文述妻子之妹,两家以往过从甚密。但,久而久之,矛盾越结越深,竟成不解仇隙。宇文述藉此机会说李浑可疑,目的只有一个,就是欲使皇上对李浑不满,以泄自己的私愤。

那么,这个李浑,到底是个啥人物呢?

李浑,字金才,是北周和隋初名臣李穆的第十个儿子。

北周末年,担任大丞相的杨坚觊觎皇位,另一皇室勋贵尉迟迥不服,举兵造反,欲灭杨坚。杨坚一方面派大将军韦孝宽前去讨伐尉迟迥;另一方面担心时任并州总管、手握重兵的李穆也起而反对自己,就派李浑乘驿车去并州安抚和说服他的父亲李穆。没有料到的是,李穆回赠给大丞相一只熨斗,并捎话说:"愿公执此威柄,以熨平天下耳!"大丞相成为隋文帝后,投桃报李,封李穆为太师,其家族持笏板上朝者,竟有百余人。

而为隋文帝传话的李浑,日后也自然是一路官运亨通。

李穆去世时,因长子也已过世,按规定就由长孙李筠继承了李穆的爵位和祖业。李筠为人过分小气,引起叔叔李浑不满,暗中派另一侄儿李善衡刺杀了他,并嫁祸于人,说是李瞿昙杀死李筠的,瞿昙由是被处斩刑。李筠没有儿子,朝廷重新商议为李家立嗣事时,李浑想继承父亲申国公爵位和祖业,乃托妻兄、时任太子左卫率的宇文述为自己争得嗣立事。并说,如获袭位,当以食邑所入之半,每年奉献宇文述。

宇文述于是对当时的皇太子杨广说:"立嗣以长,不则以贤。今李穆之长子和长孙都去世了,遍观他家其他子孙,唯李浑对国家有贡献,因而只有他才配做袭封者。"

太子知道李浑与宇文述是连襟，就向父皇进言，建议进封李浑为申国公。隋文帝对李浑印象不错，李浑遂得以袭位，并继承了祖上巨大的家业。

可是，李浑只在头二年向宇文述兑现了自己的承诺，之后，就像从来没此事似的，啥都没再给宇文述了。而获得巨大财产的李浑，则日益奢华，家里穿绸摆缎的妻妾数以百计。所以，宇文述醉酒之后，曾向朋友咬牙切齿说："咱竟为李浑出卖，死且不忘！"

此语传进李浑耳中，两家由是结怨。

再说，当皇上听宇文述提到李浑可疑，并说，他与李敏等人常聚一处"嘀嘀咕咕"，为啥会那么吃惊呢？

也有两个原因：

一是，李浑出身于旺族。往远处看，他家是汉代骑都尉李陵之后；往近看，李浑的父亲李穆是隋朝开国大功臣，至今，他家在朝内影响犹存。另看李敏，他的祖父与李穆是亲兄弟。那么，李浑与李敏就是堂叔侄。此外，李浑与李善衡则更是亲叔侄。由此看来，这三人原本就是一家子，又都各掌军权，常聚一起，就更可惧了！

二是，李浑的"浑"字从水，竟还是一股浑水！此正应验了图谶！皇上清楚记得，父皇在世时，曾梦见突发的洪水将大兴城淹没。为这一凶兆，父皇还请僧人做过三日道场，以安抚龙王。此外，李敏的乳名就叫洪儿，咋能这巧，两股祸水都汇合到一处了！他们暗中聚合，还会有好事吗？因此，皇上越想越觉洛阳俚巷中的童谣并非空穴来风。而安伽陀的提醒，要斩灭李氏男丁，亦确有道理！

不过，皇上转念一想，不对呀，李敏不就是自己最亲的外甥女婿吗？姐姐乐平公主临终时，曾将女儿和女婿托付给自己。自己一直将这位侄女婿放在身边当差，对他比对自己亲生儿子杨暕还亲，他会伙同李浑谋夺舅舅的皇位？可天有不测风云啊！不是有句话叫"灯下黑"吗？越是身边人越发难看清他的真面目！当初，父皇不正是此样才夺得女婿家的天下的吗？

想到此处，皇上不再犹豫，要拿李浑和李敏动刀，以根除后患，遂授意宇文述搜集有关李浑谋反证据。

而欲加之罪，何患无辞？宇文述转背即唆使武贲郎将裴仁基告李浑有谋反嫌疑。皇上即命宿卫千余人搜查李浑家，并将李家一门男丁逮捕下狱。

与此同时，皇上召来李敏，开诚布公对他说："汝应验了图谶，没办法，此乃天意，连朕都救不了你。汝好自为之，自行了结吧。"

李敏自幼因父战死疆场，先帝将他接入宫中养大成人。其后又与乐平公主之女成婚，与皇家又添了一层关系。所以，他一直是高官厚禄，锦衣玉食，从没遇到过人生波折，而今才三十九岁，日子过得有滋有味，哪舍得自寻短见，走此绝路呐！

二日后，有关人员见李敏家中毫无动静，遂将他逮捕投入监狱。

皇上令左丞元文都等审理此案。

元文都处理案件和裴蕴不一样。裴蕴只看皇上脸色，揣摩皇上意向，别的则不分青红皂白，指鹿为马。元文都做事则丁是丁，卯是卯，认真细致。经数日审问和着人调查取证，皆未获得得力罪证，案子一下陷入僵局。

此一结果，使皇上大感意外。可他并不往案子是否有蹊跷上想，仍一门心思认定李浑与李敏是阴谋篡政者，那该死的童谣就是他们暗中鼓捣出来的，因此，下旨要对他们寻根刨底。

此案由宇文述告发李浑、李敏而起——如果不能弄得水落石出，那么，堂堂左卫大将军宇文述也脱不了干系。解铃尚须系铃人，宇文述只好亲自出马。他办案子，不先去提审李浑，亦不找李敏本人，而是来到李敏家中，找到李敏的妻子宇文娥英。

家中出了如此大事，就像塌了天一般。正一筹莫展的宇文娥英迎来了本家大哥宇文述，好似攀到了救命草。

宇文述安慰娥英说："李浑和你的丈夫李敏，冲犯了图谶，那是弥天大罪，已无药可救。夫人是皇上外甥女，应抓住此有利条件，力求自保。"

"婢妾正不知如何是好，请大将军赐教。"

"这样吧，你写一份揭发李敏的状子，自己不就脱身了吗？今后有了皇上做主，还怕找不到一位好夫君。"

走投无路的娥英想了一下，叹气说："此样，好是好，只是咱一个妇道人家，不知状子如何写哩。"

"那倒不难。"宇文述道，"咱念，你写，如何？"

"此样甚好。"宇文娥英即命婢女取来纸笔。

娥英自幼就是个乖乖女，她在母亲的调教下，写得一笔好字，并曾受到做皇上的舅舅的称赞。但对作文，并不在行。

宇文述于是边琢磨边口述，娥英提笔，字写得飞快，每句都是宇文述刚住口，娥英就一挥而就写完了。

状子的全文是：

李家谋反，李浑曾对李敏说：汝应图谶，当为天子。而今，皇上喜好用兵，劳扰百姓，此为上天要亡大隋的好时机，亦正是你夺得天下的好机会。皇上若再征辽，我和你必为大将军，每军二万余兵众，加起来一共有五万兵力。再发动咱李家的子侄和内外姻亲，力量将更大。并让众人率领兵马，分散在各军中，等待机会到来，首尾呼应，我与你身先士卒，突袭御营，子弟响应，杀掉军中为首将领，一日之间，天下足定矣！

娥英写完状子，宇文述让她于落款处用纤纤素手捺下指印。

大功告成的宇文述便拿着这份状子，入奏皇上。

皇上识得外甥女的笔迹，他一口气看完全文，即声泪俱下对宇文述说："大隋江山，险遭倾覆，多亏亲家翁力挽狂澜！"

言罢，遂下令斩杀李浑、李善衡、李敏家族男丁共三十二人。此案中，唯一获罪的女眷是宇文娥英。皇上毫不迟疑地下令用鸩酒毒死了自己曾十分疼爱的亲外甥女。其时，离老姐乐平公主去世，仅五年。李家余下人等，无论老幼，皆发配到岭南边地。

此案处置完毕，皇上大大松了一口气。

冬去春来。

一晃，即到大业十一年的春季。这日晨早，风和日丽。暖洋洋的春风，催得草地变成了绿色，催得桃李绽放了花蕾，同时，亦催得人犯困。

这不，正于显仁宫中当值的禁卫军校尉高德儒，背倚殿堂大柱，面朝东方刚刚升起的日头，使整个身子都沐浴在晨早的阳光中，人却打起瞌睡来……

突然，一阵鸟的清脆鸣叫，打破了宫廷的静寂。高德儒一个激灵，从瞌睡中猛醒。在宫中当值打瞌睡，若被发现，是要遭受重罚的。他睁开惺忪的睡眼，只见对面皇上与大臣议事的殿宇屋顶上，一公一母倚着两只大鸟。它们拖着长尾，在晨光中，显得分外亮丽与亲昵。

高德儒眼睛一亮，想：嗨，这不就是传说中的鸾鸟吗？得去禀告皇上，让他过来看看这罕见的奇鸟！

他于是飞快来到皇上寝殿门前，要向皇上面报自己的发现。但，宦官、太监和宫女都说：今儿皇上不上朝，不敢前去扰了皇上的春梦。

高德儒急得直跺脚，说："那不行，此可是难得一见的奇观呢。去晚了，就飞啦，啥都见不到了。"

相互正争得不可开交时，宫里有个太监出来道："你们大吵大嚷啥呢？把皇上都吵醒了。"

高德儒忙说："在下见到两只鸾鸟飞到皇上听政的殿宇上。咱是赶来请皇上前去观赏此景致的。"

那名从宫内出来的太监把此事报知了皇上，复又出来对高德儒说："圣上命你在殿宇周遭守护好，莫使人惊扰了那鸾鸟。圣上已在穿衣，即刻就到。"

可等高德儒赶回当值地时，栖在殿宇上的两只鸾鸟已飞得不见踪影了。他于是去问附近另一名当值侍卫："汝见到殿上两只鸾鸟都飞到哪里去了？"

侍卫则不以为然地说："那是啥鸾鸟哩。不就是西苑喂养的两孔雀吗？

早飞回西苑去了。"

高德儒一听，脸顿时吓白了！那确是两只孔雀，自己咋会鬼迷心窍看走眼，竟说它们是鸾鸟呢？过一会儿，皇上来了，咋向皇上作交代？若说是自己看走了眼，不就犯下欺君之弥天大罪了？

高德儒于是咬定，道："汝胡说啥呢，那明明是鸾鸟嘛。汝咋将鸾鸟说成孔雀了？"

"咱没看错，那确是孔雀。西宛一共才养几只，不信，去那儿，一定还能见到它们。"

"汝还犟！"高德儒是一名校尉，这名侍卫是他的属下。于是，立即板起面孔教训他说，"皇上说那是鸾鸟，它就是鸾鸟，汝就不能说它是孔雀。"

"是……"侍卫听说皇上也称孔雀作鸾鸟，当然不敢犟嘴了。

说话间，皇上率一众嫔妃，还有太监和宫女前来观赏鸾鸟。

高德儒和侍卫立跪于地。

"汝等起来吧。"皇上的气色今日特别好，"鸾鸟儿呢？"

"小的该死！"高德儒自责地说，"小的没能留住它们，鸾鸟已经飞走了。"

"噢？都飞哪去了？"

"两只鸟儿，一前一后，直上云霄，其后，就不见踪影啦。"

"唉！可惜，可惜。"皇上十分惋惜地又问，"汝看见它们原先都栖何处？"

高德儒用手一指，道："两只鸾鸟就栖在圣上平日听政的那幢殿宇屋顶上。小的曾听人说，鸾鸟又叫凤凰。圣上听政的殿堂叫龙庭，于是，就想，此不正合'龙凤呈祥'的吉兆了吗。所以，就赶去向圣上禀报了此事。"

"好，好！汝的一番话说得很中听，赶来禀告朕，做得亦不错。朕要重赏汝。"接着，皇上看了看高德儒身边的侍卫，笑眯眯地问，"汝亦见着鸾鸟了？"

"小的亦见到鸾鸟了。"

皇上于是将高德儒晋升为朝散大夫，赐缣一百段；将那名侍卫升为校尉，赐缣五十段。

文武百官闻此祥瑞，在虞世基和裴蕴两位大臣的率领下，前来显仁宫向皇上致贺。

君臣由是皆大欢喜！

第一五〇回

皇上巡幸突厥身陷圄圄
少年驰援雁门急中生智

皇上一举铲灭李浑、李敏家族三十二口男丁，使因图谶引起的纷扰得以平息，从而除灭了一个潜藏于朝廷内部的大隐患。接着，宫中又显龙凤来仪之祥瑞，使皇上一吐晦气，着实高兴了一把。

不过，仅仅高兴了几日的皇上，暗自一想：玄感造反虽被平灭，却使朝廷撕开一道裂口。此伤未愈，该死的图谶又令伤口再插一刀。而今，杨素满门抄斩，李穆一家也绝了。干净、痛快之余，却使满朝文武感到战战兢兢、人人自危，此可不是好兆！于是，皇上刚刚高涨的情绪又倏地低落下来……

时届五月，气温节节攀升。每年夏季都要外出消暑的皇上，心境不佳，更觉洛阳燥热难安。意气消沉的皇上，决定提前北上避暑、狩猎，待到秋高气爽时，皇上还想就近巡幸一下友邻东部突厥。

皇上走到哪里，皇后、嫔妃和文武官员亦要随行前往。此次北巡，排场已大不如往年，但精打细算的整个队伍还是不下十万余众。队列中，最显眼的，当然是仪仗队和装备精良的骁果军。自打辽东归来，路遇强徒打劫后，皇上更是离不开这支队伍了。

此行的第一站是竣工不久的晋阳宫。经过重新扩建和整修的晋阳宫，面貌焕然一新。刚入住时，皇上还觉不错，但仅住几日，就嚷着要走。此样，皇上于五月己酉日，终于抵达了他心仪的汾阳宫。皇上入住后，即向突厥始毕可汗发出一份诏书，告知暑气渐消的秋季，将至突厥汗国巡幸，命其作好接驾准备。

皇上此次巡幸番属国突厥，其实并非一般礼节性拜访。他的目的有二：

一是，重树大隋皇上在番属国中至高无上的地位。大隋三征高句丽，第一次大败而归，二三次则都半途而废，始终都没能真正降服一个小国，从而使大隋和皇上本人的威望扫地。皇上想趁此次巡幸机会，重演各部落国首领前来朝拜的盛大场面，再树大国皇上威仪。

二是，大隋每次讨伐高句丽前，始毕可汗都承诺出兵支援，但到临阵之际，却又以各种借口，按兵不动，使皇上十分失望，亦十分不满。此次前往，皇上要亲自告诫始毕可汗，不容再有类似事发生。并要在此次两国君主相会中，与其敲定好下次出兵事宜。因高句丽虽然白纸黑字写下投降书，但时至今日，降国君主竟还是不肯来朝，俯首称臣，且连使节都没来过，此使皇上始终耿耿于怀，并打算对高句丽进行第四次讨伐。皇上亦知，仅凭当下一己之力，恐难达到惩罚高句丽的目的，而且，他要这么做，会遭朝臣强烈反对。若能借用突厥之力，联合打击高句丽，朝臣再怎么反对，也有限了。此是皇上北巡突厥的主要目的。

那么，当下东部突厥的始毕可汗，是否会像他的父亲启民可汗那样，一切都唯大隋之命而是从呢？这就难得说了！

启民可汗是个生性软弱、缺乏主见的突厥首领。而且，他是依靠大隋的扶持，才一步步成为东部突厥大可汗的。所以，他对大隋始终抱着感恩戴德、言听计从的态度，时不时就到大兴或东都来进贡朝拜。当年，富有、强大的大隋，对启民可汗也自然不薄。

但彼一时，此一时。启民可汗的儿子咄吉世始毕可汗，则年少气盛，血气方刚，就在这五六年间，尤其是乘大隋三征高句丽无暇他顾之机，东部突厥，迅速壮大。而今，无论从哪方面看，与往日都不可同日而语了。所以，这次，当大隋皇上的诏书送达突厥大可汗的牙帐中时，始毕可汗闻听大隋皇上要来，不仅反应冷淡，更有甚者，等隋朝使者一走，即召集自己的属下和周遭各部落国首领，共同商议起应对措施来。

始毕可汗对大隋朝廷态度的改变，其实，事出有因，且还不止一个原因。说起来，有好几件事，皆与黄门侍郎裴矩有关，只是皇上一直忙于征讨高句丽，包括裴矩本人在内，伤害和得罪了人，自己却反而浑然不觉。

那么，大隋究竟有哪些事得罪了咄吉世始毕可汗呢？

首先就是，大隋皇上自去西域后，极力扶持西部突厥。过往西部仅一个突厥汗国，而今竟有两个西部突厥汗国并存。皇上不仅将宗室女儿嫁与西部突厥的射匮可汗，并在另一个泥撅处罗可汗几乎走投无路时，给钱给物，还划出大片土地给他放牧等等。西部突厥乃东部突厥的死敌，所以，始毕可汗认为，扶植壮大西部突厥，显然是用来牵制和对付东部突厥的。那么，大隋也自然成了东部突厥之敌。如果仅是这一件事，始毕可汗隐忍一下，也就罢了。那样，东部突厥与大隋也还是可以维持面和心不和局面的。

但，随着时间的推移，又出一事。

黄门侍郎裴矩在协调西边和北边各部落国关系的过程中，已然看到东部突厥正在迅速壮大，有做整个东西突厥汗国霸主的野心。他认为，此对大隋不是好事，于是，就在大隋第三次征伐高句丽，皇上驻跸辽西怀远镇时，把这一情形禀告了皇上。皇上吩咐裴矩务必采取措施削弱东部突厥势力。裴矩即着人游说咄吉世的弟弟咄吉设，许其以大隋皇家宗室女儿为妻，还许他南方可汗头衔。咄吉设是个本分人，他没接受大隋的许诺，还把这事告知了兄长。始毕可汗一听，这不分明是怂恿弟弟咄吉设另立山头，分裂东部突厥吗？嫌隙便由此进一步越结越深了。

然而，事情还远没完结。裴矩一计不成，再施一计。

就在不久前，裴矩对皇上说："突厥人原本老实厚道，较易对付。但由于始毕可汗身边有一群经商的胡人作谋臣，给他出主意，才把一些事弄得诡谲莫辨，并与朝廷离心离德。而尤其是其中有个叫史蜀胡悉的，心计很深，最为可恶，且又最受始毕可汗宠幸，经常坏我大事，应将他除掉。"

"好！"皇上点头说，"这事就交与公去办理。"

裴矩即派人赴突厥，以办别事为由，瞅机会私下对史蜀胡悉说："皇上将拿一些珍宝到马邑市场与周遭胡商进行交易，以换回一些战马，谁去得早，谁就能得到更多更好的珍宝。"

史蜀胡悉是个贪财的商人，他信以为真，没把此事报告始毕可汗，也没透露给周围的人，就率领自己部落里的一干属员，赶着一些良马，连夜前往马邑去做珍宝交易。

谁知，裴矩已在史蜀胡悉必经的路上设伏，将前往马邑做交易的一伙人截杀。事后，遣使诏告始毕可汗说："史蜀胡悉私下率领部众，背叛可汗，投奔大隋。因为突厥既是我朝之臣，绝对不能容纳私奔的叛贼，我朝现已将此叛贼诛杀，并向可汗通报。"

岂料，于途中设伏的隋军并未将史蜀胡悉手下人斩尽杀绝。始毕可汗从侥幸逃出的人中，得知真相，遂对大隋恨之入骨。

但，大隋却不知就里。并且，他们始终认为，自己对番属国无论做什么，都不为过；属国究竟怎么想，却不关大隋的事。

不过，此次，大隋却遇到了一个不信邪的咄吉世始毕可汗。曾经目空一切的皇上，亦将为之付出代价。

却说，正当八月秋高气爽时，皇上按照事前与突厥打过的招呼，从汾阳宫出发，前往突厥汗国巡幸。队伍一如既往，打前排列的是三万六千人的仪仗队。大队伍中，还杂有僧侣、道士、鱼龙杂戏和歌舞乐伎等等。皇上皇后及众多嫔妃则在十余万队伍当中，他们的前后左右皆有威武雄壮的骁果军护驾。

汾阳宫地处边陲，驿道的最北端，与突厥相连。当大队人马进入突厥地界时，皇上即感气氛不对，面显不悦，他想：这个年轻的咄吉世真不懂礼！若是他的父亲启民可汗当政，早率官员和各部落国首领恭候在了边界上。但如今，鬼影未见一个。其子比父，相差甚远。

不日，浩浩荡荡的队伍已深入突厥境内，本已窝着一肚子火的皇上更为恼怒！一路之上，杂草丛生，草深之处，皆能没膝。想当年，皇上第一次出巡突厥，启民可汗发动各部落牧民铲出一条宽一百步的御道，道之两旁伴有载歌载舞的牧民夹道欢迎。可当下走的是啥路嘞！御驾的车轴走着走着即被杂草缠绕，不得不停车清除故障——令皇上简直忍无可忍了！

当御驾轮子再次被野草缠住，不得不停车清障，皇上正欲发怒之际，只见迎面飞来二骑。

皇上身旁的骁果反应神速，马上出动数骑将那二骑团团围在了当中。

过往，因有御驾遭劫事发生，迎面而来的虽只两骑，亦使车驾中的皇上心怀忐忑。

不一会儿，即有一名骁果转身向坐于御驾中的皇上禀报说："来者说是义成公主派来的信使，还说有要事向皇上禀报。"

皇上深感意外。心想：既然有事，始毕可汗为啥不来亲自禀报，却让义成公主出面呢？

此时，二位身着突厥牧民便服的信使已然下马，跪在了御驾前。御史大夫裴蕴、黄门侍郎裴矩等，均已分别下车。皇上即命裴蕴接信。

其中一名信使脱去外衣，用刀划开里面的夹层，从中取出一封信，用双手郑重地交给了裴蕴。

开皇十九年，东部突厥的都蓝可汗联合西部突厥的达头可汗向启民可汗发起突然袭击，杀死了启民可汗的母亲和可贺敦安义公主。启民可汗只带少数扈从得以逃脱。之后，文帝又将宗室女儿义成公主嫁与启民可汗。启民可汗病逝，按突厥习俗，义成公主便又成了始毕可汗的可贺敦。

皇上从裴蕴手中接过义成公主来信，不知就里地拆开一看，公主告知：始毕可汗已调集各部落国共数十万铁骑，欲一举歼灭包括皇上皇后和文武百官在内的巡行队伍。

皇上大骇！

他的十余万队伍，非战斗人员几占一半。此外，三万六千人的仪仗队，亦是只中看，而没实战能力的，能打仗的仅几万骁果军。而尤其是在这毫无遮掩的草原上，骁果军即使骁勇能战，也不是数倍于自己的突厥铁骑的对手呀！

经与左卫大将军宇文述等紧急磋商，队伍立马调头回撤。

本来是慢慢悠悠一赏草原风光的巡游队伍，突然回头加速，尤其是车中的嫔妃，哪经得起如此剧烈颠簸，皆一路叫苦连天，不堪忍受。但宇文述等将领还嫌慢，一再催促要加快车速。皇上忍受不住，已改骑马前行，可着实苦了车中的皇后和嫔妃们。

队伍一路跌跌撞撞，有的车驾坏了，亦只能弃置于地而不顾。

八月壬申日，皇上一行，终于进入雁门（今山西代县）郡城。癸酉日，突厥铁骑赶到，即将雁门山城团团围住。

雁门城不大，但紧紧俏俏，地势十分险要。加之，地处边陲，修建得坚固结实，易守难攻。一度惊慌失措的皇上，进城之后，底气大增，立命骁勇善战的骁果军出城向突厥铁骑挑战。

果然，城门一开，装备精良的骁果们如洪水猛兽般冲将出去，杀得猝不及防的突厥铁骑，落花流水、东奔西窜。

在城楼上观战的皇上心花怒放，大呼："快哉！快哉！"并攥紧双拳，使劲喊道："杀！杀！"

可是，皇上并未高兴多久。须臾间，突厥铁骑便如乌云一般铺天盖地从四方八面，汇聚而来。

突厥，原本是依靠打造铁器为生的锻奴。他们头戴铁制头盔，身着黑铁铠甲，连他们的坐骑亦套上了黑铁甲。所以，远远看去，黑压压铺天盖地，尤其是在秋阳的照射下，光芒四射，十分瘆人！

转瞬之间，冲出城门的骁果士卒，为多于自己数倍的铁骑分割，他们以一当十，有的落马战死，有的受伤还在奋力拼杀，有的一看势头不对，杀出重围，逃回城内。

皇上眼睁睁地看着自己引以为傲的骁果，一个个惨死敌之刀光剑影中，竟抱着年仅七岁的幼子赵王杨杲，于城阙之上，伤心得号啕大哭。小杨杲不知发生了啥事，亦吓得"哇哇"哭闹不止。

经此一仗，隋军从此闭城不出，不敢应战。突厥军逼近了，城上便放出一阵乱箭，将其逼退。

接着，突厥的数十万铁骑分出部分兵力，转战周遭郡、县城池，连战连克，不多时便如秋风扫落叶一般，攻破隋朝境内大小三十九座城池。

最后没被攻下的仅剩雁门和崞县两座相邻的孤城。到此时，咄吉世始毕可汗也不急不躁，他令铁骑于两座孤城外，就地安营扎寨。一时之间，密密麻麻的敌营和铁骑，将两座城池围得水泄不通。

边地的雁门城，为防万一，历来都储存着一些粮米。可一座小城，突然涌入包括皇上在内的十余万众，是始料不及的。精打细算，城内所存之粮，仅够二十日之需。

宇文述看到皇上成日一副愁眉不展、烦躁不安状，提议说："坐吃山空，据守城内，必死无疑。咱率几千骁果，杀出一条血路，拼死掩护皇上突围出去。如何？"

皇上想想，正欲点头，老臣苏威立即摆手道："不可！守城，则我有余力；以骑突围，则中敌之下怀。陛下万乘之主，岂宜轻举妄动！"

民部尚书樊子盖立马接腔说："陛下轻率出城，突厥四面围剿，岌岌可危，不可取！若万一不慎落入险境，后悔都来不及了。咱不如坚守城池，挫敌锐气，下诏征各地援军前来解围，此乃唯一可行之途。"

皇上心乱如麻，问："外面那么多骑兵，此城还守得住吗？"

"臣愿立下军令状。"樊子盖跪泣道，"不过，要恭请陛下向天下阐明，三五年内，暂息辽东战事。并请陛下亲自出面安抚城内将士，向他们许以厚赏。此样，人心自奋，守城则有望矣！"

去岁，樊子盖担任东都留守期间，就是用坚守之法拖垮杨玄感，并等来援军将叛贼一举杀灭的。因此，他的建议，颇具说服力。

内史侍郎虞世基是个地地道道的书生，往日对行兵打仗事，一向出言谨慎，此刻也进言说："既要守城，就有必要鼓起将士士气。樊尚书说要重赏士卒，是有道理的。"

其时，另一位平日中规中矩、从不多嘴的内史侍郎、皇后之弟萧瑀也说："突厥的可贺敦是可以参决国家军机大事的，咱可暗中派人送信给义成公主，请她以可贺敦身份相机劝说始毕可汗撤军。此外，守城将士还担心一事，围困一旦解除，皇上又要兴兵讨伐高句丽。因此，皇上若发一道明诏，表明再不远征高句丽，则众心安矣，必能奋起为战。"

萧瑀之言，亦给皇上提了个醒。突厥部落国，尚存母系制遗风，可贺敦说话是能够作算的。为啥大隋频将皇室女儿嫁与突厥可汗为妻呢？其中有一点就是指望她们能在关键时刻为娘家发挥作用。再就是，将士们已厌倦一而再地到寒冷的北方无休止地讨伐高句丽。皇上若答应不再北伐，将士则能一心一意抵御突厥铁骑的围攻。

皇上听完所有上述建议，脸色亦由惊慌渐趋平静。待到子夜时分，即派精干信使骑上快马溜出城门，突出重围去义成公主那里，请她设法让始毕可汗撤军；与此同时，还下诏给各郡，命郡守征召府兵，速来雁门解围。

此后，皇上隔三岔五还亲赴城楼各重要处所，与樊子盖等慰问守城将士。亲口向他们许诺："守城有功者，无官的士卒，一律晋升为六品官；已有官职在身者，再擢升一品。"

于是，上下一心，众志成城。突厥即使拥有数十万铁骑，要想撼动雁门这座小小山城，亦不容易！

突厥人明白，自己的长处是在草原上纵横驰骋，攻城则乏术。所以，他们打的算盘是：咱不攻打你，一座小城，一下涌入十余万人，咱看你吃啥？喝啥？看你能在城里蹦跳多久？

因此，皇上和骁果军在城里，咄吉世始毕可汗率数十万铁骑在城外，虽都虎视眈眈，却竟然相安无事。

却说，雁门城外最先接到救援诏命的，自然是与之相距最近的郡县官员。担任山西河东抚慰大使的李渊，就是较早接到诏命的一位官员。

这位李渊，可不是个一般人物。他是当今皇上的亲表兄，比皇上年长三岁。皇上之母独孤皇后是独孤信最小的女儿，李渊之母则是独孤皇后之姐。若说李渊的先祖，则更是了得，他是十六国时期西凉国君主李暠的后裔，祖父李虎在西魏官至太尉，是西魏八柱国之一。李渊的父亲李昞，北周时历任御史大夫，柱国大将军。李渊七岁即袭父唐国公爵位。

李渊接到赴雁门解围的诏命时，正率领府兵与一个叫母端儿的逆贼杀得难解难分。他急欲赴雁门去解皇上之围，却不敢中途抽出兵力。如果那样，叛贼会误认李渊战败，必穷追猛打之，后果自不堪设想。所以，李渊只分出一千预备队，交与年方十六的次子李世民带领，赶往雁门驰援。李渊本人则要等到剿灭母瑞儿后，方能率军前往。

却说，李世民率一千人马，日夜兼程，他途经五台山附近时，见一山脚驻扎着一支队伍，乍看规模还不小，就派人前往打听，知道是屯卫将军云定兴率领的队伍，也是前去驰援雁门的。

这位叫云定兴的屯卫将军，乃废太子杨勇的岳丈，他的女儿即是姿容不错的云昭训。杨勇做太子时，曾向父皇为云定兴索求一官半职。文帝嫌弃云定兴是个下九流的匠人，不但不允，反将太子训斥了一番。杨勇遭废后，云定兴凭藉手艺巴结上了宇文述。宇文述便要云定兴为军队设计制作旗帜甲胄等。大业五年，皇上阅兵，频频夸赞宇文述率领的军队旗甲精美，宇文述便说是云定兴的功劳。在这方面，皇上倒是个只看真本事，并不忌讳出身、门第的人，他当即任命云定兴为太府丞。从此，云定兴官运亨通，升至屯卫将军。

李世民知道云定兴亦是前往驰援雁门的，因自己只有区区一千人，就主动要求加入到云定兴的队伍中，接受他的调度指挥。云定兴当然表示欢迎。

但，一日之后，李世民见云定兴仍无开拔之意，就问："雁门告急，咱为何仍滞留于此，不前往驰援呢？"

云定兴则说："不敢咧！突厥有几十万铁骑，如铁桶一般，把个雁门围得水泄不通。咱只两万余人，贸然前往，那还不成人家的下饭菜了。咱要等其他援军到来，与之共同出击。"

"此要等到何时？"

"不好说哩。"云定兴说着，叹了一口气。

"唉——"少年老成的李世民，不由得也随着叹息了一声。他想：屯

345

卫将军之言，不能说毫无道理。不过，以朝廷当下状况，能迅速集合起数十万军队去对付强大突厥铁骑吗？突厥之所以敢于向皇上叫板，就是欺咱已没了还手之力。那，咋办呢？

一阵沉默之后，李世民忽然对云定兴说："咱能不能对突厥施一疑兵计？以达不战而使其退兵。"

"疑兵计？"云定兴抚着下巴上的胡须，望着人高马大，眉宇间却分明透出几许稚气的少年郎，颇有兴味地道，"何谓疑兵计？咱这大一把年岁了，可还没用过此计呐。"

"咱把队伍拉得长长的，多制作一些旗帜、鼓角之类，大张旗鼓，行走于雁门周遭山野间。突厥人不知虚实，以为咱来了比他们更多的人马，并正在调兵遣将、排兵布阵，说不定就把敌骑吓跑了。"

"啥的疑兵计？这不是虚张声势嘛！"云定兴盯望了李世民一眼，想了一下，摇头说，"不中！不中！"

"为啥？"

"要是万一被突厥人识破，他不信邪，放骑兵来打咱，咋办？此不是捅到马蜂窝了嘛！咱一共就二万多人哪！"

"嗨！他若有胆来打咱，那才好！"李世民眉飞色舞道，"突厥铁骑擅长草原、平川作战，雁门周遭全是林莽，咱在高处，搬起石头就能砸死他！砸不到人，碰到马腿上，他也受不了呀。他敢不知深浅往山里钻？"

"噢？"云定兴再看李世民时，觉得他的一双眸子炯炯放光，虽年少，气度却不同凡响。于是说，"行。咱听你的——裁缝用兵，试它一烙铁！"

云定兴，乃一介匠人出身，谈兵论战，不如将门之后的李世民。但若论制作旗幡、鼓角之类，他心灵手巧，是一把好手。他做的战鼓，擂得震天动地；制的号角，声音格外嘹亮，能传至很远的地方。凡他带的队伍中，其间必有一个能制各种军需装备的作坊。打仗缺啥了，他立马就能赶制出来。所以，仅几日工夫，他便制作出了数千面旗幡和千数鼓角之类。

待云定兴率领队伍接近雁门时，各地援军亦纷纷从四面八方赶来。不过，他们亦和云定兴几日前一样，面对强大突厥铁骑，皆抱观望态度。

而此时，云定兴的队伍则在年少气盛的李世民的指挥下，高举战旗，吹响号角，擂起战鼓，把队伍拉得长长的，游走于雁门郊外的山野间，并有意搅起阵阵黄尘。

一开始，按兵不动、从各地赶来的友军不解其意。而当他们会意后，也一同摇旗呐喊起来。

突厥将士面对昼夜不息、声势越来越大的朝廷援军，自然猜不透隋军到底调动了多少兵马。大隋因征高句丽，弄得民不聊生，官逼民反……不过，其毕竟是一大国！以往，突厥与之交战，败多胜少。而且，突厥人最惧的就是隋军诡计多端。因此，年轻的始毕可汗面对四面八方渐渐逼近之援军，心中打起鼓来，越来越沉不住气了。

而正逢其时，义成公主派人送来一封急信。她在信中告知始毕可汗说："北方有急。"

这也是，家家都有一本难念的经。咄吉世继承父亲启民可汗之位，内部各部落国嫉妒者、不服者有之，周遭各国欺他年轻不懂世事者亦有之。自己劳师远袭，雁门一时半会拿不下来，敌之援军逐日增多，再耗下去，严冬来临，凶多吉少。

始毕可汗思前想后，仰天望着呈人字形南飞的大雁，此亦预示着寒冷的冬日即将来临。

他望天长叹一声，一咬牙，宣布："撤军！"

　　而此时，云定兴的队伍则在年少气盛的李世民的指挥下，高举战旗，吹响号角，擂起战鼓，把队伍拉得长长的，游走于雁门郊外的山野间。

第一五一回

皇上出尔反尔自食其言
苏威倚老卖老作茧自缚

突厥大军离去，在雁门周遭留下一片狼藉，却令城中所有人都大大松了一口气。尤其是皇上，一扫惊恐和晦气，满脸笑容地在雁门官府一促狭客室中召见了屯卫将军云定兴。

云定兴受宠若惊地叩见皇上。皇上则起身亲手将他挽起，欣慰地说："过往宇文大将军一再夸公能干，有一双巧手，说公制作的甲胄、马具还有种种玩器，皆能做到巧夺天工，朕还不以为意。此次，公于危急当中救朕于水火，显示出了真功夫，朕要重赏公。"

"惭愧！惭愧！"云定兴难为情地说，"臣下所为，无足挂齿……"

"爱卿不必过谦！"皇上摇着云定兴的手，道，"朕和宇文将军站在城楼上，看得一清二楚。雁门城外起伏的山峦中，旌旗绵延数十里，战鼓声、号角声，连城内军民都听得真真切切，令人振奋。众臣都在议论，咱的大部队来了，击败突厥有望了。果不其然，尚未交锋，咄吉世那小子见势不妙，就慌慌张张望风而逃了。哈哈哈哈……"

皇上绘声绘色地说着，开怀大笑起来。陪同官员受到感染，皆向云定兴竖起了大拇指。

云定兴则红着脸，更不好意思地连声说："惭愧，惭愧……"

君臣分别坐下后，皇上即饶有兴味地问："朕与宇文大将军站在城楼上，其时都在猜，是谁有忒大本事，一下就集合了声势如此浩大的一支队伍？公此次一共带来多少兵马？"

"惭愧！惭愧！"云定兴又摇头又摆手地说，"臣下此次连营中勤杂和自家亲兵、奴仆，凡是男丁全都扫来了，共为二万二千人。"

"噢？"皇上用疑惑的目光盯着云定兴，摇头说，"不止吧？看那气势，当时站在城楼上的将领都估计说，此支队伍至少不下二十万人。不然，咄吉世哪肯那么乖地悄悄退兵？"

"公只带来二万余众？"此时，宇文述亦插话道，"绝对不止！少说亦有十余万人！那旗帜，那扬起的尘土，遮天蔽日……"

"哈！圣上有所不知，此全是李世民那小子虚张声势使的疑兵计！"

"啥？"皇上莫明其妙瞪眼问。

云定兴此才如此这般把李世民耍弄的鬼把戏述说了一遍，皇上和在场大臣都听得捧腹大笑起来。

皇上笑过之后，又问："李世民？朕咋觉此名挺耳生？他是公手下的一个啥将领？"

"圣上咋能不识李世民？他不就是陛下的亲表侄嘛。"

"是吗？那是……"

"李渊的次子。"

"唔，知晓了，知晓了……那还是个半大不小的毛孩子嘛！"皇上接着又问，"李渊呢？李渊咋没亲自带兵前来驰援？"

云定兴解释说："皇上不是命李渊在山西讨伐逆贼吗？其时，他正与一个叫母端儿的逆贼杀得难解难分，被缠得抽不开身，才命次子世民带一千士卒加入到臣下的队伍中。"

"嗨！那朕之表侄世民呢？他咋也没来见朕？"

"他看突厥已然撤军，大局已定，就仍带着他那一千人马回去帮父剿灭逆贼去了。"

"难得，难得……"劫后余生的皇上，不胜唏嘘。

接着，皇上下诏特赦太原、雁门二郡死囚以下人犯。就在突厥撤军的三日后，皇上亦率一干大臣离开了被困三十七日的雁门城。

皇上队伍抵达晋阳那日，山西河东抚慰使李渊率城内一干官员于城外跪迎皇上皇后。

皇上执李渊之手，见面就问："为朕解围的表侄世民呢？"

"嘿，他呀！"李渊解释说，"他从雁门归来，臣就让他指挥队伍在天台山一带讨伐逆贼。此样，臣才能抽身前来躬迎圣上。"

"世民小小年纪，就有如此能耐，日后前程无量。"

"他，一个毛孩子，懂啥哩。圣上过奖了。"

此次，皇上在晋阳宫里也仅住两日，就说要走。可是，去哪呢？君臣间的意见又相左了。

老臣苏威说："今盗贼不息，士马疲惫，愿陛下速回西京，深根固本，以为社稷计。"

不少大臣亦觉苏威言之有理，同声附和。

皇上沉吟半晌，不点头，亦不摇头，就是不吭声。

那么，皇上在想啥呢？就他本人而言，即是地道关内人。且，大兴是华夏的发祥地、立国之处所，宗庙、皇陵都在那里，是名副其实的国都。回大兴，亦是回到了家中。但，正因如此，好强、爱面子的皇上，才会感到无比失落，才会觉得无颜回京师见江东父老臣民！再者，自洛阳新城竣工，皇上就以东都为主住习惯了，其间只偶尔像做客一样，回大兴小住——他早已对那块故土感到淡漠、甚至厌倦了！

善解皇上心思的宇文述，见主上沉默不语，于是说："从官妻小，皆在东都，咱还是顺道先回洛阳看看吧。之后，咱再自潼关回京师。如何？"

宇文述的建议，正中皇上下怀，亦符合部分家小已迁到洛阳的大臣的心愿。

皇上立刻点头道："此样甚善。"

话说到此处，苏威等一干为国是担忧的臣子，再没转圜余地。于是，皇上一行十余万人马，便从晋阳直奔东都而去了。

冬十月壬戌日，皇上回到东都，自然要对眼巴巴的将士们论功行赏了。

此时，掌管国库的老臣苏威又说话了。他道："当下，国库已然空虚，原先许下的奖励办法，太过宽泛，宜加斟酌。"

但是，日夜带领将士坚守城头的民部尚书樊子盖却反对说："国家有再大难处，亦不能失信拼死战斗的将士。况且，此承诺是陛下亲口向将士们许下的，更不能言而无信。"

于是，公说公有理，婆说婆有理。皇上认为樊子盖的话是在指责自己，他这回却少有地站到了苏威一边，指斥樊子盖道："公如此偏袒下属，是想拿朕的好处，去收买士卒的心吗？"

樊子盖一听，立刻吓得噤若寒蝉。守城有功的樊子盖不再吭声，其他不满者，自更不敢出声了。

皇上最后是怎样嘉奖骁果军将士们的呢？原先上报守城有功的禁卫军官兵共为一万七千余人，结果获得奖励的缩小到只剩一千五百人。皇上原先亲口许诺，没有官职的士卒有功者都能晋升为六品官职。结果，只给了从九品的信尉职衔。而且，就连许诺的每人奖励一百段杂帛，也都一笔勾销了。此事，立即在骁果军中掀起轩然大波，不满言论，此起彼伏。要知道，这支禁卫军全是由最忠于皇上的骁果组成的呵！

此外，对提出好建议和守城有功的大臣，皇上对他们也不仅没有嘉奖，反而厌恶他们。比如，皇上一回东都，便于十二月庚辰日诏令年迈有病的民部尚书樊子盖去关中征召府兵讨伐绛郡（今山西绛县）逆贼。更将内史侍郎萧瑀从朝廷贬谪到河池（今陕西凤县）去做郡守，而其内因都是，他们曾提出要皇上向官兵承诺不再讨伐高句丽。

不仅如此，萧瑀刚离东都去河池赴任，皇上就在朝廷对众臣说："突厥猖狂犯上，看似汹汹，其实有啥了不起呢！雁门被围几日，萧瑀就散发危言，指手画脚，要朕如何如何。这种人，朕能把他继续放在身边吗！"

在场许多经历过雁门之围的官员，闻此言，皆感寒心。

皇上并不昏聩，却为啥要这样对待有功臣下呢？一句话，就是他对讨伐高句丽仍未死心！樊子盖在杨玄感围攻东都时，临危不惧，为保卫东都立下汗马功劳。而当数十万突厥铁骑呼啸而来，周围城池一个个被攻陷，皇上欲弃城而逃时，又是樊子盖与苏威等力主坚守雁门，并再次让樊子盖担负起了守城重责。樊子盖两次守城有功，在文武百官和士卒中享有极高声望。但有一条，子盖却不赞成皇上再征高句丽。而另一位有功之臣萧瑀更是如此，他在雁门总共才提两条建议。其中的第二条就是要皇上下一明诏，向将士宣示，不再讨伐高句丽，以此稳定军心。皇上在雁门因形势所迫，不得不向守城将士许下不征高句丽的诺言。但如今，他却不想认账了。所以，一回东都，便借故将此二人遣出了朝廷，以免他们在日后的关键时刻唱反调。

大业十一年，就是在这一片惊魂与纷攘中，磕磕碰碰走过去的。

十二年的春节，一场纷纷扬扬的春雪倒是下得酣畅淋漓。

常言道：瑞雪兆丰年。不过，时下的皇上却无此念想。他站在显仁宫的一座楼阁中，只觉眼前一片白茫茫，空荡荡，冷清清。去年此时，还有突厥、新罗、靺鞨……几十个番属国循例遣使前来朝贡，向皇上恭贺新年。可其时，就像相约好了似的，周遭各国一个使者都未来。这使爱面子、喜热闹的皇上极为气恼。他不仅痛恨突厥制造了雁门之围，使皇上在属国面前大失颜面；更痛恨高句丽假投降，以此骗得大隋撤军，且事后，仍不思悔改，前来服罪。一介大国君主，岂容獐头鼠目高元如此作践！

不过，皇上知道，朝中虽少了萧瑀和樊子盖二人，倘若再提征兵讨伐高句丽事，阻力仍不会小。于是，在节后的一次朝会中，皇上故意兜圈子，问："当下外间乱象是否有所好转？"

"比之先前，大有改善，要好许多。"宇文述接过话茬，进而说，"圣上不用挂怀，各地经过朝廷派兵讨伐，成效卓著。"

"到底好了多少？"

宇文述偏头想了一下，道："原先如果是十，目下只剩不到一分了吧。"

和宇文述并排站着的苏威，听到此一问一答，不想在众目睽睽中也跟着说假话，故意把身子挪到朝堂柱子之后，以使皇上看不到自己。

谁知，哪壶不开提哪壶。苏威这一举动，被皇上瞅个正着，他直面堂柱道："苏纳言，您说呢？外间情势是否如宇文公说的那个样，好转多了？"

别看苏威已年近八旬，却不愚钝。他知道，自己如果附和宇文述之说，只答一个"是"字，皇上必然来劲，会立即旧话重提，发兵再征高句丽。但，他又不想与宇文述发生冲突，说相反的话，就从梁柱之后走出，颔首回答说："臣下除上朝而外，多在家中念佛经，祈求菩萨保佑，不清楚外间盗贼到底有多少。只是感觉那贼子，似乎离咱越来越近了。"

"噢？"皇上皱了一下眉，问，"公说的是啥意思？能不能再说明白点？"

"比如说吧，以往只闻贼据长白山，近来听说汜水已有盗贼出没。"

苏威说的长白山在山东邹平，王博占据那山起事后，至今未能将其平灭。汜水则靠近东都，那贼不是分明越来越近了么。皇上一听，面显不悦，自然不好再就此事借题发挥了。

四月的一个夜晚，发生了一件事。显阳门不慎失火，大火燃烧极快，转眼，火焰就映红了半边天际。大批士卒和宫人赶至现场救火。于是，脚步声、呼救声、扑火声……闹成一片！

被大呼小叫和各种声音吵醒的皇上起身一看，只见不远处，火光冲天，人影憧憧，喊声大作，有受拦路打劫惊扰过的皇上，以为逆贼杀进宫来，便吓得不问三不问四地抽身就逃。

随侍的宫女、太监、侍卫们，见皇上跑了，步其后尘就追。野外，昏天地暗，皇上闻听有人追赶，更以为是逆贼杀到，要取他的性命，跑得更快，一直没入西苑丛林躲藏起来。

这可苦了众下人。他们提着灯笼四处搜寻，大声呼叫，才终于找回皇上。

皇上自大业八年，即患失眠症。经多位御医用了很多方子，疗效皆不显著，要靠宫女围着他，轻揉慢拍，方能渐渐入睡。自受此惊吓后，皇上的失眠症更趋严重，夜不能寐。

四月一过，端午节即将来临。按以往惯例，大臣们要在节日期间向皇上敬献一件礼物。为了取悦皇上，臣子们往往想尽心思，要找一件能引皇上高兴、并使之记住自己的礼物。

但大多数臣下挑来拣去，不外多是古董珍玩之类。苏威想了想，给皇上送了一部刻印较为考究的《尚书》。作为臣子，送此书，有劝谕皇上广施仁政之意。苏威事两代隋主，共三十余载，国家由逐渐走向兴旺强盛，到堕入当下的民不聊生、盗贼四起，他于心不忍。送上此书，亦难为了一位老臣的良苦用心。

但，有的大臣偏不这么看，遂点醒皇上说："苏威送《尚书》给圣上，没怀好意，是借古喻今，讥讽皇上暴虐，不顺民意。"并还指出《尚书》中的某些篇什，加以比照。

此对心绪不佳的皇上，无异火上浇油。苏威的动机，是规劝，还是讥讽，皇上不加区分，都认作是大逆不道。

于是，在一次朝会上，皇上刚一入座，便面露愠色地直面苏威道："苏纳言，朕亦知晓，当下向四海征兵有难处，但对高句丽的这场战事，还必打下去。咱泱泱大国，难道真想不出一个办法来，征到足额的兵员吗？"

苏威万没料到，事到如今，皇上还没打消征讨高句丽的念头，并还硬揪住自己这根来日无多的朽木不肯放手。他先扫了左右同僚一眼，按平日说事的一贯做派，不紧不慢，颔首说："正如圣上所言，咱是大国，要做成一件事儿，办法终归是有的。"

"噢？"苏威的回答，大出皇上所料，亦大出在场文武官员所料。皇上原以为苏威会慷慨陈词，加以劝谏，自己则可顺势猛加伐挞，以正视听。没料，苏威竟出乎意外地服软了，他也只好就汤下面，缓和语气道，"那……公，且把你的征兵办法说与众人听听吧。"

苏威清了下嗓子，一脸平静地说："以臣愚见，如若再征高句丽，毋须单另进行征兵，只要下诏赦免各地叛贼，即可收编到数十万军队。那样，咱可派遣函谷关以西的逆贼和太行山以东的历山飞、张金称等头目，让他们各置一军，出征辽东；再让黄河、长江以南的各路叛贼，一并派给战舰，从沧海道水路出海。让这些获得赦免的亡命囚徒去打仗，他们还一定会争着去立功的。此样，高句丽何愁不灭。"

苏威一言既出，偌大朝堂，竟静得出奇。众臣都感惊诧，苏威哪来忒大胆量，竟冒天下大不韪当庭挖苦皇上！

年轻时的苏威，其实是个胆小怕事善于明哲保身的人。父母为他娶了北周权臣宇文护的女儿为妻，他不但不借岳丈之威，趋炎附势，反觉权势过大的岳丈将来必无好下场。于是，他谎说自己有病，弃官遁入深山寺庙去研读佛经。后来，岳丈果真遭受杀身之祸，他则免灾。北周末年，经高颎引荐，苏威到大丞相府当差，可当他了解到大丞相杨坚有登九五之尊大位意向，又弃官隐退山林。直到大丞相成了隋文帝，朝政稳固后，苏威才又重出江湖，成为辅佐皇上的重臣，且兢兢业业一干就是三十余年。其间，仕途虽有起伏，数次遭贬，但总的说来，却还是受到父子两代君主的厚待。但，他今日咋会一反常态，于大庭广众中，用讥讽的言语与皇上较上劲了呢？是他对大隋、对皇上已感绝望？或是他觉得自己已老，来日无多，才无所顾忌，愤不择言？

…………

"一派胡言！"苏威的话刚落音，皇上一拍惊堂木，老羞成怒宣布，"散朝！"

文武百官山呼："吾皇万岁！万万岁！"后，一个个仍大气都不敢出一口，依次屏声敛气地退出朝堂。

纳言苏威在朝堂中，是立在最前列的官员之一，退朝时，则自然走在众官员之后。但此一日，文武百官一出朝堂，有人望见踽踽走在最后的老迈苏威，都自动驻足，并颔首为他让出一条道来……

苏威目不斜视，默默走到自己的车驾前，有家僮将他扶上车。

直到苏威座驾的轮子滚动后，众人才各自去寻自己的车或轿。

朝堂里，留下没走的裴蕴，待众人离去，他即向皇上进言说："苏威明目张胆，口出狂言，此乃大不敬！何况，天下哪来那多逆贼？他是故意妖言惑众、蛊惑人心！"

"卿说对了。"皇上仍愤恨难平，怒道，"老革多奸，尖酸刻薄！苏威与朝廷作对，由来已久。"

革者，皮也。这位皮厚的老臣，他的仕途，看来真的走到尽头了。

裴蕴揣摩到皇上已对苏威极端不满。联想起他在平日亦常指责自己处事不妥，行为不端等，便暗中指使手下张行本揭发苏威罪行。

张行本言听计从，罗织苏威三条罪状：一是，苏威曾在高阳主持选官，滥授他人官职；二是，突厥来犯时，他畏缩惧怕；三是，雁门之围化解后，他极力引诱皇上去京师，目的是苏威本人的家属多在大兴，他想藉此回家与亲朋故旧团聚，乃假公济私。

皇上接到张行本的表章，命裴蕴审讯苏威。

苏威一生，虽然胆小怕事，善于明哲保身。不过，仔细算来，他在大隋为官三十余载，也只怕过三人：过往，他最怕的是先帝，对金口玉言，从不打折，言听计从；第二，怕高颎，高颎无论是处事或做人，都令苏威折服，况且，他是受高颎举荐，两度步入朝廷；第三，怕杨素，杨素手段老辣，防不胜防，你若一不小心得罪了他，他不整死你，也得让你脱层皮。除此而外，就连李德林那样的大儒，苏威与其抬起杠来，都能争拗到白沫横飞。所以，苏威在大隋，要说怕，其实仅惧杨素一人。对于先帝和高颎，与其说怕，更多的还是景仰与敬畏。

因此，当裴蕴审问苏威时，他倚老卖老，故意装聋卖哑，一问三不知。受到羞辱的裴蕴气得没办法，硬生生地判了苏威一个死罪。

皇上看了看判词，见许多罪行雷声大、雨点小，究其实都是些拣不上筷子的鸡毛蒜皮事。于是，颁发诏书，曰：

苏威生性热衷朋党，喜好异端，心藏歪门左道，追逐名利，诬蔑国法，诽议朝政，前年征伐藩国，是尊奉先帝遗志，凡有征询等事，朝臣皆应无保留地陈述意见。苏威则阴阳怪气，妖言惑众。作为人臣，发挥正义应是其天职，岂能如此轻薄对待！

于是除去苏威一切官职，贬为庶民。

裴蕴一看诏书内容和给予苏威的处罚，急了。他原想藉此至苏威于死地，可此一切表明，苏威并无大事，只要皇上某日高兴，为啥事又想到这位"老革",他还不是摇身一变,又官复原职了?他在朝中树大根深,要借故报复自己,那简直易如反掌!

于是,没过多久,又有人控告苏威与突厥勾结,图谋举事。至此,皇上又有了新想法,也想与讽言冷雨的苏威作一彻底了断。遂将苏威一案交由大理寺处置。

年迈体衰的苏威不忍再遭折磨,终于告饶对审讯官员说:"臣下侍奉两朝三十余载,精诚微薄不能使天子知晓,各种过错却接连不断,罪当万死。"

裴蕴拿到大理寺的判词和苏威口供,如获至宝,再次判了苏威死罪。

皇上还是不忍斩杀苏威,改判苏威子孙三代免职为民。

随着大隋朝廷最后一棵大树倒下,国之败象亦显露无遗……

自此,皇上亦不再提要去讨伐高句丽。不仅如此,以往每逢夏季来临,皇上都要去北方行宫避暑、狩猎的,今年也不前往了。更不提回西京大兴,重振朝政一事。

皇上处置国是,亦多于显仁宫中小范围进行,很少升堂听政。闲暇时则沉湎于西苑嫔妃之中。

方圆二百里的西苑,依竹或依林子伴着人工挖掘的湖滨、水泽,参差错落,建有情趣和形态各异的十六座庭院。每座院子里,即有一位貌若天仙、风姿绰约的美人作院主,皇上就穿梭来往于此十六位院主夫人中。

不过,日子长了,亦觉腻味,尤其是到了夜晚,四野黑黢黢的,更觉阴森可怖。当夏季来临之际,皇上就命臣下、宿卫以及男女宫人等,都去外面捕捉萤火虫,一下捉得数斛之多。到了夜里,皇上便组织院主们在西苑中游山和观赏夏夜景致。

其时,宫女和太监们将捉来的萤火虫放飞,使整个西苑之丛林、山谷、湖畔……星星点点,闪烁着一片奇异光亮,并与满天繁星交相辉映。

皇上心花怒放,十分得意。及至闹腾到天明,方才尽兴回到其中一座院落里,相拥一位院主睡去……

　　日子就这么日复一日地逝去。昔日心高气傲的皇上，亦没了要作秦皇汉武的壮志了，同时，亦没过去那么痛恨高句丽和突厥……

第一五二回

李渊冲犯图谶托病消灾
文静指点江山蓄势待发

大业十二年七月，两度守城功臣、民部尚书樊子盖因病去世，享年七十二岁。

樊子盖病重期间，皇上曾派黄门侍郎裴矩前往探视，并嘱裴矩问问樊子盖有啥后事须了未了的。

裴矩看过子盖返回宫中，皇上即问："子盖临终前，有啥话交代？"

裴矩照直禀报："樊公没说别事，只是对臣叨念，他作为大隋重臣，深以皇上雁门被困为耻。"

皇上听后，默然良久。遂命百官到樊府吊唁。并赐樊家缣帛三百匹，米五百斛，追赠樊子盖为仪同三司，谥号为"景"。

樊子盖出殡那日，东都百姓都感念他日夜守护城池，使洛阳没遭杨玄感洗劫，前来送葬的有一万多人。

樊子盖生前曾任武威（治今甘肃省武威市凉州区）郡守，他在当地主事时，为政清廉，体恤下民，百姓闻其死讯，亦感念他的好处，自发集资，为樊公立功德碑。

苏威被废，樊子盖离世，使皇上郁郁寡欢，整日愁眉苦脸。

这日，御史大夫裴蕴应召来到显仁宫中，议过一般政务，皇上即问：

"王世充有何音讯？"

"近日没见有啥消息。"裴蕴说，"他亲率船队从江都启程已有多日，且有一支水师护送，不日即可抵达东都了。"

"那好。一旦有了消息，要立即禀告朕。"

"是。"裴蕴点头应答。皇上交代的各事，裴蕴已经了然，欲行跪礼离去时，却又显出犹豫状，终于还是吞吞吐吐地道，"有个事儿，搁在臣下心里有些时了，不知当说不当说哩。"

"啥事？"皇上抬头瞅了裴蕴一眼，觉得他的目光闪闪烁烁有点怪，就说，"卿是咋啦？闪烁其词，有啥话，就说嘛。"

裴蕴仍是支支吾吾，语焉不详："臣下想说……那……那位唐国公、山西河东抚慰使……"

皇上知道裴蕴指的是表兄李渊，就问："李渊，他咋啦？"

"论门第，李渊祖上相比李浑家有过之无不及；若论与皇上之亲疏，李渊与李敏，至少不相上下！"

"哦……"皇上只觉浑身一震。想：确是如此！自己咋就没想到此一层呢？如此看来，那该死的图谶事，还远未了结！怪不得那个安伽陀当初建议自己要斩尽杀绝天下所有李姓人。

皇上对图谶事，其实看得极重，曾一度整日疑神疑鬼，认为大隋走下坡路，弄得今日烽烟四起，盗贼横行，都是此该死的图谶造成的。三战高句丽，没一次是顺顺利利的；北巡突厥，反遭其铁骑围困雁门……凡此种种，不一而足！皆为那个妄图篡夺杨家天下的李姓幽灵冲犯所至！因此上，这一祸根如不铲除，社稷无有宁日。

皇上于是问："朕在晋阳宫驻跸时，卿咋没提及此事？"

"臣下就是那时才猛然联想到的。不过，当时看见圣上与李渊极为亲近，又想李世民曾用计解了雁门之围，再说，李渊父子都在尽力扫灭逆贼，臣怕想歪了，误伤了自家人。"

"自家人？可不能这么看呐！"皇上道，"越是至亲，越是容易忽视，更易被假象所迷惑。到情势弄得不可收拾时，则为时已晚了。"

裴蕴走后，皇上立即命虞世基拟写诏书，遣使赴晋阳宣李渊前来东都述职。

却说，皇上派至晋阳宣诏李渊的钦差刚在城外驿站入住，城内的李渊父子等就已获知讯息。

李渊有四个儿子。长子建成和父亲一样，为人诚笃，处事中规中矩；次子世民聪敏灵活，慷慨仗义，广为结交。老大老二，性格迥异，但已为父亲的左膀右臂，跟随李渊清剿逆贼。其余二子，则随家眷住在离晋阳城有一段距离的河东郡城，守护着一家老小。

李穆一门为图谶事，死了三十二口男丁，受到灭族处置，曾一度在官场和民间广为流传，尤使李姓者，感到惶惑恐惧。不过，随着时间的推移，更因世民在危难中救主，及皇上亲赴晋阳与李渊相见甚欢，那由李姓而引出的图谶阴影，才在李渊父子心中渐渐消弭。岂料，由于钦差的突然降临，一下子又在李渊家中掀起轩然大波！李渊当然明白，此去东都，必是凶多吉少。于是，整个李府，如丧考妣，惶然而不知所措起来。

书房内，李家三位梁柱子，情态不一：李渊、建成父子，泪眼婆娑，相对而视，坐于椅中，默默无语。

世民则暴跳如雷在房间走动，并怒道："不行！爹，您绝不能应诏去洛阳送死。您这一去，死的还远远不止您一人。咱全家和咱李氏一族，必会落得与李穆家同样的下场！"

李渊随即摇头叹息道："诏命是能违抗的么？此乃命中注定！胳膊拧不过大腿哩！"

"有啥不得了的？而今，天下已乱——"世民一拳砸在几案上，把案上的杯盏震得"叮当"响，"横竖是一死，咱也反了！"

"汝胡说啥呢！"李渊四顾，无比惊恐。

"死到临头了，咱还有啥可怕的？"年少气壮的李世民，字字有声地道，"反正就是一句话，您不能前往东都去送死。"

李渊摇头说："没得法哩。"

"办法，总是人想出来的。那咱就装蔫吧，死硬不去。"

"装蔫？咋个装法？"李渊对儿子的轻率、狂言十分反感，说，"汝装给爹看看。"

"咱就说您病了，不能去东都应诏，行不行？"

"你看爹这样子，像个病人吗？"

"装呀！"

"咋个装法？"

李世民本来是在气头上，就话说话。不想，被父一问再问，终被问得没话应答了。但，眨眼工夫，他竟道："装蔫、装病，还不容易？这还要人教么？对，咱就装病好了！"

"汝别胡来。"

"儿子从不做胡作非为事。不过，被逼无奈，只能委屈爹，让您装回病。"世民突然跪地，说，"不肖之子，走投无路，为消灾避祸，保全一家人之性命，别无良策，只能请父装病，避过一劫。"

坐着没做声的李建成看到世民郑重其事，不像是在说气话，也从旁劝道："爹，咱就听世民的，他鬼主意多，说不定能够成事。"

事已至此，李渊本人自然也不想去东都送死。死马当成活马医，也只有任由儿子摆布了。

接着，李世民着人从药铺买回一包黄芪，着水置于锅中煎煮。黄芪本是一种常见药材，口服，有保肝、利尿等作用。但，李世民并未让父亲口服，而是待经过煎煮的黄芪水变温后，用帕子蘸黄芪水，敷在脸上，反复多次，脸面竟染成了青黄色，分外吓人。世民原本想，白坯布能染成其他颜色，人的皮肤为啥不能？经此一试，果然成功。随后，他更进一步，让下人如法炮制，将父亲的手和胸等也都染成了青黄色。

次日，皇上派来的使臣到李府宣诏，世民告之说："父亲病重，已不能下床，只能由大哥建成代父接诏。"

钦使睨了世民一眼，事已至此，即使有疑，亦只好点头同意了。诏书宣读完毕，钦使坚持要见李渊本人，不然回去交不了差的。

　　书房内，李家三位梁柱子，情态不一：李渊、建成父子，泪眼婆娑，默默无语；世民则暴跳如雷，一拳砸在几案上，道："横竖是一死，咱也反了！"

世民将钦使引入后堂，即闻一股浓烈的药味儿。再入卧房，只见李渊奄奄一息地躺在榻上，他蜡黄的脸面透出暗青色，一眼望去，使人悚然！那日，房内有点闷热，李渊敞开的胸怀，亦呈同样的青黄色。

榻上李渊，见到来使，嘴唇翕动着，想要挣扎起身，却又毫无气力地撑不起身子来。

"您别动！"钦使是个十分敬业的人，他用手扶住李渊的肩膀，不让其挣扎起身，并顺势在李渊的额头上摸了一把，趁人不注意时，看了一下自己的手指，未沾一星半点儿黄色。由此可见，额上的黄颜色不是涂抹上去的——人有旦夕祸福，谁能预料嘞。看来，李渊确是病入膏肓了。

当钦使退出李渊卧房，再入后堂，只见几案上摆放着一尊笑眯眯的金菩萨，估摸至少有好几斤重。

李世民指着金疙瘩说："请钦使笑纳。亦请您在皇上面前说明原委，家父确是病得不能动弹。倘若病能医好，日后一定前往东都向皇上述职。"

钦使将沉甸甸的礼物收入囊中，连称："中，中！"

此外，在前堂等候的差役，世民亦为每人分发了五两银子，并说："大伙一路辛苦，家有病人，不便置酒为众人洗尘，只能以此聊表心意了。"

世民将此一行人送至大门外，当目送他们上马并走远后，方转身欲进家门。可却在此刻，只见自家门口，竟立着个身着铠甲、挂腰刀的汉子。他也正用双眼在看自己。

世民一惊，迎上前去，惊问道："裴叔，您咋这副扮相来咱家？父亲见到，准会吓一跳的。"

那叫裴叔的人，一拍腰刀说："咱是前来劫人的。"

"劫人？您要劫谁？"

"咱是来劫你爹的。"

"呵？"此可又把李世民吓了一大跳，问，"您劫我爹干啥咧？"

"劫他去做啥，尚没仔细想清楚。不知你是否想过，他此去东都还能回家吗？咱看，汝父一倒，恐连你和建成的命都难保啰！"

这叫"裴叔"的人，姓裴名寂，是晋阳宫副监，李渊的至交。

接着，裴寂话锋一转，又问："嗯？你父的人呢？刚才咋没见他被皇上派来的差使带走？"

"呔！"世民这才将父亲如何装病的前后经过附耳告知了裴寂。

裴寂听后，忧心忡忡地道："你父躲过了初一，咋躲得过十五哩！皇上过些时再派人来锁他，咋办？"

"就是咧！此仅是个权宜之计。"世民叹了一声，道，"叔请进屋里坐吧，此不是说话的地方。"

"不啦。今日来的，可不止咱一人呢。"

世民随裴寂来到李宅院墙侧墙外，只见沿墙一溜蹲着二十余人，皆为晋阳宫中全副武装禁卫。世民心头一热，此才知晓，裴寂说来劫人，并非一句空话。他立命管家给每人分发了五两银子，以致谢忱。

临走，裴寂对世民说："咱看你家受此惊吓，屋内亦不是说话的处所。这样吧，今晚到我宫一叙，如何？"

"行。还是裴叔那里最安静。"世民爽快地答应了。

李世民分别送走两拨人，才进自家门。一入前堂，兄长建成满脸愁容地从里屋出来，问："他们是真的都走了？"

"谁？"

"皇上派来的人呀。"

"他们不是早就走了吗？"

"仆人咋说你还在门口跟人讲话呢？"

世民没再作解释，反问建成："咱爹呢？"

"他以为人没走，还躺榻上哩。"

世民便径直去了后堂，来到父亲装病的榻前："嗨，这热的天气，您咋还窝在这里面？人都走老半天了。"

李渊看见儿子一副若无其事的样子，忙坐起问："不是说，人还没走吗？"

"他们早就走啦！"

"建成说，你还在门口与人讨价还价，管家又进屋里拿了一次赏钱。"

"咄！"世民一听，哭笑不得，忙解释说，"是后来咱又碰到裴叔，在与裴叔说话咧。"

"裴寂？他来凑啥热闹？"李渊说着，光脚起身下床。

"他怕您被人掳去，再也回不来了，就带了一批禁卫军，前来抢人的。后来咱叫管家拿的银子是赏晋阳宫宫卫的。"

"他咋这么莽撞？皇上指定要带的人，他都敢抢？"

"裴叔是舍身相救嘞。"

"他把咱抢去，自己亦脱不了干系！抢咱有啥用嘛？"

世民则故意道："他说，他要抢您去做山大王，他本人则做您的副将，以与皇上分庭抗礼。"

"乱弹琴！"李渊倏地跺脚道，"这个裴寂！别看他也有一把年纪了，仍整日胡思乱想，唯恐天下不乱。咱李家祖上世代为官，能辱没门庭，落草去做山大王？他说得倒轻巧！"

"做山大王有啥不好？大口吃肉，大碗喝酒，活得逍遥自在，不比您窝窝囊囊、提心吊胆做个朝廷命官好？李浑、李敏官职都在您之上，并都是豪门望族出身吧，结果咋样？"

李渊被儿子呛得哑口无言。过了一会儿，他自个把靴子穿上，又问："那钦差会不会返回来？"

"不会。"

李渊不满儿子的回答，横了他一眼，问："汝咋说得这么肯定？"

"世道不太平，路上打劫的人多，他怀中揣着个金菩萨，不安全呐。他能不盼着早日到家吗？"

"皇上若是不满意，会不会再派人来传召咱？"

"此是肯定的，今日仅为权宜之计。"少年老成的李世民叹了一口气，说，"所以，父亲要有所准备，不能再得过且过了。"

李世民一句话，使李渊再度陷入惶恐中……

黄昏时分，李世民只带一名家僮，各骑一马，直奔晋阳宫而去。

晋阳古城，自古就是北方一大重镇。历代帝王多于此城中建有行宫。现存的这座晋阳宫，始建于东魏武帝三年（公元545年）。后来屡加修葺和扩建，到北齐时，在宫苑中修建了著名的大明宫。仅此建筑群落，就包括有宣德殿、崇德殿、德阳堂、万寿堂等。尤其是那座万寿堂，坐落在花园里，园中有假山、水榭、凉亭，并遍植名木美卉，乃成园中之园。到隋大业三年，皇上第一次北巡，来到晋阳城中，看中这块风水宝地，要求重修晋阳宫。于是，今日见到的这座晋阳宫，即是在原址上扩建和修缮一新的，它的规模和景致皆远胜以往的旧宫。

裴寂在晋阳宫担任副监，而正职一直空缺，他实是该行宫的总管。这座行宫一般时候，皇上虽没入住，但禁卫仍很森严。宫内宦官、太监、宫女，及至皇上的嫔妃等等，一应俱全，开支甚巨。

李世民到达晋阳宫门前，迎接他的除裴寂外，还有晋阳县令刘文静。这位县令，论年岁比裴寂还要大两岁，他俩都过了不惑之龄。但刘文静却早已成了世民的莫逆之交，相互称兄道弟，而不像和裴寂那样，以叔侄相称。所以，今夜小聚，裴寂亦将刘文静邀来作陪。

晋阳宫重新修葺一新，皇上仅于去年北巡突厥，往返路过时，驻跸过几日，热闹过一阵子，过后，这座庞大壮美的皇家行宫，又重归冷寂了。

三人坐定，酒菜上桌，裴寂即屏退所有闲杂人等。

酒过三巡，闲言过后，裴寂即关切地问世民："令尊经此惊吓，心思是否有所变化？"

"钦差到来时，家父确是吓得不轻，可从始至终，却没见他对朝廷或皇上有何怨恨，有何抱屈。钦差走后，咱对他说，今日朝廷来人若真将他带走，裴叔就会毫不客气地将他劫去做山大王的。"

刘文静忙问："唐公咋说？"

"家父对做山大王嗤之以鼻。咱驳他说，总比坐以待毙，做整日提心吊胆的朝廷命官自在吧。他无言以对，显得很无奈。"

"死到临头了，还愚忠啥咧！"裴寂痛惜道。

"愚忠其实亦难说。"世民说，"家父与皇上自幼一起长大，外祖母在世时，两家往来挺多的。打年幼始，家父就不喜当今皇上，说他孤高自傲，目中无人，不好相处。"

"不要紧，好事多磨。唐公，乃皇亲国戚，岂能轻易放下架子去做山大王。"刘文静呷了口酒，道，"眼下，别看外面挺热闹，其实，能成气候，志向高远者寥寥。杨玄感之所以落败，首先就败在沉不住气上。他起事过早，一个巴掌拍不响呐。到头来，皇上还不是像拍蝇子一样，仅一下就将其拍灭了。这世道乱得还不够透，要乱到皇上众叛亲离，朝廷一筹莫展时，后来者，反有可能坐收渔人之利，独占鳌头！不过，唐公迟早还是要让他转过弯来，咱这帮人只能摇旗呐喊做干将，唐公登高一呼，方能收服天下人心。"

"对，就是这个话！"裴寂附和刘文静的话，对世民道，"要记住，性急吞不得热汤圆，咱都要沉得住气，此很重要。"

刘文静和裴寂的话，有如一帖清醒剂，把个李世民说得不那么猴急了。他看到天下已然大乱，英雄豪杰，各立山头，生怕落人之后，自己没戏唱了！

"二位言之有理，咱听二位的。"李世民端杯站起，说，"来，干一杯！"

三人举杯相碰，各自都喝了个底朝天。

说话间，晋阳宫内的更夫，已敲过三更，那硬硬的梆子声，在静夜中传得很远很远……

话分两头。

却说，就在钦差赴晋阳宣召李渊的同时，皇上日盼夜盼，终于盼来了江都郡丞王世充率一支数千艘的船队，从江都出发，沿邗沟和通济渠，安抵西苑北端的黄河口岸。

皇上闻之大喜，在左卫将军宇文述的陪同下，去江边码头视察了一眼望不到尽头的新船。

早前说过，皇上第一次和第二次下江都乘坐的船队，平日不用都停放在黎阳附近的码头，被造反的杨玄感付之一炬，烧光了。皇上平灭了杨玄感，即命江都郡丞王世充取江南木材，于江都重造一支船队。在皇上一再催促下，王世充果然不负皇上重托，所造船只数量虽比前次略少，却更为坚实、美观。

皇上登上龙舟，从下往上走，边看边比照王弘原先为他打造的那艘龙舟，直到登上最顶层，终于赞不绝口道："好，好，此舟比前次造得更精美。王世充这事办得不错，甚合朕意！"

一旁的宇文述便立即凑兴说："圣上不如乘此金风送爽之际，再赴江都一游，咋样？"

"此亦正称朕心。"

其实，自三征高句丽过后，国内乱象层出不穷，已达不可控制之势，坐卧不宁的皇上，深居显仁宫中，心底则已萌生去意。他不仅叮嘱王世充再造船队，同时，还做好了退守江南的准备，下诏毗陵郡守集十郡府兵数万，于毗陵郡（治今江苏省常州市）仿照东都西苑另建一座皇家行宫。这座行宫方园十二里，内建十六座形状各异的宫苑。行宫的规制比洛阳西苑小，但却精致奇丽，内里小桥流水、曲径通幽，一派江南园林景致，分外舒适可人。接着，皇上还打算在会稽（今浙江绍兴市）再建一座离宫，诏书已下，但会稽周遭也已生乱，当地官衙一时竟征集不到有关人力物力，而使宫苑迟迟未能动工。

皇上看过新造的船队，立即下诏，择定七月甲子日，巡幸江都。因为樊子盖去世，乃令越王杨侗任东都留守，并命光禄大夫段达、太府卿元文都、检校民部尚书韦津、右武卫将军皇甫无逸、右司郎卢楚等，辅佐杨侗共同担负起留守职责。西京大兴，则令代王杨侑为留守，仍由老臣卫文升等辅佐杨侑。

上述几份诏命，一经发布，立即在朝内掀起轩然大波。谁都明白，皇上此次南下，并非一般巡幸，实是打算放弃西京与东都，甚至连江都也有可能放弃，像过往陈朝那样，偏安江南一隅。而这在一些大臣尤其是北方籍大臣心目中，此亦意味着放弃了国之根本，使他们痛心疾首！

　　第一个站出表示反对的，乃左候卫大将军赵才。这位赵才，可不是个一般人物。隋文帝即位，赵才因屡立军功，先帝器重他，将他放在晋王门下当差。从此，赵才不离皇上左右，侍候、警卫皇上三十年，忠贞不贰。皇上每次出巡，都让赵才担任走在队伍最前的斥候。

　　赵才向皇上进谏说："目下，百姓穷困，府库空虚，盗贼蜂起，禁令不行，希望陛下回京师，安抚百姓臣僚。臣虽愚笨，冒死相求。"

　　皇上大怒，欲将赵才推出斩首。犹豫再三，方命人将赵才关了禁闭。

　　接着劝谏皇上的是建节尉任宗。

　　气急败坏的皇上，此回二话没说，竟命人活活将任宗打死在朝堂上。可仍有不知死活者，冒死进谏。皇上都令即行处斩。

　　至此，反对声浪方在文武官员中渐趋平息。

　　不过，真是水里按葫芦呵！朝廷官员的反对声浪稍稍平息，西苑如云的嫔妃皆感凄惶、恐惧，都哭哭啼啼恳求皇上带自己同往。因为皇上此前仅勾了几位特别心仪的嫔妃与自己随行，而大部分嫔妃都留在了东都后宫及西苑。

　　多情天子，亦只好于无可奈何中，赋诗一首，以慰未跟自己同行的嫔妃们。

　　诗云：

　　　　我梦江南好，征辽亦偶然。
　　　　但存颜色在，离别只今年。

第一五三回

声色俱厉皇上再下江都
歌谣又起裴蕴指点迷津

分明是看到北方烽烟四起、匪贼横行、以达不可控制，而仓皇出逃，但帝王威仪和盛大排场却丝毫不逊以往。一切安排妥当，皇上从显仁宫中登上御驾，在一众仪仗的导引和层层御林军的护卫下，前往黄河岸边码头欲登龙舟。

皇上车驾行至建国门前，只听一声撕心裂肺的大喊："陛下——"

众人还没醒过神来，只见奉信郎崔民象不顾一切地从人丛中钻出，力排重重禁卫，跪在皇上车驾前，以死相谏道："家不能一日无主，国不能一朝无君！路上盗贼横行，恳请圣上回宫！"

"丧门星！"皇上大怒，为不许其大喊大叫，即命身边侍卫将崔民象的嘴唇连带下巴都割了下来。鲜血淋漓的崔民象被押送到刑场时，早已不省人事了。

皇上登上龙舟，刚至汜水。此就是老臣苏威曾说有贼出没之地，又有一位叫王爱仁的奉信郎率一帮地方官吏于岸边拦驾上表，恳求皇上不要南下，在此国难当头之际，劝慰皇上去西京大兴主政。

此时，在陆上为皇上保驾护航的来护儿，一时动了恻隐之心，奉劝王爱仁等赶紧离开，不要生事。

已上龙舟的皇上，远远望见岸边人头攒动，有人在推推搡搡，以为是劫匪来袭，有如惊弓之鸟，立命下人指使船夫赶紧解缆离岸。而当他了解到是咋回事后，则沉下脸，发出旨意，将王爱仁等就地处斩。

未几，皇上船队到达梁郡（治今河南商丘），当地父老乡亲，在为船队送食之际，见皇上下船散步，亦跪地向皇上苦谏："陛下若巡幸江都，天下必将大乱，华夏则非陛下有之。"

更有人恳请皇上立即返回东都。

一连串的挡驾，使皇上气急败坏。一怒之下，命人将一众苦心相劝的官民统统屠于岸边。

官员和百姓冒死挡驾，是认为：皇上抛弃西京与东都，那还能称作一国之君么？因为，关中和中原才是华夏发祥地和国之根本！君主一旦远走高飞，臣民则如丧考妣，惶惶而不可终日！所以，他们宁可舍身，也不忍皇上南下。

而皇上则想：朕亦不舍离去！是一众逆贼不叫朕安身，朕咋能于此坐以待毙呢！朕在南方主政十载，有不错政绩，南方人对朕有感情，整治起来较容易。待朕重新在南边站稳，再来收拾北方逆贼，并不迟嘛。

皇上和臣民，各想各的，逆贼则明火执仗，与朝廷势不两立。皇上抽身离去，北边形势便更加混沌和无法控制。

而一贯我行我素的皇上，为避免横生枝节，再次发生官民挡驾事，下令水上和陆上队伍加快南下行程，凡有拦路挡驾者，一律格杀毋论。各地按照规定前来送食的官民，都将食物用小船直接载送到船队来，今后，船上人等不再上岸用餐就食。

如此一来，干扰减少，行船加快，皇上方觉天高水长，两岸风光无限，烦躁与郁闷交织的心绪，亦才随之渐趋平复。而正如左卫大将军宇文述说的那样，秋日确是出巡的好时节。此时，日头再猛，天气再热，亦就中午那阵子。加之，舟在水中行，秋风徐来，心中的燥气亦随习习清风飘散得了无踪影。

不过，此刻在岸上保驾护航的宇文述和来护儿两位大将军，可没皇上那么爽。他俩一个在左岸，一个在右岸，身着甲胄、骑于马上，各领一支禁卫军骑兵，顶着日头曝晒，不仅辛苦，且提心吊胆。好在，所到之处的英雄豪杰，虽对船队虎视眈眈，却碍于护驾禁卫军装备精良，防守严密，都抱着好汉不吃眼前亏的态度，没去自找麻烦。

这日，临到薄暮来临时，浩浩荡荡的船队从走了整整几日的狭促漕渠，依次驶入一宽阔浩渺的湖中。船上人一下振奋起来，纷纷出舱，倚着船舷欣赏起眼前之景致来。

此南北四千里的长渠，并非全是人工凿成。沿途如遇河流，就借用河道；如遇湖泊，则借用湖面作行船水道；只在没有借用的情形下，才用人工开凿出一条水道来。

时值八月仲秋，湖面还挺宽阔，水色更是特别清澈；一缕夕照，使湖面荡起金色涟漪，波光闪烁，分外耀眼……远处航道外的湖面上，有渔船在打鱼，水浅处则生长着大片大片芦苇。时下，芦花已然绽放，白茫茫一片，随风头点摇曳。因天气尚暖，苇秆与苇叶则还是一片生意盎然的青色。船行近了，芦苇丛中惊出一群又一群水鸟，使湖光水色，平添生意……

皇上由是心情大好。下令，今日就在湖中过夜。嫔妃们于是个个笑逐颜开，皇上不仅露出久违的笑意，还不时用手指点这，指点那……

龙舟底层的船工于是忙碌起来，选了个皇上中意的位置，放下碇石，将船泊稳，夜幕就在一片忙碌与喜笑间悄然拉上。

皇上携爱妃来到顶层平台，边赏美景，边行宴饮。觥筹交错间，一弯明月升上苍穹，水天相连的湖上夜景，又是别一番情趣儿。席间，皇上饮了不少酒，吟诵了不少前人写夜写水的动人诗篇，十分尽兴。直到夜深，感到一丝凉意，方携爱妃回房歇息。

往日夜里，皇上要不然就是颠鸾倒凤，乐此不疲；要不然就是辗转反侧，彻夜难眠。而尤其是近来，一直处于焦躁不安的皇上，从未睡过一次安稳觉，但此夜，头刚沾到枕上，便鼾声大作了。

不知睡了多久，皇上翻了个身，忽闻外间传来一沙哑低沉的吟唱声。那音调宛转凄凉，如泣如诉，直入心扉！

　　皇上翻身坐起，光脚下榻，推开舱窗，外面的星空，深邃幽蓝，一弯明月，已过中天；远处月光下的湖面上，孤零零泊着一只渔舟。

　　皇上张耳，正想听听歌者唱的是啥内容。岂料，就在此时，歌声竟"嘎"然中止，周遭阒无声息。皇上茫然四顾，空坐舱中，正感惋惜时，苍老的悲音又倏地响起，细听之下，歌者唱的竟是：

　　　　我儿征辽东，饿死青山下。
　　　　今我挽龙舟，又困隋堤道。
　　　　今方天下饥，路粮无些小。
　　　　前去三十程，此身安可保。
　　　　寒骨枕荒沙，幽魂泣烟草。
　　　　悲损门内妻，望断吾家老。
　　　　安得义男儿，烂此无主尸。
　　　　引起孤魂回，负其白骨归。
　　　　…………

　　皇上听着听着，气得浑身发抖。谁个如此张狂，竟敢冒天下大不韪，借歌指斥皇上！于是，大喝一声："大胆！"

　　皇上此一声怒吼不打紧，却把睡在榻上做梦的爱妃吓得惊叫起来。

　　皇上和爱妃的大喊与惊叫声，惊动了于外间值夜的宫女、太监以及侍卫们。接着，龙舟上杂沓的脚步声响成一片……

　　由是，整条龙舟上的人都被惊起了，连在龙舟周遭担任警卫的其他船只，亦惊得不知龙舟上出了啥事儿。

　　皇上衣衫不整，赤足来到舟中大堂，面对一干下人，声色俱厉，问："有人以歌责辱朕，汝等是未听到还是装聋作哑？"

　　众人面面相觑，皆摇头。他们忙碌一整日，到夜间，皇上不就寝，谁敢擅自去休息？所以，一直等到皇上尽兴回归舱房，众人才躺下，并都睡得如死人一般，哪还顾得着去听外间啥人唱歌？

正当众人一个个不知所措时，来护儿从一只警卫船上赶了来。皇上即问来护儿听到湖上有人唱歌辱骂皇上没有？来护儿亦摇头。

皇上想想，便指着远处的湖上渔舟说："一定是那船上的渔人唱的，汝等去将那渔人抓来见朕。"

来护儿遂调动船只去捉拿渔舟上的渔人。

渔舟上人见有数只官船向自己靠近，感觉不妙，连忙划着小舟遁入茫茫芦苇荡中。

在长江边上长大的来护儿，当然清楚不知深浅闯入芦苇荡里，会是啥后果，他只好无功而返地回到皇上面前。

借着月光，在龙舟上看得一清二楚的皇上，明知故问道："人呢？"

"连舟遁入芦苇中了。"

"卿咋不尽力追赶？"

"那可不是轻易能进之地。咱之官船，十有八九，进去就回不来了。"

"卿在吓唬朕？"

"臣下岂敢。"来护儿解释说，"他的船小，熟悉其间路径，往来芦荡，穿梭自如。咱的船大，且不知深浅，一不小心就搁浅于芦苇丛中不能动弹了，此是其一。此外，咱还怕那渔舟是故意引诱咱去中埋伏的。咱的家乡，周遭无山，河港湖汊却多，土匪、强徒、逆贼就靠芦苇荡作掩护，神出鬼没，抢劫往来运输船只。你贸然闯入，正中他的下怀。"

"呵？"皇上大骇！不自禁地望了一眼月光下黑黢黢的一片芦苇荡，日间，还觉风光无限之地，此时，顿觉阴森可怖起来。于是道，"咋不放把火，将他连人带芦苇全烧光？"

"此可使不得。"

"为啥？"

"当下刮的是西北风，咱正处下风头，火借风势，咱的船烧的可比芦苇快得多！"

皇上惊出一身冷汗，忙又改口说："卿去捉拿渔人时，朕想了一下，那歌不像是当地渔人唱的，歌者应是拉纤的殿脚（即纤夫）。"

皇上此说，并非毫无根据，因那歌者分明唱说，"今我挽龙舟，又困隋堤道"。但来护儿摇了下头，说："那就更不可思议了。龙舟自漕渠进入湖泊，就不用拉纤了。所有船只都是靠风帆和船上的船工撑篙及划桨前行的。殿脚们则沿驿道而行，他们即使唱歌，船上人咋能听到！"

皇上一想，来护儿说得确实不错，可自己却是真真切切听到那歌的。那究竟是谁唱的呢？皇上正犯踌躇时，一轮朝日已从东边天际喷薄而出了。

若在过往，皇上对指斥他的人，是绝对不会善罢甘休的。可时下，水上惊魂，闹腾了半夜，已身心俱疲。而且，此还是在捉摸不透的湖面上，去哪里寻踪觅迹？尤其是经来护儿提醒，水网芦荡，非安全处所，于是，便下令龙舟加速前行，尽快离开这莫测幽深的水泊。

自此，心情稍有好转的皇上，又倏地低落下来。

一路辛辛苦苦为皇上保驾护航的宇文述，知道皇上郁郁寡欢，心中着急，却又无计可施。

这日，船到盱眙（今安徽省淮安市盱眙县），走了很长水路的皇上，终于登岸，驻跸当地专为皇上修建的离宫都梁宫中。

稍稍松了一口气的宇文述，检查布置好各处警卫队伍，前往都梁宫觐见皇上。他行过跪礼，即说："往前，龙舟即将进入邗沟，江都指日可到。陛下船坐久了，是否能在盱眙多歇几日？"

"不了。今夜歇一宿，明日就启程。"皇上让宇文述坐下后，继续说，"公来得正好，有个事儿，朕正要与汝相商。"

"请圣上示下。"

"朕想弃船从陆路去江都。"

"噢？"宇文述的头一下子大了。

船坐得好好的，咋又要改乘车？而且，事前毫不知情。跟随皇上南下的嫔妃虽减大半，但还是不少，若文武官员也都改乘车驾，盱眙是个小地方，一时半会去哪调集大批车辆和马匹？

皇上见宇文述"噢"了一声，便没了下文，就问："公是咋啦？朕想坐个车，公就没辙啦？"

"邗沟一带，水面宽阔，坐船稳稳当当，圣上在船上不仅可以观赏不一般的淮南湖光山色，几日工夫，舒舒服服不就到江都了吗？"

"船坐久了，发腻。朕想乘车。"

"就圣上一人？"

"皇后亦与朕同往。"

"哦……"宇文述大大松了一口气，说，"若是此样，那好办。"

"莫忘了，把蜀王和齐王也捎带上。"

"此亦好办。"宇文述此才向皇上道出原委，"盱眙是个小地方，都梁宫里为皇上出巡配备的车驾，总共也就十余乘，如果船上大臣和嫔妃都要上岸坐车，那就着实叫臣下着难啦。"

"此事不要让随行大臣和后宫中人知晓。船队还按以往那样排列，仍由来护儿作水上警戒。公则率骁果从驿道护卫朕赴江都。"

"是。"

"公先去与来护儿密议一下。明儿一早，就各自启程。"

皇上此番布置，到底是啥意思呢？

首先，须说说皇上话中提到的两位王爷。其中的蜀王，即是久违了的皇上四弟杨秀。皇上共有一兄三弟，此四人中，活到今日的，只剩蜀王一人。杨秀冤枉遭罢黜，一直被软禁。而且是，皇上走到哪里，就将他带到哪里。十余年来，且一直是由宇文述经手看管着。皇上就怕杨秀一旦逃脱，另立山头，所以，对他分外警惕。另一位齐王，即是皇上次子杨暕。父子交恶后，皇上给儿子高官厚禄，却从不给予实权，更不让他带兵，亦常放自己身边。而尤其是在此多事之秋，皇上更不敢对亲弟和亲生儿子，掉以轻心。因为古往今来，许多意想不到的突发大事，都是至亲酿造出的。

除此而外，皇上坐了这么久的龙舟，就剩不长一段水路，仅几日工夫即可抵达江都，为啥却突然改变主意，要乘车呢？难道真是因为船坐腻了吗？不是。那又是为啥呢？

前面这条不足四百里的邗沟，说它是"沟"，并不准确。首先，它连通淮河与长江，水量之充沛便可想而知。不仅如此，这条航道还有一个特点就是湖泊连着湖泊。它从长江北的邗口向北延伸，经陆阳湖与武广湖之间，再往北穿越樊梁湖、博支湖、射阳湖、白马湖，经末口入淮河。其间水网如蛛网一样四通八达，十分复杂。太平年代，从这条水道经过，湖清水秀，美不胜收，可大饱眼福。此外，不论拿起何种渔具投入水中，起水便能捞到活蹦乱跳的鲜鱼，还可大饱口福。除此而外，在此秋季，湖中还盛产菱、藕、莲籽、野鸭等各类水产品。但，时下则不成，走上一日还走不到头的芦苇荡，试想其间能藏多少水上逆贼？人家躲藏于暗处，你皇家的船队则在明处，上不着天，下不沾地，那还不是只能任人宰割？说到底，皇上怕的就是这！

次日清晨，一轮孤零零的残月，尚在幽蓝的天际间挂着，清脆的梆子声，刚敲过四更。而就在此一刻，禁卫森严的都梁宫的大门"吱吱呀呀"地洞开了，从宫里鱼贯冲出一彪全副武装的轻骑，紧跟其后的是五辆同样制式、用四匹马拉的高规格车驾。车驾之后，亦同样是长长队列的骑兵队伍。

打前没有了威武气派的仪仗，队列中亦少了意趣盎然的歌舞乐伎等，此在皇上出行，可还是破天荒的头一次。

队伍驱散晨早寒露，一出宫门，拐上一条宽阔的驿道，向南急驰而去。一路之上，没有杂乱的喧哗和鼓乐的鸣奏，只听一片急促的马蹄声和车轮辗压地面的"嚓嚓"声……

五辆车中，蜀王杨秀乘坐的是第一辆。车夫而外，与杨秀同坐车厢里的还有三位武艺高强的侍卫。杨秀戴有脚镣、手铐，没上枷。看守的侍卫则全是徒手。不过，以此用来对付当下的杨秀，已绰绰有余。十余年来，杨秀尝试过逃跑，也尝试过自杀，但都被早有提防的宇文述手下人一一化解。事到如今，杨秀也像换了个人似的——往日那种桀骜不驯的性格已荡然无存，而今的杨秀纯粹就是一具行尸走肉，给啥吃啥，亦不与人搭腔，长得倒是膘肥体胖。

跑在杨秀车后的第二辆和第三辆车，都是空置的。中途如有车辆损坏，可及时更换。皇上与皇后则共乘不大显眼的第四辆车，此车中，仅有侍候他们的二位贴身宫女。他们之后的第五辆车里，坐着齐王杨暕。与他共乘一车的，是他近来最爱的一位嫔妃和二位宫女。

皇上因患失眠症，彻夜未眠，天未明即登车启程了。所以，一上车，便歪靠在一名宫女身上，一直是迷迷糊糊、似睡非睡着的。

此条驿道，皇上在做晋王时，就来来往往不知跑过多少次。该路亦屡经翻修，宽阔而平整。皇上的车驾，一路风驰电掣，奇快无比。但，再好的路面，亦难免会有小小突兀之处。即使是一颗小石子，被快速的车轮碰到，即会发生剧烈颠簸。皇上就是这样，冷不防即从睡梦中颠得反弹而起，一不小心，头磕在厢板上，碰得"咚"地一响。

似睡非睡，正做噩梦的皇上，双手抱头，惊恐异常地大喊道："宇文公，快来救朕！"

此时，坐在前排透过拉开一条小缝目视窗外的皇后反而十分镇静地回头问："圣上，您咋啦？"

"是不是有逆贼打劫来了？他们击中了朕的头。"

一次，皇上在从晋阳返回东都的途中，曾遇逆贼打劫，抢走四十二匹御马，此事使皇上至今仍心有余悸。

皇后宽慰皇上说："您瞧，外间天气有多爽，何来逆贼？"

皇上亦将后窗严实的窗帘拉开一条缝，外面不仅天亮了，而且还是个大晴天，一缕晨光穿过缝隙射入车厢。

然而，皇上座驾不因颠簸了一下而减慢车速。飞速前行的御驾，从窗缝袭进一股清风，皇上感受到了和煦的晨光和清风，心绪稍许平静下来，即闻阵阵急促的马蹄声，那声响如雷贯耳，叩击着他的心头。他倏地又紧张起来，问："是不是阿孩（杨暕的乳名）追来了？"

皇后则说："阿孩的车子在跑，圣上的车子也在跑，此不是同去江都吗？他追啥呢？"

"朕不是那意思。朕是怕阿孩撵来打杀他爹！"

"圣上想到哪里去啦？阿孩不是咱的亲骨肉吗？他咋能那样？"

"此种事，女人不懂。欲图大位，他才不管谁是谁呐！"

"杏儿（宫女小名）！"皇后大声道，"好生侍候皇上！皇上昨夜没睡好，光说诳话。"

车厢内，顿时没了声息，只闻阵阵急促的马蹄声伴着呼啸的风声，一阵紧似一阵……

值得庆幸的是，水路也好，陆路也好，齐头并进的两支队伍都安然无恙地抵达了江都。

皇上入住江都宫，仅歇一日，有的乘船官员尚未抵岸，而皇上就因各项急务缠身，便毫不迟疑地上朝了。此时的皇上明知国是已不可为，但仍勉力支撑着。他想稳住岌岌可危的朝政，即使只能保住江南半壁江山也是好的。

一路奔波，有病在身的左卫大将军宇文述首先启奏道："倾接山西河东抚慰使李渊奏报，突厥大举侵扰山西、河北边境，请求朝廷派军前往驰援。"

"李渊？"宇文述如果不提此名，皇上还真把他给忘了。经此一提，便立刻转向裴蕴，问，"此是咋回事？不是已派人去宣李渊来东都述职的吗？他咋还在晋阳主事？"

"禀告圣上。"裴蕴解释说，"赴晋阳宣诏的钦使返回东都，圣上大驾已在前往江都的路上了。钦使从驿道一路赶来，到达江都已有数日，臣下亦是昨日上岸才与他照面的。"

"那么，钦使咋没将李渊带到江都来？"

"钦使说，他到李渊府上时，李渊卧床不起，全身都变成了青黄色，病得不轻，若让他勉强上路，必死于途中。"

皇上一听，十分生气，说："李渊既病得不能起身，咋还在操持军务？并向朝廷急报军情？此明明是蓄意装病嘛——罪加一等！"

裴蕴则继续道："此次，那名钦使还同时从东都带来另一消息。他说，皇上离开东都，已不传唱的童谣，又在街头巷尾唱起来了。而且，被一个叫李玄英的秀才，将那谶言破解。"

"啥？"皇上大为惊奇。

"李玄英解释说：'桃李子'即是一个在逃的李姓人；'皇后绕扬州，宛转花园里'，则寓意皇上皇后此次盘桓于江都，难以返回东都了；'勿浪语，谁道许？'即密也！因此，他明白无误地指说，应验图谶的人是在逃的李密。"

"那个李玄英呢？此人妖言惑众！也应将他碎尸万段。"

"此人将谶语破解，即离东都追寻李密去了。"

"呵？"皇上更感不可思议，紧问，"李密脱逃现过身后，不是又逃得没见影子了吗？这个李玄英到哪里去寻李密？"

裴蕴茫然摇头道："就是不知哩，好奇怪的！"

皇上沉吟许久，作出两项决定：

一、免除李渊山西河东抚慰使职务，处理待定。

二、诏令各郡、县衙，加紧缉捕李密和李玄英。

宇文述一听，忙问："突厥入侵山西、河北事，咋办？"

"再说吧。"此时的皇上显然已顾及不到突厥入侵的事了。

那么，已然销声匿迹的李密，又在何处呢？

第一五四回

李密跃然现身气盖四方
须陀临危受命威风八面

提起李密，话须从头说起：

玄感起兵反叛朝廷失败，李密被擒。他作为朝廷要犯，在押解至高阳途中，于邯郸境内的石梁驿逃脱，藏于一农家废弃的粮窖中，躲过一劫。逃亡路上，可谓苦不堪言，饿极时，就去田间捕只青蛙，挖条黄鳝之类，生吞活剥充饥。幸好，他人生得黑瘦、个小，蓬头垢面，一点都不显达官贵人或公子哥儿样貌。夜里，他最喜的栖身处就是破庙。那里不仅安全，偶尔还能觅到一点善男信女求拜菩萨的贡物之类。

李密在押解途中，就曾留意平原（今山东陵县）有个叫郝孝德的好汉，怎生了得，附近官军都不敢拢他的边。所以，逃脱之后，他就往东而行直奔平原而去。说来也巧，李密还未到达平原地界，正遇一个郝孝德手下头目领着一帮人打家劫舍。他便与其搭上关系，进了郝孝德的山寨。

李密欣喜地通报了自己的姓名，并慷慨言说了自己的志向。没料，大字不识的郝孝德根本不吃李密那一套，而且，不信一个矮小的叫花子，会是鼎鼎大名辅佐过杨玄感造反的蒲山公。

郝孝德叫一个人高马大的小头目来与李密比试武艺。那意思就是说，你赶紧走吧，别在寨子里自讨没趣了。岂料，仅过一招，李密就把那位大个子的小头目打趴在地。李密个小，但自幼即跟从师傅正儿八经习过武的。郝孝德一看李密还真有两下子，此才让他当了那小头目的副手。

李密总算有了个安身立命的去处，结束了流浪生涯。一次，他对郝孝德说，武艺高强，仅能多打败几个敌手，欲成大事，还要靠心劲。郝孝德对这种话，自然听不进，根本不予理会。李密一看，志不同，道不合，不多久便借故与他分道扬镳了。

接着，李密辗转来到淮阳（今河南周口）一个村庄里，化名刘智远，做起了村中塾师。

再次结束颠沛流离生涯的李密，小日子过得还算平静。可李密生来就不是个甘于寂寞的人，否则，堂堂蒲山公哪会成为天之第一号通缉犯呢？他在村中刚刚养足一点儿精气神，就跃跃欲试地不安分了。

这日，李密喝了几口小酒，便飘飘欲仙地诗兴大发起来。他磨了一砚池墨，便挥毫于村塾的白粉壁上，赋诗一首：

淮阳感怀

金风荡初节，玉露凋晚林。
此夕穷途士，空轸郁胸心。
眺听良多感，慷慨独沾襟。
沾襟何所为？怅然怀古意。
秦俗犹未平，汉道将何冀。
樊哙市井徒，萧何刀笔吏。
一朝时运合，万古传名器。
寄言世上雄，虚生真可愧。

平原这地方，乃中原之腹地。别看一个不起眼的小村落，识文断字者，亦大有人在。有一邻村送孩童来上学的家长，看到墙上的诗，暗自一惊，觉得这位外乡塾师不简单，就偷偷将诗抄下，报到淮阳太守赵佗那里。

赵佗看诗，如见其人，已经猜中此诗极有可能就是通缉犯李密所作，再仔细从告密者那儿询及村塾的样貌与口音，一一都对上了号。

赵佗立即拍案道："果然是他！"遂派人前往抓捕李密。

不过，既有告密者，亦不乏通风报信人。李密在村中几个月，人缘不错，教书尽力。收学生，有交不起学费或少交学费者，他都不予计较。所以，事先得到消息的李密，又一次逃之夭夭了。

好不容易发现李密行踪的官府，在各郡县展开了大搜捕。原不想连累亲友的李密，在走投无路的情形下，于一个月黑风高的夜晚，潜入到妹夫雍丘（今河南杞县）县令丘君明的家中。

丘县令一看，来人竟是满世界通缉的大逃犯，顿时，头都大了！自己是一县之父母官，平日府上迎来送往，如走马灯一般，哪藏得住这么个大活人？于是，在与好友王秀才密商后，将李密藏入到他家里。

王秀才过往就仰慕李密才华，不仅收留了李密，还把自己的女儿嫁给了他。李密因祸得福，过起了神仙般的日子。但，好景不长，没过多久，此事被县令丘君明的堂侄丘怀义知晓，并向官府举报。

岂料，官兵前来抓人那日，李密恰巧外出不在家里。他听到消息后，又一次兔脱了。而丘君明和王秀才及李密新婚之妻，均被官府处死。

也真是无巧不成书。再次有如惊弓之鸟、落荒而逃的李密，于逃亡途中意外碰到他从前的一位学生，此人名叫王伯当。

王伯当一眼认出先生时，亦是大吃一惊，问："您咋在这里？官府到处张榜，正在抓您呐！"

王伯当赶紧把李密引至一僻静处，李密才把两年逃亡的种种遭遇和个中酸楚告诉了学生。

王伯当想了想，说："咱家亦不是先生栖身处所。学生倒是想到一个地方，只是不知老师是否肯去。"

"是何处？"

"瓦岗寨（今河南滑县东南）。"

"你说的这地方，咱听说过，只不知寨主是否能容咱。"

"此似没问题。瓦岗寨主叫翟让，是学生的好友。他为人豁达，城府不深。咱估计，您欲能屈身山寨，他会欢迎的。"

"咱逃犯一个，何身份可言？他能让咱容身就不错了。"

"若是此样，那就好办。学生愿追随先生，同入山寨。"

于是，一路上，有了王伯当作掩护，二人不日即达瓦岗寨。

翟让见前来投奔自己的不仅有老友王伯当本人，更有曾辅佐过杨玄感造反的蒲山郡公李密，果然喜出望外，并设宴为他二人洗尘。

寨主翟让，原是山下东郡（治今河南滑县）府衙一名法曹，因犯死罪，被关狱中。

狱吏黄君汉认为翟让是条好汉，就在夜里当值时对他说："翟法司，你为人正直，武艺精湛，哪堪在此狱中等死呢？"

翟让闻言，暗自吃惊说："我翟让，下到监牢，还不如同一头待宰的猪羊一般吗？"

黄君汉当即为翟让打开枷锁。翟让再三拜谢说："我蒙受您的恩德，得以再生，但，黄法曹，您咋办呢？"翟让说着，便流下泪来。

黄君汉则发怒道："咱本以为你是条汉子，出去可以拯救黎民百姓，却原来如此儿女情长，似婆姨一般！你快走吧，莫多想别事了。"

翟让出去不久，即拉起一拨人马，渐成气候后，便将队伍带到山高林密、地势险要的瓦岗寨占山为王。

而今，翟让手下有同郡单雄信和徐世勣两员骁勇善战的干将，成为他的左臂右膀，其声势亦在与日俱增。

单雄信，作战勇猛，善使一杆长槊；徐世勣，年方十七，却有勇有谋，是一少年英雄。二人都真心实意忠于寨主翟让。

此外，这三人都是东郡人氏，兔子不吃窝边草，瓦岗好汉不侵扰本郡黎民百姓，常到荥阳、梁郡一带，伏击通济渠内航行的官、商船只，寨内供给因而十分充裕。此样一来，归附瓦岗寨的人越来越多，几年工夫，便发展至万余人，组成了一支远近不可小觑的瓦岗军。

翟让听说前来投奔自己的不仅有老友王伯当本人，更有曾辅佐过杨玄感造反的蒲山郡公李密，果然喜出望外。

…………

宴饮间，翟让先向李密介绍了单雄信和徐世勣二位干将。接着，又向二将介绍了李密和王伯当二位新人。

年少气盛的徐世勣十分活跃，他对名气大却貌不惊人的李密很感兴趣，经过介绍，相互认识后，开口即问："您觉得咱寨子咋样？"

"不错，不错！"李密恭维道，"山清水秀，人杰地灵，易守难攻，确是个极为难得的好处所。"

"哈！咱倒不想听您给瓦岗寨戴高帽。"徐世勣说，"您曾为杨玄感之军师，弟兄们很想听听您对瓦岗寨今后发展有何高见？"

几杯烈酒下肚的李密，看了徐世勣一眼，又环顾了一下左右，便侃侃而谈起来。他说："当下，天下大势，已不能与三年前玄感造反那时节同日而语了。可以此样说，大伙遇上了难得的好时机！诸位看嘛，今之主上比以前更昏聩，朝臣亦只顾自个捞好处，无比奸邪，民怨则已沸腾，从而招至天下大乱，群雄纷起。朝廷呢？因其精锐之师，多葬送在了辽东，近年又与北边突厥交恶，可谓内外交困，已呈强弩之末、气数将尽之势。皇上则因关内和中原皆已失控，才退避到了江都。若依愚见，乘虚席卷二京，殄灭暴君，并不是不可及的事。所以，咱要抓住此难得的良机，快速壮大自己，将来必定能有大作为。"

"说得好！"年少气盛的徐世勣起立，恭恭敬敬地为李密满上一杯酒，道，"小弟敬李大哥一杯。"

与坐者都被李密的豪言煽得跃跃欲试，唯独翟让摇头对李密说："我乃跻身群盗，只有燕雀之志，仅能安守本分，不伤天害理，做点杀富济贫事而已。君之言者，非吾所及。"

李密呷了口酒，朗声道："翟寨主，过谦了，不可妄自菲薄嘞。昔日刘、项，不都是布衣出身，而成就帝业的吗！"

翟让笑道："那是刘、项，咱咋能与他们相比。"

翟让与李密初次见面，想法虽有距离，彼此却都能以礼相待。李密落草瓦岗寨，所做第一件事，就是频拜周遭各山头，以说服各大小寨主聚集翟让瓦岗军旗下，用以对付共同之敌——朝廷。

一旦有了立足处，李密身价，其实不菲：

一是，他曾是杨玄感军师。仅此一点，就有很大号召力。玄感是名臣名将杨素之后，败亡虽快，影响却大。海内各大大小小英雄豪杰，许多都是受他的影响，步其后尘，揭竿而起的。

二是，李密出身四世三公的贵族家庭，此一身世，无人能及。尤对一些对朝廷失去信心的地方官吏和贵胄子弟，更具吸引力。

三是，从东都来的那个李玄英，到各山头寻觅李密，说他应验图谶，将得天下，使李密更添一层神秘色彩。

加之，李密能说会道，告诉众人，只有抱团，增强与官军的抗衡能力，才能自保。于是，一时之间，便有外黄（今河南开封东南）王当仁，韦城（瓦岗以东）周文举，雍丘李公逸等，都率部前来投奔瓦岗寨，尊翟让为首领。

瓦岗寨的人气旺，实力增，李密便向翟让建议说："咱不可再据守于瓦岗一隅，应有所发展。"

翟让则问："蒲山公觉得咱向哪发展为好？"

"凭咱目下实力，可先取荥阳。"

"那成么？"翟让吓了一跳，颇为忐忑地说，"荥阳为郡治所在，是个大地方，其辖下管着好几个县呐！"

"朝廷主力已然南下，周遭防范早已空虚，拿下荥阳及辖下所有县城，应不成问题。"

"公是想攻下各个城池，弄点浮财，见好就收，还是想长此占据那些地方？"

"咱既凭实力打进去了，就不用再回瓦岗寨做山大王了嘛。咱先在荥阳扎下根来，再徐图大业。"

"呵？"翟让大骇！他转念一想，连道，"不成，不成！"

"为啥？"

"荥阳之侧，即是洛阳。朝廷还误以为咱是觊觎帝都呐！"

"哈哈哈哈……"李密开怀大笑，说，"咱对东都有想法，又咋样？皇上连同大臣不是都去了江都吗？咱这就叫乘虚而入。当下之皇上，已鞭长莫及，岂奈我何！"

"公如此之想，翟让做梦都未曾梦到过。这样吧，咱先就近打一两个县城，试试水性，再作下一步打算，若何？"

"行。"李密点头道，"咱听翟公的。"

于是，翟让一声号令，命徐世勣、王伯当率三千精兵作先锋，自己则和李密率主力殿后，浩浩荡荡，直奔荥阳辖下县城。

接下来的事，果如李密所料。徐世勣和王伯当以迅雷不及掩耳之势，一举将荥阳东南的重要关隘——金堤关夺下。殿后的大军便如水银泻地，兵分数路，占领了荥阳郡辖下的数个县城，并一举将荥阳郡城团团围住。

荥阳太守郇王杨庆站在城头，见城外旌旗招展，黑压压一片尽是瓦岗军。一面布置将士严防死守，另一方面分别向江都和东都发出求救信，并在信中告知，被通缉的要犯李密再现江湖，并做了瓦岗军的军师。

却说，杨庆告急信传至江都，已是冬十月的某日。此使皇上大感震惊！

李密不仅露头，且，来势凶猛。若与两年前杨玄感造反那气势比，此次乃是有过之而无不及。荥阳若失，下一个目标，显而易见就是东都！

对此危局，满朝文武，竟无一人吱声，整个朝堂，一片死寂。

皇上自来江都，已是焦头烂额。不过，稍稍缓过一口气后，他仍在勉力支撑，欲挽颓势。他想：这个李密果真了得！追捕两年，几次兔脱，原以为他会从此销声匿迹。岂料，今又卷土重来。此番，他既露面，就不能再次错过机会，让他重又逃脱，务必一举铲除此一扰乱社稷的祸根，此样，大隋方有可能走出困境！那么，派谁去？才能制服他呢？

皇上正这么想时，朝堂上倏地站出一人，说："臣愿去讨伐瓦岗军，并擒获李密。"

站出的人，乃是左翊卫大将军来护儿。

皇上望他一眼，心头一热！但，随即却摇头说："朕不是认为来将军无扫灭瓦岗军的能力，是江都不能没有来将军。"

皇上此说，并非虚情假意。这次南下江都，对朝廷、对皇上忠心耿耿并最为得力的大将军仅二人而已。一是来护儿，另一位即是左卫大将军宇文述。而且，一到江都，没过几日，宇文述就一病不起，军务上事，仅来护儿在勉力支撑着。同时，他还要兼顾整个江都郡城的守护。加之，来护儿是江都本地人，并熟悉江南各地人与事，且在当地，有极高的人望，在此多事之秋，皇上一举一动都不敢离开这位来大将军。

此时，黄门侍郎裴矩出班奏说："臣以为，远水不解近渴。殄灭瓦岗军和李密事，还是交由张须陀将军就近出马为好。"

皇上一想，此建议不错。张须陀原本就是齐郡（治今山东济南）丞，并兼任河南十二郡讨捕大使，他治军严谨，领兵打仗能力过人，山东、河北一带逆贼，只要听到他的名字，便谈虎色变、闻风丧胆。

于是，皇上立命虞世基起草诏书，加命张须陀为"荥阳通守"，率军驰援荥阳。并嘱他：务必拿下李密，活要见人，死要见尸。而张须陀原先的各项职衔皆不变。

处置完此事，皇上进而一想：李密既铁定是图谶中那个妄图窃取天下的逆臣贼子，那么，远在晋阳的李渊就不应再是有篡夺天子大位的嫌疑人了。山西既为突厥所侵，也已告急，何不再次启用李渊去对付侵入边关的突厥呢？上次雁门之围不就是李渊的儿子用计破解的吗？

捉襟见肘的皇上，于是，再命虞世基拟诏，任命李渊为山西留守，以抵御来犯的突厥，并兼肃清境内匪贼。

皇上将诏书内容口授完毕，又沉思默想起来，想来想去，还是对这位至亲表兄不够放心。思之再三，又任命了自己身边的两位宿卫军官王威和高君雅为山西副留守。此二人都曾跟随皇上远征过高句丽，带兵打仗能力虽乏善可陈，但绝对忠于主上。

皇上处置完此二事，司宫魏氏急急忙忙来到朝堂，跪泣道："左卫大将军去世了。"

原来，宇文述病重期间，皇上几次都要亲自前往探视，皆为群臣苦谏而作罢，这才派了司宫魏氏前往问候。去前，皇上还特别叮嘱魏氏，问宇文述有什么未尽之事要交代。所以，皇上伤心之余，即问："大将军临终有何交代？"

魏氏回答道："大将军要奴婢对圣上说：'化及是臣下的长子，很早就担负了朝廷护卫，希望陛下能原谅他，给他一个改过自新的机会。'"

皇上听后，潸然泪下，说："朕知道了。"

接着，皇上停止了朝议。

下诏：追赠宇文述为司徒、尚书令、十郡太守，赏赐四十名佩戴班剑的卫士为他执绋，一辆灵车，前后各一部乐队仪仗，谥号为恭。

此外，皇上又令黄门侍郎裴矩，用三牲之礼祭奠之，并让鸿胪卿为宇文述主持丧事。

宇文述的两个儿子，宇文化及和宇文智及，于大业三年犯事，本当处斩，后因宇文士及之妻、皇上长女南阳公主求情，皇上才改判他俩为宇文述的家奴，至今，二人一直赋闲家中。于是，皇上重新任命宇文化及为右屯卫大将军，任命宇文智及为将作少监。

殊知，皇上此次情急中任命的山西留守李渊也好，好心好意任命的宇文化及兄弟也罢，不久，都恩将仇报，成了皇上和大隋王朝的掘墓者，此当然都是后话。

却说，张须陀接到荥阳通守的任命，即率手下罗士信、秦叔宝等名将从齐郡出发，杀奔荥阳，救急解围。

时年五十有二的张须陀，原本就是大隋一位悍将。因长期以来，他头上有一批更出名的将领存在，而被那些更出名的将军们的光环所掩盖，才使这位干将并不那么出名。开皇十七年，张须陀任昆州（治今云南省昆明市）刺史，跟从史万岁讨伐西爨，因功被授仪同；仁寿四年，汉王杨谅造反，他又跟随杨素平叛，屡立战功，因功加授开府。到大业七年，张须陀担任齐郡丞时，邹平（今山东邹平）人王薄率先号令一批难民，聚众于长白山起事，官府屡次出兵围剿，王薄则愈战愈勇，不仅未被剿灭，反而发展至十数万人。

当时，因天下很久一直处在太平年月，各地府兵多不习战，见到王薄的军队，不是逃跑就是投降。但张须陀所率府兵，训练有素，连败王薄叛军，每次都斩杀千数人。到大业九年，王薄又联合孙宣雅、石秪阇、郝孝德等共十余万人，来势汹汹。张须陀则与周法尚分水陆二路对叛军实施夹击，再次杀得王薄等大败而逃。从此，张须陀威风八面、名噪一时，只要出战，必胜无疑，遂成大隋无人不晓的大将。

再说，在荥阳周遭连连得手，囊括不少金银财宝的翟让，听到张须陀率军杀来，便要见好就收，撤军回寨。此前，翟让的瓦岗军曾数度与张须陀交手，皆铩羽而逃，无一胜绩。

李密一听翟让要撤军，急了。忙说："张须陀这人，咱知晓。他治军有方，严于律己，所以，士卒都能服从他。他打仗，身先士卒，手下人也肯为他拼命。可他有个最大弱点，有勇少谋。故，杨素、史万岁、贺若弼等一代名将在世，军中并不闻张须陀之名。加之，近年他一直在打胜仗，处上风，咱正好可趁其目空一切之际，打他个下马威。"

"不，不，不！"翟让仍是挠头，说，"蒲山公，你从未与他照过面，不知他的厉害，咱是尝过他的苦头的。"

"唉——"李密长叹一声，恨铁不成钢地道，"咱李密还想辅佐公一齐去打天下呐！咋能才遇一个张须陀，就打退堂鼓，避其锋芒呢！此不是长敌气焰，灭我正在高涨的军威吗？"

过往，瓦岗军都是分作小股，到通济渠或别的啥地方干些劫夺财货的勾当。今在李密影响下，一连横扫了好几个县城，众头目的心，一下也都变大了。所以，大伙都跃跃欲试，转而支持李密，以对抗张须陀统率的官军。

好在翟让并不固执己见，他就坡下驴，说："说句实话，打张须陀，咱还真没这个本事。此仗怎么个打法，咱亦听军师的吧。"

李密亦不推辞，便排兵布阵起来。

一边是常胜将军张须陀统领的官军，一边是落草瓦岗寨不久的军师李密所率之绿林好汉，此仗会打出个啥结果来？远在朝廷的皇上和身处东都城内的留守们，还有交战双方的将领，都在拭目以待！

第一五五回

打荥阳须陀首败丧黄泉
攻东都李密再围蹈覆辙

张须陀与副将贾务本带着秦叔宝和罗士信二位得力干将，率二万精锐，从齐郡威风凛凛地杀奔荥阳。

瓦岗军据守金堤关一线，在李密统一部署和指挥下，以逸待劳，做好了迎敌准备。

如果仅从人数看，而今的瓦岗军已远超了张须陀的二万余众。但，张须陀对逆贼人数占优，并不以为然。他认为贼军皆乌合之众，打家劫舍、杀人越货、欺凌村中民团还行，若论摆开阵势行兵打仗，则稀松得如同一团豆腐渣儿，一戳即散。此外，张须陀在与匪贼的数度交锋中，还有一得。即，贼军人数愈多，则愈乱。为啥会此样呢？须陀认为：一是，贼兵缺乏军事质素和训练，一见正规军就怯，一怯，则乱；二是，领军者无军事头脑，兵多了，反而摆布不开，根本不会用兵。战一开打，即无所适从，能不发生混乱？

两军终于相遇在险峻的金堤关下，战局一触即发！

须陀这边令旗一挥，鼓角齐鸣，全体将士猛地发出一声地动山摇的怒吼，真个是令人热血沸腾、血脉偾张！接着，各支军队齐刷刷地列成方阵，手持利器，如排山倒海一般，无所畏惧地朝着瓦岗军直逼过来。

而另一方的瓦岗军主将翟让骑在一匹不久前才从官军手中缴获得来的纯白汗血马上，他个子高大，手握一杆长枪，开始，腰杆儿还挺得很直，很有一股将军气派。可猛见气势如虹的敌军列阵直逼过来，汗血马尚未出汗，他则冷汗直冒了！他想：这个张须陀是自己能够战胜的吗？真不该轻信李密的鼓噪咧，但事到如今，后悔都来不及了！

翟让正这么想时，对方副将、鹰扬郎将贾务本骑一红鬃烈马，手持一把明晃晃的长斧，已杀奔过来。

翟让从前没少吃过这位鹰扬郎将的亏，知道那把斧头无比厉害，好汉不吃眼前亏，他拨转马头返身就跑。

士卒见寨主撤了，亦都争先恐后，朝后回撤。原先，费很大劲方排列齐整的队伍，一下就散了架。

就在此战之前，为振军威，李密着人为瓦岗军设计、制作了一批旗幡，分发给了各支队伍。此一退却，情急中的士卒，只顾逃跑，便将那些碍事的色彩斑斓的旗帜弃置于地，任追来的官军践踏。

战前，李密的安排，也是让翟让率主力正面迎敌，两军交锋后，佯装不支，且战且退。没想到，两支队伍甫一对垒，还未真正交手，翟让就吓得假戏真做，溃不成军了。

隋军由是士气大振，呐喊震天，一路穷追猛打。瓦岗军则东逃西窜，纷纷避让到了他们熟悉的山林中。

而当官军毫无顾忌地一路追过一座林间寺庙时，猛听一声震天动地的号炮响！埋伏于大海寺后的李密、王伯当、徐世勣率一千精兵兜屁股照着官军就是一顿猛杀猛砍。

官军日夜兼程，从齐郡匆匆赶来，其实已困顿不堪。加之，刚才异常兴奋，穷追败贼，个个都奋不顾身。此时，突然从斜刺里杀出一干生龙活虎的伏兵，一下都气息不匀地傻眼了！

人，都是肉做的。疲惫已极的官军，见此情形一个个都软了下来，立马就变得不堪一击了。战场情势逆转，此番，哭爹喊娘的轮到了众官军。

已冲到前面的主将张须陀回头一看，顿感情况有异，立马召唤周围士卒返转身来，欲杀一个回马枪。

殊知，又听一声炮响！一位头戴黑盔、身着黑甲、骑一黑马的瓦岗军头目，率一彪人马，从大海寺的另一侧冲杀过来，死死缠住张须陀不放。此位黑将军乃翟让爱将单雄信。张须陀已没退路，二人便扭杀成一团了。

仗打到此分上，就连傻子亦能分辨出孰优孰劣了。何况，翟让原本是东郡一名法曹，亦有一身武艺，当然，他并不傻。败逃之中惊魂不定的翟让，猛地发觉战场情势逆转，欣喜之余，振臂一吼："弟兄们，拼了！"

翟让的那匹名贵汗血马果然非同一般——不仅跑得快，而且，极醒目！原先被官军杀得东躲西藏的瓦岗军，见寨主一马当先，回杀过去，而隋军已阵脚大乱，亦从原先躲藏的林子中如潮水般冲了出来。情势变了，胆子大了，这些往日虽缺训练的毛贼，自也不是吃素的。他们人多势众，把往日对官军的仇恨一股脑都发泄了出来。

英雄一世的张须陀，开始还指挥若定，左冲右突，见敌士气旺盛，人越涌越多，而自己的将士则成了强弩之末，亦无心恋战，他因之使出浑身解数，方摆脱单雄信的死死纠缠，从重围中冲了出来。可当他缓过一口气，转身看时，只见自己的副将贾务本还陷在包围圈里，且已岌岌可危。张须陀未及细想一夹马腿，又冲入到了血腥的包围圈中。

此时，原本冲在最前的贾务本，当下自然成了瓦岗军的众矢之的。他已数处受伤，血流不止。如果不是罗士信和秦叔宝两位悍将从左右夹护，则早就为瓦岗军剁成了肉泥。有气无力的贾务本在罗士信和秦叔宝的护卫下，且战且退，挣扎着想杀出重围，但瓦岗军的一拨人刚被打散，又立即涌出一批人来，将三人团团围住，使之无法脱身。待到张须陀杀奔而来，贾务本等一伙人，才稍稍缓过劲，候到一丝突围希望。

岂料，正为张须陀的逃脱，感到无比懊恼的单雄信，眼见他又折返到了战场上，一夹马腿，立即迎了过去。

已然筋疲力尽的张须陀，看到单雄信气势汹汹地杀来，先是一惊！但为掩护爱将，不得不勉力继续迎敌。可就在此危急关头，连跟了他几年的

坐骑竟也不听使唤地叫着踢腾起来。仔细一瞧，方知马已受伤。便索性下马，与马上的单雄信拼死一决。

单雄信拍马赶到，只一槊，便将张须陀摞倒于地。这位常胜将军，仅遭一次败绩，就这样结束了生命。

而受伤的副将贾务本，则在罗士信和秦叔宝的护卫下，乘隙突出重围。不过，他因伤势过重，血流过多，没过几日，也命丧黄泉了。

经此一仗，瓦岗军歼敌一万五千余人。敌之主将与副将一死一重伤。李密由此声威大震，翟让在庆功宴上宣布，把李密从各山头招募来的将士划归他指挥，并将这支人马，命名为"蒲山公营"。

张须陀为李密所败，并殒命战场，消息传到江都，使皇上和朝中文武大臣分外震惊。经过商议，任命光禄大夫裴仁基为河南讨捕大使，目的只有一个，即，铲灭李密和瓦岗军。为保完成这一使命，除增调军力供裴仁基指挥外，还让他接收了张须陀所余的军兵。

却说，瓦岗军的庆功筵刚散，李密就到翟让的寝殿，对他说："咱不能仅安于荥阳咫尺之地，队伍应挟胜利余威，有所发展。"

"荥阳还小？其下还管着好几个县哪。"翟让正躺在一张长躺椅上养神，他仰望殿堂藻井，十分满足地说，"此已够大的啦。比咱的瓦岗寨，不知好到哪里去了。"

李密见翟让无动于衷，故意激将道："您没觉得，咱已骑在虎背上了？"

"啥？"翟让吓了一跳，坐直了身子，"此话咋讲？"

"这不明摆着吗？灭了张须陀后，当下看似太平。您以为朝廷亦会就此善罢甘休，让咱在荥阳坐大？"

"那又咋的？皇上难道还能再变出个张须陀来？"翟让不屑地道，"再说，朝廷欲派重兵来打杀咱，咱能赢，就灭他；若是吃不消，大不了，咱再回瓦岗寨去，不就结了。"

"公以为回到瓦岗寨，就安全了？朝廷已知咱对他是个威胁，会轻易放过咱？再说，当下群雄竞起，终究会是以大吞小，一个区区瓦岗寨，能够长久？并成得了气候吗？所以说，咱已成骑虎之势。"

"那……蒲山公意欲何为？"

"咱只一条路可走，就是迅疾壮大自己，要使自己成为天下第一，傲视群雄，此样，才算安全。"

"天哪！那咱做得到吗？"

"做不到，迟早会为人所灭。因此，咱要齐心，毫不懈怠地一不做二不休地继续奋斗下去！"

翟让坐正了身子，惊诧地盯着李密，问："以蒲山公之见，咱如何才能做到天下第一？"

"咱仔细琢磨过后，要达到那地步，很艰难，可也不是不可企及的。"李密说，"目下，饿殍遍野，民不聊生，凭咱瓦岗军现有实力，拿下百里之外守军空虚的洛口仓，应不成问题。此样，咱队伍的用粮，一时半会不仅不用发愁，还可散发部分粮食赈济灾民。正所谓得天下者，先必得民心。咱有了民望，天下英雄豪杰自会前来投靠。咱因此就有了进一步夺取东都的底气，并一举夺得天下！"

翟让听得目瞪口呆，过了好一会儿，方道："此乃英雄之略，非翟让所能想象和把握。这样吧，请蒲山公作先锋，咱作公之后盾。"

"行！"李密毫不推辞，爽快地答应了。

于是，李密打前、翟让殿后，共率七千精兵，从阳城（今河南登封）出发，越过方山，从罗口袭击洛口仓。

果然，不出李密所料，近些年来，因征高句丽，兵马皆被抽去打仗，防守空虚的国家粮库，没费劲地便一举攻克了。

这座洛口仓，始建于大业二年，位于巩义县的东南（今河南郑州市巩义河洛镇七里铺以东的黄土岭上），地处丘陵，地形险要，土层坚硬、干燥，又有水路运输的便利。自洛河逆水而上，可达东都洛阳，并与通济渠相通，内储粮食多从江南水路运来。整个仓城周围二十余里，内有三千窖，每窖藏粮八千担，按此计算，可储存粮食二千四百万石，是天下最大粮仓。

瓦岗军攻克洛口仓后，立即开仓放粮，前来接受赈济的灾民，络绎不绝，绵延数十里，受惠百姓，都把瓦岗军称作仁义之师。

洛口仓落入瓦岗军之手，使洛阳城内官民皆感惊恐。东都留守、越王杨侗派虎贲郎将刘长恭率步骑兵二万五千人前往征讨，试图将洛口仓夺回。李密运筹帷幄，一举将这支军队歼灭，不少士卒投降后，便改换门庭成了瓦岗军。此役结果，仅刘长恭只身逃回东都。

瓦岗军夺取洛口仓后，声威更盛，原先东躲西藏为避兵役和徭役的乡野年轻人，皆以参加瓦岗军为荣。不仅如此，连聚集山东长白山的首领孟让，也率人马归附了瓦岗军。更有大隋官员，如巩县长史柴孝和、侍御史郑颐等献出县城，自己也成了瓦岗军的官员。闻李密大名前来投奔瓦岗军的还有东平郡书佐祖君彦，此可是一位知名文士。更不可思议的是，就连皇上新任命的河南讨捕大使裴仁基，亦慑于李密声威，带着儿子裴行俨，以及从张须陀那里接收过来的猛将罗士信、秦叔宝等一干官兵，亦尽数归附了瓦岗军。

瓦岗军的迅速崛起、强大和整个大隋形势的急转直下，使东都留守杨侗如坐针毡。遣使元善达赴江都告急。他在奏章中写道：

李密有众百万，围逼东都，据洛口仓，致使东都粮源断绝。
若陛下速还，乌合必散；不然者，东都决没。

皇上接报并听闻元善达的述说，心情无比沉痛，乃至潸然泪下。如果说，刚刚到达江都的皇上，还存一丝力挽狂澜的想法的话，那么，当下则只剩苟活江南之念想了，他哪有勇气返回东都呐！

内使侍郎虞世基是个明白人，亦懂皇上心思，更知关中和中原已是覆水难收，到了无可挽回的地步。他于是文过饰非地说："越王年少，未经世事，若如此言，元善达还能出城，并能平安到达江都吗？"

裴蕴亦附和道："东都情势，没奏文说的那么严重，圣上尽管放心。东都还有一干大臣，他们会作妥善处置的。"

皇上一一点头，并心平气和了。

却说，瓦岗军拿下洛口仓后，底气更足，声威更大，未有丝毫懈怠，所辖地盘亦迅速扩大，军力仍在不断增强。

大业十三年二月，自感能力有限的翟让主动让贤，推举李密为瓦岗军首领。李密稍作推让，接受了翟让美意，自称"魏公"，并于巩县城南郊外，设置祭坛，祭祀上苍，荣登大位，年号称作永平元年。尚有自知之明的李密，没有直接称帝，在他下发的文书中，落款为"行军元帅魏公府"。

不过，从李密以魏公名义任命的文武官员衔头看，已分明显露出了他欲称帝的野心。他首先授予翟让司徒职位，封他为东郡公。另命房彦藻为左长史，邴元真为右长史，杨得方为左司马，郑德韬为右司马。另命单雄信为左武侯大将军，徐世勣为右武侯大将军，祖君彦为魏公府记室。其余各位干将，皆按级别授予了不同职位。

而且，李密很实惠地就以洛口为都邑。在环绕洛口四十里区域内，另筑了一道外城墙，其范围，一下比原先的洛口仓城，扩大了好几倍。大业二年，朝廷在此建设粮库时，就考虑到了地形险要，容易设防的特点。当时在建粮库的同时，亦修建了系列坚固的防卫设施。洛口仓之所以轻而易举地被瓦岗军攻占，只因防守人完全没想到会有人敢来夺取它，另一原因则是守仓将士皆毫无斗志。而今，外围又加一道城防，以重兵守卫，隋军若来攻取，则更是难上加难。

李密深知，要称帝，最少先必拿下东都。不然，就不能使天下人心服口服，弄不好，自己反会成为众矢之的。他于是命令已被封为上柱国、东平郡公的裴仁基携手孟让，率三万多名士卒，以迅雷不及掩耳之势，一举拿下了距东都更近的回洛仓。

士气大振之余，李密坐镇回洛仓城，进一步密令裴仁基率一支精锐偷袭近在咫尺的东都。

裴仁基原本就是隋朝大臣，他利用原先职务之便，熟门熟路地一下就骗开了疏于防守的洛阳城门。他手下的瓦岗军一拥而入，却没有一鼓作气地把城中之城的皇城、宫城及西苑等要害部门都拿下。而是当此一帮山间毛贼，突然看到鳞次栉比的商铺和铺中琳琅满目的好东西时，一个个双眼瞪得杏圆！于是，都不受节制地就地烧杀抢掠起来，而忘了去直捣龙庭，仅放一把火将宇文恺设计建造的天津桥烧毁。

而就在此刻，原本乱作一团不知所措的守城将士，突然清醒过来，立即组织反击。市民看到将士们追杀逆贼，亦同仇敌忾，连有的女子亦拿起菜刀，加入到反击的行列中。

一时之间，烧杀抢掠的瓦岗军，竟成过街老鼠，被洛阳军民杀得东奔西窜。结果，这支精锐只剩裴仁基等几位骑在马上的将领，才侥幸逃出城去。

却说，李密听到洛阳城破的消息，亲率三万士卒，兴冲冲地赶来增援。然而，为时已晚，他于途中碰到的竟是灰头土脸的裴仁基等一伙人。而当他们再折返到城外时，城内的左翊卫大将军段达、虎贲郎将高毗、刘长林等，调集七万人马，于洛阳旧城外，将李密的三万军兵打得大败而逃。

李密则率败军回过头来再次占领了已失守的回洛仓，并于城内和城外修壕筑垒，两军由是形成对峙之势。

一时之间，杨玄感当年围攻东都的情景，今又重现——洛阳城看似危如累卵，但在早有防守经验的军民同仇敌忾下，李密再要攻入城中，却也不易。

一日，得到李密重用的原巩县长史柴孝和对李密说："与其这么长此耗下去，何不趁早改弦易辙，另觅他途？"

李密是个喜欢琢磨事的人，闻言便感兴趣地问："柴君有何高见？"

柴孝和便建议道："关中以高山为屏障，以黄河为天堑，内里是物产丰富的八百里秦川。昔日项羽离此风水宝地，就亡了，刘邦坚守于此，便获天下。依在下鄙见，让裴仁基来镇守回洛仓，请翟让驻守洛口仓，您则挑选一批精兵强将，直入潼关，奔袭西京。届时，根本用不着您动一刀一枪，大兴百姓自会涌入城外，来迎接您的。西京到手，养精蓄锐之后，再挥师东进，直取崤山和函谷关，那么，瓜熟蒂落，克东都只是举手之劳了。而今，群雄并起，可最终得道升天者，却只能是一人。您死守于此地，坐失了良机，日后后悔都来不及了呐！"

李密长叹一声，吸了口气才接茬说："君确为肺腑之言，实是上策，我亦这么反复考虑过咧！"

"噢？"柴孝和欣喜地道，"这么说来，蒲山公已打算率军入主关中了啰！"

李密却摇头，无语。他何曾只是一般想过！连他本人就是京兆——大兴人氏，哪能不深谙此理嘞！而且，柴孝和所言，不正是他当年向杨玄感所献的中策吗？目下，轮到他自己来决策个人与军队命运的关键时刻，何以又陷入玄感最终不采纳此策的境地中了呢？

一阵沉默过后，李密终于一吐难言之隐，说："咱为啥不能乘虚进入潼关，去夺取西京大兴呢？有两原因：一是，隋帝杨广仍在江都，听他调遣的兵将仍不在少数，并且，正源源不断开赴中原，咱不敢轻易抽身。二是，咱属下的兵将看似人多势众，但皆为山东（此处泛指太行山以东，亦包括河南等地）人，他们眼看东都都没拿下，咋愿心甘情愿随咱入关中？加之，各位部将多系绿林好汉，咱前脚一走，他们还有不马上各自为王的？如此一来，咱刚攒下的这点本钱，不都因咱的离去全没了吗？"

接下来，经过一番调兵遣将，李密接受了当年杨玄感只顾正面围城的教训，改以水路从方圆二百里的西苑迂回进击的方式，偷袭东都北门，试图一举拿下西苑和显仁宫。

开始，此一方略，进展颇为顺利。可当瓦岗军靠近东都北门时，一阵乱箭射来，猝不及防的李密被流矢射中受伤，而柴孝和亦在战斗中不慎落水溺亡，一时，阵脚大乱。

处于守势的隋军听闻李密受伤，即一反常态，大举出城反击。瓦岗军没了主心骨，反被杀得四下逃窜。忍受伤痛的李密，只好放弃回洛仓，退回到洛口仓的大本营中。

但，李密知道，声势既起，就没了退缩余地。如不继续扩大声威，并进而拿下东都，迟早亦会落得如杨玄感一样的下场。他于是带着伤痛，重整旗鼓。而此时，河南、山东一带突发大水，已苦不堪言的中原百姓，更是雪上加霜。李密则不失时机地派遣徐世勣、元宝藏等，一举攻下了大隋第二粮仓——黎阳仓，并再次开仓赈济灾民。

此举，使李密声威再振，又有黎阳义军首领李文相、洹水义军首领张升、清河义军首领赵君德、平原义军首领郝孝德等，率领自己全部人马，前来归附李密；还有永安首富周明不仅本人投靠了李密，还献出了大片祖传封地；接二连三投靠李密的还有齐郡义军首领徐圆朗，任城县大侠客徐师仁等。就连曾经追捕过李密的淮阳太守赵陀，亦感隋朝大势已去，也归附了瓦岗军。李密对赵陀不计前嫌，命他仍然镇守淮阳。

而就在此时，泰山名道徐洪客亦须发飘飘地来到李密帐前，向他献策，说："大众久聚，恐米尽人散；东都久攻不取，士必厌战之。如此下去，公之大志，难获成功。"

李密则谦恭地回应道："敢问道长，有何妙想？"

"擒贼先必擒王，此乃常理。"徐洪客说，"乘进取之机，因士马之锐，沿流南下，直向江都，擒获独夫，以号令天下。"

"计是好计……"李密喃喃道，却再犯踟蹰。

其实，徐洪客的妙计不就是李密当年向杨玄感进献的上策翻版吗？皇上当年远征高句丽，驻跸涿郡，李密也是建议玄感北上擒王。可当下轮到他本人为自己作决策，思前想后，却还是只有一条道儿走到底——拼死拿下东都！同样道理，他欲南下，而其将士则难同心同德劲往一处使地与之同往。

李密为表拿下东都决心，命记室祖君彦写了《为李密檄洛州文》，印发至各郡县，告喻天下，并以此激励自己的将士。

这位叫祖君彦的记室，与李密酷似，个子矮小单瘦，貌不惊人。不相同的则是，李密能说会道，君彦却不善言辞。不过，他绝非等闲之辈，是位大才子。他的父亲做过北齐宰相，贪赃枉法，是个奸臣。开皇年间，也是北齐官吏出身的薛道衡，惜其文才，曾向文帝举荐过他。文帝嫌君彦之父名声不好，而不用。到了当今皇上当政，则妒其过人笔力，只让他做了个书佐的小官。

生不逢时的祖君彦在起草檄文时，特别用心，把平生委屈和对大隋两代君主的怨恨都发泄到了该文中。他痛陈当今皇上"十大罪行"，骂得杨广狗血喷头还不解恨，并在文中切齿道：

> 罄南山之竹，书罪未穷；决东海之波，流恶难尽。

第一五六回

路见檄文世民不再等待
巧设陷阱李渊终于奋起

却说，正辗转于河东剿灭匪贼的李建成和李世民兄弟，这日率军经过一大路口，只见一家村院的砖墙上贴着一份刻印整齐的告示。世民骑在马上近前一瞧，正是祖君彦所书《为李密檄洛州文》。他骑于马上，酣畅淋漓地一口气通读了全文，终于沉不住气了。他想：这不是公然鼓动人们起而推翻大隋朝廷拥立李密做天子吗？这个李密真是锲而不舍，果真了得！而自己却还在这里没日没夜钻山入林剿匪贼！他这么想时，哥哥建成已领着队伍打前走得老远了。

李世民纵马追到兄长身边，建成见弟弟脸色不对，就问："你在那看啥呢？咋这久才过来？"

"咱三言两语说不清楚，最好，你也去看看吧？"

"那墙上的告示有啥好看的？"

"你去看了才知道嘛。"世民勒住马缰说，"快去呀。你看了之后，咱们再来说事儿。"

弟兄俩在一起，兄长当头儿。但实际上，多是弟弟指使兄长做这做那。这不，建成只好拨转马头朝回走了。

世民则吩咐一名传令兵道："叫队伍走到前面山脚造饭、歇息。"吩咐完毕，自己亦回头追随建成而去。

建成看完檄文，二人下马，就近来到一棵大树下，就地坐于树下石墩子上，建成即说："咱知你的意思了。"

世民反问道："你知咱是啥意思？"

世民一问，建成反倒慌了神，他吃不准地说："你想即刻就起事？那不太冒失了吗？"

"哥，你想到哪去啦。"世民笑道，"咱就这点兵，能成啥事咧？再说，这么大的事，没得父亲首肯，不成胡闹了？"

"就是哩。"建成松了一口气，问，"那，你想怎么着？"

"咱看此檄文，是觉得咱不能再磨磨蹭蹭地在此山中瞎转悠，白耗光阴了。你看李密，人家已直逼东都，将矛头直指当今皇上，那才是真正干大事的样儿。咱再不动手，天下虽姓了李，可咱家连边都沾不到哩！"

"可是，如果就动手，你又嫌兵少。到底要怎么着呢？"

"咱要成事，还不是兵多或兵少的问题，你我算老几？成事者，还得靠咱父。可，他那样儿——"世民说着说着，就泄气了。

"父亲，咱比你更了解他，他其实是个明白人。做了一辈子官，朝廷咋样了？他看得比咱透。有登大位的机遇，他也会动心的。至若何时动手才能恰到好处，他比咱更有成算。"

"你说咱父对朝廷看得很透，自己心里也有想法，咱都赞成。若说他有啥成算，咱可不敢苟同。别的不说了，只看他与裴叔下棋那样儿就清楚了——优柔寡断，举棋不定，此哪是干大事之样儿哩！"

"官场泡久了，都成那模样。凡事悠着点，也许有他的道理。"

"不能再悠了。再悠下去，这世界就没咱的份了。"世民站起说，"这样吧，咱这就先赶回晋阳去，说服咱父。你路经河东城里，负责把家人都带到晋阳来。此外，姐姐和姐夫如未及时赶到，留人在河东家里等候他们。但，你必带着一家老小和队伍先来晋阳汇合。"

"那，剿匪之事就这么半途而废啦？"

"还剿啥匪咧！"世民瞪眼道，"连咱自己不也都要变匪贼了吗？再说，

为李密檄洛州文

却说，李建成和李世民兄弟，这日率军经过一大路口，只见一家村院的砖墙上贴着一份刻印整齐的告示。世民骑在马上近前一瞧，正是祖君彦所书《为李密檄洛州文》。

以此方式，也收容不到多少士卒了。"

李建成和李世民以剿灭周遭匪贼为由，实则是藉此收容扩充自己的队伍，为起兵造反作准备。但多数占山为王者，并不情愿接受他们的招降。

"你对父亲可要多顺着毛摸。"建成不无担心地说，"你做事往往太性急，弄得他不痛快，反把事情搞僵了。"

"知道。"世民翻身上马，先去队伍中点了几名随行扈从和侍卫，此一行人便飞也似的直奔晋阳而去了。

就在这一群扈从中，有个叫长孙顺德、另有一个叫刘弘基的，原先都是皇家禁卫军中的右勋卫。他们在跟从皇上远征高句丽途中逃脱，辗转来到晋阳，为世民收容。他们咋会逃到此处来呢？原来，那位长孙顺德即是大隋名将长孙晟的堂弟，而世民之妻是长孙晟的女儿。所以，世民还一口一声称这位扈从为叔。

待世民一行晓行夜宿安抵晋阳城时，已是几日后的正午时分。进城后，他没回自家府上，而是直奔晋阳郡监狱。

原来，晋阳县令刘文静因与李密是姻亲，受其牵连，关押于此狱中。身陷囹圄的刘文静，实是因祸得福。欲按其罪，原是要押往江都由皇上亲自处置的，但因路途遥远，盗贼纷起，暂被就地羁押于此狱中。

李渊成为太原留守后，世民去监牢打过招呼，文静虽为朝廷要犯，却过得自在安逸。不过，对刘文静本人来说，毕竟是进了监狱，没了自由，而外间风起云涌，好不热闹，不甘寂寞的他，其实还是感到度日如年，如坐针毡。

这日正午刚过，有狱吏亲自进来打开文静牢房，并谦卑地仍称他原先的官职说："有请刘县令于外间用膳。"

文静一看此来头，心中一惊，心想：莫非事有变故？大限就这么突然来临了么？若是那样，亦只能听凭其宰割了。

文静平日之牢饭，因受世民关照，一日两餐，皆有酒肉，并都是直接送到牢房内的。今日咋会让自己到外间用膳？而且，还是由狱吏亲自来打招呼呢？着实难以琢磨。

可当他狐疑不定地走出昏暗的长长甬道时，却见外间光明处，赫然立着一位熟悉的身影。

"世民！"刘文静喜出望外，快步上前，紧紧拉住了李世民的手，"你不是去河东剿匪了吗？咋这么快就回来了？"

"还快？都啥时候了！"

二人在一间客室坐下，酒菜已然上桌。碰杯，各自一饮而尽后，世民即道："咱先告诉你一件事，你的亲家翁李密已将东都围住，并发檄文，把皇上骂了个狗血喷头。看来，大隋江山，已非他莫属了。"

刘文静呷了一口酒，从唇间"蹦"出一字："难！"

"为啥？"世民注目以待。

"想当年，杨玄感与李密不正是兵败洛阳城下的吗？今又卷土重来，走的还是原来的老路，咱看，恐还是会凶多吉少！"

"可彼一时，此一时。李密是个聪明人，他定会接受前车之鉴，审时度势，咋会重蹈覆辙呢？"

"但愿如此吧！可是，说不定他是迫不得已，又重归老路的呢？若是此样，重蹈覆辙.就不值得奇怪了。"

"噢？"世民听到这话，反觉很开心。他双眼倏地放出光芒，"你能肯定情形确是如此？"

文静摇头说："咱身陷囹圄，两眼一抹黑，哪知外间事到底如何，仅是猜测而已。"

世民仍不能确定眼下纷扰的世界将乱出个啥结果，因而，问："李密若是深思熟虑，作出围攻东都的决定，他显然已拔得头筹。那么，咱步其后尘再起事，是否为时已晚？"

"不晚。"刘文静把端到唇边的酒杯往桌上一放，说，"咱若当下起事，应说正逢其时。"

"为啥？"

"此还用问？朝廷援军正往东都集结，两军对峙，鹿死谁手，还未可知。而咱可乘虚进入关中，抢先拿下西京。此正所谓，螳螂捕蝉，黄雀在后呐！"

李世民开怀笑道："君言正合我意。"

"只是不知，咱何时能够解禁出狱？"

"君要出去，还不容易？即刻就可随咱一道走。只是出来后，咋办？外间局势混沌不清，你一出来，何处容身？咱看，君还是暂处此间最为安全。咱之当务之急，是要尽速说服父亲。他肯站出一呼，才有号召力，咱才有了主心骨。君到那时才能走出去，并发挥作用。可他老人家，直到如今，还是扭扭捏捏，腰杆儿还是挺不起来，真是急煞人。"

"令尊与咱处境不同。比如你，年纪轻，少顾忌；咱到如今，则更是赤条条孑然一身，说反就反了。他呢？是朝廷重臣，还是一家之主的唐国公，要说谋反不容易。"刘文静把话说到这里，反而吞吞吐吐起来，他喷出一口酒气，终于道，"有一次，咱和裴寂喝酒，倒是想出一个损招，可使令尊大人就范，不知是否真的可行？"

"损招？"世民正不知如何说服自己的父亲，便道，"不管是啥，不妨说来听听。"

刘文静于是附在世民耳旁，低声咕哝了一通。

世民开始一直蹙着眉头，后来竟大笑起来，说："这确是一个损招。不过，无伤大雅，亦是一条妙计。看来，只好用它来对付家父了。行！咱这就去裴叔那里，请他成全此事。"世民说着，便站起身来。他就是这么个急性人。

刘文静亦起身道："咱戴罪之身，恕不远送。"

"君请留步，并请再于此处，屈就几日。"

李世民从牢内出来时，几名扈从和侍卫，亦早于外间用完膳，并候在了大门口。众人上马，往北向晋阳宫奔去。

裴寂把李世民一行人迎入宫禁大门，即闻到世民一身酒气，就说："咱如果没猜错的话，你一定是从刘文静那里来的。"

"正是。"

"他在那里，过得咋样？"

"人倒是见胖见白了，只是难耐寂寞，想出来。"

"别，别。"裴寂立刻道，"别看他在位时，人缘不错。但眼下，不少人都成了势利眼。尤其是牵涉到李密的案子，他出来，能有好果子吃？连放他出来的人，亦会受到牵连，还不如暂且就在里边待着好。"

"侄儿也是这么对他说的。"

"你今日到叔这儿来，该不是为刘文静事吧？"裴寂是个精明人，已猜到世民来此的大概意图。

世民闻言，还没进屋里坐下，便竹筒倒豆子，把外间形势和刘文静所出妙招和盘托出。

裴寂一听，反倒着了难，说："刘文静的馊主意多，他当时是当作笑话说出的，岂能当真哩？"

"咱看可行，不妨一试。当下，事已迫在眉睫，得下一副猛药，治治咱父的软骨症！"

"要是令尊不依，发恼，咋办？"

"恼亦好，怒亦罢，只要真正做下了，总不能不认账吧？届时，木已成舟，就不容他再磨磨蹭蹭犹豫不决了。"

"行。你容咱考虑考虑。"

"这事，不容再拖。否则，一切都为时已晚了。"

"噢？"裴寂一怔，抬起头来，只见一轮红彤彤的日头，正往西山坠去。他于是拊掌，道，"行！请侄儿这就走侧门绕道回府上去。咱派人去接令尊来宫中挑灯下棋。如何？"

"好。"世民说着，于是领着自己的一帮人于晋阳宫侧门鱼贯而出。

出宫后，李世民故意下马，踏着一抹暮色，沿汾水缓缓而行。此时，他才感觉到，野外的景致，若与那人工着意雕琢的宫内诸景相比较，更有一番诗情画意。

世民到家时，天已尽黑。门口迎接的管家告知说："老爷已为裴宫监邀去下棋了，不在家。"

世民由于一路颠簸，又在监狱与刘文静喝了不少酒，洗漱罢，脱去衣裳，一沾枕就睡着了。

也不知睡了有多久，忽听一阵敲门声，世民惊醒，问："谁？"

"是咱。"管家在门外应答道，"老爷到今早才回家，不知夜晚出了啥事儿，此刻显得极烦躁。"

世民一个激灵想起昨日事，翻身起床打开门，管家进来后，他即问："老爷到底是咋回事？他烦躁啥呢？"

"就是不知嘞。"管家着急地说，"老爷昨夜被裴宫监邀去下棋。往日，不管夜有多么深，他都是要回家歇息的。可此次，他一大早才回家，到家即像掉了魂儿似的，坐立不安。咱向他禀报说，二爷回来了。他起初似没听到心里去，咱又禀告了一次，他听明白了，就急着命咱喊你去见他。"

"唔，知道了。"世民听到管家的述说，猜想，父亲八成已然中计了。便故意不紧不慢地穿上衣裳，洗漱罢了，才去书房见父亲。

李渊正在书房踱方步，见儿子进来请安，方收住脚，指着椅子说："坐吧。"

世民坐下，道："儿子昨日黑了才到家，听管家说，您到裴叔那儿下棋去了。裴叔，还好吧？"

"哼，他呀！这回可把你爹害惨了！"

"啥？"世民故意装着吓一跳。

"裴寂把咱一家都坑了！真是跳进黄河洗不清哩！"李渊想要往下说，又觉难于启齿，便把话头打住了。

世民则若无其事道："裴叔是个老实人，他咋会坑您呢？大不了，运气不好，输他几盘棋，此算啥事儿咧！"

"他老实？咱看他是聪明反被聪明误！"刚坐下的李渊，又蹭地站起，愤愤说，"他口说是为成全咱，其实是害人！害死人，不填命！"说着，又在房中踱起步来。

"到底是啥事？您坐下说给儿子听听，看看能不能解嘛。"

"无解，无解！"李渊边说边摇头叹气。

"无解，也说说嘛。光急有啥用？"

李渊此才重新坐下，看了儿子一眼，又把目光避开，说："昨日，裴寂派人邀咱去下棋。咱进宫里，才走几步棋，天就暗下来了。此时，进来两名宫女点了灯。不料，灯点上后，俩宫女便在房里操琴以凑棋兴。咱当时只顾下棋，也没在意。棋局进入中盘，裴寂一着不慎，陷入苦思。咱袖手一旁，等他落子，此时，方觉那琴声格外撩拨人心，不由得看了一眼操琴宫人。待到裴寂自认大势已去，终于认输时，有太监来叫去用膳。咱起身时，随便说了句，二位宫女之琴弹得很中听，模样儿亦特别可人。裴寂则打趣道，'有道是，秀色可餐也。今日就让她俩陪咱喝酒，如何？'咱当时正在赢棋的兴头上，附合一声，'要得。'席间，那二位宫人特别会劝酒，一不小心，就喝高了。接下来之事，你猜，怎么着？"

李渊冷丁一问，把个听得正入神的李世民一下问得不知所措，亦反问道："后来到底咋样了？"

"谁知，裴寂误会了咱的意思，咱只随便夸夸弹琴宫女的琴弹得中听，人长得漂亮，他误以为咱对她们起意，就命两女子陪咱睡了一夜。"

"嗨！睡就睡了呗，此算多大个事？"

"胡说！那是啥地方嘛！"李渊正色道，"还没完哩。咱一觉醒来，酒醒了，天也亮了。才发觉左边躺着一个赤条条的女子，右边亦有一个，再一问，才知她们还不是一般宫女。"

"噢？"世民故作惊讶，问，"那是啥？"

"她俩都是有身份的贵人。"

"哦……难怪父亲说她们长得可人。"

"一招不慎，闯大祸了呢！"李渊不安地说，"皇上行宫的宫女，尚且都是碰不得的，你动了皇上的贵人，这还了得？"

"若依孩儿见识，此算啥事儿哩。皇上远在江都，鞭长莫及，他连江山恐都难保，还顾得了外面离宫的啥贵人？您大可不必把此事往心上搁。"

"看看，你又在说胡话是不？皇上派王威和高君雅到晋阳来做副留守是干啥的？这种事传得还不快？一时半会就传进他俩耳中，遭诛杀的还远不止你爹一人，全家都得遭殃了！"

"咱反了！先把那两个狗崽子斩了，祭我造反大旗！"世民终于开诚布公说，"爹，咱此次回家，就是为与您商量起兵事的。咱不能再如此样苟活下去，李密已捷足先登，将东都围住，并向皇上叫板了。"

"此事，咱已知晓。"李渊说着，从书案上取出一份手抄《为李密檄洛州文》递给世民看。

世民大感意外，问："既如此，您咋还无动于衷呢？"

"你以为这是闹着玩儿的事？弄不好，是要灭族的。咱李家数代英名，可不能葬送于咱手上。"

"可是，一旦成功，您荣登九五之尊，创帝王大业，咱家不是一荣俱荣了吗？时不我待，不容再拖了呢！"

"但，绝不可以莽撞从事。汝之兄弟和所有家眷都在河东。你这里揭竿而起，河东那边即血流成河了！"

因为世道不太平，李渊担任山西河东慰抚使时，便有意把家小安置在了河东，晋阳城内的李府，其实就李渊父子三人和一帮幕僚。

此时，世民方说："孩儿已和大哥作过商量，他率军回晋阳时，即顺带将一家老小护卫至此，不日即可到达。此前，孩儿还打发人去西京让姐夫柴绍和姐姐速来河东家中汇合。想来，他们也早已离开京师大兴城了。"

"噢？"李渊见儿子处置得这么周到，立马警惕起来，问，"如此说来，昨夜之事，也是你事前与裴寂合计好的？"

"没有，没有。"世民掩饰说，"儿子不是昨日夜里才到家吗？"

此时，李渊已无心细追昨夜之事。儿子们已将事情弄成这样，没有丝毫转圜余地。他沉吟片刻，忽然正色道："晋阳起事，事关重大，容不得半点闪失。自此后，汝等都得听从咱的一切调度。否则，不管是何人，一律军法从事。"

"是！"世民亦毫不含糊，响亮地应答了一声，并深深地舒了一口气。

自此，知天命的李渊，前后竟判若两人，一反过往犹豫不决之态。这就好像一条极难看的毛毛虫，经过作茧自缚成蛹后，突然变作一只亮丽的蝶儿一样。李渊就是这么个人，每临大事，瞻前顾后，疑虑重重，可一旦思考成熟，便义无反顾，处事亦变得利索起来！

也真是，人算不如天算。李渊正愁手中兵员太少，不足成事时，从马邑传来一个惊人消息：鹰扬校尉刘武周将其郡守王仁恭杀害，率部造反，并占据了皇上最爱去消暑的汾阳宫，是为大逆不道。

太原留守李渊立即就此一事件召集众官员，共商对策。他说："如今刘武周攻夺了雁门，窃据了汾阳宫，以我当下的军力，不足以惩灭此一逆贼，请诸君拿拿主意，看有啥办法，可解此燃眉之急？"

副留守王威即说："咱不是还有一些人马在外剿灭匪贼吗？将他们召回，先灭了刘武周，夺回汾阳宫，再去讨伐其他逆贼不迟。"

"不行呐。"李渊摇头道，"咱亦这么想过。但仔细思之，首先是，把队伍召回，就需一些时日。劳师，还要经过一番休整，方能重新上阵。再者，有的军队已与贼军杀得难解难分，你一撤下，人家顺势就能将你击溃。此样，一支军队就没几个兵可用了。"

众人一想，此言不虚。另一副留守高君雅于是说："近有不少从各地来的难民涌入晋阳，城内城外和附近县乡都有不少此样人，他们缺吃少穿，不妨从中招收一些人从军。凡有入伍者，官府可设法安置他的家属。此样，只需对新兵稍加训练，即可扩充至府兵中，立马就能上阵征讨刘武周。"

此言正合李渊心意，可他却断然否决道："不成！募兵是要先经兵部批准的，此岂不是知法犯法吗？"

"江都离此三千里，远水不解近渴哩。"王威说，"刘武周造反，占据皇上离宫，咱用兵在即，此属非常事。再者，唐公是国戚，又在本地主事，可按特例处置。咱先征兵，再奏报朝廷，并不为过。"

此时，参与议事者，无不赞同王威之说，李渊装作不得已之样儿，勉强同意就地征兵。

李世民于是发动晋阳及周遭县乡衙门，不出十日，便招募到万余新兵，并交与长孙顺德和刘弘基主持训练。

岂料，长孙顺德和刘弘基甫一露面，即遭王威和高君雅质疑。他们过往都是皇家禁卫军同僚，彼此知根知底。两位副留守不仅疑忌长孙顺德和刘弘基，更疑心李渊容留逃犯和此次招兵的动机了。经过密商，决定先以圣喻名义，将李渊拿下是问。可是，他俩都是副留守，兵权都由李渊把持着，没兵，咋抓得住李渊呢？想来想去，找到一位熟识的叫刘士龙的晋阳乡长，从他那儿借得三百乡兵，拟于甲子日埋伏在晋祠周围，待李渊前来主持祈雨时，一举将他拿下。

谁知，这位刘士龙竟是李渊交往已久的朋友。副留守向他借调乡兵，他不能不借，但转背即把这事报告了李渊。

待到甲子日，李渊在去晋祠祈雨前，先在留守府召开了一个军事会议。有关官员和将佐刚坐定，即有开阳府司马刘政会说有急事要报告。

李渊即命王威去接状子。

刘政会不让，说："状子告的就是副留守，只有唐公能看状子。"

李渊故作惊讶地当众接过状子，阅后，面对王威和高君雅说："有人密告你俩勾结突厥入侵我边境，是咋回事呀？"

高君雅先惊后怒，继而当庭破口大骂道："此是反贼有意诬蔑忠良，咱操他姥姥！"

李渊大喝一声："来人——将此二孽障拿下！"

堂前数名虎背熊腰的侍卫，一拥而上，将王威和高君雅架走。几日后，二人即遭斩首。

王威和高君雅，出身行伍，突然从皇上身边不知深浅地到山西为官，哪是在此经营多年的老辣李渊的对手呐！

李渊通过征兵，积攒了起事本钱，又除掉了眼中钉，可谓一举两得。

其时，李建成和李元吉兄弟率领队伍、携家带口安抵晋阳，同来的还有李渊女婿柴绍，只是没见其妻小。原因是，世民的姐姐觉得拖儿带女同行，目标太大，反而不易脱身，就要夫君一人先走，她再见机行事。

李世民亦于此时去监狱接出了好友刘文静。

六月伏天，晋阳天气爆热，而李家之心气儿亦暴增。与此同时，周围各郡县都纷纷表示敬服唐公，愿受他的驱驰。而唯独西河郡丞高德儒不服，并指李渊异动，借故斩杀副留守，有谋反之嫌，欲向朝廷举报。李渊想：

山西是自己的大本营，大军进入关中腹地，而将士的家眷则都留在晋阳和山西各地。后方如果不稳，必影响前方将士的士气。为巩固后方，李渊派李建成和李世民率一万刚刚招募来的新兵赴西河拔除钉子。

两个年轻人果然不负父亲期望，一举攻入西河城，活捉了郡丞高德儒。这位郡丞即是东都皇宫中把孔雀说作是鸾鸟，从而讨得皇上欢心的那名宿卫。仅仅两年工夫，他竟从一名校尉升到了郡丞的位置上。

李世民抓到高德儒，自不忘揶揄他道："嗨，你倒是说说，那鸾鸟是个啥模样？说对了，就饶你一命。"

可是，天下哪真有什么鸾鸟呢？那只不过是个子虚乌有的传说罢了，高德儒当然说不出个所以然来。

李世民即命手下将高德儒推出斩首。河西郡除高德儒一人受到惩处外，别的官员一个未动，原先是何职，还任何职。别看是一支刚刚招募的新兵，但在李建成兄弟严格掌控下，军纪严明，对百姓秋毫无犯，亦为大军此后进入关中开了个好头。

此时，包括裴寂、刘文静在内的一干人，齐聚晋阳府衙，可谓盛况空前。这在年轻的李世民看来，已经万事俱备——只等父亲宣布起兵，直取关中了！

"欲速则不达哩！哪有那么简单的事。事前考虑不周，临时补救就来不及了。"李渊告诫众人说，"当下，必先处置好二事：一是，突厥已为我之死敌，我若起事，大军一旦杀入关中，突厥铁骑如果乘虚杀入晋阳，咋办？"众人一听，即面面相觑。因所有将领的家眷都在晋阳城内，都有后顾之忧。李渊接着继续道，"二是，李密那里亦须先打个招呼。他的兵力比咱强大，咱入关中，他来与咱争锋，咋办？再说了，大隋主要军力都在对付他，咱还需他继续为咱将隋军主力挡在关外，此样，咱才能心无旁骛地去夺取西京。"

李渊几句话，一下子便把世民一肚子燥气浇没了。

刘文静接过李渊话茬说："下官曾为晋阳县令，于公于私，没少与突厥打交道。咱知晓，始毕可汗最恨的是皇上对他背信弃义，不然，他不会与大隋公然撕破面皮。此外，始毕年少气盛，贪财好色，其实不难对付。咱愿作为唐公使者，以说服突厥与咱合作，共同对付朝廷，以解咱之后顾之忧。"

"噢？"李渊闻言，却道，"咱原以为你与李密是亲家，想请你去见李密的呐。"

"不行，不行。此可不是儿女情长的私事。"刘文静笑着摆手，说，"唐公之名，如雷贯耳。再说，一笔写不出两个李字，你们两个李家，虽不沾亲，但原本就是世交嘛。"

刘文静话中之意是，李密那里只需李渊去封信知会一声就可以了。

李渊会意道："行。咱这就给李密写封信。突厥那边，就有劳文静走一遭。行前，记得从咱府上多拿点金银珠宝之类相送始毕可汗。"

第一五七回

出发前李渊力解后顾忧
起兵后世民不走回头路

却说，当下的李密，真可谓已至如日中天。仅此几月瓦岗军就发展到三十余万兵马，一举夺下中原三大粮仓。他，要兵有兵，要粮有粮，说话，一言九鼎。于是，手下的幕僚和将领便不断上表请求他称帝。

但，李密还是有点城府的，他总是笑而摇头说："还早，还早。东都尚未拿下，何言称帝？"

不过，包括李密本人在内，无论何人，都认为，以瓦岗军当下兵力与气势，攻下东都仅是早晚之事。但，话还得说回来，就在近几月内，李密各种手段使尽，在兵力占绝对优势的情形下，一座孤城摆那儿，可就硬是攻不破，摧不垮。东都市民怕瓦岗军进来屠城，亦都武装起来，与官军合在一起，拼死抗争，叫李密无可奈何，无计可施。连东都都没拿下，李密就不能理直气壮发号施令，向西京或江都进军了。

而此时，远在江都的皇上，自也不忍东都落入逆贼之手，他再次下定要殄灭李密的决心。于是，下诏任命河北左御卫大将军薛士雄为总指挥，调集全国各地军兵驰援洛阳。没料，薛世雄竟在赶往东都途中，遭遇另一股匪贼伏击丧生。皇上闻讯，立命江都通守王世充任总督，率各路隋军围剿李密，以解东都之困。

就在王世充统率的隋军与瓦岗军厮杀得如火如荼之际，李渊的信送达到了李密手中。李渊在信中大吐苦水，说自己因图谶事，遭皇上疑忌，有灭族之虞，才诚惶诚恐被逼欲走造反路。并表示，起事后，愿追随李密，相互支持，共同抗击无道君主……

李密读信，感同身受，并暗自庆幸朝廷又多了一个死敌。他想：李渊只要起事，朝廷必会分兵前往讨伐。这么一来，自己的压力减轻，便可集中力量，一门心思地拿下东都。聪明一世的李密，根本没去细想，李渊如若得势，将来是否会成为自己难以对付的另一敌人。

于是，李密命记室祖君彦以自己名义给李渊写了一封热情洋溢的回信。他在信中说：

> 与兄派流虽异，根系本同。自唯虚薄，为四海英雄共推盟主。所望左提右挈，戮力同心，执子婴于咸阳，殪商辛于牧野，岂不盛哉！

远在晋阳为起兵作最后准备的李渊，读完李密回信，心中窃喜。他想：这位本家老弟的口气和野心还真是不小，才得中原巴掌大一块地盘，围攻了几个月，连洛阳都没拿下来，就以四海英雄盟主自居，更把代王比作秦子婴，把当今皇上比作暴虐的商纣王，真是司马昭之心，路人皆知哩！他于是对身边的裴寂道："你看，这个李密，也太妄自尊大了吧。不过，却正合我意呐！"

言罢，命人以自己名义给李密回信道：

> 吾虽庸劣，幸承余绪，出为八使，入典六屯，颠而不挟，通贤所责。所以大会义兵，和亲北狄，共匡天下，志在尊隋。天生烝民，必有司牧，当今为牧，非子而谁！老夫年逾知命，愿不及此。欣戴大弟，攀鳞附翼，唯弟早膺图箓，以宁兆民！宗盟之长，属籍见容。复封于唐，斯荣足矣。殪商辛于牧野，所不忍言；执

子婴于咸阳，未敢闻命。汾晋左右，尚须安辑，盟津之会，未暇
卜期。

李渊则在回信中，极力抬举李密，把他说成是万民的救世主；亦不惜贬低自己，说自己已年过五十，没甚奢望，将来只求在汾晋一带，做个唐公就满足了，把即将进军关中事，都隐瞒不说。最后，婉言谢绝了李密邀他赴河内缔结盟约的事。然后，遣使将信送去。

而在李渊收到李密这封回信之前，刘文静亦从突厥回过一次晋阳。情况亦如他事前估计的那样，始毕可汗对当今皇上恨之入骨，而愿与近邻的李渊搞好关系。没有料到的是，始毕可汗不仅赞同李渊起事殄灭隋帝，还要求他立即宣布称帝，这样，突厥汗国才会欣然施以援手。对此，即使是处事灵活的刘文静，也不敢在始毕可汗的牙帐内为李渊作称帝的承诺，他只好返回晋阳，据实以告。李渊见始毕可汗对自己起兵、进入关中并无反感，先自松了一口气。接着，他给始毕可汗写了一封言词恳切的信，说明暂时不能宣称要做皇帝的原因，又从裴寂主管的晋阳宫中拿出千段缣帛，让刘文静再赴突厥。

此前担心的两件事，已基本化解。

大业十三年七月，李渊于晋阳自建了大将军府，并正式宣布起事。他公开的宗旨是：维护大隋朝廷，只殄灭无道君主。李渊自称大将军，以裴寂作大将军府行军长史，以刘文静为司马（当时他尚在突厥，未有赶回），以长子李建成、次子李世民为左右大都督，以女婿柴绍统领骑兵……所有各军，直指关内。而将四子李元吉留守于晋阳大将军府中。

李渊低调起兵，亲自统率三万大军，终于迈出了晋阳城。出发那日，艳阳高照，将士们都换了新装，个个精气神十足。队伍沿汾水河谷南下，一路浩浩荡荡，好不威武。

不日，队伍抵达一个叫贾胡堡（今山西霍县西北）的地方，扎下营盘。

此时，西京留守、代王杨侑和卫文升已闻李渊斩杀了二位太原副留守和河西郡丞高德儒，进而，更接到李渊起兵的消息。于是，派虎牙郎将宋

老生率二万精兵驻守在了离贾胡堡仅一箭之遥的霍邑（今山西霍州），并派左武侯大将军屈突通率三万精兵进驻河东郡城。二军互成犄角，以防李渊擅闯关中。

然而，就在李渊上山观察地形寻思进军良策时，天忽地下起雨来。而且，断断续续，一下就是好几日。北方雨季来临，是出发前就预计到了的。李渊想，下就下吧，咱不攻你，你也莫想来打咱。但没料到的是，军队途中未遇任何阻隔，行军快速，而辎重队伍却拖在后头未能及时到达，军中所带粮食已快告罄，此可不是好兆。

这日夜里，细心的李渊戴上斗笠，披上蓑衣，亲自外出查岗。因为越是此样天气，队伍越不能松懈。若是敌军冒雨前来偷营，而我军防范出现疏漏，那就糟糕了——还好，李渊所到之处，每岗都有人在，但不知哨所中人，都在"嘀咕"些啥。他走近一个哨所张耳细听，不觉大吃一惊！原来有人议论，有过路行商在马邑一带，看到突厥骑兵朝晋阳方向奔走。

其实，李渊近日因遇豪雨，并听到卫文升已派强兵扼守于霍邑和河东，加之粮草未能及时接应上……他的那个优柔寡断的老毛病就又犯了，只是没有表露于形罢了。时下，竟冒出个突厥铁骑奔袭晋阳的传闻，这还得了！

李渊一回大将军营帐，便连夜召集有关几人，共商大军进退之事。他把刚听到的传闻一摆，长史裴寂即道："此传闻，咱昨日就听到了。"

"你咋不说呢？"李渊问。

"怕不实，说出来，反乱军心。"裴寂作过解释，又说，"咱倒是觉得前有屈突通和宋老生二员猛将，两军兵力合一处，实力远比咱强，如此闯关，恐凶多吉少。加之，这鬼天气使粮草迟迟不能运来，咱怕的是士卒军心发生动摇……"

"公的意思是啥？"李渊正色问道。

"咱想，还是先回撤晋阳，保留实力，伺机再作打算。"

李渊看了世民一眼，问："汝看呢？"

"开弓哪有回头箭咧！"世民激动地说，"队伍可是指天盟誓出发的。到如今，咱连一个官军都还没见着，就这么窝窝囊囊打道回府了？再说，咱干的就是提着脑袋闯天下的买卖，稍遇周折就退缩，此还能成啥事？"

"汝别光发牢骚，"李渊神情肃穆道，"你只说屈突通和宋老生这两枚硬钉子，咋对付？咱入关只此一条道，既要破敌，还要保住咱的基本实力。否则，连这点本钱都没了，光棍一条，入关能有啥作为？"

世民避开父亲犀利的目光，却胸有成竹地说："咱知道，裴叔怕的仅是屈突通。他是大隋名将、猛将，闻其名，就令人胆寒。不过，咱要仔细想一下，屈突通最厉害的是啥？是他治军严谨，队伍军纪严明，特别能打硬仗。可现如今是啥时候了？大隋已江河日下，朝廷军队早已军心涣散，光屈突通一人英勇善战顶啥用呢！此是从大势看。那么，具体如何闯过此一关呢？咱还是先撇开屈突通，等到天一放晴，即佯装攻打霍邑，看屈突通出不出来。他如不肯出河东城增援霍邑，咱就假戏真唱，集中全力吃掉宋老生。屈突通如敢带兵前来救援，咱就转而猛攻他的援军。此叫围点打援，是家父拿手好戏。屈突通的军队如果据守城中，就该他狠，咱亦不去招惹他。可他胆敢出城，到这河谷和山野中来，咱就给他点厉害看，兜屁股猛袭他。隋军士气原本低落，无险可据，一触即溃。屈突通的士卒打没了，个人成了光杆将军，看他还能蹦跶出啥花样来！"

"嗬，还真有你的。"裴寂点头，转而对李渊说，"咱看，这么打，倒是个办法。"接着，他又笑问世民道，"那么，粮食问题咋解决？此乃燃眉之急，队伍没了粮，心发慌哩，还打啥仗？"

"这就更不成问题了。"世民回答说，"七月八月，下雨时节，将士们心里早有准备。咱到现在走得并不远，天一放晴，粮车不就过来了吗。再说，所有人都能见着，汾河两岸的庄稼已经成熟，只是没有收割。咱带得有钱，和县乡说说，咱拿钱买也行，借也行，待咱的粮草到了，再还就是。此事就交裴叔与当地县乡官佐疏通去，没有办不成的事。"

李渊听后则说："老夫并不担心此二事，就怕突厥出尔反尔，背信弃义，趁晋阳空虚，杀入城中。"

"此更不足惧。"

"咋能这么说哩。"李渊面显不悦。

"裴叔说得好，谣言而已，不足信。"

"凡事无风不起浪嘛！有人在马邑亲见突厥铁骑，此恐不是子虚乌有。"

"自雁门之围以来，突厥与我公开交恶，他们的铁骑活动于我境内，已成家常便饭。而咱最信的则是刘文静，突厥若真翻脸，他想方设法都会给咱捎个信的。他没消息，即是最好消息。咱不可无事生非，为此轻举妄动。"

"噢？"李渊竟被儿子三言两语抢白得哑口无言，抬头用征询的目光看了长史裴寂一眼。

裴寂若有所思，道："世侄之言有道理，咱还是不改初衷，先行解决眼前的拦路虎——宋老生。"

过了一会儿，李渊才又转而问建成："你咋不吭声？汝看呢？"

"咱听大将军的。"建成不大肯想事，也想不出啥好主意。不过，他的回答亦不算错，军中只有一个主帅，其余将佐则令行禁止。

李渊沉思了一下，说："这样吧，咱都听老天爷的。雨停了，咱再视其情形决定进退。近几日，汝等多到士卒营中转转，叮嘱他们务必保持军营洁净，不能发生疫情。士卒看到将领安之若泰，自会安心。"

李渊、李世民父子，一个处事欠果断，一个性子又太急，常会发生此类龃龉事。不过，争来吵去，常会出现相得益彰的好结果。比如前次，世民觉得万事俱备，应立即起兵，李渊则认为火候不到，应先消弭后顾之忧，争论的结果是李渊的想法占了上风。事后证明，儿子确有考虑不周之处，而父亲的深思熟虑，恰恰弥补了儿子的不足。

但这次，却是儿子意见占了上风。接下来的事，也果如世民所料。

一日后，天就放晴了。秋日的晴空，无一丝云霞，蓝得透明，蓝得晃眼。当日下午，即有粮车陆续抵达兵营，一直到后半夜时分，裴寂还去兵营叫醒士卒起身卸粮。

到第三日，李渊在仍然没有刘文静任何消息的情形下，就按"没消息就是好消息"的说法，布置好应对措施，即命李世民领几百轻骑，朝霍邑城东门方向急驰而去，以探敌之反应。

李渊军队在营中蓄精养锐七八日，一出营寨，骑者与战马皆显劲头十足，转眼即到霍邑东城外。世民见没动静，便率轻骑绕城一周，城内仍是无动于衷。一切果如事前所料：宋老生并不出来求战，而是放你来攻打城池，牵制你的军力，只要你不贸然闯入关内就成。

城外的李世民则更不把城内宋老生放在眼里，他们旁若无人地竟在城外汾水边放起牧来。有的士卒或躺沙滩或躺草地晒太阳，则放任战马啃食水边野草。更有甚者，有的士卒脱下靴子，将马牵至浅水处，为马洗刷身上泥泞。

这一下，可把站在城头默默观察动静的宋老生气坏了。一开始，他听到有敌之骑兵冲来，感到无比紧张。可登城一看，仅区区几百骑，知道他们是来引诱自己出城交战的。心想：你诱咱出城？咱才不上你的当。因而摆出一副放你来攻的态势！没料，这帮不知天高地厚的家伙，竟胆敢在城门口撒野——是可忍，孰不可忍也！咱宋老生，岂是吃素让你欺的？

其时，宋老生属下的将佐，见此情形，则更是咬牙切齿，争相向宋老生请缨求战，以教训不晓事的逆贼。

城头上的宋老生朝北边贾胡堡方向一望，只见黄尘滚滚，战旗飞扬。他想：敌之主力距此尚有十余里地，已和城下的几百单骑脱节，何不一举将此几百骑兵歼灭，再回城让他们来攻。

于是，他一声令下，点了几千士卒，突开东门和南门，并在宋老生亲自率领下，直扑汾河岸边。

世民这边，见城内久无动静，以为宋老生不会中计，真的有些松懈了。这会，猛地看到城门洞开，敌军蜂拥而出，有的竟连靴子也顾不上穿，便翻身上马，沿河而逃。

宋老生率领的隋军见贼骑逃走，摇旗呐喊，穷追不舍。

当隋军追出一段距离，于半夜便悄悄潜伏霍邑城外林中的李渊义军，亦如潮水般朝敌猛扑过去，并断了他们回城的后路。有的隋军还不知发生了啥事儿，已身首异处。

宋老生不失为一员猛将，他看到伏兵人多，且来势汹汹，便左冲右突，仍往前冲。不料，恰遇返身回杀的李世民，一枪将他挑落马下，并被随之涌上的士卒乱刀砍死。

而当李渊率主力从贾胡堡赶到霍邑城外时，一场激战，已然结束。

霍邑原本就属李渊管辖之地，城内官员听说隋军大败，宋老生战死，即开城投降。

唐公军队进入城中，秩序井然，不扰民，不抢劫。李渊受降时表示：城内所有官员，愿留的，原任职务不变；不愿留的，悉听尊便。原隋军士卒，愿加入唐军的，欢迎；想回乡的，一律发给路费。

还有，亦如世民所料，尽管李渊事前做好了屈突通有可能派兵援救霍邑的准备，并在援军必经路上埋下了伏兵。没料，胜利来得这么突然、快捷，没容屈突通作出反应，霍邑就已改姓易帜了。

霍邑一战，使唐军军心大振，亦为他们打开了通往关中的一扇大门。从此，唐军一顺百顺。

接着，唐公马不停蹄，继续沿汾水南下，占临汾，克绛郡（今山西新绛），八月十五中秋日，大军进抵龙门（今山西河津西北）。

而就在这一花好月圆的团圆日，已任命为大将军府司马的刘文静带着始毕可汗赠送的厚礼赶来了——与刘文静同来的有突厥大将康鞘利和二千突厥铁骑，外带一千匹良马。

李渊喜滋滋地笑问刘文静："汝等都是骑马赶路，为啥今日方到？"

刘文静亦笑着说："嘿嘿，唐公有所不知，咱为这一千匹马害惨了！这马若在草原奔走，只需领好带头的一匹就成。头马往哪走，后面的马都跟着它跑。可一进咱山西地界，这一千匹良马竟乱套了。因为山势起伏，道路弯曲，后面的马往往见不着前面的马，无所适从，有的竟往山里钻。这么好的马，咱一匹都舍不得丢。多亏了二千突厥士卒，将它们一一找回。其后，还得亏他们一路照料，方一匹不失地赶了这么远的路。"

"哈哈哈哈……"李渊快活地说，"原来如此。有过路商人说，在马邑

　　宋老生看到伏兵人多，且来势汹汹，便左冲右突，不料，恰遇返身回杀的李世民，一枪将他挑落马下。

一带曾见突厥骑兵。兵营中，有人还误以为突厥已与刘武周结盟，将去滋扰晋阳，大伙还为此紧张了一阵子。"

"没有。始毕可汗见到唐公的信，十分爽快。这不，派了二千铁骑，加千匹良马支援咱。"

刘文静的归队，不仅彻底扫除了李渊心头的阴霾，两千铁骑、千匹骏马，更使唐军实力大增。

可就在此一刻，一个曾引起争论的老问题，再次成了议论焦点。性急的李世民仍主张不碰屈突通，让他死守河东郡城，队伍则从他的眼皮下越过黄河，直奔西京大兴而去。但，包括李渊本人在内，觉得屈突通终究是个心腹之患，而今，有了足够击败他的力量，不如将他扫灭，再下西京。

李世民则坚持己见说："常言道，兵贵神速。咱一举把西京拿下，大隋不就如丧考妣、土崩瓦解了吗！届时，驻守河东的屈突通，亦会不战自溃的。他如今就是老虎不出洞，想咱去招惹他，他则死死将我缠住，消磨咱之斗志，使我无力西进，咱就偏不理他那个茬儿。"

两种意见，正相持不下时，河东郡户曹任环前来投奔李渊。据他介绍说：屈突通从西京引三万精兵据守河东郡城时，已备足几月所需粮食，做好了旷日持久死守的盘算。他因而建议李渊避其锋芒，招降河西梁山（今陕西韩城西北）义军首领孙华，渡过黄河，经由韩城（今陕西韩城）、郃阳（今陕西合阳），夺取永丰仓（今陕西华阴），进一步便可直取西京大兴了。

这个任环是李渊故交，二人知根知底。他的意见比李世民的想法更具体，更周密，获得众人一致赞同，李渊自也不再固持先打屈突通的己见了。

李渊即封任环为银青光禄大夫，并写了招降信，命任环携信渡河前往招降孙华等一干好汉。河东这边，李渊则留部分军力作佯攻状，以牵制屈突通，使他不得出城骚扰渡河大军。

待李渊等将领率军集结于黄河岸边的壶口（今山西吉县西）时，孙华在任环的陪同下，率船队前来迎接李渊大军过河。

李渊封孙华为左光禄大夫、武乡县公。接着，在孙华的迎送下，唐军渡过黄河，急速前进，并顺风顺水地连克数城，一举夺下永丰仓。唐军开仓放粮，赈济各方灾民，由是声威大振。

一时之间，附近不少占山为王的造反义军和饥民都来投奔唐军，李渊的实力迅速壮大。

接着，李渊命李建成、刘文静等驻守永丰仓及潼关一带，以挡住入关增援的隋军；则命李世民沿渭河北岸向西挺进，迂回包抄西京。

却说，李世民率精锐晓行夜宿，风雨无阻。可能是大隋的军力和民力已然枯竭，抑或是把重兵都调往了外围，世民的队伍离中枢大兴愈近，愈没遇到啥阻拦。唐军于行军途中，有时连续几个时辰竟连一个路人都未遇到。

这日，接近晌午时分，打前探路的侦察队忽然五花大绑了一名小个子年轻人到李世民跟前，说是刚在路边抓到的一个敌探。

据世民侦察队的一位头目介绍说：敌探共有十余人，在前面路边一个村子里与我侦察队不期遭遇。双方都骑马上，我方人多势众，敌方人少，他们见势不妙，掉头逃跑。其中一骑为我射伤，敌探从受伤的马上栽落，为我擒获。

李世民见那敌探灰头土脸，面相很黑，但因身上捆着绳索，全身绑得很紧，外露的半截颈脖儿却显雪白，因而顿生疑窦。当他个细打量敌探的眉眼时，终于看破蹊跷。

李世民于是朝那探子走去，出其不意地揭下对方的头盔，刷地露出一头长长秀发！

周围人顿感愕然，这个敌探居然是个女子！

世民为自己的发现感到洋洋自得，即揶揄那女俘说："好端端一个美女，咋把自个弄得灰头土脸去做贼呢？"

没料，女俘竟然回敬道："你才是贼！"

世民讨了个没趣，想了想，说："没错，咱是贼。那，你是啥？"

"咱从不做打家劫舍、杀人越货事。咱是除暴安良的义军！"

"嗬！"世民看了看那反剪双手、模样俊秀的年轻女子，反唇相讥道，

"所谓义军者，不都是逆贼嘛。咱既是，你亦是。"

"咱不是！"女子撅嘴道，"你才是！"

世民毫不客气，提高声调说："贼——女贼一个！"

世民与女探的嘴仗打得火热，其时，大路上忽地扬起一股黄尘，只见一彪人马由远而近疾驰而来。

世民见此，立即上马；倚在一旁看热闹的一干手下人，亦紧张地纷纷上马，并剑拔弩张地准备迎敌。

对方一位头儿，人未到，老远即在马上大声呼喊道："好汉，请手下留情，把人还咱！"

世民顿觉此声音好生耳熟，定睛看时，那马转瞬已驰至近前，他于是惊喜地朝对方大叫一声："姐！"

对方则更是喜出望外，翻身下马，并紧紧攥住了走向前来的李世民的双臂："世民，你咋在这哩？"

姐问世民的话，更是世民要问姐的话。

原来，李世民的姐姐让丈夫柴绍先离大兴城投奔远在山西的父亲后，自己亦带着孩子悄悄离开了西京，避居到了老家鄠县庄园（今陕西户县），变卖了家财，招收周遭散兵游勇和逃难饥民，一下拉起一支数千人的队伍，同时，还组建了一支娘子军。

其时，附近有支几万人的队伍，十分活跃，首领是一位胡商、叫何潘仁，李氏就派家僮马三宝去招降他。没料，这位胡商首领竟慕李家大名，与马三宝一拍即合，归附了人数远比自己少的李家军。在此期间，西京不断派兵马前来围剿，李家军则愈战愈勇，不仅攻下了鄠县，还将高陵（今陕西高陵）、泾阳（今陕西泾阳）、武功（今陕西武功）、周至等，一一攻克，已在大兴周遭打出一片天地。

姐弟嘘寒问暖，分外亲密，却把那位五花大绑的娘子军晾在了一边。女探不干了，她故作痛苦状地呻吟道："唉哟，好痛……好痛吧……"

第一五八回

李密深陷魔咒久攻不取
唐公突起异军先声夺人

正当李世民与其姐的两支义军会师、并沿渭河急速向大兴城挺进时，地处中原的李密与王世充亦于瀍、洛一带鏖战正酣。

王世充指挥从各地调集而来的隋军共十余万人，把兵营扎于洛口西侧。绵延数十里的营帐，组成一道屏障，以保东都洛阳不受侵袭。

李密的瓦岗军数倍于王世充的官军，自不甘示弱，亦摆出奋力一搏欲取东都的决心。

王世充与大隋朝廷深感，东都若失，便有如黄河破堤，一溃而不可收拾；李密和瓦岗军则认为，如果不能一鼓作气拿下东都，最后，必将落得和杨玄感同样的下场，后果不堪设想。于是，两军从秋战至冬，相持百余日，前后经大小六十余战，战斗险象环生，空前惨烈，双方损失甚巨，而使富饶的中原大地一片断壁颓垣，尸横遍野……

相持时间越长，优劣愈显，瓦岗军愈战愈勇，占得绝对上风。于是，周遭投靠瓦岗军的人愈来愈多。此时，连周围各郡、县的官员都对朝廷深感失望，并纷纷表示效忠李密，瓦岗军的势力迅速扩展到了整个中原大地，其声威更是天下皆知。

如此一来，瓦岗军内和地方上的人士都觉得东都城破仅是迟早的事，那么，再进一步即是横扫天下，而且，这支军队的首领也就名正言顺地要做皇上了！由是，原先的寨主翟让的亲属和他的旧部们，便越来越不安分。

一个叫王儒信的部将，有次对翟让说："瓦岗军起始就是属于您的，咋能如此屈人之下？您应担任大冢宰，统管全军才对。"

翟让是个宽厚老实人，他回答道："你以为大冢宰是那么好当的？现如今，兵强马壮，好几十万人，这么大的家业和这么多官兵，想想就晕。咱是个粗人，管不了那么多的人与事。"

这话，转瞬传至李密耳中，他觉王儒信的话刺耳，讨嫌。不过，翟让总算还有自知之明，所以，也没太把这话当回事。

既是粗人的翟让，在为人处事上，肯定难免会有不检点和粗疏之处。

其时，有个叫崔世枢的隋朝官员前来投奔李密，不小心错踏翟让营帐，被翟让关了起来。翟让要崔世枢把所带金银财宝都给他，否则就要对崔动刑。此事经李密亲自过问，崔世枢才没遭受皮肉之苦。

还有一次，翟让派人去叫元帅府记室邢义期前来参赌。岂料，这位李密的身边人因故来迟，竟被等得不耐烦的翟让打了八十大板。

不久，翟让还威胁李密身边另一僚属房彦藻说："咱听说，你上次攻破汝南，得了许多金银财宝，全都给了魏公（李密），一点儿都没分给咱。汝要知晓，魏公是咱拥立的，况且，今后他还不知会咋样呢！"

房彦藻听到翟让的话，感到害怕。不仅怕遭翟让报复，亦担心李密将来遭遇不测，自己受到牵连。他于是对李密说："翟让刚愎贪婪，有无君之心，不能久留，宜早图之。"

诸如此类事累积多了，李密自然亦对翟让心存戒惧与不满。不过，他仍耐着性子对房彦藻说："天下大局未定，不可于内里开杀戒，自乱阵脚，否则，外人会咋看咱哩。"

不久，翟让兄长翟弘亦对弟弟说："皇帝只能由咱翟家人来做，岂能让与他人？如果你嫌做皇上太麻烦，实在不肯做，那也应该由咱做。"

对此，翟让仍不以为意，乃一笑置之。

　　但是，当这话再次传到李密耳中时，他可是笑不起来，也不能再等闲视之了。他想：共患难时，是听不到此类杂音的。眼下，家大业大渐成气候，即有人暗中鼓鼓捣捣，妄图争权夺位。那么，等到日后攻克了东都，不是更会有人要将自己暗算掉吗？

　　李密越想越后怕。他原本就是个工于心计的人，自此后，为防不测，他为自己增添了侍卫，出行也比以往谨慎多了。同时，还在暗中设想对付手段。总之，他决定先发制人，而不能让自己冷不防就成了对手砧板上的肉。

　　时机终于成熟了。

　　是年十一月十一日，翟让应李密之邀带兄长翟弘和侄儿翟摩侯到魏公府饮宴。陪客有王伯当、裴仁基、郝孝德等。

　　主、客入座后，翟让两员爱将徐世勣和单雄信侍立其身后。李密目视两条大汉，皱了一下眉，说："今日咱与几位同僚饮宴，堂内无需这么多闲杂人，只留几个听使唤的就够了。"

　　李密这边的一些侍众闻言，都自行退出了堂间，他的身边就剩一名叫蔡建德的贴身侍卫未动。但翟让身后的徐世勣和单雄信等却像没听到李密的话似的，仍纹丝未动地戳在那儿。

　　酒宴开始，气氛渐趋热烈。负责在堂间张罗酒菜的房彦藻向李密建议道："今日贼冷，司徒（翟让之官衔）的随员不必于此呆站，亦去侧室喝口酒，吃点热饭暖暖身吧？"

　　李密则顺水推舟对身边翟让说："司徒以为如何？"

　　"应该，应该。"翟让即不假思索转身对徐世勣和单雄信道，"汝等亦去快活快活吧。"

　　徐世勣、单雄信并一干随翟让而来的扈从都由房彦藻安排去侧室喝酒去了。堂间，只剩李密贴身侍卫蔡建德一人侍立在侧。

　　酒酣耳热之际，李密对与座的翟让说："咱近日得到一张好弓，忒硬！一般气力不足者，恐都拉不满。"

　　"噢？"此说正对翟让胃口，他兴致勃勃地道，"魏公可否拿来给大伙一饱眼福?"

"司徒有此雅兴,有甚话说。"李密即命侍卫蔡建德去取弓来。

蔡建德去外室取回硬弓,恭恭敬敬地递与翟让。翟让先将弓拿在手上掂了掂,连说:"好弓,好弓!"

然后,只见他猛吸了一口气,提拉起弓弦,使劲将弓拉满。席间的人即大声喝彩道:"好!"

说时迟,那时快,恰在此一瞬间,递过弓立于翟让身后的蔡建德抽出腰间佩剑,朝翟让后心窝冷不防一剑刺去,他连哼都未来得及哼一声,便扑倒于地气绝身亡了。

与座者,一片"哗"然!

众人都还没醒过神来,几名从堂外冲入的侍卫已将翟让兄长翟弘和翟让侄儿翟摩侯乱刀斩于座位上。

此时,正于隔壁侧室喝酒的徐世勣猛听那边堂内一片异常声响,"霍"地站起,抽身就往堂间赶,却被立于堂外的一名侍卫挡住。心急的徐世勣推开侍卫仍要往里闯,侍卫照其颈项就是一刀,徐世勣将头一偏,才未受到致命伤害,然而,血已从颈上涌了出来。

在堂内作陪的王伯当听到外间有响动,从里赶出一看,连忙制止了再欲举刀的侍卫。此样,两手空空的徐世勣才没挨第二刀。

随之,一干侍卫冲入侧室,不知发生了啥事的单雄信等一些翟让扈从,一个个皆噤若寒蝉,叩头求饶。

李密从堂间赶到隔壁,将单雄信等一一扶起。一阵嘘寒问暖过后,他向众人申述说:"咱与各位起兵造反,含辛茹苦,皆为除暴安良。但,司徒独断专行,贪婪暴虐、凌辱同僚,并欲在内部滋生祸乱,不诛之,咱瓦岗军就会分崩离析,咱欲图的大业就会半途而废。请诸位放心,当下该祸已除,绝不影响和加害其他无辜者。"

为了安抚人心,李密还亲自动手,为徐世勣包扎了伤口,并派人护送他回家休养。

此事,转瞬即传至各兵营中,翟让的嫡系队伍震动尤其,一些跟从翟让起家的手下人皆感心灰意冷，想散伙。李密先让单雄信前往劝慰，随后，他本人亦独自骑马至翟让营中稳定军心。

瓦岗军遭此突然变故，由于李密事后补救，终未发生混乱。整个队伍仍由单雄信、徐世勣、王伯当等分领，李密本人则掌握了军中绝对权利。但，这一带血的裂痕，要想完全抚平，似不可能。

话分两头。

回头再说，稳坐河东郡城内的屈突通，他不但事先囤积了几月所需粮草，还加固了城垣，对守城作了精心布置，一心只等李渊率军来攻。他想：你不是毫不费力地就把霍邑拿下了吗？那就再来河东试试看吧。有时，他一日爬上城头几次，可丝毫未见李渊有攻城迹象。而他派至城外各处的耳目，则同样没一个回来向他报告敌情的，此使他感到异常纳闷。

屈突通终于坐不住了，再次派人出城打探消息。

探子回来报说：原先设置壶口码头作坐探的一家饭铺，店门打烊，所有"伙计"已不知去向。而据码头上人说，十余日前，河西那边来了许多大船，一连几日，接走了成千上万唐军。

屈突通此才恍然大悟，大呼上当！原来李渊派到河东城外的队伍，只是虚张声势，并没打算攻取河东郡城。而其主力部队竟从自己眼皮下溜过黄河，进入关中，显然是直奔西京大兴而去的。

自认老谋深算的大将军，竟遭逆贼李渊耍了，自是怒不可遏！

屈突通老羞成怒，派虎牙郎将桑显和率数千士卒悄然出城，夜袭李渊属下佯装攻取河东城的王长谐军。

遭到突然袭击的王长谐猝不及防，率军败走。李渊则派孙华和史大奈率轻骑从侧翼袭击桑显和，亦使桑军大败，退回河东郡城。此次两军交锋，算是打了个平手。

九月初十，李渊命令留驻河东的几支队伍将河东郡城围住，目的是使屈突通不要轻举妄动，回师西京。

而李渊本人则再抽部分兵力，于十二日，由自己亲自率领，渡过黄河，步儿子李世民后尘，以支援他夺取西京大兴。

屈突通闻讯，又气又急！他率重兵进驻河东，就是为了阻止贼军过河去攻取西京的。现在可好，他们竟骗过自己，一而再地绕过河东过河了，那自己还死守于此，有啥用哩！他于是留下鹰扬郎将尧君素继续牵制未渡河的贼军，自己则率主力自武关（今陕西丹凤东南）出蓝田（今陕西蓝田）去追贼军，以打乱李渊的西进。

但，天算不如人算，屈突通的队伍刚至潼关附近，即被候个正着的刘文静部截住——此正如李世民先前所说的那样：屈突通如果龟缩于河东城内，该他抖狠，但若出城，则该我痛打落荒狗了。屈突通的隋军遭刘文静队伍猛击后，欲进不能，如果再缩回河东去呢？归路亦被切断。

其时，驻守潼关的是隋将刘纲，他屯兵于都尉南城。屈突通便派人与他联络，想一左一右合力搬掉刘文静这块挡路石。

刘文静看出屈突通的这一意图，立命王长谐以迅雷不及掩耳之势，率部抢先夺取了都尉南城，并斩杀了刘纲。

屈突通没了指望，只好带领自己的队伍进驻了都尉北城。

刘文静真是好脾气，只要你屈突通不出来，不去追赶、干扰李渊率领的西进队伍，彼此便可相安无事。但，他只要洞出都尉北城，哪怕只越雷池一步，便遭一顿乱箭射杀。如此你来我往，相持一月有余。

此可使屈突通更为焦灼难耐！他出河东城就是要去救援已岌岌可危的西京的嘞！急于摆脱刘文静堵截的屈突通，经与部将桑显和密商，于一个月黑风高的夜晚，让桑显和率数千精兵偷袭刘文静大营。

因经月余紧张对峙，双方都有一些疲沓。刘文静尽管精明能干，智者千虑，也难免有疏忽大意之时。

在都尉北城憋屈了一个多月的隋军突然爆发，他们从半夜杀至天光，接连突破刘文静大营设置的二道栅栏，只剩最后一道栅栏即将突破时，唐军也已尸横遍地。不过，桑显和军因经一夜鏖战，又饥又饿。当他们看到唐军营中的粮食和炊具都是现成的摆在那儿，便忍不住就地生火造起饭来，准备吃饱喝足，再继续投入战斗。

不料，此情形被杀得极为狼狈的刘文静觑个正着，当他看到炊烟从敌人占领的营区升起时，即毫不迟疑地组织队伍进行反击。

可怜，桑军的饭还未煮熟，便只好打着饿肚仓促应战。而此时，李建成率领援军赶到，桑军腹背惨遭夹击，以至全军覆灭，最后，仅桑显和一人逃回都尉北城。

经此一战，屈突通更加窘迫，他已意识到自己已没能力将这支残军带回西京。即使其中有少数人能侥幸逃回去，也全然散失了战斗能力。

有僚属因而劝他投降唐公。但倔强的屈突通流泪说："吾蒙国恩，历事二主，受人厚禄，安可逃避？有死而已矣！"

接着，屈突通来到兵营，慰勉将士，仍想挽回颓势。但所到之处，一片呜咽，没一个敢说"突围"二字的……

却说，李渊率部一路西行，十分顺利地来到朝邑镇（今陕西大荔县东），入住长春宫，关中士民归附者络绎不绝。尤其是朝中一些名臣之后，如颜之推的孙子颜师古，长孙晟的儿子、李世民内弟长孙无忌等等，都来投靠。还有已成各路英雄豪杰自己不能亲自前来的，也派使者前来表示归附。其中有李渊另一女儿李氏和女婿段纶（已故兵部尚书段文振之子），还有李神通等等。李渊都一一给他们封了官衔，让他们仍然带领自己的队伍，接受李世民的统一指挥。

冬，十月，辛巳日，李渊到达大兴城春明门西北侧，集各路大军共二十余万，将西京包围，令全军一律于野外扎营，不得擅闯村庄与民宅。

对西京大兴发起攻势前，李渊遣使至城下，晓谕留守卫文升等，表明唐军尊隋之意，劝其开城投诚。如此三令五申，不得任何答复。

而此刻的卫文升，已年过七旬，病卧不起。镇守西京的是左翊卫将军阴世师和京兆郡丞骨仪。此二人为激励将士拼死捍卫京师，早已在闻听李渊起事时，就派人将李家的祖坟和五庙毁了。

十月二十七日，仁至义尽的李渊，终于下达了攻城令。与此同时，他又对属下将士约法三章，入城后，不得"犯七庙及代王、宗室，违者夷三族"。

一开始，战斗进行得异常激烈。世民属下将领孙华中流矢战死。

十一月九日，唐军军头雷永吉首登城头，大兴城即行告破。居住东宫的代王杨侑，年仅十三岁，吓得不知所措。

纪律严明的唐军入城后，占据了皇城，宫城，以及各要害部门。李渊亲至东宫将代王迎接到大兴殿后宫。

而此前，东都留守卫文升闻听唐军攻城时，不支病逝。拒不投降的阴世师和骨仪，以及贪赃枉法、口碑极坏的少数官员共十余人，被唐军俘获处以极刑。

大业十三年十一月十五日，也就是大兴城破后的第六日，李渊备齐了法驾，迎代王杨侑于大兴殿登上皇位，下诏大赦天下，改元义宁，并遥尊远在江都的皇上杨广为太上皇。

李渊本人则由小皇帝杨侑诏命他：假黄钺、使持节、都督内外诸军事、尚书令、大丞相、进封唐王。以武德殿为大丞相府。而此一切，与北周末年杨坚篡位所走过场，何其相似！

那么，李渊咋不一步到位，自己登基，而要演这么一曲掩耳盗铃的活剧呢？首先是，被世所公认的皇上还活在江都，他不敢于此乱世中冒天下之大不韪。其次是，包括李密在内的英雄豪杰皆为争抢大位在血拼，从表面看，李渊仍是在尽一个大隋臣子之责，仅为复兴王朝鞠躬尽瘁而已。

小皇帝杨侑登基后，大丞相李渊即派屈突通家僮前往都尉北城，告知他一家老小平安，并带去新皇上的劝慰信。李渊招降屈突通的缘由很简单，他要安定天下，先必安定关中。除此而外，他今后还要仰仗屈突通的威望和领军才能，以收拾烽烟四起的华夏乱局。

那么，屈突通呢？他当众手刃了前来劝降的家僮，以示对李渊篡政的蔑视。并命桑显和死守潼关，自己则率部分将士就近直奔东都。

这边屈突通刚走，已知不可为的桑显和便献出潼关投降了刘文静。

刘文静还没来得及进入潼关，即派副将窦琮、段志玄和桑显和等率军去追赶屈突通。

当一众人马追到稠桑（今河南灵宝北、黄河南岸）城下，屈突通未及入城之际，两支人马不期于城外相遇。这边苦劝，那边怒斥，一场舌战过后，屈突通仍不肯降，遂于稠桑城外摆开阵式，欲与自己原先的部下，一决雌雄。

桑显和命自己的部属、屈突通之子屈突寿去劝其父。

屈突寿还没来得及张嘴，屈突通即怒斥儿子："咱昔与汝为父子，今与汝为仇雠！"说罢，即命左右将领射杀屈突寿。

此时，桑显和终于纵马向前，把屈突寿挡在了身后，并对屈突通左右部将疾呼道："京师陷矣，汝皆关西人氏，欲何所去？"

众人闻言，皆扔掉手中兵器，下马跪在了屈突通面前。

事已至此，屈突通见无力回天，亦下马面对江都方向再三跪拜，并号啕大哭道："臣力屈兵败，不负陛下，天地神祇，实所鉴察。"

屈突通投降后，被立即护送到了大兴。李世民代表父亲，于大兴城门口迎接他，并陪他首先回到大兴城内的家中。

其时，一家老小百数口人跪于家门前，以迎主人归来。

至此，即使是铁石心肠的屈突通，亦不能不为之动容。次日，他赴武德殿大丞相府拜见了李渊。

李渊一见屈突通，即道："与公相见，何晚耶？"

屈突通则说："通不能尽人臣之节，力屈而至，为本朝之辱，以愧代王。"

李渊则由衷地赞叹道："隋室忠臣也。"遂授屈突通为兵部尚书，蒋国公；并命他为已封为秦王的李世民的长史。

却说，李渊夺取西京、杨侑称帝、他本人自称大丞相事，传至李密帐中，使其震惊不已，更有一种深受侮辱和上当受骗感觉！

仅几月前，李渊身处晋阳，给自己写信还口口声声说，他年事已高，无甚念想，将来只求保住唐公爵位，能够颐养天年就心满意足。看看，不到半年工夫，他就扫平了关中，夺取了西京，挟天子以令诸侯了——李渊的狼子野心，比谁都大呐！

李密想，时不我待！如不迅速将东都拿下，反过来恐就要受制于羽翼已丰的李渊，甚或被他吞灭了。

而此时，王世充又咄咄逼人地把军营扎到洛口北面，趁天寒地冻、洛河水浅，在江面架桥，并率剩余的几万人马对李密进行最后一搏。

李密则率千余人应战，显然不是王世充对手。他且战且退。王世充则挥师进逼，乘胜过桥，直达洛口城下。

此时，李密突然转身，进行反击，而埋伏于四周的精兵强将亦于此时尽出，将隋军杀得东逃西窜。拥挤于桥上的隋军纷纷落水，淹死者无数。王世充的虎贲郎将杨威、王辨、霍举、刘长恭等等，皆丧生于此役中。

当日夜晚，天降大雪，未死士卒亦差不多全都冻死于战场。最终仅剩王世充等少数几人逃回东都城内。

而李密则乘胜攻克了偃师，并于此领三十万大军修筑金墉城，驻扎在了离东都上春门仅一箭之遥的地方。

东都留守韦津一看形势危急，领兵来战，没几回合，即被杀得大败，韦津亦被生擒。

李密接着进一步在邙山扎下营盘。居高临下，一眼即能窥见城内人活动的身影，但就是受制于宇文恺当年所建的又高又厚的城墙，可望而不可即。

自此，李密再次陷入杨玄感当年久攻不取的魔咒中。

第一五九回

大厦将倾内史力主迁都
春寒料峭皇上留下绝响

李渊攻陷西京的消息，有如一把利刃，深深扎入蛰居江都的皇上心头！

他获知此消息那日，没如往日那样去后宫与美姬们纵情与宴饮，而是独坐于御书房中无所事事地乱翻书。经此重重一击，他是真正地万念俱灰了。皇上想：李渊做得也真绝，尊自己为"太上皇"，那不就是把自己当作一尊泥菩萨束之高阁地供奉起来了吗！孙儿杨侑也不是把华夏的根基都丢掉了！皇上心潮难平、埋三怨四，怪来怪去，就是没有怨怪自己。他进而一想：西京既墨，被困已久的东都，恐也来日无多了。

思绪万千、伤感不已的皇上，回想十三年前那个神圣的日子，仍恍如昨日，历历浮现于眼前……

那是一个热火朝天的夏季，父皇刚刚入殓，他在庄严肃穆的仁寿宫中，在一干文武大臣的见证下，终于登上梦寐以求的帝位。他做君主，不为富贵，不为享乐，是要做一番前无古人的伟业的呀！所以，他还在为父皇发丧的途中，便在极为仓促的情形下，就开始了调兵遣将，一举殄灭了汉王杨谅的叛乱，捍卫了君主的尊严，维护了国家的统一与安宁；接着，仅用一年工夫，便修建成了气势恢宏的东都洛阳新城，并由此开启了新的帝业；

445

之后，又分期、分段，北起涿郡，南到余杭，自北而南地修建了一条四千余里的长渠，把海河、黄河、淮河、长江、钱塘江五大水系，融会贯通于华夏大地，编织出了一张四通八达的水网；除此而外，仅在短短的几年时间里，南下江南，北巡东突厥，接下来，更是意气风发地西灭吐谷浑，横穿高寒险峻的祁连山中的大斗拔谷，造访西域各国，把汉武帝所建敦煌及张掖等边镇，向西远推到了数千里外的西平、鄯善和且末……并再续了经由西域通向西海和波斯的商道，从而使四海数十番属国首领络绎不绝前来西京和东都朝拜，山呼大隋皇上为"圣人可汗"。而此一切，是秦皇、汉武都未曾做到，且完全想象不到的呀！

…………

皇上抚今追昔，激动不已，心潮难平！

但是，千算万算，没有料到的是，自大业七年始，却在远征高句丽此一小国时，不慎阴沟翻船，从此，一蹶而不振！真个是，涨潮、落潮皆在一瞬间，世事咋这样难以捉摸？且变得这么快咧！

皇上气恼之余，越发觉得那位云游四海的僧人安伽陀真是料事如神，他劝自己把天下李姓者斩尽杀绝，可惜自己当初没听他的，反倒误杀了自己的亲外甥女和外甥女婿一家子。看看，当下为祸最烈的李渊、李密，全姓李咧，此二人才是祸害大隋的真元凶！更有甚者，岌岌可危的东都一旦不保，那么，江都还能安之若泰吗？

皇上这么想时，无意看到书案上镜子中的自己。他索性把摆在案上的镜子拿起，对镜端详起来。他觉得自己的容貌并不显老，且眉宇间还透出一股威严的帝王气！也是，即将步入知天命之龄的自己，正是年富力强、成就伟业的年华呀！可时运咋这么不济，咋这么倒霉呢？

恰在此刻，萧皇后走进书房，看到皇上十分专注地在照镜子，便打趣道："哟！皇上在瞧啥呢？"

"嘿，卿来看嘛。"皇上说话时，眼睛仍盯着那面青铜镜，"朕这副好模样，一颗好头颅，还不知会由谁斫了去哩。"

萧后大骇，问："圣上何出此不吉之言？"

“风水轮流转嘛。有人也许苦尽甘来；有人大富大贵后，则说不定会栽个大跟头。其实，败落了，亦没啥值得忧伤的。”

萧后不想把房内气氛搅得太过沉重，于是，故意借题发挥道：“奴婢猜想圣上照镜子，是眷念家乡了吧？”

“噢？”皇上愣了一下，不解地问，“照镜子与思念家乡有啥关系？”

“咋没有？”萧后说，“不是有诗云：‘伫立望故乡，顾影凄自怜’？皇上竟然忘记了？”

“哈哈！”皇上开怀大笑道，“皇后说朕顾影自怜，真没说错！朕刚才亦确是想关中、想咱之京师了。有意思，有意思。皇后不愧为当今才女！朕可把陆机这首诗忘得一干二净了。”

“奴婢亦是因有此成语，才记得这首诗的。”

皇上继而伤感道：“京师落入贼之手，朕到如今，是真正有家不能归了嘞。”

“皇上不是总夸江南好吗？不妨就把江南作故乡。”

“说得好！”皇上一扫脸上的阴霾。

江南虽好，可大江两岸的冬日并不舒坦。比如说西京吧，冬日虽冷，却冷得干爽。而包括江都在内，湿气重，冬日潮湿阴冷得令人难受。

一大早，文武大臣们还是冒着风寒循例赶到江都宫来上早朝。他们亦都听到西京大兴陷落的消息，从而使得朝堂气氛亦如结了冰一般，分外凝重。

龙椅中的皇上更是面若冰霜，他朝堂下扫了一眼，说：“尔等想来都知晓了，西京已于上月落入贼人李渊之手，朕看，西京既墨，东京亦撑不了多少时日就会落入另一李贼之手。咱大隋朝廷何去何从，朕想听听诸公的看法。”

皇上此次来到江都，尤其是近一二月来，已不大过问和处置国是。有的大事虞世基仍要一一向他面报，他亦是似听非听。有的事虞世基代他拟写了诏书，他看都不看，就要虞世基照发不误，自己则成日沉溺酒色中。

对此，虞世基则十分配合，任劳任怨，代行皇上之责，向天下发号施令。虞世基如此这般，亦谈不上是擅权篡政。用他本人的话来说，是尽人事而已。皇上健在，朝廷亦存，乾坤就得一复一日运转下去。至若发出的圣旨还管不管用，能管多大用，则是另一码事。今日，皇上则是一反近几月的常态，不仅亲自临朝视事，而且主动声言要听臣下意见。

西京失守，东都被围，整个江北落入叛贼之手，仅是早晚的事了。面对如此危局，文武百官的想法，用一句话概括，即是：心乱如麻，一筹莫展！但，不同的人，亦自有不同的打算。为啥会此样呢？道理很简单，皇上执政以来，南征北战，东游西走，从未停歇过。皇上到哪里，文武百官自亦都要疲于奔命跟随到哪里。而官员们的家眷呢？有的则在西京大兴，有的却在东都洛阳。职位高的官员，有的两边都有房产，西京和东都都有部分家人。而于此乱世中，何去何从，想法自然就不一样了。

但，经皇上一问，众人虽都有想法和盘算，却都不好启齿——场下因而一片死寂。

离皇上最近亦最了解皇上心思的虞世基，看到皇上的脸快要挂不住了，终于清了下嗓子，道："依臣所见，东都如果陷落，江都亦就危如累卵了。臣以为，朝廷应及早作出迁出江都的打算。"

皇上问："公想把都城迁往何处？"

"丹阳。"

虞世基的话音刚落，原本死寂的朝堂，突然一片"哗"然！

丹阳者，原陈朝之都城建康也。开皇九年，建康城被隋军攻陷，南北分治近四百年的华夏，从此一统。隋文帝为铲除此一分裂祸根，下令将建康的宫城和皇城夷为平地，并要求在这片土地上种庄稼，遂将建康地名改为丹阳。

虞世基为会稽余姚（今浙江慈溪市）人氏，从他的祖辈起，就在建康为官。但是，他的建议在大多数北方籍官员看来，是无论如何不可接受的。将朝廷从江北迁到江南丹阳，不就是重使华夏蹈入南北分治的对峙中吗？虞世基，这个陈朝旧官吏，真是站着讲话不腰疼咧！

于是，虞世基的话刚落音，即有右侯卫大将军李才站出反对，他慷慨陈词道："臣，恳请圣上立还大兴。去了丹阳，国将不能再称隋了！"

"下官以为，侯卫大将军的建议，仅是一厢情愿。"虞世基并不回避国将分治的事实。他对皇上表白说，"臣作此想，实是不得已而为之。北方一旦不保，据长江之险、偏安江南，即成咱不二选择。臣之所以仍然选择丹阳作都城，是因丹阳乃虎踞龙盘之地，在战略上，亦是个易守难攻的好地方。"

李才揪住虞世基的话不放，语气咄咄逼人："偏安江南，想都不该这么想的。咱看公是处心积虑，骗咱大隋皇上去温陈朝旧梦！"

虞世基一听，脸红得像泼了血一般。建康城破之后，他作为隋朝俘虏与陈朝皇帝曾一同押解到大兴。

不过，儒雅的虞世基，自不会与李才一般见识。他镇定了一下情绪，说："请问侯卫大将军，大兴城是轻易回得去的么？连屈突通那样的狠角，都不得已投降了李渊。窃以为，若依当下情势，咱贸然北上，连中原都跨不过去哩，更遑论要涉险进入关中。此事关乎朝廷存亡，岂可意气从事。"

虞世基虽未恶言相向，却分明是以教训口吻告诫李才。匹夫之勇的李才，不堪忍受，却嘴拙词穷。他一跺脚，愤然离开了朝堂。

皇上脸色难看，却从始至终，一声未吭。

李才一走，门下省录事衡水人李桐客继而站出说："江东地势低洼，气候潮湿，就这么块地方，对内要奉养朝廷，对外还要供奉三军，百姓承受不了，被逼无奈之下，说不定仍会有人铤而走险造反。所以，臣还是以为，可藉骁果之神勇，拼死保驾圣上返回西京，殄灭李渊，以重振大隋昔日辉煌。"

此时，御史大夫裴蕴已看出皇上的心思，起而弹劾李桐客此说是有意干扰和诽谤朝政。

皇上终于忍不住声色俱厉命人将李桐客打入大牢治罪。

随着朝堂情势的急转直下，文武百官立即表态说："江东父老渴望陛下临幸已久，恳请陛下早日过江，以遂民意。"

皇上于是下诏，要求加速修建丹阳宫，作迁都江南的准备。

真个是，一波未平，一波又起。皇上准备放弃江都，偏安江南的消息迅速在军中蔓延。担任江都宫禁卫的骁果军因多是关中人，几年来，他们跟随皇上北上辽东，南下江都，纵横数千里，漂泊异乡太久，而今思乡心切。加之，又听说，官仓所存粮食即将告罄，每日供应军队的粮食已开始打折，此对将士来说，无异更加人心惶惶。

一个风雪交加的夜晚，郎将窦贤率领属下士卒数百人擅离营房，到晨早竟然不知所踪了。

纪律严明的禁卫军营出了此等事，是绝无仅有的。皇上闻报，派御史大夫裴蕴前往查问。将士们明知窦贤等的去向，一个个却都装聋作哑说不知他们去哪了，且都对裴蕴不冷不热，不甚恭敬，使裴蕴特别生气。

皇上即把来护儿找来问。来护儿也不调查了解，张口就说："他们还能去哪里，不都开小差回关中老家了嘛。"

此可把皇上气坏了，于是派骑兵去追赶，凡被抓到的，一律就地正法。

皇上最为痛恨的就是有人背叛他。裴蕴因而趁机煽风点火说："骁果营内的将士，阴阳怪气都不是些好东西，他们明明知晓窦贤去了哪，就是不肯对朝廷说实话。"

皇上余怒本未息，一听裴蕴话，更是火上浇油。他想：此风断不可长，今日跑了窦贤，明日说不定还会有人继续开小差，便要在军中从将领到士卒展开一次清查，以儆效尤。

黄门侍郎裴矩一听，则忧心忡忡地说："陛下，此可使不得！"

"咋啦？公亦怜悯他们了？"

"此可不是怜不怜悯的事，您若兴师动众一清查，禁卫军上上下下，人人自危，不全都乱套了？"

"朕只查其中不忠的小人，咋会乱套？"

"圣上看嘛，骁果大都是关内人。原说，征讨完高句丽就让他们衣锦还乡的，可事到如今，他们个个都老大不小了，都还漂泊转悠在异域他乡，能不想家吗？如果把想家的将士都当作不忠的小人加以整肃，那么，谁来侍卫皇上和警卫江都宫？更有甚者，如果因此引起哗变，咋办！"

皇上此才如醍醐灌顶！他想：当下逆贼恣意横行，野心大的如李渊、李密之流，不正是为谋自己这颗头颅而不遗余力在攻城略地要打到江都来吗？此支令人闻风丧胆的骁果军一旦散架，后果真是不堪设想！

"公乃言之有理。"皇上心事重重地转而问裴矩，"不过，骁果军心不稳是事实。以公所见，咋样才能安其心，让他们担负起应负之责呢？"

"窦贤事出，臣下就在想这事。有一办法，或能管用。"

"啥办法？"

"让他们就地娶亲成家，或能收取骁果之心。"

"噢？"皇上闻言，却没了声音。

皇家禁卫军规章极为苛严。以往，包括带兵的军官在内，都是绝对禁止在服役地结婚成家的，连与民女通奸都要治罪。

裴矩见皇上没了言语，就说："而今国难当头，不好征兵。即使征得一些士卒，恐也当不了皇家禁卫军。加之，朝廷不久即将南渡丹阳，不如此，恐更留不住这支队伍。"

"那是。"皇上终于点头道，"不过，禁卫军有几万人，能有那么多女子与他们婚配吗？"

"这年头，女比男多，女子比男子好找。"

"那行，就如此吧。"

接下来的事，果如裴矩所料。皇上执政十三年，徭役、兵役不断，许多人应征出去，一去就不复回了。此外，还有一些男人被逼无奈，干脆上山为匪为盗，杳无音信，使许多村落都成了寡妇村。

经过郡、县各级地方官吏的动员、撮合，有的没了依靠、缺吃缺喝的女子嫁给了皇家禁卫军的军官和士卒。她们在江都的小日子还过得去，就介绍原村子中的姑嫂姊妹嫁与其他军人。骁果们有了新家，自是皆大欢喜，回乡的心亦没过往那么迫切了。

但是，随着供养的人口骤增，缺粮的事，更显突出。于是，裴矩等一干大臣，又要焦头烂额赴各地四处筹粮、调粮。

如此一来，江都因有重兵驻守，而且，警卫宫禁的是威名远播的骁果军，所以，周围一些小股匪贼都知趣地不敢来侵。那么，中原的李密呢？则仍为久攻不下东都而殚精竭虑，所以，暂时亦无暇顾及南边的江都。而占夺了西京的李渊，声威愈隆，不过，隔山隔水，中间还横亘着李密的数十万大军，他一时半会要打到江都来，亦非易事。于是，皇上就在此看似风平浪静的江都宫内，迎来了大业十四年的新春佳节。

自知大势已去，对东都和西京皆不存念想的皇上，上朝只问一件事，即丹阳宫的修建进度如何。他以为，一过长江，有了天堑之阻隔，就能万事大吉，逍遥自在了。但，虞世基也好，裴蕴亦罢，他们在回答丹阳宫的建造情况时，往往都语焉不详，使皇上仍觉雾里看花一般。

于是，有一日，皇上对身边的黄门侍郎裴矩说："朕想让公过江去看看，了解一下丹阳宫到底建得咋样了？"

"臣下去江南督运粮食，前日才从丹阳乘船返回江都的。"

"噢？"皇上立刻叮问道，"那边的工程进行得如何了？"

"进度很慢。"

皇上一下从龙椅上站起，面显愠色，问："是宫监何稠不肯用心吗？"

"不是。"裴矩摇头说，"何稠力不从心，巧妇难为无米之炊哩。"

"朕知道了。"皇上于是道，"那肯定是丹阳和江南郡县官员不肯尽心尽责征调人力物力。是吗？"

"亦不尽然。"裴矩说，"当下的江南，其实已与江北别无二致，也是山头林立，盗贼纷起。建丹阳宫所需人力和物料都逐级分派下去，但都难于兑现。"

"唔……"皇上沉吟半晌，问，"此一情形，世基知晓吗？"

"内史侍郎当下主管内外政务，他比臣下知晓的事，只多不少。他没如实禀报，无别，是不想让圣上过分忧虑罢了。"

"……"皇上没了言语。

自此，皇上更少过问朝政，亦不外出巡游。江都宫里，建有百余宫室，每一宫室中，有一位美艳的嫔妃。皇上每日便让其中一位做东，包括皇后在内的各位美姬都前往做客。江都郡丞赵元楷便要为其筹措各种美食佳肴。皇上则酒不离口，常与嫔妃们喝得昏天黑地、烂醉如泥……

此还不够，皇上年轻时，钻研过《周易》，对天文亦感兴趣。而到其时，他常沉迷于此道中，以至达到不能自拔地步。

每至夜深，皇上常常念念有词，一坐就是几个时辰，占候卜相，预测凶吉。测得好卦，即狂笑不止；测得凶事，竟至痛哭流涕。

皇上多年以来就落下个失眠症，有时睡不着了，就索性起身去观天象。光自己一人还不行，硬还要去把皇后叫起来，陪他一同守望星空，看看象征帝王的紫微星位置，是不是被别的啥星宿占夺了。

看得肚子饿了，还吩咐人置上酒席，边观天象边饮酒，还同时操着一口吴语宽慰皇后说："外间有人图侬帝王位。朕将此位让与他，亦无不可。届时，朕依然不失为长城公，卿亦不失为沈后，仍可共饮同乐耳！"

皇上所提长城公，乃是陈朝亡国之君陈叔宝，他所说的沈后，即是陈叔宝的宠妃沈氏。国破家亡后，他们成了俘虏，押解到大兴，隋朝将他俩供养起来，依然可以饮酒作乐。

有一次，皇上正在宫里潜心占卜未来，忽地一个宫女惊惶失措闯进来禀报，说："皇……皇上，不……不好了，外面骁果正在议论，说是要……要……要造反！"

"啥？"皇上正为占得一凶卦而窝火，宫女惊惶失措之报说，他一字都未听进耳中去，便令宫女再说一遍。

跪地宫女大声道："外间有人议论要造反咧！"

皇上最忌的就是"造反"二字，他火不打一处来，怒斥道："谁呢？是谁要造反了？"

"是……是骁果们……"

"骁果？"皇上用怪怪的目光盯住宫女，道，"骁果有老婆了，有家室了，他们还会造反？"

宫女急了，哭丧着脸，说："外面都已经人尽皆知了哩！"

"丧门星！"皇上大喝一声，令人把宫女拖出去处斩了。

从此后，皇上不再占卜。每当下朝回到宫里，就要太监和宫女为他取下头上的冠盖，脱去身上的龙袍，然后在头上扎一布巾，换上一身便服，执一手杖，便在江都宫中独自转悠起来。

皇上路经一座熟悉的殿宇，都要从外及里探究个透。连梁上的纹饰，柱上的楹联，匾额上的题款等等，无一不打量得细致入微。而不可思议的是，下次来到同一处所，又会有新的发现。当他走到一荷塘近前，亦要面对一池枯枝败叶，驻足欣赏许久。他甚至想到，若在西苑，每临冬季，便有人指导宫女们用彩色丝绸制作成逼真的荷花荷叶，放置到池塘中去。在花圃中，亦要置换上手工制作的牡丹、月季之类。而今看来，那实在太假、太虚，太没意趣。春夏秋冬、春华秋实，应时而至，岂是强求得的？夏日池中荷花很盛很美，而冬季的枯枝残叶，不亦尽显凋零之凄美吗？世间的冷暖枯荣，本都是上苍之造化呐，何需人为造作矫饰咧！

这日傍晚，皇上登上宫中一座人工垒造的小山，进入一精巧的亭子间，举目四望，但见宫外远处的村舍，浸染在一片融融夕照中，光秃秃的树丫上，栖息着点点寒鸦，大约是耕种季节未到，抑或是天气太冷，偌大的旷野、田间，未见一个人影。而更令人怅惘的是，已近黄昏，村屋之顶上却不见炊烟飘散……

皇上睹物生情，忽然习惯地叫唤道："拿笔来！"

可他的身边却没人应答。

原来，皇上在宫内游走，不喜有人如影相随，侍卫和太监们，与皇上相隔着一段距离。

侍卫长沈光听到皇上叫唤，倏地走了过来。皇上朝他又吩咐了一次，沈光立命他人照办。

过一会儿，才有宦官和太监拿来文房四宝，在亭中石桌上，展纸、研墨，忙碌起来。

皇上就着苍茫暮色，饱蘸了一笔墨汁，在洁白的宣纸上写道：

野望

寒鸦千万点，流水绕孤村。
斜阳欲落去，一望黯销魂。

第一六〇回

众叛亲离杨广叶落江都
蓄精养锐李渊睥睨天下

却说，自裴矩提出让骁果在江都成亲，一时之间，城内城外，鞭炮声、唢呐声终日不断，到处皆见迎亲队伍，这对稳住骁果军心，使惶惶不安的江都官民亦都沾染上了些许喜气。不过，一阵风刮过去，娶亲成家的关中籍官兵，还是没能摆脱对家乡的思念、对军旅的厌倦和对未来的茫然。窦贤率众逃离遭到重处后，大股队伍一窝蜂出走的事没再发生。但是，单个逃跑、三三两两逃跑事件，却从未间断过。甚至有携新婚妻子一同出逃的。有的被抓回处斩了，有的则侥幸逃之夭夭。众人都知晓，只要进入李渊管控的关中地界，人就安全了，就到家了！

这日晨早，江都东城营区骁果军的头领司马德戡到营房巡查，他所管辖的骁果营，有万余人。一夜之间，营中竟有三人逃亡。其中有个小头目，还是德戡的小同乡，平日两人关系还不错，可是，这家伙的口风还真紧，不说事前悄悄打个招呼，平日连气都没透一丝儿。不过，德戡也想得通，此乃性命攸关事，稍一不慎就要掉脑袋的！

德戡在营中巡查完毕，特别叮嘱手下不要将有人脱逃事往上报，上面得知出事，查来查去，反而更麻烦。类似事件已在德戡管辖的骁果营发生过好几次，自第一次向上通报反遭狠批后，之后几次都被他按下没再往上报了。

司马德戡是扶风雍县（今陕西凤翔）人氏。手下士卒一跑，也把他的心跑得乱糟糟的了。首先是，担心士卒逃跑事被朝廷知晓，到那时，自己可脱不了符呐！再就是，自己的扶风雍县老家，亦有一大家子人——人心都是肉长的，谁能不想家嘞！

是夜，两位关中老友到他营中聚餐，另二位：一位是虎贲郎将元礼，另一位是直阁将军裴虔通。此二人都是在江都宫内带宿卫的。

三杯老酒下肚，德戡放下酒杯，叹息一声，道："当下，咱营之骁果，人心不定，很难带哩。"

"彼此，彼此，宫内也一样。"元礼呷了一口酒，接腔说，"往日，在辽东与高句丽打仗，别的队伍都说不好带，常有士卒临阵脱逃。而皇上近前宿卫，可从未发生过类似事。"

司马德戡继续道："反正一句话，人人都想回老家。给他娶个媳妇儿，只解一会儿渴，最终还是治不了想家病。咱营中有人偷跑，暂时瞒着没敢吭气。可总有一日东窗事发，还不知咋办呢！"

司马德戡的话还没说完，直阁将军裴虔通冷丁道："咱宫内宿卫管得够严的吧，昨夜就跑了一个，咱还不是闷着没敢吭声。好在皇上不像以往那样管事了。"

屋子里一下没了声息。三人亦不行令、不碰杯，只顾各自喝闷酒。

过了一会儿，司马德戡终于打破沉寂道："关中被李渊占夺，华阴县令李孝常投降了李渊。孝常的二弟在咱营里当差，前日被皇上下令抓走了。二位不知是否知晓？"

"这种事传得还不快。"裴虔通说，"我的儿子与弟兄也都老大不小了，他们都在关内，其中只要一人一旦为李渊所用，消息传入江都，咱亦是在劫难逃哩。"

三人越说越觉危险即在眼前。桌上的菜肴未动几箸，早就凉了。但大伙只顾借酒浇愁，不动箸，垂头丧气中，又都没了言语。

一阵沉默过后，还是司马德戡先开口。他呷了一口酒，壮起胆子说：

"士卒跑得，咱为啥跑不得？咱有马骑，跑得应比士卒快。且只要冲出淮北进入关中，就万事大吉脱离苦海了。"

"善！"元礼和裴虔通异口同声"蹦"出一个字。他俩似乎一直都在等着司马德戡的这番话。

司马德戡曾于仁寿四年，随杨素平灭过汉王杨谅的叛乱，又跟随皇上三征高句丽。在战场上，他勇猛善战，处事果断，年龄虽比裴、元二人小，人望却比他俩高。

成日提心吊胆的裴虔通，哪有不想回家的呢。他于是一吐心声说："皇上要去丹阳，能再回来吗？咱可不想跟着皇上客死他乡呐！"

元礼亦道："去江南，真还不如回到关中立即就死的痛快。那样，终究是落叶归根了嘛！"

"就是。"司马德戡说，"与咱想法相近的人，应大有人在，咱可多约些人，届时一齐出动，皇上防不胜防，无能为力。即使有人被抓，难免一死，总有一部分人能够逃回家乡。"

"好主意。"元礼和裴虔通同声附和说。

凡是关内人，无论官兵，没有愿意长此在外漂泊不想回乡的。但，绝大多数人，仅是在心中想想而已。尤其是上了年纪、有一官半职的人，极少会铤而走险迈出那生死攸关的一步。而自那夜之后，三人分头找故旧、乡亲一串联，响应者越来越多。这其中就有内史舍人元敏、虎牙郎将赵行枢、鹰扬郎将孟秉、直长许弘仁、薛世良、城门郎唐奉义、医正张恺、勋士杨士览，其中甚至还有皇上的掌玺官李覆和牛方裕等等，要知道，他们可都是皇上身边近臣呐！

人多即势众，胆量越来越大，竟至不分场合、毫无顾忌地在大庭广众中商量起叛逃的事儿来。

他们"嘀嘀咕咕"的议论，被一名宫女听到了。她慌慌张张回到宫里，禀告皇后说："外间有人说要逃走。"

萧皇后想了想，叹了口气对宫女说："事到如今，没药可救了，如果告知皇上，反使他徒生烦恼，且，他也无法根治此事，咱等就听天由命去吧。"

如此一来，司马德戡等当然更加肆无忌惮、如鱼得水，人传人，人串人，不多时，响应者竟达数万之众。

不过，人多亦有多的坏处，容易暴露。司马德戡看到有的士卒已按捺不住、蠢蠢欲动，觉得如不早作断决，否则，恐要出事。他于是召集元礼、裴虔通等一干重要人物，共商起事日期、西行线路、如何对付追兵等等事宜。

正当众人为一些具体事各持己见时，一名警卫前来报说："宇文智及将作少监要见司马将军。"

"呵？他来干啥？"司马德戡吓了一跳。

宇文智及之父宇文述在世时，是皇上宠臣，智及的弟弟宇文士及是皇上女婿，因有这些关系，司马德戡哪敢把背叛皇上欲逃关内事让他知晓。而他在此关键时刻找上门来，恐怕凶多吉少。

对此，元礼也感到事不寻常，因问："他带了多少人来？"

警卫说："来的就他一人。"

"那不打紧，让他进来吧，可探探他意欲何为。"

宇文智及进来，即开门见山道："诸位打算西行，咋不把咱也捎上呢？莫忘了，咱亦是北方人嘛。"

"哈哈……"司马德戡笑道，"咱今邀将作少监同往，并不为晚，你肯同咱一道走吗？"

"这可不是肯与不肯的事。"宇文智及收敛笑容正色说，"只是，汝等要如此西行，行得通么？"

裴虔通听出智及话中有话，冷冷地问："咋行不通？"

宇文智及扫他一眼，说："主上虽无道，威令尚存，卿等亡去，不正如窦贤取死耳！"

宇文智及一言既出，众人顿时失声，此正是大伙刚才议论到的烦心事。此次，他们不费吹灰之力转眼就串联起了骁果各营中的几万人，可就是没敢去碰来护儿等南方将领统率的另几万军队。窦贤事出，皇上有意把来护儿统率的军队放在了西城外，将城外西归之路的几个关卡堵死。司马德戡等串联的人数与来护儿军队人数大致相当，不过，想法则恰恰相反。一个背离皇上，立足逃跑；一个忠于皇上，立足追逃。态度大相径庭的两支队伍，孰胜孰负，不言自明。企图外逃的人，未战心散，追逃者的目标则是一致的。此样，最终侥幸逃脱的能有多少人呢？

司马德戡不知宇文智及来此的目的到底是啥，即试探着道："有请将作少监为咱指路。"

宇文智及亦不推辞，看到一把空椅，坐下即说："当下群雄竞起，是天要亡隋！咱手中既已握有几万精兵，而且，全在城内，有的甚至就在宫内，那么，咱为啥还要逃跑，引人前来追杀呢？咱担任的是宫廷宿卫，咋不趁此便利，先下手为强，把无道君主灭了，再放心大胆进军关中，夺回京师呐！此可是千载难逢的帝王之业呀！"

众人一听，心一下子全敞亮了！与坐者此前想的都是怎样逃回家去见亲人，咋都没有往先将皇上灭了这一层意思上想呢？

司马德戡醒过神来，环顾了一下左右，然后对宇文智及道："卿之言确有道理。只顾逃跑，出路渺茫；咱若拿下皇上，则易如反掌。只是接下来的事，咱还没想过咋办嘞！"

"有啥不好办的？"宇文智及大声道，"皇上既殁，群龙无首。到那时，原先想阻止咱西行的人，则都作鸟兽散啦！"

"咱不是这个意思。"司马德戡说，"你看嘛，包括咱在内，与坐者，最多也就个五品官，连个大将军都没有，咱率队伍西行，恐怕拢不住众人心嘞！"

宇文智及沉吟了一下，说："那么，就让咱兄长化及出来领头，诸位觉得咋样？"

大伙议论了一下，表示赞同。宇文智及的长兄宇文化及有数重身份可担此大任：首先，他是官至三品的右屯卫大将军；其次是，他继承了父亲许国公的爵位；而尤其是此前皇上已把所有禁卫军都交他统率，他名正言顺，拥有城内兵权。

但是，莫看宇文化及长得人高马大，欺压下属和庶民暴虐凶残，而究其实，他是个养尊处优，从没真正上过战阵的人，所以，既无能又胆怯。当他听说众人要举荐自己为造反首领时，竟吓得手足无措，冷汗直冒。可生性贪婪的宇文化及，却又经不住做天子的诱惑，还是勉为其难地同意做首领。正所谓，世无英雄，遂使竖子成名。

原先，司马德戡等议定的是三月望日（十五）那晚，成队列一齐出逃。而今，却是地地道道的造反，这一突然变故，咋向众人解释呢？还是司马德戡有办法。他向相约起事的人放出风声说："陛下已闻骁果欲叛，准备了多坛毒酒，欲将叛逃者用鸩酒毒死，江都宫今后只留南方人做警卫。"

此语在骁果营中广泛传开，原本就因皇上未能兑现雁门之围承诺而耿耿于怀的骁果们，更是义愤填膺。宇文智及、司马德戡等，皆觉事不宜迟，不等月圆日到来，即提前到三月初十夜间起事。

此是一个名副其实风起云涌伸手不见五指的夜晚。天一煞黑，原本担任后宫警卫的元礼和裴虔通主内。唐奉义则扼守宫城城门，并按事前约定，所有门禁皆不上锁，宫内里里外外的门都是虚掩着的。

三更时分，司马德戡按约于东城集合参与起事的骁果和官员，并举火把，以与宫门内外人相呼应。

此时，宇文智及与孟秉等也在城外集合了千数人，用以阻止闻讯入城救援的军兵。

说来也巧，晚上睡不着觉的皇上起来观天象。夜空被厚厚的乌云充塞，他看不到天上的星宿，却见到了东城方向的火光，还隐约听到人喊马嘶声，就问身边侍卫是咋回事，侍卫亦道不知晓。

此时，正在不远处值勤的裴虔通搭腔说："臣听人说是草料场失火了，有人正在扑救。"

信以为真的皇上因乌云遮掩观望不到天上的星宿，便回寝宫睡觉去了。

恰在其时，住在东城的燕王杨倓睡得正香，忽被外街一阵喧闹声吵醒。他让人搭上梯子爬上墙头窥探，只见大街已为明火执仗的士卒挤占满了——遂知出大事了！

杨倓是已故元德太子杨昭的长子，皇上之长孙，时年十六岁。元德太子杨昭共有三子，二子杨侗，为东都留守，三子杨侑现在西京，被李渊立为恭帝。皇上的这位长孙生得眉清目秀，机敏聪慧，深得皇上皇后的喜爱，并一直将他带在身边。元德太子过世后，杨暕想做太子，皇上不允。有人猜测皇上想立杨倓，却始终未得证实。

此刻的杨倓想：要马上将墙外发生的事告知皇上，以便采取必要措施！他溜出后门，没料，各大街小巷已布满明岗暗哨，到处是人影憧憧的士卒。他左躲右闪，离江都宫愈近，把守的士卒愈多。杨倓急中生智，跃入芳林门侧的排水沟中，潜行至玄武门附近，却再也躲闪不过去了，因前面就是禁卫森严的宫禁，排水明沟在接近玄武门时，已然中止。他只好爬出沟渠硬着头皮谎称自己患了急病，要进宫去见皇上爷爷最后一面。

此哪骗得过已为造反者把守的门禁呢。守门头目唐奉义走过来，二话没说就着人将杨倓扣押起来了。

无独有偶。

与杨倓几乎同时被外间喧闹声吵醒的还有江阳县令张惠绍。他骑马冲出家门去向住在不远处的御史大夫裴蕴通报。

裴蕴感到事情危急，东城既出此等大事，前往江都宫的道路肯定已被封锁。当下只能采取非常手段，假借皇上名义，调动驻扎在城外的包括来护儿在内的各支军队入城救驾。

他俩当即草拟好调兵诏书，连夜赶到虞世基家中。这位深受皇上器重，写过无数诏书的内史侍郎手心冒汗——他感到只听张惠绍一面之词，就假传圣旨把城外军队召引进城，太过唐突，而举棋不定！

那么，裴蕴为啥一定要转一道弯把自己草拟的假诏拿到虞世基这里来呢？其中一个最重要的原因即是虞世基的儿子虞熙是掌玺郎，诏书只有加盖了御玺，方能生效。

虞世基徘徊犹豫到天将破晓，忽有家人来报，江都宫方向出现火光——一切为时皆晚！

此时，虞家一位族人对虞熙说："事既至此，汝父是朝廷重臣，有事自必担当。你就随我去江南吧，何必一齐在此等死呢。"

虞熙说："扔下父亲，背叛主上，有啥脸面苟活于世间？感谢您的关爱，我意已决矣！"

有道是，有其父必有其子焉。

话分两头。

却道，东城的司马德戡集合好从各处赶来的全部造反队伍，已至十一日凌晨。他率几万人马，先将江都宫团团围住，自己则率一支事前挑选出的精干队伍，经由玄武门进入宫中。所到之处皆有人接应，而事先没有受到串联影响的宿卫们，亦慑于来者的汹汹气势，纷纷放下武器。司马德戡则立即换上自己人担任值守。

一众人马正往里走时，在后宫深处当值的右御卫将军独孤盛觉出外间有异，就问："外面来了什么人？今晚咋一直不安静？"

不远处的裴虔通于黑暗中回答说："事已至此，不关将军您的事，您小心点儿，只要不轻举妄动就成。"

已感势头不对的独孤盛，终于忍不住地大骂道："汝在说啥哩！你这个吃里爬外的贼子，迟早不得好死！"

独孤盛骂完，来不及披上铠甲，就与身边十余名宿卫扑将过去。

而就在此时，司马德戡领人赶到，与裴虔通等，将包括独孤盛在内的十余人，全部砍死。

独孤盛是曾取代蜀王杨秀去益州担任行军总管的名臣独孤楷之弟。

再说，半夜起身又睡下的皇上听到外面的叫骂与砍杀声，知道大祸临头，他囫囵披了件衣裳，抽身就走。

　　江都宫很大，天又很黑，一般外人闯进来，根本摸不着北，莫说是来单找某一人的。但司马德戡等都是皇上身边人，连皇上的习性都摸得一清二楚，何况宫中还有一干内应，平日啥事都要他人做的皇上，能逃到哪里去呢？

　　司马德戡等在元礼和裴虔通的接引下，举着火把，直入皇上寝宫。外间的宫女、太监吓得跪地磕头。来人冲入里间，只见榻上锦衾在动。一名侍卫用枪尖一挑，锦衾中露出个近乎赤裸的美人儿。

　　"皇上在哪里？"

　　美人用颤抖的手朝西边一指，大伙便朝西屋走去了。

　　一众人等，行至西屋门前，忽地从黑洞洞的窗内传出声音："是汝想杀朕吗？"

　　打前的令狐行达吓了一跳！他驻足镇静了一下，说："臣下不敢。只是想奉陛下西还大兴。"

　　令狐说完，进屋把皇上扶了出来。

　　皇上在火把光焰的照射下，一眼看到随侍自己多年的裴虔通，于是问："你不是朕的旧属吗？有啥仇恨逼使汝要谋反？"

　　裴虔通打从皇上还是晋王时，就是他的随身侍从之一，跟随皇上二十余年。他习惯地颔首说："臣下不敢谋反，但是将士们都想回家，咱不过是奉陛下回京师罢了。"

　　"好咧！"皇上从容地附和道，"朕正打算回去，只因长江上边运米的船还未到。那么，朕这就同汝等一道回去吧。"

　　…………

　　天色渐明，宫内已然得手。原在宫外当值的孟秉接到指令，率武装骑士去接宇文化及。

　　身材高大的宇文化及，在一众侍卫的拥护下，骑马前行，浑身发抖，竟哆嗦得说不出话来。有官员前来参见他，他不好意思地俯身鞍上，不敢看人，连连致歉说："得罪，得罪……"

　　而当宇文化及行至宫城门前时，司马德戡等一众官员，皆以大丞相礼遇将他迎至朝堂。

待参与起事的主要官员和将领都在朝堂各就各位后，守候在后宫的裴虔通才对皇上说："百官已齐聚朝堂，需陛下前往问候。"

皇上已明大限将至，不肯前往。裴虔通仗剑硬逼皇上上马。皇上见坐骑的笼头和鞍子都很一般，且显脏兮兮的，死活不肯就范。直到终于牵来一匹御马，皇上才勉强骑上前往。

裴虔通一手仗剑，一手牵马，向朝堂走去。皇上坐骑两侧，还有造反士卒看押。此时，天已大亮。一路之上，参与起事的骁果将士看到马上垂头丧气的皇上，个个心花怒放，欢声掌声雷动。

皇上被押解至朝堂，坐在主位上的宇文化及看到他，坐立不安地大声道："此处岂容这家伙进来，快把他拉出去结果了。"

皇上倒不慌张，他环视了一下周遭人，问："世基呢？虞世基在哪里？"

一个叫马文举的人回答说："虞世基已被处决了。"

皇上则逼视马文举，问："朕有啥罪，该当如此？"

马文举却毫不含糊地说："陛下抛下社稷于不顾，巡游不息，外勤征讨，内极奢淫，使壮丁死于战乱，女弱填于沟壑，四民丧业，盗贼蜂起，专任奸佞，文过饰非，拒不纳谏，作孽深重，罪当万死！"

皇上听着，面色不改。他叹了口气，说："朕实负百姓。至于尔辈，富贵已极，咋还此样对朕？今日之事，谁为主谋？"

司马德戡道："天怒人怨，众叛亲离，全民共讨，何言主谋！"

宇文化及不耐烦地命封德彝宣读皇上罪状。

封德彝出班拿出临时草拟好的状子，振振有词地宣读起来。

皇上听罢，仍不以为然，面对封德彝说："卿是士人，咋也做出此等有违纲常之下作事？"

封德彝顿感无地自容，赶紧退了下去。

而此时，从睡梦中抓来的赵王杨杲，也被押来让他站在了皇上身边。这位赵王即是皇上嫔妃所生的儿子，此时，已有十二岁。他不知出了啥事儿，一直在哭。被吵闹得心烦的裴虔通一剑刺去，四溅的鲜血溅到了皇上

　　事到临头，化及浑身颤抖，竟哆嗦得说不出话来。有官员前来参见他，他不好意思地俯身鞍上，不敢看人，连连致歉说："得罪，得罪……"

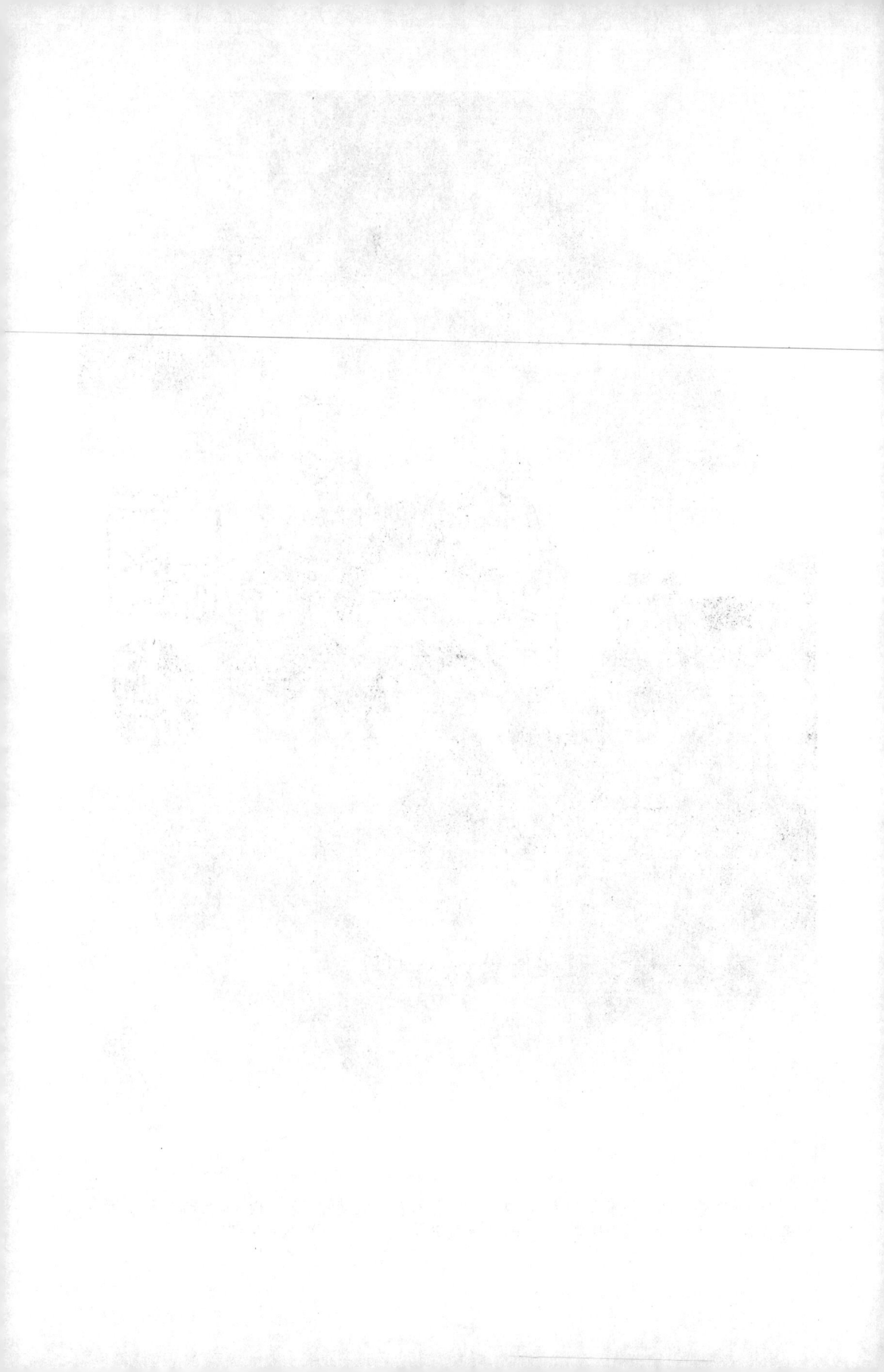

的袍子上。

皇上面对幼子的惨死，视若无睹，仍纹丝不动地原地站立着。

在场人也不想再审下去，马文举等也拔刀怒向皇上。

皇上却从容地道："别慌！天子自有死法，何得加以锋刃？尔等去取鸩酒来！"

此处哪来现成鸩酒？马文举仍欲动刀。

皇上则自解练巾，交与令狐行达。行达即用那条巾子套于皇上颈项与一侍卫将其勒死于朝堂。

此是大业十四年三月十一日的晨早，大隋皇上杨广时年五十岁。

皇上死后，萧皇后没有呼天抢地，甚至没见她淌过一滴泪水。她与一干宫人拆下床板，钉了一大一小两具棺木，为皇上和赵王作了简单装殓，将柩就地葬于后宫的流珠堂内。

此次兵变，除右御卫将军独孤盛因反抗被杀而外，殉难的还有蜀王杨秀、齐王杨暕，燕王杨倓等所有在江都的宗室、外戚成员，以及光禄大夫、开府仪同三司、行右翊卫大将军宇文协，金紫光禄大夫、内史侍郎虞世基及其三个儿子，银青光禄大夫、御史大夫裴蕴，通议大夫、行给事郎许善心等。

除此而外，驻守城外的左御卫大将军来护儿，闻听江都宫变，皇上已亡，仍想奋起惩罚宇文化及等。但为时已晚——真个是，树倒猢狲散！他的手下将士闻听皇上已死，这支由来护儿亲手打造、以水军为班底的队伍立即散架，仅剩光杆司令的来护儿，亦惨遭叛军屠戮。

此外，曾于二征高句丽立功的沈光与麦铁杖之子麦孟才等，经密商，决定刺杀宇文化及兄弟，为皇上报仇，但因有人走漏消息，亦遭杀害。

大隋王朝，仅历三十八载，二任帝王，便自"轰"然崩塌，个中原委，令人唏嘘！

转瞬之间，华夏大地，一下子并生出了三个朝廷：

首先是江都这边，宇文化及自称丞相，总理百揆，并假借萧皇后名义，拥立秦王杨浩为皇，命宇文智及为左仆射，宇文士及为内史令。之后，在大丞相宇文化及的统率下，领一干骁果军，沿水陆二路北上，浩浩荡荡地直指东都与西京，想以此夺得天下。

江都宫变、皇上被杀的消息传至东都洛阳，王世充即立越王杨侗为皇，改元皇泰，并自封为郑国公，执掌城内军政大权，但他面对着的是城外数十万瓦岗军的围攻。

而坐镇西京大兴的李渊，闻听皇上杨广的死讯后，则重演了三十八年前杨坚废北周小皇帝自己登上皇位的那一幕——把年幼的代王杨侑废掉，自己假惺惺地"三让两辞"，也选了个"甲子"日，在太极殿（即大兴殿）举行了禅让大典，登上皇位，改大兴城为长安城，定国号为唐，改元武德，即以原先的大业十四年为武德元年。

在此期间，最感失落的莫过李密。他的瓦岗军虽占据了除洛阳而外的丰腴的大片中原土地，看似兵强将广、人多势众，但其却对孤城东都无可奈何，久攻而不取。这其中一个重要原因是，李密自己虽聪颖过人，却从始至终没有一帮真正与他同心同德的死党和一支真正属于他本人的军队。而尤其是在翦除翟让等异己后，已与众多部将貌合神离。

大隋王朝的故事讲述到此，聪明的读者亦能看出：那位生性贪婪、凶残，而又胸无点墨、胆小如鼠的纨绔子弟宇文化及，显然是成不了气候的。他手下的那支曾所向披靡的骁果军，此时也呈强弩之末，以往骁勇果敢的雄兵，目下只盼着早日回到久违的故土。那么，坐镇东都洛阳城中的王世充及其残余的皇室成员和一干大臣们呢？他们在瓦岗军的久围之下，忍饥挨饿，亦困顿得只剩苟延残喘的份儿了。

但，李渊和他统率的唐军则不然。一是，李渊的家族有世袭的高贵地位和爵位，李渊本人还是大隋皇上杨广的亲表兄，是不折不扣的皇亲国戚，因此，他对隋朝的旧部和各路英雄豪杰皆有广泛的影响力和号召力；二是，李渊一举夺取了华夏发祥地的西京大兴城，并将此城的名字改回到自汉代以来人们听惯了的"长安"，这真可说是众望所归；三是，李渊的唐军都分别由他的才华出众的儿子、女婿、女儿和亲朋故旧们掌管着，作战分外骁勇，相处亦十分融洽。此正所谓"上阵父子兵，打虎亲兄弟"。

于是，一个新的王朝——唐王朝，便呼之欲出了！

而中国社会和中国历史则正是在这带着血腥气的周而复始的改朝换代中延续下去的。对于普天下的庶民来说，值得庆幸的是，从隋末到唐初，其间纷扰动乱的日子不是很长。

最后，须提一笔的是，数年之后，当李渊重新统一华夏，坐稳了皇位，他还不忘赐给前朝皇帝、表弟杨广一个谥号——"炀"。这就是史称的隋炀帝的来历。

尾 声

光阴荏苒。

公元 2013 年 3 月，正是温暖宜人时节，江苏省扬州市邗江区西湖镇司徒村曹庄一房地产建筑工地正在平整土地和挖掘地基，施工工人无意间发现了两座并列砖室结构古墓。

闻讯赶来的当地文物专家到现场一看，就觉非同小可。因为砌墓所用的砖，与过去从隋代江都宫遗址发掘出的砖，别无二致。再经专家进一步发掘，结果更是惊人——长眠于此的二位墓主，竟是隋炀帝和萧皇后！

如果从江都兵变的大业十四年（公元 618 年）三月十一日炀帝被部下用练巾勒死算起，时光已整整过去 1395 年。

这到底是怎么回事呢？凭啥说墓主就是隋炀帝夫妇呢？先看墓葬中究竟发现了些什么。

两座墓中，其中的一号墓，为方形砖室墓，由主墓室、东西耳室、甬道、墓道五部分组成。墓室中，出土有玉器、铜器、陶器、漆器等珍贵文物共 100 余件。其中有一件十三环蹀躞金玉带，是帝王才能佩戴的物件，此也是目前国内出土的唯一一件最完整的十三环蹀躞金玉带。另外，还有四件鎏金铜铺首，其兽面直径达 26 厘米，与唐大明宫遗址出土的铜铺首大小形制极为相似。除此而外，还有大量的文官俑和武士俑等。墓内已无遗骸，仅存两颗牙齿，一颗是上颌第三臼齿，另一颗是下颌第二臼齿，经有关专家鉴定，两颗牙齿属同一个体，为 50 岁左右男性。

二号墓为腰鼓形砖室墓，由主墓室、东西耳室、甬道、墓道五部分组成。出土玉器、铜器、铁器、陶瓷器、木漆器等200余件。其中有一套凤冠，工艺精巧，国内罕见。玉器有白玉璋一件，质地莹润。铜器有编钟、编磬、铜灯、铜豆等，成套的编钟16件，编磬20件，是迄今为止国内唯一出土的隋唐时期编钟编磬实物，填补了中国音乐史上考古的一项空白。墓内保存有较完整的人骨遗骸，经南京大学体质人类学专家鉴定，墓主人身高约1.5米，为女性。

当然，仅凭这些物事，是不能断定墓主就是隋炀帝和萧皇后的。

然而，一号墓中还有个最惊人的发现，即"随故炀帝墓志"。此墓志的开篇即道："随大业十四年……帝崩于扬州江都县"，这与江都兵变炀帝被部下勒死的时间完全一致，而且，炀帝死时，恰恰是50岁。墓志中还有"贞观"字样，表明这一墓葬是在唐太宗李世民登基后的贞观年间所修的。

此一惊人发现之初，既解开了炀帝最后究竟葬身何处的千古之谜，同时，又带来了许多新疑问。

于是，一时之间，全国许多考古专家、历史学者、媒体记者等，云集扬州，共探究竟。使隋炀帝这位历史上最具争议的帝王，历经了近一千四百年后，再添新的传奇。

对于一般人来说，最令人不可思议的是，在此之前，扬州市邗江区槐泗镇槐二村早有一座隋炀帝陵。而且，此陵是由清代大学士阮元于嘉庆年间捐资建造的。尤其是自20世纪80年代以来，该陵墓经过多次修葺，已成扬州一著名旅游景点。1995年，该墓还被列为省级文物保护单位，供游客观看。

因此，不管怎么说，位于邗江区不同地点的两座隋炀帝墓，只能有一座是真的。

不解者一定会问，作为一个历史帝王，不管人们对他评价如何，他是怎样死的，又是怎样葬的，史书上总会有个交代吧？

确是如此。《隋书》、《唐书》、《资治通鉴》等，对炀帝之死和安葬地点都有记载，且内容都极相近。先是萧后与宫人拆铺板钉了简单棺木，将炀帝遗体装殓后，草草葬于流珠堂。等到宇文化及离开江都，原隋之右御卫将军陈棱在江都宫的成象殿迎奉炀帝棺椁（肯定是重新进行了装殓的），葬在吴公台下。此后，萧皇后于唐朝贞观年间去世，唐太宗李世民下诏，使隋炀帝再次与萧皇后合葬于江都的雷塘。此亦可见，史书上的记述，亦与此次一号墓中墓志的记述极相吻合。

那么，清代大学士阮元为隋炀帝所建的陵墓又是怎么回事呢？

清代古籍《重修扬州府志》一书中，收录了阮元写的《重修隋炀帝陵》一文。据该文所述：阮元看到明代嘉靖《维扬图志》上，在雷塘北画了一个墓碑，有"隋炀帝陵"四字。于是，按图索骥，便在那一带寻找炀帝陵墓，而不见踪迹。遂向当地人求证，亦未得炀帝墓的具体位置。嘉庆十二年，阮元为父母守孝，住在图志所述的陵墓附近，偶遇北村一位老农。老农说炀帝陵还在，并带他去看。只见四五亩之陵园内，有很多乱葬坟。老人指认的一座陵墓高七八尺，占地两三亩。老人还说，这座陵墓之下有隧道和铁门，他小时候在此挖土时还见到过。于是，阮元招呼当地百姓担土，每担土给一文钱，几日后，堆了七八千担土，在墓地周围种了150棵松树，并请时任扬州知府的伊秉绶用隶书写了"隋炀帝陵"，刻成石碑，立在陵前。

读过阮元所写的这篇《重修隋炀帝陵》，两座遗址，孰真孰假，便立见分晓。阮元依凭的仅是道听途说和一座土堆，而此次的发掘则都是难以置辩的实物，而尤其是有墓志在。由此可以证明，今日称作曹庄的地方，即是一千四百年前的雷塘。

另外，有人质疑，隋文帝称帝时，改"随"为隋，既如此，墓志中怎会出现"随"呢？南京大学胡阿祥教授考证说，唐朝建立后，又将隋字改回成"随"了。唐太宗时期的《九成宫帖》两次提到隋朝都用"随"。另外，虞世基的弟弟虞世南于唐朝所作《孔子庙堂碑》、欧阳询《九成宫醴泉铭》，以及唐高宗书写的《李卫公碑》等多处唐初重要碑铭，提到隋朝，都是用的"随"字。

自此，仅存两颗牙齿的隋炀帝，他的灵魂应能安息了。但是，关于他和他父亲隋文帝的种种故事，仍将流传于世……。

（《大隋王朝》卷四：《叶落江都》完．全文完）

2013 年 8 月 22 日至 2014 年 4 月 23 日初稿

2014 年 4 月 29 日至 2014 年 5 月 22 日第一次修改

2014 年 8 月 16 日至 2014 年 9 月 27 日第二次修改

2014 年 9 月 29 日至 2014 年 10 月 18 日第三次修改

2014 年 11 月 10 日至 2014 年 12 月 12 日第四次修改

2015 年 7 月 15 日至 2015 年 8 月 7 日第五次修改

2017 年 1 月 14 日至 2017 年 2 月 6 日第六次修改

大隋

【卷一】

初登帝位

The Sui Dynasty

彩绘融媒版

（彩绘、音频、视频）

曹策前◎著

方隆昌◎绘

王朝

人民出版社

策　　划：张文勇

责任编辑：张文勇　孙　逸　申　吕

装帧设计：刘芷涵　李凤超

责任校对：罗　浩

图书在版编目（CIP）数据

大隋王朝：彩绘融媒版 / 曹策前 著 . —北京：人民出版社，2018.11
ISBN 978 – 7 – 01 – 020047 – 7

Ⅰ . ①大⋯　Ⅱ . ①曹⋯　Ⅲ . ①中国历史—隋代　Ⅳ . ① K241

中国版本图书馆 CIP 数据核字 (2018) 第 254198 号

大　隋　王　朝

DASUI WANGCHAO

彩绘融媒版

曹策前 ◎ 著

方隆昌 ◎ 绘

人　民　出　版　社 出版发行

（100706　北京市东城区隆福寺街 99 号）

北京朝阳印刷厂有限责任公司印刷　　新华书店经销

2018 年 11 月第 1 版　2019 年 1 月北京第 1 次印刷

开本：710 毫米 × 1000 毫米　1/16　印张：121

字数：1800 千字　　印数：0,001 — 3,000 册

ISBN 978 – 7 – 01 – 020047 – 7　定价：398.00 元（全四卷）

邮购地址 100706　北京市东城区隆福寺街 99 号

人民东方图书销售中心　电话（010）65250042　65289539

曹 策 前

　　1941年6月生，湖南长沙人。1964年7月毕业于武汉师范学院中文系。曾任《警笛》和《中国故事》杂志主编，编审。作家。曾在长江文艺出版社出版过长篇小说《梦断危城》《滴血的天竺葵》，中篇小说集《龟山疑案》等。另有长篇小说《寻觅挹江人》《雾迷神龙架》《罂粟谷》等，连载于《解放日报》《羊城晚报》《长江日报》《深圳晚报》《武汉晚报》等二十余家报刊。

人类从历史中得到的教训就是：
人类从来不汲取历史教训。

——格奥尔格·黑格尔

卷 首 语

罪己、罪人？兴也、亡也！

—— 读长篇历史小说《大隋王朝》

　　曹策前先生所著长篇历史小说《大隋王朝》，以《隋书》《资治通鉴》等大量历史文献史料为素材，再现了一个封建王朝从立国到兴盛，并迅即衰亡的令人唏嘘的历史场景。小说以隋文帝和隋炀帝父子两代帝王的生平与修治为主干，展示了两位帝王一前一后治国为政的作风与理念、得失与兴衰。作者写的是小说，可涉及的面却十分广泛，真可谓政治、经济、民族、外交、军事、宗教、文化、艺术以及不同地域的民情风俗等，无所不包，可以说，几乎囊括了那个社会历史的方方面面。而展现于读者面前的人物画卷，则更是色彩斑斓：上至帝王将相、部落可汗、皇后王妃、大德高僧；下迄太监宫女、御厨御医、道士僧尼、命相术士、马贼匪盗……各色人物，无不栩栩如生，跃然纸上。

　　美国学者迈克尔·哈特在他的名作《世界上最有影响的100人》中，将隋文帝杨坚赫然列入，而却把中国历史上有名的汉武帝和唐太宗等排除在外。许多读者甚感不解。读了《大隋王朝》这部历史小说，你会服膺这位美国史学家的眼光。

首先，隋文帝立国伊始，就用"三省六部制"取代了北周"六官制"这一旧的政治体制和权力结构。他为什么要这样做呢？作为北周重臣的杨坚，目睹权臣宇文泰、宇文护叔侄先后利用六官制的弊端，以辅宰身份凌驾皇权之上作威作福的种种劣行。随后，杨坚的女儿做了皇后，他自己做了大丞相，亦利用外戚干政方式篡夺了北周天下，建立了隋朝。隋文帝当政后，当然不希望有人仍袭六官制遂成权臣，威胁自己的皇位，所以，巧设三省六部制，以三省首长共为宰辅，相互制衡，使皇位不受侵夺。隋文帝建立的这一政体，不仅沿用至后世朝代，还对中国封建社会的稳固、延续起了至关重要的作用。同时，亦为毗邻的日本、高丽等国所借鉴。

隋文帝登基，最想做的一件事就是统一南北分治的中国。华夏自汉末以来，即进入魏晋南北朝分崩离析近四百年的混乱时期。隋朝立国时，长江以南由陈国统治。不过，要过江消灭江南的陈王朝，一统中国，最大障碍就是隋朝北边拥有四十万铁骑的突厥汗国。过往的朝廷，一有风吹草动，突厥铁骑即乘虚入侵边境，烧杀抢掠。因此，这一后顾之忧不解除，要集过半兵力挥师南下统一中国是不可能的。那么，如何对付北边的这个强邻呢？朝廷几位宰辅重臣，意见不一。

统率千军万马长期戍边、担任内史监的大将军虞庆则，深知突厥铁骑厉害，主张继续沿袭前朝的绥靖政策，用重金、粮食、皇室美女和番，以换取边境的安宁。另一位为皇上起草诏书的内史令李德林，举出汉朝立国之初，对外忍辱负重，对内厉兵秣马，历经七十余载、几代皇帝，终于在武帝当政时，一举击溃匈奴，终使边疆长治久安。而担任大冢宰的高颎和担任纳言的苏威，却认为两国交锋，最终比拼的是国力。若论综合国力，大隋显然强过突厥。所以，他们主张与其白送金钱、物资，不如用它来壮大自己，与敌血拼，以达最后胜利。

而性急的隋文帝心里想的却是，要在自己任内就实现华夏统一。高颎和苏威提出的与敌比拼国力，虽然在理，但是国家经过长期战争消耗，即使战胜了突厥，可还有足够的力量征服陈国统一天下吗？而就在此时，于宫内当值的一位叫长孙晟的年轻禁卫军军官，因熟悉突厥内情，向文帝提出一个"离强合弱、远交近攻"的建议，即刻受到隋文帝的赞赏和采纳。结果，仅用几年工夫，就使强大的突厥分化瓦解，变作了强弩之末。于是，开皇九年的元旦，隋文帝以五十一万八千将士，上起巴蜀，下迄东海，兵分八路，渡过长江，穿越海疆，一举攻破陈国都城建康，完成了统一中国的大业。

大隋甫定，隋文帝就大刀阔斧，对内进行了一系列革新。他将原有的"州、郡、县"，改设"州、县"两级，取消郡治，扩大了县治范围，从而裁撤了大批冗官，并规定县以上官吏，皆由朝廷直接任命。还组织朝内精英几经修订，颁布了一部影响深远的《开皇律》。同时，他还在全国实行了"均田制"，使耕者有其田。不仅如此，隋文帝还下诏废除了沿用几百年、只允许士大夫家族世袭为官的"九品中正制"，改用不分寒门与豪门，平民或士族，一律通过考试择优录用为官的科举制，等等。隋文帝锐意革新、励精图治，使久经战乱的国家迅速得到安定，使经济得以振兴，民生得以改善，从而使隋朝出现了史称的"开皇之治"。

人们对隋文帝是众口一词的赞誉，而对其子杨广却毁多誉少。尤其是民间，更把隋炀帝骂作一个荒淫无耻的暴君。人们把隋炀帝骂作暴君有道理，但以此简单概括他的一生未免也有失全面公允。

读《大隋王朝》这部小说可以了解到：这位隋二世原是个极有才情的文人雅士，他的诗文现今仍有留存，其中还不乏上乘之作。隋炀帝自幼就发誓要做一位超越秦皇汉武举世无双的帝王，他也确实创造过不少惊世之作。比如，扫灭陈国统一中国时，他就是五十一万八千大军的统帅，为国家的统一立下汗马功劳。国家统一后，江南爆发叛乱，隋文帝再次任命杨广为管辖江南四十四州的扬州总管。他用"息武兴文"的办法，经过十年治理，不仅改变了江南的经济面貌，还使南方官民和谐地融入到隋朝的社会中，实现了华夏民族真正意义上的统一。这一点更是功不可没，殊为不易。

杨广登基，即在洛阳修建了一座新都，把执政重心从西北一隅的大兴（即今西安，唐朝时，改称长安）转移到了视野更加开阔的中原，即东都洛阳。接着，他分阶段修造了一条上起涿郡（北京）下至余杭（杭州）长达四千余里，把海河、黄河、淮河、长江和钱塘江五大水系连通的京杭大运河。自大业元年(公元605年)起，以六年时间开凿邗沟、通济渠、永济渠和江南运河，由此，开启了中国经济中心逐渐向南方转移的历史进程，对中国南方经济发展起到了巨大作用。同时，他还统率十余万大军，御驾亲征，直达西平（今青海省的西宁市），扫平了对西部边境危害甚烈的土谷浑部落国，再从祁连山的南麓横穿终年积雪的大斗拔谷，来到甘肃的张掖，而使西域二十七国首领来朝。隋炀帝此次西征还分别在青海的西海（即青海湖）和新疆的鄯善（即今吐鲁番市）等地设置了若干县治，并重新打通了自汉朝开启的直达波斯的丝绸之路，等等。可是，这位自十三岁起就拥有极大权势的皇子，从小便养成了目空一切、骄横跋扈、视民如草芥的种种恶习，执政后又好大喜功、横征暴敛、穷兵黩武、荒淫奢侈……导致民不聊生、天怒人怨，终在兵变中被他的贴身侍卫勒死，并致使隋朝成为中国历史上的短命朝代。炀帝死时，年届天命，不仅未能如他所愿，名垂青史，而反为千夫所指，个中是非曲直，令人叹息，发人深思。

《大隋王朝》着墨的显然不仅仅只是两个皇帝。我们从书中可以看到一千四百年前的中国，其版图就已形成当今的大致模样。它北起蒙古草原、大小兴安岭，西达青藏、新疆，东至东海，南到岭南以外的南海。幅员如此辽阔、民族如此众多、各地的习俗和语言迥异，然而，悠悠岁月，是靠什么使这个古老的大国始终凝聚在一起的呢？就这一点而言，与古老的欧洲大陆竟绝然不同。自古以来，欧洲每发生一场大战或经历一次政治风暴的席卷，就会有一些国家的版图发生变化。及至当代，前苏联的解体、前南斯拉夫的分崩离析，还有东、西德的合二为一等等，莫不如此。合，则皆大欢喜，分散了的国度呢？因种种历史的、民族的积怨，有的反目成仇，甚至大打出手，飞机、坦克、导弹等现代武器，无所不用其极。但是，中国的情形则有所不同，内乱与地方割据的事，虽屡有发生，但"久分必合"。我们仅从《大隋王朝》对鲜卑民族变迁的描述中，即可清晰地了解到，将各民族紧紧维系在一起的，是源远流长、博大精深、为各族人民所接受的中华文化，是民族间的通婚和相互包容，是炎黄子孙心目中大一统的思想理念。习惯于游牧的鲜卑人自大兴安岭迁徙到黄河流域，通过搏杀建立了北魏政权。他们采用中国历代官制对辖地实施统治的同时，亦习用了华夏文明的汉语言文字，生活习俗，甚至思维方式。还有，书中描述的隋炀帝杨广和日后成为唐高祖的李渊，他们原本就是表兄弟，两人的母亲是亲姐妹，并是鲜卑人。所以，隋炀帝也好，日后的唐高祖、唐太宗也好，他们亦都有鲜卑人的血脉。更有意思的是，隋炀帝娶了后梁皇帝萧岿的女儿为妻，这位萧皇后毫无疑问是汉家女子。而日后的唐太宗李世民的妻子则是曾提出"离强合弱、远交近攻"的长孙晟的女儿，她可是个地地道道的鲜卑人。因此，自唐太宗以后的许多皇子皇孙亦都有鲜卑血统。皇室如此，民间的婚姻状况就更可想而知了。而说到中国人的大一统观念，直至一千四百年后的今日，海峡两岸，虽分治日久，但在两岸领导人达成的共识中，一个中国原则是实现和平统一的基础和前提。

此外，我们还可从这部小说中窥见，佛教自汉代传入中国，到隋早已深入民心。隋文帝诞生于佛寺，由女尼智仙师傅抚养长大，从小受到佛教熏陶，使他修心向善，体恤下民。文帝登基后，十分感念智仙师傅，多次拨款建塔造寺，并十分虔诚地敬佛礼佛。但是，作为帝王的他，对曾与自己为敌的江南高僧智顗，却毫不客气。开皇九年，隋军围攻陈朝都城建康，智顗在城内领着僧人举行法会，为陈朝皇上祈福，诅咒隋军进犯。隋文帝知道此事后，十分生气，亲自写信警告智顗大师，告诫其不要与当今朝廷离心离德，并下旨江南各州只许保留两座寺庙，多者拆除。

但是，从小受父母影响同样信奉佛教的杨广，在担任扬州总管后，对江南佛道的态度竟与父皇迥异。他一到扬州任上，就在扬州城内修建了两座寺庙和两座道观，并广招名僧名道入寺入观，还三番五次写信向智顗大师表达敬意和诚意，请他来扬州主持千僧法会。智顗大师到来，杨广当众接受剃度，礼拜大师为师。智顗圆寂，留下遗愿，想在天台山重建一座新寺。杨广闻知，派遣属下在山上为大师修建了一座天台寺。数年后，有智顗大师的一位弟子回忆说，师傅原是想把寺名改作"国清寺"的。这样，已做了皇帝的杨广，又亲笔题写了国清寺的寺名，并赐钱物，修筑寺院。

不过，杨广在江南弘扬佛法，是另有所图的。华夏南北统一后，仅过一年，就发生了波及江南全境的叛乱，究其原因，是陈国朝廷权势弱小，而各地士族则势力强大。陈国灭亡，江南并入大隋，一切都要听命中央朝廷，从而引发江南士人不满。不仅如此，江南各地寺庙的香火欲求兴旺，士人的帮衬不可缺少。加之，南北统一，隋文帝打压与陈朝皇室、士族联系紧密的高僧，只允每州保留二座寺庙。这样，使不少僧人也加入和支持士人挑起的暴乱。因此，担任扬州总管的杨广要安定江南，必先与士人、僧众搞好关系，以此笼络人心。

还有，《大隋王朝》这部小说一开头，就写西魏皇上颁旨"灭佛"，派兵驱赶僧众、焚烧寺庙。西魏皇上是鲜卑族裔，难道被华夏文明同化的鲜卑人独独不信佛教？当然不是。西魏的前身是北魏，北魏皇上是西魏皇上的先祖。距西魏大约二百年前，这一以游牧为主的少数民族，从其发祥地大兴安岭的丛林中迁徙南下，建立了北魏政权。在此期间，他们早已融入中华文明中来，并接受了佛教。留存至今的敦煌壁画中的佛像，大同云冈石窟和洛阳龙门石窟中的石佛造像等，都是由鲜卑人主持，在那个时期开凿的。可为什么到了西魏和北周竟一反常态要烧寺灭佛呢？原来，此一时期，连年征战，民不聊生，不少人为了躲避战乱，纷纷遁入寺门。佛寺中的僧众不用当兵，他们种的粮食亦无税赋。而连年征战使朝廷缺兵少粮，皇上只好出此灭佛下策。

总之，隋文帝的声讨智顗大师，隋炀帝的出资修建天台寺，以及西魏和北周武帝的灭佛等行为，细心的读者欲从小说这些情节中寻根问底，桩桩件件都能从中找到答案。读者掩卷而思便知，几位至高无上的帝王，他们礼佛也好，灭佛也罢，圣洁的庙堂、至尊的大佛，在他们的心目中，充其量也就是棋盘上的一颗棋子而已。

　　这部规模宏大的小说，还描写了许多个性鲜明的女性形象。她们中，有的是皇太后、皇后、皇妃、皇太子妃、王妃、公主、宫女；有的则是市井中的富家千金、歌舞伎者、小妾、婢女、女尼……其中，有的雍容华贵，有的貌若天仙，有的伶牙俐齿、灵巧狡黠……但，无论出身高贵抑或出身贫贱，包括被朝廷官员称之为“二圣”的独孤皇后在内，几乎千篇一律地各因各的原因，结局、归宿都很悲惨。雷同，本是文学作品中的大忌，作者为什么要犯忌，如此挑选和设计自己笔下的女性形象呢？不过，这可不是作者的失误，而是那个极度男尊女卑社会女性的宿命。

　　当然，事情常常也会有例外。小说讲述陈国的乐昌公主在建康城破之后，她也与陈朝其他皇室成员一起成了大隋的俘虏，并被隋文帝赏赐给了灭陈功臣杨素做妾。这对本已成家与夫君感情很好的乐昌公主来说，自然是个晴天霹雳。二年后的元宵节，乐昌公主的夫君徐德言携带半边铜镜按照事前约定到京师寻妻，终于找到失散的妻子。而当乐昌公主现任丈夫杨素知道事情的缘由后，亦落落大度地与乐昌公主解除了夫妻关系，并让徐德言把公主带回江南。这个由悲转喜的心酸故事，一时传为美谈，并凝作了“破镜重圆”的成语，流传至今。

　　翻阅长卷，丰赡的史实、生动的故事、深邃的内涵、一个个心性不一样的鲜活人物，从书中立体地展开来。这是时下一些戏说文字和宫廷演绎片所难以比拟的。“禹、汤罪己，其兴也勃焉，桀、纣罪人，其亡也忽焉。”一部38年的隋史，留给小说主人翁的是永远的哀痛，留给后世的是无尽的思索。读史使人明智。读历史小说《大隋王朝》更使人明世、明势——天下大势；当然，更使我们能真切触摸感知、身临亲炙那段雄浑悲怆的历史。

　　当今的国人谁都知道中国是个有着五千多年历史的文明古国，可它究竟是个啥模样呢？有多少国人真正走近过我们自己的历史。对于隋史，恐怕就有更多的人不甚了了了。正因此，我极力推出也推荐大家读一读长篇历史小说《大隋王朝》，是可谓窥一斑而知全貌也！

张文勇

2016 年 1 月 4 日

再版题记

　　《大隋王朝》出版后，口碑和发行状况还不错，出版社就有了将它作为长线书发行的打算。在此期间，出版者和作者都搜集到了一些读者意见，出版方就要求作者对书略做修改，然后再版。这对作者来说，当然是件大好事。作者因而进一步提出，如果再版，能否出个插图本？这一想法，得到出版社的支持。

　　作者于是从珠海到武汉，拜访了老画家方隆昌先生。方老和书作者一样，都年逾七旬，退休多年，却未赋闲。他花了两年多时间，刚完成了二月河先生的全套清宫小说四百多幅插画的创作。能请到方老为本书插图，是实实在在地使《大隋王朝》蓬荜增辉了！

　　此前，作者原本打算只对全书作些局部修改，以订正读者提出的某些错漏。但在动笔之前，却又踌躇起来，经过一番犹豫，决定还是从头至尾再过一遍。

　　作者于2010年10月10日动笔。首先，说明一下，这并非预先择定的一个什么日子，而是我在武汉工作的大女儿回来度假，她于9日离家，屋子里清静后，我10日动笔，开启了一次几乎没有什么停歇的长达数年的写作。

第一卷初稿刚刚落笔，从第二日起，我就回过头来对第一卷进行第一次修改。第一卷第一次修改完，思绪自然而然就转入到第二卷开始的情节上。等到八九个月后，拉完了第二卷的初稿，又开始回头再对第一卷进行第二次修改，改完第一卷，再对第二卷进行第一次修改。第二卷改毕，这样，第三卷的开篇便又有了头绪。如此循环往复，时至今日，这部书的前三卷已作过五次修改，第四卷则改过六次。

为什么要这样一改再改呢？原因很多。

首先是，这部书很长，是一个极其浩繁的巨大工程。作者要理清纷纭复杂的头绪，要调整庞大的结构，统一各卷行文风格，纠正和弥补错漏等等，都须反复调整和修改。再者，这么大一部稿子的架子搭起来后，其间须完善、须雕琢的细部真是多得不胜枚举。这次对一些地方进行了修饰，下次又会发现另一些地方仍不够完善，还得改。

其次是，年岁不饶人，写作时，一不留神就会出现丢三落四事。作者开始动笔写这部书时，已六十有九，每日上午8时左右坐到电脑台前，刚开始的两小时头脑清醒，效率较高，其后就有点腾云驾雾了。午饭后，休息约一小时，再上电脑台，精神较饱满的时段就只有一小时左右。在精力不济的状况下写出或改出的东西，自然要打折扣。作者每日工作六七小时，效率较差时段就占一半以上，要使较弱的部分得到弥补，必经多次修改。

三是，作者并非历史学者，却在写一部一个朝代兴亡的小说，其间要了解的史料及相关知识的量有多大，可想而知。作者动笔前，有针对性地先读了三年多书，感觉似乎有了一点底气。但真到下笔，就立刻觉得以前所掌握的东西还远远不够，因而在把握一些人物或描述一些重大历史事件时，常感捉襟见肘。所以，一直还是边查资料，边想故事，边写作的。有时写到后面，在阅读一些资料时，觉得对前面写过的某些内容又有新发现、新想法，因此，还要回头对前面部分再行修改。不过好在，我所使用的电脑，真是一个深不可测的百宝箱，要找什么资料，几乎应有尽有，有求必应，真是既解困又解渴！

举个例子说一说，隋文帝在开皇年间制定了一部《开皇律》，这部典籍对后世的影响极其深远，它的基本架构和核心内容一直沿用到了清朝，贯穿隋以后的整个封建社会。然而，这部法典是怎样产生的呢？是隋文帝心血来潮突发奇想所至吗？当然不是。作者在阅读史料中了解到，隋文帝杨坚作为北周将领参与灭齐及打击突厥入侵后，于北周末年被召回朝廷担任了大丞相，此时，他才了解到北周制定的《刑经圣制》是一部近乎荒唐的严刑峻法。这部法典不仅使百姓动辄得咎，为一点小事就有可能被判死罪，同时还使满朝文武都感到人人自危，比如，在大臣的奏折中，只要出现一处笔误，就要受到几十大板的责罚。这种法律，何谈治国安邦？大丞相于是组织一干人对该法进行修改，不料竟触怒了昏君周宣帝，并差点为此而丧命。所以，当杨坚登基做了皇帝，即下诏组织朝廷精英制定立国大法。《开皇律》颁布实施一年，在听取了各方意见后，又再次对该法进行了修订。所以，《开皇律》的产生过程，本来就一波三折、跌宕起伏，充满着传奇色彩。但是，据此就匆匆下笔还不行，作为作者，还必须对隋以前的北周、北齐的法律，乃至对整个中国法制史的变迁都要有所了解，只有这样，才能比较从容地把《开皇律》的产生始末娓娓道来，从而达到塑造隋文帝这个一代英主形象的目的。而这，则都是作者在不断挖掘史料和多次修改的过程中，才一步步得以深化和丰满起来的。

再如，当下如果提到科举制、八股文之类，没有不持批判和否定态度的。但是，隋文帝如果地下有知，他可要跟你急。为什么？科举制就是由他开创的。隋以前，北周实行的是"九品中正制"的举荐官员制度。简单地说，就是把从各州推荐到中央的士大夫和官僚子弟，经有关机构考核，分成上中下三个等级，每个等级又细分为三等。比如说，上等当中，就分"上上品、上中品、上下品"，如此类推，共分九品，然后，再按品级高低录用为各级官员。此外，将军们打了胜仗，本人不仅可以升官晋爵，朝廷还会褒奖其子为官。由此可见，当年隋文帝提出的不分贫富出身，唯才是用的科举制，打破了过往的官官相袭的为官制度，是一个了不起的创举。不仅如此，隋朝建立后，隋文帝对国家政体、府兵制度、税制等等，都大刀阔斧地进行了系列改革，因此，作者只有通过深入了解历史，在不断学习中，加深对人物的认识，并一改再改，才能使一个勇于打破传统束缚，勇于革故鼎新的杰出帝王形象跃然纸上。

四是，《大隋王朝》这部书着重写了两个皇帝：一个是隋文帝杨坚，另一个是隋文帝的儿子隋炀帝杨广。前三卷的主要人物是隋文帝，第四卷的主人公是隋炀帝。相对而言，隋文帝较易把握，因为历代史家对他的评说几乎众口一词。而众所周知，隋炀帝却是个极具争议的人物。在他十三年的执政生涯中，要贬他，有的野史绘声绘色一本又一本将其描绘成一个一无是处的荒淫无耻的暴君；但如要赞他呢？这位帝王心胸开阔，志存高远，学识、眼界都高过他的父亲隋文帝，并确确实实干出过一番惊天地、泣鬼神的大事业！比如说，中国的河流因地势的原因都是由西向东流的，隋炀帝别出心裁，上起北京，下到杭州，自北而南修建了一条长达四千余里的大运河；再如，他御驾亲征直达西宁剿灭了吐谷浑，又亲自率军横穿终年结冰的祁连山大斗拔谷，抵达甘肃张掖，使二十七国首领来朝，不仅重开了丝绸之路，并在新疆、青海设置郡、县，等等。功过反差这么大的一个人物，如何抽丝剥茧塑造出一个令读者信服的隋炀帝来呢？难度很大。

别的都不说了，《大隋王朝》共分四卷，事先为隋炀帝安排好的篇幅只一卷，因为他毕竟是个亡国之君，且从小说的总体架构看，正好符合起、承、转、合的写作规律。但对作者而言，史料的取舍，隋炀帝功过是非的评说如何做到恰如其分，就成一个突出问题。为此，作者对第四卷前后共修改过六次，比前三卷多改一次。

五是，作者常感笔力不够，写作中往往力不从心，须经反复修改，方能使故事与人物逐渐活起来。

举个例子说一说，第十九回中，有一首信天游歌词，作者改了多次仍不满意，就请一位曾经写诗的朋友来改，他改得字正腔圆、文辞优美，比自己原先写的好多了，此事便告一段。等到2014年，作者写完全书，并修改过二次后，再从头对第一卷进行第三次修改时，改到第十九回，望着那首原本认可的信天游，又蹙起了眉头。因为单独看去，那首信天游歌词确乎不错，而问题在于它不能融入到故事人物和小说情节的氛围中去，是游移在作品之外的，所以，不得不再行修改。作者写的是智仙师傅一男一女两位弟子，他俩都是因战乱、饥荒被遗弃并被智仙收养的孤儿，亦是一对恋人，女的患了不治之症，自知来日无多，却想去五台山对文殊菩萨作最后膜拜。男的为其驾车以了女友心愿，当他们乘坐的马车在黄土塬子上行至渭水河畔，驾车男子情不自禁地唱出："哥是天上一片云朵朵/妹是溪涧一簇浪花花……哥哥妹妹心相随/风风雨雨走天涯……"时，作者才终于觉得找到感觉了。仅为这首歌词，作者前前后后折腾了好几年，修改不下数十遍。

书中写了一个角色人物，御医龚维之。他对大隋的历史进程，自然起不到丝毫作用，却是那个朝代的见证者，朝内每临一些重大事件，往往都能见到他的身影。他最先出现在书的第一卷的北周宫廷中，见证了隋文帝的篡权登基，最后亦与隋文帝一同死于第三卷末段的仁寿宫的大宝殿里，但直到第四卷，还有两个地方提到这位御医。所以，他几乎是个贯穿全书的不同寻常的小人物、小角色。

第三卷写到年近花甲的隋文帝在仁寿宫中偶遇一位貌美宫女，并临幸了她。在此之前，隋文帝可算天下绝无仅有的模范帝王丈夫，他的三宫六院一直是虚设着的，身边女人仅独孤伽罗皇后一人。但生性嫉妒的独孤皇后却容不得皇上的外遇，一怒之下，指使下人将那名宫女活活打死。隋文帝先是愤怒出走仁寿宫，被大臣劝回后，则成日寡言少语、闷闷不乐。这么一来，又使皇后着了慌，为了修复与皇上的关系，她不得不违心地为皇上娶了一位相貌更美、气质更佳的陈嫔御。文帝的欲望得到满足，恢复了常态，但心高气傲的皇后身心却受摧残，突然病倒。在御医龚维之的精心调理下，皇后的病情日渐好转。未料，皇上竟于宫中再获新欢，从而使皇后雪上加霜病情急转直下，竟至昏厥。此时，又在御医的紧急施救下，使皇后暂时缓过气来。但御医深知，要医好皇后的心灵创伤，仅靠用药是远远不够的，他于破天荒地来到皇上处置政务的中华殿拜见了皇上，并对皇上说出一番似医非医的医嘱。皇上听话听音，感到御医的话，分明是在指斥自己，冒犯了帝王的至尊，十分恼火，却又不便发作，因御医说得入情入理。于是，皇上只好屈尊遵循医嘱去后宫安抚病中皇后。也真是，病卧中的皇后听到皇上驾到，怒气顿消大半，病也立见好转……

作者处理上述一些情节，首先感到的是，御医履行职责，对皇上说的那番话，很难写。因为说话的人是那个朝代的顶级郎中，他说的话，医理也好，哲理也好，都要符合他御医的身份。再就是，听话的是皇上，他分明感到御医出言不逊，竟敢对自己的私生活进行干涉，是大逆不道，欲怒而最终未怒……他当时的那种神态以及由怒转向内疚的心理活动，亦要写得丝丝入扣才行。再就是，皇上不得不遵医嘱去安抚皇后，皇后暂时得到心理上的满足，病情有所好转，却又深感无奈的复杂心情……总之，上述一连串话语和细节都要尽量处置到位，才能帮助今日读者身临其境地了解那个社会，并感受到在那种制度下，包括帝、后、御医在内的人的生存状态……

《大隋王朝》写一个朝代的兴衰，题材重大，情节纷纭复杂，难解之处和难于把握的人、事多多，都须作者在不断探索与修改中得以化解，不再一一举例赘述了。

十年辛苦，确实有点不太寻常。光说每日坐到电脑台前的六七小时，不仅伤神，还要耗费体力。为此，作者一反懒散常态，不管春夏秋冬，几乎每日都要泡在游泳池里，不间断地慢游40到50分钟，以此，撑过十年劳作。

但，回头一想，花十年工夫，心无旁骛地只做一件自己喜做的事，这同样也不容易呵！

作者出生于1941年，试想，在那烽火连天的整个40年代里，任何一个中国人，能置身度外，安坐书斋，去写一部与国家命运毫无关系的历史小说吗？到了50年代、60年代、70年代，运动不断，有人要写一部关于帝王将相的书，亦是一件不可想象的事。2001年，作者退休后，有一份足以养活自己的退休金，更为难得的是，可任由一个退休老头徜徉于遥远的朝代，去探究那时候的人与事，并使其跃然于现代的电脑中，并印刷在纸上，装订成册，与广大读者分享……这对作者来说，十年艰辛，已化作了无尽的欢愉，是一弥足珍贵的享受！

最后，衷心感谢人民出版社社长黄书元先生、责编张文勇编审和于璐、孙逸、申吕编辑等，他们为作者提供了这样一次宝贵的修改和再版机会。在再版过程中，还有王锋、孙兴民、赵新、柯琳芳、邓文华、罗浩、刘芷涵等参与了进一步修改完善的工作，在此也一并对他们表示衷心的感谢。

曹策前

2017年2月18日于珠海

目 录

1

楔　子

西魏大统七年（公元 541 年）六月十三日，时近正午，烈日当空。

一支人困马乏的队伍缓缓行进在古驿道上。他们今早四更造饭，天刚麻麻亮就离开了借宿的波观寺。脚下之路，说是驿道，其实已是坑坑洼洼、野草丛生，要经仔细辨认，方可看出一条不知何年修建的残破路基。

自东汉末年群雄割据以来的三百余年间，华夏大地，烽烟四起，战事频仍，其间只有西晋王朝灭吴后，有过三十多年的短暂统一。接下来，就是各个小朝廷不断地改朝换代，不断地你争我伐，原先的驿道，维护保养得少，而被经年的战车碾压、马踏，已几乎破坏殆尽了。

行进在驿道上的这支队伍，一共才三十余人，却拉了较长的距离。骑马走在最前的是一位气度不凡的壮年汉子。他，头戴兜鍪①，容颜俊美，身材魁梧，面庞上长着一部浓密漂亮的长髯；天气炎热，他却仍着一身戎装，左手执缰，右手握着一柄长矛，两眼则定定地目视着前方。紧随其后的一名侍卫，打着一面旗帜，上书一个斗大的"杨"字。它向路人昭示，这支队伍的主人，乃西魏赫赫有名的大将军杨忠。

杨忠，弘农华阴（今陕西华阴市）人氏。其先辈多为各朝武将，声威

---

① 兜鍪（dōu móu）：作战时戴的盔。

显赫。他本人，亦因战功卓著，乃为西魏十二位大将军中的一位。当下，在其左右和身后簇拥着几骑彪悍的亲兵；之后，是一辆由两匹马拉、带有篷帐的马车；再后是分别由骡子拉着的三辆装载粮食、炊具、帐篷等杂物的辎重车；车辆两旁及车后，有二十余名骑兵护卫着。因天热，路况又不好，车马只能在颠簸中艰难前行。

放眼望去，驿道两旁的田地，因经年征战，已很少看到有村夫耕种的庄稼，但因正值盛夏，雨水阳光丰沛，各类荒草竞相疯长，倒也显出一片既苍凉又葱郁的景象。

骑在马上被毒日晒得大汗淋漓的杨忠，手搭凉篷，见远处路边有一株绿荫如盖的大槐树。于是，他两腿紧夹了一下马身，那马便立即如箭一般，奋力朝前驰去。及至近前，才看清，大槐树下有一方石桌，几位老叟正围桌而坐。再近几步，老叟们竟一窝蜂似的沿坡逃散了。他循着老叟们逃窜的背影望去，见路旁有一条小溪，溪上有一座老旧歪斜的木桥，桥那边，散乱地长着一些杨树，树下有几间破败的茅草房。几位逃窜的老叟，皆跨越小桥，钻进村去。杨忠的坐骑奔跑到大槐树下，他翻身下马，才见石桌旁还兀自立着一个破衣褴衫的老叟，正朝自己不自然地讪笑。

"嘿，他们都跑了，你咋不也跟着跑呵？"杨忠把缰绳交给身边侍卫打趣老叟道。

"他们胆小，害怕呢。"老者躬身回答。

"那，你不害怕？"

"我是卖茶的，要怕，就干不了这营生啦。大热天的，军爷们都来喝碗茶吧。"

说话间，几名紧随其后的亲兵，也相跟着纷纷下了马。

杨忠吩咐道："让夫人也下车喝碗茶、透透气吧。今日，咱就在此处打尖了。"

一名护卫立即去给还在路上行走的车辇传话。杨忠则在石桌旁的一块当凳的石头上坐下来。老叟从木桶中舀了一碗凉茶，恭恭敬敬地朝杨忠递去。杨忠喝一口，把茶碗放在石桌上，取下头盔，也放在桌上，然后，把手伸向腰间的兜里，摸出一锭五两的银子，对老叟道："这点小意思，权作茶钱，不用找了。"

"哎，不行，不行！"老叟急了，"我的一担茶，值个啥钱呵，军爷尽管喝！不要钱！不要钱！"

"这样吧，你去村里给我寻点新鲜菜，咱今日就在这里造饭，大伙很久都没尝过新鲜菜蔬了。"

"好，好！"老叟迟疑了一下，说，"这地里的菜也不值什么钱呵！都是自家种的。"

"别再废话，把银子收下吧。"

老叟这才收下银子，踏过小溪上的木桥，回村去了。

这边，走在前面的一辆挂篷车辇，在一名士卒的驾驭下，首先抵达大槐树下。先从车中下来的两名婢女和还在车上的另一名婢女，前扶后搀地把杨夫人吕氏招扶下车。

吕氏夫人，不到三十岁年纪，穿一件特制大裙服，大腹便便的，看样子是要临产了。因一路颠簸，目下，她已被折腾得脸色蜡黄，四肢疼痛。一个婢女在石头凳上铺好棉垫，这才好不容易地搀着她坐下。随后，陆续抵达的辎重车，也一辆一辆停在了离大槐树不远的小溪边。士兵们忙着给骡、马卸下车辕，骑兵也给马松了肚带，取下马鞍，并将牲口牵到溪边饮水吃草，火头军们则更顾不得先喝一口水，他们忙不迭地找避风处垒灶架釜造饭……

大将军杨忠此次是专程护送夫人回老家武川镇生子的。杨忠之祖籍虽为弘农郡华阴县，但，因其第四世祖杨元寿曾为北魏武川镇司马，自此，举家迁入武川。后来，子孙们也都以武川为家了。作为西魏的大将军，在此动荡不安的年月里，他成年累月东征西战，生命朝不保夕，加之，不久前命相术士曾为夫人相面，并指认说，吕氏夫人肚里怀的是一男孩，所以，杨忠便不惜长途跋涉，也要将夫人送回故里，好让他们家的长子在相对安定的环境中出生、成长。

不出一个时辰，卖茶的老叟率领另外两个老人，一人挑着一副担子，踏过木桥，悠悠晃晃地回到大槐树下。他们挑的篾筐里面盛满各色各样时令瓜菜。更有甚者，卖茶老叟放下担子，竟从一只篾筐里翻拣出一大块烟熏腊肉。

"嚯！你们家里还有这种存货？"杨忠不胜惊奇，"看来，乡亲们的日子过得还不错嘛。"

"唉……这年头，哪是人过的日子哟！"老叟长叹一声，说，"咱村正处驿道旁，村子里，原有百多户人家，热闹得很呐。军爷，您瞧瞧，现在村子里头，还剩多少房舍。这地段，隔三岔五，不是兵，就是匪，常常进村滋扰，您听听村子里头，还有鸡叫狗叫没有。"

"那，这肉是怎么来的？"

"嘿，今年正月，家里的粮缸已见底了。我没法，就冒大雪，走两天，才进大青山里。不想，运气还不错，竟打杀了一头野猪。可等我扛着野猪迈进家门，老伴却已饿死在了床上。为请乡邻给老伴下葬，用去半边野猪肉，剩下的这块，我一直藏着舍不得吃呐。"

"哦……"杨忠不觉一阵心酸。他细细审视着眼前的老叟，若有所思地道，"老伯，你这么大年岁，上山打猎，来回要走这么远的路，且还有这等身手，莫非也是当过兵的？"

"岂止是当过。"老叟把破衫一脱，露出满身伤痕。"村里的男人，谁没进过府兵营呵！他们大多都客死他乡了。村里现在还活着的几个老朽，和我一样，全都是从死人堆里爬回家的哩。"

时下，和老叟同来的另外两位老者，早已把菜担挑到溪边同士兵们洗菜去了。槐树下，杨忠和老叟越说越投机。

"我们一路走过来，就根本没见地里长庄稼，你们这些菜是从哪里弄来的呵？"

"人活着，就要想方设法度命呀。"老叟说，"大路两旁，时常过兵，人踏马嚼，好多代人以前，就没在大路两旁正经种过庄稼啦。村里人为活命，只能躲在山坳里，东一块西一块地种点地，在水洼边种点菜。好在村里活着的人不多了，夏秋两季靠这样猫着种点庄稼和蔬菜，日子还过得去。可收获的粮食，大都熬不过冬天，而最难熬的则是青黄不接之春季。"老叟摇头叹息，忽然问，"军爷，据您估算，这仗，还要打到何年何月，方能止息呢？"

杨忠摇头道："咱也不知呵！"

"不能早点打完，来它个一了百了，让天下百姓也喘喘气吗？"

"不可能。"杨忠叹了口气，摇头说，"老伯，其实，咱这些当兵的人，也都早不想打了呢。"

"那才怪了。"老叟用不信任的目光盯着杨忠，道，"军爷这回是送夫人回家生娃的吧？您若真不想打了，不是正好就便解甲归田。如果所有当兵的都像您一样，那仗，不就打不起来了吗？"

"噢？好主意，好主意！"杨忠开怀大笑，然后收敛笑容说，"老伯，你想想，如果咱东边的齐国和南边的梁国听到咱西魏大将军都回家种地去了，那他们还不立马调兵遣将，杀你个片甲不留吗？那样，不仅我本人，我的一家妻儿老小，甚至，连这西魏之江山社稷，也都不复存在了呢。如今的天下是，列国诸侯，各霸一方，你想吃掉我，我想吃掉你，一个个都虎视眈眈，铆足了劲咧！您说，这仗还有完吗？"

"唔……"一阵沉默过后，经历过一些世面的老叟忽然道，"那，当今咱华夏就不能出个有如秦皇、汉武那样的君主，将华夏一统，使天下太平吗！"

"不容易。"杨忠无奈地叹息着说，"天下大乱，已有三百多年，积重难返嘞。秦皇汉武那样强势之英主，谁知啥时候才能横空出世，可遇而不可求呵！"

将军和村夫的谈话，戛然中止。只听头顶树叶，被风吹得飒飒作响。

过了一会儿，随风送来阵阵饭菜香味，军士们便都在大槐树的树荫下席地而坐，他们美美地吃了一顿既有新鲜菜肴，又有野味的大餐。其时，骡、马也已吃饱喝足，蓄好了气力，众人各就各位，婢女们将吕氏夫人搀入车辇，队伍在偏西的日头照射下，重又上路了。

"老人家，多谢了。"杨忠跨上马，问，"此地离大青山之般若寺应该不甚远了吧？"

"不远了，不远了。你们沿驿道走，转一道弯，就望得见了。"

随着兵马的远去，村里的几位老叟重又聚集在了大槐树下，喝茶纳凉，谈天说地。

日头渐朝西沉，老叟正欲收拾碗盏，准备回村。彼时，只听一阵马蹄的"得得"声从驿道传来。众人循声望去，见一匹雄健的枣红大马急驰而来，坐骑上有一瘦小身影。

马至树下，但见一身着皂色僧袍的僧人跳下马鞍，朝已起身站立的老叟们深深一揖，道："阿弥陀佛。贫尼智仙叨扰各位施主了。"

众人一听，不禁骇然！只见那女子戴一顶出家人帽子，风尘仆仆的面庞上，已被汗水划成道道沟痕。如果她不说自己是"贫尼"，已难分辨出其是女还是男；且，她罩袍的前襟和后背已被汗水濡湿，又被太阳烤干……已显出灰白色的汗渍。不过，从她刚才自马上一跃而下的矫健身手，却显出不是个寻常女尼。她，骑一匹高头大马，又自称是"贫尼"……凡此种种，在老叟们诧异目光的扫视下，智仙终于道出了自己匆匆赶路的缘由：

女尼智仙来自距此八十里外的河东波观寺。三日前，寺里来了一拨人马，为首的大将军叫杨忠，是波观寺的一位老施主。他的夫人身怀六甲，欲回家乡生子。因一路奔波，夫人身体不适，智仙的师傅、寺里的住持云霞大师就留夫人在寺里多将息了两宿。不料，将军一行今晨刚走，接踵又来了一拨官兵，将波观寺围住，并不分青红皂白地令寺里的尼姑立即解散还俗。年迈的云霞住持前去讲理，竟被横蛮的官军打伤。智仙率众尼护住云霞住持，官兵则驱赶众尼，并在寺中大肆抢劫，放火烧寺。老弱的云霞师傅见无力回天，便叮嘱智仙赶紧去投奔杨忠大将军，自己则分开众人，投身火海。智仙欲去火中救师傅，被一骑马的军官迎头挡住。他跳下马，满脸淫笑地朝智仙逼近。智仙怒火中烧，冷不防一掌劈去，那家伙应声倒地，待他恼羞成怒地爬起，立地未稳之时，智仙再施一脚，将他踹入火中。接着，她抓住那军官撒手扔下的马缰，飞身上马，逃离了大火燃烧的波观寺……

老叟们听完智仙的叙说，个个唏嘘不已。一位老叟从茶桶中舀出一碗杨忠官兵吃剩留下的饭菜，让她吃了，然后介绍了杨忠一行从这里经过，并准备去般若寺的情形。

话分两头。

却说，晚霞将尽之际，杨忠一行已抵大青山下。

众人翘首望去，只见冯翊般若寺的飞檐楼阁已掩映在了一片黛青的树影丛中；一抹金红的夕阳把庙顶的黄色瓦当照射得熠熠生辉。入般若寺，必走一段由青石板铺成的蜿蜒而上的小路。于是，杨忠决定：四辆车子和部分骑兵护卫，在山下就地安营歇息；女眷和自己率几名贴身护卫上山入寺借宿。

佛教，自东汉传入华夏，迄今已有五百余年。其间，信佛、谤佛虽然起起伏伏，但其教义却早已深入人心，杨忠夫妇就是这芸芸众生中的两个虔诚的佛教徒。他们一路走来，沿途多在寺庙中借宿。个中原委，当然还是因吕氏夫人即将临盆，她入住佛寺，可得菩萨保佑，使母子平安。此外，说不定夫人就在寺中发作了，这可是人生中难逢的吉事。因为佛教信奉者都认为，在寺庙中出生的孩子能沾佛光，避灾祛病，前途无量。

在一片苍茫暮色中，杨忠和一名牵马在手的贴身护卫走在前面，三位婢女和几名护卫簇拥着一乘两人抬的小轿，沿石板小路前行。石板路已被踏得光滑无比，众人走到一片狼藉的废墟前，般若寺住持凡净方丈和几位高僧已在此迎候多时了。因怕佛寺中的众僧看见兵马到来受惊，心细的杨忠早已派人入寺洽商好了借宿事宜；这片废墟，原是般若寺的山门所在地，两尊高大的护寺金刚和石山门已毁于兵燹，众人只好在废墟中曲折地穿行。接着，二人抬的轿子横着扛起，一级一级地步上台阶，之后，再一前一后进入寺院大门。轿子放下后，三位婢女才好不容易地把近乎瘫痪的吕氏夫人从轿里搀扶到已准备好的房间里。

吕氏夫人在卧榻上躺下，房内几上的香炉燃着可人的檀香，但她不仅没有感到丝毫温馨，反倒觉得肚子一阵紧一阵地隐隐作痛……此前，她生过一个女儿，知道是要临盆了。于是命婢女把丈夫唤到跟前，说："刚才坐轿怕是动了胎气，要快点把产婆找来。"

般若寺历史悠久，僧人众多，但都是和尚，没有能够充任产婆的僧尼。杨忠传话，兵分几路，到附近村寨寻觅产婆。

其时，天已漆黑，随着吕氏夫人的呻吟加剧，这座古刹已是一片风声鹤唳，慌乱一团。因经年征战，往日的村寨早已是十室九空，找产婆，可不容易！

而正当久经战阵的杨忠急得浑身冒汗、无计可施之际，一名在山下看守辎重车辆的亲兵前来报告说：有个从河东波观寺来的女尼要面见将军。杨忠正心烦意乱，心绪不宁，可还未等他开口发话，那女尼竟擅闯进门了。

"贫尼智仙拜见杨忠大将军。"女尼正欲下拜，被杨忠当救星似的一把拉住。

"你是智仙？"他仿佛不认识似的看了又看，终于喜出望外地道，"真乃天意也！快，快！夫人已经发作，正着急找不到产婆咧！"说着，就闪到一边，让智仙往吕氏夫人的房里去。

说来也怪，智仙一进房间，吕氏夫人的呻吟、喊叫便随即减轻。智仙走到床头俯身对夫人说了几句安慰话，又吩咐奴婢用热水浸湿布巾，给夫人揩去满面的汗水。

待夫人渐渐平静下来，智仙方转身对杨忠说："不要紧的。看样子，夫人还有一两个时辰才会真正发作。咱这副邋遢相，哪能为夫人接生，自己还得洗涮一下，方成。"

智仙经过沐浴，并换上一身从寺里借来的新僧袍。灯光下，僧袍虽嫌肥大，却仍掩不住她矫健落拓的身形。智仙三十上下年纪，清俊的脸上，一双眸子，格外有神。

随着房间里吕氏夫人一声疼痛的大声呼叫，寺院里的气氛又骤然紧张起来。智仙快步入室，接着，从房间里不断传来夫人痛苦的呻吟、喊叫和几个女人手忙脚乱的声息……突然，只听一阵婴儿洪亮的"呱呱"大哭，使室外所有人紧绷的心弦都松弛下来!

过了一会儿,智仙打开房门,请杨忠进去,并欣喜地道:"杨将军,夫人生了个胖小子。母子都平安。"

她的话音未落,一位婢女把襁褓中的婴儿抱到杨忠面前。刚出生的小家伙,一头毛茸茸的黑发,额广颐丰,两只仁子,又黑又亮。此时,他已停止了啼哭,小嘴哑叽着,显得格外逗人。

杨忠看着可爱的大儿子,再看看躺在床上朝他微笑的夫人,大喜过望,一迭连声地道:"好,好!就请智仙师傅,给小子赐个名字吧。"

智仙若有所思地沉吟片刻,说:"可否叫他那罗延?"

"那罗延?"

"梵语即金刚不坏之意。"

"好,这个名字好!"杨忠点头称是,接着又道,"这样吧,我再给小子取个大名,叫'坚',坚固之坚,坚强之坚。和那罗延的意思相近。"

躺在榻上的夫人满意地点了点头,周围的人亦都拍手称好。

冯翊般若寺的凡净住持闻此喜讯,立即破例叫把寺里的灯都点亮,并集合所有僧众,为那罗延的诞生颂经祈福。

其时,房内几上香炉里的檀香燃得正旺,一股氤氲紫气,满屋充盈;室外,钟鸣磬响,佛堂传来一片浑厚、深沉、祥和的颂经声……

可在当时,包括大将军杨忠在内,谁都没有料到,这位诞于佛寺叫杨坚的婴儿,四十年后,竟登基做了皇上。又过八年,他的五十多万大军飞渡长江,平灭陈国,统一了中国,从而结束了华夏分裂近四百年的历史。

此,自然都是后话了。

第一回

出家门餐风露宿睹民情
入古寺断壁残垣遇故知

光阴荏苒,一眨眼,过去十个年头,杨坚十岁了。

十年间,华夏大地,仍是狼烟四起,各路豪杰,你争我夺,战事频仍。

早年,北方由鲜卑人建立的北魏政权衰亡后,即分裂为西魏和东魏两个朝廷。西魏占据关中及西南一隅,由鲜卑宇文氏家族统治;东魏占据冀鲁和中原地区。时下,西魏内部看似相安无事,东魏则为一个叫高洋的汉人篡夺,并改元为齐。这还不够,就在西魏和北齐这两个政权的更北边和西边的大草原上,则还悬着突厥和吐谷浑等一干彪悍的游牧部落国,他们不仅觊觎着关中和中原,相互亦常常厮杀得天昏地暗;而沿长江两岸及以南的广袤地区,则为梁国所据。

话说,杨坚出生的西魏王朝,此刻,一个强势的贵族团体已然成形。他们由宇文泰、元欣、李虎、李弼、赵贵、于谨、独孤信和侯莫陈崇等八大家族组成。这八大家族之首领,都是手握重兵的柱国大将军。所以,西魏又被称为"八柱国家"。杨坚的父亲杨忠,则是属于八大柱国将军之一的独孤信旗下的一位大将军。而目下,西魏朝廷的实际掌权者,并不是皇帝,而是八大柱国中势力最大、在朝廷担任大冢宰(宰相)的宇文泰。

宇文泰是个铁腕式人物。他凌驾于西魏文皇帝之上,对朝政大刀阔斧地进行革故鼎新，在军队中推行府兵制度，从而使西魏逐渐强大起来，并有能力与周边邻国相抗衡。

不过，不管天下如何兵荒马乱，世事如何混沌，却没影响到幼年杨坚的成长。他在冯翊般若寺出生后，仅过十日，就随父母回到武川镇的杨家宅院。

武川，虽为西北一镇，却有着不同凡响的意义——主宰西魏，乃至对后世有深远影响的一些人物，许多都源出于此。而且，他们分别发迹后，仍将眷属安置于此地。

按辈份排列，十岁的杨坚是汉太尉杨震第八代玄孙，他的六世祖杨元寿为北魏武川镇司马。从那时起，杨家就在武川建了这宅子。而今，该宅一直是由杨家的亲兵护卫着。所以，虽处乱世，而武川一带却看不到战乱的痕迹，仿佛处于一片宁静的世外桃源之中。

自杨坚出生之日始，笃信佛教的杨忠夫妇，就对女尼智仙奉若神明，并把对儿子的抚养，全都托付给了她。智仙提出：这孩子不能生活在兵丁、奴仆充斥其间的大宅院里，需有一僻静处所，由自己独自抚养。杨忠言听计从、欣然应诺，在离杨家宅院不远的依山傍水处，按佛寺样式另建了一座精致的小院。进入小院的黑漆大门，是一香气四溢、遍置花卉、摆放盆景的小园子。穿过园子，步入房舍之堂屋，正面的神龛上没有安放佛像，仅横搁一把宝剑，神龛的左右两侧各置一兵器架，架上各插着刀枪剑戟等兵器。因此，堂屋并未用作礼佛之处所，而作了杨坚夏日和雨天习武的地方。堂屋之后，正中是一长方天井，天井左侧有两房，一为智仙卧室，一为其修行和教杨坚念书的地方；天井右侧为杨坚的卧室和书房；天井的后面，亦有两房，一为灶屋，一为用膳之餐室。整个宅院虽未供佛，却仍显一派道骨仙风，智仙因之将此屋命名为"静水庵"。不过，这一庵名并未正式题写到院门上去，仅在师徒口头叫叫而已。

宅子建成后，年幼的杨坚就随智仙生活于此。开始，每日仍由吕氏夫人从杨家宅院那边来这里为孩子喂奶。及至两岁，小杨坚完全断奶后，吕氏夫人就辞别了儿子，回到京师长安的家中。杨坚长到五岁，智仙开始教他识文断字，并习学武艺。

来自波观寺的智仙师傅，出家前，亦为官宦人家子女。虽为女性，可她自幼聪颖好学，能识文断字；出嫁不久，夫君不幸病故，因不堪婆母之虐待，才遁入佛门。在波观寺里，智仙受到住持云霞大师的赏识，将她收为心腹弟子。她在云霞大师的悉心指教下，不但对佛学有了较深的理解，还练得一身好武艺。因有如此不凡经历，她才斗胆接受了抚养培育杨家长子之重责。

可是，随着日子的流逝，小杨坚渐渐知事，近些时来，智仙隐隐感到：孩子对习武非常投入，不惜气力，甚至对每一动作，他都力求精益求精，并曾对师傅常夸海口，长大也要像父亲那样，做个大将军。而对读书和背诵经书，却有点漫不经心，提不起精神。

有一次，师傅对杨坚说："那罗延，咱知晓，你很想像你之父辈，将来做个杀敌立功的大将军。可是，将军光有匹夫之勇是远远不够的。大将军统率千军万马，靠的是文韬武略和运筹帷幄之智慧！可是，人的智慧是从哪里来的呢？它们都写在圣贤书中呐，你不用心读书，将来咋成大事！"

杨坚是个听话懂事的孩子，从此，对读书上心些了，要他背诵的东西，也都背得出来。不过，细心的智仙仍然感到，若与习武相比，小杨坚对读书仍缺一股钻研的精神。与此同时，随着杨坚一天天长大，智仙还感到，一直在静水庵中过日子的他，十分单纯，并养成了一些良好习惯，无论学业还是武艺，亦都打下了一些基础。但，太过单纯，亦难成器。因为外间是个充满血腥和杀戮的天地——而此一切，对于将门家里的男儿来说，都是必将直面的！她思前想后，终于做出一个非同一般的决定。

这日，在做功课之前，智仙对杨坚说："那罗延，你十岁了，却还从未出过远门，咱想带你出去走走，去见见世面，你觉得如何？"

"好呵！"杨坚一听，特别高兴，"师傅，咱早就想出去瞧瞧外间的景致啦！"

"可是，怎么个走法呢？师傅为此想了很久，却想不出一个万全的好法子。"师傅故意用此话试探小杨坚。

"此有何难？"杨坚一拍巴掌，说，"各人带两套换洗衣裳，各骑一匹马，鞭杆儿一扬，不就出去了吗？"

"哪有你说的这么简单。"智仙说，"外面兵荒马乱，一个女子和一个小子骑着骏马，恣意逍遥，匪贼见了，首先就会打坐骑的主意。同时，还不知会遭遇到什么更可怕的事儿呢。"

"唔，那就不骑马，走路吧。外面不是有旅店？走累了，就住旅店，蓄足了劲，咱再走。呵，对了！咱还可到佛寺中借宿嘛。我不就是在佛寺中出生的吗？"

智仙仍然摇着头："那也不成呵。外面正闹春荒呢。况且，好多地方都是前不见村后不着店，旅店和寺庙都不见得好找。"

"那……"杨坚没辙了。

"这样吧，我们扮作一对外出逃荒的母子，就不会引人注意。不过，这么一来，你可要做好吃苦的打算。你看，行不行？"

"装成逃荒的？"杨坚迟疑片刻，道，"成！实在没别的法子，就是这法子了！师傅能吃苦，那罗延也能够吃苦。"

"好！就是这个话。"说完，智仙去杨家宅院那边，和看宅子的总管交代了自己要带杨坚出门半月左右的事。

第二日，天未见亮，这一对"母子"就起身出门了。智仙和杨坚各穿一身破衣衫，各人手里都拿着一根歪歪扭扭、乍看不起眼，却很硬实的枣木棍。这些东西都是智仙早就准备好了的。此外，她还用柴草灰把杨坚手、脸的细皮嫩肉遮掩住，自己挽着一只破旧的藤编篮子，篮口用一块破布严严实实地封盖着。

一开始，从未出过远门的杨坚特别兴奋，并总是走在师傅前头。可随着晨雾渐渐消散，太阳慢慢升起，他的好心情却反而逐渐低落下来。仲春时分，离开武川镇后，放眼望去，满目皆是一片荒原，不仅见不到绿树、绿草，更见不到绿色的庄稼。

杨坚顿觉怪异地道："前几日，咱见家门口的榆树都发青了呢，这里离家能有多远，可树都还是光秃秃的。"

"你再仔细瞧瞧，那一棵棵树的树皮是不是都被剥光了？"

"嗨，真怪！这树咋会不长皮呢？"杨坚忙问，"没皮的树就不能发青生芽了吗？"

"此乃当然，"智仙说，"没了皮的树，还能活吗？"

杨坚看一眼离他较近的树，果然全是干枯发黑的。于是问："好好的树，为啥要给它把皮都剥了呵？"

"闹春荒哩！都被人剥去充饥了呵！连树皮都被剥去吃了，你想想，这世上还能见到绿色吗？"

"……"

说话间，一股料峭的西北风裹着沙尘迎面袭来，师徒即掩面噤声了。过了好一会儿，两人才又边说边走地转换了话题。

渐渐地，日头爬近中天，二人正觉唇焦口燥时，忽见不远处有几间破败的茅舍。师傅说："走，咱去村里讨口水喝。"

师徒俩走进村里，在一间茅草屋的门口站定，那门半开半掩着，智仙还是敲了敲木板门，却无人应答。

她又敲了两下，并轻声问："有人吗？"

仍未听到回应声。

智仙只好推门进去，一股腐臭气味冲鼻而来。屋里黑黢黢的，过一会儿，她才适应房内幽暗的光线，并看清，紧靠泥墙搭着一土炕，炕上则直挺挺地躺着一个人。相跟进来的杨坚一见，大惊失色地紧紧抓住了师傅的衣襟。

智仙拉着杨坚的手退出门，挨门挨户地大声找人。那村里，有的大门挂着锁，敲门没人应；有的门虚掩着，屋里也没人。杨坚来到村边最后一户人家的门口，突然看见竟有一个老人闭着双目坐在一把椅子上晒太阳，对两位远方来客，则视若无睹。

"老伯……"杨坚刚开口，那老人就接过话头道，"你俩是来讨饭的吧，咱都好久没见过一粒粮了呢。"

"阿弥陀佛！"智仙走过来，向老人一揖，说："老人家，您知道村西头第一家已有人过世了吗？"

"是呵，那家的李阿婆已过世三日了呢。"

"咋还不下葬呢？春天了，会闹瘟疫的呵。"

"村里就剩我一人。你看看，咱老朽一个，还干得动那营生吗？"

"这样吧，我们一齐动手，使阿婆入土为安。如何？"

于是，三人各找了一把生锈的工具，在村旁挖了个坑，再去屋里把尸体裹上，好歹安葬了阿婆。智仙和杨坚都是练过功的，虽然感到有些饿，却还能支持。那位老人则扶着锄，头晕目眩地瘫倒在了地上。智仙见此，立即从随身带来的藤篮里摸出两个馍馍，一个给了老人，一个给了杨坚。智仙事先已考虑到在外逃荒，总会有讨不到吃食的时候，就带了些干粮，可连她也没有料到，外面的世界会这么糟糕。之后，师徒在老人的指引下，找到一口还算洁净的水井，喝足了水，并带了些水，就又上路了。

一连几日，"母子俩"白天赶路，晚上就钻窑洞、地窝，或在庙宇的断壁残垣中找个处所歇息。智仙随身携带的炒面、馍馍等干粮都快吃完了。她正踌躇是继续前行，还是转身回府时，猛抬头，只见春日的阳光下，一片青色横亘在了天际间。

她忽然兴奋地提高语调，道："那罗延，咱这就带你去一个你想去的地方！"

"这天下还有咱想去的好地方？"杨坚摇摇头。自出门以来，所到之处，皆是满目疮痍，刚出门时的那股子兴致，早已荡然无存。他因而情绪低落地突然冒出一句话，说，"师傅，咱将来可不想做大将军了。"

"为什么？"智仙异常惊诧。她想：小小年纪，何出此语？

"您看，这村庄，这庄稼地，还有这春日之中的大好河山，统统都被仗打得没一点生气儿了，做将军还有啥意思？"

智仙凝视眉宇间充满稚气的杨坚，她觉得，这才几日工夫，孩子就突然省事了！

不过，她叹息一声，仍坚持说："你往远处看看，那山多青呵！十年前，你就是在那山里的寺院中出生的。"

"噢？"杨坚仰望青山，终于来了兴致。

那座青幽幽的大山，乍看起来，仿佛就在眼前，二人却走了整整一日，才走到山脚下。他们目下所站之处，就是十年前，杨忠停放车辆，让部分亲兵宿营的地方。师徒俩息歇了一下，就沿青石铺成的小径逶迤而上。石板路和路两旁的树木草丛，与十年前，似别无二致，二人一路前行，不多时，就看到了被毁的石头山门和被砸烂的两尊金刚。杨坚好奇地走在前头，刚刚靠近那片废墟，忽听乱石堆中，"呜！呜！"发出两声如狼似虎的野兽咆啸。他大吃一惊，收住脚步。跟在后面的智仙赶来，把篮子搁到地上，捏紧手中的枣木棍，护住杨坚，亦紧张地盯着那片废墟。

就在这时，只见一只满身黄毛的家伙从乱石堆中窜出，朝他们直扑过来。杨坚眼尖，他看到朝自己扑来的只不过是一条黄毛大狗，就挣脱师傅，挥起手中的枣木棍，朝那狗头劈去。

"那罗延，不可造次！"师傅一声大喊，随即撩起自己手里的棍子，当空将杨坚下劈的棍儿隔住——只听"咚"地一响，杨坚只觉虎口猛一震，疼痛异常，他一松手，棍儿便飞将出去，反弹到黄狗身上，受此意外一击的黄狗，"嗷嗷"叫着躲到一边去了。

"你欺我大黄！"废墟中，突然钻出个毛头小子。他不分青红皂白，向前迈出两步，照杨坚就是一拳。杨坚闪身躲过，那小子再使出飞腿扫来，杨坚便像师傅刚才对待自己一样，用手一挡，那小子就趴在了地上。谁知，那小子并不服输，一骨碌从地上爬起，摆出拼命架势。杨坚被其激怒，怒目相向，亦不肯善罢甘休。

"那罗延！"智仙再次大声制止。

与此同时，那小子亦被这一声大吼震慑。他看了看智仙手中硬实的枣木棍，转身便朝山上遁去。那狗，见主人战败，也虚张声势地边退边朝两位山下来的不速客发出狂吠。

杨坚显示武力的兴头被师傅制止，便怏怏地跟在智仙后面朝山上走去。可当他们转过一道坳口，两人则都被眼前出现的景象惊呆了！

展现在他们面前的，是一大片被火焚毁的黑黢黢的建筑废墟。不仅如此，建筑废墟周围的树木亦被大火毁灭，一棵棵被火烧过的黑色树干参差不齐地朝天指戳着……在如血的夕阳映照下，更显一派肃杀与惨烈！

"何方施主，你们难道不知冯翊般若寺早就不存在了吗？"

一阵低沉苍老的声音，随着晚风飘了过来，智仙望去，见废墟中站着一位身着僧袍、须发皆白的老叟，他的腋下撑着一根硬木拐杖，刚才跑上山去的毛头小子和黄狗分立在他的两旁。

"阿弥陀佛！贫尼确实不知般若寺遭此大劫。"智仙携杨坚走到老叟跟前，双手合十，颔首道："贫尼智仙拜见方丈。"

"智仙？你是十年前来本寺为杨大将军的夫人接生的那个智仙吗？"僧人惊问道。

"是呵，为吕氏夫人接生的正是贫尼。"说着，她一指身边的杨坚说，"这小子就是在贵寺出生的那个那罗延，如今已经十岁了。敢问，您是——"

"贫僧凡净，就是当年本寺的住持。"

"阿弥陀佛！"智仙再次躬身合十，"请住持受贫僧一拜。"

杨坚一听，不等智仙发话，就双膝跪下，向凡净住持拜了三拜。

"小施主，快别这样。请起，请起！二位折煞贫僧了。"凡净住持的一条腿已经僵直，他欲躬身扶起杨坚和智仙，却已力不从心。

杨坚见此，立即起身，机灵地反把凡净住持扶住。

宾、主嘘寒问暖，分外融洽。恰在此时，乖巧的毛头小子不知从何处端来一只托盘，盘里搁着三只杯子，杯里还冒着热气。他把托盘放在一块稍稍平整的石头上，颔首道："请师傅和小施主用茶。"

智仙一瞥，觉得好笑，这小子其实比那罗延还小，刚才两个小家伙还打斗得你死我活，可转眼间就烟消云散化干戈为玉帛了。

在那块放置茶盘权当桌子的石头周围，还摆着几块小些的也较平整的石头，三人便自然地在石头上坐下来。其时，残阳已经消褪，那被大火烧过的触目惊心的景象已为夜色掩

盖，从山的深处吹来的阵阵和风，倒凭添了几分安祥与静谧。略事寒暄后，凡净住持呷了一口茶，讲述了冯翊般若寺遭遇劫难的情况。

原来，早年的鲜卑人，既不信佛，亦不谤佛。他们入关当政后，受汉家习俗的感染，有的也变成了虔诚的佛教信奉者。至北魏，鲜卑贵族亦礼佛成风。不仅如此，他们还在各辖地内大举修建寺庙、佛塔和供奉佛像的石窟等。可到了西魏，随着战事的持续加剧，既缺兵，又缺粮，灭佛的苗头便开始显露了。

有一次，大青山来了千余官军，他们先把般若寺的山门捣毁，接着，沿小路上山，欲毁寺庙。寺里的僧人拿起武器、守住上山的道口，摆出拼死的架势。那时，般若寺也有千余僧众，其中有不少功夫出众的武僧。官军毁寺，只有一条很窄的山道可以上来，其他地方坡陡林密，尤其是骑兵，根本上不去。官军权衡利弊，围了一整日，天黑时，终于退走。山门破坏了，也没再修缮，反倒成了一道护寺的屏障。这样，相安无事地过了一些日子。

直到大统十四年。一日，突然来了数千官军，将般若寺再次围住。他们要求四十五岁以下的僧众到军队当兵，老弱者一律遣散回乡种田。僧众们和官军对峙了一整日，此次，早有准备的官军终于向寺院靠近，他们在箭杆上绑了蘸着油的棉条，点着火，向寺院射来，风助火势，转眼整座寺庙就熊熊燃烧起来。

大火中，僧众各自奔逃，凡净住持却仍在佛堂打坐，准备以此涅槃。没料，几名僧人将他架起往外跑，他身不由己地高一脚低一脚，一不小心，踏到空处，跌入深壑，头撞在沟壁上，顿时失去知觉……

待他醒转时，般若寺已成一片废墟。他躺在沟壑中，身边守着现在仍陪伴他的毛头小子。当时，孩子只有五岁，没能力搀扶凡净住持攀爬出深沟。机灵的小家伙找来一些未烧净的木板、破絮垫在受伤的凡净的身下。沟壑间，有一条汩汩流淌的小溪，小家伙就给他喂水，并用溪水为他清洗头和腿上的伤口。与此同时，小家伙还找来各种能吃的东西……终于有一日，凡净住持能在拐棍和小家伙的搀扶下，瘸着腿连跐带爬地越出了深沟，并周旋在般若寺的废墟中。

这个从小跟随凡净住持长大的毛头小子，是一对逃荒夫妇有意遗弃在般若寺的。一日，一位和尚在寺院的围墙下捡到他时，小家伙又瘦又小，全身烧得滚烫。凡净住持给他治好了病，并将他留在了身边。孩子只知父母平时叫他柱子，父亲姓李。

…………

凡净与智仙说话间，柱子过来说，可以吃饭了。他于是扶住凡净住持，走在前面，引领智仙师徒，进入废墟中临时搭盖的一间小房里。房里点着两盏烟尘很大的松油灯，房顶用很厚的茅草搭盖在寺庙的断壁残垣间，桌椅也都是用烧残的木板拼接的。此时，只见桌子中央摆着两只热气腾腾的大陶钵，一只陶钵里盛满汤菜，另一只码着老高的热气腾腾的馎馎。大家就座，每人的桌前放着一只粗碗一双筷。轮到杨坚往自己的碗里舀汤菜时，他竟为那四溢的菜香味陶醉了。出门以来，满目疮痍的景象和半饥半饱的生活，使他感到眼前的一切，实在是太舒服太享受了。那一锅煮的汤菜，虽无看相，里面却有刚从山里捡来的鲜蘑菇和刚生出叶儿、叫不出名目的野菜，以及从地里掐的豆苗和去年秋天挖的芋头等等。

智仙吃喝着，不无感叹道："凡净方丈，您这日子过得并不赖呀！"

"在这里，一老一小，吃喝确实不用发愁。可是，当你每日面对这一处处断壁残垣，能够舒心释怀吗？"

两位师傅由佛寺被毁，讲到大青山中已被外人遗忘的这片世界……说到投机处，凡净住持竟然道出一个惊天秘密。

他说："其实呀，从表面看去，般若寺毁于兵燹，似乎全烧光了。而究其实，伤及的仅为皮毛。自从山门初次被毁之后，寺里几位老僧一合计，就采取了一些防范措施。先是把寺中的经卷、钱财和贵重物品都转移进了地下密室。后来，又建了几处地库，储存了一些粮食。兵燹中，地面的寺庙、粮库被烧，有的地下粮库被发现，粮食被抢走，但，经卷、财宝都保存完好，还有一个地下粮库也完好无损。将来只要停止杀戮，天下太平，能出一位宏扬佛法的皇上，用储存在地库中的财宝再造一座般若寺，那还不是易如反掌之事！"

"举国上下兵荒马乱这么多年，般若寺里那么多僧众都要吃喝，咋还有那么多存粮和财宝存储呢？"智仙无比惊讶。

"道理其实很简单。你们波观寺里全是女尼，而般若寺则全是和尚，这两者之区别可就大了。"凡净住持说，"大火前，般若寺有千余僧众，大多都是躲避兵役的壮丁。寺里有田产，还在大青山方园数十里的范围内开得有荒地，并且，寺庙是不征税的，此样，每年吃不完的粮食，自然越积越多。"

"呵……这年头，只要有饭吃，就能活下去，将来总有重建般若寺的希望。"

"你说的希望，我怕是看不到了。"凡净住持摇头叹息道，"只看柱子将来能不能遇到一位明君，还我这个愿，能重新把般若寺建起来。"

两位僧人越谈越投入，柱子则乘机从桌下递给杨坚两个热乎乎、圆滚滚的东西。他拿起一看，是两个比鸡蛋略小的熟蛋，蛋壳上有许多褐色斑点。

"这是啥蛋？"杨坚没见过，觉得很新奇。

"野鸡蛋。别让师傅看见。不然，又怪我杀生了。"柱子小声道。

屋外，大黄"汪、汪"吠了两声，柱子警惕地迈出棚屋。室外，月朗风清，烧焦的树干林立于天地间，织成一幅怪样的景致，大黄奔到小主人脚前，晃头摇尾，无比亲昵……

是夜，智仙师徒睡在另一间仍是用断壁残垣和茅草搭盖的"卧室"。这样的房子有好几处，都是就地取材搭盖的。有时，凡净师徒睡到半夜漏雨了，就能立即搬到不漏雨的另一间，等到天晴，再去加盖漏雨房顶的茅草。

智仙师徒各睡一头，他们的身下垫着很厚的干草，那草散发出一股子好闻的清香味，躺在上面，既松软，又舒服。可杨坚却辗转反侧，难以入眠。他冷丁睁眼问："师傅，你恨我爹他们吗？"

"那罗延！你咋啦？"正欲入睡的智仙于黑暗中翻身坐起，不解地反问道，"咱怎会恨你爹呢？你咋冒出此等想法来？"

"咱的想法很怪吗？"杨坚说，"我爹不是西魏皇上手下的大将军么？"

"是呀！那又如何？"

"咱想，皇上也会派他去烧佛寺的。"

"呵……"智仙若有所思地说，"这倒真有可能。虽然他自己心里是笃信佛法的，可皇上要派他去干此等事，他能不去吗。"

"就是咧。那你恨他们吗？"

"他们？除去你父，还有谁？"

"皇上呀！就是他要灭佛的嘛。"

"呵呵……咱……咱都不恨。"

"那为啥？"

"咱想，皇上灭佛，自有他的道理。"

"灭佛，还有道理？"

"是呵。至少，他认为自己必须这么做。"智仙说，"你想想，打仗是不是要兵丁？打仗的官、兵，还有马匹，是不是都要吃粮食？可当下，本来要征去打仗的青壮年和本来应种粮的人，都为了躲避战乱，遁入了佛门。而且，僧人种的粮食，还一个子儿都不交朝廷，那皇上为了把仗打下去，就只好杀鸡取卵，朝佛门开刀了。这可能就是皇上要灭佛的道理。"

"咱可不喜欢这样没完没了地打杀下去。"

"是呵，咱华夏打打杀杀，有人算过，已差不多有三百五十年了呢。谁都不想这样没完没了地继续乱下去呵。"智仙默然良久，安慰杨坚说，"好啦，好啦，快睡吧，咱明早回家，还要走好几日的路哩。"

屋外，万籁俱寂，偶尔传来一声大黄的吠叫……

第二回

智仙师情真意切剖韬晦
少年徒风华笑闹话神功

翌日。

太阳已升至一竿子高，智仙师徒才从地铺上爬起。这对一贯严于律己的智仙来说，是少之又少的事。他们自出静水庵以来，每日餐风露宿，确实辛苦，而这草床又实在舒服至极。加之，昨夜师徒说话甚晚，所以二人都起迟了。两人一出门，就被柱子领到一间石屋里。石屋靠山，山崖的石壁上，有一眼泉，泉水通过竹筒流进石屋，他俩就着泉水洗漱罢，就又被柱子领进昨夜吃饭的"膳室"中。凡净住持已在里面等候多时了。

桌上的饭、菜依旧：一大钵什锦汤菜，一钵码得老高的馍馍。凡净住持仍很热情地与智仙闲话，柱子换了一身洁净衣衫，不像昨日那么活泼，耷拉着头，闷声不响地用瓢给每人的碗里添汤菜。智仙看在眼里，隐隐觉得气氛有点不对。

果不其然，待智仙吃罢，刚一放箸，凡净住持就开口了："智仙师傅，咱有一事相求。"

"您老请说。"

"咱想请你把柱子带走。"

"噢？"智仙原想会有什么情况发生，却万没料到会是这种事。她沉吟了一会儿，问，"柱子自己同意吗？"

"昨夜，我和柱子几乎一夜未眠。"凡净住持说，"一开始，他确实不愿意。不过，孩子八岁了，开始懂事了，咱对他晓之以理后，他点了头。"

"您对他讲的什么道理？"

"现在的情况是明摆着的。他依恋我，不如说，咱更依赖他。可咱这不是耽误了他吗？咱心不安呀！请想想，我俩身处大山之一片废墟中，风烛残年的我，说不定哪天就撒手人寰了。到那时，他一个孩子咋办？把他交给你，咱就放心了。这样，说不定咱还可能多添几年阳寿呐。"

凡净住持和智仙说话的时候，两个小家伙也停止了吃喝，四目专注地盯着两个大人。

"不过，这事咱作不得主。"

"咱知道。"凡净住持说，"杨大将军曾是本寺施主，他待人宽厚，咱相信他会同意的。"

"这样吧，孩子我带去。咱一回家就会禀报大将军的。他同意，没话说。他若是万一不同意，咱会亲自带柱子回这里。"

"行。"

"师傅——"柱子热泪盈眶，"扑通"跪地，向两位师傅拜了又拜。

坐在一旁的杨坚，则无比高兴。

临别之际，凡净住持给柱子取了个单名，曰：顺。希望他这一去，一帆风顺！

智仙领着两个孩子，回到静水庵。此一往一返，不过半月工夫，小杨坚像变了个人似的。他对读书更加上心，尤其偏好读史，而对修身养性之《六经》，仍不大肯下功夫背诵。对此，智仙看在眼里，却不再过多指责。在习武上，他有了一个伴，有了一个对手。李顺虽比杨坚小两岁，但在凡净住持的调教下，拳脚的基本功异常扎实。所以，两个不肯服输的小家伙凑在一起，更是勤勉有加。

不过，李顺来到静水庵之初，很不习惯。不仅常常叨念凡净师傅和那只叫大黄的犬，还非常怀念大山里无拘无束的生活。在这里，一切都要听从智仙师傅的安排，起床、睡觉、习武、读书……都有一定之规，都要按规矩一一做到堂，马虎一点都不行。开始，他简直受不了，像是遭折磨。在山里，凡净师傅教他识字，并似懂非懂地教他读过一些佛经。到这里，智仙师傅一切都要他丁是丁、卯是卯地从头开始，使他头疼不已。不过，令他开心的事也有，那就是习武。智仙教他的一招一式，他都做得非常到堂，一套一套动作，也都练得滚瓜烂熟。

日子就这么一天天过去，真似白驹过隙。其实，智仙师傅对每一日都安排得张弛有度，使两个小家伙感到既紧张又舒心。渐渐的，李顺也适应了这种较枯燥，但有规律的生活。

可是，有一日，智仙阴沉着脸从外面赶回，一进门就直呼："那罗延！"

杨坚从书房内应声而出。

"还有李顺，你也过来。"

李顺亦从书房里乖乖地出来了。

"哼！"智仙一脸怒气，"你们长大了，有出息了，竟敢溜到镇上去喝酒，不仅如此，还发酒疯，甚至打砸人家的酒店。"

"我们没发酒疯！"杨坚双膝跪下，分辩道，"是那酒里掺了水，才生气把碗'咣'在地上的。"

李顺更是没见师傅发过这大的火，也忙跪下，说："这事不能怪少爷，是李顺惹出的祸。昨下午，我们做完功课，就牵马出去练骑术。走到镇上看见一酒店，咱就对少爷说，在山里的时候，凡净住持曾教咱用粮食熬酒，再在酒里泡上草药，给师傅治腿疼。有一次，熬酒时，觉着那酒好香好香，就喝了一碗，竟醉了，睡了一日一夜才醒转……"

"师傅，不怪李顺。此是那罗延之过！"杨坚打断李顺的话，抢着说，"咱听李顺说酒说得很有趣，可咱长到这大还从没喝过酒。咱当时就跳下马，把李顺带进酒店，要了两碗酒，想尝尝酒到底是啥味。李顺先喝一口就说，这酒太没劲，肯定是兑了水的，就和店主论起理来。之后，咱……咱才砸碗的。"

两个小家伙禀明原委，智仙顿时觉得，喝酒砸碗这事，并没镇上传的那么严重。不过，她要借此治治杨坚越来越显露出的那股子天不怕地不怕、喜欢争强好胜的少爷脾气。

她于是问："你俩是谁先砸碗的？"

"是我。"杨坚讪讪地道。

"不问，师傅也知是你。"智仙的目光似剑，直视杨坚，"大将军的儿子呵，多了不起。可你想过没有，这乱世之中，谁才敢在镇上开酒店？他在酒里掺水，你就砸碗，可人家不高兴了，就有可能要了你爹大将军的头呢！"

"咱……咱知错了……"杨坚嗫嚅道。

"都起来吧。"智仙的语调略显平和了些，"那罗延，你去把搁在神龛上的那把剑给咱取来。"

待杨坚从神龛上取下沾满灰尘的宝剑，智仙接过，即问："你知道这把剑的来历吗？"

杨坚摇头说："不知道。"

"静水庵的神龛上原是应该供奉释迦牟尼大佛的，却为啥搁了一把剑？"

"因为当今圣上不待见佛，所以，圣上的将军家中，也不便供奉佛祖。这个，您曾和那罗延讲过的。为啥在神龛上改搁了剑，那罗延不知。"

"这把剑，是你父当年离开武川时留给咱的。他怕万一遇到紧急情形，让我用它保护你。"智仙说着，把剑放了茶几上，"据你父亲说，这是一把无比锋利的宝剑，是他从一个诸侯国的君主那里缴获的。自咱迁入静水庵后，我就把它供奉在了神龛上。十多年了，宝剑一直深藏在剑鞘中，咱从未抽出来过。为什么？因为锋利的宝剑一旦出鞘，就意味着流血，甚至是人头落地！你读史书、兵书，不是常常遇到韬晦二字？那罗延，你说说，这韬字是啥意思？"

杨坚不假思索地回答道："韬者，剑之鞘也。"

"不错。"智仙接着又道，"那么，韬晦又作何解释？"

杨坚说："韬晦，就是要把锋芒掩藏起来。就像把剑藏入剑鞘之中。"

"对。"智仙点头说，"这两个字，从字面解释起来，并不难。可要真正懂得，并用好它，却不容易。比如，你们在大庭广众中砸碗，想过隐忍、想过韬晦没有？再如，前年，咱去般若寺，见到黄狗扑来，你就不假思索当头一棒，朝那狗头劈去。你当初是否想过，那一棒下去，若真把大黄打杀了，后果将会如何？你还能如今日这样与李顺情同手足亲密无间吗？听到不顺耳的话，见到不顺眼的事，就火冒三丈，暴跳如雷，连最起码的涵养都没了，还谈什么韬晦哩！"

两个小家伙都一声不响听得十分专注，尤其是小两岁的李顺，更是听得两眼泛光。

智仙继续道："还有，你想过没有？不久之后，你就将应召入伍或踏入仕途了。在此乱世之中，你一路蹚过的常常会是暗礁险滩或惊涛骇浪！一句话说得不得当，一步路走得不踏实，都有可能招至杀身之祸，甚至诛连九族。人在江湖，若不能首先做到自保，还奢谈啥志向？那么，韬晦是什么呢？韬晦就是要学会把心做成一个套子，再把天大之事都容纳到心做的套子里去；韬晦还是，你心所想，不能轻易写在脸上，而应紧紧地把它裹藏起来；韬晦，亦要像我们出家人修行，欲成正果，必当一辈子功课去认真修练它。"

"师傅，那罗延明白了……"

李顺亦不甘落伍，跟着杨坚表白说："师傅，李顺也明白了。"

"噢？"智仙望着李顺充满稚气的脸，问，"你明白啥了？"

"那放在神龛上的剑，就好比挂在中堂的'韬晦'二字，是用来提醒少主子时刻铭记的。"

"没错。"智仙舒眉笑了。接着，她收敛笑容，对李顺说："咱估摸了一下，师傅和你们的缘分不会长久了。在这里，咱对你和对那罗延几乎没有区别，因为你俩都是我的弟子。你和那罗延之间，也处得像是一对亲兄弟。不过，你还应该明白，你俩的身份生来就不是一样的，这个，你李顺得认命。所以，将来不管在哪里，你的责任就是要保护好那罗延。"

"师傅，李顺从未忘记自己的身份。下山前的那个夜里，凡净师傅就给李顺讲清楚了的。"李顺由衷地道。

西魏大统二十年（公元553年），十三岁的杨坚和十一岁的李顺一道，被接回到长安杨府。临别之际，智仙把搁在神龛上的那把宝剑取下，奉还给了杨坚。完成了抚育和教养使命的她，不久亦离开了静水庵，返回到已阔别十三年的佛门。

杨坚回到长安家中，即入国子监的太学堂念书。太学，是专事培育皇亲国戚和贵族子弟的学府，当朝文武官员，多出自其间。

杨坚进入太学的第一日，即受到授业先生的单独接见。先生对他提了几个经史子集方面的问题，都较浅显，杨坚应答得体，当即就让他进了高级班。杨坚因是武将世家之后，个子竟比一般年龄相仿的同学至少高出半个头。加之，他从小习武，肩膀宽阔，身体结实，走起路来，步履轻盈矫健。因而，他一入学，就格外引人注意。

杨坚在指定的一个座位上坐下不久，即感到背部摩摩挲挲，似有人在他背上轻轻抚弄什么。他想扭头看个究竟，见先生在台上讲书，不敢轻举妄动。同时，他还隐隐觉得周围同学都在注视自己。他于是用背向后靠了一下，想以此提醒后面的人不要在他背上动作。没想到，他的后背刚碰到背后的桌沿，就听"喔哟"一声叫唤。他一激灵，本能地紧张起来。接着，"嘭"的一声闷响，什么东西砸在了他的背上。与此同时，后面的人竟"呵唷呵唷"地大声叫唤起来。

整个教室，立马一片哗然。

"刘昉，你闹啥呢？"坐在讲坛上的先生厉声喝问道。

"他……他欺人！"刘昉甩动两手，龇牙咧嘴地指着前排的杨坚。

"噢？"先生无比惊讶，用诧异的目光注视着这个新来的学生，"杨坚，刚才到底是怎么回事？"

"咱……咱坐前面，不知后面在干什么。"杨坚听见先生叫自己的名字，噌地起身，分辩道："咱……咱未欺后面之人。"

先生想想，觉得杨坚的解释没错，就问坐在刘昉旁边的一个人："郑译，你说说，刚才到底是咋回事？"

临别之际，智仙把搁在神龛上的那把宝剑取下，奉还给了杨坚。

"是……是……"郑译站起来，见大家都在注视自己，只好硬着头皮照实说，"是刘昉朝新来同学的后背打了一拳，新同学没叫痛，他自己却痛得叫起来，咱亦觉奇怪，不知是咋回事儿。"

老师踱到刘昉桌前说："你动手打人，还恶人先告状？"

"是他欺负咱。"刘昉咬住杨坚不松口，他伸出两只手说，"先生，您瞧，咱的两只手都被他弄伤了，好生疼痛。"

果然，刘昉的左手食指尖，已见青紫，右手手腕红肿着。

先生亦被这景象弄得一头雾水，只好回头又问杨坚："他的两只手确实有伤呢，你是咋把他弄成此样的？"

"学生不知晓哩！"杨坚一脸委屈说，"您指定咱在这个位子上坐下后，就一直觉得有人在咱的后背摸摸索索，我只是往后稍稍靠了一下，想提醒后面的人，别在咱背上摸索了。后来，后面的人就大叫起来……"

先生听着，打量了一下杨坚的后背，终于看出蹊跷——杨坚的背上粘贴着一块白绫，绫子上画着一只乌龟！

先生的脸色倏地大变，他指着杨坚的后背问刘昉："这是你干的？"

刘昉嗫嚅着，立即把杨坚背上的绫子揭下，耷拉着头，没了言语。

"咎由自取！"先生甩过一句话，朝讲坛走去。

两天后的傍晚时分，李顺骑着马还牵着一匹马到太学门口接杨坚。

杨坚、李顺刚在杨宅门前下马，就有仆人前来报告："大少爷，老爷回来了，叫你去他书房里。"

"知道了。"杨坚把手中缰绳交给李顺，径直进了父亲的书房，见父亲和母亲都端坐在书房里，他一一请了安。父亲叫他坐在对面的一把椅子上，母亲屏退佣人，亲自为儿子泡了一盏茶。

接着，父亲就单刀直入地道："坚儿呀，咱今儿刚从外地回京师，就接二连三有人夸咱，说是咱家将门出虎子。他们皆不约而同道，咱家儿子有神功，坐着不动，就把人家大司农儿子的一双手给弄伤了。这到底是咋回事？你能把你的神功，也给你爹你娘演示演示？"

"咱……咱哪有什么神……神功哇!"杨坚一听,懵了!他腿一软,双膝跪了下来。

直到目下,杨坚自己都不完全明白当时到底发生了什么,刘昉的两只手到底是怎么受伤的。难怪,这两天去上学,同学似乎都有点躲避自己。他们看自己的目光,也似乎有点怪怪的。此刻,跪在地上的杨坚,也只能是把第一天上学发生的情形,就自己所知讲述了一遍。

"就这些?此是啥事呢?"杨忠摸头不着脑,听得不甚明了,"你根本没能讲明白,当时到底是怎么回事嘛。"

"咱坐前面,又没长后眼,他们后面的人鼓捣啥,咱咋清楚?"

"你刚才说的,和外面传的完全不对板。"杨忠呷了口茶,仍觉疑惑地道,"你不是在说谎吧?"

"孩儿岂敢。"

"你起来,坐下讲。"

杨坚起身,坐下说:"孩儿猜想有可能是,咱当时往后一靠,把他的手指头夹在桌沿上了。他叫了声痛,咱一紧张,全身就不由自主地运足了气,他再一拳打在咱运足气的背上,把另一只手的手腕拧了。顶多,就这么回事。可这,哪是什么神功咧!哦——对了。当时,先生过来了,他知全情,还狠狠瞪了那个刘昉一眼,说他是咎由自取。"

"先生真是那样说的?"

"确实是那样说的。当时,先生很生气,声音很大,全教室的人都听到了。"

"唔……"杨忠稍稍松了口气,沉吟片刻,又道,"不管咋说,你这回是出大名了。朝廷上下都知道,大将军杨忠的儿子——小小年纪,功夫了得!这可不是吉言吉兆咧!你爹在外打仗,攻城掠寨,威震四方,可回到京师,也还得谨慎做人。你知道太学里的孩子都是些什么人吗?个个都了不得,惹不起。就说那个刘昉,他爹官至大司农,是当朝圣上之功臣。刘昉年纪虽小,但他去后宫就像进自家之门一样,经常和皇子皇孙们一起戏耍。"

　　从父亲的书房中出来，杨坚回到自己的书房里，一眼瞥见搁在书案上的那把宝剑，心头不由得猛地一颤！师傅之教诲，振聋发聩，言犹在耳。想不到，刚进太学门，一不小心就犯了大忌，竟成了众人瞩目的对象……

　　第二日，杨坚走进教室，见刘昉的肘子仍横搁在胸前的白布兜里。他于是走过去，关切地问："好些了吗？"

　　刘昉见杨坚主动和自己打招呼，忙说："好多了，没甚大碍了！"

　　"那日，真抱歉……"

　　"没事，没事。那事，怪咱自己。"

　　傍晚时分，杨坚迈出太学门，远远望见李顺骑在马上，手里还牵着自己的坐骑，正朝太学这边奔来。

　　"哎——杨兄，你一定要急着回家吗？"

　　杨坚听到有人和自己打招呼，忙回头，见是郑译，就说："哟，是郑兄哪。有事吗？"

　　"是这样。我们想约你聚聚，不知你是否肯赏光？"

　　"就目下？"

　　"是呀，现在不是放学了吗？"

　　"好哇，咱初到长安，人地生疏，正感寂寞呢。相聚的还有谁？"

　　"还有一个嘛……是咱好友，就是刘昉。你觉得……方……方便吗？"郑译说完，神情紧张地盯着杨坚。

　　"那有何不便。咱正为前日那事过意不去，想向他说个不是呐。哎，他人呢？"

　　"嗨，这太好啦！那就一言为定了！"郑译大喜过望，"刘昉还在学堂里，咱去叫他来。"说着，就屁颠屁颠地进教室叫刘昉去了。

　　这边，李顺牵着马，已等候在路旁。

　　杨坚走过去，对李顺道："咱和几个同学要在一起聚一聚，你回去和老爷太太说一声，用膳不用等咱了。"

　　接着，刘昉、郑译、杨坚边走边聊地进了朱雀大街上最有名的一家酒肆。

长安城外，仍是兵荒马乱，万物萧疏。但，京师之内的朱雀大街上，却是一派歌舞升平景象。

刘昉、郑译和酒肆中人，皆很熟稔，进门就被引入一雅致的包间。三人各坐一方，已是相与甚欢了。酒菜端上，各人先相互谦让着下箸，待到酒酣耳热之际，也就百无顾忌了。

刘昉乜斜着眼对杨坚说："杨兄哇，你莫见怪，上回那事，咱仍忍不住还是想问问你。你如觉得不便作答，要保守秘密，亦可不必作答，咱不会怪罪仁兄的。"

杨坚坦荡地道："啥事，刘兄尽管问。咱何密之有？即使有点啥事，也绝不会隐瞒前后相坐的二位学兄的。"

"真的？"

"当然了。"

"那好，"刘昉拿起酒杯，杨坚也把自己的杯子端起来，两杯一碰，各自一饮而尽后，刘昉道："咱一直在心里纳闷呢，明明是咱动手打你一拳，你却没事，而我的手腕竟肿了。你使的到底是啥秘籍神功？"

"就这事？"杨坚不由得哈哈大笑起来，"这算什么神功呵！不就是为了自保，运了点气嘛。"

"仅是运了点气而已？"刘昉想了想，摇头道，"没你说的那简单。当时，你的背往后一靠，把咱的左手指头夹痛了，咱一生气，照你后背就是一拳，你没长后眼吧？就是长了后眼，也来不及防嘛。硬气功，咱也见识过，先要站桩提气，手舞足蹈好一阵子，才能把气运足呢。"

"嗯，对，对！"杨坚点点头，"你说的没错。咱学的气功，和平日见到的一般气功，确乎有点不同。不过，也绝不是什么神功。"

"那你是怎么学来的？"

杨坚不假思索地道："咱从五岁起，学认字、写字。一开始，老是坐不住，屁股总是东扭西歪的。师傅说，这不行，就从端正咱之坐姿教起。我师是一位女尼。她说，修行首要一条就是打坐。她在端正我的坐态时，就把这套她多年摸索出的坐功传给了咱。"

"这套功夫很难学吧？"一直没怎么说话的郑译终于插话道。

斯文洒脱的郑译，乃荥阳开封人氏，祖父郑琼在魏任太常，父亲郑道邕，官至司空。魏之平阳公主没儿子，见郑译生得灵秀，就认其为后。郑译会骑术射术，所以，亦很羡慕杨坚的功夫。

"咱习的这套坐功，说难，不难。"杨坚说，"你如果从小练过气功，再把师傅教咱的几个要领，领会领会，就没啥问题了。你如没练过气功，但，练过别的什么功夫，要学就有个过程。不过，一通百通嘛，练一段时间，也是可以掌握的。要是什么功也没练过，要学，困难就大些，时间也会长一些。"

"要想达到你现在的水平，要多长时间？"刘昉问。

"这就要看你舍不舍得下功夫。"杨坚说，"学东西，还不就是那四个字：'熟能生巧'嘛。"

"嗨，说不神秘，其实还是不容易。不学了，不学了！"刘昉说着，举起手中的酒杯，"来，干，干！"

杨坚长到十三岁，第一次喝酒，就醉了。

第三回

初入仕春风得意遇危机
乍进宫幽径莫测落陷阱

翌年。

西魏恭帝元年（公元 554 年），杨坚的父亲杨忠，因功勋卓著，被当朝皇上赐鲜卑姓，为"普六茹"氏。

再过一年，十五岁（古代，出生即算一岁）的普六茹坚，即从太学步入仕途。他被京兆尹薛善辟为功曹。又过一年，十六岁的杨坚因父亲的功勋被授予散骑常侍、车骑将军、仪同三司，并封成纪县公。西魏恭帝三年，十七岁的杨坚，就晋升为骠骑将军，加开府。

一路升迁的杨坚，真可谓春风得意。在此三年间，杨坚更因战场上的搏杀、磨炼，已由一个未经世事的风华少年，成长为"身长七尺八寸，状貌魁伟，武艺绝伦"的将领和朝廷命官。

不过，看似一帆风顺的背后，危机亦悄然向这位年少得志的将领袭来。

西魏恭帝执政的第四个年头，"八柱国家"中权势最大的宇文氏家族对摄政已感厌倦。一直以来，西魏朝廷的实际掌门人是宇文泰。他殚精竭虑、出生入死，为西魏王朝的建立、巩固立下汗马功劳。他手握军权，代魏之心，早已有之。不过，当他尚未作好篡政的充分准备时，自己却突发急症。在他撒手人寰前，因考虑到自己的子嗣尚不够老练，便托孤于跟随自己征战多年的大侄子宇文护。

宇文护取代叔父做了大冢宰，执掌内外朝政，他所做的第一件事，就是逼西魏恭帝将皇位禅让给了宇文泰的第三个儿子宇文觉，是为孝闵帝，并将国号由魏改为周。接着，宇文护又以迅雷不及掩耳之势，诛杀了自己的政敌——八大柱国之一的赵贵及其党羽。表面看来，宇文护遵守了叔叔宇文泰的遗愿，让他的儿子做了皇帝。其实不然，年轻的宇文觉仅做了七个月皇帝，因不堪忍受宇文护的专权与控制，欲密谋扳倒他，结果反被宇文护所杀。宇文护紧接着又立了宇文泰的大儿子宇文毓为帝，是为北周明帝。

明帝宇文毓登基，他的妻子独孤氏就名正言顺地成了皇后。这位皇后，乃是八大柱国之一的独孤信的大女儿。而此时，成婚不久的杨坚，娶的正是独孤信最疼爱的小女儿独孤伽罗。于是，年轻的杨坚一下就成了皇上的连襟。不过，他的这一皇亲国戚身份，不但没给他带来荣耀，却反成一连串厄运的开始。

为什么会这样呢？关键在于明帝亦仅为一摆设而已，北周朝廷的实权仍牢牢掌握在大冢宰宇文护手中。不仅如此，还因为明帝宇文毓和杨坚都娶了独孤信的女儿为妻。而这位独孤信乃是八大柱国中势力仅次宇文家族的朝廷第二号人物。此前，他亦被卷入赵贵案中。赵贵遭诛，独孤信侥幸保住性命，却被贬为庶民。此外，大将军杨忠又是独孤信麾下最得力的干将，而且是汉裔。凡此种种，杨坚虽涉世未深却同样遭到了宇文护的猜忌。宇文护表面上晋封杨坚为大兴郡公，暗地里却指派宫中术士赵昭赴兵营为杨坚秘密面相。

其时，北周与关外的北齐在边境发生冲突，时年十七岁的杨坚奉命率军进击邙山。赵昭则于此刻以朝廷监军身份来到兵营，正逢骠骑将军杨坚指挥官兵于山中安营扎寨。

赵昭一见杨坚，就暗自一惊。他想：此人相貌果然不凡！难怪，大冢宰对他那么不放心！

原来，自杨坚踏上仕途始，私下就一直有人议论他，说其"额上有五柱入顶，目光外射，有纹在手，曰'王'"等等。

但此时不明就里的杨坚见监军赵昭来到，则毫无年少气盛的将军作派，而是分外热情地表示欢迎："监军来了，咱军中有了主心骨！好！好！"

说着，杨坚就拉着赵昭，与军中诸将见面，并邀他登上一座山峰，为其介绍敌我双方的情势和自己对营寨的布置。并说：北周许多将领帐下，皆有自己专属的星象大师为军队观天象，看风水，出谋划策，自己年轻，不敢攀比，所以，单独调度起军队来，常常感到力不从心。

赵昭见杨坚如此谦逊，处处抬举自己，心里十分受用。朝廷中的命相大师，一般都授于散骑常侍头衔，此职务可作朝廷大使出使邻国。不过，他们在朝廷或军中的地位，历来都很微妙。信任时，即奉若神明；但若一句话说得不投机，不合主事人的意，或他的预言被后来的事实证明是错的，亦可成为鄙视、讥讽的对象。赵昭是朝中有名的术士，尤对风水常有独到见解。当下，他在杨坚的引领下，登到一座山头上，看到山脚有条宽约数十丈的河流，时值春汛，河水丰沛，流速较快，对岸沿河是平坦的沙地，北齐的兵营即一字排开，显得颇有气势地筑在了那片沙地上。而杨坚的军队背靠大山，就把营寨扎在了地势较高的山腰中。这样，北齐军队若敢渡河进攻，杨坚便能居高临下，掩杀敌军。

赵昭据此，指着半山腰上正在搭建的营寨问："敌军欲从上游偷渡过河，爬上山背，再居高临下偷袭我军营地，咋办？"

"我已在山顶设置了暗哨。山背那边一有动静，即可抢先占据制高点，杀敌个措手不及。"

赵昭点头，手抚长髯，仰脸看天，又问："此正逢雨季，假如天降大雨呢？军营建在上不着天，下不着地的山腰处，洪水如同猛兽，倾泻而下，岂不比敌兵从背后偷袭更可怕？"

"这……"杨坚顿时感到，这位善观天象的监军确实不同凡响！偌大一个漏洞，自己竟浑然不觉。他于是恭谨地道，"那依监军之见，咱之营盘设于何处为佳？"

此时的赵昭，已然成竹在胸，用手一指脚下的一片沙洲说："咱看可把营盘扎在那片沙洲上。"

"在白沙洲上设营？"杨坚圆瞪双眼，问，"那行吗？"

"咋不行？"赵昭反问道。

"白沙洲为河之滩头。降雨时，不是更易受到洪水侵袭？"

"这种可能，不是绝对没有，则不会太大。"赵昭以肯定的口气说，"那片沙洲是受洪水年复一年冲积形成的。细看一下，它比对岸齐军建营的沙滩处，明显高出许多。再者，你看，那沙洲周边还垒有石块，这说明曾有人在沙洲上种过庄稼。山民既能在其上种庄稼，就说明洪水不容易将沙洲淹没嘛。发水时，即使有水漫到洲上，也很有限了。"

"有道理，有道理。"杨坚点点头，仍有些不放心地说，"不过，这片开阔地也太无遮拦，敌军攻过来，不好防哩。"

"首先，这条河本身就是一道天然屏障。山上有的是树，可用来扎寨、搭台，既可御敌，亦能防洪。"

"对！咱就这么着。监军的眼光就是不同凡响呵！"杨坚马上知会属下各将领，重新安营扎寨。

说来也巧，营寨扎好两日后，夜深子时，忽然狂风大作，电闪雷鸣，豪雨如注……杨坚急忙起身，披上蓑衣，戴上斗笠，由李顺和几名护卫相跟着，欲去营房巡视。刚出营帐，只见一个浑身湿透的哨兵前来报告：河水猛涨，营地已岌岌可危地陷入洪水的包围中。杨坚走到沙洲边沿，见陡涨的河水已漫上两岸沙滩，使河面一下子拓宽了一倍以上。咆哮的洪水滚滚而来，水位已差不多和白沙洲齐平了。杨坚立即调兵遣将，加固洲沿，并增派哨兵，防敌偷袭。

众官兵一直忙到天麻麻亮，雨势才逐渐减小。刚想松一口气，却见原先准备扎营的山腰处，可能是因做营寨时，将表层土石弄松，此时，在雨水的冲刷下，随着一阵山崩地裂之巨响，竟至半边山体被洪水冲落到了山脚下！而更不可思议的是，浑浊、汹涌的河面，顺流漂来了人、马之尸体和经碰撞而散架的车辆等杂物……杨坚一见，知道北齐军营已被洪水所浸。

待到天色大亮，雨住云开，杨坚不等山洪完全消退，即令士卒拔去营寨的栅栏，在河上搭起一座浮桥。官兵们喝足了酒和姜汤，脱去湿漉笨重的军装，有的竟赤裸着上身，拿起武器，跨过浮桥，个个都奋不顾身地直捣已被洪水肆虐过的敌营……

一场大胜来得如此酣畅淋漓！战事结束，杨坚亲拟奏折，详述了此仗制胜的关键，在于赵昭提出的好建议。

赵昭看过行将上奏的折子，不禁骇然。忙说："将军的心意，咱领了。不过，折子不能这么写。你们打仗，提咱做甚？"

"监军不要过谦。若不是遵循了您的建议，后果真不堪设想哩！"

赵昭立刻正色道："将军若硬要这么上奏，不仅害了你自己，亦害了咱赵昭！"

"呵？"杨坚不解地道，"那是为啥？"

赵昭未敢明言，只是加重语气说："此绝非戏言。"

"那就恭敬不如从命了。"杨坚即命李顺当着赵昭，将那份专为赵昭请功的奏折，点火烧掉。

杨坚班师回朝时，满朝文武皆知杨坚打了胜仗，却都不知此仗之胜与赵昭有关。杨坚本人和军中几位主要将领在正阳殿受到明帝的接见和赏赐，监军赵昭则另外受到大冢宰的召见。

在此之前，赵昭只闻大将军杨忠有个儿子叫杨坚，二人却从未谋过面。这次相见，他不仅为杨坚的相貌惊诧，还为他为人处世的大度、诚笃所打动。因而，不忍加害于他，便在大冢宰面前轻描淡写地敷衍说："杨坚的模样儿还算周正，但绝无特别之处；打仗，确实勇猛，武艺也很精湛，不过，也仅匹夫之勇而已，将来大不了就像其父杨忠那样，当个柱国大将军就到顶了。"

"噢？"宇文护一听，大感意外。一个仅有匹夫之勇一心只为北周江山卖命的将领，当然是他最乐见的。不过，他并不放心，两眼盯住赵昭说，"汝和别人对他的看法，咋不一样呢？"

赵昭则道："别人是咋看杨坚的，我可不知。咱此次是初识杨坚，首次谋面，阅人最准。"

宇文护沉吟半晌，又说："你是否一不留神看走眼了？那可后祸无穷哪！"

"杨坚确实就是臣下说的那么个人。也许有人看他是皇亲国戚，年少有为，就故意高看他了。"赵昭接着十分肯定地说，"此次臣是以监军身份去营中，日日与其相处在一起，看得还不够透？"

"不对吧？"宇文护仍不放心，"近来，有人进言说，'杨坚年岁不大，心眼儿却很深，应尽速铲除'。"

"他野心再大，莫过一骠骑将军，还能蹦多高？还有人说杨坚额上'五柱冲顶'，在兵营里，臣下每日都要对他细察数次，亦未从他的额头上看出啥不同常人之处。此纯属空穴来风、子虚乌有！"

其实，宇文护本人也对杨坚暗察过数次。他有时越看越觉杨坚气度不凡，如不趁早将其除掉，有可能会成隐患。但有时亦如赵昭所言，觉得杨坚的相貌亦很寻常，所以，才派赵昭去一探究竟。没想到，连这位命相大师也没看出啥名堂来。于是，便把手一挥，对赵昭说："你，去吧。"

赵昭如蒙大赦，唯唯诺诺躬身退出大冢宰府。

"哼！"赵昭刚一出门，宇文护就指其背影，念念有词道："赵昭之言，不可听信。"

一个手握大权的人，若对另一个人形成固定看法，是很可怕的。宇文护对杨坚就是这样。

是夜，赵昭来到杨坚府上。杨坚自拜大兴郡公，就搬离了父母老宅，另立了门户。

杨府管家兼杨坚的贴身侍卫李顺将赵昭迎入客厅。

宇文护疑心年纪轻轻的杨坚对朝廷有谋逆之心，确实缺乏根据，但若说杨坚"年岁不大，心眼儿却很深"，则没错。自朝廷指派赵昭来兵营做监军，杨坚就多了个心眼儿。不过，他对赵昭不是处处设防，而是虚心接受他的监督与指教，反以诚心感动了赵昭，使二人在相处中成了朋友。

对于赵昭的突然来访，杨坚自不敢怠慢。他像对待至交一样，将他请入书房。婢女上过茶退出之后，赵昭即正色道："将军是否知晓，咱上次奉召到您军营，意欲何为？"

"这还用问？"杨坚笑着不假思索地说，"圣上还不是觉得咱太年轻，不放心咱单独带兵打仗，才派先生来做监军指导排兵布阵。事实证明，也确实多亏先生指点，才化险为夷，打了胜仗。晚辈正欲择日去您府上致谢的呢。"

赵昭一听杨坚仍如此憨厚，笑着摇头，不再继续兜圈子了。他说："实话告诉将军吧，咱此次去兵营，实是受大冢宰指派，为将军面相的。"

"面相？"杨坚用手在自己的脸上抹了一把，问，"在先生的眼中，咱这'相'有什么特别之处吗？"

"确有非同寻常之处呢！"

"噢？"杨坚其实早就知道有人议论自己的相貌，已不觉奇。但经这位命相大师再次提说，他亦不得不立感肃然，即问，"先生觉得，咱之相貌有啥特别？"

赵昭注视着杨坚说："将军额广颐丰，相貌贵不可言。"

"咱将来也能像咱爹那样，做个柱国大将军？"

"可能不止……"

"那……能做个大司马吗？"

赵昭迟疑了一下，道："如果没有意外事发生，亦……亦有可能不止呐！"

"呵？"杨坚瞠目结舌，内心极为恐惧。而其表面，却仍十分镇静地道，"先生言重了，此非儿戏咧！"

"赵昭难道这不晓事？敢在将军面前戏言之！"

"那，那……"杨坚浑身冒汗，"先生也是如此这般对大冢宰言说的？"

"咱要是这么讲了，将军还能如此安坐家中吗？实不相瞒，咱也只是说，您将来最多只能作个柱国大将军而已。"

"哦……"杨坚悬着的心，才渐渐复归平静。接着，他又用手重重地抹了一把自己的脸，说，"未必咱的相貌真的这般惹眼？连……连圣上和大冢宰……都看出什么蹊跷来？"

"实话相告，其实连咱自己都不能确定，仅凭相貌，就能推断出人的凶吉祸福和未来前程。"赵昭说，"不同的命相师，在看同一个人时，还往往会得出相反的结论嘞。为什么？各人的经历、学养、眼光本来就不一样嘛。专讲星象的《洪范五行传》上就说，'阳不足，是谓臣强，下将害上'。这也就是说，天子不强势，阳气不足，他才害怕强势的臣子僭越。事实上，在这种情形下，天子就常常真的被强势的臣下僭越了。这样的事，在当下和历朝历代不就屡屡发生过吗？反之，天子如果强势，就不害怕臣下僭越，反而希望自己的臣子有才干，能为社稷出大力。其实，所谓命相、风水等等，讲的也还是一般人伦常理，而与人的相貌如何，并无甚干系。"

听得大汗淋漓的杨坚，注目以问："请问先生，咱怎样才能改变大冢宰对咱的异见？"

"无解。"赵昭摇头，说，"当下天子弱势、大冢宰心术不正，他们都害怕强势的人取代自己。人在屋檐下，只能小心提防，看能否逃过此劫。"

"那么，依先生之见，咱就只能这么一直提心吊胆下去了？"

"也不见得，世事无常。这要看将来的朝政有没有变化。也许一辈子真的就只能这样了；也许将来会出一个强势的明君，能让您心情舒畅地作一个好辅臣；也许……"赵昭欲言又止地看了一眼杨坚，没再往下说了。

聪明的杨坚哪有不心领神会的，也立即转换了话题："不管咋说，此次邙山战事，多亏先生赐教，咱备了一份小礼物，请先生笑纳。"

随即，李顺拿来一只精致的紫檀木盒，赵昭接过，在杨坚的示意下，打开一看，里面装的竟是一只星象师用的纯金法器。

杨坚自战地归来，于家中将息了五、七日，就准备托病请辞，猫在家里做寓公。他想：官场乃是非之地，自己资历浅，惹不起，就像剑藏于鞘中，总可以吧。没料，天算不如人算，他还没把辞呈递上去，就被任命为右小宫伯。小宫伯是执掌宫廷宿卫的命官，右为副职，左为正职。所以，宫廷禁卫军的实际指挥权并不为他掌握，而人每日却须在皇上眼前晃动。杨坚虽百般不想前往赴任，但作为一个年轻将领，却无丝毫讨价还价余地，而只能硬着头皮去赴任。

位于渭水之滨的长安城，自西汉作为帝都始，迄今，已有近八百年历史。如果追溯到更远的秦始皇初年，此处就有了长安乡的称谓。那时，秦始皇就在其境内修造了离宫。到汉高祖五六年间，才正式于此定都，并将都城命名为长安。其后又历经西晋、前赵、前秦、后秦、西魏、北周等六个朝代，也都于此建都。不过，就在华夏发生内乱的这三百多年间，人世间经历的劫数与磨难真是数不胜数，从而使关内关外满目疮痍，民生凋敝。但是，作为帝都的长安，却一直是毁了再建，或是每一任皇上登基，或多或少都要对这座京城和皇宫作一番改建、扩建或修饰，并且，在无数次的精雕细琢中，使原本瑰玮奇丽的宫中殿堂，廊榭亭园，变得更加豪华精美。不过，亦因为社会动荡、帝王更动频密，在宫廷华丽外表的掩盖下，常常都是暗流涌动，波诡云谲，潜伏着阴谋和血腥味。而整日身处其间的右小宫伯杨坚，就更是如履薄冰，深感压抑，甚至无比恐惧。

就这样，杨坚上任仅数月，一场突如其来的祸事便不期而至了。

这日，正在后宫当值的杨坚，只见一个小太监匆匆来报："右……右小宫伯大人，不好了！皇上吃了甜饼，没过一会儿，就叫肚痛，这会儿，可……可能已经不行了！"

"呵？"杨坚一听，如五雷轰顶！起身欲往明帝居住的延寿殿赶。他的左脚迈过当值殿门的门槛，右脚还在门内，但见李顺也神情紧张地跟了过来。他一个激灵，两腿骑着门槛，回头吩咐李顺说："这儿没你的事。你快回家去。"

"出大事了！咱能离开你吗？"李顺执拗地道。

"用不着把两人都搭进去嘛。宫中之事，没你，没关系；没咱，却更脱不了干系！"杨坚压低嗓音，对李顺使了个眼色，说，"别添乱了，快回家去！"说着，转身就和小太监往明帝的寝宫赶。

杨坚进宫担任右小宫伯，就一直有人或明或暗地监视着他的一举一动。但，随着时间的推移，由于他平日待人谦和，乐善好施，宫廷上下的人都爱和他接近。渐渐地，他在宫中

也有了自己的耳目，这个皇帝寝宫内的小太监，就是其中的一个。他姓乐，平日大家都叫他小乐子。

"圣上叫肚子疼，挺突然吗？"杨坚边走边问。

"挺突然。"小乐子个小，几乎是跑，才跟得上大步流星的杨坚。"当时，膳部下大夫亲自端来一盘糖饼给圣上，圣上刚吃几口就说肚子不舒服。咱把他搀到龙榻上，他越疼越厉害，在床上打了几个滚，就……就眼看不行了……"

"膳部下大夫？"

"就是那个御膳房的大厨李安嘛。"

"李安？"

"平日，宫里人都叫他胖子的那个厨子。"小乐子解释说，"大家宰见圣上爱吃他做的菜，就升他做了膳部下大夫。他虽做了官，还是亲手为圣上做菜。"

"唔，知道了。那，他的人呢？"

"他说，他去叫御医。咱出延寿殿来给您报信时，还不见御医进宫来。"

"噢？"杨坚收住脚，说，"那你赶紧去把那个李安给咱找来，只要发现他，就马上喊禁卫把他抓住来见咱。就说，这是右小宫伯下达的命令。"

"是。"小乐子拔腿就跑。

"哎——你等等。"杨坚一想，又把他叫住叮嘱道，"如果你没见到李安，就不要再回宫里了，要赶紧跑，跑得越远越好。"

"呵？"小乐子一听，竟傻傻地定在了原地。

"你快去找人呀！"杨坚呵斥道，即转身来到明帝的寝宫延寿殿。

皇上寝殿中各色人等，乱作一团。杨坚扫视了一下在场的人，见御医已经来了，就走到他的身边问："李安呢？"

"李安？"御医被问得一头雾水，摇头道，"没见他呢。"

"你不是他叫来的吗？"

"没有呀。咱是被这里的宿卫叫来的。"

这个直接害死当今皇上的嫌疑人，居然跑了。当然，这也是在杨坚的意料之内。他分开众人，来到明帝卧榻旁，见明帝痛苦地蜷曲着身子，龇牙咧嘴、脸呈青紫色，眼、鼻、口流出的血已成血痂……他转过身子，用征询的目光注视着御医。

御医嗫嚅道："咱……咱到来时，圣上就……就薨了……"

这位明帝，娶的是上柱国大将军独孤信的长女，杨坚的妻子是独孤信的小女儿，因此，杨坚和这位皇上是不折不扣的连襟。明帝登基到今日，一共才三十二个月。而且，明帝登基那日，亦是前任孝闵帝宇文觉的祭日。也就是说，不到三年时间，两位年轻的皇帝就都先后死于非命了。

杨坚来不及细想，抬起头，用犀利的目光审视着众人，并厉声喝问道："圣上是怎么发此急病的？"

众人吓得手足无措，"唰"地跪下一大片。当值女婢、太监、侍卫，众口一词，都说是吃了李安送来的甜饼，就立时发作叫肚痛。

"那，圣上没吃完剩下的甜饼呢？剩下的甜饼在哪里？"杨坚继续追问，"总不至一边叫肚痛，还继续把饼吞干净吧？"

众人面面相觑，终于有个婢女道："膳部下大夫见圣上肚痛，说去叫御医，奴婢见他顺手把那盘剩下的甜饼也端走了。"

"如此说来，汝等还跪这里作甚？还不快去把李安找回来！"

众人纷纷起身。杨坚又大声警告他们："你们将李安找来便罢，尤其是皇上的宿卫，若找不到李安，就都不要回宫里来见我了。"

在场的人都是目击者。杨坚叫他们不回来，是指望能留几个将来对证的活口。待众人诚惶诚恐纷纷出门后，只剩御医仍怔怔地站在杨坚旁边。杨坚没好气地又是一声呵斥："你站这里做啥咧？找不着李安，你还想活命呀！"

御医这才惊慌失措地欲往外走，可是，都已来不及了，连刚才先出门的太监、宫女和宿卫们也悉数被堵了回来。

"小宫伯大人，不好了！"众人七嘴八舌道，"外面来了好多兵，都是过去从没见过的。"

杨坚一声冷笑，朝明帝寝宫门外一看，只见一个身材魁梧、一副戎装、年约四十、一脸杀气的壮汉在一众侍卫的前呼后拥下，朝自己走来。

此人便是威名赫赫的大冢宰、晋阳公宇文护。

第四回

太后突显威仪虎口夺人
李顺急中生智神箭救主

却说，李顺被杨坚一顿喝斥，那原本紧张、执拗的头脑立时清醒过来。他突然明白，主人这样做：一是为了不让自己也卷入到骇人听闻的事件中；二是要自己赶紧回家，把情况告诉家人，以防不测。他于是走进马厩，牵出自己的坐骑，出了宫苑，才飞身上马，如离弦之箭，赶回杨宅。

独孤伽罗夫人听报，立时感到天旋地转！她想：自己的姐夫明帝宇文毓突然撒手人寰，而夫君亦陷皇上暴薨的现场中，欲加之罪，何患无辞。这真是个一箭双雕的毒计呀！独孤伽罗对宇文叔侄这两代掌门人，实在是太了解了！自己的父亲上柱国大将军独孤信，为宇文泰出生入死打了一辈子仗，可到头来，先是牵涉到赵贵谋反的案子中。赵贵全家及亲信被诛杀，自己的父亲亦被贬为庶人。但宇文护还是不放心，没过多久，就借皇上名义，一道圣旨将父亲赐死于家中，并以此换来全家人的性命！而万万没有料到的是，父亲尸骨未寒，凶险又落到下一代人身上了。

正当独孤伽罗思量如何使丈夫脱离险境时，一个为杨坚安插在宫廷卫队中的侍卫亦赶来报告：宇文护已派自己的亲兵，把明帝的寝宫包围得严严实实，右小宫伯亦深陷其间。

情况更加明朗与危急，宇文护的下一步，显然就要对丈夫及明帝身边一干人下毒手了！独孤夫人思来想去，觉得只有一个人能够救杨坚出陷阱，此人便是当今的皇太后。而能叩开皇太后之门禁、并能与她说得上话的，则非自己莫属。

独孤伽罗的父亲独孤信，原是八大柱国中势力仅次宇文泰的第二号人物，同时又是宇文泰属下最得力的大将军。且两家人住得很近、往来密切，并结成了姻亲。尤其是宇文泰的夫人叱奴皇太后，特别喜欢聪颖、好动、像个男孩一样的独孤伽罗。两家又皆为鲜卑族裔，伽罗七岁时，叱奴氏就亲自教其习武，并认她作干女儿。

想到这里，独孤夫人环视了一下周围人，吩咐道："备轿！"

随即，她转念一想，坐轿太慢，时间急迫！于是，又改口说："李顺，快去把咱的马牵来，咱要去含仁殿面见皇太后。"

"夫人！您……您还是坐轿吧……"李顺欲阻夫人骑马，又不知如何措辞，急得抓耳挠腮。

原来，此时的独孤伽罗，已身怀六甲，她腆着个大肚子，怎好在马背上颠来颠去呢。

可一心救夫的独孤氏，却顾不得那么多。她横一眼李顺，说："看你婆婆妈妈的，还像个大男人吗？快把马给咱牵到大门口去！"

说着，便入房里换了衣裳，去门外上马。

话分两头。

却说，宇文护踏进明帝寝宫，先看了看直挺挺躺在卧榻上的明帝，再乜一眼杨坚，就对跟随他进来的亲兵一指周围人说："都给咱捆起来！"

杨坚知道，这是贼喊捉贼。接下来，就要杀人灭口了。他按捺住激愤的心情，向宇文护行一大礼，道："禀告大冢宰，右小宫伯杨坚正在履职，勘查现场……"

可还未等杨坚继续说下去，宇文护就暴怒起来："履职？汝之职责就是保卫宫廷，保卫皇帝陛下。如今圣上就在你的眼皮下暴薨了，你这时才来放马后炮，还查个屁！"宇文护更加狂暴，一指杨坚说，"先把这个小宫伯给咱捆起来！仔细点，屋子里的人，一个都不能放走。"

突然，"扑通"一声，一个瘦高个双膝跪下，他嗫嚅道："大冢宰！丞……丞相！咱是来给圣上视疾的！咱……咱还给您老号……号过脉……"御医伏在宇文护的脚下哀号，头磕得像鸡啄米。

可此人精通病理，他当然最知皇上是患啥"疾"才突然暴毙的。宇文护怎肯放过他呢。

"捆！都给捆起来！一个都不能放过！"宇文护吩咐完，迈出明帝寝宫。

自宫廷术士赵昭证实，杨坚不过匹夫之勇，并无篡政心计。可大冢宰却始终未对这位年轻的右小宫伯放松过警惕。因为独孤信死后，杨坚的父亲杨忠已成独孤信这股势力中的台柱子。杨坚虽羽翼未丰，却显然是个不容忽视的隐患！不过，要除掉他，亦不那么简单。当下，杨坚正好当值于宫内，明帝猝然暴毙，正是除掉他的最佳时机！

于是，大冢宰宇文护传令，将长安城内五品以上的文武官员召集到正阳殿，以通报、处置明帝突然去世的大事。

诚惶诚恐的官员到齐后，高高在上的大冢宰向众臣宣布：明帝宇文毓突发急病，以右小宫伯杨坚为首的一干近臣、侍从等，慌作一团，处置不力，以致延误了圣上的病情，终使皇上病薨。因此，首先要对一干玩忽职守者，处以极刑，再商讨由谁继任皇上的事宜……

众臣闻之，一片愕然！不过，仅沉默片刻，偌大的朝堂内，便传来一阵嘈杂的议论声。仅两年多时间，宫内咋连连出现此等极不正常的事情？

不巧的是，已升任柱国大将军的杨忠，此刻恰在西北边塞与突厥入侵者交战，朝堂内的文武官员，因而都为右小宫伯杨坚捏着一把汗。

正当众人面面相觑时，大将军侯伏侯万寿却出班为杨坚开脱道："禀告大冢宰，臣以为明帝暴薨，不能全怪右小宫伯。因在他的上头，还有左小宫伯呢。左小宫伯在圣上发病时，人在何处？如果没有在场，则更是失职。"

要是一般人在大庭广众中为杨坚求情，那还了得？但侯伏侯万寿和他的兄弟侯伏侯龙恩都是大冢宰的亲信，从而使得宇文护没有当庭暴跳如雷。

那么，这位侯伏侯万寿为啥要为杨坚说话呢？因为侯伏侯万寿与杨坚的父亲有私情，老杨忠曾在战场上救过侯伏侯万寿的命。

侯伏侯万寿在朝堂上一言既出后，立刻就有了回响。杨坚的太学同窗好友刘昉、郑译等也都分别出面为杨坚说项。此二人当下也都成了说话算数的皇室内臣。

接着，老杨忠的一些故旧，亦都壮胆要求对右小宫伯网开一面，从轻发落……

此刻，坐在空置的御座旁边一把太师椅中的宇文护，脸色越来越难看，他扫一眼下面的群臣，无比惊讶地感到，杨坚小小年纪，职位不高，就已广结人缘，如不趁早将其除掉，后患无穷！

心情大坏的宇文护，正欲痛斥群臣。岂料，大殿门口传来一个宦官的鸭公嗓音："皇太后驾到！"

众官员循声回望，只见叱奴皇太后身着金色团龙锦服，在两名侍女左右导引下，仪态凛然地步入大殿，正旁若无人地朝御座走来。

皇太后亲入朝堂，是绝无仅有的事。所以，才更令人瞩目。这位鲜卑族裔的皇太后，比一般小巧妇女略显高大；她五十多岁年纪，仍不显一丝老态；她是已故太祖宇文泰的遗媲、当今皇上的母后；在场的官员都知道，叱奴太后年轻时，是个能骑善射的骁勇女将；其时，她手握一支象征威权的龙头拐杖，穿过朝堂，步履稳重地目视前方。两旁的文武官员，望其项背，皆低眉敛首地纷纷跪下……

上方，安坐太师椅中的宇文护，见此，分外惊诧。他想：是谁？这么快就把刚发生的事儿捅到太后那里去了？这还得了！不过，他已来不及细究，只好起身离座，在众目睽睽下，极不情愿地亦随众官员就地跪了下来。

这时，早有太后身边的太监端来一把椅子，置于皇位的另一侧。两位侍女侍候皇太后坐下。她扫视了一眼大殿周遭，抬手道："都起来吧。"

待文武百官起身后，太后又示意宇文护也坐下。接着，她花白的寿眉抖了抖，两道剑似的目光刺向宇文护，单刀直入道："贤侄呀，卿可记得？四年前，你叔病重，临终前，把卿叫到病榻旁，执汝之手，把一家孤儿寡母托付给卿的情形？"

"禀太后，侄儿未敢忘记。"宇文护说，"咱不是履约把太祖的儿子，一个个都扶上皇位了吗！侄儿自己却从未作过僭越之非分念想。"

"汝对太祖所托，不曾忘记？还说汝没非分之想？"太后一跺手中拐杖，气愤地说，"四年不到，咱的两个皇儿都先后死于非命，死于汝之毒手！汝的心比蛇蝎还要狠毒咧！"

一时间，满朝文武"喊喊"有声，宇文护的脸也快挂不住了。但，此情此景，他敢冒天下大不韪，毫无顾忌地在皇太后面前发作吗！

太后一吐心中块垒，激愤的心情渐趋平静。一生历尽风风雨雨的她，又何尝不知胳膊扭不过大腿的道理——重兵都握在了这个忤逆侄子的手中哩！她于是强忍丧子的悲痛，话锋一转，问："你毒杀了皇儿还不算，听说还要就此事，拿杨坚开刀？"

"那依太后之见，右小宫伯该作何处置？"宇文护缓过气来，态度亦变强硬，话中有话地反问太后。

"咱一个妇道人家，不干涉你们的政务。但杨坚的心性，咱明镜儿似的清楚！"她边说边用目光扫视下面的群臣，一眼瞧见自己的亲生儿子卫国公宇文直正站在众官员当中，于是说，"这事，就叫卫国公来作评判吧，汝以为如何？"

"有请卫国公！"宇文护大声叫道，亦用眼朝人丛搜寻。

"咱在这里。"宇文直应答了一声，立于原地未动。

大冢宰直面宇文直，问："卫国公，你说，杨坚渎职，至明帝薨，这案子该如何处置？"

宇文直是个缺肝少肺的直肠子人。他有桀骜不驯的性格，一般人见到他，都会绕着弯儿走。此刻，突然要他处置杨坚这桩案子，竟一时语塞。他看看宇文护铁青的脸色，又看看母后灰白寿眉下一双炯炯的眸子，再看看周遭的同僚们——见大家也都把期许目光投向自己，他终于大汗淋漓地道："咱看，杨……杨坚渎职，该……该处八十大板！"

"嗯？"宇文护万没料到这位叔伯小兄弟会作此等判罚。他没动声色，把脸转向叱奴太后，语调谦卑地问，"太后，您看呢？"

"行。这事就依卫国公的吧。"太后说着，起身，离去。

这时，不知谁带了个头，台下响起一片"皇太后万岁！万万岁！"的呼声。于是，又跪下大片官员。这回，宇文护只是起身微微躬下身子，以家礼对待婶子的离去。

皇太后似乎受到眼前情形的感染，停步面对众臣语重心长地说："咱一个妇道人家，从不问政、干政。咱今日也不是刻意怜悯杨坚，只是觉得好端端一条汉子，要死也得死于疆场。汝等都是社稷之栋梁，不要再在窝里斗来斗去了，我朝若被大家折腾垮了，谁都没好果子吃哩！"

说完，叱奴太后穿过仍然跪着的人丛，朝大殿外面走去，其手中的龙头拐杖跺在金銮宝殿的方砖上，"橐橐"有声。

"带杨坚来！"随着皇太后的离去，宇文护的声音立即充满威严。

不一会儿，五花大绑的杨坚被提到殿堂，行刑的差役是宫廷禁卫军里的人。平日，杨坚对他们既严格，又爱护，他在禁卫军中，人望一向不错，所以，这八十大板，想来也不会有大碍的。差役们七手八脚解开绑缚杨坚的绳索，褪下他的裤子，让他呈大字形俯身于一块很厚的专用木板上，并将其身子用绳索固定住，只见一个差役高高扬起一块厚厚的大板，照着杨坚白生生的屁股夯下！"啪"的一声，杨坚亦"哟"的一声大叫。霎时间，整个金銮宝殿，响声四起，杀气腾腾，可打着打着，杨坚的屁股竟没什么大变化，甚至，只有一些红印，却未肿胀。站在一旁督阵的役头心想，不行，这样下去，咋能交差？于是，他抄起另一块板子，当报数人报到"四十"时，他亲自上阵，一板下去，杨坚呲着牙"哟"了一声，白嫩的屁股立即现出几排红点，再下一板，屁股上就绽放出了朵朵桃花，如是这般，一板板下去，屁股已是血肉模糊了……原来，这块板子是带毛刺、本不准备用的——而现在，杨坚气功虽好，其细皮嫩肉却也奈何不了那毛刺儿。役头抽了十板，就叫换人，即又换成原来的板和人了。接着，更是雷声大、雨点小……

狐疑不定的宇文护踱过来，见杨坚的屁股已是皮开肉绽、鲜血淋漓。待报数人数到八十，他手一挥，叫差役们连人带木板都抬了下去。

宇文护目送杨坚被抬出大殿，想起刚才叱奴太后对自已的羞辱，一股怒火"嗖"地从胸中窜起。他暗暗发下毒咒：杨坚不除，誓不甘休！

却说杨坚被一干差役从正阳殿抬出，在大内外等得发急的独孤夫人和李顺等人，立即将他转入一辆带篷的马车内，急急驶回家去。

独孤伽罗原本以为有皇太后救驾，会没事的。到家之后，她一边亲手为丈夫清洗伤口，一边落泪。

而这时，杨坚反倒安慰她说："咱没事，一点皮肉伤而已。执罚差役其实都很照顾咱的。不破点相，他们也交不了差呐。"

"还说呢，都成这样子了……"独孤夫人说着，又簌簌掉起泪来。

"真的没事。咱这次能把命捡回来，就算不错了。"杨坚伏在卧榻上，笑着说，"真的没有想到，太后会来救咱，且来得那么及时，若慢一个时辰，可能就没命了。"

"嗨，你当然想不到啰。"在一旁端水递药的李顺说，"是夫人挺着大肚子，骑马到含仁殿求的太后呢。"

"呵……"杨坚侧着身子深情地望着夫人。

其实，叱奴太后威震龙庭，大闹金銮殿，也是个一箭双雕之策。此举，既救了杨坚一命，亦当着文武百官戳穿了宇文护毒害皇帝、企图篡位的阴谋，从而确保了宇文泰的其他子嗣能继续执政。

没过多时，即由叱奴太后的亲生儿子，宇文泰的第四子宇文邕顺理成章地登上了皇位，是为武皇帝。新帝将这一年定为北周武帝保定元年（公元561年）。

从表面看，皇太后大闹龙庭后，宇文护的嚣张跋扈气焰一度有所收敛，但他却仍然牢牢地掌控着北周内外一切大权。

杨坚自受罚后，足不出户，小伤大养，夫妻恩爱，其乐融融。

其间，他们迎来了又一个儿子杨广的出生。此前，独孤夫人已生一儿一女，大女儿取名丽华，长子取名为勇。不知不觉中，已过去大半年。直到是年的深秋季节，忽有一日，武帝召见了杨坚。君臣一阵寒暄后，武帝表示了对杨坚的信任，要求他振作精神，仍在宫中当值。杨坚提出，想去镇守边关，带兵打仗。武帝则诚恳地说，他君临天下不久，身边缺少信得过的人，想将他留在身边。杨坚碍于主上的信赖，更碍于其生母叱奴皇太后的救命之恩，就点头答应了。

几日后，武帝将杨坚提拔为左小宫伯，全权掌管宫内防务。这样，他也就只好走马上任了。

上任伊始的杨坚，恰逢一年一度的冬猎。皇室的贵胄们，个个跃跃欲试，兴致极高。对于统领皇宫宿卫的杨坚而言，既是此次冬猎的组织者又是保卫者，责任重大，格外操劳。

位于长安西边的岐阳，建有皇家猎场。猎场周围因有驻军守卫，严禁砍伐树木和盗猎，因此，森林茂密，各种猎物十分丰富。尤其是到了初冬季节，猎物都养得膘肥体壮。浩浩荡荡的狩猎队伍抵达猎场后，皇上和各皇室王爷先在猎场行宫休息一日。次日晨，杨坚先把整个猎场的警卫布置妥当，才和李顺来到武帝身边。这时，年轻的武帝容光焕发，骑在一匹通体皆白的马上，全副猎装，好不威武。他的周围，则早已是前呼后拥，围着一大帮侍从，还带有数只鹰和犬。

待这一大群人马，浩浩荡荡进入林地，抵达狩猎场后，武帝没奈何地笑道："视这般嘈杂模样，朕还能接近猎物？那些畜牲不早都被你们吓跑了嘛。"说着，他只点了几名近身侍卫，让其中两人各领一条猎犬，就对众随员和侍从们说，"尔等平日也都不容易，朕恩准大伙各行其是，谁的野物打得多，朕有犒赏。"

随着众人喜笑颜开地散去，身边还剩杨坚和李顺未动。武帝看着他俩，犹豫了一下，心照不宣地对杨坚说："你俩也不必跟得太紧，到了此地，还能出啥事儿？"

杨坚对皇上的吩咐，心领神会。有鉴于前面两位皇上皆死于非命，曾担任右小宫伯的杨坚尤为小心。不等武帝走远，他便对身边的李顺说："咱俩也拉开点距离，但要能相互呼应，此样照顾的面也宽些。不过，你单独一人，眼睛、耳朵更打不得野，皇上那边一有动静，不等咱发话，要兀自奔去。"

"明白了。"李顺拍拍自己的马说。

杨坚吩咐完毕，一夹马肚，便尾随武帝而去了。他就这么若即若离地相跟着，面前的路越来越窄，林木亦越来越深、越来越密，光线也愈见暗了。

不一会儿，只听前面传来一阵欢叫。接着，两只猎犬也狂吠起来，想必是已经击中什么猎物了。他知道，武帝从小就练得一身好武艺，想自己能在此次狩猎中，一试身手。再过一会儿，密林中，一切又归于平静，林子里只听罡风吹刮树叶，发出阵阵如同海涛般的呜咽……杨坚匍匐于马上，细细倾听从前方传来的动静。突然，"扑通"一声闷响，竟是从自己身后传来的。他扭头一看，只见不远处，一个人从马上栽倒在灌木丛中。他冷汗一冒，首先想到：李顺怎么了？他立即掉转马头，却见李顺从斜刺里飞马奔了过来。

他俩不约而同地赶到落马者的旁边，李顺在空中首先抓住那匹已失去主人的马的缰绳，之后，才跳下自己的马，并心有余悸地道："好险！"

"此到底是咋回事？"杨坚神情紧张，下马即问李顺。

李顺一指落马人说："他张弓搭箭，欲朝你施放冷箭！"

"噢？"杨坚望着那倒在灌木丛中已气绝身亡的人，愈加惊诧。

李顺进一步解释说："你要咱和你保持一定距离，咱想想也对。你的职责是保护皇上。咱嘛，当然是保护你的，让你没后顾之忧。没想到，此一招，还真的起了作用。你走后，咱下马在一棵大树下撒了一泡尿，才不紧不慢地跟在你后面。可能是离你远了点，不仅见不到你的人，也听不到一点你的动静，这林子又大，越来越看不清路了。我正着急走错路、寻不到你时，忽地从林子里跑出一匹马。咱开始还以为就是你，一看马的颜色不对，就悄悄跟在了他的后面。不多时，竟可以看到你的人和马在前面。咱正欲拍马追上去，忽见那家伙张弓搭箭瞄准了你。咱一急，拿出自己的弓箭，并故意咳了一嗓子，那家伙听见后面有人，一扭头，咱的箭也射出去了，他就闷声不响地落在了马下。"

两人拨开带刺的灌木丛，把那家伙拖出来，只见其血流满面的脑门上插着一支箭。天很冷，血已凝固。李顺把箭拔出，从自己的内衣衫子上撕下一块布，揩净那家伙脸上的血，方才认出死者叫尉迟强，是宇文护的一员心腹偏将。

杨坚的心头立时涌出一片阴云。他想：这家伙是从何处冒出来的？此人是大冢宰的家将，而非宫中宿卫。且长安至猎场相距百数里，一路上，也未见其人呵！再者，李顺虽然救了自己，可这家伙的死，将如何向圣上和大冢宰作交代？杨坚百感交集，抬起头来，用疑惑的目光望着李顺。

李顺倒显得十分镇定，轻描淡写说："这个死人就交由咱来善后。你就像什么都没发生，什么都没看见一般，赶紧去皇上那边。圣上万一叫你，找不到人，就麻烦了。"

"你可要弄得干净利索点，事情处置完毕，就过这边来。"杨坚来不及多想，撂下一句话，即循武帝踪迹而去。

走了一段距离，前面已没路了。四周草盛木稠，令人感到连风都透不进来。那马飘在草上着不了地，滑不唧溜，实难前行。骑在马上的杨坚，就像坐在一只独木舟里，在暗无天日的海洋中，摇来荡去……实在不行了，他干脆下马，牵马前行，这样反而快点。他深一脚浅一脚，走得口里冒烟，正欲歇口气时，他先是听到一阵窸窸窣窣的声音自远处传来。不一会儿，只见一只黑乎乎的大家伙，撞开深草，朝自己猛冲过来。他叫一声，"不好！"随即拔剑，朝那奔到自己跟前的家伙刺去。那家伙被刺要害处嗷嗷叫着，倒在了草丛中。杨坚定睛一看，是一只颈上长着很深鬃毛的野猪，它的屁股上已中了一箭。

而此时，林子里忽然响起一片犬吠、马嘶和人的喊叫声。杨坚抬头一望，首先看见时隐时现的两只犬。接着，又见武帝和几名侍卫也是把马牵着朝这边东摇西晃地追来。而他的身后，李顺亦牵马呼哧呼哧地赶来了。

"嚯！你俩一直都还是跟着朕呀！"武帝看到杨坚和李顺，以及头插利剑已经毙命的野猪，分外高兴。

"咱是小宫伯，哪敢擅离圣上，去自寻乐子。"杨坚见武帝无虞，亦是欣喜无比。

李顺和两名侍卫把那只特别沉的野猪绑到一匹马上，一行人有说有笑地穿越密林。因为收获了一头大猎物，包括皇上在内，没有一人抱怨林子的路难行的。

而就在众人兴高采烈之际，有人惊慌失措赶来报说："不知是谁，连人带马坠崖了！"

这不啻是个晴天霹雳！杨坚朝李顺瞄了一眼，李顺亦一脸愕然，装出无比震惊的神情。而当众人都紧张地朝出事地点奔去时，李顺才狡黠地向杨坚眨巴了一下眼睛。杨坚的心"扑通"往下一沉，已然明白，事情是李顺做下的，却害怕他弄巧成拙，搞出破绽，不好收场。

一行人来到崖畔，那里已聚集了不少人。悬崖仅有几丈深，但连人带马栽下去，后果也是挺严重的。崖底有一条汩汩潺流的小溪，人和马分别倒在了溪沟里。据一个最先发现的侍卫说，人和马摔下去时，马并未死，他们就是听到马的惨烈叫声赶来的。那马的四条腿至少断了三条，在溪中挣扎，水都成了红色，是下去救人的侍卫，干脆给了马一刀，马才断气不叫的。那躺在溪中的人，头被撞破，已气绝身亡。

说话间，下崖救援的人七手八脚把死者弄了上来，宫中人则大都不认识死者是谁。

武帝上前看了一眼，顿觉不可思议。他退回到杨坚跟前，问："此人朕认识，乃大冢宰的家将尉迟强。他是咋到猎场来的？"

"臣下亦认识他。不过，一路之上，从未照面。他是咋入猎场的，臣也不知。"杨坚应答着，也俯身看了看死者，见其整个前额已经凹陷，已丝毫不见被箭射中的痕迹。而且，脸上的血污，亦被下到山崖救援的人于溪中清洗干净。杨坚担心可能留下破绽的事，并未发生，于是自责地对武帝说，"一个带兵之人，擅闯皇家猎场，臣有不可推卸之责。"

"此不怪卿。"武帝若有所思地道，"朕临行前，大冢宰倒是说过，要派一个武艺高强、有一手好箭法、能射飞禽走兽的高手来给朕凑兴，指的大概就是此人。不过，当时朕已谢绝。狩猎不过是到宫外活动活动筋骨，没必要那么较真，一定要打到很多猎物。可是，这个尉迟强没打招呼还是跟来了。但是，他咋一声不响就坠崖了呢？确实令人费解。"

武帝觉得费解，而杨坚心中则已了然！这个尉迟强肯定是宇文护派来行刺自己的！他的那没来得及开弓的一箭，倘若射了出来，并要了自己的命，那么，大冢宰还可把杀人的责任推到年轻武帝的身上——真狠毒呀！不过，这个尉迟强既能一路深藏不露，说明宫卫中必定还另有大冢宰的人。

杨坚因而放低声音对武帝说："不管咋说，臣还是失职了！臣想了一下，这个人高马大的尉迟强，只有混在宫卫中，才有可能神不知鬼不晓混进猎场来。那么，是哪些宫卫在为他打掩护？他来猎场的真实目的又是什么？越往深处想，越是觉得后怕哩！"

狩猎场中出了个不速之客，最感不安的当然还是武帝本人。可他又不便把对大冢宰的疑惧在大庭广众中表露于形，所以，反过来打圆场地对杨坚说："这事怪朕事先未与卿打招呼，说大冢宰有可能要派尉迟强来为朕凑兴。"

武帝回到猎场行宫，当即做出三项决定：一、立即用车将尉迟强遗体送回长安；二、余下人员都在猎场行宫过夜，明早起程回京师；三、命杨坚密查尉迟强混入猎场和坠崖事。

待到武帝休息后，杨坚才有机会与李顺单独说上话。

李顺将事情经过，一一道了出来：

却说，杨坚于林中径自去追武帝等一干人马时，李顺即用石块将尉迟强前额骨头砸得凹陷下去，这样就看不到箭伤的痕迹了，并使人误以为尉迟强是头撞岩石，导致死亡的。接着，他把尉迟强的尸体放到马背上，牵马到悬崖边，那马还贪婪地伸长颈脖去舔食崖畔之草。李顺冷不防狠狠朝马屁股踹了一脚，受惊的马尥起蹄子，连驮伏于背上的人一起坠入崖下，事情就这么简单利落地处置完毕了。

杨坚听罢，觉得李顺处理得还真够麻利。但转念一想，又不放心地问："尉迟强中箭落马处，肯定会有灌木倒伏，并有血迹留下，你作过处理没有？"

"糟糕！"李顺一拍大腿说，"当时情况紧迫，原想先把尸体处置妥，再料理其他细事。没料，那马坠崖后并没死，反而啾啾大叫起来，引得周围狩猎者都往这边跑，咱的心里亦乱糟糟的，没去考虑处置别事了。"

两人碰过面，便按武帝命令分头展开调查。被查人皆说：尉迟强是大队人马动身前，才出现在赴岐阳猎场队伍中的。他与宫卫中的好些人都熟，亦与一些皇室成员熟识。他骑一马，装束与宫卫一样，一路上，不时与皇亲贵胄们说说话，又不时夹在宫卫中行走。大伙都以为他是大冢宰派来在队伍中当差的，究竟属哪一部门，则都没有在意。不仅如此，问遍所有人，谁也说不清楚他是咋鬼使神差葬身崖下的。

是夜，杨坚把调查所得禀报了武帝。

武帝听罢，一声叹息，说："这事，就查到此处为止吧，不要再查了。"

"圣上，个中疑窦还多得很哩！您想想，一个身手不凡的武将走在队伍里，见到他的人很多，偏偏只有皇上和小宫伯对他的存在一无所知，这正常吗？宫卫中，有人供他吃喝，与之打得火热。再者，他到底是咋连人带马坠崖的……"

"罢！罢！"武帝面露戚容，凝视杨坚，好一会儿方道，"朕，实话对你说吧，朕进猎场，为什么把众多随员都遣散了，只带几名宿卫？就是怕人多了，有人趁乱朝朕的后心窝突施冷箭！此次幸亏朕多长了个心眼，让卿在后面护驾，方使那个尉迟强不能进逼到朕的近前。朕琢磨，他尾随于朕之后，大约是突然发现了卿，才在落荒而逃中，不小心被摔死的。此真是报应呀！"

…………

武帝不想深究尉迟强的来历与死因，是怕穷追下去，必然牵扯出大冢宰宇文护。那样，不仅查不到真相，反而尴尬被动。但没料到的是，皇上一行回到长安，大冢宰竟大发雷霆。他特别不满意杨坚对尉迟强死因的呈述，并下令刑部派员赴岐阳猎场，重勘现场，还要在去岐阳的人员中彻查事件真相。

　　对此，杨坚最担心的就是尉迟强中箭落马留在灌木丛中的一滩血迹。宇文护一旦知晓尉迟强是在林中被杀，而不是意外坠崖，那麻烦就大了！

　　也真是苍天有眼，当大冢宰挑选的勘查人员正欲出发的前夜，长安下了入冬以来的第一场大雪。这场雪，一直下了三日三夜方停歇。长安城内皇宫的亭台楼阁、花草树木，皆被皑皑白雪所覆盖。而距长安百里之遥的岐阳猎场，则更是大雪封山了。如果宇文护仍要坚持赴猎场调查，那也只能等到来年冰化雪消，方能进山……

　　尉迟强案不了了之之后，险遭不测的杨坚上表，要求调离京师去戍边。

　　武帝一直认为是杨坚护驾救了自己。他心存感激地未与大冢宰打商量，就下诏晋升杨坚为大将军，并命他去与陈、梁相邻的随州任刺史。

　　是夜，杨坚把调查所得禀报了武帝。武帝听罢，一声叹息，说："这事就查到此处为止吧……"

第五回

内外交困武帝微服私访
狭路相逢率相拔剑泄愤

高祖武皇帝名邕，字祢罗突，是太祖宇文泰的第四个儿子。母亲是叱奴皇太后。此前提到的卫国公宇文直，是其胞弟。邕，于西魏大统九年，出生于同州（今陕西省渭南市大荔县），比杨坚小两岁。他年幼时，就懂得尊敬长辈，聪颖明敏有器度资质，很得宇文泰的喜爱。宇文泰曾与人说："能够完成我志向的，一定会是这个孩子。"宇文邕十二岁时，被封为辅城郡公。同父异母的兄长孝闵帝宇文觉即位后，邕被拜为大将军，出镇同州。宇文觉被害，明帝宇文毓即位，邕升为柱国，并拜任为蒲州（北周明帝改秦州为蒲州，今山西永济市蒲州老城东南）刺史。武成元年（公元559年），邕被召入朝，担任了大司空、治御正，晋封为鲁国公、领宗师等，并受到明帝的信任，朝内大事，多与他一起商议。邕，性情沉静稳重，有眼光见识，在大庭广众中，言语不多。所以，明帝经常称赞他，说："这个人平日不多语，但只要说话，就能一语中的。"

武成二年四月，明帝不满宇文护一手遮天，并欲摆脱其对朝廷的控制，曾与人密谋将其扳倒。可因事机不密，自己反遭毒杀。之后，遇到叱奴太后大闹朝堂，宇文护才不得不把宇文邕扶上皇位。这一年，新登基的武皇帝，年届十七。由于之前有两位皇兄惨死的教训，武帝登基后，如坐针毡，而无一丝至高无上的快感。他清楚地意识到：国家的北边有突厥，西有吐谷浑等强悍势力的虎视眈眈；东边呢？有比自己富强的齐国，南边则有陈朝经年不断的袭扰。而在朝廷内部，则仍为比自己大二十多岁的堂兄宇文护以太师、大冢宰的身份，执掌兵权，结党营私，凌驾于皇权之上。所以，自己想要有所作为，也使不上劲。而且，稍一不慎，随时都有可能落得如两个皇兄一样再遭诛杀的下场。

武帝登基后，如履薄冰，尤其是经历过"尉迟强事件"，武帝深居后宫，更是足不出户。次年的春夏之交，渭河流域和整个关中地区遭遇大旱，早已缺粮数月的灾民，又遇夏粮不收的窘境。于是，在大冢宰的要求下，由宫中术士测了个好日子，再由武帝主持在帝都长安城的西南设坛，为受灾臣民祭雨。武帝恭恭敬敬地对上苍祭拜道：

> 想到太祖文皇帝，遵循上天旨意，忧虑辛劳各种政务，逐一排列阴阳、儒、墨、名、法、道德六家学派，以阴阳作为首位。到了我继位后，不能遵照实行，心中为此不安，就像身处险境而终日戒慎恐惧。自从我即位开始，多有祸难之事发生，背离和顺错失时序，违背了先人的意志。致使风雨失调，祸害屡屡兴起，谷物的生长不顺人意，万物不能昌盛，朕非常伤心。从今以后决定重大的事情，施行重大的政务，如果不是急迫的军政要事，都应依照时令行事，以顺从上天的意志……

武帝的言辞虔诚、恳切、发自心底。接着，他下诏：在长安城周围三十里的范围内禁止官民饮酒；严禁城内粮行哄抬粮价，以安民心。

几日后，长安上空，忽然风起云涌，阴霾密布，市廛居民尽出，朝天跪拜，祈望上天普降甘霖。可是，苍天竟没长眼，打了一通旱天雷后，又云开日出了。愤怒的市井小民，于是把一腔怒火泻向了全城最大的一家哄抬价格的昧心粮行。市民蜂拥而出，打砸其店铺，并哄抢了店内的粮米。

一开始，市民仅针对一家哄抬粮价的粮行。可接下来，竟不受控制地打砸起城内所有粮行来。

霎时间，大批禁卫军和驻守在城周边的军队，把矛头指向抢粮暴民。后来，士卒也分不清谁是抢粮者，谁是围观者，只要踯躅街头，就不分青红皂白，见人就打。市民开始时纷纷躲避，继而奋起反抗，于是，一场兵、民混战，就在街巷、民宅、商铺间蔓延开来。结果，大批居民被屠，民宅、商铺被毁，物资竟被毫无节制的官兵抢掠……

武帝闻讯，痛心疾首。这对内外交困的北周朝廷来说，无异于雪上加霜！他实在无法再忍，终于坐不住了。经过一番乔装打扮，武帝身着便服，在几名同样改着便服的近臣和一干侍卫的陪同下，来到遭受兵燹的街巷，视察现场。

沿自西汉的帝都长安，经纬各长三十二里十八步，占地共九百七十三顷。全城分三部分：最外是外郭城，占全城总面积的十之有九，其中居民区和商铺、作坊区约占六成三，另二成七为河渠和主干道所占；外郭城的北边是皇城，建有皇家各办事官衙；皇城最北端的正中部位，才是皇帝居住的宫城；长安城由北至南有一条中轴线，将整座城池辟为东城和西城两部分，而主干道——宽阔的朱雀大街就修建在中轴线上。

武帝一行骑在马上，出宫城，穿皇城，来到经过焚烧洗劫的街区。他和几名近臣下马，改作步行，所到之处，一片狼藉，一些未燃尽的物料，有的尚在冒烟，断壁残垣中，仍可见到未收走的尸体。武帝心情沉重，并暗下决心：一定要把这次"抢米风潮"的缘由彻查清楚，并严惩始作俑者！

当其一行来到最先引出事端的那家粮行门前时，令武帝惊诧的是，该铺面并未过火焚毁。其间有打砸过的痕迹，桌椅被推倒砸破，枰杆已折，弃置于地，用编织篾条围成的粮囤，已被捣破，地上还有泼洒的粮米……

武帝因而纳闷：照此模样，当时若处置得力、控制得当，何致酿出后来的杀人放火、抢劫商铺的严重事件？他正在作如此思考时，忽地从粮铺里间冲出一些官兵和粮行伙计。武帝身边的随员和穿便服的侍卫，也一拥而上，把武帝挡在了后边，两拨人剑拔弩张，相互对峙。

"汝等休得无礼。"武帝这边一位为首的随员解释道，"我等是受朝廷委派，前来勘查灾情的。请勿误会。"

"嘀，你看这厮，口气还不小呐！竟敢自称朝廷！"一个须发花白、穿着讲究、五十开外的半老头对身边一个年轻人说。

"嗯？汝竟敢冒充朝廷派来之人？吾即朝廷。咋没见过汝这副熊样儿咧！"老头身边的年轻人不屑地道，"还说什么是前来勘查灾情的。不对吧？是想抢米？抢财？或是纯属前来找死的？"

"放肆！"武帝的随员再有涵养，亦难捺一班狂徒的如此羞辱。呵斥对方的人，乃左侍上士王轨。他为人质朴耿直，职位不高，却深受武帝器重。

"打！"刚才说自己即是朝廷的年轻人，暴跳如雷，跺脚指使左右道，"给咱往死里打！"

粮店那边，早就跃跃欲试的众士卒和店伙计，蜂拥而上。身着便装的这班人，看似文雅，袖着双手，可都不是吃素的。没几回合，对方士卒手中的武器就都易手了，原本气势汹汹的士卒们，皆哭爹叫娘，扫倒一片。其时，只见左侍上士王轨，一个箭步跳到刚才爆粗口的年轻人跟前，挥手给了他一耳光。那小白脸的左脸，见响即肿起老高，头上的帽子也滚落到了地下。

他捂着左脸，瞪着双目，龇牙咧嘴道："汝敢打咱？咱操你……"

不等他把后面的脏话骂出口，王轨再挥手，小白脸的另一边脸又遭重掴："咱抽你个不是娘养的！"

自岐阳冬猎过后，宫廷禁卫军虽仍是宇文护派来的那拨人马，但，武帝却不动声色陆续调换了自己的贴身侍卫。目下的这些身着便服的侍卫，皆是经自家师爷严格调教的亲兵，并经他亲自挑选，陆续补充进宫的。其后，有人虽然把武帝私自安插侍卫的事密告了宇文护，但人家毕竟是皇上，大冢宰也就睁只眼、闭只眼地默许了。

此刻，袖手一旁的武帝，静观眼前的一幕，从始至终，一声未吭，而心中却在纳闷：一家粮行，咋有禁卫军官兵向着他们？而那个乳臭未干的小后生，何来那么嚣张的气焰？他仗谁的势？

吃了眼前亏的一干人，哪肯善罢甘休。须臾，不知从哪里叫来许多官军。

此时，武帝身边另一名近臣、皇上的胞弟卫国公宇文直，则打开一只鸟笼，放飞了两只白鸽。

不一会儿，就见一彪人马冲出皇城，自北朝南，沿朱雀大街急驰而至，与对方召来的官军形成对峙之势。

一场混战眼看不可避免。突然，一匹高大的黑马跃至街心，骑者威严地一声大喝："都不许动手！"

众目睽睽中的黑马，全身毛色油光水滑，似黑缎一般。这匹就叫"黑缎"的名骑，长安城内无人不晓，它的主人便是威震天下的大冢宰宇文护！

正当人们为大冢宰的出现感到无比惊诧时，黑缎上的宇文护也一眼认出了人丛中身着便服的武帝宇文邕！尽管他平日一贯骄横跋扈，倚在皇上头上作威作福，但在大庭广众中，却也还是不得不讲君臣之别的。所以，他身子一颤，不由得翻身下马，径朝武帝走去。皇上手下人，亦立刻为大冢宰闪出一条道来。

"陛下缘何至此？"宇文护向武帝颔首致意。他在几任皇上面前从不行君臣跪拜礼，而只行家礼，而在宇文家族中，他是高人一筹的堂兄，今日君臣于街头邂逅，亦不例外。

武帝从容回答说："京师出了此等大事，朕心不安，微服出访，想一睹实情！"

"刁民起哄闹事，陛下无须太挂心上。"接着，他转身对自己的卫队大吼道，"皇上大驾临幸，汝等咋这般无礼？"

宇文护身边的大将军侯伏侯龙恩兄弟，此时也都认出了武帝，二人翻身下马，跪于地。众人这才一一跪了下来。

"贤兄呀！千万不要轻看此事。"武帝语重心长地道，"今年遭旱，粮价上涨太快，民心不稳，事关社稷安危呵！"接着，他目视还跪在地上的众人，虚抬双手说，"都起来吧。希望各位官兵，都能善待庶民百姓。天灾人祸，不可掉以轻心！"

至此，平日威风八面的宇文护也只好敷衍说："有臣在此，会尽心把善后处置好的。"

"有卿此言，朕就放心了。"说着，武帝示意自己的随从撤离。

这时，早有人牵了马来，武帝和宇文直、王轨等，分别上马。在一拨骑于马上的禁卫军和便衣侍卫的簇拥下，武帝等一行，扬长而去了。

这边的宇文护望着武帝远去的背影，仍僵于原地。他想：自己恐怕是遇到前所未有的真对手了！看来，这个排行老四、平日不声不响的弱冠少年，远比他的两位兄长难于捉摸！叔叔宇文泰临死前托孤于自己。自己履约，首先亲手将他的第三个儿子宇文觉扶上皇位，因听说宇文觉比较忠厚老实。可这位孝闵皇帝登基才七个月，就与其近臣密谋，要推翻自己，自己只好先下手，将其一伙诛杀干净。随之，才把老大宇文毓扶上马。他登基近三年，起初还较安分守己，可其后又摸摸索索，密谋策划，仍想把自己扳倒。结果，还是只能让他随老三而去……眼前这个老四，仍是自己亲手扶上位的。他难道一点都不接受两个兄长死于非命的教训？

此时，躺在粮行里间、脸上火烧火燎的那个年轻人，听外间的人进来报说，动手伤人的凶手们都跑了。他于是不顾脸上的疼痛，推开正往他脸上敷药的那个半老头，从躺椅上一跃而起，抄起一把大刀片子冲出门，却一眼看见站在街头的宇文护，立即跌足道："爹！您咋把恶人都放跑了咧？"

宇文护先是一怔，听声音才知是自己的儿子宇文会。他盯着儿子肿得老高的脸，问："你脸，咋成了此模样？"

"还不是被刚才那班暴徒打的。您为啥不把他们都宰了呀？"

"宰谁？咱恨不能把你们这班窝囊废都宰了咧！"宇文护愤怒地道，"成事不足，败事有余。京师弄成此样，还不都是你们惹出的祸！"

"亲家，今日之事，确实不能错怪孩子。您没见，那班家伙刚才好凶咧！"那个须发花白、五十来岁的半老头，忽地从宇文会身后钻出绘声绘色地说。

这个老头儿原来是宇文会的岳丈，长安城内最大粮行之掌柜。

"不怪他，那怪谁？"宇文护面露狰狞，逼视着半老头，这个市井小民，竟敢在大庭广众中称自己为"亲家"！他于是咆哮道，"都是些不争气、小眉小眼、鼠目寸光的窝囊废！"说着，他"嗖"地拔出腰间佩剑，当胸朝那喊自己"亲家"的半老头刺去。

那老头儿竟没来得及哼一声，就仰面朝天地跌到地上，胸口上的血似涌泉喷溅而出……

在场的人，无不瞠目结舌！

凡是在场见到此景的人，都会觉得：宇文护太残暴，不可理喻。可谁又能理解大冢宰此时此刻的心境呢？

宇文护一个个先后把宇文泰的三个儿子都扶上了皇位，难道自己就真对叔叔那么忠诚？那么心甘情愿吗？非也！刚才，当那个乳臭未干的皇帝，竟乔装打扮到自家开的店铺门前，并还要过问自己的家务事，揭家丑，竟自暴打自己的儿子，自己也一点不生气？真的不想首先宰了那个小皇儿？非也！还有，当叱奴太后大模大样登上龙庭，当着文武百官，把自己一番羞辱，自己就真的害怕她手中握有的那根龙头拐？非也！那么，是什么阻止了他自己登上帝位的野心，却甘愿忍受今日之羞辱，而不能为所欲为呢？说来说去，也还是那位已然逝去，却仍在他心头绕不开、搬不走的叔叔宇文泰！

宇文泰在世，也和今日的宇文护一样，以太师、大冢宰身份，执掌兵权，主宰西魏朝政。宇文泰打仗有勇有谋，身先士卒，在经年不断的征战中，亲手培养出了一批包括侄儿宇文护在内的骁勇将领。时至今日，宇文护手下的中坚干将，都还是原来宇文泰的老班底。因为宇文护是宇文泰的侄子，他继承叔父的权位，做太师、做军队统帅，诸将都不存异议。但，宇文护若有僭越，要废宇文泰的儿子，自己称帝，则只要有一位大将军不认同，那么，肯定就会有许多将领群起响应，不仅叫他做不成皇帝，且连性命都有可能保不住。而使宇文护更为伤感的则是，自己虽妻妾成群，有十几个儿子，却没一个能为自己扛担子，能堪大任的。非但如此，就连亲朋好友，给他们好官职，好事做，他们还常惹是生非，捅出娄子，要自己为其揩屁股。就拿今日发生的事来说，这位亲家原是小贩出身，因其女儿生得漂亮，方成亲家，并让他和儿子共同开了京师内最大的粮行。可他还不安分，不仅因囤积粮米，抬高价格，激起民愤，还唆使儿子私调军队，进京镇压灾民，引发暴乱，并惊动了皇上！而捅出天大娄子后，这位亲家竟还不识相地在大庭广众下，面对大冢宰，手舞足蹈，说三道四，为不争气的儿子辩解，丢尽自己的颜面。所以，大冢宰才把一腔怒火都发泄到了亲家翁的身上……

且说，武帝回到宫里，即命宇文直和王轨密查抢米风潮的前因后果。

事情其实并不复杂，通过几个方面的了解，马上就清楚了。长安城中最大的那家粮店几乎无人不晓，叫"茂晟粮行"，一直以来都是由宇文护的长子和其岳丈共同经营的。起因是市民看到祈雨无望，而粮行却囤粮不卖，引起城内粮价暴涨，本来就窝着一肚子火的市民们，涌向茂晟粮行，导致砸店抢粮。平日骄纵狂妄的宇文会，哪能容忍小民造反，并抢砸自家粮店。于是，私调禁军，以暴制暴，酿成大患。

宇文直和王轨把了解到的情况一表，武帝方才明白，宇文护当时带兵赴现场，并不是为自己解围，而是以为又有人来他家粮铺寻衅打劫，而赶来声援儿子的。他于是长叹一声，原本下决心要彻查的"抢米风潮"，也只能偃旗息鼓了。

"宇文会也真是胆大包天，他有什么权利调动皇家禁军去打杀灾民？"憋不住气的宇文直道，"陛下，你说这事该如何了结？"

武帝睨了胞弟一眼，反问道："汝看呢？"

"擒贼先擒王。"宇文直斩钉截铁地说，"别看宇文护装出一副大义灭亲的样子，把亲家杀了，其实一切祸害，都源出于他。他们家不都是仗着他的势，才敢知法犯法吗。"

"唔……卿说呢？"武帝把目光转向王轨。

"卫国公之言，正中臣下之意。宇文护不除，国无宁日。陛下，您登基以来，逆来顺受，也太委屈啦！"

"都说得好呵！"武帝附和道。接着，他目光炯炯地盯着两位臣子，问，"你们说，如何才能将这位大冢宰除掉？"

"嗨，那太容易了！"比武帝小两岁的卫国公宇文直兴奋得在皇上面前站了起来。"目下就请皇兄下一道诏书，赐他死。"

"可他不肯就范呢？"武帝面色戚然，面对宇文直，缓缓地说，"你可不要忘记，你之两位皇兄都是咋薨了的！"

"……"宇文直突然无语。

武帝继续说："卿等可真健忘！血的教训，说忘就忘记了。而且，今日茂晟粮行门前大冢宰亲率禁军那气势汹汹之阵仗，也能忘记？此外，仅大冢宰的私人亲兵和卫队，就远超朕的皇家禁卫军，且装备更为精良。"

"咱看，要扳倒他，办法总会想得出的。"王轨也不避讳皇上的金口玉言，心有不甘地说。

"王轨这话没错，要治宇文护，也不是一点办法都没有。不过，朕目下可还少不得这个人哩。"

"噢？"宇文直和王轨都大惑不解地望着武帝。

"你们不要用这种目光看朕。"武帝说，"其实，卿等看到的仅是其表面的那一层。他专横跋扈，甚至凌驾于朕之上。这些，朕目下都能容忍。但若从另一层上想，把他扳倒了，痛快是痛快，可由谁来主理军务？王轨，你来干，如何呵？"

"臣，不行。"

"臣弟，你呢？"武帝问宇文直。

未脱稚气的宇文直也连连摇头，他说："臣弟……恐怕……也不成。"

"为什么？"

"臣弟欲做大司马，就怕那些老军头会对咱横挑鼻子竖挑眼！那些军爷们，手握重兵，个个都把尾巴翘到了天上——他们不一定肯听臣弟的调遣。"

"问题就在于此。"武帝点头说,"你们不行。连朕都不一定驾驭得了他们!你们想想,如果现在扳倒大冢宰,那些曾与其同生死共患难的老军头,心能服吗?他们如若作起乱来,也还是国无宁日!所以,咱不能只贪一时痛快,意气用事。凡事,都要思前想后、考虑周全。"

"那,目下该如何是好?"宇文直没主张了。

武帝道:"得饶人处且饶人吧。暂且不要去打如何扳倒人家的歪主意儿了。"

"可臣把他儿子的脸都捆肿了,他会善罢甘休?"王轨此刻才后悔起来。

"这就要看宇文护的气度了。你是朕的近臣,他若为此实施报复,也还得看看主人是谁吧。"

宇文护呢?通过此次"抢米风潮",他又一次领略到了这个表面看似寡言少语的弱冠皇帝远比其两位皇兄更难对付。所以,他在以后的为人处事上,都有所收敛,尽量避免与皇上正面接触。好在,他要通过朝廷对内或对外发号施令,另有一个好幕僚为他与皇上周旋和穿针引线。此人便是武帝的同父异母弟弟、宇文泰的第五个儿子、仅比武帝小几个月的齐炀王宇文宪。

武帝宇文邕排行老四,与老五宇文宪年幼时,曾一起学习《诗经》《左传》,相处甚笃。武帝即位后,宇文宪拜任大将军,亦曾出征带兵打仗。他作战果敢,处事却很沉稳。更难得的是,他还写得一笔好字,作得漂亮诗文,而深受宇文护的器重。大冢宰将他安排于太师府邸,处置朝中日常事务,还常让他参与一些大事的决策。

这样一来,一个实际的掌权者和一个表面的"至高无上"之间,就在宇文宪的往来协调下,使原本不正常的关系,变得较为协调了。比如说,朝廷要向天下颁布某项法令,决策者是大冢宰宇文护,名义上则是由武帝下诏书。朝廷任命谁担任某一官职,亦由大冢宰作决定,再由武帝下诏书。而诏书每每都是在太师府邸拟好,再由宇文宪拿到武帝那里加盖天子印玺,颁行天下。

平日，宇文宪从太师府到皇宫向武帝传达宇文护摄政的要事时，总是极尽委婉，从不颐指气使令武帝感到难堪。武帝亦很配合，并常利用这一机会，对兄弟说些温存体贴的话。总之，大冢宰宇文护交办的事都妥善办好了，而兄弟间的私情也还保持着。

此次京师遭受劫难的善后事宜，亦是如此。先由大冢宰作决定，再由武帝下诏书，分由三地向长安调运粮食，平抑城内粮价，赈济遭难的灾民。此外，宇文护还调集军队配合工匠，在较短时间内修复了长安市廛毁损的民居、商铺、道路，使帝都及周边灾区复归平静。

为弥补宇文护的儿子宇文会所开粮铺遭受的损失和被王轨所扇的两耳光，武帝主动下诏，封宇文会为谭国公。

为使宇文护的专权更显名正言顺，在宇文宪的协调下，武帝下诏，向天下确立了宇文护的特殊地位：

> 大冢宰、晋国公，智谋周遍万物，道德接济天下，所以，能完成我大周帝王之业，安定抚养我大周苍生。况且，从亲属关系上讲，他是朕之兄长，从职位上讲，他是朝廷的重臣，岂能与各位官员的品级相同，同众位大臣的地位相等呢！从今以后凡是诏令诏书及所有官署之文书中，皆不能直呼晋国公之名字，以此显示对他特殊的礼节。

自此，武帝宇文邕与大冢宰宇文护之间形同水火的关系，得以缓解。

第六回

进店发飚李顺敲山震虎
出门问路乐子叩首认恩

话分两头。

却说，杨坚带领李顺和几名自己在京师物色的州府官员，以及由杨府亲兵组成的侍卫、仆役等，共三十余人，从长安出发，一路晓行夜宿，赴随州任上。经半个多月的奔波，当他们来到随州城外，日头已渐西沉。此刻，只见夕照之下，石头垫底夯土筑成的城墙，斑斑驳驳，破损得较为厉害，城墙周遭则长着一片蓑草。时值暮春，草虽茂盛，却更显一派荒芜颓唐之像。

此一行人入城时，已是薄暮冥冥。守城士卒看到杨坚等人，着装光鲜齐整，骑在马上，又听说是本州刺史前来履新，并未细看《敕书》，就忙不迭地让他们进了城。

城内街道，也还宽阔，但路面凹凸不平，一路行驶的车辆颠簸厉害；天刚暗下，两旁的店铺，有的已经打烊，店门开着的，也只点一盏昏昏黄黄的灯。店伙计啥模样，铺子里卖的啥，全都朦胧看不真切。本来蛮有兴致的一干人，见此情形也都蔫头耷脑地没言语了。杨坚和几名骑马的侍卫走前面，后面是二辆盖着油布的载物辎重车，车里装着他们此行的全部家当。李顺则与另一拨骑者殿后而行。

过了好大一会儿，大伙方见街面一片灯光耀眼。灯光下，隐约可见攒动之人影。他们走到近前，见一招幡，上写一"酒"字，杨坚勒马扭头，对身后人道："就这儿了，一路辛劳，咱为大伙洗尘。"

这时，早有两个小伙计闻风而出，把众人引入近旁的场子停车拴马。杨坚在井边水槽中洗了手，有人递给他一块布巾，让他揩了把脸。众人说说笑笑陆续进入店中，三十余人，共坐了四桌。店里也添了两盏大灯，刹那间，原本冷清的酒肆，立显热闹了。

"请客官点菜。"一个账房先生模样的人，拿着一块菜牌，点头哈腰走到杨坚跟前。杨坚接过菜牌，那人却吞吞吐吐地说，"本店……有……有个丑规矩，初次光顾敝……敝店之客官……呃，须……须先付定金……"

"此是啥规矩？你怕咱吃霸王餐？吃了喝了不付钱，是吧？"杨坚窝着一肚子火，可又不便发作。他是本州父母官，初来乍到就在酒肆光火，似不妥当。于是，便耐着性子对李顺说，"你先给他五两银子，不够的话，结账再补。"说着，连菜牌也不看了，就对账房说，"你看，这样行不行？"

"行，行。"账房连连点头说，"四桌饭菜，咋做，也用不了五两银子。"

杨坚把菜牌还给账房，道："别啰嗦了，就按五两银子算，拣最好的上。"

李顺从袖筒里摸出一锭五两的银子，交给账房说："也真是，偌大个随州城，咋兴这么个扫人兴的规矩呢？"

"嘿嘿……"账房尴尬地笑着摇头道，"谁想此样，亦都是被逼无奈呐！"说着，拿起银子先在手上掂了掂，再用指甲在银子上掐了掐，又在灯光下照了照，才收了去。

菜倒是上得很快，一盘一盘很实在，热气腾腾、香气四溢……

杨坚起身，端着一杯酒，朝众人道："平日赶路，不敢饮酒，今晚大伙可以随意。"说着，举起酒杯，"来，大家一路辛苦，咱敬大伙一杯！"

众人也都站起来，相互碰杯，一饮而尽。一时间，觥筹交错，气氛渐趋热烈。

在众人的欢笑吃喝声中，店里进来了几个客。账房一见，忙从柜台后绕了出来，点头弓腰，满脸堆笑："哈呀，刘二爷来了，请这边坐。"

被叫刘二爷的人，并不正眼看账房，也不在被指定的靠门的一张桌旁就座，他扫一眼大堂，却指着正中的一张桌子，问："都是些啥人？咋瞧着眼生呵。"

"回爷的话，客官都是刚从外地过来的。"

"你叫他们把桌子腾一腾，爷要坐那里。"刘二爷独点杨坚坐的那张桌子。

"这……"账房面显难色。四桌席面的生意，不容易呵，千万不能叫二爷搅黄了！他仍陪笑着，却悄悄地拉了一把旁边传菜的小伙计。小伙计会意地马上进里屋去了。这边账房仍卑躬屈膝地饶着他的三寸不烂之舌，"今儿个实在对不住，请二爷千万屈就一回……"

"咋地？你还是要爷们坐这里当看门狗呵！"二爷说着，"呓"地给了账房一耳光。

这时，从里屋闪出一位穿长袍的先生，看样子是酒肆老板。他连忙躬身笑道："嗨，二爷来了呀！快，请爷们里屋坐，咱陪爷喝一盅。"

"爷，今日偏要坐那里！"刘二爷犟着一指杨坚的桌子，铆上了劲。

一直没吭声的杨坚，这才开口说："咱把桌子让你也无妨。不过，想听听你偏要坐这里的道理。"

"你是甚鸟人？"刘二爷早就对杨坚坐着不动、对他不理不睬，十分恼火。杨坚的接茬，使他找到了发泄的由头。他抄起桌边一张条凳，欲劈过去。

说时迟，那时快，坐在近旁的李顺伸手一把捉住刘二手腕，稍一发力，只听刘爷"喔"的一声，手一松，条凳落地。接着，他又"哎哟"一声大叫。原来，落地的凳头把他的脚砸了。

"还不快给咱打呵！"恼羞成怒的刘爷龇牙咧嘴地朝手下吼道。

于是，其手下人都就地抄起长凳等家什。

"唰"地，大堂中的三十余人都站了起来，且个个皆是血气方刚劲鼓鼓的壮汉。一见此架势，刚才吃了亏的刘二爷带头，一瘸一拐地溜出门去。

"失敬，失敬！"穿长袍的老板走到杨坚面前鞠躬作揖道，"陈某来迟一步，扫了大人的兴。"

"这事不怪你。"杨坚望着门外说，"他们是些甚人，为何如此嚣张？"

"唉，不去说他们了。"陈老板传话叫厨子把菜做得精心些。又端起酒杯，先给杨坚敬酒，再挨桌敬酒，给每人一一赔礼道歉，最后才说，"请诸位慢慢用，咱去厨房看看。"

大堂的气氛又渐渐活跃起来。众人酒足饭饱，正欲离店时，陈老板再次从里屋出来，说了许多致歉话，并拿出李顺原先给的那五两银子道："今日这餐饭，钱就免了，算陈某的一点心意。"

"此可不行。看得出，你们挣钱，并不容易。"杨坚说，"一回生，二回熟。你不收钱，咱日后咋好进店。"

"噢？"陈老板眉头倏地皱起，说，"恕陈某直言。此地不宜久留，诸位最好就此一走了事。今日那个刘二吃了亏，肯定不会善罢甘休要寻隙报复的！"

已经起身的杨坚一听，复又坐了下来，并示意陈老板也坐下后，问："他们到底是伙啥人？当真那么了得？"

陈老板迟疑了一下，忧心忡忡地说："大人，他们远不止今晚的那几个人呐。随州这地方，还没有能斗得过他们的。好汉不吃眼前亏，是不？"

陈老板既不肯说实情，杨坚亦不便深问了。只说："今夜不仅酒足饭饱，更要多谢你的提醒，岂有不收钱之理。"杨坚把银子放到陈老板手上，由衷地道，"实不相瞒，本人乃钦命随州刺史。哪能还未正式上任，就一走了之。"

"呵？"陈老板没怎么喝酒，倒像是醉了一般。

"这样吧，请陈老板再给本官指点一下，州衙在哪里？怎个走法？咱初来乍到，还摸不清门呢。"

"州衙那地方，黑灯瞎火的，还真不好找哩。这样吧，咱叫个伙计带客官……呵，带……带刺史大人去。"说着，他朝店里的一个伙计叫道，"小乐子，你带刺史大人去府衙。"

　　说时迟，那时快，李顺伸手一把捉住刘二手腕，稍一发力，只听刘爷"喔"地一声，手一松，条凳落地。

被叫的小伙计走到杨坚面前，竟"扑通"一声跪在了地上，朝杨坚磕了一个响头，说："宫伯大人，您还认识小乐子不？"

"小乐子？"杨坚先是诧异，继而喜出望外，"小乐子，是你呀！你咋到了这地界？"

"当初，您不是对咱说，叫咱跑得越远越好吗？咱就辗转跑回家乡了。"

"是呵，是呵……"

在场的人皆摸不着头脑，只有李顺明白是怎么回事。在去州府衙门的路上，杨坚步行，听小乐子讲述了他从宫中侥幸逃脱的情形：

明帝宫中太监小乐子，其时，奉右小宫伯杨坚之命，去找那个送甜饼毒死明帝的李安。他追至后宫大门口，宫卫告诉他，他们见李安仓皇走到宫城门口，有人牵来一马，让他骑上，便飞也似的跑得不见踪影了。小乐子正欲转身返回明帝的延寿殿，把这一情形报告杨坚。可就在这时，大冢宰宇文护率领大队人马冲进宫门，把延寿殿团团围住。此刻，小乐子才猛然想起右小宫伯杨坚的嘱咐，如果找不到李安就不要回宫，跑得越远越好。于是，他就趁乱溜走了。当时，他身无分文，在长安城老乡那里借了点钱，终于逃回老家随州。

杨坚听后，又问今晚那个刘二，咋那样横行无忌？

小乐子说：刘二其实只是其中的一个小头目。随州有个叫郑云飞的骠骑将军，才是个人见人怕的人物。听人说，那个叫郑云飞的瘸子，年轻时就是随州一霸。他聚有几百人的队伍，后被朝廷军队收编，打仗很勇猛，不知是在哪位大将军的队伍里做过骠骑将军，作战时，打折了一条腿。回到随州的骠骑将军，仍是威风八面。城内有谁作奸犯科，只要投靠他，当地官府就不敢再行追究。当下，他插手随州城内的各行各业，使州衙收不到税。前任刺史对他无可奈何，只好忍气吞声，罢官而去。

杨坚听罢，心里只觉沉甸甸的。

此一行人摸黑来到州府衙门门口。钉着铜钉的厚厚的大门上，吊着一对铜环。李顺走上去，拍了两下铜环，不见动静。又着力拍了几下，才听到门内有人问："谁呀？"

李顺答道："咱是从京师长安来的，请把门打开。"

小乐子凑上去，用当地口音补了一句："朱伯，是新来的刺史到任了，快开门。"

"哦，哦，来了……"一阵咳嗽声过后，朱伯道，"请稍等等，咱已经睡了呢。"

过一会儿，只听一阵窸窸窣窣的脚步声，接下来的是下门闩、抽门栓的声音……之后，才听"吱呀"一声响，大门终于被打开，黑洞洞的大门口，披衣立着一个干瘦的老头。他望着门外的阵势，忙道："车和马绕后边去。"

"咱知道。"小乐子对朱伯说，"咱带他们绕过去，您去开后门吧。"

大队人马绕墙朝后面马厩走去，杨坚则直上台阶，跨过门槛，径直进了大门。门内是一庭院，正中一块照壁，照壁的两侧各植一株高大苍劲的翠柏，柏树后是刺史升堂问案议政的殿堂。虽是夜晚，但在朦胧的月光下，看得出院子也还整洁干净。

不一会儿，朱伯提着盏灯和李顺一起从后院走过来了。朱伯走前带路照明，把院子里的杨坚引入一个房间，并点燃了房里的灯。这是一个套间，外间是书房，里间是卧室。房间已有很久没住人了，不过，仍显干净。尤其是，书房的书案上还搁着一套完整的文房四宝。

是夜无话，次日一早，杨坚仍按以往习惯，在院子里分别打了两个不同套路的拳。收势时，他一眼瞥见朱伯拿着一把扫帚，立于院子一隅，在看自己。他于是走过去问："朱伯，前面刺史离任时，没说有什么公务要交代的吗？"

"没……没有咧！"

"咱昨晚稍稍看了一下，书柜里仅有几部无关紧要的书，他走得也太干净了。"

"前任刺史和他的下属离开后，每个房间咱都收拾过一遍。隔三岔五，小的还常去扫扫抹抹。"

"那是，那是。"杨坚笑了笑，自己所说的"干净"，朱伯显然没领会到。

这时，李顺前来报告说："采买出去买东西，大都吃了闭门羹。人家不是不肯卖，就是把价抬得高高的。结果，只逮住个卖菜的，买了一担青菜。"

"唉，那个刘二也太小人之见了。这么着，就能把咱吓倒？"杨坚不以为意地笑问道，"咱带路上吃的粮，还剩多少？"

"大概还能吃个三几日吧。"

"那就行了呗。"

早膳后，已经听到消息的随州总管府仪同樊伟，即来登门拜访到任的刺史和兼任总管府总管的开府大将军杨坚。

北周军队仍沿袭西魏的府兵制度。这一军制，始于西魏大统年间，是由当时摄政的大冢宰宇文泰创建的。西魏开创之初，共置二十四府，分属二十四军，由六大柱国将军分领，下设十二大将军。当时，杨坚之父杨忠，就是十二大将军中的一员，宇文泰则为军队的最高统帅。府兵，全部挑选有勇力的农民充当士卒，免除其本身的租庸调，平时务农，农闲接受军训，一有战事，立即开赴前线作战。及至北周，兵府随着战争需要，已远不止二十四府了。兵府的长官是开府，副职叫仪同。杨坚被任命为刺史的同时，还被委任为开府大将军。所以，他亦是随州府兵的当然领军者。一有战事，他就要率军前往参战。随州的前任刺史离任，新任刺史未到之前，一应军政要事就由这位仪同代管着。

仪同樊伟，年近天命，原是杨忠的老部下，若论年龄，是杨坚的长辈。但在杨坚的书房里，老成持重的樊伟却硬是不肯坐主位，因为论官职，他是下级。

一阵寒暄之后，杨坚便单刀直入把话题切到了那位骠骑将军郑云飞的身上。

"噢？大将军初来乍到，就闻听此人了？"樊伟颇感意外地沉吟片刻说，"此人不好对付，他是本地一霸！"

"仪同大人，身经百战，手握兵权，也这般说话？"

"呃，刺史大人千万别轻看这个瘸子。他在随州称霸多年，盘根错节，手下有十二金刚，你即使把这瘸子灭了，十二金刚中又会冒出一个来取而代之。真是个斩都斩不掉、甩都甩不脱的邪魔呢！他的职位、功劳都远不及令尊，可曾因是太祖手下的一员干将，至今上面还有人为他撑腰，所以，当地人不管是谁，都惧他三分！"

"你知不知道上面为他撑腰的是谁？"

"当今圣上的胞弟、卫国公宇文直近来与其往来密切，据说还有京师的柱国大将军尉迟迥也护着他。"樊伟说，"不久前，卫国公到襄州总管府任总管，这位骠骑将军还瘸着条腿前去拜访，见面礼就是一整箱金银财宝。早前，因旱歉收，咱的府兵缺粮，卫国公给郑云飞打了个招呼，瘸子一次就给了随州府兵三十万斤粮食。"

"他一个小小坞堡主，一次能拿出这多粮？"

"可想而知，他在随州霸占了多少好田好地。"

"可恶，可恶！"杨坚叹息说，"这个毒痈不除，随州岂有宁日！"

"难，难。其实，前任刺史也是个有正义感的人，并想为此地百姓除害驱魔。可结果呢，还不是打不到狐狸反惹一身骚，最后，也只能饮恨挂冠而去。"仪同樊伟摇头，忽然定睛直视杨坚，问，"听话听音。看来，刺史血气方刚，亦想为民除害啰？"

"其实，晚辈何尝不想韬光养晦，得过且过嘞。"杨坚语调凝重地道，"咱的师傅曾一再告诫我，遇事不能意气用事。可是，圣上既然把咱放到这一父母官的位置上，总不能见事老是绕着道儿走吧？"

"刺史的秉性竟和令尊一个样！不过，樊伟老矣，已力不从心，不能为你两肋插刀了。"

"噢？"杨坚没有料到，初次谋面的这位副手，竟会对自己说出这种话。他反过来直视仪同，问，"咱俩还未真正共事，你就打算分道扬镳啦？"

"刺史不必生疑。"樊伟说，"这样吧，过去，咱是你父之属下，当下又为刺史属下，这支府兵连同樊伟，听凭您的调遣，这点咱能不折不扣做到。"

"好，有你这句话就足够了。"杨坚紧握仪同之手，说，"其实，咱一个外来人，并不想和地头蛇较啥劲。可初来乍到，就吃人家一个下马威，又听酒肆陈老板、小乐子和你刚才的介绍，咱既不能与之同流合污，就必然势不两立、形同水火呢。"

说话间，只听房外有响动，杨坚问："谁?"

"是咱。"书房门"吱呀"一声推开，朱伯提着一只陶壶走进房。"小的见仪同大人来了，泡了一壶茶。"

"唔，你去吧。"杨坚接过陶壶，一摸壶壁，已不甚烫了。他禁不住望了一眼老头佝偻的背影……

当日下午，樊伟派人送来粮油菜肴。第二日，杨坚携李顺回访了总管府仪同樊伟，并和府内军官见了面。在总管府中用膳后，还到随州城里转悠了一趟。

又过几日，杨坚一行到乡下视察民情。他发觉，所到之处，凡地差庄稼长势也差的农地，皆为自耕农的；凡庄稼长势良好的肥沃土地，则都属骠骑将军郑云飞所有。细问个中原委，方知其间奥妙：原来，骠骑将军只要看中某一片田地，就会连同土地的主人一齐纳入自己坞堡管辖。问题在于，被夺去土地的自耕农，也都心甘情愿。因为，他们依附了骠骑将军，交出自己的土地，亦成了坞堡的人。从此，他们只向坞堡主人交租，而不再服朝廷繁重的徭役、交沉重的税和去当府兵了。于是，坞堡主便无节制地扩张、膨胀，而皇粮和皇家要使用的劳力和兵源，则骤然减少……

杨坚正陷入沉思中，随州府衙快马寻来，报说：襄州总管府庞晃来访。

庞晃字元显，太祖宇文泰占领关中，任用他为大都督，率亲兵，侍其身侧，对他十分信任。宇文泰去逝，庞晃升任骠骑将军，承袭了父亲的比阳侯的爵位。杨坚在宫中任左小宫伯时，庞晃随卫国公宇文直在朝中任职。两人因是太学同窗，和刘昉、郑译一样，自幼相交甚笃。不久前，卫国公外调节制襄州，庞晃仍以骠骑将军原职随从。杨坚当下任职的随州，正好隶属于襄州大总管府。所以，他乡遇故知，自是高兴异常。

杨坚回到府衙，即叫把酒菜端进书房，并叮嘱李顺不要让任何人前来打扰。酒过数巡，杨坚便把话题转到了另一位骠骑将军郑云飞的身上。

"哈！咱本次来随州看你，多半就是因了他，才得以这么快就成行的。"庞晃笑道，"你不知道吧？兄到任才几日，就有人在卫国公那里告了你的刁状。咱此次就是奉命前来为你俩作调解的。"

"嗨，这不是恶人先告状吗。"杨坚就把来随州当晚在酒肆发生的事详说了一遍。

"强龙难斗地头蛇。你得注意点。"

"问题是防不胜防。如果咱不肯与其同流合污，这结下的梁子就永远也解不开了，你说如何是好？"

"他地痞一个，你一个外来人，须尽量避免与其发生冲突，能绕则绕开点，不要与他一般见识。此亦是卫国公的意思。"

"随州就这么巴掌大一块地方。抬头不见低头见，绕得开吗？"

庞晃见杨坚一股执拗劲，于是说："咱知你在心里琢磨啥了。"

杨坚没吭气。

庞晃为人耿直，可又心细如发，头脑反应奇快，这就是当年宇文泰和目下宇文直都喜把他引为心腹的原因。他直视杨坚，问："你是在想搬掉这块绊脚石吧？嗯？"

杨坚目光灼灼，点了一下头："确有此想法。不过，正如你所言，如果绕得开的话，咱还是会尽量绕的。"

"郑云飞这个人，咱知道。你不找他，他亦会找你生事的，很难绕过他哩。"庞晃摇了一下头，说，"咱就怕你弄得不好，搬起石头反砸了自己的脚嘞！"

"你说个心里话，咱如果与之硬碰硬，卫国公会站在哪一边？"

"此话问得好。"庞晃不假思索地道，"卫国公毫无疑问会站在郑云飞一边。"

"那为啥？"杨坚不解地说，"咱不是襄州总管府属下的刺史、朝廷堂堂的命官吗？而且，卫国公还是当今皇上的胞弟呀！"

"卫国公不会这么看。他会认为郑云飞曾为他们宇文家卖过命，且，此人目下对他本人仍很恭顺，仍能为其所用。"

"假如到了此绊脚石非搬不可的地步，咱应如何绕过这位襄阳总管呢？"杨坚用期待的目光望着自己的朋友。

"这与你和郑云飞是一回事，绕是绕不过去的，因为卫国公是你的顶头上司嘛。"庞晃想了想，说，"咱看唯有一个办法，即是要在襄州总管府完全不知情的状况下，把此案办成铁案，叫卫国公来不及、并无法为其说项。"

"好！就照兄说的这么干！"杨坚斩钉截铁道。

"还要注意一点，"庞晃继续道，"此事不做便罢，要做就要一锅端，连其盘根错节的根根蔓蔓都要铲除干净，不留隐患。"

杨坚默默地点了点头。

庞晃走后，杨坚把李顺和一二心腹聚到一起，把最近通过小乐子了解到的有关郑云飞的几个案子分析了一番，觉得分量皆够，但仅道听途说而已，往下的调查取证工作量大，涉及面广，一不小心，就有可能打草惊蛇，反被恶人先告状，待水被搅浑后，再要继续进行下去就难了。

这日清晨，杨坚仍如往常一样，一身短打装束到庭院操拳。每当他闻鸡起舞时，智仙师傅的音容笑貌便会油然浮现眼前。这次庞晃到访，还顺便带来几份通过驿站送达的朝廷公文，其中就有武帝关于"灭佛"的圣旨。此次灭佛，声势可谓空前。北周全境，除少数几个古寺名刹得以保留外，一般佛寺、尼庵、道观都要充公，或用于兴学，或作官府；和尚、尼姑、道士，都要还俗，青壮年的男僧都要去当兵，妇女、老弱者，返乡务农。杨坚因而担心师傅会遇到什么不测的灾难……

过去，每当闻鸡起舞，杨坚都会觉得十分享受。他把流畅自如的一招一式，都当作是与师傅的倾心交流。而今日，他却有点心绪不宁，动作也似乎有点走样，但两套拳，他还是有始有终地完成了。收完势，他用衣襟揩了把汗，又见朱伯拿着把扫帚，在定定地看自己。自上次，他发觉老头送来的茶水不那么烫后，就在心里对其打了个疙瘩。他想，这个看似有点木讷的老头，究竟是个什么样的人呢？

杨坚转身，正欲回房，忽听后背朱伯嗫嚅地叫了声："大人……"

"是叫咱吗？"杨坚回头问。

朱伯点头说："有件上任刺史留下的东西，咱要交割与您……"

杨坚住脚问："是啥东西？"

朱伯把手伸进内衣里，摸摸索索地掏出一把两寸来长的铜钥匙。杨坚摸头不着脑地接过来，那把钥匙还带着老人的体温。

朱伯解释说："这把钥匙是前任刺史要咱交割与您的。"

"噢？"杨坚顿感诧异，"咱刚来的时候，你不是说，前任刺史没作任何交代吗？"

"是这样，"朱伯说，"刺史临走吩咐咱，要咱先看看新来的刺史是不是好人，如果是，才把钥匙交给他。如……如若不是……就叫咱丢进水井里。前面刺史是这么交代的，咱不敢违拗他的话。"

"那……你认为咱是个好人？"

"是。"

"想不到，咱来随州又碰到个面相的了。"杨坚索性在一张石凳上坐下来，并示意朱伯也在另一石凳坐下，道，"不瞒你说，为咱面相的人，还真不少呢。"

"咱……咱可从未干过那营生！"

"那你凭啥说我是好人呢？"

"随州地界横行无忌的那些恶人，不是总找大人的茬吗。咱还听街上人说，新来刺史的手下人，初来乍到，就狠狠教训了刘二一顿。"

杨坚晃动手中的钥匙，不解地问："前任刺史把这枚钥匙交咱，是何用意？"

"大人书房的书柜后面有一夹墙，墙里藏着一口箱子，钥匙是开箱子的。"

"呵？"杨坚闻之大惊！

可是，那箱子里装的是啥，朱伯则一概不知，杨坚当然更是一头雾水了。

第七回

夹壁木箱揭开惊天大案
刺史仪同共唱双簧小曲

　　杨坚立马叫来李顺，与朱伯一同进入书房，三人一齐动手，移开靠墙书柜。这间书房的墙壁下端，用木板围着一圈五尺左右高的墙裙，墙裙被漆成猪肝色。杨坚和李顺初看去，原被书柜遮挡和本来就露在外面的墙裙，色泽一致，根本看不出有什么蹊跷。

　　朱伯先用抹布擦了擦原被书柜挡住的墙裙上的灰尘，再用手轻轻敲击着一块块墙板，忽然道："箱子就藏于此处。"

　　杨坚看了一眼李顺，再弯腰细看朱伯所指的地方，感觉到，此地方与彼地方，仅从外表根本看不出有啥不同呵。

　　原来，这墙裙是用一块块五寸来宽的木板镶嵌成的，木板与木板之间，有一条细缝。朱伯所指之处，两块木板拼接的缝隙似显深点，但如不细看，是难以觉察到的。关键诀窍在于用手敲到藏箱子的地方，发出的是一阵空响。

　　朱伯去厨房拿来一把锋利的尖刀。他把刀尖插入木板之间的缝隙中，自上而下，用力划了几下，再把刀插入中部的缝隙中，往外一别，终于将一块板子撬了出来。接着，又一连取下数块木板，只见夹墙中搁着一只不小的木头箱子。李顺和朱伯把木箱抬出，箱体散发出一股樟木的香味。杨坚拿出铜钥匙，打开挂在箱子上的铜锁，再开箱盖，里面装着满满一箱手卷。他拿出其中一卷，在书案上铺展开，竟是一件控告郑云飞儿子郑鹬抢夺人妻并杀人灭口的案子，案卷中还附有原告的控诉状和州府办案人的调查笔录等。杨坚又检视了另一手卷，是一桩控告郑云飞本人霸占他人财产并致使财产主人自杀的案子。

接着，杨坚把箱子里的案卷都一目十行地粗粗打量了一遍，既唏嘘不已，又大喜过望。他用手拍着朱伯的肩膀说："老伯呵，你为前任刺史保存的这些东西，是用金银财宝都买不来的！"

"嘿嘿！能有这么金贵？"朱伯满是皱纹的脸，立时叠成了一朵花，"难怪，刺史大人为把箱子放进墙里，一个泥匠和一个木匠，都还是从他家乡专门请来的呐。他把钥匙交我后，就同两个匠人一起回乡了。"

是夜，书房的窗户蒙上了一块厚布，房内四个烛台点了四支大烛，把书房照得透亮。杨坚和李顺各坐一端，展阅箱中案卷。桩桩件件的案子，含泪带血，使阅卷人看得义愤填膺，泪水盈眶。他们为案中受害人的遭遇，感到悲痛，对惨案冤案的制造者，无比震怒！从而也使他们更深地了解到，随州在郑家及其爪牙的为非作歹下，乾坤已然颠倒。此恶不除，善良之百姓，难有宁日。与此同时，他们亦为前任刺史所做的这些工作，感到由衷敬佩。自己初来乍到，要深入调查这么多已经发生过的案子，不仅无异大海捞针，更难的是，要在秘密情况下、由一些外地人来完成这么繁重的取证工作，是绝对做不到的。否则，事机一旦暴露，就会受到来自各方的阻挠，其结果，就有可能和前任一样，自己卷铺盖走人。

杨坚和李顺边看案卷边交换情况，直至鸡啼破晓。

早晨，没睡一会儿的李顺首先起身，去井边打来一桶凉水。杨坚洗漱罢，原觉晕涨的头脑，顿感神清气爽。他仍和往日一样，来到庭院，正欲进行晨练，却又见朱伯站于院子一隅。他今早手上没拿扫帚，肩上却斜挎着一只布包袱。

杨坚的心一动，禁不住问道："朱伯，你今日咋没拿扫帚呢？"

朱伯走到杨坚跟前，深深地鞠了一躬："大人，前院和后院，小的未等天明都清扫过了。小的待在此处，是等着向大人辞行的。"

"辞行？你想去哪里？"

"小的膝下无子女，家中只有一个老婆子。昨日把前面刺史的事交割妥了，小的就可放心回乡陪老婆子去了。"

"唔，那可不行。"杨坚面显难色道，"咱还有更紧要的事，想托老伯做哩！"

"咱目不识丁，大人的事，咱咋做得来？"朱伯不以为然地说，"小人做的扫院子和看门的事，您随便交谁都能做的。"

"这样吧，咱给老伯几日假，去把伯娘接过来。伯娘身子骨若健，就帮忙给大伙洗洗衣裳。身体若不济，啥事不做，咱也另给一份薪酬，如何？"

"她身体还行，薪酬就不必了。大人既这般看得起小人，小的这就去把老婆子接来，还给大人看门。"

"好，一言为定！"

朱伯一走，杨坚就吩咐李顺请了几个匠人，把府衙大门两侧的房间修整了一下。左侧一间，作访客轿夫车夫喝茶休息之用；右侧一间，作朱伯看护门庭和睡觉之用。并且，还周到地给其添置了几件简单家具。

几日后，朱伯带着老婆子回到府衙，看到自己的住处已焕然一新，自是不胜欣喜，即到书房向刺史大人表示谢意。

杨坚即把话题又转到前几日发生的事情上："前任刺史大人把钥匙交你时，是否大致告诉过你，箱子里放着啥东西？"

"他啥都没讲。只是要咱仔细看看新来的大人是不是好人。人好，就交钥匙。不然，就把钥匙丢入井中，让箱里的东西烂在墙里，对啥人都不要提及。他还一再警告咱，箱里的东西一旦落入坏人手中，就会引出祸事。"

"那你知不知王裕兴药堂的案子？"

"这个小的听说过。"朱伯说，"骠骑将军郑云飞的儿子郑勖相中了药堂老板王裕兴的爱妾张氏。一次，他趁张氏回娘家途中，将其掳入郑家。张氏性烈不肯就范，郑勖将其杀死，还杀了一个跟从张氏的轿夫和一个丫环，另一轿夫不知咋的，竟从禁卫森严的郑家逃脱，至今下落不明。王裕兴将此案告到州衙，骠骑将军反派自己的家兵把王裕兴打伤，并砸了他的药堂。前任刺史命府兵把骠骑将军的坞堡围住，并命其交出儿子郑蒨。谁知郑家的势力比刺史大，襄州总管府来人将此事摆平，刺史反弄了个大没趣。"

"呵？你咋知道得这么清楚？你还说不知箱子里装的是啥呢。"杨坚惊讶不已。

"箱里装的是啥，小的确实不知。但刚才说到的这个案子，随州人则几乎没有不知道的。"

"你知不知，那日打开樟木箱，取出的第一个手卷，讲的就是此案子？"

"小的不识字，看不明白里面写的是啥事。"

"告诉你吧，那箱里装的全是郑家人和他手下人作恶的案子。当下，你应知晓前任刺史为啥要把这些东西留下来，并交给咱了吧？"

"原先不明白，当下知晓了。他是用此告诉大人，郑家人太霸道，太凶恶，惹恼了他们，倒霉的可是自己。"

"噢？你是这么看的？"杨坚不觉笑道，"如是这样，他就不必冒险把这些案卷留下来。他让咱亲眼去看郑家人如何横行无忌，作恶多端，不就行了？"

"那……小的就猜不透了。"

"他分明是想让咱把这些在他任上没有了结的冤案，弄个水落石出，为受害之人报仇雪恨！"

"呵？"朱伯惊愕半天，方道："大人……强龙难斗地头蛇呢！"

"咋地？你害怕了？"杨坚在书房踱步，忽又对朱伯说，"咱将你留下，原本是指望你能为咱搭上一把援手的！"

"小的倒没啥好怕的。一把老骨头，早敲得鼓响了！"朱伯被激将得从座椅上站起说，"只是小的虽有心，却无力。大人之事，小的做不来呐！"

"您老别这么说。"杨坚仍让朱伯坐回到椅子中，道，"强龙难斗地头蛇，此话，原本不错。'难斗'，只是说，要斗过他不容易，不是说，绝对斗不得，斗不过。斗蛇嘛，要打七寸，才能一击致命，是不？前任刺史，看来并没拿骠骑将军当地头蛇看，仍按常规断案，没砸到七寸上，击到要害处，却反而落得搬起石头砸了自己的脚。"

朱伯听得云遮雾罩，似懂非懂，他插嘴道："那要怎么着，才能砸到七寸上呢？"

"此话问得好！关键在于，要在人不知鬼不晓的情况下，扼住他的要害，办成铁案。比如说，咱要复核王裕兴案子，按常规派李管家去，行不行？他外地人一个，本来就吓破了胆的王裕兴，信不信得过他？还有，王裕兴的药堂被砸，他人今在何处？人生地不熟的李管家，必定要到处打听，这么着，就弄得世人皆知。风声传到郑家，那案子还查得下去吗？"

"嗨，这个不难，咱可暗地里先把王裕兴找到，并和他讲明原委，李管家再去暗访，不就成了。"

"噢？你有如此能耐？能找到王裕兴？"

"呔！这算甚能耐。不瞒大人说，咱家老婆子就是王裕兴的表姑哩。他知小的是老实人，小的跟他说话，他会不信？"

"这么着，你不就帮上大忙了。"

果然，朱伯没费什么劲就在乡下找到了王裕兴。他是中医世家出身，在城内开药堂卖药之同时，亦在铺内坐堂问诊。爱妾受辱被杀、药堂被砸、人被打伤、告状无门后，就回到乡下含冤养伤了。他听朱伯说，新任刺史要重理此案，为其申冤。他悲喜交集，表示愿冒风险，配合州衙调查。

于是，李顺和一位录司乔装打扮，在朱伯的带领下，悄悄来到王裕兴乡下的家中。王裕兴接着把藏匿深山中的轿夫也叫回家里，向李顺等讲述了当时发生的情形。

轿夫说："去岁二月辛丑日，咱和另一名叫细坤的轿夫送二姨娘回娘家，跟轿的还有一个叫翠翠的丫环。轿子出城约二三里地，来了一伙人把轿子围住。有个骑马的叫咱把轿子往一条侧路上抬，咱不依。他就劈头抽了我一鞭子。接着，那伙人一拥而上，前呼后拥抓住轿杠就往侧路上拽。坐在轿里的二姨娘见势不对，钻出轿，欲逃跑，被那伙人按住，用已准备好的绸布缠捆在轿里的椅子上，撇开咱和细坤，抬着轿就往侧路走。咱几个也夹在人群中，跟着进了骠骑将军的坞堡。他们把我们三人安排进一间房，酒肉相待，并对我们说，他家的大公子郑鬏有事要找二姨娘商谈。咱一听，就在心里叫起苦来。这个大公子早就对二姨娘不怀好意，药堂里尽人皆知。他早先来药堂看病抓药，二姨娘曾为其沏过茶。后来，他越来越勤，二姨娘就不肯出来侍候了。大公子郑鬏不依，就在铺里拍桌打椅耍大少爷脾气，先生只好忍气吞声叫二姨娘出来侍候。他一边喝着二姨娘沏的茶，还不时对二姨娘说些轻薄话。所以，咱当时在郑家胡乱吃了几口菜，喝了两杯酒，就装肚子不舒服。有个看管咱的家兵把咱送到茅房门口，咱就把身上仅有的几枚五铢钱给了他，并说，不用他陪在茅房门外，自己方便后马上就回来。咱见他果真走了，就出茅房，见房檐下晾着一些家兵穿的制服，就见机行事扯下一套，回茅房穿在身上，这样就很自然地进了他们家的正屋。那屋真大，进进出出的人也不少。咱正提心吊胆搜寻二姨娘踪迹时，突然，有间房门'砰'地推开，几个丫环慌不择路地逃奔出来，并大叫，'快来人！'咱闻讯跟随一干家兵冲进房，见大公子郑鬏灰头土脸、额头淌血，身上也沾着还在冒烟的黑灰，一只铜香炉滚落地上，一地炉灰中夹杂着仍在冒烟的檀香木碎片；另一边，则见披头散发、已被脱去上衣的二姨娘，双手捂胸，全身颤栗……狼狈不堪的郑鬏见冲进一群男人，立显狰狞地从一个家兵腰间抽出一把大刀，二姨娘便立时身首异处，喷溅出的鲜血，把她身后的帐缦都染红了……"

说到此处，轿夫已泣不成声。众人寂然，亦潸然泪下。李顺望一眼手握毛笔坐在桌旁的录司。录司会意地点了点头，表示都已记录在案了。

"以后的情形呢？"李顺继续追问道。

"咱来讲吧。"热泪盈眶的王裕兴道，"刚才为你们说事的小子，从他爷爷起，就在王家做药的营生。小妾去娘家，咱不放心，才让他临时充作轿夫的。他靠了穿在身上的那套制服，趁坞堡内慌乱之际，才得以脱身。他回来向咱报告发生的事后，咱立即叫他去了咱家祖山，他就一直在山里种药避祸。这边，咱出钱买通了一个在郑家做事的下人，得知，为了灭口，另一轿夫细坤和丫环翠翠也都被杀了。以前告到州衙的状子为啥没有现在讲得这么翔实呢？主要是怕追查已被藏匿深山的证人。"

李顺让轿夫和王裕兴分别在录司记下的口述上签了名，并按下手印。

接下来，李顺又分别在朱伯和小乐子这两个当地人的协助下，复核查实了另外几起案件，事情进行得既机密又顺利。

不料，到了五月，青涩的梅子开始泛黄之际，随州连降暴雨。最近的这一次，大雨连下了三日三夜，其间很少有停歇的时候。仪同樊伟一身湿漉漉地前来报告说：府兵在大洪山的屯田全部被淹，住房有的倒塌、有的浸水。因为到底是兵，说撤就撤，暂无人员伤亡。杨坚一听，头都大了！兵，对于四面受敌的北周来说，意味着什么，不言而喻。樊伟还说；撤离之人，一部分被安置到了附近废弃的寺庙，有的则尚无处栖身。于是，杨坚下令，随州城内所有空置的屋宇，一律把家财集中到一处封存起来，余下空房安置受灾的兵、民。住房宽松的人家，也要酌情腾房。就连杨坚的衙门内，也住了十余名灾民。王裕兴被砸已无人居住的药堂把房顶整修了一下，也住进去不少人。万幸的是，府兵的粮仓因地势较高未被水淹，仓库里尚有一些存粮。

大雨过后，杨坚、樊伟等一行，即策马赶往灾区视察。

随州属丘陵地区，没有高山，却有洼地。因经年征战，民不聊生，致使随州一带，成了人少地阔的地方。地势较高处，因缺沟渠、水库等灌溉、蓄水设施，只能种些靠天收的旱地作物。旱涝保收的好田地，则多落入如郑家等少数坞堡主的手中。随州城西百余里处，有一山，曰：大洪山。顾名思义，大雨到来，便有山洪下泻。而不幸的是，府兵的屯田就在大洪山的山脚下。这次豪雨，首先被淹的就是府兵的屯田。

雨过初霁的大洪山一带，在夏日阳光的照射下，郁郁葱葱，一片盎然生机。而山脚下，则是波光粼粼的一片泽国水乡。所以，洪水过后，若看表面，并不显凄惨，反觉湖光山色，交相辉映。

杨坚望着水中光影，即在马上问："明知有可能发生山洪，为啥仍要在此处屯田？"

樊伟说："这山下的田肥呀！若不遭灾，一年种一季水稻，比在高坡种三年黍子的收获还多呢。况且，让士兵在高地种粮，一到秋冬，人畜饮水都难。"

"你就赌两年只遭一次洪涝？"

"正是此样。"

他们察看了未被水浸的粮仓和部分兵营。仓里的粮食紧着用，尚能维持两月，杨坚说："不能坐等水退，要马上召集青壮士卒上山伐木。从明日起，即沿山边地势较高处，再盖一批房舍。水退出一点田土，就赶紧补种作物。不能种粮，种菜也是好的。不然，这么多张口，到哪里去讨生活？"

"杨大人，这样好是好，只是要进山伐树，骠骑将军郑大人恐不会答应。"

"啥？这大洪山，也姓郑呀？"

"他正是这么宣称的。"樊伟道，"郑云飞年轻时，曾在大洪山占山为王……"

"嗬，山大王一个，就当真把所占的皇天后土也都收归己有了？岂有此理！"杨坚不以为然地道，"你今日就把人选好，挑年轻力壮的，明日作好一应准备，后天进山伐木。郑云飞如若不依，咱自有话说。"

"行。"

"要注意，上山伐木之士卒，很辛苦，粮食要给足。"

"是。"

"还有，山上之树，不要成片成片一扫而光，间伐为要。"

"知道了。"

果然，不出几日，当第一批木材正往山下发运时，郑翦率家兵挡住了伐木士卒下山的去路。

樊伟飞马来报，杨坚却说："看你，一个老军头，咋急成此模样？是他的兵多，还是你的兵多嘛？"

"问题不在于此。"樊伟满头大汗说，"他后面有人撑腰嘞！胳膊能拗得过大腿吗？"

杨坚斩钉截铁："樊大人，你要明白！他的后台，乃我之后台。咱是朝廷命官，他是土豪劣绅，卫国公权衡轻重，恐怕也得顾及一下孰亲孰疏与利害得失，而不能完全不分青红皂白吧？"

"刺史言之有理。咱这支军队是为防止江南陈国前来侵犯的，事关社稷安危，对此，卫国公能视若无睹吗！"

"就是嘛。"

"那，眼前这事，该如何处置？请刺史大人示下。"

杨坚胸有成竹地道："这样吧，他们既来者不善，咱也只能以暴制暴。你多派些府兵去，要他们把武器放下，方能走人。其若嚣张不从，则正中咱的下怀，你可狠狠撂倒他闹得最凶的几个人，以儆效尤。对那个郑蕘，也叫他把马留下来，打他个名副其实的下马威。他若动粗，咱就还手，但要适可而止，弄出点皮肉伤就行了。善后之事，则由咱来处置。如何？"

"明白了。"

这支府兵共有一万余众。樊伟就近召来两千多人，一举把郑蕘的几百家兵围在了铁桶似的人丛中。樊伟令其放下武器，净身走人，平日骄横狂傲惯了的郑蕘及其家兵，岂肯就范，竟破口大骂地挥刀舞棒，欲杀开一条血路。不过，甫一交手，这班平日逞强之恶棍，又哪是受过训练、经过阵战的正规军的对手呢。仅几回合，就被打得哭爹叫娘，撂倒一片。彼时，四面山坡，旌旗摇动，鼓角喊杀，震天撼地……一群乌合之众哪见过此等场面，都乖乖地放下了武器。

这边，樊伟也见好就收，立命士卒把一干倒地家兵扶起，有伤的也进行了包扎处置，不能走的，送来担架，让家兵们抬回去。但，郑蕘犟着就是不肯下马。彼时，府兵中的一条汉子，竟硬生生地将其从马上拽了下来，才让此一班乌合之众灰溜溜地走回百十里外的郑家坞堡去。

二日后，杨坚率樊伟等一行，拖着几车缴获的兵器，牵着郑蕘的坐骑，来到坞堡前。这是一座高约数丈、用青砖垒砌、气势恢宏的城堡，楼的顶端搭盖着黄绿二色琉璃瓦，飞檐上吊挂着叮当作响的风铃。守卫大门的家兵们一眼看到骑在马上的樊伟，如临大敌一般，感到一阵惶恐。

樊伟首先下马，和颜悦色地对一名值守的家兵道："你去通报一下，说，随州刺史、开府大将军杨大人来访。"

过了好大一会儿，郑蓟才带着一批扈从出坞堡迎接。前日大失颜面的他，原本不肯露面。但骠骑将军郑云飞不依，拍桌硬逼郑蓟代父出迎，他这才硬着头皮出来的。

郑蓟目不斜视，只对杨坚抱拳鞠躬："失迎，失迎！家父腿脚不便，郑蓟代父迎接刺史大人。"

"郑将军身体可好？"杨坚还礼说。

"家父身子骨还行。"郑蓟忙说，"老人家正在等候大人哩，请进！"

樊伟见手下败将不睬自己，也不见怪，跟在杨坚身后，迈过坞堡大门。

这是杨坚和郑蓟的第一次见面。他仔细看了看这位郑家大公子。见其身体修长，三十上下年纪，白净的面皮上，五官也还端正，行为举止，亦尽显一副风流倜傥之气派。只是眉心左侧的前额上，留有一道寸余长的疤痕，想必是王裕兴小妾用香炉砸过留下的印记。他想：这郑蓟看起来蛮体面嘛，咋尽干些令人不齿的恶浊事呢？如果面相术士仅看郑蓟外貌，又会作出何种解读来？

也真是，哪壶不开提哪壶。牵在府兵手中的那匹白马，从见到主人一刻起，就显得烦躁不安起来。一过坞堡大门，它竟跺着蹄子"咻咻"叫着往主人那边靠，士卒使劲都拽不住它。樊伟见此，笑着吩咐士卒把马送还给了主人，却把郑蓟闹了个大红脸。

郑蓟接马，让一名家兵把它牵走，这才回身陪杨坚一行绕过荷池，穿过花圃，再到一座如同宫殿模样的房子面前。此屋高高的石头门楣上，用篆体刻着"云庐"二字。

此刻，骠骑将军郑云飞正在堂屋里坐等来客。见杨坚进来，立即架起一支拐子硬撑着站起身。

"别，别，别！"杨坚连忙上前扶住郑云飞，让其坐下说，"此次是大水冲了龙王庙！杨坚给老将军赔不是了！"

"嗨，哪里，哪里。可不是越打越亲了吗。若没前日之事，恐怕还见不到杨刺史之面呐。"

宾主就座后，话就更稠了。

地头蛇郑云飞，既当过皇家军队的骠骑将军，又落草做过匪贼。他当然明白，一支千余人的家兵，若真与一万余众之正规军硬碰硬，会是啥结果；而经过一番风雨历练的杨坚，虽然年少，亦把"韬晦"二字拿捏到了极致。他知道彻底解决问题的时机还不成熟，于是，先让樊伟来硬的，打了他个下马威；今日，自己再来登门道歉，让其彻底丧失警惕。这一曲由杨坚和樊伟共同扮演的"双簧"戏，硬是把个草莽出身的郑云飞，弄得时怒时喜，啼笑皆非。

在接下来的酒宴上，杨坚重提大洪山伐木修造府兵营房的事。那座大山原本就不是郑家私产，只是山高皇帝远，官府没管到，被他郑云飞据为己有了。当下，郑云飞当然满口答应，府兵为造营房伐木没问题。并且，他还慷慨承诺，捐出三十万斤粮食赈济受灾府兵。一直没有轮到说话机会的仪同樊伟，当即端起酒杯与郑家父子一一碰杯，表示谢意。

府兵和当地最有权势的骠骑将军发生冲突和骠骑将军向府兵捐三十万斤粮食之事，很快就在随州传扬开来。这么一来，州内其他几个坞堡主，也不能不有所表示。于是，有的捐二十万斤，有的捐十万斤，由此，府兵的缺粮问题即得以解决，城内治安，也有明显好转。

不日，杨坚再次来到大洪山，见白茫茫的水域已渐缩小，府兵们已开始在退水的田地中，改种蔬菜和晚秋作物。

杨坚召集樊伟等人，就地议了议。他要求：水退一分田，马上就要跟进补种作物；另外，要借这一依山靠水的好地方，让已年长的府兵去养鱼、养鸭、养猪，发展副业；而最重要的是，要把重建的营地选择好，并要有一个总体规划，有序地建成正规兵营，不要再建临时性窝棚；并可用伐得的部分木材与周边州、郡换些砖瓦石灰等物料，以解决建房费用不足的问题。

杨坚的各项措施，都交代得清楚明白，只要认真去做，都是可以做到和做好的。这对具体办事的樊伟来说，就自然感到信心十足了。

第八回

洞穿隐秘皇上胆颤心惊
踏破风流太子皮开肉绽

随着时间的推移，武帝宇文邕与大冢宰宇文护之间，表面看似风平浪静，相安无事，而究其实，仍是波谲云诡，貌合神离。

武帝于是更加谨小慎微和自律。而宇文护却越来越感到，这位看似柔弱多病、一脸书卷气的少年皇帝，并不是一盏省油之灯。在穿着上，当今圣上和后宫嫔妃都只着布衣，衣装上，更无珠光宝气之饰物；饮食上，也不贪杯，一日三餐，只几样平常菜肴；寝宫内原有的华丽装饰和古董器物，亦被尽数撤除；尤其是，自"抢米风潮"后，武帝亦很少步出宫苑，多在殿内批阅奏折。而且，皇上批过的折子，也还是要送到太师府邸，由大冢宰定夺后，方能下达执行。

不过，皇上的谨小慎微和循规蹈矩，不仅没有博得大冢宰的好感，却反使他对这位弱冠皇上更为警惕。

宇文护暗自体察到：一、武帝以节省后宫开支为由，裁减了大批宫内侍从，被裁者大多是大冢宰有意安插进去用来监视皇上的内应；二、据后宫中的内应报说，去见武帝的文臣武将与皇上议论的多为治国治边大事，可见，皇上内心还是念念不忘君临天下的；三、武帝最近接见了两位手握重兵的柱国大将军，虽仅限一般礼节性君臣来往，却深深触动了宇文护那颗格外敏感的心。

武帝本人呢？他对大冢宰当然也是有看法和想法的。抢米风潮过后，宇文护表面上对皇上比以前亲和多了，有些军国大事也能前来与皇上商量了再办。可实际情形则是，这位堂兄更加肆无忌惮，他让自己的家人和亲近僚属，毫无节制地以权谋私。最近，皇上还感到胞弟宇文直，竟与自己渐行渐远，反与宇文护越靠越近。过往，宇文直对宇文护的无法无天，目无君主，恨之入骨，并曾在自己面前力主灭掉这个恶魔。可当他看到宇文护的权势不但没有得到扼制，反而更一手遮天后，就开始往那边倒了。最近，皇上听人说，卫国公把从襄州得到的几件珍玩，都进献给了大冢宰。皇上因而感到，宇文护对自己的控制，不仅没有放松，而是更为隐秘，甚至把手伸进了自己的家人中！

武帝起居的延寿殿，是一座年代久远的老殿。在这座神秘的殿堂里，曾几何时，演绎过不少皇与妃的风流事，亦见证过许多灭亲夺嫡的血腥杀戮。年轻且大权旁落受制于人的武帝生活于斯，不仅感到度日如年，更觉窒息！

正当皇上惶恐又无可奈何之际，一名太监前来报说："叱奴皇太后有请圣上速去含仁殿。"

武帝听后，顿觉纳闷：以往总是自己主动前往给母后请安，她老人家则从不叫自己去见她的。会是啥事呢？他立即更衣步行前往含仁殿。武帝身处后宫时，为省却麻烦，从不以车或轿代步，排列仪仗。一般只带少许侍卫和太监，他对前呼后拥跟着一大帮人，总会不胜其烦而感到不安。

武帝迈上含仁殿的丹墀，跨进殿门，步入母后寝宫，突见一条大汉竟面朝自己，跪伏于母后房内。他眉头一皱，心想：是谁，竟敢如此放肆，横陈于自己面前？

其时，只听跪地之人瓮声瓮气道："恭求皇上，救弟一命！"

"嗨，是直弟呀！汝可把朕吓一跳。快起来，快起来。"不过，武帝还是很纳闷，于是问，"朕从奏折上看到，臣弟不是亲率府兵从襄州出发去沌口与来犯陈军作战吗？咋这么快就回京师了？"

"咱恨呢！咱已啥都不是了，所有职务全被狼心狗肺的大冢宰扒光啦！"宇文直跪在地上，答非所问。

"咋回事？"武帝不仅惊，更觉奇。他上前挽起宇文直，说，"起来吧，汝刚才说的事，朕还真是闻所未闻呢。"

君臣两兄弟，在母后房里分别就座，宫女们则忙不迭地端茶送水。他俩虽为一母所生，可当哥哥的武帝，因从小多病，身材略显瘦小。而弟弟宇文直则人高马大。不过，若细看，二人之相貌，还是十分相像的。

"据朕所知，大冢宰对汝一直不薄。再者，大冢宰把汝的职务全部扒光，此等大事，咋连朕都一无所知呢？"

宇文直恨恨地道："呔！大冢宰的为人，圣上还不知晓？专横跋扈、一手遮天。在他眼中，根本就没圣上嘛！"

"不对吧？"武帝没接宇文直的话茬，仍按自己的思路说，"大冢宰脾气再大，再专横，总不至喜怒无常直至失去控制吧。朕想，一定是臣弟有啥大不当，才使大冢宰一怒之下，将汝免职。"

"臣弟不就是打了一次败仗吗？胜败乃兵家常事。他自己不也打过败仗的嘛。"宇文直话锋一转，突然近于咆哮地道，"圣上！你不能对这个狼心狗肺的家伙，一忍再忍了！"

"啥？"武帝凝视胞弟，像看一个陌生人，"汝咋满口胡言乱语咧？"

宇文直激动异常，近乎咆哮道："灭掉宇文护，正当其时！"

"放肆！"武帝无比震怒。他已然感到，自己的这位胞弟，为人处事反复无常，十分危险。弄不好，自己亦将为其所累。他于是冷脸斥责宇文直说，"汝无理智！岂能这般言说大冢宰？"

"圣上……"宇文直"咚"地又跪到了地上，声泪俱下地道，"您或许有所不知，彼一时，此一时，现如今，已和几年前大不相同。宇文护众叛亲离，已为诸多将领所不齿，众人对他只是敢怒不敢言而已。不少军头则反而说圣上为人诚笃，有器识，只要您能登高一呼，他……他宇文护就完蛋了。"

人心向背之逆转，武帝本人哪会感受不到呢。只是时机仍不成熟，他不能言说，更不能贸然行事而已。而对脚下的这位胞弟，他当然更是心知肚明。宇文直武功、见识都十分粗疏，却心大如斗，贪狠虚浮，若过早把心中的想法向他抖搂出来，则有可能成事不足，败事有余。

他于是弯腰再次把宇文直拉起，说："你先在家好好歇歇吧，职务上的事，朕会设法为你解决的。"说着，他环顾左右，问，"母后呢？"

"咱在这呢。"叱奴皇太后从屏风后走出道，"你们兄弟聚一起，说说话，不容易，咱不忍打扰你们。"

"母后，"宇文直道，"圣上不听劝说。一朝天子，却甘愿受人家的窝囊气。天下哪有这种岂有此理之事！"

"嘿！你万不可仍像儿时那样，率性莽撞。否则，会撞得头破血流的。皇上要这么着，自有他的道理。他每做一事，皆留余地，进退自如。从今而后，凡事，听皇上的没错儿。"

"母后，儿皇不能在此久留，那边还有事要处置呢。"

"皇上，你去吧。"太后转而对宇文直道，"汝今日就陪娘用一次膳，可好？"

武帝等一行人回到延寿殿丹墀前，早有太监前来跪报："大司马已在殿内等候圣上多时了。"

"大司马来了，为何不早去禀告朕？"

"大司马不让哩。"

武帝迈入殿门，大司马宇文宪已跪在了殿堂内。

"臣弟请起。"武帝亲切地挽起宇文宪，说，"朕到母后那边去了一趟，害卿久等了。"

"不碍，不碍，也就一碗茶的工夫。"

宇文宪新近擢升为大司马。这是个啥官职？"马"，骑兵也，泛指军队；"司马"，即管军队的官员；大司马，就是统管国家军队的官。

宇文宪跟在武帝身后，边说边走地进了武帝的书房。武帝俭朴为怀，书房则是他唯一最讲究的处所。房内的书架上，各种典籍，琳琅满目，应有尽有，不少还是善本；御案上的文房四宝和朱笔，也都是讲得出一番来历的珍稀之物。君臣分别就座后，太监又重为宇文宪沏了茶。

武帝屏退左右，宇文宪方道："大冢宰要臣来告知圣上，他已撤去卫国公的全部职务，并将他贬为庶民。"

"这事朕知道了。"

"噢？"宇文宪甚觉意外。

武帝毫不隐瞒地解释说："直弟本人已经回来了。刚才母后把朕叫去，就是去会他的。"

"嗨，原是这样。臣刚才想，大冢宰一怒之下做出的决定，咋会这快就传到了圣上这里。"宇文宪释然地接着问，"那直弟对此事是咋想的？"

"他当然觉得很委屈。认为自己仅打一次败仗，就弄得身败名裂、里外不是人，对他没讲一点手足情。"

武帝借宇文直之口说这番话，自另有一番用意。宇文直既是武帝的胞弟，当然也是大冢宰宇文护的叔伯弟弟，甚至还是宇文宪同父异母的兄弟。对于这样一个人物，哪能不让皇上知情，就作如此重罚呢。

"当时大冢宰也确是在气头上，就……"

"不知是否还有转圜余地？直弟如今抵触得很厉害。"

"臣看，很难。首先得让直弟恢复卫国公爵位，此也得有个过程。"

"噢？"武帝此时才意识到，事情并不那么简单，于是问，"直弟犯的究竟是啥事？"

宇文宪摇头叹息说："臣记得，我朝的对陈方略，首先还是由圣上提出来的。当下朝廷的重兵多部署于东边，用于对付北齐，南边兵力则稍嫌薄弱，两国之间只要大体相安无事就成。可是，直弟一到襄州总管府任上，即儿戏一般常对陈国挑起事端，从而引出规模较大的沌口之战。大战既已爆发，就应全力以赴，认真对待。但，直弟又轻狂自傲，犯下兵家大忌，而被陈军打得大败，损失几千军兵不算，还使大将军元定被敌生擒。"

"原来如此！"武帝愤慨地道，"朕当时就想，一般小事，大冢宰咋会如此震怒，并把直弟的职衔全部扒光的。"

宇文宪看了武帝一眼，说："圣上可能有所不知，卫国公在京师当差时，常去太师府，对大冢宰亲近异常。此次如果不是做得太出格，大冢宰也不会如此不留情面的。"

宇文宪有意无意传递的信息，武帝自然心领神会。他虽然知晓宇文直背着自己与宇文护暗中来往，却装不知地说，"怪道呢！直弟过往常到朕这里坐坐，近半年以来则未见他的影子了。"

"其实呢，大冢宰并不怎么欣赏卫国公，对他仅作一般敷衍而已。且——"宇文宪话到嘴边，却又突然噎住。

"卿可一吐为快。"

"因为卫国公毕竟是圣上的亲弟，大冢宰哪能不提防点……"

"唔，明白了……"武帝喟然长叹道，"大冢宰对朕还是不放心呵！"

"恕臣冒昧。"宇文宪为自己的失言，惊出一身冷汗，慌不迭地跪到地上。

"呃，卿这么做就见外了。朕与卿亦是亲兄弟嘛！"武帝将宇文宪扶起，道，"若不是同根生，卿能一吐真言？"

"话既说到这份上，臣还有一言相告。"

"卿说。"

"圣上最近接见了韦孝宽和尉迟迥二位大将军，大冢宰得知后，十分在意。"

"哦……"

宇文宪起身告辞，跨出武帝书房，这座对他来说原本常来常往、十分熟悉的延寿殿，忽地变得阴森可怖起来。他在一个太监的导引下，缓缓而行，一股穿堂风拂过，只觉后背凉飕飕的直透心底！再轻轻用手一摸，厚厚的官袍，竟都汗透了。常言道：祸从口出。他不知今日之语，将会为自己带来什么后果……

也真是无独有偶。送走宇文宪，武帝亦觉偌大一座殿堂，空寂得可怖，心堵得发慌！他去内室换了一套便服，想到殿外走走，吐吐心中浊气。可刚迈出殿门，侍卫和太监也都前呼后拥地跟了过来。此时，一些原本熟识的面孔，竟都突然变得异常陌生。他也的确摸不清楚，他们中的哪些人是大冢宰派来监视自己的！

武帝望着眼前这群既面熟又陌生的人，突然喊道："卢贲呢？卢贲在不在？"

"臣在此。"人群中闪出一人，跪到了武帝跟前。

"起来吧。"武帝吩咐说，"汝陪朕，就在宫中转转。"

"是。"卢贲起身随侍在侧。

"汝等就不必跟随了，都回殿去吧。"武帝向众人挥了挥手。

卢贲字子徵，其父卢光，曾在武帝父亲宇文泰手下任开府，并赐燕郡公爵位，卢贲继承父爵。杨坚去随州任刺史后，武帝即将他招到身边顶替杨坚担任了左小宫伯。

时至仲秋，天气一日凉似一日。武帝走在湿潮潮的石板小径上，抬头看看天色。天很高，没有云彩，蓝得出奇。他深深吸了一口清新的空气，充塞心中的块垒，便随呼出的一股浊气，渐渐地消融了……

"秋季了，路咋竟是潮潮的？"武帝没头没脑地冒出一句话。

卢贲忙道："天将明时，下过一阵子雨，此会，又放晴了。"

"天气真好！"武帝又看了看天，由衷地赞叹道。

"圣上日理万机，太过操劳。应多出门走走，活动活动筋骨，方不致有伤龙体。"

"卿有所不知，朕早就是个庸人。"他收住脚，又补充道，"恐怕比庸人都还不如。"

"哪会呢？"卢贲吓了一跳，用诧异的目光看着眼前年轻潇洒的皇上，心想：圣上今日咋突发此奇谈怪论？

"好啦，好啦，不说这个了。"武帝忽地冒出一个念头，说，"走，汝带朕去东宫瞧瞧。"

"要不要着人先去那边打个招呼？"

"不用，不用！朕就想来它个出其不意。"

武帝早就听王轨等近臣说，太子赟越来越放荡不羁，难于管束。他今日就想亲自前往，一探究竟。大冢宰不是忌惮自己干预朝政、接触军头吗？那么，今后就只管管家务，该不会令他生疑了吧？

随行的卢贲，真正享受了一次狐假虎威的待遇。他与武帝所到之处，苑中侍卫及洒扫庭院的奴仆，皆纷纷下跪叩首。及至东宫门首，把门的侍卫、太监等也都悉数下跪，其中有个宦官，正欲转身去里面通报，被武帝喝住，亦跪于地。

武帝与卢贲进门，只见东宫花园的一亭子间，笙簧嘹亮、琴瑟玲琮……抬眼望去，亭内亭外，人头攒动，裙裾飘飞，好不热闹！身着便服的武帝和卢贲走过去，那些太监、丫环和奴才们只顾看热闹，谁都没注意到他二人。

此刻，亭子中心，有八男八女正在跳裸舞。舞男，赤身露体，只系一块兜裆布；舞女，上身系一荷绿兜肚，腰系红丝线流苏，在左右两旁的乐手鼓噪下，跳着不堪入目的交合舞……亭子当中的长案，摆满丰盛的菜肴、瓜果、美酒……正中的位子上坐的正是太子宇文赟，他左抱右拥着两个妙龄女子，女子左右两边坐着的，是武帝十分信任的重臣刘昉和郑译。

"畜牲！"武帝忍无可忍，大喝一声。他气得脸涨成青紫色，浑身都在颤抖。

那班吹奏敲打器乐的乐手，听到惊天一吼，戛然停止了演奏。而在场的所有人，都东张西望着，不知发生了什么事。此时，离武帝较近的一些人，最先发觉吼声是皇上的金口发出的，于是，个个面如土色，慌忙跪下，并恨不得把头都埋进地里去。接下来，人们才陆续发现异常愤怒的皇上，并才惊慌地跪下来……原本热闹非凡的场面，静得只听远处树上的雀鸟在啁啾。

反应最为迟钝的是离武帝较远的皇太子和刘昉、郑译两位近臣。当众人都跪下后，喝得昏头昏脑的刘昉、郑译，方见圣上一脸怒气，赫然挺立！他俩这才不啻晴天霹雳地离席，如一瘫烂泥般地委身于地。

年方十四的皇太子赟，不解人们方才还是一片欢声笑语，咋地转眼就都噤若寒蝉，并跪倒一片。直到身边的两位少女亦都钻入案席下躲藏，他才醉眼蒙眬地发现是圣上驾临了。

此时，离武帝较近的一些人，最先发觉吼声是皇上的金口发出的。于是，个个面如土色，慌忙跪下，并恨不得把头都埋进地里去。

"父皇……"宇文赟这才忙不迭地爬到席面上，跪下来，把席上的美酒、佳肴、水果扫倒一大片，并口齿不清地道："儿臣……今……今日……喝……喝得并不多……没……没醉……"

武帝气愤已极，怒指跪在近前的人道："快将太子拖下来，狠揍之！"

此时，跪于地上的侍卫，才你看我，我看你，却都不敢起身。

"咋还不动手呀？"

几个胆大的侍卫这才慢慢起身，在皇上严厉目光的威逼下，把烂醉如泥的宇文赟从席面上架了下来。

"给朕狠狠地抽！"

时下，才有几名侍卫去宫里拿来棍杖竹板等刑具。

"抽，抽呀！"武帝威逼侍卫道。

一名侍卫抄起一块厚厚的竹板，另有两名侍卫按住宇文赟，将他的裤子褪至大腿处，让白嫩的屁股露出。接着，"叭"地一声，竹板打在屁股上，尽管不重，宇文赟还是大叫起来。

"抽！重重地抽！"气头上的武帝也不怜悯儿子的嚎叫。

当报数的侍卫数到三十下，宇文赟已气息奄奄，不再叫唤，皇上也不那么生气了，卢贲忙说："行了，把太子送回宫里去吧！"

于是，一群太子寝宫内的太监、宫女，才如蒙大赦般地从地上爬起，搀扶着太子，前呼后拥而去。

但，武帝仍余怒未息地突然叫道："刘昉！"

"臣在。"跪在地上的刘昉，醉意早醒大半。

"汝说，朕过往对卿如何？"

"圣上对臣如同父兄。"刘昉磕了一个响头，"太子贪杯，臣……臣下有责。"

跪于一旁的郑译，亦忙磕头道："臣……臣失职了！"

"岂仅是失职？朕宰了汝等，还不解气呐！"武帝痛心疾首地说，"卿等是朕信任的近臣，才将辅佐太子的重任，托付于汝。可汝竟视同儿戏，把太子往邪路上引。如若照此胡作非为下去，太子将来咋为一国之君？"

"圣上……" 郑译嗫嚅着。

不等郑译往下说，武帝抛出一句话："汝等好自为之吧。" 言毕，转身离去。

紧跟皇上往后宫走的卢贲，待武帝心绪稍稍平复，方说："此事，圣上也不能全怪刘昉和郑译。"

武帝收住脚，打量了一下卢贲，问："汝说，那还应该怪谁？"

卢贲说："太子长大了，人在长，心亦在长，他已懂得他是谁，并能按自己所想，支使他人了呢。刘昉和郑译都是太子差遣的对象嘛。"

"若按此说，太子不就无人管束了？"

"管束是需要的。臣下以为，圣上该为太子挑选一位贤惠之妻，来收其心了。"

"嗯？" 武帝住足，然后点了下头，道，"此言有理。这样吧，朕在物色好太子妃之前，先命卿为太子小宫尹。如何？"

"那臣就不能陪侍圣上了呵。"

"朕身边的人还少吗？太子不走正道，朕心难安。"

"臣，遵命了。"

"好。" 武帝说着吩咐卢贲回延寿殿，自己则径往李皇后的寝宫。

武帝常以社稷为重，有时甚至不入皇后或嫔妃处就寝，就独自一人在延寿殿过夜。像这样大白天光顾皇后寝宫，更是难得一见。

李皇后猛听皇上驾到，受宠若惊地跪于寝宫门口接驾。武帝一脸肃然地将其扶起，李后则更加诚惶诚恐。

宫女上过茶，武帝挥手叫左右人等都出去了，方开口对皇后说："朕是为赟儿之事来的。"

接着，武帝便把太子在东宫胡闹的事述说了一遍。李后听后，好不伤心。

李皇后，原本是楚地官宦人家女子。她的父亲因犯事，家被抄没，宇文泰见犯官女儿长相不错，且还知书达理，便做主许配给了自己的四子宇文邕。其后，李后生了儿子赟。宇文赟是长子，武帝于建德元年四月癸巳日在太庙祭告先人，将他立为皇太子。

"臣妾能有啥办法呢？"李后对儿子的胡作非为其实早有耳闻，可他已成皇太子，虽为母后，已管不到他了呵！因而不无担忧地说："婢妾亦只能干着急哩。"

"太子大了，该给找个拢得住他心的人了。"

"来说媒的倒是不少，可摆到台面一议，又都给否了。前先日子，卫国公的夫人也来说过一人，说是人长得极为漂亮，性格也很温柔，还能识文断字……"

"噢？汝指的是谁家女儿？"

"是现任随州刺史杨坚的长女。说是女子的母亲独孤氏，平日对儿女的管束极严。"

"汝见过那女子没有？"

"没呢。"李皇后解释说，"卫国公的夫人走后，婢妾和几位娘娘议了一下，大家皆觉太子的妻子将来是要做皇后的，还是选一个鲜卑女子为好，所以就没往下进行了。"

"嘿！此是谁立的章程？汝不亦是汉家女子嘛。再说，杨坚是汉人，其妻独孤氏却是鲜卑人。而且，这位独孤夫人的父亲独孤信曾与太祖同为西魏柱国大将军，不正好是门当户对吗？一句话，只要女子好，就成。"武帝想了想，又道，"这样吧，你叫独孤氏把女儿带给叱奴太后看看。此事，就让她老人家来做主。"

"老太太能作这个主？"

"咋不能？"武帝说，"嗨，莫看太后年事已高，其实并不糊涂。只要她老人家当日没饮酒，断事，看人，比谁都精明。"

第九回

鼓乐喧天喜兮？悲兮？
觥筹交错福耶？祸耶？

正当武帝和李后考虑是否把杨坚长女娶作太子妃时，远在随州任刺史的杨坚，却为任上诸事忙得焦头烂额。一是，本来门可罗雀的州府衙门，随着时间的推移，各种事务越来越多。为此，杨坚还要抽出时间升堂问案，排解各类纠纷与矛盾。二是，当得知卫国公宇文直的襄州总管职务被撤，由庞晃代行总管事务时，彻查郑云飞及其同伙一系列大要积案之事，亦在紧锣密鼓地秘密进行。三是，府兵基地的灾后重建，也不能稍有懈怠与松弛，因为眼看冬季就要来临了。

这日，杨坚狠了下心才摆脱掉州衙纷繁的事务，带了两个在本地招募的随从，策马来到大洪山下。主管灾后重建的仪同樊伟，已在路口恭候多时。此地，几个月前，还是被洪水淹成一片白茫茫的泽国，而今，已变成一片望不到尽头的绿洲。时值晚秋，满眼却是一派阳春三月生意盎然的景象，杨坚看了，着实有点心旷神怡。据樊伟介绍，退水后，种得最多的是油菜，其次是蚕豆、豌豆、荞麦等杂粮作物。当然，在坡地的营房周围还种了些时令菜蔬。

杨坚和樊伟并辔徐行。樊伟在马上介绍说："按仓库现存粮食，加上明年春末夏初收获的这些杂粮，精打细算掺和着吃，人和军马度过严冬和春荒，已不成问题。到夏初时分，如万一还差点什么，用收获的油菜籽，也能换来粮食和生活所需之物。"

"这几个月，你干得不错。"杨坚更加确信，这位仪同是个善做实事的角色。

樊伟受到鼓舞，用马鞭一指远处的一片蚕、豌豆田说："刺史大人可知咱为何要种这么多豆子吗？一是种豆不用上肥，好管理；二是除人吃之外，把豆子磨成粉掺在马料里，马跑起来格外有劲。"

"好！"杨坚也受到感染，"马有劲，才能打胜仗咧！"

"种豆，还有个好处就是，收了豆荚，豆秆不用拔除，犁进田里，就是好肥料。咱最终赌的还是明年秋季之好收成。到明年这时节您再来看，那就不是一片绿了，而是一大片望不到头的黄澄澄的谷子。"

杨坚听着听着，不觉皱了一下眉，他说："你为明年秋天描画的景致，确实美不胜收，十分诱人。不过，咱就是不爱听你说的那个'赌'字。上次来这里，你就说，你赌的就是两年收一季。两年中，只要有一年不遭水涝，一年收获的稻谷足够府兵吃三年。"

"确是如此，这还不划算吗？"樊伟接茬道。

"那，假如明年又发山洪呢？"

"不可能。"樊伟抢白道，"去岁，今岁，已接连发过两次洪水了，明年哪能再如此。"

"哼！你一个仪同，能作老天爷的主？"杨坚笑道，"倒是能不能设法把山洪也治治？叫它年年五谷丰登。"

"不可能。"樊伟说，"大人，这事，咱也不是完全没想过。治洪，首先得在两山之间修一座高坝，把山洪拦住。坝子里的水满了，还得修一条泄洪明渠，把洪水引到深泽大湖中去。这条渠得百十里长呢。咱找人估算过，光工匠之力资、吃喝，工具的购置，还有建设高坝、明渠所用之物料等等，摊下来，每修一丈，精打细算，就要三钱多银子。你想想，百十里长的一条渠，要码多大多高一垛银子哩！这钱哪里来？"

"咱不是在山里伐木吗？"

"伐木，用于救灾、盖营房等急用是可以的。但若说修渠也靠它，那就是杯水车薪了。况且，伐木的是这些府兵，修渠的也仍是这些府兵，两头一扯，人力、财力，就都不济了。"

"你讲的，不能说没道理。"杨坚也是一根筋，他听说洪水并不是不可治，就一门心思地琢磨起来。"咱能不能够这样，量力而行，每到秋冬季节，只要不征兵打仗，就修它一段，分几年完成。"

"这样，当然也是可以的。只是'铁打的营盘，流水的兵'，明年或后年，咱就不知会被差遣到何地去了。而且，咱仅为副职，又有这大一把年纪，哪能想得那么宽和那么远呐。"

"就是嘛。"杨坚笑道，"你不想根治洪灾，根源还在于此！"

说话间，他们来到正在兴建的营房区间。樊伟按府兵建制，既分散又集中地在地势较高之处，划片建了若干个区域。每个区间，既有规范的生活住房，又有士兵操演之场所。短短几月功夫，有的房屋已经完工，有的已具轮廓……总之，杨坚当初交代的几件事，樊伟都丁是丁、卯是卯地完成得相当出色。

是夜，杨坚从大洪山赶回州府衙门，总理郑云飞案的李顺，连忙给他端来一盆热水。杨坚一边泡脚，一边听李顺讲案子上的事。朱伯送来一盏灯，使说事的客厅满屋生辉。

"这么说，郑云飞手下十二金刚的罪证也都查得差不多了？"杨坚把泡红的脚搁到木盆的沿口问。

李顺递给杨坚一块揩脚布，说："早就可以收网了。当下是按您把案子办成铁案的训示，把证据搞得更充分和更完备。"

"调查取证就到此告一段落吧。以免一不小心，反而打草惊蛇。"坐着揩脚的杨坚仰头朝站着的李顺问，"你看，能否想个法子，将这些家伙集中到一处，以便一举收拾干净。"

李顺还在考虑收网的事，朱伯进来说，"酒肆的那个小乐子带了个人来，说有急事，要见刺史大人。"

"噢？"李顺愣怔了一下，问，"这么晚了，他带来个啥人？"

"那人站在小乐子身后，外面黑灯瞎火的，咱没看清楚。"

"你叫他们进来吧。"杨坚说着趿上鞋。

朱伯应答着，顺手把脚盆端出门去。

不一会儿，只听一阵"橐橐"的脚步声，小乐子走前进门朝杨坚行礼道安。随后而入的人，一进门便跪在了客厅中，朝杨坚直磕头，嘴中则念念有词："请刺史大人救救咱女儿，救救咱全家人……"

"别这样，有话慢慢讲嘛。"李顺将其扶起。

"呵？是陈老板咧！"灯光下，杨坚望着战战兢兢的陈老板，大吃一惊，忙站起问，"出啥事啦？"

李顺让陈老板在椅子上坐下，安慰他道："别急，啥事，慢慢说。"

杨坚亦重新坐下，说："前些时，咱还和樊仪同商量，准备抽个空到你店里去喝一杯的。没想，各忙各的，到今日还没能如愿。"

待气氛稍稍缓和后，陈老板方道出事情的原委：

令人没想到的是，这事竟与杨坚初入随州，李顺在酒肆教训刘二那件事有关系。地痞刘二在陈老板的酒肆逞凶吃亏后，一直耿耿于怀，想寻隙报复。不过，他第二日就知道了，他想报复的人，是本州新到任的刺史，自己惹不起。于是，就把报复目标转移到了酒肆的陈老板身上。不久前，他的一个小兄弟报告说，陈老板有个小女，年方十四，已出落得如花似玉。刘二偷偷地去瞧过一次，觉得随州城再没第二个长得比她更好看的了。于是，就把此发现告诉了郑蓊。寻花问柳成癖的郑蓊偷看之后，便心急火燎要把此女弄到手。可陈家在随州是一大姓，百十年前，其先辈也有在朝为官的。所以，来硬的，行不通。郑蓊只好央求父亲。在儿子软磨硬泡下，郑云飞向陈老板发帖，请他赴自己小妾的寿宴。小妾亦姓陈，是陈老板沾亲带故的亲戚。所以，陈老板只好带上厚礼前去赴宴。宴席上，倒也相聚甚欢，没有节外生枝的事发生。可到今日，郑云飞着人为儿子郑蓊提亲，送来黄金一百两，还有许多金银珠宝等饰物。并说，他的小女儿嫁给郑蓊后，先为二太太，若大太太还不生育，或有啥意外情节发生，二太太就升正室。话说得冠冕堂皇，陈老板当然心知肚明，此不是把女儿往狼窝里送、往火坑中推吗！而且，提亲之人还说，再过三日，是吉日，正是成婚的好日子。三日后的晨早，就拿花轿来到陈家娶亲。陈老板磕头作揖，苦苦哀求，乞望放过小女。提亲的人则放出狠话：此事如若不从，那陈老板一家就别想在随州立足！

杨坚听罢，怒火中烧！一个活生生的女人，几年前，被郑勣害死，如今他又生着法子来加害另一个如花骨朵般的小女子。是可忍，孰不可忍！可是，事情迫在眉睫，州衙若在此刻出面干预，会不会打乱已经进行了几个月的整个大案收网之部署？但，如若眼睁睁看着另一惨剧就在自己任上发生，而不加制止，作为一州之长，也是不能容忍的呵！处事一贯果断的杨坚，此刻却心乱如麻，难作断决。当他心事重重地略一抬头，却见坐在小乐子旁边的李顺竟眉飞色舞，十分活跃。待到杨坚与李顺四目相对时，那家伙竟还轻薄地朝自己眨了一下眼睛。凭杨坚与李顺多年相处的经验，他知，定是李顺又想打啥鬼主意了。

陈老板禀告完毕，见杨坚沉默不语，心里凉了半截。他身子一软，又欲跪地磕头。

"不要这样，不要这样！"杨坚一把拉住陈老板，诚恳地向他表明了自己的态度，"你和小乐子先回吧，此事州衙一定要为你做主的。不过，咋办，还待商量定夺后，再知会于你。行么？"

送走陈老板和小乐子，杨坚即正色对李顺泼冷水："咱得先和你打个招呼，解决此事，并不如你所想的那么简单，不可弄巧成拙，反添乱子。当下是原先的老案子待破未破，又添这一档子急待制止的麻烦事，弄得不好，将会鸡飞蛋打，一事无成。"

李顺则洋洋自得说："嗨，咱的想法正是既可帮陈老板救女儿，又能一举把郑云飞、郑勣和十二金刚一网打尽，确是个事半功倍、两全其美的妙计！"

"噢？"杨坚无比惊疑，问，"你有恁大本事？"

李顺似已成竹在胸，如此这般娓娓道来。

杨坚先是连连摇头，不以为然，可渐渐地却陷入了沉思中，最后，也竟然有点跃跃欲试了。

等到李顺把自己的想法一口气讲完，杨坚却还是皱起了眉头，说："不可思议，不可思议呵！你的想法，看似完美，可实施起来，并不容易。你能使整个过程都做得天衣无缝、不露馅吗？"

"事在人为嘛。只要每一步都做得细致周到，就能万无一失。"

"你想过没有？这似同儿戏的做法，万一弄出个纰漏来，那才真是比'赔了夫人又折兵'更严重呢！"

"为啥尽往坏处想。只要审慎行事，即能将魑魅魍魉一网收尽呵！"

"可是，你要陈老板和小乐子都参与，他们能同意？此可不能一厢情愿，况且，搅和进去的人越多，越易出纰漏。"

"此事，关系陈老板女儿及全家之命运，他岂有不配合之理。"李顺说，"请陈老板和小乐子配合的事，我可开诚布公，一一向他们说明白。"

"那行！"杨坚也来了精神，"事不宜迟，今夜咱就着人通知樊伟，叫他来此商量调兵遣将事，和你来个里应外合、双管齐下。"

杨坚着人去城内兵府叫樊伟立即过这边来说事。兵府里的人告知说，樊伟去大洪山已有几日，至今未归。杨坚再次着人连夜赶赴大洪山，知会樊伟于次日回州衙议事。

第二日一早，李顺还未及出门，樊伟已策马赶到。他是下半夜接到通知后，摸黑赶来的。

杨坚请樊伟于书房共进早膳，并笑着说："你是否记得？咱俩第一次见面，也是在这间房里说话的。当初，樊大人曾许诺，一旦到了解决郑云飞问题时，君愿以府兵相支持。"

"卑职确实这样表示过。再说，杨大人原本就是随州府兵之最高首长，仪同樊伟哪有不令出即行之理！"

"好。当下已到兑现承诺之时了。请樊将军即刻回大洪山集合两千精兵，原地待命。并另抽二百名训练有素的士卒，于今日夜间赶到城内兵府营中，听我调遣。"

"此都没问题。"樊伟说，"只是年轻力壮的士卒，都在山里伐木挣钱哩。"

"那不更便于集中吗？钱，少挣点得了。叫他们下山，洗个澡，解解乏，再杀几头猪，打点鱼，解解馋，养精蓄锐待命，准备干件大事！"

"是——"小个子樊伟"噌"地站起，睨视杨坚，目光却有点怪怪的。他说，"看来大人是真要去捅马蜂窝了。照说，平日里，咱与大人接触也不算少，咋地竟未觉察出一丝一毫你要干此等事的迹象呢？"

"嗨，平日若闹得风生水起，马蜂还不四处乱窜，到处蜇人，那窝儿还能一锅端掉吗？"杨坚也盯视了樊伟一眼，故意道，"你怎个一惊一乍的？临阵有点怯了，是么？"

"咱……咱确是有点为大人担心。"

"不要紧的，你照咱说的去做，就成。要注意，那二百人进城，要悄无声息，切忌打草惊蛇。"

"这个请大人放心，咱这就回大洪山去，先把那两千人按大人的意思安顿好，然后，由咱亲自带领二百人进兵府待命。"

"好。"

是日，直到掌灯时分，李顺才回到州府的官衙内。杨坚叫把留给李顺的饭菜，都端到书房来，朱伯打来了洗脚水。李顺把脚泡在盆里，往口里扒饭，一双幽幽的眼睛在光照不怎么好的房内闪闪泛光。

待伺候的人出去后，杨坚才迫不及待地问："事情办得咋样了？"

"还行吧。"李顺边吃边道，"咱先找的陈老板。他对咱是望眼欲穿，生怕我们不肯管他家里的这桩棘手事。听说我们要负责地一管到底，特别高兴。接着，咱提出要他配合我们做好一些事项，他就愁眉苦脸起来，怕出破绽，弄得郑家翻脸，使全家招致杀身之祸。"

"他有顾虑，情有可原，咱也同样怕出纰漏呢。"杨坚插嘴道。

"咱当时就对他说，这确实是着险棋。其结果，不是鱼死，就是网破。可除此而外，别无他法。并说，咱这几日可以他家管家身份，入住陈宅，与他的家人患难与共，直至彻底解决问题。他听后，才转忧为喜。"

"唔，那小乐子呢？他能同意？"

"他开始听咱说明原委，气得暴跳，一口拒绝。我就说，'你这条命都是刺史为你捡回的，他如今命你做点事儿，并不会要了你的命，可你不干，这还像个人吗？'他就说，'那事，咱干得来吗？'咱说，'你个小，只有你干才合适，才不会露馅儿。'他就勉强同意了。"

"唔……就这，你花了整一日？"

"哪能呢。"李顺道，"在陈老板的酒店里和他俩分别把话讲清楚后，陈老板陪咱去了他的府上，和他的家人、仆役都见了面。顺便说一句，他家的大小姐是真的生得美，用貌若天仙来形容，一点不为过。咱在他家用的午膳，全家人都愁眉苦脸不大动筷子，只有咱美美地饱餐了一顿。明日一早，咱就走马上任，去他家里当管家了。下午，咱还到轿行逛了逛。这一日，紧巴巴的，东奔西走，七窍生烟哩。"

次日一大早，仪同樊伟又来了。看他一脸得意之色，杨坚就知道，事情办得一定不错。

"事都安排妥了？"杨坚问。

"妥了。"樊伟说，"二百人都是经咱手，一个个挑选出的，昨夜二更才进的兵府。对值守城门的士卒，咱前日出城时就打过招呼。二百人是分散着悄没声息进来的。"

"那两千人呢，也都集合好了？"

"嗨，别提了。前晚，咱从大人这里返回大洪山，都已大天光了。马上着人去山里把伐树的人都叫回来。他们见兵营里，又是杀猪又是打鱼，比过年还热闹，个个喜笑颜开。咱宣布待命的只有两千人，没选上的，还不高兴呐。"

此时，杨坚方见樊伟的眼圈都发黑了，于是说："辛苦，辛苦。今上午，包括你在内，都好好歇息歇息，说不定，下午李顺要到你那里去调教调教那二百人。"

　　二日后，也就是郑家提出的娶亲日子。陈家门庭，在新任管家李顺的张罗下，里里外外，张灯结彩，焕然一新，一派洋洋喜气。

　　这座不大不小，原本十分精致气派的陈家宅院，因年久失修，已显得破败凋敝。管家李顺上任伊始，为使郑家人感到陈家嫁女之诚意，提出两日内，要把陈家修葺一新。陈老板面显难色，说自己的酒肆只是打肿脸充胖子，勉强支撑。这一大家子人，其实是靠祖上留下的田土维持日常生计的，根本拿不出一大笔钱来修缮房屋。李顺就道，不是说，郑家下聘礼，一次就给了一百两黄金吗？陈老板说，那钱怎敢动，到时候是要还人家的。管家李顺大为光火，说，现在都火烧眉毛了，你还想得那远？陈老板立刻把一百两金子全都交给了李顺。李顺则大大咧咧来了个全家老少大动员，买物料，请工匠，人手还不够，就把兵府里的那二百府兵一律着便装，调了过来。两日两夜连轴转，终使陈宅旧貌换新颜。

　　正午时分，郑鹮按约骑着那匹全身无杂毛的白马，披红挂彩，带着一班吹鼓手和二十四人抬的大花轿，准时来到陈宅大门口。这班乐工是郑家坞堡用于娱乐、祭祀，平日训练有素的专班子。大花轿和轿工则是花钱从轿行租来的。李顺指挥家人在门口放起了鞭炮，刹那间，鼓乐和鞭炮齐鸣，好不热闹。郑鹮原怕陈家不肯乖乖就范，还带了二十余名精壮家兵，抬着整匹宰杀过的猪和礼品，倘若情势不对，就欲抢婚。可一见这般景致，大喜过望，立即下马，迈入堂屋，向岳父母三叩首。此时，陈家小姐亦穿着鲜红的嫁衣，浓妆艳抹地在两名丫环的搀扶下，出房拜见郎君。郑鹮一见，更是心花怒放。

　　管家李顺忙前跑后，指挥陈家一干仆役摆宴。吹鼓手及扛抬彩礼的一应杂役，被安排在前院的花园就座；二十四名轿夫，则被安置到后院入席；堂屋里，也摆了四张桌子，新郎官及男方的亲友、傧相，还有陈老板夫妇和陈家至亲，则在大堂中聚济一堂。

　　陈老板夫妇忐忑不安，郁郁寡欢，他们不知这曲由管家操持的真做之假戏，最终会弄出个啥结果。管家李顺则从容不迫于主宾席上先给新郎斟了酒，又给郑家亲戚及傧相一一斟酒，之后，才转到主人陈老板面前，他右手执壶斟酒，左手则暗暗顶了一下老板的后腰，俯身叮嘱道："振作点！"

开了一辈子酒肆的陈老板，这才强打精神举杯起立，恭谨地朝周遭宾客道："今日是小女大喜的日子，咱敬大家一杯！"说完，亦不与女婿和客人碰杯，径自一饮而尽。接着，在众人的欢声笑语和觥筹交错中，仅此一杯酒，然，陈老板已觉昏昏欲醉矣……

恰在此时，李顺一眼扫见有个丫环从侧门慌慌张张闯了进来，他立即走了过去，将丫环拉出大堂。

丫环上气不接下气地道："不好了，小……小姐她……她已晕厥过去了！"

李顺横她一眼，说："小姐有病，你跑这来干啥？咱不是早把郎中请来了吗？你去叫郎中呀！"

丫环这才慌里慌张地去找郎中。原来，细心的李顺就怕出意外，早把药堂老板王裕兴请到了陈家。这几日，若不是王裕兴用药调理，陈老板夫妇恐怕早就支撑不到婚宴上了。李顺赶到小姐的闺房，她身着一身红嫁衣，双目紧闭，气息奄奄地躺在了床上。

不一会儿，王裕兴也到了。他在小姐的太阳穴上掐了几下，接着，吩咐丫环打盆凉水来，把用凉水浸过的布帕搭在小姐的前额上，没过一会儿，小姐即清醒了。

"你这是何苦来呢。"李顺也顾不得男女有别，坐在小姐床沿上说，"咱早就对你发过誓，等这班人一走，你就没事了。你今后想嫁谁，就嫁谁。可你偏是熬不到那一刻。"

小姐虚弱得已不能说话，却用怨愤的目光盯住李顺。这两日，她见这个新来的管家颐指气使，屋里屋外，一手遮天，连父母对他也是唯唯诺诺。这哪像个管家，分明就是陈家的太上皇嘛！更可恨的是，他一直许诺说，不会将自己往火坑里推的，要自己听他的话。可现在，花轿都抬到了大门口，那个没人性的恶狼已进了屋，他竟还着丫环硬拽自己出门，与其见面，这不是哄死人不填命吗！

　　李顺看看陈家小姐已经清醒，就把王裕兴拉到门外，悄声问："小姐情况如何？要不要紧？"

　　王裕兴说："她的体质原本不错，只是受到惊吓，这几日又没吃什么东西，身子较虚。事过之后，调理一下，不会有大碍的。"

　　"没事就好。"李顺吁了口气道，"不过，你得帮咱守在此处。一是务求小姐、丫环都不出房；二是不要让小姐又哭又闹起来。"

　　"这都好办。几个丫环，避恐不及，哪敢擅自出房？小姐则是要哭，也有气无力了。"

　　"好，好！这样就好！咱要应付外边诸事，请您还是把住这张门，以防万一。"李顺说着，抽身便走。此刻，他要管的事确实太多了。

　　婚宴足足进行了两个时辰。李顺看看郑翦早已心猿意马，再一算，也确要启程了。他于是走到前院，给每个吹鼓手都分发了一个一两银子的红包。吹鼓手们兴高采烈、酒足饭饱、底气十足地奏起了喜乐，陈家仆役也按李顺要求燃放起了鞭炮，红光满面的郑翦精神大振，起身朝岳父母打躬作别。

　　其时，新娘亦披着红盖头，在一群衣着鲜艳、裙裾飘飘的伴娘和丫环的簇拥下，缓缓出门，并半推半就地进了大花轿。二十四位轿夫则已各就各位，领轿者在鞭炮和鼓乐的喧闹声中，发出一声力拔山兮的呼喊："升——轿！"

　　于是，披红挂彩的大花轿便和着音乐的节拍悠然而起。醉意阑珊的郑翦跨上白马，不失少爷风度地向陈家父老乡亲和周围看热闹的人拱手告辞。

　　花轿和抬嫁妆的送亲长队渐行渐远，使刚才还热闹非凡的陈家宅院，一下子陷入死一般的静寂中。小姐闺房中的几个人，只有充任郎中的药铺老板王裕兴最先觉出外面气氛有变。

　　他于是对房里的小姐和丫环交代说："你们不要出声，不要外出，咱先去探探情况再回来。"说完，出了闺房，仍把房门合上。

　　过了好一会儿，躺在后院柴草房中的二十四名轿夫，亦渐渐恢复了知觉。他们被十余名手执兵器的府兵告知：今晚都不能回轿行，但可以在陈家后院活动。饿了，有酒菜招待。

原来，婚宴时，轿夫们的酒菜中都下了迷药，他们一个个迷倒后，就被府兵搀进了柴草房，躺在了松软干燥的柴草垛上。取代他们充任轿夫的则是二十四名府兵。起先李顺还担心这些从未抬过轿子的府兵，难以胜任此项步调一致、技能较高的活计，还让樊伟出面去轿行租来一顶大轿，先在兵府院内演练演练。没想到，从那二百人中随便挑出的二十四名个头一般高的府兵，抬起轿子才走两趟就十分合拍了。究其原因是，他们平日在山里伐木、采石，一根圆木或一块石料，少则二三千斤，多则上万斤，几十人或百数人一声吆喝抬着在山路上都走得稳稳当当，抬这么轻巧的一顶花轿，还能不和玩一般轻松自如？

陈母和王裕兴确知郑蓥等已经远去，才兴冲冲地走进小姐的闺房，告知郑家人都被管家李顺引走了。原本奄奄一息的小姐不知哪来的劲，倏地翻身坐起，喜极而泣。丫环连忙用手绢给她拭泪，待她稍稍平复后，竟然道："妈，我饿！"

而一直坐于堂屋酒桌前，未挪动一步的陈老板，面对大红纱灯下的残羹剩酒，仍是浓眉紧锁，愁容满面，因为是福是祸，都还难以逆料呵！这事，躲过了初一，十五会是啥样子？

第十回

施巧计魑魅魍魉一网尽
伏洪魔农林渔牧共欣荣

却说，管家李顺腰系红色绸带，喜气洋洋地走在花轿一侧，指挥送亲队伍沿街逶迤而行。

这支队伍的主角当然是郑蕲，他披红挂彩、笑逐颜开地骑马走在最前面；紧随其后的是幡旗队，各色吉庆旗幡五颜六色，随风招展；幡旗之后是鼓乐队。一时间，街道两旁看热闹的百姓人潮涌动，吹鼓手们"呜哩哇啦"更是加劲；紧随吹鼓手后的是主角中的主角——二十四人抬的大花轿。

此刻的李顺少有地特别紧张，因为轿行就在街上，而所用轿夫则一个都不是轿行里的人，若被来看热闹的轿行其他人瞅出破绽，就有可能前功尽弃。而其时，二十四名轿夫则个个扎着齐眉的红汗巾，低首敛气，一声不吭，一路前行。

李顺满头大汗，手扶轿杠，低声对身边的领杠道："齐整点，别乱了阵脚！"

领杠抬头，清了下嗓子，发出一声口令："一——二！"

就这么一嗓子，只听二十四名轿夫脚踏街面石板，跺出整齐的"嚓嚓"声。而恰在此时，李顺一眼瞥见看热闹的人群中，樊伟竟亲自指挥一干府兵在维持街面秩序——他悬着的心，一下踏实了。因为现在即使有人看出轿夫不是轿行里的人，樊伟身边的府兵即会采取措施将其分隔控制，而不至坏了送亲队伍的事。

送亲队伍出了城门，离郑家坞堡尚有十余里地，鼓乐手们暂停了演奏，队伍中知根知底的人都松了一口气。不过，此刻最忙的还是李顺。他在清点、整顿花轿后挑着或抬着嫁妆的队伍。这批人在看热闹的人群推搡冲撞中，已失去队形，有的甚至掉得老远。他们中有抬箱笼的，有抬梳妆台的，有挑木盆、红漆马桶的，有挑床帐被盖的……总之，新娘的各种生活用品，应有尽有，五花八门，琳琅满目。送亲队伍经过一个村落时，一些稀稀拉拉的村民亦赶到路边看热闹，不甘寂寞的鼓乐手，又加劲奏起了喜乐，轿夫们在领杠的指挥下，抬着花轿耍起了各种令人眼花缭乱的舞姿，连骑在马上的新郎官也不时回头看得如痴如醉。

这支浩浩荡荡的送亲队伍，就这样，走一程，耍一程，直到日落西山、薄暮冥冥之际，才抵达郑家坞堡的大门口。刹那间，坞堡内外，鼓乐喧天，鞭炮齐鸣。

郑翥无比兴奋，骑马率队入坞堡大门。早已赶到坞堡的四方宾客闻讯，出屋喜迎新人。

一路鼓乐，一路鞭炮，一路欢歌笑语中，大红花轿终于在一声"落轿"的口令声中，停在了"云庐"的大门前。郑翥乐滋滋地亲手揭开大红花轿的红门帘，新娘披着红盖头，娉娉婷婷地在两位伴娘的搀扶下，步出花轿。一位郑家丫环，手抱一卷红绫走过来，把其中的一端塞在新娘手上，再把另一端交给郑翥。郑翥拽着红绫牵着新娘徐徐步入"云庐"。红绫在两位新人的拖拽下，铺展开，只见绫子的正中系着一只大红绣球。新郎和新娘在经久不息的鞭炮、鼓乐和欢声笑语中，进入灯烛通明的大堂屋。堂屋里、天井间和宽阔的围廊中，摆满一桌桌丰盛的喜宴，刚才去迎新人的宾客们则分亲疏主次，纷纷坐到属于自己的位置上……

此刻，须回头表表坞堡门口发生的事。

却说，郑家坞堡大门口，当花轿进去后，后面的嫁妆队伍却还逶逶迤迤拖得很长。李顺知道，眼下前面的新娘和轿夫等，自有郑家人料理，自己就仍留在了坞堡的大门口。嫁妆一件件挑着或被抬着进入坞堡，其中有空着手的人，也夹在队伍中进去了。起初，守门的家兵以为来者都是新娘子娘家的人，并未在意。可后来，空手进入的人越来越多，守门家兵方觉不对，挡住一人，欲问究竟。

恰在此时，身着便服的仪同樊伟从人丛中闪将出来，手一挥，四周空手欲入者，个个如狼似虎，未费周折，就把郑家坞堡门前的家兵，全部缴械，并控制住了进出坞堡的大门。于是，空手的和抬东西的，纷纷打开箱笼。箱笼里，只表面放了几件衣物，里面全是刀剑等各色兵器。大家各取所需，分散潜入天已黑透的院落。这其中，挑抬嫁妆的脚力和前面进去的轿夫，皆是李顺率领的那二百府兵；空手进来的则是樊伟的两千府兵中的一部分人。

自樊伟赶到坞堡门口，并将大门控制住，李顺仅和樊伟交换了一个眼色，就把外围的防护交割给了这位处事沉稳的仪同。自己则和拿着武器的若干人，也潜入到张灯结彩的坞堡大院里。

李顺径直摸到"云庐"门口，恰遇轿夫们席地坐在大门的台阶下歇气、喝水。有郑家仆役前来请他们去后院赴宴，他们辩说，太累了，先就地歇一会儿再去。于是，有人挑来茶水和吃食，并说，先解解乏再赴宴也行。李顺和他们打了个照面，就进"云庐"去了。

堂屋里，已是高朋满座、笑语声喧、烟雾缭绕……

李顺进来时，只见周围明晃晃的什么也看不清。待他逐渐适应了室内的光线，朝四周瞅一眼，见挑嫁妆的一些人，有的已站在暗处看热闹，有的竟还堂而皇之地坐进宾客空出的座位中。再看那高堂之上，只见郑云飞身着红色大氅，高高在上地坐在一张和皇帝宝座差不了好远的位子里。新婚夫妇，则站在祖宗牌位前，欲行结婚大礼。

其时，身披红色绶带的司仪高声唱喏道："一拜天地！"

两位新人即跪在了脚前的红垫子上。

"一叩首！——二叩首！"当司仪唱完"三叩首"时，一个意想不到的情形发生了——新娘第三次叩首时，一不小心，红盖头竟然从头上滑落下来。新郎郑鬎瞥一眼新娘，全身竟然像抽风似地震颤起来！因为他看见浓妆艳抹的新娘子，男不男，女不女，根本不是那位美丽端庄的陈家大小姐！他惊悸地从地上一下子反弹起来！而新娘则懵然晕倒于地……

众目睽睽之四座，则一片哗然。

正当众人一筹莫展之际，说时迟，那时快，隐于暗处的一条汉子，一个箭步冲上去，挥起一根抬过嫁妆的红棍，照准惊魂未定的郑鬎脑门就是一棍。立时，脑浆鲜血四溅，并喷到了周围宾客的身上和席面上。

其时，见过大场面、并在席中的十二金刚们，一见情况不对，也都不是省油的灯，他们拿起桌上的杯盏就往汉子身上砸。其中一个提起一把坐椅，正欲砸将过去，被眼疾手快的李顺一把按住。也真是冤家路窄，那家伙正是十二金刚中的刘二！当他俩四目相望时，也都认出了对方。刘二松手，丢下椅子，转身欲溜。李顺则顺手将那椅子接过来，朝刘二劈头盖脑砸下。刘二惨叫一声倒地，并带倒宾客一片。高堂上，原本神气活现的瘌子郑云飞，亦乱了方寸，"呜哩哇啦"地叫唤起来，被一埋伏在侧的府兵一刀就要了他的性命……

原本喜气洋洋的大堂里，转眼刀光剑影，血肉横飞，一片鬼哭狼嚎。守候在室外的轿夫和尚未进入堂屋的府兵们，听到里面声音有异，各人抄起一件家什，冲了进去。堂屋里一下塞满了人，没进去的，就把"云庐"围住，出一个，逮一个。有个专管联络报信的人，拿出几枚事前准备好的叫"冲天炮"的礼花，朝天燃放了三枚。

红色礼花，划破苍空，表示坞堡内已经动手。随之，坞堡外如山呼海啸般响起一片喊杀声！

此刻，堂屋里的李顺一跃跳到桌子上，大声喊道："诸位，安静！请安静！"

待试图反抗的几人，都被一一制服，堂屋才终于静了下来，并静得令人发瘆！

　　李顺严肃地扫视了一眼黑压压的人群说："诸位，有座位的，请坐下，谁都不要动。先请两位府兵兄弟，把乐子兄弟搀扶出去。"

　　这时，一名原先充当轿夫的府兵，从高堂上抱起全身乏力、已不能动弹、扮作新娘的小乐子；另一位则在前面，分开众人，为其开路。他们一步一步穿过人丛，出了堂屋。

　　李顺接着继续道："诸位：咱是奉州府杨刺史和兵府樊仪同之命，前来殄灭血债累累、祸害百姓的郑家父子的。在座大部分人，包括郑氏家族的一些亲友，凡与罪案无涉者，皆不在惩罚之列。目下就请老人、妇孺离开此屋。有住外边的，原是坐车或坐轿来的，现仍可乘原车原轿回家。请不要拥挤，并请府兵兄弟帮扶他们出门，帮助他们到后院找到自家的车、轿。"

　　与此同时，坞堡外的樊伟则率数百府兵，高举火把喊杀连天地冲了进来。他们一个个队形整齐地在坞堡大院内迅速找到事前预定的位置站定。这批身着戎装的府兵，一手执兵器，一手擎火把，把坞堡内的每个角落都照得通明。而坞堡外，还有千余府兵，也都擎着火把，将坞堡团团围住，以防漏网之鱼逃出。

　　而此刻，坞堡内的千余郑氏家兵，哪见过这种战阵，他们一个个早都腿酥手软，斗志全无。而这，却正是仪同樊伟想要达到的震慑效果——不战，而屈人之兵。可就是为这两千支火把，樊伟却下了血本。因为每支火把都是用棉布缠绕，再用食用油浸泡，光油就用了几百斤。

　　堂屋里的老弱妇孺被府兵们请出后，室内显得宽松多了。李顺也在一张椅上坐下，他从衣襟中掏出一份册页，其上录有几十人的姓名。他照单念了一个人的名字，无人应答。他再念一遍，有人答道，"在。"其实，那人就坐在李顺身旁。

　　李顺看他一眼，说，"你坐那边去。"

　　那人期期艾艾，不想挪动。不过，还是拗不过李顺严厉的目光，不情愿地坐到了指定的位子上。李顺接着又念一人的名字。

　　有人高声应道："在。"

"你也坐那边去。"

"老子就坐这里，怎么着。"

李顺使了个眼色，呼地上来四个抬过花轿的府兵，两人一左一右，将其双手反剪；第三人拿出绳索，三下五除二地就将其捆得结结实实；另一人则顺手一提，就生生地将他提拉到了另一边。

李顺继续叫人，无人应。提高语调又叫一声。

有个人嗫嚅着指着一个躺在血泊中的人道："他……他……"

李顺等府兵对死者验明了正身。名单上的下一个是刘二，也不用叫名字了。这样，十二金刚中，有五人因当场反抗而毙命，余下七人全部落网。李顺命将这七人先押送出去。

"云庐"外，樊伟已备好几十辆手推单人囚车，每辆车上都贴有一人的姓名，十二金刚和罪大恶极的爪牙一人一辆。李顺的名单念完，一干人都进入囚车后，连夜将其一一押解至随州监牢。

堂屋一时又空了许多，李顺终于点到最后一人。他用询问的语调道："郑家管家在不在？"

"小的在。"一个肩挎红色绶带、头戴红色镶边礼帽的瘦高个，听到在叫自己，全身颤抖，并从座椅上跌落下来，跪在了地上。他就是刚才婚礼上嗓音洪亮的司仪。

"起来吧。"李顺说着，两位府兵走过来将其扶起。李顺接着说，"我们不会为难你的。不过，从明日起，要请你会同账房、保管等人，配合刺史派来的人，清点郑家的账目和财产。"

…………

却说，天黑后，一直坐镇州衙书房的刺史杨坚，手握一卷书，可他哪里读得进去，只是在房里乱兜圈子。

直到午夜时分，几名府兵抬着一副担架进了州衙。杨坚听到动静，立即出门。朱伯提着一盏灯在前引路，杨坚迎过去，接过朱伯手中的灯，朝担架上的人一照，在场人都大吃一惊——躺在担架里的竟然是穿着红嫁衣、涂脂抹粉的小乐子！

杨坚心一紧，发现他身上有一块一块黏糊糊的脏东西，用手一摸，再拿到灯前一照，竟然是血！这位身经战阵之刺史，亦不得不心惊肉跳起来。

其时，早已被凉风吹醒的小乐子连忙解释说："那不是咱的血，是……是郑翦的……咱……咱没受伤。"

"你没受伤？"杨坚更是大惑不解，"那咋躺担架上了？"

"咱亦不知是咋地……其时，只听叫叩头，咱在花轿里已被摇晃得晕乎乎的了，到叩第三个头时，盖头一滑，明晃晃的光从四面八方刺来，头痛得受不了，就……就啥也不知道了。

杨坚赶紧叫朱伯夫妇照顾好小乐子，就把抬担架的几个府兵召集起来，想了解坞堡那边的情况。几名府兵都是守在"云庐"外的，他们也只听说，郑翦被一个弟兄一杠子夯杀了。还听见堂屋内一片鬼哭狼嚎的叫唤。接着，有人把小乐子抱出来，他们就连夜抬到了州衙，别事就不清楚了。

杨坚没能明了全部情况，心想：冒冒失失的李顺，不会把事办砸吧？就这样，一直等到天快放明，杨坚才分别接到李顺和樊伟派人送来的消息——所有犯有血债的案犯，无一漏网。他大喜过望，叫醒州衙内已经熟睡的人，把事前已准备好的《告示》，一式三份，连夜张贴到城里人群最集中的处所。

亦正是夜阑人静之际，除杨坚而外，还有一人仍在辗转反侧，难以入眠。此人便是酒肆的陈老板。他始终猜不透李顺的葫芦里究竟卖的是啥药？那恶狼确实是被他哄骗出门了，可纸终究是包不住火的呀。躲过了初一，还挨得过十五吗？他就这么躺在床上胡思乱想着，直到雄鸡唱白，才终于迷迷糊糊地合上眼睛……可刚一合眼，即被一阵猛烈的鞭炮声惊醒。他毛骨悚然地感到大限已经来临——他想，肯定是郑翦率领更大排场的抢亲队伍逼近了！

恰在此时，一直在闺房中陪伴女儿的夫人惊慌失措地进房说："女儿听到鞭炮响，惊吓得直发抖。"

早已六神无主的陈老板在此之际，也只好硬撑着起身，前去安慰女儿。

而其时，却见一个家人从大门外闯入，气喘吁吁地跑来说："老爷！老爷！郑翦和他爹……都……都被咱家新来的李……李管家灭了！"

"啥？"陈老板有点不相信自己的耳朵，手指门外道："你听，这鞭……鞭……"

"满街人都在放鞭庆贺咧！"

"……"陈老板一听，人却酥软得一屁股坐到了地上。

一连几日，州府衙门内，屠户送肉的，粮行老板送米面的，布帛行送来绢绸绫罗布帛的，商户送钱送物的，络绎不绝。整个州衙一共才几十号人，大多数慰劳物资，杨坚都转送给了兵府。其实，往兵府送的东西更是数不胜数。

杨坚趁百姓情绪高涨，就召集各行各业老板说："当下欺行霸市的恶浊势力已被剪除，随州城也应一改颓势，振兴起来。州府和兵府什么都不缺，请诸位，有钱出钱，有力出力，把市廛之容貌改变改变。"

刺史的号召，得到老板们的响应，纷纷解囊出资，要把年久失修的街道和自家的铺面修葺一新。

没几日，药铺老板王裕兴也搬回城里，躲避到山中种药的伙计也重新露面，并正在为重修王裕兴药堂张罗忙碌。

一连几日，李顺吃住都在郑家坞堡。抄查的钱粮物资数目巨大，令他大开眼界，瞠目结舌。樊伟仍是头绪纷繁地到处都要照应。一方面，坞堡内的情况仍然复杂，这里还有一千多郑氏家兵等候处置，所以，他还在坞堡内留了一千府兵。剩下的一千二百人，第二日傍晚就返回了大洪山。他没有让他们再去伐树，而将其补充到了建设营房的队伍中，因为在冬季到来之前，必把营房都造好。杨坚也是到处跑，有时到李顺那里和他吃餐饭，有时和樊伟碰个头，有时去商会，那里由各行业老板推举出几个有信誉的人，组成了一个翻修街道路面的督导处。

杨坚心一紧，发现他身上有一块一块黏糊糊的脏东西，用手一摸，再拿到灯前一照，竟然是血！

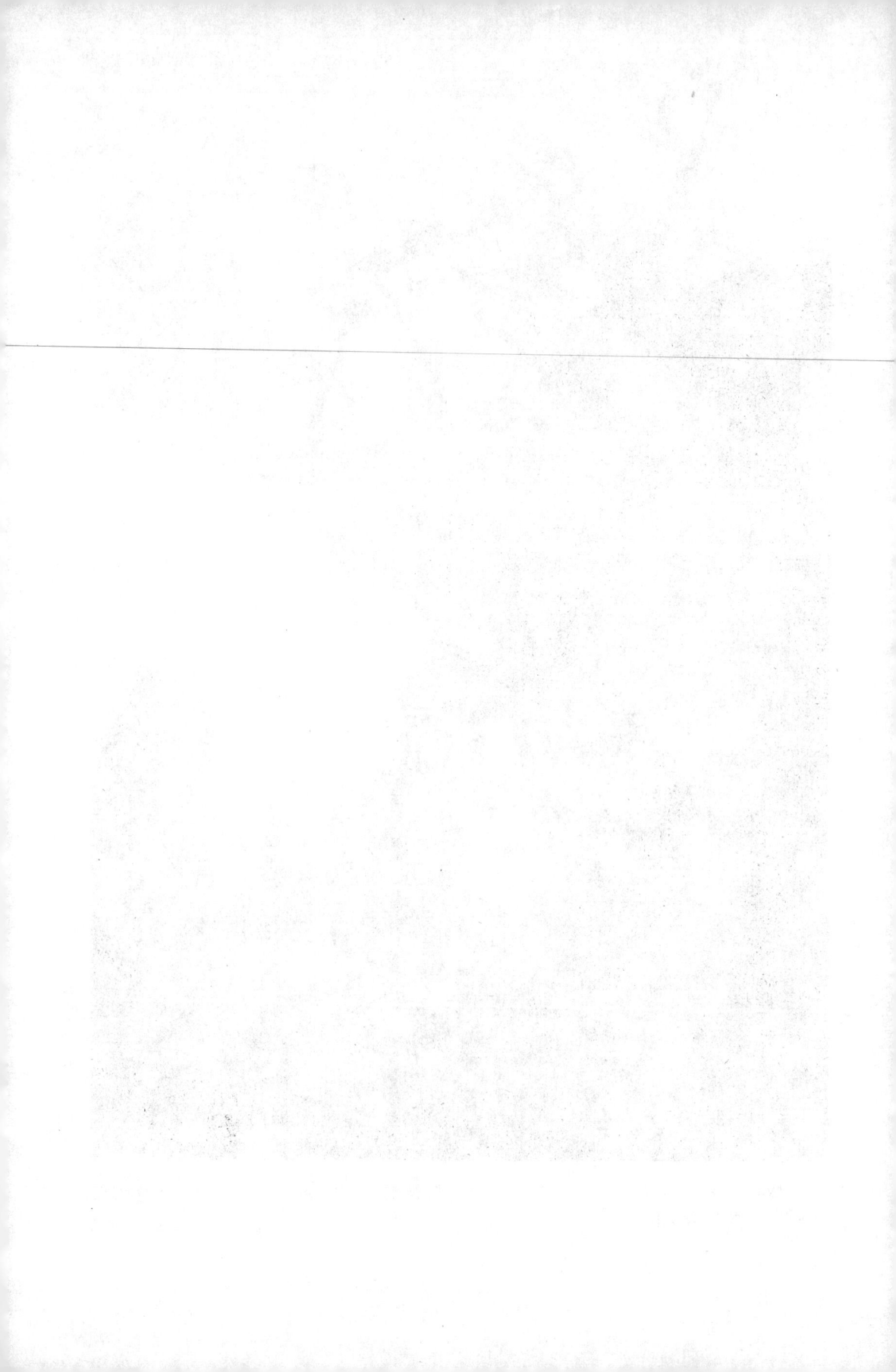

这日傍晚，杨坚风尘仆仆地刚从外面回到州衙，陈老板也尾随其后地进了门，并道："刺史大人不是说，早想到敝店再喝一回酒吗？现在如何？咱已在这门外等候很久，才把您候着。"

杨坚回头看了陈老板一眼，说："你恐不是来请咱喝酒的，是来要小乐子的吧？小乐子目下还不能给你，他身子还虚，先让他在咱这里将息将息，以后怎么着，还得看他自己的意愿来定。"

"那是，那是。"陈老板说，"当下，外间关于郑翦娶亲和郑家覆亡之各种说法，一天一个讲究，说得活灵活现，光来酒肆向咱打听的，都让咱应接不暇呢。小乐子是故事的当事人，也是咱陈家的大恩人，今后即使回店里，咱也绝不会再让他跑堂、当小伙计使了。"

"这么说，你真是实情实意来请咱喝酒的啰？"

"当然。此不正是用膳时候？哪里吃，不还是一顿饭工夫。"

"行。那恭敬不如从命了。"

他俩在陈老板酒肆大厅后的一间小房就座，菜肴也都自然是经过精心烹制的。自到随州，就整日忙忙碌碌的杨坚，今朝终于为当地父老乡亲痛痛快快办成一桩大事，也确实该放松放松了。

平日不胜酒力的杨坚，一开始就酣畅淋漓地喝了好几杯，话也就自然而然地多起来："哈哈，你家大小姐现在该无忧无虑了吧？"

"嗨，她呀，仅快活了一天，又整日心绪不宁了。"

"噢？"杨坚把正往嘴里送的一筷子菜，又放回自己碗里，"这个娇女子，她又咋了？"

"开始我们也弄不明白。她又跟往日一样，丢了魂似的，不吃不喝，一副痛不欲生状。为此，咱还把王郎中又请到家，他一号脉也直叹气。咱和小女的娘问，要开啥方子？郎中竟说，他的药方已治不了小女之病——"陈老板把话说到此处，欲言又止。他呷了一口酒，才又硬着头皮说，"实不相瞒，咱今日请刺史大人，也还是有事相求咧！"

"呔！陈兄差矣。你可是把杨坚看成'万事灵'了。王裕兴治不了的病，杨某能治？"

"大人，您能！"陈老板一口咬定，不松口。

"那你倒是讲明白，看咱能在哪里？"

"郎中说，小女害的是……是相思病。"

"嘿……"杨坚瞠目结舌。

"她娘去问，小女这才说，她……她是朝思暮想咱家新来的那个李管家……"

"李顺？你是说你家大小姐看中咱李顺了？"杨坚恍然大悟，沉思片刻道，"嗯，有意思，有意思。李顺真真是演了一曲英雄救美之戏，被救之美人儿，爱上了大英雄，好，好！"

"小女还说，如果李管家已有妻室，她做偏房，也情愿。"

"难得，难得。不过，李顺还真没成家呢。为这事，咱曾催过他多次，可都被他这理由那理由地推脱了。行，你女儿之事，就包咱身上了！"

杨坚回到州衙，也真是无巧不成书，几天未归的李顺，恰恰这时回来了。

面带微醺的杨坚在前院一见李顺就乜斜着眼，朝他笑："你到咱书房来一下。"

"咱回州衙，已等候多时，有好多事都要给你说呢。"李顺跟在杨坚后面，边走边道。

朱伯上过茶后，杨坚仍是一脸笑："今日你先听咱的。然后，咱再听你的。"

李顺从小跟杨坚一起长大，从未见其用这种怪怪的目光看自己。

"你小子这次的事儿干得不错，竟走桃花运了！今日陈老板请咱喝酒，亲自提亲。说白点，是他家小姐自己看上你的。"

李顺一听，脸涨得通红，一时竟无言以对。

杨坚兴致勃勃地继续道："你不是说过陈家小姐貌若天仙吗？你小子，此次是实实在在演了一曲英雄救美戏。多美的人儿，多美的事儿。这回，你总不至再推脱了吧？"

"别，别，别！"李顺急了，"咱还是那句老话——智仙师傅临别之际，曾特别叮嘱过咱，要咱心无旁骛地照顾好你。她虽未明言，但咱领会得到，她之所以收咱为徒，就是为了给你作帮衬的。"

"成家，与你做咱的兄弟，并不冲突嘛。"

"有了家室，显然就不会是心无旁骛了呵。"李顺道，"都这么老大不小了，说句实话，成家之事，咱也不是没想过。这样吧，等你日后发达了，当个大冢宰或大司马什么的，你周遭听用的人多了，届时，也给咱封个刺史或开府什么的干干，咱再考虑成家事吧。"

"那你不是辜负陈小姐的一片真情了？"

"其实，咱与陈家大小姐也未必般配吧？李顺乃一介贱民。她家虽不如从前，但毕竟是高门望族出身。倒是陈小姐这人确实难得——其人不仅长得很美，还敢爱敢恨。"

话到此处，再行劝说，也就多余。

杨坚只好转圜道："那就说说你在坞堡那边清仓查库的情况吧。"

次日一早，杨坚直接到兵府找到正欲出门办事的樊伟，见面就对他开门见山道："咱曾听你讲，修一丈明渠要花三钱多银子，咱现在给你三十万两银子，再给你添两千劳力，人畜过冬并一直吃到接上秋粮的粮食也不再用你操心，能否把大洪山水坝和泄洪明渠修造好？"

"若是此样，那有何难！"樊伟叹了口气，说，"但，钱从哪来？大人，三十万两白银，可不是个小数目哩！"

"实话对你讲吧，李顺把郑云飞的地下银库一打开，盘了几天，还未盘完。三十万两白银仅是个小零头呢。另外，坞堡里的粮食、布帛和其他财产都还没开始盘查。"

"呵……天爷！这多财物，真是享几辈子天福都享受不尽呀！他们为何还要到处横行霸道作孽咧！"

杨坚继续道："坞堡内还有千余家兵和几百奴仆，一共约有二千余人。你带几个人去，把他们接收过来，并与你驻守在坞堡内的府兵一同撤回大洪山去。注意一点，一定要善待这批人。他们都是下人。年轻力壮者，可充任府兵；体弱有病者，可让其去养鱼养鸭喂马；年纪大的，还有女人，如愿另谋出路者，皆可发足路费让其返乡或自谋出路。”

“好，好。咱这就点几个人，马上过去。”

“那三十万银子，等咱请示一下襄州总管府，过几日再拨付与你。不过，你还是得精打细算省着用。”

“这个请大人放心，银钱上的事，樊伟一生谨慎。”

杨坚点点头，欲起身。

“大人……”樊伟欲言又止。

杨坚不解地问：“啥？还有什么不明白的吗？”

“不知咋的，咱……咱到如今，仍跟做梦一般，总觉……不踏实……”

“嗨，你这个人哪，啥都好，就是有点前怕狼后怕虎。”杨坚起身道，“老实说，咱担心的事比你多得多。如果成日怕这怕那，那还办得成事么？咱的师傅曾把一柄宝剑搁在神龛上，教咱时刻不忘‘韬晦’。她的教诲，使咱获益匪浅，躲过数次劫难。可经历过此次事件，咱还懂得，人生除有韬晦之历练外，有时还要敢于挺身担责！”

第十一回

太子娶亲朝廷赞声一片
鬼魅翻案京师流言四起

两顶绯绿小轿一前一后在含仁殿宫女和太监的导引下，穿过皇城大门，直入宫城南门，一路畅行无阻地停在了大内含仁殿的丹墀下。从前面小轿中出来的是一位三十大几岁的贵夫人。她略施粉黛，头扎绀色缯制发巾，插一支金色发簪，身着青色丝绢的上衣、下裳，体态丰腴，而风韵犹存，这便是杨坚的独孤氏夫人；从后一顶轿中下来的是一苗条妙龄少女，她穿一身月白裙衫，清姿秀骨，面若桃花，脸模生得与独孤夫人极为相像，此自然是其长女杨丽华了。丽华生平第一次进入皇家后宫，清纯而略含稚气的目光中，充满好奇与兴奋，她打量着富丽堂皇的含仁殿，眼睃院子里的叫不出名目的奇花异草，忍不住地想用手去摸摸，看一眼母亲，却还是忍住了。

母女俩是应叱奴皇太后的邀请而来的。接受邀请时，独孤夫人就猜想：一定是哪位王公贵胄家子弟看中丽华了。女儿一天天长大，又生得美丽，前来提亲的自然不少。以往，夫人权衡利弊，不中意时，皆以其父在外当差个人不好作主为由，都即时推脱掉了。可此次，则非同以往，发出邀请的是于自己有恩、且德高望重的皇太后。她如果真的开了口，而自己并不满意，也就只能是打落牙齿往肚里吞了。因此，独孤夫人虽面含微笑，心里却在打鼓哩。天真无邪的丽华，以为仅是入宫做客，自是一身轻松，高兴异常。她兴致盎然地迈着轻盈的步子踏上丹墀，还左顾右盼地望着大殿周遭的各种物事和摆设。

接着，母女在丫环和太监们的簇拥下，进入一间不大，却极尽富丽的客厅。厅堂正中一左一右坐着二人。一位是独孤夫人熟识的叱奴皇太后；另一位则和独孤夫人的年龄不相上下，只看那坐着的姿容，就知是一位大贵人。她面容端庄，不见娇媚之态，而是显得极有涵养和富态。独孤夫人看她一眼，觉得有点面熟，一时却又记不起是哪位大人的夫人。

母女进去，跪下就拜。

叱奴太后笑道："免礼，免礼！都快起来吧。"

年龄与独孤氏相仿的那位夫人起身，一手一个将母女牵起。待母女俩在右侧的椅子上就座后，叱奴太后指着牵她起来的贵妇对独孤氏说："你不认识她？她是哀家的儿媳李后嘛。"

"呵——奴婢失敬了！"独孤夫人愣了一下，马上惊喜地又从椅子上跌落下来，跪在地上道："奴婢有眼无珠，不识皇后。奴婢……目下想起来了，曾在太子的加冕礼上和太后的寿筵上见过面的。"

丽华见母亲复又跪下，也机灵地随着跪了下来。

"哎——免礼，免礼！"李后喜笑颜开地再次将母女搀起来。

"独孤呃，你可真是个美人坯，生的女儿也这样好看。"接着，叱奴太后又对丽华道，"嗨，你不知道吧，你妈长到你这年纪，好多人家找上门来说媒呢。后来是你外公相中了你爹，由他作主，把你妈嫁到杨家的。"

大家听着，都"哈哈"大笑起来。笑得最开心的是聪明的独孤夫人，此时，她原有的担心已随着笑声消散了。看中女儿的竟然是李后。而李后的亲生儿子，即是东宫皇太子赟！

但，佯作不知情的独孤氏则说："您老传奴婢进宫，就寻思不知带点啥孝敬老祖宗。想来想去，还是只带来两坛老酒。"

"哈哈……此真是，知我者，独孤也！咱没别的嗜好，就好这两口。而

母女俩是应叱奴皇太后的邀请而来的，在太监和宫女的导引下，正欲迈上丹墀。

且，人越是老眼昏花，还越馋呐！"

"不过，您老一张嘴，就远不止是两口！奴婢的话还未说完呢，这两坛酒是用高丽老山参泡制多年的药酒。少饮，可以延年益寿，一次饮多了，可是消受不了呢。"

"知道了，知道了。"叱奴太后拊掌快活地道，"汝可知，今日为啥叫你带女儿进宫里来呢？"

独孤看了一眼李后，抿嘴笑道："奴婢不知哩。"

叱奴太后一转脸，忽然笑眯眯地对丽华说："老祖宗给你说个人，好不好？"

丽华起身行礼说："有老祖宗为丽华作主，是丽华之福份。"

"你看看，小妮子这嘴多乖巧。"叱奴太后笑得合不拢嘴，转而又问李后，"汝觉这妮子如何？"

"好，好，是个灵醒的好妮子。"含蓄的李皇后，也已心花怒放了。

"告诉你吧。"叱奴太后这才郑重地对独孤氏道，"好久前，就听说，你家妮子生得不错。今日见到，果真如此。既乖巧，又懂事。再说，太子也不小了，今日他娘李后正好也在这里，哀家就做个主，把这门亲事定下来，你看如何？"

"谢老祖宗。谢李皇后。"独孤母女又双双跪下来，郑重其事地拜了三拜。

武帝对杨坚早有好感，因而对这门亲事亦很满意。随即两边忙碌起来。

首先，武帝要亲自派使者到杨家送求婚礼物，这叫"纳采"；来人在大门外行礼完毕，入厅问明女子的出生年月日，这叫"问名"；再择吉日，以司徒和尚书令为使者，向女方家送来订婚礼物，叫"纳吉"；之后，武帝又派来太常宗正卿为使者，前来杨家问明婚期，叫"请期"……

因杨坚在外当差，一应之事，皆由独孤氏一人撑持。她不仅要恭迎帝、后派来的使者，还要接待闻讯前来祝贺的亲朋戚友和处理女儿出嫁前之各种琐事。事虽繁杂，但内心欢愉。她想：自己的父亲戎马倥偬一生，到头来，却被宇文家活活逼死；夫君任劳任怨，却一直遭受疑忌，好几次死里逃生。而今，终成皇亲国戚，从此，应可转转运了吧？

被打三十大板，臀伤初愈的皇太子宇文赟，听到老祖宗做主，即将大婚的消息，则如同热锅上的蚂蚁，急不可耐地想一睹还未过门的太子妃的芳容！他早就听闻杨丽华貌若天仙，可就是无缘相见。今日突然听说她即将成为太子妃，竟完全忘了父皇对自己的严厉责罚！

大冢宰宇文护得到此消息，在给太子送去贺礼的同时，还给武帝敬献了一只特别珍贵的玉珽。武帝平生节俭，不近珍玩。但他还是把大冢宰送来的玉珽陈列在了书房十分显眼的位置上。

皇太子赟终于等来了迎娶太子妃的那一日。

是日一早，太子披挂整齐。他头戴平冕，黑色介帻，垂挂白珠九旒，用三彩玉装饰，丝带冠缨，身着黑色上衣、绛色下裳的衮服。上衣画有山、龙、雉、火、虎五种图案，下裳绣有藻、粉米、黼、黻四种图案。然后英姿勃勃地登上辂车，在排列有羽毛装饰的仪仗前导下，鼓乐喧天地出发迎接太子妃。

其时，在洋溢喜气、布置一新的杨家祖庙内，太子妃杨丽华面含羞涩、身着褕翟衣，站立在东房中。当迎亲的仪仗车马到来之际，独孤夫人出门将皇太子迎入门。接着，独孤立于堂上，面朝西边，皇太子立于家庙门前，面向北，他恭敬地向独孤夫人跪着送上一只雁，俯身行拜礼，随即走下台阶，出门侧立等候。独孤夫人则在堂内西阶上，为妃整理衣领、结好佩巾，为妃带上手袋，重申父母之命，然后出门。

太子妃在众傧相和丫环们的簇拥下，走出家庙大门，在台阶下，登几凳，上辂车。其时，女师为妃加上红色罩衣。太子上车，驾车，当车轮转完三周后，再由御者代替皇太子驾车。太子下车，回到自己的辂车内，在热闹的鼓乐鞭炮声中，迎亲的仪仗队伍缓缓朝东宫逶迤而去。

三日后，一对恩恩爱爱的新人，拜见了武帝和李后。武帝对太子妃的容貌、言谈和举止，皆感欣慰。

之后的数日，更从东宫传出消息说：太子酗酒和放荡不羁的毛病，有了极大的收敛。武帝听后，更加高兴。

…………

入冬后，一个特别冷的日子，大司马宇文宪乘车来到延寿殿。他下车后，叫来两名宫卫，从车内抬出一只不小的箱笼，并吩咐他们把箱笼抬入武帝的书房。

"此是啥？"武帝指着箱笼问。

"禀告陛下，是从襄州发来的奏折。"宇文宪说，"大冢宰已经阅过。叫臣送来给圣上批阅的。"

"襄州要么啥事没有，那边已有好久不见动静。有事就是一大堆！"

"这么一大箱子，其实就说随州一个案子。"

"噢？"武帝立马感到此事有点非同小可。

因随州为襄州所节制，所以，随州的重大事情，先要报告襄州。宇文宪将这批奏折交割之后，也没说什么就告辞了。武帝拿出一把特制的铜钥匙，打开箱笼的铜锁，从箱里拿出面上的一份奏折。该折子为襄州总管府所书，禀报了随州捣灭以郑氏父子为首的地方犯罪团伙系列案件之始末。其后的所有折子都是随州查办该案的案卷，计有数十卷。

武帝用了两日，才将那批奏折看完。本已有意淡出政事一段时间的他，在阅完这批奏折后，心中又激起了阵阵波澜，且久久不能平息。最难以使之释怀的是，此一蕞尔顽凶，便把偌大个随州搅得破败凋零，民不聊生；他们为非作歹，肥了自己，却使当地民生元气大伤。武帝早就对那些权倾一方、过度膨胀的坞堡户提出过质疑，可就是不能对其进行查处，并实施有效打击。因此，他再次对杨坚的能力、作为，表示了由衷赞叹。不过，不寻常的是，大冢宰竟没在这一大堆奏折上批一字。且，宇文宪把奏折送来，亦未说大冢宰对此重大案件有何看法，便一古脑儿地把全部案卷搁到这里，究竟是何用意？

此时，有太监来报：太子小宫尹卢贲要见圣上。

卢贲进来后，武帝就问："太子近日如何？"

"小俩口如胶似漆，太子的心性亦随之大变了。"卢贲说了几句有关太子近况的话，待左右人等都出去后，方说，"臣今日不是为太子事来见圣上的。不知圣上是否知晓，太子妃父亲杨坚目下在随州的事？"

"嗯？"武帝顿感诧异——这真是哪壶不开提哪壶，"汝听到啥了？"

"近日，臣听到有随州人进入京师，状告杨坚。还听说，前来告状的人，把个京都旅店住的满满当当。"

"啥？竟有此事？他们告的是啥事？"

"据来告状的人说，刺史杨坚在随州征不到税，就滥杀为朝廷立过功的当地富豪，还囚禁了一些无辜者，抄没了他们的家产，并欲处被囚者的死刑。弄得随州上下，人心惶惶，民怨沸腾。"

"汝是咋知晓这些事的？"

"先是东宫膳房去城里采买菜蔬的人回来说的。后来东宫上下窃窃私议，各种说法，日日翻新。"

"太子和太子妃也都知道了？"

"哪能告诉他们。昨日，太子妃的母亲来到东宫门外，急着要见太子妃。臣怕她见到女儿反生事端，没让她进来。刘大人和郑大人也都很着急，他们自上次受到圣上责备，害怕面见圣上，才把臣下推来报知上述情形。"

"唔……"武帝在房内踱着方步，许久才道，"这样吧，汝先回东宫换身便服，去杨府见见独孤夫人，告知太子妃在宫内之一切，让她放心。她若不提杨坚，汝也不要说什么。她若听到什么风声，就安慰安慰她，叫她不要轻信流言，也不要四处打听，乱找人，要她相信清者自清。汝也千万不能讲，此话是朕要汝去说的。汝去杨坚家里，也尽量不要让外人知晓。"

"是。"卢贲起身欲跪拜出门。

"慢着。"武帝皱了皱眉，又说，"汝是否打听得到，住京都旅店的究竟是些什么人？"

"圣上即使不说，臣下也会去问个明白的。"

"此事亦不可妄动。你这身份，即使换了便服，也不宜在那地方露面。此事看来并不单是冲着杨坚一人来的，极有可能内里还藏掖着什么不为人知的事，卿须多长个心眼。"

"嗨，圣上若不提醒，臣可就这么着直接去了。"卢贲挠挠头，说，"自己不能亲往，那就想想别的法子吧。若不行，只好暂时不去。"

"行，就这样吧。卿是东宫的人，须谨慎。"

卢贲一走，武帝的内心越发不能平静。为了消除宇文护对自己的猜忌，这期间，不问政务，只管家事。可没料到，只想息事宁人，不与争锋，却偏又与大冢宰铆上了劲！

武帝思索片刻，叫了声："来人。"一个近身太监应声而入。他立即吩咐道，"汝去把孝伯给朕找来。"

片刻，一个与武帝年龄相仿、略胖的官员走了进来，欲跪——

"哎呀呀！"武帝急不可耐地道，"免了，免了！"

"圣上不是说，近期要理理家务，也让臣下读读书的吗？"

"没法享受天伦之乐了哩。"武帝说着，一指书案上由襄州府衙拟写的那份奏折，说："汝先看看这份折子。"

孝伯两手撑着案沿，细看那份奏折之首页。

武帝道："坐下看。"并用手将其肩膀往下按。

这个叫孝伯的官员坐在了武帝的龙椅上，认真地阅读起来。

宇文孝伯，官阶仅是个不足道的右侍上士。但武帝对他的亲近与信任，则远胜一般文武官员。武帝曾直接对宇文孝伯说："公之于朕，就好比汉高祖对待卢绾那样。"

宇文孝伯，字胡三，是吏部安化公宇文深的儿子。他与武帝同年同日出生，从小深得太祖宇文泰的喜爱，于是将他放在家中养育，和武帝等弟兄一起长大。不仅如此，他和武帝还是太学同期同学，自幼便亲密无间。孝伯性格沉稳，为人正直。武帝即位后，为不使大冢宰产生疑忌，托言说，从小与孝伯同学，想今后在学习经史中，能相互切磋启发，以此让他做了皇上的陪侍官。

宇文孝伯看完襄州的奏折，又翻了翻随州办案的折子，起身说："大冢宰早知圣上对坞堡有想法，他送这些折子来，是要圣上对此一案件表明态度的呢。"

武帝点点头，随即坐到龙椅上，提起朱笔，饱蘸了朱砂，在襄州府撰写的那份奏折的首页上，批下一行字："此案事关重大　可命刑部吏部着人查实再作决断　钦此"。然后，在落款处写上日期。与此同时，宇文孝伯从柜中取出一只白玉镶嵌的匣子，从中拿出一方玉玺，在落款处钤上"皇帝之玺"。

武帝共有六玺。玺文为"皇帝行玺"者，用于平常下诏书。"皇帝之玺"，用于给诸王写信或作批示。"皇帝信玺"，用于下铜虎符，征调各州郡之军队，任命征召各州刺史。以上三玺都用白玉制成，方寸为一寸二分，刻有螭兽形印钮。此外，还有黄金制作的三玺，分别刻有"天子行玺"、"天子之玺"和"天子信玺"。不同印信，用途有别，不一一细表了。

宇文孝伯看看刚钤上去的印纹未干，就习惯地用口吹了吹，并担心地说："这么一来，把事踢过去了，不又与大冢宰较上劲了吗！"

"是呀。"武帝叹气道，"朕逆来顺受了十三年，近日，前思后想，觉得不能再忍了！接下来，可就不是鱼死，便是网破！汝等何去何从，可得想仔细了！"

"臣下没什么好想的——不早就是一荣俱荣，一损皆损了吗！"宇文孝伯平静地道，"宫卫这边，已渐为宇文神举所控制，大冢宰派来的那些人，有的已反过来为我所用了，有的经圣上为他升了官，离开了大内，不能为大冢宰所用了；王轨一直以来，与几位和大冢宰不睦的将军走得很近，只不过尚未把与大冢宰摊牌的事挑明罢了。"

"行！卿可事先与此二人打个招呼：一要加速作好有事情发生的准备；二要谨慎从事，大事小事，皆不可掉以轻心，惹出任何纰漏；三要等待时机，届时，只听朕之一声令下。"

"要不要将可能有事的情形与卫国公透点风？他老在臣面前嘀咕，要臣劝圣上拿下大冢宰。"

"卿别听他的。直弟一张嘴，卿还不知道？时机成熟了，朕自会与之通气的。"

接着，宇文孝伯在武帝的授意下，依原样把那些奏折放回驿传箱笼，再着人送交到宇文护的太师府去。

翌日一早，卢贲又进了延寿殿。他说：他一进杨府，还未坐定，独孤夫人就直问杨坚的情况。卢贲直言相告，他也只是听到一些流言。杨坚是否犯事，犯的什么事，也一概不知。刘昉、郑译等大人亦是一样，不知究里，也很着急。所幸的是，太子夫妇并未听到外面的传言。他因此要独孤夫人沉住气，不要为流言四处打听，到处找人，那样，反而会坏事的。他和刘、郑大人会关注此事的进展，并会相机想方设法的。这样，夫人的焦躁情绪，才渐趋平静。

是夜，卢贲还转弯抹角找到一个在京都旅店当差的人。一问，着实吃了一惊。住店告状的皆是为杨坚打入大牢的人犯亲属。那帮人，出手阔绰，各显神通，以各种方式打通关节，欲救自己亲人出牢笼。据说，昨日中午，刘昉大人和郑译大人还分别被人请去赴过宴。

"噢？"武帝大为惊诧，"他俩也被拉过去了？"

"那倒不一定。"卢贲说："被邀吃酒，盛情难却嘛。以臣下看，请客的人有点病急乱投医，被请的人能否帮得上忙则不一定。再说，臣平日在与两位大人的闲话中，得知两位大人与杨刺史皆为太学学友，并都佩服杨刺史的才干。此次听到不利杨刺史的流言，亦都为其担心。"

"他们吃酒回后都说了些什么？"

"臣是昨晚才知他俩被请吃酒之事，当下还没与其见过面。"

卢贲告辞出殿，迈下丹墀，正遇宇文宪在丹墀前下轿。卢贲在延寿殿当差时，就与其熟稔，于是，上前问过安，才转身回东宫去。

宇文宪进殿跪拜起身后说："圣上发还之折子，臣看过了。"

"大冢宰也看了？"

"大冢宰近两日住在家里，没过太师府衙这边来。"

"卿对此案是咋看的？事关一批人头落地哩。"

"是呀……"宇文宪叹了一声，没正面讲自己的看法，只是说，"此案确是非同一般！圣上英明，先着吏部刑部会同查实后，再依法处置。这样方能平息各方流言，以正视听。"

"大冢宰亦会认同朕的这一想法？"

"唉……那可难讲哩。"宇文宪分明感到，武帝已知外间某些情况，至少刚来过的卢贲是会向他报告的。因此，他被武帝的问话逼得只好如实相告，"禀告圣上一件事。几日前，尉迟迥大将军曾带随州案中主犯郑云飞的小儿子和一个管家见过大冢宰。郑云飞以往曾在尉迟大将军麾下当过骠骑将军。尉迟将军藉此控告杨坚杀郑家父子是谋害功臣。郑家的管家还说，在清点抄没郑家家财时，杨坚还命人从地下银库提走三十万两现银。"

"噢？"武帝闻言，顿感不可思议。

"郑家之言，当然仅为一面之词。不过，一旦把杨坚中饱私囊的事搅和进去，问题就复杂了。要反过来处置杨坚，也有了借口。所以，大冢宰如何看待此案和他将作何处置，臣都难以预料。"

"可是，案卷上言之凿凿，郑氏一伙，血债累累，此案如不核查清楚，是非莫辨，真相不明，大冢宰会不顾襄州和随州府衙的判决，而为作恶多端的郑云飞翻案吗？"

"有何不能？按大冢宰往日处事的习性，是很有可能的。"宇文宪犹豫了一下，说，"不知圣上是否想过？尉迟将军为何那么怜悯郑云飞？又为何那么对杨坚咬牙切齿？仅仅是因郑云飞是他的老部下吗？"

武帝被宇文宪一连串反问，弄得如堕五里雾中："那，以卿之见，尉迟迥为郑云飞翻案，还有啥因由？"

"一切皆因杨坚除掉的是个坞堡户主。圣上想想，尉迟将军呢？可是个比郑云飞不知大多少的坞堡户主哩！"

"唔……明白了！"武帝恍然大悟，倏地忧心忡忡起来，"如若照此推去，大冢宰当属我朝最大坞堡户主。他有多少财产暂且不论，单算他家亲兵，再加保护他的皇家卫队，就比朕的宿卫不知要多几倍！"

"问题就在于此。所以，此案将如何了结，实在不好说呢。"

"其实，朕并不想偏袒某一方，只想见到事情真相！"

"要想获得真相，唯其一途——即让更多人知道有此案，并公说公有理，婆说婆有理，持不同意见者争执不下时，迫使大冢宰不得不按旨意行事，派人下去把真相查明。"

"对，这是个好主意。"武帝的思绪一下活跃起来，忽然问，"郑云飞的儿子和管家当下在何处？卿能接触到他们吗？"

"他们进入京师时，都住京都旅店。后来据说大冢宰已派人将其接走，去向不明。臣见不到他们。"

不过，接下来的情形，果然被宇文宪言中。

由于随州到京师喊冤的人，声势越来越大，京城上下，议论纷纭，莫衷一是。柱国大将军尉迟迥言辞激烈，要求严惩杨坚，为骠骑将军郑云飞恢复名誉。而同样为柱国大将军的杨坚之父杨忠，当然不服。过去在军中作战，杨忠就十分鄙弃郑云飞贪婪敛财之土匪习性。当时，每攻下一座城池，郑云飞就滥杀无辜，大肆抢掠，受到军中一些将领的抨击。而平日杨忠在与儿子书信往来时，亦对随州一些情形有所了解，并深信儿子不会为区区小利而贪赃枉法。他因而与一干亲信将领全力支持儿子对郑氏案件的处置。

住在京都旅店的随州人犯家属，仍在通过各种途径，四处活动。有找到吏部的，也有找到刑部的。但两部官员皆说：咱连案卷都未见到，仅凭一面之词，焉能判定谁是谁非？由此，两部官员皆至太师府衙，要求查阅案卷，一探究竟。宇文宪则以大冢宰不在府内为由，不让前来问询的官员查案。直至皇上再下圣旨，宇文宪有了尚方宝剑，方允有关官员了解案情。可当吏部和刑部官员打开那只箱笼，方见赫然在目的御批。他们也不再往下看案卷内容，只等何时派人前往查证核实。

这么一来，宇文护也不得不遵从皇上的旨意，分别从吏部刑部抽人赴随州复核案件。而入住京都旅店告状的人，听到风声，也都纷纷退房，返乡而去，等待钦差前来为他们的家人翻案。

第十二回

宾朋楼彰显市廛兴衰史
百宝箱见证郑家污浊心

　　自襄州总管府将案卷发至帝都，到案件中被杀被囚家属进京翻案，直至由大冢宰亲自挑选出一支六十余人的队伍，奉旨前往随州查案，已是来年的春季了。

　　毫无争议的是，大司马宇文宪成了钦差大臣的不二人选。因为一直以来，他就是摄政宰相和皇上之间联络的纽带。在这支共有六十余人的队伍中，来自刑部和吏部的官员共十余人，此外，宇文护还从他的太师府中抽来几名专事查账的账房类人物，余下四十余人皆为侍卫、仆役等勤杂人员。除此而外，宇文宪还为自己配备了两名助手：一为柱国大将军侯伏侯龙恩，此公乃大冢宰最贴心的几名近臣之一；另一位则是太子小宫尹卢贲。宇文护在最后定夺这份名单时，唯一对卢贲提出了质询。宇文宪解释说：此人是卢光之子，目下在东宫当差，因受刘昉、郑译的排挤，便将其抽出让他换个环境。卢贲之父曾为宇文护下属，且关系不错，所以，他也就首肯了。宇文宪有了这一左膀右臂，自感肩上的担子轻多了。因为对他来说，武帝和大冢宰，他一个都不想亦都不能得罪。到了随州，有此二人作为见证者，回京师述职时，就没有解释不清楚的问题了。

　　临行前，武帝在正阳殿接见了赴随州查案的全体官员，并授宇文宪一件黄马褂，一辆御用象辂车。这也就是说，宇文宪在随州行事，把黄马褂穿在身上，即可代表皇上作任何决定和采取任何措施。不过，宇文宪本人当然明白，这件看似象征至高无上的黄马褂，却并不好领受，更不能真正随自己的心愿去复核和处理案件。因为谁都知道，当今朝廷真正掌权的并不是皇上，而是大冢宰。此外，他还明白：皇上对自己这么器重，给予这么大的权力，亦是一种告诫，即叫自己不做皇上不认可的任何事。对于皇上的这一警示，若在几年前，宇文宪是可完全不予理会的，但眼下不同了，他已然看到，大冢宰的话似乎不再如过往那样一言九鼎，而悄悄去仁寿殿的官员却在逐日增多。所以，他这个来回奔波于太师府和仁寿殿的穿线人，越来越感到是在走钢丝。

临行前，宇文宪和侯伏侯龙恩二人，受到大冢宰的密召。宇文护当着侯伏侯龙恩之面，向钦差大臣下了一道手令。其意是：只要有一点迹象表明杨坚私吞了缴没财物，不论数量多少，应立即就地处斩，并要求他们把尽可能多的缴没资财押解回京师，以充吃紧的军饷。

一件黄马褂和一道手令，使钦差大臣的随州之行，蒙上阴影，如履薄冰。他想：既不能有违圣旨，因为自己已然看出这位委曲求全的陛下，经受十三载的磨炼，羽翼渐丰，越往下走，他与大冢宰鹿死谁手，难以逆料。此外，当然更不能有违大冢宰的意愿，因为当下之权柄，仍握在他的手中。所以，接下来将要发生的事，究竟会如谁所愿？目下对宇文宪来说，想得太细太深也无益，一切只能听天由命，随机应变了。

一路上，春风化雨，泥路难行，只好走走停停。半月有余，此一行人方到襄州。在襄州总管府休息一日后，由临时代行总管之职的庞晃陪同钦差一行赴随州。途中又歇了一夜，翌日，太阳偏西时分，才远远望见随州破败不堪的城墙和城楼。

自钦差大臣一行抵达襄州之日始，庞晃就一直心绪不宁。虽说，宇文宪的言谈举止皆彬彬有礼，但此一大帮大员的到来，却有如乌云盖顶。因此，他不仅为杨坚担心，亦为自己担心。因为杨坚灭掉郑云飞，自己不仅暗中表示过首肯，而且，还出过主意，要其务求证据确凿，不留隐患。而杨坚果真按他的提议，快刀斩乱麻地把这一复杂的案件处置得干干净净。随后，随州发到襄州总管府的案卷，因襄州总管宇文直犯事免职，都是他本人派员去核查，并签字上报朝廷的……当下，当庞晃勒马随州城下，他的心亦随西沉的太阳，直往下坠……

其时，坐于州衙内的杨坚，听到有大队人马循驿道往随州城来，即率樊伟和城内众绅出城迎接。钦差大臣宇文宪身着黄马褂从皇上赠予的象辂车上走出，即面北而立，满面肃然地道："杨坚听旨——"

本来笑容满面正欲恭迎钦差的杨坚，先是一愣，接着，慌忙就地跪下。更没见过此场面的樊伟和本地一干绅士，也齐刷刷地跟着跪了下来。

宇文宪面无表情一口气宣读完毕武帝要求彻查郑云飞一案的圣旨后，跪在地上的人，却都未回过神来，仍跪于地，不敢起立。

此刻，宇文宪才说："诸位，请起。"

杨坚拍了拍袍上的灰土，抬头望着宇文宪，双方都有些尴尬，连互致问候的一些客套话，竟一时都不知从何说起。

还是官职虽小却久经官场的樊伟活泛些，他笑着说："钦差大人，一路辛苦，请入城吧。"

僵局打开，宇文宪亦才和颜悦色道："请杨刺史不要见怪，我等皆是奉命而来，执行公务而已。"

此前，杨坚也听到一些风声，有人去京师告状，并知朝廷要派员下来复核案件，却没料到钦差一来，就打了自己一个下马威。一时还转不过弯来的他，讪讪地说："请，请钦差大人上车入城吧。"

宇文宪亦不再多话，转身就上了御赐三匹马拉的象辂车。本已下车下马的随员们，也都默默无语地各就各位，依次缓缓入城。

其时，用竹竿挑着鞭炮、候在城门口准备欢迎钦差的各界民众，见此情形，亦都不敢造次，一个个鸦雀无声地目送钦差一行进入随州西城城门。

坐在车内的宇文宪卷起车窗帘子，仅过一会儿，他就惊讶地发现，在夕照的映射下，城内道路宽敞平整，马踏在青石板铺就的路面上，发出阵阵清脆悦耳的声音；再往前行，街道两旁店铺林立，许多店面都油漆粉刷一新，而且，店内货架琳琅满目；街上背筐、挑担、走路的行人也不少……而此一切，恰与年久失修破败不堪的城墙、城楼，形成了鲜明的对照。

钦差的仪仗、车、马队伍从大街上经过时，市民驻足，林立于道路两旁看新奇。骑马走在队伍中的庞晃是最感惊讶的一人。往日常来常往的随州，仅一年多工夫，竟至面目全非，完全变了模样，这是他根本没有预料到的！过去常说：一次水患，一场兵燹，就能使一座城池一夜之间面目全非，甚至化为乌有。但要使一座破败的市廛兴旺发达起来，却非一两年的工夫！而当下，杨坚确确实实创造了一个奇迹，但他是如何做到的呢？

钦差六十余人的队伍由西向东，在李顺的引导下，穿城而过。随州的旅店皆设在市廛的边沿地带，并且，皆为骡马大店。因为住店者，多为往来商贾，店内必备停放大车和牲畜之大院和马厩。钦差未到之前，已知会随州衙门，要求包租一家旅店。李顺事先就将这座随州最大的东城旅店包租下来，并要求店主将房间和院落打扫干净。不过尽管如此，多少还是有点马粪、尿骚气味。

宇文宪一行下车下马后，尾随于后的杨坚，还是前去和众官员见礼、问安，并说："随州各界，已备薄酒，为钦差洗尘，请求赏光。"

"不必了。"宇文宪这次倒是十分诚恳地作了解释，他说，"此行，情况有点特别，请随州父老见谅。"随即，他又对杨坚说，"我们明日休整一下，案件复核，就从后日开始进行，如何？"

"好。"杨坚会意地点点头，就率随州方面一干人，告辞而去。他从始至终没机会与老友庞晃寒暄一句。

此刻，宇文宪这边的杂役和警卫已在大院卸车，把马匹牵入马厩，把一应箱笼归入各房。宇文宪看看天色渐晚，就对庞晃道："你是随州常客，由你带大伙找个吃饭去处，如何？"

庞晃随即道："没话说，今日咱作东，为钦差大人洗尘。"

东城旅店这边只留四名侍卫值守，其余人等尽随庞晃外出吃饭。他们穿过一条骡马车道，进入随州城的中心区，边走边逛夜市。

时下，元宵节过去已近一月，然而，此地的街道店铺却还是张灯结彩，沉浸在一派节日的气氛中。街上挑担卖小吃的往来穿梭，一路吆喝着北方人听不懂的招揽生意的说词，行人亦好奇地望着这群或着戎装、或穿锦袍的外地士卒与官人。

庞晃东张西望，连道："糟了，糟了！咱这个'老随州'竟也不识路了！"

第一次来随州的官员亦都纷纷赞叹说："没想到，南蛮之地，也有这么整齐、气派的街面，竟还如此繁华！"

说话间，一座油漆一新亮亮堂堂的两层酒肆，矗立在了众人眼前。抬头看，正门的门楣上，一块黑底牌匾，上书三个金漆大字："宾朋楼"。

"好！这字写得挺有精神！"宇文宪看了看牌匾，便反客为主地对旁边的庞晃道，"就这里，如何？"

庞晃连说："行，行！"可他却在心里纳闷：过去数度来随州，却从没见过这么气派漂亮的一座酒楼呵！作为东道主的他，抢先一步去酒店进行接洽。

还未进门，店小二就笑嘻嘻地迎了过来："客官来了。请进，请进！"

庞晃迈入大门，见一楼大厅，已高朋满座，正犹豫间，店小二更亲切地笑问道："问爷，几位？"

庞晃伸出右手，作了一个"六"的手势。

"六位？"店小二也打出"六"的手势问。因他看到庞晃身后跟着的人，似乎不止六人。

庞晃摇了下头说："是六十位——有座吗？"

"没问题。有，有！"店小二生怕客人走了，连连点头，并用欢快的语调大声唱道："六十位咧！楼上请——"

庞晃于是闪身，对宇文宪道："请钦差大人，楼上就座。"

宇文宪等一行登上二楼，七八个伙计有的正在添灯、举烛，有的正为方桌加上圆桌面，忙得不亦乐乎。

刚才在门口迎宾的小二解释说："平日只用一楼大厅和几个包房就够

了。二楼是专用于大户人家操办寿宴，商贾举行庆典或做红白喜事宴客用的。今日吉星高照，专为远方贵客而开。"

当众人分六席坐定，伙计们点燃全部灯烛，把二楼装点得灯火通明之际，六只用高汤调制，生着木炭火的铜制大火锅，亦分别端上了圆桌。接着，盛满肉丸、鱼糕、粉丝和时令蔬菜的盆、钵以及整坛的酒陆续送来。人们打开酒坛，举起筷子，把鱼糕、肉丸等投入滚烫的火锅中……一时间，整个大厅，酒香菜香四溢、热气腾腾、满屋生辉。

庞晃尽地主之谊，给宇文宪斟满一杯酒。宇文宪端着杯子站起道："诸位一路辛苦，后日即要开始办差，将更紧张，来，咱敬诸位一杯！"

各席不分官兵，一齐站起，宇文宪与分坐左右的侯伏侯龙恩、卢贲和庞晃碰了碰杯，然后，一饮而尽。各席官兵亦相互碰杯干杯，气氛更趋热烈。

此时，一位五十上下穿长袍的清瘦汉子匆匆来到宇文宪面前，深鞠一躬说："小的才知钦差大人莅临，失敬，失敬！"

"唔，你是酒店老板吧？"宇文宪看了看他，说，"咱正想问问，这'宾朋楼'三字是谁写的哩？"

"呵，钦差大人亦高看此三字？"

"正是这三个字把咱引入你家酒店的。"

"说起来，此三字，已有百岁高龄了呢。"店主人感慨地道，"它是咱家祖爷爷在北魏做大司马时，为子孙留下的墨宝。"

"嗬，这可巧了！"宇文宪高兴地摇头晃脑道，"彼一大司马，此一大司马，此一大司马，不如彼一大司马也！"

店老板一头雾水，不知宇文宪所云。

侯伏侯龙恩笑着解释说："你没听明白吧？钦差大人是说，你祖爷爷过去是个大司马，钦差大人现如今也是大司马，他这个大司马的字，不如你祖爷爷大司马的字写得好。"

"那……那不尽然吧？"侯伏侯龙恩一经解释，反使酒店老板不好意思起来。"那是钦差大人太过谦了。"

“你这话说得不错。”侯伏侯龙恩点头道，“其实，咱看两位大司马的字，至少，也是各有千秋吧。”

此言，亦非侯伏侯龙恩溜须拍马。宇文宪的字在朝廷已确实颇有名气，京城之牌匾碑刻，亦可见其墨宝。

其实，不仅仅是宇文宪，包括当今皇上宇文邕在内的宇文氏家族，皆为鲜卑族裔。直至三百多年前，他们的祖先还是以行猎和游牧生活在北方大兴安岭的深山密林中。因其勤劳、强悍，逐渐南迁到中原一带，并建立北魏政权达一百四十年之久。到宇文宪时，中原地区的鲜卑人，已与汉民融为一体。他们中的佼佼者，不仅仍保持着强悍尚武之秉性，亦有了儒雅善谋的气质，拿宇文宪来说，不仅精通经史，还写得一笔好字。

说话间，桌上已布满各式菜肴。宇文宪一时高兴，叫伙计为他们的老板加了一把椅子，命其坐下，并道：“诸位咋都只管听，而不动筷子啦——来，干一杯。”

气氛复又热烈起来。一直感到纳闷的庞晃，这才捞到机会问老板：“说起来，这间酒店也应算是百年老店了。这几年，咱到随州多次，亦进过几家酒肆，咋今日方见有个宾朋楼呐？”

“宾朋楼倒是一直存在，只是牌匾和屋宇历经风雨剥蚀，早已破败不堪。为怕路人不识是一家酒肆，其时，还仿效小店在门口插了个酒幡，以招徕顾客。”店老板停顿了一下，接着喟然长叹说，“说来说去，这还真要感谢本州刺史大人呢！若不是他在随州伸张正义，把一些欺行霸市的恶徒扫除，莫说这爿百年酒楼，连咱陈某一家，恐都性命不保了呢！”

老板无意之一声慨叹不打紧，却使满桌欲拿杨坚是问的官员个个深感意外。大家一问方知，此人正是郑翦强娶其女的陈老板！

在众人七嘴八舌的询问下，陈老板不仅道出了案件原委，讲出了郑家父子纠集地痞流氓，欺压商界和百姓的种种罪恶行径，还讲到案破后，商界踊跃集资修整市廛，方有随州城今日的兴旺景象……

不过，有一点陈老板没好意思在酒席上提及，这里不妨略作一简要

表述。

那就是，李顺在郑家坞堡把案件的善后事宜了结完毕，曾以原管家身份回了一次陈家。当他走到陈家门口一看，竟发现原来油漆粉刷一新的门庐和墙壁，油漆、灰粉皆已剥落，比原先的破败景象还要难看。他当时只顾赶工，刮下的腻子还没干，外层就上了漆，刷了灰，弄了个表面光鲜亮丽。所以，仅过二十余日，刷过的新漆和灰粉就都剥落了。

他此次到陈家为两件事：一是结账。陈老板交他的一百两金子，为操办婚事喜宴，总共花去十多两。余下八十多两，他要陈老板下点工夫，重新装修陈宅和酒楼。陈老板不肯收那笔钱，说那钱不是他的。李顺说，这钱可算郑家对陈家的精神补偿，取之有道。陈老板还是不肯收。李顺就摆出原管家的那副蛮横架子，大光其火。陈老板这才不得已，勉强把钱收了。二是他与陈小姐作了解释，说明自己与她并不合适，并祝愿她找到一个好丈夫好婆家。于是，这才有了今日焕然一新的宾朋楼。

钦差们吃到酒酣面热之际，其他几席似乎有点异乎寻常之声响。

陈老板亦起身拱手，说："钦差大人，请慢慢用。席上的菜有的冷了，小的这就去厨房叫他们再炒两道热菜来。"

陈老板一走，刚才专心听他说话的宇文宪也觉出另外几席笑闹得似有些不大对劲。抬头一看，见灯光下竟有女人在向男人敬酒！于是眉头一皱，对身边的侯伏侯龙恩说："你去那边瞧瞧，看到底是咋回事。"

不一会儿，侯伏侯龙恩回来说："是几位被囚人犯的家属听到消息后，过来为几位刑部和吏部官员请安的。"

"那几个女人，咋一见面，就这等轻薄？没一点分寸？"

"她们皆是人犯之妻妾，并曾赴京师告状。在长安就认识了太师府或刑部、吏部的官员。"

"岂有此理！初来乍到，即成此样，成何体统！"说罢，宇文宪便气咻咻地拂袖离席。他刚至楼梯口，恰好碰到伙计端着一托盘热气腾腾的菜上楼，他于是愠怒地对端菜伙计道，"把菜端回去，都吃完了！"

待到楼下，不知底细的陈老板却满面笑容地迎上前来说："恭请钦差大人给敝店留个墨宝。"

宇文宪突然止步，见一楼账房旁边临时加摆了一张几案。几案上，铺展着一幅质地很好的白绢，白绢的右上方，整齐地搁着文房四宝。他又看了一眼恭恭敬敬侍立一旁的陈老板，犹豫了一下，却还是说："失礼了。今日实在太累，以后再说吧。"

宇文宪气冲冲地出了酒店大门，环顾左右，人地生疏的他，哪里分得清东南西北呐？

却说，庞晃见钦差生气地拂袖而去，于是也连忙起身下楼。他见陈老板仍呆呆地站在楼下几案旁，便从身上取出一锭原本准备好的银子对陈老板说："权作酒资。明日咱再派人前来结账。"

庞晃出门，即和宇文宪一路无话地摸摸索索朝东城旅店走去。

回头再说楼上这拨人。

侯伏侯龙恩见钦差大臣生气地甩手走了，才感到问题确乎有点严重。于是，再次走过去，指着那几个女人，呵斥道："还不快点滚出去！"

在座的男男女女皆已醉意阑珊，仍嘻嘻地望着侯伏侯龙恩不动。

侯伏侯龙恩大怒道："侍卫！把这几个烂货给咱拖下楼去！"

早已看不惯的侍卫们"嚯"地站起，那几个花枝招展的女人，这才花容失色慌不择路地逃之夭夭。

"都散了吧！"侯伏侯龙恩气恼地把手一挥，人们纷纷起坐离席，悻悻地朝楼下走。

再说，宇文宪和庞晃刚回到东城旅店门口，留下值勤的侍卫就报告道："大人，有客来访，他们已等候很久了。"

宇文宪朝四周扫了一眼，问："人呢？"

侍卫说："在您的房里呢。"

"噢？"宇文宪本就在气头上，于是无比恼怒地道，"甚人？汝敢擅自让他们进咱的房间？"

"禀告钦差大人！"侍卫惊慌失措地道，"来人拿着大冢宰的亲笔信，还……还提着只挺沉的箱子！小的怎敢把他们置于这么显眼的大门口。您看呐——"侍卫说着，朝旅店对面的街沿努了一下嘴。

宇文宪和庞晃朝对面一看，只见街沿的阴暗处，影影绰绰地站着一些男男女女。

宇文宪问："他们都是些甚人？"

"都是前来求见吏部或刑部大人的。"

钦差大人只好无奈地转身入旅店，并朝自己的房间走去。庞晃的房在另一头，他转身欲去自己房间。

宇文宪是个细心人，一把拽住庞晃说："你别走，请同咱一起会会客。"

宇文宪的房门敞开着，主人没进门，一高一矮两位客人就迎了出来。

"在下郑琼拜见钦差大人。"矮个子说着，深深地鞠了一躬。

"郑琼？汝是谁？本官不认识你嘞。"宇文宪看他一眼，冷冷地道，"你咋擅入本钦差的房间？"

"在下是骠骑将军郑云飞最小的儿子。"郑琼又鞠一躬，说，"郑琼冒昧，失礼了！"

"这位是谁？"宇文宪指着高个子问。

高个子并不慌张，却把腰躬得像虾一样，道："在下是郑家之管家，曾与郑家公子奔赴京师，受到大冢宰的接见，并入住过大冢宰之府上。"

"你们太过放肆！"宇文宪强压心头怒火说，"马上离开咱的房间！"

"哎——慢，慢，咱这里有大冢宰写给您的一封信，是他老人家要咱有事来找您的。"郑琼把原本已经放在桌上的一封信拿起，亮了亮。

与此同时，宇文宪一眼瞥见桌上还放着一只硕大的制作精良的箱子。他终于忍耐不住，几近咆哮地道："信留下，把带来的东西拿回去！"

值勤的侍卫不知房内发生了啥事，闻声赶了过来，与仓皇出门的二人正好撞了个满怀。

宇文宪余怒未息，指着桌上用紫檀精工制作的百宝箱对赶来的侍卫说："把东西给他们，让他们拿走。"

　　侍卫随手一提，没料到那箱子很沉，竟将那百宝箱摔落于地。箱子因而散架，落下一地金银财宝……

第十三回

登坝顶一目了然释疑云
顺民意除暴安良尽欢喜

翌日一早，杨坚仍按老习惯在院子里施展了一通拳脚。收势之后，微微出汗的他，抬头看了看天，蓝天白云之中，透出一抹金红的霞光。天气一日比一日暖和，他连衣也没换，便径自进了膳房，要了两个大馍，一碗稠稠的小米粥和一碟咸菜，就在僚属通常用膳的地方吃了起来。

"嗬，今日咋不在自己房中单独用膳啦？"不一会儿，樊伟寻来了，他见杨坚吃得特香的样子，就竖起大姆指，故意打趣说，"这可真是个好地方哩，好！"

"此咋说得上好与不好嘛？"杨坚用膳之地，其实只是个四面漏风的通道。天暖了，大家图个方便，摆上两张桌子，就在此处用餐。杨坚瞥了樊伟一眼，回敬了一句，"咱倒是觉得，你越来越阴阳怪气了。"

杨坚年轻，樊伟年长，年轻人管年长者，二人相处一年有余，却越来越融洽。樊伟对杨坚的挖苦，不以为意，说："咱说这地方好，是觉得至少没房里憋气哩。"

杨坚"嗤扑"一下，差点把喝进嘴的小米粥都喷出来。他说："今日没事，你一大早跑来干啥？"

"咱自是有事。"接着，樊伟便把昨晚在宾朋楼和东城旅店发生的事，一五一十地说了出来，并道，"如今城内议论纷纷，都说朝廷来人，要为郑云飞翻案。"

杨坚沉吟半晌，他从樊伟的片言只语中，倒是嗅出宇文宪有一些不同寻常之处。于是道："这么看，这位钦差大人与其弟宇文直为人处事，不太一样？且，你是咋知昨夜这些事的？"

"嗨，刺史大人叫咱管市廛治安，这点子事都摸不清楚，还成？"

两人正说话时，看门的朱伯过来说："有两位爷说是昨日从长安过来的，要见刺史大人。"

"噢？不是说今日没事的吗？"杨坚与樊伟对了一下眼色，立马起身，朝前院大门走去。

果然，大门外停着一辆很讲究的马车，侯伏侯龙恩和卢贲站在车旁。杨坚和樊伟一前一后上前见礼，并吩咐朱伯指引车夫把车停到后院去。

接着，杨坚道："二位钦差大人，请进！"

侯伏侯龙恩立即纠正："钦差大人只大司马一位，余下全是为钦差当差的。"

"一样，一样。"樊伟说着引领二位进客厅。

杨坚则不好意思地指指身上的练功服，说："抱歉，咱去换身衣裳再来陪二位大人。"

待杨坚穿戴整齐至客厅时，李顺正为二位京官往茶杯中续水。侯伏侯龙恩见杨坚坐定，就道："咱是奉钦差大人之命来的，想请刺史大人为咱换一家合适的旅店下榻。"

杨坚一听，就用目光看李顺。旅店是李顺定的，他也正用目光看杨坚。四目相碰之后，站着续水的李顺躬身说："旅店是小的去为大人包租的，不知有何不妥之处？"

"是这样，"卢贲说，"大家都觉店里有股马粪尿味，很难闻。再就是，一些闲杂人等，稍不留神就溜了进去，妨碍办差。"

"呵……"杨坚本为京官，家也安在京城里，于是笑着解释说，"随州不比京师长安，那里有专门招待各地官员、方便贵人入住的大旅店。而到随州来的住店客，多为行商，哪有不赶车牵骡子骑马的。至于……"

不等杨坚说完，樊伟插嘴道："如果钦差大人不避嫌，这些问题都好解决，而且不用付租钱。"

"樊大人之意是——"侯伏侯龙恩用征询的目光望着樊伟。

"在下的意思是，住兵府，可否？"

"咱有六十多号人呢。"卢贲道。

"没问题。每年冬季，兵府都要轮训府兵军官，每批都有百余人，多时，一次要住二百余人呢。"

卢贲看了一眼侯伏侯龙恩。侯伏侯龙恩对樊伟说："可否先请樊仪同带咱去兵府看看？"

"此有啥问题。"

兵府在随州城的西北角。以前，城外有一道护城河，城内也沿内城墙挖了一道内沟。如今，城墙年久失修，内沟则更是早已淤塞，成了断断续续的一片烂泥塘。兵府就建在烂泥塘的夹角处，使之成为三面环水，只一条路通向街区的独特处所。

侯伏侯龙恩的马车直入兵府内。下车后，两位京官环顾左右，都一迭连声，赞不绝口。

时下，距离长江北岸不甚远的随州，已是一片莺飞草长，岸柳青青。兵府内，一色的平房井然有序，干净整洁，练兵演习的操场铺着一层薄沙，寸草不生。房舍后面，有一畦畦菜地，一些时令蔬菜，在春日的阳光下，生长得像抹了一层油似的，显得特别光鲜亮丽。

樊伟指着菜地说："你们住这里，蔬菜尽管吃。"接着，他们来到水塘处，只见败荷烂叶中，已有青青尖角露出水面。樊伟又道，"钦差大人若是办差累了，咱房里有钓竿，可以来此处钓钓鱼，眼下正是鱼咬钩最猛的时节。"

"好，好。"侯伏侯龙恩应和着，忽然道，"这里除门口有两名警卫，咋不见其他人呢？"

"本兵府去年遭了大灾，外面的屯田全部被淹，所有人等，都去了大洪山工地，要抢在今年梅雨前，把排洪工程做得八九不离十。如果不是钦差大人前来复核案子，在下也在工地上呐。"

两位京官回去把兵府这边的情形一说，宇文宪当即拍板，六十余人立即搬了过来。众人一见这边的环境，个个欢天喜地。樊伟为避嫌疑，要把自己的套间让给钦差大人住，自己则搬到州衙那边去。

侯伏侯龙恩立马说："钦差大人对你并不见外。他已有话，留你在这边协助刑部复核案件，也管管大家的膳食、生活诸事。届时，案子涉及许多人和事，咱人地生疏，哪里找去。这里房子多，钦差大人的住处还不好安排吗？"

侯伏侯龙恩既把事情说开，樊伟也不再说搬走的事了。

当日下午，刑部官员在樊伟的引领下，就把州衙内有关郑云飞一案的全部案卷用车拉到了兵府。其中包括：前任刺史留存的全部案卷，李顺主持查证落实的案卷和人犯落网后的审讯笔录、个人交代等等，一应俱全。

次日，宇文宪通知杨坚和案件经办人李顺到兵府来。然后，由宇文宪亲自率侯伏侯龙恩、卢贲、吏部一干人及警卫等，浩浩荡荡进入郑家坞堡。

待此一行人到了府兵把守的银库门前时，侯伏侯龙恩着人叫来郑家管家。管家一眼看见宇文宪，畏畏缩缩不敢上前。

李顺走过去，把自己亲手贴在库门上的封条揭下，掏出钥匙开了大锁，库内有一条甬道通向地下银库。管家提着一盏灯，指点一名手拿松明的警卫，把壁灯点上。其余官员挨个鱼贯而入。至甬道尽头，又有一门，仍由李顺揭封条开锁。待把从外面带入的灯和库内的灯全都点上，才清楚看见，地下库房其实十分宽敞。一排排结实的木架上，分门别类地摆放着金条、银锭和各式各样的珠宝盒。

侯伏侯龙恩指着管家说："你看看，银库封闭之后，是否有人动过。"

于是，瘦高的管家手执一本厚厚的账本，在众目睽睽下，由另一人提着一盏灯，沿木架一路细细清点察看，所有在场的人，皆袖手一旁，默然不语，气氛沉闷、紧张。

　　然而，此刻心中最坦然的，却只李顺一人。在把所有抄没的钱财都集中于银库后，他便指使这位管家和两位账房，分门别类，称斤戥两，登记造册，整整干了半个多月，然后封库，并由樊伟挑选的府兵不间断地轮流看守着，因此，可保库内财宝万无一失。

　　此刻，最紧张的莫过于怀揣大冢宰手令的宇文宪——只要管家说一声，某一木架上的东西被人动过或变少了，他就将立即采取行动，把杨坚和李顺拿下是问，直至斩杀。他先看一眼身边的几名警卫，再看吏部在场的几名官员和卢贲，他们皆目不转睛地望着管家。这时，只见身边的侯伏侯龙恩也同自己一样，显出极度紧张的神情，因为他也知道那道索命的手令咧！可是，当宇文宪的目光终于落到杨坚和李顺的脸上时，却见二人的面色异乎寻常地平和，此才使自己的心境也稍稍放松下来……

　　管家沿木架看一眼账本再看一眼木架上的实物，巡视一周，然后对侯伏侯龙恩说："架上财宝没见有挪动和短少的迹象。"

　　"你看清楚了？"

　　"嗯。"管家点了点头。

　　"既是这样，"侯伏侯龙恩道，"那我们就按部就班，一项项清点核查了。不参与其事的大人，就请先回吧。"

　　这样，银库里就只剩侯伏侯龙恩、卢贲、李顺、管家，还有一位吏部官员和两名从相府抽来的账房。

　　管家手上的一册明细账目，李顺也有同样的一份，现在只需一项项与架上的实物进一步核对重量和成色等是否一致。

　　当宇文宪、杨坚、庞晃、卢贲等一干人从地库返回地面时，杨坚立即发现，守卫银库的警卫已全部换成了钦差大臣带来的皇家警卫人员。

　　宇文宪对杨坚开诚布公说："坞堡和银库的警卫，从此刻起，由皇家警卫暂时接管了，请杨刺史能够理解。"

　　"应该，应该。"杨坚点头道，"咱这就去把坞堡内的府兵集合拢，撤离此处。"

　　宇文宪亦与庞晃、卢贲等，返回兵府住处。

与此同时，兵府这边的核查工作也在紧张进行。因为案卷材料翔实完备，所以，清查起来，虽然忙碌，却有条不紊。若遇疑惑处，由刑部人员亲自参与，到大牢提审人犯，便能释疑。

参与复核案件的庞晁，开始有点紧张，可当他浏览过一遍案卷，也完全释然。因为所囚的大小头目三十余人中，最轻的也有一两桩血案。若按最简单的"杀人抵命"律定，也是死罪无疑。

在所有参与其事的人中，最为忙碌的竟然还是樊伟。他首先要协助刑部查案人员寻找案子中的一些证人；还要协助膳食管理人员配备好粮食及油、盐、酱、醋。他对这一众钦差大员，也确实殷勤备至，每日安排一辆车，免费从大洪山拉来猪肉、鱼、蛋；同时，还从宾朋楼陈老板那里请来一位大厨……所以，上至钦差大人，下至从京师来的仆役、警卫，无一不喜欢他的。

两日后，侯伏侯龙恩和卢贲清点完银库中的资财，从坞堡返回兵府，便直奔宇文宪的房间，侯伏侯龙恩拿出一张三十万两银子的收据，落款处的签收人竟然是樊伟。气氛亦由此突然紧张起来。

宇文宪看过收据，道："看来杨坚提走三十万两银子，并非空穴来风。不过，这收据上的提款人咋是樊伟呢？"

"大人，是否可下令将杨坚等一并拿下审问？"侯伏侯龙恩的语气咄咄逼人。

"不妥。这字据并未表明杨坚本人拿了钱嘛。"宇文宪道，"你先把樊伟叫来问问。"

樊伟进房，宇文宪便指着桌上的字据，问："这张收据是你写的？并是你的亲笔签名？"

樊伟只看一眼，就点头说："是。"

"那，银子呢？"

"李顺没跟大人说？咱拿去都用于筑坝修渠了。"

"修渠？"宪文宪难以置信地道，"修条渠道，要用三十万两银子？这事杨坚知不知道？"

"这渠就是刺史大人叫修的。咱不好意思狮子大张口，他给三十万，咱也就认了。这笔钱数目不小，但用起来却还是紧巴巴的呐。对了，咱领取这笔钱之前，还请示过襄州总管府，是经批准，咱才从李顺那里提出来的。"

"噢？这么说，庞晃也知此事？好，把庞晃也叫来问问。"

卢贲出门把庞晃找来了。宇文宪不动声色地让他看了桌上的字据，然后道："刚才樊仪同说，他提走三十万抄没的银子，是经襄州总管府同意的。你知不知道这件事？"

"咱知道。"庞晃点头说，"随州当时派专人到襄州禀告说，要动用三十万抄没银两，修建大洪山泄洪水渠，那份文件是咱批复的。"

"你当时想没想，修条水渠要花三十万两银子？"

"对此，臣下当时没细想。因为按以往做法，抄没的财物可名正言顺拿出一部分赏赐下面的官兵，何况这还是拿去作公事，咱当即就批了。"

一直没说话的卢贲接腔道："我们在银库清点账目时，曾就此事问过李顺。据他说，这项工程有点大，渠的长度有百余里，且还要建一座蓄洪大坝。"

"噢？有必要在那里搞这么大一个工程？"宇文宪沉吟片刻，对樊伟说，"那，这样吧，一切皆以眼见为实，咱明儿就去见识见识你修的水渠，如何？"

"好呵！"樊伟面不改色说，"此渠有钦差大人莅临，樊伟三生有幸。"

翌日晨，在去大洪山的路上旗幡招展，钦差大臣的车、马队伍早早便起程了。车只两辆，宇文宪郑重其事地穿上黄马褂，坐在前面一辆车里，紧随其后的是侯伏侯龙恩和卢贲共乘的一辆车。其他随行人员如庞晃、杨坚等则骑马跟在后面。在众多僚属中，有一位职衔不高、不大言语的年轻人，他前两日曾以账房身份在银库中参与核查过账目。此人叫宇文恺，是杞国公宇文忻的弟弟。其家族世代皆为武将，只他从小勤于学习技艺和诗文，才思敏捷过人。

日近正午，这支由车、骑组成的队伍爬上一道山梁，忙前跑后的领队樊伟说一声："到了！"

陆续登上山梁的人，面对梁下的景象，皆定住不动地啧啧赞叹起来。此时，只见和煦的春光下，一望无际的菜花，金黄一片，绚丽无比！尤其是长期生活于北方的人，哪见过这般景致儿。

钦差大臣亦被此景吸引得下了车，惊奇地问："此是啥花儿？"

"油菜花呢。"樊伟忙道，"大人，这一大片菜花地就是本兵府的屯田。去年梅雨季节，山洪暴发，转眼间此处就成了白茫茫一片水乡泽国。待到秋季水退，咱就翻地，才抢种了这季油菜。"

"种这多菜花有甚用？"一名北方籍的警卫不解地问。

"嗬嗬！用处可大了。"樊伟说，"再过两月，菜花变菜籽，一榨就是吃的菜油呀。这片油菜地，不仅够府兵一年吃的油，还要拿出一部分菜籽儿换粮食，解决今年青黄不接的吃粮问题。"

坐车的几名京城大员皆弃车改为骑马，边赏景致，边跟樊伟来到大洪山的壑口处，都被一新砌的高数十丈的石壁挡住了。

樊伟在马上对宇文宪道："钦差大人若要真正了解这项工程的面貌，可要弃马登高了。"

"没问题。"宇文宪年纪轻轻身手敏捷地从马上一跃而下，说，"百十里路都走了，这几步还怕上不去？"

钦差大臣都下了马，其他人还有甚话说。也是，此一大帮人，不论尊卑贵贱，谁不是从酷烈的战场中摸爬滚打出来的。年岁最长的樊伟走在最前头，因为他不仅是东道主，还最了解攀登之石径。当众人沿石级登到坝顶时，再次为眼前的景象而震撼。朝里看，是两面青山合抱的一道幽深的峡谷。而谷口，却恰恰被其脚下的这道石壁锁住。

樊伟遥指两山之间的壑口处说："每年梅雨季节来临，汹涌的山洪就是从此毫无遮拦地冲下山的。有了这座大坝和渠道，情形就完全不一样了。坝内的水库水满了，可开闸泄洪，洪水经由明渠流向百里之外的深泽大湖，不致淹没屯田；如遇干旱，亦可开闸放水，引水灌田。此样，咱的屯田就能旱涝保收，如果把每年吃不完的粮食全部卖掉，这花去的三十万两银子，其实只用几年就可收回。如把多余的粮食存储起来，长江中游一带，若再与陈军交战，北来驰援的军队可以不携粮草，快速抵达，因咱有充足的粮食供他们使用呀！"

"好！这项工程做得好！一劳而永逸，何乐不为！"宇文宪赞许道。

樊伟说着转过身来，面对一片金黄的菜花田。只见其间一条宽约数丈的石渠，逶迤而至望不到尽头的天边。他又接着说："如今，诸位目力所到之处的这条分洪渠道，皆已竣工。所有人力正集中在数十里外赶工。他们要赶在梅雨到来之前，完成全部工程。"

"樊公——"一直寡言少语的宇文恺终于忍不住挤过来道，"你这条石砌明渠，三十万两银子恐打不住哩！"

"是呵。"樊伟应说，"不过，当初杨刺史许咱这笔钱，咱还是乐不可支呢。你想，能有这样一笔钱，就很不容易了。还好，修渠的大部分人工是府兵，不用支付工钱；吃的喝的供应充足，亦不用花钱；修渠的石材采自大洪山里，所用石灰也是自己烧制的。这样，用钱之处只剩两项：一是购置工具；二是高价把方圆百十里地技艺高超的石匠都请来了。这么一来，三十万两银子恐就差不离了。"

樊伟一笔账，把所有人都算得心服口服，都对他的精打细算，赞不绝口。

说话间，已是日过中天，樊伟请大家下坝吃饭。饭局设在营区露天的演兵场内，饭桌是用木板临时铺就的。上至钦差大人、下至警卫共三十余人，分成三桌。第一道菜是一大钵春笋烧山羊肉，脾胃大开的宇文宪先尝一筷子，即"啧啧"称赞说：美，美；第二道菜是一大钵蘑菇、苕粉炖猪肉，众人亦是纷纷大呼好吃；第三道菜是刚起水的大头鱼的鱼头煮豆腐……虽没摆酒，而个个都吃得津津有味、喜笑颜开。而所有人中，最开心的，当属杨坚。因为所查一切，都能证明他是坦荡、清白的！

是日，钦差大臣返回兵府，所做的第一件事就是，下令逮捕了郑琼和那位管家。他们犯了三宗罪：一、控告杨坚侵吞抄没款三十万两银子，经查，是诬告；二、胆敢向钦差大

臣行贿，败坏朝廷名誉；三、颠倒黑白，为罪大恶极的郑云飞翻案。

仪同樊伟干净利落地执行了钦差大臣的逮捕令后，刺史杨坚如释重负地赴兵府向钦差大臣致以谢忱。

宇文宪不仅接受了杨坚的谢意，还说："你今日来得正好。这边的案件复核已近尾声，有几件事，正想与你商量商量。"

说着，宇文宪着人把侯伏侯龙恩、卢贲和庞晃都叫来了。

五人坐定，宇文宪便开门见山地对杨坚道："当下，郑云飞父子一案，经复核，已毋庸置疑是罪大恶极。他的小儿郑琼及管家，亦是罪上加罪，亦当诛之。此外，经复核，凡有血案者，亦是死罪。不过，其一干人的家属，作何处置，刺史大人考虑过没有？"

杨坚说："臣下在报给襄州总管府的案卷中，没提家属事。一是想让朝廷批复时，亲作定夺；二是等批复下来后，再视朝廷态度，来作处置。"

"那你本人的想法是什么？"

杨坚颔首道："若依臣下愚见，随州这块小地方，一次处决几十人，就够骇人听闻的了。但此一干人，个个都有血案，是自作孽，不值同情，若不处置，他们会肆无忌惮，继续祸害百姓。不过，若株连家属，面就太宽泛，同时，也不利地方今后的发展。"

"唔……"宇文宪沉吟半晌，抬头望望庞晃，问："你是个甚想法？"

"杨刺史所言极是。咱赞成。"

"那，你呢？"宇文宪问卢贲。

卢贲道："听杨刺史所言，坞堡内的那伙人，也都可免罪了？"

宇文宪又用目光看杨坚。

杨坚说："依臣愚见，没动的，都不要动他了。郑家的浮财已经抄没，其他的田呀、屋呀，小妾们的私房钱呀，就留给活着的人，让他们另谋生计吧。也念及郑云飞曾为朝廷立过功的。"

"行。咱看就这样了。"侯伏侯龙恩不等宇文宪再问，就抢先表明了态度。

接着，宇文宪又道："还有一事，也须列位在场，共同议议——杨刺史打算怎么处置这笔抄没的钱财？这可不是个小数目哩。光金条就有七千多两，银子是一百五十多万两，还有那么多金银饰品和古董玩器……"

杨坚不假思索地说："这个，臣下早想过了。原想全部上交国库。国家连年征战，这笔钱可缓解一下军费开支的捉襟见肘。不过，近两日，臣下的想法略有一点改变，想恳请钦差大人留下二十万两银子。"

"这个无可厚非。"宇文宪笑问道，"咱倒是想问问为什么当下要改变主意，留下二十万两银子？"

"臣下前日收到一封家书，告知老父病重。这样，杨坚在随州的日子便来日无多，所以想给随州留点钱，把城墙修缮一下。"

"那，二十万两银子够吗？"

"这钱仍交到樊伟手上。您是知道的，交他二十万，说不定能做出四十万的事情！"

"那是，那是。"宇文宪说，"说到这里，咱还真是佩服你呐。"

"佩服咱？"杨坚不解地反问道，"佩服咱啥咧？"

"佩服你有眼力！"

"咱……有眼力？"杨坚不以为然地直摇头。

"你看嘛，"宇文宪说，"你一到随州就盯准了郑云飞。拔了他父子两个还不算，一拔一大串。"

"不，不，不！"杨坚连连解释说，"这算甚眼力？臣下实属被逼无奈呵！圣上把臣下派到此处，若不搬掉这个绊脚石，臣下能在随州立足吗？朝廷的政令能畅行无阻吗？"

"还有，"宇文宪不听杨坚分辩，继续说，"你用的那个李顺，那么多抄没物资，宇文恺告诉咱，他竟件件都如数家珍一般清楚；还有呐，凡经他办的案子，亦几近滴水不漏。而至于这位樊仪同，则更是个精打细算的得力干才！"

…………

几日后，由刑部主持的案件复核工作结束，无一桩案件有差错。心中早有定数的钦差大臣宇文宪，在最终的复核案卷上，面对所有在押人犯，批了六个字："处斩立即执行"。他看了看墨迹未干的几个字，随即，郑重地签上了自己的名字。

见此，侯伏侯龙恩终于忍不住地道："此样，是否有违了大冢宰之原意？"

"是呵。你以为咱这个钦差大臣是好当的？"宇文宪无奈地叹了一口气说，"作为臣下，大冢宰的意愿是不可违的！不过，咱这钦差来到地方上，民意亦不可违呢。咱说杨坚有眼力，用的都是能人，其实，话中有话呢。你看，那个李顺，把案子办得滴水不漏，抄没的钱财，个人分文不取。他们早就提防着如若复查此案，不能留下任何口实。再看那个樊伟，他对咱般勤备至，你以为是他心甘情愿的？这都叫'先礼后兵'！你们不动杨坚则罢，因为在这个案子上，杨坚代表随州民意。如若不然，很难猜想，咱此次随州之行能顺顺当当返回京师！"

还有一点，是宇文宪未对侯伏侯龙恩明言的，即，他既身着黄马褂，能不考虑天子的意见吗？况且，这个案子，皇上的意见是完全正确的！

…………

随州城在案犯处斩之当日，再次沸腾了！

钦差大臣返回京师之前夜，杨坚率众绅在宾朋楼设宴款待众官兵。

宇文宪等一行人踩着满街的鞭炮屑，再次抬头欣赏了"宾朋楼"三个字。

躬迎在大门口的陈老板，喜笑颜开地把宇文宪接引至一楼大厅的几案前，其上横铺一幅白绢。陈老板说："想把这幅字挂在厅内。使两位大司马的字在楼内楼外交相辉映。"

"行。那咱就在随州父老面前献丑了。"宇文宪提笔饱蘸了砚中之墨汁，略思一会儿，从右至左写下十个遒劲浑厚的大字：

有朋自远方来不亦乐乎

第十四回

太子移情别恋又入洞房
宰相处心积虑再安眼线

钦差大臣等一行人还未返回帝都，长安城内就已把宇文宪在随州大开杀戒的消息传得沸沸扬扬了。

大冢宰听到这一消息，十分恼怒。他下的手令，明明是要藉此置杨坚于死地，可成为刀下鬼的，却仍是大冢宰要力求保护的那些人。他往日对宇文宪器重的最大原因就是：他很听话，擅于理解自己的用意，且处事沉稳。而当下他的所作所为，则恰恰相反。一放出去，竟立马变做了另一个人！

宇文护除了专横跋扈以外，为人处事还特别敏感多疑。他想：临行前，武帝宇文邕曾赐宇文宪一件黄马褂，其意是，将一切生杀予夺大权都交付给了他。他未必竟把这事当真了？可他的真正主子是自己，而不是那位名义上的皇帝呢！他难道连这都不知晓吗？不过，宇文宪与宇文邕毕竟是共一父的亲兄弟，此外，武帝与杨坚新近又成了亲家——自己的人，就这么一歪就歪倒到那边去了？真是不可思议呀！

钦差大臣班师回长安的那日，满朝文武皆至城外迎接，大冢宰宇文护却没去。此，一是他一贯颐指气使，对这位钦差自不屑一顾；二是表明自己对其办事不力的不悦。

尽管如此，宇文宪与前来迎接的群臣礼毕后，仍不顾旅途劳顿，便直接驱车至大冢宰门下，向其述职。看门的仆役进去禀报后，回说：大冢宰身体欠安，今日不会客，而让钦差吃了个闭门羹。

可当晚，侯伏侯龙恩却坐在了大冢宰的身侧，向其讲述了随州之行的枝枝叶叶。之后，宇文护才部分消除了对宇文宪的猜忌，并对他在随州的作为，表示了首肯。此外，对于杨坚，则更加如骨鲠喉！感觉此人，年岁不大，城府却深，此番竟又如泥鳅一般让他滑脱了。

次日巳时，宇文宪再次来到大冢宰府第，等候许久，才获晋见。大冢宰对宇文宪不冷不热，寒暄几句，宇文宪即告辞出门。他知道，此前，侯伏侯龙恩已肯定来过。随州之事，已用不着自己唠叨赘述了。之后，宇文宪才最后一次乘坐皇上赠予的那乘象辂车，去延寿殿向武帝述职。

延寿殿内，武帝亲自挽起跪拜的宇文宪，亲切之状与大冢宰的态度成鲜明对照。

"此次随州之行，确乎不易！朕未料到，卿竟能处置得如此迅疾，如此明快干净。"

宇文宪坐下述职时，亦不长篇大论，只在某些关节处，略作了些说明。他知，一应之事，早有卢贲先来说过，亦无须自己啰嗦。

"去过大冢宰那里了吧？"这种君臣次序颠倒的行为，武帝早就不以为意了。

"去过了。臣昨日去时，大冢宰没见，今早才又去的。"

"宪弟别往心里去。有些事没如大冢宰所愿，他心里可能还憋着气呐。"武帝反过来劝慰宇文宪，"不过，大冢宰终是明白人，铁证如山咧！他还站郑云飞一边说话，那就太失民心了。"

武帝之言，使宇文宪特别受用。他觉得这位只比自己大月份的皇兄，越来越通达和善解人意了。

一切亦果如宇文宪所料，昨日卢贲回到长安，连自己的家门都未进，就直奔延寿殿，向武帝报告了随州行的情况。武帝则随即告诉他，据报，太子赟的老毛病又犯了，命他速回东宫去。

说实话，当卢贲刚接受太子小宫尹一职的任命时，他还是踌躇满志地想把太子调教好。可过了一段时间，他渐渐明白，太子赟其实就是个扶不起的阿斗。甚至比阿斗还不如。阿斗只是胆小无能，而赟更是劣迹斑斑，胆大妄为。但是，他却不能将自己的这一真实想法面报武帝。他随侍武帝的时日不短，深知皇上爱子心切，对太子寄予着厚望。所以，他对赟也就只能是明知不可为而为之了。

卢贲当日回家，睡了个懒觉。次日，太阳升起很高才去东宫。果然，大白天的，太子正在宫中的大厅里摆酒宴。席间有郑译、刘昉，太子妃杨丽华亦陪坐于太子身边。东宫的鼓乐歌舞专班，正起劲地载歌载舞、吹拉弹唱，以助酒兴。

卢贲进门，正欲向太子和众官员见礼，太子即喷着酒气朝他高声道："哈，你咋才进宫来呵？咱昨日就听说你们回来了。请诸位评判，小宫尹该不该受罚？"

"罚！一杯不够，应罚三杯！"刘昉、郑译等同声附和道。

这时，早有人把满满一杯酒端到了卢贲面前。卢贲双手接过说："诸位大人在家当差辛苦了。卢贲外出，没能照顾太子，确实当罚。"说着，举起一杯酒，一饮而尽。

刘昉离席执壶走到卢贲面前道："诸位大人刚才说了，是三杯。"

卢贲也不推辞，把手中的杯子置于席面。刘昉给他满上，又一连干了两杯。大家鼓掌，鼓乐声、欢笑声随之而起，气氛骤然高涨。卢贲看看太子已有点东倒西歪。他知道，太子嗜酒如命，却不胜酒力，于是，端杯走到太子面前激将道："臣已受罚，也敬太子一杯！"

"好呵！"太子来者不拒，一饮而尽，可立马就像一条泥鳅似的，朝席面下滑去。卢贲早已料到会如此，他眼疾手快，将其扶起，并用手指在他的腮帮和喉管处鼓捣了一下。接着，"哇"的一声，太子就把吞入肚中的酒呀菜呀吐得精光，顿时堂内酒气、馊气四溢……

"快拧把热帕子来！"卢贲高喊一声。

此时，伺立一旁的太监、丫环们，才忙不迭地打热水、拧布帕。

"让我来吧。"太子妃抢过一个丫环欲递给卢贲的湿热布帕，就给太子擦抹起来，并对卢贲道，"真对不住，你刚回，就遇到这档事。"

"娘娘见外了。皇上派咱来此，不就是侍候太子的嘛。"说着，他抬起头，对愣怔在旁的众人说："诸位大人，今日就到此为止，散了吧。"

接着，一身蛮力的卢贲，便两手平托着气息奄奄的太子直入寝宫。随之，他又三下五除二地剥去太子的外衣鞋袜，盖上锦衾。因为劲大，他干此类事，比太监和宫女们竟还利索。

料理完这一切，他才对太子妃说："太子须静养，别打扰他。醒后，先喂水，可进点稀粥之类。他的脾胃受了伤，待恢复元气后，方可慢慢进补。"

"咱知晓。"太子妃点头说，"太医也是这般说的。这已不是第一次……"太子妃说着，见卢贲欲离去的样子，泪水"唰"地涌出，并着急道，"宫尹大人，请留步。咱……咱想问问咱爹……他……他咋了？"

"嗨！"卢贲一拍脑门说，"咱竟把这么大的事都忘了说！"

说着，太子妃把卢贲请入客厅就座后，卢贲不好意思地说："娘娘知咱去了随州？"

"起始并不清楚，后来才知道的。"

"刺史大人，目下很好。那些要求翻案、诬告刺史的在押人犯，最终都被大司马批复处斩了。"

"呵……真……真是这样？"太子妃的泪水又汩汩地涌了出来。

"下官哪能蒙骗娘娘。"卢贲接着把随州查案的情形略述了一遍，并委婉地劝慰道，"倒是娘娘要保重好自己的身子。太子虽然年轻，但因没有节制而伤身，今后要娘娘操心的事，恐还不少。"

"你的话，咱明白。太子的毛病岂只在身子骨上。不过，如今，满城皇亲贵胄之家，又有几个人家的男儿秉性是端正的？咱一个小女子，能成太子妃，就已经知足了。因为，此不仅于咱，还有咱爹、咱娘，都得到了皇上之庇佑，这就是沾了天大好处！”太子妃说着，泪水已布满红颜。

卢贲没有料到，小小年纪的太子妃，竟能说出这样一番话。真是，有其父必有其女呵！

太子毕竟年轻，醉酒时，几近虚脱。可没过几日，在太子妃的悉心调理下，东宫之内，又到处可以听到他的嬉笑怒骂声了。不过，只热闹了几日，东宫内，不仅没有再现花天酒地，亦未有一些别出心裁的恶作剧发生，却显出一派异乎寻常的平静。太子真的是经过此次醉酒，忽然变得循规蹈矩了？非也！最先看破端倪的是刘昉。他见人就与之耳语，说：“太子又有意中人了，处的正热乎哩！”

这件事，还得从太子此次醉酒后讲起。

因原先管理太子服装的一位宫女，有点愚笨，她经常给太子穿错衣裳，而使太子出丑。为太子管理服饰，地位卑微，可事情并不简单。太子出行，不同场合，有不同礼仪，要戴不同的冠冕，内外都要着不同的服装，配不同的饰物。太子的寝宫内，有一大间房子是用来置放太子服饰的。管理者稍一不慎，穿错或戴错一样，就有可能使太子成笑柄，败坏皇家之礼仪。

近日，经过一番挑选和训导，换了一位叫朱满月的吴地女子来管太子的服装。这位朱姓女子，已有二十八岁，但打扮起来，花容貌美，丰满娇小，特别是有一股子不同于一般奴婢的风韵。其实，这个叫满月的宫女，本也是官宦人家出身，因其父犯事，家被抄没，而被充入宫中为婢。她原本是粗使奴婢，做些浆洗之类杂务。因其不仅做事麻利，还能识文断字，于是，经过一番调教，便让她做了管理太子服装的女婢。

太子从醉酒中逐渐恢复元气，便要循例去后宫为父皇、母后请安。某日，身着内衣裤的他，要女婢为其穿外衣。初来乍到的朱满月来到太子榻前，使太子双目一亮，即问：“你是新来的吧？”

“嗯。”满月略显羞涩地点点头。

太子再细细打量了她一下，如炽的目光在她的一双鼓胀的乳上停住了。他觉得那是两只硕大成熟的浆果，真是美不胜收。同时，他听到她与众不同的一声"嗯"，于是问："你不是关中人吧？"

"侬是吴地人。"

一口绵软的吴语，亦如一股甘美的清泉，沁入太子心扉。

朱满月应答着，把一件为去参拜父皇的衮服套在了太子身上，她的一双纤纤素手，不经意地轻轻碰到太子只穿轻薄内衣的上体上。太子亦再也忍不住地把刚穿上身的衮服脱下，双臂即紧紧地搂住了女婢。

婢女亦没推搡，亦未惊叫，而是如一只温驯的绵羊，蜷缩在了太子怀里……

此事一出，很快就在东宫暗地传扬开来。郑译认为：此事的好处是，太子把精力放在了朱氏身上，至少可保东宫几月安宁。不过，若是被太子妃踏破了，大闹起来，咋办咧？刘昉觉得：东宫出了此事，不好向皇上交代。本来太子有个三妃六妾，也是常事，只是这朱满月是罪臣之女，门不当，户不对；还有，朱氏要比太子大十多岁，年龄上，也是一道坎呵！卢贲没表态，却在心里暗着急：纸可包不住火咧！不过，众说纷纭，也只是在私底下进行，谁都不敢禀告皇上，更不敢向太子妃透个信息儿。

可是，别事有可能瞒天过海，此类勾当，咋瞒得过与之朝夕相处的太子妃呢？其实，太子第一次犯事，太子妃就已知晓，她只是难以启齿罢了。

眼下，整个东宫既然谁都知道了，她才说："此有啥了不得的。你们既都不肯说破，就由咱去禀告皇上皇后吧。"

不久，太子就名正言顺地迎娶了朱氏，女婢一跃而成第二位太子妃。

却说，太师、大冢宰宇文护独坐太师府内，心潮难平：郑云飞区区一个过气的骠骑将军，有关他的案子怎么了结，这对权倾一朝的大冢宰而言，并不是个啥不得了的事。紧要的是自己在这场朝内比拼内力的争斗中，竟又败在了那个小刺史手上。更不能容忍的是，自己派出一干得力干将，结果还是落得铩羽而归。这口窝囊气，叫谁也难以吞咽嗬！不过，平心静气一想，与一个小刺史斗气，有点不值。这小子再有能耐，谅他也翻不出大浪做下地动惊天的事来的！若再深究一下，未致杨坚于死地的根本

太子再细细打量了她一下，如炽的目光在她的一双鼓胀的乳上停住了。

原因，还在于当今皇上的从中作梗。显然，这个宇文邕才是自己真正的对
头、冤家！过去，这位皇上仅在名义上是悬在自己头上的"山"，到如今
自己才真正感受到了此"山"的分量。从表面看，年轻武帝对自己仍是毕
恭毕敬，唯命是从。但，究其实，他早在暗中笼络人心，丰其羽翼，并几
度让自己领教了他那软钉子的厉害。而更危险的是，如今，对这个年轻皇
上的想法和所作所为，也都越来越摸不清，看不透了。过去派去的一些耳
目，有的被他以各种名目裁撤，有的则被他软化收买，而不为自己所用
了。大冢宰明白：如果再用过去对付他兄长孝闵帝宇文觉和明帝宇文毓的
方法来对付这位武帝，已行不通了。因其毕竟在位十三年，已有一定根
基，如若再硬生生地直取其性命，则有可能反而惹火烧身。

宇文护这么想时，侯伏侯龙恩进来禀报道："大冢宰，仪仗已排列齐整
了，是否可以起程？"

"行，走吧。"宇文护说着起身，两名奴仆给他穿戴整齐。他今日要去
看望病重的随国公、柱国大将军杨忠。

杨忠在北周军中的地位和威望自不待言。不过，一向目空一切的宇文
护亲自去看一位下属，却不寻常。大冢宰此举是想藉此笼络一帮手握重兵
的老军头，亦顺便向老杨忠的儿子杨坚，施放一个示好信息。当下，他要
集中全力摆平来自武帝的威胁，而不能与一个子虚乌有的潜在政敌斗气。

柱国大将军杨忠的宅邸离宇文护的住所并不远，但，侯伏侯龙恩和侯
伏侯万寿兄弟却集合了一支千余人的卫队，外加一支旗幡招展的仪仗队。
大冢宰的大轿起程后，侯伏侯龙恩率领一支几百人的仪仗走在前面开道。
而侯伏侯万寿则率千人卫队殿后。如此庞大的阵容，亦非全是讲排场、抖
威风。宇文护执掌朝政多年，培植的党羽不少，得罪的要员、权贵也不少。
他不得不小心谨慎，以防不测。

待到杨宅家门口，宇文护只在侯伏侯龙恩的陪同下，前往探视沉疴不
起的老杨忠。此宅，平日只住杨忠及其妻妾，他的子女则早已分别自立门
户了。但最近，除杨坚仍在外面当差未归外，其他子女亦都回到父母身边，
来尽最后孝道。

出门迎接大冢宰的是杨坚的三弟杨瓒，他把客人迎至父亲的榻前。此刻的杨忠面容消瘦，皱纹深刻，但，神志却还清醒。他见宇文护坐到病榻旁的椅子上，眼里竟闪出了泪光。宇文护见此，更是潜然泪下，不能自已。

自西魏始，杨忠便是宇文泰旗下的一员猛将，他因而常与宇文护并肩作战。一次，宇文护在与北齐军队交锋时，身陷重围，是杨忠率军驰援，出生入死，才于乱军中将其救出。那时的大将军杨忠是何等果敢、英武！宇文护虽为一代枭雄，但每念及此，亦唏嘘不已。此时，他用双手紧握杨忠只剩皮包骨的冷手，良久，方道："老将军，好好将息，咱改日再来看你。"

宇文护和侯伏侯龙恩看完病人，又一一问候了其亲属。他左右一望，忽然问："老夫人呢？"

杨瓒回说："家母因侍候父亲，亦病倒卧床了。"

宇文护迟疑了一下，说："这样吧，咱就不再叨扰了，请你代咱问候她老人家。"

接着，杨忠一家人将两位客人送出宅子，经过大院，欲出院门时，忽听一位太监操着鸭公嗓音高声道："皇上驾到！"

众人皆惊讶地纷纷就地跪在了院内，面朝着大门口。宇文护亦是惊诧不已，为避免与皇上相见时的尴尬，君臣二人已有很长时间未曾谋面了。虽同处京师，平日则都是通过宇文宪互通信息，共治国是。而今日则真可谓是避都避不开地要"狭路"相逢了。

往日，宇文护与武帝相见，一般都不行跪礼，而是按家礼的兄弟关系行事。可眼下这院里跪倒一大片，连身边的侯伏侯龙恩也在其列，仅剩自己一人还站着，也太扎眼。于是，虽不情愿，却仍相跟着跪了下来。在这大庭广众中，君臣关系是不能不讲的。

时下，这一君臣间的内斗，亦确是发生了一些微妙变化。比如，武帝的信息就反比大冢宰灵通。当侯伏侯龙恩兄弟集合卫队准备去探望杨忠时，武帝就获知了此一消息。

头脑灵活的宇文孝伯马上建议说："圣上可趁此，去会会大冢宰，以消除他对圣上的戒备。他的扈从和人马虽多，但在光天化日下，是不可能失礼干出有伤圣上的事的。"

于是，此才有了君主与宰相在大将军杨忠门前难得的邂逅。

在几名执拂太监和身着腰刀的侍卫前导下，武帝从容迈进杨宅。陪侍在武帝之侧的是右小宫伯中大夫宇文神举。

武帝眼尖，进门就一眼在跪着的人群中，发现了身着一品官袍的宇文护。他立马上前将其挽住，道："兄长，请起。诸位，也都起来吧。朕在门前看到大将军侯伏侯万寿，才知大冢宰也来了。"

宇文护是宇文泰兄长的儿子。他与皇上，论辈分是兄弟，而论年龄，宇文护却比皇上年长约二十岁。宇文护见武帝面色平和，在众人面前一如既往对自己很尊重，于是说："老将军生病，竟也惊动了圣上？"

"老将军为社稷一生戎马倥偬，该是颐养天年之时，却偏偏身染重症。朕派御医前来会诊，他们回宫告说，随国公病得不轻，朕哪能不来看看他老人家呐。"

"圣上日夜操劳，亦要保重龙体。"宇文护不失时机地说，"后宫也不能只顾节省开支。当用之物，不可减省；当用之人，还是要用。这样吧，咱给圣上再配几名手脚麻利的宫女先试用几日，如不合用，可换，但不要辜负臣下一片心意。"

"好！盛情难却，朕这就领受了！"

"那，臣就先告辞了！"大冢宰又向杨瓒等人拱手，并说："请照顾好老将军和老夫人。"说着，再向武帝一躬，随之，颔首后退一步，再转身与侯伏侯龙恩迈出院门。

"有劳卿带朕去看望老将军。"宇文护走后，武帝即对杨瓒亲切地道。

武帝的妹妹顺阳公主是杨瓒的妻子，二人关系自是非同一般。在场的杨家人，闪出一条道，让杨瓒陪武帝和宇文神举进屋看望杨忠。病榻上的杨忠一见武帝，挣扎着想要起身，可几近油干灯熄的他，却无法动弹。

武帝见此，忙俯身制止道："别，别，老将军须静养，不可轻易挪动。"

杨忠因挣扎，气喘不宁。待慢慢平复后，欲语，无声；欲哭，无泪……他只能眼巴巴地瞅着这位当今的至高无上。

其时，一个身着素色布服的女子走进房里，伏身跪在了武帝脚前。

武帝坐在刚才宇文护坐过的那把椅子上，吃了一惊，却仍很平和地道："汝是何人？有话请起来说吧。"

女人不肯起身，仍跪着低头道："奴婢是杨坚之妇，给圣上请安了。"

"呵？"武帝更为不安起来，"那，汝就是朕的亲家嘛。请快起身，请快起身！"他欠身欲将独孤夫人扶起，又觉不妥，竟有点手足无措。

独孤夫人见此，方才起身，垂手侍立一旁。

"汝把那么贤惠的一位女儿嫁给了犬子，朕还没谢过你们夫妇呐。"武帝说着，打量了一眼独孤氏，疑惑地问，"朕刚才进门，好像没见汝在场呢。"

"奴婢不知圣上驾到，当时在另一房中侍候老夫人。"

"难得，难得！汝等都懂得孝顺——"武帝转身对病榻上的杨忠道，"老将军，您有福气呀！"

"圣上……"独孤夫人的嘴唇翕动着，泪水亦随之涌出，"奴婢想问问，杨坚……他……他到底犯了啥罪过？"

"杨坚何罪之有。"武帝说，"朕今日到此，一是为看望劳苦功高的老将军，二是为汝全家人解疙瘩。前日，朕派到随州去的核查官员，皆已回到京师。他们禀告朕：杨坚在当地担任刺史，励精图治，除暴安良，深孚民望，不仅无罪，而且有功。老将军患病后，朕已准其请假回家，为父侍疾。他不日即可启程归家了。"

"呵……"压在杨家人心中的巨石，终于掀落了。

杨瓒和独孤氏又跪了下来，再谢皇恩。已形同枯木般的杨忠，闻听此言，眼角处，竟溢出一颗浊泪……

却说，武帝与宇文护的"意外"邂逅，在外人眼中，既体现出了君臣间的融洽，还显示出了兄弟间的亲情。

次日，宇文护就在自己的府第，挑选出四名年龄相仿，高矮也差不多，面容姣好之丫环，并按出生年月，从大至小分别命名为：惠梅、惠兰、惠竹、惠菊，由侯伏侯龙恩送到了延寿殿武帝身边做宫女。四名新来宫女的名字好记，可谁是谁，过了好几日，武帝却还是不大对得上号。一次偶然情形的出现，终使武帝牢牢记住了其中一人。

这日，武帝和宇文孝伯在书房中下棋，四名宫女中的一位在一旁沏茶续水侍候。棋局行至中盘激烈处，武帝执黑在棋盘的左下走了步小尖，在旁执壶续水的宫女，却突然倒抽了一口冷气。她的这一举止，马上引起宇文孝伯的注意。

他抬头问宫女："你会下棋？"

宫女顿时花容落地，惊慌地掩饰道："奴……奴婢不会……"

"不会？"宇文孝伯把夹在指尖的一颗白子往棋盘上一拍，用鹰隼般的目光直视宫女，"你明明会，为何扯谎？"

武帝觉得孝伯太过唐突，便为宫女解围说："卿也真是。她一个下人，凭什么说她会下棋？"

"哼，她不仅会，而且，棋力远在圣上之上！"

"奴婢该死！"宫女一声惨叫，跪在地下，头像捣蒜似地磕得"咚咚"响。

"其实，会下棋也不是坏事，你直说不就是了。"宇文孝伯反而温和地安慰起宫女来。

宫女哭泣着，终于道出原委。

原来，这位大冢宰给她取名惠竹的宫女，本出生大户人家，自幼便随宅邸男孩读书学棋，后因父亲犯事，家被抄没，她亦落入大冢宰家为婢。此次大冢宰送她们四人进宫侍候皇上，单独交给她一件事，要她留意圣上的起居行止，尤其要她记下有哪些文武官员前来看望皇上……

惠竹说完，武帝和宇文孝伯并不觉得奇怪，他们早就估计有此一着。所以，反而安慰惊魂未定的惠竹说："没事，你别往心里去，说清楚就行了。"

只是武帝仍不明白，宇文孝伯咋知惠竹会下围棋。

孝伯指着惠竹道："叫她自己说吧。"

刚刚略为平静的惠竹，一下又吓得脸色煞白！

宇文孝伯只好道："刚才圣上走的这步小尖，看似凶猛，要断咱的白子，其实却扑了个空，等同下了步废棋。圣上刚一落子，她就倒抽了一口冷气……"

"朕下了步废棋？"武帝不得其解，转身看着惠竹，问，"孝伯说得对吗？不要紧的，来，你与朕摆摆，看究竟鹿死谁手？"

惠竹迟疑了一下，把刚才宇文孝伯拍在棋盘上的那颗白子挪到武帝小尖的黑子右侧。武帝想了一下，拍出一颗黑子展开反击，惠竹从棋罐中夹起一颗白子，姿态优雅地拍在棋盘上。这样，你来我往拍出七八手棋。又该惠竹下了，可她却将夹在手中的棋子高高举着，迟迟不肯落下。

"该你下了呀，咋不落子呢？"武帝催促着。

"还下啥？"宇文孝伯笑道，"圣上的这块棋已经死了嘛。"

"呵？"武帝再细看盘面——原本活生生的一块棋，瞪着两眼的。但，定睛时，一只是真眼，而另一只，已被惠竹鼓捣成了假眼儿！

惠竹再次感到大祸临头，又一下子跪到了地上。

"嗨，这怕什么，快起来吧。"武帝笑道，"汝之棋艺果然了得，朕可要拜汝为师了。日后，朕有闲暇，汝就教朕几手，如何？还有，大冢宰叫汝做的事，汝仍照做不误。大冢宰这么做，是怕朕做的事多、见的人多，太累了。不过，今日之事，就不要对外人道了，也不要和你的姊妹们提说。"

……

第十五回

荒郊野岭二徒偶遇恩师
黑灯瞎火一众误落陷阱

却说，远在随州的杨坚获准可以离任为父侍疾时，但由谁接替他出任刺史一职，朝廷和杨坚之间，却出现了分歧。大冢宰原本拟另派官员接替杨坚，而杨坚则上奏朝廷，申述：因任上有一些未尽之事，须一位熟悉的官员接手完成，所以他推荐了仪同樊伟。为此，杨坚还亲赴襄州作了颇为细致的说明。而此时，新任襄州总管已经到任，在庞晃的斡旋下，取得襄州总管的共识，并由襄州又向朝廷说明原委，问题才得到圆满解决，而此刻，已至是年的初秋时节。

接着，在新任刺史樊伟的陪同下，杨坚临走前去了一趟大洪山。正如樊伟曾向宇文宪预言的那样，整个望不到尽头的屯田，一片金黄稻浪，令人陶醉。樊伟主持修建的水坝和水渠，经受了今年梅雨季节的洪水考验。

至此，杨坚终于可以志得意满地打道回府了。当下，返回京师的除原先带来的三十余人外，还添了一个小乐子。乐子虽是随州本地人，可自京师逃回，父母都不在了。尤其是经历过替代陈家小姐"出嫁"的事件，原本就不男不女的他，在随州城更成了街谈巷议的人物。因而，在他的一再要求下，杨坚点头答应将他带回京师。

返回京师的队伍路经襄州，庞晃当夜设宴单独招待了杨坚。经历过一番风雨历程的两位老友，终得一次共叙衷肠的机会。

杨坚端起酒杯，呷了一口酒，舒展了一下肢体说："还是无官一身轻的好呵！自把事情向樊伟交代完毕，咱就仿佛解脱了一般。"

"咱看未必，此乃可能仅是仁兄一时之念想。"庞晃把杨坚的酒杯斟满道，"兄之心，已不在刺史位上，早就期盼远走高飞了！"

"呵——不，不！"杨坚立马否认，"你可不知，咱在京师连遭厄运，性命难保，对功名利禄早已心灰意冷。"

"此，你可瞒不过咱。"庞晃不以为然地说，"在太学念书那会儿，只觉你有一身好功夫，其时，连那些尚武的鲜卑子弟，个个都敬畏你。此次，你在随州任职，咱才真正领教到了仁兄的治政才能。仁兄将来前程无量，发达了，可不要忘记昔日同窗老友呵！"

"你这话，真是不敢当！"杨坚把刚斟满的一杯酒，一次干了。然后说，"你可知，咱是咋到随州来的？"

"是圣上钦点的嘛。"

"非也。咱至随州，是圣上在咱的一再哀求下，才不得已作出的决定。"

接着，杨坚把自己几次遭宇文护猜忌差点送命的事，都趁酒劲吐露出来。并说："你难道一点都看不出，此次钦差至随州，不明摆着就是冲咱杨坚来的吗。只是事情的发展未如大冢宰所想，咱又逃过一劫。而这么一来，大冢宰会不对咱更加恨之入骨？你想想，咱还能奢望今后有更大前程？不瞒你说，此次回到京师，只不过是藉为父侍疾，彻底脱离仕途罢了。即便如此，最终能否躲得过大冢宰之'关照'，亦未可知呢。"

一阵沉默过后，庞晃道："不过，人的一生长着哩，说不定躲过一劫，便时来运转了。"

…………

与庞晃于襄州作别，初秋的骄阳仍然似火一般热辣。杨坚回京师的队伍只好早早起身赶路，中午找个地方用餐后，息歇几个时辰，等到日头偏西后，再赶一阵子路，直到天黑，再投宿旅店。如不凑巧，走到前不着村，后不见店的处所，就自己垒灶造饭，撑帐篷歇息。所幸一干人，全是当过兵打过仗的，对此一境遇，皆习以为常。

这日，因途中有辆辎重车出故障，修车耽误了一点时间，当薄暮来临之际，队伍就恰好走到一个前不见村，后不着店的地方。幸运的是路边有一小溪。杨坚看看天色，停止赶路似有点早，但又舍不得眼前的一汪好水，于是道："今日就在这里息歇吧。大伙可以痛痛快快去溪间洗个澡，明日早点起身就是。"

大家于是忙碌起来，有的从车上取出工具，就近选点、平地，准备搭建帐篷；有的垒灶、打柴，准备造饭；车夫则将马从车上卸下，牵到溪边饮水吃草。

杨坚把自己的坐骑交与一名侍卫，对李顺道："走，咱也像《桃花源记》的那位渔人一样，沿溪溜达溜达。"

溪边有一条路，路两旁的树木已被砍伐。他们沿路亦沿溪走不多远，淙淙流水之小溪却突然来了个急转弯，离路而去，没入了侧面的大山中。他俩于是弃路，仍沿溪而行。长满杂草和灌木的溪边，经辨认，不知是何人在何时铺过一层厚实的石板，就像他们年幼出入冯翊般若寺踏过的那条石板小径一样，既沿溪又沿看不大清楚的石径朝前走去。

"你猜猜，此次回家，等候咱的，是吉，还是凶？"杨坚信命，常有求签问卦之癖好。

"哈，咱可不会算命。"李顺随口道，"这些年来，你曾经历过各种风风雨雨，且都大难不死。回到自家，还能出什么蹊跷？"

"哼，那可不见得，走平路，一不小心，也会把脚崴了呢。"

"吃一堑，长一智嘛。你这回就在家里猫长点，尽量减少应酬。大冢宰要处置的事多，说不定就把你忘掉啦。"

"唔，此可算一法。亦是无法之'法'！"

他俩在人前，便以主仆相待，若是私下，则仍如弟兄一般。

二人越朝前走，草木越来越盛，及至遮天蔽日。杨坚犹豫了一下说："咱往回走吧。"

正欲转身之际，李顺突指前方道："你看——"

杨坚顺着李顺手指的方向看去，见不远处有一座破败的庙宇。他想，此处离黄河不远了，离那座著名的白马寺应该也很近了，此一带是华夏佛教发祥地，可这小庙咋这么破？他于是对李顺说："走，看看去！"

刚至近前，只见断壁残垣的门楣上，镶嵌着一块石板，自上而下刻着"静水庵"三字。杨坚和李顺都不由得大吃一惊——因为他们从小生活的居所，师傅就将它称作"静水庵"。

反应奇快的李顺疾步上前，正欲进门时，只听门洞中传出一声尖利的怒吼："庵堂之地，严禁男人入内！"

"阿弥陀佛！"随后跟来的杨坚双手合十鞠躬道，"佛家之地，凡是善男信女，都该受到欢迎嘛。"

"不行。"一个女尼，怒目圆睁，手执一根哨棒，立于已经没有了门板的门口，"你俩一个都不许进，否则休怪咱无礼了！"

"不要这样嘛。"李顺故意扭动了一下腰板，把腰上的配剑碰得叮当响。女尼一激灵，反弹到门口里面，作出防范姿态。

此时，随着一阵咳嗽声过后，有人从庵里发话了："若水，让他们进来吧。"

"呵？师傅，是师傅的声音！"那熟悉、久违的声音使杨坚和李顺兴奋不已。

他俩冲了进去，只见摇摇欲倒之墙边，搁着一块门板，大热天气，智仙师傅竟身盖布衾躺在门板上。庵内，从梁上悬下一盏油灯，闪着微光，一群讨厌的蚊蝇四处飞舞。智仙形容枯槁，气息奄奄，但目光却有如往日，仍灵动地望着他俩。

"师傅！不孝之徒让您遭罪了！"杨坚和李顺皆跪于智仙床前。

手执哨棒的女尼，此时方如梦初醒，她看看杨坚，问："你就是大师兄杨坚？"杨坚点头。她又转脸道，"那你就是二师兄李顺了。"

李顺亦点了点头。

杨坚从地上爬起对女尼道："师傅看来病得不轻。这附近能找到郎中吗？"

"离此不远，有一大镇，药铺、郎中镇上都有的。"

"呵，对了。那应该就是蟠龙镇——通往京师的咽喉之地。"

"对，不错，不错。"

杨坚当机立断地对李顺说："你去叫几个侍卫来，把担架也带上，咱这就送师傅去镇上看病。"

李顺走后，杨坚一摸师傅前额，烧得滚烫。他从床头边上拿起一把蒲扇，驱赶起师傅身旁的蚊蝇来。

"你不是在随州做官吗？"智仙喘着粗气，声音很微弱，神志却清楚。"咋上这儿来了？"

"唉，您也真是。既知徒儿在随州，为何不来找找咱。或是打发这位女弟子递个信也行嘛，何必忍受这般苦痛哪！"

"咱叫若水，是你师妹。"女尼若水把一碗水送到杨坚手上，落落大方地自我介绍说，"咱也说要去随州会会你，可师傅不想打扰你们。"

杨坚把水接过来，一饮而尽。这么热的天，行了一日路，也确实渴了。当他把碗交还若水时，借着昏黄的灯光，看了这位师妹一眼。她戴一顶青灰色布帽，一身女尼的青灰布衣，眉清目秀，一副洒脱灵秀之模样儿。

"你跟师傅几年了？"杨坚问。

"十年。"

"呵，你跟李顺差不多，李顺是八岁那年跟了师傅的。"

"咱是九岁遇见师傅。师傅见咱太野，要咱如水一样，平平静静，所以，取名若水。可至今日，咱还是不大容易做到如水一般静谧。"若水说起话来倒像流水似的，滔滔不绝。

不一会儿，只听一片杂沓的脚步声，李顺带着四名侍卫，扛着一副担架，擎着两支火把，进了庵门。

其时，天已黑了下来。两支火把一前一后，智仙由两名侍卫抬着，杨坚和李顺走在担架两头，若水则与一名打火把的侍卫走前带路。

来到大路上，没过多时，他们就影影绰绰看见前面有一些零星灯光。

一进镇街，就近找到一家客栈。账房见来了一伙行伍打扮之人，其间还夹着一位尼姑和一名病人，有点迟疑。

李顺没好气地把一锭银子往账台上一拍，说："十两银子，开几间房，没问题吧？"

"没问题，没问题。"账房边迎逢地应道，边把银子拿到灯前照验真假。

"本官拿出的银子，还能有假？"李顺不屑地道，"你先收着，走时结账。"

"行，行。"账房收了银子，即为一行人开房。

李顺接着对若水道："你把师傅招扶好，咱这就去请郎中。"

不一会儿，李顺就在街上寻得一中药铺，把郎中请来了。

郎中随李顺走到客栈门口，迟疑了一下，才进房为智仙号脉。接着，又看了看她的舌苔，并仔细询问了若水有关智仙起病前后的情形，最后，借来账房的笔墨开了药方，对李顺道："请随咱去取药吧。"

杨坚跟着走出客栈大门，拉住郎中问："请问先生，师傅病情如何？"

"唔，你是智仙住持的施主？"郎中看了杨坚一眼。

杨坚亦感诧异："你亦认识智仙师傅？"

"嗨！镇上之人，谁不识智仙师傅！"郎中这才说，"她是偶感风热引起的火伤风。一两剂药后，即可退烧。但她身子虚弱，病好之后，在饮食起居上，须经一些时日调理，方可恢复元气。"

郎中言罢，即带李顺去药铺抓药。

天黑不久，蟠龙镇街衢两旁的店铺，大都已歇业打烊。脚下的路面还算宽阔，只因灯火人气不旺，李顺只能摸黑深一脚浅一脚地紧跟郎中而行。此情形与他刚入随州城那会儿极相似。

李顺入镇去寻郎中时，这药铺还是开着的。可就只这一会儿工夫，当他们回来取药时，铺子也已打烊。不过铺子旁边有一很小的侧门，专供先生夜间应付急诊出入之用。郎中拍了几下门，那门就开了。

一个十三四岁的小伙计掌灯，郎中亲自抓了药，说："为智仙住持视疾，就不用付费了。你们不也是在行善积德嘛。"

"那不行。"李顺随手拿出一块碎银放在药案上，"谢谢您哪。"说着，拿药急欲出门。

"官人，请稍候。"郎中叫住李顺。在昏黄的灯光下，郎中又细看了李顺一眼，想说什么，又不知如何启齿。憋了好一会儿，才言不由衷地说，"咱在镇上卖药行医已有多年，可瞧你们，不像是附近之人呢。"

"咱是从随州过来，回京师去的。你当然不认识。"

"嗨！咱看你们待智仙住持不错，原以为是本地施主。"接着，郎中转口又说，"此地界，不比随州，客官落店，须加小心！"

"噢？"李顺一听郎中话中有话，便索性坐下问，"先生能否把话挑明，叫咱怎地小心法？"

"比如说……"郎中急得抓耳挠腮，不知如何表达。

铺子里的小伙计快人快语插嘴道："那家客栈的饭吃不得，水亦喝不得。"

"呵……"李顺和郎中皆大骇。

小伙计口无遮拦，郎中怕遭店主报复，大惊失色。李顺的心则一下透亮了！他想：一不小心，竟误入黑店。且，杨坚、师傅等一行人还在那店里。不过，他马上就镇定下来，反而安慰郎中道："你放心，咱处置此事，一定不会连累到你的。只是，那店中之水用不得，这药却没法熬了。"

郎中即说："这样吧，咱家灶头就煎着一副类似的药，你把它倒去，可直接服用。"

"嗨！世上竟有这巧的事？"

"其实，也不算巧。入秋了，患火伤风的人很多。灶上的药是咱代病人煎的，患者是个男子，药下得稍重一点。"

郎中说着，拿出一只葫芦，伙计掌灯，一进灶房就闻到一股药香味。灶台上有几个火头，用陶罐分别煎煮着好几副药。郎中把其中一只药罐中的药液过滤后，倒入葫芦，交给李顺说："这葫芦盛过酒，有点做酒气，但不会影响药性。你要智仙住持分两次服用，即可退烧。以后多饮水就是。"

"多谢先生。"李顺拿起装药的葫芦和先前抓好的几副药，迅即出门。

没走几步，有一卤肉店竟未打烊。李顺还是午间吃的饭，早已饥肠辘辘。他于是摸出一块碎银，要了几块熟牛肉和几只卤鸡，用一篓篓装上。接着，又从篓里取出一只鸡，撕了一块，边走边嚼。鸡吃完，人也到了客栈。

李顺推门进屋，账房笑眯眯地道："官人回来啦，请快去用膳。"

李顺一听，不觉暗自叫苦。他先进房里，放下药和装卤肉的篓篓，杨坚不在房里，李顺心里更慌。此时，账房跟了过来，催他快去用膳。李顺装出若无其事的模样出房，把门掩好，随账房入伙房，见四名抬过担架的侍卫围桌而坐，正在狼吞虎咽地大吃大喝，却不见杨坚，于是问："还有一位官人呢？"

"还在女眷房内呢。已叫过几次，说要等您取药回来再吃。这几位已等不及，先吃了。"

"那让咱去叫他吧。"李顺说着，转身先回自己房间，把随身所带物品、药葫芦和篓篓等，统统都往智仙房间转移。

李顺进门，杨坚即埋怨道："你咋才回？真急煞人了。药呢？"

李顺不吭声，把耳贴近门边，突然"砰"地猛推房门，只听门外"哎哟"一声惨叫。房内的杨坚和若水吓一大跳，此时，只见账房抱头倒在了门外。

"哟？这是咋啦？怎地碰着头了？"李顺出门将账房扶起，"哎——你也真是，老跟在咱后面做啥？你先去吧，咱拿药刚回，还得交代几句话。你没见，有人生病，急煞人呢？"

账房抱头鼠窜而去。李顺索性不关门，有人想来听壁脚，也不好直接过来了。此时，他才压低声音对屋里人道："咱进黑店了。若水快从此窗钻出去，把咱的人都叫来。能行吗？"

若水神情若定地说："没问题。两位师兄可要把咱师傅招扶好。"

大热天气，窗户本就是敞开的，若水先把头伸出朝外望了望，野外一片漆黑，秋虫"唧唧"，无有动静。她一猫腰，就悄没声息地钻了出去。

这回是李顺留在房内服侍师傅喝药，心中已然有数的杨坚只身来到伙房，一探究竟。但见饭桌上一片狼藉，钵内、盆内、碟内，菜、饭还剩不少，一群蝇子围桌乱舞。两名店伙计见杨坚进来，连忙张罗着盛饭。

杨坚皱了一下眉头，问："在此吃饭的几位弟兄呢？"

"他们吃完，回房歇息去了。"

"吃剩的东西都给爷撤了它，看着都恶心。请厨子再弄几个清爽点的菜。咱等会儿再吃吧。"不等两个伙计回话，杨坚转身仍回智仙房间。

房内，李顺已让师傅趁热服用了汤药。智仙因高烧，身体虚弱，口腔内起了燎泡，说话困难，但内心明白。她听到弟子说的事，只能躺在床上干着急。

过了好一会儿，只听一阵敲门声，伙计隔门说，新做的菜、饭已好，请官人速去用膳。

李顺应了一声："知道了。"

杨坚则在房内朝李顺努了一下嘴，李顺会意地从腰间抽出佩剑，闪到门侧。杨坚没带武器，随手抄起房内的条凳，候在洞开的窗户一侧。果然，一干亡命之徒等不及了——首先，房门"嘭"地一声踹开，气浪把桌上的油灯火焰吹得直打晃晃，几名凶徒手执利器一拥而上。李顺一剑砍去，只听"哎哟"一声惨叫，凶徒见势不对，又都缩了回去。说时迟，那时快，几乎与此同时，两名歹徒越过窗洞，一跃跳入房内，但都还没站住脚，就被杨坚的条凳扫入地下。

恰在其时，屋外马蹄声、喊杀声大作，已将黑店团团围住。十余名侍卫在若水的带领下，手举火把，冲入店中。而店外还有若干骑兵，也高擎火把，张弓搭箭，以防逃出之徒。一群乌合之众，哪见过此种架势，纷纷瑟缩着跪地求饶。

李顺怒喝道："谁是店主？"

几名跪地求饶的伙计，都用眼睛望着亦跪于地的那个账房。

李顺怒不可遏，一手揪住他的后背，将其从地上抓起："嘿！咱进店时，还真没看出，你就是本店的黑店主！银库在哪？说！"他怒喝着，用剑尖戳了一下黑店主的后心窝。

黑店主的头上鼓着一个大包，是被李顺推门撞的。他脸色惨白，把李顺带到一石头门夹、钉着密密麻麻铜钉的门前。

李顺命令道："开门！"

店主从腰间取出一串钥匙，找出其中一把，捅开大锁。两名侍卫推开厚重的铁皮门，用火把朝里一照，是一间很大的仓库。其间，绢帛、彩缎、丝、麻、粮食，各种物资，应有尽有。

李顺说："银库呢？银库在哪？"

"在……在里头……"店主颤抖着。

侍卫举起火把欲往里去，被李顺一把拦住："小心着火——掌灯来。"

若水忙去柜台把灯端来。李顺再用剑尖戳了一下黑店主的腰身，痛得他大叫一声，才乖乖地又开一锁，进入一间较小的库房。指着一只很结实的大柜说："金子和银子都在里头。"

待店主摸索着把柜子打开，里面分层摆放着各种不同形制的金器、银锭，还有不少金、银饰物等等，规模和数量虽不能与郑家坞堡相较，但仍然是琳琅满目，数量可观。

接着，李顺命人把店主和俘获的伙计都押解到餐室中去。

此时，杨坚队伍中的最后一拨人马也赶着辎重车过来了。李顺于是吩咐把库房中的金、银财宝和值钱物资都搬到车上去。有人嚷，东西太多，哪里装得下。李顺就说，看看马厩里是否有车和马。

库房这边的事安排妥后，他便进了餐室，见桌上还摆着为他和杨坚准备的四菜一汤。押解进餐室的，连店主一共九人。三人有伤，其中一人是被李顺的剑砍伤的，尚在淌血。另两人则是为杨坚的条凳打伤。李顺在餐桌旁坐下，先叫侍卫给流血的伤者包扎了伤口。

据店主交代：他在镇上经营客栈多年，因兵荒马乱，商贾不畅，住店客商不多，赚不到钱，才铤而走险劫财的。开始，他们只宰单身殷实客商，其后胆子越来越大。今日，他本不想收留这一干军人打扮的过路客。因客人一出手就拿出十两银子作订金，才动了心。他们在汤里放了迷药，先麻倒四个军汉，其余两男两女迟迟不肯就范，以为九个男人，对付两个男子应不成问题，可没想到……

李顺边听店主交代，心里却在盘算如何处置这一干为非作歹的家伙。听到此处，他心生一计，打断店主的话，指着桌上还冒热气的一大钵汤说："这么说，这钵汤里也是下过药的？"

店主用惊惶的目光望着李顺，点了点头。

李顺叫侍卫拿来一只饭碗搁在桌上，自己用汤瓢从钵里舀了一碗汤，对店主道："你给咱把这碗汤喝下去！"

店主惶恐地跪到地下，磕头道："军爷饶命！咱兄弟也是带兵的，他是开府大将军！否则，咱也没胆在蟠龙镇上开此店呐！"

"呸！"李顺朝地吐了口唾沫，"开府大将军是朝廷之人，他能容忍自家兄弟做此下作事？"

"不信，军爷可问他们。"店主用手指着几个跪地伙计，又道，"军爷若不信他们的话，还可去问镇上之人。"

"哼！你拿开府大将军来威胁咱？"

"小的不敢！"

"你他妈狗眼看人低！老子武当真豪杰，怕他个屌的草包大将军！"李顺拔剑朝黑店主的后心窝一戳，只听一声惨叫，店主扑倒于地，一股鲜血从其后背喷涌而出。

一干伙计吓得魂飞魄散，跪地求饶。李顺指着刚刚包过伤口的伙计道："你起来，坐下，咱有话对你说。"

那伙计不知李顺要做什么，但又不能不从命，他畏畏缩缩坐到李顺指定的餐桌前。李顺指着桌上的汤碗问："这汤喝下去，会不会要命？"

伙计摇头说："睡一夜就没事了。"

"行！"李顺道："武当豪杰，只要钱财，不伤性命。你把这碗汤给咱喝下去，咱保你没事。"

话说到这份上，还有什么可想的。那伙计也不含糊，一口气就把那碗汤喝了。完事后，也不要人扶，走到墙边靠墙躺下。如此，一个接一个都喝了一碗汤。

李顺坐在餐桌旁，看看药性开始发作——一个个都软沓沓地不能动弹时，他才离开餐室。

其时，库房里的金银和细软也掏得差不多了，只剩一些不大值钱又很重的物品，没有搬走。原来，该店的马厩中有七八匹骡、马和三辆大车，他们本身亦有三辆辎重车，其上还可放些东西。此刻，一共六辆大车，都装得满满当当的了。

再说，智仙师傅喝过汤药，不久，便感内急，若水搀着她把体内废弃物排解干净，病情竟立马奇迹般地减轻了许多，高热也退了不少。三位徒弟，自是喜不自胜，并让她老人家躺在了一装满布帛的车中，由若水在车上侍候。另四名喝过迷药仍未清醒的侍卫，亦分别安置在了装载物资的车中。

一切就绪，细心的李顺带着两名侍卫，各提一灯，又对黑店里里外外检查了一遍，见没留啥破绽，才放心地朝门口走去。当李顺走到大门口时，一眼瞥见账房柜台上搁着的笔砚，忽然心血来潮地对身边侍卫说："你把灯举高一点！"

说着，抄起毛笔，蘸了蘸墨汁，约略沉思了一下，便在白粉墙上写下两行大字：

蟠龙黑店　欺人太甚
武当豪杰　除暴安良

天刚放亮，队伍到了黄河边的一个渡口。李顺租了两条大船，方使全部人马车辆过了黄河，杨坚这才松了一口气。

蟠龍一点灯
欺人太甚
武当豪傑
除暴安良

说着，抄起毛笔，蘸了蘸墨汁，约略沉思了一下，便在白粉墙上写下两行大字。

第十六回

"武当刀客"金蝉脱壳
"绿林豪杰"堕入爱河

翌日清晨,一股幽幽凉风吹进客栈屋里,把躺在餐室地上的一个伙计吹醒。窗户是自下而上撑开着的,窗纸已经发白,透进朦胧的微光。忽地,一阵窸窸窣窣的声音使他一惊。定睛看时,是一群老鼠在餐桌上争吃那四盘原本没动过的菜,这使伙计猛然想起昨晚被逼喝迷汤的情形!他原以为此次必死无疑,没想到那刀客还挺讲义气,说话算数,真没在自己不省人事后,一刀要了命。他试着活动了一下手,又试着活动了一下脚,都是好好的。再看看躺在血泊中的老板和其他尚未苏醒的人,心想:东窗事发了——得马上离开此是非之地。他于是一个激灵从地上爬起,一溜烟出了门。接着,陆续醒来的伙计们,也都如此这般地一个个跑得无影无踪。

与此同时,昨夜被喊叫声、马嘶声、车轮声……以及刀光剑影吓得不能安宁、家家关门闭户的四邻,清晨醒来,突然感到四周异常宁静。于是,一个个都伸头探脑,从门缝、从捅破的窗纸洞或什么隐蔽处,朝客栈望去。有的看到一个幽灵般的影子,从大门闪出或从窗口跳出,转眼就消失得没了踪迹……

天大亮后,客栈的门仍一直洞开着,却再不见有什么动静。有个胆大的邻居竟然走到客栈门口,想一探究竟。他正在看李顺题在白粉墙上的那两行字时，忽见一个灰头土脸满身血污的家伙从屋里冲出，与他撞了个满怀。他吓得脸色大变，躲回家中，再也不敢出门了！

刚从客栈冲出之人，是被李顺砍伤，并最先喝迷汤的那个伙计。可能是因伤失血，体质减弱，才最后苏醒。他睁眼时，屋内只剩被杀的老板，于是爬起，拔腿就跑。

直至巳初时分，太阳升起一竿子高时，客栈老板的亲属才闻讯从家里赶来。他们呼天抢地，顿足捶胸，自不消多表了。

第二日，消息传到死者兄弟开府大将军那里，他勃然大怒并派员会同州衙，要求把杀死他兄弟的刀客找出，为兄弟报仇。开黑店这种事，如不发作，即可藉大将军之权势，横行一方，当地百姓和官府，亦都只能敢怒而不敢言。但若穿包，或被更强势的人黑了，亦只能徒呼奈何打落牙齿往肚里吞！但，如若不服，硬要寻仇报复，则自身罪孽暴露得更充分，最后咋收场？而今，冤家既自称武当豪杰，信还是不信？又到哪里寻去？

却说，杨坚一行渡过黄河，并未直接上驿道，住驿站，而是绕过附近城池，没入大山。对此，若水非常不解。她勒住马缰，待李顺的坐骑过来时，便问："二师兄，咱明明是为民除了害，却不敢承认，还把自己说成是武当刀客，连走路也是躲躲闪闪的，不敢正大光明走驿道，这是为啥？"

李顺看了若水一眼，笑道："这事咱可不敢乱说，你去问大师兄本人好了。"

"咱才不去问他呢。他总是虎着个脸，叫人不敢接近。"

李顺叹了口气道："大师兄不仅不敢称这个英雄，还确实怕被人知道他又干了一件除暴安良的好事。"

"那是为啥？"并不愚笨的若水，更觉一头雾水。

午初，日头已近中天，队伍又走到了一条清澈的溪边，而且，此处树高林密，四周没有人烟。一夜未眠的一干人，早已是人困马乏。杨坚终于吩咐，停止前进，并宣布明日也在此休息一日。

一路上，大家最感欣慰的是，躺在布帛堆中的智仙师傅，竟在摇摇晃晃的马车上睡了一大觉。停车后，她在若水的搀扶下，还能下地走动走动。她在溪边洗漱的时候，发现口腔内的燎泡也好了许多。若水跑到满载物资的车上，挑了一匹深灰细布。大热天的，她和师傅连换洗衣裳都未带，因而想缝制两套衣裳。布有了，却没裁剪之物，只好又去找李顺。李顺解下一把七八寸长的腰刀说："此刀是契丹人用来割肉剥皮的，你拿去试试看。"

若水接过来，刀显小巧却很沉，铜制的刀鞘上，还镶嵌着数颗红蓝宝石。她先在布上用黑炭画好印子，再用刀一划，那布就分开了。莫说只一层布，两三层恐也不在话下。做饭时，杨坚吩咐几名侍卫采集了几种野菜，专挑细嫩的掺在粮食里，加上油盐。同时，还单另熬了一锅粥，让师傅和若水吃，她俩都吃得很香。饭后，除哨兵和马夫外，大部分人都各找地方躺下休息了。

杨坚把李顺约到溪边，席地而坐，并调侃他道："看不出，你这回倒真装得蛮像个打家劫舍的刀客。"

"咱做刀客还用得着装？李顺，本山野之人也。其实，这也是被逼才出此下策的！如果让人知道此事又是杨坚干的，消息传到长安，大家宰不是会更加认为你是个好出风头的异类。"

"就是咧……"杨坚把手中的一块石头投进溪中，溅起一片涟漪。

李顺则若有所思地说："咱本是个天不怕地不怕，不信命的人，今日骑在马上，一路却在想，一些乌七八糟的屌事，咋老是跟着咱凑热闹，就像恶魔附体一样，想甩都甩不掉。你看嘛，咱刚到随州的那晚，就碰到个刘二。之后，便引出一串案子，硬逼咱下决心打掉郑家坞堡。这回，只想能够平平安安回家，却又误入黑店，你不杀他，他可要干掉你。你说邪不邪？如果说，随州是南蛮之地，山高皇帝远，那么，这黄河边上，是地道的中原腹地呵！咱看那蟠龙镇比当年的随州城还要黑。"

"这倒不是啥恶魔附体。"杨坚接茬道，"是时运不济，国运不昌。此次下来任职，咱才清楚看到，眼下不论你走到何处，都会遇到坏人，有的地方甚至还被邪恶势力把持。说到底，是国不强势呵！朝廷颁发的典章制度，得不到执行，地方能不出乱子？还有，自上而下的各级命官，不是论德论才论功勋论政绩擢拔录用，而是论亲疏论裙带，这样的官员能辅佐好皇上，担当起治国安邦之责吗？就说随州吧，眼下有樊伟主政，随州人才有接下来的几年安宁日子过。若樊伟去职，说不定会来一贪官酷吏，慢慢地郑云飞、刘二之流不会又应运而生吗。如继续这样下去，我北周不仅不能灭掉北齐，直下陈国，实现江山一统之大业，反而会为人所灭！"

"嗬嗬！你又愤世嫉俗了。回到长安，欲再这般说话，可就又要大祸临头。"

"喂，咱问你一个事。"杨坚拨转话头，道，"车上的那些金银财宝，是你主持装上车的，你打算咋处置它？"

"哈！你亦见钱眼开，看上那些东西啦？"

"呸！"杨坚不屑地说，"咱当时若不是一心护着师傅，让你在外折腾。不然，咱绝不会让你把那些有可能生祸的累赘之物搬上车的。"

"谁稀罕那些东西。"李顺忿忿地道，"若依咱的性子，把那几个店伙计麻倒后，就一把火连同黑店付之一炬！不过，那样痛快是痛快，可火势蔓延起来，整个蟠龙镇没全部烧光，所剩也不会太多了，此不是滥害无辜了吗。可不烧黑店，等到那帮伙计醒来，必会打店里财宝的主意。如若发生争斗，事情闹大，追查起来，亦不好收场呢。所以，咱才决定一不做二不休，做一回打家劫舍之刀客了。"

"那么，你揽下此笔不义之财，不又成一大累赘了吗？"杨坚没好气地说，"你到底打算咋处置它？"

"咱今日骑在马上就一直琢磨这事。"

"噢？看来你已有成算了？"

"咱想先做三十五个布口袋，再把那些金银大致平分成三十五份，装入袋中，并缝好，然后标上一至三十五号。除你我师傅和若水之外，连小乐子在内，一共三十五人。他们采取拈阄之法，抽到几号就拿几号布袋。这样可以避免相互扯皮，说你得到的银子成色好，我分到的金子不是九九金等等。平日，你大将军为官一方，两袖清风，图的是日后前程。可手下这拨人跟你走南闯北，却没个实实在在之念想，他们还会对你死心塌地吗？

至于那些布呀绢呀，就不分给他们了，他们拿去变卖，值不了几个钱，反而添麻烦惹是非。反正你府上人多，添个衣裳什么的，都用得上。"

杨坚听后，没说赞成，也没反对，算是默认了。

说话之间，只见若水匆匆走来："哎——你们叫咱好找！"

杨坚一惊，站了起来，忙问："师傅咋了？"

"师傅没啥呀。她用过餐后，咱就在那辆车上铺了一层褥子，让师傅躺下。不一会儿，她就睡着了。"若水瞪了杨坚一眼说，"大师兄，咱发现在你眼里只有师傅，压根就没别人。"

"嗬！得罪，得罪！"杨坚一想，也是，连日来，自己竟未正经地和若水说过一次话，于是道，"师傅病重，又出了这档子事，师兄着急呢。真是呀，这些年来，如果不是若水照料，还不知师傅成啥样了呢？"

"咱并不是要你给我戴高帽。"若水说，"若水从九岁起，被师傅收养，是她把咱一手拉扯大的。如今师傅年老体弱，咱招扶她，是做人之本分。"

"咱都是师傅拉扯大的哩，师傅的大恩大德，咱一辈子都不能相忘！"李顺由衷地说。

"给。"若水把腰刀拿出，递给李顺。

"咋的，不能用吗？"

"用都用完了。好使得很嘞——这刀真快。"

"那你拿着继续用吧，送你啦。那么长一匹布，多给师傅也多给你自己做几件衣裳。"

"你们聊吧，咱得去查查哨。"杨坚起身走了，他打心眼里还是很喜欢这个心直口快的小师妹的。

若水坐到杨坚刚刚坐过的一块石头上。不远处的溪水中，聚着一匹匹骏马和它们的主人。近日来，这些畜牲跟着人们一路急行，也都累得够呛。此刻，车夫和各自的马主们皆悉心地往马身涂抹一种用皂角浸成的液汁，再用刷子刷它的全身。这种皂角液有很重的碱性，不仅能去马身上的污迹和汗渍，还能杀死寄生在马皮和鬃毛里的虫子。骑士非常爱惜自己的马，只要有机会，宁可自己不吃喝，也要先把马打理好。马也很有灵性，对关爱它的人总是百依百顺。队伍中，只有杨坚的坐骑是由一名专职马夫照料的，李顺一般都是自己照管自己的坐骑。但目下杨坚和李顺的马，再加若水的一匹，都由马夫在洗刷。

"咱发现了一个小秘密。"若水笑着对李顺道，"你们的那个小乐子，女红做得比咱还好。他帮咱缝衣裳，比我快，还比我做得好。"

"那很自然。"李顺想了一下，没往深处说，只是泛泛地道，"他是吃过苦的，做其他事也特别勤快。"

………

却说，杨坚查完哨，就返回到师傅歇息的马车前。马车是空敞的，没有篷罩，停在一棵绿荫如盖的大树下。在这里，完全没有了秋燥的感觉，从大山里吹来的风，凉爽宜人。智仙师傅躺在宽大的马车中，身上盖着刚由若水缝制的薄薄布衾，睡得很香很沉很安详。杨坚在心里一算，师傅眼下也只不过五十左右年纪，但已是满脸皱纹，身心疲惫，眼睑下，已显两个很明显的眼袋。她贫病交加，却仍然关注着徒儿的行踪，宁可自己吃苦，而不去求助和打扰他们。不过，若与前日蜡黄的脸色相比，当下已有了些许光泽。他想起小时候练功时，自己只要出现一丝懈怠，师傅就会毫不留情地迅疾用一个微小动作把自己撩倒，以示警戒。那时的师傅，是何等的精神和使人敬畏！

此时，一只蝇子落在了师傅的脸上，杨坚用手去驱赶，衣袖把师傅的脸扫了一下，师傅醒了。她睁眼看见杨坚，脸上露出笑容："呵，你来了……这一觉睡得真香，感觉病全好了。"

"那就好，那就好。"杨坚也舒心地笑了起来。

"你去把若水叫来，咱想去洗个澡。咱已有好几日没洗澡了，很难受。"

"您别动，就在这里洗好了。咱去叫人烧水，并把这周遭围起来。"

"哪有那么麻烦？此处不是有溪吗？咱去溪里洗就是了。"

"那水太凉，您的病还没完全好呢。"

"不碍。咱住大山里，习惯了。况且，那水不仅养人，还能治病。"

"那好吧，咱去叫若水。"杨坚知道师傅的脾性，立即去叫若水。

　　杨坚把李顺和若水叫过来后，若水清理换洗衣裳，杨坚和李顺则搀着师傅下了马车。师傅在地上走了几步，感觉轻松自如多了，几个弟子都分外高兴。

　　若水把衣物和新做的洗澡布巾挽成一个小包袱，走上前来，杨坚和李顺正欲离开，若水却道："二师兄，你别走。"

　　"咋啦？"

　　"你得给咱做个帮手。"

　　"这事，咱能帮你啥呵？"李顺的脸一下子都红了。

　　"放哨呀，别叫那些男人走过来。"

　　李顺看看杨坚。杨坚挥手道："去吧，去吧。师傅的病并未好利索，这路不好走，你还得帮着扶一扶。"

　　师徒一行三人朝小溪的上游走。看得出，师傅着实很高兴，三个弟子都会齐了，且都在尽心尽意地服侍自己。师徒三人转眼就来到一处水势比较平缓的地方，若水说："就这里吧。"说着把包袱放到岸边的一块石头上。

　　"那，我去放哨了。"站在一旁的李顺说。

　　"嗯。"若水看他一眼，故意打趣道，"注意，别叫男人过来呵。"

　　"知道。"

　　"还得注意，你也莫拿贼眼往这边瞅。"

　　"……"李顺通红着脸，赶紧走开去。

　　其时，只听师傅在身后教训若水道："一个出家人，怎好说这种玩笑话。你呀，永远都长不大。"

　　李顺坐到一块石头上，背对师傅和若水。此刻，已至申正时分，西斜的阳光射在小溪上，使溪水跃动着一片粼粼金光，山中之鸟雀开始归巢，有的在溪面飞舞，有的在枝头啁啾……李顺正襟危坐着，一动都不敢动。吃过午饭的人们，有的还在鼾声大作地补昨夜的瞌睡，没睡的都看见师傅和若水去上边洗澡了，谁还敢往这边闯。这个若水也真是，不分明是在折磨人吗！李顺就这么如坐针毡般地把屁股和腰都坐痛了。心想：咋洗这久还未洗完呢？实在忍无可忍，终于不由自主地扭头看去。这一看，不打紧，竟使瞪大的目光定住了——此时，只见师傅已换了一身新衣，气定神闲地坐在溪边的沙滩上晒太阳。而若水竟一丝不挂地在水中沐浴。出家的女居士，平时不管天气有多热，总是长袍大褂布袜，把自己封裹得严严实实，可一旦脱去身上罩袍，天哪！竟是这样地白，白得就像一尊上釉的瓷菩萨，是那么光洁纯粹！而尤其是此刻，在西斜阳光的照射下，那白生生的胴体，熠熠生辉，令李顺心慌意乱……

若水洗完澡，也换了一身新衣裳。虽是素净的深灰色，但干净洒脱。待三人回到马车旁时，杨坚正在指挥几名侍卫，用从车上卸下的崭新白布搭建一顶帐篷。

杨坚见他们回来了，高兴地对师傅道："今夜，您和若水就睡这里。"

杨坚是这支队伍中最大的官，师傅对他的安排亦未表示异议。

当大家都在欣赏那顶新帐篷时，若水绕到李顺身边，压低嗓音切齿道："二师兄，你真坏！"

心知肚明的李顺，当然知道若水所指是啥，但，他的嘴却只嗫嚅着，没敢发出声音。

"别狡辩，咱都看得清清楚楚。"若水说话时，狠狠瞪了李顺一眼。

秋老虎再厉害，过了黄河其威力亦大大减弱，随着山风的吹袭，入夜后暑气顿消，且还感到丝丝凉意。幸亏若水早防到这一着，反正布多，她请小乐子里三层外三层地赶缝了一床厚布衾。智仙师傅用完晚膳，若水陪她在营区周遭走了走，直到太阳完全落土，才回到帐篷里躺下休息。杨坚也在溪中痛痛快快地洗了个澡，晚膳时，还喝了一碗酒。这酒亦是侍卫们从黑店仓库搬上车的。所以，他躺下后，便立即酣然入睡了。

约至丑时，只听四野之松涛声，一波接一波地高低起伏，呜呜作响，连绵不息。躺在帐篷中的李顺，则与杨坚恰恰相反，一直辗转反侧，难以入眠。一会儿，若水如花似玉的胴体在他眼前呈现；一会儿，浮现于眼前的，仍是她那很可爱的怒目圆瞪的双眼……

忽地，营区外喊声大作："堵住他！堵住他！"

接着，几匹受惊的马，也"咴儿咴儿"地大叫起来。李顺猛地坐起，

实在忍无可忍的李顺扭头看去，只见若水竟一丝不挂地在水中沐浴……

从枕边抄起佩剑，连靴子也未穿，光脚就冲出了帐篷。野外，在朦胧的月光下，只见几条人影在灌木丛中挥刀舞剑狂追一条乱窜的黑家伙。其后，几名侍卫打着火把拿着武器赶去增援。待李顺赶到时，只见一头野猪已躺在了血泊中，长着獠牙的嘴还在"呼哧呼哧"地喘粗气，它的四周已聚着十余人。

"留几个会杀猪的处理它就行了，其余人去睡觉吧。"李顺说完往回走，才觉脚板火烧火燎般地痛。

"二师兄，出什么事了？"

李顺抬头一看，见若水裹着单衣，手中还握着他送她的那把小腰刀，神情紧张地看着自己。

"没什么大事。一只野猪大约闻到我们吃剩的饭菜香味，闯入营区，被侍卫们宰杀了。"他接着问，"师傅呢？"

"师傅平日睡觉，极为警醒。今夜这么吵，竟没醒哩。"

"师傅太虚弱，补补睡眠好。"李顺再看若水，刚才外面气氛那么紧张，她出帐篷却还不忘戴上僧人的那顶帽子。不过，即便如此，朦胧月色中的她，更显如水一般地清丽和动人！李顺顿觉一股激流在周身涌动，可他还是强压着说，"快进去休息吧，外面冷哩。"说着，便大步流星地走了，并钻进自己的帐篷中。此时，身边杨坚的鼾声仍如雷贯耳般地轰鸣着……

清晨，对夜间的嘈杂毫无知觉的杨坚，却被一群喋喋不休的山雀噪闹声吵醒了。他神清气爽，披挂起身，见李顺还在呼呼大睡，就蹑手蹑脚地独自钻出帐篷。至溪边，忽闻一股浓浓的肉香味，抬头望去，只见几人在溪边的避风处架起两只大釜烧煮什么。他走到近前道："咱不是说今日也休息的嘛，咋这么早就起身造饭了？"

"嘿，大将军，你莫非不知道？昨夜站岗的侍卫打杀了一头送上门的大野猪。"一个在灶前添柴的士卒指着石子滩上的大半边野猪肉说，"您看哪，我们才炖了不到一半呢。"

"噢？昨夜竟有此等事？"杨坚转身走进帐篷把李顺拍醒问，"昨夜值勤的侍卫打杀了一头百十斤的大野猪，你知不知道？"

"咋能不知。"李顺跷起一双脚，把被石子、荆棘割破的脚板对着杨坚道，"你看，咱这双脚，现在还疼呢。一开始，外边人喊马嘶，咱还以为出大事了，连靴子也未穿，就冲了出去。"

"嗨，咱为啥一点动静都未听到？"

"还说呢，等咱从外面回来，你还一个劲地在打鼾。"

说话间，若水过来道："大师兄、二师兄，师傅请你们过去，她有话要对你俩讲。"

智仙早晨起来，于溪边洗漱罢，便盘坐于沙滩上。此刻的她，虽仍虚弱，但从外表看，已恢复常态。

待三位弟子在她身边席地而坐后，智仙说："此次意外见到你们，实属难得。尤其是看到你们二人，情同手足，照应默契，倍感欣慰。窃以为，智仙哪怕今日驾鹤西去，此生已知足矣。今早起来，自感病体已然安好，因而决定与若水即速离去，愿我佛继续眷顾于你二人。"

"师傅！"李顺立跪于地说，"郎中已经说过，您的疾病易好，但身体虚弱，却需慢慢调理，方可恢复元气。目下离去，徒儿怎能放心。"

"师傅断不可走。"杨坚亦跪地道，"上次师傅离去，徒儿尚小，不懂事，方使师傅遭此磨难，今师傅欲走，徒儿则更成罪人。"

智仙一时没了主张，只道："师傅年事已高，已成累赘，不想拖累你们！目下，圣上正在毁佛，四下驱赶僧尼，你却把我们庇护起来，岂不惹火烧身。师傅是怕毁了你之前程。"

"没有那么严重。"杨坚恳切地道，"师傅于我恩重如山，我报师恩，何罪之有？"

若水见两位师兄情真意切，已是泪流满面，亦跪地说："若水看见二位师兄都是真心实意，您就听从了罢。"

智仙默然良久，终于点头首肯。

早餐只有一道菜——炖野猪肉。除两位女眷外，个个兴高采烈。没有桌子也没椅子，不分官兵，大家都在溪边沙滩席地而坐，豪吃海喝。趁大家高兴，杨府管家李顺宣布了于蟠龙黑店缴获的金银财宝的分配办法。并说，回到杨府第二日上午就拈阄兑现，大家更是乐不可支。智仙和若水吃的仍是掺了野菜和黄豆熬制的米粥，她们在欢快的气氛中吃得亦十分开心。

正在此时，一名放哨的侍卫前来报告说：他们拦住一个可疑之人。此人坚称，一定要见杨坚。

杨坚立时站起，心想：是谁竟寻到了此地？于是问："人呢？"

侍卫朝后一指，只见另一侍卫牵着一匹马，押着一人走了过来。

杨坚朝前紧走几步。被押之人一见杨坚也迎上前来，跪在了杨坚脚前，嚎啕大哭道："少爷，你叫张贵找得好苦哇！"

来人是杨坚父亲杨忠府上的家人。

"你是咋寻到这里来的？"杨坚感到很诧异。

张贵在杨坚的指点下，坐于沙滩，道明原委：

原来，张贵从长安启程，已一月有余。半个月前，他赶到随州。州衙的人说，杨坚已于两日前启程回长安了。他于是一路尾随追来，却总是杨坚前脚走，他后脚到。及至前日，他赶到蟠龙镇，正欲打听杨坚一行的行踪，却听镇上人议论纷纷，说，当晚，有一伙官军不像官军，刀客不似刀客的人，把镇上一家黑店给端了，并连夜远走高飞，了无踪影！他当时就猜想，这事极有可能就是少东家干的，于是寻踪觅迹。开始，甚为疑惑，因为车和马蹄的印子都是南行的。他想，不对呀！去长安应往西北才是。正疑惑间，只见转弯的壑口处，丢了一地火把，车轮和马蹄印子随即急转而上，朝北去了。此时，他坚信，此必是杨坚队伍无疑。并循迹追至黄河渡口，得到渡口船工之印证……

杨坚一听，连说："不容易，不容易！"突然，他才想到，张贵这么急地寻来，非同小可，于是问，"贵叔，你这一路寻来，有何事咧？"

"少爷！"老家人复又跪下，声泪俱下地道，"老……老爷仙逝了！"

杨坚闻言，泣不成声，向北跪拜不起……

第十七回

设巧计一代权臣得报应
更年号北周朝廷展新颜

却说，武帝和大冢宰自在老将军杨忠家门口不期邂逅，从此，二人互不照面的紧张关系得到缓解，相互应酬增多。但表面的敷衍，却仍难掩二人内心间的角力。宇文宪从随州回到长安，大司马的官职未变，但宇文护却没再用他作自己与武帝间联系的桥梁了，取而代之的是柱国大将军侯伏侯龙恩。对此，武帝亦作了相应调整，过去，宇文宪面见武帝，接见的处所是御书房。而侯伏侯龙恩到来，却是在延寿殿西侧客厅进行。

北周天和七年（公元 572 年）三月十七日，侯伏侯龙恩前往延寿殿向武帝禀告：大冢宰出外巡视，已从同州返回京师，明日将到文安殿向武帝述职，之后，一同前往拜见皇太后。

而就在宫女为侯伏侯龙恩上茶续水时，惠竹如例行公事一般，将一份小折子不经意地放在了茶几下层的隔板上，侯伏侯龙恩则很默契地将其收入袖筒。那份折子里详细记录了武帝每日的起居行踪、前来拜见皇上的官员，及和官员们谈叙的大致内容等等。当然，此一切都是在武帝亲自操控下，并经宇文孝伯审订后，方记录于折子中的。

这边，侯伏侯龙恩一走，武帝的心随之"咯噔"了一下，并倏地从御座中站了起来！这位刚过而立之龄的年轻君主，立马意识到，那件隐藏在心灵深处十三年的愿望，应该藉此良机付诸实施了！十三年，整整十三年了呵！宇文护——这位堂兄，就像笼罩在头顶的一块挥之不去的厚厚乌云！压得自己喘不过气，使自己空有一肚子抱负，而得不到发挥和施展！十三年来，自己有如卧薪尝胆，在忍受着种种屈辱的同时，亦悄悄地蓄积着力量。常言道：机不可失，时不再来。那么，明日的君臣会见，算不算就是一次难得的机遇？自己期盼已久的决定性一刻，难道真的会在明日出现？想到此处，他心跳加剧，不能自已，亦如一头困兽，烦躁不安地在客厅踱着方步，而紧锁之双眉，则在额前拧成了两个隆起的青疙瘩！

在客厅侍候的惠梅、惠竹等宫女，突见皇上一副魂不守舍的模样，都吓得大气不敢出，不知如何是好。结果，还是乖巧的惠竹跪到武帝面前轻声问："圣上，要不要婢女去请上士大夫过来与您说话？"

"哦……对，对！你快去把孝伯唤来。"惠竹起身走到客厅门口，武帝已恢复常态说，"汝叫他在翠香亭等候。"

"是。"惠竹颔首转身去叫上士大夫宇文孝伯。

武帝步入衣帽间，让太监给他脱去接见大臣所穿之衮服，换上一身便装，立时感到一阵轻松，便缓缓走出殿门。门外，一干跪伏于地的侍卫、太监和宫女，也随之起身，尾随跟从。武帝皱了皱眉，只召了几名侍卫陪自己到了近在咫尺的后苑。时下，已至春末，宫苑中已是摇苍滴翠，姹紫嫣红。武帝抬头，只见宇文孝伯和惠竹等几名宫女已候在了翠香亭中。

武帝即对太监和侍卫们说："尔等就于此处止步吧。"说罢，径往翠香亭走去，宇文孝伯和惠竹等，立跪于亭子间。

"都起来吧。"武帝说着，见亭子正中的石桌上，已摆好棋具，便赐宇文孝伯在桌旁的石鼓上相对而坐。惠梅惠竹等沏上香茗，摆放到石桌的两头。武帝即对她们说："都玩去吧，这里没你们的事了。"

宫女离开亭子，孝伯看了一眼皇上，隐隐觉得圣上的神态有点不同往常，但未问是啥缘由。二人揭开各自的棋罐，往盘面布下几子，武帝就把侯伏侯龙恩前来禀报的事给宇文孝伯讲了一遍。

武帝的话音刚落，孝伯即"砰"地往盘上拍下一子，无比兴奋地道：

"圣上，此乃真是时不我待呵！"

"卿亦觉得是个良机？"武帝也来了精神，把棋子拍得更响。不过，若从棋的内容看，二人拍的显然都不着边际。

"绝对良机——断不可失。"

"汝要想清楚，一招不慎，即满盘皆输嘞！"

今年春节一过，武帝与几名心腹都觉得掀翻宇文护的时候已然成熟。关键在于，要找个出其不意的良机，一举将宇文护制服，此样，才能使朝廷和社稷不发生动乱，不蒙受损失。但是，宇文护是只老狐狸，要不，他就深居于宅，屋里屋外都有重兵护卫；一旦出行，亦是前呼后拥，难以接近。

"圣上能与大冢宰面对面，这一机会绝对不能错过！"宇文孝伯特别强调说，"至若如何下手，则应详加考虑，此样，方可保证万无一失。"

"那行。"武帝即道，"事不宜迟，你这就去和王轨、宇文神举合计好。往日无数次的算计，皆为纸上谈兵。此回是实实在在要行事了，须谨慎细致，每着棋皆要落在实处。卿等商量好后，再来禀朕。"

"是。"宇文孝伯刚起身，复又坐下说，"事已迫在眉睫，可否给卫国公也通个气？只有他，方能打出圣上名头，号令军队。"

"不急，再等一等。"武帝说，"直弟的最大毛病是沉不住气。你们商量事情，更不宜让他搅和进去。他万一出个什么馊主意，你听不是，不听还不行，反而节外生枝。"

"嗯，知道了。"宇文孝伯点了下头，欲将盘上的棋子分黑白装入罐中。

"哎——都什么时候了，快去吧。顺便把惠竹她们几个给朕叫来下棋。"

宇文孝伯走后，不一会儿，就听见惠梅惠竹几个的说笑声。

"都免礼吧。"武帝平日对这四名大冢宰送来的宫女很宠爱。她们在宫里也远比在大冢宰府上更自在。而且，武帝在惠竹的指导下，棋艺进步颇快。其时，武帝一改焦躁不安的情绪，兴致颇高地招手说，"惠竹，快来和朕杀两盘。"

勤快的惠梅给武帝的茶杯续上开水，惠兰和惠菊亦坐于石桌另两端观起战来。目下，四姊妹中，只剩惠梅不会下棋。武帝和惠竹落子飞快，双方轻车熟路，各按各的思路布下棋局。不一会儿，进入中盘激战，武帝两指夹起一颗棋子，心却飞到了明日将要与大冢宰的会见中。惠竹则在心中打谱，设想武帝将在何处动手，自己如何应对。她的心中，已然编织出了几张进退不一的棋谱，可武帝却仍然无动于衷地迟迟落不下子儿……她偷看了武帝一眼，只见他目光凝滞，心思根本没在棋盘上！

"圣上，您……您咋啦？"惠竹轻声地提醒道。

"哦……"武帝自知失态，忙掩饰地故意打了个哈欠，说，"朕有点困啦。算了，不下了吧。"

于是，惠竹等人搀起武帝回宫去了，惠兰则在亭子间收拾棋子和杯盏。

直到很晚，宇文孝伯才气咻咻地返回延寿殿，把坐等书房中的武帝煎熬得如同热锅上的蚂蚁。

"咋了？咋这晚才归来？"宇文孝伯还未跪下去，就被武帝一把扯了起来，问，"他俩是否心存异议？所以才使你拖到此刻才来回话。"

"不是，不是。"宇文孝伯欲往下说，一眼看见惠梅和惠竹侍立在侧，就未继续把话说下去。

武帝忙道："汝等都退下吧。朕和上士大夫有要事商量。"

惠竹看到宇文孝伯一脸疲态，颔首问："大人，要不要奴婢给您上一杯香茗，解解乏？"

闲暇时，惠竹常和宇文孝伯对弈，两人身份虽有天壤之别，但棋艺却不相上下，是真正的棋逢对手。

宇文孝伯看了惠竹一眼说："不用了，咱只和圣上说几句话就走的。"

宫女们一走，宇文孝伯方道："王轨大人和宇文神举都一致认为，明日的机会难得，因为所有仪程都是大冢宰本人安排的，不会引起他的疑心。"

"汝等是咋商议的？"武帝盯着孝伯，神情紧张。

"臣下商量的结果是：请圣上在太后的含仁殿内动手。因这地方是大冢宰最易忽视，并是他的扈从和侍卫难以进入之地。"

"好！"武帝一拍书案，道，"汝等与朕想到一处了！"

"目下整个部署，尚缺最后一环。因我等也都进不了太后的含仁殿，须由圣上亲笔下一手令，交与臣下。明日一早，由臣带两名武艺高强的侍卫入含仁殿，暗伏殿中直取大冢宰。"

武帝沉思片刻后，说："为保万无一失，两位侍卫还是不去含仁殿的好。因为不能担保含仁殿里就没有大冢宰的耳目。这样吧，明日一早，你拿朕的手令去见卫国公，要他务必在巳正时分前到达含仁殿内，暗伏母后客厅隔壁的房中，以便见机行事。"

"好！儿子去见母后，不管何时，乃天经地义也！"宇文孝伯表示赞同。

"那么，别事亦都安排好了？"

"请圣上放心，一应俱事，可谓万无一失。"接着，宇文孝伯便将里外布置，一桩桩细说起来。

翌日清晨，武帝亦如往日，起身于丹墀活动了一下筋骨，又洗了个温水浴，一扫昨夜睡眠不好的疲乏。他用过简单的早膳，便叫太监侍候穿上了接见朝臣的衮服，端坐书房，阅读一卷近日才得到的讲述骈文写作的书籍。他读着读着，竟未记住一条写作要领，于是索性把书合上，目光则不经意地落到了大冢宰早前送他的那支玉珽上。此确是一块难得一见的宝玉！玉身，长一尺二寸，上尖下方，通身如羊脂一般洁白，无丝毫杂质。武帝把它拿在手上，温润、沉实，颇有分量，而尤其是下端见方的一头，被匠人琢磨得有棱有角……

武帝抓住玉珽较窄的一头，用手挥了挥，心中不觉一动，立即吩咐身边侍候的惠竹说："朕今日要去见大冢宰，然后再去拜见皇太后，汝和惠兰跟随侍候，并把这支玉珽给朕带上，朕要送给太后赏玩。"

"是。"惠竹从武帝手中接过玉珽，摸了摸，并随手放入自己的袖筒中。

不一会儿，右侍上士宇文孝伯进来禀报说："圣上，去文安殿的车驾已备好，可以启驾了。"

众所周知，当朝实际的至高无上是大冢宰宇文护，而不是武帝。武帝平日活动最多的地方是自己的寝殿——延寿殿。但，作为一国之君，在正式进行国事活动、接受臣下朝见、颁发圣旨和举行庆典等，则都是在正殿文安殿中进行。文安殿和延寿殿都在皇家宫禁内，相距咫尺，但在事先安排好的一切活动中，武帝还必乘四匹赤色马驾驭的金辂车，并布置仪仗前往。

待武帝进入文安殿内，在御座坐好，更大的仪仗队伍和千余轻骑护驾的人马，才簇拥着大冢宰的座驾到达。他步入殿堂，拱手躬腰向武帝问安后，不等皇上赐坐，便于武帝身侧已放置好的座位中坐下了。

"兄长近日身体安好？"武帝关切地问道。

"小恙接连不断，大麻烦倒还没有。"接着，宇文护拨转话头说，"倒是近期同州一带，盗匪猖獗，接连发生几起抢劫案，令人感到不安。"

"昨日听大将军侯伏侯龙恩说，几股匪贼都给大冢宰派兵给剿灭了呢。"

"心腹之患，岂容其蔓延。同州乃帝都门户嘞。"宇文护接着把巡视同州的情形略述了一遍，并把几个拟调职的官员向武帝作了通报。其中包括重新启用已被免职几年的卫国公宇文直，拟调他去同州担任总管一职。

"重新启用直弟，朕赞同。大冢宰有所不知，他平日不来找朕，却常在母后处唠叨。"接着，武帝收敛笑容说，"不过，诚如大冢宰所言，同州地处咽喉，直弟是个粗人，派他去那，不知能否胜任呢。"

"胜任与否，干干再看吧。"

"那——行。"

"太后她老人家贵体安否？"

"起居亦还正常，只是过于贪杯，一喝即醉，一醉便不省人事，常需太医急救，既伤神，又伤身。待会去向太后请安，还望兄长规劝规劝。"

"行，这事包在咱身上。咱首先告诉太后她老人家，卫国公将重被启用，仍做大州总管，且离帝都很近，她定会高兴的。然后，再劝她老人家戒酒，以保身体安康。"

"好，她老人家听到直弟复职了，会欢喜的。"武帝笑着，从袖中取出一份折页说，"朕这里有一篇《酒诰》，烦请兄长届时念给母后听，效果会更好。"

宇文护接过《酒诰》一看，文辞诙谐，朗朗上口。他边看边笑，道："行，届时，咱就照本宣科，她老人家听了，也乐在其中，易于接受。目下，可否去见她老人家了？"

宇文护把《酒诰》收入袖筒，与武帝并行出文安殿，在丹墀上，他见下面的仪仗和侍卫阵容，忽问道："圣上出行，咋连卫队都没带？"

武帝指着丹墀下的宇文孝伯等人说："朕就带了少许几名侍卫。所到之处，就在宫内。再说，朕知大冢宰出行，必有一支精良骑卫相随，朕与大冢宰同去拜见太后，还会出啥意外？"

"哈哈哈哈……圣上真会爱惜自己的宫卫。不过，平日断不可大意。防人之心不可无呵！"

"那是，那是。"

说笑着，君臣二人，分别迈下丹墀，上了各自的车。武帝的仪仗和金辂车走前，大冢宰的仪仗和车，还有全副武装的轻骑卫队紧紧相随，浩浩荡荡地朝含仁殿逶迤而去。

不一会儿，武帝的金辂车就停在了含仁殿前的正中位置。他下令再往前走走，待车走到殿门的左侧，才叫停下，以便让大冢宰的座驾停在殿门的右侧。武帝看到大冢宰的车停稳后，自己才下车。此时，大冢宰也从车上下来了。待武帝和大冢宰正欲步入含仁殿时，惠竹从随侍的人丛中走出，跪在了武帝和大冢宰的面前。

"她是谁？"宇文护扫了跪地宫女一眼，问武帝。

"她不就是大冢宰送给朕的宫女惠竹嘛。起来吧。"

惠竹在大庭广众中站起来，羞怯地低着头。

"嗨，是你呀！"宇文护释然地笑起来，"听大将军侯伏侯龙恩说，你越来越出息了，还教圣上下棋呐。"

惠竹的腰和头垂得更低了，哪敢出声回话。

"是有这回事。她的棋确实不错。可还要多谢大冢宰，把这么好的奴婢给了朕。"接着，武帝才对惠竹说，"快把东西拿出来。朕还差点忘了呐。"

惠竹亦如释重负，从袖中取出那支也确实不轻的玉珽，双手举过头顶，交到武帝的手中。

"是个啥东西？"宇文护好奇地问。

"这也还是大冢宰送给朕的嘛。太后喜好玉玩，朕拿给她玩玩。"说着，把玉珽放入自己的袖内。

"咱不知老祖宗有此雅好。稀罕之玉玩，咱那里还有几件，明日着人给她老人家送去。"

君臣二人边聊边走，进了含仁殿，被殿内宦官和一群奴婢前呼后拥着进入客厅。

叱奴皇太后，已年近六旬。因今日是正式接见，她穿戴整齐，神采奕奕，仍很硬朗地坐于太师椅中。礼毕，大冢宰坐于右侧客人的位置上，武帝则坐于母后左侧。

宇文护首先说了宇文直已复官职的事，接着问到太后的饮食起居。心情大好的叱奴太后便爽朗地笑起来，说："别的都没啥，就是好喝两口酒。到底是年岁不饶人，年轻时，喝得再多都没事，现如今，不济了，才饮几杯就挡不住酒劲啦。"

"要注意哩！老祖宗若能将酒戒掉，活一百岁，都不成问题。臣下有一篇《酒诰》，不妨念给老祖宗听听。"

"不济，不济，"叱奴太后摆手笑道，"含仁殿内的人，啥戏法都使尽了，皆没用处。"

"臣的这篇《酒诰》，非同凡响，说不定，比太医的醒酒汤还管用呢。"

"噢？真有这好么？贤侄不妨念给咱听听。"

宇文护兴致盎然地先看了武帝一眼，然后从袖中取出《酒诰》读起来。这宇文护年幼读书极为用功，此刻念起《酒诰》来，亦是有板有眼，抑扬顿挫，娓娓动听。叱奴太后听着听着，笑得前俯后仰，眼泪都涌了出来。宇文护见此，更加投入，竟至摇头晃脑，声情并茂……

而就在此时，武帝起身从叱奴太后的身侧绕到宇文护的身后，并迅疾从袖中取出玉珽，使出全力往下一挥，只见一道白光划过，"嘭"的一声闷响，玉珽重重砸在了宇文护的后脑上——此一击，乃泄武帝十三年之积愤！

一代权臣宇文护应声倒地，那顶戴在头上的象征一品官员的黑色介帻，滚落一旁，血从后脑汩汩流出……

太后大惊，笑容顿失。她瞟一眼当皇帝的儿子，见其满脸杀气，手中还紧握着那块带血的玉珽，方知他是认真的，也就不以为然了。

殊知，倒地的宇文护非但没气绝，反而挣扎着欲从地上爬起。武帝疾步迎去，可他头戴下垂白珠十二旒的冠冕，身着接见朝臣的又宽又厚的衮服，连腰都弯不下去，且手中握着的是一块仅一尺二寸的玉珽，无论如何也够不着欲挣扎起身报复的宇文护。他正急得无计可施时，候在隔壁房间多时的宇文直听到这边的动静有异，匆匆赶来，手起剑落，宇文护身首异处，血溅大厅……

"干得好。也算告慰了汝之两位皇兄的在天之灵。"一生与太祖宇文泰戎马倥偬的叱奴太后，对鲜血与杀戮其实早已司空见惯，只因事先毫不知情，仅开始受了一下惊而已。

此刻，她起身拄着那根龙头拐杖，对着两个儿子说："咱老了，已不省事了。汝等叫下人收拾干净点，别留血腥气。"说着，也不用人搀扶，便径自离去。

兄弟俩交头接耳地短暂商量了一下，宇文直立马叫来殿内的宦官和侍卫，将宇文护的尸体用布帛裹住，转移出厅，并将客厅粗略打扫了一下，让武帝坐入太后的椅中。

接着，宇文直来到含仁殿门外，朝四周扫了一眼，然后威严地道："右侍上士宇文孝伯，柱国大将军侯伏侯龙恩、侯伏侯万寿听旨。"

等候于丹墀下的三人，从各自的仪仗中出列，跪于丹墀之下。

宇文直整了整衣冠，面南而立，目不斜视，宣布："叱奴皇太后于含仁殿赐宴招待皇上和大冢宰，并邀右侍上士宇文孝伯、柱国大将军侯伏侯龙恩、侯伏侯万寿入席。其余人等，各自列队回宫、回府。钦此。"

受宠若惊的侯伏侯龙恩兄弟立即吩咐大冢宰的仪仗和骑卫列队回府；宇文孝伯亦吩咐皇上的仪仗和随行人员回延寿殿。孝伯清楚，宇文直传达的信息表明，大冢宰已然就范，即将进行的就是干净利索解决侯伏侯龙恩和侯伏侯万寿两兄弟。因为此二人控制着宇文护庞大的卫队与亲兵。

果然，当其几人相互谦让着随宇文直进入含仁殿客厅时，武帝把带血的玉珽往茶几上一拍，大喝一声："拿下！"

厅内两边厢埋伏的宦官和侍卫，一拥而上，两位大将军还不知是怎么回事，已被捆得严严实实。

接着，宇文直和宇文神举手握圣旨，率御林军直入宇文护府上和其儿子们的府第，一举将其子宇文会、宇文至、宇文静、宇文乾嘉、宇文乾基、宇文乾光、宇文乾蔚、宇文乾祖、宇文乾威等捉拿归案，并尽数解除了宇文护的武装。王轨则分别向长安城外几个兵府下达了集合府兵等待调遣的命令，并对长安城实施宵禁。

二日后，宇文直和宇文神举奉命来到延寿殿。武帝把一份亲自审批定夺的处斩名册交给他们，令其监督执行。

宇文直看完名单，问："这个李安，充其量就一个厨子，为何将他处死？"

武帝说："直弟有所不知，兄长明帝就是此人下毒害死的。他死有余辜。"

"可还有一个追随大冢宰多年的重要余孽，却不在死罪之列哩。"

"谁？"

"齐炀王宇文宪！"

"宪为宇文护所用是实，却没与其同流合污……"

"可他……"宇文直一直以来就看不惯宇文宪两边讨好，两边都受重用，欲辩。

"直弟不必多言了。"武帝面色肃然地道，"记住，他可还是汝和朕的亲兄弟！"

真个是，说曹操，曹操就到。心有不甘的宇文直前脚刚走，宇文宪便接踵而至。进房，就跪在了武帝的书案前说："臣有罪。臣，罪该万死。"

"卿何罪之有？"武帝一改平日的不苟言笑，诙谐地道，"倒是卿很久不来延寿殿，朕一直惦着你呐。"

"那是宇文护那贼对臣下有疑忌了呵！"

"就是咧！"

"不过，这些年来，臣与贼共处，有愧于皇上！"

"那不亦是在为社稷办差吗？卿是何人，朕心中有数。"

一直陪侍在御书房的宇文孝伯待宇文宪走后，亦吞吞吐吐地对武帝说："圣上，有件事，臣以为，也……也应作结了。"

"汝是指梅、兰、竹、菊四人吧？"

"是……"

"此事朕也想过了。"武帝说，"当初，她们四人是作为宇文护的耳目派进宫的。其实，真正接受指派的仅惠竹一人，其余三人都傻乎乎的，并不知就里。可惠竹入宫后，反为我所用。她聪明，尤对卿有很深的感情。这一点，朕早就看出来了，朕决定成全你俩，将她赏你做妾。相信你不会反对吧？"

"呵？"宇文孝伯张大嘴吧，惊讶得无言以对。

武帝顺着自己的思路，继续往下说："至若惠梅她们三个，年龄也都不小了，你和王轨商议一下，也为她们许个可靠人家。还有，凡大冢宰派到朕这边来的耳目，只要没干坏事，都要网开一面，为其留一生路。藉此机会，宫内侍卫、仆役、奴婢等，该留的留，该走的走，该添补的添补，要切实上心把这件事做好。卿以为如何？"

"是。"

"仅一个'是'而已？汝不谢恩。"

"谢圣上大恩！"宇文孝伯俯身跪下，捺头就拜。圣上只说，惠竹对自己有情，这仅是一面，自己不也深深地喜欢上她了吗！他原只想为惠竹求情，免其一死。哪敢奢望让她作自己的伴侣哪！

接着，武帝颁旨，更改年号——将天和七年，改为建德元年，任命齐国公宇文宪为大冢宰，任命卫国公宇文直为大司徒。并下诏曰：

民亦劳止，则星动于天；作事不时，则石言于国。故知为政欲静，静在宁民；为治欲安，安在息役。顷兴造无度，征发不已，加以频岁师旅，农亩废业。去秋灾蝗，年谷不登，民有散亡，家空杼轴。朕每旦恭已，夕阳竞怀。自今正调以外，无妄征发。庶时殷俗阜，称朕意焉。

自此，一个全新时期，在北周开启。

第十八回

教孩儿练功习艺用心苦
思前程韬光养晦待来时

话分两头。

杨坚自随州离任回家料理父丧，一直闭门不出。转眼，已过三年的守丧期。其间，原本就有病的杨坚母亲吕氏，因往日操劳和悲伤过度，也一病不起。因此，杨坚一方面要为母侍疾；另一方面还要照顾病后需调理的师傅；同时，既在家中，理所当然还要管教几个少不更事的儿女。所以，他常常是母亲家和自己家，两头穿梭，劳神费力。在这些日子里，有一个好处就是，他两耳不闻窗外事，没有了权力旋涡中明争暗斗之烦恼，也大大减轻了随时遭到暗算的恐惧。不过，随着母亲和师傅身体逐渐康复，他的心却反显空落；而儿子们的渐渐长大，却越来越不听话，又使他平添了一层烦躁……

这日，天刚见亮，杨坚上面的两个儿子：老大，十二岁的杨勇，老二，十岁的杨广，就照例被李顺唤醒，匆匆洗漱罢，便开始在院里练功。他们家没为孩子请师爷。平日，只要杨坚在家，都由他和李顺共同调教两个孩子习武。他俩师出同门，自幼都受过极严格的训练，所以，一般师爷都还远不及他们两人。

踢腿、下腰、站桩……每一项，都是孩子们极讨厌的基本功训练。

大儿子杨勇，聪颖、灵慧，一些较复杂的武术套路，经过杨坚或李顺的拆解，并稍加点拨，就能够掌握，但对枯燥的基本功训练，却往往缺乏耐心。这么一来，由于基本功不够扎实，动作到不了位，耍起套路来，无论刀、枪、剑、棍，动作看起来花团锦簇，十分连贯、熟练，但实际却是破绽百出，每一套路，皆上不了台面。所以，杨坚和李顺便有针对性地加强了对两个孩子的基本功训练。练着练着，十岁的杨广，耐受力反而强过了大他两岁的哥哥。当杨广的胸脯仍挺得较直，腿形亦保持原状时，而杨勇的身子则已开始前倾，还时不时地有意晃动起来。

"勇，把胸挺起来！"李顺大喝一声。

虽是在提醒哥哥，但乖巧的杨广一下把身子挺得更直。而杨勇却置若罔闻，仍无动于衷地扭动腰身。李顺走过去，用膝盖顶了一下杨勇弓着的腰，提醒他把腰挺起。勇则以歪就歪，扑倒于地。

"哎哟——你打人！"早就憋着一肚子气的杨勇，一个鲤鱼打挺，翻身跃起，抄起一根练功棍棒，照着李顺就是一棒。李顺闪到一旁，才未挨着。

"放肆！"刚从屋里出来看儿子练功的独孤夫人见状，夺下杨勇手中棍棒，给了儿子一巴掌。

杨勇坐地，嚎啕大哭。

从母亲家回来的杨坚，一进前院，就遇到这档子事。当他问明情况，也怒不可遏地一把将儿子从地上提起，说："你以为他是谁？他是你爹亲如手足的兄弟咧！况且，他并未打你。汝不服管，挨打，亦理所当然。"

杨忠去世，长子杨坚继承了父亲随国公爵位。一般人有了此地位，到了三十多岁年纪，多是三妻四妾，儿女成群。杨坚亦有一群儿女，但皆为独孤夫人一人所生，他也只有这样一位正室，夫妻俩平日对孩子管教极严。今日之事，如果父母在场，杨勇亦绝对不敢在李顺面前如此无礼。

"好了，好了。"李顺打圆场说，"勇，你快去收拾东西吧，要上学了呢。"

"慢。"杨坚对儿子道，"跪下，给你李叔赔个不是。"

杨勇快快地跪到李顺面前，磕了一个头，说："李叔，勇错了。"

杨勇走后，独孤夫人对杨广道，"你可别学你哥，练功别惜力气，将来上阵，才能保全自己，杀敌立功。"

"孩儿知道。"杨广应答着，又练了起来。

杨坚亦对李顺说："今日委屈你了，莫跟孩子一般见识。"

"咋会呢。"李顺叹息一声，"如今的孩子，多没受过夹磨。在太学读书，也是比谁的爹官做得大。文、武都不好教咧！"

天和七年三月十九日，一名小个子骑者风驰电掣般来到杨坚的家门口。此人是杨坚久未谋面了的小乐子。

自杨坚把小乐子从随州带回长安，经与郑译联系，使他重又进入东宫当差，仍作太监。他今日是受郑译指派，来见杨坚的。

一直以来，独孤夫人对东宫来的人都极热情，而对小乐子就尤其如此了。她亲自把丫环送来的茶，从托盘里拿出，端到小乐子座位旁边的茶几上，不等杨坚与小乐子讲话，就问："太子和娘娘都好吗？"

"回夫人的话，太子和娘娘都好哩。"小乐子虽是低微的太监，但独孤夫妇却把他作上宾看待，乐子呢，对杨坚一家人自是格外亲热。"宫里面，上上下下都喜欢杨娘娘，她对下人也不端架子。前不久，朱娘娘生了一个儿子，大家都盼杨娘娘也生个小太子。"

坐在一旁的杨坚听到女儿在东宫平安无事，就想到小乐子的到来，并非一般串门子。于是问："乐子，你来此，是有啥事的吧？"

"哒！看咱只管和夫人说话去了，差点忘了正事儿。"小乐子一拍脑门说，"今日是郑大人专门派奴才来的。他要咱告诉大人，大冢宰宇文护被诛杀了，是皇上亲自动手诛了他的。"

"呵？"杨坚浑身一颤，看一眼独孤，夫人也以同样惊诧的目光望着自己。过了好一会儿，醒过神来的杨坚才转向小乐子，问，"此事确不确？是不是传言？"

"郑大人是谁告诉他的，奴才不知。但，东宫对大冢宰之死，已尽人皆知，消息是从太后老人家的含仁殿传出的。据说，大冢宰在含仁殿不知为啥事，惹怒了皇上，皇上一玉珽击中大冢宰后脑，再由卫国公拿剑诛杀了的。"

"此是啥时候的事？"

"听说是昨日巳时发生的。"

之后，小乐子又说了些太子和太子妃的琐事，独孤夫人听得仔细，杨坚则一句都未听入耳中。末了，独孤夫人拿出十两银子赏了小乐子，杨坚则叮嘱他："回去一定要代咱谢谢郑大人。"

接着，一个又一个惊人消息陆续传入杨宅。先是，宇文护的儿子们悉数被杀，家被抄没。之后，又传来柱国大将军侯伏侯龙恩兄弟被诛。此二人确系宇文护死党，但因与杨坚之父有过共同作战、出生入死的情谊，两家相处一直不错，关键时刻，还保护过杨坚，所以，杨坚对两兄弟之死还是唏嘘不已。接下来，朝廷有的官员被贬，有的提拔履新……总之，憋在家里的杨坚几乎天天都能听到从外间传来的朝廷新动态。不过，杨宅却仍如一潭死水，丝毫不闻有关杨坚的任何动静！猫在家中韬光养晦时，杨坚总希望大冢宰能把自己彻底忘掉。可此刻，跃跃欲试的他却如坐针毡，难以忍受。他想：是圣上真的将自己遗忘了？似不可能。想当年，是圣上亲自把自己提拔到左小宫伯位子上的；在那次猎场遭遇意外时，圣上认定是自己救了他的命。这一切，咋能忘记？况且，当下新政刚刚开启，正是用人之时呵！再说，彼此还是儿女亲家哩，此是能够忘记的？杨坚百思不得其解，心绪无法安宁。

知己莫如妻。这日早晨，独孤夫人忽然对杨坚说："要不要奴婢去东宫给太子请个安，顺便提醒提醒他。"

"不妥。"杨坚道，"咱看，目下太子对圣上尚无此影响力。若有机会，刘昉、郑译，还有卢贲，都会向圣上进言的。"

"当下很多平日不起眼的人都升了官，有的还连升几级，为啥独独就没你的份？症结究竟在哪里？"

"咱也不知呵！"杨坚摇头道，"天子之心，不可测哩！"

"真有那么难料吗？"独孤夫人莫名其妙地忽然说，"假如日后你也成了天子，也会这般莫测高深？"

"呵？"杨坚吓了一大跳，脸，忽地变得煞白。他环顾左右，见没人，方道，"夫人言重了。此玩笑话，是断不可言说的。"

"这屋里不就咱两人吗。咱看，天子也是人做的。瞧瞧咱女婿那德行，若不是龙种，你能料想，他笃定就是日后之君主？"

"……"杨坚瞠目结舌，无言以对。

为官者都有一个通病，即：喜热闹，爱排场，怕遭受门庭冷落车马稀的境遇。杨坚回家的前一两年，对此感触并不怎么深。当时，一是为父守丧，为母侍疾，还要照顾师傅和管教儿子，心思都用在了这几个方面；二是为躲大冢宰的暗算，韬光养晦，须静息；三是刚回不久，亲朋故旧，常来问候，并未有冷落的感觉。可日子一长，还在做寓公，那情形就不一样了。而尤其是当下，权势最大最忌恨自己的克星轰然倒下，别人升的升，提的提，自己又正是血气方刚之龄，且已在疆场和官场都有过建树，又哪有不想一展抱负的呢！

不日，如坐针毡的杨坚终于盼来了一位客人——庞晃。

"哈，咱已猜到，你最近会来的。"杨坚高兴地说。

"何以见得？"

"卫国公高居一品，做了大司徒，他位高权重，还能离了你这位昔日幕僚？"

"话虽如此。"庞晃叹了口气，说，"只是做卫国公的僚属，意思并不大呵。"

"那为啥？"

"这你还不知晓？卫国公乃性情中人。他有时能采纳下属建议，有时则一意孤行，谁的话都不听，一旦捅出个啥娄子，手下人还不是又要跟着一同倒霉。"

"吃一堑，长一智。尤其是此次复出，意义更是非比寻常。圣上真正执掌了朝政，卫国公又是圣上的亲弟兄，腰板更硬实，任内事，即使有处置不周到的，不也就一笔带过了嘛！"

"其实也不尽然。"庞晃环顾了一下左右，见无闲人，方说，"圣上看人，其实镜子一般，清楚着呢。这回，卫国公先是想当大冢宰，圣上未准。他又要做大司马，掌管兵权，圣上亦未准。最后，给了他个比大冢宰、大司马更高的大司徒，位居一品，却是个荣誉崇高而无实权的闲职。直到今日，卫国公还对圣上窝着一肚子火呢。"

"唔……有道是，家家都有一本难念的经。"杨坚叹了口气，说，"你看看，咱这里还不知唱的是哪一曲呢，钟不响，磬不响，直至今日，朝廷连招呼都未打一个。"

"哈哈哈哈……"庞晃大笑，"曾记否，你离随州之际，还赞叹无官一身轻的好呐，现在可尝到真的不当官的难受滋味了？"

"此一时，彼一时，情况不一样了嘛。"

"有啥不一样？咱看都还是一个样。你以为摞倒一个宇文护，头顶上就一片光明了？"庞晃摇头说，"咱今日就是来给你提个醒的。"

"噢？"杨坚一个激灵，把身子俯向庞晃，作出个倾耳以听的姿态。

"昨日，圣上、大冢宰、大司徒，还有圣上之近臣王轨，议到了你的复职问题。你猜，怎么着？"

杨坚思考片刻说："大约是二对二，打了个平手？"

"怎么个平手法？你讲讲明白。"

"咱想是：圣上和大冢宰皆觉应给咱一个相当职务，以让臣下施展所长。因为此二人，对咱有所了解。而另二位，则不以为然，或是抵制？"

"嗨，谬唉！"庞晃道，"咱来之前，就猜想，此结果定会大出你之所料。果真如此。"

杨坚双目瞪得杏圆！他不能说自己是诸葛亮，事事料事如神，但对人对事，他的某些猜想，往往都不会偏得太远。何况，今日猜的还是有关自己的事。

"其实，四人之中，有三人对你都有深刻认识。对你不以为意的，仅大司徒宇文直一人。昨日，大司徒从圣上的延寿殿回府后，就问咱，'杨坚真有篡权夺位之野心和本事吗？'"

"你是咋回答他的？"杨坚一听，神色异常惊慌与紧张。

"咱说，杨坚处事认真，能力很强，这都是有目共睹的。至若是否有篡权夺位的野心与本事，咱还没看出来。接着，大司徒就劈哩叭啦把另外几位议论之语，都抖搂出来了。"

杨坚越来越感到坐立不安起来，连说话的声音也有点颤抖了："圣上难道也认为咱有谋逆之野心？"

"如果圣上真是这么认为的，你还能安坐于此吗？"庞晃继续道，"圣上是想用你，才把你提到了议事日程上。但另二人：一位是当今大冢宰，另一位是圣上贴心的近臣，却认为你有极强的治政才能，还会打仗，是个难得的文武全才。但，却又认为，你城府很深，不可委以重任，并坚持要将你尽早除掉，以绝后患。"

恰在此时，只听屏风后"砰"地一响，似是杯盖什么的砸落到了地上，把杨坚和庞晃唬得脸都变白了！

接着，只见独孤夫人若无其事地从屏风后走了出来。

"哟，是嫂夫人呀，你可把兄弟惊出一身冷汗！"庞晃松了一口气，瞄一眼杨坚，见其一脸愠怒。

独孤夫人则笑吟吟地道："看，你们只顾讲话，茶都凉了，奴婢去提壶水来，给二位换杯热茶。"

"算了，算了。你叫下人都别往这边来就是了。"杨坚见独孤夫人离去，转而对庞晃道，"她呀，对咱的复出，比咱还要心切呢！"

"能够理解。夫人是个明白人，才会这么关注兄的前程。"

"咱最大的意外是，走了一个对咱猜忌的大冢宰，再来一位大冢宰，依然还是这么可怕。在随州，咱见宇文宪公儒雅、廉洁，处事稳重，似不像宇文护那一类人呵。"

"齐炀公的确就是你说的那样一个人。不过，说来说去，都源自你太能干。"庞晃画龙点睛地道，"郑云飞一案，你做得滴水不漏，使前来查案的他，大为惊叹。最后，不得不违背原任大冢宰的心意，杀了郑云飞手下一干人。他对你的所为，印象太深。目下，他做了大冢宰，则不得不有所防范，甚至想到要拿你祭刀，以绝后患。"

"可圣上为什么要坚持用咱？"

"这就是人与人不一样呵！"庞晃感叹说，"圣上雄才大略，方敢启用禀赋卓异之人，以助他完成大业。你看他周围的一干近臣，王轨也好，宇文孝伯也好，尽管他们原来的职位都不是很高，年龄也不是很大，可哪一个不是能文能武、才华横溢之辈呵！"

沉默良久，杨坚终于开口道："老弟今日来得真是太及时，不然，兄还蒙在鼓里，以为宇文护一倒，就前景一片光明了。不过，转念一想，也没什么大不了，不就是仍把齐炀公当作是宇文护在当政嘛。咱既已隐忍了三年，再耐个三年五载寂寞，又何妨？"

"对！此就是兄之过人处，退一步，海阔天空嘛。当然，当下与过去比，也还是有差别的。最大差别就在于，过去，宇文护是一手遮天，凌驾于天子之上。当下，圣上已手握全权，而他是欣赏你的。他不答应拿你是问，谁也撼动不了你。"庞晃稍稍停顿了一下，又说，"眼下，受宇文护压制、冷落过的一干人，都在一窝蜂忙着各找门路争相上位。可是，等到了真正要出兵打仗时，你再看看，能有几人会拍胸站出为圣上两肋插刀！因此，当务之急是要沉得住气。心急，吃不得热汤圆呢。"

"好。就是这个话。"杨坚的情绪也随之高涨起来。

"那，弟就告辞了。"

"久别相逢，且又是在家里，能不痛饮几杯？"

"改日吧。兄弟刚从襄州到大司徒府上，还是小心谨慎点好。"

杨坚送走庞晃，独孤夫人就跟了过来。

杨坚埋怨她道："你呀，也太心切了。幸亏庞晃不是外人，否则就更难堪，甚至捅娄子了。"

"哪能不急嘞！你的事，还有希望吗？"

"你刚才不是都听到了？一切从头开始，从长计议。"杨坚用平和的语调说，"从今日始，府上的人都应像过去一样，尤其是你和我，更应沉得住气。否则，整个屋子的气氛就都不对了。"

杨坚说罢，便大步流星朝后院走去。他已有两日没去看师傅了。

智仙师傅自入杨府，杨坚就把宅院后面原住下人的几间房子腾出，仍仿幼年与师傅住过的静水庵，重新做了翻修改建，并另配厨子，让师傅和若水按僧人习俗用膳。在李顺、若水和下人的照料下，智仙的身体日渐恢复。几个月后，便能像过去一样，清晨起来，在院内施展施展拳脚；每日用过早膳，还能给若水解读经文；午膳后，则是她独自修行的时间。就这样，日子过得安逸而充实。杨坚自己，则因侍母疾，常要去母亲那边，但只要有空，他就会过来陪师傅讲话。

平日，表面看似平静的智仙，内心并不安宁。她最顾念的，依然还是杨坚。这位一家之长，而今心挂几头，忙的却都是些婆婆妈妈的事，长此下去，意气不就日渐消沉了吗。还有李顺和若水，两人越来越亲密，一个僧尼与一个大后生不明不白的来往，长此下去，不成体统呵。

"师傅，"杨坚行过礼，走进房，"两日没来看您了，近来过得顺心么？"

"嗨，你来得正好，有点事情，正想问问你呐。"师傅望着爱徒杨坚，舒心地笑着。

正在房内听师傅讲解经文的若水，起身为师兄沏了杯茶，颔首打了个招呼，就出房去了。

"丫环呢？咱不是为您老配了两名粗使丫环的吗？"

"咱已交还李顺，让他派别的用场了。"智仙伸了伸胳膊说，"看，咱已完全恢复，还使唤下人，身子骨反而不受用呢。"

杨坚坐到刚才若水坐的位子上道，"您老有啥事呢？说吧。"

"咱听说，那个老对你使坏的大冢宰，已遭诛杀，可时至今日，却还不见你有何动静呢。"

"就这事？"

"嗯。"智仙点点头，目不转睛地望着弟子。

师傅的问话，也是庞晃到来之前，隐藏在杨坚心中之块垒。可官场上错综复杂之事，要让局外的师傅一下弄明白，却不容易，亦没此必要。他想了想，方道："师傅，您回赠给徒儿的那把宝剑，徒儿至今还挂在书房中，您当时的谆谆教诲，徒儿亦言犹在耳。"

"行。有你这句话，咱就放心了。搁在鞘子里的剑，时间长了，一不留神，也会生锈的呢。师傅是怕你长期待在家里，折损了锐气，失却了锋芒。"接着，智仙才转换话题说，"不知你注意到没有，李顺和若水之间有点儿不对劲呢。"

"不是不对劲，是太来劲了。"杨坚笑道，"若水过去叫咱大师兄，现在也是这么叫的。可咱前日却听见她叫李顺不再叫二师兄，而是叫'顺哥'，这味道就大不同了嘛。"

"是呢，是呢……"智仙师傅笑着问，"那你打算怎么处置这件事？"

"咱看他们都不小了，不正好是天生一对吗！是否就让若水还俗算了，不知师傅赞不赞成？"

"那好。此事不宜再拖。这样吧，你找李顺挑明白，咱来找若水。"

"行。"

杨坚走后，若水不一会儿就进来了。师傅立刻把话挑明："你是喜欢上了李顺吧？"

若水的脸倏地腾起一片红云，她没吱声，却已分明回答了师傅的提问。

"你俩若能走到一起，师傅会为你们高兴。"

"呵……不，不，不……"若水"扑通"跪到师傅脚前，泪如雨下。

"呵？"智仙大惑不解，"已经好到这个样子，他还没向你表白？"

若水摇头说："他早就说过要娶咱。是咱没同意。"

"为啥？"

"咱对他说，咱今生今世是离不开师傅的。而且，师傅和咱都离不开佛。因此上，咱与李顺哥哥今生是没缘分的。"

"那，李顺咋说？"

"他啥都没说，只点了头。"说到这里，若水泪流满面地抬起头，道，

"师傅，这里不能久住了，我们还是走吧。"

"……"

与此同时，杨坚把李顺叫到书房里，直截了当地说："你和若水成亲吧，咱和师傅为你俩作媒、证婚。挑个日子，过几日就正式办了它，免得老是牵肠挂肚不踏实。"

李顺叹了口气，却道："咱与若水今生已没了此缘分，只看来生如何了。"

"为啥？"

李顺悲戚地道："若水不肯离开师傅，咱孤儿一个，也是师傅拉扯大的。而今，师傅垂垂老矣，咱亦不忍把若水从师傅身边夺走。"

"这算啥理由？"杨坚有点火了，"你们成了亲，都在一个院里住，就把师傅扔到一边去，不照顾她老人家了？"

"问题就在这里咧！"李顺说，"师傅和若水的心，都不在这屋子里，而是在庙堂佛国中。不知哪一天，她们就会远走高飞离开此处。"

"噢？"杨坚瞪大了眼睛，"咱咋不知道？你怎么也未和咱说一声呢？"

"她们其实也未明说。咱也只是猜测。你想想，如果不是这样，若水为啥要拒绝咱呢？"

"……"杨坚也噤了声。

那边，无论智仙怎么劝说，若水就是不肯让师傅一人离开杨府。无奈之下的智仙，方改变主意，暗中与若水商议，并作离开杨府的准备。

但，人算不如天算——一个意外情况的发生，彻底打乱了智仙和若水离去的筹划。

第十九回

李顺扬鞭飞袭生擒马贼
若水驾鹤西去往见文殊

不知是从哪年起始，若水就落下了个爱咳嗽的症候。天变时易发，劳累后，更要咳。自入杨府后，生活较为安定，本以为没事了。可近来，因婚姻之事正式摊上桌面，思前想后，哪有不伤心惆怅的。这日清早起来，她在院内练功，练着练着，只觉喉咙内有股东西往上涌。原本以为是口痰，就随意地往旁边花圃中一吐。这一吐，不打紧，一口一口鲜血吐出来，把一旁的智仙师傅吓得大惊失色。她扶住若水，在一石凳上坐下，面容苍白的若水，才慢慢止住吐。搀住若水的师傅，此刻方觉她浑身发烫。

李顺闻讯赶来，若水却还勉强微笑着对他说："咱没事……"

"还没事？"李顺已经看到吐在地上的血，心疼无比。他也顾不得男女授受不亲之戒律，双手将其抱进了房里。

杨坚闻知，亦赶来看望，并通过东宫的刘昉、郑译，请来太医，为若水治病。太医诊视后，断定是肺痨，且患此病，已有一些年头，治愈，已不大可能，须服药，卧床静息。

这么一来，师傅反过来要照顾弟子，何时离开杨府，则已是遥遥无期的奢望了。不幸中的万幸是，治疗若水的疾病，李顺起了很大作用。他只要有空，就来陪若水，并想方设法逗她乐。这样，再苦，再难喝的汤药，只要是李顺喂，若水都能吞下去。所以，师傅常说：李顺就是若水的一剂灵丹妙药。果然，过了一年之中最热的夏季，若水已能起床，并还能在院内走走了。

正当大家认为奇迹将会出现，并期盼若水彻底康复之时，她本人竟提出一个不可思议的要求：坚持要去五台山佛教圣地，去朝拜文殊菩萨。可是，从长安到五台山，路途遥远，且多是山路，一个普通人要去，尚且不易，更何况是个沉疴不起的女子！众人皆说万万使不得，都来劝说若水，尤其是智仙师傅反对。因为只有她清楚，在若水发病前，她俩计划离开杨府的第一个去向，就是五台山。因为武帝下令灭佛时，划定了洛阳白马寺，五台山的大孚灵鹫寺，以及几处佛教圣地中的著名佛寺，不在毁灭之列。若水此举，无疑是冒死去为师傅将来的归宿探路的。

但谁都没有料到的是，这一不讲理的要求，却获得了最喜欢她的李顺的赞同。李顺的想法其实很简单，凡是若水的愿望，只要有办法做到，就尽量设法满足她。作为杨府管家的李顺，在征得杨坚的同意和支持后，就雷厉风行地张罗起来。此刻，连师傅的反对，亦变得人微言轻了。

首先，李顺挑选了杨家最好的一辆大车，并在车上安装了宽敞的篷帐，还选了两名来去随州、并对走长路有经验的车把式轮流驾车。此外，又挑了数名与李顺要好的杨府亲兵，为此行程保驾护航。

待一切准备就绪，临到出发，若水不依，她不要车夫而要李顺亲自赶车。且，不要那么庞大的车子，亦不要有外人跟随。秉性刚强易暴的李顺，对若水真个是百依百顺。他请来长安城里最好的工匠，重新打造了一辆小巧坚固的马车。只要有空，他就请车把式教赶车技术。车造好后，李顺在长安周遭试驾了两日，觉得可以上路了，就在车内铺上全新的被褥。与此同时，杨坚还请了命相术士，择了吉日，才让李顺与若水焚香启程。

其实，就在他们启程的前一日，李顺就已派人打前站，预订好了他们当日晚上歇脚的客栈。在他们的车后，李顺还是安排了十数位化装成行商的亲兵骑马跟随保护。

车子出城，若水舒心地半躺在车内，撩起车窗帘子之一角，瞄瞄车外的景致，又看看驾车的李顺的宽厚背脊，心里特别受用。车出长安，朝东北方向而行。若水不想看外面了，就躺在松软的被褥上，无意间，她竟从褥子下翻出一根很长的用牛皮编织的鞭子。

"顺哥，车厢里还有一根鞭子呢，那是做啥的？"若水不解地问道。

"备用的。"

"那鞭子挺沉的哩，抽在马身上，马受得了吗？"

李顺笑着说："不抽马，那杆鞭是用来抽人的，抽坏人。"

长安城外的天气真好，和暖的日光照射在清澈的渭水上，荡金跃银；蓝天白云间，两行大雁成人字形排开，掠过头顶，向南飞去……不过，越往前走，人烟越稀，更显苍凉、突兀。

黄土塬，一个接一个，他们的车，一程又一程……

李顺不知自己出生何月何日，亦不知自己的祖籍是何郡何村，但自己是这片黄土地的子孙，却是毫无疑义的。从他记事那刻起，留在幼小心灵中的就是这一座座雄奇、浑厚的黄土塬。他赶着车，走着走着，过往之事，便隐隐约约地浮上了心头，一不留神，一串清脆粗犷的歌声，就像渭河流淌的水，飞出了唇：

　　　　哥是天上一片云朵朵
　　　　妹是溪涧一簇浪花花

　　　　云借风力天上飘呃
　　　　浪花随波水中摇

　　　　哥哥妹妹心相随
　　　　风风雨雨走天涯

　　　　哥是天上一片云朵朵

妹是溪涧一簇浪花花

云朵浪花隔空望
挂肚牵肠各一方

云朵愿化及时雨
洒落溪涧变浪花

哥哥妹妹永相聚
并蒂花开成一家

李顺的歌声，激越高亢，意切情深，像一股山涧跳荡的清泉水，注入若水之心田。

"顺哥，你唱得真好听。"若水由衷地道，"可咱还从来不知你有此一手哩！"

"这算啥呀。咱家乡里的人，谁不会吼两嗓子！"好久以来，李顺的心情就没有像今日这般快活过。他"啪"地一记响鞭，朝马吼道，"驾——"

那马拉着车，朝前奔去，初秋暖暖的金风送入车篷，也使若水的病情顿时减轻了许多……

酉时，在薄薄的暮色中，李顺驾驭的马车驶入一小镇。有个客栈小二打扮的人，候在镇口招徕顾客，李顺在他的指引下，进入一家客栈。他等若水整理好衣裳，才将她从车上抱下，并小心地放到地上来，陪她在客栈周遭走一走，活动活动身子骨。然后，再回到房间里，让她躺下休息，自己则亲自下厨煎药。待若水吃完饭，喝完药，又为她打水擦洗身子。每当此时，他都会想起第一次看若水在溪中洗澡时的情景。晚上，李顺和若水也是共住一室，房间里如是炕，他们则各盖一床布衾，两人之间隔着一张小炕桌；若是床，就各睡一床；如遇刮风下雨天气，他们就不出行，而在客栈休息养病。

这样，走走停停，停停走走，约摸过了七八日。

这日早晨，他俩刚出客栈，上路不久，就远远望见黄土塬上，有一黑点，渐渐地黑点慢慢变大。车行近了，才看清，黄土塬上立着的，原是个身披黑色斗篷、骑在一匹黑马上的人。

若水禁不住地赞叹道："嗨，顺哥，你看，那人那马真像是用一块大青石头刻出来的，他这么笃定在黄土塬子上，真个威武！"

李顺则说："你别把他夸得那么美——咱的皮鞭呢？"

若水顺手从褥子下翻出鞭子道："在这哪。"

"给咱准备好。"

李顺的话音刚落，但见那立于黄土塬子上的人，手舞一把大刀刮起一道黄尘迎面冲来，他的身后还跟着不知是从哪里冒出来的五六个马贼。为首者冲到路边，朝马车大喝一声："停车！"

李顺不慌不忙地把手中鞭杆插入车楗插口，再把手指放入嘴中，打了个响亮的嗯哨，然后，才去伸手拿那车厢中的皮鞭——

说时迟，那时快，眨眼工夫，为首马贼，已挥刀杀到车前。

李顺一挥皮鞭，"唰"地长长的鞭子在空中划出一道弧线，鞭之梢头竟如蛇一样紧紧地缠住了马贼的腰身。李顺再一抖手腕，朝里一拽，嚣张的马贼惨叫一声，便连人带刀地从马上摔到了地上。失去主人的黑马，"咴咴"地惊叫着，落荒而逃。

这时，尾随于车后的十余名行商打扮的杨家亲兵，听到李顺发出的嗯哨声，也都亮出利器，跃马赶来。其余几名冲来救人的马贼，见此情形，赶紧拨转马头，望风而逃。这边的十余骑亲兵，则把落马的马贼团团围住了。

李顺说："别杀他。留他一条狗命吧。"

于是，已在若水面前暴露了身份的亲兵们，都转而来到马车跟前，向若水嘘寒问暖。

"若水居士，你没事吧？"

"嗨，要是你不生病，这几个小马贼一齐动手对付你一人，也都不是你的对手呐！"

若水看着这些伸进车篷来的熟悉面孔，喜极而泣："哎——你们怎么也都出来了？"

平日，这些亲兵在杨宅院内练功时，若水有时也在院内一角落处练功。于是，每个男子汉都想在若水面前显摆逞能。开始，他们不知若水底细，以为自己人高马大，气力十足，扳倒个小女子还在话下？殊不知，一个胆大的，刚一上前与之交手，才几个回合，若水瞅住一个空子，对方还不知是怎么回事，"啪"地就四仰八叉躺在地上了。男子汉们当然不服气，再来一个，又如此，这才不得不服气。

若水平日在院内总穿一身僧袍，所以，大伙都尊称她"若水居士"。

重新上路后，若水对赶车的李顺说："他们都来了，咱怎么事先一点都不知道呢？"

"一开始就让你知道了，你还不会对咱发姑奶奶脾气？可是，你看看，今日之事，若没他们，成不成？"

"你把他们都忽悠来了，大师兄知道吗？"

"嗨，你真傻呵！除了这十几个人，前面还有几个打前站的呐。这大的事，大师兄不点头，咱这个小管家，敢从杨府拉出一大帮子人？那不是造反了吗？"

"可这么一来，得花多少钱哪。"

"这就是大师兄为人不一般的地方。你看，他同嫂子平日多节俭，连几个公子的穿着都很一般。但他认为当花的钱，却从不吝啬。"

"可是，咱看你并没带多少钱呐。挂在车厢内的钱袋，仅是些碎银子。"

"世道不太平。钱都分散放在了每个亲兵的身上。"

"不过，你今日的一鞭子，又使咱大开了一回眼界。"若水躺在车厢中，摸着那杆皮鞭，转换了话题，"咱看你真是无所不能。下辈子，你不许娶别人，咱要嫁给你。"

"你看你，又说疯话了，是不？"李顺笑道，"咱那一鞭子，其实是现买现卖呢，你该不知吧！"

李顺一挥皮鞭，"刷"地，长长的鞭子在空中划出一道弧线，鞭之梢头竟如蛇一样，紧紧地缠住了马贼的腰身。

"啥叫现买现卖？"

"这鞭活，是杨府车把式王老五之绝技。他的外号就叫'神鞭王老五'。连这杆鞭子，也是他借我的。这回，咱本是点他来为你赶车的。你不要，逼着咱去向他学赶车，他稍带教了咱此一招。嗨，没想到还真派上用场了。这就叫现买现卖，懂不懂？他把这一手功夫贩给了咱，咱就卖给了那马贼。其实鞭活还深得很，别的招数，咱都还没来得及学呢。"

从这日起，亲兵们也都不要东藏西躲避若水了。大家一齐用膳，一齐出行，一齐住宿，热热闹闹，一路上，给若水解了不少寂寞和愁闷。直到中秋，他们终于到达了五台山山脚的台怀镇。

五台山是由东、西、南、北、中五座山峰环抱而成；此五峰造型奇特，如五根苍劲的擎天大柱，拔地崛起，巍然矗立；且更奇的是，此五峰的峰顶平坦如台，故名五台。在峰峦叠翠、云绕雾罩的深处，伽蓝寺宇，置身其间，使整个五台圣地，更添灵秀肃穆之气。

据史书记载：东汉永平十一年（公元 68 年），在洛阳城西雍门御道之南，建造了一座僧院，以供两位到中国传教的印度高僧迦叶摩腾和竺法兰居住，为纪念白马负经之功，就给这座寺院取名白马寺。这是史籍记载的中国最早佛教寺庙。亦是在这一年中，二位印度高僧上奏汉明帝刘庄说：他们途经五台山时，见五座奇峰拱卫台怀腹地，其山形地貌酷似大佛释迦牟尼之修行地灵鹫山，因建议在此建寺。明帝准奏颁旨，于永平十八年，在五台山修建了灵鹫寺。为表自己也信佛，汉明帝还在灵鹫寺前，加了"大孚"二字，即弘信之意。寺院落成后，全名为"大孚灵鹫寺"。并从那刻起，五台山就成了中国佛教的圣地。

李顺掐指一算，建寺至今，已达五百年。

五台山，因地势高，中秋时节，早晨和夜晚，已很冷了。

一路上，若水虽经李顺精心照料，但病情时起时伏，咳嗽咯血现象日趋严重。这日，此一行人进抵台怀镇之客栈，李顺先在房里升了一盆炭火，因若水害怕烟气，待把房间烘热，就把火盆移了出去。接着，他又提来一大桶热水，将水倒入木盆，让若水痛痛快快将全身沐浴得干干净净，并穿上了从家中带来的新僧衣和新的棉僧袍。晚上用膳时，若水的胃口也明显地比前几日好，多吃了一些菜和粥。喝过药后，李顺还陪她在院子里溜达了一会儿，才回房休息。房间里就一张炕，他们去用膳时，已吩咐店小二把炕烧热点。进屋后，整个屋子都已暖和了。李顺先侍候若水睡下，再铺上自己之布衾。目下，他俩之间已不隔炕桌了，这主要是方便李顺晚上照顾若水。李顺脱去外衣，吹熄油灯，才钻进自己的布衾中。

"顺哥，听说去大孚灵鹫寺的山间小路特别难走，我们明日怎么上去呀？"

"这你就不用操心了。咱已雇好滑竿，让山里人抬你上山。"

"咱不。咱才不要别人抬呢。你背咱上去好了。"

"浑话！"李顺道，"那路又陡又窄，恐怕没走几步，咱俩就都摔到山崖下去了呢。"

"摔死算了。"

"看，还在说浑话。算了，算了，快睡吧。赶明日，要见文殊菩萨，得多蓄着点精气神儿。"

若水没吭声了。不知过了多久，只听若水那边一阵窸窸窣窣的声响，没敢睡死的李顺一惊，翻过身来，问："若水，你做啥哪？"

"顺哥，咱……咱冷……"

"冷？"李顺更加惊诧，不知若水出了啥问题，"这炕烧得暖暖的，还叫冷？"

"是冷嘛，你快过来抱抱咱。"

李顺立马掀开自己的布衾，钻进若水的布衾中，一把将她抱住，立时大惊道："呵？你咋把衣裳全脱了？"

"顺哥，你别离开咱！"若水不顾一切地抱住李顺。李顺亦如烈焰般紧紧把若水揽在了怀里。当他亲吻她时，突然感到脸上一阵冰凉，"呵，你哭了？"

"是高兴。"若水道，"顺哥，你不是早就想娶我吗？咱刚才已经想通了。你要了咱吧，那我们就是真正的夫妻了。"

顷刻之间，李顺突然冷静下来，感到一阵惶惑，那狂潮般的欲念，竟全然消退了。他讪讪地道，"好妹子，你听咱说，你明日要去见大佛，咱想让你清清白白，堂堂正正，不留遗憾地去见文殊菩萨，让菩萨保佑你，百病全消……"

若水叹了一口气，亦没再吱声。她如一只温驯的小鹿，偎依在李顺的怀抱里，睡着了……

当她一觉醒来，天已大亮，身边已没了李顺。她轻轻唤了一声，李顺端了一盆热水进房，笑眯眯地对她道："起来吧，饭已熟了。"

李顺帮她穿上新的内衣，又穿上了新的棉僧袍，并关切地问道："不冷吧？"

若水脸一红，说："不冷了。"

她洗漱罢，神清气爽地用完早膳，服了药，出了院门，早有两位靠抬滑竿为生的山里人候在了门外。李顺仔细地在座位和靠背处都加铺了棉垫，并把靠背放下一些，使若水既可半躺着省些力气，又可看到五台圣地的景致。

若水今日亦十分配合，没费口舌地就半躺半坐到了滑竿上。李顺怕她抵挡不住山里的风寒，还在她的身上加盖了一床薄棉毡。

说来也怪，李顺往日赶路，所见多是满目荒原。有时，走了一整日路，亦难见几许行人。可眼下这窄窄难行的山道上，朝圣者却络绎不绝。有一家老小挑着担子上山的，也有老叟或病人像若水一样，坐滑竿上山的。一问方知，由于举国灭佛，不少信众都是从很远很远的地方赶来的。走到半山腰时，但见一座白墙绿瓦的古寺巍然屹立于不远处的一片丛林中，且脚下就有一条岔路通过去。

若水小声地问了一句："到了吗？"

"还没呢。"抬滑竿的山里人说，"那寺叫白云庵，是住女僧人的。这五台山里，过去有寺庙一百多座。现在只剩三十余处了。"

"呵……"若水朝左右顾盼了一下，没见到人，忙唤道，"顺哥呢？"

"咱在这呢。"李顺忙从抬滑竿的人身后闪出。

"这里有座尼庵，叫白云庵，你回去一定要告诉师傅。"

李顺"嗯"地答应了一声，心却"格登"地猛跳了一下。她莫非担心自己回不去，才作如此交代？李顺的心感到一阵难以言状之疼痛。

精力不济的若水，在滑竿的晃动下，睡着了。不知过了多久，抬滑竿的山里人说声：歇竿了！

正于昏睡中的若水，突然一个激灵，睁开了双眼。只见四周山峦起伏，气象万千。于群山环抱中的大孚灵鹫寺，宏伟壮丽，威严肃穆——这就是师傅和自己朝思暮想的圣地呵，今日终于见到了它！

若水掀开盖在身上的棉毡，正欲坐起。李顺赶来，将她扶出已经停下的滑竿。此时，前来朝圣的庶民，已将香火缭绕的寺院门前的大坪挤得满满当当。李顺搀着若水穿过熙熙攘攘的人群，走到焚香炉前，从随身携带的香火袋中，取出一炷香，将其点着，交到若水手中。若水虔诚地接过，双手合十，向神圣的大佛祈祷，并祝福师傅和李顺平安如意。与此同时，李顺也握着一炷香，在默默为若水祈福。然后，两人同时把手中的香投入焚香炉中。终于一偿夙愿的若水，突然觉得浑身轻松。她挣脱李顺的搀扶，径直朝寺里走去……

大孚灵鹫寺，自东汉永平年间落成后，至北魏孝文帝时，又进行了扩建，才形成如今占地一百二十余亩的规模。寺院内，殿中有殿，苍松翠柏，参差错落。五台山为文殊菩萨道场，李顺带若水迈入大文殊殿，但见佛堂中供奉着七尊文殊菩萨像。正中的为大智文殊，前面的五位，从左至右，依次为西台狮子文殊，南台智慧文殊，中台孺者文殊，北台无垢文殊，东台聪明文殊。大智文殊后面则是甘露文殊。尽管每尊文殊菩萨都神形各异，但有个共同点是，不管对待何人，他们都是慈眉善目，和蔼可亲，一扫人世间的冷暖炎凉。

当下，偌大的殿堂内，已是灯火辉煌，香烟缭绕，人声鼎沸。看看殿内已不能再进人了，只听三声清脆的磬响，前来朝拜的善男信女皆停止了许愿和倾诉，大殿一片鸦雀无声。其时，一列身着袈裟敲击木鱼的僧人，口念佛经，逶迤而至，他们分别于七尊文殊菩萨身后的蒲团上就座，口中仍抑扬顿挫地念着经文。那整齐的、柔美的哼唱，和着木鱼叮咚的节奏，穿堂绕梁，响彻大殿，震撼着众生的心灵。

顷刻间，那淤积于善男信女心中之不平、怨愤、仇恨，以及身体上的诸多顽疾……皆为这和美之声，荡涤得干干净净……众人纷纷原地跪下，向大慈大悲的文殊菩萨顶礼膜拜。他们有的翻山越岭，不畏险途，有的步行了数百里，千数里，甚至数千里，来到此处，哪怕只能换得心灵上之片刻满足与宁静。

在这芸芸众生中，若水开始也是跪在李顺身边的，不知不觉中，她也和那些僧人一样，按佛家规矩双手合十地打起坐来。她一开始就听出来了，僧人们念唱的是《华严经》。此前，师傅和她已将此经念得滚瓜烂熟。她于是也和着僧人之节拍，唱和起来，并一扫病态，容光焕发地充满对美好未来之憧憬……

李顺看着若水的一举一动，亦在心里默默为她祈福。那清纯美好的诵经声，终于随着一声磬响，结束了。

当跪在地上的众生纷纷站起时，若水却仍保持着打坐的姿态，面带微笑地久久没有起身，李顺跪在她的身旁，等待她把手伸过来，再扶她站起。但她却再也没能把自己的手伸出，再也没能站起来，她的灵魂已然随着《华严经》之唱和，飞入了极乐的天国……

第二十回

平北齐杨坚应召立新功
征突厥武帝染疾授遗诏

却说，武帝诛杀了宇文护，在一众有为文臣武将的拥戴下，牢牢控制住了北周的军政大权。他在宇文护的猜忌、控制和压迫下，卧薪尝胆十三年，而今，终于可以扬眉吐气，能按自己的抱负，一展才华了！

他于是励精图治，改革吏制，裁减冗员，尽量减少衙门和宫廷支出。一次，武帝经过道会苑，看到苑中的上善殿过于奢华，就下令将它拆除，以告诫为政者，痛改不惜民力财力滥建楼堂馆所的陋习。他还下诏，要求各地官员尽量减少徭役，采取措施，鼓励种植，发展生产等等。

此外，武帝举全国之力，大规模扩充军队，整顿和完善父亲宇文泰创立的府兵制，亲自挑选三军将领，勉励他们刻苦训练各自掌握的军队，以便随时应召征战。同时，还下诏命令各军在旌旗上绘制猛兽、鸷禽等形象，以提振军威。

武帝宇文邕实施的一系列富国强军举措，使关中腹地焕发出了生机。他于是向国人发出：要一统天下，结束华夏分裂三百多年的局面。

建德三年十一月辛巳日，武帝戴盔披甲，亲率六军，在长安城东举行了大规模的军事演习。癸未日，召集各军都督以上军官五十人，在道会苑举行大射礼。武帝亲临射宫，为参加比试射术的将军们助威鼓劲。

而正当武帝踌躇满志，紧锣密鼓，厉兵秣马，为统一大业不懈努力之际，不料，皇室内，却接二连三发生了几起大事：

首先是建德三年初，已封王爵、担任大司徒的武帝胞弟宇文直，一直对武帝没给他实权怀恨在心。性情粗暴的他，终于忍不住，趁武帝离开长安前往云阳宫养病之机，举兵于京师造反，攻打肃章门，欲进皇宫夺取大位。担任宫廷守卫的司武尉迟运，闻讯赶到肃章门。他在极其危急的情况下，与冲入宫内的叛军展开了殊死的拼杀，并在手指砍伤的情形下，还是硬生生地把肃章宫门关闭上了，从而阻断了大批叛军涌入宫内。宇文直赶到后，气急败坏地命叛军放火烧门。守门的尉迟运害怕大门一旦烧穿，叛军冲进宫里，占领朝廷中枢，就命侍卫将宫中木材、家具等，投入燃烧的火中，还让在火中泼上青油，使火烧得更大更持久，以阻延叛军攻入。果然，叛军还没来得及攻入宫内，而援军则已赶到。官军一路掩杀追赶到荆州，终将宇文直捉拿归案。武帝十分气愤，但念其是自己的骨肉兄弟，免他一死。可宇文直不肯善罢甘休，免职后，仍生异心。武帝才下令，连同宇文直的十个儿子，一同被诛。

真是一波未平，一波又起。仅过一个多月的三月癸酉日，叱奴皇太后，醉酒，终于一睡不醒，溘然长逝。武帝痛心欲绝，在含仁殿中门外用木板搭建草庐，为母守丧，从早到晚，一共才吃一镒米。在为母后守孝期间，武帝下诏命皇太子宇文赟总理国家政务。

之后，为使太子取得执政和治军经验，武帝诏命太子赟巡视西域，并要求他趁此出巡机会，前往讨伐吐谷浑。为确保西巡成功，武帝还让自己最信任的重臣王轨和宇文孝伯陪同，委任王轨担任军队总管，真可谓用心良苦。

在东宫奢靡享受惯了的太子赟，哪堪忍受西域军旅折磨。但父命、皇威难违，他于是带上刘昉、郑译和一批太监仆役，还有美酒佳肴，率军西进。天气晴好时，他还骑马与郑译等一干大臣在草原驰骋嬉戏，欣赏欣赏塞北独有的风光。如遇刮风扬沙天气，他连帐篷都不出，与刘昉、郑译等饮酒作乐，而对与吐谷浑的战事，则完全不放在心里。更令人不齿的是，一次酒后，他兽性大发，要刘昉和郑译为他找女人。郑译也真是百依百顺，带领一群侍卫，去附近牧民帐包中抢来一名少女，供他蹂躏。

原本就对太子窝着一肚子火的王轨，听闻此事，忍无可忍，亲率侍卫，把太子的帐篷围住，救出少女，并命士卒把没有开启的酒坛全部砸碎。回到长安，王轨如实将太子等一干人的种种劣行禀告了武帝。

武帝闻知大怒，杖太子及其东宫亲信，并将刘昉、郑译免职。为使太子能承大统、治天下，武帝对他管教更严，命他与朝臣一样，清晨即着装上朝参与议政，即使是隆冬盛暑，亦不得休息。因太子嗜酒成性，更禁止酒入东宫。并警告太子说："古来太子被废者几人，余儿岂不堪立耶？"同时，还下诏让东宫太子宫尹卢贲记录太子每日表现，定期向皇上禀报。慑于父皇的威严，太子赟的荒唐行为方有所收敛。

武帝虽经弟兄反目、生母病故和太子不成器等事的干扰，但仍矢志不渝，于建德四年七月，亲率六军，欲以武力东征北齐，以达首先统一北方的愿望。

却说，自北方的北魏政权解体后，分裂成了西魏和东魏两个政权。西魏据守关中腹地和西南一隅，未几，西魏即遭权臣宇文氏篡夺，改元为当今的北周；与此同时，关东地区的东魏朝廷，亦为汉人高氏篡夺，改元北齐。

北齐，一直以来仗着地域辽阔，土地肥沃，物产丰富和兵多将广的优势，全然不把北周朝廷放在眼里。皇上高纬也不大问政，只顾行乐。由此，两个北方政权，此消彼长，强弱态势已悄然倾斜和颠倒了。

亦如庞晃所料，自武帝执掌朝政，又整整蛰居了三年的杨坚，因要对北齐兴兵，终于得到了武帝的征召。武帝命他与广宁侯薛迥率三万水军，从渭水入黄河，东击齐军。

杨坚此番出征，破天荒地没把李顺带在身边。此刻的杨坚，已是五儿五女十位子女之父，家里不能没一得力管家。更令杨坚不安的是，李顺自五台山回到杨府，大病一场。之后，像变了个人似的，成日寡言少语，不苟言笑。再后，智仙师傅也于一个夜晚，悄悄离开杨府，而使李顺更感空落。

是年的八月癸卯日，铆足了劲的北周各军，势如破竹先后杀入北齐境内，一举攻克城池三十余座。杨坚和薛迥所率三万水军，更是顺风顺水，所向披靡，在河桥大败齐军。

此刻，武帝亲率的六万精锐，进攻河阴主城，一举克之。正乘胜攻打子城与敌相持之际，武帝却突发急病。经王轨和宇文孝伯等近臣紧急磋商，并取得武帝首肯，下令全线撤军。

九月辛酉日夜晚，周军班师。此次出兵，声势浩大，虽未达到预期的扫灭齐国目的，但却取得了难能可贵的克敌经验。而尤其是蓄精养锐六七年之久的杨坚，得到一次实战锻炼，更加跃跃欲试。

又经一年磨砺，至建德五年九月丁丑日，武帝疾患已消，容光焕发，再披戎装，率群臣在正武殿举行隆重祭祀，以祈祷东伐。

冬十月己酉日，武帝再次亲自统领六军伐齐。任命越王宇文盛为右一军总管，杞国公宇文亮为右二军总管，随国公杨坚为右三军总管，大将军窦恭为左二军总管，广化公丘崇为左三军总管。并命齐王宇文宪、陈王宇文纯为前锋。

而此刻，齐主高纬不仅没有为一年前北周的攻入而提高警惕，恰恰相反，他以为北周上次是害怕齐之强大，才撤军的。所以，当齐主再次接到北周来犯的军情后，却还不慌不忙地带着宠妃在天池（今山西宁武）打猎。

此次，武帝本人亲率八万精兵，于汾水从东到西布置了二十多里长的战阵。他骑在马上到阵地巡视。每到一处，就高声叫出主将的姓名。被叫主将未料皇上会记住自己的名字，大受鼓舞，只盼打胜仗，以报皇上知遇之恩。

一次行军途中，武帝发现一个士兵的鞋跑没了，赤脚行进在队伍中，就命随侍的宇文孝伯把自己的皮靴脱下，赠给士兵。不久，又发现一个光脚士兵，武帝立即脱下自己的靴子，让光足士兵穿上。

士兵跪地，不肯接受。武帝说："汝是步兵，没鞋怎能行军打仗？朕这不是还穿着布袜嘛，况且是骑在马上，并不碍事。"

宇文孝伯立即道："还不快把靴子穿上，磕谢皇恩。"

穿上皇上赐予的靴子，士兵感激涕零。此事在军中传扬，极大鼓舞了士气。战斗中，北周军队愈战愈勇，各路大军，皆高奏凯歌。与此同时，敌军则迅速崩溃瓦解，丢弃的军资武器，堆积如山，绵延数百里。仅用四个月，武帝的周军就将北齐都城邺城攻陷，俘获了北齐皇帝及其太子。余下只剩北齐宗室任城王高湝拥兵冀州，仍在负隅顽抗。

二月，武帝命杨坚与齐王宇文宪率军攻之，一举拿下冀州城。自此，北齐各行台州镇的官兵全部投降，关东宣告平定。并入周朝的，计有五十五个州，一百六十二个郡，三百八十五个县，二千余万人口。

武帝论功行赏，将战功卓著的杨坚擢升为柱国大将军，并委以定州（位于今河北保定和石家庄之间）总管之职，拥兵镇守原北齐旧地。

四月，武帝班师回朝，已为上大将军、并赐郯国公的王轨，旧事重提。他仍认为，杨坚城府深，乃周心腹之患，让他拥重兵，委以重任，十分危险。

武帝对王轨的信任自不待言，国之大事，采纳他建议的不胜枚举。但，这次王轨再贬杨坚，武帝却没听从。

武帝说："去岁和今年的两次战事，众人皆有目共睹：杨坚不仅武艺精湛，作战时还能身先士卒，为我周朝建功立业；而且，他并非匹夫之勇，谋略亦有过人之处，常能窥见敌之破绽，置敌于死地。而今，连齐国公都对杨坚赞许有加，卿何以旧话重提？"

"杨坚会打仗，有能力，皆毋庸置疑。但人心隔肚皮哩！"

"防人之心确实不可无。"武帝说，"但是，朕今后不仅要南取陈朝，还要时刻提防北边的突厥，都需用兵。卿想没想过，今之军中像李穆、尉迟迥、韦孝宽这样的名将，皆已届垂暮之年；卿和宇文孝伯等，有器识，却缺领军冲锋陷阵之硬功。指挥作战，尤其是打硬仗，仅凭谋略、经验和威望尚不够，还要有身先士卒带领士兵冲锋陷阵的领军者。汝想想，像杨坚这样有勇有谋正当年的将领，咱军中还能挑出几人？况且，北齐刚刚收复，民心不稳，定州这地方没有一位勇、谋兼具的干才镇守，行吗？再说，杨坚若真想图谋不轨，有朕在，恐也不容易吧？"

至此，有关对杨坚的异议，便销声匿迹了。

但事情偏偏就有那么凑巧。武帝与王轨的谈话刚刚落音，杨坚率军进驻定州的当日，多年未开的定州西门，为迎新主，便应运而开了。这件事在当时、当地，一开始，其实也没引起人们的关注。

杨坚此前，因有担任随州刺史的经历，他把在随州对付郑家坞堡的方法，加以改进，先向各坞堡主发出邀请，以好酒好菜和好言好语相待，请他们交出各自的坞堡亲兵。此刻的杨坚，是胜利之师，各坞堡主哪有敬酒不吃，去吃罚酒的呢。于是，众人都顺从地交出自家的亲兵。大的坞堡有亲兵三千，小的也有几百。他把其中年龄大的有病的，解甲归田；而让年轻力壮的，充实到自己的府兵中。只此一举，既削弱了各坞堡主的势力，又确保了一方之安宁。再就是，他发动城内各工商业主，集资刷新店铺门面、翻修城内道路。并且，杨坚还严格约束自己的军队，不许他们扰民。

此三项举措一出，顿使定州市面秩序井然有序，面貌焕然一新，而使市廛立显繁盛景象。由此，不仅消除了市民对占领者的疑虑，还使杨坚有了好口碑，而且，溢美之词，竟越传越奇。

过往，定州为防西边周朝侵袭，便把西城门关闭了。到北齐高洋当政，有人曾提出，为方便庶民商贾出入，请求打开西门。高洋惧怕西面的北周攻城，不允。并托词道："西面之门，日后当有圣人开启。"

此一说，不打紧。杨坚入住定州时，他的先遣部队并不知道前朝立的不开西门的规矩，自然而然就把久闭的西门也打开了。于是，定州人便把杨坚当成了打开西门的"圣人"。而且，外间越传越神奇！说什么，杨坚自西率军抵达定州城外，挥鞭遥指城门口，那多年未启之西门，便为圣人应运而开。

其实，哪有那么神奇？可此传言，不胫而走，竟然传到了武帝耳中。

武帝想起以前王轨、宇文孝伯和宇文宪等的进言，原本对杨坚深信不疑的，亦变得将信将疑起来。于是，一纸诏令，将杨坚调到南兖州（今安徽亳州）仍任总管。职务未变，而地位则没先前那么重要了。

这一调令，对生性敏感的杨坚来说，不啻是个不祥之兆。他倒不是在乎仅干一年就要走人，而是揪心猜忌又如影相随地再次附体！

恰在其时，担任常山郡太守的庞晃赶来为老友送行。常山郡是定州辖下的几个郡中的一个，且与定州毗邻，一年来，两位老友你来我往常常相聚。

酒至半酣，庞晃忽然道："燕、代之地多精兵，以公当下之名望，如若起事，取天下成何问题。"

"弟何出此言？"杨坚大骇，捉住庞晃的手说，"你我日后说话、行事都须小心谨慎，轻狂之言不可出！"

经此一事，杨坚反而变得更加冷静。几日后，他十分从容地只带少许随扈，即去南兖州任上了。

武帝把统一北方后的第一年——建德七年，改为宣政元年（公元578年）。他希望新的年号，能给统一的北边半壁江山带来新的气象。

接下来，武帝所做的第一件事，就是重申俭朴。为了警示后人，自己先作表率，下令拆除后宫中的露寝、会义、崇信、云和、思齐等豪华殿宇，并将拆下的雕饰、材料都赏赐给贫苦百姓。一心励精图治的周武帝，为讨伐南边的陈朝统一华夏作准备。

是年元月，突厥派使者前来朝拜，并给朝廷进献良马和狐皮、羔皮等土特产。武帝对北方邻居的到来，十分重视。他亲自接见来使，并设家宴，还让阿史那皇后作陪，招待娘家来的贵客。

武帝的阿史那皇后是突厥木杆可汗俟斤的女儿。早在二十年前的西魏时期，武帝的父亲太祖宇文泰，在与北齐抗衡中，曾和突厥结为友邦，共同抗击北齐，这门亲事就是在那时许下的，其时的武帝还只是个十余岁的贵族子弟。后来，这桩婚姻虽经反复，但，最终还是在北周朝廷的诚意打动下，于天和三年三月，北周派出迎亲使者和盛大的仪仗队伍，才终于把阿史那接到长安，与已登基的武帝喜结良缘。因此，也可以说，这一段曲折的带有一些传奇色彩的婚姻，亦见证了北周和突厥之间往日的情谊。当下，北周正为伐陈和统一华夏作准备，武帝自然更希望与北方强邻和睦相处。

突厥使者离开长安时，武帝还给现任的沙钵略大可汗回赠了丰厚的丝绸、金银饰品，并表示了愿与邻居友好相处的美好愿望。

但，殊不知沙钵略可汗并不是当年的木杆可汗。他这次派出的"亲善"使者，其实是前来刺探北周虚实的。使者回到沙钵略可汗的牙帐中报告说：北周伐齐，已耗尽国家的财力物力。目下连皇帝和皇后居住的宫殿都十分简陋，帝、后、妃嫔们穿的，也都是布衣裳，身上更没佩戴金银饰物等。此外，他们的兵力也极分散，尤其是北方兵力空虚。重兵都还囤驻在刚刚收复的北齐旧地。与此同时，南方的陈朝也想乘虚而入，派大将军吴明彻率军进夺吕梁，武帝用徐州总管梁士彦与其作战，被陈军打得大败，只好关闭城门自守。后又派上大将军王轨领军，才将吴明彻的军队击退。所以，他们还不得不派出重兵驻守于南方很长的边境上。

沙钵略可汗闻之大喜，立即调兵遣将，欲入侵周朝。

四月，突厥大军以幽州为突破口，自北向南，一路奔袭，斩杀掳掠官吏平民——关中腹地，一直是突厥觊觎的美味羔羊！他们认为：如此良机还不乘隙而入，更待何时？

武帝闻讯，无比震怒。亲善使者，离开长安才两个多月，转身就背信弃义了。若不及时对其加以惩戒，安定北方，那么，灭陈和统一天下的目标，就无法实现。

五月己丑日，武帝征调关中各地官衙和私家的骡马，亲自统率大军北伐。他派柱国大将军原公姬愿和东平公宇文神举等，兵分五路，以迅雷不及掩耳之势，相继攻入突厥。

此时的沙钵略可汗，方有所醒悟，知道北周放在北疆的军力，并非空虚得不堪一击。他把兵力收缩回突厥境内，与武帝亲自统率的五万中军在草原遭遇。双方摆开几十里宽的战阵，旌旗招展，尘土飞扬，相互厮杀，各不退让。武帝的军队讲究布阵和协同作战；突厥的铁骑，则骁勇快捷，一阵风似的呼啸而来，又如狂飚般呐喊而去。此次，两支主力从早晨搅杀到黄昏，大漠上尸横遍野，却仍未分出胜负……

武帝身披铠甲，骑一匹枣红骏马，立于高坡督战。侍从送来吃食，他用手一推，拒食。又送来水，他接过装水皮囊，才喝两口，又扔给了侍从。他从早到晚，就一直这样默默地看着眼前将士们的鏖战，心中分外痛惜：这支勇武善战之师，原本是要用于伐陈，为统一天下作贡献的。此刻，不少精兵强将却一个个倒在了漠北的荒野中……他看着看着，只觉胸口突然被猛禽狠狠地啄了一口，剧痛无比。顿时，如注之冷汗便从头盔边沿渗至满是尘埃的脸上……

一直随侍在侧的宇文孝伯见此，立即一拉缰绳，让自己的坐骑靠了过去，扶住快要支撑不住的武帝，并大叫一声："侍卫！"

几名侍卫翻身下马，把武帝接到马下，搀扶着他，到了土坡的另一侧，并帮武帝卸下身上和头上沉重的甲胄，再在草地上垫了斗篷，让武帝平躺在了地上。其时，武帝才慢慢缓过气来。本来身体就不是太好，常爱生病的武帝，结束了对北齐的御驾亲征，又为灭陈日夜操劳，眼下，还马不停蹄地来到北疆战场，就是铁汉也吃不消呢！

随驾的御医闻讯赶来。他对武帝的病，早有准备。在给武帝号过脉，让他口服了随身携带的备用药物，武帝便撑着慢慢坐了起来。

入夜，两军各自收兵后，神志清醒的武帝，亲自口述了连夜撤军的命令。之后，才在御医和侍从的搀扶下，上了自己的御辇……

次日晨，当突厥的将士踏上战场，但见昨日还是人喊马嘶、战鼓震天的敌方阵地，忽然变得了无声息，一片静寂。突厥人最恼关中人的就是——诡诈！打仗，拼的本应是劲道和勇武，可诡诈的关中人往往耍出花招，让你受骗上当，甚至全军覆没。

等到巳时，还不见一点动静的沙钵略可汗，终于放出一队骑兵，一探对方底细。不到一个时辰，骑兵回来报告说：北周军队连同辎重已全部撤得无影无踪。

沙钵略可汗略思片刻，他已亲身感受到，布置在北方边陲的这支军队并非弱旅，如再这么打下去，谁胜谁负，还难逆料。倘若发兵去追，要是遭到伏击，损失就更大。两相权衡，他也向自己的军队发出了撤退命令。

一场声势浩大的战事，就这么来得快，去得也快！

却说，武帝在宇文孝伯和随军御医等一干人的陪护下，日夜兼程，抵达距云阳县城八十里的云阳宫。在另一战场作战的司武上大夫宇文神举，听到武帝旧病复发的消息，亦匆匆赶了过来。

这座云阳宫，其实秦已有之，汉代重建。此宫因建于甘泉山中，故又名甘泉宫；因其周围地形险要，冬暖夏凉，离帝都长安近，又不显奢华，所以，钟爱一眼好水的武帝，常来此处休憩或养病。

待武帝在宫内安顿好后，喝过一剂汤药，理了理思绪，就着人把宇文孝伯叫到身边，并吩咐说："卿去把笔墨纸砚取来，朕有一事要作交代。"

宇文孝伯大骇，说："圣上，您别……别那么急……几日后，病好些了，有啥话，再说不迟……"

"不。那样，恐就来不及了。"武帝侧卧在榻上，面容安详而平静，"朕之病，自己有数。"

少顷，太监们已按吩咐在武帝的卧榻旁搁上了一张几案，并把房内的所有宫灯都点亮了。宇文孝伯把文房四宝置于几案，席地坐下，并用毛笔醮上墨汁，在砚台边舔了舔。

武帝看看一切就绪，即道："朕的话，已在路上就想好了的。卿作记录吧。"

武帝于是像背一篇文章那样，一字一顿地娓娓道来……

宇文孝伯记着记着，泪水则簌簌地顺着眼窝涌出……

武帝念毕，已觉筋疲力尽，他喘了一口气，问："卿记完了？"

"臣下记完了。"宇文孝伯点点头。

"你念给朕听听。"

宇文孝伯照本宣科，念至最后，竟至泣不成声。

“不错。”武帝听后，还仿佛沉浸于他的这篇《遗诏》中。良久，方说，“卿去告知宇文神举，要他备好车驾，立即起程回宫。”

“圣上！”宇文孝伯跪在几案后，痛哭不已。

“不要这样。有卿和神举护驾，朕已心满意足……”

武帝御驾亲征，从不使用象征皇权的豪华金辂车或象辂车。他通常用的是稍加改装的坚固耐用的战车。当一切准备就绪，把武帝安置上车，天已全黑。

车篷内，宇文孝伯和宇文神举随侍左右。武帝的临时卧榻悬空搁在四名身强体壮的侍卫膝上。车驾的前面由手执旗幡的仪仗队和一百余名高擎火把的轻骑侍卫组成。车驾之后，亦跟随着手执火把的侍卫队伍。

这是一个月黑风高的夜晚，整支队伍如一条火龙，沿驿道，朝帝都长安急驰而去。但是，没等抵达长安，一代英主——宇文邕，便在急驰的车驾中停止了呼吸。

是时为：宣政元年六月初一。

武帝的遗诏说：

　　人肖形天地，禀质五常，修短之期，莫非命也。朕君临宇县，十有九年，未能使百姓安乐，刑措罔用，所以昧旦求衣，分宵忘寝。昔魏室将季海内分崩，太祖扶危翼倾，肇开王业。燕赵榛芜，久窃名号。朕上述先志，下顺民心，遂与王公将帅，共平东夏。虽复妖气荡定，而民劳未康。每一念此，如临冰谷。将欲包举六合，混同文轨。今遘疾大渐，气力稍微，有志不申，以此叹息。

　　天下事重，万机不易。王公以下，爰及庶僚，宜辅导太子，副朕遗意。

　　令上不负太祖，下无失为臣。朕虽瞑目九泉，无所复恨。

　　朕平生居处，每存菲薄，非直以训子孙，亦乃本心所好。丧事资用，须使俭而合礼，墓而不坟，自古通典。随吉即葬，葬讫公除。四方士庶，各三日哭。妃嫔以下无子者，悉放还家。

第二十一回

太子初登帝位即开杀戒
命妇横遭强夺封后犹悲

武帝遗诏一经宣读，太子赟就顺理成章地继承了帝位。是为宣政元年，赟称宣帝，时年二十。

初登帝位之赟，既喜且惧。喜的是，多年以来，在父皇的训诫下，忍气吞声，动辄还要遭受皮肉之苦，受到被废黜的警告。而今，终于熬到头了！不仅，不再受到管束，还要指点江山，君临天下，这是甚滋味儿呵！而惧的则是，赟环顾左右，父皇托孤辅政的人是王轨、宇文孝伯、宇文神举，还有叔父宇文宪……此，都是些甚人咧？不都是自己的冤家对头吗！当年，向父皇进谗言的是他们，替父皇管束自己的亦是他们，他们中，有的甚至曾一再向父皇建议，要把自己的太子位废黜。自己岂能与这帮虎狼之人相处！

因此，宣帝登基，所做的第一件事就是召回被父皇罢职的刘昉和郑译。不过，当宣帝要任命刘昉做大冢宰时，就碰了个硬钉子。

"不可！"宣帝的主张立即受到王轨和宇文孝伯等的坚决抵制。

君臣经过一番讨价还价，终拜刘昉为小御正，以掌管国家机密和传达圣旨，并随侍皇上左右；另外，任命郑译为内史中大夫，负责起草诏令、参与最高决策。

接着，议到由谁出任大司马一职时，君臣亦起纷争。王轨、宇文孝伯主张仍由老成持重的宇文宪兼任该职。理由是，他曾长期担任此职，有统率三军的经验；而且，其是皇叔，掌管军权能服众。

而当今皇上，怕的就是"能服众"这三字——一不小心，他手握兵权、召集朝臣，把自己的皇位夺了，岂不鸡飞蛋打，一场空！

最后，由郑译力排众议，提出让杨坚出任大司马一职。他不仅拥有随国公、柱国大将军的资历，亦有统率三军的能力，还是皇上的丈人，分领各军的军头们能不服！

郑译的建议得到宣帝首肯。王轨和孝伯则早就不看好杨坚，虽不情愿，但也不好事事都坚持己见，而再违抗皇上的意愿。于是，杨坚就这样担任了统率三军的大司马一职。

杨坚志得意满地从地处江淮的南兖州总管任上回到京师。上任伊始，却见君臣之间，形同水火。对峙双方：一方是曾向武帝进言要对自己严加防范的王轨和宇文孝伯等；另一方则是当今皇上与刘昉、郑译等人。自己夹在其间做这个手握重兵的官，无论往哪边靠，都要得罪另一方。杨坚忐忑不安，思前想后，终向自己的女婿宣帝跪求说："臣下日夜兼程，赶回朝廷，途中偶感风寒，身体不适，请求在家中略事休息。"

宣帝并不深究，就应允了。

宣帝登基，朝内各部门要员经一番讨价还价就位后，国之头等大事就是为先帝治丧。武帝的灵堂设在大德殿内。

宣帝在父皇灵前，不仅面无戚容，还摸着曾被父皇责令杖击的伤痕，咬牙切齿地咒道："死晚矣！"

此忤逆言词一出，禁不住使武帝灵前众皇室亲属和文武官员，大骇！

而尤其是大冢宰齐王宇文宪，更感寒心！他抚今追昔，想起年幼与武帝同窗共读的手足情谊；想起自己一度追随宇文护，而得到皇兄宽容，仍受重用等种种往事……因而在武帝灵前，长跪不起，声泪俱下，几近晕厥。

宇文宪最终是在宦官和太监的搀扶下，才去灵堂后面休息的。当他从宣帝身边经过时，不经意地用幽怨的目光，默默地看了在场的宣帝一眼。

不知咋地，此一眼，却使宣帝感到一阵莫名的惊悚！他心绪不宁地想道：自己的这位叔叔，无论才华、还是治理国家的能力等，都不比父皇差。在当今的文武百官中，他的威望比包括王轨、宇文孝伯在内的诸人都更高。而尤其是，在宇文家族的前辈中，恰恰都不是子继父之皇位，竟全都是兄弟相传的。孝闵帝宇文觉去世，皇位传给了哥哥明帝宇文毓。明帝去世，皇位传给了弟弟、自己的父亲武帝宇文邕。那些居心叵测的臣下，若看自己不顺眼，还不会再次把这个皇弟宇文宪拥立为皇上吗？这是多么冠冕堂皇而又顺理成章的事呵！想到此处，宣帝竟至不寒而栗起来！

是夜，在武帝灵堂之侧专为宣帝布置的一间休息室里，宣帝把刘昉、郑译召了进来，并屏退左右，把自己对宇文宪的感觉和想法告诉了他俩。

郑译立马道："圣上所言极是，臣下亦有同感。他那目光真是毒哩！臣下每见齐王，就被他的眼神逼视得浑身不自在。"

刘昉则说："齐王为人处事，看似不显山、不露水，可比当年卫国公明火执仗攻打肃章门造反，不知要厉害多少倍。此心腹之患，应早除，如若不然，这皇位迟早必被他夺去。"

少未经事的宣帝，本来心里就在打鼓，狐疑不决。经此一议，方觉比自己原先想的还要严重，于是，立即遣人把长孙览叫来了。

这个长孙览，祖上世代为官；他身材魁梧，气宇轩昂；尤其通晓乐律，有一副声音洪亮的好嗓子；武帝执政时，凡由他宣读的诏命，百官皆注目以听。武帝常常嘉许赞叹。他原名"善"，武帝就对他说："朕以朝廷万机托你先览。你就叫长孙览吧。"他的名字即是武帝这么赐予的。

是时，长孙览正以司卫身份统领宫廷禁卫在武帝灵堂当职。他应召进入宣帝守灵的休息室后，宣帝命他留意几位守丧亲王的言行举止，若发现有不当言行，要立即禀报。

想在治丧期间制造事端的宣帝，未能如愿。治丧期间，一切皆平安无事。

己未日，武帝安葬于孝陵，时年三十六岁，谥号为武皇帝，庙号称高祖。

武帝下葬后，亲王们各自回到家里。宣帝即派心腹开府于智去齐王宇文宪家进行慰问。

接着，宣帝又有意派担任小冢宰的宇文孝伯到宇文宪家中征求对有关亲王任"三公"职位的意见。

宇文孝伯向宇文宪传达旨意说："圣上打算将'三公'职位授予亲属中的几位贤人。他想任命五叔（即宇文宪，他在弟兄中排行老五）为太师，九叔为太傅，十一叔为太保，齐公以为如何？"

宇文宪立即委婉地拒绝道："你回宫里代咱多谢圣上美意。不过，臣下才轻位重，对过于崇高的地位，反而感到害怕，太师之职，实不敢当。而且，三师之职位，应由太祖过去的功臣们担任才对，如果只任用我们兄弟，恐怕会招致众臣议论，反而不利朝廷的安稳。"

"三公"，即：太师、太傅、太保。是天子之下的三个最高荣誉职衔的统称，皆为一品。

宇文孝伯回到宫里，将宇文宪的话，如实禀告了宣帝。

宣帝碰了一个不大不小的软钉子，更觉这位叔叔不好对付。

经过与刘昉、郑译等一番周密布置，几日后，宣帝又命宇文孝伯去宇文宪家，对他说："圣上命你和几位亲王，今夜进宫，有要事要与亲王们商讨。"

宇文宪对宇文孝伯比较信任，所以，并未细想什么，当夜就乘轿进宫了。

轿子在延寿殿前停下，宇文宪出轿时，只觉眼前一片灯火辉煌，将其眼睛晃得啥也看不清楚了。此殿，可说是宇文宪最熟悉的一座皇家宫殿。自武帝登基以来，他已数不清在这座宫殿中出入过多少次。可目下，当他适应了周围的光线，再抬头瞧时，见宫殿的外型已经大变，变得他差点认不出来了。

延寿殿是一座建自北魏以前，有两百多年历史的老殿，具体是在哪个朝代，由谁建的，宇文宪已记不清楚。但在武帝刚刚登基之时，崇尚简朴的皇上，以作表率，命人将奢华殿宇的一些繁琐摆设和雕饰统统去除，只在丹墀留下一座象征皇权的青铜神器。而今，距武帝驾崩仅几月，他的灵柩刚入土，而新的殿主人就把它修饰得如此光彩夺目，金碧辉煌。而且，原先殿名也不复存在，新的主人已将其赐名为："天台"。

宇文宪左手提着朝服袍角，在宦官的导引下，登上丹墀。当他伸出右腿，刚刚跨入殿门时，猛听一声狮子般的爆吼："将他拿下！"

这时，只见殿门两侧冲出七八条大汉，把宇文宪紧紧擒住。跟随的宦官和太监亦都吓得目瞪口呆。相反，宇文宪却见怪不怪，并不慌张，亦未反抗。任那几个莽汉用绳索将自己反绑起来。

"请大人见谅。"此时，有个身着甲胄、腰佩长剑的武将，单膝跪在宇文宪面前道，"下官奉命而为。请大人随咱来吧。"

此人正是气宇轩昂、声如洪钟的司卫长孙览。

宇文宪被侍卫们押进一间厅堂，跪在了宣帝面前。

宇文宪环顾左右，此厅正是往日武帝经常接见自己，并与之议事之处所。目下，宣帝坐在了武帝过去坐的御座上，刘昉坐的正是过去自己坐的那把椅子，郑译则坐在刘昉之外侧；宣帝的另一边，坐的则是宇文孝伯。以往武帝接见自己时，宇文孝伯也经常坐在那把椅子上。不过，令宇文宪万万没有料到的是，相距仅几月，自己却反缚双臂，成了这堂下的囚徒。

"起来吧。"宣帝抬了一下手，命一名侍卫端了把椅子让宇文宪坐下，问，"公可知，因何至此？"

"臣是宇文孝伯大人传旨召来的。他说，圣上有要事召见几位亲王。"宇文宪平静地说着，看了宇文孝伯一眼。

宇文孝伯则面无表情，目光淡然，似在看他，其实什么也未看。

"公心里不会没一点成算吧？"

"臣心空空如也。不知圣上召臣有何事？更不知为啥突然成了阶下囚？"

"真如此？是心中有鬼，不敢言说，对不对？"

宇文宪笑了笑，说："臣心里亮敞着呢，哪藏得住鬼。"

"放肆！"宣帝就怕宇文宪的这副笑颜，还有他那蔑视自己的目光，"传于智到堂。"

于智进来跪在地上。

宣帝对他道："汝说说，那日到底是咋回事？"

于智跪在地上说："高祖下葬后，各位亲王都很辛苦。咱奉旨到齐王家慰问，进厅就闻齐王生气地大声嚷道：'叫他们来统统都给收拾干净！'咱当时吓了一跳，回宫把此事禀报了圣上。"

宇文宪听后，开始一愣，接着便莞尔一笑，道："唔，是有这么回事。咋地，此语有何不妥吗？"

"废话。"刘昉趁机发难，"反了，反了！简直是大逆不道呵！公还敢问圣上'有何不妥'。"

"亏你还是个皇叔。呸！竟……竟贼胆包天！"郑译也紧随其后，说，"造反也得挑个日子嘛，是不？先帝刚刚下葬，尸骨未寒呢！"

宇文宪用鄙夷的目光看了看刘昉和郑译，然后对宣帝说："臣下在朝为臣，在家是一家之长。吾在家中对自己的妻妾儿女，无论咋样说三道四，总不至扯到大逆不道、贼胆包天，竟至造反上去吧？"

"哼，那话是对妻妾儿女讲的吗？公今日当众说说，公是要将谁统统收拾干净？"宣帝的脸被宇文宪气得通红。

宇文宪的手仍是反绑着的，他调整了一下坐姿说："那日，臣从高祖陵寝回到家里，心绪不佳。因在高祖服丧期内，晚膳用的全是素菜，妻妾儿女吃不惯，桌上饭菜剩了很多，臣很生气，就命妻妾儿女要把桌上剩的饭菜统统吃完，如此而已。"

"当众说谎！"刘昉高声道，"于智！是这么回事吗？他当时明明是扬言要造反嘛。"

于智磕了一个响头，嗫嚅着道："臣下当时只在客厅，未进膳房，未见饭桌上是否剩得有饭菜。"

刘昉急了，道："汝进门后，不是还听见后院混有刀枪霍霍之声。这是

　　宇文宪左手提着朝服袍角，在宦官引导下，登上丹墀。当他伸出右腿，刚刚
跨入殿门时，猛听一声狮子般的爆吼："将他拿下！"

啥回事嘛？"

"……"于智没了言语，只一个劲地连连磕头，血和着砖地上的灰尘从前额流下，把脸污得一道黑一道红。

"不要为难于大人了。"宇文宪道，"自高祖亲手剪除宇文护，就对皇亲贵胄下过一道裁减自家亲兵的圣谕。臣下家中原本只有百余亲兵。自那之后，已全部清退。灭齐以后，臣下未带过一兵一卒，后院哪弄得出刀枪霍霍之声呐。再说，光凭臣下家中一干奴仆、丫环，能造得起反吗？"

"你不是还有六个儿子？他们有的就在带兵嘛。"气急败坏的刘昉把脸转向宇文孝伯，进一步挑唆道，"小冢宰，你曾两次到齐王家里，看到什么了？也在这里讲讲嘛。"

宇文孝伯仰视大厅藻井，出神地看着那新绘其上相互嬉戏竞逐的两位飞天，而对厅里的唇枪舌剑以及刘昉别有用心的问话，则充耳不闻。

"不要问了。将汝拉下，立即处斩！"一阵难堪的沉默过后，年少气盛的宣帝终于恼羞成怒了。

几名侍卫一拥而上，宇文宪"嚯"地站起，对左右人说："不要拉拽，咱能走呢。"说着，转身就朝厅门走去。

"慢。"宣帝转念一想，又改口道，"给他留个全尸，赐他自缢吧。"

宇文宪被押出厅堂，宣帝余怒未息，冲着宇文孝伯说："刘大人问卿话，卿咋不答？"

"刘大人是问臣下话吗？"宇文孝伯故作耳聋，"臣下没听见呢。"

"行。"宣帝怒火中烧，"那，朕问汝，卿知齐王谋反，为何隐瞒不报？"

"臣下只知齐王往日尽管甘受宇文护驱驰，亦未与其同流合污，且，仍很敬重先帝。灭齐时，先帝命齐王作先锋，他出生入死，为荡平北齐立下汗马功劳。臣只知他尽忠皇上，尽忠社稷，未闻他要谋反。"

宣帝语塞。良久，一挥手说："既如此，卿可去也。"

宇文孝伯闻言，立即起身磕头离去。

于是，宣帝、刘昉、郑译便毫无顾忌地开始调兵遣将，兵分数路，前往抓捕与宇文宪亲近的上大将军安邑公王兴、上开府独孤熊、开府豆卢绍，以及宇文宪的六个儿子，并统统将他们处死。其罪名皆为，共同策划谋逆天子。

才华出众、仅比武帝小月份的宇文宪，被害致死时，亦为三十六岁。

随即，宣帝更加肆无忌惮，大开杀戒。命令内史杜虔信赴徐州处死王轨。宣帝年幼时的先生、时任御正中大夫的颜之仪闻知，急谏。宣帝不听，王轨于是在徐州被杀。接着，宇文神举喝下御赐的毒酒，在马邑逝世。而才华人品皆为一流的宇文孝伯亦赐死于长安家中，时年亦是三十六岁。

连宣帝本人也未料到，几乎未遇任何阻力，就将自己昔日的仇人和往后执政的障碍一一清除。

接着，在刘昉、郑译的参与和安排下，宣帝对剩余一些皇亲国戚进行了安抚。首先，下诏立杨氏为皇后。几日后，任命皇叔上柱国赵王宇文招为太师，皇叔陈王宇文纯为太傅。又命皇叔代王宇文达、滕王宇文逌、卢国公尉迟运、薛国公长孙览等，晋位为上柱国。另进封柱国、平阳郡公王谊为杨国公。

经过一番安抚，朝廷上下，一切渐趋平静。忽有一日，宣帝收到一份密折，说，几位皇叔经常聚集一起，谤议朝政。

宣帝大怒，对刘昉、郑译说："朕把最尊贵的'三公'职位，都给了他们，将他们当活菩萨供奉着，可他们为啥还是不知足呢？不如还是一个个都除掉的痛快。"

"不可。"郑译这回唱了反调，"齐王赐死，看似风平浪静，其实，至今余波未息。几位皇叔私下议论，就是余波暗涌的一种表现！倘若为此再开杀戒，恐物极必反，今后朝廷局面则有可能更难控制。"

"唔……"宣帝立时没了主意，把脸转向刘昉，"以公之见，如何是好？"

"臣以为，这么多活菩萨都聚于京师，要他们都不说话，咋成？更麻烦的还在于，他们的荒谬言论，会传给满朝文武，影响圣上施政。依臣之见，不如将他们一个个都请出京师，且，一个菩萨安一座庙，让他们彼此离得远远的，这样就无大碍了。"

"好！此乃妙策。"宣帝高兴地道，"就这么办。要快！"

经宣帝与刘昉、郑译共同商议，划定洛州襄国郡作为赵国采邑，齐州济南郡为陈国采邑，潞州上党郡为代国采邑，荆州新野郡为滕国采邑，食邑各一万户。命赵王宇文招、陈王宇文纯、越王宇文盛、代王宇文达、滕王宇文迪分别前往各自的封国。

自齐王宇文宪殒命家中，剩余五位兄弟，尤其是才华横溢的赵王宇文招，深感自危。而今突然把他们放了出去，做封国诸侯，真有"羁鸟恋旧林"和如蒙大赦之感。所以，不用催促，他们除仍把老窝留在京师以外，只带部分家眷就分别去封国安享太平了。

宣帝驱离和除去了心腹之患，为此，大大松了一口气！接下来，他更加为所欲为，原形毕露地荒淫无度起来。

一日，他忽发奇想，要把除杨皇后以外的另三位宠妃，也都封为帝后，就拿此事问少宗伯辛彦之："朕若将三位嫔妃都封作皇后，有没有一个令天下臣民都信服的说法？"

儒忠的辛彦之回答说："皇后同天子身份相等，同样尊贵。如同皇上本人，皇后也只应有一位。"

宣帝听后不悦，继而问博士何妥。

何妥则不以为然地道："帝喾有四个妃子，虞舜有两个妃子，至高无上的天子，对自己的眷属，应是想咋称呼，就可以按自己所想称呼她们的，哪有一定数量限制呢。"

宣帝听后很高兴，当即晋升何妥为襄城县伯，并免去辛彦之的少宗伯职务。

接着，宣帝亲拟圣旨，按何妥说法，封：杨氏为天元皇后、朱氏为天帝皇后、元氏为天右皇后、陈氏为天左皇后。并在后宫大摆酒筵，命百官之命妇都来参贺。

一时间，后宫张灯结彩，裙裾飘飞，佳丽如云，鼓乐喧天。武帝在世时，只在仪仗队伍中设了个用于帝后参加庆典、祭祀等活动的礼乐队。而今，除娱情的鼓乐之外，还有歌舞伎和杂耍等艺人同台参加表演，争奇斗艳。平日里，这些命妇多住深宅大院，孤陋寡闻，哪里见过此等场面，所以，一个个都无比兴奋，大开眼界，大饱眼福。

宣帝则更不用说，这么多身着华丽高贵服饰、貌若天仙的女子呈现眼前，亦使他兴奋异常。他手舞足蹈，左顾右盼，倏地眼前一亮，就像猎人盯到猎物，目光如炽地绽放出火花来。

当下，就在离宣帝不远处，有一皮肤细嫩、目光清纯、正处豆蔻年华的少女恬静地坐于宴席前，在看两个小丑的杂耍。她一会儿被小丑的滑稽表演逗笑，一会儿又为其惊险动作，露出讶异担心之神色……

宣帝越看越觉这位略带天真的小媳妇实在可爱。于是指着她附耳问身边的天元皇后杨丽华："她是谁呀？"

丽华看一眼宣帝，猜他又要打歪主意。于是郑重地介绍道："她叫尉迟炽繁，是蜀国公尉迟迥的孙女，嫁给了西阳公宇文温。论辈分，她是圣上的侄媳妇。"

"嗨，难怪了。听说，蜀国公年轻时，就被称为天下第一美男。"宣帝略带醋意地赞叹道，"宇文温这小子好福气，朕去赐她一杯酒。"

宣帝说完，端起一杯酒，走到尉迟炽繁面前，把酒放在她的桌面上说："朕赐汝一杯酒。"

正在聚精会神看表演的尉迟氏，此刻方见圣上就站在了自己的面前，芳容顿失地就要下跪，即被宣帝双手一把拽住，仍让她坐在自己的位子上，对她说："今日早就宣布了的，不拘君臣礼节。不过，朕赐汝之酒，却是不能不喝的。"

君命难违。尉迟氏只好硬着头皮端起那杯酒，一仰脖子，竟毫不含糊地一饮而尽。

一时间，众命妇都喝起彩来。宣帝再看炽繁，只见其原本细嫩白净之面容，目下，却有如桃花般地绽放了，显得更为容光焕发，楚楚动人！

圣上开了头，佳丽们亦都竞相效尤，一个个争着给尉迟炽繁敬酒。

一个身体单薄的小女子，哪里招架得住，未几，便云天雾地，烂醉如泥，被几名丫环搀扶着，去宫里躺下了。

席终时，宣帝命人知会来接炽繁的仆人和轿夫说："娘娘醉酒，已在宫中将息。宫里有太医调理，不用担心。"

是夜，宣帝就迫不及待地临幸了已醉之炽繁。其后，宇文温家日日派人索要媳妇，宣帝不给。致使此事一度成为长安城内窃窃私议的谈资。

十余日后，在炽繁的苦苦哀求下，宣帝才命人将她送还家去。

尉迟炽繁遭受宣帝凌辱的消息，传到了公公宇文亮的耳中。武帝伐齐时，杞国公宇文亮曾为右二军总管，是灭齐功臣。此刻，他火冒三丈，恨不得马上发兵去殄灭这个荒淫无道的皇上。

远在江淮边境，正以行军总管身份与陈朝军队激战的宇文亮，深思后，觉得仅凭自己所率的这支军队，还不足以掀翻此一荒诞不经的君主。于是偷偷对身边的随军长史杜士俊说："皇上如今更加荒淫无度，国家将会亡于他手。咱既忝为宗室，不忍袖手旁观国家灭亡。现在如果偷袭郧国公，而吞并他的军队，再推举一位叔伯父为君主，大张旗鼓地前进，有谁不会跟随呢。"

宇文亮所指的郧国公，乃是担任此次战事总指挥的行军元帅韦孝宽。

殊不知，隔窗有耳，宇文亮和杜士俊的谈话，被其封国的属官茹宽听到。他立马将此事密报了韦孝宽。

待宇文亮率军对韦孝宽的帅帐进行偷袭时，韦公早已作好防御。宇文亮在事机败露的逃跑途中，为韦孝宽追上，诛杀。

于是，宣帝乘机以叛逆罪将宇文亮全家男丁杀灭，尉迟炽繁就这么进了后宫。

宣帝如愿以偿得到尉迟炽繁之后，更加沉迷酒色。他甚至觉得早起上朝，都是个很大的负担，就将皇位传给不满八岁的儿子阐，自己只作不用上朝的太上皇。他的职位名称变了，皇后们自然也得跟着变。于是，他再次颁旨，将现有的五个皇后改叫：杨氏为天元大皇后、朱氏为天帝大皇后、元氏为天右大皇后、陈氏为天中大皇后，最新收纳的尉迟炽繁则叫天左大皇后。

为了取悦新欢，使尉迟炽繁快乐，册立她为天左大皇后的那日，宣帝下诏为她举办了盛大典礼。并由声音特别洪亮的长孙览宣读册诏，曰：

> 你的家族积善，你的仪表柔顺贤惠，品德美好隆厚，朕确实很赞美。因此用这样宏大的盛典，来弘扬如此隆重的典章。你要慎重坚守妇道，恭敬地对待天命，永远承奉盛美的事业……

尽管如此，但尉迟炽繁心里并不快乐。长孙览的音色洪亮如歌，赞美她的词藻如蜜汁儿似的甘甜，但却有如一根锋利的钢针，直往炽繁心窝扎去！她想：自己苟活至今，是用夫家数十口男丁的性命换来的；举办这样一个仪式，就能将那血腥罪恶掩盖住吗？

柔弱的炽繁，想到此处，两行清泪便不由自主地从她那一双美丽的眸子中涌出……

第二十二回

长孙晟三粒金弹震敌胆
俏公主四顾无亲学射术

"大人，外面有位后生求见，他捧着一包袄书，想请大人掂量一下它的价值。"

李德林听报，顿觉蹊跷。他想，时下朝纲不举，人心不定，谁还有此雅兴探究典章、研习经籍？就问："他没说自己姓甚名谁？"

"没。"

"他是一人叩门前来，还是有扈从相随？"

"来者只一人，骑马而来。看扮相，不像读书人。"

"噢？"李德林越发惊奇，吩咐仆人道，"请他进来吧。"

李德林原是北齐朝臣、关东著名文士。过往，武帝看到他为北齐朝廷撰写的诏告、文书，赞叹不已，并视之为天人之作。北周灭齐，军队攻入邺城的当日，武帝就派了小司马唐道和代表自己，去李家对他进行安抚。武帝随后进入邺城，就迫不及待地召见了他。待到班师回朝时，武帝又指令李德林与自己同乘一车，回到长安，授他为内史上士。自此，武帝的诏书、文牍，皆出其手。不仅如此，北周朝廷要任用原北齐的官员，必先咨询李德林。但，宣帝登基后，召回了刘昉、郑译等一批原东宫近臣，却让这位大名鼎鼎的文士赋闲在家。

前来求见李德林的是杨坚管家李顺。他把布包袱置于客厅的几案上，解开来，露出两只装潢考究的蓝色布面书箧。两只箧中，各置几册书。

李德林先打量了一下来人，启开其中一只箧子，检看了其中一册书，便问："此书不是在京师刊印的吧？"

李顺点了下头。

"书是你的？"

"不。是咱家主人的。"

"你是……"

"在下是主人府上的管家。"

李顺仍没说出主人是谁，李德林也不深问，即道："回去对你家将军说，这书虽是新出的，不过，还能值点钱。"

李顺一听，德林公就要打发自己回家，急了。便说："李大人……您……您还不知在下的主人是谁，咋就称他为将军？"

"噢？说错了吗？"李德林笑了起来，"咱看你这位管家，也是一个尚武之士。咱没猜错吧？"

"我？"李顺审视了一下自己。因是拜访名士，他特意穿了件质地不错的便袍。李顺对李德林的说法没作否认，却仍兜着圈子，"您刚才说，这书值点钱，不知是指书的内容，还是指刻印与装潢？"

"二者兼而有之。"李德林继而又说，"既不是古籍，论价值，主要还是看内容。不过，你家主人派你来，咱看是借书投石问路，另有因由吧？请直言。"

"这——"李顺的脸，顿时胀得通红！他从小在佛寺长大，师从的凡净和智仙两位僧人，亦都偏重教习防身的武功。所以，他自幼尚武轻文，亦看不起手无缚鸡之力文绉绉的文人。杨坚在家十分苦闷，说想求教这位夫子。李顺大感意外，不以为然，因而有意与之绕来绕去，倒想看看他到底有些啥本事。没想到，这夫子果然出口不凡，一来二去，仅几句话，就使自己狼狈不堪。李顺因而不好意思地说，"在下是受柱国大将军杨坚指派，前来求见大人的。"

"呵？"这回却轮到李德林大感意外，立问，"大司马叫你来，有何见教？"

"他想面见大人，有事求教，可以吗？"

"你家大司马，文韬武略，要向下官求教？实不敢当。"李德林谦逊地说，"下官何德何才，恐解不了大司马之惑哩！"

"咱家主人对李大人仰慕已久，只是无缘倾谈。"

"既如此，那咱就随你去登门造访大司马吧。"李德林倒也爽快。

李顺连连摇头说："是咱家主人求教大人，理应由他登门拜见。"

"也行。咱这地方偏僻，不打眼，就请大司马屈尊到咱陋室来吧。"

不一会儿，杨坚没带一名侍卫，只在李顺引领下，摸黑进了李德林的家门。

二人见礼后，李德林即语出惊人地道："当下，大司马的政敌既已清除，您还有啥可担心的呢？"

岂料，此话恰恰说到杨坚不能释怀处。他于是说："其实，杨坚对宇文宪、王轨和宇文孝伯三位大人，一直都很敬重，并都无个人恩怨可言。他们相继去世，是我朝的不幸和损失。他们三人中，只要有一人还在朝廷辅佐圣上，我朝就不会落到眼前如此不堪地步。"

李德林看了杨坚一眼，觉得他言辞诚恳，亦喟然叹道："话虽如此。但，若从个人利害看，先帝不在了，当今圣上如尊崇先帝遗训，让此三人中的任何一人辅政，能有您的好日子过？且能让您出任大司马一职？"

杨坚则毫不掩饰地说："您说的也是实话。不过，在此朝纲不举的当下，咱这个大司马并不好做嘞！咱左顾右盼看到连您这样深孚众望的大臣都还赋闲在家，杨坚不才，敢充能去担重任吗？"

"一朝天子一朝臣，各人的处境并不一样嘛。杨大人能为当今主上所用，亦在情理中吧。不知杨大人有甚畏难的？"

"一是，当下朝廷相互攻讦，矛盾丛生，咱在名义上是掌管军队的，而圣上常常意气行事，指派咱滥用武力，咱是听命还是抗命？二是，咱这身份太惹眼，弄不好还会被误认是外戚干政！"

李德林回答说："当下朝廷可以说是内外交困。无论是北方还是南方之敌，都对咱虎视眈眈，跃跃欲试，公既为大司马，何不藉此跳出朝内是非之地带兵去殄灭入侵之敌呢？"

"唔——好主意！"杨坚茅塞顿开，高兴地道，"对，对！咱惹不起，还躲不起吗？不瞒您说，平齐之后，咱一直在关外出任行军总管。咱遇到的原齐朝官员，凡与您共过事的，或与您打过交道的，莫不称您是满腹经纶，文思敏捷，见解独到。今日得见，果然名不虚传。"

杨坚说罢，起身告辞。

李德林指着几案上的书，提醒坐于一旁，未曾说过一句话的李顺道："可别忘了把书带回去。"

李顺不好意思地笑着说："这部《文心雕龙》，经李大人鉴识，说有一定价值，那就送给您了。"

杨坚亦道："此书是咱驻守南兖州时，托人从建康城购得的，咱看刻印得还不错，请德林公笑纳了。"

此时的李顺，随着时间推移，逐渐从失去若水和师傅出走的阴影中走出来，并渐渐恢复了往日的活力。

仅过数日，果不其然，朝廷便接到急报：北方突厥挥师南下，攻破酒泉，屠杀掳掠边地官、民，抢劫牛羊、财物。

杨坚请缨。正感手足无措的宣帝立即颁旨，命他为行军元帅，率并州（治今太原）府兵抗击南侵之敌。

一连几日，杨坚为行军元帅帐下挑选幕僚、侍卫，作出征准备。此时，李顺领着一位年轻人来到杨坚面前，介绍说："他叫长孙晟，有一手好弓法，想随大司马去边塞建功立业。"

杨坚看了看那年轻人，见其有一双乌黑贼亮的瞳子，宽肩高个，腰板略显单薄，是个不到二十岁的愣头青。于是先问李顺："你是咋认识他的？"

"前日在射坛比试箭术，包括诸多将军在内，一个个都败下阵来，只剩下咱和他。最后，咱也输给他了。"

"嗬！我还是头一回听你认输。输得心服不？"

"口服心亦服。"李顺从小骑射都不错，并一直以此为傲，可此时他却说，"与长孙相较，咱的射术确有差距。"

杨坚见李顺如此推崇这位小兄弟，因问："你多大了？"

"十九。"

"现在何处当差？"

"在下在东宫担任司卫上士。"

"那不是个很享受的处所吗？到塞北可是要吃苦的。弄不好，丢了性命，亦未可知。"

"咱日日都在习武，空有一身功夫没处使。"

"行。"杨坚拍拍他的肩膀说，"你去与郑译大人说说，他若同意，咱这边没问题。"

几日后，杨坚率李顺、长孙晟等一行人，骑马北征。此是自若水去世后，李顺第一次随杨坚远行。历经数日，终于抵达并州地界，与驻守该地的开府大将军虞庆则统率的府兵汇合。而突厥铁骑在他钵可汗的率领下，势如破竹，迅速突破甘肃地界，转眼逼近了汾河边。其时，败军和难民亦如滚滚洪潮，沿破损的驿道，一路逃来。杨坚立即派员，收容、安置难民，并把打散的府兵分别安插进自己的队伍。

他钵可汗的铁骑，从一马平川的沙漠、草原，进入地形复杂的崎岖山地，突遭杨坚大军猛袭，一下便把突厥的先头部队打蒙了。然后，杨坚与虞庆则兵分数路，乘胜追击。突厥铁骑，在草原纵横驰骋，行动迅猛，可到了山区，却无所适从，威力大减，逃都逃不快捷。他们一路丢盔弃甲，扔掉的战车、辎重车及武器装备，延绵百数里。

杨坚则亲率一支轻骑，穷追不舍，从晋之山地一直追赶到草原，终于咬住了他钵可汗狼狈不堪的主力。

此时，两军不期在一条无名小河上隔河相望了。杨坚此才猛地发觉，对岸敌之营地的军帐一眼望不到尽头，少说也有数万之众，而自己的轻骑充其量也就两千余人。自己因追赶过猛，早与后续部队脱节。而且，眼下已踏入突厥地界，到了敌人善于施展战力的草原环境中。这时的他钵可汗如若意识到两军情势已发生逆转，再反扑过来，后果则不堪设想。杨坚立马河边，看似威武无比，却惊出一身冷汗！

正当杨坚在心里暗自叫苦，又无计可施时，河对面的他钵可汗在一众扈从的簇拥下，骑在一匹骏马上，发出一阵得意的狂笑，并隔河喊话道："咱如果没有看错，汝就是北周大司马杨坚吧？有胆就放马过河，与俺单挑，敢么？"

杨坚急中生智，对身边的长孙晟说："汝能射中他吗？"

"此有何难。"长孙晟说着，伸手就往身后取弓。

"且慢。"杨坚说，"只许吓唬吓唬他，灭灭他的气焰，不要伤其要害。"

长孙晟朝对岸他钵可汗看了一眼，见他身着一副铁铠甲，铠甲胸部镶嵌着一面明光锃亮的铜镜，既作装饰，又可用来保护身体的要害部位，其名曰"护心镜"。长孙即对杨坚说："元帅此一要求，其实比直取其性命还要难。为保万无一失，在下离他近点，行么？"

"行！"杨坚允诺道，并朝对岸喊话说，"他钵可汗你听着，单挑汝，尚用不着本帅亲自动手，咱派一名侍卫对付你，即绰绰有余。"

长孙晟手握一张硬弓，骑在马上。杨坚则亲自指挥士卒擂响战鼓，摇旗呐喊。在一片地动山摇的助威声中，长孙晟策马向前。对方以为骑者是过河来与他钵可汗单挑的，亦使劲摇旗呐喊为自己的可汗鼓劲助威。

说时迟，那时快，但见长孙舒臂拉弓，"嗖"地一颗飞弹如流星般从弦上飞出，"砰"地把他钵可汗胸前那面锃亮的护心镜击得粉碎。他钵可汗全身猛地一震，大惊失色。待他低头去看胸前破碎的镜子时，又听一声脆响，另一颗飞弹击中了他的头盔。他钵可汗只觉头痛欲裂，眼前一黑，竟从马上栽了下来。

河这边的士卒立即欢呼雀跃，但杨坚的心却一沉，他本心是不想杀死这个突厥首领的。可就在杨坚担心之际，他钵可汗竟然爬了起来，用手推开前来搀扶他的士卒，摘下头盔，看看也被飞弹击破，便将其弃置于地，并顽强地从护卫手中夺过坐骑缰绳，欲再上马。但正当他的一只脚踏上马镫，第三颗飞弹则结结实实砸在了他刚刚抬起的那只靴子上。他钵可汗"哎哟"一声，再次趴到地上。因有马靴保护，他钵可汗的腿不会伤残，但还是奇痛无比，终被士卒架走。

是夜，他钵可汗的几万铁骑，亦在夜幕的掩护下，全部撤走了。一场剑拔弩张、兵力悬殊的隔河对峙，就这么化解了。

长孙晟三颗飞弹打得突厥可汗胆颤心惊的事，立时在两边的军中传扬开来。周朝将士，个个都对长孙晟佩服得五体投地。凡见到他的人，都要看看他那张神奇的弓，摸摸他打出去的那些铜疙瘩。看过、摸过之后，大家又都觉那弓那弹，并无特别之处，和大家平常使用的，也都差不多。不过，到了他手里，咋就像长了眼一样，打哪中哪了呢？而突厥军队，包括连吃三弹的他钵可汗在内，就更觉无比神奇，不可思议了。突厥，原本就是骑马射箭的民族，华夏出了如此神奇的射手，那还得了！

长孙晟在圆满执行了行军元帅的命令后，也十分不解。他于是问杨坚说："大司马，两军交锋，能一箭使敌之首领毙命，不是更加干净利落吗？您为啥偏要放虎归山呢？难道仅是为了测测咱之弓法？"

"那倒不是。"杨坚笑着反问道，"你先想想，敌我双方如果隔河安营扎寨，会出现啥后果？"

"那还用问？等咱缓口气后，蹚水过河，不就一举将敌灭了吗？"

"嘀！口气还真不小哩。你没看到对岸有多少敌军？咱有多少人？到咱安营后，他钵可汗看出咱只这点人，他率军杀咱个回马枪，咋办？"

长孙一听，这才吓一跳。不过，他仍分辩说，"既是吓他撤军，何不一箭就将其射杀了呢？"

"突厥人见自己的首领被冷箭射死，往往会群起与咱拼命。所以，使他成为惊弓之鸟，方是上策。"

长孙晟深以为然，觉得还是大司马想得周全。

杨坚班师回到并州府（今山西太原市），立即与开府大将军虞庆则召集府兵各级将领议事，布置开垦荒田荒地和兴修水利。多少年来，与突厥、吐谷浑毗邻的西部和北部边塞，你争我夺，战火频仍，致使广袤的疆域，地广人稀。由于土地长年抛荒，而此处阳光又很充足，昼夜温差大，只要水能浇到，其实是个"种什么，长什么"的好地方。

杨坚议事时，对各级将领说："此一仗，远的不好估计，至少能保未来大半年之安宁吧。因此，咱要抓紧这一有利时机，抢种一季庄稼。那么，咱明年的用粮，就不用发愁了。倘若，明年春季仍无战事，能让咱再种一季粮食，那咱至少连续二年，都不会缺粮。眼下，连关中的京师都常闹粮荒，还能指望朝廷会拨给咱充足的粮草吗？"

杨坚有随州府兵屯田种粮经历，在这里戍边的府兵也大都身强体壮，只要指挥督导得法，让土地长出粮食还不容易。

杨坚拿出部分军费，从关内购来一批耕牛、种籽，把军械修造作坊暂时变为农具修造加工作坊。此次战事缴获的武器、战车，回炉的回炉，改造的改造，农具和运送农用物资的车辆，皆绰绰有余了。

杨坚与李顺有时在一起，有时分开到各地进行督导。正当屯田种粮干得热火朝天、杨坚乐不思蜀之际，长安传来圣旨，宣帝做了太上皇，把皇位传给了年仅七岁的儿子宇文阐。而杨坚则由小皇上颁旨，升任大后丞、右司武，以辅佐刚刚登基的静帝。此样，杨坚只好把屯田种粮的事交给了并州行军总管、开府大将军虞庆则，自己则和李顺等一干人，匆匆返回长安。

杨坚此次远赴塞北带兵打仗和留在当地屯田，都是想远离动荡不稳的朝廷，从远处观察京师动静。他此次在边塞停留的时间虽不太长，却与虞庆则结下不浅的情谊。杨坚觉得虞庆则能吃苦耐劳，行兵打仗和戍边都很在行。虞庆则则对杨坚极为佩服，觉得他不拿大司马架子，且处处为戍边将士着想。

杨坚返回京师，果不其然，突厥的他钵可汗吃了败仗，也想喘口气，休整休整，便派使者带着二百匹良马和当地土特产到长安向朝廷进贡，并请求北周皇上赐婚，以结秦晋之好。

做了太上皇的宣帝是个极爱面子的人。突厥向自己进贡称臣，他极高兴。同时，他又是个胆小怕事的人，对突厥强大的铁骑总是提心吊胆。如今，突厥主动提亲，他立表同意。并决定将自己的堂妹、赵王宇文招的女儿千金公主，嫁与他钵可汗做妻子。

诏令一经下达，对千金公主而言，不啻是个晴天霹雳。是时，年仅十四的千金公主，端庄秀丽，是一个极懂事，且有个性的女子；因其父精通经史、酷爱诗文，母亦是个知书达理的汉家女子，因此，她自幼就深受父母的言传身教，不仅写得一笔好字，诗也作得极好，是京师出名的才女。千金公主的美丽与才能，使京师一般显赫人家，都不敢轻易上门提说亲事。岂料，如今却要为了国家的安宁，远嫁到蛮荒的塞北。她无比悲伤，却难违圣命。

正当赵王府为千金公主作出塞准备，千金公主忍受与父母别离之痛时，突厥传来消息：他钵可汗因病去世。千金公主暗自庆幸，以为这事就此了结。不过，仅隔几月，新继位的沙钵略可汗旧事重提，派出庞大的迎亲队伍，马不停蹄地抵达长安，迎娶千金公主。

突厥方面派来的使者是一位相貌英俊、精通骑射、并通晓汉语，叫安遂家的武士，此人亦是沙钵略可汗最信任的侍卫官。

北周则派出曾以三弹威震突厥军队的长孙晟作为汝南公宇文神庆的副手，护送千金公主赴突厥。

令长孙晟没想到的是，他护送千金公主到达突厥，部落里的人对他不仅不敌视，反而很崇拜，那里的大小官员和牧场主都将他奉为上宾。

当沙钵略可汗和千金公主的大婚礼成，送亲使者将返长安时，沙钵略可汗硬是把长孙晟作为贵宾挽留下来。而孑然一身没有家小的长孙晟，因蒙受上宾待遇，似也有点乐不思蜀。

一次，长孙晟与沙钵略可汗外出打猎，但见两只金雕在空中争食一只捕获的野兔。沙钵略可汗忽发奇想，当即从箭囊中抽出两支箭，交给长孙晟说："请将二雕射下。"

长孙晟策马上前，张弓搭箭，他选好一个角度，一箭射去，急驰的箭矢，先把靠下的一只金雕肚皮射穿，再刺入另一金雕之翅膀，而使两只金雕被一箭贯穿，并同时坠落于地。长孙晟由此再创"一箭双雕"神话，而威名更显。沙钵略可汗于是号令部落将士都向他讨教箭法，长孙晟亦毫无保留地指教他们，从而更获沙钵略可汗的敬重。

突厥，世代以追逐水草放牧为生。他们居无定所，游牧到哪里，就搭上毡做的圆形帐篷住下来，处在比较松散的部落社会中。他们体魄健硕，骁勇善战，拥有一支迅猛快捷的铁骑，使周边国家都对其侧目相看。不过，他们的弱点也很明显：猜忌、残忍，作战没有章法。其时，沙钵略可汗与玷厥、阿波、处罗侯等叔侄兄弟，各自统领一支部落队伍，都称可汗，并各据一方。

其中的处罗侯可汗是沙钵略大可汗的亲弟弟。他的部落较小、势力稍弱，他本人平日也不与各头头脑脑争锋，却比较亲近部落下层牧民，特别得人心，所以，一直以来受到沙钵略可汗的冷落与猜忌。长孙晟来后，处罗侯非常仰慕这位北周使者的箭法和谈吐，就派一心腹暗中与长孙晟联络。长孙晟也认为处罗侯为人不错，两人坐到一处时，都有相见恨晚之感，以致好到无话不谈的地步。尤其是每逢沙钵略可汗外出，他们就相约打猎、郊游，致使长孙晟对各部落的分布、强弱、周边之地形地貌等等，都了如指掌。同时，他还藉此结交了不少新朋友。

与此同时，初来乍到的千金公主，亦在熟悉此地的新人新环境。她苗条秀丽、皮肤细腻，极像母亲；但，这位看似柔弱的女子，却具有宇文氏鲜卑家族刚强的性格。她自踏入沙钵略可汗的牙帐，就停止了哀伤和嗟叹。

沙钵略可汗极为疼爱她，就对她说："咱知你住不惯帐篷。你就在这周围选个地方，咱给你造一座像你家王爷府一样的殿堂吧。"

千金公主却摇头说："不成。中国有句老话，叫'入乡随俗'。还是让咱来适应你们的习俗吧。"

千金公主待人谦和，对下人也从不要公主脾气。一次，她叫一个婢女拿样东西，婢女没听清楚，拿错了，正好被沙钵略可汗看到。他勃然大怒，要责罚婢女。

千金公主马上跪下，为婢女求情说："是咱还说不好你们这里的话，她没听懂咱的意思，才出错的。这事怪咱，不能责怪她。"

千金公主作为突厥国的"可贺敦"（即皇后），很快就受到人们的尊重。部落的妇女都很喜用产自关内的绸缎绫罗做衣裳。千金公主就教她们在服装上刺绣突厥人喜爱的纹饰图案和飞禽走兽。部落里的人平时都吃牛羊肉，饮奶酪茶，当漫长的冬天过去，千金公主还带领妇女在河边开垦一些荒地种菜种粮……

转眼，就过了大半年。这天，长孙晟在自己的帐篷中收拾行装，千金公主进来了。她一看这情形，就问："怎么，你要走啦？"

"开始只说多留几日。这一住，就是好几个月，咋能不走？"

"能否再住几日？"千金公主说，"咱想请你教咱箭术。"

"你？"长孙晟笑着摇摇头，顺手把自己的弓拿来说，"你拉拉看，拉得开，咱教你。"

长孙晟使的弓是量身定制的，比普通弓硬。千金公主使出全身之力，脸憋得通红，还是没能拉开那张弓。不过，她仍不服输地道，"男女有别嘛。你别拿男人使的东西吓唬咱。"

"你这话，也不是没道理，不过，射箭，比的不仅仅是眼力。手腕、手臂、甚至腰腹没劲，打出去的弹子、射出去的箭，都是飘飘忽忽的，没准头。"

"成。"千金公主说，"咱一边练力量，一边学射术，行不？另外，咱再给皇兄写封信，说你在这里教咱学射箭，还须一些时日才能回京师，也免了你的后顾之忧。"

长孙晟精湛的射术，是自幼练就的。小时候，长孙的师傅教他的是一种小巧的软弓。他于是来到部落武库，想看看此处有没有较适合千金公主用的软弓。令他没想到的是，游牧部落在文化、耕作、制造等等诸多方面，都远远不能与关内相比拟，而独独在对武器的打造上，却了不得。突厥游牧之地域十分辽阔，足迹甚至直达波斯。波斯人喜欢使用铁器，突厥部落也用铁来打造铠甲、箭矢、飞弹、刀矛等武器。铁的强度硬度和锋利程度，都远胜铜。加之，他们习惯于骑马打猎和作战，更是离不开弓箭。所以，他们的武库中，各种性能和型号的弓、箭，应有尽有。而且，这里制作弓、矢之工匠，也都技艺不凡。

长孙晟先选了两张较软的弓，分别给自己也给千金公主试了试。然后，又反复和工匠们商量，比照自己和千金公主的特点，经多次试用、改进，各造了一张十分合用的软弓。

千金公主也真是：言必行，行必果，一边练臂力腕力，一边练射术。她的这些作为，又影响了部落女子，尤其是少女和少妇，也都仿效千金公主向长孙晟学习射术。

对此，沙钵略可汗极为高兴，他在部落分男女两拨举办了一次盛大的射术比赛。长孙晟在赛会上表演了他新发明的"嗡嗡弹"射术。那弹子是铁制的，铁弹中铸有一特殊孔洞，弹子通过弓弦打出去，发出一阵嗡嗡的呼啸声，在场观众就将其称作"嗡嗡弹"。

当千金公主之射术与日俱增时，又觉得自己的马骑得不够好，影响了在马上射箭的准确性。于是，又拜长孙晟为师，请其教自己骑术。于是，人们便常常看到，一双俊男俏女形影不离地驰骋在辽阔的草原上……

自此，连长孙晟本人都感到，如不尽快离开，就有可能不能自拔了！

第二十三回

硕儒商改《刑经圣制》
天帝回迁《熹平石经》

却说，宣帝做了太上皇，把自己封为天元皇帝，而把七岁的儿子阐称作静帝。天元皇帝平日不上朝，不听政，只顾尽享天伦之乐。那么，偌大一个国家由谁来操持打理呢？天元皇帝思来想去，就把这一既复杂又麻烦的苦差事交给自己的岳丈杨坚了。

北周自宇文护干政以来，就依宇文泰当权时制定的官制，以皇上为中心，设"前、后、左、右"四大辅臣，大后丞是其中的一位。杨坚入住丞相府，主管朝廷政务。除此而外，他还兼任右司武一职，管控着宫廷宿卫。自不待言，此时的杨坚已成朝廷举足轻重的人物。

杨坚到相府上任才几日，就于一个夜晚与李顺各骑一马，来到老友庞晃的家门口。

家人进去通报后，庞晃大惊，连忙迎出，说："公做了大丞相，在下还没去府上道贺，反而是公先到敝舍，这才真是搞反了向呢。"

"兄弟之间，何出此言？"杨坚即道，"今日是咱有事相求，当然是咱登门造访你啰。"

进入客厅，庞晃便问："公有何事？"

杨坚说："前日入相府，才知偌大一座衙门，竟是个空架子。自前任大后丞宇文宪遭诛后，相府走了不少官员，没走的，心亦散了。咱今日是来请兄出山的，不知公之意下如何？"

"公获升迁，马上就想到昔日兄弟，可见情之深，意之笃。不管叫咱做啥事，弟甘效犬马之劳。"庞晃因宇文直被诛，受到牵连，一直赋闲家中。

"咱就知道，你会此样的。"杨坚拊掌大喜道，"咱想请兄督率相府卫队，职位可升至开府。只是当下朝廷人心浮动，未来将会遭遇啥变故，皆难逆料，兄须考虑周全。"

"此前，正因如此，咱才一直待在家里，未去谋求差事。至如说到未来会咋样，目下确实不好讲，公既出山，咱就和你一样，走一步瞧一步，共度时艰吧。"

"好！"杨坚朝在座的李顺使了个眼色，便起身告辞，他还有一堆急务要去处置。

庞晃进入相府，便按杨坚的吩咐，首先不动声色地想方设法扩大了卫队编制，调整了一些军官，并加强了对侍卫们的训练，从而使杨坚和整个相府的安全感大增。朝政不稳，各种意想不到的情形，随时都有可能发生，相府是中枢，而且，自身的安全也不能不考虑。杨坚不想像宇文宪或王轨、宇文孝伯那样，不明不白地就丧了命。

与此同时，相府的事儿确是千头万绪，朝廷越不强势，棘手的事就更多。杨坚做事认真，在人手捉襟见肘之际，尤其不敢懈怠，不敢有失。所以，他几乎总是事必亲躬，早出晚归。

是夜，独孤夫人见丈夫累得连话都不想说，就道："事情不能统统都揽在一人身上，这样忙得趴下了，也忙不完呐。咱给你找个人作帮衬，咋样？"

因确实不知将来会发生什么，同时，还怕天元帝及周围的人疑心自己一上任就招降纳叛，壮大个人权势，所以，也不敢放手去物色招揽人才，但堆积如山的事，还得有人去做，没人也真是不行呵。只是夫人她知自己想要的是啥人？而且，她又能为自己举荐出一个啥模样的人来呢？

他因而不以为然地问："你觉谁可给咱递递肩？"

"咱看高颎能行。"

"高颎？"杨坚用讶异的目光盯着妻子。他显然没有料到夫人会提及此人，良久，方道："你咋会想到他的？"

"哦，他不可以？或是，你还不识此人？"

"认识是认识，不是很了解。听人说，他有点清高。这个人嘛，口碑还不错。有人说，他既能带兵打仗，处置事务的能力亦很强。他和王轨曾同时作过先帝的内史下大夫。据说，连宇文孝伯这样才智双全的人，都很礼敬他。说他有真知灼见，做事踏踏实实。你足不出户，咋知道他的？"

"哈，你对高颎，尽是些道听途说。这么说来，咱对他的了解，远比你多。"独孤夫人不无得意地道，"高颎的父亲叫高宾，一直是咱父的幕僚，曾为父亲出过不少好主意。高颎则和咱一起长大，两家常来常往，咱能不了解他？高颎从小看人看事，就与一般孩童的识见不一样。"

"此人目下在哪里？"

"还不是和你找过的那位李德林一样，也在家中赋闲呢。你想嘛，与王轨共过事的人，这会儿能有好果子吃？"

"那太好了。"不过，杨坚转念一想，又道，"王轨和宇文孝伯皆死于非命，高颎在此时刻肯出山吗？"

"这咱可说不准了，但可试试看嘛。"

"以夫人之见，派谁去请他为好？"

"上次找李德林问计，不是让李顺去的吗？还是叫他去吧。"

杨坚在房里踱着方步，突然停下说："不妥。上次李顺临行专门换了一身好衣装，拿着一部《文心雕龙》去见李德林，还是被德林公戏称为一介武夫，差点把事办砸。高颎不是有点清高吗？只派个管家去，他还以为咱既要他出力，又居高临下，瞧不起他。"

"那倒也是。"独孤夫人想了想说，"那就叫你的侄子杨惠去吧，他俩好像也相识。"

"行。此事就拜托夫人去找杨惠出马。"

次日晚，杨坚回家，杨惠亦接踵而至。杨坚见侄儿杨惠脸上挂着笑，亦笑问道："如何？"

"妥了。"杨惠在客厅坐下，独孤夫人屏退左右，亲为其沏茶。他才继续说，"高颎极为敬佩叔之为人。他表示愿受丞相驱驰。还说，纵令叔的事业或遇不测，颎亦不辞灭族风险。"

杨坚一听，亦为之动容，说："请转告高大人，坚一定不会辜负他的一片心意。不过，要请高大人海涵，暂时只能让他屈就一个较低职位。因地位较高的位置，须经天元帝首肯，那样，事情就复杂了。"

几日后，高颎不声不响地进入相府，被任命为丞相府司录。

随着时间的推移，丞相府诸部门逐渐步入常轨，杨坚的心性亦随之大变。他很想利用大后丞这一职位，仿效武帝当年做法，也在自己身边延揽一批才俊。在得到庞晃和高颎后，他又派自己的长子杨勇去拜访自己的三弟杨瓒，希望他也能与自己同舟共济，共度时艰。

杨瓒是杨坚同父异母弟弟，排行老三。他亦生得魁梧健壮，美须俊颜，武功不错，且自幼好读书，文墨工夫更在杨坚之上。杨瓒娶了武帝美丽的妹妹顺阳公主为妻，昔日深受武帝亲近喜爱。在仕途上，他曾任御伯中大夫、纳言等要职。武帝平定北齐时，诸王都从军东征，唯留杨瓒在京师全权处理一切军政要务。武帝出征前，对他说："朝廷六部事务繁多，全部托付给你。朕要专意于东方，有公镇守京师，朕就没有西顾之忧了。"由此可见武帝对他的信任，他也确实不负先帝期望，把朝政料理得井井有条。目下，杨坚看中的正是杨瓒在朝廷统率各部处理政务的经历。再者，弟媳顺阳公主是天元帝的亲姑姑，用杨瓒，自然也不会有人瞎猜疑。

万没料到的是，次日晚，已拜任大将军、左司卫的杨勇前来父亲家，向父报说："叔叔时下无意丞相府的差事。"

"为啥？"

"他说，相府那地方，太过惹事招风，还不如就猫在吏部的安稳。他……他还说……"杨勇说着说着，欲言又止。

"不要紧，你说。"

"他还说您'当个随国公还怕保不住，却还要去做那种会灭族的事'。"

"嗯？"杨坚先是愣了一下。接着讪讪地道，"知道了。"

"这个阿三也是。看不起在相府当差拉倒。嘴巴还不干不净。你看看，他把你杨家人都咒到了。你还说，知道了。你知道啥了？"独孤夫人待儿子杨勇离去，火冒三丈。她一贯看不惯顺阳公主的年轻、美丽、骄矜。妯娌之间，早就不睦，此乃她火冒三丈的根本原因。

"唉，好了，好了。"杨坚对妻子摆摆手，说，"阿三讲的也没错。咱何尝不知，当下朝政不稳，做这个社稷的大总管确是树大招风。他在吏部做个中大夫，也不常去应卯，不显山不露水，既舒服，又安稳。他不愿冒风险蹚浑水，那就随他去吧，人各有志嘛！"

"哼！咱就看不惯他这德行，缩头乌龟一个！他呀，连个外人都不如！"

"不要这么比，也不要再说他了。"杨坚道，"老三与咱，志不同，道不合，此是强求不得的。"

是夜，杨坚秉烛不知在看一卷啥书。他不睡，独孤夫人亦不睡。直至鸡啼头遍，他才把案上的册页收起。

此时，独孤夫人亲自端来一盆热水，让丈夫泡脚。

"咱见那册子也不甚厚，咋看了那么久？"独孤一边为丈夫搓脚，一边问。

"嘿，还真是，不看不知道，一看吓一跳咧！"

"啥书？这邪乎。"

"是天元皇上当宣帝时颁发的《刑经圣制》。"

"圣上颁发的典章，你这做大臣的，今日才见？"

"圣上颁典之时，咱不是正在塞北与突厥打仗嘛。再说，这两年，咱多趴在马背上，明枪暗箭都防不胜防，哪能注意这些条律。"

"可如今，白天忙了一整日，夜里还要补一课，是不。"

"夫人所言极是，只是要稍稍变通一下。"杨坚揩干脚、趿上鞋，说，"是白天发现疑问一大堆，晚上忙着查出处。可一查，冷汗直冒！"

"有这厉害？"

"是呵！"杨坚伸了一下懒腰，边说边往卧房走，独孤夫人便端起书案上的灯，为丈夫照明。杨坚继续道，"近些时，陆续收到下面发来的一些折子，多是为一点小事，就判斩首，有的还杀灭全家，株连一大片。"

"世道不济，歹徒多呀，就要重治。"

"乱世用重典。话虽如此，可也不能滥权滥法呀！"杨坚忿忿地道，"一个布庄伙计，偷了几段零头布，被老板告到县衙，把伙计捉来斩了。净是一些诸如此类鸡毛蒜皮之小事，动不动就开杀戒。这么着，人人自危，天下何愁不乱？咱今夜一查这部典籍，那些律条，赫然在目，一条一条，竟都与那些案子对得上！不仅仅是冒汗呵，有些条律简直毛骨悚然，把杀人竟当儿戏一般。"

次日，一进丞相府，杨坚即把高颎召来，讲了昨夜读《刑经圣制》发现的问题。

高颎大为惊诧："《刑经圣制》之弊端，相爷，昨夜方知？"

"是呵，直至昨夜，咱才第一次看到这部刑律。在此之前，咱不是一直倚在马上打仗吗？"

"仅就丞相刚才所言，也还是只知其一，不知其二呢。"高颎感叹地说，"这部刑律，乱的不仅仅是州、郡、县。目下，就连朝廷上下，也都是对其谈虎色变，人人自危！"

"噢？"杨坚的眸子跳了一下，定住了，他专注地盯着高颎。

高颎继续说："就拿这座相府来讲，至今人气不足，是何缘故？一是宇文宪公的冤死，使人寒心；此外就是这部苛严的《刑经圣制》，使部分僚属退避三舍。比如说，此典规定，若在奏章上写错一字，就要受到百二十棍之责罚。对于此条戒律，就连德林公这样的大儒，亦不敢保证行文时，不出一点纰漏或笔误嘛！说句冒天下大不韪的话，制定《刑经圣制》的天元帝，昔日做太子，受到父皇责罚，而今，他却是变着法子，以责人来自娱。他把责打人称'天杖'，在宫内布置耳目，寻人之错，连身边近臣、嫔妃，亦难幸免。"

"此典要立即修改，重颁。"

"可是，这部典籍颁行至今还不到一年，就朝令夕改，这合适吗？且，咱能不启奏天元帝，就擅作主张，进行修改？"

"这不能叫擅作主张。本相府是对静帝负责，《刑经圣制》是前朝颁布的，本朝作些修改，名正言顺嘛。"杨坚坚持道，"再说，天元帝如今带着五位皇后去了洛阳，还不知啥时候返回京师。此事延缓一日，举国就有一批本不该遭诛的人，人头落地。与之相比，我辈之命，就那么金贵？"说着说着，杨坚便又与自己较起真来。

"大丞相言之有理。"高颎道，"既如此，咱想为丞相举荐一人，参与修改。"

"谁？"

"苏威。此人对周和汉魏以来的各种典章，烂熟于心，做事中规中矩。请他来主持此事，定能事半功倍。"

"咱知此人有才，他的父亲苏绰之名，更是如雷贯耳。原先的大冢宰宇文护对苏威很赏识，还把女儿嫁给了他。可当岳父一手遮天独揽朝政时，他有先见之明，弃官至山林寺院读书去了。问题是，当下朝政不举，他肯出山屈就吗？"

"咱去试试。"

"能请动他，当然好。"杨坚又道，"有个叫裴政的人，不知公是否知晓？"

"裴政咱认识。他出任过刑部下大夫，执法宽容平和，判决公允，口碑不错，曾参与制定《周律》。他有亲自用律的体验，更有制律之历练，确实是个不二人选。可以说，如能搬动苏威，就不愁请不出裴政。裴政比苏威年长，但二人交情不错。"

"好。此二人就都交给公了。"

真是一把钥匙开一把锁。高颎先找苏威，见面就对他开门见山地说："丞相因《刑经圣制》太过苛严，要行修改，事情紧迫，求贤若渴，委托咱来请公主持修改事宜。"

士为知己者用——高颎只用一句话，就使苏威脱口道："行。那部刑律太过儿戏，严格地说，应重写。这样吧，今日咱先把话说清楚，就做这一件事，改毕，走人。咱一不要任命啥头衔，二不支取分文俸禄。行么？"

"这个，没问题。咱会把你的要求转告丞相。"高颎转而又道，"为使事做得快捷些，丞相还想请裴政一同参与，不知公意下如何？"

"那就太好了。"苏威一下来了精神，"以前，咱只闻这位杨丞相武功了得，也有谋略，没想到，他还真会看人。"

"丞相文韬武略，丝毫不输以前的宇文宪公。"高颎接着说，"只是，不知是否请得动裴政那位老夫子呢。"

"裴政可由咱去请，应该不会有问题。"

果然，第二日，苏威和裴政都到了相府，杨坚大喜过望。寒暄几句，便直切议题，这是杨坚行事的一贯作风。他首先告知各位：《刑经圣制》一经颁布，已使朝廷和民间"内外恐惧，人不自安"，此现状若不迅速扭转，朝野皆无宁日，所以，才这么急迫地请来二位行家。接着，他着重说明，为了尽量不激怒颁布《刑经圣制》的天元皇帝，本次修典的立足点是"改"，而不是重编。凡说得过去的条目，尽量不改，保留原貌。改的基本原则是："删繁就简，松紧有度"。接着，他请苏威谈谈进行修改的具体思路。

苏威说："咱于昨夜又通读了这部法典。窃以为这部《刑经圣制》仍是脱胎于武帝的《刑书要制》。武帝所治之典，已很苛严，而宣帝之《刑经圣制》就更加严酷，以至不可理喻。"

苏威稍稍停顿了一下，看了一眼杨坚，方继续道："武帝《刑书要制》之苛严，有乱世用重典之意。该法确立儒教为先，整肃民风民俗，只为一个目的，即要使国人上下一心，参与到'灭齐灭陈'的念想中，以促使华夏尽快得到统一。该法规定'正长隐五户以上，隐地三顷以上者，至死'，把隐瞒人口和土地的地方强豪及皇亲贵胄都纳入重罚之列，而对耕种土地的庶民立法则较为宽松，此亦还是为了增强国力，以实现统一中国大业这一目标。而《刑经圣制》之严酷，则太过人为。所以，要改也好办，主干仍按武帝立法的宗旨，去掉苛严峻法及人为因素。不过，有一点要和大家商磋，以达共识，即《刑经圣制》中，有恢复佛、道信仰的条目，是去掉还是保留？请丞相和诸位定夺。"

"此条目可以保留。佛、道这东西，已深入民心，咋能硬性从他们心中抹去呢？不如仍按《刑经圣制》之条规，明确规定信仰自由。"杨坚进一步道，"先帝灭佛，可以理解。连年征战，不少人把庙堂当成了避难所。这么一来，地没人种，荒了，打仗亦缺兵少卒。但如今情形大为改观，北边统一了，兵源已不是最紧迫的问题。且原先之北齐是崇信佛教的，武帝灭齐后，却要齐地人也灭佛，其实不利安定原属北齐地域之民心。"

老夫子裴政和高颍亦都是一点就通的人，经丞相、苏威一议，心中也都有谱了，他俩未作过多议论。

接下来，高颍、苏威和裴政三人稍稍分了一下工，就按杨坚一切从速的要求，分头改了起来。

而其时，天元皇帝宇文赟正亲驾一车，在通往洛阳的驿道上飞奔。他命皇后们紧随其后，每人也各驾一车，而且还要求她们并驾齐驱。通往洛阳的驿道虽经重修，十分平整宽敞，但也容不下五辆车子并行，所以常常互相挤撞，致使人仰车翻。皇后们如花似玉之芳容，有的被摔得鼻青脸肿，有的则大惊失色。天元帝见了，反而哈哈大笑，说皇后们没用。天元帝有时日奔二百里，有时住在沿途行宫，饮酒作乐，一连几日足不出户。

这已不是天元帝第一次到洛阳城来巡幸了。时下，重建的洛阳城只建好了宫城和皇城，每日仍有四万余民役在外廓城加紧施工。因为宫城内的宫殿楼阁，水榭亭台，皆已落成，且都建得比帝都长安更华美，更壮观。而尤其是天元帝下令从邺城请回的《熹平石经》，已于不久前重归故里，并在新建的洛阳城内安放妥当。天元帝此次巡幸洛阳，就是专来观看石经，并为之举行庆典的。

《熹平石经》，始刻于东汉熹平四年（公元175年），前后历经九年才完工。东汉提倡儒学，设五经博士。由于古今文学派系之争，而各学派又都以家法传授，兼以历代口授传抄造成文字讹误，致使诸经博士试甲乙科时，争辩激烈。甚至有人通过贿赂擅自篡改经籍文字，使之合其私文。为此，汉灵帝诏令诸儒选定正本，由著名学者蔡邕、李巡等人主持订正文字，并刊刻于巨型碑石之上，立于太学，作为定本。石经，计有石碑四十六块，文字刻于正反两面，以隶书自右向左直行刻成，各石行数不同及每行字数各不相同。书体秀美端庄，为汉隶佳品。其上，刻有《鲁诗》《尚书》《周易》《仪礼》《春秋》《公羊传》《论语》等七种经文。东汉末年，董卓烧毁洛阳宫室，使石经严重残毁。至东魏《熹平石经》又被从洛阳迁至邺城。

直至当下，北方业已统一，宣帝在重建洛阳城的过程中，即下诏，将《熹平石经》作为镇城之宝，从邺城重新迁回洛阳。重归洛阳的《熹平石经》，经匠人装点，一块块石碑都加装了稳重的石制碑座；还在石碑上端加装了琉璃瓦的顶盖，以防日晒雨淋；每块石碑的四面，设置了护栏，仅在南面开门，供贵人进入近距离观赏……

当天元帝携五位皇后，一路嬉戏玩耍，终于来到尚未全部竣工的洛阳新城。皇上皇后巡视过已经竣工的后宫后，在皇城中举办了盛大的《熹平石经》揭幕仪式，并藉此郑重宣布，将洛阳定名为东京，长安城则称西京。

接着，帝、后们又在焕然一新的洛阳宫中，沉溺、游乐数日，尽兴后，方原路返回西京长安。而此一往一返，已半年有余。

回到帝都的天元帝，成日沉迷于后宫中，却对宫内熟悉得不能再熟悉的亭台楼阁、一草一木，竟然产生了一种陌生感。忽有一日，他心血来潮，想重登一次朝堂，重温一下君临天下的滋味儿。事前，他只知会了丞相府和儿子静帝，大多数要去上朝的文武百官并不知情。

这日，他起了个大早，出人意料地来到朝堂，并安然地坐在了龙椅上。

也真是事有凑巧，原不打算上奏的京兆郡丞乐运，见到坐在龙椅中的竟是久不理政的天元帝，气不打一处来，马上请求进谏，并得到天元帝的允许。

一直以忠直著称的乐运，指陈天元帝有"八失"：一是，表面上，虽立静帝理政，但究其实，大事小事，还是自己一人独断专行，而不是与内史御正等宰辅大臣们共同商议；二是，沉迷女色，登基后，尚无政绩就忙着搜罗天下美女，以充实后宫，并不许仪同以上官员的女儿擅自出嫁，使天下人怨恨；三是，天子进入后宫，数日不出，听凭宦官们乱传旨意，恳请天元皇帝像先帝高祖一样，居外听政；四是，政无常法，严刑酷罚，使庶民官吏，无所遵循，人人自危；五是，穷奢极欲，没有遵从高祖一贯之俭朴风尚；六是，都城附近百姓徭役税负过重，而且，征用的民力财力，都花在吃喝玩乐上，请以后不要再这样；七是，大臣们呈上的奏折，只要发现有错字，就要受到责罚，那谁还敢上书，请停用这一刑律；八是，过去桑谷生于朝中，殷王因此得福。如今玄象垂诫，亦是兴周之兆。因此，诚心希望天元帝广施德政，以舒缓民怨，国家才能巩固。天元帝若不汲取"八失"教训，周朝恐怕就不复存在，而要灭亡了。

乐运言罢，聚满文武百官的朝堂，一片死寂。

一贯趾高气扬、唯我独尊的天元帝，哪里接受得了这逆耳忠言。他于是勃然大怒："把这逆贼拿下——处斩！"

"且慢。"内史元岩出班启奏说，"乐运明知此言一出，必死无疑。他是想以此获取身后之名。陛下杀他，正好使其成名，千万不可上当。"

天元帝看看这个，又看看那个，朝堂上的文武官员都不吭气。而平日为自己出谋划策的郑译，亦挤在堂下众官员中，而不在自己身边。他终于六神无主地大叫一声："滚！乐运和元岩都给朕滚出去！"

乐运由此得以侥幸保命。

天元帝今日难得地起了个大早，原本兴致盎然地想与久未谋面的臣下打个招呼，通通信息，谁知却触了这样一个霉头。此刻，他已意趣索然，把手一挥，道："退朝！"

随即，天元帝在宦官、太监、侍卫、仪仗之簇拥下，乘坐金辂车回到天台殿。

未去上朝，而在宫中当值的刘昉，跪于丹墀下接驾。他并不知道朝堂上发生的事，当天元帝下车，他起身后，即向天元帝启奏说："圣上，宫中侍卫杨文祐，胆大包天，竟敢编曲嘲讽陛下。"

这真是火上浇油！没料，神情沮丧的天元帝却一下子来了精神，他逼近刘昉问："编曲？一个小侍卫竟能编曲？卿不妨将他编的曲子唱给朕听听。"

刘昉一愣，未料到圣上会以此来作践自己。不过，也只好硬着头皮，清了下嗓子，想了想，竟模仿杨文祐的腔调，唱起来：

朝亦醉，
暮亦醉，
日日恒常醉，
政事日无次。

天元帝本就窝着一肚子火，正想找个出气筒。于是，大怒道："传杨文祐！"

第二十四回

进谗言小侍卫惨遭屠戮
析要害大后丞死里逃生

小侍卫杨文祐自知大祸临头，进厅跪下，纳头就拜。

天元帝拍案而起，切齿道："汝可知罪？"

"小的知罪。"杨文祐磕头如捣蒜，"愿受天杖一百二。"

"哼！一百二能解朕之愤？加倍！给朕狠揍二百四！"

可怜小侍卫，未等杖击到二百，便气绝身亡了。

小宗伯长孙览闻讯，火速赶来，却为时已晚。他双膝跪下，痛心疾首哭奏道："圣上，您可不要再这么责罚人了，天怒人怨咧！不知您是否知晓，丞相府已着人拟写了新的《刑书要制》，取消了原先制定的动辄就责罚人的条目，只等圣上回来定夺后，即颁行天下。"

"啥？"天元帝立刻警惕起来，转向身边的郑译，问，"汝是否知道此事？是谁竟敢擅改朝纲？"

"臣下不知。臣不是陪侍圣上，也去了东京洛阳嘛。"

"长孙览，汝说的啥东西，把它拿来让朕瞧瞧。"

"新编《刑书要制》稿本，已在圣上书案上放置多时了。"接着，长孙览又解释说，"其实，杨文祐大字不识一个，会编啥曲哩！那些说词儿都是他从外面听来的，他只不过是图嘴巴快活而已。"

"朕知杨文祐是个有嘴无心喜热闹的人，汝给他家送点钱去吧。"天元帝说完，转身进室。

天元帝回到长安已有数日，可还没进过书房。此时，当他步入御书房里，便一眼看见那本新编的《刑书要制》已端端正正摆在书案醒目的位置上。他拿起翻了翻，便暴跳如雷地大声叫道："传郑译！"

"臣在。"其实陪侍在侧的郑译，一直跟在天元帝身后。他前脚刚刚迈入御书房门槛，听到一声大喊，吓了一跳。

天元帝生气地把册子朝郑译一甩，说："卿看看。这个杨坚还真是胆大包天呢！"

当年，武帝之所以选中郑译作太子赟的辅臣，就是看重他的文才。郑译自幼书读得不少，心也很管用，就是贪图安逸，喜为虎作伥，而遭人诟病。他从天元帝手中接过那本《刑书要制》稿本，细细读来，越看越觉这部经过修正的法典，宽严有度，言简意赅。他仅看了前面的一小部分，就能断定，若照此执行，既能安定民心，亦能稳住当下动荡的朝政。因而不禁暗自佩服起为静帝辅政的杨坚来。这位大后丞一上任，就抓住了朝政症结所在。但转念一想，这部新编典籍则分明是针对《刑经圣制》之弊端改订的。难怪天元帝气得这么厉害。想到此处，郑译不禁偷看了天元帝一眼，他正在书房烦躁地踱步，天晓得，这位喜怒无常的太上皇帝，会怎样处置杨坚。

郑译对《刑经圣制》制定的过程十分了然。宣帝登基之初，不仅诛杀了叔父宇文宪一家，还杀了先帝的近臣王轨、宇文孝伯和宇文神举等。其后，为占夺尉迟炽繁，又杀了其叔伯兄弟宇文亮一家人……而使朝野惶恐不安。为了安定人心，他下令废除了先帝颁布的《刑书要制》，打开监狱，大赦囚徒。可是，这么一来，不法之徒，更加肆无忌惮，无恶不作，而使民怨再度沸腾。所以，才由他亲自主持，刘昉主笔制定了更为苛严的《刑经圣制》。在编写过程中，宣帝还与刘昉一唱一和，在这部法典中人为加入了一些有意捉弄人的条目。可没料到的是，平日行为本不检点的刘昉，半年前犯了一点小过失，竟被

可怜小侍卫，未等仗击到二百，便气绝身亡。

天元帝知道，也一视同仁地责打了一百二十天杖，使他躺在家里养伤数月，直至天元帝这次从洛阳归来，他才回宫里当差——真是作茧自缚！

郑译边看杨坚主持修订的册子边想一些往事，天元帝突然发问："卿以为今日发生的二事，是偶然的吗？"

"确是偶然。是两件糗事凑到了一处。"郑译未看天元帝的脸色，仍顺着自己的思路继续往下说，"乐运嘛，生来就是那么个二杆子，口无遮拦，圣上您别往心里去。先帝当政时，他不也是当面锣对面鼓地放言直谏？他这个人就爱在百官面前出风头。至于那个宿卫杨文祐，更是个图嘴快活的无厘头……"

天元帝打断郑译的话，说："哼！公未看出，此二事，都是因这本《刑书要制》惹出的。"

"啥？"郑译还真未想到这一层。若是这样，遭受打杀的就远不止一个区区小侍卫了。难怪圣上一见这册子，就直点杨坚名。他因而连忙分辩道，"依臣之见，杨文祐也好，乐运也好，恐都没见过这册子。该册子的前言中，不是说，一共只印了三十册，是一份仅供征求意见的稿本嘛。"

"白纸黑字，明明白白，传起来还不快？他俩虽没见到此册子，总听说了吧？"天元帝脸色发青，咬牙切齿说，"杨坚这么做，是公然向朕叫板！以往有人说，杨坚城府深，有谋逆之心，先帝还不以为然，仍对其信任有加。看看，他当宰相了，就得意忘形露出真面来了！"

"……"郑译大骇，无言以对。

天元帝从东京洛阳回到帝都长安的那日，作为大后丞的杨坚率文武百官到城外迎驾。当时，他看见圣上满脸倦容，无精打采，就将原本安排的盛大迎接排场作了精简，而让圣上、皇后、嫔妃早早回宫休息。其时，他很想借此机会，先向好友郑译简略说说修改《刑经圣制》的原委。这样，由郑译向圣上作解释，肯定比自己去呈述，效果会好得多。可当时那场面乱哄哄的，确实不是说话的地方。加之，经过长途跋涉的人，又都归心似箭，急着回家。结果，照面都未打一个，郑译也跟在天元帝之后，径自离去了。

几日过去，仍不见有一点动静，杨坚愈觉不安起来。《刑书要制》改毕并刻印成册后，他就派人送到了天台，想让天元帝回到宫里就能看到。他希望圣上阅后，能够理解臣下的一片良苦用心。前日，他遣李顺带了厚重礼物去郑译府上，想从他的口中了解圣上及其近臣们对《刑书要制》的意见。但郑译外出应酬，深夜未归，让李顺空坐了很久，还是没探到一点口风。昨日一早，他去了天台，想面见天元帝，聆听教诲。宦官出来传话说，圣上路途劳顿，须休息，不会文武官员。直至下午，才得到圣上今日要临朝的消息。他想，是天元帝看了《刑书要制》之后，无比愤怒，要在文武百官面前当廷宣布自己篡改钦定《刑经圣制》之罪行吗？若是那样，就真是辜负了臣下的一片诚赤之心呵！今早，他怀着诚惶诚恐的心情，早早来到朝堂。岂料，乐运的突然直谏，就草草下了朝。不过，这件事却似乎使杨坚得到一丝信息。即，乐运直面天元帝所提的"八失"，比起自己对《刑经圣制》的修改，不知要直接和尖锐多少倍，可最后乐运不仅没有处斩，而且，连最轻的一百二十天杖也没执行。这是否可以表明圣上已经接受了自己改订的《刑书要制》了呢？当然，猜测归猜测，只有亲耳听到圣上的肯定答复，心才踏实呵。因此，晚膳时，杨坚刚扒了几口饭，就放箸叫李顺备马。

杨坚虽身为大后丞，但办起事来，仍如在军旅中一样，雷厉风行。他不坐轿，亦不乘车，而是和李顺各牵一马，出杨府后门，便直奔郑译家。没行多远，只见一彪人马迎面奔来。李顺眼尖，立即晃动手中的鞭子，叫道："是郑大人！"

两边的人，同时勒住马缰。

郑译开口即问："杨丞相，你去哪里？"

"还能去哪，"杨坚说，"去你府上呀。你这是——"

"咱也正是往你府上赶哩。"郑译骑在马上想了想，说，"走，还是去你家吧。咱家里，来来往往的人很杂。"

杨坚和李顺拨转马头，把郑译一行迎进杨宅。李顺随即张罗郑译的随员、侍卫喝酒聊天；郑译则随杨坚进了书房。

"咱想问问，此次相府主持修订的《刑书要制》，圣上是否看到。"没等分宾主就座，杨坚就急不可耐地开口发问了。

"咱正是为此事而来。"郑译说，"你可闯大祸了！"

对此，杨坚虽早有心理准备，可当他听到从郑译口中说出的几个字后，还是浑身一颤，连心都凉透了。

书房静得出奇，两人坐下后，杨坚才又问："你看了吗？"

"圣上让咱翻了翻，只看前面一部分。"

"你觉咋样？"

郑译一脸苦笑，反问道："咱说好，有用吗？老兄呃，你的官越做越大，却咋还是一根筋呵！有人说，你的心思深不可测，咱倒觉得你在官场太没城府了。"

"请先说说，你本人对新律的看法。"杨坚仍很执拗，"做官的第一要义，总还是要明辨是非吧？对不对？"

"好，好，好！"郑译摇头，只好说，"咱看了经你修改的《刑书要制》，确实由衷佩服。老兄一上任，就抓住了施政根本，正所谓'纲举目张'也。若按你之典章执行，确能稳住当今朝政，安定民心。"

"此乃君之心里话？"

"当然。"郑译说，"如果咱不以为你有治国之才，能向圣上举荐你做大司马，进而又力主你做静帝的大后丞？"

"那你为啥不能把你的真实想法也向天元帝呈述清楚呢？"

"看你，又一根筋地歪扭起来了，是不。"郑译摇头道，"圣上之秉性，你又不是不知道。他并不看重你改的是否正确，他只是认为你这是向他的至高无上挑战，是犯上作乱！所以，你刚才说的什么做官要明辨是非，如何如何，在他那里是根本不起作用的。圣上即使明知自己错了，亦不会允许你对他直谏。昔日，宇文宪公，还有王轨、宇文孝伯，更有先帝本人，一开始，谁不是苦口婆心，用心良苦，想他走正道，可结果如何？天下哪个帝王不是'顺我者昌，逆我者亡'的？你想想，咱能用一句话两句话就左右住当今的太上皇？"

书房又是一阵静默。良久，杨坚方道："你是否知道，自《刑经圣制》颁布以来，已是天怒人怨，致使江山已呈大厦将倾之状了呢？"

"咱不傻。别的不讲，只看今日乐运在朝廷之直谏，那真个是视死如归呢，可结果咋样？"郑译情绪低沉地说，"今下午，咱把圣上对你发怒的情形对刘昉说了。那部《刑经圣制》就是他与圣上一唱一和整出来的，他因自己尝到苦头，亦感到羞愧了。"

"刘大人咋了？"

"他亦是因一点小过失，被圣上知道，挨了一百二十棍子。圣上幸灾乐祸，觉得好玩，可他却吃不消了，在家躺了几个月，前日才进宫里当差。"

"此样下去，咱大周还有啥希望？你想没想过自己的后路？"杨坚用忧郁的目光看着儿时的同窗。

"咱的秉性，你了解，慵懒惯了。咱只能是走到哪座山上，就唱哪山之歌嘞——得过且过吧。"他抬起头来，反问杨坚，"你呢？圣上明日就会找你算账，你首先须过好明日这一关。"

"是呀。此关，不管过得去，或过不去，都得硬着头皮去承受咧！"杨坚的心情无比沉重。"不过，无论如何，还得感谢公能在这危难关头来给咱捎此信。"

"客气话就不必说了。天不早了——公明日好自为之吧。"郑译说着，起身告辞。

杨坚送郑译出门，见院里有几条黑影晃了一下，又很快消失在了柿树和石榴树的阴影中。杨坚住的这处宅院，是前朝某王公的府邸。房子很旧，但院落很大，院里的树木经多年培植，已是绿荫如盖，每至秋时，硕果累累。

杨坚、李顺把客人们送出院门。郑译及其随从上马并扬长而去后，杨坚即对李顺道："咱刚才从屋内出来，见院里有人晃了一下，觉得那影子有点眼生。"

"是吗？"李顺不以为然地笑道，"那很自然，因其不常来此院。若换到相府，你就会觉得他们眼熟了。"

"哦——是庞晃来了？"杨坚恍然大悟道，"这晚了，定是有啥急事吧。"说着，忙转身进了院门。

果不出所料，他俩一进院子，庞晃和其副手元胄就迎了过来。

"嘿，让兄久候了。进屋吧。"

庞晃说："就这院里说事，不是很爽吗。"

几人便围着一张石桌坐下。石桌上，已安排了茶水、点心等零食，可见他俩已在此等候多时。李顺忙张罗着重新沏上热茶。

庞晃禀告说："今日傍黑时分，负责宫廷禁卫的宗伯大人长孙览找到我说，明日圣上将传丞相进宫，欲追究擅自篡改《刑经圣制》之事。并命他在天台议事厅左右两厢，暗伏刀斧手。待丞相在对答中，略显慌张或有异动，就要他发暗号，就地采取诛杀手段。他因而要咱转告丞相，明日一定要从容应对，以保平安。"

杨坚"嗯"了一声，并未显出多么惊讶。他对庞晃说："刚才郑大人来此，说的就是这件事。不过，还没讲到皇上会咋样对付咱。看来情况确乎严峻，今夜就要有所准备。你俩来得正是时候。"

这是一个月黑风微的夜晚。时下，已近深秋，树上的硕果挂满枝头，树叶尚未尽落，院内只闻一片虫豸聒噪和树叶的"沙沙"声。

几人中，只有李顺最感震惊。杨坚出任大后丞后，他多在府上为其操持家务，不大知晓杨坚在朝廷的所作所为。而此，突然听到其已处生死攸关时刻，难以接受。于是说："明日与其白去送死，还不如今夜就把家里的亲兵集合上，拉到秦岭去做山大王。"

"上山落草？此可不是大丞相的出路。"庞晃摇头道，"其实，长孙览今日透此信息，也是忍无可忍了。宇文宪公赐死时，他就差点失控。今日天元帝下朝，又令人把与其非常亲近的一名侍卫活活打死，他更是悲痛欲绝。咱这就去跟他商议一下，明日来他个里应外合，把这昏君了结算了。"

"不可妄动。"在此时刻，杨坚倒显得异乎寻常地冷静。他说，"咱清楚，就凭你现在整出的这支相府卫队，即使不与长孙览合谋，要对付宫廷禁卫，已足够。更何况长孙览的内心已向着咱了。但，问题在于，这么干，名不正，言不顺，不能服众呢。目下，朝野都痛恨天元帝的恶行、陋习、荒淫，可你要谋逆他，情形就不同了。首先，几位老军头，能服吗？势大根深的宇文氏皇族，能够容忍？还有，不明就里的天下百姓，亦不会答应嘞！因此，咱不能只图一时痛快，该低头时得低头。再说了，咱明日进宫，死，其实也不那么容易。议事厅里，郑大人和长孙大人都是向着咱的，圣上一个巴掌拍不响呐。当然，咱也不可掉以轻心，各项措施一定要细致周全。除此而外，高颎、苏威和裴政这三人，今夜都要设法将他们转移到一个安全处所去。"

杨坚一席话，使众人也都冷静了，经过商议，各人连夜分头行事。

庞晃和元胄一走，杨坚即叫李顺跟自己进了书房，独孤夫人亦相跟着进来了。杨坚把情况向夫人作了简要介绍，叫她带上老三老四老五，摸黑赶往大儿子杨勇兵营。并着人知会已任雁门郡公的老二杨广作好戒备。李顺则率亲兵，留守杨府，以与杨坚、庞晃呼应。

却说，翌日清晨，杨坚亦如往日，乘车赴相府办差。没过多久，郑译就来传旨，请大丞相入天台议事。杨坚、郑译仅公事公办地照了个面，大庭广众中，私相传话是不可行的。于是，二人各乘各自的车，便一前一后往宫中去了。

当大丞相乘坐的车子从皇城将要进入肃章门时，他撩起窗帘一角，见庞晃正在肃章门外亲自操练一支相府卫队。车到肃章门前，宫城的守城侍卫亦如往日，见是相爷的车子，立即放行，一切皆无异常迹象。进入肃章门后，便是皇宫禁地。此时，杨坚却惊讶地发现元胄竟在宫城内，手把手地帮宫卫操演方阵。

此处要作一简略说明，杨坚兼任的右司武一职，只管静帝的宫卫。天元帝的警卫则另成一体，属长孙览所管。大臣们办差的皇城和天子居住的宫城之间，只隔一道城墙。天元帝的禁卫和相府的卫队彼此熟悉，常来常往。尤其是庞晃接管相府卫队后，与主管宫廷卫队的小宗伯长孙览关系不错，往来密切。

其时，杨坚的车慢慢接近天台，情况与往日有了明显变化。车道两旁，已是三步一岗，五步一哨，禁卫森严。他的车终于停在了天台的丹墀下，郑译的车紧随其后。两人分别下车，郑译走上前来，只做了个请杨坚走前的手势，便随杨坚迈上丹墀，此时，只见长孙览已全副戎装地站立在了天台的大门口。杨坚从其面前经过时，略一领首，然后，从肃然挺立的侍卫身旁进入大门。此种令人窒息的场面和屡受追杀的经历，早已使杨坚处变不惊了。待杨坚和郑译进入议事厅，已见天元帝高高在上地坐在了龙椅中，倒是他见到进来的杨坚，反而显得有点不自在地扭动了一下身躯。杨坚和郑译跪下，向圣上请安。

之后，郑译坐到天元帝右侧的椅子上；杨坚则于一年前皇上审宇文宪的情形一样，叫侍卫临时端来一把椅子，与天元帝和郑译面对面地坐在了大厅的中央。

"杨坚，汝知今日叫你，是因何事？"

"郑大人告知臣下，说圣上有事相议，但没说是甚事。"

"公心里亦没一点成算。"

"臣下不敢妄测君心。"

"哼，你的胆子真就这么小？不敢妄测君心？"天元帝突然变色道，"公明明是吃了一颗豹子胆的呢！汝趁朕巡幸东京之际，私改朝纲，公这么做，犯的是甚罪？"

"圣上说臣下私改朝纲，此罪名，臣不敢当。"杨坚语调仍很平和地道，"臣受圣上之命，辅佐静帝，从来恪尽职守，循规蹈矩，未生过半点非分之想。"

"汝还狡辩？朕亲手编纂的《刑经圣制》，汝竟敢大加篡改，这是不是事实？"

"臣下作为大后丞，为感圣上恩宠，就要专心治理国家。治国，须有宽严适度之法则，方能使天下长治久安。"

"那依公之见，朕向天下颁布的《刑经圣制》，是不适合治国的啰？"

天元帝说着，眸子里闪出两道凶狠的光芒。

杨坚避其锋芒说："法度是否合用，咱要听官与民的反映。"

"官、民咋说？"

"各地官衙和庶民皆反映说，刑律偏紧。"杨坚说着，突然跪下双膝，道，"圣上，臣下自上任以来，几乎日日收到各州、郡、县送来的死刑报表，有的只为一点小事，即被处死，有的因怕受苛刑折辱而逃得不知所踪，结果按照刑律，使其全家抄斩。目下，就连朝廷上下，亦人人自危，竟连参与制定这部典籍的刘昉大人，在自己挨了天杖之后，亦生悔意了呢。"

杨坚说到此处，已是泪流满面。大厅内，一片鸦雀无声。在厅内当值的宦官、太监、侍卫，个个面色黯然。他们中，没尝过天杖滋味者，少之又少。

"放肆！"天元帝大喝一声，说，"公竟敢当朕之面，妖言惑众。汝知朕为啥要治你吗？是汝太过狂妄，未经禀报，就擅改朕之《刑经圣制》，并还要将其颁行天下。"他说着，一拍醒木，道，"长孙览！"

"臣在。"为杨坚的话语感动、并为小兄弟杨文祐惨死而偷偷拭泪的长孙览吓了一大跳，他忙单膝跪下，挂在身上的腰刀碰在地面的方砖上，发出一声脆响。此刻，坐在天元帝旁的郑译，更是魂飞魄散，冷汗淋漓。

"把杨坚拿下去，处斩！"天元帝大怒道。

"且慢。臣并不畏死，但死要死得明白。"他轻推了一下长孙览。长孙览亦随即退回到门口处。杨坚继续说，"臣既为大后丞，就应对静帝、社稷承担责任。为施政计，对大政方针之某些方面，作些更改，亦在所难免，且名正言顺。此为一。臣下在施政之时，当然不会无视静帝之上，社稷之上，还有一位至高之天元皇上。因此，臣下编定的这份《刑书要制》，开篇就已注明是未定稿，在颁发各州、郡试行前，只分别呈送给天元帝、三公、三师、刑部、吏部首长和几位辅臣审阅，以便在听取了各方意见后，再行修改。此为二。其三是，臣下对圣上编制的《刑经圣制》并未全盘否定。如原律规定的打击不法之徒隐瞒土地和农户等等条目，都作了保留。而尤其是《刑经圣制》强调弘扬佛法，是对先帝建德六年所颁之法典作出的重要更改，这些都一一保留了。因为这些更改很重要，先帝收复北齐时，关外官民的心本就不稳定，归附周之后，还要他们灭佛，就会更加激起民怨。而如果让天下人保留宗教信仰，则能起到安定民心之作用。"

"噢？"天元帝突然打断杨坚的话，把脸转向郑译，问，"卿看到那册子上是否保留着弘扬佛法的条目？"

郑译本在专心听杨坚讲话，不料天元帝又突然叫到自己。他今日一惊一乍，已出了几身冷汗，慌忙道："臣没……没注意，记……记不清楚了……"

"卿去把那册子拿来，再看看是不是已注明是未定之稿。"接着，他又转向杨坚道，"公若是信口胡刍，蒙哄朕，今日必死无疑。"

郑译起身去天元帝书房拿《刑书要制》，天元帝看到杨坚仍跪在地上，于是说："公——还是坐下说吧。"

杨坚谢了恩，复又坐到椅子上。郑译把《刑书要制》取来翻查，杨坚道："在七十三页上。"

郑译翻到第七十三页，终于喜出望外道："有！没错，是保留了呢。"说着，把册子呈送给了天元帝。

《刑书要制》不仅保留了有关允许信奉佛、道之条目，且还对已充作公产、私宅之庙宇、道观，如何清退，作了明细规定，从而避免了可能引发的纷争。天元帝接过册子看了那些条目，又翻到前面，果然有仅为征求意见、未定稿之类的说明。接着，天元帝凝视杨坚良久，终于说："公去吧，今日算你逃过一劫。"

杨坚木木地坐在位子上，一时竟未醒过神来。

郑译则马上道："杨丞相，圣上免你一死，咋还不磕谢皇恩？"

杨坚此时才慌忙磕头谢恩。可当他起身时，只觉背心一阵冰凉，方知衣袍早已被汗水浸湿。无意间，他瞥了一眼面前的天元帝，见其更是面色苍白，满脸倦容。杨坚起身，在一名太监和长孙览的导引下，走出天台大门，见元胄从丹墀下的树荫处站起，并迎上前来……

杨坚坐进车里，元胄则与车夫并坐在了车头。车朝肃章门不紧不慢地驶去，沿途跟来的相府侍卫越聚越多，但都有次序地列队与车并行着。待车出肃章门时，庞晃骑马迎来，与车上的元胄打过招呼，车亦马不停蹄地加快了速度……

车内的杨坚撩起窗帘，见沿途布置的警卫亦在他的车子驶过后，不动声色地往后撤离。

第二十五回

宣帝余怒未息母女遭殃
丞相深感自危欲出避祸

逃过一劫的杨坚，心里明白，今日之事，虽已了结，并不意味绷紧之弦，从此就松弛下来。恰恰相反，新的一轮更深重的猜忌，或许已然开始。他不知明日将会发生什么，亦不知如何去防范。但从今往后，表面上却仍要装出若无其事的样子。他深深懂得，这种君臣间心与心的角力，比战场上面对面的肉搏，更残酷，还伤神！

翌日晨，杨坚亦如往日去相府办差。他只是在自己的车驾两旁，约略增加了几名随行骑侍。到达相府后，杨坚见高颍的房门仍然敞开着，就朝里一瞄，但见高颍安坐其内，就问："你咋没走？"

"咱不比苏威，他没在相府挂职。大丞相如若有事，咱逃得脱吗？"

不过，阴云笼罩中的杨坚，亦有一件稍感安慰的事，使他于忐忑中，感到一丝慰藉。他意外收到虞庆则发自并州府的信。信中说：正如杨坚预料的那样，府兵开垦的屯田，获得了丰收，明年一年的人畜用粮皆不成问题。而且，还说：长孙晟应沙钵略可汗之恳请，仍留在突厥部落中，教习突厥人箭术。同时，他还率沙钵略可汗派来的使者，访问过并州，并达成了用粮食、盐和丝绸换军马、铁铠甲的协议。并说，自长孙晟送千金公主去突厥，边境之间从未发生过冲突。所以，他决定趁当前农闲时节，一边练兵，一边搞点简易水利设施，以待明春再多垦一些荒地，再增加一些粮食储备。

杨坚在给虞庆则的复信中说：希望他尽量与突厥搞好关系，以与邻邦和睦相处，赢得时间，换来粮食丰收和提高府兵质素。只有不断增强自己的实力，在边境冲突中，才能立于不败之地。与此同时，杨坚还表示想把自己的二儿杨广，送到他的军中历练历练。复信用加急通过驿站发出后，杨坚的精神为之一振。他想：如若再遭不测，就退避到并州兵营中去，也许是个不错的选择。

接着，庞晃过来了。他告知说："听长孙览讲，天元帝略感身体不适，在御医的劝说下，蛰居后宫调养龙体去了。"

杨坚听后，想起天元帝昨日审问自己时，那张苍白的面容。但，还是无奈地叹了一口气，对庞晃说："躲过了初一，还不知十五会是如何？"

"是咧！"庞晃倍感伤神，临走，撂下一句话，道，"咱不能老是走一步瞧一步，弄得每走一步都心神不安，得想出个长远之策方是。"

"长远之策？"杨坚想，人家是高高在上的太上皇，自己是听人驱驰的臣子，一切都由不得自己多想呀！

杨坚正为自己的前景伤神时，高颎带着个人进来了，并笑着对杨坚说："丞相看看，他是谁？"

杨坚一看，此人身材高大，仪表堂堂，脸庞上蓄着一部漂亮的长须，立即起身笑道："嗬，是处道老弟呀！你不是随韦孝宽大将军在南边作战吗？什么风把你吹回来的？"

"哈哈！咱就知道，他会认出咱的，一笔写不出两个杨字嘛！"来人亦很高兴地先向高颎证实说。然后，才对杨坚道，"咱就知道你能认出咱。却没料到，你还知咱在南边打仗。咱是不久前，不慎坠马，肩上受了点伤，回京师来治伤、养伤的。"

"大丞相与清河公原本就是一家子，哪能不知彼此。"高颎笑道，"咱就不陪二位了。咱那里还有一堆事要急着处置。"

来人叫杨素，字处道，和杨坚一样，都是弘农华阴人氏。他们共一个老祖宗，却已出了五服。杨素的祖父杨暄，魏时任辅国将军、谏议大夫，父亲杨敷，为北周汾州刺史，曾陷没于北齐。杨素从小聪明好学，涉猎很广，精于草隶，善于作文，而被时任大冢宰的宇文护看中，引为中外记室，从此步入仕途。但没过几年，大冢宰宇文护即遭诛杀，杨素亦遭冷落。不甘沉沦的他，为引武帝注意，便"以其父守节陷齐，未蒙朝命"为由，上表申诉。武帝认为杨素是故意小题大作，未予理睬。杨素则不依不饶，一而再，再而三地上表置辩。武帝大怒，命左右把他推出斩首。杨素亦在朝堂大喊道："臣事无道天子，死其份也！"武帝因而受到感动，不但未杀他，反而赠封杨素的父亲杨敷为大将军，并赠谥号为忠壮。由此，杨素为父争到功名为其家族巩固了门第的同时，亦受到武帝的礼待，拜为车骑将军、仪同三司等职。其后，杨素也确实不负期望，灭齐时，杨素请求率领父亲的旧部为先锋，跟随齐王宇文宪在河阴大破齐军，因军功封爵为清河县公。后来，武帝又听说他长于作文，便命他写一诏书，杨素下笔立就。武帝因而嘉许他道："好自勤勉，不愁不会富贵。"杨素则回答说："下臣只恐富贵来逼我，我则无心图谋富贵。"

而此一切，对同在官场、又是同乡且年龄相仿的杨坚来说，哪会有不加关注的呢。

"咱今是仰慕丞相的胆识，特来拜访的。"

"兄弟整日忙忙碌碌，仍遭诟病，何来胆识？"

"嗨！大丞相昨日在天台据理力争、大义凛然，连性命皆置之度外，令素万分感佩！"

"你不要听高颎捕风捉影海吹。"杨坚摇摇头说，"昨日面对天元皇上，咱纯属被逼无奈，横竖一死，才嘴硬了一回。"

"佩服，佩服！"杨素道，"不过，大丞相不要错怪高大人，昨日之事，还是咱告诉他的。高大人只知丞相奉旨去天元帝那里议事，其后发生的事，他并不知情，咱是听目睹那事的宫里人说的。"

"佩服咱啥？你以为咱会像你当年顶撞先帝那样，不仅未获罪，反而加官晋爵。咱这仅是侥幸逃过一劫，还不知明日会咋样呢！"

"咱佩服丞相的，岂止昨日一事。韦孝宽大将军在南边与入侵陈军交战，收到朝廷发来的《刑书要制》稿本，韦大将军拜读后，推荐给咱看了，皆觉如照此刑纲治国，社稷有望复兴。"

"别说了，"杨坚摆手道，"昨日圣上要治咱死罪，正是为那草拟的《刑书要制》。"

"咱知道。公制定的刑律，纠正了圣上之错，亦伤了其自尊。仅为此一桩事，公今后恐难有宁日。"

"就是哩。"杨坚点头说，"弟乃肺腑之言。你看看，咱坐相府中，有处置不完的事不说，还成日处在提心吊胆中！"

话到此处，杨素压低声音极尽诚恳地说："素今日即是为此而来。公若真到了无路可走地步，切切不可学宇文宪公的愚忠。他忍受冤屈，去得不值。结果，死的还不仅是他一人，好端端的一个家都没了呢。丞相惹不起了，可避其锋芒，躲躲嘛。倒行逆施的朝廷，断不能久长。"

"唉……"杨坚未正面作答，抬头问道，"公打算几时回南方？"

"咱这伤，要慢慢养。在家养和去南方养都一样。丞相如到事急时，愿去南方，素愿奉陪。此外，咱可告知丞相，从平日的言谈中，获知韦孝宽老将军对丞相印象不错。老将军过往与令尊亦是相知的好友。"

"呵——是吗？"杨坚心头一热，道，"多谢老弟的点拨。届时，若真到了那一步，咱会考虑的。"

杨素告辞，杨坚望其背影，心绪难平。他原先只知杨素与自己是同宗，却无交往。今日方知，此人直率热情。更难得的是，他深知自己身处险境，还能不避风险地邀请自己去他那里避祸，实属难得。

杨坚想到这里，心头一热。他暗暗打定主意：逼急了，南也好，北也罢，有了两个可供选择的避难去处，乃真是天无绝人之路呵！

不过，北边的虞庆则也好，南边的杨素也罢，都是绝顶聪明的人。当下，朝纲不举，君上无道，人心浮动，一个王朝的没落，已现端倪。旧朝将去，新朝必来，虞庆则和杨素两位身处边境的战将，在茫然四顾中，显然都是不约而同地把希望寄托在了杨坚的身上。

　　那么，杨坚呢？这位名义上的新任大丞相，非但没有丝毫新贵的感觉，反而日日有如惊弓之鸟。当然，他也不是个傻瓜。他深知，这座宰相府从来就是个暗潮汹涌、风云聚汇之地，一不留神就有可能成为刀下之鬼。他的两位前任，大冢宰宇文护和宇文宪都是死于非命的。但，如若挺过了鬼门关呢？他以大丞相和辅佐幼主的身份，占据着登顶的最佳位置呐！但是，他知道，自己的羽翼并未丰满，皇室和靠近皇室的若干人，亦对他虎视眈眈。所以，他才甘冒风险组织人编了那本《刑书要制》。一是，藉此提振朝纲，改变当下朝廷一筹莫展的颓势；二是，以此显示自己的治政能力，聚攒人气，用以稳固自己大后丞的地位。万没料到的是，征求意见稿刚刚发出，便遭天元帝当头棒喝，险乎送命。于是，杨坚又想故技重施，三十六计走为上，找个由头暂离此凶险之地。

　　却说，经过一夜歇息，天元帝早已将昨日的恼怒抛诸脑后，他在后宫庭园召集宫女及朝廷内外有封号的妇人，让歌妓乐人都穿上色彩鲜艳的服装，结队表演。与此同时，天元帝还让数名男童穿上女人的霓裳，混杂在歌妓之间，插科打诨。天元帝本人则坐于几位皇后当中，饮酒看表演。

　　时下，已至深秋，从大西北吹来的劲风，已显得有点冷飕飕的，几名赤足赤身的胡人上台表演乞寒戏。天元帝即命几名宫女用水泼洒到正在表演的胡人身上。雪上加霜的胡人，冻得瑟瑟发抖，使乞寒戏演得更为逼真。天元帝无比兴奋，他一时性起，举起一杯酒亦朝胡人赤裸之躯泼去，还叫左右两旁的皇后、嫔妃也和他一样，朝台上胡人泼酒。杨皇后实在看不下去，想制止，却不敢。终于有个体弱的胡人耐不住寒冷，倒在了台上。几名宦官、太监走上去，把昏倒的胡人拖下台。

　　"扫兴！"已经喝得两眼充满血丝的天元帝，忽命歌妓们把衣裙脱去跳裸舞。

　　众皇后及嫔妃大骇。

　　"圣上，使不得！"杨皇后实在忍无可忍，跪在了天元帝的面前。

天元大皇后杨丽华，平日性情柔顺和婉，为人坦荡，在其他几位皇后和嫔妃、御女之间，从不使小心眼，所以深得后宫上上下下的喜爱与敬重。她这一跪，如同号令，"扑通扑通"地在天元帝周围，皇后、嫔妃、御女们一下子跪了一大片。

其时，被邀前来凑兴看表演的朝廷大臣的命妇们，因离皇帝、皇后们较远，不知发生了啥事情。在此众多命妇中，当然也包括了大丞相杨坚的独孤夫人。她原本想趁此进宫机会，一并看看女儿，与她讲几句体己话的。见此情形，命妇们皆起身离座，慌不择路地四散而去。

"丧门星！"以往圣上动怒，皇后、嫔妃们跪地一求，也就息事宁人了。今日则不然，他怒不可遏地一下子把火都发泄到了杨皇后的身上，对她大声咆哮道，"真是有其父必有其女咧！昨日，汝父违抗圣意，擅改朝纲，还当廷狡辩；今日，朕想解解闷、取取乐，汝又竟敢当众阻拦。汝这贱人，该当何罪？"

"圣上息怒，奴婢向您赔不是了。"

"哼！汝以为认个错，就能像往日一样，没事了？"天元帝怒吼着，一阵冷风袭来，他穿得虽很厚实，但仍然打了个冷噤。于是，抬头看了一下天，太阳已然隐入云中，即吩咐左右道，"将她拖进宫去，让朕收拾她。"几名宫女走上来，扶起跪地的杨皇后，并搀着她朝前走去。

这道会苑虽在后宫范围内，可离天台和几位皇后、嫔妃的住地尚有一段距离。包括天元帝在内的各女眷，都是乘车或坐轿而来的。气头上的天元帝自己没上车，众人当然也不便上车上轿。不仅如此，搀扶杨皇后的宫女当初只想尽快使皇后娘娘离开此地，也走得很急。偏巧，咫尺之间就有一座宫殿，名月霞宫，是朱皇后的寝宫。当初众皇后都嫌此处偏远，喜静的朱娘娘偏挑了这地方。于是，宫女也不管三七二十一就扶着杨皇后往月霞宫里去，另一方面也是想避过天元帝发怒的风头。

不料，天元帝竟也跟了进来，仍不依不饶地放出狠话，说："朕今日跟你没完，先把汝了结了，再灭汝全家！"

随侍在侧的大太监小乐子，此刻心急如焚！他从随州回到长安，经杨坚介绍再次进宫做太监。他先是在东宫，其时，天元帝还只是太子，就一贯胡作非为、一贯任性、一贯说到做到地狂傲，小乐子都一清二楚。况且，昨日天台议事厅发生的事，他也在场，并为大丞相捏过一把汗。今日天元帝之怒，完全是借题发挥——他还记着昨日之恨咧！

当宦官、宫女、太监们纷纷扰扰簇拥天元帝进入月霞宫，谁也没有注意到这位已升任后宫大太监的小乐子仍伫立于原地未动。

刚才还是笙歌乐舞，热热闹闹的场所，随着帝后嫔妃们的离去，一下子就冷清了。而小乐子的心，也由慌乱变得冷静起来。他倏地记起，开场前，他还在这场子里和独孤夫人打过招呼的，此刻，她肯定还没走远，得把她叫回来救自己的女儿。他于是赶紧追了出去，只见三三两两的歌伎乐人边走边笑闹着，而官家有名份的命妇，皆已不见了踪影。

踌躇间，一名骑在马上的宫卫，正"嘚嘚"地迎面而来。小乐子挥手道："咱有点急事，请将马借咱一用。"

那宫卫见是皇上身边的大太监，立即下马。小乐子骑上去，对宫卫道："你就在这里等咱，咱马上回来。"说着，他两腿一夹马身，那马就如离弦之箭地朝独孤夫人回家的路上追去。

出了宫城，没追多远，小乐子就见李顺和几名侍卫也都骑在马上，护卫着一辆车子。他大叫一声："李顺兄弟，请等一等。"

小乐子随即冲到车前，还未下马，独孤夫人闻声，已先下了车。乐子把后宫发生的事一说，独孤夫人便说："咱坐车中，心里一直在打鼓呢！"接着，她吩咐随行人等，转回宫去。

车夫立即牵马调头。小乐子则和李顺打了个招呼："咱在后宫门口等你们。"说着，他翻身上马，扬长而去。

小乐子赶回后宫门口，先把马还了。不一会儿，独孤夫人的车子也到了。车和李顺等一干人，都是不能进后宫的。所以，独孤夫人下车后，便只身随小乐子进入后宫。

却说，天元帝一进月霞宫的前厅，就阴沉着脸歪靠在一张垫了明黄软垫的龙椅中，命太监把鸩酒端来，他要赐跪在他面前的杨皇后死。在杨皇后的身后，还跪着一大群为其求情的皇后、嫔妃、御女等。

月霞宫里事前没备鸩酒，过了好一会儿，才有一名太监端着一只锃亮的黑漆盘子，盘中放着一杯剧毒鸩酒，朝杨皇后缓缓走来。杨皇后把头扬起，脸上有两行泪痕，但，此时，她却没有流泪，而是十分平静地望着端盘朝她走来的太监……

倏地，厅内哭声大作，为杨皇后求情的皇后、嫔妃、御女们，已哭成一个个泪人儿！

正当太监走近，杨皇后欲取鸩酒时，说时迟，那时快，独孤夫人赶了过来，并跪在了女儿身边。她向天元帝磕了个头，恳请天元帝说："奴婢愿替女儿去死！"

说完此语，也不等天元帝回话，就伸手去抢那盘中鸩酒。不知是太监有意，还是独孤夫人的手把漆盘碰歪，那盘里的酒杯一下滚落到地，使酒和酒杯碎片四处飞溅……

"呵！"天元帝大惊。他刚才并未听清独孤夫人说的话，也没弄清她是谁，于是喝问道，"大胆！汝是谁？"

独孤夫人抬头说："奴婢是丽华之母，独孤伽罗。"

天元帝定睛看去，方知把事搅黄的，竟是皇后之母、自己的丈母娘。他大怒道："朕正要灭汝全家，汝可是自己来找死的。你来得好！汝就陪女儿一同去见阎王爷吧！来人，取两杯鸩酒！"

"奴婢死，不打紧，请圣上饶了奴婢之女！"独孤夫人连连磕着响头，她是以此来排解心头之恨的呵！

独孤夫人之父独孤信，是西魏和北周柱国大将军。独孤信出生入死，为建立北周，立下汗马功劳。天元帝的祖父宇文泰为防其篡权，要加害他。独孤信为了保全家人性命，自己含愤饮鸩死在家里。不料，同样的命运，现在竟又降临到了后人身上。

一直站在宫内一角，目睹事态恶化的还有郑译。杨坚不仅是他年幼的同窗，还是说得上话的老友。目下，其妻女若惨遭不测，他将如何向老友交代？但，尽管贵为皇上的近臣，当天元帝胡作非为时，自己是万万不能出面阻止或劝解的！若真要那样去做，不但救不了母女俩，反而只能是火上浇油。弄不好，还要引火烧身的。正无计可施时，郑译倏地眼前一亮——他发觉一脸焦急的小乐子就站在离自己很近的地方。他于是走过去，对他耳语了几句。机灵的小乐子心领神会，悄悄离宫。

宫内，死一般的静寂。

又过了好一会儿，一阵窸窸窣窣的响声从宫内深处传来，只见原先端着漆盘的那位太监，又缓缓地走来了。这一回，他端着的盘子里，盛放的是两杯鸩酒。

人们凝神屏息……

那端着托盘的太监离母女俩越来越近，突然，只听宫门外，传来小乐子鸭公般的唱喏声："天元圣皇太后到！"

此声如雷贯耳，响彻宫内大厅！聚集在厅里的人，连同那不可一世的天元帝在内，都悉数跪了下来。

天元圣皇太后是天元帝的生母李后。儿子当了太上皇，她顺理成章地被封为天元圣皇太后。李后仍和武帝在世时一样，身着一身俭朴的布服，头上、衣着上，亦无金、玉之奢华饰物。她知书达理，原是江南一位官宦人家之女，平日很少在大庭广众中露面。她深知儿子的德行，所以对皇上的所作所为，一贯都是秉持不理不睬、不闻不问的态度。正因如此，才使人们对她愈加敬畏，连目空一切的天元帝，也只诚服母后一人。

其时，李后在几名宫女的簇拥下，走进月霞宫大厅。因其孙子静帝八岁不到就做了皇帝，她辈分虽然极高，却还只有四十上下年纪。加之，平日生活俭朴，并未发福，所以，看起来反显年轻。她面对下跪的人们，抬了抬手道，"都起来吧。"

众人闻言，连先前跪下求情的皇后、嫔妃、御女们，也纷纷站了起来。最后只剩要被赐死的独孤夫人和杨皇后母女，仍长跪不起。

"这两位是谁呀？"李后只听小乐子报说后宫出事了，就连忙赶了过来，却并不知道发生了什么事情。她向左右宫女使了个眼色，对仍跪着不起的人说，"你俩也请起来吧。"

在宫女们的搀扶下，独孤夫人母女才站起身。

李后辨识了一会儿，方才识出眼前之人。她大惊道："呵？是亲家呀！你咋到了此处？"

她走上前去，拉着亲家的双手，见其额上已是皮破血流，血水、尘土已将脸面污得不成人形。她终于感到，此事非比寻常，即把脸转向坐于堂上的儿子，眸子里闪射出痛、愤交织的光芒，说："皇儿呀！此究竟是咋回事呵？"

天已黑透，杨坚才从相府回到自己府上。他对白天后宫发生的事，一无所知。进屋后，李顺才一五一十地告诉了他。他连忙进房去看夫人，独孤夫人头上缠着白布躺在床上。夫妻四目相对，良久无语。

其后，杨坚终于从床沿起身，打破沉默说："皇上无道，是逼咱与其摊牌咧！大不了，就鱼死网破，两败俱伤吧！"

"两败俱伤，就是夫君想得到的结果？"独孤夫人躺在床上，仰望丈夫说，"此种不计后果的意气用事，只能为后人提供笑柄。"

"事到如今，那你说咋办？"杨坚愤愤地道，"昨日，咱差点把命送到他手中。今日，他又差点要了你母女之命，他还口口声声要灭咱全家。"

"昨日、今日都很凶险。不过，不都还是逃过一劫了吗。你年轻时，还能讲点韬晦，是不是官做大了，脾气也大了？咱今日虽把头皮撞破，但还不致晕头转向，失去理智呢。"

"道理，咱也懂得。可这口气确实叫人难以下咽。"

"难下咽，也得强吞下去咧。好了，好了，快去用膳吧，孩子们早就叫肚子饿了呢。"

杨坚刚放箸，就有李顺前来报说，郑大人到访。郑译带了一大块鹿肉和几支长白山老山参，以示对独孤夫人的慰问。

"今日之事，多亏公的周旋，方保母女平安。"杨坚一进客厅就连连向郑译表示谢忱。

"哪里，哪里。"郑译连忙纠正说，"化险为夷者，主要是你当年介绍进宫的那个小乐子和天元圣皇太后。"

接着，郑译把今日发生的事从头至尾详说了一遍。

杨坚听后，唏嘘不已，道："咱其实一贯都是勤勤恳恳在为朝廷办差，不知圣上为啥还是和咱过不去，并使家人都陪咱一起受累。"

"此有啥想不通的咧。圣上从小至今，随心所欲惯了。"郑译摇头道，"你和圣上没啥理好辩的。一句话，作为臣下，不管对、错，都要唯其命是从，并逆来顺受。否则，就不会有好结果。你是聪明人，难道这还不清楚？"

"那，事到如今，往后的日子还过得下去吗？"

"不好过，也得过呵。一句话，别再激怒他。"郑译习惯性地环顾了一下左右，见无旁人，才压低嗓音道，"圣上自幼沉迷女色，如今，才二十出头，就常感精力不济，而命太医为他研制威猛之药。服药后，性子越来越暴，不仅是你，就连咱与刘昉、长孙览、卢贲等近臣，亦如你一样，常感自危哩！"

"唔，刘大人近来咋样？"

"他被打的那点皮肉伤，其实早就好了，但经常还是以歪就歪，猫在家里不出门。当下宫内俱事，多由咱一人扛着，圣上又这样喜怒无常，很头疼呢。"

杨坚与郑译搭讪着，想起杨素的忠告，于是对郑译说："咱若这般下去，说不定哪日又会惹怒圣上。公得再帮兄弟一个忙。"

"你说。"

"设法把咱从相府挪走，还是去边塞带兵打仗。"

"公想去啥地方？"

杨坚想了想，北有虞庆则，南有韦孝宽和杨素，都是可以去的，就说："地方就不挑了，以远为最。南也好，北亦行。"

"行。咱放心里了。"

第二十六回

道会苑演射术精彩纷呈
赵王府说家事别具用心

天元帝一觉醒来，已是次日午初时分。他睁眼一瞧，见是朱皇后已穿戴整齐地坐在榻旁。于是，眉头一皱，从锦衾中伸出一只手，挥了一下，道："去叫杨皇后，朕要起来了。"

朱皇后，名满月，乃静帝宇文阐之生母。她比丈夫天元帝大十好几岁，早已过了如花似玉之妙龄，已多年不为天元帝宠幸。只因在众皇后中，她生了天元帝的长子阐，而且，未满八岁的阐，已贵为当今天子。所以在地位上，她仅次于正室杨皇后，被册封为天大皇后。因昨日的那场"鸩酒赐死"风波就是在朱皇后所住的这爿月霞宫中发生，且因李太后进宫，把独孤母女救出，而使天元帝颜面尽失，借酒泄愤，终至酩酊大醉，而躺在了久不临幸的朱皇后的卧榻中。经过太医诊治后，一直睡到今日午时方醒。

杨皇后接报，从她住的含仁殿里过来了——仿佛昨日根本未发生过什么事一样，她的脸上仍挂着往日的微笑，和宫里人一一打招呼。说来也怪，杨皇后还未进房，天元帝听到她的声音，就从躺姿变成了坐姿。

"别受凉了。"杨皇后随手把朱皇后的狐皮披风搭在了他的肩上，又命宫女打来一盆热水，一边亲手为天元帝洗脚，一边说："圣上亦真是，睡了一整夜，连个脚都还未捂热，此亦是皇上过的日子？"

听着杨皇后的抱怨声，此刻的天元帝也没了一丁点脾气。杨皇后嫁入东宫为太子妃，当时的皇太子宇文赟，只有十三岁。那时的小夫妻俩，如胶似漆，异常和睦。自打那时起，天元帝就养成了一种习惯，只要杨皇后一人为他料理起居，并不厌烦她喋喋不休的抱怨。

皇太子也好，皇上也罢，穿衣、盥洗和佩戴饰物，都不是一件人人都能做的简单事，稍有不慎，就会出错，甚至闹出笑话来。杨皇后服侍天元帝起床，不紧不慢，有条不紊，利索与轻柔皆到好处。其实，这些繁琐事，朱皇后也都能够做到。她进东宫，本来就是为太子赟管理服饰的，对服装、服饰之穿戴、搭配等各种讲究，自然也是一清二楚的。她所缺的就是那使天元帝习惯了的一边服侍一边怨中含爱的唠叨。

天元帝穿好衣裳，洗漱罢，已过正午，两位皇后随即陪皇上用膳。此时，天元帝在两位皇后的好言好语劝说下，同时，也因昨日饮酒过量，有点闻酒恶心之感，破例，在用膳时，没有饮酒。

用膳毕，天元帝回到天台，郑译前来禀报说："小宫伯长孙晟回来了。"

"谁？"天元帝对此人已毫无印象了。

"就是那个仅用三弹就击退突厥大军的神射手长孙晟。"

"唔，想起来了。"天元帝点头道，"他到哪去了？何时回来的？"

"圣上咋又忘记啦？他为朝廷副使，送千金公主远嫁突厥……"

"对，对，朕想起来了。他到突厥后，那里人仰慕他的箭术，将他留下了。哦，他才回来呀？"

"是咧！那边沙钵略可汗还派来使者，向圣上进贡了上好的和田玉、玛瑙、牛羊肉干等土特产。此次，所有礼物皆用骆驼运来，那畜牲走得慢，在路上耽搁了不少时日。他俩目下正在等候圣上的召见。"

"好！"天元帝来了兴致，"叫他们把骆驼也牵来，朕在道会苑见他们。卿亦将那些昨日受了惊吓的命妇，都悉数叫来，愿骑骆驼者，可以尝试骑骑骆驼，愿看射箭表演的，可以看看神射手的射箭表演，这样安排，如何？"

"圣上，命妇们都分散住在各处，一时半会恐叫不齐。上次是提前几日下的帖子。"

"那就算了，此次只请后宫的娘娘们吧。莫忘了，把静帝也叫来，让他见识见识骆驼。"

道会苑，乃皇家集会、游乐、演示骑术、射术之场所。

天元帝在仪仗、宦官、侍卫、太监、宫女们的前呼后拥下，进入道会苑大门。他坐在车中，透过车窗，远远就看见了三头又高又大、形状奇特、憨态可掬的骆驼。天元帝记得，自己第一次见到这畜牲，还是七八岁的时候。也是突厥人进贡时带进长安宫苑的。据说，那次是先卸了它身上的贡品，才得以进入肃章门的，可见其高大非同一般。那次，母后带自己去见它，自己则是既爱又怕，不敢接近。后来，去西北与吐谷浑作战，也在沙漠远远望见过，依稀记得有人悠哉游哉地骑在它的身上。

天元帝一下车，就问郑译："静帝来了没有？"

"还没呢。"郑译垂首道，"有几位后宫娘娘先来了。"

"奴才去正阳宫催催，请静帝陛下快来看看这稀罕畜牲。"大太监小乐子接嘴说。

"行。汝叫静儿快点来。赏玩之事，穿戴方面不必拘啥礼数。"天元帝说着，步入一间有拱顶的观礼台中，在龙椅上坐定。等候已久的长孙晟和突厥使节安遂家上前跪拜请安。天元帝先礼节性地问候了沙钵略可汗和千金公主是否安好，一路上是否顺利等。接着，就叫他们起身，自己也站起来，说："走，带朕去看看骆驼。"

此时，已经先到的皇后、嫔妃、御女及宦官、太监、宫女们，则早已分别围着三头骆驼，评头品足地在看稀罕。他们见天元帝走过来了，都纷纷跪下。

接着，有趣的一幕出现了：三名各牵一头骆驼的突厥人，见衣着华丽、十分高贵的皇后们都神情肃穆地朝皇上跪下。于是，他们也立令身躯庞大的骆驼，弯曲四肢，如一座土丘似的在道会苑的草地上跪了下来。随即，三个突厥人也跪在了骆驼旁边，一齐向皇上致礼。

天元帝见此情形，心花怒放，极为高兴。他走过去，挥动双手，连连道："都起来！都起来！"

跪下的人都先后站起来了，牵骆驼的突厥人则忘了给骆驼下命令，所以骆驼还都一直趴在草地上。

天元帝走过去，问一个牵骆驼的突厥人："朕过去在沙漠见有人像骑马一样，骑在骆驼背上，它能让朕骑骑吗？"

侍候骆驼的人，走南闯北懂汉语，连连点头说："可以，可以。"

天元帝喜形于色，欲上骆驼时，见旁边有个小宫女瞪着一双水灵灵的大眼睛，在惊奇地看着皇上欲往骆驼背上爬，那样子十分可爱。他于是转身对小宫女说："汝陪朕一起骑，如何？"

小宫女大骇，连连摇头，并往后退，天元帝则笑着朝她走过来……

小宫女越发害怕，"扑通"跪下，道："奴婢——不敢。"

"有啥可怕的。"天元帝更加来劲，"朕都不怕——来吧。"

天元帝一挥手，就有宦官和太监不由分说地把小宫女拽到了骆驼背上。可怜的小宫女，平生哪见过这大的家伙，更何况要她骑上去。她双手紧抱驼峰，浑身发抖。天元帝则兴奋异常，紧随其后跨上去，并贴着小宫女的后背，用手将她的腰揽住，柔声问："真没用，还怕吗？"

"怕……"小宫女之怕，又多了一层含意，因为这是在众目睽睽之下呵，被皇上搂着，不怕差吗！

那么大个骆驼倒是真的很乖。突厥人轻轻拍了拍骆驼的头，那骆驼立即收缩四蹄，稳稳地站了起来。在突厥人的牵引下，骆驼在道会苑的草地上安静地走着，天元帝则高高在上地把小宫女揽在怀里，对她说："今夜，朕要幸你！"

时下，聚在骆驼周围看热闹的众人中，朱皇后听说静帝也要来，心里就像撞翻了的五味瓶，分辨不出是何种滋味儿。自儿子出生后，按皇家规矩，即由奶娘和一大群下人抚养、照管。不过，作为生母，她还能常去看看他的。但，当儿子长到七岁，天元帝为了自己不起早床临朝听政，却让儿子当了皇帝，并住进正阳殿。从此，朱皇后要见亲生骨肉一面，都很难了。七岁的孩子懂啥呢，还要日日起早床，去听那些小孩压根听不懂的大

　　天元帝一挥手，就有宦官和太监不由分说地把小宫女拽到了骆驼背上，自己也紧随其后跨上去。

人讲话。据说，当小皇帝第一次穿上龙袍上朝时，竟被文武百官的朝拜吓得嚎啕大哭……

朱皇后想着儿子幼时的笑貌，悄悄溜出人群，来到道会苑的大门口。不多时，果真见到一辆四匹马拉的金辂车，在骑马卫队的簇拥下驶了过来。那马队和车队直入道会苑大门，朱皇后跟着追了数十步，车和马才陆续停下。金辂车的车门打开了，先下车的是一位宦官，接着才见小皇帝出现在车门口。车门口与地面有两级梯子，但对小皇帝来说，仍显太高。所以，他是被先下车的那位宦官直接抱下车的。

"衍——"朱皇后小心翼翼地叫了一声小皇帝的乳名。他的乳名叫"衍"。

小皇帝抬头见到朱皇后，亦叫了声"母后"，就往母亲这边走。但他只走一步，他的一只小手就被不离左右的那位宦官捉住了。接着，他和宦官又被前呼后拥的宫女、太监和侍卫们包围着，并朝天元帝那边走去。

"静帝驾到！"执拂的大太监小乐子冲人群吼了一鸭公嗓子。人们像起先对待天元帝一样，纷纷跪了下来。跟随在后的朱皇后，亦不由自主地向儿子跪下。

而此刻，骑在骆驼上的天元帝则眉飞色舞地代儿子回答众人之礼敬："都起来，都起来。朕说过了，今日大家都可不拘礼数，愿骑骆驼的，都可尝尝新鲜。"

接着，天元帝命突厥人让骆驼躺下。一干下人先七手八脚把吓得半死的小宫女从天元帝的怀里接过来，她竟然像一滩泥似的瘫倒在了草地上。

天元帝下地后，则笑着走到静帝跟前和颜悦色地说："汝想骑骆驼吗？很好玩的嘞。"

"不想。"静帝摇头道，"咱怕。"

"那有啥可怕的。"天元帝说，"让宦官抱着你，好吗？"

"不！"

天元帝亦不再勉强儿子了。他朝四周望了望，忽然问："长孙晟呢？"

"臣在。"人丛中的长孙晟走过来，欲跪。

天元帝一把拉住他，说，"别跪啦。朕早就听说你的射术了得，今日让大家开开眼界，如何？"

"行，那臣就在圣上面前献丑了。"

道会苑里有一座专门用于比试箭术的靶场，叫射馆，文武百官，当然主要是武将们，每年都要定期在此举行箭术比赛。届时，皇帝都会亲临为优胜者颁奖。于是，众人跟在天元帝、静帝、长孙晟，还有从突厥来的使者安遂家之后，进入射馆。长孙晟早已把自己的弓、箭、弹子等器物放在了靶场里。

待天元帝、静帝及各位贵宾们在观礼台上坐定，放置箭靶的地方，相继悬空升起三只金黄色的梨，梨与梨之间，相隔数尺。在梨之另一端，相距约数十丈处，长孙晟执弓，弦上搭着一颗铁弹子，但见他轻舒猿臂，弓几乎被拉成了满月——搭弹子的手一松，说时迟，那时快，那弹子如流星般带着"嗡嗡"的响声，再"啪"的一响，悬在正中的一只梨便被击得汁液碎末四溅！

观礼台上的人，先都一愣，接着，便是"啧啧"赞叹和一片掌声。

正当众人都把注意力集中到长孙晟张弓搭弹的动作上时，坐在另一侧的朱皇后，却从始至终地盯着自己的儿子。三只梨子一只又一只地被弹子打得开了花，小皇帝的脸上一次又一次地漾出开心的笑容。朱皇后则一次次在心中叹息着：他分明只是个孩子呢，却硬逼他去做自己根本不懂，也不喜欢的皇帝！

天元帝为长孙晟的射术折服，并笑对身边的突厥使者安遂家道："朕闻长孙晟在你们那里教习射术，还带出一些徒弟？"

"是的。"安遂家点头说，"臣下就是长孙将军的一个徒弟，沙钵略可汗和千金公主也都是。"

"噢？"天元帝大为吃惊，于是，道，"那汝之箭术一定也不错啰。请你也来为众人表演表演吧。"

安遂家再三推辞，天元帝不允。他只好也进入靶场，并拱手道："圣上之命难违，臣下只好班门弄斧了。"

　　安遂家先活动活动身子骨，再拉了拉弓，才张弓搭箭，接连射穿用丝线吊起的三只苹果。

　　天元帝自幼在父皇武帝的严格督促下，曾请名师学习过骑射技艺。做太子和做皇帝时，每年春季和秋季亦都要前往岐阳皇家猎场狩猎。因而技艺虽谈不上精湛，也还说得过去。看到二人都如此神准，他亦有些手痒痒的，想一试身手，于是，他从观礼台上下到靶场。长孙晟立即从自己的行囊中取出另一张弓请天元帝使用。

　　天元帝看了长孙晟一眼，说，"这不是汝刚才用过的弓呢。"

　　"臣下用过的那张弓，太……太硬……"长孙晟吞吞吐吐说。

　　"硬弓才是好弓嘛。汝把刚才射梨的弓拿来给朕瞧瞧。"

　　长孙晟从行囊中取出刚才使用过的那张弓。从外型看，与其他弓没甚差别，只是用牛筋做成的弓弦，似要比一般弓粗壮点。他试着拉了一下，那弦竟绷得铁一样硬，没拉动。天元帝于是摆开架势，使出全身之力一拉，那弓上之弦，仍是纹丝不动！

　　"嗨，汝之弓是真硬得如同铁一般呵！"

　　"圣上贵为天子，咋与咱粗人相比嘛。"说着，长孙晟再把之前的那弓拿给天元帝，并介绍道，"这是一张软弓。与硬弓比，它小巧灵便，弹性好，准头高，好掌控，只是射程要短一些，适合在马上追击猎物或近距离射杀敌人时使用。此弓是臣下在一突厥匠人指导下，亲手制作的，现在将它献给圣上吧。"

　　天元帝听了长孙晟的话，甚感受用。细看之下，那弓做工精细，弓之两端还缠绕着很漂亮的五色丝线。再试一拉弦，果然是张弛有度，很好把握。于是，欣喜地道："朕也一试身手？"

　　"为什么不呢。"长孙晟也没了起先的拘谨，立刻忙碌起来。他调整了靶位，并命升靶的侍卫用丝线吊起一块黄亮的油饼作靶子，这让观看的贵宾感到很新鲜。油饼虽比梨和苹果的目标大，但若没一点箭术基础，要一箭中的，也非易事。

　　长孙晟只看天元帝搭箭、拉弓之态，就觉得要射中那块油饼，不会有问题。果然，一箭射出，被箭撕裂之油饼，还悬在空中晃荡着，没有掉下来。观礼台上响起一片赞叹声和掌声。

一直期待结果的小皇帝尤为高兴，他倏地站到龙椅上，高举双手，大叫道："射中啦！射中啦！油饼，咱要！咱要！"

"把欲掉的那块饼子撕下来，赏静帝。"天元帝十分得意。

那充作靶子的油饼降了下来，等在下面的一名宦官将那块裂开的油饼撕下，走到观礼台静帝的座椅前，跪送给了小皇上。

一侧的朱皇后见此，笑得连眼泪都涌了出来。好久以来，她都没有这样开心过。

是夜，突厥使者安遂家自己骑在马上，命下人牵了两匹骆驼，驮着沙钵略可汗送给岳丈的礼物，去访赵王。

赵王府建在长安城外，占地数十顷，实际上是一座比随州郑家坞堡还要大得多的坞堡。府内前后都有花园和果园。赵王宇文招带一干幕僚、婢妾去了洛州襄国郡的赵国采邑。但长安的赵王府内，仍住着千金公主的母亲和剩下的一些婢妾以及众多未成年的子女，并有守卫宅子的千余亲兵。

安遂家在赵王府客厅坐下，出来接待他的，竟然就是赵王本人。赵王宇文招是先帝宇文邕同父异母的兄弟。他有宇文直健壮的体魄和武帝灵秀的气质。他不仅写得一笔好字，还善作诗词歌赋。爱女千金公主就是深受其熏陶，而获"京都才女"美誉的。赵王对安遂家说，他是因病求医才于前日回长安赵王府的。他特别关心爱女在突厥的情形，所以才决定亲自出面接待他的。

安遂家说：公主初到突厥时，确实不很习惯。所幸的是，可汗对她十分恩爱，处处尊重她原有的习俗。同时，那边的女人也都十分喜爱公主，向她学习刺绣和种植蔬菜。尽管如此，公主还是对她远嫁突厥一事耿耿于怀。尤其是听说了父亲和几位叔叔都被赶出京师长安，安置到了边远的地方，更加气愤。她于是向长孙晟学习箭术和骑术。她总想有朝一日，能像男子一样，带兵杀进长安，为自己，亦为父亲亦为冤死的叔叔们报仇雪恨！

"哦？"赵王极为震惊，"她竟有如此想法？可汗知不知道？"

"知道。沙钵略可汗总是劝她，不要那么想。还说要比照长安城中的宫殿式样，也给她在草原造一座宫殿。可公主不要。"

"近来，沙钵略可汗好像一直没对咱边境用兵？"

"自公主去后，就一直没向南方动武了。"

"为啥？"

"首先当然是公主的作用。可汗作了贵国的女婿，再发兵攻打至亲之国度，似师出无名。其次嘛，也还是托公主之福，公主远嫁后，草原一直风调雨顺，冬季也没遭雪灾，春后牧草长得好，牛羊也就长得好，部落之人也就不思南侵去寻吃食了。"

赵王见安遂家快人快语，又道："上次随公主一起去的副使长孙晟还在部落未归？"

"长孙将军这次和咱一起回来了。今日，天元帝还命他在道会苑表演了射术。"

"他之射术真的十分了得？"

"真乃神射呵！我们突厥人都是在马背上长大的，谁不会张弓搭箭？可没一个不佩服他的。沙钵略可汗把他留下，首先就是向他学射术。他这次回长安，沙钵略可汗对他之赏赐也不少。"

"唔，长孙将军此次出使突厥，呆的时间不短呢。你们与他相处得如何？"

"咱和长孙将军已是很好的朋友。部落里的人都很喜欢他。"

"你这次到京师，一共牵来了几匹骆驼？"

"七匹。"

"这样吧。你明日把七匹骆驼都牵来，咱给沙钵略可汗和公主各备了一份礼物。另外，给你也准备了一份。"

"多谢王爷。"安遂家起身告辞。

赵王亲自把安遂家送到大门口，叮嘱他说："你明日来的时候，把那个长孙晟也叫来，咱想当面谢谢他。"

第二十七回

筵席间赵王激愤透杀机
密室里二公冥思难解疑

安遂家去赵王府的当日夜里，长孙晟亦让突厥人牵了两头骆驼到了杨府。赵王府的大门是城堡式构造，能容高大骆驼从门洞长驱直入。杨府院落其实也不小，但大门却显然进不去骆驼。骆驼所驮之物，只能在李顺的张罗下，于大门外卸货，再用人扛肩挑送进去。

"你咋带了这多东西来呵。不该，不该。"杨坚拍着长孙晟的肩膀，对他的到来喜出望外。

"那都是沙钵略可汗和公主送咱的。咱光棍一条，哪消受得了。"

"进屋吧。"客厅里点了好几盏灯，满屋生辉。杨坚细细打量了一番长孙晟，说："嗨，仅一年工夫，你就完全变了个人似的。记得，咱第一次见到你，身膀还较单薄。"

"是呵。那地方，不是牛羊肉，就是奶子茶，哪能不长肉疙瘩哩。"

"听说，你在那边日子过得挺滋润，突厥里的头头脑脑都来找你讨教射术，一年工夫，朋友交了不少吧？"

"对，交了朋友是真的。其实，向咱讨教射术的人，哪个不都是射术十分精湛的。咱在那里被他们越吹越神，再不走，就不好意思了。"

"你送公主去了一年整，突厥人就没来侵扰过咱边境。你觉得，这种日子还能持续多久？"坐定后，杨坚就开始了认真的提问。

"这就难讲了。"长孙晟想了想，道，"突厥人的习惯就是哪里水草丰茂，就赶着牛羊载着一家老小往哪里去。何况咱境内有比水草更宝贵的食粮和财富。他只要打赢仗，什么东西都归他所有，此种方便事，当然越干越起劲。"

"那国与国之间的信用呢？民间之情分呢？都不讲啦？"

"据咱看，突厥人也不是不讲信用，不懂感情。比如说，咱在那里一年，上上下下的人，对咱都不错。咱要走了，都舍不得，很念情哩。再比如，沙钵略可汗和千金公主也是十分恩爱。他们原不相识，咱送千金公主去时，她一路还哭哭啼啼。可去了那地界呢，也日久生情了。不过，若与生存相比较，什么情呀爱呀，信誉呀，都抛诸脑后了。总之一句话，还是生存为第一。"

"也就是说，北边之仗，今后还会打下去？"

"依咱看，突厥侵扰咱边境，就如家常便饭，随时都有可能发生，时刻都得小心提防。尤其是国内纷扰战乱，边境疏于防范之时，边境滋扰，更会频密发生。"

"咱还听说，你曾率突厥人到并州，受到虞庆则大将军之礼待。"

"嗬，此事丞相也知道了？"长孙晟说，"公主去那边后，没粮食和蔬菜吃，感到不习惯，就教突厥人，尤其是妇女，在河边滩地种粮种菜种水果，却又缺苗木、种籽。咱就自告奋勇，说可以去找虞大将军解决。我们那次去，还带了一些良马和铁铠甲，虞大将军很给面子，好酒好肉招待不说，还换回了不少绢、绸、盐等物资。回去后，沙钵略可汗和公主都很高兴。"

"如果世代都能这样和睦相处，不是很好吗？"

"一句话，那要国内繁荣，并有强大的边防力量撑着。"

"你这次回来，有何打算？"杨坚欲离长安去外地带兵，李顺要操持管理这个大家庭，自然想把这位神射手揽在自己身边，但他没有直说。

"咱本来早就想好，一回来，就听凭丞相安排。没承想，今日受到圣上接见，并命臣下做了右小宫伯，兼教圣上的箭术。"长孙晟就把白天在道会苑表演射术，受到天元帝褒扬，最后还任命他担任右小宫伯一职，并要他教习射术一事，说了一遍。

杨坚听后笑道："咱在你这个年纪时，亦曾在宫中担任此职，还差点把命都丢了。在宫里办差，可要注意，一切都要小心谨慎。有时，还要多长个心眼。"

说话间，李顺走了进来。长孙晟忙从腰上解下一把短刀，送给李顺说："此刀是突厥可汗经常佩戴在身上的。既作饰物，又可防身，用膳时，还常常取出切割肉食。"

李顺接过一看：铜制的刀鞘上，镶嵌着许多五颜六色的宝石；整个刀身，只有一把普通匕首那么长，但刀尖处却如牛角一样，有一道弯；出鞘之后，是一柄锃亮锋利的铁制小弯刀，做工极为精致。

长孙晟介绍说，此刀是波斯人精心打制的。李顺点点头，他想起自己曾赠若水的那把刀，与这刀极相似。

次日一早，赵王府即派人至鸿胪寺来接安遂家和长孙晟。

鸿胪，本为大声传赞，引导礼仪之意。汉武帝以来，即有大鸿胪这一行使朝会司仪、礼宾之机构。至北齐、北周，朝廷设置鸿胪寺，主管与外国、番邦、属国交往之事务。凡外国或番属国帝王、使臣到长安朝见皇帝或进贡，鸿胪寺须按等级供给食宿，予以接待。同时，还须对进贡物品进行估价，拟定回赐物品种类和数量。此外，该机构还负责办理朝廷大臣的丧葬、抚恤等事宜。长孙晟因系单身，返回朝廷后，亦陪安遂家住在鸿胪客馆中。

安遂家如约命下人将七头骆驼悉数牵往赵王府，以装载赵王回赠的礼物。七头骆驼一字排开，从长安市廛大街上穿过，沿途看稀罕的市民，络绎不绝。这种被称之为沙漠之舟的庞然大物，能承重载，却走不快，目下，被市民一围，就走得更慢了。

赵王府派来迎接的人，看看天色已至巳正时分，骆驼却还未出城，就对骑在马上的安遂家和长孙晟道："二位大人请先去府上吧，王爷在家等候哩。"

安遂家和长孙晟策马行至赵王府门前，只见大门一侧停着一辆一匹马拉的带篷小马车。他俩下马，即有仆役过来接过马缰，将马牵到拴马桩前拴好。正欲进入王府高大门庐时，见赵王府管家陪送一位身着玄色长袍的长者从门里走出，长孙晟停步颔首，让长者先行。

不料对方竟竖起大拇指称赞长孙晟，说："啧啧，是长孙将军呀！你好身手咧！"

长孙晟这才定睛看了对方一眼，见其面容清癯，下巴上飘着一部花白长髯，手上则握着一只明黄小包袱，约摸五十多岁年纪。

"您是……"长孙晟不确定自己在什么地方见过这位长者，不好意思地对其深深鞠了一躬。

"将军不识咱，可咱认识你。咱是宫内御医龚维之。昨日在道会苑亲见将军表演射术，三只黄梨，一弹一只，真乃百发百中！"

"先生过奖了。"长孙晟听到夸奖，更加不好意思，"您不再坐坐了？"

"咱给王爷复诊过了。宫里还有事呢。"御医说着，上了那辆小巧精致的马车。

赵王在府内设宴款待两位客人。席上美食美酒丰盛，且有美女相陪敬酒。生性爽快的安遂家对美食美酒来者不拒。主人给他夹多少，他便吃多少，酒倒多少，他喝多少。长孙晟二十出头，却有点少年老成，浅斟慢酌，与赵王一见如故相谈甚欢。少顷，暴饮暴食的安遂家，便烂醉如泥，真正地一派"胡言"起来。赵王见此，命陪酒美女扶安遂家去客房休息，并慢慢吃喝着与长孙晟说起体己话来。

"昨日，听安遂家使节说起将军精湛射术，咱还以为将军至少已过不惑之龄。没承想还这么年轻，真是前程无量呵！"

"哪里，哪里。"长孙晟连连摇头，"王爷过奖了。咱的箭术，其实仅比常人稍准一点点。所谓神奇，都是被不解之人吹嘘放大了的。"

"将军不必过谦。手上之功，皆是经千锤百炼锻造而成的呵。"赵王说，"据说，小女在你的调教下，也学会了射箭？"

"公主本来就聪敏过人，学射术又极专注，加之眼力定力都不错，她目下的箭法，已不输一般男子。"

"噢？她亦有此等身手了？"赵王欣喜地道，"此亦足见将军有点石成金之功夫。"

"臣下作用确实不过尔尔。"

接着，赵王收敛笑容，突然改变话题，问："你此番出使突厥，已一年有余，且与小女接触颇多，据你所见，她在那里的日子过得究竟如何？"

"沙钵略可汗对公主确很恩爱，公主也逐渐适应了当地生活，此乃公主之大幸。但她内心似乎并不快乐，所以才拼命学这学那，做这做那。"

"你觉得她不快乐的根源在哪里？"

"她毕竟是在关内极佳的环境中长大，对地处边陲之草原、沙漠，总难免有不适应、不习惯之处。"

赵王不满意长孙晟的回答，于是，问："咱还听说，她对当初选她去突厥一事，仍心存怨忿？"

长孙晟放下手中之箸，看一眼赵王，只好实话实说："确是如此。公主曾在练习箭法时，瞄准箭垛，叫着某人的姓名，一箭一箭地发泄过。咱曾劝过她，但仅过几日，在练射术时，她又指名道姓，要射死谁谁。"

"唉……"赵王叹息了一声，又转换了话题，"你觉得突厥军力究竟如何？"

"他们若将各部落国的铁骑全部集中起来，约有三四十万能征善战的骑兵，力量十分强大。"

"不过，他们每次好像总是来势汹汹，结果却又铩羽而归了。这是什么原因？"

"唔……"长孙晟想了想，说，"以臣下之见，他们每次入侵多以失败告终，可能有各种各样的因素。但最主要的恐怕是，他们并没一个长远确定的目标。他们往往都是在边境城镇烧杀抢掠一番，见到官军追来，就撤了。这亦可能是因他们的游牧习性决定的吧。"

"如果有朝一日，咱以公主父亲身份，向沙钵略可汗借一支骑兵用用，你觉得他们会同意吗？"

"向突厥人借兵？"长孙晟瞪大不解的眼睛，问，"为啥？他们毕竟是番邦敌国呵！小时候曾听家父说，咱和突厥关系不错时，曾约定一同攻打过北齐。北齐亦同突厥相约攻击过咱北周。但……"

"哈哈……不说这些了，咱只是一时忽发奇想而已。"赵王忽然举起酒杯，"来，把这杯酒干了。"干过杯后，趁斟酒之际，赵王又道，"咱这次是回京师看病的，马上就要返回属地。将军同咱一起去洛州，咋样？咱那里也有一支规模不小的亲兵队伍，咱把它交你，由你来调教统率。"

"王爷盛情难却。"长孙呷了一小口酒，说，"不过，昨日，圣上已任命臣下为右小宫伯，这是不能推辞的呀！"

"噢？"赵王从上到下又细细打量了一遍长孙晟。他想了想，终于壮起酒胆说，"王爷咱，现在可冒砍头风险，实言相告于君。刚才咱不是说，想向沙钵略可汗借支骑兵吗？就是想一举灭掉这位荒淫无道的暴君！"

"呵？"长孙晟陆续喝下的一些酒，顷刻间，皆化作了一身冷汗！他简直不敢相信自己的耳朵，嗫嚅着道，"当今两位圣上，一位是您的侄儿，另一位是您的侄孙，您贵为王爷，何至骨肉相残？"

"你这话，问得好。"赵王无比气愤地说，"骨肉相残之事，其实，自宣帝登基起，就已经发生了呢。咱的五哥，齐王宇文宪何罪之有？一家老小被其抄斩无遗；为夺一个女子，他竟丧心病狂将宇文亮一家所有男丁斩尽杀绝；再看看咱这个家吧，暂时虽没死人，但不也是妻离子散吗？女儿被逼，远嫁突厥，咱本人被发配到了洛州，妻儿老小则丢在京师，咱连瞧个病，也要偷偷摸摸……此次回京师，要是被宣帝知道，还要被追责治罪呢！更有甚者，当今圣上荒淫无道，气数将尽，咱宇文家的人若不早作挺身而出的准备，届时，大周江山，还不知会被谁篡夺了去！"

长孙晟刚从遥远的突厥归来，对北周朝廷状况一无所知。况且，他位卑职低，更不清楚皇室内里的情形。因此，当他听完赵王一番激烈的言词，不禁骇然，竟至手足无措起来。

"你不用害怕，咱讲的全是实情，你去宫里当差后，慢慢就能看明白，本王今夜所言，没一句是虚的。"赵王安慰着长孙晟，又道，"听说你从突厥归来，仍住鸿胪客馆？"

"是的。"长孙晟说，"待明日去宫里当差，自然就会为咱安排住处。咱尚未成家，一个人嘛，好对付。"

"那咋行。"赵王说，"咱在长安城内，还有一处宅子。咱去洛州，那宅子一直是空着的。待明日，咱叫人去打扫打扫，再给你配几个下人，你就搬到那里去住吧。"

"哎——不用，不用！"

"客气啥哩。你送公主去突厥，多亏一路关照。且，这一年来，你还给她传授箭术。区区一座宅子，价值几何？就算你对小女关照的谢礼吧。你去宫里当差，一定要谨言慎行。今后，咱有事，会找你联系的。"

…………

下午申初时分，长孙晟与安遂家被送回鸿胪客馆。被酒灌得迷迷糊糊的安遂家，一入房间，仍是倒头就睡。长孙晟亦是昏昏欲睡，不过，头脑还算清醒。他想：赵王一席话，听来毛骨悚然，这可是惊天动地的大事呵！自己涉世未深，懵里懵懂，如被赵王拖进浑水，如何得了？

长孙晟正仰卧榻上，胡思乱想之际，好友李顺推门而入。

他一个鲤鱼打挺，翻身坐在榻上，对李顺说："你来得正好。丞相此时在哪里？咱有件事，要向他禀报。"

李顺被长孙晟的一惊一乍，也弄得大惊不已："咋啦？啥事，竟把你弄成这魂不守舍之模样？"

"我们到外边说去，屋里太闷。"

"咱上午就来过一趟。客馆之人说，你们一早就被赵王府的人接走了。"李顺边出门边道。

鸿胪寺的院子里有一棵硕大的柿树，时下，老叶已经落光，新叶尚未长出，光光的黑黑的枝条，直刺苍天。他俩就在树下的石鼓上坐下。长孙晟把赵王说的一些话粗略复述了一遍，李顺听后，亦感事关重大。

他想了想，说："这样吧，此处离相府官衙不远，咱这就去那里会丞相。你骑马直接去杨府等候。"

长孙晟换了一身衣服前脚跨进杨府大门，杨坚便随李顺接踵而至。

一路上，李顺已将赵王说的一些话告知了大丞相。但杨坚进屋后，仍要长孙晟又详细讲了一遍。之后，杨坚沉吟半晌，方对长孙晟说："赵王之言，确实非同小可。常言道，水不激，鱼不跳。赵王有此极端想法，也许是听到了或看到了咱还不知的啥事情，且一定是大事。你、我目下都只能装作啥也没听到，绝对不能声张出去。咱一切只能静观其变，再相机行事。你明日送走突厥使者，就速去宫内履职。到了那里，只管埋头听差，不要打听，更不要多话。至若赵王要你去住那宅子，你一定要先向圣上禀告清楚。圣上点了头，你就去住，皇上不让你住那里，立即给赵王回话解释清楚，此样方能两不得罪。你现在就立即回鸿胪寺去，此地不宜久留。今后有啥事，及时告与李顺。"

言罢，杨坚硬要亲自与李顺一道把长孙晟送至大门口。

待长孙晟纵马扬鞭而去后，杨坚即对李顺说："你这就去把德林公请过来。只说有要事相商。"

李顺走后，杨坚一人在空寂的院子里踱步。不知什么时候，独孤夫人走来，她拿着一件大氅给丈夫披上，顺便问道："咋地，又遇挠头事儿了？"

"唔……"杨坚未置可否，只对夫人说，"你这就去厨房，叫厨子做几样精致清淡点的菜，等会儿德林公要来，有事商量。"

独孤夫人走后，偌大的院子又只剩杨坚一人了。他想：赵王宇文招之言语，一定不会是空穴来风！他若不是感到事情非常紧迫，绝对不会萌生如此极端的想法！宇文招的性格与动不动就暴跳如雷的宇文直恰恰相反。这位王爷喜好琴棋书画，一贯温文尔雅，就连他的兄弟宇文宪一家蒙冤处斩，爱女受迫远嫁突厥，自己被逼离开京师到洛州安家……此等接踵而至的种种不幸，他都一一逆来顺受，平静接受了。那么，目下究竟是什么激起了他如此激烈的反应呢？甚至想到要借用突厥军力！自己作为朝廷宰相，

　　独孤夫人走后，偌大的院子只剩杨坚一人了。他想：赵王宇文招之言语，一定不会是空穴来风！

对宫内诸事比较了然，为什么竟未觉察出哪怕一点点不同寻常的动静呢？

想到此处，一阵寒风扫来，他下意识地拢了拢披在身上的大氅，抬头看了看天，但见灰色天空映衬下的树枝，亦被冷风吹刮得瑟瑟发抖。真个是：树欲静而风不止呢！

恰在此间，李顺领着李德林跨进门来。杨坚迎上前去，鞠躬道："杨坚本应登门求教于公，只因害怕受到外人猜疑，不得已，才请公屈驾到敝舍面谈。"

"丞相所言见外了。"李德林忙施礼说，"此乃多事之秋，丞相树大招风，一切皆应小心谨慎。"

接着，杨坚便叫李顺命人将李德林乘坐的马车停放到后院里去，并吩咐看门人：若有客人来访，只说丞相不在家里。一切安排妥当，才和李德林进入一间很小的客室坐下，并由独孤夫人亲自传菜。

"丞相有何见教？"一共才几个菜，可还未等菜全部上完，李德林就开始发问了。

杨坚便马上把长孙晟所说的事，和盘托出来。

李德林不动声色地听罢，把刚拿起的箸，又轻轻往桌上一放，道："看样子，宫内肯定有事，且绝对是大事。"

"您也这么认为？"杨坚突然紧张起来，目光灼灼地问，"以公之见，会是啥事呢？"

"咱是局外人呢，"李德林望着杨坚，反问道，"丞相身居要职，近来没有觉出一点征兆？"

杨坚苦笑着摇了摇头，说："朝内宫内，里里外外，咱都想过了，可实在想不出会有啥大事儿。"

"不对呵，不可能没事的。目下，宇文家族就剩宇文招是个明白人。没大事，他绝不会突然冒出那么激烈的想法的！"

"那，赵王莫非是直冲我杨坚而来的？他们宇文家一直对咱心存戒备。"说到此处，杨坚的心猛地一沉，一脸无辜状。"咱对朝廷即使起了歹意，亦没那个贼胆嘛。咱平日只办具体差事，并未像昔日大冢宰宇文护那样专横，一手遮天！况且，若要治咱，还不好办？用得着兴师动众，甚至想请突厥军队帮忙？"

"从长孙将军说的情形看，这回倒不像是专门针对大丞相的。但，防人之心不可无。"李德林接着说，"既然不明就里，就不要无端猜疑，以免节外生枝。接下来，还是只能以不变去应万变，走一步，看一步，等待事态逐渐明朗。不过，赵王既有意动用突厥军队，大丞相亦要提请并州的虞庆则大将军严密注视突厥动向。此外，请大丞相在相府给咱也安排一个不显眼的职位，从明日起，咱去相府当差。"

"咱原本不想让公蹚时下之浑水，待朝政清明些后，再名正言顺请公出山的。"

"时不我待咧！当下似乎已至非常时期。"李德林说，"不能同赴难关，只思安享富贵，那德林成何等人了。"

说话间，独孤夫人把最后的一钵汤端了进来，发现桌上的菜竟全都未动，于是打趣道："嗨，你们都成神仙啦，不食人间烟火了。"

"嘀……只顾着说话，连菜都忘吃啦。"杨坚拿起箸，对李德林说，"快吃吧，菜都凉了。"

李德林复又拿起箸。

其时，李顺进来对杨坚道："刘昉大人来传圣旨，咱可不敢说大丞相不在家里。"

"呵？"杨坚和李德林你看我、我看你，四目对视着。

第二十八回

玉麒麟砸破了惊天秘密
铁弹子击打出君臣情谊

却说，杨坚听到刘昉来传圣旨，立马想到的就是，此公近来不是因受杖罚，借故养伤，不常去后宫当差吗？咋地一下子就这样突然出现在了自家门口？而且，还是来传圣旨呢？接着，他才进而想到，是不是赵王隐含的那莫名大事，就这样不期而降临到自己头上了？

但，经过官场历练的杨坚，从表面看去，神情并无异样。在与李德林对视之后，他就十分平静地说："请公稍候，咱去听听圣上有何旨意。"

杨坚是从相府回家，还没来得及换衣就直接接待李德林的，所以身上仍是一身朝服，用不着换衣就出了大门。

此时，李顺已把接旨事宜安排妥当。但见刘昉手执圣旨，面南而立，一脸严肃地道："杨坚听旨。"

杨坚立即面北跪下。刘昉洪亮的声音如雷贯耳，心情紧张的杨坚，却一句都没听清。他于是强迫自己认真聆听，方知是陈朝军队于边境频繁调动，有蠢蠢入侵之势，行军元帅韦孝宽从江淮连发三份告急奏折，请求增兵。皇上因命杨坚辞去大后丞一职，前往江淮担任扬州总管，带兵抵御陈军……

杨坚听到此处，终于松了一大口气！

刘昉念毕圣旨，大汗淋漓的杨坚亦如释重负。他重重磕了三个谢恩之头，一抖朝服，舒坦地站了起来，并慎重地从刘昉手中接过圣旨，方开口问："刘大人是啥时回到宫里当差的？"

"咱身子骨有所不适，圣上允咱时去时不去，近两日都在宫中当差哩。"此刻，刘昉已恢复常态，语调也由郑重其事变得平和起来。

"进屋叙叙？"

"以后吧。咱还要进宫回话呢。"

"依据旨意，臣下啥时去扬州为宜？"

"也不必太慌吧。"刘昉想了一下，说，"谁来继任大后丞，皇上好像还没拿定主意。相府上的事，能了结的，就请丞相快刀乱麻斩断它。一时了不断的，亦请大丞相给属下作个交代，然后再去扬州。南边情势看似紧急，不是仗还没打起来吗。"

此类交接之具体事宜，天元帝是向来不管不问的，一直都是刘昉或郑译等近臣说了算。杨坚于是点头说："行。咱抓紧善后就是了。"

刘昉等一行离去后，杨坚回到小客室，李德林细看了一遍圣旨，不解地问："圣上为何在此刻，要把公从相府挪到边塞去呢？"

"这倒没啥，离开京师是咱自己提出来的。近来，咱家不得安宁，还没来得及向您说呐。"接着，杨坚便把自己受天元帝猜忌、并牵连到独孤夫人及杨皇后，所以才请郑译相机将自己调离京师等事，大略说了一遍。之后，杨坚摇了摇头，道，"可万没料到的是，此一纸调令，竟在这节骨眼上，说来就来了。"

李德林听后，点点头，继而若有所思地道："如此看来，这一圣旨，亦可表明宫内运转一切如常。可赵王却为啥做出如此激烈的反应？"李德林说着说着，又绕到原先的话题上。他笑了笑，马上转而说，"嗨——不猜了，不猜了。无根据之妄测，往往越猜，越不对板。"

"那么，您觉得，我是急速离开京师这是非地去带兵好，还是应暂且留下……"

不等杨坚把话说完，李德林即道："公应尽可能多留一日算一日，看是何事？势头如果不对，再去南方不迟。"

这时，独孤夫人已将菜重新热过，桌上又是一片热气腾腾。杨坚着人把忙进忙出的李顺叫了来，三人一起用膳。

李德林见到李顺，笑着说："大丞相的这位管家，地位有点特殊。"

"那是。"杨坚道，"在外，上下有别；在内，是咱手足兄弟！"

三人边吃边说，话题再次回到赵王身上。

李德林说："既摸不清赵王意欲何为，还是要把此人遣离长安为好。大丞相迟早要去扬州，他如在京师呼风唤雨，作起乱来就麻烦了。"

"此好办。"杨坚道，"咱明日即可请他回洛州。"

次日一早，杨坚亦如往日，到静帝的正阳宫上过早朝，即入相府。李德林已于相府内等候多时。杨坚虽已接到新的任命，但新任大后丞未到，所以，还是把李德林安排到了相府府属的位置上，并将高颎、庞晃等心腹召集到一起，先介绍了李德林的到来，接着才说自己将去扬州带兵戍边，并要求大家对相府事抓紧善后，以待新任大后丞的到来。

待一切安排妥当，杨坚将庞晃和李德林留了下来。他首先向庞晃仔细询问了近日朝内和宫内的动态。坐在一旁的新任府属李德林未插一言，只是静静地听。在未感到有什么异常后，杨坚即把赵王从自己的封地偷偷溜回赵王府求医之事告知了庞晃。并说，为防其在京师四处串谋，影响和干扰原本就不安宁的朝廷，要设法让他尽速离开京师。

"没问题。"庞晃道，"赵王擅离封地，是不合法的。他看病，洛州还怕没郎中？明知圣上不会允许，却偷偷溜回，鬼知是有别的啥事呢。这件事，只须和宫内司武上士卢贲打个招呼，即可将他请回洛州。"

果真，庞晃找到卢贲，卢贲派了个与赵王府亲兵头目相熟的人去递了个话，说有风声传出，赵王已溜回京师，可要小心点儿。赵王心虚，一日后，就回洛州去了。

话分两头。

这日一早，鸿胪寺的鸿胪卿即与长孙晟一道送别了突厥使节安遂家。他的七头骆驼不仅驮满赵王赠送的礼物，而且，朝廷还派了三辆大车，装载着皇上回赠给沙钵略可汗和千金公主的礼品。

之后，长孙晟便无挂一身轻地来到天台，向天元帝报到。一年前，他在宫中当差，仅为一名司卫上士，没想到，从突厥回来，就一下升任为右小宫伯了。

可令长孙晟没想到的是，他刚登上天台丹墀，遇到的第一个熟人竟然是一脸狼狈之状的御医龚维之。他与御医匆匆见礼，随即在内史上大夫郑译的援引下，见到半躺半卧在榻上的天元帝。

长孙晟跪在卧榻旁，声音洪亮地道："右小宫伯长孙晟前来晋见天元大皇帝！"

"嗨，朕一直在念卿呐，快起来。"满脸病容，正为吃药与太医发脾气的天元帝见到长孙晟，露出了难得的笑容。"卿早来一点就好了，可帮朕打杀了那贼太医。他花言巧语，说朕这不能吃，那不能用，他自己却偏煎出最苦的药给朕喝，想害死朕。"

"咋会呢。"长孙晟起身说，"龚太医，臣下认识，找他求医问药的人，可不少哩，他的医术一定很不错。"

"卿竟为贼太医帮腔？那好——"天元帝撑身坐起，一指茶几上一碗还在冒气的汤药说，"卿替朕把那碗药喝下去！"

"臣，遵旨。"长孙晟说着，也不管药苦不苦，是治何种病的，双手端起药碗，毫不含糊地一饮而尽。

天元帝瞠目结舌，但打心眼儿里喜欢这种唯命是从的臣子。他望着长孙晟，道："汝真的喝了？"

"陛下之令，岂敢不从。"

"肚子痛么？"

"蛮受用哩。"长孙晟拍拍肚子说。

"那药，啥味儿？"

"刚进口时，是有点儿苦。"长孙晟咂咂嘴说，"这会儿，口中生津，竟觉有点甘甜。"

"噢？"天元帝为长孙晟的爽快、能绝对服从圣命所感染，侧身问侍立一旁的大太监小乐子，"那药，还有么？"

"药罐里还有，"小乐子说，"是留作酉时再喝的。"

"给朕倒一碗来。"

"是。"

天元帝也一口气把药喝了。他先皱了皱眉，过一会儿，亦学长孙晟的样子，咂咂嘴，说，"嗨，真个是有点甘味儿哩。"接着，他一扫病容，对长孙晟说，"卿到外面等等，朕要起床了。过一会儿，卿陪朕去道会苑练射术。"

此后，一连几日，长孙晟每日都在道会苑陪天元帝练射术。在长孙晟的指点下，并将靶位距离调近一些，这样，天元帝也能用铁弹子击中悬挂着的黄梨。这日，进步神速的天元帝，一连射出十几颗铁弹子，居然击中了七八只黄梨。看到黄梨被铁弹子打得皮开肉绽，汁液飞溅，天元帝无比自豪和开心！

长孙晟看到天元帝满脸是汗，就说："圣上别太累了，歇歇吧。"

道会苑里有专为天元帝布置的休息间。他邀长孙晟一道入休息间内说话、休息。小乐子给天元帝端来一碗参汤，天元帝即命赏一碗给长孙晟。

趁此机会，长孙晟禀告天元帝道："赵王因谢臣下送公主赴突厥，把城内一处宅子赏给了臣，臣想搬到那宅子去住。"

"行。原本分配给卿的房间还给你保留着，你可两头住。朕叫你时，你可不能不在。"

"那是当然。"长孙晟答应着，心里却想：住在城里，李顺找自己就方便了。

大约是因连日练习射术累的，天元帝喝过参汤，突然感到胸闷难受。

小乐子附在天元帝耳旁问："小的去叫太医，圣上要哪一位？"

"还是叫……叫龚维之吧。"天元帝就是这么个人，包括杨皇后在内，他总是与一些接触较多的后妃、臣子合不来。恨起来，几乎要其性命，需要时，又立即想到他。

不一会儿，御医龚维之匆匆赶来。天元帝已稍稍平复地躺在了休息间的卧榻上。他看一眼怯生生的御医，朝其点点头，并把一只手主动伸了过去。龚维之这才敢于坐下，为圣上切脉。过一会儿，御医长叹了一口气，起身坐到几案前，打开随身携带的明黄小包袱，取出药笺和毛笔……也不知他在心里想什么，只管用笔在砚台边沿抹来抹去，好半天，才在笺子上写下药方，并交小乐子着人去取。

天元帝躺在榻上，见御医心绪不宁，亦忍不住地问："朕之毛病，咋了？"

"圣上！"龚维之突然神情激动地跪在几案旁，说："龚家世代为医，前后已侍候过数代皇上和皇亲国戚。诚挚之心，上天可鉴。臣还是那两句老话：圣上再不能够迷恋女色，亦再不能服用那虎狼之药丸了！"

"大胆！"天元帝勃然大怒，随手抓起摆放在榻旁的一只玉麒麟，用力朝御医之头掷去。

长孙晟情急中，一佝腰，装着去拿东西，用身子一挡，只听"噗"的一声闷响，玉麒麟不偏不斜地砸在了长孙晟的腰上。接着，再"砰"的一声脆响，价值连城的玉麒麟掉到地下，碎成数块。长孙晟摸了一下自己被砸的腰，回头装出浑然不觉之状，问："圣上，您……您这是咋啦？"

"朕是……是砸……"天元帝说着说着，指着自己的胸口，竟又胸闷得说不出话来。

龚维之从地上爬起，见天元帝面色苍白，嘴唇乌青，立即对进门的小乐子说："快去端盆凉水来。"

长孙晟站在一旁只能干着急。此时，只见御医从明黄小包袱中取出一束银针，分别扎入天元帝之头、颈穴位。不一会儿，凉水端来了，龚维之采用冷敷，方使天元帝的呼吸渐渐平复。大约过了整整一个时辰，龚太医将银针一一拔除，继续用冷敷。不久，可以听到天元帝均匀的鼾声，周围的人，这才松了一口气。龚维之吩咐，休息间内只须留两人看护。一干太监、侍卫和宫女都随长孙晟和御医退了出来。

此时，御医随即对长孙晟道："走，咱得看看将军的腰伤了。"

"痛是有一点，不会有大碍的。"

"难说。别看圣上是病人，蛮力还是有一点的。"龚维之熟门熟路地叫太监打开了另一充满药香的房间。两人刚进门，龚太医便"扑通"一声，跪在了地上。

长孙晟大惊，道："先生这是做啥咧？折煞长孙了！"

"谢将军救命之恩！"

"嗨，区区小事，何足道哉！长孙年纪轻轻，哪受得起先生一拜！"说着，就去拉御医起来。他伸手一拽，才觉腰伤剧痛无比，并"喔哟"地叫出声来。

御医忙从地上爬起，立即帮长孙晟脱去袍服和上衣，只见他的左边腰上有一片青紫瘀伤。御医连声叹息："将军穿了这厚的衣物，都伤成此样。当初，那玉麒麟若是砸在老朽头上，不就没命啦！"

"唉，先生也是。明知圣上只爱听好话，却偏要用他不爱听的言语激怒他，这是何苦来呢。"

御医正在检视长孙晟腰上淤伤，随口道："将军有所不知咧，咱亦是万般无奈，才斗胆冒犯龙颜呵！"他正待往下说，却见刚才开门的太监也凑过来看长孙晟腰上之伤，于是，忙改口对太监道，"你看，将军伤得不轻哩，快去帮咱找一罐酒来。要性烈的。"太监离去后，御医才又用袍子拢住长孙晟光裸的上身说，"咱实话对将军说吧。圣上之精血已为女色掏空，而且，他服用了汪太医炼制的补肾壮阳丹，中毒已深，并到了无药可医地步。"

"呵？"长孙晟突觉五雷轰顶，瞪眼望着御医道，"不……不可能吧？今日圣上还和咱一起练习射术，劲头还挺足的嘛。"

"那都是假象。你想想，圣上才二十二岁，身子、骨头都很硬朗。可只要五脏六腑某一部位突然支撑不住，即会轰然坍塌。比如，就像刚才，一口气若接不上，不就……"

"这……这太可怕了。"长孙晟仍不死心地问，"先生是咋知道得如此清楚的？"

恰在此时，太监送酒来了。御医启开罐舌，闻了闻说，"行。"并对太监道，"请帮咱把门带上，咱要给长孙将军疗伤了。"

太监离去，关上房门，龚维之方说："你问咱是咋知圣上会病成此模样的？嗨，咱是太医呢。一摸脉，不就清楚了。更何况，咱跟圣上已不是一年两年了。"

"那，别的太医呢？他们也都知道？"

"此等事，就连圣上本人，也是不能向他说破的。今日是遇到此情形，才具实以告将军的。平日圣上有所不适，只找咱一人问诊。因此，圣上的真实病情，除我而外，只有将军一人知道。"龚维之说着，打开房内柜子，拿出一团棉花，蘸了酒，给长孙晟揩抹伤口，为其疗伤。房内，靠墙的一排柜子里有各种药物，也有烈性酒，御医是借拿酒之名，故意将太监支走的。

烈酒浸入伤口，痛得钻心。长孙晟龇牙咧嘴，说："那个汪太医胆子也太大。明知药有毒性，还硬要给圣上吃。"

"不是汪太医硬给圣上的，是圣上硬要。圣上行房事，感到力不从心，就问汪太医要药丸，汪太医敢不给？"龚维之想了想，又说，"当然了，也仍要怪他呢。这个汪太医，原是江湖术士，只会炼制壮阳补肾药丸。刘昉大人曾用过他的药，觉得有效，推荐给圣上。圣上越用越离不开这药丸，便索性将其招入宫内做了御医。"

"先生觉得圣上还有多少阳寿？"长孙晟打破砂锅问到底。

"难说咧。"御医摇头道，"比如今日，很可能就是那碗参汤引起的。按说，圣上身体透支，龙体虚弱，是根本用不得参汤的。可他们鲜卑人的发祥地，亦是人参出产地。他们视人参为包治百病的神药。你说不能用，圣上肯听吗？今日若抢救不及，不就……"御医叹息着，给长孙的伤处敷上膏药，并用布条裹住，又说，"圣上若能听咱劝说，不近女色，不再服用那虎狼之药丸，还有，你以后教圣上射术，亦不能使他太累。咱作御医，给他用些温补药物，保肾保肝，挨过今年，应没问题。否则，随时都有可能遭遇不测……"

两人一时无语，房内立显空寂。长孙晟慢慢穿上衣服，忽然想起第一次在赵王府大门口遇见御医的情形，并进而想起赵王一番反常言语，突然醒悟！于是道："咱想起来了，有关圣上的病情，先生一定还对别人说过。"

"岂敢。"御医脸色突变，立即否认说，"此语，无论对错，说出口，都是要杀头的嘞！"

"先生肯定还对人说过。"长孙晟毋庸置疑地道，"就在不久前，咱与先生在赵王府门前见面那次，先生还记不记得？"

"呵……"龚维之连连点头道，"看咱这记性！咱在给赵王视诊时，赵王问起圣上情况，咱确曾表示过对圣上病情的担忧。因赵王是圣上的叔父，加之，赵王与咱家是世交，说话随便点。"

"就是嘛。咱那次见赵王，他正愁眉不展，说社稷将要出大事。"

两人说着话，大太监小乐子进来道："圣上醒了，在问长孙将军在哪里。"

长孙晟和龚太医立即起身去天元帝的休息间，双双跪在了天元帝的卧榻旁。太医不敢抬头，伏地怯怯问："不知圣上之胸还闷不闷？"

"没事了，都好了呢。"天元帝舒展了一下四肢，坐了起来。

长孙晟接着说："臣下和龚太医见圣上睡着了，怕打扰圣上休息，就去了御医诊疗间。"

"行了，行了，都起来吧。朕想看看卿腰上的伤。"

"那有啥好看的。"长孙晟笑道，"您是知道的，当兵打仗的人，哪个不是虎背熊腰，结实硬朗。"

"卿不要跟朕耍贫嘴。"天元帝换上一副深沉脸色说，"汝把上衣脱掉，让朕瞧瞧。"

长孙晟没法，只得在小乐子的帮助下，先去长袍，再脱上衣，终于露出被布帛包裹着的腰围。

"好了，把衣穿上吧。别受凉了。"天元帝面色凄惶，好一会儿，才讪讪地道，"回天台。"

当天元帝的仪仗、卫队、车队，一字排开上路后，一名侍卫骑行到长孙晟跟前说："圣上请长孙将军去车里说话。"

长孙晟只好弃马，进入天元帝的金辂车中。

"卿坐吧，这里可没你下跪磕头的地方。"

长孙晟坐到天元帝对面的椅子上，马蹄的"嘚嘚"声和马脖子上围着的铜铃声，发出阵阵有节奏的声响。他看了天元帝一眼，想起御医有关圣上将不久人世的言语，不知咋地，却对这位以暴戾著称的皇上，生出一股怜悯之情！

"朕发觉卿的心很善。"天元帝忽然对长孙晟说。

长孙晟则暗地里一惊。他不知此语是褒还是贬，只好说："臣是军人，在前方杀敌，可丝毫都不含糊。"

"朕不是那意思。"天元帝道，"朕今日生气击打龚太医，卿分明是有意用身子去挡那玉麒麟……"

"哎……"长孙晟身子一软，不由自主地双腿就往下曲。天元帝的金辂车虽然宽大，可也容不得身材高大的长孙晟下跪磕头。

"你别跪。这车厢和座位可要把汝卡得不能动弹的。"

"臣确实是有违圣意。当时只想，那可怜的御医哪堪那么沉重的一击，就不由自主……"

"就是嘛。朕刚才不是说卿心善吗？"天元帝笑了起来。

长孙晟见天元帝并无责罚自己之意，就大着胆子说："其实，龚御医那话并无恶意。他的话，就是一剂药嘛。"

"朕知道。可脾气来了，忍不住。"天元帝撩起帘子，看着窗外，忽然问，"卿有多大年纪？"

"虚岁二十一。"

"朕比卿长一岁。"

道会苑距天台很近，三言两语之间，就到了。最先下车的是小乐子，其次是长孙晟，在长孙晟和小乐子的搀扶下，天元帝下车时，对长孙晟说："卿先回家去吧，这几日就在家里养养伤。"

"谢圣上恩典。"长孙晟目送天元帝登上丹墀，心里想，人们常说，人之将逝，其言也善。可是，外人并不知晓，连他本人也不明白，这位仅比自己年长一岁的皇上，将不久人世！

第二十九回

长孙晟乔迁新居辞下人
李德林纵论机缘献上策

赵王也真是神通，他本人虽已返回洛州封地，但宫苑禁地中，每天总还是有人递信息给长孙晟，告知赵王送他的宅子，已修缮打扫完毕，请他前去居住。和他打招呼的，有宫内太监、侍卫，居然还有他的上司总领宫廷禁卫的长孙览。所以说，也真个是盛情难却了。

长孙晟告别天元帝，离开天台，便单骑直出宫城和皇城，来到长安外郭城的朱雀大街上。行不多远，拐入一条侧街，再下马边走边问，牵马进入一条高墙深院的死胡同中，只见僻静之深巷里，仅单独一户人家。其门庐是用朱漆刚刷过的，厚厚的大门上，钉着数排硕大锃亮的黄铜钉。门两旁的石头门匣，一左一右挂着两块木制黑漆金字牌匾，其上用篆体各刻五字：

长孙映日月
神箭著春秋

至此，长孙晟很自然地把头抬起，果见石门匣的顶端，还镶嵌一牌，横刻两篆字："晟庐"。看到此处，长孙晟不觉笑出声来。心想：这赵王也真有点儿意思，处处不忘显摆自己的才艺！

长孙晟正欲伸手去叩朱漆大门上的铜环，那门却"吱吱"地打开了。一个身着玄色短衣、五十开外的老叟站在门口，细细打量着来人，然后，喜出望外地试问道："您……就是长孙将军吧？"

长孙点头。老叟便转过身去，朝院里大喊一声："东家回来了！"

于是，只见男男女女十余人，从屋里匆匆奔出，齐刷刷地在院里站成两行。与此同时，一阵热烈的鞭炮声响起，老叟出门接过长孙晟手上的缰绳，把主人迎进大门。

这是一座不算很大，也不算太小的四合院。大门之右侧房里住着看门人，左侧是来访者之随从、轿夫或侍卫等候、休息之处所。院内左右两侧厢房住下人，正对大门的是主人居住生活的房舍。长孙晟在仆役、厨子、丫环们的夹道欢迎下，进入主舍。陪同他的管家约有四十开外年纪。他每开一个房间，便作一番介绍。令长孙晟印象深刻的是主人卧室和书房。卧室，可用两字概括，就是"奢华"。卧房内的家具皆精雕细刻，壁上张挂的字画、多宝格中摆放的古玩，令人目不暇接。书房，则要用四字概括，即"琳琅满目"。一大排书柜中，经史典籍、天文地理、阴阳八卦、医药经络等各类书籍，样样不缺，从中亦可窥见原主人涉猎甚广。此外，书房内的文房四宝，也是精美绝伦，除书案上摆着一套之外，书柜中还放着好几套质地式样各异的精品。长孙晟虽出身名门世宦之家，可在自己的家庭里，不仅没有这么多书，亦没这么讲究的家具和摆设。

对新家浏览过后，长孙晟以主人身份请管家于客厅就座。他对管家说：自己非常感激赵王的美意，虽然赵王早就交代过，宅子里的一切开支，皆由赵王府支付，自己只管住。但事实上，自己仅为一右小宫伯，夜晚如若当值，还必须住在宫内。所以，不管从哪方面讲，都不允许自己使用那么多下人。他这里只留一位看门的老叟就足够了，因此请管家立即将其余人等，悉数撤回赵王府去。管家见长孙晟说得诚恳，马上知会众人收拾行囊回赵王府。

可是，没过一会儿，一个老婆子进来，跪在了长孙晟的脚前，请求留

长孙晟正欲伸手去叩朱漆大门上的铜环，那门却"吱吱"地打开了。

下。一问，方知，此老婆子是看门人曾叔之妻。

长孙晟不觉笑道："没问题，你也留下。咱正寻思日后还要请个能浆洗衣裳和整理内务的老妈子。"

又过一会儿，管家进来辞行，长孙晟将众人送出大门口。待他返身回到客厅里时，老婆子已将一壶刚沏的茶，端到座椅旁的茶几上。长孙坐下，顿觉这屋子清静了许多，更感到了一股久违的家庭气氛。

"咱咋称呼您呐？"长孙晟问欲出门的老婆子。

老婆子回头一笑，说："平日大家都叫咱'曾家的'，将军也这么叫吧。"

"行。"长孙又问，"家里柴米油盐都还有吧？"

"一样都不缺呢。"曾家的道，"刚才那帮下人到这里好几日了。管家是按二十人置办的用度，咱三人，几个月，恐都消受不完哩。"

"那行。今日早点开饭，过一会儿，咱还得出门去办点事儿。"

长孙晟今日出宫的主要目的，就是要把从龚太医那里得到的秘密告诉大丞相。虽然他本人还不太相信那会是真的，但，无论如何，可都是一件了不得的大事，相府不能毫无准备！

不一会儿，曾家的就来说，饭好了。长孙晟走进膳房一看，餐桌上满满一桌子菜。他回过头，用疑惑的目光朝曾家的一望。

曾家的忙解释说："这些菜，其实还仅仅只是其中的一部分。并且，早就做好，放在蒸笼里热着的，只等将军回来，大家庆贺庆贺。昨日，也准备了两桌，将军没回，被大伙吃了。"

"嗨！早知如此，该叫大伙吃了再走的。"长孙晟后悔不迭。接着，又问，"曾叔呢？"

"他在前头看门嘛。"

"快去叫他过来吃饭。"

"那咋行。您是爷，咱是下人嘛。"

长孙想了想，说："去叫曾叔来，咱有话要说。"

曾叔忐忑不安地走进来。长孙晟叫他们夫妻俩都坐下后，说："咱这就把规矩讲清楚。从今后，二位之薪酬，这个家里的用度，概由咱支付。咱有空闲，会去赵王府那边讲明的。另外，此屋一共才三人，关起门来是一家，平日就都在一个桌上吃饭吧。咱如果要在家里招待客人，你俩才不上桌，如何？"

"那，恭敬不如从命了。"曾叔见过一点世面，点头答应了。

长孙问："有酒没？"

"有。"曾家的拿来酒和酒杯。

"来，咱敬二位长辈一杯。"长孙晟举起酒杯道。

一杯酒下肚，曾叔的话就多起来。

原来，赵王买下这处宅子，经过重新翻建装修，是给爱妾住的。赵王府在城外，而赵王的朋友又多住城内，所以，赵王住这里比住王府的时候还要多。他平日兴趣确实非常广泛，结交也广。他在这宅子居住的时候，客人的车与轿，有时竟一直从巷子停放到了大街上。赵王去洛州，也把爱妾带走了，宅子便也就空置下来。

饭毕，长孙晟正欲出门。曾家的见其仍着一身紧身短打衣衫——此乃去道会苑陪皇上练习射术时穿的，就问要不要更换一身便服再出门？并道，赵王离开此宅时，屋里的东西也丢下不管了，柜子里还有许多衣裳，有的还根本没穿过。长孙晟的换洗衣裳都还放在宫里，就在柜中随便挑了件换上了。

其时，曾叔进屋道："有位大人说要见小宫伯大人。小的请他通报姓名，他笑而不答。"

"噢？"长孙晟想，自己也还是刚入此宅，会是谁呢？他迈步出屋，见来者不请已径直入门，并在院内东张西望着。于是笑道："嗨，咱道是谁呢。你是咋寻到此处来的？"

"不就是原先赵王的宅子吗？长安能容几位赵王？"来人李顺反用看生人的目光打量着长孙晟。并打趣道，"嗬！住了这好的房子，打扮、身价也立马都不一般了！"

长孙晟此才注意到，他换上的袍子，不但质地上乘，且还绣着非常考究的花饰。他不好意思地说："惭愧，惭愧。这也还是赵王的行头。"说着，长孙晟领李顺在屋内走了一遭，就急着对他把龚太医透露出的情况说了一遍。

李顺闻之大惊，说："丞相叫咱来找你，就是想摸摸宫内有何动静，可没想到会是此等事！这样吧，你直接去杨府，咱这就去请德林公。"

仍是那间小密室，并一样还是三个人。不过，原坐李顺的位子，换了长孙晟。亲为其上菜的，也还是独孤夫人。长孙晟已用过晚膳，他虚晃着手中之杯箸，一口气把事情说完了。

杨坚立马疑惑地道："御医言语是否可信？"

"咱一直在心里犯嘀咕哩。"长孙晟说，"今日巳时，圣上还在练射术，兴头高极了，哪里像个病人呐。是喝了一碗参汤后，才突然感到不适的。接着，受到太医一番言语刺激，大发脾气，才突然昏厥，不省人事。可经太医调治，一觉醒来，又百事没了。"

"太医之语，是可信的。"李德林毋庸置疑地道，"这位龚太医，咱认识。他本人医术不错，处事沉稳，其家几代都是御医，绝非信口雌黄之辈。先帝薨后，龚太医曾对咱说，太祖宇文泰临终前，亦如武帝，发病之前，都是无甚征兆，同时，他还列举了宇文家族的另外几人，亦都如此。他因而觉得此乃宇文家族一大隐忧。"

"如是此样，也太蹊跷。"长孙晟在教天元帝射术时，觉得他身体、灵性都还不错。而尤其是，他还感受到了这位年轻君主，亦有单纯可爱的一面。所以，仍不以为然地道，"宇文家的太祖，活了五十多岁，儿孙满堂才去世。武帝不济，亦有三十六年阳寿。可当今圣上，仅比咱大一岁！哪有这样一代不如一代的。"

"这倒不足为训。家族之病是共有的，谁何时爆发，则因人而异。"杨坚道，"咱的家父曾说，太祖生前会打仗，有谋略，同时，还会享受，生活极有节制，所以，他活了五十二岁；高祖武帝，事业心太强，积劳成疾，曾几度发病，至三十六岁薨于戎马倥偬中，亦属正常；而当下的天元帝，则如太医所言，是为女色掏空身体，加之药物中毒，如有不测，实难逆料。

时下，我等必须有所准备，一旦太医预言果然成真，方能应付朝廷可能出现的各种变故。因为，此一切，皆直接关系到咱之命运！"

"确是如此。"李德林点头说，"咱能够想到的是，赵王宇文招因已知天元帝将不久人世，他已然在暗作夺位准备。圣上一旦驾崩，他便会首先出面干政。进而有可能废掉静帝，篡夺皇位。他这么做，有其合理的一面。即，静帝年幼无知，而宇文家族再没第二人比赵王更适合做皇帝，所以，会有较多朝臣拥护。当然，赵王干政也好，废静帝也罢，都有可能会立即掀起轩然大波，肯定会另有一些朝臣反对——"

说到此处，李德林稍作停顿，转而直面杨坚，说："咱看，随公，你就不会同意的。你的女儿是皇太后，同时，你一直辅佐着静帝，你就甘心大权旁落于他人？且，赵王取代静帝，则不管你随公态度如何，第一个受到牵连和被诛杀的亦必将是你！那么，公能甘心去做其俎上肉乎？"

"此正是咱极担心的呵！"杨坚忧心忡忡地道，"以公之见，咱从即日起，该如何应对此一有可能即将到来的变故？"

"别无他法，倘若真的到了那一刻，只能挺身而出，以其人之道还治其人之身。"

"呵？"杨坚深感力不从心，说，"此亦是说，咱与宇文招必是势不两立，你死我活？"

"对！就是如此。"

"宇文家自西魏太师宇文泰始，已把持朝政数十年，可谓树大根深。咱势单力薄，与之相搏，能有几成胜算？"

"凡事，都是有风险的！"李德林说，"咱清楚，公之杨家在西魏和北周军界，不是亦享誉数十载或更久远吗？咋会没一点根基、人脉？况且，宇文家走到今日，已是强弩之末，气数将尽。说句实话，倘若宇文宪、宇文孝伯、王轨等还在朝中当差，那情形则要另当别论了。"

少未经事的长孙晟，听到两位前辈的议论，不禁骇然。他迟疑地插嘴道："事情不会如此严重吧？天元帝万一真的不行了，不是还有静帝？众人如果都来扶持他，其他大臣，原来做什么，还是做什么，不是很好吗？何苦要弄得刀光剑影，你死我活呢？"

"事情如能像你想的这样，自然很好。"李德林用怪怪的目光打量着穿得风流倜傥的长孙晟道，"可你是否知道？这场争斗还远未正式展开，而你本人却已卷入其间了呢。"

"我？"长孙晟再次不以为然地道，"这可能吗？"

"咋不可能？咱到这里来时，在路上听李顺说，你住的房子布置得比杨丞相家还讲究还阔绰，是不是？"

"那是赵王为感谢咱照顾了千金公主，赠给咱的。"

"感谢你照顾了千金公主，只是托词。他心里打的算盘则是，如果一旦有事，是要你在宫中为他做内应，或在情况不利时，请你去突厥搬兵！"

"呵……"长孙晟哪能想到这一层。可听李德林一说，方恍然大悟。

此刻的杨坚则目光炯炯地问："那，照此说来，此番争斗不仅不可避免，亦是箭在弦上了？"

"是呵！"李德林斩钉截铁道，"不过，若从另一方面看，此对随公来说，更是个千载难逢的天赐机缘呵！公带过兵，打过仗，治理过州府，主管过朝政……对治理天下，真可谓已达左右逢源地步。还有啥可犹豫的呢？有道是：机不可失，时不再来呀！"

李德林的一席话，说得杨坚热血沸腾，血脉偾张！其实，德林所言，他都反反复复考虑过。甚至，想得更远更深。也正因思前想后，反反复复，想得太多，太细，才更加举棋不定！没想到，李德林一语，竟道出了自己从未对人言说过的心声。但，此时此刻，他对李德林之言，既没摇头反对，也没点头赞同。因为，搁心里想是一回事，可真要把腿迈出去，付诸实施，却并不容易！

李德林当然也看出了杨坚心中的"矛"与"盾"——这毕竟是一场要搭上身家性命的豪赌！所以，他也没再往深处说下去。

二人起身告辞时，长孙晟竟然惴惴不安地道："咱是不是应该立马将那房子退还给赵王？"

"哎——此可使不得。"李德林笑道，"咱只是举个例子，以此说明事情之复杂性，并非怀疑你真有异心。在此节骨眼上，如若退房，赵王倒真会反生疑窦，而把事情搅得更为复杂。你能享受那么好的房子，何乐而不为之。是否为他做内应，则是另一码事嘛。"

长孙晟听着，不好意思地笑了起来。

杨坚送走客人，回到房里，见独孤夫人仍穿戴整齐地坐着，就说："这么晚了，你还没睡？"

独孤夫人定定地望着自己的丈夫，说，"你们商议的事，咱都听到了。那个李德林把话都摊开了，咋没听你接茬？"

"他把话都说得见了底，咱还有啥可说的？再说，还不到最后那一步，往后，会发生啥事？谁能预料到？目下，也还只能是走一步瞧一步吧。"

"哎，你呀——枉作一世男人！"独孤夫人用一把小剪子将一截烧黑的灯芯剪掉，满屋顿时明亮起来。"你还犹豫啥呢？是想等赵王先抢了皇位，再来提你的人头？"

"可圣上当下不是还活得好好的吗？赵王不也远在洛州？棋，要一步步下，一着不慎，满盘皆输。况且，这可不是一盘下着好玩的棋——输了，都得掉脑袋，咱输不起哩！"

"此言是不错。"独孤夫人点头说，"不过，你得明白，没有坐等的良机，只有坐失良机的。就连下棋，有时长考也会出臭棋！是不是？刚才，你去门口送客，咱想了一下。你明日首先要和刘大人、郑大人请个假，就说自己有病，得晚点动身去扬州，此为第一步棋；同时，再派得力之人去洛州，监视赵王动静，此乃第二步棋；并要与庞晃作商量，拢住皇城和宫城内的各支禁卫军头目……"

杨坚瞪眼看妻子，默默点了点头。待独孤夫人一口气把话说完，他才舒了口气，问："你的话都说完了？"

"完了——喂，你瞪眼看咱干啥？"

"咱在想，你比李德林还李德林！"

"此有啥。告诉你吧，其实，咱经历过的事，一点也不比你少。咱是眼睁睁看着咱爹被宇文泰活活逼死的。咱爹被'赐'死时，只要家里有人流露出半点不服，那么，死的就不仅仅是爹一人，而是满门抄斩！"独孤夫人说着，眼圈儿都红了。她突然收住话头，道，"唉，不早了——睡吧。"

翌日晨，长孙晟仍如往常一样，去宫内当差。他入天台时，天元帝还未起床。

待天元帝用过早膳，意外地发现了长孙晟，就问："呃，卿咋来了？不是要你在家休息几日的吗？"

"咱那点皮肉伤算啥。"长孙晟故意扭了扭腰，说："痛还有点痛，但无大碍。咱倒是有点不放心圣上之龙体呢。"长孙晟边说边朝天元帝看。

"卿没事，朕更没事。"天元帝伸展了一下身体，说，"朕近来常感头昏、恶心，所以，对一点小小不适，也习以为常了。真还可能是被那贼太医说中了呢。朕昨夜听了他的话，一没要女人，二没吃那药丸，开始有点不习惯，可今早起来，感觉灵醒多了。"

"嗨，那就好！"长孙晟感到由衷高兴，说，"听太医的，没错儿。圣上还骂人家是贼太医哩。"

"要骂。要是一切听他的，那不把朕憋屈得不行了？"天元帝说，"今日还是陪朕去道会苑？"

"那还用说。圣上龙体安康，就好。"

"汝等等，朕要去换身衣裳。朕以为卿今日不来当差，就没想去道会苑。"

趁天元帝去换衣裳之际，长孙晟来到御医坊，将刚才天元帝说的话，悉数都对龚太医说了。并道："今日练射术，休息时，就不要上参汤了。你另开一副温补之药，最好弄得可口点，量大点，给咱也煎一碗，让咱逗着圣上喝下去。这样，他就不会对你发脾气了。"

"你说话能够作算？"

"试试看嘛。"

"可他们鲜卑人只信人参呵。你擅改旨意，那不死定了？"

"你昨日不是死过一回了吗？还是咱救下来的嘞。你今日就听咱的吧，行不行？"

"行。咱听长孙将军的。"

天元帝今日的精神明显胜过往日，心情亦更好。来到道会苑，长孙晟命侍卫专挑大梨作靶子，所以，射中的梨比以往明显增多。而长孙晟也见好就收，不使天元帝太累，就劝圣上休息。进入休息间，不等长孙晟开口，天元帝即命太监多上一碗参汤，赐一碗给长孙晟。

汤药分别端上，天元帝还没沾嘴，长孙晟就略带夸张地一饮而尽，并咂嘴说："好喝，好喝。"

天元帝顿感蹊跷，定睛看了看那黑黑的酽汤药，问，"此是参汤吗？"

长孙晟立时跪下，说："是下臣擅作主张，换了汤药。"

"大胆！"天元帝勃然怒道，"卿，意欲何为？"

"昨日圣上突然感到不适，事后，太医分析，有可能是参汤惹出的祸。他对臣说，圣上近来御体较虚，人参虽有大补，但性躁，反而会使圣上不适。所以，臣请太医开了一副温补之药。为使万无一失，臣先喝了。"

"噢？"天元帝觉得长孙晟说得合情合理，端起那碗汤药，先呡了一小口，觉出味道不对，于是提高语调，道，"传太医！"

龚太医其实早就提心吊胆在门外候着，听天元帝叫自己，不等别人传话，就进房战战兢兢地跪在了长孙晟的旁边。

天元帝问："朕往日喝你开的温补之药，刚进口时，很苦，今日咋地一进口，就觉出有股子甘甜味？"

"是……是小宫伯大人叫把药味调得可口点，小的在药中多加了一钱甘草……"

"唔——都起来吧。也真难为了小宫伯之良苦用心。"天元帝说完，把药碗端起，一饮而尽。

第三十回

宣帝腾云驾鹤命归西天
杨坚如愿以偿仍回相府

帝都长安的天气，与地处江南的陈朝大不一样。它的春季悄悄而来，早春时节，还没春的感觉，与冬季差不多一样冷。等到觉得有点热燥了，夏季便突然不期而至。

大象二年（公元 580 年）五月之甲午日，天气闷热难当。坐于天台殿中的天元帝感觉不爽，想外出避避暑气，就把宫内之命象术士来和叫来，问："卿以为何日适宜出行？"

来和知道天元帝是个急性子，于是念念有词，掐指一算说："今日可以。"

"噢？"天元帝看看天色灰暗，已至黄昏，就问，"明日如何？"

来和再掐手指说："明日可是可以，不如今日。"

"为何？"

"今日紫气东来，倘若乘气而动——吉兆也！"

"好！此乃正合朕意——亦天意也！"年轻的天元帝兴致大增，立马下令，连夜排列法驾去天兴宫避暑。天元帝就是这性子，他动了念的事，就希望马上去做。他才不管是白天还是在夜里。

可能是因连夜赶路，劳累困乏，到达天兴宫后，天元帝即感不适。经随行御医龚维之诊视，觉得问题严重，即与陪侍圣上到天兴宫的刘昉、郑译商议，劝说天元帝返回京师长安。天元帝开始不允，随后，更感难受，龚太医一边用药，一边奏请圣上起驾回宫。天元帝才不再坚持。

乙未日，回到宫中的天元帝，病情不但没有轻减，反而更加沉重。龚维之再次诊视后，感到再不禀告实情，自己恐也难脱干系。于是，即向随侍天元帝身边的御正中大夫颜之仪，详述了天元帝的病情。

之仪闻之，大骇！

天元帝身边权力最大的近臣，共为三位。除刘昉、郑译而外，还有一位就是颜之仪。这位担任御正中大夫的官员，因常常约束天元帝的不良行为，而为圣上疏远，不被重视，不被提及，但，这却丝毫不影响他在朝中的重要地位。因为凡以天元帝名义颁发的诏书、文告，必有三人亲笔签名，方能生效，缺一则不可。

颜之仪其人，三岁能读《孝经》，长大后，博览群书。武帝初立太子，为其选老师，选中之仪为太子侍读，所以，自那时起，之仪就成了宣帝实实在在的恩师。

宣帝即位，恩师颜之仪晋位上仪同大将军、御正中大夫，并进爵为公。他平日为人处事，不显山不露水，但关键时刻，敢于仗义执言。当宣帝诛杀王轨时，颜之仪曾直言进谏，指责圣上谋害忠良。宣帝大怒，也想杀他。但碍于自幼的师生情谊，只得作罢。

目下，当郑译和刘昉赶来，听说天元帝已处弥留，并熬不过三五日时，都异常惊愕！

刘昉和郑译平日与天元帝相处最多，却最没心理准备。他们原以为圣上年纪轻轻，生活不大有节制，这毛病那毛病在所难免，但不致有大碍的。近日知道病情严重，可也仍没往不可治上想，因皇上才二十二岁哩。

还是刘昉转得快，他从惊愕中醒过神来，说："假若圣上真的不能管事了，将由谁来辅佐静帝？"

郑译不假思索地说："静帝不一直是由杨丞相辅佐的吗！"

"嗨——"刘昉没好气地说，"你还翻那老皇历？随公不是早已任命为扬州行军总管了吗。大后丞一职，因天元帝病前未想好究竟由谁担任，一直还拖着未定夺呢。"

郑译道："随公正好尚未离开京师，相府就还是由他管吧。"

"不可。"一直没有说话的颜之仪，亦从惊愕和悲痛中清醒。他说，"天元帝如若真的不能转危为安，那么，辅佐静帝的人，按理应由宇文家里的人担任。因此，当下应从速将太师赵王召回，并由赵王召集宇文家里人，来定夺由谁辅佐静帝，此为正理。"

"那，来得及吗？远水不解近渴哩！"刘昉一听，暴跳起来，并断然否决道，"按御医所说，圣上已没几日阳寿了，而赵王却还在洛州，这一往一返，他赶得及吗？而且，还要与宇文家里人作商议，可诸位皇叔亦都还在自己的封国，待他们到齐，不知是啥时候了，当务之急的一大堆事，由谁处置？"

"这样吧。"郑译说，"由谁辅佐静帝事，咱暂且搁置一旁。若万一圣上的病有转机呢？目下，当务之急是为圣上治病。除为圣上治病而外，朝廷一应急务，也得有人照管，此原本都属宰相所管差事。随国公既未离开京师，大后丞又未任命，依咱之见，就将他召入宫内，料理诸多急务。至若今后怎么着，再视其情形而定。此样，如何？"

"行。咱看就这么着。别事，还真说不清哩。"刘昉马上附和。当下，他只一个想法：绝不能让赵王或宇文家的人掺和进朝廷。刘昉料想，宣帝登基时，一口气杀了那么多人，自己也是帮凶之一，今后，宇文家不管谁当政，绝没自己的好果子吃。

颜之仪也觉郑译之言，不无道理，亦没再坚持己见。

杨坚离开相府以"足疾"为由，猫在家中静观宫中动静。他只听说天元帝高高兴兴去天兴宫避暑，却不知他发病这么快又回宫了。时下，他正闲情逸致地在果园为果树松土，管家李顺过来报说，宫中有人来传圣旨了。他吓一大跳，心在打鼓：圣上不是去避暑了吗？因何又想到了自己？他无比紧张地进屋更换衣裳，为他更衣的独孤夫人，亦不知是凶是吉，为丈夫穿衣的手，也不听使唤地直打哆嗦。

杨坚换了衣服，走出大门，又是一惊——前来宣诏的人既不是刘昉，也不是郑译，是不常露面的御正中大夫颜之仪！

杨坚跪地听旨，摸头不着脑地听见命他急速进宫，处置宫内急务。他想：天元帝远在大山中的天兴宫里，这京师的宫廷里，还有啥急事要自己去料理的呢？他上前接旨时，本想问问颜之仪，可见其一脸肃然之相，欲言又止了。

杨坚驱车入宫，在天台殿前下车，就觉气氛不对。宦官也好，太监也好，一个个都低眉敛气，哭丧着一张脸。前来接引杨坚的司武上士卢贲，往日鞍前马后，对大丞相极为亲近，可目下亦不苟言笑。杨坚想，宫中到底出了啥事？自己进来了，还出得去吗？但，无论如何，是死是活，此刻也只能硬着头皮跟着卢贲走了。

卢贲一直把杨坚引入天元帝的寝宫门外，向杨坚做了个请其入内的手势。杨坚犹豫了一下，皇帝的寝宫，无论何时，大臣是不允许进入的呵！他再看一眼卢贲，卢贲朝他确定无疑地点了点头。他也顾不得再想什么，就硬着头皮一步踏进了门槛——房内，首先映入眼帘的，竟是女儿、太皇太后杨丽华！接着，才见卧榻上已不省人事的天元帝！杨坚两腿一软，身子不由自主地就往下坠……

皇太后摇头摇手加以制止，旁边的一位太监立即端来一把椅子，让杨坚坐下。这时，才有御医龚维之走到近前，轻声向杨坚介绍了天元帝发病前后的情形。

杨坚这才吁了口气，不觉为女儿感到心疼。她不日就要失去这位身为君主的丈夫了。可转念一想，自己以足疾为由，在家猫着，不就是盼着此刻的到来吗！人活在世上就是这样，一惊一乍，亦忧亦喜，相互纠结，难以分割呵！

杨坚从天元帝的寝宫出来，碰到郑译，即问："刘大人呢？"

"他从天兴宫下来，累得不行了。此时可能躲在哪间屋里休息去了。"郑译说着，把杨坚拉进一间房里，讲述了召他入宫的经过。

杨坚紧紧握住郑译之手，压低嗓音道："多谢公之关照。"复又提高语调说，"刚才进宫，见门卫较为稀松。此可不行，都啥时候了，各门各岗都得用心警戒，以防不测！"

"对。"郑译道，"时下宫中，就缺一位你这样的主心骨！拜托了。"

于是，杨坚乘车在宫城、皇城各岗转悠了一圈。除检查加强宫禁外，亦藉此与各禁卫军大小军头，联络一下，并以此展示自己的新身份。

当他将警卫等一应事务处置完毕，再回天台时，宫内各处，已燃起了宫灯。杨坚再次步入天元帝寝宫，见女儿仍在卧榻旁，守候着昏睡了二日的天元帝。于是关切地道："不是已排了班次的吗？娘娘可不要累坏了身子……"

杨皇后感激地看了父亲一眼，说："奴婢心不踏实呢。爹来了，女儿才放下心。"

女儿说了句体己话，杨坚摇头制止她继续说下去。接着，他一指榻上的天元帝说："圣上睡了，娘娘可藉此小寐一下。"

杨坚从天元帝的寝宫出来，向当值郑译打了个招呼，说要回家拿点换洗衣裳之类，便转身出了天台。他坐在车里，一路寻思：天元帝突发急病，已无力回天；谁能料到年纪轻轻的，就会如此呢，事先因而没留遗嘱，这是毋庸置疑的。可接下来，说不定哪日就气绝了，由谁辅政？此一决定权，仍握于刘昉、郑译和颜之仪三人手中。届时，会出现啥情形？还真难预料哩！

杨坚到家进房，独孤夫人忙为丈夫解带更衣："甚事呢？咋一去就是一整日？奴婢还以为你回不来了呢！"

"圣上果真发病了。"

"紧要吗？"

"一切皆如太医所料。"杨坚叹息一声，说，"这可苦了咱女儿。她一直守候在病榻旁，寝食不思……"

"当下不是心疼女儿的时候。"独孤夫人打断杨坚的话，问，"圣上尚能维持多久？"

"至多三五日。此话是御医说的。"

"哦……"独孤夫人没想到会这么紧迫,"这样吧,快点用膳。今晚你得去趟德林公那里,别让人家老往你这边跑。"

饭毕,杨坚正欲换衣出门,李顺来报:"刘大人和郑大人一同来访。"

杨坚大惊,不知宫内眨眼工夫,又出了甚事,忙迎出门。

二位大人在客厅落座,杨坚即屏退左右人等,问:"圣上咋样了?"

"还能咋样?仍昏睡不醒。龚太医说,圣上是因吃那药丸,中毒过深,才引起昏厥的……"

不等郑译说完,刘昉拨转话题,单刀直入道:"公离宫回家后,咱和郑大人,还有卢贲合计了一下,决计请公辅佐静帝,执掌朝政,以度时艰。"

"呵?"杨坚故作惊讶,说,"坚,何德何能,恐难当此大任。"

"大伙亦不是没想过别人,但觉得还是随公更适合。"郑译言辞恳切。

"周乃宇文氏天下,坚辅政,不恰好成了遭人诟病的外戚干政了?"

刘昉不以为然地道:"随公不要有此顾虑,就算是外戚干政,不也是古已有之的吗!何足道哉。"

郑译忙说,"届时,咱们都会尽力支持你。与之相关的职位,也大体商量妥了,你做大冢宰或仍称大后丞,主持朝廷政务;咱做大司马,都督内外诸军事;刘昉做小冢宰,为你作后盾。你看如何?"

杨坚没想到,他们把谁干啥,都已安排妥当。于是,仍然摇头,说:"当下最关紧要的还是宇文家的五位王爷,他们若知天元帝情形,在各自封地造起势来,咋办?"

"噢?"刘、郑二人立即面面相觑。

接着,还是刘昉反应快,他反问杨坚说:"那以公之见呢?"

"趁圣上一息尚存,下诏传他们速回京师。"

刘昉摇头道:"此五位王爷,正是因好生闲事,皇上才将他们好不容易请下去的,此乃非常时期,他们若在京师闹起来,还得了?"

"此一时,彼一时也。"杨坚说,"诸位想想,若将他们放在下面,各人手中都有一支数量可观的亲兵，再加其子和亲朋戚友，带兵的也不少。他们如果相互串谋，能量就更大了。与之相比，不如将他们集中到京师，分别对其严加控制，不就都成笼中鸟了？"

"言之有理！"郑译释然地道，"咱这就回宫下诏，说圣上生病，召王爷回京师探视。亦请随公赶紧把辅佐静帝的事想好，此都是当务之急。"

送走刘昉、郑译，杨坚即率李顺赴李宅。入座后，即把天元帝生病，将不久人世和刘昉、郑译来访等情形，和盘托出。

李德林立马接腔说："他们指定的大冢宰一职，是不可接受的。"

"为何？"

"关键是军权不在公的手里！将来朝政一旦稳固，如果此二人又与公产生闲隙，则随时都可借故将公拿下。"

杨坚虽也想到这一层，却没好对策。于是，问："既如此，应如何为好？"

"随公应求仍作大丞相，假黄钺①，都督内外诸军事。"李德林在北齐，官至中书侍郎，负责起草皇上一切诏诰，并谙熟宫内之运作。他说，"只有如此，方能使朝臣膺服。"

天元帝之疾，正如龚太医所料，一日不如一日。

几日后，当五位皇叔陆续会齐京师长安，天元帝只剩一息未断之游丝了。

此刻，刘昉再也按捺不住，把郑译、卢贲和杨坚召到一处说："据咱所知，赵王回到长安，即借看望圣上之机，已与颜之仪联络，他们看来是真要采取行动了。"

其时，杨坚也已听右小宫伯长孙晟告知，赵王一回长安，就把颜之仪招入赵王府，打听宫内情形。

"事已至此，不容再有丝毫犹豫。目下，就请随公当着咱几人的面，表

---

① 黄钺，以黄金为饰之斧，古代帝王专用。以黄钺借给大臣，即代皇帝行使权力。

明态度，是干，还是不干？"刘昉目光如炬，直视杨坚，"与其为赵王俎上肉，公若不干，咱刘昉就只好当仁不让了！"

"坚，既蒙诸位错爱，亦无第二条路可走。"接着，他提高语调，郑重地说，"咱恳请诸位允许以大丞相名义，并总领内外诸军事，辅佐静帝执掌朝政。咱这么做，别无他意，此乃非常时期，不如此，恐难服众。"

"嗨，咱道你葫芦里卖的啥药哩。"郑译看了刘昉一眼，也爽直地表明了自己的态度，"大丞相、大冢宰还不是一回事。再说，咱也没正经带过兵，当不当大司马无所谓。郑译支持随公既领军又辅政！"

卢贲也说："随公原本就是大后丞兼任右司武嘛，官复原职而已。咱看，没人会不服气的。"

拟让郑译做大司马，本是刘昉主意。刘昉想让杨坚处置繁杂的政务，却又不情愿让他握有过大权力。可郑译和卢贲把话都说到这份上了，刘昉也只好顺水推舟说："行！就这么着吧！趁圣上一息尚存，立即下诏。"

可是，天算不如人算。诏书拟好，御正中大夫颜之仪却不肯在诏书上签下自己的名字。不仅如此，他还指着刘昉和郑译说："这是圣上的意愿吗？你们是乘圣上病危，瞒天过海，抢夺宇文家的天下。主上如若不治，继嗣之子年幼，朝廷大权应由才能出众的宗室长辈掌握，方是正理。当下，皇亲中，赵王年龄最长，以才以亲以德，都应使之担当重责。汝等跟随圣上，备受恩宠，应一心尽忠报国，咋能随随便便就将朝廷大权交与一个外人！之仪只是一命而已，绝不做欺君之事。"

皇上的诏诰，必有三人共同签名，方能生效。正无计可施时，刘昉看到颜之仪生气拂袖而去，便提笔摹仿他的笔迹，代颜之仪在诏书上签了名，方使掌玺官在诏书上加盖了皇帝之印。

于是，御正下大夫刘昉和内史上大夫郑译传皇帝诏命，令随国公杨坚接受诏书，以大丞相兼大司马，总领内外诸军事，辅佐静帝执掌朝政。

也就是在这一日，天元帝驾崩。谥号为宣皇帝。

七月丙申日，宣帝下葬定陵。

从宣帝继任皇位，到将皇位禅让给七岁之子阐，自己称天元大皇帝，直至驾崩，前后不到两年时间。他在位时，骄奢淫逸，沉溺后宫；他妄自尊大，对国家典章和朝廷礼仪，随心所欲，妄加更改，滥杀忠良……对于史官来说，哪怕穷尽南山之竹，也不足写完这位皇上的过错。

不过，对于与天元帝接触仅几个月、并伴其走完人生最后历程的长孙晟来说，他眼中的天元帝，却是个单纯好玩，内心孤独，既执拗，却讲情谊的人。宣帝驾崩时，长孙晟正在宫内当差，他是少数几个感到真正悲痛的臣子之一。

宣帝丧葬大礼结束，八岁静帝由正阳殿顺理成章地迁入天台。杨坚以大丞相之职，再入相府，代行静帝之责，统揽朝政。可令他万万没料到的是，当他要代静帝颁发第一个诏令时，就在颜之仪那里碰了个硬钉子！

颜之仪不肯在相府官员送来的诏令上加盖皇帝符玺。他还出言不逊地道："此乃天子之物，其自有主者，宰相何故索之！"

杨坚闻之大怒，却无别法。只好备上法驾，让八岁静帝在全副仪仗的簇拥下，登上朝堂。颜之仪这才痛哭流涕跪在静帝面前，承诺交出天子印信。杨坚就这样上演了一出地道的"挟天子以令诸侯"的戏剧。

事后，余怒未消的杨坚，要杀颜之仪。

身边的高颎劝阻道："不可！之仪若死，早死几次了。他刚直不阿的秉性，为朝内人士敬仰。宣帝生前曾几次被他气得暴跳，欲诛之，又都作罢了。丞相刚刚当政，不宜作此恶人。"

杨坚这才放弃诛杀颜之仪，随即任命他为西疆郡守，将他逐出京师。

杨坚当政，用的还是原相府的老班底。李德林也仍任丞相府属，只是加授了象征地位的仪同大将军之衔；高颎亦是丞相府司录原职。与此同时，任命郑译为丞相府长史，领内史上大夫；任命刘昉为丞相府司马。这一任命，自与刘昉、郑译原先之愿望，大相径庭，从而对杨坚大为不满。

杨坚安抚他们说："二公扶坚上马之恩，怎敢相忘。但，任何事皆不能操之过急，当下朝政尚不稳固，一切尚存变数，二位大人就先委屈委屈吧。"

杨坚本人，亦确实如履薄冰，凡事身体力行，小心谨慎。他首先宣布革除宣帝之苛政酷律，正式将苏威等制定的较为宽松的《刑书要制》颁行天下，并下令停建尚未完工的东京洛阳，让数万夫役回乡耕作。他本人更是轻车俭从，躬亲庶政，从而赢得朝内朝外一片赞誉。

然而，已成笼中之鸟的五位皇叔祖，却于暗中联络，蠢蠢欲动。其中的一个侄儿，明帝的儿子，毕王宇文贤，更是年轻气盛，早已按捺不住，欲图谋反。不料，事机不密，被庞晃探明，立马以饿虎扑食之势，将宇文贤及其三个儿子一同擒获，并诛之。

一时间，长安城内风声鹤唳，气氛骤紧。

大丞相思之再三，以静帝名义向虞庆则下了一道密诏，命其亲率五千精兵，驻守到京师之北郊；之后，又拜自己的长子杨勇为大将军，左司卫，与庞晃共担京师及皇城、宫城之警卫。

是日黄昏，长孙晟仍按以往习惯，单骑回家，他行至离家不远的巷口，发觉路旁停着一辆带篷的精致马车，就朝那车多看了一眼。不料，当自己的坐骑与那车相擦而过时，车篷中突然钻出一人，定睛看时，竟是赵王。

长孙晟翻身下马，吃惊地问："您这是咋啦？"

"唉，别提了。"赵王往日进城，总是前呼后拥，一大帮子人，"你没听说，毕王一不小心，全家都没啦？"

"那与您赵王有何干系？"

"还是小心点好！"说话间，已经走到小巷尽头，看门的曾老头见到老东家，竟至喜极而泣。赵王步入院门，见院内亦如往昔，满意地道，"咋样，这宅子不赖吧？"

"托赵王之福，臣下年轻，只怕消受不起哩。"

"那有啥，都还不是个'住'字。"赵王自是熟门熟路，径直跨入客厅，"咱听说宣帝薨后，你哭得尤为伤心。"

"圣上待臣形同手足兄弟一般，真是不舍。"

这时，曾家婆子亦喜出望外，为老东家沏了一壶他往日喜欢的茶，并问："娘娘可好？"

"好，好。"赵王随口答道，把目光转向长孙晟，"宫内咋了？从昨日始，咱的信都递不进去了呢。"

"那有可能。"长孙晟说，"静帝入住天台后，宫内各部门的头头脑脑变动频密，近日，原有的侍卫、太监、丫环等下人，也大批裁撤出宫了。"

"那你呐？"

"咱暂且仍任右小宫伯一职，没动。"

"大丞相常进宫内办差吗？"

"大丞相？"长孙晟愣了一下，随即明白是指刚任此职的杨坚，于是道，"圣上生病时，大丞相日日坐镇宫里。近日，没见他进宫了。如今宫内之人，减了大半，静帝不常出宫，也不问事，办差的相府在宫外，宫里一下就显得冷清多了。"

"唔……好吧。"赵王起身说，"咱没甚事，回到京师，却常惦着你呐。你要认真招拂好静帝。咱日后如有事，会来找你的。"

赵王说毕，告辞出门。长孙晟将他送上车，心里却在打鼓：他因何而来，咋欲言又止地走了呢？

第三十一回

赵王府随国公死里逃生
弘圣宫大丞相当庭受辱

大象二年（公元 580 年），杨坚主理了宣帝丧事，并重新入主相府。如果仅从字面看，原先官职的正式称呼是大后丞，当下叫大丞相，一字之差，都是一个意思，即一人之下万人之上的宰相。而且，杨坚入主的衙门也没变，坐的还是那把椅子，手下用的亦还是那一拨人。

可究其实，此宰相已与彼宰相不能同日而语了。宣帝在世，杨坚里里外外、忙忙碌碌，操持着国家大事，却仅是个朝廷大总管而已。因为周的实际大权，仍紧握在太上皇宣帝和其近臣们的手中。如今，宣帝已逝，杨坚除执掌朝政外，还总领内外诸军事，此亦意味着，他已成了本朝炙手可热的真正的太上皇。北周也由此实际改姓杨了。

此一改变，最不满意、最难接受的，当然是宇文氏家族，以及原先的皇亲国戚们。但，自毕王宇文贤领头，刚对杨坚说了个"不"，全家即遭诛灭。于是，另五位被严密监视在长安各自家中的王爷，都随之噤若寒蝉，敢怒而不敢言了。

此刻，掌控和联络关外数十万大军的另一外威，时任相州（州治在邺，今河北临漳县西）总管的尉迟迥，对杨坚主政，极其痛恨，并已开始磨刀霍霍。

尉迟迥，亦确非等闲之辈。他出生鲜卑另一支系望族家庭，且与皇室有着密不可分的关系。尉迟迥本人就是太祖宇文泰的姐姐昌乐大长公主之子。他七岁丧父，从小就寄养在宇文泰家里，与武帝、宇文宪等王爷们一起生活。成年后，迥娶魏文帝宇文恭之女金明公主为妻，并随宇文泰出征，深受器重，屡立战功，在朝中一直身居文武要职。同时，他的孙女尉迟炽繁亦被宣帝封为天左大皇后。所以，他与杨坚一样，同属周之外戚。

如此一位手握重兵的权贵，大丞相杨坚对他自然放不下心。杨坚履职后，即派尉迟迥的儿子魏安郡公尉迟惇携诏书至相州，令他回长安奔国丧。而尉迟迥是何等精明之人，他深知，此一去，自己所控制的军队就全没了，接下来，还不是任其宰割吗！于是，他不但不肯回京师奔丧，还把在京师做官的儿子尉迟惇也留在了相州。

尉迟迥不肯就范，杨坚哪能安寝？经与高颎、李德林等人商议，决定派德高望重的老将军韦孝宽去接替尉迟迥相州总管的职务。此举明摆着就是向尉迟迥宣示，要解除他的兵权。可身为徐州总管的韦孝宽，从接到调职诏书，到赶往相州任上，则尚需一些时日，此恰恰给已怀异心的尉迟迥留下个呼风唤雨的空档。

而就在韦孝宽动身前往邺城时，坐镇京师的杨坚接到赵王府宴请大丞相的请柬。有人当即就说，此乃鸿门宴，去不得！

杨坚不笨，明知有诈，却也难驳赵王面子。尤其是这位王爷，风流倜傥，原本就是个极爱面子的人。同时，他也是宇文家族中仅存的五王中地位最高的一位——来而不往非礼也。

经过一番思考，杨坚终于对左右僚属说："盛情难却呵！不过，也没甚了不得的。小沟中的泥鳅，谅也翻不出大浪来！"

其实，杨坚此行，也有自己的想法。为暂时缓和与皇室的紧张关系，他需作出一些友善姿态。他执掌朝政才几月，朝内朝外，赞誉者不少，非议者亦不少。尤其是外间，除尉迟迥外，郧州（今湖北安陆）总管司马消难、益州（今四川成都）总管王谦，甚至还有北边的突厥，也都有寻隙生事、蠢蠢欲动的迹象。因此，他若能在此刻与赵王宇文招改善关系，那么，也就能使自己与皇室的紧张关系缓解下来。紧接着，那些不姓宇文，且忌恨自己做宰相的权贵、军头，还能不偃旗息鼓吗？

为了表示坦诚，杨坚前往赴宴，只带了侄儿杨弘和大将军元胄二人。车驾抵达城外宇文招府邸，赵王亲出大门迎接。他见杨坚仅乘一车，只带两名随护，内心窃喜，把杨坚奉为上宾，将宴席设在了自己卧室的炕床上。能有资格上赵王卧榻者，当然只能是大丞相一人。杨弘和元胄则只能坐于侧室等候。

杨坚对于赵王的此种安排，并无异议。因在他看来，此公虽也带过兵、打过仗，但仅凭藉王爷地位而已，而究其实，仍不过一介书生尔尔。如若这位王爷真要摆什么鸿门宴，届时，他只需将其擒住做人质，还愁脱不了身吗？

炕桌上的菜肴既精致又丰盛，杨坚与赵王分坐两头，有生得秀美的婢女斟酒，更有一位楚楚动人的女子在旁抚琴，以助酒兴，房内一切都显得分外优雅、平和，亦如赵王一贯的附庸风雅作派。

一开始，杨坚在悠悠琴声的奏鸣中，浅斟慢酌，较有节制，亦保持着他一贯的儒雅风度。但终经不住赵王的一再敬劝和美酒的刺激，二人觥筹交错，都开怀畅饮起来。酒酣耳热之际，奴婢端上一盘切开的西瓜，鲜红鲜红的瓜瓤汁液，亦如淋淋漓漓的鲜血！沉溺于宴饮中的赵王，方才猛地想起今日宴请杨坚的目的。他想了想，拔出腰间佩刀，将刀尖扎进一块瓜瓤中，装出不经意的样子，朝杨坚送去。已有几分醉意的杨坚，毫不介意地从刀尖上将瓜取下就吃。他正感口渴，瓜又可口，几口就把一块瓜吃了。赵王又扎一块送去，杨坚接过又吃。如此这般，一连递过几块，赵王内心的杀机，愈燃愈炽，猛地窜起！

杨坚虽有几分醉意，但在赵王两次三番地舞动佩刀之后，也于醉眼蒙眬中看出蹊跷。他一拂衣袖，说："此举不雅，把你手中之刀收起来吧。"

赵王手一缩，脸如泼血一般，立时涨得通红，刚才心中燃起的那团充满杀气的烈焰，就被杨坚一句话扑灭。

随之，房间里的气氛骤然紧张起来！幸好，那抚琴仕女，亦善解人意般地提高了音响，"嘈嘈切切"地把琴抚得极为动听。

"请！"赵王于柔美动听的琴声中，重又端起酒杯。

杨坚亦举杯与赵王举起的杯子碰了碰，说："你这位乐妓好身手——奏出的乐音，极中听！"

恰在此时，元胄进来对杨坚说："禀告大丞相，相府有事，丞相可以告辞了。"

"汝是何人，咋这般无礼？"赵王怒目以对，道，"没见咱与大丞相相与甚欢，汝来打啥岔？"

"对不起，在下不得不打扰赵王您了。"元胄双手抱拳，对赵王行了个礼，说，"相府事多，丞相应回府去了。"

"笑话。就这一会儿工夫，天就塌下来了？"赵王厌恶地一挥手，道，"去，去！别扫了咱和丞相之雅兴！"

元胄竟斗胆与赵王较起劲来！他眦目虎脸，手握腰刀刀柄，侍立于杨坚一侧，纹丝不动。

赵王气不打一处来，亦虎视眈眈地瞪着元胄，却突然觉得眼前的这个武士有点面熟，就问："汝叫甚名字？"

"下臣元胄。"

"哦，想起来了！你就是齐王身边的大将军元胄嘛。"赵王笑道，"来，坐，坐，"随即吩咐奴婢，"快给元将军斟酒。"

元胄初入军中，齐王宇文宪见他英武健壮，引至身边，数从征发，屡立战功，官至大将军。赵王以往与兄弟齐王过从密切，所以常能在齐王府中见到元胄，并知他是一员能征善战的猛将。

元胄喝过赵王的敬酒，仍不忘身负之责。他把酒杯往炕桌上一放，说："谢王爷之赏赐，咱和丞相告辞了。"

"别那么慌嘛。"赵王问，"卿是何时跟从丞相的？"

"齐王谢世后，下臣被安排到皇城当差，丞相入主相府，就当然地成了丞相之随侍。"

"好。"赵王朝奴婢一挥手，"给元大将军斟酒。"

"坐吧。不打紧的。"元胄进房，杨坚底气更足。他不仅自己无走意，还要元胄也坐下。

如此一来，赵王一人尚且不是杨坚对手，时下，屋子里又突增一员猛将，那还得了！忐忑不安的赵王，立即装出呕吐状，下炕趿鞋，欲藉此出门去叫人。元胄一眼猜透赵王心事，一把将他扶住，让其干呕几声，又硬生生地把他拽到炕上坐下。如此这般，一连炕上炕下好几次。赵王明白，元胄铁定不让自己出门，就恼羞成怒地借题发挥道："汝这么乱拽，本王受得了吗！还不给咱滚出去！"

那在房内抚琴的仕女吓了一跳。她早就察知屋里气氛不对，浑身上下不自在，于是，趁势弓身溜出门去，而元胄却没动。

接着，赵王又吩咐元胄："咱渴了，有劳卿去给咱倒碗水来。"

元胄看看杨坚已醉得如同一尊泥神，就朝旁边侍候的奴婢努了一下嘴，那奴婢便乖乖地把水给赵王端来。赵王心里更恼，可面对两位虎背熊腰的武将，不敢过分发作。正无计可施时，管家进来报告说：滕王来访。赵王和杨坚都起身出门前往迎接。

元胄亦紧随其后，扶住步履有点踉跄的杨坚，乘机耳语道："此屋暗藏杀机，请丞相火速离去。"

"哪有那么严重？"已喝得晕头晕脑的杨坚还自以为是地说，"屋里能藏多少兵马，有甚怕的咧！"

趁下台阶机会，元胄贴过身去，继续耳语："不行。咱听屋内脚步杂沓，他们一旦先下手，咱势单力薄……"

元胄的话未说完，滕王宇文逌已至，并朝杨坚鞠躬行礼。杨坚根本没听清元胄的耳语，一把挽住滕王，便与赵王一道回到摆酒的卧房中。

这回，房内已没了元胄的位置。里面是两位王爷和一个宰相，元胄只好仍回侧室守候。于是，房内原先的二对一；顷刻就逆转成为一对二。且，滕王滴酒未沾，手脚头脑皆十分灵醒。

然而，更使元胄没料到的是，刚才他与杨坚耳语之际，赵王亦趁机与旁边的儿子宇文员和宇文贯下达了动手指令。其时，只听屋后传出一阵"叮叮当当"的响动。

元胄闻之，即对身边的杨弘道："你装作如厕，看看内里是在作甚。"

杨弘须臾即回，说："不好了！他们都在穿铠甲，拿兵器，准备下手了！"

元胄"嚯"地站起，吩咐杨弘道："咱俩一同进屋，你啥也不用说，只管把丞相扶起往外去，咱断后。"

二人闯入摆酒卧房，元胄说："相府有急，请丞相告辞。"

杨弘则不容分说，把两只靴子套在杨坚脚上，就一把将他拽下炕往外拖。

"你咋这粗鲁？"不明就里的滕王呵斥杨弘道，"丞相喝高了，能经汝这么拽吗？手脚轻点嘛。"

杨弘也不解释，拽住杨坚出了门。待手脚已不甚灵便的赵王摸摸索索穿好靴欲往外追时，元胄则像一块门板，挡在了门口。赵王气极，当胸给了元胄一拳。元胄纹丝不动，亦不还手，只用手拍拍腰间的刀鞘。其时，只闻门外一阵骚动呐喊声，元胄只好丢下赵王和滕王，循声赶去。但见大院门口，手持兵器的亲兵已将杨坚、杨弘围住。

"大胆——汝等竟敢围堵大丞相！"元胄赶到，稍动拳脚，便扫倒四五个参与围堵的亲兵。

接着，元胄从腰间拔出一把明晃晃的腰刀，院内亲兵见此，四下躲避，杨坚、杨弘叔侄方乘乱冲出赵王府气势恢宏的大门。而赵王则领一众身着甲胄、手执兵器的亲兵，复又从院内喊杀着追了过来。此刻，杨坚才幡然从醉态中警醒，后悔自己小看了赵王这条小泥鳅。无奈，终因饮酒过量，心虽如镜子般明白，可手脚却绵软得已无了缚鸡之力！

眼看力不从心的杨坚，就要为宇文招的亲兵追上时，但见一彪人马卷起滚滚黄尘，从长安城内呼啸而出。原来是一直放心不下的高颎和庞晃，共率一支相府卫队出城迎接丞相的。赵王看到来势汹汹的兵马，知其不妙，立令收兵，并紧闭了城堡式大门。

惊魂未定的杨坚，经此折腾，把吞下的美酒、佳肴、西瓜……一咕噜儿都翻江倒海般地喷吐出来。接着，在高颖、庞晃、杨弘和元胄的护卫下，被送回杨府休息。

高颖等临走之际，身子很虚、却已完全醒过神来的杨坚嘱其速回相府，会同府属李德林和大将军虞庆则，立马布置抓捕五王，抄没其家，以达彻底铲除宇文家族的目的。

未料，高颖回到相府，将大丞相之意一说，却遭到李德林的反对。

李德林认为：大丞相的地位尚不稳固，锋芒不宜过露，以免树敌过多，遭人诟病。且，《刑书要制》刚刚颁行，朝廷尤应为天下作出依法行事的表率。因此，赵王犯事，只应惩处赵王，不要累及家人，更不要牵连其他诸王和皇室，能达杀一儆百目的就行。

庞晃、元胄认为，只灭赵王一人，并不足以使其他四王膺服，反而会埋下更大隐患。尤其是，这帮人若同外面手握重兵的诸侯王里应外合，后果将更加严重，使政局更难稳定！

恰在此时，已驻守在京师郊外的虞庆则大将军，闻听动静，赶至相府。当他知道赵王已动杀机，大丞相险遭不测，立马道："咱早想把此心腹之患，一网打尽，正愁找不到借口——这还有啥好争拗的，尽数去除，一个活口都不要留！"

处事一向果断的高颖，一时竟没了主张。此可是一批重要人物人头落地的大事嘞！

"这样吧，请各位大人不要离开相府，咱去知会大丞相，回来再行定夺。"高颖说完，立马乘车去杨府。

却说，杨坚回到家里，在独孤夫人的料理下，侧卧榻间，头不那么胀痛，肚子也不再作乱，身心稍许平复，就开始琢磨事了。他知高颖办事踏实，但还是有些放心不下，于是，便挣扎着起身，叫李顺备车。

对此，独孤夫人不仅不加阻止，反而叮嘱丈夫说："你已骑上虎背，若

不乘势将虎掐死，等到从其背上掉下，可就欲哭无泪了！"

李顺刚把马车安置到大门口，正逢高颎乘车赶来。

高颎进屋，杨坚立问："情况如何？已开始采取行动了吗？"

"还没哩。"高颎摇头，先把李德林的意见说了一遍。

尤其讲到"锋芒不宜过露"几字时，杨坚的脸一沉，倏地想起儿时智仙师傅从神龛取下宝剑，给自己讲述"韬晦"的情形。她当时说，宝剑之锋不要随便外露，应深藏于剑鞘之中。自己就是遵循师傅的这一教诲，躲过无数凶险，才走到今日的。师傅还说，深藏中的宝剑，一旦出鞘，露出锋芒，必然人头落地。可那时，自己尚小，师傅亦未告知，宝剑何时出鞘，方合时宜。自己在随州刺史任上与"郑家坞堡"博弈，曾被逼亮剑，一举斩杀郑云飞及其党羽，安定了一方庶民，但随即却遭到宇文护和宇文宪的猜忌，险送性命。而今，命运似乎再次走到你死我活之关口——死，就立即下地狱！活呢？整个天下就将改姓为"杨"了！

杨坚想到此处，心禁不住地狂跳起来。但表面上，他却十分平静地对高颎说："这事不能听德林公的，他一介书生，多恻隐之心！今日，咱如遭宇文招暗算了，还奢谈啥依法行事？"说着，他邀高颎同乘自己的座车前往相府。

杨坚下令集合了皇城和宫城的全部禁军，以迅雷不及掩耳之势，兵分五路，分批，先后将赵王宇文招、越王宇文盛、陈王宇文纯、代王宇文达、滕王宇文逌各家抄没。在此一系列行动中，总计有五十九名王爷、王子和王孙被处决。北周原皇室男丁，杀得仅剩静帝宇文阐一根独苗。

…………

清除原皇室党羽的行动尚在进行中。

这日，上过早朝的杨坚正欲上车回相府，大太监小乐子过来禀报说："相爷，皇太后说有事，请您去弘圣宫。"

皇太后，即杨坚女儿杨丽华。宣帝薨后，杨坚以静帝名义下诏，再次册封她为皇太后。

杨坚虽贵为宰相，平日亦不能随便出入后宫禁苑。此刻，他在宦官和宫女们的导引下，迈入弘圣宫，见女儿坐于堂上，立马便跪了下来。皇太后为一国之母后，自己虽为皇太后之父，但又是皇帝之臣，见太后下跪，乃天经地义。不过，对杨坚来说，每临此刻，心里总还是有点疙疙瘩瘩，别别扭扭，五味杂陈。所以，他本人也总是尽量避免与女儿直接照面。

此时，坐于皇太后位置上的杨丽华，则丝毫不显父亲为女儿下跪磕头的尴尬。她面无表情地问："听说公一口气就将宇文家的五位王爷及各人家中的男丁都斩尽杀绝了？"

"他们犯了谋逆大罪，罪当诛之。"杨坚没有抬头，背对着皇太后，硬碰硬地解释了一句。

"谋逆？"皇太后一声冷笑，一双秀眉倏地直竖起来。她勃然大怒道，"这天下，原本就是宇文家的。他们谋谁之逆？造谁之反？普天之下，难道有自己谋自己反的吗？岂有此理！"

"……"杨坚浑身一颤，平日能言善辩的他，一时竟然语塞。他万万没有料到，往日自己最为疼爱的女儿，会冷若冰霜地用此等言语来辱没自己的父亲。

"公之心真狠咧！好端端的一个宇文家族，流血流汗、出生入死、好不容易打下的江山，一夜之间，竟然就剩了一棵朝不保夕的独苗！"皇太后余怒未息，继续说，"咱能料到，依公之秉性，一定会，一不做，二不休，不达斩草除根目的，是绝对不会罢休的！"

"……"杨坚再次语塞。在他一生中，还无第二人把自己看得这么透，这么直接地把自己扒得体无完肤。

"而今，宇文家已成孤儿寡母……"说到此处，皇太后的语调突然哽咽，眼圈儿也发红了。"咱求公能手下留情，看在昔日父女的份上，高抬贵手，不要再为难孤儿寡母了。卿能答应吗？"

"是，臣下，答……答应。"杨坚为了掩饰脸上的不堪和尴尬，忙把身子俯得更低。

可是，跪在地上的杨坚，却半天没见再有回音，亦未听有啥动静。他把头悄悄抬起，只见女儿在宫女们的簇拥下，已朝幽深的宫室中姗姗而去……

杨坚这才慢慢从地上爬起，转身出了宫门。当他迈下丹墀，却忍不住地回头看了一眼那富丽堂皇的弘圣宫，忽然觉得有点儿眼熟。他又细瞧了一下周围的环境，方恍然大悟地想起，这不就是原先叱奴太后所居之含仁殿嘛。老太后仙逝后，一向讲求节俭的武帝下令将其拆除，未几，武帝自己也薨了。没想到，继任的宣帝，竟将旧殿变成了一座外型如此奢华的新宫。也难怪女儿刚才对自己如此愤怒，倘若再进一步，没有了静帝，也就没有了静帝之母——皇太后！那么，女儿也就没了这座威严华美的宫殿。杨坚因而想道：女儿不仅长大，而且，已是别人家里的人……

是夜，杨府迎来了一位久违的客人，这便是杨坚的异母弟弟、时任吏部中大夫的杨瓒。

"哈呀，阿三来了。好久不见，还好吧？"杨坚显出十分亲热的样子，把三弟迎入客厅，"其实，相府与你们吏部仅一墙之隔，没想到，碰个面，还真不容易。"

"你是忙人，当差时，不敢贸然去打搅你。"杨瓒附和道，"咱看，你此次重入相府，亦不可与上次同日而语，自是忙上加忙了吧。"

"是呀。水里按葫芦哩——这头的问题好不容易按下去，那边厢又冒出个新难题。"杨坚说着，反问杨瓒，"你那边呢？"

"嘿，吏部还不是老样子。"杨瓒说，"一切都在按你的相府指令行事。你此次出任宰相，可真是今非昔比，与以往朝廷的做法都不同。各衙的官员只被劝退或被直接裁撤的，几乎没有官员补充或晋升。"

"是呵。"杨坚感叹道，"以前累积的问题多，冗员也多，能不清理打扫一番？有的太老，不如回家颐养天年，有的无所事事，留着反生嫌隙……总而言之，目下是内外交困的非常时期，要理出个头绪，尚需一些时日。待朝内朝外稍稍安定后，该补充提拔的，也还是要让他们各归其位。"

"当下，大丞相已将宇文势力清除，朝内应已无恙了嘛。"

"也不尽然。"杨坚想起白天女儿对自己一双敌视的目光，心里还是忐忐不安的。他神情严肃地说，"惩灭五王，只能说是清除了一个隐患。宇文家执掌朝政数十年，盘根错节，并不简单。"说到这里，杨坚看了一眼杨瓒，心想，他的妻子不就是武帝宇文邕的亲妹子顺阳公主吗？自己的这些作为，她能置之度外，心悦诚服吗？

"咱真的没有想到兄有这般手段——下手如此快捷，而且，处置得如此利索、干净！"

"嘿！咱亦没想到你阿三会说此等话。尤其是在你自己家里，可不能这么说呵。你要劝劝你家公主，将心比心想开点，兄这么做，完全是被逼无奈，不得已而为之。那日，咱给面子去赵王府赴宴，若不是杨弘、元胄拼死保护，不早就成了他宇文招的刀下鬼了吗！"

"呵，是三弟呀，你可真是个大稀客。"独孤夫人端着一盘切开的西瓜走进来，把杨坚的话打断了。

杨瓒起身施礼："嫂嫂可好？"

"咱还不是老样子，说不上好与坏。"独孤夫人把瓜盘放在茶几上，不冷不热地道，"你们聊吧。"说完，就走了。

杨瓒勉强吃了一块瓜，话不投机，即起身告辞。

杨坚送走杨瓒，回到房里，独孤夫人问："阿三是来做甚的？"

"他甚都没说，好久未走动了，就是走动走动呗。"

"哼，你不知他的腿有多金贵。没事，他会往你这里跑？咱看，他如今有点像条丧家犬。没了宇文家的大靠山，这才想起自家兄弟了。"

"别把话说得那么难听，终究还是一家人嘛。"

"他跟你讲过亲情吗？"独孤夫人愤愤不平地说，"你上次出任大后丞，正缺帮手，要勇儿去找他给你搭把手，他不但不领情，还说出那种混账话，你可都忘记啦？"

"一家人，这种老账就不要翻了。"

不过，话说回来，杨瓒恶语伤人，杨坚哪肯忘记。兄弟俩，一贯都是面和心不和。两人都有一些才干和地位，也都有一点瞧不起对方；两人娶的都是名门闺秀，但，独孤夫人的父亲被宇文泰所杀，而杨瓒美丽妻子的兄长却做了皇上，她本人亦被封为顺阳公主。于是，杨瓒一度受到武帝特别信任，杨坚则一直受到宇文家里人的猜忌，二人距离，亦越拉越开。可殊不知，风水轮流转，一夜之间，树大根深的宇文氏家族，仅剩了个年仅八岁、并岌岌可危的静帝。而杨坚则握住了那至高无上的权柄，这才有了今日杨瓒略带攀附之嫌的来访。

第三十二回

反反反四处点火燃烈焰
病病病一路示弱待良机

话分两头。

却说，领命前往接替尉迟迥相州总管一职的大将军韦孝宽，至六月下旬，方到朝歌（今河南境内）。他的一行人刚在当地驿站安顿好，就有客人来访。韦孝宽出房一看，竟是老熟人贺兰桂。此公目下在尉迟迥属下任大都督。韦孝宽立即喜出望外地将他拉入房中，促膝交谈起来。

"蜀公（尉迟迥封号）在邺城等了多时，未见公的音信，很不放心，派咱沿途打听，今日才得相遇。"贺兰桂高兴地解释说。

"嗨，别提了。一路豪雨不断，老伤疼痛不已，走走停停，耽误了不少时间。"韦孝宽说着，唤人端来茶水。

其实，刚上路时，韦孝宽走得并不慢，可离邺城愈近，他有意放慢了脚步。因为，他虽怀揣任职诏书，却不了解尉迟迥的真实态度。届时，尉迟迥若不服朝廷之命，他韦孝宽贸然闯入，岂不弄出大麻烦。他想，这贺兰桂来得正好，可向其摸清底细，以决定自己的进退。于是，说："蜀公近来身子骨可好？"

"马马虎虎吧。"贺兰桂道，"蜀公，日日都在盼您来，他即可卸任告老享清福去了。"

"哎——他能算老？也就刚过六十吧？"

"蜀公不久前已摆过六十四岁的寿宴。"

"就是嘛。"韦孝宽伸伸腿，说，"咱已年逾古稀，还在这驿道上颠呐！"

"您老当益壮，了不起！"贺兰桂接着说，"蜀公等您入城办完交接，他老人家好像是想去蜀地安家，颐养天年。"

"啥？"韦孝宽颇感意外地道，"去那蛮荒之地做甚？蜀公家眷不是都在长安吗？"

"韦公是否知晓，朝内出大事了！"

"噢？"韦孝宽把搁到唇边的茶碗，放回到了茶几上。他着实大吃一惊，问，"咱出门在外，两眼一抹黑。朝廷出啥事儿了？"

"圣上，薨……薨了……"

"呔！就这事？天下人谁不知哩。蜀公就为此，要去蜀地？"

"咱话还没说完呐。圣上薨后，随公杨坚做了大丞相……"

"嗨，随公当大丞相，蜀公当大前疑，不都是当今皇上静帝的辅臣嘛。况且，蜀公之大前疑还排在大后丞之前嘛。"

"那都是过去的事儿了。咱是指，圣上薨后，随公又当了大丞相。"

"看你绕了多少弯弯。随公当大丞相，有甚稀罕？他原本就是丞相嘛。再当，又有甚了不得？这就算出大事了？"

"可此大丞相，却与以往的大丞相不一样！"

"有啥不一样？"

贺兰桂用手朝天一抹，诡异地笑道："这还用问？司马昭之心哩！而今，朝内朝外，随公一手遮天，长安还有蜀公容身之地？"

"有这么严重？"韦孝宽眉头一皱。其时，他已了然，尉迟迥派贺兰桂是来打探自己对朝廷态度的。他于是就汤下面，"丞相不会不知，朝中就剩几个老菀子了吧。他何必匆匆忙忙硬和这几个老家伙过不去呢？"

"改朝换代，老菀子绊脚哩。"贺兰桂拨转话题说，"诸位一路辛苦，在下已按蜀公吩咐，在城内酒肆预订了席位，为大伙洗尘。"

"那就不必啦。"韦孝宽道，"多谢你和蜀公的美意。你看看，有的已累得直不起腰了，又要城内城外折腾，何必呢。"

"行。那就委屈韦公了，就在驿站多加几个菜吧。"

晚膳时分，韦孝宽感到浑身疼痛，茶饭不思，而没去膳房用餐。

次日一早，贺兰桂去房间探视，见韦孝宽仍躺在榻上，几上放着尚在冒热气的汤药，只好安慰几句，就告辞先回邺城了。

贺兰桂一走，韦孝宽即派人去邺城求医问药打探城内动静。其实，他并不担心杨坚排除异己，会排到自己头上。他目下担心的则是，身边一共才几十号人，就这么冒冒失失闯入邺城，尉迟迥会不会心甘情愿把权交给自己。交，则没事；不交，麻烦就大了。要么，与他同流合污，与杨坚摊牌，分庭抗礼。否则，就将为尉迟迥所囚所灭。

韦孝宽、尉迟迥，还有目下担任并州大总管的李穆，以及已经过世的独孤信、杨忠等，年龄相仿，并都效力于宇文氏家族。有所区别的是，尉迟一家与宇文一家，关系更密切。而在私交上，韦孝宽则与独孤信、杨忠走得更近，感情更深。当下，韦孝宽本人，确实已无所求。但为儿孙计，他感到，宇文家已明显江河日下，气数将尽。所以，他打定主意，不管将来发生什么，自己绝不与宇文氏及尉迟迥搅和到一处。

七月的一天，帝都长安传来宣帝下葬的消息。走走停停，一直称病的韦孝宽，终于抵达距邺城不远处的汤阴驿站。恰逢其时，尉迟迥派韦孝宽兄长之子、现任魏郡守的韦艺，前来迎接叔叔等一行人。

韦艺任职的魏郡，即是原北齐帝都邺城。建德六年（公元577年），周武帝灭齐，将邺城从帝王都城，降格为郡，改称魏郡。不过，当地人还是按老习惯将魏郡称"邺城"。

一路病恹恹的韦孝宽，见到亲侄子，立即精神矍铄地执侄子之手，问这问那。但是，渐渐地，他感觉侄儿说话有点不对劲儿。细察之下，越发觉得韦艺的目光躲躲闪闪，尤其是在回答自己问题时，吞吞吐吐，语焉不详。他顿时火从心起，收敛笑容，大喝一声："来人！"

两名侍卫过来，按韦孝宽的吩咐，一把将韦艺擒住。

韦孝宽一拍几案，怒吼道："将此畜孽推出去——斩首！"

韦艺的脸"刷"地变得煞白，"扑通"跪地大哭，"叔……饶命，饶命呀！侄儿，错了……"

"知错就好。"韦孝宽缓和语调，"蜀公派汝来，意欲何为？"

"蜀公确是一番好意，他想请您进城，与之共商讨伐国贼杨坚的大计。"

"可笑！"韦孝宽用手中蒲扇拍打韦艺之头，问，"汝是否知道，叔此次赴邺是做甚的？"

"侄儿知道，叔奉命接任蜀公相州总管一职。"

"既如此，"韦孝宽对仍跪于地的韦艺说，"蜀公不做好卷铺盖走人的准备，却仍以东道主身份与咱奢谈啥讨伐杨坚事，岂不可笑？"

"侄儿想，蜀公压根就没离开邺城之意。他过的日子，甚至比皇上还皇上哩。"

尉迟迥为相州总管，办差衙门，总管居所，都在邺城。他住的是原北齐整个宫城，享用的是帝王器物；总管府则设于原北齐的皇城中。此等僭越行径，对纷扰不断的北周朝廷来说，自是鞭长莫及，管不到那么远了。正如韦艺所言，尉迟迥在邺城耀武扬威，比"皇上还皇上"，又如何舍得离开此地——除非殄灭了杨坚，让他去长安做皇上还差不多。

韦孝宽一声冷笑，问："汝想过没有？假若叔真被你诓入邺城，而又不愿参与讨伐杨坚，会发生什么情形？"

"此不可能。"

"为啥？"

"蜀公已分别说动司马消难和王谦，还有李穆大辅臣。他还把自己的一个儿子送到江南陈朝作人质，请求陈国出兵共同打击杨坚。他如称帝，将割地与陈。所以，叔叔欲与蜀公联手，殄灭杨坚还不是易如反掌的事吗？"

"哼！汝也太小看杨坚了。"韦孝宽摇头说，"再说，司马消难那些人会咋想，咱不敢妄测。就讲李穆吧，他肯听蜀公哄骗？为其充当马前卒？咱看，未必。还有，咱与蜀公，乃至李穆，都是行将就木之人，能够拱翻已

　　两名侍卫过来，按韦孝宽的吩咐，一把将韦艺擒住。韦孝宽一拍几案，怒吼道：
"将此畜孽拖出去——斩！"

渐成气候的大丞相杨坚？蜀公利令智昏，他是蚍蜉撼树——自不量力哩！汝亦不知天高地厚，还硬把叔也往火坑里拽！"

"侄儿该死……"韦艺磕头，号啕不止。

"唉……起来吧。"

韦孝宽觉得事情危急，立即拿出纸笔，将韦艺所言和自己的处境、行踪，写成一信，派信使秘密送往长安。与此同时，他吩咐驿站造饭。饭毕，韦公征用了驿站全部马匹，并着人把驿站守将招至房内，赠以黄金十两，并道："蜀公军队将至，你要好好款待他们。"说毕，便带领韦艺等全部人员撤离汤阴驿站。一路上，他们将所过之桥拆毁。到了下一驿站，又如此这般，一路往后退去。

不出所料，尉迟迥果然派梁子康率数百骑追来，一进驿站，没马可换，却有美酒佳肴招待，吃饱喝足的官兵，更觉寸步难行，索性住了下来。次日再追，桥被毁了，只好绕道而行。追兵叫苦不迭，一连数日，与韦孝宽的距离越拉越远，只好作罢，返回邺城述职。

暂时得以脱身的韦孝宽，终于可以喘口气了。目下，他的一行人，已至东京洛阳城下。韦公觉得城内人多眼杂，目标大，不安全，为使尉迟迥不知自己身在何处，也没再住驿站，就悄悄住进了东京洛阳旁边的小城河阳一家客栈内，等候朝廷的新消息。

这日，韦艺无事，信步逛入大街。不料，没走多远，就有人前来与他搭腔："哈呀，这不是韦大人吗？真是，山不转路转，稀客咧！"

韦艺觉得对方面熟，却又记不起在什么地方与他见过面。

正踌躇间，对方却道："嗨，大人忘啦？咱一车古玩出不了城，是您亲自去城门交涉，才得以放行的。"

"想起来了——你叫尉迟玉林，是蜀公之侄孙，对不对？"韦艺他乡遇故知，也觉分外高兴。

武帝伐齐，攻破北齐帝都邺城，许多北齐皇家珍玩流落民间，尉迟玉林就是干此买卖的。他在邺城用极低的价格把宝物弄到手，再运到帝都长安或东都洛阳卖高价。有一次，他携带宝物出城，被守城警卫查获扣留。

此人拿着蜀公手令找到担任郡守的韦艺。韦艺二话没说，当即赶到邺城南门与城门领交涉，将运宝车放行。

"郡守大人啥时来河阳的？"

"咱昨夜方到。"韦艺故作神秘地说，"是奉蜀公之命，到此查一案子的。"

"走，赶得早不如赶得巧呢。今日有一帮朋友在德顺酒楼聚会，商讨一件要事。您是郡守，并是带过兵的将军，正好给咱出个主意儿。"

待尉迟玉林和韦艺赶到德顺酒楼二楼，其间，分几桌已聚集了几十号人。尉迟玉林似乎是个头儿，他神气十足地面向众人道："咱来介绍一下，这位是魏郡郡守韦大人，他是奉蜀公之命，前来河阳办差的。"

众人一听，皆鼓掌欢迎。前来聚会的全是鲜卑生意人，因东京洛阳重建工程被大丞相杨坚叫停，城内还是个大工地，交通便利的河阳，便取代东京成了南北商品的集散地。这些鲜卑人的家眷大多都安在邺城，韦艺担任魏郡守，在此多事之秋，常到邺城各城门和街道要津处巡查。所以在座有些人也认识或对韦艺面熟。尉迟玉林和韦艺入座，便有人前来与韦艺搭讪或打招呼。

酒过三巡，坐在韦艺右侧的一位中年汉子不经意地道："郡守大人莫非是奉蜀公之命前来抓捕韦孝宽的？"

韦艺一听，大吃一惊，脱口问："你咋知韦大将军在此？"

"嗨，韦公一行，到河阳已有几日，大人竟不知情？"

"咱昨夜方到河阳，正是来寻访他的。"

"韦公之人，都住中原客栈。大人今日来得真巧，我们聚会，就是商议如何将他拿下，以献蜀公。"

"韦公啥时候竟与你们结下了梁子？"韦艺暗抽一口冷气，道，"他本人年迈力衰，好对付。但其身边有一众武艺高强的随从与侍卫。"

"不怕的。"中年汉子道，"别看河阳地小，光我鲜卑人就有八百多。大家多是从小习过武的生意人。而且，每家商行亦都请了一帮护送货物的师爷，武艺都不错的。韦公他们再厉害，不过区区五十几人。"

酒酣耳热之际，一众人等，便把议题转到如何拿住韦孝宽等一行人上了。有人提议，尉迟玉林是做古玩生意的，他请的护宝师爷武艺最精，应以他的几位师爷作先锋，带人直入中原客栈实施抓捕。其他方面的人，可将客栈团团围住，以抓漏网之鱼。

这件事，本来就是尉迟玉林挑起来的。先是他在从邺城到河阳途中，遇到无功而返追捕韦孝宽的官军。所以，当他回到河阳，听说韦公就住在中原客栈，便想将他生擒，以在蜀公面前邀功。但自己的师爷，个个价值不菲，一旦打伤打残或被打杀，损失就大了。所以，当众人议到要自己的师爷领头，他竟在心里打起退堂鼓来。

大家你一言我一语，各种意见相持不下时，便都自然而然地把目光集中到了韦艺身上，因为他才是真正的官方人士。

此时，韦艺已从开初的惊诧逐渐冷静下来。他端着郡守架子，起身举杯，说："来，咱代蜀公敬诸位一杯，感谢大家对蜀公的一片忠心。"说毕，一仰脖子，将杯中之酒，一饮而尽。待众人也把各自的酒干完后，他才继续说，"咱知，在座诸公多少都有一些武功，各人雇请的师爷，更是身手了得。但，诸位亦都有一个弱点，皆未真正上战场打过硬仗。而韦公及其身边人，不是身经百战的将军，即是身手不凡之侍卫。其人数虽少，但若真正交起手较起劲来，是否能生擒韦公，咱不敢说，但双方伤亡则肯定在所难免。所以，以我之见，此事就不劳诸位亲自动手了，更不要打草惊蛇。此一切，由咱出面赴洛阳约请官衙，派兵将其一网打尽，押送相州，如何？"

韦艺说罢，众人都鼓起掌来。在座多是腰缠万贯的商户，都很爱惜自己的性命。真到性命攸关时，谁还敢硬逞英雄？

席终人散，韦艺与尉迟玉林作别，他故意朝客栈相反方向走去。而当他在拥挤的街上悠转过一段距离，确认没人跟踪，才折返至中原客栈韦孝宽的房内。

"你去哪了？用膳时，到处找你，就是找不着人。"韦孝宽埋怨侄儿道。

韦艺便将遇到尉迟玉林事，如此这般一说。

韦孝宽沉吟良久，方道："暂时躲过一劫，可仍不能掉以轻心，因为他们毕竟人多势众。这样吧，你这就去找洛阳总管府的林总管，咱与他是生死之交。因其目下慑于尉迟迥的淫威，咱也不过分难为他，只要他设法将尉迟玉林等几个活跃商人控制几日，咱等朝廷新的旨意下达，便立即撤离河阳。"

接着，韦孝宽给洛阳总管写了一封亲笔信，让韦艺带去。果然，第二日，以尉迟玉林为首的几个殷实商户，就接到洛阳州府发来的请柬，让他们赴洛阳接受州府宴饮。

此间，皇室五位亲王被戮的消息已传至关外，早已迫不及待的尉迟迥迅即起兵与杨坚拥立的静帝朝廷分庭抗礼。一时间，赵、魏、齐、鲁，烽烟四起。尉迟迥辖下：相、卫、黎、沼、贝、赵、冀、瀛、沧，以及尉迟迥任青州总管的侄儿尉迟勤所辖之青、齐、胶、光、莒等州，亦起兵响应，起事官兵共三十余万人。此外，荥州刺史宇文胄、申州刺史李惠、徐州总管司录席毗罗等，皆据州响应。但凡没有起兵的州、郡，只要尉迟迥父子的队伍一到，不是开城投降，就是被击溃。几日后，叛军分数路，向南进发，连陷钜鹿、建州、潞州、东郡、曹州、亳州、永州等。

几乎是与此同时，郧州总管司马消难据江北九州，兵力十一万，亦举兵响应尉迟迥。但，总管府长史侯莫陈杲和郧州刺史蔡译等人不肯听命。司马消难不惜斩杀侯莫陈杲等四十余反对者，以示造反决心。此外，驻守巴山蜀水的益州（治今成都）总管王谦，亦率自己管辖的十八州，以及受其影响的周边十州，共十余万兵马，也驻险响应尉迟迥，抗拒长安朝廷……

此刻，困在河阳中原客栈的韦孝宽，眼看尉迟迥的叛军铺天盖地掩杀而来，只好率领随员暂避至洛阳城中。

恰在此时，韦孝宽原先秘密派至朝廷的信使和朝廷派来的特使携诏寻来。朝廷重新任命韦孝宽为行军元帅，指挥以建威公梁士彦、乐安公元谐、化政公宇文忻、濮阳公宇文述、武乡公崔弘度、陇西公李询等为行军总管的各军，抗击尉迟迥的叛军。在河阳险遭暗算的韦孝宽，当即命令最先赶到的宇文述部，直捣河阳。可遍搜全城，却始终未见尉迟玉林的踪影。韦孝宽只好命宇文述率军驰援被尉迟迥叛军围攻的怀州，一举将围攻怀州的尉迟迥军队击溃。

七月下旬，韦孝宽集合陆续从各地赶来的数路大军，进击永桥镇。此镇乃军事要地，为已降于尉迟迥的将军纥豆陵惠据守。韦军诸将皆向行军元帅请缨，要求攻下此城。

韦孝宽率一干将领在镇之周围观察良久，终于说："此镇虽小，但城却筑得坚固，若攻而不拔，反损我军士气。当下，应力求速歼进犯来敌，灭其气焰，而应暂舍为叛贼驻守的小城。"

于是，韦孝宽断然引军避开坚城，率领各路兵马，进至沁水西岸的武陟扎营。而尉迟迥的长子尉迟惇亦率十万大军进抵对岸的武德，沿沁水东岸布阵二十余里，企图阻挡韦军进逼相州。两军隔水筑寨，战斗呈一触即发之势。

可是，人算不如天算。一连数日，大雨倾盆，暴涨之沁水，使隔岸两军骤然偃旗息鼓。而年过七旬的行军元帅，则更心急如焚。他不顾浑身的老伤隐隐作痛，披甲纵马，冒雨徘徊在沁水岸边，苦觅破敌之策。从数量看，自己统率的军队有十余万人，略超尉迟惇之军。但各支名为由行军元帅指挥的军队，其实都各有自己的主人。而真正不打折扣听命自己的将领和自己亲手训练的士卒，如杨素所部，或在别处作战，或沿长江布防，以防陈朝趁乱偷袭。他想：此十余万兵马，在此屯驻时间愈长，怨言、变数亦会与日俱增。如命其立即渡河作战，则无异前去送死。弄不好，还有可能激起兵变，倒向叛贼。这支十余万众的大军，久停于此，不妙；渡水进攻，不行；那么，撤离此地呢？就更是违背了朝廷要彻底剿灭叛军之成命！

韦孝宽拖着疼痛和疲惫之躯，返回营帐，一边脱去湿透的军袍，一边命人将各军的行军总管叫来，共商破敌大计。

在各军头都苦无良策之际，行军元帅反倒冷静下来，向各支军队下达了三条命令：一、立即动手搭建固定厕所，严禁官兵随地便溺。所建厕所，必与士兵居住营区保持一定距离，不允弄脏了饮用之河水，并购买石灰为营区消毒；二、各军要尽最大努力调运、购买粮草，人畜都要尽最大可能吃饱、吃好；三、白天只要停雨，就要集合士卒进行操练，以保战斗态势。

三条军令一下，给各军吃了颗定心丸——蔓延军中的焦躁情绪，随之缓解。不过，没有料到的更为可怕的事，亦在不经意间，悄然而至。

一日后，韦艺将一陌生人带至行军元帅的大帐内。韦孝宽看他一眼，问："汝是何人？"

陌生人不卑不亢亦不出声，把随身携带的一只锦匣放在了韦孝宽的几案上。韦孝宽看看大有来头的陌生人，狐疑不定地将锦匣打开，里面呈放的竟然是一条金灿灿的十三环金腰带。

孝宽见此大惊，阴沉着脸，问："汝知此为何物？"

"小的知道。"陌生人仍不慌不忙地说，"此乃皇上佩戴的十三环金腰带。"

"汝从何处得到此物？拿到本帅帐内作甚？"

"此物乃先帝赠予蜀公之传家宝。蜀公为表对韦公的一片诚意与敬意，特将此物转赠韦公。"

"笑话！咱韦孝宽已届古稀之龄，怎担得住此天子才能佩戴之物？"说罢，就要发作。

可陌生人还是毫不慌张地从袖中拿出一信，双手递给韦孝宽，说："这是蜀公给您老的亲笔信，他想与您携手共抗逆贼杨坚。"

韦孝宽展信方知，这位送信人即是尉迟迥远房侄孙、古董商尉迟玉林！他于是用警惕的目光，看了身边的侄儿韦艺一眼，再直视陌生人，问："汝就是尉迟玉林？"

"小的正是。"

"哼，咱寻遍河阳，没见汝之踪影，没想到，自己竟送上门来。"韦孝宽大喝一声，"来人哪！"

"嗖"地，帐内帐外的侍卫一拥而上。韦孝宽指着尉迟玉林和韦艺道，

"把此二厮都捆起来！"

正跷着二郎腿悠闲地坐在韦孝宽旁边的韦艺，没想到叔叔会来这一手，慌忙跪地道："叔，叔……冤枉呀！尉迟所干之事，与侄儿毫不相干！"

"将他关到禁闭室去。"韦孝宽指着韦艺道。

几名侍卫将捆得结结实实的韦艺押出元帅营帐。

尉迟玉林被缚，却仍面不改色地说："大元帅，小的只是个送信的。兵家不是有规矩，两军交战，不斩来使吗？"

"哼！汝仅是信使而已？汝在河阳不就想抓咱吗？"

尉迟玉林顿时冷汗淋漓，脸变得像纸样白，跪地求饶，道："大元帅饶命！"

"咱问汝，你是啥时进入咱军营的？"

"三日前……呵，不……是……是四日前。"

韦孝宽暗想——了不得！敌方策反奸细混入我营已四日，自己这个行军元帅竟浑然不觉。他于是喝退左右，营帐内只留一个贴身侍卫，方开口问："此四日，汝还去了哪里？要讲实话。"

"是。小的还去了梁士彦大将军营里，并带去蜀公写给他的亲笔信。"

"只带一信而已？"

"还带……带了金银财宝。"

"就是嘛。四日都呆在梁将军一个营里？"

接着，尉迟玉林一连又供出还去了崔弘度和宇文忻两位行军总管的兵营。

"押下去，把韦艺押过来。"

韦艺双手捆绑着进帐，即道："咱今日在兵营检查卫生，突然撞见尉迟玉林。当时，着实把咱吓了一大跳。他对咱说，身上有蜀公亲笔信，要见行军大元帅。咱想，这正是捉拿他的好机会，就把他带到元帅营帐里。在路上，他还对咱说，蜀公希望咱回去，一切既往不咎，如有立功表现，还有奖励和得到晋升。咱事蜀公多年，知其暴戾秉性。平日只要有人与他意见不合，他便能立即翻脸不认人，何况咱已背叛了他，投靠了叔……"说到此处，韦艺已泣不成声。

韦孝宽沉思良久，命侍卫将缚在韦艺身上的绳索解开，说："叔信你的话，并给你一次立功机会。"

接着，他向朝廷写了一封信，说明了军队当前之境况，表明了自己的心迹，还向朝廷提出两个请求。接着，又向韦艺作了详细交代，命他日夜兼程，将信速交大丞相手中。

韦艺一走，韦孝宽即命侍卫找一偏僻处挖一深坑，待到夜晚将尉迟玉林埋入坑中，叫其永远闭嘴。处置完一应急务，韦孝宽只觉天旋地转，头痛欲裂……

行军元帅再次发病的消息，立即传遍全营。

几乎与此同时，几位行军总管接受尉迟迥贿赂的传言，不胫而走，并像瘟疫一般，在军营中迅速蔓延……

第三十三回

兵营内奸细潜入谋策反
危急中监军飞降稳人心

当韦孝宽的大军为沁水所阻，流言满营，本人又为伤病困扰之际，坐镇长安相府的大丞相杨坚，则更不轻松，他与朝廷面临着逆贼蜂起，风雨飘摇的困境中。

首先是郧州总管司马消难率自己管辖的九个州，计十一万军队，起兵响应尉迟迥造反。

真个是，水来土掩，兵来将挡。杨坚即命自己太学同窗好友、时任襄州总管的王谊为行军元帅，率军讨伐司马消难。正当王谊率军前往杀敌时，叛军内部将领发生内讧，王谊挥师进击，十一万大军，竟一触而溃。司马消难领着部分残兵渡过长江，归顺了陈朝。

与此同时，受大丞相之命前去接替王谦任益州总管的梁睿，却没王谊那么好的运气。梁睿一开始，与韦孝宽的处境极为相似，他率一批随员走到汉川，就获知王谦已经叛变。大丞相即改命梁睿为行军元帅，率行军总管于义、张威、达奚长儒、梁升、石孝义等，共有步、骑兵二十万，对王谦进行讨伐。

王谦从江汉一路退缩回蜀地，命将军赵俨、秦会拥兵十万，在险要处安营扎寨，战阵延绵三十余里，欲阻梁睿大军入川。梁睿在察看和研究过敌之战阵后，令将士夜间衔枚从小道突袭。出其不意之奇兵，如水银泻地般深入敌阵，杀得敌兵溃不成军。仅此一役后，王谦军兵节节败退。梁睿乘胜追击，捷报频传，但因道路崎岖，险情不断，仗仍打得异常艰苦，伤亡亦大……

而此时刻，身处中原的杨素，亦于赴汴州刺史任上的途中，遇上荥州刺史宇文冑起兵响应尉迟迥。杨坚当即命杨素为大将军，并调拨河内军兵供他指挥。杨素一举将宇文冑军击溃，并占领了荥州。杨素为此升任为徐州总管，位至柱国大将军，于中原一带清剿逆贼。

然而，就在这一节骨眼上，尉迟迥一直寄予最大希望的朝廷另一重臣李穆，他时任并州总管府大总管，手握三十余万精锐之师，是用来防御突厥入侵的，尉迟迥原想，若能与其合作，共反杨坚，何愁不能成功？但，李穆正如韦孝宽所料，一直按兵未动，对尉迟迥派人策反，未予理会。

这位位高权重的大臣，与宇文家族有很深渊源。当静帝继位时，天元皇帝为静帝任命了"前、后、左、右"四大辅臣。其中，大前疑是尉迟迥，大后丞是杨坚，而大左辅就是李穆，由此可见他举足轻重的地位。李穆家族的根基可追溯得更远，他是汉朝骑都尉李陵之后，至魏以来，李氏家族一直是朝廷最有权势家族之一。李穆出仕后，在跟随宇文泰南征北战中，有一次，与北齐军在芒山激战，宇文泰的坐骑为敌箭射中，不慎坠马，周围官兵大哗，四下逃散，唯李穆临危不惧，冲过去，急中生智地用马鞭抽打宇文泰。一边打，还一边骂。敌军官兵以为落马者仅是个无足轻重的小人物，就没在意地追杀到别处去了。李穆乘乱把宇文泰扶到自己马上，助其突出重围。从此，李穆一路加官晋爵，受到重用。不仅如此，李穆的一家，手持象笏在朝中享受高官厚禄的竟有百余人。

就是这样一个受到宇文家如此恩宠之人，但，当尉迟迥派自己任朔州刺史的儿子尉迟谊前去说服他共反杨坚时，李穆儿子李士荣想响应，李穆却对儿子说："周之德行已经沦丧，气数已尽，普通百姓都看得出来，咱怎能违背天意呢？"于是，他令儿子将尉迟谊捆绑，押送朝廷，并上书表示李氏一门膺服大丞相。

大丞相杨坚因得到李穆支持，王谊、梁睿、杨素等都打了胜仗，被动不利局面才暂时得以缓解，不过，却远未走出困境！当韦艺还未回到长安，杨坚就已得到安插于韦孝宽军中心腹报来的种种不利消息，因而心急如焚……

自静帝从正阳殿迁入天台，大丞相杨坚就把相府迁到了略加整修的正阳殿里。

这日，早朝之后，大丞相便吩咐宦官招扶静帝回天台休息，自己再召几位心腹大臣议事。高颎首先向与会诸臣通报了各战场传来的好消息。随之，议事焦点转到了沁水战事上，此可是最为关键的主战场。杨坚十分焦虑，并毫无保留地把主帅生病，风传有的将领接受了尉迟迥的贿赂诸事，都和盘托出。

刘昉听后，即道："咱当初就极不赞成由年届七旬的韦公担此重责。当下，应立即换帅。"

"换帅倒是不难。问题在于谁能担此重责？"高颎自责道，"当初挑选韦公出任行军元帅，是咱向大丞相提出的。咱的想法是：一、韦公德高望众，只有他才能使中原各行军总管膺服，以对抗老奸巨猾、擅打硬仗的尉迟迥；二、咱原以为，韦公虽年事已高，但仍很硬朗，作战经验丰富，他镇守江淮，一直处在与陈对峙状态，且在与陈军的几次交锋中，打得都很漂亮。可目下看来，二者皆都有失算之嫌。一是，几位行军总管在其眼皮下，竟毫无顾忌地接受了尉迟迥的贿赂；二是，没想到韦公南征北战一辈子，也竟水土不服，一入关东，便接连生病。当然，临阵换帅，本为兵家大忌。可其既已疾病缠身，不换也不成呵。"

心急如焚的杨坚，对高颎之语，深以为然。他接到前方送来的密信，首先想到的就是韦公不堪再用。正如高颎所言，一是病，二是他已掌控不住属下军头，这仗，就没法打下去了。可转念一想，临阵换帅，不仅动摇军心，而且，不是说换，就可以换的——韦公不行了，谁能受命于此危急关头？因此，他对是不是换帅，又有些举棋不定……

杨坚正在考虑由谁接替韦孝宽，郑译接过刘昉和高颎的话头，道："咱看，目下不仅仅只是换一个行军元帅那么简单，临阵收受逆贼贿赂的行军总管们，还靠得住吗？他们皆应撤职查办。不如此，不能正军风！"

众人对刘昉、高颎、郑译之言，皆表赞成。不过，对由谁接替行军元帅一职，却众说纷纭，莫衷一是。有提李穆的，理由是，他在军中地位不亚尉迟迥，而比韦孝宽的地位高，用他震住各大小军头，应不成问题。反对者则说，李穆的景况与韦孝宽大同小异，都是年迈多病，且人还在遥远的并州，远水不解近渴。还有人提既有作战经验，又正当年的虞庆则，杨坚本人就不同意。因尉迟迥把反叛之火点到了突厥，沙钵略可汗也正蠢蠢欲动，北方边陲一旦吃紧，老迈李穆若顶不住，京师长安便岌岌可危。那么，虞庆则一走，岂不等于釜底抽薪！

众人你一言我一语时，杨坚把目光扫向了还一言未发的李德林，并开口问："德林公，你对沁水战事，有何高见？"

当赵王宇文招犯事，杨坚借机要一劳永逸地把整个宇文家族彻底铲除，以绝后患。李德林感到打击面太宽，既不合理，又不合法，还肯定会有后遗症，因而提出异议。不料，却遭杨坚严词抨击，说他是败事有余的书生看法。从此，李德林出言极为谨慎。而且，今日议论的问题恰恰就是灭宇文家族引发出的。况且，自己对此一战事的看法又与众不同，所以，他更是三缄其口。

可大丞相既点了自己的名，就不能不直抒胸臆，一吐为快了。他说："若依下官之见，韦公行军元帅一职，是不能轻言撤换的。"

李德林之语，声音不大，寥寥数字，平平白白，但却使闹哄哄的议事厅，一下静了下来。

李德林本人也似乎觉察到了这种气氛的变化。他略略停顿了一下，从容地往下说："目下，沁水军营之内，统帅生病，流言四起，情势确乎不妙。但不管咋糟糕，咱还没听到被传接受贿赂的几位总管有异常之举。此恰恰说明，韦公虽病，却还是掌控住了军队。而如在此刻贸然换帅，反会使本不稳定的军心，更加涣散，从而造成不战自溃之更糟状况。"

李德林的话，不紧不慢，依然还是平平白白，但对杨坚来说，则有如醍醐灌顶！

李德林说到这里，有点担心地把头抬起，向上扫了一眼，发觉坐于高堂上的大丞相正用炯炯目光在看自己。他因而受到鼓舞，继续道："诸公皆说，韦公德高望重。他的人望，应体现于他一贯的责任心上。一个有责任心的人，在危难关头，没说自己不行，并要求换人，咱凭啥撤换他？韦公年逾古稀，岂能无伤无病？只不过当他振奋时，伤和病被暂时掩盖住了；当他称病时，窃以为是在韬光养晦，静观事态，以寻觅进退方策呢！包括大丞相在内的所有人，都应是沁水战事的局外人，当事者既未发声，咱也应沉住气以观动静。"

"言之有理！"高颎首先由衷地赞叹说，"咱声明，咱刚才的言语统统作废！"

杨坚则不经意地皱了一下眉，问："公之意思是，韦公不撤，亦可不派人去了啰？"

"也不尽然。"李德林道，"首先，韦公应继续做行军元帅。下臣以为，朝廷还是应派一个人去，代表圣上，也代表大丞相，表示对前方将士的慰问，去为行军元帅鼓劲、撑腰！"

"好主意！这就圆满，且无牵挂了！"杨坚微锁的眉头，倏地舒展开来。并说，"能代表圣上和咱的人，非黄公和沛公莫属。刘大人，请您勉为其难，去沁水前线当一回监军。如何？"

自杨坚在刘昉、郑译的全力支持下，当上大丞相，并执掌朝政后，二人虽没如愿以偿，得到他们最想要的职位，但杨坚对他俩仍然不薄。刘昉被拜司马、上大将军，封黄国公；郑译拜内史上大夫，兼领天官都府司会，总管六府之事，可自由出入杨坚内室，封沛国公。他俩出入宫廷，还有全副武装的亲兵护卫。朝野之间，为之瞩目，二人并称为黄、沛。当下，朝内就有人私下唱曰："刘昉前面牵，郑译后面推。"

可就是两位这样显赫的重臣，当社稷危急，需其挺身而出时，刘昉却说："咱何尝不想为国效力，可不久前，一不小心从马上摔下，伤还未好利索，不能骑马，更不宜出远门哩。"

杨坚不经意地又皱了一下眉，即把目光转向郑译说："郑大人，那就只好有劳您辛苦一趟了。"

郑译从座椅上立起，向杨坚颔首致意道："下臣本当为国效力。只因母亲年事已高，并一直在病中，须侍候汤药，实难分身。"

霎时，一股怒火"嗖"地从杨坚心头窜出！可面对有恩于自己的两位重臣，又不便在大庭广众中发作。

正感焦虑时，高颎站起，说："二位大人既不能前往，高颎愿效犬马之劳，不知大丞相意下如何？"

"好，好！"杨坚连说了两个"好"字。他遣刘昉、郑译作监军，主要是对他们表示尊重，因为以职位论，他俩才够"监军"分量。可大丞相心里却明白，此二人虽位高权重，却又都不是干正经事的人，其实，杨坚对他们并不放心。而在这节骨眼儿上，办事认真、能文能武的高颎既已毛遂自荐，这才真正使大丞相悬着的心放下了。

杨坚兴致勃勃正要对高颎作具体吩咐时，大厅边沿忽地闪出个人，颔首说："末将愿做监军高大人之侍卫，同赴前线。"

杨坚一看，毛遂自荐的是在宫内当值的长孙晟。他于是转而问高颎："公觉如何？"

高颎笑道："长孙将军愿与同往，咱自是求之不得。不过，高颎位卑人轻，只是临危请命而已，哪能当得起赫赫大名的长孙将军为卑职作侍卫！"

"哎——这还不好办。"杨坚笑言，"长孙将军出使突厥，作过一回副使，此番再作一回副监吧。"

"行。这就名正言顺了！"高颎拊掌道。

接着，杨坚收敛笑容，对高颎和长孙晟说："前方事急，此番出行，不带仪仗，不配车驾，就委托长孙将军在宫里挑选几名精壮侍卫，委屈大家骑马火速赶去，如何？"

"下官也正是这么想的。"高颎道，"这样至少能快二三日到达武陟。"

参加议事的文武官员刚散，杨坚略感轻松地回到书房，揭开茶碗碗盖，就有宦官来报："韦孝宽大将军从前线派侄儿韦艺回京师，要面见大丞相。"

"噢？"杨坚站起，说，"快请他进来说话。"

韦艺为韦孝宽侄子，其实已年近五旬。此刻，他蓬头垢面，脸上的络腮胡须都被尘土和汗水粘连到了一处。

"哎哟！辛苦！辛苦！"杨坚怜惜地把有点跟跄的韦艺让到自己的座椅上坐下，又把自己的一碗未喝的茶，亲自端到韦艺手上。

疲惫已极的韦艺也不客气，也不讲礼。叫坐就坐，叫喝就喝，一口气把一碗茶连同茶叶一起吞下。然后解开衣扣，从内衣兜里取出一封带着汗臭的信交与大丞相，说："叔怕一路上敌我不分反误事，不叫咱住驿站，还要咱不分昼夜尽速赶回长安。没办法，只能是一副邋遢相来见大丞相了。"

"不碍，不碍！这实在太难为你了。"杨坚感叹道，"你能平安回来，把信送到，很不容易。"

杨坚把有点黏糊的信展开一读，一切竟果如李德林所料。韦孝宽在信中说，他已秘密处决了尉迟迥派来行贿的奸细，并派人暗中警告了接受贿赂的上大将军梁士彦，叫他不要轻举妄动，作非分之想。信中还说，只要梁士彦不带头反叛去投靠尉迟迥，有自己坐镇军中，其他收过贿赂之人，就没人敢出头反水追随尉迟迥。目前，沁水水涨，攻不过去，叛军要过河进攻，同样不易。韦孝宽最后在信中提出两个要求：一、请朝廷增加粮草供应；二、速派已驻扎在徐州的杨素，率军前来驰援，以震慑和稳定自己军队军心，并以此增添打击叛军的军力。饶有意味的是，杨坚展读全信，韦孝宽竟未提一个"病"字。

"好！"杨坚无比振奋，命人传李德林和高颎再来议事。

可就在此刻，书房内竟突然鼾声大作。杨坚一看，只见韦艺坐在自己的那张太师椅上睡着了。他笑了一下，立即吩咐人把大丞相出巡时才使用的车驾备好，送韦艺回家休息。

话分两头。

却说，这日韦孝宽正在帅帐内和一位幕僚喝茶下棋。忽然有人来报，朝廷派人来了，并携有圣旨。他掐指一算，甚感疑惑。心想：韦艺最快，回长安才两三日。大丞相接到自己的信，派人来，不会有这么快呀！他于是问："你见他们一共来了多少人？"

"咱没细数，拢共十余骑吧。"来报信的人说。

"噢？都是骑马来的？"

"是。没仪仗，亦没车辆，每人各骑一马。"

韦孝宽更觉来者不寻常：这帮轻装简从钦差，肯定未与韦艺照面，直接从京师赶来。那么，朝廷对自己将作何处置？圣旨的内容会是啥呢？他已来不及细想，立命作好接旨准备。

其实，在前方迎接圣旨，很简单，却很肃穆。几名侍卫把帅帐中唯一的一张几案抬出帐篷，几案上搁一香炉，插上青烟袅袅之香火，武士们威武地侍立两侧。三声礼炮响过，在一片用于战事的鼓角声中，高颖和长孙晟一前一后迈着正步威严地走到几案前，只见高颖从一明黄锦囊中取出一黄色卷轴，面朝长安之西北方向而立，肃然道："韦孝宽听旨。"

"臣在。"韦孝宽的声音有点抖。他在一名侍卫的帮扶下，一把僵硬的老骨头，才勉强地跪了下去。

高颖展开卷轴，朗声宣读起来。圣旨内容有三：一、任命丞相府司录高颖为监军，任命已担任左小宫伯的长孙晟为副监军，二人共同协助行军元帅韦孝宽讨伐尉迟迥之叛军。同时，要求全军将士，在行军元帅和监军的指挥下，精诚团结，扫灭逆贼。二、已任命清河公杨素为行军总管，率军前往武陟增援，其军队受行军元帅韦孝宽节制。三、朝廷已从多处调运粮草，火速赶往前线。

韦孝宽听着听着，两行浊泪，竟从其皱皱巴巴的眼窝处，潸然而下……

韦艺一走，他就一直在提心吊胆中过日子。他对外称病，不出营帐，却不断派人到各军中约人来自己的营帐里说事。韦孝宽戎马倥偬一辈子，分散在各军的亲属、故旧和患难之交，自不在少数。他一个一个找相知相好者个别谈话，以了解各支军队动态，并要求他们先管住自己辖下的那部分官兵。韦孝宽倚老卖老，他派人到各军中找人前来说事，并不躲闪，而是堂而皇之地进行。这样，却反使心怀鬼胎、受过贿赂的人，心存疑忌，更不敢贸然反水。可是，随着军营流言渐渐止息，老天也不下大雨了，沁河之水在退，水流也不那么湍急，他反而更加惴惴不安地操心起贼军渡河偷营的事来，所以，又不断布置官兵沿江巡逻……

嗨，这下可好了！朝廷派来的两位监军，可以算作是为韦孝宽下的第一场及时雨；杨素率援军到来后，军威更盛，乃第二场及时雨；充足给养的源源运来，是第三场及时雨。作为一个军队统帅，有了这样三场及时雨，再来两个尉迟迥亦不在话下了呵！

韦孝宽跪在地上，边听圣旨，边天马行空地遐思着……圣旨念完，仪式随之结束。高颎等韦孝宽过来接旨，可他却跪在地上迟迟不起……

在场的人都急了！他的两个贴身侍卫走上前去，一左一右，小心翼翼将他搀了起来。

韦孝宽这才如梦方醒，不好意思地解释说："咱没事，咱是想，这……这圣旨……来得太……太及时！"

韦孝宽慎重地接过圣旨，把两位监军迎入帅帐，硬要高颎坐到自己的帅位上。高颎哪里肯依，一阵谦让之后，韦孝宽仍坐主位，高颎和长孙晟分坐两侧。侍卫们把搬出去作迎接圣旨用的几案，又搬了进来，并给监军上过茶后，韦孝宽屏退左右，开口就问："有件事，咱甚感疑惑。从圣旨内容看，大丞相似乎见过韦艺了，但以时间推算，不可能有这快哩。"

"嗨，还说呢。"高颎道，"韦艺将军日夜兼程，当他把您的信交给大丞相，趁丞相看信时，他就坐在大丞相的椅子上睡着了。"

"……"韦孝宽虽然把那么重要的一封信交侄儿送往朝廷，可心里却还是在打鼓。因韦艺在尉迟迥手下供职多年，他多少还是有点对他不放心嘞！

"那，他人呢？咋没跟二位一道回来？"韦孝宽问。

"您没想，他也是年近五旬的人了，经此颠簸，身子已虚。大丞相命他先在家养好身子，再到您的帐下报到。"

"行。一切听大丞相的安排。"韦孝宽这才完全释怀。这么一来，连大丞相杨坚也不会怀疑韦艺与叛贼尉迟迥有啥瓜葛了。

"行前,大丞相交待,要咱问韦公一件事……"高颎说着,见帅帐门口仍有人影晃动,就欲言又止了。

韦孝宽会意,起身走到帅帐门前,对一干贴身侍卫道:"你们也离远点儿吧,别叫外人近前。"接着,转身对高颎道,"请监军往下说。"

高颎接着说:"大丞相想问,韦公将如何处置三位收受贿赂的行军总管?"

"丞相之意呢?"韦孝宽反问道。

"大丞相并未向下官表露他的想法。"

"唔……"韦孝宽沉吟了一下,说,"若依老朽之见,此类事,在军中已司空见惯,不足为奇。韦艺走后,咱往深里打探了一下,奸细尉迟玉林此番是拉着一整车金银财宝,摸进咱军营来的。监军想想,他在禁卫森严的军营里,一路如入无人之境,需拿出多少钱财铺路?又有多少人收受了他的贿赂?所以,如要认真查究,就不仅仅只是三几个人那么简单的事。当下,大敌当前,若查,必自乱阵脚。咱的意思是,暂且,不如睁一只眼闭一只眼,待众人齐心协力把尉迟迥解决了,再让大丞相亲自去处置吧。请公为下臣想想,三人中,除宇文忻曾为咱之下属,梁士彦也好,崔弘度也好,都是与咱职位相差无几之重臣,只要他未公然宣称反叛朝廷,咱能拿他们是问吗?"

"言之有理——就按公说的这么办吧。"高颎立即表态,"日后,大丞相如若认为这一做法有何不妥,亦有高颎一份责任。"

韦孝宽觉得这位监军爽快,好相处,于是,点了点头,并问:"目下是否可请各位行军总管过来,与二位监军见个面?"

"咱亦正是这么想的。"高颎点头道。

"来人!"韦孝宽习惯地叫了一声,却无人应答,因而笑道,"这好!他们为避嫌疑,都走远了,听差也叫不应了。"只好起身走到门口,招来侍卫,吩咐他们分头去各军营请行军总管们前来与监军会面。

过了一会儿,就听马蹄声响,人声杂沓,各路行军总管应召陆续来到。

　　行军元帅的帐篷比一般军帐高大。韦孝宽素来不事铺张，帐内上首置一条几，摆放着一柄皇上赐予的"尚方宝剑"和一方帅印，插筒中置放数支令箭。条几后，正中坐着又经一番谦让的韦孝宽。他的两旁分别坐着高颎和长孙晟。除此而外，沿帐篷摆着一圈座椅，反正进来的都是行军总管，亦不分主次上下，有空位坐下就是。进来的总管，最关注的是朝廷派来的两位监军。总管们对高颎多少还有几分面熟，因他侍奉过武帝，曾任内史下大夫，并随武帝伐齐，与在座某几位大将军还曾有过交往和接触。而对另一位，在总管们看来只能算个愣头青的军人，则无人认识。可当韦孝宽介绍到他时，情况却发生了变化——

　　"哈呀，你就是神射长孙晟？"

　　"嗨，还这般年轻嘞！"

　　"待会请一试身手，让大伙开开眼界！"

　　"……"

　　原来，长孙晟一箭双雕、三弹退敌的故事，早已在军中传为尽人皆知的美谈。只是本人不是远赴突厥，就是当值于宫中，而无缘与大将军们相识。

　　一时之间，长孙晟的风头远远盖过高颎。高颎不仅不忌妒，反而高兴地打趣说："长孙将军，看看，你的威名比咱大得多哩！还说给咱做侍卫不？"

　　长孙晟则不好意思地闹了个大红脸。韦孝宽把活跃气氛平息下来，正欲再次焚香，向总管们宣读圣旨时，忽有侍卫进帐报告："行军总管杨素前来向行军元帅报到。"

　　"呵？咋地忒快？"韦孝宽大吃一惊，随即道，"请他进来。"

　　杨素一身一脸风尘，进入帅帐，向韦孝宽屈下单膝，禀道："行军总管杨素向大元帅报到！"

　　"入座吧。"韦孝宽关切地问，"咋来得这么快？"

　　"末将驻地离此不是很远，接到圣旨，只带几名扈从就急速赶来了。本部骑兵明日可以到达，步兵则尚须数日。"

"好。"

时下的杨素三十大几岁年纪，已是朝中颇有名望的大将军之一。他向监军和众总管一一打过招呼，方在一空位上就座。接着，他复又站起，说："有一事，想与诸位共享，不知可否？"

杨素是韦孝宽的爱将，他点头道："你说。"

"末将一路赶来，遇到许多运送粮草的大车，一打听，是向咱输送给养的。其中，最显眼的是一车又一车西瓜，再问，说是朝廷把今年汴梁所产西瓜全部买下，给前方将士解渴。"

于是帅帐之内，欢声笑语再次响起……

第三十四回

武陟武德杀得昏天地暗
古渡瓜洲尽显血雨腥风

由杨素带来的欢声笑语再度平息，帅帐内香烟缭绕，众将离席跪听韦孝宽行军元帅宣读圣旨。

事毕，韦孝宽请监军训示。

高颍没有推辞。他扫了一眼在座各位行军总管，语调平和地说："朝廷派监军的主旨是劳军；其次是协调朝廷与军队间的关系。本监军将迅即向朝廷禀报前方战情，以使朝廷用最快速度解前方燃眉之急，上下一心、干净利索地平息叛乱，以安民心。"

高颍在讲话中，还特别强调：军队之调度，打仗之指挥，一切都还是听命于行军元帅，监军绝不越俎代庖。

此刻的韦孝宽，银须白发，精神矍铄，因有十余日未出帅帐，脸色反而滋养得更加光鲜红润，不显丝毫病容。这位老将军不仅会打仗，还极擅辞令。高颍说罢，他的一通"三场及时雨"之妙论，说得在场的行军总管们个个群情振奋，摩拳擦掌。

总之，高颍也好，韦孝宽也罢，都只字未提收受贿赂、要整肃军纪之类的事，这使在座的梁士彦等总管，也大大松了一口气。

次日清晨，韦孝宽、高颍、长孙晟和自己的大队人马还未到达的杨素，就早早骑马沿沁水一侧察看敌我战阵。

八月初的沁河，秋风习习，早晚气候特别凉爽宜人。一连数月时断时续的大雨，把山道、野草、树丛……都荡涤得干干净净，灵灵醒醒。靠韦孝宽这边的西侧是山地，而对岸，多是一马平川的荒滩和田原。此刻，太阳还没露脸，乌蓝的天际，有几抹厚厚的云霞；不急不徐之沁水，浅唱低吟地奔腾流淌；这是一条受气候影响很大的河流，前些天，雨大，河水暴涨，近日，雨住云开，河面也一天天瘦下来；于是，对岸河滩，更显开阔，在河滩的岸上，构筑着一排望不到头的木栅栏；栅栏之后，则是一顶顶杂色营帐，其时，缕缕炊烟正从营帐的深处升起来……在一幅静谧祥和的美景中，栅栏上飘起之军旗，水畔边巡逻之铁骑，却在警示人们，此是一处凶多吉少、随时皆可一触即发的战场！

韦孝宽等一行沿岸翻过一道山梁，沁水从一道峡谷穿过，河水明显变急，河面则陡然变得狭窄了。

高颎首先开口道："韦公，此处是否可架一桥？届时，选其精锐杀过去，把对岸滩头抢下，贼军之咽喉就被我锁住了。"

"试过。"韦孝宽用马鞭一指，道，"公没见河边堆放的那些木材？我军当时刚在河边作业，贼军即于对岸轮番放箭，弄得咱防不胜防。二日后，大雨不停，秋汛下来，才放弃此念。"

"他们放箭怕什么！咱这边靠山，也在山坡布置一些弓弩手，居高临下，还有掩蔽，防不胜防的，该是贼军。"

"长孙将军，您可真是三句不离本行呵——您所言极是！"杨素既打趣又肯定道，"咱看行咧！咱先在山里把树伐下，把架桥之桩、梁、板、钉、绳索，准备充分，多埋伏些弓弩手作掩护，再下水打桩强行架桥，弄他个措手不及。"

"好！"七十岁的韦孝宽翻身下马，吩咐一名侍卫砍来一根丈余长的木棍，并命其脱下身上铠甲，只穿一条内裤，去水中一探水之深浅。与此同时，他还另派了两名侍卫去附近村里寻找熟悉水道情况的村民。

其时，众人亦纷纷下马。长孙晟带了几名侍卫随探水者来到水边。持棍者蹚到水中，试探着朝对岸走去。长孙晟则命几名侍卫各躲在河边一块已露出水面的嶙峋怪石之后。

果然，过了一会儿，只见对岸木栅门大开，冲出一彪人马，直扑河中探水者。长孙晟张弓搭箭，待一为首者单骑飞抵岸边，长孙晟"嗖"地一箭射去，对方应声从马上栽下。这边，众人欢呼雀跃。对岸，则七手八脚把落马者扶到马上，牵马回营。长孙晟也不再行追究，沁河两岸，一切又归于平静。

那河也就三十余丈宽，蹚到对岸的侍卫，很快又蹚了回来。其时，敌营鼓角大振，几道营门同时洞开，冲出数支人马。而韦孝宽等一行人，则早已隐没于绿荫掩映的树丛中。

此时，方见一轮红日，从那绚烂之云霞中，奋力钻出，万道霞光，把山山水水照得一片金红！

"咋样？"韦孝宽问探水的侍卫。

探水侍卫边穿衣裳边说："这天气并不算冷，可那水却贼凉！"

"呔，咱不是问的这。"

"咱没问题。让凉水激激，反觉舒坦。"

"看你扯哪去了。"韦孝宽不满地道，"咱是问，这桥好不好架？"

"没问题。好架，好架。"侍卫穿好衣裳补充说，"靠咱这边的水都没一人深，便于打桩。最有意思的是河中心——最浅，水只腰深。若再退点水，那沙就会露出水面成河滩。反倒是靠近对岸有一深坑，水有一人多深。咱想，桥桩只要打到河心之沙洲就够了，砍几根长树做成梯子状，一头捆扎在江心之桩上，另一头不就搭到对面岸上了？"

"唔……好办法——就照这么干！"韦孝宽说着，一巴掌拍在马屁股上，把他的坐骑惊得跳了起来。

正在此时，两名侍卫领着个精瘦的老头过来了。

此人，五十大几岁年纪，背有一点儿驼，原本就是在此驾渡船的艄公。他对众人说：此地叫瓜洲渡口。因江心有一条两头略尖，状如苦瓜的沙洲，

而得其名。这瓜洲渡口，自古就是兵家必争之地。

长孙晟听说老叟是摆渡驾船的，就问："老伯，您的渡船呢？这水上，可看不到一只船哩。"

"两岸都是兵，谁吃了豹子胆，还敢在水上撑船哩。"老叟很健谈，也不惧军人。他神情自若地道，"对岸的兵一到，咱就把船沉河里了。"

长孙晟惋惜地说："可惜了——那可是您谋生之家什呵！"

"不碍的。"老叟看一眼长孙晟，说，"咱在舟中放一大石，摇晃船帮，把水灌入舱中，船就沉底了。不几日，那舟就会为泥沙掩埋得不露一丝痕迹。待到冬日，水退了，你们的队伍也走了，咱再把它从沙里刨出，毫发不损。"

"好办法。"长孙晟由衷道。

"好什么呢——成日皆是在提心吊胆中讨生活，哪是人过的日子嘛！"老叟摇头道，"据咱上上辈的人说，这瓜洲古渡两岸，原先都是商贾云集之大镇，涨水季节，水中亦是樯帆林立。不过，打咱记事起，却从未见过此景致呢。您目下驻扎的武陟也好，对岸的武德也好，还能见到几家商铺？仅留下两个空名而已。而水面上，则更是难见一条航行之舟呵！"

"是呵，是呵。"韦孝宽接过话头，捋一把银须说，"咱与你一样，也都是血肉之躯，也不想打哩。每打完一仗，总在想，这是最后一仗就好了，可是呢？办不到咧！"

韦孝宽一回帅帐，就没了对老叟的温惋和怜悯。他面色严峻，对前来议事的各行军总管作了三项布置：一、在全军征召会做木工和造桥的军士，上山伐树、破板、制木桩。并吩咐人去采购锤、锯、钉、绳等等物事。二、命梁士彦在自己军中挑选一千名弓弩手，接受副监军长孙晟的特训。三、向全军发出战斗总动员，孰胜孰负，在此一举，一定要力求全歼尉迟惇的十万大军。

议事毕，梁士彦回到军中，即着史万岁从全军两万余士卒中挑出一千名弓弩手，以迎长孙晟。因长孙晟肩负副监军之职，代表朝廷，身为前辈的梁士彦，对这位年轻将领亦不敢马虎。

可血气方刚的偏将史万岁将弓弩手挑出后，却故意对梁士彦说："咱从军中只挑出九百九十九名士卒，尚缺一人，把咱安排进去，正好凑满一千人的整数。"

"你？"梁士彦用严厉的目光盯着自己的爱将，说，"咱知你是不服气，是不是？咱得警告你，此气赌不得！人家是朝廷派来的监军，是来监督咱的，莫说是你，连老夫都得礼让他几分。"

"下官岂有不服之理。他不是天下第一神射吗？这好的机会，咱拜师还来不及呐！"

"行，就是这个话。"梁士彦道，"这一千名弓弩手，正缺一个头儿，咱就把这一千人交与你。不过有一条，千万不能与其争强斗胜。记住：人家是朝廷派来的监军！"

"知道。"

史万岁，乃京兆杜陵人，军人世家出身。父亲史静在平齐战中牺牲，万岁因拜仪同三司。在随梁士彦的军队出征时，一次行军途中，见到雁群飞来，史万岁即对梁士彦说："请看，咱射雁阵中的第三只。"话刚落音，一箭射出，那天上排第三的飞雁，立即落地。因此，自恃射术精湛的史万岁，倒真想看看长孙晟将如何调教此一千弓弩手。

然而，令史万岁意想不到的是，特训尚未开始，长孙晟就打了弓弩手们一个下马威。他叫一名弓弩手把弓拿给他看看。士卒取下弓弩，长孙晟接过，两手一掰，"叭"的一声，那弓就折成了两截；再从另一名士卒手中取来一弓，弓架还不错，一拉，弦却吃不住劲，"嗤"地断了。这么一连查看了七八张弓，合格的仅两张。

仅此一招，即把一直陪在现场的梁士彦行军总管弄了个灰头土脸。他赶紧看一眼身边的史万岁，万岁对此倒显得出奇地平静。

接下来，长孙晟把要领告诉大家，要大家对自己的弓进行自查。过一会儿，他要求自认自己的弓合格者站出来。一千人中，站出来的只两百多。长孙晟检查了其中几人的弓，证明确实是合格的。

　　此情形，行军元帅韦孝宽马上就知道了。他命各行军总管在自己军中各挑最好的二百张弓，火速送到梁士彦军部，交副监军长孙晟验收。这么一来，一千名受训的弓弩手，有的竟得到两张好弓。

　　接下来的事，就简单了——长孙晟的射术，全军尽人皆知，能得其真传，谁不争先恐后。史万岁亦不多话，总是默默配合长孙晟忙前跑后。

　　某日，插在史万岁后背的一张弓引起了长孙晟的注意。他道："史将军，能否让咱瞧瞧您的弓？"

　　"当然可以。"史万岁把弓交给长孙晟，不解地问，"咱这张弓，难道也有问题？"

　　长孙晟拿在手上掂了掂，又瞧了瞧，还给史万岁说："有劳将军开一把弓。"

　　史万岁动作轻盈、娴熟，拉了个满月弓。

　　"好！"长孙晟无比激动地两手一拱，说，"史将军射术了得，长孙晟这几日看来是在班门弄斧！"

　　"哪里，哪里……"史万岁一头雾水，问，"长孙将军咋知咱的射术还行？"

　　"你的这张弓即是明证。"

　　"咱这张弓能证明啥？"

　　"你的这张弓比咱用的弓还硬咧！"

　　"此不足为训。"史万岁摇头说，"这仅能说明，咱的气力比常人大，与射术是否精湛没关系。"

　　"嗨，关系太大啦！"长孙晟说，"弓越硬，箭射得越远，杀伤范围更广，这是其一；弓越硬，射出之箭，飞得更快，稳定性更强，准头更大，这是其二；更重要的是，弓越硬，越难驾驭，没大力气、没过硬射术，开不了这张弓！"

　　"哈哈哈哈……"史万岁纵情地笑了，并敞开了自己的心扉，"说真的，听说你要来训练咱军的弓弩手，当初，真还有点想与你一争高下之意。不过，你一入营，并没先显摆自己的射术，而是从检验弓的质量入手。一千张弓，一下淘汰了七百多。仅此一举，立马就增几倍战力，咱从那一刻起，就服了你！"

此后几日，众弓弩手在两人合力调教下，进步神速。梁士彦本就是个生性多疑、喜欢琢磨事的老军头。一开始，韦孝宽请长孙晟到其军中训练弓弩手，他还狐疑不定，以为是有意安排监军到军中搜集他的受贿证据的。而今看到长孙晟一心一意只管教士卒箭术，方才释然。既如此，头脑活络的他，忽然心生一计——韦孝宽决定在沁水最窄的瓜洲渡口架桥，突入敌阵。那么，为何不能出敌不意，从河面最宽处直接杀过去呢。梁士彦的军队没有担负主攻，而是驻扎在沁水上游、距武陟尚有十余里的最北端，以防尉迟惇军从上游渡河偷袭。

这日，适逢韦孝宽和高颎到营中视察长孙晟训练弓弩手，梁士彦就便把自己的想法说了出来。

"徒步过河？"高颎即问，"那里水深不深？"

"河面开阔处，水就浅嘛，咱才有此想法的。"

韦孝宽即对高颎说："监军要不要去瞧瞧？"

"行。"

梁士彦只带几名侍卫，领着韦孝宽和高颎沿江上行。然而，令梁士彦自己都没料到的是，因又过了几日，水又退了不少，宽阔的河面上，东一块，西一块，已裸露出大片大片的沙洲；清澈见底的沁水缓缓从布满沙石的河床流过，乍看起来，河面虽宽，即使不架桥，亦几乎能涉水过去。

韦孝宽见此，立马道："你可多准备点沙包，有的水氹，丢几个沙包进去，军队即能蹚水过河。中间几段较深处，临时打几根桩，铺几块板就成。这边河面虽宽，弄起来，其实比那边还简单。而且，人不知，鬼不晓。到时候，等瓜洲那边的战斗打响，你这边再动手，贼军只注意瓜洲一处。届时，你从此地牵马蹚水过河，咱的铁骑即可直捣贼后方，把他的老巢掏没！"

"这几日，你可要严加防范。"高颎说，"你好过去，人家自然也好过来，要严防其偷袭。还有，如能悄悄把通向此间的路修宽一些，让辎重车通过，则更妙了！"

"此都不难。"梁士彦应承道。

韦孝宽和高颎一走，梁士彦就派人到地方购置草袋装沙土，并派士卒沿河开出一条可通辎重车辆的道路——一场激战，即将打响！

于对岸武德布防的尉迟惇，其实，亦非等闲之辈。他并非不想打过河去，一举击溃韦孝宽大军。他清楚知道，只要把这支朝廷主力击败，国内整个形势就将发生根本改变，响应父亲尉迟迥的人数就会更多，夺取长安，也就指日可待。可是，派到对方军中进行策反的尉迟玉林，起始还有消息传回，事情进行得十分顺利，梁士彦、崔弘度、宇文述等将领皆表示可以考虑归附蜀公。他于是坐镇军中，静等对岸营地出乱，就立即挥师过河。可是，仅过几日，就再也听不到尉迟玉林的任何消息，他本人亦杳然无踪，而对方营寨亦始终都很平静。此时，若贸然杀过去，对方以山作屏障，以逸待劳，岂不是去送死吗！他于是仍按兵不动，静等对方攻来。他明白，杨坚把他尉迟家看成眼中钉，肉中刺，一定会命韦孝宽冲杀过河，届时可将朝廷军队一举杀灭于水中和河滩。

打着此算盘、扎紧营寨栅栏、坐等对方涉水来攻的尉迟惇，终于等到了这一日！

这日凌晨，还在睡梦中的尉迟惇就被侍卫叫醒，说是瓜洲古渡对岸有敌异动。是在做啥，尚不明了。尉迟惇心想，好！来一个，杀一个，来两个，取一双。数日前，渡口处曾发现有人涉水测试水深，派人前去阻止时，不料中箭，反折一员将领。今日一定要报上次一箭之仇。

手下侍卫迅速给尉迟惇穿上铠甲，他纵马赶到前沿。此时，天未大亮，一钩弯月还挂在幽深的空中，透过水面蒸腾之雾气，可见对岸绰绰人影，往来晃动，气氛不同以往。

正在猜想对岸之敌在干什么，忽有派至江边侦察敌情的士卒赶来报告："敌军正往河边运送木料，有的已在水中打桩，像要架桥！"

"哼！韦孝宽这老贼，终于沉不住气了，竟敢如此疯狂！"尉迟惇大骂道，并下令，"派弓弩手射杀之！"

数百弓弩手领命冲出营寨，直扑江边。可没等他们射出第一箭，对岸箭矢便如飞蝗般直射过来。一是，尉迟惇的弓弩手事前毫无戒备；二是，经过长孙晟精心调教的弓弩手，个个箭无虚发，身手不凡。眨眼工夫，河滩上便倒下百余具尸体，大多士卒皆身中数箭。

这边，韦孝宽属下运送木料和在水中打桩的士卒，则备受鼓舞，干得更欢。架桥的材料，事前皆已按尺寸备好，桩打到哪里，桥身桥板随即铺了过去。

转眼，河面雾气已然消散，天已明朗。对岸的尉迟惇眼看桥如路一般从彼岸延伸过来，立命士卒拆去寨门作挡箭牌。

这一招，果然灵验。贼军弓弩手把寨门推至河边，人藏其后，引弓朝对面架桥的士卒发射冷箭，立即就有架桥士卒中箭落水……随着落水者越来越多，尉迟军摇旗呐喊，鼓角声喧，士气大振！

而此刻，架桥士卒，未中箭者，皆纷纷逃到岸上躲避。长孙晟眼见自己训练的弓弩手，眨眼工夫就失去威力，心急如焚！忽地，他心生一计，传令将照明和食用油拿来，在箭杆绑上棉毡，或缠上布条，用油浸过、点着。此一千名弓弩手，个个都有一张强弓。于是，一支支箭矢，有如一条条火龙，飞射过河，钉在木板门上，燃起熊熊大火。躲在门后的贼军弓弩手们，都忙不迭弃门而逃，有的被带火之箭矢射中，顿成火人！

这边，原先逃上岸的架桥士卒，复又欢呼雀跃地跳入水中，继续架桥。

有道是，以其人之道还治其人之身。尉迟惇在熊熊火光中，也生出一计。他命把营寨的木栅栏拆掉，扎成一只只木排，再在木排上堆起木头和芦柴，泼油、点火，并让其从瓜洲渡口上端，顺水飘下，去烧正在延伸过来的木桥。

其时，已是艳阳高照，一条条蔚为壮观的火船，首尾相接，直逼已架到接近江心沙洲的木桥。架桥士卒站在齐肩深的水中，手持本为架桥用的木料，想把那火排推开。可冲过来的火排尚未推走，紧随其后的火排又接踵而至地撞了过来。排上泼过油的木材、芦柴落入河中，继续在江面顺水燃烧，使抵挡木排的士卒不是直接烧死，就是溺水而亡。

眼看火排已至木桥，一位等待过桥杀敌的将领大吼一声："跟咱来！"说着，他拿起一根木料，跳入河中。

接着，只听一阵"扑通、扑通"声，士兵纷纷下水，在木桥前筑起一道人墙——水、火皆无情，河面顿时腾起团团烈焰，漂起具具烧焦的尸体……

在岸边监军的高颎，见此，走到担负正面突击的行军总管杨素面前，连说带比划了一会儿。杨素会意，即在军中挑出千余会水的士卒，下水构筑"土狗"。

所谓"土狗"，即一前尖后宽的沙石墩，状如一条蹲立之狗。其时，长孙晟亦率部分弓弩手来到上游处，狙杀对岸放火排的士卒。一时间，对岸中箭和未中箭的士卒，纷纷逃离岸边。有的木排已经点火，却未来得及推入河中，就在岸边燃烧起来。

此刻，在河中作业之士卒，十余人围作一团，把水中沙石东一堆西一堆地飞快堆起一只只"土狗"。上边有火排飘下，东碰一下，西碰一下，有的被挤撞到岸边，有的几个火排挤作一处，卡在"土狗"与"土狗"之间，就在河中燃起大火。于是，架桥士卒大大减少了被烧之忧，一鼓作气，终于把桩打到了江心的沙洲上。接着，在桩上捆扎梁木的，在梁木上铺设木板的，给桥加固加宽的……紧张而有条不紊地忙碌着……那直达对岸的"长梯"也被数人扛抬推移下水，由士卒们保护和牵引着，向江心沙洲传送过去……

对岸之敌，亦奋不顾身，以数倍弓弩手立于岸边，一时间，射来之箭矢，遮天蔽日。江面再次浮起无数尸体，河水亦被染红！

火光、血色亦把长孙晟的双眼刺激得通红！他不当监军，也不当指挥了——他手持自己的那把硬弓，身着战袍跳入水中，登上沙洲，借一死去士卒的掩护，朝对岸射去一颗铁弹子。他专打骑在马上督战或指挥的将领。那带响之镝，一颗一颗从弦上飞出，真个是弹无虚发呵！一个又一个敌之将领，从马上栽倒。他所执教的弓弩手们，也都热血沸腾，奋不顾身地蹚水到沙洲上，近距离射杀敌人。河滩上亦是尸横遍野。敌人再次被逼后退，铺上木板的长梯终于搭到了对岸的沙滩上。

早已急不可耐的杨素，终于等到拔剑一挥，大喝一声"冲呵"的那一刻！

顿时，武陟这边，鼓角齐鸣，喊杀震天，杀气腾腾之士卒，如潮水般地踏着木桥席卷过河。

名将之后的尉迟惇，当然也不是吃素的。他等杨素的士卒冲上河岸，直扑已没了木栅栏作障碍的营地时，只听一声炮响，如洪水猛兽般的骑兵，在尉迟惇的亲自率领下，硬生生地掩杀而来！杨素冲过河去的皆是步兵，对方冲过来的却是骑兵。而且，骑兵比步兵在数量上还占优！

杨素的步兵在骑兵的压迫下，且战且退，又退回到河边沙滩上。有的士兵受伤倒地，也真是好样的，他们不顾被马踏之危险，躺在地上，仍挥刀去砍敌之马腿。待敌骑兵从马上坠落，又与之滚地肉搏……

隔岸观战的杨素，也急红了眼，他从自己的战马上跳下，随着兵潮涌动之人流，踏着桥板，杀过河去！因为，他深知如果对岸滩头，一旦得而复失，后果将不堪设想！

恰在此刻，自清晨架桥杀至目下一直都未露面的行军元帅韦孝宽，才带着一干扈从，从上游方向拍马赶来。

焦急万分的高颎一见行军元帅，立即打马上前，急急地问："梁士彦那边，咋样了？"

"哈哈哈哈！你看看这河水吧。"韦孝宽丢下一句话，双眼却远眺着对岸沙滩激烈厮杀之战场！

逝者如斯——当下的沁水就这么不急不徐地日复一日往下流淌着，一去而不返……

不知就里的高颎，哪看得出水中奥妙，他只能心急火燎地再问道："这水咋啦？对岸杨素之兵，已快顶不住了呢！"

"没啥了不起的。杨素之军即使全军覆没，亦不能挽回尉迟惇之败局了！"白须飘飘的韦孝宽，神情自若地骑在马上，一阵畅怀大笑。接着，他用马鞭一指沁水，说，"请公细察一下，这水之色，有何变化？"

高颎低头看时，茅塞顿开！他发现原先清澈见底的河水，已变得浑浊不清，便立时会意道："梁公的军队已在上游水汱投放沙包了？"

韦孝宽点头说："梁士彦之军距此十余里，那里在水中铺路作业，把水搅黄，且，此处也都见到了，就说明已不只是刚刚着手行事。咱想，目下那边恐怕已能过马过车了！"

果不其然，他的话音刚落，就听有人指着对岸，惊呼："火！火！"

众人抬头望去，只见武德那边的营房已经着火，炎炎烈日之下，风助火势，愈燃愈炽，且由上游朝下游方向席卷燃烧！江边，连绵二十余里的营房，眼看都将被这燎原火势吞噬！

接着，更为威猛的是，无数铁骑，打着"梁""崔""杨""李""宇文"等等字号的各色旗幡，扬起滚滚尘沙，喊杀震天、铺天盖地，挟着炙热之火势，从上游方向朝瓜洲方向席卷而来了！

在渡口杀得性起、誓把敌军杀死或赶入河中淹死的尉迟惇，见此情形，突然傻眼！他急令自己的铁骑，收缩阵形，以抵御敌之骑兵。谁知，他的骑兵经与杨素的步兵反复绞杀、缠斗，体力、锐气已然大损，有的人和马皆多处受伤。所以，当韦孝宽属下的各支骑兵赶到，甫一交手，便溃不成军了！

此刻，杨素却早已骑在了从敌之骑兵那里缴获的一匹马上，挥剑指挥自己从桥上源源赶来的步兵夹击过去。

尉迟惇见大势已去，只得丢下他的十万大军，带着自己的一帮扈从和贴身侍卫，落荒而逃……

彼岸，骑在马上观战的韦孝宽和高颎，看着对岸营地燃起的连天大火，河滩上躺着的密密麻麻的人尸、马尸，河中漂流着的尸体和还在燃烧着的芦柴，皆舒眉展目，额手称庆！

此刻，忽有士卒来报："监军大人，不好了！木……木桥……着……

更为威猛的是，无数铁骑打着"梁"、"崔"、"杨"、"李"、"宇文"
等各色旗幡，喊杀震天地挟着炙热之火势，席卷而来！

着火了！"

　　高颎和韦孝宽看去，果见木桥中段已在燃烧，有士卒在桥上泼水施救。火是由下自上烧起来的。起先被"土狗"卡在河中燃烧的木排，因烧的时间过长，渐渐散架解体，顺水飘下，却被桥桩挡住。而此刻，原在上面铺桥的士卒不是冲入对岸参加战斗，就是在桥面观战，没有注意到桥的木桩已经着火。

　　高颎见此，先是一愣，继而大声命令道："让它烧吧。叫大伙不要救啦。"

　　"对，监军说得对。让它烧个痛快！"韦孝宽豪爽地对来报告的士卒道，"汝没见，这仗不是已经打完了吗，桥还有啥用嘞！"

　　其时，从对岸吹来的风，带着焦臭和血腥味；而西天燃起的晚霞，亦如血一样一片鲜红、惨烈……

第三十五回

小皇帝出其不意要王权
大丞相紧锣密鼓谋皇位

尉迟惇的十万大军，经武陟—武德一役，最终逃回相州首府邺城去的仅几千人。此一大捷，传至长安，使大丞相杨坚终于放下了一个沉重包袱，见人都是一脸笑意。他一方面，忙以皇上名义向前方将士颁发嘉奖诏书，另一方面，督促其他将领，加紧肃清各处的逆贼。不过，大丞相脸上的笑容仅持续了几日，便倏地消失——他遇到了一个意想不到的尴尬！

这日，正于大德殿上朝时，八岁静帝，亦如往日，在太监们的侍候下，坐入一张专为他定制的龙椅中。他个小、脚短，就在龙椅的正前方特设了一张小凳，让他把一双小脚搁上去。因平日已训练有素，甫一开始，他还是很能配合地听臣子们说政事，尽管他对所说内容并不懂得。一般说来，小皇上的"安静"，只能维持在一个时辰之内。只要发现他开始东张西望、在御座上不停扭动，有经验的太监就会将他抱起，相机撤离。之后，或回天台休息，或由宫女带着在后宫的亭子中玩耍。而对小皇帝在朝堂中途离去，文武官员早都见怪不怪习以为常了。

可是，这日静帝却一反常态，没在龙椅中安静多久，就表现出异乎寻常的焦躁，而坐在他身边主持朝政的大丞相却并未留意。正当杨坚开口与文武官员说事时，静帝竟意想不到地站立在让他踏脚的凳子上，指着杨坚后背，情绪激动地道："杨坚，你这个贼子，把咱宇文家害得好惨！从此，朕要亲自主理朝政，不要你了……"

坐在静帝左侧靠前一点的杨坚，顿时被静帝一番激烈言词弄得目瞪口呆，无言以对。

底下的文武百官，则一片哗然，互相询问静帝刚才说了些什么话。他们一是离静帝较远，二是，小孩的声音虽尖，但底气不足，传不太远。加之，静帝情绪激动，说得太快，大臣们都没听清圣上的金口玉言到底说了些啥，但大抵知道是针对大丞相杨坚而发的。

站着听政的李德林，因平日经常要被大丞相提问，所以，他处的位置距静帝和杨坚都很近。但因事发突然，连他也没完全听清静帝之语。但他想到，此局面不能再僵持下去，于是，出列，先向静帝身后太监打了个手势，再躬身说："圣上疲劳了，请先回天台休息。"

大太监小乐子心领神会，立即将静帝抱起，迅即离开了大德殿。

杨坚这才得以恢复常态，好似刚才什么也没发生，继续与大臣们商议一些应急之事……

早朝毕。李德林对早朝发生的事，不能释怀，便径直进了杨坚的内室，问杨坚，静帝当时到底说了些什么话。杨坚因离得更近，平日与静帝接触多，对其语音较熟悉，所以，他一字不漏都听清楚了。

杨坚复述一遍，李德林不假思索地道："此显然是大人教唆皇上的。"

杨坚默默地点了点头。

二人继而议道，能接触静帝的，有三种人：一是，天台内的宦官、太监、奴婢、侍卫等，再就是太医。杨坚主政后，宫内一切人，先后经过两次甄别、调整，留下的，都是较可靠的。况且，他们出身卑微，有这样一份差事，已属不易，谁还敢冒天下之大不韪，挑动幼主把矛头直指大丞相呢？二是，后宫之两位娘娘。宣帝薨后，他立的五位皇太后，有三位已遁入佛门，削发为尼了。剩下二位，一位就是大丞相杨坚的亲生女儿杨丽华，仍贵为皇太后。另一位是静帝的生母朱氏，尊帝太后，她尚留居在后宫中。此二位娘娘要见儿子，自然天经地义。对自己的女儿，杨坚已有领教。那么，另一位帝太后——朱氏呢？她对杨坚之摄政，显然也是不会乐意的。因此，她俩教唆儿子发泄不满，甚至想让儿子出头，自己幕后干政，也未可知。三是，刘昉、郑译等少数享有特权的近臣，也可接近静帝。尤其是此二人，从宣帝年幼起，他们就在宫中厮混过日子。杨坚主政，没给他俩安排自己心仪的职位，已有微词，近来，因不愿担任监军去前线，进一步受到大丞相冷落，所以，他俩亦有通过年幼静帝发泄不满的嫌疑。

头绪清楚了，杨坚先把主管皇城和宫城禁卫的庞晃和卢贲叫来。一番提问过后，二人都未能提供较细致的线索。他们负责皇城和宫廷保卫，但对宫内主人和属员间的瓜葛，却不得要领。随即，杨坚令卢贲把小乐子召进相府。

小乐子从宫中逃回家乡随州，又由杨坚将他带回长安，通过郑译使他重新入宫，做了太监。后来受到宣帝信任，曾为宣帝心腹大太监。宣帝薨后，皇太后杨丽华又将他安排到静帝身边，侍候静帝。无疑，他是解开这一谜团的极为关键的人物。

小乐子一到，杨坚即问："小乐子，丞相待你如何？"

"大丞相是小乐子的救命恩人，再生父母，一辈子都不敢忘记。小乐子如有来生，亦愿为大丞相做牛做马……"小乐子说着，就要下跪磕头。

"别，别这样！知恩就行。"杨坚起身将其拽住，并命他在自己右边的座位上坐下，"今日找你来，有话要问，你要实话实说。"

"是。"

"今日幼主在朝上说的话，你听清楚了吗？"

"小的听清楚了。"小乐子道，"咱当时就吓懵了。德林公一发话，咱才醒悟，就立马把静帝抱走，怕他再说不得体之话。"

"嗯。"杨坚点点头，忽又问，"你知不知道，那话是谁教他说的？"

"小的不知道。"

"你猜呢？"

小乐子看了一眼杨坚，说："此话不好猜哩……"

"不要紧的，猜错了不怪你，但要说真话。"杨坚开导小乐子道，"你一天到晚陪着幼主，哪样人，对他说哪样话，总能猜个八九不离十吧？"

"若是这样，小的就斗胆猜了。"小乐子脱口道，"没准，此话是皇太后叫幼主儿说的。"

"噢？"杨坚与一直没吭声的李德林目光相碰了一下，又问，"你为何首先猜到是皇太后？"

"小的确实没有听到皇太后这么教幼主儿说话。不过，太后娘娘在天台也好，在她自己住的弘圣宫也好，一发脾气，动不动就拿您说事。自五位皇叔去世，宇文家被抄没，她的脾性就没了往日的温和。她哭过好几场，常为自己和幼主儿今后的日子担忧，为江山社稷担忧。小的曾劝她说，太后您担心啥哩，大丞相又不是外人，是您的亲爹呐！他还能亏待自己的女儿吗？"

"唔……"杨坚沉思良久，又问："那，帝太后呢？她可是幼主的亲娘呵，她难道不希望自己的亲生儿子主事吗！"

"依小的之见，帝太后朱娘娘不会教圣上说此类话的。"

"噢？"杨坚诧异地盯着小乐子，问，"为啥？"

"帝太后是个很奇怪的女子。她一直认为，圣上其实只是个啥都不懂的小孩子。而且，她并不希图儿子做皇帝，操那份他压根操不了的心。她自己也不希图做皇太后。她曾对咱说，她希望大丞相把她娘俩都废了，允许她娘儿两个出宫做庶人。她一直都是这个想法，您想，她会叫儿子说那番话吗？"

"……"杨坚竟自无言以对。他想，这个女子不简单，竟能如此看透世事！她"奇"，却并不像小乐子说的"怪"。

李德林看看杨坚没了言语，就插问："最近还有哪些大人到天台看过静帝？"

"日日都要到后宫来查岗的，是卢贲大人。自长孙大人去前方后，卢大人日日都来天台。他和咱倒是有话讲，但没见他和幼主儿讲过啥话。其他就数刘昉大人了，他除和幼主儿讲话外，还常教他下棋。"

"还有，郑译大人呢？"李德林问。

"郑大人最近没来。听刘大人说，郑大人之母生病，他要在家侍候汤药。哦，对了，前天幼主儿的姑奶顺阳公主来看过他的。"

"噢？"没了声音的大丞相，突然发问，"那，姑爷呢？姑爷来了没？"

"没呢。"小乐子说，"小的在杨府当差时，曾见过杨瓒姑爷的。咱记得，他是大丞相的兄弟。"

"顺阳公主对幼主说了啥话？"

"小的当时没在意。她一进殿，就把圣上抱起来，让他坐自己膝上，说这说那，甚是亲热。小的当时确实没在意，没听她老人家到底说了些啥。"

问话到此为止。小乐子走后，杨坚和李德林对怀疑对象排了个座次。首当其冲的是皇太后杨丽华。其次是刘昉和顺阳公主。三人中，有两个都是杨家人。皇太后杨丽华是杨坚之女，顺阳公主则是杨坚之弟媳。

杨坚因而长叹一声，说："唉——三个人，个个都不是省油的灯！"

"那很自然。"李德林道，"若是一般人，恐连后宫的门都摸不着呢，更莫说要见幼主本人。咱看，此事就查到这里为止罢，不要再追究了，心里有个谱就行。弄得水落石出、真相大白，并没啥益处。"

"那为啥？"

"明摆的事呢。如果弄清楚是皇太后，咋办？"

"咱立即下旨处死她。"

"公以为人家会觉得此举是大义灭亲？别人才不会这么看哩。他们会认为这是大丞相在向宇文家争夺皇权，斩草除根，灭亲灭到出嫁的女儿身上了！公犯得着吗？同样，如果查出是顺阳公主所为，公咋处置她？她不仅是您之弟媳，还是受朝臣敬重的武帝的亲妹子，当今幼主之亲姑奶奶！时下，内里还未理顺，外间尉迟迥叛乱未平，又弄出个窝里斗来，不是又添一层堵了？"

"唔……"李德林的一席话，把个杨坚说得大汗淋漓。

"不过，今日之事，还是为咱提了个醒。"李德林道，"以下官之见，公已不宜继续坐在大丞相这个位子上了。"

"噢？"杨坚眉心一跳，目光炯炯地直视李德林，问，"为啥？"

"丞相想想，尉迟迥也好，王谦、司马消难也好，还有今日躲在幼主身后唆使他要掌权的人也好，都为同一个目的，即在觊觎幼主那个至高无上的权位呢！因此，一日不断此一帮人之念想，还会继续有亡命之徒跳出，试图铤而走险争抢皇位的！"

"公之意是……"

"公绝不能让觊觎之人，再有一丝一毫可乘之机。当下就应做好准备，让静帝顺理成章逊位，并由公来君临天下！"

"呵？"杨坚头上的汗水，把所戴介帻之沿都濡湿了，他竟有点嗫嚅地问，"公以为此事啥时候进行较合时宜？"

"应在邺城城破、尉迟迥被灭的时候。其时，天下归属已定。但，当下，就要开始做好准备。"

"这准备……应……应如何着……着手？"一向沉着冷静的杨坚，一阵惶惑、慌乱，显得没了主张。

皇帝梦——对杨坚而言，其实，自年轻时起，就不止做过一次。但那时，只限于在心里憧憬。他觉得世间万物，统统都归自己支配，且那君临天下的滋味儿，一定是美不胜收的。但显然，那时候，梦归梦，离现实，离自己，都还很遥远，即使可望，亦不可即。可自这次当上大丞相后，他的感觉则完全不同了。他离那位子，仅一步之遥！而尤其是自己所做一切，皆是替静帝在行帝王之业呵！他因而天天想，日日盼，盼有朝一日自己能君临天下！甚至私下还偷偷模仿过当年武帝抬腿迈步之神态……可当下，真的事到临头，并由李德林提到议事日程时，他却反而突然感到手脚冰凉，顿时生出高处不胜寒之颤栗！

然而，对于李德林来说，如何运作这事，则一点也不陌生。他在齐国就是皇帝的近臣，并写得一手好诏书。武帝破齐后，更得武帝重用，为武帝出谋划策，且对朝廷和宫内运转，十分熟稔。

李德林因而从容地对大丞相说："不要紧的。您尽可安于平日事务，一应繁琐准备，自有我们去做。当务之急是，要尽快召回高颎，还有长孙晟也很重要。他是小宫伯，回来后，要其管住天台，尽量切断幼主与外界的联系，以免再次节外生枝，攘出事端。"

"行。韦公在军中的地位，已然稳固，监军已可有可无，可以放心让他俩回来了。"杨坚说着，不觉叹了一声，"唉——朝中官员看起来不少，可真正顶用的却不多咧。"

"不要紧的，"李德林笑着说，"此乃非常时期，人反倒不宜过多，多了即杂，反易生乱，如若万一捅出娄子，反而不好收拾。有的人，目下不用，将来还是可用的；有的人，如苏威，还在观望呢，以后大局定了，再用不迟。"

"待到将来，如公这样的人，能多有几个就好。"

"哈哈……那倒不见得。"李德林自嘲地笑道，"在下有自知之明，亦如丞相所言，仅一介书生尔尔。"

是夜，杨坚着人把已任仪同三司、骠骑将军的庚季才召入正阳殿大丞相府之内室。

"下官已经猜到，大丞相近日必来找咱。"时年六十有四的庚季才，身材瘦削、硬朗，寿眉下的一双眸子，熠熠生辉，疏密有致的花白胡须，飘至胸前，一副道骨仙风之貌，"咱近来足不出户，一直在等丞相您的召见呢。"

杨坚比季才小二十余岁，交往却也有二十余年。所以，相互说话，已很随便："没那么神通吧。你猜，咱今日召公至此，意欲何为？"

"大丞相欲登九五之尊，来找臣下问日子——是么？"

"呵？"杨坚知其精通《周易》，擅观天象，是朝内知名的命象术士，但还是对他一语道破天机大吃了一惊，于是掩饰地道，"吾仅凭平庸之才，却受宣帝临终遗命之托。可是，发现当下似乎已走到了岔路口，感到有点茫然，因而想请先生指点迷津。"

"哈哈哈哈……"一阵爽朗的大笑过后，季才理了理胸前之须，说，"公已入岔路，须人给指点迷津？下官对此不敢苟同。咱以为，公是看到梦寐以求之物事，已然就在眼前，却又有些忌惮，是么？在下是看着公一步一趟从仕途走过来的。在咱眼中，大丞相一直是福星高照呢！往日之路，虽不平坦，曾遇险象，不过，都还是一一逢凶化吉了呵！而今，谁都看得见，大丞相离九五之位，就差那么一丁点。在此之际，咱即使说，那至高无上之位，公坐不得，公还会去学许由，遁入箕山，用颍水洗耳①吗？"

杨坚不好意思地默然良久，抬头道："咱目下确如骑在一头猛兽上，想下来都难了。"

"就是嘛——觊觎那位子的人多着呢，他们亦都在盯着公。"季才提高嗓音说，"所以要义无反顾，当仁不让，还须特别小心谨慎，一步一步走稳当。千万注意，不要犹豫，也别希图一步登天，要一步一步，踏到实处。"

数日后，高颎和长孙晟双双归来。

杨坚展读韦孝宽来书，感到无比欣慰。韦公对最困难时刻，得到大丞相的最大支持，表示了由衷的感激。并表示，即将展开的邺城一役，一定会令全体将士全力以赴；活要抓住尉迟迥的人，死要见其尸。还提出，此次临危受命，行事仓促，自己身边没带多少人，因此，恳请大丞相允许侄子韦艺速来前线，帮衬一下自己。杨坚读完信，即着人传韦艺来相府，并让李德林亲拟对韦艺任命的诏书。

此时，高颎又从行囊中取出一长条形状的明黄锦匣，郑重地说："这是韦公送给您的。他还特别交待，要咱亲自交到您的手中。"

"噢？这么慎重。是啥呢？"杨坚说着，打开锦匣，竟是一条黄灿灿、亮闪闪的十三环金腰带。他大吃一惊，不禁问道，"韦公在前方作战，他是从哪弄来此物的？"

"当初，尉迟迥派细作至帅帐，就是试图用此物来引诱韦公。"高颎解释说，"咱临走向韦公辞行时，他特别慎重地将此物交给了咱，并意味深长

---

① 传说上古之帝尧时代，有一位才学高深叫许由的隐士，他淡泊名利，绝意仕途。帝尧敬重他的才德，有意把帝位禅让于他。许由听到此消息，躲进了箕山。帝尧见他确实不肯做皇帝，就任命他为九州长。许由认为尧之言弄脏了自己的耳朵，就跑到颍水边去飘舀水洗耳。庾季才借用此典故来说明杨坚当皇帝的机会来了，是不会去学许由而错过机会的。

地说，'请亲手将此物转送大丞相，以表咱的一片殷切之心'。"

杨坚感叹道："韦公用心，可谓良苦。"

"是咧！"写完诏书、盖完印信，李德林摇着一把折扇，笑着对杨坚说，"看看，人家韦公在前方打仗，都想到了此事，实乃众望所归呢。"

"韦公想到了啥事儿？"年轻的长孙晟只知用很多黄金打造并镶嵌着宝玉的金腰带，肯定贵重，却不知个中真正含义。

杨坚也不想向他说破，就道："哦，对了。此次请长孙将军提前回来，是要你特别细心，把天台管理好。你离开后，一些外人擅自进入天台，唆使幼主讲了一些很不得体的话。近期，幼主不起早床，不临朝接见大臣了，你要尽量避免他与外人接触，并还要使他不感到有啥拘束，在宫中过得开心。"

李德林插话说："咱倒有个想法，为不使幼主感到孤寂烦躁，可将其生母朱氏接来陪着他，他俩毕竟是亲骨肉。"

"好主意。朱氏其实是个能识大体的人。"杨坚表示赞同。接着，又对长孙晟说，"幼主八岁了。你闲暇时，亦可教他点武功、箭术。总之，要避免他与外人接触，又要尽量使他快活。"

长孙晟毫不含糊地答应一声，"是"，其实，心里并不乐意做此等婆婆妈妈的事。早前，处置宇文一家人，他作为左小宫伯，也是当然参与了的。凡其家族之男丁，无论老幼，有无过失，一律处斩，令其心寒。所以，他才主动要求随高颍去前线。长孙晟并不怕见血，甚至喜欢上了在两军对垒中的较量与厮杀！但对那种不明不白就将一条条活生生的人命处死，却还是心有余悸！

"你今日不要去天台当差了。"杨坚看长孙晟一副无精打采模样，说，"一路马不停蹄，也实在太累。先回家休息两日吧。"

"那咱就先回家啦。"

"行。"杨坚爽快地点头道。

长孙晟一走，李德林即把为何将高颍从前线突然召回的缘由说了一遍。

高颎即说："当韦公把十三环金腰带赠予大丞相时，咱就在路上一直琢磨此事。只是拿捏不准，大丞相啥时上位为好。"

"一句话，宜早不宜迟。"李德林接过话头，道，"要尽快打消觊觎之人的念想——可否就定在邺城城破之后？"

"宜早不宜迟，固然不错。也不能太过仓促吧。"高颎道，"目下前方将士粮草充足，士气高昂，攻破邺城，指日可待。可此一场大仗，牵涉面广，伤筋动骨，善后等一大堆麻烦事，还够一处置呐。"

杨坚连连点头，深以为然地说："高颎说得有道理，磨刀不误砍柴工，其实，朝内当务之急，也不少呵。"此时，杨坚想起庾季才"路要一步步走踏实，莫着急"的嘱咐，于是，又补充了一句，"再者，此事最好不要一蹴而就，是否可分两步，甚或三步走，也让朝内朝外，有个逐渐适应的过程。"

"好。"李德林看了杨坚一眼，心悦诚服地道，"你们两个想得都比咱周到。一步到位，虽则痛快，但回过头来又要做许多补救工作。比如，上次解决'五王'问题，余波至今还未完全平息呢。"

"那，咱看，一应之事，从今日始，就可加紧着手准备了。"高颎的思路随之变得清晰起来，"德林公主内，起草各式诏告、考虑仪程安排、重新任命文武百官等等；咱主外，负责与有关官员通气、打招呼，调集人马，稳固南北边关和帝都内外的城防……时机成熟，自然水到渠成。"

杨坚对李德林和高颎的分工，没再提异议。只是当高颎谈到要考虑重新任命文武百官时，突然想起梁士彦等几位行军总管临阵受贿的事，于是问高颎："你去韦公营中，咱几乎日日收得到你报来的情况，却始终没见谈到是怎么处置梁士彦等几个受贿将领的，是何缘故？"

"哦，对了，这大的事，咱一直都没向大丞相提说过。"高颎立马把韦孝宽根本就没打算惩处受贿将领和自己亦赞同他的做法的缘由，说了一遍，还把梁士彦等人在武陟—武德一役中，都有立功表现的情形也都说了。

杨坚沉默了一会儿，方道："行。受贿者不追究也就罢了。不过，此次重新任命文武官员，对这几个人，还是要有所区别。"

说话间，一名官员进来报告说，韦艺到了。

杨坚吩咐说："请他进来吧。"

韦艺进门。因几位大臣要商议的事还有很多，杨坚亦不多话，就对高颍做了个手势。

高颍立即从李德林手中接过刚刚写就的诏书，站起道："有请韦艺大人接旨。"

韦艺应召而来时，一脸轻松。因上次，他是坐大丞相的车驾，风风光光回家的。以为此次再入相府，会有什么赏赐、奖励。哪知，一进门，二话没说，就似遭到当头棒喝——要自己接旨。不知是凶是吉的韦艺，身子一软，双膝跪下，全身都趴在了地上。他想，这世事，咋就变得这快呢！可当他懵懵懂懂听到高颍之念白，那诏令分明是表彰自己送信及时、有功；勉励自己重上战场，再立新功之类。念到末后，高颍亦提高了语调。他清楚听见，因军功将自己晋级为上大将军，改封爵位为武威县公，食邑千户。并把自己原有的修武县侯的爵位，另封给自己的一个儿子……

韦艺俯地听着听着，腰杆渐渐硬朗起来。高颍念完诏书，见韦艺还俯身于地，于是，道："请上大将军起来吧。"

韦艺这才爬起，杨坚对他说："因相府还有许多急务要处置，你也要马上再赴前线，就不摆酒祝贺了。上大将军这次去前线，只一件差事，就是尽全力照顾好行军元帅的身体。待你们叔侄凯旋，咱再摆庆功宴！好么？"

"好，好！"韦艺一迭连声，一脸幸福，大声道，"谢大丞相！"

当韦艺从相府出来，这条年近五旬的汉子，竟禁不住地嚎啕大恸！此时此刻，他才深深懂得叔叔对自己的一片良苦用心！

第三十六回

千年古都顷刻即成废墟
一代名帅转瞬溘然长逝

　　秋汛过后，便是齐鲁一带一年之中最好的天气。这个好字，表现于早晚的凉爽宜人，还表现于总是晴好天气。

　　此刻，山野、田间、村落，凡未被战乱摧毁的梨、枣、柿、山楂、苹果……东一株，西一棵，皆已硕果累累。有的果实泛青，有的发黄，有的则已红透，把个久经战乱的山野、村寨装点得有了些许生气；地里的黍、稻、高粱等庄稼，亦开始成熟，都耷拉着沉甸甸的穗子，在秋风中晃荡。不过，对行军打仗、身披甲胄之官兵而言，一轮白炽的日头老是挂在当空，有时晴得连一丝云霞也没有，所以，行军的将士们仍是挥汗如雨，苦不堪言。甚至觉得秋老虎的威力，一点都不亚盛夏之酷暑。

　　时下，韦孝宽乘武陟—武德一战之余勇，命令各军，兵分数路，追击尉迟惇的残兵败将，浩浩荡荡朝邺城挺进。杨素的军队因在瓜洲抢夺滩涂时，步兵损失惨重，此次进军，韦孝宽命其殿后，以搜罗敌之散兵游勇，补充自己的军队。而命行军总管宇文忻为先锋，并向他下达命令：只管率军以摧枯拉朽之势，向前猛进，遇到溃军，只要其不抵抗，就不要对他发起攻击，也不要管收容俘虏、收缴辎重、兵器等等琐细事。

　　宇文忻原是朔方人氏，祖上即迁入京兆，祖父是周之安平公，父曾任周之司马。儿时的宇文忻，便把孩童编成军队，排成方阵，演练操习，有模有样；十二岁，便能左右开弓，驰马射箭；到十八岁时，便随齐王宇文宪征伐突厥，荣立军功；其后，从武帝伐齐，更是战功赫赫，一路晋升至柱国大将军。宇文忻性格豪爽，尤善结纳，在南征北战中，曾与杨坚结下深厚情谊。此次，尉迟迥叛乱，杨坚便想到他，委以行军总管之重任，加入到韦孝宽统率的征伐大军中。而与此同时，宇文忻和尉迟迥皆为鲜卑族将领，迥只比其年长几岁，两人之间更是情同手足。所以，当尉迟玉林拿着尉迟迥的亲笔信进入他的营帐时，他亦盛情难却地笑纳了尉迟迥送来的金银财宝。但见别人——尤其是见资格最老、职位最高的梁士彦未有动静，他亦未在武陟轻举妄动，贸然起兵投向尉迟迥。不过，当宇文忻目下率军追击尉迟惇的残兵败将时，他亦同样毫不含糊，异常威猛。

有道是，兵败如山倒。一路上，敌军丢弃之盔甲、兵器，损坏之辎重车辆，遍地皆是。宇文忻率骑兵先行，不久就赶上了溃不成军的敌兵。已成惊弓之鸟的败军，见追兵已至，便四下逃窜。宇文忻遵照指令，亦不追杀，只管马不停蹄地卷起一股黄尘，急驰而过！

宇文忻率军晓行夜宿，几日后，来到一壑口处。见前路突然收窄，且曲曲弯弯；路之两侧，是灌木掩映的起起伏伏的山岗。

宇文忻勒住马头，问："此为何处？"

一传令兵过来报说："前面一块石壁上刻有三字，唤：'野马岗'。"

"嗯。"宇文忻深谙兵法，他抬头看看前路两旁青黝黝的山岗，即对传令兵道，"往后传话，叫后面铁骑别拉得太稀，靠过来点。"

"是。"传令兵拍马往后传令去了。

宇文忻又叫走在最前的数十骑，放慢前进步伐，向自己的中军靠拢。他这支先头部队，总共才五百骑，队伍拉得过于稀松，就越发缺乏战斗力。待前后骑兵相继靠拢后，他们就这么停停走走，走走停停，磨磨蹭蹭朝前走了约莫两三里。此时，宇文忻终于察破蹊跷——他远远望见原在前面逃跑的尉迟惇的散兵游勇，不再沿路往前逃遁，而是纷纷没入路两旁的丛林。宇文忻因此断定：这些逃兵一定是发现了前面林子里有伏兵，而又不想再搅到战事中去，于是索性避入岗子的丛林里。宇文忻亦立马下令自己的铁骑停止前进，以观动静。

骑兵们随即下马，趁片刻停歇之机，都不约而同地从马鞍尾部拿出饲料袋套在马的嘴上，然后再从行囊中拿出为自己准备的干粮，自己啃一口，又掰一块塞入马嘴中。那马一路奔跑，此刻亦都大汗淋漓。骑者囫囵吃过几口干粮，又拿出用皮革制的水袋，自己喝了两口，就把大部分水给马饮了。对骑兵来说，坐骑就是他们赖以生存的命根子。

宇文忻命令自己的骑兵停在这前不见村后不着店的沟壑中，有两个目的：一是，让跑累了的兵马有个喘息机会；二是，逼前面的伏兵暴露虚实，以决定是打还是后撤。别看路两旁的岗子都是青幽幽的，因连年征战，已很少有大树，满坡皆是荆棘丛生的灌木。由此，伏兵是不可能从灌木丛中横钻过来的。他要进攻或后退，都必从灌木丛中下到路上来。届时，若看到敌我悬殊太大，自己是骑兵，后撤来得及；若断定可以打，便立即冲杀过去，用速度将其摧垮。

约莫过了一个时辰，那日照树摇的岗子里，不见丝毫动静，又过一个时辰，还是老样子……渐渐地日影朝西偏去，埋伏于路两侧岗子里、距宇文忻铁骑尚有一里之遥、由尉迟迥派来的三千身着甲胄之精兵，终于熬不住了。他们呐喊着如潮水般冲下坡来，都挤在一条较窄之山道上，并朝宇文忻扑来。

此时，已经蓄精养锐、吃饱喝足之良马和骑兵，在宇文忻的一声令下，冲向敌阵。步兵终不是骑兵的对手，骁勇之铁骑，所向披靡，一路砍杀过去。不多时，冲在最前的十余骑，就杀到了尽头。接着，他们调转马头，再杀回来，形成夹击之势。尉迟迥三千精兵，就这样被五百骑兵杀得七零八落！少数未死者，复又钻入丛林。杀得兴起的骑兵，欲纵马追赶。

"别追了！"宇文忻大喝一声，"莫把马挂伤了！这几个毛贼，还是让后面的大部队收拾去吧。"

一日后，宇文忻的先头部队进逼到了草桥镇。

尉迟迥下令：以逸待劳的军队，务必死守住草桥镇，为防兵力不足，又增加了援军。因草桥一失，邺城就没了屏障，韦孝宽之部，便可坦坦荡荡、长驱直入，进逼邺城。

草桥，为邺城东南一镇。因连年征战，原有的镇子早已破败不堪，只留下一个虚名。镇之南面，有一条宽仅数丈的小河，河上原架一桥，直通镇子。当下，桥已为叛军拆毁，镇外还堆积着很高的鹿砦，鹿砦之后，还布置着弓弩手。且镇里镇外，还驻守着尉迟迥的重兵。有了这样几道屏障，再多军力，直接攻取，难度不小。

因此，宇文忻下令先头部队停止前进，待骑、步兵陆续抵达，便下令伐树造桥。可怜的是，穷其方圆十数里，却找不到几棵大一点的树。没办法，只好得罪僧人和菩萨，宇文忻下令拆庙造桥！草桥一带，原属北齐辖地。北齐不禁佛道，一些庙宇道观受到保护，可目下为了消灭叛贼，却顾不得那么多了。

经过充分准备，某日五更，宇文忻把骑兵分作两支队伍，一支沿河往上游方向走，一支则往下游走。因为秋汛已过多时，这种小河随处皆有浅滩，可使人马轻而易举地蹚水过河。一旦得手，两支队伍便可迂回向草桥镇侧翼发起致命攻击。担任正面主攻的是步兵，他们也在夜幕的掩护下，按不同分工，有条不紊地进入到各自预设的阵地。

天刚见亮，一声炮响，埋伏于河边的弓弩手，便向高高堆起的鹿砦，射出一支支蘸过油的火箭。霎时之间，鹿砦顿成火海！而巧的是，其时，刮的正是东北风。风助火势，遮天蔽日的烟火，吹向草桥镇及其周边民宅、营帐，使火海迅速蔓延。还在酣睡之军、民，在一片惊恐的惨叫声中，四处奔逃……

借着漫天烟火的掩护，负责架桥的士卒，迅速把已准备好的木料架设到小河上，分别搭起数座简易木桥。随着又一声炮响，早已憋不住的士卒，呐喊着如潮水般冲过桥面……其时，鹿砦只剩一片余烬，宇文忻的士卒则奋不顾身地踏着尚在冒烟和冒着余烬的热土，挥刀直扑已丧失抵抗能力的叛军。

不一会儿，左右两侧的骑兵，也蹚水过河，如一把锐利的铁钳，生生卡住了大批溃军之退路……

当宇文忻骑在马上，踏入对岸土地，整个草桥镇已为一片焦土。有的断壁残垣尚在冒烟；就连周围已经成熟或即将成熟之庄稼地，亦被烧焦。镇内镇外，不是鲜血淋漓之尸体，就是已被烧焦的人和牲畜，许多庶民亦不成人形地倒了了一片焦土中……

经此一仗，邺城即陷入韦孝宽军队的重重包围中！

困兽犹斗中的尉迟迥，集中剩下的十三万兵力，列阵城南，欲与韦公之军进行殊死决战。

其时，担任青州总管的尉迟迥的侄儿尉迟勤，率兵五万赶来驰援。其先头部队三千骑兵，已逼近邺城。

韦孝宽立命在沁水战役骑兵未受损失、步兵亦通过边行军边补充的杨素军，前往迎击尉迟勤部。并命他不许尉迟勤军与尉迟迥军互成犄角，威胁自己的攻城军队。

杨素是个极冷静，亦擅治军和用兵的将领。他领会韦公之意，趁尉迟勤三千骑兵立足未稳，还来不及与尉迟迥联络和安营扎寨之际，自己亦不讲究任何阵式与战法，即命自己的全部五千骑兵，尽数以迅雷不及掩耳之势，猛扑过去。那边，尉迟勤之军尚未摆开阵式，就为突如其来的人马，冲撞得溃不成军了。

不仅如此，杨素一马当先，领军穷追不舍。往后逃遁的敌骑兵，一不留神竟把尾随在后的自己的步兵也冲得跟着溃退，导致马踏步兵，而溃不成军——这样，杨素总共不到两万骑、步兵，就轻而易举地使得尉迟勤的五万多军队被打得丢盔弃甲，落荒而逃！

却说，尉迟勤五万步、骑兵溃败的消息传至邺城大本营中，尉迟迥虽感痛心疾首，却不慌乱。他深知，现时极需用一场胜仗来提振全体将士，方有可能挽回败局，重振人心。

时年六十有四的尉迟迥，命随侍给自己披上一副沉重的白甲，骑上一匹叫"皎雪骢"的白马，手持一柄雪亮蛇矛，连矛头下的缨子也是雪白的。他统率的也是自己亲手训练的——头扎绿巾、身着锦袄的"黄龙兵"。这支一万人的队伍，多数是由骁勇善战的关中汉子和从邺城募集的青壮年组成。

当这支由蜀公亲率的队伍，甫一于城南的城门外亮相，立时使蜀公诸军，军心大振。一时间，鼓角喧天，个个奋勇争先。

尉迟迥舞动蛇矛，矛尖稍稍朝右一点，黄龙兵便奋不顾身地朝韦公左阵冲杀而去。于是，韦孝宽的左阵立即受到巨大冲击，伤亡骤增，阵形已现散乱，且战且往后退。

杀得兴起的蜀公，此时立命从沁水逃回的长子尉迟惇率军朝开始溃退的韦军掩杀过去。而他自己则纵马把矛头指向了敌之中军，黄龙兵亦紧随蜀公之后，杀向韦公的中军。

却说，站在帅字旗下指挥战事的韦孝宽，见叛军来势汹汹，心猛地被蝎子螫了一下似的，疼痛无比。但他强忍心头剧痛，表面仍镇定自若，未动声色。

其时，韦孝宽的中军，仍为打先锋的宇文忻军队担任。这亦是一支训练有素的队伍，且，此次一路杀来——奇袭野马岗，火烧草桥镇，可谓顺风顺水，威风八面！但时下，却遇到了一股强劲的"顶头风"！

但见，尉迟迥冲入宇文忻统率的中军阵中，一杆蛇矛舞得风生水起，须臾间，即有三四个官兵被挑落马下。紧接着，黄龙兵席卷而来，亦如秋风扫落叶般，使宇文忻的官兵立付惨重代价！

昔日的宇文忻与尉迟迥，可谓情同手足，亲如兄弟，两人曾数度并肩作战。当然，他亦深知尉迟迥的黄龙兵了得和主将的能耐。然而，更要命的是，另一支由大将军崔弘度指挥的右军，也深陷重围，被蜀公另外几支士气原本不佳、目下突然来劲的军队，轮番冲击，亦渐显不支。由此，中军突然没了左右两翼的强力支持，便渐渐陷入困兽犹斗、独木难支的境地！

而就在这两军杀得不可开交之际，一幅奇特的景象却在城南的城墙上出现了。那上面，人头攒动，前来观战的庶民愈聚愈多，一时竟达数万众。因连年征战，使这些百姓看打仗，不仅不惧，反而群情激昂。往日，尉迟迥驻守邺城，自己住在昔日北齐的皇宫里，过着帝王般的日子。但他待城内商贾、百姓亦较宽松，而尤其是，他的驻军不扰民。更何况，正在城下作战的黄龙兵，有的还是观战者的儿子、丈夫或兄弟，所以，他们皆为自己的父母官和子弟兵助阵！有几个胆大的半糙子年轻人，竟爬到城墙垛上，光着上身，手舞着从身上扒下的衣裳，为尉迟迥的叛军呐喊造势。城墙上的喊声越来越响亮，越来越整齐，如旱天霹雳，在城南激烈的战场上轰鸣——使蜀公将士热血沸腾！

此时，正感难以招架的宇文忻，见此情景，先是对城墙上为敌助阵的庶民咬牙切齿；继而，他忽地心生一计，策马到担任行军长史的李询旁边，对他耳语几句。李询心领神会，驱马至宇文忻步兵军中，召来百余弓弩手。他骑马在前，弓弩手跑步跟随，迂回至城墙一侧，突然下令朝城墙上观战的庶民施放冷箭。霎时间，声势浩大的呐喊助威声，变成了一片哭爹喊娘的惨叫，几名站在城垛挥舞衣物为逆贼造势的小年轻中箭，竟从十余丈高的城垛掉了下来，坠至数丈深的护城河中，激得水花四溅……

在城下激战正酣的蜀公士卒，遭此突然变故，亦是一片惊呼！更为严重的是，城上中箭或未中箭的庶民，四下逃窜，有的为寻军队保护，竟窜入尉迟迥的军阵中，致使战阵大乱！

宇文忻见状，挥鞭朝敌阵一指，大喊道："贼败矣！"

话毕，他即一马当先地朝敌阵冲去。于是，已被敌之气势压迫得眼看就要支撑不住的韦军，突然士气大振，随即发出山呼海啸般的吼声，并以排山倒海之势，杀入敌阵中！

再说，老当益壮的尉迟迥，毕竟年岁不饶人，经过一番激烈搏杀，已气喘吁吁。他对面前已失去控制的军队，已感前所未有的力不从心。

擒贼先擒王！宇文忻哪会不懂此理。但，到底是多年至交，他并不想与其正面交手，于是对身边一员偏将说："蜀公老矣，汝可取之。"

偏将拍马迎上前去，慑于蜀公往日威名，他试探性地一刀搠去，尉迟迴用蛇矛挡住；再加大力度，又下一刀。蜀公已不敢硬挡，只用长矛一拨，虚晃一枪，调转马头就走。其身后的黄龙兵围拢来，护住主帅，边抵挡，边往南门方向后退。

这可不是好兆头。阵脚本已乱套的官兵，见主帅已在后撤，亦都纷纷退到护城河的吊桥上，朝南门内奔逃。有的在慌乱中被挤下河去。

宇文忻的中军杀开数条血路，两军已搅杀到一处，乱作一团，双方死伤都很惨重。往日出将入相的尉迟迴，此刻，也只能夹在乱军当中，左冲右突，难以动弹。而当他正陷进退两难境地时，恰被宇文忻的一个步卒觑个正着。他迅疾靠近尉迟迴雪白的坐骑，想直袭他。无奈，那马实在太高，持刀的士卒根本够不着尉迟迴本人。他于是一刀朝马屁股搠去——可怜！蜀公的名马皎雪骢，突然一声嘶鸣，尥起前蹄，竟把毫无防范的老将军从马上抖落下来。那马则屁股流鲜血地冲开人群，狂奔而去。

接着，尉迟迴在一众黄龙兵的护卫下，逃入城中。

然而，更加致命的是，此刻，梁士彦率军攻破了守卫空虚的北门。势如破竹的官军，如水银泻地，渗入城内街巷，他们见人就砍，见逃就追……

两年多前，武帝率军攻破北齐都城邺城。此番，一座千年古都，又再遭血洗命运！

随即，邺城的西门、东门亦都为梁士彦军队打开。熟悉城内环境的行军总管崔弘度，率军冲入城后，即领一众部属直取城中城的一座碉楼，此为邺城制高点。当他们的坐骑逼近碉楼时，崔弘度忽见前面有条白影闪过。他双腿一夹马肚，飞快地循影追去。终于看清是个身着白盔白甲的军人，心头不觉猛地一震。那白盔人手扶汉白玉栏杆，拾级朝碉楼遁去……

崔弘度立即用马鞭一指，道："抓住他！"

众人于是纷纷下马，踏着台阶，奋力直追。当接近碉楼时，忽地从碉楼的石门内射出一箭，一名士卒中箭倒地。众人转身就逃。接着，又有一名幕僚中箭，躺在了石阶之上。当大家纷纷朝后退时，崔弘度分开众人，从容地拾级而上……

此刻，只见已有气无力的尉迟迥坐在碉楼内的石墩上，张弓搭箭正欲朝崔弘度射击。

"且慢。"崔弘度摘下自己的头盔，从容地说："不知蜀公是否还认识咱？"

碉楼内的尉迟迥收住张开的弓箭，抬头朝崔弘度看了一眼，没有吭声，亦无表情。

崔弘度朝前跨了一步，说："真没想到，会在此地碰到蜀公。没法，大家各事其主，事到如今，还是请公自我了断吧。"

"唉——"尉迟迥长叹一声，把手中弓箭弃置于地。

原来，崔弘度之妹嫁给了尉迟迥之子，两家是姻亲，哪有不相识的呢。

尉迟迥沉默片刻，慢慢起身，突然仰天长啸道："天哪——迥之一世英名，竟落得如此下场！杨坚呵——你这个国贼，将来料也不得好死！"说着，他抽出腰间宝剑，一抹脖子，便躺在了血泊中。

过了好大一会儿，蹑手蹑脚前来窥探动静的崔弘度之弟崔弘升，从掩开的门洞中，见尉迟迥已躺在血泊里，惊喜地道："呵？他——死啦！"

"汝将他的头割下，会有大赏。"崔弘度如释重负，坐在原先尉迟迥坐过的石墩上，指着尉迟迥的遗骸对弟弟说。

"真的？"崔弘升迈入石门槛，喜滋滋地欲抽自己腰间佩剑，却见地上已有一把带血之剑，就顺手取过，只一下，便熟练地把尉迟迥的头颅割了下来。"嗨，真是一把好剑！"

崔弘升细看了一下剑锋，又欣赏了一遍剑身上的纹饰，确认是一把难得的宝剑。于是，二话不说，借尉迟迥身上的战袍，把剑上血迹揩抹干净，再从尉迟迥的腰间解下剑鞘，又欣赏了一番镶嵌在剑鞘上的宝石、纹饰，才把剑插进鞘里去，并挂到自己右腰上。这样，他一左一右挂着两把剑。然后，也不和自己的兄长打个招呼，便拎起尉迟迥的头颅，找行军元帅请赏去了。

时下，分别于城外作战的尉迟迥的两个儿子尉迟惇、尉迟祐和侄儿尉迟勤，见大势已去，甩下溃不成军的部将、士卒，只带少许亲兵，扭头就朝青州方向逃去，却被韦孝宽的属将郭衍盯住，他领千余骑兵，于路上将其一一擒获。

至此，由尉迟迥掀起的一场叛乱，前后只坚持了六十八天，便被彻底平灭！

邺城已破，尉迟迥人头落地的喜讯，传到长安，朝野上下，弹冠相庆。庶民百姓高兴，是觉得内乱结束，不打仗了，日子有可能会过得安泰一些；惶惶不可终日、不知该把宝押到哪一方的文武百官，皆有了明确方向；而正在紧锣密鼓，为做至高无上作准备的杨坚，更是增添了十足底气！

为此，大丞相杨坚迅速而坚定地作出一个惊人决定——诏令韦孝宽再接再厉于一月内，将邺城全部官员和庶民迁至四十里外的南阳。然后，将邺城烧灭，使其永远不复存在！

大丞相杨坚做出此一不可思议的决定，并非心血来潮，而是他深思熟虑的结果。建德六年，他以行军总管身份，随武帝灭齐，并攻破齐之都邑邺城。之后，又拥重兵任定州行军总管，就是为了防止邺城发生异动，以便及时赶去镇压。

邺城，曾为六朝都邑，为关东商品、物资集散地。那里日积月累，盘根错节，居住着历代皇亲贵胄之子孙、北齐朝中之遗老、腰缠万贯之豪商和一些满腹牢骚之文人墨客。其中，某些个性乖戾之辈，狂妄至极，当时就不膺服武帝，不膺服北周，所以，才有了后来的支持和怂恿尉迟迥踞城谋反！因此，如不彻底铲除此一毒瘤，还不知啥时候，亦不知是哪一人，会再次登高一呼，做出与尉迟迥一般之举动！烧掉邺城，亦是去其心头隐忧——铲掉滋生谋逆之土壤！

对于杨坚要烧掉邺城之决定，李德林痛心疾首！他本人生于斯，长于斯，对城内的一草一木皆怀有深厚的眷念情意。同时，令李德林更想不开的还在于，邺城没了，某些人的抵触情绪，甚或谋逆之念想，亦会随之消除吗？不过，他接受了上次杀灭五王的教训，此番自始至终皆噤若寒蝉。

与此同时，焚毁邺城之举，亦再次得到仪同大将军虞庆则的全力支持。

　　邺在春秋时，为晋东阳之地，后归齐所有。齐桓公"筑五鹿、中牟、邺……"始有邺城。迄韦公攻破邺城时，已有千年历史。

　　邺，西靠太行山，南临黄河，东由河渐海，北面是肥沃广袤之冀中平原，在战国便成了有名的县邑。时为邺令的西门豹为民除害和修渠灌田的故事，脍炙人口，妇孺皆知。至魏晋及北朝时，身为魏王的曹操，于建安十八年（公元213年）定都于邺，并在旧城基础上，扩建为北城，城北临漳水，东西长七里，南北长五里，外城有七门，内城有四门。曹操还在城内修建了著名的三台，即，金凤台、铜雀台、冰井台。曹操和其子及文人墨客，于此宴饮赋诗、引吭高歌，从而造就了以"三曹"为领袖，以"七子"为代表的、庞大的邺下文人集团，为世人留下了"建安风骨"这一宝贵的精神财富。东魏初年，于漳水之南，又扩建了南邺城。其东西长六里，南北长八里十八步。并增添了华美壮丽的太极殿、昭阳殿、仙都苑等园林建筑。因为邺城相继成为曹魏之陪都，及后赵、冉魏、前燕、北齐等王朝之都城，故有"三国故地，六朝古都"之美誉。此外，邺自东汉以来，即有礼敬佛教的传统，亦为后人留下了灵泉寺、万佛沟、北齐石窟、响堂山石窟，以及洪谷寺等佛教名胜。

　　当然，韦孝宽进驻邺城后，是无暇去游览那些著名的亭台楼阁，拜谒石窟和庙堂大佛的，更遑论去会那些墨客骚人或前朝遗老。他接到朝廷诏令，首先向全军发布的是：分兵扫除关东各地降附尉迟迥的残余势力，并竭尽全力去完成一项更为艰巨的使命——即在一月内，把居住在邺城的三十万官、民和八万僧侣，搬迁到四十里外的南阳去。两年多前，武帝率军攻破邺城，已使城内大批军、民、官吏、商贾涂炭或逃亡，否则，目下还远不止三十八万人。

　　搬迁之前，韦孝宽征召民役和命士卒重新翻修和拓宽了从邺城到南阳的路面；命士卒拆卸了凡能运走的邺城亭台楼阁及宫殿中的木料、石料，及城墙、佛寺的砖瓦……并将这些物资用辎重车和民间征集的车辆，运到南阳；命士卒和征调民役，重新在南阳为邺城的三十八万人造屋，建寺。

　　诏令中的一月期限已至，南阳那边的房舍远未盖好，但，邺城的官吏、庶民、僧众则必须无条件全部撤离。

接着，在期限到达之日，一把火，使邺城顿成一片焦土！有视死如归者，硬是不肯离去，亦与这片焦土永远地融为一体。

邺城，自此永远从齐鲁大地消失，后人亦只能从诞生于邺的一些千古绝唱中，去探寻它往日的繁盛，领略它昔日之风骚了。

十月，行军元帅韦孝宽班师回朝，京师城内，万人空巷，迎接平叛英雄凯旋。大丞相杨坚践约，在朝内举行了盛大的颁奖礼和庆功宴。

十一月二十五日，早已是百病缠身的韦孝宽在家中突发急症去世，享年七十二岁。朝廷颁旨：追赠韦孝宽为太傅、十二州诸军事、雍州牧，谥号曰襄。

第三十七回

奉天承运杨坚美梦成真
心似止水李顺分道扬镳

一代名将韦孝宽的安葬仪式刚过，京师长安迎来了入冬后的第一场大雪。

就在这场大雪来临之前，京师城内，一项不大也不算小的工程，业已完工。此前，有千数工匠，在宇文恺的指挥和监督下，把宫城和皇城的每一座建筑都整修粉刷装点一新。外郭城街区各店铺，也接到朝廷颁发的诏令，凡有能力的，皆要尽力将铺子打扮翻新。因诏令颁发之时，蜀地和关东战事尚在进行，且朝廷的诏令，既未说明原委，又未高调宣扬，加之，每处建筑都是一副脚手架，所以，朝野上下，对于此举，亦没太在意。可目下，工程已经完成，脚手架皆已拆除，而尤其是在一片皑皑白雪的映衬下，朱红的廊柱，朱红的大门，以及朱红大门上的一排排金黄锃亮的铜钉，分外耀眼瞩目。尤令众人不解的是，离一年一度的新春佳节尚远，而各殿堂楼阁却都挂上了洋溢喜庆的大红灯笼。至此，朝野上下都在猜测，在这兵荒马乱的年月里，会有啥喜事临门呢？

果不其然，十二月甲子日（十三日），周静帝下诏曰：任命随国公、大丞相杨坚为相国，总理文武百官。与此同时，还晋封他为随王，以随州之崇业、郧州之安陆、城阳，温州之宜人，应州之平靖、上明等二十郡作为随国。从此，相国可佩剑穿履上殿，入朝拜君不必疾步向前，参拜宣礼时不呼其名，赐予完整的九锡礼器，加玺绂、远游冠、相国印绿綟绶，位在诸侯王之上。

对此任命，杨坚先后两次上表辞让，静帝不允。杨坚最后才接受随王爵位和十郡，祖、父被封王位，独孤夫人进位王妃等项。其余各项，皆全部谢绝。

再过二月，大定元年（公元 581 年）二月初二，静帝再次下诏，授杨坚相国、总百揆、九锡。诏令中，还令文武百官全部到随王宫，劝进。

二月四日，杨坚终于在文武百官亲赴随王宫诚恳劝进下，点头接受了相国、总百揆、备九锡之礼。

是日夜，通直散骑常侍庾季才造访了随王宫。

一进门，他就一迭连声道："恭喜！恭喜！"

"喜从何来？"杨坚一脸平静地说，"盛情难却呵！坚不才，推却了好几次。若再推下去，不仅违背天意，亦有违百官之一片情意！"

"咱可不是指的这事哩。"庾季才一脸神秘之气色。

笃信玄象的杨坚，注目以问，"那，公是指啥？"

"咱今早参加完大臣的劝进后，回家占了一卦。不放心，晚膳前，先净手，又补一卦，皆曰，公之皇气已见——可要一鼓作气咧！"

"噢？哪能这么快！"杨坚神情肃穆，"公占之卦，会不会有误？"

"前后都一致。"庾季才怕杨坚仍有疑虑，又加重语气说，"此乃上天旨意，绝非儿戏！此事到了速断速决之时！"

"公测过日子了吗？"

"此乃必然。"

"公以为啥时相宜？"

"二月之甲子日（十四日）——此乃奉天承运大吉日！"

"嗯……"杨坚点头，双眸在烛光的映照下，闪着灼灼之光芒！

"不过，尚有一事，不知公是否考虑到了？"

"啥事？"

"公之登基，即为改朝换代。总不能再叫周吧？"

"是咧！"杨坚拊掌道，"咱正为此事踌躇。国号倒是想了一个——先父早年赐号为随国公，咱去地方担任的第一个职务，即是随州刺史，之后，又继承了先父随国公之称号，目下任的又是随王。因此，想将国号定为隋。"

"随？"庾季才用右手手指在左手掌上比划了几下，摇头说，"不妥。"

"为啥？"

"不吉呢！"庾季才随即用手指在茶碗中蘸了点茶水，在茶几上划道，"公看，这随字，有一'辶'，'辶'即'走'也。公数数看，近四百年来，改朝换代，亦如走马灯一般，来也匆匆，去也匆匆——怎一个'走'字了得！"

"确如先生所言。所以，咱将这个随字，改了改。"杨坚亦用手指蘸了点茶水，在茶几上描画起来。"你看，咱将'辶'去掉了，写作'隋'，仍读随。先生以为如何？"

"隋？"庾季才愣了一下，"啪"地一掌击在茶几上，把碗中茶水震得飞溅出来。他高声道，"妙！妙也！"

"先生以为可以？"

"岂止可以。真是别开生面，妙不可言！此样，大隋江山，不就稳稳当当、堂堂正正了吗！"

"公是此样看的？"杨坚先是一喜，复又摇头说，"过往，咱在相府中，曾与身边几位僚属议过，可看法不一，而未最终定夺哩。"

"相府皆饱学之士。他们是咋看的？"

"高颎的看法和先生差不多。他认为，新国家，新气象，国号应不落窠臼，有点标新立异更好，能使国人感到耳目一新。德林公则认为，在仓颉所造的字中，是找不出这么个隋字的。此一隋字，乃人为生造，是不可取的。用生造的字作国号，太过随意，更不可取。"

"德林公之言，谬矣！"庾季才脱口道，"首先，此'隋'字，古已有之，此是不争的事实。远古，这个隋字的读音和字义，与当下的'随'，虽不相同，但一模一样的字形，确已存在，可见'隋'不是生造字。其次，在《淮南子·览冥训》中，就有'譬如隋侯之珠，和氏之璧'之语，以德林公之学识，焉能不知？"

杨坚笑着说："当时，就有人把《淮南子》搬出来，请教德林公。德林公则说，那是书中笔误，正确写法应是'随'。同时，还正告众人，为一个朝代取名要慎重，岂能把一个似是而非的字搬来做新朝国号。"

"德林公咋能此般见识？"季才摇头道，"仓颉之后，他的后人又不知造出了多少新字。一个崭新朝代都打造出来了，为其造个字做国号，有何不可！"

"言之有理！"杨坚大为高兴。

其后数日，有太傅李穆、仪同大将军虞庆则、开府仪同大将军卢贲等，纷纷至随王宫，劝进。

至此，北周王朝气数已尽。静帝下诏，逊位，将皇位禅让于杨坚。

诏曰：

天地开辟，树立君王，运命不会永恒，辅佐的是有德之人。天意人事，选择贤能，四海之内都乐于推举，并非一人能独自占有。周朝之气运将尽，妖孽相继产生，骨肉亲人多有欺骗，分封诸侯结成仇怨，恶人相互追随，遍及大半个国家，势力或大或小，图谋帝位王位，侵害我祖基业，绵绵不绝如缕。相国随王，天性聪明圣达，神采美好独秀，刑法与礼仪一同运用，文德和军功都很高远，爱护万物就像爱护自己，关怀百姓深为忧虑。掌握朝政大权，亲自率领将士，除灭奸贼恶人，扫清不祥之气，教化通达官吏、士绅，威武震动远方。虞舜的二十项大功，不足以相比，姬发即位合于三正五行王者改代之际会，怎能够相提并论。况且五行的木行已经衰弱，火运已经兴起，黄河、洛水出了革故鼎

"德林公咋能此般见识?"李才摇头道,"仓颉之后,他的后人又不知造出了多少新字。一个崭新朝代都打造出来了,为其造个字,又何妨!"

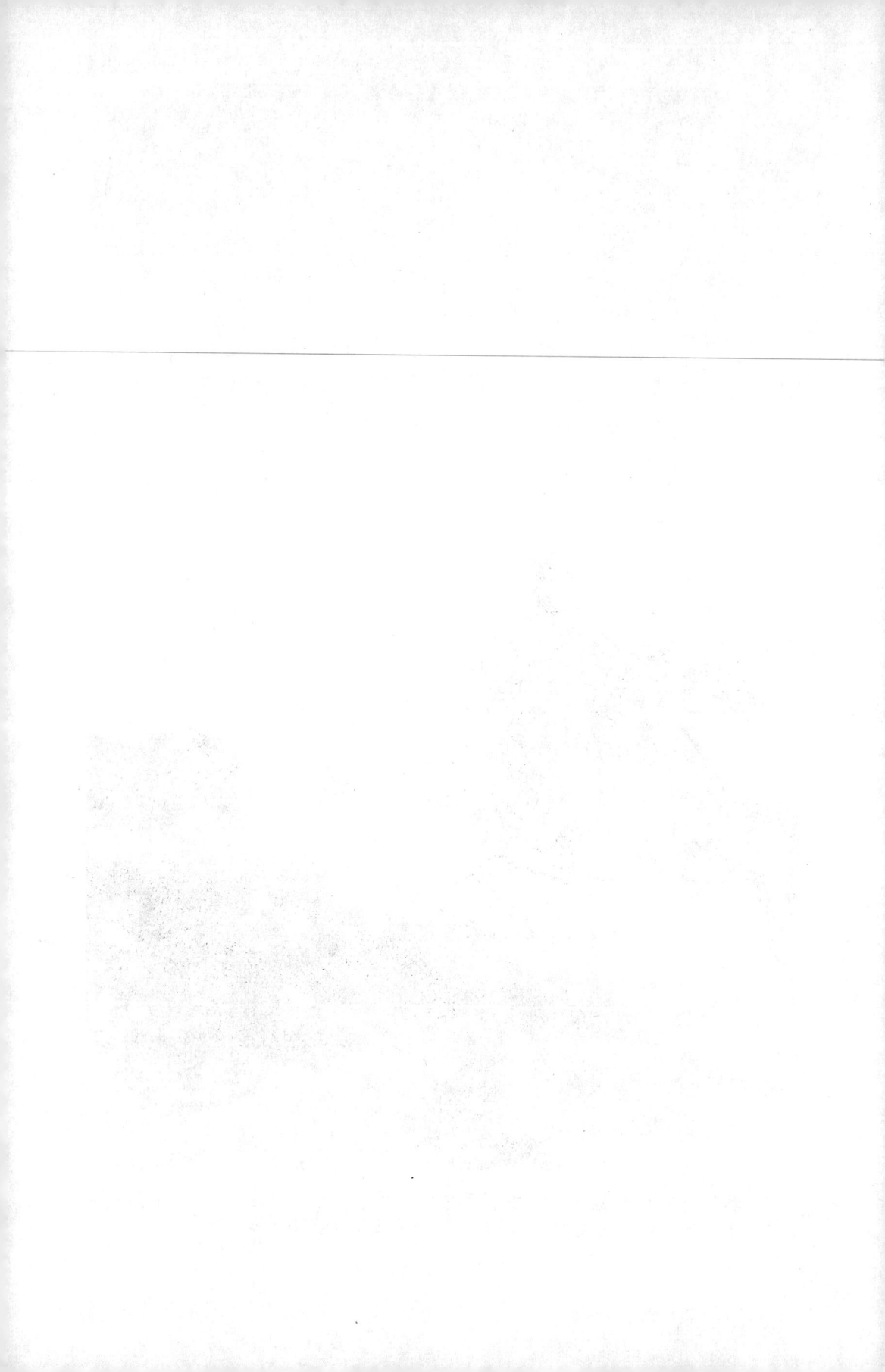

新的图符，日月星辰显现朝代终结的征象。烟云颜色改易，笙簧音律变化，刑狱诉讼全部退去，颂扬赞歌皆已来到。而且天地配其德行，日月贞正而明，所以以大的名号称王，君临大地。朕虽然寡德愚昧，不能明晓事物的变通，而明暗之情势，已清晰易识。现在即顺从天命，迁到别宫，禅让帝位于隋，完全依照尧、舜、汉、魏那样的做法。

…………

于是，开皇元年二月十四日（甲子），中国历史上一个新的王朝——隋王朝，便横空出世了！

是日，兼太傅、上柱国、杞国公宇文椿，大宗伯、大将军、金城公赵煚，分别捧着册书和玺绶，各乘一辆象辂车，排列仪仗，手持符节，率领百官来到临光殿门下。宇文椿捧着册书，赵煚捧着玺绶，走到指定位置站住。文武百官，则穿朝服面向北方，站在南门一侧。几乎与此同时，杨坚头戴远游冠，由近臣陪同，亦从相府来到南门。记室过来启禀，礼曹引导杨坚，群臣跟随于后，从大门东侧走出，面向西。宇文椿捧着册书，赵煚捧着御玺，亦在使节的引导下，从所在位置走来，在与杨坚一行汇合后，相互揖让。杨坚入门后，站于左边，宇文椿和赵煚入门后，立于右边。百官跟随进入后，立于庭中。宇文椿面向南，宣读完册书，上前捧给杨坚。杨坚面朝北，神情肃穆地拜了两次，辞谢，不接册诏。上柱国李穆上前说明朝廷旨意，又与文武百官一同劝杨坚即皇帝位，杨坚亦不采纳。宇文椿又再捧册书上前力劝，杨坚又拜两次，俯身用双手从宇文椿手中接受了册书，然后，递交给了高颎。接着，杨坚又从赵煚手中，接受了皇帝之玺绶，并将其递给了虞庆则。最后，杨坚退到东阶的位置上，与文武百官一同向北拜了两拜。文武百官接着把笏板插在腰带上，向杨坚山呼万岁。杨坚这才换上皇帝所戴的白纱帽，穿上黄袍，进入临光殿。到阁内又换上衮冕，乘坐小轿，从西门出来，群臣按照元旦大朝会的礼仪，庆贺隋帝即位。礼部尚书韦世康用盘盛放符命和祥瑞牒文，送到东阶下，纳言高颎跪在皇帝跟前静听。内史令李德林奉诏宣告大赦天下，改元叫开皇。其后，命有司奉册书到南郊祭天，恳请上苍护佑。

　　隋文帝杨坚登基伊始，所做的第一件大事，就是废除了自西魏以来实行的六官制度，在隋确立了三省六部制的治国体制。

　　说到隋的三省六部制，就不能不提及崔仲方这样一个人。

　　崔仲方是博陵安平人氏，也算是世袭官宦人家出身。祖父曾任西魏荆州刺史，父在北周任小司徒。崔仲方从小聪颖，熟读经史，且有很好的记忆力，自幼就受到宇文泰的器重，让其和自己的儿子们一起读书。当时和他一起玩耍读书的，就有后来做了皇上的武帝宇文邕。崔仲方年轻时，就以精通经史做了宇文泰的参军事，并参与修订过礼仪条规等典章制度。宣帝继位，杨坚任丞相，崔仲方任少内史，曾向杨坚提出过很好的建议。到杨坚准备受禅继位，因人手不足，过于忙碌，才又突然想到了此人，并将其召来与高颎、李德林共同制定即将成立的新王朝条规制度。

　　没有料到的是，崔仲方甫一进入这一核心机构，就向杨坚提出两条建议。

　　他说："晋在五行中属金，后魏属水，周属木。隋将以火德来承木，必能承受上天之正统。所以，举行登基大典时，车、服、旌旗等，一概都应用赤色。"

　　对此，杨坚、高颎和李德林皆深以为然。不管怎么说，赤色宣示喜庆，大典中一片赤色，有焕然一新之感，令人振奋；此外，"以火德来承木"，吉言也！于是，李德林在给静帝拟写的禅位册诏中，亦欣然采用了崔仲方的这一建议。

　　接着，崔仲方因做过宇文泰的幕僚，并参与修订过宇文泰时期制定的一些典章制度，所以，对其中的弊端有深刻了解。因此，他力主废除自西魏、北周以来，沿用至今的六官制度。并建议在汉、魏官制的基础上，为隋创建新制。

　　而对此建议，杨坚、高颎和李德林皆分别感到正中下怀，一致称好！

之前用的"六官制度"，即是宇文泰别出心裁，模仿西周《周礼》，以天、地和四时（春、夏、秋、冬）创立的一种官僚体制。即在皇帝之下，设大冢宰（天官）、大司徒（地官）、大宗伯（春官）、大司马（夏官）、大司寇（秋官）、大司空（冬官），等六位长官，分别司职朝廷各类政务，由大冢宰总领，即实行所谓的"五府总于天官"这样一种官僚体制。

当年的宇文泰，之所以舍近求远，"仿古"西周，并非一时心血来潮。他相中的是"五府总于天官"这样一种体制。他当大冢宰，即可凌驾五官之上，并一手遮天地架空了弱势的西魏皇帝，集军政大权于自己一身。后来，宇文护当大冢宰，又如法炮制，架空了北周前后三任皇帝。及至时下的杨坚本人，也是利用这一体制，当上大丞相——"假黄钺，都督内外诸军事"，不仅架空了周静帝，还使其逊位，让自己做了皇帝。不过，当他本人以此体制做了皇帝后，则当然不希望这一制度延续下去，再让大冢宰或大丞相来取代自己。

崔仲方的这一建议，正中高颎和李德林的下怀，还在于，他俩不仅同样了解六官制的弊端，更重要的还有，他们都与长安东边的北齐有较深的渊源，尤其谙熟北齐的典章制度。由汉人高氏篡位的北齐政权，就是取法汉、魏典章来制定国家政体的。所以，对他俩来说，如明确了取法汉、魏的宗旨，更能驾轻就熟、事半功倍地完成大隋政体的制定。

于是，在杨坚的亲自主持下，以复汉、魏之旧，采北魏孝文帝以来的北齐制度作为基础，兼收并蓄，构建起了隋王朝治国的新框架。亦即为后人称道的"三省六部制"。

所谓的三省六部制，即在皇帝之下，设：三师（太师、太傅、太保）和三公（太尉、司徒、司空）六个职位。他们是皇帝的顾问、并不常设，成为奖崇大臣的荣誉虚衔。在此之下，朝廷设置尚书、门下、内史、秘书、内侍五省，御史、都水二台，太常、光禄、卫尉、宗正、太仆、大理、鸿胪、司农、太府、国子、将作十一寺，左右卫、左右领军等十二府。

朝廷的五省中，秘书省执掌国家经籍图书、天文历法；内侍省只管宫内事务，且全是宦官。此二省，相对而言，管事不多，且管的全是朝内、宫内诸事。而国之所系，全在尚书、门下、内史三省。尚书省，总理国之大事，是一个执行各种政令的机构。置尚书令一人，左右仆射各一人，统领吏、礼、兵、都官（后改刑部）、度支（后改民部）、工等六部。各部设尚书一人，分统三十六侍郎，执行部务。门下省，设纳言二人。顾名思义，是在皇帝门口办公的机构。它既可封还皇帝失宣的诏令，亦可驳正臣下奏章的违误。此外，其职责是接受臣下的献言献策。同时，还负责统辖城门、尚食、尚药、符玺、御府、殿内等六局，照顾好皇帝的饮食起居和安全保卫等。内史省，即中书省（因"中"与杨坚父亲杨忠的"忠"同音，避讳而改），置内史监和内史令各一人。主要负责制定诏令。三省长官共同定令立法，参决军国大政，并共同行使宰相的职责。为避免权臣出现，杨坚慎之又慎，尚书省中的尚书令一职，一直是空置的，左仆射就成了尚书省中的最高长官。隋之三省六部制，便是这样一个共同行使职权又相互制约的架构。

同时，隋朝还设了：上柱国、柱国、上大将军、大将军、上开府仪同三司、仪同三司、大都督、帅都督等十一个等级的勋官，用来酬劳功勋卓著的将领们。还设特进、左右光禄大夫、金紫光禄大夫、朝议大夫、朝散大夫等七个级别的散官，用来授予有德望的文武官员。实际上，这些官职都是荣誉称号。

有道是，一朝天子一朝臣。隋文帝杨坚登基伊始，就在三省六部制的架构下，分批发出任职诏令：任命柱国、相国司马、渤海郡公高颎为尚书左仆射兼纳言；相国司录、沁源县公虞庆则为内史监兼吏部尚书；相国内郎、咸安县男李德林为内史令；上开府、汉安县公韦世康为礼部尚书；上开府、义宁县公元晖为都官尚书；开府、民部尚书、昌国县公元岩为兵部尚书；上仪同、司宗长孙毗为工部尚书；上仪同、司会杨尚希为度支尚书；开府苏威，被再度召回，最初仅被任命为太子少保……

同时，隋文帝还下诏：追尊皇父杨忠为武元皇帝，庙号太祖；皇母吕氏为元明皇后。立独孤氏为皇后，皇子杨勇为皇太子，皇子雁门公杨广为晋王，并任命他为并州总管，皇子杨俊为秦王，皇子杨秀为越王，皇子杨谅为汉王。

诏令：已废的周静帝迁居别馆，做介国公，食邑五千户，并做隋王室宾客。他使用的旌旗车服礼乐，则完全依照旧制。

以上有关人事任免的诏令，因人数众多，且是逐日宣布的，当某日，诏令宣至前北周皇太后杨丽华时，却遇到一点意想不到的麻烦事。诏令中，杨丽华理所当然地被免去皇太后身份，并被要求立即搬出弘圣宫，迁入别馆。原因是，弘圣宫已作了当今皇后之寝宫。一向温文尔雅的杨丽华听完诏令，一反常态，不但不磕头谢恩，却反而怒火中烧，大骂当今皇上是窃国贼子，并拒不接诏和搬出弘圣宫，而把前来宣读诏令的朝廷官员吓得脸色大变，不知如何是好。

好在独孤皇后十分大度。她宽宏大量地说："丽华不愿搬出，就奏请皇上允其留在宫里。偌大一座弘圣宫，还怕住不下咱母女俩。"

可当皇后允许杨丽华不搬的话传进弘圣宫里，却使前皇太后为了难。她想，自己生是宇文家的人，死是宇文家之鬼，岂能这么不伦不类地又回了娘家嘞。于是，不用再催，第二日，丽华便吩咐人搬迁到一座很小的别馆中。这么一来，却又反使独孤皇后惆怅无比——她爱怜自己的女儿，却又只能由着她凄惶地搬走。

随后的一个夜晚，隋文帝在临光殿设家宴，既是庆贺，又是践行。因为除太子杨勇外，二儿子晋王杨广要赴并州总管任上，三儿和四儿年龄尚小，亦要远赴封国。一直以来，隋文帝都为自己的五个儿子自豪，因为他没姬妾，五个儿子皆为独孤氏一人所生，都是嫡亲之亲兄弟！姬妾多，子女多，矛盾也多。尤其是宫廷中，同父异母兄弟间，因争权夺利，酿成各种悲剧之事，层出不穷。皇上因而认为，今后自家绝不会有兄弟阋墙、反目成仇的事出现！而且，长子杨勇理所当然地被立为太子，居于京师之东宫。余下四子，封为王公，东、南、西、北，各据一方，以共同拱卫大隋江山！

家宴十分融洽，气氛异常热烈，兄弟们频频举杯，为父皇登基祝贺，

亦为不日之别离，互道珍重。

而此时此刻，最开心的当属独孤皇后。她沉浸于幸福中，不饮已自醉。

隋文帝开始时，亦特别高兴，但饮过儿子们前来祝福的几杯酒后，笑容渐渐收敛了许多，也不大讲笑话了。细心的太子杨勇首先察出端倪，但没吱声。

接着，坐在旁边的独孤皇后亦关切地问："咋地，圣上是哪里不舒服？还是近日太操劳了吧？"

"没事。"文帝端起酒杯，饮了一口，说，"是有点儿累。不碍，别扫了孩子们的兴。"

家宴持续到一定程度后，长兄、太子杨勇端起一杯酒，起身道："今日之家宴就到此吧。让咱举杯，敬祝父皇——万寿无疆！也祝咱之母后，身体永远康健！"

家宴结束后，杨坚留下了大儿子杨勇。

待家人陆续散去，不等文帝开口，乖巧的杨勇便道："咱知道，父皇一定是为李叔未来，而不开怀，是吧？"

杨坚点头说："是你疏忽失职，没有知会他吧？"

"咋可能呢？李叔和咱接触最多，忘了任何人，也不会忘记他的。"

"那，是不是外面的侍卫没让他进宫？"

"也不可能哩。宫里宫外，大大小小之侍卫，很少有不认识他的。尤其是近来搬家，一忽儿是您要的东西没拿进宫来，一忽儿又是母后要的东西未到堂，他一天进进出出旧家新家要跑好多趟。"

"嗯……"杨坚想了想说，"你这就去把他请来，朕有话要和他说。"

"目下？"杨勇犹豫道，"他恐怕早就睡了。等明日再说吧。"

"不成。白天要料理的事太多，这事不能再拖了。"

李顺进入临光殿杨坚的书房，已是月亮开始偏西之时。他一见杨坚，就要下跪。

"别，别！"杨坚上前，一把挽住，说，"咱还是按老规矩，私下，咱俩永远都是亲兄弟！"

李顺坐下后，说："咱早想找圣上说几句话，来过数次，即使见着了，也捞不着咱搭腔的机会。"

"是呵！所以，这晚了，咱还是要勇儿把你叫了过来。当下，比在随州做刺史，可麻烦多了。"杨坚的寒暄，亦到此打住。他随即正色道，"今日找你来，就为一件事。即，给你兑现咱往日之承诺。朕打算先赐你一个爵位。有了爵位，再给官做。你想带兵，自是驾轻就熟。不过，你能想事，肚里肠子弯弯多，处置繁杂事务，亦能井井有条。因此上，想做文官，也成。说吧，你想做个啥样的官？"

杨坚话毕，李顺半天不语，一时间，皇上的御书房里，竟了无声息。

"圣上……"李顺嗫嚅着，叫唤了一声，身子便不由自主地从椅子上"哧溜"而下，跪到了地上，眸子里竟滚出两行热泪来。

杨坚大惊，道："你是咋啦？有话，坐下，好好说嘛。"

"圣上……"李顺趴地不起，已泣不成声，"您之一片好意，李顺心领了。不过，自若水去后，您也知道，咱的心就已经死了。李顺目下最想做的，是去五台山，去那里告慰师傅在天之灵，给她老人家一个交代，也去若水坟上看看，之后，咱还想去一趟大青山，看看凡净师傅……"

"成，成！"皇上也激动起来，说，"还是你想得周到。没有师傅的教诲和护佑，亦没杨坚之今日。这样吧，你多带点钱财，多给师傅和若水、也给凡净长老烧几炷香，并给那里的寺庙捐点善款。早去早回。"

"圣上！"李顺磕了个头，说，"李顺这一去，就不想回来了。这就是您登基后，咱一直想对您说的一句话。"

"噢？"杨坚深感意外，"那你今后的日子咋过呢？"

"去哪里？将来做啥？李顺都还没想妥。圣上，您还记得咱俩的第一次见面吗？还记得那座青幽幽的大青山吗？并还记得您的出生地冯翊般若寺吗？别看那地方烧得只剩一片废墟，周围没了人烟，可自官军放过一把火后，那地方从此就再没杀戮，没有人与人之间的算计，亦没唯命是从……其实，人要谋取生存、讨生活，并不费难咧。拣蘑菇、掏野鸡蛋，在靠近水边的地方种点庄稼、种点菜，时不时地搭建和修补自己住的小窝棚就能活下去了……您一听，会觉得咱挺没出息的，是吧？其实，咱就是这么个胸无大志之人。"

文帝深深叹息了一声，说："你我相处这多年，且情同手足，你的想法，咱理解。你就是想无拘无束，对吧？"

"是咧！"李顺由衷道，"在此，李顺要向圣上作个承诺：即，李顺今后不管到哪里、做甚事，都会隐姓埋名，不提往日经历，如有违犯，愿遭雷劈！"

满以为李顺会高高兴兴接受爵位和官职的杨坚，突然感到了深深的失落。他想：心既不在此了，强留亦无益。皇上因而讪讪地道："那，你好自为之，你……你去吧……"

李顺再拜离去。

杨坚忽然觉得有股冷风，从幽深的殿里悄然袭来，使他感到一阵莫名的冷寂。

次日一早，李顺在杨家老宅自己房间的几案上，留下一大串钥匙，一张纸条。

纸条上书："支碎银五十两 李顺"。之后，便去马厩骑走了他最珍爱的亦是杨坚送他的那匹叫菊花骢的马。

李顺再拜离去。之后，在杨家老宅自己房间的几案上，留下一串钥匙、一张纸条，便去马厩骑走了他最珍爱的，亦是杨坚送他的那匹菊花骢。

第三十八回

刘昉当街卖酒居心不良
季才深宫析梦力主迁都

　　杨坚四十岁前，作为人臣，十四岁入仕，因受猜忌，一路跌跌撞撞，数次险遭不测。他想：登基后，总可扬眉吐气、遂心遂意了吧。

　　其实，亦不尽然。大隋王朝新任命的文武官员陆续就位，迎接这个新王朝的却是一场罕见春旱。整个关中地区，自去岁冬季以来，就干旱少雨少雪。加之，去岁的秋收时节，又遇尉迟迥、司马消难、王谦等人兴兵谋反，不少待收的庄稼，不是无人收割，就是直接毁于兵燹。天灾人祸，使得春荒一直波及了京师长安。

　　二十多年前，长安也是因旱，曾闹过一次粮荒。其时，因不良米商，囤积居奇，哄抬粮价，终使愤怒的市民砸铺抢粮，酿出风潮，而使当今的隋文帝仍然记忆犹新。他想：此番一定要谨慎从事，绝不能让惨剧在刚刚诞生的隋朝重演。

　　文帝于是首先对宫内皇亲和朝廷官员下达了禁酒令。因为酒是粮食酿造的，禁酒亦为节粮。与此同时，皇上还令独孤皇后在宫内监督执行，违者重罚。郭城之内亦加强了巡逻警戒，张贴了朝廷告示，严禁粮行囤粮和大涨粮价，酒店和饭庄在缺粮期间，禁止卖酒。朝廷有关官员亦想方设法，从各地向京师调粮。

　　这日，新近拜任散骑常侍兼太子左庶子、左领军、右将军的卢贲，只带一个家僮信步踯躅长安街头，目的是为散心。一月前，他刚接到一长串任职诏书时，还满心高兴，觉得当今圣上心里还是有自己的。这些职务虽不算太高，却都不离皇上和太子左右，若不信任自己，能如此吗？可前日，朝廷对苏威的一纸任命，便稀里哗啦彻底摧毁了他之前的好心情——苏威算个啥东西！不就一个酸溜溜的书生吗。而且，还是个挺会看风使舵的家伙！去年，他被召入相府才一月，就因朝政动荡，而吓得归隐山林的寺庙中。如今看到圣上坐稳了江山，他才从山中寺庙回到朝廷。起初，任命他为太子少保，与自己同在东宫共事，也就罢了。不料，不出一月，即擢升为纳言，还兼民部尚书。猛然间，就位居宰相之列，成了仅次高颎和虞庆则的重臣。此外，还有那个高颎，不就是靠和皇后娘家的那点关系，即从相府司录，一跃而为当朝第一宰相的吗。他俩的官运，就是骑上千里马也追不上哩！

　　卢贲一边生闷气，一边漫无目的地逛大街。时下，已是阳春三月，这日，是个阴天，厚厚的云层，裹挟着一股子西北风，使长安仍显几分料峭寒意。他拐过一条道口，忽见前面有家店铺支出一招徕生意之布幡，其上竟书一斗大的"酒"字。他想：是谁吃了豹子胆，竟敢在这光天化日下，大张旗鼓地于长安街上卖酒？此不是明目张胆在向朝廷示威？他于是走上前去，店铺的门面不大，但，门、墙皆清清爽爽，是新近粉刷过的；门楣一匾，上书"醉仙楼"三字。卢贲喜好交际，常入长安各大酒肆，却从未光顾过这家酒店。

　　他带着几分好奇地踏入店门，就有酒保恭恭敬敬地迎上前来打招呼："客官，请里边坐。"

　　卢贲朝后看了一眼，见家僮东张西望畏畏缩缩尾随而入，就向酒保做了个"二"的手势。接着，扫一眼店堂，不觉暗暗吃了一惊。只见刷得雪白的墙上，挂的皆是装裱得十分精致的名人字画；而堂间的桌椅，亦都是价值不菲的紫檀精工制作的。

卢贲禁不住脱口道："此店咋过去从未见过呵，是啥时开张的？"

"客官说的没错，醉仙楼开张才三日。"酒保笑着说。

"噢？"卢贲闻知，又吃一惊，竖起大拇指，道："你家老板真有胆量，是个人物！"

待卢贲和家僮刚刚坐定，就有一穿着打扮华丽、面容姣好的女子，从楼上婷婷袅袅地走至卢贲面前，颔首说："咱店主人请卢大人上楼吃酒。"

"你店主人？是老板吗？他认识咱？"卢贲一迭连声，更感诧异。

那女子亦不接话，只是躬身颔首彬彬有礼地做了个请的手势。卢贲起身上楼，见有两人从一张八仙桌前站了起来。他定睛一瞧：一人是新任华州刺史张宾，另一人则是职位不小却赋闲在家的刘昉。

"此乃真是，赶得早，不如赶得巧呐！卢大人今日咋得闲光临敝店？"刘昉站起拱手道。

"嗨，别提了。"卢贲这才幡然大悟，说："咱正纳闷是谁吃了豹子胆，竟敢违旨，在京师城内开酒店哩。"

"咱从华州回京师，也是寻不着卖酒的酒肆，才入此店的。"张宾原也是宣帝做太子时东宫中的老人。他感慨道，"没想到帝都酒肆，全变茶馆了。现如今，长安真酒肆，唯此一家，可谓独树一帜。"

"别抬举咱了。咱是逼良为娼，才做此买卖的。"刘昉耸耸肩，说，"咱目下是无官一身轻，自己总得给自己找点乐子，是不？"

三人坐定，卢贲即叫一个下人，让楼下家僮先回府去。

此三人是真正的老同僚。北周时，卢贲任司卫上士，深得武帝信任。皇上因怕太子学坏，任命卢贲为太子小宫尹。当时，刘昉、郑译和在座的张宾亦都在东宫太子身边当差，所以，他们自那时起就在一处共事。其后，太子成为宣帝，此三人再加郑译等仍为皇帝身边近臣，也是抬头不见低头见。再至宣帝重病，他们又都一致拥护杨坚辅佐小皇帝，并矫诏，使杨坚做了大丞相。因此可以说，杨坚能有今日，他们几人功不可没。可等杨坚真正做了皇上，刘昉升任柱国改封舒国公，却没了实际职务，只好在家赋闲。郑译安了个衔头更高的上

柱国身份，让他退休。张宾有职有权，却调离了京师。还在朝廷担任职务的，就剩卢贲一人。

"还是你好，能一直得到圣上信任。"三人坐定，刘昉举杯，道，"来，为卢大人干一杯，祝他福星高照，官运亨通！"

"好啥哩！"三人碰杯，皆一饮而尽，酒下肚后，卢贲方忿忿然地道，"过去，咱为大丞相抬轿子，把他捧到天子之位。目下，亦不过还是只能在旁做个侍卫官而已。当今，朝政却为高颎、苏威、李德林等几个书生把持。"

"高颎能打仗，这个，咱清楚。"张宾补充说，"不过，他究竟有多大个能耐，并一步登天做了宰相，咱就不甚了了。"

刘昉接过话头："他有个屁的本事！还不是靠独孤家的关系攀上去的。"

"对！"卢贲拊掌道，"本事，这东西，很难讲明白。你刘大人，还有张大人，没才干？曾经不都是先帝呱呱叫的谋臣嘛！不比高颎和苏威这些人强？况且，咱们的功劳，皆远比他们大呵！还有，咱听说打邺城，都是行军长史李询为韦公出的谋，可到头来，功都记在了高颎身上，这公平吗？"

"来，喝酒，喝酒！"刘昉今日言语不多，却一扫近日晦气，觉得通体畅快。

出来散心、不平则鸣的卢贲，亦找到一个极佳的发泄去处。

及至酒酣耳热之际，这三人，你一言，我一语，竟议出个罢黜高颎和苏威的奏折。而且，在此折子中更直接提出以上柱国元谐、李询和刘昉、卢贲、张宾等五人组成一个为皇上辅政的新班子。

说来也怪，自李顺走后，文帝的心就常常感到空落落的。其实，自杨坚担任大丞相以来，诸事繁多，经常留宿相府，而很少回到杨宅与管理家务的李顺谋面。即使偶尔碰到，彼此亦很少说话。可当这位手足弟兄一旦真正离去，方倍感不舍，心似空了一样。登基以来，百事缠身的皇上，处置政务时，自是心无旁骛，但每临深夜就寝，即感心绪不宁。这日夜间，就寝不久的文帝，即做一梦。他梦见：

早朝因奏议之事多，一直延续到日头偏西方结束。文帝在宦官、太监和侍卫们的簇拥下，离开议事的大德殿，上了御驾。其时，独孤皇后已在车内等候很久。按往日惯例，文帝先送独孤皇后回弘圣宫，之后，自己才回临光殿去。皇上的车驾，驶至弘圣宫门口，文帝先下车。待皇后下车后，夫妻作别，文帝正欲上车离去，却见一雍容华贵的妇人，手牵一男儿朝这边走来。文帝迟疑了一下，见那女子像是朝自己招手，就索性停在车门旁边。待那女子走到近前，杨坚才看清楚，走过来的竟是自己的女儿、已废皇太后杨丽华。她手中牵的男孩，是已废之静帝，近日重封的介国公！

女儿走到父亲面前，拽着八岁的介公，纳头就拜："已废天元皇太后和已废静帝，拜见文皇帝。"

杨坚见此，立时想起几月前，自己作为大丞相，跪在皇太后杨丽华面前的情形。真可谓是此一时彼一时呵！他随即对她道："汝有何事，起来讲吧。"

"不必了。"杨丽华执拗地跪在地上，秀丽的眸子里闪烁着两团仇恨的目光。"奴婢想说的只是，这大好江山和后宫的所有殿宇，原本都是咱宇文家的。但目下，却只让咱孤儿寡母住了两爿狭窄小舍。即便如此，咱也都忍了，认了。可陛下为啥还要派禁卫军分别监视咱娘俩？连介公的姑奶奶要来见一面，都不让！"

"丽华，你反了！"正当杨坚被问得无言以对时，只听独孤皇后大喝一声，迅即从一名侍卫腰间拔出一柄利剑，就朝跪地母子砍去……

杨坚一声惊叫，用手去拦——待他冷汗淋漓地翻身坐起时，方知自己刚才做了个噩梦！

此时，在外间值勤的太监和侍卫闻声赶进房来。皇上只好掩饰说，口渴了，想喝水。待太监把水端来，他喝了一口，才又睡下。

次日，天刚见亮，独孤夫人就乘坐皇后车辇，从弘圣宫来到皇上的寝宫临光殿门口，再换乘文帝御驾，陪同皇上去上早朝。文帝进入文武百官议事的大德殿，皇后则在门厅等候，直至散朝，再陪丈夫一同回各自的寝殿。

一开始，对皇后的陪同，有的大臣私下颇有微词。可时间一长，也就司空见惯了。

这日，文帝上车后，便心有余悸地把昨晚所做的梦，一五一十地告诉了夫人。下朝后，独孤夫人没立即回弘圣宫，而是与圣上一同回到临光殿，把庾季才召来，听其析梦。

庾季才待文帝把昨晚所做的梦说完，未立即作答，而是用他那花白长寿眉下的一双眸子，莫测高深地扫视着这间宽敞高大的客厅。厅内梁柱都很粗大，榫接得亦很牢固；朱红之底漆上，盘着一条条凸显之金龙，名副其实的雕梁画栋；厅与天井相连接，之间用一扇扇镂空的木门相隔，每扇门的上沿和下沿，都刻着极细腻的山水人物、花鸟鱼虫。然而，宏大富丽的厅内，按主人一贯的俭朴作风，陈设却十分简单。

坐观良久之后，庾季才竟仰视着客厅藻井，出人意料地从口中冒出一句："此乃阴宅。若想不做噩梦，唯其搬家一途！"

"奴婢也正是这么想的！"独孤皇后快人快语，笑问道，"若以先生之见，宫内，哪座宫殿的风水最好？"

"都不好。臣下以为，这宫城里，已无一座宜居之殿。圣上不要光看宫殿的外表都还光鲜亮丽、典雅庄严，那皆是障人眼目的。请圣上和皇后娘娘默一默，只数宫内近几十年发生过的事，看还有没有一座宫殿是没死过人的。更别说，此间的宫殿，少则百十年，多则已有数百年，哪有一间屋里不曾是刀光剑影，喋血连连，阴气逼人的？"

"如此说来，先生要朕搬往何处？"文帝面显不悦地问。

"魏、晋以来，万岁爷的江山都不能久长。更堪忧的是，一个一个都还做不到寿终正寝。为啥会此样呢？皆为古宅阴气一年重似一年！而今，改朝换代了，亦应考虑把京师也挪一挪，方能使江山稳固久长！"

"噢?"文帝注目以视，竟没了言语。

"噢?"庾季才望着惊愕的皇上，问，"圣上以为季才是在故作危言?"

"哪里，哪里。"文帝忙道，"先生之言，虽有道理。只是，如果只造一座宫殿，也就罢了。若在当下，要再造一座都城，让京师的官民来个大搬迁，则谈何容易。公想想，那要征集多少民役和资财。朕正想让百姓和官兵养精蓄锐一些时日，再举全国之力，办件大事哩！"

"何谓大事？依臣下之见，当务之急是迁都。先避邪气——时来运转之后，才能作其他考虑。"

"先生所言极是！"独孤皇后不假思索道，"先建新都，图个吉利。别事，来日方长，皆可从长计议。"

文帝对庾季才一向都是言听计从，可此次则不以为然地说："能不能先把江山底气聚攒得更足些，使家和国都更富裕点，再考虑迁都事?"

"那自然也行。"庾季才附和说。

本来是气候宜人，正好睡觉的春夜，可文帝就是无法安寝。他夜里批阅奏章、议案，睡的本来就晚。可一躺下，正要入睡，却分明听见有小孩嘤嘤啼哭。他把两耳没入被中，可那扰人之声，锥心刺骨，更是不绝于耳。于是索性坐起，张耳细听，四壁却万籁俱寂，了无声息，又只好躺下。可刚一合眼，小孩之嘤嘤哭声，则更瘆人！就这样，他翻来覆去，在龙榻上折腾了一夜。

次日一早，坐在上朝的车里，独孤夫人见丈夫没精打采的样子，就问："圣上哪里不舒服呐?"

"没啥。"这"没啥"二字，是文帝的口头禅。有时，口说没啥，其实，还是有点什么的。文帝终于说，"昨夜没睡好。一闭眼，老听有个小孩在哭。但睁开眼，却又啥声音都没了。你说怪不怪?"

"阴宅——庾大人说得不错。"独孤皇后道，"圣上今夜就到奴婢的弘圣宫来住吧，咱那儿还好。"

"算了。"文帝想了一会儿，说，"咱那案上放的东西又杂又多，搬来搬去弄乱了，很麻烦。"

"那咱今夜就到圣上这边来，倒想见识见识临光殿里的孤魂野鬼。"

"行。你今晚就来试试吧。"说话间，皇上乘坐的御辇，已停在了上朝的大殿门前。

文帝勤政，有口皆碑，常为文武大臣所称道。他上朝，往往都比臣下来得早。散朝后，还要与有关方面的大臣，商量处置一些急务。有时，拖的时辰长了，还和大臣们一道就在朝堂用膳。

这日，朝议一开，就立即呈现出紧张气氛。以心直口快著称的治书侍御史梁毗首先上奏，状告刘昉。

他义愤填膺地道："刘昉地位是公爵，为品级最高的官员，享受那么丰厚的俸禄，非但不能以身作则，还乘京师饥馑、朝廷颁布禁酒令时，开店卖酒。这种官员，若不绳之以法，怎能止住歪风？"

"刘大人卖酒事，朕已知晓。"文帝立即做出回应，"正如梁毗所言，他享丰厚俸禄，不愁吃喝。朕看，刘昉开酒店，并非为利，实则是冲着朕来的。朕只给了他爵位，而没安排他主事，他不满意，才以此对朕发泄不满！其实，朕哪会存心与他过不去，只是给了他主事的权力，他会用心去使用吗？他做官，如果只是为了恣意妄为，朕敢用他？朕可不想做那荒淫无道，短命之君咧！"

"刘昉乃是有恃无恐、知法犯法，说重点，是有意犯上作乱，总不能就不闻不问吧？"内史监兼吏部尚书虞庆则是管官之官，他出班奏道。

"今日既说开了，暂且就将此人作个特例吧。"文帝不想让曾在关键时刻帮过自己的刘昉因与自己赌气而获罪。于是，说，"朕听人说，刘昉的酒店，内里挂的全是名人字画，摆设也极尽奢华，卖的还是名酒。时下，一般庶民连填饱肚皮都成问题，还能光顾那么奢靡的酒店？朕今日正好藉此机会，有言在先：刘昉已是过气官吏，朕放他一马；但只要发现在职官员于春荒之际，有饮酒者，立马严惩不贷！"

此议便由此打住。

接着，纳言苏威奏议说："长安自西汉于此建都始，迄今，已近八百年。其间，几经战乱，虽经修茸、改建，终因地处狭小，已不宜做当今的都城；加之，饮水也已咸涩，不宜饮用。愿陛下顺万民之心，为迁徙之计。"

对此，李德林则当廷提出异议。他说："纳言之言，貌似有理，却思之不周。当下，北、南邻邦，对我皆虎视眈眈。外患未去，即大兴土木，将大量人力物力投入迁都，殊为不妥。"

文帝刚刚听完苏威的建议，想到昨夜妖异之哭声搅得自己难以安寝，又想起庾季才的建议，对迁都事，已然心动。但，紧接着李德林的一番言语，又深深切入自己的心坎——与其把偌大一笔钱财和人力投入到迁都上，还不如举全国之力，一鼓作气，平灭陈朝！这样，不仅一劳永逸地解除了南方之患，还完成了一统江山之大业！

想到此处，文帝把头抬起，用征询的目光望着高颎："高仆射，对于迁都一事，卿有何高见？"

"咱看迁都之事，还是先缓缓吧。"高颎不紧不慢地道，"国家康泰了，迁都亦水到渠成。"

"好。迁都之事，就暂且放放吧。待国泰民安之日，朕一定还诸公还有长安百姓一个新都城。"

文帝一锤定音。

早朝散后，文帝把高颎留了下来，并对他道："卿与朕，今日又想到一处了。朕在心里默了一下，当下如若立马发兵取陈，有唐突之嫌，但此要作咱立国的第一要务。就目下的情形看，咱对陈即使不攻不取，也要及早做好准备。况且，咱不攻他，他还时不时要发兵来犯哩。"

"就是。"高颎说，"叛贼司马消难率军投奔陈国，不仅受到陈国君主的特别礼遇，还蓄意给叛贼封了个随国公，以藐视圣上，并勉励他反隋。司马消难近日还传话过来，要收复他原先控制的江北失地！"

"哼，这个败类！所以说，当今就要早作预防，尤要选好将来用作平陈的将领，以使他们从即日起，就琢磨这件大事，而不至临阵磨枪。不过，令朕忧心的是，前辈领军人物中，如韦公，邺城一战打下来，眨眼就不在人世了；太师李穆，已老态龙钟；梁士彦、宇文忻都有领军之才，可都居心难测，不敢委以大任呢。"

"圣上不必担忧。以臣下之见，杨素连经几场硬仗，胆识、谋略已不输当年的韦公。"

"此人，朕也看到了！"文帝赞同道，"可光一个杨素，还不够呢。况且，朕已考虑让他辅佐晋王杨广。当然，到伐陈之时，他们也都是要带兵南下的。"

"为此，臣下还可向圣上推荐二人，不知是否能入圣上法眼？"

"谁呵？既是领军人物，不仅要能治军，亦要有点文墨和韬略，方成。因为，他还是一方诸侯，要管好几个州府哩。"

"圣上以为韩擒虎如何？"

文帝"嗯"了一声，没立即表态，又问，"还有一位呢？"

"臣以为贺若弼亦是一位将才。此二人都有与陈军交锋的经历，且都有勇有谋。出则可带兵打仗，入则能作一个地方官吏。若将其安置在与陈朝对峙的边境地区，应该是比较合适的。"

其实，文帝对本朝年富力强的将领，也都还是有点谱的。

韩擒虎，河南东垣人氏，人如其名，生得勇武威猛，又性好读书，经史百家皆略知要旨。尉迟迥发难之际，陈军乘虚频频侵扰江北，擒虎每每挫其锋锐。

贺若弼，乃河南洛阳人，年少即胸怀大志，骁勇娴熟弓马，广泛阅读图书册记，下笔能写文章。他曾随韦公进击陈国，攻取城池数十座。尉迟迥作乱时，贺若弼担任寿州刺史，杨坚怕他受到尉迟迥的诱惑而反叛，曾派长孙平驾驿车去寿州接替了他。

"此二人之能力，不消说了。只是不知他们为人如何？"文帝想了想，反问高颎。

高颎知道，文帝是担心二人是否怀有二心。于是说："当初，尉迟迥作乱，据说蜀公确曾派人分别游说过他俩。但，韩擒虎非但没有反叛，还率军打退了陈军对边境之滋扰。对贺若弼，我们曾一度不放心，派长孙平去接替他，他则平静地接受了，至今，亦未见他有不满朝廷之表现。"

"卿之提醒极是。这样的人，若长久闲置不用，不仅是浪费，更是罪过。"文帝思索了一下，说，"卿马上知会吏部，任命韩擒虎为卢州（今湖南花垣、泸溪县一带）总管，另任贺若弼为吴州（今扬州）总管。此样，既解了朕无人可用的忧虑，而且，他们得到信任，如有好的表现，日后可堪大用。"

待文帝在太监和侍卫的簇拥下，走出殿门，独孤皇后已等得有点烦躁不安了。

他们先后上车，独孤后即问："早朝早散了，圣上咋才出来？"

"朕和渤海公（高颎）商议了一些别事。"

"哼！这个高颎也是，竟把苏威的建议搅黄了。"

"噢？苏威议案是卿给他出的点子？"皇上突然醒悟，"怪道呢，前日刚与庾季才提及的事，今日就成了苏威之议案，朕还以为是不谋而合呢。"

"那都就不迁啦？"

"卿以为迁个都很容易？那可不是盖一栋或几座房子，而是要建造一座新城！还是仆射和德林公考虑得周到些。"

帝后说话间，已至弘圣宫门前。

"早饿了吧？"独孤夫人下车时说，"圣上要不要就在弘圣宫用了膳再回临光殿去？"

文帝想了一下，说："也行。"说着，也跟着下了车。

皇帝和皇后对于膳食一向都很简单，更何况当下京师正闹饥荒。食桌上也就几个菜，更遑论饮酒了。文帝随便吃了几口饭菜，就上车回临光殿去了。

待文帝在临光殿下车时，就有宦官前来报告说："上柱国李询大人已等候圣上很久了。"

宦官禀报时，李询已跪在了皇上的车驾前。

"大将军，请起。"文帝驱前几步，关切地道，"卿，啥时辰过来的？"

"下朝后，臣下就直接过来了。"

"哦……害卿久等了。"

这个李询即是李穆的侄子。韦孝宽征讨尉迟迥时，他为行军元帅帐前行军长史。其时，大丞相杨坚收到从前线发来的密信，就是李询所写。周武帝建德三年，卫王宇文直趁武帝不在宫内，焚肃章门，欲杀入宫中。正是乐运与李询急中生智，在宫中命人搬来家具，投放燃烧的肃章门口，使火燃得更大更久，至造反的卫王和贼兵不得入宫，直至援兵赶到，终使卫王落荒逃跑。

"卿，定是有急，不然，不至如此久等。"文帝把李询引至自己的书房，方开口道。

"就是呢。"李询一时忘了君臣礼节，不等文帝赐坐，脱口就道，"昨夜，卢贲大人到了臣下的府上，说是受刘昉大人所托来的。他们经过商议，说近日即要向圣上上书，恳请圣上罢黜高颎和苏威，以刘昉、元谐、李询、卢贲、张宾等五人辅政。臣下当即拒绝了，并觉此事不妥，特来禀告。"

"呵？"文帝的脸倏地变得无比愠怒。

第三十九回

阴宅闻哭圣上心绪难安
大驾巡幸文帝耀武扬威

听罢李询之语，文帝大为惊诧。已被疏远、没给实职的刘昉忌恨自己还可理解的话，那么，卢贲和张宾都按能力，给了恰当职务，而与自己往来密切、口碑也不错的元谐，亦上了刘昉贼船，跟着起哄，使文帝实难理解。而且，他们都要与高颎、苏威、李德林等，一较长短，就更显得太没自知之明了。

元谐和刘昉、郑译一样，都是文帝自幼同窗学友。他为人豪爽侠义，鄙夷拉帮结派，曾因看不惯刘昉、郑译的阿谀谄媚，并误认杨坚也与他们同流合污，而一度与杨坚拉远了距离。后来看清杨坚与刘昉并不是一路人，才又和他亲近。

杨坚出任大丞相时，形势一度十分严峻，元谐曾关切地叮嘱杨坚："你没同党和外援，好似立于水中岌岌可危的一堵墙，你要处处小心呵！"

尉迟迥作乱期间，元谐在小乡一带与叛军作战，打得坚决漂亮，大获全胜。杨坚接受禅让后，元谐晋升为上大将军。

仅在几日前，文帝还亲自点名，让元谐参与苏威领衔的法律修订事宜。可没想到，一夜之间，他竟突然倒向刘昉，企图要挟主上，废黜高颎和苏威。此举，不就是要拆新生大隋王朝的台吗！

李询在文帝的书房里，仍然站立一旁。皇上则反剪双手，在房中踱步。他忽然收住脚，对李询说："卿去把元谐叫来，朕要亲自问问他，看他葫芦里到底装的是啥药？"

李询领命欲出，文帝又道："汝不要向他过话，只说朕有事找他。"

李询走后，文帝心绪不宁，摊在几案上急于处置的批件，一件都看不进去。幸好，没等多久，李询就领着元谐进来了。他俩在皇上面前跪下后，文帝只叫李询起身，并命他坐在书案旁边的椅子上。

其时，文帝坐在书案之后，仍是一脸怒气。他开口便问："元谐，汝知朕今日叫卿来，是为啥？"

"臣不知。"元谐跪着回答。

"卿难道想不到？"

"臣在路上曾问李大人，他不肯告诉臣下。"元谐摇头，说，"臣愚笨，猜不出咧！"

"汝愚笨？是在故意装蒜吧。"

"臣岂敢。"

"……"文帝原本以为，不出三句，鲠直的元谐就会一五一十，如实招供的。未曾想，他不但不招，自己却反而没得问的了。

文帝踌躇片刻，只好直接把刘昉点了出来："朕问汝，卿是啥时候遇见刘昉的？"

"刘大人？"元谐想了想，说，"他被免职回家，臣下就没见到过他。"

"噢？"文帝看了一眼身旁的李询，又问，"那，汝见卢贲大人，是在啥时候？"

"上朝时，能经常见到。"

"他对卿说过啥话？"

"互相从未说过话。"元谐解释说，"上朝时节，一般都没说话机会。面对面了，也只是拱手、点头而已。"

"来人！"文帝忍无可忍，拍案而起。

霎时间，外间进来几名侍卫。文帝用激动得发抖的手，指着跪在地上的元谐，吩咐侍卫道，"将元大人请入后室，看起来！"

"真是伴君如伴虎咧！"元谐想。他站起来，看看文帝已气得变形的脸，又看看大惊失色的李询。而他自己，却反而出奇地平静。他真不明白自己到底犯了哪条王法，竟触怒了龙颜。

元谐被侍卫带走后，文帝余怒未息，叫来两名太监，让太监把李询带入另一房间。然后，再着人传卢贲过来。

在临光殿的大厅里，卢贲一到，即跪地和盘交代了在醉仙楼与刘昉、张宾密谋之事。继而。他又讲了当夜去会李询，被李询拒绝。

"你们一共不是五人吗？还有一位呢？咋地遮遮掩掩不说了？"文帝怒目而视问卢贲。

"原先议到参与辅政的，还有一位元大人。"卢贲回答说，"因臣下首先在李大人家碰了钉子，就没再去元大人府上了。"

"为啥？"

"臣下以往与元大人的交情并不深，原是指望李大人同意后，再与李大人一道去拜访元大人的。没想到，李大人自己都没同意，事情也就进行不下去，原先的打算，亦这么暂时搁置了。"

自此，文帝方明白，元谐对这件事根本一无所知。可他仍心有不甘地问："朕问汝，是谁提出请元大人和李大人参与辅政的？"

"是刘大人先提的。刘大人说，光我等三人，皇上恐不会答应。元大人和李大人办差打仗都行，且受圣上赏识，把此二人加在一起，就不愁超不过高颍和苏威，圣上方有可能同意我等辅政建议。"

"哼，这个刘昉也真会挖空心思！他又想揽权，又不想认真办差，还要把别人拉扯进去代他做事。"文帝鄙夷地摇头说，"李询和元谐皆是有自知之明的人，他们咋会跟随你们起哄。你们三个，则是连起码的自知之明皆无！就凭你们这德行，能辅政？能担当治国大任吗！你们曾有恩于朕，朕并未相忘。不然，卿等能有今日的荣华富贵？可人心不能不知足咧！至于，国之宰相，朝廷之辅臣，不是汝想做，就能做的。刘昉、郑译做过宣帝的辅臣，结果如何？你们几个仍想如往日那样，既作威作福，又不干正经事，若把朕也辅佐得没了，把大隋江山玩没了，你们自己还能安享太平，还会有好果子吃吗！"

"圣上，臣……臣错了。"卢贲知道大祸临头，磕头乞怜。

"卿，好自为之吧。"文帝挥了一下手，又说，"汝转告刘昉，在这方面，叫他学学郑译，今后说话做事都须收敛点。"

卢贲离去，文帝觉得特别累。但仍强打精神，在太监的引领下，先去看了李询。接着又与李询一道，去看被侍卫看管的元谐，并向元谐说明原委和致歉。

文帝随即在临光殿设宴。席上，君臣三人，各怀心事。因文帝下达的禁酒令尚未解除，三人共进了没有酒的晚宴。由此，君臣间的误会，得以化解。但显然，已没了往日的亲近。

宴毕，文帝送走元谐和李询，独孤皇后接踵进了临光殿。刚刚拿起朱笔正欲批阅表章的文帝，问："皇后今夜咋这早就过来了？"

"有点事儿要对陛下说。"独孤皇后把手中的东西放下，说，"圣上忙碌了一整日，事总是做不完的，今日也早点消停消停吧。"

"行。"白天发生的事，虽然很快就得以澄清，可还是难使文帝释怀，并集中精力去处置一些棘手事。他特别难以理解的是，有些过去曾冒风险支持自己的近臣，有的晋升了官职，有的获得了荣誉和财富，但却仍不满足，或在背地发泄不满，甚至诋毁、要挟天子。

独孤皇后一到临光殿，文帝身边的太监也随之忙碌起来。他们按皇后吩咐，打来一桶热水和一桶凉水，先把热水倒入盆中，掺点凉水，调试好水温后，由另两位太监为皇上脱去靴和袜，最后，才由皇后本人亲自为圣上洗脚。

文帝躺在一张宽大的椅子上，双目微闭，任由夫人在水中搓揉他的双足。他渐渐觉得，随着温水的浸泡和夫人的搓揉，那足底之气血慢慢涌遍全身，使他立即觉得通体舒畅。于是，原先的疲乏、烦恼和不宁之心绪，亦都缓缓消融得无影无踪了……

独孤皇后柔软的双手，仍在文帝的足上不停地按一定顺序按摩着，忽然，她不经意地开口说："今下午，阿三夫妇到弘圣宫来见了咱，带了一些老山参，说是当年武帝常用的。"

"噢？"文帝微微睁开眼睛，问，"他们一定是有啥事吧？"

独孤皇后说到的阿三，是文帝同父异母弟弟杨瓒，他在弟兄中排第三。文帝在家中，也一直称他阿三。杨瓒之妻是武帝的妹妹，美丽的顺阳公主。而她与独孤夫人过往则一直不睦。

"阿三，绕来绕去，吞吞吐吐，后来，咱听明白了，他是抱怨圣上没给他安个有职有权的位子。"

"放屁！"文帝的脸涨得通红——又是一个伸手要权的！刚才逐渐转好的心情，顷刻便一扫而空。他倏地坐起，双脚蹬到盆底，溅了独孤皇后一身一脸的洗脚水。

"嘿，圣上文雅点好不好！"独孤后先用衣袖揩了一把自己的脸，再拿来一块布巾，为文帝揩脚，让他趿上鞋，并让太监把盆子端走。

文帝余怒未息，在房间踱步："你和阿三说了没？当下还有大批前朝官员都还没有得到任命。朕一登基，就给了他一个显贵的滕王位子，他还不领情，嫌不够？未必要朕给他个宰相不成？"

"陛下说对了，阿三就是那意思。"

"无耻至极！"文帝愠怒道，"就凭他那优柔寡断、脚踩两只船的心性，朕能放心让他做宰相？他能一心一意辅佐朕？"

"事情还未完嘞。"独孤夫人说，"咱给阿三解释说，反正都是自家人，有啥安排得不妥的，暂且包涵点。目下，里里外外，千头万绪，待理清了头绪，有啥想法，再向圣上提。你猜，那个宇文家的怎么着？她竟像个泼妇，突然大闹起来。说啥，我们是站着说话不腰痛，这整个江山原本就是她宇文家的，被我们硬生生地占夺了，只扔给他们一顶看似光鲜，却不管用的空帽儿。"

"放肆！"文帝气得全身发抖，他就怕人揭他的皇位是篡夺来的，"她以为她还是皇家公主？"

独孤皇后见文帝动了真怒，又特别心疼起丈夫来。于是，马上转圜说：

"唉，算了，算了！圣上为一个过气公主生恁大气，犯不着。"

"哼！"文帝不依不饶地说，"阿三的小九九，朕还不清楚？他生朕的气，却把公主推出来咬人！"

独孤氏赶紧转移话题，文帝方渐渐息怒。

一夜无话。文帝一觉醒来，夫人已起身离床，他翻身坐起，只觉浑身乏力。此时，独孤夫人已洗漱罢，见陛下已醒，就赶紧来到床前侍候文帝穿衣。每与丈夫共寝，总是由皇后亲自侍候皇上起居与盥洗。而不管天气怎么炎热，皇帝上朝的每件行头，都还是要穿戴到堂的。

独孤氏一边为文帝穿衣，一边问："圣上昨夜睡得咋样？"

"妖异之哭声算是没听到了，可就是老做怪梦，难以安神。"

"唉——"独孤氏自言自语地叹了一声，"此宫中旮旮旯旯发生的事太多，不搬出去，圣上恐与前朝永远都脱不了干系。"

"朕知道。不过，搬迁事，还是放放再说吧。"

文帝穿戴盥洗罢，夫妻简单吃了点东西，就双双同去朝堂。朝廷上，刘昉、卢贲、张宾图谋倒阁事，已传得尽人皆知，并引起公愤，纷纷要求将卢贲和张宾处以死罪，把刘昉贬为庶人。

议事间，忽有新任鸿胪卿禀报说："兹有陈国宣帝遣散骑常侍韦鼎、兼通直散骑常侍王瑳前来问候周静帝。"

左仆射高颍立即道："公未对他们说，周已不复存在？本朝现今已改元为隋，当政者是隋文帝。"

"臣下已反复解释过了，但陈国的两位使者就是不依，他们只说自己是奉陈宣帝之旨，来朝见北周周静帝的。他们按旨行事，只认静帝。周改元为隋的事，他们回去后，会向陈宣帝禀报的。"

"行。"文帝尽管不悦，却还是说，"既如此，就让他们去别馆会见介公吧。"

下朝后，文帝将内史令李德林、内史监兼吏部尚书虞庆则、都官尚书元晖留了下来。亦未等其三人开口，就令李德林亲拟两份诏令。一是，免去卢贲、张宾的一切官职，贬为庶人；二是，命滕王杨瓒废黜王妃宇文氏。

从此二份诏令中，亦可洞悉文帝用心。他对昔日曾帮过自己的同僚，还是手下留了一份情的；而对宇文家中人，哪怕是自己的弟媳，亦无丝毫情义可言。

二事交代完毕，文帝与三位大臣打过招呼，起身离去。独孤皇后仍一如既往，等候在朝堂之外。

文帝上车后，皇后即道："圣上也是，对那两个不识时务的陈朝使者，也太宽容。他们既不肯朝见当今大隋皇上，就该立即将其驱逐了事，却还要让他们去见那已过气的介公，这又何必呢。"

文帝说："此叫小不忍则乱大谋。当下，我朝还没到得罪陈朝的那一刻，就不要为一点小事节外生枝，而使两国关系过于紧张。"

"不过，那两个獐头鼠目的家伙，也实在可恶。"

文帝没对皇后之语再作回应，心里却有同感。而尤其是近来发生的几件事，都有一个共同处。即，藐视当朝皇上威权。刘昉、卢贲以功臣自居，以为凭上书就可轻而易举废黜高颎和苏威，而使自己取而代之；杨瓒是皇弟，没给他有职有权的高官，亦可唆使妻子到皇后处辱骂皇帝；而两位陈国使者，其目中更是无视当今皇上，更无视新立的大隋王朝。

当夜，杨瓒来到临光殿里，跪在兄长——大隋王朝皇帝的脚前，痛哭流涕，请求宽恕王妃的罪过。

文帝岂肯应允。他说："阿三呀，有件事，汝须明白。当下，已不能像以往那样，兄弟间，意见不合，可相互争得面红耳赤，甚至可以打架动粗。时至今日，彼此互为君臣，不然，朕以何服众？此次，汝不仅没有管束住王妃，更恣意纵其辱骂帝、后，乃大不敬。朕没将汝等处死，就已讲了情面。汝还要朕咋做，才算是宽恕呢？"

"弟……不，"杨瓒一开口，仍以兄弟相称，意识到不对，立马改口，道，"恕臣是第一次犯过，躬请圣上就饶了不懂事的王妃这一次吧。亦看在她逝去的兄长的面子上。"

杨瓒最后一语，竟深深地触碰到了文帝的心坎儿上。

当初，宇文家里的一些王爷，如，卫王宇文直、齐王宇文宪，还有武帝身边的一干近臣，如，王轨和宇文孝伯等，都认为杨坚有篡夺皇位的野心，力主将他尽早斩除。只有武帝一人，力排众议，认为杨坚有才干，使其不但没有受到诛杀，还得到武帝的重用和保护。可以说，如果没有武帝宇文邕，也不会有杨坚的今日。知恩，能不回报吗？

"好吧。今日就看在武帝在天之灵的面子上，且饶恕其妹之过。"

"谢皇恩。"杨瓒磕了个头，起身欲走。

文帝一指身旁一张椅子说："阿三，你过来坐坐。"

"圣上还有事吗？"杨瓒在指定的一把椅子上坐下，反倒显得不安起来。

"卿与朕，毕竟是兄弟，此血脉之缘，是无论如何都割舍不掉的。有句话，亦须向卿讲明白。"文帝约略停顿了一下，说，"此次之事，表面看来，发生在王妃身上，责罚的，也自然是王妃。不过，若往里瞧呢，追根溯源，根子还在你滕王的身上呐！"

"……"滕王杨瓒顿时像被点了穴似的，目瞪口呆地坐在椅子上，竟不能动弹了。

"卿不要惊慌，只需听朕说明就是。朕并不想寻隙给汝治罪。"文帝缓缓道来，"说来说去，王妃出口伤人，就是因给你的官，有职无权，对不对？那你可拿朕的几个儿子比比嘛。年幼的，和卿一样，也只给一个王位。成年了的，如广儿，确是有职有权，可他在并州镇守边关，随时随地皆有性命危险。换卿，卿去不去？卿安坐京师，养尊处优，有啥不好呐！目下，朝内朝外，百废待兴，几位重臣都在忙于制定朝政朝纲，重修律法，那都是殚精竭虑之事，且不是汝之所长，卿硬掺和进去，又有什么好处？"

"圣上言之有理。"杨瓒表态道，"臣——知道了，知足了。"

"知足就好。"文帝起身，拉着杨瓒的手，一直将他送到大门外的丹墀处。

杨瓒迈下丹墀，才感到全身如释重负。当他走入树下阴暗处时，终于忍不住"呸"地朝地上吐了口浓痰，呼了口浊气，再回头看了一眼月光下流光溢彩的临光殿，心里想：真个是，一朝权在手，就颐指气使了哩！可还不知道，这位子能坐几时——他这么想时，又朝地上"呸"了一口！

次日，处事一向低调的隋文帝，在早朝议事行将结束时，由礼部尚书韦世康向文武官员宣布了一个决定：大隋文皇帝，不日将要出巡岐州。

此时，新任大司徒王谊出班笑着奏曰："臣下不知圣上为何突发此雅兴。陛下刚刚君临天下，皇天后土，久经战乱，人心尚未安定，何必兴师动众急着就外出作此巡视呢？"

王谊与文帝，年轻始，就是志趣相投的同僚；而今，文帝的第五个女儿又嫁给了王谊的儿子，更成了亲家。

所以，文帝亦风趣地道："过去，朕与卿之间的地位、声望都相差不多，目下，卿等皆屈膝为臣了，只怕你们之中，有人尚不习惯、尚不甘心。因此，朕此次巡幸岐州，要带全副仪仗，目的是为耀武扬威，收复人心，以使文武百官和天下百姓，对大隋王朝之君主，皆心悦诚服。"

"好！圣上原是为树威仪，应该，应该！"王谊躬身颔首道，"臣在此，预祝陛下，一路顺风，万寿无疆。"

于是，满朝文武皆齐声称颂："臣等，预祝陛下，一路顺风，万寿无疆！"

通直散骑常侍庾季才专为文帝挑选了一个出巡吉日。

这是开皇元年仲夏五月的一个清晨，太阳尚未露脸，东方之天际，飘着五色祥瑞云霓。突然，一阵嘹亮、激越、往日只能在战场听到的号角声，划破古老宫城的长空。随之，沉雷般的锣声响起，十二面金锣，由二十四名身着金色铠甲的士卒扛抬，行进在遮天蔽日的旗幡下；他们步伐整齐，用包裹布帛的硕大锣锤有节奏地敲击着锣芯，为大隋皇帝的首次巡幸，鸣锣开道。

于是，那威武之队列，便浩浩荡荡从宫城迈出南门，来到长安城正中最宽最长的朱雀大街上。

春荒以来，长安城采取了平抑物价、积极调粮、稳定治安等诸多措施，

已使城内百姓安然渡过粮荒。此刻，全城已是万人空巷，得到安居乐业保障的庶民，皆涌到朱雀大街两侧，欲一睹大隋皇上之风采。

文帝乘坐的是一辆专为跑远路、驾六匹黄色骏马的象辂车。车以黄色为底，各部件之末端，皆镶嵌着象牙装饰物；车的左前竖立旌旗，右前竖立长戟；车的正前下方，设有蔽尘席；象辂车的顶盖是圆形的，车厢是方形的，象征天圆地方。善解民意的文帝，早已命人拆去了双层车厢的厢板，以让万民都能一睹天子尊容。

此刻，身材魁梧、仪表堂堂、正处不惑之龄、神采奕奕的隋文帝，端坐于象辂车上。他头戴冠冕，下垂白珠十二旒，用丝带做冠缨，颜色与绶带相同，耳旁有橘子大小的黄色棉球和玉簪。皇上冠冕下垂的前后白珠十二旒，是用以提醒帝王目不斜视，秉公处事；棉球和玉簪作的耳塞，则是警示帝王不要偏听谗言。文帝所穿衮服，上衣为玄色，下裳为纁色。上衣画有山、龙、雉、火、虎蜼五种图案；下裳画有藻、粉米、黼、黻四种图案。上衣重复画虎蜼图案，下裳重复画黼和黻图案，共制成十二种款式的图形。

今日，隋文帝出巡岐州，特别排列了大驾仪仗。在前面作导引的，由二十四人持戟的马队组成，之后是二十四人组成的鸣锣开道队伍。接着，左边竖立青龙幢，右边竖立白虎幢，罕旗、毕旗各一杆，涂金短矛二十四柄，金饰符节十二道，伞盖绘画虎形，还有绛色引幡，朱色幢，作为持钺者的前队，由大都督二人统领。文帝车驾两侧，有领左大将军、右大将军二人。左右直寝、左右直斋、左右直后、千牛备身、左右备身等，紧紧地侍奉在左右和车后。左右卫大将军、左右直阁将军、以次左右卫将军，分别接受仪刀，分为十二行。里面四行叫亲卫，每行分别由大都督主管。中间四行叫勋卫，由帅都督主管。最外面四行叫翊卫，由都督主管。每行各二人手持以金花为饰的狮子盾、猿刀，共一百四十人，分列左右，佩带横刀……

隋文帝所到之处，万民皆顶礼膜拜，山呼万岁，盛况空前。

端坐象辂车中的文帝，左手习惯地握着腰间的剑柄，右手举起，向欢呼的人群挥手致意。他神态安详，心却已醉——他朝思暮想的至高无上，今日不仅得以实现，并真真切切感受到了！

文帝的仪仗队过后，紧随其后的是皇太子勇自成体系、规模略小的仪仗队伍。再后，依官员职位品序排列，前呼后拥者，共有数百辆车，万余军队。

当走在前列的文帝仪仗出长安城已有二十余里时，殿后的队伍还依然在城内纹丝未动。

至此，中国史上一个新的王朝——大隋王朝便这样迈入了新的里程！

第四十回

卧榻之侧岂容他人鼾睡
龙首山下谋划宏伟新都

隋文帝巡幸岐州回到京师的第三日，古都长安出了一件大事。

这日一早，朱娘娘依往日的习惯，亲自侍候八岁的儿子介公起床，并与儿子一起用过早膳。接着，她仍循例，命府内宦官备轿，要去离京师五里的大兴善寺进香拜佛。

开皇元年的二月十三日，静帝把皇位禅让给了大丞相杨坚，自己做了隋朝皇帝的亲戚，大隋皇上则封逊位之静帝宇文阐为介国公，并让他从宫内搬至宫城外的介公府。与此同时，介公的生母朱满月，亦取消了帝太后的身份，但仍允其随自己的亲生儿子介公一起过日子。失去名分的她，被府里下人称作朱娘娘。而其本人，对这样的身份与待遇，不但不以为意，反而十分满足。

朱娘娘坐入轿中，只带两名丫环跟随。她每过六日就要去一次佛寺，今日正好是入寺进香的日子。

朱娘娘要去的大兴善寺，原先叫陟岵寺，是北周明帝宇文毓为纪念含冤而逝的岳父独孤信而建的。明帝之妻是独孤信的大女儿，杨坚之妻独孤伽罗则是独孤信的小女儿。大象二年（公元580年），杨坚做了大丞相，为纪念自己的岳丈，遂命人将陟岵寺拆去，搬迁、扩建成国家级的大寺院，并更名为大兴善寺。该寺有印度僧人连提黎耶舍等,住寺翻译佛经,并传授密宗。宣帝去世后,陈皇后、元皇后和尉迟皇后,先后遁入该寺,削发为尼。每次朱娘娘入寺进香,为儿子祈福保平安后,都要与昔日的几位姊妹拉拉家常,并在寺内与几位姊妹共进斋膳,方才返回。

朱娘娘乘坐的小轿离开介公府后,在院里玩了一会儿的介公忽觉肚子有点饿。因娘娘要赶早去寺里进香,所以,早早就把介公叫醒,给他穿衣起床。早膳时,他吃的较少,这会儿,肚子就觉饿了。随介公一起到府上的大太监小乐子,目下已是四十上下的老太监了。他立即吩咐一名小太监去膳房,通知厨师为介公做吃食。

不一会儿,厨师即作好一只介公平日喜吃的甜饼。往日,甜饼皆为老熟南瓜泥和糯米粉搅和到一起做成。此刻,才是仲夏,南瓜尚未成熟,甜饼馅为时令之甜瓜与糯米粉和作一处做成,再用油煎,亦很酥软香脆。太监请介公去膳房就食,而介公则令太监把甜饼端到花园的亭子间来享用。

油煎甜饼端到亭子间的石桌上,黄亮香美,还冒着热气。八岁介公先是在石鼓上坐着,够那盘中甜饼有点费劲。他于是干脆站到桌旁,咬了一口甜饼。

侍候他的太监望着介公,问:“味道如何?”

“嗯,不错。甜,甜!”一脸孩子气的介公,点头称许,索性拿起饼来,狼吞虎咽地大口咀嚼。可仅吃到一半,他忽地弯腰,说肚子疼,且越痛越厉害。

近旁的太监大叫一声:“不好了!”

“哗”地一下子,周围的奴婢、太监、宦官闻声赶来,乱作一团。

待大太监小乐子赶到时,只见介公蜷缩于一名宦官身上,面色发青,浑身抽搐,血,已从嘴、鼻、眼中流出……

目瞪口呆的小乐子,心里立时浮现出西魏明帝惨死时的情景!待他正要开口吩咐人去请太医时,宫廷禁卫军已然赶到,将介公府封锁住了。

与此同时,大德殿中的早朝正欲结束之际,已担任上开府、右卫将军的庞晃匆匆赶到朝堂向皇上启奏道："禀告陛下，介国公于府中突发重症不治身亡了！"

"呵？"文帝闻之大惊，"他是啥时间去世的？"

"约于巳正时分。"

朝堂之上，原本闹哄哄准备退朝的文武官员，一下子鸦雀无声了！他们震惊，是因皆心知肚明——介公之死，必有蹊跷。然而，谁都不敢多插一句嘴！

"韦世康！"文帝大声点名，打破沉寂。

"臣在。"礼部尚书韦世康出班应道。

"卿立即组织得力之人，按帝王谢世规格，一定要处置好介公丧事。"

"是。"

"天热，遗体不宜久放，须从速办理。"此时，仆射高颎才插了一句嘴。

"是。"韦世康又应一句。

接着，文帝方向堂下百官挥了一下手，道："散朝吧。"

话分两头。

当朱娘娘乘坐的小轿，踏着苍茫暮色悠悠晃晃回到介公府门口时，众人皆被眼前的景象惊呆了。娘娘出了小轿，只见大门两旁有几名陌生警卫把守，整个门庐、门廊，已挂满白幡、白花和黑纱……面对此情景，朱娘娘禁不住打了个冷噤！心里想：每日提心吊胆的那件事，却不因自己虔诚地求神拜佛而消除，终于还是不期而至了！

朱娘娘先定了定神，并未哭泣，亦未惊慌，仍然十分镇静地对身边两位轿夫和两位丫环说："咱先进去瞧瞧，看到底是咋回事。你等都到路边树荫下等着，不要走开。"说毕，她径直朝大门走过去。

自下午起，已有包括皇后在内的皇亲贵胄前来吊唁介公。新调来的看门警卫，见朱娘娘衣着雍容华贵，举止娴淑静雅，想都未想，就肃立地让她进门去了。

朱娘娘步入目下已然作了介公灵堂的客厅，见厅之正面墙上，原挂

《迎客松》的地方，换了一幅画得似像非像的介公遗像。遗像下面的大厅正中，搁着一具巨大的灵柩，四周则布满皇帝、皇后和皇亲贵胄们送来的花圈、花篮、挽幛。天井旁边的檐下，席地坐着两排手持响器的和尚，他们敲着手中响器，哼唱经文，为亡灵超度，使灵堂气氛肃穆而哀婉。朱娘娘先是凝视儿子的遗像，接着用手抚摸那巨大的灵柩，之后，便面对灵柩，双膝不由自主地跪了下来，两行清泪，亦如断线之珠，簌簌地从无神的眼窝中奔涌出来……

朱满月本为吴地官宦家中女子。她聪颖好学，自幼便随家中兄弟一起，断文习字，颂读经书。宇文护的军队在与陈军交战中，攻陷了其父为官的城池，将朱家父、兄和所有男丁杀没，女眷则充作皇家奴婢。她几经辗转，二十多岁时，进入东宫，被选去掌管太子服饰。太子时年十四岁，并已与杨妃成婚。但其仍为满月绵软之吴语和姣好之容貌所惑，临幸了她，而生静帝，亦从而使她身价倍增。但满月因家被抄斩，自己沦为奴婢，对世上荣华富贵已看得很淡。当她生了儿子，就一直想与儿子相依为命，哪怕作个庶民，能与儿子平平常常度过一生，就成了她人生中最大的夙愿。可这一看似寻常想法，也永远无法实现了！

朱娘娘不知在地上跪了多久，亦不知给儿子磕了多少个头，终于有在灵堂当值的礼部官员走来，很有礼貌地对她说："请贵夫人节哀，并起来吧。立马还有各府大人要来祭奠呐。"

"呵，呵……"朱娘娘梦呓般地从地上爬起，便习惯地蹀蹀朝自己的房间走去。待到房门口，方见自己房间的门大开着，房内灯光闪烁，一些陌生人正在翻拣登记自己的私物……她这才幡然醒悟，立即转身，走出大门。幸好，轿夫、丫环都还在。

一名不晓事的丫环走到她身边，问："娘娘，咱府上到底出啥事了？"

朱娘娘横了她一眼，转脸对轿夫道："快，速回大兴善寺去。"

"咋地？还去那呀？"丫环都快哭了。

朱娘娘还是没回她的话，便径直上了轿。两名轿夫都是经历过一些事的中年汉子，二话没说，抬着轿子就往大兴善寺方向走。

此时，天已全黑，月亮还未出来，只好摸黑赶路。也难怪小丫环的不情愿。她才十三岁，已来回赶了一日路，走得又累又饿又渴。可她哪里知道，比起性命攸关来，这点饿、累、渴又算啥咧。

直到月亮出来时，此一行人个个皆已累得直不起腰来。其时，方见大兴善寺之屋宇影影绰绰，映入眼帘。朱娘娘忽然跺响轿板，叫轿子停止前行。

"就到这儿吧。"娘娘从轿中走出，月光下，她的身影和脸色皆十分娴静。她望着气喘吁吁的众人，说，"咱目下可以告诉你们了。汝等不是见咱家门庐挂着黑纱和纸幡吗？那是咱家小主子介公已殁了！"

"呵？"众人一听，皆面面相觑。

起先，众人见门口那阵势，当然能猜出屋里肯定出了事，却万万没想到会是这事。介公是一家之主，毕竟才八岁，而且，早晨大家出门时，他还活蹦活跳的，咋会突然说没就没了呢！

朱娘娘继续道："府里已设了介公灵堂，里面全是衙门里的人和兵。原来府上的宦官、太监、仆役和丫环，一个都不见了。"

"呵？"又是那个年纪最小的丫环有气无力地问，"那……那我们咋办哩？"

其实，除介公而外，朱娘娘平日最疼的也是这个贴身小丫环。她叹了口气，说："咱刚才坐在轿里，想的也正是这事呢。目下，不仅是你们，连咱也是回不去的了。尤其是你们两个小女子，更难办。不管到哪里，还不是老鹰擒小鸡似的，被啥恶浊鬼叼了去。这样吧，今日咱给你们做个主。王五，你年纪小点，就把这小妮子嫁你；赵三，大丫头就嫁你了，你俩可要善待她俩！"

说到此处，众人愕然；四个人，八目相对而视。

朱娘娘则不管不顾，仍往下说："往后，汝等不管身处何地，有一条，皆必须记住，即，永远都不要提宫中事，不要讲宫中和介公府的经历。否则，就有可能大祸临头的。"

言毕，朱娘娘解开手袋，把袋中的碎银尽数平分给了两个轿夫。接着，摘下身上所有金银饰物，平分给了两个丫环。然后，平静地说："你们把这轿子拆了或烧了，再各奔东西。"

众人这才骤然明白，就要分手！于是，都哭泣着，一齐跪下。

最小的丫头哭得最甚："娘娘，你呐，你要去哪呀？"

朱娘娘用手朝朦胧的大兴善寺一指，说："咯，那里或许就是咱的归宿地。还不知朝廷许不许呢。你们快起来，拆轿，赶路去吧。走得愈远愈好。"

可四个下人，哪里肯听，都哭成泪人一般，不肯起身。

朱娘娘见劝不起来，就说："那咱先走啦。"

说毕，她便踏着洒满月光的石板路，径直朝大兴善寺走去。好一会儿，她还听见嘤嘤哭声从身后传来，她心疼，却始终没再回头看一眼。

几日后，庞晃从岐阳皇家猎场的行宫返回京师，便直入临光殿。他的职务是右卫大将军，即宫廷禁卫军的副总管，总管左卫大将军为太子杨勇兼任。

君臣见面后，文帝即问："事都妥了？"

"尚余二事。"庞晃说，"一件是，咱把介公府的人，悉数送上几辆辎重车里，押解至岐阳皇家猎场行宫。到达后，一清数，方才发觉漏掉一个重要人物。"

文帝大为惊异，问："谁？"

"介公生母朱氏。"庞晃停顿了一下，说，"经审问府中其他人，皆说，朱氏那日一早，即去大兴善寺进香了。再派人去寺中查问，她不仅在寺里，还削发做了尼姑。"

"唔，她倒果真是个识时务的明白人。"文帝想起朱满月历来的表现，道，"把大兴善寺移建京师附近的初衷，一是为纪念独孤公；其次就是为宫中某些过得不如意的人，留个超脱的去处。那就由她去吧。"

"此外，介公府中人，还剩大太监小乐子一个活口。他对臣下说，圣上曾救过他的命，是他的大恩人。经他这么一提说，臣下也想起来了，臣亦确实在随州就见过他。"

"小乐子讲的倒是实情。"文帝点头说，"当年，是朕让他从宫中侥幸逃脱。他回到家乡随州在宾朋楼跑堂。因不堪别人用异样目光看他这个昔日的太监，朕从随州回京师时，在他一再央求下，将他带回长安，先是安排在自己府中当差。他做事勤快，却仍不快活。他告诉朕，当他身处宦官和太监们当中时，方觉自在和舒坦。朕才又找郑译，将他送入东宫。他先后侍候过明帝、宣帝和静帝几代君主。不过，亦因如此，他所经之事、所晓之事太多……"

文帝说到此处，欲言又止。庞晃接过话头道："臣下明白了。咱这就命人去岐阳，将其处置掉。"

"唉——"文帝叹息了一声，想了想，说，"卿可和礼部商议一下，在介公的墓冢中，留一耳室给小乐子，让他与介公做个伴，也让小乐子在阴间还作他喜作的太监吧。"

"陛下这个主意好！"庞晃起身下跪，说，"臣，这就去办理。"

不日，介国公宇文阐按皇家最高规格厚葬于恭陵。谥号静皇帝。

八岁的静帝，没有妻妾妃子作伴，陪伴他于九泉下长眠的，是身着太监服的小乐子。

至此，文帝清除了登基以来最后一位心腹之患。

此是宇文家死于非命的第六十位男丁，亦是宇文家族中的最后一个男人。

不过，即使这样，文帝还是寝食难安。夜间就是有独孤夫人陪伴，但时不时还是从噩梦中惊悸地坐了起来。

正当文帝还在犹豫，是立即就作迁都部署，还是放放再说时，忽有太师李穆上表，曰：

帝王居住的都城，随时代变迁有兴有废，比照天道人事，自有其道理。从三皇开始，延及两汉，有一个朝代多次迁都的，却没有改朝换代而不迁都的。曹魏和司马晋先后都定都在洛水之北的洛阳，西魏、北周相继定都长安，这四代，世所共知。但是曹魏时三家鼎立，司马晋则转眼间四海分崩离析。至于魏与周，是因为天下刚刚平定，事情太多顾不及迁都，并不是依从古制。

从前，周的国运将尽，祸患发生在中原。不叛乱不滋事的，百座城中很少有一座。多亏陛下顺时承运，依上天旨意受禅，隐晦人君之德，倚重文武百官，朝廷内剪除凶恶小人，很快就稳固了朝廷社稷；外诛大奸大恶，几天就使国家清明。教化了经过大战乱的百姓，育成了太平盛世的民俗，黎民百姓都在争相称颂。然而皇上居住之地还未有相应之创造，不便于发展弘扬帝业。窃以为神州如此广大，恳请陛下顺应天意民心，尽快建设新都，让神圣的光辉普照华夏。

臣已年命将尽，在朝中占据高位，但说到治理国家，自知粗疏肤浅。可胸怀着的是赤胆忠心，不允许自己在这件事上沉默。

…………

文帝读完李穆的表章，十分感动，立即着人叫来高颎。

高颎从文帝手中接过李穆的表章，读后，深谙皇上心意，于是笑道："苏威提议迁都，圣上没有答应；庾季才观天象，以为迁都是上天旨意，但圣上还是没有点头；今，太师情深意切，代表的是朝臣和万民心意！"

"那是，那是。"文帝由衷地点了下头，却毫不掩饰地道，"今找卿来，还是那句话，立国之初，千头万绪，目下就办此事，是否太急？"

"臣下亦颇费踌躇。不过，当下南北两端都未有爆发大战的迹象，抓紧点，办就办了。此就叫见缝插针吧！"

"见缝插针？说得好！"文帝锁住的眉头舒展开来，脱口道，"那朕就把这件大事托付于卿了！"

"陛下之托，颎，在所不辞。"高颎即问，"只是不知，陛下想把新都建在何处？原先周宣帝在洛阳营建东京，他其实是想把京师也迁过去。若是那样，就容易了。因东京已然成型，只剩些许收尾工程了。"

"不，不……"文帝连连摇头，说，"朕可不想离开关中！关中是朕之依靠！再说，满朝文武，少数即使不是关内人，也都在关中安了家，与关中有这样那样扯不断之干系。下诏迁往洛阳容易，可要使百官安心于异地，却不易。"

"那么，圣上是否已有心仪处所？"

"卿觉大兴善寺那一带如何？"

"这个，臣下就不懂了。"

"大兴善寺竣工时，朕去看过，觉得那一带依山临水，气象凛然。这样吧，卿把庾季才叫上，一起去瞧瞧，如何？"

"臣下倒是觉得工程上的事，叫庾季才，不如叫宇文恺。大兴善寺，包括选址、设计、施工，统统都是他一手操办的，他对那一带极为熟悉。况且，搞工程的人嘛，也都懂得风水。"

"宇文恺？"文帝觉得这个名字挺陌生。

"圣上不记得他了？"高颎说，"可臣下却听宇文恺说过，他曾跟随宇文宪公去随州查过账……"

"呵……朕记起来了！卿说的是他呀，他不就是东宫的左庶子嘛。以前，朕只知晓他记性了得，再就是，任啥复杂的计算，他都能算得不差毫分。当年，就是他站在大洪山水库大坝上说了一句直话，解除了宇文宪对朕的种种猜疑。行，先叫他来，听听他有何高见。"

宇文恺到后，一听是为迁都事，便语出惊人地道："其实，臣下早就为圣上择好了一块营建新都的风水宝地。"

"噢？"文帝大吃一惊，看了高颎一眼，问，"朕可没听卿说过呢？"

"臣人微言轻，平日能轻易见到圣上吗？不是说，暂时不考虑迁都的事嘛，臣下以为还早呐。"

"卿为朕选的都城在何处？"

"就在长安城东南十余里处，相距大兴善寺不远的那块地方。"

"嗨，卿看中之地，竟与朕所想别无二致——此真乃天意也！"文帝大喜过望，即道，"走，这就看看去。"

天热，文帝、高颎、宇文恺等都只穿一身极薄之便服，十余名随侍亦只着便装。众人各骑一马，出南门，转而朝东驰去。

文帝一行，出城十余里地，宇文恺一勒马头，回身对文帝说："圣上，臣下看中之地，就是这里。"

"噢？"文帝很久没骑马了，还未尽兴，咋眨眼工夫就到了呢。他勒住马头，抬眼一望，只见一山横卧眼前，气势不凡。便问："那是啥山？"

宇文恺道："那叫龙首塬，又叫龙首山。"

"好名字！"高颎赞叹道。

宇文恺接着介绍说："您瞧，此山状如一只引颈汲水之龙首。它北枕渭水，南倚终南山，东有浐水，西有沣河。三面环水，一面靠山，风景秀丽，气势夺人，确是一方风水宝地哩！"

文帝骑在久违的马上，只笑不言。这时，一阵清凉的风从江面吹来，使众人都觉无比舒坦。

一行人沿江而行，穿过一片庄稼地，前面有一座村庄，村头有棵郁郁葱葱的大槐树。文帝用马鞭朝树一指说："咱就到那树下歇歇吧。"

众人来到树下，下马。但见槐树之树根，盘根错节，裸露于地面。一支粗根上，还放着个草蒲团，文帝就在那蒲团上随意地坐了下来。

文帝坐下后，众人才分别择地坐下。侍卫们则不忘职守，分东南西北四个方向，在太阳下站岗，另有几名侍卫，则把众人之马牵到沟渠边饮水吃草。

此刻，有位老叟从村里踽踽走到树下，领首说："禀告列位客官，此树下，是不可以随意入坐的。请大家起身，如想歇脚，进村坐坐也行。"

几名侍卫都不约而同地走过来，欲与老叟交涉。

"此乃别人家园，休得无礼。"文帝首先起身，制止了侍卫的举动。并温和问道，"有道是，大树底下好乘凉。老伯不叫坐，有何讲究吗？"

"此讲究，还真有点儿大呢。"老伯说，"几年前，也是一个夏日，有几个村人在此树下乘凉。忽然从山里来了个叫怅公的和尚，他告知村里人，

　　此刻，有位老叟从村里蹒跚走到树下，额首道："禀告列位客官，此树下，是不可以随便入坐的……"

说此树下是天子坐的地方。从此，村里人都不随便坐于树下。客官见到没有，那树根上放着一只蒲团，是村里人有意置放的，是专等天子来坐的。"

"噢？"众人闻之，无不惊奇，亦都把目光投向文帝。

若有所思的文帝，看了看绿树丛中的村庄，随口问："此村叫啥？"

"此乃大兴村。"老叟说，"客官见到附近的大兴善寺没有？该寺就是以此村而得名的。"

"呵？"文帝更觉奇了。

杨坚出道，所授第一个爵位，即是大兴郡公。在此建都，真乃天意！

（《大隋王朝》卷一：《初登帝位》完）

2010 年 10 月 10 日至 2011 年 7 月 23 日初稿

2011 年 7 月 24 日至 2011 年 8 月 31 日第一次修改

2012 年 8 月 3 日至 2012 年 9 月 3 日第二次修改

2014 年 6 月 20 日至 2014 年 7 月 12 日第三次修改

2015 年 4 月 6 日至 2015 年 5 月 12 日第四次修改

2016 年 10 月 25 日至 2016 年 11 月 11 日第五次修改